Meyer

GKG/FamGKG
Kommentar zum Gerichtskostengesetz (GKG) und zum Gesetz über Gerichtskosten in Familiensachen (FamGKG)

De Gruyter Kommentar

Meyer

GKG/FamGKG

Kommentar zum Gerichtskostengesetz (GKG) und zum Gesetz über Gerichtskosten in Familiensachen (FamGKG)

16., überarbeitete und erweiterte Auflage

von
Dr. Dieter Meyer
Richter am Landgericht a.D., Flensburg

DE GRUYTER

Zitiervorschlag: Meyer, GKG, § 40 Rn. 12, bzw. FamGKG, § 40 Rn. 12

ISBN 978-3-11-053942-4
e-ISBN (PDF) 978-3-11-053971-4
e-ISBN (EPUB) 978-3-11-053962-2

Bibliografische Information der Deutschen Nationalbibliothek
Die Deutsche Nationalbibliothek verzeichnet diese Publikation in der Deutschen Nationalbibliografie; detaillierte bibliografische Daten sind im Internet über http://dnb.dnb.de abrufbar.

Satz: jürgen ullrich typosatz, Nördlingen
Druck und Bindung: Hubert & Co. GmbH & Co. KG, Göttingen
♾ Gedruckt auf säurefreiem Papier
Printed in Germany

www.degruyter.com

Vorwort zur 16. Auflage

Seit der Vorauflage, welche die mit dem 2. KostRRG eingeleitete Reform des gesamten Gerichtskostenrechts abgeschlossen hat, und der noch bis zum Ende des Jahres 2013 vorgenommenen gesetzgeberischen Eingriffe in das GKG durch Folgegesetze, die erst in dieser Bearbeitung voll berücksichtigt werden konnten und schließlich in eine Neufassung des GKG mündeten (BGBl. I 2014, Seite 154, 156), ist der Gesetzgeber auch danach nicht untätig geblieben. So hat das GKG mehr oder weniger gravierende Änderungen nicht nur als Folge von Durchführungsgesetzen zu EU-Bestimmungen, sondern auch durch andere Gesetze hinnehmen müssen.

Selbstverständlich war auch die nicht versiegende Flut der Rechtsprechung und des Schrifttums bis Ende September 2017 zu verarbeiten, was besonders die Anhänge zu den Streit-/Verfahrens-/Gegenstandswerten nach §§ 42, 48 und nach 52 GKG betrifft.

Wie immer habe ich aus Kollegen- und Nutzerkreisen viele wertvolle Hinweise und Anregungen erhalten, insbesondere unveröffentlichte Gerichtsentscheidungen. Dafür danke ich allen recht herzlich. Ich bin für jede sachliche Kritik auch in Zukunft dankbar und bitte ausdrücklich darum.

Es lässt sich niemals völlig ausschließen, dass sich der „Druckfehlerteufel" an der einen oder anderen Stelle eingeschlichen hat. Auch für Hinweise darauf bin ich dankbar.

Meine Ehefrau hat mir bei der Durchsicht des Manuskripts unschätzbare Hilfe geleistet. Ihr gilt mein besonderer Dank.

Flensburg, im September 2017 — Dr. Dieter Meyer

Inhaltsverzeichnis

Verzeichnis der Abkürzungen und abgekürzt zitierten Literatur — **XV**

ERSTER TEIL
Kommentar zum Gerichtskostengesetz (GKG) — **1**
Vorbemerkung § 1 — **3**

ABSCHNITT 1
Allgemeine Vorschriften — **6**
§ 1 Geltungsbereich — **6**
§ 2 Kostenfreiheit — **18**
§ 3 Höhe der Kosten — **34**
§ 4 Verweisungen — **41**
§ 5 Verjährung, Verzinsung — **46**
§ 5a Elektronische Akte, elektronisches Dokument — **52**
§ 5b Rechtsbehelfsbelehrung — **53**

ABSCHNITT 2
Fälligkeit
§ 6 Fälligkeit der Gebühren im Allgemeinen — **55**
§ 7 Zwangsversteigerung und Zwangsverwaltung — **60**
§ 8 Strafsachen, Bußgeldsachen — **61**
§ 9 Fälligkeit der Gebühren in sonstigen Fällen, Fälligkeit der Auslagen — **62**

ABSCHNITT 3
Vorschuss und Vorauszahlung
§ 10 Grundsatz der Abhängigmachung — **68**
§ 11 Verfahren nach dem Arbeitsgerichtsgesetz — **70**
§ 12 Verfahren nach der Zivilprozessordnung — **71**
§ 12a Verfahren wegen überlanger Gerichtsverfahren und strafrechtlicher Ermittlungsverfahren — **81**
§ 13 Verteilungsverfahren nach der Schifffahrtsrechtlichen Verteilungsordnung — **82**
§ 14 Ausnahmen von der Abhängigmachung — **82**
§ 15 Zwangsversteigerungs- und Zwangsverwaltungsverfahren — **87**
§ 16 Privatklage, Nebenklage — **88**
§ 17 Auslagen — **93**
§ 18 Fortdauer der Vorschusspflicht — **104**

ABSCHNITT 4
Kostenansatz
§ 19 Kostenansatz — **107**
§ 20 Nachforderung — **115**
§ 21 Nichterhebung von Kosten — **119**

ABSCHNITT 5
Kostenschuldner und Kostenhaftung
Vorbemerkung vor § 22 — **138**

§ 22 Streitverfahren, Bestätigungen und Bescheinigungen zu inländischen Titeln — **146**
§ 23 Insolvenzverfahren — **160**
§ 23a Sanierungs- und Reorganisationsverfahren nach dem Kreditinstitute-Reorganisationsgesetz — **163**
§ 24 Öffentliche Bekanntmachung in ausländischen Insolvenzverfahren — **164**
§ 25 Verteilungsverfahren nach der Schifffahrtsrechtlichen Verteilungsordnung — **164**
§ 26 Zwangsversteigerungs- und Zwangsverwaltungsverfahren — **164**
§ 27 Auslagenschuldner in Bußgeldsachen — **170**
§ 28 Auslagen in weiteren Fällen — **171**
§ 29 Weitere Kostenschuldner — **174**
§ 30 Erlöschen der Zahlungspflicht — **190**
§ 31 Mehrere Kostenschuldner — **193**
§ 32 Haftung von Streitgenossen und Beigeladenen — **206**
§ 33 Verpflichtung zur Zahlung von Kosten in besonderen Fällen — **208**

ABSCHNITT 6
Gebührenvorschriften
§ 34 Wertgebühren — **210**
§ 35 Einmalige Erhebung der Gebühren — **216**
§ 36 Teile des Streitgegenstands — **220**
§ 37 Zurückverweisung — **223**
§ 38 Verzögerung des Rechtsstreits — **225**

ABSCHNITT 7
Wertvorschriften

UNTERABSCHNITT 1
Allgemeine Wertvorschriften
Vorbemerkung — **235**
§ 39 Grundsatz — **236**
§ 40 Zeitpunkt der Wertberechnung — **239**
§ 41 Miet-, Pacht- und ähnliche Nutzungsverhältnisse — **241**
§ 42 Wiederkehrende Leistungen — **256**
Anhang I nach § 42: Streitwertkatalog für die Arbeitsgerichtsbarkeit — **265**
Anhang II nach § 42: Einzelfälle — **269**
§ 43 Nebenforderungen — **278**
§ 44 Stufenklage — **288**
§ 45 Klage und Widerklage, Hilfsanspruch, wechselseitige Rechtsmittel, Aufrechnung — **292**
§ 46 (*aufgehoben durch Art. 47 Abs. 1 Nr. 8 FGG-RG*) — **312**
§ 47 Rechtsmittelverfahren — **312**

UNTERABSCHNITT 2
Besondere Wertvorschriften
§ 48 Bürgerliche Rechtsstreitigkeiten — **317**
Anhang nach § 48 — **326**
§ 3 ZPO Wertfestsetzung nach freiem Ermessen — **327**

§ 4 ZPO Wertberechnung, Nebenforderungen — **371**
§ 5 ZPO Mehrere Ansprüche — **373**
§ 6 ZPO Besitz, Sicherstellung, Pfandrecht — **375**
§ 7 ZPO Grunddienstbarkeit — **381**
§ 8 ZPO Pacht- oder Mietverhältnis — **382**
§ 9 ZPO Wiederkehrende Nutzungen oder Leistungen — **382**
Insolvenzrecht — **386**
Anfechtungs- und Nichtigkeitsklagen nach dem Aktiengesetz — **388**
§ 49 (*aufgehoben durch Art. 47 Abs. 1 Nr. 10 FGG-RG*) — **389**
§ 49a Wohnungseigentumssachen — **389**
§ 50 Bestimmte Beschwerdeverfahren — **392**
§ 51 Gewerblicher Rechtsschutz — **394**
Anhang nach § 51:
I. Streitwertbegünstigung im gewerblichen Rechtsschutz — **395**
II. Bürgerliche Rechtsstreitigkeiten nach dem Markengesetz, Gebrauchsmustergesetz und Designgesetz — **398**
III. Bürgerliche Rechtsstreitigkeiten nach dem UWG, dem GWB und dem EnWG — **400**
1. Bürgerliche Rechtsstreitigkeiten nach dem UWG — **400**
2. Bürgerliche Rechtsstreitigkeiten nach dem GWB — **402**
3. Bürgerliche Rechtsstreitigkeiten nach dem EnWG — **403**
§ 51a Verfahren nach dem Kapitalanleger-Musterverfahrensgesetz — **404**
§ 52 Verfahren vor Gerichten der Verwaltungs-, Finanz- und Sozialgerichtsbarkeit — **405**
Anhang nach § 52 — **418**
Teil I: Sondervorschriften — **418**
Teil II: Verwaltungsgerichtsbarkeit — **419**
1. Streitwertkatalog für die Verwaltungsgerichtsbarkeit (Streitwertkatalog 2013) — **420**
2. Alphabetischer Streitwertschlüssel — **436**
Teil III: Finanzgerichtsbarkeit — **450**
1. Allgemeines — **450**
2. Streitwertkatalog für die Finanzgerichtsbarkeit — **450**
3. Alphabetischer Streitwertschlüssel für Finanzgerichtssachen — **461**
Teil IV: Sozialgerichtsbarkeit — **468**
1. Allgemeines — **468**
2. Streitwertkatalog für die Sozialgerichtsbarkeit – Streitwertkatalog 2012 — **469**
3. Alphabetischer Streitwertschlüssel für die Sozialgerichtsbarkeit — **500**
§ 53 Einstweiliger Rechtsschutz und Verfahren nach § 148 Abs. 1 und 2 des Aktiengesetzes — **503**
§ 53a Sanierungs- und Reorganisationsverfahren nach dem Kreditinstitute- und Reorganisationsgesetz — **509**
§ 54 Zwangsversteigerung — **510**
§ 55 Zwangsverwaltung — **514**
§ 56 Zwangsversteigerung von Schiffen, Schiffsbauwerken, Luftfahrzeugen und grundstücksgleichen Rechten — **515**
§ 57 Zwangsliquidation einer Bahneinheit — **516**

§ 58 Insolvenzverfahren — **517**
§ 59 Verteilungsverfahren nach der Schifffahrtsrechtlichen Verteilungsordnung — **522**
§ 60 Gerichtliche Verfahren nach dem Strafvollzugsgesetz, auch in Verbindung mit § 92 des Jugendgerichtsgesetzes — **523**

UNTERABSCHNITT 3
Wertfestsetzung
§ 61 Angabe des Wertes — **525**
§ 62 Wertfestsetzung für die Zuständigkeit des Prozessgerichts oder die Zulässigkeit des Rechtsmittels — **526**
§ 63 Wertfestsetzung für die Gerichtsgebühren — **529**
§ 64 Schätzung des Wertes — **545**
§ 65 Wertfestsetzung in gerichtlichen Verfahren nach dem Strafvollzugsgesetz, auch in Verbindung mit § 92 des Jugendgerichtsgesetzes — **549**

ABSCHNITT 8
Erinnerung und Beschwerde
§ 66 Erinnerung gegen den Kostenansatz, Beschwerde — **550**
§ 67 Beschwerde gegen die Anordnung einer Vorauszahlung — **569**
§ 68 Beschwerde gegen die Festsetzung des Streitwerts — **572**
§ 69 Beschwerde gegen die Auferlegung einer Verzögerungsgebühr — **581**
§ 69a Abhilfe bei Verletzung des Anspruchs auf rechtliches Gehör — **583**

ABSCHNITT 9
Schluss- und Übergangsvorschriften
§ 69b Verordnungsermächtigung — **585**
§ 70 (*aufgehoben*) — **586**
§ 70a Bekanntmachung von Neufassungen — **586**
§ 71 Übergangsvorschrift — **586**
§ 72 Übergangsvorschrift aus Anlass des Inkrafttretens dieses Gesetzes — **588**
§ 73 Übergangsvorschrift für die Erhebung von Haftkosten — **589**

KOSTENVERZEICHNIS
(Anlage 1 zu § 3 Abs. 2) — **591**
Vorbemerkungen vor Teil 1 — **596**
Teil 1. Zivilrechtliche Verfahren vor den ordentlichen Gerichten außer Insolvenzverfahren und Verfahren der Zwangsversteigerung sowie Zwangsverwaltung — **597**
Teil 2. Zwangsvollstreckung nach der Zivilprozessordnung, Insolvenzverfahren und ähnlichen Verfahren — **653**
Teil 3. Strafsachen und gerichtliche Verfahren nach dem Strafvollzugsgesetz, auch in Verbindung mit § 92 des Jugendgerichtsgesetzes, sowie Verfahren nach dem Gesetz über die internationale Rechtshilfe in Strafsachen — **671**
Teil 4. Verfahren nach dem Gesetz über Ordnungswidrigkeiten — **706**
Teil 5. Verfahren vor den Gerichten der Verwaltungsgerichtsbarkeit — **715**
Teil 6. Verfahren vor den Gerichten der Finanzgerichtsbarkeit — **727**
Teil 7. Verfahren vor den Gerichten der Sozialgerichtsbarkeit — **733**

Teil 8. Verfahren vor den Gerichten der Arbeitsgerichtsbarkeit — **741**
Teil 9. Auslagen — **752**
Anlage 2: Tabelle (zu § 34 Absatz 1 Satz 3) — **784**

ZWEITER TEIL
Kommentar zum Gesetz über Gerichtskosten in Familiensachen (FamGKG) — **785**

ABSCHNITT 1
Allgemeine Vorschriften
§ 1 Geltungsbereich — **788**
§ 2 Kostenfreiheit — **790**
§ 3 Höhe der Kosten — **792**
§ 4 Umgangspflegschaft — **792**
§ 5 Lebenspartnerschaftssachen — **793**
§ 6 Verweisung, Abgabe, Fortführung einer Folgesache als selbständige Familiensache — **794**
§ 7 Verjährung, Verzinsung — **795**
§ 8 Elektronische Akte, elektronisches Dokument — **795**
§ 8a Rechtsbehelfsbelehrung — **796**

ABSCHNITT 2
Fälligkeit
§ 9 Fälligkeit der Gebühren in Ehesachen und selbständigen Familienstreitsachen — **796**
§ 10 Fälligkeit bei Vormundschaften und Dauerpflegschaften — **797**
§ 11 Fälligkeit der Gebühren in sonstigen Fällen, Fälligkeit der Auslagen — **797**

ABSCHNITT 3
Vorschuss und Vorauszahlung
§ 12 Grundsatz — **798**
§ 13 Verfahren nach dem Internationalen Familienrechtsverfahrensgesetz — **798**
§ 14 Abhängigmachung in bestimmten Verfahren — **798**
§ 15 Ausnahmen von der Abhängigmachung — **799**
§ 16 Auslagen — **800**
§ 17 Fortdauer der Vorschusspflicht — **801**

ABSCHNITT 4
Kostenansatz
§ 18 Kostenansatz — **801**
§ 19 Nachforderung — **801**
§ 20 Nichterhebung von Kosten — **802**

ABSCHNITT 5
Kostenhaftung
§ 21 Kostenschuldner in Antragsverfahren, Vergleich — **804**
§ 22 Kosten bei Vormundschaft und Dauerpflegschaft — **805**
§ 23 Bestimmte sonstige Auslagen — **806**
§ 24 Weitere Fälle der Kostenhaftung — **806**

§ 25 Erlöschen der Zahlungspflicht — **807**
§ 26 Mehrere Kostenschuldner — **807**
§ 27 Haftung von Streitgenossen — **808**

ABSCHNITT 6
Gebührenvorschriften
§ 28 Wertgebühren — **808**
§ 29 Einmalige Erhebung der Gebühren — **809**
§ 30 Teile des Verfahrensgegenstands — **809**
§ 31 Zurückverweisung, Abänderung oder Aufhebung einer Entscheidung — **810**
§ 32 Verzögerung des Verfahrens — **810**

ABSCHNITT 7
Wertvorschriften

UNTERABSCHNITT 1
Allgemeine Wertvorschriften
§ 33 Grundsatz — **811**
§ 34 Zeitpunkt der Wertberechnung — **812**
§ 35 Geldforderung — **812**
§ 36 Genehmigung einer Erklärung oder deren Ersetzung — **813**
§ 37 Früchte, Nutzungen, Zinsen und Kosten — **814**
§ 38 Stufenantrag — **814**
§ 39 Antrag und Widerantrag, Hilfsanspruch, wechselseitige Rechtsmittel, Aufrechnung — **815**
§ 40 Rechtsmittelverfahren — **816**
§ 41 Einstweilige Anordnung — **817**
§ 42 Auffangwert — **819**

UNTERABSCHNITT 2
Besondere Wertvorschriften
§ 43 Ehesachen — **821**
§ 44 Verbund — **832**
§ 45 Bestimmte Kindschaftssachen — **834**
§ 46 Übrige Kindschaftssachen — **836**
§ 47 Abstammungssachen — **837**
§ 48 Ehewohnungs- und Haushaltssachen — **838**
§ 49 Gewaltschutzsachen — **840**
§ 50 Versorgungsausgleichssachen — **841**
§ 51 Unterhaltssachen und sonstige den Unterhalt betreffende Familiensachen — **846**
§ 52 Güterrechtssachen — **855**

UNTERABSCHNITT 3
Wertfestsetzung
§ 53 Angabe des Werts — **856**
§ 54 Wertfestsetzung für die Zulässigkeit der Beschwerde — **856**
§ 55 Wertfestsetzung für die Gerichtsgebühren — **856**
§ 56 Schätzung des Werts — **857**

ABSCHNITT 8
Erinnerung und Beschwerde
§ 57 Erinnerung gegen den Kostenansatz, Beschwerde — **858**
§ 58 Beschwerde gegen die Anordnung einer Vorauszahlung — **859**
§ 59 Beschwerde gegen die Festsetzung des Verfahrenswerts — **859**
§ 60 Beschwerde gegen die Auferlegung einer Verzögerungsgebühr — **860**
§ 61 Abhilfe bei Verletzung des Anspruchs auf rechtliches Gehör — **861**

ABSCHNITT 9
Schluss- und Übergangsvorschriften
§ 61a Verordnungsermächtigung — **861**
§ 62 (aufgehoben) — **862**
§ 62a Bekanntmachung von Neufassungen — **862**
§ 63 Übergangsvorschrift — **862**
§ 64 Übergangsvorschrift für die Erhebung von Haftkosten — **863**

KOSTENVERZEICHNIS
Anlage 1 (zu § 3 Abs. 2) — **865**

GLIEDERUNG

TEIL 1
Gebühren
Hauptabschnitt 1. Hauptsacheverfahren in Ehesachen einschließlich aller Folgesachen — **866**
Hauptabschnitt 2. Hauptsacheverfahren in selbständigen Familienstreitsachen — **871**
Hauptabschnitt 3. Hauptsacheverfahren in selbständigen Familiensachen der freiwilligen Gerichtsbarkeit — **885**
Hauptabschnitt 4. Einstweiliger Rechtsschutz — **893**
Hauptabschnitt 5. Besondere Gebühren — **897**
Hauptabschnitt 6. Vollstreckung — **899**
Hauptabschnitt 7. Verfahren mit Auslandsbezug — **900**
Hauptabschnitt 8. Rüge wegen Verletzung des Anspruchs auf rechtliches Gehör — **902**
Hauptabschnitt 9. Rechtsmittel im Übrigen — **902**

TEIL 2
Auslagen — **904**
Anlage 2 (zu § 28 Abs. 1) — **909**

DRITTER TEIL
Anhänge
I. Einführungsgesetz zum Gerichtsverfassungsgesetz (EGGVG) — **911**
II. Sozialgerichtsgesetz (SGG) — **914**
III. PatKostG — **921**
IV. Gerichtsgebühren in berufsgerichtlichen Verfahren — **932**
V. Bundesrechtsanwaltsordnung — **933**
VI. Bundesnotarordnung — **945**
VII. Gesetz über eine Berufsordnung der Wirtschaftsprüfer (WiPrO) — **951**

VIII. Steuerberatungsgesetz — **958**
IX. Patentanwaltsordnung (PAO) — **964**
X. Kostenverfügung — **969**
XI. Durchführungsbestimmungen — **994**
XII. Vereinbarung über die Festsetzung der aus der Staatskasse zu gewährenden Vergütung der Rechtsanwältinnen, Rechtsanwälte, Patentanwältinnen, Patentanwälte, Rechtsbeistände, Steuerberaterinnen und Steuerberater — **1005**
XIII. Justizbeitreibungsgesetz (JBeitrG) — **1012**
XIV Einforderungs- und Beitreibungsordnung (EBAO) — **1017**
XV. Gesetz über Kosten in Angelegenheiten der Justizverwaltung (Justizverwaltungskostengesetz – JVKostG) — **1024**
XVI. Gesetz über Gebühren und Auslagen des Bundes (Bundesgebührengesetz – BGebG) — **1041**
XVII. Gebührentabellen zum GKG und zum FamGKG — **1052**

Sachregister — **1055**

Verzeichnis der Abkürzungen und abgekürzt zitierten Literatur

a.A. (A.A.)	anderer Ansicht
a.a.O.	am angegebenen Ort
abgedr.	abgedruckt
ABl.	Amtsblatt
abl. (Abl.)	ablehnend
Abs.	Absatz
Abw.	abweichend
AcP	Archiv für civilistische Praxis
a.E.	am Ende
a.F.	alter Fassung
AFG	Arbeitsförderungsgesetz
AG	Amtsgericht
AGS	Anwaltsgebühren spezial, herausgegeben von Madert u.a. (Jahrgang, Seite)
AKostG	Auslandskostengesetz
AktG	Aktiengesetz
Alt.	Alternative
a.M. (A.M.)	anderer Meinung
Amtsvormund	Der Amtsvormund
AnfG	Anfechtungsgesetz
Anh.	Anhang
Anl.	Anlage
Anm.	Anmerkung
AnO	Anordnung
AnwBl.	Anwaltblatt
AO	Abgabenordnung
AÖR	Archiv des öffentlichen Rechts
AP	Arbeitsgerichtliche Praxis
ArbR	Arbeitsrecht Aktuell
ArbGG	Arbeitsgerichtsgesetz
AS	Amtliche Sammlung
Aufl.	Auflage
AUG	Auslandsunterhaltsgesetz
ausf.	ausführlich(er)
AV	Allgemeine Verfügung, Ausführungsverordnung
AVAG	Anerkennungs- und Vollstreckungsausführungsgesetz
BABl.	Bundesarbeitsblatt
BaföG	Bundesausbildungsförderungsgesetz
BAG	Bundesarbeitsgericht
BAGE	Entscheidungen des Bundesarbeitsgerichts
BAnz.	Bundesanzeiger
BaulBG	Baulandbeschaffungsgesetz
BauGB	Baugesetzbuch
Bay	Bayern, Bayerisch
BayBS	Bereinigte Sammlung des Bayerischen Landesrechts
BayGVBl.	Bayerisches Gesetz- und Verordnungsblatt
BayJMBl.	Bayerisches Justizministerialblatt
BayObLG	Bayerisches Oberstes Landesgericht
BayVBl.	Bayerische Verwaltungsblätter
BayVerfGH	Bayerischer Verfassungsgerichtshof
BayVerwBl.	Bayerische Verwaltungsblätter
BayVGH	Bayerischer Verfassungsgerichtshof

BB	Betriebs-Berater
BBauG	Bundesbaugesetz
BBG	Bundesbeamtengesetz
Bd.	Band
BeckRS	Fundstellensammlung in der Datenbank des Verlages C.H. Beck (Beck LSk pp.) zitiert nach Jahrgang, Nummer der Entscheidung
BEG	Bundesentschädigungsgesetz
BGebG	Bundesgebührengesetz
begl.	beglaubigt
begr.	begründet
Begr.	Begründung
Bek.	Bekanntmachung
Bekl., bekl.	Beklagter, beklagt
BKR	Zeitschrift für Bank- und Kapitalmarktrecht
Bem.	Bemerkung
Berger	Einstweiliger Rechtsschutz im Zivilrecht – Handbuch, 2008
BerHG	Beratungshilfegesetz
bes.	besonders, besondere, r, s
Beschl.	Beschluss
Beschw.	Beschwerde
Best.	Bestimmung
Betrieb	Der Betrieb
BFH	Bundesfinanzhof
BFHE	Entscheidungen des Bundesfinanzhofs
BFH/NV	Sammlung amtlich nicht veröffentlichter Entscheidungen des BFH
BGB	Bürgerliches Gesetzbuch
BGBl.	Bundesgesetzblatt
BGH	Bundesgerichtshof
BGHZ	Entscheidungen des Bundesgerichtshofs in Zivilsachen
BGHSt	Entscheidungen des Bundesgerichtshofs in Strafsachen
BilKoG	Bilanzkontrollgesetz
Binz/Dörndorfer/Petzold/Zimmermann	Gerichtskostengesetz, Gesetz über Gerichtskosten in Familiensachen, Justizvergütungs- und -entschädigungsgesetz (GKG – FamGKG – JVEG), Kommentar, 3. Aufl., 2014 (zitiert: *Bearbeiter* in Binz u.a.)
Bischof/Jungbauer/Bräuer/Klipstein/Klüsener/Uher	RVG, Kommentar, 7. Aufl., 2016
Bl.	Blatt
B-L-A-H	Baumbach-Lauterbach-Albers-Hartmann, Kommentar zur Zivilprozessordnung, 73. Aufl., 2015
BJM	Bundesjustizministerium
BJMin	Bundesjustizminister
BNotO	Bundesnotarordnung
BORA	Berufsordnung für Rechtsanwälte
BPatG	Bundespatentgericht
BR	Bundesrat
BR-Drs. (BR.-Ds)	Bundesratsdrucksache
BRAGO	Bundesgebührenordnung für Rechtsanwälte (bis 30.6.2004)
Braun/Riggert/Kind	Die Neuregelungen der Insolvenzordnung in der Praxis, 1999
BRAO	Bundesrechtsanwaltsordnung
BRep	Bundesrepublik Deutschland
Breth	Sammlung von Entscheidungen der Sozialversicherung, Versorgung und Arbeitslosenversicherung (Jahrgang, Seite)
Buchholz	Sammelwerk der Rechtsprechung des Bundesverwaltungsgerichts

BPersVG	Bundespersonalvertretungsgesetz
BSG	Bundessozialgericht
BSGE	Entscheidungen des Bundessozialgerichts
BSHG	Bundessozialhilfegesetz
BStBl.	Bundessteuerblatt
BT	Bundestag
BT-Drs.(BT.-Ds)	Bundestagsdrucksache
BVerfG	Bundesverfassungsgericht
BVerfGE	Entscheidungen des Bundesverfassungsgerichts
BVerfGG	Bundesverfassungsgerichtsgesetz
BVerwG	Bundesverwaltungsgericht
BVerwGE	Entscheidungen des Bundesverwaltungsgerichts
DAR	Deutsches Autorecht
DB	Der Betrieb
DB-PKHG/DB-InsO	Durchführungsbestimmungen zum Prozesskostenhilfegesetz und zur Insolvenzordnung
DGVZ	Deutsche Gerichtsvollzieherzeitung
d.h.	das heißt
d.i.	das ist
DJ	Deutsche Justiz
DJZ	Deutsche Juristenzeitung
DLRJuUG	Gesetz zur Umsetzung der Dienstleistungsrichtlinie in der Justiz und zur Änderung weiterer Vorschriften
DNotZ	Deutsche Notar-Zeitschrift
DÖD	Der öffentliche Dienst
Dörndorfer	Rechtsanwalts- und Gerichtskosten in Familiensachen, 2009
DÖV	Die öffentliche Verwaltung
DR	Deutsches Recht
DRiG	Deutsches Richtergesetz
DRiZ	Deutsche Richterzeitung
DStR	Deutsches Steuerrecht
DtZ	Deutsch-Deutsche-Rechts-Zeitschrift
DVBl.	Deutsches Verwaltungsblatt
DVO	Durchführungsverordnung
DWW	Deutsche Wohnungswirtschaft
€	Euro
EBAO	Einführungs- und Beitreibungsordnung
EFG	Entscheidungen der Finanzgerichte
EG	Einführungsgesetz
EGAU	Gesetz zur Durchführung der Verordnung (EG) Nr. 4/2009 und zur Neuordnung bestehender Aus- und Durchführungsbestimmungen auf dem Gebiet des internationalen Unterhaltsverfahrensrechts
EG-VerbrSchDurchsG	Europäisches-Verbraucherschutz-Durchführungsgesetz
EGGVG	Einführungsgesetz zum Gerichtsverfassungsgesetz
EGStPO	Einführungsgesetz zur Strafprozessordnung
EGVP	Elektronisches Gerichts- und Verwaltungspostfach
EGZPO	Einführungsgesetz zur Zivilprozessordnung
EheG	Ehegesetz
EhrRiEG	Gesetz über die Entschädigung der ehrenamtlichen Richter
Von Eicken/Hellstab/ Dörndorfer/Asperger	Die Kostenfestsetzung, 22. Auflage 2015 (zitiert Bearbeiter in von Eicken KFS)
Einf.	Einführung
Einl.	Einleitung

EinV	Einigungsvertrag
Enders	RVG für Anfänger, 15. Aufl., 2012
Ennemann/Griese	Taktik des Arbeitsgerichtsprozesses, 1999
ENeuOG	Eisenbahnneuordnungsgesetz
Entsch.	Entscheidung
entspr.	entsprechend
Entw.	Entwurf
EnWG	Energiewirtschaftsgesetz
ErbbauV	Verordnung über das Erbbaurecht
ERJuKoG	Gesetz über elektronische Register und Justizkosten für Telekommunikation
Erl.	Erlass
EStG	Einkommenssteuergesetz
EuKoPfVODG	Gesetz zur Durchführung der Verordnung (EU) Nr. 655/2014 sowie zur Änderung sonstiger zivilprozessualer, grundbuchrechtlicher und vermögensrechtlicher Vorschriften und zur Änderung der Justizbeitreibungsordnung vom 21.11.2016
EugÜbK/EUGVÜ	Übereinkommen der Europäischen Gemeinschaft über die gerichtliche Zuständigkeit und die Vollstreckung gerichtlicher Entscheidungen in Zivil- und Handelssachen
EuZW	Europäische Zeitschrift für Wirtschaftsrecht
EV	Einigungsvertrag
EzA	Entscheidungssammlung zum Arbeitsrecht
Fam(-R, -S)	Familien(-recht, -sache)
FamFR	Familienrecht und Familienverfahrensrecht (Zeitschrift)
FamG	Gesetz über das Verfahren in Familiensachen und in Angelegenheiten der freiwilligen Gerichtsbarkeit (FamG)
FamGKG	Gesetz über Gerichtskosten in Familiensachen
FamRB	Der Familien-Rechts-Berater (Zeitschrift)
FamRZ	Zeitschrift für das gesamte Familienrecht
Feuerich/Weyland u.a.	BRAO – Bundesrechtsanwaltsordnung mit BORA, FAO PartGG, EuRAG und PAO, Kommentar. 9. Aufl. 2016
ff.	folgende, fortfolgende
FG	Finanzgericht
FGG	Gesetz über die Angelegenheiten der freiwilligen Gerichtsbarkeit
FGG-RG	Gesetz zur Reform des Verfahrens in Familiensachen und in den Angelegenheiten der freiwilligen Gerichtsbarkeit (FGG-Reformgesetz – FGG-RG)
FGO	Finanzgerichtsordnung
FinA	Finanzamt
FN	Fußnote
FPR	Familie/Partnerschaft/Recht (Zeitschrift)
FuR	Familie und Recht
FS für H. Schmidt	Kostenerstattung und Streitwert, Festschrift für Herbert Schmidt, 1981
G	Gesetz
GA	Goltdammers Archiv für Strafrecht
GBl.	Gesetzblatt
GBO	Grundbuchordnung
GebrMG	Gebrauchsmustergesetz
gem.	gemäß
GenG	Genossenschaftsgesetz
Germelmann/ Matthes/Prütting/ Müller-Gloge	Arbeitsgerichtsgesetz, 5. Aufl., 2004

Gerold/Schmidt/ von Eicken/ Madert	Bundesgebührenordnung für Rechtsanwälte, Kommentar, 15. Aufl., 2002 (zitiert: Bearbeiter in Gerold/Schmidt)
Gerold/Schmidt/ Madert/ Müller-Rabe/ Mayer/Burhoff	Rechtsanwaltsvergütungsgesetz (RVG), Kommentar, 21. Aufl., 2013 (zitiert: Bearbeiter in Gerold/Schmidt, RVG)
GeschmMG	Geschmacksmustergesetz
GewArch	Gewerbearchiv
GewO	Gewerbeordnung
GG	Grundgesetz
ggf.	gegebenenfalls
GIRStG	Gesetz zur Verkürzung des Restschuldbefreiungsverfahrens und zur Stärkung der Gläubigerrechte
GKG	Gerichtskostengesetz
GKG aF	Gerichtskostengesetz i.d.F. bis zum 31.8.2009
GmbHG	Gesetz betreffend die Gesellschaften mit beschränkter Haftung
GemS	Gemeinsamer Senat der obersten Gerichtshöfe des Bundes
GNotKG	Gesetz über Kosten der freiwilligen Gerichtsbarkeit für Gerichte und Notare (Gerichts- und Notarkostengesetz)
Göhler	Gesetz über Ordnungswidrigkeiten. Kommentar. 15. Aufl., 2009 (bis zur 12. Aufl. erläutert von Erich Göhler). Fortgeführt von König und Seitz
Göttlich-Mümmler	*s. Rehberg u.a.*
GRUR	Gewerblicher Rechtsschutz und Urheberrecht (Zeitschrift)
GRUR-RR	GRUR-Rechtsprechungsreport
GV	Gerichtsvollzieher
GVBl.	Gesetz- und Verordnungsblatt
GVG	Gerichtsverfassungsgesetz
GVGA	Geschäftsordnung für Gerichtsvollzieher
GVKostG	Gerichtsvollzieherkostengesetz
GVO	Gesamtvollstreckungsordnung
GVPat	Kostenverzeichnis zum PatKostG
GWB	Gesetz gegen Wettbewerbsbeschränkungen
GWR	Gesellschafts- und Wirtschaftsrecht
h.A.	herrschende Ansicht
HalblSchG	Halbleiterschutzgesetz
Hdb.	Handbuch
Hansens	Kommentar zur BRAGO, 8. Aufl., 1995
Hartmann	Kostengesetze, 47. Aufl., 2017
Hartung/Schons/Ender	RVG – Rechtsanwaltsvergütungsgesetz, 3. Aufl., 2017 (zitiert: *Bearbeiter* in)
HEZ	Höchstrichterliche Entscheidungen in Zivilsachen
HFR	Höchstrichterliche Finanzrechtsprechung
HGB	Handelsgesetzbuch
HinterlO	Hinterlegungsordnung
h.M.	herrschende Meinung
HRR	Höchstrichterliche Rechtsprechung
Hs.	Halbsatz
i.d.F.	in der Fassung
i.d.R.	in der Regel

InsO	Insolvenzordnung
InsVO	Verordnung über Insolvenzverfahren
InsVo	Zeitschrift „Insolvenz & Vollstreckung“
InsVV	Insolvenzrechtliche Vergütungsordnung
IPRG	Gesetz zur Neuregelung des Internationalen Privatrechts
IntFamRVG	Internationales Familienrechtsverfahrensgesetz
i.S.(v.)	im Sinne (von)
Isak/Wagner	Franz Isak/Alois Wagner: Strafvollstreckung, 6. Aufl. 1999
i.Üb.	im Übrigen
i.V.m.	in Verbindung mit
Jauernig	BGB – Bürgerliches Gesetzbuch, Kommentar, 12. Aufl., 2007
JBeitrG	Justizbeitrebungsgesetz
JBeitrO	Justizbeitreibungsordnung (ab 18.1.2017 JBeitrG)
JBl.	Justizblatt
Jg	Jahrgang
JGG	Jugendgerichtsgesetz
JKassO	Justizkassenordnung
JKomG	Justizkommunikationsgesetz
JMBlNRW	Justizministerialblatt für Nordrhein-Westfalen
JR	Juristische Rundschau
2.JuMoG	2. Justizmodernisierungsgesetz
JurBüro	Das Juristische Büro
JurionRS	Rechtsprechungssammlung in der juristischen Datenbank JURION des Verlags Wolters-Kluwer (www.jurion.de), zitiert: Jahrgang, Nr.
Justiz	Die Justiz, Justizministerialblatt Württemberg-Baden
JVBl.	Justizverwaltungsblatt
JVEG	Justizvergütungs- und Entschädigungsgesetz
JVKostG	Gesetz über Kosten in Angelegenheit der Justizverwaltung (Justizverwaltungskostengesetz)
JVKostO	Verordnung über Kosten im Bereich der Justizverwaltung
JW	Juristische Wochenschrift
JWG	Gesetz über Jugendwohlfahrt
JZ	Juristenzeitung
KapMuG	Kapitalanleger-Musterverfahrensgesetz
KartellG	Kartellgesetz
Keller	Ulrich Keller, Die eidesstattliche Versicherung nach §§ 807, 899 ZPO, 2. Aufl., 1999
Keske	Monika Keske, Das neue FamGKG, Kurzkommentar mit Synopse, 2009
KfH	Kammer für Handelssachen
KG	Kammergericht
KgfEG	Kriegsgefangenenentschädigungsgesetz
KGJ	Jahrbuch der Entscheidungen des KG in Sachen der freiwilligen Gerichtsbarkeit
Kl	Kläger, Klage
Kleine-Cosack	Michael Kleine-Cosack, BRAO – Bundesrechtsanwaltsordnung mit BORA und FAO, 7. Aufl., 2015
KMR	Kommentar zur StPO, begr. von Kleinknecht/Müller, Reitberger, fortgeführt von Müller/Sax/Paulus/Fezer, ab der 14. Lieferung herausgegeben von Heintschel Heinegg und Stöcker, Loseblattwerk, 7. Aufl. ab 1998 (Stand: Februar 2008); zitiert: KMR-Bearbeiter
KO	Konkursordnung
von König	Renate Baronin von König, Zivilprozess und Kostenrecht, 2. Aufl., 2008

von König/Bischof	Renate Baronin von König/Hans Helmut Bischof, Kosten in Familiensachen – Gerichts- und Anwaltskosten sowie Kosten der Mediation, 22. Aufl., 2015
Komm	Kommentar
KostÄndG	Gesetz zur Änderung und Ergänzung kostenrechtlicher Vorschriften
KostO	Kostenordnung
KostRÄndG 1994	Kostenrechtsänderungsgesetz 1994
KostRModG	Kostenrechtsmodernisierungsgesetz
KostRspr.	Kostenrechtsprechung
KostVfg.	Kostenverfügung
KR	Kostenrechtsprechung, Loseblattausgabe (4. Aufl. ab 1997)
krit.	Kritisch
KSpGEG	Gesetz zur Demonstration und Anwendung von Technologien zur Abscheidung, zum Transport und zur dauerhaften Speicherung von Kohlendioxid
KTS	Konkurs-, Treuhand- und Schiedsgerichtswesen
KV	Kostenverzeichnis zum GKG
KVGv	Kostenverzeichnis zum Gerichtsvollzieherkostengesetz
KWG	Gesetz über das Kreditwesen
L	Leitsatz
LAG	Landesarbeitsgericht; Lastenausgleichsgesetz
Lappe	Kommentar zum GKG, 1976, Nachtrag 1978
Lappe, Grundriß	Justizkostenrecht, 1982
LG	Landgericht
lit.	littera (Buchstabe)
LKV	Landes- und Kommunalverwaltung (Zeitschrift)
LM	Lindenmaier-Möhring, Nachschlagewerk des BGH
Löwe-Rosenberg	Kommentar zur StPO und zum GVG, 25. Aufl. (zitiert: Bearbeiter in ...)
Lorenz/Klanke	Karl-Heinrich Lorenz/Dieter Klanke, InsVV-GKG-RVG. Kommentar zu Vergütung und Kosten in der Insolvenz, 2. Aufl., 2014
LS	Leitsatz
LSG	Landessozialgericht
lt.	laut
LwVG	Gesetz über das gerichtliche Verfahren in Landwirtschaftssachen
LZ	Leipziger Zeitschrift
MarkG	Markengesetz
MarkRRG	Markenrechtsreformgesetz
MDR	Monatsschrift für Deutsches Recht
Meier/Oberthür	Meier, Hans-Georg; Oberthür, Nathalie, Becker, Tanja; Gebühren, Streitwerte und Rechtsschutzversicherung im Arbeitsrecht, 4. Auflage, 2016
Meyer	Dieter Meyer, Strafrechtsentschädigung und Auslagenerstattung, 10. Aufl. 2017 ders., Gerichtsvollzieherkostengesetz, 2011
Meyer-Goßner/Schmitt	Kommentar zur StPO, 60. Aufl. 2017
Meyer/Höver/Bach	Paul Meyer/Albert Höver/Wolfgang Bach, JVEG – Die Vergütung und Entschädigung von Sachverständigen, Zeugen, Dritten und ehrenamtlichen Richtern. Kommentar, 26. Aufl. 2013
Meyer-Ladewig/ Keller/Leitherer	Sozialgerichtsgesetz, Kommentar, 9. Aufl. 2008 (zitiert: Meyer-Ladewig)
Mielke	GKG-Kommentar, 1965
MinBl	Ministerialblatt

Mitt	Mitteilung(en)
MittdtPatA	Mitteilungsblatt des deutschen Patentamts
MMR	MultiMedia und Recht
MuSchG	Mutterschutzgesetz
Museliak	Kommentar zur ZPO, 6. Aufl. 2008
MRK	Europäische Konvention zum Schutz der Menschenrechte und Grundfreiheiten
m.w.N.	mit weiteren Nachweisen
m.N.	mit Nachweisen
MWSt	Mehrwertsteuer
MwStR	Mehrwertsteuerrecht
Nachw.	Nachweis; (mit) Nachweisen
NdsRPfl.	Niedersächsische Rechtspflege
n.F.	neue Fassung; neue Folge
NJ	Neue Justiz (Zeitschrift)
NJOZ	Neue Juristische Online-Zeitschrift (Beck-Verlag)
NJW	Neue Juristische Wochenschrift
NJW-RR	Neue Juristische Wochenschrift, Rechtsprechungsreport
NJW-Spezial	Periodische Beilage zur NJW (Jahrgang, Seite)
NK-GK	Gesamtes Kostenrecht (s. unten Schneider/Volpert/Fölsch)
Noll	Die Streitwertfestsetzung im Verwaltungsprozess (NJW-Schriftenreihe Heft 9)
Nov	Novelle
Nr., Nrn.	Nummer, Nummern
NStZ	Neue Zeitschrift für Strafrecht
NStZ-RR	Neue Zeitschrift für Strafrecht, Rechtsprechungsreport
NVwZ	Neue Zeitschrift für Verwaltungsrecht
NVwZ-RR	Neue Zeitschrift für Verwaltungsrecht, Rechtsprechungsreport
NZA	Neue Zeitschrift für Arbeitsrecht
NZBau	Neue Zeitschrift für Baurecht
NZFam	Neue Zeitschrift für Familienrecht
NZG	Neue Zeitschrift für Gesellschaftsrecht
NZI	Neue Zeitschrift für das Recht der Insolvenz und Sanierung
NZKart	Neue Zeitschrift für Kartellrecht
NZM	Neue Zeitschrift für Mietrecht
NZS	Neue Zeitschrift für Sozialrecht
NZV	Neue Zeitschrift für Verkehrsrecht
NZVWiSt	Neue Zeitschrift für Wirtschafts-, Steuer-und Unternehmensstrafrecht
o.ä.	oder ähnliches
Oe/Wi/He	– Streitwerthandbuch in alphabetischer Zusammenstellung, 2. Aufl. 1998 – Gerichtskosten in Strafsachen und gerichtlichen OWi-Verfahren, 1999
Oe/He/Tre	Kommentar zum Gerichtskostengesetz und zum Gesetz über Gerichtskosten in Familiensachen (GKG/FamGKG), herausgegeben von *Arno Oestreich/Heinrich Hellstab/Paul Trenkle;* Klaus *Otto.* Loseblattsammlung, Stand: 116. Lieferung, Juli 2017
ÖV	Öffentliche Verwaltung
OGHBrZ	Entscheidungen des Obersten Gerichtshofs für die Britische Zone in Zivilsachen
OHG	Offene Handelsgesellschaft
OLG	Oberlandesgericht
OLGR	OLGReport: Zivilgerichtliche Rechtsprechung der Oberlandesgerichte

OLG-NL	OLG-Rechtsprechung – Neue Länder
OLGRspr.	Rechtsprechung der Oberlandesgerichte
OLGZ	Rechtsprechung der Oberlandesgerichte in Zivilsachen
openJur	openJur – die freie juristische Datenbank (http://openjur.de)
OVG	Oberverwaltungsgericht
OVGE	Entscheidungen der OVGe Münster und Lüneburg
OWiG	Gesetz über Ordnungswidrigkeiten
PAO	Patentanwaltsordnung
Palandt	Kommentar zum BGB, 67. Aufl. 2008 mit Nachtrag 2008 (zitiert: Palandt-Bearbeiter)
PatAnwG	Patentanwaltsgesetz
PatG	Patentgesetz
PKH	Prozesskostenhilfe
PatKostG	Patentkostengesetz
PoststrukG	Poststrukturgesetz
Prot.	Protokoll
ProzBev	Prozessbevollmächtigter
ProzG	Prozessgericht
Prütting/Gehrlein	ZPO, Kommentar, 9. Aufl. 2017 (zitiert: Bearb./)
Prütting/Helms	FamFG, Kommentar, 2009
Prütting/Wegen/Weinreich	BGB, Kommentar, 12. Aufl. 2017 (zitiert: Bearb./)
RA	Rechtsanwalt
RBerG	Rechtsberatungsgesetz
RdA	Recht der Arbeit
RdErl	Runderlass
RDG	Rechtsdienstleistungsgesetz
RdL	Recht der Landwirtschaft
RdTW	Recht der Transportwirtschaft
Rehberg/Schons/Vogt/Feller/Hellstab/Jungbauer/Bestelmeyer/Frankenberg	RVG – Rechtsanwaltsvergütungsgesetz, Kommentar in alphabetischer Zusammenstellung, 6. Aufl., 2015 (vormals Göttlich/Mümmler), zitiert: *Bearbeiter* in Rehberg u.a.
Reg	Register
RegBl	Regierungsblatt
Renner/Otto/Heinze	Thomas *Renner*/Dirk-Ulrich *Otto*/Volker *Heinze*, Leipziger Gerichts- & Notarkosten-Kommentar (GNotKG) 2013
Rev	Revision
RG	Reichsgericht
RGBl.	Reichsgesetzblatt
RGZ	Entscheidungen des Reichsgerichts in Zivilsachen
RGSt	Entscheidungen des Reichsgerichts in Strafsachen
RhSchiffG	Rheinschifffahrtsgericht
RiA	Recht im Amt
Rn.	Randnummer
ROLG	Rechtsprechung der Oberlandesgerichte
RPfleger	Der Deutsche Rechtspfleger
RPflEntlG	Gesetz zur Entlastung der Rechtspflege
r+s	Recht und Schaden, Zeitschrift
Rspr.	Rechtsprechung. Rechtsprechung der Oberlandesgerichte
RStBl	Reichssteuerblatt
RVG	Rechtsanwaltsvergütungsgesetz (ab 1.7.2004)

RVG-Letter	Monatsinformation zum anwaltlichen Vergütungsrecht
RzW	Rechtsprechung zum Wiedergutmachungsrecht
s.	siehe
S.	Seite, Satz
SchlHA	Schleswig Holsteinische Anzeigen
Schmid	Michael J. Schmid, Handbuch der Mietnebenkosten, 8. Aufl. 2007
Schmidt/Schmidt	Herbert Schmidt/Holger Schmidt, Der Gegenstandswert in bürgerlichen Rechtsstreitigkeiten
Schröder-Kay	Schröder-Kay, Das Kostenwesen der Gerichtsvollzieher, Kommentar, Bearbeitet von Gerhard Winter und Karl-Heinz Gerlach, 12. Aufl. 2006 ders., Das Kostenwesen der Gerichtsvollzieher, Ergänzungsband zur 11. Aufl. 2002 (zitiert: NT Rn. E.)
Schneider/Herget	Egon Schneider/Kurt Herget, Streitwert-Kommentar für den Zivilprozess, 13. Aufl. 2011
Schneider/Volpert/ Fölsch	Norbert Schneider/ Joachim Volpert/Peter Fölsch, FamGKG mit Verfahrenswert-ABC – Handkommentar, 2. Aufl. 2014
Schneider/Volpert/ Fölsch	Norbert Schneider/ Joachim Volpert/Peter Fölsch, Gesamtes Kostenrecht – Justiz-Anwaltschaft-Notariat, 1. Aufl. 2014 (zitiert: NK-GK/*Bearbeiter*)
Schoreit/Groß	Armin *Schoreit*/Ingo-Michael *Groß*, Beratungshilfe, Prozesskostenhilfe, Verfahrenskostenhilfe, 11. Aufl. 2012
Schulte-Brunert/ Weinreich	FamFG – Kommentar, 3. Aufl. 2012 (zitiert: Bearbeiter in ...)
Schultzky	Hendrik Schultzky, Die Kosten der Berufung und Revision im Zivilprozess, 2003
SeeVertO	Seerechtliche Verteilungsordnung
SG	Sozialgericht
SGB	Sozialgesetzbuch
SGb	Sozialgerichtsbarkeit
SGG	Sozialgerichtsgesetz
SignG	Signaturgesetz
SK-StPO	Systematischer Kommentar zur Strafprozessordnung. 4. Aufl. Band VIII (§§ 374–495 StPO), 2013; 5. Aufl. Band IX (GVG, EGGVG, 2016. (zitiert: SK-StPO-*Bearbeiter*)
SJZ	Süddeutsche Juristenzeitung
sog.	sogenannt
SozR	Juristischer Informationsdienst – Online-Datenbank (www.deJure.org)
SozVers	Die Sozialversicherung
StA	Staatsanwalt(schaft); Standesamt
StB	Der Steuerberater (Zeitschrift)
StBerG	Steuerberatungsgesetz
SteuK	Steuerrecht kurzgefasst
StGB	Strafgesetzbuch
Stöber	Kurt Stöber, Zwangsvollstreckung in das unbewegliche Vermögen – ZVG-Handbuch, 9. Aufl. 2010
StPO	Strafprozessordnung
str.	streitig; strittig
StrEG	Gesetz über die Entschädigung für Strafverfolgungsmaßnahmen
StrRehaG	Strafrechtliches Rehabilitierungsgesetz
StVG	Straßenverkehrsgesetz
StVollzG	Strafvollzugsgesetz
SVR	Straßenverkehrsrecht (Zeitschrift); Jahrgang, Seite

Tab	Tabelle
Thomas/Putzo	ZPO. Kommentar zur ZPO, ber. Von Heinz Thomas (†) und Hans Putzo (†), fortgeführt von Klaus *Reichold*, Rainer *Hüßtege* und Christian *Seiler*. 38. Aufl. 2017
Tschischgale	Das Kostenrecht in Arbeitssachen, Das Kostenrecht in Sozialsachen, Das Kostenrecht in Zivilsachen
TzBfG	Teilzeit- und Befristungsgesetz – TzBfG
u.a.	unter anderem
u.ä.	und ähnliche
UdG	Urkundsbeamter der Geschäftsstelle
Üb.	Überblick; Übersicht
Uhlenbruck/ Hirte/Vallender	Wilhelm Uhlenbruck/Heribert Hirte/Heinz Vallender Insolvenzordnung. 13. Auflage, 2010
UKlaG	Unterlassungsklagengesetz
UMAG	Gesetz zur Unternehmensintegrität und Modernisierung des Anfechtungsrechts
umstr.	umstritten
u.U.	unter Umständen
UWG	Gesetz gegen den unlauteren Wettbewerb
VA	Verwaltungsakt; Verwaltungsrecht für die Anwaltspraxis (Zeitschrift)
VBl.	Verwaltungsblatt; Jahrgang, Seite
VAStrRefG	Gesetz zur Strukturreform des Versorgungsausgleichs (VAStrRefG)
vAw	von Amts wegen
Verf	Verfahren; Verfassung
VersR	Versicherungsrecht
VersAusglG	Gesetz über den Versorgungsausgleich (Versorgungsausgleichsgesetz – VersAusglG)
Verw	Verwaltung
VerwRspr.	Verwaltungsrechtsprechung
Vfg	Verfügung
VG	Verwaltungsgericht
VGH	Verwaltungsgerichtshof
vgl.	vergleiche
VglO	Vergleichsordnung
VidVerfG	Gesetz zur Intensivierung des Einsatzes von Videokonferenztechnik in gerichtlichen und staatsanwaltschaftlichen Verfahren
VIZ	Zeitschrift für Vermögens- und Investitionsrecht
VKH	Verfahrenskostenhilfe
VO	Verordnung
VOBl	Verordnungsblatt
Vorbem.	Vorbemerkung
VRS	Verkehrsrechtssammlung
VSBG	Verbraucherstreitbeilegungsgesetz
VSchDG	EG-Verbraucherschutzdurchsetzungsgesetz
VVG	Gesetz über den Versicherungsvertrag
VwGO	Verwaltungsgerichtsordnung
VwKostG	Verwaltungskostengesetz
VwVfG	Verwaltungsverfahrensgesetz
VwVG	Verwaltungsvollstreckungsgesetz
VwZG	Verwaltungszustellungsgesetz
VZOG	Vermögenszuordnungsgesetz

WBO	Wehrbeschwerdeordnung
WDisplO	Wehrdiszpilinarordnung
WEG	Wohnungseigentumsgesetz
Weinreich/Klein	Gerd Weinreich/ Michael Klein: Fachanwaltskommentar Familienrecht, 5. Aufl. 2013 (zitiert: *Bearbeiter* in ...)
WG	Wechselgesetz
wg.	wegen
WGG	Wohngeldgesetz
Winterstein	Bernd Winterstein, Das Pfändungsverfahren des Gerichtsvollziehers, 1994 ders., Gerichtsvollzieherkostenrecht, Kommentar, 3. Aufl. Loseblatt seit 1995, Stand März 2006.
WiStG	Wirtschaftsstrafgesetz
WM	Wertpapiermitteilungen; auch Wohnungswirtschaft und Mietrecht
WoM	Wohnungswirtschaft und Mietrecht
WpHG	Wertpapierhandelsgesetz
WPM	Wertpapiermitteilungen
WpÜG	Gesetz zur Regelung von öffentlichen Angeboten zum Erwerb von Wertpapieren und Unternehmensübernahmen vom 20.12.2001 (BGBl. I, 3822) – WpÜG
WRP	Wettbewerb in Recht und Praxis
WuM	Wohnungswirtschaft und Mietrecht
WuW	Wirtschaft und Wettbewerb
WZG	Warenzeichengesetz
Z	Ziffer
ZAP	Zeitschrift für die Anwaltspraxis
z.B.	zum Beispiel
ZBR	Zeitschrift für Beamtenrecht
ZD	Zeitschrift für Datenschutz
ZerkR	Zeitschrift für evangelisches Kirchenrecht; Band, Seite
ZEuP	Zeitschrift für Europäisches Privatrecht
ZEV	Zeitschrift für Erbrecht und Vermögensnachfolge
ZfBR	Zeitschrift für deutsches und internationales Bau- und Vergaberecht
ZfF	Zeitschrift für Fürsorgewesen
ZfS	Zeitschrift für Schadensrecht
ZK	Zivilkammer
ZHRO	Rechtshilfeordnung für Zivilsachen
Zimmermann	ZPO, 5. Aufl. 1998
ZInsO	Zeitschrift für das gesamte Insolvenzrecht
Zöller	Kommentar zur ZPO, 25. Aufl. 2005 (zitiert: Bearbeiter-Zöller)
ZPO	Zivilprozessordnung
ZRP	Zeitschrift für Rechtspolitik
ZMR	Zeitschrift für Miet- und Raumrecht
ZSEG	Gesetz über die Entschädigung für Zeugen und Sachverständige
z.T.	zum Teil
ZustErgG	Zuständigkeitsergänzungsgesetz
ZVG	Zwangsversteigerungsgesetz
ZVI	Zeitschrift für Verbraucher- und Privat-Insolvenzrecht
ZWE	Zeitschrift für Wohnungseigentumsrecht
ZwV	Zwangsvollstreckung
ZwVerwVO	Zwangsverwalterverordnung
ZwVollStrÄndG	Gesetz zur Reform der Sachaufklärung in der Zwangsvollstreckung
z.Z.	zurzeit
ZZP	Zeitschrift für Zivilprozess

ERSTER TEIL
Kommentar zum Gerichtskostengesetz (GKG)

i.d. Neufassung des Gesetzes vom 27.2.2014 (BGBl. I, 154, 156), zuletzt geändert durch Art. 2 Abs. 7 des Gesetzes vom 18.7.2017 (BGBl. I, 2739, 2744)

Lfd. Nr.	Änderndes Gesetz	Datum	BGBl. I, Seite	Geänderte oder eingefügte Paragrafen des GKG bzw. Nrn. des KV	Gültig ab
1	Gesetz zur Durchführung der Verordnung (EU) Nr. 1215/1212 sowie zur Änderung sonstiger Vorschriften	8.7.2014	890, 893	§§ 22 Abs. 3, 23 Abs. 1, 51 Abs. 5, 52, 63, KV Nrn. 1510, 1512, 1513, 3920	16.7.2014
				§ 22 Abs. 1	10.1.2015
2	Gesetz zur Durchführung des Haager Übereinkommens vom 30. Juni 2005 über Gerichtstandsvereinbarungen sowie zur Änderung des Rechtspflegergesetzes, des Gerichts- und Notarkostengesetzes, des Altenteilzeitgesetzes und des Dritten Buches Sozialgesetzbuch	10.12.2014 23.8.2015	2082, 2083, 1034	§ 22, KV 1513	1.10.2015
3	Gesetz zum Internationalen Erbrecht und zur Änderung von Vorschriften zum Erbschein sowie zur Änderung sonstiger Vorschriften (IntErbRVGEG)	29.6.2015	1042, 1055	§ 1 Abs. 1; 5 Abs. 2; 52 Abs. 7; KV 1512	17.8.2015
4	Gesetz zur Stärkung der Opferrechte im Strafverfahren (3. Opferrechtsreformgesetz)	21.12.2015	2525, 2528	KV 3150–3152	1.1.2017
5	Gesetz zur Modernisierung des Vergaberechts (Vergaberechtsmodernisierungsgesetz – VergRModG)	17.2.2016	203, 232	§ 50; KV Vorbem.11.2.2.; Nr. 1630	18.4.2016
6	Gesetz zur Umsetzung der Richtlinie über die Vergleichbarkeit von Zahlungskontoentgelten, deren Wechsel von Zahlungskonten sowie den Zugang zu Zahlungskonten mit grundlegenden Funktionen	11.4.2016	720, 736	11.6.2016	12.6.2016
	Gesetz zur Aktualisierung der Strukturreform des Gebührenrechts des Bundes	18.10.2016	1666, 1671	KV 9012	1.10.2021
7	Gesetz zur Änderung des Sachverständigenrechts und zur weiteren Änderung des Gesetzes über das Verfahren in Familiensachen und	11.10.2016	2222, 2224	§ 12a	15.10.2016

Lfd. Nr.	Änderndes Gesetz	Datum	BGBl. I, Seite	Geänderte oder eingefügte Paragrafen des GKG bzw. Nrn. des KV	Gültig ab
	in den Angelegenheiten der Freiwilligen Gerichtsbarkeit sowie zur Änderung des Sozialgerichtsgesetzes, der Verwaltungsgerichtsordnung, der Finanzgerichtsordnung und des Gerichtskostengesetzes				
8	Gesetz zur Durchführung der Verordnung (EU) Nr. 655/2014 sowie zur Änderung sonstiger zivilprozessualer, grundbuchrechtlicher und vermögensrechtlicher Vorschriften und zur Änderung Justizbeitreibungsordnung (EuKoPfVODG)	21.11.2016	2591, 2597	§§ 1 Abs. 3; 53 Abs. 1; KV Vorbem. 1.4; Nrn. 1411, 1430; Vorbem. 2,1; Nrn. 2111, 2112, 2113–2115, 2119; Vorbem. 8.3; Nr. 8330	18.1.2017
9	Gesetz zur Änderung der Vorschriften zur Vergabe von Wegenutzungsrechten zur leitungsgebundenen Energieversorgung	27.1.2017	130, 131	§ 53 Abs. 1	28.1.2017
10	Gesetz zur Erleichterung der Bewältigung von Konzerninsolvenzen (KonzInsoÄndG)	13.4.2017	866, 870	§ 23; KV Gliederung, Abschn. 6 Nrn. 2360, 2361; Abschn. 77 Nrn. 2370–2372, 2373, 2374	21.4.2018
11	Gesetz zur Reform der strafrechtlichen Vermögensabschöpfung (VermAbschRÄndG)	13.4.2017	872, 892	§ 16; KV Gliederung zu Teil 3 Nrn. 435, 439, KV Nr. 3420; 3601, Vorbem. 4. 2; Nrn. 4210, 4400	1.7.2017
12	Gesetz zur Durchführung der Verordnung (EU) 2015/848 über Insolvenzverfahren	5.6.2017	2017, 1476, 1481	§§ 1; 23; § 58; Nrn. 2360–2362; 2373–2376	28.6.2017
				§ 23; KV Nrn. 2385, 2386	21.4.2018
13	Zweites Gesetz zur Novellierung von Finanzmarktvorschriften aufgrund europäischer Rechtsakte (Zweites Finanzmarktnovellierungsgesetz – 2. FiMaNoG)	23.6.2017	1693, 1817	§ 50 Abs. 1	3.1.2018
14	Gesetz zur Einführung der elektronischen Akte in der Justiz und zur weiteren Förderung des elektronischen Rechtsverkehrs	5.7.2017	2208, 2225	Anm. zu KV 9000	1.1.2018

Lfd. Nr.	Änderndes Gesetz	Datum	BGBl. I, Seite	Geänderte oder eingefügte Paragrafen des GKG bzw. Nrn. des KV	Gültig ab
15	Gesetz zur Einführung eines Wettbewerbsregisters und zur Änderung des Gesetzes über Wettbewerbsbeschränkungen	18.7.2017	2739, 2744	§§ 1; 50; KV Vorbem. 1.2.2	29.7.2017

Vorbemerkungen

Übersicht

I. Geschichtliches — 1–8
bis zur Kostenrechtsmodernisierung 2004 — 1–6
ab der Kostenrechtsmodernisierung 2004 — 7, 8
II. Rechtspolitischer Ausblick — 9
III. Auslegung — 10
IV. Anwendungsbereich des GKG — 11, 12

I. Geschichtliches

Das GKG[1] ist zusammen mit den Reichsjustizgesetzen von 1878 in Kraft getreten und in seiner mehr als hundertjährigen Geschichte mehrmals neu gefasst worden.[2] 1

Nach der Gründung der Bundesrepublik Deutschland bestimmte das Vereinheitlichungsgesetz vom 12.9.1950[3] die Geltung des GKG für Westdeutschland. Es wurde mit dem Kostenrechtsänderungsgesetz vom 26.7.1957[4] grundlegend neu gefasst. So wurde u.a. das Gerichtskostenrecht in Verfahren der Zwangsversteigerung und Zwangsverwaltung von Gegenständen des unbeweglichen Vermögens und in ähnlichen Verfahren sowie in Verfahren nach dem Gesetz über Ordnungswidrigkeiten in das GKG eingegliedert, die Rechtsmittel an die der KostO angeglichen und auch die Anfechtbarkeit der Vorschussanordnungen vereinheitlicht. 2

Nach weiteren kleineren Eingriffen brachte dann das Kostenrechtsänderungsgesetz vom 20.8.1975[5] die nächste grundlegende Neufassung, in der u.a. die Gerichtskosten der Verwaltungs- und Finanzgerichtsbarkeit in das GKG einbezogen und – wohl die bedeutendste Neuerung – das Kostenverzeichnis (KV-GKG) geschaffen wurde. Mit der Novelle 1975 nahm der Gesetzgeber auch die Gelegenheit wahr, die in Unordnung geratene Paragraphenfolge zu bereinigen. 3

Abgesehen von einigen notwendigen Folgeanpassungen wegen materieller Änderungen ist das GKG dann erst durch das am 1.7.1994 in Kraft getretene Kostenrechtsänderungsgesetz 1994 – KostRÄndG 1994 – vom 25.4.1994 (BGBl. I, 1325) erneut grundlegend umgestaltet worden. Es wurden neben einer Anpassung der Gebühren des GKG, auch die des ArbGG, der JVKostO, des GVKostG und der BRAGO sowie der Entschädigungssätze 4

1 GKG vom 18.6.1878 (RGBl. I, 141).
2 Zuletzt durch das Gesetz vom 27.2.2014 (BGBl. I, 890).
3 BGBl. I, 455.
4 BGBl. I, 861.
5 BGBl. I, 2189 (sog. Novelle 1975).

nach dem ZSEG und dem EhrRiG an die veränderten wirtschaftlichen Verhältnisse auch das GKG als solches strukturell wesentlich vereinfacht.

5 Mit der Reform des Gerichtskostenrechts durch das KostRÄndG 1994 war die Entwicklung aber längst noch nicht abgeschlossen, sondern sie ging noch im Jahre 1994 rasant weiter. Vor dem Hintergrund zahlreicher Veränderungen des materiellen Rechts blieb auch die Struktur des GKG nicht immer verschont.

6 So hat das GKG erhebliche, insbesondere strukturelle Veränderungen wieder durch das Gesetz zur Modernisierung des Kostenrechts (Kostenrechtsmodernisierungsgesetz – KostRModG – vom 5.5.2009,[6] in Kraft getreten am 1. Juli 2004,[7] erfahren. Neben der grundlegenden Reform des Rechtsanwaltskostenrechts durch das RVG, der Reform des Rechts der Zeugen- und Sachverständigenentschädigung und der Reform der Vergütung für ehrenamtliche Richter durch das JVEG das GKG nicht nur der allgemeinen Kostenentwicklung angepasst, sondern auch weiter vereinfacht worden. So wurde zunächst das für Zivilsachen erster Instanz (ohne Familiensachen) und für das erstinstanzliche Verfahren des einstweiligen Rechtsschutzes eingeführte Pauschalgebührensystem auch auf die entsprechenden Bereiche der zweiten Instanz ausgedehnt. Außerdem ist auch das Gerichtskostenrecht des ArbGG in das GKG eingearbeitet worden. Das hat neben der systematischen Neugliederung der Paragrafenfolge auch eine völlige Neuordnung des Kostenverzeichnisses nach sich gezogen. Auch der Aufbau des GKG ist übersichtlicher und vor allem logischer gestaltet worden, was zu einer gründlichen neuen Nummerierung der Vorschriften zwang, auch wenn diese ganz überwiegend inhaltlich und sachlich unverändert blieben.[8]

7 Auch nach der Reform vom 1.7.2004 hat das GKG weitere gesetzgeberische Eingriffe erfahren. Es handelt sich dabei aber ganz überwiegend nur um Folgeänderungen aufgrund anderer Gesetze. Die Struktur des GKG ist dadurch sachlich kaum etwas verändert worden.[9] Das gilt auch für die Eingriffe in das GKG durch die Reform des Familienrechtsverfahrens.[10] Seit dem 1.9.2009 werden die Gerichtskosten in Familiensachen nicht mehr nach dem GKG erhoben. Vielmehr ist dafür ein völlig eigenständiges „Gesetz über die Gerichtskosten in Familiensachen (FamGKG)“ geschaffen (Art. 2 FGG-RG).[11] Auch das „Gesetz zur Reform der Sachaufklärung in der Zwangsvollstreckung“[12] hat das GKG nur marginal berührt.[13] Das auf Drängen des EGMR und des BVerfG[14] geschaffene und am 3. Dezember 2011 in Kraft getretene „Gesetz über den Rechtsschutz bei überlangen Gerichtsverfahren und strafrechtlichen Ermittlungsverfahren“[15] hat ebenfalls besonders im KV umfangreiche Ergänzungen mit sich gebracht.

8 Mit dem 2. KostRModG[16] hat die Reform des gesamten Gerichtskostenrechts ihren (vorläufigen) Abschluss gefunden. Im Wesentlichen betrifft die Reform aber die frühere KostO und die JVerwKO, die durch ein modernes Gerichts- und Notarkostengesetz

---

6 BGBl. I, 718.
7 Dazu auch bei *D. Meyer* JurBüro 2004, 286 ff.
8 Zur Entwicklung des Gerichtskostenrechts bis zum Inkrafttreten der Neufassung des GKG auch bei *D. Meyer* JurBüro 2004, 300 ff.
9 Vgl. dazu *D. Meyer* JurBüro 2005, 291.
10 Gesetz zur Reform des Verfahrens in Familiensachen und in den Angelegenheiten der freiwilligen Gerichtsbarkeit (FGG-Reformgesetz – FGG-RG) vom 17.12.2008 (BGBl. I, 2586, 2709).
11 Zum FamGKG vgl. auch die Übersicht bei *D. Meyer* JurBüro 2009, 456 ff.; *Gross* FPR 2010, 305.
12 Vom 29.7.2009 (BGBl. I, 2258, 2268) i.d.F. v. 23.5.2011 (BGBl. I, 898).
13 Dazu *D. Meyer* JurBüro 2012, 643.
14 Beschl. v. 2.9.2009 – 1 BvR 3178/08 –.
15 Vom 24.11.2011 (BGBl. I, 2302, 2306).
16 Zweites Gesetz zur Modernisierung des Kostenrechts (2. Kostenrechtsmodernisierungsgesetz – 2. KostRModG) vom 23.7.2013 (BGBl. I, Seite 2586).

(GNotKG) und ein zeitgemäßes Justizverwaltungskostengesetz (JVKostG) ersetzt worden sind. Das GKG ist von der Reform strukturell nicht erheblich betroffen.[17] Abgesehen von der Vereinheitlichung der Bewertung wiederkehrender Leistungen durch Aufhebung des § 41 Abs. 1 a.F., der Anpassung der Bewertung der Besoldung der Beamten pp. im § 52 und einigen Klarstellungen betreffen die mehr als 130 Änderungen die technischen Korrekturen infolge der Anhebung der Gebühren. Als Folge davon ist das GKG mit dem Gesetz vom 27.2.2014[18] neu gefasst worden.

II. Rechtspolitischer Ausblick

Zur Entlastung der Gerichte wird seit Jahren die Einführung einer Vorschusspflicht 9 für das Berufungsverfahren mit guten Gründen, insbesondere zur Bekämpfung von Mißbrauch der Berufungseinlegung, erörtert. Die vom Bundesrat eingebrachten Gesetzesentwürfe,[19] zuletzt neu eingebracht in der 17. Wahlperiode,[20] sind jedoch nicht weiter verfolgt worden. Die Frage wird aber nach wie vor heftig diskutiert.[21]

III. Auslegung

Bei der **Auslegung des Kostenrechts** ist zu beachten, dass dieses „regelmäßig nicht 10 auf das Maß der Arbeit, sondern auf die Erfüllung bestimmter Tatbestände" abstellt,[22] so dass niemals „eine Lösung, auch wenn sie nicht voll befriedigt, dazu führen ... darf ..., nach Abhilfen zu suchen, die nicht dem Sinn des Gesetzes und den von ihm verfolgten Zielen entsprechen". Entsprechend der vom BVerfG in mehreren methodischen Grundsatzentscheidungen aufgestellten These sind die Gerichte verfassungsrechtlich an die gesetzgeberische Grundentscheidung, die sich vornehmlich aus den Gesetzesmaterialien erschließen lässt, gebunden.[23] Dem „Willen des Gesetzgebers" kommt demzufolge bei der Auslegung der Kostenvorschriften ein erhebliches Gewicht zu.[24] „Gerade im Kostenrecht kann eine ausdehnende Auslegung von Ausnahmebestimmungen nicht befürwortet werden, da sonst die Gefahr einer unerträglichen Rechtsunsicherheit drohen würde".[25] Allerdings gilt auch der der Verfassung immanente Grundsatz der Zumutbarkeit und Verhältnismäßigkeit auch im Kostenrecht, in dem Sinne, dass die Kostenbelastung des Staatsbürgers nicht außer Verhältnis zu seinem Interesse am Ausgang des Verfahrens stehen darf.[26] Das bedeutet: Die Bestimmungen des Kostenrechts, also auch und gerade die des GKG, sind einer ausdehnenden Auslegung nur in sehr seltenen Fällen zugänglich, da insbesondere das Gerichtskostenrecht auf die Erfüllung äußerer (objektiver) Merkmale abstellt. Andererseits dürfen die Auslegung und die Anwendung des Gesetzes aber auch nicht zu unsinnigen und vom Gesetzgeber erkennbar nicht (so) gewollten und als ungerecht empfundenen Ergebnissen führen. Hier ist es Aufgabe der Rechtsprechung, die richtige Lösung *aus* dem Gesetz, nicht *gegen* das Gesetz zu fin-

17 Art. 3 des 2. KostRModG BGBl. I, 2013, Seite 2665. Dazu *D. Meyer*, JurBüro 2013, 525. Kritisch zur Reform: *Gnisa* DRiZ 2013, 282.
18 BGBl. I, 1254, 156.
19 BR-Drs. 38/10 vom 25.1.2010.
20 BT-Ds. 17/1211 vom 24.3.2010.
21 Vgl. *Hill*, DRiZ 2015, 46 ff., 47. Dazu kritisch *Fölsch*, DRiZ 2015, 82 ff., 83.
22 Vgl. BGH JurBüro 1968, 42.
23 Z.B. BVerfG NJW 2011, 836 und NJW 2012, 669.
24 Dazu *Wedel* JurBüro 2013, 176 und JurBüro 2015, 61 ff.
25 Vgl. BGHZ 7, 335; kritisch dazu *Schneider* MDR 1976, 270.
26 So OLG München NJW 1967, 1666.

den.[27] Ein für die Praxis wichtiges Hilfsmittel bei der Auslegung und Anwendung des GKG ist die Kostenverfügung (KostVfg.),[28] eine bundeseinheitlich geltende Verwaltungsvorschrift, die zwar den Kostenbeamten bei der Erstellung des Kostenansatzes, nicht aber die Gerichte[29] bindet (vgl. auch § 19 Rn. 39). Keinesfalls enthält die KostVfg. aber Gewohnheitsrecht, noch kann sie solches begründen.[30] Das gilt entsprechend auch für die DB-PKHG/DB-InsO.

IV. Anwendungsungsbereich des GKG

11 **Regelungsbereich:** Das **GKG** regelt ein Teilgebiet im Rahmen des gesamten Justizkostenrechts, nämlich nur die **Kostenansprüche des Staates** (der Justiz) für die im § 1 abschließend genannten **streitigen** Gerichtsbarkeiten (vgl. § 1 Rn. 1) **gegen die** einzelnen **Verfahrensbeteiligten** einschließlich der Kostenansprüche gegen die Betroffenen eines Strafverfahrens und eines gerichtlichen Bußgeldverfahrens. Für die Kostensprüche des Staates in (streitigen und nichtstreitigen) **Familiensachen** (§§ 111, 112 FamFG) gilt das **FamGKG** (vgl. § 1 FamGKG – dazu unten, Zweiter Teil). Die Kosten des Staates für Leistungen der **freiwilligen**, d.h. der nicht streitigen) **Gerichtsbarkeit** regelt das **GNotKG**. Soweit im Zuge der Zwangsvollstreckung oder für Zustellungen der Gerichtsvollzieher in Anspruch genommen werden muss, sind die entstehenden Kosten nach dem **GvKostG** abzurechnen. Kosten der Justizverwaltung werden nach dem **JVKostG** (abgedruckt, Dritter Teil Anhang XV) erhoben. Darüber hinaus enthalten noch weitere Bundes- und Landesgesetze Bestimmungen über Gerichtskosten (z.B: das PatKostG, das SGG, Berufsgerichtliche Verfahren etc.). Für **Kostenerstattungsansprüche der Verfahrensbeteiligten untereinander** sind die entsprechenden Bestimmungen der Prozessordnungen (z.B. §§ 103 ff. ZPO) anwendbar, während **Ansprüche gegen die Justiz** aufgrund der Inanspruchnahme als Nichtverfahrensbeteiligte, ehrenamtliche Richter, Sachverständige, Zeugen etc.) im **JVEG** geregelt sind.

12 In den **neuen Bundesländern und für den ehemaligen Ostteil von Berlin** ist für die vor dem 3. Oktober 1990 beendeten Verfahren das Kostenrecht der ehemaligen DDR weiter anzuwenden. Die Übergangsregelung dürfte heute aber weitestgehend obsolet sein. Im Übrigen vgl. §§ 71, 72.

ABSCHNITT 1
ALLGEMEINE VORSCHRIFTEN

§ 1
Geltungsbereich

(1) Für Verfahren vor den ordentlichen Gerichten

1. **nach der Zivilprozessordnung, einschließlich des Mahnverfahrens nach § 113 Abs. 2 des Gesetzes über das Verfahren in Familiensachen und in den Angelegenheiten der freiwilligen Gerichtsbarkeit und der Verfahren nach dem Gesetz über das Verfahren in Familiensachen und in den Angelegenheiten der freiwilligen Gerichtsbarkeit, soweit das Vollstreckungs- oder Arrestgericht zuständig ist;**

---

27 Vgl. auch BayVGH BayVBl. 1976, 400.
28 Neu gefasst ab dem 26.3.2014 (abgedruckt im Dritten Teil als Anhang X).
29 OLG Koblenz MDR 2005, 1079.
30 So auch *Hartmann* Einl. II B, Rn. 6. **A.M.** *Oestreich* in Oe/He/Tre § 1 Rn. 65 und § 19 Rn. 6.

2. nach der Insolvenzordnung und dem Einführungsgesetz zur Insolvenzordnung;
3. nach der Schifffahrtsrechtlichen Verteilungsordnung;
4. nach dem Gesetz über die Zwangsversteigerung und die Zwangsverwaltung;
5. nach der Strafprozessordnung;
6. nach dem Jugendgerichtsgesetz;
7. nach dem Gesetz über Ordnungswidrigkeiten;
8. nach dem Strafvollzugsgesetz, auch in Verbindung mit § 92 des Jugendgerichtsgesetzes;
9. nach dem Gesetz gegen Wettbewerbsbeschränkungen;
10. nach dem Wertpapiererwerbs- und Übernahmegesetz, soweit dort nichts anderes bestimmt ist;
11. nach dem Wertpapierhandelsgesetz;
12. nach dem Anerkennungs- und Vollstreckungsausführungsgesetz;
13. nach dem Auslandsunterhaltsgesetz, soweit das Vollstreckungsgericht zuständig ist;
14. für Rechtsmittelverfahren vor dem Bundesgerichtshof nach dem Patentgesetz, dem Gebrauchsmustergesetz, dem Markengesetz, dem Designgesetz, dem Halbleiterschutzgesetz, dem Schriftzeichengesetz und dem Sortenschutzgesetz (Rechtsmittelverfahren des gewerblichen Rechtsschutzes);
15. nach dem Energiewirtschaftsgesetz;
16. nach dem Kapitalanleger-Musterverfahrensgesetz;
17. nach dem EG-Verbraucherschutzdurchsetzungsgesetz;
18. nach Abschnitt 2 Unterabschnitt 2 des Neunten Teils des Gesetzes über die internationale Rechtshilfe in Strafsachen;
19. nach dem Kohlendioxid-Speicherungsgesetz;
20. nach Abschnitt 3 Internationalen Erbrechtsverfahrensgesetzes vom 29. Juni 2015 (BGBl. I S. 1042);
21. nach dem Zahlungskontengesetz und
22. nach dem Wettbewerbsregistergesetz.

werden Kosten (Gebühren und Auslagen) nur nach diesem Gesetz erhoben. Satz 1 Nummer 1, 6 und 12 gilt nicht in Verfahren, in denen Kosten nach dem Gesetz über Gerichtskosten in Familiensachen zu erheben sind.

(2) Dieses Gesetz ist ferner anzuwenden für Verfahren

1. vor den Gerichten der Verwaltungsgerichtsbarkeit nach der Verwaltungsgerichtsordnung;
2. vor den Gerichten der Finanzgerichtsbarkeit nach der Finanzgerichtsordnung;
3. vor den Gerichten der Sozialgerichtsbarkeit nach dem Sozialgerichtsgesetz, soweit nach diesem Gesetz das Gerichtskostengesetz anzuwenden ist;
4. vor den Gerichten für Arbeitssachen nach dem Arbeitsgerichtsgesetz und
5. vor den Staatsanwaltschaften nach der Strafprozessordnung, dem Jugendgerichtsgesetz und dem Gesetz über Ordnungswidrigkeiten.

(3) Dieses Gesetz gilt auch für Verfahren nach

1. der Verordnung (EG) Nr. 861/2007 des Europäischen Parlaments und des Rates vom 11. Juli 2007 zur Einführung eines europäischen Verfahrens für geringfügige Forderungen (ABl. EU Nr. L 199 S. 1),
2. der Verordnung (EG) Nr. 1896/2006 des Europäischen Parlaments und des Rates vom 12. Dezember 2006 zur Einführung eines Europäischen Mahnverfahrens (ABl. EU Nr. L 399 S. 1),

3. der Verordnung (EU) Nr. 1215/1212 des Europäischen Parlaments und des Rates vom 12. Dezember über die gerichtliche Zuständigkeit und die Anerkennung und Vollstreckung von Entscheidungen in Zivil- und Handelssachen,
4. der Verordnung (EU) Nr. 655/2014 des Europäischen Parlaments und des Rates vom 15. Mai 2014 zur Einführung eines Verfahrens für einen Europäischen Beschluss zur vorläufigen Kontenpfändung im Hinblick auf die Erleichterung der grenzüberschreitenden Eintreibung von Forderungen in Zivil- und Handelssachen, wenn nicht das Familiengericht zuständig ist und
5. der Verordnung (EU) 2015/948 des Europäischen Parlaments und des Rates vom 20. Mai 2015 über Insolvenzverfahren.

(4) Kosten nach diesem Gesetz werden auch erhoben für Verfahren über eine Beschwerde, die mit einem der den Absätzen 1–3 genannten Verfahren im Zusammenhang steht.

(5) Die Vorschriften dieses Gesetzes über die Erinnerung und Beschwerde gehen den Regelungen der für das zugrunde liegende Verfahren geltenden Verfahrensvorschriften vor.

Übersicht

I. Regelungsbereich — 1–12
II. Absatz 1: Ordentliche Gerichtsbarkeit — 13–43
III. Absatz 2: Besondere Gerichtsbarkeiten — 44–50
IV. Absatz 3: Besondere Europäische Verfahren — 51
V. Absatz 4: Im Zusammenhang stehende Beschwerdeverfahren — 52–54
VI. Gerichtskosten — 55–60
VII. Durchführung — 61
VIII. Beitreibung — 62
IX. Erinnerungen- und Beschwerden in Kostensachen — 63

I. Regelungsbereich

1 **Allgemeines:** § 1 regelt den Geltungsbereich des GKG und den Umfang des Kostenanspruchs des Staates. Die Bestimmung nennt die einzelnen Verfahren, auf die das GKG anwendbar ist, **abschließend**. Das bedeutet: Es dürfen nur dann und soweit Kosten erhoben werden, für die das GKG einschließlich des dazugehörenden Kostenverzeichnisses (KV) ausdrücklich einen Kostentatbestand vorsieht.[1] Das schließt aber nicht aus, dass in anderen Bundes- oder Landesgesetzen eine **entsprechende Anwendung** des GKG **ausdrücklich** geregelt wird.[2] § 1 grenzt mithin den Anwendungsbereich des GKG gegenüber anderen kostenrechtlichen Bestimmungen ab. Es gilt für den Anwendungsbereich des GKG der Grundsatz der bedingten Kostenfreiheit. Alle gerichtlichen Handlungen, die aufgrund der im § 1 bezeichneten Verfahrensordnungen erfolgen, sind – jedenfalls nach dem GKG – gebühren- und auslagenfrei, wenn nicht das GKG einschließlich des KV[3] oder ein anderes Bundesgesetz etwas anderes vorsehen.[4] Demzufolge gehört z.B. das StrRehG nicht zum Regelungsbereich des GKG.[5] Die Regelungstechnik des § 1 haben § 1 FamGKG und § 1 GNotKG und § 1 JVKostG übernommen.

---

1 BVerfG NZS 2011, 18 = BeckRS 2010, 49074; BGH NJW-RR 2006, 1003; BGH NJW-RR 2007, 1148; *Hartmann* § 1 Rn. 1, 2, 16; NK-GK/*Volpert/Jannsen/Köpf/Schäfer*, GKG § 1 Rn. 4.
2 So z.B. § 119 des VG-Richtlinie – Umsetzungsgesetzes vom 24.5.2016 (BGBl. I 2016, 1190, 1210).
3 BGH NJW-RR 2006, 1003 und NJW-RR 2007, 11, 48; OLG Karlsruhe RPfleger 1989, 172 m.w.N.; VGH Kassel AnwBl. 1984, 49; *Hartmann* § 1 Rn. 16.
4 Vgl. BGH MDR 2007, 917 = JurBüro 2007, 371 = BeckRS 2007, 06722; BGH NJW-RR 2006, 1003; BGH NJW-RR 2005, 584; KG MDR 1984, 593; LG Koblenz RPfleger 1986, 54.
5 LG Berlin JurBüro 2013, 262.

Das GKG regelt nur die Kostenansprüche des Staates gegenüber den nach dem GKG Beteiligten, nicht aber solche der Verfahrensbeteiligten untereinander. Demzufolge ist das GKG auch anwendbar für am Verfahren unmittelbar beteiligte **Dritte** (z.B. Streitverkündete, Streithelfer, Beigeladene). Es reicht schon die Beteiligung an einem Nebenverfahren, sofern es sich um ein Verfahren der im § 1 genannten Gerichte handelt. Das gilt auch und insbesondere für Prozessvertreter ohne Vertretungsmacht. Zeugen, Sachverständige, Dolmetscher oder Übersetzer sind hingegen keine Verfahrensbeteiligten, so dass ihre Ansprüche gegen die Justiz bzw. der Justiz gegen sie nicht vom Regelungsbereich des GKG erfasst sind. Dafür gelten grundsätzlich die §§ 4–4c JVEG mit Ausnahme der Kosten für erfolglose Beschwerden (§ 4 Abs. 8 JVEG, vgl. unten Rn. 8). 2

Das GKG ist jedoch auch anzuwenden, wenn und soweit Kostenvorschriften in anderen Gesetzen auf das GKG oder eines der in § 1 genannten Gesetze ausdrücklich verweisen. Beispiele dafür[6] sind etwa: 3

§ 5 Abs. 2 S. 2 GvKostG i.V.m. § 66 Abs. 8 GKG (Erinnerungs- und Beschwerdeverfahren nach dem Gesetz über sie Kosten der Gerichtsvollzieher (Gerichtsvollzieherkostengesetz – GvKostG). 4

§ 11 RVG (Das **Verfahren auf Festsetzung der Vergütung des Rechtsanwalts):** 5
Hier erklärt § 11 Abs. 2 S. 3 RVG die Vorschriften der ZPO über das Kostenfestsetzungsverfahren für anwendbar. Deshalb sind auch die Kosten dieses Verfahrens grundsätzlich nach dem GKG zu bestimmen mit der Maßgabe, dass gemäß § 11 Abs. 2 S. 4 RVG das vor dem Gericht des ersten Rechtszuges durchgeführte Festsetzungsverfahren einschließlich der im Erinnerungsverfahren ergehenden Entscheidung des Gerichts gebührenfrei ist. Die Auslagen dieses Verfahrens sind aber zu erheben. Das Beschwerdeverfahren ist wie im Falle des sinngemäß anwendbaren § 104 ZPO gebühren- und auslagenpflichtig, soweit die Beschwerde verworfen oder zurückgewiesen wird.[7]

§ 56 RVG (Das Verfahren auf Festsetzung der Kosten des Prozesskostenhilfeanwalts): Nach § 56 RVG ist das Verfahren über die Erinnerung und die Beschwerde nach § 56 Abs. 2 RVG gebührenfrei. Wenn das gemäß § 56 Abs. 1 RVG zur Entscheidung berufene Gericht des Rechtszuges in einem der in § 1 GKG genannten Verfahren tätig war, ist aber das GKG anwendbar, allerdings nur wegen der Auslagen und nur soweit die Beschwerde zurückgewiesen oder verworfen wird. 6

Wegen der gemäß § 59 RVG auf die Bundes- oder Landeskasse übergegangenen Ansprüche des Prozesskostenhilfeanwalts vgl. auch vor § 22 Rn. 4. 7

§ 4 JVEG: Das **Beschwerdeverfahren nach § 4 JVEG** ist **gebührenfrei** (§ 4 Abs. 8 JVEG), nicht aber auslagenfrei. War das nach § 4 Abs. 1 JVEG zur Festsetzung zuständige Gericht in einem der in § 1 GKG genannten Verfahren tätig, ist das GKG anwendbar (§ 1 Abs. 5). Zu erheben sind dann hier nur die Kosten (Gebühren und Auslagen) nur, wenn und soweit die Beschwerde zurückgewiesen oder verworfen wird (Nr. 1812 KV-GKG). Das Gleiche gilt für das **Festsetzungsverfahren nach § 4 JVEG**. Auch für **Einwendungen nach § 8 JBeitrG** ist das GKG in dem dort angegebenen Umfang anwendbar. 8

Berufsgerichtliche Verfahren: Die berufsgerichtlichen Verfahrensbestimmungen der **BRAO, der WPrO, des StBeratG und der PatAnwO erklären** das GKG sinngemäß für anwendbar. Im Einzelnen vgl. Teil 3 Anh. IV–VII. 9

Baulandsachen. Auf die Verfahren vor der Baulandkammer und dem Senat für Baulandsachen sowie die Revision vor dem BGH sind die bei Klagen in bürgerlichen Rechts- 10

6 Vgl. auch NK-GK/*Volpert/Jannsen/Köpf/Schäfer*, GKG § 1 Rn. 13.

7 LG Hildesheim JVBl. 1966, 234 = NdsRPfl. 1966, 143; **a.M.** OLG Koblenz JurBüro 1980, 70; vgl. dazu auch bei *Madert* in Gerold/Schmidt (15. A.) § 19 Rn. 35; *Müller-Rabe*, a.a.O. (21. A.) § 11 Rn. 324.

streitigkeiten geltenden Vorschriften der ZPO nach Maßgabe des BBauG anzuwenden. Damit wird auch das GKG anwendbar, mit Ausnahme von § 12 Abs. 1 Satz 1 und 2 (§ 221 Abs. 4 BauG).

11 Das Gleiche gilt auch für das Verfahren auf gerichtliche Entscheidung nach dem **Städtebauförderungsgesetz**; denn in § 86 StädtebaufördG ist der 9. Teil des BBauG für anwendbar erklärt und damit auch das GKG mit Ausnahme des § 12 Abs. 1 und 2.

12 **Vergaberecht:** Die Kosten für das Verfahren vor der Vergabekammer richten sich nach dem Verwaltungskostengesetz (§ 128 GWB).

II. Absatz 1: Ordentliche Gerichtsbarkeit

13 **Allgemeines:** Absatz 1 regelt die Geltung des GKG für die Verfahren vor den **ordentlichen Gerichten**, wenn und soweit die Verfahren nach den Vorschriften der **ZPO**, der **InsO**, der **Schifffahrtsrechtlichen Verteilungsordnung**, dem **ZVG**, dem **GWB**, der **StPO**, dem **JGG**, dem gerichtlichen Verfahren nach dem **OWiG** (vgl. dazu unten Rn. 21, 24–25), dem **GVG** und dem **StVollzG** durchzuführen und im GKG für das vorgenommene Geschäft Kosten vorgesehen sind. Das sind die unter Nrn. 1–18 enumerativ aufgeführten Verfahren, nämlich solche vor den Amtsgerichten, den Landgerichten, den Oberlandesgerichten (Kammergericht) und dem Bundesgerichtshof.[8]

14 Wenn die vorgenannten Voraussetzungen gegeben sind, sind die Bestimmungen des GKG auch anzuwenden, wenn für die anhängig gemachte Angelegenheit das ordentliche Gericht nicht zuständig gewesen oder gar der ordentliche Rechtsweg überhaupt nicht gegeben wäre,[9] oder ein Rechtsmittel in der ZPO oder einer anderen der in § 1 genannten Verfahrensordnungen überhaupt vorgesehen, also statthaft ist oder nicht. **Es kommt allein darauf an, dass das Rechtsmittel in einem nach der ZPO oder einer anderen Verfahrensordnung i.S.v. § 1 eingelegt worden ist.**[10] Es ist also allein darauf abzustellen, dass der Antragsteller ersichtlich die Durchführung des Verfahrens nach den im Abs. 1 genannten Gesetzen verlangt.[11] Prozessordnungswidrigkeit des Verfahrens schließt selbst dann die Anwendung des GKG nicht aus, wenn die Voraussetzungen der Nichtigkeitsklage (§ 579 ZPO) vorliegen.[12] Das GKG ist aber nicht anwendbar, wenn die Amtshandlungen offensichtlich völlig nichtig sind (z.B. bei Scheinverfahren).

15 **Nr. 1:** Die **ZPO** ist anwendbar auf alle bürgerlichen Rechtsstreitigkeiten, welche vor die ordentlichen Gerichte gehören, § 3 Abs. 1 EGZPO. Wird durch die Ländergesetzgebung die Gerichtsbarkeit in bürgerlichen Rechtsstreitigkeiten, für welche besondere Gerichte zugelassen sind, den ordentlichen Gerichten übertragen und kein von der ZPO abweichendes Verfahren bestimmt (§ 3 Abs. 2 EGZPO), ist ebenfalls das GKG anwendbar, nicht aber schon dann, wenn ein Gesetz die ZPO für entsprechend anwendbar erklärt.[13]

16 Wenn und soweit in den in Abs. 1 genannten Verfahren **Prozessvergleiche** geschlossen werden, können Gebühren nur nach dem GKG angesetzt werden, und zwar unabhängig davon, welchen Inhalt der Vergleich hat.[14] Wenn sich die Parteien in einem Zwischenvergleich aber auf die Einberufung einer Gutachterkommission einigen, deren

---

8 Vgl. BGH GRUR 1992, 691; *Hartmann* § 1 Rn. 4.

9 Dazu auch OVG Münster NJW 1963, 2044; *Oestreich* in Oe/He/Tre § 1 Rn. 25; *Hartmann* § 1 Rn. 4; *Lappe* Rn. 4.

10 BGH Beschl. v. 18.3.2003 – IV ZA 9/02 = JurionRS 2003, 16797.

11 RGZ 22, 415.

12 Vgl. dazu aber bei § 21.

13 OLG München MDR 1987, 856; *Hartmann* § 1 Rn. 4.

14 OLG Nürnberg BayJMBl. 1954, 164 = RPfleger 1955, 20; OLG Köln JVBl. 1968, 192; *Oestreich* in Oe/He/Tre § 1 Rn. 26; *Lappe* Rn. 5.

Vorsitzenden das Gericht auswählen soll, erlangt dadurch die an den Vorsitzenden zu zahlende Entschädigung jedoch nicht den Charakter von Gerichtskosten i.S.d. GKG.[15]

Das **schiedsrichterliche Verfahren** nach der ZPO zählt zu den Verfahren i.S.d. § 1 Abs. 1 GKG nur soweit, als es sich darin um Tätigkeiten der ordentlichen Gerichte aufgrund der §§ 1025 ff. ZPO handelt.[16] 17

Für **Familiensachen oder Lebenspartnerschaftssachen des FamFG** gilt das GKG seit dem 1.9.2009 grundsätzlich nicht mehr, sondern es ist das FamGKG als lex specialis anzuwenden. Ausnahmen bestehen gemäß § 1 Abs. 1 Nr. 1 Hs. 2 allerdings für 18

- die in § 113 Abs. 2 FamFG genannten Mahnverfahren (§ 1 Satz 3 FamGKG). Diese werden nach dem GKG abgerechnet. Wenn dem Mahnverfahren nach Erhebung eines Widerspruchs oder Einlegung eines Einspruchs an das FamG abgegeben wird, wird die Gebühr nach KV-GKG 1100 nach dem Wert des in das Verfahren nach dem FamG übergegangenen Wertes an gerechnet (Anm. zu KV-FamGKG 1220)
- Handlungen durch das Vollstreckungs- oder Arrestgericht (Vorbem. 1.6. Satz 2 KV-FamGKG i.V.m. Vorbem. 2 Abs. 4 FamGKG).
- Verfahren, die noch bis zum 31.8.2009 gerichtlich anhängig geworden sind, werden aber noch nach dem bis zu diesem Zeitpunkt geltenden Bestimmungen des GKG abgerechnet (§ 63 FamGKG). Das gilt auch für Rechtsmittelverfahren, wenn das Rechtsmittel vor dem 1.9.2009 eingelegt worden ist sowie bei Kosten für Vormundschaften und Dauerpflegschaften, die vor dem 1.9.2009 fällig geworden sind.

Nrn. 2–4: Für Gerichtsverfahren, die nach der **InsO, der Schifffahrtrechtlichen Verteilungsordnung** und dem **ZVG** (Ziffern 2–4) abgewickelt werden, gilt das GKG. Bei der Schifffahrtsrechtlichen Verteilungsordnung ist aber zu beachten, das für das **Verfahren vor dem Schifffahrtsgericht** grundsätzlich das GKG gilt, vor dem Rheinschifffahrtsgericht aber nur für die Auslagen, denn dort herrscht Gebührenfreiheit.[17] 19

Nr. 5: Die **Strafprozessordnung** findet Anwendung auf alle Strafsachen, welche vor die ordentlichen Gerichte gehören, § 3 Abs. 1 EGStPO. Wird durch die Ländergesetzgebung die Gerichtsbarkeit in Strafsachen, für welche besondere Gerichte zugelassen sind, den ordentlichen Gerichten übertragen und kein von der StPO abweichendes Verfahren angeordnet (§ 3 Abs. 2 EGStPO), ist das GKG anzuwenden. Abs. 1 Nr. 5 ist nur für die **gerichtlichen Verfahren** anwendbar. Dann sind aber auch die Kosten des entsprechenden Ermittlungsverfahrens erfasst. Denn soweit die Staatsanwaltschaft die ihr im Strafverfahren zugewiesenen Aufgaben erfüllt, findet das GKG auch auf ihre Auslagen Anwendung.[18] Das folgt auch schon aus § 464a Abs. 1 S. 2 StPO wie aus der Stellung der Staatsanwaltschaft im Strafverfahren und ist durch KV 9015 gesetzlich klargestellt worden. Die Auslagen der Staatsanwaltschaft insoweit sind unmittelbare Kosten im Verfahren vor dem ordentlichen Gericht, und zwar gleichviel, ob es sich um Auslagen der Staatsanwaltschaft selbst oder um solche, die von Dritten, welche in ihrem Auftrag oder für sie (vgl. §§ 161, 163 StPO) gehandelt haben, berechnet werden. Wenn es aber nicht zu einem gerichtlichen Verfahren kommt, gilt Abs. 2 Nr. 4. 20

Soweit die Staatsanwaltschaft in anderen als in Abs. 1 Nr. 5 genannten Angelegenheiten (z.B. als Verwaltungsbehörde in Bußgeldsachen) tätig wird, ist das GKG nicht anwendbar. Dann gilt die abschließende Sonderregelung des § 107 OWiG.[19] 21

15 OLG Hamm RPfleger 1975, 331 = JurBüro 1975, 1673 (L).
16 *Oestreich* in Oe/He/Tre § 1 Rn. 27.
17 BGHZ 62, 177 = RPfl. 1974, 307 (L).
18 *Oestreich* in Oe/He/Tre § 1 Rn. 39; *Hartmann* § 1 Rn. 3; *Lappe* Rn. 2.
19 Dazu bei *König* in *Göhler* OWiG § 107 Rn. 2.

22 Wenn in einem **Steuerstraf- oder -ordnungswidrigkeitenverfahren** auf eine Strafe oder Maßregel bzw. Geldbuße oder Nebenfolge erkannt wird, gehören die Auslagen, die der Finanzbehörde bei der Untersuchung oder Teilnahme am gerichtlichen Verfahren entstanden sind, zu den Auslagen des gerichtlichen Verfahrens. Sie sind nicht nach § 464b StPO zugunsten der Finanzbehörde festzusetzen.[20]

23 **Nr. 6:** Dass auch das gerichtliche Verfahren nach dem **Jugendgerichtsgesetz** zum Geltungsbereich des GKG gehört, war niemals ernsthaft bestritten[21] und ist im Zuge der Novellierung des GKG durch das KostRÄndG 1994 nur klargestellt worden.[22] Auch hier gilt: Wenn es zu keinen gerichtlichen Verfahren kommt, gilt Abs. 2 Nr. 4.

24 **Nr. 7:** Gemeint sind auch hier nur die Kosten des **gerichtlichen Ordnungswidrigkeitenverfahrens.** Es gilt dasselbe wie zu Nr. 5 und 6. Auch die Kosten des Ermittlungsverfahrens der Staatsanwaltschaft – soweit sie nicht als Verwaltungsbehörde fungiert – und des gerichtlichen Verfahrens nach dem **Gesetz über Ordnungswidrigkeiten** sind gemäß Nr. 7, KV 9016 nach dem GKG zu erheben. Das gilt aber nur, wenn und soweit das Bußgeldverfahren gerichtlich anhängig war oder von der Staatsanwaltschaft als Verfolgungsbehörde betrieben wurde (§§ 42, 69 Abs. 4 OWiG).

25 Wenn und soweit das OWi-Verfahren aber nur von der **Verwaltungsbehörde** betrieben wird, gilt das GKG nicht. Insoweit kann auch nicht aus § 46 Abs. 2 OWiG Gegenteiliges abgeleitet werden.[23] § 46 Abs. 2 OWiG beinhaltet nur eine Hilfsvorschrift für das Verfahren der Verwaltungsbehörde. Die Kosten für das Bußgeldverfahren der Verwaltungsbehörde werden nicht nach dem GKG, sondern gemäß den jeweiligen Kostengesetzen der Länder erhoben. Wird ein Bußgeldbescheid der Verwaltungsbehörde nicht rechtskräftig, weil das Gericht nach einem Einspruch des Betroffenen in der Sache entscheiden hat, entsteht für das Verfahren vor der Verwaltungsbehörde keine Gebühr, weil das Verfahren vor der Verwaltungsbehörde und das sich anschließende gerichtliche Verfahren eine Einheit bilden.[24] Maßgeblich ist dann die gerichtliche Kostenentscheidung, so dass im Falle einer Verurteilung eine Gebühr nach KV 4110 anfällt und die bereits angesetzte Gebühr für das Verfahren vor der Verwaltungsbehörde entfällt. Die im Verfahren vor der Verwaltungsbehörde entstandenen Auslagen gehören dann zu den Kosten des gerichtlichen Bußgeldverfahrens (KV 9016) und werden als Gerichtskosten eingezogen.[25]

26 **Nr. 8:** Die für das Verfahren nach dem **Strafvollzugsgesetz** (§§ 109–121 StVollzG) – auch in Verbindung mit § 92 JGG – entstehenden Kosten unterfallen ebenfalls dem GKG. Nicht dazu gehören aber die **Strafvollstreckungskosten**, welche weder im Verfahren vor den ordentlichen Gerichten nach der StPO noch nach dem StVollzG entstehen. Diese Kosten sind deshalb im JVKostG geregelt.[26]

27 **Nrn. 9 ff.:** In den dort genannten Sachen ist das GKG nur und soweit anwendbar, als die Sache vor ein ordentliches Gericht gehört und die ZPO anwendbar ist.

28 **Beschwerdeverfahren:** Die im GKG vorgesehenen Beschwerdeverfahren gegen Entscheidungen über Erinnerungen nach § 66, gegen die Festsetzung des Streitwerts nach § 68 und gegen die Verhängung einer Verzögerungsgebühr nach § 69 sind gebühren-, nicht aber auslagenfrei (§§ 66 Abs. 8, 68 Abs. 3, 69). Demzufolge ist hinsichtlich der Auslagen insoweit das GKG auf diese Verfahren anzuwenden.

---

20 *Oestreich* in Oe/He/Tre § 1 Rn. 54.
21 Vgl. BGHSt 2, 308; 18, 83.
22 Vgl. BT-Ds. 12/6962, S. 58.
23 **A.M.** aber wohl *Oestreich* in *Oe/He/Tre* § 21 Rn. 11.
24 BGHSt 26, 183, 185.
25 *König* in *Göhler* OWiG § 107 Rn. 5.
26 *Oestreich* in Oe/He/Tre § 1 Rn. 57 lit. i.

Das **Kostenfestsetzungsverfahren nach § 104 ZPO** unterliegt als Verfahren nach der ZPO gem. § 1 Abs. 1 Nr. 1 den Vorschriften des GKG, soweit dort eine Kostenpflicht vorgesehen ist. Das ist für den Kostenfestsetzungsbeschluss und das ihm zugrundeliegende Verfahren nicht der Fall. Auch die Zurückweisung eines Kostenfestsetzungsantrags löst keine Gerichtsgebühr aus, wie auch das Erinnerungsverfahren gebührenfrei ist. Für das Beschwerdeverfahren erwächst allerdings eine Gebühr, soweit die Beschwerde verworfen oder zurückgewiesen wird. In diesen Fällen sind auch etwaige im Erinnerungs- oder Beschwerdeverfahren erwachsene Auslagen als Gerichtskosten zu erheben.[27] 29

Das GKG ist **nicht anwendbar** für: 30

Das Verfahren vor dem **Richterdienstgericht bei dem BGH** ist gerichtskostenfrei, weil diese Verfahren im § 1 nicht ausdrücklich genannt sind.[28] Das gilt auch für Verfahren vor den Richterdienstgerichten der Länder.[29] 31

Das Verfahren der **Wertfestsetzung für die Rechtsanwaltsgebühren** (§ 33 RVG): Zwar heißt es im § 33 Abs. 8 RVG, dass das Verfahren gebührenfrei ist. Das bezieht sich auch auf das Beschwerdeverfahren nach § 33 Abs. 3 RVG (§ 33 Abs. 8 RVG). Danach ist in Beschwerdeverfahren die eigenständige, der des GKG angeglichene Regelung des RVG, anwendbar. Auch Auslagen des lediglich gebührenfreien Wertfestsetzungsverfahrens werden geschuldet. 32

Patentsachen: Für die Gebühren des **Patentgerichts gilt grundsätzlich nicht das GKG**, sondern das **PatKostG**,[30] deren Höhe sich aus dem Gebührenverzeichnis der Anlage B des PatKostG ergibt. Das PatKostG ist im Teil 3, Anh. III auszugsweise abgedruckt. Lediglich im Rechtsbeschwerdeverfahren nach §§ 41p–41y PatG und im Berufungsverfahren gegen Urteile der Nichtigkeitssenate des Patentgerichts (§§ 42ff. PatG) vor dem BGH richten sich die Gebühren und Auslagen nach den Bestimmungen des GKG (§§ 41r, 42 PatG). Es gilt insoweit das GKG (§ 1 Abs. 1 Nr. 13). Für das Rechtsbeschwerdeverfahren wird nur eine Gebühr erhoben, deren Höhe sich nach den Vorschriften für das Revisionsverfahren bestimmt, aber eine vierfache Urteilsgebühr ausmacht (§ 42 Abs. 2 S. 3 PatG). Für die Streitwertfestsetzung gilt § 53 PatG entsprechend. 33

Kartellsachen: Für Kosten für Verfahren vor den Kartellbehörden gilt § 80 GWB. Für die Gebühren und Auslagen im Beschwerde- und Rechtsbeschwerdeverfahren vor dem BGH gelten die Vorschriften für bürgerliche Rechtsstreitigkeiten entsprechend der aus § 78 des GWB ersichtlichen Maßgaben. Damit ist für diese Verfahren auch das GKG grundsätzlich anwendbar (Abs. 1 Nr. 13). 34

Im Beschlussverfahren nach dem **Personalvertretungsgesetz** werden Gerichtskosten nicht erhoben.[31] 35

Die **Angelegenheiten der freiwilligen Gerichtsbarkeit** sind keine bürgerlichen Rechtsstreitigkeiten. Auf sie findet nicht das GKG, sondern das GNotKG Anwendung, soweit nicht eng auszulegende Sonderregelungen (z.B. das FamGKG) vorrangig sind. 36

In gleicher Weise unanwendbar ist das GKG auch auf **Dienststraf- und Ehrengerichtsverfahren**. Einwendungen nach § 22 des JVKostG sind nach dem GNotKG zu behandeln. 37

---

27 *Mümmler* JurBüro 1974, 418.
28 BGH NJW-RR 2006, 1003.
29 DG für Richter bei dem LG Leipzig DRiZ 2007, 50.
30 Vgl. BPatG, GRUR 1992, 691.
31 BVerwG bei *Buchholz* 238, 3 A BPersVG; VGH Mannheim NVwZ 1984, 187.

38 **Gerichtskostenfrei** sind Verfahren vor
- dem **Europäischen Gerichtshof** (Art. 72 der Verfahrensordnung des EuGH),[32]
- dem **Bundesverfassungsgericht** (§ 34 BVerfGG), wo aber gemäß § 34 Abs. 5 BVerfGG eine Gebühr bei missbräuchlicher Einlegung einer Verfassungsbeschwerde auferlegt werden kann,
- Verfahren nach dem **Gesetz zur Wahrung der Einheitlichkeit der Rspr. der obersten Gerichtshöfe des Bundes** vom 19.6.1968 – BGBl. I, 661 – (§ 17 des Gesetzes) und dem **Bundesentschädigungsgesetz** (§ 225 BEG), wozu aber nicht Entschädigungsklagen ehemaliger Zwangsarbeiter gegen die Bundesrepublik Deutschland rechnen.[33]

39 **Haager Zivilprozessübereinkommen:** Die Vollstreckbarkeitserklärung von rechtskräftigen Kostenentscheidungen durch das Amtsgericht erfolgt kostenfrei (Art. 18 Abs. 1 Übk., § 4 AusfG v. 18.12.1958).[34]

40 Das Verfahren nach der **Hinterlegungsordnung** enthält eigene Kostenbestimmungen nach den landesrechtlichen Vorschriften, so dass das GKG unanwendbar ist.[35]

41 Die gemäß **§ 59 RVG** auf die Bundes- oder Landeskasse übergegangenen Vergütungsansprüche des Prozesskostenhilfeanwalts werden durch den Forderungsübergang keine Gerichtskosten. Ihre Geltendmachung durch die Staatskasse erfolgt im Bereich der ordentlichen Gerichtsbarkeit nach den Vorschriften des JBeitrG, während in anderen Gerichtsbarkeiten das Verwaltungszwangsverfahren anwendbar ist.[36]

42 In der **Justizbeitreibungsordnung** ist eine Anwendbarkeit des GKG in beschränktem Umfang vorgesehen.

43 Auch die im Bereich der **Justizverwaltung** entstehenden Kosten sind im JVKostG geregelt, so dass eine Anwendung des GKG nicht in Frage kommt.

III. Absatz 2: Besondere Gerichtsbarkeiten

44 **Allgemeines:** Absatz 2 entspricht der bis zum 11.12.2008 geltenden Vorschrift des § 1 Nr. 2 GKG. Sie ist aus redaktionellen Gründen ab dem 12.12.2008 inhaltlich unverändert zu § 1 Abs. 2 geworden. Im Einzelnen:

45 **Nr. 1: Verfahren nach der Verwaltungsgerichtsordnung:** Nur für solche gerichtliche Verfahren, in denen die VwGO anwendbar ist, gilt das GKG nach Abs. 2 Nr. 1. In verwaltungsgerichtlichen Personalvertretungssachen ist das GKG also eben so wenig anwendbar[37] wie im Verwaltungsverfahren nach dem VerwVerfG oder den entsprechenden Gesetzen der Länder. Auch in Verfahren und Grundsicherung nach dem Gesetz über eine bedarfsorientierte Grundsicherung im Alter und bei Erwerbsminderung vom 26.6.2001 (BGBl. I, 1310, 1335) herrscht Gerichtskostenfreiheit.[38]

46 **Nr. 2:** Nach ausdrücklicher Anordnung des Abs. 2 Nr. 2 gilt das GKG nur, wenn und soweit ein **Gericht der Finanzgerichtsbarkeit** in einem Verfahren tätig wird, auf das die FGO anzuwenden ist. Dann aber sind Kosten und Auslagen ausschließlich nach dem GKG zu erheben,[39] so dass z.B. die Bestimmung des § 135 Abs. 5 S. 1, 2 FGO unanwendbar geworden ist.[40] Zu den Finanzgerichtssachen gehören kindergeldrechtliche

---

32 BFH BB 1974, 682.
33 Vgl. BVerfG NJW-RR 2000, 1738.
34 Vgl. *Luther* FamRZ 1975, 259.
35 Vgl.dazu NK-GK/*H. Schneider* „Hinterlegungssachen“ Rn. 1 ff. m.N.; OLG Jena OLG-NL 1998, 19.
36 *Hartung* in Hartung/Schoons/Enders, § 59 Rn. 37.
37 BVerwGE 4, 359; BVerwG DÖD 1961, 150; *Hartmann* § 1 Rn. 8.
38 BVerwG NVwZ-RR 2005, 419 = BeckRS 2005, 22656.
39 BFH BB 1989, 619. Dazu ausführlich bei *Just* DStR 2008 Beih. zu Heft 40, 70 ff.
40 *Hartmann* § 1 Rn. 9.

Streitigkeiten, denn die mit der Festsetzung des Kindergeldes befassten Familienkassen sind Finanzbehörden, so dass die Kindergeldstreitigkeiten Fälle von Abgabenangelegenheiten nach § 33 Abs. 1 Nr. 1, Abs. 2 FGO und demzufolge nicht gerichtskostenfrei sind.[41]

Nr. 3: Für das Verfahren vor den Gerichten der **Sozialgerichtsbarkeit** (Abs. 2 Nr. 3) ist die Anwendbarkeit des GKG in den §§ 183–197 SGG abschließend geregelt.[42] Eine analoge Anwendung, etwa für sozialgerichtliche Vergabeverfahren, ist generell ausgeschlossen.[43] Danach gilt das GKG nur mittelbar, nämlich soweit im SGG nichts anderes bestimmt ist. Das bedeutet, dass immer dann, wenn das SGG nur Gebührenfreiheit statuiert, für die Auslagen das GKG (KV Teil 9) anwendbar ist. Für das Mahnverfahren nach § 182a SGG und für den in § 197a SGG genannten Personenkreis ist Nr. 1a GKG unmittelbar anwendbar. Soweit nach §§ 183–197 SGG Kostenfreiheit herrscht, ist das GKG nicht einmal mittelbar anwendbar. Danach besteht für Versicherte, Leistungsempfänger einschließlich der Empfänger von Hinterbliebenenleistungen, Behinderte oder deren Sonderrechtsnachfolger nach § 56 SGG I Gerichtskostenfreiheit, soweit sie als Kläger oder Beklagte beteiligt sind. Das gilt auch für die Aufnahme eines anhängigen Verfahrens durch einen sonstigen Rechtsnachfolger (§ 183 SGG). Das Gleiche gilt auch für Bund und Länder als Träger der Gerichtsbarkeit, nicht aber für die „Körperschaften oder Anstalten öffentlichen Rechts“ (arg. §§ 184, 187, 189 Abs. 2, 193 Abs. 4 SGG). Hat ein Beteiligter, dessen Vertreter oder Bevollmächtigter durch schuldhafte Verursachung einer Vertagung, Mutwillen, Verschleierung oder Irreführung dem Gericht oder einem Beteiligten Kosten verursacht, so kann sie das Gericht dem Beteiligten im Urteil ganz oder teilweise auferlegen, § 192 SGG. Das GKG ist teils unmittelbar (§ 197a SGG), teils über § 202 SGG entsprechend anwendbar, soweit das SGG keine Regelung enthält.[44] 47

Nr. 4: Auch für das Verfahren vor den **Gerichten für Arbeitssachen**, die nach dem Arbeitsgerichtsgesetz durchgeführt werden, ist jetzt das GKG anwendbar, wenn und soweit danach Gerichtskosten erhoben werden. So ist z.B. das arbeitsgerichtliche Beschlussverfahren (§§ 2a, 80 ff. ArbGG) gerichtskostenfrei. Das GKG gilt – soweit nicht im § 12 ArbGG restliche Sonderbestimmungen erhalten geblieben sind – für das Arbeitsgerichtsverfahren unmittelbar. Gerichte für Arbeitssachen sind die Arbeitsgerichte, die Landesarbeitsgerichte und das Bundesarbeitsgericht (§ 1 ArbGG). Wegen der arbeitsgerichtlichen Kostenfreiheit vgl. § 2 Abs. 2. 48

Nr. 5: Gemeint sind hier die **Kosten der Staatsanwaltschaft**, wenn sie ausschließlich im Ermittlungsverfahren nach der StPO, dem JGG oder als Verwaltungsbehörde im Ordnungswidrigkeitenverfahren tätig gewesen ist. Kommt es hingegen zu einem gerichtlich anhängigen Verfahren in einer solchen Sache, gilt Abs. 1 Nrn. 5–7. 49

Für das Verfahren nach dem **Flurbereinigungsgesetz** vom 16.3.1976 (BGBl. I, 546) enthält § 147 FlurberG besondere Kostenvorschriften, die in dem durch sie geregelten Bereich die Anwendung des GKG ausschließen. Soweit aber eine gerichtskostenrechtliche Regelung fehlt, ist das GKG über § 138 FlurberG entsprechend anwendbar.[45] Für das Revisionsverfahren vor dem BVerwG fehlen im FlurberG ausdrückliche Kostenvorschriften, so dass hier das GKG über § 138 FlurberG i.V.m. § 1 Abs. 2 Nr. 1 GKG unmittelbar einschlägig ist.[46] 50

41 FG Baden-Württemberg AGS 2000, 75; *Oestreich* in *Oe/He/Tre* § 2 Rn. 31 „Kindergeldsachen“.
42 Dazu ausf. bei *Meyer-Ladewig* vor § 183 Rn. 4 ff.
43 BVerfG NZS 2011, 18 = BeckRS 2010, 49074; BGH NJW-RR 2007, 1148, jeweils m.w.N.
44 BSG NJW 1960, 1493; *Oestreich* in Oe/He/Tre § 1 Rn. 53.
45 BayVGH BayVBl. 1971,161.
46 *Haupt* JurBüro 1968,5.

IV. Absatz 3: Besondere Europäische Verfahren

51 **Abs. 3:** Die hier genannten Bestimmungen sind durch Art. 5 des Gesetzes vom 30.10.2008 aus Gründen der Übersichtlichkeit in einem besonderen Absatz zusammengefasst worden, weil zu erwarten ist, das weitere besondere europäische Verfahren folgen, für die die Vorschriften der ZPO anzuwenden sein werden.

V. Absatz 4: Im Zusammenhang stehende Beschwerdeverfahren

52 **Allgemeines: Abs. 4** stellt nur klar, was sich bereits ohne weiteres aus Abs. 1–3 ergibt, nämlich dass auch Beschwerdeverfahren, die nicht in den in Abs. 4 genannten Verfahrensordnungen geregelt, aber in die dort geregelten Verfahren „eingebettet" sind, ebenfalls dem GKG unterfallen. Dazu gehören z.B. das Beschwerdeverfahren gegen Ordnungsmittel wegen Ungebühr (§ 181 GVG), die Beschwerde bei Ablehnung der Rechtshilfe (§ 159 Abs. 1 Satz 2 und 3 GVG) und Beschwerdeverfahren nach § 33 RVG. Es ist sachgerecht, für solche Verfahren Kosten wie in einem allgemeinen Beschwerdeverfahren nach der jeweiligen Verfahrensordnung zu erheben. Die Gebührenregelungen für die Beschwerden (z.B. Nummern 1811, 3602, 4401, 5502, 6502, und 8613) und die Vorbemerkung 9 Abs. 1 KV GKG gewährleisten dabei, dass den Beteiligten ohnehin nur Gebühren und Auslagen zur Last fallen, soweit das Beschwerdeverfahren erfolglos bleibt.

53 **Beschwerdeverfahren nach dem GVG:** Hier ist zu unterscheiden zwischen Beschwerden im innergerichtlichen Bereich und Beschwerden Dritter. Für die Verfahren der ersten Fallgruppe besteht Kostenfreiheit. So z.B. in Rechtshilfesachen nach § 159 GVG oder für Beschwerden der Staatsanwaltschaft. In der zweiten Fallgruppe, d.h. soweit Beteiligte in einem der im § 1 GKG genannten Verfahren vor den ordentlichen Gerichten Beschwerde nach dem GVG einlegen (z.B. wegen Ausschlusses der Öffentlichkeit, § 174 GVG, oder wegen Festsetzung eines Ordnungsmittels, § 181 GVG), handelt es sich richtiger Ansicht nach um Verfahren nach der ZPO, der StPO[47] usw. i.S.v. § 1 GVG, wenn sie auch ihre Rechtsgrundlage im GVG haben. Auf sie ist daher das GKG anwendbar.[48] Die entgegenstehende Ansicht[49] ist jedenfalls durch die Klarstellung des Abs. 4 überholt.[50]

54 **Dienstaufsichtsbeschwerden:** Hier entstehen keine Kosten nach dem GKG.[51]

VI. Gerichtskosten

55 **Kostenbegriff:** § 1 Abs. 1 Satz 2 enthält die für das GKG maßgebliche Legaldefinition der Kosten i.S.d. GKG. Der Kostenbegriff des GKG entspricht den Regelungen in § 1 FamGKG und in § 1 GNotKG und umfasst die Gebühren und Auslagen der Staatskasse für die im § 1 bezeichneten Verfahren.[52] Keine Gerichtskosten in diesem Sinne sind die nach § 55 RVG auf die Staatskasse übergegangenen Ansprüche von im Wege der Prozesskostenhilfe beigeordneten Rechtsanwälten, weil es sich insoweit um außergerichtliche Kosten handelt.[53]

---

47 BGH NJW 2000,1128.

48 OLG Neustadt RPfleger 1957, 237 (L) NJW 1961, 885 m. abl. Anm. v. *Lappe* KostRspr. GKG § 46 Nr. 10; vgl. auch OLG Stuttgart MDR 1958, 935; *Petzold* in Binz u.a. § 1 Rn. 43; *Hartmann* § 1 Rn. 19; *Oestreich* in Oe/He/Tre § 1 Rn. 51a; NK-GK/*Volpert/Jannsen/Köpf/Schäfer*, § 1 Rn. 63, 64.

49 KG RPfleger 1964, 352; OLG Frankfurt/Main NJW 1967, 1281.

50 So auch *Petzold* in Binz u.a § 1 Rn. 44.

51 BayVGH BayVBl. 1968, 361; *Otto* BayVBl. 1969, 16; *Kratzer* BayVBl. 1969, 189; *Oestreich* in Oe/He/Tre § 1 Rn. 57 lit. c.

52 BGHZ 98, 320;OLG Hamburg FamRZ 1988,537.

53 OLG Düsseldorf RPfleger 2011, 446; NK-GK/*Volpert/Jannssen/Schäfer* § 1 GKG Rn. 6.

Gebühren sind öffentliche Abgaben aus Anlass einer besonderen Inanspruchnahme des Staates,[54] im Anwendungsbereich des GKG also der Gerichte und der strafrechtlichen Ermittlungsbehörden, die in der Regel ohne Beziehung zu einem feststehenden oder exakt messbaren Aufwand der Justiz erhoben werden.[55] In der Sache sind es besondere Justizsteuern,[56] auf die der Staat zur Erfüllung seiner Aufgaben angewiesen ist, ohne dass sie kostendeckend sein müssen. 56

Als **Gebührenarten** kennt das GKG 57
- die **Wertgebühr**. Sie ist im Allgemeinen abhängig von einem Streit-, Geschäfts- oder Gegenstandswert (§§ 34, 48), nach dem sie mit einem bestimmten Gebührensatz berechnet wird.
- die **Festgebühr** dient der Vereinfachung der Kostenberechnung, indem nach Erfüllung eines Gebührentatbestandes des GKG ohne Rücksicht auf den Wert absolute €-Beträge erhoben werden.
- **Mischgebühr:** In Strafsachen, in Angelegenheiten nach dem JGG und in Bußgeldsachen wird eine von einer rechtskräftig erkannten Rechtsfolge abhängige Mischgebühr berechnet.

Gebührenerhebung: Die Gebühren werden entweder erhoben als 58
- **Pauschgebühren** (Verfahrensgebühren) für sämtliche Tätigkeiten des Gerichts in einen bestimmten Verfahrensabschnitt oder
- als **Aktgebühren** für eine bestimmte Handlung – ggf. in einem Verfahrensabschnitt sogar mehrmals –.

Nicht zu den Gebührenarten gehören hingegen 59
- sog. **Mindest- oder Höchstgebühren,** welche Wertgebühren (i.d.R. für nichtvermögensrechtliche Sachen) begrenzen.
- Darüber hinaus gibt es allgemeine (z.B. § 39, § 48 Abs. 2 Satz 1) und besondere (z.B. § 48 Abs. 1 Satz 2) **Wertbegrenzungen,**
- während **Auffangwerte** dann als Grundlage für eine Wertgebühr dienen, wenn die einzelnen Bemessungsgesichtspunkte für den Wert nicht oder nur schwer aufklärbar sind.

Auslagen sind Ausgaben der Justiz für bestimmte Aufwendungen. Sie fallen entweder als Barauslagen an oder sie dienen der pauschalen Abgeltung eines bestimmten Aufwandes.[57] Bei der letztgenannten Gruppe ist die Abgrenzung zum Gebührenbegriff aber fließend.[58] Die nach dem GKG zu erhebenden Auslagen sind im KV Teil 9 abschließend geregelt. Weitere als die dort bezeichneten Auslagen dürfen nach dem GKG nicht gefordert werden. 60

VII. Durchführung

Die **Durchführung des GKG** ist Sache der Länder (Art. 84 GG). Diese haben deshalb Verwaltungsvorschriften erlassen. Besonders bedeutsam in diesem Zusammenhang ist die bundeseinheitlich beschlossene und durch besondere Anordnungen der Länder in Kraft gesetzte Kostenverfügung (KostVfg. – Teil 3, X). Sie enthält grundsätzliche Verwaltungsanweisungen über den Kostenbeamten, den Kostenansatz und dessen Prüfung, 61

54 BAG GRUR 1982, 557, m.w.N.
55 *Lappe* Justizkostenrecht, S. 3.
56 OLG Koblenz RPfleger 1975, 447; LG Hamburg KTS 75, 45; LG Karlsruhe VersR 1977, 1121; *Hartmann* Einl., II B Rn. 1; *Oestreich* in Oe/He/Tre § 1 Rn. 62.
57 *Lappe* Justizkostenrecht, S. 4.
58 *Lappe* Justizkostenrecht, S. 4.

über Form und Inhalt der Kostenrechnung. Als bloße Verwaltungsanordnung kann sie nur den Kostenbeamten und die Justizverwaltung, nicht aber das Gericht binden, und zwar auch nicht als Gewohnheitsrecht.[59]

VIII. Beitreibung

62 Für eine zwangsweise **Beitreibung** der Kosten ist kein Schuldtitel erforderlich, weil die Beitreibung im Verwaltungszwangsverfahren nach der Justizbeitreibungsordnung (JBeitrG – Teil 3, Anhang XIII) bzw. (von Kosten in Strafsachen) nach der Einforderungs- und Beitreibungsordnung (EBAO – Teil 3, XIV) erfolgt.

IX. Erinnerungen und Beschwerden in Kostensachen

63 **Abs. 5** betrifft die Verfahrensvorschriften in Kostensachen nach dem GKG. Die Bestimmung stellt klar, dass das Verfahren über die Erinnerung Beschwerde des 8. Abschnitts (§§ 66 ff.) ausschließlich nach den dort genannten Verfahrensvorschriften abläuft. Diese sind gegenüber den Verfahrensbestimmungen der jeweiligen Hauptverfahren leges speciales. Außerdem ist nunmehr bestimmt, dass in den kostenrechtlichen Erinnerungs- und Beschwerdeverfahren der Einzelrichter auch dann zuständig ist, wenn die Einzelrichterentscheidung institutionell nicht vorgesehen ist wie z.B. in Strafsachen oder beim BGH.[60]

§ 2
Kostenfreiheit

(1) In Verfahren vor den ordentlichen Gerichten und den Gerichten der Finanz- und Sozialgerichtsbarkeit sind von der Zahlung der Kosten befreit der Bund und die Länder sowie die nach Haushaltsplänen des Bundes oder eines Landes verwalteten öffentlichen Anstalten und Kassen. In Verfahren der Zwangsvollstreckung wegen öffentlich-rechtlicher Geldforderungen ist maßgebend, wer ohne Berücksichtigung des § 252 der Abgabenordnung oder entsprechender Vorschriften Gläubiger der Forderung ist.

(2) Für Verfahren vor den Gerichten für Arbeitssachen nach § 2a Abs. 1, § 103 Abs. 3, § 108 Abs. 3 und § 109 des Arbeitsgerichtsgesetzes sowie nach den §§ 122 und 126 der Insolvenzordnung werden Kosten nicht erhoben.

(3) Sonstige bundesrechtliche Vorschriften, durch die für Verfahren vor den ordentlichen Gerichten und den Gerichten der Finanz- und Sozialgerichtsbarkeit eine sachliche oder persönliche Befreiung von Kosten gewährt ist, bleiben unberührt. Landesrechtliche Vorschriften, die für diese Verfahren in weiteren Fällen eine sachliche oder persönliche Befreiung von Kosten gewähren, bleiben unberührt.

(4) Vor den Gerichten der Verwaltungsgerichtsbarkeit und den Gerichten für Arbeitssachen finden bundesrechtliche oder landesrechtliche Vorschriften über persönliche Kostenfreiheit keine Anwendung. Vorschriften über sachliche Kostenfreiheit bleiben unberührt.

---

59 So auch *Hartmann* Einl. II B, Rn. 6. **A.M.** *Oestreich* in Oe/He/Tre § 1 Rn. 65; § 19 Rn. 6.

60 BT-Ds. 17/11471 (neu). BGH NJW 2015, 2194 = MDR 2015, 724 = JZ 2015, 400 = JurionRS 2015, 15451. Vgl. auch unten § 66 Rn. 56.

(5) Soweit jemandem, der von Kosten befreit ist, Kosten des Verfahrens auferlegt werden, sind Kosten nicht zu erheben; bereits erhobene Kosten sind zurückzuzahlen. Das Gleiche gilt, soweit eine von der Zahlung der Kosten befreite Partei Kosten des Verfahrens übernimmt.

Übersicht

I. Allgemeines — 1–4
II. Begriffsbestimmungen — 5–11
III. Kostenbefreiung des Bundes und der Länder (Abs. 1) — 12–20
IV. Arbeitsgerichtsbarkeit (Abs. 2) — 21
V. Kostenfreiheit nach Bundes- und Landesvorschriften Abs. 3) — 22–31
VI. Ausnahmen der Kostenfreiheit (Abs. 4) — 32, 33
VII. Auswirkungen der Kostenfreiheit (Abs. 5) — 34–41
VIII. Verhältnis des § 2 zu anderen Bestimmungen — 42–46

I. Allgemeines

Regelungsinhalt: § 2 regelt einmal, welche Beteiligten eines vom Geltungsbereich des GKG erfassten Verfahrens von der Verpflichtung zur Zahlung der Gerichtskosten (§ 1 Abs. 1) befreit sind (Abs. 1–4) zum anderen, wie sich die Kostenfreiheit auswirkt, wenn einem Kostenbefreiten durch gerichtliche Entscheidung Verfahrenskosten auferlegt werden oder wenn er solche übernommen hat (Abs. 5). Auf die Entstehung der Gerichtskosten hat die Kostenfreiheit keinen Einfluss. Die Kosten entstehen absolut[1] und werden von dem Kostenbefreiten nur nicht erhoben.[2] Die Vorschrift ist nicht abschließend. Sie wird ergänzt durch weitere bundes- und länderrechtliche Bestimmungen. Korrespondierende allgemeine bundesrechtliche Bestimmungen finden sich in § 2 FamGKG, § 2 GNotKG und § 2 GVKostG. § 2 betrifft nur die vom Bund und von den Ländern unmittelbar als Partei geführten Prozesse.[3] 1

Der Sinn der Kostenbefreiung ist, dass der Bund und die Länder ohnehin den Aufwand für die Unterhaltung der Gerichtsorganisation zu tragen haben (Kompensationsgedanke), und sich die Erhebung von Gerichtskosten ihnen gegenüber als überflüssige Buchungsvorgänge darstellen würden.[4] Die Kostenfreiheit nach § 2 bezieht sich nur auf solche Kosten, die von vornherein dem Justizfiskus des Bundes oder eines Bundeslandes für die Inanspruchnahme der im § 1 bezeichneten Gerichte und Behörden geschuldet würden, nicht aber auf solche Kosten die eine Partei oder ein Beteiligter eines Verfahrens der anderen Partei oder dem anderen Beteiligten aufgrund prozessualer Kostenentscheidungen zu erstatten hat. Das bedeutet z.B., dass der Bund, wenn er in einem Verfahren unterliegt, dem nicht kostenbefreiten Gegner oder Beteiligten dessen notwendige Auslagen (z.B. Anwaltskosten) zu erstatten hat.[5] Folgerichtig sind auch die Kreise und Gemeinden oder Gemeindeverbände nicht wie Bund und Länder nach § 2 kostenmäßig privilegiert. Jedoch enthalten die Länderrechte zahlreiche Sonderregelungen. Diese Rechtslage soll auch im Zuge der weiteren Reform des Kostenrechts beibehalten werden. Sie wird indessen vom Deutschen Richterbund mit guten Gründen[6] für reformbedürftig gehalten. 2

1 BGH ZInsO 2009, 536.
2 OLG Hamburg JurBüro 1993,171, 172.
3 BGH JurBüro 1977, 1217 = RPfleger 1977, 249 = BB 1977, 817 = WM 1977, 639 = JZ 1977, 525.
4 BGH RPfleger 1982, 81; KG JurBüro 1996, 42; KG RPfleger 1982, 487.
5 Vgl. auch *Hartmann* § 2 Rn. 2.
6 Stellungnahme des DRB Nr. 14/12 des DRB zum Referentenentwurf des 2. KostRModG.

3 Wenn und soweit Kostenfreiheit herrscht, findet ohne ausdrücklichen Antrag grundsätzlich keine Wertfestsetzung statt. Sie ist aber zuweilen ratsam (z.B. § 63 Abs. 1) oder kann – wie bei einer Wertbeschwerde des Prozessbevollmächtigten[7] – sogar notwendig sein.[8] Eine Wertfestsetzung ist nur dann erforderlich, wenn eine solche – etwa § 33 Abs. 1, Abs. 3 RVG – beantragt wird.

4 **Grenzen der Kostenfreiheit:** Wer Kostenfreiheit genießt, ist gemäß dem Kostenbegriff des GKG frei von Gebühren und Auslagen, § 1, KV Teil 9. Aber auch eine kostenfreie Partei kann Auslagenfreiheit nur soweit in Anspruch nehmen, als es eine zweckentsprechende Rechtsverfolgung oder Rechtsverteidigung notwendig macht. Verlangt z.B. die Partei mehr Abschriften von Urteilen oder Protokollen, als erforderlich sind, ist das JVKostG anwendbar.[9] Wer nur Gebührenfreiheit hat, muss die Auslagen erstatten.[10] Gewährt das GKG aber nur **Gebührenfreiheit**, hat der gebührenfreie Beteiligte die Auslagen (KV Teil 9) zu entrichten.

II. Begriffsbestimmungen

5 Das Gesetz unterscheidet zwischen der **sachlichen** und der **persönlichen Kostenfreiheit** einerseits und der **Gebührenbefreiung und Auslagenfreiheit** andererseits.

6 **Sachliche Kostenfreiheit** besagt, dass wegen der Art des vorzunehmenden Geschäfts keine Gebühren und/oder Auslagen zu erheben sind. Diese besteht aber – nicht nur bei den Angelegenheiten der sozialen und allgemeinen Fürsorge i.S.v. § 188 VwGO[11] – grundsätzlich für alle Rechtszüge (dazu auch unten Rn. 13).[12]

7 **Persönliche Kostenbefreiung** bedeutet, dass bestimmte Personen oder Personengruppen oder Institutionen für alle Angelegenheiten keine Gebühren und/oder Auslagen zu zahlen brauchen. Daneben gibt es Verwaltungsvorschriften über den **Kostenerlass aus Billigkeitsgründen**, die sich von der Kostenfreiheit i.S.v. § 2, wo Kosten gar nicht entstehen, dadurch unterscheidet, dass eine bereits entstandene Kostenschuld erlassen wird. Abs. 5 regelt daher keinen Fall des Kostenerlasses.

8 Persönliche Kostenfreiheit genießen der Bund und die Länder sowie die nach den Haushaltsplänen des Bundes oder der Länder für Rechnung des Bundes oder eines Landes verwalteten öffentlichen Anstalten oder Kassen (Abs. 1). Die grundsätzliche Kostenfreiheit in bestimmten Arbeitsgerichtssachen und bestimmten Verfahren nach der Insolvenzordnung regelt Abs. 2. Der Abs. 3 hat sowohl die sachliche als auch die persönliche Kostenfreiheit zum Gegenstand.

9 **Gebührenbefreiung** bedeutet, dass der Beteiligte keine Gerichtsgebühren zu zahlen braucht. Wenn nur Gebührenfreiheit gegeben ist, sind mithin die Auslagen zu erbringen. Wer Gebührenfreiheit genießt, braucht auch die im §§ 10–16, 18ff. vorgesehenen Vorschüsse und Vorauszahlungen nicht zu leisten.

10 Die **Gebührenfreiheit** gilt grundsätzlich für **alle Rechtszüge**.[13] Die gegenteilige Ansicht,[14] die zur KostO ergangen ist, überzeugt nicht. Denn die in der Entscheidung

7 LAG Köln MDR 2000, 1256.
8 *Hartmann* § 2 Rn. 11.
9 BAG JVBl. 1962, 64.
10 LG Flensburg JurBüro 1975, 59; *Hartmann* § 2 Rn. 27.
11 OVG Berlin-Brandenburg Beschl. v. 17.4.2015 – OVG K 340.14 – = JurionRS 2015, 16143; *Oestreich* in Oe/He/Tre § 2 Rn. 7.
12 **A.M.** OLG Celle NdsRPfl. 1960, 111; *Oestreich* in Oe/He/Tre § 2 Rn. 7.
13 Vgl. auch *Hartmann* § 2 Rn. 5.
14 OLG Celle NdsRPfl. 1960, 111 und mit Einschränkung für § 188 VwGO *Oestreich* in Oe/He/Tre § 2 Rn. 7.

genannten Beispiele sind im Gesetz ausdrücklich geregelte Fälle der Gebührenfreiheit (also nicht verallgemeinerungsfähige leges speciales) für die jeweiligen Instanzen.

Auslagenfreiheit bedeutet, dass der Verfahrensbeteiligte keine Auslagen zu entrichten hat mit der Folge, dass insoweit auch § 17 unanwendbar ist. Soweit einem Beteiligten nur Auslagenfreiheit zukommt, berührt das selbstverständlich die Gebührenpflichtigkeit nicht. 11

III. Kostenfreiheit des Bundes und der Länder (Abs. 1)

Absatz 1 regelt die Kostenfreiheit des Bundes und der Länder in Verfahren vor den ordentlichen Gerichten und den Gerichten der Finanz- und Sozialgerichtsbarkeit, soweit nichts anderes bestimmt ist (vgl. § 1 Rn. 31). 12

Abs. 1 Satz 1, 1. Altern.: Kostenfreiheit genießen danach der **Bund**[15] und die der Bundesrepublik Deutschland angehörenden **Länder**, mithin die Bundes- und Landesministerien, Bundes- und Landesämter, die Regierungspräsidenten und deren Unterbehörden, wenn und soweit der Rechtsträger unmittelbar als Partei, nicht aber als Vertreter[16] auftritt. Eine bloße Verwaltungsbefugnis reicht allerdings nicht aus.[17] Ebenso reicht auch eine bloß wirtschaftliche Beteiligung nicht. Die Gemeinden,[18] Gemeindeverbände, Landkreise etc.,[19] wenn nicht nach landesrechtlichen Vorschriften ausnahmsweise etwas anderes bestimmt ist, sind von Abs. 1 nicht erfasst.[20] 13

Stadtstaaten: Berlin,[21] Bremen und Hamburg[22] sind aber auch dann kostenfrei, wenn sie in Gemeindeangelegenheiten tätig werden,[23] es sei denn, dass es nach der Verfassung noch von den Landesangelegenheiten getrennte Gemeindeangelegenheiten gibt,[24] wie es z.B. in Bremen der Fall ist. Die Kostenfreiheit wird gegenseitig bei allen Gerichten des Bundes und der Länder für die in § 1 genannten Verfahren gewährt, soweit der Bund und die Länder nach den Bestimmungen des GKG als Kostenschuldner in Betracht kämen. Gerichtskosten können in einem Nachlass-Insolvenzverfahren als Massekosten nicht erhoben werden, wenn ein kostenfreies Land Erbe und Gemeinschuldner ist.[25] Gem. § 2 Abs. 4 S. 1 haben Bund und Länder aber in Verwaltungsgerichts- und Arbeitsgerichtssachen keine persönliche Kostenfreiheit. 14

Abs. 1 Satz 1, 2. Altern.: Von den Kosten befreit sind auch die nach den Haushaltsplänen des Bundes und der Länder für Rechnung des Bundes oder eines Landes verwalteten öffentlichen Anstalten oder Kassen. Es muss sich um öffentliche Anstalten oder Kassen handeln, also um solche, die unmittelbar der Erfüllung öffentlicher Aufgaben des Bundes oder eines Landes dienen sollen. Außerdem müssen ihre Einnahmen und Ausgaben im Haushaltsplan des Bundes oder eines Landes nach kameralistischen Grundsät- 15

---

15 Und zwar auch dann nicht, wenn bei einer vom Bund betriebenen Zwangsvollstreckung für eine Kommune bes. hohe Kosten verursacht werden, LG Tübingen MDR 1996, 1304 (L).
16 OLG Düsseldorf JurBüro 2011, 432.
17 KG JurBüro 1996, 42; *Hartmann* § 2 Rn. 5.
18 BGH RPfleger 1977, 249.
19 BGH RPfleger 1977, 249; OLG Hamm RPfleger 1983, 504.
20 LG Flensburg JurBüro 1975, 58; LG Wuppertal JurBüro 1979, 403.
21 BGH JurBüro 1954, 468.
22 BGH JurBüro 1954, 378.
23 BGHZ 13, 207; 14, 305; OLG Braunschweig RPfleger 1951, 524; 1956, 115.
24 BGHZ 13, 207.
25 LG Regensburg RPfleger 1964, 287 m. zust. Anm. v. *Stöber*; *Lappe* § 2 Rn. 4; **a.M.** LG Wiesbaden RPfleger 1960 m. abl. Anm. v. *Stöber*.

zen vollständig ausgewiesen sein.[26] Fehlt eine dieser Voraussetzungen, so gibt es keine Kostenfreiheit, es sei denn, dass sonstige bundes- oder landesrechtliche Vorschriften Kostenfreiheit gewähren. Für eine Kostenfreiheit reicht es nicht, dass die wirtschaftlichen Ergebnisse einer öffentlichen Anstalt irgendwie im Haushaltsplan erscheinen, oder dass es sich um eine Anstalt handelt, bei welcher der Bund oder das Land jährliche Zuschüsse leistet oder sogar kraft Gesetzes verpflichtet ist, für alle erforderlichen Zuschüsse aufzukommen. Nicht ausreichend ist es auch, wenn die öffentliche Hand – etwa eine kommunale Gebietskörperschaft – Alleingesellschafterin einer GmbH ist.[27] Die Tatsache allein, dass die Einnahmen und Ausgaben aus den jährlichen Erläuterungen zum Haushaltsplan ersichtlich sind, kann die Kostenfreiheit noch nicht rechtfertigen. Vielmehr müssen die gesamten Einnahmen und Ausgaben selbst in den Haushaltsplan aufgenommen sein.[28] Einzelne Einnahmen genügen auch dann nicht, wenn es sich um einen wesentlichen Einnahmeposten handelt.[29] Auch wenn der Bund oder ein Land sämtliche Anteile einer Kapitalgesellschaft besitzt, genießt die Gesellschaft als Partei keine Kostenfreiheit.[30] Das gilt auch für private Anstalten oder Kassen, wenn sie ausschließlich im Eigentum des Bundes oder eines Landes stehen und die aus ihnen erwachsenen Einnahmen und Ausgaben im Haushaltsplan erscheinen und mittelbar öffentlichen Zwecken dienen oder wenn die Anstalt als Träger mittelbarer Staatsverwaltung öffentliche Aufgaben wahrnimmt. Es kommt auch nicht auf die Reichweite staatlicher Aufsicht an.[31] Die Beteiligung des Bundes oder eines Landes reicht selbst dann für sich allein nicht, wenn der Bund oder das Land allein beteiligt sind.[32] Hierher gehören auch staatliche Hochschulen, wenn sie nach den Haushaltsplänen des jeweiligen Landes verwaltete Anstalten des öffentlichen Rechts sind wie z.B. in Schleswig-Holstein.[33]

16 **Kostenfreiheit** haben danach z.B.:
- Bundesautobahnverwaltung,[34]
- Bundeseisenbahn: s. Eisenbahnbundesamt,
- Bundesoberseeamt,
- Bundesstraßenverwaltung,
- Bundesverwaltungen (Art. 87 GG),
- Bundeswasserstraßenverwaltung,[35]
- Deutsche Siedlungs- und Landesrentenbank,[36]
- Deutsches Rote Kreuz: s. unten Rn. 24,
- Eisenbahnbundesamt,[37]

---

26 BGH NJW-RR 2009, 862 = MDR 2009, 595 = WRP 2009, 461 = BeckRS 2009, 06792; BGH NJW-RR 2009, 862 = JurBüro 2009, 371; BGH JurBüro 1997, 373 = WM 1997, 892 = NJ 1997, 256 = MDR 1997, 503 = VIZ 1997, 310 = DGVZ 1997, 87 = DNotZ 1997, 67; OLG Dresden JurBüro 2016, 587 = MDR 2016, 1293; OLG Düsseldorf JurBüro 2016, 566 = JurionRS 2016, 27248.

27 BGH Beschl. v. 20.4.2010 – VI ZB 65/09 = JurBüro 2010, 484 (LS mit Volltextservice).

28 BGH JurBüro 1997, 373 = WM 1997, 892 = NJ 1997, 256 = MDR 1997, 503 = VIZ 1997, 310 = DGVZ 1997, 87 = DNotZ 1997, 67; *Hartmann* § 2 Rn. 6; *Oestreich* in Oe/He/Tre § 2 Rn. 13.

29 BGH RPfleger 1978, 305, m.w.N.

30 LG Berlin RPfleger 1983, 503.

31 BGH Beschl. v. 10.12.2008 – KVR 54/07 (Deutsche Klassenlotterie Berlin).

32 BGH RPfleger 1982, 81; *Oestreich* in Oe/He/Tre § 2 Rn. 13.

33 OLG Schleswig JurBüro 1995, 209.

34 G. v. 2.3.1951 (BGBl. I, 157).

35 BayObLG Mitt. BayNot 1994, 169.

36 Vgl. dazu etwa BGH RPfleger 1954, 371 1959, 4 (L); LAG Düsseldorf JVBl. 1961, 264; *Hartmann* § 2 Rn. 9; *Oestreich* in Oe/He/Tre § 2 Rn. 30.

37 BGH MDR 1998, 1120; OLG Köln JurBüro 1997, 204; OLG Bamberg JurBüro 1998, 653; OLG München MDR 1998, 497.

- Hauptzollamt: s. unten Rn. 18,
- Kindergärten, Kindertageseinrichtungen, die von Bund, Ländern, Gemeinden oder Kirchen betrieben werden,[37a]
- Kirchen: s. unten Rn. 29,
- Sozialversicherungsträger: s. unten Rn. 18.

Keine Kostenfreiheit haben danach z.B.: 17

- die Berufsgenossenschaften,[38]
- die Bundesanstalt für vereinigungsbedingte Sonderaufgaben (BVS),[39]
- Die Bundesanstalt für Immobilienaufgaben,[40]
- die Bundesagentur für Arbeit samt ihren Regionaldirektionen und Agenturen für Arbeit,[41]
- Deutsche Bahn AG: s. unten Rn. 19,
- Deutsche Post: s. unten Rn. 19,
- Deutsche Telecom: s. unten Rn. 19,
- Deutsche Bundesbank und die Landesbanken,[42]
- Eigenbetriebe des Bundes oder der Länder,[43]
- Einfuhr- und Vorratsstellen als Anstalten des öffentlichen Rechts,[44]
- Gemeinden oder Gemeindeverbände (Gebietskörperschaften)[45] (auch nicht, wenn sie in einem Steuerstrafverfahren als Steuerhoheitsträger von Gesetzes wegen die Stellung eines Nebenklägers haben)[46] Landesrechtlich ist aber den Gemeinden und Gemeindeverbänden nach Abs. 2 S. 2 vielfach Gebührenfreiheit zugestanden.[47]
- Gemeindeunfallversicherungsverband, der nicht nach den Haushaltsplänen verwaltet wird (und zwar auch dann nicht, wenn ihm das Land die ihm als Träger der gesetzlichen Unfallversicherung obliegenden Aufgaben übertragen hat),[48]
- Generalbundesanwalt, wenn er nach dem AUG tätig wird (Ausnahme: Kostenfreiheit nach § 12 AUG),
- Kaptalgesellschafter, deren sämtliche Geschäftsanteile im Besitz des Bundes oder eines Landes sind,[49] es sei denn, eine Befreiung ergibt sich aus den Befreiungsgesetzen der Länder (Abs. 3 S. 2).[50]
- kommunale Versorgungskasse,[51]

37a BGH, Beschl. v. 1.6.2017 – V ZB 23/16 – (zu § 91 GNotKG).
38 LG Düsseldorf RPfleger 1981, 456; LG Lüneburg RPfleger 1982, 200; AG Dorsten RPfleger 1982, 240; AG Hamburg RPfleger 1982, 240; AG Memmingen RPfleger 1983, 127.
39 BGH JurBüro 1997, 373 = WM 1997, 892 = NJ 1997, 256 = MDR 1997, 503 = VIZ 1997, 310 = DGVZ 1997, 87 = DNotZ 1997, 67 KG JurBüro 1997, 149; OLG München MDR 1998, 502 = VIZ 1998, 695 (unter ausdrücklicher Aufgabe der früher vertretenen gegenteiligen Ansicht in MDR 1996, 1301 = JurBüro 1996, 548 = DtZ 1996, 281); **a.M.** OLG Nürnberg VIZ 1997, 123.
40 BGH NJW-RR 2009, 862 = JurBüro 2009, 371.
41 KG FamRZ 2009, 1854; OLG München NZA 2005, 838 = NJW-RR 2005, 1230; AG Staufen DGVZ 1976, 63; *Hartmann* § 2 Rn. 8; *Krauthausen* DGVZ 1984, 5; *Mümmler* DGVZ 1969, 19.
42 OLG Braunschweig JurBüro 1966, 783 = NdsRPfl. 1966, 194 = RPfleger 1967, 230; AG Neukölln JVBl. 1964, 197; AG Alfeld NdsRPfl. 1965, 109.
43 BGH RPfleger 1982, 81; KG RPfleger 1982, 487; OLG Bremen NJW-RR 1999, 1517 (für bremische Eigenbetriebe).
44 BFH BB 1975, 165 (L).
45 BGH MDR 2010, 949; OLG Düsseldorf JurBüro 2007, 432; OLG Hamm RPfleger 1983, 504.
46 OLG Köln JMBlNRW 1961, 225.
47 Vgl. dazu etwa LG Flensburg JurBüro 1975, 58; LG Wuppertal JurBüro 1979, 403.
48 BGH MDR 1978, 1016 = RPfleger 1978, 305 = VersR 1978, 762 = JZ 1978, 193 (L).
49 BGH MDR 2010, 949.
50 Dazu NK-GK/*Volpert*/*Köpf* § 2 GKG Ran. 27.
51 LG Düsseldorf RPfleger 1977, 115.

- Kreditanstalt für Wiederaufbau,[52]
- privatrechtlich organisierte staatliche Genossenschaften,[53]
- Postbank: s. unten Rn. 19,
- Rundfunkanstalten: Die öffentlich-rechtlichen Rundfunkanstalten genießen keine Kostenfreiheit.[54] Etwas anderes gilt aber für das Betreiben der Zwangsvollstreckung wegen einer öffentlich-rechtlichen Geldforderung (Abs. 1 S. 2).[55] Hier gilt stets diejenige Körperschaft als Gläubiger des zu vollstreckenden Anspruchs, der die Vollstreckungsbehörde angehört, sofern diese Kostenfreiheit hat,
- Siedlungsgesellschaften, gemeinnützige,[56]
- Sozialversicherung: s. unten Rn. 18,
- Staatsbetriebe, bei denen nicht alle Ein- und Ausgaben vollständig im Haushaltsplan selbst ausgewiesen sind (z.B. das Sächsische Immobilien- und Baumanagement),[57]
- Studentenwerke,[58]
- Universitäten, Hochschulen, Fachhochschulen sind nicht grundsätzlich kostenbefreit. Jedoch sehen die meisten Befreiungsvorschriften der Länder Kostenfreiheit vor, soweit solche Einrichtungen die Rechtsstellung einer Körperschaft, Anstalt oder Stiftung des öffentlichen Rechts haben. Das Gleiche gilt nach Landesrecht, wenn eine solche Einrichtung nach den Haushaltsplänen des Landes verwaltet wird.[59]

18 Die **Träger der Sozialversicherung und der Grundsicherung für Arbeitssuchende** (§ 64 Abs. 3 S. 2 SGB X[60]) erfüllen zwar öffentliche Aufgaben (Art. 74 Nr. 12, 120 GG). Sie werden aber nicht nach den Haushaltsplänen des Bundes verwaltet und genießen deshalb keine umfassende[61] Kostenfreiheit,[62] denn §§ 3–7 SGB X betreffen nur eine Amtshilfe, nicht aber eine Rechtshilfe.[63] Es ist deshalb zu differenzieren. Kostenfreiheit besteht nur, wenn das konkrete Verfahren vom Träger der Sozialhilfe – auch im Rahmen sog. „Job-Centren" – gerade in dieser Eigenschaft geführt wird. Die Sache muss mithin einen engen sachlichen Zusammenhang zur gesetzlichen Tätigkeit als Sozialhilfeträger haben.[64] So etwa, wenn nach § 91 BSHG übergegangene,[65] nach § 90 BSHG übergeleite-

---

52 BGH JurBüro 2009, 171; OLG Köln JurBüro 2014, 380 = JurionRS 2013, 51603; OLG Koblenz JurBüro 2013, 39 = MDR 2012, 1256 = NJW-RR 2012, 1468. **A.M.** LG München I JurBüro 2013, 40.

53 LG Berlin RPfleger 1983, 503 = JurBüro 1983, 1535.

54 OLG Köln JurBüro 1987, 560 (Deutschlandfunk); vgl. früher auch schon OLG Köln JurBüro 1967, 914 = RPfleger 1968, 131.

55 Vgl. dazu die umfangreiche Zusammenstellung bei *Oestreich* in Oe/He/Tre § 2 Rn. 31 und *Hartmann* § 2 Rn. 8.

56 OLG Frankfurt aM MDR 1957, 496.

57 OLG Dresden JurBüro 2016, 587 = MDR 2016, 1293; OLG Düsseldorf JurBüro 2016, 566 = JurionRS 2016, 27248.

58 LG Tübingen Die Justiz 1978, 473 (L).

59 Vgl. OLG Schleswig JurBüro 1995, 209 = SchlHA 1995, 196.

60 Dazu BGH, Beschl. v. 28.9.2016 – XII ZB 251/16 – = JurBüro 2017, 38 = JurionRS 2016, 27347 (betr. Jugendamt als Amtsvormund).

61 BGH JurBüro 2006, 206 (LS mit Volltextservice) = NJW-RR 2006, 717; BVerwG NVwZ-RR 2000, 189; OLG Düsseldorf NJW-RR 1999, 1669 und OLGR 2004, 498; *Hartmann* § 2 Rn. 13; **a.M.** aber fälschlich OLG München MDR 1995, 1072.

62 BGH JurBüro 1981, 372; LG Hamburg RPfleger 1954, 150; *Hartmann* § 2 Rn. 10; *Oestreich in* Oe/He/Tre § 2 Rn. 31; *Lappe* § 2 Rn. 9.

63 Vgl. § 1 Abs. 2 SGB X; BT-Ds. 8/2034; *Hartmann* § 2 Rn. 11.

64 BGH JurBüro 2006, 206 (LS mit Volltextservice) = NJW-RR 2006, 717 = MDR 2006, 715; KG FamRZ 2009, 1854; *Hartmann* § 2 Rn. 13; *Petzold* in Binz u.a. § 2 Rn. 16; *Oestreich* in Oe/He/Tre § 2 Rn. 31 „Sozialrechtliche Verfahren"; *Volpert* in Schneider u.a., FamGKG § 2 Rn. 18.

65 OLG Düsseldorf NJW-RR 1999, 497.

te[66] oder gemäß § 116 SGB X übergegangene[67] Ansprüche geltend gemacht werden. Ein übergegangener Schadensersatzanspruch allerdings verliert seinen bürgerlich-rechtlichen Charakter nicht,[68] so dass insoweit keine Kostenfreiheit herrscht.[69] Die Träger der Sozialversicherung sind deshalb vorschusspflichtig, soweit das GKG eine Vorschusspflicht vorsieht,[70] und zwar auch für den Antrag auf die Eröffnung eines Insolvenzverfahrens.[71] Etwas anderes gilt aber dann, wenn Ansprüche gemäß § 90 BSHG förmlich auf den Träger der Sozialhilfe übergeleitet worden sind. In diesen Fällen besteht auch für das Verfahren vor den Zivilgerichten Kostenfreiheit.[72] Wenn und soweit die Träger der Sozialversicherung Kostenfreiheit genießen, bleibt diese auch erhalten, wenn sie zur Vollstreckung eine andere Behörde (z.B. das Hauptzollamt) einschalten.[73] Umgekehrt gilt das aber nicht. Wenn ein Träger der Sozialversicherung, soweit er nicht kostenbefreit ist, sich zur Vollstreckung des Hauptzollamts bedient, wird er dadurch nicht kostenfrei, weil das Hauptzollamt als Bundesbehörde Kostenfreiheit genießt. Auch private Arbeitsvermittler, die die Auszahlung eines dem Arbeitslosen erteilten Vermittlungsgutscheins begehren, sind keine Leistungsträger i.S.v. § 183 SGG und deshalb in Verfahren vor dem Sozialgericht gerichtskostenpflichtig.[74]

Bahn und Post[75] hatten bis 1994 nur Gebühren-, nicht auch Auslagenfreiheit. Mit der Neuordnung des Eisenbahnwesens durch das Eisenbahnneuordnungsgesetz – ENeuOG – vom 27.12.1993 (BGBl. I, 2378) sind an die Stelle der Bundesbahn und der Deutschen Reichsbahn der ehemaligen DDR das **„Bundeseisenbahnvermögen"** und die **„Deutsche Bahn Aktiengesellschaft"** getreten. Gemäß § 1 des ENeuOG bleibt der erste Teil, nämlich das Bundeseisenbahnvermögen Bundesverwaltung, so dass das neue **Eisenbahn-Bundesamt** die Gebührenfreiheit der Bundesbahn genießt,[76] während der zweite Teil, die „Deutsche Bahn – Aktiengesellschaft" keine Gebührenbefreiung mehr hat. Das ist mit der Streichung des § 2 Abs. 1 S. 2 durch Art. 6 XXXIX des ENeuOG klargestellt worden. Auch für den Bereich der ehemaligen Bundespost ist § 2 Abs. 1 S. 2 durch die Neuregelung des Post- und Telekommunikationswesens[77] für die neuen Aktiengesellschaften (Post-AG, Postbank-AG und Telekom-AG) entfallen.[78] Wenn allerdings Bahn oder Post zu Beginn des Rechtsstreits gemäß § 2 Abs. 1 gebührenfrei waren, verbleibt es für den anhängigen Rechtsstreit auch dabei.[79] Diese Fälle dürften heute aber nur noch selten vorkommen. 19

Abs. 1 Satz 2 (Kostenfreiheit in Zwangsvollstreckungsverfahren): Die Regelung entspricht § 2 Abs. 1 Satz 2 des GVKostG und stellt klar, dass bei der Vollstreckung einer 20

66 OLG Düsseldorf NJW-RR 1999, 1669; OLG Zweibrücken MDR 1996, 208.
67 BGH JurBüro 2006, 206 (LS mit Volltextservice) = NJW-RR 2006, 717 = MDR 2006, 715.
68 OLG Jena MDR 1997, 692 = OLG-NL 1997, 165; OLG Stuttgart MDR 1989, 365 = NVwZ-RR 1989, 280; LG Schweinfurt JurBüro 1981, 1707.
69 OLG Düsseldorf RPfleger 1995, 182 = MDR 1995, 102.
70 *Oestreich* in Oe/He/Tre § 2 Rn. 28 „Versicherungsträger" m.w.N.; **a.M.** OLG Schleswig JurBüro 1995, 210.
71 OLG Braunschweig NdsRPfl. 1982, 13.
72 OLG Zweibrücken MDR 1996, 208 = JurBüro 1996, 317; OLG Düsseldorf NJW-RR 1999, 1669; *Hartmann* § 2 Rn. 13 m.w.N.
73 AG Cottbus DGVZ 2001, 79; *Hartmann* § 2 Rn. 13.
74 LSG Chemnitz JurBüro 2005, 548.
75 Vgl. *Kunz* MDR 1989, 593; dazu vgl. auch OLG Nürnberg JurBüro 1994, 103 (betr. Beweisverfahren) m. Anm. v. *Mümmler*.
76 BGH MDR 1998, 1120; OLG München MDR 1998, 497 = JurBüro 1998, 320; OLG Köln JurBüro 1997, 204; OLG Bamberg JurBüro 1998, 653; OLG Düsseldorf JurBüro 1995, 150.
77 Ges. v. 14.9.1995 (BGBl. I, 2325).
78 OLG Saarbrücken JurBüro 1996, 657 = DGVZ 1997, 11.
79 OLG Düsseldorf JurBüro 1996, 488.

öffentlich-rechtlichen Geldforderung derjenige Kostenfreiheit hat, der ohne Berücksichtigung des § 252 AO, § 66 SGB X Gläubiger ist. Es wird mithin die Körperschaft als Gläubigerin des vollstreckbaren öffentlich-rechtlichen Anspruchs angesehen, der die Vollstreckungsbehörde angehört. Kostenfreiheit für das **Hauptzollamt** besteht z.B. dann, wenn das Vermögensverzeichnis im Auftrage oder im Rahmen einer Vollstreckung für einen kostenfreien Träger der Sozialversicherung erfolgt.

IV. Arbeitsgerichtsbarkeit (Abs. 2)

21 **Abs. 2 (Arbeitsgerichtliche Kostenfreiheit):** Nach Abs. 2 besteht Kostenfreiheit in allen Rechtszügen für

- sämtliche in § 2a ArbGG bezeichneten Angelegenheiten, in denen das Beschlussverfahren stattfindet,[80]
- in Verfahren bei der Ablehnung von Mitgliedern eines Schiedsgerichts (§ 103 Abs. 3 ArbGG),
- für die Niederlegung eines Schiedsspruchs (§ 108 Abs. 3 ArbGG)
- für das Verfahren über die Vollstreckbarerklärung eines Schiedsspruchs (§ 109 ArbGG)
- die Verfahren auf Zustimmung des Arbeitsgerichts zur Durchführung einer Betriebsänderung nach § 122 InsO und für das Beschlussverfahren zum Kündigungsschutz (§ 126 InsO).

V. Kostenfreiheit nach Bundes- und Landesvorschriften (Abs. 3)

22 **Inhalt des Abs. 3:** Unabhängig von der Bestimmung des Abs. 1 über die persönliche Kosten- oder Gebührenfreiheit des Bundes und der Länder hält Abs. 3 aufgrund sonstiger bundes- oder landesrechtlicher Vorschriften eine sachliche und/oder persönliche Kostenfreiheit aufrecht, soweit es sich – wie in Abs. 1 – um Verfahren vor den ordentlichen Gerichten oder den Gerichten der Finanzgerichtsbarkeit handelt. Insbesondere genießen danach auch die Gemeinden oder Gemeindeverbände, Landkreise etc. häufig Gebührenfreiheit. Das gilt natürlich nur, wenn und soweit die Körperschaft als Organ selbst Partei ist, nicht aber wenn ein Mitglied eines Organs (z.B. ein Bürgermeister einer Stadt) persönlich als Partei auftritt. Allein die organschaftliche Beziehung zu der gebührenfreien Stadt begründet keine Gebührenbefreiung.[81] Bei enger Auslegung hält Abs. 3 S. 1 nur die zur Zeit des Inkrafttretens des GKG bestehenden sonstigen bundesrechtlichen Vorschriften aufrecht („bleiben in Kraft"). Aus Abs. 3 S. 2 folgt aber, dass auch künftige Kostenbefreiungsvorschriften außerhalb des GKG möglich sind („landesrechtliche Vorschriften", also auch künftige, „bleiben unberührt").[82] Es wäre unverständlich, wenn für die Bundesgesetzgebung etwas anderes gelten sollte als für die Länder, zumal auch kein einleuchtender Grund für eine Beschränkung auf die bei Inkrafttreten des GKG geltenden bundesrechtlichen Kostenbefreiungsvorschriften erkenn-bar ist. Folgerichtig hat der Bund von der Möglichkeit der Kostenbefreiung auch später Gebrauch gemacht.[83]

23 **Bundesrecht:** Hier besteht grundsätzlich Kostenfreiheit nach § 225 BEG § 64 Abs. 3 S. 2 SGB X. Hiernach genießen im Verfahren nach der ZPO sowie in Verfahren vor Gerichten der Sozial- und der Finanzgerichtsbarkeit die Träger der Sozialhilfe, der Jugend-

80 Dazu ausführlich *Brinkmann* JurBüro 2010, 119 ff.
81 LG Osnabrück JurBüro 2010, 658.
82 BVerfG JurBüro 1978, 978, 980 = JZ 1978, 132 (L) = BayVBl. 1978, 664.
83 Vgl. z.B. § 83b, wonach Asylstreitigkeiten gerichtskostenfrei sind.

hilfe[84] und der Kriegsopferfürsorge in dieser Eigenschaft Kostenfreiheit. Ein Träger der Sozialhilfe hat aber vor dem Zivilgericht keine Auslagenfreiheit, wenn er einen kraft Gesetzes auf ihn übergegangenen bürgerlich-rechtlichen Schadensersatzanspruch geltend macht[85] (Vgl. auch oben Rn. 18). Wegen der sachlichen Kostenfreiheit in Verwaltungs- und Arbeitsgerichtssachen vgl. Abs. 4 S. 2 und unten Rn. 21, 32, 33.

Streitig ist, ob auch das **Deutsche Rote Kreuz** die dieser Institution mit § 18 des Ge- 24
setzes vom 9.12.1937 (RGBl. I, 1330) gewährte Gebührenfreiheit noch hat. Das Problem liegt darin, dass zwar das Gesetz von 1937 unzweifelhaft als Bundesgesetz weiter galt und erst durch Gesetz vom 5.12.2008 (BGBl. I, 2346) aufgehoben wurde, das damalige Deutsche Rote Kreuz aber durch das Kontrollratsgesetz vom 10.10.1945 aufgelöst wurde und damit als Rechtspersönlichkeit aufgehört hat zu existieren.[86] Nach weit verbreiteter Ansicht sollen das Deutsche Rote Kreuz e.V. und die nunmehrigen Landesverbände des Deutschen Roten Kreuzes nur Gebührenfreiheit haben.[87] Auch wird erwogen, § 18 des Gesetzes von 1937 zugunsten der DRK-Organisationen analog anzuwenden. Richtigerweise muss gelten: Wenn und soweit in einem Landesgesetz keine ausdrückliche Kostenfreiheit bestimmt ist, ist das Gesetz vom 9.12.1937 auch nicht durch das entsprechende Landesgesetz abgelöst worden.[88] Der Grundsatz „lex posterior derogat legi priori" gilt hier nicht, weil Landesrecht niemals Bundesrecht ablösen kann. Wenn also die Kostenfreiheit z.B. für das Bayerische Rote Kreuz[89] und für das Rote Kreuz des Landes Rheinland-Pfalz[90] entfallen sein soll, ist eine solche Ansicht nicht haltbar. Vielmehr genießt das Deutsche Rote Kreuz nach wie vor bis zum Inkrafttreten des Gesetzes vom 5.12.2008 Kostenfreiheit.[91] Danach gilt mangels bundesgesetzlicher Regelung das jeweilige Landesrecht. In NRW ist danach das DRK nicht gebührenbefreit.[92]

Nach Art. 18 des **Haager Übereinkommens über den Zivilprozess** und den dazu 25
ergangenen Ausführungsgesetzen erfolgt die Vollstreckungserklärung ausländischer Entscheidungen (vgl. KV 1510 ff.) und die Übermittlung von Anträgen auf Bewilligung von Prozesskostenhilfe gebührenfrei. Soweit zur Vollstreckung deutscher Entscheidungen im Ausland eine Vervollständigung des Urteils vorgesehen ist, erfolgt sie nach verschiedenen Ausführungsgesetzen gerichtsgebührenfrei.

Wegen weiterer bundesrechtlicher Bestimmungen über die Kostenfreiheit vgl. oben 26
Rn. 11 ff. Allgemein gilt: Da die Vorschriften über die Kostenfreiheit als Ausnahmebestimmungen eng auszulegen sind, kann eine nur für den Bereich der KostO gewährten Gebührenfreiheit nicht auf Verfahren nach dem GKG ausgedehnt werden.

In **Sozialgerichtssachen** bleibt das sozialgerichtliche Verfahren auch nach dem 27
6. SGG-ÄndG für einen privilegierten Personenkreis (Hinterbliebene, Leistungsempfänger Behinderte oder deren Sonderrechtsnachfolger i.S.v. § 56 SGG) gerichtskostenfrei,

---

84 OVG Berlin-Brandenburg JurBüro 2015, 541 = NVwZ-RR 2015, 800 = JurionRS 2015, 20084.
85 OLG Düsseldorf MDR 1995, 102.
86 Dazu ausführlich OLG Hamburg NJW-RR 2007, 1655 und 1655/56.
87 OLG Koblenz RPfleger 1990, 271; OLG Frankfurt aM JurBüro 1958, 422 = MDR 1958, 348 = RPfleger 1958, 356 und RPfleger 1961, 338 (L); OLG Köln RPfleger 1957, 91 m. Anm. v. *Höver;* OLG Stuttgart RPfleger 1958, 355 = NJW 1958, 1193; KG RPfleger 1956, 88 (L) = NJW 1955, 1524 (L); *Hartmann* § 2 Rn. 13; *Oestreich* in Oe/He/Tre § 2 Rn. 30; *Höver* RPfleger 1954, 179; *Lappe* RPfleger 1958, 357; **a.M.:** OLG München RPfleger 1958, 357; 1961, 421 (L) = JurBüro 1958, 423 = NJW 1958, 836 (L); BayObLG RPfleger 1958, 199; LG Mainz RPfleger 1989, 478; vgl. auch *Bink* JurBüro 1971, 395.
88 So zutreffend OLG Hamburg NJW-RR 2007, 1655/56.
89 OLG München NJW-RR 1998, 719 = MDR 1998, 184.
90 OLG Koblenz JurBüro 1995, 650.
91 So jetzt ausführlich OLG Hamburg NJW-RR 2007, 1655/56, welche seine gegenteilige Ansicht (NJW-RR 2007, 1655 = MDR 2007, 55) ausdrücklich aufgegeben hat.
92 OLG Düsseldorf JurBüro 2011, 432.

§ 183 S. 1 SGG. In Verfahren, in denen eine Partei zu dem in § 183 privilegierten Personenkreis gehört, fällt für die Gegenpartei nur eine Pauschalgebühr in Höhe zwischen 150–300 € an, § 184 Abs. 2 SGG.[93] Eine **Ausnahme** von der Kostenfreiheit nach § 183 SGG besteht aber für **Klagen** auf Entschädigungsansprüche wegen überlanger Gerichtsverfahren **nach § 198 ff. GVG**. In diesen Fällen sind auch für den privilegierten Personenkreis Kosten nach dem GVG zu erheben (KV-Nr. 7112, 7113).[94] Im Übrigen werden die Kosten und Auslagen nach KV Teil 7 erhoben. So sind z.B. Erstattungsstreitigkeiten zwischen Sozialhilfeträgern nicht gerichtskostenfrei.[95]

28 **Europarecht:** Zu den bundesrechtlichen Bestimmungen im weitesten Sinne zählen auch für den Bund und die Länder verbindliche europarechtliche Vorschriften. So bestimmt z.B. VO (EG) 1348/00 des Rates vom 29.5.2000 über die **Zustellung gerichtlicher und außergerichtlicher Schriftstücke in Zivil- oder Handelssachen** in den Mitgliedsstaaten (ABl. L 160/37 vom 30.6.2000, in Kraft seit dem 31.5.2001, in Art. 11 VO (EG), dass für die Zustellung gerichtlicher Schriftstücke aus einem anderen Mitgliedstaat grundsätzlich keine Zahlung oder Erstattung von Gebühren und Auslagen für die Tätigkeit des Empfangsmitgliedstaats erhoben werden dürfen. Lediglich Auslagen, die dadurch entstehen, dass eine Amtsperson oder eine andere nach dem Recht des Empfangsmitgliedstaats zuständige Person mitwirkt oder dass eine besondere Form der Zustellung eingehalten wird, dürfen angesetzt werden. Für die Erledigung eines **Beweisaufnahmeersuchens** im europäischen Ausland werden nach Art. 18 der VO (EG) 1201/2001 des Rates vom 28.5.2001, in Kraft seit dem 1.4.2004, Gebühren und Auslagen grundsätzlich nicht erhoben, mit Ausnahme bestimmter Aufwendungen für Sachverständige und Dolmetscher und andere Auslagen auf Verlangen des ersuchenden Gerichts. Auch für die Zustellung gerichtlicher Schriftstücke aus einem anderen Mitgliedstaates im Rahmen **der EG-Prozesskostenhilfe** dürfen nach Art. 11 der VO (EG) 1348/00 des Rates vom 29.5.2000, in Kraft seit dem 31.5.2001, keine Kosten erhoben werden.

29 **Kirchen:** § 163 Abs. 2 VwGO (a.F.) bestätigte den Kirchen und anderen Religionsgemeinschaften des öffentlichen Rechts Kostenfreiheit unter Hinweis auf Art. 140 GG, der Vorschriften der Weimarer Reichsverfassung über die Kirchen zum Bestandteil des Grundgesetzes erklärt. Daraus wurde eine allgemeine Kostenfreiheit der Kirchen und anderer Religionsgemeinschaften des öffentlichen Rechts abgeleitet. Durch den Fortfall des § 163 Abs. 2 VwGO ist der gesetzliche Verweis auf Art. 140 GG nicht gegenstandslos geworden,[96] so dass die Kostenfreiheit der Kirchen und der Religionsgemeinschaften des öffentlichen Rechts nach wie vor besteht.[97] Die Frage ist allerdings streitig. Es ist jedenfalls verfassungsrechtlich nicht zu beanstanden, wenn in Verfahren vor den Verwaltungsgerichten den Kirchen keine Gebührenfreiheit (mehr) zugestanden wird.[98] Teilweise soll nur Kosten-, nicht aber Auslagenfreiheit gegeben sein.[99] Für Verfahren vor dem BGH gilt die „Verordnung betreffend die Gebühren in dem Verfahren vor dem Reichsgericht vom 24.12.1883 – RG-GebFrhVO – (RGBl. 1884, S. 1 = BGBl. III – 364-1) als Bundesrecht weiter. Nach § 8 RG-GebFrhVO genießen rechtsfähige Vereine oder sonst in rechtsfähiger Form errichtete Trä-

93 Vgl. auch bei *Schlarmann/Buchner* NJW 2002, 644, 646.

94 Vgl. dazu bei NK-GK/*Schäfer* KV 7112, 7113, Rn. 5.

95 LSG Schleswig-Holstein, Beschl. v. 3.9.2012 – L 5 SF 18/12 B.

96 Vgl. *Hartmann* § 2 Rn. 19.

97 *Hartmann* § 2 Rn. 19; OVG Lüneburg NVwZ 1993, 704 (betr. Verwaltungsverfahren); **a.M.** BVerwG JurBüro 1996, 319; BFH BFHE 184, 237 = NVwZ 1998, 882; OVG Münster DÖV 1970, 102 = DVBl. 1970, 367 (L); *Oestreich* in Oe/He/Tre § 2 Rn. 31 „Kirchen"; zum Ganzen vgl. auch *Mümmler* JurBüro 1975, 1291 und bei *Schnapp* ZevKR 14, 361.

98 BVerfG NVwZ 2001, 318 = NJW 2001, 1270 (L).

99 OLG Koblenz JurBüro 1994, 683.

ger von Kirchengut in Verfahren vor dem BGH Gebührenfreiheit, wenn sie bedürftig sind, d.h. wenn ihre Einnahmen die etatmäßigen Ausgaben nicht übersteigen (§ 1 Nr. 3 RGGebFrhVO). Auch ein rechtsfähiger Verein, der Rechtsträger einer Moschee der muslimischen Glaubensgemeinschaft ist, genießt die Gebührenfreiheit.[100]

Landesrechtliche Vorschriften über die Kostenfreiheit gelten neben dem GKG weiter,[101] soweit nicht bundesrechtliche Bestimmungen etwas anderes bestimmen.[102] Ihre Wirkung erstreckt sich nur auf das Gebiet des betreffenden Landes,[103] nicht auf Bundesgerichte.[104] Andererseits genießen die in einem Bundesland gewährte Kostenfreiheit in diesem Land auch die Angehörigen anderer Bundesländer.[105] Im Einzelnen ist die landesrechtliche Kostenfreiheit geregelt: 30

Baden-Württemberg: Landesjustizkostengesetz i.d.F. der Bekanntmachung vom 15.1.1993 (GBl. S. 109; 244), zuletzt geändert durch Art. 1 des Gesetzes vom 10.2.2015 (GBl. 2015, 89, 94) – Gebührenfreiheit – 31

Bayern: Landesjustizkostengesetz vom 25.3.1958 i.d.F. v. 19.5.2005 (GVBl. 2005, 159) i.d.F. v. 25.4.2014 (GVBl. 2014, 166) ; – Gebührenfreiheit –

Berlin: Gesetz über Gebührenbefreiung, Stundung und Erlass von Kosten im Bereich der ordentlichen Gerichtsbarkeit vom 24.11.1970 (GVBl. S. 1934) i.d.F. vom 25.1.2007 (GVBl. I, S. 172, zuletzt geändert durch Gesetz v. 17.3.2014 (GVGBl. 2014, 70)[106] – Gebührenfreiheit –

Brandenburg: Justizkostengesetz für das Land Brandenburg – JKBg – vom 3.6.1994 (GVBl. S. 172), zuletzt geändert durch Art. 1 des Gesetzes vom 10.7.2014 (GVBl. 2014, 1); – Gebührenfreiheit –

Bremen: Bremisches Justizkostengesetz vom 11.3.1958 i.d.F. vom 4.8.1992 (GVBl. 1992, S. 257), zuletzt geändert durch Gesetz vom 4.11.2014 (BremGBl. S. 447;[107] – Gebührenfreiheit –

Hamburg: Landesjustizkostengesetz vom 18.10.1957 i.d.F. vom 5.3.1986 (GVBl. 1986, S. 48), zuletzt geändert durch siebentes Gesetz zur Änderung des Landesjustizkostengesetzes vom 3.9.2014 (HambGVBl. S. 418); – Gebührenfreiheit –

Hessen: Hessisches Justizkostengesetz vom 15.5.1958 (GVBl. S. 60), zuletzt geändert durch Gesetz vom 25.3.2015 (GVBl. I, S. 126); – Gebührenfreiheit

Mecklenburg-Vorpommern: Gesetz über die Kosten im Bereich der Justizverwaltung und über Gebührenbefreiung des Landes Mecklenburg-Vorpommern (Landesjustizkostengesetz – LJKG) vom 7.10.1993 (GVBl. S. 843), zuletzt geändert durch Gesetz vom 11.11.2015 (GVBl. 2015, S. 462); – Gebührenfreiheit –

Niedersachen: Gesetz über die Neuordnung von Vorschriften über die Justiz v. 16.12.2014 (NdsGVBl. 2014, 430)

Nordrhein-Westfalen: Gesetz zur Modernisierung und Bereinigung von Justizgesetzen im Land Nordrhein-Westfalen vom 26.1.2010 (GVBl. S. 539), zuletzt geändert durch Gesetz vom 8.12.2015 (GVBl. 812);[108] – Gebührenfreiheit –

---

100 BGH NJW-RR 2007, 644 = MDR 2007, 745.

101 Vgl. etwa OLG Celle JurBüro 2015, 201 (für einen Wasserzweckverband in Niedersachsen, der keine Gewinne erzielen darf).

102 OLG Koblenz RPfleger 1981, 497.

103 BGH NJW-RR 2011, 934; AG Bonn DGVZ 2007, 95.

104 BGH NJW-RR 2011, 934; BGH NJW-RR 2007, 644 = MDR 2007, 745; BGH NJW-RR 1998, 1222 = BauR 1998, 598 = MDR 1998, 680; BGH RPfleger 1978, 305; BGH MDR 1972, 308 = RPfleger 1972, 53 = NJW 1972, 210 (L) = JurBüro 1972, 131 = JVBl. 1972, 41 m. Anm. v. *Höver.*

105 *Oestreich* in Oe/He/Tre § 2 Rn. 29; *Hartmann* § 2 Rn. 14; *Lappe* Rn. 11; *Höver* JVBl. 1972, 41; vgl. dazu auch bei *Klässel* RPfleger 1972, 433.

106 Vgl. auch KG VersR 1989, 816 betr. Krankenhausbetriebe.

107 Dazu OLG Bremen NJW-RR 1999, 1518 (keine Anwendung für Eigenbetriebe).

Rheinland-Pfalz: Justizgebührenbefreiungsgesetz vom 9.10.1990 (GVBl. 1990, S. 281), zuletzt geändert durch Gesetz vom 1.7.1997 (GVBl. S. 169, 176); – Gebührenfreiheit –

Saarland: Landesjustizkostengesetz vom 30.6.1971 (ABl. S. 473) i.d.F. vom 5.2.1997 (ABl. S. 258), zuletzt geändert durch Art. 1 des Gesetzes vom 12.2.2014 (ABl. S. 146); – Gebührenfreiheit –

Sachsen: Sächsisches Justizkostengesetz (SächsJKG) vom 24.11.2000 (GVBl. 2000 S. 482, 491), zuletzt geändert durch Art. 1 des Gesetzes vom 9.7.2014 (GVBl. 2014, 405); – Kosten- und Gebührenfreiheit –

Sachsen-Anhalt: Justizkostengesetz des Landes Sachsen-Anhalt (JKostGLSA) vom 23.8.1993 (GVBl.LSA S. 449), zuletzt geändert durch Gesetz vom 5.12.2014 (GVBl. LSA S. 512, 513);[109] – Gebührenfreiheit –

Schleswig-Holstein: Gesetz über Gebührenfreiheit, Stundung und Erlass von Kosten im Bereich der Gerichtsbarkeiten vom 23.12.1969 (GOVBl. 1970, 4), zuletzt geändert durch Gesetz vom 15.7.2014 (GOVBl. 2014, S. 132); – Gebührenfreiheit –

Thüringen: Thüringer Justizkostengesetz vom 28.10.2013 (GVBl. 2013, 295) – Gebührenfreiheit –

VI. Ausnahmen der Kostenfreiheit (Abs. 4)

32 **Abs. 4** enthält Ausnahmen vom Grundsatz des Abs. 3 für Verwaltungs- und Arbeitsgerichtssachen. Hier haben Bund, Länder, Gemeinden, Gemeindeverbände und andere juristische Personen des öffentlichen Rechts sowie Behörden keine persönliche, sondern nur sachliche Kostenfreiheit. In Verwaltungs- und Arbeitsgerichtssachen gibt es weder eine bundesrechtliche noch eine landesrechtliche persönliche Kostenfreiheit, Abs. 4 S. 1.[110] In diesen Verfahren ist nur eine bundes- oder landesrechtlich begründete sachliche Kostenfreiheit möglich, Abs. 4 S. 2. In § 2 Abs. 4 S. 1 ist klargestellt, dass in Verwaltungs- und Arbeitsgerichtssachen eine persönliche Kostenfreiheit aufgrund landesrechtlicher Vorschriften für den Anwendungsbereich des GKG nicht besteht. Eine im Verfassungsrecht oder durch zwischenstaatliche Verträge begründete persönliche Kostenfreiheit ist aber möglich und wird durch Abs. 4 S. 1 nicht berührt. Eine sachliche Kostenfreiheit ist aber auch vor den Verwaltungs- und Arbeitsgerichten möglich, § 2 Abs. 4 S. 2.

33 Die sachliche Kostenfreiheit in Verwaltungsgerichtssachen ist in besonderen Gesetzen geregelt, wie z.B.

- § 81b AsylVerfG.
- Die wichtigste dieser Spezialregelungen enthält § 188 VwGO, welcher bestimmt: *„Die Sachgebiete der Sozialhilfe, der Jugendhilfe, der Kriegsopferfürsorge sowie der Ausbildungsförderung ... Gerichtskosten (Gebühren und Auslagen) werden in Verfahren dieser Art nicht erhoben.“* Die Verfahren nach diesem Gesetz sind gerichtskostenfrei, sofern es sich um solche nach den im § 188 VwGO genannten Sachgebieten handelt (z.B.: wegen Festsetzung eines Beitrages zu den Kosten der freiwilligen Erziehungshilfe). Sonst gelten die allgemeinen Vorschriften.
- Die Sachgebiete der Sozialhilfe sind grundsätzlich im **Bundessozialhilfegesetz** und im **Sozialgesetzbuch** geregelt. Hierunter fallen auch Rechtsstreitigkeiten nach dem

---

108 Vgl. dazu etwa OLG Düsseldorf JurBüro 2007, 432 und JurBüro 2017, 311 (betr. Mietverträge mit einer Gemeinde); OLG Köln NVwZ-RR 1998, 469 (betr. Kommunen in NRW für Streitigkeiten im Bereich der Abfallbeseitigung); OLG Köln JurBüro 2008, 97 (kommunaleigenes Abwasserunternehmen).

109 Dazu OLG Naumburg JMBl. 2000, 261 (betr. Krankenhaus).

110 OVG Bautzen SächsVBl. 1996, 258 (betr. Verwaltungsgerichte).

Häftlingshilfegesetz[111] und dem Gebiet der Obdachlosenhilfe.[112] Rechtsstreitigkeiten aus dem Sachgebiet der Sozialhilfe sind auch dann gerichtskostenfrei, wenn beide Parteien öffentlich-rechtliche Körperschaften sind.[113]

- Die **Jugendhilfe** ist hauptsächlich im JWG geregelt. Zur Jugendhilfe i.S.v. § 188 VwGO gehören alle Streitigkeiten nach dem SGB VIII und den ergänzenden Landesgesetzen; an dem Verfahren muss nicht notwendig eine Leistungsempfänger beteiligt sein.[114] gelten die allgemeinen Vorschriften. Keine Kostenfreiheit nach § 188 VwGO besteht bei verwaltungsgerichtlichen Verfahren, welche die polizeirechtliche Unterbringung einer Person in eine Wohnunterkunft zur Vermeidung von Obdachlosigkeit zum Gegenstand haben, weil es sich hierbei nicht um eine Angelegenheit der Fürsorge i.S.v. § 188 VwGO handelt.[115] Auch Klagen auf Gewährung von Zuwendungen aus dem **Investitionsprogramm „Kinderbetreuungsfinanzierung"** aus Mitteln, die den Ländern vom Bund auf der Grundlage des Gesetzes über Finanzhilfen des Bundes zum Ausbau der Tagesbetreuung für Kinder i.V.m. Art. 104b GG gewährt werden, unterliegen nicht der Kostenfreiheit nach § 188 Abs. 2 VwGO.[116]
- Ausbildungsförderungssachen wie etwa
- Aufstiegsfortbildungsgesetz (AFGB),[117]
- Begabtenförderungsgesetze der Länder,[118]
- Graduiertenförderung,
- Schülerbegabtenförderung.

VII. Auswirkungen der Kostenfreiheit (Abs. 5)

Kostenfreiheit bedeutet, dass Kosten zwar entstehen, aber nicht erhoben werden 34
dürfen.[119] Kostenfrei ist grundsätzlich nur die Partei, auf welche die Befreiungsvorschrift zutrifft. Der zur Kostentragung verurteilte Gegner einer kostenbefreiten Partei kann sich auf deren Kostenfreiheit nicht berufen. Das gilt auch für eine Partei, die lediglich gegen einen am Prozess nicht beteiligten Dritten, der persönliche Gebührenfreiheit hat, hinsichtlich der Gerichtskosten einen Freistellungsanspruch hat.[120] Sind aber einer kostenbefreiten Partei die Kosten des Verfahrens auferlegt oder hat sie diese übernommen (§ 29 Nr. 1, 2), so darf der Obsiegende von den Kosten nicht befreite Gegner auch nicht als Antragsteller §§ 22–26) in Anspruch genommen werden.[121] In solchen Fällen sind Kosten überhaupt nicht zu erheben. Vergleichen sich die Parteien und werden die Kosten gegeneinander aufgehoben, schuldet die nicht befreite Partei nur die Hälfte der Gerichtsgebühren.[122] Beschränkt sich der Streitwert (z.B. nach übereinstimmender Erledigungs-

111 BayVGH BayVBl. 1978, 278.

112 OVG Berlin DÖV 1974, 353.

113 BVerwG BayVBl. 1975, 595 (L).

114 SächsOVG JurBüro 2008, 602 (LS mit Volltextservice).

115 So überzeugend VGH Baden-Württemberg, Beschl. v. 21.6.2012 – 1 S 866/12 –. **A.A.** OVG Hamburg, Beschl. v. 14.2.2011 – 4 Bs 11/11 – juris und Beschl. v. 4.10.2011 – 4 SO 82/11 – juris.

116 VG Trier JurBüro 2015, 594 = JurionRS 2015, 21745.

117 BVerwG Urt. v. 12.11.2007 – 5 C 27/06: BayVGH Urt. v. 25.10.2007 – 12 B 07 900. **A.A.** VG Darmstadt JurBüro 2008, 484.

118 BayVGH JurBüro 2008, 376 (LS mit Volltextservice).

119 OLG Hamburg MDR 1993, 183.

120 OLG Köln JurBüro 1979, 563.

121 OLG Brandenburg OLGReport-KG 2008, 762 = BeckRS 2008, 762; OLG Schleswig JurBüro 1981, 403; *Hartmann* § 2 Rn. 20; *Oestreich/Hellstab* in Oe/He/Tre § 2 Rn. 24.

122 OLG Koblenz JurBüro 2008, 209.

erklärung) auf die Kosten, so bleibt die Gerichtskostenfreiheit einer Partei außer Betracht.[123]

35 **Bereits erhobene Kosten** sind von Amts wegen zurückzuzahlen, § 2 Abs. 5 S. 1 (Hs. 2). Ein besonderer Antrag ist nicht erforderlich, aber zweckmäßig. Das gilt auch dann, wenn ein von Kosten Befreiter, der am Prozess nicht beteiligt ist, die Kosten übernimmt.[124] Werden die Kosten (vergleichsweise)gegeneinander aufgehoben, sind der nicht befreiten Partei die Hälfte der Kosten zurückzuzahlen, wenn sie die Gerichtskosten schon voll bezahlt hatte.[125] Die Rechtskraft einer Kostenentscheidung ist nicht abzuwarten.[126] Eine entsprechende Anwendung des § 2 Abs. 5 ist auch geboten, wenn der Kostenschuldner seinen allgemeinen Gerichtsstand im Beitrittsgebiet hat, wenn einem von den Kosten Befreiten die Kosten auferlegt wurden oder von ihm übernommen wurden.[127]

36 **Anspruchsberechtigter:** Wer die Kosten gezahlt hat, hat einen unmittelbaren Anspruch auf Rückerstattung gegen die Staatskasse. Wird die Rückzahlung verweigert, steht das Verfahren nach § 66 offen.[128] Die kostenbefreite Partei kann ihren Gegner insoweit auf den ihm gegenüber der Staatskasse zustehenden Rückzahlungsanspruch verweisen.[129] Wenn und soweit die Kosten der kostenbefreiten Partei nur z.T. auferlegt sind, ist nur der auf diesen Teil entfallende Kostenbetrag zurückzuerstatten.[130]

37 Die Kostenfreiheit erstreckt sich nur auf Kosten (Gebühren und Auslagen) i.S.d. § 1. Das mag im Einzelfall zu einer aus verfassungsrechtlicher Sicht zweifelhaften Bevorzugung des Fiskus führen.[131] Die Verpflichtung zur Erstattung der Prozesskostenhilfeanwaltskosten[132] ist von Abs. 5 nicht erfasst.

38 Auch von demjenigen, der nach den Vorschriften des bürgerlichen Rechts für die Kostenschuld eines anderen kraft Gesetzes haftet (§ 29 Nr. 3), dürfen im Falle des Abs. 5 Kosten nicht erhoben werden. Denn es fehlt an einer Schuld, für die er einzustehen hätte.[133]

39 Soweit Gebührenfreiheit besteht, entfällt auch eine **Vorauszahlungspflicht** der gebührenbefreiten Partei, §14 Nr. 2. Eine Vorschusspflicht der Gegenpartei bleibt dagegen bestehen. Sie entfällt aber, soweit der kostenbefreiten Partei die Kosten des Verfahrens auferlegt werden oder wenn sie die Kosten übernimmt. Denn in diesem Fall sind keine Kosten, also auch keine Vorschüsse zu erheben, Abs. 5; §18 ist insoweit unanwendbar. Besteht lediglich Gebührenfreiheit, nicht aber Auslagenfreiheit, dann sind die Auslagen von den einzelnen Kostenschuldnern nach den allgemeinen Vorschriften zu erheben, von der gebührenbefreiten Partei aber auch noch Dokumentenpauschalen für Ausfertigungen und Abschriften jeder Art, vgl. oben Rn. 9. Umgekehrt gilt aber auch, dass dann, wenn wegen irrtümlicher Annahme der Kostenfreiheit einer Partei die Klage vor Einzahlung des Gebührenvorschusses zugestellt wurde, der Vorschuss auch noch nachträglich einzufordern ist.[134]

---

123 OLG Hamburg MDR 1993, 183.
124 OLG Brandenburg OLGReport KG 2008, 762 = BeckRS 2008, 762; LG Hamburg KostRspr. GKG Nr. 3; *Mümmler* JurBüro 1976, 1158; *Hartmann* § 2 Rn. 20, 24.
125 OLG Koblenz JurBüro 2008, 209.
126 OLG Frankfurt aM JurBüro 1957, 93.
127 KG JurBüro 1995, 149.
128 BGH NJW-RR 2009, 862 = JurBüro 2009, 371; BGH JurBüro 2003, 268 = MDR 2003, 596; LG Flensburg JurBüro 1975, 59.
129 H.M. vgl. BGH JurBüro 2003, 268 = MDR 2003, 596; OLG Düsseldorf RPfleger 1983, 39; OLG Koblenz JurBüro 1977, 1778; KG JW 1931, 1108; *Hartmann* § 2 Rn. 24; **a.M.** *Lappe* Rn. 11.
130 KG JurBüro 1995, 149.
131 *Mügler* BB 1992, 798; wohl auch *Hartmann* § 2 Rn. 21.
132 BGH NJW 1965, 538 = RPfleger 1965, 77 = JurBüro 1965, 87 = MDR 1965, 287 = JVBl. 1965, 87; KG JurBüro 1974, 866 = RPfleger 1974, 233.
133 *Hartmann* § 2 Rn. 20.
134 LG Bremen MDR 1997, 893.

Ein Streitgenosse oder Streithelfer des Kostenbefreiten haftet nach Maßgabe des § 32 grundsätzlich neben anderen Streitgenossen/-helfern als Gesamtschuldner. Besitzt ein Streitgenosse Kostenfreiheit, verringert sich der von den übrigen Streitgenossen um den auf den kostenbefreiten Streitgenossen entfallenen Bruchteil, den die kostenbefreite Partei ihren Streitgenossen nach § 426 BGB ersetzen müsste.[135] Vom Streithelfer/genossen sind aber stets die vollen Vorschüsse zu erheben.[136] Ist die gebührenbefreite Partei als Gesamtschuldner mit einem nicht befreiten Streitgenossen in die Kosten des Verfahrens verurteilt, so haftet dieser der Staatskasse für die im Innenverhältnis auf ihn entfallene Hälfte der Gerichtsgebühren[137] es sei denn, der Befreite hat aufgrund einer besonderen Rechtsbeziehung dem Nichtbefreiten die Kosten abzunehmen.[138] Hat eine kostenbefreite Partei zusammen mit ihrem Streitgenossen vergleichsweise die Hälfte der Gerichtskosten übernommen, so beschränkt sich die dem Streitgenossen als Übernahmeschuldner nach § 29 Nr. 2 treffende Kostenschuld auf ein Viertel der vollen Gebühren,[139] wenn und soweit die Kosten denselben Streitgegenstand betreffen. Ist im Innenverhältnis der kostenfreie Teil gegenüber dem nicht kostenbefreiten Teil Streitgenossen unstreitig verpflichtet, diesen von den Gerichtskosten ganz freizuhalten, darf der nicht kostenfreie Streitgenosse auch nicht auf einen Teilbetrag in Anspruch genommen werden.[140] Das gilt auch, wenn der zum Kostenausgleich verpflichtete Kostenbefreite überhaupt nicht Prozesspartei war und nur eine Kostenübernahmeerklärung abgegeben hat.[141] Voraussetzung dafür ist aber, dass die Kostenübernahmeverpflichtung des von den Kosten Befreiten gegenüber dem nicht von den Kosten befreiten Kostenschuldner im Innenverhältnis unstreitig ist, die Kostenübernahme mithin nicht missbräuchlich zum Nachteil der Staatskasse erfolgt, und dass das Kostenansatzverfahren nicht schon durch vorbehaltlose Zahlung oder in sonstiger Weise erledigt ist. 40

Eine **Vorschusspflicht** des von den Kosten nicht befreiten Streitgenossen einer kostenbefreiten Partei besteht nur in der Höhe, in der die nicht kostenbefreite Partei neben der gebührenbefreiten Partei gebührenpflichtig ist.[142] 41

VIII. Verhältnis des § 2 zu anderen Bestimmungen

Wegen der Nichterhebung von Kosten wegen unrichtiger Sachbehandlung vgl. § 21. 42

Prozesskostenhilfe: Die Bewilligung von Prozesskostenhilfe fällt nicht unter § 2. 43
Denn sie wird nicht einer Partei schlechthin gewährt, sondern nur, wenn im gegebenen Fall in formeller Hinsicht eine Einkommens- oder Vermögenslosigkeit vorliegt und in materieller Hinsicht eine hinreichende Erfolgsaussicht für die beabsichtigte Rechtsver-

---

135 BGHZ 12, 270; OLG Oldenburg JurBüro 1992, 685; OLG Bamberg JurBüro 1992, 685; OLG Köln MDR 1978, 578 = JurBüro 1978, 888 mit zust. Anm. von *Mümmler;* OLG München RPfleger 1956, 30 (L); *Hartmann* § 2 Rn. 22.

136 OLG Koblenz NJW 1955, 676.

137 OLG Bamberg NJW 1953, 1759; LG Frankfurt aM RPfleger 1955, 139; *Oestreich* in Oe/He/Tre § 2 Rn. 27; *Lappe* Rn. 13; **a.M.** LG Berlin JurBüro 1964, 590.

138 OLG Schleswig SchlHA 1994, 162; AG Koblenz JurBüro 1997, 40.

139 BGHZ 17, 9; OLG München RPfleger 1956, 30 (L); LG Frankfurt aM RPfleger 1955, 139; LG Berlin JurBüro 1963, 799.

140 KG JurBüro 1973, 139 = RPfleger 1973, 106 = MDR 1973, 418; OLG Stuttgart Justiz 1969, 250; *Lappe* § 2 Rn. 12, 13; **a.M.** LG Essen JurBüro 1974, 214 = RPfleger 1974, 81 = VersR 1974, 891; LG Heidelberg RPfleger 1972, 266 = Die Justiz 1972, 205; *Hartmann* § 2 Rn. 22.

141 LG Hamburg KostRspr. GKG § 2 Nr. 3 mit zust. Anm. von *Lappe; Lappe* § 2 Rn. 13; *Oestreich* in Oe/He/Tre § 2 Rn. 24; **a.M.** LG Essen a.a.O.

142 So wohl auch *Oestreich* in Oe/He/Tre § 2 Rn. 23. **A.M.** (volle Vorschüsse) OLG Koblenz NJW 1955, 676 = RPfleger 1956, 146 (L).

folgung festgestellt werden kann. Die Wirkungen der Prozesskostenhilfe auf die Kostentragung regeln die §§ 122, 123, 126, 126 ZPO; als leges speciales zu § 2 abschließend. Vgl. vor § 22 Rn. 3ff.

44 Bei einem **Kostenerlass aus Billigkeitsgründen**, der im Verwaltungswege erfolgt, ist § 2 Abs. 5 unanwendbar. Denn hier werden lediglich bereits entstandene und einziehbare Kosten erlassen. Gegenüber der Staatskasse haften mehrere Kostenschuldner grundsätzlich als Gesamtschuldner (§§ 31, 32). Erlässt die Justizverwaltung einem Kostenschuldner die Kostenschuld, so hat das grundsätzlich auch die Kostenbefreiung des Mithaftenden zur Folge, es sei denn, dass die gnadenweise Niederschlagung der Kostenforderung sich nur auf die Beseitigung der Haftung des zunächst Verpflichteten beschränkt. Im letzteren Fall kann der in Anspruch genommene Kostenzweitschuldner den Erstschuldner im Wege der Kostenerstattung aus dem Innenverhältnis ebenso in Anspruch nehmen, wie wenn dem Erstschuldner Prozesskostenhilfe bewilligt und deshalb der Zweitschuldner herangezogen worden wäre, soweit § 31 Abs. 2 S. 1 das zulässt.

45 **Stundung und Erlass** von Gerichtskosten sind landesrechtlich ebenso wie die Behandlung von Kleinbeträgen unterschiedlich geregelt. Bundesrechtlich geregelt ist die Kostenstundung im Insolvenzverfahren (§§ 4aff. InsO).

46 **Verzögerungsgebühr:** Die Kosten- oder Gebührenfreiheit lässt die Auferlegung einer Verzögerungsgebühr (§ 38) unberührt.

§ 3
Höhe der Kosten

(1) Die Gebühren richten sich nach dem Wert des Streitgegenstands (Streitwert), soweit nichts anderes bestimmt ist.

(2) Kosten werden nach dem Kostenverzeichnis der Anlage 1 zu diesem Gesetz erhoben.

Übersicht

I. Allgemeines — 1–3
II. Anwendbarkeit — 4
III. Voraussetzung für die Kostenerhebung — 5
IV. Streitwertabhängigkeit — 6–8
Abs. 1: Streitwertabhängigkeit — 6
Prozess- und Gebührenstreitwert — 7
Gebührenstreitwert — 8
V. Streitgegenstand — 9–24
Unbestimmter Antrag — 14
Personengemeinschaft — 15
Mehrere Ansprüche — 16
Verfahrensverbindung und -trennung — 17
Haupt- und Hilfsansprüche — 18
Zwischen- und Nebenentscheidungen — 19
Grundurteil — 20
Wahlrecht — 21
Bedingte Ansprüche — 22
Verurteilung Zug-um-Zug — 23
Gegenvorbringen — 24
VI. Vergleich — 25
VII. Prozesskostenhilfe — 26
VIII. Kostenfestsetzungsverfahren — 27
IX. Arbeitsgerichtsverfahren — 28
X. Abs. 2: Kosten (Gebühren und Auslagen) — 29–31
XI. Kostenschuldner — 32
XII. Besonderheiten durch den Einigungsvertrag — 33

I. Allgemeines

1 Nach **Abs. 1** ist für die Bemessung der **Gebühren** grundsätzlich der Streitwert, dessen Höhe nach § 34 zu bestimmen ist, maßgebend, wenn und soweit GKG einschließ-

lich des KV (Abs. 2) nicht ausdrücklich anderes bestimmt (z.B. Vergleichswert – unten Rn. 25 –, Festgebühren) vorsieht. **Auslagen** sind hingegen unabhängig vom Gebührenwert nach Maßgabe der Auslagenbestimmungen des GKG und Teil 9 des KV zu erheben.

Abs. 2 stellt klar, dass die kostenpflichtigen Tatbestände ausschließlich dem KV zu entnehmen sind. Enthält das Kostenverzeichnis keinen Gebührentatbestand, ist das Verfahren gerichtsgebührenfrei (z.B.: Anordnung der Fortdauer der aufschiebenden Wirkung im verwaltungsgerichtlichen Verfahren;[1] sozialgerichtliche Vergabeverfahren).[2] 2

Die **Höhe** der konkreten streitwertabhängigen Gebühren (Wertgebühren) ist im § 34 geregelt. Nach § 34 Abs. 2 ist ausdrücklich eine Mindestgebühr von 15 € festgelegt. Die Mindestgebühr ist auch anzusetzen, wenn die sich nach dem KV ergebende Gebühr den Wert des Streitgegenstandes überschreitet.[3] 3

II. Anwendbarkeit

Die Vorschrift des § 3 ist primär anwendbar auf alle in § 1 genannten Verfahren, wobei das KV aber verschiedentlich wieder Ausnahmen macht. Lediglich der Abschnitt „Auslagen" des KV (Teil 9) gilt für alle Verfahrensarten gemeinsam. Wegen der Besonderheiten für das Arbeitsgerichtsverfahrens vgl. unten Rn. 28. 4

III. Voraussetzung für die Kostenerhebung

Kosten dürfen nur erhoben werden, wenn folgende **Voraussetzungen** erfüllt sind: 5
- Nennung eines gebührenpflichtigen Verfahrensvorgangs im **Kostenverzeichnis (KV)**,
- ein **Streitwert** des gebührenpflichtigen Verfahrensvorgangs, sofern nicht ausnahmsweise eine Festgebühr vorgesehen ist,
- die Bestimmung des nach dem Streitwert für den gebührenpflichtigen Verfahrensvorgang geschuldeten €-Betrages, der sich aus der Tabelle Anlage 2 zu § 34 ergibt.

IV. Streitwertabhängigkeit

Abs. 1: Soweit nichts anderes bestimmt ist (z.B. Festgebühren oder Höhe der verhängten Strafe/Geldbuße), richten sich die Gebühren nach dem **Streitwert.** Streitwert ist der **Wert des Streitgegenstandes**, Abs. 1. Vorschriften über die Berechnung des Wertes des Streitgegenstandes enthalten die §§ 34, 39–60. Dazu kommen noch die Wertvorschriften in anderen Gesetzen, wie etwa § 144 PatG, § 247 AktG und die der ZPO. Im Einzelnen unten, Anhänge zu §§ 42, 48, 51 und 52. 6

Beim Streitwert ist zu unterscheiden zwischen dem **Prozessstreitwert** (Zuständigkeitsstreitwert) und dem **Gebührenstreitwert** (Kostenwert). Nach dem **Prozessstreitwert** richten sich die sachliche Zuständigkeit in vermögensrechtlichen Streitigkeiten (§§ 2 ZPO, 23 Nr. 1, 71 Abs. 1 GVG), der Anwaltszwang (§§ 2, 78 ZPO), die Zulässigkeit von Rechtsmitteln (§§ 2, 511a Abs. 1, 546 Abs. 1 S. 1, 567 Abs. 2 ZPO), die vorläufige Vollstreckbarkeit (§§ 2, 708 Nr. 11 ZPO). Materielle Grundlagen des Prozessstreitwertes sind hauptsächlich in der ZPO (§§ 3–9 ZPO), aber auch in anderen Gesetzen (z.B. § 182 InsO) enthalten. Für den Gebührenstreitwert sind vor allem der Zuständigkeits- und Zulässigkeitsstreitwert bedeutsam (z.B. § 62 S. 1). 7

1 SächsOVG JurBüro 1999, 260.
2 BVerfG NZS 2011, 18 = BeckRS 201049074 m.w.N.
3 Dazu BFH, BFH/NV 2015, 219 = RVGReport 2015, 316 = JurionRS 2014, 27187.

8 Der **Gebührenstreitwert** ist ein spezieller Streitwert, nach dem sich grundsätzlich die Gerichtsgebühren richten (§ 48 Abs. 1), und zwar sowohl für den im Einzelfall konkret bestimmten Wert als auch dann, wenn es seiner nicht bedarf (z.B. bei ausschließlicher Zuständigkeit eines Gerichts). Gebührenstreitwert und Prozessstreitwert sind häufig identisch, müssen es aber nicht sein[4] (vgl. § 48 Abs. 2–4). Der Gebührenstreitwert wird nach den Vorschriften über den Prozessstreitwert bemessen, „soweit *im GKG* nichts anderes bestimmt ist“. Das bedeutet: In der Regel ist der in den §§ 3–9 ZPO bestimmte Prozessstreitwert auch der nach § 48 Abs. 1 maßgebende Gebührenstreitwert, soweit in den §§ 35, 40–47, 49, 53 keine abweichenden Bestimmungen enthalten sind. Zu den abweichenden Bestimmungen rechnen auch und insbesondere die gesetzlichen Fälle einer Streitwertermäßigung (Streitwertbegünstigung)), die ein mitunter erhebliches Kostenrisiko bei hohen Streitwerten in gerichtlichen Verfahren aus sozialpolitischen Gründen mindern sollen (z.B. § 144 PatG, § 26 GebrMG, § 54 DesignG, § 31 WZG, § 23 UWG, § 182 InsO, § 34 LwVG, § 247 Abs. 2 AktG). Wenn und soweit das Gericht von einer Herabsetzung Gebrauch macht, beschränkt sich die Wirkung der Herabsetzung nur auf die jeweilige Instanz[5] und entsprechend der sozialpolitischen Zielsetzung nur gegenüber der begünstigten Partei. Für den Gegner verbleibt es beim vollen Streitwert (sog. „gespaltener Streitwert“).[6]

V. Streitgegenstand

9 **Streitgegenstand**[7] ist in bürgerlichen Rechtsstreitigkeiten (§ 1 Abs. 1 und in den § 1 Abs. 2–3 bezeichneten Sachen das, was der Antragsteller mit seinem Antrag im Verfahren unmittelbar begehrt.[8] Maßgebend sind die der Entscheidung des Gerichts unterstellten Anträge des Klägers oder Widerklägers bzw. des sonstigen Antragstellers (z.B.: im Mahnverfahren, Arrest- oder einstweiligen Verfügungs- oder Zwangsvollstreckungsverfahrens), d.h., das was er – bei vernünftiger Auslegung und Berücksichtigung der Begründung[9] – nach außen (i.S.v. objektiv erkennbar) ausdrücklich oder stillschweigend tatsächlich beantragt.[10] Im Verwaltungs- und Finanzgerichtsverfahren ist Streitgegenstand, worüber nach dem Antrag des Klägers entschieden werden soll (§ 52 Abs. 1). Geht der Antrag auf eine bezifferte Geldleistung, so ist der Betrag der begehrten Geldleistung maßgebend (§ 52 Abs. 3), wobei es gleichgültig ist, ob der Prozessbevollmächtigte sich im Rahmen seiner Aufträge und Weisungen der Partei gehalten hat.[11] Auf das Interesse des Gegners kommt es nicht an.[12] In besonderen Fällen ist das Gericht aber befugt, zu bestimmen, dass für die Zahlung von Gerichtskosten für eine Partei nur von einem Teil des Streitwertes ausgegangen werden kann (z.B.: §§ 247 AktG, 144 PatG, 26 GebrMG, 54 GeschmMG, 12 UWG). Eindeutig formulierte Klageanträge lassen regelmäßig für eine Auslegung keinen Raum, auch wenn sich aus der Begründung ergibt, dass tatsächlich mehr oder weniger gefordert werden soll.[13] Bei offensichtlichen Schreib- oder Rechenfeh-

---

4 Vgl. z.B. BGH MDR 1995, 530.
5 KG GRUR 1979, 346; *Feller* in Rehberg u.a. „Streitwert“ 3.2. **A.A.** OLG Frankfurt JurBüro 1985, 1086.
6 *Feller* in Rehberg u.a. „Streitwert“ 3.2.; *Fölsch* in NK-GK, GKG § 51 Rn. 40 ff.
7 Vgl. dazu grundsätzlich bei *Thomas/Putzo* ZPO, Einl. II Rn. 11 ff.
8 Thomas/Putzo-*Reichold* Einl. II Rn. 14.
9 OLG Frankfurt aM RPfleger 1965, 289 (L) MDR 1962, 992 = JurBüro 1962, 688 = RPfleger 1963, 95.
10 Vgl. auch *Hartmann* § 3 Rn. 2.
11 KG RPfleger 1962, 154 (L).
12 OLG Köln JurBüro 1971, 718; *Thomas/Putzo* Einl. II Rn. 15.
13 **A.M.** OLG Frankfurt aM RPfleger 1963, 95.

lern ist aber immer das wirklich Gewollte zu bewerten. Ist der Antrag unklar, kann zur Aufklärung die Antragsbegründung herangezogen werden.[14] Natürlich ist das Gericht nicht gehindert, im Zweifel beim Antragsteller nachzufragen.

Entscheidet das Gericht über mehr, als beantragt worden ist, so ist zu prüfen, ob das Gericht damit nicht einem stillschweigend gestellten Widerklageantrag entsprochen hat.[15] Die Vermutung spricht nämlich für ein prozessordnungsgemäßes Verfahren des Gerichts.[16] Liegt aber eine eindeutige Überschreitung der gestellten Anträge, also ein Verstoß gegen § 308 ZPO vor, so dürfen die Verfahrens- und Entscheidungsgebühren nur nach dem Wert der von den Parteien gestellten Anträge berechnet werden. Das folgt aus § 22 Abs. 1, wonach nur der Antrag und der ihm zugrunde liegende Wert für die Kostenpflicht maßgebend sind.[17] Das gilt auch für den Fall, dass das Rechtsmittelgericht über im ersten Rechtszug verbliebene Ansprüche mitentscheidet.[18] Ob ein solches Verfahren prozessual überhaupt zulässig ist,[19] ist für die kostenrechtliche Beurteilung irrelevant. Maßgebend für den Streitwert sind auch hier nur die zugrundeliegenden Anträge, die auch stillschweigend gestellt werden können. Haben die Parteien im Rechtsmittelverfahren keinen klageerweiternden Antrag gestellt, so haben sie für die über ihren Antrag hinausgehende Entscheidung auch keine Verfahrens- und Entscheidungsgebühren zu zahlen.[20] Sofern in solchen Fällen ein Streitwert nach dem Wert des Rechtsmittelurteils dem Kostenansatz zugrunde gelegt wird, kann sich der Kostenschuldner auf eine unrichtige Sachbehandlung nach § 21 berufen. Denn es ist kostenrechtlich eine unrichtige Sachbehandlung, einer Partei mehr zuzusprechen, als Gegenstand des Verfahrens der Instanz war. Das ist auch im § 47 Abs. 2 S. 1 klargestellt, wonach der Wert des Streitgegenstandes des Rechtsmittelverfahrens durch den Wert des Streitgegenstandes der ersten Instanz begrenzt ist, es sei denn, dass dieser erweitert wird oder § 40 zutrifft. Eine Erweiterung des Streitgegenstandes ist aber ohne Antrag nicht möglich. Eine Werterhöhung scheidet ohnehin aus. 10

Offensichtliche Schreib- und Rechenfehler sind unbeachtlich. Streitwert ist dann, was tatsächlich (d.h. bei richtiger Schreibweise oder Berechnung) gewollt ist.[21] Beruht der unrichtige Klageantrag aber auf einer falschen Beurteilung der Sach- oder Rechtslage, ist Streitwert der – wenn auch rechtsirrig – tatsächlich geforderte Betrag („error iuris nocet"). 11

Es kommt auch niemals darauf an, in welcher Höhe der Antrag gerechtfertigt ist oder was der Antragsteller mit seinem Antrag mittelbar erreichen will, also nicht auf ein mittelbares wirtschaftliches Interesse des Antragstellers. Ebenso bleibt ein mit der Höhe des Streitwertes verbundenes Prozesskostenrisiko i.d.R. unberücksichtigt,[22] es sei denn, ein Gesetz sieht das ausdrücklich vor. Das ist z.B. in §§ 247 AktG, 144 PatG, 26 GebrMG, 142 MarkG, 12 UWG sowie §§ 50, 51 der Fall. 12

Wird nur ein **Teilbetrag** einer Forderung geltend gemacht, richtet sich der Streitwert nur nach dem Wert des eingeklagten Teils[23] (§ 36). Das gilt auch dann, wenn die Parteien vereinbart haben, dass ein Feststellungsurteil über den eingeklagten Teil für 13

14 BGH NJW 1962, 806 = JurBüro 1962, 277 = MDR 1962, 391; KG JR 1955, 468.
15 BGH MDR 1963, 127.
16 OLG München JurBüro 1961, 450, *Schneider* MDR 1961, 949.
17 BGH NJW 1973, 2206 = MDR 1974, 36.
18 VGH Mannheim NJW 1977, 1255.
19 Vgl. BGH VersR 1977, 430; MDR 1959, 909.
20 *Lappe* § 14 Rn. 3; **a.M.** *Schneider* MDR 1971, 437.
21 BGH RPfleger 1959, 111 (L); OLG Braunschweig RPfleger 1964, 97 (L).
22 OLG Celle NJW 1964 1527.
23 Vgl. dazu ausf. bei *Schneider/Herget* „Teilforderung" Rn. 4299 ff.

den gesamten Anspruch gelten soll.[24] Die gegenteilige Ansicht,[25] wonach auch das mittelbare Interesse maßgebend sein soll, steht die ausdrückliche Bestimmung des § 61 S. 1 entgegen, die auch bei der jüngsten Änderung des GKG nicht novelliert worden ist und wonach der Wert des Streitgegenstandes nicht anzugeben ist, wenn er „in einer bestimmten Geldsumme besteht", sowie die des § 52 Abs. 3 für Verwaltungs- und Finanzgerichtssachen.

14 Soweit **kein bestimmter Antrag gestellt und die Entscheidung über die Höhe in das Ermessen des Gerichts gestellt wird**, ist das Interesse des Klägers nach § 3 ZPO zu schätzen. Der geschätzte Wert kann grundsätzlich nicht niedriger sein als ein etwa zuerkannter Betrag. Der geschätzte Wert bleibt für den betreffenden Rechtszug maßgebend, und zwar auch dann, wenn er im Rechtsmittelverfahren herabgesetzt wurde.[26] Hat der Kläger einen **Mindestbetrag ausdrücklich beantragt**, dann bildet dieser in jedem Fall die unterste Grenze des Streitwerts und darf nicht unterschritten werden.[27] Hat der Kläger einen **Mindestbetrag nur vorgeschlagen**, ohne ihn zu beantragen, kann dieser Vorschlag nur unverbindliche Anhaltspunkte für den Streitwert bieten.[28] Das ist jedoch streitig. So sollen nach weitverbreiteter Ansicht die vom Kläger gemachten **zahlenmäßigen Angaben** über die Höhe und die Größenordnung seines Anspruchs für den Streitwert **verbindlich** sein.[29] Dem kann aber so nicht gefolgt werden. Zwar wird man dann, wenn der Kläger einen zahlenmäßigen Rahmen angibt, i.d.R. davon ausgehen, dass die Höchstgrenze des bezeichneten Rahmens auch die Obergrenze des Interesses bildet. Wenn aber aus der Klagebegründung hervorgeht, dass der vom Kläger genannte Oberbetrag offensichtlich unangemessen (zu hoch oder zu niedrig) ist, wird man nicht davon ausgehen dürfen, jedenfalls nicht, ohne dem Kläger vorher Gelegenheit zur Stellungnahme gegeben zu haben (§ 139 ZPO). Dabei ist aber immer vom Sachvortrag des Klägers auszugehen, nicht von dem letzten Endes erwiesenen Sachverhalt. Es ist daher der Betrag zu schätzen, der zuzusprechen gewesen wäre, wenn sich der Sachvortrag des Klägers als richtig erwiesen hätte,[30] nicht aber der dem Kläger letzten Endes zuerkannte Betrag.[31]

15 Die Höhe des Streitwertes wird auch nicht dadurch beeinflusst, wenn die Leistung an **einen Dritten** oder an eine **Personengemeinschaft** gefordert wird, mag der Antragsteller an dieser auch beteiligt sein.

16 **Mehrere selbständige Ansprüche** sind grundsätzlich zusammenzurechnen. Einzelheiten dazu unten bei §§ 39, 45. Wird im Wege der Klageänderung ein Anspruch gegen einen anderen Anspruch ausgetauscht (z.B. ein Schadensersatzanspruch statt des ursprünglichen Herausgabeanspruchs), so sind die beiden Ansprüche nicht zusammenzurechnen,[32] soweit es bei demselben Streitgegenstand verbleibt und nur die Anspruchsgrundlage ausgetauscht wird. Anders verhält es sich, wenn die Klageänderung in einer Erweiterung der Klage um neue Streitgegenstände besteht, während die bisherigen Ansprüche für erledigt erklärt werden, die Klage insoweit zurückgenommen wird oder sonst wie aus dem Prozess ausscheiden. Hier muss jedenfalls für die Gebühr zusammengerechnet werden, wenn dem

24 BGH RPfleger 1966, 46.
25 *Holste* AnwBl. 1959, 46 und 1961, 54; *Geissler* AnwBl. 1961, 101.
26 OLG Köln NJW 1963, 659 = MDR 1963, 422.
27 Unstr., vgl. etwa KG MDR 1973, 146 = JurBüro 1973, 148; OLG Schleswig JurBüro 1971, 613.
28 OLG München JurBüro 1980, 125 mit abl. Anm. v. *Mümmler*.
29 Vgl. etwa BGH VersR 1979, 472; OLG Schleswig JurBüro 1980, 604.
30 Das ist nicht unstr., vgl. etwa wie hier: KG MDR 1973, 146 = VersR 1973, 575 = JurBüro 1973, 148; OLG Schleswig JurBüro 1971, 613 und bei *Schneider/Herget* „unbezifferte Anträge" Rn. 4311 ff.
31 So aber u.a. BGH VersR 65, 48; OLG Düsseldorf RPfleger 1981, 317.
32 KG JurBüro 1968, 610 = RPfleger 1968, 289.

erweiterten Anspruch ein zu berücksichtigender Wert zukommt. Wenn nach einer mündlichen Verhandlung die klagende Partei einen nicht zugelassenen Schriftsatz nachreicht, mit dem sie die Klage erweitern will, bleibt der Streitwert unverändert, wenn das Gericht den unzulässigen Schriftsatz nicht in das Verfahren einführt.[33]

Verfahrensverbindung[34] **und -trennung:** Werden Verfahren mit verschiedenen Streitwerten **verbunden**, so gibt es von der Verbindung an für das verbundene Verfahren nur einen Streitwert, der aus der Summe der Einzelstreitwerte der verbundenen Verfahren zusammensetzt. Die aus den Einzelstreitwerten vor der Verbindung bereits erwachsenen Gebühren bleiben aber bestehen und sind entsprechend anzusetzen.[35] Das gilt auch dann, wenn das Gesetz (z.B. § 246 Abs. 3 AktG) die Verbindung mehrerer Prozesse zwingend vorschreibt.[36] Wenn und soweit nach der Verbindung die gleichen Gebühren noch einmal entstehen, so sind sie mit den vorher entstandenen Gebühren zu verrechnen.[37] Umgekehrt gibt es für die **Verfahrenstrennung** für jedes der getrennten Verfahren ab der Trennung einen selbständigen Streitwert. Die vor der Trennung aus dem gemeinsamen Streitwert erwachsenen Gebühren, die nach der Trennung noch einmal entstehen, sind auf die in den getrennten Verfahren neu erwachsenen Gebühren anteilmäßig zu verrechnen.[38] Wenn Verfahren verbunden werden, die **denselben Streitgegenstand** haben (z.B.: zwei gleichzeitig anhängige Scheidungssachen), dann tritt keine Streitwerterhöhung ein, wenn auch der Streitwert identisch ist andernfalls gilt der höhere Streitwert (§ 45 Abs. 1 S. 3). 17

Werden **Haupt- und Hilfsansprüche** geltend gemacht, so werden die Ansprüche gemäß § 45 nur zusammengerechnet, wenn über die Hilfsansprüche entschieden worden ist. Eine Ausnahme gilt nur dann, wenn Haupt- und Hilfsanspruch denselben Gegenstand betreffen. Das gilt auch für Aufrechnungserklärungen. Im Einzelnen dazu unten, § 45. 18

Zwischen- und Nebenentscheidungen (z.B. das Verfahren über die Zulassung der Berufung im verwaltungsrechtlichen Verfahren)[39] haben grundsätzlich denselben Streitwert wie das Hauptverfahren.[40] Anders kann es nur liegen, wenn es im Zwischenverfahren nur um den technischen Verfahrensablauf geht wie etwa über die Frage, wann über das Bestehen oder Nichtbestehen des Klageanspruchs entschieden werden soll oder über die Ablehnung von Richtern oder Sachverständigen. In solchen Fällen soll verbreiteter Ansicht zufolge das Interesse an der Entscheidung gemäß § 3 ZPO besonders geschätzt werden, das regelmäßig geringer als das der Hauptsache sein soll.[41] 19

Beim **Grundurteil** wird der Streitwert durch den Wert der Anträge bestimmt, über die eine Grundentscheidung angestrebt wird.[42] 20

---

33 OLG Oldenburg RPfleger 1968, 314 (L); *Schneider* JurBüro 1967, 954.

34 Dazu *D. Meyer* JurBüro 1999, 239.

35 BGH NJW 2013, 2824 = RPfleger 2013, 651 = JurBüro 2013, 592 (LS mit Volltextservice) = MDR 2013, 1008; *Hartmann* § 35 Rn. 12; OLG Koblenz MDR 2005, 1017; OLG Hamm JurBüro 2005, 598 (LS mit Volltextservice); OLG Oldenburg JurBüro 2003, 322. Dazu auch *D. Meyer* JurBüro 2003, 187; Zöller/*Greger* ZPO § 147 Rn. 10.

36 BGH NJW 2013, 2824 = RPfleger 2013, 651 = JurBüro 2013, 592 (LS mit Volltextservice) = MDR 2013, 1008; OLG Düsseldorf JurBüro 2009, 542; OLG Koblenz MDR 2005, 1017.

37 Vgl. BayVGH BayVBl. 1973, 250.

38 FG Baden-Württemberg AnwBl. 1977, 505 (L) = EFG 1977, 336.

39 VGH Baden-Württemberg JurBüro 1998, 94.

40 BGH JurBüro 1962, 213 = NJW 1962, 345 = MDR 1962, 302 (Zwischenurteil über Sicherheitsleistung, über Prozesskosten); OLG Düsseldorf JurBüro 1972, 1021 = RPfleger 1972, 463; KG JurBüro 1965, 750 (Streitwert des Zwischenverfahrens über die Zuständigkeit).

41 Vgl. etwa BGHZ 22, 283; *Schneider* MDR 1973, 542; *Mümmler* JurBüro 1980, 963 und bei *Schneider/Herget* „Zwischenstreit" Rn. 5202 ff.

42 Vgl. bei *Schneider/Herget* „Grundurteil" Rn. 2315 ff.

21 Steht dem Kläger hinsichtlich mehrerer mit der Klage geltend gemachter Ansprüche ein **Wahlrecht** zu, so ist immer von dem höheren Streitwert auszugehen, solange der Kläger sich nicht für den einen oder anderen Anspruch entschieden hat. Hat aber der **Beklagte** das Recht, nach seiner Wahl den einen oder den anderen Anspruch zu erfüllen, dann entscheidet bis zur Ausübung des Wahlrechts durch den Beklagten der Wert des geringeren Streitgegenstandes.[43]

22 **Bedingte Ansprüche** sind nicht mit dem vollen Betrag zu bewerten. Ihr Wert ist nach § 3 ZPO zu schätzen.[44]

23 Ohne Einfluss auf den Streitwert ist es, wenn **Verurteilung Zug-um-Zug** gefordert wird, wie überhaupt die Abhängigkeit der Klageforderung von einer Gegenleistung unbeachtlich zu bleiben hat.[45] Anders liegt es aber dann, wenn der Kläger mit der Klage nur einen Restbetrag begehrt, der nach Abzug der Gegenforderung des Beklagten zu seinen Gunsten verbleibt.

24 Das **Gegenvorbringen des Beklagten** hat grundsätzlich keinen Einfluss auf die Berechnung des Wertes des Streitgegenstandes, insbesondere nicht ein Anerkenntnis, ein Erfüllungseinwand oder eine Aufrechnungsbehauptung oder die Fälle des § 45. Im Übrigen gilt § 45.

VI. Vergleich

25 Muss bei einem **Vergleich** dessen Wert bestimmt werden, kann es vorkommen, dass dieser höher ist, als der Wert des anhängigen Streitgegenstandes, nämlich dann, wenn über nicht anhängige Gegenstände mit verglichen wird. In solchen Fällen ist der einbezogene Wert der Klage bei der Bestimmung des Vergleichswertes (KV 1900) hinzuzurechnen.

VII. Prozesskostenhilfe

26 Führt eine Partei, der **Prozesskostenhilfe nur für einen Teil des Streitgegenstandes** bewilligt wurde, ihre Rechtsverfolgung wegen des übrigen Teils auf eigene Kosten durch, so sind die Gebührenbeträge des Gerichts für den von der Prozesskostenhilfe nicht erfassten Teil der Unterschied zwischen den Gebühren, die durch den von der Prozesskostenhilfe nicht gedeckten Teil allein entstehen würden.[46]

VIII. Kostenfestsetzungsverfahren

27 Im Kostenfestsetzungsverfahren nach § 104 ZPO können Gerichtsgebühren nur im Beschwerdeverfahren anfallen, das Verfahren einschließlich der Entscheidung über die Erinnerung gebührenfrei ist. Streitwert der Beschwerdegebühr nach KV 1811 ist in diesen Fällen nicht der Betrag, über den die Entscheidung im Beschwerdeverfahren ergangen ist, sondern der Betrag, hinsichtlich dessen die Beschwerde als unzulässig verworfen oder zurückgewiesen wurde.

---

43 RGZ 55, 81 und bei *Schneider/Herget* „Wahlschuld“ Rn. 4989 ff.
44 Vgl. bei *Schneider/Herget* „bedingte Rechte“ Rn. 653 ff.
45 Vgl. näher bei *Schneider/Herget* „Gegenforderung“, „Gegenleistung“ Rn. 1890 ff., „Zug-um-Zug-Leistung“.
46 BGH RPfleger 1959, 3 (L).

IX. Arbeitsgerichtsverfahren

Für **Arbeitsgerichtsverfahren** galten besondere Gebühren- und Streitwertvorschriften nach § 12 ArbGG a.F. mit einem besonderen Gebührenverzeichnis (GV) zu § 12 Abs. 1 ArbGG a.F. Diese Regelung ist jetzt entfallen. Der vormaligen Gebührentabelle zu § 12 Abs. 1 ArbGG a.F. entspricht KV Teil 8. Danach ist das Gebührenniveau nach wie vor im Ergebnis unter dem der Verfahren nach der ZPO. Im Einzelnen dazu unten KV Teil 8. 28

X. Abs. 2: Kosten (Gebühren und Auslagen)

Abs. 2: Kosten sind Gebühren und Auslagen, § 1 Abs. 1. Im KV sind die Verfahrensvorgänge, für die Kosten erwachsen, abschließend aufgezählt.[47] Was nach dem KV nicht ausdrücklich als kostenpflichtig bezeichnet ist, ist kostenfrei (§ 1 Abs. 1). Gelegentlich sagen das GKG und andere Gesetze ausdrücklich, dass ein bestimmter Verfahrensvorgang, der nach dem KV gebührenpflichtig sein könnte, gebührenfrei ist. In solchen Fällen können nur die im KV 9000 ff. vorgesehenen Auslagen anfallen. Wenn und soweit das GKG keine besondere Gebühr bestimmt, ist die Tätigkeit des Gerichts entweder durch eine Verfahrensgebühr abgegolten oder gebührenfrei. Auf den Umfang der ausgeübten gerichtlichen Tätigkeit kommt es nicht an. 29

Bei den **Gebühren** handelt es sich im Wesentlichen um Verfahrens- und Entscheidungsgebühren. Die **Verfahrensgebühren** decken die gerichtliche Tätigkeit in der gesamten gebührenrechtlichen Instanz ab. 30

Die **Entscheidungsgebühren** können nur durch die Erfüllung des besonderen Tatbestandes einer im KV genannten Entscheidung ausgelöst werden. 31

XI. Kostenschuldner

Regelungen darüber, wer **Kostenschuldner** ist, enthält der 5. Abschnitt (§§ 22 ff.). Wann die Kosten – u.U. vorschussweise – zu zahlen sind, ist im 3. Abschnitt (§§ 10 ff.) geregelt. 32

XII. Besonderheiten durch den Einigungsvertrag

Die nach Art. 8 i.V.m. Anl. I Kapitel II Sachgebiet A Abschnitt III Nr. 19 Buchstabe a des **Einigungsvertrages** bestimmten Ermäßigungen der Gebühren sind nur noch nach Maßgabe des § 73 anzuwenden. 33

§ 4
Verweisungen

(1) Verweist ein erstinstanzliches Gericht oder ein Rechtsmittelgericht ein Verfahren an ein erstinstanzliches Gericht desselben oder eines anderen Zweiges der Gerichtsbarkeit, so ist das frühere erstinstanzliche Verfahren als Teil des Verfahrens vor dem übernehmenden Gericht zu behandeln.

(2) Mehrkosten, die durch Anrufung eines Gerichts entstehen, zu dem der Rechtsweg nicht gegeben oder das für das Verfahren nicht zuständig ist, werden nur dann erhoben, wenn die Anrufung auf verschuldeter Unkenntnis der tatsächli-

47 BVerfG NZS 2011, 18 = BeckRS 2010, 49074 m.w.N.

chen oder rechtlichen Verhältnisse beruht. Die Entscheidung trifft das Gericht, an das verwiesen worden ist.

Übersicht

I. Regelungsbereich — 1
II. Verweisung — 2, 3
Sinngemäße Anwendung bei gerichtsinterner Verweisung — 3
III. Kostenrechtliche Konsequenzen der Verweisung/Abgabe — 4–6
IV. Verweisung/Abgabe in ein anderes Bundesland — 7
V. Gebühren für Verweisungsbeschluss — 8
VI. Mehrkosten — 9–14
Verschuldete Unkenntnis — 11–14
Mitverschulden — 14
VII. Kostenschuldner — 15
VIII. Gerichtliche Entscheidung — 16
IX. Rechtsmittel — 17

I. Regelungsbereich

1 Die Vorschrift regelt die **Verweisung** des **gesamten** Verfahrens von einem Gericht an ein anderes Gericht im Gegensatz zu § 37, der den umgekehrten Fall der **Zurückverweisung** an das Gericht der unteren Instanz zum Gegenstand hat. Die Bestimmung des § 4 gilt für sämtliche gemäß § 1 nach dem GKG zu behandelnde Verfahren, also auch für die Verwaltungsgerichts-, Finanzgerichts-, Sozialgerichts- und Arbeitsgerichtsverfahren. Übereinstimmende Bestimmungen enthalten auch die ZPO (§ 281 Abs. 3 S. 1), die VwGO (§ 155 Abs. 4) und die FGO (§ 136 Abs. 4). Nicht anwendbar ist § 4, wenn nur ein **Teil** des Verfahrens an ein anderes Gericht verwiesen wird (**Teilverweisung**). Hier geht logischerweise eine Verfahrenstrennung voraus, so dass in solchen Fällen die Kosten für das abgetrennte Verfahren bei dem nunmehr zuständigen Gericht erneut entstehen.[1] § 4 gilt aber nicht, wenn ein Rechtsmittelgericht oder wenn das BVerfG ein Entscheidung aufhebt und an ein Gericht des unteren Rechtszuges bzw. der jeweiligen Gerichtsbarkeit zurückverweist. In solchen Fällen gilt § 37 als lex specialis.

II. Verweisung

2 **Abs. 1 „Verweisung:“** In Frage kommen Verweisungen wegen **Unzulässigkeit des Rechtswegs** (z.B.: §§ 17 Abs. 3, Abs. 4 GVG 41 VwGO 34 FGO 52 SGG) **wegen mangelnder örtlicher oder sachlicher Zuständigkeit** (z.B.: §§ 282 ZPO, 83 VwGO, 70 FGO, 32 Abs. 2 WZG, 19 Abs. 2 GebrMG) **wegen nachträglicher sachlicher Unzuständigkeit** durch Klageerweiterung, Widerklage oder Zwischenfeststellungsklage (§ 506 ZPO); **nach Widerspruch oder Einspruch im Mahnverfahren** (§§ 696 ff. ZPO)[2] oder wegen Fehlens der sachlichen Zuständigkeit bei Anfechtungsklagen in Genossenschaftsinsolvenz nach §§ 112, 114 GenG. Gleichgültig ist, ob die Verweisung durch ein erstinstanzliches Gericht oder durch ein Rechtsmittelgericht erfolgt oder ob Urteil statt Beschluss ergeht oder umgekehrt. Die Verweisung kann erfolgen vom Amtsgericht zu einem anderen Amtsgericht oder zu einem Landgericht, vom Landgericht zum Amtsgericht oder zu einem anderen Landgericht, durch das Berufungs- oder Revisionsgericht im Wege des Urteils an das zuständige untere Gericht, wenn ein unteres Gericht durch Urteil seine Unzuständigkeit ausgesprochen hat und erst im Rechtsmittelverfahren der Verweisungsantrag gestellt wurde oder wenn ein Landgericht in seiner Eigenschaft als Berufungsgericht eine Sache an sich als das zuständige Gericht des

1 OLG München JurBüro 1996, 546 = MDR 1996 = NJW-RR 1996, 1279, 642; *Hartmann* § 4 Rn. 3; *Klanke* in Lorenz/Klanke § 4 GKG Rn. 17; NK-GK/*N. Schneider* § 4 GKG Rn. 40.

2 OLG Köln JurBüro 2013, 97 = openJur 2012, 129518; *Hartmann* § 4 Rn. 4; *Petzold* in Binz u.a. § 4 Rn. 8.

ersten Rechtszuges verweist,[3] oder im Wiederaufnahmeverfahren, ferner vom BayObLG an den BGH (§7 EGZPO), vom Rheinschifffahrtsgericht zum Schifffahrtsgericht,[4] vom ordentlichen Gericht zum Arbeitsgericht oder umgekehrt (§§48, 48a ArbGG), vom Landwirtschaftsgericht zum ordentlichen Gericht und umgekehrt (§12 Abs. 3 LwVG),[5] vom Familiengericht zum ordentlichen Gericht und umgekehrt. Abs. 1 gilt auch bei Verweisungen nach dem WEG und bei Verweisungen von einer Gerichtsbarkeit zur anderen allgemein.

Sinngemäße Anwendung bei gerichtsinterner Verweisung: Wird bei einem Gericht von einer Abteilung an eine andere oder von einer Kammer/einem Senat an eine andere Kammer/einen anderen Senat verwiesen (abgegeben), erfolgt die Verweisung nicht an ein anderes Gericht i.S.d. § 4. Die Bestimmung gilt dann aber **sinngemäß**.[6] Gleiches gilt auch, wenn die Sache an ein anderes Gericht nicht förmlich verwiesen, sondern **formlos abgegeben** wird oder wenn das Empfangsgericht sich **nicht** an die Verweisung/Abgabe **gebunden** fühlt und zurückverweist/zurückgibt.[7] Ebenso bei **Abgabe** des Verfahrens an das **nach § 36 ZPO** bestimmte Gericht.[8] 3

III. Kostenrechtliche Konsequenzen der Verweisung/Abgabe

Beide Verfahren bilden **kostenrechtlich eine Instanz**, jedoch nur die erstinstanzlichen Verfahren. Das ist klar, soweit ein Gericht erster Instanz an ein anderes Gericht erster Instanz verweist. Wenn aber ein **Rechtsmittelgericht** das Verfahren an ein erstinstanzliches Gericht verweist,[9] bilden nicht etwa das Rechtsmittelverfahren und das erstinstanzliche Verfahren eine Instanz, sondern das frühere erstinstanzliche Verfahren, das Gegenstand der Rechtsmittelentscheidung war, und das Verfahren vor dem erstinstanzlichen Gericht, an das die Sache durch das Rechtsmittelgericht verwiesen wurde, bilden zusammen eine Instanz. Diese Regelung entspricht dem § 37 für die Zurückverweisung an das untere Gericht. Für das Rechtsmittelverfahren kommen ohne Rücksicht auf die Verweisung die Kosten nach den Vorschriften in Ansatz, die für das Verfahren vor dem verweisenden Rechtsmittelgericht gelten.[10] 4

Daraus, dass die beiden erstinstanzlichen Verfahren eine Kosteninstanz bilden, folgt: Die Gebühren hinsichtlich eines jeden Teils des Streitgegenstandes werden nur einmal erhoben, auch wenn die Gebühren sowohl in dem Verfahren vor dem verweisenden Gericht als auch im Verfahren vor dem Gericht, an das verwiesen ist, anfallen, §35. Sind innerhalb der beiden eine Instanz bildenden Verfahren von einzelnen verschiedenen Wertteilen für gleiche Handlungen Gebühren zu berechnen, so ist §36 anzuwenden. Bestehen verschiedene Kostenvorschriften für das verweisende und für das übernehmende Gericht, hat die Gebührenberechnung nach den Vorschriften zu erfolgen, welche für das Gericht gelten, an das verwiesen ist. Dabei sind die Gebührentatbestände, auch die Fälligkeit, Streitwerterhöhungen und -ermäßigungen,[11] so zu behandeln, wie wenn der Rechtsstreit von Anfang an bei dem Gericht anhängig gewesen wäre, an das verwiesen ist. Die Parteien sollen durch die Verweisung nicht schlechter, aber auch nicht besser gestellt werden, als wenn der Pro- 5

3 OLG Köln HRR 1939, 324.
4 BGH VersR 1974, 692.
5 Dazu *Roß* JVBl. 1967, 73.
6 *Hartmann* § 4 Rn. 3; *Hellstab* in Oe/He/Tre § 9 Rn. 2.
7 *Hartmann* § 4 Rn. 5.
8 *Hellstab* in *Oe/He/Tre* § 4 Rn. 2.
9 Vgl. BVerwG RPfleger 1992, 132 (Verweisung durch BGH als Revisionsgericht an BVerwG als erstinstanzliches Gericht).
10 *Hellstab* in Oe/He/Tre § 4 Rn. 3, 9.
11 OLG Frankfurt aM JurBüro 1976, 369; *Hellstab* in Oe/He/Tre § 4 Rn. 6.

zess von Anfang an bei dem zuständigen Gericht anhängig gewesen wäre.[12] Hat z.B. vor dem Arbeitsgericht eine mündliche Verhandlung stattgefunden, so kann eine nach der Verweisung an das ordentliche Gericht erfolgte Klagerücknahme nicht mehr den Wegfall der allgemeinen Verfahrensgebühr oder eine Ermäßigung (KV 1210, 1211) bewirken.[13] Selbst wenn das Gericht, an das verwiesen ist und das dem GKG unterliegt, wegen Nichteinzahlung des Kostenvorschusses nicht mehr tätig wird, sind die Kosten für alle im Laufe des Verfahrens entstandenen Gebührentatbestände nach dem GKG anzusetzen.[14] Nicht zu folgen ist der Ansicht, insgesamt dürften nicht höhere Kosten als bei getrennter Berechnung angesetzt werden, weil § 4 eine Kostenbegünstigungsvorschrift sei.[15] Denn § 4 Abs. 1 bezweckt nur, dass die Parteien nicht besser und nicht schlechter gestellt werden sollen, als wenn der Prozess von Anfang an beim richtigen Gericht anhängig gewesen wäre. Der Termin zur Güteverhandlung vor dem Arbeitsgericht, mit der die mündliche Verhandlung beginnt (§ 54 ArbGG), stellt sich nach der Verweisung der Sache an ein ordentliches Gericht als Termin zur mündlichen Verhandlung i.S.v. KV 1211 dar.[16] Zuviel gezahlte Gebühren sind zurückzuzahlen. Es fehlt jeder Rechtsgrund, für eine Instanz höhere als die gesetzlichen Gebühren (das sind jene, die vor dem Gericht, an das verweisen wird, gelten) einzubehalten. Die ursprünglich berechtigte Gebührenerhebung hat sich eben im Nachhinein als unberechtigt erwiesen.[17] Wird eine einstweilige Verfügung gemäß § 942 ZPO vom Amtsrichter erlassen und findet das Rechtfertigungsverfahren vor dem Arbeitsgericht statt, handelt es sich um **einen** Rechtsstreit. Die Gebühren sind vom Arbeitsgericht so anzusetzen, als wäre das Verfahren von Anfang an bei dem Arbeitsgericht anhängig gewesen.

6 Auch die Auslagen des früheren Verfahrens sind als **Auslagen** des Verfahrens vor dem übernehmenden Gericht zu behandeln.[18] Denn Abs. 1 macht keinen Unterschied zwischen Gebühren und Auslagen. Die Auslagen können aber ganz oder teilweise als Mehrkosten i.S.v. Abs. 2 in Betracht kommen.

IV. Verweisung/Abgabe in ein anderes Bundesland

7 § 4 ist auch anwendbar, wenn an das Gericht eines **anderen Bundeslandes** verwiesen wird. Das ist in der KostVfg. im Einzelnen geregelt. Ebenso für eine Verweisung vom Arbeitsgericht zum ordentlichen Gericht oder umgekehrt.

V. Gebühren für Verweisungsbeschluss

8 Für den **Verweisungsbeschluss** wird **keine Gebühr** erhoben. Die Vorschrift gilt auch, wenn ein Gericht, an das die Sache verwiesen wurde, an ein anderes Gericht weiter verweist oder die Sache an das verweisende Gericht zurückgibt.

VI. Mehrkosten

9 **Abs. 2** ist eine Ergänzung des § 21 Abs. 1 S. 3. Mehrkosten können sein Gebühren und/oder Auslagen, z.B. die Kosten eines Rechtsmittelverfahrens, wenn erst im Rechts-

---

12 OLG Nürnberg RPfleger 1956, 297 (L); KG JurBüro 1962, 34; OLG München RPfleger 1957, 356.
13 OLG Frankfurt aM JurBüro 1977, 1114; OLG Düsseldorf JurBüro 1971, 615.
14 KG JurBüro 1970, 168 m. abl. Anm. von *Ort* JVBl. 1970, 272; Oe/He/Tre § 4 Rn. 5; LAG Hamm JVBl. 1968, 214.
15 So *Hartmann* § 4 Rn. 7; *Lappe* § 9 Rn. 2.
16 OLG München RPfleger 1957, 356; KG JurBüro 1962, 34.
17 Vgl.bei *Hellstab* in Oe/He/Tre § 4 Rn. 11.
18 *Hellstab* in Oe/He/Tre § 4 Rn. 5; *Hartmann* § 4 Rn. 11.

mittelverfahren die Unzulässigkeit des Rechtswegs oder die sachliche Zuständigkeit erkannt wird.[19] Erhöhte Auslagen können beispielsweise entstehen, wenn Zeugen zu dem unzuständigen Gericht einen weiteren Weg hatten als zu dem zuständigen oder durch Beweiserhebungen zur Frage der Zuständigkeit, wenn die Beweiserhebungen sich bei unmittelbarer Anrufung des zuständigen Gerichts erübrigt hätten.

Die Mehrkosten müssen **durch Anrufung** des unzuständigen Gerichts entstanden sein. Daher sind die Gebührenunterschiede zwischen dem Verfahren vor dem früheren Gericht und dem übernehmenden Gericht (z.B. bei Verweisung vom Sozialgericht an das ordentliche Gericht) keine Mehrkosten. Davon zu unterscheiden ist aber der Fall, in dem durch Anrufung des verweisenden (unzuständigen) Gerichts Kosten entstanden sind (z.B. gem. § 6 Abs. 1 mit der Einreichung fällig gewordene Verfahrensgebühren) und vor dem übernehmenden (zuständigen) Gericht Kostenfreiheit herrscht. In einem solchen Fall sind die Mehrkosten anzusetzen.[20] 10

Verschuldete Unkenntnis: Die Mehrkosten sind grundsätzlich nicht anzusetzen. Sie werden aber dann erhoben, wenn die Anrufung des unzuständigen Gerichts auf **verschuldeter Unkenntnis** der tatsächlichen oder rechtlichen Verhältnisse auf Seiten der Partei beruht, Abs. 2 S. 1. Das Verhalten der Partei muss somit ursächlich für die fehlerhafte Anrufung des Gerichts gewesen sein. Es genügt eine Unkenntnis der tatsächlichen oder rechtlichen Verhältnisse, erst recht aber ein wissentliches Verhalten wie etwa die bewusst unrichtige Behauptung der Voraussetzungen eines unzutreffenden Gerichtsstandes. 11

Die Partei verschuldet die Unkenntnis der tatsächlichen Verhältnisse, wenn sie vor Beschreitung des Rechtsweges den Wohnsitz des Gegners nicht auf amtlichem Wege zu ermitteln versucht. Ist die Partei durch einen Rechtsanwalt vertreten, muss sie sich dessen Verschulden zurechnen lassen. An die Rechtskenntnisse eines Rechtsanwaltes sind selbstverständlich höhere Anforderungen zu stellen als an die der Partei. Aber auch der nicht durch einen Rechtsanwalt vertretenen Partei ist es zuzumuten, sich durch Erkundigungen auf der Geschäftsstelle des Gerichts über den richtigen Rechtsweg Gewissheit zu verschaffen. 12

Als **Grad des Verschuldens** gilt der Maßstab des § 276 BGB. **Leichte Fahrlässigkeit** reicht also aus. 13

Trifft das Gericht ein **Mitverschulden**, dann beruht die Anrufung nicht mehr allein auf dem Verschulden der Partei, so dass ein Verschulden der Partei dann nicht mehr nachzuweisen sein wird. Die Vermutung spricht aber dafür, dass das Gericht verfahrensordnungsgemäß verfährt. Dagegen wird ein Verschulden der Partei eindeutig sein, wenn sie trotz Belehrung oder eines Hinweises durch das Gericht oder andere Stellen auf ihren Standpunkt beharrt. Der Partei ist in solchen Fällen ohne weiteres zuzumuten, zu klären, ob die erteilten Belehrungen oder Hinweise zutreffend sind. Das gilt etwa dann, wenn das Amtsgericht als Notgericht (z.B. § 942 Abs. 1 ZPO) eine bei ihm eingereichte Entscheidung erst nach mündlicher Verhandlung an das sachlich zuständige Landgericht verweist.[21] 14

VII. Kostenschuldner

Kostenschuldner ist die Partei, auf deren verschuldeter Unkenntnis das fehlerhafte Verfahren beruht. Voraussetzung für ihre Inanspruchnahme ist, dass das Gericht, an das verwiesen worden ist, entscheidet, dass die Partei die Mehrkosten zu tragen hat, Abs. 1 S. 2. 15

19 *Mümmler* JurBüro 1975, 1158.
20 Dazu ausführlich LSG Bayern, Beschl. v. 11.4.2016 – L 15 SF 78/15 – = JurionRS 2016, 15822.
21 Vgl. OLG Frankfurt/M MDR 1998, 1122.

VIII. Gerichtliche Entscheidung

16 **Entscheidung des Gerichts:** Zuständig ist das Gericht, an das verwiesen worden ist, ggf. auch der Einzelrichter. Die Entscheidung kann von Amts wegen oder auf Antrag ergehen. Wenn sie nicht mit einem Urteil verbunden ist, kann sie durch nachträglichen Beschluss ergehen. Sie ist nicht fristgebunden. Der Partei ist stets rechtliches Gehör zu gewähren, weil die Feststellung eines Verschuldens Voraussetzung ist. Für die Entscheidung ist keine Gebühr vorgesehen.

IX. Rechtsmittel

17 Gegen die Entscheidung sind in singemäßer Anwendung des § 66 Abs. 2 **Rechtsmittel** zulässig.[22] Im Verfahren nach § 66 ist aber nur über die Höhe der angesetzten Kosten zu befinden. Richtet sich ein im Rahmen des § 66 eingebrachter Antrag gegen den Grund der Kostentragungspflicht, ist die Sache dem Gericht der Hauptsache vorzulegen.

§ 5
Verjährung, Verzinsung

(1) Ansprüche auf Zahlung von Kosten verjähren in vier Jahren nach Ablauf des Kalenderjahrs, in dem das Verfahren durch rechtskräftige Entscheidung über die Kosten, durch Vergleich oder in sonstiger Weise beendet ist. Für Ansprüche auf Zahlung von Auslagen des erstinstanzlichen Musterverfahrens nach dem Kapitalanleger-Musterverfahrensgesetz beginnt die Frist frühestens mit dem rechtskräftigen Abschluss des Musterverfahrens.

(2) Ansprüche auf Rückerstattung von Kosten verjähren in vier Jahren nach Ablauf des Kalenderjahrs, in dem die Zahlung erfolgt ist. Die Verjährung beginnt jedoch nicht vor dem in Absatz 1 bezeichneten Zeitpunkt. Durch Einlegung eines Rechtsbehelfs mit dem Ziel der Rückerstattung wird die Verjährung wie durch Klageerhebung gehemmt.

(3) Auf die Verjährung sind die Vorschriften des Bürgerlichen Gesetzbuchs anzuwenden; die Verjährung wird nicht von Amts wegen berücksichtigt. Die Verjährung der Ansprüche auf Zahlung von Kosten beginnt auch durch die Aufforderung zur Zahlung oder durch eine dem Schuldner mitgeteilte Stundung erneut. Ist der Aufenthalt des Kostenschuldners unbekannt, so genügt die Zustellung durch Aufgabe zur Post unter seiner letzten bekannten Anschrift. Bei Kostenbeträgen unter 25 Euro beginnt die Verjährung weder erneut noch wird sie gehemmt.

(4) Ansprüche auf Zahlung und Rückerstattung von Kosten werden vorbehaltlich der nach Nummer 9018 des Kostenverzeichnisses für das erstinstanzliche Musterverfahren nach dem Kapitalanleger-Musterverfahrensgesetz geltenden Regelung nicht verzinst.

---

22 *Hellstab* in Oe/He/Tre § 4 Rn. 17; *Lappe* § 9 Rn. 7; *Hartmann* § 4 Rn. 17.

Übersicht

I. Allgemeines — 1
II. Verjährungsfrist für den Anspruch auf Kosten — 2–4
Fristbeginn — 3, 4
III. Vergleiche — 5
IV. Verfahrensbeendigung auf sonstige Weise — 6
V. Fälligkeit — 7
VI. Rückerstattungsansprüche — 8–11
VII. Neubeginn und Hemmung der Verjährung — 12, 13
VIII. Verwirkung der Einrede — 14
IX. Vorzeitige Einrede — 15
X. Mehrheit von Schuldnern — 16
XI. Bagatellbeträge — 17
XII. Verfahren — 18, 19
XIII. Verzinsung — 20

I. Allgemeines

1 Die Vorschrift behandelt einmal die **Verjährung** des Anspruchs der Staatskasse auf Kosten nach dem GKG, also auf Zahlung der Gebühren und Auslagen.[1] Daneben kann im Einzelfall auch noch die nach allgemeinen Grundsätzen zu beurteilende Frage der **Verwirkung** zu prüfen sein.[2] Zum anderen ist klargestellt, dass Rückerstattungen nicht verzinst werden. Inhaltsgleiche Vorschriften enthalten § 7 FamGKG, § 6 GNotKG und § 8 GVKostG.

II. Verjährungsfrist für den Anspruch auf Kosten

2 Der Anspruch auf Zahlung von Kosten verjährt gem. Abs. 1 in 4 Jahren. Gemeint sind nur solche Kosten, die **originär nach dem GKG** zu berechnen sind. Ansprüche, die auf die Staatskasse übergegangen sind, zählen nicht dazu. So verjährt z.B. der Anspruch der Staatskasse auf die übergegangenen Prozesskostenhilfeanwaltskosten erst in 3 Jahren ab dem Übergang (regelmäßige Verjährung, §§ 195, 199 BGB).[3] Das gilt auch für die Vergütung in Beratungshilfeverfahren.

3 **Die Frist des § 5 beginnt** zu laufen mit dem Ablauf des Jahres, in dem das Verfahren durch rechtskräftige **Entscheidung über die Kosten**, durch Vergleich oder in anderer Weise beendet wurde. Keine Ausnahme enthält aber Abs. 1 S. 2. Unerheblich ist dabei, ob der Kostenansatz schon erfolgt ist. Denn andernfalls könnte nicht die Aufforderung zur Zahlung oder die Stundungsmitteilung eine verjährungsunterbrechende Wirkung haben (Abs. 3 S. 2). Andererseits kann die Verjährungsfrist nicht eher beginnen, als ein Kostenansatz möglich ist, also dann, wenn nach §§ 15 ff. KostVfg. die Kosten anzusetzen sind.[4] Eine gegen die Hauptsacheentscheidung eingelegte Verfassungsbeschwerde hat auf den Kostenansatz keinen Einfluss.[5] Hängt der Kostenansatz kraft gesetzlicher Vorschrift von Umständen ab, die erst später eintreten, so kann der Lauf der Verjährungsfrist erst in Gang gesetzt werden, wenn diese Umstände eintreten.[6] Das ist vor allem bei einer **Mehrheit von Schuldnern** (§ 31) der Fall.[7] So ist die Inanspruchnahme des Zweitschuldners nur dann zulässig, wenn sich seine Sekundärhaftung dadurch in eine Primärhaftung umwandelt, dass der Erstschuld-

1 OLG Karlsruhe MDR 1988, 799.
2 Dazu OLG Hamburg MDR 1969, 229; LG Köln JurBüro 1967, 496.
3 LG Wuppertal JurBüro 1975, 359; *Oestreich* in Oe/He/Tre § 5 Rn. 3.
4 *Oestreich* in Oe/He/Tre § 5 Rn. 5.
5 BGH JurBüro 2004, 439.
6 OLG München RPfleger 1961, 421 (L) (Gebühr für die Beschw. des Gemeinschuldners gegen den Konkurseröffnungsbeschluss).
7 *Petzold* in Binz u.a. § 5 Rn. 2.

ner zahlungsunfähig ist.[8] Dieser Zeitpunkt ist im Kostenansatzverfahren festzustellen.[9]

4 Eine **rechtskräftige Entscheidung über die Kosten** muss vorliegen. Deshalb sind rechtskräftige Urteile, die keine Kostenentscheidung enthalten (z.B.: Teil- und Grundurteile), für den Lauf der Verjährungsfrist nicht maßgebend. Die Verjährung kann sich aber immer nur auf die Kosten des Verfahrens beziehen, das mit einer Kostenentscheidung abgeschlossen ist. So z.B. bei einem Wechsel- oder Urkundenvorbehaltsurteil nur auf die Kosten des Wechsel- oder Urkundenprozesses,[10] nicht aber auf die des nachfolgenden Verfahrens. Auch rechtskräftige Kostenentscheidungen nach §§ 91a, 269 Abs. 3, 515 Abs. 3 ZPO bilden eine Grundlage für den Beginn des Laufs der Verjährungsfrist. Enthält die Entscheidung keinen Kostenausspruch, kann sich die Verjährung nur auf die Antragshaftung beziehen.[11]

III. Vergleiche

5 Bei **Vergleichen** gilt nichts anderes. Sie kommen nur in Betracht, wenn sie das Verfahren beenden, also nicht Zwischen- oder Teilvergleiche. Der das Verfahren beendende Vergleich muss nicht notwendig eine Kostenregelung enthalten, da in einem solchen Fall § 98 ZPO die Kostenregelung trifft. Anders liegt es nur, wenn die Parteien sich ausdrücklich nur über die Hauptsache vergleichen und die Kostenentscheidung dem Gericht überlassen. In solchen Fällen liegt nur ein das Verfahren noch nicht beendender Teilvergleich vor.

IV. Verfahrensbeendigung auf sonstige Weise

6 **Auf sonstige Weise** kann das Verfahren beendet werden durch Klagerücknahme oder durch Rücknahme eines Rechtsmittels, falls dadurch die Rechtskraft des Verfahrens insgesamt eintritt. Für das Gericht ist das Verfahren in sonstiger Weise in jedem Fall erst dann beendet, wenn der Wille der Parteien, das Verfahren auch als beendet zu betrachten, erkennbar geworden ist.[12] Ob der Zeitpunkt In der Regel dann angenommen werden kann, wenn die Akten infolge längeren Nichtbetreibens in Verbindung mit einer Verfügung des Richters nach der Aktenordnung wegzulegen sind,[13] ist aber in jedem Einzelfall zu prüfen. Im Zweifel ist der Erledigungswille durch Rückfrage bei den Parteien zu klären.[14] Das ist in der Fällen der Aussetzung[15] und Unterbrechung (z.B. §§ 239 ff. ZPO) stets geboten, insbesondere, wenn die Aussetzung auf Antrag der Parteien – etwa wegen schwebender (außergerichtlicher) Vergleichbemühungen – angeordnet wird. Das gilt auch, wenn die weggelegten Akten nach der Aufbewahrungsfrist vernichtet worden sind.[16] Ein Antrag des Gläubigers, das Verfahren auf eidesstattliche Versicherung ruhen zu lassen, beendet das Verfahren i.S.v. § 5 jedenfalls allein noch nicht.[17]

---

8 OLG Celle JurBüro 2012, 538.
9 OLG Celle JurBüro 2012, 538.
10 *Hartmann* § 5 Rn. 2.
11 *Hartmann* § 5 Rn. 2.
12 OLG Köln JurBüro 2015, 37 = JurionRS 2014, 16051 = BeckRS 2014, 08105 = NJOZ 2014, 946; OLG Karlsruhe, Beschl. v. 25.9.2012 – 11 W 34/10 Die Justiz 2013, 70; OLG Nürnberg JurBüro 1981, 1230; *Petzold* in Binz u.a. § 5 Rn. 5.
13 OLG Schleswig JurBüro 1994, 680.
14 OLG Schleswig SchlHA 1994, 54; *Oestreich* in Oe/He/Tre § 5 Rn. 4.
15 OLG Köln JurionRS 2014, 169051 = BeckRS 2014, 08105 = NJOZ 2014, 946; OLG Karlsruhe, Beschl. v. 25.9.2012 – 11 W 34/10.
16 OLG Köln JurionRS 2014, 169051 = BeckRS 2014, 08105 = NJOZ 2014, 946.
17 LG Duisburg JurBüro 1958, 211.

V. Fälligkeit

Für den Fristlauf des § 5 ist es ohne Belang, ob die Kosten fällig oder bezifferbar sind,[18] wie auch Kostenteilforderungen verjähren können. 7

VI. Rückerstattungsansprüche

Verjährung des Rückerstattungsanspruchs: Ein gegenüber der Staatskasse bestehender Anspruch auf Rückerstattung von Kosten, Abs. 2, verjährt ebenfalls in 4 Jahren. Auch diese Frist beginnt zu laufen mit dem Ablauf des Kalenderjahres, in dem der Anspruch entstanden ist (§§ 6 ff.), keinesfalls aber vor dem Ende des Kalenderjahres, in dem das Verfahren durch rechtskräftige Entscheidung über die Kosten, durch Vergleich oder anderweitig beendet ist, Abs. 2 S. 2.[19] 8

Entstanden ist der Rückerstattungsanspruch bei der tatsächlichen Leistung (Zahlung) ohne Rechtsgrund oder bei späterem Wegfall des Rechtsgrundes (z.B.: Zahlung einer nicht geschuldeten Gebühr). Das gilt auch dann, wenn die Überforderung auf der Annahme eines unrichtigen Streitwertes durch den Kostenbeamten beruht. Eine gegen die Hauptsacheentscheidung erhobene Verfassungsbeschwerde, welche grundsätzlich keine aufschiebende Wirkung hat, berührt die Entstehung des Kostenanspruchs ebenfalls nicht. Der Rückerstattungsanspruch würde ohnehin regulär verjähren, wenn die Verfassungsbeschwerde keinen Erfolg hat.[20] Anders liegt es, wenn der Streitwert richterlich festgesetzt und später geändert wurde oder wenn die Verfassungsbeschwerde Erfolg hat. Dann ist der Rückforderungsanspruch erst mit der Änderung des Streitwertes entstanden. Hinsichtlich nichtverbrauchter Vorschüsse entsteht der Rückforderungsanspruch erst mit der Mitteilung der endgültigen Kostenrechnung. Der Anspruch auf Rückerstattung von Kosten, die nach § 21 nicht zu erheben sind, entsteht erst mit der Rechtskraft der Anordnung nach § 21. Nimmt der Kläger erst nach längerem Ruhen des Verfahrens die Klage zurück, kann ihm die Verjährung des Rückerstattungsanspruchs nicht entgegengehalten werden, da der Anspruch auf Rückerstattung der Gebühr erst mit der Klagerücknahme entsteht. Rückerstattungsansprüche hat der Kostenschuldner zu beweisen. Ist ein Schriftsatz, auf den ein Gerichtskostenvorschuss mittels Gerichtskostenstempler aufgedruckt war, nicht zu den Akten gelangt, kommt eine Rückerstattung nicht in Betracht.[21] 9

Neubeginn und Hemmung der Verjährung, Abs. 3, richten sich grundsätzlich nach den Bestimmungen der §§ 194 ff. BGB, also die Hemmung nach §§ 203 ff. BGB und der **Neubeginn** nach § 212 BGB. Eine Streitwertfestsetzung begründet den Lauf der Verjährung aber nicht neu.[22] Als einzige Ausnahme gilt, dass die Verjährung der Ansprüche auf Zahlung von Kosten, Abs. 1, auch durch die Aufforderung zur Zahlung oder die dem Schuldner mitgeteilte Stundung neu beginnt, Abs. 3, S. 2. Diese Wirkung tritt schon ein bei formloser Zahlungsaufforderung oder Stundungsmitteilung, sofern sie dem Kostenschuldner zugegangen sind.[23] Ist der Aufenthalt des Kostenschuldners unbekannt, tritt der Neubeginn ein durch Zustellung durch Aufgabe zur Post, § 184 ZPO, unter der letztgenannten Anschrift des Kostenschuldners, Abs. 3 S. 3. Mit der Aufgabe zur Post wird die Zustellung als bewirkt angesehen, auch wenn die Sendung den Empfänger tatsächlich nicht erreicht, § 184 Abs. 2 10

---

18 OLG Karlsruhe MDR 1988, 799.
19 NK-GK/*Klos* § 5 GKG Rn. 15.
20 BGH JurBüro 2004, 439.
21 LG Osnabrück JurBüro 2003, 596 m. Anm. v. *Enders*.
22 LG Dortmund Urt. v. 29.9.2009 – 3 O 33/07.
23 OLG Koblenz NStZ-RR 2005, 254.

ZPO.[24] Adressat und Empfänger der Zahlungsaufforderung oder der Stundungsmitteilung muss der Kostenschuldner sein. Ist er inzwischen verstorben, genügt es nicht, wenn das an den Verstorbenen gerichtete Schreiben dessen Erben zugeht.[25] Ein Neubeginn der Verjährung findet auch statt durch die Mitteilung an den Schuldner, dass er noch vorbehaltlich weiterer Beträge hafte (Mithaftvermerk).[26] Ein Neubeginn findet selbstverständlich auch statt durch Teilzahlung, Anerkenntnis und durch Vollstreckungshandlungen. Die Einstellung des Einziehungsverfahrens durch die Gerichtskasse enthält keine Stundungsmitteilung und unterbricht als bloße Verwaltungshandlung folglich auch nicht die Verjährung.[27] Hemmung und Neubeginn sind für den Erst- und Zweitschuldner getrennt zu beurteilen,[28] so dass die Verjährung der Kostenhaftung des Zweitschuldners gehemmt ist, solange gegen den Erstschuldner vollstreckt wird.[29] (Vgl. dazu auch bei § 31 Rn. 17, 18.)

11 Eine Besonderheit bildet die **Stundung als** ein Fall des **Neubeginns der Verjährung**. Anders als im BGB, wo die Stundung nur einen Hemmungstatbestand darstellt (§ 205 BGB), gilt hier, dass erst nach Wegfall der Stundung eine neue Verjährungsfrist zu laufen beginnt.[30] Das hat u.a. eine erhebliche Bedeutung in den Fällen der Stundung der Kosten im Insolvenzverfahren nach §§ 4aff. InsO. Die Stundung braucht nicht ausdrücklich ausgesprochen zu werden. So beginnt z.B. eine neue Verjährungsfrist auch dann, wenn dem Verurteilten in einer Strafsache Ratenzahlungen für die Begleichung von Geldstrafe und Verfahrenskosten gewährt wird und er bei einer Zahlung keine nähere Tilgungsbestimmung (§ 366 Abs. 1 BGB) trifft, bei einer weiteren Stundung der Geldstrafe gem. § 459 StPO, wenn die Stundungsregelung nicht ausdrücklich eine Stundung der Verfahrenskosten ausspricht.[31]

VII. Neubeginn und Hemmung der Verjährung

12 Die **Verjährung ist gehemmt** nach Maßgabe der §§ 203ff. BGB (mit Ausnahme der Stundungsfälle). Wird die Einziehung eingestellt und das Kostensoll wegen Uneinziehbarkeit gelöscht, tritt keine Hemmung ein.[32] Eine Hemmung tritt z.B. ein: Gemäß Abs. 2 S. 3 durch die mit dem Ziel der Rückerstattung erhobenen Rechtsbehelfe (Erinnerung, Beschwerde, weitere Beschwerde), und zwar bis zur Entscheidung über die Erinnerung oder die Beschwerde durch die Bewilligung von Prozesskostenhilfe.[33] Wird PKH versagt, endet die Hemmung der Verjährung. Eine Beschwerde gegen die Versagung hat auf die Hemmung keinen Einfluss.[34]

13 Die Verjährung ist nicht von Amts wegen zu beachten. Daraus folgt, dass in Unkenntnis der Verjährung vorbehaltlos gezahlte Kosten oder solche, die nicht zur Abwendung der Zwangsvollstreckung geleistet wurden, nicht zurückgefordert werden können, § 222 Abs. 2 BGB.

---

24 Vgl. auch BGHZ 8, 314.
25 OLG Hamm RPfleger 1964, 126; *Oestreich* in Oe/He/Tre § 5 Rn. 8; *Lappe* Rn. 3.
26 OLG Düsseldorf JurBüro 1979, 872; OLG Hamm RPfleger 1967, 232; *Oestreich* in Oe/He/Tre § 5 Rn. 16; *Lappe* § 10 Rn. 4.
27 *Oestreich* in Oe/He/Tre § 10 Rn. 17, 21; *Hartmann* § 5 Rn. 6.
28 H.M. vgl. etwa OLG Düsseldorf JurBüro 2008, 210 (LS mit Volltextservice) und bei *Hartmann* § 5 Rn. 6 m.w.N.
29 So zutr. OLG Koblenz NStZ-RR 2005, 254; AG Neuruppin JurBüro 2001, 375; **a.M.** aber OLG Stuttgart JurBüro 2001, 597; OLG Schleswig JurBüro 1984, 1699; LG Berlin RPfleger 1982, 313; *Hartmann* § 5 Rn. 6.
30 Vgl. auch *Hartmann* § 5 Rn. 10.
31 LG Lübeck JurBüro 2003, 372.
32 *Oestreich* in Oe/He/Tre § 5 Rn. 17, 21.
33 BGH NJW-RR 1997, 831 (entspr. § 10 Abs. 3).
34 OLG Düsseldorf JurBüro 2008, 210 (LS mit Volltextservice).

VIII. Verwirkung der Einrede

Die Einrede der Verjährung kann nach allgemeinen Regeln **verwirkt** werden. So z.B., wenn der Kostenschuldner durch arglistiges Verhalten (wie etwa die Vortäuschung seiner Zahlungsunfähigkeit) die Verjährung herbeigeführt hat,[35] nicht schon, wenn das Rückzahlungsverlangen vor Ablauf des Kalenderjahres geltend gemacht wird, das auf die Festsetzung der Vergütung (etwa im Beratungshilfeverfahren) folgt.[36] 14

IX. Vorzeitige Einrede

Logischerweise kann die Frist nur neu beginnen, wenn sie schon begonnen hatte. Eine vor Beginn der Verjährungsfrist bewilligte Stundung kann demzufolge keine Frist neu beginnen lassen, sondern deren Neubeginn nur bis zum Ende der Stundung hinausschieben.[37] 15

X. Mehrheit von Schuldnern

Bei mehreren Kostenschuldnern läuft die Verjährungsfrist für jeden Kostenschuldner gesondert und unabhängig vom Lauf der Frist gegenüber anderen Kostenschuldnern. Das gilt auch für Gesamtschuldner, § 425 BGB. Eine Hemmung oder ein Neubeginn erfolgt bei Gesamtschuldnern nur gegenüber demjenigen, bei dem die Voraussetzungen der Hemmung oder des Neubeginns gegeben sind, und zwar selbst dann, wenn der eine Gesamtschuldner Geschäftsführer des anderen ist.[38] Etwas anderes gilt nur bei solchen Kostenschuldnern, die nach bürgerlichem Recht für die Kostenschuld eines anderen kraft Gesetzes haften, § 29 Nr. 3.[39] Beim Zweitschuldner ist die Verjährung bis zum Eintritt der in § 31 Abs. 2 bezeichneten Voraussetzungen abgebrochen und beginnt erneut (§ 31 Rn. 20).[40] Eine erfolglose Zwangsvollstreckung in das Vermögen des Erstschuldners setzt die Verjährungsfrist zu dem Zeitpunkt in Lauf, in dem die Staatskasse von ihr Kenntnis erlangt.[41] Allerdings darf die Staatskasse den Verjährungseintritt gegenüber dem Zweitschuldner nicht dadurch auf beliebige Zeit oder dauerhaft hinausschieben, dass sie gegenüber dem Erstschuldner (Entscheidungsschuldner) untätig bleibt oder auch nur zögernd vorgeht. In solchen Fällen kann der Lauf der Verjährungsfrist gegenüber dem Zweitschuldner in Gang gesetzt werden. Das kann z.B. der Fall sein, wenn die Staatskasse nicht spätestens vor Ablauf eines Jahres die Vollstreckung gegen den Erstschuldner einleitet[42] oder begonnene Vollstreckungsmaßnahmen nicht unverzüglich und effektiv weiter betreibt.[43] Richtigerweise wird man hier einen Fall der Verwirkung (Rn. 14) der Inanspruchnahme des Zweitschuldners anzunehmen haben. 16

XI. Bagatellbeträge

Bagatellbeträge: Bei (restlichen)[44] Kostenbeträgen unter 25 € tritt weder eine Hemmung noch ein Neubeginn der Verjährung ein, Abs. 3 S. 4. Die Bestimmung bezieht sich 17

35 *Oestreich* in Oe/He/Tre § 10 Rn. 10.
36 LG Kleve JurBüro 1985, 1663.
37 *Hartmann* § 5 Rn. 10; *Oestreich* in Oe/He/Tre § 5 Rn. 16.
38 OLG Schleswig JurBüro 1976, 225.
39 Vgl. auch BGH MDR 1977, 737 = WRP 1977, 759.
40 OLG Düsseldorf JurBüro 2008, 210 (LS mit Volltextservice).
41 LG Berlin JurBüro 1982, 885.
42 OLG Stuttgart JurBüro 2001, 597.
43 LG Stendal JurBüro 2005, 317 (LS mit Volltextservice).
44 *Oestreich* in Oe/He/Tre § 10 Rn. 19.

nur auf den Anspruch der Staatskasse auf Zahlung der Kosten, nicht auf Ansprüche des Kostenschuldners auf Rückerstattung.

XII. Verfahren

18 **Verfahren:** Anders als im Übrigen öffentlichen Recht (§ 19 Abs. 1 BGebG; § 232 AO) bringt die Verjährung die Forderung nicht zum Erlöschen, sondern sie muss durch Einrede geltend gemacht werden.[45]

19 Die Einrede der Verjährung ist durch Rechtsbehelf, i.d.R. im Wege der Erinnerung oder der Beschwerde nach § 5 zu erheben, und zwar auch dann, wenn die Verjährung des Anspruchs auf Kostenzahlung erst nach dem Abschluss des Kostenansatzverfahrens eingetreten ist (§ 8 JBeitrG i.V.m. § 66).

XIII. Verzinsung

20 Mit dem durch Gesetz vom 10.12.2001 (BGBl. I, 3422) wird klargestellt, dass Ansprüche auf Rückerstattung nicht verzinst werden. Damit hat der Gesetzgeber einen früheren Meinungsstreit (Vgl. unten, § 10 Rn. 11; § 19 Rn. 18) den Boden entzogen. Keine Ausnahme enthält insoweit KV 9019, da die Verzinsung des Auslagenvorschusses sich nicht die Rückzahlung der verauslagten Auslagen betrifft. § 5 Abs. 1 S. 2 hingegen regelt nur den Beginn der Verjährungsfrist (§ 9 Abs. 1) für die Auslagen nach KV 9018.

§ 5a
Elektronische Akte, elektronisches Dokument

In Verfahren nach diesem Gesetz sind die verfahrensrechtlichen Vorschriften über die elektronische Akte und über das elektronische Dokument anzuwenden, die für das dem kostenrechtlichen Verfahren zugrunde liegende Verfahren gelten.

1 § 5a regelt, dass in allen Verfahrensordnungen, in denen die elektronische Bearbeitung zulässig ist, auch das korrespondierende Verfahren über den Gerichtskostenansatz elektronisch abgewickelt werden kann. § 5a ist durch das 2. KostRModG insoweit grundlegend vereinfacht worden. Danach ist durch die pauschale Verweisung auf die jeweiligen Verfahrensordnungen der Hauptsache (z.B. ZPO, ArbGG, SGG, FGO, VwGO) sichergestellt, dass auch für die korrespondierenden kostenrechtlichen Regelungen die gleichen Grundsätze gelten wie für das Verfahren zur Hauptsache.

2 Die elektronische Akte bzw. das elektronische Dokument ersetzt die Gerichtsakte bzw. das Dokument in Papierform. Die Akte kann nur mangels Existenz einer korrespondierenden herkömmlich Akte bzw. eines Papierdukoments nur noch auf dem Bildschirm aufgerufen und bearbeitet werden. Demzufolge ist ein Telefax kein elektronisches Dokument.[1] Für die elektronische Akte oder für das elektronische Dokument genügt für die Aufzeichnung jede gesetzliche Schriftform, wenn und soweit die jeweilige Verfahrensordnung für einen Antrag oder für eine Erklärung Schriftform verlangt. Natürlich müssen auch bei elektronischer Übermittlung zusätzliche zwingende Formerfordernisse wie die

---

45 Dazu kritisch bei *Lappe* NJW 2004, 2409, 2412.

1 BGH NJW 2010, 460 = NJW 2010, 2134; BGH FamRZ 2009, 319 = NJW 2009, 37; NK-GK/*Volpert* § 5a GKG Rn. 10.

Notwendigkeit einer Beglaubigung oder Beurkundung erfüllt sein, die auch in elektronischer Form nach Maßgabe des SignG zu erfolgen haben.[2] So genügt (bei den Verwaltungsgerichten in NRW) eine einfach signierte E-Mail den Anforderungen auch dann nicht, wenn das Gericht einen Ausdruck fertigt und zur Papierakte nimmt, wie es auch zum Formerfordernis gehört, dass das elektronische Dokument über das EGVP-Postfach des Gerichts gesendet wird.[3]

Wenn ein elektronisch übermitteltes Dokument vom Empfangsgericht – aus welchen 3 Gründen auch immer, i.d.R. wegen technischer Mängel – nicht bearbeitbar ist, muss das dem Absender unverzüglich (§ 121 BGB) mitgeteilt werden. Die Art und Form richten sich nach den technischen Möglichkeiten des Gerichts, wobei der Einsender aufgefordert wird, die elektronische Mitteilung zu wiederholen oder die Eingabe auf herkömmlichem Wege vorzunehmen. Voraussetzung für die Anwendung von Satz 3 ist aber stets, dass das elektronische Dokument als solches vollständig empfangen worden ist. Ein nur unvollständig empfangenes Dokument ist i.S.v. Satz 3 nicht „zur Bearbeitung ungeeignet", sondern noch gar nicht eingegangen.

Zeitpunkt der Einreichung (des Eingangs bei Gericht:) Jedes elektronisch über- 4 mittelte Dokument ist erst bei Gericht eingegangen, wenn das für den Empfang bestimmte Gerät es vollständig und verständlich aufgezeichnet hat. Erst die vollständige Aufzeichnung ersetzt in diesen Fällen den Einwurf eines entsprechenden Papierdokuments in den Gerichtsbriefkasten.[4] Ob und wann es dann tatsächlich ausgelesen wird, ist unerheblich. Die Aufzeichnung ersetzt hier den Briefkasten für den Einwurf herkömmlicher Dokumente. Der Absendevermerk auf dem Gerät des Absenders ist mithin unmaßgeblich. Ferner muss es auf das richtige, d.h. für den Empfang bestimmte Gerät übermittelt werden. Insoweit gelten die gleichen Grundsätze wie für die Versendung eines herkömmlichen Dokuments an ein unzuständiges Gericht. Wichtig ist das insbesondere für die Fristwahrung, sofern Erklärungen fristgebunden sind.

Wenn vom Eingang eines Dokuments die Entstehung oder Fälligkeit von Kosten ab- 5 hängt, gilt für den Zeitpunkt das zu Rn. 4 Gesagte. Es kommt dann aber – wie auch sonst – nicht darauf an, ob das Gericht zuständig ist oder ob das elektronische Dokument zur Bearbeitung geeignet ist.

§ 5b
Rechtsbehelfsbelehrung

Jede Kostenrechnung und jede anfechtbare Entscheidung hat eine Belehrung über den statthaften Rechtsbehelf sowie über die Stelle, bei der der Rechtsbehelf einzulegen ist, über den Sitz und über die einzuhaltende Form und Frist zu enthalten.

Geltungsbereich: Die Regelung einer Belehrungspflicht über die Rechtsschutzmög- 1 lichkeiten in Kostensachen ist ab dem 1.1.2014 in Kraft.[1] Die Bestimmung dient dem Zweck, den Rechtsschutz für den Beteiligten wirkungsvoller gestalten. Um das zu errei-

2 Dazu zutreffend NK-GK/*Volpert* § 5a GKG Rn. 16 ff. m.N. So wohl auch *Hartmann* § 5a Rn. 3.
3 OVG Nordrhein-Westfalen Beschl. v. 7.6.2013 – 19 E 569/13 – = Openjur 2013, 29358 und Beschl. v. 13.11.2013 – 19 E 1138/13 – = Openjur 2013 44338. Ebenso VG Arnsberg, Beschl. v. 5.7.2013 – 5 K 2240/12 –.
4 NK-GK/*Volpert* § 5a GKG Rn. 21.

1 Art. 21. des RechtsBehEG (BGBl. I 2012, 2424).

chen, gilt die Belehrungspflicht umfassend für **Kostenrechnungen** und jede **nach dem GKG anfechtbare** kostenrechtliche Entscheidung, unabhängig davon, ob sie als gerichtliche Entscheidung im Beschlusswege erfolgt oder in sonstiger Weise, etwa durch die Staatsanwaltschaft. Ergeht die Entscheidung aber nicht nach dem GKG, sondern beruht sie auf andere Grundlagen wie z.B. auf § 4a JVEG, ist § 5b nicht einschlägig.[2] Mit der Formulierung „Stelle“ ist klargestellt, dass auch eine Behörde wie die Staatsanwaltschaft als Stelle für die zulässige Einlegung eines Rechtsbehelfs in der Belehrung anzugeben ist.[3]

2 Wenn und soweit eine kostenrechtliche Entscheidung unanfechtbar ist, ist auch keine Belehrung über die Unanfechtbarkeit erforderlich.[4] Gleichwohl kann es zweckmäßig sein, auch insoweit einen kurzen Hinweis darüber zu geben, um überflüssigen „Rechtsmitteln“ vorzubeugen.

3 **Folgen bei unterlassener oder unvollständiger Belehrung:** Auf die Wirksamkeit der Entscheidung selbst hat ein Verstoß gegen § 5b keinen unmittelbaren Einfluss. Diese ist wirksam und kann auch rechtskräftig werden.[5] Allerdings wird bei einer unterlassenen oder unvollständigen Rechtsmittelbelehrung die Widereinsetzung nach § 68 Abs. 2 Satz 2 erheblich erleichtert (vgl. § 68 Rn. 16. a.E.), wenn zwischen der Fristversäumung und dem Verstoß gegen die Rechtsbehelfsbelehrung **Kausalität** besteht.[6] Keine Kausalität soll allerdings bei einem anwaltlich vertretenen Beteiligten[7] oder bei einer Behörde, die sich im Verfahren von einem Beschäftigten mit der Befähigung zum Richteramt vertreten lässt[8] bestehen, selbst wenn die Belehrung offenkundig unrichtig oder unvollständig ist, so dass dieser die Rechtslage unschwer selbst erkennen kann. Die dagegen vorgebrachte Kritik[9] überzeugt nicht.

ABSCHNITT 2
Fälligkeit

1 Im Abschnitt 2 sind jetzt sämtliche Vorschriften zusammengefasst, welche die Fälligkeit von Kosten (Gebühren und Auslagen) regeln. Die im Abschnitt 3 enthaltenen Bestimmungen über die Vorauszahlungs- und Vorschusspflicht berühren die Fälligkeit nicht. Entsprechende Bestimmungen sind im Abschnitt (§§ 9–12) FamGKG enthalten.

2 Grundsätzlich entsteht die Kostenschuld, sobald ein Kostentatbestand erfüllt ist. Dieser Zeitpunkt ist aber nicht immer identisch mit dem der Fälligkeit vgl. § 6 Rn. 4). Fällig ist eine Kostenschuld ab dem Zeitpunkt, von dem ab der Gläubiger (die Staatskasse) die Leistung fordern und erforderlichenfalls auch vollstrecken kann. Für die Gerichtskosten ist das Verfahren des Ansatzes und der Beitreibung fälliger Kosten in §§ 15ff. KostVfg., § 5 JBeitrG geregelt.

---

2 OLG Düsseldorf, Beschl. v. 25.4.2016 – 9 O 163/12 – = JurionRS 2016, 22548. Vgl. auch *Binz* in Binz u.a., § 4c JVEG, Rn. 1 i.V.m. § 5b GKG, Rn. 11.
3 So die Begr. Vgl. BT-Ds 17/10490 Seite 22.
4 Dazu bei *Hartmann*, § 5b Rn. 13, 25, 26; NK-GK/*Volpert* § 5b GKG Rn. 12f.
5 *Zimmermann* in Binz u.a. § 5b Rn. 11.
6 BGH NJW 2012,1025.
7 So z.B. BGH NJW 2013, 1308; OLG Schleswig FamRZ 2011, 210.
8 BGH NJW 2013, 1308.
9 *Zimmerrmann* in Binz u.a. § 5b Rn. 14.

§ 6
Fälligkeit der Gebühren im Allgemeinen

(1) In folgenden Verfahren wird die Verfahrensgebühr mit der Einreichung der Klage-, Antrags-, Einspruchs- oder Rechtsmittelschrift oder mit der Abgabe der entsprechenden Erklärung zu Protokoll fällig:
1. in bürgerlichen Rechtsstreitigkeiten,
2. in Sanierungs- und Reorganisationsverfahren nach dem Kreditinstitute-Reorganisationsgesetz,
3. in Insolvenzverfahren und in schifffahrtsrechtlichen Verteilungsverfahren,
4. in Rechtsmittelverfahren des gewerblichen Rechtsschutzes und
5. in Prozessverfahren vor den Gerichten der Verwaltungs-, Finanz- und Sozialgerichtsbarkeit.

Im Verfahren über ein Rechtsmittel, das vom Rechtsmittelgericht zugelassen worden ist, wird die Verfahrensgebühr mit der Zulassung fällig.

(2) Soweit die Gebühr eine Entscheidung oder sonstige gerichtliche Handlung voraussetzt, wird sie mit dieser fällig.

(3) In Verfahren vor den Gerichten für Arbeitssachen bestimmt sich die Fälligkeit nach § 9.

Übersicht

I. Allgemeines — 1
II. Geltungsbereich — 2, 3
III. Fälligkeit und Entstehung — 4
IV. Fälligkeit und Vorauszahlung — 5
V. Prozesskostenhilfe — 6
VI. Zeitpunkt der Fälligkeit — 7–15
VII. Verzug — 16
VIII. Rückerstattungsansprüche — 17
IX. Arbeitsgerichtsverfahren — 18

I. Allgemeines

§ 6 enthält die grundsätzliche Regelung der Fälligkeit der Kosten nach dem GKG, soweit in den §§ 7–9 nichts Gegenteiliges bestimmt ist. Abs. 1 Nr. 2 ist durch das RStruktG mit der Folge eingefügt worden, dass die folgenden Nrn. neu gezählt werden. Mit Abs. 1 Nr. 2 soll erreicht werden, dass die jeweilige Gebühr für das Sanierungs- und das Reorganisationsverfahren mit dem Eingang des jeweiligen Antrags der BAFin fällig wird.[1] 1

II. Geltungsbereich

§ 6 gilt für alle im § 6 Abs. 1 bezeichneten Verfahren, also auch für die Fälligkeit der Verfahrensgebühr für die Prozessverfahren vor den Gerichten der Verwaltungs-, Finanz-[2] und Sozialgerichtsbarkeit. Für die Finanzgerichtsverfahren ist wegen § 52 Abs. 4 Satz 1 zu beachten, dass in jedem Fall die nach dem Mindestwert zu berechnende Gebühr fällig wird, wenn der endgültige Streitwert noch nicht bestimmbar ist (dazu bei § 52 Rn. 4, 19). Die abweichenden Regelungen anderer Verfahrensordnungen (z.B. § 185 SGG) sind – soweit das GKG anwendbar ist (§ 1) – überholt (*„lex posterior derogat legi priori"*). Welche Verfahren im Einzelnen unter die Regelungen fallen, ergibt sich aus der Struktur des 2

1 Begr. zum RStruktG, BT-Ds. 17/3024 S. 83.
2 FG Rheinland-Pfalz, Beschl. v. 14.11.2012 – 6 Ko 2444/12; FG Rheinland-Pfalz, Beschl. v. 6.11.2012 – 6 Ko 2327/12.

Kostenverzeichnisses. Der Abs. 3 enthält wegen der Verweisung auf § 9 Ausnahmen für Arbeitsgerichtsverfahren.

3 In § 6 ist der nur Zeitpunkt der Fälligkeit der Gebühren in den in der Bestimmung genannten Angelegenheiten geregelt. Bei Rechtsstreitigkeiten über Erfindungen eines Arbeitnehmers, für die die für Patentstreitigkeiten zuständigen Gerichte ausschließlich zuständig sind, gilt § 6 ohne die Einschränkung durch Abs. 3.[3]

III. Fälligkeit und Entstehung

4 Die **Fälligkeit** ist einmal zu unterscheiden von der **Entstehung** der Gebühr, die dann eintritt, wenn der Gebührentatbestand erfüllt ist.[4] Die Gebühr fällt an (entsteht) mit der Einreichung der jeweiligen Klage.[5] Zum anderen ist die Fälligkeit zu unterscheiden von der Pflicht zur Vorauszahlung nach § 12 und von der Pflicht zur Vorschussleistung nach §§ 15ff.[6] Die Gebühr muss entstanden sein, bevor sie fällig werden kann. Fälligkeit ist erst dann gegeben, wenn die Einziehung der entstandenen Gebühr nach §§ 6ff. statthaft ist. Zwar treffen häufig das Entstehen und die Fälligkeit der Gebühr zeitlich zusammen, jedoch gibt es auch Ausnahmen. So z.B. im Rechtsanwaltsgebührenrecht, wo die Fälligkeit erst unter den im § 8 Abs. 1 RVG genannten Voraussetzungen eintritt.

IV. Fälligkeit und Vorauszahlung

5 Von der **Fälligkeit** zu unterscheiden ist auch die **Vorauszahlungspflicht** in Verfahren nach der ZPO (§ 12), welche allerdings die Fälligkeit stets voraussetzt (dazu vor § 12 Rn. 3).[7] Im Gerichtskostenrecht werden die Auslagen in bürgerlichen Rechtsstreitigkeiten vom Antragsteller des Verfahrens geschuldet, sobald sie erwachsen sind (§ 22 Abs. 1). Dennoch werden sie – sofern keine Vorschusspflicht besteht – erst unter den im §§ 8, 9 genannten Voraussetzungen fällig.

V. Prozesskostenhilfe

6 Die Bewilligung der **Prozesskostenhilfe** lässt die Entstehung und die Fälligkeit der Gebühren unberührt. Verfahrensgebühren, z.B. die allgemeine Verfahrensgebühr, werden im Laufe des Verfahrens immer wieder von neuem fällig. Anders liegt es bei Handlungs- und Aktgebühren. Eine Prozessverbindung hat auf die Fälligkeit der bereits vor der Verbindung fällig gewesenen Gebühren keinen Einfluss.[8]

VI. Zeitpunkt der Fälligkeit

7 Bei der Bestimmung des Fälligkeitszeitpunkts der im § 6 bezeichneten Gebühren ist zu unterscheiden zwischen den Gebühren, die mit der **Einreichung von Klage, Antrag, Einspruch oder Rechtsmittel** fällig werden (Abs. 1) und solchen, die eine **Entscheidung oder eine gerichtliche Handlung** voraussetzen (Abs. 2). Darüber hinaus sind auch besondere, dem § 6 als leges speciales vorgehende Bestimmungen der Prozessord-

3 OLG München JurBüro 1996, 591.
4 OLG Koblenz JurBüro 2013, 213.
5 BGH NJW 2013, 2824 = RPfleger 2013, 651 = JurBüro 2013, 592 (LS mit Volltextservice) = MDR 2013, 1008.
6 OLG Stuttgart NJW-RR 1998, 648.
7 OLG Köln JurBüro 2014, 311 = MDR 2014, 568 = JurionRS 2014, 15248.
8 KG RPfleger 1956, 88 (L).

nungen zu beachten. So entsteht die Gebühr im Sozialgerichtsverfahren erst mit der Rechtshängigkeit (§ 184 SGG), kann mithin nicht vor Zustellung fällig werden.

Einreichung von Klage usw. im Zivilprozess, d.h. im Erkenntnis- und im Vollstreckungsverfahren,[9] und in den anderen im § 6 genannten Verfahren: Es gilt hier dasselbe wie bei § 22 Abs. 1 (vgl. dort Rn. 6). Ein Antrag ist das an das Gericht gerichtete Begehren, ein bestimmtes Verfahren durchzuführen. Ein förmlicher Antrag ist nicht notwendig, wenn das Gesetz nicht ausdrücklich (z.B. bei einer Klage) solches fordert.[10] Es reicht i.d.R., wenn aus dem Antrag genügend klar erkennbar ist, was der Antragsteller will. Der Antrag muss aber als solcher gewollt sein. Das ist – wie bei jeder Prozesserklärung – im Zweifel durch Auslegung gem. §§ 133, 157 BGB zu ermitteln.[11] Ein auf dem Briefbogen eines Rechtsanwalts verfasstes, aber weder im Original noch in den Abschriften unterschriebenes Schriftstück reicht nicht aus, auch wenn es als „Klage" bezeichnet ist.[12] Die Einzahlung der Gerichtskosten für das streitige Verfahren ist in diesem Sinne als konkludenter Antrag zur Durchführung desselben anzusehen.[13] Da das Verfahren von dem Eingang des Antrags usw. bei Gericht abhängig ist, tritt die Fälligkeit der durch den Antrag usw. ausgelösten Gebühr bereits mit dem Eingang des Antrags bei Gericht[14] oder seiner Stellung zu Protokoll ein und nicht erst mit der die Zustellung voraussetzenden Rechtshängigkeit,[15] also mit der Anhängigkeit. 8

Die **Fälligkeit tritt** mit dem **Eingang des Antrags** bei der Einlaufstelle des Gerichts oder mit dem Einwurf in einen dafür bestimmten Briefkasten oder der Abgabe einer entsprechenden Erklärung zu Protokoll der Geschäftsstelle **ein**, nicht erst mit Eingang bei der zuständigen Geschäftsstelle.[16] Eingegangen i.S.v. § 6 ist der Antrag also schon dann, wenn das den Antrag enthaltene Schriftstück oder der Datenträger in den Zurechnungsbereich eines (nicht notwendig zuständigen) Gerichts gelangt ist, wobei es nicht darauf ankommt, wann der Datenträger ausgelesen wird. Bei elektronischem Versand (z.B. per FAX oder E-Mail) ist das der Fall, wenn das vollständige Schriftstück auf das Empfangsgerät gelangt ist (vgl. auch § 5a Abs. 3). Für die Fälligkeit einer durch die Widerklage ausgelösten Verfahrensgebühr genügt der Eingang des die Widerklage einleitenden Schriftsatzes. Es ist nicht notwendig, dass die Widerklage auch noch im Termin erhoben wird.[17] 9

Daraus folgt auch, dass im Falle eines Antrags auf Erlass eines Mahnbescheidsantrags, in dem bereits im Antrag für den Fall eines Widerspruchs die Abgabe an das Streitgericht beantragt wird, die weiteren 2,5-Gebühren nach KV 1210 mit dem Eingang der Akten bei dem im Antrag bezeichneten Streitgericht entstehen und damit fällig werden. Die weiteren Gebühren werden allerdings nur in dem Maße fällig, in dem das Streitverfahren beantragt wird, also mit dem Betrag, der in die Instanz gelangt.[18] Im Falle eines Antrags nach § 250 ZPO wird nur die Gebühr nach dem Streitwert zur Zeit des 10

9 LG München RPfleger 1990, 227.
10 OLG Schleswig SchlHA 1981, 56 m.N.; OLG Düsseldorf MDR 1987, 1031.
11 BGH NJW-RR 1994, 568; BGH MDR 1993, 469; OLG Celle MDR 2012, 1378 = OpenJur 2012, 124309.
12 OLG Stuttgart MDR 2011, 635 = NJW-RR 2011, 718 = JurBüro 2011, 309.
13 LG München I JurBüro 2005, 540.
14 OLG Schleswig SchlHA 1996, 305.
15 Allg. Ansicht vgl. etwa OLG Düsseldorf JurBüro 1999, 485 = MDR 1999, 1156; OLG Bamberg JurBüro 1973, 856.
16 OLG Köln JurBüro 2014, 311 = MDR 2014, 568 = JurionRS 2014, 15248; OLG Düsseldorf JurBüro 1999, 485 = MDR 1999, 1156; *Hartmann* § 6 Rn. 5.
17 OLG Frankfurt aM RPfleger 1955, 210 (L).
18 OLG Frankfurt aM NJW-RR 1992, 1342; OLG München MDR 1999, 508; OLG Stuttgart MDR 1999, 634; *Hartmann* KV 1210 Rn. 23 m.N.

Eingangs des Antrags fällig, wobei Mindest- oder Höchstwerte (z.B. § 352 Abs. 4) zu beachten sind.[19] Wird ein Verfahren irrtümlich durchgeführt, obwohl der erforderliche Antrag fehlt, wird z.B. auf einen Widerspruch gegen einen Mahnbescheid ohne Antrag ein Termin bestimmt und das Verfahren durchgeführt, kann in einer widerspruchslosen Beteiligung der Parteien am Verfahren der erforderliche Antrag zu erblicken sein, der im gegebenen Beispiel die Gebühr nach KV 1210 fällig werden lässt. Andernfalls ist an eine Nichterhebung der weiteren Gebühren nach § 21 zu denken. Reicht der (Verfahrensbevollmächtigte des) Kläger(s) versehentlich dieselbe Klageschrift zweimal bzw. ohne Bezugnahme auf die bereits erfolgte PKH-Bewilligung ein, ohne dass das Versehen für das Gericht bei Eingang offenkundig ist,[20] wird für jede Klageschrift die allgemeine Verfahrensgebühr fällig.[21] Das gilt aber dann nicht, wenn (kurz vor Jahresende) wirksam Klage erhoben wird, jedoch aufgrund fernmündlicher Nachfrage da Gericht fälschlich mitteilt, der Eingang der Klage sei nicht festzustellen und deshalb die wiederholte Klageerhebung per Fax ein zweites Mal (sicherheitshalber) erfolgt.[22]

11 Von der **Zustellung oder Mitteilung** des Antrags usw. an den Gegner ist die Fälligkeit der Gebühr nicht abhängig.[23] Das ist durch die Fassung des Gesetzes ausdrücklich klargestellt worden. Entgegenstehende Ansichten[24] sind durch die gesetzgeberische Klarstellung überholt. Bei dem Antrag etc. braucht es sich nicht um einen förmlichen Antrag handeln. Ausreichend ist jede irgendwie geartete Handlung einer Partei, die notwendig ist, um ein gerichtliches Verfahren in Gang zu setzen.[25] Dazu gehört auch ein Antrag auf Wiederaufnahme des Verfahrens nach § 250 ZPO.[26] Die Gebühr kann im Laufe des Verfahrens laufend neu entstehen.[27]

12 Der **Antrag** usw. muss in jedem Fall **unbedingt** sein. Wird z.B. eine Klage oder eine Rechtsmittelschrift gleichzeitig mit einem Prozesskostenhilfegesuch eingereicht, wird neben dem Prozesskostenhilfeprüfungsverfahren auch der Rechtsstreit als solcher anhängig, wenn nicht deutlich und unmissverständlich zum Ausdruck gebracht wird, dass die Klage nur unter der Bedingung der Bewilligung von Prozesskostenhilfe als erhoben gelten soll.[28] Wird allerdings dazu erklärt, dass die Klage oder die Rechtsmittelschrift nur im Falle der Bewilligung von Prozesskostenhilfe als eingereicht gelten soll, wird durch einen derart bedingten Antrag die Verfahrensgebühr noch nicht fällig. Ein solcher bedingter Antrag muss aber eindeutig sein, etwa, wenn beantragt wird, dem Kläger „vorab Prozesskostenhilfe zu bewilligen".[29] Wird dann die Prozesskostenhilfe verweigert, bedarf es noch eines ausdrücklichen Antrags, das Verfahren in Gang zu setzen, damit die Verfahrensgebühr fällig wird.[30] Das gilt auch, wenn mit dem Prozesskostenhilfegesuch ein nach § 14 Nr. 3 verbundener Antrag auf Zustellung der Klage verbunden ist. Wird hingegen die Klage oder die Rechtsmittelschrift zusammen mit dem Prozesskostenhilfegesuch ohne einschränkenden Zusatz eingereicht, wird die Verfahrensgebühr sofort fällig. Wird

19 BGH ZIP 2004, 2293 = MDR 2005, 238 (LS).
20 OLG München MDR 2001, 896 = JurBüro 2001, 536.
21 OLG Koblenz JurBüro 2015, 95 = JurionRS 2014, 25680; OLG Koblenz JurBüro 2011, 538 = MDR 2011, 1135; OLG Düsseldorf JurBüro 1999, 485 = MDR 1999, 1156 = NJW-RR 1999, 1670.
22 OLG Koblenz, JurBüro 2012, 435 (L).
23 OLG Köln JurBüro 2011, 489; *Zimmermann* in *Binz* u.a. § 6 Rn. 3 f.
24 Vgl. z.B. OLG Schleswig JurBüro 1981, 406.
25 *Hartmann* § 6 Rn. 4.
26 BGH ZIP 2004, 2293 = MDR 2005, 238 (LS); OLG Düsseldorf MDR 1987, 1031; *Hartmann* § 6 Rn. 4.
27 BGH ZIP 2004, 2293 = MDR 2005, 238 (LS).
28 OLG Zweibrücken NJW-RR 2001, 1653; OLG Koblenz FamRZ 1998, 312 und MDR 2004, 177; OLG Köln FamRZ 1984, 916.
29 OLG Koblenz MDR 2004, 177.
30 BGH RPfleger 1972, 304 = FamRZ 1972, 453.

später Prozesskostenhilfe bewilligt, tritt Stundung ein. Zuviel gezahlte Raten sind zurückzuzahlen, eine Verrechnung der überzahlten Beträge mit künftig entstehenden Kosten ist unzulässig.[31]

Ein die Fälligkeit begründender Antrag kann **auch im Laufe des Verfahrens** gestellt werden (z.B. bei Klageerweiterung, Widerklage). 13

Ohne Einfluss auf die Fälligkeit nach Abs. 1 ist es, wenn das Verfahren noch **vor der Zustellung** auf Antrag des Klägers oder weil mangels Zustellbarkeit die Anschrift des Beklagten noch ermittelt werden muss zunächst **nicht weiter betrieben** wird.[32] Das bedeutet nur, dass dann als gerichtsinterne Verwaltungsmaßnahme nach der Aktenordnung (Weglage nach 6 Monaten) die Gebühren – sofern sie schon entrichtet sind – noch nicht erstattet werden können, sondern einzubehalten bzw. – wenn sie noch nicht eingezahlt worden sind – eingefordert werden müssen. Der Antragsteller kann in solchen Fällen eine Ermäßigung durch ausdrückliche Rücknahme (KV 1211 Nr. 1) erreichen. Eine Rücknahmeerklärung, zu der der Antragsteller nicht animiert zu werden braucht, ist jederzeit möglich, wobei für den Rückerstattungsanspruch allerdings die Frist des § 5 Abs. 2 zu beachten ist. Die Frist beginnt jedoch frühestens mit der Weglageverfügung (§ 5 Abs. 2 S. 2). Zum anderen wird gemäß § 32 Abs. 4 S. 3 der KostVfg. dann, wenn der Verpflichtete einer Aufforderung zur Zahlung des Vorschusses nach § 12 Abs. 1 nicht nachkommt, eine Gebühr nur insoweit angesetzt, als sich der Zahlungspflichtige nicht durch Rücknahme der Klage oder des Antrags von der Verpflichtung zur Zahlung befreien kann. Das bedeutet, dass in solchen Fällen insgesamt nur eine 1,0-Gebühr anzusetzen ist.[33] Das gilt aber nicht, wenn nach Zahlung des Vorschusses das Verfahren nur nicht weiter betrieben wird (z.B. infolge von Aussetzung, Ruhen, Unterbrechung). Die Einlegung einer Verfassungsbeschwerde gegen die Entscheidung in der Hauptsache beeinflusst die Fälligkeit indessen nicht.[34] 14

Zulassung eines Rechtsmittels durch das Rechtsmittelgericht: Der durch das 2. KostRModG eingefügte Abs. 1 Satz 2 enthält eine abweichende Fälligkeitsbestimmung für die Fälle, in denen ein Rechtsmittelgericht ein Rechtsmittel zulässt. In diesen Fällen bedarf es natürlich der Einreichung einer Klage-, Antrags-, Einspruchs- Rechtsmittelschrift oder einer Erklärung zu Protokoll nicht. Die Fälligkeit tritt hier mit der Zulassung des Rechtsmittels durch das Rechtsmittelgericht und nicht schon mit der Einlegung einer Nichtzulassungsbeschwerde. 14a

Abs. 2: Die übrigen Gebühren sind solche, die eine **Entscheidung oder eine sonstige gerichtliche Handlung** voraussetzen (z.B. die Verzögerungsgebühr). **Entscheidungen** i.d.S. sind auch Beschlüsse. **Gerichtliche Handlungen** sind Verfügungen (z.B. Terminsbestimmung für die Abgabe der eidesstattlichen Versicherung). Hier tritt die Fälligkeit ein, sobald die gerichtliche Handlung durch die zuständige Gerichtsperson ausgeführt worden ist. 15

VII. Verzug

Verzug: Der Verzug des Kostenschuldners begründet grundsätzlich keine Verzugszinsen.[35] 16

31 OLG Koblenz JurBüro 2000, 259.
32 OLG Oldenburg; JurBüro 1995, 317.
33 LG Hamburg NJW-RR 1999, 581 = JurBüro 1999, 93; LG Bamberg JurBüro 1998, 147.
34 BGH JurBüro 2004, 439.
35 OLG Düsseldorf, DNotZ 1981, 76; *Hartmann* § 6 Rn. 12.

VIII. Rückerstattungsansprüche

17 **Fälligkeit eines Rückerstattungsanspruchs:** Wenn im Verlauf eines Verfahrens ein Ermäßigungstatbestand eintritt (z.B. KV 1211), sind die dann überzahlten Gebühren zu erstatten. Der Rückerstattungsanspruch wird fällig, wenn die entsprechende Prozesshandlung (z.B. Anerkenntnis, Verzicht) wirksam erfolgt ist. Wenn aber – sei es auch durch einen Rechtsirrtum des Rechtspflegers im Kostenfestsetzungsverfahren – eine Festsetzung einer zu viel angemeldeten Gebühr antragsgemäß erfolgt ist, steht dem Antragsteller dagegen mangels Beschwer kein Rechtsmittel zu.[36]

IX. Arbeitsgerichtsverfahren

18 **Abs. 3:** Im Arbeitsgerichtsverfahren ist § 6 unanwendbar. Hier richtet sich die Fälligkeit der Gebühren ausschließlich nach § 9. Die Regelung des Abs. 3 gilt für sämtliche Instanzen der Arbeitsgerichtsbarkeit bezüglich der Fälligkeit der Gebühren und Auslagen.

§ 7
Zwangsversteigerung und Zwangsverwaltung

(1) Die Gebühren für die Entscheidung über den Antrag auf Anordnung der Zwangsversteigerung und über den Beitritt werden mit der Entscheidung fällig. Die Gebühr für die Erteilung des Zuschlags wird mit dessen Verkündung und, wenn der Zuschlag von dem Beschwerdegericht erteilt wird, mit der Zustellung des Beschlusses an den Ersteher fällig. Im Übrigen werden die Gebühren im ersten Rechtszug im Verteilungstermin und, wenn das Verfahren vorher aufgehoben wird, mit der Aufhebung fällig.

(2) Absatz 1 Satz 1 gilt im Verfahren der Zwangsverwaltung entsprechend. Die Jahresgebühr wird jeweils mit Ablauf eines Kalenderjahres, die letzte Jahresgebühr mit der Aufhebung des Verfahrens fällig.

1 **Allgemeines:** Die Vorschrift regelt die **Fälligkeit** der Gebühren in Verfahren nach dem ZVG. Es sind nur die Gebühren für die Entscheidung über den Antrag auf Anordnung eines dieser Verfahren und über den Beitritt im Einzelnen genannt, weil dafür eine besondere Fälligkeit bestimmt ist. Das **Entstehen** der Gebühr folgt aus §§ 54–56.

2 **Einzelnes:** Bei der **Zwangsversteigerung** ist für die Fälligkeit zu unterscheiden zwischen der wertunabhängigen **Anordnungsgebühr** nach Abs. 1 S. 1 (KV 2210) und den wertabhängigen Gebühren nach KV 2211 bis 2216, nämlich der **Zuschlagsgebühr** (Abs. 1 S. 2) und der **Verfahrens-** pp. **Gebühr** (Abs. 1 S. 3). Letztere setzen für die Fälligkeit voraus, dass der Verkehrswert nach § 74a Abs. 5 ZVG durch das Vollstreckungsgericht festgesetzt worden ist oder (subsidiär) das Vollstreckungsgericht nach § 54 Abs. 1 S. 1 das Finanzamt um Mitteilung des Einheitswertes ersucht hat.[1] Im Einzelnen:

3 Die **Anordnungsgebühr** wird fällig mit der Entscheidung über die Anordnung bzw. den Beitritt. Unerheblich ist, ob die Entscheidung dem Antrag stattgibt, oder ob er mit

36 OLG Karlsruhe JurBüro 2001, 315.

1 BGH NJW 2009, 2066 = NZM 2009, 486 = MDR 2009, 950 (LS) = WM 2009, 1374 = WuM 2009, 376 = ZfR 2009, 475.

der Entscheidung abgelehnt wird. Eine Zwischenentscheidung löst die Fälligkeit der Gebühr noch nicht aus. Die Entscheidung ist ergangen, wenn sie verkündet oder von der Geschäftsstelle zur Zustellung gegeben worden ist.[2] Bei Rücknahme des Antrags vor der Entscheidung erwächst keine Gebühr.

Die **Zuschlagsgebühr** wird fällig mit der Verkündung des Zuschlags.[3] Ob und wann der Zuschlag rechtskräftig wird, ist ohne Belang.[4] Erteilt erst das Beschwerdegericht den Zuschlag, wird die Gebühr fällig mit der Zustellung des Beschlusses an den Ersteher. 4

Die **Verfahrens-, Termins- und Verteilungsgebühr** wird jeweils fällig im Verteilungstermin oder im Falle der vorherigen Aufhebung des Verfahrens schon mit der Herausgabe des Aufhebungsbeschlusses an die Geschäftsstelle. Im Fall einer außergerichtlichen Verteilung (§§ 143ff. ZVG) tritt die Fälligkeit ein, wenn der Nachweis darüber erbracht ist oder mit dem Ablauf der Zweiwochenfrist. 5

Zwangsverwaltung (Abs. 2): Die Fälligkeit der Anordnungsgebühr tritt ein mit der Anordnung (vgl. oben, Rn. 3). Die Jahresgebühr wird nach der Neufassung des Abs. 2 S. 2 durch das 2. Justizmodernisierungsgesetz jeweils für das Kalenderjahr erhoben und nicht mehr wie früher jedes Jahr beginnend mit dem Tag der Beschlagnahme. Damit soll ein Gleichlauf mit der Rechnungslegung des Zwangsverwalters nach § 14 Abs. 2 Satz 1 der Zwangsverwalterverordnung erreicht werden. Durch die Neuregelung wird der gerichtliche Kostenansatz dadurch erheblich vereinfacht, insbesondere entfallen Nachfragen bei Zwangsverwaltern nach zeitanteiligen Einkünften. 6

Die Fälligkeit der **Auslagen** richtet sich nach §§ 8, 9, die des **Vorschusses** nach § 17. 7

§ 8
Strafsachen, Bußgeldsachen

In Strafsachen werden die Kosten, die dem verurteilten Beschuldigten zur Last fallen, erst mit der Rechtskraft des Urteils fällig. Dies gilt in gerichtlichen Verfahren nach dem Gesetz über Ordnungswidrigkeiten entsprechend.

Die Vorschrift regelt die Fälligkeit für die Kosten (Gebühren und Auslagen) in Strafsachen und in den gerichtlichen Bußgeldverfahren, die einem Verurteilten zur Last fallen. Sie ist lex specialis zu den §§ 9ff. In diesen Angelegenheiten tritt die Fälligkeit erst mit der rechtskräftigen Kostenentscheidung oder der anderweitigen rechtskräftigen Beendigung des Verfahrens oder der Instanz ein (S. 1).[1] 1

Für die Fälligkeit der Gebühren und Auslagen in Strafverfahren und gerichtlichen Verfahren nach dem Gesetz über Ordnungswidrigkeiten ist zu unterscheiden, ob sie dem verurteilten Beschuldigten/Betroffenen zur Last fallen oder einem Dritten. 2

Soweit **die Kosten dem verurteilten Beschuldigten/Betroffenen zur Last fallen,** werden die Gebühren erst mit der Rechtskraft des Urteils bzw. der Entscheidung (z.B. beim Strafbefehl mit dessen Rechtskraft) einschließlich des Kosten- und Auslagenausspruchs (vgl. unten, Rn. 5) fällig (S. 1), und zwar gleichgültig, ob die Verurteilung im Offizialverfahren oder im Privatklageverfahren erfolgt ist. Diese Regelung entspricht der Vorbem. 3.1 vor KV 3110. Auch wenn das Gericht von Strafe absieht, liegt eine Verurtei- 3

2 BayObLG RPfleger 1968, 394; OLG Hamburg NJW 1970, 1616; *Mümmler* JurBüro 1975, 1151.
3 LG Lüneburg RPfleger 1988, 112.
4 *Hartmann* § 7 Rn. 3.

1 Vgl. BGH JurBüro 1981, 372.

lung i.S.v. § 465 S. 2 StPO vor. Desgleichen, wenn der für straffrei erklärte Beschuldigte gemäß § 468 StPO in die Kosten verurteilt wurde, oder wenn nur auf eine Maßregel der Besserung und Sicherung erkannt ist, ohne dass gleichzeitig ein auf Strafe lautendes Urteil ergeht. Ebenso fallen die Kosten des Entschädigungsverfahrens (KV 3700) unter § 8.

4 Gebühren, die **nicht dem verurteilten Beschuldigten/Betroffenen zur Last fallen**, aber auch Kosten, die einem Angeschuldigten, der freigesprochen, gegen den die Eröffnung des Hauptverfahrens abgelehnt oder das Verfahren eingestellt wurde, auferlegt sind (§ 467 StPO), sowie die Kosten eines erfolglosen Wiederaufnahmeantrags, die den Zeugen und Sachverständigen oder sonstigen Dritten auferlegten Kosten, werden fällig, sobald eine unbedingte Entscheidung über die Kosten ergangen ist oder das Verfahren oder die Instanz anderweitig erledigt ist (§ 9).

5 Bei einer bloßen **Beendigung des Verfahrens**[2] aus tatsächlichen Gründen (z.B. die Beendigung einer Rechtsmittelinstanz durch eine zurückverweisende Entscheidung,[3] der tatsächliche Verfahrensstillstand[4] oder das Ruhen des Verfahrens,[5] der Tod des Angeklagten/Betroffenen, die Zurücknahme der Privatklage, des das Verfahren bedingenden Strafantrags) tritt die Fälligkeit tritt nicht ein. Vielmehr bedarf es auch in solchen Fällen stets einer gerichtlichen Kosten- und Auslagenentscheidung, auf welche der Kostenbeamte ggf. hinzuwirken hat. Denn in diesen Verfahren ist i.d.R. die isolierte Anfechtung von Kosten- und Auslagenentscheidungen zulässig.[6] Auch ein (versehentlich) unterlassener Kosten- und Auslagenanspruch ist mit der Anfechtung nachzuholen. Wenn und soweit das nicht mehr möglich ist, fallen die Kosten der Staatskasse zur Last.

6 In **Strafvollzugssachen** gilt das in Rn. 3–5 Gesagte entsprechend.

§ 9
Fälligkeit der Gebühren in sonstigen Fällen, Fälligkeit der Auslagen

(1) Die Gebühr für die Anmeldung eines Anspruchs zum Musterverfahren nach dem Kapitalanleger-Musterverfahrensgesetzes wird mit der Einreichung der Anmeldungserklärung fällig. Die Auslagen des Musterverfahrens nach dem Kapitalanleger-Musterverfahrensgesetz werden mit dem rechtskräftigen Abschluss des Musterverfahrens fällig.

(2) Im Übrigen werden die Gebühren sowie die Auslagen fällig, wenn

1. **eine unbedingte Entscheidung über die Kosten ergangen ist,**
2. **das Verfahren oder der Rechtszug durch Vergleich oder Zurücknahme beendet ist,**
3. **das Verfahren sechs Monate ruht oder sechs Monate nicht betrieben worden ist,**
4. **das Verfahren sechs Monate unterbrochen oder sechs Monate ausgesetzt worden war oder**
5. **das Verfahren durch anderweitige Erledigung beendet ist.**

(3) Die Dokumentenpauschale sowie die Auslagen für die Versendung von Akten werden sofort nach ihrer Entstehung fällig.

---

2 Vgl. dazu BGH NJW 1981, 1048.
3 BGH JurBüro 1981, 372 = RPfleger 1981, 144 = FamRZ 1981, 253.
4 VGH Stuttgart RPfleger 1981, 72.
5 Dazu VGH Mannheim NJW 1981, 1047; *Scholz* BaWüVBl. 1982, 6.
6 Vgl. dazu ausf. bei *D. Meyer* JurBüro 1998, 530.

Übersicht

I. Geltungsbereich — 1
II. Absatz 1 — 2, 3
III. Unbedingte Entscheidung über die Kosten — 4
IV. Beendigung des Verfahrens oder der Instanz — 5
V. Auslagen — 6
VI. Zeitpunkt der Fälligkeit — 7–14
VII. Arbeitsgerichtssachen — 15
VIII. Weiterbetreiben des Verfahrens nach Fälligkeit — 16, 17
IX. Dokumentenpauschalen — 18
X. Arbeitsgerichtssachen — 19
XI. Sozialgerichtssachen — 20
XII. Absatz 3 — 21–24
XIII. Rückerstattungsansprüche — 25

I. Geltungsbereich

Die Spezialregelung des § 9 behandelt die Fälligkeit für alle Kosten (Gebühren und Auslagen), soweit sie nicht in anderen Vorschriften, z.B. in den §§ 6–8, KV 1409 geregelt sind (**„Im Übrigen", Abs. 2**).[1] Außerdem bestimmt die Vorschrift die Fälligkeit der Auslagen, soweit nicht Abs. 2 als lex specialis vorgeht. Neben den Bestimmungen über die Fälligkeit sind die Vorschriften über die Auslagenvorschusspflicht nach § 17 zu beachten, wonach der Vorschusspflichtige auch schon vor der Fälligkeit der Auslagen in Anspruch genommen werden kann. Unter § 9 fallen daher vor allem die Auslagen mit Ausnahme der in §§ 9, 17 genannten. In allen diesen Angelegenheiten tritt die Fälligkeit erst mit der Kostenentscheidung oder der anderweitigen Beendigung des Verfahrens oder der Instanz ein.[2] 1

II. Absatz 1

Abs. 1 betrifft dass ab dem 1.11.2012 geltende neue KapMuG.[3] Danach wird die **Gebühr** für eine Anmeldung eines Anspruchs zum Musterverfahren nach § 10 Abs. 2 KapMuG bereits mit der Einreichung der Anmelderklärung fällig. 2

Für die Fälligkeit der Gebühren und Auslagen in **Verwaltungs-, Finanz- und Sozialgerichtsverfahren** gilt Abs. 1 nur, soweit § 6 Abs. 1 Nr. 4 nicht als Spezialvorschrift vorgeht. Die Kosten werden dann erst mit einer unbedingten Kostenentscheidung oder bei Beendigung des Verfahrens auf andere Weise fällig.[4] Ein Vorbescheid beendigt das Verfahren, wenn er die Wirkung eines Urteils hat (§§ 84 Abs. 2 VwGO, 90 Abs. 3 FGO). **Im Arbeitsgerichtsverfahren** richtet sich die Fälligkeit ausschließlich nach § 9 (§ 6 Abs. 4). 3

III. Unbedingte Entscheidung über die Kosten

Eine **unbedingte Entscheidung über die Kosten (Abs. 2 Nr. 1)** ist jede Kostenentscheidung, die nicht an eine Bedingung geknüpft ist. Die fehlende Rechtskraft ist keine Bedingung, so dass auch eine noch nicht rechtskräftige Kostenentscheidung i.d.R. unbedingt ist. Auch eine Vollstreckbarkeit der Kostenentscheidung ist nicht nötig. Die Kostenentscheidung lässt nicht notwendigerweise alle bisher erwachsenen Kosten fällig werden, sondern nur jene, die Gegenstand der Kostenentscheidung sind. Die Fälligkeit aufgrund der Kostenentscheidung kann auch eintreten, bevor die Instanz beendigt ist. 4

1 FG Rheinland-Pfalz Beschl. v. 15.10.2005 – 6 Ko 2327/12 und Beschl. v. 14.11.2012 – 6 Ko 2444/12; *Hartmann* § 9 Rn. 1.
2 Vgl. BGH JurBüro 1981, 372.
3 Dazu *Hartmann* JurBüro 2012, 563 ff.
4 Vgl. dazu VGH Baden-Württemberg NJW 1981, 1047 = MDR 1981, 394 = Die Justiz 1980, 409.

Das ist im Arbeitsgerichtsverfahren auch für die Gebühr nach KV 8100 die Entscheidung über den Erlass eines Vollstreckungsbescheides im arbeitsgerichtlichen Mahnverfahren, also die Stattgabe, Ablehnung oder Zurückweisung des Antrags auf Erlass eines Vollstreckungsbescheids. Anders als im alten Recht ist das Mahnverfahren nunmehr bis zur Entscheidung über den Antrag auf Erlass eines Vollstreckungsbescheides gebührenfrei.

IV. Beendigung des Verfahrens oder der Instanz

5 Auch die **Beendigung des Verfahrens oder der Instanz**[5] lässt die Kosten fällig werden, z.B. die Beendigung einer Rechtsmittelinstanz durch eine zurückverweisende Entscheidung,[6] das längere Nichtbetreiben des Verfahrens durch die Parteien, der tatsächliche Verfahrensstillstand[7] oder das Ruhen des Verfahrens.[8] Weitere Beendigungsgründe sind der Vergleich, die Zurücknahme der Klage oder eines sonstigen, das Verfahren bedingenden Antrags (wie z.B. des Antrags auf gerichtliche Entscheidung gegen einen Ordnungsstrafbescheid der Verwaltungsbehörde). Die Fälligkeit tritt hier ein mit der Rechtswirksamkeit des Vergleichs oder der Rücknahmeerklärung. Behandelt das Gericht die Sache als durch einen Vergleich beendigt, so werden auch die Kosten fällig. Der Kostenbeamte hat nicht zu prüfen, ob das Gericht zu Recht oder zu Unrecht eine Erledigung der Sache durch den Vergleich bejaht und deshalb eine Entscheidung abgelehnt hat. Es darf aber selbstverständlich keine Beendigung des Verfahrens fingiert werden, nur um den Fiskus zur vorzeitigen Gebührenerhebung zu verhelfen.[9]

V. Auslagen

6 **Auslagen** (mit Ausnahme der im Abs. 2 genannten) werden in bürgerlichen Rechtsstreitigkeiten, im Insolvenzverfahren und im schifffahrtsrechtlichen Verteilungsverfahren, in Verwaltungs-, Sozialgerichts- und Finanzgerichtssachen fällig, sobald eine unbedingte Kostenentscheidung, auch über die Auslagen, ergangen ist.[10] Eine solche Entscheidung liegt vor, wenn sie nicht an eine Bedingung geknüpft ist, wobei die Rechtskraft oder die Vollstreckbarkeit keine Bedingung i.d.S. ist. Die Kostenentscheidung löst die Fälligkeit auch aus, wenn die Instanz oder das Verfahren noch nicht beendigt ist. Deshalb werden die bis zum Erlass des Versäumnisurteils entstandenen Auslagen aufgrund der im Versäumnisurteil enthaltenen Kostenentscheidung fällig und bleiben es, auch wenn gegen das Versäumnisurteil Einspruch eingelegt ist oder die Zwangsvollstreckung daraus eingestellt wird. Auch das Vorbehaltsurteil ist eine unbedingte Entscheidung. Der Mahnbescheid hingegen enthält nur eine bedingte Verurteilung. Hier tritt die Fälligkeit erst ein mit dem Erlass des Vollstreckungsbescheids. Die Anfechtbarkeit einer Entscheidung durch Rechtsmittel oder die Einlegung von Rechtsmitteln berührt die aufgrund der Kostenentscheidung eingetretene Fälligkeit nicht. Die Fälligkeit wird erst wieder beseitigt, wenn die gerichtliche Kostenentscheidung, auf die sie beruhte, durch eine andere gerichtliche Entscheidung aufgehoben oder abgeändert wird (§ 30).

---

5 Vgl. dazu BGH NJW 1981, 1048.
6 BGH JurBüro 1981, 372 – RPfleger 1981, 144 = FamRZ 1981, 253.
7 VGH Stuttgart RPfleger 1981, 72.
8 Dazu VGH Mannheim NJW 1981, 1047; *Scholz* BaWüVBl. 1982, 6.
9 OVG Lüneburg JurBüro 1991, 955.
10 Vgl. OLG Düsseldorf JMBlNRW 1964, 237.

VI. Zeitpunkt der Fälligkeit

Die Entscheidung ist ergangen, wenn sie verkündet oder statt der Verkündung den Parteien zugestellt (vgl. §§ 310, 329 Abs. 3 ZPO, 116 Abs. 2, 3 VwGO, 104 Abs. 2, 3 FGO) oder formlos mitgeteilt ist. Es reicht aus, wenn die Entscheidung nur über die Kosten ergeht. Gleichgültig ist, ob sie in einem Beschluss (z.B. nach §§ 91a, 269 Abs. 3, 516 Abs. 3 ZPO, §§ 161, 155 VwGO, §§ 138, 136 FGO) oder in einem Urteil enthalten ist und ob sie die ganzen oder nur einen Teil der Kosten zum Gegenstand hat. In letzterem Falle tritt die Fälligkeit nur hinsichtlich des von der Entscheidung erfassten Teils der Auslagen ein. Die Auslagen müssen in der Entscheidung nicht ausdrücklich erwähnt sein. Es reicht die Bezeichnung „Kosten" (§ 1). 7

Beendigung des Verfahrens oder des Rechtszuges durch **Vergleich oder Zurücknahme (Abs. 2 Nr. 2):** Hier begründet sowohl der gerichtliche als auch der dem Gericht mitgeteilte außergerichtliche Vergleich die Fälligkeit, wenn und soweit dadurch die Beendigung des Verfahrens bewirkt wird. Ein Zwischenvergleich beendet danach das Verfahren noch nicht, während ein Widerrufsvergleich das Verfahren erst beendet, wenn der Widerruf nicht erfolgt. Es hindert die Fälligkeit nicht, wenn der Vergleich keine Kostenregelung enthält. Da es nur auf die objektive Beendigung des Verfahrens ankommt, spielt es auch keine Rolle, auf welche Weise der Kostenbeamte Kenntnis von der Verfahrensbeendigung erhält. Hat er aber zu Unrecht die Beendigung des Verfahrens angenommen, lag eine Fälligkeit nicht vor, so dass der Kostenansatz dann berichtigt werden muss. Wenn die Parteien den Rechtsstreit fortsetzen zur Klärung der Frage, ob ein rechtswirksamer Vergleich zustande gekommen ist, ist der Kostenansatz erst zu berichtigen, wenn sich herausstellt, dass der Vergleich das Verfahren nicht beendigt hatte. Ist der Kostenansatz noch nicht erfolgt, wird er zweckmäßigerweise bis zur Klärung der Rechtswirksamkeit des Vergleichs aufzuschieben sein. 8

Zurücknahme der Klage, Widerklage, des Rechtsmittels oder eines sonstigen Antrags bewirken die Fälligkeit, wenn und soweit sie das Verfahren beendigen. Wird das Verfahren nur teilweise beendet, tritt die Fälligkeit nur hinsichtlich der auf den beendeten Teil entfallenden Auslagen ein. Die Fälligkeit tritt auch ein, wenn keine Kostenentscheidung nach § 269 Abs. 3 ZPO, § 516 Abs. 3 ZPO, § 155 Abs. 2 VwGO, § 136 FGO ergeht. 9

Ruhen oder Nichtbetreiben des Verfahrens (Abs. 2 Nr. 3): Voraussetzung für die Fälligkeit in diesen Fällen ist zum einen, dass eine Anordnung des Gerichts nach §§ 251, 251a Abs. 3 ZPO vorliegt, während ein Aussetzungsbeschluss dafür nicht ausreicht.[11] Im letzteren Fall kommt nur Abs. 1 Nr. 4 zur Anwendung. Zum anderen tritt die Fälligkeit ein, wenn das Verfahren 6 Monate lang nicht betrieben wird. Beiden Alternativen ist gemeinsam, dass es allein von der Disposition der Parteien abhängt, ob das Gericht (weiter) tätig sein soll. Wenn die Parteien 6 Monate lang nicht tätig geworden sind, darf davon ausgegangen werden, dass an einer weiteren Rechtsverfolgung kein Interesse mehr besteht. 10

Unterbrechung oder Aussetzung (Abs. 2 Nr. 4): Die Frage, wann die Kosten bei einer Unterbrechung des Verfahrens fällig werden, war bis zur Neufassung des § 9 durch das KostRModG nicht ausdrücklich geregelt. Hier galt nur, dass im Insolvenz-, schifffahrtsrechtlichen Verteilungs-, Zwangsversteigerungs- und -verwaltungsverfahren die Fälligkeit der Auslagen nach Abs. 2 Nr. 1 eintritt und im Übrigen die Staatskasse durch die Vorschusspflicht nach § 17 ausreichend geschützt sei. Da ein Stillstand des Verfahrens durch Unterbrechung und Aussetzung aus Rechtsgründen in der Regel ohne Zutun 11

11 LAG Hamm DB 1987, 2264; *Hartmann* § 6 Rn. 21.

der Parteien eintritt, kann in diesen Fallgruppen von einer Vermutung des Desinteresses der Parteien an der weiteren Betreibung des Verfahrens regelmäßig nicht die Rede sein. Andererseits ist es hier aber – anders als bei einem Ruhen des Verfahrens – nicht absehbar, wann das Verfahren wieder fortgesetzt werden kann. Sowohl bei einer Aussetzung als auch bei einer Unterbrechung ist die Fortsetzung des Verfahrens aber auch von einer Willenserklärung der Parteien nach Beendigung der Stillstandsvoraussetzungen abhängig. Trotz der rechtlichen Unterschiede zwischen den Tatbeständen der Nrn. 3 und 4 ist kein durchgreifender Grund erkennbar, die Tatbestände hinsichtlich der Fälligkeit unterschiedlich zu behandeln.[12]

12 **Unterbrechung** ist Stillstand des Verfahrens kraft Gesetzes. Sie tritt ohne Antrag und Anordnung unabhängig von der Kenntnis des Gerichts und der Parteien ein und ist stets von Amts wegen zu beachten. Die häufigsten Fälle der Unterbrechung sind geregelt in den §§ 239–245 ZPO. Die Unterbrechung endet grundsätzlich durch Aufnahme des Verfahrens (§ 250 ZPO). Die Sechsmonatsfrist nach Abs. 2 Nr. 4 beginnt zu laufen mit dem objektiven Eintritt der Unterbrechung.

13 **Aussetzung** ist der Stillstand des Verfahrens kraft gerichtlicher Anordnung und erfordert stets einen Beschluss des Gerichts, der je nach dem betreffenden Fall von Amts wegen oder auf Antrag einer Partei zwingend oder nach dem Ermessen des Gerichts ergeht.[13] Ein besonders ausgestalteter Fall der Aussetzung ist das Ruhen des Verfahrens, der Abs. 1 Nr. 3 unterfällt. Beendet wird die Aussetzung durch ihre Aufhebung (§ 150 ZPO) oder durch die Aufnahme des Rechtsstreits (§ 250 ZPO). Die Sechsmonatsfrist nach Abs. 1 Nr. 4 beginnt hier mit dem Erlass des Aussetzungsbeschlusses.

14 **Anderweitige Erledigung (Abs. 2 Nr. 5):** Eine solche liegt beim Ruhen oder längerem Nichtbetreiben des Verfahrens vor, soweit solches nicht schon unter Abs. 1 Nr. 3 oder 4 zu subsumieren ist. Der typische Fall der anderweitigen Erledigung ist die Erledigungserklärung ohne Kostenantrag oder -ausspruch. Ebenso bei Zurückverweisung einer Sache von der oberen zur unteren Instanz, ohne dass eine Kostenentscheidung hinsichtlich der Auslagen der oberen Instanz getroffen worden ist. Ein Arrestverfahren ist anderweitig beendet, wenn der Arrestantrag beschieden ist und die Kostenentscheidung der Hauptsacheentscheidung vorbehalten ist. Das selbständige Beweisverfahren ist regelmäßig mit der Durchführung der Beweisaufnahme beendet. Auch bei der wirksamen Zurücknahme eines Antrags auf Durchführung des Streitverfahrens (§ 696 Abs. 4 ZPO) oder die Rücknahme des Widerspruchs gegen einen Mahnbescheid (§ 697 Abs. 4 ZPO) oder des Einspruchs gegen einen Vollstreckungsbescheid (§ 700 Abs. 3 S. 2 ZPO i.V.m. § 697 Abs. 4 ZPO) führt nur zu einem Ruhen des Verfahrens und lässt die entstandenen Gebühren gem. Abs. 1 Nr. 5 fällig werden.

VII. Arbeitsgerichtssachen

15 Im **Arbeitsgerichtsverfahren** liegt auch eine anderweitige Erledigung i.d.S. vor im Fall des Ablaufs der Einspruchsfrist gegen einen Vollstreckungsbescheid (§§ 700 ZPO, 59 ArbGG). Fällt nur die Wirkung eines Mahnbescheides weg (§ 701 ZPO), hat das auf die Fälligkeit von Gebühren keinerlei Auswirkung, weil das arbeitsgerichtliche Mahnverfahren bis zur Entscheidung über den Antrag auf Erlass eines Vollstreckungsbescheids gebührenfrei ist (vgl. oben, Rn. 4).

---

12 So die Begr. BR-Ds. 830/30 Seite 4.

13 Thomas/Putzo-*Hüßtege* Vorbem. § 239 Rn. 8.

VIII. Weiterbetreiben des Verfahrens nach Fälligkeit

Die einmal entstandene Fälligkeit wird nicht dadurch beseitigt, dass das Verfahren in den Fällen Abs. 2 Nrn. 3–5 wieder aufgenommen oder eine Aussetzung aufgehoben wird. In solchen Fällen sind die fälligen Kosten anzufordern und ggf. bei einer späteren Schlussabrechnung zu verrechnen. Sofern es noch möglich ist, ist eine bereits veranlasste Rückerstattung zu stoppen.[14] Bereits zurückgezahlte Kosten sind wieder einzufordern. 16

Sind die Kosten nach Abs. 2 Nr. 2 fällig geworden, liegt eine endgültige Verfahrensbeendigung im kostenrechtlichen Sinne vor. Kostenrechtlich ist ein „Weiterbetreiben" nach Zurücknahme oder nach einem Vergleich als neue Sache zu behandeln, bei der die Kosten erneut entstehen und nach allgemeinen Regeln fällig werden. 17

IX. Dokumentenpauschalen

Dokumentenauslagen (Schreibauslagen): Vgl. Rn. 22. 18

X. Arbeitsgerichtssachen

In **Arbeitsgerichtssachen** regelt § 6 Abs. 4 die Fälligkeit der Kosten (Gebühren und Auslagen). Sie werden erst unter den Voraussetzungen des § 9 Abs. 2 fällig. 19

XI. Sozialgerichtssachen

Die nach § 184 SGG entstehende Gebühr wird nach Maßgabe des § 6 Abs. 1 Nr. 4 fällig. Sobald sich die Streitsache durch Zurücknahme des Rechtsbehelfs, durch Vergleich oder Anerkenntnis erledigt, kommen nur die Ermäßigungen nach KV Teil 7 zum Zuge. 20

XII. Absatz 3

Die auch in Verwaltungs-, Finanz- und Sozialgerichtsverfahren,[15] nicht aber in Arbeitsgerichtssachen, wo § 6 Abs. 4 als lex specialis gilt, anwendbare Vorschrift ergänzt bzw. modifiziert die §§ 8, 9, 17 für Dokumentenpauschalen und Auslagen für Aktenversendungen. 21

Fälligkeit der Dokumentenpauschale (Abs. 3, 1. Alt.): Dokumentenpauschale i.d.S. sind nur die in KV Nr. 9000 behandelten Auslagen. Sie werden sofort mit der Erstellung der auslagenpflichtigen Stücke fällig, und zwar unabhängig davon, ob der Antragsteller sie erhält. Eine Rücknahme des Antrags auf Erteilung der Ausfertigungen oder Abschriften ist nach deren Erstellung wirkungslos. Kostenschuldner ist der Antragsteller (§ 56 Abs. 1 GKG). Die Fälligkeit hat zur Folge, dass der Kostenansatz sofort erfolgen kann. 22

Fälligkeit der Auslagen für Aktenversand (Abs. 3, 2. Alt.): Gemeint sind die Auslagen nach KV 9003. Hier gilt das bei Rn. 17 Gesagte sinngemäß. Ausführlicher dazu bei KV 9 Rn. 42–43. 23

Im Übrigen vgl. § 17. 24

---

14 Vgl. auch *Hellstab* in Oe/He/Tre § 9 Rn. 6.

15 LSG Schleswig-Holstein AnwBl. 1997, 48; SG Stralsund JurBüro 1998, 370 m. Anm. v. *Enders;* **a.M.** SG Frankfurt aM NZS 1998, 256 (L); SG Düsseldorf AnwBl. 1997, 693; *Pawlita* AnwBl. 1997, 667.

XIII. Rückerstattungsansprüche

25 § 63 gilt auch für die Fälligkeit von Rückerstattungsansprüchen, welche sich z.B. ergeben, wenn ein Ermäßigungstatbestand (z.B. nach KV 1211) erfüllt ist oder überzahlte Auslagenvorschüsse anzurechnen sind.

ABSCHNITT 3
Vorschuss und Vorauszahlung

1 In diesem Abschnitt sind jetzt alle Vorschriften zusammengefasst, welche Bestimmungen über Vorschüsse und Vorauszahlungen enthalten.

2 Bei der **Vorschusspflicht** geht es darum, dass Beträge zur Deckung noch nicht fälliger Kosten zum Zwecke späterer Verrechnung auf die tatsächlich entstehenden Gebühren im Voraus zu entrichten sind. Bei der **Vorauszahlung** soll vor Entrichtung bereits fälliger Gebühren und Auslagen keine Handlung vorgenommen werden. Wer die Vorauszahlung nicht leistet, hat somit den prozessualen Nachteil einer Untätigkeit des Gerichts und damit u.U. sogar Rechtsverluste (z.B. Verjährung) in Kauf zu nehmen. Nach § 10 darf aber über die Vorschriften der Prozessordnungen und des GKG hinaus die Tätigkeit der Gerichte von einer Vorschussleistung oder Vorauszahlung nicht abhängig gemacht werden. Die Bestimmungen dieses Abschnitts sind deshalb eng auszulegen.[1] Zweck dieser Vorschriften ist die Sicherung der Staatskasse vor Ausfällen an Kosten (Gebühren und Auslagen). Eine besondere Gerichtskostenvorschusspflicht für **Ausländer** und **Staatenlose** kennt das GKG nicht.

3 Eine ganz andere Frage, die nicht mit der Vorschuss- bzw. Vorauszahlungspflicht vermengt werden darf, ist die der Kostenerhebung bei Fälligkeit. So werden z.B. auch in Verwaltungs-, Finanzgerichts- und Sozialgerichtverfahren jeweils die allgemeinen Verfahrensgebühren (z.B. KV 5110, 6110, 7110) mit dem Eingang der Klage etc. bei Gericht fällig und sind sofort anzusetzen und ggf. nach Klagerücknahme etc. teilweise zu erstatten (z.B. KV 5111, 6111, 7111). Gleichwohl darf der Fortgang des Verfahrens (z.B. die Klagezustellung) nicht von der Einzahlung der Gebühren abhängig gemacht werden. Das gilt auch für Rechtsmittelverfahren aller nach dem GKG abrechenbarer Sachen.

§ 10
Grundsatz der Abhängigmachung

In weiterem Umfang als die Prozessordnungen und dieses Gesetz es gestatten, darf die Tätigkeit der Gerichte von der Sicherstellung oder Zahlung der Kosten nicht abhängig gemacht werden.

1 **Allgemeines:** Die Vorschrift dient der Sicherung des staatlichen Anspruchs auf Gerichtskosten Sie steht im Kontext zu den Bestimmungen der §§ 6 ff. Die Vorschriften über die Fälligkeit (§§ 6 ff.) ermöglichen es, die Kosten alsbald anzusetzen. Daneben gibt es Bestimmungen, nach denen das Gericht bestimmte Tätigkeiten von der Einzahlung eines Vorschusses für bestimmte Auslagen abhängig machen (**Sicherstellung**) bzw. die Vorauszahlung bestimmter Gebühren verlangen darf (**Vorauszahlungspflicht**), §§ 14 ff. Die

1 OLG Düsseldorf NJW-RR 2000, 367, 368.

Gerichte dürfen allerdings ihre Tätigkeit nicht willkürlich oder nach ihrem Ermessen von der Sicherstellung oder Vorauszahlung abhängig machen, sind aber auch nicht gehindert, ohne Sicherstellung oder Vorauszahlung tätig zu werden. Nur in den im GKG und den Prozessordnungen vorgesehenen Fällen darf eine Sicherstellung oder Vorauszahlung verlangt werden. Ansonsten haben die Gerichte grundsätzlich ohne Sicherstellung oder Vorauszahlung tätig zu werden.

Eine entsprechende Anwendung der Bestimmungen über Sicherstellungen und Vor- 2
auszahlungen auf andere Kostentatbestände ist ausgeschlossen, denn § 10 ist eine Ausnahmebestimmung.[1] So ist z.B. eine Anwendung des § 12 auf den Berufungs- oder Revisionskläger nicht möglich. Ob die entsprechende Handlung indessen von Amts wegen oder nur auf Antrag vorgenommen wird, ist prinzipiell unerheblich. So ist z.B. auch bei Prozesshandlungen, die von Amts wegen vorgenommen werden *können* oder *sollen* (z.B.: §§ 273, 358a ZPO), die Anforderung eines Vorschusses oder einer Vorauszahlung ohne weiteres möglich. Wenn indessen die Handlung von Amts wegen vorgenommen werden *muss* (z.B. im Straf-/Bußgeldverfahren), kommt eine Sicherstellung oder Vorschusszahlung regelmäßig nicht in Betracht.

Prozessordnungen: Das sind die Verfahrensvorschriften, auf die das GKG an- 3
wendbar ist. Sie sind im § 1 genannt vgl. dazu oben § 1 Rn. 2ff.). Soweit das GKG auf Verfahren nach anderen Bundesgesetzen anwendbar ist oder künftig anwendbar werden wird, sind auch diese Gesetze solche i.S.d. § 10. Im Einzelnen kommen z.B. in Betracht:

In den **Prozessordnungen** oder in anderen Gesetzen ist eine Vorschussforderung 4
z.B. möglich:
- Zeugenkostenvorschuss gem. § 379 ZPO;
- Sachverständigenkostenvorschuss gem. § 402 ZPO;
- Ladung von Zeugen und Sachverständigen, Anordnung des Augenscheins oder der Begutachtung durch Sachverständige und deren Ausführung gem. §§ 144, 273 i.V.m. §§ 379, 653 ZPO § 358° ZPO;
- § 26 Abs. 1 S. 1 InsO;
- § 176 StPO;
- Vorschuss des Privatklägers gem. §§ 379a, 390 StPO;
- § 13 JVEG;
- § 4 GVKostG.

Im GKG sind die Bestimmungen über Sicherheitsleistung und Vorschusspflicht in 5
den §§ 6ff. enthalten. So z.B.:
- § 17: Vorschuss zur Deckung entstehender Auslagen (mit Einschränkungen in Straf- und Ordnungswidrigkeitensachen) für auf Antrag zu erteilende Ausfertigungen und Abschriften
- § 12: Vorauszahlung und Vorschuss in Verfahren vor den ordentlichen Gerichten
- § 15: Gebührenvorschuss im Zwangsversteigerungs- und Zwangsverwaltungsverfahren
- § 16: Vorschuss in Privat- und Nebenklageverfahren

Eine besondere **Vorschusspflicht der Ausländer** gegenüber der Staatskasse kennt 6
das GKG nicht. Insoweit gelten die allgemeinen Regeln.

Soweit einem (Berufungs-/Revisions-)Kläger/Widerkläger **Prozesskostenhilfe** be- 7
willigt ist, entfällt die Verpflichtung zur Sicherstellung oder Vorauszahlung der Kosten für die Partei und deren Gegner, auch wenn diesem keine Prozesskostenhilfe bewilligt

1 *Hartmann* § 10 Rn. 3. **A.M.** BFH NVwZ 2005, 366; *Zimmermann* in Binz u.a. § 10 Rn. 1.

ist (§ 122 ZPO, § 14 Nr. 1). Anders verhält es sich, wenn der beklagten Partei Prozesskostenhilfe bewilligt ist. Dann ist nur sie von der Sicherstellung oder Vorauszahlung befreit. Dasselbe gilt, soweit der Gegner der Prozesskostenhilfe besitzenden Partei im Wege der Widerklage oder der Anschließung an ein Rechtsmittel selbst angriffsweise vorgeht.

8 Eine Vorschuss- oder Vorauszahlungspflicht entfällt auch, wenn dem Antragsteller nach dem Bundes- oder Landesrecht[2] **Gebührenfreiheit** zusteht (§ 14 Nr. 2), oder wenn glaubhaft gemacht wird, dass dem Antragsteller die alsbaldige Zahlung der Kosten mit Rücksicht auf seine Vermögenslage oder aus sonstigen Gründen Schwierigkeiten bereiten würde (§ 14 Nr. 3a), oder wenn eine Verzögerung dem Antragsteller einen nicht oder nur schwer zu ersetzenden Schaden bringen würde (§ 14 Nr. 3b).

9 In **Verwaltungs- und Finanzgerichtsverfahren** besteht eine Vorwegleistungspflicht für die Herstellung oder Überlassung von Dokumenten (§§ 9, 17) und eine Pflicht zur Leistung eines Auslagenvorschusses gemäß § 17. **In Arbeitsgerichtssachen** werden Vorschüsse hingegen mit Ausnahme der im § 12 ArbGG genannten Einschränkungen nicht erhoben (§ 11). Das gilt aber nicht mehr, wenn die Sache vom Arbeitsgericht an ein ordentliches Gericht verwiesen wird, für das weitere Verfahren vor dem ordentlichen Gericht In solchen Fällen ist das ordentliche Gericht sogar befugt, einen Prozesskostenvorschuss nachzufordern.[3]

10 Gegen die Vorschuss-, Vorauszahlungs- und Sicherheitsleistungsanordnungen ist die Beschwerde zulässig, § 67.

11 Selbstverständlich sind die gezahlten Gerichtskosten- und Auslagenvorschüsse abzurechnen und nicht verbrauchte Vorschüsse nach dem Abschluss des Verfahrens zu erstatten. Allerdings besteht – wie der Gesetzgeber nach dem jetzt ausdrücklichen Wortlaut des Gesetzes[4] klargestellt hat (§ 5 Abs. 4) – kein Anspruch des Erstattungsberechtigten auf Verzinsung. Die früher in der Rspr. gelegentlich vertretene gegenteilige Ansicht[5] ist obsolet.

§ 11
Verfahren nach dem Arbeitsgerichtsgesetz

In Verfahren vor den Gerichten für Arbeitssachen sind die Vorschriften dieses Abschnitts nicht anzuwenden; dies gilt für die Zwangsvollstreckung in Arbeitssachen auch dann, wenn das Amtsgericht Vollstreckungsgericht ist. Satz 1 gilt nicht in Verfahren wegen überlanger Gerichtsverfahren (§ 9 Abs. 2 Satz 2 des Arbeitsgerichtsgesetzes).

1 **Nach § 11 Satz 1 sind in Verfahren vor den Gerichten der** Arbeitsgerichtsbarkeit unter keinen Umständen Vorschüsse oder Vorauszahlungen auf die Gerichtskosten zu erheben. § 11 ist lex specialis zu sämtlichen Vorschriften des GKG und der ZPO über einen Gebühren- oder Auslagenvorschuss. Die Bestimmung ist eng auszulegen.

2 Dazu OLG Karlsruhe JurBüro 2007, 660.
3 OLG Brandenburg JurBüro 1998, 548 = MDR 1998, 1119.
4 So schon früher z.B. OLG Stuttgart MDR 2001, 1134; OLG Hamm NJW 2001, 1287; AG Bad Kreuznach NJW-RR 2000, 951; AG Augsburg JurBüro 2001, 535; *Schütt* MDR 2001, 357.
5 LG Tübingen MDR 2000, 1461 m. abl. Anm. von *Schütt* MDR 2001, 357.

§ 11 gilt in jedem Verfahren vor einem Arbeitsgericht, gleich welcher Instanz. Unerheblich ist auch, ob es sich um ein Urteils- oder Beschlussverfahren handelt. Auch vor dem ArbG als Vollstreckungsgericht in einer Arbeitssache ist § 11 anzuwenden. 2

Ausgenommen sind Verfahren wegen überlanger Gerichtsverfahren vor dem LAG bzw. BAG. In diesen Verfahren sind nach Satz 2 ausnahmsweise Vorschüsse zu erheben, deren Höhe sich nach KV-GKG Nrn. 8212–8215, 8233–8235 richtet. Denn es sollen die Vorschriften über die Abhängigmachung in diesem Bereich in allen Gerichtbarkeiten gelten.[1] 3

Die Befreiung von der Vorschuss- bzw. Vorauszahlungspflicht gem. Satz 1 hat keinen Einfluss auf die Beantragung von Prozesskostenhilfe 4

§ 12
Verfahren nach der Zivilprozessordnung

(1) In bürgerlichen Rechtsstreitigkeiten soll die Klage erst nach Zahlung der Gebühr für das Verfahren im Allgemeinen zugestellt werden. Wird der Klageantrag erweitert, so soll vor Zahlung der Gebühr für das Verfahren im Allgemeinen keine gerichtliche Handlung vorgenommen werden; dies gilt auch in der Rechtsmittelinstanz. Die Anmeldung zum Musterverfahren (§ 10 Abs. 2 des Kapitalanleger-Musterverfahrensgesetzes) soll erst nach Zahlung der Gebühr nach Nummer 1902 des Kostenverzeichnisses zugestellt werden.

(2) Absatz 1 gilt nicht

1. für die Widerklage,

2. für europäische Verfahren für geringfügige Forderungen,

3. für Rechtsstreitigkeiten über Erfindungen eines Arbeitnehmers, soweit nach § 39 des Gesetzes über Arbeitnehmererfindungen die für Patentstreitsachen zuständigen Gerichte ausschließlich zuständig sind, und

4. für die Restitutionsklage nach § 580 Nummer 8 der Zivilprozessordnung.

(3) Der Mahnbescheid soll erst nach Zahlung der dafür vorgesehenen Gebühr erlassen werden. Wird der Mahnbescheid maschinell erstellt, so gilt Satz 1 erst für den Erlass des Vollstreckungsbescheids. Im Mahnverfahren soll auf Antrag des Antragstellers nach Erhebung des Widerspruchs die Sache an das für das streitige Verfahren als zuständig bezeichnete Gericht erst abgegeben werden, wenn die Gebühr für das Verfahren im Allgemeinen gezahlt ist; dies gilt entsprechend für das Verfahren nach Erlass eines Vollstreckungsbescheids unter Vorbehalt der Ausführung der Rechte des Beklagten. Satz 3 gilt auch für die nach dem Gesetz über Gerichtskosten in Familiensachen zu zahlende Gebühr für das Verfahren im Allgemeinen.

(4) Absatz 3 Satz 1 gilt im Europäischen Mahnverfahren entsprechend. Wird ein europäisches Verfahren für geringfügige Forderungen ohne Anwendung der Vorschriften der Verordnung (EG) Nr. 861/2007 fortgeführt, soll vor Zahlung der Gebühr für das Verfahren im Allgemeinen keine gerichtliche Handlung vorgenommen werden.

(5) Über den Antrag auf Abnahme der eidesstattlichen Versicherung soll erst nach Zahlung der dafür vorgesehenen Gebühr entschieden werden.

(6) Über Anträge auf Erteilung einer weiteren vollstreckbaren Ausfertigung (§ 733 der Zivilprozessordnung) und über Anträge auf gerichtliche Handlungen der

1 BT-Ds 17/3802 Seite 29.

Zwangsvollstreckung gemäß § 829 Abs. 1, §§ 835, 839, 846 bis 848, 857, 858, 886 bis 888 oder 890 der Zivilprozessordnung soll erst nach Zahlung der Gebühr für das Verfahren und der Auslagen für die Zustellung entschieden werden. Dies gilt nicht bei elektronischen Anträgen auf gerichtliche Handlungen der Zwangsvollstreckung gemäß § 829a der Zivilprozessordnung.

Übersicht

I. Allgemeines — 1–8
Geltungsbereich — 1–5
Zahlungspflichtiger — 6
Prozesskostenhilfe — 7
Erforderung und Rechtsbehelfe — 8
II. Absatz 1: Vorauszahlung bei Klagen — 9–15
Klagen — 9
Klageerweiterungen — 10
Folgen der Nichtentrichtung — 11–15
III. Absatz 2: Keine Vorauszahlungspflicht — 16–19
Nr. 1 – Widerklage — 16
Nr. 2 – Europäisches Verfahren für geringfügiger Forderungen — 17
Nr. 3 – Arbeitnehmererfinderstreit — 18
Nr. 4 – Restitutionsklagen nach § 580 Nr. 8 ZPO — 18a
Weitere nicht dem Abs. 1 unterfallende Sachen — 19
IV. Absatz 3: Mahnverfahren — 20–25
Satz 2: Maschinelle Erstellung des Mahnbescheids — 20
Satz 2: Maschinelle Erstellung des Mahnbescheids — 21
Satz 3: Maschinelle Erstellung des Mahnbescheids — 22–24
Satz 4: Familienverfahren — 25
V. Absatz 4 – Europäische Mahnverfahren — 26
VI. Absatz 5 – Eidesstattliche Versicherung nach § 889 ZPO — 27
VII. Absatz 6 – Zwangsvollstreckungsmaßnahmen — 28, 28a
Fälligkeit — 29
Rechtsbehelfe — 30

I. Allgemeines

1 **Geltungsbereich:** § 12 gilt nur in
- Verfahren vor den **ordentlichen Gerichten** nach der Zivilprozessordnung und hier nur in bürgerlichen Rechtsstreitigkeiten,
- im Mahnverfahren einschließlich der nach § 113 Abs. 2 FamFG,
- im Verfahren zur Abnahme der eidesstattlichen Versicherung in den im 12 genannten Zwangsvollstreckungssachen.

2 Durch Art. 47 Abs. 1 Nr. 4 FGG-RG sind die das Familienverfahren betreffenden Teile der Bestimmung herausgenommen, weil insoweit ab dem 1.9.2009 das FamGKG gilt,

3 § 12 gilt nicht
- für die schifffahrtsrechtlichen Verteilungsverfahren (§ 13),
- im Verwaltungs- und Finanzgerichts-, Sozialgerichtsverfahren,
- in Arbeitsgerichtssachen (§ 11).[1] Eine Ausnahme besteht aber, wenn die Sache vom Arbeitsgericht an die ordentliche Gerichtsbarkeit verwiesen wird, ohne dass die Verweisung aufgrund einer mündlichen Verhandlung erfolgt.[2] Ist vor dem Arbeitsgericht aber schon mündlich verhandelt worden, darf die nach einer Verweisung folgende Tätigkeit des ordentlichen Gerichts nicht mehr von einem Vorschuss abhängig gemacht werden.[3] Wegen der Auslagen im Verwaltungs- und Finanzge-

1 LG München RPfleger 1990, 227.
2 *Hartmann* § 12 Rn. 3.
3 OLG Brandenburg JurBüro 1998, 548 = MDR 1998, 1119 = NJW-RR 1999, 291; **a.M.** OLG Frankfurt/M MDR 1960, 508; *Hartmann* § 12 Rn. 3.

richtsverfahren, vgl. § 17. Zu den Rechtsfolgen verspäteter Zahlung und den Pflichten der nicht vermögenden Partei, vgl. § 204 Abs. 2 = § 211 a.F. BGB.[4]

Vorauszahlung/Vorschuss: Vorauszuzahlen sind die Kosten für die in Abs. 1, 3–6 S. 1 bezeichneten Sachen, sofern nicht Ausnahmen nach § 14 vorliegen. Wenn der Kostenschuldner Prozesskostenhilfe beantragt hat oder Ausnahmen von der Vorauszahlungspflicht i.S.v. § 14 geltend macht, ist es zweckmäßig, mit der Vorauszahlungsaufforderung zuzuwarten, bis die Frage einer Ausnahme nach § 14 rechtskräftig entschieden ist. **Die Aufzählung** der Vorauszahlungstatbestände **ist abschließend.** Die Nichtzahlung eines Vorschusses oder einer Vorauszahlung berührt das Verfahren nur soweit, dass die Sache nicht weiter bearbeitet wird. Das Gericht legt die Akten nach Maßgabe der der AktO weg.[5] 4

Die Forderung von Vorauszahlungen weiterer Gebühren wäre nach § 10 unzulässig. Das gilt aber nicht für solche gerichtlichen Handlungen, die mit **Auslagen** verbunden sind. Bei ihnen soll die Handlung von der vorherigen Zahlung eines ausreichenden Vorschusses abhängig gemacht werden (§ 17). Für die Zustellungsauslagen, soweit sie über die in den Verfahrensgebühren im Allgemeinen nicht pauschal eingearbeitet sind, ist das ausdrücklich gesagt. Keine Vorauszahlungspflicht besteht auch bei den Gebühren für Arrest und einstweilige Verfügung, weil hier keine Klage i.S.v. Abs. 1 S. 1 vorliegt. Das gilt auch für einstweilige Anordnungen.[6] Zur Erstattung nicht verbrauchter Vorschüsse vgl. oben § 10 Rn. 11. 5

Zahlungspflichtiger: Zu erfordern ist der Vorschuss bzw. die Vorauszahlung von demjenigen, der den entsprechenden Verfahrensantrag nach Abs. 1 gestellt hat. Vorauszahlungspflichtig ist der mithin Kläger als Schuldner der Gebühr und evtl. Zustellungsmehrauslagen, nicht der Beklagte und schon gar nicht der Rechtsanwalt als Prozessbevollmächtigter.[7] Wegen der Vorauszahlungspflicht eines Streitgenossen vgl. § 2 Rn. 40. 6

Prozesskostenhilfe: Keine Kostenvorauszahlungspflicht besteht, wenn und soweit dem Antragsteller **Prozesskostenhilfe** bewilligt worden (vgl. dazu auch § 31 Rn. 29 ff.) ist oder soweit er **Gebührenfreiheit** hat (§ 14 Nr. 2). Wird aber PKH nicht bewilligt, besteht die Vorauszahlungspflicht fort.[8] 7

Erforderung: Zuständig für die Anforderung des Vorschusses bzw. der Vorauszahlung ist der Kostenbeamte (§§ 2, 20 Abs. 2 KostVfg. Er ordnet die Einforderung selbständig an. Eine besondere Fristsetzung oder eine Belehrung über die Folgen der Nichteinzahlung ist nicht vorgeschrieben, kann aber zweckmäßig sein. Wenn und soweit bezüglich des Wertes Zweifel bestehen, hat er auf Angabe des Wertes (§ 61) hinzuwirken. Der Kostenbeamte ist auch nicht gehindert, eine Streitwertfestsetzung durch das Gericht (§ 63) zu veranlassen. Leistet der Kostenschuldner einer enthaltenen Zahlungsaufforderung keine Folge, hat der Kostenbeamte die in der Sache entstandenen oder noch entstehenden Kosten zu berechnen und an die Gerichtskasse zur Einziehung zu überweisen. Spätestens nach dem Eingang des erforderten Vorschusses oder der Vorauszahlung sind die Akten dem Richter zur weiteren Bearbeitung vorzulegen. Vorher ist er zur Vorlage nur dann verpflichtet, wenn durch die Klageerhebung erkennbar eine Frist gewahrt werden soll oder wenn Anträge zur Befreiung von der Vorschusspflicht gestellt werden. 8

---

4 BGH NJW 1971, 751 = JurBüro 1971, 325; NJW 1974, 57 = JurBüro 1974, 463 = VersR 1974, 164; MDR 1974, 31; OLG Köln JMBlNRW 1968, 286; LG Bonn VersR 1977, 468 (L) und bei *Schneider* MDR 1968, 106.

5 OLG Frankfurt aM RPfleger 1993, 26; LG Frankenthal RPfleger 1984, 288; LG Kleve NJW-RR 1996, 939.

6 OLG Schleswig SchlHA 1970, 20.

7 BVerwG NJW 1971, 2086; *Seltmann* VersR 1974, 103; *Hartmann* § 12 Rn. 3.

8 BFH, Beschl. v. 26.3.2015 – X F 2/15 – = RVGreport 2015, 436 = JurionRS 2015, 16251.

II. Absatz 1: Vorauszahlung bei Klagen

9 **Klagen:** Abs. 1 S. 1 betrifft nur die Vorauszahlungspflicht bei Klagen. Der Kläger hat in diesen Fällen eine Gebühr für das Verfahren im Allgemeinen (KV 1210) und evtl. Zustellungsmehrauslagen (§ 17) einzuzahlen. Es muss sich um die Zustellung einer Klage im ordentlichen Prozessverfahren des ersten Rechtszuges handeln, das mit der Klage beginnt. Dem gleichgestellt ist auch der Fall, dass bei einer Verweisung von einem Gericht, bei dem keine Vorauszahlungspflicht besteht, an ein Gericht mit Vorauszahlungspflicht, wie z.B. bei der Verweisung von einem Arbeitsgericht an ein Gericht der ordentlichen Gerichtsbarkeit. In solchen Fällen kann eine weitere Tätigkeit des ordentlichen Gerichts von einer Vorauszahlung abhängig gemacht werden.[9] Keine Vorauszahlungspflicht der Gebühr und evtl. Zustellungsmehrauslagen besteht daher für das **Berufungs- und Revisionsverfahren.**[10] In den **Rechtmittelzügen** erfolgt die Terminsbestimmung nicht aufgrund der Klage, so dass in Berufungs- und Revisionsverfahren die Zustellung auch ohne Vorauszahlung der Verfahrensgebühr und der Zustellungsauslagen zu erfolgen hat.[11] Aus der Fassung des Abs. 1 Satz 1 ergibt sich das eindeutig. Jedoch hat der Ansatz der mit Einreichung der Rechtsmittelschrift fällig gewordenen Verfahrensgebühr für das Rechtsmittelverfahren (KV 1220, 1230) gemäß § 15 Abs. 1 KostVfg. sofort zu erfolgen.

10 **Klageerweiterungen:** Abs. 1 S. 2 betrifft Klageerweiterungen. Die Vorschrift ist in Baulandsachen unanwendbar, § 161 Abs. 4 BBauG. Wegen der Voraussetzungen ist auf die allgemeinen Bestimmungen zu verweisen.[12] Anders als bei der Klageeinreichung i.S.v. S. 1 besteht in diesen Fällen auch eine Vorschusspflicht auch für Klageerweiterungen in **Rechtsmittelverfahren** (S. 2, Hs. 2). Der Begriff der Klageerweiterung ist im weitesten Sinne zu verstehen, so dass z.B. auch die Fälle der sog. nachträglichen objektiven Klagehäufung (§ 260 ZPO), die Klageerweiterung bei gleichbleibendem Klagegrund (§ 264 Nr. 2 ZPO) hierher gehören. Entscheiden ist stets, dass der Streitwert sich durch die Stellung neuer Anträge erhöht.[13] Liegt eine Klageerweiterung i.d.S. vor, wird für den neu eingeführten Streitgegenstand die allgemeine Verfahrensgebühr fällig (§ 6 GKG). Sie ist vom Kostenbeamten anzufordern. War bei der ursprünglichen Klagezustellung die Vorschrift des Abs. 1 S. 1 missachtet worden und wird demgemäß nunmehr die ganze Verfahrensgebühr angefordert, darf die weitere gerichtliche Tätigkeit nicht von der Zahlung der ganzen Gebühr, sondern nur von der des auf die Klageerweiterung entfallenden Teils der allgemeinen Verfahrensgebühr abhängig gemacht werden. Als Vorschuss ist bei Klageerweiterungen nur der Differenzbetrag anzufordern, der sich ergibt, wenn man die die allgemeine Verfahrensgebühr des erweiterten Klagantrags um die Verfahrensgebühr nach dem Betrag der ursprünglichen Klage bzw. des Rechtsmittels mindert. Da die Vorschrift den Kläger zur Vorauszahlung der auf die Klageerweiterung entfallenden allgemeinen Verfahrensgebühr zwingen soll,[14] darf das aber nicht zu einer Benachteiligung des Beklagten führen. Es sind daher nur solche **gerichtlichen Handlungen zu unterlassen**, die den Interessen des Klägers dienen, nicht solche, die dem Beklagten zugutekommen. Es ist z.B. einem Terminsantrag des Beklagten und einem Antrag des Beklagten auf ein Versäumnisurteil stattzugeben, während das auf Antrag des Klägers hinsichtlich

9 BGHZ 62, 174; OLG Brandenburg MDR 1998, 1119; OLG Köln JurBüro 2013, 97 = openJur 2012, 129518.
10 OLG Frankfurt aM NJW 1985, 751; *Hartmann* § 12 Rn. 4.
11 *Hellstab* in Oe/He/Tre § 12 Rn. 11.
12 Vgl. etwa bei Thomas/Putzo-*Reichold* ZPO, § 264 Rn. 3–6, m.N.
13 *Hellstab* in Oe/He/Tre § 12 Rn. 20.
14 Vgl. auch OLG Hamm NJW-RR 1989, 383.

der Klageerweiterung nicht geschehen dürfte.[15] Von dieser Einschränkung abgesehen, ist aber jegliche gerichtliche Tätigkeit ausgeschlossen, nicht nur die Terminbestimmung, sondern auch Zustellungen oder mündliche Verhandlungen. Wenn die gerichtlichen Handlungen sich auf den ganzen Streitgegenstand, nicht nur auf den erweiterten, beziehen, haben sie zu unterbleiben, obwohl sie wegen der Vorwegleistung der allgemeinen Verfahrensgebühr für die ursprüngliche Klage vorzunehmen wären.[16] Nur wenn sich die gerichtlichen Handlungen trennen lassen, sind sie vorzunehmen oder zu unterlassen. Wenn z.B. eine Beweisanordnung sich nur auf den ursprünglichen Klageantrag oder nur auf den mit der Erweiterung geltend gemachten Anspruch bezieht, hat sie im ersten Falle zu erfolgen, im zweiten Falle bis zur Zahlung des vorauszuzahlenden Gebührenteils zu unterbleiben. Das Wort „soll" verpflichtet alle, deren gerichtliche Handlungen in Frage stehen. Die Verletzung der Vorschrift, also die Vornahme gerichtlicher Handlungen ohne Vorauszahlung, hat aber keine prozessuale Wirkung. Das Verfahren ist dann bis zur Zahlung dieses Gebührenteils lediglich hinsichtlich des bisherigen Streitgegenstandes weiterzuführen. Die Vorauszahlungspflicht besteht aber nur, soweit durch die Klageerweiterung eine höhere Gebühr erwächst. Bleibt der Streitwert trotz des erweiterten Klageantrags innerhalb der bisherigen Gebührenstufe, erhöht sich die Gebühr nicht. Es darf dann keine weitere Gebühr angefordert werden, so dass dann auch keine Vorschusspflicht besteht. Die Vorschrift gilt auch für die **Klageerweiterung im Rechtsmittelverfahren** (Abs. 1 S. 2 Hs. 2), aber nicht für Widerklagen. Selbstverständlich gilt die Bestimmung nicht für die Erweiterung von Verfahren, die nicht auf eine Klage eingeleitet werden (z.B. Arrestverfahren oder einstweilige Verfügungen). Keine Klageerweiterung liegt vor, wenn in einem Vergleich nicht anhängige Gegenstände einbezogen werden. Im Gegensatz zu Abs. 1 S. 2 und Abs. 2 sind bei der Klageerweiterung Zustellungsauslagen nicht vorauszuzahlen.[17]

Folgen der Nichtentrichtung des Vorschusses: Die **Zustellung** der Klage (Satz 1) 11
soll unterbleiben, solange die Gebühr für das Verfahren im Allgemeinen nicht entrichtet ist. Das gilt auch, wenn und soweit die Klage erweitert wird, weil auch Klageerweiterungen der Zustellung bedürfen. Davon abgesehen bezieht sich Satz 2, Hs. 2 nur auf echte Klageerweiterungen i.S.v. §§ 533, 559 ZPO, gleichviel, ob diese zulässig sind oder nicht. **Andere gerichtliche Handlungen** als die Zustellung der Klage bzw. der Klageerweiterung dürfen aber nicht von einer Vorauszahlung abhängig gemacht werden. Insbesondere muss das Gericht die Klageerweiterung entgegennehmen. Wenn allerdings der **Klageantrag** im Rechtsmittelverfahren erweitert wird, sind gerichtliche Handlungen, d.h. Terminsbestimmung und jedwede Befassung mit der Erweiterung mit Ausnahme der Entgegennahme bis zum Eingang des Vorschusses nicht vorzunehmen, und zwar auch dann nicht, wenn sich die Erweiterung von dem ursprünglichen Antrag nicht trennen lässt.[18] Auch die bloße Erweiterung eines – zunächst nur beschränkt eingelegten – Rechtsmittels zählt nicht hierher. Die Vorschusspflicht bei Klageerweiterung besteht ihrem Sinn und Zweck nach ebenfalls nicht für Verteidigungsmittel des Rechtsmittelbeklagten.[19] Der von der Erweiterung nicht betroffene Teil des Rechtsstreits nimmt jedoch stets seinen Fortgang.

Erfolgt die Zustellung, obwohl die erforderte Gebühr und die evtl. Zustellungs- 12
mehrauslagen noch nicht geleistet sind, darf der weitere Fortgang des Verfahrens nicht

15 Vgl. *Hartmann* § 12 Rn. 17; *Oe/He/Tre* § 12 Rn. 23.
16 *Hellstab* in Oe/He/Tre § 12 Rn. 22.
17 *Oestreich* in Oe/He/Tre KV Nr. 1210 Rn. 7–9.
18 *Hellstab* in Oe/He/Tre § 12 Rn. 22.
19 *Hellstab* in Oe/He/Tre § 12 Rn. 23.

von der nachträglichen Zahlung abhängig gemacht werden.[20] Dabei ist es unerheblich, ob vor der Zustellung überhaupt keine oder versehentlich eine zu geringe Gebühr erfordert und gezahlt worden oder ob die Zahlung der zu geringen Gebühr auf die Annahme eines zu niedrigen Streitwertes zurückzuführen ist. Dasselbe gilt grundsätzlich bei Verweisungen, etwa wenn der erste Verhandlungstermin vor dem Amtsgericht stattgefunden hat und danach die Verweisung an das Landgericht erfolgt. Anders liegt es aber, wenn von einem Gericht, dessen Tätigwerden nicht von einer Vorschussleistung abhängig gemacht werden darf, an ein Gericht, das vorschussforderungsberechtigt ist, verwiesen wird (z.B. Arbeitsgericht verweist – auch nach mündlicher Verhandlung – an Zivilgericht).[21]

13 Nach Zahlung der **„erforderten Gebühr"** bedeutet, dass der Kostenbeamte zuerst die allgemeine Verfahrensgebühr, die mit Eingang der Klage fällig wurde (§ 6), und evtl. nach § 17 vorauszuzahlende Zustellungsauslagen, die nicht von der in der allgemeinen Verfahrensgebühr eingerechneten Pauschale gedeckt sind, anzusetzen hat. Bestehen Zweifel über die Höhe des Streitwerts, kann er die Streitwertfestsetzung anregen (vgl. § 63). Ist die in Ansatz gebrachte und angeforderte Gebühr gezahlt, hat die Zustellung zu erfolgen, sofern hierfür die sonstigen Voraussetzungen gegeben sind, selbst wenn später ein höherer Streitwert festgesetzt wird. Denn die erforderte Gebühr wurde gezahlt. Die höhere Gebühr ist auch zu erheben, wenn sie nicht vorausgezahlt ist. Für die Zahlung der erforderten Gebühr besteht keine Frist. Sie ist aber beizutreiben, wie jede andere fällige und angesetzte Gebühr. Hat der Kläger bei Erhebung der Klage die Kosten in der von ihm angenommenen Höhe in Gerichtskostenmarken oder anders vorausgezahlt, hat er damit noch nicht die erforderten Kosten gezahlt. Die Zustellung hat aber zu erfolgen, sofern die vom Kläger vorgenommene Kostenberechnung richtig war. Andernfalls hat der Kostenbeamte den fehlenden Betrag – evtl. nach richterlicher Streitwertfestsetzung – zu erfordern, mit der Folge, dass bis zur vollen Zahlung die Zustellung zu unterbleiben hat. Wer die Zahlung bewirkt, ist gleichgültig. Es kann auch statt des Klägers der Beklagte sein.[22] Er kann indessen nicht durch Verzicht auf die Klagezustellung die Terminbestimmung erzwingen.[23] Anders liegt der Fall nur, wenn von einem Gericht mit kostenbegünstigtem Verfahren an ein Gericht mit kostenpflichtigem Verfahren verwiesen wird. Dann hat Terminsbestimmung auf Antrag des Beklagten ohne Vorauszahlung zu erfolgen.[24] Für den Zeitpunkt einer bargeldlosen Zahlung kommt es auf die Belastung des Kontos des Zahlungspflichtigen an, nicht auf die Gutschrift für die Gerichtskasse.[25] Übernimmt der Prozessbevollmächtigte die Haftung für den erforderten Vorschuss, kann die Zustellung der Klage mit dem Eingang der Erklärung des Prozessbevollmächtigten erfolgen.

14 **„Soll zugestellt werden":** Das Wort „soll" ist in gleicher Weise zu verstehen wie in § 31, so dass auf das dort Gesagte (vgl. § 31 Rn. 36) Bezug genommen werden kann. Es verpflichtet das Gericht, die Zustellung der Klage oder der Klageerweiterung im Rechtsmittelverfahren erst nach Zahlung der erforderten Kosten vorzunehmen. Das bedeutet aber – von den Ausnahmen nach §§ 12, 14 abgesehen – nicht, dass erst nach Eingang des geforderten Vorschusses zugestellt werden darf. Vielmehr hat das Gericht auch insoweit

---

20 BGHZ 62, 179; OLG München NJW-RR 1989, 64; LG Bremen BB 1993, 1836; *Hartmann* § 12 Rn. 10.
21 OLG Brandenburg JurBüro 1998, 548 = MDR 1998, 1119 = NJW-RR 1999, 291.
22 OLG Hamm RPfleger 1961, 260 (L).
23 OLG Schleswig SchlHA 1978, 69.
24 BGHZ 62, 177 = NJW 1974, 1287 = VersR 1974, 692 = JurBüro 1974, 1386 (L).
25 BayVGH BayVBl. 1972, 338; *Schneider* JurBüro 1970, 635.

einen Ermessensspielraum.[26] So z.B., wenn es um drohende Verjährung oder um die Vermeidung allgemeiner drohender Nachteile für den Kläger geht. Bei Klageerweiterungen im Rechtsmittelverfahren braucht der Vorschuss natürlich nicht abgewartet zu werden, wenn die Parteien – etwa bei Erweiterung im oder kurz vor dem Verhandlungstermin – sofort verhandeln wollen und nur um Schriftsatznachlass ersuchen. Denn dann gilt die Erweiterung als durch Übergabe im Termin als zugestellt. Allerdings darf der Kläger nicht mehr auf die Zahlungsaufforderung warten, wenn er die Höhe des Vorschusses schon selbst berechnet und im Klageschriftsatz oder im Mahnbescheidsantrag eingetragen hat.[27] Eine unter Missachtung des § 12 Abs. 1 S. 1 erfolgte Zustellung ist nicht wirkungslos.[28]

Eine Nichtzulassung der Zustellung ohne Zahlung des Vorschusses ist mit der Beschwerde anfechtbar (§ 67).[29] Das gilt auch, soweit die Vorschussforderung dem Grunde oder der Höhe nach beanstandet werden soll. Vgl. auch § 67 Rn. 10. 15

III. Absatz 2

Nr. 1: Für die **Widerklage** besteht keine Vorauszahlungspflicht. Das war schon nach altem Recht nicht streitig[30] und ist jetzt nur klar gestellt worden. Die vom Widerkläger geschuldete allgemeine Verfahrensgebühr wird aber mit der Erhebung der Widerklage im Termin oder Einreichung eines Widerklageschriftsatzes fällig (§ 6) und kann sofort angesetzt und erforderlichenfalls beigetrieben werden. 16

Nr. 2 – Europäisches Verfahren für geringfügiger Forderungen: Wegen des öffentlichen Interesses an der alsbaldigen Durchführung des Verfahrens sollen diese Verfahren nicht durch die Abhängigmachung eines Vorschusses verzögert werden. 17

Nr. 3 – Arbeitnehmererfinderstreit: Auch diese Sachen sind von der Vorauszahlungspflicht ausgenommen, soweit nach § 39 ArbNEG das für Patentstreitsachen zuständige Gericht ausschließlich zuständig ist.[31] 18

Nr. 4 – Restitutionsklagen nach § 580 Nr. 8 ZPO: Nach §§ 578 Abs. 1, 580 Nr. 8 ZPO kann ein durch rechtskräftiges Endurteil abgeschlossenes Verfahren wieder aufgenommen werden, wenn der EGMR eine auf einer Verletzung der EMRK oder ihrer Protokolle beruhende Verletzung festgestellt hat. In diesen Fällen hat bereits ein Gericht (der EGMR) eine Entscheidung getroffen, die das mit der Restitutionsklage wieder aufzunehmende Verfahren betrifft. Weil hier die Antragstellerhaftung nach § 22 nicht in Betracht kommt, kann auch die Zustellung der Klage nicht von der vorherigen Zahlung von Gerichtskosten abhängig gemacht werden. 18a

Weitere nicht dem Abs. 1 unterfallende Sachen: Keine Vorauszahlungspflicht besteht auch bei Verfahren, die nicht durch eine Klage eingeleitet werden (wie z.B. Arrestverfahren, einstweilige Verfügungen, einstweilige Anordnungen oder besondere Verfahren i.S.v. KV 1610 ff., und zwar auch dann nicht, wenn das Gericht mündliche Verhandlung anordnet. Klageverfahren i.S.v. § 12 liegen indessen vor bei Urkunden- und Wechselsachen, bei Klagen im Zwangsvollstreckungsverfahren (§§ 722, 731, 767, 768, 771 ZPO). Keine Vorauszahlungspflicht besteht hingegen bei in dem Zuständigkeitsbereich 19

26 BGH BB 1993, 1836; OLG Koblenz FamRZ 1985, 417; *Kronenbitter* AnwBl. 1974, 229.

27 OLG Düsseldorf MDR 1981, 591; *Hartmann* § 12 Rn. 10; großzügiger insoweit BGH BB 1993, 1836.

28 OLG Frankfurt aM FamRZ 1982, 810; *Hartmann* § 12 Rn. 13.

29 OLG Koblenz FamRZ 1985, 417; *Hartmann* § 12 Rn. 4.

30 OLG Frankfurt aM FamRZ 1982, 810; OLG München MDR 2003, 1077; OLG Jena MDR 2008, 593; *Hartmann* § 12 Rn. 19; *Hellstab* in Oe/He/Tre § 12 Rn. 10; *Zimmermann* in *Binz* u.a. § 12 Rn. 14.

31 OLG Düsseldorf NJW-RR 2000, 368; OLG München JurBüro 1996, 592; *Hartmann* § 12 Rn. 20.

der ordentlichen Gerichte unterfallenden Streitigkeiten nach dem Arbeitnehmererfindungsgesetz (Abs. 2) sowie nach § 14. Auch die Nichtigkeits- und Restitutionsklagen nach §§ 598ff. ZPO sind keine Klageverfahren i.S.v. § 12, sondern außerordentliche Rechtsbehelfsverfahren, für die keine Vorauszahlungspflicht besteht.[32] Keine (erneute) Vorauszahlungspflicht besteht, wenn ein Verfahren, das lange Zeit geruht hat, wieder aufgenommen wird,[33] gleichviel, ob es schon abgerechnet war oder nicht. Der Antragsteller hat dann aber – etwa, wenn die Akten bereits nach Weglage vernichtet worden sind – ggf. glaubhaft zu machen, dass und in welcher Höhe er bereits einen Vorschuss geleistet hatte.[34]

IV. Abs. 3. Mahnverfahren

20 **Satz 1 – Erlass:** stellt klar, dass die in Abs. 1 Satz 1 statuierte Vorschusspflicht grundsätzlich auch für das Mahnverfahren (§§ 688ff. ZPO) gilt. In Mahnverfahren soll der Mahnbescheid erst erlassen werden, wenn eine Mahngebühr nach KV 1100 eingezahlt worden ist. „Erlassen" meint die Hingabe des Mahnbescheids an die Geschäftsstelle zur Zustellung,[35] also wenn er unterschriftlich vollzogen und zum Zwecke der Zustellung an den Gerichtswachtmeister oder zur Post hingegeben ist.[36] Das Gesuch um den Erlass des Mahnbescheids darf aber schon vorher zurückgewiesen werden, wenn der Erlass offensichtlich nicht erfolgen darf.[37] Die Vorschusspflicht gilt für jeden selbständigen Mahnantrag, und zwar auch bei dessen Wiederholung.[38] Wenn ein Mahnverfahren gegen mehrere Antragsgegner beantragt wird, ist die Gebühr nach KV 1100 jedoch nur einmal vorzuschießen, auch wenn aus technischen Gründen ein besonderes Formblatt verwendet wird (dazu KV 1100 Rn. 4). Wird hingegen gegen mehrere Gesamtschuldner zeitversetzt ein besonderer Mahnantrag eingebracht, liegen verschiedene Mahnverfahren vor, für die unabhängig voneinander Kosten anzusetzen sind. Das Gesuch um den Erlass des Mahnbescheids darf aber schon vorher zurückgewiesen werden, wenn der Erlass offensichtlich nicht erfolgen darf.[39] Der **Vollstreckungsbescheid** löst keine weitere Gebühr aus. Wurde der Mahnbescheid versehentlich oder aus anderen Gründen vor Eingang des Vorschusses erlassen, sind die Gebühr und evtl. Zustellungsauslagen nachzufordern. Das weitere Verfahren, insbesondere auch der Erlass des Vollstreckungsbescheids, darf von dem Eingang der nachgeforderten Gebühr aber nicht abhängig gemacht werden. Aber die Zustellung des Vollstreckungsbescheids setzt, sofern sie von Amts wegen erfolgen soll, die Vorauszahlung der Zustellungsauslagen voraus, § 699 Abs. 4 S. 2 ZPO. Bei mehreren Zustellungsempfängern sind die dadurch erhöhten Zustellungsauslagen vorauszuzahlen. Das gilt auch bei wiederholter Zustellung, weil auch die dadurch entstehenden Mehrkosten „Auslagen für die Zustellung" sind. Nach Abs. 3 Satz 3 soll eine Weitergabe an das Streitgericht erst erfolgen, wenn der weitere Vorschuss gezahlt ist. Der bloße Antrag des Antragstellers auf Abgabe an das Streitgericht ist demzufolge noch kein Weiterbetreiben im Sinne von § 12 Abs. 3 Satz 3.[40]

---

32 **A.M.** *Hellstab* in Oe/He/Tre § 12 Rn. 9.
33 LG Münster, JMBlNRW 1955, 32.
34 *Oe/He/Tre* § 12 Rn. 7.
35 *Hartmann* § 12 Rn. 21.
36 Vgl. z.B. LG Schweinfurt JurBüro 1975, m. Anm. v. *Mümmler*.
37 *Hellstab* in Oe/He/Tre § 12 Rn. 24.
38 *Hartmann* § 12 Rn. 21.
39 *Hellstab* in Oe/He/Tre § 12 Rn. 24.
40 OLG Saarbrücken NJW-RR 2011, 1004.

Satz 2 – Maschinelle Erstellung des Mahnbescheids: Nach Satz 1 soll der Mahnbescheid erst nach Zahlung der Gebühr nach KV 1100 erlassen werden. Bei maschineller Herstellung des Mahnbescheids besteht die Vorauszahlungspflicht davon abweichend erst für den Vollstreckungsbescheid. Deshalb musste für die Fälle maschineller Herstellung des Mahnbescheids (§§ 689 Abs. 1 S. 2, 690 Abs. 3 ZPO)[41] die Vorauszahlungspflicht nach Widerspruch gesondert geregelt werden. 21

Satz 3 – Abgabe nach Widerspruch im Mahnverfahren: Wird im Mahnverfahren nach Erhebung des Widerspruchs Antrag auf Durchführung des streitigen Verfahrens gestellt oder gegen einen Vollstreckungsbescheid Einspruch eingelegt, erwächst die Gebühr nach KV 1210, die zusätzlich zur Gebühr nach KV 1100 zu erheben ist. Diese Gebühr ist vorauszuzahlen, wenn der Gläubiger den Antrag auf Durchführung des streitigen Verfahrens gestellt hat und es sich entweder um einen Widerspruch gegen einen Mahnbescheid oder einen Antrag auf Fortsetzung des Verfahrens als Nachverfahren zu einem im Urkunden-, Wechsel- oder Scheckmahnverfahren ergangenen Vollstreckungsbescheid handelt, in dem dem Beklagten die Ausführung seiner Rechte vorbehalten war (§ 703a Abs. 2 Nr. 4 ZPO). Wenn und soweit die Sache durch Teilrücknahme oder Teilzahlung vor Abgabe teilweise erledigt ist, richtet sich die Verfahrensgebühr nur nach dem noch verbleibenden Streitwert (vgl. unten KV 1211 Rn. 22).[42] Hier soll die Abgabe der Sache an das im Mahnantrag und Mahnbescheid gem. § 690 Abs. Nr. 5, 692 Abs. 1 Nr. 1 ZPO bezeichnete Gericht zur Durchführung des streitigen Verfahrens erst erfolgen, wenn die Gebühr für das Mahnverfahren (KV 1100) und für das Verfahren im Allgemeinen (KV 1210) sowie evtl. Zustellungsmehrauslagen vorausgezahlt sind. Nicht pauschal eingearbeitete Zustellungsauslagen für den Mahnbescheid und Ladung zum Termin oder – statt Ladung, Fristsetzung (§ 697 Abs. 2, 3 ZPO) – sind ebenfalls vorauszuzahlen, desgleichen für die Fristsetzung nach § 697 Abs. 1 ZPO. Weder Sinn und Zweck noch der Wortlaut von Abs. 1 S. 3 Hs. 1 stehen dem entgegen. Denn auch hier handelt es sich um eine „Fristsetzung“. Im Übrigen gilt das oben Gesagte entsprechend. Nur die Abgabe der Sache hat zu unterbleiben. Ist sie aber gleichwohl erfolgt, darf die weitere Durchführung des Verfahrens nicht mehr von der Kostenvorauszahlung abhängig gemacht werden. 22

Vorschusspflichtiger bei Abgabe: Den Terminsantrag nach einem Widerspruch gegen einen Mahnbescheid und einem unter Vorbehalt der Rechte des Beklagten ergangenen Urkunden-, Wechsel- oder Scheckmahnbescheid können der Gläubiger und der Schuldner stellen. **Nur beim Antrag des Gläubigers** besteht eine Vorauszahlungspflicht, nicht bei einem Antrag des Schuldners. Dieser wird zwar Schuldner der Gebühr als Antragsteller des Verfahrens (§ 22 Abs. 1).[43] Sie ist daher von ihm beizutreiben, es besteht für ihn aber keine Vorauszahlungspflicht.[44] 23

Nach Erhebung des Widerspruchs oder nach Erlass des Vorbehaltsvollstreckungsbescheids: Nur in diesen Fällen besteht eine Vorauszahlungspflicht. Keine Vorauszahlungspflicht ist also gegeben, wenn die Abgabe auf den **Einspruch** gegen einen sonstigen Vollstreckungsbescheid – auch gegen einen vorbehaltlosen Urkunden-, Wechsel- oder Scheckvollstreckungsbescheid – erfolgt. Lediglich die Abgabe hat zu unterbleiben. Andere gerichtliche Handlungen finden statt, auch wenn die Gebühr nicht vorausgezahlt ist. Das gilt auch für einen verspäteten Widerspruch gegen einen Mahnbescheid, wenn und soweit er als Einspruch gegen einen Vollstreckungsbescheid zu behandeln ist. Die Vorschrift gilt nur, wenn ein Mahnverfahren vorausgegangen ist. Auf andere Verfah- 24

41 Vgl. BGH BB 1993, 1836.
42 OLG Dresden JurBüro 2004, 378.
43 LG Osnabrück JurBüro 2003,371.
44 OLG Karlsruhe JurBüro 1995,43; *Oe/He/Tre* § 12 Rn. 19; *Hartmann* § 12 Rn. 23.

ren (z.B. Arrestverfahren oder einstweilige Verfügungen) ist die Bestimmung nicht sinngemäß anwendbar.

25 **Satz 4 – Familienverfahren:** Satz 4 enthält eine Klarstellung, die wegen § 1 Satz 3 FamGKG, § 113 FamFG. Die allgemeine Verfahrensgebühr richtet sich dann nach KV-FamGKG 1110.

V. Absatz 4 – Europäische Mahnverfahren

26 Im Europäischen Bereich gilt Abs. 3 Satz 1 sinngemäß. Auch hier soll vor Einzahlung der Gebühr keine gerichtliche Handlung vorgenommen werden.

VI. Absatz 5 – Eidesstattliche Versicherung nach § 889 ZPO

27 Die Bestimmung gilt für den Antrag nach § 889 ZPO auf die Abnahme einer eidesstattlichen Offenbarungsversicherung nach bürgerlichem Recht (z.B. §§ 259 Abs. 2, 260 Abs. 2, 2028 Abs. 2 BGB), nicht aber für eine Vermögensauskunft im Zwangsvollstreckungsverfahren.[45] Für Anträge auf Abnahme der eidesstattlichen Versicherung nach § 889 ZPO ist nach KV 2114 eine Festgebühr zu entrichten. Es handelt sich dabei um eine Verfahrensgebühr, die auch zu erheben ist, wenn der Antrag zurückgenommen wird.[46] Auch hier hat das Wort „soll" dieselbe Bedeutung wie in Abs. 1–3.

VII. Absatz 6 – Zwangsvollstreckungsmaßnahmen

28 **Satz 1:** In Betracht kommen gerichtliche Zwangsvollstreckungshandlungen nach §§ 829 Abs. 1, 835, 839, 846–848, 857, 868, 886 bis 888, 890 ZPO. Die Aufzählung ist ausschließlich und lässt eine ausdehnende Auslegung auf andere Vorschriften nicht zu. Bei Pfändungs- und Überweisungsbeschlüssen ist sonach allein § 6 GKG anwendbar.[47] Für das Verfahren über Anträge, sofern sie nicht elektronisch übermittelt werden (Abs. 6 Satz 2), auf gerichtliche Vollstreckungshandlungen in den vorgenannten Fällen erwächst gemäß KV 2110 eine Gebühr in Höhe von 15 €, die bereits mit dem Eingang des Antrags fällig wird, § 6.[48] § 12 stellt auf die Entscheidung ab, so dass die Sache ohne Vorauszahlung der Gebühr zu bearbeiten ist. Nur die Entscheidung ist von der Vorauszahlung der Gebühr nach KV 2110 und evtl. Zustellungsmehrauslagen abhängig. Die Auslagenhöhe und damit eine Zahlung richtet sich nach der Zahl der erforderlichen Zustellungen.[49] Wird eine erfolglose Zustellung wiederholt, sind auch die Auslagen der wiederholten Zustellung vorauszuzahlen. Denn die Vorschrift dient der Sicherung der Staatskasse und nicht dem Fortgang des Verfahrens. Eine zurückweisende Entscheidung ist deshalb auch ohne Kostenvorauszahlung zulässig. Das gilt auch für Zwischenverfügungen. In den Fällen des § 14 hat die Entscheidung ohne Kostenvorauszahlung zu erfolgen. Das Wort „soll" ist auch hier wie in den Absätzen 1–4 zu verstehen. Will der Gläubiger durch ein- und denselben Antrag wegen desselben Anspruchs gegen mehrere Schuldner wegen deren jeweiliger Forderung gegen einen oder mehrere Drittschuldner pfänden, so sind so viele Gebühren geschuldet und vorauszuzahlen, wie Schuldner mit der Vollstreckung überzogen werden.[50]

---

45 Vgl. dazu bei *D. Meyer* JurBüro 2012, 643, 644.
46 AG Augsburg DGVZ 2007, 65.
47 LG Stade JurBüro 1991, 722.
48 LG Frankenthal RPfleger 1984, 288.
49 *Hellstab* in Oe/He/Tre § 12 Rn. 28.
50 LG Braunschweig NdsRPfl. 1979, 245.

Satz 2 stellt klar, dass bei elektronischen Anträgen gem. § 829a ZPO (vereinfachter Vollstreckungsauftrag bei Vollstreckungsbescheiden) entsprechend der Regelung bei einem maschinellen Mahnverfahren keine Vorschusspflicht besteht.[51] **28a**

Fälligkeit: Die Vorauszahlung grundsätzlich nach § 6 fällig.[52] § 12 verschärft die Fälligkeit insofern nur, als in den dort genannten Fällen eine Vorauszahlung gefordert wird. Vorschuss bedeutet hingegen die Forderung eines Betrages vor Fälligkeit. Dieser wird mit dem Zugang der Forderung fällig. Wenn und soweit zusammen mit der Einreichung eines unbedingten Antrags bzw. einer unbedingten Klage ein PKH-Antrag verbunden wird, wird dadurch die Fälligkeit nicht berührt. Ein fälliger Betrag kann vollstreckt werden. Eine andere Frage ist es, ob in den Fällen des gleichzeitigen PKH-Antrags mit einer evtl. Beitreibung des Vorschusses bzw. der Vorauszahlung bis zum Abschluss des PKH-Prüfungsverfahrens zugwartet werden soll. Das dürfte in der Regel zweckmäßig sein. **29**

Rechtsmittel: Gegen die Anordnung einer Vorauszahlung ist die **Beschwerde** gemäß § 67 gegeben. **30**

§ 12a
Verfahren wegen überlanger Gerichtsverfahren und strafrechtlicher Ermittlungsverfahren

In Verfahren wegen überlanger Gerichtsverfahren und strafrechtlicher Ermittlungsverfahren ist § 12 Abs. 1 Satz 1 und 2 entsprechend anzuwenden. Wird ein solches Verfahren bei einem Gericht der Verwaltungs-, Finanz- oder Sozialgerichtsbarkeit anhängig, ist in der Aufforderung zur Zahlung der Gebühr für das Verfahren im Allgemeinen darauf hinzuweisen, dass die Klage erst nach der Zahlung dieser Gebühr zugestellt und die Streitsache erst mit der Zustellung der Klage rechtshängig wird.

§ 12a ergänzt die Bestimmung des § 12. In Verfahren wegen überlanger Gerichtsverfahren und strafrechtlicher Ermittlungsverfahren fallen die im Klageverfahren üblichen Gebühren an. Wegen der erstinstanzlichen Zuständigkeit der Oberlandesgerichte und der entsprechenden Fachgerichte gelten jedoch Gebührensätze wie im Berufungsverfahren. Soweit die obersten Bundesgerichte zuständig sind, gelten folgerichtig die für die Revision geltenden Gebührensätze. Auch die Bestimmungen über die Abhängigmachung von der vorherigen Kostenzahlung in allen Gerichtsbarkeiten sind anwendbar. Insoweit verweist § 12a GKG auf § 12 Absatz 1. Das zu § 12 Gesagte gilt hier uneingeschränkt. **1**

Die Bestimmung ist einschlägig für alle in Art. 1 – Art. 22 des Gesetzes vom 24.11.2011 (BGBl. I, 2302) aufgeführten Verfahrensordnungen, nämlich: § 9 ArbGG, § 11k BNotO, § 112g BRAO, §§ 97a–97e BVerfGG, § 22 EG-VerbrSchDurchsG, §§ 85–87 EnWG, § 155 FGO, § 21 GebrMG, § 23 GeschmMG, §§ 198–201 GVG, § 73, 75 GWB, § 11 HalblSchG, § 96a MarkenG, §§ 94f, 98 PatAnwG, § 128b PatG, § 173 VwGO, § 23 Abs. 2 WBO und § 91 WDisplO. **2**

Die Abhängigkeit der Zustellung von der Vorschusspflicht gilt hier auch für Arbeitsgerichtverfahren (§ 9 ArbGG, KV 8212–8215, 8233–8235) **3**

Der **Streitwert** richtet sich nach §§ 48 Abs. 1 und 2 bzw. § 52 Abs. 1 und 2, jeweils i.V.m. § 198 Abs. 1 und 2 GVG. Insoweit gelten die allgemeinen Regeln. Soweit materielle Entschädigung begehrt wird, ist der Betrag nach § 198 Abs. 2 Satz 3, 4 GVG, im Übrigen **4**

51 Vgl. dazu bei *D. Meyer* JurBüro 2012, 634, 644.
52 Dazu bei *Zimmermann* in Binz/Dörndorfer u.a, § 12 Rn. 1a.

nach § 198 Abs. 2 Satz 1, 2 GVG zu bestimmen. Der Wert des Verfahrens, dessen Überlänge gerügt wird, ist grundsätzlich unbeachtlich.

5 Die mit Gesetz vom 11.10.2016 eingefügten Hinweispflichten nach Satz 2 sollen den Kläger einmal darauf aufmerksam machen, dass auch in den dort genannten Verfahren die Klage erst nach Zahlung des Vorschusses zugestellt und damit rechtshängig wird. Es handelt sich um eine Angleichung an die Bestimmungen des Zivilverfahrens. Andererseits soll dem Kläger vor Augen geführt werden, dass die Geltendmachung des Entschädigungsanspruchs mit einem relativ hohen Kostenrisiko verbunden ist, was insbesondere in den Verfahren vor dem Sozialgericht wegen der in § 183 SGG ansonsten bestehenden Kostenfreiheit bedeutsam ist.[1]

6 Satz 2 statuiert indessen keine förmliche Rechtsmittelbelehrungspflicht i.S.v. § 5b. Das folgt schon aus dem Wortlaut der Bestimmung, wonach ausdrücklich der Terminus „Hinweis" benutzt wird.

7 **Rechtsmittel:** Gegen die Anordnung einer Vorauszahlung ist die **Beschwerde** gemäß § 67 gegeben.

§ 13
Verteilungsverfahren nach der Schifffahrtsrechtlichen Verteilungsordnung

Über den Antrag auf Eröffnung des Verteilungsverfahrens nach der Schifffahrtsrechtlichen Verteilungsordnung soll erst nach Zahlung der dafür vorgesehenen Gebühr und der Auslagen für die öffentliche Bekanntmachung entschieden werden.

1 Die Vorschrift betrifft ausschließlich das Verfahren nach der schifffahrtsrechtlichen Verteilungsordnung, während § 12 das Verfahren nach der ZPO betrifft.

2 Für den Antrag auf Eröffnung des schifffahrtsrechtlichen Verteilungsverfahrens erwächst gemäß KV 2410 eine Gebühr, die nach § 6 bereits mit der Antragstellung fällig wird. Das der Entscheidung über die Eröffnung vorausgehende Verfahren ist von der Gebührenvorauszahlung nicht abhängig. Erst die Entscheidung über den Antrag ist von der Vorauszahlung der Gebühr nach KV 2410 und der Auslagen für die öffentliche Bekanntmachung (KV 9004) abhängig (§ 32 SeeVertO). Nur eine dem Eröffnungsantrag stattgebende Entscheidung ist von der Kostenvorauszahlung abhängig, nicht dagegen eine den Antrag zurückweisende Entscheidung oder Zwischenverfügungen.[1] Auch hier hat das Wort „soll" keine andere Bedeutung als in § 12. In den Fällen des § 14 besteht keine Vorauszahlungspflicht.

§ 14
Ausnahmen von der Abhängigmachung

Die §§ 12 und 13 gelten nicht,

1. **soweit dem Antragsteller Prozesskostenhilfe bewilligt ist,**
2. **wenn dem Antragsteller Gebührenfreiheit zusteht oder**

---

1 BT-Drs. 18/9092, Seite 23.

1 *Oe/He/Tre* § 13 Rn. 1.

3. **wenn die beabsichtigte Rechtsverfolgung weder aussichtslos noch ihre Inanspruchnahme mutwillig erscheint und wenn glaubhaft gemacht wird, dass**
   a) **dem Antragsteller die alsbaldige Zahlung der Kosten mit Rücksicht auf seine Vermögenslage oder aus sonstigen Gründen Schwierigkeiten bereiten würde, oder**
   b) **eine Verzögerung dem Antragsteller einen nicht oder nur schwer zu ersetzenden Schaden bringen würde; zur Glaubhaftmachung genügt in diesem Fall die Erklärung des zum Prozessbevollmächtigten bestellten Rechtsanwalts.**

§ 14 behandelt Ausnahmen für die in den §§ 12, 13 genannten Gebühren und Ausla- 1
gen. Die Ausnahmen können nicht auf andere Gebühren oder auf Auslagenvorschüsse i.S.v. § 17 angewendet werden.[1] Für eine Befreiung nach § 14 Nr. 3 ist immer ein Antrag erforderlich.[2] In den Fällen des § 14 Nr. 1 und 2 sind die Ausnahmen von der Abhängigmachung von Amts wegen zu beachten, ein Hinweis des Klägers kann aber zweckmäßig sein. Zuständig für die Befreiung ist das Gericht (Vorsitzender oder Einzelrichter).[3] Die in § 12 Abs. 3 statuierte Kostenvorauszahlungspflicht gilt uneingeschränkt auch im nationalen und im Europäischen **Mahnverfahren**. Demzufolge entfällt sie auch unter den Voraussetzungen nach Nr. 1 Eine größere Zahl von Anwendungsfällen ist aber im Mahnverfahren kaum zu erwarten. Gleichwohl ist es sachgerecht, dem Gläubiger, dem eine Verzögerung des Verfahrens einen nicht oder nur schwer zu ersetzenden Schaden bringen würde, das Mahnverfahren zu eröffnen und ihn nicht auf den Klageweg zu verweisen, der in der Regel wesentlich mehr Zeit in Anspruch nimmt.

Prozesskostenhilfebewilligung für den Antragsteller (Nr. 1): Für den Antragsteller 2
entfällt die Vorauszahlungs- und Vorschusspflicht, wenn und soweit ihm Prozesskostenhilfe bewilligt worden ist. Für den Antragsgegner entfällt sie, wenn er Antragsteller, Kläger, Berufungskläger oder Revisionskläger ist und ihm nicht gemäß § 120 ZPO Zahlungen an die Bundes- oder Landeskasse auferlegt sind (§ 122 Abs. 2 ZPO). Denn die einstweilige Befreiung von den Gerichtskosten hat auch die einstweilige Befreiung von der Vorauszahlungs- und Vorschusspflicht zur Folge. Das Prozesskostenhilfegesuch als solches hat noch keine befreiende Wirkung. Ist Prozesskostenhilfe nur für einen Teilanspruch bewilligt, so sind die auf den von der Prozesskostenhilfe nicht erfassten Teil des Gegenstandes entfallenden Gebühren vorauszuzahlen,[4] aber nicht evtl. Zustellungsmehrauslagen, es sei denn, sie entfallen nur auf den von der Prozesskostenhilfe nicht erfassten Teil. Werden sie nicht gezahlt, darf nur hinsichtlich des von der Prozesskostenhilfe erfassten Teils Termin bestimmt oder ein Mahnbescheid erlassen werden. Selbst wenn die Parteien über den ganzen Streitgegenstand verhandeln, dürfen gerichtliche Handlungen nur hinsichtlich des Teilbetrages erfolgen, den die Prozesskostenhilfe deckt. Für den überschießenden Betrag darf weder ein Anerkenntnis- noch ein Versäumnisurteil zugunsten des Klägers ergehen. Aber ein Vergleich über den ganzen Anspruch ist möglich, da er auch ohne Klageerweiterung vor Gericht geschlossen werden könnte. Wenn die Bewilligung der Prozesskostenhilfe aufgehoben wird, darf der Fortgang des Verfahrens von der Zahlung der Gebühren nicht abhängig gemacht werden.[5] Wegen der Anforderungen an eine nicht vermögende Partei zur Wahrung der Klagefrist (vgl. unten, Rn. 10).

---

1 OLG München RPfleger 1961, 423 (L).
2 BGH NJW 1960, 766; *Hartmann* § 14 Rn. 9; **a.M.** OLG Schleswig SchlHA 1976, 32.
3 OLG Hamm AnwBl. 1990, 46; *Hartmann* § 14 Rn. 16.
4 GBHZ 13, 373; OLG München MDR 1997, 299; *Hartmann* § 14 Rn. 9.
5 *Hellstab* in Oe/He/Tre § 14 Rn. 2.

3 **Gebührenfreiheit des Antragstellers (Nr. 2):** Wegen der Gebührenfreiheit, vgl. oben, § 2. Wer nach Bundes- oder Landesrecht von der Verpflichtung, Gebühren und Auslagen zu zahlen, persönlich oder sachlich befreit ist, hat selbstverständlich auch keine Vorschüsse zu leisten. Das gilt auch, wenn eine Kostenübernahmeerklärung bezüglich Kosten des nicht Gebührenbefreiten durch einen Gebührenbefreiten vorliegt.[6] Die Gebührenfreiheit des Antragsgegners berührt aber die Vorauszahlungspflicht des Antragstellers nicht. Auch wer nur von den Gebühren, nicht aber von Auslagen befreit ist, hat keine der in § 12 genannten (Mehr)Auslagen vorauszuzahlen.[7]

4 **Enge finanzielle Lage des Antragstellers (Nr. 3):** Die Fallgestaltungen der Ziffer 3 setzen voraus, dass die wirtschaftliche Lage des Antragstellers nur **vorübergehend** eng ist.[8] Ist der Antragsteller dauernd unvermögend, hat er die Möglichkeit, Prozesskostenhilfe zu beantragen, nach deren Bewilligung er nach Nr. 1 von der Vorauszahlungspflicht befreit wird. Dann kommt eine Befreiung nach Nr. 3 nicht mehr in Betracht. Antragsteller i.S.d. Vorschrift sind alle Parteien, die als Kläger auftreten, also natürliche und juristische Personen, Parteien kraft Amtes usw.[9]

5 **Schwierigkeiten des Antragstellers (Nr. 3a): Schwierigkeiten** sind mehr als bloße Unannehmlichkeiten. Wenn der Antragsteller seine Lage in zumutbarer Weise, z.B. durch Kreditinanspruchnahme oder Geltendmachung seines Unterhaltsanspruchs alsbald verbessern kann, befindet er sich nicht in Schwierigkeiten.[10] Nur wenn der Antragsteller nicht bedürftig i.S.v. §§ 114 ff. ZPO ist, weil er über Vermögen verfügt, ihm aber trotzdem die erforderlichen Barmittel fehlen, weil er Vermögensteile nicht oder nicht in zumutbarer Weise sofort bzw. in zumutbarer Weise flüssig machen kann, würde ihm die alsbaldige Zahlung der Kosten Schwierigkeiten bereiten. Mit Rücksicht darauf ist er nach Nr. 3a von der Vorauszahlungspflicht befreit. Sobald die Schwierigkeiten entfallen, ist der Antragsteller aber zur Leistung der Kosten verpflichtet. Er muss dann vorauszahlen, wenn die vorauszahlungspflichtige gerichtliche Handlung noch nicht erfolgt ist. Sonst darf die Fortsetzung des Verfahrens aber nicht von einer Vorauszahlung abhängig gemacht werden.[11] Auch wenn die Schwierigkeiten einer Vorauszahlung glaubhaft gemacht werden, bleibt die Vorauszahlungspflicht bestehen, wenn die beabsichtigte **Rechtsverfolgung aussichtslos oder mutwillig** erscheint (unten Rn. 11–12).

6 **Sonstige Gründe** sind denkbar, wenn der Antragsteller augenblicklich oder vorübergehend durch anderweitige Zahlungen besonders stark belastet ist, ohne dass die Voraussetzungen für die Bewilligung von Prozesskostenhilfe gegeben sind. Das gilt auch, wenn er nur Teilbeträge auf den geforderten Vorschuss leisten kann, weil sonst sein übriges Barvermögen oder Einkommen zur Bestreitung des Unterhalts für sich und seine Unterhaltsberechtigten ausreichen würde.[12] In solchen Fällen kann aber eine **Vorauszahlungspflicht auch auf einen Teil der Kosten beschränkt** und im Übrigen die Nachzahlung in Raten angeordnet werden. Von der Einhaltung der weiteren Ratenzahlungen darf aber nach Vornahme der vorauszahlungspflichtigen gerichtlichen Handlungen der Fortgang des Verfahrens nicht abhängig gemacht werden. Das hat dann zur Folge, dass bei Nichtzahlung der ersten Rate **weitere** gerichtliche Handlungen zu unterbleiben haben.

6 OLG Köln JurBüro 2014, 380 = JurionRS 2013, 51603.
7 *Hellstab* in Oe/He/Tre § 14 Rn. 4; *Mielke* RPfleger 1970, 159.
8 *Zimmermann* in Dinz u.a. § 14 Rn. 7.
9 *Hellstab* in Oe/He/Tre § 14 Rn. 5.
10 Einschränkender insoweit aber *Oe/He/Tre* § 14 Rn. 7.
11 *Hellstab* in Oe/He/Tre § 14 Rn. 5.
12 **A.M.** *Hartmann* § 14 Rn. 7.

Die **alsbaldige** Zahlung (nicht die Zahlung überhaupt) muss Schwierigkeiten bereiten. Die Gebühr muss in absehbarer Zeit gezahlt werden können, so dass bei dauernder Unfähigkeit, die Kosten zu zahlen, keine Befreiung von der Vorauszahlungspflicht nach Nr. 3a in Betracht kommt.[13] Hier kann der Antragsteller ggf. Prozesskostenhilfe beantragen. 7

Drohender Schaden (Nr. 3b): Die Vorauszahlungspflicht entfällt auch, wenn eine Verzögerung dem Antragsteller einen nicht oder nur schwer zu ersetzenden Schaden bereiten würde. Ähnlich wie bei § 707 ZPO ist darunter eine Wirkung zu verstehen, die nicht beseitigt oder ausgeglichen werden kann.[14] Insbesondere ist hier an Verjährung oder Ausschluss zu denken. In Betracht kommt aber auch der Vermögensverfall beim Beklagten oder die Gefahr, dass der Beklagte sich ins Ausland absetzen könnte, so dass eine Vollstreckung im Ausland nötig werden würde. Wenn die Klage allerdings aussichtslos erscheint, ist ein drohender Schaden kaum denkbar. Anders mag es zu beurteilen sein, wenn die Erfolgsaussichten nur gering sind. Der drohende Schaden kann auch in der Gefährdung einer Unterhaltsforderung bestehen.[15] Maßgebend ist die Lage zur Zeit der Klageerhebung oder der Anspruchsstellung. Der Kläger oder Antragsteller kann grundsätzlich nicht darauf verwiesen werden, dass er seine Klage oder seinen Antrag schon früher hätte einreichen können. Wenn ein Schaden droht, ist ein Aufschub bis zur Erfüllung der Zahlungspflicht unzumutbar. Das kann der Fall sein bei besonders eilbedürftigen Verfahren, z.B. dem Urkunden-, Wechsel- oder Scheckprozess, wo kraft Gesetzes schon kürzere Einlassungsfristen gelten, oder in Zwangsvollstreckungssachen. Der Schaden kann aus der Person des Beklagten drohen, aber auch aus anderen Umständen. So z.B., wenn der Kläger die Entscheidung deshalb dringend benötigt, weil andere Rechtsverhältnisse davon abhängen, die sich bei Fehlen der Entscheidung für ihn zum Schaden entwickeln würden. 8

Glaubhaftmachung: In den in Nr. 3a und 3b behandelten Fällen ist Voraussetzung von der Befreiung zur Vorauszahlungspflicht, dass der Kläger oder Antragsteller die tatsächlichen Behauptungen, aus denen Zahlungsschwierigkeiten oder der Eintritt eines drohenden Schadens folgt, **glaubhaft** macht. Es gilt insoweit § 294 ZPO.[16] Eine Glaubhaftmachung ist nur dann nicht erforderlich, wenn die Tatsachen aus sich heraus glaubhaft oder gar amtsbekannt sind.[17] Zur Glaubhaftmachung genügt auch die Erklärung des zum Prozessbevollmächtigten bestellten Rechtsanwalts, § 14 Nr. 3b. Liegt seine Erklärung vor, ist eine weitere Prüfung zur Zahlungsschwierigkeit oder zum drohenden Schaden überflüssig. Gibt aber ein nicht zum Prozessbevollmächtigten bestellter Rechtsanwalt die Erklärung ab oder ein anderer Prozessbevollmächtigter (vgl. § 157 Abs. 3 ZPO), kann das Gericht auf weitere Glaubhaftmachung bestehen. Das wird aber nur ausnahmsweise nötig sein im Hinblick auf die Standespflichten des Rechtsanwalts. „Erklärung" in diesem Zusammenhang ist mehr als die bloße Behauptung. Der Rechtsanwalt muss daher die Tatsachen substantiiert mitteilen, welche seine Behauptung glaubhaft erscheinen lassen.[18] Man sollte dabei aber nicht zu kleinlich verfahren und den Prozessbevollmächtigten nicht zwingen, bis in alle Einzelheiten auch Umstände darzulegen, an deren Geheimhaltung seine Partei gegenüber dem Prozessgegner interessiert sein kann. 9

13 OLG Celle JurBüro 1960, 400 = RPfleger 1960, 213; KG RPfleger 1962, 123 (L).

14 Vgl. BGH NJW-RR 1995, 213; OLG Köln FamRZ 1995, 1589; *Hartmann* § 14 Rn. 10; großzügiger aber *Hellstab* in Oe/He/Tre § 14 Rn. 8.

15 OLG Düsseldorf FamRZ 1992, 80; OLG Schleswig SchlHA 1982, 198.

16 Vgl. dazu auch BGH NJW-RR 1995, 252 = WM 1995, 212.

17 OLG Schleswig SchlHA 1976, 31.

18 OLG München RPfleger 1951, 30 (L); *Hellstab* in Oe/He/Tre § 14 Rn. 10.

10 **Aussichtslosigkeit und Mutwilligkeit der Rechtsverfolgung:** Auch wenn die Voraussetzungen der Nrn. 3a, 3b gegeben sind, bleibt die Vorauszahlungspflicht bestehen, wenn die Rechtsverfolgung aussichtslos oder mutwillig **erscheint**. Sie muss also nicht aussichtslos oder mutwillig **sein**. Es genügt, wenn nach Sach- und Rechtslage Aussichtslosigkeit oder Mutwilligkeit gegeben **erscheint**. Das kann sich aus der Berufserfahrung des Richters oder Rechtspflegers in gleich gelagerten Fällen, insbesondere aber mit dem Antragsteller oder seinem Gegner ergeben.

11 **Aussichtslosigkeit** kann z.B. vorliegen, wenn ein Anspruch trotz vorangegangener ablehnender Entscheidungen bei nicht oder nur unwesentlich veränderter Sach- und/oder Rechtslage immer wieder verfolgt wird, auch wenn es sich um neue, aber gleich oder ähnlich gelagerte Sachverhalte handelt.

12 **Mutwilligkeit:** Die Mutwilligkeit ist hier in gleicher Weise wie bei § 114 ZPO zu beurteilen. Es gilt also die verfassungsrechtlich unbedenkliche[19] Definition des § 114 Abs. 2 ZPO für die Mutwilligkeit. Danach ist „die Rechtsverfolgung oder Rechtsverteidigung mutwillig, wenn eine Partei, die keine Prozesskostenhilfe beansprucht, bei verständiger Würdigung aller Umstände von der Rechtsverfolgung oder Rechtsverteidigung absehen würde, obwohl eine hinreichende Aussicht auf Erfolg besteht." Das hypothetische Verhalten einer selbstzahlenden Partei, die sich in der Situation des Antragstellers befindet, ist folglich auch hier der Maßstab, der bei der Beurteilung der Mutwilligkeit anzulegen ist. **Mutwille** kann etwa gegeben sein, wenn für den Antragsteller erkennbar nicht sachliche Gründe maßgebend sind wie z.B. bloße „Rechthaberei" oder unlautere Motive wie Hass und Feindschaft. Das kann auch der Fall sein, wenn mit Rücksicht auf die für die Beitreibung des Anspruchs bestehenden Aussichten eine wirtschaftlich denkende Partei von einer Prozessführung abgesehen oder nur einen Teil des Anspruchs gelten machen würde.

13 **Verfahren:** Das Verfahren richtet sich nach § 67 GKG und § 20 KostVfg. Der Kostenbeamte hat selbständig die Erhebung der vorauszuzahlenden Gebühr und evtl. Zustellungsmehrauslagen anzuordnen. Beantragt die Partei die Befreiung von der Vorauszahlungspflicht nach § 14, ist die Sache dem Gericht (Spruchkörper oder Einzelrichter) oder dem Rechtspfleger, wenn er zuständig ist, vorzulegen. Diese entscheiden durch **Beschluss**. Gegen die Entscheidung des Rechtspflegers findet die Erinnerung (§ 11 RPflG), gegen die des Gerichts die Beschwerde statt (§ 67). Das gilt auch, auch wenn der Wert unter 200 € liegt, denn § 67 verweist nicht auf § 66 Abs. 2. Gegenstand des Beschwerdeverfahrens ist die Frage, ob die Tätigkeit des Gerichts zu Recht von der Vorauszahlung abhängig gemacht werden darf und/oder ob die Höhe der geforderten Vorauszahlung richtig ist. Beschwerdeberechtigt ist die in Anspruch genommene Partei, aber niemals die Staatskasse. Eine weitere Beschwerde ist unstatthaft. Auch gegen Beschlüsse des OLG ist eine Beschwerde nicht gegeben. Beruht die Vorauszahlungspflicht nicht auf Bestimmungen des GKG, gilt § 67 nicht.

14 **Arbeitsgerichtliches Verfahren:** Hier werden keine Kostenvorschüsse erhoben, so dass auch keine Vorauszahlungspflicht bestehen kann, § 11. Das gilt auch in der Zwangsvollstreckung. Die Bestimmung des § 11 geht der der §§ 12ff. vor und gilt auch in der Zwangsvollstreckung aus arbeitsgerichtlichen Titeln und bei der Anberaumung eines Termins zur eidesstattlichen Versicherung daraus bei den ordentlichen Gerichten.

15 **Verwaltungs- und Finanz- und Sozialgerichtsverfahren:** § 14 gilt in diesen Verfahren nicht.[20] Denn die Bestimmung bezieht sich nur auf §§ 12, 13.

---

19 Vgl. BVerfG, BVerfGE 81, 347 und BVerfG, NJW 2010, 988.
20 Vgl. auch *Lüke* NJW 1978, 928.

§ 15
Zwangsversteigerungs- und Zwangsverwaltungsverfahren

(1) Im Zwangsversteigerungsverfahren ist spätestens bei der Bestimmung des Zwangsversteigerungstermins ein Vorschuss in Höhe des Doppelten einer Gebühr für die Abhaltung des Versteigerungstermins zu erheben.

(2) Im Zwangsverwaltungsverfahren hat der Antragsteller jährlich einen angemessenen Gebührenvorschuss zu zahlen.

Allgemeines: Während für das Zwangsversteigerungs- und Zwangsverwaltungsverfahren § 26 bestimmt, wer Kostenschuldner ist, und § 7 die Fälligkeit regelt, bestimmt § 15, wann und in welcher Höhe in diesen Verfahren ein Gebührenvorschuss zu zahlen ist. 1

Zwangsversteigerungsverfahren (Abs. 1): Wegen der Gebühren im Zwangsversteigerungsverfahren, vgl. KV 2210–2216. 2

Zeitpunkt: Der Vorschuss nach Abs. 1 ist spätestens bei der Bestimmung des Zwangsversteigerungstermins zu erheben. Zu diesem Zeitpunkt ist die Gebühr für das Anordnungsverfahren mit der Entscheidung über die Anordnung bereits fällig geworden (§ 7 Abs. 1). Bis zur Bestimmung des Zwangsversteigerungstermins erwächst die allgemeine Verfahrensgebühr nach KV 2211. Da die Gebühren für das Zwangsversteigerungsverfahren mit Ausnahme der Gebühr nach KV 2210 (Entscheidung über die Anordnung und den Beitritt) und der Zuschlagsgebühr nach KV 2214 erst im Verteilungstermin fällig werden, ist die Vorschusserhebung zur Sicherung der Staatskasse notwendig, es sei denn, das Verfahren wurde vorher aufgehoben (§ 7). In Abs. 1 ist nur gesagt, dass der Gebührenvorschuss zu erheben und wann er spätestens anzufordern ist. Der Vorschuss kann auch schon früher angefordert werden, und zwar auch schon für das Anordnungsverfahren jedenfalls in Höhe der Anordnungsgebühr nach KV 2210.[1] Aber die Anordnung darf nicht von der Vorauszahlung abhängig gemacht werden (vgl. auch § 20 Abs. 1 Nr. 1, Abs. 2 KostVfg.). Wurde die Anforderung des Gebührenvorschusses bei der Bestimmung des Zwangsversteigerungstermins übersehen, kann die Anforderung auch noch später erfolgen.[2] 3

Höhe des Vorschusses: Als Vorschuss ist das Doppelte einer Gebühr für die Abhaltung des Versteigerungstermins (KV 2213), also eine volle Gebühr zu erheben. Der Gebühr ist der gemäß § 74a ZVG festgesetzte Wert zugrunde zu legen. Fehlt ein solcher Wert, ist nach § 29 GVG der Einheitswert maßgebend. Hat sich dieser infolge bestimmter nach dem Feststellungszeitpunkt des Einheitswertes eingetretener Umstände wesentlich verändert, ist der auf der Grundlage des Einheitswertes zu schätzende Wert maßgebend (§ 55 Abs. 1 S. 2). Wird ein wegen Eröffnung des Insolvenzverfahrens über das Vermögen des Beklagten unterbrochener Rechtsstreit vom klagenden Gläubiger aufgenommen und gegen den bestreitenden Insolvenzverwalter oder Insolvenzgläubiger fortgeführt, bestimmt sich der Streitwert für den Zeitraum ab der Aufnahme des Rechtsstreits ausschließlich nach dem Betrag, der bei der Verteilung der Insolvenzmasse für die streitgegenständliche Forderung zu erwarten ist; im Übrigen bleibt deren Nennwert maßgeblich.[3] Im Übrigen hat der Kostenbeamte bei der Bestimmung der Höhe des Vorschusses keinen Spielraum. Wenn das Verfahren angeordnet ist, muss er den Vorschuss in Höhe und nicht bis zur Höhe der doppelten Gebühr nach KV 2213 anfordern Bis dahin wird 4

---

1 BGH NJW 2009, 2066 = NZM 2009, 486 = MDR 2009, 950 (LS) = WM 2009, 1374 = WuM 2009, 376 = ZfR 2009, 475.
2 *Hellstab* in Oe/He/Tre § 15 Rn. 3.
3 OLG Dresden JurBüro 2007, 531.

eine Anforderung in Höhe der Anordnungsgebühr ausreichen. Wegen des Auslagenvorschusses, vgl. § 17 Abs. 3.

5 **Vorschussschuldner** ist der Gebührenschuldner, also nach § 26 Abs. 1 der Antragsteller und/oder ein beigetretener Gläubiger. Mehrere Antragsteller haften als Gesamtschuldner (§ 31 Abs. 1).

6 **Zwangsverwaltungsverfahren (Abs. 2):** Wegen der Gebühren für das Zwangsverwaltungsverfahren, vgl. § 55, KV 2220, 2221.

7 **Zeitpunkt der Vorschusserhebung:** Der Vorschuss ist jährlich im Voraus zu entrichten. Gemäß KV 2221 beginnt der erste Tag mit dem Tag der Beschlagnahme. Von diesem Tag an sind daher die Jahresfristen zu berechnen.

8 **Höhe des Vorschusses:** Es ist ein **angemessener Gebührenvorschuss** zu leisten. Angemessen ist ein solcher, der geeignet ist, die voraussichtlich anfallenden Gebühren zu decken. Da im ersten Jahr die Gebühren für die Anordnung des Verfahrens nach KV 2220 und für die Durchführung des Verfahrens nach KV 2221 anfallen, wird der Vorschuss für das erste Jahr in Höhe dieser Gebühren, für die weiteren Jahre nur in Höhe der Verfahrensgebühr zu erheben sein. Wegen des der Zwangsverwaltungsgebühr zugrunde zu legenden Wertes vgl. § 55 Rn. 4–6.

9 **Vorschussschuldner** ist der Antragsteller (§ 26 Abs. 1). Das ist auch der beigetretene Gläubiger. Mehrere Antragsteller haften als Gesamtschuldner (§ 26 Abs. 1). Vgl. auch Vorbem. 2.2. vor KV 2210.

10 **Keine Abhängigmachung:** Die Anordnung des Verfahrens, die Zulassung des Beitritts und die Fortsetzung des Verfahrens hat auch dann zu erfolgen, wenn der Vorschuss noch nicht geleistet ist. Es wäre unzulässig, die Anordnung des Verfahrens, die Zulassung des Beitritts oder die Fortsetzung des Verfahrens von einer Vorschusszahlung abhängig zu machen. Gegen einen solchen Beschluss des Gerichts wäre die Beschwerde (gegen einen Beschluss des Rechtspflegers oder gegen eine Anordnung des Kostenbeamten die Erinnerung) gegeben. Das gilt auch dann, wenn der Beschwerdewert von 200 € nicht erreicht ist (§ 6). Das Gericht kann aber das Zwangsverwaltungsverfahren aufheben, wenn die Fortsetzung des Verfahrens besondere Aufwendungen erfordert und der Gläubiger den nötigen Geldbetrag nicht vorschießt (§ 161 Abs. 3 ZVG). Unter Aufwendungen i.S.d. Vorschrift sind auch die Gerichtsgebühren für das Zwangsverwaltungsverfahren zu verstehen.

§ 16
Privatklage, Nebenklage

(1) Der Privatkläger hat, wenn er Privatklage erhebt, Rechtsmittel einlegt, die Wiederaufnahme beantragt oder das Verfahren nach den §§ 435 bis 437 der Strafprozessordnung betreibt, für den jeweiligen Rechtszug einen Betrag in Höhe der entsprechenden in den Nummern 3311, 3321, 3331, 3340, 3410, 3431, 3441 oder 3450 des Kostenverzeichnisses bestimmten Gebühr als Vorschuss zu zahlen. Der Widerkläger ist zur Zahlung eines Gebührenvorschusses nicht verpflichtet.

(2) Der Nebenkläger hat, wenn er Rechtsmittel einlegt oder die Wiederaufnahme beantragt, für den jeweiligen Rechtszug einen Betrag in Höhe der entsprechenden in den Nummern 3511, 3521 oder 3530 des Kostenverzeichnisses bestimmten Gebühr als Vorschuss zu zahlen. Wenn er im Verfahren nach den §§ 440, 441 der Strafprozessordnung Rechtsmittel einlegt oder die Wiederaufnahme beantragt, hat er für den jeweiligen Rechtszug einen Betrag in Höhe der entsprechenden in den Nummern 3431, 3441 oder 3450 des Kostenverzeichnisses bestimmten Gebühr als Vorschuss zu zahlen.

Allgemeines: Die Vorschrift regelt die auf den Privat- und Nebenkläger beschränkte **Gebühren**vorschusspflicht in Strafsachen. Die Staatskasse oder der Beschuldigte brauchen – auch als Widerkläger – niemals einen Vorschuss zu leisten. Für einen **Auslagen**vorschuss gilt die allgemeine Bestimmung des § 17.[1] Zur besserten Handhabung des § 16 sind die betreffenden Gebühren genau bezeichnet. § 16 ergänzt den § 379a StPO, welcher über die grundsätzliche Vorschusspflicht hinaus primär die strafverfahrensrechtlichen Folgen der Vorschusszahlungspflicht regelt.[2] Dem § 16 geht demzufolge die Bestimmung des § 379a StPO als lex specialis vor. Nichts mit § 16 zu tun hat die Möglichkeit der Bestimmung einer Sicherheitsleistung des Antragstellers für die Kosten der Staatskasse und des Beschuldigten im Klageerzwingungsverfahren (§ 176 Abs. 1 StPO), weil es sich nicht um eine Kostenvorschrift im weiteren Sinne handelt. Abs. 1 gilt für den Privatkläger. Abs. 2 behandelt die Vorschusspflicht des Nebenklägers. 1

§ 379a StPO bestimmt: 2

„I. Zur Zahlung des Gebührenvorschusses nach § 67 Abs. 1 des Gerichtskostengesetzes soll, sofern nicht dem Privatkläger die Prozesskostenhilfe bewilligt ist oder Gebührenfreiheit zusteht, vom Gericht eine Frist bestimmt werden Hierbei soll auf die nach Abs. 3 eintretenden Folgen hingewiesen werden.

II. Vor Zahlung des Vorschusses soll keine gerichtliche Handlung vorgenommen werden, es sei denn, dass glaubhaft gemacht wird, dass die Verzögerung dem Privatkläger einen nicht oder nur schwer zu ersetzenden Nachteil bringen würde.

III. Nach fruchtlosem Ablauf der nach Abs. 1 gestellten Frist wird die Privatklage zurückgewiesen. Der Beschluss kann mit sofortiger Beschwerde angefochten werden. Er ist von dem Gericht, das ihn erlassen hat, von Amts wegen aufzuheben, wenn sich herausstellt, dass die Zahlung innerhalb der gesetzten Frist eingegangen ist."

§ 379a StPO bestimmt für die Fälle des § 16, dass vor Zahlung des Vorschusses keine gerichtliche Handlung vorgenommen werden soll, sofern deren Dringlichkeit nicht glaubhaft gemacht wird. Hinsichtlich der Auslagenvorschusspflicht, vgl. bei § 17. Die Vorschusspflicht entfällt, wenn und soweit dem vorschusspflichtigen Antragsteller Prozesskostenhilfe bewilligt worden ist oder wenn er Gebührenfreiheit hat. Die Vorwegleistungspflicht besteht auch für Rechtsmittel des Privatklägers (§ 390 Abs. 4 i.V.m. § 379a StPO) und des Nebenklägers (Abs. 2). Der Privatbeklagte, der ein Rechtsmittel einlegt, ist dagegen nicht vorauszahlungspflichtig, auch nicht der Widerbeklagte in dieser Eigenschaft, anders aber der Privatkläger.[3] Die zur Zahlung des Vorschusses zwingend[4] zu bestimmende Frist muss angemessen sein, d.h. sie muss zur Einzahlung des Vorschusses genügend Zeit lassen und kann auf Antrag, der noch vor ihrem Ablauf eingehen muss,[5] aber auch von Amts wegen verlängert werden. Sie wird durch das Prozesskostenhilfegesuch, sofern es noch vor Fristablauf eingeht, gegenstandslos,[6] zumindest hat aber eine Fristverlängerung von Amts wegen bis zur Entscheidung über das Prozesskostenhilfegesuch zu erfolgen.[7] Bei Rechtsmitteln des Privatklägers darf die Frist nicht vor dem Ablauf der Rechtfertigungsfristen gesetzt werden.[8] 3

1 SK-StPO-Velten § 379a Rn. 3.
2 SK-StPO-Velten § 379a Rn. 1 ff.
3 Vgl. auch *Meyer-Goßner* StPO § 390 Rn. 10 m.N.
4 Vgl. *Meyer-Goßner* StPO § 379a Rn. 2; KMR-*Stöckel* StPO § 379a Rn. 4; Löwe/Rosenberg-*Wendisch* StPO § 379a Rn. 6.
5 OLG Hamm NJW 1973, 1206; OLG Celle NJW 1966, 1670.
6 OLG Schleswig SchlA 1951, 65; *Pelchen* in KK § 379a Rn. 2; Löwe/Rosenberg-*Wendisch* StPO § 379a Rn. 8; *Meyer-Goßner* StPO § 379a Rn. 4.
7 So OLG Hamm NJW 1973, 1206.
8 OLG Karlsruhe Die Justiz 1981, 48; *Meyer-Goßner* StPO § 390 Rn. 10.

4 Die Frist wird durch einen nach § 35 StPO zuzustellenden **Beschluss des Gerichts** und nicht durch Verfügung des Vorsitzenden bestimmt. Ohne Gerichtsbeschluss ist die Fristbestimmung wirkungslos.[9] Der Kostenbeamte hat vor der Anforderung des Vorschusses die Entscheidung des Gerichts mit Fristbestimmung einzuholen (§ 20 Abs. 3 KostVfg.). Die Frist beginnt mit der Zustellung des die Zahlungsaufforderung und Fristsetzung enthaltenden Gerichtsbeschlusses,[10] in dem auch das Ende der Frist eindeutig zu bezeichnen ist.[11] Ist das nicht der Fall, ist insbesondere das Ende der Frist nicht eindeutig bestimmt, ist die Fristsetzung unwirksam.[12] Das gilt auch, wenn die Höhe des Vorschusses nicht ziffernmäßig bestimmt oder wenn der Vorschuss zu hoch bemessen worden ist.[13] Die Aufforderung zur Vorschusszahlung kann rechtswirksam auch an den anwaltlichen Vertreter des Privat-/Nebenklägers erfolgen, sofern dieser sich durch eine allgemeine Vertretungsvollmacht legitimiert hat.

5 **Die Zahlung** erfolgt bei Barzahlung mit Eingang des Barbetrages, auch wenn der Barbetrag in den Nachtbriefkasten eingeworfen wird. Bei Verwendung von Gerichtskostenmarken oder -stempel ist die Zahlung mit Eingang der Marken oder des Stempels bei Gericht bewirkt.[14] Bei Überweisung ist er an dem Tag bewirkt, an dem der Überweisungsauftrag beim Zahlungsinstitut eingegangen ist.[15] Die Zahlungszusage einer Rechtsschutzversicherung oder eines Dritten, auch des Prozessbevollmächtigten, genügt nicht.[16]

6 **Rechtsmittel:** Gegen die Fristsetzung ist die Beschwerde nach § 304 StPO[17] gegeben (Abs. 3). Gegen eine Entscheidung des Gerichts, wonach von einer Fristsetzung ausdrücklich Abstand genommen wird, ist kein Rechtsbehelf statthaft.[18] Bleibt das Gericht untätig, kann das nur mit der Dienstaufsichtsbeschwerde moniert werden.[19] Gegen den Beschluss, mit dem das Gericht einen Antrag wegen Nichtzahlung des Vorschusses zurückweist oder verwirft, kommt die sofortige Beschwerde nach § 379a Abs. 3 StPO in Betracht. Die Vorschrift des § 68 ist hingegen für § 16 unanwendbar.

7 Vor dem Ablauf der wirksamen Frist und ohne Zahlung des Vorschusses soll keine **gerichtliche Handlung** vorgenommen werden, es sei denn, es wird glaubhaft gemacht, dass die Verzögerung dem Privat- oder Nebenkläger einen nicht oder nur schwer zu ersetzenden Nachteil bringen würde, § 379a StPO. Das kann etwa dann der Fall sein, wenn der Beschuldigte sich ins Ausland absetzen will, wenn zu besorgen ist, dass er schwere Beleidigungen oder gravierende Wettbewerbsverstöße fortsetzen oder wiederholen wird.[20] „Gerichtliche Handlungen" sind alle auf den Betrieb des Privatklageverfahrens gegen den Beschuldigten gerichteten Maßnahmen des Gerichts einschließlich der Mitteilung der Privatklage an den Beschuldigten unter Bestimmung einer Erklärungsfrist (§ 382 StPO). Die Mitteilung an die Staatsanwaltschaft ist aber gleichwohl vorzunehmen, da sie dem öffentlichen Interesse dient.[21] Für die Nebenklage gilt § 379a StPO nur, wenn der Nebenkläger unabhängig von der Staatsanwaltschaft ein Rechtsmittel einlegt. Soweit die

---

9 OLG Schleswig SchlHA 1957, 105; *Meyer-Goßner* StPO § 379a Rn. 2 m.w.N.
10 LG Aachen NJW 1958, 1599 (L).
11 OLG Hamm JMBlNRW 1958, 165.
12 *Meyer-Goßner* StPO § 379a Rn. 2.
13 BayObLG NJW 1954, 1735.
14 OLG Hamm RPfleger 1960, 28 = NJW 1960, 547.
15 BGH MDR 1959, 653; OLG Hamm NJW 1954, 733.
16 OLG Celle NJW 1966, 1670 m. abl. Anm. v. *Schöndorf* NJW 1966, 20, 76; *Meyer-Goßner* StPO § 379a Rn. 3.
17 *Hartmann* § 16 Rn. 23; KMR-*Stöckel* StPO § 379a Rn. 9.
18 *Hartmann* § 16 Rn. 24.
19 *Hartmann* § 16 Rn. 25.
20 Vgl. *Hartmann* § 16 Rn. 12.
21 *Oestreich* in Oe/He/Tre § 16 Rn. 3.

Staatsanwaltschaft sich am Verfahren beteiligt, nimmt das Verfahren seinen Fortgang, auch wenn der Nebenkläger keinen Gebührenvorschuss geleistet hat.

Machen Privat- oder Nebenkläger glaubhaft, dass ihnen die Verzögerung des Verfahrens einen **nicht oder nur schwer zu ersetzenden Nachteil** bringen würde, sind gerichtliche Handlungen auch ohne Vorschusszahlung vorzunehmen. Zur Glaubhaftmachung gelten die gleichen Grundsätze wie bei § 14, so dass auf das dort Gesagte verwiesen werden kann § 14 Rn. 10). Das Gleiche gilt auch für den Begriff des nicht oder nur schwer zu ersetzenden Nachteils (dazu oben, § 14 Rn. 9). 8

Gerichtliche Handlungen, die unter Verletzung der Bestimmung des § 379a StPO vorgenommen werden, sind prozessual wirksam. Auch wenn vorschriftswidrig zunächst unter Nichtbeachtung des § 379a StPO gerichtliche Handlungen vorgenommen wurden, haben weitere gerichtliche Handlungen bis zur Vorschusszahlung zu unterbleiben. 9

Wenn der Vorschuss nicht rechtzeitig gezahlt wird, wird die Privatklage durch Beschluss zurückgewiesen. Das Rechtsmittel oder der Wiederaufnahmeantrag werden verworfen (§ 379a Abs. 3 StPO). Der Beschluss ist gebührenpflichtig (KV 3340, 3530). Er ist mit der sofortigen Beschwerde, die sich nach den Bestimmungen der §§ 311 ff. StPO richtet, anfechtbar, § 379a Abs. 3 StPO. Eine Wiederholung der nach § 379a StPO rechtskräftig zurückgewiesenen Privatklage ist nicht möglich.[22] Der Beschluss ist aber aufzuheben, wenn sich nachträglich herausstellt, dass die Zahlung doch fristgemäß erfolgt war oder wenn nachträglich Prozesskostenhilfe bewilligt wird. 10

Vorschusspflicht in Strafverfahren (§ 16 Abs. 1): Soweit nicht schon § 379a StPO als lex specialis anzuwenden ist, gilt: In Strafsachen besteht für den Beschuldigten niemals eine Vorschusspflicht, sondern nur für den Privat- oder Nebenkläger und in den Grenzen des § 176 StPO für den Antragsteller im Klageerzwingungsverfahren. Für reguläre Strafverfahren (Offizialverfahren) ist nur die (eingeschränkte) Möglichkeit der Sicherung der Verfahrenskosten durch Anordnung und Vollzug des dinglichen Arrests nach §§ 111d ff. StPO gegeben (vgl. unten Rn. 21). Eine einmal entstandene Vorschusspflicht bleibt auch bestehen, wenn die Kosten des Verfahrens einem anderen auferlegt oder von einem Dritten übernommen werden (§ 18). Es besteht dann keine Rückzahlungspflicht der Staatskasse. Keine Vorschusspflicht bei Prozesskostenhilfe oder Gebührenfreiheit des an sich Vorschusspflichtigen. Vorschusspflichtig sind: 11

Der Privatkläger: Er muss den Gebührenvorschuss **für jede von ihm beantragte Instanz** entrichten, also für den ersten Rechtszug und, soweit er Berufung oder Revision einlegt oder einen Wiederaufnahmeantrag stellt, auch für diese Verfahren. Legt nur der Beschuldigte das Rechtsmittel ein oder beantragt nur der Beschuldigte die Wiederaufnahme des Verfahrens, trifft den Privatkläger insoweit keine Vorschusspflicht.[23] Das gilt auch, wenn er nur als Widerkläger das Rechtsmittel einlegt. Legt er das Rechtsmittel als Privatkläger und Widerkläger ein, trifft ihn die Vorschusspflicht nur in seiner Eigenschaft als Privatkläger.[24] Wenn die Staatsanwaltschaft das Verfahren übernimmt, wird der Privatkläger zum Nebenkläger, § 377 Abs. 3 StPO. Die zu seinen Lasten bereits entstandene Vorschusspflicht wird davon aber nicht berührt, da die Übernahme keine Rückwirkung hat. 12

Keine Vorschusspflicht besteht für den **Widerkläger** (Abs. 1 S. 2), auch nicht für den Privatkläger, der nur als Widerbeklagter das Rechtsmittel einlegt.[25] Der Widerkläger bleibt selbst dann von der Vorschusspflicht frei, wenn er nach Erledigung der Privatklage die Widerklage selbständig weiter betreibt oder das Rechtsmittel einlegt oder den 13

---

22 BayObLG NJW 1956, 758; OLG Hamm NJW 1953, 717.
23 OLG Düsseldorf RPfleger 1965, 284.
24 OLG Bamberg NJW 1949, 835.
25 OLG Bamberg NJW 1949, 835.

Wiederaufnahmeantrag gestellt hat. Das gilt auch, wenn der Widerkläger die Einleitung eines Feststellungsverfahrens nach einem Straffreiheitsgesetz beantragt hat.[26]

14 **Der Nebenkläger** ist nur vorschusspflichtig, wenn er eine Berufung oder Revision eingelegt hat oder eine Wiederaufnahme des Verfahrens beantragt (Abs. 2). Seine Vorschusspflicht bleibt bestehen, auch wenn andere Nebenkläger oder die Staatsanwaltschaft gleichfalls ein Rechtsmittel beantragt haben.

15 **Mehrere Privat- oder Nebenkläger** schulden den Vorschuss nur einmal als Gesamtschuldner (§ 33 i.V.m. § 471 Abs. 4 S. 1 StPO). Bei Verbindung mehrerer gegen denselben Beschuldigten gerichteter Privatklagen bleibt die vor der Verbindung entstandene Vorschusspflicht bestehen.[27]

16 **Höhe des Vorschusses.** Sie beträgt die Hälfte der bei Freispruch oder Straffreierklärung des Beschuldigten im Privatklageverfahren zu erhebenden Gebühren nach KV 3310, 3510. Der Vorschuss ist für alle im Rechtszug entstehenden Gebühren bestimmt, auch für solche, die den Beschuldigten nach dessen Verurteilung zu einer Strafe treffen. Hat die Staatsanwaltschaft das Verfahren übernommen, haftet der von der Übernahme an zum Nebenkläger gewordene Privatkläger nur für die den Privatkläger letzten Endes treffenden Kosten, nicht aber für die Kosten des nunmehr im Offizialverfahren verurteilten Beschuldigten.

17 **Verfahren nach §§ 440, 441 StPO (sog. objektives Verfahren, Abs. 2 S. 2):** Die zu erhebenden Gebühren sind in KV 3410, 3420. bestimmt. Die Vorschusspflicht trifft den **Privatkläger** hier nur, soweit er das Verfahren ohne Mitwirkung der Staatsanwaltschaft allein oder mit anderen Privatklägern betreibt. Er hat den Vorschuss auch für jeden von ihm betriebenen Rechtszug, also auch für Berufung, Revision und für Wiederaufnahmeanträge zu leisten. Übernimmt die Staatsanwaltschaft das Verfahren, gilt das oben (Rn. 16) Gesagte.

18 Der **Nebenkläger** ist nur vorschusspflichtig, wenn er ein **Rechtsmittel** einlegt oder ein Wiederaufnahmeverfahren beantragt (Abs. 2 Satz 1). Gleiches gilt auch im Einziehungsverfahren nach §§ 440, 441 StPO (Abs. 2 Satz 2). Gleichgültig ist, ob neben ihm auch die Staatsanwaltschaft oder ein anderer Verfahrensbeteiligter Rechtsmittel eingelegt haben. In erster Instanz ist der Nebenkläger niemals vorschusspflichtig.

19 **Mehrere Privat- oder Nebenkläger** schulden auch hier den Gebührenvorschuss als Gesamtschuldner, soweit das Verfahren dieselbe Tat i.S.v. § 264 StPO betrifft.

20 Der **Höhe** nach ist auch hier nur die Hälfte der nach KV 3410, 3420 bestimmten Gebühren zu zahlen.

21 Nach §§ 111b, 111d StPO kann unter den Voraussetzungen der diesen Bestimmungen entsprechenden zivilprozessualen Bestimmungen (§ 111d Abs. 2 StPO, §§ 917, 920 Abs. 1, 923, 928, 930–932, 34 Abs. 1 ZPO) zur Sicherung der Verfahrenskosten i.S.v. § 464a StPO der dingliche Arrest angeordnet und vollzogen werden, wenn ein Urteil vorliegt, wonach dem Angeklagten diese ganz oder teilweise auferlegt worden sind. Der Arrest ist grundsätzlich nur bis zum rechtskräftigen Abschluss des Verfahrens, in dem er ergeht, wirksam.[28] Der Arrest muss unverzüglich aufgehoben werden, wenn die Voraussetzungen des § 111b Abs. 2 StPO oder § 111d Abs. 2 StPO entfallen.[29] Ansonsten wirkt er über die Urteilsrechtskraft hinaus und muss erst dann aufgehoben werden, wenn ein vollstreckbarer Kostenansatz vorliegt.[30]

---

26 BayObLG RPfleger 1956, 2 (L).
27 *Hellstab* in Oe/He/Tre § 16 Rn. 14.
28 BGHSt 29, 13.
29 *Meyer-Goßner* StPO § 111d Rn. 15 m.N.
30 OLG Stuttgart NStZ 2005, 301, 402.

§ 17
Auslagen

(1) Wird die Vornahme einer Handlung, mit der Auslagen verbunden sind, beantragt, so hat derjenige, der die Handlung beantragt hat, einen zur Deckung der Auslagen hinreichenden Vorschuss zu zahlen. Das Gericht soll die Vornahme der Handlung von der vorherigen Zahlung abhängig machen.

(2) Die Herstellung und Überlassung von Dokumenten auf Antrag sowie die Versendung von Akten können von der vorherigen Zahlung eines die Auslagen deckenden Vorschusses abhängig gemacht werden.

(3) Bei Handlungen, die von Amts wegen vorgenommen werden, kann ein Vorschuss zur Deckung der Auslagen erhoben werden.

(4) Absatz 1 gilt nicht in Musterverfahren nach dem Kapitalanleger-Musterverfahrensgesetz, für die Anordnung einer Haft und in Strafsachen nur für den Privatkläger, den Widerkläger sowie für den Nebenkläger, der Berufung oder Revision eingelegt hat. Absatz 2 gilt nicht in Strafsachen und in gerichtlichen Verfahren nach dem Gesetz über Ordnungswidrigkeiten, wenn der Beschuldigte oder sein Beistand Antragsteller sind. Absatz 3 gilt nicht in Strafsachen, in gerichtlichen Verfahren nach dem Gesetz über Ordnungswidrigkeiten sowie in Verfahren über einen Schuldenbereinigungsplan (§ 306 der Insolvenzordnung).

Übersicht

I. Allgemeiner Geltungsbereich — 1
II. Mit Auslagen verbundene Handlungen auf Antrag (Abs. 1 und 2) — 2–9
  Straf- und Ordnungswidrigkeitensachen — 4
  Insolvenzverfahren — 5
  Schifffahrtrechtliche Verteilungsverfahren — 6
  Zwangsversteigerungs- und Zwangsverwaltungsverfahren — 7
  Strafsachen — 8
  Verwaltungs-, Sozial- und Finanzgerichtssachen — 9
III. Antragsteller — 10
IV. Antrag — 11
V. Prozesskostenhilfebewilligungsverfahren — 12
VI. Auslagenfreiheit — 13–15
VII. Vorwegleistungspflicht — 16–20
VIII. Abhängigmachung — 21
IX. Rechtsmittel gegen die Anordnung — 22
X. Abs. 2. Elektronische Übermittlungen — 23
XI. Fälligkeit — 24
XII. Ausnahmen (Abs. 4) — 25
XIII. Handlungen von Amts wegen (Abs. 3) — 26–28
XIV. Insolvenz-, Schifffahrtrechtliche Verteilungs- und Zwangsvollstreckungssachen — 29–31
XV. Besonderheiten bei Straf- und Bußgeldsachen — 32–35
XVI. Vorwegleistungspflicht — 36
XVII. Verwendung des Auslagenvorschusses — 37, 38
XVIII. Geringfügige Beträge — 39
XIX. Gemeinden, Gemeindeverbände und Körperschaften des öffentlichen Rechts — 40

I. Allgemeiner Geltungsbereich

Die Vorschrift gilt für alle im GKG geregelten Verfahren[1] und begründet eine selbständige, neben einer Haftung aus anderen Vorschriften bestehende Zahlungsverpflichtung des Antragstellers gegenüber der Staatskasse.[2] Für das Familienverfahren enthält § 16 FamGKG eine inhaltsgleiche Bestimmung. In Musterverfahren nach dem Kapitalan- 1

1 Vgl. dazu auch ausf. *Hansens* ZAP 2000, Fach 24.
2 *Mümmler* § 68 Rn. 1; *D. Meyer* JurBüro 2002, 240.

leger-Musterverfahrensgesetz sowie in Straf- und Ordnungswidrigkeitensachen ist § 17 nach Abs. 3 unanwendbar und nach Abs. 4 nur beschränkt anwendbar. Die in § 17 geregelte Auslagenvorschusspflicht besteht nur für Auslagen nach KV 9000 ff. Soweit auch nach anderen Gesetzen (z.B. §§ 379, 402 ZPO) ein Auslagenvorschuss gefordert werden kann, tritt § 17 als lex generalis zurück.[3] In solchen Fällen ist § 17 – sofern überhaupt – subsidiär. Das ist etwa bei der Anforderung von Zeugen- und Sachverständigenvorschüssen nach §§ 379, 402 ZPO der Fall.[4] In Arbeitsgerichtsverfahren gilt dagegen § 11, wonach keinerlei Vorschüsse zu leisten sind. Auch das Sozialgerichtsverfahren ist grundsätzlich auslagenvorschussfrei. Eine Ausnahme ist hier aber im § 109 SGG für die Einholung von Sachverständigengutachten enthalten.

II. Mit Auslagen verbundene Handlungen auf Antrag (Abs. 1 und 2)

2 Es ist zu unterscheiden zwischen Handlungen, die auf Antrag (Abs. 1 und 4) und solchen, die von Amts wegen (Abs. 3) vorzunehmen sind.

3 Zu den **mit Auslagen verbundenen Handlungen auf Antrag (Abs. 1 und 2)** gehören: Auf Antrag einer Partei erfolgende Beweisanordnungen (wie z.B. die Vernehmung von Zeugen und Sachverständigen, die Einholung schriftlicher Sachverständigengutachten oder Zeugenanhörungen, die Augenscheineinnahme einschließlich der vorbereitenden Anordnungen nach § 273 ZPO, § 87 VwGO, § 79 FGO oder vorweggenommene Beweisaufnahmen nach § 358a ZPO, soweit sie auf Antrag einer Partei beruhen). Weiter gehören hierher die auf Antrag erfolgende Parteivernehmung, die einer mittellosen Partei auf Antrag zu zahlenden Beträge für Reisekosten (KV 9008 Nr. 2). Auch wer ein selbständiges Beweisverfahren beantragt, schuldet die dadurch entstandenen Auslagen nach § 22 Abs. 1 und ist außerdem nach § 17 Abs. 1 vorschuss- und vorwegleistungspflichtig. Vernimmt das Gericht auf Antrag des Gegners im selbständigen Beweisverfahren weitere Zeugen, ist insoweit der Gegner vorschuss- und vorwegleistungspflichtig. Eine Vorschusspflicht besteht auch für die durch die Hinzuziehung eines Dolmetschers entstehenden Auslagen. Zwar sind Dolmetscher von Amts wegen zuzuziehen (§§ 185, 186 GVG § 55 Abs. 1 VwGO § 52 Abs. 1 FGO). Aber das Verlangen, eine der deutschen Sprache nicht mächtige Person zu vernehmen, schließt auch den Antrag auf Hinzuziehung des Dolmetschers in sich.[5] Das gilt natürlich nicht, wenn die Partei ausdrücklich erklärt, die zu vernehmende Person sei der deutschen Sprache hinreichend mächtig und das Gericht den Dolmetscher nur „sicherheitshalber" hinzuzieht. Dann gilt Abs. 3 mit einer Option auf § 21. Soweit Auslagenvorschusspflicht besteht, gibt es aber keine Vorwegleistungspflicht. Der Auslagenvorschuss ist auch zu leisten für die auf Antrag erfolgenden öffentlichen Ladungen, Zustellungen im Ausland und Bekanntmachungen. In solchen Fällen liegt ein Antrag schon in der Einreichung einer öffentlich oder im Ausland zuzustellenden Klage. Anders kann es liegen, wenn die Zustellungen oder Bekanntmachungen von Amts wegen zu erfolgen haben. Dann kommt Abs. 3 in Betracht.

4 Auch in **Straf- und Ordnungswidrigkeitensachen** ist eine Spezialregelung gegeben (Abs. 4, vgl. auch KV 9005 Abs. 4). Wenn aber eine oder beide Parteien der deutschen Sprache nicht mächtig sind, gilt nur Abs. 3, weil dann nach § 185 GVG ein Dolmetscher von Amts wegen hinzuzuziehen ist.

---

3 Vgl. OLG Dresden JurBüro 2007, 212; OLG Bamberg NJW-RR 2001, 1578; OLG Stuttgart MDR 1987, 1036; *Hartmann* § 17 Rn. 1.

4 OLG Dresden JurBüro 2007, 212.

5 Vgl. auch KG NJW 1973, 436 = MDR 1973, 325 = JurBüro 1973, 460; *Mümmler* § 68 Rn. 6.

Soweit im **Insolvenzverfahren** mit Auslagen verbundene Handlungen auf Antrag vorgenommen werden, ist auch hier der Antragsteller vorschusspflichtig, mit Ausnahme der im Verfahren über einen Schuldenbereinigungsplan (§ 306 InsO) entstehenden Auslagen (Abs. 4). Dazu gehört auch der Antrag auf Eröffnung dieser Verfahren.[6] Soweit aber nach Abs. 1 für im Rahmen der Durchführung des Verfahrens keine Vorschusspflicht besteht,[7] kann nach Abs. 3 ein Vorschuss, allerdings ohne Vorwegleistungspflicht, angefordert werden.[8] Das ergibt sich auch daraus, dass ein Insolvenzantrag abgewiesen werden kann, wenn nicht ein zur Deckung der Massekosten ausreichender Geldbetrag vorgeschossen wird.[9] Soweit Ermittlungen, die Anordnung der Vorführung des Schuldners oder Sicherungsmaßregeln von Amts wegen erfolgen, kann ein Vorschuss nur nach Abs. 3 erhoben werden. Erfolgt aber eine solche Maßnahme auf einen ausdrücklichen Antrag, ist der Antragsteller nach Abs. 1 vorschuss- und vorwegleistungspflichtig. Die Bestimmung eines besonderen Prüfungstermins erfolgt von Amts wegen. Für die damit verbundenen Auslagen kann ein Vorschuss nach Abs. 3 erhoben werden. 5

Für das **schifffahrtsrechtliche Verteilungsverfahren** enthält § 13 eine besondere Regelung. 6

In **Zwangsversteigerungs- und Zwangsverwaltungsverfahren** sind ebenfalls Handlungen denkbar, die nicht von Amts wegen, sondern nur auf besonderen Antrag vorgenommen werden (wie z.B. zusätzliche Veröffentlichungen des Zwangsversteigerungstermins in der einschlägigen Fachpresse[10] oder die Einholung zusätzlicher Gutachten). Soweit die Handlungen auf Antrag erfolgen, besteht Vorschuss- und Vorwegleistungspflicht nach Abs. 1. In allen übrigen Fällen kann nach Abs. 3 ein Auslagenvorschuss angefordert werden.[11] 7

In **Strafsachen** besteht eine Auslagenvorschuss- und Vorwegleistungspflicht nur für den Privatkläger, den Widerkläger sowie für den Nebenkläger, der Berufung oder Revision eingelegt hat, Abs. 4. 8

In **Verwaltungs-, Sozial- und Finanzgerichtssachen** wird i.d.R. nur eine Auslagenvorschusspflicht nach Abs. 3 in Betracht kommen. Soweit aber Handlungen auf den Antrag einer Partei oder eines Beteiligten vorgenommen werden, findet auch in diesen Verfahren Abs. 1 Anwendung.[12] 9

III. Antragsteller

Antragsteller ist, wer die in Frage stehende mit Auslagen verbundene Handlung beantragt hat, und nicht, wer als Antragsteller der Instanz das Verfahren beantragt hat und deshalb nach §§ 22–26 Kostenschuldner ist. Gleichgültig ist auch, wen die Beweispflicht (Beweislast) trifft.[13] Beantragt eine nicht beweispflichtige Partei, einen Beweis zu erheben, ist sie auslagenvorschusspflichtig. Dafür reicht der Antrag, einen vom Gericht beauftragten Gutachter zu laden, um diesen zum Gutachten zu befragen.[14] Umgekehrt wird der Beweispflichtige ebenso wenig wie der Antragsteller der Instanz auslagenvor- 10

6 LG Hildesheim MDR 1957, 111; AG Paderborn JurBüro 1992, 469; *Hartmann* § 17 Rn. 6.
7 *Mümmler* § 68 Rn. 21.
8 OLG Schleswig SchlHA 1971, 230.
9 Dazu LG Mainz RPfleger 1975, 253.
10 Vgl. *Mümmler* § 68 Rn. 20.
11 OLG Koblenz NJW-RR 2002, 432 (LS).
12 *Mümmler* § 68 Rn. 26, 27.
13 OLG Köln NJW-RR2009, 1365; OLG Bamberg FamRZ 2001, 1387; OLG Koblenz RPfleger 1988, 384 und VersR 1988, 702; *Hartmann* § 17 Rn. 10; *Zimmermann* in *Binz* u.a. § 17 Rn. 2.
14 OLG Schleswig RPfleger 1957, 5 (L).

schusspflichtig für einen Antrag der nicht beweispflichtigen Partei. Auch wer einen Gegenbeweis antritt, wird zum Antragsteller.[15] Bei Beweis und Gegenbeweis sind beide Parteien gesamtschuldnerisch auslagenvorschusspflichtig, soweit sie sich auf dasselbe Beweismittel und dasselbe Beweisthema beziehen.[16] Entscheidend ist, wer den Antrag gestellt hat,[17] nicht wer materiell rechtlich beweispflichtig ist. Denn nach den Bestimmungen der ZPO hat das Gericht allen erheblichen Anträgen unabhängig von der Beweispflichtigkeit nachzugehen. Es bleibt der nicht beweispflichtigen Partei allemal unbenommen, kostenauslösende Anträge zu unterlassen, wenn und soweit sie nicht darlegungs- oder beweispflichtig ist. Beantragt z.B. der Kläger eine Beweisaufnahme, die für die Entscheidung über die Widerklage von Bedeutung ist, ist nur der Kläger, nicht auch der Widerkläger (Beklagte) auslagenvorschusspflichtig. Es schadet nicht, dass die Beweisaufnahme auch dem Gegner zugutekommt. Beantragt der Beklagte im Zivilprozess eine Beweisaufnahme, hat er, obwohl er nicht Antragsteller der Instanz ist, für die durch seinen Antrag entstehenden Auslagen Vorschuss zu leisten.[18] Dementsprechend braucht im Privatklageverfahren ein Privatkläger für die vom Beschuldigten benannten Entlastungszeugen keinen Auslagenvorschuss zu zahlen.[19]

IV. Antrag

11 Ein ausdrücklicher **Antrag** ist nicht unbedingt erforderlich. Grundsätzlich stellt schon der Beweisantritt einen Antrag i.S.v. Abs. 1 dar.[20] Daher ist ein Antrag auch schon darin zu erblicken, dass eine Partei einen Zeugen benennt oder ein Sachverständigengutachten als Beweismittel bezeichnet, mag es auch „ohne Übernahme der Beweislast“, „unter Protest gegen die Beweislast“ oder „vorsorglich“ geschehen oder als Antrag auf Vornahme einer prozessleitenden Verfügung sein.[21] Dabei muss das Begehren nicht ausdrücklich als Antrag bezeichnet werde. Nach allgemeinen Auslegungsregeln reicht es aus, wenn der Wille zur Vornahme der Handlung klar zum Ausdruck kommt. Ein bestimmter Sachverständiger braucht nicht benannt zu sein, weil die Auswahl des Sachverständigen grundsätzlich Sache des Gerichts ist. Daher besteht auch dann eine Auslagenvorschusspflicht, wenn das Gericht einen anderen als den vom Antragsteller genannten Sachverständigen bestimmt. Dagegen besteht keine Auslagenvorschusspflicht, wenn das Gericht einen Sachverständigen, den die Partei nicht will, sein Gutachten ergänzen lässt, weil schon das erste, zu ergänzende Gutachten, auslagenvorschusspflichtig war. Ist aber auf Antrag der Partei zunächst nur ein schriftliches Sachverständigengutachten eingeholt worden und beantragt die Partei nun ergänzend, den Sachverständigen zu laden, um ihn Vorhalte machen zu können, ist sie für die durch die persönliche Ladung des Sachverständigen entstehenden weiteren Auslagen vorschusspflichtig, weil es sich um einen neuen Antrag handelt.[22] Das gilt auch, wenn die dem Sachverständigen vorzuhaltenden Fragen schriftlich formuliert und dieser vorab gebeten wird, zunächst schriftlich Stellung zu nehmen. Anders liegt es bei der Beantragung von Zeugenvernehmungen. Hier entsteht die Auslagenvorschusspflicht erst, wenn die beantragende Partei den

---

15 H.M. Vgl. bei Hartmann § 17 Rn. 10 m.w.N.
16 OLG Schleswig SchlHA 2002, 76; OLG Düsseldorf MDR 1974, 321; **a.M.** OLG Stuttgart NJW-RR 2002, 143.
17 OLG Oldenburg JurBüro 2013, 648.
18 LG Osnabrück JurBüro 1980, 249 m. Anm. v. *Mümmler*.
19 LG Karlsruhe NJW 1963, 66.
20 OLG Koblenz VersR 1988, 702; OLG Zweibrücken RPfleger 1989, 81.
21 OLG Düsseldorf MDR 1974, 321.
22 OLG Schleswig RPfleger 1957, 5 (L).

Zeugen prozessordnungsgemäß benennt. Der Antrag auf Vernehmung des Zeugen „NN, dessen ladungsfähige Anschrift nachgereicht wird“, ist noch kein Antrag i.d.S., weil es schon an einem prozessordnungsgemäßen Beweisantritt mangelt. Werden von beiden Parteien dieselben Beweismittel benannt und erfolgt die Beweisanordnung für die von den Parteien genannten Beweisfragen, sind beide Parteien als Antragsteller für die genannten durch die Beweisanordnung entstehenden Auslagen gesamtschuldnerisch vorschusspflichtig,[23] und nicht nur der Beweispflichtige.[24] Denn auch der Antritt eines sog. „Gegenbeweises“ ist jedenfalls dann ein Antrag i.d.S., und zwar nicht nur, wenn es sich nicht um dasselbe Beweismittel, sondern auch wenn die Beweismittel identisch sind, handelt oder die Beweisanordnung auch auf dem Antrag beruht.[25] Allerdings wird man in solchen Fällen den Beweispflichtigen als Erstschuldner behandeln müssen. Wenn und soweit der Vorschuss zurückgezahlt werden muss, hat die Rückzahlung natürlich an denjenigen zu erfolgen, der den Auslagenvorschuss tatsächlich eingezahlt hat.

V. Prozesskostenhilfebewilligungsverfahren

Im Prozesskostenhilfebewilligungsverfahren darf auch vom Gegner der unvermögenden Partei kein Auslagenvorschuss verlangt werden, selbst wenn er einen auslagenträchtigen Antrag stellt. Ist dem Kläger, Berufungs- oder Revisionskläger **Prozesskostenhilfe bewilligt** und dabei nicht angeordnet worden, dass von der unvermögenden Partei Zahlungen an die Bundes- oder Landeskasse zu leisten sind, so ist auch sein Gegner nicht auslagenvorschusspflichtig (§ 122 Abs. 2 ZPO). Hat er sich aber bei einem Beweisantritt zur Übernahme der Kosten bereit erklärt, so kann er aus dieser Übernahmeerklärung auch auf den Auslagenvorschuss in Anspruch genommen werden, selbst wenn er in dem Rechtsstreit obsiegt und deshalb nach § 125 Abs. 2 ZPO die Kosten nicht tragen müsste, § 29 Nr. 2. 12

VI. Auslagenfreiheit

Wer **Auslagenfreiheit** besitzt, ist auch nicht vorschusspflichtig (§ 2). Eine nur einstweilige Befreiung von der Auslagenvorschusspflicht ist, abgesehen vom Fall der Prozesskostenhilfe, nicht möglich. Insbesondere darf die Ausnahmevorschrift des § 14 nicht entsprechend auf § 17 angewandt werden.[26] 13

Die **Auslagenfreiheit bleibt bestehen**, auch wenn die Kosten des Verfahrens einem anderen auferlegt sind (§ 29 Nr. 1) oder von einem anderen übernommen wurden (§ 29 Nr. 2). Daneben ist in bürgerlichen Rechtsstreitigkeiten sowie in Verwaltungs- und Finanzgerichtssachen für die Auslagen auch der Antragsteller der Instanz Kostenschuldner nach § 22 Abs. 1. Er ist aber in dieser Eigenschaft nicht vorschusspflichtig, es sei denn, er hat die mit den Auslagen verbundene Handlung beantragt. Als Kostenschuldner hat er für die Auslagen erst nach Eintritt von deren Fälligkeit aufzukommen (§§ 8, 9). Der Kläger hat als Antragsteller der Instanz auch für die Auslagen aufzukommen, die durch Anträge der beklagten Partei entstanden sind, selbst wenn der beklagten Partei Prozesskostenhilfe bewilligt worden war.[27] Der Auslagenvorschussschuldner nach § 17 wird ge- 14

---

23 OLG Zweibrücken RPfleger 1989, 81; *Mümmler* § 68 Rn. 10.
24 So aber *Hartmann* § 17 Rn. 12.
25 OLG Schleswig SchlHA 2002, 76 m.w.N.; OLG Stuttgart MDR 1998, 1036.
26 OLG München RPfleger 1961, 423 (L).
27 **A.M.** OLG Stuttgart NJW 1958, 107 = JZ 1958, 171 m. abl. Anm. v. *Pohle*.

genüber dem Entscheidungs- oder Übernahmeschuldner zum Zweitschuldner (§§ 18, 31 Abs. 2).[28] Auch nach Vornahme der mit den Auslagen verbundenen Handlung bleibt die Vorschusspflicht bestehen (§ 18). Der Vorschuss kann daher ganz oder, wenn der eingeforderte Vorschuss nicht ausreicht, die Differenz, auch noch nach der Beweisaufnahme eingefordert werden.[29] Die Aushändigung eines bereits erstatteten Sachverständigengutachtens darf aber nicht von der Zahlung des vom Antragsteller eingeforderten Vorschusses abhängig gemacht werden.[30]

15 **Keine Auslagenvorschusspflicht** besteht, wenn die Handlung nicht mit Auslagen verbunden ist. Das kann z.B. so sein, wenn die Zeugen auf Erstattung ihrer Auslagen vorweg oder nachträglich verzichtet haben. Die Auslagenvorschusspflicht lebt dann auch nicht wieder auf, wenn den Zeugen trotz ihres Verzichts versehentlich eine Entschädigung gewährt wurde.[31] Andererseits kann aber eine Partei aus einer Nichtbeachtung der zugunsten der Staatskasse geschaffenen Vorschusspflichten für sich kein Kostenniederschlagungsrecht herleiten.[32]

VII. Vorwegleistungspflicht

16 **Vorwegleistungspflicht (Abs. 1 S. 2):** Das Gericht soll die mit Auslagen verbundene Handlung nicht vornehmen, solange nicht der Vorschuss eingezahlt ist. Es hat z.B. die Ladung, die Vernehmung von Zeugen oder die Beauftragung eines Sachverständigen bzw. den Versand der Akten zu unterbleiben, solange der Auslagenvorschuss noch nicht entrichtet ist. Wird aber der Zeuge oder Sachverständiger von einer Partei gestellt und verzichtet er auf Entschädigung, ist die Handlung nicht mehr mit Auslagen verbunden und deshalb vorzunehmen.

17 **Keine Vorwegleistungspflicht** besteht, wenn der auslagenvorschusspflichtigen Partei Kostenfreiheit (nicht nur Gebührenfreiheit) zusteht. Bei Bewilligung von **Prozesskostenhilfe** besteht Vorwegleistungspflicht nur nach den Bestimmungen, die das Gericht nach § 120 ZPO getroffen hat. Keine Vorwegleistungspflicht besteht auch für den Beklagten, Berufungs- oder Revisionsbeklagten, wenn der Kläger, Berufungs- oder Revisionskläger Prozesskostenhilfe bewilligt worden ist und ihm keine Zahlungen auferlegt worden sind (§ 122 Abs. 2 ZPO).

18 Für die übrigen Fallgruppen des § 14 ist § 17 Abs. 1 S. 2 sind nicht entsprechend anwendbar. So ist es auch unzulässig, einen weiteren Vorschuss **nach** Gutachtenerstellung – etwa für die Harausgabe des Gutachtens an die Parteien – zu fordern.[33] Die vorschusspflichtige Handlung soll daher auch dann nicht vorgenommen werden, wenn glaubhaft gemacht wird, dass die alsbaldige Zahlung des Auslagenvorschusses dem Vorschusspflichtigen Schwierigkeiten bereiten oder einen nicht oder nur schwer zu ersetzenden Schaden oder Nachteil bringen würde.[34] Das schließt aber nicht aus, dass das Gericht im Einzelfall von der sofortigen Vorwegleistungspflicht absehen kann, wenn es nach seinem pflichtgemäßen Ermessen zwingende Gründe für diese Ausnahme für gegeben ansieht. So etwa, wenn der Verlust des Beweismittels zu besorgen ist. Das Wort „soll" verpflichtet zwar das Gericht, die Vornahme der Handlung i.d.R. von der Vorwegleistung abhängig zu

28 OLG Düsseldorf JurBüro 1974, 218 = RPfleger 1974, 81.
29 OLG München VersR 1978, 751; OLG Frankfurt aM NJW 1963, 1787 = JurBüro 1963, 555; OLG Düsseldorf RPfleger 1956, 182 (L); OLG Hamm JurBüro 1966, 151.
30 OLG Frankfurt aM NJW 1963, 1787 = JurBüro 1963, 555.
31 OLG Nürnberg JurBüro 1959, 39 = RPfleger 1963, 180 (L).
32 KG RPfleger 1962, 123 (L).
33 Dazu N. Schneider NJW-Spezial 2014, 667.
34 OLG München RPfleger 1961, 432 (L).

machen, will dem Richter aber auch einen gewissen Ermessensspielraum lassen. Das Gericht wäre im Übrigen nicht gehindert, etwa nach §§ 144, 273 ZPO zu verfahren.

Da die **außerhalb des GKG** eine Vorwegleistungspflicht vorsehenden Bestimmungen der §§ 379, 402 ZPO, § 379a StPO dem § 17 als leges speciales vorgehen (vgl. auch oben Rn. 1),[35] ist der Kostenbeamte nicht befugt, einen Auslagenvorschuss anzufordern, wenn das Gericht in einem Beweisbeschluss eine entsprechende Auflage (versehentlich) unterlassen hat.[36] 19

Das **Gericht** soll die Handlung von der Einzahlung des Auslagenvorschusses abhängig machen. Gemeint ist damit das Prozessgericht, im Rahmen seiner Zuständigkeit auch der Einzelrichter nach § 348 ZPO. Der beauftragte oder der ersuchte Richter darf es nicht. Er darf insbesondere ein vermeintliches oder wirkliches Versäumnis des Prozessgerichts nicht nachholen oder vom Prozessgericht die nachträgliche Anordnung verlangen.[37] Von Eilfällen abgesehen, ist es ihm aber nicht verwehrt, das Prozessgericht auf das Fehlen der Vorwegleistungsanordnung hinzuweisen. In **Rechtspflegersachen** entscheidet der Rechtspfleger. 20

VIII. Abhängigmachung

Die Anordnung trifft das Gericht durch **Beschluss**. In den Fällen prozessleitender Anordnungen nach § 273 ZPO verfügt sie der Vorsitzende. Die Höhe des Vorschusses und die Zahlungsfristen sind so zu bemessen, dass der Anordnung Folge geleistet werden kann. Der Vorschuss sollte die bei sachgemäßer Erledigung voraussichtlich entstehenden Kosten der mit Auslagen verbundenen Handlung decken. Auch Mehrkosten, die dadurch entstehen, dass das Gericht einen Zeugen vor dem Prozessgericht statt durch einen ersuchten Richter vernehmen lässt, sind vorzuschießen, auch wenn die Partei nur die Vernehmung durch einen ersuchten Richter beantragt hat. Umgekehrt gilt auch, dass Mehrkosten, die durch die Reise des Gerichts zur Wahrnehmung eines auswärtigen Termins entstehen werden, vorschussweise angefordert werden können. Die Beibringung einer Bürgschaft ist keine Vorwegleistung,[38] erst recht nicht die Erklärung des Prozessbevollmächtigten, er „stehe für die Auslagen gut“. Allerdings wird das Gericht in solchen Fällen die Handlung vornehmen. In einem Kostenfestsetzungsverfahren ist eine Abhängigmachung unzulässig.[38a] 21

IX. Rechtsmittel gegen die Anordnung

Gegen den einen Auslagenvorschuss nach Abs. 1 anordnenden Beschluss ist die **Beschwerde** nach § 68 Abs. 1, in Rechtspflegersachen **Erinnerung** nach § 11 RPflG gegeben. Das Rechtsmittel kann sich sowohl gegen die Vorschuss- oder Vorwegleistungspflicht als solche als auch gegen die Höhe richten sowie gegen die Bestimmung der Zahlungsfrist. Sie ist auch dann zulässig, wenn der Beschwerdewert von 200 € nicht erreicht wird, denn § 68 Abs. 1 verweist nicht auf § 67 Abs. 2. Handelt es sich hingegen um die Anordnung eines Vorschusses nach § 17 Abs. 3, ist die Beschwerde nur zulässig, wenn der Beschwerdewert von 200 € überschritten wird (§ 68 Abs. 2). Besteht für das Hauptsacheverfahren, in dem der Vorschuss angefordert wird, Anwaltszwang, gilt das auch für 22

---

35 OLG Bamberg NJW-RR 2001, 1578.
36 OLG Bamberg NJW-RR 2001, 1578.
37 OLG Hamm NJW 1956, 1447 (L).
38 *Kleeberg* RPfleger 1966, 202.
38a OLG Frankfurt/Main, JurBüro 2017, 471.

die Beschwerde (§ 67 Abs. 1). Wenn die Vorschuss- oder Vorwegleistungspflicht nicht nach § 17, sondern nach anderen Bestimmungen – etwa § 379 ZPO – erfolgte, findet auch keine Beschwerde nach § 67 statt.[39]

X. Abs. 2. Elektronische Übermittlungen

23 **Abs. 2:** Hinsichtlich der Pauschalen für die Herstellung und Überlassung von auf Antrag zu erteilenden Ausfertigungen und Kopien bzw. Ausdrucken von **Dokumenten** und für die Versendung oder elektronische Übermittlung von **Akten** steht die Vorwegleistungsanforderung dem **Kostenbeamten** zu. Sie steht in seinem Ermessen („können"). Das bedeutet, dass eine Vorwegleistungsforderung unterbleiben kann, wenn dadurch unverhältnismäßig hohe Kosten entstehen würden oder wenn nicht zu besorgen ist, dass die Auslagen mit der Gesamtabrechnung nicht gezahlt werden könnten. Auch wenn das Gericht eine Vorschussleistung, aber keine Vorwegleistungsanordnung trifft, hat der Kostenbeamte nach § 17 Abs. 1 S. 1 einen Auslagenvorschuss anzufordern. Er darf aber soweit keine Vorwegleistungsanordnung treffen. Die mit Auslagen verbundene Handlung ist auch auszuführen, wenn der Vorschuss noch nicht gezahlt ist. Gegen die Vorschussanordnung des Kostenbeamten ist die Erinnerung nach § 67 Abs. 1 möglich.

XI. Fälligkeit

24 **Fälligkeit** der Auslagen (§§ 6–9). Unabhängig von der Fälligkeit tritt die Vorauszahlungspflicht mit Anordnung der mit den Auslagen verbundenen Handlung ein,[40] gleichgültig, ob gleichzeitig eine Vorwegleistung angeordnet wird oder nicht. Eine nicht erfolgte Vorschussanordnung kann bis zur Fälligkeit der Auslagen nachgeholt werden.

XII. Ausnahmen (Abs. 4)

25 **Ausnahme (Abs. 4):** Für eine **auf Antrag** erfolgende **Anordnung einer Haft** hat der Antragsteller nach Abs. 1 S. 1 einen hinreichenden Auslagenvorschuss zu leisten. Abs. 4 bestimmt insoweit nur, dass im Falle der Haftanordnung das Gericht die Vornahme der Handlung nicht von der vorherigen Zahlung des Auslagenvorschusses abhängig machen darf. Die Anordnung der Haft muss demnach auch erfolgen, wenn vom Antragsteller noch kein Haftkostenvorschuss gezahlt ist. In Betracht kommen Haftkosten nach KV 9011, soweit die Haftanordnung auf einem Antrag beruht, z.B. Haft gegen einen Schuldner, der die Abgabe der eidesstattlichen Versicherung verweigert, oder persönlicher Sicherheitsarrest. Vgl. auch unten Rn. 32–35.

XIII. Handlungen von Amts wegen (Abs. 3)

26 **Handlungen von Amts wegen (Abs. 3):** Während bei Handlungen auf einen Antrag stets der Vorschuss zu leisten **ist**, und die Handlung bis zur Leistung unterbleiben soll, **kann** für Handlungen, die von Amts wegen vorzunehmen sind, ein Auslagenvorschuss nach pflichtgemäßem Ermessen erhoben werden (vgl. § 20 Abs. 2 KostVfg.). Eine von Amts wegen vorzunehmende Handlung (z.B. § 144 ZPO) darf also niemals von der Vor-

39 OLG Frankfurt/M RPfleger 1973, 63.
40 BGH, Beschl. v. 12.4.2017 – XII ZB 254/16 – Rn. 14 – = JurionRS 2017, 12403.

schussleistung abhängig gemacht werden.[41] Gegen die Vorschussanordnung des Kostenbeamten steht die Erinnerung nach § 66 Abs. 1 offen. Hat das Gericht eine Auslagenvorschussanordnung getroffen, was nach Abs. 3 nicht ausgeschlossen ist, kann der Beschluss mit der Beschwerde nach § 67 angefochten werden, auch wenn der Beschwerdewert von 200 € nicht erreicht ist. Wie bei Abs. 1 darf der Vorschuss auch noch gefordert werden, wenn die Handlung bereits vorgenommen ist. Denn die Auslagenvorschusspflicht besteht nach Abs. 3 genauso wie nach Abs. 1.[42] Nur die Geltendmachung des Anspruchs auf Auslagenvorschuss ist dem pflichtgemäßen Ermessen des Gerichts oder des Kostenbeamten anheimgestellt.[43]

Von Amts wegen erfolgen mit Auslagen verbundene Handlungen z.B. bei Einnahme 27
des Augenscheins oder bei der Einholung eines Sachverständigengutachtens, wenn kein Antrag einer Partei vorliegt (§§ 273, 144 ZPO) oder wenn eine Partei den ihr nach Abs. 1 auferlegten Auslagenvorschuss nicht zahlt, die gerichtliche Handlung aber geboten ist,[44] bei Maßnahmen nach § 273 ZPO, sofern kein Beweisangebot zugrunde liegt, im Eheprozess (§ 616 ZPO). Auch für die Durchführung des **Insolvenzverfahrens** kann von Amts wegen ein Vorschuss angefordert werden, sowie für die Bestimmung des besonderen Prüfungstermins. Im **Zwangsversteigerungsverfahren** kann ein Auslagenvorschuss von Amts wegen für Veröffentlichungskosten, Terminbekanntmachungen, Wertermittlungen, Beweiserhebungen ebenso erhoben werden wie für die Auslagen, die mit der Bewachung und Verwahrung von Schiffen und Luftfahrzeugen verbunden sind (§§ 165, 171c ZVG). Auch in **Verwaltungs- und Finanzgerichtsverfahren** kann ein Vorschuss erhoben werden. Gerade in diesen Verfahren kommt dem Abs. 3 besondere Bedeutung zu.[45]

Wer nach Abs. 3 vorschusspflichtig ist, sagt das Gesetz nicht. Nach verbreiteter An- 28
sicht soll in diesen Fällen die beweispflichtige Partei vorschusspflichtig sein.[46] Andere wollen § 2 Nr. 2 KostO (ab 1.8.2013: § 23 GNotKG) sinngemäß anwenden[47] und demzufolge die Partei für vorschusspflichtig ansehen, deren Interesse wahrgenommen wird. Bei der Beantwortung der Frage ist von Abs. 1 auszugehen, wonach bindend vorgeschrieben ist, dass derjenige den Auslagenvorschuss zu leisten hat, auf dessen Antrag die Handlung erfolgt, während es Abs. 3 bei Handlungen, deren Vornahme von Amts wegen zu erfolgen hat, dem pflichtgemäßen Ermessen überlässt, ob ein Auslagenvorschuss erfordert werden soll. Hier auf die Beweislast abzustellen, wäre unpraktisch, weil diese oft durchaus zweifelhaft sein kann.[48] Aber auch die Inanspruchnahme des Antragstellers des Verfahrens könnte zu unbilligen Ergebnissen führen, wenn die von Amts wegen angeordnete Handlung seinen Interessen zuwiderläuft. Man muss daher das in Abs. 3 mit dem Wort „kann" eingeräumte Ermessen so verstehen, dass nicht nur die Frage, *ob* ein Auslagenvorschuss eingefordert werden soll, sondern auch die Frage, *wer* ihn zu zahlen hat, nach billigem Ermessen zu entscheiden ist. Dabei können Gesichtspunkte, wem die Handlung voraussichtlich nützt, ein brauchbares Ermessenskriterium sein.

---

41 BGH JurBüro 2010, 265 = MDR 2010, 472 = BeckRS 2010, 04707; BGH NJW 2000, 743, 744 = VersR 2001, 914 = VRS Bd. 98 (2000), 179; OLG Koblenz NJW-RR 2002, 432 (LS); AG Offenbach – Beschl. v. 24.4.2013 – 61 M 686/13 (bei juris); *Hartmann* § 17 Rn. 21; *Zimmermann* in *Binz* u.a. § 17 Rn. 16; *Oestreich* in Oe/He/Tre § 17 Rn. 9; *Zöller-Greger* § 144 Rn. 4.

42 OLG Stuttgart JurBüro 1981, 163; OLG Düsseldorf JurBüro 1964, 591.

43 *Zimmermann* in Binz u.a. § 17 Rn. 16.

44 BGH MDR 1976, 396 = GRUR 1976, 213 = JurBüro 1976, 249 (L); OLG Düsseldorf MDR 1974, 321.

45 **A.M.** OVG Münster NJW 1969, 1668 = DÖV 1969, 759 = DVBl. 1969, 969 (L).

46 OLG Düsseldorf JurBüro 1964, 591 = JMBlNRW 1961, 237; OLG Bamberg JurBüro 1979, 879; OVG Münster NJW 1969, 1686 = DÖV 1969, 759; *Mümmler* § 68 Rn. 9; *Schneider* JurBüro 1976, 1295.

47 *Lappe* § 68 Rn. 10.

48 OVG Münster NJW 1969, 1686.

XIV. Insolvenz-, Schifffahrtrechtliche Verteilungs- und Zwangsvollstreckungssachen

29 Im **Insolvenzverfahren** kann der Antragsteller auch Schuldner der Auslagen des Eröffnungsverfahrens oder des Verfahrens auf Wiederaufnahme des Insolvenzverfahrens werden, § 23 Abs. 1 S. 2. Er kann daher ebenso als vorschusspflichtig in Anspruch genommen werden wie der Gemeinschuldner (§ 23 Abs. 2). Eine Ausnahme gilt nur im Verfahren über einen Schuldenbereinigungsplan nach § 306 InsO (Abs. 4 S. 3).

30 Im **schifffahrtsrechtlichen Verteilungsverfahren** ist Schuldner der Auslagen der Antragsteller (§ 25) und damit auch vorschusspflichtig. Im Übrigen vgl. § 13.

31 Im **Zwangsversteigerungs- und Zwangsverwaltungsverfahren** ist der Antragsteller Schuldner der Auslagen, soweit sie nicht dem Erlös entnommen werden können (§ 26 Abs. 1). Er kann daher **auch** zur Leistung des Auslagenvorschusses herangezogen werden.

Ein Vorschuss soll nicht erhoben werden von Gemeinden, Gemeindeverbänden oder einer sonstigen Körperschaft des öffentlichen Rechts (§ 20 Abs. 6 KostVfg.).

XV. Besonderheiten bei Straf- und Bußgeldsachen

32 **Strafsachen und Ordnungswidrigkeitensachen (Abs. 4) gelten einige Besonderheiten:**

33 Der **Beschuldigte/Betroffene** ist niemals nach Abs. 1 auslagenvorschusspflichtig, auch nicht, wenn die von ihm genannten Zeugen geladen werden, oder wenn er das Rechtsmittel eingelegt hat. Auslagenvorschusspflichtig sind in Strafsachen nur der Privatkläger und der Widerkläger in allen von ihnen betriebenen Rechtszügen sowie im Wiederaufnahmeverfahren und der Nebenkläger, soweit er Berufung oder Revision eingelegt hat. Der Nebenkläger, der eine Wiederaufnahme des Verfahrens beantragt hat, ist zwar gebührenvorschusspflichtig (KV 3530), nicht aber auslagenvorschusspflichtig.[49] Voraussetzung der Auslagenvorschusspflicht ist aber immer, dass die mit Auslagen verbundene Handlung vom Privat-, Wider- oder Nebenkläger in dieser Rechtsstellung beantragt worden ist. Hat ein Privatkläger in seiner Eigenschaft als Widerbeklagter oder Rechtsmittelbeklagter eine mit Auslagen verbundene Handlung beantragt, ist er nicht auslagenvorschusspflichtig.[50] Bezieht sich ein Antrag auf die Vornahme einer mit Auslagen verbundenen Handlung auf den Privatkläger in seiner Eigenschaft als Privatkläger sowie als Widerbeklagter, ohne dass eine Trennung möglich ist, entfällt eine Vorschusspflicht des Privatklägers.[51] Hat nur der Privatbeklagte das Rechtsmittel eingelegt, ist an diesem Rechtsmittelverfahren der Privatkläger nicht in dieser Eigenschaft, sondern als Rechtsmittelbeklagter beteiligt und damit in diesem Verfahren überhaupt nicht vorschusspflichtig.[52] Der Privat- und der Nebenkläger sind nur für solche Handlungen auslagenvorschusspflichtig, die sie i.S.d. Abs. 1 beantragt haben[53] und nicht für solche des Beschuldigten. Sie haben daher für die vom Beschuldigten benannten Entlastungszeugen keinen Auslagenvorschuss zu leisten.[54]

---

49 *Hartmann* § 17 Rn. 25.

50 *Hartmann* § 17 Rn. 23.

51 *Oestreich* in Oe/He/Tre § 17 Rn. 24.

52 OLG Düsseldorf JMBlNRW 1955, 286 = RPfleger 1956, 170; *Hartmann* § 17 Rn. 24.

53 OLG Hamm MDR 1976, 779 = RPfleger 1976, 262.

54 OLG Düsseldorf RPfleger 1956, 170; LG Osnabrück NdsRPfl. 1963, 238; LG Karlsruhe NJW 1963, 66; LG Paderborn MDR 1958, 445; *Hartmann* § 17 Rn. 23; *Reiff* NJW 1955, 1182; **a.M.** LG Siegen MDR 1976, 602; LG Krefeld JMBlNRW 1955, 21; *Thomas* AnwBl. 1979, 130; *Granicky* NJW 1955, 859.

Nimmt das Gericht die mit Auslagen verbundene **Handlung von Amts wegen** vor, ist hierfür auch in Privat- und Nebenklageverfahren niemand vorschusspflichtig, Abs. 4 S. 3.[55] 34

Dokumentenpauschalen etc.: In Straf- und Ordnungswidrigkeitensachen gilt Abs. 2 nicht, wenn der Beschuldigte/Betroffene oder sein Beistand Antragsteller sind, Abs. 4 S. 2. In diesen Fällen sind die Handlungen im Interesse einer zügigen Verfahrensabwicklung stets ohne Vorschussleistung auszuführen. 35

XVI. Vorwegleistungspflicht

Vorwegleistungspflicht: Die „Vorschusspflicht nach Abs. 1" umfasst auch die in Abs. 1 S. 2 vorgesehene Vorwegleistungspflicht. Soweit daher Privat-, Wider- oder Nebenkläger auslagenvorschusspflichtig sind, soll das Gericht die Handlung von der vorherigen Zahlung des Auslagenvorschusses abhängig machen. Es ist aber keine Einstellung des Verfahrens nach § 391 StPO zulässig bei Nichtzahlung des Auslagenvorschusses[56] oder eine Verwerfung der Berufung.[57] 36

XVII. Verwendung des Auslagenvorschusses

Verwendung des Auslagenvorschusses: Mit dem Auslagenvorschuss sind zunächst die Auslagen zu decken, derentwegen er geleistet ist.[58] Er ist eine endgültige Kostenschuld.[59] Reicht er nicht aus, hat der Auslagenvorschusspflichtige die Kosten nachzuschießen (§ 17). Das kann jederzeit gefordert werden.[60] Ist der Vorschuss nicht restlos verbraucht, darf er auf sonstige fällige Kostenschulden des Vorschussgebers verrechnet werden, und zwar in dem Verfahren, in dem er geleistet wurde.[61] Auf Kosten eines Zweitschuldners darf der nicht verbrauchte Teil indessen nicht verrechnet werden, solange die Voraussetzungen des § 31 Abs. 2 S. 1 nicht gegeben sind.[62] Zahlt der Kostenbeamte nach einer Unterbrechung des Verfahrens gem. § 240 ZPO versehentlich einen für einen Sachverständigen erhobenen und teilweise verbrauchten Gerichtskostenvorschuss an den insolventen Vorschusspflichtigen zurück, sind die Kosten entsprechend § 21 Abs. 1 Satz 1 bei der nicht vorschusspflichtigen Partei nicht zu erheben.[63] Auf keinen Fall ist aber eine Verrechnung auf Kosten des Gegners zulässig, die diesen allein treffen,[64] es sei denn, der Einzahler ist einverstanden. Eine Verrechnung der Kosten im vorgenannten Sinne darf auch dann erfolgen, wenn der Prozessbevollmächtigte den Auslagenvorschuss für die vorschusspflichtige Partei im eigenen Namen geleistet hat.[65] 37

Da der Auslagenvorschuss nach Vornahme[66] der Handlung abzurechnen ist, ist es unzulässig, einen etwaigen Überschuss zurückzuhalten, um ihn auf künftige, noch nicht 38

55 **A.M.** *Wenzel* NJW 1964, 2284.
56 OLG Zweibrücken MDR 1974, 422; LG Heidelberg NJW 1964, 680.
57 OLG Karlsruhe Die Justiz 1972, 19.
58 OLG Köln JurBüro 1982, 584 m. Anm. v. *Mümmler;* OLG München JurBüro 1971, 705 = RPfleger 1971, 329.
59 OLG Karlsruhe, Beschl. v. 18.1.2010 – 11 W 43/09; KG AnwBl. 1984, 456 m.N.
60 OLG Zweibrücken RPfleger 1989, 81; OLG Hamburg MDR 1981, 327.
61 Vgl. auch bei *Hartmann* § 17 Rn. 18; *D. Meyer* JurBüro 2002, 240.
62 KG JurBüro 1969, 173; **a.M.** OLG Celle JurBüro 1967, 440.
63 OLG Karlsruhe, NJW-RR 2010, 499.
64 *Hartmann* § 17 Rn. 17, 18, m.N.
65 *Hartmann* § 17 Rn. 12.
66 *Hartmann* § 17 Rn. 17, 19; *D. Meyer* JurBüro 2002, 240.

fällige oder in dem noch nicht abgeschlossenen Verfahren potentiell noch zu erwartende Kosten zu verrechnen. Daraus folgt, dass der Vorschuss dann zurückzuzahlen ist, wenn die vorschusspflichtige Handlung unterbleibt (etwa weil sie sich wegen eines Vergleichs prozessual erledigt hat) oder soweit unter keinem gesetzlichen Gesichtspunkt eine Vorschusspflicht des Einzahlers bestand.[67] Der zurückzuzahlende Vorschuss ist nicht zu verzinsen (§ 5 Abs. 4), was auch früher schon h.A. war.[68]

XVIII. Geringfügige Beträge

39 Nach § 20 Abs. 5 KostVfg. soll bei **geringfügigen Beträgen** von der Vorschusseinforderung abgesehen werden, wenn kein Schaden für die Staatskasse zu besorgen ist.

XIX. Gemeinden, Gemeindeverbände und Körperschaften des öffentlichen Rechts

40 Wenn und soweit Gemeinden, Gemeindeverbände oder Körperschaften des öffentlichen Rechts Kostenschuldner sind, sind nach § 20 Abs. 6 KostVfg. keine Vorschüsse zu erheben. In solchen Fällen entfällt naturgemäß ein Sicherungsbedürfnis der Staatskasse.

§ 18
Fortdauer der Vorschusspflicht

Die Verpflichtung zur Zahlung eines Vorschusses bleibt bestehen, auch wenn die Kosten des Verfahrens einem anderen auferlegt oder von einem anderen übernommen sind. § 31 Abs. 2 gilt entsprechend.

Übersicht

I. Allgemeines — 1
II. Einfluss der Bewilligung von Prozesskostenhilfe — 2
III. Nachzahlungspflicht — 3–5
IV. Verrechnung — 6
V. Verhältnis der Kostenschuldner zueinander — 7–9
VI. Verfahren — 10

I. Allgemeines

1 Die in sämtlichen im § 1 genannten Verfahren anwendbare Vorschrift behandelt die Folgen, die sich daraus ergeben, dass der Vorschusspflichtige in Höhe des vorzuschießenden Betrages endgültiger Kostenschuldner ist und in dieser Eigenschaft neben die Entscheidungs- und Übernahmeschuldner tritt. Er wird ihnen gegenüber aber Zweitschuldner i.S.v. § 31 Abs. 2. Mit dem Kostenschuldner nach § 22 Abs. 1, dem Antragsteller in bürgerlichen Rechtsstreitigkeiten sowie in Verwaltungs- und Finanzgerichtsverfahren, haftet er dagegen als Gesamtschuldner. Die Vorschrift bezieht sich auf die Gebühren- und Auslagenvorschüsse i.S.v. §§ 10–17. Die Verwendung des Wortes „Vorschuss" in diesen Vorschriften könnte zur irrigen Annahme führen, es handele sich nur um eine

67 OLG Köln VersR 1993, 1552.
68 OLG Stuttgart MDR 2001, 1134; AG Bad Kreuznach NJW-RR 2000, 951; AG Augsburg JurBüro 2001, 535; *Schütt* MDR 2001, 357; **a.M.** LG Tübingen MDR 2000, 1461.

unter dem Vorbehalt späterer Verrechnung geleistete Zahlung. § 18 stellt deshalb klar, dass die Vorschusspflicht nicht eine vorläufige, sondern eine endgültige Zahlungsverpflichtung darstellt, die nicht mit der Ausführung der Handlung, für die Vorschuss geleistet wurde oder mit Beendigung der Instanz entfällt.

II. Einfluss der Bewilligung von Prozesskostenhilfe

Bei Bewilligung von **Prozesskostenhilfe** richtet sich die Vorschusspflicht des Prozesskostenhilfeempfängers nach den vom Gericht gemäß § 120 ZPO getroffenen Bestimmungen (§ 122 Nr. 1 ZPO). Ist dem Kläger, Berufungs- oder Revisionskläger Prozesskostenhilfe ohne Ratenzahlung bewilligt, ist auch der Gegner von der Vorschusspflicht einstweilen befreit (§ 122 Abs. 2 ZPO). Rückwirkende Bewilligung von Prozesskostenhilfe beseitigt rückwirkend auch die Vorschusspflicht. Vor dem Zeitpunkt, auf den die Bewilligung der Prozesskostenhilfe zurückwirkt, bereits gezahlte Vorschüsse sind nicht zurückzuerstatten. Keine Vorschusspflicht besteht auch bei **Gebührenfreiheit**, sowie für Auslagen, sofern nicht nur Gebühren-, sondern auch **Auslagenfreiheit** besteht. Werden der kostenbefreiten Partei die Kosten auferlegt oder übernimmt sie die Kosten, entfällt auch die Vorschusspflicht des Gegners der kostenfreien Partei. **Verzichten Zeugen oder Sachverständige im Voraus auf ihre Entschädigung**, entfällt eine Vorschusspflicht. Sie lebt auch nicht wieder auf, wenn den Zeugen oder Sachverständigen versehentlich doch eine Entschädigung gewährt wird.[1] 2

III. Nachzahlungspflicht

Nachzahlungspflicht: Werden die **Kosten** des Verfahrens **einem anderen auferlegt** (§ 29 Nr. 1) oder **von einem anderen übernommen** (§ 29 Nr. 2), erlischt dadurch die Vorschusspflicht hinsichtlich der vorzuschießenden Beträge nicht.[2] Sind sie noch nicht geleistet, bleibt die **Verpflichtung zur Nachzahlung bestehen**, solange nicht der Entscheidungsschuldner oder der Übernahmeschuldner die Kostenschuld getilgt hat. Der Vorschussgeber hat **gegen die Staatskasse keinen Anspruch auf Rückgewähr**, wohl aber gegen den Entscheidungs- oder Übernahmeschuldner auf Kostenerstattung nach §§ 103 ff. ZPO. 3

Die Nachzahlungspflicht besteht nicht nur, wenn gar kein Vorschuss gezahlt worden ist, sondern auch dann, wenn ein zu geringer Vorschuss entrichtet wurde, und zwar auch dann, wenn die Beweisaufnahme schon beendet ist.[3] 4

Hat sich gezeigt, dass die zur Vorschussleistung verpflichtende Handlung geringere Kosten verursacht hat als ursprünglich angefordert wurden, ist nur der tatsächlich benötigte Betrag nachzuzahlen. Da die Verpflichtung zur Zahlung der vorzuschießenden Beträge sogar neben der Verpflichtung eines Entscheidungs- oder Übernahmeschuldners bestehen bleibt,[4] wird sie erst recht nicht davon berührt, wenn auch ein Kostenschuldner nach § 22 Abs. 1 GKG vorhanden ist. Die Vorschusspflicht bleibt auch bestehen, wenn das Verfahren ohne Kostenentscheidung seine Erledigung gefunden hat. 5

---

1 OLG Nürnberg JurBüro 1959, 39 = RPfleger 1963, 180 (L).
2 OLG Düsseldorf JurBüro 1974, 218 = RPfleger 1974, 81; LG Osnabrück JurBüro 1980, 249. m. Anm. v. *Mümmler;* OLG Hamburg MDR 1965, 496.
3 OLG Hamburg MDR 1965, 495; OLG Stuttgart RPfleger 1981, 163; *Hartmann* § 18 Rn. 3; **a.M.** OLG Frankfurt aM, OLGZ 1968, 436.
4 OLG Düsseldorf RPfleger 1974, 81; OLG Koblenz VersR 1987, 996.

IV. Verrechnung

6 **Verrechnung:** (Vgl. dazu auch § 17 Rn. 37, 38). Der Vorschuss ist zunächst auf die Gebühren und Auslagen zu verrechnen, zu deren Deckung er gezahlt worden ist. Dabei ist es gleichgültig, wer der endgültige Schuldner dieser Kosten ist, z.B. der im Privatklageverfahren verurteilte Beschuldigte. Auch für dessen Kosten haftet der Privatkläger bis zur rechtskräftigen Verurteilung des Beschuldigten allein. Übernimmt die Staatsanwaltschaft das Privatklageverfahren, bleibt die Vorschusspflicht des Privatklägers für die bis zur Übernahme entstandenen Kosten bestehen, weil die Übernahmeerklärung keine rückwirkende Wirkung hat. Für die im Offizialverfahren nach der Übernahme entstehenden Kosten haftet aber der Vorschuss des Privatklägers nicht, also auch nicht für die den im Offizialverfahren verurteilten Beschuldigten treffenden Kosten. Der nach § 16 geleistete Vorschuss des Nebenklägers ist auf die in dem vorschusspflichtigen Rechtsmittelverfahren erwachsenden Gebühren zu verrechnen, und zwar unabhängig davon, wie das Verfahren endet. Ein etwaiger Überschuss ist auf sonstige Kostenschulden des Vorschusspflichtigen zu verrechnen, nicht aber auf Kostenschulden des Gegners, soweit dieser die Kosten allein (also nicht als Erst- oder Zweitschuldner neben dem Vorschusspflichtigen) schuldet. Wenn der Gegner alleiniger Kostenschuldner ist, darf die Verrechnung des Vorschusses auf andere Kosten des Gegners nur im Einverständnis mit dem Vorschusspflichtigen erfolgen.[5] Sind beide Parteien für eine Handlung vorschusspflichtig und leistet eine von ihnen den Vorschuss, sind damit die Auslagen der den Vorschuss erfordernden Handlung zu decken. Der Kostenbeamte darf nicht den Vorschuss zur Deckung anderweitiger Kostenschulden des Vorschussgebers verwenden und von der anderen Partei den Vorschuss nochmals anfordern.[6] Nach der Verrechnung etwa übrigbleibende Beträge sind an den Vorschusspflichtigen zurückzuzahlen, sofern sie nicht im Kosteneinziehungsverfahren zur Deckung von in anderen Verfahren erwachsenen Kosten Verwendung finden. Zurückzuerstattende Beträge werden nicht verzinst (§ 5 Abs. 4).

V. Verhältnis der Kostenschuldner zueinander

7 **Verhältnis des Vorschusspflichtigen zu sonstigen Kostenschuldnern (S. 2):** Hier besteht immer eine gesamtschuldnerische Haftung des Vorschusspflichtigen neben den sonstigen Kostenschuldnern (§ 31 Abs. 1), die gegenüber den Entscheidungs- und Übernahmeschuldners aber nur zweitschuldnerisch ist i.S.v. § 31 Abs. 2. Werden die Kosten zugunsten eines Kostenschuldners wegen Uneinbringlichkeit gelöscht, wird davon die Verpflichtung des Vorschusspflichtigen nicht berührt. Er ist im Gegenteil gerade in diesem Fall in Anspruch zu nehmen (S. 2). Der **gnadenweise Erlass** einer Kostenforderung hat aber auch die Befreiung der mithaftenden Personen (also auch eines Vorschusspflichtigen) zur Folge, es sei denn, dass der Erlass sich auf die Beseitigung des zunächst Verpflichteten beschränkt (§ 90 JKassO).[7]

8 **Vorschusspflichtiger und Entscheidungs- oder Übernahmeschuldner:** Nur diesem Fall regelt S. 2. Der Vorschusspflichtige ist gegenüber diesen Schuldnern nur Zweitschuldner (§ 31 Abs. 2). Er darf daher für die noch nicht gezahlten Kostenvorschüsse nur in Anspruch genommen werden, wenn eine Zwangsvollstreckung in das bewegliche Vermögen des Entscheidungs- oder Übernahmeschuldners erfolglos geblieben ist oder

5 KG JurBüro 1969, 173; **a.M.** OLG Celle JurBüro 1967, 440.
6 OLG München JurBüro 1971, 705 = RPfleger 1971, 329.
7 Vgl. *Oestreich* in Oe/He/Tre § 18 Rn. 3.

aussichtslos erscheint. Im Übrigen (vgl. bei § 31 Rn. 18ff.). Hat der Vorschusspflichtige aber bereits gezahlt, kann er sich auf S. 2 nicht berufen.[8] In diesem Fall besteht auch kein Rückzahlungsanspruch gegen die Staatskasse. Anders liegt es nur im Falle des § 31 Abs. 2 S. 2 (Prozesskostenhilfe des Entscheidungsschuldners). In Strafsachen kommt die Entscheidungsschuldnerhaftung überhaupt erst in Betracht, wenn der Beschuldigte im Privat- oder Nebenklageverfahren rechtskräftig verurteilt ist. Denn erst von da ab ist neben dem vorschusspflichtigen Privat- oder Nebenkläger auch der Beschuldigte Kostenschuldner.

Vorschusspflichtiger und sonstige Kostenschuldner: Hier sind der Vorschuss- 9
pflichtige und der sonstige Kostenschuldner, etwa der auf Grund seines Antrags haftende Schuldner (§ 22 Abs. 1) nebeneinander als Gesamtschuldner verpflichtet. S. 2 darf in diesen Fällen nicht ausdehnend erstreckt werden.

VI. Verfahren

Verfahren: Gegen die Verrechnung des Kostenvorschusses und eine Inanspruch- 10
nahme auf Nachzahlung ist die Erinnerung nach § 66 gegeben.

ABSCHNITT 4
Kostenansatz

§ 19
Kostenansatz

(1) Außer in Strafsachen und in gerichtlichen Verfahren nach dem Gesetz über Ordnungswidrigkeiten werden angesetzt

1. **die Kosten des ersten Rechtszugs bei dem Gericht, bei dem das Verfahren im ersten Rechtszug anhängig ist oder zuletzt anhängig war,**
2. **die Kosten des Rechtsmittelverfahrens bei dem Rechtsmittelgericht.**

Dies gilt auch dann, wenn die Kosten bei einem ersuchten Gericht entstanden sind.

(2) In Strafsachen und in gerichtlichen Verfahren nach dem Gesetz über Ordnungswidrigkeiten, in denen eine gerichtliche Entscheidung durch die Staatsanwaltschaft zu vollstrecken ist, werden die Kosten bei der Staatsanwaltschaft angesetzt. In Jugendgerichtssachen, in denen eine Vollstreckung einzuleiten ist, werden die Kosten bei dem Amtsgericht angesetzt, dem der Jugendrichter angehört, der die Vollstreckung einzuleiten hat (§ 84 des Jugendgerichtsgesetzes); ist daneben die Staatsanwaltschaft Vollstreckungsbehörde, werden die Kosten bei dieser angesetzt. Im Übrigen werden die Kosten in diesen Verfahren bei dem Gericht des ersten Rechtszugs angesetzt. Die Kosten des Rechtsmittelverfahrens vor dem Bundesgerichtshof werden stets bei dem Bundesgerichtshof angesetzt.

(3) Hat die Staatsanwaltschaft im Falle des § 25a des Straßenverkehrsgesetzes eine abschließende Entscheidung getroffen, so werden die Kosten einschließlich derer, die durch einen Antrag auf gerichtliche Entscheidung entstanden sind, bei ihr angesetzt.

8 RGZ 148, 216.

(4) Die Dokumentenpauschale sowie die Auslagen für die Versendung von Akten werden bei der Stelle angesetzt, bei der sie entstanden sind.

(5) Der Kostenansatz kann im Verwaltungsweg berichtigt werden, solange nicht eine gerichtliche Entscheidung getroffen ist. Ergeht nach der gerichtlichen Entscheidung über den Kostenansatz eine Entscheidung, durch die der Streitwert anders festgesetzt wird, so kann der Kostenansatz ebenfalls berichtigt werden.

Übersicht

I. Allgemeines — 1
II. Kostenansatz — 2–4
III. Funktionale Zuständigkeit für den Kostenansatz — 5–6
IV. Verweisung/Abgabe — 7–9
V. Strafsachen, Ordnungswidrigkeiten (Abs. 2 S. 1, Abs. 3) — 10
VI. Jugendgerichtssachen — 11
VII. Kostenrechnung — 12, 13
VIII. Kostenansatz (§ 4 KostVfg.) — 14
IX. Kleinbeträge und die Abstandnahme vom Kostenansatz — 15
X. Berichtigung im Verwaltungswege — 16, 17
XI. Streitwertänderung (Abs. 3 S. 2) — 18, 19
XII. Rechtsbehelfe — 20
XIII. Einziehung der Kosten — 21

I. Allgemeines

1 § 19 regelt einmal die **Zuständigkeit** zum Gerichtskostenansatz für die Verfahren nach § 1 GKG **und** bestimmt zum anderen, **welche Stelle** die nach dem GKG zu zahlenden Kosten anzusetzen hat. Eine inhaltsgleiche Bestimmung für das Verfahren in Familiensachen enthält § 18 FamGKG. Die Verwaltungsmäßige Durchführung des Kostenansatzes ist hingegen in der KostVfg. (Anl. X) enthalten. § 19 ist inhaltsgleich mit der Verwaltungsvorschrift des § 5 KostVfg. als Anweisung an den Kostenbeamten beim Kostenansatz. Als bloße Verwaltungsanweisung entfaltet § 5 KostVfg. aber für die Gerichte keinerlei Bindung (vgl. auch oben vor § 1 Rn. 12).[1] Eine Sonderregelung enthält § 8 des Gesetzes zur Ausführung des Haager Übereinkommens vom 1.3.1954 über den Zivilprozess (BGBl. I, 939). Danach erfolgt die Festsetzung von Gerichtskosten durch einen mit der sofortigen Beschwerde anfechtbaren Gerichtsbeschluss. Eingeschränkt wird der Kostenansatz durch die Bestimmungen der ZPO über Prozesskostenhilfe, welche denen des GKG vorgehen.[2]

II. Kostenansatz

2 Unter **Kostenansatz** versteht man die Aufstellung der Kostenrechnung durch den Kostenbeamten.[3] Er dient der Befriedigung des Kostenanspruchs des Staates. Das Kostenansatzverfahren ist scharf zu unterscheiden von der Kosten-/Vergütumngsfestetzung, das die Höhe der gegenseitigen Erstattungsansprüche der notwendigen Rechtsverfolgungskosten der Parteien/Beteiligten untereinander (z.B. § 103 ZPO, § 464a StPO) bzw. die Ansprüche des beigeordneten Anwalts gegen die Staatskasse (z.B. § 45 RVG) betrifft.[4] So ist z.B. ein Bruchteilsausspruch nach § 464b StPO für das Kostenansatzverfahren ohne Bedeutung.[5] Die **Einziehung der angesetzten Kosten** erfolgt im Verwaltungszwangsverfahren nach dem JBeitrG.[6] Daraus folgt, dass ein Kostenansatz nicht zu erfol-

1 OLG Koblenz MDR 2005, 1079.
2 *Oestreich* in Oe/He/Tre § 19 Rn. 8.
3 OLG Celle RPfleger 1966, 279.
4 BGH NJW 2013, 2824 = RPfleger 2013, 651 = JurBüro 2013, 592 (LS mit Volltextservice) = MDR 2013, 1008 m.w.N. Dazu auch *Lappe/Hellstab* in von Eicken KFS Teil A.
5 AG Koblenz JurBüro 2011, 142.
6 OLG Düsseldorf JurBüro 2008, 43 (LS mit Volltextservice).

gen braucht, wenn nach dem GKG überhaupt keine Kosten zu zahlen sind (Kosten-, Gebühren- oder Auslagenfreiheit), nicht aber, wenn sie nur nicht oder nicht ohne weiteres eingezogen werden können (vgl. z.B. §§ 4, 9 KostVfg.).[7]

Der Kostenansatz wird i.d.R. von Beamten des gehobenen und mittleren Justizdienstes oder vergleichbaren Beschäftigten wahrgenommen (§ 1 KostVfg.). Es handelt sich um einen Verwaltungsakt,[8] denn der Kostenbeamte erfüllt dabei Aufgaben der Justizverwaltung.[9] Weil der Kostenbeamte demzufolge keine richterliche Tätigkeit ausübt, ist er beim Kostenansatz der Dienstaufsicht seiner Vorgesetzten unterworfen und hat deren Weisungen zu befolgen.[10] Er muss z.B. auf dienstliche Weisung den Kostenansatz ändern, solange nicht eine gerichtliche Entscheidung vorliegt (Abs. 5). 3

Sofern mit der Antragstellung Vorschüsse oder Vorauszahlungen fällig werden, fordert der Kostenbeamte diese selbständig an, wenn und soweit keine vorrangige gerichtliche Entscheidung vorliegt. Sind die Vorschüsse streitwertabhängig, ist der Kostenbeamte an die Wertangaben des Antragstellers (§ 61) insoweit gebunden. Fehlt eine Wertangabe, hat der Kostenbeamte eine vorläufige Wertfestsetzung nach § 63 Abs. 1 herbeizuführen, wenn und soweit das Gericht nicht schon nach § 62 verfahren ist. Gleiches gilt auch, wenn ein Beteiligter einen aufgrund einer Wertangabe erforderten Vorschuss für zu hoch hält. Dann ist die Beschwerde dagegen als Rechtsbehelf gegen die vom Antragsteller bezeichnete Wertangabe zu behandeln und dem Gericht zwecks (vorläufiger) Wertfestsetzung vorzulegen. 4

III. Funktionale Zuständigkeit für den Kostenansatz

Funktionale Zuständigkeit für den Kostenansatz: Die Kosten **erster Instanz werden** bei dem Gericht angesetzt, bei dem das Verfahren in der ersten Instanz anhängig ist oder anhängig war (Abs. 1 Nr. 1). In **Rechtsmittelinstanzen** werden die dort entstandenen Kosten bei dem Rechtsmittelgericht festgesetzt (Abs. 1 Nr. 2) Für **Straf- und Ordnungswidrigkeitensachen enthalten die** Abs. 2 und 3 spezielle Regelungen, während für Aktenversendung und Dokumentenpauschalen ausschließlich die Stelle zuständig ist, bei der sie entstanden sind (Abs. 4). Demgemäß werden die bei den Obersten Bundesgerichten (BGH, BVerwG oder BFH) anfallenden Kosten dort angesetzt. Die für den BFH früher maßgebende Vorschrift des § 147 FGO ist aufgehoben. Hinsichtlich der bei dem ehemaligen Bayerischen Obersten Landesgericht im Revisionsverfahren erwachsenden Kosten hat das Land Bayern in einer Zusatzbestimmung zu § 5 KostVfg. angeordnet, dass die vor Abgabe der Sache an den BGH (§ 7 EGZPO) entstandenen Kosten nur angesetzt werden, wenn der die Kosten auslösende Antrag vor der Übersendung der Akten an den BGH erledigt oder das Verfahren insoweit abgeschlossen ist (z.B.: ein Antrag auf einstweilige Einstellung der Zwangsvollstreckung). Auch für den Ansatz von Dokumentenpauschalen (KV 9000) und die Auslagen für Aktenversendung (KV 9003) gilt eine Sonderregelung. Solche Auslagen werden stets bei der Stelle angesetzt, bei sie entstanden sind, und zwar unabhängig, in welcher Instanz die Handlungen erfolgt sind. 5

Für den Ansatz der Kosten der ersten Instanz ist der Kostenbeamte des Gerichts der ersten Instanz solange **zuständig**, als sein Gericht mit der Sache befasst ist. Tritt in der ersten Instanz kein Wechsel des Gerichts durch Verweisung oder Abgabe ein, bleibt er 6

7 BFH, NZI 2016, 655 = ZIP 2016, 1391 = ZInsO 2016, 1259 = JurionRS 2016, 16616.
8 OLG Düsseldorf JurBüro 2008, 43 (LS mit Volltextservice); OLG Saarbrücken RPfleger 2001, 461; *Oestreich* in Oe/He/Tre § 19 Rn. 5, 24.
9 BVerfGE 22, 299, 310; BVerfG NJW 1970, 853 = MDR 1970, 485 = RPfleger 1970, 161.
10 Vgl. auch *Hartmann* § 19 Rn. 4; *Schütt* MDR 2001, 358; Dazu auch ausf. *von König* Rn. 121 ff.

für die Kosten der ersten Instanz auch noch nach Abschluss der ersten Instanz zuständig („zuletzt anhängig war"). Entstehen in der ersten Instanz oder in einem Rechtsmittelverfahren Kosten bei einem **ersuchten Gericht**, so sind diese Kosten nicht bei dem ersuchten Gericht, sondern bei dem Gericht anzusetzen, bei dem das Verfahren anhängig ist, das ersucht hat (Abs. 1 S. 2).

IV. Verweisung/Abgabe

7 Für eine **Verweisung oder Abgabe** des Verfahrens gilt – gleichgültig, ob sie bei dem Gericht der ersten Instanz oder einem Rechtsmittelgericht und ob sie innerhalb desselben oder eines anderen Zweiges der Gerichtsbarkeit, auch der Arbeitsgerichtsbarkeit,[11] geschieht – Folgendes:

8 **Bis zur Verweisung oder Abgabe** bleibt der Kostenbeamte des verweisenden oder abgebenden Gerichts zuständig. Die bis zu diesem Zeitpunkt angesetzten Kosten oder Kostenvorschüsse sind bei dem verweisenden oder abgebenden Gericht zu erheben. Das gilt auch für gem. § 17 anzufordernde Auslagenvorschüsse.

9 **Nach der Verweisung oder Abgabe** des Verfahrens entfällt die Zuständigkeit des Kostenbeamten des verweisenden oder abgebenden Gerichts. Die Kosten und Vorschüsse, die er bis zur Verweisung oder Abgabe nicht angesetzt oder angefordert hat, sind dann ausschließlich vom Kostenbeamten des Empfangsgerichts anzusetzen oder anzufordern.[12] Denn mit der Verweisung oder Abgabe wird der Rechtsstreit bei dem neuen Gericht anhängig.[13] Darauf, ob die Verweisung oder die Abgabe an ein Gericht desselben Bundeslandes erfolgt oder an ein solches eines anderen Bundeslandes, kommt es bei der Zuständigkeitsregelung des §§ 4, 5 KostVfg. nicht an. Das kommt im Erg. auch in der Anlage 1 zu § 6 der KostVfg., die auf die Fälligkeit der Kosten abstellt, zum Ausdruck.[14] Bei einer Zurückverweisung an ein Gericht der unteren Instanz sind die Rechtsmittelkosten bei dem Rechtsmittelgericht, die Kosten der unteren Instanz unter Beachtung von §§ 35, 37 bei dem Gericht der unteren Instanz anzusetzen. Die nach § 59 RVG auf die Landeskasse übergegangenen und einzuziehenden Beträge sind keine Gerichtskosten, so dass die Zuständigkeitsregelung des § 19 für den Ansatz dieser Kosten nicht greift (vgl. auch § 6 Abs. 2 KostVfg.).

V. Strafsachen, Ordnungswidrigkeiten (Abs. 2 S. 1, Abs. 3)

10 Strafvollstreckung erfolgt grundsätzlich durch die Staatsanwaltschaft als Vollstreckungsbehörde (§ 451 StPO). Das gilt auch für die Vollstreckung gerichtlicher Bußgeldbescheide (§ 91 OWiG), so dass auch hier die Staatsanwaltschaft grundsätzlich Vollstreckungsbehörde ist. Nach Abs. 2 S. 1 sind die Gerichtskosten des Vollstreckungsverfahrens demzufolge in beiden Fällen bei der Staatsanwaltschaft anzusetzen.

VI. Jugendgerichtssachen

11 In Jugendgerichtssachen ist in allen Fällen der Jugendrichter Vollstreckungsleiter, wenn das Jugendgericht im ersten Rechtszug erkannt hat (§§ 82, 84 JGG). Die Gerichts-

11 Für den Kostenausgleich bei Verweisung zwischen den Gerichten der Arbeitsgerichtsbarkeit und denen der ordentlichen Gerichtsbarkeit haben der Bund und die Länder eine bundeseinheitliche Vereinbarung getroffen. Vgl. die ab 1.7.2001 geltende Fassung etwa in SchlHA 2001, 180.

12 Vgl. OLG Brandenburg JurBüro 1998, 548 = MDR 1998, 1119.

13 Vgl. auch die Ländervereinbarung zu § 6 KostVfg.

14 Vgl. auch *Oestreich* in Oe/He/Tre § 19 Rn. 30.

kosten sind dann bei dem Amtsgericht, dem der Jugendrichter angehört, anzusetzen. Wenn aber die Staatsanwaltschaft Vollstreckungsbehörde ist, ist diese für den Kostenansatz zuständig. Das kann etwa bei einem Strafverfahren gegen einen Jugendlichen und einen Erwachsenen[15] oder im Fall des § 88 Abs. 6, 7 JGG. Der Fall sein.

VII. Kostenrechnung

Die **Kostenrechnung** wird für jede Instanz gesondert erstellt. Die Kosten sind für jede Instanz getrennt zu berechnen. Der rechtskräftige Abschluss der Instanz ist nicht Voraussetzung dafür.[16] Maßgebend ist vielmehr die Fälligkeit der Kosten, wobei es unbeachtlich ist, ob durch Beendigen des Verfahrens eine bereits angesetzte Gebühr sich ermäßigt oder fortfällt oder erhobene Kostenvorschüsse abzurechnen sind.[17] Erforderlichenfalls werden in ein und demselben Verfahren mehrere Kostenrechnungen und am Ende des Verfahrens eine Schlusskostenrechnung aufzustellen sein.[18] Eine Verrechnung eines sich in einer Instanz ergebenden Überschusses auf eine andere Instanz ist nur dann zulässig, wenn es sich um denselben Kostenschuldner handelt.[19] Auch das selbständige Beweisverfahren ist wie eine besondere Instanz bei der Erstellung der Kostenrechnung zu behandeln, so dass die Gerichtkosten des Beweisverfahrens und die Kosten des Hauptsacheverfahrens getrennt abzurechnen sind.[20] 12

Der Kostenbeamte hat von Amts wegen festzustellen, wer als Kostenschuldner in Betracht kommt. Das gilt auch dann, wenn einem Dritten im Laufe des Verfahrens durch besonderen Beschluss Kosten oder Auslagen auferlegt worden sind (z.B. Zeugen wegen Ausbleibens) und das in der Kostenentscheidung des Urteils nicht zum Ausdruck gebracht worden ist.[21] Er darf z.B. nicht dem mutmaßlichen Rechtsnachfolger eines Kostenschuldners aufgeben, nachzuweisen, ob er der Rechtsnachfolger ist oder nicht[22] oder dann, wenn eine nicht existente Gesellschaft bürgerlichen Rechts in die Gerichtskosten verurteilt worden ist, den Titel auf eine für die Namensgebung der Scheingesellschaft verantwortliche natürliche Person umschreiben.[23] Der Kostenschuldner hat keinen Anspruch auf rechtliches Gehör vor der Erstellung der Kostenrechnung,[24] was aber nicht ausschließt, ihn zur Klarstellung eines zweifelhaften Sachverhalts vor dem Kostenansatz zu hören.[25] Eine Ausscheidung bestimmter Kosten nach § 465 Abs. 2 StPO ist beim Kostenansatz stets beachtlich, wenn und soweit es das Gericht im Kostenausspruch des Urteils eindeutig zum Ausdruck gebracht hat.[26] Schweigt der Kostenausspruch der gerichtlichen Entscheidung darüber, kann die Frage aber noch nach den Kriterien des § 21 Abs. 1 Satz 1 im Kostenansatzverfahren überprüft werden.[27] Ein Verzinsungsantrag für zu erstattende Kosten unterfällt aber niemals dem Kostenansatz, denn insoweit kann es sich nicht um Ansprüche aus dem GKG handeln, sondern allenfalls um öffentlich-recht- 13

15 Vgl. *Oestreich* in Oe/He/Tre § 19 Rn. 35, 36.
16 BFH BStBl. 1976 II, 462.
17 *Oestreich* in Oe/He/Tre § 19 Rn. 18.
18 *Oestreich* in Oe/He/Tre § 19 Rn. 19.
19 KG RPfleger 1962, 117 (L).
20 OLG Oldenburg JurBüro 2012, 90.
21 OLG Düsseldorf NStZ-RR 1998, 253.
22 KG JW 1936, 2820 = JVBl. 1936, 347.
23 OLG Koblenz JurBüro 2012, 435 (L).
24 OLG Celle NdsRPfl. 1968, 282; *Oestreich* in Oe/He/Tre § 19 Rn. 25.
25 Vgl. dazu auch BVerfG NJW 1970, 853 = MDR 1970, 485 = RPfleger 1970, 161.
26 Vgl. OLG Celle NJW 1971, 1095; AG Mainz JVBl. 1969, 239.
27 BGH JurBüro 2008, 43.

liche Erstattungsansprüche auf Grund von Bestimmungen, die sich nicht aus kostenrechtlichen Vorschriften ergeben.[28]

VIII. Kostenansatz (§ 4 KostVfg.)

14 Der Kostenansatz (§ 4 KostVfg.) geschieht durch Aufstellung der **Kostenrechnung**, aus der erkennbar sein muss, auf welche Sache sie sich bezieht, welche Gebühren und Auslagen berechnet werden und welche Vorschriften und Werte der Berechnung zugrunde gelegt werden, welcher Gesamtbetrag geschuldet wird und welche Vorschüsse darauf verrechnet werden, wie natürlich auch erkennbar zu sein hat, wer als Kostenschuldner in Anspruch genommen wird (§ 24 KostVfg.).[29] Der Kostenansatz ist ein Justizverwaltungsakt. Den Streitwert bzw. Geschäftswert hat der Kostenbeamte erforderlichenfalls selbst zu ermitteln.[30] Im Zweifel wird er die Akten dem Gericht zwecks Streitwertfestsetzung vorlegen (vgl. § 63 Rn. 12). Einen gerichtlich festgesetzten Streitwert hat der Kostenbeamte zugrunde zu legen. Wenn der Hauptsacherichter nicht die Erhebung der Kosten gemäß § 19 verfügt hat, sondern nur die Anforderung von Vorauszahlungen nach §§ 12, 12a GKG verfügt, darf eine Kostenrechnung (Kostenansatz) nach § 19 GKG (noch) nicht erfolgen.[31] Sind für einzelne Gebühren Teilstreitwerte maßgebend und hat das Gericht nur einen Gesamtstreitwert festgesetzt, kann die Staatskasse gesonderte Festsetzung beantragen (§ 63), falls die Teilstreitwerte nicht eindeutig feststehen.[32] Der Kostenansatz muss auch dann erfolgen, wenn die Kosten bereits vorschussweise gezahlt sind. Davon wird man aber dann absehen dürfen, wenn sich nach dem Abschluss des Verfahrens herausstellt, dass sich der geschuldete Endbetrag mit dem Vorschuss deckt. Sind Kosten oder Auslagen zurückzuzahlen, findet eine Verzinsung nicht statt (§ 5 Abs. 4).[33] Soweit der allein kostenpflichtigen Partei Prozesskostenhilfe gewährt ist, hat der Kostenansatz zu unterbleiben, solange die Bewilligung der Prozesskostenhilfe nicht aufgehoben ist (§ 124 ZPO).

IX. Kleinbeträge und Abstandnahme vom Kostenansatz

15 Über die Behandlung von Kleinbeträgen[34] und die Abstandnahme vom Kostenansatz[35] bei dauernder Zahlungsunfähigkeit des Kostenschuldners bestehen Verwaltungs-

---

28 So zutr. *Schütt* MDR 2001, 357, 358. Dazu auch OLG Hamm NJW 2001, 1287. Vgl. auch OLG Stuttgart MDR 2001, 1134.

29 KG JW 1937, 2473; OLG Düsseldorf MDR 1959, 770.

30 Vgl. *Hartmann* § 63 Rn. 22.

31 LSG Bayern, Beschl. v. 18.4.2014 – L 15 SF 90/14 E –; LSG Bayern, JurBüro 2016, 640 = NJW-Spezial 2016, 7000 = JurionRS 2016, 23884.

32 FG Münster JurBüro 1970, 945 (L).

33 So früher schon OLG Stuttgart MDR 2001, 1134; AG Bad Kreuznach NJW-RR 2000, 951.

34 Grundlage dafür ist die AV des RJM v. 23.11.1937 i.d.F. v. 9.12.1940, geändert durch AV v. 21.5.1974 (BAnz. 1974, 100) AnwBl. 1974, 211, welche allerdings durch die Länder vielfach geändert oder ersatzlos gestrichen bzw. durch (teilweise) Neuregelungen in den Landesjustizkostengesetzen ersetzt wurden. So z.B. **Baden-Württemberg:** AV v. 8.3.1994 Die Justiz 1994, 119, **Bayern:** Bek. v. 20.3.1996, JMBl. 1996, 42, **Berlin:** AV v. 16.12.1958, ABl. 1959, 51, **Brandenburg:** AV v. 25.9.1995, JMBl. 1995, 166, **Bremen:** Erl. v. 30.10.1967, ABl. 1967, 353, **Hamburg:** AV v. 6.5.1994 JVBl. 1994, 40, **Hessen:** RdErl. v. 5.5.1994, JMBl. 1994, 198, **Niedersachsen:** RdErl. v. 17.5.1995 NdsRPfl. 1995, 155, **Nordrhein-Westfalen:** AV v. 20.2.1997, JMBl. 1997, 67, **Rheinland-Pfalz:** AV v. 24.2.1997, JMBl. 1971, 57, **Saarland:** VO v. 22.8.1994, GMBl. 1994, 437, **Sachsen:** VV v. 24.5.1994, JMBl. 1994, 68, **Schleswig-Holstein:** Anl. zu Nr. 2.6 der Verwaltungsvorschriften zu § 59 LHO (SchlHA 1996, 102), **Thüringen:** VV 21.10.1994, JMBl. 1994, 168.

35 Eine bundeseinheitliche Regelung ist nicht vorhanden. Die VO v. 20.3.1935 (RGBl. 1935, 406) und die dazu erlassenen Ausführungsbestimmungen sind nach 1945 von den Ländern teilweise ganz aufgehoben

vorschriften. Die Verwaltungsvorschriften (z.B. § 10 KostVfg.) haben aber nur im Innenverhältnis zwischen dem Land und dem Kostenbeamten Bedeutung und keinerlei Außenwirkung zu Gunsten des Kostenschuldners.[36] Ein entsprechender Kostenansatz ist auf Erinnerung (§ 66 GKG) aufzuheben und zwar auch dann, wenn ein korrekter Kostenansatz zum gleichen Ergebnis führen würde.[37] Der Umstand, dass das Kostensoll aus einer Kostenrechnung gelöscht worden ist, steht einer erneuten Anforderung der infrage stehenden Kosten nicht entgegen. Denn die Löschung ist ein rein justizinterner Buchungsvorgang ohne Außenwirkungen.[38] Falls der Kostenschuldner durch einen Prozessbevollmächtigten vertreten ist, ist der Kostenansatz diesem mitzuteilen.[39] Der Prozessbevollmächtigte ist verpflichtet, den Kostenansatz auf seine Richtigkeit zu prüfen.

X. Berichtigung im Verwaltungswege

Der Kostenansatz kann **im Verwaltungswege berichtigt** werden, solange nicht 16
eine gerichtliche Entscheidung (im Erinnerungs- oder Beschwerdeverfahren)[40] getroffen ist, **Abs. 5.** Hierzu ist der Kostenbeamte auch dann noch befugt, wenn die Erinnerung eingelegt ist. Bei der Berichtigung sind aber ggf. die Grundsätze über die Rücknahme begünstigender Verwaltungsakte zu beachten.[41] Eine gerichtliche Entscheidung steht einer Berichtigung durch den Kostenbeamten aber dann nicht entgegen, wenn der Streitwert anders festgesetzt wird oder die Änderung des Ansatzes nicht in Widerspruch mit der gerichtlichen Entscheidung steht (z.B.: hinsichtlich einer von der Entscheidung nicht berührten Gebühr). Von diesem Sonderfall abgesehen, ist eine Berichtigung durch den Kostenbeamten nur dann zulässig, wenn das Hauptsachegericht den Streitwert neu festgesetzt hat.[42] Sind die an Zeugen, Sachverständige, Pflichtverteidiger oder im Weg der Prozesskostenhilfe beigeordnete Rechtsanwälte gezahlten Kosten in den Kostenansatz aufgenommen und werden diese Kosten später nach §§ 4 JVEG; 51, 55 RVG anders festgesetzt, hat der Kostenbeamte den Kostenansatz ebenfalls zu berichtigen. Die Berichtigung des Kostenansatzes zugunsten der Staatskasse ist aber nur solange statthaft, als eine Nachforderung wegen irrigen Ansatzes zulässig ist (§ 20). Auch wenn die Berichtigung im Verwaltungswege einen Justizverwaltungsakt darstellt, ist dagegen ein Rechts-

---

und durch entspr. Regelungen ersetzt oder teilweise abgeändert worden. Für Forderungen des **Bund**es gilt die Bek. v. 4.7.1987 (BAnz. 1978, 73). In den Ländern gilt: **Baden-Württemberg:** AV v. 8.8.1995 Die Justiz 1998, 371, **Bayern:** Bek. v. 7.7.1979, JMBl. 1997, 102, **Berlin:** G. v. 19.5.1992, GVBl. 1992, 182; AV v. 10.6.1992, Abl. 1992, 1785, **Brandenburg:** KostG v. 3.6.1994, GVBl. 1994, 1994, 172; AV v. 5.8.1997, JMBl. 1997, 115, **Bremen:** G. 4.8.1992, GBl. 1992, 257, **Hamburg:** G. v. 9.6.1992, GVBl. 1992, 115; AV v. 30.10.1995 JVBl. 1992, 95, **Hessen:** RdErl. v. 3.12.1997, JMBl. 1998, 157, **Mecklenburg-Vorpommern:** VV v. 17.1.1995, ABl. 1995, 78, **Niedersachsen:** G v. 2.3.1992, GVBl. 1992, 58; AV v. 24.11.1994 NdsRPfl. 1994, 354, **Nordrhein-Westfalen:** G v. 19.9.1985, GVBl. 1985, 588, **Rheinland-Pfalz:** G. v. 5.10.1990, GVBl. 1990, 281; AV v. 18.3.1983, GVBl. 1983, 80, **Saarland:** G v. 26.2.1992, ABl. 1992, 595, **Sachsen:** G v. 10.11.1992, GVBl. 1992, 537; VV v. 3.2.1998, JMBl. 1998, 22, **Sachsen-Anhalt:** G v. 23.8.1993, GVBl. 1993, 449, **Schleswig-Holstein:** G v. 14.11.1991, GVBl. 1991, 577 (teilweise aufgehoben durch G v. 24.2.1994, GVBl. 1994, 129); AV v. 18.6.1992 SchlHA 1992, 129, **Thüringen:** G v. 22.10.1992, GVBl. 1992, 527.

36 OLG Oldenburg, JurBüro 2016, 248.

37 LSG Bayern, Beschl. v. 10.8.2016 – L 15 SF 160/16 E – = NJW-Spezial 2016, 7000 = JurionRS 2016, 23884.

38 KG RPfleger 1962, 117.

39 OLG Stuttgart JurBüro 1975, 1012.

40 OLG Koblenz NJW 1957, 796.

41 OLG Saarbrücken RPfleger 2001, 461.

42 LSG München, Beschl. v. 8.4.2016 – L 15 SF 81/15 –, JurionRS 2016, 15863.

mittel nach § 30a EGGVG nicht zulässig. Insoweit mangelt es wegen der §§ 66ff. an einem Rechtsschutzbedürfnis.

17 Die zulässige Berichtigung des Kostenansatzes im Verwaltungsweg kann sowohl **zum Nachteil als auch zum Vorteil** des Kostenschuldners oder der Staatskasse erfolgen. Der Kostenschuldner muss nicht vorher gehört werden. Ergibt sich durch die Berichtigung ein Überschuss zugunsten des Kostenschuldners, besteht kein Verzinsungsanspruch für die Erstattungsbeträge (§ 5 Abs. 4).

XI. Streitwertänderung (Abs. 3 S. 2)

18 **Abs. 3 S. 2 Streitwertänderung:** Hat das Gericht im Kostenansatzverfahren auf die Erinnerung oder Beschwerde unter Zugrundelegung eines bestimmten Streitwertes entschieden und wird dieser Streitwert durch eine spätere gerichtliche Entscheidung (§§ 63, 68) anders festgesetzt, so kann dadurch der Kostenansatz unrichtig werden, wenn sich aus dem später festgesetzten Streitwert andere Gebühren ergeben. Da das Gericht seine im Kostenansatzverfahren ergangene Entscheidung nicht von Amts wegen ändern kann, musste für den Fall der richterlichen Streitwertänderung die Berichtigung des Kostenansatzes im Verwaltungswege auch nach einer vorangegangenen gerichtlichen Entscheidung über den Kostenansatz zugelassen werden.[43]

19 Eine **gerichtliche Entscheidung** über den Kostenansatz liegt dann vor, wenn das Gericht über die Erinnerung oder Beschwerde entschieden hat.[44] Das Gesetz verlangt keine rechtskräftige Entscheidung. Weil die Beschwerde nach § 66 nicht fristgebunden ist, würde es gegen den Sinn und Zweck der Bestimmung des Abs. 5 verstoßen, hier über den Zeitpunkt der Entscheidung des Gerichts hinaus eine Abänderung im Verwaltungsrechtsweg zuzulassen.

XII. Rechtsbehelfe

20 **Rechtsbehelfe:** Ob der Beschwerdeführer sich gegen den Kostenansatz mit den förmlichen Rechtsbehelfen nach § 66 (Erinnerung, Beschwerde) wendet oder ob er eine Berichtigung im Verwaltungswege begehrt, ist durch Auslegung zu ermitteln.[45] Sie kann nur auf eine Verletzung des Kostenrechts gestützt werden, nicht aber auf die Unrichtigkeit der Hauptsacheentscheidung.[46] Die Bewilligung von PKH für das Erinnerungsverfahren ist ausgeschlossen.[47]

XIII. Einziehung der Kosten

21 Das Verfahren über die **Einziehung der Kosten** ist im JBeitrG (Anh. XIII) geregelt.

---

43 *Hartmann* § 19 Rn. 6.
44 Dazu OVG Lüneburg NVwZ-RR 2008, 70.
45 FG Hamburg JurBüro 2012, 35 (LS mit Volltextservice); *Hartmann* § 19 Rn. 7.
46 OLG München. Beschl. v. 29.9.2016 – 34 Sch 11/13 – = JurionRS 2016, 25343; LSG München, Urt. v. 10.8.2016 – L 15 SF 160/16E –, JurionRS 2016, 23884.
47 LSG München, Urt. v. 9.8.2016 – L 15 SF 160/16E.

§ 20
Nachforderung

(1) Wegen eines unrichtigen Ansatzes dürfen Kosten nur nachgefordert werden, wenn der berichtigte Ansatz dem Zahlungspflichtigen vor Ablauf des nächsten Kalenderjahres nach Absendung der den Rechtszug abschließenden Kostenrechnung (Schlusskostenrechnung), in Zwangsverwaltungsverfahren der Jahresrechnung, mitgeteilt worden ist. Dies gilt nicht, wenn die Nachforderung auf vorsätzlich oder grob fahrlässig falschen Angaben des Kostenschuldners beruht oder wenn der ursprüngliche Kostenansatz unter einem bestimmten Vorbehalt erfolgt ist.

(2) Ist innerhalb der Frist des Absatzes 1 ein Rechtsbehelf in der Hauptsache oder wegen der Kosten eingelegt worden, ist die Nachforderung bis zum Ablauf des nächsten Kalenderjahres nach Beendigung dieser Verfahren möglich.

(3) Ist der Wert gerichtlich festgesetzt worden, genügt es, wenn der berichtigte Ansatz dem Zahlungspflichtigen drei Monate nach der letzten Wertfestsetzung mitgeteilt worden ist.

1 **Allgemeines:** Die Vorschrift setzt durch die **Ausschlussfristen** im Interesse des redlichen Zahlungspflichtigen dem Nachforderungsrecht der Staatskasse zeitliche Grenzen.[1] Auf das Erinnerungsrecht der Staatskasse gem. § 56 RVG ist § 20 nicht (analog) anwendbar.[1a] Nach dem Ablauf wird dem redlichen Zahlungspflichtigen absoluter Vertrauensschutz in die Richtigkeit der ihm erteilten Kostenrechnung zugebilligt. Hat demgegenüber der Zahlungspflichtige den unrichtigen Ansatz durch pflichtwidriges Verhalten, etwa durch bewusst unrichtige Angaben über den Wert des Streitgegenstandes, bewirkt oder ist er ausdrücklich unter Vorbehalt erfolgt (Abs. 1 S. 2), so kann er sich auf die Schutzvorschrift des § 20 nicht mit Erfolg berufen.[2] Das entspricht dem der gesamten Rechtsordnung immanenten Gedanken des Treu-und-Glauben-Gebots (§ 242 BGB).

2 Als **Verwaltungsvorschrift**, die nichts mit der im § 5 besonders geregelten Frage der Verjährung zu tun hat,[3] bezieht sich § 20 aber nur auf den Kostenansatz des Kostenbeamten und nicht auf im Erinnerungs- oder Beschwerdeverfahren ergangene gerichtliche Entscheidungen. In den letzteren Fällen kann der Kostenansatz, soweit er Gegenstand der gerichtlichen Entscheidung war, im Verwaltungswege nicht mehr berichtigt werden (§ 19 Abs. 5). § 20 ist deshalb auch unanwendbar bei einem Kostenansatz, den der Kostenbeamte auf eine ihm durch Beschluss des Erinnerungs- oder Beschwerdegerichts erteilte Weisung vornimmt.[4] Auf den Rückforderungsanspruch der Staatskasse gegen den Prozesskostenhilfeanwalt ist § 20 entsprechend anzuwenden.[5]

3 Eine **Nachforderung** von Kosten liegt nur dann vor, wenn gegen den Zahlungspflichtigen wegen desselben Verfahrens bereits ein vorbehaltloser[6] Kostenansatz erfolgt war und eine Berichtigung dieses Kostenansatzes die Nacherhebung von Kosten veranlasst, sofern der mit der Nacherhebung geltend gemachte Betrag schon im ersten Kos-

1 OLG Düsseldorf RPfleger 1990, 480.
1a OLG Düsseldorf, JurBüro 2017, 354.
2 Vgl. *Hartmann* § 20 Rn. 3.
3 OLG Hamburg MDR 1969, 229.
4 OLG München JurBüro 1969, 976 = RPfleger 1969, 315 = JVBl. 1969, 258; *Lappe* § 7 Rn. 4; *Oestreich* in Oe/He/Tre § 20 Rn. 24, 25.
5 KG JurBüro 1976, 212 = RPfleger 1976, 110.
6 OLG Bamberg RPfleger 1962, 352.

tenansatz hätte enthalten sein müssen. Keine Nachforderung i.S.d. § 20 liegt vor, wenn der erste Kostenansatz für ein abgeschlossenes Verfahren erst nach längerer Zeit erfolgt. Hier liegt schon begrifflich keine Nachforderung, sondern eine Erstforderung vor.[7] In solchen Fällen kommen nur die Verjährungsvorschriften des § 5 zum Zuge. Das ist auch nicht unbillig. Ist nämlich einmal ein unrichtiger Kostenansatz erfolgt, braucht sich der redliche Schuldner normalerweise nicht auf eine Nachforderung einzustellen. Ist aber überhaupt noch kein Kostenansatz erfolgt, muss er immer damit rechnen, dass die Kosten noch gefordert werden. Insoweit enthält § 20 einen Spezialfall des allgemeinen Rechtsgedankens der Verwirkung der Kostenforderung durch die Staatskasse.

4 **Der erste Kostenansatz**, der berichtigt werden soll, muss – aus dem Blickwinkel eines redlichen Kostenschuldners[8] – **endgültig** gewesen sein. Endgültig ist der Kostenansatz, der dem Kostenschuldner mit der sog. Schlusskostenrechnung nach dem Abschluss des jeweiligen Rechtszuges mitgeteilt worden ist. Dabei braucht der Terminus „Schlusskostenrechnung" nicht verwendet zu werden. Daher liegt keine Nachforderung i.S.v. § 20 vor, wenn nach einer unter Vorbehalt erteilten Kostenrechnung oder einer Vorschussrechnung erst der endgültige Ansatz folgt.[9] Der Vorbehalt eines weiteren Kostenansatzes muss jedoch für den Kostenschuldner klar erkennbar sein. Eine Begründung der Vorläufigkeit ist aber nicht erforderlich. Es reicht, wenn der Vorbehaltsvermerk durch Stempelaufdruck auf der Kostenrechnung erscheint. Die Gegenansicht[10] überzeugt nicht. Denn jeder Hinweis, dass die Kostenrechnung nicht abschließend sein könnte, muss das Schutzbedürfnis des Kostenschuldners auch dann entfallen lassen, wenn derartige Vermerke vom Kostenbeamten nur „vorsorglich" aufgenommen werden. Es steht dem Schuldner frei, Gegenvorstellungen zu erheben oder sich anderweitig Aufklärung zu verschaffen, wenn er gegen die Berechtigung eines Vorbehalts begründete Zweifel hat. War in einer vorbehaltlosen Kostenrechnung wegen Aussichtslosigkeit einer Beitreibung gemäß § 10 KostVfg. eine Gebühr nicht angesetzt und der Zahlungspflichtige nicht verständigt, so liegt bei einem späteren Ansatz dieser Gebühr eine Nachforderung vor.[11] Es handelt sich aber um keine Nachforderung, wenn die Berichtigung eines Kostenansatzes darin besteht, dass ohne eine Änderung des Gesamtergebnisses der Kostenrechnung einer Instanz anstelle eines falschen Ansatzes ein richtiger erfolgt.[12] Eine Nachforderung liegt auch nicht vor, wenn der Kostenansatz auf die Erinnerung ermäßigt, aber auf die Beschwerde wieder erhöht wurde oder wenn der Kostenansatz niedergeschlagen war und diese Entscheidung im Beschwerdeweg aufgehoben wurde.

5 Ist der Ansatz nur gegen einen von **mehreren Kostenschuldnern** erfolgt und wird später der andere Kostenschuldner wegen der Kosten in Anspruch genommen, so liegt diesem gegenüber keine Nachforderung, sondern der erste Kostenansatz, weil mehrere Kostenschuldner getrennt zu behandeln sind.[13] Das gilt aber nicht hinsichtlich des Kostenschuldners, der nach den Vorschriften des bürgerlichen Rechts für die Kostenschuld eines anderen *kraft Gesetzes* haftet (§ 29 Nr. 3), weil die Zahlungspflicht des Dritten nur soweit reicht als die des Hauptschuldners.[14] Wer als Erstschuldner in Anspruch genom-

---

7 BGH NJW 1955, 1197 = RPfleger 1955, 230.
8 Dazu OLG Koblenz NJW-RR 2000, 1384.
9 BGH NJW 1955, 1197; OLG Celle JurBüro 1964, 269 und NdsRPfl. 1975, 68.
10 Vgl. OLG Celle NdsRPfl. 1975, 68; OLG Düsseldorf JurBüro 1079, 872; *Oestreich* in Oe/He/Tre § 20 Rn. 5.
11 BGH NJW 1955, 1197, LG Würzburg JurBüro 1978, 1357; *Hellstab* in Oe/He/Tre § 7 Rn. 4; *Hartmann* § 20 Rn. 4.
12 *Hartmann* § 20 Rn. 5; *Oestreich* in Oe/He/Tre § 20 Rn. 11; **a.M.** OLG Düsseldorf RPfleger 1990, 480.
13 OLG Celle JurBüro 1982, 1861; *Hartmann* § 20 Rn. 7; *Oestreich* in Oe/He/Tre § 20 Rn. 28, 29.
14 Vgl. BGH MDR 1977, 737 = NJW 1977, 1879; *Oe/He/Tre* § 20 Rn. 28.

men wurde, kann nach Fristablauf gleichwohl noch als Zweitschuldner in Anspruch genommen werden.[15]

Ein **unrichtiger Ansatz** liegt vor, wenn er zu einem objektiv unrichtigen Ergebnis 6
führt, gleichgültig auf welchen Gründen die Unrichtigkeit beruht. Das ist durch die Neufassung des § 20 klargestellt. Eine Unrichtigkeit kann z.B. vorliegen, wenn Einzelposten völlig ausgelassen sind,[16] etwa, weil sie noch nicht bezifferbar waren,[17] ein Rechtsirrtum des Kostenbeamten bei der Erstellung des Ansatzes vorliegt, oder wenn eine nachträglich andere Streitwertfestsetzung den ursprünglichen Ansatz objektiv unrichtig gemacht hat.[18] Auch wenn sich die Rechtsauffassung gewandelt hat, erweist sich der aufgrund früherer Rechtsauffassung ergangene Kostenansatz als unrichtig.[19]

Kein unrichtiger Ansatz ist gegeben, wenn die einzelnen Posten der Kostenrech- 7
nung richtig angesetzt und nur die Summe wegen eines Rechenfehlers falsch zusammengerechnet ist,[20] oder wenn der Ansatz im Zeitpunkt seiner Erstellung richtig war, aber infolge später eingetretener Umstände deshalb unrichtig wurde, weil nach seiner Erstellung neue Kosten angefallen sind.[21] Dass hingegen kein Nachforderungsrecht der Staatskasse besteht, wenn sie für die Folgen des unrichtigen Ansatzes haften müsste, ist aber kein eigentliches Problem des § 20, sondern ein Ausfluss des allgemeinen Rechtsgrundsatzes des „dolo agit, qui petit, quod statim redditurus est".[22] Ein unrichtiger Ansatz liegt auch nicht vor, wenn zu Unrecht die Kosten der 1. Instanz in die Kostenrechnung der 2. Instanz aufgenommen werden, wenn und soweit sie als Kosten der 1. Instanz bezeichnet worden sind.

Die Fristen des § 20 Abs. 1 und 2 sind nicht abhängig von der Beendigung des Ver- 8
fahrens, sondern nur von dem (möglichst aktenkundig zu machenden) Zeitpunkt der Absendung (nicht des Zugangs) der für den jeweiligen Rechtszug zu erteilenden Schlusskostenrechnung (Abs. 1 S. 1) bzw. der Jahresrechnung in Zwangsverwaltungsverfahren. Sie endet mit dem Ablauf des nächsten Kalenderjahres, nach dem die jeweilige Schlusskostenrechnung abgesandt worden ist. Der Abschluss der jeweiligen Instanz oder gar des gesamten Verfahrens durch Rechtskraft oder anderweitiger Erledigung hat nur mittelbare Bedeutung für die Bestimmung des Zeitpunktes, zu dem eine Schlusskostenrechnung überhaupt erst erstellt werden kann, nicht aber, wann die versandt wird. Erstellt werden kann eine Schlusskostenrechnung aber erst, wenn das gesamte Verfahren endgültig beendet worden ist. Das ist regelmäßig der Ablauf einer Rechtsmittelfrist oder der Eintritt der Unanfechtbarkeit einer Entscheidung. Werden aber gegen eine die Instanz beendende Entscheidung Rechtsmittel gegen die Haupt- oder Kostenentscheidung eingelegt, läuft die Nachforderungsfrist erst mit der durch Rechtskraft oder infolge anderweitiger Erledigung eintretende Beendigung der Rechtsmittelverfahren ab. Der Hinweis auf die Schlusskostenrechnung stellt mithin klar, dass das die Beendigung des gesamten Prozesses i.S. der jeweiligen Verfahrensordnung für die Nachforderung keine unmittelbare Bedeutung (mehr) hat. Solange die jeweilige Instanz noch nicht endgültig abgeschlossen ist, müssen die Parteien mit Kostenforderungen rechnen.

Aus diesem Grunde schließt ein rechtskräftiges Teilurteil eine Kostennachforderung 9
i.S.d. § 20 nur aus, wenn und soweit es (ausnahmsweise) eine Kostenentscheidung ent-

---

15 *Hellstab* in Oe/He/Tre § 7 Rn. 28.
16 OLG Stuttgart JVBl.1967, 186; OLG Celle JurBüro 1964, 269 und RPfleger 1966, 279.
17 OLG Koblenz MDR 1997, 982.
18 *Hartmann* § 20 Rn. 9.
19 **A.M.** Schl-HolstFG JurBüro 1970, 754 (L).
20 OLG Celle JVBl. 1965, 237 = NdsRPfl. 1965, 153.
21 OLG Celle JurBüro 1964,269; **a.M.** *Oestreich* in Oe/He/Tre § 20 Rn. 7.
22 Vgl. auch LG Kiel JurBüro 1979, 43 m. zust. Anm. von *Mümmler*.

hält.[23] Eine Erledigung des Verfahrens i.d.S. liegt demnach auch nicht vor, wenn ein Berufungsurteil rechtskräftig wird, das die Sache an die Vorinstanz zurückweist und diesem die Entscheidung über die Kosten der Berufung vorbehält. Das gilt für alle Rechtsbehelfe. Soweit gegen eine im ersten Rechtszug ergangene Entscheidung ein Rechtsbehelf eingelegt ist, ist das Verfahren des ersten Rechtszuges solange unerledigt, bis die Entscheidung über den Rechtsbehelf rechtskräftig bzw. unanfechtbar geworden ist. Geht ein Verfahren in ein anderes über (z.B.: Mahnverfahren in das Streitverfahren), so handelt es sich um ein einheitliches Verfahren i.S.d. § 20. Ist aber eine Entscheidung selbständig rechtskräftig, wie das Vorbehaltsurteil im Urkunden- oder Wechselprozess oder ein Beschluss im Beschwerdeverfahren, so erledigt ihre Rechtskraft ein Verfahren i.S.v. § 20.[24]

10 **Schweben mehrere Verfahren**, die zueinander im Zusammenhang stehen (wie etwa das Arrestverfahren und der Hauptsacheprozess), so bildet jedes ein selbständiges Verfahren, das sich unabhängig von dem anderen erledigen kann. Wird hingegen im **Wiederaufnahmeverfahren** eine frühere Entscheidung aufgehoben, so lebt das frühere Verfahren auch i.S.v. § 20 wieder auf. Soweit das **Streitwertfestsetzungsverfahren** oder das **Kostenansatzverfahren** nach der durch rechtskräftige Entscheidung oder in anderweitiger Weise eingetretenen Erledigung des Verfahrens durchgeführt werden, hat auf den Fristlauf des § 20 keinen Einfluss.

11 **Anderweitig erledigt** wird ein Verfahren regelmäßig durch Vergleich oder Klagerücknahme, ein Rechtsmittelverfahren auch durch Rechtsmittel-/Rechtsbehelfsrücknahme. Auch der tatsächliche Stillstand eines Verfahrens kann zu dessen Erledigung führen. Maßgebend für die Erstellung und damit auch für die Absendung der Schlusskostenrechnung und somit für die Frist des § 20 ist dann der Zeitpunkt, in dem der Wille der Parteien, das Verfahren als erledigt zu betrachten, dem Gericht erkennbar wird. Das kann durch eine ausdrückliche Erklärung der Parteien oder aufgrund der Umstände des einzelnen Falles geschehen. Ein Beschluss, durch den das Ruhen des Verfahrens angeordnet wird, erledigt das Verfahren i.S.v. § 20 allein noch nicht. Es muss vielmehr noch eine geraume Frist verstrichen sein, ehe der Lauf der Frist beginnen kann. In der Regel wird man in solchen Fällen den Zeitpunkt nehmen, zu dem nach der Aktenordnung die Akten des nicht mehr betriebenen Verfahrens wegzulegen sind.[25] Im Streitfall ist der sich auf den Fristablauf des § 20 berufende Kostenschuldner für die Erledigung beweispflichtig.[26]

12 **Abs. 3:** Eine **Änderung des gerichtlichen Wertfestsetzungsbeschlusses** ist nur bis zum Ablauf von 6 Monaten zulässig, nachdem die Entscheidung in der Hauptsache Rechtskraft erlangt oder das Verfahren sich anderweitig erledigt hat, § 63 Abs. 3 S. 2. Erfolgt eine Änderung der Streitwertfestsetzung, kann der Kostenansatz durch den Kostenbeamten berichtigt werden, § 19 Abs. 5. Hierfür beginnt eine Frist von 3 Monaten zu laufen zur Nachforderung der Kosten, die sich aus der Werterhöhung ergeben, Abs. 3. Das kann zu einer Verlängerung, niemals aber zu einer Verkürzung der Fristen des § 20 Abs. 1 und 2 führen. Denn Abs. 3 soll den die Abs. 1 und 2 nicht einengen, sondern erweitern.

13 Die **Dreimonatsfrist beginnt** erst zu laufen, wenn der letzte (d.h. der geänderte/endgültige) Streitwertfestsetzungsbeschluss dadurch wirksam geworden ist, dass er den

23 KG JW 1937, 2469; *Oestreich* in Oe/He/Tre § 20 Rn. 26.
24 KG JW 1937, 2475 = JVBl. 1937, 327.
25 **A.M.** OLG Nürnberg JurBüro 1981, 1230.
26 Im Ergebnis wohl auch *Oe/He/Tre* § 20 Rn. 22.

am Verfahren nach § 63 Beteiligten formlos mitgeteilt worden ist, § 329 Abs. 2 S. 2 ZPO.[27] Eine förmliche Zustellung[28] ist nicht geboten.

Ist der **Streitwert erstmalig festgesetzt** worden, liegt keine Änderung der Wertfestsetzung vor, so dass Abs. 3 nicht anwendbar ist. Hatte der Kostenbeamte in solchen Fällen bereits den Kostenansatz nach dem nach seiner Meinung zutreffenden Streitwert vorgenommen und erfolgt die richterliche Festsetzung erst nach dem Ablauf der Frist des § 20 Abs. 1 und 2, ist die Kostenforderung noch binnen der Dreimonatsfrist des § 20 Abs. 3 zulässig. Denn wenn schon bei einer Änderung des Streitwertfestsetzungsbeschlusses die Nachforderung binnen dieser Frist zulässig ist, muss sie erst recht bei einer erstmaligen Streitwertfestsetzung möglich sein. Dasselbe gilt auch, wenn der Streitwert auf eine Beschwerde abgeändert wurde. Dann beginnt die Frist mit der Zustellung der Streitwertänderungsentscheidung.[29] 14

Sind die **Fristen** des § 20 **abgelaufen**, so stehen dem trotzdem durch einen berichtigten Kostenansatz in Anspruch genommenen Kostenschuldner die Rechtsbehelfe des § 66 zur Verfügung.[30] Die Staatskasse dagegen kann nach Fristablauf auch nicht im Wege der Erinnerung, statt einer Nachforderung, durch eine gerichtliche Entscheidung die Änderung des irrigen Kostenansatzes erzwingen. Denn auch der Erinnerungsrichter hat zu prüfen, ob eine i. Erg. zu einer Nachforderung führende Änderung des Kostenansatzes zulässig ist. Im Ergebnis führt § 20 also zu einer einseitigen Befristung des Erinnerungsrechts der Staatskasse, während der Kostenschuldner den früheren Kostenansatz auch weiterhin unbefristet mit der Erinnerung angreifen kann. Wollte man auch der Staatskasse das Recht zugestehen, die Änderung des irrigen Kostenansatzes des § 20 im Wege des Erinnerungsverfahrens zu erzwingen, würde § 20 bedeutungslos werden. 15

Im Falle der **Wiederaufnahme** eines Verfahrens oder der **Fortsetzung** eines zunächst für erledigt gehaltenen Verfahrens, leben auch die Fristen des § 20 wieder auf. 16

Nach dem Ablauf der Ausschlussfristen des § 20 dürfen auch solche Kosten nicht mehr nachgefordert werden, die anstelle des nicht berechtigten oder fallengelassenen Teils einer Einzel- oder Gesamtforderung geltend gemacht werden.[31] 17

§ 21
Nichterhebung von Kosten

(1) Kosten, die bei richtiger Behandlung der Sache nicht entstanden wären, werden nicht erhoben. Das Gleiche gilt für Auslagen, die durch eine von Amts wegen veranlasste Verlegung eines Termins oder Vertagung einer Verhandlung entstanden sind. Für abweisende Entscheidungen sowie bei Zurücknahme eines Antrags kann von der Erhebung von Kosten abgesehen werden, wenn der Antrag auf unverschuldeter Unkenntnis der tatsächlichen oder rechtlichen Verhältnisse beruht.

(2) Die Entscheidung trifft das Gericht. Solange nicht das Gericht entschieden hat, können Anordnungen nach Absatz 1 im Verwaltungsweg erlassen werden. Eine im Verwaltungsweg getroffene Anordnung kann nur im Verwaltungsweg geändert werden.

27 *Hartmann* § 20 Rn. 16; *Oestreich* in Oe/He/Tre § 20 Rn. 31.
28 So OLG Düsseldorf MDR 2000, 789, 790.
29 OLG Düsseldorf NJW-RR 2000, 1382.
30 OLG Düsseldorf NJW-RR 2000, 1382.
31 OLG Düsseldorf RPfleger 1990, 480.

Übersicht

Allgemeines — 1
Nur Gerichtskosten — 2, 3
Handlung von Rechtspflegeorganen — 4
Zurückverweisung — 5
Beispiele für unrichtige Sachbehandlung — 6
Schwerwiegende Verstöße — 7, 8
Nicht zu erhebende Kosten (Ursächlichkeit) — 9
Auslagen — 10
Ermessen — 11
Mangelnde Rechtskenntnisse — 12
Unverschuldete Unkenntnis — 13, 14
Entscheidungsverfahren — 15
Zuständigkeit — 16
Beschwerde — 17
Anordnungen im Verwaltungsweg — 18, 19
Zuständigkeit — 20
Sozialgerichtverfahren — 21
Kostenerlass außerhalb des GKG — 22

1 **Allgemeines:** Die Vorschrift ist anwendbar in sämtlichen dem § 1 GKG unterfallenden Verfahren. Inhaltsgleiche Bestimmungen enthalten auch andere Kostengesetze wie z.B. § 20 FamGKG, § 21 GNotKG, § 7 GvKostG, § 9 PatKostG oder § 190 SGG vgl. unten Rn. 21). § 21 will den Rechtssuchenden von Kosten (Gebühren und Auslagen) freihalten, die bei richtiger Sachbehandlung durch die Organe der staatlichen Rechtspflege nicht erwachsen wären, oder die aus einer vom Amts wegen veranlassten Verlegung eines Termins oder einer Vertagung einer Verhandlung entstanden sind oder auf unverschuldeter Unkenntnis des Rechtssuchenden beruhen. Für außergerichtliche Kosten einer Partei ist § 21 nicht anwendbar.[1] Dogmatisch handelt es sich hier um eine Billigkeitsnorm zur Ermöglichung eines Ausgleichs von Härten, die bei einer strikten Anwendung des Gesetzes auftreten und die deutlich über das Maß dessen hinausgehen, was noch dem allgemeinen Prozess(kosten)risiko immanent ist,[2] nicht aber um einen Fall der Amtshaftung.[3] Ein Verschulden des Organs der Rechtspflege ist mithin nicht erforderlich.[4] Teilweise ist die Nichterhebung geboten (Abs. 1 S. 1 und 2), teilweise in das Ermessen der zur Entscheidung oder Nichtentscheidung berufenen Stelle gesetzt (Abs. 1 S. 3). Ähnliche Bestimmungen sind z.B.: § 4 Abs. 2 (Mehrkosten bei Verweisung), KV 3200 (Zurücknahme eines Strafantrags). Den umgekehrten Fall eines Fehlverhaltens der Partei behandeln z.B.: § 38 (Verzögerung des Rechtsstreits), § 95 ZPO (Säumnis oder Verschulden), § 34 BVerfGG (Missbrauchsgebühr). Daneben gibt es noch Verwaltungsvorschriften über den Erlass von Kosten (dazu unten Rn. 22). Für das Familienverfahren nach dem FamRG enthält § 20 FamGKG eine inhaltsgleiche Regelung.

2 Grundvoraussetzung für die Anwendung des § 21 ist einmal, dass überhaupt Gerichtskosten der im § 1 bezeichneten Art, die durch eine **unrichtige Sachbehandlung**, d.h. durch eine fehlerhafte Anwendung des Verfahrensrechts im weitesten Sinne entstanden sind,[5] zum anderen, dass das Gericht nicht bereits bei der Kostenentscheidung im Rahmen eines ihm gegebenen Ermessens den Gesichtspunkt der unrichtigen Sachbehandlung zu prüfen hat.[6] Nur dann **dürfen** solche Kosten nicht erhoben werden.[7] Die Vorschrift bezieht sich demzufolge ausschließlich auf **Gerichtskosten** (Gebühren und Auslagen)[8] nach dem GKG.[9] § 21 bietet hingegen keine gesetzliche Grundlage, die Staats-

1 LG Saarbrücken NJW-RR 2012, 896.
2 Vgl. *Oestreich* in *Oe/He/Tre* § 21 Rn. 4.
3 So aber wohl OLG Karlsruhe JurBüro 1999, 204 m. Anm. v. *D. Meyer.*
4 *Hartmann* § 21 Rn. 4; NK-GK/*Thiel* § 21 GKG Rn. 6.
5 Darauf weist *Hartmann* § 21 Rn. 5 zutreffend hin.
6 BGH JurBüro 2015, 264 = NJW-RR 2015, 385 = MDR 2015, 530 = FamRZ 2015, 570 = JurionRS 2015, 10445.
7 OLG Köln FGPrax 2011, 142; NK-GK/*Thiel* § 21 GKG Rn. 6.
8 OLG Koblenz JurBüro 2005, 215 = MDR 2005, 599.
9 Zutreffend weist *Hartmann* § 21 Rn. 5, darauf hin, dass gerade dieses häufig übersehen und deshalb vorschnell § 21 GKG bemüht wird.

kasse zur Übernahme der einem Beteiligten infolge unrichtiger Sachbehandlung etc. entstandenen **außergerichtlichen Mehrkosten** zu verpflichten.[10] Solche Mehrauslagen, die Parteien, Beschuldigten oder Beteiligten durch eine unrichtige Sachbehandlung durch das Gericht erwachsen, sind nicht von § 21 erfasst.[11] Auch auf den Ausspruch über die Erstattung notwendiger Auslagen eines Beschuldigten/Angeklagten im Strafverfahren (§§ 465, 473 StPO) ist § 21 nicht anwendbar.[12] Die nach § 59 RVG auf die Staatskasse übergegangenen Kosten für den Prozesskostenhilfeanwalt fallen ebenfalls nicht unter § 21.[13] Allerdings löst noch **nicht jede unrichtige Sachbehandlung** als solche die Anwendung des § 21 aus. Vielmehr muss ein offensichtlicher und schwerer Fehler in der gerichtlichen Sachbearbeitung vorliegen.[14] Die Nichtbeachtung eindeutiger Normen[15] muss nicht nur offenkundig,[16] sondern auch ursächlich für die (Mehr-)kosten (unten Rn. 9)[17] in dem Sinne sein, dass die Mehrkosten darauf beruhen,[18] Abs. 1 S. 1. So ist etwa § 21 nicht anwendbar bei einer unrichtigen Entscheidung über richtig angefallene Kosten.[19] Infrage kommt eine unrichtige Behandlung durch einen Angehörigen der staatlichen Rechtspflege,[20] gleichgültig, welche Aufgabe er im konkreten Verfahren hat, also auch, wenn z.B. ein Gerichtsbediensteter, die Staatsanwaltschaft[21] und ihre Hilfsbeamten oder die der Staatsanwaltschaft gleichstehende Verwaltungsbehörde im Bußgeldverfahren (sofern es zu einem gerichtlichen Verfahren kommt)[22] die Sache unrichtig behandelt hat. Ausreichend ist sogar, wenn ein Gerichtswachtmeister falsch gehandelt hat.[23] Das gilt auch für eine unrichtige Sachbehandlung, wenn und soweit die Staatsanwaltschaft als Verfolgungsbehörde im Bußgeldverfahren tätig war (vgl. § 1 Rn. 21, 24, 25).

Nicht unter § 21 fallen hingegen die unrichtige Sachbehandlung durch einen Ge- 3
richtsvollzieher (– hier gilt § 7 GVKostG als lex specialis –), durch einen Sachverständigen[24] oder durch Polizeikosten, wenn und soweit die Polizei nicht eindeutig in ihrer Eigenschaft als Hilfsbeamte der Staatsanwaltschaft (§ 152 GVG) gehandelt hat.[25] Wenn hingegen nur die Verwaltungsbehörde das Bußgeldverfahren betrieben hatte, kann § 21 schon deshalb nicht einschlägig sein, weil keine Kosten nach dem GKG entstehen kön-

---

10 Vgl. z.B. VGH Baden-Württemberg, JurBüro 2016, 29 = NVwZ 2016, 168 = JurionRS 2015, 27361; OVG Berlin NVwZ-RR 1998, 405 OVG; Koblenz NVwZ-RR 1995, 362 und etwa bei *D. Meyer* Strafrechtsentschädigung und Auslagenerstattung, 3. Aufl., Teil II Rn. 23 m.N.

11 Das ist völlig unstr. vgl. etwa BGH NStZ 2001, 135 (bei *Kusch*); BPatG GRUR 1984, 341; OLG Hamburg RPfleger 1983, 175; LG Düsseldorf MDR 1985, 60; *Hartmann* § 21 Rn. 1.

12 BGH NStZ 2000, 499 und NStZ 1989, 191; OLG Hamm NStZ-RR 2000, 320.

13 *Oestreich* in Oe/He/Tre § 21 Rn. 8; *Lappe* § 8 Rn. 3.

14 BGH NJW-RR 2003, 1294; BGH MDR 2005, 956 = NJW-RR 2005, 1230; OLG Karlsruhe NJW-RR 2008, 807; LG Hamburg MDR 2004, 474; FG Köln EFG 2001, 996; *Hartmann* § 21 Rn. 10.

15 So *Schultzky* Seite 76.

16 Ganz h.M. vgl. die zahlreichen Nachweise bei: *Oestreich* in Oe/He/Tre § 21 Rn. 10, **a.M.** *E. Schneider* MDR 2001, 914.

17 OLG Düsseldorf JurBüro 2009, 39. Dazu m.N. auch bei *E. Schneider* MDR 2001, 915.

18 LSG Bayern, Beschl. v. 11.4.2016 – L 15 SF 78/15 – = JurionRS 2016, 15822.

19 AG Essen JurBüro 1973, 464; AG *Hagen* NJW 1970, 1017; vgl. dazu auch bei *E. Schneider* MDR 2001, 915 m.N. in Fn. 16.

20 BFH RPfleger 1992, 365; KG JurBüro 2008, 43 (LS mit Volltextservice).

21 OLG München JurBüro 1978, 101; LG Hildesheim RPfleger 1962, 454.

22 LG Tübingen AnwBl. 1972, 239.

23 KG JurBüro 2008, 43 (LS mit Volltextservice); OLG Koblenz RPfleger 1981, 37; *Hartmann* § 21 Rn. 6; *Oestreich* in Oe/He/Tre § 21 Rn. 11.

24 OLG Hamburg MDR 1978, 237 = JurBüro 1978, 898; OLG Koblenz RPfleger 1981, 37 und JurBüro 2015, 96; *Hartmann* § 21 Rn. 6; *Oestreich* in Oe/He/Tre § 21 Rn. 11.

25 *Hartmann* § 21 Rn. 1; **a.M.** LG Lüneburg VersR 1985, 1200 m.N.

nen (vgl. § 1 Rn. 10).[26] Auch wenn es sich um einen Fehler des Finanzamtes handelt, wird § 21 i.d.R. nicht anwendbar sein, es sei denn, das Finanzamt hat in einer konkreten einzelnen Rechtssache als Strafermittlungsbehörde gehandelt und dabei der Fehler unterlaufen ist.[27] Nicht hierher gehören auch solche unrichtigen Sachbehandlungen, die nicht vom Gericht allein, sondern auch von den Parteien mit verursacht worden sind.[28]

4 Im Rahmen des § 21 kommt es darauf an, ob der **Angehörige der staatlichen Rechtspflege objektiv** unrichtig gehandelt hat. Unerheblich ist es, ob die Parteien und/oder ihre Vertreter unrichtig gehandelt haben.[29] Auf ein Verschulden bei der unrichtigen Sachbehandlung kommt es grundsätzlich nicht an,[30] gleichviel ob ein solches im Zurechnungsbereich des Gerichts oder in der Sphäre des Kostenschuldners liegt,[31] sofern Letzterer das Gericht nicht absichtlich getäuscht hat.[32] Davon zu unterscheiden ist allerdings die nicht auf der Ebene des Verschuldens liegende Mitverursachung der unrichtigen Sachbehandlung durch die Partei, welche zu einer Nichtanwendung des § 21 führen kann (vgl. unten, Rn. 9), insbesondere dadurch, dass die Partei den Fehler des Gerichts hätte verhindern können.[33] Denn die Nichterhebung von Kosten ist bereits eine Privilegierung des Kostenschuldners, der ohne § 21 sonst Schadensersatzansprüche wegen Amtspflichtverletzung auf Befreiung von der Kostentragungspflicht geltend machen müsste, in welchem Rahmen § 254 BGB allemal anwendbar ist.[34] Auch Fehlleistungen oder Versagen mechanischer Einrichtungen des Gerichts können als unrichtige Sachbehandlung i.S.d. § 21 angesehen werden, wenn und soweit sie unrichtig eingegebene Befehle ausführen (= Unfähigkeit des Bedieners) oder mangelhaft überwacht werden.[35]

5 **Instanzenzug:** Die Frage nach einer unrichtigen Sachbehandlung wird naturgemäß ganz überwiegend im Zusammenhang mit der Aufhebung einer gerichtlichen Entscheidung im Instanzenzug und deren Zurückverweisung gestellt, nicht zuletzt auch mit Seitenblick auf § 839 Abs. 2 BGB. Die **Zurückverweisung** einer Sache wegen eines **Verfahrensfehlers** vom höheren an das niedrigere Gericht muss für sich allein aber noch keine unrichtige Sachbehandlung der Vorinstanz i.S.v. § 21 indizieren.[36] Nur im Einzelfall kann dies ein Indiz dafür sein. Denn eine allgemeine Richtigkeitskontrolle der Entscheidung der Vorinstanz über § 21 GKG soll gerade nicht stattfinden, was auch darin zum Ausdruck kommt, dass der Gesetzgeber die Nichterhebung im Verwaltungswege zulässt.[37] Man wird hier differenzieren müssen: Wenn die Zurückverweisung wegen eines **offensichtlichen schweren Verfahrensfehlers**[38] oder einer **offensichtlichen, eindeutigen**

---

26 **A.M.** wohl *Oestreich* in Oe/He/Tre § 21 Rn. 4, 11.
27 Vgl. *Hartmann* § 21 Rn. 6; *Schall* BB 1988, 380; dazu auch bei *Lappe* NJW 1987, 1860.
28 OLG Nürnberg JurBüro 1997, 149 = MDR 1997, 302; OLG Düsseldorf NJW-RR 1997, 1159.
29 BGH JurBüro 1980, 406 m. Anm. v. *Mümmler* = RPfleger 1980, 32; *Oestreich* in Oe/He/Tre § 21 Rn. 12 m.N.
30 LSG Bayern, Beschl. v. 11.4.2016 – L 15 SF 78/15 – = JurionRS 2016, 15822; OLG Köln JurBüro 1972, 243; KG JurBüro 2008, 43 (LS mit Volltextservice); *E. Schneider* MDR 2001, 915.
31 OLG Köln JurBüro 1972, 243; missverständlich insoweit OLG Karlsruhe JurBüro 1999, 204 m. Anm. v. *D. Meyer*.
32 *Mümmler* JVBl. 1971, 224.
33 **A. M** aber *Schneider* MDR 2001, 914; dazu kritisch *Hansens* JurBüro 2002, 124.
34 Vgl. *Hansens* JurBüro 2002, 124.
35 *Kerkhoff* ZAP 1996, 737 (Fach 14, S. 341).
36 BGH GA 1982, 324, OLG Koblenz NJW-RR 1996, 1429; OLG Köln NJW-RR 2001, 1724, 1725; OLG München MDR 1990, 348 m. Anm. v. *Schneider; Hartmann* § 21 Rn. 9; **a.M.:** KG JurBüro 1997, 654; OLG Hamm DRiZ 1979, 375; *Warburg* NJW 1973, 25; *E. Schneider* MDR 2001, 915; *Schultzky* S. 77.
37 Darauf weist zutreffend hin *Schuktzky* S. 78. Vgl. auch OLG Karlsruhe NJW-RR 2008, 807.
38 KG MDR 2005, 48; OLG Koblenz JurBüro 1995, 210 = NStZ-RR 1998, 128.

Verkennung des materiellen Rechts[39] erfolgen muss, wird eher ein Fall des § 21 anzunehmen sein, während leichtere Verfahrensfehler dafür regelmäßig nicht ausreichen dürften.[40] So kann,[41] nicht aber muss,[42] ein Fall des § 21 vorliegen, wenn die Aufhebung wegen eines absoluten Revisionsgrundes nach § 551 ZPO, z.B. wegen falscher Besetzung des Gerichts,[43] erfolgt wie der notwendige Neubeginn einer strafrechtlichen Hauptverhandlung wegen unrichtiger Besetzung des Gerichts.[44] Ein schwerer Verfahrensfehler i.d.S. liegt sicherlich auch vor, wenn das Berufungsgericht in demselben Rechtsstreit wiederholt die erstinstanzliche Entscheidung aufhebt und zurückverweist.[45] Auf keinen Fall ist § 21 aber anwendbar, wenn die Zurückverweisung aufgrund einer abweichenden **Beurteilung einer Rechtsfrage,**[46] insbesondere einer wissenschaftlichen Streitfrage[47] oder der Berufung auf eine höchstrichterliche – noch nicht ausdrücklich aufgegebene – **Gesetzesauslegung,**[48] erfolgt oder wenn sie nur aufgrund einer **Ermessensvorschrift** geschieht,[49] es sei denn, es liegt ein offensichtlicher **Ermessensfehlgebrauch** (Willkür) vor. Auch wenn das Gericht im Laufe des Verfahrens seine Rechtsansicht ändert und wegen des früheren Standpunkts Kosten entstanden ist, liegt eine unrichtige Sachbehandlung nicht vor. Denn der Richter muss ständig seine frühere Ansicht prüfen und ggf. korrigieren.[50] Selbstverständlich kann auch die Bestimmung des § 21 niemals dazu missbraucht werden, eine Sachentscheidung, (einschließlich des Kostenausspruchs)[51] auf ihre Richtigkeit oder gar Zweckmäßigkeit,[52] insbesondere nicht Zweckmäßigkeit des Procedere,[53] nachzuprüfen.[54] Schon gar nicht hat § 21 den Sinn und Zweck, eine (weitere) Möglichkeit zu eröffnen, die im Ausgangsrechtsstreit vertretenen unterschiedlichen Rechtsansichten in materiellrechtlicher oder verfahrensrechtlicher Hinsicht nach dem rechtskräftigen Abschluss des Verfahrens einer weiteren Klärung zuzuführen.[55] Demzufolge kann es dem Justizfiskus auch nicht i.S.v. § 21 zum Nachteil gereichen, wenn das Gericht (im Anwaltsprozess) nicht auf einen Antrag hinweist, der weniger Kosten verursacht.[56] Naturgemäß ist die Rspr. zur Problematik einer unrichtigen Sachbehandlung i.S.d. § 21 äußerst kasuistisch.[57]

Als unrichtige Sachbehandlung kann (nicht muss) z.B. angesehen werden: 6

Aufhebung und Zurückverweisung: Die Vertretung einer völlig unhaltbaren, einen offensichtlichen Gesetzesverstoß enthaltene Rechtsansicht.[58] Das ist aber nicht

39 OLG Düsseldorf, Beschl. v. 28.7.2016 – 1-10 W 175/16 – = JurionRS 2016, 24632; OLG Karlsruhe JurBüro 1999, 425; ThürOLG JurBüro 1999, 435, 437.
40 OLG München MDR 1990, 348 m. Anm. v. *Scheider;* vgl. auch *Hartmann* § 21 Rn. 10 m.N.
41 BGH NJW 1992, 2039.
42 **A.M.** Zöller/*Gummer* ZPO, § 539 Rn. 3; *B-L-A-H* ZPO, § 539 Rn. 4.
43 BGH, BGHR – GKG § 8 – Nichterhebung 3 = StV 2000, 435.
44 BGHR – § 8 GKG – Nichterhebung 3 = StV 2000, 435; BGH NStZ 2001, 135 (bei *Kusch* Nr. 23).
45 OLG Düsseldorf MDR 1995, 212.
46 BGHZ 93, 213; KG JurBüro 2008, 43 (LS mit Volltextservice).
47 OLG Schleswig SchlHA 1986, 46; **a.M.** OLG Karlsruhe OLGZ 77, 486.
48 OLG Köln NJW-RR 2001, 1724, 1725.
49 *Hartmann* § 21 Rn. 10.
50 OLG Koblenz NJW-RR 1996, 1429.
51 OLG Schleswig SchlHA 1998, 144.
52 OLG Hamm NStZ-RR 2000, 320; LG München JurBüro 1999, 424.
53 OLG Hamm NStZ 2000, 320.
54 OLG Frankfurt aM JurBüro 1995, 210; *Hartmann* § 21 Rn. 12. m.N.
55 OVG Nordrhein-Westfalen, Beschl. v. 12.11.2013 – 1 E 1106/13 – = OpenJur 2013, 43216; *Hartmann* § 21 Rn. 4, 8–13.
56 *Hartmann* § 21 Rn. 15.
57 Vgl. dazu auch die ausf. Zusammenstellungen bei *Hartmann* § 21 Rn. 14 ff. und; *Oestreich* in Oe/He/Tre § 21 Rn. 13.
58 OLG München MDR 1990, 348; OLG Nürnberg JurBüro 1959, 429.

schon dann der Fall, wenn in der obergerichtlichen Rspr. dazu unterschiedliche Ansichten vertreten werden,[59] und zwar selbst dann nicht, wenn das Gericht einer Mindermeinung folgt, die vom übergeordneten Gericht erkennbar nicht geteilt wird. Grundsätzlich gilt das auch dann für die Kosten des Revisionsverfahrens, wenn der Einzelrichter (beim Finanzgericht) über eine Klage zu einem Zeitpunkt entscheidet, in welchen ihm bekannt war, dass das Revisionsgericht über zahlreiche vom gleichen Gericht entschiedene Parallelfälle streitig entscheiden wird.[60] Solches muss der Rechtssuchende in Ansehung der richterlichen Unabhängigkeit grundsätzlich in Kauf nehmen. Die Grenze zur unrichtigen Sachbehandlung kann aber dann überschritten sein, wenn sich ein Untergericht gegen eine Rechtsansicht des übergeordneten Gerichts in rechtlich nicht mehr nachvollziehbarer Weise völlig sperrt.

Ablehnung: Mehrkosten durch begründete Ablehnung von Richtern oder Sachverständigen.[61]

Abschriften: Auslagen für die Anforderung zu vieler Abschriften.[62] In einem solchen Fall kann aber eine Korrektur im Verwaltungswege erfolgen.

Amtsermittlung: keine Kosten des Beschwerdeverfahrens, wenn Gericht einen (Kostenfestsetzungs)Antrag wegen Verkennung der Amtsaufklärung ablehnt (hier: Ermittlung der zu erstattenden Verteidigerkosten bei Teilfereispruch).[63]

Antragsüberschreitung: Wenn und soweit durch Antragsüberschreitung Mehrkosten verursacht wurden (Verstoß gegen den Grundsatz „ne ultra petita", § 308 ZPO).[64]

Aufklärungs- und/oder Hinweispflichten: Verletzung von Aufklärungs- und/oder Hinweispflichten.[65] Diesem Aspekt wird im Hinblick auf die Neufassung des § 139 ZPO große Aufmerksamkeit zu widmen sein.

Ausfertigung: Kosten des Beschwerdeverfahrens betreffend eine vom Original abweichende Ausfertigung oder Ablichtung.[66]

Aussetzung: Wenn das Gericht einen Aussetzungsantrag bis zu einer anstehenden grundsätzlichen Klärung durch das Ober-(Revisions-)Gericht ohne nachvollziehbare Erwägungen übergeht. Denn dann wäre eine Ermessensausübung insoweit willkürlich. Erst recht trifft das zu, wenn § 249 ZPO nicht beachtet wird.[67]

Belehrung: Falsche Belehrung über den Vertretungszwang[68] oder unrichtige Rechtsmittelbelehrung[69] (jedoch nicht, wenn der Verteidiger die Unrichtigkeit ohne weiteres hätte erkennen können).[70]

Besetzungsrüge: Mehrkosten, die im Strafverfahren durch eine erfolgreiche Besetzungsrüge nach §§ 222a, 222b StPO entstehen.[71]

---

59 OLG Frankfurt aM JurBüro 1975, 1224.
60 **A.M.** BFH NVwZ-RR 2000, 552.
61 *Hartmann* § 21 Rn. 14.
62 BGH WoM 1985, 35 (zu § 35 KostO).
63 LG Hildesheim JurBüro 2015, 194.
64 *Hartmann* § 21 Rn. 15.
65 BFH BStBl. II 1979, 296; dazu auch bei *E. Schneider* MDR 2001, 917 m.N.
66 BGH, Beschl. v. 13.10.2016 – IX ZB 57/14 – =JurionRS 2016, 26686.
67 *Hartmann* § 21 Rn. 17.
68 OLG Schleswig JurBüro 1978, 1225 = SchlHA 1978, 108; vgl. auch OLG Hamm JurBüro 1977, 1420 = MDR 1977, 940.
69 BGH JurBüro 1980, 460 m. Anm. v. *Mümmler;* OVG Magdeburg DÖV 2009, 424 (L) = DVBl. 2009, 466 (L) = BeckRS 2009, 31781; OLG Celle JurBüro 1968, 725; OLG München JurBüro 1978, 101; LG Essen RPfleger 1962, 98.
70 OLG Zweibrücken NStZ-RR 2000, 319.
71 KMR/*Stoeckel* vor § 464 Rn. 12 m.N. der Rechtsprechung.

Beweisaufnahme: Eine von vornherein völlig überflüssige Beweisaufnahme[72] kann eine unrichtige Sachbehandlung sein. So z.B., wenn und soweit Beweis (durch Sachverständigengutachten) zu einer Frage erhoben wird, die zwischen den Parteien völlig unstreitig ist.[73] Das gilt aber nicht, wenn sich die Beweisaufnahme später infolge Änderung der Prozesslage als nicht mehr entscheidungserheblich erweist (z.B. wenn der Beklagte die – begründete – Einrede der Verjährung erst nach Verkündung des Beweisbeschlusses oder gar nach erfolgter Beweisaufnahme erhebt) oder wenn das Gericht in anderer Besetzung wegen anderer rechtlicher Beurteilung von der beschlossenen Beweiserhebung absieht.[74] Selbstverständlich sind in solchen Fällen tunlichst Maßnahmen zur Vermeidung von Kosten zu treffen, so dass die Unterlassung einer Abladung von Zeugen und Sachverständigen,[75] wenn und soweit das noch möglich gewesen wäre, zur Anwendung des § 21 führen kann. Das gilt natürlich auch im Falle einer von Amts wegen zu spät veranlassten Verlegung oder Vertagung eines Termins.[76] Kosten der Durchführung einer **fehlerhaften** Beweisaufnahme, die deshalb wiederholt werden muss, können nach § 21 nicht erhoben werden.[77]

Eilantrag: Die verspätete Aufnahme eines Eilantrags für Beweissicherung.[78]

Erledigungserklärung: Sachentscheidung nach übereinstimmender Erledigungserklärung binnen einer Erklärungsfrist.[76a]

Ermessen: Nur wenn eindeutig ein Ermessensfehlgebrauch oder gar Missbrauch der Ermessensausübung vorliegt, kann eine unrichtige Sachbehandlung vorliegen, wovon auch dann gesprochen werden kann, wenn das Gericht von einem ihm eingeräumten Ermessen überhaupt keinen Gebrauch macht[79] (vgl. auch unten Rn. 8). Wenn z.B. eine Entscheidung, bei der nach § 313a Abs. 2 ZPO von der Darstellung des Tatbestandes und der Entscheidungsgründe abgesehen werden kann, gleichwohl begründet worden ist, liegen die Voraussetzungen einer Gerichtsgebührenermäßigung nach KV-GKG 1211 Nr. 2 regelmäßig nicht vor.[80] Es spricht eine für das Kostenansatzverfahren verbindliche Vermutung dafür, dass das Gericht aus sachlich vertretbare Erwägungen die ihm durch § 313a Abs. 2 ZPO angebotene Arbeitserleichterung nicht genutzt hat. Kostenrecht ist insoweit Folgerecht der jeweiligen zulässigen und noch vertretbaren Verfahrensweise des Gerichts, und zwar auch dann, wenn das Gericht eine andere, jedoch nicht zwingende Verfahrensweise gewählt hat, die mittelbar eine höhere Kostenbelastung der Parteien nach sich ziehen.

Gerichtsbesetzung: Entscheidung durch ein unrichtig besetztes Gericht.[81]

Grundurteil: Übergang in das Betragsverfahren und Beweiserhebung über Anspruchshöhe vor Eintritt der Rechtskraft des Grundurteils.[82]

---

72 OLG München NJW-RR 1998, 1695 = MDR 1998, 1437; LG Frankfurt aM JurBüro 1986, 1679; OLG Schleswig SchlHA 1989, 78; OLG Düsseldorf JurBüro 1989, 1272; dazu auch bei *Schneider* MDR 2000, 751/752.

73 OLG Koblenz JurBüro 2014, 38 = MDR 2013, 1366.

74 OLG Stuttgart Die Justiz 1996, 137; OLG Düsseldorf JurBüro 1995, 45; *E. Schneider* MDR 2001, 918.

75 OLG Stuttgart OLGZ 69, 188; LG Bad Kreuznach MDR 1972, 539.

76 OLG Hamm MDR 1988, 1066; OLG Düsseldorf MDR 1978, 339; LG Bamberg JurBüro 1970, 498.

77 BGH NStZ-RR 1998, 319.

78 LG Frankfurt aM MDR 1985, 153.

76a OVG Hamburg DÖV 2015, 584 = NVwZ-RR 2015, 600 = JurionRS 2015, 13990.

79 OLG Düsseldorf NJW-RR 2007, 1151; OLG Koblenz FamRZ 2002, 1644 = BeckRS 2001, 30012812; *Hartmann* § 21 Rn. 22.

80 OLG Brandenburg JurBüro 2007, 536; *D. Meyer* MDR 2008, 1009. **A.A.** OLG Köln MDR 2007, 1458 (LS).

81 BGHZ 27, 170.

82 OLG Celle NJW-RR 2003, 787 = BauR 2003, 1437.

Gutachten: Einholung von kostenträchtigen Gutachten im Rahmen der Amtsaufklärung ohne vorherige Anhörung des Betroffenen oder seines Vertreters.[83] Gleiches kann in Ausnahmefällen auch für entbehrliche Blutgruppengutachten (hier: offensichtlich andere Hautfarbe) gelten.[84]

Klagerücknahme: Missverständliche Erörterungen des Gerichts über den Zeitpunkt der Klagerücknahme im Hinblick auf die Gebührenermäßigung nach KV Nr. 5111 Nr. 1a (1211 Nr. 1a).[85]

Klagezustellung: Pflichtwidrige Unterlassung der Klagezustellung bei drohendem Verjährungseintritt.[86]

Mahnbescheidsantrag: Entgegennahme eines ungewöhnlichen Antrags von einer Person, die nach den Gesamtumständen als nicht geschäftsfähig wirkt und anwaltlich nicht vertreten ist.[87]

Mitteilungspflicht: Unterlassen einer Mitteilungspflicht, soweit der Beteiligte dadurch Kostennachteile hat.[88]

Nebenkläger: Die Zulassung als Nebenkläger im Jugendstrafverfahren entgegen § 80 Abs. 3 JGG;[89] rechtsfehlerhafte Bestellung eines Beistandes für den Nebenkläger.[90]

Prozesskostenhilfe: Irrtümliche Behandlung (Entscheidung) eines PKH-Antrags als Klage.[91] Bewilligung von Prozesskostenhilfe mit offensichtlich rechtlich unhaltbarer Begründung;[92] Zeitgleiche Ablehnung eines PKH-Antrags mangels Erfolgsaussicht und gleichzeitige Klageabweisung durch Urteil.[93] Ausnahmsweise aber dann keine unrichtige Sachbehandlung, wenn der Antragsteller durch einen rechtlichen Hinweis auf die mangelnden Erfolgsaussichten hingewiesen wurde und er gleichwohl an seinem Sachbegehren festhält.[94]

Prozessordnungswidrigkeit: prozessordnungswidrigen Feststellungen des Erstgerichts.[95]

Prozessunfähigkeit: Nichtbeachtung der **Prozessunfähigkeit** (z.B. § 53 ZPO).[96]

Psychische Erkrankung: Ist die Klage eines greifbar Prozessunfähigen ganz offensichtlich Zeichen seiner psychischen Erkrankung, kann die Nichterhebung von Kosten auch dann geboten sein, wenn das Begehren aus formalen Gründen von seinem Ehepartner unterzeichnet wurde in der erkennbaren Absicht, Auseinandersetzungen mit dem Erkrankten aus dem Weg zu gehen.[97]

Rechtliches Gehör: Ein Verfahrensverstoß wie die Verletzung des Grundsatzes der Gewährung rechtlichen Gehörs (Art. 103 Abs. 1 GG § 278 Abs. 3 ZPO)[98] in allen seinen Vari-

---

83 LG Leipzig JurBüro 2009, 598; AG Zschopau ZfS 1994, 422; LG Freiburg MDR 1993, 911 = ZfS 1993, 385 = FamRZ 1993, 911; LG Baden-Baden ZfS 1994, 263. **A.A.** LG Berlin, Beschl. v. 20.10.2016 – 51 2 Qs 43/16.
84 OLG Schleswig SchlHA 1989, 78.
85 VerwG Braunschweig Beschl. v. 8.2.2010 – 2 A 102/09.
86 OLG Frankfurt/Main NJW-RR 2012, 893.
87 LG Kiel SchlHA 2002, 26.
88 OLG Düsseldorf JurBüro 1994, 302.
89 OLG München JurBüro 1978, 101.
90 KG JurBüro 2009, 656.
91 VGH Baden-Württemberg, JurBüro 2016, 29 = NVwZ 2016, 168 = JurionRS 2015, 27361.
92 OLG Braunschweig JurBüro 1979, 870.
93 FG Leipzig JurBüro 2009, 600 (LS mit Volltextservice); VGH Hessen DÖV 2013, 40 = NJW 2012, 3738 m.w.N.; *Hartmann* § 21 Rn. 29 m.w.N.
94 VGH Hessen DÖV 2013, 40 = NJW 2012, 3738.
95 OLG Düsseldorf JurBüro 1975, 1226.
96 BGH NJW 1988, 51; OLG München NJW-RR 1989, 256.
97 OLG Koblenz JurBüro 2012, 319 (LS) = NJW-RR 2012, 891 = BeckRS 2012, 059,23.
98 BVerfG RPfleger 1974, 12; BGHZ 27, 170; BFH NJW 1977, 1080 = JurBüro 1977, 93 6; OLG Saarbrücken MDR 1996, 1191; OLG Köln RPfleger 1979, 347.

anten,[99] ist i.d.R. als unrichtige Sachbehandlung i.S.v. § 21 einzuordnen, wenn und soweit die Nichtgewährung rechtlichen Gehörs für Mehrkosten nach dem GKG ursächlich war. So z.B. die durch die begründete Anhörungsrüge zusätzlich entstanden Kosten (z.B.: Rechtsanwaltskosten nach VV-RVG 3330). Die Kosten der Verwerfung oder Zurückweisung einer Anhörungsrüge (z.B. nach KV 1700) sind (Mehr-)Kosten, die niemals unter § 21 subsumierbar sein können. Unterlässt die beschwerte Partei eine statthafte Anhörungsrüge, liegt ebenfalls keine unrichtige Sachbehandlung i.S.v. § 21 mehr vor, weil durch das Unterlassen die Kausalkette abgebrochen und durch eine andere ersetzt wird.

Rechtsbeschwerde: Kosten der überflüssigen Rechtsbeschwerde bei unrichtiger Anwendung des § 234 Abs. 1 Satz 2 ZPO durch das Berufungsgericht.[100]

Rechtsgutachten: Einholung von Rechtsgutachten über inländisches Recht[101] („iura novit curia").

Rechtsmittel: Kosten für die Berufungsinstanz, bei unrichtiger Dokumentation des Eingangs eines Einspruchs und Unterlassen der Klärung des tatsächlichen Eingangs mit der Folge der Verwerfung des Einspruchs als unzulässig.[102]

Rechtsunkenntnis: Hochgradiger Wirklichkeitsverlust des an sich Kostenpflichtigen.[103]

Sachverständige:
- Beauftragung eines Sachverständigen zur Beantwortung von Rechtsfragen.[104]
- Beweiserhebung durch Sachverständigengutachten zu einer Frage, die zwischen den Parteien unstreitig ist.[105]
- Kosten für die Ladung eines Sachverständigen zur mündlichen Erörterung eines Gutachtens, das dieser nicht selbst erstellt hat.[106]

Teilurteil: Der Erlass eines unzulässigen Teilurteils.[107]

Trennung von Verfahren: Verfahrenswidrige (willkürliche) Trennung von Verfahren nach Widerspruch, wenn gegen mehrere Schuldner ein Mahnverfahren durchgeführt wird,[108] oder die Trennung in verschiedene Einzelverfahren ohne ersichtlichen Grund.[109]

Übergehen eines entscheidungserheblichen Vortrages einer Partei oder eines beweiserheblichen Beweisantrages.[110]

Übersetzen: Unterlassen einer Nachfrage des Gerichts, ob Klage zur Zustellung im Ausland übersetzt werden soll (Nichtbeachtung des § 31f ZRHO)[111] oder die Anordnung der Übersetzung einer unschlüssigen Klage.[112]

Verkündungstermin: Unrichtig i.d.S. ist auch die Verkündung einer Entscheidung zum angesetzten Verkündungstermin, wenn die Parteien angezeigt hatten, dass sie sich

---

99 BGH, JZ 1977, 165 (L).
100 BGH Beschl. v. 25.11.2009 – XI ZB 70/09.
101 OLG Karlsruhe FamRZ 1990, 1367 (zu § 16 KostO).
102 OLG Köln JurBüro 2012, 34 (LS mit Volltextservice).
103 BayVGH, Beschl. v. 20.2.2012 – 11 C 12.335.
104 OLG Düsseldorf, NJW-RR 2007, 1151.
105 OLG Koblenz JurBüro 2014, 38 = MDR 2013, 1366.
106 OLG Köln JurBüro 2012, 33.
107 OLG Köln NJW-RR 1992, 908.
108 OLG Zweibrücken JurBüro 2007, 322.
109 BGH NJW-RR 1997, 832; OLG Zweibrücken JurBüro 2007, 322; OLG München NJW-RR 1998, 1080; OVG Münster NJW 1978, 720.
110 OLG Saarbrücken MDR 1996, 1191; OLG Köln JurBüro 1974, 507 = MDR 1974, 498.
111 OLG Koblenz MDR 2010, 101 = BeckRS 2009, 87257.
112 OLG Koblenz JurBüro 2010, 434.

noch außergerichtlich verglichen haben,[113] es sei denn, die Mitteilung erfolgte so kurzfristig, dass die Verkündung nicht mehr verhindert werden kann.

Vorschussabrechnung: Keine Belastung der nicht vorschusspflichtigen Partei bei Rückzahlung eines nicht verbrauchten Vorschusses nach Unterbrechung des Verfahrens gem. § 240 ZPO an insolventen Vorschusspflichtigen (vgl. § 17 Rn. 37).[114]

Vertagungsantrag: Ablehnung eines Vertagungsantrages wegen kurzfristigen Wechsels des Prozessbevollmächtigten[115] oder Verweigerung einer Schriftsatznachlassfrist.

Zulassung eines Rechtsmittels: Bei der offensichtlich gesetzwidrigen Zulassung eines Rechtsmittels (der Berufung[116] oder der Revision).[117]

Zurückverweisung: Eine Nichterhebung von Kosten ist jedenfalls dann geboten, wenn das Berufungsgericht in demselben Rechtsstreit *wiederholt* die erstinstanzliche Entscheidung wegen wesentlicher, offensichtlicher Mängel aufhebt und die Sache zurückverweist.[118] *S. auch „Aufhebung", „Instanzenzug (Rn. 5)" „Rechtsmittelgericht"*

Zustellung eines versehentlich unrichtigen Entscheidungssatzes[119] oder einer falschen Entscheidungsform wie Beschluss statt Urteil,[120] eines Urteils ohne Tatbestand,[121] einer falschen[122] oder verspäteten[123] Zustellung. Ebenso die Veranlassung einer mit hohen, in keinem vernünftigen Verhältnis zum Streitwert stehenden Kosten verbundenen öffentlichen Zustellung ohne Anforderung eines entsprechenden Auslagenvorschusses[124] (– nicht aber, wenn die Partei die öffentliche Zustellung beantragt hatte, und das Gericht nicht noch einmal wegen der entstehenden Auslagen Bedenken geäußert hat –).[125]

Zwangsvollstreckung aus einem hierzu offensichtlich ungeeigneten Titel.[126]

7 **Schwerwiegende Verstöße:** Aber **nicht jede unrichtige Sachbehandlung** stellt für sich allein schon einen schwerwiegenden, offensichtlichen Gesetzesverstoß dar.[127] Zusätzlich müssen die Kosten auf die unrichtige Sachbehandlung **beruhen** (d.h. die Kosten müssen i.S.d. Adäquanztheorie **ursächlich** sein).[128] Das kommt z.B. im § 321a ZPO zum Ausdruck. Die entgegenstehende Ansicht, wonach allein schon dann an eine Anwendbarkeit von § 21 zu denken sei, wenn kein offensichtliches Versehen oder kein klarer Rechtsverstoß gegen eindeutige gesetzliche Vorschriften vorliegt,[129] ist abzulehnen. Denn in dem Verfahren nach § 21 kann und soll nicht jedes scheinbare oder auch tat-

113 OLG Schleswig SchlHA 1996, 140.
114 OLG Karlsruhe NJW-RR 2010, 499.
115 OLG Köln NJW 1979, 1834; *Mümmler* JVBl. 1971, 224.
116 OLG München JurBüro 1978, 102.
117 BGH JurBüro 1973, 724 = NJW 1973, 1239; BGH JurBüro 1980, 533; BGH MDR 1980, 203.
118 OLG Rostock MDR 1995, 212; OLG Düsseldorf JurBüro 1985, 44.
119 OLG Köln JurBüro 1972, 243 = VersR 1972, 651 (L); OLG Karlsruhe NJW 1973, 1989.
120 OLG Celle NdsRPfl. 1973, 182.
121 BGH KostRspr. GKG § 8 Nr. 27 m. Anm. v. *Schneider.*
122 KG NJW 1969, 1444 = JurBüro 1969, 872.
123 OLG Düsseldorf NJW-RR 1993, 828.
124 LG Koblenz MDR 1999, 1024 = NJW-RR 1999, 1744.
125 LG München JurBüro 1999, 424.
126 OLG Düsseldorf RPfleger 1956, 181 (L).
127 BGH KostRspr. GKG 1957 § 7, Rn. 5 und 26; OLG Koblenz MDR 2008, 1306.
128 LSG Bayern, Beschl. v. 11.4.2016 – L 15 SF 78/15 – = JurionRS 2016, 15822; KG JurBüro 1997, 653; OLG Koblenz VersR 1989, 379; dazu auch bei *E. Schneider* MDR 2001, 915; *Hartmann* § 21 Rn. 41, jeweils m.w.N.
129 So KG JurBüro 1997, 654; OLG Hamm JurBüro 1980, 104 = DRiZ 1979, 374; OLG Zweibrücken NJW 1974, 507 m. abl. Anm. v. *Lehmann* NJW 1974, 1290; *Lappe* Rn. 1; *Schneider* JurBüro 1975, 869; JurBüro 1969, 531; vgl. dazu auch die äußerst kritischen Anmerkungen von *Schneider* in Justizspiegel, 2. Aufl., 1999 (z.B. S. 238 ff.); *E. Schneider* MDR 2001, 915.

sächliche, aber nicht offensichtliche oder für die Entstehung von Kosten nicht adäquate, Fehlverhalten nachgeprüft werden, zumal es i.d.R. ohnehin kaum möglich sein wird, im Nachhinein zu sagen, was objektiv richtig war oder dass die Rechtsmittelentscheidung dem objektiven Recht mehr entspricht als die aufgehobene Entscheidung des unteren Gerichts. Unsere Rechtsordnung ist nun einmal so angelegt, dass jedes Gericht das Recht unabhängig auslegt und anwendet, wobei kontroverse Meinungen systemimmanent sind und vom Kostenschuldner als allgemeines Prozesskostenrisiko einkalkuliert werden müssen. Deshalb muss § 21 auf Fälle beschränkt bleiben, in denen das Versehen oder der Gesetzesverstoß offensichtlich und zweifelsfrei ist. Wenngleich das von der überwiegenden Rspr. immer wieder – zu Recht – betont wird, hält sie sich i. Erg. aber häufig nicht an ihre eigenen Grundsätze, insbesondere im Zusammenhang mit Aufhebung und Zurückweisung im Rechtsmittelverfahren.[130]

Keine unrichtige Sachbehandlung liegt z.B. vor: 8

Abgekürztes Urteil: Nichtgebrauchmachen von der Möglichkeit des Absehens von Tatbestand und Entscheidungsgründen vgl. oben Rn. 6 „Ermessen" und unten „Ermessen".

Aufhebung: Wenn ein Rechtsmittelgericht die Entscheidung des unteren Gerichts aufhebt.[131] Das gilt auch, wenn das BVerfG eine im Einklang mit einer bis dahin in der Rechtsprechung vertretenen Rechtsansicht gefundene Entscheidung aufhebt und zurückverweist, insbesondere dann, wenn Berufungs- und Revisionsgericht übereinstimmend entschieden hatten.[132] Eine Nachprüfung gerichtlicher Entscheidungen auf ihre Richtigkeit oder auf deren rechtliche Vertretbarkeit ist dem Verfahren nach § 21 grundsätzlich entzogen,[133] und zwar auch dann, wenn es sich um einen Fehler handelt, der die Dienstaufsichtsbehörde zu einer Anordnung nach § 21 Abs. 2 S. 1 hätte veranlassen können.[134] Denn insoweit enthält § 21 Abs. 1 eine abschließende Regelung, wonach die Kompetenz der Dienstaufsichtsbehörde endet, sobald das Gericht die Entscheidungsverantwortlichkeit übernommen hat.

Auslagen: Auslagenersatz gem. KV 9000 Nr. 1, für von der Geschäftsstelle gefertigte notwendige Mehrfertigungen, die von der Partei nicht beigefügt waren ohne vorherige Nachforderung.[135] Hohe Auslagen nach Nr. 9008 KV-GKG für ermessensfehlerfrei angeordnete Personentransportkosten (Hubschrauberflug).[136]

Belehrung: Wenn das gesamte Verfahren durch einen Vergleich beendet wird, der keine Gebührenermäßigung nach § 1211 KV bewirkt, kann die keine unrichtige Sachbehandlung darin gesehen werden, dass das Gericht eine nachgereichte Klageerweiterung nicht mit einer förmlichen Belehrung über die möglichen Säumnisfolgen zugestellt hat.[137]

Beweisaufnahme: Wenn ein Gericht in noch irgendwie sachlich und rechtlich vertretbarer Weise eine Beweisaufnahme angeordnet hat und das Beweisergebnis aber wegen einer Änderung seiner tatsächlichen oder rechtlichen Beurteilung nicht verwertet, liegt keine unrichtige Sachbehandlung vor. Das gilt auch, wenn sich die Beweisaufnahme als unzweckmäßig[138] darstellt (z.B. eine Beweisaufnahme über wertneutrale

130 *E. Schneider* MDR 2001, 915 (m.N. in Fußnote 14).
131 BGHZ 93, 231; *Hartmann* § 21 Rn. 9; vgl. auch oben Rn. 5.
132 OLG Hamburg MDR 2004, 474.
133 KG JVBl. 1966, 20; KG JurBüro 1966, 694; OLG Frankfurt aM NJW 1959, 538.
134 **A.M.** OLG Frankfurt aM NJW 1959, 538.
135 AG Bersenbrück JurBüro 2011, 603.
136 OLG Hamm Beschl. v. 23.2.2010 – 3 Ws 301/09 –.
137 OLG Koblenz JurBüro 2012, 435 (L).
138 *Oestreich* in Oe/He/Tre § 21 Rn. 16; *Mümmler* JVBl. 1971, 223.

Positionen beim Zugewinnausgleich)[139] oder wenn nach Ansicht des Rechtsmittelgerichts eine vom unteren Gericht angeordnete Beweisaufnahme nicht notwendig war.[140] Gleiches gilt, wenn die vor Änderung des Geschäftsverteilungsplans zuständigen Richter auf der Grundlage vertretbarer Rechtsauffassung Beweis über danach entscheidungserhebliche Tatsachen erheben und es aufgrund einer abweichenden Rechtsauffassung des nach der Änderung des Geschäftsverteilungsplans zuständigen Richter für die Entscheidung auf das Ergebnis der Beweisaufnahme nicht ankommt.[141] Es ist niemals Sinn des § 21, die Zweckmäßigkeit des gerichtlichen Verfahrens zu überprüfen.[142] Diese Frage wird sich häufig stellen, wenn das Gericht im Rahmen der Terminsvorbereitung kostenträchtige Anordnungen wie die Anordnung des Einzeltransports eines inhaftierten Zeugen im Strafverfahren[143] oder im Zivilverfahren solche nach § 273 ZPO (z.B. vorsorgliche Ladung eines Dolmetschers zum Termin bei ausländischen Beteiligten, der sich dann als unnötig erweist)[144] oder Beweisbeschlüsse nach § 358a ZPO erlässt.[145] Daran ändert auch das obligatorische Güteverfahren nach § 278 ZPO nichts. Da nach dessen Scheitern unverzüglich in die mündliche Verhandlung übergegangen werden soll, kann es regelmäßig nicht ermessensfehlerhaft sein, vorbereitende Anordnungen nach § 273 ZPO zu treffen oder Beschlüsse nach § 358a ZPO zu erlassen. Ähnlich kann es auch liegen, wenn eine Beweisaufnahme nur deshalb (in der nächsten Instanz) wiederholt werden muss, weil das Ergebnis unzureichend protokolliert worden war.[146]

Dolmetscher: Umgekehrt liegt auch keine unrichtige Sachbehandlung vor, wenn das Gericht bei Ausländerbeteiligung nicht vor vornherein einen Dolmetscher hinzuzieht, weil i.d.R. erst bei der Anhörung des Ausländers abgeschätzt werden kann, wieweit er der deutschen Sprache zu folgen in der Lage ist.[147] Anders kann es aber liegen, wenn der Dolmetscher nicht geladen wird, wenn dessen Notwendigkeit bei der Terminsvorbereitung offenkundig ist oder wenn eine Partei bzw. der Zeuge solches beantragt hat.[148]

Ermessen: Wenn und soweit eine Entscheidung im Rahmen des Ermessens liegt, kommt eine unrichtige Sachbehandlung grundsätzlich nicht infrage,[149] es sei denn, es liegt ein Ermessensmissbrauch vor. Das ergibt sich zwanglos aus dem Grundsatz, dass das Kostenrecht niemals den Zweck haben kann, ein vom Gericht im Rahmen der Verfahrensordnung ordnungsgemäß ausgeübtes Ermessen – auch nicht mittelbar – zu überprüfen.

Gefangenentransport: Auslagen für den Transport eines (verletzten) Beschuldigten mit Hubschrauber vom Klinikum in die JVA, wenn Hubschraubertransport ärztlich angeraten war.[150]

---

139 OLG München NJW-RR 1998, 1695 = MDR 1998, 1437.
140 OLG Hamm JurBüro 1969, 989 m. krit. Anm. v. *Schneider* = RPfleger 1969, 315.
141 LG Bremen FamRZ 2012, 1746 (LS).
142 OLG Hamm NStZ-RR 2000, 320.
143 OLG Hamm NStZ-RR 2000, 320.
144 Vgl. dazu etwa OLG Düsseldorf NJW-RR 1998, 1694.
145 Vgl. dazu bei *D. Meyer* JurBüro 1992, 517.
146 KG JurBüro 1997, 653.
147 OLG Düsseldorf NJW-RR 1998, 1695; **a.M.** LAG Hamm MDR 1986, 172.
148 *Hartmann* § 21 Rn. 19.
149 Vgl. OLG München, Beschl. v. 29.9.2016 – 34 Sch 11/13 – = JurionRS 2016, 2534; OLG Brandenburg, JurBüro 2007, 536; VG Schleswig JVBl. 1972, 141; *D. Meyer* MDR 2008, 1009; *Oestreich* in Oe/He/Tre § 21 Rn. 16 lit. e.
150 OLG Hamm Beschl. v. 23.2.2010 – 3 Ws 301/09.

Gerichtskosten: Auch der „doppelte" Ansatz von Gerichtskosten, wenn dieselbe Klage (– meist zeitlich versetzt –) aufgrund eines Versehens des Prozessbevollmächtigten zweimal eingereicht wird, stellt keine unrichtige Sachbehandlung dar, denn Organisationsmängel des Prozessbevollmächtigten gehen stets zu Lasten der Partei.[151]

Klageeinreichung: Einreichen einer Klageschrift ohne Bezugnahme oder Hinweis auf bereits erfolgte PKH-Bewilligung, wenn die Klage dann als neue Sache mit der Folge des Anfalls von Gerichtsgebühren eingetragen wird.[152]

Kostenentscheidung im Strafverfahren: Wenn das Gericht in einem Strafverfahren im Falle der Verurteilung angefallene Abschlepp- und Aufbewahrungskosten für eine beschlagnahmtes/sichergestelltes Fahrzeug des Angeklagten nicht entsprechend § 465 Abs. 2 StPO der Staatskasse auferlegt, solange die Kosten nicht außer Verhältnis zum Wert des Fahrzeugs stehen.[153]

Kostenvorschuss: Wenn eine (kostspielige) Beweisaufnahme erfolgte, obwohl kein Kostenvorschuss gezahlt war.[154] Wenn das Gericht es unterlassen hat, einen weiteren Sachverständigenvorschuss anzufordern, nachdem sich herausgestellt hat, dass die ursprüngliche Anforderung zu niedrig war,[155] oder wenn Entschädigung an einen Sachverständigen gezahlt wird, der durch seine Ungeschicklichkeit abgelehnt wird.[156]

Mehrheit von Schuldnern: Ein Gebot der alsbaldigen (zügigen) Inanspruchnahme des Erstschuldners, damit die Zweitschuldnerhaftung nicht zu Tragen kommt, kann dem GKLG nicht entnommen werden.[157]

Prozesskostenhilfe: Wenn (im finanzgerichtlichen Verfahren) neben dem Antrag auf Bewilligung von Prozesskostenhilfe wirksam Klage erhoben wird und bei Versagung der Prozesskostenhilfe das Verfahren deshalb nicht weiter verfolgt wird, ist eine Nichterhebung von Kosten nach § 21 GKG nicht möglich.[158] Das ist z.B. der Fall bei unterlassener Anhörung des Antragsgegners, wenn schon das Vorbringen des Antragstellers eine Ablehnung der Bewilligung rechtfertigt.[159] Keine unrichtige Sachbehandlung, **zeitgleicher Entscheidung** über PKH-Gesuch und Klage, wenn der Antragsteller vor der Entscheidung über die Klage durch entsprechenden rechtlichen Hinweis auf die Aussichtlosigkeit hingewiesen wurde und er trotzdem an seinem Begehren festhält.[160] Gleiches auch, wenn in Strafvollzugssachen zeitgleich über einen PKH-Antrag und Rechtsbeschwerde (Zurückweisung) entschieden wird.[161]

Prozesstrennung: Erfolgt eine Prozesstrennung (§ 145 ZPO), können die Parteien nicht im Wege des § 21 geltend machen, dass sie durch die Prozesstrennung mit höheren Kosten belastet worden seien, es sei denn, die Trennung ist ohne jeden verständlichen Grund erfolgt.[162] Auch eine völlig ungerechtfertigte Verzögerung des Rechtsstreits kann

---

151 OLG Düsseldorf JurBüro 1999, 485 = MDR 1999, 1156 = NJW-RR 1999, 1670.
152 OLG Koblenz JurBüro 2011, 538.
153 LG Berlin NStZ 2006, 56 = JurBüro 2005, 657 (LS mit Volltextservice).
154 OLG Koblenz JurBüro 2005, 215; KG RPfleger 1962, 123 (L).
155 SaarOLG JurBüro 1995, 316.
156 OLG Koblenz KostRspr. GKG § 8 Nr. 31 (L) m. abl. Anm. v. *Lappe* und *Schneider* = ZStW 81, 116 m. Anm. v. Müller = RPfleger 1981, 37; OLG Frankfurt aM NJW 1977, 1502; OLG Koblenz RPfleger 1981, 37; vgl. auch BGH, RPfl. 1976, 178.
157 OLG Celle JurBüro 2012, 538, 539; KG KGR-Berlin 2005, 27; OLG Düsseldorf BeckRS 2010, 045544.
158 FG Düsseldorf JurBüro 2008, 210 (LS mit Volltextservice).
159 OLG Düsseldorf JurBüro 2009, 39.
160 Hess. VGH, Beschl. v. 13.9.2012 – 4 F 1443/12.
161 OLG Karlsruhe, NStZ-RR 2016, 157 = JurionRS 2016, 12275.
162 OVG Münster NJW 1978, 720 (L) = DÖV 1978, 417 (L).

sich ausnahmsweise als unrichtige Sachbehandlung darstellen. In der Regel wird man das aber nicht annehmen können, zumindest wird es an einer Mehrkostenverursachung fehlen.[163]

Rechtsauslegung: Wenn der eingenommene Rechtsstandpunkt oder die vorgenommene Würdigung des Sachverhalts vertretbar sind, mag das Gericht auch im Laufe des Verfahrens die rechtliche oder 1tatsächliche Beurteilung aufgeben oder das Rechtsmittelgericht sie ablehnen; denn sonst dürften niemals Rechtsmittelkosten erhoben werden.

Rechtsunkenntnis: Mangelnde Kenntnis der Rechtslage bzw. der aktuellen Rechtsprechung der (Rechtsmittel-)gerichte ist in der Regel nicht unverschuldet.[164]

Richterwechsel: Beweiserhebungen durch ursprünglich zuständigen Richter, die der neue Richter nach Wechsel im Dezernat nicht verwertet, sind in der Regel nicht als unrichtige Sachbehandlung zu werten.[165]

Sachverständige: Auslagen für Einholung eines kostspieligen Sachverständigengutachtens im Rahmen der Amtsaufklärung im Bußgeldverfahren ohne vorherige Anhörung des Betroffenen.[166]

Staatsanwalt: Wenn die Staatsanwaltschaft einen kranken Staatsanwalt in die Verhandlung entsendet und die Hauptverhandlung deshalb nicht sofort vertagt wird, weil der Staatsanwalt trotz Erkrankung noch an der Sitzung teilnimmt.[167]

Übersetzung im Ausland zuzustellender Schriftstücke: Unterlassene Hinweispflicht auf entstehende und notwendige Übersetzungskosten bei Rechtshilfeersuchen, wenn die Partei anwaltlich vertreten ist.[168] Wenn das Gericht im Interesse der Verfahrensbeschleunigung die Übersetzung im Ausland zuzustellender Schriftstücke veranlasst, obwohl die zuständige ausländische Behörde auf eine Übersetzung verzichtet hätte.[169]

Unklare Erklärungen: Bei unklaren Erklärungen oder Eingaben, insbesondere von rechtsunkundigen Personen. Hier kann Rückfrage geboten sein, während bei einem Rechtsanwalt ein einmaliger schriftlicher Hinweis genügt.[170] Eine unrichtige Sachbehandlung liegt aber nicht vor, wenn das Gericht einen eindeutigen, aber unzweckmäßigen oder sinnlosen Antrag bescheidet, ohne den Antragsteller vorher aufzuklären[171] oder auf die Möglichkeit eines mit geringeren Kosten verbundenen Antrags hinzuweisen.[172] Ein eindeutig als „weitere Beschwerde zum BVerwG“ bezeichneter und begründeter Rechtsbehelf muss nicht als Gehörsrüge umgedeutet werden.[173] Eine durch einen Rechtsanwalt vertretene Partei muss nicht ohne weiteres auf einen drohenden Fristablauf hingewiesen werden,[174] wie auch eine unzutreffende Rechtsmittelbelehrung nicht zum Absehen von den Kosten des Rechtsmittelverfahrens führt.[175]

---

163 Vgl. auch *Hartmann* § 21 Rn. 42.
164 BFH BStBl. II 2007, 791 = BB 2007, 1716 = DB 2007, 1626 (L) = BFHE 217, 388.
165 OLG Koblenz JurBüro 2009, 267.
166 LG Berlin, Beschl. v. 20.10.2016 – 512 Qs 43/16.
167 BGH NStZ 2001, 135 (bei *Kusch* Nr. 24).
168 OLG Düsseldorf JurBüro 2010,316.
169 OLG Koblenz NJW-RR 2004, 1295.
170 OLG Hamm JurBüro 1968, 991.
171 OLG Karlsruhe JurBüro 1999, 204; KG JW 1939, 121 = JVBl. 1939, 62.
172 OLG Frankfurt aM MDR 1956, 241 = RPfleger 1956, 50 = JurBüro 1956, 299; *Oestreich* in Oe/He/Tre § 21 Rn. 20; vgl. aber OLG Köln AnwBl. 1966, 133.
173 BVerwG Beschl. v. 23.11.2009 – 2 KSt 2.09.
174 BGH NJW 1960, 766.
175 OLG Zweibrücken NStZ-RR 2000, 319.

Urteilsabsetzung: Wenn der Prozessbevollmächtigte unmittelbar vor dem Verkündungstermin mitteilt, dass die Parteien sich verglichen haben und das bereits fertig gestellte Urteil trotzdem verkündet wird.[176]

Verfahrensverzögerungen infolge von Urlaub, Erkrankung oder anderer Verhinderung von Richtern oder Schöffen sind hinzunehmen und können deshalb keine Grundlage für die Nichterhebung dadurch verursachter Mehrkosten abgeben.[177] Anderes kann aber dann gelten, wenn die Verzögerung schon bei der Terminsplanung mit großer Wahrscheinlichkeit vorhersehbar war und das Gericht keine zumutbaren Vorkehrungen (z.B. Ergänzungsrichter/-schöffen) getroffen hat. Keine unrichtige Sachbehandlung liegt vor, wenn das Gericht in gleicher oder anderer Besetzung eine Sache tatsächlich oder rechtlich anders beurteilt.[178]

Vollmacht: Einlegung eines Rechtsmittels namens und in Vollmacht des Mandanten durch einen vollmachtslosen Rechtsanwalt, weil das Gericht den Mangel der Vollmacht nicht von Amts wegen zu prüfen hat.[179]

Ursächlichkeit: Nicht zu erheben sind nur die Kosten, die bei richtiger Sachbe- 9
handlung nicht erwachsen wären (Ursächlichkeit).[180] Kosten, die bei richtiger Sachbehandlung auch entstanden wären, die sich aber gerade wegen der unrichtigen Sachbehandlung für den Kostenschuldner i.Erg. als zwecklos erwiesen haben, fallen nicht hierunter.[181] Wird z.B. wegen unrichtiger Sachbehandlung durch das Berufungsgericht im Revisionsverfahren das Berufungsurteil samt dem ihm zugrunde liegenden Verfahren aufgehoben, sind die Kosten des Revisionsverfahrens voll und die des Berufungsverfahrens insoweit nicht zu erheben, als sie durch das Verfahren entstanden sind, das vor dem Berufungsgericht infolge jener Verstöße wiederholt werden muss. Dabei ist zu beachten, dass die pauschale Verfahrensgebühr des ersten Verfahrens (z.B. KV 1210) nach §§ 35, 37 nur einmal erhoben werden darf.[182] Werden in dem neuen Berufungsverfahren die im aufgehobenen Verfahren gewonnenen Beweismittel ganz oder z.T. verwendet, sind die Kosten insoweit natürlich zu erheben. Auslagen der Rechtsmittelinstanz, die bei richtiger Sachbehandlung in gleicher Höhe bei dem unteren Gericht entstanden wären, sind auch dann zu erheben, wenn die übrigen Kosten des Rechtsmittelverfahrens nicht zu erheben sein sollten, z.B. wenn das Rechtsmittelgericht einen Beweis erhebt, den das Erstgericht zu Unrecht nicht erhoben hat. Selbst wenn hier in der Unterlassung der Beweisaufnahme durch das Erstgericht ein offensichtlicher Rechtsverstoß und damit eine unrichtige Sachbehandlung i.S.d. § 21 gegeben wäre, sind die Auslagen nicht durch die unrichtige Sachbehandlung entstanden.[183] Sind die Prozessbevollmächtigten in einen Sitzungssaal geladen und dort erschienen, um einen Vergleich zu richterlichem Protokoll zu erklären und hat das Gericht währenddessen im richtigen Sitzungssaal ein Urteil verkündet, so darf nur die ermäßigte Gebühr, die bei Beendigung des Verfahrens durch entstanden wäre (z.B. nach KV 1211 Nr. 3) erhoben werden,[184] hat also eine Ermäßigung

---

176 OLG Koblenz MDR 2008, 1306.
177 OLG Hamm NStZ-RR 2000, 320.
178 OLG Neustadt MDR 1964, 606 (L); OLG München RPfleger 1956, 28; OLG Nürnberg JurBüro 1961, 559.
179 BFH/NV 22015, 1419 = RVGReport 2015, 396 = JurionRS 20115, 21335.
180 BGHZ 27, 170; KG JurBüro 1997, 654; OLG Koblenz VersR 1989, 379; *Hartmann* § 21 Rn. 41; *E. Schneider* MDR 2001, 915; OLG Hamm JurBüro 1963, 638.
181 **A.A.** LG Stuttgart RPfleger 1990, 539; *Oestreich* in Oe/He/Tre § 21 Rn. 10.
182 OLG Düsseldorf, Beschl. v.28.7.2016 – 1-10 W 176/16 – = JurionRS 2016, 24632; OLG Köln MDR 1972, 1044.
183 OLG München RPfleger 1956, 57 (L).
184 LG Essen KostRspr. GKG 1957, § 7 Nr. 1 (noch zur alten Urteilsgebühr).

der allgemeinen Verfahrensgebühr nach KV 1211 Nr. 2 zu erfolgen, wenn durch den Vergleich der gesamte Rechtsstreit beendet worden wäre. Hat das Erstgericht die Sache unrichtig behandelt und wird deshalb Berufung eingelegt, die sich aber aus anderen Gründen als unberechtigt erweist, so sind die Kosten beider Verfahren zu erheben. Wenn das Rechtsmittelverfahren z.B. durch einen Antrag auf Urteilsberichtigung oder -ergänzung vermeidbar gewesen wäre, sind die Kosten des trotzdem überflüssigerweise durchgeführten Rechtsmittelverfahrens zu erheben.[185] Das gilt auch, wenn eine Entscheidung zwar offensichtlich falsch begründet ist, sich i. Erg. aber als richtig erweist. Ist eine Partei durch unrichtige Sachbehandlung i.S.v. § 21 Kostenschuldner geworden (§ 22 Abs. 1 S. 1), so sind von ihr die entstandenen Kosten selbst dann nicht zu erheben, wenn diese bei richtiger Sachbehandlung möglicherweise auch entstanden wären.[186] Die Kosten erwachsen aber bei einer Wiederholung des Verfahrens nach nunmehr richtiger Sachbehandlung. Wird die Bescheidung eines Antrags auf Bewilligung von Prozesskostenhilfe übersehen, kommt es darauf an, ob dem Antrag stattzugeben war oder nicht. War er unbegründet, sind dem Kostenschuldner durch die Verzögerung keine höheren Kosten erwachsen. Für eine Nichterhebung ist dann kein Raum. War das Gesuch begründet, ist durch die rückwirkende Bewilligung von Prozesskostenhilfe zu helfen. Geschieht das nicht oder ist das nicht mehr möglich, sind die Kosten zu erheben nach den Bestimmungen, die das Gericht trifft, und von der Partei gezahlte Gerichtskosten in diesen Grenzen zurückzuerstatten. Dagegen liegt keine unrichtige Sachbehandlung vor, so dass dann auch keine Nichterhebung von Kosten möglich ist, wenn der Antrag auf Prozesskostenhilfe wegen Aussichtslosigkeit abgewiesen worden war und die Partei am Ende den Prozess doch gewinnt. Auch im umgekehrten Fall der Bewilligung von Prozesskostenhilfe und späterer Abweisung der Klage liegt allein deshalb noch keine unrichtige Sachbehandlung vor.[187] Denn im PKH-Prüfungsverfahren ist nur eine summarische Erfolgsprognose geboten, nicht aber eine Vorwegnahme der Hauptsacheentscheidung. Nur ausnahmsweise, nämlich dann, wenn die entscheidungserheblichen Tatsachen, die zur späteren Klageabweisung führen, zur Zeit der PKH-Entscheidung vorgetragen, unstreitig gewesen und vom Gericht übersehen wurden, mag eine unrichtige Sachbehandlung vorliegen.[188] Das gilt auch, wenn ein PKH-Antrag erst zusammen mit dem Urteil beschieden wird. Auch hier liegt nicht allein deshalb ein Fall des § 21 vor,[189] weil es – jedenfalls der anwaltlich vertretenen – Partei unbenommen bleibt, vor Bescheidung des PKH-Antrags zur Sache nicht zu verhandeln. Keine falsche Sachbehandlung liegt vor, wenn das Gericht in vertretbarer Weise eine Beweisaufnahme anordnet, deren Ergebnis es später aber wegen Änderung der tatsächlichen oder rechtlichen Beurteilung nicht verwertet[190] oder wenn Beweiserhebungen vorgenommen wurden und die Klage später wegen Verjährung, die der Beklagte zunächst nur unklar geltend gemacht hatte, abgewiesen wird.[191]

10 **Auslagen**, die durch eine von **Amts wegen veranlasste Verlegung eines Termins oder die Vertagung einer Verhandlung** anfallen, sind nach Abs. 1 S. 2 nicht zu erheben. Gebühren erwachsen in solchen Fällen nicht. An Auslagen kommen hauptsächlich

185 BGH MDR 2005, 956 = NJW-RR 2005, 1230.
186 OLG Frankfurt aM KostRspr. GKG § 8 Nr. 16 m. Anm. v. *Schneider* = JurBüro 1979, 406 = RPfleger 1979, 152.
187 **A.M.** OLG Schleswig SchlHA 1989, 1989, 111 (dazu krit. *Hartmann* GKG, § 21 Rn. 29).
188 So im Fall des OLG Braunschweig, mitgeteilt bei *E. Schneider* MDR 2001, 916.
189 **A.M.** *E. Schneider* MDR 2001, 916.
190 OLG Düsseldorf JurBüro 1995, 45.
191 OLG Schleswig JurBüro 1995, 43 = SchlHA 1995, 27.

in Betracht Zeugen- und Sachverständigenkosten, Reisekosten, Kosten einer öffentlichen Bekanntmachung, Ladungskosten für den neuen Termin. Die Terminsverlegung oder die Vertagung muss **von Amts wegen veranlasst** worden sein, z.B., weil der Angeklagte oder sein Verteidiger zu dem Termin nicht geladen worden waren und deshalb nicht erschienen sind oder weil die gesetzlichen Mindestladungsfristen nicht eingehalten worden waren und das Gericht auf Antrag vertagen muss. Dabei kann es ausreichen, wenn ein Verfahrensbeteiligter von dem Anlass in Form einer Anregung oder eines Antrages Mitteilung macht.[192] In jedem Fall ist es aber erforderlich, dass die Verlegungs- oder Vertagungsgründe **ausschließlich** im Zurechnungsbereich des staatlichen Rechtspflegeorgans liegen. Hat ein anderer Verfahrensbeteiligter die Verlegung oder Vertagung mit veranlasst, so ist zu fragen, ob das Gericht die Verlegung oder Vertagung auch unabhängig von dem zugleich oder vorher eingegangenen Antrag oder Bekanntwerden des Anlasses hätte vornehmen **müssen.**[193] Zu erheben sind die Auslagen somit immer dann, wenn die Verlegung oder Vertagung aus Anlässen erfolgt, die nicht ausschließlich in der Sphäre des Gerichts liegen, wobei es auf ein etwaiges Nichtverschulden der Partei (z.B.: Krankheit) nicht ankommt.

Für **abweisende Bescheide** sowie bei **Zurücknahme eines Antrags** kann – nach pflichtgemäßem Ermessen des Gerichts[194] – von der Erhebung von Kosten (Gebühren und Auslagen) abgesehen werden, Abs. 1 S. 3. **Abweisende Bescheide** können in der Form eines Urteils, eines Beschlusses oder einer Verfügung ergehen und auf formellen oder sachlichen Gründen beruhen. Die **Zurücknahme eines Antrags** liegt in der Zurücknahme eines jeden Gesuchs, durch das von der Justizbehörde ein Tätigwerden verlangt wurde. Hierher gehören auch die Klagerücknahme und die Rechtsmittelrücknahme.[195] Voraussetzung für die Nichterhebung von Kosten in solchen Fällen ist, dass der Antrag, der dem abweisenden Bescheid zugrunde lag oder der zurückgenommen wurde, auf **unverschuldeter Unkenntnis der tatsächlichen oder rechtlichen Verhältnisse beruhte.** Unverschuldet ist der Irrtum über die Sachlage oder der Rechtsirrtum, wenn der Antragsteller zur Aufklärung der Sach- und Rechtslage und zu deren Würdigung das nach Lage des Falles Zumutbare getan hat, bevor er den Antrag stellte, ebenso bei unrichtiger Belehrung über den Vertretungszwang oder Rechtsmittel. Das Verschulden ihres Prozessbevollmächtigten hat die Partei sich nach allgemeinen Grundsätzen zurechnen zu lassen (§ 85 Abs. 2 ZPO).[196] § 21 Abs. 3 verfolgt jedoch nicht den Zweck, dem Bürger ein mit der wirksamen Klageerhebung verbundenes Kostenrisiko abzunehmen und auf die Allgemeinheit abzuwälzen.[197] Auch wenn – wie im Veraltungs- oder Finanzgerichtsverfahren – Klagefristen laufen, werden diese durch ein – erfolgreiches – PKH-Antragsverfahren „gehemmt" bzw. ist eine Widereinsetzung bei Bewilligung von PKH möglich, so dass eine wirksame Klage noch nicht mit dem Antrag auf PKH-Bewilligung erhoben werden muss. Geschieht das trotzdem, ist § 21 Abs. 3 GKG unanwendbar.[198] 11

Bei mangelhaften Rechtskenntnissen wird es einer Partei i.d.R. zuzumuten sein, sich bei der Geschäftsstelle des Gerichts oder bei einem Rechtsanwalt Auskunft einzuholen.[199] Hat die Partei einen Prozessbevollmächtigten, so kommt es darauf an, ob auch dessen 12

192 LG Bamberg JurBüro 1970, 498 m. zust. Anm. v. *Mümmler*.
193 Vgl. auch *Hartmann* § 21 Rn. 45.
194 OLG Stuttgart RPfleger 1963, 206.
195 BGH MDR 2005, 956 = NJW-RR 2005, 1230.
196 BGH MDR 2005, 956 = NJW 2005, 1230; OLG Düsseldorf JurBüro 1999, 485 = MDR 1999, 1156.
197 BFH BStBl. II 2007, 791 = BB 2007, 1716 DB 2007, 1626 (L) = BFHE 217, 388; OVG Nordrhein-Westfalen, Beschl. v. 12.11.2013 – 1 E 1106/13 – = OpenJur 2013.
198 FinG Düsseldorf JurBüro 2008, 210 (LS mit Volltextservice).
199 OVG Nordrhein-Westfalen, Beschl. v. 12.11.2013 – 1 E 1106/13 – = OpenJur 2013.

Unkenntnis unverschuldet war (§ 85 ZPO).[200] Ist sie es nicht, sind die Kosten von der Partei zu erheben. Eine unverschuldete Unkenntnis fehlt, wenn die Partei über die Sach- und Rechtslage vor Antragstellung hinreichend belehrt wurde.[201]

13 Unverschuldete Unkenntnis über **tatsächliche Verhältnisse** kann z.B. vorliegen bei einem Antrag auf Mahnbescheid gegen eine Person, von deren Tod der Antragsteller keine Kenntnis haben konnte,[202] nicht aber bei Rechtshandlungen eines vollmachtlosen Vertreters,[203] weil dieser bis zur Genehmigung für die Kosten haftet.

14 Unverschuldete Nichtkenntnis der **rechtlichen Verhältnisse** kann z.B. vorliegen, wenn eine Frage von grundsätzlicher Bedeutung während des Rechtsmittelverfahrens höchstrichterlich geklärt wird,[204] nicht aber bei der Entscheidung über schwierige Rechtsfragen, deren Zweifelhaftigkeit der Partei bekannt sein konnten.[205]

15 **Entscheidung:** Das gerichtliche Verfahren richtet sich nach § 66.[206] Stellt eine Partei im Hinblick auf einen ergangenen Kostenansatz den Antrag, gemäß 21 die Kosten nicht zu erheben, so handelt es sich um eine Erinnerung gegen den Kostenansatz.[207] In sonstigen Fällen ist § 66 sinngemäß anwendbar.[208] Ein Antrag nach § 21 ist auch dann möglich, wenn der Kostenansatz noch nicht erfolgt ist. Voraussetzung ist allein, dass ein Rechtsschutzbedürfnis vorhanden ist.[209] Das ist nicht der Fall, wenn bereits eine Entscheidung des erkennenden Gerichts vorliegt, dass der Antrag auf Nichterhebung nach § 21 zurückgewiesen wird.[210] Ob der Vertreter der Staatskasse das Verfahren nach § 21 auch zugunsten des Kostenschuldners betreiben kann, ist zweifelhaft.[211] Die Entscheidung kann von Amts wegen oder auf Antrag ergehen. Das Verfahren ist nicht befristet und kann auch noch nach Rechtskraft, nach Beendigung des Kostenansatzverfahrens und nach Zahlung der Kosten stattfinden.[212] Die Darlegungs- und Beweislast für die Entscheidung nach § 21 Abs. 1 S. 1 und 2 hat die Staatskasse,[213] während Umstände, die ein Ermessensfehlgebrauch i.S.v. § 21 Abs. 1 S. 3 begründen, der Kostenschuldner darzulegen und zu beweisen hat.

16 **Zuständig** für die auf Antrag oder von Amts wegen zu treffende Entscheidung ist das gemäß § 66 berufene Gericht, bei dem das Verfahren, dessen Kosten nicht erhoben werden sollen, durchgeführt wurde (vgl. § 19).[214] Die Entscheidung über die Nichterhebung von Kosten eines Rechtsmittelverfahrens steht daher dem Rechtsmittelgericht und nicht dem unteren Gericht zu, selbst wenn das Rechtsmittelgericht bei der Zurückverweisung die Kostenentscheidung dem Erstgericht übertragen hat.[215] Das Rechtsmittelgericht

---

200 KG RPfleger 1962, 118 (L).
201 *Schall* StB 1995, 312.
202 AG Köln JurBüro 1968, 418.
203 BFH BB 1969, 474.
204 *Offerhaus* NJW 1974, 1978.
205 BFH BStBl. II 2007, 791 = BB 2007, 1716 = DB 2007, 1626 (L) = BFHE 217, 388; BFH JurBüro 1969, 1055 (L).
206 OLG Düsseldorf JurBüro 2010, 316; KG RPfleger 1962, 118 (L).
207 KG DR 1941, 1106.
208 RGZ 28, 412 16, 291.
209 OLG München JurBüro 1978, 101; KG JurBüro 1977, 1587 = RPfleger 1977, 227; OLG Köln AnwBl. 1966, 133.
210 OLG Köln JurBüro 2013, 594.
211 Vgl. einerseits KG JurBüro 1977, 1587 und LG Berlin JurBüro 1979, 1391 andererseits.
212 KG JW 1935, 304; KG DR 1941, 1106.
213 Insoweit zutr *E. Schneider* MDR 2001, 915.
214 OLG Düsseldorf, Beschl. v. 28.7.2016 – 1-10 W 175/16 – = JurionRS 2016, 24632; ThürOLG JurBüro 1999, 435; KG JurBüro 1994, 654; OLG Celle BeckRS 2012, 22324 = FD-RVG 2012, 339194 = OpenJur 2012, 129011; *Hartmann* § 21 Rn. 54; **a.M.** OLG Koblenz JurBüro 1992, 113.
215 OLG Hamm JurBüro 1980, 104.

kann aber nicht die Nichterhebung von Kosten des unteren Gerichts anordnen, da es zu einer solchen Entscheidung nicht befugt ist (§ 66 Abs. 1 S. 1). Ist das Rechtsmittel infolge Zurücknahme gar nicht an das Rechtsmittelgericht gelangt, bleibt das Erstgericht allerdings zuständig.[216] Der Einzelrichter ist zuständig, wenn ihm die Sache gem. § 348 ZPO übertragen war, nicht aber ein beauftragter oder ersuchter Richter. Der Rechtspfleger entscheidet nur, soweit das zugrundeliegende Geschäft ihm übertragen war. Die Entscheidung ist auch dann, wenn sie im Zusammenhang mit einem Kostenausspruch in der Hauptsache steht, jedenfalls dann eine Erst-entscheidung, die nicht den Zulässigkeitsbeschränkungen der §§ 99 Abs. 1, 568 Abs. 3 ZPO unterliegen, wenn ein bislang am Rechtsstreit beteiligter Dritter dadurch beschwert ist.[217]

Beschwerde (§ 66 Abs. 2 GKG): Sie ist – auch isoliert –[218] nur zulässig, wenn der Be- 17
schwerdewert mehr als 200 € beträgt (§ 66 Abs. 2 S. 1). Entscheidet z.B. das Landgericht als Berufungsgericht über die Nichterhebung von Kosten des Berufungsverfahrens nach § 21, ist eine (weitere) nur Beschwerde zulässig, wenn diese zugelassen ist (§ 66 Abs. 4). Das Verfahren ist gebühren-, aber nicht auslagenfrei. Eine Kostenerstattung findet nicht statt (§ 66 Abs. 8). Die Gebühr für das Beschwerdeverfahren richtet sich nach KV 1811. Beschwerdeberechtigt ist nur, wer durch das Verfahren beschwert ist, also der Zahlungspflichtige oder die Staatskasse. Eine Beschwerde ist auch dann nicht ausgeschlossen, wenn die Entscheidung über die Nichterhebung von Kosten im Urteilstenor aufgenommen ist. Enthält die Entscheidung den Ausspruch, sie sei gebührenfrei ergangen, ist der Kostenbeamte auch dann daran gebunden, wenn sie verfehlt ist. Die Staatskasse kann aber Beschwerde oder Gegenvorstellung erheben. Eine weitere Beschwerde ist wenn sie nicht zugelassen ist (§ 66 Abs. 4), ausgeschlossen.

Anordnungen im Verwaltungswege können ergehen, solange das Gericht noch 18
nicht entschieden hat, Abs. 2 S. 2. Sinngemäß gilt das auch für Entscheidungen des Kostenbeamten.[219] Eine Anhängigkeit des Verfahrens nach § 21 bei Gericht steht einer Anordnung der Verwaltungsbehörde nicht im Wege, wohl aber eine Entscheidung des Gerichts, mag dagegen auch die Beschwerde erhoben worden sein. Ergeht eine Anordnung im Verwaltungswege, obwohl das Gericht entschieden hat, ist zwar Anfechtung durch Antrag auf gerichtliche Entscheidung nach § 30a EGVG möglich. Einer solchen wird aber regelmäßig das Rechtsschutzbedürfnis fehlen, weil das Gericht angerufen werden kann.

Eine im Verwaltungswege getroffene Entscheidung nach § 21 Abs. 2 kann nur im 19
Verwaltungswege geändert werden, Abs. 2 S. 3. Ein ablehnender Bescheid der Verwaltungsbehörde steht einer gerichtlichen Entscheidung nicht im Wege.[220] Ist eine Nichterhebungsanordnung im Verwaltungswege ergangen und erlässt – unzulässigerweise – das Gericht trotzdem eine Entscheidung, kann das Gericht diese Entscheidung auf eine Beschwerde im Wege der Abhilfe aufheben (analog § 66 Abs. 3), falls der Beschwerdewert erreicht ist. Ändert die Verwaltungsbehörde ihre Anordnung zum Nachteil des Kostenschuldners ab, kann dieser im Wege der Erinnerung hierüber die Entscheidung des Gerichts herbeiführen.

Die **Zuständigkeit für die Verwaltungsentscheidungen** regelt § 37 KostVfg. Dane- 20
ben gibt es den **Kostenerlass im Gnadenwege**. Wegen Nichterhebung von Kosten bei

216 BFH NJW 1968, 912.
217 ThürOLG JurBüro 1999, 435.
218 OLG Düsseldorf JurBüro 1995, 45.
219 LSG Bayern, Beschl. v. 11.4.2016 – L 15 SF 78/15 – = JurionRS 2016, 15822.
220 *Hartmann* § 21 Rn. 58; *Oestreich* in Oe/He/Tre § 21 Rn. 41.

Bewilligung von **Prozesskostenhilfe** vgl. § 9 KostVfg. und bei sonstigem **Unvermögen** vgl. § 10 KostVfg.

21 In **Sozialgerichtsverfahren** ist die Niederschlagung der nicht den Bestimmungen des GKG unterfallenden Pauschgebühr in § 190 SGG besonders geregelt. Soweit das GKG anwendbar ist, gilt nur § 21.

22 Von der Nichterhebung gem. § 21 scharf abzugrenzen ist der Erlass oder die Stundung von Gerichtskosten und anderen Justizverwaltungsabgaben durch die Justizverwaltung. Der Erlass durch Verwaltungsakt setzt aber stets voraus, dass die Kosten wirksam entstanden und § 21 nicht einschlägig ist. Insoweit geht § 21 stets vor. Der Erlass von Kosten war bis 1945 durch die VO vom 20.3.1935 (RGBl. 406) mit den dazu ergangenen allgemeinen Verfügungen geregelt. Für Gerichtskostenforderungen des Bundes gilt der Erlass in der Bekanntmachung vom 4.7.1987 (BAnz 1987, 73) weiter. Im Übrigen gelten die jeweiligen Regelungen der Bundesländer, und zwar:

- **Baden-Württemberg:** AV vom 8.8.1995 (Die Justiz 1995, 371).
- **Berlin:** Gesetz v. 19.5.1992 (GVBl. 1992, 182); AV v. 10.6.1992 (ABl. 1992, 1785).
- **Brandenburg:** KostG v. 3.6.1994 (GVBl. 1994, 172); AV v. 5.8.1997 (JMBl. 1997, 115).
- **Bremen:** Gesetz v. 4.8.1992 (GBl. 1992, 257).
- **Hamburg:** Gesetz v. 9.6.1992 (GVBl. 1992, 115); AV v. 30.10.1995 (JVBl. 1995, 95).
- **Hessen:** AnO v. 1.8.2001 (GVBl. 2001, 379). 1995 (Die Justiz 1995, 371).
- **Bayern:** Bek. v. 14.12.2001 (JMBl. 2002, 22).
- **Mecklenburg-Vorpommern:** VV v. 17.1.1995 (ABl. 1995, 78).
- **Niedersachsen:** Gesetz v. 2.3.1992 (GVBl. 1992, 58); AV v. 30.5.2002 (NdsRPfl 2002, 163).
- **Nordrhein-Westfalen:** Gesetz v. 19.9.1985 (GVBl. 1985, 588).
- **Rheinland-Pfalz:** Gesetz v. 5.10.1990 (GVBl. 1990, 281); AV v. 18.3.1983 (GVBl. 1983, 80).
- **Saarland:** Gesetz v. 26.2.1992 (ABl. 2000, 595).
- **Sachsen:** Gesetz v. 24.11.2000 (GVBl. 2000, 482); AV v. 3.2.1998 (JMBl. 1992, 22).
- **Sachsen-Anhalt:** Gesetz v. 14.11.1991 (GVBl. 23.8.1993, 449).
- **Schleswig-Holstein:** Gesetz v. 14.11.1991 (GVBl. 1991, 577); AV v. 18.6.1992 (SchlHA 1992, 123).
- **Thüringen:** Gesetz v. 22.10.1992 (GVBl. 1992, 527).

23 Nach diesen Bestimmungen können die jeweils zuständigen Verwaltungsbehörden Gerichtskosten ganz oder teilweise erlassen, wenn es zur Förderung öffentlicher Zwecke geboten erscheint oder die Einziehung mit besonderen Härten für die Zahlungspflichtigen verbunden wäre oder wenn es sonst aus besonderen Gründen der Billigkeit entspricht. Es handelt sich aber stets um Justizverwaltungsangelegenheiten außerhalb des Geltungsbereichs des GKG.

ABSCHNITT 5
Kostenschuldner und Kostenhaftung

Vorbemerkung vor § 22

Übersicht

Systematik — 1–3
Prozesskostenhilfe — 4–20
Prozesskostenhilfe — 4
Kostensatzverfahren — 5
Teilbewilligung — 6, 7
Kosten des PKH-Prüfungsverfahrens — 8
PKH für die PKH-Bewilligung — 9
Der PKH ähnliche Verfahren — 10
Wirkung der PKH für die mittellose Partei — 11
PKH und Kostenerstattung — 12

Wirkung der PKH-Bewilligung auf die nicht mittellose Partei — 13–16
Prozessende ohne Kostenentscheidung — 17
Erlöschen der PKH — 18, 19
Übergang von Ansprüchen auf die Bundes- oder Landeskasse — 20
Insolvenzverfahren — 21
Reform — 22

1 **Systematik:** Der 5. Abschnitt regelt die Kostenhaftung, also **wer** Schuldner der **Staatskasse** für Kosten (Gebühren und Auslagen, § 1) ist und in welcher Reihenfolge mehrere Kostenschuldner in Anspruch genommen werden sollen. Die Kostenpflicht eines Verfahrensbeteiligten gegenüber Dritten, insbesondere gegenüber dem Prozessgegner oder einem anderen Verfahrensbeteiligten, richtet sich nicht nach dem GKG, sondern nach den dafür bestehenden Vorschriften (z.B.: §§ 91ff. ZPO, 464 StPO). Die §§ 22–33 sagen aus, wer primär nach dem GKG als Kostenschuldner für einzelne Verfahrensarten in Betracht kommt (sog. **Veranlassungsschuldner/Antragsschuldner**), während § 29 weitere sekundär haftende Schuldner nennt. Das sind der durch Gerichtsentscheidung ausdrücklich bestimmte Schuldner (sog. **Entscheidungsschuldner**), derjenige, der gegenüber der Staatskasse die Kostentragungspflicht ausdrücklich übernommen hat (sog. **Übernahmeschuldner**) und der kraft Gesetzes Haftende. Die §§ 27 und 28 enthalten zusätzliche Bestimmungen über den **Auslagenschuldner** in besonderen Fällen, während 30 regelt, wann die Kostenhaftung eines Entscheidungsschuldners wieder erlischt. Die **Haftung mehrerer Kostenschuldner und deren Inanspruchnahme** ist in den §§ 31 und 32 geregelt, während schließlich § 33 die Kostenzahlungspflicht in besonderen Fällen erweitert. Die im § 33 genannten Bestimmungen der InsO und der StPO ergänzen das GKG unmittelbar. Grundsätzlich gilt für die Kostenhaftung nach dem GKG das folgende Schema:

<table>
<tr><td colspan="5" align="center">Kostenschuldner aufgrund</td></tr>
<tr><td align="center">Antrags
(§§ 22–26, 28)</td><td align="center">Entscheidung
(§ 29 Nr. 1)</td><td align="center">Übernahme
(§ 29 Nr. 2)</td><td align="center">Gesetzes
(§ 29 Nr. 3)</td><td align="center">Vollstreckung
(§ 29 Nr. 4)</td></tr>
<tr><td colspan="5" align="center">als Gesamtschuldner haften</td></tr>
<tr><td colspan="2" align="center">Mehrere Kostenschuldner (§ 31)</td><td colspan="3" align="center">Streitgenossen und Beigeladene (§ 32)</td></tr>
<tr><td colspan="5" align="center">Inanspruchnahme als</td></tr>
<tr><td colspan="2" align="center">Erstschuldner (vorrangig)</td><td colspan="3" align="center">Zweitschuldner (nachrangig)</td></tr>
<tr><td colspan="2">– Entscheidungsschuldner
– Übernahmeschuldner</td><td colspan="3">– Antragsteller</td></tr>
</table>

2 Das **Wie** der Zahlung an die Gerichtskasse, d.h., ob durch Verwendung von Gerichtskostenmarken, durch Barzahlung, Überweisung, Kostenstempler o.ä. ist im GKG nicht geregelt. Das ergibt sich aus den Verwaltungsvorschriften des Bundes und der Länder (z.B. KostVfg.).

3 Besonderheiten für die Kostenhaftung sind dann zu beachten, wenn und soweit einen an sich kostenpflichtigen Beteiligten Prozesskostenhilfe bewilligt worden ist. Das Verfahren der Gewährung von Prozesskostenhilfe ist grundsätzlich geregelt in den §§ 114ff. ZPO. Diese Bestimmungen gelten in Arbeitsgerichts-, Verwaltungsgerichts-, Finanz-, Sozialgerichtssachen entsprechend (§§ 11a ArbGG, § 166 VwGO, § 142 FGO, § 73a SGG). In Straf- und Bußgeldsachen kommt Prozesskostenhilfe nur für den Privat- und Nebenkläger in Betracht, wenn und soweit diese nach § 16 vorschusspflichtig sind.

4 Nach §§ 114ff. ZPO hat die Partei, der **Prozesskostenhilfe** gewährt worden ist, im Umfange der Bewilligung gar keine Gerichtskosten und auch keine Kosten des beigeord-

neten Anwalts zu zahlen oder nur vom Gericht bestimmte Teilbeträge zur Deckung der Kosten zu entrichten. Das kann dazu führen, dass die Partei in Teilbeträgen die auf sie entfallenden Gerichtskosten und die Kosten ihres beigeordneten Anwalts ganz oder teilweise begleichen muss. Die Voraussetzungen der Bewilligung von Prozesskostenhilfe und das Verfahren sowie die Auswirkungen auf die Rechtsanwaltsgebühren und der Übergang von Ansprüchen des Prozesskostenhilfeanwalts auf die Bundes- oder Landeskasse ist in den §§ 114ff. ZPO, §§ 44ff. RVG bzw. in den übrigen Verfahrensordnungen geregelt. Insoweit wird auf die einschlägige Kommentarliteratur verwiesen. Prozesskostenhilfe kann auch in Zwangsversteigerungs- und ähnlichen Verfahren, Finanzgerichtsverfahren, Verwaltungsgerichtsverfahren, Sozialgerichtsverfahren, in Arbeitsgerichtsverfahren und bei Beteiligung in Strafverfahren – soweit nicht eine Bestellung eines Verteidigers wegen notwendiger Verteidigung (§§ 140, 141 StPO) vorliegt – bewilligt werden. Im Insolvenzverfahren kommt für den Schuldner, soweit es sich um eine natürliche Person handelt, grundsätzlich keine Bewilligung von Prozesskostenhilfe in Betracht. Insoweit sind die §§ 4aff. InsO leges speciales zu denen der §§ 114ff. ZPO. Das gilt aber nicht, für eine Beschwerde nach § 4a Abs. 1 Satz 1 InsO gegen die Versagung der Stundung.[1] Wenn und soweit jedoch der Insolvenzverwalter Masseprozesse gegen Dritte führt oder Dritte gegen den Insolvenzverwalter klagen, gelten die Bestimmungen der §§ 114ff. ZPO.

5 Für das **Kostenansatzverfahren (§§ 19–21)** ist die Bewilligung der Prozesskostenhilfe **bindend.**[2] Denn die §§ 114ff. ZPO gehen den Kostenansprüchen nach dem GKG stets vor,[3] so dass ein Prozesskostenhilfebewilligungsbeschluss stets beachtet werden muss. Die Einzelheiten der Verfahrensweise insoweit sind in den „Durchführungsbestimmungen zum Gesetz über die Prozesskostenhilfe und zur Stundung der Kosten des Insolvenzverfahrens (DB-PKHG/DB-InsO)“ geregelt. Diese – zwischen den Justizverwaltungen der Länder abgestimmten – Bestimmungen sind allerdings bloße Verwaltungsvorschriften und binden den Richter nicht.[4] Das hat zur Folge, dass nach dem Zeitpunkt der Rechtswirksamkeit eines Prozesskostenhilfebewilligungsbeschlusses keine Gerichtskosten nach dem GKG mehr erhoben werden dürfen, während bei rückwirkender Bewilligung von Prozesskostenhilfe bereits gezahlte Gerichtskosten zu erstatten sind,[5] soweit sie nicht zur Verrechnung auf die vom Kostenschuldner bereits gezahlten Monatsraten dienen. Das gilt auch für Gerichtskostenvorschüsse, wobei es keine Rolle spielt, ob die nach diesem Zeitpunkt gezahlten Beträge schon vorher fällig waren oder nicht. Vor dem Zeitpunkt der Rechtswirksamkeit gezahlte und von einer etwaigen Rückwirkung nicht erfasste Kosten sind hingegen grundsätzlich nicht zurückzuerstatten (vgl. dazu aber § 31 Rn. 32). Denn der § 120 ZPO hat nicht zur Folge, dass die Partei Zahlungen auf noch nicht fällige Kosten leisten muss oder dass sie über die Vorauszahlungs- und Vorschusspflicht hinaus Vorschüsse zu leisten hat. Derjenige, dem die Prozesskostenhilfe bewilligt ist, darf nicht schlechter gestellt werden als ein anderer Kostenschuldner. Würde die Bewilligung aufgehoben, müsste die Partei auch nur die bisher fällig gewordenen oder vorzuschießenden Kosten nachzahlen.[6] Gerichtskosten sind aber (wieder) nach allgemeinen Grundsätzen zu erheben, wenn und soweit der Bewilligungsbeschluss aufgehoben oder widerrufen wird.

1 BGH NJW 2003, 2910.
2 OLG Koblenz JurBüro 1980, 1693.
3 *Hartmann* vor § 22 Rn. 6.
4 OLG Düsseldorf RPfleger 1986, 108.
5 BGH MDR 1963, 827.
6 Vgl. auch bei *Mümmler* JurBüro 1981, 9.

Teilbewilligung:[7] Wird die Prozesskostenhilfe nur teilweise bewilligt, d.h. nur hinsichtlich eines Teils des Streitgegenstandes, so sind die **Gebühren** für den von der Prozesskostenhilfe nicht erfassten Streitgegenstand so zu berechnen, dass zunächst die Gebühren aus dem gesamten Streitwert ermittelt werden. Hiervon sind die Gebühren abzuziehen, die sich aus dem Streitwert ergeben, für den Prozesskostenhilfe bewilligt ist. Der verbleibende Unterschiedsbetrag ist dann anzusetzen.[8] 6

Beispiel: Streitwert des gesamten Rechtsstreits: 15.000 €. PKH bewilligt für einen Teil mit Wert von 10.000 €. Die 3,0-Gerichtsgebühr für die 1. Instanz nach einem Wert von bis zu 16.000 € beträgt 879 €. Die entsprechende 3,0-Gerichtsgebühr für den von der PKH erfassten Teil beträgt 723 €. Der anzusetzende Betrag beträgt 879 € – 723 € = 156 €.

Das gilt auch für Vorwegleistungen nach dem 3. Abschnitt (§§ 10ff.).

Bei **Auslagen** im Falle teilweiser Bewilligung von Prozesskostenhilfe kommt es zu- 7
nächst darauf an, ob die Auslagen sich nur auf den einen oder anderen Streitgegenstand beziehen. Sind sie dem Streitgegenstand, für den Prozesskostenhilfe bewilligt ist, eindeutig zuzuordnen, sind sie nur nach den Bestimmungen, die das Gericht insoweit im Prozesskostenhilfebewilligungsbeschluss getroffen hat, gegen die Partei geltend zu machen (§ 122 ZPO). Umgekehrt sind sie zu Lasten der als Kostenschuldnerin in Betracht kommenden nicht unvermögenden Partei anzusetzen, wenn sie sich nur auf den von der Prozesskostenhilfe nicht betroffenen Teil beziehen. Ist eine solche Zuordnung der Auslagen nicht möglich, fallen sie nur anteilsmäßig entsprechend der Berechnung für die Gebühren (Rn. 6) unter die Prozesskostenhilfe und sind im Übrigen anzusetzen.

Kosten des Prozesskostenhilfeprüfungsverfahrens: Gebühren werden für das 8
Prozesskostenhilfeprüfungsverfahren nicht erhoben (§ 1). Lediglich für erfolglose Beschwerdeverfahren wird eine Festgebühr von 50 € erhoben (z.B. KV 1811). Geht aber ein im Prozesskostenhilfeverfahren geschlossener Vergleich über den Gegenstand des Prozesskostenhilfeprüfungsverfahrens hinaus, erwächst hierfür die gerichtliche Vergleichsgebühr (z.B. KV 1900). In gleicher Weise erwächst ggf. die Beschwerdegebühr[9] (z.B. KV 1811, 1823). **Auslagen** hingegen, die im Prozesskostenhilfeprüfungsverfahren entstehen (z.B.: Zeugen-, Sachverständigenauslagen, Auslagen für Ortsbesichtigungen), hat die antragstellende Partei zu tragen (§ 22 Abs. 1).[10] Das gilt auch für die Auslagen des Beschwerdeverfahrens gegen eine Prozesskostenhilfeentscheidung oder dann, wenn der Antragsteller sein Gesuch zurücknimmt oder wenn im Prozesskostenhilfeverfahren ein Vergleich geschlossen wird, sofern dafür nicht ausnahmsweise[11] Prozesskostenhilfe bewilligt wird. Daneben kann im Falle eines Vergleichs ein weiterer Auslagenschuldner nach § 29 Nr. 2 treten. Die im Rechtsstreit unterlegene Partei wird Entscheidungsschuldnerin gemäß § 29 Nr. 1 hinsichtlich der im Prozesskostenhilfeprüfungsverfahren erwachsenen gerichtlichen Auslagen für Zeugen und Sachverständige, nicht auch sonstiger gerichtlicher Auslagen (§ 118 Abs. 1 ZPO). War der unterlegenen Partei die Prozesskostenhilfe bewilligt, können die von ihr geschuldeten gerichtlichen Auslagen des Prozesskostenhilfeprüfungsverfahrens nur nach den vom Gericht für die Prozesskostenhilfe getroffenen Bestimmungen (§ 122 ZPO) verlangt werden. Der unterlegene Gegner der mit-

7 Vgl. dazu *Hagen Schneider* AGS 2017, 53.
8 Vgl. OLG München JurBüro 1997, 205 = MDR 1997, 298; OLG Hamburg OLG-Report Bremen/Hamburg/Schleswig-Holstein, 1997, 342; dazu auch bei *Mümmler* JurBüro 1981, 9.
9 OLG Nürnberg RPfleger 1963, 180 (L).
10 OLG Celle JurBüro 1965, 910 = NJW 1966, 114 = MDR 1966, 157; OLG Hamm RPfleger 1961, 258 (L).
11 Vgl. bei *Thomas/Putzo* ZPO, § 114 Rn. 1.

tellosen Partei hat die im Prozesskostenhilfeprüfungsverfahren erwachsenen gerichtlichen Auslagen für Zeugen und Sachverständige zu tragen (§ 118 Abs. 1 ZPO).

9 **Prozesskostenhilfe für das Prozesskostenhilfeprüfungsverfahren** ist grundsätzlich nicht möglich.[12] Aus praktischen Gründen wird sie aber für Sühneverhandlungen und Vergleiche im Prozesskostenhilfeprüfungsverfahren zugelassen.[13]

10 Der Prozesskostenhilfe **ähnliche Vorschriften** sind Kosten- oder Gebührenfreiheit nach § 2, die Stundung der Kosten im Insolvenzverfahren (§§ 4a ff. InsO), die Befreiung von der Gebührenvorauszahlungspflicht nach §§ 12, 14 Nr. 3, die neben der Prozesskostenhilfebewilligung zulässige[14] Streitwertherabsetzung (z.B. nach §§ 144 PatG, 26 GebrMG, 12 UWG, 142 MarkenG), § 54 GeschmMG, § 12 UWG, 89a GWB, 105 EnWG), das Unterbleiben des Kostenansatzes wegen Unvermögens des Schuldners gem. § 10 KostVfg. Nicht hierher gehören die Bestimmungen über die Sicherheitsleistung für die Prozesskosten nach §§ 100 ff. ZPO, 379 StPO, die nicht dem Schutz des Staatsinteresses an der Sicherung der Kosten, sondern ausschließlich dem Schutz der Parteien dienen.

11 **Wirkung der Prozesskostenhilfe für die mittellose Partei,** §§ 122, 125 ZPO, § 9 KostVfg. Die Bundes- oder Landeskasse darf die rückständigen und künftig erwachsenen Gerichtskosten (§ 1) nur nach den vom Gericht bei der Bewilligung der Prozesskostenhilfe getroffenen Bestimmungen geltend machen (§ 122 Abs. 1 Nr. 1 ZPO). Fälligkeit und Kostenschuld bleiben von der Prozesskostenhilfe unberührt. Bereits entrichtete Gerichtskosten werden von der Prozesskostenhilfe nur insoweit berührt, als die Zahlung nach dem Wirksamwerden des Bewilligungsbeschlusses erfolgt ist. Bei rückwirkender Bewilligung ist der im Bewilligungsbeschluss genannte Zeitpunkt maßgebend. Auf den Zeitpunkt des Eingangs des Antrags kommt es nur an, wenn das Gericht die Rückwirkung auf diesen Zeitpunkt ausspricht. Auf das Datum des Beschlusses oder des Zugangs an die Parteien kommt es niemals an. Sind die Kosten vor der Bewilligung angesetzt und der Gerichtskasse zur Einziehung überwiesen, ersucht der Kostenbeamte die Kasse, die Kostenforderung zu löschen, soweit eine Zahlungsbestimmung nicht getroffen ist und die Kosten nicht gezahlt worden sind. Vor der Bewilligung der Prozesskostenhilfe geleistete Zahlungen sind nicht zurückzuerstatten, auch wenn sie unter Vorbehalt erfolgt sind.[15] Das ergibt sich aus § 122 Abs. 1 Nr. 1a ZPO, wo nur die rückständigen, also die noch nicht gezahlten, und die künftig erwachsenden Gerichtskosten genannt sind. Das gilt aber nicht für den Fall, dass die mittellose Partei Reisekosten i.S.v. KV 9008 Nr. 2 (etwa für die Anreise zum Termin) verauslagt hat, jedenfalls dann, wenn sie vor Antritt der Reise einen Antrag auf Reiseentschädigung gestellt hatte.

12 **Einfluss der Prozesskostenhilfebewilligung auf die Verpflichtung zur Erstattung der dem Gegner erwachsenden Kosten**, § 123 ZPO, § 31 Abs. 3: Die Bewilligung von Prozesskostenhilfe hat keinen Einfluss auf die Verpflichtung zur Erstattung der dem Gegner erwachsenen Kosten. Das ist bedeutsam, wenn die **obsiegende, nichtarme Partei** Gerichtskosten gezahlt hat. Sie kann dann die Gerichtskosten von der mittellosen Partei beitreiben. Das gilt insbesondere, wenn die nichtarme Partei als Zweitschuldner für die Gerichtskosten in Anspruch genommen wird (§ 31). Die mittellose Partei kann die

12 BGHZ 91, 311.

13 OLG Köln FamRZ 1993, 1472; OLG Schleswig FamRZ 1985, 88; OLG München FamRZ 1987, 239; OLG Hamm FamRZ 1987, 1062; OLG Frankfurt aM FamRZ 1982, 1225; vgl. auch bei *Thomas/Putzo* ZPO, § 114 Rn. 1.

14 Vgl. *Reeb* BB 1970, 865; kritisch dazu *Steinmetz* BB 1970, 1196.

15 OLG Schleswig SchlHA 1990, 57; OLG Düsseldorf JurBüro 1990, 381; **a.M.** OLG Hamburg MDR 1997, 1287; LG Hamburg JurBüro 1999, 477.

von ihr an den Gegner gezahlten Gerichtskosten nicht von der Staatskasse zurückerhalten.[16]

Wirkung gegenüber der nichtbedürftigen Partei: Soweit sie als Klägerin, Widerklägerin, Berufungs- oder Revisionsklägerin auftritt, kann sie wegen der sie an sich treffenden Gerichtskosten (§ 22) aus Gründen des Gleichbehandlungsgebots nicht von der Staatskasse in Anspruch genommen werden,[17] wenn und soweit die Kosten die mittellose Partei nicht aufgrund einer Übernahmeerklärung treffen oder sie die Kosten in einem Prozessvergleich übernommen hat.[18] Anders ist es, wenn die mittellose Partei Entscheidungsschuldnerin nach § 29 Nr. 1 ist. Hier gilt § 31 Abs. 2 S. 1. Der kostenpflichtige Antragsteller kann die Staatskasse darauf verweisen, sie möge zunächst die Aufhebung der Prozesskostenhilfebewilligung gegen die mittellose Partei erwirken. Es spielt auch keine Rolle, ob Klage und Widerklage oder wechselseitige Rechtsmittel dieselben oder verschiedene Streitgegenstände betreffen. Soweit der nichtarmen Partei ein Erstattungsanspruch gegen die mittellose Partei zusteht, kann sie gegen die mittellose Partei das Kostenerstattungsverfahren betreiben, § 123 ZPO. 13

Befindet sich die **nichtbedürftige Partei nur in der Rolle der beklagten Partei**, so ist sie von den in § 122 Abs. 1 Nr. 1a ZPO genannten Kosten einstweilig befreit, es sei denn, dass Zahlungen der mittellosen Partei an die Staatskasse bestimmt werden, § 122 Abs. 2 ZPO. Sie ist dann weder zu einer Gebührenvorauszahlung (§ 12) verpflichtet noch zur Zahlung eines Auslagenvorschusses für Zeugen und Sachverständige. Das gilt aber nur für die Kosten, die nach der Bewilligung der Prozesskostenhilfe anfallen. Vor Bewilligung gezahlte Kosten, auch Vorschüsse, sind der mittellosen Partei nicht zurückzuzahlen, es sei denn, dass § 31 Abs. 2 S. 2 anwendbar ist. Die nichtarme Partei wird aber kostenpflichtig, wenn und soweit sie zum Tragen der Kosten rechtskräftig verurteilt ist (§ 125 Abs. 2 ZPO) oder die Kosten nach § 29 Nr. 2 übernommen hat.[19] Das folgt schon aus dem eindeutigen Wortlaut des § 29 Nr. 2, wie auch die Übernahmeerklärung einer Prozesspartei eine rechtsbegründe unwiderrufliche und unanfechtbare selbständige Verbindlichkeit gegenüber der Staatskasse schafft.[20] Wenn der Rechtsstreit ohne Urteil über die Kosten endet (z.B.: durch Vergleich, Klagerücknahme, längeres Ruhen), erlischt ebenfalls die einstweilige Kostenbefreiung der nichtarmen beklagten Partei. War sie nur in der Rolle der Beklagten, hat sie nur für die Auslagen aufzukommen, die sie als Antragstellerin treffen, sofern sie nicht die Kosten nach § 29 Nr. 2 übernommen hat. 14

Bei **teilweiser Bewilligung von Prozesskostenhilfe** ist auch die beklagte **nichtbedürftige** Partei nur zu diesem Teil einstweilen kostenbefreit[21] (vgl. oben, Rn. 6–7 und § 22 Rn. 10). Die einstweilige Stundung für die nichtarme Partei erlischt, wenn die Bewilligung von Prozesskostenhilfe gem. § 124 ZPO aufgehoben wird. Keine einstweilige Stundung tritt auch dann und soweit ein, als die nichtarme Partei ihre Anträge erweitert, ohne dass ihr hierfür Prozesskostenhilfe bewilligt worden ist. Besitzen von **mehreren Streitgenossen** nicht alle Prozesskostenhilfe, so kann zugunsten der beklagten nichtarmen Partei eine einstweilige Kostenbefreiung nur hinsichtlich von Kosten eintreten, die allein im Verfahren gegen die mittellose Partei entstanden sind. Nicht anwendbar ist § 122 Abs. 2 ZPO, wenn die im ersten Rechtszug unterlegene nichtarme Partei ein 15

16 Vgl. z.B.: BVerwG NJW 1974, 252; OLG Braunschweig MDR 1997, 1071; OLG Hamm JurBüro 1975, 664 m. Anm. v. *Mümmler*.
17 BVerfG NJW 1999, 3186 = JurBüro 1999, 540; dazu *Lappe* NJW 1999, 3173.
18 BVerfG MDR 2000, 1157; OLG Karlsruhe JurBüro 2000, 28 = NJW 2000, 1121; OLG Koblenz JurBüro 2000, 206 = MDR 2000, 113 = NJW 2000, 1122.
19 BGH NJW 2004, 366; OLG Rostock JurBüro 2010,147, 148; LG Hildesheim JVBl. 1961, 144.
20 OLG Rostock JurBüro 2010, 147, 148; *Hellstab* in Oe/He/Tre § 29 Rn. 28.
21 Dazu OLG Schleswig MDR 2006, 175 m.w.N.

Rechtsmittel einlegt und in diesem Verfahren obsiegt. Sie haftet dann als Rechtsmittelklägerin für die Kosten des Rechtsmittelverfahrens nach § 22. Die Wirkung der Gebührenbefreiung nach § 122 Abs. 2 ZPO erstreckt sich immer nur auf die Instanz, für die Prozesskostenhilfe bewilligt und in der die mittellose Partei Klägerin, Rechtsmittelklägerin usw. ist.

16 Wird die **nichtbedürftige Partei rechtskräftig in die Prozesskosten verurteilt**, hört ihre einstweilige Kostenbefreiung auf. Sie kann dann auf die Gerichtskosten so in Anspruch genommen werden, wie wenn der mittellosen Partei Prozesskostenhilfe nicht bewilligt worden wäre. Das gilt sowohl für die der mittellosen Partei gestundeten Gerichtskosten (§ 125 Abs. 2 ZPO) als auch für Gerichtskosten, von deren Entrichtung die nichtarme Partei gemäß § 122 Abs. 2 ZPO einstweilen befreit war (§ 125 Abs. 2 ZPO). Voraussetzung ist aber, dass die Kostenentscheidung rechtskräftig ist. Die rechtskräftige Kostenentscheidung muss nicht gerade in einem Urteil ergangen sein, es genügt auch ein rechtskräftiger Beschluss (etwa nach § 91a ZPO).[22] Wenn ein Arrest oder eine einstweilige Verfügung durch Beschluss ergangen ist und dem Antragsteller Prozesskostenhilfe bewilligt war, kommt eine Rechtskraft des Arrest- oder des EV-Beschlusses nicht in Betracht. Die nichtarme Partei kann dann auf die ihr und der mittellosen Partei gestundeten Gerichtskosten erst in Anspruch genommen werden, wenn sie in einem nachfolgenden Widerspruchsverfahren rechtskräftig in die Kosten verurteilt wurde oder wenn das Verfahren in sonstiger Weise als beendet anzusehen ist (z.B. dadurch, dass kein Widerspruch gegen den Arrest- oder EV-Beschluss eingelegt wird), § 125 Abs. 2 ZPO. Die Kostenbefreiung der nichtarmen Partei hört auch dann auf, wenn die nichtarme Partei durch eine vor Gericht abgegebene oder dem Gericht mitgeteilte Erklärung die Kostenübernommen hat oder sonst für sie haftet.[23] Die nichtarme Partei hat dann in den Grenzen der Kostenübernahme oder sonstigen Kostenhaftung sowohl die Gerichtskosten zu tragen, von denen die mittellose Partei einstweilen befreit war, als auch ihre eigenen bisher gestundeten.

17 Hat der Rechtsstreit **ohne Entscheidung über die Kosten** sein Ende gefunden (z.B. durch außergerichtlichen Vergleich, Klagerücknahme ohne Antrag nach § 269 ZPO oder längeres Ruhen des Verfahrens, mag es ausdrücklich angeordnet worden oder durch längeres Nichtbetreiben des Verfahrens eingetreten sein), sind von der nichtarmen Partei die sie treffenden Gerichtskosten ebenfalls einzuziehen, § 125 Abs. 2 ZPO. Auch wenn in einem das Verfahren beendenden Vergleich die mittellose Partei die Kosten übernommen hat, kann die nichtarme Partei gemäß § 125 Abs. 2 ZPO auf die Gerichtskosten in Anspruch genommen werden, von denen sie einstweilen befreit war. Wurden die Kosten rechtskräftig der als (Berufungs-, Revisions-)Klägerin aufgetretenen mittellosen Partei auferlegt, so darf die nichtarme Partei auf die ihr nach § 122 Abs. 2 ZPO gestundeten Kosten (Auslagen) nicht in Anspruch genommen werden. Gleichgültig ist dabei, ob die Kostenentscheidung durch Urteil oder als Beschluss ergeht.[24]

18 **Erlöschen der Prozesskostenhilfe:** Die Prozesskostenhilfe ist an die Person des Bedürftigen gebunden. Sie erlischt:

- Mit dem Tode der Person, der sie bewilligt war. Der Erbe muss erforderlichenfalls erneut Prozesskostenhilfe beantragen. Die vor dem Tode der mittellosen Partei entstandenen Kosten sind Nachlassverbindlichkeiten.[25] Haben beide Parteien Prozesskostenhilfe, so berührt der Tod der einen Partei die Kostenbefreiung der anderen

22 LG Trier RPfleger 1959, 66.
23 LG Hildesheim JVBl. 1961, 144.
24 LG Trier RPfleger 1959, 66.
25 OLG Stuttgart JurBüro 1974, 1606; *Schneider* NJW 1962, 1335.

nicht. Nach dem Tod einer mittellosen Partei kann ihr keine Prozesskostenhilfe mehr bewilligt werden.[26] Es ist aber rückwirkende Bewilligung an die Erben möglich, falls bei diesen die Voraussetzungen vorliegen.
- Mit einem sonstigen Ausscheiden der mittellosen Partei aus dem Rechtsstreit, z.B. Parteiwechsel.
- Mit der Rechtskraft eines die Bewilligung aufhebenden oder sie ändernden Bescheides durch das Gericht nach § 124 ZPO, bei dem das Verfahren gerade anhängig ist. Die Änderung ist möglich zugunsten[27] oder zuungunsten der Partei. Nach Beendigung des Verfahrens ist dafür das Gericht erster Instanz für alle Instanzen zuständig.

Die **Folge** des Erlöschens bzw. der Änderung der Prozesskostenhilfe ist, dass dann die durch die Bewilligung von Prozesskostenhilfe gegebenen Beschränkungen bei dem Ansatz der Gerichtskosten entfallen bzw. im Umfang der Änderung zu beachten sind. 19

Übergang von Ansprüchen auf die Bundes- oder Landeskasse: Der beigeordnete Anwalt hat gegen die Staatskasse einen Anspruch auf Erstattung der Gebühren und notwendigen Auslagen (§§ 44ff. RVG). Soweit der Gegner der Partei in die Kosten verurteilt ist, ist der beigeordnete Rechtsanwalt auch berechtigt, seine Gebühren und Auslagen zu den im RVG für den Rechtsanwalt, der nicht beigeordnet ist, vorgesehenen Sätzen beizutreiben (§ 126 ZPO). Soweit der beigeordnete Rechtsanwalt aus der Bundes- oder Landeskasse seine Kosten (Gebühren und Auslagen) nach §§ 44ff. RVG erstattet erhalten hat, geht der dem beigeordneten Rechtsanwalt nach § 126 ZPO zustehende Anspruch gegen den Gegner der Partei ex lege auf die Bundes- oder Landeskasse über, § 59 RVG. Dieser Kostenerstattungsanspruch der Bundes- oder Landeskasse ist nach den Vorschriften über die Einziehung der Gerichtskosten geltend zu machen. Damit werden diese Kosten aber nicht Gerichtskosten, sondern sie bleiben außergerichtliche Kosten.[28] Ein nichtarmer Streitgenosse hat daher auch nicht die Kosten des im Prozesskostenhilfeverfahren beigeordneten Rechtsanwalts des mittellosen Streitgenossen zu tragen.[29] Solange die Kostenentscheidung, auf die der Anspruch des Rechtsanwalts gegen den Gegner gemäß § 126 ZPO beruht, nicht rechtskräftig ist, können die Parteien rechtswirksam einen von der Kostenentscheidung abweichenden Vergleich schießen, selbst wenn dadurch der Kostenanspruch des Rechtsanwalts aus § 126 ZPO und damit auch der Anspruch der Bundes- oder Landeskasse untergeht.[30] Ein solcher Vergleich wäre nur unwirksam, wenn eine der Sach- und Rechtslage nicht entsprechende und offensichtlich nur zum Zwecke der kostenrechtlichen Begünstigung der nichtarmen Partei zu Lasten der Bundes- oder Landeskasse gehende Vereinbarung getroffen wäre.[31] Ein nach Rechtskraft der Kostenentscheidung geschlossener Vergleich kann den Kostenanspruch des Rechtsanwalts und der Staatskasse nicht mehr beeinträchtigen.[32] Der nach § 59 RVG auf die Staatskasse übergegangene Anspruch gegen die unterlegene Partei auf Erstattung der dem Prozesskostenhilfeanwalt der obsiegenden Partei gezahlten Gebühren und Auslagen kann gegen 20

26 OLG Hamm MDR 1977, 409 = JurBüro 1977, 1284 = RPfleger 1977, 108.
27 Vgl. *Mümmler* JurBüro 1980, 1458.
28 Vgl. z.B. BGH RzW 1956, 370 = JVBl. 1957, 22; KG JurBüro 1974, 866 = RPfleger 1974, 233; *Mümmler* JurBüro 1977, 1198.
29 Wegen eines bürgerlich-rechtlichen Ausgleichsanspruchs der Staatskasse vgl. OLG Bamberg JurBüro 1971, 78 m. Anm. v. *Mümmler.*
30 OLG Köln JMBlNRW 1972,146; LG Bayreuth JurBüro 1974, 1403 m. Anm. v. *Mümmler;* OLG Frankfurt aM NJW 1969, 144 = JurBüro 1968, 898 = RPfleger 1969, 23.
31 OLG München JurBüro 1973, 752; OLG Frankfurt aM JurBüro 1961, 345 = MDR 1961, 780; *Mümmler* JurBüro 1973, 183, 269; 1974, 566, 1225; *Schalhorn* JurBüro 1973, 22; vgl. auch BVerfG MDR 2000, 1157.
32 OLG Köln MDR 1956, 363.

eine unterlegene Partei, der Prozesskostenhilfe bewilligt war, geltend gemacht werden.[33] Der von der Staatskasse gemäß § 59 RVG in Anspruch genommene Gegner der mittellosen Partei kann auch Einwendungen gegen die Höhe der dem Prozesskostenhilfeanwalt gezahlten Kosten erheben.[34] Der Anspruch des Prozesskostenhilfeanwalts gegen die Staatskasse wird durch die Aufrechnung von Kostenforderungen zwischen den Parteien nicht berührt.[35] Der auf die Staatskasse übergegangene Anspruch verjährt nicht gemäß § 10 GKG, sondern unterliegt der Regelverjährung nach §§ 195, 199 BGB (vgl. auch oben § 5 Rn. 2), da es sich um keine Gerichtskosten handelt.[36]

21 Die unter Rn. 11–16 dargestellten Grundsätze gelten nicht – auch nicht entsprechend – soweit im Insolvenzverfahren Kosten nach §§ 4a ff. InsO gestundet sind (dazu oben Rn. 4). Denn anders als bei der Bewilligung von Prozesskostenhilfe, die eine Form von Sozialhilfe im Bereich der Rechtspflege ist und von vornherein eine endgültige Kostenbefreiung bewirkt, geht es bei §§ 4a ff. InsO nicht um die Freistellung von Gerichtskosten, sondern nur um eine zeitweilige Nichterhebung (Stundung), quasi also um eine zinsfreie Darlehensgewährung für den Insolvenzschuldner.

22 **Reform:** Die Kosten für die Gewährung von Prozesskostenhilfe sind in den vergangenen Jahren ganz erheblich gestiegen, was u.a. auch damit zusammenhängt, dass sich einerseits die Bewilligungspraxis der Gerichte in kaum nachvollziehbarer Weise voneinander unterscheidet, zum anderen, dass die maßgeblichen Kriterien für die Bedürftigkeit einer Partei zu großzügig angelegt sind und so ein Missbrauch gefördert wird. Die Länder-Justizhaushalte werden dadurch in kaum noch vertretbarer Weise belastet. Die Länder Niedersachsen und Baden-Württemberg hatten deshalb die Initiative ergriffen und einen Gesetzesentwurf zur Begrenzung der Aufwendungen für die Prozesskostenhilfe eingebracht.[37] Das Ziel war, einmal die Bedürftigkeitsgrenzen enger zu ziehen, zum anderen auch das durch die Prozessführung Erlangte zur Deckung der Gerichtskosten einzusetzen sowie die Glaubhaftmachung der Bedürftigkeit zu verschärfen und die Abänderung der Bewilligungsentscheidung erheblich zu erleichtern. Auch sollte das PKH-Bewilligungsverfahren nicht mehr gerichtkostenfrei sein, wenn PKH mit Festsetzung von Monatsraten ab einer Ratenhöhe von 30 € bewilligt wird oder wenn entsprechende Raten im Wege der Änderung der Bewilligung gefordert werden. In solchen Fällen sollen Festgebühren von 50 € (im Bereich der Arbeitsgerichtsbarkeit: 40 €) erhoben werden. Erwartungsgemäß ist der Entwurf insbesondere aus Kreisen der Anwaltschaft und der Sozialverbände auf heftige Kritik gestoßen. In dem 1.8.2013 geltenden Änderungsgesetz[38] ist auf die Ergänzung des GKG verzichtet worden.

§ 22
Streitverfahren, Bestätigungen und Bescheinigungen zu inländischen Titeln

(1) In bürgerlichen Rechtsstreitigkeiten mit Ausnahme der Restitutionsklage nach § 580 Nummer 8 der Zivilprozessordnung sowie in Verfahren nach § 1 Abs. 1

33 OLG Hamburg JurBüro 1972, 1024; OLG Frankfurt aM RPfleger 1969, 217; OLG Schleswig SchlHA 1960, 238 = JurBüro 1960, 446.
34 BGH MDR 1978, 214.
35 **A.M.** OLG Schleswig JurBüro 1971, 155.
36 LG Wuppertal JurBüro 1975, 359.
37 BT-Ds. 17/1216.
38 Gesetz zur Änderung des Prozesskostenhilfe- und Beratungshilferechts vom 31.8.2013 (BGBl. I, 3533).

Satz 1 Nr. 14, Abs. 2 Nr. 1 bis 3 sowie Abs. 4 schuldet die Kosten, wer das Verfahren des Rechtszugs beantragt hat. Im Verfahren, das gemäß § 700 Abs. 3 der Zivilprozessordnung dem Mahnverfahren folgt, schuldet die Kosten, wer den Vollstreckungsbescheid beantragt hat. Im Verfahren, das nach Einspruch dem Europäischen Mahnverfahren folgt, schuldet die Kosten, wer den Zahlungsbefehl beantragt hat. Die Gebühr für den Abschluss eines gerichtlichen Vergleichs schuldet jeder, der an dem Abschluss beteiligt ist.

(2) In Verfahren vor den Gerichten für Arbeitssachen ist Absatz 1 nicht anzuwenden, soweit eine Kostenhaftung nach § 29 Nr. 1 oder 2 besteht. Absatz 1 ist ferner nicht anzuwenden, solange bei einer Zurückverweisung des Rechtsstreits an die Vorinstanz nicht feststeht, wer für die Kosten nach § 29 Nr. 1 oder 2 haftet, und der Rechtsstreit noch anhängig ist; er ist jedoch anzuwenden, wenn das Verfahren nach Zurückverweisung sechs Monate geruht hat oder sechs Monate von den Parteien nicht betrieben worden ist.

(3) In Verfahren über Anträge auf Ausstellung einer Bestätigung nach § 1079 der Zivilprozessordnung, einer Bescheinigung nach § 1110 der Zivilprozessordnung oder § 57 oder § 58 des Anerkennungs- und Vollstreckungsausführungsgesetzes schuldet die Kosten der Antragsteller.

(4) Im erstinstanzlichen Musterverfahren nach dem Kapitalanleger-Musterverfahrensgesetz ist Absatz 1 nicht anzuwenden. Die Kosten für die Anmeldung eines Anspruchs zum Musterverfahren schuldet der Anmelder. Im Verfahren über die Rechtsbeschwerde nach § 20 des Kapitalanleger-Musterverfahrensgesetz schuldet neben dem Rechtsbeschwerdeführer auch der Beteiligte, der dem Rechtsbeschwerdeverfahren auf Seiten des Rechtsbeschwerdeführers beigetreten ist, die Kosten.

Übersicht

Allgemeines — 1
Antragstellerhaftung — 2–5
Antragsteller — 10–17
Begriff — 10
Vertretung — 11
Partei kraft Amtes — 12
Vertreter ohne Vertretungsmacht — 13
Bei Aufrechnung — 14
Mehrere Antragsteller — 15
Kläger und Widerkläger — 16
Des Rechtsmittelverfahrens — 17
Streitgenossen — 18–20
Prozesskostenhilfebewilligung — 21
Einspruch gegen Vollstreckungsbescheid — 22
Einspruch gegen Europäischen Vollstreckungsbescheid — 23
Kostenschuldner — 24
Haftungsumfang des Antragstellers — 25
Fälligkeit — 26
Bürgerliche Rechtsstreitigkeiten — 27–30
Instanzbegriff — 28
Einzelfälle — 29
Vergleich — 30
Arbeitsgerichtsbarkeit (Abs. 2) — 31
EG-Vollstreckung (Abs. 3) — 32
Kapitalanleger-Musterverfahren (Abs. 4) — 33–35

Allgemeines: In Familienverfahren gilt die entsprechende Bestimmung des § 21 FamGKG. 1

Antragstellerhaftung: § 22 bestimmt, wer in Abs. 1 bis 4 bezeichneten Sachen Kos- 2
tenschuldner ist, weil er das Verfahren oder die Amtshandlung beantragt hat (sog. Antragstellerhaftung). Diese grundsätzliche Haftung wird durch § 22 **begründet.** Daneben bilden die verfahrensrechtlichen Kostenvorschriften, z.B. bei Klagerücknahme (§ 269 ZPO, 155 Abs. 2 VwGO, 136 Abs. 2 FGO), keine Rechtsgrundlage für den Kostenansatz durch den Kostenbeamten. Von der Antragstellerhaftung zu unterscheiden ist die Vorauszahlungs- und Vorschusspflicht nach §§ 10 ff. (im Einzelnen vgl. Rn. 25 ff.).

3 **Die Antragstellerhaftung besteht ohne Rücksicht auf den Ausgang des Verfahrens** und auf eine etwaige abweichende gerichtliche Kostenentscheidung.[1] Ist auch ein Kostenschuldner nach § 29 vorhanden, bleibt daneben gesamtschuldnerisch die Kostenschuld des Antragstellers bestehen, § 31 Abs. 1. Sie soll dann lediglich zweitrangig, als sog. **Zweitschuldnerhaftung**, geltend gemacht werden (§ 31 Abs. 2).[2] Die Vorschrift des § 22 geht von dem Gedanken aus, dass letztlich für die Kosten derjenige einstehen soll, der durch seinen Antrag ein Verfahren veranlasst hat,[3] und zwar auch dann, wenn er den Antrag später wieder – aus welchen Gründen auch immer – zurücknimmt.[4] Die Kostenhaftung des Antragstellers ist besonders wichtig, wenn der Gegner als Entscheidungsschuldner zahlungsunfähig ist.

4 **Die Dokumentenpauschalen:** Wegen der Antragstellerhaftung für Dokumentenpauschalen, vgl. § 28.

5 **Die Insolvenz-, schifffahrtsrechtlichen Verteilungs-, Zwangsversteigerungs- und Zwangsverwaltungsverfahren:** Wegen der Kostenschuldner im Insolvenz-, schifffahrtsrechtlichen Verteilungs-, Zwangsversteigerungs- und Zwangsverwaltungsverfahren, vgl. §§ 23–26.

6 Ein **Antrag** i.S.d. § 22 ist eine Prozesshandlung, die das Verfahren in Gang bringt (z.B. die Klageschrift, die Rechtsmittelschrift, der Arrestantrag oder der Antrag auf Erlass einer einstweiligen Verfügung, der Antrag auf Durchführung des Beweisverfahrens nach §§ 485 ff. ZPO)[5] der Antrag auf Erlass eines Mahn- oder Vollstreckungsbescheides im Mahnverfahren,[6] ein Antrag auf Durchführung des streitigen Verfahrens nach vorangegangenem Mahnverfahren (– sofern ein solcher Antrag nicht bereits mit dem Antrag auf Erlass eines Mahnbescheides verbunden war –) oder ein Einspruch im Europäischen Mahnverfahren. Auch die (von Amts wegen zu veranlassende) Zustellung eines Kostenfestsetzungsbeschlusses wird vom Klageantrag erfasst, so dass der Gläubiger als Antragsteller für die Auslagen haftet.[7] Die Überweisung der Gerichtskosten für das streitige Verfahren ist als konkludenter Antrag auf Durchführung des streiten Verfahrens anzusehen.[8] Der Antrag muss aber als solcher gewollt sein. Das ist – wie bei jeder Prozesserklärung – im Zweifel durch Auslegung gem. §§ 133, 157 BGB zu ermitteln.[9] Ein auf dem Briefbogen eines Rechtsanwalts verfasstes, aber weder im Original noch in den Abschriften unterschriebenes Schriftstück reicht nicht aus, auch wenn es als „Klage“ bezeichnet ist.[10] In derartigen Fällen liegt regelmäßig nur ein versehentlich an das Gericht gelangter Entwurf vor, der als wirksame Klageschrift erst kostenmäßig beachtlich wird, wenn der Anwalt die Unterschrift nachholt. Ein – kostenauslösender – Antrag liegt auch dann nicht (mehr) vor, wenn eine solcher bereits vor Eingang bei Gericht widerrufen wurde.[11] **Kein Antrag** i.d.S. ist eine sog. **Schutzschrift**, weil damit noch kein Verfahren in Gang gebracht wird. Hierbei handelt es sich um eine Justizverwaltungsangelegenheit, die Gebühren nach dem JVKostG erhoben werden (§ 15a JVKostG).

---

1 OLG Köln MDR 2010, 596; *Hartmann* § 22 Rn. 1.
2 OLG Karlsruhe JurBüro 1995, 42, 43.
3 OLG Oldenburg JurBüro 2006, 147 = MDR 2006, 839.
4 Vgl. LG Mainz, NZI 1998, 311 = JurBüro 1998, 425.
5 LG Flensburg JurBüro 2007, 39 m. Anm. v. *D. Meyer*.
6 OLG Hamburg MDR 1998, 248 = OLG-Report Bremen/Hamburg/Schleswig-Holstein 1997, 403.
7 AG Offenbach, Beschl. v. 24.4.2013 – 61 M 686/13 – bei Juris.
8 LG München I JurBüro 2005, 540.
9 BGH NJW-RR 1994, 568; BGH MDR 1993, 469; OLG Celle MDR 2012, 1378 = OpenJur 2012, 124309.
10 OLG Stuttgart MDR 2011, 635 = NJW-RR 2011, 718 = JurBüro 2011, 309.
11 OLG Celle MDR 2012, 1378 = OpenJur 2012, 124309.

7 Wird ein Antrag auf Durchführung des streitigen Verfahrens (Widerspruch nach § 696 Abs. 1 Satz 1 ZPO) allein vom Antragsgegner gestellt, so haftet dieser als Antragsteller für die weiteren Gebühren nach KV 1210, 1211.[12] Gleiches gilt für den Antragsteller im Europäischen Mahnverfahren (§§ 1090, 1091 ZPO). Für das Mahnverfahren stellt Satz 2 zudem klar, dass im Fall des Antrags auf Erlass eines Vollstreckungsbescheids stets derjenige als (Antrags-)Schuldner haftet, der den Vollstreckungsbescheid beantragt hat (dazu auch unten Rn. 22). Wenn bei dem Antrag auf Erlass eines Mahnbescheides nicht ausdrücklich für den Fall der Nichterhebung eines Widerspruchs ein Vollstreckungsbescheid beantragt wird, kommt also eine Antragstellerhaftung für den Vollstreckungsbescheid noch nicht in Betracht.[13]

8 Auch **Erklärungen zu Protokoll** oder in der mündlichen Verhandlung können ein Verfahren einleiten. Entscheidend ist, dass ersichtlich die Durchführung eines Verfahrens der in § 22 bezeichneten Art begehrt wird, mag auch das Gericht für die bei ihm anhängig gemachte Sache nicht zuständig oder der Rechtsweg ausgeschlossen sein (vgl. § 1 Rn. 3). Gleichgültig ist auch, ob es sich um ein streitiges oder um ein nicht streitiges Verfahren handelt. Die Klage gilt kostenrechtlich bereits mit dem Eingang der Klageschrift bei Gericht als erhoben.[14] Auch der Eingang einer eigenhändig unterschriebenen „Zweitschrift" kann genügen[15] sowie ein in elektronischer Form (§ 126a BGB) eingereichtes Dokument (§§ 130a, 130b ZPO) oder ein Telefax. Ob ein übermitteltes elektronisches Dokument für die Bearbeitung bei Gericht nicht geeignet ist, spielt keine Rolle.

9 Wird einem Prozesskostenhilfegesuch der **Entwurf einer Klage** beigefügt oder wird beantragt, „vorab über das PKH-Gesuch zu entscheiden", dann gilt die Klage in dem Zeitpunkt als eingereicht, in dem der Kläger zu erkennen gibt, dass er nunmehr den Klageentwurf als Klageschrift behandelt wissen wolle, etwa durch Verlesung des Antrags aus der „Klageschrift" in der mündlichen Verhandlung bzw. wenn das PKH-Gesuch entschieden ist.[16] In den Rechtsmittelinstanzen sind förmliche Sachanträge nicht unbedingt notwendig.[17] Es ist sogar ein für das Gericht nicht erkennbarer Willensmangel in der Person des Prozessbevollmächtigten bei der Einlegung eines Rechtsmittels (z.B. versehentliche Einreichung der unterzeichneten Rechtsmittelschrift durch eine Bürokraft) unbeachtlich.[18] Eine Irrtumsanfechtung scheidet aus, weil es sich um eine prozessuale Erklärung handelt. Ob der Beklagte geschäfts-(prozess)fähig ist, wirkt sich auf die Antragstellerhaftung nicht aus.[19] Kein Antrag (auf Durchführung eines neuen Verfahrens) liegt aber vor, wenn der Antrag im Beweisverfahren nach §§ 485ff. ZPO keinen neuen Beweisgegenstand betrifft, sondern nur darauf abzielt, eine bereits gewonnenes Beweisergebnis zu ergänzen.[20]

10 **Antragsteller ist**, wer das Verfahren der Instanz als (Berufungs-, Revisions-)Kläger oder wer durch seinen Antrag ein sonstiges Verfahren der in § 22 bezeichneten Art im eigenen Interesse in einer Weise in Gang gebracht hat, dass das Gericht sich damit befassen muss, also in der Regel die Partei (oder der mit prozessualen Rechten ausges-

12 OLG Oldenburg, JurBüro 2016, 419; LG Osnabrück JurBüro 2003, 371.
13 *N. Schneider* JurBüro 2003, 4; *ders.* BRAGO-Report, 2002, 164.
14 OLG Bamberg JurBüro 1973, 856.
15 BFH BStBl. II, 1978, 11.
16 BGH RPfleger 1972, 304 = FamRZ 1972, 453; OVG Saarlouis AnwBl. 1969, 401; KG JurBüro 2008, 323.
17 BGH RPfleger 1970, 239; OLG Saarbrücken NJW 1970, 434 = VersR 1970, 383 (L).
18 OLG Karlsruhe NJW 1975, 1933 = Die Justiz 1975, 475 (L).
19 OLG Hamburg MDR 1998, 1123 (In der Sache ist die Entsch. allerdings überholt).
20 OLG Schleswig SchlHA 2001, 221.

tattete Beteiligte) i.S.d. Prozessordnung. Das gilt auch für den Rechtsmittelbeklagten, wenn er sich dem Rechtsmittel angeschlossen hat.[21] Die Parteistellung im (Zivil-)prozess ist von dem materiellen Recht und den geltend gemachten wirtschaftlichen Interessen unabhängig.[22] Das ist auch dann der Fall, wenn der Antrag nach der Verfahrensordnung unwirksam oder unzulässig ist (z.B. eine nicht unterzeichnete oder nicht elektronisch signierte Klageschrift). Im Beweisverfahren nach §§ 485ff. ZPO kann Antragsteller auch der Antragsgegner sein, soweit er eigene Anträge zu selbständigen Beweisthemen stellt.[23] Im Rechtsmittelverfahren ist auch der Anschlussberufungs-/Revisionskläger Antragsteller in diesem Sinne. Auch der Prozessbevollmächtigte einer Partei kann Antragsteller i.S.v. § 22 sein, wenn er erkennbar nicht für die Partei selbst, sondern ausschließlich im eigenen Interesse tätig (z.B. wenn er einen eigenen Antrag stellt oder ein eigenes Rechtsmittel einlegt).[24]

11 **Kein Antragsteller** i.S.d. § 22 ist hingegen, wer lediglich in Vertretung eines anderen handelt (z.B.: als Prozessvertreter, gesetzlicher Vertreter).[25] Auch derjenige, der nur als Beteiligter (z.B. als Beigeladener oder Nebenintervenient) in ein Verfahren hineingezogen wird, ist kein Antragsteller, sofern er nicht eigene Anträge stellt.[26] Die Vertretereigenschaft muss aber erkennbar sein. Solange das nicht der Fall ist oder wenn der als Vertreter handelnde seine Vertretereigenschaft nicht nachweist, ist er als Antragsteller zu behandeln (vgl. unten Rn. 13).

12 **Parteien kraft Amtes**, z.B. Insolvenzverwalter, Nachlassverwalter, Zwangsverwalter oder Testamentsvollstrecker sind als solche zwar Antragsteller, sie haften aber nicht mit ihrem eigenen, sondern nur mit dem von ihnen verwalteten Vermögen.[27] Macht hingegen jemand ein fremdes Recht im eigenem Namen geltend (z.B. der Zedent), dann ist nur er Antragsteller und nicht derjenige, dessen Recht er geltend macht. Der ursprüngliche Rechtsinhaber kann auch nicht mit der Begründung, es liege nur ein Scheinvertrag vor, als Antragsteller in Anspruch genommen werden.[28] Das gilt auch in den Fällen der Prozessstandschaft oder Prozessgeschäftsführung oder, wenn jemand ein fremdes Recht verfolgt (z.B. als Einziehungsabtretungsunternehmer).[29] Auch wer als gesetzlicher Vertreter auftritt, ohne es zu sein, haftet der Antragsteller und nicht die Partei/die Person, für die er auftritt.[30]

13 Wer **ohne Vertretungsmacht** für einen anderen einen Antrag stellt, haftet bis zur Genehmigung durch den anderen als Antragsteller persönlich.[31] Wer für einen anderen einen Prozessbevollmächtigten bestellt, ohne hierzu ermächtigt zu sein, haftet als Antragsteller.[32] Die Partei haftet jedoch dann, wenn sie den Antrag kannte und in der Lage

---

21 BGH, Beschl. v. 19.10.2015 – X ZR 54/11 – = NJW 2016, 8 = JurionRS 34730 (betr. Anschlußberufung).
22 BGH NJW-RR 2009, 862 = JurBüro 2009, 371; OLG Oldenburg JurBüro 2013, 648; *Zöller-Vollkommer* vor § 50 Rn. 2, 3; *Museliak* § 50 Rn. 3.
23 OLG Koblenz NJW-RR 1998, 547 = ZMR 1997, 419 = WuM 1997, 383.
24 Brandenburgisches OLG, JurBüro 2007, 659 (Beschwerde gegen eine eingeschränkte Beiordnung zu den Bedingungen eines ortsansässigen Anwalts im PKH-Verfahren).
25 Vgl. BGH RPfleger, 1959, 109 (L).
26 Vgl. auch bei *Hellstab* in Oe/He/Tre § 22 Rn. 3.
27 Vgl. auch *Hartmann* § 22 Rn. 6; *Dörndorfer* in Binz u.a., § 22 Rn. 3.
28 So schon RGZ 72, 97.
29 *Hartmann* § 22 Rn. 6.
30 Vgl. OLG Koblenz JurBüro 1997, 536 m. Anm. v. *D. Meyer*; *Hartmann* § 22 Rn. 4; *D. Meyer* JurBüro 1997, 288.
31 BGH RPfleger 1959, 3 (L); BayVGH BayVBl. 1973, 193; OLG Köln NJW-RR 2003, 66; OLG Köln JurBüro 1970, 798.
32 OLG Hamburg MDR 1967, 399.

war, dessen Einbringung zu verhindern[33] oder wenn sie die vollmachtslose Klageerhebung genehmigt.[34] War aber eine Prozessvollmacht erteilt, ist der Bevollmächtigte dadurch ermächtigt, auch einen Bevollmächtigten für die höheren Instanzen zu bestellen (§ 81 ZPO). In diesem Falle haftet die Partei als Antragstellerin auch für ein aufgrund der Bestellung beantragtes Rechtsmittelverfahren, auch wenn der Auftrag, das Rechtsmittel einzulegen, ohne Wissen oder gar gegen den erklärten Willen der Partei erfolgt ist.[35] Wendet die als Antragsteller in Anspruch genommene Partei ein, sie habe keine Prozessvollmacht erteilt, ist im Erinnerungs- und Beschwerdeverfahren nach § 66 die Frage der Vollmachtserteilung zu prüfen. Kann das nicht festgestellt werden, haftet die Partei als Antragsteller nicht,[36] sondern der vollmachtslose Vertreter,[37] es sei denn, ihr kann die Prozesshandlung des Vertreters nach allgemeinen Rechtsscheinsgrundsätzen zugerechnet werden.[38] Gesetzliche Vertreter, Prozessbevollmächtigte usw. können durch Übernahmeerklärung Kostenschuldner nach § 29 Nr. 2 werden. Im Falle der Rechtsnachfolge im Prozess (§ 265 ZPO) haftet der Rechtsvorgänger neben dem Rechtsnachfolger für die bis zur Übernahme des Rechtsstreits erwachsenen Kosten als Antragsteller. Ebenso haftet der Erbe, der einen Rechtsstreit aufnimmt, auch für die vor der Aufnahme entstandenen, den Erblasser nach § 22 treffenden Kosten. Nimmt der Insolvenzverwalter einen durch das Insolvenzverfahren unterbrochenen Prozess auf oder wird er gegen ihn aufgenommen, werden nur die nach der Aufnahme entstehenden Gerichtskosten Masseschulden. Zu den nach der Aufnahme entstehenden Gerichtskosten zählt auch die allgemeine Verfahrensgebühr, da sie im Laufe des Rechtsstreits immer wieder von neuem entsteht. Wird der Insolvenzverwalter zur Tragung der gesamten Kosten des Rechtsstreits verurteilt, werden auch die vor der Aufnahme entstandenen Gerichtskosten Masseschulden (§ 29 Nr. 1).

Im Falle der **Aufrechnung** mit hilfsweise zur Aufrechnung gestellten Gegenforderun- 14
gen wird die aufrechnende Partei rückwirkend zur Antragstellerin, wenn und soweit über die Gegenforderungen eine die Rechtskraft fähige Entscheidung ergeht oder sie durch einen Vergleich erledigt werden.[39] Denn wenn und soweit sich der Streitwert durch die Erklärung der Aufrechnung erhöht, muss hierfür wie bei einer Widerklage ein Kostenschuldner nach § 22 gegeben sein. Es wäre unbillig, den Antragsteller des Verfahrens für die Gerichtskosten der vom Gegner zur Entscheidung gestellten bestrittenen Aufrechnungsforderungen als Antragsteller haften zu lassen. Es muss daher insoweit die aufrechnende Partei Antragstellerin sein. Diese Lösung entspricht dem Sinn und Zweck des § 22.[40] Wenn ein Fall des § 45 Abs. 3 gegeben ist, wirkt die Haftung der aufrechnenden Partei auf den Zeitpunkt zurück, zu dem die Aufrechnung im Prozess geltend gemacht wurde.[41] Der Gegner haftet als Antragsteller der Klage und Gegner der Widerklage bzw. der (Hilfs-)Aufrechnungen aber nicht als Zweitschuldner für die zusätzlichen Kosten, wenn und soweit der Streitwert sich durch die Widerklage bzw. Hilfsaufrechnung erhöht hat.[42]

---

33 BGH MDR 1997, 198 = NJW-RR 1997, 510 = MDR 1997, 198 = LM § 49 GKG 1975 Nr. 1; OLG Koblenz MDR 2005, 778; OLG Hamburg MDR 2001, 1192; *Hartmann* § 22 Rn. 4; *D. Meyer* JurBüro 1997, 288.
34 OLG Hamburg MDR 2001, 1192.
35 BGH RPfleger 1959, 3 (L).
36 OLG Hamburg MDR 2001, 1192.
37 OLG Köln NJW-RR 2003, 66.
38 Vgl. dazu *Paulus/Henkel* NJW 2003, 1692 ff.
39 *Trenkle* in Oe/He/Tre § 49 Rn. 17; **a.M.** OLG Bamberg JurBüro 1980, 1545 m. Anm. v. *Mümmler; Lappe* in der Anm. zu KostRspr. Nr. 92 zu § 19 Abs. 3; *Binz-Dörndorfer* § 22 Rn. 2.
40 OLG Oldenburg JurBüro 2006, 147 = MDR 2006, 839 m.w.N.
41 Vgl. auch BGH RPfleger 1975, 83.
42 OLG Oldenburg JurBüro 2006, 147 = MDR 2006, 839; OLG Frankfurt/Main JurBüro 1983, 891, 892; **a.M.** aber LG Dresden JurBüro 2003, 321.

15 **Mehrere Antragsteller** haften als Gesamtschuldner, soweit sich ihre Anträge auf dasselbe Verfahren und denselben Gegenstand beziehen[43] (§ 31 Abs. 1). Auch Streitgenossen haften als Gesamtschuldner (§ 32). Sonach haften mehrere Gesamtgläubiger, welche dieselbe Forderung in einer Klage geltend machen, als Gesamtschuldner; ebenso bei Klage mehrerer Streitgenossen auf Nichtigkeit eines Patents.[44] Haben mehrere Kläger in einer Klage Forderungen geltend gemacht, die nach dem Klageantrag ihnen nicht gemeinsam, sondern nur einzelnen von ihnen zustehen sollen, haftet jeder Kläger nur für die auf seine Klageforderung entfallenden Kosten. Die Haftung des Antragstellers geht nur so weit, wie er sich am Verfahren beteiligt. Nimmt er seine Klage zurück und ergeht dann ein Urteil für oder gegen seinen Streitgenossen, der mit ihm klagte, haftet der Kläger, der die Klage vorher rechtswirksam zurückgenommen hat, für die Urteilsgebühr nicht mehr. Er haftet in der ersten Instanz also nur für die nach KV Nr. 1211 Nr. 1 anzusetzende Gebühr. Entstehen besondere Kosten allein hinsichtlich des Streitgegenstandes eines bestimmten Streitgenossen (z.B. Auslagen für eine Beweisanordnung hinsichtlich des Streitgegenstandes dieses Streitgenossen), haftet für diese besonderen Kosten nur der betreffende Streitgenosse als Antragsteller. Das gilt ebenso bei besonderen Angriffsmitteln.

16 **Auch Kläger und Widerkläger sowie gegenseitige Rechtsmittelkläger** haften jeder für die Kosten, die auf den Streitwert seiner Klage, Widerklage oder seines Rechtsmittels entfallen, und zwar haftet jeder von ihnen nur für die Kosten, die entstanden wären, wenn sein Anspruch der einzige Gegenstand des Verfahrens wäre.[45] Die Haftung beschränkt sich nicht etwa nur auf den Teil der gesamten Gerichtskosten, die nach dem Verhältnis der einzelnen Streitgegenstände zueinander auf diese entfällt.[46] Die Staatskasse darf den einzelnen Antragsteller nur bis zur Höhe der auf dessen Streitwert entfallenden Gebühren in Anspruch nehmen, insgesamt aber keinen höheren Gesamtbetrag an Gebühren fordern, als sich bei Berechnung der Gebühren aus dem Gesamtbetrag ergibt.

Beispiel: Betrug der Streitwert der Klage 5.000 € und jener der Widerklage 2.000 €, darf die Staatskasse die Gebühren höchstens aus dem Gesamtstreitwert von 7.000 € erheben. Der Kläger schuldet aber als Antragsteller die Gebühren aus einem Streitwert von 5.000 €, der Widerkläger aus seinem Streitwert von 2.000 €. Die Staatskasse darf die Gebühren aus 7.000 € ansetzen, kann aber innerhalb dieser Grenze den Kläger nur auf die Gebühren aus 5.000 € und den Widerkläger nur auf die Gebühren aus 2.000 € in Anspruch nehmen. Zahlt der Kläger die Gebühren aus 5.000 €, hat der Widerkläger nur noch den Unterschiedsbetrag zwischen den Gebühren aus 5.000 € und 7.000 € zu entrichten. Würde umgekehrt der Widerkläger den ihn betreffenden Betrag aus 2.000 € voll zahlen, müsste der Kläger nur noch den Unterschiedsbetrag zwischen den Gebühren aus 2.000 € und 7.000 € entrichten. Soweit hiernach Kläger und Widerkläger für dieselben Spitzenbeträge haften, sind sie Gesamtschuldner (§ 31 Abs. 1).[47] Sie haften aber nicht über die Beträge hinaus, die auf ihren Einzelstreitwert entfallen,[48] auch nicht zusätzlich für den Unterschiedsbetrag der nach dem zusammengerechneten Streitwert von Klage und Widerklage und bei Einzelberechnung sich ergebenden Gebührensumme.[49]

---

43 OLG Hamburg OLG-Report Bremen/Hamburg/Schleswig-Holstein 1997, 218.
44 BGH RPfleger 1959, 239 (L).
45 OLG Hamm JurBüro 1970, 422; OLG Frankfurt aM JurBüro 1970, 52 = JVBl. 1970, 35; **a.M.** OLG Hamburg JurBüro 1973, 1188.
46 OLG Schleswig SchlHA 1954, 120 = RPfleger 1956, 325 (L); LG Waldshut NJW 1963, 1209.
47 OLG Düsseldorf JMBlNRW 1952, 50 = RPfleger 1956, 181 (L).
48 OLG Hamburg RPfleger 1958, 36 (L).
49 OLG Düsseldorf JMBlNRW 1952, 50.

Dieselben Grundsätze gelten für die **teilweise** Bewilligung von **Prozesskostenhilfe**, wenn die eine Partei ihr Recht im Übrigen auf eigene Kosten verfolgt,[50] und für **Rechtsmittelverfahren**, und zwar sowohl für das selbständige Anschlussrechtsmittel[51] als auch für das unselbständige.[52] Der Anschlussberufungskläger, der sich der Berufung nur für den Fall ihres Erfolges angeschlossen hat, haftet der Staatskasse auch dann als Zweitschuldner für die allgemeine Verfahrensgebühr, wenn diese Bedingung nicht eingetreten ist.[53] Der **Anschlussberufungs-/Revisionsführer** haftet dann für die durch das Anschlussrechtsmittel entstandenen Kosten.[54] Soweit das Anschlussrechtsmittel denselben Gegenstand betrifft und deshalb keine höheren Gebühren entstehen, haftet er gleichwohl neben dem Rechtsmittelführer als gesamtschuldnerischer Antragsteller. 17

Der **Streitgenosse** des Klägers wird nicht dadurch zum Kostenschuldner für das Rechtsmittelverfahren, dass er, nachdem der Kläger das Rechtsmittel eingelegt hat, bei dessen Untätigkeit den Anspruch in der Rechtsmittelinstanz weiter verfolgt.[55] Hat der Streitgenosse aber selbständig das Rechtsmittel eingelegt, haftet er als Antragsteller des Verfahrens auch dann, wenn die Hauptpartei später selbständig das Rechtsmittel einlegt.[56] Wenn die gebührenpflichtige Handlung nur die Klage oder die Widerklage oder nur eines der Rechtsmittel betrifft, haftet für die durch die Handlung ausgelöste Gebühr nur der Antragsteller, dessen Anspruch die Handlung betrifft. Dasselbe gilt für Auslagen. Für die Auslagen einer vor der Widerklage oder Anschlussberufung angeordneten Beweisaufnahme besteht eine Antragstellerhaftung des Widerklägers bzw. Anschlussberufungsführers auch dann nicht, wenn das vorliegende Beweisergebnis auch zur Entscheidung über die Widerklage bzw. Anschlussberufung ohne neue Beweisanordnung verwertet wird. Entstehen aber Auslagen sowohl für die Klage als auch für die Widerklage oder für beide Rechtsmittel, haften die Parteien für sie gesamtschuldnerisch. 18

Soweit Klage und Widerklage oder wechselseitig eingelegte Rechtsmittel, die nicht in getrennten Prozessen verhandelt werden, **denselben Streitgegenstand** haben (§ 45), haften die Parteien gesamtschuldnerisch für die Kosten (§ 31 Abs. 1). Das kann z.B. bei Klage und negativer Feststellungswiderklage der Fall sein.[57] Die Zahlung der Kosten durch eine Partei tilgt auch die Kosten der anderen.[58] Haben bei einer Zug-um-Zug-Verurteilung der Beklagte wegen der Hauptsache und der Kläger wegen der Höhe der Gegenforderung Berufung eingelegt, ist der Streitwert der Berufung des Klägers neben dem Streitwert der Berufung des Beklagten über die Hauptsache nicht zu berücksichtigen. Der Kläger ist aber hinsichtlich des nach seinem Interesse an der Abänderung des Urteils zu bemessenden Streitwerts des von ihm betriebenen Berufungsverfahrens Antragsteller. Das zeigt sich im Falle einer vorzeitigen Erledigung der Berufung des Beklagten oder bei Prozesshandlungen, die nur das zum Gegenstand des Berufungsverfahrens des Klägers gemachte Zurückbehaltungsrecht betreffen. 19

---

50 H.M., vgl. etwa OLG Schleswig MDR 2006, 175 m.w.N.
51 OLG Hamburg RPfleger 1958, 36 (L).
52 OLG München JurBüro 1975, 1230; KG JurBüro 1973, 546; OLG Bamberg JurBüro 1972, 902 m. Anm. v. *Mümmler;* OLG Düsseldorf NJW 1968, 410.
53 OLG Celle NJW 1959, 777.
54 BGH, Beschl. v. 19.10.2015 – X ZR 54/11 – = NJW 2016, 8 = JurionRS 34730 (betr. Anschlußberufung).
55 BGH RPfleger 1955, 44.
56 OLG Hamburg NJW 1953, 1973; KG RPfleger 1962, 123; **a.M.** BGH NJW 1963, 1178 = JurBüro 1963, 605 = MDR 1963, 748.
57 OLG Frankfurt aM NJW 1956, 678; OLG Hamm JVBl. 1960, 93 = RPfleger 1960, 412 (betr. Ehesachen nach altem Recht).
58 LG Köln JurBüro 1967, 427.

20 Der **Streitgenosse** einer Partei, der **Gebührenfreiheit genießt**, schuldet als Antragsteller der Instanz nur die Hälfte der Gebühren, wenn die gebührenfreie Partei für dieselben Kosten als Antragstellerin der Instanz haftet und deshalb ein Ausgleichsanspruch unter den Streitgenossen besteht.[59]

21 Die Bewilligung von **Prozesskostenhilfe** an den (Rechtsmittel-)Beklagten berührt die Antragstellerhaftung des (Rechtsmittel-)Klägers nur, wenn die mittellose Partei Entscheidungsschuldnerin nach § 29 Nr. 1 ist (§ 31 Abs. 2 S. 2), nicht aber ohne weiteres bei Kostenübernahme nach § 29 Nr. 2.[60] Andererseits haftet der Kläger nicht für die an den Prozesskostenhilfeanwalt der beklagten Partei gezahlten Prozesskostenhilfeanwaltskosten, weil diese keine Gerichtskosten sind. Ist dem Berufungskläger Prozesskostenhilfe nur für die Anschlussberufung und nicht auch für die Berufung bewilligt worden, erstreckt sich die Prozesskostenhilfe nicht auf die durch die Berufungseinlegung entstandene allgemeine Verfahrensgebühr.[61] Im selbständigen Beweisverfahren nach §§ 485ff. ZPO berührt eine Prozesskostenhilfebewilligung für den Antragsgegner die Antragstellerhaftung erst, wenn und soweit das Beweisverfahren Gegenstand des Hauptsacheverfahrens geworden ist.[62]

22 Wird **Einspruch gegen den Vollstreckungsbescheid** eingelegt, ist eine kostenrechtlich neue Instanz in Form des Streitverfahrens eröffnet. Der Gesetzgeber hat mit überzeugenden Gründen[63] festgelegt, dass dann nicht derjenige als Antragsteller haftet, der den – auch unzulässigen[64] – Einspruch eingelegt, sondern derjenige, der den Vollstreckungsbescheid beantragt hat (Abs. 1 Satz 2).[65] In der Regel ist das der Kläger als Antragsteller des Mahnverfahrens.[66] Es kann aber auch der Beklagte sein, vor allem in den Fällen, in denen der Kläger den Anspruch nicht begründet und der Beklagte eine Sach- oder Säumnisentscheidung erzwingen will. Unanwendbar ist § 22 Abs. 1 Satz 2 hingegen, wenn der Anspruchsgegner einem **Mahnbescheid** widerspricht und seinerseits die Abgabe an das Streitgericht beantragt.[67]

23 Gleiches gilt auch bei einem Einspruch gegen einen Europäischen Zahlungsbefehl. Hier ist Kostenschuldner für das Verfahren nach § 1090 ZPO, wer den Zahlungsbefehl beantragt hat (Abs. 1 Satz 3).

24 **Kostenschuldner** ist, wer im Verfahren entstandene Kosten (Gebühren oder Auslagen) der Staatskasse schuldet (vgl. vor § 22 Rn. 1). Der Begriff hat nichts mit der in der ZPO geregelten Erstattungspflicht der Kosten an den Gegner nach §§ 91ff. ZPO zu tun. Wer Kostenschuldner nach dem GKG ist, ergibt sich ausschließlich aus den §§ 22–28. Danach kommt neben dem Antragsteller hauptsächlich der Entscheidungs- und der Übernahmeschuldner in Betracht. Mehrere Kostenschuldner desselben Verfahrensgegenstandes haften als Gesamtschuldner.

25 **Umfang der Haftung des Antragstellers:** Der Antragsteller haftet grundsätzlich für alle in der durch seinen Antrag eingeleiteten Instanz erwachsenen Kosten, auch für jene, die durch Verteidigungsmaßnahmen des Gegners entstehen (z.B. für die Auslagen der

---

59 BGHZ 12, 270 = NJW 1954, 513; OLG Düsseldorf RPfleger 1954, 199.
60 BVerfG MDR 2000, 1157; OLG Nürnberg JurBüro 1979, 869.
61 KG JurBüro 1970, 69.
62 LG Flensburg JurBüro 2007, 39 m. zust. Anm. v. D. *Meyer*.
63 Vgl. BT-Ds. 12/6962, S. 65–66.
64 OLG Düsseldorf JurBüro 2002, 90.
65 OLG Düsseldorf JurBüro 2002, 90, 91; *Hartmann* § 22 Rn. 18; *Hellstab* in Oe/He/Tre § 22 Rn. 25.
66 OLG Düsseldorf JurBüro 1998, 149 = NJW-RR 1997, 1295; OLG Hamburg JurBüro 1996, 318; *Hartmann* § 22 Rn. 18; *Oe/He/Tre* § 22 Rn. 25.
67 OLG Koblenz JurBüro 2015, 593 = MDR 2015, 1096 = NJW-Spezial 2015, 571 = FamRZ 2016, 77 = JurionRS 2015, 21686.

nur vom Gegner benannten Zeugen und Sachverständigen oder der armen Partei gezahlten Reisekosten).[68] Auf die Beweislast und damit i.d.R. auf die Vorschusspflicht kommt es nicht an.[69] Vorschusspflichtig ist für solche Auslagen aber nur der Gegner (§ 17), der neben dem Antragsteller als Gesamtschuldner haftet (§§ 17, 18, 31 Abs. 1). Vom Antragsteller können sie erst nach Fälligkeit verlangt werden. Der Antragsteller haftet auch für die Kosten eines Zwischenurteils, weil das ihm zugrunde liegende Verfahren keine eigene Instanz bildet. Macht der Beklagte durch einen Zwischenantrag im anhängigen Rechtsstreit den ihm durch die Vollstreckung eines Vorbehaltsurteils oder eines für vorläufig vollstreckbar erklärten Urteils oder durch eine zur Abwendung der Vollstreckung gemachte Leistung entstandenen Schadensersatzanspruch geltend (§§ 302 Abs. 4, 600 Abs. 2, 717 Abs. 2, 3 ZPO), wird er insoweit Antragsteller dieses gebührenrechtlich als Widerklage zu behandelnden Verfahrens. Ebenso im Falle der Aufrechnung nach § 45 Abs. 3. Der Antragsteller ist auch Schuldner der Dokumentenpauschalen nach § 28, mit Ausnahme solcher, die deshalb entstehen, weil der Gegner es unterlassen hat, die erforderliche Zahl von Abschriften beizufügen. Auch für die Kosten, die nach §§ 380, 390, 402, 409 ZPO Zeugen und Sachverständigen auferlegt werden können, haftet der Antragsteller gesamtschuldnerisch mit diesen Schuldnern, nicht aber für an Zeugen oder Sachverständige zu Unrecht gezahlte Beträge, soweit unrichtige Sachbehandlung vorliegt (§ 21),[70] sowie für die der anderen Partei auferlegte Verzögerungsgebühr nach § 38.

Die **Fälligkeit** der Gebühren und Auslagen ergibt sich aus §§ 6 ff.,[71] 184 Abs. 1 SGG. 26
Denn § 22 regelt nur, dass der Antragsteller als Kostenschuldner haftet.

Bürgerliche Rechtsstreitigkeiten etc. nach Abs. 1: Hierher gehören das Zivilpro- 27
zessverfahren mit Ausnahme der Klage nach § 580 Nr. 8 ZPO (vgl. auch oben § 12 Abs. 2 Nr. 4) aber einschließlich des Mahnverfahrens, des Europäischen Mahnverfahrens, des Arrest- und einstweiligen Verfügungsverfahrens, des Prozesskostenhilfeverfahrens, das Mahnverfahrens nach § 113 Abs. 2 FamRG und der in § 1 Abs. 1 Nr. 13 bezeichneten **Rechtsmittelverfahren des gewerblichen Rechtsschutzes**, wie überhaupt alle im KV Teil 1 behandelten Verfahren, nicht aber die Arbeitsgerichtsverfahren (vgl. Abs. 2 S. 1). **Verwaltungs-, Sozial- und Finanzgerichtsverfahren** sind die in KV Teile 5–7 bezeichneten Verfahren nach der VwGO, dem SGG und dem FGG.

Das **Verfahren der Instanz** ist hier nicht im prozessualen Sinne,[72] sondern wie bei 28
§§ 35, 36 zu verstehen, so dass auf die dort gemachten Ausführungen verwiesen wird (vgl. § 36 Rn. 6). Auch ein während der Aussetzung des Verfahrens (§ 148 ZPO) angekündigter Antrag löst die Wirkung von § 22 aus, auch wenn der Antrag im Verlaufe des weiteren Verfahrens nicht gestellt wird.[73] Jedes Rechtsmittelverfahren (Berufung, Revision, Beschwerde), ferner jedes Wiederaufnahmeverfahren (Nichtigkeitsklage, Restitutionsklage) bildet eine eigene Instanz. Ein nicht unterschriebener Antrag löst nur dann und rückwirkend Gebühren aus, wenn im Verlaufe des Verfahrens eine Heilung des Mangels eintritt. Jeder Antragsteller haftet nur für die Kosten der durch ihn beantragten Instanz, also der Kläger für die Klage und der Widerkläger für die Widerklage. Die Haftung des Widerklägers tritt auch dann ein, wenn er die Widerklage nur zum Zwecke der Verteidigung erhoben hat. Nach Erledigung der Klage wird der Widerkläger für das weitere Ver-

68 OLG München JurBüro 1972, 804.
69 OLG Karlsruhe NJW-RR 2010, 499; OLG Bamberg JurBüro 1979, 879; *Hartmann* § 22 Rn. 2 m.w.N.
70 OLG Karlsruhe NJW 2010, 499; OLG Nürnberg JurBüro 1959, 39.
71 *N. Schneider* JurBüro 2003, 4, 6.
72 OLG Karlsruhe JurBüro 1995, 42, 43.
73 **A.M.** aber OLG Oldenburg RPfleger 1968, 314 (L).

fahren desselben Rechtszuges alleiniger Antragsteller. Im Rechtsmittelverfahren ist der Rechtsmittelführer Antragsteller. Gleichgültig ist es, ob die im Rechtsmittelverfahren ergehende Kostenentscheidung dem Rechtsmittelkläger, seinem Gegner oder beiden teilweise die Kosten auferlegt werden. Hierdurch kann nur ein zusätzlicher Haftungsgrund nach § 29 eintreten. Auch der Rechtsmittelanschlusskläger ist Antragsteller der durch seinen Antrag eingeleiteten Instanz (vgl. oben Rn. 5). Ein Streitgehilfe, der ein Rechtsmittel einlegt, ist und bleibt Antragsteller, auch wenn die von ihm unterstützte Partei nachträglich ein Rechtsmittel einlegt[74] (vgl. dazu auch oben Rn. 7). Dass eine Partei als Antragsteller der Instanz und aufgrund einer Kostenentscheidung oder Kostenübernahme haftet, bedeutet noch nicht, dass sich diese Haftung jeweils auf verschiedene Teile der Gesamtkosten erstreckt. Die verschiedenen Haftungen können dann nebeneinander geltend gemacht werden. Eine unterschiedliche Erstreckung wäre nur dann möglich, wenn der Partei bestimmte Teile der Kosten über ihre Haftung als Antragsteller hinaus auferlegt worden wären. Ohne eine solche Entscheidung haftet die Partei auch bei einer Haftung aus mehreren Rechtsgründen jeweils nur für denselben Anteil an den Kosten.[75] Vereinbaren die Parteien durch einen Vergleich im Nachverfahren gegenseitige Aufhebung aller Kosten, kann die mit der Berufung gegen das Grundurteil unterlegene Partei nicht verlangen, dass ihr von der Staatskasse die gezahlten vollen Gerichtskosten des Berufungsverfahrens zur Hälfte auf die von ihr zu zahlende Hälfte der Gerichtskosten erster Instanz angerechnet werden.[76] Nimmt der Kläger Streitgenossen als Gesamtschuldner in Anspruch und wird er durch zwei nacheinander ergangene Teilurteile mit der Klage gegen den einen Gesamtschuldner in vollem Umfang und gegen den anderen Gesamtschuldner teilweise abgewiesen, so schuldet er, wenn er gegen beide Teilurteile Berufung einlegt, als Antragsteller der hierdurch eingeleiteten mehreren Rechtsmittelinstanzen die allgemeine Verfahrensgebühr für jedes Rechtsmittelverfahren gesondert.[77] Die spätere Verbindung der gegen verschiedene Urteile eingelegten Rechtsmittel zu einem Rechtsmittelverfahren hat auf die für jedes Rechtsmittelverfahren bereits entstandenen allgemeinen Verfahrensgebühren keinen Einfluss.[78]

29 **Einzelfälle:**

– *Arrest- und einstweilige Verfügungsverfahren,* (KV 1410 ff.): Schuldner der Kosten des Anordnungsverfahrens und des Rechtfertigungsverfahrens nach § 942 ZPO ist der Gläubiger als Antragsteller. Das Verfahren vor dem Amtsgericht und dem Gericht der Hauptsache gilt als ein Rechtsstreit. Das Abänderungs- und das Aufhebungsverfahren bilden eine eigene Instanz; Kostenschuldner ist hier der Schuldner als Antragsteller. Im Rechtsmittelverfahren ist der Rechtsmittelführer Antragsteller des Rechtsmittelverfahrens. Der Widerspruch gegen den Arrest oder die einstweilige Verfügung begründet keine neue Instanz. Gegenüber dem Hauptsacheverfahren bildet das Arrest- oder einstweilige Verfügungsverfahren immer eine eigene Instanz, auch wenn die Verfahren verbunden werden. Legt der Antragsgegner Widerspruch ein und beantragt er außerdem die Aufhebung der einstweiligen Verfügung wegen Ablauf der inzwischen gesetzten Klagefrist, wird er durch letzteren Antrag zum Antragsteller des Aufhebungsverfahrens.[79] Für die Kosten der Sequestration haftet in

74 OLG Hamburg NJW 1953, 1873.
75 KG RPfleger 1962, 122 (L).
76 OLG München RPfleger 1956, 30 (L).
77 OLG Düsseldorf MDR 1961, 66 = RPfleger 1961, 404 m. Anm. v. *Lappe* = JurBüro 1961, 138.
78 OLG München JurBüro 1964, 274 = AnwBl. 1964, 77 = NJW 1964, 601.
79 OLG Frankfurt aM JurBüro 1962, 297.

erster Linie der Entscheidungsschuldner und zweitschuldnerisch der Antragsteller des Verfahrens, in dem die Anordnung erfolgt.[80]

- *Aufrechnung:* Vgl. oben Rn. 7.
- *Berufung, Revision:* Antragsteller ist der Berufungs- bzw. Revisionskläger, auch wenn das Rechtsmittel nur als Anschlussrechtsmittel eingelegt wurde.
- *Beschwerde-/Rechtsbeschwerdeverfahren:* Antragsteller ist der Beschwerdeführer.
- *Beweisverfahren:* Es bildet eine eigene Instanz. Kostenschuldner ist, wer das Beweisverfahren beantragt hat, mag er auch in dem Prozess, auf den sich das Beweisverfahren bezieht, der Beklagte sein.[81] Das gilt auch, wenn das Beweisverfahren innerhalb eines laufenden Verfahrens beantragt wird.
- *Eidesstattliche Versicherung,* KV 2113: Für den Antrag auf Bestimmung des Termins zur Abnahme einschließlich der Anträge auf Erzwingung der Angabe ist der Gläubiger als Antragsteller Kostenschuldner.
- *Einspruch:* Richtet er sich gegen ein Versäumnisurteil, bleibt der Kläger oder Rechtsmittelkläger Antragsteller, und zwar auch dann, wenn der Einspruch als unzulässig verworfen oder mit einem Antrag auf Wiedereinsetzung verbunden wird.[82] Richtet er sich gegen einen Vollstreckungsbescheid, gilt S. 2.
- *Einstweilige Anordnung und Verfahren nach § 80 Abs. 5 VwGO, § 69 Abs. 3, 4 FGO:* Kostenschuldner ist immer der Antragsteller dieser Verfahren ohne Rücksicht auf seine Stellung im Hauptsacheverfahren. Mehrere Entscheidungen innerhalb eines Rechtszuges gelten ebenso als eine Entscheidung, wie auch das Verfahren vor dem Vorsitzenden und vor dem Gericht als ein Verfahren anzusehen sind. Im Beschwerdeverfahren ist der Beschwerdeführer Kostenschuldner nach § 22 für die Beschwerdegebühr, auch wenn das Beschwerdegericht keine Kostenentscheidung getroffen hat.[83]
- *Einstweilige Verfügung:* Vgl. „Arrest".
- *Hilfsantrag* (vgl. § 45 Abs. 3 und bei § 45 Rn. 27 ff.): Wenn der Hilfsantrag den Streitwert des Verfahrens übersteigt und über ihn entschieden wird, ist für den höheren Wert die Partei Antragstellerin, die den Hilfsantrag gestellt hat. Die Antragstellerhaftung tritt rückwirkend ein auf den Zeitpunkt, in den der Hilfsantrag in dem Rechtsstreit geltend gemacht wurde.
- *Mahnverfahren,* KV 1100: Antragsteller ist der Gläubiger, der den Mahnbescheid beantragt. Wird Widerspruch eingelegt, so ist Antragstellerin des weiteren Verfahrens die Partei, die den Antrag auf Durchführung des streitigen Verfahrens gestellt hat. Denn der Antrag eröffnet kostenrechtlich eine neue Instanz.[84] Das bedeutet, dass der Kläger als Antragsteller für das streitige Verfahren haftet, wenn er (auch schon bedingt im Mahnantrag) den Antrag nach § 696 Abs. 1 S. 1 ZPO gestellt hat,[85] oder Beklagte, wenn er nicht nur bloß Widerspruch eingelegt, sondern einen eigenen Antrag auf Durchführung des streitigen Verfahrens gestellt hat.[86] Legt der Schuldner gegen einen Vollstreckungsbescheid Einspruch ein, ist er gemäß § 22 Abs. 1 S. 2 Antragsteller.

80 OLG Köln JMBlNRW 1966, 120.
81 OLG Schleswig JurBüro 1977, 1626; OLG München RPfleger 1973, 446; OLG Celle NdsRPfl. 1974, 127; KG JurBüro 1976, 1384.
82 Einschränkend aber LG Regensburg JurBüro 1966, 234 m. Anm. v. *Tschischgale.*
83 OLG Karlsruhe JurBüro 1995, 42, 43; OLG München JurBüro 1966, 145 = NJW 1966, 602.
84 KG JurBüro 1980, 581 = RPfleger 1980, 121; OLG München MDR 1984, 948; *Hartmann* § 22 Rn. 13; *Lappe* § 49 Rn. 8.
85 *Hartmann* § 49 Rn. 22 m.w.N.
86 OLG Karlsruhe JurBüro 1995, 43; *Hartmann* § 22 Rn. 5.

- *Nachverfahren:* Es bildet gegenüber dem Verfahren, das zu dem Vorbehaltsurteil geführt hat, keine neue Instanz (§ 600 ZPO).[87] Getrennte Berufungsverfahren gegen das Vorbehalts- und das Nachurteil bilden aber kostenrechtlich verschiedene Instanzen.[88]
- *Nebenintervention:* Der Zwischenstreit über die Zulassung eines Nebenintervenienten (Streitgehilfen), § 71 ZPO, bildet keine besondere Instanz. Anders aber das Beschwerdeverfahren nach § 71 ZPO, welches eine eigene Instanz ist.
- *Prozesskostenhilfeverfahren:* Es bildet kostenrechtlich gegenüber dem Hauptverfahren eine eigene Instanz. Der Antragsteller haftet aber nur für die Auslagen, weil das Verfahren gerichtsgebührenfrei ist. Im Beschwerdeverfahren ist der Beschwerdeführer Antragsteller und haftet für die dort entstehenden Gebühren. Stellen beide Parteien einen Beschwerdeantrag, haften sie als Gesamtschuldner.
- *Revision:* Vgl. „Berufung".
- *Schiedsrichter:* Schuldner ist, wer das Verfahren beantragt hat. In der Regel ist das eine der Schiedsparteien. Stellen beide den Antrag, haften sie gesamtschuldnerisch, § 31. Stellt ein Schiedsrichter den Antrag erkennbar in seinem Namen, haftet er persönlich als Antragsteller.
- *Schiedsspruch, Schiedsvergleich:* Das Widerspruchsverfahren nach §§ 1042c Abs. 2, 1044 Abs. 3 ZPO bildet keine eigene Instanz. Kostenschuldner nach § 22 ist der Antragsteller des Verfahrens.
- *Sequestration:* Vgl. unter „Arrest- und einstweilige Verfügung".
- *Urkunden- und Wechselprozess:* Wird vom Urkunden-/Wechselprozess Abstand genommen, bildet das gesamte Verfahren vor und nach der Abstandnahme eine Instanz. Das gilt auch nach einem Vorbehaltsurteil.
- *Vergleich:* Hinsichtlich der Vergleichsgebühr ist Antragstellerin jede an dem Vergleich beteiligte Partei,[89] weil die Protokollierung eines Vergleichs nur mit dem Willen beider Parteien zulässig ist.
- *Verweisung, Zurückverweisung* (§§ 4, 37): Das weitere Verfahren nach Verweisung einer Sache oder Zurückverweisung bildet keine neue Instanz. Wird aber gegen ein nach Zurückverweisung ergangenes Urteil erneut ein Rechtsmittel eingelegt, so bildet das neue Verfahren vor dem Rechtsmittelgericht eine neue Instanz.[90]
- *Vorbescheid* nach § 84 VwGO, § 90 FGO: Die Fortsetzung des Verfahrens bildet keine neue Instanz.
- *Wechselprozess:* Vgl. „Urkunden- und Wechselprozess".
- *Widerklage:* Der Widerkläger ist für die Widerklage stets Antragsteller, und zwar auch dann, wenn er damit nur seine Verteidigung bezweckt.[91]
- *Wiederaufnahmeverfahren (Nichtigkeits-, Restitutionsklage):* Es bildet eine neue selbständige Instanz.
- *Zurückverweisung:* Vgl. „Verweisung".
- *Zustellungsersuchen:* Antragsteller ist, wer die Geschäftsstelle mit der Ausführung des Zustellungsersuchens beauftragt.
- *Zwangsvollstreckung:* Kostenschuldner ist der jeweilige Antragsteller der besonderen Zwangsvollstreckungsverfahren, mag er auch im Prozessverfahren nicht der Antragsteller gewesen sein oder den Vollstreckungstitel nicht erwirkt haben. Mehrere

87 H.M. vgl. u.a. *Hartmann* § 22 Rn. 15; **a.M.** OLG Koblenz MDR 1970, 339.
88 OLG München JurBüro 1964, 274 = AnwBl. 1964, 77 = NJW 1964, 601.
89 OLG Hamburg RPfleger 1958, 36 (L); **a.M.** OLG München NJW 1973, 1889 = JurBüro 1973, 1193.
90 BFH BB 1970, 1466.
91 OLG Hamburg MDR 1989, 272; *Hartmann* § 22 Rn. 5.

Zwangsvollstreckungsverfahren innerhalb eines Rechtszuges gelten als ein Verfahren, sofern sie denselben Anspruch und denselben Gegenstand betreffen.

- *Zwischenurteil:* Vgl. „Nebenintervention".

Vergleich: Abs. 1 S. 3 regelt die Haftung für die nach KV 1900 entstehende Vergleichsgebühr. Auch hier handelt es sich um eine Antragstellerhaftung, weil die Beteiligten den Vergleich (genauer: Die gerichtliche Protokollierung des Vergleichs) übereinstimmend beantragt haben. Sie haften dann konsequenterweise als Gesamt(antragsteller)schuldner für die Vergleichsgebühr, und zwar unabhängig davon, ob in dem Vergleich eine andere Kostentragungspflicht vereinbart worden ist. Eine abweichende Vereinbarung hat nur Bedeutung für Inanspruchnahme der Beteiligten als Erst- oder Zweitschuldner. Beteiligte an dem Vergleich i.S.v. Abs. 1 S. 3 sind nicht nur die Prozessparteien, sondern auch Dritte, die dem Vergleich beitreten. 30

Abs. 2 (Arbeitsgerichtsbarkeit) enthält einige Abweichungen vom Grundsatz des Abs. 1 für **Arbeitsgerichtssachen.** In Verfahren vor den Gerichten der Arbeitsgerichtsbarkeit ist danach die Antragstellerhaftung nach Abs. 1 subsidiär, solange ein Entscheidungs- oder Übernahmeschuldner vorhanden (§ 29 Ziffern 1 und 2) ist. Gleiches gilt auch nach Zurückverweisung des Rechtsstreits an die Vorinstanz, solange der Rechtsstreit noch anhängig ist und demzufolge ein Entscheidungs- oder Übernahmeschuldner noch nicht feststeht, es sei denn, das Verfahren hat nach der Zurückverweisung sechs Monate geruht oder es ist von den Parteien nach der Zurückverweisung sechs Monate lang nicht weiter betrieben worden. Ein Ruhen oder Nichtbetreiben i.d.S. liegt auch bei einer Unterbrechung infolge eines Insolvenzverfahrens vor.[92] 31

Abs. 3 (Europäischer Vollstreckungstitel): Abs. 3 ist durch das EG-Vollstreckungstitel-Durchführungsgesetz neu eingefügt worden und soll nur klarstellen,[93] dass in erstinstanzlichen Verfahren über Anträge auf Ausstellung einer Bestätigung nach § 1079 ZPO und in erstinstanzlichen Verfahren über Anträge auf Ausstellung einer Bescheinigung nach § 57, 58 AVAG, die nicht ohne weiteres zu den Streitverfahren i.S.v. § 22 Abs. 1 zählen, stets der Antragsteller die entstandenen Kosten schuldet. Für die Rechtsmittelverfahren insoweit gilt KV 1521, wenn das Rechtsmittel erfolglos war. Ist das Rechtsmittel erfolgreich oder wird es zurückgenommen, werden keine Gebühren erhoben. 32

Abs. 4 (Kapitalanleger-Musterverfahren) ist als Ausnahme des in Abs. 1 statuierten Grundsatzes durch das KapMuG neu eingefügt worden. Die Kostenhaftung insoweit ist in § 51a Abs. 2 und 3 geregelt. 33

Durch die Regelung nach Abs. 4 wird diese unmittelbare Antragstellerhaftung für das erstinstanzliche Musterverfahren ausgeschlossen. Stattdessen werden durch die Regelung in KV 9018 die Kosten des erstinstanzlichen Musterverfahrens nach dem Verhältnis der jeweils im Hauptsacheprozess geltend gemachten Ansprüche auf die zu Grunde liegenden Prozessverfahren verteilt. Die dortige Antragstellerhaftung erstreckt sich somit nur auf diesen Teilbetrag. Eine Zweitschuldnerhaftung der Antragsteller im Musterverfahren würde im Übrigen in der Praxis zu erheblichen Problemen führen, da der Kostenansatz im Hauptsacheverfahren erfolgt und die für die Inanspruchnahme der Zweitschuldner erforderlichen Informationen zunächst mühsam aus den Akten aller anderen Prozessverfahren ermittelt werden müssten. 34

Die Regelung für die Antragstellerhaftung im Rechtsbeschwerdeverfahren bestimmt, dass neben dem Rechtsbeschwerdeführer auch diejenigen Beigeladenen für die Kosten haften, die der Rechtsbeschwerde auf der Seite des Rechtsbeschwerdeführers beigetreten 35

92 *Hartmann* § 22 Rn. 20; *Natter* NZA 2004, 687.
93 BT-Ds. 15/5222 Seite 16.

sind, da diese sich aktiv am Rechtsbeschwerdeverfahren beteiligen. Zwar gilt die Entscheidung des Rechtsbeschwerdegerichts auch für die nicht beigetretenen Beigeladenen. Da diese jedoch im Rechtsbeschwerdeverfahren nicht gehört werden, sieht die Regelung vor, dass sie auch nicht für die dort entstehenden Kosten haften. Soweit der Musterbeklagte die Rechtsbeschwerde erhoben hat, kommt für die Beigeladenen neben der Entscheidungsschuldnerhaftung eine Antragstellerhaftung nur dann in Betracht, wenn sie selbst Anschlussbeschwerde einlegen oder einer solchen beitreten.

§ 23
Insolvenzverfahren

(1) Die Gebühr für das Verfahren über den Antrag auf Eröffnung des Insolvenzverfahrens schuldet, wer den Antrag gestellt hat. Wird der Antrag abgewiesen oder zurückgenommen, gilt dies auch für die entstandenen Auslagen. Die Auslagen nach Nummer 9017 des Kostenverzeichnisses schuldet jedoch nur der Schuldner des Insolvenzverfahrens. Die Sätze 1 und 2 gelten nicht, wenn der Schuldner des Insolvenzverfahrens nach § 14 Abs. 3 der Insolvenzordnung die Kosten des Verfahrens trägt.

(2) Die Kosten des Koordinationsverfahrens trägt der Schuldner, der die Einleitung des Verfahrens beantragt hat. Dieser Schuldner trägt die Kosten auch, wenn der Antrag von dem Insolvenzverwalter, dem Gläubigerausschuss oder den vorläufigen Gläubigerausschuss gestellt wird.

(3) Die Kosten des Verfahrens wegen einer Anfechtung nach Artikel 36 Absatz 7 Satz 2 der Verordnung (EU) 2015/848 schuldet der antragstellende Gläubiger, wenn der Antrag abgewiesen oder zurückgenommen wird.

(4) Die Kosten des Verfahrens üb er einstweilige Maßnahmen nach Artikel 36 Absatz 9 der Verordnung (EU) 2015/848 schuldet der antragstellende Gläubiger.

(5) Die Kosten des Gruppen-Koordinationsverfahrens nach Kapitel V Abschnitt 2 der Verordnung (EU) 2015/848 trägt der Schuldner, dessen Verwalter die Einleitung des Koordinationsverfahrens beantragt hat.

(6) Die Kosten des Koordinationsverfahrens trägt der Schuldner, der die Einleitung des Verfahrens beantragt hat. Dieser Schuldner trägt die Kosten auch, wenn der Antrag von dem Insolvenzverwalter, dem vorläufigen Insolvenzverwalter, dem Gläubigerausschuss oder dem vorläufigen Gläubigerausschuss gestellt wird.[1]

(7) Im Übrigen schuldet die Kosten der Schuldner des Insolvenzverfahrens).

1 Abs. 7 ist als Abs. 3 mit dem „Gesetz zur Erleichterung der Bewältigung von Konzerninsolvenzen" eingefügt und durch Gesetz vom 5.6.2017 neu nummeriert worden und gilt ab dem 21.4.2018. Vom gleichen Zeitpunkt an wurde der bis dahin geltende Absatz 3 zum Absatz 4 (jetzt Abs. 7). Die Vorschrift regelt die öffentlich-rechtliche Kostenhaftung und deren Umfang im Insolvenzverfahren. Sie wird ergänzt durch § 33. Zusätzlich kann auch eine Kostenhaftung nach § 29 Nr. 1 begründet sein.[2] Für das Verhältnis des Kostenschuldners zu Staatskasse gelten folgende Regeln:[3]

1 Abs. 6 gilt ab dem 21.4.2018.
2 AG Paderborn RPfleger 1993, 366; *Klanke* in Lorenz/Klanke § 23 GKG Rn. 36; *Hellstab* in Oe/He/Tre § 50 Rn. 2; *Hartmann* § 23 Rn. 1; *Uhlenbruck* KTS 1983, 343. **A.A.** LG Frankenthal JurBüro 2002, 329.
3 Dazu auch bei *Klanke* in Lorenz/Klanke § 23 GKG Rn. 36 ff. m.N.

2 Im **Eröffnungsverfahren** ist der Antragsteller (dazu § 22 Rn. 3), also der Schuldner im Fall der KV 2310 oder der antragstellende Gläubiger[4] im Fall der KV 2311 Kostenschuldner der Gebühren und Auslagen, wenn der Antrag auf Eröffnung des Insolvenzverfahrens abgewiesen[5] oder zurückgenommen wird. Eine Ausnahme von diesem Grundsatz ist auch nicht damit zu begründen, im Fall der Abweisung mangels Masse habe der Gläubiger im Ergebnis obsiegt[6] oder dieser Fall sei einer Erledigung der Hauptsache gleichzustellen.[7] Das Gesetz macht keine Ausnahme für den Fall der Abweisung mangels Masse nach § 26 InsO. Das gilt aber nicht, wenn es anderweitig (etwa durch Erledigungserklärung)[8] nicht (mehr) eröffnet wird.[9] Wenn dem Antrag stattgegeben wird, ist der Insolvenzschuldner Kostenschuldner der Gebühr nach KV 2310 und der Auslagen, der Gläubiger aber nur Schuldner der Gebühr nach KV 2311. Die Gerichtsgebühren und die Auslagen zählen zu den Massekosten, auch wenn im Nachlassinsolvenzverfahren Erbe und Gemeinschuldner ein kostenbefreites Land ist[10] (vgl. auch § 33). Reicht die Masse zur Deckung der Gerichtsgebühr nicht aus, bleibt der Antragsteller haftbar. Ein antragstellender Gläubiger haftet dann auch für die Kosten vorläufiger Maßnahmen (Sequestration, Siegelung).[11] Andernfalls ist sie dem Antragsteller, der gezahlt hat, aus der Masse zu erstatten. Ein Gläubiger hat als Antragsteller nur einen Anspruch darauf, dass die Kosten aus der Masse vorweg berichtigt werden, und, wenn er sie bereits gezahlt hat, dass sie ihm aus der Masse erstattet werden. Hat der Insolvenzschuldner die Gebühr nach KV 2310 gezahlt, ist diese Zahlung auf die Gebühr für die Durchführung des Verfahrens anzurechnen (KV 2320, 2330). Es erfolgt dann keine Rückzahlung an ihn. Eine (Zweit)schuldnerhaftung des Gläubigers ist auch gegeben, wenn und soweit der vorläufige Insolvenzverwalter als gerichtlich bestellter Sachverständiger nach § 22 Abs. 1 Satz 2 Nrn. 3, Hs. 2 InsO tätig war.[12]

3 Von **mehreren Antragstellern** haftet jeder für die durch seinen Antrag ausgelösten Kosten.[13] Gesetzliche Vertreter, Vorstandsmitglieder, Liquidatoren usw., denen das Recht zur Antragstellung eingeräumt ist, handeln für den Gemeinschuldner und sind deshalb nicht persönliche Kostenschuldner (vgl. oben § 22 Rn. 3). Die **Träger der Sozialversicherung** haben im Insolvenzverfahren keine Gebührenfreiheit (vgl. § 2 Rn. 8; § 35 Rn. 4).

3a Der ab dem 21.4.2018 eingefügte Absatz 3 betrifft die Kostenhaftung der Schuldner für den Antrag auf Einleitung von Konzerninsolvenzen. Diese haben die Schuldner auch dann zu tragen, wenn der Antrag vom ihren Insolvenzverwaltern oder einem (vorläufigen) Gläubigerausschuss gestellt wird. Angesichts der vergleichsweise geringen Höhe

4 LG Osnabrück JurBüro 2012, 375.
5 OLG Köln MDR 2010, 596.
6 OLG Köln MDR 2010, 596; LG Göttingen NZI 2009,729.
7 LG Göttingen ZInsO 2009, 1926; LG Bonn NZI 2009, 897 = TIP 2010, 148 (L) = ZInsO 2009, 2413 = BeckRS 2009, 87295.
8 OLG Koblenz JurBüro 2007, 321 = MDR 2007, 924; OLG Düsseldorf JurBüro 2006, 650; OLG Köln MDR 2006, 471 = NJW-RR 2006, 719; LG Göttingen NZI 2004, 501 = ZinsO 2004, 819; LG Bonn NZI 2009, 897 = TIP 2010, 148 (L) = ZInsO 2009, 2413 = BeckRS 2009, 87295; LG Frankenthal NJW-RR 2002, 1055 = NZI 2002, 265; LG Kaiserslautern NZI 2004, 327; AG Dresden ZinsO 2003, 385; *Hartmann* § 13 Rn. 5; *Schmebach* NZI 2003, 421, 423.
9 LG Frankenthal JurBüro 2002, 329.
10 LG Regensburg RPfleger 1964, 287 m. zust. Bem. von *Stöber*.
11 LG Mainz JurBüro 1998, 425 = NZI 1998, 131; LG Gera ZIP 2002, 1735, 1736; AG Köln NZI 2000, 384; *Holzer* DGVZ 2003, 147, 151.
12 OLG Düsseldorf JurBüro 2009, 266.
13 LG Gießen JurBüro 1996, 486; *Hartmann* § 23 Rn. 5.

der Gebühr von 500,00 € (KV Nr. 2360) ist es vertretbar, dass keine Kostenaufteilung im Verhältnis der beteiligten Massen vorgenommen wird.[14] Daraus folgt aber: Wenn mehrere Schuldner den Antrag stellen, dass sie als Gesamtschuldner haften und ein Ausgleich im Innenverhältnis der Schuldner untereinander erfolgen kann. Die Staatskasse hingegen kann nach § 31 verfahren.

4 Für das **Verfahren über den Antrag auf Wiederaufnahme des Insolvenzverfahrens** vor der Entscheidung haftet der Antragsteller. Das Gleiche gilt auch für **Verfahren über einen vor der Wiederaufnahme gestellten Antrag auf Anordnung von Sicherungsmaßregeln.**

5 **Durchführung des Insolvenzverfahrens (KV 2320):** Schuldner der Gerichtskosten ist nur der **Insolvenzschuldner**, Abs. 3. Die Kosten sind Massekosten. Auf die Gerichtskosten kann die Staatskasse den Konkursverwalter in Anspruch nehmen, § 33. Die **Inanspruchnahme des Insolvenzverwalters als Kostenschuldner** ist aber auf die Insolvenzmasse beschränkt.[15] Der Kostenansatz erfolgt gegen den Insolvenzverwalter wie gegen jeden anderen Kostenschuldner. Ihm steht die Erinnerung nach § 66 zu. Etwaige Haftungsansprüche gegen den Insolvenzverwalter auf Schadensersatz wegen schuldhafter Pflichtverletzung kann die Staatskasse nur im Prozesswege verfolgen.

6 **Besonderer Prüfungstermin (KV 2340):** Dieser Fall ist im § 23 nicht geregelt. Schuldner jeder einzelnen Gebühr nach KV 2340 und der Auslagen ist gemäß § 33 i.V.m. § 177 InsO ist der Gläubiger der Forderung, zu deren Prüfung der Termin bestimmt wurde.[16] Gesamtgläubiger einer Forderung haften gemeinsam. Im Übrigen haftet jeder Gläubiger für seine eigene Gebührenschuld. Gläubiger, deren Forderung im besonderen Prüfungstermin mit geprüft werden, obwohl der Termin hierfür nicht bestimmt war, sind ebenfalls Kostenschuldner, weil die Gebühr nach KV 2340 nicht für die Terminsanberaumung, sondern für die Forderungsprüfung entsteht. Für die **Auslagen**, mit Ausnahme der Kosten der öffentlichen Bekanntmachung des besonderen Prüfungstermins (KV 9004), haften alle Gläubiger, die für die Anberaumung des Termins eine Gebühr schulden, als Gesamtgläubiger in voller Höhe. Die Kosten des besonderen Prüfungstermins sind keine Massekosten (§§ 53, 54 InsO), da sie nicht für das gerichtliche Verfahren entstanden sind. Es besteht auch keine Kostenschuld des Gemeinschuldners, weil es sich um vermeidbare und damit nicht um notwendige Kosten handelt.

7 Auch für die **Durchführung des wieder aufgenommenen Insolvenzverfahrens** sind keine zusätzlichen Kosten anzusetzen.

8 **Beschwerden (KV 2370 ff.)**[17]**:** Wer Kostenschuldner im Beschwerdeverfahren ist, bestimmt § 23 nicht ausdrücklich. Die Gebühren dafür sind vorgesehen im KV 2360–2364.[18] Das Beschwerde-/Rechtsbeschwerdeverfahren bildet kostenrechtlich eine besondere Instanz mit eigenen Streitwertvorschriften für die Beschwerde des Insolvenzschuldners und eines Insolvenzgläubigers, (§ 58). Für die in den §§ 22–26 geregelten Verfahren kennt das GKG die Antragstellerhaftung, so auch für das Insolvenzverfahren. Es ist undenkbar, dass die Beschwerdeverfahren nach KV 2360–2364 von der Antragstellerhaftung ausgenommen sein sollen.

14 So die Begr. des Gesetzes in BT-Ds 18/407, Seite 43.
15 RGZ 124, 351.
16 *Hellstab* in Oe/He/Tre § 23 Rn. 5.
17 Bis 20.4.2018: 2360–2364.
18 Bis 20.4.2018: 2360–2364.

Beschwerde gegen den Beschluss über die Eröffnung des Insolvenzverfahrens: Hier ist der Beschwerdeführer Kostenschuldner. Der Insolvenzschuldner wird auch hier Kostenschuldner, wenn er der Beschwerdeführer ist oder wenn ihm die Kosten der Beschwerde auferlegt werden (§ 29 Nr. 1). § 23 Abs. 3 GKG ist unanwendbar. Die **Auslagen** haben der Entscheidungsschuldner und der Antragsteller des Beschwerdeverfahrens zu tragen (§ 31 Abs. 1), es sei denn, der Beschwerde gegen die Nichteröffnung des Insolvenzverfahrens wird durch das Beschwerdegericht stattgegeben. In diesem Falle treffen den obsiegenden Beschwerdeführer keine Auslagen, wie sich aus der sinngemäßen Anwendung des § 23 Abs. 1 S. 2 zum Ausdruck gekommenen Grundgedankens ergibt. Schuldner der Auslagen ist dann der Insolvenzschuldner (§ 23 Abs. 3). Eine Niederschlagung der Auslagen ist unstatthaft.[19] 9

Sonstige Beschwerden (KV 2361, 2364): Kostenschuldner ist in diesen Fällen der Beschwerdeführer als Antragsteller. Daneben kann auch ein Kostenschuldner nach § 29 treten. **Auslagen** werden nur erhoben, wenn und soweit die Beschwerde verworfen oder zurückgewiesen ist oder wenn und soweit das Beschwerdegericht die Kosten dem Gegner des Beschwerdeführers auferlegt hat. Soweit dem Insolvenzverwalter die Kosten treffen, haftet er mit der Masse (§§ 53, 54 InsO), es sei denn, dass er Beschwerde im eigenen Namen – etwa gegen einen Zwangsgeldbeschluss oder die Festsetzung seiner Vergütung – erhoben hat. Dann haftet er natürlich persönlich. Treffen die Kosten den Insolvenzschuldner, haftet er mit seinem konkursfreien Vermögen und nicht mit der Masse. Soweit nach § 23 Abs. 3 der **Insolvenzschuldner neben einem Antragsteller** haftet, sind beide **Gesamtschuldner**, § 58 Abs. 1 GKG. Das gilt auch für einen Antragsteller neben einem etwaigen Entscheidungsschuldner aus § 29. 10

Für Kosten, die im Zusammenhang mit Anträgen zur Restschuldbefreiung (§§ 290, 296, 297, 300, 303 InsO) gestellt werden, haftet unabhängig vom Erfolg des Antrags immer der antragstellende Gläubiger. Denn es soll durch die Bestimmung des Abs. 3 gewährleistet werden, dass Insolvenzgläubiger nur in aussichtsreichen Fällen solche Anträge stellen und die Staatskasse mit diesen Auslagen niemals belastet wird.[20] 11

Fälligkeit: Vgl. §§ 6, 9. 12

Wertberechnung: Vgl. § 58. 13

§ 23a
Sanierungs- und Reorganisationsverfahren nach dem Kreditinstitute-Reorganisationsgesetz

Die Kosten des Sanierungs- und Reorganisationsverfahren schuldet nur das Kreditinstitut.

Kostenschuldner ist in diesen Sachen grundsätzlich das Kreditinstitut. Die Bundesanstalt für Finanzdienstleistungen soll von der Antragstellerhaftung ausgenommen werden.[1] 1

19 OLG Hamburg RPfleger 1958, 35 (L).
20 BT-Ds. 12/3803, Seiten 72, 73.

1 Begr. zum RStruktG, BT-Ds. 17/3024 S. 83.

§ 24
Öffentliche Bekanntmachung in ausländischen Insolvenzverfahren

Die Kosten des Verfahrens über den Antrag auf öffentliche Bekanntmachung ausländischer Entscheidungen in Insolvenzverfahren oder vergleichbaren Verfahren schuldet, wer das Verfahren beantragt hat.

1 Die Bestimmung ist lex specialis zur allgemeinen Antragstellerhaftung nach § 22 Abs. 1 und stellt klar, dass für die öffentliche Bekanntmachung stets derjenige für die Kosten (Gebühren und Auslagen) derjenige haftet, der den Antrag gestellt hat.

§ 25
Verteilungsverfahren nach der Schifffahrtsrechtlichen Verteilungsordnung

Die Kosten des Verteilungsverfahrens nach der Schifffahrtsrechtlichen Verteilungsordnung schuldet, wer das Verfahren beantragt hat.

1 **Allgemeines:** Die Vorschrift bestimmt, wer Schuldner der Kosten (Gebühren und Auslagen) im schifffahrtsrechtlichen Verteilungsverfahren (vgl. §§ 6 Abs. 1 Nr. 2, 2410ff.) ist.

2 **Kostenschuldner** ist stets der **Antragsteller** des Verfahrens (vgl. dazu § 22 Rn. 3). Er schuldet die Gebühren für die **Eröffnung** (KV 2410) und für die **Durchführung** des Verfahrens (KV 2420). Dagegen ist er nicht Antragsteller und somit auch nicht Kostenschuldner für einen **besonderen Prüfungstermin**. Bei der hierfür nach KV 2430 anfallenden Gebühr ist der Gläubiger, der den besonderen Prüfungstermin beantragt hat, als Antragsteller der Kostenschuldner. Der jeweilige Antragsteller ist auch Schuldner der Auslagen (§ 1).

3 **Beschwerdeverfahren (KV 2440, 2441):** Hier erwächst eine **Gebühr** nur, soweit eine Beschwerde verworfen oder zurückgewiesen wird. Da das Beschwerdeverfahren eine eigene Instanz bildet, ist Schuldner der Gebühr nach KV 2440, 2441 der Beschwerdeführer. Vor ihm haftet aber ein etwaiger Entscheidungsschuldner (§ 29 Nr. 1).

4 Die **Auslagen** des Beschwerdeverfahrens treffen den Antragsteller, soweit die Beschwerde verworfen, zurückgewiesen oder zurückgenommen wird. Für die Auslagen des Beschwerdeverfahrens haftet der Antragsteller aber nicht, soweit der Beschwerde stattgegeben wird. Sind die Kosten aber dem Gegner auferlegt, ist dieser Schuldner der Auslagen, KV 9000.

§ 26
Zwangsversteigerungs- und Zwangsverwaltungsverfahren

(1) Die Kosten des Zwangsversteigerungs- und Zwangsverwaltungsverfahrens sowie des Verfahrens der Zwangsliquidation einer Bahneinheit schuldet vorbehaltlich des Absatzes 2, wer das Verfahren beantragt hat, soweit die Kosten nicht dem Erlös entnommen werden können.

(2) Die Kosten für die Erteilung des Zuschlags schuldet nur der Ersteher; § 29 Nr. 3 bleibt unberührt. Im Falle der Abtretung der Rechte aus dem Meistgebot oder

der Erklärung, für einen Dritten geboten zu haben (§ 81 des Gesetzes über die Zwangsversteigerung und die Zwangsverwaltung), haften der Ersteher und der Meistbietende als Gesamtschuldner.

(3) Die Kosten des Beschwerdeverfahrens schuldet der Beschwerdeführer.

Übersicht

Allgemeines — 1
Kostenschuldner — 2
Antragsteller — 3
Mehrere Anträge eines Antragstellers — 4
Mehrere Gläubiger — 5
Anordnung der Zwangsversteigerung und -verwaltung in einem Beschluss — 6
Einstellung bzgl. eines Gläubigers — 7
Gebühr für die Anordnung der Zwangsversteigerung/verwaltung — 8
Gebühr für das Zwangsversteigerungsverfahren im Allgemeinen — 9
Gebührenvorschusspflicht — 10
Auslagenvorschuss — 11
Gebühr für die Terminsbestimmung pp. — 12
Gebühr für die Abhaltung des Termins — 13
Gebühr für das Verteilungsverfahren — 14
Vorschusspflicht — 15
Gebühr für Antrag und Beitritt zur Zwangsverwaltung — 16
Jahresgebühr für das Zwangsverwaltungsverfahren — 17
Gebühr für Entscheidung und Eröffnung der Zwangsliquidation einer Bahneinheit — 18
Allgemeine Verfahrensgebühr bei Zwangsliquidation pp. — 19
Übertragung der Kostenforderung auf die Gerichtskasse — 20
Haftung des Erstehers und des Meistbietenden — 21
Versteigerung mehrerer Gegenstände — 22
Andere Kostenschuldner — 23
Haftung des Vollstreckungsschuldners — 24
Beschwerdeverfahren — 25

Allgemeines: Die Vorschrift bestimmt, wer Kostenschuldner im Zwangsversteigerungs- und Zwangsverwaltungsverfahren ist. Die in diesen Verfahren anfallenden Gebühren regeln KV 2210 ff. Die Fälligkeit der Gebühren ist in § 7, der Auslagen in § 9 geregelt. Für die Gebührenvorschusspflicht gilt § 15. 1

Kostenschuldner: Grundsätzlich haftet für die Gebühren der **Antragsteller** (vgl. dazu 22 Rn. 3). Er ist der Schuldner der Gebühr für die Entscheidung über die Anordnung und für die Entscheidung über den Beitritt, und zwar auch dann, wenn der Beitritt in einem fremden Verfahren erklärt wird[1] sowie für das Verfahren im Allgemeinen bei der Zwangsversteigerung und Zwangsverwaltung, KV 2210 ff. 2

Antragsteller ist jeder das Verfahren betreibende Gläubiger oder der dem Verfahren Beitretende, der Insolvenzverwalter (§ 172 ZVG), der antragsberechtigte Erbe und Personen in ähnlicher Rechtsstellung (§ 175 ZVG) und der Teilhaber einer Gemeinschaft (§ 180 ZVG). Er haftet für die in Rn. 2 genannten Gebühren, soweit die Kosten nicht dem Erlös entnommen werden können. Eine Ausnahme gilt für die Anordnungs- und Beitrittsgebühr, KV 2210, 2220, 2230. Denn hierzu bestimmt § 109 ZVG, das diese Kosten dem Versteigerungserlös nicht zu entnehmen sind. Neben dem Antragsteller haftet der Vollstreckungsschuldner für die notwendigen Kosten der Zwangsvollstreckung § 29 Nr. 4). Bei der Frage, welche Kosten notwendig sind, wird es darauf ankommen, was der Gläubiger bei der ihm bekannten und erkennbaren Sachlage für notwendig halten durfte. Auch bei Antragsrücknahme ohne vorherige Befriedigung der Forderung des Gläubigers oder bei Aufhebung des Verfahrens nach § 31 ZVG kann der Antrag des Gläubigers i.S.d. § 29 Nr. 4 notwendig gewesen sein. Auch wenn dem Antragsteller **Prozesskostenhilfe** bewilligt worden ist, können die Kosten des Anordnungsverfahrens nicht dem Versteigerungser- 3

1 BGH NJW 2009, 2066 = NZM 2009, 486 = MDR 2009, 950 (LS) = WM 2009, 1374 = WuM 2009, 376 = ZfR 2009, 475; *Hartmann* § 26 Rn. 2.

lös entnommen werden. Sie sind als Forderung zum Verfahren anzumelden. Um Verlust zu vermeiden, muss die Kostenrechnung unverzüglich erstellt und mit dem Hinweis auf die Möglichkeit einer Anmeldung der Kostenforderung im Zwangsversteigerungsverfahren an die Gerichtskasse gegeben werden (§§ 10 Abs. 2, 37 Nr. 4, 110 ZVG, § 4 Abs. 4 KostVfg.). In gleicher Weise ist zu verfahren, wenn der **Antragsteller Gebührenfreiheit** genießt.[2] Für **Auslagen** (z.B. für das Einrücken in öffentliche Blätter) kann ein Vorschuss erhoben werden (§ 17 Abs. 3). Der mit Vertretungsmacht handelnde **Vertreter**, auch der gesetzliche Vertreter, haftet für die Gebühr nicht mit seinem eigenen Vermögen. Kostenschuldner ist der Vertretene. Dagegen haftet der Vertreter ohne Vertretungsmacht nach allgemeinen Regeln mit seinem eigenen Vermögen. Erfolgt eine nachträgliche Zustimmung (Genehmigung) des Vertretenen, fällt die Kostenhaftung des Vertreters rückwirkend weg. Dann wird durch die Genehmigung der Vertretene alleiniger Kostenschuldner der Gebühren, die durch die genehmigten Rechtshandlungen des Vertreters ohne Vertretungsmacht entstanden sind. Die **Partei kraft Amtes** (z.B. der Nachlassverwalter, Testamentsvollstrecker, Insolvenzverwalter) ist in dieser Eigenschaft Kostenschuldner, sofern sie den Antrag stellt. Sie haftet aber nur mit dem von ihr in dieser Sache verwalteten Vermögen. Vgl. auch § 22 Rn. 12.

4 **Mehrere Anträge eines Antragstellers:** Da die Gebühren nach 2210, 2220, 2230 u.a. „für die Entscheidung" erwachsen, löst **jede selbständige Entscheidung** über die Anordnung und über den Beitritt oder die Abweisung eines solchen Antrags sowie die Entscheidung über einen Wiederversteigerungsantrag nach § 133 ZVG **eine selbständige Gebühr** aus. Das gilt auch, wenn der Gläubiger dem von ihm betriebenen Verfahren beitritt oder der Antrag sich gegen mehrere Miteigentümer richtet. Beschränkt ein Gläubiger in einer gebührenrechtlich unwirksamen Weise seinen Antrag auf einen Teilbetrag der fälligen Forderung und wird trotz dieser Beschränkung die Gebühr vorschriftsmäßig aus dem vollen Wert der fälligen Forderung erhoben, löst der in demselben Verfahren erfolgende spätere Beitritt des Gläubigers wegen der Restforderung keine neue Gebühr aus. Denn der Gläubiger hat schon anlässlich seines ersten Antrags die Anordnungsgebühr aus der ganzen Forderung zahlen müssen. Damit ist auch sein späterer Beitritt wegen dieser bereits gebührenrechtlich erfassten Forderung mit abgegolten (§ 35 analog).[3] Beantragt ein Gläubiger in einem Antrag die Versteigerung mehrerer Grundstücke, erlässt das Gericht aber mehrere **getrennte Beschlüsse**, so erwachsen mehrere **getrennte Anordnungsgebühren**. Die Mehrkosten sind aber gem. § 21 nicht zu erheben, wenn und soweit fehlerhafte Sachbehandlung gegeben ist. Dagegen erwächst nur **eine Gebühr**, wenn über den mehrere Grundstücke betreffenden Antrag desselben Gläubigers oder einen Antrag mehrerer Gläubiger oder über mehrere getrennte Anträge desselben Gläubigers oder mehrerer Gläubiger in **einem Beschluss** entschieden wird.[4] Liegt ein einheitlicher Anordnungsbeschluss vor, ist nur eine Gebühr zu erheben, auch wenn später eine Trennung in mehrere Verfahren erfolgt. Umgekehrt berührt eine spätere Verbindung mehrerer Verfahren zum Zwecke einheitlicher Durchführung die für die getrennten Anordnungsentscheidungen erwachsenen Gebühren nach KV 2210 nicht.

5 **Mehrere Gläubiger (Antragsteller)** haften für die durch einen einheitlichen Beschluss entstehende Anordnungsgebühr als Gesamtschuldner für die gesamte Festgebühr. Eine proportionale Quotelung der Festgebühr kommt nicht in Betracht. Betreiben das Verfahren ein kostenbefreiter und ein von den Kosten nicht befreiter Gläubiger, haf-

---

2 LG Kiel SchlHA 1960, 209; *Nicken* SchlHA 1960, 213; *Stöber* JVBl. 1962, 248.
3 *Hellstab* in Oe/He/Tre KV Nr. 5100 Rn. 14; vgl. auch *Stöber* JVBl. 1960, 275.
4 *Hellstab* in Oe/He/Tre § 26 Rn. 10.

tet nur der nicht kostenbefreite Gläubiger, gleichgültig, ob es sich um dieselbe Forderung oder um verschiedene Forderungen handelt. Beantragen mehrere Gläubiger die Zwangsversteigerung zum Zwecke der Aufhebung der Gemeinschaft (§ 180 ZVG) und wird über den Antrag in einem Beschluss entschieden, gilt nichts anderes. Ein später beitretender Miteigentümer schuldet die Gebühr nach KV 2210 für den durch seinen Beitritt ausgelösten besonderen Beschluss über die Zulassung des Beitritts. Im Übrigen vgl. Vorbem. 2.2. vor KV 2210.

Wird über die **Anordnung der Zwangsverwaltung und der Zwangsversteigerung in einem Beschluss** entschieden, erwachsen hierfür mehrere Gebühren, nämlich nach KV 2210 und 2220, da mehrere in einem Beschluss zusammengefasste Gebührentatbestände vorliegen. Dagegen fällt keine besondere Gebühr an für den Beschluss auf Überleitung des Zwangsversteigerungs- in das Zwangsverwaltungsverfahren (§ 77 ZVG) oder die Anordnung der gerichtlichen Sicherungsverwahrung nach § 94 ZVG. 6

Soweit hinsichtlich der Zwangsvollstreckung eines Gläubigers Einstellung des Verfahrens erfolgt, scheidet er als Gesamtschuldner für die während der Einstellung des Vollstreckungsverfahrens anfallenden Gebühren aus. 7

Die Gebühr für die Entscheidung über den Antrag auf **Anordnung der Zwangsversteigerung bzw. der Zwangsverwaltung** (bzw. für die Entscheidung über den Beitritt zu diesen Verfahren) richtet sich nach KV 2210 bzw. 2220 und ist als Festgebühr von 50 € für jeden Beschluss ausgestaltet. Kostenschuldner ist nach Abs. 1 der Antragsteller, also derjenige, der den Antrag gestellt hat oder der Gläubiger, der seinen Beitritt erklärt hat. Antragsteller sind auch der Erbe, der den Antrag stellt, und Personen in ähnlicher Rechtsstellung (§ 175 ZVG) sowie der Teilhaber einer Gemeinschaft (§ 180 ZVG). Die Kosten für das Antragsverfahren können aus dem Erlös nicht entnommen werden, §§ 109, 155 ZVG, und zwar auch dann nicht, wenn der Antragsteller **Kostenfreiheit** genießt oder wenn ihm **Prozesskostenhilfe** bewilligt worden ist. Die von dem Antragsteller zu tragenden Kosten zählen zu den Kosten der die Befriedigung aus dem Grundstück bezweckenden Rechtsverfolgung, die der Gläubiger mit dem Rang seines Anspruchs aus dem Versteigerungserlös erhält, sofern er sie spätestens im Versteigerungstermin vor der Aufforderung zur Abgabe von Geboten anmeldet (§§ 10 Abs. 2, 37 Nr. 4, 45, 110 ZVG). Für das Anordnungsverfahren kann ein Gebührenvorschuss in Höhe der Gebühr nach KV 2210 bzw. 2220 erhoben werden (vgl. dazu bei § 15). Die Anordnung des Verfahrens darf aber nicht von der Zahlung des Vorschusses abhängig gemacht werden. Der Antragsteller haftet auch für die Auslagen des Anordnungs-/Beitrittsverfahrens. 8

Gebühr für das Zwangsversteigerungsverfahren im Allgemeinen bis zur Bestimmung des Versteigerungstermins (KV 2211) und **Auslagen:** Die Gebühr gilt die nicht mehr zum Anordnungsverfahren gehörende, auf den Weiterbetrieb des Verfahrens gerichtete Tätigkeit ab, ohne die Abhaltung des ersten Versteigerungstermins, wofür die Gebühr nach KV 2213 anfällt. Sie ermäßigt sich unter den Voraussetzungen von KV 2212. Die Gebühr und die Auslagen sind dem Versteigerungserlös vorweg zu entnehmen (§ 109 ZVG). Sofern die Gebühr und die Auslagen nicht dem Versteigerungserlös vorweg entnommen werden können, trifft die Kostenhaftung den oder die Antragsteller, auf deren Antrag das Verfahren durchgeführt wird. Den beigetretenen Gläubiger trifft aber die Gebühr nur insoweit, als sie auch entstanden wäre, wenn nur die durch seinen Beitritt veranlassten und für ihn wirksamen Prozesshandlungen des Gerichts vorgenommen worden wären, wenn also auf seinen Antrag die Verfahrensgebühr auslösende Handlungen des Gerichts erfolgten.[5] Das Gleiche gilt auch für mehrere An- 9

5 LG Hamburg JVBl. 1961, 133; *Stöber* JVBl. 1960, 175.

tragsteller.[6] Neben dem Antragsteller kommt auch die Haftung des Vollstreckungsschuldners nach § 29 Nr. 4 GKG, 788 ZPO in Betracht, soweit die Durchführung des Verfahrens notwendig war, nicht aber bei Zwangsversteigerung zur Aufhebung einer Gemeinschaft.

10 **Gebührenvorschusspflicht:** Vgl. § 15 Abs. 1. Die Fortsetzung des Verfahrens kann aber von der Zahlung eines Vorschusses nicht abhängig gemacht werden.

11 **Auslagenvorschuss:** Vgl. § 17.

12 **Gebühr für das weitere Verfahren ab Abhaltung des ersten Versteigerungstermins (KV 2213):** Sie deckt die gesamte gerichtliche Tätigkeit ab, beginnend mit dem ersten Versteigerungstermin ab, soweit hierfür nicht Sondergebühren (wie für die Erteilung des Zuschlags nach KV 2214 oder für das Verteilungsverfahren gem. KV 2215) vorgesehen sind. Schuldner der Gebühren und Auslagen – soweit sie nicht dem Versteigerungserlös entnommen werden können – ist der Antragsteller des Verfahrens. Das gilt auch für die Haftung des Vollstreckungsschuldners. Spätestens mit der Bestimmung des Zwangsversteigerungstermins ist ein Vorschuss nach § 15 sowie ein Auslagenvorschuss nach § 17 zu erheben. Wird der Vorschuss nicht oder zu niedrig erhoben und bleiben deshalb Gerichtskostenforderungen nach Durchführung des Verteilungsverfahrens ungedeckt, darf der Antragsteller nicht nachträglich für die ungedeckten Kosten in Anspruch genommen werden.[7] Andererseits darf von der Zahlung des Vorschusses die Fortsetzung des Verfahrens nicht abhängig gemacht werden.

13 **Gebühr für die Abhaltung des Versteigerungstermins**, KV 2213: Schuldner dieser Gebühr und der Auslagen ist der Antragsteller. Seine Haftung tritt aber nur ein, wenn die Kosten dem Erlös nicht entnommen werden können, wie § 109 ZVG vorschreibt. Es besteht eine **Vorschusspflicht** nach § 15. Die Fortsetzung des Verfahrens darf davon aber nicht abhängig gemacht werden. Neben dem Antragsteller haftet der Vollstreckungsschuldner für die notwendigen Kosten (§ 29 Nr. 4). Die Gebühr wird nur einmal erhoben, auch wenn mehrere Termine stattfinden (vgl. KV 2213 „mindestens").

14 **Gebühr für das Verteilungsverfahren im Zwangsversteigerungsverfahren (KV 2215):** Die Kosten des Verteilungsverfahrens sind dem Versteigerungserlös zu entnehmen mit Ausnahme der Kosten, die durch nachträgliche Verteilungshandlungen entstehen und für die der Antragsteller der nachträglichen Handlungen haftet (§ 109 ZVG). Soweit die Kosten dem Erlös nicht entnommen werden können, haftet für sie der Antragsteller. Da der Ersteher für die Gebühr nach KV 2215 nicht Kostenschuldner ist, kann er gegen die im Teilungsplan enthaltene Gerichtskostenrechnung nicht Rechtsmittel einlegen.[8]

15 Die **Vorschusspflicht** richtet sich nach §§ 15 Abs. 1, 17.

16 **Gebühr für den Antrag und für den Beitritt zur Zwangsverwaltung (KV 2220):** Das oben, Rn. 7 Gesagte gilt entsprechend.

17 **Jahresgebühr für das Zwangsverwaltungsverfahren (KV 2221):** Die Kosten für die Durchführung des Zwangsverwaltungsverfahrens sind dem Erlös zu entnehmen (§ 155 ZVG), auch wenn einer der Beteiligten persönliche Gebührenfreiheit genießt. Soweit die Kosten dem Erlös nicht entnommen werden können, haftet der Antragsteller, wozu auch ein beigetretener Gläubiger zählt. Werden Nutzungen erzielt, sind die vom Antragsteller gezahlten Kosten diesem zurück zu gewähren. **Mehrere Antragsteller** und wer zum Beitritt durch Beschluss zugelassen ist, haften als Gesamtschuldner (§ 31 Abs. 1), auch wenn die Teilnahme kein volles Jahr gedauert hat. Es kommt auch nicht

6 *Hellstab* in Oe/He/Tre § 26 Rn. 14.
7 LG Kiel JurBüro 1979, 42 m. Anm. v. *Mümmler*.
8 LG Krefeld JVBl. 1960, 94; *Hellstab* in Oe/He/Tre § 53 Rn. 13.

darauf an, wie hoch die Forderung ist, mit welcher der Gläubiger am Verfahren beteiligt ist. Neben dem Antragsteller kann auch der Vollstreckungsschuldner haften. Der Zwangsverwalter ist nicht Kostenschuldner. Er haftet aber der Staatskasse für eine gesetzmäßige Verwaltung und die Bezahlung der Kosten aus den Nutzungen. Nach § 15 Abs. 2 ist ein **jährlicher Gebührenvorschuss** zu erheben, ohne dass die Fortsetzung des Verfahrens davon abhängig gemacht werden darf. Die **Auslagenvorschusspflicht** folgt aus § 17.

Gebühr für die Entscheidung über die Eröffnung über den Antrag auf Eröffnung der Zwangsliquidation einer Bahneinheit (KV 2230): Schuldner der Gebühr und der Auslagen ist der Antragsteller. Die Kosten dürfen dem Erlös nicht entnommen werden (§ 109 ZVG analog). Die Bahnaufsichtsbehörde hat gem. § 2 Gebührenfreiheit. Daneben kommt eine Haftung des Vollstreckungsschuldners in Betracht. In entsprechender Anwendung der §§ 15 Abs. 1, 17 besteht eine Vorschusspflicht. 18

Allgemeine Verfahrensgebühr für das Zwangsliquidationsverfahren einer Bahneinheit (KV 2231, 2232): Die Gebühren und Auslagen sind dem Erlös zu entnehmen. Soweit das nicht möglich ist, haftet der Antragsteller für die Kosten. 19

Übertragung der Kostenforderung gegen den Ersteher auf die Gerichtskasse (§§ 118, 128 ZVG): Verzichtet hier die Gerichtskasse nicht binnen 3 Monaten dem Gericht gegenüber auf die Rechte aus der Übertragung, wird der Antragsteller frei.[9] 20

Haftung des Erstehers und des Meistbietenden (Abs. 2): Der Ersteher ist Schuldner der Kosten für die Erteilung des Zuschlags, KV 2214. Der Antragsteller und der Vollstreckungsschuldner haften nie für diese Gebühr, es sei denn als Übernahmeschuldner (§ 29 Nr. 3). Die Gebühren dürfen auch nicht dem Versteigerungserlös entnommen werden (§ 109 ZVG).[10] Das gilt auch für die Zustellungsauslagen des Zuschlagsbeschlusses an die nicht erschienenen Beteiligten.[11] Im Falle der Wiederversteigerung nach § 133 ZVG hat der Ersteher nicht für die Kosten des früheren Zuschlags aufzukommen. 21

Wenn für die **Versteigerung mehrerer Gegenstände** Zuschläge an **verschiedene Ersteher** erteilt werden, **wird die Zuschlagsgebühr von jedem Ersteher besonders erhoben, und zwar nach dem Wert des von ihm erstandenen Gegenstandes. Es haftet also** kein Ersteher für die Schuld des anderen (vgl. auch bei § 54). Es ist in diesem Zusammenhang unschädlich, dass die Summe der Zuschlagsgebühren höher sein kann, als bei der Erteilung des Zuschlages an einen Ersteher. Wird der Zuschlag an **mehrere Ersteher (Bietergemeinschaft)** erteilt, so haften sie als Gesamtschuldner für die ganze Gebühr. Erwerben sie aber selbständige Bruchteile, ist für jeden Ersteher die Gebühr nach dem Wert seines Bruchteils zu berechnen. Bei persönlicher **Kostenfreiheit** des Erstehers sind die Kosten nicht zu erheben (§ 2 GKG). Etwaige **Auslagen** treffen den Ersteher. Bei Zuschlägen an verschiedene Ersteher haben sie die auf sie entfallenden ausscheidbaren Auslagen jeder für sich zu tragen, die nicht ausscheidbaren Auslagen aber als Gesamtschuldner. Die Kosten der Eintragung des Erstehers im Grundbuch sind keine Kosten des Zwangsversteigerungsverfahrens und treffen stets den Ersteher. 22

Neben dem Ersteher haften als Gesamtschuldner: 23

- Wer nach den Vorschriften des bürgerlichen Rechts für die Kostenschuld eines anderen kraft Gesetzes haftet (§§ 29 Nr. 3, 26 Abs. 2 S. 1 Hs. 2, 58).

9 *Hellstab* in Oe/He/Tre § 26 Rn. 13.
10 LG Freiburg JurBüro 1991, 1211 m. Anm. v. *Mümmler*.
11 LG Freiburg JurBüro 1991, 1211.

- Der Abtretungsempfänger, wenn der Meistbietende das Recht aus dem Meistgebot an ihn abgetreten und er die Verpflichtung aus dem Meistgebot übernommen hat, § 26 Abs. 2 S. 1 Hs. 2; § 81 Abs. 2 ZVG).
- Der **Dritte,** wenn der Meistbietende erklärt, **für ihn geboten** zu haben (§ 26 Abs. 2 S. 2; § 81 Abs. 2 ZVG), sofern der Dritte die Erklärung des Meistbietenden nicht bestreitet.

24 **Haftung des Vollstreckungsschuldners:** Er haftet neben dem Antragsteller für die notwendigen Kosten der Zwangsvollstreckung (§ 29 Abs. 4). Es kommt darauf an, was der Gläubiger bei der ihm bekannten und erkennbaren Sachlage für notwendig halten durfte. Danach kann es sich auch dann um notwendige Kosten handeln, wenn der Gläubiger den Antrag zurücknimmt, ohne befriedigt zu sein, oder im Falle der Aufhebung des Verfahrens nach § 31 ZVG. Bei einer Zwangsversteigerung zum Zwecke der Aufhebung einer Gemeinschaft (§ 180 ZVG) ist kein Vollstreckungsschuldner vorhanden. Hier haften nur der oder die Antragsteller, nicht aber die übrigen Miteigentümer.

25 **Beschwerdeverfahren (Abs. 3, KV 2240–2243):** Die Gebühren und Auslagen (KV 9000 ff.) im Beschwerde- und im Rechtsbeschwerdeverfahren hat der Beschwerdeführer zu tragen. Diese Kosten sind nicht dem Erlös zu entnehmen. Das folgt aus dem Regelungszusammenhang, weil § 36 Abs. 3 nicht auf § 26 Abs. 1 Hs. 2 verweist.[12] Auch eine Haftung des Schuldners kommt nicht in Betracht, da eine erfolglose Beschwerde eines Gläubigers nicht notwendig war.

§ 27
Auslagenschuldner in Bußgeldsachen

Der Betroffene, der im gerichtlichen Verfahren nach dem Gesetz über Ordnungswidrigkeiten den Einspruch gegen einen Bußgeldbescheid zurücknimmt, schuldet die entstandenen Auslagen.

1 Die Vorschrift bezieht sich nur auf **Auslagen** (nicht auf Gebühren) und nur auf die bei Gericht und der Staatsanwaltschaft, soweit sie nach § 69 OWiG nicht als Verwaltungsbehörde gehandelt hat (vgl. § 69 Abs. 4 S. 2 OWiG, § 25a StVG, KV 4302), entstandenen Auslagen nach KV 9000 ff., nicht hingegen auf die bei der Verwaltungsbehörde oder bei der Staatsanwaltschaft als Verwaltungsbehörde entstandenen Auslagen.[1] Einer besonderen Kostenentscheidung bedarf es nicht, denn es handelt sich um eine gesetzliche Haftung.[2]

2 Den Bußgeldbescheid trifft die Verwaltungsbehörde in eigener Zuständigkeit (vgl. § 65 OWiG, § 409 AO). Eine Zurücknahme des Einspruchs gegen den Bußgeldbescheid ist nach § 71 OWiG, § 411 Abs. 3 StPO bis zur Verkündung eines Urteils erster Instanz zulässig. Im Falle der Zurücknahme eines Einspruchs gegen einen Bußgeldbescheid sind die Auslagen von dem Betroffenen, der den Antrag zurückgenommen hat, zu tragen. Er ist somit Schuldner der Auslagen.

3 **Fällig** werden die Auslagen mit der Rechtskraft des Bußgeldbescheides, § 8.

---

12 OLG Koblenz JurBüro 2005, 215 = MDR 2005, 599.

1 Vgl. OLG Zweibrücken MDR 1995, 1072; LG Darmstadt MDR 1998, 309.
2 OLG Zweibrücken MDR 1995, 1072.

§ 28
Auslagen in weiteren Fällen

(1) Die Dokumentenpauschale schuldet ferner, wer die Erteilung der Ausfertigungen, Kopien oder Ausdrucke beantragt hat. Sind Kopien oder Ausdrucke angefertigt worden, weil die Partei oder der Beteiligte es unterlassen hat, die erforderliche Zahl von Mehrfertigungen beizufügen, schuldet nur die Partei oder der Beteiligte die Dokumentenpauschale.

(2) Die Auslagen nach Nummer 9003 des Kostenverzeichnisses schuldet nur, wer die Versendung der Akte beantragt hat.

(3) Im Verfahren auf Bewilligung von Prozesskostenhilfe einschließlich des Verfahrens auf Bewilligung grenzüberschreitender Prozesskostenhilfe ist der Antragsteller Schuldner der Auslagen, wenn
1. der Antrag zurückgenommen oder von dem Gericht abgelehnt wird oder
2. wenn die Übermittlung des Antrags von der Übermittlungsstelle oder das Ersuchen um Prozesskostenhilfe von der Empfangsstelle abgelehnt wird.

§ 28 gilt auch in Verwaltungs- und Finanzgerichtsverfahren sowie in Arbeitsgerichtssachen. Für Familiensachen enthalten § 23 FamGKG und § 26 GNotKG eine inhaltsgleiche Bestimmung. Nach der in Abs. 1 S. 1 getroffenen Regelung ist Schuldner der Dokumentenpauschale der Antragsteller neben sonstigen Kostenschuldnern, soweit nicht eine Partei oder ein sonstiger Schuldner die Auslagen wegen seiner prozessualen Säumnis verursacht hat (Abs. 1 S. 2). Abs. 2 betrifft die Erstattungspflicht für Kosten eines Aktenversandes. Abs. 3 ist durch das EG-Prozesskostenhilfegesetz vom 15.12.2004 (BGBl. I, 3392) eingefügt worden. 1

Abs. 1: Dokumentenpauschalen werden als Auslagen erhoben für Ausfertigungen, Ausdrucke und Kopien oder für elektronische Übermittlung von Akten, die auf Antrag erteilt oder angefertigt werden oder die deshalb erhoben werden, weil die Partei oder der Beteiligte es unterlässt, einem von Amts wegen zuzustellenden Schriftsatz die erforderliche Anzahl von Abschriften beizufügen (KV 9000). Einer Partei, einem Beteiligten oder einem Beschuldigten erteilte Ausfertigungen Ablichtungen oder Ausdrucke sind auslagenfrei im Rahmen von KV 9000. Die Höhe der Dokumentenpauschale regelt KV 9000. 2

Schuldner der Dokumentenpauschale, mit Ausnahme der in Abs. 1 S. 2 genannten Dokumentenpauschale, sind grundsätzlich die Kostenschuldner nach §§ 22–26, 29. Dabei ist es gleichgültig, ob die Dokumentenpauschale auf Seiten der kostenpflichtigen Partei oder deren Gegner erwachsen sind. 3

Dokumentenpauschale nach Abs. 1 Satz 1: Neben diesen Kostenschuldnern tritt als weiterer Kostenschuldner der Dokumentenpauschale nach Abs. 1 S. 1 der Antragsteller („ferner"). Damit ist nicht der Antragsteller i.S.d. § 22 gemeint, sondern derjenige, der die Ausfertigungen Ablichtungen oder Ausdrucke. zu erteilen im eigenen Namen beantragt (vgl. KV 9000 Nr. 1 „auf Antrag"),[1] m.a.W.: der sie verursacht hat. Gegenüber einem etwaigen Entscheidungsschuldner ist der Antragsteller nach Abs. 1 Satz 1 nur Zweitschuldner (§ 31 Abs. 2 S. 1).[2] Soweit die nach § 27 auslagenpflichtige Partei kostenerstattungsberechtigt ist, kann sie auch die Erstattung der ihr erwachsenen notwendigen Do-kumentenpauschale im ordentlichen Verfahren im Rahmen des § 91 ZPO vom Gegner verlangen.[3] 4

1 KG ZfS 2009, 169 m. Anm. v. *Hansens*; KG RPfleger 1962, 122 (L); dazu auch *Zenke* StB 1997, 119.
2 KG RPfleger 1962, 122 (L).
3 KG RPfleger 1956, 88 (L).

5 Einer Partei, der Prozesskostenhilfe **bewilligt** ist, hat auch die Dokumentenpauschale, jedenfalls im Rahmen des Notwendigen, nur in den Grenzen der gerichtlichen Festsetzung von Raten nach § 120 ZPO zu tragen. Soweit keine Notwendigkeit besteht, kann die Ausfertigung der auf Antrag zu erteilenden Ausfertigungen und Abschriften auch gegenüber der mittellosen Partei von der vorherigen Zahlung eines die Dokumentenpauschale deckenden Betrages abhängig gemacht werden, § 17.[4] Wird der Gegner der mittellosen Partei rechtskräftig verurteilt, hat er die Dokumentenpauschale der mittellosen Partei zu tragen, § 125 ZPO. Wenn ein PKH-Antrag abgelehnt wird, gilt Abs. 3.

6 **Antragsteller i.S.v. Abs. 1** ist regelmäßig die Partei oder der Beteiligte, nicht ihr Vertreter, mag er auch als Prozessbevollmächtigter, Verteidiger oder gesetzlicher Vertreter tätig gewesen sein.[5] Aber auch der Prozessbevollmächtigte kann – über den Spezialfall des Abs. 2 hinaus – im Einzelfall Antragsteller sein.[6] Ob das der Fall ist, muss nach den Gesamtumständen ermittelt werden.[7] Wenn der Prozessbevollmächtigte oder ein Dritter die Kostenmithaftung durch Erklärung gegenüber dem Gericht nach § 29 Nr. 2 übernommen hat, haftet er neben der kostenpflichtigen Partei oder dem Antragsteller nach § 28. Werden aufgrund einer allgemeinen Vereinbarung des Rechtsanwalts oder einer für den Rechtsanwalt verbindlichen Vereinbarung seiner Standesvertretung mit der Justizverwaltung dem Rechtsanwalt ohne Einzelantrag Ausfertigungen oder Abschriften in einem gerichtlichen Verfahren übermittelt, gelten diese als auf Antrag des Prozessbevollmächtigten für die Partei übersandt.[8] Anders ist es nur bei einer Kostenübernahme für den Einzelfall. Wenn ein Rechtsanwalt Abschriften bestellt, die er im Innenverhältnis seiner Partei nicht in Rechnung stellen darf, haftet gleichwohl die von ihm vertretene Partei für die Dokumentenpauschale, es sei denn, der Rechtsanwalt hat gegenüber der Staatskasse ausdrücklich die Alleinübernahme erklärt.[9] Denn der Umstand, ob und wieweit der Anwalt die Abschriften im Innenverhältnis zur Partei abrechnet oder abrechnen darf, ist im Verhältnis zur Staatskasse irrelevant.

7 Ein **Amtshilfeersuchen** ist kein Antrag i.S.v. § 28 Abs. 2, KV 9003, so dass dafür keine Aktenversendungspauschale angesetzt werden darf.[10]

8 **Dokumentenpauschale nach Abs. 1 S. 2:** Wenn eine Dokumentenpauschale dadurch entsteht, dass eine Partei oder ein Beteiligter es unterlässt, einem von Amts wegen zuzustellenden Schriftsatz die erforderliche Zahl von Abschriften beizufügen, sind nur die Partei oder der Beteiligte, die es unterlassen haben, ihren prozessualen Pflichten zu genügen, Schuldner der dadurch veranlassten Dokumentenpauschale gem. KV-GKG 9000 Nr. 1.[11] Daneben kommt kein anderer Schuldner in Betracht.[12] Für solche Dokumentenpauschale haftet dieser Verfahrensbeteiligte auch dann, wenn ihm im Urteil keine Kosten auferlegt worden sind.[13] Das gilt auch, wenn bei der Einreichung eines zuzustellenden Schriftsatzes per Telefax die erforderlichen Abschriften nicht per Telefax mit übermittelt und auch nicht unverzüglich und unter Ankündigung im Telefax nachge-

---

4 OLG Nürnberg BayJMBl. 1963, 46.
5 OLG Koblenz, JurBüro 2017, 84; Sächs.OVG JurBüro 2009, 543.
6 Unstrittig: vgl. etwa bei *Hartmann* § 28 Rn. 3; *Dörndorfer* in Binz u.a., § 28 Rn. 2, jeweils m.N.
7 VG Braunschweig NVwZ-RR 2003, 912.
8 KG RPfleger 1956, 88 (L); 1962, 122 (L); **a.M.** BFH BStBl. II 1977, 325 = JurBüro 1977, 934 = Der Betrieb 1977, 570; ArbG Hannover AnwBl. 1971, 208; dazu auch OLG Hamm RPfleger 1975, 37.
9 **A.M.:** OLG Nürnberg JurBüro 1962, 282; *Hartmann* § 28 Rn. 2.
10 ThürOLG JurBüro 602 (LS mit Volltextservice).
11 BayVGH BayVerwBl. 1979, 380; OLG Oldenburg JurBüro 2010, 473 m. Anm. v. *Lohe*.
12 *Hartmann* § 28 Rn. 4.
13 BVerwG NJW 1967, 170.

liefert werden.[14] Gleiches gilt, wenn ein unvollständiger Schriftsatz nebst Anlagen eingereicht wird.[15] Wenn ein Beteiligter zur Untermauerung seines Vorbringens sich auf Entscheidungen anderer Gerichte bezieht und zur Untermauerung seines Vortrags Ablichtungen solcher Entscheidungen nur für das Gericht beifügt, fällt keine Dokumentenpauschale an, wenn das Gericht diese ablichtet. Solche Ablichtungen sind nicht notwendig, weil es die Mitteilung des Aktenzeichens und/oder einer Fundstelle ausreicht.[16]

Abs. 2 (Auslagen für Aktenversendung: Abs. 2 enthält eine Klarstellung zur allge- 9
meinen Bestimmung des Abs. 1 für den Aktenversand. Für diese Auslagen (vgl. KV 9003) haftet ausschließlich derjenige, der den Aktenversand beantragt hat. Im Verhältnis zum Gericht ist demnach nur der Rechtsanwalt (Prozess-/Verfahrensbevollmächtigter oder Verteidiger) selbst Kostenschuldner der Aktenversendungspauschale und nicht der von ihm vertretene Mandant.[17] Das gilt unabhängig davon, ob ihm ein gesetzliches Akteneinsichtsrecht zusteht oder nicht (Antragstellerhaftung). § 28 Abs. 2 ist als Sonderbestimmung (lex specialis) erkennbar darauf gerichtet im Interesse einer erleichterten Erhebung und Beitreibung des Pauschbetrages eine vereinfachte kostenrechtliche Zuordnung zu begründen, um die sonst bei einer Anwendung der §§ 164ff. BGB auftretenden Auslegungsfragen zu vermeiden.[18] Ein Recht auf Akteneinsicht beinhaltet nicht den Anspruch, dass diese auch auslagenfrei versandt werden müssen.[19] (Vgl. dazu die Nachweise bei KV 9003.) Das betrifft auch den Versand bzw. die Übermittlung auf Antrag des Prozessbevollmächtigten.[20] Eine Aktenversendung liegt immer dann vor, wenn entweder die gesamte Akte in Papierform oder auch zusammenhängende Teile davon in einer Weise verschickt werden, die über eine bloße Aushändigung mit oder ohne Quittung hinausgeht. Es müssen aber die Akten (auch Beiakten) oder Aktenteile versandt werden, also mehr als nur einzelne lose Dokumente oder Anlagen mit oder ohne Ablichtungen. Der Versand braucht nicht notwendigerweise per Post geschehen. Wird dafür ein anderes Transportmittel wie z.B. ein Transportunternehmen, ein privater oder justizeigener Kurierdienst (vgl. KV 9003 Rn 44b) verwandt, kann es sich ebenfalls um eine Aktenversendung handeln. Das gilt selbstverständlich auch, wenn statt der Originalakte(nteile) Ablichtungen oder zusätzliche Computerausdrucke gefertigt und in Papierform versandt werden, sofern es sich nicht nur um die Erteilung von zusätzlichen Abschriften i.S.v. Abs. 1 S. 1 handelt. Denn dann gilt KV 9000 Nr. 1–3, wenn die zusätzlichen Abschriften pp. per Datenträger als einzelne Dateien übermittelt werden. Die Abgrenzung von Aktenteilen und zusätzlichen Abschriften kann im Einzelfall problematisch sein. Sofern es sich nicht um eine elektronische Übermittlung handelt, ist für Aktenübersendung charakteristisch, dass die versandte Akte (auch eine als Fotokopie oder Zusatzausdruck gefertigte Zweitakte pp.) nach Einsichtnahme wieder zurückgegeben werden soll. Dieses Abgrenzungsmerkmal ist jedoch bei einer elektronischen Übermittlung (auch einer kompletten Akte) ungeeignet. Hier ist immer KV 9000 Nr. 2 einschlägig, auch wenn eine elektronische Übermittlung von Akten unter den Voraussetzungen des § 299 ZPO (bzw. die korrespondierenden Bestimmungen anderer Verfahrensordnungen) erfüllt sind.

---

14 OLG Oldenburg JurBüro 2010, 483 m. Anm. v. *Lohle*; VGH Kassel NJW 1991, 316; NJW 1992, 3055; *Hartmann* § 28 Rn. 4.

15 OLG Koblenz, JurBüro 2017, 84.

16 VG Frankfurt/Oder JurBüro 2008, 654.

17 BGH MDR 2011, 758 = JurBüro 2001, 412 m. Anm. *Enders*; BVerwG JurBüro 2010, 476; Nieders.OVG JurBüro 2010, 305.

18 BGH MDR 2011, 758 = JurBüro 2001, 412 m. Anm. *Enders*, NK-GK/*Volpert* § 28 GKG Rn. 22.

19 **A.A.** *Witpohl* Mitteilungsblatt der ARGE Verkehrsrecht 2007, 143.

20 LG Mainz JurBüro 2007, 597 = NJW-RR 2008, 151 (für den Zivilprozess).

10 **Abs. 3:** Der durch das EG-PKH-Gesetz eingefügte Abs. 3 bestimmt, dass bei Rücknahme oder im Falle der Erfolglosigkeit des Prozesskostenhilfegesuchs nach §§ 114 ff., 1076–1078 ZPO der Antragsteller die dem Gericht entstandenen Auslagen nach Maßgabe KV Teil 9 schuldet. Wird der Antrag oder das Ersuchen nur teilweise zurückgenommen oder abgelehnt, sind die Auslagen nur anteilmäßig anzusetzen, soweit sie auf den erfolglosen oder zurückgenommenen Teil entfallen, sofern solche ausscheidbar sind. Wenn keine eindeutige Ausscheidung möglich ist, ist entsprechend den Wertanteilen zu quoteln.

§ 29
Weitere Kostenschuldner

Die Kosten schuldet ferner

1. **wem durch gerichtliche oder staatsanwaltschaftliche Entscheidung die Kosten des Verfahrens auferlegt sind;**
2. **wer sie durch eine vor Gericht abgegebene oder dem Gericht mitgeteilte Erklärung oder in einem vor Gericht abgeschlossenen oder dem Gericht mitgeteilten Vergleich übernommen hat; dies gilt auch, wenn bei einem Vergleich ohne Bestimmung über die Kosten diese als von beiden Teilen je zur Hälfte übernommen anzusehen sind;**
3. **wer für die Kostenschuld eines anderen kraft Gesetzes haftet;**
4. **der Vollstreckungsschuldner für die notwendigen Kosten der Zwangsvollstreckung.**

Übersicht

Allgemeines — 1
Sonstige Kostenschuldner — 2, 3
Rechtsmittel gegen die Inanspruchnahme — 4
Entscheidungsschuldner — 5
Inhalt der gerichtlichen Entscheidung — 6
Kostenverteilung — 7
Kosten des gesamten Verfahrens — 8
Kosten eines Verfahrensabschnitts — 9
Kosten verschiedener Rechtszüge — 10
Rechtskraft der Kostenentscheidung — 11
Entscheidungsschuldner in Straf-/Bußgeldsachen — 12
Entscheidungsschuldner als Erstschuldner — 13
Vergleichs- und Übernahmeschuldner — 14–17
Übernahmeschuldner — 15
Erklärung gegenüber dem Gericht — 16
Übernahme in Strafsachen — 17
Vergleichsschuldner — 18–20
Unterstellte Kostenübernahme — 21
Kostenhaftung nach § 98 ZPO — 22
Kostenschuldner kraft gesetzlicher Haftung — 23–36
Allgemein — 23–25
Einzelne Fallgruppen — 26–36
Vermögensübernahme — 27
Handelsrecht — 28
Erbenhaftung — 29
Gesellschafter — 30
Gesellschaftsschuld — 31
Familienrecht — 32
Haftung nach öffentlichem Recht — 33
Prozesskostenhilfe — 34
Verein — 35
Treugeber — 36
Vollstreckungsschuldner — 37–40
Weitere Kostenpflichtige — 38
Notwendige Kosten — 39
Aufhebung eines Vollstreckungsbescheides — 40
Aufhebung der Vollstreckungsmaßnahme — 41
Gerichtskosten der Zwangsvollstreckung — 42

1 **Allgemeines:** Die Vorschrift bestimmt, wer außer den in den §§ 22–26 genannten Kostenschuldnern als weiterer, zusätzlicher Kostenschuldner in Betracht kommt. Die Vorschrift gilt für alle Verfahren, auf die das GKG anwendbar ist. Weitere Bestimmungen

über die Kostenschuld enthalten: § 27 für bestimmte Auslagen, § 28 für Dokumentenpauschalen, § 33 für besondere Fälle. Die Bestimmung des § 29 hat auch in Straf- und Ordnungswidrigkeitensachen Bedeutung.

Sonstige Kostenschuldner: „Kostenschuldner ist **ferner ...**" sagt, dass die Kosten- 2
schuld nach § 29 eine in anderen Bestimmungen begründete Kostenschuld nicht ausschließt, sondern neben sie tritt. So tritt sie etwa in bürgerlichen Rechtsstreitigkeiten und den in § 22 Abs. 1 bezeichneten Verfahren neben die Kostenschuld des Antragstellers nach § 22.[1] Es ist auch möglich, dass derselbe Kostenschuldner aus mehreren Gründen haftet. So z.B. der Kläger nach § 22 Abs. 1 und nach § 29 Nr. 1, wenn ihm durch eine gerichtliche Entscheidung – etwa bei Klageabweisung – die Kosten des Rechtsstreits auferlegt worden sind. Es können aber auch die einzelnen Haftungstatbestände des § 29 nebeneinander in einer Person auftreten. So z.B. dann, wenn der in die Kosten des ersten Rechtszuges verurteilte Entscheidungsschuldner in einem im zweiten Rechtszug geschlossenen Vergleich die Kosten des gesamten Rechtsstreits übernimmt (vgl. § 30 S. 1).

Es kommt aber auch nicht selten vor, dass **mehrere verschiedene Schuldner** für 3
ein und dieselben Kosten haften. So z.B. der Kläger als Antragsteller nach § 22, der in die Kosten verurteilte Beklagte als Entscheidungsschuldner nach § 29 Nr. 1 oder aus Kostenübernahme nach § 29 Nr. 2. Mehrere Kostenschuldner haften dann grundsätzlich als Gesamtschuldner (§ 31 Abs. 1). Erstschuldner gegenüber den anderen Schuldnern sind aber nach § 31 Abs. 2 S. 1 der Entscheidungsschuldner und der Übernahmeschuldner gegenüber den übrigen Kostenschuldnern, z.B. gegenüber dem Antragsteller (§ 22) oder gegenüber dem Vorschussschuldner (§§ 16, 17). Wegen der Haftung des Zweitschuldners, wenn der in die Kosten verurteilte Erstschuldner Prozesskostenhilfe bewilligt bekommen hat, trifft § 31 Abs. 2 eine besondere Regelung. Auch Streitgenossen und Beigeladene haften als Gesamtschuldner, es sei denn, dass durch eine gerichtliche Entscheidung die Kosten unter sie verteilt sind (§ 32).

Gegen die Inanspruchnahme eines Kostenschuldners aus § 29 ist das **Erinnerungs-** 4
und Beschwerdeverfahren nach § 66 gegeben. Der Kostenbeamte und die ihm im Instanzenzug übergeordneten Stellen (Erinnerungsgericht, Beschwerdegericht) sind aber an die Kostenentscheidung des Prozessgerichts oder an die Übernahmeerklärung gebunden.[2] Sie sind allerdings nicht gehindert, die Kostenentscheidung oder die Übernahmeerklärung nach allgemeinen Regeln auszulegen.[3] Der Einwand des Entscheidungsschuldners, er habe keinen Auftrag und keine Vollmacht zur Durchführung des Rechtsstreits erteilt, ist daher im Kostenansatzverfahren unzulässig.[4]

Entscheidungsschuldner (§ 29 Nr. 1): Voraussetzung für die Inanspruchnahme des 5
Entscheidungsschuldners ist eine im GVG, der ZPO, StPO, ArbGG, VwGO, des SGG, der FGO oder in einem sonstigen Bundes- oder Landesgesetz vorgesehene **gerichtliche Entscheidung.** Die Kostenentscheidung eines Schiedsgerichts begründet z.B. gegenüber der Staatskasse keine Kostenhaftung, es sei denn, die Schiedsvereinbarung kann in eine solche nach § 29 Nr. 2–4 gedeutet werden. Kostenschuldner ist grundsätzlich der jeweilige Antragsteller des Verfahrens. Gerichtliche Kostenentscheidungen sind regelmäßig in Urteilen oder Beschlüssen (z.B. in Beschwerdeverfahren) enthalten, oder in Vorbescheiden, wenn sie nach § 84 Abs. 2 VwGO, § 90 Abs. 3 FGO als Urteile wirken, in Entschei-

1 Vgl. dazu OLG Koblenz VersR 1980, 1149.
2 BFH JurBüro 1977, 233 = BB 1977, 1138 = DB 1977, 2422; OLG Bamberg JurBüro 1973, 654 m. Anm. v. *Mümmler;* OLG Celle NJW 1971, 1905.
3 BGH NJW 1973, 665, 667 = MDR 1973, 421 = JurBüro 1973, 512.
4 OLG München RPfleger 1961, 422 (L).

dungen in Arrestsachen oder Verfahren der einstweiligen Verfügung,[5] in Strafbefehlen, Vollstreckungsbescheiden oder Mahnbescheiden.[6] Bei summarischen Verfahren (z.B. Mahnbescheid, Vollstreckungsbescheid, Strafbefehl) tritt die Entscheidungsschuldnerhaftung jedoch erst mit dem Erlass (genauer: ab der Zustellung) der Entscheidung ein. Bis dahin kommt nur die Antragstellerhaftung in Betracht.[7] Die Entscheidung des Strafgerichts nach § 465 StPO bezieht sich als sog. „fortwirkende Kostengrundentscheidung" auch auf die späteren Vollstreckungskosten, so dass der Verurteilte auch insoweit Entscheidungsschuldner ist, als er im Einzelfall im Nachtragsverfahren gegen Einzelmaßnahmen obsiegt.[8] Das gilt auch bei einem von der Strafvollstreckungskammer nach § 454 Abs. 2 StPO einzuholenden kriminalprognostischen Nachtragsgutachten.[9] Wird eine einstweilige Verfügung oder ein Arrest ohne mündliche Verhandlung mit Kostenentscheidung gegen den Antragsgegner erlassen, so wird dieser erst Entscheidungsschuldner, wenn die Zustellung der einstweiligen Verfügung oder der Arrestbefehl an ihn nachgewiesen ist.[10] Eine einstweilige Anordnung, durch die einem Ehegatten die Leistung eines Kostenvorschusses auferlegt worden ist, ist kein Kostenausspruch i.S.d. § 29 Nr. 1.[11] Eine im Verfahren der einstweiligen Anordnung nach § 123 VwGO, 114 FGO ergehende Kostenentscheidung ist nach § 29 Nr. 1 maßgebend. Die im Rechtsstreit ergehende Kostenentscheidung erfasst auch die Kosten eines vorangegangenen Mahnverfahrens (§ 696 Abs. 1 S. 5 ZPO), sowie in den Grenzen von § 91 Abs. 3 ZPO auch die Gebühren des Güteverfahrens vor einer Gütestelle. Die Kosten eines selbständigen Beweisverfahrens, das dem Rechtsstreit der Parteien vorangegangen war oder selbständig innerhalb eines laufenden Verfahrens durchgeführt wurde, zählen zu den Gerichtskosten des Rechtsstreits, und zwar auch ohne eine diesbezügliche ausdrückliche Kostenentscheidung.[12] Das gilt allerdings nur soweit, wie das Beweissicherungsverfahren auch für den Rechtsstreit verwertet, also in diesen eingeführt wird und die Kostenentscheidung des Hauptverfahrens mit der des Beweissicherungsverfahrens übereinstimmt.[13] Fehlt bei einer Entscheidung im Verfahren wegen Arrestes oder einstweiliger Verfügung die Kostenentscheidung, zählen die Kosten nur zu denen des Hauptsacheverfahrens, wenn die Entscheidung im Hauptsacheverfahren sie ausdrücklich oder stillschweigend einbezieht. Werden im Eilverfahren dem Antragsgegner – etwa im Verfahren nach §§ 921, 937 Abs. 2 ZPO – ohne vorherige Anhörung die Kosten auferlegt und hat er auch nachträglich – etwa, weil die Anordnung nicht vollzogen wurde – kein rechtliches Gehör gehabt, ist der Ansatz von Gerichtskosten im Verfahren nach §§ 19, 66 aufzuheben.[14] Allerdings braucht der Kostenbeamte dieser Frage nicht von Amts wegen nachzugehen und sich etwa die Wahrung der Vollziehungsfrist vor dem Kostenansatz nachweisen zu lassen.[15] Bei Klage-

---

5 Vgl. dazu *Schneider* JurBüro 1968, 291.

6 *Hartmann* § 29 Rn. 3; **a.M.** *Hellstab* in Oe/He/Tre § 29 Rn. 7.

7 Vgl. *N. Schneider* JurBüro 2003, 4 (der *Hartmann* § 29 Rn. 3 offensichtlich missversteht), *ders.* BRAGO-Report, 2002, 164.

8 OLG Karlsruhe NStZ-RR 2003, 350.

9 OLG Karlsruhe NStZ-RR 2003, 350; **a.M.** OLG Hamm NStZ 2001, 167.

10 OLG Koblenz NJW-RR 2000, 1239.

11 *Oe/He/Tre* § 29 Rn. 7; **a.M.** aber einschränkend, OLG München RPfleger 1956, 30 (L).

12 BGHZ 20, 4, 15; OLG München JurBüro 1981, 1091; 1973, 1082; *Oe/He/Tre* § 29 Rn. 7; *Hartmann* § 29 Rn. 9; **a.M.** OLG Frankfurt aM JurBüro 1981, 1088; OLG Celle JurBüro 1974, 639; OLG Schleswig JurBüro 1977, 1626.

13 KG MDR 1976, 846 – JurBüro 1976, 1834; OLG Köln JurBüro 1978, 1978, 1820; OLG Schleswig JurBüro 1978, 1880; 1976, 1546.

14 OLG Hamburg MDR 1999, 60; AG Grevenbroich MDR 1999, 60; LG Bremen KostRspr., § 54 Nr. 13 m. Anm. v. *Schneider; Oe/He/Tre* § 54 Rn. 4.

15 KG NJW-RR 2000, 732.

rücknahme bleibt die Entscheidungsschuldnerhaftung solange bestehen, bis eine andere gerichtliche Entscheidung nach § 269 Abs. 3 ZPO ergangen ist.[16]

Die **gerichtliche Entscheidung** muss die Kosten des Verfahrens ganz oder teilweise zum Gegenstand haben und sie dem Schuldner ausdrücklich auferlegen.[17] Der mit der Sachentscheidung verbundene Ausspruch des Gerichts, dass jemand die Gerichtskosten als gesetzlicher Kostenschuldner zu tragen habe, hat nicht die Bedeutung einer Kostenentscheidung nach § 29 Nr. 1, sondern enthält nur einen nicht bindenden innerdienstlichen Hinweis an den Kostenbeamten.[18] Auch die spätere Übernahme der Kosten durch einen Vergleich hat auf die nach § 29 Nr. 1 begründete Kostenschuld keinen Einfluss.[19] 6

Sind die **Kosten verteilt**, entsteht die Kostenschuld des einzelnen Entscheidungsschuldners nur hinsichtlich des ihm auferlegten Kostenteils. Es sind dann alle Gebühren und Auslagen zusammenzuzählen, die in dem von der Kostenentscheidung erfassten Verfahren erwachsen sind, und dann nach den einzelnen Quoten auf die einzelnen Kostenschuldner zu verteilen. 7

Die **Kosten des Verfahrens** umfassen alle Kosten mit Ausnahme solcher, die ausdrücklich ausgenommen sind und der Verzögerungsgebühr nach § 38. Zu den Verfahrenskosten rechnen auch die notwendigen Dokumentenpauschalen, nicht aber solche, die unnötigerweise entstanden sind. Sind die Kosten gegeneinander aufgehoben, haftet jeder Entscheidungsschuldner für die Hälfte der Gerichtskosten (§ 92 Abs. 1 S. 2 ZPO). Wenn ein Strafverfahren mehrere Straftaten betrifft und der Angeklagte teils freigesprochen, teils verurteilt worden ist, muss er die Kosten des Verfahrens tragen, soweit sie wegen der Tat entstanden sind, wegen der er verurteilt worden ist oder eine Maßregel der Besserung und Sicherung gegen ihn verhängt wurde (§ 465 Abs. 1 S. 1 StPO). Das gilt auch, wenn das Gericht den Angeklagten mit Strafvorbehalt verwarnt oder von Strafe abgesehen hat (§ 465 Abs. 1 S. 2 StPO). Die übrigen Kosten verbleiben bei der Staatskasse. Teilweise ausscheidbar können die Kosten eines schriftlichen Sachverständigengutachtens sein, das sich in wesentlichen Teilen mit den Anklagepunkten befasst, in denen Freispruch erfolgte (§ 465 Abs. 2 StPO).[20] Maßgebend ist aber stets die Kostenentscheidung des Gerichts. Eine Korrektur im Kostenansatzverfahren ist nicht möglich, auch nicht, wenn das Strafgericht die Bestimmung des § 465 Abs. 2 StPO offensichtlich übersehen hat. Insoweit mag der Angeklagte eine Entscheidung des Strafgerichts nach § 465 Abs. 2 StPO mit der sofortigen Beschwerde nach § 464 Abs. 3 StPO erwirken.[21] Werden die zum Nachteil des Angeklagten eingelegten Berufungen der Staatsanwaltschaft und des Nebenklägers kostenpflichtig verworfen, hat der Nebenkläger als Entscheidungsschuldner für die der Staatskasse im Berufungsverfahren entstandenen Auslagen nur zur Hälfte einzustehen.[22] 8

Die Entscheidung kann auch die **Kosten eines bestimmten Verfahrensabschnitts** zum Gegenstand haben (z.B. eines Rechtszuges), die durch die Anrufung eines unzuständigen Gerichts entstandenen Kosten (§ 281 Abs. 3 ZPO) oder Säumniskosten. Werden z.B. bei Klagerücknahme dem Kläger die Kosten auferlegt (§ 269 Abs. 3 ZPO) und dem Beklagten Säumniskosten (§ 344 ZPO), ist der Beklagte nicht Entscheidungsschuldner 9

16 **A.M.:** *Hellstab* in Oe/He/Tre § 29 Rn. 7; vgl. auch OLG Düsseldorf JurBüro 1974, 354; 1970, 792.
17 OLG Bamberg JurBüro 1992, 684.
18 KG NJW 1969, 850.
19 OLG Nürnberg NJW-RR 2004, 1007 = MDR 2004, 417.
20 OLG Hamm RPfleger 1963, 171.
21 Vgl. dazu näher bei *D. Meyer* Strafrechtsentschädigung und Auslagenerstattung, 3. Aufl. 1994, II Rn. 8, m.w.N.
22 OLG Hamm NJW 1958, 2077; OLG Stuttgart NJW 1963, 2286.

hinsichtlich der Gerichtsgebühren.[23] Sofern diese Kosten nicht ausdrücklich ausgenommen sind, hat sie der Entscheidungsschuldner zu tragen, selbst wenn sie auch dem Säumigen, der sie verursacht hat, auferlegt worden sind. Letzterer wird für den ihn treffenden Kostenanteil Entscheidungsschuldner.[24] Für die Verzögerungsgebühr nach § 38 GKG ist aber immer nur die Partei, der sie auferlegt worden ist, Entscheidungsschuldner. Die Unterbrechung des Verfahrens nach § 240 ZPO erstreckt sich nicht auf den Ansatz der Gerichtskosten gegen den vom Insolvenzverfahren nicht betroffenen Entscheidungsschuldner.[25]

10 Ist im ersten Rechtszug der Kläger und im zweiten Rechtszug der Beklagte Antragsteller und werden die Kosten des gesamten Verfahrens, also ohne Teilung nach Instanzen, zwischen den Parteien verteilt, haften als Antragsteller der Instanzen der Kläger für die Kosten des ersten Rechtszuges und der Beklagte für die des zweiten Rechtszuges als Antragsteller nach § 22. Es sind zunächst die Kosten zu berechnen, die jeder Partei nach der Kostenverteilung als Erstschuldnerin treffen (§ 31 Abs. 2). Sodann ist festzustellen, ob und inwieweit die einzelne Partei für die Kosten über ihre Haftung als Erstschuldner hinaus auch noch als Zweitschuldnerin als Antragstellerin in Anspruch genommen werden kann. Bei der Feststellung der Antragstellerhaftung ist zu berücksichtigen, dass die einzelne Partei als Antragstellerin für die ganzen Kosten des von ihr betriebenen Rechtszuges haftet, während sie nach der Kostenentscheidung nur eine Quote der Kosten zu tragen hat. Sie bleibt daher für die überschießende Quote Zweitschuldnerin als Antragstellerin. Eine Verrechnung der als Antragsteller für einen Rechtszug gezahlten gesamten Kosten auf die nach der Kostenentscheidung geschuldeten Kosten des anderen Rechtszuges ist unzulässig.[26] Lautet – zu Unrecht – etwa die Kostenentscheidung dahin, dass der Kläger die Kosten der Klage, der Widerkläger die Kosten seiner Widerklage und jeder Rechtsmittelkläger die Kosten seines Rechtsmittels zu tragen habe, so ist diese Entscheidung dahin auszulegen, dass jede Partei auch nur insoweit Entscheidungsschuldnerin sein soll, als sie als Antragstellerin die Kosten schuldet.[27] Eine Aufteilung nach Streitwerten kommt nicht in Betracht.[28] Denn jede Partei soll nach der Kostenentscheidung für die Kosten ihres Verfahrens voll einstehen. Soweit es sich um nicht ausscheidbare Auslagen handelt, haften die Parteien für diese Beträge als Gesamtschuldner, nicht nur für Bruchteile. Ebenso haftet jeder für die Gebühren aus seinem Streitgegenstand. Keine Partei haftet aber insgesamt nicht für höhere Gebühren als aus dem Gesamtstreitwert. Auch eine etwa weitergehende Vorschusshaftung bleibt von der Kostenentscheidung unberührt (§ 18). Hier gilt das vorstehend zur Antragstellerhaftung Gesagte sinngemäß.

11 Es ist unerheblich, ob die Kostenentscheidung in einem Beschluss oder in einem Urteil enthalten ist, wie auch grundsätzlich weder eine **Rechtskraft** noch eine vorläufige Vollstreckbarkeit erforderlich ist.[29] Eine Ausnahme gilt nur in Straf- und Ordnungswidrigkeitensachen und im Falle des § 125 ZPO.[30] Die Kostenpflicht aus der Entscheidung bleibt auch bestehen, wenn die Entscheidung durch ein Rechtsmittel angegriffen oder die Zwangsvollstreckung eingestellt wird.[31] Sie erlischt erst, wenn und soweit die Ent-

---

23 OLG München JurBüro 1997, 95.
24 **A.M.** LG Göttingen NJW 1967, 2171.
25 OLG Stuttgart JurBüro 1991, 952.
26 RGZ 148, 216; OLG München RPfleger 1956, 30 (L).
27 *Hartmann* § 29 Rn. 8.
28 So aber *Hellstab* in Oe/He/Tre § 29 Rn. 22; *Mümmler* JurBüro 1978, 1137.
29 OLG Frankfurt aM JurBüro 1981, 778.
30 OLG Nürnberg NJW 1960, 636.
31 OLG Stuttgart RPfleger 1961, 309 = Die Justiz 1961, 165; OLG Schleswig RPfleger 1962, 394 (L).

scheidung durch eine andere gerichtliche Kostenentscheidung aufgehoben oder abgeändert wird (§ 30 S. 1). Eine Unterbrechung wegen eines Insolvenzverfahrens wirkt nicht auf den Ansatz von Gerichtskosten gegen einen von der Unterbrechung nicht betroffenen Entscheidungsschuldner.[32] Auch die Kostenübernahmeerklärung in einem Vergleich lässt die durch gerichtliche Entscheidung begründete Kostenpflicht nicht wegfallen. Ebenso wenig können auch andere Parteivereinbarungen solches bewirken,[33] Eine vor Rechtskraft des Urteils getroffene von der Kostenentscheidung abweichende Parteivereinbarung ist gegenüber der Staatskasse nicht wirksam, wenn sie in der Absicht erfolgt, dieser den Erstattungsanspruch nach § 59 RVG zu nehmen.[34] Wird eine Kostenentscheidung durch eine andere gerichtliche Entscheidung aufgehoben oder abgeändert, werden bereits gezahlte Kosten auch dann zurückerstattet, wenn die Zahlung nur aufgrund der aufgehobenen oder abgeänderten Entscheidung erfolgt ist (§ 30 S. 2). Das ist aber nicht der Fall, wenn die Zahlungspflicht auch auf anderen Vorschriften beruhte (z.B. auf § 22). Ob die Kostenentscheidung richtig oder falsch ist, ist gleichgültig. Das gilt auch für unrichtige Kostenentscheidungen.[35] Denn es ist nicht Aufgabe des Kostenansatzverfahrens, die Richtigkeit von Kostenentscheidungen nachzuprüfen und fehlerhafte Entscheidungen zu berichtigen.[36] Eine Ausnahme insoweit mag gelten, wenn die Kostenentscheidung offensichtlich grob rechtswidrig ist,[37] Die Haftung kann erst durch die Aufhebung der Entscheidung beseitigt werden. Sie besteht auch dann, wenn kein Auftrag zur Prozessführung vorgelegen hat und deshalb eine Antragstellerhaftung nicht eintritt. Auch eine fehlerhaft verkündete Entscheidung ist eine gültige Rechtsgrundlage für die Inanspruchnahme als Entscheidungsschuldner.

In **Straf- und Ordnungswidrigkeitensachen** kommt dem § 29 Nr. 1 besondere Be- 12
deutung zu. Hier wird der Verurteilte erst mit dem Eintritt der Rechtskraft der Kostenentscheidung Kostenschuldner. Wird nach Zulassung der Anklage in einem gemeinsamen Verfahren bis zum Schuldspruch gegen Mitangeklagte in einem gemeinsamen Verfahren verhandelt, sind sie insoweit Gesamtschuldner in Sinne von § 466 StPO.[38] Die in den §§ 16, 17 begründete Vorschusspflicht des Privat- oder Nebenklägers bleibt auch bestehen, wenn die Kosten einem anderen auferlegt oder von einem anderen übernommen sind. Daneben gibt es in Straf- und Ordnungswidrigkeitensachen keine Antragstellerhaftung. Eine Kostenschuld kann aber auch in § 33 i.V.m. §§ 466, 471 Abs. 4, 472 StPO begründet sein. Es darf aber beim Fehlen einer Kostenentscheidung §§ 33 nicht auf andere, dort nicht genannte Fälle erstreckt werden, als nicht etwa auf die §§ 465, 473 StPO. Gesetzliche Vertreter haften für die Kosten nicht persönlich, sondern nur mit dem Vermögen des Angeklagten, soweit es ihrer Verwaltung untersteht.[39]

Der **Entscheidungsschuldner** ist **immer Erstschuldner** der ihm durch die Ent- 13
scheidung auferlegten Kosten, also auch der Auslagen einschließlich der Dokumentenpauschalen nach § 28 S. 1. Ihm gegenüber treten andere Kostenschuldner (z.B. Antragsteller nach § 22 GKG), nicht aber ein Übernahmeschuldner nach § 29 Nr. 2 zurück. So hat ein Vergleichsschluss auf eine einmal nach § 29 Nr. 1 begründete Entscheidungshaftung

32 MDR 1991, 1097 m.N.
33 OLG Koblenz JurBüro 1976, 104 m. Anm. v. *Mümmler;* OLG Frankfurt aM JurBüro 1974, 1151; LG Bayreuth JurBüro 1974, 1403; KG JVBl. 1972, 260 = MDR 1972, 960.
34 OLG München JurBüro 1973, 752.
35 OVG Münster NJW 1972, 118.
36 Vgl. dazu auch bei *D. Meyer* NJW 1972, 12 und JurBüro 1979, 963.
37 Vgl. *Mümmler* JurBüro 1984, 1058 (str).
38 OLG Koblenz JurBüro 2006, 323 (LS mit Volltextservice).
39 BGH NJW 1956, 520 (L) = RPfleger 1959, 109 (L).

grundsätzlich keinen Einfluss.[40] Das gilt natürlich nicht, wenn der Zweitschuldner – etwa als Antragsteller nach § 22 – seine Kostenschuld schon entrichtet hatte.[41] Die gesamtschuldnerische Haftung bleibt zwar bestehen (§ 31 Abs. 1), die Staatskasse muss sich aber in den Grenzen nach § 31 Abs. 2 zuerst an den Erstschuldner halten, ehe sie einen Zweitschuldner in Anspruch nimmt. Ist dem Entscheidungsschuldner ist in diesem Fall nicht geltend zu machen.

14 **Vergleichs- oder Übernahmeschuldner**, § 29 Nr. 2: Grundlage der Kostenhaftung ist in diesen Fällen nicht eine gerichtliche Entscheidung, sondern eine ausdrücklich oder von Gesetzes wegen unterstellte (§ 98 ZPO, § 160 VwGO) Erklärung, dass die Kosten übernommen werden. Andere Kostenschuldner, z.B. Antragsteller, sind ihm gegenüber Zweitschuldner (§ 31 Abs. 2). Lediglich ein etwaiger Entscheidungsschuldner derselben Kosten ist mit ihm gesamtschuldnerisch Erstschuldner. Daneben bleibt auch eine Kostenvorschusspflicht bestehen (§ 18). Die Kostenübernahme kann auf einen bestimmten Teil der Kosten (z.B. auf einen Bruchteil der Gesamtkosten oder auf die Auslagen oder auf einzelne Gebühren) beschränkt werden. Erforderlichenfalls ist der Sinn einer Übernahmeerklärung zu ermitteln. Die Kostenübernahme kann gegenstandslos sein, wenn wegen sachlicher oder persönlicher Kostenfreiheit Kosten nicht anzusetzen sind. Prozesskostenhilfeanwaltskosten zählen nicht zu den Gerichtskosten. Daher verpflichtet eine Übernahme von Gerichtskosten nicht zur Zahlung der Prozesskostenhilfeanwaltskosten der Gegenpartei.

15 **Übernahmeschuldner** können die Parteien, aber auch Dritte sein. Auch die arme Partei, der Prozesskostenhilfe bewilligt worden ist, kann sich zur vollen oder teilweisen Kostenübernahme verpflichten und haftet dann im Umfange der Übernahme als Übernahmeschuldner (vgl. vor § 22 Rn. 14). Die Wirkungen der Prozesskostenhilfe greifen dann nicht mehr.[42] Das ist verfassungsrechtlich unbedenklich.[43] Eine Ausnahme ist nur für den Fall gegeben, dass beiden Parteien ratenfreie Prozesskostenhilfe bewilligt wurde und sie in einem Vergleich geregelt haben, dass die Kosten gegeneinander aufgehoben werden. Dann liegt zwar formal eine Übernahmeerklärung der Parteien für einen Teil der Kosten vor. Im Ergebnis führt das aber zu keiner Haftung kraft Übernahme, weil die Staatskasse hier nicht vor ungerechtfertigten Vergleichen geschützt zu werden braucht.[44] Auch wenn eine Partei, der PKH bewilligt wurde, in einem Prozessvergleich Kostenaufhebung vereinbart, soll keine Kostenübernahme i.S.v. § 29 Nr. 2 vorliegen,[45] weil sonst die arme Partei zwecks Vermeidung der Übernahmehaftung genötigt wäre, den Rechtsstreit in der Hauptsache für erledigt zu erklären und eine Entscheidung nach § 91a ZPO mi der Folge von zusätzlichen Gebührenanfall zu beantragen.[46] Das überzeugt nicht. Auch bei einer Entscheidung nach § 91a ZPO kann zusätzlicher Gebührenanfall durch Verzicht auf eine Begründung vermieden werden.[47] Die Kostenübernahme kann auch noch erklärt werden, wenn das Verfahren durch Entscheidung oder Rücknahme des Antrags, auf dem es beruhte, erledigt ist. Es haften dann ein Übernahmeschuldner und ein

---

40 OLG Nürnberg NJW-RR 2004, 1007 = MDR 2004, 417.

41 OLG Düsseldorf NJW-RR 1997, 1295 = JurBüro 1998, 149.

42 BGH JurBüro 2004, 204 = RVG-Letter 2004 = MDR 2004, 295 m. zust. Anm. v. *Schütt* 9; OLG Nürnberg MDR 2000, 1034; OLG Karlsruhe JurBüro 2000, 28 = NJW 2000, 1121; OLG Koblenz JurBüro 2000, 206 = MDR 2000, 113 = NJW 2000, 1122; **a.M.** LG Frankfurt aM NJW 2000, 1120 = MDR 2000, 479 m. abl. Anm. v. *Schütt* MDR 2000, 668.

43 BVerfG MDR 2000, 1157 = NJW 2000, 3271 mit ausführlicher Besprechung von *Gsell* ZZP 114, 473.

44 OLG Rostock JurBüro 2010, 147, 148.

45 OLG Celle JurBüro 2012, 431, 432 (zu § 24 FamGKG); KG JurBüro 2012, 432, 433.

46 OLG Stuttgart MDR 2011, 1076.

47 Vgl. OLG Celle JurBüro 2011, 488, 489.

etwaiger Entscheidungsschuldner als Gesamtschuldner nebeneinander, ohne dass einer von ihnen Zweitschuldner i.S.d. § 31 wäre. Die Übernahmeerklärung kann die Kostenschuld des Entscheidungsschuldners nicht beseitigen. Denn nur eine andere gerichtliche Entscheidung, nicht aber eine Parteivereinbarung,[48] kann die durch gerichtliche Entscheidung begründete Verpflichtung zur Zahlung von Kosten zum Erlöschen bringen. Das gilt auch in Ehesachen (§ 24 Nr. 2 FamGKG). Es wird aber dem Willen der Parteien entsprechen, den Übernahmeschuldner vor dem Entscheidungsschuldner in Anspruch zu nehmen, so dass de facto auch so verfahren werden sollte. Das gilt auch, wenn im Straf- oder Bußgeldverfahren trotz einer Kostenübernahmeerklärung eine Kostenentscheidung ergeht.

Eine vor Gericht abgegebene oder gegenüber dem Gericht mitgeteilte Erklärung muss vorliegen. Sie ist formlos vor oder nach Entstehen oder Fälligkeit der Vorschusspflicht möglich und auslegungsfähig, **weder widerruflich noch anfechtbar** und **lässt keine Bedingung zu**, auch nicht die eines bestimmten Verfahrensausgangs, **wohl aber eine Befristung.** Die Übernahmeerklärung wird häufig, muss aber nicht notwendig im Rahmen eines (Prozess-)Vergleichs erfolgt sein, wie auch eine Erklärung außerhalb des Verfahrens abgegeben werden kann. Die Übernahmeerklärung kann zu Protokoll des Gerichts oder in formloser Weise geschehen, z.B. durch Erklärung eines Rechtsanwalts, die Haftung für Dokumentenpauschalen oder andere Auslagen übernehmen zu wollen.[49] Erforderlich ist nur, dass sie eindeutig ist. Die bewusste Zahlung an sich nicht geschuldeter Kosten kann eine stillschweigende Übernahmeerklärung enthalten. Die häufig in einem Prozessvergleich gewählte Formulierung, dass die Kosten „gegeneinander aufgehoben werden“, ist allgemein zu verstehen als Übernahmeerklärung bezüglich der hälftigen Gerichtskosten.[50] Bei Zahlung durch einen Prozessbevollmächtigten wird im Zweifel anzunehmen sein, dass er für die von ihm vertretene Partei zahlt. Erklärt er, dass er für die vom Gericht geforderten Kosten- oder Auslagenvorschüsse aufkomme, liegt darin i.d.R. eine Übernahmeerklärung des Rechtsanwalts und nicht eine solche der von ihm vertretenen Partei. Die Mitteilung kann in Form eines Schriftsatzes oder in der Übermittlung einer privaten oder öffentlichen Urkunde erfolgen, in der die Übernahmeerklärung enthalten ist. Die Mitteilung muss an das Gericht nach dem Willen der die Kosten übernehmenden Person oder ihres Vertreters gelangt sein. Teilt die Gegenpartei dem Gericht die Kostenübernahme des Gegners mit, kommt es darauf an, ob sie zu dieser Mitteilung von der übernehmenden Partei ermächtigt war. Es genügt auch eine Bestätigung einer derartigen gegnerischen Mitteilung durch die übernehmende Partei. Die einseitige Erklärung einer nichtbevollmächtigten Gegenpartei stellt aber keine Übernahmeerklärung der anderen Partei dar. Eine gegen den Willen der Partei oder zufällig an das Gericht gelangte Mitteilung über die außergerichtlich vereinbarte Kostenübernahme begründet noch keine Kostenschuld. Es genügt aber, wenn lediglich die Tatsache des Vergleichs und die darin enthaltene Kostenvereinbarung ohne den sonstigen Vergleichsinhalt dem Gericht mitgeteilt wird.[51] Die Erklärung bedarf keiner Annahme, Zugang an das Gericht reicht aus. Wird sie nur bedingt abgegeben (etwa in einem Widerrufsvergleich), entsteht die Kostenschuld erst mit dem Eintritt der Bedingung. Die Erklärung ist eine Prozesshandlung und kann deshalb nicht wegen Irrtums oder Täuschung angefochten und auch nicht widerrufen werden.[52] Wird aber der Vergleich, auf dem sie beruht, rechtsgültig für 16

48 BGH NJW-RR 2001, 285.
49 Vgl. *Schneider* JurBüro 1975, 1034.
50 BGH MDR 2004, 294; OLG Düsseldorf JurBüro 2007, 153.
51 *D. Meyer* JurBüro 2003, 242.
52 OLG Bamberg JurBüro 1977, 1594; OLG Zweibrücken RPfleger 1983, 369; *Hartmann* § 29 Rn. 12.

unwirksam erklärt, verliert auch sie ihre Wirkung. Das gilt aber nicht, wenn die Parteien im Wege der Vereinbarung den zugrunde liegenden Vergleich rückwirkend wieder aufheben.[53] Denn die Parteien können nicht über eine wirksam durch die Prozesserklärung der Kostenübernahme entstandene öffentlich-rechtliche Gläubigerstellung des Staats disponieren. Die Übernahmeerklärung kann sich auch auf künftig erwachsende Kosten beziehen, wenn und soweit ihr Umfang aus der Erklärung eindeutig erkennbar ist.[54] Erklärungen der Parteien nach § 13 JVEG zur Einwilligung der Zahlung einer besonderen Entschädigung an den Sachverständigen sind i.d.S. auf die über die nach §§ 9, 10 JVEG hinausgehenden Entschädigungen zu verstehen, so dass insoweit auch die Wirkungen der Prozesskostenhilfe entfallen (vgl. oben Rn. 15 und KV 9005 Rn. 50f.). Es muss sich aber um ausdrückliche Erklärungen handeln. Die bloße Zustimmung eines oder mehrerer betroffener Verfahrensbeteiligter zur Mitteilung des Gerichts, der gerichtlich bestellte Gutachter wolle eine über den Höchstsatz des JVEG liegende Vergütung berechnen, wozu die Möglichkeit einer Einverständniserklärung bestehe, reicht noch nicht.[55] So ist die Erklärung eines **Rechtsschutzversicherers**, dass er für den Prozess bzw. für eine Instanz Deckung gewährt, i.d.R. als Übernahmeerklärung für die dem Versicherungsnehmer entstehenden Kosten – sei es als Entscheidungs-, Übernahme- oder Antragsschuldner – zu deuten. Auch wenn ein Rechtsanwalt für die von seinen Mandanten zu zahlenden Kosten oder Auslagen „stark sagt", ist er in entsprechender Anwendung der Nr. 2 GKG als weiterer Kostenschuldner insoweit zu behandeln.[56] Die Erklärung ist indessen auszulegen, was dazu führen kann, dass der Rechtsanwalt nur für den geforderten Vorschuss, nicht aber für die tatsächlich entstandenen darüber hinaus gehenden Auslagen haftet.[57] Der Gegner einer Prozesskostenhilfepartei kann sich nicht auf die §§ 122 Abs. 2, 125 Abs. 2 ZPO berufen, wenn er Kosten durch eine dem Gericht gegenüber abgegebene Erklärung übernommen hat.

17 Eine **Kostenübernahme** kann auch in **Strafsachen** erfolgen. Insbesondere kommt das im Zusammenhang mit der Rücknahme eines Strafantrags oder in einem Privatklageverfahren vor. Auch im Rahmen einer Absprache über eine Einstellung des Verfahrens nach § 153a StPO sind Übernahmeerklärungen nicht selten. Derartige Übernahmeerklärungen sind in jedem Fall wirksam, auch wenn der mit der Übernahmeerklärung erhoffte Erfolg nicht eintritt. So ist z.B. eine im Hinblick auf die erhoffte Einstellung des Strafverfahrens erklärte Übernahme der Kosten des Verfahrens auch dann wirksam, wenn das Verfahren nicht eingestellt wird.[58] Denn die mit der Übernahme verbundene Bedingung ist nicht zulässig und damit unwirksam. Etwas anderes gilt nur dann, wenn eine Bedingung ausdrücklich zulässig ist wie z.B. bei § 470 Nr. 2 StPO.[59] Die Übernahmeerklärung bleibt verbindlich, und zwar auch dann, wenn eine solche gesetzliche Kostenentscheidung gar nicht zulässig wäre.[60]

18 **Ein vor Gericht abgeschlossener oder dem Gericht mitgeteilter Vergleich** steht in Gegensatz zu der einseitigen vor Gericht abgegebenen oder dem Gericht mitgeteilten Erklärung und unterscheidet sich von ihr dadurch, dass er einen Vertrag darstellt. Die Frage, ob der Vergleich ein gegenseitiges Nachgeben enthalten müsse, ist hier müßig,

---

53 BGH NJW 1965, 1524 = JurBüro 1965, 130; BSG; NJW 1963, 2292; vgl. auch *Clasen* NJW 1965, 382.
54 Vgl. LG Hildesheim JVBl. 1961, 144.
55 BVerfG Beschl. v. 24.3.2010 – 2 BvR 1257/09.
56 OLG Düsseldorf JurBüro 1997, 374 = NJW-RR 1997, 826 und JurBüro 1991, 382.
57 OLG Düsseldorf JurBüro 1997, 374 = NJW-RR 1997, 826.
58 **A.M.:** OLG Köln NJW 1962, 1024.
59 AG Bayreuth JurBüro 1981, 591; *Hellstab* in Oe/He/Tre § 29 Rn. 28; **a.M.** OLG Bamberg JurBüro 1974, 767; OLG Hamm NJW 1971, 2230 = RPfleger 1971, 447.
60 Vgl. dazu näher bei *D. Meyer* JurBüro 1992, 3 und JurBüro 1989, 1431.

da – wenn kein Vergleich vorliegt – jedenfalls eine in der Vereinbarung enthaltene, vor Gericht abgegebene oder dem Gericht mitgeteilte Erklärung der Kostenübernahme vorliegt. Gleichgültig ist, ob der Vergleich gerichtlich oder außergerichtlich abgeschlossen worden ist. Im letzteren Fall muss er aber nach dem Willen des aus dem Vergleich zur Übernahme der Kosten Verpflichteten an das Gericht gelangt sein. Es kann auch ausreichen, wenn eine Partei den Vergleich, der die Kostenübernahme der anderen Partei enthält, dem Gericht mitteilt. Denn die Vermutung spricht in solchen Fällen dafür, dass das mit dem Willen der anderen Partei geschehen ist. Der Vergleich muss nicht notwendig vor dem Prozessgericht und schon gar nicht in demselben Rechtsstreit abgeschlossen worden sein. Er kann auch in einem anderen Verfahren oder vor einem anderen Gericht zustande gekommen sein. Wird er aber dem Gericht mitgeteilt, wird eine in ihm enthaltene Kostenübernahmeerklärung wirksam. Kostenschuldner aus Nr. 2 ist nicht jede am Vergleich beteiligte Partei, sondern nur die Partei, die in dem Vergleich die Kosten übernommen hat und nur in dem Ausmaße, in dem sie es erklärt hat. Das gilt auch für einen dem Vergleich beigetretenen Dritten. Eine in einem bedingten Vergleich enthaltene Kostenübernahmeerklärung wird erst mit dem Eintritt der Bedingung wirksam.

Ändern die Parteien den Vergleich nachträglich ab, bleibt die bereits erklärte Kostenübernahme gegenüber der Staatskasse wirksam, und zwar auch dann, wenn die Parteien den Vergleich rückwirkend wieder aufheben. Anders verhält es sich nur, wenn die Nichtigkeit des Vergleichs rechtskräftig festgestellt wird. Dann fällt auch die Kostenschuld gegenüber der Staatskasse rückwirkend weg. Im Kostenansatzverfahren ist ein Streit über die Wirksamkeit des Vergleichs nicht auszutragen. Es reicht aber, wenn die Partei eine rechtskräftige Entscheidung über die Nichtigkeit des Vergleichs vorlegt oder wenn diese ausnahmsweise offenkundig ist (z.B. bei Mangel an der Geschäftsfähigkeit des Übernehmenden). Haben die Parteien ein Rücktrittsrecht in dem Vergleich vereinbart und fällt der Vergleich wegen Ausübung des Rücktritts weg, entfällt in gleicher Weise auch die übernommene Kostenhaftung. Wenn die Übernahmeerklärung keine Beschränkung enthält, umfasst sie die bis zum Abschluss des Vergleichs angefallenen Kosten.[61] 19

Hat eine Partei, die **Gebührenfreiheit** genießt, zusammen mit ihrem Streitgenossen durch Vergleich die Hälfte der Gerichtskosten übernommen, hat als Übernahmeschuldner der Streitgenosse nur ein Viertel der Gerichtskosten zu zahlen. Vereinbaren die Parteien durch einen Vergleich im Nachverfahren (§ 304 ZPO) gegenseitige Kostenaufhebung, kann die mit der Berufung gegen das Grundurteil unterlegene Partei nicht verlangen, dass ihr von der Staatskasse die gezahlten vollen Gerichtskosten des Berufungsverfahrens zur Hälfte auf die von ihr zu zahlende Hälfte der Gerichtskosten erster Instanz angerechnet werden.[62] Eine zwischen den Parteien in einer Auseinandersetzungsvereinbarung über einen von mehreren Streitpunkten getroffene Bestimmung über die Kosten des Hauptsacheverfahrens beseitigt nicht die durch Urteil geschaffene Haftung für die Gerichtskosten aus Nr. 1. Soweit die Parteien in der Vereinbarung Kosten übernehmen, werden sie zusätzliche Kostenschuldner nach Nr. 2 neben einer Entscheidungsschuldnerhaftung nach Nr. 1.[63] Die einmal entstandene Entscheidungsschuldnerhaftung nach Nr. 1 kann nicht durch eine in einem Vergleich erfolgende Kostenübernahme beseitigt werden, sondern nur durch eine andere gerichtliche Entscheidung bzw. einen gerichtlichen Vergleich[64] über die Kostenpflicht (§ 30). Die Übernahme kann auch die Kosten eines anderen bereits rechtskräftig abgeschlossenen Verfahrens abweichend von der in dem anderen 20

61 Vgl. dazu etwa OLG Nürnberg JurBüro 1962, 476.
62 OLG München RPfleger 1956, 30 (L).
63 OLG Frankfurt aM JurBüro 1974, 1151; KG MDR 1976, 318 1972, 960 = JurBüro 1972, 806.
64 OLG Brandenburg OLGReport-KG 2008, 762 = BeckRS 2008, 11355.

Verfahren getroffenen rechtskräftigen Kostenentscheidung erfassen.[65] Die vergleichsweise Übernahme der Kosten des Wechselprozesses erfasst im Zweifel die Kosten des Vor- und Nachverfahrens.[66] Eine vor der Rechtskraft des Urteils getroffene Parteivereinbarung, die von dem Kostenausspruch des Urteils abweicht, ist der Staatskasse gegenüber nicht wirksam, wenn sie die Absicht verfolgt, dieser den Erstattungsanspruch nach § 59 RVG zu nehmen.[67] Ein Prozessbevollmächtigter kann die Kostenmithaftung für Dokumentenpauschalen nach Nr. 2 durch Erklärung gegenüber dem Gericht übernehmen. Allerdings kann eine solche Erklärung auch als selbstschuldnerische Bürgschaft des Prozessbevollmächtigten auszulegen sein.[68] Hat der Beklagte in einem im Prozesskostenhilfeverfahren geschlossenen Vergleich die Kosten des Rechtsstreits übernommen, ist er aus dieser Übernahme der Kosten verpflichtet, die gerichtliche allgemeine Verfahrensgebühr zu zahlen.[69] Haben der im ersten Rechtszug obsiegende mittellose Kläger und der Beklagte nach Einlegung der Berufung einen Vergleich geschlossen, durch den die Kosten des Rechtsstreits gegeneinander aufgehoben werden, kann der Beklagte auf die Gerichtskosten des ersten Rechtszuges aus einer Übernahmeverpflichtung (also zur Hälfte) in Anspruch genommen werden.[70] § 31 Abs. 3 ist auf den Fall der Kostenübernahme nicht anwendbar.[71]

21 **Nach § 98 ZPO, § 160 VwGO unterstellte Kostenübernahmeerklärung, Halbsatz 2:** Voraussetzung ist, dass die Parteien einen Vergleich geschlossen haben, ohne dass in ihm eine Kostenregelung getroffen worden ist (d.h., ohne dass über die Kostenfrage etwas gesagt ist). Die Vorschrift ist nicht anwendbar, wenn die Kostenregelung in einem Teilvergleich vorbehalten ist oder wenn die Parteien vereinbart haben, über die Kostenfrage eine gerichtliche Entscheidung herbeizuführen.[72] Sind die Kosten eines Streitgehilfen oder eines Beigeladenen im Vergleich von der Kostenregelung ausgenommen, trifft für die Kosten weder § 98 ZPO noch § 160 VwGO zu. Für diese Teilkosten gilt dann Nr. 2 Hs. 2 nicht.[73] Haben die Parteien in einem Vergleich keine Kostenregelung getroffen, gelten die Kosten der Vereinbarung gemäß § 98 ZPO als gegeneinander aufgehoben. Die Regelung des § 93a Abs. 1 S. 3 ZPO greift nicht Platz, weil sie eine Vereinbarung über die Kosten voraussetzt.[74] Die §§ 98 ZPO, 160 VwGO gelten zunächst für gerichtliche Vergleiche; sie sind aber sinngemäß auch auf außergerichtliche Vergleiche anwendbar.[75] Es kann daher aufgrund eines dem Gericht mitgeteilten außergerichtlichen Vergleichs, der keine Kostenregelung enthält, jede der Parteien auf die Hälfte der Gerichtskosten in Anspruch genommen werden.

22 Soweit § 98 ZPO anwendbar ist, sind die **Kosten als gegeneinander aufgehoben** anzusehen. Das bedeutet, dass die Gerichtskosten jeder Partei zur Hälfte zur Last fallen,

---

65 OLG München JurBüro 1969, 1004.

66 OLG Hamm JurBüro 1975, 1083 = RPfleger 1975, 322.

67 OLG München JurBüro 1973, 752.

68 OLG Hamm RPfleger 1975, 37.

69 OLG Nürnberg RPfleger 1963, 179 (L).

70 OLG Nürnberg NJW 1960, 636.

71 OLG München NJW-RR 2001, 1578; OLG Nürnberg JurBüro 1979, 869; OLG Hamm JurBüro 1979, 733; *Mümmler* JurBüro 1977, 1678.

72 BGH NJW 1965, 103; OLG Nürnberg JurBüro 1979, 1565; OLG Braunschweig JurBüro 1969, 439; OLG Bremen NJW 1968, 1238, OLG Celle JurBüro 1968, 831; VGH Kassel NJW 1966, 1674; BayVGH BayVBl. 1972, 415; OVG Koblenz NJW 1967, 1437.

73 **A.M.** BGH NJW 1967, 983; OLG Celle NJW 1976, 2170.

74 So auch OLG Koblenz JurBüro 1977, 557; MDR 1977, 57; OLG Hamm MDR 1975, 147; OLG Braunschweig NdsRPfl. 1970, 10; OLG Schleswig JurBüro 1970, 61; OLG Hamburg MDR 1967, 138; *Mümmler* JurBüro 1977, 95; *Göppinger* AnwBl. 1977, 436; **a.M.** KG MDR 1975, 763 = JurBüro 1975, 816; LG Lübeck SchlHA 1967, 85; wohl auch OLG Bamberg JurBüro 1973, 550; *Diederichsen* NJW 1977, 601; *Bergerfurth* NJW 1972, 1840.

75 BayVGH BayVBl. 1972, 415; OVG Koblenz NJW 1967, 1437.

§ 92 Abs. 1 S. 2 ZPO. Ebenso § 160 VwGO. Dann ist jede der an dem Vergleich beteiligten Parteien für die sie treffende Hälfte Kostenschuldner nach Nr. 2. Besteht eine Partei aus mehreren Personen, haften sie für die auf sie entfallende Hälfte als Gesamtschuldner. Diese Grundsätze gelten selbstverständlich auch, wenn die Parteien in Kostenaufhebung vergleichsweise vereinbaren. Ob und wieweit sie in Anspruch genommen werden können, ist hingegen eine Frage des § 31 (vgl. dort Rn. 30f.).

Kostenschuld kraft gesetzlicher Haftpflicht, Nr. 3: Die Haftpflicht kann im bür- 23
gerlichen oder im öffentlichen Recht begründet sein. Sie muss **kraft Gesetzes**, also auf Grund gesetzlicher Vorschrift (z.B.: §§ 419, 1967, 2382, 2383 BGB) begründet sein, und zwar muss das Gesetz die Haftung gegenüber einem Dritten begründen.[76] Es genügt nicht, dass das Gesetz nur bestimmt, welche schuldrechtlichen Pflichten die Vertragsparteien zueinander haben.[77] Deshalb begründet z.B. § 101 VVG keine Haftung der Versicherung gegenüber der Staatskasse, da in dieser Vorschrift nur im Verhältnis des Versicherungsnehmers zur Versicherung bestimmt ist, dass der Versicherer dem Versicherten die durch die Verteidigung gegen einen geltend gemachten Anspruch erwachsenen gerichtlichen und außergerichtlichen Kosten zu tragen hat.[78] Wer sich durch Vertrag verpflichtet, für die Kostenschuld eines anderen zu haften, wird nicht nach Nr. 3 Kostenschuldner. Er kann aber Kostenschuldner nach Nr. 2 sein, wenn und soweit die Voraussetzungen dafür vorliegen.

Der Haftende kann der Staatskasse alle Einreden (z.B. Verjährung) und Einwendun- 24
gen entgegenhalten, die auch dem Kostenschuldner offen stehen, für dessen Schuld er haftet. Anders liegt es nur beim Kostenzweitschuldner, der nach einem Entscheidungs- oder Übernahmeschuldner haftet.

Der Haftende kann von der Staatskasse unmittelbar in Anspruch genommen wer- 25
den. Seine Kostenhaftung muss nicht in einer Entscheidung ausgesprochen sein.[79] Gegen seine Inanspruchnahme steht ihm die Möglichkeit der Erinnerung nach § 67 offen (vgl. auch §§ 4, 8 JBeitrG).[80] Ist der von Amts wegen zu erbringende[81] Nachweis einer bestrittenen gesetzlichen Haftpflicht nicht zu erbringen, hat die Inanspruchnahme des Kostenschuldners zu unterbleiben. Die Haftpflicht muss festgestellt sein.[82] Der als Kostenschuldner in Anspruch zu Nehmende ist aber verpflichtet, zur Klärung der Frage beizutragen, ob seine Haftung nach § 29 Nr. 3 besteht. Unterlässt er das, kann dieser Umstand bei der Feststellung des Sachverhalts zu seinen Lasten verwertet werden.

Einzelne Fallgruppen einer gesetzlichen Haftung: 26

Vermögensübernahme: Die Haftung als Vermögensübernehmer nach § 419 BGB 27
a.F. ist ab dem 1.1.1999 entfallen. Sie gilt nur noch für Vermögensübernahmen aus der Zeit vor dem 1.1.1999, wenn und soweit die Kosten in der Zeit entstanden sind (§ 223a EGBGB). Derartige Fälle kommen heute kaum noch vor. § 419 BGB a.F. kann aber noch relevant sein in Verfahren, die aus verschiedenen Gründen ausgesetzt oder nicht betrieben waren und in denen die Fälligkeit der Gebühren bislang nicht geregelt war (vgl. § 9). Auch in Straf-(weniger in Bußgeld-)sachen kann § 419 BGB a.F. noch zum Zuge kommen, weil dort die Fälligkeit nach § 8 erst mit der Rechtskraft des Urteils eintritt und manche Verfahren sich sehr lange hinziehen. Wenn das der Fall ist, haftet der Vermögensüber-

76 Vgl. OLG Schleswig SchlHA 1984, 167.
77 *Hartmann* § 29 Rn. 21; **a.M.** BVerwG RPfleger 1993, 375.
78 RGZ 124, 235.
79 OLG Schleswig SchlHA 1984, 167.
80 BGH RPfleger 1956, 12 1959, 1 (L).
81 *Hartmann* § 29 Rn. 23.
82 RGZ 97, 175.

nehmer nach allgemeinen Grundsätzen auch für die Gerichtskosten. Daneben bleibt die Haftung des ursprünglichen Kostenschuldners bestehen. Sie kann nicht durch eine Vereinbarung zwischen dem Übernehmer und dem Kostenschuldner zum Nachteil der Staatskasse ausgeschlossen oder beschränkt werden. Überträgt eine Partei während eines schwebenden Rechtsstreits ihr Vermögen auf einen anderen, haftet dieser sowohl für die bereits entstandenen als auch für die noch entstehenden Gerichtskosten des anhängigen Prozesses, auch wenn der Übernehmer nicht in den Rechtsstreit eintritt. Dabei haftet der Vermögensübernehmer jedenfalls für die Gerichtskosten, die in der bei Übernahme des Vermögens schwebenden Instanz angefallen sind oder noch anfallen werden.[83] Für die Haftungsbegründung reicht es aus, wenn der Rechtsgrund des Anspruchs bereits vor der Vermögensübernahme bedingt oder wenigstens als Anwartschaft entstanden ist.[84] Demzufolge besteht der Erstattungsanspruch des Staates gegen den später Verurteilten bereits in dem Zeitpunkt, in dem die staatlichen Organe zur Verfolgung des Täters tätig werden[85] (genauer wohl, wenn er nach den Bestimmungen der StPO den Status des Beschuldigten erhält). Die Haftung des Vermögensübernehmers wird i.d.R. sogar die Kosten der Rechtszüge erfassen, die bei der Vermögensübernahme noch nicht begonnen haben.[86] Eine Vermögensübernahme und damit eine Kostenhaftung kann auch vorliegen, wenn lediglich ein Grundstück übernommen wird, welches das wesentliche Vermögen des Kostenschuldners darstellt. Auf den Verkehrswert des Grundstücks und darauf, ob die übernommenen dinglichen Lasten diesen Wert erreichen, kommt es nicht an.[87] Es tritt aber dann keine persönliche Haftung des Erwerbers ein, wenn die Staatskasse vor dem Erwerb wegen ihrer Kostenforderung bereits eine Zwangshypothek eintragen lassen hat.[88] Eine bei der Vermögensübernahme laufende Verjährungsfrist läuft gegenüber dem Vermögensübernehmer weiter.[89] Eine Vermögensübernahme kann allerdings auch durch Vertrag zwischen dem ursprünglichen Kostenschuldner und einem Dritten erfolgen (§ 311b BGB). Solche Verpflichtungsverträge wirken zwar nicht – wie es nach § 419 BGB a.F. der Fall war – unmittelbar zu Gunsten der Staatskasse. Eine Inanspruchnahme des Vermögensübernehmers ist dann entsprechend § 29 Nr. 2 und 3 denkbar. Eine unmittelbare Haftung nach Nr. 2 ist nicht möglich, weil die Übernahme nicht ausdrücklich gegenüber der Staatskasse erklärt worden ist (vgl. oben Rn. 16). Das ist im Einzelfall durch Auslegung des Vermögensübernahmevertrages zu ermitteln. Auch die Einräumung eines **Nießbrauchs** führt nach § 1086 BGB zu einer Kostenhaftung nach Nr. 3. Im Übrigen bleibt der Staatskasse auch eine Insolvenzanfechtung nach §§ 27 ff. InsO oder ein Vorgehen nach dem Anfechtungsgesetz (§§ 3 ff. AnfG) unbenommen.

28 **Haftung nach Handelsrecht:** Es gelten auch hier die allgemeinen Regeln. Der Übernehmer eines Handelsgeschäfts haftet für die Kostenschulden des früheren Inhabers, soweit die den Forderungen zugrundeliegenden Prozesse ihren Grund im Betrieb des Handelsgeschäfts hatten (§ 25 HGB). Dasselbe gilt auch, wenn ein Erbe das Handelsgeschäft fortführt (§ 27 HGB). Tritt jemand als persönlich haftender Gesellschafter oder als Kommanditist in das Geschäft eines Einzelhandelskaufmannes ein, haftet die Gesellschaft, auch wenn sie die frühere Firma nicht fortführt, für alle im Betrieb des Geschäfts entstandenen Verbindlichkeiten des früheren Geschäftsinhabers, also auch für seine im

83 BGH RPfleger 1956, 12; 1959, 3 (L); BGH BB 1975, 1218.
84 BGH MDR 1963, 670.
85 BGH RPfleger 1959, 3 (L).
86 BGH NJW 1959, 287 = MDR 1959, 118 = RPfleger 1959, 92 = JurBüro 1959, 81.
87 OLG Hamm RPfleger 1963, 214.
88 OLG München NJW 1965, 1443 = JurBüro 1965, 488.
89 BGH NJW 1977, 1879 = MDR 1977, 737 = WRP 1977, 759.

Betrieb des Geschäfts begründeten Gerichtskostenschulden (§ 28 HGB). Die Gesellschafter einer offenen Handelsgesellschaft haften für die Gerichtskostenschulden der Gesellschaft der Staatskasse als Gesamtschuldner persönlich (§ 128 HGB), desgleichen der Kommanditist bis zur Höhe seiner Einlage, soweit er sie noch nicht geleistet hat (§ 171 HGB). Hat ein Kommanditist die Leistung seiner Einlage bewiesen, obliegt es der Staatskasse, zu beweisen, dass eine Rückzahlung der Einlage oder eine der Rückzahlung gleich kommende Gewinnentnahme erfolgt ist.[90] Soweit die Handlung durch Eintragung in das Handelsregister oder in sonstiger Weise ausgeschlossen werden kann, muss sie ohne schuldhaftes Zögern erfolgen.[91] Andernfalls wäre sie unwirksam.

Erbenhaftung: Auch dann, wenn dem Erblasser Prozesskostenhilfe zustand, haftet der Erbe der Staatskasse nicht nach Nr. 3 für die Kosten, die bis zur Aufnahme des Rechtsstreits durch den Erben entstanden sind, wenn er den Rechtsstreit nicht aufnimmt.[92] Nimmt er den Prozess jedoch auf, können die Kosten in seiner Person neu entstehen.[93] Ansonsten gilt: Der Erbe haftet für die Nachlassverbindlichkeiten, also auch für Gerichtskostenschulden des Erblassers (§ 1967 BGB).[94] Der Erbschaftskäufer haftet vom Abschluss des Kaufes an den Nachgläubigern, also auch der Staatskasse, in den Grenzen der §§ 2382, 2383 BGB. Bis zur Beendigung einer Testamentsvollstreckung kann sich die Staatskasse nur an den Nachlass halten. Der Nachlass des Angeklagten haftet für die Kosten des Strafverfahrens nicht, wenn das Urteil zur Zeit des Erbfalls noch nicht rechtskräftig war, § 465 Abs. 3 StPO, mag die Rechtskraft auch nur hinsichtlich einer Nebenstrafe[95] oder der Frage der Strafaussetzung zur Bewährung gefehlt haben, das Urteil im Übrigen aber rechtskräftig gewesen sein.[96] 29

Gesellschafter: Vgl. „Handelsrecht", Rn. 28. Für die Kostenforderung einer **Gesellschaft bürgerlichen Rechts (GbR)** haften die Gesellschafter kraft Gesetzes wie Gesamtschuldner,[97] und zwar so lange als die GbR noch als parteifähig anzusehen ist und Rechte gegen sie geltend gemacht werden können und sie noch nicht vollständig liquidiert ist.[98] 30

Gesellschaftsschuld: Vgl. § 735 BGB und unter „Handelsrecht", Rn. 28. 31

Familienrecht: 32

- *Haftung für Prozesskosten des Ehegatten:* Bei gesetzlichem Güterstand der *Zugewinngemeinschaft* haftet kein Ehegatte für die Prozesskosten des anderen Ehegatten, da es an einer dies bestimmenden gesetzlichen Vorschrift fehlt. Dasselbe gilt auch für den Güterstand der Gütertrennung. Für den Güterstand der Gütergemeinschaft enthalten die §§ 1437, 2438 (insbesondere § 1438 Abs. 2), 1459, 1460 (insbesondere § 1460 Abs. 2), 1480, 1489 BGB Haftungsvorschriften.[99] Die in § 1360a BGB begründete Prozesskostenvorschusspflicht der Ehegatten wirkt nur im Innenverhältnis und begründet keine Kostenhaftung nach außen.[100] Für im Rahmen des § 1357 BGB (Schlüsselgewalt) vollzogene Rechtshandlungen haften beide Ehegatten auch gegenüber der Staatskasse.[101]

---

90 BFH BStBl. II 1978, 651; BGH Der Betrieb 1979, 436.
91 BGHZ 29, 1.
92 OLG Koblenz JurBüro 2013, 311.
93 OLG Düsseldorf MDR 1987, 1031.
94 Vgl. z.B. OLG Koblenz JurBüro 2013, 213; OLG Schleswig SchlHA 1984, 167.
95 BayObLG NJW 1957, 1448.
96 OLG Köln JMBlNRW 1960, 248.
97 LSG Berlin-Brandenburg JurBüro 2014, 430.
98 BGH, Beschl. v. 20.1.2017 – XII ZB 83/11 = JurionRS 2017, 10079.
99 Vgl. dazu ausf. *Meyer* RPfleger 1958, 297.
100 BGH NJW 1954, 349 = JurBüro 1954, 112 = RPfleger 1959, 3 (L); *Hellstab* in Oe/He/Tre § 29 Rn. 56 ff.
101 *Hellstab* in Oe/He/Tre § 29 Rn. 58.

- *Haftung für Prozesskosten der Kinder:* Ein Anspruch des Kindes gegenüber den Eltern oder sonstigen Personensorgeberechtigten auf Leistung eines Prozesskostenvorschusses hat seine Grundlage allein im Innenverhältnis zwischen Eltern und Kind. Er begründet keine Kostenhaftung nach außen.[102] Eltern als Revisionsführer haften für die Kosten des Revisionsverfahrens (in Strafsachen) nur mit dem Vermögen des Angeklagten, soweit es ihrer Verwaltung untersteht.[103]

33 **Haftung nach öffentlichem Recht** kommt in Betracht, wenn durch öffentlichrechtliche Maßnahmen Änderungen in der ursprünglich als Kostenschuldner in Betracht kommenden Partei eintreten, z.B. durch Vereinigung von Gemeinden, aber auch durch Vermögensübernahme. Nach § 125 Wirtschaftsprüferordnung und § 150 des Steuerberatungsgesetzes tritt eine gesetzliche Kostenhaftung der Wirtschaftsprüferkammer bzw. Berufskammer für Steuerberater ein, soweit Gerichtskosten nicht anderweitig eingezogen werden können.

34 **Prozesskostenhilfe:** War dem Erblasser oder dem ursprünglich Haftenden Prozesskostenhilfe bewilligt, dürfen die Kosten im Umfange der Prozesskostenhilfebewilligung vom Erben oder vom Rechtsnachfolger nicht eingezogen werden.[104] Nimmt der Erbe oder der Vermögensübernehmer den Prozess aber in eigenem Namen auf, entstehen in seiner Person neue Gerichtskosten, wenn und soweit mit der Wiederaufnahme neue Gebührentatbestände entstehen (z.B. Klageerweiterung, Widerklage), nicht aber, wenn das Verfahren unverändert weitergeführt wird.[105]

35 **Verein:** Vgl. § 54 BGB wegen der Schuld des rechtsfähigen Vereins. Ein Vorstandsmitglied eines nicht rechtsfähigen Vereins haftet nicht persönlich für die Gerichtskosten des Vereins.[106]

36 **Treugeber:** Keine Haftung für Kosten des Treunehmers.[107]

37 **Vollstreckungsschuldner, Nr. 4:** Kostenschuldner der notwendigen (dazu Rn. 39) Kosten der Zwangsvollstreckung (§ 788 ZPO) ist gegenüber der Staatskasse der **Vollstreckungsschuldner** (d.i. der Schuldner, gegen den die Zwangsvollstreckung betrieben wird). Bei einer juristischen Person wird deren gesetzlicher Vertreter, der für sie die eidesstattliche Versicherung abgegeben hat, nicht persönlicher Vollstreckungsschuldner, auch nicht bei einer Einmanngesellschaft.[108] Ähnlich bestimmt § 788 ZPO, dass der Vollstreckungsschuldner dem Gläubiger die notwendigen Kosten der Zwangsvollstreckung zu erstatten hat.[109] Der Vollstreckungsschuldner kann auf die notwendigen Kosten der Zwangsvollstreckung unmittelbar und ohne ausdrückliche Entscheidung über seine Verpflichtung zur Kostentragung in Anspruch genommen werden. Vollstreckungsschuldner i.d.S. ist auch der Kostenschuldner, von dem die Gerichtskosten zwangsweise beigetrieben werden. Das gilt auch, wenn bei der Antragstellung durch eine kostenbefreite Partei.[110] Er haftet nach Nr. 4, § 11 JBeitrG unmittelbar für die bei der Pfändung von Forderungen und anderen Vermögensrechten entstandenen Kosten. **Gesamtschuldner** haften

---

102 *Meyer* RPfleger 1958, 297; *Hartmann* § 29 Rn. 27.
103 BGH RPfleger 1956, 188 (L).
104 OLG Koblenz JurBüro 2013, 213; OLG Düsseldorf MDR 1999, 830 = NJW-RR 1999, 1086 und MDR 1987, 1031; KG RPfleger 1986, 281.
105 OLG Koblenz JurBüro 2013, 213.
106 BVerwG JurBüro 1999, 598; **a.M.** VGH Baden-Württemberg JurBüro 1999, 205.
107 Vgl. *Hartmann* § 29 Rn. 35.
108 OLG München JurBüro 1966, 235.
109 Vgl. dazu BGH BB 1975, 1218.
110 LG Osnabrück JurBüro 2012, 319.

auch für die bei der **Vollstreckung** gegen ihre Mitschuldner entstandenen notwendigen Kosten.[111]

Neben dem Vollstreckungsschuldner können auch noch **andere Kostenschuldner** 38 vorhanden sein (z.B. der Gläubiger, der die Zwangsvollstreckung beantragt hat, als Antragsteller nach § 22). Es haften dann für die Gerichtskosten der Vollstreckungsschuldner und der die Zwangsvollstreckung beantragende Gläubiger als Gesamtschuldner (§ 31 Abs. 1).[112] Sind dem Vollstreckungsschuldner durch gerichtliche Entscheidung die Kosten der Zwangsvollstreckung ausdrücklich auferlegt, haftet er gegenüber dem Gläubiger als Erstschuldner, aber nur soweit es sich um die notwendigen Kosten der Zwangsvollstreckung handelt (§ 31 Abs. 2). Fehlt eine Kostenentscheidung zu Lasten des Vollstreckungsschuldners, kann § 31 Abs. 2 nicht angewendet werden, da er nicht das Verhältnis des Antragstellers zum Vollstreckungsschuldner behandelt. Gleichwohl wird aber der Kostenbeamte zuerst versuchen müssen, die Kosten vom Schuldner zu erlangen. Soweit der Gläubiger durch einen unnötigen Antrag nicht notwendige Zwangsvollstreckungskosten veranlasst hat, ist er Alleinschuldner, da der Vollstreckungsschuldner nur für die notwendigen Kosten der Zwangsvollstreckung aufzukommen hat. Soweit der Vollstreckungsschuldner auch Antragsteller ist, haftet er für die aus diesen Anträgen erwachsenen Gerichtskosten nach § 22, ohne dass es darauf ankommt, ob der Antrag notwendig war oder nicht. Der Gläubiger kann in diesen Fällen Kostenschuldner durch gerichtliche Entscheidung (Nr. 1) oder Kostenübernahme (Nr. 2) werden. Der Vollstreckungsschuldner darf auf die Kosten der Zwangsvollstreckung auch herangezogen werden, wenn der Gläubiger persönliche Kostenfreiheit genießt oder wenn ihm Prozesskostenhilfe bewilligt worden ist.

Notwendige Kosten der Zwangsvollstreckung sind solche, die zur zweckentspre- 39 chenden Durchführung der Zwangsvollstreckung erforderlich waren (§§ 788, 91 ZPO).[113] Es sind also die insoweit nach §§ 788, 91 ZPO entwickelten Grundsätze für die Beurteilung der Notwendigkeit anzuwenden.[114] Der Vollstreckungsschuldner soll auch der Staatskasse nicht für die Gerichtskosten von Vollstreckungshandlungen haften, die der Gläubiger unnötigerweise betrieben hat. Es kommt nicht darauf an, ob die Vollstreckungshandlung objektiv unnötig war, sondern darauf, ob sie vom Standpunkt des Gläubigers aus im Zeitpunkt der Fälligkeit der Kosten der Zwangsvollstreckung (Antragstellung, § 6) notwendig erscheinen musste. Nicht notwendig sind Kosten, die dadurch entstanden, dass der Gläubiger Vollstreckungshandlungen unternahm, deren Aussichtslosigkeit ihm bekannt war[115] (z.B. wiederholte Pfändungsversuche, obwohl keine Anhaltspunkte vorhanden waren, dass sich die Vermögenslage des Schuldners verbessert habe). Aber der Gläubiger ist nicht verpflichtet, den Schuldner zur Zahlung aufzufordern oder ihm vor der Vollstreckung eine Frist zur freiwilligen Leistung zu setzen. Nicht notwendig sind auch unzulässige oder unbegründete Zwangsvollstreckungsmaßnahmen. Darum besteht auch keine Haftung des Vollstreckungsschuldners für abgelehnte Anträge des Gläubigers oder bei erfolglosen Beschwerden des Gläubigers.[116] Für die durch Zurücknahme des Antrags erledigten Verfahren haftet der Vollstreckungsschuldner, wenn sich der zunächst berechtigte Antrag durch Leistung des Schuldners erledigt hat oder wenn die Zurücknahme eines zunächst vertretbaren

111 LG Mannheim NJW 1971, 1320 = MDR 1971, 769 (L); LG Hamburg MDR 1969, 583; LG Hannover NdsRPfl. 1969, 208; *Quandt* JurBüro 1959, 51; **a.M.** OLG München NJW 1974, 957 = VersR 1974, 812 (L); LG Osnabrück MDR 1972, 700.

112 LG Köln JMBlNRW 1966, 120.

113 LG Wuppertal JurBüro 1997, 548.

114 OLG Köln RPfleger 1986, 240; OLG Hamm RPfleger 1975, 75; LG Osnabrück JurBüro 2012, 319; *Hartmann* § 29 Rn. 37.

115 OLG München NJW 1958, 1687 = AnwBl. 1958, 76.

116 OLG München NJW 1959, 393.

Antrags wegen inzwischen erkannter Aussichtslosigkeit des Antrags erfolgte. Wird aber ein von vornherein erkennbar aussichtsloser Antrag zurückgenommen, haftet der Schuldner für die Kosten des Verfahrens nicht. Nicht notwendig sind die Mehrkosten, die dadurch erwachsen, dass der Gläubiger einzelne Vollstreckungsanträge stellt, die in einem Antrag hätten zusammengefasst werden können.[117] Ob und wieweit die Kosten notwendig waren, prüft der Kostenbeamte beim Kostenansatz. Grundsätzlich spricht die Vermutung dafür, dass die Kosten notwendig waren, es sei denn, das Gegenteil ist offenkundig. Dem Vollstreckungsschuldner steht insoweit das Rechtsmittelverfahren nach § 66 offen.

40 Wird der einer Zwangsvollstreckung zugrunde liegende **Vollstreckungsbescheid aufgehoben**, entfällt rückwirkend die Grundlage für die Anwendung der Nr. 4. Die Kosten sind dann dem Vollstreckungsschuldner – soweit eine anderweitige Haftung nicht gegeben ist – zurückzuerstatten. Soweit der Gläubiger einseitig (etwa durch einen Vergleich) auf seine Rechte aus dem Vollstreckungsbescheid verzichtet, berührt das die Haftung nach Nr. 4 allerdings nicht. Denn dann würde der Staatskasse einseitig ein Schuldner genommen. Wird ein Arrest oder eine einstweilige Verfügung aufgehoben, entfällt die Kostenschuld des Vollstreckungsschuldners nur dann, wenn der Arrest oder die einstweilige Verfügung nur deshalb aufgehoben wurden, weil die Maßnahme von vornherein unbegründet oder unzulässig war.

41 Wird die **Vollstreckungsmaßnahme wieder aufgehoben**, haftet der Vollstreckungsschuldner nicht, wenn die Aufhebung deshalb erfolgte, weil die Zwangsvollstreckungsmaßnahme von vornherein erkennbar unzulässig oder unbegründet war. Denn dann waren die Kosten auch nicht notwendig. In allen anderen Fällen bleibt der Vollstreckungsschuldner für die Kosten haftbar. Die Tatsache, dass das Gericht gemäß § 788 Abs. 3 ZPO die Kosten des Verfahrens dem Gläubiger auferlegt hat, begründet für sich allein noch nicht die Entlassung des Vollstreckungsschuldners aus der Haftung nach Nr. 4. Es kommt vielmehr darauf an, welche Gründe für die Kostenentscheidung des Gerichts maßgebend waren.[118] Ob es sich um notwendige Kosten der Zwangsvollstreckung handelte, ist auf Erinnerung im Verfahren nach § 66 nachzuprüfen.

42 **Gerichtskosten der Zwangsvollstreckung** kommen in Betracht z.B. in den Verfahren nach KV 2110 ff. Zu den Kosten der Zwangsvollstreckung zählen auch die Kosten der Ausfertigung und Zustellung des Urteils nach § 788 Abs. 1 S. 2 ZPO. Keine Kosten der Zwangsvollstreckung sind die Kosten eines Arrest- oder einstweiligen Verfügungsverfahrens. Auch die Gerichtsgebühren für die Eintragung eines durch einstweilige Verfügung angeordneten Widerspruchs oder einer Vormerkung im Grundbuch sind keine Zwangsvollstreckungskosten.[119]

§ 30
Erlöschen der Zahlungspflicht

Die durch gerichtliche oder staatsanwaltschaftliche Entscheidung begründete Verpflichtung zur Zahlung von Kosten erlischt, soweit die Entscheidung durch eine andere gerichtliche Entscheidung aufgehoben oder abgeändert wird. Soweit die Verpflichtung zur Zahlung von Kosten nur auf der aufgehobenen oder abgeänderten Entscheidung beruht hat, werden bereits gezahlte Kosten zurückerstattet.

---

117 BGH NJW 2005, 2460 = NZM 2005, 637 = JurBüro 2005, 496 = MDR 2005, 951; OLG München NJW 1959, 393.
118 *Hellstab* in Oe/He/Tre § 29 Rn. 69.
119 OLG München MDR 1974, 939.

Die für den gesamten Geltungsbereich des GKG nach § 1 anwendbare Vorschrift betrifft nur die auf gerichtlicher oder staatsanwaltschaftlicher Entscheidung beruhende Kostenpflicht als Entscheidungsschuldner[1] gemäß § 29 Nr. 1, nicht aber eine solche, die auf einem gerichtlichen Vergleich beruht.[2] Es wäre unbillig, einen Kostenschuldner aufgrund einer ergangenen und später wieder aufgehobenen oder zugunsten des Schuldners durch eine gerichtlich abgeänderte Kostenentscheidung weiterhin in Anspruch zu nehmen oder aufgrund der Entscheidung schon gezahlte Kosten nicht zurückzuerstatten. Da es sich um eine Ausnahmevorschrift zu § 29 Nr. 1 handelt, ist sie eng auszulegen.[3] Trotzdem ist sie auf den Fall des § 29 Nr. 4 hinsichtlich der notwendigen Kosten der Zwangsvollstreckung anzuwenden, weil die Aufhebung der der Zwangsvollstreckung zugrunde liegenden Entscheidung letztlich auch eine auf gerichtliche Entscheidung beruhende Kostenpflicht aufhebt. Keine entsprechende Anwendung ist hingegen möglich, wenn die höhere Instanz keine nach § 45 Abs. 3 der Rechtskraft fähige Entscheidung getroffen hat.[4] 1

§ 30 betrifft nur die durch die Entscheidung begründete Kostenpflicht. Auch wenn diese wegfällt, bleibt eine andere, etwa auf Antragstellerhaftung beruhende (§ 22 Abs. 1) oder nach § 29 Nr. 2 und 3 begründete Kostenhaftung sowie eine etwa entstandene Vorschusspflicht (z.B. nach §§ 16–18) bestehen. Das gilt auch für Säumniskosten (§§ 97, 344 ZPO) oder Verzögerungsgebühren (§ 38). Der § 30 hat immer nur denselben Kostenschuldner zum Gegenstand. Treten neben ihn andere Kostenschuldner, wird seine Verpflichtung davon nicht berührt, auch wenn die weiteren Kostenschuldner als Übernahmeschuldner nach § 29 Nr. 2 ebenfalls Erstschuldner (§§ 31 Abs. 2 S. 1) werden.[5] Wegen der Kostenrückzahlung für den Fall, dass einer von Kosten befreiten Partei Kosten auferlegt werden oder dass sie die Kosten übernimmt, vgl. § 2 Abs. 5.[6] 2

Die Verpflichtung zur Kostenzahlung muss durch gerichtliche oder staatsanwaltliche **Entscheidung** begründet gewesen sein. Die Vorschrift ist deshalb unanwendbar, wenn die Parteien die Änderung einer ursprünglich in einem Vergleich getroffenen oder fingierten (§ 98 ZPO) Kostenregelung vereinbaren. In diesem Fall bleibt die nach § 29 Nr. 2 entstandene Kostenschuld aus Übernahme bestehen.[7] Gleiches gilt auch im umgekehrten Fall, wenn eine gerichtliche (erstinstanzliche) Kostenentscheidung in einem gerichtlichen Vergleich (in der zweiten Instanz) geändert wird.[8] 3

Eine andere **gerichtliche Entscheidung** muss die vorausgegangene gerichtliche Entscheidung **aufgehoben oder abgeändert** haben. Gleichgültig ist, ob die Entscheidung von dem Gericht ergeht, das die Erstentscheidung erlassen hat oder von einem anderen Gericht. Sie kann auch im Rechtsmittel- oder Wiederaufnahmeverfahren ergehen. Aber stets muss es eine gerichtliche Entscheidung und kein gerichtlicher Vergleich sein. Es genügt also nicht, wenn die Parteien in einem gerichtlichen Vergleich eine Kostenregelung treffen, die von einer früheren gerichtlichen Entscheidung abweicht,[9] z.B. in ei- 4

1 *Hartmann* § 30 GKG Rn. 1; *Dörndorfer* in Binz u.a. § 30 GKG Rn. 1 *Hellstab* in Oe/He/Tre, § 30 Rn. 1; dazu ausf. *Müller* DGVZ 1995, 182.

2 **A.M.**: OLG Brandenburg OLG-Report-KG 2008, 762 = BeckRS 2008, 11355.

3 OLG Nürnberg BayJMBl. 1954, 166.

4 OLG Saarbrücken AnwBl. 1980, 155; *Hartmann* § 30 Rn. 1.

5 OLG Naumburg JurBüro 2008, 325; OLG Karlsruhe NJW-RR 2001, 1365; KG RPfleger 1962, 123 (L); *Hartmann* § 30 Rn. 3.

6 OLG Brandenburg OLG-Report-KG 2008, 762 = BeckRS 2008, 11355.

7 BGH NJW-RR 2001, 285; OLG Naumburg JurBüro 2008, 325; *Hartmann* § 30 Rn. 3.

8 OLG Dresden OLG-NL 2001, 168. **A.M.** OLG Brandenburg OLG-Report-KG 2008, 762 = BeckRS 2008, 11355.

9 AG Koblenz FamRZ 2009, 1617.

nem im zweiten Rechtszug geschlossenen Vergleich[10] oder in einer Scheidungsvereinbarung.[11]

5 Wird die **Klage zurückgenommen**, wird ein bereits ergangenes, aber noch nicht rechtskräftiges Urteil wirkungslos, ohne dass es einer ausdrücklichen Aufhebung bedarf (§ 269 Abs. 4 ZPO). Die in dem wirkungslos gewordenen Urteil enthaltene Kostenentscheidung wird daher durch Klagerücknahme und nicht durch eine gerichtliche Entscheidung außer Kraft gesetzt, so dass die durch die nachträglich wirkungslos gewordene Entscheidung begründete Kostenpflicht nicht nach § 30 erlischt.[12] Ein nach Klagerücknahme ergehender Beschluss nach § 269 Abs. 4 ZPO enthält aber eine abändernde Kostenentscheidung.[13] Gleiches gilt auch, wenn der Rechtsstreit **in der Rechtsmittelinstanz für erledigt erklärt** wird, weil die Entscheidung der Vorinstanz wirkungslos wird.

6 Einer der Hauptanwendungsfälle des § 30 ist gegeben, wenn ein Rechtsmittelgericht die vom Erstgericht getroffene Entscheidung einschließlich der Kostenentscheidung aufhebt oder abändert und eine andere Kostenentscheidung trifft. Es muss aber unzweifelhaft sein, dass die Kostenentscheidung der Vorinstanz keinen Bestand mehr haben soll. Bezieht sich der Kostenausspruch nur auf die Kosten des Rechtsmittels, ist § 30 unanwendbar. Aber selbst dann, wenn das Rechtsmittelgericht nur die frühere Entscheidung aufhebt, und die Sache zur erneuten Verhandlung und Entscheidung an das Erstgericht zurückverweist, erlischt schon die durch die frühere Entscheidung begründete Kostenpflicht. Aber sonstige Haftungsgründe (z.B. als Antragsteller nach § 22) bleiben bestehen.

7 Die Kostenschuld erlischt mit dem Wirksamwerden der Entscheidung (Verkündung). Die Entscheidung braucht weder rechtskräftig noch vollstreckbar zu sein.[14] War dem im ersten Rechtszug obsiegenden Kläger Prozesskostenhilfe bewilligt und endet der zweite Rechtszug durch einen Vergleich, in dem der Kläger auch die Kosten des ersten Rechtszuges übernimmt, liegt gegen den Beklagten eine die Verpflichtung zur Zahlung begründende Kostenentscheidung überhaupt noch nicht vor, weil in diesem Falle die Zahlungspflicht des Beklagten gemäß § 125 ZPO erst entsteht, wenn die Verurteilung in die Kosten rechtskräftig ist.[15]

8 Die **einstweilige Einstellung der Zwangsvollstreckung** aus einer Kostenentscheidung hebt die frühere Kostenentscheidung weder auf noch ändert sie die Kostenentscheidung ab. Sie bringt daher die durch die Entscheidung begründete Zahlungspflicht nicht zum Erlöschen.[16]

9 Wird die frühere Entscheidung **abgeändert**, bleibt die Zahlungsverpflichtung nur nach der abgeänderten Fassung der Kostenentscheidung bestehen. Wird die frühere Entscheidung nur hinsichtlich eines Kostenschuldners aufgehoben, hinsichtlich des anderen aber aufrechterhalten, so bleibt gegenüber dem letzteren die Zahlungspflicht bestehen, während sie gegenüber dem Ersteren entfällt. Wird die Kostenentscheidung dahin abgeändert, dass statt der zur Kostentragung verurteilten Partei die Gegenpartei die Kosten zu tragen habe, erlischt die Zahlungspflicht der zuerst verurteilten Partei.

---

10 OLG Naumburg JurBüro 2008, 325; OLG Nürnberg NJW-RR 2004, 1007 = MDR 2004, 417; OLG Karlsruhe NJW-RR 2001, 1365; KG RPfleger 1962, 123 (L); OLG Nürnberg RPfleger 1963, 180 (L).
11 KG MDR 1976, 318 JurBüro 1972, 806 = MDR 1972, 960, OLG Frankfurt aM JurBüro 1974, 1151.
12 OLG Düsseldorf JurBüro 1970, 792 = RPfleger 1970, 365.
13 OLG Düsseldorf JurBüro 1974, 354 = RPfleger 1974, 234; **a.M.** *Hellstab* in Oe/He/Tre § 30 Rn. 3.
14 OLG Schleswig RPfleger 1962, 394 (L).
15 OLG Nürnberg NJW 1960, 636 = RPfleger 1963, 180 (L).
16 OLG Stuttgart RPfleger 1961, 309 1964, 131 (L); OLG Schleswig RPfleger 1962, 394 (L).

Die Aufhebung oder Abänderung der gerichtlichen Kostenentscheidung **berührt nur die Kostenpflicht des Entscheidungsschuldners.** Haftet er aus einem anderen Grund (z.B. als Antragsteller nach § 22), wird diese Haftung durch den Wegfall der Entscheidungsschuldnerhaftung nur insofern berührt, als er nunmehr nicht mehr Erstschuldner, sondern Zweitschuldner ist § 31 Abs. 2). Eine von der gerichtlichen Entscheidung abweichende Kostenregelung in einem Vergleich oder in einer Scheidungsvereinbarung kann neben dem weiter haftenden Entscheidungsschuldner einen zusätzlichen Übernahmeschuldner schaffen.[17] 10

Rückerstattung bereits gezahlter Kosten (S. 2): Soweit die auf die frühere Kostenentscheidung begründete Zahlungspflicht weggefallen ist, darf der Kostenschuldner aus der weggefallenen Entscheidung nicht mehr in Anspruch genommen werden. Hat er aber die Kosten bereits gezahlt (z.B. als Vorschuss), sind sie ihm zurückzuerstatten, wenn er sie **nur** auf Grund der aufgehobenen Kostenentscheidung gezahlt hatte (§ 29 Nr. 1). War er aber noch aus einem anderen Rechtsgrund Kostenschuldner (z.B. § 29 Nr. 2; §§ 22 Abs. 1), bleibt auch seine Kostenschuld insofern bestehen. Für eine Rückerstattung ist dann kein Raum. Die überzahlten Kosten werden in diesem Fall einbehalten und auf die Kostenschuld des Gegners bzw. des ebenfalls kostenpflichtigen Beteiligten verrechnet. War die in einer sonstigen Vorschrift begründete Kostenpflicht geringer als die nach der weggefallenen Kostenentscheidung, sind nur die Kosten zu erstatten, die über den sonstigen Haftungsgrund hinaus allein auf Grund der weggefallenen Kostenentscheidung gezahlt waren. Eine weitergehende Erstattung ist dann im Kostenfestsetzungs-/Kostenausgleichsverfahren nach §§ 103, 104, 106 ZPO vorzunehmen.[18] Wegen der Rückzahlung von Kosten in dem Fall, dass einer von Kosten befreiten Partei die Kosten des Verfahrens auferlegt oder dass sie von ihr übernommen werden, vgl. § 2 Abs. 5. 11

§ 31
Mehrere Kostenschuldner

(1) Mehrere Kostenschuldner haften als Gesamtschuldner.

(2) Soweit ein Kostenschuldner aufgrund von § 29 Nr. 1 oder 2 (Erstschuldner) haftet, soll die Haftung eines anderen Kostenschuldners nur geltend gemacht werden, wenn eine Zwangsvollstreckung in das bewegliche Vermögen des Ersteren erfolglos geblieben ist oder aussichtslos erscheint. Zahlungen des Erstschuldners mindern seine Haftung aufgrund anderer Vorschriften dieses Gesetzes auch dann in voller Höhe, wenn sich seine Haftung nur auf einen Teilbetrag bezieht.

(3) Soweit einem Kostenschuldner, der aufgrund von § 29 Nr. 1 haftet (Entscheidungsschuldner), Prozesskostenhilfe bewilligt worden ist, darf die Haftung eines anderen Kostenschuldners nicht geltend gemacht werden; von diesem bereits erhobene Kosten sind zurückzuzahlen, soweit es sich nicht um eine Zahlung nach § 13 Abs. 1 und 3 des Justizvergütungs- und -entschädigungsgesetzes handelt und die Partei, der Prozesskostenhilfe bewilligt worden ist, der besonderen Vergütung zugestimmt hat. Die Haftung eines anderen Kostenschuldners darf auch dann nicht geltend gemacht werden, soweit dem Entscheidungsschuldner ein Betrag für die Reise zum Ort einer Verhandlung, Vernehmung oder Untersuchung und für die Rückreise gewährt worden ist.

---

17 LG Bayreuth JurBüro 1974, 1403.

18 *Hartmann* § 30 Rn. 6; *Hellstab* in Oe/He/Tre § 30 Rn. 6.

(4) Absatz 3 ist entsprechend anzuwenden, soweit der Kostenschuldner aufgrund des § 29 Nummer 2 haftet, wenn
1. **Der Kostenschuldner die Kosten in einem vor Gericht abgeschlossenen oder gegenüber dem Gericht angenommenen Vergleich übernommen hat,**
2. **Der Vergleich einschließlich der Verteilung der von dem Gericht vorgeschlagen worden ist und**
3. **Das Gericht in einem Vergleichsvorschlag ausdrücklich festgestellt hat, dass die Kostenregelung der sonst zu erwartenden Kostenentscheidung entspricht.**

Übersicht

I. Allgemeines — 1–3
Allgemeines — 1
Mehrere Kostenschuldner — 2
Bruchteilsentscheidung — 3
II. Gesamtschuldnerhaftung — 4–8
Gesamtschuldnerhaftung — 4
Haftung bei Klage und Widerklage — 5
Keine Gesamtschuldnerhaftung — 6
Mehrere Antragsteller — 7
§§ 7 und 8 KostVfg. — 8
III. Strafsachen — 9–11
Strafsachen — 9
Staatsanwaltschaft und Nebenkläger — 10
Privatklageverfahren — 11
IV. Erst- und Zweitschuldnerhaftung — 12
V. Gnadenweise Niederschlagung von Kosten — 13
VI. Inanspruchnahme — 14–19
Erstschuldnerhaftung als Vorrang — 14
Mehrere Erstschuldner — 15
Zweitschuldner — 16
Mehrere Zweitschuldner — 17
Reihenfolge der Inanspruchnahme der Schuldner — 18
Erfolglose Zwangsvollstreckung — 19
VII. Stundung und Verjährung — 20–24
VIII. Aussichtslose Zwangsvollstreckung — 25, 26
IX. Vollstreckung im Ausland — 27
X. PKH für den Erstschuldner — 28
XI. Prozesskostenhilfe — 29–36
(Abs. 4) Kostenübernahme des Zweitschuldners bei gerichtlichem Vergleich — 31
Vorschussrückzahlung — 32
PKH für beide Parteien — 33
Umfang der Anwendung des Abs. 3 (Teil-PKH) — 34–37
XII. Arbeitsgerichtssachen — 38

I. Allgemeines

1 **Abs. 1** dieser Vorschrift stellt im Interesse der Staatskasse klar, dass bei Beteiligung mehrerer Kostenschuldner, die jeder für sich allein für bestimmte Kosten haften würden – mit Ausnahme der Auslagen nach §§ 28 und 38 S. 1 und 2 – grundsätzlich insoweit eine Gesamtschuldnerhaftung i.S.d. §§ 421ff. BGB besteht. M.a.W.: Soweit die mehreren Kostenschuldner dieselben Gebühren und Auslagen (gleichviel aus welchem Gebührentatbestand) schulden, haftet jeder vorbehaltlich einer anderslautenden Entscheidung des Gerichts (§ 426 BGB)[1] auf den ganzen Betrag. **Abs. 2** bestimmt die Reihenfolge der Inanspruchnahme der Gesamtschuldner. Der Staatskasse gegenüber kann sich ein gesamtschuldnerisch haftender Kostenschuldner danach auf die Mithaftung eines anderen Kostenschuldners nur insoweit berufen, dass nach Vorgabe des Abs. 2 zuerst ein Entscheidungs- oder Übernahmeschuldner herangezogen wird. **Abs. 3** stellt klar, dass ein anderer, als der Entscheidungsschuldner wegen der Prozesskostenhilfe des Entscheidungsschuldners nicht in Anspruch genommen werden darf. Entsprechend anwendbar ist § 31 Abs. 2 und 3 im Falle des § 18 (Fortdauer der Vorschusspflicht).[2]

2 **Mehrere Kostenschuldner** i.S.d. Abs. 1 sind dann vorhanden, wenn und soweit hinsichtlich derselben Kosten (Gebühren und/oder Auslagen) mehrere Personen haftbar

1 VGH Stuttgart RPfleger 1981, 72.
2 OLG Karlsruhe NJW-RR 2001, 1365, 1366.

sind. So z.B., wenn der Kläger als Antragsteller nach § 22 und der Beklagte aufgrund einer Kostenentscheidung oder Kostenübernahme nach § 29 Nr. 2 für dieselben Kosten haftet. Sie schulden dann insoweit als Gesamtschuldner jeder auf den ganzen Betrag und nicht nach Bruchteilen oder Quoten. Es muss sich aber immer um Kosten **derselben Instanz** handeln, so dass eine Gesamtschuldnerhaftung nicht stattfindet, wenn eine Partei für die Kosten der ersten und die andere für die Kosten der zweiten Instanz haftet.

Sind die Kosten zwischen den Parteien **nach Bruchteilen oder nach Quoten** verteilt, besteht eine gesamtschuldnerische Haftung nur insoweit, als eine Partei auch aus 3
einem anderen Rechtsgrund für die Kosten der Gegenpartei haftet. Sind z.B. dem Kläger die Kosten zu $^1/_3$, dem Beklagten zu $^2/_3$ auferlegt, so haftet der Kläger als Antragsteller für die gesamten Kosten und als Entscheidungsschuldner nur für $^1/_3$ der Kosten. Wegen der dem Beklagten treffenden $^2/_3$ haftet er mit dem Beklagten zusammen gesamtschuldnerisch für $^1/_3$. Dasselbe gilt, wenn die Kosten gegeneinander aufgehoben sind, jede Partei also nach § 92 Abs. 1 S. 2 ZPO, § 160 VwGO, die Hälfte der Gerichtskosten zu tragen hat.

II. Gesamtschuldnerhaftung

Gesamtschuldner: Die Gesamtschuldnerschaft ist nach allgemeinen Regeln 4
(§§ 421ff. BGB) zu beurteilen. Die Gesamtschuldner schulden danach die Leistung in der Weise, dass jeder die ganze Leistung zu bewirken verpflichtet ist, der Gläubiger aber die Leistung nur einmal zu fordern berechtigt ist. Eine gesamtschuldnerische Kostenhaftung liegt also nur dann vor, wenn die Staatskasse ein und dieselben Kosten zwar von mehreren Personen, aber insgesamt nur einmal fordern darf (z.B. vom Kläger als Antragsteller und vom Beklagten als Entscheidungsschuldner). Dasselbe gilt von den notwendigen Kosten einer einheitlich gegen mehrere Gesamtschuldner gerichteten **Zwangsvollstreckung.**[3] Gesamtschuldnerisch haften die Gläubiger als Antragsteller (§ 22)[4] und der Vollstreckungsschuldner nach § 29 Nr. 4. Stellen z.B. mehrere Gläubiger einen Insolvenzantrag gegen denselben Schuldner und werden die Anträge mangels Masse abgewiesen, nachdem die Verfahren verbunden worden sind, haften die Antragsteller für die im Verfahren entstandenen Auslagen (für Veröffentlichungen, für Sachverständige) als Gesamtschuldner.[5] Haben beide Parteien Beweis durch Benennung desselben Zeugen oder Sachverständigenbeweis durch Bezeichnung desselben Beweisthemas angeboten, haften sie für die Beweisauslagen als Gesamtschuldner.[6] Diese Haftung bleibt bestehen, auch wenn die Kosten nur einer Partei auferlegt werden[7] oder wenn sie von einem vorrangig haftenden Schuldner nicht eingezogen werden können.[8]

Kläger und Widerkläger haften als Gesamtschuldner, soweit die Streitgegenstände 5
übereinstimmen (§ 22) und soweit sie in die Kosten verurteilt worden sind.[9] Das gilt auch für die selbständige oder unselbständige **Anschlussberufung.**[10]

---

3 LG Mannheim MDR 1971, 769 (L); LG Hamburg MDR 1969, 583; LG Hannover NdsRPfl. 1969, 208; *Mümmler* JurBüro 1972, 939; **a.M.** OLG München NJW 1974, 957 = VersR 1974, 812 (L); LG Osnabrück MDR 1972, 700.

4 LSG Berlin-Brandenburg JurBüro 2014, 430 (Betr. GbR).

5 LG Gießen JurBüro 1996, 486.

6 OLG München JurBüro 1975, 1230 = NJW 1975, 2027 (L); OLG Düsseldorf MDR 1974, 321; OLG Bamberg JurBüro 1972, 902.

7 OLG Düsseldorf RPfleger 1974, 821; OLG München JurBüro 1971, 705 = RPfleger 1971, 329.

8 OLG Hamburg OLG-Report Bremen/Hamburg/Schleswig-Holstein 1997, 218.

9 OLG Frankfurt aM JurBüro 1970, 52; OLG Hamm JurBüro 1970, 422.

10 OLG München JurBüro 1975, 1230; KG JurBüro 1973, 546; OLG Bamberg JurBüro 1972, 902; OLG Düsseldorf NJW 1968, 410 = JurBüro 1967, 754.

6 **Keine gesamtschuldnerische Haftung** besteht, wenn eine Partei als Antragsteller und Entscheidungsschuldner haftet, der anderen Partei aber eine Verzögerungsgebühr nach § 38 S. 1–2 auferlegt ist. Hier haftet der Kläger für die gesamten Verfahrenskosten ohne die Verzögerungsgebühr, der Beklagte aber nur für die Verzögerungsgebühr, nicht aber für die übrigen Kosten des Verfahrens.

7 Wenn **mehrere** an einem Verfahren Beteiligte jeweils nur für Teile der Kosten als **Antragsteller** haften, stellt Abs. 2 S. 2 klar, dass eine Zweitschuldnerhaftung nur für den Betrag besteht, um den die Antragstellerhaftung die Entscheidungshaftung übersteigt. Eine Unterscheidung nach den Gegenständen, auf die sich die Antragstellerhaftung bezieht, soll nicht erfolgen.

8 Wegen der Inanspruchnahme als Gesamtschuldner, vgl. auch §§ 7, 8 KostVfg.[11] Danach bestimmt der Kostenbeamte nach pflichtgemäßem Ermessen, ob der geschuldete Betrag von einem Kostenschuldner ganz oder von mehreren nach Kopfteilen angefordert werden soll.[12] Im Übrigen soll diese Bestimmung wegen der Selbstbindung der Verwaltung dazu führen, von einem Gesamtschuldner die gesamten Gerichtskosten jedenfalls dann nicht verlangt werden können, wenn eine Aufteilung auf die Gesamtschuldner zu derart kleinen Beträgen führt, dass nach den Kleinbetragsregelungen der Länder von der Rechnungsstellung abzusehen ist.[13]

III. Strafsachen

9 In **Strafsachen** haften im **Amtsverfahren** (Offizialverfahren) rechtskräftig verurteilte Mitangeklagte, soweit gegen sie in Bezug auf dieselbe Tat Strafe erkannt oder eine Maßregel der Besserung und Sicherung angeordnet wurde, für die Auslagen als Gesamtschuldner.[14] Ausgenommen sind aber die durch die Tätigkeit eines bestellten Verteidigers oder eines Dolmetschers und durch die Vollstreckung, die einstweilige Unterbringung oder den Vollzug der Untersuchungshaft oder sonstiger vorläufiger Strafverfolgungsmaßnahmen entstandenen Kosten, soweit sie ausschließlich nur gegen einen der Mitangeklagten gerichtet waren (§ 466 StPO).[15] Das gilt auch, wenn die Verurteilung in verschiedenen Entscheidungen erfolgte und wenn die Gesamthaftung in der Entscheidung nicht ausdrücklich erwähnt ist. Keine Gesamthaftung findet allerdings wegen der Straftaten statt, hinsichtlich derer nicht dieselbe Tat vorlag.

10 **Staatsanwaltschaft und Nebenkläger**, die beide vergeblich gegen den Angeklagten Rechtsmittel eingelegt haben, sind nicht mehrere Kostenschuldner i.S.v. § 31. Hier haftet der Nebenkläger für die Auslagen zur Hälfte.[16]

11 Im **Privatklageverfahren** haften mehrere Privatkläger für die sie treffenden Kosten als Gesamtschuldner, auch wenn die Verfahren erst nachträglich verbunden wurden. Ebenso haften mehrere Beschuldigte hinsichtlich der Auslagen als Gesamtschuldner (§ 33 i.V.m. § 471 Abs. 4 StPO).

---

11 Vgl. dazu auch OLG Karlsruhe NJW-RR 2001, 1365, 1366.
12 OLG Düsseldorf JurBüro 2004, 605.
13 OLG München NJW-RR 2000, 1744.
14 OLG Koblenz JurBüro 2006, 323 (LS mit Volltextservice).
15 Vgl. dazu auch *D. Meyer* DAR 1989, 397.
16 OLG Hamm RPfleger 1959, 61.

IV. Erst- und Zweitschuldnerhaftung

Erst- und Zweitschuldnerhaftung (Abs. 2): Während Abs. 1 im Interesse der Staatskasse bestimmt, dass mehrere Kostenschuldner grundsätzlich als Gesamtschuldner haften, ordnet Abs. 2 die **Voraussetzungen** und die **Reihenfolge** der Inanspruchnahme der einzelnen Schuldner durch die Staatskasse an. Inanspruchnahme der einzelnen Schuldner durch die Staatskasse an. Abs. 2 regelt mithin das Haftungsverhältnis vom Erstschuldner zum Zweitschuldner gegenüber der Staatskasse.[17] Abs. 2 bringt die Unterscheidung zwischen den sog. **Erstschuldnern** (§ 8 KostVfg.), die in erster Linie als Kostenschuldner in Anspruch genommen werden sollen, und den sog. **Zweitschuldnern**, deren Inanspruchnahme nur dann erfolgen soll, wenn eine Zwangsvollstreckung in das bewegliche Vermögen der Erstschuldner erfolglos geblieben ist oder aussichtslos erscheint.[18] Der Zweitschuldner ist nicht zu verwechseln mit dem Gesamtschuldner.[19] Ein Gesamtschuldner kann nur als Erst- oder Zweitschuldner gesamtschuldnerisch haftbar sein. Der Zweitschuldner soll demzufolge nur subsidiär haften, und zwar auch für die Kosten die durch bloße Verteidigungsmaßnahmen des Gegners (Erstschuldners) veranlasst wurden.[20] Das gilt allerdings nur für den unmittelbaren Anwendungsbereich des GKG, nicht jedoch im Bereich des GNotKG.[21] Dort gilt § 33 GNotKG. Die **Vorschusspflicht** bleibt hingegen bestehen, auch wenn ein anderer Kostenschuldner vorhanden ist (§ 18 S. 1). Ein noch nicht gezahlter Vorschuss darf aber nur unter den Voraussetzungen des § 31 Abs. 2 eingefordert werden (§ 18 S. 2). Eine Pflicht zur Rückzahlung oder Verrechnung vorschussweise gezahlter Beträge folgt aus § 31 Abs. 2 grundsätzlich nicht. Vorschüsse sind aber dann und soweit zurückzuzahlen, als keine Vorschusspflicht bestand.[22] Ein nicht verbrauchter Auslagenvorschuss darf gegenüber einem Zweitschuldner ohne sein Einverständnis nicht auf Kosten verrechnet werden, für die er nicht haftet.[23] 12

V. Gnadenweise Niederschlagung von Kosten

Die **gnadenweise Niederschlagung** einer Kostenforderung gegen den Erstschuldner hat auch die Befreiung der mithaftenden Personen, also auch des Zweitschuldners, zur Folge, es sei denn, dass sich die Niederschlagung nur auf die Haftung des zunächst Verpflichteten ausdrücklich beschränkt. Liegt eine solche Beschränkung auf den Erstschuldner vor, kann sich der Zweitschuldner nicht mehr auf § 31 S. 2 berufen.[24] Es kann dann der in Anspruch genommene Kostenzweitschuldner den Erstschuldner im Wege der Kostenerstattung in Anspruch nehmen. 13

VI. Inanspruchnahme

Als **Erstschuldner** nennt Abs. 2 S. 1 GKG **nur** den **Entscheidungsschuldner** i.S.v. § 29 Nr. 1 **und den Übernahme- und Vergleichsschuldner** i.S.v. § 29 Nr. 2. Wenn in einem Vergleich keine Kostenregelung getroffen ist, sind Erstschuldner auf Grund des 14

17 OLG Dresden JurBüro 2013,98 = MDR 2013, 186 = NJW-RR 2013, 189; *Hartmann* § 31 Rn. 7; *Volpert* in Schneider/Wolf/Volpert § 26 Rn. 37 (zu § 26 FamGKG).
18 OLG Düsseldorf JurBüro 2006, 323 (LS mit Volltextservice).
19 OLG Koblenz NStZ-RR 2005, 254.
20 OLG Düsseldorf JurBüro 2006, 323 (LS mit Volltextservice).
21 KG NJWE-FER 1999, 330 noch zur KostO.
22 OLG Oldenburg NdsRPfl. 1978, 33.
23 KG JurBüro 1969, 173 = JVBl. 1969, 115; **a.M.** OLG Celle JurBüro 1967, 440.
24 OLG Nürnberg BayJMBl. 1954, 166 = RPfleger 1956, 298 (L).

Vergleichs die Vergleichsschließenden je zur Hälfte (§ 29 Nr. 2 Hs. 2 i.V.m. § 98 ZPO). Für die Kostenschuldner aus Haftung kraft bürgerlichen Rechts (§ 29 Nr. 3) und den Vollstreckungsschuldner (§ 29 Nr. 4) ist in Abs. 2 keine Regelung getroffen. Daraus folgt, dass die Bestimmung des Abs. 2 insoweit nicht anwendbar ist.

15 **Mehrere Erstschuldner** können – soweit sie nach § 31 Abs. 2 S. 1 haften – nach allgemeinen Regeln als Gesamtschuldner in Anspruch genommen werden, ohne dass einer verlangen könnte, die Staatskasse möge sich zuerst an den anderen halten oder ihn nur auf den Teil in Anspruch nehmen, der ihn im Innenverhältnis gegenüber den anderen Erstschuldnern trifft.[25] Insbesondere in Strafsachen ist diese Fallkonstellation häufig, wenn und soweit Mitangeklagten nach § 466 StPO die Kosten des Verfahrens auferlegt werden.[26] Das gilt auch von Streitgenossen, soweit sie nach § 31 als Gesamtschuldner haften. Ist zugunsten des zur Kostentragung verurteilten Beklagten gem. § 144 PatG der Streitwert herabgesetzt, ist er nur für die aus dem herabgesetzten Streitwert zu berechnenden Gebühren Erstschuldner. Der Kläger kann auf diesen Betrag in Anspruch genommen werden, ohne dass er sich auf § 31 Abs. 2 S. 1 berufen könnte.

16 **Zweitschuldner** sind nach Abs. 2 alle Kostenschuldner, die nicht Erstschuldner sind. Das sind vor allem die Kostenschuldner nach §§ 22 bis 26, 29 Nrn. 3, 4, insbesondere der Antragsteller nach § 22. Solange noch keine gerichtliche Kostenentscheidung ergangen oder eine Übernahme erfolgt ist, kann sich der Antragsteller gegen seine Inanspruchnahme nicht auf Abs. 2 berufen. Eine gemäß dem früheren § 620g ZPO ergangene Entscheidung, „die Kosten des Beschwerdeverfahrens gelten für die Kostenentscheidung als Teil der Kosten der Hauptsache" ist keine Kostenentscheidung i.S.d. Abs. 2, solange in der Hauptsache noch keine Kostenentscheidung ergangen ist.[27]

17 **Mehrere Zweitschuldner** haften untereinander der Staatskasse als Gesamtschuldner nach allgemeinen Regeln. Keiner kann verlangen, dass die Staatskasse zuerst gegen den einen oder anderen vorgehen oder gegen ihn nur einen Teil der Kostenschuld geltend machen könne.[28] Das gilt auch von Streitgenossen, soweit sie nach § 31 als Gesamtschuldner haften.

18 **Inanspruchnahme der Erstschuldner und Zweitschuldner durch die Staatskasse.** Die Staatskasse „soll" sich grundsätzlich zunächst an den oder die Erstschuldner halten, wobei sie hinsichtlich mehrerer Erstschuldner die freie Wahl der Reihenfolge hat. Allerdings können diese nur für noch ausstehende, nicht aber für bereits durch den Zweitschuldner gezahlte Kosten in Anspruch genommen werden.[29] „Soll" beinhaltet hier eine Rechtspflicht.[30] Verfassungsrechtliche Bedenken gegen die Zweitschuldnerhaftung sind unbegründet.[31] Der Zweitschuldner kann auch dann auf die vollen Kosten in Anspruch genommen werden, wenn nach den Kostenvorschriften der ZPO die Kosten gegeneinander aufzuheben sind, z.B. im Falle des § 93c ZPO a.F. (jetzt § 183 FamFG).[32] Der Zweitschuldner haftet aber nicht für die Auslagen, die durch eine gerichtliche Handlung

---

25 OLG Düsseldorf JurBüro 2009, 372 = FamRZ 2009, 1617 und MDR 1991, 451; KG MDR 1972, 960 = JurBüro 1972, 806 = JVBl. 1972, 260.

26 OLG Koblenz JurBüro 2006, 323 (LS mit Volltextservice).

27 OLG Nürnberg JurBüro 1961, 462 = RPfleger 1963, 180 (L); OLG München JurBüro 1966, 145 (vgl. jetzt § 49 FamFG i.V.m. § 41 FamGKG).

28 OLG Düsseldorf JurBüro 2006, 323 (LS mit Volltextservice).

29 OLG Düsseldorf JurBüro 1998, 149 = NJW-RR 1997, 1295.

30 BGH NJW 1965, 1227, OLG München JurBüro 2001, 597; KG AnwBl. 1969, 435, m.N.; AG Neuruppin JurBüro 2001, 375; *Hartmann* § 31 Rn. 8; **a.M.** BVerwG NJW 1974, 252; OLG Bamberg RPfleger 1991, 36.

31 OLG Frankfurt aM JurBüro 1970, 52; OLG Hamm JurBüro 1973, 549; OLG Schleswig JurBüro 1971, 184; **a.M.** OLG Saarbrücken NJW 1969, 2152.

32 OLG München JurBüro 1972, 49 = RPfleger 1971, 447.

ausgelöst worden sind, die nur mit Rücksicht auf die dem Gegner gewährte Prozesskostenhilfe nicht von einer Vorschussleistung abhängig gemacht worden sind (Abs. 3). Die frühere gegenteilige Ansicht[33] ist durch die Neufassung des § 31 obsolet. Der einen Insolvenzantrag stellende Gläubiger haftet bei Erledigung des vorläufigen Insolvenzverfahrens als Zweitschuldner nur für die Gerichtskosten (KV 2310, 2330), nicht aber für Auslagen für Sachverständigengutachten.[34]

Die Inanspruchnahme des Zweitschuldners ist davon abhängig, dass entweder eine 19
Zwangsvollstreckung in das bewegliche Vermögen aller Erstschuldner erfolglos geblieben ist oder aussichtslos erscheint. Für eine **erfolglos gebliebene Zwangsvollstreckung** reicht es aus, wenn ein Vollstreckungsversuch erfolglos war. Mehrere fruchtlose Vollstreckungen sind nicht erforderlich.[35] Insbesondere ist nicht zu verlangen, dass der Schuldner die Eidesstattliche Versicherung abgegeben hat.[36] Auch die Nichteröffnung des Insolvenzverfahrens mangels Masse reicht aus.[37] Es genügt aber nicht, wenn die Staatskasse nur gegen einen von mehreren Erstschuldnern vergeblich vorgegangen ist. Werden einer Partei die nach der Grundentscheidung zu tragenden Gerichtskosten erlassen (z.B. nach der ThürLHO), dürfen diese auch nicht vom Zweitschuldner gefordert werden.[38] Hat der Zweitschuldner die Kosten gezahlt, kann er sich nicht nachträglich auf den Schutz des § 31 Abs. 2 berufen.[39] Das ist nur dann zulässig, wenn die Zahlung auf Grund einer nach Abs. 2 unzulässigen Inanspruchnahme des Zweitschuldners zur Vermeidung der Zwangsbeitreibung unter Vorbehalt erfolgte.[40]

VII. Stundung und Verjährung

Solange die Staatskasse gegen den Zweitschuldner nicht vorgehen darf, ist die Kos- 20
tenschuld des Zweitschuldners gesetzlich **gestundet** und kann nicht verjähren. Die **Verjährung** beginnt vielmehr nach dem Ende der Stundung erneut (§ 5 Abs. 3 S. 2).[41] Die Stundungswirkung entfällt allerdings, wenn ein erster Pfändungsversuch gegen den Erstschuldner erfolglos war,[42] es sei denn, dem Erstschuldner ist die Kostenschuld aus anderen Gründen gestundet (z.B. §§ 4a ff. InsO). Dann beginnt die Verjährung erst mit dem Ende dieser Stundung. Die Verjährung der Gerichtskostenschuld des Zweitschuldners kann auch nicht dadurch verhindert oder erheblich verzögert werden, dass nur gegen einen von mehreren Erstschuldnern Vollstreckungsversuche unternommen werden und/oder eine Vollstreckung nur zögerlich (uneffektiv) durchgeführt wird.[43] Das gilt aber wegen Abs. 3 nicht, wenn dem nach § 29 Nr. 1 Haftenden Prozesskostenhilfe bewilligt worden ist. Ist ihm hingegen nur teilweise Prozesskostenhilfe bewilligt worden, gelten

33 OLG Hamm JurBüro 1969, 989 = RPfleger 1969, 315.
34 AG Kaiserslautern NZI 2004, 327 = ZVI 2004, 428.
35 OLG Koblenz MDR 2000, 976 = JurBüro 2000, 542; OLG Oldenburg JurBüro 1992, 810.
36 OLG Koblenz MDR 2000, 976; OLG Oldenburg JurBüro 1992, 810; OLG München MDR 1986, 684 = JurBüro 1986, 1222.
37 OLG München MDR 1986, 684 = JurBüro 1986, 1222.
38 Thüringer OLG JurBüro 2000, 424.
39 OLG Bremen JurBüro 1973, 1195; OLG Hamm NJW 1967, 1475 = MDR 1967, 504 = JurBüro 1967, 494; OLG München RPfleger 1961, 422 (L).
40 BGH BB 1969, 739.
41 Die Entscheidungen OLG München RPfleger 1961, 421 (L); OLG Nürnberg RPfleger 1963, 177 (L) sind zum alten Recht ergangen und überholt.
42 So auch im Ergebnis jetzt die Entscheidungen OLG Schleswig SchlHA 1984, 167; LG Berlin JurBüro 1982, 885 und wohl auch OLG Stuttgart JurBüro 2001, 597, die aber noch zum alten Verjährungsrecht ergangen sind. (Verjährungsfrist gegen den Zweitschuldner wird in Lauf gesetzt).
43 OLG Stuttgart JurBüro 2001, 597; LG Stendal JurBüro 2005, 317 (LS mit Volltextservice).

für den nicht der Prozesskostenhilfe unterfallenden Teil selbstverständlich die allgemeinen Regeln. Die Verjährung kann erst bei Eintritt der Voraussetzungen für die Inanspruchnahme als Zweitschuldner weiter laufen (vgl. dazu auch oben, § 5, Rn. 10).

21 Waren die Voraussetzungen für die Inanspruchnahme als Zweitschuldner einmal gegeben, so ist er weiterhin neben dem Erstschuldner Gesamtschuldner, ohne dass er sich noch auf Abs. 2 berufen könnte.[44]

22 Der in Anspruch genommene Zweitschuldner kann im Wege der **Erinnerung** nach § 66 geltend machen, dass vor ihm der Erstschuldner hafte oder dass die Voraussetzungen nach Abs. 2 nicht gegeben seien.[45] Allerdings ist dann, wenn das Kostenansatzverfahren rechtskräftig abgeschlossen ist, eine weitere oder außerordentliche Beschwerde selbst dann nicht zulässig, wenn die in der rechtskräftig gewordenen Entscheidung zum Ausdruck gekommene Rechtsauffassung später vom Bundesverfassungsgericht für verfassungswidrig angesehen wird.[46]

23 **Erfolglose Zwangsvollstreckung in das bewegliche Vermögen:** Sie erfolgt entweder in körperliche Sachen (§§ 803ff. ZPO) oder in Forderungen (§§ 828ff. ZPO). Es muss daher entweder ein vergeblicher Vollstreckungsauftrag an den Gerichtsvollzieher erteilt oder die Pfändung von Forderungen oder anderer Vermögensrechte fruchtlos erfolgt sein. Es genügt, wenn entweder die Zwangsvollstreckung in körperliche Sachen oder in Forderungen oder andere Vermögensrechte vergeblich war.[47] Hat der Gerichtsvollzieher Pfandabstand erklärt und gleichzeitig mitgeteilt, dass der Schuldner in einer gut bezahlten Stellung tätig sei, wird die Staatskasse zwar vor Inanspruchnahme des Zweitschuldners i.d.R. auch noch eine Vollstreckung durch Forderungspfändung betreiben, sie muss es aber nicht. Denn Voraussetzung ist nur „eine", nicht mehrere erfolglose Zwangsvollstreckungen gegen den Erstschuldner.[48] Sie kann dazu auch – ohne dass der Zweitschuldner etwas dagegen unternehmen kann – sofort gegen den Zweitschuldner vorgehen. Ein weiterer Vollstreckungsversuch gegen den Erstschuldner wird dann vorzunehmen sein, wenn der Zweitschuldner seinen Dauerwohnsitz im Ausland hat und deshalb die Vollstreckung gegen ihn von langer Dauer sein wird[49] oder wenn der Zweitschuldner zahlungsunwillig ist.[50] Nach einem vergeblichen Vollstreckungsversuch gegen den Erstschuldner kann sich der Zweitschuldner nicht mehr auf Abs. 2 berufen.

24 Es genügt ein erfolgloser Vollstreckungsversuch in das **bewegliche** Vermögen. Selbst wenn der Schuldner wertvollen unbelasteten Grundbesitz hat, muss die Staatskasse nicht die Zwangsversteigerung betreiben.[51] Sie kann sich an den Zweitschuldner halten. Es ist auch nicht erforderlich, dass der Erstschuldner die eidesstattliche Versicherung abgegeben hat. Wurde sie aber abgegeben, wird i.d.R. die Zwangsvollstreckung aussichtslos erscheinen.[52]

---

44 OLG Hamburg OLG-Report Bremen/Hamburg/Schleswig-Holstein 1997, 218; OLG Frankfurt aM JurBüro 1954, 141; OLG Düsseldorf RPfleger 1956, 182 (L).

45 OLG Nürnberg BayJMBl. 1954, 166; *Hartmann* § 31 Rn. 9.

46 OLG Hamburg JurBüro 2001, 34 = MDR 2000, 1396.

47 LG Göttingen RPfleger 1991, 36.

48 OLG Koblenz MDR 2000, 976; OLG Oldenburg JurBüro 1992, 810; OLG Schleswig SchlHA 1984, 168 m.N., *Hartmann* § 31 Rn. 11.

49 OLG Düsseldorf JurBüro 1994, 111.

50 OLG Koblenz RPfleger 1985, 510. Vgl. auch *Hartmann* § 31 Rn. 12.

51 OLG Koblenz RPfleger 1985, 510; *Hartmann* § 31 Rn. 12.

52 KG MDR 2003, 1319, 1320; LG Marburg MDR 2010, 716 = BeckRS 2010, 06743.

VIII. Aussichtslose Zwangsvollstreckung

Aussichtslos erscheinende Zwangsvollstreckung: Die Inanspruchnahme eines Zweitschuldners ist auch schon dann möglich, wenn die Zwangsvollstreckung gegen den Erstschuldner **aussichtslos erscheint**, ohne dass ein Versuch der Vollstreckung diese Aussichtslosigkeit ergeben haben müsste. Denn der Fall des erfolglosen Vollstreckungsversuchs ist im Gesetz besonders erwähnt. Die Vollstreckung muss nicht tatsächlich aussichtslos sein. Es reicht aus, wenn sie aussichtslos „erscheint“.[53] Soweit die voraussichtliche Aussichtslosigkeit nicht amtsbekannt ist, hat der Kostenbeamte hierüber zu ermitteln und im Erinnerungsverfahren seine Beurteilungsgrundlagen offen zu legen.[54] Das gilt auch dann, wenn dem Kostenbeamten Tatsachen – etwa aus anderen Sachen – bekannt sind, aus denen sich eine Zahlungsunfähigkeit des Schuldners ergibt (vgl. auch § 27 Abs. 1 KostVfg.).[55] Spricht nach der Aktenlage alles dafür, dass der Erstschuldner haftpflichtversichert und der Versicherer (auch wegen der Prozesskosten) eintrittspflichtig ist, muss vor Inanspruchnahme des Zweitschuldners geprüft werden, ob die Staatskasse auf den Anspruch des Erstschuldners gegen den Versicherer zugreifen kann, auch wenn der Erstschuldner unbekannten Aufenthalts ist.[56] 25

Aussichtslosigkeit ist gegeben, wenn der Gerichtsvollzieher den Auftrag unerledigt zurückgibt mit dem Bemerken, dass die Vermögenslosigkeit des Schuldners amtsbekannt sei, z.B. weil kurze Zeit vorher ein vergeblicher Vollstreckungsversuch unternommen wurde oder der Schuldner die eidesstattliche Versicherung abgegeben hat.[57] Sie ist aber i.S. dieser Vorschrift auch dann aussichtslos, wenn der Schuldner noch unbelasteten Grundbesitz hat. Denn nur die Zwangsvollstreckung in das bewegliche Vermögen muss aussichtslos sein. Aussichtslosigkeit ist auch gegeben, wenn nach Fälligkeit der Kostenforderung über das Vermögen des Erstschuldners das Insolvenzverfahren eröffnet worden ist[58] oder wenn ein Antrag auf Eröffnung des Insolvenzverfahrens gestellt wurde. 26

IX. Vollstreckung im Ausland

Allein die Tatsache, dass **im Ausland zu vollstrecken** wäre, macht die Vollstreckung noch nicht aussichtslos.[59] Da aber Sinn und Zweck einer Zwangsvollstreckung in das bewegliche Vermögen die rasche Befriedigung des Gläubigers ist, liegt eine Aussichtslosigkeit vor, wenn sie in dem jeweiligen Staat erfahrungsgemäß lange Zeit in Anspruch nimmt.[60] Es reicht insoweit aber noch nicht, wenn ein ausländischer Schuldner schriftliche Zahlungsaufforderungen der Justizkasse – insbesondere solche per E-Mail – unbeantwortet lässt; in diesem Sinne entbehrt die Bestimmung des § 8 Abs. 1 Satz 3 KostVfg. in ihrer Pauschalität einer sachlichen Rechtfertigung und ist für die Gerichte ohnehin nicht verbindlich.[61] Die Vorschriften des 7. Abschnitts sollen den Kostenanspruch der Staatskasse sichern und nicht erschweren. Deshalb bestimmt Abs. 1 auch, 27

53 OLG Hamburg JurBüro 1973, 143.
54 KG JurBüro 1979, 735 = RPfleger 1979, 152 = AnwBl. 1979, 433.
55 KG MDR 2003, 1319, 1320.
56 OLG Koblenz JurBüro 2010, 372 = MDR 2010, 833 = RPfleger 2010, 521 = BeckRS 2010, 08923.
57 KG MDR 2003, 1319, 1320.
58 OLG München JurBüro 1966, 236 = JVBl. 1966, 116 = RPfleger 1966, 219.
59 OLG Hamm NJW 1966, 2277 = JurBüro 1966, 788; OLG München JurBüro 1966, 337 = MDR 1966, 516.
60 OLG Düsseldorf JurBüro 1994, 111 und JurBüro 2008, 43 (LS mit Volltextservice); FG Düsseldorf JurBüro 2012, 318.
61 OLG Koblenz MDR 2005, 1079.

dass mehrere Kostenschuldner als Gesamtschuldner haften. Die im Interesse des Zweitschuldners liegende Vorschrift des Abs. 2 darf nicht zum Schaden der Staatskasse führen.[62] Wäre die Vollstreckung im Ausland mit unverhältnismäßig hohen Kosten verbunden, liegt ebenfalls eine Aussichtslosigkeit vor, weil es der Staatskasse nicht zuzumuten ist, eine Vollstreckung mit hohem Kostenaufwand zu versuchen, wenn sie mit geringerem Aufwand Befriedigung vom Zweitschuldner erlangen kann.[63] Ehe die Staatskasse aber den Zweitschuldner in Anspruch nimmt, muss sie dem im Ausland befindlichen Erstschuldner die Kostenrechnung mit Zahlungsaufforderung übersandt haben oder in geeigneten Fällen die deutsche Auslandsvertretung ersuchen, den im Ausland befindlichen Erstschuldner mit ausreichend großzügig bemessener Frist zur freiwilligen Zahlung anzuhalten.[64] Sind pfändbare Vermögensstücke eines Erstschuldners, dessen Aufenthalt unbekannt ist, vorhanden, muss zunächst die Vollstreckung in diese Vermögensgegenstände erfolgen, bevor der Zweitschuldner in Anspruch genommen werden darf.

X. Prozesskostenhilfe für den Erstschuldner

28 Aussichtslos erscheint die Zwangsvollstreckung regelmäßig auch dann, wenn dem **Erstschuldner Prozesskostenhilfe bewilligt** ist, gleichgültig, ob mit oder ohne Ratenzahlung, solange die PKH-Bewilligung nicht widerrufen worden ist.[65] Das gilt vor allem dann, wenn die mittellose Partei in einem Vergleich die Kosten übernommen hat. Ausnahmsweise muss das Gericht aber eine Zwangsvollstreckung gegen den Erstschuldner versuchen, bevor es den Zweitschuldner in Anspruch nimmt, wenn der Erstschuldner nach dem gerichtlichen Vergleich so viele Zahlungen erhalten soll, dass er die Gerichtskosten mühelos begleichen könnte.[66] Der Zweitschuldner kann, wenn er glaubt, dass er Erstschuldner trotz der ihm bewilligten Prozesskostenhilfe zahlungsfähig ist, die Kostenerstattung gegen die mittellose Partei betreiben.

XI. Prozesskostenhilfe

29 **Haftung des Zweitschuldners in den Fällen des mittellosen Entscheidungsschuldners (Abs. 3):** Die Bewilligung von Prozesskostenhilfe hat auf die Verpflichtung zur Erstattung der dem Gegner erwachsenen Kosten keinen Einfluss (§ 125 ZPO). Die Folge dieser nicht zur Disposition der Parteien stehenden[67] Regelung ist, dass die Prozesskostenhilfe für die mittellose Partei ihre Schutzwirkung verliert, wenn der nicht arme Gegner von der mittellosen Partei Gerichtskosten verlangen kann, für die der mittellosen Partei Prozesskostenhilfe bewilligt ist. Um dieses Ergebnis wenigstens teilweise zu vermeiden, bestimmt § 31 Abs. 3, dass die nichtarme Partei als Zweitschuldnerin nicht in Anspruch genommen werden darf, wenn der Partei, welcher Prozesskostenhilfe bewilligt ist, durch **gerichtliche Entscheidung** die Kosten des Verfahrens **auferlegt** worden sind (§ 29 Nr. 1).[68]

---

62 OLG Düsseldorf JurBüro 1994, 111.
63 BGH RPfleger 1975, 432; OLG Düsseldorf JurBüro 2008, 43 (LS mit Volltextservice); OLG Koblenz MDR 2005, 1079; OLG Frankfurt aM JurBüro 1970, 52; JurBüro 1964, 439 = RPfleger 1965, 315; KG NJW 1967, 506 = JurBüro 1967, 56 = RPfleger 1967, 233; OLG München NJW 1960, 539 = JurBüro 1960, 126; *Hartmann* § 31 Rn. 11. Vgl. auch § 8 KostVfg.
64 OLG Düsseldorf JurBüro 2008, 43 (LS mit Volltextservice); OLG Naumburg OLGR 2003, 334; OLG Koblenz MDR 2005, 1079; FG Düsseldorf JurBüro 2012, 318; *Hellstab* in Oe/He/Tre § 31 Rn. 17.
65 OLG Oldenburg JurBüro 2013, 648; LG Marburg 2010, 716 = BeckRS 2010, 06743; *Hartmann* § 31 Rn. 16.
66 OLG Dresden JurBüro 2010, 148 (LS mit Volltextservice) = FamRZ 2010, 753.
67 OLG Koblenz MDR 2008, 473.
68 Vgl. auch OLG Koblenz JurBüro 1991, 954; *Hartmann* § 31 Rn. 17, jeweils m.N.

Der vermögende Streitgenosse darf mithin wegen der Gerichtskosten von der Landeskasse nur mit dem Anteil in Anspruch genommen werden, den er auch im Innenverhältnis gegenüber der bedürftigen Partei zu tragen hat.[69] Das gilt auch dann, wenn die PKH-Bewilligung nachträglich gemäß § 124 ZPO aufgehoben wird,[70] oder wenn von mehreren Entscheidungsschuldnern nur einem Entscheidungsschuldner PKH bewilligt worden ist.[71] Zur Gleichstellung aller Prozesskostenhilfeparteien unabhängig von ihrer prozessualen Stellung ist es auch geboten, § 31 Abs. 3 S. 3 so auszulegen, dass der dort es für geboten, § 31 Abs. 3 S. 3 so auszulegen, dass der dort enthaltene Haftungsausschluss sämtliche Gerichtskosten, d.h. auch schon gezahlte Gerichtskostenvorschüsse umfasst.[72] Durch die Regelung in Abs. 3 S. 1 Hs. 2 ist eine gesetzliche Klarstellung im Sinne der Entscheidung des BVerfG erfolgt. Soweit der Partei, die für die Gerichtskosten als Entscheidungsschuldnerin haftet, Prozesskostenhilfe bewilligt worden ist, sollen einem anderen Kostenschuldner die von ihm bereits erhobenen Gerichtskosten zurückgezahlt werden. Hierdurch soll vermieden werden, dass die Prozesskostenhilfepartei durch einen gegnerischen Kostenerstattungsanspruch über den in § 122 Abs. 1 Nr. 1 ZPO bezeichneten Umfang hinaus mit Gerichtskosten belastet wird. Ein gezahlter Mehrbetrag für eine vereinbarte Vergütung des Sachverständigen, Dolmetschers oder Übersetzers (§ 13 Abs. 1 und 3 JVEG) ist jedoch nicht zurückzuzahlen, es sei denn, das Gericht hat an Stelle der Partei, der die Prozesskostenhilfe bewilligt ist, zugestimmt. Das ist an sich selbstverständlich und durch die Ergänzung des Abs. 3 Satz 1 durch das 2. Justizmodernisierungsgesetz nur klargestellt worden. Die Rückzahlung kommt auch nicht in Betracht, wenn der armen Partei – ohne dass ihr Prozesskostenhilfe bewilligt worden ist – nur ein Betrag für die Reise zum Ort einer Verhandlung, Vernehmung oder Untersuchung und für die Rückreise gewährt wurde (Abs. 3 S. 2). Im **selbständigen Beweisverfahren** nach §§ 485 ff. ZPO gilt § 31 Abs. 3 aber nur und soweit, wie das Beweisverfahren Gegenstand der Hauptsache geworden ist (vgl. oben, § 22, Rn. 2, 13).[73]

Diese Vergünstigung des Abs. 3 gilt aber **nur, wenn die mittellose Partei Entscheidungsschuldnerin** nach § 29 Nr. 1 ist. Sie gilt aber **grundsätzlich** nicht, wenn die mittellose Partei die Kosten nach § 29 Nr. 2 übernommen hat,[74] etwa in einem Vergleich ohne Mitwirkung des Gerichts gemäß Abs. 4. Der Grund dafür ist, dass Manipulationen zu Lasten der Staatskasse verhindert werden sollen, ganz abgesehen davon, dass solche auch sittenwidrig und damit unwirksam sind.[75] Diese schon zum alten Recht der überwiegenden Ansicht in der Rechtsprechung und im Schrifttum vertretene und im Grundsatz auch richtige Ansicht[76] hat der Gesetzgeber jetzt durch Einfügung des Abs. 4 gelo- 30

---

69 Vgl. auch OLG Celle MDR 2013, 405 = BeckRS 2013, 02051; OLG Dresden JurBüro 2013, 98 = MDR 2013, 186 = NJW-RR 2013, 189; OLG Koblenz JurBüro 1991, 954; *Hartmann* § 31 Rn. 17, jeweils m.N.

70 BVerfG, Beschl. v. 23.5.2012 – 1 BvR 2096/09 (http://www.bverfg.de) = JurBüro 2014, 32.

71 OLG Dresden JurBüro 2013, 98.

72 BVerfG MDR 1999, 1089, 1090 (zu § 58 II 2 a.F.).

73 LG Flensburg JurBüro 2007, 39 m. zust. Anm. v. *D. Meyer*.

74 BGH JurBüro 2004, 204 = MDR 2004, 295 m. zust. Anm. v. *Schütt* = RVG-Letter 2004, 9; OLG Frankfurt/Main NJW-RR 2013, 191; OLG Koblenz MDR 2008, 473; OLG Düsseldorf JurBüro 2007, 153; *Dörndorfer* in Binz u.a. § 31 Rn. 6; *Hartmann*, § 31 Rn. 23 m.w.N. **A.A.** aber OLG Köln JurBüro 1992, 101; OLG Rostock JurBüro 2011, 603, welches die Regelung betr. die mittellose Partei für verfassungswidrig hält und die Frage dem BVerfG vorgelegt hat). *Schoreit/Groß* § 122 Rn. 10.

75 Dazu *Gsell* ZZP 114, 473.

76 H.M. vgl. z.B. BVerfG MDR 2000, 1157 = NJW 2000, 3271; BVerfGE 51, 296 = NJW 1970, 2068 = JurBüro 1979, 1979, 1486 = RPfleger 1979, 372; OLG Dresden NJW-RR 2002, 144 (L); OLG Hamm JurBüro 1979, 733; OLG Braunschweig JurBüro 2003, 477; OLG Zweibrücken RPfleger 2002, 34; KG, BRAGO-Report 2001, 31 mit Anm. v. *Hansens;* OLG Schleswig JurBüro 1979, 738 m. Anm. v. *Mümmler* = SchhlHA 1979, 44; LG Berlin JurBüro 2003, 542 m. abl. Anm. v. *D. Meyer; Hansens* BRAGO-Report 2001, 86, 87; **a.M.** *Schneider* MDR 1999, 1090 und LG Berlin JurBüro 1999, 200 (für den Fall, dass die Kostenregelung des Vergleichs der sachlichen Regelung der Hauptsache entspricht).

ckert. Eine allgemeine analoge Anwendung des Abs. 3 Satz 1 auf die Haftung als Übernahmeschuldner scheidet mangels Regelungslücke aus.[77] Auch verletzt die unterschiedliche Behandlung von Entscheidungs- und Übernahmeschuldner den allgemeinen Gleichheitsgrundsatz nach Art. 3 Abs. 1 GG nicht.[78] Die Vergünstigung kommt auch nicht in Betracht, wenn die mittellose Partei nach § 29 Nrn. 3, 4 haftet. In diesen Fällen darf der Zweitschuldner unter den allgemeinen Voraussetzungen nach § 31 Abs. 2 in Anspruch genommen werden und kann gegen die mittellose Partei Rückgriff nehmen.[79]

31 **Abs. 4:** Dass auch die mittellose Partei als Übernahmeschuldner in Anspruch genommen werden kann, wirkt sich als vergleichshemmend aus.[80] Durch das 2. KostRModG ist eine solche Hemmschwelle in den Konstellationen des Abs. 4 beseitigt worden. Entsprechend einer schon zum alten Recht vertretenen die Ansicht ist § 31 Abs. 3 auch für gerichtlich protokollierte, jedenfalls aber für vom Gericht vorgeschlagene oder angeregte Vergleiche entsprechend anzuwenden, wenn und soweit dem mittellosen Übernahmeschuldner Prozesskostenhilfe bewilligt worden ist.[81] Wenn nämlich der bedürftigen Partei vor dem Abschluss des Vergleichs Prozesskostenhilfe ausdrücklich auch für den Vergleich bewilligt wird (bzw. die für die Instanz bewilligte Prozesskostenhilfe auch einen Vergleichsabschluss erfasst)[82] und im Gerichtsprotokoll ausdrücklich zum Ausdruck gebracht wird, dass das Ergebnis der vergleichsweisen Regelung über die Kostentragung der Sach- und Rechtslage, insbesondere einer im Falle der streitigen Fortführung des Verfahrens einer zu erwartenden Kostengrundentscheidung entspricht, kann nicht davon ausgegangen können, dass die Kostenregelung im Verhältnis zur sachlichen Einigung der Parteien unverhältnismäßig oder gar sittenwidrig[83] ist. Die Belastung der Staatskasse hält sich in diesen Fällen auch in Grenzen. Einmal weil die Wirkungen denen einer Streitentscheidung entsprechen, zum anderen werden potentielle Mindereinnahmen durch die Entlastung der Gerichte kompensiert. Für den Kostenbeamten ist dann verbindlich festgestellt, dass die in einem solchen Vergleich enthaltene materielle Kostenübernahmeerklärung des Bedürftigen nicht als Missbrauch zu Lasten der Staatskasse angesehen werden kann. Abs. 4 ist auch – sinngemäß – anwendbar, wenn beiden Parteien (ratenfreie) PKH bewilligt wurde und die Kosten im Vergleich gegeneinander aufgehoben werden.[84] Abs. 4 gilt aber nur, wenn die die in Abs. 4 Nrn. 1–3 genannten Voraussetzungen kumulativ gegeben sind, es sich also um einen **gerichtlich protokollierten** Vergleich handelt, der Vergleich **vom Gericht vorgeschlagen** worden ist und das Gericht **im Vergleichsvorschlag** ausdrücklich **feststellt**, dass Kostenverteilung einer sonst **zu erwartenden Kostenentscheidung** entspricht,[85] was im Terminsprotokoll festgehalten werden muss. Dabei bedarf es einer wörtlichen Wiedergabe des gesamten Vergleichstextes nicht.[86] Fehlt es an einer ausdrücklichen Feststellung zur Kostenverteilung oder entspricht diese nicht dem gerichtlichen Vorschlag, ist Abs. 4 nicht anwendbar.[87] Der bedürftigen Partei droht dann bei Übernahme

77 BGH MDR 2004 366; OLG Zweibrücken MDR 2010, 595.
78 BVerfG NJW 2000, 2371; OLG Saarlouis AGF 2009, 596; OLG Zweibrücken RPfleger 2002, 33 und MDR 2010, 595; OLG Koblenz FamRZ 2008, 1204.
79 OLG Koblenz MDR 2008, 473.
80 Dazu *Vesper* NJW 2002, 3225; *D. Meyer* JurBüro 2003, 242 und JurBüro 2003, 542.
81 So *Vesper* NJW 2002, 3225, 3227; *D. Meyer* JurBüro 2003, 242 und JurBüro 2003, 542. **A.M.** OLG Koblenz MDR 2008,473.
82 Vgl. *Zöller-Philippi* § 119 Rn. 25.
83 Dazu *Gsell* ZZP 114, 473.
84 OLG Frankfurt/Main NJW-RR 2012, 316 und JurBüro 2012, 154; OLG Celle NJW-RR 318.
85 Vgl. *Kurpat* DRiZ 2017, 179, 174.
86 NK:GK/*Volpert* § 31 GKG Rn. 86.
87 NK:GK/*Volpert* § 31 GKG Rn. 79 – 84 m.N.

von Gerichtskosten im Umfang der Übernahme eine Haftung gegenüber der Staatskasse als auch im Verhältnis zum Gegner.[88]

Soweit § 31 Abs. 3 anwendbar ist, hat die Staatskasse auch einen vom Zweitschuldner erhaltenen **Vorschuss** an diesen zurückzuzahlen,[89] und zwar auch die Kosten und Auslagen, die der Zweitschuldner schon endgültig[90] gezahlt hat (Abs. 3 a.E.). Nach der – wenn auch nicht überzeugenden, so doch praktisch verbindlichen „Auslegung" des damaligen § 58 a.F. durch das BVerfG[91] – war nicht mehr ernsthaft streitig („Roma locuta, causa finita").[92] Dabei ist es unerheblich, ob die Prozesskostenhilfe mit oder ohne Ratenzahlungsanordnung gewährt wurde.[93] Der zurückzuzahlende Vorschuss ist nicht anderweitig (z.B. im Kostenausgleichsverfahren, § 106 ZPO) verrechenbar. 32

Wenn **beiden Parteien Prozesskostenhilfe** bewilligt war, darf nach Abs. 2 S. 2 eine Nachzahlung der Partei, die nur Antragsschuldnerin ist, erst angeordnet werden, wenn eine Nachzahlung der Entscheidungsschuldnerin nicht mehr möglich ist.[94] 33

Aus dem Wort **„soweit"** in Abs. 3 folgt, dass diese Bestimmung nur für die Kostenforderungen aus derjenigen Instanz anwendbar ist, für die der mittellosen Partei Prozesskostenhilfe bewilligt ist, während für andere Instanzen, die der Prozesskostenhilfebewilligung nicht unterfallen, Abs. 1 gilt.[95] Das gilt auch, wenn dem Beklagten lediglich Teil-Prozesskostenhilfe bewilligt worden ist. Es sind dann die vom Beklagten an den Kläger zu erstattenden Gerichtskosten aus dem Verhältnis des von der PKH erfassten Streitwerts zu dem nicht von der PKH erfassten Streitwert zu ermitteln, nicht hingegen das Verhältnis der nach der Tabelle zu zahlenden Vorschüsse für die einzelnen Streitwerte.[96] 34

Beispiel: Klageforderung 20.000 €. Kläger zahlt Vorschuss in Höhe von 1.035 € ein. Dem Beklagten wird PKH für einen Betrag in Höhe von 12.000 € bewilligt (PKH also für 60% des ursprünglichen Streitwertes). Dem Kläger sind 60% des eingezahlten Vorschusses von 1.035 € zurückzuzahlen, also 621 €.

---

88 OLG Sachsen-Anhalt, Beschl. v. 16.2.2015 – 2 W 25/14 –; OLG Frankfurt/Main AGS 2011, 545 und Beschl. v. 25.9.2008 – 16 W 85/08; *Kurpat* DRiZ 2017, 179, 174.

89 OLG Stuttgart JurBüro 2011, 264 (LS mit Volltextservice); OLG Koblenz JurBüro 2000, 259; OLG Düsseldorf JurBüro 1994, 109; OLG Düsseldorf JurBüro 2000, 87 (unter Aufgabe der bisherigen Rechtspr.) mit Anm. von *Enders; Hellstab* in Oe/He/Tre § 31 Rn. 24; *Hartmann* § 31 Rn. 18, jeweils m.N.; **a.M.** OLG Hamm MDR 1994, 104; OLG Schleswig SchlHA 1979, 182 m.N.

90 OLG Naumburg JurBüro 2002, 149; *Hartmann* § 31 Rn. 19; *Landmann* RPfleger 2002, 62.

91 BVerfG JurBüro 2001, 204 m. abl. Anm. von *v. Wedel* BVerfG NJW 1999, 3180 = JurBüro 1999, 540 = MDR 1999, 1089 m. zust. Anm. v. *Schneider* und zust. Besprechung von *Hartmann* NJW 1999, 3173 sowie kritischer Anm. von *Schütt* MDR 1999, 1405 und abl. Bespr. von *Wedel* JurBüro 2000, 124; OLG Frankfurt aM MDR 1999, 1466; OLG Düsseldorf JurBüro 2000, 87; OLG Nürnberg JurBüro 2000, 147; LG Berlin JurBüro 1999, 200; AG Königswinter JurBüro 1999, 594; dazu auch *Wedel* JurBüro 2000, 397. Die entgegenstehende frühere „h.M." (z.B.: BGH RPfleger 1989, 376; OLG Hamm MDR 1994, 104 und aus neuerer Zeit noch OLG Zweibrücken JurBüro 1998, 595; OLG Braunschweig MDR 1997, 1071; OLG Oldenburg JurBüro 1998, 654; OLG Düsseldorf MDR 1997, 106; OLG Schleswig SchlHA 1997, 80) ist überholt.

92 Zu den Auswirkungen der Entsch. des BVerfG vgl. auch *von König* RPflStud. 2000, 188 (mit krit. Anm. zu dem Beitrag von *Hansens* JurBüro 2001, 238).

93 OLG Dresden JurBüro 2001, 483 = MDR 2001, 1073.

94 Unstr. vgl. etwa OLG Düsseldorf RPfleger 1988, 164; *Hartmann* § 31 Rn. 20, jeweils m.N.

95 H.M. vgl. etwa OLG Koblenz MDR 2004, 472; OLG München NJW-RR 2001, 1578; OLG Karlsruhe JurBüro 2000, 28 = NJW 2000, 1121; OLG Koblenz JurBüro 2000, 206 = MDR 2000, 113 = NJW 2000, 1122; OLG Bamberg JurBüro 2000, 88 und NJW 2000, 3077 (wonach zutr. auch eine analoge Anwendung ausgeschlossen wird); LG Hamburg JurBüro 2000, 89; OLG Düsseldorf RPfleger 1987, 487; OLG Hamm RPfleger 1984, 76; OLG Koblenz MDR 1986, 243; VersR 1987, 1226; JurBüro 1992, 102; OLG Schleswig SchlHA 1979, 44, jeweils m.N.; *Wedel* JurBüro 2000, 397; **a.M.** OLG Frankfurt aM NJW 2000, 1120; OLG Zweibrücken RPfleger 1987, 128; *Schneider* MDR 1999, 1090.

96 OLG Köln FamRZ 1986, 926 m.w.N.

35 Wenn einer Partei Prozesskostenhilfe nur für das Beweisverfahren (§§ 485 ff. ZPO), nicht aber für das Hauptverfahren bewilligt worden ist, ist sinngemäß zu verfahren. Soweit das Ergebnis des Beweisverfahrens im Hauptverfahren verwertet wird, sind nur die im Beweisverfahren entstandene Kosten betroffen und auch nur, soweit Parteiidentität besteht.[97]

36 Abs. 3 ist nicht anwendbar, wenn der Mittellose die Kosten übernommen hat (§ 29 Nr. 2),[93] wenn und soweit ein Rechtsübergang nach § 59 RVG erfolgt ist.[94] Ein Fall der Übernahme in diesem Sinne liegt auch in den Fällen des § 13 Abs. 1 und 3 JVEG vor (oben Rn. 29). Eine analoge Anwendung des § 31 Abs. 3[98] ist ausgeschlossen. Abs. 3 ist auch unanwendbar, wenn und soweit Eltern und Kinder nach § 621 Abs. 1 Ziffern 1–3 ZPO für gerichtliche Auslagen als Gesamtschuldner haften und einer von ihnen Prozesskostenhilfe hatte.[99]

37 Abs. 3 ist aber auch dann anwendbar, wenn dem Kostenschuldner nach § 29 Nr. 1 unabhängig davon, ob ihm Prozesskostenhilfe bewilligt worden ist oder nicht, für Reisen zu einem Terminsort zur Teilnahme an einer Vernehmung, einem Termin oder einer anderen Untersuchung für die Hin- und Rückreise nach Maßgabe des § 3 JVEG. Denn der Zweitschuldner würde sonst auf einen regelmäßig nicht realisierbaren Erstattungsanspruch gegen den Erstschuldner verwiesen, was ebenso unbillig wäre wie im Falle der Bewilligung von Prozesskostenhilfe für den Erstschuldner.[100]

XII. Arbeitsgerichtssachen

38 In **Arbeitsgerichtssachen** bestimmt § 22 Abs. 2, dass § 22 Abs. 1 nicht anwendbar ist, soweit ein Kostenschuldner nach § 29 Nr. 1 oder 2 haftet.

§ 32
Haftung von Streitgenossen und Beigeladenen

(1) Streitgenossen haften als Gesamtschuldner, wenn die Kosten nicht durch gerichtliche Entscheidung unter sie verteilt sind. Soweit einen Streitgenossen nur Teile des Streitgegenstandes betreffen, beschränkt sich seine Haftung als Gesamtschuldner auf den Betrag, der entstanden wäre, wenn das Verfahren nur diese Teile betroffen hätte.

(2) Absatz 1 gilt auch für mehrere Beigeladene, denen Kosten auferlegt worden sind.

1 § 32 ergänzt die Regelung des § 31 für den Fall, dass **Streitgenossen oder Beigeladene** für dieselben Kosten gegenüber der Staatskasse haften. Sie ist anwendbar für alle dem GKG unterfallenden Verfahren, also auch für Verwaltungsgerichts-, Finanzgerichts-,[1] Sozialgerichtssachen und in Arbeitsgerichtsverfahren. Unanwendbar ist sie nur in Strafsachen, weil insoweit die Bestimmungen in Vorbemerkung 3.1 S. 6 zu KV 3110 GKG, 466, 471 Abs. 4 StPO, 60 GKG als leges speciales vorgehen.[2]

---

97 OLG Koblenz JurBüro 2008, 264 und *E. Schneider* MDR 1999, 1090 (zum alten Recht).
98 OLG Frankfurt aM RPfleger 1989, 40; *Hartmann* § 31 Rn. 22.
99 OLG Frankfurt aM RPfleger 1989, 40; *Hartmann* § 31 Rn. 22.
100 Vgl. BT-Ds. 12/6962 Seite 66.

1 FH BB 1989, 619.
2 *Hartmann* § 32 Rn. 2.

Voraussetzungen: Es muss eine **Streitgenossenschaft** i.S.d. §§ 59ff. ZPO vorliegen. 2
Gleichgültig ist, ob die Streitgenossenschaft auf Seite der Klagepartei oder der beklagten Partei besteht, ob sie notwendig oder freiwillig ist, ob es sich um Streithilfe nach §§ 67, 69 ZPO handelt[3] oder ob sie erst nachträglich durch Prozessverbindung hervorgerufen wurde.[4] Bei der BGB-Außengesellschaft liegt dann eine Streitgenossenschaft vor, wenn und soweit mehrere oder alle Gesellschafter auftreten; tritt hingegen – zulässigerweise[5] – nur die Gesellschaft als solche auf, ist sie auch nur ein Schuldner,[6] der aber ggf. neben die auch auftretenden Gesellschafter als Streitgenossen behandelt werden kann. Im Insolvenzverfahren reicht es aus, wenn der Antrag von mehreren Personen übereinstimmend eingebracht wurde.[7] Die Bestimmung gilt auch für Streitgenossenschaften in Verwaltungs- und Finanzgerichtsverfahren (§§ 64, 159 VwGO; §§ 59, 135 Abs. 5 FGO).

Kostenhaftung: Die Streitgenossen haften grundsätzlich für die Kosten als Gesamt- 3
schuldner nach den allgemeinen Regeln der §§ 421ff. BGB. Fehlt eine Entscheidung, durch welche die Kosten unter die Streitgenossen verteilt sind und ist ihre Haftung im Innenverhältnis nicht bekannt, haften sie nach § 100 Abs. 4 ZPO als Gesamtschuldner, so dass jeder von ihnen zu 100% in Anspruch genommen werden kann.[8] Die gegenteilige Ansicht[9] überzeugt nicht. Denn es kann grundsätzlich nicht Sache der Staatskasse sein, im Zuge der Kostenanforderung das Innenverhältnis der Gesamtschuldner zu erforschen. Vielmehr spricht in solchen Fällen die Vermutung dafür, dass die Sicherheit der Staatskasse die 100%ige Inanspruchnahme gebietet (§ 8 III 2 KostVfg.). Ob und in welcher Höhe bzw. mit welcher Quote der einzelne Gesamtschuldner in Anspruch genommen wird, liegt im pflichtgemäßen Ermessen des Kostenbeamten.[10]

Die von der Frage der grundsätzlichen Gesamtschuldnerschaft zu trennende früher 4
umstrittene Frage, aus welchem Streitwert und bis zu welcher Höhe die Streitgenossen als Gesamtschuldner haften,[11] hat der Gesetzgeber mit dem KostRÄndG 1994 i.S.d. bis dahin herrschenden Ansicht geregelt. Danach darf die Haftung aus § 22 nicht weiter gehen als die Beteiligung des einzelnen Antragstellers am Streitgegenstand.[12] So haftet z.B. ein Streitgenosse nicht für die durch die Unterbrechung des Verfahrens gemäß § 240 ZPO wegen des Insolvenzverfahrens gegen einen anderen Streitgenossen entstandenen Mehrkosten, wenn er selbst von dem Insolvenzverfahren nicht betroffen war.[13]

Keine gesamtschuldnerische Haftung kommt allerdings dann in Betracht, wenn 5
das Gericht eine **Kostenverteilung** i.S.v. § 100 Abs. 3 ZPO ausdrücklich getroffen hat. Eine solche Kostenverteilung kann darin bestehen, dass die Kosten den Unterlegenen nach Kopfteilen (§ 100 Abs. 1 ZPO), wegen einer rechtlichen Verschiedenheit ihrer Beteiligung am Rechtsstreit nach einem anderen Maßstab (§ 100 Abs. 2 ZPO) auferlegt werden, oder dass einem Streitgenossen die Kosten eines besonderen Angriffs- oder Verteidigungsmittels überbürdet werden (§ 100 Abs. 3 ZPO). Keine Kostenverteilung i.S.d. § 32 liegt vor, wenn in der Kostenentscheidung ausdrücklich ausgesprochen wird, dass die

---

3 KG RPfleger 1962, 123 (L).
4 *Hartmann* § 32 Rn. 3.
5 BGH NJW 2001, 1056.
6 *Hartmann* § 32 Rn. 3.
7 *Hartmann* § 32 Rn. 3.
8 BVerwG, Beschl. v. 24.2.2017 – 9 KSt 1.17 (9 B 56.16); OLG Koblenz NJW-RR 2000, 71 = OLG Report 2000, 49; OVG Münster AGS 2000, 55 m. abl. Anm. von *Hellstab*; *Dörndorfer* in Binz u.a., § 32 Rn. 2.
9 KG MDR 2002, 1276; *Hellstab* in Oe/He/Tre § 31. Rn. 8, jeweils m.w.N.
10 BVerwG, Beschl. v. 24.2.2017 – 9 KSt 1.17 (9 B 56.16).
11 Vgl. z.B. OLG Bamberg JurBüro 1992, 684.
12 BT-Ds. 12/6962, S. 67, vgl. auch BVerwG RPfleger 1993, 374; *Hartmann* § 32 Rn. 8.
13 OLG Stuttgart JurBüro 1991, 952.

Streitgenossen nach § 100 Abs. 1 ZPO für die Kostenerstattung nur nach Kopfteilen haften. Denn damit wird nur festgestellt, was ohnehin bereits kraft Gesetzes gilt.[14] Sind die Kosten unter den Streitgenossen verteilt, ist diese Kostenentscheidung für ihre Haftung als Entscheidungsschuldner maßgebend. Jeder Streitgenosse hat dann ohne Rücksicht darauf, wieweit er an dem Streitwert beteiligt ist, den ihn treffenden Teil der Gerichtskosten zu tragen. Für die Kostenentscheidung des Gerichts ist § 100 ZPO, der allerdings nur die Regelung des Kostenerstattungsanspruchs der obsiegenden Partei zum Gegenstand hat, durch § 33 auch für die Gerichtskosten unmittelbar anwendbar erklärt ist.

6 Hat nach der Kostenentscheidung **jeder beklagte Streitgenosse die im Verfahren gegen ihn erwachsenen Kosten zu tragen**, haftet jeder Streitgenosse für die Kosten, die angefallen wären, wenn sich das Verfahren nur gegen ihn gerichtet hätte. Soweit sich diese Kostenschuld bei mehreren Streitgenossen deckt, etwa weil eine Beweisaufnahme den Anspruch gegen alle Streitgenossen zum Gegenstand hatte, besteht Gesamthaftung der Streitgenossen. Im Übrigen haftet jeder Streitgenosse allein. Dasselbe gilt, wenn der Kläger die Kosten gegenüber einem Beklagten zu tragen hat, während der andere Beklagte die Kosten des Klägers zu tragen hat.

7 Im Falle der **Kostenübernahme** (§ 29 Nr. 2) richtet sich die Kostenschuld nach dieser Erklärung und ihrer Auslegung. Es ist denkbar, dass eine Partei auch Kosten übernimmt, für die sie nach dem sie betreffenden Streitgegenstand nicht haften würde. Haben mehrere eine Kostenschuld übernommen, haften sie im Zweifel insoweit als Gesamtschuldner.[15]

8 Nach Abs. 2 gilt die Bestimmung des 59 Abs. 1 auch für mehrere Beigeladene (vgl. § 65 VwGO, § 60 FGO).

§ 33
Verpflichtung zur Zahlung von Kosten in besonderen Fällen

Die nach den §§ 53 bis 55, 177, 209 und 269 der Insolvenzordnung sowie den §§ 466 und 471 Abs. 4 der Strafprozessordnung begründete Verpflichtung zur Zahlung von Kosten besteht auch gegenüber der Staatskasse.

1 **Allgemeines:** Die – in der Praxis nahezu bedeutungslose – Vorschrift bestimmt, dass diejenigen, welche nach den in § 60 GKG genannten Vorschriften Kosten zu tragen haben, unmittelbar gegenüber der Staatskasse haften. Die in der alten Fassung enthaltenen Verweisungen auf § 100 Abs. 4 ZPO und § 472 StPO sind entbehrlich, weil erstere Vorschrift in der Sache nichts anderes aussagt, als das GKG in den §§ 33, 29 Nr. 3 schon selbst geregelt hat, während § 472 StPO seit dem Jahre 1974 in der StPO gestrichen ist, die Verweisung also formal leer lief.

2 § 33 ist auch in Verfahren vor den **Arbeitsgerichten** anwendbar.

3 Aus der **Insolvenzordnung** kommen durch die Verweisung im § 33 in Betracht:

- *§ 53 InsO – Massegläubiger –: Aus der Insolvenzmasse sind die Kosten des Insolvenzverfahrens und die sonstigen Masseverbindlichkeiten vorweg zu berichtigen.*
- *§ 54 InsO – Kosten des Insolvenzverfahrens –: Kosten des Insolvenzverfahrens sind:*
  1. die Gerichtskosten für das Insolvenzverfahren,
  2. die Vergütungen und die Auslagen des vorläufigen Insolvenzverwalters, des Insolvenzverwalters und der Mitglieder des Gläubigerausschusses.

---

14 BGH KostRspr. GKG 1957, § 104 Nr. 2; OLG München JurBüro 1961, 25; *Oe/He/Tre* § 32 Rn. 11.
15 *Hartmann* § 32 Rn. 6.

– *§ 55 InsO – Sonstige Masseverbindlichkeiten –: Masseverbindlichkeiten sind die Verbindlichkeiten,*

1. die durch Handlungen des Insolvenzverwalters oder in anderer Weise durch Verwaltung, Verwertung und Verteilung der Insolvenzmasse begründet werden, ohne zu den Kosten des Insolvenzverfahrens zu gehören;

2. aus gegenseitigen Verträgen, soweit deren Erfüllung zur Insolvenzmasse verlangt wird oder für die Zeit nach der Eröffnung des Insolvenzverfahrens erfolgen muss;

3. aus einer ungerechtfertigten Bereicherung der Masse.

II. Verbindlichkeiten, die von einem vorläufigen Insolvenzverwalter begründet worden sind, auf den die Verfügungsbefugnis über das Vermögen des Schuldners übergegangen ist, gelten nach der Eröffnung des Verfahrens als Masseverbindlichkeiten. Gleiches gilt für Verbindlichkeiten aus einem Dauerschuldverhältnis, soweit der vorläufige Insolvenzverwalter für das von ihm verwaltete Vermögen die Gegenleistung in Anspruch genommen hat. § 177 InsO – Nachträgliche Anmeldungen –:

I. Im Prüfungstermin sind auch die Forderungen zu prüfen, die nach dem Ablauf der Anmeldefrist angemeldet worden sind. Widerspricht jedoch der Insolvenzverwalter oder ein Insolvenzgläubiger dieser Prüfung oder wird eine Forderung erst nach dem Prüfungstermin angemeldet, so hat das Insolvenzgericht auf Kosten des Säumigen entweder einen besonderen Prüfungstermin zu bestimmen oder die Prüfung im schriftlichen Verfahren anzuordnen. Für nachträgliche Änderungen der Anmeldungen gelten die Sätze 1 und 2 entsprechend.

II. Hat das Gericht nachträgliche Gläubiger nach § 174 Abs. 3 zur Anmeldung ihrer Forderungen aufgerufen und läuft die für diese Anmeldung gesetzte Frist später als eine Woche vor dem Prüfungstermin ab, so ist auf Kosten der Insolvenzmasse entweder ein besonderer Prüfungstermin zu bestimmen oder die Prüfung im schriftlichen Verfahren anzuordnen.

III. Der besondere Prüfungstermin ist öffentlich bekannt zu machen. Zu dem Termin sind die Insolvenzgläubiger, die eine Forderung angemeldet haben, der Verwalter und der Schuldner besonders zu laden.

§ 209 InsO – Befriedigung der Massegläubiger –: Der Insolvenzverwalter hat die Masseverbindlichkeiten nach folgender Rangordnung zu berichtigen, bei gleichem Rang nach dem Verhältnis ihrer Beträge:

1. die Kosten des Insolvenzverfahrens;

2. Masseverbindlichkeiten, die nach der Anzeige der Masseunzulänglichkeit begründet worden sind, ohne zu den Kosten des Verfahrens zu gehören;

3. die übrigen Masseverbindlichkeiten, unter diesen zuletzt der nach den §§ 100, 101 Abs. 1 S. 3 bewilligte Unterhalt.

II. Als Masseverbindlichkeiten i.S.d. Absatzes 1 Nr. 2 gelten auch die Verbindlichkeiten

1. aus einem gegenseitigen Vertrag, dessen Erfüllung der Verwalter gewählt hat, nachdem er die Masseunzulänglichkeit angezeigt hatte;

2. aus einem Dauerschuldverhältnis für die Zeit nach dem ersten Termin, zu dem der Verwalter nach der ersten Anzeige der Masseunzulänglichkeit kündigen könnte;

3. aus einem Dauerschuldverhältnis, soweit der Verwalter nach der Anzeige der Masseunzulänglichkeit für die Insolvenzmasse die Gegenleistung in Anspruch genommen hat.

§ 269 InsO – Kosten der Überwachung –: Die Kosten der Überwachung trägt der Schuldner. Im Falle des § 260 Abs. 3 trägt die Übernahmegesellschaft die durch ihre Überwachung entstehenden Kosten.

Wird über das Vermögen des Klägers das Insolvenzverfahren eröffnet und nimmt 4
der Insolvenzverwalter den Rechtsstreit auf (§ 250 ZPO), haftet der Insolvenzverwalter für die – zuvor nicht entrichtete – Verfahrensgebühr (KV 1210; KV 1220; KV 1230) aus

dem Gegenstandswert, mit dem der Rechtsstreit nach der Annahmeentscheidung anhängig geblieben ist.[1]

5 Aus der **Strafprozessordnung** sind durch die Verweisung im § 33 unmittelbar anwendbar:

- *§ 466 StPO: Mitangeklagte, gegen die in Bezug auf dieselbe Tat auf Strafe erkannt oder eine Maßregel der Besserung und Sicherung angeordnet wird, haften für die Auslagen als Gesamtschuldner. Dies gilt nicht für die Tätigkeit eines bestellten Verteidigers oder eines Dolmetschers und durch die Vollstreckung, die einstweilige Unterbringung oder die Untersuchungshaft entstandenen Kosten sowie für Auslagen, die durch Untersuchungshandlungen, die ausschließlich gegen einen Mitangeklagten gerichtet waren, entstanden sind.*
- *§ 471 Abs. 4 StPO: Mehrere Privatkläger haften als Gesamtschuldner. Das Gleiche gilt hinsichtlich der Haftung mehrerer Beschuldigter für die dem Privatkläger erwachsenen notwendigen Auslagen.*

Im Übrigen auch unten, Vorbem. zu KV Teil 3.

ABSCHNITT 6
Gebührenvorschriften

§ 34
Wertgebühren

(1) Wenn sich die Gebühren nach dem Streitwert richten, beträgt die Gebühr bei einem Streitwert bis 500 Euro 35 Euro. Die Gebühr erhöht sich bei einem

Streitwert bis ... Euro	für jeden angefangenen Betrag von weiteren ... Euro	um ... Euro
2.000	**500**	**18**
10.000	**1.000**	**19**
25.000	**3.000**	**26**
50.000	**5.000**	**35**
200.000	**15.000**	**120**
500.000	**30.000**	**179**
über 500.000	**50.000**	**180**

Eine Gebührentabelle für Streitwerte bis 500.000 Euro ist diesem Gesetz als Anlage 2 beigefügt.

(2) Der Mindestbetrag einer Gebühr ist 15 Euro.

Übersicht

Gebühren — 1
Kostenschuldner — 2
Streitwert — 3–5
Begriffe — 3, 4
Gebührenstreitwert — 5
Streitgegenstand — 6–24
Begriff — 6
Ne ultra petita — 7
Schreib- und Rechenfehler — 8
Mittelbare Ziele des Antragstellers — 9
Teilforderungen — 10
Unbezifferte Forderungen — 11

1 BGH ZIP 2004, 2293 = MDR 2005, 238 (L).

Personengesellschaften — 12
Mehrere Ansprüche — 13
Verbindung und Trennung — 14
Haupt- und Hilfsansprüche — 15
Zwischen- und Nebenentscheidungen — 16
Grund- und Vorbehaltsentscheidungen — 17
Wahlrecht — 18
Bedingte Ansprüche — 19
Zug-um-Zug-Anträge — 20
Gegenvorbringen des Beklagten — 21
Vergleich — 22
Teil-Prozesskostenhilfe — 23
Kostenfestsetzungsverfahren — 24
Arbeitsgerichtsverfahren — 25
Mindestgebühr — 26–28

Nach § 34 richten sich die Gebühren nach dem Streitwert, sofern nicht im KV ausnahmsweise Festgebühren vorgesehen sind. Ihre Höhe ist der Tabelle (Anl. 2) zu entnehmen. Die Wertabhängigkeit der Gebühren ist verfassungsrechtlich nicht zu bemängeln.[1] 1

Wer Kostenschuldner ist und wann die Kosten – u.U. vorschussweise – zu zahlen sind, ist im 2. und 5. Abschnitt geregelt. 2

Streitwert: Soweit nichts anderes bestimmt ist (z.B. Festgebühren oder Abhängigkeit von der Höhe der verhängten Strafe/Geldbuße), richten sich die Gebühren nach dem **Streitwert.** Streitwert ist der **Wert des Streitgegenstandes**, also der Wert des sich aus dem Antrag ergebenden Interesses des Antragstellers. Vorschriften über die Berechnung des Wertes des Streitgegenstandes enthalten die §§ 47, 48, 50–64, 54–56, 58–69, 60 und Vorbemerkung 4 zu KV Teil 4. Dazu kommen noch die Wertvorschriften in anderen Gesetzen, wie etwa § 53 PatG, § 247 AktG und die der ZPO. Im Einzelnen unten, Anhänge zu §§ 48, 52. 3

Beim Streitwert ist zu unterscheiden zwischen dem **Prozessstreitwert**, dem **Rechtsmittelstreitwert** (Beschwer) und dem **Gebührenstreitwert**. Nach dem **Prozess- bzw. dem Rechtsmittelstreitwert** richtet sich die sachliche Zuständigkeit in vermögensrechtlichen Streitigkeiten (§§ 2 ZPO, 23 Nr. 1, 71 Abs. 1 GVG), der Anwaltszwang (§§ 2, 78 ZPO), die Zulässigkeit von Rechtsmitteln (§§ 2, 511a Abs. 1, 546 Abs. 1 S. 1, 567 Abs. 2 ZPO), die vorläufige Vollstreckbarkeit (§§ 2, 708 Nr. 11 ZPO). Materielle Grundlagen des Prozessstreitwertes sind hauptsächlich in der ZPO (§§ 3 9 ZPO), aber auch in anderen Gesetzen (z.B. § 182 InsO) enthalten. Für den Gebührenstreitwert sind vor allem der Zuständigkeits- und Zulässigkeitsstreitwert bedeutsam (z.B. § 62 S. 1). 4

Der **Gebührenstreitwert** ist ein spezieller Streitwert, nach dem sich grundsätzlich die Gerichtsgebühren richten (§ 48 Abs. 1), und zwar sowohl für den im Einzelfall konkret bestimmten Wert als auch dann, wenn es einer ausdrücklichen Bestimmung nicht bedarf (z.B. bei ausschließlicher Zuständigkeit eines Gerichts). Gebührenstreitwert und Prozessstreitwert sind häufig identisch, müssen es aber nicht sein[2] (vgl. § 48 Abs. 2 und 3). Der Gebührenstreitwert wird nach den Vorschriften über den Prozessstreitwert bemessen, „soweit *im GKG* nichts anderes bestimmt ist“ (§ 48 Abs. 1 S. 1). Das bedeutet: In der Regel ist der in den §§ 3–9 ZPO bestimmte Prozessstreitwert auch der nach § 48 Abs. 1 maßgebende Gebührenstreitwert, soweit in den §§ 14 ff. keine abweichenden Bestimmungen enthalten sind. 5

Streitgegenstand[3] ist in bürgerlichen Rechtsstreitigkeiten und in den in § 1 Abs. 1 Nr. 1 genannten Familiensachen das, was der Antragsteller mit seinem Antrag im Verfahren unmittelbar begehrt.[4] Maßgebend sind die der Entscheidung des Gerichts unterstellten Anträge des Klägers oder Widerklägers bzw. des sonstigen Antragstellers (z.B.: im 6

1 BVerfG NJW 2007, 2032.
2 Vgl. z.B. BGH MDR 1995, 530.
3 Vgl. dazu grundsätzlich bei Thomas/Putzo-*Reichold* ZPO, Einl. II Rn. 11 ff.
4 Thomas/Putzo-*Reichold* Einl. II Rn. 14.

Mahnverfahren, Arrest- oder einstweiligen Verfügungs-, Betreuungs-, Aufgebots- oder Zwangsvollstreckungsverfahrens). Im Verwaltungs- und Finanzgerichtsverfahren ist Streitgegenstand, worüber nach dem Antrag des Klägers entschieden werden soll (§ 52 Abs. 1). Geht der Antrag auf eine bezifferte Geldleistung, so ist der Betrag der begehrten Geldleistung unter Beachtung von Mindest- bzw. Höchstwerten (z.B. § 52 Abs. 4) maßgebend (§ 52 Abs. 3), wobei es gleichgültig ist, ob der Prozessbevollmächtigte sich im Rahmen seiner Aufträge und Weisungen der Partei gehalten hat.[5] Auf das Interesse des Gegners kommt es nicht an.[6] In besonderen Fällen ist das Gericht aber befugt, zu bestimmen, dass für die Zahlung von Gerichtskosten für eine Partei nur von einem Teil des Streitwertes ausgegangen werden kann (z.B.: §§ 247 AktG, 144 PatG, 26 GebrMG, 31a WZG, 12 UWG, 89a GWB, 105 EnWG, § 54 DSignG). Eindeutig formulierte Klageanträge lassen regelmäßig für eine Auslegung keinen Raum, auch wenn sich aus der Begründung ergibt, dass tatsächlich mehr oder weniger gefordert werden soll.[7] Bei offensichtlichen Schreib- oder Rechenfehlern ist aber immer das wirklich Gewollte zu bewerten. Ist der Antrag unklar, kann zur Aufklärung die Antragsbegründung herangezogen werden.[8] Natürlich ist das Gericht nicht gehindert, im Zweifel beim Antragsteller nachzufragen.

7 Entscheidet das Gericht über mehr, als beantragt worden ist, so ist zu prüfen, ob das Gericht damit nicht einem stillschweigend gestellten Widerklageantrag entsprochen hat.[9] Die Vermutung spricht nämlich für ein prozessordnungsgemäßes Verfahren des Gerichts.[10] Liegt aber eine eindeutige Überschreitung der gestellten Anträge, also ein Verstoß gegen § 308 ZPO vor, so dürfen die Verfahrens- und Entscheidungsgebühren nur nach dem Wert der von den Parteien gestellten Anträge berechnet werden. Das folgt aus § 22, wonach nur der Antrag und der ihm zugrundeliegende Wert für die Kostenpflicht maßgebend sind.[11] Das gilt auch für den Fall, dass das Rechtsmittelgericht über im ersten Rechtszug verbliebene Ansprüche mitentscheidet.[12] Ob ein solches Verfahren prozessual überhaupt zulässig ist,[13] ist für die kostenrechtliche Beurteilung irrelevant. Maßgebend für den Streitwert sind auch hier nur die zugrundeliegenden Anträge, die auch stillschweigend gestellt werden können. Haben die Parteien im Rechtsmittelverfahren keinen klageerweiternden Antrag gestellt, so haben sie für die über ihren Antrag hinausgehende Entscheidung auch keine Verfahrens- und Entscheidungsgebühren zu zahlen.[14] Sofern in solchen Fällen ein Streitwert nach dem Wert des Rechtsmittelurteils dem Kostenansatz zugrunde gelegt wird, kann sich der Kostenschuldner auf eine unrichtige Sachbehandlung nach § 21 berufen. Denn es ist kostenrechtlich eine unrichtige Sachbehandlung, einer Partei mehr zuzusprechen, als Gegenstand des Verfahrens der Instanz war. Das ist auch im § 47 Abs. 2 S. 1 klargestellt, wonach der Wert des Streitgegenstandes des Rechtsmittelverfahrens durch den Wert des Streitgegenstandes der ersten Instanz begrenzt ist, es sei denn, dass dieser erweitert wird oder § 40 zutrifft. Eine Erweiterung des Streitgegenstandes ist aber ohne Antrag nicht möglich. Eine Werterhöhung scheidet ohnehin aus.

---

5 KG RPfleger 1962, 154 (L).
6 OLG Köln JurBüro 1971, 718; Thomas/Putzo-*Reichold* Einl. II Rn. 15.
7 **A.M.** OLG Frankfurt aM RPfleger 1963, 95.
8 BGH NJW 1962, 806 = JurBüro 1962, 277 = MDR 1962, 391; KG JR 1955, 468.
9 BGH MDR 1963, 127.
10 OLG München JurBüro 1961, 450; *Schneider* MDR 1961, 949.
11 BGH NJW 1973, 2206 = MDR 1974, 36.
12 VGH Mannheim NJW 1977, 1255.
13 Vgl. BGH VersR 1977, 430; MDR 1959, 909.
14 *Lappe* § 14 Rn. 3; **a.M.** *Schneider* MDR 1971, 437.

Bei **offensichtlichen Schreib- und Rechenfehlern** ist Streitwert, was tatsächlich gewollt ist.[15] Beruht der unrichtige Klageantrag auf einer falschen Beurteilung der Sach- oder Rechtslage, so ist der Streitwert der – wenn auch zu Unrecht – tatsächlich geforderte Betrag. Die Ansicht, dass auch ein auf Zahlung eines bestimmten Betrages gerichteter Klageantrag nach den Klagegründen auszulegen sei,[16] ist verfehlt. 8

Es kommt auch niemals darauf an, in welcher Höhe der Antrag gerechtfertigt ist oder was der Antragsteller mit seinem Antrag mittelbar erreichen will, also nicht auf sein mittelbares wirtschaftliches Interesse. Ebenso bleibt das mit der Höhe des Streitwertes verbundene Prozesskostenrisiko i.d.R. unberücksichtigt.[17] Ausnahmen insoweit bilden aber die §§ 247 AktG, 144 PatG, 26 GebrMG, 54 DesignG, 142 MarkG, 12 UWG, 89a GWB, 105 EnWG sowie §§ 51, 52. 9

Wird nur ein **Teilbetrag** einer Forderung geltend gemacht, richtet sich der Streitwert nur nach dem Wert des eingeklagten Teils[18] (§ 36). Das gilt auch dann, wenn die Parteien vereinbart haben, dass ein Feststellungsurteil über den eingeklagten Teil für den gesamten Anspruch gelten soll.[19] Die gegenteilige Ansicht,[20] wonach auch das mittelbare Interesse maßgebend sein soll, steht die ausdrückliche Bestimmung des § 62 sowie die des § 52 Abs. 4 für Verwaltungs- und Finanzgerichtssachen entgegen, wonach der Wert des Streitgegenstandes nicht anzugeben ist, wenn er „in einer bestimmten Geldsumme besteht". 10

Soweit **kein bestimmter Antrag gestellt und die Entscheidung über die Höhe in das Ermessen des Gerichts gestellt wird**, ist das Interesse des Klägers nach § 3 ZPO zu schätzen. Der geschätzte Wert kann grundsätzlich nicht niedriger sein als ein etwa zuerkannter Betrag. Der geschätzte Wert bleibt für den betreffenden Rechtszug maßgebend, und zwar auch dann, wenn er im Rechtsmittelverfahren herabgesetzt wurde.[21] Hat der Kläger einen **Mindestbetrag ausdrücklich beantragt**, dann bildet dieser in jedem Fall die unterste Grenze des Streitwerts und darf nicht unterschritten werden.[22] Hat der Kläger einen **Mindestbetrag nur vorgeschlagen**, ohne ihn zu beantragen, kann dieser Vorschlag nur unverbindliche Anhaltspunkte für den Streitwert bieten.[23] Das ist jedoch streitig. So sollen nach weitverbreiteter Ansicht die vom Kläger gemachten **zahlenmäßigen Angaben** über die Höhe und die Größenordnung seines Anspruchs für den Streitwert **verbindlich** sein.[24] Dem kann aber so nicht gefolgt werden. Zwar wird man dann, wenn der Kläger einen zahlenmäßigen Rahmen angibt, i.d.R. davon ausgehen, dass die Höchstgrenze des bezeichneten Rahmens auch die Obergrenze des Interesses bildet. Wenn aber aus der Klagebegründung hervorgeht, dass der vom Kläger genannte Oberbetrag offensichtlich unangemessen (zu hoch oder zu niedrig) ist, wird man nicht davon ausgehen dürfen, jedenfalls nicht, ohne dem Kläger vorher Gelegenheit zur Stellungnahme gegeben zu haben (§ 139 ZPO). Dabei ist aber immer vom Sachvortrag des Klägers auszugehen, nicht von dem letzten Endes erwiesenen Sachverhalt. Es ist daher der Betrag zu schätzen, der zuzusprechen gewesen wäre, wenn sich der Sachvortrag des Klä- 11

15 BGH RPfleger 1959, 111 (L); OLG Braunschweig RPfleger 1964, 97 (L).
16 OLG Frankfurt aM RPfleger 1965, 289 (L) MDR 1962, 992 = JurBüro 1962, 688 = RPfleger 1963, 95.
17 OLG Celle NJW 1964, 1527.
18 Vgl. dazu ausf. bei *Schneider/Herget* „Teilforderung" Rn. 4299 ff.
19 BGH RPfl. 1966, 46.
20 *Holste* AnwBl. 1959, 46 und 1961, 54; *Geissler* AnwBl. 1961, 101.
21 OLG Köln NJW 1963, 659 = MDR 1963, 422.
22 Unstr. vgl. etwa KG MDR 1973, 146 = JurBüro 1973, 148; OLG Schleswig JurBüro 1971, 613.
23 OLG München JurBüro 1980, 125 mit abl. Anm. v. *Mümmler.*
24 Vgl. etwa BGH VersR 1979, 472; OLG Schleswig JurBüro 1980, 604.

gers als richtig erwiesen hätte,[25] nicht aber der dem Kläger letzten Endes zuerkannte Betrag.[26]

12 Die Höhe des Streitwertes wird auch nicht dadurch beeinflusst, wenn die Leistung an **einen Dritten** oder an eine **Personengemeinschaft** gefordert wird, mag der Antragsteller an dieser auch beteiligt sein.

13 **Mehrere selbständige Ansprüche** sind grundsätzlich zusammenzurechnen. Einzelheiten dazu unten bei § 45. Wird im Wege der Klageänderung ein Anspruch gegen einen anderen Anspruch ausgetauscht (z.B. ein Schadensersatzanspruch statt des ursprünglichen Herausgabeanspruchs), so sind die beiden Ansprüche nicht zusammenzurechnen,[27] soweit es bei demselben Streitgegenstand verbleibt und nur die Anspruchsgrundlage ausgetauscht wird. Anders verhält es sich, wenn die Klageänderung in einer Erweiterung der Klage um neue Streitgegenstände besteht, während die bisherigen Ansprüche für erledigt erklärt werden oder sonst wie aus dem Prozess ausscheiden. Hier muss jedenfalls für die Verfahrensgebühr zusammengerechnet werden, wenn dem erweiterten Anspruch ein zu berücksichtigender Wert zukommt. Wenn nach einer mündlichen Verhandlung die klagende Partei einen nicht zugelassenen Schriftsatz nachreicht, mit dem sie die Klage erweitern will, bleibt der Streitwert unverändert, wenn das Gericht den unzulässigen Schriftsatz nicht in das Verfahren einführt.[28]

14 **Verfahrensverbindung[29] und -trennung:** Werden Verfahren mit verschiedenen Streitwerten zur gemeinsamen Verhandlung und Entscheidung **verbunden**, gibt es von der Verbindung an für das verbundene Verfahren nur noch einen Streitwert, der aus der Summe der Einzelstreitwerte der verbundenen Verfahren zusammensetzt. Die aus den Einzelstreitwerten vor der Verbindung bereits erwachsenen Gebühren bleiben aber bestehen. Wenn und soweit nach der Verbindung die gleichen Gebühren noch einmal entstehen, so sind sie mit den vorher entstandenen Gebühren zu verrechnen.[30] Umgekehrt gibt es für die **Verfahrenstrennung** für jedes der getrennten Verfahren ab der Trennung einen selbständigen Streitwert. Die vor der Trennung aus dem gemeinsamen Streitwert erwachsenen Gebühren, die nach der Trennung noch einmal entstehen, sind auf die in den getrennten Verfahren neu erwachsenen Gebühren anteilmäßig zu verrechnen.[31] Wenn Verfahren verbunden werden, die **denselben Streitgegenstand** haben, tritt keine Streitwerterhöhung ein, wenn auch der Streitwert identisch ist. Andernfalls gilt der höhere Streitwert (§ 45 Abs. 1 S. 3). Keine echte Verbindung liegt aber vor, wenn mehrere Sachen nur zur gemeinsamen Entscheidung verbunden werden. Hier verbleibt es bei den einzelnen Streitwerten.[32] Wenn nämlich die einzelnen Sachen nur gemeinsam entschieden wird, liegt keine echte Verfahrensverschmelzung vor.

15 Werden **Haupt- und Hilfsansprüche** geltend gemacht, so werden die Ansprüche gemäß § 45 nur zusammengerechnet, wenn über die Hilfsansprüche entschieden worden ist. Eine Ausnahme gilt nur dann, wenn Haupt- und Hilfsanspruch denselben Gegenstand betreffen. Im Einzelnen dazu unten, § 45.

---

25 Das ist nicht unstr. vgl. etwa wie hier: KG MDR 1973, 146 = VersR 1973, 575 = JurBüro 1973, 148; OLG Schleswig JurBüro 1971, 613 und bei *Schneider/Herget* „unbezifferte Anträge" Rn. 4311 ff.

26 So aber u.a. BGH VersR 65, 48; OLG Düsseldorf RPfleger 1981, 317.

27 KG JurBüro 1968, 610 = RPfleger 1968, 289.

28 OLG Oldenburg RPfleger 1968, 314 (L); *Schneider* JurBüro 1967, 954.

29 Dazu *D. Meyer* JurBüro 1999, 239.

30 Vgl. BayVGH BayVBl. 1973, 250.

31 FG Baden-Württemberg AnwBl. 1977, 505 (L) = EFG 1977, 336.

32 BFH, Beschl. v. 13.9.2012 – X E 5/12 – BFH/NV 2013, 386 = BeckRS 2013, 94132 = Openjur 2013, 19360 (gemeinsame Entscheidung über mehrere Nichtzulassungsbeschwerden).

16 **Zwischen- und Nebenentscheidungen** (z.B. das Verfahren über die Zulassung der Berufung im verwaltungsrechtlichen Verfahren)[33] haben grundsätzlich denselben Streitwert wie das Hauptverfahren.[34] Anders kann es nur liegen, wenn es im Zwischenverfahren nur um den technischen Verfahrensablauf geht wie etwa über die Frage, wann über das Bestehen oder Nichtbestehen des Klageanspruchs entschieden werden soll oder über die Ablehnung von Richtern oder Sachverständigen. In solchen Fällen soll verbreiteter Ansicht zufolge das Interesse an der Entscheidung gemäß § 3 ZPO besonders geschätzt werden, das regelmäßig geringer als das der Hauptsache sein soll.[35]

17 Beim **Grundurteil** wird der Streitwert durch den Wert der Anträge bestimmt, über die eine Grundentscheidung angestrebt wird.[36]

18 Steht dem Kläger hinsichtlich mehrerer mit der Klage geltend gemachter Ansprüche ein **Wahlrecht** zu, so ist immer von dem höheren Streitwert auszugehen, solange der Kläger sich nicht für den einen oder anderen Anspruch entschieden hat. Hat aber der **Beklagte** das Recht, nach seiner Wahl den einen oder den anderen Anspruch zu erfüllen, dann entscheidet bis zur Ausübung des Wahlrechts durch den Beklagten der Wert des geringeren Streitgegenstandes.[37]

19 **Bedingte Ansprüche** sind nicht mit dem vollen Betrag zu bewerten. Ihr Wert ist nach § 3 ZPO zu schätzen.[38]

20 Ohne Einfluss auf den Streitwert ist es, wenn **Verurteilung Zug-um-Zug** gefordert wird, wie überhaupt die Abhängigkeit der Klageforderung von einer Gegenleistung unbeachtlich zu bleiben hat.[39] Anders liegt es aber dann, wenn der Kläger mit der Klage nur einen Restbetrag begehrt, der nach Abzug der Gegenforderung des Beklagten zu seinen Gunsten verbleibt.

21 Das **Gegenvorbringen des Beklagten** hat grundsätzlich keinen Einfluss auf die Berechnung des Wertes des Streitgegenstandes, insbesondere nicht ein Anerkenntnis oder in den Fällen des § 45. Im Übrigen gilt § 45.

22 Muss bei einem **Vergleich** dessen Wert bestimmt werden, kann es vorkommen, dass dieser höher ist als der Wert des anhängigen Streitgegenstandes, nämlich dann, wenn über nicht anhängige Gegenstände mit verglichen wird. In solchen Fällen ist der einbezogene Wert der Klage bei der Bestimmung des Vergleichswertes (KV 1900) hinzuzurechnen. Umgekehrt gilt das auch, wenn in einem anhängigen Rechtsstreit ein Vergleich zur Vorbereitung (oder als Grundlage für die Vermeidung) weiterer Streitigkeiten geschlossen wird.[40]

23 Führt eine Partei, der **Prozesskostenhilfe nur für einen Teil des Streitgegenstandes** bewilligt wurde, ihre Rechtsverfolgung wegen des übrigen Teils auf eigene Kosten durch, so sind die Gebührenbeträge des Gerichts für den von der Prozesskostenhilfe nicht erfassten Teil der Unterschied zwischen den Gebühren, die durch den von der Prozesskostenhilfe nicht gedeckten Teil allein entstehen würden.[41]

---

33 VGH Baden-Württemberg JurBüro 1998, 94.

34 BGH JurBüro 1962, 213 = NJW 1962, 345 = MDR 1962, 302 (Zwischenurteil über Sicherheitsleistung, über Prozesskosten); OLG Düsseldorf JurBüro 1972, 1021 = RPfleger 1972, 463; KG JurBüro 1965, 750 (Streitwert des Zwischenverfahrens über die Zuständigkeit).

35 Vgl. etwa BGHZ 22, 283; *Schneider* MDR 1973, 542; *Mümmler* JurBüro 1980, 963 und bei *Schneider/Herget* „Zwischenstreit" Rn. 5202 ff.

36 Vgl. bei *Schneider/Herget* „Grundurteil" Rn. 2315 ff.

37 RGZ 55, 81 und bei *Schneider/Herget* „Wahlschuld" Rn. 4989 ff.

38 Vgl. bei *Schneider/Herget* „bedingte Rechte" Rn. 653 ff.

39 Vgl. näher bei *Schneider/Herget* „Gegenforderung", „Gegenleistung" Rn. 1890 ff. „Zug-um-Zug-Leistung".

40 Dazu *D. Meyer* JurBüro 2010, 434 und 521.

41 BGH RPfleger 1959, 3 (L).

24 Im **Kostenfestsetzungsverfahren** nach § 104 ZPO können Gerichtsgebühren nur im Beschwerdeverfahren anfallen, da das Verfahren einschließlich der Entscheidung über die Erinnerung gebührenfrei ist. Streitwert der Beschwerdegebühr nach KV 1811 ist in diesen Fällen nicht der Betrag, über den die Entscheidung im Beschwerdeverfahren ergangen ist, sondern der Betrag, hinsichtlich dessen die Beschwerde als unzulässig verworfen oder zurückgewiesen wurde.

25 Im **Arbeitsgerichtsverfahren** gelten besondere Gebühren- und Streitwertvorschriften nach KV Teil 8.

26 **Abs. 2:** Der Mindestbetrag einer Gebühr ist auf 15 € festgesetzt. Die Mindestgebühr ist auch anzusetzen, wenn die sich nach dem KV ergebende Gebühr den Wert des Streitgegenstandes überschreitet.[42]

Dieser gilt auch im Arbeitsgerichtsverfahren. Vom Mindestbetrag gibt es allerdings einige Ausnahmen, die dem KV – gelegentlich auch besonderen Gesetzen – zu entnehmen sind (z.B. KV 2311).

27 Der Mindestbetrag von 15 € gilt auch dann, wenn nur eine Bruchteilsgebühr in Frage kommt. Er ist dann für jede einzelne in Ansatz zu bringen und nicht etwa nur für den Gesamtbetrag der Gebühren.[43] Würde beispielsweise beim Abschluss eines Vergleichs i.S.v. KV 1900 für einen Mehrwert eine Gebühr in Höhe von weniger als 15 € entstehen, sind gleichwohl nach Abs. 2 mindestens 15 € anzusetzen.

28 Der Mindestbetrag gilt aber nur für die Gebühren, und zwar für jede Einzelgebühr und nicht für den Endbetrag der Gebühren eines Kostenansatzes. Auslagen können auch weniger als 15 € betragen und sind stets in tatsächlicher Höhe nach KV Teil 9 anzusetzen.

29 Will z.B. ein erkennbar psychisch Kranker seit über 50 Jahren einen ersichtlich verjährten Schadensersatzanspruch durchsetzen, kann es geboten sein, ungeachtet seiner geäußerten Fehlvorstellungen zum Anspruchsumfang nur den Mindestwert zugrunde zu legen.[44]

§ 35
Einmalige Erhebung der Gebühren

Die Gebühr für das Verfahren im Allgemeinen und die Gebühr für eine Entscheidung werden in jedem Rechtszug hinsichtlich eines jeden Teils des Streitgegenstands nur einmal erhoben.

1 **Allgemeines:** Die allgemeine Verfahrensgebühr und die Entscheidungsgebühren sollen in jeder Instanz für jeden Teil des Streitgegenstandes nur einmal erhoben werden, also keine mehrmalige Erhebung der Gebühren in einer Instanz für jeden Streitwertteil. Das Wort „einmal“ im Gesetzestext bedeutet nicht, dass die Entscheidungsgebühr auch dann nur einmal erhoben werden darf, wenn im KV mehrere Gebühren vorgeschrieben sind, sondern nur, dass diese mehreren Gebühren aus jedem Teil des Streitgegenstandes nur einmal erhoben werden dürfen. Die einmal erhobene Gebühr gilt pauschal alle weiteren gleichartigen Gebühren ab. Eine inhaltsgleiche Bestimmung enthält § 29 FamGKG.

2 Die Vorschrift gilt für die **allgemeinen Verfahrensgebühren** in bürgerlichen Rechtsstreitigkeiten sowie in Arbeitsgerichts-, Verwaltungsgerichts-, Sozialgerichts- und Finanzgerichtsstreitigkeiten, für die Zwangsversteigerungs- und Zwangsverwaltungsver-

42 Dazu BFH, BFH/NV 2015, 219 = RVGReport 2015/316 = JurionRS 2014, 27187.
43 *Oestreich/Hellstab* in Oe/He/Tre § 34 Rn. 9.
44 OLG Koblenz JurBüro 2012, 319 (LS) = NJW-RR 2012, 891 = BeckRS 2012, 05923.

fahren und sinngemäß auch in Insolvenz- und schifffahrtsrechtlichen Verteilungsverfahren.[1]

Instanz: Es gilt der Instanzbegriff des GKG (vgl. § 36 Rn. 6). Eine zeitliche Grenze zwischen den einzelnen Instanzen besteht nicht. Es ist durchaus möglich, dass eine Handlung noch zur vorangegangenen kostenrechtlichen Instanz gehört, während gleichzeitig bereits ein Rechtsmittelverfahren als neue Instanz läuft. Es kann auch eine bereits beendete Instanz durch neue noch zur Instanz gehörende Handlungen wieder aufleben, z.B. durch Anträge nach §§ 269 Abs. 3, 515 Abs. 3 ZPO nach Klage- bzw. Berufungsrücknahme oder durch Urteilsvervollständigung eines in abgekürzter Form ergangenen Anerkenntnis- oder Versäumnisurteils (§ 313b ZPO),[2] die zur Instanz zu rechnenden Kostenfestsetzungs- und Kostenansatzverfahren. 3

Dieselbe Instanz liegt z.B. vor: 4

- *Abhilfe* bei Gehörsverletzung nach § 321a ZPO
- *Ehescheidungsantrag* und eine später im gleichen Verfahren gestellter Antrag auf Aufhebung der Ehe (jetzt § 29 FamGKG).[3]
- *Erledigung der Hauptsache:* Im Verfahren gegenüber mehreren Streitgenossen stellen Vorgänge, die zur Erledigung im Verhältnis zu einem Streitgenossen führen und solche, die zur Erledigung im Verhältnis zum anderen Streitgenossen führen, Vorgänge derselben Instanz dar.[4]
- *Fachsenat (§ 99 VwGO) und Hauptsacheverfahren:* Das Verfahren vor dem Fachsenat (§ 99 VwGO) bildet mit dem Hauptsacheverfahren einen Rechtszug i.S.v. § 35 GKG.[5]
- *Grundurteil:* Grundurteil (§ 304 ZPO) und das dazugehörende Betragsurteil stellen dieselbe Instanz dar,[6] und zwar auch dann, wenn im Rechtsmittelverfahren darüber entschieden worden ist.[7] Das gilt natürlich nicht, wenn und soweit die Klage von vornherein nur den Grund betrifft (z.B. Feststellungsklagen, § 256 ZPO).
- *Klageänderung:* Selbst wenn damit ein Parteiwechsel verbunden ist oder die Klage auf weitere am Verfahren bisher nicht beteiligte Personen erstreckt wird, liegt dieselbe Instanz vor.[8]
- *Nachverfahren:* Vgl. unten, Rn. 5.
- *Pfändung und Überweisung* mehrerer Forderungen eines Schuldners gegen verschiedene Drittschuldner.[9]
- *Prozessverbindung:* Vgl. „Prozesstrennung".
- *Prozessvergleich:* Vgl. „Vergleich".
- *Prozesstrennung* und Verbindung: Hinsichtlich vor und nach der Verbindung/Trennung durchgeführtes Verfahren.[10] Die vor der Verbindung erwachsenen Gebühren bleiben indessen unberührt.[11] Umgekehrt sind die nach der Trennung nach den neuen Streitwerten der getrennten Verfahren gesondert zu berechnen, wobei bereits nach den ursprünglichen Streitwerten der getrennten Verfahren gezahlte Gebühren-

---

1 **Trenkle** *in* Oe/He/Tre § 35 Rn. 1.
2 Vgl. *Hartmann* § 35 Rn. 15.
3 OLG Hamm JurBüro 1969, 1171 m. Anm. v. *Schneider.*
4 *Hartmann* § 35 Rn. 6.
5 BVerwG Beschl. v. 1.2.2011 – 20 F 17.10; BayVGH Beschl. v. 8.1.2013 – G 12.1. = Openjur 2013, 2952.
6 OLG Hamm JurBüro 1971, 145.
7 OLG Bremen JurBüro 1976, 483 m. Anm. v. *Lappe.*
8 OLG München JurBüro 1968, 481; *Markl* JVBl. 1969, 180.
9 LG Zweibrücken RPfleger 1977, 76.
10 BGH BStBl. II, 1968, 778; FG Münster EFG 1970, 456.
11 OVG Greifswald JurBüro 2010,532; KG JurBüro 1963, 415.

beträge im Verhältnis der Streitwerte zueinander auf die nunmehrigen allgemeinen Verfahrensgebühren anzurechnen sind.[12]

- *Rechtsmittel:* Legen mehrere Parteien oder Streitgenossen gegen *dasselbe* Urteil ein Rechtsmittel ein, liegt eine Instanz vor,[13] auch wenn das in getrennten Schriftsätzen geschieht. Werden die Rechtsmittel in verschiedenen Verhandlungen nach Trennung verhandelt, dann liegen ab der Trennung verschiedene Verfahren vor. Anders liegt es aber, wenn eine Partei mehrere in derselben Sache ergangene Urteile (z.B. Teil- oder Vorbehaltsurteile) durch getrennten Rechtsmittel anficht oder wenn eine Partei gegen eine in früher zurückgewiesener Sache ergangenes Urteil erneut ein Rechtsmittel einlegt. In solchen Fällen liegen liegt eine neue Instanz vor.[14]
- *Streitgenossen:* Es bleibt auch dann dieselbe Instanz, wenn das Verfahren gegen verschiedene Streitgenossen verschieden verläuft.[15]
- *Streitwerterhöhung* durch einen nicht zulässigen Schriftsatz, wenn das Gericht den Schriftsatz in den Rechtsstreit einführt.[16]
- *Stufenklage:* Sämtliche Stufen (Auskunft, Eidesstattliche Versicherung, Zahlungs-/Herausgabeklage) gehören zur selben Instanz.
- *Unterbrechung:* Fortsetzung des Verfahrens nach Unterbrechung oder Ruhen des Verfahrens eröffnen keine neue Instanz.[17]
- *Vergleich:* Fortsetzung des Verfahrens nach einem Vergleich mit der Behauptung, der Vergleich sei ungültig.[18]
- *Versäumnisurteil:* Der Einspruch gegen ein Versäumnisurteil eröffnet keine neue Instanz.
- *Verweisung* der Sache an einen anderen Spruchkörper oder an ein anderes Gericht.[19] Ebenso bei Zurückverweisung der Sache an das Vordergericht.
- *Vorbehaltsurteil:* Das Nachverfahren nach einem Vorbehaltsurteil gem. § 302 ZPO hinsichtlich der Aufrechnung begründet keine neue Instanz. Dasselbe gilt auch für die Nachverfahren im Urkunden-, Wechsel- oder Scheckprozess.[20] Ebenso bei Abstandnahme vom Urkundenprozess[21] und Übergang vom Schiedsverfahren in das ordentliche Verfahren.
- *Zulässigkeitsrüge:* Vgl. „Zwischenurteil".
- *Zuständigkeitsbestimmung:* Vgl. „Zwischenurteil".
- *Zurückverweisung* durch das BVerfG an das Fachgericht.[22]
- *Zwischenurteil:* Fortsetzung des Verfahrens nach einem Zwischenurteil über prozesshindernde Einreden.[23]

5 **Verschiedene Instanzen** liegen z.B. vor:

- *Anfechtungsklage* im Aufgebotsverfahren.[24]

---

12 FG Hamburg EFG 1976, 354.
13 Vgl. *Hartmann* § 35 Rn. 13.
14 *Hartmann* § 35 Rn. 13.
15 OLG Hamm RPfleger 1963, 28.
16 *Schneider* JurBüro 1967, 954.
17 OLG Hamm JurBüro 1969, 1191 m. Anm. v. *Schneider.*
18 BGH MDR 1977, 308; OLG Koblenz JurBüro 1978, 702.
19 OLG Frankfurt aM JurBüro 1977, 1114; KG JurBüro 1970, 65.
20 OLG Nürnberg JurBüro 1962, 425; *Hartmann* § 35 Rn. 10.
21 OLG Koblenz MDR 1970, 339.
22 OLG Hamburg MDR 2004, 474.
23 LAG München KostRspr. ArbGG § 12 Nr. 9.
24 *Hartmann* § 35 Rn. 6.

- *Arrest- und einstweiliges Verfügungsverfahren* gegenüber dem Hauptsacheverfahren.[25]
- selbständiges *Beweisverfahren* und das spätere Hauptsacheverfahren.[26]
- *Ehescheidungsanträge:* Wechselseitige getrennte Ehescheidungsanträge bis zur Verbindung (jetzt § 29 FamGKG).[27]
- *Erneute Klage:* Wenn nach Zurücknahme, Abweisung oder Widerklage oder nach Zurücknahme oder Verwerfung eines Rechtsmittels die Klage oder Widerklage erneut erhoben oder das Rechtsmittel wiederum eingelegt wird. Das gilt aber nicht, wenn nur die Klage oder Widerklage durch Fallenlassen eines Anspruchs ermäßigt und dann durch erneute Geltendmachung wieder erhöht wird.[28]
- *Grundurteil:* Berufungsverfahren gegen das Grundurteil und das in der ersten Instanz weiter geführte Betragsverfahren.
- *Nachverfahren:* Verschiedene Instanzen sind das gegen ein Grundurteil geführte Rechtsmittelverfahren und ein parallel weitergeführtes Nachverfahren.
- *Rechtsmittel:* Einlegung von Rechtsmitteln gegen mehrere Urteile (z.B. gegen Grund- und Betragsurteil, Teil- und Schlussurteil, Vorbehalts- und Nachverfahrensurteil). Mehrere Verfahren liegen auch dann vor, wenn das Rechtsmittel sich gegen mehrere Teilurteile richtet, durch die zunächst die Klage gegen den einen, dann gegen den anderen als Gesamtschuldner in Anspruch genommenen Streitgenossen abgewiesen wurde.[29] Desgleichen, wenn ein Rechtsmittel nach Rücknahme oder Verwerfung erledigt war und dann erneut eingelegt wird[30] oder wenn nach Zurückverweisung und erneuter Entscheidung wieder ein Rechtsmittel eingelegt wird.[31] Ergeht zu einem Urteil, gegen das ein Rechtsmittel eingelegt wurde, ein Ergänzungsurteil und wird auch dagegen ein Rechtsmittel eingelegt, so wird hierdurch eine besondere Instanz nur eingeleitet, soweit das Rechtsmittel gegen das Ergänzungsurteil den Beschwerdegegenstand des ersten Rechtsmittels erweitert (z.B. wenn das Ergänzungsurteil einen weiteren Klageanspruch betrifft), im Übrigen oben, Rn. 3. Mehrere Instanzen auch, wenn gegen ein und dasselbe Urteil Berufung und Sprungrevision (§ 556a ZPO) oder Berufung und Beschwerde eingelegt wird.[32] Verweist das Revisionsgericht nicht an die Berufungsinstanz, sondern an die 1. Instanz zurück, bildet ein etwaiges Berufungsverfahren gegen ein erneutes Urteil der ersten Instanz eine neue Instanz.[33] Eine Klageerweiterung im Berufungsverfahren über den Grund des Anspruchs erhöht den Streitwert der ersten Instanz erst, wenn der erweiterte Antrag in das fortgesetzte Verfahren der ersten Instanz eingeführt wird.[34] Das Beschwerdeverfahren bildet immer eine eigene Instanz neben dem Hauptverfahren.
- *Vergleich:* Streit um die Auslegung eines Prozessvergleichs.[35]
- *Wiederaufnahme* eines Verfahrens leitet stets eine neue Instanz ein.[36]

---

25 OLG Karlsruhe Die Justiz 1977, 98.
26 KG MDR 1976, 846.
27 **A.M.** mit unterschiedlichen Begründungen aber die wohl h.M. vgl. etwa: OLG Düsseldorf JurBüro 1970, 1081; OLG Nürnberg JurBüro 1975, 211 m. zust. Anm. v. *Mümmler*.
28 OLG Bamberg JurBüro 1976, 866.
29 OLG Celle NdsRPfl. 1959, 136; OLG Düsseldorf MDR 1961, 66 = RPfleger 1961, 404 m. Anm. v. *Lappe;* **a.M.** wohl *Hartmann* § 35 Rn. 13.
30 BFH BStBl. II 1970, 852; **a.M.** OLG Hamburg MDR 1972, 877 = JurBüro 1972, 800 m. abl. Anm. v. *Lappe*.
31 BFH BStBl. II 1970, 852 = BB 1970, 1466 = HFR 1970, 587.
32 *Hartmann* § 35 Rn. 8.
33 KG MDR 1969, 938 = RPfleger 1969, 360.
34 OLG Schleswig JurBüro 1976, 1680 = SchlHA 1977, 15.
35 BGH MDR 1977, 308.
36 BFH BB 1985, 985; OLG München JurBüro 1962, 296.

- Zurückverweisung: Nach Zurückverweisung eröffnet ein neues Rechtsmittel eine neue Instanz.[37]

6 Innerhalb einer Instanz dürfen die Verfahrens- und Entscheidungsgebühren **hinsichtlich eines jeden Teils des Streitgegenstandes** nur einmal erhoben werden. Es dürfen also diese Gebühren hinsichtlich eines jeden Wert(teil)s nur einmal in Ansatz gebracht werden, mögen auch mehrere Handlungen (Entscheidungen) hinsichtlich desselben Streitgegenstandes erfolgen. Das schließt aber nicht aus, dass für einen Gebührentatbestand aus demselben Streitgegenstand die für diesen Tatbestand im KV evtl. vorgesehenen mehreren Gebühren erwachsen. Fallen Entscheidungsgebühren für mehrere Wertteile an, so darf für jede dieser Gebühren nicht mehr erhoben werden, als wenn die Gebühr von dem Gesamtbetrag der Wertteile zu berechnen wäre, § 36 Abs. 2.

§ 36
Teile des Streitgegenstands

(1) Für Handlungen, die einen Teil des Streitgegenstands betreffen, sind die Gebühren nur nach dem Wert dieses Teils zu berechnen.

(2) Sind von einzelnen Wertteilen in demselben Rechtszug für gleiche Handlungen Gebühren zu berechnen, so darf nicht mehr erhoben werden, als wenn die Gebühr von dem Gesamtbetrag der Wertteile zu berechnen wäre.

(3) Sind für Teile des Gegenstands verschiedene Gebührensätze anzuwenden, so sind die Gebühren für die Teile gesondert zu berechnen; die aus dem Gesamtbetrag der Wertteile nach dem höchsten Gebührensatz berechnete Gebühr darf jedoch nicht überschritten werden.

1 Die Vorschrift ist auch im **Verwaltungs-, Sozial-, Finanz- und Arbeitsgerichtsverfahren** anwendbar und regelt zum einen, aus welchen Wertteilen die Gebühren zu berechnen sind, wenn Handlungen nur einen oder mehrere Teile des Streitgegenstandes betreffen. Zum anderen bestimmt sie, welche Gebührensätze anzuwenden sind, wenn verschiedene Gebührensätze in Betracht kommen. Sie betrifft nur **Gebühren** und ist auf Auslagen nicht entsprechend anzuwenden.[1] Für eine gerichtliche Handlung, also für eine prozessuale Maßnahme der Parteien oder des Gerichts, die Gebühren auslöst, entsteht eine Gebühr nur nach demjenigen abtrennbaren Wert des Streitgegenstandes, den diese Handlung betrifft.[2] Eine ähnliche Bestimmung enthalten § 15 RVG und § 30 FamGKG.

2 **Handlungen, die einen Teil des Streitgegenstandes betreffen**, sind solche prozessualen Maßnahmen, die nicht den gesamten Streitgegenstand des Verfahrens, sondern nur Teile davon erfassen.[3] So hat eine Klagerücknahme z.B. die Ermäßigung der allgemeinen Verfahrenspauschgebühren zur Folge, wenn sich das Verfahren dadurch erledigt (z.B. KV 1211), während eine Erledigungserklärung die pauschalen Verfahrensgebühren grundsätzlich unberührt lässt (z.B. KV 1211). Wird nach einem vorangegangenen Mahnverfahren die Klage erhöht, so dürfen die Gebühr für den Antrag auf Erlass des Mahnbescheides (KV 1100) und die Gebühren nach KV 1210, 1211, 8110, 8210, 8211 zusammen die Gebühren nach KV 1210, 1211, 8210, 8211 aus dem gesamten erhöhten Streit-

37 BFH BStBl. II.

1 **A.M.** OLG München MDR 1989, 166.
2 OLG Oldenburg JurBüro 1982, 190.
3 Vgl. auch OLG Koblenz JurBüro 1999, 188.

wert nicht übersteigen, Abs. 3.[4] Auch kann nur ein Teil des Streitgegenstandes eines Beweisverfahrens im anschließenden Hauptsacheverfahren eingeklagt werden mit der Folge, dass die Kostengrundentscheidung der Hauptsache nur den eingeklagten Teil erfasst.[5] Das gilt ebenso bei teilweiser Fortsetzung des Streits nach vorangegangenem Mahnverfahren[6] oder der teilweisen Berufungs- oder Revisionsrücknahme oder auch bei Anschlussrechtsmitteln wie der Anschlussberufung (§ 524 ZPO) oder der Anschlussrevision (§ 554 ZPO). Die Entscheidungsgebühren können sich auf einen oder mehrere Teile des Streitgegenstandes beziehen. Beziehen sich Handlungen nur auf Teile des Streitgegenstandes, so bestimmt Abs. 1, dass der für diese Handlungen maßgebende Streitwert nur aus dem Wert des Teils des Streitgegenstandes zu entnehmen ist, auf den sich die Handlung (z.B.: das Urteil) bezieht. Geht z.B. ein Rechtsmittel auf 5.000 € und ergeht ein Urteil – etwa wegen vorheriger Erledigung der übrigen Streitpunkte – nur noch hinsichtlich einer Klageforderung von 2.000 €, so ist die allgemeine Verfahrensgebühr (z.B. KV 1220) aus 5.000 € zu berechnen. Die Teilerledigungen nach Einlegung der Berufung führen nicht zu einer Ermäßigung nach KV 1221, weil sich nicht das Berufungsverfahren als Ganzes erledigt hat. Wenn hingegen nur Berufung wegen eines Teilbetrages von 2.000 € eingelegt wird, ist das auch der Gebührenwert für die Gebühr nach KV 1220.

Abs. 2 behandelt den Fall, dass **von einzelnen Wertteilen in derselben Instanz für gleiche Handlungen Gebühren** zu berechnen sind. **Voraussetzung** ist: 3

- Dass es sich um **verschiedene Wertteile** handelt. Das ist nicht gegeben, wenn und soweit die Wertteile sich decken. Nur soweit die Wertteile sich nicht decken, sind sie für die Gebührenberechnung zu addieren (z.B. die Werte verschiedener Teilurteile). Eine **Prozessverbindung oder Prozesstrennung** berührt die vor der Verbindung oder Trennung bereits angefallenen Gebühren aber nicht[7] (vgl. hierzu § 45 Rn. 10, 11). Dasselbe gilt auch bei der Verbindung mehrerer Klagen zu Klage und Widerklage und von verschiedenen Rechtsmitteln zu wechselseitigen Rechtsmitteln. Keine verschiedenen Teile eines Streitgegenstandes sind die in § 4 ZPO, § 43 genannten Nebenforderungen (Früchte, Nutzungen, Zinsen, Kosten, vgl. § 44). Die Verfahrensgebühr des Rechtsmittelverfahrens ist nur aus dem den Gegenstand des Rechtsmittelverfahrens bildenden Streitwert eines Teilurteils zu berechnen, auch wenn das Rechtsmittelverfahren nicht nur das Teilurteil, sondern auch den der unteren Instanz verbliebenen Restanspruch abweist.[8] 4
- Dass **gleiche gebührenpflichtige Handlungen** gegeben sind (z.B. mehrere Teilurteile). Es ist dann jede Gebühr aus ihrem eigenen Streitwert unabhängig von der Höhe der anderen Gebühr zu berechnen. 5
- Dass für einzelne verschiedene Wertteile gleiche Gebühren **innerhalb derselben Instanz** angefallen sind. Das entspricht der grundsätzlichen Regelung des § 35. Der **Instanzbegriff des GKG** unterscheidet sich von denen der ZPO und der RVG. Er umfasst alle innerhalb eines Rechtszuges erfolgenden prozessualen Vorgänge, beginnend mit dem Eingang des das Verfahren einleitenden Antrages, nicht mit dessen Zustellung (z.B. der Klage, des Rechtsmittels, des Arrestantrags usw.) und endigend mit der den Rechtszug abschließenden letzten Prozesshandlung (z.B. der Klagerücknahme, der Verkündung des Endurteils, einem vor Gericht abgeschlossenen 6

4 OLG Düsseldorf JurBüro 1980, 106; LG Krefeld JurBüro 1978, 1058.
5 OLG Koblenz MDR 2000, 669 = NJW-RR 2000, 1239.
6 OLG Hamburg MDR 2001, 294 m. Anm. v. *Schütt*.
7 OLG Koblenz MDR 2005, 1017; OLG Hamm JurBüro 2005, 598 (LS mit Volltextservice); OLG München JurBüro 1999, 484 m. Anm. v. *D. Meyer*.
8 BGH MDR 1959, 909.

oder einem dem Gericht mitgeteilten außergerichtlichen Vergleich) oder einem den Rechtsstreit in sonstiger Weise erledigenden Vorgang (z.B. fortdauerndes Ruhen des Verfahrens). Wann eine Instanz i.d.S. tatsächlich beendet ist, ist nicht immer leicht zu sagen. Auch die Ergänzung eines Urteils oder die Fortführung der Sache nach § 321a ZPO gehören noch zur Instanz. Ein Rechtsmittelverfahren oder eine neue Klage wegen desselben Streitgegenstandes bilden aber immer eine neue Instanz gegenüber dem früheren Verfahren.

7 Handelt es sich um verschiedene Wertteile, verschiedene gebührenpflichtige Handlungen und dieselbe Instanz (Rn. 4–6), darf für die betreffenden gleichen Handlungen – als etwa für mehrere Teilurteile – als Gebühr nicht mehr erhoben werden, als wenn die Gebühr von dem Gesamtbetrag der einzelnen verschiedenen Wertteile zu berechnen wäre, Abs. 2. Das gilt auch für ein Ergänzungsurteil nach § 321 ZPO, das als Endurteil gegenüber dem vorangegangenen unvollständigen Urteil (Teilurteil) gilt. Bei der Abweisung eines Antrags auf Ergänzungsurteil erwächst aber keine Gebühr.

8 Sind **Streitgenossen** beteiligt, so werden die im Verfahren erwachsenden Gebühren ohne Rücksicht auf die Einzelbeteiligung der Streitgenossen so berechnet, als wenn jede Partei nur aus einer Person bestünde. Die Haftung der einzelnen Streitgenossen für diese Gebühren kann aber unterschiedlich sein. Haben die Streitgenossen eine Klage als Gesamtgläubiger erhoben, so haftet jeder von ihnen als Antragsteller gesamtschuldnerisch mit den anderen Streitgenossen auf die aus dem ganzen Streitwert berechneten Gebühren, §§ 22, 32. Sind dagegen die Streitgenossen an dem gesamten Streitgegenstand nur teilweise beteiligt, so haftet jeder Genosse als Antragsteller nur für die Gebühren, die aus seinem Streitgegenstand angefallen sind. Die Summe der von allen Streitgenossen zu erhebenden Gebühren darf aber nicht höher sein, als die Gebühr aus dem Gesamtbetrag der einzelnen Wertteile. Ebenso ist zu verfahren, wenn die Kosten nicht nach Bruchteilen, sondern nur hinsichtlich einzelner Wertteile unter die Streitgenossen verschieden verteilt sind. Sind die Kosten unter den einzelnen Streitgenossen nach Bruchteilen verteilt, so schuldet jeder Streitgenosse als Entscheidungsschuldner (§ 29 Nr. 1) den sich hieraus ergebenden Bruchteil der aus dem ganzen Streitwert, ohne Rücksicht auf die tatsächliche Beteiligung des Streitgenossen, errechneten Gebühren.[9]

9 **Abs. 3:** Bei **verschiedenen Gebührensätzen für einzelne Teile des Streitgegenstandes** sind die für die einzelnen Teile angefallenen Gebühren gesondert zu berechnen und in Ansatz zu bringen (Abs. 3 Hs. 1), es sei denn, dass die Summe der einzelnen Gebühren höher ist als eine Gebühr aus dem zusammengerechneten Wert der einzelnen Teile, die nach dem höchsten Gebührensatz der einzelnen Gebühren berechnet ist (Abs. 3, Hs. 2).[10] **Voraussetzung** ist dabei, dass es sich um **gleiche Gebühren** handelt. Eine Ausnahme gilt nur für Gebühr für das Mahnverfahren, KV 1100, 8100. Sie ist mit der allgemeinen Verfahrensgebühr zusammenzurechnen, wie sich aus KV 1210, 8210 ergibt, welche Bestimmungen den Rechtsgedanken des Abs. 3 übernehmen. Wenn allerdings nur ein Teilbetrag der im Mahnverfahren geltend gemachten Forderung nach dem Einspruch in das Streitverfahren übergeht, ist die weitere 2,5-Gebühr nach dem verbleibenden (ermäßigten) Anspruch zu berechnen.[11] Vgl. dazu näher unten bei KV 1100ff.

10 Für **Sondergebühren**, wie z.B. die Verzögerungsgebühr (§ 38), ist die Bestimmung aber **nicht anwendbar**,[12] selbst wenn die Gebühr mehrmals aus verschiedenen Teilen des Streitgegenstandes in verschiedener Höhe auferlegt wird. Denn Abs. 3 will der

9 OLG Bremen RPfleger 1957, 272.
10 OVG Greifswald JurBüro 2010, 532.
11 OLG Hamburg MDR 2001, 294 m. Anm. v. *Schütt*.
12 *Hartmann* § 36 Rn. 10.

Gebührengerechtigkeit dienen. Es ist nicht sein Zweck, verhängte Prozessstrafgebühren zu mildern. Höchster Gebührensatz ist die nach dem KV im gegebenen Verfahren zu berechnende höchste Gebühr. Das können mehrere Gebühren, aber auch Festbeträge sein.

Vergleichsgebühr: Streitig war, ob Abs. 3 entsprechend auf das Verhältnis von Verfahrens- und Vergleichsgebühr (KV Nr. 1900) anwendbar ist, wenn also im Falle eines Vergleichs über weitere (in einem anderen Verfahren, in einem anderen Rechtszug oder noch nicht anhängige)Ansprüche die Summe von Verfahrens- und Vergleichsgebühr nicht höher liegen darf als eine Verfahrensgebühr aus dem Gesamtwert von Verfahren und Mehrvergleich. Nach einer Ansicht, sollte Abs. 3 in solchen Fällen zumindest entsprechend anzuwenden sein,[13] während andere diese Ansicht ablehnten.[14] Letztere Ansicht verdient grundsätzlich Zustimmung. Zweifellos handelt es sich um verschiedene Gebühren. Auch wenn diese vergleichbar sein mögen, so ist doch nach allgemeinen Grundsätzen des Kostenrechts eine Analogie ausgeschlossen. Diese Frage ist jedoch ab dem 1.8.2013 dahingehend entschieden, dass in diesen Fällen § 36 Abs. 3 **entsprechend** anzuwenden ist.[15] 11

§ 37
Zurückverweisung

Wird eine Sache zur anderweitigen Verhandlung an das Gericht des unteren Rechtszugs zurückverwiesen, so bildet das weitere Verfahren mit dem früheren Verfahren vor diesem Gericht im Sinne des § 35 einen Rechtszug.

Allgemeines: Die auch im Arbeitsgerichtsverfahren anwendbare Bestimmung behandelt die Fälle, dass ein höheres Gericht die Sache an ein niederes Gericht zurückverweist, während § 4 den Umfang der Instanz für die Fälle regelt, dass das Verfahren vor dem Gericht, an das verwiesen wird, mit dem Verfahren vor dem verweisenden Gericht eine Instanz bildet. § 37 kann sinngemäß auch auf andere Verfahren, z.B. auf Arrest und einstweilige Verfügung, § 53, Anwendung finden. Die Bedeutung der Vorschrift liegt darin, dass innerhalb einer Instanz die Gebühr für das Verfahren im Allgemeinen und die Gebühr für eine Entscheidung hinsichtlich eines Teils des Streitgegenstandes nur einmal erhoben werden darf, § 35. Eine inhaltsgleiche Vorschrift enthält § 31 Abs. 1 FamGKG. Für die Vergütung des Rechtsanwalts[1] enthält § 21 RVG eine abweichende Regelung. 1

Zurückverweisung: In Frage kommen die Zurückverweisung durch Berufungsurteil, §§ 538, 539 ZPO, durch Revisionsurteil, §§ 565, 566a ZPO sowie durch Beschwerdeentscheidung,[2] im Verwaltungsgerichtsverfahren nach §§ 130, 144 VwGO und im Finanzgerichtsverfahren nach § 127 FGO. Auch eine Zurückverweisung durch das BVerfG an ein Fachgericht zählt hierher.[3] Die Vorschrift ist aber nur anzuwenden, wenn an das Gericht der **unteren** Instanz zurückverwiesen wird. Erfolgt die Zurückverweisung an ein anderes Gericht, z.B. bei der Sprungrevision an das Oberlandesgericht, § 566a Abs. 5 ZPO, so wird 2

13 So OLG Köln NJW-RR 2010, 1512 = AGS 2010, 337 = BeckRS 2010, 111929; *N. Schneider*, NJW-Spezial 2008, 571; *Volpert*, AGS 2010, 53; *N. Schneider* in Schneider/Wolf/Volpert, FamGKG § 30 Rn. 46.

14 OLG München MDR 20098, 894; *Hartmann* § 36 Rn. 10 und KV_GKG 1900 Rn. 13.

15 Art. 3 Nr. 27 des 2. KostRModG.

1 Dazu BGH, MDR 2013, 1376 (Aufhebung durch das BVerfG und Vereisung an das Vordergericht).

2 Vgl. *Trenkle* in Oe/He/Tre § 37 Rn. 1.

3 OLG Hamburg MDR 2004, 474; OVG Lüneburg NJW 1966, 468; *Trenkle* in Oe/He/Tre § 37 Rn. 3.

hierdurch bei dem nunmehr mit der Sache befassten Gericht eine neue Instanz begründet.[4] Anders liegt es, wenn die Zurückverweisung nur an ein anderes unteres Gericht der gleichen Ebene erfolgt, z.B. statt an das LG X an das LG Y. Bei der Zurückverweisung an das Gericht der unteren Instanz, dessen Entscheidung aufgehoben wurde, bildet das bei diesem unteren Gericht vor und nach der Zurückverweisung durchgeführte Verfahren eine Instanz i.S.d. § 35.[5] Es wird daher für beide Verfahren nur eine allgemeine Verfahrensgebühr und evtl. nur eine Entscheidungsgebühr erhoben, soweit es sich um denselben Streitgegenstand handelt. Dagegen bleibt § 36 auch hier anwendbar. Die im Verfahren vor der Zurückverweisung angefallenen Gebühren bleiben bestehen (z.B. eine Verfahrensgebühr für das im Rechtsmittelrechtszug aufgehobene Urteil). Ergeht nach der Zurückverweisung nochmals ein Urteil, das eine besondere Verfahrensgebühr auslöst, so wird dennoch nur eine Verfahrensgebühr für das gesamte Verfahren erhoben, soweit die Urteile denselben Streitgegenstand hatten. Hat sich aber in dem Verfahren nach der Zurückverweisung ein neuer Urteilstatbestand ergeben, der im vorangegangenen Verfahren noch nicht vorgelegen hat (z.B. im ersten Verfahren ein Grund- oder Vorbehaltsurteil, im weiteren Verfahren ein Endurteil), so sind beide Gebühren zu erheben, wie wenn kein Rechtsmittelverfahren dazwischen gelegen hätte.[6] Erledigt sich die Sache in dem weiteren Verfahren nach der Zurückverweisung durch Klagerücknahme, Anerkenntnis- oder Verzichtsurteil oder durch einen Vergleich, kommen auch die Ermäßigungstatbestände nach KV 1211 nicht mehr zum Zuge.[7] Die gegenteilige Ansicht[8] überzeugt nicht. Immerhin sind auch in diesem Fall bereits begründete Entscheidungen i.S.v. Nr. 2011 KV-GKG voarausgegangen. Allenfalls könnte man an eine teilweise Nichterhebung von Kosten nach § 21 denken.[9]

3 **Neue Gebühren** fallen in den Verfahren nach der Zurückverweisung dann an, wenn und soweit sie im ersten Verfahren noch nicht entstanden sind, etwa bei nachträglicher Klageerweiterung. Sind die vor der Zurückverweisung bei dem unteren Gericht angefallenen Gebühren wegen unrichtiger Sachbehandlung (§ 21) nicht zu erheben, so können sie selbstverständlich im weiteren Verfahren neu anfallen, auch wenn sie denselben Streitgegenstand betreffen.

4 Gelangt das nach der Zurückverweisung ergangene Urteil **abermals** in das **Rechtsmittelverfahren**, so bilden das frühere und das neue Rechtsmittelverfahren verschiedene Instanzen, da weder ein Fall der Verweisung noch der Zurückverweisung vorliegt.[10] Das gilt auch für den Fall, dass das Revisionsgericht die Sache nicht an das Berufungsgericht, sondern an das Gericht erster Instanz zurückverweist und hierauf ein neues Berufungsverfahren folgt.[11]

5 Hebt das Rechtsmittelgericht, das nach der erneuten Entscheidung angerufen wurde, die Sache abermals auf und verweist es wieder zurück, gelten die gleichen Grundsätze.

---

4 *Hartmann* § 37 Rn. 2; **a.M.** KG NJW 1969,2151.
5 BFH BStBl. II 1974, 141; *Hartmann* § 37 Rn. 2.
6 *Trenkle* in Oe/He/Tre § 37 Rn. 2.
7 OLG Celle NJW 2012, 8 = BeckRS 2012, 22324 = FD-RVG 2012, 339194 = JurionRS 2012, 25358; OLG Nürnberg MDR 2003, 416; *Zimmermann* in Binz u.a. § 37 Rn. 2; NK-GK/*N. Schneider*, § 37 GKG Rn. 25 und (für die entsprechende Bestimmung des § 31 FamGKG) in Schneider/Volpert/Fölsch, § 31 Rn. 26.
8 LAG Frankfurt/Main, Urt. v. 17.2.2014 – 2 Sa 1005/11 und Sa 1004/11 (zu Vorbem 8 zu Teil 8 KV-GKG) JurBüro 2015, 155 = JurionRS RS 2014, 14537 und 14536; *Hartmann* § 37 Rn. 2.
9 Dazu OLG Celle NJW 2012, 8 = JurionRS 2012, 25358.
10 BGH BB 1970, 1466; 1972, 1535; OLG Köln RPfleger 1963, 362 (L); *Hartmann* § 37 Rn. 2.
11 KG NJW 1969, 938 = JurBüro 1969, 983 = RPfleger 1969, 360.

§ 38
Verzögerung des Rechtsstreits

Wird außer im Fall des § 335 der Zivilprozessordnung durch Verschulden des Klägers, des Beklagten oder eines Vertreters die Vertagung einer mündlichen Verhandlung oder die Anberaumung eines neuen Termins zur mündlichen Verhandlung nötig oder ist die Erledigung des Rechtsstreits durch nachträgliches Vorbringen von Angriffs- oder Verteidigungsmitteln, Beweismitteln oder Beweiseinreden, die früher vorgebracht werden konnten, verzögert worden, kann das Gericht dem Kläger oder dem Beklagten von Amts wegen eine besondere Gebühr mit einem Gebührensatz von 1,0 auferlegen. Die Gebühr kann bis auf einen Gebührensatz von 0,3 ermäßigt werden. Dem Kläger, dem Beklagten oder dem Vertreter stehen gleich der Nebenintervenient, der Beigeladene, der Vertreter des Bundesinteresses beim Bundesverwaltungsgericht und der Vertreter des öffentlichen Interesses sowie ihre Vertreter.

Übersicht

Allgemeines — 1
Anwendungsbereich — 2, 3
Objektive Voraussetzungen — 4
Vertagung — 5
Kein Antrag der Partei — 6
Säumige Partei — 7
Verzögerung des Rechtsstreits — 8
Kausalität — 9
Entscheidungszuständigkeit — 10
Verschulden — 11
Einzelfälle — 12
Beispiele für Nichtverschulden — 13
Übereinstimmender Vertagungsantrag — 14
Verschulden des Vertreters — 15
Ausnahmen der Zurechnung — 16
Verzögerung durch nachträgliches Vorbringen — 17
Begriff des nachträglichen Vorbringens — 18
Ursächlichkeit des nachträglichen Vorbringens — 19
Besondere Gebühr — 20
Höhe der Gebühr — 21
Gebührenschuldner — 22
Fälligkeit — 23
Streitwert — 24
Zuständigkeit für die Verhängung — 25
Entscheidung von Amts wegen — 26
Rechtliches Gehör — 27
Entscheidungsform — 28
Rechtsmittel — 29

Allgemeines: Die aus verfassungsrechtlicher Sicht unbedenkliche[1] Vorschrift gibt eine Möglichkeit zu Sanktionen zur Bekämpfung der Prozessverschleppung[2] in dem Sinne, dass eine Partei die gebotene zügige Durchführung des Verfahrens willentlich unterläuft, und zwar auf Kosten der Arbeitszeit des Gerichts bzw. des gegnerischen Anwalts und der Ressourcen des Gerichts.[3] Eine inhaltsgleiche Bestimmung enthält § 32 FamGKG. Als Ordnungs-/Strafmaßnahme gedacht, soll sie mit dazu beitragen, subjektiv missbräuchliche,[4] d.h. bewusste und leichtfertige Prozessverschleppung durch die Prozessbeteiligten zu bekämpfen. Sie ist ein Gegenstück zu § 21, der sich u.a. mit einem entsprechenden Fehlverhalten der Gerichte befasst.[5] Der Wert der Vorschrift ist zweifelhaft. Zu rigoros angewandt, kann sie am Ende dazu beitragen, das für eine gedeihliche Rechtspflege erforderliche Prozessklima zu beeinträchtigen.[6] Das gilt aber in gleicher Weise auch für andere 1

1 BGH NJW 1970, 727.
2 Vgl. dazu bei *Hellstab* in Rehberg/Schons u.a., Stichwort „Verzögerungsgebühr“, m.N.
3 So *Reither* JurBüro 2017, 59.
4 Vgl. dazu auch *Völker* JurBüro 2001, 567 ff. = MDR 2001, 1325 ff.
5 *Hartmann* § 38 Rn. 1; *E. Schneider* JurBüro 1976, 18.
6 Vgl. zur Vorschrift des § 34 GKG ausf. die kritischen Ausführungen von *Schneider* JurBüro 1976, 5 ff.

Möglichkeiten, welche die Prozessordnungen bieten, um Prozessverschleppung zu sanktionieren (z.B. die §§ 95, 296, 531 ZPO, § 192 SGG; § 34 BVerfGG)). Wie in allen Fällen der Anwendung solcher Sanktionsvorschriften sollte das Gericht Verständnis für die persönlichen und wirtschaftlichen Verhältnisse der Parteien und die betrieblichen Möglichkeiten einer Rechtsanwaltskanzlei zeigen, insbesondere aber sich bemühen, keine in der Sache nicht begründbaren strengeren Maßstäbe anzulegen, als bei der Beurteilung ähnlicher nach § 21 zu ahndender Fallgestaltungen. Die Anwendung des § 38 sollte sich i.d.R. auf objektiv schwere, eindeutige Verschleppungsfälle beschränken.[7] Anknüpfungspunkt für die Anwendung des § 38 ist mithin nicht der Umstand, dass eine Partei von den ihr gegebenen prozessualen Möglichkeiten – auch exzessiv – Gebrauch macht, sondern dass die Partei gegen die ihr obliegende **Prozessförderungspflicht** verstößt.[8] Eine der Verzögerungsgebühr ähnliche, aber an erheblich engere Voraussetzungen geknüpfte Missbrauchsgebühr[9] kann auch nach § 34 BVerfGG verhängt werden.

2 Weil § 38 in der Sache als Ordnungs(straf)maßnahme zu sehen ist, kann die Verzögerungsgebühr auch gegen Parteien, denen **Prozesskostenhilfe bewilligt** ist oder denen **Gebührenfreiheit** zusteht,[10] sowie gegen andere Prozessbeteiligte, wie z.B. gegen einen Streithelfer,[11] verhängt werden. Die Bestimmung soll nicht nur den Parteiinteressen, sondern auch dem Interesse der Allgemeinheit an einer raschen Abwicklung der Prozesse dienen, also einer effektiven Ausnutzung der immer knapper werdenden wirtschaftlichen und personellen Kapazitäten der Rechtspflege. Es können deshalb auch beide Parteien gleichzeitig mit der Sondergebühr des § 38 belegt werden.[12] Die Gebühr nach § 38 gehört nicht zu den nach § 91 ZPO erstattungsfähigen Kosten des Rechtsstreits, sondern ist eher den besonderen Kosten für die Säumnis etwa nach §§ 95, 97 Abs. 2, 344 ZPO, 137 FGO, § 192 SGG vergleichbar.

3 **Anwendbarkeit:** § 38 ist anwendbar in allen nach dem GKG zu bewertenden **bürgerlichen Rechtsstreitigkeiten**, die der ZPO unterworfen sind und in denen eine mündliche Verhandlung stattfindet,[13] einschließlich des Arrestverfahrens oder des Verfahrens über eine einstweilige Verfügung, im Beschwerdeverfahren oder im Verfahren über die Vollstreckbarerklärung eines Schiedsspruchs,[14] im Verfahren der **Verwaltungs-, Sozial- und Finanzgerichtsbarkeit**[15] und im **Arbeitsgerichtsverfahren**. Ob eine mündliche Verhandlung stattgefunden hat oder nicht, ist ohne Belang. Es kommt nur darauf an, ob das Verfahren durch nachträgliches Vorbringen von Angriffs- und Verteidigungsmittel etc. verzögert worden ist. Im Einzelnen:

4 **Objektive Voraussetzungen der ersten Alternative** zur Verhängung einer Verzögerungsgebühr sind Verhaltensweisen eines Beteiligten, durch welche die Notwendigkeit einer **Vertagung** oder einer **Anberaumung eines neuen Termins zur mündlichen Verhandlung** veranlasst wird, durch die das Verfahren verzögert zu Ende gebracht werden kann. Dabei kommt es nicht darauf an, ob und aus welchen anderen Gründen das Verfahren bereits ungewöhnlich lange dauert.[16] Durch die zusätzliche Gebühr nach § 38

7 *Schneider* JurBüro 1976, 5 ff.; *Schrader* DRiZ 1974, 290.
8 OLG Düsseldorf, Beschl. v. 12.2.2005 – I-6 W 1/15 – = JurionRS 2015, 23100 = openjur 2015, 17204 und Beschl. v.21.5.2015 – I-1–6 W 46/15 = JurionRS 2015, 24310 = openjur 2015, 17206.
9 BVerfG NJW 2004, 2059.
10 Vgl. auch *Völker* JurBüro 2001, 569 = MDR 2001, 1328.
11 *Schrader* DRiZ 1974, 291; *Hartmann* § 38 Rn. 9.
12 OLG Düsseldorf VersR 1977, 726; OLG München RPfleger 1961, 422 (L).
13 OLG München FamRZ 1979, 300.
14 *Hartmann* § 38 Rn. 3.
15 BFH Der Betrieb 1982, 1444.
16 OLG Düsseldorf, Beschl. v. 12.2.2015 – I-6 W 1/15 = JurionRS 2015, 23100 = openjur 2015, 17204.

GKG soll der zusätzliche (und mitunter erhebliche) Mehraufwand abgegolten werden, der dem Gericht durch die von der Partei bzw. seinem Vertreter in letzter Minute schuldhaft verursachte Terminsaufhebung entstanden ist, wie z.B. die zunichte gemachte Vorbereitung des Gerichts auf den Termin, die potentielle Schädigung Dritter, da an dem aufgrund des Verhaltens der Partei sinnwidrig vergeudeten Terminplatz ansonsten eine andere Rechtssache hätte verhandelt werden können.[17]

Vertagung oder Anberaumung eines neuen Termins (vgl. etwa §§ 227, 251a, 335, 5
337 ZPO): Die **Vertagung** (Satz 1, 1. Alt.) setzt voraus, dass der Termin zur mündlichen Verhandlung bereits begonnen hat, also ein Aufruf zur Sache erfolgt war. Ob tatsächlich mündlich verhandelt wird oder nicht, ist unerheblich. Nicht ausreichend ist hingegen, wenn nur ein Termin anberaumt worden war und dieser wegen Verhinderung einer Partei vor dem Aufruf zur Sache verlegt wird. Es muss mithin mindestens eine Partei am Gerichtsort vorhanden sein, so dass ein Versäumnisurteil auf Grund einer mündlichen Verhandlung ergehen kann. Die Säumnis beider Parteien dürfte indessen regelmäßig nicht ausreichen.[18] Insoweit ist das Ruhen des Verfahrens (§ 251a Abs. 3 ZPO) anzuordnen, was als – wenn auch milde – Sanktion im Einzelfall ausreichen kann, nicht aber muss. § 251a ZPO schließt die Anwendung des § 38 nicht grundsätzlich aus.[19] Es darf nämlich nicht außer Betracht gelassen werden, dass § 38 auch dem Interesse der Allgemeinheit an einer zügigen Abwicklung der Prozesse dient, also einer effektiven Ausnutzung der immer knapper werdenden wirtschaftlichen und personellen Kapazitäten der Rechtspflege.[20]

Deshalb sieht § 38 Satz 1, 2. Alt. auch für die Notwendigkeit der Aufhebung des angesetzten und **Anberaumung eines neuen Termins** eine Verzögerungsgebühr vor (Rn. 7).

Die Anberaumung eines neuen Termins i.S.v. § 38 liegt auch bei der sog. **„Flucht in die Säumnis“**[21] vor, also dann, wenn beide Parteien zwar erschienen sind, eine Partei jedoch ausdrücklich deshalb keinen Antrag stellt, sondern auf Antrag der Gegenpartei ein Versäumnisurteil gegen sich ergehen lässt (§§ 330, 331 ZPO), weil sie – i.d.R. nach einem entsprechenden Hinweis durch das Gericht – die Folgen einer Zurückweisung ihres Vortrags wegen Verspätung zu umgehen trachtet. Voraussetzung ist hier aber, dass gegen das Versäumnisurteil (zulässiger) Einspruch eingelegt wird, weil es sonst zu keinem neuen Termin kommt.[22] Die gegenteilige Ansicht[23] überzeugt nicht. Die Ausnutzung einer nicht ausdrücklich verbotenen prozessualen Möglichkeit allein führt nicht zu einer (vorwerfbaren) Verzögerung des Rechtsstreits, insbesondere kann dadurch die Handlungsfreiheit des Rechtsanwalts kaum beeinträchtigt werden.[24] Keine Flucht in die Säumnis liegt indessen vor, wenn eine Partei einen Termin nur aus Nachlässigkeit versäumt, ohne dass die Voraussetzungen für eine Zurückweisung von Sachvertrag wegen Verspätung zu besorgen ist. In den Fällen „bloßer“ Säumnis reicht die Kostenfolge nach § 344 ZPO aus.[25]

---

17 So zutreffend LAG Köln Beschl. v. 18.10.2007 – 7 Ta 87/07 = Openjur 2011, 55678.

18 **A.M.** aber *Hartmann* § 38 Rn. 5.

19 *Hartmann* § 38 Rn. 5.

20 So zutr. *Völker* JurBüro 2001, 570 = MDR 2001, 1329.

21 Dazu ausführlich und überzeugend *Reither* JurBüro 2017, 59 ff.

22 OLG Düsseldorf, Beschl. v. 12.2.2015 – I-6 W 1/15 – = JurionRS 2015, 23100 = openjur 2015, 17204 m.w.N.; OLG Celle MDR 2007, 1345 = RVGreport 2007, 438 = AGS 2007, 637; LAG Sachsen-Anhalt AnwBl. 2001, 444; *Hartmann* § 38 Rn. 12; *Beckmann* MDR 2004, 430.

23 OLG Hamm NJW-RR 1995, 1406; LAG Hamm NZA-RR 2001, 383; *Zimmermann* in Binz u.a., § 38 Rn. 6; *E. Schneider* AGS 2007, 597.

24 So aber wenig überzeugend und polemisch überspitzt: *E. Schneider* AGS 1007, 597.

25 *Trenkle* in Oe/He/Tre § 38 Rn. 13.

In jedem Fall ist es nicht zulässig, eine Verzögerungsgebühr wegen **Nichtvorauszahlung der Kosten** festzusetzen, weil auch insoweit die Folgen nach § 12 ausreichend sind.

Ein Termin, der **nur zur** Durchführung einer **Beweisaufnahme** anberaumt ist, ist kein Termin zur mündlichen Verhandlung, wenn nicht gleichzeitig nach § 370 ZPO die Fortsetzung der mündlichen Verhandlung bestimmt war.[26] Denn § 355 ZPO ist vom Gesetz ausdrücklich ausgenommen. Deshalb kann auch keine Verzögerungsgebühr bei Säumnis vor einem beauftragten oder ersuchten Richter verhängt werden, auch wenn dadurch eine Verzögerung des Rechtsstreits bewirkt wird. Muss der Rechtshilfetermin wegen Säumnis von Zeugen und/oder Sachverständigen vertagt werden, gelten die §§ 380, 409 ZPO. Versäumt eine zu vernehmende Partei den Termin vor dem Prozessgericht, so kann neben den Folgen aus §§ 141, 454, 613 ZPO auch die Verzögerungsgebühr verhängt werden, weil § 38 die tatsächliche Verzögerung sanktionieren will, während die Bestimmungen der §§ 141, 454, 613 ZPO das persönliche Erscheinen der Parteien erzwingen wollen.[27] Auch bei einem Nichterscheinen der Parteien zu einer Güteverhandlung (§ 278 Abs. 3 ZPO) ist § 38 unanwendbar, weil dann sofort in die mündliche Verhandlung überzugehen ist (§ 279 ZPO), eine Verzögerung mithin nicht stattfinden kann. Allerdings wird es selten notwendig sein, die Sanktionen nach der ZPO und nach dem GKG nebeneinander zu verhängen.[28]

6 Der **Antrag** einer Partei **auf Vertagung** ist nicht erforderlich.[29] Wenn indessen eine erschienene Partei Vertagung beantragt, weil die Voraussetzungen für eine Versäumnisentscheidung nicht vorliegen, darf das Gericht niemals eine Verzögerungsgebühr verhängen.[30]

7 Wird die **Anberaumung eines neuen Termins** zur mündlichen Verhandlung notwendig, z.B. weil der ursprünglich anberaumte Termin aufgehoben werden musste oder weil das Gericht einen neuen Verhandlungstermin statt einer Vertagung ansetzt,[31] kann die säumige nicht aber die erschienene Partei, die keinen Antrag gestellt hat, mit einer Gebühr nach § 38 Satz 1 2. Alt. belegt werden. Denn eine Pflicht zur Antragstellung besteht nicht. Voraussetzung ist nicht, dass früher schon ein Verhandlungstermin stattgefunden hat. Es reicht auch die Terminsanberaumung nach einem Einspruch gegen ein verschuldetes Versäumnisurteil, auch wenn es im schriftlichen Verfahren ergangen ist, wobei allerdings eine Verschleppungsabsicht eklatant sein muss.[32] Denn i.d.R. ist es keiner Partei verwehrt, ein Versäumnisurteil gegen sich ergehen zu lassen, zumal dem Gegner dadurch keine wesentlichen Nachteile entstehen können und die Justiz auch kaum mehrbelastet wird. Die Anberaumung eines neuen **Verkündungstermins** reicht indessen in der Regel nicht aus zur Verhängung einer Gebühr nach § 38.[33] Zwar tritt durch die Verlegung (Verschiebung) eines Verkündungstermins ein Zeitverlust ein. Dieser ist aber bei sachgerechter Arbeitsweise regelmäßig sehr gering. In der Praxis werden Verlegungen von Verkündungsterminen durch nicht nachgelassene Schriftsätze oder durch Verfristung eines nachgelassenen Schriftsatzes veranlasst. Das Gericht kann in solchen Fällen regelmäßig kurzfristig beurteilen, ob es deren Inhalt überhaupt noch berücksichtigen

---

26 So auch *Völker* JurBüro 2001, 570 = MDR 2001, 1328.
27 OLG Köln NJW 1972, 1999; OLG Köln MDR 1974, 240; *Hartmann* § 38 Rn. 1; **a.M.** OLG Celle NJW 1961, 1825; *Trenkle* in Oe/He/Tre § 38 Rn. 9; *Schneider* JurBüro 1976, 14.
28 Vgl. auch OLG Celle NJW 1961, 1825 = NdsRPfl. 1961, 204.
29 *Hartmann* § 38 Rn. 13; *Völker* JurBüro 2001, 570 = MDR 2001, 1329.
30 *Hartmann* § 38 Rn. 6.
31 OLG Koblenz VersR 1984, 1175.
32 LAG Bayern KostRspr. GKG 1957, § 47 Nr. 2; *Trenkle* in Oe/He/Tre § 38 Rn. 13.
33 **A.M.** *Hartmann* § 38 Rn. 17.

will (§§ 156, 283, 296a ZPO). Lehnt es eine Berücksichtigung ab, tritt kein oder ein nur geringer Zeitverlust ein, so dass die Sanktion einer Verzögerungsgebühr dann unverhältnismäßig wäre. Liegen indessen zwingende Wiedereröffnungsgründe nach § 156 Abs. 2 ZPO vor, ist der Zeitverlust nicht in der Sphäre der Partei zu suchen. Das muss letztlich aber auch gelten, wenn das Gericht sich nach § 156 Abs. 1 ZPO zur Wiedereröffnung der mündlichen Verhandlung entschließt, weil dieser Termin nicht unmittelbar durch das verzögernde Verhalten der Partei nötig geworden ist. Das gilt im Übrigen für jeden Verkündungstermin und nicht für solche, die zur Endendscheidung anberaumt worden sind.[34] (Vgl. unten Rn. 16–18.)

Verzögerung des Rechtsstreits: In beiden Alternativen (Vertagung oder Anberau- 8
mung eines neuen Verhandlungstermins) unterstellt das Gesetz, dass dadurch eine Verzögerung des Rechtsstreits eintritt. Daraus folgt: Auch wenn das Gericht, um eine längere Verzögerung zu vermeiden, den Termin nur um kurze Zeit verlegt, kann die Gebühr grundsätzlich verhängt werden.[35] Der allgemeine Verhältnismäßigkeitsgrundsatz gebietet es aber, die Gebühr nur dann zu verhängen, wenn eine nur kurze Verzögerung im Einzelfall **wesentlich** ist.[36] Die Wesentlichkeit hängt allerdings nicht davon ab, ob und wieweit das Gericht sich zur Vorbereitung des neuen Termins weiter (oder wieder) in den Prozessstoff einarbeiten muss.[37] Denn die bloße Verursachung unnötiger Mehrarbeit des Gerichts rechtfertigt eine Verzögerungssanktion nicht, wenn dadurch die sachliche Erledigung nicht verzögert wird.[38] Erledigt sich der Rechtsstreit durch außergerichtliche Einigung der Parteien vor einem weiteren Termin, liegt gleichfalls keine Verzögerung vor.[39]

Ursächlichkeit: Weiter ist objektiv erforderlich, dass das Verhalten des Prozessbe- 9
teiligten für die Vertagung oder für die Anberaumung des neuen Verhandlungstermins **nötig**, also **ursächlich**[40] war. Das ist dann nicht der Fall, wenn und soweit aus anderen Gründen als dem Verhalten des Prozessbeteiligten eine Vertagung oder Terminsverlegung in derselben Weise nötig wird.[41] Die Amtserforschungspflicht des Finanzgerichts (§ 76 FGO) schließt § 38 nicht aus, eben so wenig § 77 FGO.[42] Haben mehrere Parteien oder Parteivertreter die Verzögerung gemeinsam verursacht, so können sie sich nicht darauf berufen, dass das Verhalten der jeweils anderen die Vertagung nötig gemacht habe. In solchen Fällen können vielmehr sämtliche Teile mit der Verzögerungsgebühr belegt werden.[43]

Entscheidungszuständigkeit: Über die Notwendigkeit entscheidet bei der Verta- 10
gung das pflichtgemäße Ermessen des Gerichts,[44] bei der Terminsverlegung das des Vorsitzenden. Die richtige Ausübung des Ermessens ist im Beschwerdeverfahren über die Verhängung der Verzögerungsgebühr überprüfbar. Ist eine mündliche Verhandlung –

34 OLG München NJW-RR 2001, 72; **a.M.** OLG Hamm OLGZ 1989, 363.
35 OLG Köln JurBüro 1975, 796.
36 OLG Hamm NJW 1975, 2026 = JurBüro 1975, 1479 = AnwBl. 1975, 361; NJW 1972, 1286 = JurBüro 1972, 537; *Schneider* JurBüro 1976, 9; *Trenkle* in Oe/He/Tre § 38 Rn. 15.
37 *Trenkle* in Oe/He/Tre § 38 Rn. 15, m.N.
38 Vgl. etwa OLG Hamm JurBüro 1972, 537; *Trenkle* in Oe/He/Tre § 38 Rn. 15.
39 *Trenkle* in Oe/He/Tre § 38 Rn. 15; *Völker* JurBüro 2001, 571 = MDR 2001, 1329.
40 LAG Sachsen-Anhalt AnwBl. 2001, 444.
41 LG Koblenz JurBüro 1978, 402 = AnwBl. 1978, 103; OLG Hamm RPfleger 1989, 303; AnwBl. 1973, 358; OLG Nürnberg JurBüro 1965, 300; JurBüro 1968, 901.
42 BFH BStBl. II 1970, 626 = NJW 1970, 2320 (L) = BFHE 99, 182 = JurBüro 1970, 944 (L) = BB 1970, 1335 = Der Betrieb 1970, 205.
43 OLG Düsseldorf VersR 1977, 726; OLG München RPfleger 1961, 422 (L).
44 OLG München NJW-RR 2001, 71.

was der Regelfall sein wird – zweckdienlich, so wird die Vertagung oder die Anberaumung des Termins nicht dadurch unnötig, dass die Parteien mit einer Entscheidung ohne mündliche Verhandlung (§ 128 ZPO) einverstanden sind. Wird der Gegenpartei Schriftsatznachreichung eingeräumt (§ 283 ZPO), oder wird das Ruhen des Verfahrens angeordnet (§ 251a ZPO), erfolgt im ersten Fall keine Verzögerung, im zweiten Fall keine Vertagung, so dass auch keine Verzögerungsgebühr verhängt werden kann.[45] Eine Verzögerungsgebühr ist auch unzulässig, wenn die Vertagung durch einen Antrag nach § 283 ZPO, den das Gericht ggf. anzuregen hat (§ 139 ZPO), vermieden werden könnte.[46] Die Möglichkeit der Zurückweisung nachträglichen Vorbringens (§§ 296, 530, 531, 615 ZPO), deren Voraussetzungen festgestellt sein müssen,[47] schließt die Verzögerungsgebühr aber i.d.R. aus, weil dadurch schon die Zurückweisung ausreichend sanktioniert wird. Erledigt sich der Rechtsstreit vor dem neuen Termin, so hat die Vertagung oder die Verlegung des Termins zu keiner Verzögerung geführt.[48] Das gilt auch, wenn der erschienene Prozessbevollmächtigte keinen zur Entscheidungsreife führenden Antrag gegen den säumigen Prozessgegner stellt[49] oder wenn in einem Scheidungsverfahren eine Partei nur ungenügende Auskünfte über die zur Regelung des Versorgungsausgleichs erheblichen Vermögensumstände gibt.[50]

11 **Verschulden:** Das Verhalten des Prozessbeteiligten muss nach dem Wortlaut des § 38 verschuldet sein.[51] Es gilt der Verschuldensmaßstab des § 276 BGB, so dass schon die bloße Fahrlässigkeit ausreicht. Ein grobes Verschulden[52] oder eine Verschleppungsabsicht[53] soll nach h.M. nicht erforderlich sein. Ein Rechtsirrtum kann i.d.R. nicht entschuldigen. Richtiger Ansicht nach darf man den Begriff des Verschuldens aber nicht überspannen. Es muss den Verhältnissen des Lebens, insbesondere der Arbeitsbelastung der Parteien und der Rechtsanwälte ausreichend Rechnung getragen werden (vgl. oben, Rn. 1). Denn die Vorschrift soll vor allem leichtfertige, gewissenlose oder gleichgültige Prozessbeteiligte treffen.[54] Verschulden i.S.d. § 38 wird nur dann anzunehmen sein, wenn keine Gründe ersichtlich oder glaubhaft gemacht sind, die das Verhalten des Prozessbeteiligten, das zur Vertagung oder zur Anberaumung eines neuen Termins geführt hat, verständlich und damit auch entschuldbar erscheinen lassen.[55] In diesem Sinne sind Prozessverschleppungsabsicht und Schlamperei niemals entschuldbar. Ob eine solche vorliegt, ist nach freier Überzeugung des Gerichts zu beurteilen, ohne dass sie „offen zutage treten“ muss.[56] Das Bemühen einer Partei nach gründlicher Vorbereitung oder um einen Vergleich ist hingegen immer entschuldbar,[57] sofern rechtzeitig eine Aufhebung des Termins deswegen angezeigt wird.

45 OLG Frankfurt aM JurBüro 1962, 367 = MDR 1962, 746.
46 OLG Zweibrücken JurBüro 1978, 269; OLG Hamm NJW 1971, 1662 = MDR 1971, 769 (L) = JurBüro 1971, 704; OLG Düsseldorf AnwBl. 1975, 235.
47 LAG Sachsen-Anhalt AnwBl. 2001, 444.
48 OLG Celle JurBüro 1955, 375 = NdsRPfl. 1955, 153; *Trenkle* in Oe/He/Tre § 38 Rn. 15.
49 OLG Hamm OLGZ 1989, 363.
50 OLG Bamberg FamRZ 1979, 299; OLG München FamRZ 1979, 300.
51 OLG Hamm JurBüro 1977, 1270; RPfleger 1989, 303; OLG Koblenz VersR 1984, 1175; dazu auch *Beckmann* MDR 2004, 430.
52 OLG Koblenz JurBüro 1975, 1358.
53 *Schrader* DRiZ 1974, 291.
54 OLG Hamm OLGZ 1989, 364; LAG Sachsen-Anhalt AnwBl. 2001, 444.
55 OLG Celle JurBüro 1969, 322.
56 Zu enge Anforderungen stellen daher LAG Sachsen-Anhalt AnwBl. 2001, 444; LAG Bayern KR § 47 GKG 1957, Nr. 2.
57 OLG Celle NdsRPfl. 1955, 153; OLG Frankfurt aM JurBüro 1960, 82, 302 = MDR 1960, 411.

Einzelfälle: 12

- Verschulden ist möglich bei verspäteter Bestellung eines Anwalts[58] oder bei verspäteter Mitteilung von Schriftsätzen[59] nach richterlicher Fristsetzung (etwa nach §§ 273, 275, 276, 277 ZPO)[60] (und zwar auch dann, wenn der Fristablauf vor dem Tag der Terminsanberaumung lag),[61]
- bei mangelhafter schriftlicher Vorbereitung im Anwaltsprozess (§§ 129 ff. ZPO), insbesondere bei Nichtbefolgung von Aufklärungsanordnungen nach §§ 139, 141, 273, 697 ZPO,
- bei schuldhafter Unterlassung der Zahlung von auferlegten Zeugengebührenvorschüssen,[62]
- bei Nichterscheinen der Parteien, deren Erscheinen angeordnet war,
- bei mangelhafter Vorbereitung des mündlichen Vortrages oder bei Geltendmachung neuer Tatsachen im Termin, auf die sich die Gegenpartei nicht sofort erklären kann oder braucht (– sofern nicht vernünftige Gründe für das verspätete Vorbringen sprechen –),
- bei wahrheitswidrigem Vorbringen (§ 138 ZPO),[63]
- bei Einbringung eines prozessverzögernden offensichtlich unbegründeten Ablehnungsantrags,[64] oder eine kurz vor dem Verhandlungstermin eingebrachtes Ablehnungsgesuch, das auf Gründe gestützt wird, die der Partei bereits Monate vor dem Termin bekannt waren.[65]
- das unentschuldigte „Platzen lassen" eines mit dem Sachverständigen fest vereinbarten Besichtigungstermins.[66]

Kein Verschulden (Unanwendbarkeit des § 38) etwa in folgenden Fällen: 13

- Das Gericht hatte für die Beibringung von Behördenakten keine oder keine angemessene Frist gesetzt,[67]
- der verspätete Schriftsatz war wegen wesentlicher Hinderungsgründe (Krankheit, unvermeidbare Überbelastung) nicht rechtzeitig eingebracht,
- unnötige Mehrarbeit des Gerichts wird ohne Verschleppungsabsicht verursacht,[68]
- die Partei nutzt eine gesetzliche oder ihr gegebene Frist voll aus und Vertagung wird notwendig, weil zwischen Einlassungsfrist und Termin kein genügender Zeitraum liegt,[69]
- ein rechtzeitig eingereichter Schriftsatz macht wegen seines großen Umfangs eine Terminsverlegung erforderlich,
- Unterlassung einer vom Gericht angeordneten Auskunft, wenn eine Auskunftspflicht nicht gegenüber dem Gericht besteht (z.B. Versorgungsausgleich),[70]

---

58 OLG Koblenz NJW 1975, 395 (L) = MDR 1975, 587 = JurBüro 1975, 212 = VersR 1975, 670; OLG Bamberg JurBüro 1970, 50; OLG Celle MDR 1962, 746; OLG Hamm JurBüro 1962, 684.
59 OLG Koblenz NJW 1975, 395; OLG Köln JurBüro 1975, 797.
60 OLG Koblenz JurBüro 1975, 1356 m. Anm. v. *Mümmler* = MDR 1975, 943; OLG Celle NdsRPfl. 1976, 136.
61 *Büttner* NJW 1975, 1349; **a.M.** OLG München NJW 1975, 495 m.N.
62 OLG Düsseldorf VersR 1977, 726.
63 *Schrader* DRiZ 1974, 291.
64 OLG Düsseldorf, MDR 1984, 857.
65 OLG Düsseldorf, Beschl. vom 21.5.2015, I-6 W 46/15 = JurionRS 2015, 24310 = openjur 2015, 17206.
66 LG Flensburg JurBüro 1996, 44.
67 VGH Kassel NVwZ 1997, 669.
68 OLG Hamm NJW 1968, 2386 = JurBüro 1968, 904.
69 OLG Hamm JurBüro 1968, 901.
70 OLG Bamberg JurBüro 1979, 1682; FamRZ 1979, 299 m. Anm. v. *Pau;* FamRZ 1979, 835.

– eine zum Termin erschienene Partei beantragt statt Versäumnisurteil Vertagung, der Vertreter der erschienenen Partei beantragt gegen die nichterschienene Partei kein Versäumnisurteil.[71]

14 **Ein übereinstimmender Vertagungsantrag** oder das Einverständnis des Gegners mit einer Vertagung schließt eine Gebühr nach § 38 nicht grundsätzlich aus, weil die Parteien eine derartige Vereinbarung nicht wirksam treffen können.[72] Indessen sollte man in solchen Fällen mit der Auferlegung einer Verzögerungsgebühr zurückhaltend verfahren. So kommt eine Verzögerungsgebühr jedenfalls dann nicht in Betracht, wenn der übereinstimmende Vertagungsantrag wegen schwebender außergerichtlicher Vergleichsbemühungen gestellt wird, auch wenn diese später scheitern.

15 **Das Verschulden des Vertreters** einer Partei oder eines Beteiligten wird im Rahmen des § 38 dem Vertretenen zugerechnet.

16 **Ausnahme.** Nach **§ 355 ZPO** ist der Antrag auf Erlass eines Versäumnisurteils oder einer Entscheidung nach Aktenlage zurückzuweisen: Wenn die erschienene Partei die vom Gericht wegen eines von Amts wegen zu berücksichtigenden Umstandes erforderliche Nachweisung nicht zu beschaffen vermag (§ 355 Abs. 1 Nr. 1 ZPO), wenn die nicht erschienene Partei nicht ordnungsgemäß, insbesondere nicht rechtzeitig geladen war (§ 355 Abs. 1 Nr. 2 ZPO); wenn der nicht erschienenen Partei ein tatsächliches mündliches Vorbringen oder ein Antrag nicht rechtzeitig mittels Schriftsatzes mitgeteilt war (§ 355 Abs. 1 Nr. 3 ZPO) oder dem Beklagten im schriftlichen Vorverfahren nach § 276 ZPO notwendige Mitteilungen und Belehrungen nicht erteilt worden waren (§ 355 Abs. 1 Nr. 4 ZPO). In solchen Fällen ist eine Verzögerungsgebühr in den Fällen des § 38 S. 1, 1. Alt ausdrücklich ausgeschlossen.

17 **Verzögerung des Rechtsstreits durch nachträgliches Vorbringen von Angriffs-, oder Verteidigungsmitteln, Beweismitteln oder Beweiseinreden**, Abs. 1 S. 1, 2. Alternative: Das nachträgliche Vorbringen ist nach den gleichen Maßstäben wie bei §§ 282, 286 ZPO zu beurteilen, d.h., die Angriffsmittel etc. hätten schon in einem früheren Termin vorgebracht werden können.[73] Nicht zu den Angriffs- oder Verteidigungsmitteln zählen die Klage und die Widerklage[74] oder gar Rechtsmittel, da sie den Angriff selbst darstellen, also schon begrifflich keine Angriffsmittel sind, auch nicht reine Rechtsausführungen. Die Beweismittel und Beweiseinreden gehören zu den Angriffs- und Verteidigungsmitteln. Beweismittel sind die in der ZPO zum Zwecke des Beweises vorgesehenen Hilfsmittel (§§ 371–455 ZPO), also Augenschein, Zeugen, Sachverständige, Urkunden, Behördenakten[75] und Parteivernehmung. Die Beweiseinreden richten sich gegen das Beweismittel, z.B. die Behauptung, das Beweismittel sei ungeeignet oder unzulässig.[76]

18 **Nachträgliches Vorbringen** ist ein außerhalb der in der ZPO für das Vorbringen gegebenen Fristen einschließlich der Möglichkeit, dass das Gericht für einen rechtzeitigen Vortrag der Parteien hätte Sorge tragen können.[77] Voraussetzung ist, dass die Partei oder der Beteiligte die Angriffsmittel etc. hätte früher vorbringen können. Die Partei muss bei pflichtgemäßem Verhalten zur früheren Geltendmachung objektiv und subjektiv in der Lage gewesen sein. Sie darf mit den Mitteln nicht aus taktischen Gründen zurückgehalten haben, etwa um den Gegner zu überrumpeln. Andererseits hat aber die Partei das

71 OLG Hamm OLGZ 1989, 363.
72 *Hartmann* § 38 Rn. 13; *Völker* JurBüro 2001, 571 = MDR 2001, 1329.
73 OLG Köln OLGZ 1973, 367; *Schrader* DRIZ 1974, 291; *Hartmann* § 38 Rn. 16.
74 OLG Hamm JurBüro 1967, 55.
75 Zweifelnd VGH Kassel NVwZ 1997, 669.
76 BGH MDR 1958, 501 = ZZP 72, 213.
77 BGH NJW 1975, 1745.

Recht, über die ihr gegebenen prozessualen Möglichkeiten zu verfügen. Es muss also kein vernünftiger Grund dafür vorgelegen haben, dass die Partei oder der Beteiligte die frühere Geltendmachung zurückgehalten hat, wenn eine Verzögerungsgebühr verhängt werden soll. Auch die erst nachträgliche, nicht rechtzeitige Ermittlung von Angriffs- oder Verteidigungsmitteln kann i.d.S. schuldhaft sein, so etwa, wenn sich im Beweisaufnahmetermin bei der Vernehmung eines Zeugen herausstellt, dass es der falsche Sachbearbeiter war und die Partei dann den richtigen Sachbearbeiter nennt. Wenn sich aber erst im Laufe des Rechtsstreits zeigt, welche Beweismittel überhaupt benötigt werden, liegt selbstverständlich kein Verschulden vor.

Das verspätete Vorbringen allein muss tatsächlich zu einer Verzögerung des Rechtsstreits geführt haben, es muss also dafür **allein ursächlich** sein.[78] Das ist regelmäßig nicht der Fall, wenn das verspätete Vorbringen nach §§ 296, 530, 531, 615 ZPO zurückgewiesen wird oder eine Vertagung durch Schriftsatznachlass vermieden werden kann[79] oder auch das verspätete Vorbringen der Rechtsstreit nicht rascher zu Ende geführt worden wäre, wohl aber, wenn eine weitere mündliche Verhandlung oder eine neue Beweisaufnahme erforderlich wird, die schon früher gemeinsam mit einer anderen hätte erfolgen können.[80] Ist das Procedere des Gerichts für eine Verzögerung mitursächlich, etwa weil es nicht alle Möglichkeiten zur Verhinderung einer Verzögerung ausgeschöpft hat, kann eine Anwendung des § 38 ausgeschlossen sein.[81] In gleicher Weise liegt auch schon keine Verzögerung i.d.S. vor, wenn eine Partei die „Flucht in die Säumnis“ ergreift und gegen das Versäumnisurteil normgerecht Einspruch einlegt.[82] Denn in solchen Fällen nimmt die Partei nur die ihr gesetzlich gegebenen Möglichkeiten wahr, mögen diese auch vom Gesetzgeber so nicht bedacht gewesen sein. 19

Besondere Gebühr: Die Gebühr nach § 38 tritt **neben** die sonst im Rechtsstreit erwachsenden Gebühren, insbesondere schließt die Möglichkeit einer Kostenentscheidung etwa nach 95 ZPO, 192 SGG die Verhängung einer Verzögerungsgebühr nicht aus.[83] Sie kann in derselben Instanz gegen dieselbe Partei auch mehrmals verhängt werden. § 36 Abs. 3 gilt für § 38 nicht. Besteht eine Partei aus mehreren Streitgenossen, so kann die Gebühr nach § 38 wegen derselben Verzögerung gegen jeden oder gegen einzelne Streitgenossen verhängt werden.[84] Vom Ausgang des Verfahrens wird die Gebühr des § 38 nicht berührt. Eine Androhung oder Auferlegung der Gebühr ist kein Grund zur Richterablehnung.[85] 20

Höhe der Gebühr: Als Verzögerungsgebühr ist i.d.R. (Normalfall)[86] eine 1,0-Gebühr nach der Tabelle der Anl. zu § 34 aufzuerlegen.[87] Wenn die Verzögerungsgebühr in Zivilrechtssachen verhängt wird, ist ebenfalls nur von einer 1,0-Gebühr und nicht von der drei- oder mehrfachen Pauschalgebühr auszugehen.[88] Das Gericht kann aber nach pflichtgemäßem Ermessen die Gebühr bis auf eine 0,3-Gebühr ermäßigen, wobei es dem 21

78 OLG München NJW-RR 2001, 71; dazu auch *Schmidt* MDR 2001, 308, 311.
79 OLG Düsseldorf NJW-RR 1995, 638 = MDR 1995, 752.
80 Vgl. dazu auch bei *Hartmann* § 38 Rn. 17 m.w.N.
81 Vgl. dazu etwa OLG Düsseldorf NJW-RR 1995, 638; AnwBl. 1975, 235; OLG Hamm NJW 1975, 2026; OLG Zweibrücken JurBüro 1978, 270; *Hartmann* § 38 Rn. 17.
82 LAG Hamm NZA-RR 2001, 383.
83 H.M. vgl. *Trenkle* in Oe/He/Tre § 38, Rn. 4; *Hartmann* § 38 Rn. 4; *Völker* JurBüro 2001, 569 = MDR 2001, 1327/28.
84 OLG Nürnberg JurBüro 1965, 300.
85 BFH BStBl. II 1977, 350 = JurBüro 1977, 936.
86 OLG München NJW-RR 2001, 71, 72.
87 Vgl. LG Koblenz AnwBl. 1978, 103; *Hartmann* § 38 Rn. 26; **a.M.** *Schneider* JurBüro 1976, 5, 17.
88 Vgl. auch *Trenkle* in Oe/He/Tre § 38 Rn. 19.

Gericht freisteht, die Ermäßigung in Dezimalteilen der 1,0-Gebühr oder als festen Betrag zu verhängen. Bemessungsgrundlagen können sein: Die Schwere des Verschuldens, seine Auswirkung, der Streitwert als Grundlage der Gebühr in Relation zu den Vermögensverhältnissen des Gebührenschuldners. Eine Ermäßigung sollte aber die Ausnahme bleiben. Wenn die Verzögerungsgebühr im Berufungs- oder Revisionsrechtszug auferlegt wird, ist ebenfalls von der vollen Gebühr auszugehen, eine automatische Erhöhung findet nicht statt.

22 **Gebührenschuldner** ist nur der Prozessbeteiligte, dem die Gebühr auferlegt ist, nicht sein Vertreter, wenn dieser sich schuldhaft verhalten hat. Insoweit ist der S. 3 wenig glücklich gefasst. Er ist so zu verstehen, dass außer dem Kläger und dem Beklagten auch den im S. 3 genannten Beteiligten die Verzögerungsgebühr auferlegt werden kann und dass auch diesen Beteiligten ein Verschulden ihrer Vertreter zuzurechnen ist.[89] Er ist jedenfalls nicht so zu verstehen, dass über den S. 3 auch die Vertreter der Prozessbeteiligten mit der Verzögerungsgebühr belastet werden können. Denn das stünde im Widerspruch zu S. 1, wo expressis verbis als Gebührenschuldner nur der Kläger und der Beklagte genannt sind. Es spricht auch nichts dafür, dass über S. 3 wieder die Möglichkeit geschaffen werden sollte, die Vertreter der Prozessbeteiligten zu bestrafen.[90] Nebenintervenienten und Beigeladene schulden persönlich die ihnen auferlegte Verzögerungsgebühr. Keine Mithaftung des Klägers oder Beklagten, wenn ihnen keine Verzögerungsgebühr auferlegt ist. Der Vertreter des Bundesinteresses beim Bundesverwaltungsgericht und der Vertreter des öffentlichen Interesses sowie ihre Vertreter haften nicht persönlich für die ihnen auferlegte Verzögerungsgebühr. Kostenschuldner ist hier der Fiskus, dem die Möglichkeit einer dienstaufsichtsrechtlichen Würdigung und eines Rückgriffs offen steht. Schuldner der Gebühr ist auch nicht der in die Prozesskosten verurteilte Gegner, § 29 Nr. 1, wohl aber ein Übernahmeschuldner, wenn er diese Gebührenschuld ausdrücklich übernommen hat, § 29 Nr. 2. Die allgemeine Erklärung, dass er die Kosten des Verfahrens übernehme, reicht nicht. Gegen Streitgenossen kann die Gebühr einheitlich, und zwar gegen jeden Einzelnen in voller Höhe verhängt werden, wenn sie am Rechtsstreit in gleicher Weise beteiligt sind und sie ein gleich großes Verschulden trifft. Andernfalls ist nach ihrer Beteiligung am Streitgegenstand und dem Maß ihres Verschuldens zu unterscheiden.[91]

23 **Fälligkeit** in bürgerlichen Rechtsstreitigkeiten gem. § 6, in Verwaltungsgerichts- und Finanzgerichtssachen gem. § 9 Abs. 1 mit Erlass des Beschlusses, auch bei der armen Partei und deren Gegner. Fälligkeit im Arbeitsgerichtsverfahren nach Beendigung des Verfahrens oder nach sechsmonatigem Stillstand, § 11.

24 **Streitwert** ist der Wert des Streitgegenstandes zur Zeit der Verzögerungshandlung oder -unterlassung und nicht der zum Zeitpunkt des Erlasses des Beschlusses.[92] Denn wie bei jeder Strafmaßnahme kommt es auf die Umstände zur Zeit der „Tat" an. Veranlasst die Partei die Verzögerung des Verfahrens nur bzgl. eines Teils des Streitgegenstandes, so kann das bei der Bestimmung der Höhe der Gebühr und der Festsetzung ihres Streitwertes berücksichtigt werden.

25 **Zuständig** für die Verhängung der Verzögerungsgebühr ist das Gericht, also die Kammer, der Senat, der Einzelrichter, das mit der Sache zur Zeit der Verzögerung befasst

---

89 *Trenkle* in Oe/He/Tre § 38 Rn. 8; *Völker* JurBüro 2001, 572 = MDR 2001, 1330; **a.M.** *E. Schneider* JurBüro 1976, 5, 8.
90 *Trenkle* in Oe/He/Tre § 38 Rn. 8.
91 OLG Nürnberg JurBüro 1965, 300.
92 So aber *Hartmann* § 38 Rn. 27.

ist, nicht aber der beauftragte oder ersuchte Richter und schon gar nicht der Urkundsbeamte der Geschäftsstelle.

Die Entscheidung ergeht **von Amts wegen**. Anträge der Beteiligten können nur als 26
Anregung behandelt werden, so dass ein Antrag auch nicht zu bescheiden ist. Ob das Gericht eine Verzögerungsgebühr verhängen will oder nicht, steht in seinem **Ermessen**.[93]

Dem betroffenen Beteiligten ist in jedem Fall **rechtliches Gehör** zu gewähren.[94] Er 27
muss angemessene Zeit zur Rechtfertigung haben und darf insbesondere nicht überrumpelt werden. Beweisaufnahme über das Entschuldigungsvorbringen ist möglich.[95] U.U. muss das Gericht zur Verschuldensfrage von Amts wegen Ermittlungen anstellen.[96]

Die Entscheidung ergeht durch zu begründenden[977] **Beschluss** bei freigestellter 28
mündlicher Verhandlung, der noch bis zur Verkündung des die Instanz beendenden Urteils oder Erlass einer anderen Entscheidung, in der die Gebühr verhängt wird, möglich ist.[98] Der Beschluss ist als Vollstreckungstitel dann, wenn er nicht verkündet wird, von Amts wegen zuzustellen,[99] § 329 Abs. 3 ZPO. Die Entscheidung ergeht gebührenfrei. Die Verhängung einer Verzögerungsgebühr durch Urteil statt durch (gesonderten) Beschluss ist nicht grundsätzlich unzulässig.[100] Die (versehentlich) in Urteilsform gefasste Verzögerungsgebührauferlegung ist dann aber nach § 69 unabhängig von anderen gegen das Urteil möglichen Rechtsbehelfen anfechtbar.[101] Denn die Beschwerde richtet sich dann allein gegen den Grund und die Höhe der Verzögerungsgebühr und kann schon deshalb keine Umgehung des § 99 Abs. 1 ZPO (Unzulässigkeit einer isolierten Kostenentscheidung) sein.[102]

Rechtsmittel: Es gilt § 68 (für die Festsetzung des Streitwertes [Rn. 24]) und im Übri- 29
gen § 69.

ABSCHNITT 7
Wertvorschriften

UNTERABSCHNITT 1
Allgemeine Wertvorschriften

Vorbemerkung

Die Allgemeinen Wertvorschriften der §§ 39–47 gelten für den gesamten Anwen- 1
dungsbereich des GKG. Eine entsprechende allgemeine Regelung für den Anwendungsbereich des Familienverfahrens besteht im FamGKG (§§ 33 ff. FamGKG).

Die in Abschnitt 7 Unterabschnitt 1 enthaltenen allgemeinen Grundsätze für die Be- 2
messung wertabhängiger Gebühren nach dem GKG gelten selbstverständlich nicht nur für Streitverfahren im eigentlichen Sinne (kontradiktorische Verfahren), sondern auch

93 OLG Düsseldorf AnwBl. 1975, 235.
94 BFH NJW 1970, 112; OLG Hamm MDR 1978, 150 = JurBüro 1978, 271, m.N.
95 *Hartmann* § 38 Rn. 21.
96 OLG Stuttgart NJW 1970, 1611; *Hartmann* § 38 Rn. 21.
97 OLG Stuttgart NJW 1970, 1611.
98 LAG Düsseldorf MDR 1996, 1196.
99 OLG Düsseldorf OLGZ 1965, 191; *Hartmann* § 38 Rn. 22.
100 OLG Celle MDR 2001, 350; **a.M.** *Schmidt* MDR 2001, 308 ff.
101 OLG Celle MDR 2001, 350.
102 Insoweit unzutreffend *Schmidt* MDR 2001, 310.

für die nach dem GKG abzurechnenden Kosten für Verfahrenswerte, die nicht streitwertabhängig sind wie z.B. § 58 GKG für die Bewertung der Insolvenzmasse.[1] Der Begriff des Streitgegenstandes ist weit im Sinne von „Verfahrensgegenstand" zu verstehen.[2]

3 Wenn und soweit die besonderen Wertvorschriften der §§ 48 ff. GKG andere (i.d.R. geringere) Höchstwerte oder Mindestwerte enthalten, gehen diese selbstverständlich vor (lex specialis derogat legi generali).

4 **Streitwertkataloge:** Die Streitwertbemessung setzt grundsätzlich eine Bewertung des Interesses des Klägers/Antragstellers an der von ihm verfolgten Sache voraus, wobei das Interesse nicht unbedingt einen in Geldeinheiten exakt zu bestimmenden Marktwert haben muss. Das Gericht ist dann befugt, den Streitwert nach richterlichem Ermessen zu schätzen. In diesem Rahmen ist es zulässig, eine gewisse Schematisierung und Typisierung vergleichbarer Streitigkeiten herauszuarbeiten. Das wird besonders im Bereich der Arbeits-, Verwaltungs- Finanz- und Sozialgerichtsbarkeit geboten sein. Im Interesse einer gleichmäßigen und vorhersehbaren Ausübung des Bewertungsermessens sind für diese Gerichtsbarkeiten sog Streitwertkataloge (unten, Anhänge nach §§ 42 und 52) entwickelt worden. Diese Kataloge enthalten Vorschläge (Empfehlungen) der Obergerichte (vgl. unten Anh. nach § 42, Vorbem.; § 57, Rn. 7, 36, 87), die in der Praxis weitgehend beachtet werden. An der Aufgabe des Gerichts, im jeweiligen Einzelfall das Gesetz anzuwenden und das eingeräumte Ermessen auszuüben, ändern die Streitwertkataloge nichts.[3]

§ 39
Grundsatz

(1) In demselben Verfahren und in demselben Rechtszug werden die Werte mehrerer Streitgegenstände zusammengerechnet, soweit nichts anderes bestimmt ist.

(2) Der Streitwert beträgt höchstens 30 Millionen Euro, soweit kein niedrigerer Höchstwert bestimmt ist.

1 **Abs. 1:** Die Grundregel, dass in demselben Verfahren und in demselben Rechtszug die Werte mehrerer Streitgegenstände zusammengerechnet werden, gilt für alle nach dem GKG abzurechnenden Gerichtsbarkeiten. Eine entsprechende Bestimmung enthält § 33 FamGKG. Nach dem Sinn und Zweck der Bestimmung ist aber keine zwingende Voraussetzung für eine Zusammenrechnung, dass die Ansprüche (Streitgegenstände) nebeneinander (kumulativ) Gegenstand des Verfahrens sind, mithin **gleichzeitig** verfolgt werden und ein wirtschaftlicher Zusammenhang (eine wirtschaftliche Werthäufung) besteht.[1] Das setzt aber voraus, dass die Verfolgung der Ansprüche auch zulässig ist. Werden die wirtschaftlich identischen Streitgegenstände **nacheinander** (z.B. bei Klageänderungen oder Klage-

1 **OLG** Frankfurt/Main ZIP 2014, 1238 = ZinsO 2014, 959 mit Anm. v. *Grub* = JurionRS 2014, 15442: *Hartmann* § 39 Rn. 5; *Hellstab* in Oe/He/Tre § 39.

2 OLG Frankfurt/Main ZIP 2014, 1238 = ZinsO 2014, 959 mit Anm. v. *Grub* = JurionRS 2014, 15442.

3 BVerfG, DVBl. 1994, 41; OVG Baden-Württemberg, JurBüro 2016, 141 = NJW-Spezial 2016, 123 = JurionRS 2015, 30893.

1 So aber BGH NJW-RR 2006, 1004; VerfGH Berlin JurBüro 2013, 480 m.w.N. *Brinkmann* JurBüro 2011, 89 in der Anm. zu BAG JurBüro 2011, 2011, 88; OLG Düsseldorf JurBüro 2010, 648 (LD mit Volltextservice); OLG Dresden JurBüro 2007, 315; *Hartmann* § 39 Rn. 3.

erweiterungen) geltend gemacht, gilt § 39 ebenfalls.[2] Ist z.B. eine Klageänderung unzulässig, bleibt der der Klageänderung zugrunde liegende Anspruch unberücksichtigt.[3] Das gilt auch, wenn es nicht zur Klärung der Zulässigkeit kommt, weil das Verfahren vor einer Entscheidung über die Zulässigkeit (z.B. vergleichsweise) beendet wird.[4]

Nur **ein Streitgegenstand** (und nicht mehrere Streitgegenstände) ist gegeben, wenn und soweit aus einem Sachverhalt dieselbe Rechtsfolge aus mehreren Anspruchsgrundlagen geltend gemacht werden kann, oder wenn verschiedenen Anträgen keine selbständige Bedeutung zukommt, weil sie das gleiche Interesse betreffen.[5] Dann liegt kein Fall des Abs. 1 vor. Das ist z.B. der Fall, 2

- wenn eine Schadensersatzforderung sowohl aus enteignungsgleichem Eingriff als auch aus Amtshaftung begründet ist,[6]
- bei wirtschaftlicher[7] bzw. ideeller[8] (Teil-)Identität (etwa wenn gegen eine Internetveröffentlichung neben Unterlassungsansprüchen auch Beseitigungsansprüche geltend gemacht werden oder wenn eine Klage auf Leistung mit dem Antrag auf Feststellung auf Fortbestehen des Vertrages verbunden wird[9])[10]
- wenn für in demselben Verfahren erhobene Klage gegen eine Teilbaugenehmigung und gegen die das gleiche Vorhaben betreffende unmittelbar nachfolgende Baugenehmigung geklagt wird.[11]
- wenn Gesamtschuldner verklagt werden,[12]
- bei Unterlassungsklage gegen Miteigentümer wegen verbotener Immissionen,[13]
- bei Streit um eine Aufenthaltserlaubnis, wenn mehrere Familienmitglieder im Interesse der familiären Gemeinschaft die Erteilung einer Aufenthaltserlaubnis für ein Familienmitglied erstreben,[14] **nicht** aber, wenn in getrennten Verwaltungsakten ein Grabnutzungsrecht festgestellt und eine Grabnutzungsgebühr festgesetzt wird und diese Verwaltungsakte verschiedene Anträge einer Anfechtungsklage sind.[15]
- Bei einer Zahlungsklage und negativer Feststellungsklage, dass Zahlungsansprüche nicht bestehen.[16]
- Eine auf einen Betriebsübergang gestützte Kündigungsschutzklage gegen den bisherigen Artbeitgeber und eine damit verbundene Feststellungsklage gegen den Betriebsübernehmer betreffend den Fortbestand des Arbeitsverhältnisses.[17]
- Bei Streitgeiten um die Erteilung von Aufenthaltstiteln für mehrere Kläger ist der Auffangwert pro Person anzusetzen.[18]

---

2 So ausführlich und überzeugend OLG München, Beschl. v. 13.12.2016 – 15 U 2407/16 – und NK-GK/*N. Schneider*, § 39 GKG Rn. 18 – 18, jeweils m.w.N. **A.A.** *Hartmann* § 39 Rn. 4.
3 OLG Bamberg JurBüro 2013, 254 = NJW-RR 2013, 636 = MDR 2013, 624 = BeckRS 2013, 03206 mit. Bespr. von *Mayer* in FD-RVG 2013, 43360.
4 OLG Karlsruhe, JurBüro 2016, 423.
5 OVG Lüneburg Beschl. v. 15.1.2010 – 8 OA 225/09 = JurBüro 2015, 479.
6 BGH NJW 2010, 681 = NZBau 2010, 171 = BeckRS 2009, 88955.
7 OLG Frankfurt/Main Beschl. v. 26.2.2010 – 19 W 12/10.
8 OVG Lüneburg Beschl. v. 15.1.2010 – 8 OA 225/09.
9 BGH JurBüro 2012, 195 = JurBüro 2013, 28 = NJW-RR 2012, 165 (LS) = MDR 2011, 1474 = VersR 2012, 78 = r+s 2012, 104 = ZFS 2012, 38.
10 OLG Karlsruhe JurBüro 2009, 430.
11 VGH Baden-Württemberg, Beschl. v. 26.10.2015 – 3 S 867/15 – = JurionRS 2015, 30366.
12 BGH NJW-RR 2004, 638.
13 BGH RPfleger 1987, 205.
14 OVG Magdeburg JurBüro 2010, 143.
15 OVG Lüneburg Beschl. v. 15.1.2010 – 8 OA 225/09.
16 OLG Frankfurt/Main Beschl. v. 26.2.2010 – 19 W 12/10.
17 Sächs.LAG JurBüro 2013, 139.
18 OVG Magdeburg JurBüro 2010, 143.

- Das über ein Beförderungsbegehren hinausgehende nach § 52 Abs. 2 zu bemessende Interesse an der Wahrnehmung eines jeden Dienstpostens.[19]
- Zinserhöhung und Sicherung der mit Reallast.[20]

3 **Mehrere (Verschiedene) Streitgegenstände liegen z.B. vor:**

- Klagen verschiedene Personen aus einem einheitlichen Lebenssachverhalt gegen einen gegen sie belastenden Verwaltungsakt, liegen gebührenrechtlich zwei verschiedene Gegenstände vor, wenn die wirtschaftlichen Interessen der Kläger auseinanderfallen.[21]
- Auch **Klageerweiterungen**, die **aus demselben** Lebenssachverhalt herrühren, sind nicht Regelungsgegenstand des Abs. 1. So z.B. wenn bei der Verfolgung von Mietforderungen in einem Schriftsatz einerseits ein Teil der für einen bestimmten Zeitraum geforderten Miete zurückgenommen und die Klage gleichzeitig für einen anderen Zeitraum erweitert wird.[22] In solchen Fällen fehlt es an dem Erfordernis der gleichzeitigen (kumulativen) Klageerhebung.
- Klage auf Rückzahlung eines Gelbetrages aus Darlehn und (hilfsweise) Behauptung einer Schenkung.[23]
- Streit um die Wirksamkeit eines Darlehnsvertrages und Streit um eine Vorfälligkeitsentschädigung.[24]
- Unterlassungsklage wegen Ehrverletzung und auf Veröffentlichung der Unterlassung.[25]
- Zusammentreffen von Leistungs- und Feststellungsbegehren auf Fortbestehen des Vertrages bei einem Versicherungsvertrag. Wertaddition aber auf 20% der vereinbarten Leistung für sechsmonatliche Bezugsdauer.[26]

4 **Additionsverbote:** Die Grundregel des Abs. 1 ist eingeschränkt (... „soweit nichts anderes bestimmt ist". So z.B. durch § 43 (Häufung von Haupt- und Nebenansprüchen), § 44 (Anspruchshäufung bei Erhebung der Stufenklage), § 45 Abs. 1 Satz 2, Abs. 2 (Verhältnis der Gegenstände bei Klage und Widerklage und wechselseitiger Rechtsmittel) oder § 48 Abs. 3 (Verbindung vermögensrechtlicher und nichtvermögensrechtlicher Ansprüche).

5 **Abs. 2** enthält – wie in den übrigen Kostengesetzen – eine allgemeine Wertgrenze. Die Bestimmung ist verfassungsgemäß.[27] Kommt es etwa (z.B. infolge hoher Investitionssummen – zu einem Streitwert, der an die Höchstgrenze heranreicht, kann grundsätzlich wegen der daraus folgenden hohen Kosten im Hinblick auf Größenordnung des Gesamtprojekts nicht von einer unvertretbaren Erschwerung des Zugangs zu den (Verwaltungs-) Gerichten ausgegangen werden.[28] Die Höchstgrenze gilt für den Regelungsbereich des GKG allgemein für die Gerichtsgebühren, bildet also insoweit den absoluten Höchstwert,[29] und zwar auch für das Insolvenzverfahren. So soll vermieden werden, dass bei hohen (Streit)werten unverhältnismäßig hohe Gebühren entstehen. Das mit der Prozess-

---

19 OVG Sachsen Anhalt, Beschl. v. 26.11.2012 – 1 O 15/12 = RVG-professionell 2013, 38.
20 OLG Celle RVG-prof. 2014,164.
21 OVG Greifswald JurBüro 2010, 532.
22 OLG Düsseldorf JurBüro 2010, 648 (LD mit Volltextservice); OLG Dresden JurBüro 2007, 315.
23 OLG Koblenz NJW 2012, 3663 = BeckRS 2012, 22967.
24 OLG Karlsruhe JurBüro 2015, 645.
25 BGH, Beschl. v. 16.8.2016 – VI ZB 17/16 –, JurionRS 2016, 25180.
26 BGH, Beschl. v. 14.12.2016 – IV ZR 477/15 – = JurBüro 2017, 94 = JurionRS 2016, 31321.
27 BVerfG NJW 2007, 2098.
28 Vgl. OVG Hamburg, DÖV 2015, 582 = ZAP 2015, 707 = JurBüro 2015, 409 = Openjur 2015, 7828 = JurionRS 2015, 13992.
29 *Hartmann* § 39 Rn. 5–6.

führung oder mit der Inanspruchnahme der Gerichte verbundene Kostenrisiko wird für die Parteien/Antragsteller/Beteiligten in Verfahren mit hohen (Streit)werten dadurch auf ein angemessenes Maß zurückgeführt.[30] Der Höchstwert von 30 Mio. € gilt auch für das Insolvenzverfahren.[31] Er ist auch dann maßgebend, wenn Steuerforderungen um Verfahren von mindestens 300 Mio. € zur Aussetzung der Vollziehung (AdV-Verfahren) Gegenstand des Verfahrens sind.[32]

§ 40
Zeitpunkt der Wertberechnung

Für die Wertberechnung ist der Zeitpunkt der den jeweiligen Streitgegenstand betreffenden Antragstellung maßgebend, die den Rechtszug einleitet.

Die Vorschrift bestimmt, welcher **Zeitpunkt** für die Berechnung des Streitwertes maßgebend ist. Der auf diesen Zeitpunkt ermittelte Kostenstreitwert kann sich von dem für die Zuständigkeit des Prozessgerichts oder die Zulässigkeit des Rechtsmittels festgesetzten Streitwert unterscheiden. § 40 gilt für bürgerliche Rechtsstreitigkeiten, Verwaltungs-, Sozialgerichts- und Finanzgerichtssachen und mit den sich aus § 69 Abs. 2 ArbGG ergebenden Einschränkungen auch für Arbeitsgerichtssachen. Für Scheidungsfolgesachen gilt ab dem 1.9.2009 das FamGKG. Insolvenzverfahren fallen nicht hierunter. Für sie gilt § 58 als lex specialis. 1

Für die Wertberechnung ist **ausschließlich der Zeitpunkt der die Instanz einleitenden Antragstellung** maßgebend. Der Grund liegt darin, dass Neuberechnungen bei Beendigung des Verfahrens weitestgehend überflüssig sein sollen.[1] Eine Verschlechterung oder Verbesserung der Berechnungsbedingungen der Rechtsprechung zum Streitwert ist demzufolge unbeachtlich.[2] Auch eine teilweise Klagerücknahme nach Anhängigkeit, aber vor Zustellung wirkt sich auf den Streitwert nicht mehr aus.[3] Der Beitritt eines Streithelfers hat ebenfalls keine Auswirkungen auf den für die Gerichtsgebühren maßgebenden Streitwert. Dieser richtet sich allein nach dem Interesse des Klägers zum Zeitpunkt des den Rechtszug einleitenden Antrags.[4] 2

Für die Berechnung des Streitwertes zu Beginn der Instanz ist i.d.R. der Zeitpunkt des **Eingangs der Klageschrift, eines Antrags auf Erlass auf Erlass eines Mahnbescheids mit gleichzeitigem Abgabeantrag für den Fall des Widerspruchs**,[5] der Rechtsmitteleinlegungsschrift oder des sonstigen, einer Klageschrift oder Rechtsmittelschrift gleichstehenden Schriftstücks maßgebend.[6] Im Falle der Klageerweiterung, der Widerklage oder eines Anschlussrechtsmittels ist maßgebend der Zeitpunkt des Ein- 3

30 BVerfG JZ 2010, 611; *Hartmann* § 39 Rn. 2; Kritisch dazu *Wenner/Schuster* BB 2005, 230.
31 AG Osnabrück JurBüro 2013, 645 m. Anm. v.*Lohle* JurBüro 2013, 646.
32 BFH Beschl. v. 6.9.2012 – VII E 12/12 –.

1 **BT-Drs.** 12/6992, S. 62; dazu auch OLG Dresden JurBüro 2003, 472.
2 Vgl. OVG Hamburg, DÖV 2015, 582 = ZAP 2015, 707 = JurBüro 2015, 409 = Openjur 2015, 7828 = JurionRS 2015, 13992.
3 KG NJW-RR 2000, 215.
4 OLG Celle JurBüro 2011, 306 (LS mit Volltextservice).
5 OLG Hamburg MDR 1998, 1121; differenzierend jetzt aber MDR 2001, 294 m. Anm. v. *Schütt.*
6 OLG Oldenburg NJW-RR 1999, 942 = JurBüro 1999, 374; OLG Hamm MDR 1997, 506; OLG Bamberg JurBüro 1977, 856; OLG Karlsruhe BB 1975, 108; VGH Mannheim NJW 1977, 827.

gangs der die Klageerweiterung oder die Widerklage ankündigenden Schriftsatzes[7] oder in – Ermangelung eines solchen – der des Antrags im Verhandlungstermin.[8] Demzufolge ist bei Änderungen des Wertes eines unverändert gebliebenen Streitgegenstandes der bei Beginn der Rechtsmittelinstanz festzustellende, u.U. auch höhere Wert maßgebend.[9] Geht der Kläger im Laufe eines Verfahrens von der Feststellungs- zur Leistungsklage über, ist das streitwertmäßig als Klageerhöhung zu bewerten. Spätere, d.h. bis zum Abschluss der Instanz eintretende Wertänderungen, die etwa durch Kursänderungen einer Währung, des Börsenkurswertes oder des Steuerkurswertes eintreten können, haben keinerlei Einfluss mehr auf den Streitwert der Instanz.[10] Das gilt auch für ausländische, d.h. nicht in einem €-Betrag lautende Währung.[11] Auch bei einer Prozessverbindung mehrerer Verfahren verbleibt es grundsätzlich bei den ursprünglichen Einzelwerten.[12] Eine andere Frage ist es indessen, ob und nach welchen Kriterien evtl. Ermäßigungstatbestände bei späterer Erledigung eingreifen.[13] (Vgl. dazu § 36 Rn. 2, 9.)

4 Nach der **Beendigung der Instanz** liegende Prozesshandlungen, z.B. Anträge auf Tatbestands- oder Urteilsberichtigung oder Urteilsergänzung sind für die Streitwertfestsetzung völlig ohne Bedeutung. Selbstverständlich sind auch Anträge auf Streitwert- oder Kostenfestsetzung sind als solche i.S.v. § 40 unbeachtlich.

5 § 40 gilt auch für Verfahren, die nicht durch eine Klage eingeleitet werden, namentlich für **Arrest oder einstweiliger Verfügung** und **einstweilige Anordnung** sowie andere Sonderverfahren (z.B. Vollstreckbarerklärungen ausländischer Entscheidungen),[14] deren Gebühren sich nach einem Streitwert bemessen. Hier kommt es auf den Zeitpunkt der Einreichung des Antrags an, wobei das ggf. folgende Widerspruchsverfahren mit dem Antragsverfahren eine Instanz bildet, während das Abänderungs- und Aufhebungsverfahren eine neue Instanz einleiten. So bemisst sich z.B. der Streitwert beim Kostenwiderspruch im Eilverfahren nach der Höhe der Kosten, die bis zur Einlegung des Widerspruchs angefallen sind.[15]

6 Auch das **Beweisverfahren** der §§ 485ff. ZPO ist als besonderes Verfahren zu behandeln, das mit der Einreichung des Antrags beginnt. Für die Wertberechnung sind grundsätzlich die Vorstellungen des Antragstellers zur Zeit der Einreichung des Beweisantrags maßgeblich[16] und nicht die sich nach Beendigung des Beweisverfahrens ergebenden Werte.[17] (Vgl. Anh. zu § 48, § 3 ZPO „Beweisverfahren".) Das folgt schon aus dem eindeutigen Wortlaut des § 40. Allerdings sind völlig irreale Vorstellungen des Antragstellers unberücksichtigt zu lassen, insbesondere, was den Beseitigungsaufwand betrifft. Stellt sich aufgrund eines Sachverständigengutachtens heraus, dass mehrere Möglichkeiten zur Mängelbeseitigung bestehen, braucht sich der Antragsteller auch für

7 OLG Düsseldorf NJW-RR 2000, 1594 = JurBüro 2001, 316.
8 BT-Ds. 12/6992, S. 62.
9 BGH NJW 1982, 341 BGH NJW-RR 1998, 1452.
10 BGH NJW-RR 1998, 1452.
11 BGH JurBüro 2010, 201 = MDR 2010, 355.
12 OLG München JurBüro 1999, 484 m. Anm. v. *D. Meyer.*
13 Vgl. dazu OLG Düsseldorf NJW-RR 2000, 1594 = JurBüro 2001, 316; OLG München JurBüro 1999, 484 m. Anm. v. *D. Meyer; D. Meyer* JurBüro 1999, 239.
14 BGH JurBüro 2010, 201.
15 OLG Nürnberg NJW-RR 2013, 635 = BeckRS 2013, 03187.
16 BGH NJW 2004, 3488; OLG Schleswig JurBüro 1999, 595 m. Anm. v. *Enders;* OLG Schleswig OLG-Report 1998, 38; OLG Köln VersR 1993, 125; OLG Köln OLG-Report 1998, 6; OLG Celle OLG Report 1997, 183; OLG Karlsruhe JurBüro 1997, 531.
17 So aber OLG Naumburg NJW-RR 2000, 286; OLG Köln NJW-RR 2000, 802; OLG Köln NJW-RR 1997, 1292 = OLG Report 1997, 135; OLG Jena OLG-Report 1998, 24; OLG Frankfurt/Main. OLG Report 1997, 88 und 104; OLG Düsseldorf JurBüro 1997, 532; *Schneider* MDR 1998, 235ff.

die Wertberechnung nicht stets auf die kostengünstigste Möglichkeit verweisen zu lassen.

Wird das Gericht im **schiedsrichterlichen Verfahren** tätig, so richtet sich der Anfangszeitpunkt nach dem Eingang des Antrags bei Gericht und nicht nach dem Beginn des schiedsrichterlichen Verfahrens. 7

§ 41
Miet-, Pacht- und ähnliche Nutzungsverhältnisse

(1) Ist das Bestehen oder die Dauer eines Miet-, Pacht- oder ähnlichen Nutzungsverhältnisses streitig, so ist der Betrag des auf die streitige Zeit entfallenden Entgelts und, wenn das einjährige Entgelt geringer ist, dieser Betrag für die Wertberechnung maßgebend. Das Entgelt nach Satz 1 umfasst neben dem Nettogrundentgelt Nebenkosten dann, wenn diese als Pauschale vereinbart sind und nicht gesondert abgerechnet werden.

(2) Wird wegen Beendigung eines Miet-, Pacht- oder ähnlichen Nutzungsverhältnisses die Räumung eines Grundstücks, Gebäudes oder Gebäudeteils verlangt, so ist ohne Rücksicht darauf, ob über das Bestehen des Nutzungsverhältnisses Streit besteht, das für die Dauer eines Jahres zu zahlende Entgelt maßgebend, wenn sich nicht nach Absatz 1 ein geringerer Streitwert ergibt. Verlangt ein Kläger die Räumung oder Herausgabe auch aus einem anderen Rechtsgrund, so ist der Wert der Nutzung eines Jahres maßgebend.

(3) Werden der Anspruch auf Räumung von Wohnraum und der Anspruch nach den §§ 574 bis 574b des Bürgerlichen Gesetzbuchs auf Fortsetzung des Mietverhältnisses über diesen Wohnraum in demselben Prozess verhandelt, so werden die Werte nicht zusammengerechnet.

(4) Bei Ansprüchen nach den §§ 574 bis 574b des Bürgerlichen Gesetzbuchs ist auch für die Rechtsmittelinstanz der für den ersten Rechtszug maßgebende Wert zugrunde zu legen, sofern nicht die Beschwer geringer ist.

(5) Bei Ansprüchen auf Erhöhung der Miete für Wohnraum ist der Jahresbetrag der zusätzlich geforderten Miete, bei Ansprüchen des Mieters auf Durchführung von Instandsetzungsmaßnahmen der Jahresbetrag einer angemessenen Mietminderung und bei Ansprüchen des Vermieters auf Duldung einer Durchführung von und Modernisierungs- oder Erhaltungsmaßnahmen der Jahresbetrag einer möglichen Mieterhöhung, in Ermangelung dessen einer sonst möglichen Mietminderung durch den Mieter maßgebend. Endet das Mietverhältnis vor Ablauf eines Jahres, ist ein entsprechend niedrigerer Betrag maßgebend.

Übersicht

Allgemeines — 1, 2
Miet- und Pachtverhältnisse — 3
ähnliche Nutzungsverhältnisse — 4
gemischte Verträge — 5
Bestehen — 6
Beispiele für die Anwendbarkeit des § 41 — 7
Unanwendbarkeit des § 41 — 8, 9
Dritte — 10
Räumungsklagen — 11
Prozessvergleich — 12
Räumung pp. aus anderem Rechtsgrund — 13
Streitwert — 14
Streitige Zeit — 15
Entgelt — 16, 17
Feststellungsklagen — 18
vereinbartes Entgelt — 20
Erhöhung — 21
Mehrere Ansprüche — 22
Abs. 3: Zusammenrechnung — 23
Rechtsmittelinstanz — 24
Abs. 5: Mieterhöhung/Instandsetzung — 25–33

1 Die Vorschrift geht als lex specialis den §§ 8, 9 ZPO vor und betrifft nur die Gerichtsgebühren.[1] Für den Zuständigkeits- und Rechtsmittelwert sowie für die Bestimmung der Beschwer gelten die §§ 8, 9 ZPO.[2] Als Sonderbestimmung dient sie sozialen Zwecken und ist deshalb grundsätzlich weit auszulegen.[3] Unanwendbar ist sie allerdings dann, wenn der Streit um bloße Vertragsauslegung geht, wie z.B. ein (positiver oder negativer) Streit um die Pflicht zur Zahlung künftigen Entgelts[4] oder ein solcher über die Zulässigkeit von Hundehaltung, Ansprüche (z.B. Unterlassungen) auf vertraglichen Konkurrenzschutz[5] etc. Dann geht es nämlich nicht unmittelbar um das Bestehen oder die Räumung, sondern um Streitigkeiten über den Vertrags**inhalt**, so dass dann die allgemeine Bestimmung des § 48 gilt.[6] Ob die Vorschrift über 25 Abs. 1 Nr. 2 RVG auch für die Anwaltsgebühren für die Räumungsvollstreckung anwendbar ist, ist streitig.[7] Für die sachliche Zuständigkeit ist § 8 ZPO maßgebend.

2 § 41 regelt die Berechnung des Streitwerts beim Streit über das Bestehen oder über die Dauer eines Miet-, Pacht- oder ähnlichen Nutzungsverhältnisses, auch wenn der Streit nur um die rechtliche Einordnung des Verhältnisses geht,[8] über die Räumung wegen Beendigung eines derartigen Nutzungsverhältnisses sowie über Räumung und Herausgabe, wenn diese auch aus einem anderen Rechtsgrund begehrt werden. Auch Besitzschutzklagen nach § 861 BGB gehören hierher, wenn ein Mieter/Pächter auf Wiedereinräumung – auch im Wege einer einstweiligen Verfügung (dann § 53 Abs. 1 Nr. 1) – klagt.[9] Die für die Zuständigkeit oder die Zulässigkeit eines Rechtsmittels erfolgte Streitwertfestsetzung steht in den Fällen des § 41 einer anderweitigen Festsetzung zur Berechnung der Gerichtsgebühren nicht im Wege, § 62 S. 2. § 63 Abs. 1 ist auch im Rahmen des 41 anzuwenden. Bei einer positiven Feststellungsklage gilt auch bei der privilegierten Gebührenvorschrift des § 41 der Grundsatz, dass ein Abschlag von etwa 20% gegenüber dem Leistungsantrag zu machen ist, und zwar selbst dann, wenn im Fall des Obsiegens mit freiwilliger Leistung zu rechnen ist.[10]

3 **Miet- und Pachtverhältnisse:** § 41 gilt bei Streitigkeiten aus Miete (§§ 535ff. BGB) und Pacht (§§ 581ff. BGB) einschließlich Untermiete[11] oder Unterpacht[11a] sowie Streitigkeiten nach Auflösung einer nichtehelichen Lebensgemeinschaft in Bezug auf die Wohnung, wenn die Partner im Innenverhältnis eine Nutzungsvereinbarung getroffen haben und sich darauf berufen. Das bloße Bestehen einer nichtehelichen Lebensgemeinschaft allein reicht aber nicht aus (vgl. unten, Rn. 4, 7).[12] Letzteres folgt auch nicht aus dem Lebenspartnerschaftsgesetz. Die in der Vorauflage vertretene Ansicht, wonach § 41 GKG

1 BGH JurBüro 2010, 201 = MDR 2010, 355 = BeckRS 2010, 01705.
2 Thomas/Putzo-*Hüßtege* § 8 Rn. 1.
3 *Hartmann* § 41 Rn. 2 m.N.
4 BGH NZM 2005, 519 = NJW-RR 2005, 938 = RVG-Letter 2005, 69.
5 BGH MDR 2007, 202.
6 BGH MDR 2007, 202; BGH NZM 2005, 519; BGH NZM 2005, 944; OLG Koblenz ZMR 1978, 64.
7 **Bejahend etwa:** KG JurBüro 1996, 364; OLG Stuttgart NZM 1998, 881; OLG Düsseldorf MDR 1996, 1076; LG Stuttgart JurBüro 1996, 643; LG Bad Kreuznach MDR 1996, 1304; LG Köln JurBüro 1996, 664; LG München JurBüro 1996, 365; LG Zweibrücken JurBüro 1996, 364. **Verneinend (§ 9 ZPO):** OLG Zweibrücken MDR 1996, 858; OLG Karlsruhe MDR 1996, 860 und JurBüro 1997, 774; OLG Hamm NJW-RR 1997, 511.
8 BGH JurBüro 2010, 201 = BeckRS 2010, 01705.
9 OLG Brandenburg, MDR 2007, 1225.
10 BGH NJW-RR 1999, 362: OLG Jena JurBüro 2008, 534; OLG Hamm JurBüro 1986, 752; OLG Köln JurBüro 1986, 1403.
11 OLG Celle NZM 2000, 190.
11a BGH, JurBüro 2017, 363 = JurionRS 2017, 15133.
12 BGH NJW-RR 1994,909; OLG Brandenburg FamRZ 2010, 1096 = ZMR 2010, 699 = NZM 2011, 135 = JurionRS 2020, 13801; OLG Koblenz MDR 2013, 3236 = NJW-RR 2014, 197 = JurionRS 2013, 39815; OLG Braunschweig, NZM 2008, 423; *Kurpat* in NK-GK, § 41 Rn. 4; LG Köln, JurBüro 2016, 32 = JurionRS 2016, 20976.

unmittelbar[13] oder entsprechend[14] gelten soll, überzeugt nicht. § 41 gilt auch in Bezug auf den rechtmäßigen (Mit)besitzer einer Wohnung. Das ist z.B. der Fall, wenn der (überlebende) Ehegatte die Wohnung weiter nutzt, obwohl das Mietverhältnis mit dem Ehegatten beendet war.[15] Im Gegensatz zu § 41 Abs. 2 ist es bei § 41 Abs. 1 unerheblich, ob das Nutzungsverhältnis bewegliche oder unbewegliche Sachen oder Rechte betrifft. So gilt die Bestimmung des § 41 Abs. 1 z.B. auch bei Jagdpachtverträgen[16] oder für Pachtverträge über die Sand- und Kiesausbeutung eines Grundstücks.[17] Die aus sozialen Gründen geschaffene Bestimmung[18] des § 41 ist grundsätzlich weit auszulegen[19] und auf alle Sachverhalte anwendbar, bei denen eine für das Verhältnis von Vermieter und Mieter typische Berechtigung in Streit steht.[20] Franchiseverträge zählen aber nicht dazu, selbst wenn man sie materiell rechtlich als Rechtspachtverträge[21] qualifizieren will.[22]

Ähnliche Nutzungsverhältnisse: Hierzu zählen alle vertraglichen Vereinbarungen miet- oder pachtähnlichen Charakters,[23] wie z.B. der reine Leasing-Vertrag,[24] der Vertrag zwischen dem Siedlungsträger und dem Siedler,[25] auch soweit er die Gebrauchsüberlassung während der Probezeit zum Gegenstand hat,[26] u.U. auch ein Dauerwohnrecht (dazu unten Rn. 6, 7). Kurzum: es kommt darauf an, dass sich Parteien gegenüberstehen, die in unterschiedlichem Grade an dem Nutzungsgegenstand berechtigt sind und eine Partei sich auf ein solches Recht beruft.[27] Für die Nutzungsberechtigung muss aber eine Gegenleistung (Entgelt oder eine andere Leistung vereinbart worden sein. Bei der Beurteilung ist stets auf den Charakter der Vorschrift als soziale Schutzvorschrift abzustellen.[28] So etwa im Falle der Herausgabeklage einer der Tochter für die Pflege der Mutter überlassenen Räume.[29] Mangels Gegenleistung sind unentgeltliche Wohn- oder Nutzungsrecht nicht miet-/pachtähnlich ausgestaltet, so dass dann § 48 Abs. 1 GKG i.V.m. §§ 3, 6 ZPO gilt. Das gilt auch für Besitzstörungen im Rahmen einer nichtehelichen Lebensgemeinschaft (Aussperrung).[30] Dabei spielt es keine Rolle, ob man die Mitnutzung als Besitz i.S.v.§ BGB oder als bloße Besitzdienerschaft i.S.v. § 855 BGB rechtlich einordnet. 4

Bei **gemischten Verträgen** (z.B. bei Dienstverträgen mit Anspruch auf freie Wohnung neben Lohn) ist der auf den Miet- oder Nutzungswert entfallende Anteil des Entgelts für die Berechnung nach § 41 maßgebend, wenn der Streit nur um die Wohnung oder den zu nutzenden Gegenstand geht. Ist der ganze oder noch ein weiterer Teil des 5

13 So Thüringer OLG MDR 1998, 63.
14 OLG Köln MDR 1999, 637 = BeckRS 1999,10934; *Hartmann* § 41 GKG Rn. 14; *Trenkle* in Oe/He/Tre, Abt. 6.5 „Nutzungsverhältnis“ Rn. 4.
15 OLG Hamburg MDR 2004, 906.
16 BGH NJW 1962, 446 = RPfleger 1962, 168 = MDR 1962, 293 = JurBüro 1962, 87; OLG Celle JurBüro 1972, 1080; OLG Bamberg NJW 1953, 230.
17 OLG Stuttgart Die Justiz 1972, 204.
18 OLG Düsseldorf FGPrax 2000, 189; OLG Karlsruhe JurBüro 1997, 478.
19 OLG Frankfurt aM AnwBl. 1984, 203; *Hartmann* § 41 Rn. 2.
20 OLG Köln ZMR 1997, 468 = VersR 1997, 1161 = NJWE-MietR 1997, 273.
21 So z.B. *Staudinger/Emmerich* BGB, 2005, Vorbem. zu § 581 Rn. 11.
22 OLG Stuttgart JurBüro 2007, 144.
23 BGH RPfleger 1959, 1.
24 LG Freiburg JurBüro 2011, 89.
25 OLG Nürnberg RPfleger 163, 177 (L).
26 OLG Nürnberg JurBüro 1962, 627.
27 BGH NJW 1967, 1863; *Trenkle* in Oe/He/Tre Streitwerte Zivilverfahren pp „Nutzungsverhältnis” Rn. 5.
28 BGH NJW 1967, 1863; KG JurBüro 19781978, 892; OLG Köln RPfleger 1968, 218; LG Bayreuth JurBüro 1981, 756; *Trenkle* in Oe/He/Tre Streitwerte Zivilverfahren pp „Nutzungsverhältnis“ Rn. 5.
A.M. KG JurBüro 1962, 294; *Dörndorfer* in Binz u.a., § 41 Rn. 4; NK-GK/*Kurpat*, GKG § 41 Rn. 4.
29 *Trenkle* in Oe/He/Tre Streitwerte Zivilverfahren pp „Nutzungsverhältnis” Rn. 5.
30 LG Köln, JurBüro 2016, 532 = JurionRS 2016, 20976.

Vertrages Streitgegenstand, sind die anderen Teile besonders zu bewerten (z.B. ein Gebrauchsüberlassungs- oder Lohnanspruch nach § 42 Abs. 3, 4). Das kommt auch bei Leasingverträgen in Betracht.[31]

6 Allein das **Bestehen**, auch **Fortbestehen** (Abs. 3 und 4), oder die **Dauer eines Miet-, Untermiet-, Pacht- oder ähnlichen Nutzungsverhältnisses** muss streitig sein. Ist nur dessen **Inhalt** Streitgegenstand, gilt § 3 ZPO. Wenn das Bestehen, Fortbestehen oder die Dauer des Miet- oder Pachtverhältnisses nur mittelbar vom Streit betroffen ist (z.B. bei Streit um Zahlung zukünftige Miete/Pacht), ist § 41 Abs. 1 unanwendbar.[32] Vgl. auch oben Rn. 1 und unten Rn. 7. Denn als lex specialis zu den allgemeinen Wertvorschriften der §§ 48 GKG, 3 ZPO ist § 41 nicht analogiefähig.[33] Ob ein solches Nutzungsverhältnis auch tatsächlich besteht, ist gleichgültig. Es genügt, wenn sein Bestand behauptet wird.[34] **Nicht ausreichend** für die Anwendung von § 41 Abs. 1 ist indessen, wenn der Bestand erst begründet werden soll, etwa bei einer Klage auf Abgabe einer Willenserklärung zum Abschluss eines Mietvertrages[35] oder auf Erteilung der Erlaubnis zur Untervermietung. In solchen Fällen geht der Streit nur um den Inhalt des Mietvertrages, etwa, darum, ob der Vermieter verpflichtet ist, eine Untervermietung zu gestatten.[36] § 41 ist auch anwendbar bei einer (positiven oder negativen) Feststellungsklage über das Bestehen eines Nutzungsverhältnisses[37] bzw. bei Streitigkeiten um den Fortbestand über einen bestimmten Zeitpunkt hinaus, oder um die Feststellung, dass die Miete gemindert ist[38] oder dass Grund zur Minderung besteht. Bei solchen nach 3, 9 ZPO zu bewertenden Klagen Feststellungsklagen kein Abschlag vorzunehmen ist.[39] Einschlägig ist § 41 auch bei einer Klage mit dem Ziel, festzustellen, ob eine Kündigung wirksam ist oder nicht, und zwar auch dann, wenn inzwischen das Nutzungsverhältnis auch ohne die Kündigung beendet wäre.[40] Für die Anwendung des § 41 reicht es aus, wenn der Kläger ein bestimmtes Mietverhältnis als nichtbestehend erklärt und seine Klage auch darauf stützt, selbst wenn er nicht ausdrücklich vorträgt, der Beklagte berufe sich darauf.[41] Es schadet nichts, wenn die Klage auch noch auf andere Rechtsgründe gestützt wird.[42] Selbst dann, wenn der Anspruch nur aus anderen Gründen als aus einem Miet-, Pacht- oder ähnlichem Nutzungsverhältnis hergeleitet wird, ist § 41 anwendbar, wenn sich aus der Klagebegründung ergibt, dass tatsächlich um das Bestehen oder die Dauer eines Miet- oder Pachtverhältnisses gestritten wird.[43] Entscheidend ist allein, ob letzten Endes über das Eigentum oder über den Bestand eines Mietverhältnisses gestritten wird.[44] § 41 ist deshalb auch anwendbar bei einer Klage auf mietweise Belassung des Klägers in den von

---

31 OLG Frankfurt aM MDR 1978, 145 = JurBüro 1978, 1748.

32 BGH JurBüro 1966, 309; BGH NZM 2004, 423; BGH Beschl. v. 20.4.2005 – XII ZR 246/04 = RVG-Letter 2005, 69.

33 OLG Düsseldorf MDR 2001, 354; OLG Hamburg WuM 1995, 595; LG Berlin JurBüro 2011, 529.

34 OLG Karlsruhe NJW 1956, 310; OLG München NJW 1953, 1399; **a.M.** OLG Oldenburg NJW 1955, 956.

35 OLG Hamburg MDR 1970, 333; OLG Saarbrücken Beschl. v. 26.11.2009 – 8 W 348/09; *Schneider/Herget* Rn. 3582; *Gehle* in *Prütting/Gehrlein* § 8 Rn. 8.

36 KG JurBüro 2006, 258.

37 OLG Düsseldorf JurBüro 1956, 345.

38 LG Berlin JurBüro 2011, 529.

39 BGH NJW-RR 2006, 378 = NZM 2006, 138 = MDR 2006, 657; OLG Hamburg RPfleger 1958, 36 (L); KG RPfleger 1962, 118 (L), LG Berlin JurBüro 2011, 529.

40 BGH NJW 1958, 1291 = RPfleger 1958, 215; BGH RPfleger 1959, 113 = MDR 1958, 601 = JurBüro 1958, 295; OLG Bamberg NJW 1953, 230; OLG Celle RdL 1957, 81 = MDR 1958, 167; *Mümmler* JurBüro 1976, 1019.

41 BGH NJW 1952, 1056 (L) = RPfleger 1959, 112 (L); OLG Nürnberg RPfleger 1956, 268 (L).

42 BGH NJW 1953, 384 = RPfleger 1953, 573; LG Mannheim MDR 1964, 1016.

43 BGH JurBüro 1953, 495.

44 OLG Nürnberg RPfleger 1956, 268 (L).

ihm innegehabten Räumen[45] oder wenn gegenüber einer auf das Eigentum gestützten Herausgabeklage der Beklagte sich auf das Bestehen eines Miet- oder Pachtverhältnisses beruft[46] oder wenn gegen die Klage auf Löschung des Wohnrechts dessen Fortbestand behauptet wird.[47]

Beispiele für die Anwendbarkeit des § 41: 7

- *Besitz:* Vgl. Gebrauchsüberlassung.
- *Bürgschaft:* Soweit es um die Klage Vermieters gegen den Bürgen des Mieters geht.[48]
- *Dauerwohnrecht:* § 41 Abs. 1 ist anwendbar bei einem mietähnlichen Dauerwohnrecht, etwa nach §§ 1093 ff. BGB[49] oder nach § 31 WEG,[50] nicht aber bei einem Vermächtnis auf unentgeltliche Überlassung von Wohnraum.[51]
- **Ehewohnung:** vgl. § 48 Abs. 1 FamGKG. Steht die Ehewohnung im Miteigentum der Ehepartner/Lebenspartner und schließen diese bei Getrenntleben eine Vereinbarung über die Nutzung, handelt es sich um einen Anspruch aus § 745 Abs. 2 BGB, so dass die ordentlichen Gerichte zu entscheiden haben. § 41 ist anwendbar.
- *Gebrauchsüberlassung:* § 41 Abs. 1 ist anwendbar, wenn der Mieter auf Gebrauchsüberlassung klagt.[52]
- *Jagdpachtvertrag:* § 41 Abs. 1 ist anwendbar, wenn es um das Bestehen oder die Dauer geht.[53]
- *Kündigung:* § 41 anwendbar, wenn es um die Feststellung der Wirksamkeit der Kündigung eines Nutzungsverhältnisses geht.[54]
- *Mitmieter:* Klage auf Feststellung einer Mitmieterschaft.[55]
- *Nichtigkeit:* § 41 Abs. 1 ist anwendbar bei Klage auf Feststellung der Nichtigkeit eines Nutzungsverhältnisses.
- *Nießbrauch:* § 41 Abs. 1 ist auch anwendbar bei Streit um einen dinglichen Nießbrauch.[56]
- *Nutzung* durch berechtigten Mitbesitzer.[57]
- *Öffentliches Recht:* § 41 Abs. 1 ist anwendbar bei öffentlich-rechtlichen Leistungsverhältnissen auf Gebrauchsüberlassung wie Zwangsmietverträge oder Leistungsanforderungen nach dem Bundesleistungsgesetz oder Einweisungen nach den SOGn der Länder.[58]
- *Räumungsfrist:* § 41 Abs. 1 anwendbar bei Streit um die Bewilligung oder die Dauer einer Räumungsfrist nach § 721 Abs. 3 ZPO.[59]
- *Räumungsklage nach Wandlung* eines Grundstückskaufvertrages.[60]

---

45 OLG München RPfleger 1956, 29.
46 Vgl. z.B.: BGH NJW 1967, 2263 = MDR 1967, 829; KG JurBüro 1978, 892; OLG Nürnberg MDR 1960, 935 = JurBüro 1960, 400.
47 OLG Düsseldorf JurBüro 1965, 550; *Hartmann* § 41 Rn. 8.
48 *Hartmann* § 41 Rn. 8.
49 LG Mannheim Die Justiz 1974, 303 = ZMR 1974, 275.
50 OLG Frankfurt/Main NJW 1963, 1930 = MDR 1963, 937.
51 OLG Köln JurBüro 2006, 477; KG JurBüro 1962, 294 = RPfleger 1962, 118 (L); **a.M.** aber KG JurBüro 1978, 892; LG Lübeck JurBüro 1959, 430 = SchlHA 1959, 175; LG Bayreuth JurBüro 1981, 756.
52 *Hartmann* § 41 Rn. 11 gegen OLG Celle MDR 1989, 272.
53 OLG Bamberg NJW 1953, 230; LG Saarbrücken JurBüro 1991, 582.
54 OLG Frankfurt/Main MDR 1967, 313.
55 LG Berlin JurBüro 2001, 96.
56 OLG Köln MDR 1981, 767.
57 OLG Hamburg MDR 2004, 906.
58 OLG Schleswig SchlHA 1950, 65.
59 LG Stuttgart RPfleger 1968, 62.
60 OLG Schleswig SchlHA 1999, 136.

- *Räumungsverlangen* nach Beendigung einer *nichtehelichen Lebensgemeinschaft nur*, wenn die Partner eine Nutzungsvereinbarung getroffen haben (vgl. oben, Rn. 3). Ansonsten gilt § 48 Abs. 1 i.V.m. § 3 ZPO, so dass auf den Nutzwert der Wohnung, welcher in der Regel der einjährigen Miete für vergleichbaren Wohnraum entspricht.[61] Anderenfalls gilt § 48 i.V.m. §§ 3, 6 ZPO.[62]
- *Tankstellenvertrag:* Vgl. Anh. zu § 48 Rn. 28.

8 **Unanwendbar ist § 41**, wenn lediglich der **Inhalt** eines Miet- usw. Verhältnisses streitig ist,[63] sofern es sich nicht um eine Dauer handelt[64] oder bei Klagen aus einem **Vorvertrag auf Abschluss** des Mietvertrages,[65] bei Klagen auf **Abschluss eines Mietvertrages mit bestimmten Personen**[66] oder bei Klagen auf Einwilligung in die **Änderung einer Wertsicherungsklausel** eines Pachtvertrages. In all diesen Fällen ist nach §§ 3, 9 ZPO das Interesse des Klägers maßgebend, das auch höher sein kann, als die einjährige Miete/Pacht. Der Streitwert einer Widerklage auf Feststellung, dass dem Kläger keine Ansprüche auf Zahlung von Pacht[67] oder auf Mietminderung[68] zustehen, richtet sich sonach nach § 9 ZPO. Auch der Streitwert der Klage auf Zahlung der Miete oder der Pacht richtet sich nicht nach § 41, sondern nach der geltend gemachten Forderung (§ 3 ZPO). Das gilt auch bei einer Klage auf **Unterlassung einer Störung im Besitz** der Miet- oder Pachtsache[69] oder eines Streits (– auch eines Beweisverfahrens nach § 485 ZPO –) über Sachmängel des Mietobjekts,[70] insbesondere um Grund und Höhe einer Mietminderung.[71] Der Streitwert der Feststellungsklage über die **Verpflichtung zur Zahlung von Nutzungsentschädigung** bestimmt sich nach § 41, wenn der Bestand des Nutzungsverhältnisses streitig ist, aber nach § 3 ZPO, wenn die Pflicht **zur Zahlung von Miete/Pacht** – sei es im Wege der Leistungs- oder der positiven bzw. negativen Feststellungsklage –[72] oder zur **künftigen Leistung von Nutzungsentgelt bei vertragslosem** Zustand[73] festgestellt werden soll.[74] Bei der Klage des Mieters gegen den Vermieter auf **Überlassung der Mietsache** ist § 41 anwendbar, wenn die Klage auf den Mietvertrag gestützt wird, aber § 6 ZPO, wenn das Bestehen des Miet- oder Pachtverhältnisses nicht streitig ist. Bei der Klage auf **künftige Rückgabe** der Mietsache ist dagegen § 41 Abs. 2 anzuwenden. Der Streitwert einer **Schadensersatzklage wegen unerlaubter Vermietung** bestimmt sich hingegen stets nach § 48, § 3 ZPO.[75] Die Räumungs- und Herausgabeklage des Grundstücksverkäufers gegen den Käufer fällt ebenfalls nicht unter § 41,

---

61 OLG Frankfurt/Main OLGR 2009, 903 = openjur 2009, 420.
62 LG Köln. JurBüro 2016, 532 = JurionRS 2016, 20976.
63 BGH MDR 2007, 202; BGH NZM 2005, 519; BGH NZM 2005, 944; OLG Koblenz ZMR 1978, 64; *Hartmann* § 41 Rn. 18.
64 OLG Frankfurt/Main MDR 1967, 113; OLG Neustadt JurBüro 1962, 523.
65 OLG Hamburg MDR 1970, 333; OLG Saarbrücken Beschl. v. 26.11.2009 – 8 W 348/09; *Schneider/Herget* Rn. 3582; *Gehle* in *Prütting/Gehrlein* § 8 Rn. 8.
66 OLG Koblenz JurBüro 1977, 1132.
67 BGH KostRspr. GKG 1957, § 12 Nr. 37.
68 LG Berlin JurBüro 2011, 529.
69 **A.A.** aber OLG Rostock JurBüro 2006, 645, 646; LG Baden-Baden WuM 1985, 127; LG Bielefeld FamRZ 1992, 1095.
70 OLG Düsseldorf MDR 2001, 354; vgl. auch bei *D. Meyer* JurBüro 2001, 351.
71 LG Berlin JurBüro 2011, 529. **A.M. aber** LG Berlin JurBüro 2003, 253 m. abl. Anm. von *Baumgärtel*.
72 BGH JurBüro 1966, 366; BGH NZM 2004, 423; BGH Beschl. v. 20.4.2005 – XII ZR 248/04 = RVG-Letter 2005, 69.
73 OLG Frankfurt aM MDR 1980, 761 = JurBüro 1980, 929 = RPfleger 1980, 299; OLG Bamberg JurBüro 1969, 955; OLG Frankfurt aM JurBüro 1975, 371.
74 OLG Celle MDR 2014, 568 = JurionRS 2014, 11408 = RVG-professionell 2014, 91.
75 *Mümmler* JurBüro 1978, 1293.

weil das Nutzungsverhältnis des Käufers nur als Anhängsel des Kaufvertrages zu betrachten ist.[76]

Weitere Beispiele für eine Unanwendbarkeit des § 41 Abs. 1: 9

- *Automatenaufstellvertrag:*[77] Vgl. § 3 ZPO, Rn. 7, 9.
- *Geldzahlung:* Soweit es nur um einen Anspruch auf Zahlung von Geld- oder sonstigen Leistungen geht. Es gilt dann § 6 ZPO.
- *Hausratssachen:* Vgl. § 48 FamGKG.
- *Umgestaltung, Um- oder Ausbau der Miet-/Pachtsache:* Klagen auf Gestattung fallen nicht unter § 41.[78]
- *unentgeltliche Überlassung:* Es gilt § 6 ZPO.
- *Beeinträchtigung des Wohnwerts einer Eigentumswohnung wegen Baumbewuchses.*[79]
- *Mietminderung.*[80]
- *Konkurrenzschutz, Unterlassung.*[81]

Streitig ist, ob und wieweit § 41 anwendbar ist, wenn nicht die Vertragsparteien, 10
sondern **dritte Personen** am Streit beteiligt sind. Der Hintergrund der Streitfrage ist, dass die Sondervorschrift des § 41 entsprechend ihrem Normzweck weit ausgelegt werden muss.[82] § 41 ist jedenfalls dann nicht einschlägig, wenn Dritte nicht wenigstens mittelbar an dem Miet-/Nutzungsverhältnis in dem Sinne beteiligt sind, dass sie daraus Rechte ableiten könnten.[83] So soll § 41 z.B. nicht anwendbar sein etwa bei einem Streit über einen Räumungsvertrag zwischen einem potentiellen Käufer eines Grundstücks und dem Mieter des Verkäufers vor Abschluss des Grundstückkaufvertrags,[84] bei einem Streit über den Eintritt eines Dritten in den Mietvertrag oder bei einer Klage auf Feststellung der Wirksamkeit eines mit einem Dritten abgeschlossenen Pachtvertrages.[85] § 41 soll hingegen anzuwenden sein auf Streitigkeiten zwischen dem Vermieter und dem Bürgen des Mieters,[86] beim Streit zwischen Vermieter bzw. Hauptmieter und Untermieter,[87] Verwandten und Besuchen des Mieters,[88] beim Streit zwischen zwei Parteien, von denen jede Anspruch auf die Wohnung erhebt,[89] etwa darum, ob eine Person Mitmieter ist.[90] In solchen Fällen ist die Anwendung des § 41 nicht von vornherein auszuschließen, weil § 41 auch ähnliche Nutzungsverhältnisse umfasst, die auch bei einem vertragslosen Zustand bestehen können. Ein Beispiel dafür ist das Verhältnis des Eigentümers (Vermieters) zum Untermieter nach Beendigung des Hauptmietverhältnisses.[91] § 41 ist anwendbar bei der Klage des Mieters, mit der der Vermieter zur Kündigung eines Mietverhältnisses mit einem störenden Mitmieter verpflichtet werden soll.[92] Ob § 41 anzuwenden

---

76 OLG Nürnberg JurBüro 2004, 377 = MDR 2004, 966 = NJW-RR 2004, 1224 (LS).
77 OLG Koblenz VersR 1980, 1123 = JurBüro 1980, 1861.
78 LG Mannheim MDR 1976, 1025; *Schmidt* MDR 1972, 430; **a.M.** LG Nürnberg, MDR 1972, 430.
79 OLG Düsseldorf ZMR 2000, 783 = FGPrax 2000, 188 = NZM 2000, 1239 (L).
80 **A.M.** LG Berlin JurBüro 2003, 253 m. abl. Anm. v. *Baumgärtel.*
81 BGH MDR 2007, 202.
82 BGHZ 48, 177.
83 OLG Koblenz ZMR 1978, 64; *Dorndörfer* in *Binz* u.a. § 41 GKG Rn. 5; *Hellstab* in Rehberg/Schons u.a. „Mietstreitigkeiten" 2.2.
84 Dazu *D. Meyer* JurBüro 2010, 184.
85 OLG Koblenz ZMR 1978, 64 m.w.N.
86 OLG Frankfurt JurBüro 1953, 445.
87 KG MDR 2013, 560 = NZM 2013, 466 = NJW-RR 2013, 1035 = RVG-professionell 2013, 201 BeckRS 2013, 05302.
88 KG ZZP 49, 219.
89 OLG Hamburg NJW 1965, 2406.
90 LG Berlin JurBüro 2001, 96.
91 Vgl. KG RPfleger 1962, 118 (L).
92 BGH NJW-RR 2006, 378 = NZM 2006, 138 = MDR 2006, 657.

ist, hängt davon ab, oder der dieser Vorschrift zugrundeliegende soziale Gedanke die Anwendung der Bestimmung auf die konkrete Streitsache rechtfertigt. Das wird für Klagen des Eigentümers gegen den Bürgen des Mieters oder gegen den Untermieter bei rechtmäßiger Untervermietung zu bejahen sein. Andererseits kann das Interesse eines Dritten an der Feststellung der Wirksamkeit des Miet-/Pachtverhältnisses dem Grundgedanken des § 41 so fern liegen, dass die Anwendung des § 3 ZPO geboten ist. Für die Herausgabeklage des Mieters gegen einen Dritten ist § 6 ZPO anwendbar und nicht § 41.

11 **Räumungsklagen wegen Beendigung eines Miet-, Pacht- oder ähnlichen Nutzungsverhältnisses, Abs. 2 S. 1:** Im Gegensatz zu Abs. 1 ist hier Voraussetzung, dass es sich um die Räumung eines Grundstücks, Gebäudes oder Gebäudeteils handelt. Unerheblich ist dabei, ob auch über das Bestehen des Nutzungsverhältnisses oder seine Dauer Streit besteht,[93] z.B. wenn die Anfechtung des Nutzungsvertrages behauptet wird.[94] Entscheidend ist, dass der Kläger die Räumung wegen Beendigung des Miet-, Pacht oder ähnlichen Nutzungsverhältnisses (z.B. eines „lebenslangen Nutzungsrechts“,[95] eines Heimvertrags,[96] eines Ladenlokals)[97] begehrt. Der Wert bemisst sich nach der Leistung, von der der Kläger freigestellt werden will. Dieses Interesse ist nicht nach der Restlaufzeit des Vertrages, sondern nach der Jahreskaltmiete zu bemessen.[98] Dabei ist das Verlangen, vom Mieter zurückgelassene Gegenstände zu entfernen, Teil des mit der Räumungsklage geltend gemachten Anspruchs, so dass ein dafür erforderlicher Kostenaufwand nach § 41 Abs. 2 für den Gebührenstreitwert ohne Belang ist.[99] Die Bestimmung erfasst also den Streit um die Frage, ob der Beklagte wegen Beendigung des Nutzungsverhältnisses, auch nach einer Zwangsversteigerung,[100] in bestimmten Fällen auch wegen Beendigung eines Nießbrauchs,[101] das Grundstück, das Gebäude oder den Gebäudeteil zu räumen hat. Es kommt nicht darauf an, ob das Nutzungsverhältnis tatsächlich erloschen ist, maßgebend ist der in der Klage genannte Räumungsgrund. Geht die Klage z.B. auf die Duldung von Umbaumaßnahmen, ist der Streitwert nach § 3 ZPO zu schätzen (Interesse des Klägers), das begrenzt wird durch den Wert einer Räumungsklage.[102] Weil die Bestimmung weit auszulegen ist, ist sie auch anwendbar bei der Klage auf Feststellung der Verpflichtung zur Räumung wegen Beendigung des Vertrages sowie bei der Räumungsklage des Grundstückseigentümers gegen den Unterpächter wegen Beendigung des Pachtverhältnisses[103] und wegen vergleichsweiser Auflösung des Miet-/Pachtverhältnisses.[104] § 41 Abs. 2 ist auch dann anwendbar, wenn der Räumungsanspruch auf Nichtigkeit des Miet- oder Pachtverhältnisses gestützt wird.[105] Desgleichen dann, wenn die Räumung und Herausgabe wegen Rücktritts vom Bewerbervertrag seitens einer Wohnbaugesellschaft verlangt wird, auch wenn für die Nutzung bis zur Eigentumsüber-

93 BGH MDR 1995, 530.
94 OLG Bamberg JurBüro 1981, 1047 = KostRspr. GKG § 16 Nr. 18 (L) m. Anm. v. *Schneider*.
95 BGH WuM 2014, 428 = JurionRS 2014, 16100.
96 OLG Stuttgart MDR 2006, 297 = NJW-RR 2005, 1733 = RVG-Letter 2005, 118.
97 OLG Düsseldorf JurBüro 2011, 645.
98 KG JurBüro 2012, 303; OLG Düsseldorf MDR 2010, 715.
99 BGH MDR 1995, 530.
100 LG Berlin RPfleger 1990, 35.
101 OLG Köln WuM 1985, 125.
102 LG Nürnberg-Fürth KostRspr. GKG § 16 Nr. 2; LG Mannheim MDR 1976, 1025.
103 KG RPfleger 1962, 118 (L); OLG Köln MDR 1971, 854.
104 OLG Frankfurt aM JurBüro 1969, 1213.
105 OLG Celle NdsRPfl. 1955, 230; OLG Hamm RPfleger 1955, 250.

tragung kein Entgelt vereinbart war,[106] oder wenn der Siedlungsträger nach Kündigung des Nutzungsverhältnisses vom Siedler die Räumung verlangt.[107]

Beenden die Parteien einen anhängigen Räumungsrechtsstreit durch **Prozessvergleich**, ist der Vergleichswert identisch mit dem des Räumungsrechtsstreits. Wenn die Parteien im Vergleich nicht nur die bloße Räumung, sondern zusätzliche Verpflichtungen vereinbaren wie z.B. eine Umzugskostenbeihilfe oder eine Abfindung dafür, dass geräumt wird, gilt: Wird die Abfindung nur für die Räumung vereinbart, erhöht sich der Vergleichswert nicht.[108] Anders, wenn die Abfindung zum Ausgleich notwendiger mit der Räumung verbundener Kosten des Mieters/Pächters (z.B. Schadensersatzansprüche des Mieters wegen unberechtigter Eigenbedarfskündigung) vereinbart wird. Dann ist der Betrag insoweit dem Vergleichswert hinzuzurechnen.[109] 12

Räumung und Herausgabe aus einem anderen Rechtsgrund, Abs. 2 S. 2: Die Bestimmung ist weit auszulegen.[110] Abs. 2 Satz 2 gilt für die Fälle, in denen der Kläger die Räumung nicht **allein** wegen der Beendigung des Miet-, Pacht- oder Nutzungsverhältnisses begehrt, sondern **auch** aus Eigentum (§ 985 BGB), Besitz, ungerechtfertigter Bereicherung, in einem Zwangsversteigerungsverfahren[111] oder anderem Rechtsgrund, wenn und soweit es allein im die Nutzungsberechtigung geht und der Kläger sich ausdrücklich auf die Nutzungsberechtigung beruft.[112] Ist die Klage dagegen **auch** auf den anderen Rechtsgrund gestützt (z.B. auf Eigentum, § 985 BGB), ist nach § 6 ZPO der Wert der herauszugebenden Sache der Streitwert, in einem Zwangsgversteigerungsverfahren also der Verkehrswert des zu räumenden Objekts,[113] es sei denn, der Beklagte beruft sich auf das Bestehen eines Miet-, Pacht- oder ähnlichen Nutzungsverhältnisses. Nach seinem Sinn und Zweck ist § 41 Abs. 2 S. 2 auch in diesem Fall anwendbar,[114] so dass bei Räumung eines Gebäudes mithin das für die Dauer eines Jahres zu zahlende Entgelt maßgebend ist. Für die Festsetzung eines unter bestimmten Voraussetzungen nach Abs. 1 mögliche geringere Bewertung ist dann kein Raum.[115] 13

Der **Streitwert** ist in den Fällen des § 41 Abs. 2 aus sozialen Gründen[116] ermäßigt und berechnet sich nach dem auf die **streitige Zeit entfallenden Entgelts oder dem geringeren einjährigen Entgelt**. Bei Klagen des Vermieters gegen den Untermieter des Hauptmieters ist das vom Hauptmieter (Untervermieter) zu zahlende Entgelt maßgebend und nicht die zu zahlende Untermiete an den Untervermieter.[117] Ist die streitige Zeit kürzer als ein Jahr, ist sie zugrunde zu legen, ist sie länger, gilt der Jahresbetrag, Abs. 1. Das gilt 14

106 OLG Köln JurBüro 1978, 1054 und MDR 1974, 323 = JMBlNRW 1974, 69.
107 OLG Nürnberg JurBüro 1962, 627.
108 KG JurBüro 2012, 303; OLG Hamm NJW-RR 2011, 1224; OLG Karlsruhe JurBüro 2008, 651;OLG Köln MDR 1971, 854; LG Stuttgart JurBüro 2009, 86; LG Stuttgart Die Justiz 1997, 443; Schneider/Herget Rn. 3704. Dazu auch bei *D. Meyer* JurBüro 2009, 17.
109 OLG Schleswig RPfleger 1957, 6; OLG Neustadt MDR 1955, 745 = NJW 1955, 1404: LG Hamburg MDR 1961, 151; AG Köln NJW-RR 2003, 233 = NZM 2003, 106; LG Stuttgart JurBüro 2009, 86; *D. Meyer* JurBüro 2009, 17; *Oe/He/Tre* Streitwerthandbuch, 2. Aufl., S. 4 „Abfindung" = Komm. zum GKG, 53. Lieferung, Teil 7 Seite 2 „Abfindung".
110 BGH, JurBüro 2016, 582 = AGS 2016, 477 = JurionRS 2016, 20463.
111 LG Kleve DGVZ 1987,90; AG Stolzenau JurBüro 2011, 529; *Hartmann* § 41 Rn. 29.
112 Dazu BGH, JurBüro 2016, 582 = AGS 2016, 477 = JurionRS 2016, 20463.
113 AG Stolzenau JurBüro 2011, 529; *Hartmann* § 41 Rn. 29.
114 H.M.: vgl. z.B. BGH BB 1969, 552 und NJW 1967, 2263 = MDR 1967, 829; KG JurBüro 1978, 892; LG Bayreuth JurBüro 1977, 1424; OLG Köln JurBüro 1969, 525; OLG Celle JurBüro 1968, 251; OLG Schleswig SchlHA 1954, 19; LG Kassel RPfleger 1987, 425; OLG Bamberg JurBüro 1992, 625; *Hartmann* § 41 Rn. 26; **a.A.** LG Lübeck JurBüro 1960, 219.
115 OLG Koblenz MDR 2013, 169; OLG Düsseldorf JurBüro 2011, 199.
116 OLG Frankfurt aM AnwBl. 1984, 203.
117 KG MDR 2013, 560 = BeckRS 2013, 05302 m.w.N.

grundsätzlich auch für Räumungsklagen, Abs. 2 S. 1, es sei denn, dass die Räumung oder Herausgabe **auch aus einem anderen Rechtsgrund** begehrt wird. Dann gilt der Jahresbetrag der Nutzung Abs. 2 S. 2. Die für die Streitwertbemessung von Räumungsklagen maßgebliche „streitige Zeit" bei Mietverhältnissen, die mit einer Frist von weniger als 12 Monaten kündbar sind, ist allerdings nur der Zeitraum der Kündigungsfrist.[118]

15 **Streitige Zeit** ist der Zeitraum, hinsichtlich dessen der Kläger oder der Beklagte das Bestehen eines Nutzungsverhältnisses (Miete, Pacht pp.) oder seine Dauer behauptet oder bestreitet. Es kommt darauf an, was der Kläger oder der Beklagte zum Beginn und zum Ende des Nutzungsverhältnisses vortragen. Nach vorausgegangener Kündigung beginnt die streitige Zeit mit der Rechtshängigkeit des Räumungs-[119] bzw. Feststellungsantrags[120] und dauert bei auf bestimmte Zeit geschlossenen Verträgen bis zum vertraglichen Ablauf der Miet-/Pachtzeit.[121] Bei einer Klage auf Feststellung, dass die zu einem bestimmten Zeitpunkt ausgesprochene fristlose Kündigung durchgreift, ist aber der Zeitpunkt der fristlosen Kündigung für den Beginn maßgebend, und zwar auch dann, wenn er vor der Rechtshängigkeit liegt.[122] Nur wenn nach ihren insoweit übereinstimmenden Erklärungen das Nutzungsverhältnis weniger als ein Jahr dauert, ist der kürzere Zeitraum der Entgeltberechnung zugrunde zu legen. Soweit sich ihre Erklärungen hinsichtlich der Dauer des Nutzungsverhältnisses widersprechen, kommt es auf die von einer der Parteien behauptete längere Zeit an. Wenn z.B. der Kläger behauptet, das Haus sei auf 3 Monate gemietet, während der Beklagte 9 Monate behauptet, ist der letztere Zeitraum maßgebend. Geht eine Behauptung über die Dauer eines Jahres hinaus, ist die Jahresfrist zu nehmen. Das gilt auch für Räumungsklagen nach Abs. 2. Auch hier ist maßgebend, was die Parteien zu **Beginn** des Rechtsstreits vortragen. Behauptet z.B. der Kläger, die Räumung habe am 1.4. zu erfolgen, während der Beklagte behauptet, er habe erst zum 1.10. zu räumen, ist die streitige Zeit 6 Monate. Behauptet der Beklagte, er sei überhaupt nicht zur Räumung verpflichtet, ist die Jahresfrist maßgebend. Geben die Parteien keine Erklärung insoweit ab, ist immer das Jahresentgelt als Streitwert zu nehmen. Keinesfalls kommt es für den Streitwert auf die vom Zeitpunkt des Eingangs der Klage an gerechneten Zeitraum bis zum nächstzulässigen Kündigungstermin an.[123] Streitige Zeit kann auch nicht die Dauer des Rechtsstreits sein, welche sich ohnehin niemals abschätzen lässt. Der nächstzulässige Kündigungstermin oder eine vertraglich vereinbarte Endzeit scheiden für die Berechnung der streitigen Zeit jedenfalls dann aus, wenn der Gegner – aus welchem Grund auch immer – sich nicht daran hält.[124]

16 **Entgelt** i.S.d. § 41 ist das aufgrund des Miet-, Pacht- oder ähnlichen Nutzungsvertrages zu leistende Entgelt für die Gebrauchsüberlassung. Es gilt also der materielle Mietebegriff des § 535 BGB (Grundmiete; Bruttokaltmiete),[125, 126] einschließlich evtl. zu zahlender Mehrwertsteuer,[127] mithin alle Leistungen, die der Mieter von Gesetzes wegen oder

118 LG Hamburg NZM 2000, 759.
119 BGH NZM 2005, 944; OLG Bamberg JurBüro 1991, 1126 m. Anm. v. *Mümmler.*
120 BGH NJW-RR 2006, 378 = NZM 2006, 138 = MDR 2006, 657 = ZMR 2006, 190.
121 BGH NZM 2005, 944.
122 BGH NJW-RR 2005, 867, 868; BGH NJW-RR 2006, 378 = NZM 2006, 138 = MDR 2006, 657.
123 LG Flensburg KostRspr., GKG § 16, Nr. 17 m. Anm. v. *Schneider.*
124 **A.M.** BGH RPfleger 1959, 112 (L) und MDR 1959, 1009 = NJW 1959, 2164.
125 Vgl. z.B. AG Hamburg Bergedorf NJW-RR 2002, 948 und die weiteren Nachweise bei *Schneider/Herget* Rn. 3083 ff.
126 LG München II NZM 2000, 759; LG Halle MDR 1995, 208; vgl. auch OLG München NZM 1999, 304; LG Rostock JurBüro 2003, 25 = NJW-RR 2002, 1523; LG Dortmund NZM 2001, 986 = WuM 2001, 450 = NJW-RR 2001, 1591 (Nettokaltmiete).
127 BGH NJW-RR 2006, 378 = NZM 2006, 138 = MDR 2005, 657, OLG Düsseldorf JurBüro 2011, 645.

vertraglich als Entgelt für die Überlassung zu zahlen hat. Das ist jetzt durch die Einfügung von Abs. 1 S. 2 klargestellt, welche Bestimmung auch für Räumungsklagen nach Abs. 2 gilt. Danach sind Zahlungen für Nebenkosten, die dem Vermieter, Verpächter oder Überlasser zufließen, nur dann als Entgelt anzusehen sind, wenn er sie ebenso wie das Grundentgelt erkennbar als Gegenleistung für die Gebrauchsüberlassung erhält.[128] Die Vereinbarung einer Pauschale ohne Verpflichtung, darüber eine gesonderte Abrechnung zu erstellen, fingiert den Entgeltcharakter dieser Nebenkosten kraft ausdrücklicher Bestimmung des Gesetzes (Abs. 1 S. 2.[129] Zum Entgelt i.d.S. zählen aber nicht nur die eigentliche in Geld zu zahlende oder in Naturalien zu entrichtende Miete oder Pacht, sondern auch solche vertraglichen Gegenleistungen anderer Art, welche dem anderen Teil unmittelbar vermögenswerte Vorteile bringen. Das können z.B. sein die Übernahme von öffentlichen Abgaben und sonstigen Lasten, Landesrentenbankschulden, Grundsteuern, dingliche Kirchensteuern, Feuerversicherungsprämien, Instandsetzungs- oder Instandhaltungskosten, Aufwand für Baukosten und Baukostenzuschüsse,[130] sofern solche Zahlungen auf die laufende Miete angerechnet werden.

17 Dagegen zählen solche Leistungen **nicht zum Entgelt**, welche mangels gegenteiliger Vereinbarung der Vermieter zu tragen hat (§ 535 Abs. 1 Satz 3 BGB) oder die dem Vermieter, Verpächter oder Überlasser nicht selbst zufließen, sondern die dieser nur auf durchlaufende Posten vereinnahmt, wie z.B. Nebenkosten für Licht, Heizung, Warmwasserversorgung, oder Leistungen, die geringfügiger Art sind und im Verkehr nicht als Entgelt für eine Gebrauchsüberlassung angesehen werden,[131] sie also vom Vermieter abzurechnen sind.[132] Wenn solche Nebenkosten aber als Pauschalen vereinbart werden in der Weise, dass der Vermieter darüber nicht abzurechnen braucht, sind sie dem Entgelt zuzuschlagen (Abs. 1 S. 2).[133] Das ist auch dann der Fall, wenn die Parteien mit Rücksicht auf einen Baukostenzuschuss oder eine andere Gegenleistung des Mieters den zu zahlenden Mietzins für eine bestimmte Zeit, die in die nach § 16 zu berücksichtigende Periode fällt, niedriger eingesetzt haben.[134] Klagt der Hauptmieter gegen den Untermieter, ist die Hauptmiete maßgebend.[135]

18 Das im § 41 genannte Entgelt ist auch maßgebend, wenn eine **negative oder positive Feststellungsklage** vorliegt.[136] Dann ist der sonst bei Feststellungsklagen angebrachte Abschlag i.d.R.[137] nicht zu machen.[138] Ist Streitgegenstand nur ein Teil der Räume, so ist – falls nicht nur ein Streit um den Inhalt des Vertrages vorliegt, wo § 3 ZPO anwend-

---

128 OLG Koblenz MDR 2013, 299 = BeckRS 2012, 24998 = RVG-professionell 2013, 91.
129 OLG Düsseldorf JurBüro 2011, 645.
130 BGHZ 18, 168; OLG Schleswig JurBüro 1958, 512 = SchlHA 1958, 231 und OLG-Report Hamburg/Bremen/Schleswig-Holstein 1997, 95; OLG Hamm RPfleger 1976, 435; LG Mainz MDR 1996, 1080; OLG Düsseldorf JurBüro 1992, 114; LG Hagen AnwBl. 1989, 620; *Hartmann* § 41 Rn. 20.
131 Streitig; wie hier etwa BGHZ 18, 173; OLG Köln JurBüro 1996, 474 = MDR 1996, 895; OLG Düsseldorf JurBüro 1992, 114; LG Dortmund NZM 2001, 986 = WuM 2001, 450 = NJW-RR 2001, 1591; LG Hamburg ZMR 1992, 397; LG Frankenthal ZMR 1993, 378 m. Anm. v. *Trimborn;* LG Halle MDR 1995, 208; LG Saarbrücken JurBüro 1997, 197 m. Anm. v. *Steinmetz;* **a.M.** z.B.: OLG Hamm MDR 2001, 1377 KG NJW-RR 2001, 443; OLG Düsseldorf JurBüro 1998, 647; LG Paderborn MDR 2003, 56 (unter Aufgabe seiner früheren Rechtsprechung); LG Frankfurt aM WoM 1976, 270; LG Heilbronn AnwBl. 1981, 69; LG Oldenburg JurBüro 1981, 1232; LG Köln JurBüro 1999, 304; LG Augsburg NZM 2001, 584 (L).
132 OLG Düsseldorf JurBüro 2006, 428 (LS mit Volltextservice) = MDR 2006, 1079.
133 OLG Zweibrücken NZM 2001, 420 (L); OLG Düsseldorf JurBüro 1992, 114 und ZMR 1993, 223; LG Neuruppin NZM 1999, 304.
134 KG JurBüro 1969, 537 = RPfleger 1969, 219.
135 OLG Düsseldorf MDR 1998, 126.
136 BGH NZM 2005, 944.
137 Vgl. aber LG Berlin JurBüro 2001, 96.
138 OLG Hamburg RPfleger 1958, 36 (L).

bar wäre – das auf diesen Teil entfallende und nicht das gesamte Entgelt maßgebend.[139] Es beeinflusst den Streitwert aber nicht, wenn der auf die Räumung der ganzen Wohnung verklagte Mieter einen Teil der Wohnung untervermietet hat.[140] Die Klage auf Räumung Zug um Zug gegen eine Leistung des Klägers führt auch hier nicht zu einer Streitwerterhöhung. Die Gegenleistung bleibt außer Betracht, selbst wenn der Kläger mit seinem Rechtsmittel nur die Räumung ohne Gegenleistung (Zug um Zug) erreichen will.[141] Einigen sich die Parteien über die Räumung und verspricht der Vermieter dem Mieter eine Abfindung, falls er bis zu einem bestimmten Zeitpunkt räumt, ist die Abfindung bei der Festsetzung des Vergleichswertes besonders zu berücksichtigen.[142] Richtet sich die Klage gegen Haupt- und Untermieter, so ist für den Hauptmieter die auf den ganzen Mietraum, für den Untermieter nur auf dessen Räume entfallende Miete maßgebend. Beide Werte sind aber nicht zusammenzurechnen. Die Gebührenschuld des Hauptmieters ist dann aus dem Streitwert, die des Untermieters aus dem auf diesen entfallenden Teilstreitwert zu berechnen. Wird die Klage gegen den Mieter oder Pächter und gegen einen die Sache nicht besitzenden Dritten erhoben, ist der Streitwert für beide Beklagte nach § 41 Abs. 2 zu bestimmen.[143]

19 Für die Streitwertberechnung maßgebend ist das zwischen den Parteien **vereinbarte oder gesetzlich geschuldete** (und nicht ein vom Kläger behauptetes höheres) **Entgelt maßgebend.**[144] Es gilt also ein objektiver Maßstab. Denn nur das entspricht dem sozialen Anliegen des § 41. Anderes gilt nur, wenn auch die Höhe des Entgelts Streitgegenstand ist[145] oder wenn der Kläger einen Betrag mit bestimmter Entgelthöhe behauptet, während der Beklagte den Bestand des Vertrages als solchen bestreitet.[146] Ist weder eine gesetzliche noch eine vereinbarte Miete bekannt, ist die Miethöhe zu schätzen, wobei die Parteiangaben berücksichtigt werden können. Hat der Jagdpächter neben einer bestimmten Pacht den Wildschaden zu tragen, so ist auch dieser bei der Bestimmung der Pacht mitzurechnen. Insoweit wird man auf Erfahrungswerte zur durchschnittlichen Höhe eines potentiellen Wildschadens zurückgreifen müssen. Ist aber nach den vertraglichen Vereinbarungen bei dem Wegfall des Wildschadens ein Mindestbetrag als „weitere Pacht" zu entrichten, so gilt diese Ersatzleistung als Teil der Pacht.[147]

20 Ist das Entgelt in den einzelnen Jahren von **unterschiedlicher Höhe**, so ist zunächst das auf die streitige Zeit entfallende Entgelt maßgebend.[148] Erstreckt sich die streitige Zeit über die Jahresfrist hinaus, ist der höchste Jahresbetrag der streitigen Zeit maßgebend. Bei **unbestimmter Höhe** ist das Entgelt nach § 3 ZPO zu schätzen. Nutzungswert einer Wohnung ist der erzielbare Mietwert.[149] Stellt sich bei Beendigung des Rechtsstreits heraus, dass der angenommene Streitwert zu niedrig oder zu hoch war, ist nach § 63 zu verfahren.

21 Ist infolge einer Erhöhung des Entgelts der zugrunde liegende Wert am Ende des Rechtsstreits höher als bei dessen Beginn, ist § 40 anwendbar.

139 KG RPfleger 1956, 91 (L).
140 OLG Schleswig RPfleger 1956, 324 (L).
141 OLG Schleswig RPfleger 1956, 324 (L).
142 OLG Schleswig RPfleger 1957, 6 (L); OLG Neustadt RPfleger 1957, 240 (L).
143 OLG Braunschweig NdsRPfl. 1956, 86.
144 LG Mannheim NJW 1961, 1266 (L); **a.M.** LG Augsburg AnwBl. 1966, 232.
145 OLG Köln JurBüro 1961, 561.
146 OLG Breslau JW 1930, 1086.
147 BGH NJW 1962, 446 = JurBüro 1962, 87 = MDR 1962, 293.
148 BGH NZM 2005, 944, 945; *Hartmann* § 41 Rn. 23.
149 LG Bayreuth JurBüro 1977, 1424.

Mehrere Ansprüche: Wird neben einem Klageantrag aus § 41 auch das rückständige Entgelt gefordert, sind die Streitwerte aus § 41 und der Streitwert der Entgeltforderung zusammenzuzählen. Gleiches gilt, wenn der Vermieter nach einer Kündigung die Räumungsklage mit einer Klage auf Zahlung bzw. Feststellung der Verpflichtung zur Zahlung auf künftige Miete/Nutzungsentgelt verbindet.[150] Wird neben dem Antrag auf Feststellung des Bestehens eines Mietvertrages hilfsweise der Antrag auf Abschluss eines Mietvertrages mit gleichem Inhalt gestellt, ist der sich nach § 3 ZPO richtende höhere Wert nach § 45 Abs. 3 maßgebend. Das Beseitigungsverlangen des Vermieters wird nur insoweit von der Räumungsklage umfasst, als die Vollstreckung nach § 885 ZPO erfolgt. Bedarf es für die Vollstreckung einer gesonderten Titulierung, hat der Beseitigungsanspruch einen selbständigen Streitwert,[151] und zwar in Höhe der für die Beseitigung erforderlichen Kosten.[152] Wird der Anspruch auf Räumung und Herausgabe auf mehrere Kündigungen gestützt, erhöht sich deshalb der Streitwert nicht.[153] 22

Abs. 3: Keine Zusammenrechnung der Werte findet statt, wenn der Anspruch auf Räumung von Wohnraum und der Anspruch nach den §§ 574–574b (bis 31.8.2001: §§ 556a, 556b) BGB auf Fortsetzung des Mietverhältnisses über diesen Wohnraum in demselben Prozess verhandelt werden Der nach Abs. 2 zu bestimmende Streitwert des Räumungsverlangens und der nach Abs. 1 zu bemessende Anspruch auf Fortsetzung des Mietverhältnisses werden i.d.R. gleich hoch sein.[154] Sollte sich ein Unterschied ergeben, etwa wenn die Fortsetzung für einen Zeitraum von weniger als einem Jahr verlangt wird oder wenn das Gericht die zu zahlende Miete im Urteil rechtsgestaltend auf einen im erstinstanzlichen Verfahren liegenden Zeitraum verfügt,[155] ist der höhere der beiden Werte maßgebend.[156] Das gilt auch in der **Rechtsmittelinstanz**, Abs. 4. Vereinbaren die Parteien im Vergleichswege eine höhere Miete, ist die höhere vereinbarte Miete maßgebend für den Vergleichswert.[157] Dem Vergleichswert ist eine unabhängig vom Nutzungsentgelt gewährte Ausgleichszahlung wegen vorzeitiger Räumung hinzuzurechnen.[158] Für das Verfahren auf Bewilligung, Verkürzung oder Verlängerung einer Räumungsfrist ist die auf die in Frage stehende Zeit enthaltene Miete, höchstens die Jahresmiete maßgebend.[159] Keine Zusammenrechnung findet statt, wenn der Mieter auf Überlassung des Wohnraums und auf Verlängerung des Mietverhältnisses klagt.[160] Der Streitwert einer Klage auf Herausgabe eines gemieteten Grundstücks und Beseitigung der darauf errichteten Bauten richtet sich nach der Jahresmiete zuzüglich der voraussichtlichen Abbruchkosten.[161] Bei einer Klage auf Zahlung von Miete und einer Feststellungswiderklage auf Fehlen eines Mietvertrages ist allein der höhere Wert der Klage oder der Widerklage für den Streitwert maßgebend, § 45.[162] 23

Kommt ein Anspruch nach §§ 574–574b (bis 31.8.2001: §§ 556a, 556b BGB) in die **Rechtsmittelinstanz**, so ist der für die erste Instanz maßgebende Wert zugrunde zu le- 24

150 Dazu ausführlich *D. Meyer* JurBüro 2004, 473.
151 OLG Hamburg NJW-RR 2001, 576; **a.M.** aber BGH NJW-RR 1995, 781 = ZMR 1995, 245, 247.
152 KG MDR 2013, 413 = BeckRS 2013, 00875 m.w.N.
153 OLG München NZM 2001, 749 (L).
154 LG Kassel AnwBl. 1966, 232.
155 Vgl. *Schmidt/Futterer* MDR 1965, 347.
156 LG Itzehoe KostRspr. § 16 GKG Nr. 9 m. Anm. v. *Lappe*.
157 LG Kassel AnwBl. 1966, 232.
158 **A.M.** OLG Köln MDR 1971, 854.
159 LG Kempten AnwBl. 1968, 58.
160 LG Frankenthal MDR 1968, 419.
161 OLG Köln AnwBl. 1968, 396.
162 OLG Braunschweig MDR 1975, 848.

gen. Es erfolgt also auch hier keine Zusammenrechnung zwischen einem in demselben Prozess geltend gemachten Anspruch auf Räumung und dem Anspruch auf Fortsetzung des Mietverhältnisses. Das gilt aber nicht, wenn die **Beschwer** des Rechtsmittelverfahrens geringer ist. Dann ist der geringere Wert der Beschwer maßgebend.[163]

25 **Abs. 5 Mieterhöhung/Instandsetzung:** Die Bestimmung ist eine begrenzte und daher eng auszulegende Ausnahme des Abs. 2[164] und gilt nach ihrem eindeutigen Wortlaut in den Fällen der **Erhöhung** der Miete nur für **Wohnraum**mietverhältnisse (Abs. 5, 1. Variante), ansonsten erfasst sie nicht nur Ansprüche auf Änderung der Miete für Wohnraum, sondern auch für Geschäftsraum (z.B. Minderung bei Mängeln).[165] Weder aus dem Gesetzeswortlaut noch aus der Begründung des Gesetzes lässt sich eine Beschränkung auf die Wohnraummiete herleiten.[166] Die Gegenansicht, wonach Abs. 5 nicht anwendbar sein soll für Verfahren über Änderung der Miete, die andere Gegenstände als Wohnraum betreffen, sondern Abs. 5 nicht anwendbar sein soll, sondern § 3 ZPO oder § 9 ZPO,[167] ist überholt. Auf die Erhöhung von Erbbauzins ist diese Sonderbestimmung des Abs. 5 ebenso wenig anzuwenden[168] wie auf Pachtverhältnisse. Denn Abs. 5 behandelt ausdrücklich nur Mietverhältnisse. Sinngemäß anzuwenden ist die Bestimmung aber für ein Verfahren wegen Mietminderung für Wohnraum,[169] und zwar auch dann, wenn der Mieter mit einer positven oder negativen Feststellungskage auf **Feststellung zur Berechtigung einer Mietminderung** klagt.[170] Das hat der BGH jetzt klargestellt.[171] Die auch in der Vorauflage vertretene Gegenansicht[172] wird aufgegeben (vgl. auch unten Rn. 33 und Anh. nach § 48, § 3 ZPO „Miete"). In diesen Fällen bestimmt sich der Wert nach dem Jahresbetrag der (ggf. vom Mieter angegebenen) Minderung. § 9 Satz 1 ZPO ist unanwendbar.[173]

26 Bei dem nach Abs. 5 für den **Streitwert** ist maßgebenden **Jahresbetrag** ist von unterschiedlichen Grundwerten auszugehen:

27 Bei Ansprüchen auf **Erhöhung der Miete** ist maßgebend der Jahresbetrag der zusätzlich geforderten Miete. Das ist der Betrag zwischen dem bisher zum Zeitpunkt der Klageerhebung[174] geschuldeten Entgelt und dem für die Zukunft geforderten Entgelt, soweit dieser streitig ist. Ein vorprozessuales Anerkenntnis oder eine freiwillig gezahlte

---

163 *Schmidt/Futterer* MDR 1965, 347.

164 OLG Karlsruhe, Beschl. v. 20.9.2013 – 10 W 18/13 – m.w.N.

165 OLG Düsseldorf JurBüro 2007, 426.

166 BGH NJW-RR 2006, 378 = NZM 2006, 138 = MDR 2006, 657 = ZMR 2006, 190; OLG Düsseldorf JurBüro 2007, 426.

167 OLG Schleswig SchlHA 1992, 180; OLG Hamburg MDR 1990, 1024 für Geschäftsräume; *Mümmler* JurBüro 1984, 332.

168 *Mümmler* JurBüro 1980, 971 und JurBüro 1979, 173.

169 OLG Schleswig SchlHA 1991, 201; OLG Bamberg JurBüro 1979, 1866; **a.M.** OLG Düsseldorf MDR 2001, 354.

170 OLG Saarbrücken GE 13, 943; OLG Brandenburg ZMR 209, 909; OLG Hamburg NJOZ 10, 492; KG MDR 2012, 1085; KG JurBüro 2009, 538 = MDR 2009, 1135; LG Berlin JurBüro 2014, 585 = RVG-professionell 2014, 201 = JurionRS 2013, 55397 = AGS 2013, 581(Aufgabe der früheren Rechtspr.); bestätigt durch KG JurBüro 2015, 29 = MDR 2014, 1309 = WuM 2014, 748 = AGS 2014, 561 = JurionRS 2014, 23473 = RVG professionell 2015, 91, LG Dresden JurBüro 2015, 362. **A.A.** OLG Frankfurt/Main NJW 2015, 8 = NZM 2015, 216 = JurionRS 2014, 30648 = RVG-professionell 2015, 75 (m.w.N.);

171 BGH, JurBüro 2016, 529 = JurionRS 2016, 202/86.

172 OLG Saarbrücken GE 13, 943; OLG Brandenburg ZMR 209, 909; OLG Hamburg NJOZ 10, 492; KG MDR 2012, 1085; KG JurBüro 2009, 538 = MDR 2009, 1135; LG Berlin JurBüro 2014, 585 = RVG-professionell 2014, 201 = JurionRS 2013, 55397 = AGS 2013, 581(Aufgabe der früheren Rechtspr.) und JurBüro 2016, 22; bestätigt durch KG JurBüro 2015, 29 = MDR 2014, 1309 = WuM 2014, 748 = AGS 2014, 561 = JurionRS 2014, 23473 = RVG professionell 2015, 91, LG Dresden JurBüro 2015, 362. **A.A.** OLG Frankfurt/Main NJW 2015, 8 = NZM 2015, 216 = JurionRS 2014, 30648 = RVG-professionell 2015, 75 (m.w.N.).

173 KG, JurBüro 2016, 420 = WuM 2016, 445 = JurionRS 2016, 17378.

174 LG Köln JurBüro 1999, 305 m. Anm. v. *Enders; Hartmann* § 41 Rn. 35.

und nicht streitige Erhöhung, an der nicht mindestens ein Feststellungsinteresse behauptet wird, ist unbeachtlich.[175] Betrifft die Klage einen geringeren Zeitraum als ein Jahr, ist nur der auf diesen Zeitraum entfallende Unterschiedsbetrag maßgebend. In keinem Fall ist aber ein höherer Streitwert als ein Jahresunterschiedsbetrag möglich. Der so zu bestimmende Streitwert ist auch maßgebend für den Berufungsstreitwert.[176]

Bei Ansprüchen des **Mieters** auf **Durchführung von Instandsetzungsmaßnahmen** ist der Betrag einer angemessenen tatsächlichen oder zu vermeidenden Mietminderung maßgebend, deren Höhe ggf. zu schätzen ist, höchstens jedoch ein Jahresbetrag.[177] Dabei ist als Basis die Grundmiete mit allen Nebenkosten maßgebend.[178] Das gilt auch dann, wenn nur auf Feststellung geklagt wird, dass sich die Nettokaltmiete nicht durch das Erhöhungsverlangen erhöht hat. Insoweit sind eine positive Feststellungklage des Vermieters und eine negative Feststellungsklage des Mieters gleich zu behandeln.[179] Ein zusätzlicher Antrag des Vermieters auf Gewährung von Zutritt zum Mietobjekt ist mit $^{1}/_{12}$ des Minderungsbetrags zusätzlich zu bewerten.[180] Instandsetzungs-, Modernisierungs- oder Erhaltungsmaßnahmen können hohe Kosten verursachen und damit im Streitfall zu hohen Streitwerten führen. Aus sozialpolitischen Erwägungen soll deshalb auch in solchen Fällen der Gebührenstreitwert begrenzt werden. 28

Bei Ansprüchen des **Vermieters** auf **Duldung einer Durchführung von Modernisierungs- oder Unterhaltungsmaßnahmen** gelten die gleichen sozialpolitischen Erwägungen wie bei Ansprüchen des Mieters auf Instandsetzung. In solchen Fällen kommt der Jahresbetrag einer möglichen Mieterhöhung in Betracht. 29

Wenn in den Fallgruppen der Rn. 25, 26 der Jahresbetrag nicht feststeht – was in der Regel der Fall sein wird – ist die potentielle Mietminderung oder Mieterhöhung nach § 287 ZPO zu schätzen. 30

Wenn das Mietverhältnis ab dem Zeitpunkt der Klageerhebung (dies ist gemäß § 40 der für die Wertberechnung entscheidende Zeitpunkt) vor Ablauf eines Jahres endet, soll in allen in S. 1 genannten Ansprüchen nicht der Jahresbetrag, sondern ein entsprechend niedrigerer Betrag maßgebend sein (S. 2). 31

Wenn eine Maßnahme des Vermieters zu einer Mieterhöhung nicht berechtigen würde, ist der Jahresbetrag dessen der Wertberechnung zugrunde zu legen, was fiktiv dem Mieter als Mietminderung möglich wäre, wenn der Vermieter die Maßnahme nicht vornähme. 32

Eine **entsprechende** Anwendbarkeit des § 41 Abs. 5 Satz 1 Hs. 2 ist möglich in Fällen, in denen ein Mieter oder Pächter von Geschäftsräumen von seinem Vermieter Maßnahmen verlangt, um einen Mangel der Mietsache zu beheben[181] (z.B. Kündigung gegenüber einem störenden Mitmieter),[182] nicht aber, wenn er Feststellung begehrt, wegen Mängel der Mietsache die Miete zu mindern.[183] In diesen Fällen ist § 9 Satz 2 ZPO einschlägig. Nach dem Rechtsgedanken des § 41 Abs. 5 kann aber im Allgemeinen von ei- 33

---

175 Vgl. dazu LG Bremen WoM 1982, 131; AG Stuttgart ZMR 1974, 156.
176 LG Hannover MDR 1994, 1148.
177 KG JurBüro 2010, 84 (LS mit Volltextservice).
178 OLG München MDR 2013, 1435.
179 KG MDR 2012, 1219 = WuM 2012, 512 = BeckRS 2012, 18301 = RVG-professionell 2013, 37 = JurBüro 2013, 252 (gegen KG Beschl. v. 16.7.2009 – 22 W 76/08).
180 KG JurBüro 2010, 84 (LS mit Volltextservice).
181 OLG Düsseldorf JurBüro 2007, 426.
182 BGH NZM 2006, 138, 139.
183 BGH, JurBüro 2016, 529 = JurionRS 2016, 202/86; KG, JurBüro 2016, 420 = WuM 2016, 445 = JurionRS 2016, 17378; KG, JurBüro 2016, 476; OLG Karlsruhe, Beschl. v. 20.9.2013 – 10 W 18/13 –; *Gellwitzki* JurBüro 2011, 9.

nem Jahresbetrag der geltend gemachten Minderung ausgegangen werden.[184] Auch für (Unterlassungs-)Klagen wegen eines vertraglichen Konkurrenzverbots ist Abs. 5 nicht anwendbar.[185]

§ 42
Wiederkehrende Leistungen

(1) Bei Ansprüchen auf wiederkehrende Leistungen aus einem öffentlich-rechtlichen Dienst- oder Amtsverhältnis, einer Dienstpflicht oder einer Tätigkeit, die an Stelle einer gesetzlichen Dienstpflicht geleistet werden kann, bei Ansprüchen von Arbeitnehmern auf wiederkehrende Leistungen sowie in Verfahren vor Gerichten der Sozialgerichtsbarkeit, in denen Ansprüche auf wiederkehrende Leistungen dem Grunde oder der Höhe nach geltend gemacht oder abgewehrt werden, ist der dreifache Jahresbetrag der wiederkehrenden Leistungen maßgebend, wenn nicht der Gesamtbetrag der geforderten Leistungen geringer ist. Ist im Verfahren vor den Gerichten der Verwaltungs- und Sozialgerichtsbarkeit die Höhe des Jahresbetrags nicht nach dem Antrag des Klägers bestimmt oder nach diesem Antrag mit vertretbarem Aufwand bestimmbar, so ist der Streitwert nach § 52 Abs. 1 und 2 zu bestimmen.

(2) Für die Wertberechnung bei Rechtsstreitigkeiten vor den Gerichten für Arbeitssachen über das Bestehen, das Nichtbestehen oder die Kündigung eines Arbeitsverhältnisses ist höchstens der Betrag des für die Dauer eines Vierteljahrs zu leistenden Arbeitsentgelts maßgebend; eine Abfindung wird nicht hinzugerechnet. Bei Rechtsstreitigkeiten über Eingruppierungen ist der Wert des dreijährigen Unterschiedsbetrags zur begehrten Vergütung maßgebend, sofern nicht der Gesamtbetrag der geforderten Leistungen geringer ist.

(3) Die bei Einreichung der Klage fälligen Beträge werden dem Streitwert hinzugerechnet; dies gilt nicht in Rechtsstreitigkeiten vor den Gerichten für Arbeitssachen. Der Einreichung der Klage steht die Einreichung eines Antrags auf Bewilligung der Prozesskostenhilfe gleich, wenn die Klage alsbald nach Mitteilung der Entscheidung über den Antrag oder über eine alsbald eingelegte Beschwerde eingereicht wird.

Übersicht

Allgemeines — 1–3
Vergleich und Verzicht — 4
Nachforderungsklagen — 5
Abänderungsklagen — 6
Streitwert (allgemein) — 7
Rückstände — 8
Abs. 1 (Ansprüche auf wiederkehrende Leistungen — 9–11
Abs. 2 (besondere Arbeitsgerichtssachen) — 12–16
Mittelbarer Zusammenhang — 14
Berücksichtigungververbot — 15
Anhängigkeit bei den Arbeitsgerichten — 16
Anwendungsbereich — 12
Streitwert nach Abs. 2 — 13
Streitwert bei Klagen vor den Verwaltungs-, Finanz- und Sozialgerichten — 17
Abs. 3 Rückstände — 18–24

184 KG, JurBüro 2016, 476.
185 BGH MDR 2007, 202.

Allgemeines: § 42 ist durch das 2. KostRModG insoweit verändert worden, als auch die aus der Verletzung oder Tötung eines Menschen resultierenden Ansprüche, wenn und soweit sie auf wiederkehrende Leistungen (Renten) gerichtet sind, nur noch nach § 9 ZPO zu bewerten sind (dazu unten Rn. 3). Wiederkehrende Leistungen sind Ansprüche, die auf einem einheitlichen Rechtsverhältnis beruhen und in bestimmten Zeitabständen regelmäßig wiederkehrend fällig werden.[1] Sie werden prozessual also generell nach § 9 ZPO bewertet, was gem. § 48 Abs. 1 S. 1 auch für die Gerichtsgebührenberechnung gilt. § 42 stellt insoweit – wie auch § 41 – eine bedeutende Ausnahmeregelung von diesem Grundsatz dar. Die Regelung ist nicht völlig unproblematisch, jedoch kann man sie kaum als verfassungswidrig klassifizieren.[2] Die Vorschrift gibt Regeln für die Bewertung nur für die dort aufgeführten Ansprüche,[3] wobei eine für die Zuständigkeit oder Zulässigkeit eines Rechtsmittels erfolgte Streitwertfestsetzung in den Fällen des § 42 einer anderweitigen Festsetzung der Gerichtsgebühren nicht im Wege steht, § 62. Wenn und soweit ein Anspruch auf wiederkehrende Leistungen unter keinem der Tatbestände des § 42 fällt, ist der Streitwert nach § 9 ZPO zu bestimmen. **§ 42 ist also lex specialis zu § 9 ZPO**[4] sowie zu § 52 Abs. 1.[5] In Verfahren wegen **Arrestes oder einstweiliger Verfügung/Anordnung** gilt auch hier § 53. Der für die Hauptsache maßgebende Streitwert kann dabei aber nicht überschritten werden (vgl. Rn. 12). Auch hier gilt der allgemeine Grundsatz, dass bei einer positiven Feststellungsklage nach allgemeinen Grundsätzen ein Abschlag von ca. 20% gegenüber einer entsprechenden Leistungsklage zu machen ist.[6] 1

§ 42 gilt auch im **arbeitsgerichtlichen Verfahren, in denen aber die Spezialregelung des Abs. 2 zu beachten ist**, und in den **Verfahren der Verwaltungs-,**[7] **Sozial- und Finanzgerichtsbarkeit.**[8] Für Feststellungsklage auf das Bestehen einer **betrieblichen Altersversorgung vor dem Eintritt des Versorgungsfalles** ist § 42 Abs. 1 jedoch unanwendbar.[9] 2

Unterhaltsverpflichtungen: Zu den wiederkehrenden Leistungen gehören insbesondere Unterhaltsverpflichtungen. Verfahren über die **gesetzliche** Unterhaltspflicht sind ab dem 1.9.2009 nach § 231 FamFG Familiensachen. Die Kosten dafür bestimmen sich ausschließlich nach § 51 FamGKG. Wenn aber der Anspruch auf Erfüllung einer nicht gesetzlichen oder vertraglichen Rechtsgrundlage, sondern in sonstiger Weise begründeten Unterhaltspflicht beruht, die ihren Grund nicht im Familienrecht hat, also im § 231 FamFG nicht ausdrücklich genannt ist, gilt ausschließlich § 48 i.V.m. § 9 ZPO. In Betracht kommen insbesondere Ansprüche für entgangenen (vertraglichen oder gesetzlichen) Unterhalt, der aufgrund einer **Schadensersatzpflicht nach §§ 618 Abs. 3, 843–845 BGB**, also als **Schaden** oder als **Entschädigung** (z.B. § 11 StrEG) zu leisten ist, **Zuwendungen** nach § 17a StrRehaG,[10] ein Anspruch aus einem Leibrentenvertrag, aus einer letztwilligen Verfügung usw. Auch wenn die Klage sowohl auf unerlaubte Handlung 3

1 *Dorndörfer* in Binz u.a. § 42 Rn. 1; NK-GK/*Hofmann-Hoeppel*/*Kurpat*/*Köp*/*Schäfer* § 42 GKG Rn. 1.
2 So aber *Lappe* NJW 2004, 2409, 2411.
3 OLG Köln JurBüro 1992, 698.
4 OLG Hamm FamRZ 1988, 402; dazu auch *Schmidt* MDR 1981, 986.
5 OVG Schleswig, Beschl. v. 26.1.2017 – 2 O 21/16 – = JurionRS 2017, 11648.
6 OLG Jena JurBüro 2008, 534 m.N.
7 Dazu aber VGH Kassel AnwBl. 1984, 560.
8 Dazu aber VGH Kassel AnwBl. 1984, 560.
9 BAG JurBüro 2016, 20 = NZS 205, 1471 = NZA-RR 2015,6 = BB 2015, 2675 = DB 2015, 2824 = JurionRS 2015, 27268.
10 NdsOVG JurBüro 2014, 361 = AGS 2014, 191 = RVGprof 2014, 128 = JurionRS 2014 2014, 1187.

etc. als auch auf (gesetzlichen oder vertraglichen) Unterhalt gestützt wird, gilt für die Streitwertberechnung § 48 GKG i.V.m. § 9 ZPO.[11]

4 **Vergleich und Verzicht:** Der Wert eines **Vergleichs oder eines Verzichts**, in dem statt der wiederkehrenden Leistungen eine Abfindungssumme vereinbart oder auf eine solche verzichtet wird, ist nach § 9 ZPO zu bestimmen. Soweit der Abfindungsbetrag den nach § 9 ZPO maßgeblichen Streitwert übersteigt, ist für die Berechnung der Vergleichsgebühr der Abfindungsbetrag maßgebend.[12] Das gilt grundsätzlich auch für arbeitsgerichtliche Streitigkeiten nach Abs. 2.[13]

5 Die **Nachforderungsklage** nach § 324 ZPO geht nicht auf Leistung, sondern auf Sicherstellung. Anwendbar ist daher § 6 ZPO. Bei der Bestimmung der zu sichernden Forderung ist aber auf § 9 ZPO zurückzugreifen.

6 Bei der **Abänderungsklage** nach § 323 ZPO ist nur der Unterschieds*betrag zwischen der bisherigen und der für die Zukunft begehrten Rente* der Berechnung des Jahresbetrages zugrunde zu legen. Das gilt auch dann, wenn die Änderung nur unter Vorbehalt angenommen wird.[14]

7 Der **Streitwert** berechnet sich gemäß § 9 ZPO grundsätzlich nach dem 3½-fachen Betrag, der als geldwerte Jahresleistung gefordert wird. Stirbt der Kläger im Laufe des Rechtsstreits, so werden die bis zu einer Klageänderung angefallenen Gebühren dennoch nach § 9 ZPO berechnet, auch wenn bis dahin der 3½-fache Jahresbetrag noch nicht erreicht ist. Ist der Gesamtbetrag der geforderten Leistungen geringer als der 3½-fache Jahresbetrag, so ist der geringere Betrag maßgebend. Ist die geforderte Rente in den einzelnen Jahren unterschiedlich hoch, so sind die 3½ höchsten Jahresbeträge maßgebend.[15] Wird in einem Vergleich der Rentenanspruch durch eine Kapitalabfindung **(Abfindungsvergleich)** abgegolten,[16] ist der Streitwert des Vergleichs der 3½-fache Jahresbetrag oder der Kapitalbetrag, falls die Kapitalzahlung höher ist.[17] Wenn außerdem noch andere Gegenstände in den Vergleich einbezogen worden sind, sind auch deren Werte hinzuzurechnen. Denn der Wert des Vergleichs bestimmt sich grundsätzlich nicht allein nach dem vereinbarten Kapitalbetrag, sondern nach dem Gegenstand des Rechtsstreits, der durch den Vergleich erledigt wurde.[18] **Abs. 1 S. 2**, bestimmt hilfsweise, dass in Streitigkeiten vor den Verwaltungs-, Finanz- und Sozialgerichten der Streitwert nach § 52 Abs. 1 und Abs. berechnet wird, wenn der Wert nicht nach dem Antrag des Klägers oder nur mit unvertretbaren Aufwand bestimmt werden kann. Ein bestimmter oder ohne großen Aufwand bestimmbarer Antrag des Klägers geht mithin vor.

8 **Abs. 3: Rückstände** aus der Zeit vor **Einreichung** der Klage werden nach Maßgabe des Abs. 3 Satz 1 i.V.m. § 9 ZPO mit dem 3½-fachen Jahresbetrag oder einem etwaigen geringeren Betrag der für die Zukunft geforderten Leistungen – außer in Arbeitsgerichtssachen – hinzugerechnet. Der Einreichung der Klage steht die Einreichung eines Antrags auf Bewilligung von PKH gleich, wenn die Klage bzw. die Beschwerde alsbald eingereicht wird (§ 3 Abs. Satz 2). Insoweit liegt eine Abweichung von der Bestimmung des § 40 vor.[19]

---

11 NK-GK/*Hofmann-Hoeppel/Kurpat/Köpf/ Schäfer* § 42 GKG Rn. 5.
12 *Markl* FS für Herbert Schmidt, 1981, 85 ff. (90) m.N.
13 LAG Nürnberg Beschl. v. 1.3.2010 – 4 Ta 171/09, m.N.
14 LAG Köln MDR 1999, 1448 (zu § 12 Abs. 7 ArbGG).
15 LG Essen MDR 1976, 676; *Hartmann* Anh. zu § 48 § 9 ZPO Rn. 10.
16 OLG Düsseldorf VersR 1977, 868; OLG Frankfurt aM MDR 1971, 404.
17 OLG Schleswig SchlHA 1968, 145; *Hartmann* § 42 Rn. 16; *Enders* JurBüro 2012, 393 ff. **A.M.** OLG Hamm NJW 1966, 162 (immer der Kapitalbetrag).
18 OLG Schleswig JurBüro 1991, 584; OLG Düsseldorf JurBüro 1992, 51, jeweils m. Anm. v. *Mümmler*.
19 *Hartmann* § 42 Rn. 1.

Abs. 1 (Ansprüche auf wiederkehrende Leistungen), sofern der Rechtsstreit nicht vor dem Arbeitsgericht (Abs. 2) geführt wird:[20] Die grundsätzlich nicht zu beanstandende Bestimmung des Abs. 1 gilt unmittelbar nicht nur für Arbeitnehmer, sondern auch für Beamte,[21] Richter, Soldaten, Angestellte des privaten und öffentlichen Dienstes, Wehrpflichtige, Ersatzdienstleistende, Dienstleistende des Bundesfreiwilligendienstes (BFD) oder Absolventen eines freiwilligen sozialen Jahres (FSJ), kurz: für alle **in abhängiger Stellung Arbeit oder Dienste Leistende**, die aus dieser Tätigkeit einen Anspruch auf wiederkehrende Leistungen haben. Sinngemäß ist die Bestimmung auch anzuwenden auf Abgeordnete, privatrechtliche Dienstverhältnisse (z.B. Hauptgeschäftsführer einer Handelskammer),[22] Mitglieder von Vertretungsorganen,[23] und sonstige ehrenamtlich Tätige, soweit es sich um ihre wiederkehrenden Bezüge, Altersversorgungen – auch solche aus einem berufsständischen Versorgungswerk[24] – oder wiederkehrende Aufwandsentschädigungen handelt. Arbeitnehmer i.S.v. Abs. 2 sind alle Personen, die auf Grund eines Arbeits- oder Dienstvertrages oder eines öffentlich-rechtlichen Dienstverhältnisses zu Dienstleistungen aus dem Verhältnis, also zur fortgesetzten Verrichtung im Wesentlichen gleichartiger Arbeit, verpflichtet sind und dafür einen Anspruch auf Entgelt gegen ihren Arbeitgeber haben. Nicht zu dieser Personengruppe zählen selbständige Unternehmer und Handwerker oder Handelsvertreter,[25] wenn sie nicht auf Grund eines Arbeitsvertrages, sondern eines Werkvertrages tätig werden, wohl aber Ärzte, wenn sie auf Grund eines Anstellungsvertrages zur Dienstleistung verpflichtet sind[26] oder Juristen und Volkswirte, die in nichtselbständiger Stellung bei Banken, Versicherungen, Kammern oder sonstigen Wirtschaftsunternehmen angestellt sind. Keine Arbeitnehmer i.d.S. sind Ärzte und Rechtsanwälte, die freiberuflich tätig sind. Auch die Organmitglieder einer Gesellschaft oder Genossenschaft können Arbeitnehmer i.d.S. sein. Auch für Franchisenehmer als selbständige Gewerbetreibende ist § 42 Abs. 2 nicht einschlägig.[27] 9

Es muss sich um **wiederkehrende Leistungen** handeln wie z.B. Lohn, Gehalt, Ruhegehalt, die unveränderte Nutzungsüberlassung von Gegenständen (z.B. eines Firmenwagens) nach dem Ausscheiden aus dem Arbeitsverhältnis,[28] Hinterbliebenenversorgung, vor den Sozialgerichten zu verfolgende Sozialleistungen aller Art, auch Schadensersatz,[29] selbst wenn dieser auf wiederkehrende Zahlungen von Unterhalt geht (z.B. wegen entgangenen Unterhalts nach § 844 BGB oder Freistellung von Unterhaltspflichten wegen fehlgeschlagener Sterilisation).[30] Nicht hierher gehören Sozialhilfeleistungen aller Art,[31] nur gelegentliche Leistungen wie Beihilfen, Weihnachtszuwendungen, wohl aber ein 13. Monatsgehalt, soweit ein Anspruch in bestimmter Höhe darauf besteht oder behauptet wird. Rückzahlungsforderungen geleisteten Arbeitsentgelts nach Anfechtung des Arbeitsvertrages oder ein Vergleich über solche Ansprüche sind aber keine wiederkehrenden Leistungen.[32] Ein Anspruch auf Gewinnbeteiligung zählt ebenfalls nicht zu 10

20 BGH Beschl. v. 9.6.2005 – III ZR 21/04 m.w.N.; OLG Köln JurBüro 1995, 255.
21 **A.M.** aber BVerwG NVwZ-RR 2000, 188.
22 BGH MDR 2005, 1376 = NJW-RR 2006, 213.
23 BGH MDR 2005, 1376 = NJW-RR 2006, 213.
24 OVG Saarlouis NVwZ-RR 1998, 789 (L); OVG Münster JurBüro 1997, 197.
25 LAG Nürnberg NZA-RR 2001, 53.
26 LAG Hamm AnwBl. 1976, 166 = BB 1976, 746 (L).
27 OLG Stuttgart JurBüro 2007, 144.
28 LAG Hamburg JurBüro 2013,24.
29 LAG Frankfurt aM NJW 1966, 691.
30 *N. Schneider* in *Schneider* u.a. § 51 FamGKG Rn. 152, 153.
31 OVG Bremen JurBüro 2002, 80.
32 LAG Köln RVG-Letter 2006, 59.

den wiederkehrenden Leistungen i.S.d. Abs. 3, auch wenn er regelmäßig erfüllt wird, weil er gewinnabhängig und deshalb nicht sicher vorhergesehen werden kann. Für die Beurteilung der Leistung ist es gleichgültig, ob es sich um eine Geld- oder Naturalleistung handelt. Die Leistungen müssen ihren Rechtsgrund aber in einem Arbeitsverhältnis haben und nicht auf einem anderen Anspruch beruhen. Keine Ansprüche auf wiederkehrende Leistungen sind solche auf Nutzung von ununterbrochener Dauer, z.B. auf eine **Werk- oder Dienstwohnung**, auch wenn sie ein Entgelt aus dem Arbeitsverhältnis bilden. Für sie richtet sich der Streitwert nach § 41, wenn um das Bestehen oder um die Dauer des Nutzungsverhältnisses oder die Verpflichtung zur Herausgabe gestritten wird. Wenn nur um die Überlassung der Wohnung an den Arbeitnehmer gestritten wird, ist § 6 ZPO anzuwenden. Werden daneben Ansprüche aus auf wiederkehrende Leistungen geltend gemacht, sind die Streitwerte aus § 41 und § 6 ZPO mit dem Streitwert nach Abs. 2 zusammenzurechnen. Bereits fällig gewordene Leistungen sind nicht nach Abs. 2 zu bewerten, sondern nach § 3 ZPO. Sie können als Rückstände nach Abs. 3 zu berücksichtigen sein.

11 Streitwert einer **Feststellungsklage** ist nach § 3 ZPO bzw. Abs. 1 zu schätzen. Da aber der Streitwert der Feststellungsklage niemals höher sein kann als der der Leistungsklage, ist Abs. 2 bei der Bemessung des Streitwertes zu berücksichtigen.

12 **Abs. 2** regelt **Besonderheiten für Arbeitsgerichtssachen.** Die Vorschrift beschränkt das sonst nach § 3 ZPO eingeräumte Ermessen des Gerichts und ist als Ausnahmebestimmung eng auszulegen und gilt nicht – wie von der Rechtsprechung und im Schrifttum häufig wenig differenziert gesagt wird – für wiederkehrende Leistungen aus einem Arbeitsverhältnis schlechthin, sondern nur für die in Abs. 2 ausdrücklich genannten arbeitsrechtlichen Angelegenheiten,[33] also um solche, die den Bestand des Arbeitsverhältnisses unmittelbar berühren. Dazu zählen auch **Abmahnungen**, die als eine Vorstufe der Kündigung anzusehen sind. Die Sonderregelung verfolgt den sozialen Zweck, diejenigen Streitigkeiten, bei denen es regelmäßig um die wirtschaftliche Lebensgrundlage des Arbeitnehmers geht, kostenmäßig besonders günstig zu gestalten.[34] Als Arbeitsverhältnis in diesem Sinne kommen sämtliche Arten von Arbeitsverhältnissen in Betracht, also auch Probe- oder Aushilfsarbeitsverhältnisse, Berufsausbildungsverhältnisse (§ 5 Abs. 1 Satz 1 BBiG) oder Arbeitsverhältnisse, die nur als Nebentätigkeit in Relation zu einem weiteren Arbeitsverhältnis zu sehen sind.[35]

13 **Streitwert nach Abs. 2:**[36] Für die unter Abs. 2 fallenden Sachen ist maßgebend höchstens das für die Dauer $^1/_4$-Jahres zu zahlende Entgelt, sofern der geforderte Gesamtbetrag nicht geringer ist. Es handelt sich hier um einen Höchstbetrag und nicht um einen Regelwert mit der Folge, dass bei einem Bestand des Arbeitsverhältnisses im Zeitpunkt des Zugangs der Kündigung von keinen 6 Monaten auch ein geringerer Wert (etwa 1 Monatsverdienst) anzusetzen ist, wenn keine weiteren Besonderheiten zu verzeichnen sind.[37] Abfindungen bleiben dabei grundsätzlich unberücksichtigt (§ 42 Abs. 2 GKG). Das gilt auch für sog „Turboklauseln", wonach der Arbeitnehmer während der Kündigungsfrist das Arbeitsverhältnis kurzfristig beenden kann und die dadurch ersparte Vergütung ganz oder teilweise als Abfindung erhält.[38] Allerdings gilt das nicht für Abfindungen aus Rationalisierungsabkommen, Sozialplänen oder solche nach § 113 Abs. 3 BetrVG. Diese werden

33 LAG Hamburg JurBüro 2013, 24.
34 BAG AP ArbGG 1979, § 12 Nr. 9; LAG Köln Beschl. v. 6.1.2010 – 8 Ta 210/09.
35 Dazu auch bei *Brinkmann* JurBüro 2003, 119, 120.
36 Vgl. dazu näher den Streitwertkatalog im Anh. nach § 42 und zu den einzelnen Werten auch Anh. nach § 48, § 3 ZPO.
37 LAG Sachsen-Anhalt JurBüro 2013, 309.
38 LAG Düsseldorf, JurBüro 2016, 638.

dem Streitwert hinzugerechnet.[39] Es ist hier allein die Bestandsdauer des Arbeitsverhältnisses maßgeblich; andere Kriterien wie etwa eine Befristung, Fehlen von Kündigungsschutz wegen Eingreifens der sog. „Kleinbetriebsklausel“ oder die Beendigung des Arbeitsverhältnisses durch andere, nicht streitgegenständliche Beendigungstatbestände zu einem anderen als dem streitgegenständlichen Beendigungszeitpunkt bleiben unberücksichtigt.[40] So ist z.B. eine auf einen Betriebsübergang gestützte Kündigungsschutzklage gegen den bisherigen Artbeitgeber und eine damit verbundene Feststellungsklage gegen den Betriebsübernehmer betreffend den Fortbestand des Arbeitsverhältnisses, derselbe Streitgegenstand.[41] Auch wenn in einer Kündigungserklärung eine fristlose und gleichzeitig hilfsweise eine fristgemäße Kündigung ausgesprochen wird, ist der Vierteljahresverdienst nur einmal anzusetzen.[42] Wenn mehrere Kündigungen im gleichen Prozess angegriffen, in dem ein weiteres Arbeitsverhältnis während des Verfahrens gekündigt wird, ist der Streitwert nur zu erhöhen.[43] Werden jedoch mehrere Kündigungen in mehreren gesonderten Verfahren angegriffen, ist in jedem Verfahren der Streitwert mit maximal 3 Monatsgehältern zu bewerten, selbst wenn sich bei einer Bündelung in einem Verfahren ein geringerer Wert ergäbe.[44] Wenn und soweit die Kündigungszeiträume sich überschneiden, findet aber eine Zusammenrechnung statt.[45] Abs. 2 gilt auch dann, wenn das Kündigungsschutzgesetz nach § 23 Abs. 1 Satz 2 KSchG nicht anwendbar ist.[46] Es handelt sich hier quasi um einen Regelwert, der immer auch dann anzusetzen ist, wenn die Fortsetzung des Arbeitsverhältnisses auf unbestimmte Zeit begehrt wird.[47] Dieser Regelstreitwert gilt auch dann, wenn der Streit nur sog. Vertragsrestlaufzeiten betrifft, sofern diese einen längeren Zeitraum als 3 Monate umfassen.[48] Wird zusätzlich auch die Zahlung von Entgelt verlangt, liegt eine wirtschaftliche Identität der Begehren nur für den Zeitraum nach dem vermeintlichen Ende des Arbeitsverhältnisses vor, d.h. der Entgeltwert bis zum vermeintlichen Ende des Arbeitsverhältnisses wirkt sich auf den Streitwert nicht aus.[49] Ebenso, wenn in einem gerichtlichen Vergleich Gegenleistungen für die Akzeptanz der Befristung des Arbeitsverhältnisses vereinbart werden.[50] Zu den Streitigkeiten i.d.S. gehören grundsätzlich auch **Änderungskündigungen,**[51] die in der Sache nichts weiter sind, als die zeitlich verknüpfte Kündigung und Neubegründung eines Arbeitsverhältnisses. Das gilt auch dann, wenn nur die bis zur Klageerhebung angefallenen Rückstände aus solchen wiederkehrenden Leistungen eingeklagt werden. Auch **Eingruppierungsstreitigkeiten**, bei denen es auf den Unterschiedsbetrag ankommt, können hierzu zählen, wenn sie im Zusammenhang mit dem Nichtbestehen oder die Kündigung eines Arbeitsverhältnisses stehen. Für den **Streitwert von Klagen nach § 8 TzBfG** ist nach zutreffender Ansicht § 42 Abs. 2 Satz 1 GKG entsprechend anzuwenden, weil solche Klagen in der Sache wie eine Änderungs-

---

39 LAG Hamburg JurBüro 2013, 251.
40 LAG Rheinland-Pfalz Beschl. v. 30.11.2009 – 1 Ta 255/09.
41 Sächs.LAG JurBüro 2013, 139.
42 LAG Düsseldorf JurBüro 2012, 365.
43 LAG Köln RVGprof 2014, 127 = JurionRS 2013, 52540 (um 1 Monatseinkommen).
44 BAG JurBüro 2011, 88 m. Anm. v. *Brinkmann*.
45 Dazu VerfGH Berlin JurBüro 2013, 480.
46 **A.M.** LAG Schleswig-Holstein RVG-Letter 2006, 9.
47 BAG EzA ArbGG 1979 § 64 Nr. 14, kritisch dazu bei *Brinkmann* JurBüro 2005, 119, 120, 121 m.w.N.
48 LAG Rheinland-Pfalz MDR 2007, 1163.
49 LAG Rheinland-Pfalz, Beschl. v. 30.11.2009 – 1 Ta 255/09.
50 LAG Köln Beschl. v. 6.1.2010 – 8 Ta 210/09.
51 LAG Köln JurBüro 2010, 478; LAG Nürnberg JurBüro 2006, 146 = MDR 2006, 897 und wohl auch LAG Köln MDR 2005, 840.

kündigung wirken.[52] Die Gegenansicht, wonach sie als nichtvermögensrechtliche Sachen einzuordnen sein sollen mit der Folge, dass der Wert nach § 48 Abs. 2 nach freiem Ermessen zu bestimmen ist,[53] geht von nicht objektivierbaren Bemessungskriterien aus. Der Wert mehrerer (Feststellungs-)Anträge in einem Verfahren ist unabhängig von der Streitwertbegrenzung nach Abs. 2 Satz 1 aber für jeden Antrag besonders festzusetzen, wenn die zugrunde liegenden Beendigungstatbestände keinen im Wesentlichen einheitlichen Beendigungstatbestand (z.B. einmal personenbedingte, zum anderen betriebsbedingte Kündigung) darstellen,[54] oder wenn zwischen den einzelnen Kündigungen größere zeitliche Abstände liegen.[55] Zeitnahe liegende Kündigungen, d.h. solche, die in keinem größeren Abstand als bis zu 1 Monat auseinander liegen, sind einheitlich zu bewerten, erhöhen den Streitwert mithin nicht.[56] Liegen sie bis zu 6 Monaten auseinander, besteht wirtschaftliche Teilidentität mit der Folge, dass für die Folgekündigungen nur 1 Monatsbetrag zu nehmen ist,[57] es sei denn, über die vorangegangene(n) Kündigung(en) ist bereits rechtskräftig entschieden.[58] Dann sind auch für den Folgeprozess 3 Monatseinkommen maßgebend. Entsprechend muss das gelten, wenn die Anträge in getrennten Verfahren eingebracht werden.[59] Eine unterschiedliche Behandlung wäre willkürlich und sachlich auch kaum gerechtfertigt. Zu den Streitwerten im Einzelnen den Streitwertkatalog Anh. I nach § 42 und Streitwertschlüssel Anh. II nach § 42 zu § 3 ZPO.

14 Ein **mittelbarer Zusammenhang** mit einem Arbeitsverhältnis reicht für die Anwendung des Abs. 1 oder 2 nicht aus. Geht der Streit etwa um die Zahlung einer Betriebsrente, der Höhe des Arbeitsentgelts etc., ohne dass dieser unmittelbar, sondern nur mittelbar im Zusammenhang mit dem Bestand oder der Beendigung des Arbeitsverhältnisses durch Kündigung (z.B. Aufhebungsvertrag oder Änderungsvertrag) steht, sind die allgemeinen Bestimmungen des Abs. 1 anwendbar. Das gilt auch, wenn mit einer Kündigungsschutzklage ein Weiterbeschäftigungsantrag nach § 102 Abs. 5 BetrVG oder aus anderen Gründen,[60] etwa mit einem Auflösungsantrag nach § 9 KSchG[61] oder nach einem Betriebsübergang[62] verbunden wird. Insoweit liegt ein vermögensrechtlicher Anspruch vor, der nur teilidentisch mit dem Kündigungsschutzantrag ist und demzufolge besonders – in der Regel mit einem Bruttomonatseinkommen – zu bewerten ist.[63] Der gegenteiligen Ansicht[64] steht nicht nur der eindeutige Wortlaut des Abs. 3 Satz 1 entgegen, sondern sie basiert auch auf bloßen Billigkeitserwägungen bzw. einen Hinweis auf „den Sinn des Gesetzes".

15 Das Berücksichtigungsverbot einer Abfindung gilt aber nur bei den in § 42 Abs. 2 Satz 1 bezeichneten Sachen, nicht hingegen bei den Eingruppierungsstreitigkeiten i.S.v. § 42 Abs. 2 S. 2. Das folgt schon aus der Stellung des Anrechnungsverbots in der Vorschrift.

---

52 So z.B. LAG Baden-Württemberg JurBüro 2008, 250; LAG Köln MDR 2005, 1435 m.w.N.; LAG Düsseldorf JurBüro 2002, 144; LAG Berlin MDR 2004, 967 und MDR 2001, 636.

53 So LAG Rheinland-Pfalz MDR 2006, 57; LAG Nürnberg RVG-Letter 2004, 11.

54 LAG Nürnberg JurBüro 2005, 97; LAG Nürnberg Beschl. v. 1.3.2010 – 4 Ta 171/09.

55 BAG EzA ArbGG 1979 § 12 – Streitwert Nr. 34 m. krit. Anm. v. *E. Schneider* = NZA 1985, 296.

56 LAG Rheinland-Pfalz MDR 2007, 1105 und MDR 2007, 1106. So auch *Brinkmann* JurBüro 2005, 119, 121.

57 HessLAG NZA-RR 1999, 156.

58 HessLAG JurBüro 2005, 311.

59 *Brinkmann* JurBüro 2005, 119, 123.

60 BAG NZA 1985, 702.

61 LAG Berlin LAGE § 12 ArbGG Nr. 119 = DB 200, 484; LAG Hamm DB 1989, 2038; ArbG Würzburg NZA-RR 2001, 170.

62 LAG Schleswig-Holstein JurBüro 2007, 257.

63 Dazu die Nachweise bei *Brinkmann* JurBüro 2005, 119, 127.

64 LAG Chemnitz JurBüro 2006, 33 (LS mit Volltextservice); LAG Nürnberg NZA-RR 2006, 44 = RVG-Letter 2005, 131; LAG Rheinland-Pfalz MDR 2007, 1046; *Hartmann* § 42 Rn. 59.

16 Nur wenn das **Arbeitsgericht** mit einem Streit um das Bestehen oder Nichtbestehen eines Arbeitsverhältnisses befasst ist (Kündigungsstreitsachen),[65] ist der Streitwert höchstens nach dem für die Dauer eines Vierteljahres zu leistenden Arbeitsentgelts zu bemessen.[66] Das gilt auch für einen Streit über einen Einstellungsanspruch des Arbeitnehmers.[67] Ist damit hingegen das allgemeine **Zivilgericht** befasst, ist Abs. 1 einschlägig.[68] Ist streitig, welche Gerichtsbarkeit gegeben ist, ist der Wert für eine Beschwerde im Rechtswegbestimmungsverfahren mit 30% des Wertes der Hauptsache anzusetzen.[69] Wird aber die Klage auf Feststellung, dass eine Kündigung unwirksam sei, vom Arbeitsgericht an das ordentliche Gericht verwiesen, ist nicht Abs. 1, sondern § 3 ZPO anwendbar, weil es sich überhaupt nicht um eine Klage auf wiederkehrende Leistungen handelt, wobei der Rechtsgedanke des von Abs. 3 S. 1 aber Berücksichtigung finden kann.[70] Geht hingegen der Streit beim Arbeitsgericht um wiederkehrende Leistungen im Zusammenhang mit den Bestand oder Teilbestand des Arbeitsverhältnisses, ist nach Abs. 2 der dreijährige Bezug maßgebend, sofern nicht der Gesamtbetrag der geforderten Leistungen geringer ist. Das gilt auch bei Eingruppierungsstreitigkeiten oder Änderungskündigungsklagen,[71] bei denen es auf den Unterschiedsbetrag ankommt. Das Berücksichtigungsverbot einer Abfindung gilt aber nur bei den in Satz 1 bezeichneten Sachen, nicht hingegen bei den Eingruppierungsstreitigkeiten i.S.v. Abs. 2 S. 2. Das folgt schon aus der Stellung des Anrechnungsverbots in der Vorschrift. (dazu auch Anh. zu § 48 Rn. 13). Bei Klagen nach dem TzBfG gilt Abs. 4 entsprechend, wenn solche Klagen in der Sache wie eine Änderungskündigung zu behandeln sind.[72] Das ist aber nicht unstreitig (vgl. unten § 48 Rn. 7 und Anh. zu § 48 Rn. 10, 28).

17 **Streitwert** der Klage vor den **Verwaltungs-, Finanz- und Sozialgerichten** ist grundsätzlich nach dem Antrag (Interesse) des Klägers zu bestimmen und unter den Voraussetzungen des Abs. 1 S. 2 zu schätzen. Im Übrigen ist es der dreifache Jahresbetrag der geforderten Leistung, sofern nicht der Gesamtbetrag der geforderten Leistungen geringer ist.[73] In Finanzgerichtssachen ist aber der Mindestwert nach § 52 Abs. 4 zu beachten. Ist der Vertrag auf eine kürzere Zeit als drei Jahre befristet, ist die Dauer des Vertrags maßgebend, weil dann der Gesamtbetrag immer geringer ist, als der dreijährige Betrag (Abs. 2 a.E.). Eine unter drei Jahren liegende Vertragsdauer ist regelmäßig auch dann gegeben, wenn der auf unbestimmte Zeit geschlossene Vertrag vor dem Ablauf von drei Jahren kündbar ist oder ganz allgemein für einen Vertragspartner ein Kündigungsrecht vorsieht.[74] Es sind dann nur die bis zum nächstzulässigen Kündigungstermin zu leistenden Beträge als Streitwert einzusetzen.[75] Das entspricht auch dem Rechtsgedanken des Abs. 3. Es sind aber auch Fälle denkbar, in denen man von einem längeren Zeitraum bis hin zur vollen Dreijahresfrist ausgehen muss, wie z.B. bei einem Ehegattenarbeitsvertrag.[76] Die Möglichkeit, ein auf mehr als drei Jahre geschlossenes Arbeitsverhältnis wegen eines wichtigen Grundes zu kündigen, kann indessen nicht berücksichtigt werden. Hier gilt vielmehr der Dreijahresbetrag.[77] Bei unter-

65 Dazu ausführlich *Brinkmann* JurBüro 2005, 119 ff.
66 BAG MDR 2003, 532.
67 LAG Berlin MDR 2006, 1319.
68 BGH MDR 2005, 1376 = NJW-RR 2006, 213 m.w.N. und NJW 1986, 1178 = JurBüro 1986, 714; OLG Köln NJW-RR 1994, 318.
69 LG Hamm JurBüro 2007, 425.
70 *Mümmler* JurBüro 1979, 173.
71 Vgl. LAG Köln MDR 2005, 840; LAG Hamburg JurBüro 1997, 593.
72 LAG Nürnberg RVG-Letter 2004, 11.
73 Dazu auch OLG Köln JurBüro 1995, 255.
74 OLG Köln RPfleger 1974, 164; OLG Köln NJW-RR 1995, 318.
75 LAG Stuttgart AnwBl. 1988, 181; vgl. auch OLG Köln NJW-RR 1995, 318.
76 OLG Köln RPfleger 1974, 165 m.N.
77 *Lappe* § 17 Rn. 20; *Hartmann* § 42 Rn. 45.

schiedlicher Höhe der geforderten Jahresbeträge sind auch hier die höchsten drei Jahresbeträge maßgebend. Rückstände aus der Zeit vor der Einreichung der Klage werden dem Streitwert nach Abs. 3 hinzu geschlagen. Werden Feststellungs- und Leistungsansprüche mit einer Klage geltend gemacht, sind auch hier ihre Werte nach § 5 ZPO zusammenzurechnen. Im Einzelnen vgl. auch unten, Anh. zu § 48.

18 **Abs. 3 (Rückstände):** Bei den in den Abs. 1 genannten Ansprüchen auf wiederkehrende Leistungen sind die Rückstände aus der Zeit **vor** der Einreichung der Klage dem Streitwert hinzuzurechnen.[78] Im Lauf des Verfahrens aufgelaufene Zahlungsrückstände sind nicht solche i.S.v. Abs. 3 und deshalb für den Streitwert ohne Bedeutung.[79] Sie müssen aber immer auf zukünftige Ansprüche gerichtet sein, so dass Rückzahlungsforderungen (etwa nach Anfechtung des Arbeitsvertrages) nicht zu einer Streitwertbegrenzung nach Abs. 3 führen können.[80] Das gilt entsprechend auch für eine Klage auf künftige Miete.[81] Im Verfahren der Vollstreckbarerklärung eines ausländischen Titels werden Rückstände aus der Zeit nach dessen Erlass dem Streitwert aber nicht hinzugerechnet, sondern nur solche Rückstände, die schon bei Einreichung der Klage im Ausland fällig waren oder in der Auslandsentscheidung als Rückstände bezeichnet und zugesprochen worden sind.[82] Das ist aber nur für die Gebührenberechnung des Rechtsanwalts maßgebend (§ 23 Abs. 1 Satz 2 RVG), weil für die Gerichtsgebühren ein Festwert von 200,– € gilt (KV Nr. 1510).

19 Bei den Streitigkeiten vor den Arbeitsgerichten kommt aber eine Hinzurechnung nicht in Betracht (Abs. 3 S. 1 Hs. 2).[83] S. 1 Hs. 2 bezieht sich auf alle Streitigkeiten vor den Arbeitsgerichten und nicht nur auf solche, die in Abs. 3 genannt sind. Auch die im Einreichungsmonat entstandenen Ansprüche sind mit zu den Rückständen i.d.S. zu rechnen, und zwar auch die zum Zeitpunkt der Einreichung eines Prozesskostenhilfeantrags. Denn seit dem KostRÄndG 1994 ist klargestellt, dass alle bereits fälligen Beträge zu den Rückständen zählen.

20 Die Einreichung eines Antrags auf Bewilligung von Prozesskostenhilfe ist der Einreichung einer Klage gleichgestellt, wenn alsbald nach Mitteilung der Entscheidung über den Prozesskostenhilfeantrag oder über eine alsbald eingereichte Beschwerde Klage eingereicht wird. Der Gesetzgeber hat dabei den Begriff „alsbald" ausdrücklich aus § 696 Abs. 3 ZPO übernommen. Damit sollte auch ermöglicht werden, dass Vergleichsverhandlungen nicht im Wege stehen, solange die Einreichung der Klage noch in einem den Umständen angemessenen Zeitraum erfolgt.[84]

21 Maßgeblich ist die Einreichung der Klageschrift, d.i. der durch den Eingangsstempel des Gerichts ausgewiesene **Zeitpunkt**, oder der Eingang des Antrags auf Bewilligung der Prozesskostenhilfe, wenn die übrigen Bedingungen (alsbaldige Einreichung der Klage nach Mitteilung über die Bescheidung des Prozesskostenhilfeantrags *oder* nach der Entscheidung über die alsbald nach Mitteilung alsbald eingereichte Beschwerde gegen die Prozesskostenhilfeentscheidung) erfüllt sind. In einem vorgeschalteten Prozesskostenhilfeprüfungsverfahren muss der Antragsteller mithin das Erfordernis der alsbaldigen Einreichung dann doppelt erfüllen, wenn und soweit er gegen einen Prozesskostenhilfebeschluss Rechtsmittel einlegen will.

---

78 OLG Brandenburg JurBüro 2001, 93, 94.
79 OLG Nürnberg JurBüro 2008, 33 m.N.
80 LAG Köln RVG-Letter 2006, 59.
81 BGH JurBüro 2004, 378.
82 BGH JurBüro 2009, 140 = MDR 2009,173 = FamRZ 2009, 222 = FuR 2009, 96 (betr. Unterhaltstitel).
83 Sehr kritisch dazu *Lappe* NJW 2004, 2409, 2411.
84 Vgl. BT-Ds. 12/6962, S. 62/63.

Rückstände i.S.v. Abs. 3 sind diejenigen Raten, die am Tage der Klage- oder der fingierten Klageeinreichung fällig waren. Rückstände, die erst nach diesem Zeitpunkt fällig werden, haben keinen Einfluss auf die Streitwertberechnung, also auch nicht solche, die bis zur Einlegung eines Rechtsmittels aufgelaufen[85] sind oder wegen derer der Kläger seine Klage im Laufe eines längeren Verfahrens durch Umstellung des Antrags ändert.[86] **22**

Wird hingegen im Laufe des Rechtsstreits im Wege der **Klageerweiterung** statt der ursprünglich geforderten Rente rückwirkend eine höhere Rente gefordert, berechnet sich der Streitwert vom Zeitpunkt der Klageerweiterung an nach dem höheren Betrag. Der Mehrbetrag gilt dann nicht als Rückstand i.S.v. Abs. 3.[87] Das gilt für Klageerhöhungen allgemein.[88] **23**

Maßgeblich Wird mit der **Abänderungsklage** nicht nur die Abänderung eines Urteils für die Zukunft, sondern unzulässigerweise auch für die Vergangenheit gefordert, so sind die bis zur Einreichung der Abänderungsklage geforderten Beträge dem Streitwert der Abänderungsklage hinzuzurechnen.[89] Geht der Kläger von der Feststellungsklage zur Leistungsklage über, so sind die bis dahin angefallenen Rückstände, soweit sie geltend gemacht werden, dem Streitwert der Feststellungsklage hinzuzurechnen.[90] Bei der Bestimmung des Rückstands im Falle der Vollstreckbarkeitserklärung eines ausländischen Titels sind als Rückstände die bis zum Erlass des Bescheides fälligen Beträge, im Falle einer Erhöhung die bis dahin fälligen Differenzbeträge.[91] **24**

Keine Anwendung findet Abs. 3 auch, wenn die Regelung über die Abrechnung von Vergütungsansprüchen und die Auszahlung sich ergebender Nettobeträge in einem Aufhebungsvergleich geregelt werden, wenn die Vergütungsansprüche nicht bereits streitgegenständlich waren, wenn z.B. der Streit nur um die Wirksamkeit einer Kündigung ging.[92] **25**

Anhang I nach § 42

Streitwertkatalog für die Arbeitsgerichtsbarkeit[1] – überarbeitete Fassung vom 9. Juli 2014

VORBEMERKUNG

Auf der Basis der ersten Fassung eines einheitlichen Streitwertkatalogs für die Arbeitsgerichtsbarkeit aus dem Jahre 2013 hat die Streitwertkommission unter Auswertung der Stellungnahmen und Vorschläge aus der Anwaltschaft, von Seiten der Gewerkschaften und der Arbeitgeberverbände, von Seiten der Versicherungswirtschaft und aus der Richterschaft eine überarbeitete Fassung des Streitwertkatalogs erstellt. Auch künftig soll der Streitwertkatalog weiter entwickelt werden.

---

85 *Hartmann* § 42 Rn. 36.
86 BGH JurBüro 1975, 326; BGH NJW 1960, 1459 = RPfleger 1960, 307.
87 OLG Düsseldorf NJW 1957, 1638; OLG Zweibrücken JurBüro 1978, 1550.
88 OLG Hamburg MDR 1983, 1032 m.w.N. **gegen** OLG Karlsruhe FamRZ 1986, 195.
89 LG Freiburg NJW 1967, 2063.
90 BGHZ 2, 74 = NJW 1951,802; OLG Bamberg RPfleger 1953, 47.
91 OLG Hamburg OLG-Report Bremen/Hamburg/Schleswig-Holstein 1997, 164.
92 LAG Hamburg JurBüro 2014, 24.

1 **Hinterlegt** als PDF-Datei beim HessVGH. Dazu auch *Bader/Jörchel* NZA 2013, 890 ff.; *Willemsen* u.a. NZA 2013, 1112.

Der Streitwertkatalog kann selbstverständlich nur praktisch wichtige Fallkonstellationen aufgreifen, ebenso selbstverständlich sind die darin enthaltenen Bewertungsvorschläge zugeschnitten auf die entsprechenden typischen Fallkonstellationen.

Trotz dieser Einschränkungen versteht sich der Streitwertkatalog als Angebot auf dem Weg zu einer möglichst einheitlichen Wertrechtsprechung in Deutschland, im Interesse der Rechtssicherheit und Rechtsklarheit für alle Beteiligten. Er beansprucht jedoch keine Verbindlichkeit.[2] Gleichwohl halten sich die Gerichte inzwischen weitestgehend an die in dem Katalog enthaltenen Vorgaben.

I. URTEILSVERFAHREN[3]

Verfahrenswert

Nr.	Gegenstand
1.	**Abfindung und Auflösungsantrag, tarifliche Abfindung, Sozialplanabfindung, Nachteilsausgleich**
	Wird im Kündigungsrechtsstreit eine gerichtliche Auflösung des Arbeitsverhältnisses beantragt (§§ 9, 10 KSchG; § 13 Abs. 1 S. 3–5, Abs. 2 KSchG; § 14 Abs. 2 S. 2 KSchG), führt dies nicht zu einer Werterhöhung. Wird in der Rechtsmittelinstanz isoliert über die Auflösung gestritten, gilt § 42 Abs. 2 S. 1 GKG; wird isoliert über die Abfindungshöhe gestritten, ist maßgebend der streitige Differenzbetrag, höchstens jedoch das Vierteljahresentgelt. Eine im Vergleich vereinbarte Abfindung in entsprechender Anwendung der §§ 9, 10 KSchG ist nicht streitwerterhöhend; Vereinbarungen über andere Abfindungen oder einen Nachteilsausgleich im Vergleich können hingegen zu einer Werterhöhung führen. Wird hingegen über eine Sozialplanabfindung, über eine tarifliche Abfindung oder über einen Fall des Nachteilsausgleichs nach § 113 Abs. 1 BetrVG gestritten, richtet sich der Wert nach dem streitigen Betrag. Ggf. ist das zum Hilfsantrag (siehe I. Nr. 18) Ausgeführte zu beachten.
2.	**Abmahnung**
2.1	Der Streit über eine Abmahnung wird – unabhängig von der Anzahl und der Art der darin enthaltenen Vorwürfe und unabhängig von dem Ziel der Klage (Entfernung, vollständige Entfernung, ersatzlose Entfernung, Zurücknahme/Widerruf, Feststellung der Unwirksamkeit) – mit 1 Monatsvergütung bewertet.[4]
2.2	Mehrere in einem Verfahren angegriffene Abmahnungen werden mitmaximal dem Vierteljahresentgelt bewertet.[5]
3.	**Abrechnung**
	Reine Abrechnung nach § 1098 GewO, gegebenenfalls auch kumulativ mit einer Vergütungsklage: 5% der Vergütung für den geltend gemachten Abrechnungszeitraum.
4.	**Änderungskündigung** – bei Annahme unter Vorbehalt – und sofortiger **Streit über den Inhalt des Arbeitsverhältnisses:**
4.1	1 Monatsvergütung bis zu einem Vierteljahresentgelt je nach dem Grad der Vertragsänderung.[6]

2 Vgl. dazu LAG Nürnberg NZA-RR 2013, 549 (Der Katalog sollte aber im Interesse einer möglichst einheitlichen Streitwertgestaltung regelmäßig angewendet werden).

3 Allgemeiner Hinweis: Personenbezogene Bezeichnungen beziehen sich auf beide Geschlechter. Zur besseren Lesbarkeit wird im Text nur die männliche Form verwendet.

4 LAG Berlin-Brandenburg JurBüro 2015, 192.

5 LAG Berlin-Brandenburg JurBüro 2015, 192.

6 Dazu ausf. LAG Köln, JurBüro 2016, 422 = JurionRS 2016, 14706.

Nr.	Gegenstand
4.2	Bei Änderungskündigungen mit Vergütungsänderung oder sonstigen messbaren wirtschaftlichen Nachteilen: 3-fache Jahresdifferenz, mindestens 1 Monatsvergütung, höchstens die Vergütung für ein Vierteljahr.
5.	**Altersteilzeitbegehren** Bewertung entsprechend I. Nr. 4
6.	**Annahmeverzug** Wird in einer Bestandsstreitigkeit im Wege der Klagehäufung fällige Annahmeverzugsvergütung geltend gemacht, bei der die Vergütung vom streitigen Fortbestand des Arbeitsverhältnisses abhängt, so besteht nach dem Beendigungszeitpunkt eine wirtschaftliche Identität zwischen Bestandsstreit und Annahmeverzug. Nach § 45 Abs. 1 S. 3 GKG findet keine Wertaddition statt. Der höhere Wert ist maßgeblich.
7.	**Arbeitspapiere**
7.1	Handelt es sich hierbei nur um reine Bescheinigungen z.B. hinsichtlich sozialversicherungsrechtlicher Vorgänge, Urlaub oder Lohnsteuer: pro Arbeitspapier 10% einer Monatsvergütung.
7.2	Nachweis nach dem Nachweisgesetz: 10% einer Monatsvergütung.
8.	**Arbeitszeitreduzierung** Bewertung entsprechend I. Nr. 4.
9.	**Auflösungsantrag** Dazu wird auf I. Nr. 1 verwiesen.
10.	**Auskunft/Rechnungslegung/Stufenklage** (für leistungsabhängige Vergütung z.B. Provision oder Bonus):
10.1	**Auskunft (isoliert)**: von 10% bis 50% der zu erwartenden Vergütung, je nach Bedeutung der Auskunft für die klagende Partei im Hinblick auf die Durchsetzung des Zahlungsanspruchs.
10.2	Eidesstattliche Versicherung: 10% der Vergütung.
10.3	**Zahlung**: Nennbetrag (ggf. nach der geäußerten Erwartung der klagenden Partei, unter Berücksichtigung von § 44 GKG).
11.	**Befristung, sonstige Beendigungstatbestände** Für den Streit über die Wirksamkeit einer Befristungsabrede, einer auflösenden Bedingung, einer Anfechtung des Arbeitsvertrags, einer Eigenkündigung und eines Auflösungs- oder Aufhebungsvertrags gelten die Bewertungsgrundsätze der I. Nrn. 19 und 20 sowie der Nr. 17.
12.	**Beschäftigungsanspruch** 1 Monatsvergütung
13.	**Betriebsübergang** Bestandsschutzklage gegen Veräußerer und Feststellungs- bzw. Bestandsschutzklage gegen Erwerber: allein Bewertung der Beendigungstatbestände nach I. Nrn. 11, 19 und 20, keine Erhöhung nur wegen subjektiver Klagehäufung (also z.B. bei Klage gegen eine Kündigung des Veräußerers und Feststellungsklage gegen Erwerber im selben Verfahren: Vergütung für ein Vierteljahr). Bestandsschutzklage gegen Veräußerer und Beschäftigungsklage / Weiterbeschäftigungsklage gegen Erwerber: Bewertung nach I. Nrn. 11, 12, 19 und 20, keine Erhöhung allein wegen subjektiver Klagehäufung (also z.B. bei Klage gegen eine Kündigung des Veräußerers und Beschäftigungsklage gegen Erwerber im selben Verfahren): 4 Monatsvergütungen. Alleiniger Streit in Rechtsmittelinstanz über Bestand Arbeitsverhältnismit Betriebserwerber: Vergütung für ein Vierteljahr.

Nr.	Gegenstand
14.	**Direktionsrecht – Versetzung**
	Von in der Regel 1 Monatsvergütung bis zu einem Vierteljahresentgelt, abhängig vom Grad der Belastungen aus der Änderung der Arbeitsbedingungen für die klagende Partei.
15.	**Einstellungsanspruch/Wiedereinstellungsanspruch**
	Die Vergütung für ein Vierteljahr; ggf. unter Berücksichtigung von I. Nr. 18.
16.	**Einstweilige Verfügung**
16.1	Bei Vorwegnahme der Hauptsache: 100% des allgemeinen Wertes.
16.2	Einstweilige Regelung: Je nach Einzelfall, in der Regel 50% des Hauptsachestreitwertes.
17.	**Feststellungsantrag, allgemeiner (Schleppnetzantrag):**
17.1.	Allgemeiner Feststellungsantrag isoliert: höchstens Vergütung für ein Vierteljahr.
17.2.	Allgemeiner Feststellungsantrag neben punktuellen Bestandsschutzanträgen (Schleppnetzantrag): keine zusätzliche Bewertung (arg. § 42 Abs. 2 S. 1 GKG).
18.	**Hilfsantrag**
	Auch uneigentlicher/unechter Hilfsantrag: Es gilt § 45 Abs. 1 S. 2 und 3 GKG.
19.	**Kündigung (eine)**
	Die Vergütung für ein Vierteljahr, es sei denn unter Auslegung des Klageantrags und der Klagebegründung ist nur ein Fortbestand des Arbeitsverhältnisses von unter 3 Monaten im Streit (dann entscheidet geringerer Wert).
20.	**Kündigungen (mehrere):**
20.1	Außerordentliche Kündigung, die hilfsweise als ordentliche erklärt wird (einschließlich Umdeutung nach § 140 BGB): höchstens die Vergütung für ein Vierteljahr, unabhängig davon, ob sie in einem oder in mehreren Schreiben erklärt werden.
20.2	Mehrere Kündigungen ohne Veränderung des Beendigungszeitpunktes: keine Erhöhung.
20.3.	Folgekündigungen mit Veränderung des Beendigungszeitpunktes: Für jede Folgekündigung die Entgeltdifferenz zwischen den verschiedenen Beendigungszeitpunkten, maximal jedoch die Vergütung für ein Vierteljahr für jede Folgekündigung. Die erste Kündigung – bewertet nach den Grundsätzen der I. Nr. 19 – ist stets die mit dem frühesten Beendigungszeitpunkt, auch wenn sie später ausgesprochen und später angegriffen wird. Die Grundsätze des Absatzes 1 gelten jeweils für die betreffende Instanz. Fallen Klagen gegen einzelne Kündigungen im Laufe des Verfahrens in einer Instanz weg, gelten die Grundsätze des ersten Absatzes ab diesem Zeitpunkt für die in dieser Instanz verbleibenden Kündigungen.
21.	**Rechnungslegung:** siehe Auskunft (I. Nr. 10)
22.	**Vergleichsmehrwert**[7]
22.1	Ein Vergleichsmehrwert fällt nur an, wenn durch den Vergleichsabschluss ein weiterer Rechtsstreit und/oder außergerichtlicher Streit erledigt und/oder die Ungewissheit über ein Rechtsverhältnis beseitigt werden. Beispiele: Wird im Rahmen eines Abmahnungsrechtsstreits oder des Streits über eine Versetzung die Beendigung des Arbeitsverhältnisses vereinbart oder im Rahmen einer verhaltensbedingten Kündigung eine Regelung zum Arbeitszeugnis mit inhaltlichen Festlegungen vereinbart, ist dies mit dem Wert der Hauptsache zu bewerten.

7 Nr. 25 hat ist für das gerichtliche Verfahren nur dann von Bedeutung, wenn durch den Vergleich nicht das gesamte gerichtliche Verfahren beendet (vgl. KV Vorbem vor Teil 8). Dazu auch LAG Köln Beschl. v. 22.1.2014 – 5 Ta 369/13 – = Openjur 2014, 3975.

	Nur wenn eine Partei sich eines Anspruchs auf oder eines Rechts zur Freistellung berühmt hat, wird die Freistellungsvereinbarung mit bis zu 1 Monatsvergütung (unter Anrechnung des Werts einer Beschäftigungs- oder Weiterbeschäftigungsklage) bewertet. Die Freistellung wird nur zukunftsbezogen ab dem Zeitpunkt des Vergleichsabschlusses bewertet, etwaige Zeiten einer Freistellung zuvor spielen keine Rolle.
22.2	Ist ein Anspruch unstreitig und gewiss, aber seine Durchsetzung ungewiss, wird das Titulierungsinteresse mit 20% des Wertes des Anspruches bewertet.
23.	**Wiedereinstellungsanspruch** siehe Eistellungsanspruch (I. Nr. 25)
24.	**Weiterbeschäftigungsantrag** incl. Anspruch nach § 102 Abs. 5 BetrVG 1 Monatsvergütung
25.	**Zeugnis**
25.1	Erteilung oder Berichtigung eines einfachen Zeugnisses: 10% einer Monatsvergütung.
25.2	Erteilung oder Berichtigung eines qualifizierten Zeugnisses: 1 Monatsvergütung, und zwar unabhängig von Art und Inhalt eines Berichtigungsverlangens,[8] auch bei kurzem Arbeitsverhältnis.[9]
25.3	Zwischenzeugnis: ½ Monatsvergütung;[10] wird ein Zwischen – und ein Endzeugnis (kumulativ oder hilfsweise) im Verfahren verlangt: Insgesamt 1 Monatsvergütung.

II. BESCHLUSSVERFAHREN[1]

(*nicht abgedruckt*)

Anhang II nach § 42

Einzelfälle:[1]

1 Die Rspr. ist sehr kasuistisch und schwankend. Im Folgenden können deshalb nur Orientierungspunkte gesetzt werden.

2 **Abfindung:** Streitwertkatalog A Nr. 1. Keine Berücksichtigung bei Anwendung des § 48 Abs. 2, auch nicht bei beziffertem Verlangen.[2] § 42 Abs. 2 GKG gilt auch nicht, wenn die Abfindung auf andere Anspruchsgrundlagen gestützt wird. Dann umfasst sie in der Regel 3 Monatsgehälter.[3] Abfindungen aus Rationalisierungsabkommen, Sozialplä-

---

8 Das gilt auch, wenn Erteilung und spätere Berichtigung während des Rechtsstreits (LAG Berlin-Brandenburg JurBüro 2015, 250 = RVG-professionell 2015, 92).
9 So LAG Nürnberg JurBüro 2014, 76.
10 **A.A.** LAG Düsseldorf, JurBüro 2016, 641 (1 Monatslohn).

1 Die Werte spielen wegen § 2 Abs. 2 GKG für die Gerichtsgebühren keine Rolle. Anders aber für die Rechtsanwaltsvergütung (§ 33 Abs. 1, 23 Abs. 3 RVG). Vgl. dazu das umfangreiche Streitwertlexikon für das Beschlussverfahren bei *Meier/Oberthür* Rn. 240 ff.

1 Vgl. dazu die umfangreiche und ausführlich alphabetische Zusammenstellung, insbesondere der Rechtspr. bei *Meier/Oberthür* Rn. 86 ff.
2 LAG Berlin MDR 1988, 347; *Ennemann/Griese* Rn. 815; *Germelmann/Matthes/Prütting* § 12 Rn. 115, jeweils m.w.N.
3 LAG Düsseldorf MDR 2001, 598.

nen oder nach § 113 Abs. 3 BetrVG werden aber stets dem Streitwert hinzugerechnet.[4] Sieht ein Sozialplan Abfindungen vor, ist die dort enthaltene Höhe maßgebend.[5]

Abgabe einer Willenserklärung: Wert ist nach § 3 ZPO frei zu schätzen. Im Arbeitsrecht kann aber § 42 die Obergrenze bilden.

Abmahnung: Streitwertkatalog I Nr. 2.[6] Der Wert eines Begehrens auf Entfernung der Abmahnung aus der Personalakte ist mit einem Bruttomonatsverdienst anzusetzen.[7] Bei mehreren aufeinanderfolgenden Abmahnungen für die erste und zweite je ein Bruttomonatsverdienst, jede weitere innerhalb eines Zeitraums von 6 Monaten $^1/_3$ des Bruttomonatsverdienstes.[8] Bei gleichzeitigem Widerrufsverlangen ist dieses gesondert zu bewerten[9] (vgl. auch § 42 Abs. 3 GKG). Mehrere Abmahnungen bilden nach Einzelbewertung einen Gesamtwert.[10] Die Grundsätze gelten auch, wenn die Entfernung mehrerer Abmahungen aus der Personalakte begehrt wird, jedoch ist der Gesamtbetrag auf 3 Bruttmonatsgehälter zu deckeln.[11]

Abrechnung: Streitwertkatalog I Nr. 3. Maßgebend ist das wirtschaftliche Interesse des Klägers. In der Regel 10–15% der zu erwartenden Leistung (auch bei isolierter Bewertung der 1. Stufe einer Stufenklage). Bei Klagen auf Erteilung einer Gehalts-/Lohnabrechnung. Beim Verlangen einer schriftlichen Abrechnung 100 €; bei Berichtigung Verdoppelung.[12]

Änderungskündigung Vgl. § 42, Rn. 13 ff.[13] und Streitwertkatalog I Nr. 4. Grundsätzlich ist die 3-Monats-Differenz zwischen altem und neuem Monatslohn heranzuziehen,[14] u.U. aber auch 2 volle Monatsgehälter.[15] Geht es dem Kläger bei Klagen nach dem TzBfG primär um den Freizeitgewinn, handelt es sich um eine nichtvermögensrechtliche Streitigkeit, die nach § 42 Abs. 1 und nicht nach § 42 Abs. 2 zu bewerten ist.[16] Wenn der Arbeitnehmer die Änderungskündigung unter Vorbehalt annimmt und diese nur auf Herabsetzung der Vergütung abzielt, ist entsprechend § 42 Abs. 1 und Abs. 2 S. 1 und 2 grundsätzlich vom 3-fachen Jahresbetrag der Vergütungsdifferenz auszugehen; verlangt der Arbeitnehmer neben einem Kündigungsschutzantrag im Wege objektiver Klagehäufung Feststellung, dass der Arbeitgeber zur Zahlung bisheriger Löhne verpflichtet sei, ist der Feststellungsantrag zwar grundsätzlich mit dem 3-jährigen Bezugswert zu bemessen, ist aber dann entsprechend dem Gedanken des § 42 Abs. 2 S. 1 auf ein Bruttomonatsge-

---

4 LAG Hamburg JurBüro 2013, 251.

5 Vgl. dazu LAG Frankfurt aM BB 1977, 1549; LAG Hamburg AnwBl. 1984, 315 und die Nachweise bei *Ennemann/Griese* Rn. 816; *Germelmann/Matthes/Prütting* § 12 Rn. 116.

6 LAG Berlin-Brandenburg JurBüro 2015, 192 (regelmäßig 1 Bruttomonatsvergütung, mehrere Abmahnungen in einem Verfahren max. 1 Vierteljahresverdienst). Anders aber LAG Kiel BB 1995, 1596 (I.d.R. $^1/_3$ des Wertes eines fiktiven Kündigungsschutzprozesses).

7 LAG Hamm DB 1989, 2032.

8 LAG Hessen NZA-RR 2000, 438 = MDR 2000, 1278. **A.M.** LAG Nürnberg JurBüro 2013, 25 m.N (1. Abm. 1 Bruttomonatsgehalt, jede weitere Abmahnung je ein Drittel eines Monatsgehalts).

9 LAG Schl-Holst NZA-RR 2001, 496.

10 LAG Berlin MDR 2003, 1021.

11 LAG Sachsen-Anhalt JuBüro 2013, 250. Vgl. auch *N. Schneider* RVG-professionell 2012, 205; *Hartmann* Anh. I zu § 48 (§ 3 ZPO) Rn. 83.

12 LAG Frankfurt aM JurBüro 2004, 139.

13 Vgl. dazu auch HessLAG JurBüro 1999, 475; dazu auch die Nachweise bei *Ennemann/Griese* Rn. 834 ff.

14 BAG JurBüro 2000, 309; LAG Nürnberg JurBüro 2006, 146 = MDR 2006, 897; LAG Frankfurt aM MDR 1999, 945; LAG Halle AnwBl. 2001, 635; LAG Bremen AnwBl. 1999, 485; LAG Mainz, DB 1991, 764; LAG Köln AnwBl. 2001, 636.

15 LAG Berlin MDR 1999, 170.

16 LAG München JurBüro 2004, 85.

halt zu reduzieren, wenn der zusätzliche Antrag mit der Begründetheit oder Unbegründetheit der Änderungskündigung steht und fällt.[17]

Altersteilzeitbegehren Vgl. § 42, Rn. 13ff.[18] und Streitwertkatalog I Nr. 5. Grundsätzlich ist die 3-Monats-Differenz zwischen altem und neuem Monatslohn heranzuziehen,[19] u.U. aber auch 2 volle Monatsgehälter.[20] Geht es dem Kläger bei Klagen nach dem TzBfG primär um den Freizeitgewinn, handelt es sich um eine nichtvermögensrechtliche Streitigkeit, die nach § 42 Abs. 1 und nicht nach § 42 Abs. 2 zu bewerten ist.[21] Wenn der Arbeitnehmer die Änderungskündigung unter Vorbehalt annimmt und diese nur auf Herabsetzung der Vergütung abzielt, ist entsprechend § 42 Abs. 1 und Abs. 2 S. 1 und 2 grundsätzlich vom 3-fachen Jahresbetrag der Vergütungsdifferenz auszugehen; verlangt der Arbeitnehmer neben einem Kündigungsschutzantrag im Wege objektiver Klagehäufung Feststellung, dass der Arbeitgeber zur Zahlung bisheriger Löhne verpflichtet sei, ist der Feststellungsantrag zwar grundsätzlich mit dem 3-jährigen Bezugswert zu bemessen, ist aber dann entsprechend dem Gedanken des § 42 Abs. 2 S. 1 auf ein Bruttomonatsgehalt zu reduzieren, wenn der zusätzliche Antrag mit der Begründetheit oder Unbegründetheit der Änderungskündigung steht und fällt.[22]

Altersversorgung: im Arbeitsrecht handelt es sich oft um Feststellungsklagen über Bestand, Anspruch auf Aufnahme in die betriebliche Altersversorgung oder um Schadensersatzansprüche wegen unterbliebener Aufnahme. In solchen Fällen handelt es sich um nach § 42 Abs. 1 zu bewertende Streitigkeiten, wenn der Versorgungsfall eingetreten ist. Wird Feststellung vor Eintritt des Versorgungsfalles begehrt, ist § 42 Abs. 1 unanwendbar.[23] Allerdings ist auch dann in Anlehnung an § 42 Abs. 1 Satz 2 vom 36-fachen Wert der voraussichtlichen Betriebsrentendifferenz auszugehen und dann ein pauschaler Abschlag zu machen.[24] Der Höchstbetrag nach § 42 Abs. 2 wird i.d.R. zu unterschreiten sein.

Anfechtung von Arbeitsverträgen: Es gelten die allgemeinen Grundsätze wie bei Bestandsschutzstreitigkeiten.[25]

Annahmeverzug: Streitwertkatalog I Nr. 6. Ein Feststellungsantrag des Annahmeverzugs hat neben einem Antrag auf (Zug-um-Zug-)Leistung keinen selbständigen Wert.[26]Feststellung, dass sich Arbeitgeber im Abnahmeverzug befindet, 1 Bruttomonatsgehalt.[27]

---

17 LAG Rheinland-Pfalz JurBüro 2008, 478.

18 Vgl. dazu auch HessLAG JurBüro 1999, 475; dazu auch die Nachweise bei *Ennemann/Griese* Rn. 834ff.

19 BAG JurBüro 2000, 309; LAG Nürnberg JurBüro 2006, 146 = MDR 2006, 897; LAG Frankfurt aM MDR 1999, 945; LAG Halle AnwBl. 2001, 635; LAG Bremen AnwBl. 1999, 485; LAG Mainz, DB 1991, 764; LAG Köln AnwBl. 2001, 636.

20 LAG Berlin MDR 1999, 170.

21 LAG München JurBüro 2004, 85.

22 LAG Rheinland-Pfalz JurBüro 2008, 478.

23 BAG JurBüro 2016, 20 = NZS 205, 1471 = NZA-RR 2015,6 = BB 2015, 2675 = DB 2015, 2824 = JurionRS 2015, 27268.

24 BAG JurBüro 2016, 20 = NZS 205, 1471 = NZA-RR 2015,6 = BB 2015, 2675 = DB 2015, 2824 = JurionRS 2015, 27268.

25 Dazu bei *Ennemann/Griese* Rn. 845ff.

26 Die Frage ist strittig: Wie hier z.B. OLG Naumburg NJW-RR 2012, 1213; OLG Dresden NJW-RR 2012, 1214; m.w.N.KG JurBüro 2008, 596; OLG Düsseldorf JurBüro 2009, 33 = MDR 2009, 57. **A.M.** z.B. BGH NJW-RR 1989, 826; OLG Bremen NJOZ 2008, 830 = OLGReport 2007, 625; OLG Düsseldorf JurBüro 1994, 496.

27 LAG Hamburg MDR 2003, 178.

Arbeitgeberverweisung betr. Änderung der Arbeitsbedingungen: Es gelten die Grundsätze der Kündigungsschutzklage entsprechend, i.d.R. eine Bruttomonatsvergütung, bei schwerwiegenden Belastungen für den Arbeitnehmer Z.B. regelmäßige Sonnabendarbeit) zwei Bruttomonatsvergütungen.[28]

Arbeitnehmererfindung: Bei der Klage auf eine angemessene Vergütung ist auch der soziale Zweck des § 38 ArbEG zu beachten.[29] Bei einem unbezifferten Antrag auf Festsetzung einer angemessenen Vergütung ohne Nennung eines verbindlichen Mindestbetrags durch den Kläger ist grundsätzlich nach dem Betrag zu bemessen, den das Gericht für angebracht hält, wobei offensichtlich übertriebene Vorstellungen des Klägers außer Betracht zu bleiben haben.[30]

Arbeitsbescheinigung: s. „Arbeitspapiere".

Arbeitsentgelt: Es sind die gesamten monatlichen Bezüge einschließlich der geldwerten Leistungen des Arbeitsgebers zu nehmen. Dazu können auch – z.B. bei einem Chefarzt – alle vertraglich erlaubten Nebentätigkeiten zählen.[31] Eine Abfindung[32] oder anteilige Weihnachts- und/oder Urlaubsgelder[33] und andere Gratifikationen[34] rechnet man aber nicht mit, wohl aber anteilige zusätzliche Gehälter.[35] Bei Klagen auf künftige Leistung ebenfalls der Wert des 3-fachen Jahresbezuges.[36]

Arbeitsgerichtsverfahren: Vgl. §§ 22 Abs. 2, 42 Abs. 2 GKG.

Arbeitsleistung: Klage des betreffend die Erbringung der nach dem Vertrag geschuldeten Leistung ist entsprechend Weiterbeschäftigungsproblematik mit etwa einem doppelten Monatslohn zu bewerten.

Arbeitspapiere: Streitwertkatalog I Nr. 7.[37] Streitigkeiten über die Aushändigung, Ausstellung etc. i.d.R. 150[38]–250 €[39] je Papier. Bei einer Berichtigung sollen sich die Beträge verdoppeln.[40] S. a. „Zeugnis".

Arbeitsplatz: Versetzung auf einen anderen: Vgl. unten „Versetzung".

Arbeitsvertrag: Wenn der Streit darum geht, ob ein Arbeitsvertrag vorliegt, ist ebenfalls der 3-Monatsbetrag maßgebend (§ 42 Abs. 2 GKG).

Arbeitszeit: Streitwertkatalog A Nr. 8. Änderung ist mit 2,[41] höchstens aber mit 3 Monatsgehältern[42] zu bewerten. Bei Klagen nach § 8 TzBfG handelt es sich um eine nichtvermögensrechtliche Streitigkeit, wenn es dem Kläger primär um Freizeitgewinn geht.[43] (Dazu auch § 48 Rn. 7). Steht das wirtschaftliche Interesse im Vordergrund, ist § 42 Abs. 2 analog anwendbar.[44]

Arbeitszeitveränderung: Streitwertkatalog I Nr. 8.

---

28 LAG Hamburg JurBüro 2014, 22.
29 LG Düsseldorf GRUR 1984, 653.
30 BGH MDR 2012, 875 = BeckRS 2012, 13528.
31 LAG Hamm AnwBl. 1976, 167.
32 LAG Saarbrücken AnwBl. 1977, 253.
33 LAG Frankfurt aM MDR 2000, 165; LAG Köln DB 1982, 1226.
34 LAG Köln BB 1995, 317.
35 LAG Frankfurt aM MDR 2000, 165.
36 AG Köln JurBüro 2003, 643.
37 Anhang nach § 42.
38 LAG Frankfurt aM JurBüro 2004, 139.
39 LAG Dresden MDR 2001, 960; LAG Köln MDR 2000, 670; AG Köln DB 2000, 432.
40 LAG Frankfurt aM JurBüro 2004, 139.
41 LAG Berlin JurBüro 2001, 252.
42 LAG Frankfurt aM MDR 2002, 891.
43 LAG München JurBüro 2004, 85.
44 LAG Nürnberg RVG-Letter 2004, 11.

Arbeitszeugnis: Streitwertkatalog A Nr. 25. Unterfall der „Arbeitspapiere". Vgl. dort und „Zeugnis".

Aufhebungsvertrag Streitwertkatalog I Nr. 9. § 42 Abs. 2 gilt auch für einen die Kündigung des Arbeitgebers vermeidenden Aufhebungsvertrag.[45]

Auflösungsantrag: Streitwertkatalog I Nr. 9.

Auflösungsvertrag: Streitwertkatalog I Nr. 9. § 42 Abs. 2 gilt auch für einen Auflösungsantrag nach § 9 KSchG. Der Antrag ist besonders (d.h. streitwerterhöhend) zu berücksichtigen.[46] Dazu § 42 Rn. 13.

Außerordentliche Kündigung: s. „Kündigung".

Auskunft/Rechnungslegung: Streitwertkatalog I Nr. 10.

Auszubildender: Die Bestimmungen für das Arbeitsrecht, insbesondere § 42 Abs. 2 GKG gelten auch für Vertragsverhältnisse nach dem BBiG.

Beendigungsvergleich: widerrufliche Freistellungsvereinbarung im B. mit 10% des 3 auf den Freistellungszeitraum entfallenden Bruttomonatsentgelts, jedoch kein Mehrwert, wenn Parteien sich aufgrund einer Kündigung nur auf einen nach dem Kündigungsendtermin liegenden Zeitpunkt vergleichen.[47] Grundsätzlich ist die sozialpolitische Ausrichtung des § 42 Abs. 2 zu berücksichtigen, so dass nur der Wert der erledigten Ansprüche, nicht aber der Wert dessen, was sich die Parteien im Vergleich besprechen berücksichtigt werden darf.[48]

Befangenheit: Vgl. oben Rn. 10 „Ablehnung von Richtern".

Befreiung von einer Verbindlichkeit: Das zu schätzende[49] Interesse des Klägers, das i.d.R. dem Nennbetrag der Forderung, wie sie der Kläger bei Klageeinreichung beziffert,[50] entsprechen wird.[51] Eine geringere Bemessung ist möglich, wenn besondere Umstände vorliegen, die eine solche Bewertung rechtfertigen.[52] Das ist z.B. der Fall, in dem eine künftige Inanspruchnahme des Schuldners ausgeschlossen erscheint.[53] Bei Dauerleistungen oder wiederkehrenden Leistungen gelten die Bestimmungen der §§ 8, 9 ZPO.[54] Keine Ermäßigung nach § 42.[55] Von der Restschuld im Insolvenzverfahren vgl. „Restschuldbefreiung".

Befristung: Streitwertkatalog I Nr. 11.

Berufsausbildungsverhältnis: Es gelten die gleichen Grundsätze wie beim Arbeitsvertrag. Statt Arbeitsentgelt ist die Höhe der Ausbildungsvergütung maßgebend.[56] Gleiches gilt auch für Praktikantenverhältnisse.[57]

---

45 BAG DB 2000, 2436.

46 LAG Berlin DB 2000, 484 (zusätzlich 1 Monatsbetrag); LAG Hamm, DB 1989, 2032 (2/3 des Wertes einer Feststellungsklage im Kündigungsschutzprozess). **A.M.** LAG Saarbrücken JurBüro 1975, 800; LAG Chemnitz JurBüro 2006, 33 (LS mit Volltextservice); LAG Nürnberg NZA-RR 2006, 44 = RVG-Letter 2006, 9.

47 LAG Rheinland-Pfalz JurBüro 2009, 139.

48 Dazu auch LAG Köln Beschl. v. 22.1.2014 – 5 Ta 369/13 – = Openjur 2014, 3975.

49 BGH JurBüro 1975, 325 = RPfleger 1974, 428 = NJW 1974, 2128.

50 BGH NJW-RR 1990, 958; BGH Beschl. v. 26.11.2009 – III ZR 326/08 und BGH MDR 2011, 1075; KG JurBüro 2009, 197.

51 OLG Köln JurBüro 1978, 1062.

52 BGH Beschl. v. 14.7.2011 – III ZR 23/11; *Schneider/Herget* Rn. 1563.

53 BGH JurBüro 2011, 591 = JurBüro 2011, 670 (bei D. Meyer – L).

54 Vgl. im Einzelnen dazu bei *Schneider/Herget* Rn. 658 ff.

55 BGH JurBüro 1972, 499; BGH NJW 1974, 2128.

56 BAG EzA § 64 ArbGG 1979 Nr. 14.

57 LAG Frankfurt aM AnwBl. 1985, 100.

Beschäftigungsanspruch: Streitwertkatalog I Nr. 13. 2-Monatsbetrag des Entgelts;[58] Feststellung eines Beschäftigungsanspruchs bei Betriebsübernahme 1 Bruttomonatsgehalt.[59]

Beschlussverfahren: Gerichtkostenfrei (§ 2 Abs. 2). Die Rechtsanwaltsvergütung ist nach § 23 Abs. 3 RVG zu bestimmen, wobei eine Anlehnung an § 42 Abs. 2 nicht in Betracht kommt.[60] Bei einem Weiterbeschäftigungsantrag nach § 78a BetrVG sind zwei Bruttomonatsvergütungen angemessen.[61] Die Feststellung, dass ein Arbeitsverhältnis zwischen einem Arbeitgeber und einem ehemaligen Auszubildenden nicht besteht, ist analog § 42 Abs. 2 Satz 1 zu bewerten.[62]

Bestand des Arbeitsverhältnisses unter 6 Monaten: Streitwertkatalog A 18.1.

Bestandsschutzklage: Verbindung arbeitsrechtlicher Bestandsschutzklage mit Vergleich: Zusammenrechnung der vollen künftigen und bis zum Vergleichsschluss fällig werdenden Beträge.[63] Gegenleistungen für die Akzeptanz der Befristung des Arbeitsverhältnisses sind im Rahmen des § 42 Abs. 2 nicht streitwerterhöhend.[64]

Betriebsrat:
- Bei einem durchschnittlich gelagerten Wahlanfechtungsverfahren in der Regel Hilfswert von 4.000 € für die Bewertung der Existenz des Gremiums, beginnend nach § 9 BetrVG mit dem ersten Mitglied, für jedes weitere Mitglied kommen 1.000 € hinzu.[65]
- Freistellung für Teilnahme an Betriebsratssitzungen ist vermögensrechtliche Streitigkeit, deren Wert mit 100 € nach § 3 ZPO zu bestimmen ist (pro Arbeitsstunde 100 € angebracht).[66]

Betriebsübergang: Streitwertkatalog I Nr. 13.

Betriebsübernahme: s. „Beschäftigungsanspruch".

Dienstverhältnis: privatrechtliches Dienstverhältnis grundsätzlich entsprechend § 42 Abs. 1.[67]

4 **Direktionsrecht – Versetzung:** Streitwertkatalog I Nr. 14.

5 **Eingruppierung:** In einem Arbeitsrechtsstreit gilt der Unterschiedsbetrag zwischen der gewährten und der begehrten Vergütung für die Dauer von 3 Jahren, wenn nicht der Gesamtbetrag der geforderten Leistung geringer ist (§ 42 Abs. 4),[68] und zwar auch dann, wenn mehr als 3 Jahre strittig sind.[69]

Einstellungsanspruch/Wiedereinstellungsanspruch eines Arbeitnehmers Streitwertkatalog Nr. 15. Maximal Vierteljahresentgelt.[70]

Einstweilige Verfügungen (Anordnungen): Streitwertkatalog I Nr. 16.

---

58 LAG Düsseldorf AnwBl. 1987, 554; LAG Hamm MDR 1987, 85; **a.M.**: LAG Hamburg MDR 2003, 178 (1 Monatsentgelt); LAG Mainz AnwBl. 1983, 36 ($^1/_2$ des Wertes des Kündigungsschutzantrags).

59 LAG Schleswig-Holstein JurBüro 2007, 257.

60 LAG Kiel JurBüro 2004, 541; **a.A.** LAG Baden-Würtemberg JurBüro 2011, 595.

61 LAG Köln RVG-Letter 2006, 71 m. Anm. v. *Mayer*.

62 LAG Baden-Württemberg JurBüro 2011, 595.

63 LArbG Hamm JurBüro 2002, 311. Dazu auch LAG Köln JurBüro 2008, 424; LAG Hamburg JurBüro 2008, 593 (LS mit Volltextservice).

64 LAG Köln Beschl. v. 6.1.2010 – 8 Ta 210/09.

65 LAG Kiel RVG-Letter 2004, 20.

66 LAG Rheinland-Pfalz JurBüro 2008, 478.

67 BGH MDR 2005, 1376 = NJW-RR 2006, 213 m.w.N.

68 BAG 1996, 2552.

69 LAG Berlin MDR 1988, 346; LAG Hamm MDR 1987, 169.

70 LAG Berlin MDR 2006, 1319.

Entfernungsverlangen: Bei einer Abmahnung aus Personalunterlagen i.d.R. eine Monatsvergütung.[71]

Entlassungsentschädigung: Wenn eine solche neben einer Kündigungsklage verlangt wird, sind die Streitwerte zu addieren.[72]

Fortbestand: Bei einer Klage auf Feststellung des Fortbestandes eines Arbeitsverhältnisses auf unbestimmte Dauer ist grundsätzlich der 3-Monatsbetrag der Bezüge angemessen.[73] Für eine Fortbestandsmitteilung für die Versicherung 250 €.[74] 6

Gehalt: s. „Arbeitsentgelt". 7

Geschäftsführer: Geschäftsführer einer GmbH ist kein Arbeitnehmer. Die arbeitsgerichtlichen Besonderheiten, insbesondere § 42 Abs. 3 gelten nicht.

Gratifikation: S. „Arbeitsentgelt".

Kündigung im Arbeitsrecht:[75] Streitwertkatalog I. Nr. 19 und 20. Ersetzung der Zustimmung des Betriebsrates zur außerordentlichen Kündigung drei Monatsgehälter.[76] Bei Arbeitsverhältnissen bis zu 6 Monaten aber nur 1 Bruttomonatslohn.[77] Außerordentliche und zeitnahe ordentliche Kündigung wegen desselben Sachverhalts sind grundsätzlich einheitlich zu bewerten.[78] Zusage der Wiedereinstellung (Schlechtwetterkündigung) kann bei der Wertfestsetzung (streitwertmindernd) berücksichtigt werden.[79] Auch bei Mehrfachkündigungen (d.h. Gegenstand des Verfahrens sind mehrere Kündigungsgründe) ist der Streitwert durch die Obergrenze des § 42 Abs. 2 (drei Bruttomonatsentgelte) begrenzt.[80] Die Frage ist jedoch höchst strittig.[81] Bei Folgekündigungen vgl. § 42 Rn. 13. Bei ernsthafter Androhung einer Kündigung ist Feststellungsklage möglich; der Wert beträgt dann nach § 42 Abs. 2 80% des Vierteljahresentgelts. Klage auf Entfernung einer Abmahnung aus der Personalakte ist mit einem Bruttomonatsverdienst und jede weitere Abmahnung mit je einem Drittel eines Monatsverdienstes zu bewerten.[82] 8

Kündigungsschutzklage: § 42 Abs. 2. Streitwertkatalog ArbG I. Nr. 19. Streitwert ist wegen des sozialen Schutzzwecks des § 42 Abs. 2 möglichst gering zu halten;[83] bei mehreren Klagen in einem Abstand von weniger als 3 Monaten ist der zwischen den Kündigungen liegende Zeitraum maßgebend. Kündigung eines weiteren Arbeitsverhältnisses während eines laufenden Verfahrens führt nur zur Erhöhung des Wertes.[84] Wird mit Kündigungsschutzverfahren Feststellung begehrt, dass das Arbeitsverhältnis auch nicht durch andere Gründe endet, ist auch für diesen Antrag kein weiterer Wert anzunehmen.[85] Auch ein neben dem Feststellungsantrag enthaltener allgemeiner Fortbestehensantrag (sog. „Schleppnetzantrag") und/oder ein zusätzlicher Antrag auf Weiterzahlung

71 LAG Schl.-H. NZA-RR 2001, 496.
72 LAG Hamm MDR 1982, 259.
73 LAG München AnwBl. 1981, 456.
74 LAG Köln AnwBl. 2001, 634.
75 Vgl. dazu LAG Hamburg JurBüro 2008, 593 (LS mit Volltextservice); LAG Köln JurBüro 2008, 424 und ausführlich *Brinkmann* JurBüro 2005, 119 ff.
76 LAG Nürnberg MDR 2001, 1378.
77 HessLAG JurBüro 2014, 75.
78 LAG Schleswig-Holstein JurBüro 2009, 536; LAG Berlin MDR 2003, 1203.
79 LAG Berlin MDR 2003, 1383.
80 LAG Mainz RVG-Letter 2005, 71.
81 Dazu LAG Nürnberg JurBüro 2011, 138 m.N. des Streitsandes.
82 LAG Nürnberg JurBüro 2013, 25, m.w.N.
83 LAG Schleswig-Holstein JurBüro 2001, 196.
84 LAG Köln RVGprof 2014, 127 = JurionRS 2014, 52540.
85 ArbG Dortmund JurBüro 2003, 225.

von Gehältern, dessen Begründetheit vom Feststellungsantrag abhängt, ist nicht streitwerterhöhend.[86] S. auch „Kündigung im Arbeitsrecht". Bei mehreren nur hilfsweise ausgesprochenen Kündigungen unabhängig vom jeweiligen Entlassungstermin und Kündigungsgrund maximal der Höchstwert nach § 42 Abs. 2 Satz 1.[87] Kombination von Kündigungsschutz – und Nachteilsausgleichsanspruch in einer Klage keine Zusammenrechnung nach § 45 Abs. 1 Satz 3, da beide Ansprüche nicht denselben Streitgegenstand betreffen.[88]

Künftige Leistung: Im arbeitsgerichtlichen Verfahren 3-facher Jahresbetrag.[89]

9 **Lohn:** s. „Arbeitsentgelt".

Lohnabrechnungen: Bei Streit um Anspruch auf Ausstellung für jede Erstellung und Aushändigung pro Abrechnung 300 €.[90]

Lohn- und Gehaltsforderungen: § 42.

Lohnpfändungen: § 42 Abs. 2. Höchstens 3-facher Jahreswert des monatlich geforderten Pfändungsbetrages ohne Hinzurechnung von Rückständen.[91]

10 **Mobbing:** Der Streitwert hängt von Ziel der Klage ab. Verlangt der Kläger vom Arbeitgeber nur, gegen das Mobbing einzuschreiten (Tätigwerden im Rahmen der Fürsorgepflicht), handelt es sich um eine nichtversmögensrechtliche Streitigkeit. Ist Mobbing Grund für andere Ansprüche wie Kündigung, Schadensersatz etc., gelten die allgemeinen Wertbestimmungen, wobei u.U. § 48 Abs. 4 zu beachten ist.

11 **Personalakte:** s. "Abmahnung".

Praktikantenverhältnis: S. "Berufsausbildungsverhältnis".

Private Nutzung eines PKW: In der Regel ist die Möglichkeit Teil des Arbeitsentgelts. Wenn und soweit diese Möglichkeit aber rein deklaratorischen Charakter hat, kann symbolischer Wert von max. 500 € angebracht sein.[92] Streiten sich die Parteien aber darum, ob der PKW bis zum Ende des Arbeits-/Dienstverhältnisses privat weiter genutzt werden darf, kommt dem ein eigener Wert zu, der frei zu schätzen ist. Eine entsprechende Heranziehung der Grundsätze über die Nutzungsentschädigung etwa nach der Tabelle *Sanden/Danner/Küppersbusch* ist aber nicht möglich.[93]

12 **Rechnungslegung:** s. auch „Auskunft". Wert bestimmt sich grundsätzlich nach § 3 ZPO nach dem Interesse des Klägers an der Erleichterung und Begründung seines Zahlungsanspruchs.[94] In der Regel $^1/_4$ des mutmaßlichen Zahlungsanspruchs.[95] Je nach den Umständen des Falles kann der Wert auch den der Hauptsache erreichen.[96] Ist das Interesse des Klägers nicht auf die Vorbereitung einer Leistungsklage gerichtet, sondern allein auf die geschuldete Auskunft oder Rechnungslegung ist auf den Aufwand an Zeit und Sachmitteln abzustellen, der mit der Erteilung verbunden ist.[97] *S. auch „Auskunft".*

---

86 LAG Nürnberg MDR 2004, 718; LAG Köln RVG-Letter 2005, 70. **A.A.** LAG Rheinland-Pfalz Beschl. v. 30.11.2009 – 1 Ta 255/09 (Zeitraum nach streitgegenständlichem Ende zu bewerten).

87 LAG Nürnberg JurBüro 2008, 252.

88 LAG Frankfurt/Main JurBüro 2014, 303 = NZA 2014, 50 = JurionRS 2013, 46641.

89 AG Köln JurBüro 2003, 643.

90 LAG Rheinland-Pfalz JurBüro 2008, 253.

91 LAG Schleswig-Holstein JurBüro 2001, 196.

92 *Ennemann/Griese* Rn. 933.

93 BAG NZA 1996, 415; dazu auch bei *Ennemann/Griese* Rn. 933, 889 ff.

94 BGH RPfleger 1959, 110.

95 OLG Köln VersR 1976, 1154.

96 BGH MDR 1962, 564; LG Landau ZMR 1990, 21.

97 OLG Düsseldorf OLGR 1995, 192; OLG Köln JurBüro 2009, 314 (LS mit Volltextservice; *Schneider/Herget* Rn. 4467; *Zöller/Herget* § 3 Rn. 16 „Rechnungslegung".

Rückstände: bei wiederkehrenden Leistungen im Arbeitsrecht ist Streitwertbegrenzung nach § 42 Abs. 3 zu bestimmen,[98] und zwar auch dann, wenn ausschließlich Rückstände bis zur Klageerhebung eingeklagte werden.[99] Ansonsten gilt § 42 Abs. 3.

Schadensersatz: Arbeitsgerichtliche Streitigkeiten: Bei mit verglichenen Schadenersatzansprüchen kommt es auf die Realisierbarkeit an.[100] **13**

Schleppnetzantrag: Soweit der Kläger im Arbeitsprozess beantragt, dass das Arbeitsverhältnis „ungekündigt fortbestehe" (sog. Schleppnetzantrag), ist dieser nach § 42 Abs. 3 selbständig zu bewerten.[101]

Sozialplan: Die Anfechtung eines Sozialplans ist als nichtvermögensrechtliche Streitigkeit mit einem Regelwert von 4.000 € zu bewerten, der „nach Lage des Falles" erhöht werden kann; jedoch ist das Sozialplanvolumen unerheblich.[102] Geht der Streit ausschließlich um das Volumen des Sozialplans, ist die Differenz der vorgeschlagenen Volumina maßgebend.[103] S. auch „Abfindung".

Teilzeitanspruch: § 42 Abs. 2.[104] Klage nach dem TzBfG v. 21.12.2000 (BGBl. I, S. 1966) auf Herabsetzung der Arbeitszeit: streitig. Wert nach freiem Ermessen unter Beachtung der Grundsätze für die Änderungskündigung,[105] 2 Monatseinkommen[106] oder analog § 42 Abs. 1 die 36-fache Vergütungsdifferenz.[107] Bei Begehren der Reduzierung der Arbeitszeit zwecks Teilnahme am Unterricht eines Abendgymnasiums 20.000 €[108] (Vgl. dazu § 42 Rn. 22). **14**

Trinkgelder: T. sind bei der Streitwertbemessung (z.B. § 42 Abs. 2 und 3) nicht zu berücksichtigen.[109]

Vergleich: Streitwertkatalog B und oben „Beendigungsvergleich". **15**

Versetzung eines Arbeitnehmers auf geringer bewerteten Arbeitsplatz: § 42 Abs. 2 ist nicht anwendbar, vielmehr 3-facher Jahresbetrag des Unterschieds zwischen Arbeitslohn vor und nach Versetzung.[110]

Versicherungsnachweis: Erteilung eines Versicherungsnachweises (z.B. § 8 Abs. 3 S. 1 ATZG) ist nach § 3 zu bewerten. Das Interesse entspricht nicht dem Wert der Versicherungsleistung.[111]

Wahlanfechtung nach § 19 BetrVG: s. „Betriebsrat". **16**

Weisung: Der Streit um eine Weisung des Arbeitsgebers ist mit 1 Monatslohn zu bewerten.[112]

Weiterbeschäftigungsanspruch: Streitwertkatalog I Nr. 24.[113] Im Kündigungsschutzverfahren zusätzlich mit 1–2 Bruttomonatsgehältern.[114] Wird der Weiterbeschäfti-

---

98 BAG JurBüro 2003, 305.
99 BAG MDR 2003, 532.
100 LAG Baden-Württemberg JurBüro 2011, 258; LAG Nürnberg JurBüro 2011, 258.
101 LAG Köln MDR 1999, 101.
102 LAG Kiel JurBüro 2003, 27.
103 BAG JurBüro 2005, 146.
104 *Kliemt* NZA 2001, 63; **a.M.** *Ennemann* NZA 2001, 1190 (§ 3 ZPO).
105 LAG Berlin MDR 2004, 967.
106 LAG Düsseldorf JurBüro 2002, 144; LAG Berlin MDR 2001, 636.
107 LAG Nürnberg RVG-Letter 2004, 11.
108 LAG Baden-Württemberg JurBüro 2008, 250.
109 LAG Köln RVG-Letter 2006, 117.
110 *Enders* JurBüro 2003, 460 m.w.N.
111 LAG Köln – 10.9.2013 – 11 Ta 344/12 – (4.000 €) = RVG-professionell 2014, 19.
112 LAG Dresden DB 1999, 1508.
113 Anhang nach § 42.
114 LAG Schleswig-Holstein JurBüro 2009, 536; LAG Nds. NZA-RR 2001, 495; LAG Köln RVG-Letter 2006, 71.

gungsantrag hilfsweise gestellt, tritt Streitwerterhöhung nur ein, wenn darüber entschieden wird (§ 45).[115]

Wiedereinstellung Streitwertkatalog I Nr. 23. Sie ist mit einem weiteren Monatslohn gesondert zu bewerten.[116]

Wiederkehrende Leistungen: § 42 Abs. 2.

Willenserklärung: Abgabe einer W. zur Erhöhung der vertraglichen Arbeitszeit Streitwertkatalog I, 4.

17 **Zeugnis:** Der arbeitsrechtliche Anspruch richtet sich nach § 3 ZPO. Vgl. Streitwertkatalog I Nr. 25.[117] Richtlinie ist die Höhe eines Monatslohns,[118] teilweise werden aber auch Festbeträge vorgeschlagen, und zwar für einfaches Zeugnis 250 €[119] bzw. 10% eines Monatslohns[120] und für ein qualifiziertes Zeugnis ein vollständiges Bruttomonatsgehalt[121] oder 500 €.[122] Wenn lediglich ein qualifiziertes, wohlwollendes Zeugnis ohne inhaltliche Vorgaben gefordert wird, ist eine geringere Quote angebracht,[123] in der Regel 1 Bruttomonatslohn (vgl. Streitwertkatalog, ArbbG – Anhang nach § 42, B.I. 24).[124] Der Wert für Klage auf Berichtigung eines Zeugnisses beträgt in der Regel ein Bruttomonatsgehalt, auch wenn Berichtigung während eines Rechtsstreits auf Erteilung eines Zeugnisses verlangt wrid.[125] Ausnahmsweise kann je nach Bedeutung des konkreten Berichtigungsbegehrens ein Abschlag gerechtfertigt sein.[126] Bei Erteilung eines Zwischenzeugnisses regelmäßig nur ein halber Monatslohn[127] bzw. 500 €.[128] Wenn es jedoch (auch) um inhaltliche Regelungen geht, beträgt der Wert ein Bruttomonatsgehalt.[129] Bei Streit um Anspruch auf ein Zwischenzeugnis und hilfsweise die Erteilung eines Endzeugnisses sind die Zeugnisse auch bei einem Vergleich zu bewerten.[130] Für die Herausgabe eines Zeugn Anh. Nach § 48isses 25 € je Lohnabrechnung.[131]

§ 43
Nebenforderungen

(1) Bei Handlungen, die außer dem Hauptanspruch auch Früchte, Nutzungen, Zinsen oder Kosten als Nebenforderungen betreffen, wird der Wert der Nebenforderung nicht berücksichtigt.

---

115 Unstreitig. Vgl. etwa LAG Hamburg JurBüro 2014, 537 = JurionRS 2014, 17916.
116 ArbG Regensburg JurBüro 2001, 310; dazu auch *Heimann* JurBüro 2001, 287.
117 Anhang nach § 42.
118 Vgl. etwa LAG Hamburg JurBüro 2013, 425; LAG Schleswig-Holstein JurBüro 2010, 306: LAG Köln JurBüro 1992, 24 m.w.N.; ArbG Hamburg JurBüro 2005, 428.
119 LAG Frankfurt/Main JurBüro2004, 139.
120 LAG Nürnberg NZA-RR 2013, 549 = BeckRS 2013, 71271.
121 LAG Nürnberg NZA-RR 2013, 549 = BeckRS 2013, 71271.
122 LAG Frankfurt aM JurBüro 2004, 139.
123 LAG Schleswig-Holstein JurBüro 2010, 306.
124 LAG Nürnberg JurBüro 2014, 76. **A.A.** LAG Düsseldorf, JurBüro 2016, 641 (1 Monatslohn, auch für ein Zwischenzeugnis).
125 LAG Berlin-Brandenburg JurBüro 2015, 250.
126 LAG Schleswig-Holstein Beschl. v. 3.12.2009 – 3 Ta 191/09.
127 LAG Nürnberg NZA-RR 2013, 549 = BeckRS 2013, 71271; LAG Chemnitz JurBüro 2012, 250.
128 LAG Hamburg JurBüro 2013, 425.
129 LAG Hamburg JurBüro 2013, 425.
130 LAG Hamburg JurBüro 2013, 427.
131 LAG Nürnberg NZA-RR 2013, 549 = BeckRS 2013, 71271.

(2) Bei Handlungen, die Früchte, Nutzungen, Zinsen oder Kosten als Nebenforderungen ohne den Hauptanspruch betreffen, ist der Wert der Nebenforderungen maßgebend, soweit er den Wert des Hauptanspruchs nicht übersteigt.

(3) Bei Handlungen, welche die Kosten des Rechtsstreits ohne den Hauptanspruch betreffen, ist der Betrag der Kosten maßgebend, soweit er den Wert des Hauptanspruchs nicht übersteigt.

Übersicht

Allgemeines — 1
Abs. 1: Hauptanspruch und Nebenforderungen — 2–4
Zinsen — 6, 7
Kosten — 8, 9
Nebenforderungen neben dem Hauptanspruch — 10, 11
Nebenforderungen ohne Hauptanspruch — 12
Hinterlegungszinsen — 13
Vollständige Erledigung des Hauptanspruchs — 12–16
Abs. 3: Kosten des Rechtsstreits ohne Hauptanspruch — 17–20

Allgemeines: Die Vorschrift gilt auch im **Verwaltungs-, Finanz- Sozialgerichts- und Arbeitsgerichtsverfahren** und ergänzt als Unterfall des § 36.[1] Wie in § 36 bestimmt ist, dass für gleiche Handlungen, die in derselben Instanz von einzelnen Wertteilen vorgenommen werden, niemals mehr erhoben werden darf, als wenn die Gebühr aus dem Gesamtbetrag der Wertteile zu berechnen wäre (§ 36 Abs. 2 Hs. 1), schreibt § 43 vor, dass Früchte, Nutzungen, Zinsen und Kosten für den Streitwert als Nebenforderungen neben dem Hauptanspruch unberücksichtigt bleiben und dass der Wert des Hauptanspruchs die obere Grenze des Streitwertes bildet, wenn sich die Handlungen nur auf die Früchte, Nutzungen, Zinsen oder Kosten beziehen, die neben dem Hauptanspruch geltend gemacht sind. Der Streitwert der Hauptsache soll also in diesem Fall nicht überschritten werden, auch wenn der Wert der Nebenforderungen höher ist. Während nach § 4 Abs. 1 ZPO als Nebenforderung geltend gemachte Früchte, Nutzungen, Zinsen und Kosten unberücksichtigt bleiben, bestimmt § 43, dass diese Nebenforderungen mit ihrem auf den Wert der Hauptsache begrenzten Streitwert zu berücksichtigen sind, soweit sich die Handlungen nur auf sie beziehen. Abs. 3 behandelt den Streitwert der Kosten des Rechtsstreits, der wegen des Hauptanspruchs durchgeführt wurde. Entsprechend anwendbar ist § 44 auf die Gebühren im Insolvenz- und schifffahrtsrechtlichen Verteilungsverfahren. 1

Abs. 1 (Hauptanspruch mit Nebenforderungen): Die Vorschrift war notwendig, weil § 4 ZPO i.V.m. § 48 nur für bürgerliche Rechtsstreitigkeiten und die in § 1 Nr. 1 genannten Familiensachen gilt. Nunmehr ist die Regelung des Abs. 1 auch für Verwaltungsgerichts-, Sozialgerichts- und Finanzgerichtssachen unmittelbar anwendbar. 2

Abs. 1 klärt entsprechend dem § 4 Abs. 1 Hs. 2 ZPO, dass der **Wert von Nebenforderungen neben dem Streitwert der Hauptsache unberücksichtigt** bleibt, wenn sich die Handlungen (Begriff: § 36 Rn. 2) sowohl auf den Hauptanspruch wie auf die Nebenforderungen beziehen. Nebenforderungen i.d.S. sind solche Forderungen, die zu dem geltend gemachten Hauptanspruch in einem rechtlichen Abhängigkeitsverhältnis dergestalt stehen, dass sie in ihrer Existenz von der Hauptforderung abhängig sind,[2] also von 3

1 *Hartmann* § 43 Rn. 1.
2 BGH, Beschl. v. 27.6.2013 – III ZR 143/12 – = MDR 2013, 1185; BGH, Beschl. v. 26.3.2013 – VI ZB 53/12 – = NJW 2013, 2123 = MDR 2013, 816 = VersR 2013, 921 = NZV 2013, 481 = RVG-professionell 2013, 109; BGH JurBüro 2007, 313 = MDR 2007, 919; BGH NJW 2007, 1752 = JurBüro 2007, 361 = NZV 2007, 293 = ZfS 2007,

derselben Partei gegen denselben Gegner verfolgte, wenn auch getrennt von der Hauptsache berechnete Forderungen, die ziffernmäßig dem Hauptanspruch zugeschlagen sind.[3] Das ist etwa dann der Fall, wenn über den Bestand der Hauptforderung und den aus ihr erwachsenen Zinsanspruch gestritten wird. So z.B., wenn zusammen mit einem gesondert bezifferten Klageantrag auf die Klagehauptforderung für die Zeit vor Verzugseintritt ein mit 4% p.a. bemessener „entgangener Gewinn nach § 252 BGB" geltend gemacht wird.[4] Das gilt auch für Vollstreckungsgegenklagen.[5] Dann ist für die allgemeine Verfahrensgebühr nur der Hauptsachebetrag ohne Zinsen als Gebührenstreitwert maßgebend. Beziehen sich aber die Handlungen nur auf die Nebenforderungen ohne den Hauptanspruch, z.B. bei einem Streit um die Zinsen nach einem Teilurteil über die Hauptsache oder wenn die Nebenforderungen (Zinsen) novierend – etwa durch abstraktes Schuldanerkenntnis – z.T. der Hauptsache geworden sind,[6] ist Abs. 2 anzuwenden. Vgl. im Übrigen Anhang zu § 48, § 4 ZPO, Rn. 6. Keine Nebenforderungen in diesem Sinne liegen aber vor, wenn sie – als materiell-rechtlich dem Hauptanspruch gleichrangige Forderungen[7] – neben dem Hauptanspruch geltend gemacht werden wie z.B. Zinsen als Schadensersatzanspruch,[8] zugesagte Zinsgewinne im Rahmen einer Schadensersatzklage auf Rückzahlung aufgewendeter Anlagebeträge für eine Kapitalanlage.[9] (Dazu unten Rn. 6) oder (vorprozessual zur Feststellung eines Mangels aufgewendete) Sachverständigenkosten als Schaden.[10] (Dazu unten Rn. 9.) In solchen Fällen sind ggf. die Streitwerte zu addieren.[11]

4 Die Vorschrift gilt nicht für alle Nebenforderungen, sondern nur für die im Abs. 1 ausdrücklich genannten, nämlich für **Früchte** (§ 99 BGB), **Nutzungen** (§ 100 BGB), **Zinsen und Kosten**. Andere Nebenforderungen sind dem Streitwert grundsätzlich hinzuzurechnen. Kosten i.S.d. Abs. 1 sind auch nicht die Kosten, die anlässlich der Durchführung des Verfahrens erst erwachsen sind (Prozesskosten). Vgl. unten Rn. 9. Diese Kosten sind im Abs. 3 als „Kosten des Rechtsstreits" bezeichnet und besonders geregelt.

5 **Früchte** sind die natürlichen Erzeugnisse oder Ausbeute einer Sache (§ 99 Abs. 1 BGB) und die Erträge, die eine Sache vermöge eines Rechtsverhältnisses (z.B. Miete) gewährt.[12] Früchte sind mithin stets sachbezogen. **Nutzungen** sind die Früchte einer Sache oder eines Rechts sowie Vorteile, die der Gebrauch der Sache oder des Rechts gewährt (§ 100 BGB), also auch Gebrauchsvorteile.

6 **Zinsen** i.S.v. Abs. 1 sind das vom Schuldner zu entrichtende Entgelt für die Überlassung von Kapital,[13] insbesondere Verzugszinsen. Werden Zinsforderungen neben einer Hauptforderung als Verzugszinsen gefordert, sind diese bei der Berechnung des Streitwertes unberücksichtigt zu lassen, und zwar auch dann, wenn sie im Klageantrag

346 m. Anm. v. *Hansens* ZfS 2007, 347; OLG Oldenburg JurBüro 2007, 314; dazu *Brox* RPfleger 1967, 351; *Hellstab* in Oe/He/Tre 6.5. „Nebenforderungen".
3 OLG München NJW-RR 1994, 1484; OLG Brandenburg JurBüro 2001, 95; Zöller/*Herget* § 4 Rn. 8.
4 OLG Bremen, MDR 20131487.
5 OLG Koblenz JurBüro 1999, 197.
6 OLG Koblenz JurBüro 1999, 197.
7 BGH Beschl. v. 13.2.2007 – VI ZB 39/06; OLG Oldenburg JurBüro 2007, 314.
8 BGH NJW 1998, 2060; OLG München NJW-RR 1994, 1484; *Thomas/Putzo* § 4 Rn. 8.
9 OLG Stuttgart NJW-RR 2011, 714.
10 OLG Brandenburg JurBüro 2001, 95.
11 Dazu auch *Thomas/Putzo* § 4 Rn. 8 m.w.N.
12 Zöller/*Herget* § 4 Rn. 9.
13 BGH NJW 1998, 2060.

oder als gesonderter Antrag bereits (teilweise) ausgerechnet (kapitalisiert),[14] oder mit dem Hauptantrag als ein einheitliche Gesamtanspruch verfolgt werden.[15] Das gilt selbst dann, wenn sie auf einem deklaratorischen Schuldanerkenntnis beruhen.[16] Auch Zinsen, die nicht (mehr) Gegenstand der Hauptforderung sind, gehören hierher, wenn noch ein Teil der Hauptforderung anhängig ist.[17] Das gilt auch, wenn und soweit Zinsansprüche später in den Rechtsstreit eingeführt (nachgeschoben) werden.[18] Bei einer Zusammenfassung von Darlehenszinsen und Kreditgebühren (Bearbeitungskosten) in einem Betrag werden die Gebühren nicht herausgerechnet.[19] Eine Zinsforderung in diesem Sinne liegt auch vor, wenn sie als entgangener Gewinn, der als gleichbleibender Hundertsatz einer bestimmten Summe geltend gemacht wird, gefordert werden,[20] und zwar auch dann, wenn sie statt der gesetzlichen Verzugszinsen oder zusätzlich zu diesen als (entgangene) Anlagezinsen geltend gemacht werden.[21] Auch Zinsen wegen entgangenen Gewinns aus einer Alternativanlage sind eine Nebenforderung der ebenfalls eingeklagten Hauptforderung, solange die Hauptforderung noch im Streit steht.[22] Entsprechend gilt das, wenn entgangene Zinsen für den Zeitraum vor Eintritt des Verzuges begehrt werden.[23] Auch entgangener Gewinn, der als gleichbleibender Hundertsatzeiner bestimmten Summe geltend gemacht wird, sind Zinsen i.S.v. § 43.[24]

Nicht unter Abs. 1 fallen indes solche Zinsen, zu deren Zahlung sich der Schuldner in einem abstrakten Schuldanerkenntnis verpflichtet,[25] die er vergleichsweise übernommen[26] hat oder die in eine Wechselforderung aufgenommen wurden.[27] Hinterlegungszinsen sind stets dem Streitwert der Hauptsache hinzuzurechnen,[28] wobei der Betrag des Hinterlegungskontos im Zeitpunkt der letzten mündlichen Verhandlung maßgebend ist.[29] 7

Kosten i.S.v. Abs. 1 sind nur solche Kosten, die ab der Erhebung der Klage oder einer anderen, nach KV Teil 1–8 gebührenpflichtigen Handlung entstehenden unmittelbaren Verfahrenskosten, insbesondere also die Rechtsanwalts- und Gerichtskosten, insbesondere also solche Kosten, die i.S.v. § 91 Abs. 1 ZPO im Kostenfestsetzungsverfahren nach §§ 103, 104 ZPO; § 11 Abs. 1 Satz 1 RVG geltend gemacht werden können.[30] Dazu gehören auch auf die Prozesskosten anrechenbaren Kosten wie die Mahn- und Auskunftskosten,[31] jedoch nicht die gem. der Vorbemerkung 3 Abs. 4 zum Gebührenverzeichnis des RVG nicht 8

14 BGH MDR 1998, 857; OLG Koblenz JurBüro 2012, 79; OLG Celle JurBüro 2010, 88.
15 BGH NJW-RR 1995, 706 und NJW-RR 2000, 1025.
16 Vgl. bei Zöller/*Herget* § 4 Rn. 11.
17 BGHZ 26, 174; BGH NJW 1994, 1869.
18 OLG Schleswig SchlHA 1976, 14.
19 Zöller/*Herget* § 4 Rn. 11.
20 BGH, Beschl. v. 27.6.2013 – III ZR 143/12 – = MDR 2013, 1185; BGH JurBüro 2012, 480 = MDR 2012, 865 = ZIP 2012, 1579 = BeckRS 2012, 12378; *Hartmann* § 43 Rn. 3, jeweils m.N.
21 BGH, Beschl. v. 27.6.2013 – III ZR 143/12 –; BGH JurBüro 2012, 480 = MDR 2012, 865 = ZIP 2012, 1579 = BeckRS 2012, 12378.
22 OLG Frankfurt MDR 2014, 858 = NJW 2014,8 = RVG-professionell 2014, 146 = JurionRS 2013, 53701.
23 BGH JurBüro 2012, 480 = MDR 2012, 865 = ZIP 2012, 1579 = BeckRS 2012, 12378; OLG München JurBüro 2013, 250 m.w.N.
24 OLG Braunschweig, Beschl. v. 11.11.2016 – 3 W 21/16 –.
25 OLG Koblenz JurBüro 1999, 197.
26 OLG Düsseldorf JurBüro 1984, 1865.
27 Zöller/*Herget* § 4 Rn. 11.
28 BGH MDR 1967, 280 und MDR 1995, 196.
29 OLG Köln JurBüro 1980, 281.
30 BGH NJW 2007, 1752 = JurBüro 2007, 361 = NZV 2007, 293.
31 LG Lübeck JurBüro 2015, 578 = NJW-Spezial 2015, 604 = AGS 2015, 417 = JurionRS 2015, 20615.

auf die Prozesskosten anzurechnenden Teile der Geschäftsgebühren.[32] Auch Zinsen, die nicht (mehr) Gegenstand der Hauptforderung sind, gehören hierher. Ebenfalls die Kosten für eine vorprozessuale Beweissicherung (selbstständiges Beweissicherungsverfahren)[33] oder solche für die Einholung einer Deckungszusage durch den Rechtsschutzversicherer[34] sind streitwertmäßig als Nebenforderungen zu behandeln. Macht der Geschädigte seinen Anspruch aufgrund eines Pfändungs- und Überweisungsbeschlusses geltend, bleiben die Kosten des Pfändungs- und Überweisungsbeschlusses aber Nebenforderungen.[35] Das Gleiche gilt auch für den Wert einer Vollstreckungsgegenklage nach § 767 ZPO einschließlich der Vollstreckung aus einem in dem Verfahren ergangenen Kostenfestsetzungsbeschluss.[36]

9 Keine Kosten i.S.d. Abs. 1 sind die Kosten, die zur Durchführung des Verfahrens erst erwachsen sind, vor allem also Kosten, die **vor der Einleitung des Verfahrens** angefallen sind und **mit der Klage** neben dem Hauptanspruch **geltend gemacht werden,**[37] und zwar auch dann, wenn und soweit sie nach Vorbem. 3 zu VV-RVG Teil 3 nicht angerechnet werden.[38] Es sind solche Forderungen, die nicht sachlich-rechtlich von der Hauptforderung abhängen, sondern – auch im Hinblick auf ihre Entstehung – nach dem für den jeweiligen Streitgegenstand maßgeblichen materiellen Recht[39] gleichrangig sind.[40] Solche Kosten können z.B. sein: Bearbeitungsgebühren anlässlich einer Unfallfinanzierung,[41] vorgerichtliche Mahnkosten, außergerichtliche Anwaltskosten als Teil des Schadensersatzes,[42] Inkassokosten, Kreditgebühren,[43] vorprozessuale Sachverständigenkosten in Verkehrsunfallsachen einschließlich der dazu gehörenden Unkostenpauschale, die nach dem materiellen Recht einzelne, selbständige Schadenspositionen sind,[44] oder nicht im Kostenfestsetzungsverfahren festsetzbare Kosten wie die nicht auf die Verfahrensgebühr anrechenbaren Teile der Geschäftsgebühr des Rechtsanwalts für wettbewerbsrechtliche Abmahnungen,[45] oder Mahnschreiben.[46] Andere Nebenforderungen wie z.B. Zubehör der mit der Klage geforderten Sache, Futterkosten, Lagergeld, Hinterlegungskosten, Hinterziehungszinsen[47] und als Nebenforderung geltend gemachte Schäden werden von Abs. 1 nicht erfasst. Sie sind schon nach § 4 ZPO, § 173 VwGO, § 155 FGO dem Streitwert der Hauptsache hinzuzurechnen. Bezieht sich eine gebührenpflichtige Handlung nur auf sie, gilt

---

32 LG Aachen JurBüro 2007, 146; *Heyse* JurBüro 2007, 146. **A.A.** OLG Celle NJW-RR 2013, 188 = JurBüro 2013, 140; OLG München JurBüro 2007, 146; *Hartmann* § 43 Rn. 8; *Enders* JurBüro 2004, 59.
33 OLG Koblenz JurBüro 2012, 473.
34 BGH NJW 2014, 3100 m. Anm. v. *Wendtland* = MDR 2014, 1051 JurionRS 2014, 18523.
35 BGH, = MDR 2015, 907 = NJW 2015, 8 = JurBüro 2015, 530 JurionRS 2015, 19657.
36 BGH, NJW 2015, 8 = NJW-RR 20151471 = MDR 2015,57 = FamRZ 2016, 126 = BB 2015, 703 = WM 2015, 2343.
37 Unstr. vgl. BGH JurBüro 2007, 313 = MDR 2007, 919; *Zöller-Herget* § 3 Rn. 13; *Thomas/Putzo* § 4 Rn. 8, jeweils m.w.N.
38 LG Berlin JurBüro 2005, 427; *Enders* JurBüro 2004, 57 ff. Dazu auch BGH NJW 2006, 2560 = MDR 2006, 1436 = JurBüro 2006, 586 = DAR 2006, 478.
39 BGH NJW 2007, 1752 = JurBüro 2007, 361 = NZV 2007, 293; BGH VersR 1976, 477, 478; BGH NJW 1998, 2060, 2061.
40 BGH NJW 2007, 1752 = JurBüro 2007, 361 = NZV 2007, 293.
41 OLG Köln VersR 1974, 605 (L).
42 Dazu BGH NJW 2008, 1888 = NZM 2008, 204 = SVR 2008, 186 und BGH JurBüro 2008, 202.
43 OLG Bamberg JurBüro 1976, 343.
44 BGH NJW 2007, 1752 = JurBüro 2007, 361 = NZV 2007, 293; OLG München NJW-RR 1994, 1484, 1485; OLG Brandenburg BauR 2000, 1774, 1775 – für den Bauprozess –; *Schneider/Herget* Rn. 4058.
45 BGH JurBüro 2007, 313 = MDR 2007, 919; BGH NJW-RR 2006, 501.
46 BGH JurBüro 2007, 313 = MDR 2007, 919: BGH NJW 2006, 2560.
47 FG Düsseldorf EFG 1977, 513.

§ 36. Diese Kosten sind im Abs. 3 als „Kosten des Rechtsstreits“ bezeichnet und besonders geregelt.[48] Vgl. dazu unten Rn. 17 ff.

Nebenforderungen neben dem Hauptanspruch, Abs. 1: Die in Abs. 1 bezeichneten **Nebenforderungen müssen als Nebenforderungen neben dem Hauptanspruch** 10
geltend gemacht sein,[49] d.h., es muss noch ein dazugehörender (Teil vom) Hauptanspruch anhängig sein.[50] Das gilt auch bei einem Feststellungsantrag, mit dem solche Forderungen auf unerlaubte Handlung gestützt werden.[43a] Es handelt sich insbesondere um solche Kosten, die im Kostenfestsetzungsverfahren nach den §§ 103, 104 ZPO; § 11 Abs. 1 RVG geltend gemacht werden können.[51] Sind von Anfang an nur Nebenforderungen (z.B. Zinsen eines getilgten Darlehens) oder solche, die einem erledigten Teil des Hauptanspruch zuzurechnen sind, (noch) eingeklagt, so sind sie Hauptsache, ohne Rücksicht darauf, ob noch ein anderer Teil der Hauptsache in demselben Rechtszug anhängig ist.[52] Dasselbe gilt, wenn neben dem Restbetrag eines Darlehens die Zinsen des ganzen Darlehens verlangt werden, für die auf den nicht eingeklagten Teil des Darlehens entfallenden Zinsen. Dann zählen Letztere zur Hauptsache.[53]

Beispiel: Aus einem Darlehen über 10.000 € werden 1.000 € Hauptsache und Zinsen aus 10.000 € gefordert. Hier sind nur die Zinsen aus 1.000 € Nebenforderung, die Zinsen aus 9.000 € sind Hauptsache. Der Wert der Hauptsache beträgt dann 1.000 € zuzüglich der auszurechnenden Zinsen auf 9.000 €.

Sind Zinsen Nebenforderung, so ist auch die auf diese Zinsen entfallende **Mehrwertsteuer** Nebenforderung.[54] Die auf die Hauptsache entfallende Mehrwertsteuer ist aber dem Wert der Hauptsache hinzuzurechnen.[55] Werden neben einer Hauptforderung Verzugszinsen aus der Hauptforderung geltend gemacht, so sind die Verzugszinsen bei der Streitwertberechnung selbst dann nicht zu berücksichtigen, wenn die Verzugszinsen im Klageantrag ausgerechnet und mit der Hauptforderung zu einem einheitlichen Forderungsbetrag zusammengefasst sind.[56] Werden von einer einheitlichen Forderung Teilzahlungen abgezogen, sind sie zunächst auf die fälligen Zinsen zu verrechnen, § 367 BGB.[57] Erstreckt sich eine Bürgschaft außer auf die Hauptsumme auch auf Zinsen, Kosten, Provisionen und Spesen, so handelt es sich im Verhältnis zwischen Gläubiger und Bürgen insoweit um Nebenverpflichtungen, die bei der Streitwertberechnung außer Betracht bleiben.[58] Wird auf Aufhebung eines Schiedsspruchs geklagt, so sind die Kos-

48 Vgl. dazu bei Zöller/*Herget* § 4 Rn. 12.
49 OVG Münster DÖV 1971, 141 (L) = ZMR 1970, 364; OLG Celle JurBüro 1971, 1066 (Vollstreckungsgegenklage); OLG Hamburg MDR 1969, 228 (Wiederaufnahmeklage).
50 BGH, Beschl. v. 26.3.2013 – VI ZB 53/12 – = NJW 2013, 2123 = MDR 2013, 816 = VersR 2013, 921 = NZV 2013, 481 = RVG-professionell 2013, 109; BGH JurBüro 2008, 202 = NJW 2008, 999 = BeckRS 2008, 01556; BGH NJW-RR 2008, 374 = BeckRS 2007, 17108; BGH NJW 1994, 1869, 1870; OLG Stuttgart JurBüro 2007, 33 (LS mit Volltextservice); *Hartmann* § 43 Rn. 6.
43a BGH NJW-RR 2013, 1022 = BeckRS 2013, 04861 m.w.N.
51 BGH JurBüro 2007, 313 = MDR 2007, 919.
52 BGH NJW 1994, 1859, 1870; OLG Stuttgart JurBüro 2007, 33 (LS mit Volltextservice); OLG Hamburg JurBüro 1969, 556; *Hartmann* § 43 Rn. 6.
53 OLG Frankfurt aM JurBüro 1978, 590.
54 BGH NJW 1977, 583 (L) = JurBüro 1976, 1629 = RPfleger 1976, 427 = JZ 1976, 789 = BB 1976, 1580.
55 LG Hannover NdsRPfl. 1974, 157; *Schneider* JurBüro 1979, 1589.
56 BGH NJW 1956, 830 (L); OLG Köln JurBüro 1980, 578; OLG Bamberg JurBüro 1978, 1549; OLG München JurBüro 1976, 238.
57 OLG Hamm JurBüro 1968, 765; *Lappe* § 22 Rn. 4.
58 BGH JurBüro 1958, 390 = MDR 1958, 765.

ten des schiedsrichterlichen Verfahrens und die im Schiedsspruch zuerkannten Zinsen Nebenforderungen und bleiben deshalb bei der Streitwertberechnung unberücksichtigt.[59]

11 **Beziehen sich die Handlungen sowohl auf den Hauptanspruch als auch auf die in Abs. 1 genannten Nebenforderungen**, wird der Wert der Nebenforderungen dem Streitwert der Hauptsache nicht hinzugerechnet. Für die Gebühr ist daher bei einer Klage auf Zahlung der Hauptsache und von Früchten, Nutzungen, Zinsen und Kosten als Streitwert nur der Wert der Hauptsache maßgebend. Das gilt auch, wenn die Entscheidung die Hauptsache und die Nebenforderungen erfasst. Sobald aber eine Handlung nur eine oder mehrere der in Abs. 1 genannten Nebenforderungen allein betrifft, ist Abs. 2 anzuwenden.

12 **Abs. 2: Nebenforderungen ohne den Hauptanspruch** sind nach ihrem Wert, höchstens jedoch nach dem Wert des Hauptanspruchs anzusetzen. Die in Abs. 2 genannten Nebenforderungen sind dieselben wie die Nebenforderungen des Abs. 1. Während Abs. 1 die Fälle behandelt, dass Handlungen sich auf die Hauptsache und auf die Nebenforderungen beziehen, behandelt Abs. 2 die Fälle, in denen die Handlungen sich **allein** (noch) auf eine oder mehrere der in Abs. 2 genannten Nebenforderungen beziehen, z.B. wenn ein Teilurteil oder ein Rechtsmittel nur die Zinsen zum Gegenstand hat oder bei einer Vollstreckungsabwehrklage, die einen Teil eines nicht mehr anhängigen Hauptanspruchs negiert.[60] Das gilt aber nicht, wenn von vornherein nur Nebenforderungen eines Anspruchs eingeklagt werden (Rn. 10). In den Fällen des Abs. 2 ist den durch die Handlungen ausgelösten Gebühren nur der Wert der Nebenforderung zugrunde zu legen, nach oben begrenzt durch den Wert des Hauptanspruchs. Bezieht sich die Handlung auf eine Zins- oder Nebenforderung, die den Hauptsachestreitwert weit übersteigt, so ist trotzdem die sich auf die Zins/Nebenforderung ohne den Hauptanspruch beziehende Handlung höchstens mit dem Hauptsachestreitwert zu bewerten. Zinsen auf die im Streit befindliche Hauptforderung sind auch dann Nebenforderungen, wenn sie erst mit der Anschlussberufung, einer Nichtzulassungsbeschwerde etc. in den Rechtsstreit eingeführt werden.[61] Das gilt auch, wenn Gegenstand eines Rechtsmittels zunächst nur die Zinsforderung ist und im Wege der Anschlussrevision auch die Hauptforderung zum Gegenstand des Verfahrens gemacht worden ist. Streitwert des Revisionsverfahrens ist dann nur noch die Hauptforderung. Die Nebenforderung hat einen eigenen Gebührenstreitwert nur bis zur Einlegung der Anschlussrevision. Die gegenteilige Ansicht[62] verkennt, dass der Gesetzgeber mit demselben Gesetz im § 25 Abs. 1 RVG eine andere Regelung getroffen hat, die nicht auf § 43 Abs. 2 übertragen werden soll.

13 Werden neben einer **Enteignungsentschädigung** Zinsen hieraus verlangt, sind sie gemäß Abs. 1 als Nebenforderung nicht zu berücksichtigen. Anders verhält es sich aber hinsichtlich der in der Hauptsacheforderung als Nutzungsentgang enthaltenen Zinsen. **Hinterlegungszinsen** sind bei Klage auf Einwilligung in die Auszahlung der hinterlegten Streitsumme keine Nebenforderung und deshalb dem Streitwert hinzuzurechnen.[63]

---

59 BGH NJW 1957, 79 = RPfleger 1959, 112 (L).

60 OLG Stuttgart JurBüro 2007, 33 (LS mit Volltextservice) m.w.N.

61 BGH, Beschl. v. 4.9.2013 – III ZR 191/12 – = MDR 2013, 1316 = JurBüro 2014, 25; OLG Schleswig SchlHA 1976, 14.

62 OLG Köln MDR 1976, 323 = JurBüro 1976, 1229 = RPfleger 1976, 28.

63 BGH NJW 1967, 930 (L) = MDR 1967, 280 = JurBüro 1967, 395 = BB 1969, 552.

Wenn der Streit **nach vollständiger Erledigung des (Teils des) Hauptanspruchs, dem die Nebenforderung zuzurechnen ist**, nur noch um diese Nebenforderungen geht, werden diese soweit zur Hauptsache und unterliegen dann nicht mehr der Begrenzung auf den Wert des früheren Hauptanspruchs.[64] Das gilt auch, wenn von mehreren in der Klage geltend gemachten Hauptansprüchen einer erledigt ist und neben den nicht erledigten übrigen Hauptansprüchen Nebenforderungen aus den erledigten Hauptansprüchen geltend gemacht werden, oder soweit der Hauptanspruch übereinstimmend für erledigt erklärt wird. Auch dann werden die Nebenforderungen aus dem erledigten (Teil des) Hauptanspruch(s) zur Hauptforderung ohne Begrenzung auf den Wert des früheren Hauptanspruchs, z.B. die (anteiligen) Zinsen und vorprozessuale Rechtsanwaltskosten aus einem nicht mehr im Streit stehenden Teil des Hauptanspruchs.[65] Die Frage ist allerdings nicht ganz unstreitig.[66] Erfolgen gebührenpflichtige Handlungen hinsichtlich solcher zur Hauptsache gewordenen Nebenforderungen, so ist der Streitwert der Gebühr aus dem Wert der Nebenforderung zu berechnen. Ist dieselbe Gebühr bereits aus dem früheren Hauptanspruch angefallen, aus dem die Nebenforderung abgeleitet ist, so darf die Summe der beiden Gebühren nicht höher sein als eine Gebühr aus dem höheren der beiden Ansprüche. Die Werte des früheren Hauptanspruchs und der zum nunmehrigen Hauptanspruch gewordenen Nebenforderung dürfen nicht zusammengerechnet werden. Beziehen sich gebührenpflichtige Handlungen auf Nebenforderungen, deren Hauptanspruch noch anhängig ist, so errechnen sich die Gebühren aus dem Wert der den Gegenstand der gebührenpflichtigen Handlung bildenden Nebenforderung. Dieser Wert kann unter, aber nicht über dem Wert des zugehörigen Hauptanspruchs liegen, Abs. 2. Sollte diese Gebühr schon in derselben Instanz aus dem vollen Wert des Hauptanspruchs angefallen sein, ist sie für die Handlung aus der Nebenforderung nicht nochmals zu erheben, § 27. War sie nur aus einem Teil des Hauptanspruchs erwachsen, dürfen die Teilgebühr aus der Hauptsache und dieselbe Gebühr aus der Nebenforderung zusammen den Betrag einer aus dem ganzen Hauptanspruch berechneten Gebühr nicht übersteigen, § 36 Abs. 2. 14

Die **Handlungen** (z.B. ein Teilurteil) dürfen **nur die Nebenforderungen, nicht auch den** zur Nebenforderung gehörenden **Hauptanspruch betreffen.** Das ist etwa der Fall, wenn eine Entscheidung über Nebenkosten wie den Zinsanspruch oder um vorprozessuale Anwaltskosten, nicht aber auch über den Hauptanspruch ergeht. Ist eine Entscheidung über die ganze Hauptsache und die Nebenforderungen ergangen, so ist für die Gebühr nur der Wert der Hauptsache maßgebend, auch wenn ihr Wert geringer ist als der Wert der ihr zuzuordnenden Nebenforderung. Ist über einen Teil des Hauptanspruchs und über eine Nebenforderung, die sich auf einen anderen Teil des Hauptanspruchs bezieht, eine gebührenpflichtige Handlung erfolgt, so bilden der Teil des Hauptanspruchs und die Nebenforderung den Streitwert.[67] Der Wert der Nebenforderung darf 15

---

64 H.M.; vgl. z.B. BGH JurBüro 2008, 202 = NJW 2008, 999 = BeckRS 2008, 01556, jeweils m.N. der Rspr. des BGH; OLG Schleswig JurBüro 1976, 238; *Hartmann* § 43 Rn. 5; *D. Meyer* JurBüro 1999, 126 (127).

65 BGH, Beschl. v. 26.3.2013 – VI ZB 53/12 – = NJW 2013, 2123 = MDR 2013, 816 = VersR 2013, 921 = NZV 2013, 481 = RVG-professionell 2013, 109; BGH MDR 2012, 738 = FamRZ 2012, 971 = BeckRS 2012, 09458; BGH JurBüro 2008, 202; BGHZ 26, 175 = NJW 1958, 342 = JurBüro 1958, 131 = RPfleger 1958, 93 m. Anm. v. *Lappe;* OLG Frankfurt aM JurBüro 1978, 590 und JurBüro 1970, 988; LG Wuppertal AnwBl. 1978, 108 (L) m. Anm. v. *H. Schmidt.*

66 **A.M.** z.B. OLG Köln JMBlNRW 1974, 45 = VersR 1974, 505 (L) und JurBüro 1974, 1594 = BB 1974, 1414 = Der Betrieb 1974, 2203.

67 BGH JurBüro 2008, 202 = NJW 2008, 999 = BeckRS 2008, 01556.

aber nicht höher angenommen werden als der Wert des Hauptanspruchsteils, auf dem sie beruht. Dasselbe gilt, wenn mehrere Teilurteile über Teile der Hauptsache und über Nebenforderungen ergehen. Dann dürfen die Gebühren aus den Einzelstreitwerten zusammen nicht höher sein als eine Gebühr aus dem zusammengerechneten Streitwert des Hauptanspruchsteils und der Nebenforderung, § 36 Abs. 2.

16 Der **Streitwert** richtet sich nach dem Wert der Nebenforderung, auf die sich die Handlung bezieht, darf aber den Streitwert des Hauptanspruchs, auf dem die Nebenforderung beruht, nicht übersteigen. Mehrere Nebenforderungen sind zusammenzurechnen, soweit sich die Handlung auf sie bezieht. Ist der Wert der Nebenforderung bei dem Erlass des Urteils oder der anderweitigen Beendigung der Instanz höher als im Zeitpunkt der Erhebung der Klage oder der Einlegung des Rechtsmittels, so ist für die Gebührenberechnung der höhere Wert maßgebend, § 41 Abs. 1, der aber auch in diesem Fall den Hauptsachestreitwert nicht übersteigen darf. **Maßgebend als obere Wertgrenze ist immer der Hauptsachestreitwert, zu dem die Nebenforderung gehört, im Zeitpunkt der Handlung, die sich auf die Nebenforderung bezieht.** Ist der Hauptsachestreitwert z.B. in diesem Zeitpunkt infolge von Teilerledigungen nur noch gering, ist der geringere Streitwert als obere Grenze maßgebend, soweit sich die Nebenforderung hierauf bezieht. Der Wert der Nebenforderung richtet sich, wenn er, wie der Zinsanspruch, auf Geld geht, nach dem Geldbetrag im Zeitpunkt der Beendigung der Instanz.[68] Sonst ist er nach § 3 ZPO zu schätzen.

17 **Abs. 3 (Handlungen über die Kosten des Rechtsstreits ohne den Hauptanspruch):** Abs. 3 regelt, welcher Streitwert maßgebend ist, wenn der Streit nur (noch) um die gerichtlichen und außergerichtlichen **Kosten** geht, **die in dem Rechtsstreit erwachsen sind.** Kosten des Rechtsstreits sind die Kosten des betreffenden Verfahrens, während die in Abs. 1 genannten Kosten umgekehrt solche sind, die außerhalb des Verfahrens erwachsen und im Klageantrag als Nebenforderungen zusätzlich geltend gemacht werden. Keine Kosten des Rechtsstreits liegen vor, wenn ein rechtskräftig zum Schadensersatz verurteilter Versicherungsnehmer gegen seinen Haftpflichtversicherer auf Befreiung von der Urteilssumme und den zu seinen Lasten festgesetzten Kosten klagt. In solchen Fällen gehören die Kosten zur Hauptsache.[69] Wird dagegen mit einer auf § 826 BGB gestützten Klage begehrt, die Zwangsvollstreckung aus einem nach der Behauptung des Klägers erschlichenen Urteil nebst Kostenfestsetzungsbeschluss zu unterlassen, so sind die festgesetzten Kosten solche des Rechtsstreits und deshalb dem Streitwert nicht hinzuzurechnen.[70] Unter Abs. 3 fallen auch die nicht auf die Prozesskosten anrechenbaren Rechtsanwaltskosten.[71]

18 Anwendbar ist Abs. 3 erst dann, wenn und soweit[72] der Hauptanspruch mit allen in Abs. 1 erwähnten Nebenforderungen erledigt ist.[73] Eine Anerkenntniserklärung beendet den Rechtsstreit noch nicht, so dass bis zur Urteilsverkündung die Hauptsache den Streitgegenstand bestimmt und die Kosten außer Ansatz bleiben.[74] Das Wort „Hauptanspruch" umfasst in Abs. 3 im Gegensatz zu der Bedeutung, die es im Abs. 1 hat, auch die Nebenforderungen des Abs. 1. Es ist darunter der ursprünglich in dem Verfahren geltend gemachte Anspruch zu verstehen.[75] Die Kosten müssen durch die Erledigung der bisheri-

68 OLG Köln JurBüro 1972, 244; OLG Celle JurBüro 1971, 237 = MDR 1972, 404 (L).
69 BGH MDR 1976, 649 = RPfleger 1976, 207 = VersR 1976, 477.
70 BGH NJW 1968, 1275 = JurBüro 1968, 885 = RPfleger 1968, 662 = BB 1969, 552.
71 *Hartmann* § 43 Rn. 8; *Enders* JurBüro 2004, 59.
72 BGH, Beschl. v. 20.5.2014 – VI ZB 49/12 = JurionRS 2014, 18523.
73 BGH NJW 1964, 664 = JurBüro 1964, 110 = RPfleger 1964, 172 = MDR 1964, 231.
74 OLG Köln KostRspr, GKG § 22 Nr. 4.
75 OLG Bamberg JurBüro 1972, 163 m. Anm. v. *Mümmler*.

gen Hauptansprüche samt ihren Nebenforderungen zum Hauptanspruch geworden sein. Das trifft dann nicht zu, wenn nur die Klage, nicht aber die Widerklage erledigt ist. Auch wenn von dem Hauptanspruch und den Nebenforderungen des Abs. 1 nur noch ein geringer Teil unerledigt ist, kommt eine Bewertung der Kosten nicht in Betracht.[76] Das gilt nicht nur, wenn der Hauptanspruch erst teilweise erledigt ist,[77] sondern auch wenn noch Nebenforderungen i.S.v. Abs. 2 unerledigt sind.[78] In diesem Fall ist der Streitwert ausschließlich nach Abs. 2 zu berechnen. Einigen sich die Parteien über die Hauptsache und die Kosten, richtet sich der Wert des Vergleichs nur nach der Hauptsache, nicht auch nach den Kosten.[79]

Es müssen **gebührenpflichtige Handlungen hinsichtlich der Kosten** des Rechtsstreits vorliegen. Sind gleichartige Handlungen hinsichtlich der Hauptsache, eines Teils der Hauptsache oder von Nebenforderungen i.S.d. Abs. 2 und nach Erledigung von Hauptsache und Nebenforderungen auch hinsichtlich der Kosten erfolgt, entsteht aus der Handlung über die Kosten kein gesonderter Gebührenanspruch (z.B. wenn nach einem Teilurteil über die Hauptsache ein Schlussurteil über die Kosten ergeht). Wird gegen ein Teilurteil über die Hauptsache und gegen das später ergangene Schlussurteil über die Kosten ein Rechtsmittel eingelegt, so liegen bis zur Verbindung zwei getrennte Rechtsmittelverfahren mit je einem selbständigen Streitwert vor.[80] Richtet sich die Berufung aber gegen ein Urteil, durch das nach Erledigung eines Teils der Hauptsache über den nicht erledigten Teil der Hauptsache und über die Kosten entschieden wurde, sind die Prozesskosten auch insoweit nicht zu berücksichtigen, als sie auf den erledigten Teil der Hauptsache entfallen.[81] Die Verfahrensgebühr für ein Teilurteil und die Gebühr für einen Beschluss nach § 91a ZPO sind verschiedenartig und können deshalb nebeneinander bestehen. 19

Der **Streitwert der Kosten** bemisst sich nach der Summe der bis zur Erledigung der Hauptsache nebst Nebenforderungen erwachsenden gerichtlichen und außergerichtlichen Kosten der Parteien einschließlich der Mehrwertsteuer der Rechtsanwälte.[82] Die im Verfahren über die Kosten und Auslagen erst neu entstandenen Gebühren und Auslagen werden nicht mit zum Streitwert gerechnet. Nach oben ist der Streitwert der Kosten durch den des Hauptanspruchs begrenzt. Der Kostenstreitwert des Abs. 3 kann daher niemals höher sein als der der Hauptsache. Streitgegenstand i.S.d. Abs. 3 kann auch nur ein Teil der Kosten sein, z.B. bei einem Antrag auf einstweilige Einstellung der Zwangsvollstreckung aus einem klageabweisenden Urteil. Hier sind Streitgegenstand nur die von dem Kläger an den Beklagten zu erstattenden Kosten.[83] § 36 ist unanwendbar, weil diese Kosten nicht Teil des Streitgegenstandes sind.[84] 20

---

76 OLG Oldenburg MDR 1989, 1006; *Hartmann* § 43 Rn. 9.
77 BGH RPfleger 1955, 12; KG JurBüro 1977, 1427; OLG München JurBüro 1976, 801 = MDR 1976, 759; OLG Koblenz JurBüro 1974, 1144; OLG Düsseldorf JurBüro 1972, 816 = VersR 1972, 1171; OLG Köln JurBüro 1969, 558.
78 *Schneider* JurBüro 1979, 1589, 1594.
79 OLG Köln JurBüro 1973, 865; 1970, 803.
80 OLG Hamm JurBüro 1955, 441.
81 BGH MDR 1963, 44 = JurBüro 1962, 677; **a.M.** OLG Düsseldorf MDR 1979, 676; OLG Nürnberg RPfleger 1963, 219 (I.).
82 *Schneider* JurBüro 1968, 194.
83 BGH RPfleger 1959, 2 (I.).
84 *Hartmann* § 43 Rn. 12.

§ 44
Stufenklage

Wird mit der Klage auf Rechnungslegung oder auf Vorlegung eines Vermögensverzeichnisses oder auf Abgabe einer eidesstattlichen Versicherung die Klage auf Herausgabe desjenigen verbunden, was der Beklagte aus dem zugrunde liegenden Rechtsverhältnis schuldet, so ist für die Wertberechnung nur einer der verbundenen Ansprüche, und zwar der höhere, maßgebend.

1 Die auf alle dem GKG unterfallenden Gerichtszweige anzuwendende Bestimmung des § 44 behandelt die **Stufenklage.**[1] Im Wesentlichen sind die Fälle des § 254 ZPO gemeint. Voraussetzung ist also, dass nicht nur Hilfsansprüche auf Auskunft und ggf. auf eidesstattliche Versicherung erhoben werden, sondern auch ein Hauptanspruch – in der Regel ein Leistungsanspruch – rechtshängig gemacht wird, wonach gemäß § 254 ZPO der Hauptanspruch zunächst unbestimmt bleiben und nur auf das gerichtet sein kann, was der Beklagte aus dem jeweiligen Rechtsverhältnis nach Rechnungslegung und ggfs. eidesstattlicher Versicherung schuldet. I.S.v. § 44 muss der Leistungsantrag mithin sogleich eingeklagt sein und lediglich die Bezifferung vorbehalten bleiben.[2] Im Fall des § 255 ZPO ist § 44 nicht anwendbar. Im streitigen Verfahren nach dem FamFG (§ 113 FamFG) gilt § 38 FamGKG. Ihr Sinn besteht darin, dass hier – abweichend von § 5 ZPO – mehrere in einer Klage verbundene Ansprüche für die Gebührenberechnung nicht zusammengezählt werden, sondern dass nur einer von ihnen, und zwar der höhere, maßgebend ist. Für die sachliche Zuständigkeit der Gerichte und für die Zulässigkeit der Rechtsmittel gilt § 44 ebenso wenig[3] wie bei einem Zusammentreffen von Stufenklage und Leistungsklage.[4] Ein solches Zusammentreffen von Leistungs- und Stufenklage liegt dann vor, wenn der Kläger einen bezifferten Mindestbetrag fordert weil er die gesamte Forderung ohne Auskunftserteilung durch den Beklagten weder beziffern noch begründen kann.[5] Demgemäß steht eine für die Zuständigkeit der Gerichte oder für die Zulässigkeit von Rechtsmitteln erfolgte Streitwertfestsetzung im Falle der Stufenklage einer anderweitigen Festsetzung für die Bestimmung der Gerichtsgebühren nicht im Wege, § 62 S. 2. Die Bestimmung des § 44 ist nicht anzuwenden bei der Fristsetzung nach § 255 ZPO.

2 Bei der Stufenklage[6] müsste an sich, wie für die sachliche Zuständigkeit der Gerichte und die Zulässigkeit eines Rechtsmittels, gemäß § 5 ZPO eine Addition der Streitwerte erfolgen. Da aber durch die Klage auf Rechnungslegung oder auf Vorlegung eines Vermögensverzeichnisses oder auf Abgabe einer eidesstattlichen Versicherung lediglich die Beweisgrundlage für das Verfahren auf Herausgabe desjenigen geschaffen werden soll, was der Beklagte aus dem zugrunde liegenden Rechtsverhältnis schuldet, ist für die Berechnung der Gerichtsgebühren bestimmt, dass hier nur der höhere der verbundenen Ansprüche maßgebend sein soll.[7]

3 **Verfahren auf Rechnungslegung** sind solche, die z.B. §§ 27 Abs. 3, 86, 666, 675, 687, 713, 1214, 1435, 1698, 1890, 1915, 1978, 1991, 2130, 2218 BGB, 340 HGB als Anspruchsgrund-

1 Vgl. dazu bei *Schneider* RPfleger 1977, 92.
2 OLG Schleswig SchlHA 2012, 264 = FamRZ 2012, 1746 (L).
3 *Hartmann* § 44 Rn. 2.
4 KG RPfleger 1973, 226; LG Bayreuth JurBüro 1977, 1734.
5 BGH NJW-RR 2003, 68.
6 Dazu BGH MDR 1963, 204.
7 Unstr. vgl. etwa OLG Karlsruhe FamRZ 1990, 74; OLG Hamm AnwBl. 1981, 69, jeweils m.N.

lage haben. Nicht dazu gehört aber eine Klage auf vorzeitigem Ausgleich des Zugewinns.[8] Wird allerdings in derselben Klage gemäß §§ 1379, 260 BGB Auskunft und Vorlage eines Verzeichnisses mit oder ohne eidesstattliche Versicherung verlangt, ist § 18 anwendbar.[9] Keine Stufenklage liegt vor, wenn der Kläger zunächst nur Auskunftserteilung begehrt und er nach der im Prozess erteilten Auskunft zur Leistungsklage übergeht. Jedoch ist in solchen Fällen § 44 sinngemäß anzuwenden, so dass dann der höhere Anspruch maßgebend ist.[10]

Verfahren auf **Vorlegung eines Vermögensverzeichnisses** sind solche, die sich z.B. auf § 260 Abs. 1 BGB i.V.m. §§ 1377, 2027, 2028, 2127, 2314, 2362 BGB gründen. 4

Verfahren auf **Abgabe einer eidesstattlichen Versicherung** können z.B. beruhen auf §§ 259, 260, 2028, 2057 BGB. 5

Der grundsätzlich nach § 48 Abs. 1 i.V.m. § 3 ZPO zu bestimmende **Streitwert** bemisst sich grundsätzlich nach dem Wert des **höchsten der verbundenen Ansprüche, also der werthöchsten Stufe** und kann sich nicht verringern, wenn der spätere Zahlungsantrag (etwa wegen zwischenzeitig erfolgter Zahlungen) niedriger ist.[11] Das ist i.d.R. das Zahlungsinteresse, und zwar grundsätzlich bezogen auf den Betrag, der sich nach den Erwartungen des Klägers, wie sie in der Klageschrift zum Ausdruck gebracht werden, richtet. Jedoch kann auch der Wert einer anderen (vorbereitenden) Stufe maßgebend sein, wenn der Kläger sein Interesse von vornherein zum Ausdruck bringt.[12] Der Wert ist nach § 63 Abs. 1 vorläufig festzusetzen.[13] Dieser ist ggf. gemäß § 3 ZPO nach objektiven Kriterien zu schätzen. Am Ende der ersten Instanz ist der Wert erforderlichenfalls aufgrund der dann bekannten Umstände zu korrigieren und nach § 63 Abs. 2 nach dem Wert, der sich am Ende des Rechtsstreits ergibt, endgültig festzusetzen.[14] Dies gilt nur, wenn dieser höher ist als der nach dem Inhalt der Klageschrift berechnete Wert, jedoch kann er niemals geringer ausfallen.[15] Wenn die gesamte Stufenklage zurückgewiesen oder abgewiesen wird oder wenn sie „stecken bleibt" (d.h. nicht zu Ende geführt wird, etwa, weil sich die Parteien außergerichtlich vergleichen),[16] verbleibt es grundsätzlich bei den Wertvorstellungen des Antragstellers bei Klageerhebung.[17] Eine Neubewertung aufgrund der Erkenntnisse am Ende der Instanz kommt dann nicht in Betracht. D.h.: Es sind bei der „steckengebliebenen" Stufenklage nicht die Werte der einzelnen Stufen zu ermitteln und dann die Werte der einzelnen, schon erledigten Stufen zusammenzuzählen. Das ist allerdings nicht unstreitig. Nach anderer Ansicht sollen im Falle einer Stufenklage Gebühren für Handlungen, die nur einen Teil des Streitgegenstandes betreffen, gemäß §§ 35, 36 Abs. 1 nur nach dem Wert dieses Teils zu berechnen sein, insbesondere bei der „steckengebliebenen" Stufenklage (d.h.: wegen der weiteren Stufen wird der Anspruch nicht mehr weiter verfolgt wird). Dann soll der Wert der beschiedenen Stufe (meist der Auskunftsanspruch) besonders zu bewerten und mit einem Bruchteil des höheren Wertes anzunehmen sein.[18] Es kann danach auch bei der Stufenklage der 6

8 KG JurBüro 1963, 492.
9 OLG Schleswig SchlHA 1975, 104; OLG Frankfurt aM JurBüro 1969, 170 = RPfleger 1969, 67.
10 OLG Celle WRP 1971, 233.
11 OLG Celle JurBüro 2011, 483 (zu § 38 FamGKG).
12 OLG Stuttgart JurBüro 2013, 196 = MDR 2013, 242 = BeckRS 2013, 01086.
13 OLG Rostock JurBüro 2008, 88 m. zahlr. Nachw.; OLG Celle MDR 2003, 55.
14 KG NJW-RR 1998, 1615 und NJW-RR 1997, 418 = JurBüro 1997, 595 = MDR 1997, 598; OLG Celle MDR 2003, 55.
15 OLG Rostock JurBüro 2008, 88, 89 m.N.
16 OLG Schleswig JurBüro 2002, 80.
17 H.M. vgl. z.B. KG JurBüro 2006, 594 m.w.N.; OLG Brandenburg OLG-NL 1997, 279.
18 OLG Schleswig MDR 1995, 642.

für die Berechnung der einzelnen Gebühren zugrunde zu legende Streitwert verschieden sein.[19] Um zu klären, welcher Anspruch i.S.d. § 44 höherwertig ist, wären dann die Werte jedes einzelnen in der Stufenklage geltend gemachten Anspruchs zu ermitteln und zu vergleichen. Erforderlichenfalls wäre nach § 63 zu verfahren. Diese Ansicht ist unzutreffend. Denn sie würde mit der durch die Einführung der Pauschalgebühren erstrebten Vereinfachung zuwiderlaufen. Das kann nur dann gelten, wenn der Antragsteller seine Klage ausdrücklich auf bestimmte Stufen von vornherein beschränkt (– was dann aber keine eigentliche Stufenklage mehr wäre –) oder in den Rechtsmittelinstanzen. So ist z.B. dann, wenn das Rechtsmittelgericht lediglich über eine Rechtsmittel gegen eine Teilentscheidung über eine Stufe (meist: Auskunftsanspruch) zu befinden hat, für das Rechtsmittelverfahren allein der (niedrigere) Wert der Stufe zugrunde zu legen.[20]

7 Der Wert des Anspruchs auf **Rechnungslegung** oder auf **Vorlegung eines Vermögensverzeichnisses** ist nach dem Interesse des Klägers an der Auskunftserteilung[21] gemäß § 3 ZPO zu schätzen (vgl. § 48 Abs. 1). Es wird i.d.R. geringer sein als der des Zahlungs- oder Herausgabeanspruchs,[22] keinesfalls aber höher als der des zur Zeit des Eingangs der Klage[23] behauptete Zahlungs- oder Herausgabeanspruch. Andererseits kann er aber auch den aufgrund der Rechnungslegung und der eidesstattlichen Versicherung letzten Endes konkretisierten und geltend gemachten Wert des Zahlungs-/Herausgabeanspruchs übersteigen. Maßgebend ist immer, in welcher Höhe sich der Kläger seines Anspruchs berühmt.[24] Könnte nämlich der Streitwert des Antrags auf Rechnungslegung oder Auskunft nicht höher sein als der des Zahlungs- oder Herausgabeanspruchs, hätten die Verfahren auf Rechnungslegung und eidesstattliche Versicherung keinen Streitwert, wenn sich herausstellt, dass dem Kläger kein Zahlungs- oder Herausgabeanspruch zusteht und der Kläger deshalb keinen solchen Antrag stellt.[25] Dasselbe muss gelten, wenn die Klage abgewiesen wird, ehe ein Zahlungs- oder Herausgabeanspruch gestellt ist, oder wenn sich auf Grund von Rechnungslegung und eidesstattlicher Versicherung nur ein geringerer Zahlungs- oder Herausgabeanspruch ergibt, als der Kläger bei Beginn des Rechtsstreits angenommen und behauptet hat.

8 **Änderungen** des Zahlungs- und Herausgabeanspruchs durch eine im Laufe des Rechtsstreits eingetretene teilweise Erledigung berühren nur die nach diesem Zeitpunkt erwachsenden Gebühren.[26] Verlangt der Kläger mit der Klage die Leistung eines **Teilbetrages** der von ihm behaupteten Forderung und nur wegen des überschießenden Restbetrages Rechnungslegung, so sind die Werte des Leistungsanspruchs und des Rechnungslegungsanspruchs zu addieren, da hinsichtlich dieser beiden Forderungen § 44 nicht zutrifft.[27] Die Frage ist aber streitig. So wird auch die Ansicht vertreten, dass grundsätzlich der ursprüngliche Wert gilt, von dem jedoch ein Abschlag von 50% zu machen sei.[28]

9 Auch der Wert des Anspruchs auf **Abgabe der eidesstattlichen Versicherung** ist gemäß § 3 ZPO zu schätzen. Er richtet sich nach dem Erfolg, den sich der Kläger von der

19 OLG Düsseldorf MDR 1962, 912.
20 BGH MDR 2000, 1028.
21 OLG Köln VersR 1976, 1154.
22 OLG Düsseldorf NJW 1961, 2021; OLG Köln VersR 1976, 1154; OLG Köln MDR 1969, 582 und JurBüro 1974, 636 ($^1/_5$–$^1/_4$); OLG Frankfurt aM JurBüro 1973, 766 ($^1/_2$); OLG München MDR 1972, 247 – L – ($^1/_5$–$^1/_4$).
23 OLG Koblenz AnwBl. 1989, 397.
24 Vgl. z.B.: OLG Bamberg JurBüro 1979, 251; OLG Nürnberg JurBüro 1964, 1439; OLG Frankfurt aM JurBüro 1973, 766; OLG Köln JurBüro 1972, 244 und MDR 1969, 582; OLG Celle JurBüro 1968, 734.
25 OLG Zweibrücken JurBüro 1974, 444; OLG Düsseldorf MDR 1963, 937; LG Bayreuth JurBüro 1980, 757.
26 OLG Celle JurBüro 1969, 174; 1968, 734.
27 KG JurBüro 1973, 226 (L); 1962, 120; LG Bayreuth JurBüro 1977, 1747.
28 OLG Frankfurt aM MDR 1995, 207.

Abgabe der eidesstattlichen Versicherung verspricht.[29] Der Wert wird i.d.R. geringer sein als der Wert der Rechnungslegung, niemals aber höher, da die eidesstattliche Versicherung nur der Durchsetzung des Rechnungslegungsanspruchs dient. Man wird i.d.R. von der Hälfte des Wertes des Auskunftsanspruchs ausgehen können.[30]

Für den sich nach Durchführung des Auskunftsanspruchs, des Anspruchs auf Vorlage eines Vermögensverzeichnisses und auf Abgabe der eidesstattlichen Versicherung tatsächlich ergebenden **Streitwert des Zahlungs- oder Herausgabeanspruchs** ist der Betrag der tatsächlich weiter verfolgten Forderung oder der Wert der tatsächlich herausverlangten Gegenstände maßgebend (§ 6 ZPO). Ist dieser Wert bei Beendigung der Instanz höher als bei deren Beginn (z.B. bei Wertpapieren), so ist der höhere Wert zugrunde zu legen, § 40 Abs. 1. Kommt es nicht zu einer Entscheidung über den Zahlungs- oder Herausgabeanspruch, weil sich die Klage vorher erledigt hat, so ist der zu vergleichende Zahlungsanspruch nach § 3 ZPO zu schätzen, wobei die Vorstellungen des Klägers von der Höhe seines Anspruchs maßgebend sind.[31] 10

Die Streitwerte der einzelnen Gebühren können verschieden hoch sein, wenn einzelne Handlungen nur einen Teil des Streitgegenstandes betreffen, § 36. Für die allgemeine Verfahrensgebühr ist der höchste Wert der verbundenen Ansprüche maßgebend. Der Streitwert einer Entscheidungsgebühr bemisst sich nach dem Wert des Anspruchs, über den entschieden wird.[32] Das gilt auch, wenn noch Urteilsgebühren erhoben werden, also in Altverfahren. Ab dem 1.7.2004 fallen in allen Instanzen Pauschalgebühren an, weswegen auch dann, wenn die Stufenklage „stecken bleibt“ (oben Rn. 6), stets die Gebühr nach dem Betrag, der am Ende des Verfahrens festgestellt wird, zu bemessen ist.[33] Ergeht nur über den Rechnungslegungsanspruchs ein Urteil, so richtet sich der Streitwert der Urteilsgebühr nach dem Wert dieses Anspruchs, mag auch der Streitwert der Verfahrensgebühr höher sein. Der Streitwert der im Verfahren auf Zahlung oder Herausgabe erwachsenen Urteilsgebühr kann geringer sein als der des Urteils im Rechnungslegungsverfahren. Ist das der Fall, dann ist Letzterer maßgebend. Denn das ganze Verfahren bildet eine kostenrechtliche Instanz nach § 35. Die Urteilsgebühr kann deshalb nur einmal, und zwar je aus dem höheren Wert des Urteilsgegenstandes anfallen, auch wenn mehrere Urteile innerhalb derselben Instanz ergehen, § 36 Abs. 2. Wenn gegen ein im Rechnungslegungsverfahren ergangenes Urteil der Beklagte ein Rechtsmittel einlegt, kann der Streitgegenstand des **Rechtsmittelverfahrens** nicht höher sein als der Streitwert des ergangenen Urteils. Er kann geringer sein. So z.B., wenn der Beklagte das Urteil nicht in vollem Umfang anficht (§ 47) oder wenn das Berufungsgericht nur zur Auskunft verurteilt und zurückverweist, auch wenn das Erstgericht die Klage insgesamt abgewiesen hatte.[34] Davon zu unterscheiden ist aber der Fall, dass das Urteil der ersten Instanz abgewiesen wird und die Berufung sich (unbeschränkt) dagegen wendet, die Sache in der Berufungsinstanz aber in der Auskunftsstufe stecken bleibt. Dann ist natürlich der Streitwert identisch mit dem der ersten Instanz.[35] Maßgebend für die Beschwer des Be- 11

29 KG RPfleger 1962, 120 (L).
30 OLG Köln RPfleger 1977, 116.
31 OLG Bamberg JurBüro 1985, 595 1979, 251; *Mümmler* JurBüro 1980, 983.
32 OLG Düsseldorf MDR 1963, 937.
33 H.M. vgl. z.B. OLG Dresden MDR 1998, 64; OLG Celle AnwBl. 1987, 286; KG Die Justiz 1985, 353; OLG Düsseldorf JurBüro 1984, 87 m. Anm. v. *Mümmler;* **a.M.:** OLG Dresden NJW-RR 1997, 1430 = MDR 1997, 691 = OLG-NL 1997, 187 (für die Anwaltsgebühr).
34 BGH NJW 2002, 3477 = MDR 2002, 1390.
35 OLG Schleswig; Beschl. v. 27.11.2013 – 5 U 22/13 – = JurionRS 2013, 54190 = MDR 2014, 494 = RVG-professionell 2014, 73.

klagten ist nur sein Interesse, die Auskunft nicht erteilen zu müssen.[36] Sein Interesse, die Rechtsverfolgung der Gegenseite durch Vorenthaltung der Auskunft zu vereiteln oder zu erschweren, fällt dagegen nicht ins Gewicht.[37]

§ 45
Klage und Widerklage, Hilfsanspruch, wechselseitige Rechtsmittel, Aufrechnung

(1) In einer Klage und in einer Widerklage geltend gemachte Ansprüche, die nicht in getrennten Prozessen verhandelt werden, werden zusammengerechnet. Ein hilfsweise geltend gemachter Anspruch wird mit dem Hauptanspruch zusammengerechnet, soweit eine Entscheidung über ihn ergeht. Betreffen die Ansprüche im Fall des Satzes 1 oder 2 denselben Gegenstand, ist nur der Wert des höheren Anspruchs maßgebend.

(2) Für wechselseitig eingelegte Rechtsmittel, die nicht in getrennten Prozessen verhandelt werden, ist Absatz 1 Satz 1 und 3 entsprechend anzuwenden.

(3) Macht der Beklagte hilfsweise die Aufrechnung mit einer bestrittenen Gegenforderung geltend, so erhöht sich der Streitwert um den Wert der Gegenforderung, soweit eine der Rechtskraft fähige Entscheidung über sie ergeht.

(4) Bei einer Erledigung des Rechtsstreits durch Vergleich sind die Absätze 1 bis 3 entsprechend anzuwenden.

Übersicht

Allgemeines — 1–4
Widerklage — 5–16
Begriff — 5
Zulässigkeit — 6
Zwischenanträge — 7
Derselbe Prozess — 8
Beschränkung des Stoffes — 9
Prozessverbindung — 10
Prozesstrennung — 11
Derselbe Streitgegenstand — 12
Beispiele für denselben Gegenstand — 13
Beispiele für verschiedene Gegenstände — 14
Gebührenrechnung — 15, 16
Hilfsansprüche — 17–21
Begriff — 17
Hilfsanträge — 18
Bedingte Hilfsanträge — 19
Entscheidung über den Hilfsantrag — 20
Streitwert — 21
Wechselseitige Rechtsmittel — 22–26
Begriff — 22
Keine wechselseitigen Rechtsmittel — 23
Getrennte Rechtsmittelprozesse — 24
Streitwert — 25, 26
Hilfsaufrechnung — 27–38
Allgemeines — 27
Aufrechnung — 28
Keine Aufrechnung — 29
Hilfsaufrechnung — 30
Bestrittene Aufrechnung — 32
Rechtskräftige Entscheidung — 33, 34
Streitwert — 35–39
Vergleich — 40–44
Allgemeines — 40, 41
Streitwerterhöhung — 42
Vergleich bei Klage und Widerklage — 44
Separate Festsetzung des Streitwertes für die Anwaltsgebühren — 45
Übersicht zur Streitwertberechnung nach § 45 Abs. 3, 4 — 46

1 **Allgemeines:** Während § 5 ZPO für die sachliche Zuständigkeit der Gerichte bestimmt, dass die Streitwerte von Klage und Widerklage zusammengerechnet werden, regelt § 45 für die **Gebührenberechnung**, welcher Streitwert bei Klage und Widerklage, bei wechselseitigen Rechtsmitteln und bei Aufrechnung und Hilfsansprüchen gilt. Die

36 BGH NJW 1970, 1083 = MDR 1970, 671 = JurBüro 1970, 489.
37 BGH JurBüro 1978, 357 = BB 1978, 429 = Der Betrieb 1978, 627.

Bestimmung des § 45 gilt sowohl für vermögensrechtliche als auch für nichtvermögensrechtliche Streitigkeiten. Die für die gerichtliche Zuständigkeit oder die Zulässigkeit von Rechtsmitteln erfolgte Streitwertfestsetzung steht einer anderweitigen Streitwertfestsetzung zur Berechnung der Gerichtsgebühren nicht im Weg, § 62 S. 1.

Abs. 1 fasst wegen der vergleichbaren Regelungstatbestände für Klage und Widerklage (Satz 1) sowie für hilfsweise geltend gemachte Ansprüche (Satz 2) diese beiden Fallgruppen zusammen. Die Vorschrift knüpft dabei an den auch für den Gebührenstreitwert grundsätzlich nach § 48 Abs. 1 geltenden § 5 ZPO, von dem für diese besonderen Fälle abgewichen wird.[1] Durch Abs. 1 Satz 3 wird die Addition der Werte ausgeschlossen, wenn es sich um denselben Gegenstand handelt. Entsprechend Satz 2 findet auch keine Werterhöhung statt, auch, wenn eine Klageänderung unzulässig ist.[2] Dann ist der Wert des höheren Anspruchs maßgebend. Erklärtes Anliegen der des Abs. 1 ist es, so die von Rspr. entwickelte Unterscheidung zwischen dem prozessualen und dem kostenrechtlichen Gegenstandsbegriff auch in das GKG zu übernehmen. Nach allgemeiner und auf der Rspr. BGH[3] beruhender Ansicht liegen kostenrechtlich nur dann verschiedene Gegenstände vor, wenn die mit der Klage und mit der Widerklage geltend gemachten Ansprüche (Satz 1) einander nicht ausschließen, so dass die Zuerkennung des einen Anspruchs nicht notwendigerweise die Aberkennung des anderen zur Folge hat. Ähnlich muss es sich auch bei einem (nicht mit der in Abs. 3 geregelten Hilfswiderklage zu verwechselnden) Hilfsanspruch verhalten. Insoweit ist hier nur der echte Hilfanspruch, nicht aber der unechte Hilfsanspuch gemeint.[4] Eine derartige wirtschaftliche Betrachtungsweise **schließt** nicht aus, dass verschiedene, denselben Streitgegenstand betreffende Ansprüche unterschiedlich bewertet werden können. Das kann etwa der Fall sein mit Klage und Widerklage nur Teilansprüche aus demselben Rechtsverhältnis hegeleitet werden, die sich zwar rechtlich wechselseitig ausschließen, wirtschaftlich aber nicht überschneiden[5] oder bei einer Leistungsklage und wechselseitig erhobenen Feststellungsklagen im Rahmen eines Mietverhältnisses.[6] Auch bei arbeitsrechtlichen Angelegenheiten spielt die Frage eine nicht unerhebliche Rolle. So ist z.B. streitig, in Kündigungsschutzsachen dann, wenn neben dem Antrag auf Feststellung, dass eine Kündigung das Arbeitsverhältnis nicht beendet hat, hilfsweise für den Fall des Obsiegens ein Weiterbeschäftigungsantrag gestellt wird, beide Anträge getrennt zubewerten und zur Berechnung des Streitwertes zu addieren sind.[7] 2

Abs. 2 ist redaktionell dem Abs. 1 angepasst, weil bei wechselseitigen Rechtsmitteln, aber auch bei Klage und Widerklage, verschiedene Parteien tätig werden, wohingegen Haupt- und Hilfsanspruch von derselben Partei geltend gemacht werden, wird nur auf Abs. 1 S. 1 und 3 verwiesen. 3

Abs. 3 gilt sowohl für den Fall der Hilfsaufrechnung als auch für den gleich behandelten Fall der Hilfsansprüche. 4

Widerklage ist die von einem Beklagten, dem Widerkläger, im Laufe eines Rechtsstreits gegen den Kläger oder einem Streitgenossen[8] erhobene Klage. Soweit die Wider- 5

1 Vgl. BT-Ds. 12/6992, S. 63.
2 OLG Bamberg JurBüro 2013, 254 = NJW-RR 2013, 636 = MDR 2013, 624 = BeckRS 2013, 03206 mit. Bespr. von *Mayer* in FD-RVG 2013, 43360.
3 BGH JurBüro 2014, 361 = MDR 2014, 560 = NJW 2014, 8 und 1456 = JurionRS 2014, 12424.; BGH NJW 1965, 444; OLG Köln JurBüro 1997, 316.
4 LAG Hamburg JurBüro 2012, 36.
5 BGH MDR 2014, 560 = NJW 2014, 1456 = JurBüro 2014, 361 = AnwBl. 2014, 564 = JurionRS 2014, 12424 = RVG-professionell 2014, 145, 8. Dazu *Mock* RVG-professionell 2014, 184.
6 Vgl. BGH JurBüro 2004, 378.
7 Bejahend LAG Hamburg JurBüro 2012, 36 mit ausführlichen Nachweisen zum Streitstand.
8 OLG München JurBüro 1968, 481 = RPfleger 1968, 232.

klage sich aber bei gleichbleibendem Streitgegenstand auch gegen eine bislang am Rechtsstreit nicht beteiligte dritte Person richtet,[9] ist sie gebührenrechtlich eigenständig zu bewerten.[10] Die gebührenrechtlichen Wirkungen treten mit dem Eingang des Schriftsatzes oder mit der Erklärung zu Protokoll in der mündlichen Verhandlung oder der Geschäftsstelle ein (§ 22 i.V.m. §§ 6, 8, 9). Auf die Zustellung eines eine Widerklage enthaltenden Schriftsatzes kommt es nicht an. Es reicht aus, wenn im Schriftsatz der beabsichtigte Widerklageantrag gemäß § 130 Nr. 2 ZPO angekündigt ist.

6 Es ist gebührenrechtlich unbedeutend, ob die Widerklage überhaupt zulässig oder in der prozessual richtigen Form eingebracht worden ist.[11] Auch eine hilfsweise angekündigte oder erhobene Widerklage **(Eventualwiderklage)**[12] ist grundsätzlich zu bewerten. Denn der mit ihr geltend gemachte Anspruch wird mit ihrer Erhebung zunächst rechtshängig.[13] Das gilt auch, wenn Widerklage gegen eine Widerklage erhoben wird. Ob und wieweit der Widerkläger in der mündlichen Verhandlung den angekündigten Widerklageantrag auch tatsächlich stellt, ist unerheblich. Macht der Beklagte allerdings statt Erhebung einer Widerklage nur Einwendungen oder Einreden geltend oder rechnet er gegen die Klageforderung auf (vgl. Abs. 3), so liegt darin keine Widerklage.

7 **Zwischenklage/-antrag:** Macht der Beklagte hingegen durch einen **Zwischenantrag** im anhängigen Rechtsstreit den ihm durch Vollstreckung eines Vorbehaltsurteils oder eines für vorläufig vollstreckbar erklärten Urteils oder durch eine zur Abwendung der Vollstreckung gemachte Leistung entstandenen **Schadensersatzanspruch** geltend (vgl. §§ 302 Abs. 4; 600 Abs. 2; 717 Abs. 2, Abs. 3 ZPO), so ist ein solcher Antrag gebührenrechtlich wie eine Widerklage zu behandeln.[14] Soweit sich der Schadensersatzanspruch mit der Hauptsacheforderung deckt, tritt durch den Antrag nach §§ 302 Abs. 4; 600 Abs. 2; 717 Abs. 2, Abs. 3 ZPO allerdings keine Streitwerterhöhung nach § 45 ein,[15] wohl aber wenn und soweit er den Hauptsacheanspruch übersteigt (z.B. um Zinsen und Kosten).[16] Gleiches gilt für eine Zwischenfeststellungsklage, wenn der Antrag nicht nur für die bereits erhobene Klage, sondern auch für weitere Ansprüche vorgreiflich ist.[17]

8 Voraussetzung für eine Anwendung des § 45 ist aber immer, dass Klage und Widerklage **in demselben Prozess**, nicht in getrennten Prozessen, **verhandelt** und entschieden werden.[18] Liegt z.B. eine Anordnung nach § 145 Abs. 1, Abs. 2 ZPO vor, kommt § 45 nicht mehr in Betracht. Es erfolgt dann eine besondere Kostenabrechnung für jedes der getrennten Verfahren. Eine Ausnahme hiervon trifft das GKG aber für den Fall, dass in demselben Rechtsstreit der Anspruch auf Räumung von Wohnraum und der Anspruch auf Fortsetzung des Mietverhältnisses über diesen Wohnraum nach §§ 556a, 556b BGB verhandelt werden, § 41 Abs. 3, Abs. 5. In diesem Sonderfall findet keine Zusammenrechnung statt. Führen die Parteien um denselben Streitgegenstand getrennte Prozesse, so wird jeder Rechtsstreit hinsichtlich seines Streitwertes und der Gebühren gesondert behandelt.

9 Wenn das Gericht anordnet, dass die **Verhandlung** zunächst auf eines oder mehrere Angriffs- oder Verteidigungsmittel **zu beschränken** sei (§ 146 ZPO), führt das nicht zu

---

9 BGHZ 44, 185.
10 OLG München RPfleger 1968, 232; *Hartmann* § 45 Rn. 4 i.V.m. Anh. zu § 48, ZPO § 3 Rn. 138.
11 OLG Frankfurt aM RPfleger 1967, 233; OLG Nürnberg RPfleger 1956, 269 (L); **a.M.** KG NJW 1966, 1759.
12 Vgl. dazu BGHZ 21, 13.
13 OLG Stuttgart BeckRS 2012, 300267 = Openjur 2012, 68032; OLG Stuttgart RPfleger 1980, 488; OLG Hamm JurBüro 1978, 64; *Hartmann* § 45 Rn. 4.
14 *Hartmann* § 45 Rn. 21.
15 OLG Köln JurBüro 1971, 179 = RPfleger 1971, 34.
16 OLG Nürnberg RPfleger 1956, 269 (L).
17 LG München JurBüro 2009, 430.
18 BGH MDR 2003, 716.

getrennten Prozessen. Eine solche Anordnung ist also für die Anwendung des Abs. 1 irrelevant.[19] Das gilt auch, wenn demgemäß ein Teilurteil über die Klage oder Widerklage nach § 301 ZPO ergeht.

Prozessverbindung: Werden nach § 147 ZPO mehrere zwischen den Parteien schwebende Prozesse nach § 147 ZPO verbunden und sind in den nunmehr verbundenen Prozessen die Parteirollen vertauscht, so werden in dem verbundenen Verfahren die eine Partei zum Kläger und Widerbeklagten und die andere zum Beklagten und Widerkläger. Gebührenrechtlich hat die Verbindung allerdings keine rückwirkende Kraft.[20] Die bis dahin in den verschiedenen Prozessen angefallenen Gebühren, insbesondere die pauschalisierten Verfahrensgebühren, werden aus den Streitwerten dieser einzelnen Prozesse berechnet. Das gilt auch dann, wenn eine Verbindung zwingend vorgeschrieben ist (z.B. § 246 Abs. 3 AktG)[21] oder wenn die einzelnen Prozesse, wie bei gegenseitigen Ehescheidungsanträgen, denselben Streitgegenstand hatten. Lediglich in dem gesetzlich geregelten Fall der einverständlichen Scheidung nach § 630 ZPO entsteht von Anfang an nur eine Verfahrensgebühr. Nach der Verbindung mehrerer Sachen ist die Verfahrensgebühr dann aus dem Gesamtstreitwert der verbundenen Verfahren zu erheben. Das gilt auch bei der Verbindung mehrerer Sachen nach vorangegangenem Mahnverfahren.[22] Tritt nach der Prozessverbindung eine Erweiterung der Klage oder Widerklage ein, so sind die Verfahrensgebühr und die aus dem erweiterten Streitgegenstand etwa sonst anfallenden Gebühren nach dem nunmehrigen neuen Streitwert zu berechnen. 10

Prozesstrennung: Die Trennung verbundener Prozesse, § 145 Abs. 2 ZPO, hat zur Folge, dass § 45 ab der Trennung nicht mehr anwendbar ist. Die pauschalen Verfahrensgebühren der früher verbunden gewesenen Verfahren sind nach ihren Einzelwerten getrennt zu berechnen. Die vor der Trennung entstandenen Urteilsgebühren bleiben bestehen. Soweit sie auch nach der Trennung anfallen, sind sie aus dem nunmehrigen Streitwert zu berechnen. Die vor der Prozesstrennung geleisteten Zahlungen sind anzurechnen. 11

Derselbe Streitgegenstand liegt vor, wenn sich die geltend gemachten Ansprüche gegenseitig ausschließen mit der Folge, dass die Zuerkennung des einen Anspruchs notwendigerweise die Aberkennung des anderen Anspruchs zur Folge hat.[23] **Der Kläger muss mithin das Eine oder das Andere wollen, während verschiedene Gegenstände vorliegen, wenn der Kläger das Eine und das Andere begehrt, das Gericht also unter Umständen beiden Ansprüchen stattgeben kann.**[24] Das gilt auch, wenn beide auf denselben Anspruchs(Klage)grund beruhen.[25] Maßgebend dabei ist das Rechtsverhältnis, soweit es – auch unter Einbeziehung einer wirtschaftlichen Betrachtungsweise[26] – dasselbe Interesse betrifft,[27] und nicht das prozessuale Schicksal der geltend gemachten Anträge. Es ist durchaus denkbar, dass Klage und Widerklage, die denselben 12

---

19 *Hartmann* § 45 Rn. 6.
20 KG RPfleger 1973, 441.
21 OLG Koblenz MDR 2005, 1017; OLG Hamm JurBüro 2005, 598 (LS mit Volltextservice).
22 OLG München RPfleger 1970, 184.
23 H.M. vgl. z.B. BGH, Beschl. v. 8.8.2017 – X ZR 101/16 – = JurionRS 2017, 21541; BGH, Beschl. v. 8.8.2017 – X ZR 101/16 –; BGHZ 43, 33 BGH NJW-RR 1992, 1404; BGH MDR 2003, 716; BGH NJW-RR 2005, 506; OLG Celle MDR 2007, 1286; OLG Brandenburg JurBüro 2003, 85, 86; LAG Stuttgart JurBüro 1992, 626 m. zust. Anm. von *Mümmler;* OLG Hamm JurBüro 1978, 64; *Hartmann* § 45 Rn. 10 m.w.N.
24 BGH NJW-RR 1992, 1404; OLG Düsseldorf JurBüro 209, 85; *Lappe* NJW 2004, 2409, 2412.
25 BGH NJW-RR 2006, 378 = NZM 2006, 138 = MDR 2006, 657; BGH MDR 2003, 716; OLG Frankfurt aM JurBüro 2006, 538.
26 VGH Baden-Württemberg, JurBüro 2016,195 = JurionRS 2015, 30366; LAG Stuttgart JurBüro 1992, 626 m. Anm. von *Mümmler; Hartmann* § 45 Rn. 11.
27 OLG Karlsruhe NJW 1976, 247 und MDR 1988, 1067.

Streitgegenstand betreffen, abgewiesen werden. Es ist auch unerheblich, wie die Ansprüche begründet werden. Gleichgültig ist auch, ob die Widerklage überhaupt zulässig ist. Die Identität des Streitgegenstandes kann selbstverständlich auch nur teilweise gegeben sein, z.B., wenn sich die Zeiträume für den Leistungs- und Feststellungsantrag bei einem Streit um Mietzahlung und Beendigung bzw. Fortbestand eines Mietverhältnisses überschneiden.[28] Eine **Ausnahme** gilt nur, wenn im Wege von Klage und Widerklage **verschiedene** Teile einer **einheitlichen** Forderung geltend gemacht werden.[29]

13 **Beispiele** für **denselben** Streitgegenstand:[30]

- Klage auf Herausgabe eines Kraftfahrzeugs und Widerklage auf Aushändigung des dazu gehörenden Kfz-Briefes.[31]
- Klage mehrerer Kläger mit unterschiedlichem Aktienbesitz.[32]
- Klage auf Herausgabe des Kfz-Briefes und Widerklage auf Zahlung des (Rest-)Kaufpreises.[33]
- Klage auf Feststellung, dass Bekl. nicht Eigentümer ist, und Widerklage auf Herausgabe des Fahrzeugs.[34]
- Klage auf Zahlung einer Teilforderung und Widerklage auf Feststellung, dass die ganze Forderung nicht bestehe.[35]
- Klage auf Zahlung einer Restforderung und Widerklage auf Quittungserteilung für die gesamte Forderung.
- Klage auf Forderung aus Schuldschein und Widerklage auf Herausgabe des Schuldscheins.[36]
- Feststellungsklage über das Bestehen eines Mietverhältnisses und Widerklage auf Räumung.[37]
- Klage auf Mietzahlung und Feststellungswiderklage, dass das Mietverhältnis nicht besteht.[38]
- Wenn sich der Mieter auf der Grundlage des gleichen streitigen Mangels verschiedener Gewährleistungsansprüche (Minderung und Schadensersatz) berühmt[39] oder die Berechtigung anderer mietrechtlicher Ansprüche (Erfüllung und Recht auf fristlose Kündigung) zur gerichtlichen Überprüfung stellt.[40]
- Klage auf Einwilligung zur Auszahlung eines hinterlegten Betrages an den Hinterleger und Widerklage auf Einwilligung zur Auszahlung an den, zu dessen Gunsten hinterlegt ist.[41]
- Klage auf Eintragung einer Höchstbetragshypothek zur Sicherung einer Forderung und Widerklage auf Löschung der Vormerkung für diese Hypothek.[42]

---

28 BGH NZM 2004, 423; BGH JurBüro 2006, 369 = NJW-RR 2006, 1004 m.w.N.
29 LG Frankfurt aM JurBüro 1968, 133.
30 Dazu auch *Mock* RVG-professionell 2014, 184.
31 OLG Frankfurt aM MDR 1961, 332 = JurBüro 1961, 87; KG RPfleger 1962, 120 (L); **a.M.** OLG Hamm RPfleger 1990, 40; OLG Nürnberg JurBüro 1958, 513; RPfleger 1963, 179 (L).
32 OLG Stuttgart NZG 2001, 522.
33 KG KostRspr. § 19, Nr. 3; **a.M.** OLG Saarbrücken KostRspr. § 19, Nr. 12.
34 KG JW 1934, 2171.
35 OLG München RPfleger 1956, 29 (L).
36 OLG Stuttgart MDR 1980, 678 = JurBüro 1980, 896.
37 RG JW 1924, 416.
38 BGH NJW-RR 2006, 378 = NZM 2006, 138 = MDR 2006, 657; OLG Braunschweig MDR 1975, 848.
39 BGH NZM 2004, 423; BGH NJW-RR 2006, 378 = NZM 2006, 138.
40 BGH NJW-RR 2006, 378 = NZM 2006, 138.
41 KG RPfleger 1962, 120 (L).
42 OLG Nürnberg JurBüro 1968, 543.

- Klage auf Löschung einer Hypothek und Widerklage auf Zahlung der Hypothekenforderung.[43]
- Klage auf Herausgabe der Bürgschaftsforderung und der auf die gesicherte Forderung lautende Bürgschaftsurkunde.[44]
- Klage auf Leistung aus einem Vertrag und Feststellungswiderklage, dass der Vertrag nichtig sei.[45]
- Klage auf Leistung aus einem Kaufvertrag und Widerklage auf Wandlung.
- Verlangen geschiedene Eheleute mit Klage und Widerklage vom jeweils anderen Zahlung eines Zugewinnausgleichs, so bemisst sich der Streitwert nach der höheren Forderung, nicht nach der Summe der Beträge von Klage und Widerklage,[46] soweit um ein und denselben Gegenstand gestritten wird; anderenfalls Zusammenrechnung.[47]
- Bei arbeitsgerichtlichen Eingruppierungsstreitigkeiten die hilfsweise beantragte Eingruppierung in eine andere Gruppe.[48]
- Klage auf Kaskoversicherungsleistung und Widerklage auf Rückzahlung eines anlässlich des Schadensfalls gewährten Darlehens.[49]
- Klage auf Zahlung von Werklohn und Widerklage wegen Mängelgewährleistung.[50]
- Klage auf Unterlassung ehrkränkender Behauptungen und Drittwiderspruchsklage auf Verurteilung in Bezug auf den Beklagten, die in der Klage behaupteten Äußerungen künftig zu tätigen.[51]
- Klage gegen Teilbaugenehmigung und gegen die das Gleiche Verfahren betreffende unmittelbar nachfolgende Baugenehmigung.[52]

Verschiedene Streitgegenstände liegen z.B. vor,[53] wenn 14

- Kündigungsschutzklage kombiniert mit Klage auf Nachteilsausgleichsanspruch[54] erhoben wird (vgl. Anh. zu § 42, Einzelfälle Rn. 8)
- zwei miteinander in Geschäftsbeziehungen stehende Kaufleute die ihnen gegenseitig erwachsenen Kaufpreisforderungen mit Klage und Widerklage geltend machen,
- aus einem Unfall die gegenseitig erwachsenen Schadensersatzforderungen mit der Klage und der Widerklage verfolgt werden,[55]
- Klage in erster Linie auf Schadensersetz und nur hilfsweise auf die Zahlungspflicht aus einem vor Klageerhebung geschlossenen Vergleich gestützt wird,[56]
- mit der Klage eine Teilforderung geltend gemacht wird und der Widerkläger die Feststellung begehrt, dass dem Kläger kein weiterer als der geltend gemachte Anspruch zusteht[57] oder soweit die Zeiträume der Klage und Widerklage unterschiedlich sind,[58]

---

43 RG JW 1898, 433.
44 OLG Schleswig NJW-Spezial 2014, 397 = RVG-professionell 2014, 145 = JurionRS 17598 mw.N.
45 BGH NJW-RR 1992, 1404; OLG Braunschweig MDR 1975, 848; KG RPfleger 1962, 120 (L).
46 OLG Köln MDR 1994, 316.
47 OLG Köln MDR 2001, 941 = NJW-FER 2001, 271.
48 LAG Brandenburg JurBüro 2001, 95.
49 BGH NJW-RR 2005, 506.
50 OLG Koblenz JurBüro 2005, 266 (LS mit Volltextservice).
51 OLG Bamberg JurBüro 2011, 368 (LS mit Volltextservice).
52 VGH Baden-Württemberg, JurBüro 2016, 1195 = JurionRS 2015, 30366.
53 Dazu auch *Mock* RVG-professionell 2014, 184.
54 LAG Frankfurt/Main JurBüro 2014, 303 = NZA 2014, 50 = JurionRS 2013, 46641.
55 OLG Nürnberg JVBl. 1970, 281.
56 BGH NJW 2014, 3314 = MDR 2014, 1043 = JZ 2014, 562 = NZM 2014, 711 = JurionRS 2014, 19166.
57 LG Hamburg WoM 1993, 477; *Hartmann* § 45 Rn. 19.
58 LG Hamburg WoM 1993, 477.

- der Kläger den Restbetrag einer Forderung und der Widerkläger die geleistete Anzahlung zurückfordert,[59]
- der Kläger die Auflassung des gekauften Grundstücks fordert und der Widerkläger Zahlung des Kaufpreises begehrt,[60]
- der Beklagte gegenüber einer Klage auf Lieferung oder Leistung Widerklage auf Schadensersatz begehrt,[61]
- der Kläger Erhöhung, der Widerkläger Herabsetzung der Unterhaltsrente verlangt,[62]
- im Verfahren auf Enteignungsentschädigung der Widerkläger zusätzlich den Wegfall der Folgekosten erstrebt,[63]
- ein Beklagter im Hauptsacheverfahren Widerklage auf Freigabe des zur Abwendung eines Arrestes hinterlegten Betrages fordert,
- mit der Klage die Unzulässigkeit der Zwangsvollstreckung aus einem Schuldtitel erstrebt wird und der Widerkläger die dem Schuldtitel zugrunde liegende, unbestrittene Forderung geltend macht,
- mit der Klage die Auflösung einer GmbH und mit der Widerklage Ausschluss eines Gesellschafters begehrt wird,[64]
- der Kläger und Widerkläger verschiedene Teilansprüche aus demselben Rechtsverhältnis geltend machen,[65]
- Drittwiderspruchsklage erhoben wird mit dem Ziel, die Unzulässigkeit der Zwangsvollstreckung festzustellen und Widerklage auf Herausgabe des Gegenstandes, wegen dem vollstreckt wird, an den Gerichtsvollzieher erhoben wird,[66]
- Bei der negativen Feststellungswiderklage der über die Klageforderung hinausgehende Betrag,[67]
- Teilklage und negative Feststellungswiderklage,[68]
- Kündigungsschutzklage und Weiterbeschäftigungsanspruch,[69]
- Zugewinnausgleich, wenn nicht nur um Vermögenszugehörigkeit ein und desselben Gegenstandes gestritten wird,[70]
- Hauptantrag bezogen auf ein Arbeitsverhältnis und Hilfsantrag auf Handelsvertretervertrag.[71]
- Klage des Vermieters auf Zahlung der Restforderung gegen den Mieter aufgrund der Nebenkosten-Jahresabrechnung und Widerklage des Mieters auf Rückzahlung sämtlicher die Abrechnung betreffenden Nebenkostenvorauszahlungen.[72]
- Vorprozessuale Anwaltskosten wegen außergerichtlicher Abwehr der Klageforderung als Verzugs- oder Schadensersatzanspruch.[73]

---

59 LG Frankfurt aM JurBüro 1968, 133 m. Anm. v. *Tschischgale;* OLG Bamberg JurBüro 1979, 252.
60 OLG Karlsruhe MDR 1988, 1067.
61 BGH NJW-RR 2000, 285; LG München II JurBüro 1950, 46.
62 OLG Hamm JurBüro 1981, 737 m. Anm. v. *Mümmler* = FamRZ 1981, 809.
63 OLG München JurBüro 1976, 1358.
64 OLG Düsseldorf NJW 1966, 1569.
65 OLG Celle NdsRPfl. 1964, 107; OLG Karlsruhe NJW 1976, 247; OLG Nürnberg AnwBl. 1983, 89; OLG Schleswig AnwBl. 1984, 205.
66 LG Saarbrücken JurBüro 1999, 309.
67 OLG Düsseldorf MDR 2003, 236 m. Anm. v. *N. Schneider.*
68 OLG Düsseldorf JurBüro 2009, 484.
69 LAG Nürnberg JurBüro 2000, 82.
70 LG Köln MDR 2001, 941 = NJW-FER 2001, 271.
71 LAG Nürnberg NZA-RR 2001, 53.
72 OLG Düsseldorf JurBüro 2009, 85.
73 OLG Rostock JurBüro 2013, 194.

- Kündigungs- und Herausgabeklage einer Wohnung wegen Eigenbedarfs und Hilfswiderklage auf Aufwendungsersatz wegen vorgenommener Investitionen.[74]
- Rückzahlung eines Gelbetrages aus Darlehn, hilfsweise Behauptung einer Schenkung.[75]
- Ausgleichszahlung entspr. Art. 5 i.V.m. Art. 7 FluggastrechteVO und hilfsweise begehrter Ersatz für Weiterflugkosten und Verdienstausfall.[75a]

Gebührenberechnung: Liegt **derselbe Streitgegenstand** vor, so sind die Gebühren aus diesem zu berechnen, und zwar aus dem höheren der beiden Werte, z.B. dem der Klage und der Widerklage[76] oder der neben dem gemeinschaftlich erhobenen Anspruch geforderte weitere Anspruch eines Streitgenossen.[77] Bei **verschiedenen Streitgegenständen** sind die Streitwerte zu addieren. 15

Die **pauschalen Verfahrensgebühren** werden in bürgerlichen Rechtsstreitigkeiten und in Arbeitsgerichtssachen hinsichtlich der Widerklage mit der Einreichung des Widerklageschriftsatzes fällig, § 22 i.V.m. § 6. In Verwaltungs- und Finanzgerichtssachen gilt insoweit § 6 Abs. 1. **Kostenschuldner** ist gem. § 22 Abs. 1 der Widerkläger. Soweit Klage und Widerklage denselben Streitgegenstand haben, haften Kläger und Widerkläger für die pauschale Verfahrensgebühr als Gesamtschuldner, § 31. Haben Klage und Widerklage verschiedene Streitgegenstände oder decken sich die Streitwerte nur teilweise, so haften Kläger und Widerkläger je nur für den Streitgegenstand ihrer Klage, wie wenn nur ihr Antrag Streitgegenstand gewesen wäre. Dasselbe gilt für die Urteilsgebühren.[78] Die pauschale Verfahrensgebühr fällt auch dann nur einmal an, wenn durch die Widerklage Streitgenossen des Beklagten in das Verfahren einbezogen werden.[79] Den **Widerkläger** trifft hinsichtlich der Verfahrensgebühr **keine Vorauszahlungspflicht nach** § 12, jedoch ist es im Interesse der Kostensicherung angebracht, die zusätzlich entstehenden und fällig werden Gebühren vom Widerkläger als Kostenschuldner sofort einzufordern und die Abrechnung nicht erst der Schlussrechnung zu überlassen. Bei der Hilfswiderklage fallen Gebühren – auch die Verfahrensgebühr – erst an, wenn und soweit über sie entschieden wird, Abs. 4. 16

Die für die **Hilfswiderklage** geltenden Grundsätze (vgl. oben Rn. 6) gelten in gleicher Weise auch für sämtliche Ansprüche, die von einer Partei ausdrücklich nur hilfsweise geltend gemacht werden, Abs. 1 S. 2. Solche **Hilfsansprüche** (bedingte Ansprüche, uneigentliche Hilfsanträge)[80] wirken sich nach einer Ansicht gebührenrechtlich erst dann aus, wenn der Eventualfall eingetreten ist und soweit das Gericht darüber streitig[81] entschieden hat, Abs. 1 S. 2.[82] Das ist indessen nicht unstreitig. Andere wollen hingegen allein darauf abstellen, dass der Eventualfall eingetreten ist.[83] Letzterer Ansicht ist zuzustimmen. Das gilt auch, wenn der Hilfsanspruch auf eine andere Rechtsgrundlage gestützt wird. Wenn und soweit z.B. ein Anspruch aus einem enteignungsgleichen Eingriff hilfsweise als Amtshaftungsanspruch geltend gemacht wird, findet keine Addition der Werte statt, wenn und 17

74 OLG Stuttgart BeckRS 2012, 300267 = Openjur 2012, 68032.
75 OLG Koblenz NJW 2012, 3663 = BeckRS 2012, 22967.
75a BGH, Beschl. v. 8.8.2017 – X ZR 101/16 – = JurionRS 2017, 21541.
76 OLG Hamm RPfleger 1964, 23; OLG Hamburg JurBüro 1952, 228.
77 OLG Hamburg JurBüro 2001, 27; OLG Stuttgart NZG 2001, 522.
78 OLG Düsseldorf RPfleger 1956, 181 (L); OLG Schleswig SchlHA 1954, 120.
79 OLG München JurBüro 1968, 481 = RPfleger 1968, 232.
80 Vgl. dazu OLG Frankfurt aM MDR 1979, 411; *Schneider* NJW 1975, 2106 m.N.
81 BGH NJW 2001, 3616 und NJW 1973, 98; OLG Köln JurBüro 1980, 246; OLG Braunschweig JurBüro 1990, 912; OLG Bamberg JurBüro 1994, 112.
82 Vgl. dazu LAG Hamburg JurBüro 2014, 537 = JurionRS 2014, 17916,
83 So BGH, NJW 1973, 2306; OLG Stuttgart JurBüro 1978, 1374 und OLG Stuttgart BeckRS 2012, 300267 = Openjur 2012, 68032; *Hartmann* § 45 Rn. 28; *Binz* in Binz u.a., § 45 Rn. 17; Schneider MDR 1982, 265, 266.

soweit beide Ansprüche auf den Ausgleich von Nachteilen aus derselben Handlung (z.B. Erteilung eines Bauvorbescheids) hergeleitet werden.[84] Das gilt für die Gerichtskosten. Ob für die Vergütung des Rechtsanwalts Gleiches gilt, ist streitig. Während einerseits die Auffassung vertreten wird, die Werte von Haupt- und Hilfsantrag abweichend von § 45 GKG auch dann zu addieren, wenn über die Hilfsansprüche nicht entschieden ist,[85] meinen andere, dass auch für die Abrechnung des Anwalts mit seinem Mandanten § 45 GKG uneingeschränkt anzuwenden ist.[86] Die Aufrechnung mit einer unstreitigen Gegenforderung hingegen führt nicht zu einer Erhöhung des Streitwertes.[87] Das Gericht hat i.S.d. GKG aber dann noch nicht über einen Hilfsanspruch entschieden, wenn dieser zwar erörtert wurde und die Sache dann mit Erledigung des Hilfsanspruchs durch Vergleich endet oder wenn die Klage hinsichtlich des Hauptantrags zurückgenommen wird, bevor es zu einer Entscheidung i.S.v. Abs. 1 S. 2 kommt,[88] oder wenn der Kläger den Hilfsanspruch nur im Rahmen einer Klageänderung geltend gemacht hat und das Gericht diese nicht zulässt.[89] Kein Hilfsanspruch i.S.d. Abs. 1 S. 2 ist die Hilfsaufrechnung, weil sie im Abs. 3 besonders und abschließend geregelt ist. So kommt denn auch keine Zusammenrechnung in Betracht, wenn das Gericht die Zulässigkeit des Hauptantrags offen lässt und im Falle ihrer Verneinung über den Hilfsantrag entscheidet.[90] Das gilt auch, wenn die Hilfsaufrechnung erst im Rahmen einer Vollstreckungsgegenklage erklärt wird.[91]

18 **Hilfsanträge**[92] kommen **nur** in Betracht, wenn sie einen **höheren Wert** haben als der in erster Linie geltend gemachte Hauptanspruch **und** wenn über sie **entschieden** wird. Beide Voraussetzungen müssen zusammenfallen. Auch wenn Haupt- und Hilfsanspruch verschiedene Streitgegenstände haben, ist der Hilfsanspruch für den Streitwert nur dann relevant, wenn er höherwertig ist und über ihn entschieden wird.[93] Das Nachschieben weiterer Anspruchsgrundlagen für den gleichen Lebenssachverhalt ohne Änderung des Klageantrags ist prozessrechtlich schon kein Hilfsantrag, auch wenn das Gericht darüber entscheidet. Denn hier liegt noch nicht einmal eine Klagehäufung vor.[94] Für den Streitwert kommt es nur darauf an, welche Anträge (d.h.: welche sachlich rechtlichen Ansprüche, die den Antrag stützen) beschieden wurden und welcher davon den höheren Wert hat. Dabei ist es unerheblich, ob es sich um echte oder unechte Hilfsanträge handelt.[95] Wenn und soweit aber über den Hilfsantrag entschieden wird, verbleibt es bei der Relevanz auch für die weiteren Instanzen.[96]

19 Hat der Beklagte **in erster Linie Klageabweisung** beantragt **und für den Fall, dass er mit seinem Klageabweisungsantrag nicht durchdringen sollte, hilfsweise Widerklage** erhoben, kommt Abs. 1 S. 2 nicht zur Anwendung. Denn der in Abs. 1 S. 2 vorgesehene Vergleich zwischen mehreren Ansprüchen ist dann nicht möglich, weil nur ein Anspruch mit einem messbaren Wert, nämlich der der Hilfswiderklage, auf Seiten des Beklagten gegeben ist. Der in erster Linie vom Beklagten gestellte Antrag auf Klageab-

84 BGH NJW 2010, 681 = NZBau 2010, 171 = BeckRS 2009, 88955.
85 LAG Nürnberg MDR 2005, 120; *Müller-Rabe/Mayer* in Gerold/Schmidt Anh. VI Rn. 277.
86 OLG Hamburg JurBüro 2009, 645; OLG Hamm JurBüro 2007, 204.
87 OLG Hamm MDR 2000, 296.
88 OLG Köln JurBüro 1997, 435.
89 OLG Düsseldorf RPfleger 1982, 161.
90 BGH NJW-RR 1999, 1157.
91 OLG Düsseldorf NJW-RR 2000, 268.
92 Dazu auch *N. Schneider* NJW-Spezial 2010, 475 zur Hilfsaufrechnung.
93 *Mümmler* JurBüro 1978, 7.
94 Vgl. etwa bei *Thomas/Putzo* § 260 Rn. 5.
95 LAG Schleswig-Holstein SchlHA 2010, 205 = BeckRS 2010, 67072.
96 OLG Schleswig, AGS 2014, 337 = JurionRS 2013,54094.

weisung ist kein Anspruch i.S.v. Abs. 1 S. 2. Wenn die Hilfswiderklage auch einen echten Hilfsanspruch i.S.v. Abs. 1 S. 2 bildet, bleibt auf der Seite des Beklagten nur ihr Anspruch maßgebend und das auch nur, wenn über ihn entschieden wird. Keinesfalls darf der vom Beklagten erhobene Hilfswiderklageanspruch mit den Anträgen des Klägers verglichen werden, um festzustellen, welcher Antrag den höheren Wert hat, weil das die in Abs. 1 S. 1 getroffene Streitwertregelung u.U. außer Kraft setzen würde. Der in Abs. 1 S. 2 vorgesehene Wertvergleich setzt also stets voraus, dass es sich um einen wertmäßig erfassbaren Hauptanspruch und einen oder mehrere wertmäßig erfassbare **Hilfsansprüche derselben Partei** handelt. Entscheidet das Gericht über die neben dem Klageabweisungsantrag allein erhobene Hilfswiderklage des Beklagten, so ist deren Streitwert bei der Ermittlung des Streitwertes der Klage und Widerklage gemäß Abs. 1 S. 1 zu bewerten. Weist das Gericht die Klage ab, ohne über die Hilfswiderklage zu entscheiden, bleibt deren Wert auch dann außer Betracht, wenn er höher als der Streitwert der Klage ist.[97] Das Gleiche gilt auch für **wechselseitige Rechtsmittel**, Abs. 2.

Eine **Entscheidung** über den Hilfsanspruch liegt vor, wenn das Gericht dem Hilfsanspruch des Klägers entsprochen oder die Klage (und damit auch den Hilfsanspruch) des Klägers abgewiesen[98] oder als unzulässig verworfen[99] hat oder wenn es der Hilfswiderklage des Beklagten stattgegeben oder diese abgewiesen hat. Erledigt sich die Hauptsache dadurch, dass der Beklagte dem Hauptanspruch des Klägers entspricht, so ist der Wert des Klageanspruchs maßgebend, weil über den Hilfsantrag nicht mehr entschieden wurde.[100] Das Gericht muss den Hilfsantrag in der Sache beschieden haben. Es reicht nicht aus, wenn das Gericht die Bescheidung des Hilfsantrags aus prozessualen Gründen ablehnt.[101] So etwa, wenn das Berufungsgericht eine Klageerhöhung nicht zulässt.[102] Hat das Berufungsgericht die Klage (Haupt- und Hilfsantrag) abgewiesen und verweist das Revisionsgericht unter Aufhebung des Berufungsurteils die Sache zur erneuten Verhandlung und Entscheidung zurück, so liegt darin auch eine Entscheidung über den Hilfsantrag.[103] Auch dann, wenn sich der Beklagte nur mit der Aufrechnung verteidigt und für den Fall, dass das Gericht diese für unzulässig halten sollte, Hilfswiderklage wegen der Aufrechnungsforderung erhebt, handelt es sich nicht um eine Hilfsaufrechnung, sondern um eine Primäraufrechnung.[104] 20

Streitwert: Maßgebend ist von mehreren geltend gemachten Hilfsanträgen für jede Partei immer nur der höhere ihrer Ansprüche, der beschieden wurde. Es erfolgt also – darin liegt der entscheidende Unterschied zum Sonderfall der Hilfsaufrechnung (Abs. 3) – **keine Zusammenrechnung der Ansprüche und Hilfsansprüche**, selbst wenn alle beschieden worden sind.[105] Der unter Berücksichtigung von Abs. 1 S. 2 ermittelte Streitwert von Klage und ggf. von Hilfsansprüchen ist für das Verfahren maßgebend. Die Gebühr für den Hilfsanspruch – auch für eine Hilfswiderklage – fällt an, wenn über den Hilfsanspruch in der Instanz entschieden ist, aber rückwirkend auf den Zeitpunkt, in dem der maßgebende beschiedene Hilfsanspruch im **Verfahren der jeweiligen Instanz** erstmals geltend gemacht wurde. Ist z.B. die Klage in der ersten Instanz abgewiesen worden und wird erst in der zweiten Instanz über die Hilfswiderklage entschieden, bleibt 21

97 LG Wuppertal JurBüro 1979, 1550 m. Anm. v. *Mümmler*.
98 BGH, Beschl. v. 27.7.2017 – III ZB 3/16 – = JurionRS 2017, 20091; OLG Düsseldorf JurBüro 1969, 175.
99 BFH, Beschl. v. 10.7.2013 – IV E 7/13 – = Openjur 2013, 35570; *Hartmann* § 45 Rn. 30 a.E.
100 OVG Münster NJW 1973, 1899.
101 OLG Nürnberg JurBüro 1980, 739 m. Anm. von *Mümmler* = MDR 1980, 238; *Hartmann* § 45 Rn. 31.
102 OLG Schleswig SchlHA 2002, 26.
103 BGH KostRspr. GKG § 19, Nr. 13 (L).
104 BGH NJW-RR 1999, 1736.
105 OLG Düsseldorf JurBüro 1982, 582.

diese für den Streitwert der ersten Instanz unbeachtlich, weil die Hilfswiderklage nicht Gegenstand er Vorinstanz war und durch die abändernde Entscheidung der zweiten Instanz auch nicht werden konnte.[106]

22 **Abs. 2: Wechselseitige Rechtsmittel** liegen vor, wenn gegen ein und dasselbe Urteil beide Parteien Rechtsmittel einlegen.[107] Sie liegen auch vor, wenn sie von beiden Parteien gegen dasselbe Urteil nacheinander oder im Wege des Anschlusses eingelegt worden sind.[108, 109] In Betracht kommt hier etwa die Anschlussberufung (§ 524 ZPO), die Anschlussrevision (§ 554 ZPO). Es hat keinen Einfluss auf den Streitwert für die Verfahrensgebühr, wenn eines der wechselseitigen Rechtsmittel ganz oder z.T. zurückgenommen wird, und wegen desselben Streitgegenstandes anschließend ein unselbständiges Anschlussrechtsmittel eingelegt wird.[110] Wird zunächst Berufung oder Revision nur wegen einer Zinsforderung eingelegt und folgt sodann Anschlussberufung/-revision wegen der Hauptsache, ist nach Einlegung des Anschlussrechtsmittels gemäß § 43 Abs. 1 nur noch die Hauptsache Streitgegenstand. Hat eine unselbständige Anschlussberufung/Revision einen vor der Berufung/Revision verschiedenen Streitgegenstand und wird die Annahme der Revision nach § 554b ZPO abgelehnt, so sind die Werte der Revision und der Abschlussrevision zu addieren.[111]

23 **Keine wechselseitigen Rechtsmittel** i.S.d. Abs. 2 liegen vor, wenn sich die Rechtsmittel gegen verschiedene Urteile richten, z.B. wenn eine Partei gegen ein Teil-, Zwischen- oder Vorbehaltsurteil, die andere Partei gegen das darauf ergangene Endurteil Rechtsmittel einlegt. Hier können wechselseitige Rechtsmittel i.S.d. Abs. 2 erst mit einer Verbindung (§ 147 ZPO) der verschiedenen Rechtsmittelverfahren entstehen. Kein wechselseitiges, sondern ein einseitiges Rechtsmittel liegt auch vor, wenn und soweit nur eine Partei mit ihrem Rechtsmittel die Entscheidung über die Klage und die Widerklage angreift. Legt eine Partei zuerst gegen das Grundurteil und dann gegen das Betragsurteil Berufung ein, so liegen mehrere getrennte Berufungen vor.[112] Das gilt auch bei Rechtsmitteln gegen Teilurteile, die gegen einzelne Gesamtschuldner ergangen sind.[113] Im Falle getrennter Berufungen gegen ein Teilurteil in der Hauptsache und gegen das Schlussurteil über die Zinsen und Kosten liegen bis zur Verbindung getrennte Rechtsmittelverfahren vor.[114] Mehrere Rechtsmittelverfahren (und damit auch verschiedene Streitwerte) sind auch gegeben, wenn nach Erledigung eines Rechtsmittels das gleiche Rechtsmittel nochmals oder das gegnerische Rechtsmittel eingelegt wird.[115]

24 Weitere Voraussetzung für die Anwendbarkeit des Abs. 2 ist, dass die Rechtsmittel **nicht in getrennten Prozessen** verhandelt werden. Eine Trennung wechselseitiger Rechtsmittelverfahren ist nach § 145 ZPO möglich. Durch die Trennung entstehen selbständige Verfahren, auf die § 45 nicht mehr anzuwenden ist, sondern die gebührenmäßig gesondert zu behandeln sind. Die vor der Trennung geleisteten Zahlungen sind anzurechnen. Ein Sonderfall der Trennung von Verfahren i.d.S. liegt auch vor, wenn das Anschlussrechtsmittel ohne mündliche Verhandlung als unzulässig verworfen wird (§§ 522a, 519b Abs. 1 S. 2 oder §§ 556 Abs. 2 S. 3, 554a Abs. 1 S. 2 ZPO) oder wenn in einem

106 OLG Rostock JurBüro 2012, 589.
107 BGHZ 7, 152; OLG Celle JurBüro 1961, 137 = MDR 1961, 67.
108 BFHE 120, 160; **a.M.** BAG NJW 1960, 1173.
109 BGHZ 7, 152; OLG Celle JurBüro 1961, 137 = MDR 1961, 67.
110 KG RPfleger 1971, 34 (L).
111 BGHZ 72, 340; *Schneider* MDR 1977, 917.
112 OLG Hamm JurBüro 1955, 441.
113 OLG Celle JurBüro 1959, 175.
114 BGH KostRspr. GKG 1957, § 20, Nr. 5; OLG Hamm JurBüro 1955, 441; OLG Köln ZZP 1970, 134.
115 KG DR 1941, 392; OLG Köln DR 1940, 124.

Verhandlungstermin zunächst über die Zulässigkeit des Anschlussrechtmittels verhandelt und dieses vor Entscheidung über das zulässige Hauptrechtsmittel als unzulässig abgewiesen wird.[116] Denn hier liegen getrennte Prozesse vor, denen von vornherein ein verfahrensrechtlich unterschiedliches Schicksal beschieden ist.[117] Das Gleiche gilt auch, wenn ein von Anfang an unzulässiges Hauptrechtsmittel noch vor Eingang des Anschlussrechtsmittelantrags zurückgewiesen worden war.

Den **Streitwert** des jeweiligen Rechtsmittelverfahrens bildet die **Beschwer** des Rechtsmittelklägers, soweit er nicht einen geringeren Betrag zum Gegenstand des Verfahrens macht, § 47 Abs. 1. Haben die wechselseitig eingelegten Rechtsmittel denselben Streitgegenstand, so gilt nur der einfache Streitwert. Das ist z.B. bei Ehesachen der Fall. Wenn von mehreren als Gesamtschuldnern in Anspruch genommenen Kostenschuldnern durch dasselbe Urteil der eine verurteilt und die Klage gegen den anderen abgewiesen wird und nur der Verurteilte wegen der Verurteilung und der Kläger wegen der Abweisung seiner Klage gegen den anderen Beklagten Rechtsmittel einlegt, betreffen die wechselseitig eingelegten Rechtsmittel denselben Gegenstand und es erfolgt keine Zusammenrechnung der Streitwerte der beiden Rechtsmittel.[118] Das gilt auch, wenn die beklagte Partei, die erfolglos Hilfsaufrechnung gegen die Klageforderung erklärt hatte, ihre zunächst ohne Antrag und Begründung eingelegte Berufung zurückgenommen hat.[119] 25

Verschiedene Streitgegenstände des Rechtsmittelverfahrens liegen z.B. vor, 26
wenn bei teilweisem Unterliegen beider Parteien jede Partei ein Rechtsmittel einlegt. Denn dann bezieht sich jedes Rechtsmittel auf einen anderen Teil des Streitgegenstandes. Decken sich die Gegenstände des Rechtsmittelverfahrens nur teilweise, so berechnet sich der Gegenstandswert des Rechtsmittelverfahrens, soweit die Gegenstände sich decken, nach dem einfachen Wert, dem die weiteren sich nicht deckenden Werte hinzuzurechnen sind. Bezieht sich eines der Rechtsmittel auf den Hauptanspruch, der andere auf eine Nebenforderung, die nach §§ 43, 48 GKG, 4 ZPO neben der Hauptforderung nicht zu berücksichtigen ist, so ist der Streitwert nur nach dem Hauptanspruch zu bestimmen. Im Übrigen sind verschiedene Streitgegenstände der wechselseitigen Rechtsmittelverfahren zusammenzurechnen. Ist der Beklagte antragsgemäß verurteilt worden, an den Kläger eine monatliche Unterhaltsrente in bestimmter Höhe bis zu einem bestimmten Zeitpunkt zu zahlen und legt er dagegen Berufung ein, während der Kläger im Wege der Anschlussberufung und Klageerweiterung die Unterhaltsrente bis zu einem späteren Zeitpunkt begehrt, so betreffen Berufung und Anschlussberufung nicht denselben Streitgegenstand ihre Streitwerte sind dann zu addieren.[120] Der zusammengerechnete Streitwert ist für die Verfahrensgebühr und u.U. auch für die Urteilsgebühren im Rechtsmittelverfahren maßgebend. Für diese Gebühren haftet aber jede Partei als Antragstellerin nur bis zur Höhe der Gebühren, die sich aus dem Streitwert ihres Rechtsmittels errechnen.[121]

Abs. 3 (Hilfsaufrechnung):[122] Voraussetzung für einen Einfluss einer Hilfsaufrechnung bei der Streitwertfestsetzung ist einmal, dass diese überhaupt wirksam ist,[123] zum anderen, dass der Beklagte die **Aufrechnung** mit einer Gegenforderung im Rechtsstreit, auch im Rahmen einer Vollstreckungsgegenklage[124] geltend macht und dass diese Aufrechnung 27

116 BAG NJW 1960, 1173.
117 BAG NJW 1960, 1173, 1174.
118 BGHZ 7, 152; OLG München RPfleger 1956, 29 (L); *Hartmann* § 45 Rn. 36, 37.
119 OLG Düsseldorf NJW-RR 1998, 643 = MDR 1998, 497.
120 LG Passau KostRspr. GKG § 16 Nr. 5.
121 OLG Hamburg RPfleger 1958, 36 (L).
122 Dazu auch bei Feller in Rehberg/Schons u.a. „Aufrechnung" 1.2.
123 OLG Frankfurt/Main Beschl. v. 7.1.2010 – 19 W 89/09 = BeckRS 2010, 02867.
124 LG Marburg JurBüro 2002, 533.

hilfsweise erfolgt und eine der Rechtskraft fähige **Entscheidung** über die zur Aufrechnung gestellte Gegenforderung ergeht[125] bzw. sie durch einen Vergleich sachlich mit erledigt wird (Abs. 4). Allerdings ist eine ausdrückliche Erklärung der hilfsweisen Aufrechnung nicht erforderlich.[126] Das gilt im Verhältnis zwischen Kläger und Beklagten auch, wenn nur einer von mehreren beteiligten gesamtschuldnerisch in Anspruch genommenen Beklagten eine Hilfsaufrechnung erklärt hat.[127] Ebenso wenn die Hilfsaufrechnung erst in der Berufungsinstanz erklärt wird. Erledigt sich eine in der Berufungsinstanz hilfsweise zur Aufrechnung gestellte Gegenforderung des erstinstanzlich verurteilten Beklagten und Berufungsklägers, ohne dass darüber sachlich entschieden wird (z.B. durch Rücknahme des Rechtsmittels), wirkt sich die Hilfsaufrechnung auf die Bestimmung des Streitwertes nicht aus, weil dann keine der Rechtskraft fähige Entscheidung darüber ergangen ist.[128]

28 Es muss sich um eine echte **Aufrechnung** handeln, §§ 387 ff. BGB. Einreden oder Einwendungen – gleich welcher Art und Anzahl – gegen den Anspruch reichen i.d.R. nicht.[129] Keine Einwendung, sondern kostenrechtlich als Aufrechnung zu behandeln ist aber die vom **Kläger** im Rahmen einer Vollstreckungsgegenklage hilfsweise erklärte Aufrechnung gegen die titulierte Vollstreckungsforderung mit eigenen Gegenforderungen.[130] Gleiches gilt, wenn der Auftraggeber eines Werkvertrages gegenüber dem Vergütungsanspruch hilfsweise einen Schadensersatzanspruch wegen Verzuges mit der Bauausführung geltend macht.[131] Auch die Hilfsaufrechnung mit Ansprüchen aus Vertragsstrafen ist kein Einwand, sondern nach Abs. 3 zu behandeln.[132] Die Aufrechnung muss **Gegenstand des Rechtsstreits** gewesen sein. Gleichgültig ist, ob der Beklagte schon vor Beginn des Rechtsstreits Aufrechnung erklärt hat und sich nur im Prozess darauf beruft oder ob er erst im Laufe des Prozesses die Aufrechnung erklärt. Es muss sich aber um eine echte, den Bestimmungen der §§ 387 ff. BGB entsprechende Aufrechnung handeln, mithin um einen Anspruch, der von der Klageforderung unabhängig ist.[133] Deshalb hat auch eine Aufrechnung mit nicht näher bestimmten und nachprüfbaren Gegenforderungen (mit nicht substantiierten Forderungen), über die ebenfalls eine in Rechtskraft erwachsende gerichtliche Entscheidung ergehen kann,[134] Wirkung auf den Streitwert. Das gilt auch, wenn das Gericht den Aufrechnungseinwand nicht zugelassen[135] oder in seiner Entscheidung die Aufrechnungsmöglichkeit mangels Gegenseitigkeit der Forderungen oder wegen Unzulässigkeit der Aufrechnung[136] (z.B. wegen eines gesetzlichen oder vertraglichen Aufrechnungsverbotes) verneint hat.[137] Denn dann ist über den Aufrechnungsanspruch nicht sachlich befunden worden. Eine bloß formelle Rechtskraft reicht nicht.[138]

125 OLG Köln NJW-RR 1995, 827 m.N.
126 LG Lübeck JurBüro 2015, 578 = NJW-Spezial 2015, 604 = AGS 2015, 417 = JurionRS 2015, 20615.
127 KG JurBüro 2009, 314.
128 OLG Brandenburg JurBüro 2006, 595 (LS mit Volltextservice).
129 BGH NJW-RR 2005, 367 = FamRZ 2005, 265; BGH NJW-RR 2004, 714; BGH MDR 1996, 960 (Zurückbehaltungsrecht); OLG Düsseldorf MDR 1999, 957 (**a.A.** aber in BauR 1997, 888); OLG Bamberg JurBüro 1987, 1383; OLG Hamm NJW-RR 1992, 448; OLG Köln VersR 19993, 460; OLG Düsseldorf AnwBl. 1984, 614.
130 OLG Düsseldorf MDR 1999, 1092 = JurBüro 1999, 496.
131 OLG Hamm JurBüro 2005, 541.
132 OLG Düsseldorf MDR 1999, 957; OLG Nürnberg NJW-RR 1999, 1671 = JurBüro 2000, 80.
133 OLG Koblenz JZ 1985, 1012.
134 Vgl. BGHZ 33, 236; BGH NJW 1994, 1538; *Thomas/Putzo* § 322 Rn. 46.
135 BGH JurBüro 1974, 1249; OLG Zweibrücken RPfleger 1985, 510.
136 OLG Düsseldorf MDR 1996, 1299; **a.M.** OLG Köln JurBüro 1972, 452.
137 OLG Düsseldorf JurBüro 1982, 265 m. Anm. v. *Mümmler;* OLG Köln JurBüro 1982, 245 (L); OLG Frankfurt aM JurBüro 1971, 169 = MDR 1971, 311 (L).
138 Vgl. dazu bei *Hartmann* § 45 Rn. 46 m.N.

Keine Aufrechnung i.S.v. § 45 Abs. 3 liegt vor: 29

- Wenn ein Bürge mit Gegenforderungen des Hauptschuldners aufrechnet und festgestellt wird, dass diese nicht bestehen,[139]
- Bei Kontokorrent: Wird der Endsaldo eingeklagt, ist für § 45 Abs. 3 kein Raum hinsichtlich der einzelnen zur Aufrechnung gestellten Forderungen.[140] Anders aber, wenn gegen die Endsumme mit einer außerhalb des Kontokorrentverhältnisses entstandenen Forderung aufgerechnet wird.
- Bei Einreden oder Einwendungen wie Mängelrügen[141] einschließlich Schadensersatzansprüche wegen einzelner genau bezeichneter Mängel,[142] Zurückbehaltungsrechte,[143] die Einrede des anderweitig nicht erfüllten Vertrages, Wandlung oder Minderung,[144] Überzahlungseinwände gegen eine Schlussrechnung[145] sowie Pfandrechte,[146] Berufung auf Schlechterfüllung und zur Aufrechnung gestellter Schadensersatzanspruch.[147]
- im Beweisverfahren nach § 485 ZPO Gegenanträge gestellt werden, mit denen der Antragsteller nicht eigene Ansprüche sichern, sondern nur die des Gegners zu Fall bringen will.[148]
- Unwirksamkeit der Aufrechnungserklärung, weil die zur Aufrechnung gestellte Schadensersatzforderung nicht beziffert wird.[149]

Hilfsaufrechnung.[150] Die Aufrechnung erhöht den Gebührenstreitwert nur, wenn 30
sie ausdrücklich nur hilfsweise geltend gemacht wird. Auf den Zuständigkeitsstreitwert hat sie niemals einen Einfluss.[151] Das bedeutet: Der Beklagte will die Aufrechnung nur für den Fall erklären, dass die Klageforderung für begründet erachtet werden sollte, er diese zunächst also bestritten hat[152] oder wenn er dagegen Einwände erhoben hat.[153] Nur dann, d.h. soweit die Klageforderung und die Gegenforderung streitig sind, kann Abs. 3 zum Zuge kommen.[154]

Daher ist **Abs. 3** dann **nicht anzuwenden**, wenn und soweit die Klageforderung 31
unbestritten ist, es sich also in der Sache um eine sog. **Primäraufrechnung** handelt,[155] und zwar selbst dann, wenn mit der Forderung zunächst hilfsweise und erst später primär aufgerechnet wurde.[156] Streitwert bleibt dann allein die unbestrittene Klageforde-

139 BGH NJW 1973, 146 = JurBüro 1973, 122 = RPfleger 1973, 53 = Der Betrieb 1973, 918.
140 BGH NJW-RR 1997, 1157.
141 OLG Hamm NJW-RR 1992, 448.
142 KG NJW-RR 2000, 757 = JurBüro 2000, 419.
143 BGH NJW-RR 2005, 367 = FamRZ 2005, 265; BGH MDR 1996, 960.
144 OLG Düsseldorf AnwBl. 1984, 614.
145 KG NJW-RR 2000, 757.
146 *Hartmann* § 45 Rn. 43.
147 BGH JurBüro 2010, 368 = MDR 2009, 1251 = FamRZ 2009, 1663 = WM 2009, 1818 = AnwBl. 2010, 142; OLG Düsseldorf MDR 2001, 113.
148 LG Osnabrück JurBüro 1998, 548.
149 Frankfurt/Main Beschl. v. 7.1.2010 – 19 W 89/09 = BeckRS 2010, 02867.
150 Vgl. zu den Voraussetzungen der Streitwerterhöhung BGH NJW-RR 1991, 127; dazu auch *Madert* AGS 2002, 170; vgl. auch OLG Dresden JurBüro 2003, 475.
151 AG Grevenbroich JurBüro 2011, 32.
152 OLG Düsseldorf, Beschl. v. 21.8.2009 – 1 – 5 W 58/08; OLG Dresden MDR 1999, 119.
153 LG Erfurt JurBüro 1997, 534 m. Anm. v. *D. Meyer*.
154 OLG Köln FamRZ 1992, 1461; OLG München Der Betrieb, 1987, 1481; LG Bayreuth JurBüro 1992, 761; *Hartmann* § 45 Rn. 40; **a.M.** OLG Frankfurt aM NJW-RR 1986, 106; *Schneider* MDR 1989, 302.
155 OLG Düsseldorf Beschl. v. 21.8.2009, 1 – 5 W 58/08; LG Bayreuth JurBüro 1980, 1374; *Mümmler* JurBüro 1980, 346; *Madert* AGS 2002, 170; **a.M.** LG Hannover JurBüro 1982, 423.
156 Vgl. BGH NJW-RR 1999, 1736; OLG Hamm JurBüro 2002, 316; OLG Karlsruhe NJW-RR 1999, 223 = MDR 1999, 1249.

rung. Keine Primäraufrechnung liegt aber vor, wenn der Beklagte gegenüber einer streitigen Klageforderung mit unstreitigen Gegenforderungen aufrechnet. Denn auch hier erfolgt die Aufrechnung nur für den Fall, dass sich die bestrittene Klageforderung als begründet erweist. Allerdings sind auch dann die Voraussetzungen des Abs. 3 nicht gegeben (vgl. Rn. 31). Etwas anderes gilt selbstverständlich, wenn zur Haupt- eine Hilfsaufrechnung tritt. Dann hat natürlich in der geltend gemachten Reihenfolge eine Zusammenrechnung zu erfolgen.[157]

32 Die Aufrechnung muss **bestritten** sein.[158] Der Kläger als Prozessgegner muss den Bestand der Aufrechnungsforderung bestreiten. Würde er die Forderung nicht bestreiten, würde die Aufrechnung in Höhe der Aufrechnungsforderung zur Tilgung der Klageforderung mit allen prozessualen Folgerungen führen, so dass keine Entscheidung über die Aufrechnungsforderung insoweit notwendig würde. Es reicht aus, wenn die Forderung erst im Laufe des Rechtsstreits streitig wird.

33 Über die Aufrechnungsforderung muss eine **der Rechtskraft fähige Entscheidung** ergangen sein oder sie muss in einen Prozessvergleich einbezogen werden (Abs. 4). Nach § 322 Abs. 2 ZPO ist nur die (Sach-)Entscheidung, dass die zur Aufrechnung gestellte Forderung nicht besteht, der Rechtskraft fähig.[159] Diese Voraussetzung ist erfüllt, wenn das Gericht feststellt, dass eine zur Aufrechnung geeignete Gegenforderung nicht vorhanden ist, oder wenn es feststellt, dass die Aufrechnungsforderung zwar vorhanden war, aber durch Aufrechnung mit der Klageforderung untergegangen ist. In beiden Fällen entscheidet das Gericht i. Erg. in der Sache dahin, dass die Aufrechnungsforderung nicht besteht.[160] Nicht ausreichend ist allerdings, wenn das Gericht die Hilfsaufrechnung ohne weitere Sachprüfung nur für unzulässig erklärt (vgl. Rn. 33).[161] Anders liegt es hingegen, wenn die Hilfsaufrechnung als verspätet zurückgewiesen wird,[162] oder wenn die Aufrechnungsforderung so ungenügend individualisiert ist, dass sie deshalb als unbegründet abgewiesen werden muss (analog § 253 Abs. 2 Nr. 2 ZPO).[163] Denn auch dann hatte das Gericht Mehrarbeit infolge der sachlichen Prüfung des Aufrechnungsvorbringens. Vgl. auch oben Rn. 28 a.E. Wenn die Parteien den Rechtsstreit unter Einschluss der Aufrechnungsforderung durch Vergleich beenden, liegt zwar keine der Rechtskraft fähige Entscheidung vor. In solchen Fällen gilt aber die Sonderregelung des Abs. 4.

34 **Keine der Rechtskraft fähige Entscheidung** liegt aber vor, wenn über die Aufrechnungsforderung nicht sachlich entschieden wird,[164] weil die Aufrechnungsforderung ungenügend individualisiert wurde, so dass nicht bestimmbar ist, welche Gegenforderungen mit der Hilfsaufrechnung geltend gemacht werden sollen,[165] wenn sie unwirksam ist,[166] oder wenn sie aus anderen Gründen – zu Recht oder zu Unrecht – für unzulässig erklärt wurde,[167] so dass es einer Schlüssigkeitsprüfung der Aufrechnung nach § 387 BGB nicht bedurfte. Ist dagegen die Gegenforderung ausreichend bestimmbar, aber der Vortrag unsubstantiiert, kann über sie durch eine der Rechtskraft fähige Entscheidung entschieden

157 BGH MDR 1992, 307; OLG Karlsruhe MDR 1989, 921; OLG Schleswig SchlHA 1987, 131.
158 OLG Hamm MDR 2000, 296.
159 Thomas/Putzo/*Reichold* § 322 Rn. 48a.
160 *Hartmann* § 45 Rn. 45; *Mümmler* JurBüro 1978, 3.
161 BGH MDR 1991, 240.
162 OLG Frankfurt aM MDR 1984, 239.
163 OLG Koblenz JurBüro 2002, 197.
164 KG JurBüro 2008, 652 (LS mit Volltextservice) für den Fall der Zurückverweisung der Berufung des Beklagten.
165 BGH NJW 1994, 1538; OLG Koblenz JurBüro 2002, 197.
166 Frankfurt/Main Beschl. v. 7.1.2010 – 19 W 89/09 = BeckRS 2010, 02867.
167 BGH NJW 2001, 3616; OLG Dresden JurBüro 2003, 475.

werden.[168] Auch ein gegen den Beklagten ergehendes Versäumnisurteil enthält keine der Rechtskraft fähige Entscheidung über die vom Beklagten geltend gemachte Hilfsaufrechnung.[169] Das gilt natürlich auch, wenn die Berufung des Beklagten durch Versäumnisurteil gem. § 539 Abs. 1 ZPO zurückgewiesen wird.[170] Weist das Gericht eine Klage als unbegründet ab, ohne auf die zur Aufrechnung gestellte Gegenforderung des Beklagten einzugehen, liegt logischerweise auch keine Entscheidung über die Aufrechnungsforderung vor.[171] Denn Voraussetzung für eine Entscheidung über die Aufrechnung ist immer, dass das Gericht in seinem Urteil die Gegenforderung geprüft und sich mit der Frage ihres Bestandes sachlich auseinander gesetzt hat.[172] Das hat es aber z.B. dann (noch) nicht getan, wenn es in seiner Entscheidung dem Beklagten nach § 302 ZPO die Entscheidung über die Aufrechnung vorbehalten hat. Nimmt der Beklagte, der eine Hilfsaufrechnung erklärt hat, sein Rechtsmittel vor der Entscheidung des Gerichts zurück, so ergeht im Rechtsmittelverfahren keine Entscheidung über die Aufrechnungsforderung.[173] Dasselbe gilt, wenn der Kläger die Klage zurücknimmt, nachdem der Beklagte Hilfsaufrechnung erklärt hat. Das gilt auch für den Wert der Rechtsmittelinstanz, wenn die Vorinstanz über den hilfsweise zur Aufrechnung gestellten Betrag entschieden hatte.[174]

Streitwerterhöhung: Nach § 322 Abs. 2 ZPO ist eine Entscheidung dahingehend, 35 dass die Gegenforderung nicht bestehe, nur bis zur **Höhe des Betrages** der Rechtskraft fähig, für den die Aufrechnung geltend gemacht wird.[175] **Maßgeblich** ist insoweit allein **das Urteil**, nicht die Aufrechnungserklärung.[176] Auch wenn die zur Aufrechnung gestellte Forderung die Klageforderung weit übersteigt und das Gericht diese Gesamtforderung für begründet erklärt, ist für den Streitwert des Rechtsstreits – nicht des Vergleichs – die Aufrechnungsforderung höchstens bis zur Höhe der Klageforderung dem Streitwert hinzuzurechnen. Wird i.d.S. mit mehreren Forderungen aufgerechnet, erhöht sich der Gebührenstreitwert um den Wert jeder in der vom Aufrechnenden bestimmten Reihenfolge entschiedenen Gegenforderung bis zur Höhe der Klageforderung.[177] Dabei verbleibt es dann auch für die weiteren Instanzen, wenn und soweit die Aufrechnungsforderung noch Gegenstand des Rechtsstreits ist.[178] Liegt umgekehrt der Wert der zur Aufrechnung gestellten Forderung unter dem Wert der Klageforderung, so ist die Klageforderung nur mit dem geringeren Wert der Aufrechnungsforderung zusammenzurechnen. Es kommt nicht darauf an, ob das Gericht bei seiner Entscheidung über die Aufrechnungsforderung diese Forderung ganz oder z.T. für begründet erachtet, sondern allein darauf, dass es über die Aufrechnungsforderung entschieden hat. Vergleichen sich die Parteien, so führt der zur hilfsweise zur Aufrechnung gestellte Betrag auch dann nicht zu einer Streitwerterhöhung, wenn die Parteien sich darüber vergleichen,[179] sondern nur zu einer Berücksichtigung bei der Berechnung des Vergleichswertes.

Hat das Gericht in seiner Entscheidung die **Klageforderung nur z.T. für begründet** 36 erachtet und entscheidet es darüber, ob die vom Beklagten zur Aufrechnung gestellte

---

168 BGH NJW 1994, 1538.
169 OLG Köln JurBüro 1971, 165 = MDR 1971, 311 (L).
170 KG JurBüro 2008, 652 (LS mit Volltextservice).
171 OLG Köln JurBüro 1971, 165; OLG Frankfurt aM JurBüro 1970, 793.
172 OLG Nürnberg JurBüro 1971, 181.
173 OLG Köln JurBüro 1995, 144 m. Anm. v. *Mümmler*.
174 OLG Stuttgart NJW-RR 2005, 507.
175 Unstr. vgl. etwa *Thomas/Putzo* § 322 Rn. 40 ff.; OLG Karlsruhe MDR 1995, 643.
176 OLG Düsseldorf MDR 1998, 497 = NJW-RR 1998, 643; OLG Schleswig SchlHA 1983, 198.
177 BGH NJW 1998, 995; *von König* JurBüro 2001, 235; *Madert* AGS 2002, 170.
178 OLG Schleswig, AGS 2014, 337 = JurionRS 2013, 54094.
179 LArbG Berlin JurBüro 2001, 253.

höhere Gegenforderung berechtigt ist, so ist von der Aufrechnungsforderung nur der Betrag dem Klagestreitwert hinzuzurechnen, der für eine Aufrechnung „verbraucht" wird, also nur der Teilbetrag, hinsichtlich dessen das Urteil die Klage für begründet erachtet, nicht der Betrag der gesamten Klageforderung, weil hinsichtlich des höheren Betrages keine der Rechtskraft fähige Entscheidung ergeht.[180] Anders liegt es aber dann, wenn über die hilfsweise zur Aufrechnung gestellte Forderung in der Weise entschieden wird, dass sie dem Grunde nach nicht besteht. In einem solchen Fall erhöht sich der Streitwert um den Betrag, der über die Hauptforderung hinausgeht.[181]

37 Wird gegen eine bestrittene Forderung hilfsweise mit **mehreren Gegenansprüchen aufgerechnet**, so ist, wenn und soweit die Klage begründet, die Aufrechnungsforderungen jedoch unbegründet ist, der Streitwert nach der Summe des Klageanspruchs und der Gegenansprüche festzusetzen. Das kann dazu führen, dass sich der Streitwert auf ein Vielfaches des Klagewertes erhöht.[182] Der Betrag jeder einzelnen Gegenforderung ist durch den Betrag der begründeten Klageforderung begrenzt.[183] Von mehreren Aufrechnungsforderungen dürfen aber nur diejenigen berücksichtigt werden, über die eine der Rechtskraft fähige Entscheidung ergangen ist.[184] Hier kann es eine unrichtige Sachbehandlung i.S.v. § 21 durch das Gericht sein, wenn es über weitere geltend gemachte Aufrechnungsforderungen entscheidet, obwohl es nur eine davon hätte zu bescheiden brauchen (Verstoß gegen § 308 ZPO).

38 **Aufrechnungen in Rechtsmittelverfahren:** Wenn in den einzelnen Rechtszügen die Aufrechnungen verschieden behandelt werden, können auch für die einzelnen Rechtszüge unterschiedliche Streitwerte entstehen.[185] Der **Streitwert des Rechtsmittelverfahrens** wird im Falle des Abs. 3 nicht durch den Streitwert der ersten Instanz bestimmt. Abs. 3 enthält insoweit eine Sonderregelung, die der Bestimmung des § 47 Abs. 2 S. 1 vorgeht, sofern man nicht die Geltendmachung der Aufrechnungsforderung als eine Erweiterung des Streitgegenstandes ansehen will. Der Streitwert der Rechtsmittelinstanz ist gegenüber der Vorinstanz höher, wenn erst die Rechtsmittelinstanz im Gegensatz zur Vorinstanz eine der Rechtskraft fähige Entscheidung über eine Aufrechnungsforderung getroffen hat, über die die Vorinstanz nicht entschieden hat oder die erstmals in der Rechtsmittelinstanz eingebracht wurde. Der höhere Streitwert der Rechtsmittelinstanz führt aber – von den Fällen der Zurückverweisung, § 37, abgesehen – zu keiner Änderung des Streitwertes der Vorinstanz, auch wenn deren Entscheidung durch das Rechtsmittelgericht aufgehoben oder abgeändert wurde oder wenn die Parteien sich in der Rechtsmittelinstanz vergleichen, so dass es im Rechtsmittelrechtszug zu keiner Entscheidung über die Hilfsaufrechnung (mehr) kommt.[186] Denn eine der Rechtskraft fähige Entscheidung liegt nicht vor, wenn die Vorinstanz über die Aufrechnung nicht entschieden hat.[187] Trifft im umgekehrten Fall die Vorinstanz eine der Rechtskraft fähige Entscheidung über die Aufrechnungsforderung, während das Rechtsmittelgericht über die Aufrechnungsforderung nicht entscheidet, so bleibt von dieser Entscheidung der Streit-

---

180 OLG Bamberg JurBüro 1977, 380.

181 OLG Rostock JurBüro 2009, 88.

182 **A.M.** OLG Frankfurt aM JurBüro 1980, 1544 m. abl. Anm. v. *Mümmler* = MDR 1980, 587 m. abl. Anm. v. *Schneider*.

183 LG Bayreuth JurBüro 1978, 893 m. Anm. v. *Mümmler*.

184 Vgl. BGH NJW 1992, 912 = NJW-RR 1992, 316 m. Anm. v. *Mümmler* JurBüro 1992, 563; OLG Düsseldorf RPfleger 1994, 129; BGH JurBüro 1987, 853 = RPfleger 1987, 37; Oe/Wi/He, Streitwerthandbuch „Aufrechnung", S. 29 m. zahlreichen weiteren Nachweisen; JurBüro 1992, 683 m. Anm. v. *Mümmler*.

185 Vgl. etwa OLG Jena MDR 2002, 480.

186 OLG Frankfurt aM MDR 2001, 776 = JurBüro 2001, 417 = NJW-RR 2001, 1653.

187 KG JurBüro 1981, 1232 m. Anm. v. *Mümmler*.

wert der Vorinstanz unberührt.[188] Andererseits gilt der Streitwert der Vorinstanz aber auch nicht für das Rechtsmittelverfahren, auch wenn in diesem Verfahren die Entscheidung der Vorinstanz überprüft worden ist. Nur wenn und soweit auch das Rechtsmittelgericht selbst eine, wenn auch von der Vorinstanz abweichende, der Rechtskraft fähige Entscheidung über die Aufrechnungsforderung getroffen hat, ist diese in den Streitwert der Rechtsmittelinstanz einzubeziehen.[189] Das gilt auch dann, wenn eine Anschlussberufung im Laufe des Verfahrens zurückgenommen wird, wenn die Vorinstanz über die den Gegenstand der Anschlussberufung bildende Forderung entschieden hat.[190] Wird das Rechtsmittel zurückgenommen, ehe eine der Rechtskraft fähige Entscheidung des Rechtsmittelgerichts über die Aufrechnung ergangen ist, bleibt die Aufrechnungsforderung beim Streitwert des Rechtsmittelverfahrens unberührt. In diesem Fall ist nicht die Beschwer, § 47 Abs. 1 S. 2, maßgebend, sondern der Umstand, dass es an einer der Rechtskraft fähigen Entscheidung über die Aufrechnungsforderung durch das Rechtsmittelgericht fehlt.[191] Das gilt auch, wenn das Rechtsmittel ohne Sachprüfung verworfen wird.[192] Das ist z.B. dann der Fall, wenn der Beklagte in der Berufungsbegründung nicht auf seine Gegenforderung eingegangen ist und das Berufungsgericht die Gegenforderung deshalb nicht prüfen und darüber keine Entscheidung treffen musste.[193] Wendet sich das Rechtsmittel nur gegen die Entscheidung über die Aufrechnungsforderung, dann ist nur diese für den Streitwert des Rechtsmittelverfahrens maßgebend.[194] Wird gemäß § 62 der Streitwert für die Zulässigkeit des Rechtsmittels festgesetzt, ist diese Entscheidung nach § 24 Abs. 1 (Hs. 2), S. 2 für den Gebührenbemessungswert des Abs. 3 nicht bindend.[195]

Aufrechnung in der Vollstreckung: Bei der Vollstreckungsgegenklage, die auf die **38a**
Aufrechnung mit Forderungen in einer Höhe gestützt wird, die den Betrag der titulierten Forderung, gegen deren Vollstreckung die Klage gerichtet ist, übersteigen, ist der Streitwert auf den Wert der titulierten Forderung beschränkt.[196]

Die **Streitwerterhöhung wirkt auf den Zeitpunkt zurück, in dem die Aufrech-** 39
nung erstmals hilfsweise im Rechtsstreit geltend gemacht worden ist. Sie erfasst somit die pauschale Verfahrensgebühr, letztere vom Zeitpunkt der Geltendmachung der Aufrechnung an. Das folgt aus dem Wortlaut des Abs. 3. Eine Vorauszahlung der auf die Aufrechnungsforderung entfallenden Verfahrensgebühr kommt aber nicht in Betracht, da die Gebühr – wenn auch rückwirkend – erst mit der rechtskräftigen Entscheidung erwächst. Die aufrechnende Partei wird hinsichtlich der hilfsweise zur Aufrechnung gestellten bestrittenen Gegenforderungen rückwirkend zur Antragstellerin nach § 22.[197]

Abs. 4, Vergleich:[198] Wird der Rechtsstreit, in dem der Beklagte Hilfswiderklage er- **40**
hoben oder hilfsweise die Aufrechnung mit einer bestrittenen Gegenforderung geltend gemacht hat, durch einen Vergleich erledigt und wird die mit der Hilfswiderklage erhobene oder hilfsweise zur Aufrechnung gestellte Gegenforderung im Vergleich sachlich

188 OLG Jena MDR 2002, 480; LG Kassel NJW-RR 1992, 831; **a.M.** aber BGH KostRspr. Nr. 92 zu § 19 Abs. 3 mit abl. Anm. v. *E. Schneider* und zust. Anm. von *Lappe*.
189 OLG Saarbrücken JurBüro 1980, 897; **a.M.** OLG Frankfurt aM JurBüro 1981, 248 m. abl. Anm. v. *Mümmler*.
190 OLG Schleswig, Beschl. v. 19.12.2013 – 1 W 67/13 – = JurionRS 2013, 59094.
191 **H.M.** Vgl. z.B. BGH JurBüro 1987, 853; KG JurBüro 2010, 85 m.w.N.
192 KG MDR 1990, 259 m.N.
193 KG JurBüro 2010, 85.
194 BGH KostRspr. GKG § 19 Nr. 33 m. Anm. v. *Schneider*.
195 *Mümmler* JurBüro 1978, 5.
196 OLG Hamburg MDR 2014, 857 = JurionRS 2014, 16413.
197 Dazu bei *Hartmann* § 45 Rn. 40 ff.
198 Dazu *N. Schneider* NJW-Spezial 2011, 411.

mit bereinigt, so ist für den Wert des Streitgegenstandes des Verfahrens (KV 1211 Nr. 3) dem Streitwert der Klageforderung der Wert der zur Aufrechnung gestellten Gegenforderung hinzuzurechnen,[199] soweit die Voraussetzungen des Abs. 3 S. 1 gegeben sind, mit Ausnahme einer der Rechtskraft fähigen Entscheidung über die Aufrechnungsforderung. An ihre Stelle tritt dann der Vergleich, der – jedenfalls für die Berechnung der Gerichtsgebühren (nicht aber für die Anwaltsgebühren)[200] – förmlich protokolliert werden muss.[201] Das gilt auch, wenn die Höhe eines hilfsweise zur Aufrechnung gestellten Feststellungsbegehrens noch nicht beziffert war und ein Vortrag zur Höhe erst im Rahmen der Streitwertfestsetzung stattfindet.[202]

41 Wenn eine zur Aufrechnung hilfsweise geltend gemachte Gegenforderung (Abs. 1 S. 2) in einen **Vergleich** einbezogen und erledigt wird, gilt das in Rn. 39 Gesagte entsprechend, Abs. 4, wenn und soweit die zur Aufrechnung gestellte(n) Gegenforderung(en) endgültig durch den Vergleich erledigt werden.[203] Keine Erledigung durch den Vergleich liegt vor, wenn die Parteien die Aufrechnungsforderung im Vergleich ausklammern und sie sich insoweit ihre Rechte vorbehalten. Denn dann ist keine gerichtliche Entscheidung darüber ergangen, die entsprechend Abs. 4 durch den Vergleich ersetzt wird. Auch ein Zwischenvergleich erfüllt diese Voraussetzungen noch nicht, wohl aber ein Teilvergleich, der die Aufrechnungsforderung endgültig bereinigt. Erforderlich ist auch, dass es sich um einen **gerichtlich protokollierten Vergleich** handelt. Ein außergerichtlicher Vergleich reicht nicht aus, weil dieser den Rechtsstreit nicht unmittelbar erledigt.[204] Der beiderseitigen Erledigungserklärung des Rechtsstreits, einer Klagerücknahme oder einem Klageanerkenntnis kommt, wenn sie außerhalb des Prozessvergleichs erfolgen, keine dem § 322 Abs. 2 ZPO vergleichbare Wirkung zu, so dass für sie Abs. 3, 4 nicht Platz greift.

42 **Streitwerterhöhung:** Wenn und soweit die Aufrechnungsforderung durch Prozessvergleich endgültig erledigt wird, treten die gleichen Wirkungen wie bei einer Erledigung durch ein der Rechtskraft fähiges Urteil ein (Rn. 34). Die pauschale Verfahrensgebühr wird daher rückwirkend auf den Zeitpunkt, in dem die Aufrechnungsforderung im Prozess geltend gemacht wurde, dem Streitwert der Klage bis zu dessen Höhe hinzugerechnet. Ist die erledigte Aufrechnungsforderung so hoch oder höher als die Klageforderung, ist der Streitwert der Klageforderung zu verdoppeln. Ein die Klageforderung überschießender Betrag ist bei der pauschalen Verfahrensgebühr nicht zu berücksichtigen, da Abs. 4 die entsprechende Anwendung von Abs. 1 bis 3 vorschreibt und nur in Abs. 3 ausdrücklich auf den Betrag der Gegenforderung abgestellt ist, der gemäß § 322 Abs. 2 ZPO einer Rechtskraft fähig ist.[205]

43 Für den **Gegenstandswert des Prozessvergleichs** selbst sind sämtliche zur Aufrechnung gestellten Forderungen, die durch den Vergleich erledigt werden, ohne Begrenzung auf den Klagestreitwert zu erfassen.[206] Die Aufrechnungsforderung ist in voller Höhe Ge-

---

199 OLG Düsseldorf JurBüro 2010, 424; OLG München MDR 1998, 680.
200 BGH NJW 2007, 2187; Koblenz JurBüro 2012, 469.
201 OLG Koblenz, Beschl. v. 5.12.2011 – 10 W 686/11.
202 OVG Saarlouis Beschl. v. 8.1.2010 – 1 E 499/09.
203 Vgl. dazu OLG Köln JurBüro 1996, 476 und MDR 1998, 680; OLG München JurBüro 1978, 122; LG Bayreuth JurBüro 1980, 1219; ArbG Nürnberg MDR 2004, 907.
204 OLG Karlsruhe JurBüro JurBüro 2013, 249 = BeckRS 2013, 02061 m.zahlr.w.N; OLG Koblenz JurBüro 1977, 1264; OLG Nürnberg JurBüro 1972, 434.
205 Vgl. (zur alten Fassung) z.B.: OLG Köln MDR 1979, 412 = JurBüro 1979, 566; OLG Frankfurt aM MDR 1980, 64 = JurBüro 1980, 242 m. Anm. v. *Mümmler;* **a.M.** aber z.B.: OLG München KostRspr. GKG § 19, Nr. 14 (L) m. abl. Anm. v. *Lappe.*
206 OLG München JurBüro 1998, 260; OLG Köln JurBüro 1996, 476; OLG Frankfurt MDR 1980, 64 = JurBüro 1980, 242 m. Anm. v. *Mümmler; Mümmler* JurBüro 1978, 6.

genstand des Vergleichs. Ein durch die Aufrechnung verbrauchter Teil ist nicht abzuziehen, da dann gegen das Gebot des Abs. 3, die Streitwerte der Klage und der Aufrechnungsforderungen zu addieren, verstoßen würde. Werden in den Fällen der sog. Primäraufrechnung die nicht bestrittene Klageforderung und die bestrittene Aufrechnungsforderung verglichen, so tritt zwar keine Erhöhung des Streitwerts für das Verfahren ein. Bei der Berechnung des Wertes des Vergleichsgegenstandes sind aber die hierfür allgemein geltenden Grundsätze anzuwenden. Die nicht bestrittene Klageforderung und die zur Aufrechnung gestellte bestrittene Gegenforderung sind deshalb im Falle der Primäraufrechnung für den Wert des Vergleichsgegenstandes zu addieren. Es ist nicht Sinn und Zweck dieser Bestimmung, die Grundsätze für die Berechnung des Wertes des Vergleichsgegenstandes für den Fall der Hilfsaufrechnung einzuengen, wofür auch kein Bedürfnis bestünde. Rechnet der Beklagte gegen eine bestrittene Klageforderung hilfsweise mit einer unstreitigen Gegenforderung auf und werden durch einen Vergleich die beiden Forderungen erledigt, so erhöht sich zwar der Streitwert für das Verfahren nicht. Zur Berechnung des Vergleichswertes sind aber auch in diesem Falle die beiden Forderungen zusammenzurechnen. Die gerichtliche Vergleichsgebühr (KV 1900) ist aus dem Betrag zu erheben, um den der Wert des Vergleichsgegenstandes den Wert des Streitgegenstandes übersteigt.

Vergleich bei Klage und Widerklage: Werden der Haupt- und der Hilfsanspruch des Klägers oder eine Hilfswiderklage oder ein sonstiger Hilfsanspruch des Beklagten durch Vergleich mit bereinigt, fehlt es zwar auch an einer Entscheidung über den Hilfsanspruch. Gleichwohl ist sein Wert dem **Streitgegenstand des Verfahrens** hinzuzurechnen, wenn er höherwertig als der Klageanspruch ist.[207] Denn insoweit bestimmt Abs. 4, dass die Abs. 1–3 entsprechend gelten. Lediglich bei der Bestimmung des **Gegenstandswertes des Vergleichs** sind die mit verglichenen höherwertigen Hilfsansprüche mit einzubeziehen, denn Abs. 4 gilt nur für den Streitgegenstand, nicht aber für den des Vergleichs nach KV 1900. 44

Separate Festsetzung des Streitwertes für die Anwaltsgebühren: Streitig ist, ob eine separate Streitwertfestsetzung für die Anwaltsgebühren zulässig ist, wenn und soweit über eine (Hilfs)aufrechnung keine rechtskräftige Entscheidung ergeht bzw. die Aufrechnung nicht durch einen Prozessvergleich erledigt wird und deshalb Abs. 3 bzw. Abs. 4 nicht anwendbar sind. Der Hintergrund für diese Kontroverse ist, dass der Anwalt – anders als das Gericht – sich mit dem Hilfsantrag zu befassen hat.[208] Die Frage ist zu verneinen.[209] Der Wortlaut der §§ 45 GKG, 23 Abs. 1 RVG ist eindeutig und nicht auslegbar und ist eine Folge der systembedingten Mischkalkulation der gesetzlichen Anwaltshonorare nach dem RVG.[210] Das ist auch nicht unbillig. Dem Anwalt bleibt es unbenommen, seinen Mandanten insoweit aufzuklären und eine Gebührenvereinbarung für den Fall zu treffen, dass die hilfsweise geltend gemachten Ansprüche nicht gerichtlich erledigt werden.[211] 45

Zusammenfassung zur Streitwertberechnung nach § 45 Abs. 3: 46

Primäraufrechnung (oben Rn. 30)	Nur Wert der Aufrechnungsforderung
Primäraufrechnung und Hilfsaufrechnung mit weiteren Forderungen (oben Rn. 30)	Nur Wert der Aufrechnungsforderungen, soweit darüber entschieden wird

207 OLG Düsseldorf MDR 2006, 297; *Hartmann* § 45 Rn. 50.
208 Vgl. dazu ausführlich bei *Bischof* AGS 2008, 317.
209 BGH ZfS 2009, 41 mit. Anm. v. *Hansens;* KG JurBüro 2009, 86; OLG Jena MDR 2008, 1426.
210 *Hellstab* in Rehberg u.a, „Hilfsantrag“ 1.
211 *Hellstab* in Rehberg u.a. 1.; *Kanzelsperger* MDR 1995, 833.

Primäraufrechnung und Widerklage wegen nicht verbrauchter Aufrechnungsforderung	Addition von Wert des entschiedenen Teils der Aufrechnungsforderung und der Widerklage
Aufrechnung mit unstreitigen Gegenansprüchen (oben Rn. 31, 36)	Nur Wert der Klageforderung
Aufrechnung mit nicht bestrittenen Gegenforderungen, aber Einwand der Unzulässigkeit der Aufrechnung (oben Rn. 33)	Nur Wert der Klageforderung
Aufrechnung mit streitigen Gegenforderungen (oben Rn. 34)	Addition des Werts der Klage und der entschiedenen Aufrechnungsforderungen
Aufrechnung mit höherer Gegenforderung (oben, Rn. 34, 35)	Addition von Wert der Klage und auf Höhe der Klageforderung begrenzten Wert der Gegenforderung
Vergleich (oben, Rn. 29–42)	Es gelten die gleichen Grundsätze wie bei Aufrechnung mit höherer Gegenforderung
Unzulässige oder nicht wirksam erklärte Aufrechnung (oben Rn. 33)	Wert der Aufrechnung bleibt unberücksichtigt. Nur Wert der Klageforderung

§ 46
(aufgehoben durch Art. 47 Abs. 1 Nr. 8 FGG-RG)

§ 47
Rechtsmittelverfahren

(1) Im Rechtsmittelverfahren bestimmt sich der Streitwert nach den Anträgen des Rechtsmittelführers. Endet das Verfahren, ohne dass solche Anträge eingereicht werden, oder werden, wenn eine Frist für die Rechtsmittelbegründung vorgeschrieben ist, innerhalb dieser Frist Rechtsmittelanträge nicht eingereicht, so ist die Beschwer maßgebend.

(2) Der Streitwert ist durch den Wert des Streitgegenstands des ersten Rechtszugs begrenzt. Das gilt nicht, soweit der Streitgegenstand erweitert wird.

(3) Im Verfahren über den Antrag auf Zulassung des Rechtsmittels und im Verfahren über die Beschwerde gegen die Nichtzulassung des Rechtsmittels ist Streitwert der für das Rechtsmittelverfahren maßgebende Wert.

1 § 47 behandelt die Berechnung des Streitwertes in **sämtlichen Rechtsmittelverfahren** (Abs. 1 S. 1). Wegen der Bedeutung der Rechtsmittelentscheidungen, insbesondere die der letztinstanzlichen (insbesondere der Revisions-/Rechtsbeschwerde-)Gerichte sind die Gebühren gegenüber denen der Vorinstanzen deutlich höher, so dass auch das Kostenrisiko für den Rechtsmittelführer höher ist. Letzteres gilt umso mehr, als mir der Vereinfachung des Gebührensystems durch das KostRModG grundsätzlich bei der Rechtsmitteleinlegung Pauschalgebühren fällig werden und die schon entstandenen und noch entstehenden *Gerichtskosten* wenig wirtschaftlichen Anreiz geben, etwa das Verfahren durch Vergleich etc. zu beenden, um in den Genuss von Ermäßigungen zu gelangen.[1]

1 Vgl. dazu die interessanten Untersuchungen von *Schultzky* 125 ff., 216 ff.

Die Vorschrift gilt für die Verfahren vor den ordentlichen Gerichten, mithin auch im WEG-Verfahren,[2] den Gerichten der Verwaltungs-, Sozial- und Finanzgerichtsbarkeit (§ 52 Abs. 1) und vor den Gerichten der Arbeitsgerichtsbarkeit. Sie bleibt gemäß § 62 von der Festsetzung des Zulässigkeitswerts unberührt, so dass also für die Kosten ein anderer Wert gegeben sein kann als für die Zulässigkeit des Rechtsmittels.[3] 2

Der **Begriff des Rechtsmittels** i.S.v. § 47 ist weit auszulegen. Erfasst sind neben den klassischen Rechtsmitteln wie Berufung, Revision, Rechtsbeschwerde (sofortige/weitere) Beschwerde auch andere Rechtsbehelfe wie Erinnerung, Gegenvorstellung etc., soweit dafür nicht ausdrücklich Kostenfreiheit kraft Gesetzes besteht. Als Ergänzung der §§ 3, 34 stellt § 47 Abs. 2 klar, dass der Streitwert des ersten Rechtszuges den Streitwert des Rechtsmittelverfahrens begrenzt, soweit im Rechtsmittelverfahren keine Klageerweiterung erfolgt. 3

In **Rechtsmittelverfahren**[4] bestimmt sich der Streitwert grundsätzlich einheitlich nach den **Anträgen des Rechtsmittelführers.**[5] Maßgebend sind die Anträge in der Hauptsache, und zwar auch dann, wenn das Rechtsmittel zunächst unbeschränkt eingelegt und später beschränkt wird,[6] wenn es zurückgenommen oder für verlustig erklärt (§ 516 Abs. 3 ZPO) wird.[7] Das gilt auch dann, wenn die Anschlussberufung zurückgenommen wird, ohne dass es zu einer Entscheidung darüber kommt. § 45 Abs. 3 ist in solchen Fällen unanwendbar.[8] Ausnahmen sind allerdings möglich (vgl. unten Rn. 6). Für den Streitwert der Rechtsmittelinstanz ist demzufolge grundsätzlich der Wert des Antrags des Rechtsmittelführers (Berufungs- und Revisionsklägers, Rechtbeschwerdeführer bzw. Widerklägers, Beschwerdeführers) bei Eingang der Rechtsmittelschrift[9] und nicht der Wert der angefochtenen Entscheidung maßgebend. Das gilt auch im Falle der Anschlussberufung nach § 524 ZPO, und zwar grundsätzlich unabhängig davon, ob derselbe Streitgegenstand vorliegt. Ist der Antrag unklar, kann er sich auch aus der Rechtsmittelbegründung ergeben.[10] Denn nach allgemeinen Regeln ist ein unklarer Antrag – anders als bei der Ermittlung der Zulässigkeit des Rechtsmittels[11] – (ggf. unter Heranziehung der Berufungsbegründung bzw. des Parteivorbringens)[12] auszulegen.[13] Das Interesse des Rechtsmittelführers kann durchaus von demjenigen der übrigen Prozessbeteiligten verschieden sein.[14] Bleibt der Streitgegenstand allerdings unverändert oder ist der Antrag eindeutig, wird es beim Fehlen anderer Anhaltspunkte bei dem erstinstanzlichen Streitwert zu verbleiben haben.[15] Stellt der in der ersten Instanz zur Zahlung eines Geldbetrages verurteilte Beklagte als Berufungskläger einen uneingeschränkten Antrag auf Abänderung des angefochtenen Urteils, so ist der Streitwert gleich dem Betrag der erst- 4

2 LG Köln WM 1989, 661.
3 BFH BStBl. II 1977, 614 = BB 1977, 1034 = Der Betrieb 1978, 143 (L).
4 Vgl. dazu ausf. z.B. bei *Oe/Wi/He*, Streitwerthandbuch, 2. Aufl. 1999, S. 206 ff.
5 BVerwG DVBl. 1977, 653 = AnwBl. 1977, 597 BVerwG JurBüro 1995, 255; OLG Stuttgart MDR 2001, 112, 113; OLG Bamberg RPfleger 1986, 197; OLG Schleswig SchlHA 1988, 172.
6 BGH MDR 2013, 1376.
7 OLG Rostock MDR 2007, 1398; OLG München MDR 2004, 966.; teilweise abweichend BGHZ 15, 394, 400 (Splitting in Hauptsachewert und Kosteninteresse).
8 BGH, MDR 1979, 133: BGH, NJW-RR 1991, 127: OLG Schleswig, AGS 2014, 337 = JurionRS 2013, 54094. **A.A.** OLG Stuttgart, NJW-RR 2005, 507; OLG Düsseldorf, NJW-RR 1998, 643.
9 BGH JurBüro 2010, 201.
10 Vgl. BFH BStBl. II, 1977, 306; BGH RPfleger 1970, 239.
11 BGH BB 1976, 815.
12 BGH NJW-RR 2005, 1659 = FamRZ 2005, 1538.
13 BGH NJW 1992, 2969, 2970 und BGH Urt. v. 20.6.2005 – XII ZR 155/04; *Hartmann* § 47 Rn. 3.
14 Vgl. BVerwG RPfleger 1989, 129.
15 BVerwG RPfleger 1989, 129; OLG Hamm JurBüro 1977, 705; *Hartmann* § 47 Rn. 2, 3; *Schneider* MDR 1975, 1028 m.w.N.; **a.M.** OLG Düsseldorf MDR 1975, 1027 mit Bespr. v. *Dinslage* MDR 1976, 235.

instanzlichen Verurteilung. Es ist dann belanglos, wenn in der Berufungsbegründung vorgetragen wird, die Urteilssumme sei zwischenzeitlich vom Berufungskläger ganz oder im Wesentlichen gezahlt worden.[16] Auch der Streitwert der Erledigungsfeststellungsklage entspricht in der Berufungsinstanz regelmäßig dem erstinstanzlichen Streitwert.[17] Auf die Zulässigkeit oder die Begründetheit der im Rechtsmittelverfahren gestellten Anträge kommt es niemals an.[18] Der Rechtsmittelantrag kann auch einen höheren Wert haben als das angefochtene Urteil (vgl. auch Abs. 2 S. 2). So z.B., wenn das Berufungsgericht auf die Berufung des in erster Instanz zur Auskunftserteilung verurteilten Beklagten die Stufenklage insgesamt abweist. Dann bestimmt sich der Streitwert nicht nur für das vom Kläger verfolgte Revisionsverfahren, sondern auch für das Berufungsverfahren nach dem vollen Streitwert der abgewiesenen Klage.[19]

5 Der Rechtsmittelkläger braucht nach den einschlägigen Prozessordnungen (z.B. § 519 Abs. 3 Nr. 2 ZPO § 120 Abs. 2 S. 2 FGO, § 139 Abs. 2 S. 2 VwGO) einen Antrag erst am Ende der Rechtsmittelbegründungsfrist zu stellen. Bis dahin bleibt der Streitwert u.U. ungeklärt, so dass mit der Einreichung des Rechtsmittels fällig werdenden Kosten der Rechtsmittelinstanz faktisch erst eingefordert werden können, wenn der Antrag feststeht.[20]

6 **Scheinanträge:** In der Praxis kommt es häufig vor, dass der Rechtsmittelkläger das Rechtsmittel ohne eine Antragstellung einlegt und es dann mit der Rechtsmittelbegründung auf einen bestimmten Betrag, der oft gerade die Zulassungssumme übersteigt, mit oder ohne Erweiterungsvorbehalt beschränkt oder ein Rechtsmittel – etwa infolge eines außergerichtlichen Vergleichs – beschränkt und dann zurücknimmt. Nach heute[21] herrschender Ansicht[22] ist ein eingeschränkter Rechtsmittelantrag des Rechtsmittelklägers bei der Streitwertbemessung dann nicht zu berücksichtigen, wenn er **offensichtlich** nicht auf die Durchführung des Rechtsmittels gerichtet ist.[23] Denn das wäre Rechtsmissbrauch, der auch im Kostenrecht nicht hingenommen zu werden braucht. Allerdings ist bei der Bejahung eines Rechtsmissbrauchs zurückhaltend zu verfahren. Ein solcher muss eklatant erkennbar sein. Allein der Umstand, dass der Rechtsmittelkläger sich bis zum Ende der Rechtsmittelbegründungsfrist vorbehält, welche Anträge er endgültig stellen will, reicht dafür noch nicht aus. Wenn der Gesetzgeber selbst dem Rechtsmittelführer eine so lange Rechtsmittelfrist (Überlegungsfrist) einräumt, kann es nicht verwerflich sein, wenn der Rechtsmittelführer diese nutzt. Es müssen mithin noch weitere objektivierbare Umstände hinzukommen.[24] Im Einzelfall kann es schwierig sein, festzustellen, ob ein Antrag rechtsmissbräuchlich im vorgenannten Sinne ist. Gibt es Anlass zu Zweifeln, ob der Rechtsmittel-

16 OLG Köln MDR 1972, 791 = VersR 1973, 89.

17 H.M. Vgl. z.B. BGH NJW 1999, 2516; OLG Hamm MDR 2000, 175 und JurBüro 2005, 598 (LS mit Volltextservice); OLG Köln NJW-RR 2000, 678; OLG Düsseldorf JurBüro 2003, 644 und die weiteren Nachweise etwa bei Zöller/*Vollkommer* § 91a Rn. 48.

18 BGH RPfleger 1973, 89; BFH NJW 1965, 2414; BFH BStBl. II, 1970, 493; BStBl. II, 1973, 323; BStBl. II, 1975, 304.

19 BGH NJW-RR 1992, 1021.

20 BGH NJW 1974, 1286; OLG Hamburg MDR 1974, 942; OLG München MDR 1974, 590; OLG Köln JMBl-NRW 1967, 132.

21 Vgl. zum früheren Streitstand 3. Aufl. Rn. 3–3a.

22 Vgl. BGHZ 70, 369 = NJW 1978, 1263 = MDR 1978, 553 = JurBüro 1978, 684 = JZ 1978, 404 = RPfleger 1978, 211 = WM 1978, 436 = Der Betrieb 1978, 1223; BGH NJW-RR 1998, 335 = JurBüro 1998, 262; OLG Schleswig JurBüro 2004, 140; OLG Düsseldorf JurBüro 2001, 642; OLG Saarbrücken MDR 2000, 1157; OLG Hamm AnwBl. 1979, 273 und NJW 1978, 786; JurBüro 1978, 802; OLG München JurBüro 1992, 252 m. Anm. v. *Mümmler; Oe/Wi/He* Streitwerthandbuch, S. 207.

23 OLG Schleswig JurBüro 2004, 140.

24 OLG Bamberg JurBüro 1978, 891; OLG Hamm MDR 1979, 591; OLG Schleswig SchlHA 1988, 192, jeweils m.w.N.; *Hartmann* § 47 Rn. 4; *Baumgärtel/Klingmüller* VersR 1980, 421.

führer sein beschränktes Rechtsmittelbegehren im Rechtsmittelverfahren ernsthaft verfolgen wollte, kann und wird das Gericht die Parteien im Rahmen des Streitwertfestsetzungsverfahrens nach §63 zu einer Erklärung veranlassen und die Äußerungen der Parteien frei würdigen. Ein Hinweis darauf, dass der Rechtsmittelkläger sein ermäßigtes Rechtsmittel nicht durchführen wollte, kann die der Rechtsmittelermäßigung folgende alsbaldige Rechtsmittelrücknahme sein. Das insbesondere dann, wenn sie auf Grund eines den gesamten Rechtsmittelstreit erledigenden außergerichtlichen Vergleichs erfolgt. Es ist aber auch denkbar – und nicht selten anstandslos hinzunehmen –, dass der Antrag zunächst auf einem Teilvergleich beruht und das Rechtsmittel erst nach weiteren, darauf folgenden Vergleichsgesprächen über die Restsumme endgültig zurückgenommen wird.[25] Es gibt auch keinen Erfahrungsgrundsatz der Art, dass in den seltensten Fällen ein unter der Rechtsmittelsumme liegender Antrag nicht ernsthaft auf die Durchführung des Rechtsmittels gerichtet sein wird.[26] Das wird immer im Einzelfall aufzuklären sein. Nur wenn sich dabei herausstellt, dass es sich um einen Scheinantrag handelte, ist er für die Streitwertfestsetzung bedeutungslos. Die Partei hat dann keinen kostenrechtlich beachtlichen Antrag gestellt, so dass nach Abs. 1 S. 2 zu verfahren, also die sich aus dem angefochtenen Urteil ergebende Beschwer maßgebend ist.

Beschwer: Nicht selten endet das Rechtsmittelverfahren, ohne dass Rechtsmittelan- 7
träge gestellt werden. Das kann z.B. so sein, wenn der Rechtsmittelführer überhaupt keinen Antrag eingereicht hat,[27] nur ein Scheinantrag vorliegt (Rn. 4) oder er sein zunächst ohne Antrag angebrachtes Rechtsmittel vor der mit einem Antrag versehenen Begründung zurücknimmt[28] oder das Rechtsmittelverfahren sich nach Anordnung seines Ruhens vor der Einbringung der Rechtsmittelbegründung durch einen Vergleich erledigt.[29] In solchen Fällen bestimmt sich der Streitwert der Rechtsmittelinstanz nach der **Beschwer** des Rechtsmittelführers, also nach dem Betrag, mit dem der Rechtsmittelkläger durch das angefochtene Urteil beschwert ist (S. 2).[30] Das stellt Abs. 2 nur klar.[31] Beschwert ist er soweit, als er im vorangegangenen Verfahren unterlegen ist. Gemeint ist hier aber nicht die materielle, sondern die formelle Beschwer, also der Betrag, zu dessen Zahlung der Rechtsmittelführer verurteilt wurde.[32] Hat z.B. der Beklagte im ersten Rechtszug einen Teilbetrag anerkannt und bezahlt und ergeht daraufhin ein Teilanerkenntnis- und Schlussurteil über die gesamte Klageforderung, ist der Gebührenstreitwert einer vom Beklagten eingelegten und vor der Begründung wieder zurückgenommenen Berufung nur nach dem Betrag des Schlussurteils zu bemessen.[33] Der Wert der mitentschiedenen Hilfsaufrechnung bleibt unberücksichtigt.[34] Sie wirkt sich streitwertmäßig nur aus, wenn auch die Rechtsmittelinstanz darüber entscheidet (Abs. 2 Satz 2). Das ergibt sich aus einem Vergleich der Anträge des Rechtsmittelklägers in der Vorinstanz und dem dort erzielten Ergebnis.[35] Betrifft z.B. bei einem Rechtsmittel des verurteilten Beklagten der Streit in der höheren Instanz nur noch die Zug-um-Zug zu erbringende Leistung,

---

25 BGHZ 70, 369.
26 So aber wohl *Schneider* NJW 1978, 790, der dann immer den Wert um 1 DM über die Rechtsmittelsumme annehmen will.
27 Vgl. LG Köln WoM 1989, 661.
28 OLG Köln MDR 1984, 766.
29 OLG Frankfurt aM JurBüro 1991, 107.
30 OLG Stuttgart MDR 2001, 112, 113.
31 So richtig *Schulte* MDR 2000, 807, 807.
32 OLG Stuttgart NJW-RR 2005, 507; OLG Jena OLG-Report 2002, 53.
33 OLG Frankfurt aM MDR 2008, 1244.
34 OLG Stuttgart NJW-RR 2005, 507.
35 OLG Celle MDR 1975, 767.

so ist deren Wert (nach oben durch den Wert des Klageanspruchs begrenzt, Abs. 2 S. 1), maßgebend.[36] Bei einer Stufenklage ist bei Verurteilung zur Auskunft und Zurückverweisung nur der Wert der ersten Stufe maßgebend, auch wenn die Vorinstanz insgesamt abgewiesen hatte.[37] Bei der Feststellung der Beschwer kommt es nicht auf die Begründung des Urteils an, sondern allein auf den aus dem Urteilstenor zu entnehmendem Ergebnis.[38] Das gilt auch, wenn ein beschränkter Rechtsmittelantrag erst nach dem Ablauf der Rechtsmittelbegründungsfrist verspätet gestellt wird, weil auch dann innerhalb der Rechtsmittelbegründungsfrist kein Rechtsmittelantrag eingereicht worden ist.[39] Die Beschränkung des Streitwerts der Rechtsmittelinstanz gilt auch dann, wenn das Rechtsmittel selbst verspätet eingelegt worden ist.[40] Ist der Rechtsmittelführer überhaupt nicht beschwert, z.B. weil er den Prozess im versehentlich angefochtenen Urteil gewonnen hat, so ist der Streitwert der Mindestgebühr (Tabelle zu § 34: bis zu 500 €) der Gebührenberechnung zugrunde zu legen.[41] Wenn eine Klage gegen mehrere Streitgenossen durch mehrere Teilurteile getrennt angewiesen wird, liegt jeder einzelnen Berufung der volle Streitwert zugrunde, auch wenn es sich um Gesamtschuldner handelte.[42] Hat bei der einheitlichen und gesonderten Feststellung der Anteile an einem Gesamtgutvermögen nur einer der Beteiligten Revision eingelegt und Sachanträge gestellt, bemisst sich der streitige Wertunterschied danach, was dieser Beteiligte mit der Revision für sich selbst anstrebt. Die Wirkung seiner Anträge auf die Anteile der anderen Beteiligten bleibt außer Betracht, auch wenn sie zu dem Verfahren beigeladen waren.[43]

8 Für **Beschwerdeverfahren** ist § 47 uneingeschränkt anwendbar.[44] Wird ein Rechtsmittel zunächst als Berufung eingelegt und später jedoch vorsorglich als sofortige Beschwerde bezeichnet, entstehen für das gesamte Verfahren nur die Gebühren des Beschwerdeverfahrens, wenn das Gericht das Rechtsmittel als sofortige Beschwerde behandelt.[45]

9 **Abs. 2:** Der Streitwert des Berufungs- und Revisions-/Rechtsbeschwerdeverfahrens ist grundsätzlich durch den Wert des Streitgegenstandes der ersten Instanz begrenzt, Abs. 2 S. 1.[46] Die gegenteilige Ansicht,[47] die in solchen Fällen analog § 47 Abs. 2 Satz 2 die Bestimmung des § 48 Abs. 3 Satz 3 nicht anwenden will, überzeugt nicht, insbesondere ist nicht erkennbar, dass sonst ein unzulässiger Eingriff in die anwaltliche Berufsausübung vorliege. Der Anwalt ist nicht gehindert, im Verhältnis zum Mandanten in solchen Fällen eine Gebührenvereinbarung zu treffen. Ausnahmen gelten nur für den Fall einer Klageerweiterung (Abs. 2 S. 2). Das wird besonders dann bedeutend, wenn das Rechtsmittelgericht ohne einen auch nur stillschweigend gestellten Antrag der Parteien in seiner Entscheidung über die Anträge der Parteien hinausgeht (vgl. § 308 ZPO, § 88 VwGO, § 96 Abs. 1 S. 2 FGO).[48] Die Begrenzung ist aber nicht bindend, wenn der Wert von einem Instanzgericht zu niedrig festgesetzt worden ist.[49] Wird aber gegen ein Berufungsurteil,

36 BGH NJW 1973, 654 = JurBüro 1973, 416; OLG Nürnberg MDR 1969, 1020.
37 BGH NJW 2002, 3477 = MDR 2002, 1390.
38 BFH BStBl. II, 1976, 713; OLG Jena MDR 2002, 480.
39 LG Köln WoM 1989, 661; OLG Bamberg JurBüro 1976, 483.
40 OLG Bamberg JurBüro 1978, 890 m. Anm. v. *Mümmler.*
41 OLG München, v. 10.1.1958 – 7 U 1069/58 –.
42 OLG Celle JurBüro 1959, 175; OLG Düsseldorf RPfleger 1961, 404 m. Anm. v. *Lappe.*
43 BFH BStBl. II, 1969, 626.
44 BGBl. I, 1998, 1430 ff.; vgl. dazu *Madert* NJW 1998, 580.
45 OLG Hamm JurBüro 1992, 891.
46 Vgl. auch BVerwG RPfleger 1989, 129.
47 OLG München JurBüro 2006, 143.
48 Vgl. OLG Stuttgart WRP 1973, 608; *Schneider* JurBüro 1977, 615.
49 BAG JurBüro 2016, 20 = NZS 205, 1471 = NZA-RR 2015,6 = BB 2015, 2675 = DB 2015, 2824 = JurionRS 2015, 27268.

das über die Anträge der Parteien hinaus entschieden hat, unbeschränkt Revision eingelegt, ist der Streitwert der Revisionsinstanz der Wert des gesamten Berufungsurteils.[50] Die Vorschrift betrifft auch die Fälle, in denen der Beklagte wegen einer angeblichen Gegenforderung ein Zurückbehaltungsrecht im Rechtsmittelverfahren verfolgt. Hier richtet sich der Streitwert nach dem durch den Wert des Streitgegenstandes erster Instanz begrenzten Wertes der Gegenforderung. Kein Fall des Abs. 2 liegt aber vor, wenn sich der Wert des **unverändert gebliebenen Streitgegenstandes** im Laufe des Verfahrens erhöht (z.B. infolge der Schwankungen von Wechsel- bzw. Börsenkursen[51] oder einer Wertsteigerung der herauszugebenden Sache). In solchen Fällen ist § 40 anwendbar (vgl. § 40 Rn. 3).

Eine **Klageerweiterung** führt nach Abs. 2 S. 2 zu einer Erweiterung des Streitgegenstandes, gleichgültig, ob sie zulässig ist oder nicht. Der durch eine unzulässige Klageerweiterung erreichte Streitwert gilt aber nur für die Gebührenberechnung.[52] Kein Fall einer Klageerweiterung i.d.S. liegt aber vor, wenn sich der Wert des **unverändert gebliebenen Streitgegenstandes** während des Rechtsmittelverfahrens ändert (erhöht oder ermäßigt), etwa durch Kurschwankungen von Wertpapieren. In solchen Fällen ist nach Abs. 1 S. 1 stets der Wert zum Zeitpunkt der Rechtsmitteleinlegung maßgebend.[53] Für Gegenforderungen (Aufrechnung etc.) ist § 45 Abs. 3 gegenüber § 47 lex specialis mit der Folge, dass deren Wert für die Rechtsmittelinstanz nur dann zu berücksichtigen ist, wenn das Rechtsmittelgericht darüber eine der Rechtskraft fähige Entscheidung trifft.[54] (Vgl. oben § 45 Rn. 38.) 10

Ist ein **Rechtsmittel mangels Beschwer unzulässig** und sind auch keine Rechtsmittelanträge i.S.v. Abs. 1 S. 2 gestellt, so ist der Streitwert nach § 48 GKG, § 3 ZPO, § 52 GKG zu schätzen, wobei gemäß Abs. 1 S. 1 der Streitwert der 1. Instanz das Höchstmaß ist. 11

Abs. 3 stellt klar, dass der Wert für das **Rechtsmittelzulassungs**verfahren und für die Beschwerde gegen die Nichtzulassung dem im Abs. 1 geregelten Wert des Rechtsmittels entspricht.[55] Es sind mithin die im Zulassungsantrag angekündigten Werte oder – falls solche nicht angekündigt sind – die Beschwer des Rechtsmittelführers maßgebend.[56] 12

UNTERABSCHNITT 2
Besondere Wertvorschriften

§ 48
Bürgerliche Rechtsstreitigkeiten

(1) In bürgerlichen Rechtsstreitigkeiten richten sich die Gebühren nach den für die Zuständigkeit des Prozessgerichts oder die Zulässigkeit des Rechtsmittels geltenden Vorschriften über den Wert des Streitgegenstandes, soweit nichts anderes bestimmt ist. In Rechtsstreitigkeiten aufgrund des Unterlassungsklagengesetzes darf der Streitwert 250.000 Euro nicht übersteigen.

---

50 BAG NJW 1968, 271.
51 BGH NJW 1982, 341; BGH NJW-RR 1998, 1452.
52 BFH BStBl. II, 1979, 27 = AnwBl. 1979, 113 = BB 1978, 1710 (L); BFH BStBl. II 1970, 493 = JurBüro 1970, 751.
53 BGH JurBüro 1999, 195.
54 KG JurBüro 2010, 85.
55 Dazu BGH NZG 2009, 1438 = BeckRS 2009, 87523.
56 Vgl. *Madert* NJW 1998, 581; *Otto* JurBüro.

(2) In nichtvermögensrechtlichen Streitigkeiten ist der Streitwert unter Berücksichtigung aller Umstände des Einzelfalls, insbesondere des Umfangs und der Bedeutung der Sache und der Vermögens- und Einkommensverhältnisse der Parteien, nach Ermessen zu bestimmen. Der Wert darf nicht über 1.000.000 Euro angenommen werden.

(3) Ist mit einem nichtvermögensrechtlichen Anspruch ein aus ihm hergeleiteter vermögensrechtlicher Anspruch verbunden, so ist nur ein Anspruch, und zwar der höhere, maßgebend.

Übersicht

Allgemeines — 1–3
Arbeitsgerichtssachen — 4
Verhältnis des § 48 zu § 52 — 5
Vermögensrechtliche und nichtvermögensrechtliche Streitigkeiten — 6–10
Vermögensrechtliche Streitigkeiten — 7, 8
Nichtvermögensrechtliche Streitigkeiten — 9, 10
Zwischenstreite — 11
Abs. 2: Streitwertbemessung bei nichtvermögensrechtlichen Streitigkeiten — 12–19
Allgemein — 12, 13
Umfang der Sache — 14, 15
Bedeutung der Sache — 16
Vermögens- und Einkommensverhältnisse — 17–19
Verbindung vermögensrechtlicher mit nichtvermögensrechtlichen Sachen (Abs. 3) — 20–22

1 **Allgemeines:** § 48 regelt die Wertberechnung in **bürgerlichen Rechtsstreitigkeiten** (das sind die nach der ZPO vor die ordentlichen Gerichte gebrachten Verfahren). Durch Art. 47 Abs. 1 Nr. 9 FGG-RG gilt ab dem 1.9.2009 für Familien- und Lebenspartnerschaftssachen das FamGKG. Für die Gebühren in **Arbeitsgerichtsverfahren** ist die Bestimmung ebenfalls nach Maßgabe des § 42 Abs. 2 sowie der Vorbem. vor KV Teil 8 anwendbar. Da die Vorschrift zwingend ist und ein Gegenstand entweder nur vermögensrechtlich oder nur nichtvermögensrechtlich sein kann, ist eine sinngemäße Anwendung des Abs. 1 auf nichtvermögensrechtliche Streitigkeiten und des Abs. 2 auf vermögensrechtliche Streitigkeiten ausgeschlossen.

2 **Anwendung der §§ 3–9 ZPO:** Die §§ 3–9 ZPO, § 182 InsO dienen primär der Bestimmung des Wertes des Streitgegenstandes für die sachliche Zuständigkeit des Gerichts, § 2 ZPO. Sie sind aber auch für die Berechnung der Gerichtskosten maßgebend, soweit nicht die folgenden Vorschriften etwas anderes bestimmen. Diese gehen dann für die Kostenberechnung nach dem GKG als leges speciales vor.[1] Eine nach den Vorschriften der ZPO für die Zuständigkeit des Gerichts oder die Zulässigkeit eines Rechtsmittels erfolgte Wertfestsetzung ist nach § 62 auch für die Gerichtsgebühren in jedem Fall verbindlich. Eine Ausnahme bilden jedoch die in §§ 40ff. ausdrücklich genannten Fälle. Bei nichtvermögensrechtlichen Streitigkeiten (z.B. bei der Bewertung immaterieller Schäden) kann aber eine höhere Bestimmung erfolgen.[2] Bei jedem Antrag hat der Antragsteller den Wert des Streitgegenstandes oder seine Wertvorstellungen anzugeben, sofern er nicht in einer bestimmten Geldsumme besteht oder sich aus früheren Anträgen ergibt. Die Partei ist an diese Angaben nicht gebunden, § 61.[3] (Vgl. auch § 62, Rn. 3ff.)

3 Die verfahrensrechtlichen Wertvorschriften sind aber auch dann anwendbar, wenn die Zuständigkeit des Gerichts nicht von der Höhe des Streitwertes abhängig ist. Das kann z.B. bei den in § 23 Nr. 2 GVG genannten Streitigkeiten der Fall sein, für die nach § 23a Nr. 5 GVG grundsätzlich die Amtsgerichte berufen sind.

1 BGH Beschl. v. 30.4.2008 – III ZR 202/07 = BeckRS 2008, 09113.
2 OLG Frankfurt aM JurBüro 1964, 206 = MDR 1964, 246.
3 OLG Köln AnwBl. 1962, 129.

§ 48 gilt auch in **Arbeitsgerichtssachen**, soweit nicht § 42 Abs. 3 als lex specialis vorgeht. Lediglich der Höhe nach sieht KV Teil 8 Abschläge vor. Auch in nichtvermögensrechtlichen Streitigkeiten arbeitsrechtlicher Art (z.B. bei gewissen Klagen nach § 8 TzBfG oder bei sog. „Mobbing", dazu § 42 Anh. II Rn 10) ist § 48 Abs. 2 anwendbar. 4

Während es sich bei § 48 um eine Sondervorschrift für bürgerliche Rechtsstreitigkeiten handelt, enthält § 52 die entsprechenden Vorschriften für die Verwaltungs-, Finanz- und Sozialgerichtsbarkeit. Eine entsprechende Anwendung des § 52 auf Fälle des § 48 oder umgekehrt ist sonach ausgeschlossen. 5

§ 48 unterscheidet grundsätzlich zwischen vermögensrechtlichen Streitigkeiten (Abs. 1) und nichtvermögensrechtlichen Streitigkeiten (Abs. 2). 6

Vermögensrechtlich sind alle Ansprüche, denen ein unmittelbarer wirtschaftlicher Wert zukommt[4] oder die im Wesentlichen der Wahrung wirtschaftlicher Belange dienen sollen,[5] also Ansprüche auf eine geldwerte Leistung.[6] Dabei ist es gleichgültig, welcher Art das Rechtsverhältnis ist, auf dem sie beruhen.[7] Ist ein Anspruch aus einem Rechtsverhältnis abgeleitet, das einen Vermögenswert hat, ist der Anspruch auch regelmäßig vermögensrechtlich.[8] Entspringt der Anspruch einem Rechtsverhältnis, dem kein wirtschaftlicher Wert zukommt und das deshalb nicht vermögensrechtlich ist, so kann ein darauf beruhender Anspruch vermögensrechtlicher oder nichtvermögensrechtlicher Art sein, je nachdem, ob ihm Geldwert zukommt oder nicht. So kann eine Klage über die Rechtmäßigkeit eines Ausschlusses aus einer Gesellschaft oder einem Idealverein einen vermögensrechtlichen Anspruch betreffen, wenn der Kläger damit vermögensrechtliche Interessen verfolgt[9] oder wenn solche damit zwangsläufig verbunden sind.[10] Er ist aber nichtvermögensrechtlich, wenn es ihm ausschließlich oder überwiegend um die Ehre geht.[11] Auf die Einwendungen des Beklagten kommt es bei der Beurteilung, ob eine vermögens- oder nichtvermögensrechtliche Streitigkeit vorliegt, nicht an. Es ist allein der Vortrag des Klägers maßgeblich.[12] Ein vermögensrechtlicher Anspruch wird nicht dadurch zu einem nichtvermögensrechtlichen, dass der Beklagte nichtvermögensrechtliche Einwendungen erhebt[13] oder umgekehrt. Eine nichtvermögensrechtliche Sache kann aber dann zu einer vermögensrechtlichen werden, wenn der Kostenstreit zur Hauptsache geworden ist.[14] Unerheblich für die Beurteilung, ob der Rechtsstreit vermögens- oder nichtvermögensrechtlich ist, ist auch, ob es sich um eine Leistungs- oder um eine Feststellungsklage handelt.[15] 7

Vermögensrechtlich i.d.S. sind auch aus dem Urheberrecht erwachsende **Unterlassungsansprüche**, wenn sie – neben der Wahrung ideeller Belange – auch dem Schutz der vermögensrechtlichen Interessen des Urhebers an der ihm durch das Urheberrecht vorbehaltenen wirtschaftlichen Auswertung seines Werkes dienen sollen.[16] Auch wenn es dem Kläger ausschließlich um die Verteidigung seiner Ehre geht, kann der Anspruch 8

---

4 BGHZ 14, 72, 74; BGHZ 83, 109; *Thomas/Putzo* Einl. IV Rn. 1–2; Zöller/*Vollkommer* § 1 Rn. 13.
5 BGHZ 89, 200.
6 LAG Bremen AnwBl. 1984, 165.
7 LAG Düsseldorf, JurBüro 2017, 199, 200; *Hartmann* § 48 Rn. 4 ff.; *Lappe* § 12 Rn. 8; Thomas/Putzo/*Reichold* Einl. IV Rn. 1.
8 RGZ 88, 332; *Hartmann* § 48 Rn. 5.
9 BGHZ 13, 5.
10 OLG Frankfurt aM JurBüro 2003, 644.
11 Thomas/Putzo/*Reichold* Einl. IV Rn. 4; Zöller/*Vollkommer* § 1 Rn. 15 m.w.N.
12 BGH JZ 1982, 512.
13 RGZ 61, 89.
14 OLG Schleswig SchlHA 1974, 113.
15 Zur Abgrenzung vgl. auch *Schumann* BB 1983, 506; *Schack* MDR 1984, 456.
16 BGH GRUR 1958, 101 (L).

ausnahmsweise vermögensrechtlich sein.[17] Vermögensrechtlich sind ferner Ansprüche auf Zeugniserteilung nach § 73 HGB; auf Unterlassung einer Boykotthetze;[18] der Anspruch auf Mitgliedschaft bei einem auf einen wirtschaftlichen Zweck gerichteten Verein oder einer eingetragenen Genossenschaft;[19] die Klage des Mitglieds eines Idealvereins gegen den Ausschluss, wenn dessen Mitgliedschaft auch wirtschaftliche Auswirkungen hat (Zuchthundeverkauf),[20] eine Klage aufgrund kreditschädigender und zugleich ehrverletzender Behauptungen;[21] Klagen auf Verletzung des Namensrechts, wenn damit auch wirtschaftliche Zwecke verfolgt werden;[22] der Auskunftsanspruch nach §§ 1605, 1361 Abs. 4 S. 4 BGB;[23] der Anspruch auf eine Hausbesichtigung nach §§ 2038, 745 BGB;[24] eine mit einer Kündigungsdrohung verbundene Abmahnung[25] oder auf Entfernung einer Abmahnung aus der Personalakte.[26]

9 **Nichtvermögensrechtliche Streitigkeiten** betreffen alle Ansprüche, die nicht auf Geld oder geldwerte Leistungen gehen, nicht in Ansprüche auf Geld umwandelbar sind und ihren Ursprung in Verhältnissen haben, denen kein Vermögenswert zukommt,[27] z.B.: ein Persönlichkeitsrecht, ein Widerrufs- oder Unterlassungsanspruch,[28] eine Verletzung des Namensrechts, ein Anspruch auf presserechtliche Gegendarstellung o.ä.[29]

10 **Beispiele** für Streitigkeiten **nichtvermögensrechtlicher** Art:[30] Nichtvermögensrechtlich sind vor allem die Streitigkeiten um ideelle Werte wie z.B. Name, Ehre und sonstige Persönlichkeitsrechte (Recht am eigenen Bild, Tagebuch, Anspruch auf Abdruck einer Gegendarstellung[31] Ansprüche auf Unterlassung von störenden Anrufen[32] Mitgliedschaften in sog. idealen Vereinen (§ 21 BGB)[33] oder politischen Parteien[34] (sofern damit nicht ausschließlich oder überwiegend wirtschaftliche Zwecke verfolgt werden).[35] Bei der Klage auf Unterlassung ehrverletzender Handlungen liegt ein nichtvermögensrechtlicher Gegenstand vor, wenn die Klage auf die §§ 823 Abs. 2 BGB i.V.m. §§ 185, 186 StGB gestützt[36] oder die Unterlassung ehrverletzender Behauptungen im Wahlkampf begehrt wird[37] oder wenn einem Rechtsanwalt Unterschlagung von Mandantengeldern vorgeworfen wird,[38] ein vermögensrechtlicher Gegenstand aber dann, wenn die Unterlassung wegen Schädigung des Kredits (§ 824 BGB) begehrt wird.[39] Auch wenn ein Pri-

17 BGH GRUR 1981, 297.
18 RGZ 61, 89.
19 RGZ 89, 336.
20 OLG Frankfurt aM JurBüro 2003, 644.
21 OLG Köln MDR 1963, 510.
22 BayObLG RPfleger 1970, 446; *Hartmann* § 48 Rn. 7; *Schmidt* JurBüro 1963, 267.
23 BGH NJW 1982, 1651.
24 BGH NJW 1982, 1765.
25 BAG MDR 1982, 694.
26 LAG Hamm MDR 1984, 877.
27 RGZ 144, 149; *Schneider/Herget* „Nichtvermögensrechtliche Streitigkeit" Rn. 3385.
28 OLG Schleswig JurBüro 2002, 316.
29 Vgl. *Hartmann* § 48 Rn. 9 ff.; *Lappe* § 12 Rn. 8; *Thomas/Putzo* Einl. IV Rn. 34 m.w.N.
30 Dazu auch bei *Schneider/Herget* „Nichtvermögensrechtliche Streitigkeiten" Rn. 3391 ff.
31 BGH NJW 1963, 151 = MDR 1963, 42.
32 NGH NJW 1985, 979.
33 OLG Frankfurt aM RPfleger 1966, 25; KG JurBüro 1969, 1193 = RPfleger 1969, 442.
34 KG JurBüro 1970, 309 m. Anm. v. *Schneider.*
35 OLG Celle NJW 1964, 359 = MDR 1964, 65.
36 BGH NJW 1985, 979; BGH VersR 1991, 202.
37 OLG Köln VersR 1974, 151 (L), OLG Bamberg JurBüro 1973, 459 m. Anm. v. *Mümmler.*
38 OLG Schleswig JurBüro 2002, 316.
39 BGH MDR 1969, 747; OLG München JurBüro 1972, 534, OLG Frankfurt aM JurBüro 1969, 538 und JurBüro 1974, 1114; vgl. auch bei *Hartmann* § 48 Rn. 11.

vatklageverfahren im Zivilrechtsstreit mit verglichen wird, ist hierfür ein nichtvermögensrechtlicher Wert anzusetzen.[40] Weiter können in Betracht kommen: Die Umbettung einer Leiche[41] oder die Beisetzung in einer bestimmten Grabstätte,[42] die Patientenverfügung,[43] der Anspruch auf Einsicht in die Personalakten,[44] Verfassungsbeschwerden wegen Verletzung von Grundrechten,[45] im Arbeitsrecht bei vielen Klagen des Betriebsrates wegen seiner Rechte,[46] oder Klagen nach § 8 TzBfG, wenn es dem Kläger bei der Reduzierung der Arbeitszeit in erster Linie um den damit verbundenen Freizeitgewinn geht.[47]

Ein **Zwischenstreit** richtet sich grundsätzlich nach der Art des **Hauptsacheverfahrens.** Wenn das Hauptsacheverfahren vermögensrechtlich ist, dann ist auch der Zwischenstreit vermögensrechtlich und umgekehrt. Das gilt auch für das **Richter- und Sachverständigenablehnungsverfahren.**[48] **Beim Zwischenstreit um ein Zeugnisverweigerungsrecht** kommt es darauf an, ob für die Aussageverweigerung vermögensrechtliche oder nichtvermögensrechtliche Gründe maßgeblich sind.[49] Der Streitwert bemisst sich dabei nach dem Interesse dessen, der das Zwischenfeststellungsverfahren betreibt. 11

Streitwert in nichtvermögensrechtlichen Angelegenheiten: Der **Mindeststreitwert** beträgt 500 € (§ 34 Abs. 1 S. 1). Der **Höchststreitwert** beträgt 1 Million € (Abs. 2 S. 2). 12

Sofern nicht Festwerte gelten, ist der Wert für sämtliche nichtvermögensrechtliche Streitigkeiten bei Beachtung der Höchst- und Mindestgrenzen unter **Berücksichtigung aller Umstände des Einzelfalles nach Ermessen** zu bestimmen (Abs. 2 S. 2). Es müssen somit alle Umstände des Einzelfalles berücksichtigt werden.[50] Welches Gewicht ihnen im Einzelfall zukommt, ist nach pflichtgemäßem Ermessen zu entscheiden. Die im Abs. 2 S. 2 genannten Umstände sind aber nur Regelbeispiele („insbesondere“). Entscheidend ist das Ergebnis der Gesamtwürdigung aller Umstände, die sowohl streitwertermäßigend als auch streitwerterhöhend wirken können, soweit sie einen sachgemäßen Bezug zur Gebührenerhebung haben.[51] Die Bewilligung von Prozesskostenhilfe lässt lediglich Rückschlüsse auf die Einkommens- und Vermögensverhältnisse der Parteien,[52] nicht aber auf die sonstigen für den Streitwert maßgeblichen Bemessungskriterien zu.[53] Im Einzelnen: 13

Umfang der Sache: Der Umfang einer Sache kann nur dann berücksichtigt werden, wenn er aus dem Rahmen dessen fällt, was in vergleichbaren Sachen üblich ist.[54] Daher ist nur der größere oder geringere Umfang einer Sache zu berücksichtigen, gemessen an 14

40 OLG Köln JurBüro 1994, 743.
41 RGZ 108, 219.
42 RG HRR 1931, 138; RG, JR 1926, Nr. 792.
43 LG Arnsberg, Beschl. v. 23.3.2005 – 2 T 32/04 (zu § 30 KostO).
44 OLG Köln JurBüro 1980, 578.
45 BVerfG JurBüro 154, 411.
46 Vgl. bei *Schneider/Herget* „Nichtvermögensrechtliche Streitigkeit“ Rn. 3404.
47 LAG München JurBüro 2004, 85; LAG Berlin MDR 2004, 967; **a.M.** aber LAG Nürnberg RVG-Letter 2004, 11.
48 **A.M.** z.B.: OLG Köln RPfleger 1987, 166; OLG Koblenz JurBüro 1991, 1509.
49 Streitig, vgl. einerseits z.B. LG Köln RPfleger 1973, 321 = VersR 1973, 832 (L] (immer nichtvermögensrechtlich) und KG JurBüro 1968, 739 = NJW 1968, 1397 (immer vermögensrechtlich).
50 Vgl. OLG Düsseldorf JurBüro 1995, 252.
51 BVerfGE 80, 107; OLG München JurBüro 1998, 350.
52 OLG Stuttgart FamRZ 2000, 1518; **a.M.** OLG München FamRZ 2003, 683.
53 OLG Saarbrücken JurBüro 1982, 421 m. Anm. von *Mümmler;* KG NJW 1976, 899 = JurBüro 1976, 340; LG Duisburg AnwBl. 1977, 402.
54 OLG Koblenz JurBüro 1979, 1675; OLG Düsseldorf JR 1962, 263; OLG Schleswig JurBüro 1960, 124.

dem Leitbild der ZPO für eine nichtvermögensrechtliche Streitigkeit der in Betracht kommenden Verfahrensart[55] und dem erfahrungsgemäßen Umfang eines solchen Verfahrens, und zwar so, wie er sich aus der Sicht des Gerichts darstellt.[56] Darauf, welche Arbeit der Anwalt oder die Partei für die vorgerichtliche oder außergerichtliche Betreuung der Sache aufzuwenden hat, kommt es grundsätzlich nicht an.[57] In Betracht zu ziehen sein können etwa der Umfang der Akten, die Aufbereitung des Stoffes durch die Parteien, die Dauer des Rechtsstreits, die Häufigkeit und der Umfang der Beweisaufnahmen,[58] die Kürze oder die Länge der Ausführungen einer Partei,[59] der Umfang der zu prüfenden Beiakten,[60] eine rechtliche Schwierigkeit,[61] die Einbeziehung ausländischen Rechts.[62] Dabei kommt es allein auf den tatsächlichen Umfang an, den das Gericht vom Beginn bis zum Ende einer Gebühreninstanz abarbeiten musste. Endet das Verfahren, bevor es einen größeren Umfang angenommen hatte, so wirkt das streitwertmindernd, auch wenn ein solches Verfahren i.d.R. einen größeren Umfang hat.[63] Die Streitwertminderung hängt von den Umständen des einzelnen Falles ab. Von einer Festlegung bestimmter Quoten[64] ist abzuraten. Bei einer vorzeitigen Beendigung des Rechtsstreits (z.B.: Klagerücknahme) ist der tatsächlich entstandene Umfang zu bewerten und nicht der, den die Sache angenommen hätte, wenn der Rechtsstreit nicht vorzeitig beendet worden wäre. Denn das Gesetz stellt nun einmal auf den tatsächlichen Umfang ab und nicht auf einen potentiellen. Jeder einzelne Gesichtspunkt kann sowohl streitwerterhöhend als auch -mindernd wirken und ist für sich zu bewerten. So kann ein erheblicher Umfang auch dann streitwerterhöhend wirken, wenn die übrigen Umstände des einzelnen Falles auf die Streitwertbemessung keinen Einfluss haben.[65] Ein – auch noch so erheblicher – Umfang hat aber dann außer Betracht zu bleiben, wenn er durch unrichtige Sachbehandlung seitens des Gerichts verursacht worden ist.[66]

15 Der Umfang einer Sache wird häufig erst nach Beendigung des Gebührenrechtszuges zu beurteilen sein, so dass eine **Änderung der Streitwertfestsetzung** (§ 63) erforderlich werden kann. Der unterschiedliche Umfang der Sache kann auch dazu führen, dass in derselben Sache in den einzelnen Instanzen verschiedene Werte anzunehmen sind.[67]

16 Die **Bedeutung der Sache** ist danach zu beurteilen, welcher Wert ihr für die Parteien zukommt, wie etwa die mit der Entscheidung verbundenen wirtschaftlichen Folgen.[68] So ist etwa der Gegenstandswert einer Klage eines Betriebsrats auf Unterlassung der Schließung eines Betriebes vor Durchführung eines Interessenausgleichs hauptsächlich

---

55 OLG Koblenz JurBüro 1999, 475; OLG Bamberg JurBüro 1976, 217 m. Anm. v. *Mümmler*.
56 1590; OLG Celle JurBüro 1976, 797; OLG Düsseldorf AnwBl. 1986, 250; OLG Köln JurBüro 1976, 1540; *Hartmann* § 48 Rn. 23.
57 OLG Zweibrücken JurBüro 1979, 1864; OLG Köln JurBüro 1974, 1538; OLG Bamberg JurBüro 1976, 217; *Hartmann* § 48 Rn. 24.
58 Vgl. dazu *Schneider* JurBüro 1975, 1558.
59 *Hartmann* § 48 Rn. 25.
60 *Hartmann* § 48 Rn. 25.
61 OLG Koblenz JurBüro 1975, 1620; OLG Nürnberg JurBüro 1975, 1620.
62 BayObLG NJW-RR 1999, 1375; OLG Koblenz JurBüro 1975, 1092.
63 OLG Frankfurt aM JurBüro 1976, 797; JurBüro 1977, 379; AnwBl. 1977, 71 m. Anm. v. *H. Schmidt;* OLG Bamberg JurBüro 1977, 1590.
64 So z.B. OLG Zweibrücken JurBüro 1979, 1333 1978, 1917 (25); OLG Frankfurt aM JurBüro 1978, 1851 ($^1/_3$); OLG München JurBüro 1972, 1091.
65 OLG Nürnberg JurBüro 1963, 171.
66 *Schneider* JurBüro 1975, 1558.
67 OLG Nürnberg RPfleger 1966, 290 (L).
68 OLG Schleswig JurBüro 2002, 316.

nach der Bedeutung der Sache für den um seine Beteiligungsrechte besorgten Betriebsrat zu bemessen.[69] Berücksichtigt werden kann auch der Fall, in dem die Entscheidung den Parteien eine Grundlage für eine außergerichtliche Auseinandersetzung gibt oder wenn sie – bei sog. Musterprozessen – wenigstens für eine Partei Grundlage künftiger Verhaltensweisen abgeben kann. Das Interesse der Öffentlichkeit hingegen ist niemals zu beachten.[70] Bei Unterlassungs- oder Widerrufsklagen kann auch beachtlich sein, welches Gewicht ihnen von den Parteien zugemessen wird. Insbesondere die Stellung der Partei im öffentlichen Leben spielt hier eine Rolle.[71] Welche Bedeutung die Parteien der Angelegenheit beimessen, kann sich aus einer von ihnen vereinbarten Abfindungssumme ergeben. Nehmen die Parteien aus Streitsucht, Hass oder ähnlichen unedlen Motiven wegen objektiv weniger bedeutungsvoller Gegenstände die Gerichte in Anspruch, kann sowohl die Bedeutung, welche die Parteien dem Rechtsstreit beimessen als auch der Umstand, dass das Gericht wertvolle Ressourcen für die Belästigung mit objektiven Bagatellen binden muss, Grund genug sein, die Sache höher zu bewerten.[72]

Vermögens- und Einkommensverhältnisse beider Parteien, nicht nur einer von 17
ihnen, sind zu berücksichtigen.[73] Diesen kommt insbesondere dann ein besonderes Gewicht zu, wenn die übrigen Faktoren nur durchschnittlich oder sogar weniger gewichtig sind.[74] Neben dem Einkommen kann das Vermögen einer Partei aber nur soweit berücksichtigt werden, als es nicht schon beim Einkommen unmittelbar (Erträge) oder mittelbar Berücksichtigung gefunden hat.[75] Das Vermögen ist dabei in seinem Bestand (Substanz) und nicht nach seinem Ertrag zu berücksichtigen, weil Letzterer zu den Einkommensverhältnissen zählt. Im Übrigen ist auszugehen vom gesamten wirtschaftlichen Lebenszuschnitt der Parteien, der ihrer Einkommens- und Vermögenslage entspricht,[76] und zwar bezogen auf den Zeitpunkt des Urteils.[77] Darauf, ob die Parteien über ihre Verhältnisse leben oder ob sie eine bescheidenere Lebensweise an den Tag legen, kommt es nicht an. Das Gesetz verlangt auch nicht eine Zusammenrechnung der Verhältnisse beider Parteien, sondern nur eine Berücksichtigung. Hat eine Partei ein höheres und die andere ein geringeres Einkommen, so muss zur Wertbemessung trotzdem von der Summe beider Vermögen ausgegangen und das so ermittelte Gesamteinkommen bzw. -vermögen als Ausgangspunkt genommen werden. Das kann im Einzelfall dazu führen, dass der minderbemittelten Partei eine beträchtliche Kostenlast entsteht. Hier kann über die Prozesskostenhilfe oder über § 93a ZPO geholfen werden.

Das Gesetz verlangt nicht die Anrechnung des Vermögens als solches, sondern die 18
Berücksichtigung der Vermögensverhältnisse der Parteien, wie sie sich auf der Grundlage ihres Vermögens objektiv ergeben.[78] Dadurch ist der Ermessensspielraum für die Berücksichtigung des Vermögens sehr weit und ermöglicht es, ein geringeres Vermögen außer Betracht zu lassen. So kann und soll sämtliches Vermögen, das den wirtschaftlichen Lebenszuschnitt der Parteien nicht maßgeblich beeinflusst und sie über den durchschnittlichen bürgerlichen Rahmen nicht heraushebt, unberücksichtigt gelassen

69 LAG Mecklenburg-Vorpommern MDR 2001, 337.
70 OLG Köln JurBüro 1980, 577; *Schneider/Herget* „Nichtvermögensrechtliche Streitigkeiten“ Rn. 3415.
71 KG NJW 1969, 1305 = JurBüro 1969, 320 = RPfleger 1969, 135; OLG Celle JurBüro 1970, 860.
72 Dazu auch bei *Schneider/Herget* „Nichtvermögensrechtliche Streitigkeiten“ Rn. 3422.
73 KG RPfleger 1962, 119 (L).
74 OLG Düsseldorf JurBüro 1995, 252, 253.
75 KG JR 1963, 388.
76 OLG Koblenz JurBüro 1979, 1675; OLG Hamm RPfleger 1957, 60.
77 *Hartmann* § 48 Rn. 30 m.w.N.
78 Vgl. dazu etwa OLG Düsseldorf FamRZ 1994, 249.

werden. Üblicher Hausrat, ein PKW der Mittelklasse[79] wie überhaupt kurzlebige Wirtschaftsgüter[80] und Sparguthaben von geringer bis mittlerer Einlagenhöhe sind daher nicht als Vermögen zu rechnen.[81] Man wird den Parteien, ähnlich dem Vermögenssteuerrecht, Mindestbeträge an Vermögen zubilligen müssen, die nicht zu berücksichtigen sind. Solche Beträge müssen den jeweiligen wirtschaftlichen Verhältnissen angepasst sein. Man wird dabei allerdings nicht so weit gehen dürfen, dass man bei der Bemessung der Gerichtsgebühren – auch wenn sie als Sondersteuern gesehen werden – die z.B. für die Erbschaftssteuer geltenden Bewertungsgrundsätze, insbesondere die dort geltenden Freibeträge – mit oder ohne prozentuale Abschläge[82] – schematisch übernimmt oder nur erbschaftssteuerpflichtiges Einkommen heranzieht[83] oder erbschaftssteuerrechtliche Freibeträge grundsätzlich unbeachtet lässt.[84] Entscheidend ist, dass eine wirtschaftliche Gesamtbetrachtung der vermögensrechtlichen Situation i.V.m. den anderen Bewertungsfaktoren eine die Interessen des Justizfiskus und der Parteien billig erscheinende Bewertung ergibt. Bei der Berücksichtigung des Vermögens sind selbstverständlich die auf dem Vermögen ruhenden **Lasten** sowie **erhebliche** tatsächliche **Schulden** (– bei Grundstückslasten z.B. die Valutierung der Pfandrechte –)[85] abzuziehen. Grundbesitz ist mit dem Verkehrswert, nicht mit dem Einheitswert anzusetzen.[86] Lässt sich der Verkehrswert eines selbstgenutzten Hausgrundstücks nicht feststellen, ist die mit dem Bewohnen des Eigenheims verbundene Mietersparnis heranzuziehen; eine Schätzung nach § 64 scheidet aus.[87] Einfamilienhäuser und Eigentumswohnungen sind – soweit es sich nicht um ausgesprochene Luxusobjekte handelt – nicht unbedingt als außergewöhnliche Vermögensgegenstände der Parteien anzusehen.[88] Natürlich ist bei Privatvermögen zu berücksichtigen, dass auch Aufwendungen zur Erhaltung des Vermögens anfallen können, die dann in Abzug zu bringen sind. Insgesamt hängt hier alles von den Umständen des Einzelfalles ab. Auf jeden Fall ist aber die Ansicht abzulehnen, dass das Vermögen oder dessen Erträge schematisch einen bestimmten Prozentsatz des Streitwertes ausmachen müssen.[89] So kann ein Vermögen, das mit einem lebenslangen Nießbrauch belastet ist, als ein solches ohne Ertrag bewertet werden[90] und Ertrag bringendes Vermögen im Einzelfall auch nur beim Einkommen zuzuschlagen sein.[91] Das gilt auch für landwirtschaftliches Grundvermögen. Besitzen beide Parteien kein anrechenbares Aktivvermögen und sind sie andererseits erheblich verschuldet, kann sich auch dieser Umstand streitwertmin-

---

79 *Mümmler* JurBüro 1976, 4.
80 OLG Frankfurt aM JurBüro 1977, 703.
81 KG JurBüro 1965, 297; OLG Düsseldorf JurBüro 1975, 504; OLG Köln JurBüro 1975, 503; OLG Saarbrücken AnwBl. 1972, 321; OLG Bamberg JurBüro 1976, 1231 (Fall überdurchschnittlichen Lebenszuschnitts).
82 Vgl. OLG Bamberg JurBüro 1980, 409; OLG München JurBüro 1979, 1541; OLG Zweibrücken JurBüro 1979, 1864; OLG Koblenz JurBüro 1979, 1675; OLG Düsseldorf JurBüro 1975, 504; OLG Köln MDR 1975, 767; OLG Frankfurt aM JurBüro 1978, 1851.
83 So aber eine weit verbreitete Ansicht der Rspr. vgl. etwa OLG Dresden JurBüro 2003, 474; OLG Braunschweig JurBüro 1980, 239; OLG Frankfurt aM JurBüro 1976, 1093; OLG Köln JurBüro 1975, 503; OLG München JurBüro 1971, 701, 698.
84 OLG Saarbrücken JurBüro 1982, 482. Vgl. auch OLG Nürnberg JurBüro 1977, 376; OLG Bamberg JurBüro 1977, 1423; LG Bayreuth JurBüro 1976, 796; *Oswald* NJW 1976, 2252.
85 OLG Schleswig JurBüro 1976, 1091; OLG München JurBüro 1980, 894.
86 Vgl. OLG München AnwBl. 1985, 203.
87 OLG Dresden JurBüro 2003, 140 = MDR 2003, 535.
88 OLG Bamberg JurBüro 1974, 217; AG Groß Gerau JurBüro 1992, 113 m. Anm. v. *Mümmler;* vgl. auch OLG Köln FamRZ 1987, 183 (Ansatz von 3 Kaltmieten); zw. auch *Hartmann* § 48 Rn. 31.
89 *Hartmann* § 48 Rn. 31; das ist indessen str. vgl. dazu bei *Schneider/Herget* „Ehesachen".
90 OLG Celle JurBüro 1969, 1189 = NdsRPfl. 1970, 18 = MDR 1970, 154 (L).
91 Vgl. KG RPfleger 1962, 118, 119; OLG Nürnberg JurBüro 1961, 453; OLG Celle NdsRPfl. 1962, 113.

dernd auswirken. Die Bewilligung von Prozesskostenhilfe lässt nur Rückschlüsse auf die Vermögens- und Einkommensverhältnisse zu, muss aber nicht notwendigerweise zu einer Streitwertherabsetzung führen.[92]

Die **Einkommensverhältnisse** bilden neben dem Umfang und der Bedeutung der Sache und neben den Vermögensverhältnissen, von denen sie nicht scharf zu trennen sind, einen weiteren, bei der Bestimmung des Streitwertes zu berücksichtigenden Umstand. In welchem Umfang sie zu berücksichtigen sind, bleibt dem Ermessen des Gerichts vorbehalten. Eine absolute Grenze ist nur durch die Mindest- und Höchstwerte nach § 34 Abs. 1 S. 1 und § 48 Abs. 2 S. 2 gezogen. Bei der Beurteilung der erforderlichenfalls von Amts wegen zu ermittelnden Einkommensverhältnisse sind Einkommens- und Umsatzsteuerbescheide wegen der Möglichkeiten steuerbegünstigender Abschreibungen oder Rücklagen nur mit Vorsicht verwertbar.[93] Bei schwankendem Einkommen ist vom Jahreseinkommen auszugehen.[94] Die Angaben der Parteien, deren Glaubhaftmachung durch Vorlage von Lohn- und Gehaltsbescheinigungen verfügt werden kann, können auch aufgrund der allgemeinen Lebenserfahrung über das Einkommen bestimmter Berufsgruppen und des Lebenszuschnitts der Parteien auf ihren Wahrheitsgehalt überprüft und bewertet werden, was aber wiederum nicht so weit zu gehen braucht, dass das Gericht eine „Ersatz-Steuerveranlagung" vornimmt.[95] Bei der Ermittlung des Einkommens kommen folgende Posten in Betracht: Einnahmen aus selbständiger und unselbständiger Arbeit; Lohn oder Gehalt; Urlaubs- und Weihnachtsgeld sowie andere Gratifikationen; ein zusätzliches 13. (oder weiteres) Gehalt; Renten; Mietvergünstigungen durch Dienst- oder Werkswohnungen und andere Sachbezüge; Kindergeld; Unterhaltsgeld nach § 153 SGB III;[96] Krankengeld; Blindenbeihilfe;[97] Ausbildungsbeihilfen;[98] Sozialhilfeleistungen;[99] Arbeitslosenhilfe;[100] Arbeitslosengeld II oder Leistungen nach Hartz IV;[101] Elterngeld; BAföG-Leistungen, soweit sie nicht darlehensweise erfolgen.[102] Dazu rechnen auch Einkünfte aus Miet- oder Pachteinnahmen, aus Kapitalvermögen und einmaligen tariflichen Sockelbeträgen oder Abfindungszahlungen. Entnahmen aus einem Gewerbetrieb sind auch dann als Einkommen zu bewerten, wenn der Betrieb aus steuerlichen Gesichtspunkten mit Verlust arbeitet.[103] 19

Abs. 3 (Verbindung vermögensrechtlicher und nichtvermögensrechtlicher Ansprüche): An sich sind vermögensrechtliche und nichtvermögensrechtliche Ansprüche zusammenzuzählen, § 5 ZPO.[104] Abs. 3 statuiert für den Fall eine Ausnahme, dass ein vermögensrechtlicher aus einem nichtvermögensrechtlichen Anspruch hergeleitet wird **und** beide Verfahren miteinander verbunden sind (sog. wirtschaftliche Identität der Gegenstände). Abs. 3 ist aber nicht anzuwenden, wenn nur mehrere nichtvermögensrechtliche Ansprüche geltend gemacht werden, auch wenn sie voneinander abhängen 20

92 OLG Saarbrücken JurBüro 1980, 893 m. Anm. v. *Mümmler;* **a.M.** OLG Hamm JurBüro 1979, 1675, vgl. auch OLG Hamm JurBüro 1980, 237.
93 Dazu *Mümmler* JurBüro 1978, 12.
94 OLG Nürnberg RPfleger 1956, 269 (L); OLG Frankfurt aM RPfleger 1955, 209 (L).
95 OLG Bamberg JurBüro 1977, 1426.
96 OLG Karlsruhe NJWE-FER 1999, 306.
97 OLG Saarbrücken JurBüro 1991, 983.
98 Vgl. dazu *Mümmler* JurBüro 1978, 1,11.
99 **A.M.** OLG Nürnberg FamRZ 1997, 35; OLG München JurBüro 1979, 1539; OLG Bremen JurBüro 1992, 113; AG Pankow JurBüro 2000, 311.
100 OLG Düsseldorf FamRZ 1994, 250; **a.M.** OLG Celle FamRZ 2000, 1520; OLG Bremen JurBüro 1992, 113.
101 OLG Hamm FamRZ 2006, 632; **A.M.** OLG Celle NJW-RR 2007,1152.
102 OLG München JurBüro 1980, 892.
103 KG NJW 1970, 1930 (L) = MDR 1970, 854 (L) = JurBüro 1970, 680; OLG Koblenz JurBüro 1979, 1675.
104 OLG Hamm JurBüro 1951, 21; vgl. auch LAG Rheinland-Pfalz MDR 2007, 1046.

(z.B.: Unterlassung und Widerruf). In solchen Fällen erfolgt immer eine Zusammenrechnung.[105] Ein Anspruch auf Schmerzensgeld ist hingegen niemals aus dem Anspruch auf Unterlassung und Widerruf herzuleiten, so dass Abs. 3 in solchen Fällen nicht gilt.[106]

21 Im Falle des Abs. 3 ist nur ein Anspruch, und zwar der höhere, für den Streitwert maßgebend. Der Anspruch muss sich objektiv aus dem anderen herleiten. Auf die Darlegung der Parteien kommt es dabei nicht an. Die Vorschrift des Abs. 3 ist auch anwendbar, wenn die Verbindung des vermögensrechtlichen Anspruchs mit dem nichtvermögensrechtlichen Anspruch in einem Verfahren unzulässig ist.

22 Welcher von den Ansprüchen den höheren Wert hat, ist dadurch zu ermitteln, dass die Werte der einzelnen Ansprüche bestimmt und miteinander verglichen werden. Da der nichtvermögensrechtliche Streitwert mindestens 300 € (§ 34 Abs. 1) beträgt, ist dieser immer maßgebend, wenn der vermögensrechtliche Streitwert darunter liegt.

Anhang nach § 48

Streit-/Verfahrenswertzusammenstellungen für Rechtsstreitigkeiten i.S.v. §§ 42 Abs. 3; 48 GKG (Bürgerliche Rechtsstreitigkeiten einschließlich Arbeitsgerichtliche Streitigkeiten und der Familienverfahren)

Übersicht

Allgemeines — 1, 2
§ 3 ZPO: Wertfestsetzung nach Ermessen — 3–34
- Allgemein — 3–8
- Einzelfälle — 9–34
§ 4 ZPO: Wertfestsetzung, Nebenforderungen — 35–45
§ 5 ZPO: Mehrere Ansprüche — 46–57
§ 6 ZPO: Besitz, Sicherstellung Pfandrechte — 58–76
§ 7 ZPO: Grunddienstbarkeit — 77–83
§ 8 ZPO: Pacht- und Mietverträge — 84, 85
§ 9 ZPO: Wiederkehrende Nutzungen oder Leistungen — 86–97
Insolvenzrecht — 98–105
- § 182 InsO — 100–105
Anfechtungs- und Nichtigkeitsklagen nach dem Aktiengesetz — 106–110
Patentgesetz — 111–123
Bürgerliche Rechtsstreitigkeiten nach dem Markengesetz, Gebrauchsmustergesetz und Geschmacksmustergesetz — 124–134
- Markengesetz — 125–128
- Gebrauchsmustergesetz — 129–131
- Designgesetz — 132–134
Bürgerliche Rechtsstreitigkeiten nach dem UWG — 135–140
Bürgerliche Rechtsstreitigkeiten nach dem GWB — 141, 142
Bürgerliche Rechtsstreitigkeiten nach dem EnWiG — 143, 144

1 Soweit in vor dem 1.1.2002 ergangenen Entscheidungen Streitwerte in DM-Beträgen angegeben worden waren, sind diese der Einfachheit halber jeweils auf den hälftigen Betrag in € wiedergegeben.

2 Die Zusammenstellung erfasst im Wesentlichen nur die Gebührenstreitwerte, also die Werte, nach denen – soweit keine Festbeträge für die Gebührenerhebung – die Gebühren nach der Tabelle Anlage 2 zu § 34 KV-GKG berechnet werden.

In **Familiensachen** gelten für die wertabhängigen Verfahrenswerte (§ 28 FamGKG) vorrangig die besonderen Wertbestimmungen der §§ 43ff. FamGKG. Wenn und soweit dort keine Wertvorschriften enthalten sind, ist nach § 42 FamGKG (Auffangwert) zu ver-

105 *Schneider/Herget* Rn. 2849ff., 2874.
106 OLG Frankfurt JurBüro 1974, 1414.

fahren. Über diese Bestimmung gelten dann für den Verfahrenswert die allgemeinen Gebührenwerte.[1]

In **Arbeitsgerichtssachen** gilt das GKG gemäß § 1 Abs. 2 Nr. 4 unmittelbar (vgl. § 1 Rn. 48; § 42). Die Bestimmung der Höhe des Streitwerts im Rahmen der gesetzlichen Bestimmungen obliegt letztendlich den Landesarbeitsgerichten mit der Folge, dass je nach Zuständigkeit des Landesarbeitsgerichts unterschiedliche Regelungen bestehen. Auf Initiative der Präsidentinnen und Präsidenten der Landesarbeitsgerichte haben diese eine Streitwertkommission gebildet, die einen Streitwertkatalog erarbeitet hat. Der Katalog soll Grundlage zur Vereinheitlichung der in Teilen sehr unterschiedlichen Rechtsprechung schaffen. Das Ergebnis der Arbeit der Streitwertkommission ist der Katalog vom 17.6.2013.[2]

§ 3 ZPO Wertfestsetzung nach freiem Ermessen 3

Der Wert wird von dem Gericht nach freiem Ermessen festgesetzt; es kann eine beantragte Beweisaufnahme sowie von Amts wegen die Einnahme des Augenscheins und die Begutachtung durch Sachverständige anordnen.

Die Vorschrift ist für die Wertberechnung nach dem GKG anwendbar, soweit nicht 4
die §§ 39 ff. GKG etwas anderes bestimmen, § 48 Abs. 1 S. 1. Auch außerhalb bürgerlicher Rechtsstreitigkeiten ist die Bestimmung gelegentlich für anwendbar erklärt worden. So z.B. für die Gebühren in Insolvenzverfahren und schifffahrtsrechtlichen Verteilungsverfahren (§§ 58, 59 GKG). Soweit die ZPO in ihren Streitwertbestimmungen der §§ 4–9 ZPO eine anderweitige Regelung trifft, geht diese als lex specialis der des § 3 ZPO vor.

Wegen des Streitgegenstandes, vgl. unten Rn. 8. Nach freiem Ermessen ist der Wert 5
des Streitgegenstandes festzusetzen, wenn er sich nicht eindeutig aus dem der Wertberechnung zugrunde zu legenden Antrag ergibt oder wenn nicht die Bestimmungen der §§ 39 ff. GKG, §§ 4–9 ZPO, § 182 InsO oder § 48 Abs. 1 S. 2 GKG i.V.m. § 5 UKlaG Platz greifen. Nur in diesem Rahmen ist das Gericht bei seiner Entscheidung frei. Das freie Ermessen ist selbstverständlich in den Grenzen des pflichtgemäßen Ermessens auszuüben und ermächtigt nicht zu willkürlichen Entscheidungen.

Sondervorschriften enthalten § 144 PatG, § 26 GebrMG, § 12 Abs. 4 UWG, § 142 Mar- 6
kenG, § 54 GeschmMG, § 54 DeSignG, § 247 AktG, § 89a GWB, § 105 EnWG, wonach das Gericht anordnen kann, dass eine Partei Gebühren nur nach einem Teil des Streitwertes zu entrichten hat. Das Interesse eines Beteiligten an einem möglichst hohen oder möglichst niedrigen Streitwert hat dann unberücksichtigt zu bleiben.

Eindeutig ist der Streitwert, wenn der Antrag auf Zahlung einer **bestimmten Geld-** 7
summe oder die Befreiung von einer ziffernmäßig bestimmten Verbindlichkeit gerichtet ist. Der Streitwert einer geltend gemachten Forderung mindert sich grundsätzlich nicht, wenn diese uneinbringlich ist. Wird Klage auf Zahlung einer erst in der Zukunft fällig werdenden unverzinslichen Forderung erhoben, so werden die Zwischenzinsen nicht abgezogen.[1] Gleichgültig ist, ob der Gegner anerkennt oder Einwendungen erhebt. Aller-

1 Eine Zusammenstellung der wichtigsten Verfahrenswerte in Familiensachen auch bei *Schwolow* in Weinreich/Klein. Ebenso bei *Krause*, Der Honorarplaner – Gebühren in Ehe- und Familiensachen, 2013 (www.deubner-recht.de).

2 Abgedruckt oben als Anh. nach § 42.

1 OLG Braunschweig RPfleger 1964, 97 (L); RGZ 118, 321.

dings können seine Einwendungen wie auch die Klagebegründung Hinweise auf den Streitwert geben. Hat der Streitgegenstand einen **Verkehrswert**, so ist dieser maßgebend und nicht der Wert, den die Parteien angeben. Fehlt ein Verkehrswert, ist das Interesse des Klägers maßgebend,[2] nicht das möglicherweise verschiedene Interesse des Beklagten.[3] Im Rechtsmittelverfahren gilt § 47, wonach die Anträge des Rechtsmittelführers maßgeblich sind. Für die Streitwertbemessung nach § 3 ZPO sind schwierige, persönliche, familiäre oder wirtschaftliche Verhältnisse der Partei – außer in den Fällen des § 48 Abs. 2 – nicht maßgeblich.

8 Wenn der Streitwert nach dem freien Ermessen festzusetzen ist, kann das Gericht **von Amts wegen** die Einnahme des Augenscheins und die Begutachtung durch Sachverständige anordnen. Es kann – muss aber nicht[4] – auf Antrag auch eine Beweisaufnahme anderer Art anordnen. Ein Beweisaufnahmeverfahren richtet sich dann nach den Bestimmungen der ZPO über die Beweisaufnahme. Wegen der Kosten einer Abschätzung durch Sachverständige vgl. § 64. Die Parteien sind verpflichtet, bei jedem Antrag den Wert des Streitgegenstandes anzugeben, § 61.

9 **Einzelfälle:**

Die Rspr. ist sehr kasuistisch und schwankend. Im Folgenden können deshalb nur Orientierungspunkte gesetzt werden.

10 **Abfindung:**

Im Arbeitsrecht: s. Anh. II nach § 42

In bürgerlichen Sachen: voller Wert.

Lebensversicherung, A.-Vergleich:: s. „Versicherung"

Abgabe einer Willenserklärung: Wert ist nach § 3 ZPO frei zu schätzen. Im Arbeitsrecht s. Anh. II nach § 42.

Ablehnung von **Richtern:** Maßgebend ist das **Interesse des Ablehnenden**, welches einer Ansicht nach stets geringer sein soll als der Wert der Hauptsache,[5] während andere den Wert der Hauptsache ansetzen wollen.[6] Überzeugender ist aber die Ansicht, wonach hier von einer nichtvermögensrechtlichen Streitigkeit ausgegangen werden muss, dessen Wert nach § 48 Abs. 2 GKG zu bestimmen ist.[7]

Ablehnung eines **Sachverständigen:** Auch hier ist das **Interesse des Ablehnenden** maßgebend,[8] das aber nach einer Ansicht nur mit einem Bruchteil des Wertes der Hauptsache anzusetzen sein soll,[9] während andere auch hier den Wert der Hauptsache nehmen[10] oder den Gegenstandswert des Beweisthemas, zu dem der Sachverständige gehört werden soll.[11] Da der Sachverständige aber Gehilfe des Richters ist, kann hier

---

2 OLG Düsseldorf JurBüro 1995, 254.

3 RGZ 45, 402.

4 KG OLGZ 20, 283.

5 Vgl. OLG Frankfurt aM JurBüro 2006, 370 (LS mit Volltextservice); OLG München, WRP 1972, 541; OLG Nürnberg JurBüro 1960, 169; OLG Hamburg MDR 1958, 47 (L); OLG Frankfurt aM MDR 1980, 145; KG RPfleger 1962, 153 (L); *Mümmler* JurBüro 1980, 961.

6 BGH NJW 1968, 796 = JurBüro 1968, 525; OLG Frankfurt/Main, JurBüro 2017, 364 (für Beschwerdeverfahren); OLG Frankfurt aM MDR 2006, 1079; OLG Koblenz NJW-RR 1998, 1222; OLG Düsseldorf JurBüro 1982, 761; OLG Hamm MDR 1978, 582 = JurBüro 1978, 738; OLG Schleswig RPfleger 1962, 226 (L); *Hartmann* Anh. I zu § 48 (§ 3 ZPO) Rn. 10.

7 So OLG Köln MDR 1979, 177; OLG Koblenz JurBüro 1980, 1509; *Schneider/Herget* Rn. 80 und *N. Schneider* MDR 2001, 130.

8 OLG Frankfurt aM JurBüro 1980, 279 = MDR 1980, 145.

9 OLG Düsseldorf MDR 2004, 1083 ($^{1}/_{3}$ des Hauptsachewertes); OLG Hamburg NJW 1970, 1239; OLG Bremen JurBüro 1976, 1356.

10 OLG München, ZSW 1981, 97; OLG Nürnberg JurBüro 1966, 876 (L).

11 OLG Nürnberg KostRspr. § 3 ZPO, Nr. 218.

nichts anderes gelten, als bei der Richterablehnung. Es ist also eine nichtvermögensrechtliche Streitigkeit i.S.v. § 48 Abs. 2 GKG anzunehmen.[12]

Abmahnung:
- *im Arbeitsrecht:* s. Anh. II nach § 42
- *im Mietrecht:* Wenn Abmahnung statt fristloser Kündigung, gilt der Jahreswert gem. § 41 GKG; wenn als Voraussetzung zur fristlosen Kündigung (§ 543 Abs. 3 BGB), ist vom Jahreswert ein angemessener Abschlag zu machen.[13]

Abnahme:
- Im Kaufrecht: Maßgebend ist das Interesse des Klägers an der Besitzergreifung, auch wenn der Kaufpreis noch nicht bezahlt worden und das Bestehen des Kaufvertrages streitig ist.[14] Dabei ist auch die Höhe der Lagerkosten zu berücksichtigen.[15] In der Regel wird man 10% des Kaufpreises ansetzen.[16]
- Im Werkvertragsrecht: Bruchteil des Werklohns.[17]

Abrechnung: Maßgebend ist das wirtschaftliche Interesse des Klägers. In der Regel 10–15% der zu erwartenden Leistung (auch bei isolierter Bewertung der 1. Stufe einer Stufenklage). Das gilt auch im Arbeitsrecht s. Anh. II nach § 42

Abstammungssachen: § 47 FamGKG.

Änderungskündigung im Arbeitsrecht: s. Anh. II nach § 42

AGB-Gesetz (jetzt §§ 305 ff. BGB): s. Verbandsklagen.

Aktien: Verkehrswert.

Allgemeine Geschäftsbedingungen: Vgl. § 48 Abs. 2 S. 2 (Unterlassungsklagengesetz).

Altenteil: Vgl. § 9 ZPO Rn. 4.

Altersteilzeitbegehren im Arbeitsrecht: s. Anh. II nach § 42

Altersversorgung: im Arbeitsrecht s. Anh. II nach § 42

Anerkenntnis: Höhe des anerkannten (Teils des) Anspruchs. Ein Teilanerkenntnis berührt den Streitwert erst ab dem Zeitpunkt der Verkündung eines Anerkenntnisteilurteils.[18]

Anfechtung:
- *von Arbeitsverträgen:* s. Anh. II nach § 42.
- *der Ehelichkeit:* jetzt § 43 FamGKG.
- *nach dem Anfechtungsgesetz:* Das Interesse des Klägers, also seine Forderung, höchstens aber der Wert des Gegenstandes, aus dem die Befriedigung gesucht wird, abzüglich der Belastungen.[19]
- *nach der InsO (KO):* Das Interesse des Klägers.[20]
- *von Gesellschaftsbeschlüssen:* Vgl. „Gesellschaft".
- *eines Grundstückskaufvertrags:* Das Interesse an der Nichtigkeit des Vertrages, nicht der Grundstückswert.[21]

---

12 *Schneider/Herget* Rn. 93.
13 Dazu ausführlich bei *D. Meyer* JurBüro 2003, 633.
14 KG JurBüro 1961, 89; OLG Stuttgart RPfleger 1964, 162 (L).
15 BGH KostRspr § 3 ZPO Nr. 499; OLG Bamberg JurBüro 1994, 361.
16 AG Osnabrück JurBüro 1960, 166; *Gehle* in Gehrlein/Prütting § 3 ZPO Rn. 33.
17 BGH KostRspr § 3 ZPO Nr. 499; KG JurBüro 1960, 166.
18 OLG Nürnberg MDR 2005, 120; OLG Bamberg JurBüro 1990, 1619; OLG Düsseldorf JurBüro 1987, 396, 398 m. Anm. von *Mümmler.*
19 OLG Schleswig JurBüro 1969, 1209 = SchlHA 1970, 18; KG JurBüro 1957, 181.
20 Vgl. *Schneider/Herget* Anfechtung Rn. 2746 ff.
21 OLG Düsseldorf JurBüro 1961, 161; LG Wiesbaden JurBüro 1979, 1650.

- *Allgemein*: Wert der Forderungsbeträge, derentwegen angefochten wird, oder Wert der Gegenstände, in die vollstreckt werden soll.[22]

Anmeldung zum Handelsregister: Maßgeblich ist das Interesse des Klägers.[23]

Annahmeverzug:

- Ein Feststellungsantrag des Annahmeverzugs hat neben einem Antrag auf (Zug-um-Zug-)Leistung keinen selbständigen Wert.[24]
- Feststellung, dass sich Arbeitgeber im Abnahmeverzug befindet, 1 Bruttomonatsgehalt.[25]
- *von Arbeitsverträgen:* s. Anh. II nach § 42.

Arbeitnehmererfindung: *von Arbeitsverträgen:* s. Anh. II nach § 42.

Arbeitsbescheinigung: *von Arbeitsverträgen:* s. Anh. II nach § 42.

Arbeitsentgelt: *von Arbeitsverträgen:* s. Anh. II nach § 42.

Arbeitsgerichtsverfahren: Vgl. §§ 22 Abs. 2, 42 Abs. 2 GKG.

Arbeitsleistung: *von Arbeitsverträgen:* s. Anh. II nach § 42.

Arbeitspapiere: *von Arbeitsverträgen:* s. Anh. II nach § 42.

Arbeitsplatz: *von Arbeitsverträgen:* s. Anh. II nach § 42.

Arbeitsvertrag: *von Arbeitsverträgen:* s. Anh. II nach § 42.

Arbeitszeit: *von Arbeitsverträgen:* s. Anh. II nach § 42.

Arbeitszeitreduzierung: *von Arbeitsverträgen:* s. Anh. II nach § 42.

Arbeitszeugnis: *von Arbeitsverträgen:* s. Anh. II nach § 42.

Arrest: Anordnungsverfahren nach § 3 ZPO im Einzelfall zu schätzen, i.d.R. $^1/_3$–$^1/_2$ des Wertes der zu sichernden Forderung. Wert des Vollziehungsverfahrens richtet sich nach § 6 ZPO. Vgl. im Einzelnen § 53.

Aufgabenentziehung: Bei Klage auf Rückübertragung entzogener Befugnisse oder Aufgaben ist der Wert nach § 3 ZPO zu schätzen, wobei auch möglicher Prestigeverlust bedeutsam sein kann. I.d.R. sind $2^1/_2$-Monatsgehälter angebracht.[26]

Aufgebotsverfahren: Das Interesse des Klägers.[27] Im Aufgebotsverfahren nach § 1171 BGB Höhe des Nennwerts des auszuschließenden Grundpfandrechts und der sich daraus ergebenden Hinterlegungssumme ohne Zinsen.[28]

Aufhebungsverfahren nach § 926 ZPO: Grundsätzlich Wert des Anordnungsverfahrens.[29]

Aufhebungsvertrag im Arbeitsrecht: *von Arbeitsverträgen:* s. Anh. II nach § 42.

Auflassung: Verkehrswert des Grundstücks[30]ohne Schuldenabzug,[31] auch bei Zug-um-Zug-Antrag, selbst dann, wenn der Wert der Gegenrechte erheblich geringer ist.[32] Letzteres ist allerdings streitig. Nach einer im Vordringen begriffenen Ansicht soll bei geringem Restwert nach wirtschaftlicher Betrachtungsweise nur der Wert der Gegenforderung bzw. des Restes maßgebend sein.[33] Bei Zustimmung zum Vollzug ist ggf. auch der

---

22 BGH JurBüro 2008, 368.

23 OLG Frankfurt aM NJW 1959, 945; OLG Koblenz RPfleger 1956, 147 (L).

24 Die Frage ist strittig: Wie hier z.B. OLG Naumburg NJW-RR 2012, 1213; OLG Dresden NJW-RR 2012, 1214; m.w.N.KG JurBüro 2008, 596; OLG Düsseldorf JurBüro 2009, 33 = MDR 2009, 57. **A.M.** z.B. BGH NJW-RR 1989, 826; OLG Bremen NJOZ 2008, 830 = OLGReport 2007, 625; OLG Düsseldorf JurBüro 1994, 496.

25 LAG Hamburg MDR 2003, 178.

26 LG Potsdam MDR 2008, 653; LAG Hamm DB 1986, 1932 (L).

27 LG Hildesheim RPfleger 1965, 241; im Einzelnen dazu bei *Schneider/Herget* Rn. 296 ff.

28 BGH, Beschl. v. 22.5.2014 – V ZB 146/13 – = RVG-professional 2014, 182.

29 KG JurBüro 2002, 479.

30 OLG Köln MDR 2005, 298.

31 OLG Rostock JurBüro 2012, 196.

32 OLG Stuttgart JurBüro 2002, 424.

33 OLG Nürnberg NJW-RR 2011, 1007 = MDR 2011, 514 m.N.

Wert einer streitigen Gegenforderung zu berücksichtigen.[34] Vgl. § 6 ZPO.[35] Wenn Bekl. lediglich Zurückbehaltungsrechte wegen einer Gegenforderung entgegensetzt, richtet sich der Wert nur nach der Summe der Gegenforderung(en).[36]

Auflösungsantrag im Abeitsrecht**:** *von Arbeitsverträgen:* s. Anh. II nach § 42.

Auflösungsvertrag im Arbeitsrecht: *von Arbeitsverträgen:* s. Anh. II nach § 42.

Auftragssumme: im Vergaberecht der objektive Wert desjenigen Auftrags, den der Antragsgegner materiell zu vergeben hat.[37]

Auseinandersetzung:

- einer Bruchteilsgemeinschaft Wert des Anteils an der Gemeinschaft,[38]
- einer Gütergemeinschaft s. Gütergemeinschaft

Außerordentliche Kündigung: s. „Kündigung".

Auskunft/Rechnungslegung:

- *Allgemein:* Interesse (des Klägers/Rechtsmittelführers)an der Auskunftserteilung bzw. Nichterteilung.[39] In der Regel ein Bruchteil (10–20%)desjenigen Anspruchs, dessen Geltendmachung mit der Auskunftserteilung vorbereitet oder erleichtert werden soll,[40] zuzüglich Aufwand für Zeit und Kosten für die Erfüllung des Anspruchs.[41] 10% allerdings nur, wenn die fraglichen Verhältnisse weitgehend bekannt sind und die Bedeutung der Auskunft demgemäß nur gering ist.[42] Wenn nur Auskunft oder Rechnungslegung verlangt wird und damit keine Leistungsklage vorbereitet werden soll, ist der Streitwert nur nach dem Aufwand an Zeit und Sachmitteln für die Erteilung der Auskunft bzw. Rechnungslegung zu bemessen.[43] Das gilt auch, wenn eine Partei verurteilt werden soll, über die Einkommensverhältnisse eines nicht zur Auskunftserteilung bereiten Dritten Auskunft zu erteilen.[44] Verteidigung mehrerer Parteien gegen inhaltlich gleiche Auskunftsansprüche sind für jeden Anspruch besonders zu bewerten, da verschiedene Gegenstände i.S.v. § 22 Abs. 1 RVG vorliegen.[45] Hat das Auskunftsbegehren (z.B. in einer Erbschaftsangelegenheit) keinen unmittelbaren Bezug zu einem Leistungsanspruch, kann die Hälfte des mutmaßlichen Nachlasswertes angebracht sein.[46] Für Auskunftsanträge im Zusammenhang mit der Zusendung unerwünschter E-Mails vgl. unter „E-Mail". Bei Unterhaltsstufenklage kommt Abänderung einer Unterhaltsbestimmung neben der Auskunftsklage kein eigener Streitwert zu.[47]
- *Im Arbeitsrecht:* Vgl. Streitwertkatalog Nr. 10.[48]

---

34 BGH NJW 2002, 684 = MDR 2002, 295.
35 Dazu bei *Mümmler* JurBüro 1980, 962.
36 OLG Karlsruhe JurBüro 2006, 145; KG JurBüro 2003, 593; ähnlich auch OLG Stuttgart RVG-Letter 2004, 83.
37 OLG Naumburg JurBüro 2004, 86.
38 OLG Frankfurt/Main JurBüro 1979, 1195.
39 BGH NJW-RR 2012, 129 = FamRZ 2012, 204 = FuR 2012, 96 = MDR 2012, 115; BGH FamRZ 1993, 46 m.N.; BGHZ – GZS – 128, 85.
40 BGH NJW 1973, 369; OLG Brandenburg JurBüro 2008, 314 *Hartmann* Anh. I zu § 48 Rn. 24 m.w.N.
41 BGHZ 128, 85 = BGH NJW 1995, 664, BGH NJW-RR 2012, 129 = FamRZ 2012, 204 = FuR 2012, 96 = MDR 2012, 115.
42 OLG Frankfurt/Main NJW-RR 2012, 762; Hartmann, Anh. zu § 48 Rn. 24 m.w.N.
43 OLG Köln JurBüro 2009, 314 (LS mit Volltextservice).
44 BGH, JurBüro 2012, 146 (LS mit Volltextservice.
45 OLG München JurBüro 2004, 376.
46 OLG Koblenz JurBüro 2005, 39.
47 OLG Dresden, Beschl. v. 15.2.2005 – 21 UF 54/04.
48 Anhang I nach § 42.

Auskunftsklage:

- *Abgabe einer eisdesstattlichen Versicherung*: Wert nach dem Aufwand an Zeit und Kosten, den die Abgabe erfordert, zuzüglich eines etwaigen Geheimhaltungsinteresse des Verurteilten,[49] Zu den Kosten können auch Kosten eines Anwalts, der dem Schuldner bei der Auskunftserteilung beisteht, gehören.[50]
- *Berufungsinstanz:* bei zweiter Stufe einer Auskunftsklage ist potentieller Mehrbetrag zu beziffern,[51] sonst Bruchteil des Auskunftsanspruchs.[52]
- *Beschwerde bei Verpflichtung zur Auskunftserteilung*: Bei Auskunftserteilung zur Geltendmachung von Unterhalt fallen Streitwert und Beschwer des zur Auskunft Verpflichteten Antragsgegners in der Regel auseinander. Wert der Beschwerde ist das Interesse (Teilwert), die Auskunft nicht erteilen zu müssen. Aus der (erstinstanzlichen) Streitwertfestsetzung kann daher für die Bemessung der Beschwer des unterlegenen Antragsgegners nicht entnommen werden.[53]
- *Güterrechtsverfahren*: Bei Auskunftsbegehren in einen Güterrechtsverfahren (§ 1379 Abs. 1 BGB) wirtschaftliches Interesse an der Erteilung der Auskunft, in der Regel ein Zehntel bis ein Viertel des Leistungsanspruchs entsprechend dem Kenntnisstand des Antragstellers von den für den Leistungsanspruch maßgeblichen Tatsachen,[54]
- *Stufenklage (§ 44)*: Grundsätzlich Wert der höchsten Stufe, es sei denn, es wird von vornherein nur Auskunft begehrt. (vgl. auch unten „*Stufenklage*“).
- *Zuständigkeits-/Rechtsmittelstreitwert*: wirtschaftliches Interesse an der Erteilung der Auskunft, wobei des dahinterstehenden Leistungsanspruchs ein Anhaltspunkt ist.[55]

Ausländische, nicht auf EURO lautende Währung ist in Euro umzurechnen. Wobei der Kurs bei Klageerhebung oder Rechtsmitteleinlegung maßgebend ist.[56] Kursschwankungen sind ohne Einfluss.[57]

Ausschließung eines Genossen oder Gesellschafters: Vgl. unter „Genossenschaft“ und „Gesellschaft“.

Aussetzung:

- *des Verfahrens*: Vgl. § 3 Rn. 18.
- *der Zwangsvollstreckung*: Vgl. „Zwangsvollstreckung“.

Auswechslung des Streitgegenstandes: Scheidet während des Rechtsstreits ein Gegenstand aus und wird sodann ein anderer Gegenstand eingeführt, werden die Gebühren, deren Tatbestände für diesen Gegenstand erfüllt sind, nach dem zusammengerechneten Wert dieser Gegenstände berechnet.[58]

Auszubildender: Die Bestimmungen für das Arbeitsrecht, insbesondere § 42 Abs. 2 GKG gelten auch für Vertragsverhältnisse nach dem BBiG.

---

49 BGH, Urt. v. 27.2.2013– IV ZR 42/11 – = RVG-professionell 2013, 200.
50 BGH NJW 2014, 8 = NJW1456 = NJW-RR 2014, 1210 = MDR 2014, 1099 = JZ 2014, 527 = RVG-professionell 2014, 183.
51 OLG Rostock NJW-RR 2013, 1015 = ZEV 2013, 457 = BeckRS 2013, 09796 = JurionRS 2014, 18842 = RVG-professionell 2013, 200.
52 OLG Köln RPfleger 1977, 115 (50%); OLG Bamberg FamRZ 1997, 40ß (33%).
53 BGH, Beschl. v. 16.11.2016 – XII ZB 550/15 – = JurionRS 2016, 29607; BGH, Beschl. v. 26.10.2016 – XII ZB 134/15 – = JurionRS 2016, 31230.
54 BGH Beschl. v. 16.12.2015 – XII ZB 405/15 – JurionRS 35550; BGH, Beschl. v. 26.10.2016 – XII ZB 134/15 – = JurionRS 2016, 31230.
55 BGH NJW 2016,8 = WM 2016, 75 = NZFG 20116, 75 = DStR 2016, 10 = JurionRS 2015, 33120.
56 OLG Frankfurt/Main NJW 1991, 643.
57 OLG München FamRZ 1997, 34; OLG Oldenburg NJW.RR 1999, 942.
58 KG MDR 2008, 173.

Automatenaufstellvertrag: Vgl. „Dauervertrag“.

Bau. Bei einer Verpflichtung zur Errichtung eines Baues auf einem Erbbaugrundstück ist der Wert frei zu schätzen.[59] 11

Bauhandwerkersicherungshypothek: Auszugehen ist vom Wert der zu sichernden Forderung ohne Kosten.[60] Die Bewertung ist strittig. Grundsätzlich ist der Wert der Betrag der zu sichernden Forderung.[61] Die Gegenansicht, wonach in der Regel $^1/_3$–$^1/_2$ der zu sichernden Forderung ausgegangen werden soll,[62] ist angesichts der gesetzlichen Regelung des § 6 Satz 1 ZPO abzulehnen. keine Erhöhung des Streitwerts, wenn die Eintragung der Hypothek neben der Hauptsacheforderung zu deren Sicherung beantragt wird.[63]

Baulandsachen:[64]

- *Besitzeinweisungen:* In der Regel 20% des Wertes des Gegenstandes, um dessen Besitz es geht.[65]
- *Geldentschädigung*: Streitiger Teil der Forderung, wenn unbeziffert, Wertangabe des Klägers.[66]
- *Grenzregelung:* Wert der Teilfläche, die im Wege des Flächentausches oder einer einseitigen Zuteilung an einen anderen Eigentümer gehen soll.[67]
- *Unbezifferte Entschädigungsansprüche:* Hier gelten die allgemeinen Grundsätze[68] (vgl. § 11, Rn. 17).
- *Umlegungsverfahren:* Maßgebend ist das Interesse des Klägers.[69] Wendet sich der Kläger z.B. gegen die Einbeziehung seines Grundstücks in ein Umlegungsverfahren oder ficht er Regelungen des Umlegungsplanes an, beträgt der Streitwert etwa 20% des Wertes von Grund und Boden.[70]
- *Vorzeitige Besitzeinweisung*: 30–50% des Hauptsachwertes.[71]

Bausparvertrag: Bei einer Klage auf Feststellung des Fortbestehens eines nach Zuteilungsreife von der Bausparkasse gekündigten Vertrages ist der Wert nach dem objektiven wirtschaftlichen Interesse des Klägers an der Fortsetzung des Vertragsverhältnisses zu bestimmen.[72]

Bedingte Ansprüche: Vgl. § 3 Rn. 21.

Beendigungsvergleich im Arbeitsrecht: *von Arbeitsverträgen:* s. Anh. II nach § 42.

Befangenheit: Vgl. oben Rn. 10 „Ablehnung von Richtern“.

Befreiung von einer Verbindlichkeit: Das zu schätzende[73] Interesse des Klägers, das i.d.R. dem Nennbetrag der Forderung, wie sie der Kläger bei Klageeinreichung beziffert,[74]

---

59 OLG Frankfurt aM RPfleger 957, 390.
60 KG RPfleger 1962, 156; LG Tübingen BauR 1984, 309.
61 OLG Stuttgart JurBüro 2013, 27 m.w.N.
62 OLG Schleswig JurBüro 1971, 538; OLG Koblenz AnwBl. 1974, 24; vgl. dazu auch bei *Schneider/Herget* Rn. 609 ff.
63 Ganz h.M. Vgl. z.B. OLGF Dresden JurBüro 2014, 584; OLG Nürnberg JurBüro 2003, 594 = MDR 2003, 1382, jeweils m.w.N.
64 Vgl. dazu ausf. bei *Schneider/Herget* Rn. 615 ff.
65 BGH NJW 1973, 2202.
66 OLG Köln JurBüro 1970, 606; OLG München NJW 1968, 1937.
67 BGH JurBüro 1968, 797 = RPfleger 1968, 322.
68 OLG Köln JurBüro 1970, 606.
69 BGH MDR 1978, 658 = RPfleger 1978, 95; dazu auch *Mümmler* JurBüro 1980, 967.
70 BGHZ 49, 317.
71 BGH JurBüro 1974, 186; OVG Münster BauR 2004, 379.
72 OLG Karlsruhe, JurBüro 2016, 257.
73 BGH JurBüro 1975, 325 = RPfleger 1974, 428 = NJW 1974, 2128.
74 BGH NJW-RR 1990, 958; BGH Beschl. v. 26.11.2009 – III ZR 326/08 und BGH MDR 2011, 1075; KG JurBüro 2009, 197.

entsprechen wird.[75] Eine geringere Bemessung ist möglich, wenn besondere Umstände vorliegen, die eine solche Bewertung rechtfertigen.[76] Das ist z.B. der Fall, in dem eine künftige Inanspruchnahme des Schuldners ausgeschlossen erscheint.[77] Bei Dauerleistungen oder wiederkehrenden Leistungen gelten die Bestimmungen der §§ 8, 9 ZPO.[78] Keine Ermäßigung nach § 42.[79] Von der Restschuld im Insolvenzverfahren vgl. „Restschuldbefreiung".

Befristung im Arbeitsrecht: *von Arbeitsverträgen:* s. Anh. II nach § 42.

Begrenztes Realsplitting: nach § 42 Abs. 1 FamGKG Betrag der erstrebten Steuerersparnis.[80]

Beiordnung: Vgl. „Beschwerde".

Beleidigung: Vgl. § 48 Rn. 10. Bei Unterlassungsklage regelmäßig unter 5.000 €.[81]

Bereicherungsanspruch: Der Wert der Geldforderung. Bei Sachen vgl. § 6 ZPO.

Berichtigung des Grundbuchs: Das Interesse des Klägers, das i.d.R. dem Wert des zu berichtigenden Rechtes entsprechen wird, aber auch wesentlich geringer sein kann.

Berufsausbildungsverhältnis: *von Arbeitsverträgen:* s. Anh. II nach § 42.

Berufung: Regelmäßig der Wert der Beschwer. Im Einzelnen dazu bei § 47.

Beschäftigungsanspruch im Arbeitsrecht: s. Anh. II nach § 42.

Beschlussanfechtungsverfahren nach dem WEG: Wert des Anteils an den Gesamtkosten, der auf den Beschwerdeführer entfällt; darüber hinaus gehende Nachteile können aber werterhöhend sein.[82]

Beschlussverfahren im Arbeitsrecht: Gerichtkostenfrei (§ 2 Abs. 2). *von Arbeitsverträgen:* s. Anh. II nach § 42.

Beschränkte Erbenhaftung: Beschwer durch Versagung ist die Schulddifferenz.[83]

Beschwerde: Der Wert des Beschwerdegegenstandes ist selbständig zu bestimmen nach dem mit der Beschwerde verfolgten Begehren (Beschwer). Maßgebend ist der Antrag des Beschwerdeführers und nicht der Wert des Streitgegenstandes des Hauptprozesses. Im Falle der Verurteilung zur Zahlung statt zur Freistellung ist der Wert des Beschwerdegegenstandes 10% der Forderung.[84] Wenn kein Antrag gestellt ist, ist der Beschwerdewert nach §§ 2–9 ZPO zu bestimmen. Zum Wert der Beschwerde bei teilweise abgewiesener Klage, gerichtet auf Zahlung eines bestimmten Betrages nebst Zinsen abzüglich bereits erfolgter Zahlungen.[85] Vgl. auch bei „Rechtsmittel" und § 47. Diese Grundsätze gelten auch für Familiensachen.

Besitzstreitigkeiten: Der Wert richtet sich nach § 6 ZPO. Im Fall der Besitzstörung ist § 3 ZPO maßgebend.[86] Maßgebend ist das Unterlassungsinteresse des Klägers.[87] S.a. „Miete".

Bestandsschutzklage: *von Arbeitsverträgen:* s. Anh. II nach § 42.

---

75 OLG Köln JurBüro 1978, 1062.
76 BGH Beschl. v. 14.7.2011 – III ZR 23/11; *Schneider/Herget* Rn. 1563.
77 BGH JurBüro 2011, 591 = JurBüro 2011, 670 (bei D. Meyer – L).
78 Vgl. im Einzelnen dazu bei *Schneider/Herget* Rn. 658 ff.
79 BGH JurBüro 1972, 499; BGH NJW 1974, 2128.
80 OLG München OLGR 1995, 72.
81 OLG Saarbrücken MDR 2013, 1244 (2 000 für Beleidigung und Körperverletzung)
82 BayObLG WuM 2002, 692 = ZMR 2003, 315.
83 OLG Bamberg KostRspr. § 3 Nr. 140.
84 OLG Stuttgart JurBüro 2011, 482.
85 BGH, Beschl. v. 12.4.2016 – VI ZB 63/14 = JurionRS 2016, 16544.
86 OLG Brandenburg MDR 2007, 1225 (Miet/pachtvertragssache); OLG Düsseldorf MDR 1991, 353; LG Bielefeld FamRZ 1992, 1095.
87 OLG Naumburg JurBüro 2010, 306.

Betagter Anspruch: Wert des Anspruchs ohne Abzug von Zwischenzinsen.[88]

Betriebskostenabrechnung: Der Streit-/Geschäftswert für die Überprüfung der Nebenkostenabrechnung ist stets nach § 48 GKG i.V.m. § 3 ZPO zu bestimmen. Die Sondervorschrift des § 41 GKG für Mietverhältnisse ist hier unanwendbar, weil die Nebenkostenrechnung, wenn sie nicht Bestandteil des Nutzungsentgelts i.S.v. § 41 GKG ist (oben § 41 Rn. 14 m.N.). Der Streitwert für die Überprüfung einer mietrechtlichen Betriebskostenabrechnung ist grundsätzlich die vom Vermieter geltend gemachte Forderung, wenn es nur um die Abrechnung als solche geht und die einzelnen Posten nicht ernsthaft streitig sind.[89] Dabei ist von der gesamten (Jahres-)Forderung auszugehen. Sind aber Grund und Höhe der Einzelposten oder nur einzelner Posten streitig, ist als Streitwert in der Regel $^1/_3$ der für den streitigen Zeitraum gezahlten Vorauszahlungen. Vorauszahlungen als solche haben grundsätzlich keine Bedeutung für die Höhe des Streitwertes, es sei denn, sie sind allein Gegenstand des Rechtsstreits.[90] Geht der Streit nur um die Richtigkeit eines evtl. Rückzahlungsanspruchs (Rechnungslegung), ist auf das Interesse des Mieters an einem sich aus der Abrechnung ergebenden Anspruch, der ggf. zu schätzen oder mangels konkreter Anhaltspunkte in der Regel auf einen Bruchteil der geleisteten Vorauszahlungen anzusetzen ist.[91]

Betriebsrat: *von Arbeitsverträgen:* s. Anh. II nach § 42.

Betriebsübergang (Arbeitsrecht)**:** *von Arbeitsverträgen:* s. Anh. II nach § 42.

Betriebsübernahme: *von Arbeitsverträgen:* s. Anh. II nach § 42.

Beweisaufnahme: Der Wert richtet sich nach dem Gegenstand des Beweises. Wenn die Beweisaufnahme sich nur auf einen Teil des Streitgegenstandes erstreckt, ist dessen Wert maßgeblich.

Beweisverfahren, selbständiges: Die von einer Partei verauslagten Kosten des Beweisverfahrens zählen zu den Gerichtskosten.[92] Die Bewertung des Verfahrens ist streitig. Sie geht vom vollen Wert der Mängel des vorzubereitenden Hauptverfahrens[93] über die den objektiv erforderlichen Kostenaufwand für die Beseitigung der behaupteten Mängel[94] oder die Vorstellungen (Interessen) des Antragstellers bei Verfahrenseinleitung[95] bis hin zu einem Bruchteil von 20% davon. In der Regel wird man 50% des Wertes gemäß den Vorstellungen des Antragstellers bei Antragseinreichung anzusetzen haben.[96] Die vom Sachverständigen festgestellten tatsächlichen Mängelbeseitigungskosten[97] sind hingegen nicht maßgeblich, weil diese mit dem bei Beginn des Verfahrens vorhandenen wirtschaft-

---

88 Vgl. *Voormann* MDR 1987, 722; *Hartmann* Anh. I zu § 48 (§ 3 ZPO) Rn. 29, **a.M.** LAG Köln MDR 1987, 169.

89 Ausführlich *Gallwitzki* JurBüro 2009, 621 ff. und 2010, 7 ff. und AG Düsseldorf JurBüro 2009, 256; LG Hamburg JurionRS 2009, 42868; LG Frankfurt/Main NZM 2000, 759; *Hartmann* Anh. I zu § 48–§ 3 ZPO Rn. 29; *D. Meyer* JurBüro 2008, 75, 119 und JurBüro 2015, 515, jeweils m. w. N.

90 Vgl. dazu bei *Schmid* Rn. 7062 ff.; *Schneider/Herget* Rn. 3744 ff., jeweils m.N.

91 BGH, Beschl. v. 10.1.2017 – VIII ZR 98/16 – = JurionRS 2017, 10827.

92 BGH JurBüro 2003, 268 = MDR 2003, 596.

93 OLG Karlsruhe, JurBüro 2016, 368.

94 Vgl. etwa bei OLG Köln, 14.3.2013 – 16 W 6/13 – = JurBüro 2013, 423 = RVG-professionell 2013, 128; OLG Düsseldorf JurBüro 2007, 426; LG Köln JurBüro 2008, 253 und B-L-A-H, Anh. zu § 3 Rn. 102; *Schneider/Herget* Rn. 4024a m.N.

95 BGH NJW 2004, 3488 = NZBau 2005, 45; OLG Brandenburg JurBüro 2007, 315 (LS mit Volltextservice); OLG Celle RVG-Letter 2004, 85; OLG Koblenz JurBüro 2012, 79 und JurBüro 2005, 312 und MDR 2001, 356; OLG Bamberg MDR 2003, 835.

96 So zutr. OLG Schleswig SchlHA 1997, 264; JurBüro 1999, 595; SchlHA 2002, 292; RVG-Letter 2004, 12; OLG Celle RPfleger 1997, 452; OLG Karlsruhe JurBüro 1997, 531.

97 So etwa OLG Stuttgart JurBüro 2008, 595 = MDR 2009, 234; OLG Frankfurt aM NJW 2000, 2364 (LS) = NZBau 2000, 81; JurBüro 1993, 554; OLG Naumburg JurBüro 1999, 596 = NJW-RR 2000, 286; OLG Köln NJW-RR 2000, 802; NJW-RR 1997, 1292; OLG Düsseldorf JurBüro 1997, 532.

lichen Interesse des Antragstellers selten identisch sein werden[98] (vgl. auch § 40). Denn unbeschadet dessen, dass die antragstellende Partei ihre Wertangabe jederzeit berichtigen kann (§ 61 Abs. 2) und sogar das Gericht zur Korrektur befugt ist (§ 63 Abs. 3), drückt sie mit ihren Wertvorstellungen bei der Antragstellung ihr wirtschaftliches Interesse aus, verbunden mit der Übernahme des streitwertabhängigen Kostenrisikos. Wenn aber der Antragsteller unter Vorlage eines Kostenvoranschlages auch die Feststellung verlangt, dass neben dem Vorhandensein bestimmter Mängel deren Behebung die ausgewiesenen Kosten verursacht, entspricht der Wert den ausgewiesenen Kosten.[99] Sind nur ein Teil der behaupteten Mängel vorhanden, ist für die Wertberechnung der Wert der unbegründeten Mängel zu schätzen und zu den vorhandenen zu addieren.[100] Bei nachfolgendem Hauptsacheverfahren ist stets der Hauptsachewert zu nehmen, soweit das Beweisverfahren verwertet wird.[101] Das gilt auch, wenn das Beweisverfahren von vornherein geeignet erscheint, ein Hauptverfahren zu vermeiden und die Angelegenheit abschließend zu erledigen; sind die Kosten der Mängelbeseitigung lediglich eingrenzbar, ist der Mittelwert als Streitwert einzusetzen.[102] Bei Streithilfe im Beweisverfahren sind der Wert der Hauptsache und der des Streithelfers in der Regel identisch.[103]

Bezugsberechtigung/-verpflichtung: Der Wert richtet sich nach dem Rückkaufwert[104] bzw. nach dem Gewinnverlust, den der Kläger durch die Klage verhindern will,[105] oder nach der Umsatzminderung.[106]

Bruchteilsgemeinschaft: Wert des Anteils des Mitglieds an der Gemeinschaft. Bei einer Klage eines Mitglieds auf Auflassung des der Gemeinschaft gehörenden Grundstücks an sich: Anteil der/des beklagten Miteigentümer(s) ohne Grundstücksbelastungen.[107]

Bucheinsicht: Vgl. oben, Rn. 10 „Auskunft".

Bürgschaft: Betrag der Hauptforderung, von der Freistellung gefordert wird, § 6 ZPO, und nicht die Summe, auf die der Bürge wahrscheinlich oder möglicherweise in Anspruch genommen werden könnte.[108] Vgl. auch „Herausgabe".

Bürgschaftsurkunde: Einer zusammen mit der Zahlung verlangten Herausgabe der Bürgschaftsurkunde kommt kein besonderer Streitwert zu.[109] Wenn mit der Herausgabe die Inanspruchnahme des Bürgen verhindert werden soll, ist das damit verfolgte wirtschaftliche Interesse maßgebend, regelmäßig der Bürgschaftsbetrag.[110]

Bundesbaugesetz: Maßnahmen im Umlegungsverfahren

- Antrag auf gerichtliche Entscheidung gegen den Umlegungsplan i.d.R. 20% des Wertes der eingeworbenen Fläche; wenn Zuteilung weiteren Grundbesitzes erstrebt wird, mindestens objektiver Wert des zusätzlich begehrten Grundbesitzes.[111]
- Rechtsschutzinteresse eines beteiligten Grundstückspächters entspricht dem Wert des Nutzungsrechts (entsprechend § 41 GKG einjähriges Entgelt).[112]

---

98 OLG Celle RVG-Letter 2004, 85. **A.A.** OLG Rostock JurBüro 2008, 369.
99 BGH JurBüro 2010, 366.
100 BGH NJW 2004, 3488 = NZBau 2005, 45; OLG Brandenburg JurBüro 2007, 315.
101 OLG München MDR 2002, 357.
102 OLG Frankfurt aM NJW-RR 2003, 647.
103 OLG Karlsruhe, Beschl. v. 24.1.2013 – 8 W 4/13 – = RVG-professionell 2013, 109.
104 LG Münster JurBüro 1975, 1621 m. abl. Anm. v. *Mümmler.*
105 KG JurBüro 1969, 1195 = RPfleger 1969, 443; OLG Bamberg MDR 1977, 935.
106 OLG Neustadt MDR 1962, 413.
107 KG JurBüro 2008, 652.
108 OLG München RPfleger 1956, 48; OLG Karlsruhe AnwBl. 1973, 168; LG Berlin JurBüro 2002, 478.
109 OLG Bamberg JurBüro 1974, 1437.
110 LG Hamburg JurBüro 2002, 81; LG Berlin JurBüro 2002, 478.
111 OLG Karlsruhe JurBüro 2006, 538.
112 OLG Karlsruhe JurBüro 2006, 539.

Darlehen: Höhe des geforderten Darlehensbetrages ohne Zinsen (§ 43).[113] Zinsen rechnen nur dann zum Streitwert, wenn sie als Hauptsache gefordert werden.[114] Bei Klage auf Befreiung von der Mithaftung gilt der Wert des von der Partei übernommene oder der gesetzliche Anteil[115] (vgl. auch „Scheidungssachen. Der Wert des Widerrufs eines D. richtet sich nach dem Interesse des Darlehnsnehmers, welches sich aus der Nichtzahlung der (ggf. zu schätzenden) Beträge einer Zinsdifferenz und einer evtl. Vorfälligkeitsentschädigung richtet.[116] 12

Feststellung, dass der Darlehnsvertrag durch Widerruf beendet ist: Interesse Klägers an der Vertragsbeendigung (in der Regel 3½-facher Jahresbetrag des Vertragszinses).[117] Die Darlehnsvaluta zum Ausgangsbetrag oder noch offener Betrag) spielen streitwertmäßig ebenso keine Rolle,[118] wie der Umstand, dass der Darlehnsnehmer während des Verfahrens weiterhin Darlehnsraten zahlt.[119]

Feststellung der Nichtigkeit des Darlehnsvertrages wegen Widerrufs: Interesse des Klägers an der Feststellung ist nach § 3 ZPO zu schätzen.[120] Bei Klage auf Feststellung der Wirksamkeit des Widerrufs Betrag der bis zum Zeitpunkt des Widerrufs auf das Darlehn erbrachten Zins- und Tilgungsleistungen.[121]

Umwandlung eines durch eine Grundschuld gesicherten Darlehns in ein Rückgewährschuldverhältnis: s. „Grundschuld".

Dauervertrag: Wenn es sich nicht um die im § 9 ZPO genannten Verträge handelt, soll der Wert nach § 3 ZPO zu berechnen sein, weil Dauerverträge i.d.R. kürzere Laufzeiten haben als die im § 9 ZPO bezeichneten Vertragsarten.[122] Daneben ist auch der Gewinn maßgeblich.[123] Auch ein Automatenaufstellvertrag der üblichen Art ist nicht nach § 41, sondern nach § 3 ZPO zu bewerten.[124] Bei Miet- oder Pachtverträgen gilt § 41, bei Arbeitsverträgen zunächst § 42 Abs. 2.

Dauerwohnrecht: Wert der Inhaberschaft ist nach § 9 ZPO zu bestimmen.[125] Bei Löschung ist die Wertminderung des Grundstücks durch das (entfallende) Dauerwohnrecht maßgebend.[126] Ansonsten gilt § 41.

Deckungsschutz: Vgl. „Versicherung".

Deliktshaftung: Bei einem zusätzlichen Feststellungsantrag auf Feststellung der Deliktshaftung (vorsätzliche unerlaubte Handlung) zur Erlangung eines Vollstreckungsvor-

---

113 BGH JurBüro 1959, 390; OLG Köln JurBüro 1960, 305.
114 Vgl. BGH WM 1981, 1092.
115 OLG Karlsruhe JurBüro 1998, 472.
116 AG Wuppertal JurBüro 2015, 361; AG Düsseldorf JurBüro 2015, 361; AG Ludwigsburg JurBüro 2015, 249.
117 OLG Celle JurBüro 2015, 579 = MDR 20115, 1263 = JurionRS 2015 20959. Vgl. auch OLG Koblenz JurBüro 2016, 25; OLG Stuttgart JurBüro 2015, 473, JurBüro 2015, 474 und JurBüro 2015, 475. **A.A.** OLG Karlsruhe JurBüro 2015, 645 (Ersparnis der bis zum Ablauf einer Zinsbindungsfrist ersparte Zinsen ohne Deckelung auf den 3½ fachen Betrag).
118 LG Saarbrücken JurBüro 2015, 476.
119 KG, JurBüro 2016, 370.
120 OLG Zweibrücken JurBüro 2015, 580 (10% der ursprünglichen Darlehnssumme); OLG Karlsruhe, JurBüro 2017, 364.
121 BGH, NJW-Spezial 2016, 204 = AGS 2016, 285 = JurionRS 2016, 12463; BGH, NJW 2016, 2428= MDR 2016, 480 = AGS 2016, 182 = WM 2016, 434 = JurionRS 2016, 11543; BGH WM 2016, 2299 = AGS 20117, 84 = JurionRS 2016, 28174; OLG Zweibrücken, Beschl. v. 13.2.2017– 7 W 83/16 – = JurionRS 2017, 10524; OLG Karlsruhe, JurBüro 2017, 366.
122 Vgl. OLG Bremen RPfleger 1989, 427 (Stromlieferung); KG NJW 1956, 1206 (Fernsprechanschluss); *Hartmann* Anh. I zu § 48 (§ 3 ZPO) Rn. 30.
123 OLG Bamberg MDR 1977, 935.
124 OLG Koblenz VersR 1980, 1123; *Hartmann* Anh. zu § 48 Rn. 30.
125 *Hartmann* Anh. I zu § 48 (§ 3 ZPO) Rn. 30; **a.M.** AG Frankfurt AnwBl. 1984, 449.
126 OLG Frankfurt aM RPfleger 1958, 19.

teils (z.B. § 302 Nr. 1 InsO): str. voller Wert der Forderung,[127] allenfalls 5% der bezifferten Leistungsklage,[128] 500 € bei geringer Erfolgsaussicht der späteren Leistungsklage.[129]

Dienstbarkeit: beschränkte persönliche, § 1090 BGB: Der Wert ist nach § 3 ZPO zu bestimmen.[130] Zur Grunddienstbarkeit unten, § 7 ZPO.

Dienstverhältnis: privatrechtliches Dienstverhältnis (z.B. Kündigung des DV eines Organmitglieds einer Juristischen Peron) grundsätzlich entsprechend § 42 Abs. 1.[131]

Direktionsrecht – Versetzung: bei Arbeitsverträge: s. Anh. II nach § 42.

Direktklage: Wie Anspruch gegen den Schädiger. Der Gebührenwert bei wiederkehrenden Leistungen richtet sich nach § 9 ZPO. Die frühere Rechtsprechung des BGH,[132] wonach § 42 Abs. 1 S. 1 anzuwenden sei, ist überholt.

Drittschuldner: Der vom Drittschuldner verlangte Betrag bzw. das gegen den Drittschuldner bestehende Interesse.[133] Bei Lohn-/Gehaltsansprüchen dreifacher Jahreswert der gepfändeten Leistungen.[134]

Drittwiderspruchsklage: Interesse des Klägers. Der Streitwert ist nach § 6 ZPO zu bestimmen.[135]

Duldung der Zwangsvollstreckung: Maßgebend ist der Wert der zu vollstreckenden Forderung, höchstens aber der Wert des Vermögens, in das vollstreckt wird. Wenn eine Duldungsklage neben der Leistungsklage erhoben wird, ist nur der Wert der Leistungsklage maßgebend.

13 **Ehesachen:** §§ 43, 44 FamGKG

Ehewohnung: jetzt § 48 FamGKG.

Ehre: Vgl. § 48 Abs. 2 (dort Rn. 10). Beschwerdewert bei Antrag auf Unterlassung eines ehrverletzenden Eintrags in Facebook und Veröffentlichung der Unterlassungsverfügung in Facebook (betr. Beleidigung eines minderjährigen Kindes): Deutlich über 600 €.[136]

Eidesstattliche Versicherung: Bruchteil des Wertes dessen, was der Kläger sich aufgrund der Versicherung mehr erhofft (etwa 20%).[137] Dazu auch unten Rn. 16 „Haftbefehl".

Eigentum:

- Entziehung: Verkehrswert des Entzogenen (des zu veräußernden Wohnungs- oder Teileigentums).[138]
- Herausgabeklage: Wert des Herausverlangten.
- Störung: Unterlassungsinteresse des Klägers.[139]

Energieversorgung: Für eine Klage der Energieversorger auf (Duldung der) Wegnahme von Messgeräten (Zählern) ist Streitwert der Betrag des Schadens, welcher dem Energieversorger bei Fortsetzung der Lieferungen in den nächsten 6 Monaten voraus-

127 OLG Karlsruhe JurBüro 2007, 648.
128 OLG Dresden MDR 2008, 50.
129 OLG Karlsruhe JurBüro 2007, 648.
130 OLG Nürnberg JurBüro 1967, 829; *Schumann* NJW 1967, 2046.
131 BGH MDR 2005, 1376 = NJW-RR 2006, 213 m.w.N.OLG Rostock, Beschl. v. 7.2.2014 – 1 W 88/13 – = RVG-professionell 2014, 73 = JurionRS 2014, 13229.
132 BGH NJW 1982, 1399.
133 OLG München JurBüro 1985, 1522; LAG Düsseldorf MDR 1992, 59 m.w.N.; *Scheider* MDR 1990, 21.
134 LAG Kiel JurBüro 2001, 196; LAG Düsseldorf JurBüro 1992, 92, 92; LAG Baden-Württemberg JurBüro 2002, 196 m. Anm. v. *Romeyko*.
135 Vgl. bei *Schneider/Herget* Rn. 978 ff. m.N.
136 BGH, Beschl. v. 16.8.2016 – VI ZB 17/16 – = JurionRS 2016, 25180.
137 BGH NJW 1991, 1833; OLG Zweibrücken FamRZ 1987, 393; OLG Köln FamRZ 1990, 1128; OLG Brandenburg JurBüro 2008, 314.
138 BGH NJW 2006, 3428 = MDR 2007, 263 = WuM 2006, 641.
139 OLG Naumburg JurBüro 2010, 306.

sichtlich entsteht.[140] Bei Klage auf Duldung der Einstellung der (Gas)versorgung unter Wegnahme der Messeinrichtung ist als Wert der voraussichtlich anfallende Verbrauch in der Zeit von Einreichung der Klage bis zum Vorliegen eines vollstreckbaren Titels zu nehmen, wobei 6 Monate angemessen sein können.[141]

Eingruppierung: *von Arbeitsverträgen:* s. Anh. II nach § 42.

Einstellungsanspruch/Wiedereinstellungsanspruch eines Arbeitnehmers *von Arbeitsverträgen:* s. Anh. II nach § 42.

Einstweilige Verfügungen (Anordnungen):

- *Allgemein:* Prozesswert wie Hauptsache. Beim Gebührenwert ist jedoch in der Regel aber angemessener Abschlag erforderlich[142] – ein Bruchteil davon nach Sicherungsinteresse und Vorläufigkeit des Rechtsschutzes (etwa $1/3$–$1/2$). Maßgebend ist § 53 Abs. 1. Bei Besitzstörungen im Rahmen von Miet-/Pachtverhältnissen gelten §§ 53 Abs. 1 Nr. 1 i.V.m. § 41 Abs. 1 S. 1.[143] Wenn die EV nicht auf vorläufige Regelung zielt, sondern im wirtschaftlichen Ergebnis auf eine endgültige Befriedigung des Antragstellers (z.B. Herausgabe eines Gegenstandes oder einer Unterlassung) voller Wert der Hauptsache.[144]
- *Im Arbeitsrecht:* s. Anh. II nach § 42.

Einziehung und verwandte Maßnahmen im Straf-/Bußgeldrecht: KV 3410. Im gerichtlichen Verfahren kein Streitwert, da Festgebühr. Für den Anwalt gilt VV-RVG 4142/5116 (Gegenstandswert).

Elterngeld ist als Lohnersatzleistung als Einkommen bei der Bewertung der Einkommensverhältnisse einzubeziehen.[145] Vgl. auch § 43 FamGKG.

E-Mail:

- *Unterlassung*: Einstweilige Verfügung auf Unterlassung von Zusendung 350 €;[146] bei Freiberuflern je nach den Umständen des Falles 1.000–8.000 €.[147] Bei einer Unterlassungsklage sind die Umstände des Einzelfalles, besonders die Belästigung durch das notwendige Durchlesen, Sortieren und Löschen zu würdigen; Unterlassungsanspruch danach 4.500 € für einmaliges Zusenden und für Auskunftsanträge 200 €/Auskunft.[148]
- *Löschung:* Das Interesse eines gewerblichen Unternehmers an der Löschung drei Jahre alter geschäftsschädigender E-Mails von der Internetseite eines Privatmannes, kann dessen Beschwer durch ein entsprechendes Unterlassungsurteil um mehr als das 10-fache übersteigen. Außerhalb eines Wettbewerbsverhältnisses gibt es keinen Erfahrungssatz dahin, dass das Interesse des Unterlassungsklägers mit der Beschwer des verurteilten Beklagten identisch ist (hier: Streitwert 7.500 €, Wert der Beschwer des Beklagten 500 €).[149]

Enteignungsverfahren: Streitgegenstand ist vermögensrechtlicher Natur.[150] Geht der Streit um die Zulässigkeit der Enteignung, ist Streitwert der Wert der zu enteignenden Sache (Grundstück etc.).[151] Bei Entschädigung ist Streitwert der Unterschiedsbetrag

140 OLG Oldenburg NJW-RR 2010, 1151 m.w.N.
141 OLG Frankfurt/Main NJW-RR 2012, 445.
142 OLG Karlsruhe JurBüro 2011, 421.
143 OLG Brandenburg MDR 2007, 1225.
144 OLG Koblenz JurBüro 2009, 429; OLG München JurBüro 2009, 484.
145 OLG Schleswig JurBüro 2007, 32.
146 KG JurBüro 2002, 371.
147 KG JurBüro 2003, 142; LG Berlin JurBüro 2003, 143, m.w.N.
148 OLG Schleswig JurBüro 2009, 256.
149 OLG Koblenz JurBüro 2015, 252 = JurionRS 2014, 31520.
150 BGH JurBüro 1972, 684, 686.
151 BGH JurBüro 1968, 797.

zwischen der festgesetzten und der als Entschädigung geforderten Summe.[152] Bei Streit um Ersatzland 20% des Wertes der enteigneten Fläche.[153]

Entfernungsverlangen: Bei einer Abmahnung aus Personalunterlagen s. Anh. II nach § 42.

Entlastung des Geschäftsführers: Vgl. unter „Gesellschaft".

Entlassungsentschädigung: *In Arbeitsrecht* s. Anh. II nach § 42.

Entschädigung: § 48 i.Vm. § 3 ZPO, bei wiederkehrenden Leistungen § 48 i.Vm. § 9 ZPI (vgl. § 42 Rn. 3)

Erbauseinandersetzung:

- Anteil des Klägers[154] an den streitigen Gegenständen.[155]
- Vermittlungsverfahren nach § 363 FamFG: KV-NotKG Nrn. 12510 ff.

Erbbaurecht:

- Klage auf *Bestellung:* § 6 ZPO.[156]
- Klage auf *Übertragung eines Erbbaurechts:* Frei zu schätzender Wert ohne Belastungen,[157] und zwar auch dann, wenn der Übernehmer des Erbbaurechts die Kosten des Bauwerks auf dem Erbbaugrundstück überwiegend getragen hat.[158]
- Klage auf *Erhöhung des Erbbauzinses:* Unterschied zwischen vereinbartem und verlangtem Erbbauzins nach § 9 ZPO (3,5-facher Jahresbetrag).[159]
- Klage zur *Verpflichtung, auf einem Erbbaugrundstück ein Wohnhaus zu errichten:* Zu schätzendes Interesse des Klägers.

Erbschaft:

- Grundsätzlich der Wert des begehrten Anteils unter Abzug evtl. Pflichtteilsansprüche des Klägers.[160]
- *Erbunwürdigkeitsklage:* Interesse des Klägers an der für ihn im Obsiegensfall sich ergebenden Besserstellung[161] bzw. der Anteil des Klägers am Nachlass.[162]
- Streit um *Eintritt der gesetzlichen Erbfolge:* Wert des Erbteils des klagenden Miterben[163] unter Abzug des Pflichtteils, wenn gesetzlicher Erbe gegen den testamentarischen Erben klagt.[164]
- Klage auf *Feststellung der Nichtigkeit eines Testaments:* Nur Interesse des Klägers an der Feststellung, nicht der gesamte Nachlass. Ebenso bei Klage um Testamentsauslegung,[165] wegen Feststellung der Rechtsgültigkeit eines Testaments[166] oder des Eintritts der gesetzlichen Erbfolge.[167]
- Klage auf *Feststellung der Un-/Wirksamkeit des Rücktritts von einem Erbvertrag:* Ein Viertel des reinen Vermögens des Erblassers.[168]

---

152 OLG Neustadt RPfleger 1963, 65 (L).
153 BGH MDR 1967, 827 = NJW 1967, 2308; vgl. dazu auch bei *Schneider/Herget* Rn. 1442 ff.
154 BGH NJW 1975, 1415.
155 BGH NJW 1969, 1350.
156 OLG Saarbrücken AnwBl. 1978, 106.
157 BGH JurBüro 1982, 697; OLG Celle JurBüro 1974, 880 (Heimfallanspruch).
158 OLG Köln JurBüro 1973, 854.
159 OLG München JurBüro 1977, 1002; OLG Frankfurt JurBüro 1977, 1132; OLG Celle JurBüro 1972, 517.
160 BGH MDR 1975, 389 = RPfleger 1975, 127.
161 BGH JurBüro 1960, 205 = RPfleger 1959, 317 = MDR 1959, 232; OLG Frankfurt aM JurBüro 1971, 540.
162 BGH NJW 1970, 197 = JurBüro 1969, 1168 = RPfleger 1970, 17.
163 OLG Bamberg JurBüro 1975, 1367.
164 BGHZ 75, 539 (L) = JurBüro 1975, 461 = MDR 1975, 389.
165 BGH NJW 1956, 1877; KG RPfleger 1962, 154 (L).
166 OLG Koblenz RPfleger 1956, 146 (L).
167 OLG Schleswig SchlHA 1958, 83.
168 OLG Celle NJW 1962, 540 (L) = NdsRPfl. 1962, 57.

- Klage auf *Auskunftserteilung und Vorlegung eines Nachlassverzeichnisses:* Interesse des Klägers.[169] Auskunft ohne unmittelbaren Bezug zu einem Leistungsanspruch: $^1/_2$ des mutmaßlichen Nachlasswertes.[170]
- Klage auf *Aufhebung der Erbengemeinschaft*: Interesse des Klägers,[171] das i.d.R. nicht höher sein wird als sein Erbanteil,[172] aber auch dem der ganzen Erbmasse entsprechen kann.[173]
- Klage eines Abkömmlings auf *Aufhebung der fortgesetzten Gütergemeinschaft:* Halber Anteil des Klägers.[174]
- Klage eines *Miterben auf Übertragung eines Nachlassgrundstücks:* Verkehrswert des Grundstücks abzüglich des Erbanteils des Klägers.[175]
- Klage auf *Feststellung der Ausgleichspflicht nach § 2050 BGB:* Interesse des Klägers an der Ausgleichung.[176]
- Klage eines *Miterben auf Grundbuchberichtigung:* Verkehrswert des Grundstücks abzüglich des Erbteils des bereits eingetragenen Miterben.[177]
- Klage der *Miterben auf Mitwirkung bei Auflassung* eines Nachlassgrundstücks an Dritte: Wert des Grundstücks.[178] Ebenso wenn der gesamte Nachlass an einen Dritten zur Versteigerung herausgegeben werden soll.[179]
- Klage eines *Miterben gegen Miterben* auf Leistung an die Gemeinschaft: Klagegegenstand abzüglich des Anteils des beklagten Miterben an der Nachlassschuld.[180]
- Klage eines *Miterben gegen einen Nachlassschuldner* nach § 2039 BGB: Wert der eingeklagten Forderung.[181] Das gilt auch, wenn ein Dritter gegen einen Miterben eine den gesamten Nachlass betreffende Forderung geltend macht.
- Antrag auf *Beschränkung der Haftung auf den Nachlass:* Interesse des Erben an der Haftung.[182]
- *Klage auf Zustimmung zur Löschung eines (Ersatz-)nacherbenvermerks*: Bruchteil des Grunstückswerts (1/3.–1/10)[183]

Erbschein: Herausgabe § 3 ZPO, also nicht Nachlasswert, sondern ein nach der Missbrauchsmöglichkeit bemessener Bruchteil.[184]

Erledigterklärung nach § 91a ZPO: Die Frage ist sehr strittig:[185]

- *beiderseitige volle Erledigterklärung:* Wert der entstandenen bis zur Zustimmung bzw. zum Vorliegen beider Erklärung entstandenen Kosten.[186]
- *beiderseitige teilweise Erledigterklärung:* Erst von da an der Wert des nicht erledigten Teils zuzüglich der Zinsen und Kosten des erledigten Teils.[187] Die Reduzierung des

169 KG JurBüro 1973, 151.
170 OLG Koblenz JurBüro 2005, 39.
171 BGH NJW 1975, 1415 = MDR 1975, 741 = JurBüro 1975, 1197 = RPfleger 1975, 353 = BB 1975, 1465.
172 KG 1962, 154 (L).
173 OLG Celle RPfleger 1961, 211; OLG Braunschweig RPfleger 1956, 115 (L).
174 BGH MDR 1973, 125.
175 BGH NJW 1972, 909 = MDR 1973, 125 = JurBüro 1972, 497.
176 BGH RPfleger 1957, 247 = FamRZ 1956, 381.
177 BGH MDR 1958, 676 = JurBüro 1958, 387.
178 BGH NJW 1956, 1071 = RPfleger 1956, 308.
179 OLG Hamburg RPfleger 1951, 633; 1958, 37 (L); dazu kritisch *Schneider* JurBüro 1977, 433.
180 BGH NJW 1967, 443 = MDR 1967, 202 = JurBüro 1967, 125.
181 OLG Düsseldorf MDR 1962, 912.
182 BGH NJW 1970, 1742.
183 OLG Bamberg JurBüro 2012, 249.
184 *Lappe* Münchener Kommentar zur ZPO, § 3 Rn. 116.
185 Vgl. dazu bei *Schneider/Herget* Rn. 1487 ff.; *Abramenko* RPfleger 2005, 15.
186 H.M. vgl. z.B. *Thomas/Putzo* § 3 Rn. 57.
187 BGH JurBüro 1981, 1489; KG Beschl. v. 12.11.2009 – 8 W 91/09.

Wertes des erledigten Teils tritt ein mit dem Eingang der Erklärung des Klägers beim Gericht.[188]

- *einseitige volle Erledigungserklärung:* Sehr streitig. Die Ansichten reichen vom unveränderten Streitwert der Klageforderung bis zum Feststellungswert wie bei einer positiven Feststellungsklage oder zum Kosteninteresse.[189] Abzustellen ist richtigerweise auf das Kosteninteresse,[190] d.h. auf das wirtschaftliche Interesse des Klägers an der Feststellung der Erledigung der Hauptsache, das in der Regel dem Wert der Hauptsache entspricht.[191]
- *einseitige teilweise Erledigungserklärung:* Dem Wert der verbliebenen Hauptsache zuzüglich des Wertes des erledigten Teils der Hauptsache.[192] Die Verringerung des Wertes durch (Teil)er-ledigungserklärung tritt erst mit dem schriftsätzlichen Eingang der zweiten Erklärung bei Gericht ein; auf den Eingang beglaubigter Abschriften beim jeweiligen Gegner und/oder auf die Wiederholung der Erklärungen in der mündlichen Verhandlung kommt es nicht an.[193]
- *einseitige Erledigungserklärung im Säumnisverfahren:* Hauptsachewert.[194]
- Erledigungserklärung in einem Vergleich ist streitwertmäßig irrelevant, da Verfahrensbeendigung schon durch den Vergleich eintritt.[195]

Erledigungsfeststellungsklage: vgl. „Erledigung" in der Regel Wert der Hauptsache.

Ermessen: In das Ermessen des Gerichts gestellter Betrag. Vgl. § 3 Rn. 13.

Erziehungsgeld: (Elterngeld) s. § 43 FamGKG.

14 **Fälligkeit:** Bei Leistungsklagen ohne Einfluss auf den Streitwert. Bei Feststellungsklagen ist der Wert das Interesse des Klägers an der Feststellung der Fälligkeit wie der Wert der Abzinsung[196] oder das Interesse des Beklagten an der Hinauszögerung der Fälligkeit.[197]

Familiensachen: s. FamGKG.

Feriensache: Bei Zwischenstreit um Antrag nach § 227 Abs. 3 ZPO: Interesse des Beschwerdeführers.[198]

Fernsprechanschluss: Interesse des Klägers ist nach § 3 ZPO zu schätzen, da es sich regelmäßig um eine kürzere Frist als nach § 9 ZPO handelt.[199]

Fernwärme: Das Interesse des Klägers ist nach § 3 ZPO und nicht nach § 8 ZPO zu schätzen.[200]

Feststellungsklage: Maßgeblich ist das Feststellungsinteresse des Klägers. Es entspricht bei der

- ***negativen*** (leugnenden) *Feststellungsklage* i.d.R. dem Wert des Rechts, dessen Nichtbestehen festgestellt werden soll (Interesse des Klägers), also dem vollen Wert der

---

188 OLG Köln JurBüro 2014, 143 = JurionRS 2013, 44900 = BeckRS 2013, 16684.
189 Vgl. dazu etwa KG JurBüro 2003, 644; OLG Frankfurt aM MDR 1995, 207 und bei KG MDR 2004, 116; Thomas/Putzo-*Hüßtege* § 3 Rn. 59 ff. m. zahlr. N.
190 So überzeugend KG MDR 2004, 116.
191 OLG Hamm JurBüro 2005, 598 (LS mit Volltextservice).
192 Ebenfalls sehr str. vgl. bei *Thomas/Putzo* § 3 Rn. 62.
193 OLG Düsseldorf JurBüro 2007, 256.
194 OLG Hamm, FamRZ 2012, 242 (zum FamGKG)
195 LAG Schleswig-Holstein JurBüro 2007, 257 (LS mit Volltextservice).
196 Vgl. *Lappe* Münchener Kommentar zur ZPO, § 3 Rn. 118.
197 LG Bielefeld AnwBl. 1980, 256.
198 OLG Braunschweig NdsRpfl. 1963, 255; OLG Köln JurBüro 1961, 563 (etwa $^1/_{10}$– $^1/_5$ der Hauptsache).
199 KG NJW 1956, 1206.
200 BGH NJW-RR 1989, 381.

aus dem Rechtsverhältnis abgeleiteten und nicht etwa nur eingeklagten Forderung.[201] Handelt es sich um wiederkehrende Leistungen, kann § 9 ZPO einschlägig sein.[202] Bei Feststellung einer Erwerbsverpflichtung der Kaufpreis ohne Gegenleistungen.[203] Bei unbezifferten Forderungen ist die Höhe gem. § 3 ZPO zu schätzen und bei irrealen Vorstellungen ggf. auf ein angemessenes Maß zurückzusetzen.[204] Das gilt auch in Fällen wiederkehrender Leistungen[205] oder eines Unterlassungsanspruchs.[206] Berühmt sich der Beklagte eines Anspruchs gegen den Kläger, ist der geforderte Betrag regelmäßig der Streitwert der negativen Feststellungsklage, weil in Höhe dieses Betrages die konkrete Gefahr der Inanspruchnahme des Klägers durch den Beklagten besteht.[207]

- ***positiven** (behauptenden) Feststellungsklage* im Allgemeinen nur einem Bruchteil des Leistungsanspruchs, und zwar etwa 50–80%,[208] und zwar auch dann, wenn es sich um einen privilegierten Gebührentatbestand handelt (z.B. §§ 41, 42) und zu erwarten ist, dass im Fall des Obsiegens mit freiwilliger Leistung zu rechnen ist.[209] Wenn Feststellungsklagen bei der zugrunde liegenden Materie aber die Regel sind und es üblicherweise nicht zu einer Leistungsklage kommt, entspricht der Wert der Feststellungsklage dem der Leistungsklage.[210] Im Einzelfall können aber auch geringere Bruchteile genügen.[211] Wenn hingegen sicher ist, dass der Beklagte aufgrund eines Feststellungsurteils auch leisten wird, kann auch der volle Wert des Leistungsanspruchs eingesetzt werden.[212] Auszugehen ist für die Bewertung, in welcher Höhe Ansprüche gegen den Beklagten in Betracht kommen, wobei bei einer Schätzung die Erwartungen des Klägers maßgeblich sind und es keine Rolle spielt, wenn die Vorstellungen des Klägers völlig überzogen sind.[213] Zu berücksichtigen ist auch, wie hoch das Risiko eines künftigen Schadens und einer tatsächlichen Inanspruchnahme des Beklagten ist.[214] Abzustellen ist immer auf den Zeitpunkt des Abschlusses der Verhandlung;[215]
- *Häufung einer Feststellungs- und einer Leistungsklage:* Hier kommt es darauf an, ob der Feststellungsklage eine selbständige Bedeutung zukommt;[216] Bei einem zusätzlichen Feststellungsantrag auf Feststellung der Deliktshaftung (vorsätzliche unerlaubte Handlung)zur Erlangung eines Vollstreckungsvorteils (z.B. § 302 Nr. 1 InsO):

201 So die ganz überwiegende Ansicht; wie hier vgl. etwa: BGHZ 2, 276; NJW 1970, 2925; BAG JZ 1961, 666; OLG Düsseldorf MDR 2003, 236 m. Anm. v. *N. Schneider;* OLG Brandenburg JurBüro 2003 85; *Hartmann* Anh. I zu § 48 (§ 3 ZPO) Rn. 54 m.N. des Streitstandes.
202 KG JurBüro 2009, 259.
203 OLG Hamm JurBüro 2003, 537.
204 OLG Düsseldorf MDR 2003, 236 m. Anm. v. *N. Schneider.*
205 OLG München NJW-RR 1988, 190.
206 *Hartmann* Anh. I zu § 48 (§ 3 ZPO) Rn. 54; **a.M.** OLG München DB 1986, 1920.
207 KG JurBüro 2009, 194; LArbG München JurBüro 2007, 256.
208 Unstr. vgl. etwa BGH NJW 1965, 2298; BGH JurBüro 1975, 1598.
209 BGH NJW-RR 1999, 362; OLG Jena JurBüro 2008, 534; OLGB Hamm JurBüro 1986, 752; OLG Köln JurBüro 1986, 1403.
210 BGH JurBüro 2009, 89.
211 OLG Celle JurBüro 1969, 978 (50); OLG Frankfurt aM AnwBl. 1982, 436 (40); OLG Frankfurt aM JurBüro 1991, 410.
212 OLG Köln NJW 1960, 2248; **a.M.** BGH NJW-RR 1988, 690 m.w.N.
213 OLG Karlsruhe JurBüro 2013, 138.
214 BGH NJW-RR 1991, 509.
215 OLG Frankfurt aM MDR 1989, 743.
216 BGH NJW-RR 1992, 698.

str. voller Wert der Forderung,[217] allenfalls 5% der bezifferten Leistungsklage,[218] 500 € bei geringer Erfolgsaussicht der späteren Leistungsklage.[219]

- *Insolvenzfeststellungsklage:* Der Wert richtet sich nach der voraussichtlichen Insolvenzdividende unter Außerbetrachtlassung sonstiger Sicherungsrechte.[220] Bei Feststellungsbegehren eines Gläubigers im Verbraucherinsolvenzverfahren gem. § 184 InsO, dass die Forderung auf vorsätzlich begangener unerlaubter Handlung beruht, ist nicht mit 100% der festzustellenden Forderung zu bewerten, sondern es sind die späteren Vollstreckungsaussichten maßgebend (z.B. 75% des Nennwerts der Forderung, wenn die Aussichten gering sind).[221] Bei Feststellungsbegehren, dass Forderung auf vorsätzlich begangener unerlaubter Handlung beruhe, voller Betrag, wenn keine Zweifel an Realisierbarkeit bestehen, sonst Abschlag (s. unten Rn. 17). Bei Klage auf Feststellung einer Forderung zur Insolvenztabelle ist Wert der Berufung der Betrag, der zum Zeitpunkt der Berufungseinlegung bei der Verteilung der Insolvenzmasse zu erwarten war (vgl. § 58 Rn. 16).[222]
- *Zwischenfeststellungsklage* nach § 256 Abs. 2 ZPO: Der Wert ist unabhängig vom Wert des ursprünglichen Streitgegenstandes zu bestimmen.[223]
- *Im Arbeitsrecht* (Schleppnetzantrag): Vgl. Streitwertkatalog Nr. 117.[224]

Finanzgerichtsverfahren: Vgl. § 52.

Firma: Vgl. „Name", „Unterlassung".

Fischereirecht: Der Wert ist zu schätzen.[225]

Folgesachen: vgl. § 44 FamGKG.

Forderung: Deren Wert unabhängig von etwaiger Gegenleistung, vgl. § 3 Rn. 23.

Forderungsabtretung: Grundsätzlich Betrag der abzutretenden Forderung,[226] bei Zweifeln kann aber auch die Einschätzung des Klägers bzgl. der Werthaltigkeit maßgebend sein.[227]

Fortbestand: Bei einer Klage auf Feststellung des Fortbestandes eines Arbeitsverhältnisses s. Anh. II nach § 42. Für eine Fortbestandsmitteilung für die Versicherung 250 €.[228]

Franchiseverträge: Der Franchisenehmer ist in der Regel selbständiger Gewerbetreibender. Der Streitwert für Streitigkeiten aus dem Franchisevertrag ist deshalb regelmäßig nach § 48 Abs. 1 GKG i.V.m. § 3 ZPO zu bestimmen (vgl. § 42 Rn. 14). Bei Kündigungsstreitigkeiten ist der Wert nach dem Interesse des Franchisenehmers an der Fortführung des Vertrages zu bemessen. Maßgebend ist also der (drohende) Gewinn(entgang).[229] Bei erstrebter vorzeitiger Beendigung vermögensrechtliches Interesse des Klägers an der Vertragsauflösung, i.d.R. Wert der Freistellung von den den Kläger belastenden Pflichten.[230]

---

217 OLG Karlsruhe JurBüro 2007, 648.
218 OLG Dresden MDR 2008, 50.
219 OLG Karlsruhe JurBüro 2007, 648.
220 BGH NJW 1964, 1229; vgl. auch *Schneider* MDR 1974, 101.
221 BGH NJW 2009, 920 = ZIP 2009, 435. **A.A.** z.B. LG Mühlhausen JurBüro 2004, 597.
222 BGH, Beschl. v. 14.1.2016 – IX ZB 57/15 – = JurionRS 2016, 10465.
223 RG HRR 1935, 814.
224 Anhang nach § 42.
225 Vgl. BGH MDR 1969, 916 = JurBüro 1969, 835; OLG Celle JurBüro 1972, 197.
226 BGH NJW-RR 1997, 1562.
227 OLG Karlsruhe JurBüro 2006, 201 (LS mit Volltextservice) = RVG-Letter 2006, 35.
228 LAG Köln AnwBl. 2001, 634.
229 OLG Stuttgart JurBüro 2007, 144.
230 OLG Düsseldorf JurBüro 2011, 592.

Freigabe von Bankguthaben: Maßgeblich ist der volle Betrag des Bankguthabens, nicht nur das Interesse des Klägers daran, sofort über das Guthaben verfügen zu können.[231]

Freistellung: Bei einer Weiterzahlung des Arbeitsentgelts ist das für den Freistellungszeitraum zu zahlende Entgelt maßgeblich.[232] Vgl. auch „Befreiung", „Beendigungsvergleich" und „Grundstück". Wird die Freistellungsvereinbarung in einem Vergleich im Kündigungsschutzverfahren getroffen, tritt keine Streitwerterhöhung ein, wenn die Frage einer Freistellung nicht streitig war,[233] sonst regelmäßig niedriger als die auf den Zeitraum entfallende Lohnzahlung,[234] etwa 25% des auf den Freistellungszeitraum entfallenden Entgelts,[235] bzw. ein Bruttomonatsgehalt.[236]

Gebrauchsmuster: Vgl. „Unterlassung". 15

Gegendarstellung: Vgl. § 48 Rn. 10.

Gegenforderung: Vgl. § 3 Rn. 14.

Gegenleistung: Vgl. § 3 Rn. 23 und § 6 ZPO, Rn. 7.

Gehalt: s. „Arbeitsentgelt" (Anh. II nach § 42).

Geldforderung: Maßgebend ist nach § 3 ZPO das Interesse des Klägers, das sich mit dem Betrag der Forderung deckt. Ob eine Forderung einbringlich ist, ist unerheblich (anders bei Klagen nach § 182 InsO).

Gemeinnützigkeit: Fiktiver wirtschaftlicher Wert in Anlehnung an vergleichbare nicht gemeinnützige Gegenstände.[237]

Gemeinschaft: Bei Klage auf Aufhebung der Gemeinschaft oder Ausschluss aus der Gemeinschaft das Interesse des Klägers.[238] Vgl. auch bei „Erbschaft", „Gütergemeinschaft".

Genehmigung: Interesse des Klägers ist gem. § 3 ZPO zu schätzen.[239] Wegen verwaltungsrechtlicher Genehmigungen gilt § 52.

Genossenschaft:

- *Anfechtung eines Generalversammlungsbeschlusses:* Bei der Schätzung des Interesses des Klägers ist gem. dem Gedanken des § 247 Abs. 1 AktG auch das Interesse der Genossenschaft zu würdigen.[240]
- *Ausschluss eines Genossen:* Maßgeblich ist der zu schätzende Wert des Genossenschaftsanteils des Ausgeschlossenen, wenn mit der Klage Vermögensinteressen verfolgt werden.[241] Geht es nur oder ganz überwiegend um die Wiederherstellung der Ehre des Ausgeschlossenen, gilt § 48 Abs. 2 (vgl. § 48 Rn. 10).

Geräuschimmission: Unterlassungsklage für einen bestimmten Zeitraum gegen G durch eine Vielzahl von Haustieren 1.500 €.[242]

Geschäftsbedingungen: Vgl. Allgemeine Geschäftsbedingung.

Geschmacksmuster: Vgl. „Unterlassung". Vgl. auch „Designgesetz".

Geschäftsführer: Geschäftsführer einer GmbH ist kein Arbeitnehmer. Die arbeitsgerichtlichen Besonderheiten, insbesondere § 42 Abs. 3 gelten nicht.

---

231 OLG Kiel SchlHA 1947, 205.
232 LAG Halle AnwBl. 2001, 632; **a.M.** LAG Berlin MDR 2002, 59.
233 LAG Nürnberg NZA-RR 2004, 261 mit Besprechung von *Mayer* RV-Letter 2004, 45.
234 LAG Rheinland-Pfalz MDR 2007, 1106.
235 LArbG Schleswig-Holstein JurBüro 2007, 257 (LS mit Volltextservice).
236 LAG Niedersachsen JurBüro 2008, 147.
237 Vgl. *Lappe* Münchener Kommentar zur ZPO, § 3 Rn. 123.
238 OLG Frankfurt aM JurBüro 1979, 1195.
239 Vgl. bei *Schneider/Herget* Rn. 1919 ff.
240 Vgl. OLG Oldenburg NJW 1953, 1716; OLG Bamberg JurBüro 1980, 759; *Schneider/Herget* Rn. 1927.
241 OGHBRZ RPfleger 1949, 469.
242 LG Bonn JurBüro 2001, 593.

Gesellschaft:
- *Abberufung* eines Gesellschafter-Geschäftsführers einer GmbH: Wert seines Geschäftsanteils.[243]
- *Anteil:* Verkehrswert des Anteils.[244] Das gilt auch bei Rückabwicklung einer stillen Beteiligung mit ratierlichen Einzahlungen.[245]
- *Ausschluss* eines mit der Geschäftsführung beauftragten, am Gesellschaftsvermögen beteiligten Gesellschafters einer Personenhandelsgesellschaft: Wirtschaftliches Interesse an der Nichtigkeitserklärung des Ausschließungsbeschlusses nach dem Wert der ihm vertraglichen Vereinbarungen zustehenden Vergütungen.[246]
- *Atypische stille G.:* Es gelten keine Besonderheiten.
- *Feststellung, künftig keine weiteren Einlagen erbringen zu müssen:* Entsprechende Anwendung des § 9 ZPO.[247]
- *Rückzahlungsanspruch:* Nach dem Rechtsgedanken des § 182 InsO der Betrag, der bei der Verteilung der Insolvenzmasse für die Forderung zu erwarten wäre; beim Fehlen konkreter Anhaltspunkte für die Schätzung $^1/_4$ der geleisteten Einzahlungen.[248]
- *Ausschließung eines Gesellschafters:* soweit vermögensrechtliche Interessen: Bewertung unter Berücksichtigung des Wertes der Geschäftsanteile des Klägers.[249]
- *Streit um die Vergütung eines Organmitglieds:* § 9 ZPO.
- *Entlastung eines Geschäftsführers:* Der zu erwartende Schadensersatzanspruch.[250]
- *Eintragung in das Handelsregister:* Interesse des Klägers an der Offenlegung der wirklichen Verhältnisse, i.d.R. $^1/_{10}$ seiner Einlage.[251]
- *Anfechtungs- und Nichtigkeitsklage* nach §§ 246, 249 AktG: vgl. § 247 AktG.
- *Nichtzulassungsbeschwerde* für Anfechtungklage gegen Gesellschafterbeschlüsse einer GmbH: entsprechend § 247 Abs. 1 AktG höchstens 10% des Stammkapitals.[252]
- Bei gleichlautender Unterlassungsklage gegen Gesellschaft und deren Geschäftsführer sind Streitwerte grundsätzlich gleich zu bewerten.[253]

Gewaltschutzsachen: s. § 49 FamGKG.

Gewerblicher Rechtsschutz: Vgl. „Unterlassung".

Gratifikation: S. "Arbeitsentgelt".

Grenzscheidungsklage aus § 920 BGB: Zu schätzendes Interesse des Klägers.[254] Bei Streit um Zulässigkeit einer Grenzregelung der Wert der Teilfläche, die an den anderen Teil gehen soll.[255]

Grundbuchberichtigung: Interesse des Klägers, das sich aus der Berichtigung ergibt und nicht der Wert des Grundstücks.[256]

---

243 BGH, Beschlüsse vom 2.3.2009 – II ZR 59/08 – und v. 28.6.2011 – II ZR 127/10 –; OLG Stuttgart JurBüro 2013, 307, 308.
244 KG JurBüro 2010, 426 = BB 2010, 1562 (L) = BeckRS 2010, 13125; OLG Frankfurt aM JurBüro 1980, 606.
245 OLG München JurBüro 2005, 39.
246 BGH MDR 2015, 411 = DB 2015, 485 = JurionRS 2014, 31146.
247 *Janizewski* JurBüro 2003, 455.
248 *Hartmann* Anh. II zu § 48 (§ 182 InsO) Rn. 4 ff.; *Janizewski* JurBüro 2003, 454.
249 BGHZ 19, 175.
250 KG JurBüro 1962, 281.
251 MDR 1971, 768 (L) = BB 1971, 721.
252 Dazu BGH NZG 2009, 1438 = BeckRS 2009, 87523.
253 OLG Frankfurt/Main, Beschl. v. 24.1.2017 – 6 W 119/16 – = JurionRS 2017, 10223.
254 LG Hildesheim NdsRpfl. 1966, 216.
255 BGH JurBüro 1968, 797 = RPfleger 1968, 322.
256 LG Dresden JurBüro 2000, 83.

Grundbucheintragung: Nicht der Wert des Grundstücks oder der Verkehrswert des dinglichen Rechts, sondern der Wert des Anspruchs (d.h. des Interesses des Klägers an der Grundbuchberichtigung), auf dem die Eintragung beruht.[257]

Grundbuchwiderspruch: im einstweiligen Verfügungsverfahren $1/4$ des Wertes des (Mit-)eigentumsanteils.[258]

Grund des Anspruchs: Der Wert des geltend gemachten Anspruchs.[259]

Grunddienstbarkeit: Wert ist nach § 7 ZPO zu bestimmen.

Grundpfandrecht: Vgl. bei § 6 ZPO. Dazu auch unter „Grundschuld", „Hypothek", „Löschungsbewilligung".

Grundschuld: wie Hypothek. Für Antrag auf Feststellung der Umwandlung eines durch eine Grundschuld gesicherten Darlehns in eine Rückgewährschuldverhältnis ist der Wert der zur Sicherung verwendeten Grundschuld grundsätzlich nicht zu berücksichtigen.[260]

Grundschuldbrief: Klage auf Herausgabe ist Nennwert maßgebend.[261]

Grundschuldlöschung: In der Regel Nominalwert der Grundschuld, im Einzelfall kann aber auch auf die (geringere) wirtschaftliche Bedeutung für die Parteien abgestellt werden.[262]

Grundstück: Maßgeblich ist der Verkehrswert, nicht der Einheitswert, auch wenn Herausgabe vom Besitzstörer verlangt wird.[263] Das gilt auch bei Vereinbarung betreffend die Übertragung eines Grundstücksanteils im Rahmen eines im Verbundverfahren geschlossenen Scheidungsfolgenvergleichs.[264]

Grundurteil: s. „Grund des Anspruchs".

Gütergemeinschaft: bei Streit um Auseinandersetzung Wert des begehrten Anteils.[265]

Güterrechtssachen: allgemein § 52 FamGKG

Güterstand: Bei Klage auf Aufhebung der fortgesetzten Gütergemeinschaft ist Streitwert der halbe Anteil des klagenden Abkömmlings am Gesamtgut.[266]

Haftbefehl: Für das Verfahren der Eidesstattlichen Versicherung samt Erlass des 16
Haftbefehls im Rahmen der Zwangsvollstreckung (§§ 900, 901 ZPO) fallen nach der Übertragung dieser Angelegenheiten auf den Gerichtsvollzieher (§ 899 ZPO) insoweit nur Gebühren nach dem GVKostG an. Für das Verfahren der Abnahme der Eidesstattlichen Versicherung nach bürgerlichem Recht (§ 889 ZPO) dagegen werden für die Anordnung von Maßnahmen besondere Gerichtsgebühren nicht erhoben, sondern nur für die Durchführung, soweit diese gebührenpflichtig sind. In beiden Fallgruppen sind hingegen für das Beschwerdeverfahren Festgebühren nach KV 1811, 1823 vorgesehen. Eine entsprechende Anwendung des § 58 Abs. 3 Nr. 11 BRAGO a.F.[267] kommt somit nicht mehr in Betracht.

---

257 Vgl. OLG Köln JurBüro 2014, 536 = JurionRS 2013, 565 11 m.w.N.; *Hartmann* § Anh. I zu § 48 (§ 3 ZPO) Rn. 40.
258 OLG Koblenz JurBüro 2006, 537.
259 BGH VersR 1976, 988 m.N.
260 LG Memmingen JurBüro 2017, 253.
261 OLG Frankfurt aM JurBüro 2003, 537.
262 KG MDR 2003, 1383 (L).
263 **A.M.** OLG Frankfurt aM MDR 1981, 759.
264 OLG Bremen JurBüro 1999, 640.
265 OLG Düsseldorf JurBüro 2006, 644.
266 BGH NJW 1973, 50 = JurBüro 1973, 121; s. auch unter „Erbschaft", oben Rn. 62.
267 Vgl. etwa OLG Köln JurBüro 1976, 385 und bei *Schneider/Herget* Rn. 2323 m.N.

Handelsregister:
- *Anmeldung:* Bei beantragter Feststellung des Rechtsverhältnisses Wert des Anteils.[268]
- *bloße Anmeldung:* Nur ein Bruchteil des Anteilswertes.[269]

Handelsvertreter i.S.v. § 84 HGB ist selbständiger Gewerbetreibender.
- *Vertraglich vereinbartes Ruhegeld (Altersrente):* § 9 ZPO, nicht § 17 GKG.[270] Wenn ein Angestellter i.S.d. § 84 Abs. 2 HGB Geschäfte vermittelt, gilt aber § 42.[271]
- *Für Ausgleichs- und Karenzentschädigung:* Der geforderte Betrag.[272]
- *Stufenklage mit gleichzeitigem Anspruch nach § 89b HGB:* Wert der Stufenklage und des Ausgleichsanspruchs sind zusammenzurechnen.[273]

Handywerbung: bei Verfügungsantrag auf Unterlassung ist Wert nach § 3 ZPO nach der Schwere der Belästigung zu schätzen. 2.000 € bei Belästigung durch SMS,[274] 10.000 € bei Belästigung einer Anwaltskanzlei durch E-Mail[275] können angebracht sein.

Haushaltssachen: s. § 48 FamGKG.

Heimfall: Verkehrswert des Erbbaurechts.

Herausgabe: Maßgeblich ist grundsätzlich der Wert der Sache, § 6 ZPO, wenn um diese gestritten wird.
- *Zurückbehaltungsrechte:* Grundsätzlich ohne Einfluss auf den Streitwert.[276]
- *eines (gebrauchten) Kraftfahrzeugs:* Verkehrswert zum Zeitpunkt der Klageerhebung.[277] Das gilt auch, wenn im arbeitsgerichtlichen Kündigungsverfahren die Herausgabe eines Firmenfahrzeugs (Leasingwagens) streitig ist.[278]
- *eines Grundschuldbriefes:* dessen Nennwert.[279]
- *Einer Bürgschaftsurkunde bei Interesse auf Erlöschen der Bürgschaftsforderung*: Höhe der Hauptforderung, wenn diese hinter der Bürgschaftsforderung zurückbleibt.[280]
- *eines Kraftfahrzeugbriefs:* Zu schätzendes Interesse des Klägers.[281]
- *eines sicherungsübereigneten Gegenstandes und Rückzahlung eines Darlehens:* In entsprechender Anwendung des § 6 ZPO der geringere Wert der Forderung oder des Gegenstandes.[282]
- Bei Herausgabe eines Generalschlüssels einer Schließanlage Wert der gesamten Schließanlage samt Kosten der Auswechslung derselben.[283]
- Duldung des Ausbaues zur Herausgabe von Gas-, Strom- oder Wasserzählern durch das Versorgungsunternehmen: Interesse des Unternehmens an der Einstellung der Belieferung, in der Regel die Höhe der Abschlagsleistungen für 6 Monate.[284]

---

268 *Lappe* Münchener Kommentar zur ZPO, § 3 Rn. 126.
269 BGH RPfleger 1979, 194.
270 LAG Nürnberg NZA-RR 2001, 53; OLG Frankfurt aM MDR 1974, 1928 = RPfleger 1974, 363; *Schneider* BB 1976, 1298.
271 Vgl. *Bogs* VersR 1977, 198.
272 OLG Karlsruhe Die Justiz 1971, 306.
273 LG Bayreuth JurBüro 1977, 1747.
274 KG JurBüro 2006, 645.
275 OLG Koblenz JurBüro 2006, 645.
276 OLG Koblenz RPfleger 1956, 147.
277 OLG Neustadt RPfleger 1957, 238 (L).
278 LAG Rheinland-Pfalz JurBüro 2009, 140.
279 OLG Frankfurt aM JurBüro 2003, 537.
280 OLG Schleswig NJW-Spezial 2014, 397 = RVG-professionell 2014, 145 = JurionRS 2014 17598. Vgl. auch BGH WuM 2006, 215 und NJW-RR 1994, 758.
281 OLG Köln JurBüro 1962, 168; OLG Nürnberg MDR 1969, 1020.
282 BGH NJW 1959, 939 = MDR 1959 385 (L).
283 LArbG Schleswig-Holstein JurBüro 2007, 258 (LS mit Volltextservice).
284 OLG Koblenz JurBüro 2012, 473; OLG Braunschweig NJW-RR 2006, 1584; OLG Brandenburg RdE 2010, 229; OLG Schleswig NJW-RR 2010, 141.

- Bei Herausgabe eines Generalschlüssels einer Schließanlage Wert der gesamten Schließanlage samt Kosten der Auswechslung derselben.[285]
- Bei Herausgabe von Legitimationspapieren: für Pferde (Zuchtbescheinigungen) Wert des Pferdes.[286]
- *Vorbehaltseigentum:* Stets der Wert der Sache.
- *Urkunde:* Bei Wertpapieren der verbriefte Wert (z.B.: Kurswert beim Verhandlungsschluss).[287] sonst der nach dem Interesse des Klägers zu schätzende Wert.[288]
- *eines unbebauten Grundstücks:* Verkehrswert.[289]
- Eines *Vollstreckungstitels:* Wert ist nach freiem Ermessen zu bestimmen, i.d.R. Interesse des Klägers am Besitz des Titels.[290]

Hilfsantrag: Vgl. § 45 Abs. 1.

Hilfsaufrechnung: Vgl. § 45 Abs. 3.

Hilfswiderklage: Vgl. § 45 Abs. 1.

Hinterlegung: Grundsätzlich ist das Interesse des Klägers an einer Hinterlegung maßgebend. Bei Klage auf Auszahlung oder Zustimmung zu einer solchen aber der Betrag einschließlich der bis zu Beginn der Instanz[291] bzw. bis zum Schluss der Verhandlung[292] aufgelaufenen Zinsen.

Hypothek:

- *Klage auf Löschung:* Betrag der eingetragenen Hypothek,[293] und zwar stets der Nennwert ohne Rücksicht darauf, wieweit sie noch valutiert.[294] Im Einzelfall kann aber eine (geringere) wirtschaftliche Bedeutung des Rechtsstreits für die Parteien berücksichtigt werden. Bei Löschungsbewilligung einer Tilgungshypothek Umfang der besicherten Forderung.[295]
- *Streit um Abtretung:* Nennwert der Hypothek.[296]
- *Klage auf Kraftloserklärung eines Hypothekenbriefs:* Interesse des Antragstellers.[297]

Immissionen: Bei Klage auf Schutz gegen Immissionen ist maßgebend das nach § 3 17
ZPO zu schätzende Interesse des Klägers gemäß der Wertminderung für das beeinträchtigte Grundstück in Anlehnung an § 7 ZPO.[298]

Impfschaden: Wert von Rentenansprüchen aus Impfschäden ist der $3^1/_2$-fache Jahresbetrag der Rente, § 9 ZPO.[299]

Insolvenzfeststellungsklage: Feststellungsantrag, dass eine angemeldete Forderung auf vorsätzlich begangener unerlaubter Handlung beruhe voller Forderungsbetrag (ohne [kapitalisierte] Zinsen, wenn kein Zweifel an der Realisierung besteht, anderenfalls Abschlag wie bei Feststellungsklagen.[300]

---

285 LArbG Schleswig-Holstein JurBüro 2007, 258 (LS mit Volltextservice).
286 LG Flensburg Beschl. v. 19.3.2007 – 2-0-302/06.
287 BGH NJW 1989, 2755 KG MDR 2003, 1383 (L).
288 BGH FamRZ 1992, 170, im Einzelnen dazu etwa bei *Hartmann* Anh. I zu § 48 (§ 3 ZPO) Rn. 69 m.N.
289 OLG Celle RPfleger 1960, 413.
290 BGH JurBüro 2004, 540.
291 BGH NJW 1967, 930 (L) = MDR 1967, 280 = JurBüro 1967, 395.
292 OLG Schleswig JurBüro 1976, 239.
293 OLG Düsseldorf MDR 2000, 543; OLG Celle MDR 1977, 935; OLG Frankfurt aM JurBüro 1977, 720.
294 BGH, Beschl. v. 16.2.2017 – V ZR 165/16 – = JurBüro 2017, 252; OLG Saarbrücken MDR 2001, 897.
295 OLG Koblenz JurBüro 2009, 430.
296 OLG Köln JMBlNRW 1969, 274.
297 LG Hildesheim NJW 1964, 1232.
298 OLG Nürnberg JurBüro 1967, 827; OLG Schleswig JurBüro 1973, 637.
299 BGH JurBüro 1970, 389 = MDR 1970, 401 (noch zum alten Recht).
300 OLG Koblenz JurBüro 2012, 79.

Internethandel: bei unterlassener Widerrufsbelehrung je Fehler 2.000 €.[301]

Insolvenzverfahren: War der auf Zahlung einer Geldsumme gerichtete Prozess durch Insolvenz des Beklagten unterbrochen, bildet der Betrag, der bei der Verteilung der Insolvenzmasse für die Zahlungsforderung zu erwarten ist, den Streitwert des weiteren Verfahrens[302] Bei einem Streit über die Höhe der Insolvenzverwaltervergütung richtet sich der Streit-/Gegenstandswert für die Gebühren des Verfahrensbevollmächtigten eines Gläubigers nach der streitigen Vergütung und nicht nach der vom Gläubiger erstrebten Verbesserung seiner Befriedigung.[303] Vgl. auch unten, § 182 InsO Rn. 103) und „Feststellungsklage" sowie unten Rn. 101.

18 **Jagd- und Fischereirechte:** Wert nach § 3 ZPO zu schätzen.[304]

19 **Kapitalanleger-Musterverfahren:** s. § 51a

Kaufvertrag:
- *Klage auf Zahlung des Kaufpreises:* Betrag des eingeklagten Betrages.
- *Klage auf Abnahme:* Vgl. oben „Abnahme".
- *Klage auf Lieferung:* Wert der Sachen, § 6 ZPO.

Kindschaftssachen: §§ 45, 46 FamGKG.

Klageänderung: Keine Addition der Werte vor und nach der Änderung.[305]

Klagehäufung: § 5 ZPO.

Klagerücknahme: Beim Antrag nach § 269 Abs. 3 ZPO ist § 3 ZPO anwendbar (etwa $^{1}/_{10}$ der Hauptsache).[306] Beim Streit um die Wirksamkeit der Rücknahme jedoch Wert der Hauptsache.[307]

Konkurrenzverbot: Unterlassung eines mietvertraglichen K. nach § 48 GKG, § 3 ZPO das Interesse des Klägers, sein Geschäft ohne die angeblich unzulässige Konkurrenz zu betreiben, i.d.R. der Reingewinn, der dem Kläger infolge der vertragswidrigen Konkurrenz entgeht.[308]

Konkurssachen: s. „Insolvenz".

Körperverletzung: Bei Unterlassungsklage regelmäßig unter 5.000 €.[309]

Kosten: als Nebenforderung § 4 ZPO, § 43.

Kostenerstattungsanspruch: Die Bewertung des materiell-rechtlichen Kostenerstattungsanspruchs ist strittig.[310]

Kostenwiderspruch im EV-Verfahren: Höhe der bis zur Einlegung des Widerspruchs entstandenen Kosten.[311]

Kraftfahrzeug, Kraftfahrzeugbrief: s. Herausgabe.

Kraftloserklärung: vgl. Rn. 7 „Aufgebotsverfahren".

Kündigung
- *im Arbeitsrecht*:[312] s. Anh. II zu § 42.
- *im Wohnraummietrecht*: s. „Miete".

---

301 OLG Naumburg JurBüro 2008, 149 (LS mit Volltextservice).
302 OLG Koblenz JurBüro 2010, 201.
303 BGH ZIP 2012, 1732 = BeckRS 2012, 17738.
304 RG JW 1938, 1841 = HRR 1938, 832.
305 KG RPfleger 1968, 289.
306 Vgl. *Schneider* JurBüro 1970, 897.
307 *Hartmann* Anh. I zu § 48 (§ 3 ZPO) Rn. 73.
308 BGH MDR 2007, 202.
309 OLG Saarbrücken MDR 2013, 1244 (2.000 für Beleidigung und Körperverletzung)
310 Dazu ausführlich *D. Meyer* JurBüro 2009, 181 und *N. Schneider* NJW 2008, 3317 ff.
311 OLG Nürnberg, 28.1.2013 – 3 W 12/13 – = RVG-professionell 2013, 128.
312 Vgl. dazu LAG Hamburg JurBüro 2008, 593 (LS mit Volltextservice); LAG Köln JurBüro 2008, 424 und ausführlich *Brinkmann* JurBüro 2005, 119 ff.

Kündigungsschutzklage: s. Anh. II nach § 42.

Künftige Leistung: Wert der Klageforderung, Zwischenzinsen sind nicht abzuziehen.[313] Im arbeitsgerichtlichen Verfahren s. Anh. II nach § 42.

Leasing: Es gelten die gleichen Grundsätze wie bei der Miete.[314] 20

Legitimationspapiere: 1. „Herausgabe".

Leibgedinge: Wert ist nach § 3 ZPO, nicht nach § 9 ZPO zu schätzen. Der Anspruch auf wiederkehrende Leistungen richtet sich allerdings nach § 9 ZPO.

Löschung:

- *einer Auflassungsvormerkung*: § 6 ZPO.
- *einer Hypothek oder Grundschuld:* s. „Hypothek" (oben Rn. 16) und „Grundschuld" (oben Rn. 15).
- *eines Warenzeichens oder Gebrauchsmusters:* Interesse des Klägers nach § 3 ZPO zu schätzen.

Löschungsbewilligung: Grundsätzlich Nominalwert des Grundpfandrechts. Wenn und soweit aber das Grundpfandrecht nicht mehr valutiert oder wenn die Höhe der Valutierung unstreitig ist, ist der Streitwert mit 20% des Nominalwerts zu bemessen.[315]

Lohn: s. „Arbeitsentgelt" (Anh. II nach § 42).

Lohnabrechnungen: s. Anh. II nach § 42.

Lohn- und Gehaltsforderungen: § 42.

Lohnpfändungen: § 42 Abs. 2: s. Anh. II nach § 42.

Markenverletzungsverfahren: Nach freiem Ermessen zu bestimmen (§ 3 ZPO), 21
wirtschaftliches Interesse des Antragstellers an der Unterlassung.[316]

Maßregelvollzug: Überprüfung der Rechtsmäßigkeit einer Kriseninterventionsmaßnahme im Vollzug, Entschädigung bei Unrechtmäßigkeit Bruchteil des Entschädigungssatzes nach § 7 Abs. 3 StrEG pro Tag.[317]

Mehrvergleich: s. unten „Vergleich".

Mehrwertsteuer: Sie ist keine Nebenforderung i.S.v. § 43, § 4 ZPO und deshalb der Hauptforderung hinzuzusetzen. Die auf Zinsen entfallende Mehrwertsteuer ist aber nicht zu berücksichtigen, wenn die Zinsen Nebenforderung sind.[318]

Miete: Grundsätzlich gilt für Mietstreitigkeiten § 41, wenn es um die Dauer des Mietverhältnisses geht. Bei Streit um den Inhalt des Vertrages ist indessen § 48 anwendbar (vgl. § 41 Rn. 1, 7). Die Rspr. zur Bewertung von Mietstreitigkeiten ist äußerst kasuistisch und unübersichtlich.[319] Im Folgenden soll nur auf einzelne häufig vorkommende Beispiele hingewiesen werden:

- *Abmahnung statt fristloser Kündigung*: § 41.[320]
- *Bestehen*: Streit um Bestehen eines Mietverhältnisses ist nach § 8 ZPO zu bewerten, und zwar auch dann, wenn eine Partei sich gegen den dinglichen Herausgabeanspruch auf ein angebliches Mietverhältnisses beruft; bestreitet der klagende Vermieter den Bestand eines Mietvertrages hinsichtlich der streitgegenständlichen Flächen,

---

313 RGZ 118, 321.
314 OLG Frankfurt/Main MDR 1978, 145.
315 OLG Stuttgart JurBüro 2010, 369 = MDR 2010, 778; OLG Nürnberg MDR 2009, 217; *Zöller-Herget* § 3 ZPO Rn. 16 „Löschung" m.w.N.
316 OLG Nürnberg JurBüro 2007, 364.
317 OLG Hamm, Beschl. v. 30.4.2015 – 1 Vollz(Ws) 63/15 = JurionRS 2015, 16158.
318 BGH RPfleger 1976, 427 = BB 1976, 1850 = JZ 1976, 789.
319 Dazu bei *Hartmann* Anh. I zu § 48 (§ 3 ZPO) Rn. 76 ff.; *Schneider/Herget* Rn. 291 ff.; *Mümmler* JurBüro 1980, 977.
320 Dazu *D. Meyer* JurBüro 2003, 632.

kann die nach § 8 oder § 9 ZPO maßgebliche Miete nur dem Vortrag des Beklagten entnommen werden.[321]

- *Betriebskostenabrechnung:* s. oben Rn. 11.
- *Besitzstörung* durch den Vermieter: Betrag der auf den Teil des Besitzes entfallende anteilige Jahresmiete.[322] Bei einer einstweiligen Verfügung bestimmt sich der Streitwert der Besitzschutzklage nach §§ 53 Abs. 1 Nr. 1 i.V.m. 41 Abs. 1 S. 1.[323]
- *Feststellungsklage*, dass der Mieter bis zur vollständigen Räumung der Wohnung eine wiederkehrende Nutzungsentschädigung zu zahlen hat: 80% der für den Zeitraum eines Jahres geforderten Nutzungsentschädigung.[324]
- *Feststellungsklage*: positive oder negative F. auf Berechtigung einer Mietmiderung: § 48 i.V.m. § 3 ZPO (auszugehen ist vom Jahresbetrag der Minderung).[325] § 9 Satz 1 ZPO ist unanwendbar.[326]
- *Herausgabeklage des Mieters gegen den Vermieter:* Es gilt § 6 ZPO, wenn nicht – was regelmäßig der Fall sein wird – der Weigerung des Vermieters ein Streit über das Bestehen oder über die Dauer des Mietverhältnisses zugrunde liegt. Dann gilt § 41.
- *Einsicht in die Nebenkostenbelege:* Interesse des Klägers; etwa 10–20% der Hauptsacheklage.[327]
- *Räumungsklage gegen den Mieter:* Vgl. zunächst bei § 41. Jahresmietzins, wenn nicht der auf die streitige Zeit entfallende Zins geringer ist, § 41. Das gilt auch bei einem Streit über das Bestehen des Mietverhältnisses. Beträgt die frei vereinbarte Kündigungsfrist weniger als 12 Monate, so ist nur der auf die Dauer der Kündigungsfrist entfallende Mietzins maßgeblich.[328] Bei Vereinbarung einer Staffelmiete ist vom höchsten Jahresmietwert während der restlichen Laufzeit auszugehen.[329] Bei Verbindung mit Zahlung oder Feststellung der Verpflichtung zur Zahlung künftiger Miete/künftigen Nutzungsentgelts werden Streitwerte addiert.[330]
- *Räumungsvergleich* im Rahmen einer Räumungsklage: vgl. § 41 Rn. 11, 12.
- *Klage wegen Wirksamkeit einer fristlosen Kündigung:* § 41.[331] Wenn der Streit nur um die Feststellung der Kündigungsmöglichkeit geht, gilt aber § 3 ZPO.[332]
- *Klage auf Abschluss eines Mietvertrages:* Wert ist nach § 3 ZPO zu schätzen, in der Regel die 3½-fache Jahresnettomiete.[333] Wird neben dem Antrag auf Feststellung des Bestehens eines Mietverhältnisses hilfsweise der Antrag auf Abschluss eines Mietvertrages mit gleichem Inhalt verfolgt, ist der höhere Wert des Hilfsantrages maßgebend, wenn darüber entschieden wird.[334]
- *Mieterhöhungsklage über Wohnraum:* Höchstens der Jahresbetrag des zusätzlich geforderten Mietzinses, § 41 Abs. 5. Soweit es sich nicht um Wohnraum handelt, gilt allerdings § 3 ZPO, so dass der Wert auch höher sein kann als der Streitwert nach § 41

---

321 BGH WuM 2014, 253 = JurionRS 2014, 14905 = RVG-professionell 2014, 182.
322 OLG Rostock JurBüro 2006, 645.
323 OLG Brandenburg MDR 2007, 1225.
324 LG Itzehoe MDR 2011, 1015.
325 Vgl. § 41 Rn. 25, 33; 30. Dazu auch ausf. KG, JurBüro 2016, 476 m.N.
326 KG, JurBüro 2016, 420 = WuM 2016, 445 = JurionRS 2016, 17378.
327 LG Köln JurBüro 1997, 597 = MDR 1997, 894.
328 LG Hamburg NZM 2000, 759.
329 Dazu ausführlich N. Schneider AnwInfo Mietrecht 2003, 113.
330 BGH NJW-RR 2005, 938 = NZM 2005, 519 = ZMR 2005, 535. Dazu auch *D. Meyer* JurBüro 2004, 473.
331 BGH MDR 1958, 601 = JurBüro 1958, 295 = RPfleger 1958, 215; OLG Frankfurt/Main MDR 1967, 313.
332 OLG Frankfurt/Main MDR 1967, 313.
333 OLG Hamburg MDR 1970, 333; OLG Saarbrücken Beschl. v. 26.11.2009 – 8 W 348/09; *Schneider/Herget* Rn. 3582; *Gehle* in *Prütting/Gehrlein* § 8 Rn. 8.
334 OLG Frankfurt/Main MDR 1963, 60.

Abs. 5.[335] Keinesfalls ist aber § 9 ZPO anwendbar, auch wenn der Mietvertrag für mehr als 3½ Jahre fest geschlossen ist.[336]

- *Klage auf Zahlung rückständiger Miete:* Streitwert der Forderung. Wird die Klage während des Verfahrens wegen Zahlungen ermäßigt oder wegen weiterer Rückstände erhöht, so ist der Streitwert der Verfahrensgebühr die Summe aller geltend gemachten, auch der erledigten Beträge, während die Urteilsgebühr nach dem Urteil zugrundeliegenden Betrag zu berechnen ist.
- *Klage auf künftige Miete:* § 9 ZPO; rückständige Miete ist hinzuzurechnen, bei Feststellungsklagen höchstens der Wert einer Leistungsklage.[337]
- *Vermächtnis auf unentgeltliche Überlassung von Wohnraum*: Der Wert ist nach § 3 ZPO zu schätzen.[338]
- *Pflicht des Mieters zur Duldung von Umbauarbeiten und Reparaturen:* Höchstens der Jahresbetrag der voraussichtlichen Mieterhöhung, § 41 Abs. 5.[339]
- *Räumungsfristverfahren:* Die bis zum Ablauf der Räumungsfrist zu zahlende Nutzungsentschädigung.[340] Wird zusammen mit der Räumungsklage über Wohnraum auch die Zahlung künftiger Miete/Nutzungsentschädigung ab dem Zeitpunkt der Klageerhebung bis zur tatsächlichen Räumung (Herausgabe) eingeklagt, ist der Zahlungsanspruch nach § 3 ZPO gesondert zu bewerten; i.d.R. ist der 3½-fache Jahresbetrag der Miete/Nutzungsentschädigung in Anlehnung an § 9 ZPO angebracht. Bei Feststellungsklagen ist der Wert um 30%–50% zu senken.
- *Räumungsvergleich:* Vgl. § 41 Rn. 10, 11. Zusätzliche Zahlungen des Vermieters (z.B. Umzugsbeihilfe) erhöhen den Wert grundsätzlich nicht, wenn diese nur unterstützend für die Räumung dienen.[341] Anders, wenn und soweit der Vergleich andere Forderungen des Mieters betrifft (z.B. Schadensersatzansprüche).
- *Mietmängel:* Anspruch auf Beseitigung bemisst sich nach §§ 3, 9 ZPO, also dem 3½-fachen Jahresbetrag der Minderungsquote[342] bzw. dem dreifachen Jahresbetrag der Mietminderung.[343]
- *Mietnebenkosten*: Bei Überprüfung der Abrechnung: Der in der Abrechnung genannte Nachzahlungsbetrag.[344]
- *Haustierhaltung:* Zu schätzende Zusatzabnutzung.[345]
- Klage des Mieters auf *Gestattung von Untervermietung:* entsprechend § 41 Abs. 5 der Jahresbetrag der in Aussicht genommenen Untermiete.[346]
- Klage auf zukünftige Leistung von Nutzungsentschädigung für Gewerberaum bis zum – unbekannten – Zeitpunkt der Räumung ist nach § 3 ZPO zu bestimmen; in einfach gelagerten Fällen 12-facher Betrag der geforderten monatlichen Nutzungsentschädigung.[347]

---

335 BGH NJW 1958, 1967 = MDR 1958, 513; OLG Hamm JurBüro 1976, 1683; OLG Hamburg MDR 1964, 855; OLG Schleswig SchlHA 1961, 21.
336 OLG Hamm MDR 1966, 685 (LS). **A.M** BGH NJW 1966, 788 = JurBüro 1966, 309.
337 BGH Beschl. v. 20.4.2005 – XII ZR 248/04 = RVG-Letter 2005, 68; BGH JurBüro 2004, 378.
338 KG RPfleger 1962, 154.
339 Str. wie hier z.B. LG Hannover WoM 1989, 433; LG Köln WOM 1989, 566; *Hartmann* Anh. I zu § 48 (§ 3 ZPO) Rn. 81. **A.A.** (3-facher Jahresbetrag): LG Berlin JurBüro 2003 m.abl. Anm. v. *Baumgärtl*.
340 LG Kempten AnwBl. 1968, 58.
341 KG JurBüro 2012, 303.
342 AG Köln NJW-RR 2003, 233 = NZM 2003, 106. **A.M.** LG Stuttgart Die Justiz 1997, 443.
343 Vgl. LG Hamburg WOM 1992, 447 (str.).
344 AG Düsseldorf JurBüro 2009, 256.
345 LG Hamburg WOM 1987, 232; *Hartmann* Anh. I zu § 49 (§ 3 ZPO) Rn. 83 m.N.
346 KG JurBüro 2006, 258.
347 KG JurBüro 2006, 957.

- Klage auf Zutrittsgewährung zu dem Mietobjekt ist mit $^1/_{12}$ des Wertes der Hauptsache nach § 41 zu bewerten.[348]

Mietkaution: Betrag der Kaution einschließlich angefallener Anlagezinsen: bei § 4 ZPO Rn. 7. Verlangt der Kl. nur einen Nachweis über eine Anlage der Kaution, beträgt der Streitwert ein Viertel der Kaution.[349] Aufrechnung mit Schadensersatzansprüchen bei Rückzahlung.[350]

Minderung: Maßgeblich ist der Betrag, um den der Kläger die Gegenleistung heruntersetzen will, maximal die Höhe der Gegenleistung.[351] §41 Abs. 3 ist nicht anwendbar.[352] Klage auf Feststellung zur Berechtigung einer Mietminderung nicht analog §41 Abs. 5,[353] sondern nach § 48 Abs. 1, Satz 1.[354]

Mitbenutzungsrecht: Wert ist geringer anzusetzen als bei Mitbesitz oder Miteigentum.[355]

Miteigentum: Streitwert bestimmt sich nach dem Interesse des Mitberechtigten an der Berechtigung.[356] Pflichtteilsanteil einer im Rahmen der Pflichtteilsanspüche nachlassgegenständlichen Haushälfte entspricht hälftigen Wert des Gesamtobjekts, wenn der Kläger bereits Eigentümer anderen Hälfte ist.[357]

Mobbing: Der Streitwert hängt von Ziel der Klage ab. Im Arbeitsrechts. Anh. II nach § 42.

Modernisierung: 36-facher Monatsbetrag der voraussichtlichen Mietzinserhöhung.[358]

22 **Nachteilsausgleich:** S. "Abfindung".

Name: In der Regel nichtvermögensrechtliche Streitigkeit, § 48 Abs. 2. Wenn die Klage aber auch vermögensrechtlichen Interessen dienen soll (z.B. auf Unterlassung des Gebrauchs eines Firmennamens oder eines Kennzeichnungsmittels), ist das Interesse des Klägers an der Unterlassung maßgeblich.[359]

Nebenforderung: § 4 ZPO; § 43 s. a. „Mehrwertsteuer"; „Rechtsanwaltskosten".

Nebenkostenabrechnung: vgl. „Mietsachen"; „Betriebskostenabrechnung".

Nebenintervention:

- Der Beitritt eines Streithelfers hat keine Auswirkungen auf den für die Gerichtsgebühren maßgeblichen Streitwert. Dieser richtet sich allein nach dem Interesse des Klägers zum Zeitpunkt des den Rechtszug einleitenden Antrags.[360]
- Streitwert für ein *Zwischenurteil auf Zulässigkeit:* Interesse des Nebenintervenienten, das geringer sein kann als der Wert des Hauptprozesses.[361]

---

348 KG JurBüro 2010, 84 (LS mit Volltextservice).
349 OLG Köln WuM 2010, 96 = MDR 2010, 231 = BeckRS 2009, 86194.
350 Dazu bei *D. Meyer* JurBüro 2003, 632.
351 KG RPfleger 1962, 155 (L).
352 OLG Köln MDR 1979, 413.
353 So KG JurBüro 2009, 538 = MDR 2009, 1135. **A.A.** OLG Frankfurt/Main NJW 2015, 8 = NZM 2015, 216 = JurionRS 2014, 30648 = RVG-professionell 2015, 75 (m.w.N.);
354 BGH, JurBüro 2916, 529; OLG Frankfurt/Main NJW 2015, 8 = NZM 2015, 216 = JurionRS 2014, 30648 = RVG-professionell 2015, 75 (m.w.N.).
355 OLG Nürnberg RPfleger 1956, 298 (L).
356 OLG Hamm JurBüro 1977, 1616.
357 BGH, Urt. v. 13.5.2015 – IV ZR 138/14 – = NJW 2015, 2386 = NZM 2015, 756 = FamRZ 2015, 1284 = MDR 2015, 775 = JurionRS 2015, 16819.
358 LG Berlin NZM 1998, 304.
359 OLG Frankfurt aM JurBüro 1974, 224 = RPfleger 1974, 117; OLG Koblenz WRP 1957, 124; *Schmidt* JurBüro 1963, 267; *Schalhorn* JurBüro 1972, 203.
360 OLG Rostock JurBüro 2015, 83 = JurionRS 2014, 25317; OLG Karlsruhe, Beschl. v. 24.1.2013 – 8 W 4/13 – = RVG-professionell 2013, 109; OLG Celle JurBüro 2011, 306 (LS mit Volltextservice).
361 RGZ 111, 140; BGH JurBüro 1953, 305 = NJW 1953, 745 (L); OLG Frankfurt aM JurBüro 1964, 516.

- Streitwert der *durchgeführten Nebenintervention:* Interesse des Nebenintervenienten am Erfolg seiner Nebenintervention,[362] muss sich nicht notwendigerweise mit dem Wert des Hauptprozesses decken. Es ist nach § 3 ZPO frei zu schätzen und kann den Wert der Hauptsache erreichen,[363] aber auch darunter liegen. Es ist nicht nach den vom Nebenintervenienten gestellten Anträgen zu bemessen,[364] es sei denn, der Nebenintervenient stellt ausdrücklich klar, dass er sich nur teilweise am Rechtsstreit beteiligt.[365] Wenn er sich den Anträgen der unterstützten Partei anschließt, entspricht das Interesse des Streithelfers dem der unterstützten Partei,[366] auch wenn er keinen eigenen Antrag stellt.[367]

Nichteheliche Abstammung: s. § 47 FamGKG.

Nichteheliche Lebensgemeinschaft: Bei Auseinandersetzung nach Scheitern gilt grundsätzlich Gesellschaftsrecht. Zur Frage der (Weiter-)nutzung der Wohnung s. § 41 Rn. 3,4, 7.

Nichtigkeit eines Vertrages: Feststellungsklage: Wert der Leistung, von der der Kläger befreit werden oder die er zurückerhalten soll.[368]

Nichtigkeitsklage: Vgl. „Gesellschaft" und „Wiederaufnahmeverfahren".

Nichtvermögensrechtliche Ansprüche: § 48 Abs. 2.

Nießbrauch:

- *Einräumung eines Nießbrauchs:* Wert ist nach § 3 ZPO zu schätzen.[369] Anhaltspunkt kann der Jahresreinertrag oder die voraussichtliche Dauer des Nießbrauchs sein, wobei die vom Nießbraucher zu zahlenden Lasten abzuziehen sind.[370]
- *Herausgabe eines Grundstücks an den Nießbraucher:* Verkehrswert des Grundstücks, § 6 ZPO.[371]
- *Löschung eines Nießbrauchs:* Wert bestimmt sich nach § 3 ZPO.[372]
- *Vormerkung auf Eintragung des Nießbrauchs:* Niedriger als der Wert des Nießbrauchs. Anhaltspunkte sind § 24 Abs. 3 KostO[373] oder § 41 Abs. 2.[374]

Notanwalt (§§ 78b, c ZPO): Wert der Hauptsache.[375]

Notwegrecht: Streitwert ist in sinngemäßer Anwendung des § 7 ZPO i.V.m. § 9 ZPO zu schätzen,[376] i.d.R. nach dem Unterschiedsbetrag zwischen Wert des Grundstücks mit und ohne Notwegrecht.[377] Bei Streit um Einräumung eines Notweges Herstellungskosten zuzüglich $3^1/_2$-facher Betrag der jährlichen Notwegrente.[378] Wert einer Klage auf Duldung der Benutzung von Nachbargrundstücken zur Herstellung der erforderlichen Verbin-

---

362 Dazu ausführlich OLG Rostock Beschl. v. 21.10.2009 – 3 W 50/08.
363 OLG Köln MDR 2004, 1025; OLG München JurBüro 1973, 1085. **A.M.** OLG Karlsruhe MDR 2003, 357 = NJW-RR 2003, 1007 (regelmäßig Wert des Hauptverfahrens).
364 KG MDR 1978, 761 = JurBüro 1978, 1063; OLG Hamburg MDR 1977, 1026 = JurBüro 1977, 1434: OLG Karlsruhe JurBüro 2003, 83; *Schneider/Herget* Rn. 3358.
365 BGHZ 31, 144 = JurBüro 1960, 42; OLG Karlsruhe NJW-RR 2003, 1007.
366 OLG Düsseldorf JurBüro 2006, 426 = MDR 2006, 1017.
367 OLG München JurBüro 2007, 426.
368 OLG Celle AnwBl. 1984, 448.
369 OLG Celle RPfeger 1960, 413.
370 OLG Schleswig SchlHA 1950, 261.
371 OLG Celle RPfleger 1960, 413.
372 OLG Frankfurt/Main MDR 1962, 742 = JurBüro 1962, 422; OLG Nürnberg RPfleger 1963, 219 (L).
373 OLG Bamberg JurBüro 1975, 649.
374 OLG Köln WM 1985, 125. Vgl. dazu auch OLG Schleswig SchlHA 1986,46 (Schätzung nach § 3 ZPO).
375 OLG Bremen JurBüro 1977, 125; OLG Zweibrücken JurBüro 1977, 1001.
376 OLG Köln JurBüro 2011, 262.
377 *Schneider* ZMR 1976, 193.
378 OLG Koblenz JurBüro 2010, 199 m.N.

dung mit einem öffentlichen Weg entspricht der Wertsteigerung, welche das Grundstück durch Gewährung des Notwegerechts erfährt.[379]

Nutzungen, wiederkehrende: § 9 ZPO.

Nutzungsentgelt: Vgl. „Miete".

Nutzungsentschädigung:

- Vgl. „Miete". Wert einer Klage auf zukünftige Nutzungsentschädigung für Gewerbe – und Wohnraum[380] nach beendetem Mietvertrag bis zum – unbestimmten – Räumungszeitpunk richtet sich nach § 3 ZPO.[381] In einfach gelagerten Fällen ist eine Jahresmiete angebracht.[382]
- In *familienrechtlichen Angelegenheiten* (bei Getrenntleben; Gewaltschutzsachen, anlässlich der Scheidung, für Haushaltsgegenstände) richtet sich nach den Bestimmungen des FamGKG.[383]

23 **Offene Handelsgesellschaft:** Vgl. oben „Gesellschaft".

Ordnungsgeld: Bei Verhängung gem. §§ 141, 380, 409, 411 ZPO oder Anordnung nach §§ 177, 178 GVG ist der verhängte Betrag maßgebend.[384] Bei Festsetzung nach den §§ 888, 890 ZPO gilt das Interesse des Gläubigers an der Abwehr eines weiteren Verstoßes,[385] das sich dem Wert der Hauptsache nähern kann.[386] Das gilt auch, wenn das Ordnungsmittel nur angedroht wird.[387]

24 **Pacht:** Vgl. § 41 GKG und oben, „Miete" sowie unten, § 9 ZPO. Der Streit um die rechtliche Einordnung des Nutzungsverhältnisses als Pachtverhältnis (z.B. Kleingartenpachtverhältnis[388]) ist wie der Streit um den Bestand des Verhältnisses zu bewerten.[389] Klagt ein Dritter auf Feststellung der Nichtigkeit eines Pachtvertrages, bestimmt sich der Streitwert nach dessen Interesse.[390] Das gilt auch, wenn Miterben gegen andere Miterben auf Feststellung der Wirksamkeit eines von der Erbenmehrheit mit einem Dritten geschlossenen Pachtvertrages klagen.[391] Wenn der Verpächter die Unrichtigkeit eines über die angemessene Höhe des Pachtzinses erstattetes Schiedsgutachten geltend macht, ist das Interesse des Klägers der Unterschied des geschätzten Pachtzinses zur begehrten Pachtsumme auf die Dauer des Pachtvertrages.[392]

Parabolantenne: Bei Klage auf Beseitigung Interesse des Mieters und Vermieters (750 €).[393]

Patent: Vgl. auch § 51 und unten Anh. nach § 51. In Patentnichtigkeitsverfahren ist Streitwert das Interesse der Allgemeinheit an der Vernichtung des angegriffenen Patents, das im Allgemeinen dem gemeinen Wert des Patents bei Erhebung der Klage ent-

379 BGH MDR 2014, 461 = JurBüro 2014, 247 = RVG-professionell 2014, 91 = JurionRS RS 2014, 13204.
380 OLG Celle MDR 2014, 568 = JurionRS 2014, 11408.
381 OLG Dresden NJW-RR 2012, 1214; OLG Stuttgart JurBüro 2011, 198 = MDR 2011, 513; KG NJW-RR 2007, 1579.
382 OLG Celle MDR 2014, 568 = JurionRS 2014, 11408.
383 Dazu bei *Klüsener* JurBüro 2016, 57–58.
384 OLG Celle JurBüro 2014, 437 = AGS 2014, 306 = JurionRS 2014, 13817 =RVG-prof 2014, 163. **A.M** (Wert der Handlung, die Schuldner nicht erbringen möchte) OLG München MDR 1983, 1029; OLG Braunschweig JurBüro1977, 1148.
385 KG RPfleger 1970, 97; OLG Nürnberg MDR 1984, 762.
386 OLG Frankfurt aM RPfleger 1970, 73.
387 OLG Celle NJW 1963, 2031.
388 Dazu BGH, Beschl. v. 26.11.2015 – III ZB 84/15 – = MDR 2016, 122 = JurionRS 2015, 32786; BGH JurBüro 2017, 363 = JurionRS 2017, 15133.
389 BGH JurBüro 2010, 201 = MDR 2010, 355 = BeckRS 2010, 01705 m.N.
390 BGH RPfleger 1959, 110 (L) = JurBüro 1955, 237.
391 BGH RPfleger 1959, 110 (L).
392 OLG Celle MDR 1966, 769.
393 LG Frankfurt aM JurBüro 2002, 531 m. Anm. v. *N. Schneider*.

spricht.[394] Bei Patentstreitigkeiten sieht § 144 PatG die Möglichkeit vor, zugunsten wirtschaftlich schwacher Parteien den Streitwert niedriger anzusetzen. Der Streitwert einer Patentverletzungsklage richtet sich nach dem Schaden des Klägers, nicht nach dem Gewinn des Beklagten. Der dem Kläger entzogene Reingewinn kann am Umsatz des Beklagten gemessen werden.[395]

Patientenverfügung: Nicht vermögensrechtlich. Regelwert von 3.000 €.[396]

Persönlichkeitsrecht: Vgl. Beleidigung, Ehre, Unterlassung, Widerruf.

Personalakte: s. Anh. II nach § 42.

Pfandrecht: § 6 ZPO.

Pflichtteil: s. „Miteigentum“

Praktikantenverhältnis: s. Anh. II nach § 42.

Preisbindung: Vgl. „Unterlassung“.

Presse: Vgl. § 48 Rn. 33.[397]

Private Nutzung eines PKW: In der Regel ist die Möglichkeit Teil des Arbeitsentgelts. Wenn und soweit diese Möglichkeit aber rein deklaratorischen Charakter hat, kann symbolischer Wert von max. 500 € angebracht sein.[398] Streiten sich die Parteien aber darum, ob der PKW bis zum Ende des Arbeits-/Dienstverhältnisses privat weiter genutzt werden darf, kommt dem ein eigener Wert zu, der frei zu schätzen ist. Eine entsprechende Heranziehung der Grundsätze über die Nutzungsentschädigung etwa nach der Tabelle *Sanden/Danner/Küppersbusch* ist aber nicht möglich.[399]

Prozesshindernde Einreden: Wert der Hauptsache.[400]

Prozesskostenhilfe: Vgl. § 3 Rn. 25.

Prozessvergleich: Vgl. Vergleich, Räumungsvergleich.

Q 25

Rangvorbehalt, Klage auf: § 6 ZPO.[401] 26

Räumung: § 41 Abs. 2. Vgl. auch unter „Miete“.

Ratenzahlung: Werden in einem Prozessvergleich für den durch Teilurteil erledigten Teil des Klagebegehrens Ratenzahlungen vereinbart, ist der Wert der Ratenvereinbarung frei zu schätzen. Auch wenn ein Kaufpreis in Raten zu begleichen ist, ist nicht § 9 ZPO, sondern § 3 ZPO anwendbar.[402]

Reallast: Maßgeblich ist § 9 ZPO.[403] Zinserhöhung und Sicherung mit Reallast führt zu einheitlichem Streitwert gem. 9 ZPO (3½-facher Jahreswert).[404]

Rechnungslegung: s. auch „Auskunft“. Wert bestimmt sich grundsätzlich nach § 3 ZPO nach dem Interesse des Klägers an der Erleichterung und Begründung seines Zahlungsanspruchs.[405] In der Regel $^1/_4$ des mutmaßlichen Zahlungsanspruchs.[406] Je nach den

---

394 BGH Beschl. v. 12.4.2011 – X ZR 28/09 = BeckRS 2011, 13400; BGH NJW 1957, 144 = RPfleger 1959, 111 = GRUR 1957, 79 BPatG, GRUR 1987, 287; dazu auch *Struif* GRUR 1985, 248.

395 OLG Karlsruhe BB 1975, 109; OLG Frankfurt aM GRUR 1954, 227.

396 LG Arnsberg, Beschl. v. 23.5.2005 – 2 T 32/04 (zu § 30 KostO).

397 Dazu auch bei *Koebel* NJW 1967, 535.

398 *Ennemann/Griese* Rn. 933.

399 BAG NZA 1996, 415; dazu auch bei *Ennemann/Griese* Rn. 933, 889 ff.

400 OLG München RPfleger 1956, 30 (Einrede der Unzuständigkeit); KG MDR 1957, 366 (Einrede der Rechtshängigkeit).

401 Dazu *Schneider* JurBüro 1969, 1029.

402 OLG Bamberg JurBüro 1962, 689.

403 OLG Nürnberg JurBüro 1964, 684; OLG Frankfurt aM MDR 1982, 411 = RPfleger 1982, 157.

404 OLG Celle RVG-prof. 2014, 164.

405 BGH RPfleger 1959, 110.

406 OLG Köln VersR 1976, 1154.

Umständen des Falles kann der Wert auch den der Hauptsache erreichen.[407] Ist das Interesse des Klägers nicht auf die Vorbereitung einer Leistungsklage gerichtet, sondern allein auf die geschuldete Auskunft oder Rechnungslegung ist auf den Aufwand an Zeit und Sachmitteln abzustellen, der mit der Erteilung verbunden ist.[408]

Rechtsanwalt: Klage auf Unterlassung der Behauptung einer Veruntreuung von Mandantengeldern: (10.000 €).[409]

Rechtsanwaltskosten: Auf die Prozesskosten nicht anrechenbare vorgerichtliche Rechtsanwaltskosten sind keine Nebenkosten i.S.v. § 43.[410] Bei außergerichtlichen Rechtsanwaltskosten als Teil der Schadensersatzforderung richtet sich der Geschäftswert nach dem Betrag des berechtigten Anspruchs.[411]

Rechtsmittel: Vgl. § 47.[412]

Renten: Maßgeblich ist § 9 ZPO.

Restschuldbefreiung: Vgl. KV 2350 (Festgebühr). Auch im Rechtsbeschwerdeverfahren ist jetzt eine Festgebühr eingeführt (KV 2364), so dass das objektive Interesse des Antragstellers, den wirtschaftlichen Wert der Forderungen und auf die Erfolgsaussichten künftiger Beitreibung[413] keine Relevanz mehr hat.

Rechtswegbestimmung: Beschwerde ist mit 30% des Hauptsache-Verfahrens-Wertes anzunehmen.[414]

Reiterhof: ist in der Regel als landwirtschaftlicher Betrieb anzusehen; Bewertung nach § 13 Abs. 1 Nr. EStG.[415]

Richterablehnung: Vgl. „Ablehnung“.

Rückerstattung nach § 717 ZPO: Der Wert kann nicht höher sein, als der des vorangegangenen Rechtsstreits. Zinsen und Kosten werden nicht hinzugerechnet.[416]

Rückkaufsrecht: Bei Klage auf Herausgabe auf Grund des Rückkaufsrechts gilt § 6 ZPO, bei Streit über den Bestand oder Inhalt des Rückkaufsrechts gilt § 3 ZPO.[417]

Rückstände: bei wiederkehrenden Leistungen im Arbeitsrecht s. Anh. II nach § 42.

27 **Sachverständiger:** Vgl. „Ablehnung“.

Schadensersatz:

- Arbeitsgerichtliche Streitigkeiten: s. Anh. II nach § 42.
- Außergerichtliche Rechtsanwaltskosten als Schadensersatz: Geschäftswert nach dem Teil der berechtigten Forderung.[418]
- Bei einer *bezifferten Forderung* ist Streitwert der geforderte Betrag.
- Bei einer *unbezifferten Forderung* ist nach §§ 3, 287 ZPO zu schätzen.
- Bei *Wiederherstellung in natura* ist nach §§ 3, 6 ZPO zu bewerten.
- Bei Klage auf *Befreiung von Schadensersatzforderung:* Betrag, für den der Kläger in Anspruch genommen wird.[419]

---

407 BGH MDR 1962, 564; LG Landau ZMR 1990, 21.
408 OLG Düsseldorf OLGR 1995, 192; OLG Köln JurBüro 2009, 314 (LS mit Volltextservice; *Schneider/Herget* Rn. 4467; *Zöller/Herget* § 3 Rn. 16 „Rechnungslegung“.
409 OLG Schleswig JurBüro 2002, 316.
410 BGH NJW 2006, 2560 = DAR 2006, 478 = JurBüro 2006, 586 = MDR 2006, 1436; LG Aachen JurBüro 2007, 146; *Heyse* JurBüro 2007, 146; **a.M.** OLG München JurBüro 2007, 146.
411 BGH NJW 2008, 1888 = NZM 2008, 204 = SVR 2008, 196 = BeckRS 2008, 01199.
412 Dazu *Märten*, Die Streitwertbemessung bei nachträglicher Rechtsmittelbeschränkung, 1981.
413 BGH JurBüro 2003, 253.
414 LAG Hamm JurBüro 2007, 425.
415 BFH BStBl. 1989 II, 416. Dazu auch *D. Meyer* JurBüro 2012, 130.
416 *Hartmann* Anh. I zu § 48 (§ 3 ZPO) Rn. 94.
417 OLG Nürnberg JurBüro 1963, 110.
418 Dazu BGH NJW 2008, 1888 = NZM 2008, 204 = SVR 2008, 196 = BeckRS 2008, 01199.
419 BAG NJW 1960, 1173.

- Bei Klage auf *Ersatz künftigen Schadens:* Der nach § 3 ZPO zu schätzende voraussichtliche Schaden, der bei Feststellungsklagen um etwa 20% zu mindern ist.[420]
- Klage, bei der die *Höhe des Anspruchs in das Ermessen* des Gerichts gestellt wird. Vgl. oben § 3 Rn. 13.
- Zusätzlicher Antrag auf Feststellung, dass Anspruch wegen vorsätzlich begangener unerlaubter Handlung begründet ist: 5% der bezifferten Klageforderung.[421] s.a. oben Rn. 17 „Insolvenzfeststellungklage“

Scheidungsfolgesachen: s. §§ 43 ff. FamGKG.

Schiedsgerichtsverfahren: Es gelten die gleichen Regeln wie im Streitverfahren.

Schleppnetzantrag:

- *Im Arbeitsrecht*: s. Abh. II nach § 42.
- *Aufhebung eines Schiedsspruchs:* Betrag des Verfahrens ohne Zinsen und Nebenforderungen.[422]
- *Vollstreckbarkeitserklärung:* Streitwert des Schiedsspruchs bzw. Schiedsvergleichs.

Schließanlage: s. „Herausgabe“

Schmerzensgeld: Vgl. unter „Schadensersatz“.[423] In der Regel die ausdrücklichen Vorstellung des oder der sich aus dem Klägervortrag zu bewertenden Betrages[424] als Mindestbetrag. Wenn das Gericht tatsächlich einen höheren Betrag zuspricht, dann der letztlich zuerkannte Betrag.

Selbständiges Beweisverfahren:

- *Während des Prozesses:* Streitwert des Prozesses, soweit Gegenstand des Beweisverfahrens zum Streitgegenstand der Hauptsacheklage wird[425] bzw. des Beweisgegenstandes.[426]
- *Isoliertes selbständiges Beweisverfahren:* Sehr strittig. Die Rspr. ist schwankend und noch stark im Fluss. Die vertretenen Ansichten gehen vom vollen Wert des Beweisgegenstandes bis zu einem Bruchteil davon aus, wobei auch die Durchsetzbarkeit des Hauptanspruchs vom selbständigen Beweisverfahren abhängt. Überzeugend ist wohl die Ansicht, die auf einen Bruchteil des Beweiswertes ($^1/_3$–$^1/_2$) abstellt. Vgl. auch „Beweisverfahren“.

Sicherheitsleistung nach §§ 108 ff. ZPO: Streitwert der Hauptsache, nicht der Wert der Kosten.[427] Nach a.A. l auf das konkrete Sicherungsinteresse des Gläubigers maßgebend sein, es sei denn, es droht der völlige Ausfallseines Rechts (z.B., wenn Insolvenzantrag des Schuldners droht oder dieser bereits Vermögensauskunft nach § 802c ZPO abgegeben hat).[428]

Sicherstellung von Forderungen: § 6 ZPO und unten „Vormerkung“.

Sicherungseigentum: Wegen enger Verwandtschaft mit dem Pfandrecht ist § 6 ZPO anwendbar. Bei Klage auf Rückübertragung deshalb Wert der gesicherten Forderung, wenn dieser geringer ist, als der Wert der Sache.[429] Ebenso bei Klage auf Rückzahlung des Darlehens und Herausgabe der sicherungsübereigneten Sache.[430]

---

420 Vgl. dazu etwa BGH NJW-RR 1991, 509 = WM 1991, 657 und bei *Schneider/Herget* Rn. 3937 ff.
421 OLG Dresden MDR 2008, 50.
422 BGH NJW 1957, 103; OLG Köln KTS 1970, 52.
423 Vgl. auch die zahlreichen Nachweise bei *Hartmann* Anh. I zu § 48 (§ 3 ZPO) Rn. 99 ff.
424 OLG Zweibrücken JurBüro 1998, 260.
425 OLG Koblenz NJW-RR 2000, 1239 = MDR 2000, 669.
426 OLG Koblenz BB 1985, 2202.
427 BGH NJW 1962, 345 = JurBüro 1962, 113; OLG Hamburg MDR 1974, 53.
428 LAG Nürnberg v. 25.2.2013 – 4 Ta 20/13 – = RVG-professionell 2013, 127.
429 BGH NJW 1959, 939; OLG Koblenz MDR 1968, 334.
430 OLG Frankfurt aM MDR 1962, 60 = JurBüro 1962, 228.

Sicherungshypothek: Bei Klage auf Löschung: Höhe der Restforderung und nicht nominaler Betrag der Eintragung.[431]

Siedlungsrecht: Interesse des Berechtigten.[432]

Sozialplan: s. Anh. II nach § 42.

Sparbuch: Vgl. „Urkunde".

Staffelmiete: Vgl. „Miete".

Strafentschädigung: § 48 i.V.m. § 3 ZPO, bei wiederkehrenden Leistungen (§ 11 StrEG) § 48 i.V.m. § 9 ZPO (vgl. § 42 Rn. 3). Im Betragsverfahren (§ 10 StrEG) der volle Betrag, der bei der Justizverwaltungsbehörde angemeldet wird.[433] Wird der Antrag ganz oder teilweise abgelehnt, der im Streitverfahren mit der Klage (§ 13 Abs. 1 StrEG) noch geforderte Betrag.

Straffestsetzungsverfahren: Vgl. „Ordnungsgeld".

Strafvollzugssachen: s. § 60.

Streitgenosse: Es findet keine Addition statt, soweit es wirtschaftlich um einen Gegenstand geht.[434] Vgl. auch „Nebenintervention".

Streithilfe: Vgl. „Nebenintervention".

Streitwertbegrenzung: § 42 Abs. 4 auch bei Rückständen aus wiederkehrenden Leistungen anwendbar.[435]

Streitwertbeschwerde: Unterschiedsbetrag zwischen dem festgesetzten und dem begehrten Betrag.

Stromversorgung: bei Streit um Anschluss an die Stromversorgung ist das Kundeninteresse und nicht das Interesse des Stromverorgers maßgebend; § 9 ZPO ist nicht entsprechend anwendbar.[436]

Stufenklage: Vgl. *„Auskunft"*, *„Rechnungslegung"*. Maßgeblich ist das Interesse des Klägers,[437] grundsätzlich nach dem höchsten Anspruch[438] (§ 44),[439] wobei bei Klageerhebung das Interesse des Klägers (d.h. die Erwartung, wie sie sich in Klageschrift ausdrückt) maßgebend ist.[440] Das kann auch der Wert der Auskunft sein, wenn der Kläger von vornherein nur Auskunft verlangt[441] oder ankündigt, nach Erteilung der Auskunft in der Leistungsstufe nur einen Teilbetrag geltend zu machen.[442] Eine Neufestsetzung am Ende der Instanz aufgrund aller dann bekannten Umstände kommt nicht in Betracht, wenn der Wert dadurch geringer würde,[443] sondern allenfalls dann, wenn sich ein höherer Wert ergibt. Kommt es aber nicht zu einer Bezifferung, verbleibt bei dem nach § 3 ZPO zu schätzendem Wert (d.h. die zum Ausdruck gekommenen Erwartungen des Klägers) zum Zeitpunkt der Einreichung der Klage.[444]

28 **Tankstellenvertrag:** In der Regel wird man hier von einem Pachtvertrag i.S.v. § 41 auszugehen haben, auch wenn der Pachtzins in Form von Umsatzbeteiligung (mit)

---

431 OLG Dresden JurBüro 2008, 476 = MDR 2008, 1005.
432 BGH MDR 1973, 40 = RPfleger 1972, 398.
433 BGH NJW 2009, 2682.
434 OLG Karlsruhe MDR 1991, 353 m.N.
435 BAG JurBüro 2003, 305.
436 LG Dessau-Roßlau Beschl. v. 30.9.2013 – 1 T 146/13 – = RVG-professionell 2014, 55.
437 BGH NJW 1964, 2061.
438 Vgl. etwa OLG Stuttgart FamRZ 1990, 74.
439 Dazu auch bei *Hartmann* Anh. I zu § 48 (§ 3 ZPO) Rn. 108 ff. m.N.
440 KG JurBüro 2006, 594; OLG Celle MDR 2003, 55.
441 OLG Koblenz NJW 2014, 8 = MDR 2014, 243 = JurBüro 2014, 248 =JurionRS 2013, 51545.
442 OLG Stuttgart JurBüro 2013, 196.
443 So KG MDR 1997, 598; OLG Celle MDR 2003, 55.
444 KG JurBüro 2006, 594 m.w.N. (h.M.).

entrichtet wird. Der Streitwert ist sonach nach § 41 und nicht nach § 9 ZPO zu berechnen.[445]

Tatbestandsberichtigung: Streitwert eines Tatbestandsberichtigungsantrags richtet sich mach der Bedeutung der Berichtigung für das weitere Verfahren.[446]

Teilerledigungserklärung: s. „Erledigungserklärung"

Teilklage: Maßgebend ist der geforderte (Teil-)Anspruch.

Teilstreitwert: Vgl. § 35.

Teilungsversteigerung: Streitwert ist nach § 3 ZPO zu ermitteln. Der Wert bestimmt sich nach dem Gebot abzüglich des Eigenanteils. Im Übrigen vgl. „Zwangsversteigerung", „Drittwiderspruchsklage".

Teilzeitanspruch: § 42 Abs. 2.[447] S. Anh. II nach § 42. **Telefonwerbung:** Unerlaubte T. ist bei grober Missachtung des allgemeinen Persönlichkeitsrechts des Angerufenen mit 30.000 € zu bewerten.[448]

Testament: Vgl. „Erbschaft".

Testamentsvollstrecker: S. „Erbschaft". Rechtsstreit um Bestehen der Testamentsvollstreckung ist vermögensrechtlich.[449] Streitwert ist nach §§ 3 ZPO, 48 Abs. 1 zu bestimmen, wobei das objektive Amtsinteresse maßgebend ist. Dieses ist mit einem Bruchteil des Nachlasses (maximal die Hälfte) zu bewerten.[450]

Trennung von Verfahren: Vom Zeitpunkt der Trennung in mehrere Prozesse ist der Einzelwert eines jeden Prozesses zu bestimmen. Vgl. auch § 3 Rn. 17.

Treuhänder: Antrag auf Einsetzung ist gemäß § 3 ZPO nach dem Erfolg, den diese Maßnahme für den Kläger haben soll, zu bewerten.[451]

Trinkgelder: T. sind bei der Streitwertbemessung (z.B. § 42 Abs. 2 und 3) nicht zu berücksichtigen.[452]

Überbau: Bei Klage auf Beseitigung ist maßgebend die Wertminderung, die das 29
Grundstück des Klägers durch den Überbau erleidet.[453] Das gilt auch im einstweiligen Verfügungsverfahren.[454]

Übereignung: Vgl. „Herausgabe". Maßgebend ist der Wert der Sache, § 6 ZPO.

Übergabe einer Sache: § 6 ZPO.

Überweisung einer Forderung: § 6 ZPO, maximal der Wert des Pfandrechts.

Umlegungsverfahren: Vgl. „Baulandsachen", oben Rn. 11.

Umweltschutz: Interesse des Klägers,[455] das je nach Begründung der Klage nach § 3 ZPO oder nach § 48 Abs. 2 zu bewerten ist.[456]

Unbezifferter Antrag: Vgl. § 3 Rn. 13.

Unerlaubte Handlung: Für die Feststellung, dass der Schadensersatz auf unerlaubter Handlung beruht, nicht Höhe der (titulierten)Forderung, sondern die Bedeutung des Fest-

---

445 Vgl. dazu auch *Schalhorn* JurBüro 1974, 169, dazu auch bei *Schneider/Herget* Rn. 4293, 4294.
446 OLG Schleswig, JurBüro 2016, 247, 248.
447 *Kliemt* NZA 2001, 63; **a.M.** *Ennemann* NZA 2001, 1190 (§ 3 ZPO).
448 KG MDR 2010, 839.
449 OLG Schleswig JurBüro 1966, 152.
450 OLG Schleswig JurBüro 1966, 152; *Schneider/Herget* Rn. 4323.
451 OLG Hamm RPfleger 1956, 140.
452 LAG Köln RVG-Letter 2006, 117.
453 BGH NJW-RR 1986, 337 = JurBüro 1986, 910; OLG Frankfurt aM JurBüro 1959, 169; LG Bayreuth JurBüro 1970, 437 m. Anm. v. *Mümmler;* LG Bayreuth JurBüro 1985, 441.
454 OLG Frankfurt aM JurBüro 1962, 365.
455 Vgl. *Roth* NJW 1972, 925.
456 Vgl. auch *Hartmann* Anh. I zu § 48 (§ 3 ZPO) Rn. 115.

stellungsinteresses.[457] S.a.: *„Schadensersatz“*, *„Feststellung“*, **„Insolvenzfeststellungsklage“.**

Unfall: Verschiedenartige Ansprüche sind zu addieren. Bei eingeschränktem Antrag („sofern Ansprüche nicht auf Sozialversicherungsträger übergegangen sind“) sind übergegangene Anträge abzuziehen.[458]

Unlauterer Wettbewerb: Vgl. „Unterlassung“.

Unterhalt: s. § 51 FamGKG.

Unterlassung:

- *Allgemeine Geschäftsbedingungen:* § 48 Abs. 1 S. 2. Maßgeblich ist das Interesse des Klägers, wobei je angegriffene Klausel 1.500 €–2.500 € eingesetzt werden können.[459]
- *Beleidigung, Ehre:* § 48 Abs. 2. Vgl. dort Rn. 10. Bei Unterlassungsklage nach Beleidigung oder Körperverletzung regelmäßig unter 5.000 €.[460]
- *Besitz und Eigentum:* § 3 ZPO. Maßgeblich ist i.d.R. die Wertminderung, die der Kläger durch die Störung erleidet.[461] Allgemein wird eine Prognose, mit der sowohl der künftige Wert des Schutzrechts für den Gläubiger als auch die Gefährdung der Realisierung dieses Wertes durch den Verletzer abgeschätzt werden muss, wobei die Geltendmachung der Verletzung allein noch nicht die Annahme einer umfangreichen oder schwierigen Tätigkeit indiziert.[462]
- *Ehestörung:* Keine Ehesache, so dass Streitwert nach dem Interesse des Klägers auch unter 2.000 € liegen kann.[463] Vgl. auch § 43 Abs. 1 S. 2 FamGKG.
- *Ehre:* Vgl. Beleidigung.
- *E-mail:* unerwünschte Zusendung, vgl. oben „E-Mail“.
- *Gewerblicher Rechtsschutz:* Beeinträchtigung des Rechts des Klägers, i.d.R. seine voraussichtliche Umsatzschmälerung.[464]
- *Handywerbung durch SMS:* Zu schätzen nach Grad der Belästigung: 2.000 € bei SMS;[465] 10.000 € bei E-Mail an Anwaltskanzlei.[466]
- *Mehrere gleichgerichtete Ansprüche gegen verschiedene Beklagte:* Auszugehen ist vom höchsten Interesse eines Klägers, für jeden weiteren Kläger ein Zuschlag, der seinem Interesse, ggf. selbständig zu vollstrecken entspricht.[467] Bei unterlassungsrechtlichen Lauterkeitsklagen gegen mehrere (natürliche und/oder juristische) Personen handelt es sich um mehrere selbständige Klagen. Die Streitwerte der einzelnen Beklagten sind zu addieren, und zwar auch bei einer Inanspruchnahme einer juristischen Person und deren gesetzliche Vertreter.[468]
- *Mietvertrag:* Unterlassungsklage aufgrund eines Mietvertrages ist keine Mietsache, so dass § 3 ZPO und nicht § 41 gilt.[469]
- von unerwünschten *Werbesendungen:* Der Wert ist nach § 48 Abs. 2 zu bestimmen, wobei neben den dort genannten Kriterien dem Unterlassungsinteresse des Klägers

457 OLG Köln JurBüro 2009, 257.
458 BGH VersR 1961, 887.
459 Vgl. *Bunte* DB 1980, 358.
460 OLG Saarbrücken MDR 2013, 1244 (2.000 für Beleidigung und Körperverletzung).
461 OLG Köln JurBüro 1990, 246.
462 BGH NJW 2014, 8 = MDR 2014, 184 = GRUR 2014, 206 = WRP 2014, 317 = ZIP 2013, 95 = JurionRS 20113, 50855.
463 Vgl. bei *Schneider/Herget* Rn. 4498 ff.
464 Vgl. z.B. OLG Karlsruhe MDR 1980, 59 und bei *Schneider/Herget* Rn. 1970 ff.
465 KG JurBüro 2006, 645.
466 OLG Koblenz JurBüro 2006, 645.
467 KG NJW-RR 2000,285.
468 OLG Hamburg MDR 2013, 1240 = Openjur 2013, 30504; KG JurBüro 2011, 90.
469 LG Hannover WoM 1985, 128.

überragende Bedeutung zukommt.[470] Erfolgt die Zusendung per Telefax oder e-mail: Der Wert ist nach § 3 ZPO zu bestimmen und beträgt bei einer Anwaltskanzlei 4.000 €.[471]

- *Postwurfsendung*, unerwünschte Werbung durch P. 6.000 €.[472]
- urheberrechtlicher U-Anspruch bei Verletzung des Leistungsschutzrechts (Bilder): geltend gemachte Lizenzgebühr, bei Abwehr mehrerer Verstöße Verdoppelung.[473]
- *Wettbewerbsstreitigkeiten:* Festsetzung des Streitwertes hat keinen Sanktionscharakter, so dass besonders grobe Verstöße oder Rücksichtslosigkeit einer Partei auf den Streitwert keinerlei Einfluss haben.[474] Es kommt darauf an, welche Schäden dem Kläger durch (mögliche) Rechtsverletzungen drohen, wobei selbst besonders schwere Verletzungen in der Vergangenheit jedenfalls dann keine Rolle spielen, wenn der Kläger erhebliche Schäden nur wegen dieser Handlung in der Vergangenheit, nicht jedoch wegen künftiger Rechtsverletzungen befürchtet.[475] Bei gleichlautenden Unterlassungsklagen gegen Gesellschaft und deren Geschäftsführer sind die beiden Streitwerte grundsätzlich gleich zu bewerten.[476]
- *Widerruf:* Antrag auf Widerruf ist regelmäßig nicht geringer zu bewerten als der auf Unterlassung. Wird neben Unterlassung Widerruf begehrt, sind jeweils gesonderte Streitwerte zu bestimmen und zu addieren.[477]
- *Zwangsvollstreckung,* Unzulässigkeit der: Streitwert ist unter Berücksichtigung des § 4 ZPO zu bemessen.[478] Zu zahlende Zinsen und Kosten bleiben außer Betracht.

Urheberrecht: Wegen § 97 UrhG in aller Regel als vermögensrechtliche Angelegenheit i.S.v. § 48 Abs. 1 GKG einzuordnen. Zwar können bei Urheberrechtsverletzungen auch ideelle Aspekte eine Rolle mitspielen, doch werden solche im Verhältnis zu den vermögensmäßigen Gesichtspunkten von untergeordneter Bedeutung sein. Mangels einer speziellen Bestimmung ist der Geschäfts-/Streitwert gemäß § 48 Abs. 1 GKG i.V.m. § 3 ZPO nach dem frei zu schätzenden Interesse des Verletzten zu bemessen,[479] wobei zu berücksichtigen ist, wie und in welchem Umfange das geschützte Recht verletzt wird sowie das wirtschaftliche Interesse des Urheberrechtsinhabers.[480] Das kann ein Mehrfaches der üblichen Lizenzkosten sein.[481] Grundsätzlich anzuknüfen ist an dem vom Urheber aufgezeigten drohenden Linzenschaden, der mit dem Faktor 10 zu multiplizieren ist.[482] Ob u.U. auch das Ziel einer wirksamen Abschreckung des potentiellen Verletzers (Präventivgesichtspunkte) die Bemessung – in der Regel erhöhend[483] – beeinflusst, ist streitig.[484] Vieles spricht dafür, dass das Gebot der Abschreckung Dritter für die Streit-

---

470 OLG Hamm, 11.4.2013 – 9 W 23/13 –. Dazu auch BGH v. 30.11.2004 – VI ZR 65/04 – = GRUR 2007, 352 und die Nachweise in RVG-professionell 2014, 1.
471 AG Siegburg JurBüro 2002, 422.
472 LG Flensburg, Urt. v. 19.1.2007 – 4 O 276/06.
473 OLG Nürnberg, Beschl. v. 4.2.2013 – 3 W 81/13.
474 OLG Bremen OLG-Report Bremen/Hamburg/Schleswig-Holstein 1997, 363.
475 OLG Karlsruhe JurBüro 2011, 421.
476 OLG Frankfurt/Main, Beschl. v. 24.1.2017 – 6 W 119/16 – = JurionRS 2017, 10223.
477 OLG Celle WRP 1969, 382.
478 BGH MDR 1968, 662 = NJW 1968, 1275 = JurBüro 1968, 885.
479 OLG Frankfurt aM GRUR 1954, 228; *Schneider/Herget* Rn. 5552.
480 Dazu BGH, Urt. v. 12.5.2016 – I ZR 1/15 – = JurionRS 2016,26257.
481 OLG Schleswig SchlHA 2009, 362 = BeckRS 2009, 25261 ($3^1/_2$-fache Lizenskosten); AG Halle/Saale Beschl. v. 24.11.2009 – 95 C 3258/08 (1.200 € bei einmaligem Herunterladen eines Films, keine gewerbliche Nutzung, 1.200 €).
482 OLG Brandenburg BeckRS 2013, 17050.
483 AG Berlin-Charlottenburg GRUR-RR 2006, 70.
484 Bejahend z.B. OLG Hamburg GRUR-RR 2004, 342; KG GRUR 2005, 88; *Hartmann* Anh. I § 48/§ 3 ZPO Rn. 124, 104. Verneinend z.B. OLG Schleswig – Beschl. v. 9.7.2009 – 6 W 12/09, jeweils m.w.N.

wertbestimmung keine Relevanz haben darf, weil Sanktionierungen dem Wesen der Streitwertbestimmung fremd bleiben müssen. Nach § 97 UrhG hat der Urheber bei widerrechtlicher Verletzung seines Urheberrechts einen Schadensersatzanspruch, fakultativ kann er Herausgabe des (potentiellen) Gewinns, den der Verletzer durch die Verletzung erzielt – wenn nötig nach Rechnungslegung –, verlangen. Das Interesse des Urhebers ist bei Verletzung seines Rechts also die Durchsetzung des Anspruchs nach § 97 UrhG, also der durch ihm die Verletzungshandlung entstehende bzw. entstandene Schaden oder der potentielle oder erzielte Gewinn des Verletzers. Auf ein Vielfaches des Lizenzgewinns kann aber nicht bei einer Unterlassungsklage wegen Verletzung des urheberechtlichen Nutzungsrechts durch sog. „File-Sharing" (Eistellen eines Werkes in eine Internettauschbörse) abgestellt werden. In solchen Fällen ist der Wert nach § 3 ZPO frei zu schätzen, weil der durch eine solche Verletzungshandlung entstandene oder drohende Schaden auch im entgangenen Lizenzgewinn im Verhältnis zu der Vielzahl der weiteren Teilnehmer der Tauschbörse und der Beeinträchtigung der kommerziellen Verwertung des Werkes insgesamt besteht.[485]

Urkunde:

- Herausgabe von Wertpapieren: Kurswert.[486]
- Herausgabe von Beweisurkunden: Interesse des Klägers am Besitz der Urkunde.[487]
- Streit um Vorlegung zur Einsichtnahme: Das nach § 3 ZPO zu bewertende Interesse des Klägers, das mit $^1/_4$ des Hauptsachewertes angenommen werden kann.[488] Das Gleiche gilt auch für Wechselurkunden, Sparkassenbücher u.ä.

Urteilsberichtigung: Interesse des Beschwerdeführers, das den Wert der Hauptsache erreichen kann.[489]

30 **Valuta:** Bei ausländischer Währung ist maßgebend der Kurswert bei Beginn der Instanz, sofern nicht der Kurswert bei Beendigung der Instanz höher ist.

Vaterschaft: s. § 47 FamGKG.

Verbandsklagen: Ausschließlich Interesse der Allgemeinheit an der Beseitigung der gesetzwidrigen Bestimmung, wenn es um Klagen gemeinnütziger Vereinigungen geht,[490] sonst das Interesse des Klägers.[491]

Verbindlichkeit: Klage auf Befreiung s.o. „Befreiung".

Verbraucherdarlehnsvertrag:[492] bei Widerruf grundsätzlich Wert der Verschlechterungsdifferenz zwischen Leistung Gegenleistung; Wert der negativen Feststellungsklage beim Darlehn ist der Betrag der noch offenen Darlehnsvaluta.[493]

Verein:

- *wirtschaftlicher Verein:* Verfolgt der Verein wirtschaftliche Zwecke, ist der Streit vermögensrechtlich. Der Wert wird bestimmt durch das wirtschaftliche Interesse.
- *Idealverein:* Stehen keine eigenen wirtschaftlichen Interessen im Streit, dann handelt es sich um eine nichtvermögensrechtliche Streitigkeit, § 48 Abs. 2. Der Streit-

---

485 Dazu OLG Schleswig, Beschl. v. 14.6.2016 – 6 W 6/16 –, JurBüro 2016, 486 = JurionRS 2016, 19411, m.w.N.
486 OLG Köln JurBüro 1971, 713.
487 OLG Düsseldorf JurBüro 2011, 199 (LS mit Volltextservice); KG JurBüro 1970, 794; OLG Nürnberg MDR 1969, 1012; AG München JurBüro 2011, 261.
488 OLG Köln MDR 1983, 321.
489 OLG Frankfurt aM JurBüro 1980, 1893.
490 BGH NJW-RR 2001, 352 m.w.N.
491 BGH NJW 1967, 2402 = MDR 1967, 987.
492 Dazu kritisch *Schons* AGS 2016, 369.
493 OLG Zweibrücken, JurBüro 2016, 202.

wert ist unter Berücksichtigung der gesamten Umstände des Einzelfalles zu bestimmen.[494]

Vergaberecht: § 50. In Nachprüfungsverfahren wegen Erteilung des Zuschlags: Höhe nach pflichtgemäßem Ermessen, wobei Kostendeckungs- und Äquivalenzprinzip zu beachten ist und die Vergabekammern Tabellen nutzen können, die auf die wirtschaftliche Bedeutung des Nachprüfungsgegenstandes[495] abstellen. 5% der Bruttoauftragssumme sind nicht zu beanstanden.[496] Im Einzelnen dazu bei § 50 Abs. 2.

Vergleich:[497]

- Der Wert des Vergleichs richtet sich grundsätzlich danach, **worüber** der Vergleich geschlossen, d.h. welcher Streit beigelegt wurde.[498] Das ist regelmäßig der Wert der der ursprünglich gestellten Anträge, also der Betrag, über den sich die Parteien verglichen haben[499] bzw. das zu bewertende Interesse. Es ist nicht zulässig, den Wert von Vergleichen künstlich niedrig zu halten.[500]
- Geht der Streit aber allein um die Rechtswirksamkeit eines Prozessvergleichs, ist nur das Interesse des Klägers an der Wirksamkeit des Vergleichs zu nehmen, solange der ursprüngliche Prozess nicht im Nachverfahren weitergeführt wird.[501] Das ist der Wert der Leistung, welche die eine Partei der anderen in dem Vergleich zu erbringen versprochen hat.[502]
- Wenn die Anfechtung des Vergleichs den Rechtsstreit nicht auf den ursprünglichen Streitstand zurückführt, sondern einen bereits erzielten Teilerfolg bestehen lässt, ist das verbleibende Interesse maßgebend.[503]
- Das den Wert des ursprünglichen Rechtsstreit übersteigende Interesse an der Wirksamkeit des oder der Wert des Vergleichs ist nur maßgeblich, wenn neben der Fortsetzung des ursprünglichen Rechtsstreits nach § 256 Abs. 2 ZPO auch die Feststellung der Wirksamkeit des Vergleichs beantragt wird.[504]
- Ist im Kostenfestsetzungsverfahren der Streitwert zu bestimmen, führt der Vergleich – anders als für die Rechtsanwaltsgebühren – nicht zu einer Erhöhung des Streitwerts.[505]
- Wenn der Anspruch bereits rechtskräftig tituliert ist, beträgt der Vergleichsgegenstand für den Verzicht auf Zinsen und Nebenkosten 10% des titulierten Anspruchs.[506]
- Mehrvergleich: wird in einem einstweiligen Anordnungsverfahren ein Vergleich geschlossen, der auch die Hauptsache miterledigt, ist der Verfahrenswert der Hauptsache für den Mehrvergleich anzunehmen.[507]

Verkehrswert: Der im freien Verkauf zu erzielende Wert.

Verlagsrecht: s. Urheberrecht

---

494 OLG Frankfurt aM JurBüro 1985, 1083.
495 Brandenburgischen OLG JurBüro 2008, 544 (LS mit Volltextservice).
496 Brandenburgischen OLG JurBüro 2009, 259.
497 Dazu im Einzelnen bei *Schneider* RPfleger 1986, 81 und MDR 1990, 682 sowie Streitwert Rn. 4559 ff.
498 Vgl. z.B. OLG Bamberg JurBüro 1984, 254.
499 BGH JurBüro 2013, 29 = MDR 2012, 1436, m.zahlr. Nachw.; OLG Schleswig JurBüro 1955, 192; OLG Hamburg FamRZ 1987, 184.
500 OLG Köln JurBüro 1961, 292.
501 OLG Bamberg JurBüro 1998, 541.
502 OLG Frankfurt/Main NJW-RR 2004, 1296 (L).
503 BGH MDR 2012, 1436 = JurBüro 2013, 29 =NJW 2013, 470 = AnwBl. 2013, 72; BGH RVG-Report2007, 108 (LS).
504 BGH MDR 2012, 1436 = JurBüro 2013, 29 =NJW 2013, 470 = AnwBl. 2013,72.
505 LAG Köln MDR 1999, 121.
506 KG RVG-Letter 2004, 35.
507 OLG Köln, JurBüro 2015644 = NJW-Spezial 2015, 571 = AGS 2015, 460 = JurionRS 2015, 25248.

Verlustigkeitserklärung (§ 516 ZPO) Betrag der Kosten, die in der Rechtsmittelinstanz bis zum Antrag nach § 516 ZPO entstanden sind.[508]

Vermögensabgabe: Zeitwert der Vermögensabgabe, nicht § 9 ZPO.

Veröffentlichungsbefugnis: Vgl. „Unterlassung". Wert ist neben der Unterlassungs- oder Schadensersatzklage besonders zu berechnen.[509]

Versetzung eines Arbeitnehmers s. Anh. II nach § 42.

Versicherung:[510]

- *Abfindungsvergleich:* Abgeltung sämtlicher zukünftigen Rentenansprüche durch Einmalzahlung rechtfertigt i.d.R. keinen Vergleichsmehrwert.[511]
- *Anfechtung/Rücktritt vom Versicherungsvertrag*: Bei Feststellung der Wirksamkeit ist § 3 ZPO maßgebend.[512]
- *Bestand*: negative Feststellungsklage, dass der Vericherungsvertrag ab einem bestimmten Zeitpunkt nicht mehr besteht ist Streitwert in der Regel die Summe der Prämien, die der Versicherer ohne den streitigen Beendigungsgrund noch fordern könnte.[513] Geht es um die Feststellung, dass der Vertrag fortbesteht, ist der Wert mit 20% der 3,5-fachen Summe der künftigen Leistungen anzusetzen.[514]
- *Deckungsprozess:* Anwendbar sind die §§ 3, 9 ZPO.[515]
- *Leistung:* Der geforderte Betrag, begrenzt durch die Versicherungssumme. Wenn vorschussweise unverzinstes Darlehen bis zur Feststellung der Leistungspflicht des Versicherers gewährt wird, besteht Gegenstandsidentität mit späterer Leistung.[516] Keine Streitwerterhöhung, wenn während des Prozesses die seit Rechtshängigkeit fällig gewordenen Beträge beziffert und zum Gegenstand eines gesonderten Zahlungsantrags gemacht werden, es sei denn, die laufenden Rentenleistungen sind nur Gegenstand eines Feststellungsantrags gewesen.[517]
- *Feststellung:* Interesse des Klägers. Bei Klage auf Feststellung des Fortbestandes $3^1/_2$-faches Jahresprämienaufkommen.[518] Ebenso bei Klage auf künftige Beitragsbefreiung.[519] Bei Klage auf Feststellung der (Weiter-)Zahlung von Krankentagegeld regelmäßig 50% des Wertes der geltend gemachten (weiteren) Leistungen ab dem Zeitpunkt der Ablehnung weiterer Leistungen durch den Versicherer; bereits die Ankündigung von solchen Ansprüchen reicht aus.[520]

Versicherungsnachweis: Erteilung eines Versicherungsnachweises (z.B. § 8 Abs. 3 S. 1 ATZG) ist nach § 3 zu bewerten. Das Interesse entspricht nicht dem Wert der Versicherungsleistung.[521]

---

508 BGHZ 15, 394; OLG Schleswig JurBüro 1956, 190; OLG Koblenz JurBüro 1983, 558; vgl. aber auch bei *Schneider/Herget* Rn. 4737 ff. **A.A.** OLG Rostock JurBüro 2008, 370 (Wert der Hauptsache).

509 OLG Hamburg MDR 1977, 142.

510 Vgl. *Schneider/Herget* Rn. 4751 ff.

511 OLG Karlsruhe Beschl. v. 21.10.2014 – 9 W 33/14 = JurBüro 2015, 191 = JurionRS 2014, 27737 und Beschl. v. 27.10.2014 – 9 W 29/14 = JurBüro 2015, 193.

512 OLG Frankfurt/Main JurionRS 2013, 60617 = OpenJur 2015, 12372. Dazu ausführlich bei *D. Meyer* JurBüro 2008, 579.

513 OLG Karlsruhe JurBüro 2012, 78.

514 BGH, Beschl. v. 14.12.2016 – IV ZR 477/15 – = JurionRS 2016, 31321; BGH JurBüro 2012, 195 = NJW-RR 2012, 165 (LS) = MDR 2011, 1474 = VersR 2012, 78 = r+s 2012, 104 = ZFS 2012, 38.

515 BGH NJW 1974, 2128 und NJW 1982, 1399 m.N.

516 BGH NJW-RR 2005, 506.

517 OLG Karlsruhe Beschl. v. 21.10.2014 – 9 W 29/14 = JurionRS 2014, 27738.

518 BGH MDR 2012, 26 = BeckRS 2011, 28289; OLG Köln MDR 1996, 1194 = JurBüro 1996, 598.

519 BGH, Beschl. v. 14.12.2016 – IV ZR 477/15 – = JurBüro 2017, 94 = JurionRS 2016, 31321; OLG München JurBüro 2000, 416.

520 Thüringer OLG Beschl. v. 29.12.2009 – 4 W 565/09.

521 LAG Köln – 10.9.2013 – 11 Ta 344/12 – : 4.000 €) = RVG-professionell 2014, 19.

Versorgungsausgleich: § 50 FamGKG.

Verteilungsverfahren: Wert der Verteilungsmasse einschließlich der Zinsen und Kosten. Bei Widerspruch gegen den Teilungsplan ist maßgebend der Wert des Interesses des Klägers.[522]

Vertrag: Bei Klage auf Feststellung der Nichtigkeit ist Streitwert der Wert der Leistung, von dem der Kläger freigestellt werden will.[523]

Verwalter: Bei Streit um Entlastung/Nichtentlastung bestimmt der Wert der möglichen Ansprüche gegen den Verwalter und der Wert der Bekräftigung der vertrauensvollen Zusammenarbeit den Streitwert. Wenn keine Anhaltspunkte für Bestimmung eines höheren Wertes vorliegen regelmäßig 1.000 €.[524]

Verzögerungsrüge: § 12a Rn. 4. Der Wert ist für jedes Verfahren zu bestimmen. So ist z.B. das Kostenfestsetzungsverfahren ein nach §§ 198 ff. GVG ein besonders zu bewertendes Verfahren.[525]

Verzugszinsen: Wenn sie selbständig eingeklagt werden, ist deren Wert nach § 3 ZPO zu berechnen.[526]

Vollstreckbarerklärung eines ausländischen Titels: Der nach deutschem Recht als EURO-Wert zu bestimmende Wert des Titels ohne Zinsen und Kosten. Im Rechtsbeschwerdeverfahren nach dem Wechselkurs bei Eingang der Rechtsbeschwerde.[527]

Vollstreckungsabwehrklage:[528] Grundsätzlich bemisst sich der Wert nach dem Nennbetrag des vollstreckbaren (Haupt-)Anspruchs,[529] sofern sich nicht aus den Anträgen oder der Klagebegründung ergibt, dass die Zwangsvollstreckung nur wegen eines Teilbetrages für unzulässig erklärt werden soll.[530] Im letzteren Fall sind auch Zinsen und Nebenforderungen einzurechnen, die sich auf den Teil des mit der Vollstreckungsgegenklage angegriffenen Hauptanspruchs beziehen.[531] Maßgebend ist also der Umfang der Ausschließung von der Zwangsvollstreckung.[532] Das gilt auch für die Klage gegen die Erteilung einer Vollstreckungsklausel (§ 768 ZPO)[533] oder für die Erinnerung gegen die Erteilung einer Vollstreckungsklausel (§ 732 ZPO).[534] Für die weitere Erteilung einer vollstreckbaren Ausfertigung (§ 733 ZPO) ist der Wert des zu vollstreckenden Anspruchs maßgebend.[535]

Vollstreckungsgegenklage: S. „Vollstreckungsabwehrklage".

Vollstreckungsklausel: Vgl. „Vollstreckungsabwehrklage", Wert des beigetriebenen Anspruchs.[536]

Vollstreckungsschutz im Verfahren nach §§ 765a, 813a ZPO: Interesse des Klägers.[537]

---

522 OLG Bamberg JurBüro 1991, 1691.
523 OLG Saarbrücken AnwBl. 1978, 467.
524 BGH JurBüro 2011, 423.
525 OLG Zweibrücken, Beschl. v. 26.1.2017 – 6 SchH 1/16 EntV; OLG Hamm, Urt. v. 10.8.2016 – 11 EK 5/15.
526 BGHZ 36, 147.
527 BGH JurBüro 2010, 201.
528 Dazu bei *Hartmann* Anh. I zu § 48 (§ 3 ZPO) Rn. 133 und *Schneider/Herget* Rn. 4907 ff., jeweils m.w.N.
529 BGH, JurBüro 2016, 29 = NJW 2015, 8 = NJW-RR 2015, 1471 = MDR 2015, 57 = FamRZ 2016, 126 = BB 2015, 703 = WM 2015, 2543 = JurionRS 2015, 29392.
530 BGH JurBüro 2006, 428 (LS mit Volltextservice) = NJW-RR 2006, 1146; OLG Frankfurt aM JurBüro 2008, 315.
531 OLG Stuttgart JurBüro 2007, 33 (LS mit Volltextservice).
532 BGH NJW 1995, 3318 und NJW-RR 1988, 444; OLG Hamm RPfleger 1991, 387.
533 OLG Köln MDR 1980, 852.
534 LG Aachen JurBüro 1985, 264.
535 LG München JurBüro 1999, 326.
536 OLG Köln MDR 1980, 852.
537 AG Hannover NdsRPfl. 1970, 177.

Vollstreckungstitel: Herausgabe: Interesse des Klägers am Besitz des Titels.[538]

Vorbehaltseigentum: Vgl. „Herausgabe", § 6 ZPO.

Vorbereitender Anspruch: Vgl. „Herausgabe", „Stufenklage".

Vorkaufsrecht: Interesse des Klägers an der Feststellung des Bestehens des Rechts.[539] Bei Klage auf Herausgabe aufgrund des Vorkaufsrechts ist der Wert nach § 6 ZPO zu bestimmen.

Vormerkung: Streitwert der Klage auf Eintragung oder Löschung ist nach § 3 ZPO zu bestimmen. Ihr Wert beträgt einen Bruchteil des vorzumerkenden Rechts.[540]

Vormundschaftliche Genehmigung: Vgl. „Genehmigung".

31 **Wahlanfechtung nach § 19 BetrVG:** s. „Betriebsrat in Anh. II nach § 42".

Wahlschuld:

- *Wahlrecht des Klägers:* Wert der vom Kläger gewählten Leistung, im Zweifel der der höheren.
- *Wahlrecht des Beklagten:* Der niedrigere Wert.

Währung: Vgl. „Valuta".

Wandlung: Nach § 3 ZPO zu schätzender Wert des Rechtsverhältnisses, i.d.R. Wert der Forderung. Wird aufgrund der Wandlung Herausgabe der Sache verlangt, ist deren Wert maßgebend, § 6 ZPO. Wird Rückzahlung des Kaufpreises verlangt, ist der geforderte Betrag anzusetzen.

Warenzeichen: Vgl. „Unterlassung".

Wärmelieferungsvertrag: Interesse des Klägers ist nach § 3 ZPO zu schätzen, § 8 ZPO ist unanwendbar.[541]

Wechsel: Eingeklagte Wechselsumme ohne Zinsen und Kosten. Bei Streit um Herausgabe des Wechsels ist das Interesse des Klägers nach § 3 ZPO zu bestimmen.[542] Vgl. auch „Urkunde".

Wegerecht: Bodenwert der beanspruchten Grundstücksfläche.[543]

Wegnahme: Wert der Sache.[544] Vgl. auch „Herausgabe".

Weisung: Der Streit um eine Weisung des Arbeitsgebers s. Anh. II nach § 42.

Weiterbeschäftigungsanspruch: s. Anh. II nach § 42.

Wertpapier: Vgl. „Herausgabe", „Urkunde".

Werbung: Vgl. „Unterlassung"

Wertsicherungsklausel: Interesse des Klägers an der Klausel, nach § 3 ZPO zu schätzen.[545]

Wettbewerb:

- Vgl. „Unterlassung".
- *Im Arbeitsrecht:* Bei Streit über Gültigkeit eines Wettbewerbsverbots entspricht der nach § 3 ZPO festzusetzende Wert i.d.R. der vom Arbeitgeber zu zahlenden Entschädigung (§ 74 Abs. 2 HGB).

Widerklage: Vgl. § 45.

Widerruf: Vgl. § 48 Rn. 10 und „Ehre", „Unterlassung". Maßgeblich ist § 3 ZPO.[546]

---

538 BGH JurBüro 2004, 540.
539 BGH JurBüro 1957, 224.
540 OLG Schleswig JurBüro 1971, 538 ($^1/_2$); OLG Koblenz AnwBl. 1974, 27 ($^1/_3$); OLG Bremen AnwBl. 1976, 441 ($^9/_{10}$).
541 BGH-RR 1989, 381.
542 LG Kiel JurBüro 1964, 212.
543 OLG Frankfurt aM JurBüro 1970, 435.
544 KG RPfleger 1971, 227.
545 LAG Hamburg MDR 2003, 178; OLG Bamberg JurBüro 1962, 689.
546 OLG Celle NdsRpfl. 1970, 207.

Widerspruchsklage:

- *nach § 771 ZPO:* S. "Drittwiderspruchsklage". Maßgebend ist Höhe der gepfändeten Forderung ohne Zinsen und Kosten.
- *nach § 773 ZPO:* Gesamtwert der Leistung.
- *nach § 180 ZVG:* Wert ist nach § 3 ZPO zu schätzen.[547]

Wiederaufnahmeverfahren: Streitwert des angefochtenen Urteils, soweit dieses beseitigt werden soll,[548] ohne Kosten des Vorverfahrens und Zinsen.[549]

Wiederkehrende Leistungen, die auf Dauer angelegt sind. Bei veränderten Jahresbeträgen ist auf den höchsten Einzelwert in den ersten 3½ Jahren nach Klageerhebung abzustellen.[549a]

Wiedereinstellung Arbeitsrecht: s. Anh. II nach § 42.

Willenserklärung: Interesse des Klägers an der Abgabe.[550] Bei einer Abgabe zur Einkommenssteuererklärung z.B. der Wert des erstrebten Steuervorteils.[551]

Wohnrecht: Der Wert ist nach § 7 ZPO und nicht nach § 3 ZPO zu bestimmen.[552]

Wohnungseigentum ist ab dem 1.7.2007 in § 49a geregelt. Bei bezifferten Anträgen ist der Wert nach § 48 i.V.m. § 3 ZPO und bei unbezifferten Anträgen nach § 49a zu bestimmen. Vgl. im Einzelnen bei § 49a.

X 32

Y 33

Zeugnis: Der arbeitsrechtliche Anspruch richtet sich nach § 3 ZPO. S. Anh. II nach 34
§ 42. **Zeugnisverweigerungsrecht:** Bei vermögensrechtlichen Streitigkeiten ist maßgebend § 3 ZPO, bei nichtvermögensrechtlichen Sachen ist § 48 Abs. 2 einschlägig. Bei der Bewertung ist jeweils der Wert der Hauptsache mit zu berücksichtigen.[553]

Zinsen: § 4 ZPO, § 43. Soweit Zinsen zur Hauptforderung werden, gilt § 3 ZPO und nicht § 9 ZPO.[554]

Zug-um-Zug-Leistung: Keine Erhöhung des Streitwertes bei Feststellungsbegehren des Verzuges.[555]

Zugewinn: Grundsätzlich FamFG (§§ 35, 42, 52 FamGKG). Grundsätzlich der begehrte Betrag bzw. Interesse des Klägers am vorzeitigen Zugewinn.[556] Verpflichtungsklage zur Auskunft in einer Güterrechtssache in der Regel 1/10.–1/4. des Leistungsanspruchs nach den Vorstellungen des Antragstellers.[557] Geht es nur um eine Klage auf Verpflichtung zur Auskunftserteilung, ist der Beschwerdewert nach dem Interesse des Beschwerdeführers maßgebend, in der Regel nach dem Aufwand an Zeit und Kosten, die eine sorgfältige Erteilung der geschuldeten Auskunft erfordert.[558] Bei einem selbständigen Beweisverfahren betr. Immobilienwert Differenz zwischen Vorstellung des Antragstellers und Höhe des tatsächlichen Immobilienwertes.[559]

---

547 BGH FamRZ 1991, 547.
548 BGH AnwBl. 1978, 260.
549 OLG Hamburg MDR 1969, 228.
549a BGH, Beschl. v. 23.5.2017 – II ZR 169/16 – = JurionRS 2017, 15929.
550 KG WoM 1992, 323; OLG München AnwBl. 1988, 645.
551 OLG Düsseldorf JurBüro 1995, 254.
552 *Hartmann* Anh. I zu § 48 (§ 3 ZPO) Rn. 140.
553 KG NJW 1968, 1937.
554 BGH BB 1981, 1491.
555 KG MDR 2005, 898.
556 Im Einzelnen dazu bei *Schneider/Herget* Rn. 5135 ff. m.N.; *N. Schneider* NZFam 2015, 497.
557 BGH, JurBüro 2012, 80 = MDR 2011, 1438 = NJW-RR 2012, 13 = FamRZ 2011, 1929.
558 BGH FamRZ 2014, 1012 = JurBüro 2014, 419 = MDR 2014, 591 = JurionRS 2014, 13708 = RVG-professionell 2014, 181, m.w.N.
559 OLG Hamm MDR 2014, 179 = JurionRS 2013, 46974.

Zukunftsschaden: Vgl. „Schadensersatz".

Zurückbehaltungsrecht: Vgl. § 3 Rn. 23.

Zurückschneiden einer Hecke: Bei einmaligem Begehren Wert des Arbeitsaufwandes (Kosten eines Gärtners, 150 €), bei jährlich wiederkehrendem Verlangen § 9 ZPO (2 × 150 € = 300 € p.a.).[560]

Zuständigkeit: Bei Verhandlung über die Zuständigkeit ist der Wert der Hauptsache maßgeblich.[561] Werden indessen nur Hilfsanträge gestellt und es deshalb nur das Verweisungsinteresse geht, kann der Wert zu reduzieren sein.[562] Bei Rücknahme oder Ablehnung eines Antrags auf gerichtliche Zuzständigkeitsbestimmung aber nicht Hauptsachewert aber nur prozentualer Bruchteil des Hauptsachewerts.[563]

Zustimmung: Vgl. „Willenserklärung".

Zutritt: Klage eines Versorgers auf Gewährung von Zutritt/Duldung der Sperrung des (Strom)zählers ist mit dem Sechsfachen der monatlichen Abschlagszahlungen zu bewerten.[564]

Zwangsgeldfestsetzung nach § 888 ZPO: Für Gerichtkosten Festgebühr von 15 € (KV 2110); für Anwaltsvergütung ist maßgebend der Wert, den die Handlung für den Gläubiger hat.[565] (str. vgl. dazu bei OLG Celle JurBüro 2014, 437 (Höhe des festgesetzten Zangsgeldes). S. auch „Ordnungsgeld)

Zwangsvollstreckung: Grundsätzlich ist der Wert der beizutreibenden Forderung ohne Zinsen und Kosten maßgebend.[566]

- *Erwirkung einer Handlung oder Unterlassung:* Wert der Durchführung für den Gläubiger,[567] i.d.R. dem Wert der Hauptsache gleichstehend.
- *Einstellung, Beschränkung, Aufhebung:* Der Rest der titulierten Schuld[568] ohne Zinsen und Kosten.
- *Vollstreckungsklage:* Wert des zu vollstreckenden Anspruchs.
- *Unzulässigkeit:* Höhe des gesamten (Teils) des Zahlungsanspruchs, der vollstreckt werden soll.[569]

Zwischenfeststellungsklage: Sie hat nur einen über den Streitwert der Klage hinausgehenden Streitwert, wenn der Feststellungsantrag nicht nur für die bereits erhobene Klage, sondern auch für weitere Ansprüche vorgreiflich ist.[570] Vgl. auch § 45 Rn. 7 und oben „Feststellungsklage".

Zwischenstreit: Wert ist nach der Bedeutung der Aussage des Zeugen für die Hauptsache zu schätzen,[571] in der Regel Wert der Hauptsache bzw. des Teils, auf den sich der Zwischenstreit bezieht.[572]

---

560 BGH JurBüro 2012, 82 = MDR 2012, 117 = NJW-RR 2012, 82 = NZM 2012, 94 = WuM 2012, 698.
561 *Hartmann* Anh. Zu § 48 § 3 ZPO Rn. 143; vgl. auch die Nachw. bei OLG Celle JurBüro 2012, 531.
562 *Hartmann* Anh. Zu § 48 § 3 ZPO Rn. 143.
563 OLG Hamm NJW 2013, 8 = NJW-RR 2013, 1341 = RVG-Report 2013, 389 = RVG-professionell 2014, 56 = JurionRS 2013, 38630.
564 OLG Celle JurBüro 2013, 643.
565 OLG Köln RVG-Letter 2005, 58.
566 Im Einzelnen dazu bei *Hartmann* Anh. I zu § 48 (§ 3 ZPO) Rn. 144 ff.
567 BayObLGZ 1988, 444.
568 OLG Koblenz JurBüro 1991, 109.
569 BGH NJW 1982, 806.
570 LG München JurBüro 2009, 430 (LS mit Volltextservice).
571 OLG Düsseldorf JurionRS 2014, 295277 = RVG-professionell 2014, 146; KG NJW 1962, 806 (str. vgl. bei *Schneider/Herget* Rn. 5200, 5201).
572 OLG Saarbrücken RVG-professionell 2014, 201 = JurionRS RS 2014, 28153.

§ 4 ZPO Wertberechnung, Nebenforderungen 35

(1) Für die Wertberechnung ist der Zeitpunkt der Einreichung der Klage, in der Rechtsmittelinstanz der Zeitpunkt der Einlegung des Rechtsmittels, bei der Verurteilung der Zeitpunkt des Schlusses der mündlichen Verhandlung, auf die das Urteil ergeht, entscheidend; Früchte, Nutzungen, Zinsen und Kosten bleiben unberücksichtigt, wenn sie als Nebenforderungen geltend gemacht werden.

(2) Bei Ansprüchen aus Wechseln im Sinne des Wechselgesetzes sind Zinsen, Kosten und Provisionen, die außer der Wechselsumme gefordert werden, als Nebenforderungen anzusehen.

Die Vorschrift regelt, soweit §§ 40, 43, 47 GKG, § 23 RVG nicht als leges speciales vorgehen, den für die Wertberechnung maßgeblichen Zeitpunkt. Außerdem stellt sie klar, welche Nebenforderungen bei der Berechnung des Streitwertes unberücksichtigt zu bleiben haben. Im Einzelnen dazu bei § 43. 36

Für die Bestimmung des Kostenstreitwertes ist maßgebend der Zeitpunkt der **Einreichung der Klage** (einschließlich einer Vollstreckungsgegenklage oder eines Kostenfestsetzungsbeschlusses aus dem Verfahren[1]) **oder der Rechtsmittelschrift.** So richtet sich der Wert einer Berufung bei Klage auf Feststellung einer Forderung zur Insolvenztabelle nach dem Betrag, der zum Zeitpunkt der Einlegung der Berufung bei Verteilung der Insolvenzmasse für die Forderung zu erwarten war.[2] Das gilt grundsätzlich auch für Ehesachen (jetzt: nach § 34 FamGKG).[3] Welcher Streitwert sich aus den Anträgen des Rechtsmittelklägers ergibt, ist nach §§ 40, 47 zu bestimmen. Soweit das Verfahren nicht durch eine Klage eingeleitet wird, ist der Zeitpunkt der Einreichung des Antrags maßgebend, durch den das Verfahren in Gang gesetzt wird. Bei einer Klage auf wiederkehrende Leistungen werden die nach der Klageerhebung fällig gewordenen Beträge – gleichviel, ob sie beziffert sind oder nicht – in keiner Instanz streitwertmäßig selbständig berücksichtigt.[4] Bei einem Übergang von der Feststellungs- zur Leistungsklage sind die bis zur Erhebung der Leistungsklage erwachsenen Rückstände mitzurechnen.[5] 37

Einreichung der Klage oder des Antrags: Die **Klage** oder der einer Klage gleichstehende Antrag ist eingereicht, wenn der Schriftsatz bei dem Gericht eingegangen oder ein Antrag zu Protokoll des Gerichts genommen ist, nicht der Zeitpunkt der Zustellung an den Gegner. Unerheblich ist es, ob die Klage oder der Antrag bei der Einreichung mangelhaft war oder ob das Gericht überhaupt zuständig ist. Bei der **Berufung** und bei der **Revision** ist grundsätzlich der Zeitpunkt des Eingangs der Berufungsschrift (§ 519 ZPO) bzw. der Revisionsschrift (§ 549 ZPO)[6] maßgebend (§ 40 GKG), und zwar unabhängig davon, ob sie bereits einen Sachantrag enthält.[7] Denn dann wird die Gebühr fällig (§ 6 GKG). Die Höhe der nach dem KV (KV-GKG 1220, 1230) lässt sich allerdings erst berechnen, wenn die Begründungsschrift (§§ 520, 551 ZPO) eingegangen sind. Nimmt der Antragsteller sein Rechtsmittel zurück, ohne dass dieses begründet wurde („vorsorgliche" oder fristwahrende Einlegung) und in der Einlegungsschrift keine vorläufige Wert- 38

---

1 BGH, Beschl. v. 14.1.2016 – IX ZB 57/15 – = JurBüro 2016, 258; BGH, JurBüro 2016, 29 = NJW 2015, 8 = NJW-RR 2015, 1471 = MDR 2015, 57 = FamRZ 2016, 126 = BB 2015, 703 = WM 2015, 2543 = JurionRS 2015, 29392.
2 BGH, Beschl. v. 14.1.2016 – IX ZB 57/15 – = JurionRS 2016, 10465.
3 KG RPfleger 1962, 155 (L) und oben § 12 Rn. 31.
4 BGH NJW 1960, 1459 = JurBüro 1960, 351; OLG Frankfurt aM RPfleger 1955, 209.
5 BGHZ 2, 112 (L); NJW 1953, 104; BGH VersR 1974, 605.
6 BGH VersR 1982, 591.
7 **A.M.** *Hartmann* Anh. I zu § 48 (§ 4 ZPO) Rn. 4.

begrenzung angegeben ist, ist für die Wertberechnung auf die sich aus dem angefochtenen Urteil ergebende Beschwer abzustellen, so als ob der Rechtsmittelführer ein unbeschränktes Rechtsmittel eingelegt hätte.

39 **Verurteilung:** Es kommt auf den Schluss der letzten mündlichen Verhandlung an. Wenn eine solche nicht stattgefunden hat, tritt an deren Stelle der Ablauf der Frist nach § 128 Abs. 2 S. 2, Abs. 3 S. 2 ZPO.

40 **Eine Verbindung oder Trennung von Verfahren** kann gerichtskostenmäßig nur für die Zukunft wirken. Maßgebend für die evtl. Neubestimmung des Streitwertes der einzelnen Verfahren ist der Zeitpunkt des Erlasses des Verbindungs-/Trennungsbeschlusses.

41 **Nebenforderungen**[8] sind aus dem Hauptanspruch abgeleitete Forderungen, die in demselben Verfahren mit dem Hauptanspruch geltend gemacht werden.[9] Sie sind dann für die Bestimmung des Streitwertes unbeachtlich. Werden sie indessen in einem gesonderten Prozess eingeklagt oder sind sie nach Erledigung des Hauptsacheanspruchs der alleinige Streitgegenstand geworden, ist ihr Streitwert maßgebend.[10] Sie sind auch dann dem Streitwert der Hauptsache hinzuzurechnen, wenn sie neben dem Hauptanspruch geltend gemacht werden, **es sei denn, dass es sich um Früchte, Nutzungen, Zinsen oder Kosten handelt.** Derartige hinzuzurechnende Nebenforderungen können z.B. sein: Mit der Klage geforderter Zubehör einer Sache, Futterkosten, Lagergeld, Frachten, Hinterlegungskosten, Anlagezinsen einer Mietkaution (§ 551 Abs. 3 S. 4 BGB)[11] wie überhaupt alle als Nebenforderung geltend gemachten Schäden sowie ziffernmäßig genannte Kosten[12] oder auf die Hauptforderung entfallende Mehrwertsteuer, während die auf die als nicht hinzurechnende Nebenforderung geltend gemachten Zinsen und Mehrwertsteuer außer Betracht zu bleiben haben.[13]

42 **Früchte** (§ 99 BGB), **Nutzungen** (§ 100 BGB) und **Zinsen** bleiben unberücksichtigt, und zwar unabhängig davon, ob es sich um gesetzliche oder vertragliche Zinsen handelt. Verzugszinsen aus der Hauptforderung sind auch dann nicht zu berücksichtigen, wenn die Verzugszinsen im Klagantrag ausgerechnet sind und mit der Hauptforderung in einem einheitlichen Forderungsantrag zusammengefasst worden sind.[14] Zinsen sind auch dann der Hauptforderung nicht zuzuschlagen, wenn sie unter dem Gesichtspunkt des Schadensersatzes geltend gemacht werden.[15] Entsprechend gilt dass, entgangene Zinsen für einen Zeitraum vor Eintritt des Verzuges gefordert werden.[16] Allerdings verliert eine Zinsforderung ihre Eigenschaft als Nebenforderung, wenn und soweit sie nach Erledigung der Hauptsache als Hauptforderung weiterverfolgt wird. Soweit **Hinterlegungszinsen** gefordert werden, handelt es sich nicht um Nebenforderungen, so dass diese dem Hauptantrag zuzuschlagen sind.[17]

---

8 Dazu BGH JurBüro 2007, 313 = MDR 2007, 919; BGH JurBüro 2007, 361 = NJW 2007, 1752 = NZV 2007, 293 = ZfS 2007, 246 m. Anm. v. *Hansens* ZfS 2007, 347; BGH, Beschl. v. 15.5.2007 – VI ZB 18/06.

9 OLG Bamberg JurBüro 1976, 344; OLG Celle MDR 1988, 414; OLG Schleswig RPfleger 1982, 301.

10 BGH, Beschl. v. 4.9.2013 – III ZR 191/12 – = JurBüro 2014, 25 = MDR 2013, 1316; BGH LM § 15 GKG Nr. 1; BGHZ 26, 175.

11 LG Köln ZMR 1996, 145; Zöller/*Herget* § 4 Rn. 11.

12 BGH RPfleger 1959, 111; vgl. dazu im Einzelnen bei *Hartmann* Anh. I zu § 48 (§ 4 ZPO) Rn. 10–12 m.N.

13 BGH NJW 1977, 583 (L) = JurBüro 1976, 1629.

14 BGH JurBüro 2012, 480 = MDR 2012, 865 = ZIP 2012, 1579 = BeckRS 2012, 12378; BGH NJW 1956, 830 (L); OLG Köln JurBüro 1980, 578; OLG Bamberg JurBüro 1978, 1549.

15 BGH JurBüro 2012, 480 = MDR 2012, 865 = ZIP 2012, 1579 = BeckRS 2012, 12378; BGH VersR 1957, 244.

16 BGH, Beschl. v. 27.6.2013 – III ZR 143/12 – = MDR 2013, 1185 = BeckRS 2013, 12722 = RVG-professionell 2013, 199; BGH JurBüro 2012, 480 = MDR 2012, 865 = ZIP 2012, 1579 = BeckRS 2012, 12378.

17 BGH NJW 1967, 930 (L) = MDR 1967, 280 = JurBüro 1967, 395.

Kosten: Sie sind neben dem Hauptanspruch auch dann als nicht hinzuzurechnende Nebenforderung zu betrachten, wenn der Kläger sie in dem bezifferten Hauptanspruch eingerechnet hat.[18] Sie werden erst dann zu einem Hauptanspruch, wenn sie nach Erledigung aller Hauptansprüche, von denen sie abhängig sind, noch als Streitgegenstand verbleiben.[19] Gemeint sind allerdings nur die vor Klageerhebung oder vor der sonstigen Einleitung des Verfahrens entstandenen Kosten,[20] wie z.B. die Kosten eines Privatgutachtens, „Bearbeitungsgebühren",[21] eines Vorprozesses,[22] einer Kündigung, Untersuchungskosten für die Beschaffenheit der Ware, Mahnkosten, Inkassokosten,[23] Kosten eines vorprozessual durchgeführten Beweissicherungsverfahrens,[24] für die Einholung einer Deckungszusage durch den Rechtsschutzversicherer[25] u.ä. Sie bleiben stets Nebenforderung, auch wenn sie sich auf einen bereits erledigten Teil der Hauptsache beziehen.[26] Nicht zu den Kosten i.S.d. § 4 ZPO zählen z.B. Kosten, die in einem ausländischen Urteil allein oder neben der Hauptforderung genannt sind,[27] Kosten eines Vorprozesses[28] oder Steuersäumniszuschläge. Sie dem Streitwert zuzuschlagen. Macht der Geschädigte seinen Anspruch aufgrund eines Pfändungs- und Überweisungsbeschlusses geltend, bleiben die Kosten des Pfändungs- und Überweisungsbeschlusses aber Nebenforderungen.[29] 43

Bei Ansprüchen aus Wechseln bleiben Zinsen, Kosten und Provisionen selbst dann außer Betracht, wenn es sich um eine Regressklage handelt, mit der die an den Nachmann gezahlten Beträge an Hauptsache, Zinsen, Provision und Kosten geltend gemacht werden. Gleichgültig ist hier auch, ob die Geltendmachung im Wechselprozess oder im ordentlichen Verfahren erfolgt, sofern es sich nur um einen Anspruch aus einem Wechsel i.S.d. Wechselgesetzes handelt. Wird dagegen aus dem Grundgeschäft geklagt, z.B. eine Schadensersatz- oder Bereicherungsklage erhoben, ist § 4 Abs. 1 ZPO anwendbar. 44

§ 4 Abs. 2 ZPO gilt sinngemäß auch für den **Scheckprozess.** 45

§ 5 ZPO
Mehrere Ansprüche 46

Mehrere in einer Klage geltend gemachte Ansprüche werden zusammengerechnet; dies gilt nicht für den Gegenstand der Klage und der Widerklage.

Die Bestimmung regelt die Berechnung des Streitwertes beim Zusammentreffen mehrerer Ansprüche in einem Verfahren. Für die Wertberechnung der **Gerichtsgebühren** ist nur der erste Halbsatz des § 5 über § 3 Abs. 1 anwendbar, weil für Klage und Widerklage sowie für wechselseitige Rechtsmittel **§ 45 GKG eine Spezialregelung** getroffen hat (vgl. dort). 47

---

18 BGH, NJW-RR 2008, 374 = BeckRS 2007, 17108; BGH JurBüro 2007, 313 = MDR 2007, 919; BGH NJW-RR 1988, 1196, 1199 m.N.
19 BGH JurBüro 2008, 202 = NJW 2008, 999 = BeckRS 2008, 01556; OLG Köln GRUR 1985, 459.
20 OLG Bamberg JurBüro 1976, 344; OLG München BB 1988, 1843.
21 OLG Köln VersR 1974, 605 (L).
22 OLG Bremen RPfleger 1957, 274 (L).
23 OLG Saarbrücken JurBüro 1977, 1277.
24 OLG Koblenz JurBüro 2012, 473; OLG Frankfurt OLGR 2009, 931; OLG Jena OLGR 2004, 223.
25 BGH, Beschl. v. 20.5.2014 – VI ZB 49/12 = JurionRS 2014, 18523.
26 BGH RPfleger 1955, 12; OLG München VersR 1974, 605 (L); OLG Koblenz JurBüro 1974, 1144; **a.A.** OLG Hamm RPfleger 1973, 101 (L); OLG Köln VersR 1974, 605 (L).
27 BGH LM Nr. 7 zu § 4 ZPO.
28 OLG Bremen JurBüro 2003, 82.
29 BGH, Bescchl. v. 24.6.2015 – IV ZR 248/14 – = JurionRS 2015, 18523.

48 Die Bestimmung des § 5 ZPO gilt nicht nur für Klagen, sondern auch für **andere Verfahren** wie etwa Arrest oder einstweilige Verfügung. Sie ist auch anzuwenden, wenn in rechtlich unzulässiger Weise mehrere Ansprüche in einer Klage geltend gemacht oder Prozesse verbunden werden. Es spielt auch keine Rolle, ob die Häufung der Ansprüche auf Antrag einer Partei oder auf Anordnung der Prozessverbindung durch das Gericht beruht.

49 **Weitere Sondervorschriften** für die Streitwertberechnung bei Anspruchshäufungen enthält das GKG im § 41 für Miet- und Pachtverhältnisse, § 41 für wiederkehrende Leistungen, § 44 für die Stufenklage, § 45 für Aufrechnung und Hilfsansprüche, § 46 für Scheidungs- und Scheidungsfolgesachen.[1]

50 Als **Grundsatz** des § 5 gilt, dass mehrere mit derselben Klage nebeneinander[2] geltend gemachte Ansprüche zusammenzurechnen sind. Andernfalls ist für eine Zusammenrechnung kein Raum. Es gilt dann der höhere Anspruch. Eine Zusammenrechnung kommt in Betracht sowohl bei Klagen mehrerer Kläger (Klägerhäufung)[3] als auch bei der Verfolgung mehrerer Ansprüche durch einen Kläger (subjektive oder objektive Klagehäufung, § 260 ZPO).[4] Dabei kommt es auf die materielle Rechtslage an und nicht darauf, wie die Klage begründet ist. So erfolgt z.B. bei einer Vollstreckungsgegenklage mit Antrag auf Löschungsbewilligung eine Addition der Werte.[5]

51 Voraussetzung für eine Zusammenrechnung ist aber stets, dass die verschiedenen Ansprüche auch einen **eigenständigen Wert** haben, mithin verschiedene Streitgegenstände betreffen.[6] So findet z.B. keine Zusammenrechnung statt, wenn mehrere Klagen vorliegen oder miteinander verbunden werden, die denselben Gesamtschuldanspruch betreffen,[7] oder wenn der eine Anspruch in dem anderen enthalten ist (z.B.: Widerspruchsklage nach § 771 ZPO, verbunden mit dem Antrag auf Feststellung des Eigentums an dem Gegenstand der Zwangsvollstreckung). Auch der Antrag auf Rückzahlung des beigetriebenen Betrages im Zuge einer Drittwiderspruchsklage begründet keinen eigenständigen Wert.[8] Teilidentität bei Leistungs- und Feststellungsantrag auf Fortbestehen des Versicherungsvertrages (Krankentagegeldversicherung) Wertaddition aber nur in Höhe von 20% des vereinbarten Tagegeldes für 6-monatlichen Bezugsdauer.[9]

52 In den Fällen der **Prozessverbindung**[10] werden die bis zur Verbindung angefallenen Gebühren gesondert berechnet[11] (vgl. § 3 Rn. 17; § 45 Rn. 10). Das gilt auch für die allgemeine Verfahrensgebühr. Soweit nach der Verbindung Gebühren anfallen, die nicht schon vor der Prozessverbindung aus den mehreren Ansprüchen erwachsen sind, ist für sie der zusammengerechnete Streitwert der mehreren Ansprüche maßgebend.

53 Erfolgt eine **Prozesstrennung** (§ 145 ZPO), so wird ab der Trennung der Streitwert für jedes Verfahren selbständig berechnet (vgl. § 3 Rn. 17, § 45 Rn. 11). Die Parteien können nicht einwenden, dass sie durch die Verfahrenstrennung mit höheren Kosten belastet worden seien, es sei denn, es liegt ein Fall der unrichtigen Sachbehandlung gem. § 21 GKG vor.

1 Vgl. dazu auch: *Frank* Anspruchsmehrheiten im Streitwertrecht, 1986; *Schneider* MDR 1973, 979; *Schumann* NJW 1982, 2800.
2 KG RPfleger 1962, 155 (L).
3 BGH VersR 1991, 330; OLG Celle NdsRPfl. 1969, 111; LG Freiburg JurBüro 1968, 406.
4 BGH VersR 1981, 157; OLG Koblenz GRUR 1984, 909; OLG München MDR 1993, 286.
5 OLG Düsseldorf MDR 2000, 543 = JurBüro 2000, 310.
6 BGH, Beschl. v. 27.7.2017 – III ZB 3/16 – = JurionRS 2017, 20091; BGH AnwBl. 1976, 339; BGH VersR 1981, 157; BGH VersR 1991, 330.
7 OLG Nürnberg RPfleger 1956, 298 (L).
8 OLG Schleswig SchlHA 1958, 113; OLG Schleswig JurBüro 1958, 426 und RPFleger 1962, 426 (L).
9 BGH, Beschl. v. 14122016 – IV ZR 477/15 – = = JurBüro 2017, 94 = JurionRS 2016, 31321.
10 Vgl. dazu bei *E. Schneider* MDR 1974, 4, 9.
11 Vgl. OLG Köln, VersR 1992, 518; OLG München AnwBl. 1981, 155.

Nicht zusammenzurechnen sind auch mehrere Ansprüche, von denen nur die Erfül- 54
lung des einen oder es anderen begehrt wird (**Wahlschulden**).

Bei der Widerspruchsklage gegen mehrere Pfandgläubiger wegen derselben 55
gepfändeten Sache sind die Werte der einzelnen Ansprüche gesondert zu berechnen und dann zu addieren, weil es sich um mehrere selbständige und voneinander unabhängige Ansprüche handelt. Ist aber der Wert des Pfandgegenstandes geringer als die Summe der zusammengezählten Ansprüche, dann ist ersterer maßgebend, § 6 S. 2 ZPO.

Keine Zusammenrechnung von **Haupt- und Nebenanspruch** findet dann statt, 56
wenn §§ 4 ZPO, 43 GKG anwendbar sind. Bezieht sich aber eine Handlung nur auf Nebenforderungen, sind deren Werte zusammenzuzählen, § 43 Abs. 2, mit Ausnahme der Kosten des betreffenden Rechtsstreits, die erst Streitgegenstand werden, wenn Haupt- und Nebenforderungen i.S.d. § 4 ZPO, § 43 erledigt sind. Auch bei der **Stufenklage** findet keine Zusammenrechnung statt. Hier ist stets der höhere der verbundenen Anträge maßgebend, § 44, sofern sich die Handlung nicht ausscheidbar auf den geringeren Wert bezieht.

Im Arbeitsgerichtsverfahren gilt dasselbe, soweit nicht die Bestimmung des § 42 57
Abs. 3 etwas anderes bestimmt.[12] So sind z.B. der Wert der Kündigungsschutzfeststellungsklage und einer Klage auf Gehaltsbezüge zusammenzurechnen.[13] Zu beachten ist hier auch, dass die Wertfestsetzung sachlich rechtlich zugleich eine Festsetzung des Beschwerdewertes der höheren Instanz abgibt.[14]

§ 6 ZPO 58
Besitz, Sicherstellung, Pfandrecht

Der Wert wird bestimmt: durch den Wert einer Sache, wenn es auf deren Besitz, und durch den Betrag einer Forderung, wenn es auf deren Sicherstellung oder ein Pfandrecht ankommt. Hat der Gegenstand des Pfandrechts einen geringeren Wert, so ist dieser maßgebend.

§ 6 ZPO Die Vorschrift bestimmt den Streitwert für den Fall, dass der Besitz einer Sa- 59
che streitig ist. Dazu gehört auch die Feststellung des Eigentums an der Sache.[1] Eine Klage mit dem Ziel der Bestellung des Erbbaurechts[2] oder die Verfolgung eines Anspruchs auf Auflassung,[3] die Sicherstellung einer Forderung oder ein Pfandrecht zählt ebenfalls hierzu. § 6 ZPO gilt nicht für einen Räumungsanspruch, wenn er wegen Beendigung eines Miet-, Pacht- oder ähnlichen Nutzungsverhältnisses erhoben wird, § 41, wobei es ausreicht, wenn nur der Beklagte sich darauf beruft (vgl. § 41 Rn. 5).[4] Klagt z.B. die in Scheidung lebende Ehefrau gegen ihren Mann auf Räumung und Herausgabe des Hauses, ist nicht § 6 ZPO, sondern § 48 FamGKG anwendbar, so dass der Festwert von 4.000 € (§ 48 Abs. 1 Hs. 2 FamGKG) als Streitwert gilt.[5] Das gilt auch, wenn eine Wohnungsbaugesellschaft auf Räumung und Herausgabe eines Eigenheims wegen Rücktritts

12 LAG Hamburg MDR 1977, 525.
13 LAG Mannheim JurBüro 1982, 580.
14 BGH VersR 1981, 157; BAG BB 1975, 885.

1 KG MDR 1970, 152.
2 OLG Saarbrücken AnwBl. 1978, 107.
3 OLG Bamberg JurBüro 1992, 629.
4 Vgl. zur Abgrenzung von § 6 ZPO zu § 16 GKG; OLG Braunschweig JurBüro 1968, 483.
5 OLG Köln MDR 1999, 637 m. abl. Anm. v. *N. Schneider;* LG Frankenthal RPfleger 1970, 363.

vom Bewerbervertrag klagt[6] oder wenn der Streit um vorzeitige Besitzeinweisung nach dem BBauG geht (dann ist § 53 GKG anzuwenden).[7] Der Streitwert ist nicht nur nach den Angaben des Klägers, sondern nach freiem Ermessen des Gerichts (§ 3 ZPO, § 48 Abs. 1 GKG) zu bemessen.[8]

60 **Besitz der Sache:** Hierunter fällt jede Art von Besitz, also Eigenbesitz, Fremdbesitz und mittelbarer Besitz.[9] Streitgegenstand ist der Besitz einer Sache bei allen Besitzklagen, aber auch bei Klagen aus Eigentum, gleichgültig, ob es sich um Feststellungsklagen oder um Leistungsklagen handelt.[10] Auch Klagen auf Lieferung von Waren oder auf Erklärung der Auflassung gehören hierher, sofern nur der Besitz der Sache Streitgegenstand ist. Das ist aber nicht der Fall, wenn die Klage auf Abnahme von Waren;[11] oder auf die Entgegennahme der Auflassungserklärung gestützt wird. Denn dann ist nicht der Besitz streitig. In solchen Fällen ist § 3 ZPO anzuwenden.[12] Auch bei Besitzstörungsklagen geht es nicht um das Recht auf den Besitz selbst, sondern um die Unterlassung von Störungen des Besitzes, so dass dann § 3 ZPO einschlägig ist. Wenn es aber um das Recht auf Besitz als solches geht, spielt es keine Rolle, auf welchen Rechtsgrund das Besitzrecht gestützt wird.

61 **Beispiele für die Anwendung des § 6:** Eine auf **Auflassung** eines Grundstücks gerichtete Klage, und zwar unabhängig davon, ob die Auflassung als Erfüllung oder infolge Wandelung eines Kaufvertrages oder eines Rücktritts vom Vertrag begehrt wird;[13] **Herausgabe** des Besitzes von einem Nutzungsberechtigten **nach Erwerb** im Wege der **Zwangsversteigerung;**[14] **Räumungs- und Herausgabeklage** des Grundstücksverkäufers gegen den Käufer auf Rückgabe;[15] der Besitz des **Testamentsvollstreckers; Herausgabeklagen aller Art**, selbst wenn es sich um einen nur ganz kurzen und vorübergehenden Besitz handelt;[16] Übertragung einer Sache unter Anrechnung auf den **Zugewinnausgleich;**[17] Klage des **Käufers auf Übergabe** der Sache, nicht aber des Verkäufers auf Abnahme;[18] Herausgabe von **Vorbehaltseigentum;**[19] Herausgabe **hinterlegter Sachen**[20] **oder von Sicherungseigentum.**[21]

62 **Beispiele für eine Nichtanwendbarkeit des § 6:** Abwehrklagen; Streit darüber, ob das Grundstück in ein Umlegungsverfahren einzubeziehen ist;[22] die **vorläufige Regelung** durch Arrest oder einstweilige Verfügung (§ 53);[23] Ansprüche auf Herausgabe von Beweis- oder anderen Urkunden, die keine Wertträger sind.[24] Zustimmung zum Vollzug einer **Auflassung**, die wegen streitiger Gegenforderung verweigert wird (Streitwert ist

---

6 OLG Köln JMBlNRW 1974, 69.
7 OLG Hamburg NJW 1965, 2404; vgl. auch OLG München RPfleger 1971, 439.
8 OLG Schleswig OLG-Report Bremen/Hamburg/Schleswig-Holstein 1997, 95.
9 BGH RPfleger 1959, 112 (L).
10 **A.M.** OLG Frankfurt aM MDR 1981, 589 = JurBüro 1981, 759 (§ 3 ZPO).
11 OLG Karlsruhe Die Justiz 1970, 12.
12 Vgl. dazu auch *Vollkommer* RPfleger 1973, 63; *Waltinger* RPfleger 1972, 87.
13 OLG Köln MDR 2005, 298; OLG Schleswig RPfleger 1980, 239 = AnwBl. 1980, 255; OLG München JurBüro 1979, 896; OLG Köln MDR 1973, 147; OLG Nürnberg JurBüro 1963, 170.
14 LG Berlin RPfleger 1990, 35.
15 OLG Nürnberg JurBüro 2004, 377 = MDR 2004, 966 = NJW-RR 2004, 1224 (LS).
16 *Hartmann* Anh. 1 zu § 48 (§ 6 ZPO) Rn. 2; **a.M.** OLG Hamm MDR 1990, 449.
17 OLG Frankfurt aM MDR 1990, 58.
18 OLG Stuttgart RPfleger 1964, 162.
19 OLG Frankfurt aM NJW 1970, 334.
20 KG AnwBl. 1978, 107.
21 OLG Naumburg JurBüro 2011, 29.
22 BGHZ 49, 319.
23 Dazu OLG Köln NJW 1965, 2404.
24 *Hartmann* Anh. I zu § 48 (§ 6 ZPO) Rn. 3.

nach § 3 ZPO zu schätzen).[25] Die Einstellung der Energieversorgung durch (Duldung der) Wegnahme der Messgeräte (Zähler) ist nach § 3 ZPO zu bewerten.[26]

Wert der Sache: Maßgebend ist grundsätzlich der **Verkehrswert**. Das ist der gemeine Wert, also der Betrag, der sich bei Veräußerung zur Zeit der Einreichung der Klage erzielen lässt.[27] Dieser ist nach § 3 ZPO zu schätzen;[28] Bei Klagen auf Feststellung des Eigentums an einem Grundstück und bei Grundstücken überhaupt ist also nicht der Einheitswert[29] oder der Ertragswert;[30] maßgebend. Bei der Auflassung kommt nur der Bodenwert in Betracht.[31] Bei Edelmetallen ist der Ankaufskurs maßgebend;[32] Bei Sicherungseigentum oder Vorbehaltseigentum ist der Betrag der zu sichernden Forderung maßgebend, es sei denn der Sicherungsgegenstand hat einen geringeren Wert.[33] Klagt aber der Verkäufer einer unter Eigentumsvorbehalt verkauften Sache auf Herausgabe der Sache, so bestimmt sich der Gegenstandswert nach dem Wert der herausverlangten Sache und nicht nach dem Wert der Restkaufpreisforderung.[34] 63

Lasten, z.B. valutierende Grundpfandrechte, sind grundsätzlich nicht zu berücksichtigen,[35] mit Ausnahme von auf einem Grundstück ruhenden dinglichen Rechte oder Lasten, die den Wert des Grundstücks erhöhen oder mindern (z.B. Wegerechte oder Baubeschränkungen).[36] 64

Grundsätzlich unberücksichtigt zu bleiben haben auch **Gegenrechte oder Einwendungen des Beklagten**, die den Streitwert nicht beeinflussen, wie etwa ein Zurückbehaltungsrecht, Zug-um-Zug-Leistungen.[37] Wollte man hier Ausnahmen zulassen, wären die Grenzen kaum eindeutig zu ziehen. Das Kostenrisiko wäre für die Parteien nicht mehr kalkulierbar. Den Parteien muss es im Übrigen überlassen bleiben, den für sie kostengünstigeren Weg zu wählen. Ficht z.B. ein Beklagter ein Urteil auf Herausgabe von Sachen nur deshalb an, weil ein von ihm geltend gemachtes Zurückbehaltungsrecht nicht in voller Höhe anerkannt worden ist, ist in der Berufungsinstanz für den Wert des Beschwerdegegenstandes nicht der Streitwert der Klage, sondern das Interesse des Rechtsmittelklägers an der begehrten Abänderung des Urteils maßgebend, nach oben durch den Wert des Klageanspruchs begrenzt (§ 47 Abs. 2 S. 1).[38] Auch bei der Klage eines Vorkaufsberechtigten auf Übertragung eines Grundstücks kommt es nicht darauf an, was der Kläger als Gegenleistung bietet.[39] Macht der Kläger einen Anspruch auf Auflassung eines inzwischen vom Beklagten bebauten Grundstücks geltend, kommt es auf den Verkehrswert des bebauten Grundstücks an.[40] Bei auf Teilzahlung gekauften Gegenständen, 65

25 BGH NJW 2002, 684 = MDR 2002, 295.
26 OLG Oldenburg NJW-RR 2010, 1151 m.w.N.
27 OLG Frankfurt aM MDR 1990, 58.
28 OLG Nürnberg JurBüro 1961, 508; OLG Köln JurBüro 1962, 350.
29 BGH NJW 1970, 2018; RPfleger 1970, 329; KG NJW 1970, 334; OLG Hamburg RPfleger 1949, 419.
30 OLG Köln MDR 1973, 147.
31 OLG Bamberg JurBüro 1992, 629.
32 BGH NJW-RR 1991, 1210.
33 BGH NJW 1959, 939 = MDR 1959, 385 (L) = JurBüro 1959, 203.
34 OLG Frankfurt aM JurBüro 1970, 173.
35 BGH RPfleger 1959, 112 (L) KG RPfleger 1974, 439; OLG München MDR 1981, 501; **a.M.** aber OLG Frankfurt aM MDR 1981, 590; OLG Karlsruhe NJW 1968, 110; LG Köln NJW 1977, 255 m.w.N.; *Hartmann* Anh. I zu § 48 (§ 6 ZPO) Rn. 5.
36 OLG Karlsruhe JurBüro 1955, 446; JurBüro 1958, 387 = MDR 1958, 676; vgl. dazu auch OLG Neustadt RPfleger 1963, 66 (L).
37 Vgl. etwa OLG Stuttgart JurBüro 2002, 424 und AnwBl. 1982, 529 m.N.; OLG Bamberg JurBüro 1978, 428.
38 BGH NJW 1973, 654 = JurBüro 1973, 416.
39 OLG Neustadt RPfleger 1957, 239 (L).
40 OLG Frankfurt aM JurBüro 1962, 228.

deren Rück- oder Herausgabe verlangt wird, ist die Wertminderung (im ersten Jahr etwa 25%)[41] vom Kaufpreis abzusetzen. Bei der Klage des Mieters auf Wegnahme eingebauter Sachen ist deren Wert nach dem Ausbau maßgebend.[42] Hat der Beklagte die Sache während des Rechtsstreits werterhöhend repariert, ist der erhöhte Wert anzusetzen.[43] Der Streitwert auf Zustimmung zur Auszahlung eines hinterlegten Geldbetrages richtet sich nach dem vom Kläger beanspruchten Teil der Masse.[44]

66 Der maßgebende **Zeitpunkt für die Wertberechnung** nach § 6 ZPO ist nach § 4 ZPO zu bestimmen. Entscheidend ist der Wert zur Zeit des Eingangs der Klage oder ein etwaiger höherer Wert bei Beendigung der Instanz (§ 40).

67 Für die Wertberechnung ist es unerheblich, ob das mit der Klage geltend gemachte Recht befristet ist oder nicht. Geht aber der Anspruch auf die **Vorzeigung oder Vorlegung** einer Sache (z.B. einer Urkunde), so ist nicht deren Besitz streitig. Hier ist der Streitwert nach § 3 ZPO zu schätzen. Anders, wenn die Herausgabe der Sache (Urkunde) begehrt wird. Dann ist deren Wert Streitgegenstand. Ist die Urkunde Träger eines selbständigen Rechts, bemisst sich ihr Wert nach dem Recht, das sie dem Besitzer verleiht. Andernfalls, z.B. bei Beweisurkunden, Legitimationspapieren und dgl. (Hypotheken- und Grundschuldbriefe, Sparkassenbüchern, Pfandscheinen, Quittungen), ist der Wert nach dem Interesse des Klägers zu schätzen.

68 Wenn es um die **Sicherstellung von Forderungen** geht, ist immer der Betrag der Forderung, deren Sicherstellung verlangt wird, Streitgegenstand. Wird nur die Sicherstellung einer Teilforderung verlangt, ist nur der verlangte Teil Streitgegenstand.[45] Darauf, ob der Kläger schon andere Sicherheiten in Händen hat oder ob er nur eine zusätzliche Sicherheit haben will, kommt es nicht an.[46] In Frage kommen alle Fälle der Sicherstellung einer Forderung, soweit es sich nicht um ein Pfandrecht handelt. Das können sein: Klage auf Sicherstellung des Zugewinnausgleichsanspruches nach § 1389 BGB auf Sicherstellung nach § 324 ZPO (jetzt: § 261 Abs. 1 FamFG i.V.m. § 52 FamGKG) auf Leistung einer Bürgschaft auf Feststellung der Bürgschaftsverpflichtung oder auf Freistellung von einer Bürgschaftsverpflichtung (auf die Summe, auf die der Bürge wahrscheinlich oder möglicherweise in Anspruch genommen wird, kommt es aber nicht an);[47] Eintragung einer Vormerkung.[48] Stets muss es sich aber um eine Klage auf Sicherstellung handeln.

69 Die Vorschrift des § 6 ZPO ist **auch** anwendbar, wenn die Klage nicht auf Bestellung der Sicherheit, sondern auf **Rückgabe** geht. So z.B. auf Befreiung von einer Bürgschaft oder Löschung einer Grundschuld. Im letzteren Fall ist in der Regel der Nominalbetrag der Grundschuld maßgebend, jedoch kann im Einzelfall auch auf die tatsächliche (geringere) wirtschaftliche Bedeutung des Rechtsstreits für die Parteien abgestellt werden.[49] Gleichgültig ist, ob die zu sichernde Forderung bedingt oder betagt ist oder ob Leistungs- oder Feststellungsklage erhoben wird. Auch bei der Klage auf Bestellung eines Sequesters zur Sicherung der Befriedigung aus den Einnahmen eines Grundstücks richtet sich der Streitwert nach dem Wert der zu sichernden Forderung.[50]

41 KG RPfleger 1962, 156 (L).
42 KG JurBüro 1971, 460.
43 OLG Köln JurBüro 1971, 86.
44 OLG Schleswig JurBüro 1976, 239; KG JurBüro 1978, 427.
45 OLG München JurBüro 1977, 176 = RPfleger 1977, 176.
46 OLG Schleswig RPfleger 1957, 1.
47 OLG München RPfleger 1956, 58 (L); OLG Stuttgart RPfleger 1957, 97 (L).
48 KG NJW 1954, 1687.
49 KG MDR 2003, 1383 (L).
50 KG RPfleger 1962, 155 (L).

Streitwert ist der Betrag der zu sichernden Forderung, der nach den Bestimmungen der §§ 40–53 GKG, 3–9 ZPO zu berechnen ist. Nebenforderungen werden nicht mitgerechnet. Betrifft die Sicherung nur einen Teilbetrag der Forderung, so ist nur dieser Teilbetrag maßgebend. Auf den Wert der Sicherung, der höher oder geringer sein kann als der Wert der Forderung, kommt es – anders als beim Pfandrecht – nicht an. Es erfolgt auch keine Zusammenrechnung des Streitwertes der Forderungsklage mit dem gleichzeitig geltend gemachten Anspruch auf Sicherung. Anders liegt es nur, wenn mit der Hauptsacheklage ein Antrag auf Arrest oder einstweilige Verfügung verbunden ist. Dann hat jedes Verfahren seinen eigenen Wert, der für Arrest und einstweilige Verfügung nach § 53 zu schätzen ist. 70

Ist ein **Pfandrecht** (z.B. Grundschulden, Hypotheken etc.) Gegenstand des Streites, so ist gleichfalls der Betrag der Forderung maßgebend, mithin der eingetragene Nennwert ohne Rücksicht darauf, ob und wieweit das Pfandrecht noch valutiert,[51] es sei denn, dass das Pfandrecht einen geringeren Wert hat. Der Begriff des Pfandrechts ist hier weit auszulegen. Gemeint sind Grundpfandrechte, vertragliche, gesetzliche und Pfändungspfandrechte. Künftige Pfandrechte fallen nur hierunter, soweit sie sich auf bestimmt bezeichnete Gegenstände beziehen, an denen das Pfandrecht bestellt werden soll. Bei der Zwangsvollstreckung in körperliche Sachen und in Forderungen und andere Vermögensrechte ist § 6 S. 2 ZPO unanwendbar, solange noch kein Pfandrecht entstanden ist.[52] 71

Bei einem Streit um Pfandrechte kommt jede Klageart in Betracht, und zwar sowohl Feststellungs- als auch Leistungsklagen. So rechnen dazu z.B. Klagen auf Bestellung einer Bauhandwerkersicherungshypothek,[53] auf Feststellung des Bestehens oder Nichtbestehens eines Pfandrechts sowie die Erteilung einer Löschungsbewilligung, die Klage des Grundpfandgläubigers auf Duldung der Zwangsvollstreckung in das belastete Grundstück oder die Widerspruchsklage nach § 771 ZPO.[54] Gleichgültig ist, ob über den Bestand der gepfändeten Forderung gestritten wird[55] oder um den Rang.[56] Bei der Klärung der Frage, ob der Gegenstand des Pfandrechts einen geringeren Wert hat als die Forderung, ist zu beachten, dass die gepfändete Forderung ihre mögliche Sonderstellung (z.B. nach § 42) durch die Pfändung nicht verliert (so bei der Drittwiderspruchsklage).[57] Bei einer Klage gegen den Besitzer eines Pfandgegenstandes ist § 6 ZPO nur anwendbar, wenn die Klage darauf gestützt wird, dass das Pfandrecht nicht oder nicht mehr besteht.[58] Andernfalls – etwa wenn die Klage auf Eigentums- oder Besitzrechte gestützt wird – ist der Wert der Sache maßgebend. Um Pfandrechte handelt es sich auch bei der Klage eines die Pfandsache nicht besitzenden Pfand- oder Vorzugsberechtigten auf vorzugsweise Befriedigung (§ 805 ZPO) und der Klage auf abgesonderte Befriedigung aus einzelnen Gegenständen der Insolvenzmasse,[59] nicht hingegen beim Aufgebotsverfahren zur Kraftloserklärung eines Hypothekenbriefes.[60] 72

Der Streitwert einer Klage auf Löschung einer Vormerkung bemisst sich hingegen nach § 3 ZPO, auch wenn die Vormerkung die Eintragung einer Sicherungshypothek betrifft.[61] 73

51 BGH, Beschl. v. 16.2.2017 – V ZB 165/16 – (betr. Grundschuld); OLG Saarbrücken MDR 2001, 897.
52 OLG München RPfleger 1959, 74 = AnwBl. 1958, 76 = NJW 1958, 1687 = DGVZ 1958, 126.
53 KG RPfleger 1962, 156 (L).
54 KG RPfleger 1962, 155 (L); OLG Neustadt RPfleger 1957 (L).
55 OLG Köln RPfleger 1974, 164.
56 OLG Celle NdsRPfl. 1964, 107; OLG Frankfurt aM RPfleger 1956, 318.
57 Vgl. hierzu LAG Niedersachsen JurBüro 1980.
58 OLG Celle NJW 1957, 1640.
59 OLG Bremen RPfleger 1957, 274 (L).
60 LG Hildesheim RPfleger 1965, 241 (anwendbar ist § 3 ZPO).
61 OLG München MDR 1965, 145.

74 Der **Streitwert** im Falle des § 6 S. 2 ZPO wird bestimmt durch einen Vergleich des Streitwertes der Forderung mit dem Wert des Pfandrechts, das zur Sicherung der Forderung dienen soll. Ist der Wert des Gegenstandes geringer als der Wert der Forderung, ist ersterer maßgebend. Der Streit um das Pfandrecht darf nicht höher bewertet werden als der Streit um die persönliche Forderung, für die das Pfand bestellt wurde.[62] In der Regel wird aber der Wert der Forderung anzusetzen sein.[63] Eine Vorpfändung ist nicht zu berücksichtigen.[64]

75 **Einzelfragen:**

- *Anschlusspfändung:* Klagt der Gläubiger, ist seine Forderung maßgebend, begrenzt durch den Wert des Pfandgegenstandes. Wird er verklagt, etwa im Weg des Drittwiderspruchs, sind die vorhergehenden Pfandrechte nicht abzuziehen.[65]
- *Auflassung:* Verkehrswert des Grundstücks, auch wenn Auflassung nur wegen eines verhältnismäßig geringen offenen Kaufpreisrestes verweigert wird.[66]
- *Auflassungsvormerkung:* Wie bei der einstweiligen Verfügung. Wenn es um die Löschung geht, ist Höhe der Nachteile maßgebend, die durch die Löschung wirtschaftlich bewirkt werden.[67]
- *Einstweilige Verfügung* zur Sicherung eines Rechts (etwa durch Vormerkung): Das Interesse des Klägers an der Sicherung nach § 3 ZPO zu schätzen. Es wird i.d.R. mit einem Bruchteil der Forderung zu bewerten sein.[68]
- *Grundschuld:* Es gelten die gleichen Grundsätze wie bei der Hypothek.[69]
- *Grundstückswert:* Kommt es auf den Verkehrswert des Grundstücks an, sind die das Grundstück belastenden Grundpfandrechte nicht abzusetzen (vgl. oben, Rn. 6).
- *Herausgabe:* Wird Herausgabe verlangt, ist der höhere Wert der Pfandsache maßgebend. Verlangt ein Dritter Herausgabe oder erhält der Besitzer die Sache wegen seines Pfandrechts zurück, gilt § 6 ZPO.[70]
- *Höchstbetragshypothek:* Bei Löschung derjenige Höchstbetrag der Forderung, der sich aus dem Grundbuch ergibt,[71] bei Abtretung kommt es auf den Nennwert an.[72]
- *Löschung einer Hypothek:* Maßgeblich ist ihr Nennbetrag.[73]
- *Rangstreit:* Der Wert wird nach der kleineren Forderung errechnet,[74] auch bei Klage um Schaffung eines Rangvorbehalts.[75]
- *Währungsumstellung:* Ist die Hypothek vor einem Währungsstichtag zurückgezahlt worden[76] oder behauptet der Grundstückseigentümer, die Hypothek sei nicht entstanden und deshalb handele es sich um eine Eigentümergrundschuld, ist der Wert

---

62 KG NJW 1956, 472.
63 OLG Köln Der Betrieb 1974, 429.
64 BGH NJW 1952, 1235 *Berg* NJW 1952, 548; *Hartmann* Anh. I zu § 48 (§ 6 ZPO) Rn. 11; **a.M.** *Schumann* in Stein-Jonas-Schumann, § 6 Rn. 2 (nur Überschuss).
65 BGH NJW 1952, 1355 = RPfleger 1959, 112 (L); *Berg* NJW 1952, 548.
66 OLG München JurBüro 1997, 419 = MDR 1997, 599.
67 BGH LM § 3 Nr. 47 (25 des Verkehrswertes, nach Zwangsversteigerung 5 des Verkehrswertes); vgl. auch OLG Bamberg JurBüro 1990, 1511; OLG Frankfurt aM AnwBl. 1983, 174; *Schneider* MDR 1983, 639; *Hartmann* Anh. I zu § 48 (§ 6 ZPO) Rn. 15 m.w.N.
68 H.M.: vgl. etwa OLG Bremen AnwBl. 1976, 441; OLG Düsseldorf NJW 1953, 424; OLG Frankfurt aM Der Betrieb 1983, 2354; **a.A.** OLG Zweibrücken RPfleger 1967, 2 (anzuwenden ist § 6).
69 Vgl. etwa OLG Neustadt RPfleger 1957, 239 (L); OLG Bremen RPfleger 1957, 275.
70 *Hartmann* Anh. I zu § 48 (§ 6 ZPO) Rn. 12.
71 OLG Hamburg RPfleger 1951, 570.
72 OLG Köln JMBlNRW 1969, 274.
73 OLG Celle MDR 1977, 935; OLG Frankfurt aM JurBüro 1977, 720 m.N.; **a.M.** OLG Hamburg MDR 1975, 847 (Restbetrag); OLG Köln MDR 1980, 1025 (Interesse des Klägers an der Löschung, § 3 ZPO).
74 OLG Celle NdsRPfl. 1964, 107; **a.M.** OLG Frankfurt aM AnwBl. 1982, 111 (analog § 23 Abs. 3 S. 1 KostO)
75 Vgl. *Schneider* JurBüro 1969, 1029.
76 OLG Hamburg RPfleger 1951, 571; OLG Schleswig SchlHA 1964, 262.

des 1:1 umgestellten Betrages maßgeblich.[77] Das gilt allerdings nicht für die Umstellung von DM auf € (vgl. vor § 1 Rn. 8).

- *Widerspruchsklage:* Höhe der Forderung, für die gepfändet wird mit der Höchstbegrenzung durch den Wert des Pfandgegenstandes.

Entsprechende Anwendung: § 6 ZPO ist bei einer **Anfechtung innerhalb und au-** 76 **ßerhalb**[78] **des Insolvenzverfahrens** sinngemäß anzuwenden.[79] In solchen Fällen ist vom Wert des Zurückzugewährenden abzüglich der Belastungen[80] auszugehen, soweit nicht diejenige Forderung, wegen der die Anfechtung erfolgt, geringer ist.[81] Entsprechend ist der Wert auch im Falle eines Unterhaltsanspruchs anzusetzen, und nicht nach § 9 ZPO bzw. § 51 FamGKG. Zinsen und Kosten sind dann als Teil der Forderung dem Hauptanspruch zuzuschlagen.[82] Wenn die Anfechtung ein Grundstück der Zwangsvollstreckung unterwerfen soll, gilt der Grundstückswert abzüglich der Lasten (Versteigerungswert).[83]

§ 7 ZPO 77
Grunddienstbarkeit

Der Wert einer Grunddienstbarkeit wird durch den Wert, den sie für das herrschende Grundstück hat, und wenn der Betrag, um den sich der Wert des dienenden Grundstücks durch die Dienstbarkeit mindert, größer ist, durch diesen Betrag bestimmt.

Die Vorschrift bestimmt nur den Streitwert für **Grunddienstbarkeiten** i.S.d. § 1018 78 BGB, also dann, wenn über die Bestellung, Bestehen, Umfang oder Beseitigung (Löschung) gestritten wird. Gleichgültig ist, ob der Eigentümer des herrschenden oder des dienenden Grundstücks oder ein Dritter klagt.

Nicht anzuwenden ist § 7 ZPO auf **persönliche Dienstbarkeiten oder Nieß-** 79 **brauch.** In diesen Fällen bestimmt sich der Wert nach § 3 ZPO. Auch auf Reallasten, deren Wert nach § 9 ZPO zu bestimmen ist, findet § 7 ZPO keine Anwendung. In diesen Fällen fehlen nämlich Beziehungen zwischen einem herrschenden und einem dienenden Grundstück. Auch auf rein schuldrechtliche Verpflichtungen einer Partei, auf ihrem Grundstück Maßnahmen der anderen Partei zu dulden, unterfallen nicht dem § 7 ZPO.

Entsprechend anwendbar ist § 7 ZPO auf Rechtsverhältnisse, die der Grunddienst- 80 barkeit ähnlich sind. Das sind z.B. nachbarrechtliche Eigentumsbeschränkungen wie Licht- und Fensterrechte.[1] Nicht anwendbar ist § 7 ZPO aber bei Ansprüchen aufgrund nachbarrechtlicher Besitzstörungen wie Abwehr von Immissionen, soweit der Kläger nicht seinen Anspruch auf die Behauptung stützt, der Beklagte berufe sich zu Unrecht auf eine Grunddienstbarkeit. Entsprechend ist § 7 ZPO aber auf Streitigkeiten um **Not-**

77 BGH NJW 1954, 877.
78 OLG Schleswig JurBüro 1969, 1209 m. Anm. v. *Schneider* = RPfleger 1969, 435 = SchlHA 1970, 18.
79 BGH KTS 1982, 449.
80 KG JurBüro 1957, 181.
81 *Hartmann* Anh. I zu § 48 (§ 6 ZPO) Rn. 16.
82 BGH KTS 1982, 449.
83 *Hartmann* Anh. I zu § 48 (§ 6 ZPO) Rn. 16.

1 BGH RPfleger 1959, 112 (L); OLG Schleswig RPfleger 1957, 2 (L).

wegrechte anzuwenden[2] (vgl. auch oben, § 3 ZPO, Rn. 19). Bei einem Überbau ist allerdings § 7 ZPO unanwendbar; hier ist nach § 3 ZPO zu schätzen.

81 Zur **Bestimmung des Streitwerts** ist der Wert, den die Grunddienstbarkeit für das herrschende Grundstück hat, mit dem Betrag zu vergleichen, um den sich der Wert des dienenden Grundstücks durch die Dienstbarkeit mindert. Der größere der beiden Werte ist maßgebend. Die Werterhöhung und die Wertminderung sind nach § 3 ZPO zu bestimmen. Dabei sind die Kosten zu berücksichtigen, die mit der Beseitigung einer als unerlaubt bekämpften Anlage verbunden sind.[3] Als Anhaltspunkt kann auch die dauernde Erhöhung oder Minderung der Erträge aus dem Grundstück dienen oder die Aufwendungen, die der Eigentümer machen müsste, um das Grundstück auch ohne die Grunddienstbarkeit nutzen zu können. Bei einem Wegerecht ist der Bodenwert der beanspruchten Fläche maßgebend.[4]

82 **Rechtsmittelstreitwert:** In der Rechtsmittelinstanz wird der Wert nach dem Interesse des Rechtsmittelführers an der Abänderung des angegriffenen Urteils bemessen. Ein mögliches höheres Interesse des Rechtsmittelgegners bleibt unberücksichtigt.[5]

83 *(Rn. 83 nicht besetzt)*

84 § 8 ZPO
Pacht- oder Mietverhältnis

Ist das Bestehen oder die Dauer eines Pacht- oder Mietverhältnisses streitig, so ist der Betrag der auf die gesamte streitige Zeit fallenden Pacht oder Miete, und wenn der 25fache Betrag des einjährigen Entgelts geringer ist, dieser Betrag für die Wertberechnung entscheidend.

85 Die Bestimmung des § 8 ZPO hat nur Bedeutung für die sachliche Zuständigkeit der Gerichte, insbesondere für die Beschwer.[1] Für die Gebührenberechnung nach dem GKG ist allein § 41 maßgebend.

86 § 9 ZPO
Wiederkehrende Nutzungen oder Leistungen

Der Wert des Rechts auf wiederkehrende Nutzungen oder Leistungen wird nach dem dreieinhalbfachen Wert des einjährigen Bezugs berechnet. Bei bestimmter Dauer des Bezugsrechts ist der Gesamtbetrag der künftigen Bezüge maßgebend, wenn er der geringere ist.

87 **Allgemeines:** Für die Bestimmung des Gerichtskostenwertes will § 9 ZPO nur solche Rechte treffen, die ihrer Natur nach und erfahrungsgemäß eine geraume Dauer haben, oder mit Rücksicht auf den Grund der Unbestimmtheit des Zeitpunkts des Wegfalls des

---

2 OLG Stuttgart RPfleger 1964, 163; OLG Schleswig RPfleger 1957, 2 (L); *Hartmann* Anh. I zu § 48 (§ 7 ZPO) Rn. 1; *Schneider* ZMR 1976, 193 m.N.; **a.M.** OLG Köln JurBüro 1991, 1386 (§ 9 ZPO); *Thomas/Putzo* § 3 Rn. 111.

3 RGZ 63, 98.

4 OLG Frankfurt aM JurBüro 1970, 435; LG Bayreuth JurBüro 1980, 930.

5 *Hartmann* Anh I zu § 48 (§ 7 ZPO) Rn. 4.

1 BGH, Beschl. v. 26.11.2015 – III ZB 84/15 – = MDR 2016, 122 = JurionRS 2015, 32786.

Rechts haben können.[1] Grundsätzlich gilt bei der Streitwertfestsetzung nach dem GKG für wiederkehrende Leistungen oder Nutzungen § 42,[2] insbesondere geht dessen Abs. 1 als lex specialis vor (vgl. oben, § 42 Rn. 1). Für Räumungsklagen wegen Wohnraums gilt § 41 GKG als lex specialis, während sich die Rechtsmittelbeschwer nach §§ 8, 9 ZPO bestimmt.[3]

§ 9 ZPO ist z.B. **nicht anwendbar** für: 88

- Ansprüche auf *Ratenzahlungen* zur Tilgung eines Kaufpreises[4] oder zur Rückführung eines Darlehens.
- Ansprüche auf Grund *gesetzlicher Unterhaltspflicht*. Hier gilt ausschließlich § 51 FamGKG. Auch wenn streitig ist, ob eine vertragliche Unterhaltsverpflichtung vorliegt, die über die gesetzliche Pflicht hinausgeht, gilt § 51 FamGKG auch für den überschießenden Betrag. Gleiches gilt bei einem Streit um die Befreiung von der gesetzlichen Unterhaltspflicht. Auch hier ist nicht § 9 ZPO, sondern § 51 FamGKG anwendbar.
- Ansprüche von *Arbeitnehmern auf wiederkehrende Leistungen*. Hier gilt stets § 42 GKG. Ob zu den Arbeitnehmern auch Organmitglieder einer Gesellschaft oder einer Genossenschaft und deren Hinterbliebene gehören, ist streitig. Dazu unten, Rn. 3.
- Rentenzahlungsansprüche auf Grund einer *Aufopferung*.[5]
- Rückzahlungsansprüche bei Rückabwicklung einer stillen Beteiligung mit ratierlichen Einzahlungen.[6]
- Ansprüche *Versicherter gegen ihre Versicherung* auf Leistungen nach dem Versicherungsvertrag. Hier aber nur halbjährliche Bezugsdauer der vereinbarten Leistung (bei Krankenhaustagegeldversicherung bzw. Berufsunfähigkeits-Zusatzversicherung).[7]
- Geltendmachung von *Ausgleichsansprüchen* nach § 17 StVG bzw. § 426 BGB.[8]
- Klage auf zukünftige Leistung einer Nutzungsentschädigung für Gewerberaum nach Beendigung des Mietverhältnisses richtet sich nach § 3 ZPO.[9]
- Direktklage eines Sozialversicherungsträgers.[10]

Anwendbar ist § 9 ZPO aber z.B. für: 89

- Dienstleistende und andere *Nichtarbeitnehmer* wie Handelsvertreter[11] oder Organmitglieder einer Gesellschaft oder Genossenschaft und deren Hinterbliebene.[12] Wenngleich solche Personen den Arbeitnehmern im Einzelfall näher stehen können als freiberuflich tätige Personen, soweit ihnen im Innenverhältnis Gehalts- und Versorgungsbezüge zustehen, ist es doch wenig praktikabel, im Rahmen der Streitwertfestsetzung für die Gerichtskosten im Einzelfall zu differenzieren und abzuklären, ob ihre arbeitnehmerähnliche Stellung überwiegt oder nicht.[13] Die allgemeine Abgrenzung nach dem Arbeitnehmerbegriff i.S.d. Arbeitsrechts ist praktikabler zu handhaben.
- Ansprüche auf *vertragliche Rentenzahlungen* oder wegen vertraglicher Übernahmen einer Weiterzahlung von Versicherungsbeiträgen.[14]

---

1 BGHZ 36, 144; OLG Schleswig SchlHA 1962, 270.
2 OLG Hamburg FamRZ 1982, 322.
3 BGH JurBüro 2007, 362 = NZM 2007, 355 = WuM 2007, 283.
4 OLG Bamberg JurBüro 1962, 698.
5 OLG Frankfurt aM MDR 1974, 1028; *Schneider* BB 1976, 1300.
6 OLG München JurBüro 2005, 39.
7 BGH, Beschl. v. 14.12.2016 – IV ZR 477/15 – = JurBüro 2017, 94 = JurionRS 2016, 31321.
8 OLG Celle NdsRPfl. 1962, 224.
9 KG NJW-RR 2007, 1579.
10 BGH NJW 1972, 1760 = JurBüro 1772, 777.
11 OLG Frankfurt aM MDR 1974, 1028.
12 BGH NJW 1981, 2466 BGH NJW-RR 1990, 1124 m.N.; *Hartmann* Anh. I zu § 48 (§ 9 ZPO) Rn. 3.
13 So aber OLG Schleswig JurBüro 1980, 408; OLG Koblenz MDR 1980, 319.
14 OLG Celle JurBüro 1968, 830.

- Klage auf künftige Beitragsbefreiung aus Versicherungsvertrag.[15]
- Ersatzansprüche der Eltern für Unterhaltsaufwendungen für ungewollte(s) Kind(er) durch fehlgeschlagene Sterilisation o.ä.[16]
- Negative Feststellungsklage wegen monatlich wiederkehrender Leistungen aus einem Stammrecht.[17]
- Schadenersatzansprüche auf Unterhalt etc. wegen Tötung oder Verletzung eines Menschen gem. §§ 618 Abs. 3, 843–845 BGB).[18]

90 Rechte auf **wiederkehrende Leistungen oder Nutzungen** (§ 100 BGB) sind z.B.: Schenkung einer Rente (§ 520 BGB); Leibrente[19] (§ 759 BGB); Altenteils- oder Leibgedingerechte auf wiederkehrende Leistungen;[20] Überbaurente[21] (§ 912 BGB); Notwegrente (§ 917 BGB); Reallast[22] (§ 1105 BGB); Dienstbarkeit; Tankstellenvertrag;[23] nicht auf Gesetz beruhende Unterhalts- oder Rentenansprüche aller Art; Klage auf Erhöhung eines Miet- oder Pachtzinses bzw. auf eine die Verpflichtung zur Zahlung laufender Miete oder Pacht leugnende Feststellungsklage;[24] Streitigkeiten um unbefugtes Benutzen eines Parkplatzes.[25]

91 **Voraussetzung** sind **wiederkehrende**, d.h. gleichbleibende Leistungen, die auf demselben Rechtsgrund beruhen und sich in regelmäßigen und unregelmäßigen, größeren oder kleineren Zeitabschnitten wiederholen. So sind z.B. ein lebenslängliches Wohnrecht,[26] ein Nießbrauch oder ein Provisionsanspruch[27] keine Rechte auf wiederkehrende Leistung. Gleichbleibend i.d.S. sind auch wiederkehrende Leistungen, die wechselnde Jahresbeträge beinhalten. Hier ist bei veränderten Jahresbeträgen auf den höchsten Einzelwert in den ersten 3½ Jahren nach Klageerhebung abzustellen.[27a] Der Streitwert wird dann unter Zugrundelegung des höchsten, nicht eines durchschnittlichen Jahresbetrages ermittelt,[28] vorausgesetzt, dass der 3½-fache Wert zugrunde zu legen ist. Kommt ein geringerer Zeitraum in Betracht, sind die in diese Zeit fallenden höheren oder geringeren Jahresbeträge zusammenzurechnen. Für die Deckungsklage gegenüber einer steigenden (dynamischen) Rente nimmt der BGH[29] allerdings einen Mittelwert. Bei unregelmäßigen Bezugsrechten ist hingegen der Jahresdurchschnitt maßgebend.[30]

92 § 9 ZPO ist nur anwendbar, wenn das **gesamte Recht (Stammrecht)** auf wiederkehrende Nutzungen oder Leistungen Gegenstand der Klage ist, nicht aber, wenn nur einzelne Leistungen auf Grund des Rechts verlangt werden.[31] Danach kann § 9 ZPO anwendbar sein bei Klagen auf künftige, wiederkehrende Leistungen, deren Ende unbestimmt ist, z.B. bei der Klage auf künftige Zinsen aus einem noch nicht zur Rückzahlung

---

15 OLG München JurBüro 2000, 416.
16 BGH NJW 1981, 1318.
17 KG JurBüro 2010, 84. **A.A.** OLG Frankfurt/Main OLGR 2009, 255.
18 NK-GK/Kurpat, Anh. 1 zu § 48 GKG, § 9 ZPO, Rn. 323.
19 OLG Schleswig RPfleger 1957, 2 (L); LG Oldenburg JurBüro 1951, 269.
20 OLG Bamberg MDR 1961, 859.
21 OLG Celle JR 1951, 26.
22 OLG Bremen RPfleger 1957, 275 (L).
23 *Schalhorn* JurBüro 1970, 169 m.N.
24 BGH NJW-RR 2005, 938 = NZM 2005, 519 = ZMR 2005, 535 = RVG-Letter 2005, 69; OLG Köln MDR 1991, 545 m.w.N. (abl *Schneider* MDR 1991, 501).
25 OLG Nürnberg RPfleger 1966, 323 (L).
26 OLG Schleswig SchlHA 1950, 261, 292; OLG Braunschweig RPfleger 1964, 97 (L); *Schumann* NJW 1967, 2046.
27 OLG Stuttgart RPfleger 1964, 163 (L).
27a BGH, Beschl. v. 23.5.2017 – II ZR 169/16 – = JurionRS 2017, 15929.
28 BGH NJW 1953, 104; OLG Bamberg JurBüro 1971, 536; LG Essen MDR 1976, 676 m.N.
29 BGH JurBüro 1972, 499.
30 OLG Bamberg RPfleger 1953, 47.
31 KG RPfleger 1951, 408; vgl. auch bei Zöller/*Herget*/*Vollkommer* § 9 Rn. 1.

fälligen (Hypotheken-)Darlehens, das nur durch Kündigung fällig werden kann[32] bei einem Streit über die künftige Erhöhung des Erbbauzinses[33] bei einer Vollstreckungsgegenklage, wenn behauptet wird, das Recht auf wiederkehrende Leistungen bestehe nicht mehr bei einer Abänderungsklage nach § 323 ZPO.

Bei der **behauptenden (positiven) Feststellungsklage** ist der Streitwert nach allgemeinen Regeln (vgl. oben, § 3 ZPO, Rn. 11) etwas geringer zu bemessen als bei einer Leistungsklage, während bei der **leugnenden (negativen) Feststellungsklage** der Streitwert nach den vollen Sätzen des § 9 ZPO zu bestimmen ist.[34] Beim **Übergang von der Feststellungs- zur Leistungsklage** sind die bis zum Übergang fällig gewordenen Rentenbeträge bei der Streitwertfestsetzung einem nach § 9 ZPO berechneten Streitwert hinzuzusetzen.[35] Nach der Einreichung der Leistungsklage fällig werdende Rückstände sind nicht mitzurechnen. Das gilt auch für die bis zum Beginn der Rechtsmittelinstanz fällig gewordenen Renten.[36] Werden aber die im Verlaufe des Rechtsstreits fällig gewordenen Renten neben dem Feststellungsantrag durch einen Leistungsantrag geltend gemacht, ist zusammenzurechnen.[37] Auch bei der **Vollstreckungsgegenklage** werden Rückstände bis zur Einreichung dieser Klage hinzugerechnet.[38] 93

Der **Streitwert** bestimmt sich nach dem **$3^1/_2$-fachen Jahresbetrag**, wenn der **künftige Wegfall** des Bezugsrechts **gewiss**, der **Zeitpunkt des Wegfalls** aber **ungewiss** ist (unbestimmte Dauer). Ist aber sicher, dass das Recht weniger als $3^1/_2$ Jahre dauern wird, ist der – ggf. nach § 3 ZPO zu schätzende – geringere Wert anzunehmen. Das kann auch bei einem Rentenanspruch eines hochbetagten Gläubigers der Fall sein, wenn nach der Lebenserfahrung oder im Einzelfall davon ausgegangen werden darf, dass er sein Recht keine $3^1/_2$ Jahre mehr in Anspruch nehmen können wird. 94

Bei **bestimmter Dauer**, ist der Gesamtbetrag der künftigen Bezüge maßgebend, höchstens aber der $3^1/_2$-fache Jahreswert, S. 2. Die Begrenzung nach S. 2 ist aber nicht anwendbar bei einer negativen Feststellungsklage, wenn bei bestimmter Bezugsdauer eines Rechts auf wiederkehrende Leistungen die Berechtigung der künftigen Leistungen streitig ist.[39] 95

Hierher zählt das Bezugsrecht aus einer Rentenschuld, einer vererblichen Reallast, aus einer Überbaurente nach § 912 BGB oder das wiederkehrende Entgelt für eine Dienstbarkeit. Auch wenn bei Unterlassungsklagen in Wettbewerbssachen unbestimmt ist, wie lange die verbotene oder schädigende Handlung angedauert hätte, ist vom 3-fachen Jahresbetrag der Schädigung auszugehen. Von bestimmter Dauer ist auch ein Bezugsrecht (z.B. eine wiederkehrende Leistung), das bis zu einem bestimmten Tag gewährt werden soll, wie überhaupt jedes kalendermäßig begrenzte Bezugsrecht. Ist bei einem solchen Bezugsrecht der Gesamtbetrag der künftigen Bezüge geringer als der dreieinhalbjährige Jahresbetrag, so ist der geringere Wert maßgebend. Dabei kommen nur künftige Bezüge, nicht die schon früher geleisteten in Betracht. 96

Auch wiederkehrende Leistungen (Renten) aus Anlass der Tötung eines Menschen oder einer Körperverletzung sind jetzt nur noch nach dem gemäß § 9 ZPO zu bewertenden Betrag zu berechnen. 97

---

32 KG OLGZ 23, 77; OLG Celle NdsRPfl. 1965, 229.
33 OLG Frankfurt aM JurBüro 1977, 1132; OLG München JurBüro 1977, 1003.
34 BGHZ 2, 276; OLG München MDR 1962, 223.
35 BGHZ 2, 74. **A.A.** OLG Hamm, JurBüro 2017, 84.
36 BGH NJW 1960, 1459 = MDR 1960, 663 = JurBüro 1960, 351 = RPfleger 1960, 307.
37 BGH RPfleger 1959, 113 (L).
38 OLG Kassel JVBl. 1936, 324 = HRR 1938, 472; OLG Kiel JW 1938, 826.
39 OLG Frankfurt aM MDR 2009, 353.

98 **Insolvenzrecht**

99 *§ 148 Konkursordnung (ab dem 1.1.1999 aufgehoben)*

100 § 182 InsO Streitwert

Der Wert des Streitgegenstandes einer Klage auf Feststellung einer Forderung, deren Bestand vom Insolvenzverwalter oder von einem Insolvenzgläubiger bestritten worden ist, bestimmt sich nach dem Betrag, der bei der Verteilung der Insolvenzmasse für die Forderung zu erwarten ist.

101 § 182 InsO betrifft nur die eigentliche Insolvenzforderung[1] und bezieht sich auf **Streitigkeiten darüber, ob die Insolvenzforderung richtig ist** und **über** dessen **Vorrecht** im Falle der §§ 174, 179 InsO, also nur, wenn ein Insolvenzgläubiger gegen den Insolvenzverwalter oder gegen einen widersprechenden Gläubiger entsprechende Klage erhebt. Sinn und Zweck der Vorschrift ist, im wohlverstandenen Interesse aller Insolvenzgläubiger eine Aufzehrung der Masse durch Prozesskosten zu verhindern und den Gläubigern bei geringer Insolvenzquote eine zuverlässige Beurteilung des Prozessrisikos zu ermöglichen.[2] Ansprüche auf abgesonderte Befriedigung (§§ 26, 49–52 InsO) gehören demzufolge nicht hierher, sondern sind nach § 6 ZPO zu bewerten.[3] Das gilt auch, wenn die Klage sich gegen den Schuldner richtet.[4] Wenn sich die Klage aus einer bestrittenen Forderung sowohl gegen den Schuldner als auch gegen den Insolvenzverwalter oder einen widersprechenden Dritten richtet, liegen verbundene Verfahren vor, wobei für das Verfahren gegen den Schuldner der Betrag der Forderung und für das Verfahren gegen den Insolvenzverwalter oder gegen den widersprechenden Gläubiger § 182 InsO maßgebend ist.[5] Nicht hierher gehört auch eine Klage auf Feststellung des Rechtsgrundes einer Forderung wie etwa die Klage auf Feststellung, dass die Forderung auf einer vorsätzlich begangenen unerlaubten Handlung beruht (vgl. oben § 3 ZPO „Feststellungsklage").[6] Der Streitwert der Klage gegen den Insolvenzverwalter auf Feststellung einer Forderung richtet sich auch dann nach § 182 InsO, wenn der Schuldner Vermögen hat, das nicht zum Insolvenzverfahren herangezogen werden kann[7] oder wenn zugunsten des Gläubigers ein Arrest und zur Abwendung des Arrestvollzuges eine Bankbürgschaft bestehen.[8] Bei einer Klage auf Feststellung einer Forderung zu Insolvenztabelle ist Wert der Berufung der Betrag, der zum Zeitpunkt der Berufungseinlegung bei der Verteilung der Insolvenzmasse zu erwarten war (vgl. § 58 Rn. 16).[9] § 182 InsO gilt auch in einem Verwaltungsstreitverfahren um die Richtigkeit einer im Insolvenzverfahren angemeldeten Forderung.[10]

---

1 *Hartmann* Anh. II zu § 48 (§ 182 InsO) Rn. 1.
2 BGH MDR 2007, 681 = NZBau 2007, 141 = ZIP 2007, 149; BGH BauR 1993, 247, 248; ZfBR 1993, 77; BGH NJW 1964, 1229.
3 OLG Frankfurt aM KTS 1980, 66.
4 BGH JurBüro 1966, 853 = RPfleger 1966, 329 = MDR 1966, 996.
5 OLG Karlsruhe OLGZ 15, 50.
6 LG Mühlhausen JurBüro 2004, 597.
7 BGH RPfleger 1959, 110 (L) – für Vermögen in der damaligen DDR –; *Kilger/Schmidt* KO, § 148, Anm. 2.
8 BGH NJW 1964, 1229 = JurBüro 1964, 497 = MDR 1964, 482; BayObLG MDR 1974, 323 = RPfleger 1974, 112; OLG Celle JurBüro 1974, 1025; *Schneider* MDR 1974, 101.
9 BGH, Beschl. v. 14.1.2016 – IX ZB 57/15 – = JurionRS 2016, 10465.
10 OVG Münster BB 1982, 2074.

Wird ein bei der Insolvenzeröffnung **anhängiger Rechtsstreit aufgenommen**, bestimmt sich der Streitwert für die noch nicht angefallenen Kosten nach § 182 InsO.[11] Von einer entsprechenden Herabsetzung des Streitwertes darf nicht mit der Begründung abgesehen werden, für die bereits angefallenen Gebühren sei die Reduzierung des Streitwerts ohne Belang.[12] Die bereits erwachsenen Gebühren sind hingegen aus dem ursprünglichen Streitwert zu berechnen.[13] Das gilt auch, wenn statt des bisherigen Klageantrages nunmehr ein neuer Antrag auf Feststellung der bestrittenen Forderung gestellt wird.[14] Gleichgültig ist, ob die Klage begründet ist, sofern in dem Rechtsstreit die Richtigkeit oder das Vorrecht Streitgegenstand ist. 102

Die **Streitwertfestsetzung** erfolgt nach freiem (pflichtgemäßem) Ermessen mit Rücksicht auf das Verhältnis der Teilungs- zur Schuldenmasse. **Teilungsmasse** ist die Summe der Vermögenswerte, die nach Abzug der Forderungen der Absonderungsberechtigten und der Massegläubiger übrigbleibt. **Schuldenmasse** sind die im Insolvenzverfahren angemeldeten Forderungen, gleichgültig, ob ein Vorrecht geltend gemacht wird oder nicht. Auch bestrittene, noch nicht festgestellte, bereits eingeklagte und noch nicht prozessbefangene Forderungen sind, bei der Berechnung des Streitwertes mit einem Betrag zu berücksichtigen, der ihnen mit Wahrscheinlichkeit zukommt. Das Bestehen von Sicherungsrechten, wie einer Bürgschaft für die geltend gemachte Forderung, hat auf deren Streitwert keinerlei Einfluss.[15] 103

Geht der **Streit nur um das Vorrecht** einer Forderung und nicht um diese selbst, so berechnet sich der Streitwert nach dem Unterschied der auf die bevorrechtigte und auf die nichtbevorrechtigte Forderung entfallenden Dividende. Der Anspruch auf abgesonderte Befriedigung des Gläubigers aus dem Anspruch des Schuldners gegen einen Versicherer nach § 157 VVG richtet sich nach dem Betrag der gegen den Versicherer erhobenen Forderung und nicht nach § 182 InsO.[16] 104

Das Gericht hat die Wertbestimmung nach **freiem Ermessen** vorzunehmen, wobei es an eine Auskunft des Insolvenzverwalters nicht gebunden ist. Eine solche ist zwar regelmäßig die Grundlage der Wertbestimmung, gleichwohl muss das Gericht auch andere Erkenntnismöglichkeiten bei der Wertbestimmung einbeziehen und einer sorgfältigen Prüfung unterziehen, also alle Erkenntnismöglichkeiten ausnutzen,[17] um zu schätzen, welche Insolvenzdividende voraussichtlich auf die Forderung entfallen wird. Freies Ermessen besagt mithin nur, dass das Gericht die Höhe der voraussichtlichen Insolvenzquote nicht exakt zu ermitteln braucht, sondern frei schätzen kann.[18] Zinsen[19] oder für die Forderung bestehende anderweitige Sicherheiten[20] bleiben unberücksichtigt. Bei der Prognose der zu erwartenden Dividende kommt es auf den Zeitpunkt der Klageerhebung an.[21] Stellt sich am Ende des Verfahrens heraus, dass die Prognose fehlerhaft war, ist eine Änderung des Streitwertes im Rahmen des § 68 GKG möglich.[22] Kommt bei der Prog- 105

---

11 OLG Koblenz JurBüro 2010, 201.
12 OLG Koblenz JurBüro 2010, 201.
13 BGH ZIP 1980, 429 = WPM 1980, 504; OLG Köln JurBüro 1986, 1244; OLG Schleswig JurBüro 1981, 1381; OVG Mecklenburg-Vorpommern JurBüro 2004, 542; *Kilger/Schmidt* KO, § 148, Anm. 1a.
14 OLG Nürnberg JurBüro 1962, 425; OLG Stuttgart RPfleger 1957, 68 (L); RGZ 76, 292; 109, 152.
15 OLG Frankfurt aM JurBüro 1980, 1411.
16 RG JW 1939, 498.
17 BGH MDR 2007, 681 = NZBau 2007, 175 = ZIP 2007, 149; BGH ZIP 1999, 1811, 1812.
18 OLG Frankfurt aM NJW 1973, 1888.
19 OLG München NJW 1967, 1374.
20 OLG Karlsruhe MDR 1958, 251.
21 OLG Frankfurt aM KTS 1980, 66.
22 OLG Karlsruhe HRR 1931, 1377.

nose kein Wert heraus, weil keine Teilungsmasse mehr zu erwarten ist, ist der Streitwert nach der niedrigsten Stufe zu berechnen, da § 182 InsO keine Gebührenfreiheit für diesen Fall gewähren will.[23] Auch ein zur Zeit seines Entstehens wertloser Titel berechtigt nicht, über den Mindestsatz hinauszugehen. Die Ansicht, dass in solchen Fällen der Wert von 10% der Forderung genommen werden soll,[24] ist abzulehnen.

106 Anfechtungs- und Nichtigkeitsklagen nach dem Aktiengesetz

107 § 247 AktG Streitwert

(1) Den Streitwert bestimmt das Prozessgericht unter Berücksichtigung aller Umstände des einzelnen Falles, insbesondere der Bedeutung der Sache für die Parteien, nach billigem Ermessen. Er darf jedoch ein Zehntel des Grundkapitals, wenn dieses Zehntel mehr als 500.000 Euro beträgt, eine 500.000 Euro nur insoweit übersteigen, als die Bedeutung der Sache für den Kläger höher zu bewerten ist.

(2) ...

108 Während für die Bemessung des **Streitwerts** für die Gerichtskosten grundsätzlich das Interesse des die Gerichte bemühenden Klägers maßgebend ist, bestimmt § 247 AktG für die Anfechtungsklage nach § 246 AktG und für die Nichtigkeitsklage nach § 249 AktG, dass das Prozessgericht den Streitwert nach billigem Ermessen unter Berücksichtigung aller Umstände des einzelnen Falles, insbesondere der Bedeutung für beide Parteien zu bestimmen hat, S. 1. Das Interesse des Klägers bleibt aber als absolute Obergrenze des Streitwerts insofern als Maßstab, als die in S. 2 gegebenen Höchstgrenzen (ein Zehntel des Grundkapitals, 500.000 €) nur überschritten werden dürfen, wenn die Bedeutung der Sache für den Kläger höher zu bewerten ist.

109 Die Festsetzung hat nach **billigem, d.h. pflichtgemäßem Ermessen** des Prozessgerichts zu erfolgen. Dabei sind alle Umstände des Falles zu berücksichtigen, vornehmlich die Bedeutung der Sache für beide Parteien, aber auch für die Gesellschaft und andere Aktionäre. Das Gericht muss erwägen, welche Folgen wirtschaftlicher und persönlicher Art die Entscheidung für die Beteiligten im Falle des Obsiegens des Klägers hat. Zu den sonstigen Umständen des einzelnen Falles, die sich nicht in der Bedeutung der Sache für die beiden Parteien erschöpfen, wird auch ihre Bedeutung für Dritte zu rechnen sein, wenn und soweit sie im Falle des Obsiegens davon wirtschaftlich oder persönlich tangiert werden. Im Einzelfall mag auch das Interesse der Allgemeinheit für die Streitwertbemessung Bedeutung erlangen. Auch der Umfang der Sache kann zu berücksichtigen sein. Ein die Zuständigkeitsgrenze der Landgerichte nicht erreichender Streitwert kann demnach auch in Betracht kommen.

110 **Höchstgrenze, S. 2:** Sie beträgt grundsätzlich ein Zehntel des Grundkapitals oder, wenn dieses mehr als 500.000 € beträgt, 500.000 €. Eine Überschreitung dieser Grenze ist aber zulässig, wenn die Bedeutung der Sache für den Kläger höher zu bewerten ist. Dagegen darf man, wenn lediglich das Interesse der Beklagten oder sonstige Umstände höher zu bewerten wären, die Höchstgrenze nicht überschreiten.

---

23 Das ist im Wesentlichen unstr., vgl. etwa BGH MDR 1993, 287; OLG Bamberg JurBüro 1978, 24 m.w.N.

24 So z.B.: OLG Frankfurt aM KTS 1986, 709 m.N.; *Hartmann* Anh. II zu § 48 (§ 182 InsO) Rn. 8.

§ 49
(aufgehoben durch Art. 47 Abs. 1 Nr. 10 FGG-RG)

§ 49a
Wohnungseigentumssachen

(1) Der Streitwert ist auf 50 Prozent des Interesses der Parteien und aller Beigeladenen an der Entscheidung festzusetzen. Er darf das Interesse des Klägers und der auf seiner Seite Beigetretenen an der Entscheidung nicht unterschreiten und das Fünffache des Wertes ihres Interesses nicht überschreiten. Der Wert darf auf keinen Fall den Verkehrswert des Wohnungseigentums des Klägers und der auf seiner Seite Beigetretenen übersteigen.

(2) Richtet sich eine Klage gegen einzelne Wohnungseigentümer, darf der Streitwert das Fünffache des Wertes ihres Interesses sowie des Interesses der auf ihrer Seite Beigetretenen nicht übersteigen. Abs. 1 Satz 3 gilt entsprechend.

§ 49a ist durch Gesetz vom 26.3.2007 (BGBl. I, 370, 376) eingefügt und für alle ab 1
dem 1.7.2007 anhängig werdenden WEG-Sachen anwendbar.[1] Wegen der Erstreckung der ZPO-Regelungen auf Verfahren in Wohnungseigentumssachen ist es sinnvoll, nicht nur die Gerichtskosten, sondern auch die Wertvorschriften systemgerecht im GKG zu regeln.

Abs. 1 Satz 1: Grundsätzlich beträgt der Streitwert 50% des Interesses der Parteien. 2
Er muss aber mindestens jedoch dem Wert des Interesses des Klägers und der auf seiner Seite Beigetretenen entsprechen. Damit wird zunächst klargestellt, dass für den Streitwert die Höhe der Forderung maßgeblich ist, wenn die Klage eine bezifferte Geldforderung (insbesondere Wohngeld) betrifft. Es wäre gegenüber anderen zivilrechtlichen Verfahren nicht gerechtfertigt, auch in diesen Fällen nur 50% des Interesses der Beteiligten zu Grunde zu legen. Im Übrigen ist es sachgerecht, zur Vermeidung überhöhter Gebühren für Verfahren nach dem Wohnungseigentumsgesetz, den Streitwert auf 50% des Interesses der Parteien, aller beigeladenen Wohnungseigentümer und, soweit dieser betroffen ist, des Verwalters an der Entscheidung zu begrenzen.[2] Bei der Bestimmung des Wertes sind die Interessen der Parteien und die aller nach § 48 Abs. 2 Satz 2 WEG Beigeladenen zu addieren.[3] Bei Streit um Entziehung ist das Interesse des Klägers am Eigentumswechsel maßgebend, i.d.R. der objektive Verkehrswert.[4] Gleiches gilt bei einem Streit um Herausgabe des Wohnungseigentums[5] und bei Eigentumsentziehungsklagen.[6] Der Streitwert einer **Anfechtung eines Entziehungsbeschlusses** ist grundsätzlich auf 20% des Verkehrswertes der Wohnung zu bemessen.[7] Für die Anfechtung eines Beschlusses über Sanierungsmaßnahmen in einer WEG-Sache richtet sich der Streitwert grundsätzlich nach dem der Maßnahme zugrundeliegenden Kostenrahmen sowie dem Einzelinteresse des Anfechtenden nach seinem Kostenanteil sowie dem Gesamtinteresse. Eine Herabsetzung ist auch dann nicht gerechtfertigt, wenn sich aus der Begründung der Anfechtung nur Angriffe gegen einzelne Bestandteile ergeben, der angefochtenen Be-

1 Dazu *Drasdo* NJW-Spezial 2009, 753.
2 BT-Dars. 16/887, Seite 76.
3 LG München WoM 2008, 244; *Hartmann* § 49a Rn. 4.
4 BayObLG WoM 1990, 95.
5 BGH WM 1967, 662.
6 BGH NJW 2006, 3428 = MDR 2007, 263 = WuM 2006, 641.
7 BGH JurBüro 2012, 28; OLG Rostock ZMR 2009, 470, 472, jeweils m.N. So auch *Hellstab* in Oe/He/Tre, Abt. E „Streitwerte“ Stchworrt „Eigentumswohnung“ Rn. 6.

schluss als solcher aber nicht teilbar ist.[8] In Rechtsmittelverfahren entspricht der Wert in der Regel nicht der für die Zulässigkeit eines Rechtsmittels maßgeblichen Beschwer, sondern es gilt auch hier der Wert des Interesses des Rechtsmittelführers.[9]

3 **Einzelfälle:**[10]

- **Abmahnung** betr. Entzug des (Teil-)Eigentums: Interesse des Rechtsinhabers am Erhalt, Interesse der übrigen der übrigen Eigentümer das am Abstellen von Belästigungen (Störungen).[11]
- **Abrechnung:** Bei Klage auf *Erstellung* einer Wohngeldabrechnung soll das Interesse der Beteiligten maßgebend sein, wobei § 49a lediglich Unter- und Obergrenzen setze. Eine Multiplikation des Interesses bis zum Fünffachen sei nach dem neuen Recht des § 49a GKG weder geboten noch auch nur erlaubt.[12] Das überzeugt indessen nicht. Vielmehr ist der halbe Wert der gesamten Jahresabrechnung anzusetzen.[13] Bei Anfechtung der *Genehmigung* der Gesamtjahresabrechnung kommt es darauf an, ob der Beschluss in seiner Gesamtheit oder ob er lediglich in Teilaspekten angegriffen wird. In der Regel 20% des Nennbetrages der Gesamtjahresabrechnung.[14] Wenn aber die Genehmigung der Gesamtabrechnung auf Einwendungen gegen die Abrechnung insgesamt gestützt wird, ist der Wert nach dem hälftigen Nennbetrag der Jahresabrechnung unter Beachtung der Grenzen des § 49a Abs. 1 Satz 2 und Satz 3, Abs. 2 zu bestimmen.[15]
- **Anfechtung:** Wird ein *Negativbeschluss* einer WEG-Gemeinschaft angefochten und gleichzeitig die Verpflichtung der Wohnungseigentümer zur Vornahme der abgelehnten Maßnahme verlangt, handelt es sich um einen einheitlichen Lebenssachverhalt, der eine Zusammenrechnung der Streitwerte für die Anträge nicht rechtfertigt. Der Streitwert beträgt dann 50% des Interesses der Parteien und aller Beigeladenen.[16] Wird nur wegen *einzelner Positionen einen Wohngeldabrechnung* angefochten, ist der Streitwert nur mit einem Bruchteil des Gesamtbetrages zu bewerten, dessen Höhe im Ermessen des Gerichts liegt.[17]
- **Bauliche Veränderungen:** Klage gegen einen Eigentümer auf Beseitigung hälftiger Wert nach dem klägerischen Interesse an der Beseitigung und dem hälftigen Wert des Interesses des Beklagten unter Beachtung der Grenzen des Abs. 1 Satz 2 und des Abs. 2.[18]
- **Belastung:** Soll der Wohnungseigentümergemeinschaft ein beziffert feststehender Betrag belastet werden, während einer der Eigentümer die alleinige Haftung des Verwalters durchsetzen will, bestimmt nicht der Miteigentumsanteil des Klägers, sondern § 49a Abs. 1 den Streitwert.[19]
- **Entziehung des Wohnungseigentums (§ 18 WEG):** Der Streit um die Entziehung des WE ist ein ZPO-Verfahren (§ 51 i.V.m. § 43 Abs. 1 WEG), so dass die Festsetzung des Streitwertes nach § 3 ZPO zu erfolgen hat. Streitig ist, wie der Wert zu bemessen

---

8 LG Hamburg, Beschl. v. 26.6.2012 – 316 T 36/12 = RVG-professionell 2013, 91.

9 BGH, Beschl. v. 17.11.2016 – V ZR 86/16 – = JurBüro 2017, 83 = JurBüro 2017, 83 = JurionRS 2016, 30617.

10 Vgl. auch die Zusammenstellung bei *Hellstab* in Rehberg u.a. „Wohnungseigentumssachen" 3.2.; Thomas/Putzo/*Hüßtege*, § 3 ZPO Rn. 182 ff.; *Gehle* in Prütting-Gehrlein, ZPO § 3 Rn. 266 ff.

11 BayObLG WuM 1993, 211.

12 OLG Frankfurt/Main NJW-RR 2010, 72 = BeckRS 2009, 20249.

13 *Drasdo* NJW-Spezial 2009, 753.

14 OLG Stuttgart ZMR 2012, 457 = BeckRS 2012, 02011 = Openjur 2012, 67605.

15 BGH, Beschl. v. 9.2.2017 – V ZR 188/16.

16 OLG Celle MDR 2010, 472.

17 OLG Frankfurt/Main WuM 2014, 424 = ZWE 2014, 437 = RVG-professionell. **A.A.** KG, JurBüro 2016, 583 (stets konkrete Berechnung des Wertes des Teilaspekts) 2014, 199 = JurionRS 2014, 24132.

18 BGH, Beschl. v. 16.6.2016 – V ZR 292/14 – = JurionRS 2016, 21262; BGH, Beschl. v. 6.4. 2017 – V ZR 254/16.

19 OLG Koblenz Beschl. v. 4.5.2009 – 5 W 288/09.

ist. Nach ganz überwiegender und auch überzeugender Ansicht, der zu folgen ist, wird der Verkehrswert der EigtWo ohne Belastungen zu nehmen sein.[20]

- **Sonderumlagen:** Bei Beschlüssen über Genehmigung von S. gelten die gleichen Grundsätze wie bei Anfechtung der Genehmigung eines Wirtschaftsplans[20a]
- **Vermietung, Verpachtung, Nutzungsverhältnisse:** Es gelten die allgemeinen Regeln des § 41.
- **Verwalter:**
  - *Abberufung des Verwalters:* Verpflichtungsklage auf Abberufung des Verwalters ist im Regelfall mit dem Gesamtinteresse nach dem **in** der restlichen Vertragslaufeit anfallenden Verwalterhonorar und das Interesse des klagenden Wohnungseigentümers nach seinem Anteil hieran zu bemessen.[21] Wird mit der Abberufung auch die Bestellung eines namentlich benannten neuen Verwalters erstrebt, sind beide Anträge zu berücksichtigen, wobei aber mur das die an der Bestellung eines neuen Verwalters zu ermitteln ist. Bei Schätzung anhand der Vergütungsansprüche sind die Laufzeiten des Alt- und des Neuvertrages derart zu berücksichtigen, dass bei sich überschneidenden Zeiträumen nur der jeweils höhere Honoraranspruch anzusetzen ist.[22]
  - *Kündigung des Verwalters:* Ist Gegenstand der Wohnungseigentümersache, dass das bestehende Verwaltervertragsverhältnis nicht durch Kündigung beendet ist, orientiert sich der Streitwert an der zu zahlenden Verwaltervergütung.[23]
  - *Zustimmung des Verwalters:* Streit um Zustimmung zur Veräußerung nach § 12 WEG Wert des vereinbarten Kaufpreises.[24]
- **Verwaltungsbeirat:** Anfechtung eines Beschlusses über Entlastung durch WEigt. ist der regelmäßig mit 500 € anzusetzende Wert, den die künftige vertrauensvolle Zusammenarbeit mit dem Verwaltungsbeirat hat, zuzüglich des klägerischen Anteils an etwaigen Ersatzansprüchen gegen den Verwaltungsbeirat, auf die die Anfechtung gestützt wird.[25]
- **Wirtschaftsplan:** Die Anfechtung eines W. ist in Höhe eines Bruchteils des Gesamtbetrages des Wirtschaftsplanes bezogen auf das Einzelinteresse des Klägers zu bewerten.[26]

Abs. 1 Satz 2: Um den Justizgewährungsanspruch einzelner Wohnungseigentümer – 4
insbesondere bei Anfechtungsklagen gegen Beschlüsse größerer Wohnungseigentumsgemeinschaften – zu gewährleisten, ist der Streitwert der Höhe nach begrenzt. Der Streitwert darf danach einerseits den fünffachen Wert des Interesses des Klägers und der auf seiner Seite Beigetretenen nicht übersteigen (Höchstwert), andererseits aber auch das Gesamtinteresse des Klägers und der auf seiner Seite Beigetretenen nicht unterschreiten (Mindestwert). Das Fünffache des so zu beachtenden Mindestwertes bildet den

---

20 BGH Beschl. v. 21.9.2006 – V ZR 28/06 – = NJW 2006, 3428; OLG Rostock, Beschl. v. 7.3. 2006 – 7 W 63/05 – = ZMR 2006, 476 m. zahlr. Nachw. des Streitstandes; OLG Köln NZM 2001, 553; *Hartmann* § 49a Rn. 9; Thomas-Putzo/*Hüßtege* § 3 ZPO Rn. 182; *Gehle* in Prütting/Gehrlein, ZPO, § 3 Rn. 370; *Hellstab* in Oe/He/Tre, Abt. E „Streitwerte“ Stichwort „Eigentumswohnung“ Rn. 6; *D. Meyer*, JurBüro 2017, 350.
20a KG JurBüro 2016, 583.
21 BGH MDR 2012, 574 = WuM 2012, 334 = ZfIR 2012, 375 (L) = BeckRS 2012, 06869, m.w. N.
22 BGH, Beschl. v. 16.6.2016 – V ZR 292/14 – = JurionRS 2016, 21262.
23 OLG Zweibrücken JurBüro 2010, 36.
24 OLG München AGS 2014, 414 = NJW-Spezial 2014, 482 = NZM 2014, 589 = WuM 2014, 436 = ZWE 2014, 385 = JurionRS 2014, 17617.
25 Vgl. dazu ausf. BGH, Beschl. v. 9.3.2016 – V ZB 113/16.
26 KG JurBüro 2016, 583; OLG Frankfurt/Main = JurBüro 2015, 138 = WuM 2014, 629 = JurionRS RS 2014, 22455.

Höchstwert.[27] Dadurch wird der Justizgewährungsanspruch insbesondere für Anfechtungsklagen in hinreichender Weise gewährleistet. Anderenfalls wären nämlich die Beteiligten in Verfahren nach dem Wohnungseigentumsgesetz gegenüber den Parteien in anderen ZPO-Verfahren besser gestellt, ohne dass es hierfür einen sachlichen Grund gäbe.[28] Wird z.B. ein Mehrheitsbeschluss für ungültig erklärt, der Zahlungsansprüche eines Wohnungseigentümers gegen die Wohnungseigentümergemeinschaft verneint, ist der Nennbetrag dieser Ansprüche maßgeblich auch für die Beschwer (den Wert) der übrigen Wonhnungseigentümer.[29] Anders nur, wenn nur die Teil(un)gültigkeit beantragt wird, wenn und soweit der Beschluss teilbar ist. Dann richtet sich auch der Wert nach dem Teil des Beschlusses. Wendet sich der Wohnungseigentümer (erfolglos) gegen den Ansatz einer Kostenposition in der Jahresabrechnung, bestimmt sich der Wert nach dem Nennwert, wenn diese Position in seiner Einzelabrechnung angesetzt ist, es sei denn, wenn er seine Beanstandung von vornherein inhaltlich beschränkt.[30] Ficht der Wohnungseigentümer (erfolglos) einen Beschluss an, durch den der Verwalter zur gerichtlichen Geltendmachung einer Forderung gegen ihn ermächtigt worden ist, ist der Wert nach dem Nennbetrag der Forderung zu bestimmen.[31]

5 **Abs. 1 Satz 3:** Der absolute Höchstwert ist der Verkehrswert des im Grundbuch eingetragenen Wohnungseigentums. Dieser ist erforderlichenfalls nach § 64 zu schätzen.

6 **Absatz 2** verfolgt den gleichen Zweck wie § 50 Abs. 3 WEG. Damit wird sichergestellt, dass der Justizgewährungsanspruch auch im Fall der Rechtsverteidigung gewährleistet ist.

§ 50
Bestimmte Beschwerdeverfahren

(1) In folgenden Verfahren bestimmt sich der Wert nach § 3 der Zivilprozessordnung:

1. **über Beschwerden gegen Verfügungen der Kartellbehörden und über Rechtsbeschwerden (§§ 63 und 74 des Gesetzes gegen Wettbewerbsbeschränkungen)**
2. **über Beschwerden gegen Entscheidungen der Regulierungsbehörde und über Rechtsbeschwerden (§§ 75 und 86 des Energiewirtschaftsgesetzes oder § 35 Abs. 3 und 4 des Kohlendioxid-Speicherungsgesetzes),**
3. **über Beschwerden gegen Verfügungen der Bundesanstalt für Finanzdienstleistungsaufsicht (§ 48 des Wertpapiererwerbs- und Übernahmegesetzes) und § 113 Absatz 1 des Wertpapierhandelsgesetzes,**
4. **über Beschwerden gegen Entscheidungen der zuständigen Behörde und über Rechtsbeschwerden (§§ 13 und 24 des EG-Verbraucherschutzdurchsetzungsgesetzes) und**
5. **über Beschwerden gegen Entscheidungen der Registerbehörde (§ 11 des Wettbewerbsregistgergesetzes).**

Im Verfahren über Beschwerden eines Beigeladenen (§ 54 Abs. 2 Nr. 3 des Gesetzes gegen Wettbewerbsbeschränkungen, § 79 Absatz 1 Nr. 3 des Energiewirtschaftsgesetzes und § 16 Nr. 3 des Verbraucherschutzdurchsetzungsgesetzes) ist

---

27 OLG Köln NJW 2007, 1759.
28 BT-Ds. 16/887, Seite 76.
29 BGH, NJW-RR 2013, 1034 = MDR 2013, 961 = NZM 2013, 682 = WuM 2013, 504 = RVG-professionell 2013, 201 und 2014, 1; Vgl. auch LG Rostock ZMR 2013, 365 = RVG-professionell 2014, 56 = JurionRS 2013, 38335 m.N.
30 BGH MDR 2015, 1172 = NJW 2015, 6 = NJW-RR 2015, 1402 = NZM 2015, 813 = JurionRS 20115, 26123.
31 BGH, Beschl. v. 9.6.2016 – V ZB 17/15 – = JurionRS 2016, 21330.

der Streitwert unter Berücksichtigung der sich für den Beigeladenen ergebenden Bedeutung der Sache nach Ermessen zu bestimmen.

(2) Im Verfahren über die Beschwerde gegen die Entscheidung der Vergabekammer (§ 171 des Gesetzes gegen Wettbewerbsbeschränkungen) einschließlich des Verfahrens über den Antrag nach § 169 Abs. 2 Satz 5 und 6, Absatz 4 Satz 2, § 173 Abs. 1 Satz 3 und nach § 176 des Gesetzes gegen Wettbewerbsbeschränkungen beträgt der Streitwert fünf Prozent der Bruttoauftragssumme.

Die Bestimmung ist eingefügt durch das VgRÄndG[1] und seit dem 1.1.1999 in Kraft. Sie ist 1
mehrfach ergänzt und zuletzt durch Art. 16 des 2. JuMoG[2] neu gefasst. In ihrem sachlichen Geltungsbereich enthält sie eine vorrangige Sonderregelung und lässt außerhalb ihres Geltungsbereichs die allgemeinen gesetzlichen und/oder von der Rechtsprechung entwickelten Lehren unberührt.[3] Insbesondere bezweckt sie eine angemessene Bewertung und keine allgemeine Herabsetzung des Streitwertes zugunsten des wirtschaftlich Schwächeren.

Abs. 2 ist auch für die Festsetzung des Gegenstandswertes im Nachprüfungsverfah- 2
ren vor der Vergabekammer anwendbar.[4] Dem Nachprüfungsverfahren steht im gebührenrechtlichen Sinne das Begehren gleich, eine Fortsetzung des Vergabeverfahrens und eine Zuschlagserteilung an einen anderen Bieter ohne Berücksichtigung des klägerischen Angebots zu unterbinden.[5] Der Gegenstandswert ist in solchen Fällen regelmäßig mit 5% der Brutto-Auftragssumme,[6] hilfsweise der Angebotssumme anzusetzen.[7] Notfalls ist sie nach § 3 ZPO zu schätzen, wobei auch der Wert von bei der Ausschreibung geförderten Erfüllungsbürgschaften ein Indiz sein kann.[8] Für die Klage eines Bieters bei einer Vergabe im wettbewerbsrechtlichen Dialog gegen die Verfahrensgestaltung ist die Auftragsschätzung des Auftraggebers maßgebend.[9] Einzubeziehen sind auch die Auftragssummen, die infolge eines durch die Vergabestelle vorbehaltenen Optionsrechts ausgelöst werden können.[10] Entscheidungserheblich ist stets das Ziel des Antragstellers. Will er im Nachprüfungsverfahren mit der begehrten Nichtigerklärung eines im Wege der De-facto-Vergabe geschlossenen Vertrages auch erreichen, dass der Gesamtgegenstand dieses Vertrages in einem künftigen Vergabeverfahren losweise vergeben wird, bestimmt sich die für den Streitwert maßgebende Auftragssumme nach dem Wert der Lose, an deren Erbringung der Antragsteller interessiert ist; dabei sind für die Schätzung des Wertes der Lose die in § 3 VgV genannten Parameter heranzuziehen, soweit sie nach den Umständen für eine entsprechende Anwendung geeignet erscheinen.[11]

Der Begriff der **Auftragssumme** i.S. dieser Bestimmung ist gesetzlich nicht definiert. 3
Er ist als objektiver Wert desjenigen Auftrags auszulegen, den der Auftraggeber materiell zu vergeben hat.[12] Beispielsweise erhält der Baukonzessionär bei einer Baukonzession vom Auftraggeber statt einer Vergütung das Recht zur Nutzung des von ihm errichteten

---

1 BGBl. 1998 I, 2512, 2547.
2 BGBl. 2006, 3424.
3 *Hartmann* § 50 Rn. 1.
4 OLG Stuttgart NZBau 2000, 599; ThürOLG Jena JurBüro 2002, 434.
5 OLG Saarland Beschl. v. 25.1.2010 – 1 W 333/09.
6 OLG Brandenburg JurBüro 2005, 37; OLG Naumburg JurBüro 2004, 86; BayObLG JurBüro 2003, 307.
7 Brandenburgisches OLG JurBüro 2008, 536 (LS mit Volltextservice); BayObLG JurBüro 2002, 144; JurBüro 2002, 362.
8 OLG Rostock JurBüro 2006, 369; ThürOLG Jena JurBüro 2002, 434, 435.
9 Brandenburgisches OLG JurBüro 2009, 645 (LS mit Volltextservice).
10 KG JurBüro 2010, 250.
11 BGH JurBüro 2012, 28.
12 OLG Naumburg JurBüro 2004, 86; OLG Naumburg JurBüro 2005, 419 (LS mit Volltextservice).

Bauwerks ggf. zuzüglich der Zahlung eines Preises, so dass hier der Wert des Nutzungsrechts maßgebend ist. Dabei kann auf den Wert der vom Konzessionär zu erbringenden Bauleistungen als Untergrenze zurückgegriffen werden zuzüglich einer Gewinnmarge von 5%.[13] Er kann bei Verträgen mit längerer Laufzeit als 48 Monate das 48-fache der voraussichtlichen monatlichen Zahlung ausmachen.[14] Läuft ein zu vergebender Dienstleistungsauftrag mit fester Vertragszeit länger als 48 Monate, ist die (ggf. nach § 3 ZPO zu schätzende) volle Vergütung für die gesamte Laufzeit der Streitwertbemessung zugrunde zu legen.[15] Das gilt grundsätzlich auch, wenn eine Option zur Verlängerung der Laufzeit besteht mit der Maßgabe, dass für die im optional möglichen Zeitraum anfallende Vergütung ein Abschlag von regelmäßig 50% vorzunehmen ist.[16] Der Streitwert des Beschwerdeverfahrens und des Verfahrens der Verlängerung der aufschiebenden Wirkung der sofortigen Beschwerde ist einheitlich festzusetzen, wobei letzteres Verfahren nicht mit einem Bruchteil der Hauptsache bemessen werden darf.[17] Durchlaufende Posten (z.B. Mehrwertsteuer) werden bei der Wertbemessung nicht abgezogen.[18]

4 Eine Beschwerde gegen die Streitwertfestsetzung ist nach allgemeinen Regeln gegeben (§§ 66, 68). Sie ist aber unstatthaft, wenn sie sich an einen obersten Gerichtshof richtet.[19]

§ 51
Gewerblicher Rechtsschutz

(1) In Rechtsmittelverfahren des gewerblichen Rechtsschutzes (§ 1 Absatz 1 Satz 1 Nummer 14) und in Verfahren über Ansprüche nach dem Patentgesetz, dem Gebrauchsmustergesetz, dem Markengesetz, dem Designgesetz, dem Halbleiterschutzgesetz, dem Schriftzeichengesetz und dem Sortenschutzgesetz ist der Wert nach billigem Ermessen zu bestimmen.

(2) In Verfahren über Ansprüche nach dem Gesetz gegen den unlauteren Wettbewerb ist, soweit nichts anderes bestimmt ist, der Streitwert nach der sich aus dem Antrag des Klägers für ihn ergebenden Bedeutung der Sache nach Ermessen zu bestimmen.

(3) Ist die Bedeutung der Sache für den Beklagten erheblich geringer zu bewerten als der nach Absatz 2 zu ermittelnde Streitwert, ist dieser angemessen zu mindern. Bietet der Sach- und Streitstand für die Bestimmung des Streitwertes hinsichtlich des Beseitigungs- oder Unterlassungsanspruchs keine genügenden Anhaltspunkte, ist insoweit ein Streitwert von 1000 Euro abzunehmen, auch wenn diese Ansprüche nebeneinander geltend gemacht werden.

(4) Im Verfahren des einstweiligen Rechtsschutzes ist der sich aus den Absätzen 2 und 3 ergebende Wert in der Regel unter Berücksichtigung der geringeren Bedeutung gegenüber der Hauptsache zu ermäßigen.

(5) Die Vorschriften über die Anordnung der Streitwertbegünstigung (§ 12 Abs. 4 des Gesetzes gegen den unlauteren Wettbewerb, § 144 des Patentgesetzes, § 26 Designgesetzes, § 142 des Markengesetzes, § 54 des Designgesetzes) sind anzuwenden.

---

13 OLG Brandenburg JurBüro 2008, 636 (LS mit Volltextservice).
14 OLG Celle NZBau 2001, 111.
15 OLG Brandenburg JurBüro 2010, 427.
16 BGH MDR 2014, 626 (L) = NZBau 2014, 452 = ZfBR 2014, 514 = JurBüro 2014, 417 = JurionRS 2014, 13340.
17 OLG Brandenburg JurBüro 2010, 427.
18 OLG Brandenburg JurBüro 2010, 427.
19 BGH BGH-Report 2002, 750; BGH MDR 2004, 355.

In ihrem Geltungsbereich ist § 51 eine Sonderbestimmung. Regelungszweck der durch das „Gesetz gegen unseriöse Geschäftspraktiken" (BGBl. I, 2013, 3714) neu gefassten Bestimmung ist die Ermäßigungsmöglichkeit zum Zwecke der Sicherung eines effektiven Rechtsschutzes auch für den wirtschaftlich Schwächeren. In der Sache werden hier nur die in Anhang nach § 48 Rn. 124 ff. dargestellten Grundsätze für den Hauptprozess in das GKG übertragen, so dass insoweit verwiesen werden kann. 1

Abs. 1 Halbsatz 1 der Vorschrift gilt als Sonderrecht nur in den genannten Rechtsmittelverfahren vor dem BGH, wobei für den Streitwert nur das Rechtsmittelinteresse maßgebend ist. **Abs. 1 Halbsatz 2, Absatz 2–5** sind für die dort genannten Verfahren in allen Instanzen anwendbar. Gleichgültig ist dabei, ob es sich um einen Zivilprozess oder um eine andere Verfahrensart handelt. 2

„Billiges Ermessen" heißt auch hier, dass nach pflichtgemäßem Ermessen zu verfahren ist. Maßgebend sind dabei in erster Linie die wirtschaftlichen Interessen des Klägers, insbesondere ist von dem von der Verletzungshandlung ausgehenden wirtschaftlichen Gefährdungspotential auszugehen, während dem Ausmaß der vom Beklagten verübten oder diesem nachgewiesenen Verletzung eine nur untergeordnete Bedeutung zukommt. Im Patentnichtigkeitsverfahren sind daher im Allgemeinen der Betrag der entstandenen Schadensersatzforderung und der allgemeine Wert des Patents bei Klageerhebung bzw. Einlegung des Rechtsmittels in voller Höhe maßgebend. Im Patent-Nichtigkeitsverfahren ist der Streitwert unabhängig vom Verletzungsverfahren zu bestimmen, wenn die angegriffene Ausführungsform nicht in den Schutzbereich des Streitpatents eingreift. 3

Die in **Abs. 5** ausdrücklich bezeichneten Wertbegünstigungen sind aber zwingend anzuwenden. Das Gericht hat demzufolge kein Ermessen, ob es sie beachten will.[1] 4

Anhang nach § 51

I. Streitwertbegünstigung im gewerblichen Rechtsschutz

§ 144 PatG 1
Streitwertbegünstigung

(1) Macht in einer Patentstreitsache eine Partei glaubhaft, dass die Belastung mit den Prozesskosten nach dem vollen Streitwert ihre wirtschaftliche Lage erheblich gefährden würde, so kann das Gericht auf ihren Antrag anordnen, dass die Verpflichtung dieser Partei zur Zahlung von Gerichtskosten sich nach einem ihrer Wirtschaftslage angepassten Teil des Streitwerts bemisst. Die Anordnung hat zur Folge, dass die begünstigte Partei die Gebühren ihres Rechtsanwalts ebenfalls nur nach diesem Teil des Streitwerts zu entrichten hat. Soweit ihr Kosten des Rechtsstreits auferlegt werden oder soweit sie diese übernimmt, hat sie den von dem Gegner entrichteten Gerichtsgebühren und die Gebühren seines Rechtsanwalts nur nach dem Teil des Streitwerts zu erstatten. Soweit die außergerichtlichen Kosten dem Gegner auferlegt oder von ihm übernommen werden, kann der Rechtsanwalt der begünstigten Partei seine Gebühren von dem Gegner nach dem für diesen geltenden Streitwert beitreiben.

(2) …

1 *Hartmann* § 51 Rn. 10.

2 **Zweck** der Vorschrift ist, einer wirtschaftlich schwachen Partei die Durchführung eines Patentstreits auch dann zu ermöglichen, wenn ihre Mittel zur Begleichung der aus dem Streitwert berechneten Gebühren nicht ausreichen würden.[1] Denn gerade bei Patentstreitigkeiten sind die Streitwerte sehr hoch, so dass auch das Institut der Prozesskostenhilfe hier kein vollwertiger Ersatz wäre.[2] § 51 Abs. 2 ordnet ausdrücklich die Anwendung des § 144 PatG an.

3 Eine **Patentstreitsache** liegt vor, wenn mit der Klage ein Anspruch aus einem im PatG geregelten Rechtsverhältnis verfolgt wird, § 143 PatG. Der Begriff ist weit auszulegen und gilt auch im Berufungsverfahren vor dem BGH und im Nichtigkeitsverfahren vor dem BPatG.[3] Er umfasst alle im Zusammenhang mit einem Patentrecht befindlichen Ansprüche, auch die Auswirkungen einer Patenteinschränkung auf den zwischen den Parteien bestehenden Lizenzvertrag.[4] Es reicht aus, wenn eine Patentverletzung im Ausland erfolgt.[5] Im Rechtsbeschwerdeverfahren vor dem BGH ist die Bestimmung entsprechend anzuwenden (§§ 102 Abs. 2, 121 Abs. 1 PatG).

4 **Antragsberechtigt** ist jede Partei, also sowohl der Kläger als auch der Beklagte, wenn die Belastung mit den Prozesskosten nach dem vollen Streitwert ihre wirtschaftliche Lage erheblich gefährden würde. Das muss glaubhaft gemacht werden, § 294 ZPO. Angehörigen fremder Staaten kann die Vergünstigung auch dann gewährt werden, wenn eine Gegenseitigkeit nicht verbürgt ist.[6] Es ist nicht erforderlich, dass die Partei unbemittelt ist i.S.d. Vorschriften der §§ 129ff. PatG oder gar der §§ 114ff. ZPO. Die Herabsetzung kann auch zugunsten einer Partei erfolgen, der Verfahrenskostenhilfe bewilligt worden ist.[7] Auch einer juristischen Person kann die Vergünstigung gewährt werden, selbst wenn die Voraussetzungen der Verfahrenskostenhilfe nicht gegeben sind.[8] Es muss aber eine erhebliche Gefährdung der Wirtschaftslage zu besorgen sein, die nach einem strengen Maßstab zu beurteilen ist.[9] So kommt eine Streitwertherabsetzung bei einem aktiv am Wirtschaftsleben beteiligten Unternehmen auch dann nicht in Betracht, wenn es über nicht nennenswerte Vermögensgegenstände verfügt, auch wenn die Prozesskosten angesichts seiner Vermögenslage ohnehin nicht beizutreiben sind.[10] Die Gefährdung der Wirtschaftslage kann auch erst zeitlich nach der Antragstellung entstanden sein.[11]

5 Anders als bei der Prozesskostenhilfe sind die **Aussichten des Rechtsstreits** nicht zu prüfen, es sei denn, dass der beabsichtigte Rechtsstreit für die wirtschaftlich schwache Partei völlig aussichtslos und/oder seine Führung mutwillig und damit rechtsmissbräuchlich ist.[12]

6 Für die Beurteilung kommen selbstverständlich nur die **notwendigen Kosten** des Rechtsstreits i.S.v. § 91 ZPO in Betracht.[13] Dabei sind Anwaltskosten des Antragstellers nur zu berücksichtigen, soweit Anwaltszwang besteht oder die Inanspruchnahme eines An-

---

1 BGH GRUR 1982, 672.
2 *Hartmann* Anh. I zu § 51 (§ 144 PatG) Rn. 2.
3 BGH GRUR 1982, 672.
4 OLG München MDR 1964, 62 = AnwBl. 1964, 178.
5 *Hartmann* Anh. I zu § 51 (§ 144 PatG) Rn. 4.
6 BGHZ 73, 315.
7 BGH RPfleger 1959, 110 (L); OLG Karlsruhe RPfleger 1957, 44 (L).
8 BGH RPfleger 1959, 110 (L); OLG Düsseldorf BB 1977, 360 = Der Betrieb 1977, 1598 (L) = AnwBl. 1977, 167.
9 OLG Köln WRP 1976, 261; OLG Nürnberg JurBüro 1962, 584.
10 BGH JurBüro 2013, 642.
11 BPatGE 24, 169.
12 OLG Hamm Der Betrieb 1977, 763; OLG Köln WRP 1976, 261; OLG Karlsruhe WRP 1973, 49; vgl. auch *Hartmann* Anh. I zu § 51 (§ 144 PatG) Rn. 7.
13 OLG Karlsruhe WRP 1973, 49.

walts zur zweckentsprechenden Rechtsverfolgung notwendig erscheint. Anders verhält es sich mit den Anwaltskosten des Gegners, da der Antragsteller nicht verhindern kann, dass sich der Gegner eines Anwalts bedient. Zu berücksichtigen sind die zu erwartenden Gerichtskosten und gesetzlichen Rechtsanwaltskosten in dem betreffenden Rechtszug.

Der **Antrag** ist **für jeden Rechtszug neu** zu stellen, mithin auch für das Verfahren 7
vor dem BGH,[14] und zwar grundsätzlich vor Beginn der Verhandlung zur Sache. Später ist er nur noch zulässig, wenn der angenommene oder festgesetzte Streitwert danach durch das Gericht heraufgesetzt wird[15] oder wenn das Gericht den Streitwert erst später erstmals festsetzt und dadurch die Kosten das für die Partei tragbare Maß übersteigen.[16] Hat sich das Verfahren ohne Verhandlung zur Hauptsache erledigt und wird darauf erstmalig der Streitwert festgesetzt, so kann der Antrag aus § 144 PatG nur noch innerhalb einer angemessenen Frist gestellt werden.[17] Für die Antragstellung besteht **kein Anwaltszwang.** Rechtliches Gehör des Gegners ist ausdrücklich vorgeschrieben. Auch die Staatskasse ist als Beteiligte zu hören. Hat eine Partei selbst den Streitwert angegeben oder seine Festsetzung auf den höheren Betrag beantragt und über diesen Streitwert verhandelt, ist der Antrag nicht mehr zulässig (§ 144 Abs. 3 S. 3 PatG).[18] Dagegen ist unabhängig von § 144 PatG eine Herabsetzung des Streitwerts nach § 63 GKG möglich, wenn der angenommene oder festgesetzte Streitwert zu hoch ist. Die Bestimmung des § 144 PatG ist auch im Verfahren über eine einstweilige Verfügung anwendbar.[19]

Die **Entscheidung** des Gerichts ergeht durch Beschluss im Verfahren nach § 63 und 8
ist zu begründen. Es ist vom vollen Streitwert der Sache auszugehen und darzulegen, nach welchem Teil des Streitwerts die begünstigte Partei etwaige Kosten zu zahlen hat, also Festsetzung des vollen und des ermäßigten Streitwerts.[20] Ist die Partei unbemittelt i.S.d. §§ 114 ff. ZPO, so können Verfahrenskostenhilfe und Prozesskostenhilfe nebeneinander erfolgen. Sie schließen sich gegenseitig nicht aus. Die Entscheidung hat nach pflichtgemäßem Ermessen zu ergehen, das nur auf Ermessensfehler hin überprüfbar ist.

Gegen die Entscheidung des Gerichts ist die **Beschwerde nach § 68** gegeben[21] und 9
nicht die nach § 567 ZPO.[22] Beschwerdeberechtigt sind die Parteien und die Staatskasse. Der **Beschwerdewert** besteht für den Antragsteller in den Mehrkosten (Gerichts- und Anwaltskosten), für die er wegen der Verweigerung der Streitwertherabsetzung im Falle seines Unterliegens oder der Zahlungsunfähigkeit seines Gegners aufzukommen hat, für den Gegner in den Gerichtskosten, die er infolge der Streitwertherabsetzung auch im Falle seines Obsiegens zu zahlen hat, für die Staatskasse im Unterschiedsbetrag der Gerichtskosten nach dem erhöhten und dem ermäßigten Streitwert, auch wenn für die Gerichtskosten aus dem erhöhten Wert der Gegner haftet.

Die Bewilligung der Vergünstigung nach § 144 PatG wirkt sich auf die die begünstig- 10
ten Partei treffenden Gerichtsgebühren und der Gebühren ihres eigenen Anwalts und des Gegenanwalts aus. Demgemäß ist der Berechnung der die begünstigten Partei treffenden Gerichtsgebühren, der von der begünstigten Partei ihrem Anwalt geschuldeten Gebühren und der von der begünstigten Partei dem Gegner zu erstattenden Rechtsanwaltsgebühren der geringere Wert zugrunde zu legen. Dagegen wird die Verpflichtung des nicht

14 OLG Frankfurt aM JurBüro 1976, 347; OLG Karlsruhe WRP 73, 49.
15 BPatGE 24, 169; *Struif* GRUR 1985, 252.
16 BGH RPfleger 1959, 110 (L).
17 BGH NJW 1965, 1333 = MDR 1965, 522.
18 OLG Hamburg GRUR 1957, 146.
19 OLG Köln WRP 1976, 261.
20 OLG Frankfurt aM JurBüro 1976, 347.
21 OLG Frankfurt aM JurBüro 1976, 347; OLG Karlsruhe WRP 1973, 49.
22 So aber OLG Köln WRP 1976, 261.

begünstigten Gegners, die Gerichtsgebühren und die Gebühren seines Anwalts aus dem vollen Streitwert zu zahlen und die Gebühren des Anwalts der begünstigten Partei nach dem vollen Streitwert zu erstatten, nicht berührt. Wenn die Kosten zwischen den Parteien nach Bruchteilen verteilt sind, sind die Bruchteile nur aus dem ermäßigten Wert zu berechnen.[23] Daneben bleibt aber die Antragstellerhaftung der nichtbegünstigten Partei aus dem vollen Streitwert bestehen. Der Antragsteller haftet als Zweitschuldner für die Gerichtskosten auch soweit, als die begünstigte Partei sie nicht zu zahlen hat, weil für die Berechnung der von ihr geschuldeten Gebühren der Streitwert herabgesetzt ist.[24] Die Gebühren des Verfahrenskostenhilfeanwalts berechnen sich nach dem vollen, nicht nach dem herabgesetzten Streitwert.[25] Die Streitwertherabsetzung wirkt nur für die Gebühren, nicht auch für die Auslagen.[26]

11 Die nach § 144 PatG getroffene Anordnung kann nachträglich rückwirkend geändert werden, wenn sich herausstellt, dass ihre Voraussetzungen nicht gegeben waren, § 63.

12 Für **Auslagen** gilt nach § 98 PatG § 17 entsprechend.[27] Auch Auslagen können unter die Streitwertbegünstigung fallen, denn § 144 PatG nennt ausdrücklich die Prozesskosten, also die Gebühren und Auslagen (§ 1).

II. Bürgerliche Rechtsstreitigkeiten nach dem Markengesetz, Gebrauchsmustergesetz und Designgesetz

1. § 142 MarkenG (auch i.V.m. § 8 Abs. 2 Nr. 3 MarkenG)

13 **§ 142 MarkenG**
Streitwertbegünstigung

(1) Macht in bürgerlichen Rechtsstreitigkeiten, in denen durch Klage ein Anspruch aus einem der in diesem Gesetz geregelten Rechtsverhältnisse geltend gemacht wird, eine Partei glaubhaft, dass die Belastung mit den Prozesskosten nach dem vollen Streitwert ihre wirtschaftliche Lage erheblich gefährden würde, so kann das Gericht auf ihren Antrag anordnen, dass die Verpflichtung dieser Partei zur Zahlung von Gerichtskosten sich nach einem ihrer Wirtschaftslage angepassten Teil des Streitwerts bemisst.

(2) Die Anordnung hat zur Folge, dass die begünstigte Partei die Gebühren ihres Rechtsanwalts ebenfalls nur nach diesem Teil des Streitwerts zu entrichten hat. Soweit ihr Kosten des Rechtsstreits auferlegt werden oder soweit sie diese übernimmt, hat sie die von dem Gegner entrichteten Gerichtsgebühren und die Gebühren seines Rechtsanwalts nur nach dem Teil des Streitwerts zu erstatten. Soweit die außergerichtlichen Kosten dem Gegner auferlegt oder von ihm übernommen werden, kann der Rechtsanwalt der begünstigten Partei seine Gebühren von dem Gegner nach dem für diesen geltenden Streitwert beitreiben.

14 Die gleichfalls in § 51 Abs. 2 GKG ausdrücklich für anwendbar erklärte Bestimmung des § 142 MarkenG ist inhaltsgleich mit § 144 PatG. Auf die Erläuterungen zu § 144 PatG

23 KG DR 1940, 1381.
24 KG GRUR 1941, 96 = DR 1941, 794.
25 BGH AnwBl. 1953, 332.
26 OLG München JurBüro 1960, 135 = GRUR 1960, 79.
27 BGH GRUR 1984, 38.

wird verwiesen. Nach § 85 Abs. 2 MarkenG gilt die Streitwertbegünstigung auch für Rechtsbeschwerden.

Für **Auslagen** gilt nach § 82 Abs. 1 S. 3 § 17 GKG entsprechend. Auch Auslagen können unter die Streitwertbegünstigung fallen, denn § 142 MarkenG nennt ausdrücklich die Prozesskosten, also die Gebühren und Auslagen (1 GKG). Vorrangig ist aber § 71 MarkenG zu beachten. 15

2. Gebrauchsmustergesetz

§ 26 GebrMG
Herabsetzung des Streitwerts

(1) Macht in bürgerlichen Rechtsstreitigkeiten, in denen durch Klage ein Anspruch aus einem der in diesem Gesetz geregelten Rechtsverhältnisse geltend gemacht wird, eine Partei glaubhaft, dass die Belastung mit den Prozesskosten nach dem vollen Streitwert ihre wirtschaftliche Lage erheblich gefährden würde, so kann das Gericht auf ihren Antrag anordnen, dass die Verpflichtung dieser Partei zur Zahlung von Gerichtskosten sich nach einem ihrer Wirtschaftslage angepassten Teil des Streitwerts bemisst. Die Anordnung hat zur Folge, dass die begünstigte Partei die Gebühren ihres Rechtsanwalts ebenfalls nur nach diesem Teil des Streitwerts zu entrichten hat. Soweit ihr Kosten des Rechtsstreits auferlegt werden oder soweit sie diese übernimmt, hat sie die von dem Gegner entrichteten Gerichtsgebühren und die Gebühren seines Rechtsanwalts nur nach dem Teil des Streitwerts zu erstatten. Soweit die außergerichtlichen Kosten dem Gegner auferlegt oder von ihm übernommen werden, kann der Rechtsanwalt der begünstigten Partei seine Gebühren von dem Gegner nach dem für diesen geltenden Streitwert beitreiben.

(2) ...

§ 26 GebrMG ist mit § 144 PatG inhaltsgleich. Die Vorschrift ist infolge Verweisung in § 11 Abs. 2 HalbleiterschutzG auch für die dem GKG unterfallenden Sachen nach dem HalblSchG anwendbar. Die Erläuterungen zu § 144 PatG gelten sinngemäß.[1] Die Herabsetzung des Streitwerts ist auch zulässig, wenn die Klage zugleich auf die Bestimmungen des BGB gestützt wird.[2] 16

3. Halbleiterschutzgesetz

§ 11
Anwendung von Vorschriften des Patentgesetzes und des Gebrauchsmustergesetzes

(1) ...

(2) Die Vorschriften des Gebrauchsmustergesetzes über die Bewilligung von Verfahrenskostenhilfe (§ 21 Abs. 2), über die Übertragung und die Lizenz (§ 22), über die Streitwertherabsetzung (§ 26), über die Gebrauchsmusterstreitsachen

1 Vgl. auch bei *Pastor* WRP 1965, 271.
2 BGH NJW 1968, 593 = WRP 1968, 183.

(§ 27), über die Inlandsvertretung (§ 28), über die Ermächtigungen zum Erlass von Rechtsverordnungen (§ 29) und über die Schutzberühmung (§ 30) sind entsprechend anzuwenden.

17 Auf das oben zu § 26 GebrMG Gesagte wird verwiesen

4. Designgesetz

§ 54 Designgesetz
Herabsetzung des Streitwerts

(1) Macht in bürgerlichen Rechtsstreitigkeiten, in denen durch Klage ein Anspruch aus einem der in diesem Gesetz geregelten Rechtsverhältnisse geltend gemacht wird, eine Partei glaubhaft, dass die Belastung mit den Prozesskosten nach dem vollen Streitwert ihre wirtschaftliche Lage erheblich gefährden würde, so kann das Gericht auf ihren Antrag anordnen, dass die Verpflichtung dieser Partei zur Zahlung von Gerichtskosten sich nach einem ihrer Wirtschaftslage angepassten Teil des Streitwerts bemisst.

(2) Die Anordnung nach Abs. 1 hat zur Folge, dass die begünstigte Partei die Gebühren ihres Rechtsanwalts ebenfalls nur nach diesem Teil des Streitwerts zu entrichten hat. Soweit ihr Kosten des Rechtsstreits auferlegt werden oder soweit sie diese übernimmt, hat sie die von dem Gegner entrichteten Gerichtsgebühren und die Gebühren seines Rechtsanwalts nur nach dem Teil des Streitwerts zu erstatten. Soweit die außergerichtlichen Kosten dem Gegner auferlegt oder von ihm übernommen werden, kann der Rechtsanwalt der begünstigten Partei seine Gebühren von dem Gegner nach dem für diesen geltenden Streitwert beitreiben.

(3) …

18 § 54 GeschmMG ist durch Art. 1 des Geschmacksmusterreformgesetzes neugefasst und inhaltsgleich mit § 144 PatG, so dass auch insoweit auf die Erläuterungen zu § 144 PatG verwiesen werden kann.

III. Bürgerliche Rechtsstreitigkeiten nach dem UWG, dem GWB und dem EnWG

1. Bürgerliche Rechtsstreitigkeiten nach dem UWG[1]

§ 12 UWG
Streitwertminderung

[…]

(4) Macht eine Partei in Rechtsstreitigkeiten, in denen durch Klage ein Anspruch aus einem der in diesem Gesetz geregelten Rechtsverhältnisses geltend gemacht wird, glaubhaft, dass die Belastung mit den Prozesskosten nach dem vol-

1 UWG i.d.F. des Gesetzes vom 8.7.2004 (BGBl. I, 1414) neu gefasst durch Bek. v. 3.3.2010 (BGBl. I, 254), zuletzt geändert durch G. v. 1.10.2013 (BGBl. I, 3174).

len Streitwert ihre wirtschaftliche Lage erheblich gefährden würde, so kann das Gericht auf ihren Antrag anordnen, dass die Verpflichtung dieser Partei zur Zahlung von Gerichtskosten sich nach ihrer Wirtschaftslage angepassten Teil des Streitwerts bemisst. Die Anordnung hat zur Folge, dass:

1. **die begünstigte Partei die Gebühren ihres Rechtsanwalts ebenfalls nur nach diesem Teil des Streitwerts zu entrichten hat,**
2. **die begünstigte Partei, soweit ihr Kosten des Rechtsstreits auferlegt werden oder soweit sie diese übernimmt, die von dem Gegner entrichteten Gerichtsgebühren und die Gebühren seines Rechtsanwalts nur nach dem Teil des Streitwerts zu erstatten hat und**
3. **der Rechtsanwalt der begünstigten Partei, soweit die außergerichtlichen Kosten dem Gegner auferlegt oder von ihm übernommen werden, seine Gebühren von dem Gegner nach dem für diesen geltenden Streitwert beitreiben kann.**

(5) Der Antrag nach Absatz 4 kann von der Geschäftsstelle des Gerichts zur Niederschrift erklärt werden. Er ist vor der Verhandlung zur Hauptsache anzubringen. Danach ist er nur zulässig, wenn der angenommene oder festgesetzte Streitwert später durch das Gericht heraufgesetzt wird. Vor der Entscheidung über den Antrag ist der Gegner zu hören.

§ 12 Abs. 4 und Abs. 5 UWG ist durch das Gesetz gegen unseriöse Geschäftspraktiken[2] 19
neu gefasst und führt zu erhebliche Verbilligungen eines UWG-Verfahrens.[3] § 12 Abs. 4 UWG a.F. ist – wie auch die Neuregelung[4] – verfassungsgemäß.[5] Die zur alten Fassung entwickelten Grundsätze gelten auch weiterhin. Auch nach der Neuregelung des § 12 Abs. 4 UWG wird keine Glaubhaftmachung verlangt, dass die von der kostenbegünstigten Partei zu tragenden Kosten des Rechtsstreits weder unmittelbar noch mittelbar von einem Dritten übernommen werden. Im Interesse des Justizfiskus sollte man aber nach wie vor eine glaubhafte Erklärung auch insoweit verlangen,[6] es sei denn, die Unbilligkeit der vollen Belastung der Partei(en) ist offensichtlich unbillig. Überhaupt sollte man bei der Herabsetzung nach § 12 Abs. 4 und 5 UWG restriktiv verfahren, jedenfalls aber die Bestimmung nicht schematisch anwenden.[7] So ist z.B. der Wert im Eilverfahren nicht geringer anzusetzen, als im Hauptsacheverfahren.[8] Auf jeden Fall hat die Partei aber mit den üblichen Mitteln (§ 294 ZPO) glaubhaft zu machen, dass ihre wirtschaftliche Lage bei Zugrundelegung des vollen Streitwerts erheblich gefährdet werde (Abs. 4 S. 1 Hs. 1).

Die Frage, ob eine Sache **einfach gelagert** ist oder nicht, spielt nach der Neufassung 20
keine Rolle mehr. Es kommt jetzt nur noch auf die Höhe des Streitwerts an, von dem die Kostenbelastung der Partei abhängt.

Die auch als Schutzmaßnahme gegen Rechtsmissbrauch durch Verbandsklagen[9] ge- 21
dachte Bestimmung der Streitwertbegünstigung verbietet es, einem Wettbewerbsschutz-

2 Art. 10 des G. v. 1.10.2013 (BGBl. I, 3174).
3 Zur Neuregelung vgl. *Hartmann* JurBüro 2013, 625.
4 *Hartmann* JurBüro 2013, 625.
5 BGH BB 1994, 678 und BB 1998, 1443; OLG Koblenz GRUR 1989, 764. Vgl. auch BVerfG NJW 1997, 312 und NJW-RR 1991, 1134.
6 Wegen der Voraussetzungen im Einzelnen vgl. KG AnwBl. 1978, 142; OLG Hamburg WRP 1979, 382 m. Anm. v. *Borck;* OLG Köln WRP 1976, 261; OLG Frankfurt aM JurBüro 1980, 904 (Verband); KG WRP 1979, 308; OLG Koblenz WRP 1981, 333 (Streitwert); *Mümmler* JurBüro 1980, 983; *Ulrich* GRUR 1989, 401.
7 OLG Koblenz GRUR 1989, 764; OLG Schleswig SchlHA 1987, 60; **a.M.** KG GRUR 1987, 453 (regelmäßig Herabsetzung um 50).
8 OLG Köln JurBüro 2000, 648.
9 OLG Koblenz GRUR 1988, 474.

verband allein deshalb, weil er (auch) im öffentlichen Interesse tätig ist, von vornherein Streitwertherabsetzung zu bewilligen.[10] Vielmehr ist in jedem Einzelfall die Kostenlast festzustellen und dann zu prüfen, ob eine Herabsetzung des Streitwerts angebracht ist.[11] Bei Klagen von Verbraucherverbänden, die im öffentlichen Interesse tätig und auf die Finanzierung durch die öffentliche Hand angewiesen sind, kann eine Herabsetzung des Streitwerts häufiger und in stärkerem Maße in Betracht kommen als bei Klagen von Wettbewerbsverbänden.[12]

22 Nach ihrem Sinn und Zweck ist die Bestimmung des **§ 12 Abs. 4 und 5 UWG auch auf Verfahren der Einstweiligen Verfügung anzuwenden.**[13] Die Anhörung des Gegners und die Entscheidung können in solchen Fällen auch noch nach dem Erlass der Einstweiligen Verfügung erfolgen.[14] Lediglich der Antrag muss vor einer mündlichen Verhandlung oder – falls sie unterbleibt – vor Erlass der Entscheidung über den Antrag auf Erlass der Einstweiligen Verfügung angebracht worden sein. Bei einem Widerspruch ist aber beim Instanzenzug stets zu prüfen, ob der angenommene Streitwert weitergelten darf. Auch hier ist eine Herabsetzung zulässig, wenn die Klage oder der Antrag im Eilverfahren zugleich auf Bestimmungen des BGB oder auf andere Anspruchsgrundlagen außerhalb des UWG gestützt wird. Bei Unterlassungsklagen auf fehlerhafte Widerrufsbelehrungen im Fernabsatz kann der regelmäßig angemessene Streitwert von 3.000 € auf 1.000 € herabgesetzt werden. Die Bedeutung der Angelegenheit und damit die Streitwertermäßigung kann für einen Kleinstunternehmer, der sein Unternehmen erst eröffnet und noch keine nennenswerten Umsätze zu verzeichnen hat, als gering bewertet werden, sodass eine Minderung des Streitwertes im Eilverfahren angebracht ist.[15]

2. Bürgerliche Rechtsstreitigkeiten nach dem GWB[1]

§ 89a GWB
Streitwertanpassung

(1) Macht in einer Rechtsstreitigkeit, in der ein Anspruch nach §§ 33, 33a Absatz 1 oder § 34a geltend gemacht wird, eine Partei glaubhaft, dass die Belastung mit den Prozesskosten nach dem vollen Streitwert ihre wirtschaftliche Lage erheblich gefährden würde, so kann das Gericht auf ihren Antrag anordnen, dass die Verpflichtung dieser Partei zur Zahlung von Gerichtskosten sich nach einem ihrer Wirtschaftslage angepassten Teil des Streitwerts bemisst. Das Gericht kann die Anordnung davon abhängig machen, dass die Partei glaubhaft macht, dass die von ihr zu tragenden Kosten des Rechtsstreits weder unmittelbar noch mittelbar von einem Dritten übernommen werden. Die Anordnung hat zur Folge, dass die begünstigte Partei die Gebühren ihres Rechtsanwalts ebenfalls nur nach diesem Teil des Streitwerts zu entrichten hat. Soweit ihr Kosten des Rechtsstreits auferlegt werden

10 BGH Der Betrieb 1990, 41.
11 BGH NJW-RR 1990, 1323; OLG Frankfurt aM GRUR 1989, 133.
12 BGH JurBüro 2011, 418.
13 OLG Zweibrücken NJW-RR 2014, 1535 = RVG-professionell 2015, 91 = BeckRS 20114, 10910; OLG Karlsruhe JurBüro 2010, 531; OLG Köln WRP 1976, 261; **a.M.** *Pastor* WRP 1965, 271.
14 OLG Hamburg GRUR 1985, 148.
15 OLG Zweibrücken NJW-RR 2014, 1535 = RVG-professionell 2015, 91 = BeckRS 20114, 10910.

1 Gesetz gegen Wettbewerbsbeschränkungen i.d.F. des G. v. 7. Juli 2005 (BGBl. I 1954, 1967), neu gefasst durch Bek. v. 26.6.2013 (BGBl. I 1750), zuletzt geändert durch Art. 16 G. v. 4.7.2013 (BGBl. I, 1981).

oder soweit sie diese übernimmt, hat sie die von dem Gegner entrichteten Gerichtsgebühren und die Gebühren seines Rechtsanwalts nur nach dem Teil des Streitwerts zu erstatten. Soweit die außergerichtlichen Kosten dem Gegner auferlegt oder von ihm übernommen werden, kann der Rechtsanwalt der begünstigten Partei seine Gebühren von dem Gegner nach dem für diesen geltenden Streitwert beitreiben.

(2) ...

(3) Ist in einer Rechtsstreitigkeit, in der ein Anspruch nach § 33a Absatz 1 geltend gemacht wird, ein Nebenintervenient einer Hauptpartei beigetreten, hat der Gegner, soweit ihm Kosten des Rechtsstreits auferlegt werden oder soweit er sie übernimmt, die Rechtsanwaltskosten der Nebenintervention nur nach dem Gegenstandswert zu erstatten, den das Gericht nach freiem Ermessen festsetzt. Bei mehreren Nebeninterventionen darf die Summe der Gegenstandswerte der einzelnen Nebeninterventionen den Streitwert der Hauptsache nicht übersteigen.

Die Bestimmung ist durch das „Siebte Gesetz zur Änderung des Gesetzes über Wettbe- 23
werbsbeschränkungen" v. 7.7.2005 (BGBl. I, 1954, 1967) in das GWB eingefügt und zuletzt durch Gesetz vom 1.6.2017 (BGBl. I, 1416) neu gefasst. Sie betrifft die Streitwertbegünstigung bei Streitigkeiten um Ansprüche nach §§ 33, 33a, 34a GWB entsprechend den rechtsähnlichen Bestimmungen der §§ 12 UWG, 26 Gebrauchsmustergesetz, 54 Designgesetz, § 144 Patentgesetz und § 142 Markengesetz. Auf das dort Gesagte kann verwiesen werden.

3. Bürgerliche Rechtsstreitigkeiten nach dem EnWG[1]

§ 105 EnWG
Streitwertanpassung

(1) Macht in einer Rechtsstreitigkeit, in der ein Anspruch nach § 32 gemacht wird, eine Partei glaubhaft, dass die Belastung mit den Prozesskosten nach dem vollen Streitwert ihre wirtschaftliche Lage erheblich gefährden würde, so kann das Gericht auf ihren Antrag anordnen, dass die Verpflichtung dieser Partei zur Zahlung von Gerichtskosten sich nach einem ihrer Wirtschaftslage angepassten Teil des Streitwerts bemisst. Das Gericht kann die Anordnung davon abhängig machen, dass die Partei glaubhaft macht, dass die von ihr zu tragenden Kosten des Rechtsstreits weder unmittelbar noch mittelbar von einem Dritten übernommen werden. Die Anordnung hat zur Folge, dass die begünstigte Partei die Gebühren ihres Rechtsanwalts ebenfalls nur nach diesem Teil des Streitwerts zu entrichten hat. Soweit ihr Kosten des Rechtsstreits auferlegt werden oder soweit sie diese übernimmt, hat sie die von dem Gegner entrichteten Gerichtsgebühren und die Gebühren seines Rechtsanwalts nur nach dem Teil des Streitwerts zu erstatten. Soweit die außergerichtlichen Kosten dem Gegner auferlegt oder von ihm übernommen werden, kann der Rechtsanwalt der begünstigten Partei seine Gebühren von dem Gegner nach dem für diesen geltenden Streitwert beitreiben.

(2) ...

Die Bestimmung betrifft die Streitwertbegünstigung bei Streitigkeiten um Unterlas- 24
sungs- und Schadensersatzansprüchen (§ 32 EnWG). Sie entspricht den rechtsähnlichen

1 Energiewirtschaftsgesetz v. 7.7.2005 (BGBl. I, 1970, 3621) i.d.F. von Art. 2 Abs. 6 des G. v. 20.7.2017 (BGBl. I, 2808) und Berichtigung v. 31.8.2017 (BGBl. I, 3343).

Bestimmungen der §§ 12 UWG, 26 Gebrauchsmustergesetz, 54 Designgesetz, § 144 Patentgesetz und § 142 Markengesetz. Auf das dort Gesagte kann verwiesen werden.

§ 51a
Verfahren nach dem Kapitalanleger-Musterverfahrensgesetz

(1) Für die Anmeldung eines Anspruchs zum Musterverfahren (§ 10 Absatz 2 des Kapitalanleger-Musterverfahrensgesetzes) bestimmt sich der Wert nach der Höhe des Anspruchs.

(2) Im Rechtsbeschwerdeverfahren ist bei der Bestimmung des Streitwerts von der Summe der in sämtlichen nach § 8 des Kapitalanleger-Musterverfahrensgesetzes ausgesetzten Verfahren geltend gemachten Ansprüche auszugehen, soweit diese von den Feststellungszielen des Musterverfahrens betroffen sind.

(3) Der Musterkläger und die Beigeladenen schulden im Rechtsbeschwerdeverfahren Gerichtsgebühren jeweils nur nach dem Wert, der sich aus den von ihnen im Ausgangsverfahren geltend gemachten Ansprüchen, die von den Feststellungszielen des Musterverfahrens betroffen sind, ergibt.

(4) Die Musterbeklagten schulden Gerichtsgebühren jeweils nur nach dem Wert, der sich aus den gegen sie im Ausgansverfahren geltend gemachten Ansprüchen, die den Feststellungszielen Musterverfahrens betroffen sind, ergibt.

1 Die durch das Gesetz vom 19.10.2012 neu gefasste Bestimmung regelt im Abs. 1 den Streitwert für die Kapitalanleger-Musterverfahren. Die Abs. 2 und Abs. 3 sind leges speciales zu § 22 (vgl. § 22 Abs. 4).

2 **Abs. 1** regelt die Bemessung des für die Gerichtsgebühren im Verfahren der **Anmeldung eines Anspruchs** nach § 3 Abs. 2 KapMuG (KV Nr. 1902). Dieser Wert ist in der Regel identisch mit dem der Forderung, die auch Gegenstand einer etwaigen Klage sein könnte. Sie ist entsprechend der Anmerkung zu KV 1210 auch für ein anschließendes Verfahren anzurechnen.[1]

3 **Abs. 2–3 betreffen die Bemessung des für die Gerichtsgebühren maßgeblichen Streitwerts** im Rechtsbeschwerdeverfahren. Dabei kommt es – abweichend von der Regelung des § 47 – nicht nur auf den Antrag des Rechtsmittelführers an. Da der Musterentscheid auch gegen die Beigeladenen wirkt, die dem Rechtsbeschwerdeverfahren nicht beigetreten sind (§ 22 KapMuG), sind auch deren in den Hauptsacheverfahren geltend gemachten Ansprüche bei der Streitwertbemessung zu berücksichtigen. Einer Streitwertregelung für das erstinstanzliche Musterverfahren vor dem Oberlandesgericht bedarf es nicht, da insoweit keine Gerichtsgebühren entstehen.

4 Das wirtschaftliche Interesse eines Klägers im Musterverfahren kann nie höher sein als im Hauptsacheprozess.[2] Deshalb sehen **Abs. 2 und 3** vor, dass der Musterkläger und die Beigeladenen nur für Gerichtsgebühren aus den ihnen jeweils zurechenbaren Teilen des Gesamtstreitwerts haften. Diese Teile bestimmen sich nach der Höhe der von ihnen im Hauptsacheverfahren geltend gemachten Ansprüche, soweit diese Gegenstand des Musterverfahrens sind, sowie der persönlichen Beschwer im Rechtsbeschwerdeverfahren.[3] Die Haftungsbeschränkung erfasst die im Rechtsbeschwerdeverfahren entstehende Gerichtsgebühr, nicht jedoch die Auslagen.

1 Vgl. die Begr. BT-Drs. 17/10160, Seite 27.
2 BGH JurBüro 2013, 212 = MDR 2013, 306 und 421 = ZIP 2013, 92 = WM 2013, 23.
3 BGH JurBüro 2013, 212 = MDR 2013, 306 und 421 = ZIP 2013, 92.

Die Regelung des **Abs. 4** trägt dazu bei, Prozesskostenhilfeverfahren zu vermeiden, die im Fall einer unbegrenzten Gebührenhaftung in größerer Zahl zu erwarten wären. Die Gebührenermäßigungsvorschrift (§ 26 KapMuG) wurde einer Regelung nachgebildet, wie sie beispielsweise § 247 AktG, § 144 PatG und § 26 GebrMG vorsehen. In den dort genannten Fällen erfolgt jedoch eine Reduzierung des Streitwerts nicht kraft Gesetzes, sondern auf Antrag durch das Prozessgericht, wenn eine Partei glaubhaft macht, dass die Belastung mit den Prozesskosten nach dem vollen Streitwert ihre wirtschaftliche Lage erheblich gefährden würde. Im Musterverfahren ist eine solche Einzelfallentscheidung entbehrlich. Das wirtschaftliche Interesse der einzelnen Beteiligten ist exakt begrenzt und kann daher in allen Anwendungsfällen als „persönlicher" Streitwert herangezogen werden. 5

§ 52
Verfahren vor Gerichten der Verwaltungs-, Finanz- und Sozialgerichtsbarkeit

(1) In Verfahren vor den Gerichten der Verwaltungs-, Finanz- und Sozialgerichtsbarkeit ist, soweit nichts anderes bestimmt ist, der Streitwert nach der sich aus dem Antrag des Klägers für ihn ergebenden Bedeutung der Sache nach Ermessen zu bestimmen.

(2) Bietet der Sach- und Streitstand für die Bestimmung des Streitwerts keine genügenden Anhaltspunkte, ist ein Streitwert von 5.000 Euro anzunehmen.

(3) Betrifft der Antrag des Klägers eine bezifferte Geldleistung oder einen hierauf bezogenen Verwaltungsakt, so ist deren Höhe maßgebend. Hat der Antrag des Klägers offensichtlich absehbare Auswirkungen auf künftige Geldleistungen oder auf noch zu erfassende, auf derartige Geldleistungen bezogene Verwaltungsakte, ist die Höhe des sich aus Satz 1 ergebenden Streitwerts um den Betrag der offensichtlich absehbaren zukünftigen Auswirkungen für den Kläger anzuheben, wobei die Summe das Dreifache des Werts nach Satz 1 nicht übersteigen darf. In Verfahren über in Kindergeldangelegeheiten vor den Gerichten der Finnanzgerichtsbarkeit ist § 42 Abs. 1 Satz 1 und Abs. 3 entsprechend anzuwenden; an die Stelle des dreifachen Jahresbetrages tritt der einfache Jahresbetrag.

(4) In Verfahren

1. **vor den Gerichten der Finanzgerichtsbarkeit mit Ausnahme der Verfahren nach § 155 Satz 2 der Finanzgerichtordnung und der Verfahren in Kindergeldangelegenheiten, darf der Streitwert nicht unter 1.500 Euro,**
2. **vor den Gerichten der Sozialgerichtsbarkeit und bei Rechtsstreitigkeiten nach dem Krankenhausfinanzierungsgesetz nicht über 2.500.000 Euro und**
3. **vor den Gerichten der Verwaltungsgerichtsbarkeit über Ansprüche nach dem Vermögensgesetz nicht über 500.000 Euro**

angenommen werden.

(5) Solange in Verfahren vor den Gerichten der Finanzgerichtsbarkeit der Wert nicht festgesetzt ist und sich nicht aus den Absätzen 3 und 4 Nummer 1 ergibt, sind die Gebühren vorläufig nach dem in Abs. 4 Nummer 1 bestimmten Mindestwert zu bemessen.

(6) In Verfahren, die die Begründung, die Umwandlung, das Bestehen, das Nichtbestehen oder die Beendigung eines besoldeten öffentlich-rechtlichen Dienst- oder Amtsverhältnisses betrifft, ist Streitwert

1. die Summe der für das Kalenderjahr zu zahlenden Bezüge mit Ausnahme nicht ruhegaltsfähiger Zulagen, wenn Gegenstand des Verfahrens ein Dienst- oder Amtsverhältnis auf Lebenszeit ist;
2. im Übrigen die Hälfte der für ein Kalenderjahr zu zahlenden Bezüge mit Ausnahme nichtruhegehaltsfähiger Zulagen.

Maßgebend für die Berechung ist das laufende Kalenderjahr. Bezügebestandteile, die vom Familienstand oder von Unterhaltsverpflichtungen abhängig sind, bleiben außer Betracht. Betrifft das Verfahren die Verleihung eines anderen Amts oder den Zeitpunkt einer Versetzung in den Ruhestand, ist Streitwert die Hälfte des sich nach den Sätzen 1 bis 3 ergebenden Betrags.

(7) Ist mit einem in Verfahren nach Absatz 5 verfolgten Klagebegehren ein aus ihm hergeleiteter vermögensrechtlicher Anspruch verbunden, so ist nur ein Klagebegehren, und zwar das wertmäßig höhere, maßgebend.

(8) Dem Kläger steht gleich, wer sonst das Verfahren des ersten Rechtszugs beantragt hat.

Übersicht

Allgemeines — 1
Anwendungsbereich des § 52 — 2–4
Die Bedeutung der Sache — 5–8
Mehrere Streitpunkte — 9–11
Vorzeitige Beendigung des Verfahrens — 12
Umfang der Sache — 13, 14
Anhörung der Parteien — 15
Ermessensausübung des Gerichts — 16
Einzelnes — 17
Bedeutung der Klageart — 18
Finanzgerichtssachen — 19
Sozialgerichtssachen — 20
Auffangstreitwert (Abs. 2) — 21
Beispiele für Auffangstreitwert — 22
Antrag auf bezifferte Geldleistung pp. (Abs. 3) — 23a
Abs. 4 Nr. 1 (Mindeststreitwert — 24
Abs. 4 Nrn. 2 und 3 (Höchststreitwerte) — 24a
Abs. 5:Vorläufige Festsetzung des Wertes — 24b
Abs. 6: Statusverfahren — 25–28
Verbindung von Statusverfahren und anderen Verfahren — 29
Anderer Verfahrensbeginn als Klage — 30
Zeitpunkt für die Wertberechnung — 31
Nebenforderungen — 32
Anfechtung der Streitwertfestsetzung — 33

1 **Allgemeines:** § 52 gilt für die Wertberechnung in Verwaltungs-, Finanz- und Sozialgerichtssachen. § 52 ist für diese Verfahren maßgebend, soweit nichts anderes bestimmt ist.[1] Mit der Einfügung des § 52 in das GKG wurden zahlreiche Streitfragen beseitigt, die sich bis dahin vor allem in Verwaltungsgerichtssachen um die Frage rankten, ob ein Streitgegenstand als vermögens- oder nichtvermögensrechtlicher zu behandeln ist. Die Vorschrift sieht eine generelle Höchstbegrenzung des Streitwerts mit Ausnahme der im Abs. 4 ausdrücklich bezeichneten Fälle nicht vor. § 48 ist im Rahmen des § 52 unanwendbar.

2 Für **Klageverfahren** vor den **Finanzgerichten** gilt **grundsätzlich ein Mindeststreitwert** in Höhe von 1.500 € (Abs. 4 Nr. 1). Nach KV Nr. 6110 beträgt die Gebühr somit mindestens 260 €. Ausgenommen sind nur die Verfahren nach § 155 Abs. 2 FGO (Ansprüche wegen überlanger Gerichtsverfahren)[2] und – aus sozialen Gründen – die in Kindergeldsachen, vgl. unten, Rn. 24a. Den zahlreichen Verfahren liegt dort nur ein sehr geringer Streitwert zugrunde. Die in diesen Verfahren anfallenden äußerst geringen Gebühren können nicht durch hohe Gebühren bei Verfahren mit höheren Streitwerten ausgeglichen werden. Mit dem Mindestwert kann dem Aufwand, den ein finanzgerichtliches Verfahren mit sich bringt, besser Rechnung getragen werden. Verfassungrecchtlich ist diese

1 Dazu ausführlich *Just* DStR Beiheft zu Heft 40/2008, 70 ff.
2 Dazu BFH, Beschl. v. 5. März 2013 – X K 10/12 – = Openjur 2013, 263,53 = JurBüro 2013, 478 = BFH/NV 2013, 953.

Regelung unbedenklich.[3] Auch haben diese Verfahren schon häufig deshalb eine höhere Bedeutung als der dem Streit zugrunde liegende Betrag, weil die Entscheidung in einer Steuersache auch bedeutsam für die Folgejahre haben kann. Für die nach § 6 Abs. 1 Nr. 4 anzusetzende fällige **allgemeine Verfahrensgebühr** ist der gem. § 52 Abs. 2 und 3 zu berechnende tatsächliche Wert zu nehmen. Das gilt selbstverständlich auch für Finanzgerichtssachen, wenn dieser erkennbar höher ist als der Mindestwert nach § 52 Abs. 4 oder wenn unstreitig der Auffangwert (§ 52 Abs. 2)in Betracht kommt (vgl. auch bei § 6 Rn. 10). Bevor hier zunächst (vorläufig) nur die Kosten nach dem Mindestwert fällig gestellt werden, sind die Möglichkeiten nach § 61 auszuschöpfen, bevor nach § 63 Abs. 1 Satz 4 verfahren wird. Die gegenteilige Ansicht, wonach stets der Mindestwert zu nehmen ist,[4] findet so im Gesetz keine Stütze. In den Verfahren des **vorläufigen Rechtsschutzes** ist die Regelung des Mindeststreitwertes nicht anwendbar.[5]

„Soweit nichts anderes bestimmt ist“: Gemeint sind damit die Bestimmungen der 3
§§ 40–47, 49, 53, 61–64, 68, soweit sie für die Streitwertfestsetzung in Verwaltungsgerichts- oder Finanzgerichtsverfahren unmittelbar oder sinngemäß in Betracht kommen. So ist z.B. § 42 Abs. 1 gegenüber § 52 Abs. 1 lex specialis.[6]

Verfahren vor den Gerichten der Verwaltungs-, Finanz- und Sozialgerichts- 4
barkeit: Gemeint sind hier alle Verfahren, die sich nach der VwGO, der FGO und dem SGG, soweit in dem Rechtszug weder der Kläger noch der Beklagte zu den in § 183 SGG bezeichneten Personen gehört, richten. Auf bürgerliche Rechtsstreitigkeiten ist § 52 niemals anwendbar. Entsprechend anzuwenden[7] ist § 52 aber – soweit nicht Sondervorschriften bestehen – in den in VV-RVG Teil 6 Vorbem. 6.2 Abs. 3 bezeichneten Verfahren, nach § 9 BBesG, vor einem Disziplinargericht[8] und im Prüfungsverfahren nach §§ 66 Abs. 1, 62 Abs. 1 Ziff. 4c DRiG.[9] Denn die §§ 48 und 52 regeln je für sich den Streitwert für unterschiedliche Verfahrensarten vollständig und der in § 3 ZPO für die Zivilgerichtsbarkeit eingeräumte Ermessensspielraum reicht aus, so dass für den Anwendungsbereich des § 3 ZPO kein Bedarf besteht, § 52 entsprechend heranzuziehen. Zudem würde der im § 52 bestimmte Annahmewert von 5.000 € vielfach weit über das in den Fällen des § 3 ZPO gebotene Streitwertmaß hinausgehen. Die Streitwertvorschrift des § 52 Abs. 1 S. 1 ist mit dem Rechtsstaatsprinzip ohne weiteres vereinbar.[10]

Maßgebend für die Streitwertberechnung in Verwaltungs-, Finanz- und Sozialge- 5
richtssachen ist allein die **Bedeutung der Sache**, so wie sie sich bei **objektiver** Betrachtungsweise für den **Kläger** aufgrund seiner Anträge darstellt (Abs. 1 S. 1).[11] Eine subjektive Bedeutung, die der Kläger der Streitssache beimisst (z.B. Affektionsinteresse) ist für die Bewertung bedeutungslos.[12] Es kommt nicht darauf an, welche Bedeutung die Angelegenheit für den Beklagten oder andere Beteiligte hat[13] und welche Anträge diese stellen, mögen ihre Interessen auch noch so groß sein. Darauf kann es nur bei einer Widerklage und einem Anschlussrechtsmittel ankommen, wenn deren Streitwerte zu bestimmen sind. Der Widerkläger oder der Rechtsmittelführer ist dann insoweit in die Rolle des Klägers ge-

3 BFH BStBl II, 2007, 791.
4 *Kreft* DRiZ 2010, 225.
5 BFH BStBl. II 2008, 199.
6 OVG Schleswig, Beschl. v. 26.1.2017 – 2 O 21/16 – = JurionRS 2017, 11648.
7 *Hartmann* § 52 Rn. 2.
8 VGH München NVwZ-RR 1989, 54.
9 BGH KR § 13 Nr. 462.
10 BVerfG NVwZ 1999, 1104.
11 OVG Mecklenburg-Vorpommern JurBüro 2004, 543.
12 Vgl. auch NK-GK/*Hofman-Hoeppel/Luber/Schäfer* § 53 GKG Rn. 12.
13 BayVGH BayVBl. 1978, 60; BVerwG AnwBl. 1977, 507.

schlüpft, so dass der Streitwert seines Antrags in den Grenzen des § 45 zu bemessen ist. Insbesondere öffentliche Interessen bleiben grundsätzlich außer Betracht, wenn und soweit sie sich nicht mit denen des Klägers decken. Auch bei sog. **„Musterprozessen"** ist der Streitwert nur am Interesse des Klägers auszurichten.[14] Der Aspekt des Musterprozesses kann aber dann für den Streitwert relevant sein, wenn gerade der Kläger daran Interesse hat[15] und das Interesse aus dem Antrag erkennbar ist oder das Gericht den Antrag des Klägers nur so verstehen muss.[16] Fehlt ein klar formulierter Antrag, ist das Klagebegehren maßgebend, wie es sich aus dem Vorbringen des Klägers ergibt.[17] Der Antrag auf unbefristete Stundung eines im Übrigen unstreitigen Betrages ist demzufolge mit dem Interesse der jährlichen Zinsersparnis zu bewerten.[18] Wenn das Verfahren nicht durch eine Klage, sondern durch einen sonstigen Antrag in erster Instanz eingeleitet wird, ist das Interesse des Antragstellers maßgebend (Abs. 7). Der Streitwert des Rechtsmittelverfahrens richtet sich nach § 40, dessen Anwendung in § 52 Abs. 1 S. 1 vorbehalten ist.

6 Bei der Beurteilung, welche **Bedeutung die Sache** für den Kläger oder sonstige Antragsteller hat, ist **allein der gestellte Antrag** maßgebend. Ein weitergehendes Interesse hat unberücksichtigt zu bleiben (z.B.: familiäre Interessen, Liebhaberwerte,[19] die allgemeine wirtschaftliche Lage des Klägers/Antragstellers).[20] Unerheblich ist, ob der Anspruch für einen Dritten unmittelbar oder mittelbar finanzielle Auswirkungen hat oder haben kann.[21] Fernziele, die der Kläger/Antragsteller möglicherweise weiter verfolgen will, seine Absichten und Pläne für die Zukunft, scheiden auch dann aus, wenn sie amtsbekannt sind und das Verfahren ihre spätere Verwirklichung einleiten, ermöglichen oder wenigstens erleichtern soll.[22] Die mit der Klage oder mit dem Antrag **unmittelbar** verfolgten Absichten und Ziele sind für die Beurteilung der Frage nach der Bedeutung der Sache für den Kläger/Antragsteller indessen von ausschlaggebender Bedeutung. Da der Streitwert „nach (pflichtgemäßem) Ermessen" des Gerichts bestimmt werden muss (vgl. unten Rn. 16), ist aber darauf zu achten, dass der Streitwert im Einzelfall nicht derart hoch angesetzt werden darf, dass dem Kläger übermäßig hohe Hürden für die gerichtliche Klärung errichtet werden.[23] Das aber nicht dazu führen, sog. „Sozialrabatte" im Rahmen der Streitwertfestsetzung zu gewähren.[24] Streitwertangaben von Beteiligten, mit denen die Herabsetzung eines vorläufig festgesetzten Streitwertes verfolgt wird, sind daher stets besonders kritisch zu bewerten.[25]

7 Wenn bei der Auslegung des Klageantrags in Bezug auf die Bedeutung der Sache Zweifel bestehen, kann das Gericht nach § 61 Aufklärung verlangen. Das wird i.d.R. in solchen Fällen auch notwendig sein, weil die Kenntnis von der wirklichen Bedeutung der Sache für den Kläger die Grundlage für nach dem Ermessen zu treffende Streitwertentscheidung des Gerichts bildet.

8 **Gleichgültig** ist für den Kostenstreitwert nach § 52, ob der zu bewertende **Antrag zulässig ist oder nicht.**[26] Auch ein unzulässiger Antrag hat seinen Kostenstreitwert. Die

---

14 BFH BStBl. II, 1976, 685.
15 VGH München BayVBl. 1982, 443.
16 VGH München NVwZ 1991, 1198.
17 Vgl. *Hartmann* § 52 Rn. 8.
18 Sächs.OVG JurBüro 2013, 141.
19 VGH Mannheim NJW 1977, 827.
20 BVerwG DVBl. 1977, 653.
21 BVerwG DVBl. 1972, 682; VGH Bad.-Würt. Die Justiz 1980, 214; VGH Baden-Württemberg, JurBüro 2016,195 = JurionRS 2015, 30366.
22 VGH Mannheim NJW 1977, 827.
23 BVerfG NJW 1997, 311.
24 *Hartmann* § 52 Rn. 18; NK-GK/*Hofman-Hoeppel/Luber/Schäfer* § 53 GKG Rn. 12.
25 Nieders. OVG JurBüro 2008, 425.
26 BFH BStBl. II, 1970, 494; 1979, 29; 1975, 234.

Festsetzung verschiedener Streitwerte ist nach § 62 S. 1 a.E. zulässig. Das gilt auch, wenn sich der Steuerpflichtige im Revisionsverfahren gegen die Festsetzung einer zu niedrigen Einkommenssteuer wehrt und eine Erhöhung der Einkommenssteuer anstrebt.[27]

Mehrere Streitpunkte: Begehrt ein Steuerpflichtiger mit der Anfechtungsklage gegen einen Steuerbescheid in einem Streitpunkt eine Erhöhung der Steuer und in einem anderen Streitpunkt eine Herabsetzung, so sind zur Ermittlung des Streitwertes der Betrag der Erhöhung und der Herabsetzung zusammenzuzählen.[28] Gleiches gilt auch, wenn es um die Anerkennung eines Dienstunfalls einerseits und um die Zahlung einer daraus resultierenden Grundrente andererseits geht.[29] 9

Sind mehrere Gegenstände in einem **Verfahren verbunden**, ist nur ein Streitwert nach dem Gesamtinteresse des Klägers festzusetzen.[30] Vor der Verbindung getrennt erhobene Klagen sind für die vor der Verbindung angefallenen Gebühren getrennt zu bewerten.[31] Mehrere Streitwerte entstehen auch, wenn der Kläger seine ursprüngliche **Klage ermäßigt.**[32] Hier gilt für die bis zur Ermäßigung angefallenen Gebühren der ursprüngliche (höhere) und danach der verbleibende Streitwert. 10

Jedes Verfahren nach § 52 **hat nur einen Streitwert**, der für Kläger, Antragsteller, Beklagte und Beigeladene maßgeblich ist. Das gilt auch bei mehreren Anträgen, die auf das gleiche wirtschaftliche Ziel gerichtet sind.[33] Eine Ausnahme gilt nur für den Fall, dass bei einer Verbindung mehrerer Ansprüche in einem Verfahren ein Beteiligter sich nur hinsichtlich eines der streitbefangenen Ansprüche an dem Verfahren beteiligt (z.B.: Baugenehmigungsverfahren wegen zweier Gebäude, der Beteiligte wendet sich nur gegen die Baugenehmigung eines bestimmten Hauses, während er sich wegen des anderen Hauses am Verfahren nicht beteiligt). Erheben etwa die Eigentümer verschiedener Grundstücke gemeinsam in einer Klageschrift öffentlich-rechtliche Nachbarklagen, so werden mehrere prozessuale Ansprüche geltend gemacht, von denen jeder einen eigenen Streitwert hat, die dann entsprechend §§ 5 ZPO, 52 Abs. 1 S. 1 zusammenzuzählen sind.[34] Verfahren über **einstweilige Anordnungen (§ 80a Abs. 3 VwGO)** und solche **nach § 80 Abs. 5 VwGO, § 69 Abs. 3, Abs. 5 FGO** sind selbständige Verfahren nach § 53 Abs. 1 mit jeweils eigenem Streitwert nach dem Interesse des Antragstellers (vgl. § 53 Abs. 3). Mehrere solcher Verfahren gelten innerhalb eines Rechtszuges aber als ein Verfahren. Der Streitwert solcher einstweiligen Regelungen wird i.d.R. geringer zu bemessen sein als der Wert der Hauptsache.[35] Das gilt aber nicht, wenn der Antrag weitgehend auf eine Vorwegnahme der Hauptsache zielt[36] oder die Wirkungen des Eilverfahrens denen eines Hauptsacheverfahrens de facto gleichkommen.[37] 11

Eine **vorzeitige Beendigung des Verfahrens**, etwa durch Klagerücknahme, hat auf den Streitwert keinen Einfluss.[38] 12

Der **Umfang der Sache** ist für den Streitwert **ohne** jede **Bedeutung.**[39] Das gilt auch für die **Einkommens- und Vermögensverhältnisse** des Klägers, während die Kosten 13

27 BFH BStBl. II, 1975, 37; 1975, 304; 1970, 493 = BB 1970, 994.
28 BFH BStBl. II, 1971, 691 = BB 1971, 1351.
29 BayVGH, Beschl. v. 5.12.2012 – 14 ZB 10.3116 – = Openjur 2013, 2282.
30 BayVGH BayVBl. 1979, 700 = AnwBl. 1980, 220 = NJW 1969, 2168 = BB 1969, 1120.
31 BFH BStBl. II, 1968, 778.
32 BFH BStBl. II, 1969, 319.
33 OVG Berlin MDR 1996, 1079.
34 BayVGH BayVBl. 1980, 124.
35 BayVGH BayVBl. 1976, 276.
36 BVerfG NVwZ-RR 1994, 105.
37 KreisG Greifswald VIZ 1992, 329.
38 BayVGH BayVBl. 1975, 403; VGH Mannheim NJW 1977, 827.
39 BVerwG AnwBl. 1977, 507.

des vom Kläger mit der Klage verfolgten Vorhabens oder der wirtschaftliche Wert des von ihm mit der Klage erstrebten Erfolges gebührend zu berücksichtigen sind.[40] Bei einer Klage, die nicht auf eine bezifferte Geldleistung i.S.d. Abs. 3 geht, ist deren wirtschaftlicher Hintergrund zu berücksichtigen.[41] Der Streitwert kann sich zusätzlich oder auch allein aus den sonstigen Auswirkungen der begehrten Entscheidung, etwa auf die Stellung des Klägers in der Gesellschaft oder Familie, auf seinen sozialen Status überhaupt, oder auf das betroffene Recht ergeben.[42] Das ist besonders zu beachten, wenn sich die Auswirkungen auf einen längeren Zeitraum erstrecken, wie z.B. bei einem Berufszulassungsverfahren oder bei einer Berufsversagung.[43] Dieser Grundgedanke hat bei Abs. 5 für beamtenrechtliche Statusfragen Pate gestanden, so dass diese Regelung auf ähnliche Streitgegenstände entsprechend anwendbar sein kann. Die Bedeutung der Sache für den Kläger kann auch daran gemessen werden, auf welche Weise er sein (vermeintliches) Recht verfolgt. Es ist zwar grundsätzlich nicht zu beanstanden, wenn eine Partei keine Kosten scheut, um in schon querulatorisch anmutender Weise immer wieder dieselbe Sache von neuem zur Entscheidung vorzulegen, oder wenn sie aus objektiv nicht ganz lauteren Motiven (Hass, Feindschaft) eine Sache verfolgt. Gleichwohl lassen solche Verhaltensweisen Rückschlüsse darauf zu, dass die Sache von der Partei jedenfalls als bedeutsam angesehen wird, was durchaus mit einer höheren Streitwertbemessung „honoriert" werden darf. Das sollte aber nur bei unzulässigen, völlig unbegründeten oder rechtsmissbräuchlichen Klagen so gehandhabt werden. Ein nur subjektives Interesse einer Partei an einem möglichst hohen oder möglichst niedrigen Streitwert darf hingegen nicht berücksichtigt werden, wenn damit erkennbar Ziele verfolgt werden, die zu den unmittelbaren wirtschaftlichen Auswirkungen eines Obsiegens für die Partei in Ansehung des Rechtsgedankens des § 242 BGB in keiner vernünftigen Beziehung zu setzen sind. Es ist auch unzulässig, den Streitwert deshalb niedriger anzusetzen, weil das Kostenrisiko des Klägers – aus welchen Gründen auch immer – verringert werden soll (sog. „Sozialrabatt").[44] Das ist kein Gesichtspunkt, der sich aus dem Antrag des Klägers oder aus der Bedeutung der Sache für ihn ergibt. Hier muss es dem Gesetzgeber vorbehalten bleiben, erforderlichenfalls Abhilfe zu schaffen. Eine entsprechende Anwendung des § 144 PatG scheidet aus.[45] Das Rechtsstaatsprinzip des Grundgesetzes kann es allerdings im Einzelfall gebieten, von einer allzu hohen Streitwertfestsetzung abzusehen, die die Höhe des Streitwertes dem Bürger unmöglich machen würde, das Gericht anzurufen.[46]

14 Die **Anhaltspunkte** für die Bedeutung der Sache **müssen genügend sein**. Bei der Heranziehung der Eltern zu den Kosten nach § 94 Abs. 2 SGB VIII ist z.B. entsprechend § 42 Abs. 4, § 9 ZPO zu verfahren.[47] Eine Bewertung nach fiktiven Kriterien, die nur in der Vorstellung des Gerichts existieren, ist unzulässig.[48] Das ist der Fall, wenn sie das Interesse des Klägers an der erstrebten Entscheidung und damit die Bedeutung der Sache für ihn hinreichend durchschaubar machen. Das Gesetz geht dabei davon aus, dass die in Abs. 2 gebotene Ersatzwertlösung nur ausnahmsweise Platz greifen soll, und dass im Laufe des Verfahrens meist noch genügend Anhaltspunkte offenbar werden. Solange die

40 VGH Mannheim NVwZ-RR 1990, 386 (Wert der erstrebten Erlaubnis).
41 **BayVGH** BayVBl. 1978, 60.
42 *Hartmann* § 52 Rn. 9.
43 Vgl. BSG AnwBl. 1982, 30; *Hartmann* § 52 Rn. 10.
44 *Hartmann* § 52 Rn. 14 m.w.N.; **a.M.** VGH Mannheim NVwZ-RR 1990, 385; OVG Münster GewArch. 1976, 381.
45 *Lappe* § 13 Rn. 6.
46 BVerfG NJW 1997, 311 m.w.N.; *Hartmann* § 13 Rn. 14.
47 BVerwG JurBüro 2002, 81.
48 OVG Hamburg NVwZ-RR 1998, 341.

Instanz noch nicht abgeschlossen ist, kann das Gericht gemäß § 61 vom Kläger/Antragsteller eine Streitwertangabe verlangen.

Um eine möglichst gerechte **Ermessensentscheidung** über den Streitwert zu gewährleisten, aber auch, um unnötigen Streitwertbeschwerden vorzubeugen, sollte das Gericht die **Parteien und sonstigen Beteiligten im Streitwertfestsetzungsverfahren hören**, gleichgültig, ob die Streitwertfestsetzung vor oder nach Beendigung der Instanz durchgeführt wird. Eine Anhörung sollte nur in ganz eindeutigen Fällen, wozu insbesondere die des Abs. 3 (bezifferte Geldleistung) zählen, unterbleiben. Die Anhörung ist auch nicht unzulässig. Lediglich eine Beweisaufnahme findet insoweit nicht statt,[49] von den Möglichkeiten des § 64 abgesehen, welcher nach Abs. 1 anwendbar ist. 15

Das **Ermessen des Gerichts** bei der Streitwertbestimmung ist nach allgemeinen Regeln auszuüben, nämlich pflichtgemäß[50] und unter Beachtung der vorgegebenen Kriterien. Dem Gericht ist dabei ein Spielraum für die Beurteilung der Bedeutung der Sache für den Kläger/Antragsteller eingeräumt. Es darf den Wert schätzen. Die Verwaltungsgerichte sind nicht gezwungen, sich bei der Streitwertbemessung an den Gegenstandsfestsetzungen des BVerfG zu orientieren.[51] Die Grenzen des Ermessens sind erst dann überschritten, wenn das Gericht Willkür walten lässt. Im Interesse einer einheitlichen Streitwertbemessung in vergleichbaren Fällen darf es auch schematisieren oder pauschalieren.[52] Es ist im Interesse der Abschätzung des Kostenrisikos der Beteiligten geboten, dass die Gerichte sich möglichst an die von den obersten Gerichten oder von den Obergerichten verfolgte Streitwertfestsetzungen orientieren und es kann ermessensfehlerhaft sein, wenn ohne einsichtigen Grund davon abgewichen wird. Wertvolle Anhaltspunkte, die sich in der Praxis bewährt haben, enthalten z.B. die unten abgedruckten **Streitwertkataloge** für die Verwaltungsgerichtsbarkeit,[53] für die Finanzgerichtsbarkeit und für die Sozialgerichtsbarkeit. 16

Einzelnes: Grundsätzlich hat es für die Streitwertbemessung keine Bedeutung, ob der Kläger vermögensrechtliche oder nichtvermögensrechtliche Interessen verfolgt. Auch letztere sind bei Vorliegen genügender Anhaltspunkte nach Abs. 1 S. 1 (mit) zu bewerten, ggf. dem nach Abs. 2 zu bestimmenden Wert zuzuschlagen. Soweit der Kläger wirtschaftliche Interessen verfolgt, hat sich die Streitwertbemessung danach auszurichten. Anhaltspunkte dafür können der voraussichtliche Kostenaufwand des Klägers und/oder seine Gewinnerwartung in einer überschaubaren Zeit sein. Bei der Verfolgung beruflicher Interessen wird es darauf ankommen, ob das Verfahren dem Kläger unmittelbar Zugang zum Beruf verschaffen soll (z.B. Genehmigung eines Gewerbes) oder ob es nur um die Voraussetzungen dafür geht, dass der Kläger unter Erfüllung sonstiger Voraussetzungen später seinen Beruf ergreifen kann (z.B. bei einem Streit um einen Studienplatz). In beamtenrechtlichen Sachen, die nicht unter die Spezialregelung der Abs. 5 oder 6 fallen, gibt der ideelle und/oder wirtschaftliche Vorteil, den der Kläger mit dem Verfahren anstrebt, Anhaltspunkte. Bei politischen, weltanschaulichen oder kirchlichen Sachen ergibt sich die Bedeutung der Sache, z.B. aus dem Umfang einer geplanten Angelegenheit und der vom Kläger damit erstrebten Wirkung. Wird z.B. um die Feststellung gestritten, ob die Hinzuziehung eines Rechtsanwalts im Verwaltungsvorverfahren notwendig war, entspricht der Streitwert der Geschäftsgebühr (VV-RVG 2400, 2401). Diese ergibt sich aus dem Feststellungswert des Streitgegenstandes des Verfahrens, in dem 17

---

49 BayVGH BayVBl. 1978, 221.
50 Dazu NK-GK/*Hofman-Hoeppel*/*Luber*/*Schäfer* § 53 GKG Rn. 13, 14.
51 BVerfG NVwZ 1999, 1104.
52 OVG Saarbrücken JurBüro 2014, 538 = JurionRS 2014, 17614; *Hartmann* § 52 Rn. 14.
53 OVG Saarbrücken JurBüro 2014, 538 = JurionRS 2014, 17614.

eine Vertretung durch den Rechtsanwalt stattgefunden hat.[54] Bei persönlichen Angelegenheiten sind der Erfolg und seine Auswirkungen, wie sie sich für den Kläger bei objektiver Betrachtungsweise und nicht nach seinen Wunschvorstellungen ergeben können, maßgebend.

18 Auch aus der Natur der gewählten oder zulässigen **Klageart** können sich Anhaltspunkte für die objektive Bedeutung der Sache ergeben.[55] Bei einer **Anfechtungsklage** ist das Interesse des Klägers an dem Wegfall des Verwaltungsakts maßgeblich, so dass etwa bei der Anfechtung eines Zahlungsgrundbescheides das Interesse mit 80% des zu erwartenden Gesamtbetrages zu bewerten ist.[56] Der Streitwert einer **Verpflichtungsklage** entspricht dem Interesse des Klägers an dem begehrten Verwaltungsakt, so dass bei einer bloßen Klage auf Bescheidung der Wert regelmäßig geringer sein wird.[57] Geht es um eine **Leistungsklage**, ist der Wert identisch mit dem Wert der begehrten Leistung für den Kläger, die in Anlehnung an die von den Zivilgerichten entwickelten Grundsätzen bewertet werden kann.[58] So ist z.B. bei einem Streit um die Ausübung oder das Bestehen eines gemeindlichen Vorkaufsrechts vom Wert des Grundstücks auszugehen und davon ein Prozentsatz (5%) zu nehmen.[59] Das gilt auch für **Feststellungsklagen**,[60] wobei der Wert einer **Fortsetzungsfeststellungsklage** (§§ 113 Abs. 1 S. 4 VwGO, 100 Abs. 1 S. 4 FGO) regelmäßig geringer sein muss als der Wert der Hauptklage.[61] Das gilt sinngemäß auch für andere Rechtsbehelfe, wie z.B. für das Abänderungsverfahren nach § 80 Abs. 7 VwGO.[62]

19 In **Finanzgerichtssachen** ist nicht das einzelne Besteuerungsmerkmal, sondern die Rechtmäßigkeit des die Steuer (den Steuermessbetrag) festsetzenden Steuerbescheides (Steuermessbescheids) Streitgegenstand.[63] Bei Steuern, die für mehrere Jahre veranlagt werden, ist als Streitwert der doppelte Jahresbetrag angemessen. Der einfache Jahresbetrag kommt in Betracht, wenn auf dem der Steuerfestsetzung folgenden nächsten Stichtag eine Hauptveranlagung oder Neuveranlagung stattfindet,[64] sofern mit der Klage nicht eine bezifferte Geldleistung oder einen hierauf gerichteten Verwaltungsakt erstrebt wird, weil dann Abs. 2 gilt. Vgl. aber oben Rn. 2.

20 § 52 gilt auch für **Sozialgerichtssachen**, soweit das GKG anwendbar ist.

21 **Abs. 2 (Auffangwert):** Fehlen genügende Anhaltspunkte ist ein Streitwert von 5.000 € anzusetzen[65] – sog. Annahme- oder Auffangwert. Das gilt auch, wenn nur Nebenbestimmungen streitgegenständlich sind[66] oder für eine vorläufige Streitwertfestsetzung nach § 63, solange „der bisherige Sach- und Streitstand" keine genügenden Anhaltspunkte für eine Streitwertfestsetzung nach Ermessen (§ 52 Abs. 1) bietet.[67] Das bedeutet, dass allein wegen der Streitwertfestsetzung keine gerichtlichen Beweisermitt-

54 OVG Sachsen JurBüro 2003, 136.
55 Vgl. dazu auch bei *Hartmann* § 52 Rn. 12.
56 BVerwG NVwZ 1988, 1019.
57 OVG Hamburg ZBR 1980, 289; *Hartmann* § 52 Rn. 12 m.N.
58 *Hartmann* § 52 Rn. 12.
59 OVG Bautzen NVwZ-RR 1995, 237.
60 Vgl. z.B. VGH München BayVBl. 1986, 60.
61 BVerwG AnwBl. 1989, 235 VGH Kassel NVwZ-RR 1992, 218 m.w.N.; OVG Lüneburg AnwBl. 1987, 95; FG Baden-Württemberg EFG 1985, 364.
62 OVG Lüneburg NVwZ-RR 1999, 813.
63 BFH NJW 1968, 1948.
64 BFH BStBl. II 1972, 627 = BFHE 105, 462 = BB 1972, 1308; BFHE 69, 1 = BStBl. III 1959, 262.
65 BVerwG JurBüro 2012, 197; VGH Mannheim NVwZ-RR 1999, 813.
66 Nieders. OVG JurBüro 2009, 539.
67 BVerwG NJW 1989, 3233; BFH BFH/NV 2010, 1476 und BFH, Beschl. v. 5.3.2013 – X K 10/12 = Openjur 2013, 26353 = JurBüro 2013, 486 = BFH/NV 2013, 953.

lungen und -erhebungen geboten sind.[68] Sobald aber genügende Anhaltspunkte vorhanden sind, wozu der Kläger vorzutragen hat oder zu deren Angabe er über § 61, der nach § 52 Abs. 1 anwendbar ist, angehalten werden kann, scheidet eine weitere Anwendung des Abs. 2 aus und es gilt dann Abs. 1.[69] So z.B., wenn der Streit um die Anrechnung von Beschäftigungszeiten für eine Jubiläumszuwendung geht,[70] oder wenn die Feststellung einer Versicherungspflicht[71] oder die Anerkennung eines Dienstunfalls[72] streitig ist. Abs. 1 gilt auch dann, wenn die Bedeutung des Antrags erkennbar (**offensichtlich**) über oder unter 5.000 € liegt.[73] Nur wenn ausnahmsweise auch bei der Beendigung des Verfahrens keine genügenden Anhaltspunkte für die Bedeutung der Sache für den Kläger gegeben sind, bleibt es bei einem Streitwert von 5.000 €. Die Bestimmung des Abs. 2 darf nicht dazu dienen, die gebotene Streitwertermittlung nach den gegebenen Anhaltspunkten gemäß Abs. 1 zu unterlassen,[74] zumal Fälle nicht ungewöhnlich sind, in denen ein Streitwert von 5.000 € übersetzt wäre. Der **in den Grenzen des Abs. 2 unveränderliche Annahmewert** von 5.000 € kann schnell zu ungerechten Ergebnissen führen. Wenn aber ein Kläger es trotz Belehrung durch das Gericht unterlässt, Anhaltspunkte zu seinem Interesse an der Sache zu geben (vgl. § 61), hat er es sich allerdings selbst zuzuschreiben, wenn das Gericht wegen unzureichender Anhaltspunkte den Streitwert mit 5.000 € annimmt. Andererseits sind jedoch auch Fälle denkbar, in denen niemand genügende Anhaltspunkte für das Interesse des Klägers geben kann. Dann greift Abs. 2 Platz. Das gilt auch, wenn das Vorbringen des Klägers so verworren ist, dass es einen bestimmten Streitgegenstand nicht erkennbar werden lässt[75] oder selbst für eine Schätzung jeglicher Anhaltspunkt dafür fehlt, was der Kläger will.[76] Denn bei dem Betrag von 5.000 € handelt es sich nur um einen subsidiären Ausnahmewert (fiktiven Streitwert),[77] nicht aber um einen Ausgangswert oder gar um einen Regelwert.[78]

Beispiele: Der Auffangwert (Annahmewert) kann z.B. in Betracht kommen:[79] Bei Klagen auf Na- 22
mensänderung, Änderung einer Beurteilung, Klagen gegen Abschiebung von Ausländern, bei unsicherer Prognose hinsichtlich der Auswirkungen der Entscheidung, bei Personalvertretungssachen, bei Streit über eine beamtenrechtliche Abordnung,[80] bei Streitigkeiten um Eintragungen in ein Wählerverzeichnis[81] oder um einen Sitz im Rundfunkrat,[82] bei einer nur vorsorglich gegen eine Steuerschätzung erhobenen Klage[83] oder einer Klage auf Buchführungserleichterung,[84] im Verfahren über

68 OVG Berlin-Brandenburg, Beschl. v. 21.5.2013 – 10 L 17.13 – = RVG-professionell 2013, 111; *Hartmann* § 52 Rn. 20.
69 LSG Bayern, Beschl. v. 11.3.2005 – L 16 R 1229/13 B = JurionRS 2015, 14063 = JurBüro 2015, 411; OVG Berlin-Brandenburg, Beschl. v. 21.5.2013 – 10 L 17.13 – = RVG-professionell 2013, 111.
70 OVG Greifswald RVG-Letter 2004, 11.
71 LSG Berlin-Brandenburg Beschl. v. 23.2.2010 – L 22 R963/09 b.
72 BayVGH, Beschl. v. 5.12.2012 – 14 ZB 10.3116 – = Openjur 2013, 2282.
73 *Hartmann* § 52 Rn. 22 m.w.N.
74 LSG Berlin-Brandenburg Beschl. v. 23.2.2010 – L 22 R963/09b; *Hartmann* § 52 Rn. 16–17.
75 BFH BStBl. II 1978, 135 = BB 1978, 292.
76 FG Baden-Württemberg EFG 1986, 146. **A.M.** BayVGH, Beschl. v. 30.7.2013 – 22 C 497 – = Openjur 2013, 33576 = RVGprof Nr. 183840 mit Anm. v. *Burhoff* (bei „Bagatellsachen" nur die Mindestgebühr nach § 34).
77 Vgl. *Noll* NJW 1976, 221; *Hartmann* § 52 Rn. 17.
78 BVerfG AnwBl. 1975, 438; BVerwG NJW 1989, 3233; LSG Berlin-Brandenburg Beschl. v. 23.2.2010 – L 22 R 963/09 b.
79 Vgl. auch bei *Hartmann* § 52 Rn. 17.
80 Sächs.OVG Beschl. v. 26.2.2010 – 2 E 145/09.
81 VGH Mannheim NVwZ-RR 1990, 386.
82 OVG Bremen KostRspr. § 20 Nr. 69.
83 FG Kassel EFG 1978, 344.
84 FG Hamburg EFG 1979, 514.

die Richterablehnung[85] (wobei je nach Zahl der abgelehnten Richter der Auffangstreitwert zu teilen sein soll),[86] Klage auf Entscheidung über eine Dienstaufsichtsbeschwerde,[87] Streit um Bewilligung von Altenteilzeit im Blockmodell,[88]bei einem Streit um eine Fahrtenbuchauflage[89] oder bei einem solchen um die Erteilung oder Entziehung einer Fahrerlaubnis, wenn aus dem Antrag des Klägers kein in Geldwert bezifferter Wert hervorgeht,[90] die bloße Anmeldung eines Gewerbes,[91] bei einem Streit um eine Überleitungsanzeige[92] oder um eine Gaststättenerlaubnis,[93] bei Erteilung oder Entziehung eines Vertriebenenausweises,[94] bei Streitigkeiten im Prüfungsrecht, die nicht den unmittelbaren Zugang zum Beruf eröffnen,[95] Streit um Feststellung der (Polizei)dienstfähigkeit zur Vorbereitung eines Laufbahnwechsels,[96] beim Streit um die Zustimmung zur Kündigung eines Schwerbehinderten,[97] bei Streitigkeiten um einen Investitionsbescheid.[98] Ein über das Beförderungsbegehren hinausgehendes eigenständiges Besetzungsinteresse an der Wahrnehmung eines jeden Dienstpostens im Fall einer Beförderung.[99]

23 **Abs. 3 (Antrag auf eine bezifferte Geldleistung oder einen hierauf gerichteten Verwaltungsakt):** Die Vorschrift stellt in Satz 1 zunächst klar, was sich aus Abs. 1 ohnehin schon ergibt, nämlich, dass bei einer Klage auf eine bezifferte Geldleistung oder einen hierauf gerichteten Verwaltungsakt die Höhe der mit dem Antrag begehrten Geldleistung den Streitwert bestimmt. Werden bei einem bezifferten Geldbetrag oder einem hierauf gerichteten Verwaltungsakt auch in der Zukunft liegende wirtschaftliche Interessen des Klägers berücksichtigt oder ist dieser Umstand im Rahmen der Bewertung betreffend die Bedeutung der Sache für den Kläger nicht ausgeschlossen, **ist** nach Satz 2 und 3 eine Werterhöhung im Rahmen des Ermessens nach Abs. 1 bis zum Dreifachen möglich.[100] Auch hier handelt es sich nur um eine Klarstellung, die verhindern soll, dass auch andere Interessen, z.B. die von Dritten oder für die Allgemeinheit in die Wertermittlung nach Abs. 1 mit einfließen.[101] Verwaltungsakte, mit denen eine Zahlungspflicht allgemein für einen zeitlich nicht bestimmten Zeitraum festgelegt wird, fallen hingegen nicht unter Abs. 3, sondern sind nach Abs. 1 zu bewerten.[102] Gemeint sind in Abs. 3 solche Leistungen, die unmittelbar in das Vermögen des Klägers übergehen.[103] Denn in solchen Fällen ist ein genügender Anhaltspunkt für das Interesse des Klägers eklatant. Geht die Leistung nicht unmittelbar in das Vermögen des Klägers über (z.B. Sicherheitsleistung), ist der Streitwert nach Abs. 1 zu bestimmen.[104] Unter Abs. 3 fallen auch Leistungen der Sozialhilfe,[105] Be-

---

85 VGH Kassel NVwZ-RR 1993, 109.
86 VGH Kassel NVwZ-RR 1993, 109.
87 Nieders. OVG JurBüro 2013, 364.
88 OVG Nordrhein-Westfalen JurBüro 2013, 364.
89 VGH München NZV 1992, 128.
90 VGH München NVwZ-RR 1991, 391.
91 VGH Mannheim GewA 1994, 417 = NVwZ-RR 1995, 62 (L).
92 VGH München NVwZ-RR 1993, 334.
93 VGH Kassel NVwZ-RR 1993, 672.
94 OVG Koblenz NVwZ-RR 1992, 387 (L).
95 VGH München NVwZ 1991, 597.
96 OVG Nordrhein-Westfahlen JurBüro 2013, 365.
97 OVG Münster NVwZ-RR 1992, 448.
98 OVG Sachsen-Anhalt VIZ 1993, 217.
99 OVG Sachsen-Anhalt, Beschl. v. 26.11.2012 – 1 O 15/123 = RVG-professionell 2013, 38.
100 Vgl. dazu OVG Niedersachsen JurBüro 2015, 139 = AGS 2015, 51 = AnwBl. 2015, 100 = DÖV 2015, 44 = JurionRS 2014, 24875 (Zweitwohnsteuer).
101 So die Begr. des RegE, BT.Ds. 17/11471, Seite 380.
102 VGH Baden-Württemberg JurBüro 2010, 141.
103 OVG Münster VerwRspr. 31, 762.
104 *Hartmann* § 52 Rn. 20 m.N.
105 OVG Bremen JurBüro 2002, 80.

scheinigungen über Grundsteuer- und Gewerbesteuerfreiheit, Bewilligungsbescheide und Abgabenbescheide. Die Vorschrift schließt aus, dass ein etwaiges Interesse des Klägers, das über den Antrag auf die konkret erstrebte Geldleistung hinaus erkennbar wird, bei der Streitwertfestsetzung berücksichtigt werden darf, soweit es nicht Gegenstand eines besonderen Streitpunktes ist, der dann zusätzlich zu bewerten ist.[106]

Mit Gesetz vom 8.7.2014 (BGBl. I, 890) ist einmal klargestellt worden, dass in Kindergeldangelegenheiten vor den Gerichten der Finanzgerichtsbarkeit für **zukünftige wiederkehrende Leistungen** entsprechend § 42 Abs. 1 und 3 zu verfahren ist mit der Maßgabe, dass auf den **Jahresbetrag** abgestellt wird. 23a

Abs. 4 Nr. 1 (Mindeststreitwert): In **Finanzgerichtsverfahren** bestimmt Nr. 1 wegen der besonderen Definition des Streitgegenstandes in diesen Sachen (Rn. 19) ein **Mindeststreitwert** von 1.500 €. Dazu oben Rn. 2. Der verfassungsrechtlich unbedenkliche Mindestwert in finangerichtlichen Verfahren trägt dem Umstand Rechnung, dass in diesen Sachen häufig ein sehr niedriger Streitwert zugrunde liegt und anfallenden geringen Gebühren nicht durch die hohen Gebühren in Verfahren mit höheren Streitwerten ausgeglichen werden können, wie auch als Ausgleich der vergleichsweise hohen Kosten, die dadurch entstehen, dass Richter am Finanzgerichten wie Richter an Obergerichten besoldet werden.[107] **Dieser Mindestwert gilt indessen nicht für Verfahren nach § 155 Satz 2 und 3 FGO wegen überlanger Gerichtsverfahren sowie in Kindergeldangelegenheiten, soweit sie in die Zuständigkeit der Finanzgerichte gehören**, also die in Abschnitt X (§§ 62–78 EStG) bezeichneten Sachen.[108] Als Kindergeldangelegenheit in diesem Sinne gehören auch (Anfechtungs-)klagen gegen die Festsetzung von Hinterziehungszinsen nach § 235 AO für zu Unrecht erfolgte Auszahlungen von Kindergeld.[109] Erfasst sind danach auch Klagen vor dem Finanzgericht zur Überprüfung der Rechtsmäßigkeit der Ablehnung der Kostenerstattung nach § 77 EStG.[110] Eine Zuständigkeit der Finanzgerichte liegt vor, wenn das Kindergeld von der Finanzkasse gezahlt wird. Ist das nicht der Fall, sind die Sozialgerichte zuständig. 24

Abs. 4 Nrn. 2 und 3: Höchststreitwerte gibt es nach Nr. 2 bei Klagen in Verfahren vor den Gerichten der **Sozialgerichtsbarkeit** bei Rechtsstreitigkeiten nach dem Krankenhausfinanzierungsgesetz sowie nach Nr. 3 im Bereich der **Verwaltungsgerichtsbarkeit** bei Ansprüchen nach dem Vermögensgesetz.[111] Nach den Vorstellungen des Gesetzgebers soll durch die Obergrenzen von 2,5 Millionen € bzw. 500.000 € das Kostenrisiko überschaubar gehalten werden.[112] Abs. 4 Nr. 3 ist auch sinngemäß für die Bestimmung des Streitwerts in Investitionsvorrangverfahren heranzuziehen.[113] 24a

Abs. 5: Der mit Gesetz vom 8.7.2014 (BGBl. I, 890) neu eingefügte Abs. 5 stellt klar, dass die Gebühren in Sachen der Finazgerichtsbarkeit die mit Ausnahme der Sachen nach § 155 Abs. 2 FGO und in Kindergeldangelegenheiten grundsätzlich nach dem Mindestwert vorläufig zu erheben sind, wenn und soweit der endgültige Wert noch nicht festsetzt worden ist. 24b

---

106 BFH BStBl. II 1977, 306; VGH Baden-Württemberg JurBüro 2010, 479.

107 BFH BFHE 217, 388 = BStBl. II 2007, 791 = BB 2007, 1716 = DB 2007, 1626.

108 FG Münster JurBüro 2014, 415.

109 FG Köln, JurBüro 2016, 299 = EFG 2016, 682 = JurionRS 2016, 12123.

110 FG Münster JurBüro 2014, 415.

111 Zum Streitwert bei Fragen nach dem VermG vgl. auch BVerwG VIZ 1995, 35 = ZIP 1994, 1808 = NJW 1995, 609 = JurBüro 1995 = NJW 1995, 677 (bei *Melullis*), 145; KreisG Greifswald VIZ 1992, 329; BezG Potsdam VIZ 1992, 325.

112 Begr. z. RegE des 6. SGG-ÄndG, BT-Ds. 14/5943 zu § 197a des Entwurfs. Sehr kritisch dazu *Wolff* NZS 2003, 633.

113 VG Weimar VIZ 1994, 618; *Dörndorfer* in Binz u.a., § 52 Rn. 9.

25 **Statusverfahren (Abs. 6 und 7):** Die Abs. 6 und 7 (*bis zum 8.7.2014 Abs. 5 und 6*) regeln den Streitwert in **Statusverfahren** und in Beförderungsangelegenheiten der **Beamten, Richter, Berufssoldaten und Soldaten auf Zeit.** Insoweit handelt es sich um leges speciales zu den Abs. 1–3.[114] Mit diesen Bestimmungen soll das Kostenrisiko in Statusverfahren einerseits kalkulierbar sein, andererseits die Kosten in einem sozial gerechtfertigten Rahmen gehalten werde. Voraussetzung für die Anwendung der Abs. 5 und 6 ist jedoch, dass es sich um Angelegenheiten handelt, die den Status des Beamten pp. unmittelbar beeinträchtigen. Dazu gehören z.B. Streitigkeiten um Besetzungsbegehren auf eine zur Beförderung ausgeschriebene Stelle,[115] um die Rechtmäßigkeit einer Abordnung[116] oder einer Versetzung als solche nicht.

25a Nicht zu den Statussachen nach Abs. 6 und 7 gehören Streitigkeiten, welche die Gewährung von **Altersteilzeit** betreffen. Hierbei handelt es sich nicht um eine Umwandlung i.S.v. Abs. 5 S. 1, so dass dann der Auffangwert (Abs. 2) maßgebend ist.[117] Gleiches gilt auch für die sog. **„Konkurrentenklagen"**, die stets (-auch wenn es nur um einstweilige Anordnungen geht[118] –) mit dem Auffangwert zu bewerten sind.[119] Die Frage ist allerdings streitig. Eine weit verbreitete Ansicht will auch hier Abs. 6 anwenden.[120] Dabei geht es für den Antragsteller unmittelbar nicht auf einen Anspruch auf Verleihung eines anderen Amtes (Laufbahnwechsel, Beförderung), sondern nur um die Erlangung einer weiteren Chance dafür.

26 **Abs. 6:** Abs. 6 ist durch das 2. KostRModG inhaltlich im Zuge der Förderalismusreform, wonach den Ländern die Gesetzgebungskompetenz für die Beamtenbesoldung in toto übertragen worden ist, neu gefasst. Die Streitwertbestimmung nach Abs. 6 berücksichtigt die erheblich stärkere Rechtsposition eines Dienst- oder Amtsverhältnisses gegenüber einem Arbeitsverhältnis, das nach § 42 zu bewerten ist. Das Gesetz unterscheidet nach **Dienst oder Amtsverhältnissen auf Lebenszeit** (Nr. 1) und solchen, die (noch) **nicht auf Lebenszeit** begründet sind (Nr. 2).

26a Für **Ehrenbeamte** gilt Abs. 6 nicht.[121] Ein Ehrenbeamter (z.B. Honorarkonsuln, ehrenamtliche Bürgermeister, Stadträte, Beigeordnete oder Ortvorsteher) ist zur unentgeltlichen Wahrnehmung hoheitsrechtlicher Aufgaben in das Beamtenverhältnis berufen. Für diesen Personenkreis gelten die beamtenrechtlichen Regelungen über Besoldung und Beförderung nicht. Sie erhalten nur amtabhängige Aufwandsentschädigungen.

26b **Nr. 1:** Betrifft das Statusverfahren ein **Dienst oder Amtsverhältnis auf Lebenszeit,** so ist für den Streitwert nicht mehr – wie im alten Recht – das jeweilige Endgrundgehalt,[122] sondern der **Betrag der für das laufende Kalenderjahr zu zahlenden Bezüge,** also das von der **jeweiligen Erfahrungsstufe abhängige** Grundgehalt[123] (einschließlich der nicht auf den Familienstand bezogenen Sonderzuwendungen) maßgebend. Dabei bleiben nicht ruhegehaltsfähige Zulagen unberücksichtigt. Das Gesetz hat dabei nicht allein auf die Bezüge abgestellt, die zum Zeitpunkt der Klageeinreichung gezahlt wer-

114 BVerwG JurBüro 2010, 141.
115 OVG Sachsen-Anhalt, Beschl. v. 26.11.2012 – 1 O 15/12 0 RVG-professionell 2013, 38.
116 Sächs.OVG Beschl. v. 26.2.2010 – 2 E 145/09.
117 ThürOVG JurBüro 2008, 34.
118 Bayerischer VGH, Beschl. v. 16.4.2013 – 6 C 13.284 – = Openjur 2013, 21891.
119 So z.B. Bayerischer VGH, Beschl. v. 16.4.2013 – 6 C 13.284 – = Openjur 2013, 21891; VGH München NVwZ-RR 2000, 332; *Hartmann*, Anh. zu § 52 Rn. 19.
120 Dazu etwa, jeweils m.w.N, HessVGH DRiZ 2015, 32; OVG Hamburg JurBüro 2014, 586 = JurionRS 2014, 22613 = JÖD 2014, 216; OVG Rheinland-Pfalz JurBüro 2014, 193 = JurionRS 2013, 51573.
121 *Hartmann* § 52 Rn. 30.
122 So aber Nieders. OVG JurBüro 2015, 29 = JurionRS 2014, 24052.
123 So zutreffend und mit ausf. Begr. OVG Münster JurBüro 2015, 30 = NVwZ 2014, 10 = NVwZ-RR 2014, 902 = JurionRS 2014, 18490.

den. Einzurechnen sind auf die Bezüge, die sich im innerhalb des laufenden Kalenderjahres ändern wie z.B. bereits rechtskräftig beschlossene Besoldungserhöhungen, die erst nach Klageeinreichung bzw. Antragstellung in Kraft treten mit Ausnahme von solchen Änderungen, die in der Person des Klägers liegen.[124] In der Person des Klägers liegen aber keine Gehaltsanhebungen durch das Erreichen einer höheren Dienst- oder Lebensaltersstufe, die erst im Laufe des Kalenderjahres eintreten, weil diese allgemein tabellenbedingt sind. Unberücksichtigt bleiben nach Satz 2 auch solche Bestandteile der Bezüge, die vom Familienstand (familienstatusbezogene Anteile) oder von Unterhaltsverpflichtungen abhängig sind (Familien- und Kinderzuschläge. Nr. 1 regelt auch den Fall der Versetzung eines Beamten in den Ruhestand (in vollem Umfang oder teilweise) sowie eine angestrebte (volle) Reaktivierungs-/Konkrrentenklage.[125]

Teilstatus: Wenn die Streitigkeit nur einen sog. „Teilstatus" betrifft, gilt § 52 Abs. 1, 2 **26c**
(vgl. Streitwertkatalog 10.4). In diesen Fällen wird der Streitwert nur nach dem zweifachen Jahresbetrag der Differenz zwischen dem Teilstatus, den der Beamte innehat, und dem Teilstatus, den er erstrebt, bemessen.[126] Zum Teilstatus in diesem Sinne gehören Ansprüche auf erhöhte Besoldung, Versorgung, Streitigkeiten von Hinterbliebenen[127] oder Zulagen,[128] erhöhtes Unfallruhegehalt und Unfallausgleich sowie Anrechnungs- und Ruhensbeträge und Verfahren auf Übergang von einer Teilzeitbeschäftigung auf Vollzeitbeschäftigung und umgekehrt.[129]

Nr. 2 regelt den Streitwert in allen anderen Fällen also dann, wenn das Dienst- oder **27**
Amtsverhältnis (noch) nicht auf Lebenszeit begründet ist(z.B.: Beamter auf Widerruf, Beamter auf Probe, Soldat auf Zeit) oder wenn die Sache **kein eigentliches Statusverfahren** betrifft). Dann ist als Streitwert die **Hälfte des Betrages nach Nr. 1** einzusetzen, weil andere Dienst- oder Amtsverhältnisse eine weniger gesicherte Rechtsposition beinhalten oder weil sie befristet sind. Auch sind solche Verfahren für den Betroffenen objektiv weniger bedeutend sind als ein Statusverfahren.[130] Nach Abs. 6 Satz 2 gilt das auch, wenn der Streit um die Verleihung eines anderen Amtes (Beförderung, Laufbahnwechsel) oder um den Zeitpunkt der Versetzung in den Ruhestand oder die Verlagerung einer zeitlich begrenzten Verlängerung eines Dienstverhältnisses auf Zeit[131] geht. Auch dann beträgt der Streitwert nur die Hälfte des für Statusverfahren geltenden Wertes. Allerdings kommt eine Halbierung nicht in Betracht, wenn eine Versetzung des Beamten in den Ruhestand in vollem Umfang und nicht nur wegen ihres Zeitpunkts angegriffen wird.[132] Dann gilt Nr. 1.

Anwärterbezüge und vertraglich vereinbarte Gehälter für ein Amtsverhältnis (so **28**
z.B. § 8a Abs. 3 des Bundesbahngesetzes, § 12 Abs. 5 des Poststrukturgesetzes)sind in der Neufassung der Nr. 2 nicht mehr ausdrücklich erwähnt. Sie fallen aber nach wie vor unter Nr. 2. Hier wird auf die Hälfte des Anwärtergrundbetrages oder auf die Hälfte des für ein Jahr zu zahlenden Gehalts abgestellt, wobei Anwärtersonderzuschläge bzw. vertragliche Sonderzuwendungen mit zu berücksichtigen sind.

---

124 Vgl. Begr. zum RegE des 2. KostRModG, BT-Ds. 17/11471, Seite 381.
125 BVerwG JurBüro 2010, 36; OVG Berlin-Brandenburg JurBüro 2012, 308.
126 BVerwG JurBüro 2010, 141 und NVwZ-RR 2000, 18; OVG Berlin-Brandenburg Beschl. v. 24.10.2014 – OVG 4 L 16.14 = JurBüro 20156, 86 = JurionRS 2014, 25679 m.w.N.; *Dörndorfer* in Binz u.a. § 52 Rn. 9; NK/*Hofmann-Hoeppel/Lübert/Schäfer*, § 52 GKG Rn. 33; *Hartmann*, GKG § 52 Rn. 33.
127 OVG Berlin-Brandenburg Beschl. v. 24.10.2014 – OVG 4 L 16.14 = = JurionRS 2014, 25679 m.w.N.
128 Nieders.OVG, Beschl. v. 29.11.2012 – 5 LA 156/12 – = Openjur 2012, 131450.
129 Vgl. Streitwertkatalog VerwG 10.4; BVerwG JurBüro 2010, 141.
130 BT-Ds. 12/6962, S. 62.
131 OVG Münster JurBüro 2014, 587 = JurionRS 2014, 13377 (Verlägerung eines DV einer SaZ um die Elternzeit).
132 BVerwG JurBüro 2010, 36 unter Aufgabe der früheren gegenteiligen Ansicht.

29 **Abs. 7:** Wenn mit einem nach Abs. 5 zu bewertenden Verfahren, die Verfolgung eines daraus hergeleiteten vermögensrechtlichen Anspruchs verbunden ist, so sind die Streitwerte nicht zu addieren, sondern es gilt der Streitwert des höheren Klagebegehrens. Mit dieser dem § 48 Abs. 4 nachempfundenen Bestimmung soll in solchen Fällen eine unangemessene Wertaddition verhindert werden.[133]

30 **Abs. 8** stellt klar, dass in Verfahren erster Instanz, die nicht durch eine Klage, sondern durch einen Antrag eingeleitet werden, das Interesse des Antragstellers dem Interesse des Klägers i.S.d. Bestimmungen der Abs. 1–6 gleichsteht.

31 Im Gegensatz zu § 48 Abs. 1 fehlt im § 52 eine Bezugnahme auf die Wertbestimmungen der ZPO. Der für die **Wertberechnung maßgebliche Zeitpunkt** ist daher nicht ausdrücklich im Gesetz bestimmt. Aber § 40, der im § 52 Abs. 1 vorbehalten ist, besagt, dass der Streitwert bei Beendigung der Instanz mit dem zu Beginn der Instanz zu vergleichen ist und der höhere der beiden maßgeblich sein soll. Im gleichen Sinne ist also in Verwaltungsgerichts-, Finanzgerichts- und Sozialgerichtssachen zu verfahren.[134]

32 Für **Nebenforderungen** sowie für steuerrechtliche Nebenleistungen gilt § 43.

33 Für die **Festsetzung** und die **Anfechtung** des Streitwerts gelten die §§ 62, 63, 68. Der Streitwertbeschluss muss in nachvollziehbarer Weise die Erwägungen des Gerichts, insbesondere die wesentlichen Ermessensgesichtspunkte erkennen lassen.[135]

Anhang nach § 52

Übersicht

Anhang zu § 52 — 1–117
Teil I: Sondervorschriften — 1–4
§ 83b AsylVerfG — 1, 2
§ 6 Vermögenszuordnungsgesetz — 3, 4
Teil II: Verwaltungsgerichtsbarkeit — 5–32
Allgemeines — 5
Streitwertkatalog (VerwG) — 6–9
Alphabetischer Streitwertschlüssel — 9–32
Teil III: Finanzgerichtsbarkeit — 33–82
Allgemeines — 34
Streitwertkatalog für die Finanzgerichtsbarkeit — 35–57
Streitwertschlüssel für Finanzgerichtssachen — 58–82
Teil IV: Sozialgerichtsbarkeit — 83–117
Allgemeines — 83–87
Streitwertkatalog (SozG) — 88–91
Alphabetischer Streitwertschlüssel — 92–117

Teil I
Sondervorschriften

1 ### § 83b Asylverfahrensgesetz Gerichtskosten

Gerichtskosten (Gebühren und Auslagen) werden in Streitigkeiten nach diesem Gesetz nicht erhoben.

2 Die Bestimmung wurde durch Art. 1 Ziff. 46 des Gesetzes vom 30.6.1993 (BGBl. I, 1062) eingefügt und gilt ab dem 1.7.1993. Für die Streitigkeiten nach dem AsylVerfG werden Gerichtskosten nicht erhoben. Demzufolge ist in diesen Sachen eine Festsetzung des

133 BT-Ds. 12/6962, S. 62.
134 Vgl. VGH München BayVBl. 1984, 221; *Hartmann* § 52 Rn. 13; *Lappe* § 13 Rn. 10.
135 VGH Mannheim Die Justiz 1990, 107.

Streitwertes nicht erforderlich. Der frühere Abs. 2 dieser Bestimmung, welcher den Gegenstandswert betraf, war primär für die Gebühren des Rechtsanwalts maßgebend. Er sah Festbeträge vor, um die frühere Zersplitterung der Rspr. auf diesem Gebiet zu beseitigen. Die Bestimmung ist jetzt in § 30 RVG eingestellt.

Vermögenszuordnungsgesetz[1]

§ 6 Abs. 3

3

Gerichtskosten werden in Verfahren nach diesem Gesetz nicht erhoben. Der Gegenstandswert beträgt unabhängig von der Zahl und dem Wert der jeweils betroffenen Vermögensgegenstände 5.000 Euro.

Das VZOG regelt die Feststellung und Zuordnung von ehemals volkseigenen Vermögen in der ehemaligen DDR.[2] Die Kostenregelung des § 6 Abs. 3 VZOG ist seit dem 25.12.1993 in Kraft und nur anzuwenden auf solche Verfahren, die vor diesem Tag noch nicht anhängig waren.[3] Der Wert ist aus Vereinfachungsgründen nicht nach den Besonderheiten des jeweiligen Falles, sondern pauschal mit 5.000 € (früher 10.000 DM) für jedes Begehren unabhängig von der Anzahl und dem Wert der einzelnen Vermögensgegenstände festzusetzen. Das gilt auch, wenn der Antrag eine bezifferte Geldleistung betrifft, auch wenn diese geringer als 5.000 € ist.[4] Bei Anspruchshäufung mehrerer Kläger sind die Werte zusammenzurechnen. In Verfahren des einstweiligen Rechtsschutzes gilt § 53 Abs. 3 Nr. 1 und 2. Soweit noch Verfahren abzurechnen sind, die vor dem 25.12.1993 anhängig geworden sind, ist das frühere Recht anzuwenden[5] und auf den Verkehrswert abzustellen.[6] 4

Teil II
Verwaltungsgerichtsbarkeit

Allgemeines: Aufgrund einer Anregung der Präsidenten der Oberverwaltungsgerichte/Verwaltungsgerichtshöfe ist in den Jahren 1988/89 im BVerwG ein Streitwertkatalog für die Verwaltungsgerichtsbarkeit mit dem Ziel erarbeitet worden, die arg zersplitterte und kaum mehr überschaubare Streitwertrechtsprechung zu vereinheitlichen.[1] Dieser in der Folgezeit von Richtern der Verwaltungsgerichtsbarkeit überarbeitete Entwurf ist schließlich im Jahre 1991 als „Streitwertkatalog für die Verwaltungsgerichtsbarkeit – StrWK" veröffentlicht worden.[2] **Der Katalog**, dem keinerlei Bindungswirkung zukommt,[3] **enthält Empfehlungen (Richtwerte) für die Praxis** und kann selbstverständlich aufgrund von 5

1 I.d.F. v. 29.3.1994 (BGBl. I, 709).
2 Dazu *Messerschmidt* NJW 1994, 2519.
3 BVerwG LKV 1994, 259; OVG Bautzen LKV 1994, 64.
4 *Hartmann* GKG Anh. I A zu § 52 Rn. 5.
5 BVerwG JurBüro 1995, 45.
6 OVG Bautzen LKV 1994, 64.

1 **Vgl.** NVwZ 1989, 1042 und dazu *Sendler* NVwZ 1989, 1041.
2 NVwZ 1991, 1156 = DÖV 1992, 257 = DVBl. 1991, 1239. Vgl. auch VGH Baden-Württemberg JurBüro 2010, 141.
3 BVerfG NVwZ-RR 1994, 107.

Besonderheiten des Einzelfalles modifiziert werden. Aus Gründen der Praktikabilität und im Interesse der Rechtssicherheit und Berechenbarkeit sollten die Gerichte sich bei der Streitwertbemessung aber weitestgehend an die dort ausgesprochenen Empfehlungen halten, obwohl auch diese ihre Schwächen haben können.[4] Im Wesentlichen besteht auch bei den Gerichten die Tendenz, sich an die im StrWK vorgeschlagenen Richtwerte zu halten, soweit es um Ermessensentscheidungen bei der Streitwertfestsetzung geht.[5, 6] Wenn der Katalog angewendet wird, ist die zur Zeit der Klageerhebung/Antragstellung gültige Fassung anzuwenden.[7] Wegen der seit 1994 gestiegenen allgemeinen Lebenshaltungskosten kann es angebracht sein, auch die im Streitwertkatalog vorgeschlagenen Werte entsprechend (etwa um 15%–20%) höher zu bemessen. Infolge der Währungsumstellung auf Euro sind die in der alten Fassung des Streitwertkataloges als DM ausgewiesenen Werte der Einfachheit halber halbiert worden. Für alle ab dem 1.7.2004 eingehenden Klagen etc. ist jedoch der neue Streitwertkatalog 2004[8] anzuwenden.

6 1. Streitwertkatalog für die Verwaltungsgerichtsbarkeit (Streitwertkatalog 2013)[1]

7 Vorbemerkungen

1. Seit der Bekanntgabe im Juli 2004 (NVwZ 2004, 1327; DVBl. 2004, 1525; JurBüro 2005,7) ist der Streitwertkatalog 2004 für die Verwaltungsgerichtsbarkeit unverändert geblieben. Die Präsidentinnen und Präsidenten des Bundesverwaltungsgerichts und der Oberverwaltungsgerichte bzw. der Verwaltungsgerichtshöfe haben die Streitwertkommission reaktiviert und gebeten zu prüfen, ob der Streitwertkatalog zu ergänzen oder vorgeschlagene Werte auf Grund neuerer Erkenntnisse anzupassen sind.

2. Wie schon bei der Erstellung der Streitwertkataloge 1996 und 2004 orientiert sich die Kommission grundsätzlich an der im Wege einer Umfrage erhobenen Rechtsprechung des Bundesverwaltungsrichts und der Streitwertpraxis der Oberverwaltungsgerichte bzw. Verwaltungsgerichtshöfe. Die Kommission hat in ihre Überlegungen auch Anregungen der Bundesrechtsanwaltskammer und des Deutschen Anwaltsvereins einbezogen. Ferner wurden die sich aus dem 2.Kostenrechtsmodernisieruzngsgesetz (vgl. BGBl. 2013, I 2586) ergebenden Änderungen des § 52 Abs. 3 GKG berücksichtigt. Soweit unter den Nrn. 5301, 5400 und 5502 des Kostenverzeichnisses zu § 3 GLG eine Festgebühr vorgeschrieben ist, sieht de Kommission davon ab, Streitwerte für Zwischenverfahren vorzuschlagen

3. Mit dem Katalog werden – soweit nicht auf gesetzliche Bestimmungen hingewiesen wird – Empfehlungen ausgesprochen, denen das Gericht bei der Festsetzung des

4 Vgl. dazu etwa bei *Hartmann* Anh. I B zu § 52 Rn. 3–4; NK-GK/*Hofmann-Hoeppel/Luber/Schäfer* § 52 Rn. 15 ff., jeweils m.N.
5 Vgl. VGH Mannheim NVwZ 1991, 597.
6 Zur Entwicklung des Streitwertrechts nach dem Streitwertkatalog vgl. auch *Zimmer* NVwZ 1995, 138; NVwZ 1991, 12 ff. mit Einf. von *Schinkel.*
7 OVG Schleswig SchlHA 1998, 320.
8 NVwZ 2004, 1327.

1 In der Fassung der am 31.5./1.6.2012 und am 18. Juli 2013 beschlossenen Änderungen, veröffentlicht unter www.bverwg.de/informationejn/streitwertkatalog.php.

Streitwertes bzw. des Wertes der anwaltlichen Tätigkeit (§ 33 RVG) aus eigenem Ermessen folgt oder nicht.

		8
1.	**Allgemeines**	
1.1.	**Klage-/Antragshäufung, Vergleich**	
1.1.1	Werden mehrere Anträge mit selbständiger Bedeutung gestellt, so werden die Werte in der Regel addiert, wenn die Streitgegenstände jeweils einen selbständigen wirtschaftlichen Wert oder einen selbständigen materiellen Gehalt haben (vgl. § 39 GKG).	
1.1.2	Wird in einem Vergleich ein weiterer Gegenstand einbezogen, so ist dafür zusätzlich ein gesonderter Vergleichswert festzusetzen (§ 45 Abs. 4 i.V.m. Abs. GKG, Nr. 5600 KV-Anlage zu § 3 Abs. 2 GKG)	
1.1.3	Klagen mehrere Kläger gemeinschaftlich, sind die Werte der einzelnen Klagen zu addieren, es sei denn sie begehren oder bekämpfen eine Maßnahme als Rechtsgemeinschaft.[2]	
1.1.4	Für Hilfsanträge gilt § 45 Abs. 1 S. 2 und 3 GKG.	
1.2	**Verbandsklagen:** Maßgeblich sind die Auswirkungen der begehrten Entscheidung auf die vertretenen Interessen, in der Regel 15.000 €–30.000 €.	
1.3	Feststellungsklagen und Fortsetzungsfeststellungsklagen sind in der Regel ebenso zu bewerten wie eine auf das vergleichbare Ziel gerichtete Anfechtungs- oder Verpflichtungsklage.[3]	
1.4	Wird lediglich die Bescheidung beantragt, so kann der Streitwert einen Bruchteil, mindestens jedoch $^1/_2$ des Wertes der entsprechenden Verpflichtungsklage betragen.[4]	
1.5	In Verfahren des **vorläufigen Rechtsschutzes** beträgt der Streitwert in der Regel $^1/_2$, in den Fällen des § 80 Abs. 2 Satz 1 Nr. 1 VwGO und bei sonstigen auf bezifferte Geldleistungen gerichteten Verwaltungsakten $^1/_4$ des für das Hauptsacheverfahren anzunehmenden Streitwertes. In Verfahren des vorläufigen Rechtsschutzes, die die Entscheidung in der Sache ganz oder zum Teil vorwegnehmen, kann der Streitwert bis zur Höhe des für das Hauptsacheverfahren anzunehmenden Streitwerts angehoben werden.	
1.6.	Betrifft der Antrag des Klägers eine **bezifferte Geldleistung** oder einen hierauf gerichteten Verwaltungsakt, kann mit Blick auf ein in der Zukunft liegendes wirtschaftlichen Interesse des Klägers der Streitwert bis zum Dreifachen des bezifferten Betrages erhöht werden (§ 52 Abs. 3 S. 2 GKG)	
1.7	**Vollstreckung**	
1.7.1	In selbstständigen Vollstreckungsverfahren entspricht der Streitwert der Höhe des festgesetzten Zwangsgeldes oder der geschätzten Kosten der Ersatzvornahme; im Übrigen beträgt er $^1/_4$ des Streitwertes der Hauptsache.[5] Bei der Androhung von Zwangsmitteln ist die Hälfte des sich nach Satz 1 ergebenden Betrages festzusetzen.	
1.7.2	Wird in dem angefochtenen Bescheid neben der Grundverfügung zugleich ein Zwangsgeld oder die Ersatzvornahme angedroht, so bleibt dies für die Streitwertfestsetzung grundsätzlich außer Betracht. Soweit die Höhe des angedrohten Zwangsgeldes bzw. des für die Ersatzvornahme zu entrichtenden Vorschusses höher ist als der für die Grundverfügung zu bemessende Streitwert, ist dieser höhere Wert festzusetzen.	
2.	**Abfallentsorgung**	Es gelten grundsätzlich die nachstehend aufgeführten Werte. Soweit diese die Bedeutung der

2 OVG Schleswig Beschl. v. 23.3.2017 – 1 O 1/17 – = JurionRS 2017, 11914.
3 NdsOVG JurBüro 2015, 365.
4 Für eine Anfechtungsklage ist Nr. 19.1.2. maßgebend (OVG Hamburg, Beschl. v. 24.3.2015 – 1 So 117/14 = JurionRS 2015, 13992).
5 So z.B. OVG NRW JurBüro 2014, 145.

		Genehmigung, des Vorbescheides oder der Anfechtung einer belastenden Maßnahme für den Kläger nicht angemessen erfassen, gilt stattdessen das geschätzte wirtschaftliche Interesse bzw. der Jahresnutzwert
2.1	**Klage des Errichters/Betreibers**	
2.1.1	auf Zulassung einer Anlage oder Anlagenänderung	2,5% der Investitionssumme
2.1.2	gegen belastende Nebenbestimmung	Betrag der Mehrkosten
2.1.3	gegen Untersagung des Betriebs)	1% der Investitionssumme
2.1.4	gegen sonstige Ordnungsverfügung	Betrag der Aufwendungen
2.1.5	gegen Mitbenutzungsanordnung[6]	Anteil der Betriebskosten (einschließlich Abschreibung) für Dauer der Mitbenutzung
2.2	**Klage eines drittbetroffenen Privaten**	
2.2.1	wegen Eigentumsbeeinträchtigung	Betrag der Wertminderung des Grundstücks, höchstens 50% des geschätzten Verkehrswertes
2.2.2	wegen sonstiger Beeinträchtigungen	15.000 €
2.2.3	gegen Vorbereitungsarbeiten	7.500 €
2.3	**Klage einer drittbetroffenen Gemeinde**	60.000 €
2.4	**Klage des Abfallbesitzers**	
2.4.1	Beseitigungsanordnung	20 € je m^3 Abfall
2.4.2	Untersagungsverfügung	20.000 €
3.	**Abgabenrecht**[7]	
3.1	Abgabe[8]	Betrag der streitigen Abgabe (§ 52 Abs. 3 GKG); bei wiederkehrenden Leistungen: dreifacher Jahresbetrag, sofern nicht die voraussichtliche Belastungsdauer geringer ist
3.2	Stundung	6 v.H. des Hauptsachewertes je Jahr (§ 238 AO)
3.3	Normenkontrollverfahren	mindestens Auffangwert
4.	**Arzneimittelrecht**	siehe Lebensmittelrecht
5.	**Asylrecht**	siehe § 30 RVG
6.	**Atomrecht**	
6.1	**Klage des Errichters/Betreibers**	
6.1.1	auf Genehmigung oder Teilgenehmigung oder Planfeststellung[9] einer Anlage, §§ 7, 9, 9b AtG	2,5% der Investitionssumme
6.1.2	auf Aufbewahrungsgenehmigung, § 6 AtG	1% der für Aufbewahrung(-sanlage) getätigten Investitionssumme

6 Vgl. dazu auch VGH Kassel JurBüro 1992, 188 (3.000 €/1.000 t).
7 Vgl. OVG Koblenz NVwZ-RR 1995, 62 (Grundlagenfeststellung $^2/_3$ des 5-fachen Jahresbetrages).
8 Vgl. BVerwG NVwZ-RR 1989, 279 und weitere Nachw. bei *Hartmann* § 52 Anh. I B Rn. 13.
9 Vgl. auch bei „Planfeststellung“.

6.1.3	gegen belastende Nebenbestimmungen	Betrag der Mehrkosten
6.1.4	auf Vorbescheid nach § 7a AtG	1% der Investitionssumme für die beantragten Maßnahmen
6.1.5	auf Standortvorbescheid	1% der Gesamtinvestitionssumme
6.1.6	gegen Einstellung des Betriebs	wirtschaftlicher Verlust infolge der Betriebseinstellung
6.2	**Klage eines drittbetroffenen Privaten**[10]	wie Abfallentsorgung Nr. 2.2
6.3	**Klage einer drittbetroffenen Gemeinde**	60.000 €
7.	**Ausbildungsförderung**[11]	
7.1	Klage auf bezifferte Leistung	geforderter Betrag (§ 52 Abs. 3 GKG)
7.2	Klage auf Erhöhung der Förderung	Differenzbetrag im Bewilligungszeitraum
7.3	Klage auf Verpflichtung zur Leistung in gesetzlicher Höhe	gesetzlicher Bedarfssatz für den streitigen Bewilligungszeitraum
7.4	Klage auf Änderung der Leistungsform	$^1/_2$ des bewilligten Förderbetrages
7.5	Klage auf Vorabbescheidung	gesetzlicher Bedarfssatz im ersten Bewilligungszeitraum
8.	**Ausländerrecht**	
8.1	Aufenthaltserlaubnis, Aufenthaltsberechtigung, Aufenthaltsbewilligung, Aufenthaltsbefugnis	Auffangwert[12] pro Person;[13] keine Erhöhung durch eventuell beigefügte Abschiebungsandrohung[14]
8.2	Ausweisung[15]	Auffangwert pro Person; keine Erhöhung durch eventuell beigefügte Abschiebungsandrohung
8.3	Abschiebung, isolierte Abschiebungsandrohung	$^1/_2$-Auffangwertes pro Person
8.4	Pass/Passersatz	Auffangwert pro Person
9.	**Bau- und Bodenrecht**[16]	Es gelten grundsätzlich die nachstehend aufgeführten Werte. Soweit diese die Bedeutung der Genehmigung, des Vorbescheides oder der Anfechtung einer belastenden Maßnahme für den Kläger nicht angemessen erfassen, gilt stattdessen das geschätzte wirtschaftliche Interesse bzw. der Jahresnutzwert
9.1	Klage auf Erteilung einer Baugenehmigung[17] für:	

10 Vgl. BVerwG NVwZ-RR 1994, 384 (30.000 €) und JurBüro 1992, 447; JurBüro 1993, 173.
11 Vgl. dazu die Nachweise bei *Hartmann* Anh. I B zu § 52 Rn. 16.
12 NdsOVG JurBüro 2012, 84; Auch bei bloßer Klage gegen Nebenstimmungen ist der Auffangwert anzusetzen (Nieders.OVG JurBüro 2009, 539). Dazu aber unten, Streitwertschlüssel, „Aufenthaltserlaubnis“
13 NdsOVG JurBüro 2012, 84; OVG Magdeburg JurBüro 2010, 143 m.w.N.
14 Vgl. dazu auch OVG Saarlouis JurBüro 2000, 420.
15 Vgl. dazu BVerwG NVwZ-RR 1991, 669; VGH Kassel NVwZ-RR 1993, 56.
16 Dazu auch BVerwG NVwZ-RR 1993, 108; OVG Lüneburg NVwZ-RR 1993, 167; OVG Hamburg NVwZ-RR 1993, 108 und die Nachweise bei *Hartmann* Anh. I B zu § 52 Rn. 18.
17 Gilt auch entsprechend), wenn Kläger nicht Eigentümer des Grundstücks ist (VGH Baden-Württemberg, JurBüro 2016, 531 = JurionRS 2016, 20305).

9.1.1	**Wohngebäude**	
9.1.1.1	Einfamilienhaus	20.000 €
9.1.1.2	Doppelhaus	25.000 €
9.1.1.3	Mehrfamilienhaus	10.000 € je Wohnung
9.1.2	**Gewerblich und sonstige Bauten**	
9.1.2.1	Einzelhandelsbetrieb	150 €/m² Verkaufsfläche[18]
9.1.2.2	Spielhalle	600 €/m² Nutzfläche (ohne Nebenräume)
9.1.2.3	**Werbeanlagen**	
9.1.2.3.1	Großflächige Werbetafel	5.000 €
9.1.2.3.2	Wechselwerbeanlage	250 €/m²
9.1.2.4	Imbissstand	6.000 €
9.1.2.5	Windkraftanlagen soweit nicht 19.1.2	10% der geschätzten Herstellungskosten[19]
9.1.	sonstige Anlagen regelmäßig	je nach Einzelfall: Bruchteil der Rohbaukosten oder Bodenwertsteigerung
9.2	**Erteilung eines Bauvorbescheides**	Bruchteil des Streitwerts für eine Baugenehmigung, sofern nicht Anhaltspunkte für eine Bodenwertsteigerung
9.3	**Abrissgenehmigung**	wirtschaftliches Interesse am dahinterstehenden Vorhaben
9.4	**Bauverbot, Stilllegung, Nutzungsverbot, Räumungsgebot**	Höhe des Schadens oder der Aufwendungen (geschätzt)
9.5	**Beseitigungsanordnung**	Zeitwert der zu beseitigenden Substanz plus Abrisskosten (20–30 €/m² umbauten Raumes)
9.6	**Vorkaufsrecht**	
9.6.1	Anfechtungsklage des Käufers	25% des Kaufpreises
9.6.2	Anfechtungsklage des Verkäufers	Preisdifferenz, mindestens Auffangwert
9.7.	**Klage eines Drittbetroffenen**	
9.7.1	Nachbar[20]	7.500 €–15.000 €, soweit nicht ein höherer wirtschaftlicher Schaden feststellbar[21]
9.7.2	Nachbargemeinde[22]	30.000 €
9.8	**Normenkontrollverfahren**	
9.8.1	Privatperson gegen Bebauungsplan oder Flächennutzungsplan	7.500 €–60.000 €
9.8.2	Privatperson gegen Raumordnungsplan	30.000 €–60.000 €

18 BVerwG JurBüro 1997, 198; Nieders. OVG JurBüro 2014, 194 = NVwZ-RR 2014, 6 = JurionRS 2014, 10075, m.w.N.
19 Das gilt auch für Photovoltaikanlage auf einem denkmalsgeschützten Scheunendach (OVG Niedersachsen, JurBüro 2015, 86).
20 OVG Schleswig Beschl. v. 23.3.2017 – 1 O 1/17 – = JurionRS 2017, 11914. Vgl. aber SächsOVG JurBüro 2004, 598.
21 Vgl. dazu VGH Baden-Württemberg, JurBüro 2016, 195 = JurionRS 2015, 30366.
22 VGH München NVwZ-RR 2001, 228.

9.8.3	Nachbargemeindegegen Bebauungsplan, Flächennutzungsplan oder Raumordnungsplan	60.000 €
9.8.4	Normenkontrolle gegen Veränderungssperre	1/2 der Werte zu 9.8.1. und 9.8.3
9.9	**Genehmigung eines Flächennutzungsplanes**	mindestens 10.000 €
9.10	**Ersetzung des Einvernehmens der Gemeinde**	15.000 €
10.	**Beamtenrecht**[23]	
10.1	(Großer) Gesamtstatus: Begründung, Umwandlung, Bestehen, Nichtbestehen, Beendigung eines Beamtenverhältnisses, Versetzung in den Ruhestand	§ 52 Abs. 5 S. 1 Nr. 1, 2 S. 2, 3 GKG
10.2	(Kleiner) Gesamtstatus: Verleihung eines anderen Amtes, Streit um den Zeitpunkt der Versetzung in den Ruhestand, Schadensersatz wegen verspäteter Beförderung, Zahlung einer Amtszulage, Verlängerung der Probezeit ...	§ 52 Abs. 5 S. 4 GKG i.V.m. S. 1–3; 1/2 von 10.1
10.3	Neubescheidung eines Beförderungsbegehrens	Hälfte des sich aus § 52 Abs. 5 S. 4 ergebenden Betrages (1/4 von 10.1)
10.4	Teilstatus,[24] Streit um Umfang/Teilzeibeschäftigung, Übergang von Teilzeit auf Vollzeit, höhere Versorgung, Besoldung oder Zusagen sowie Berücksichtigung von Vordienstzeiten bei Versorgung, Zeiten für BDA, Unfallausgleich,[25] Unfallruhegehalt, Unterhaltsbeitrag, Hinterbliebenenversorgung[26]	2-facher Jahresbetrag der Differenz zwischen innegehabten und erstrebten Teilstatus bzw. des erstrebten Unfallausgleichs etc.
10.5	Dienstliche Beurteilung	Auffangwert
10.6	Streit um Nebentätigkeit	Gesamtbetrag der Einkünfte aus der Nebentätigkeit, höchstens Jahresbetrag
10.7	Gewährung von Trennungsgeld	Gesamtbetrag des Trennungsgeldes, höchstens Jahresbetrag
10.8	Anerkennung eines Dienstunfalls	Auffangwert
10.9.	Bewilligung von Urlaub	Auffangwert
11.	**Bergrecht**	Es gelten grundsätzlich die nachstehend aufgeführten Werte. Soweit diese die Bedeutung der Genehmigung des Vorbescheides oder der Anfechtung einer belastenden Maßnahme für den Kläger nicht angemessen erfassen, gilt stattdessen das

23 Hier ist die neue Fassung des § 52 Abs. 5 bei der Wertberechnung zu beachten.
24 BVerwG NVwZ-RR 2000, 188 = JurBüro 2000, 253; Nieders.OVG, Beschl. v. 29.11.2012 – 5 LA 131450 – = Openjur 2012, 131450.
25 BayVGH, Beschl. v. 5.12.2012 – 14 ZB 3116 – = Openjur 2013, 2282.
26 OVG Berlin-Brandenburg Beschl. v. 24.10.2014 – OVG 4 L 16.14 = JurBüro 2015, 86 = JurionRS 2014, 25679 m.w.N.

		geschätzte wirtschaftliche Interesse bzw. der Jahresnutzwert.
11.1	Klage des Unternehmers	
11.1.1	auf Planfeststellung[27] eines Rahmenbetriebsplans	2,5% der Investitionssumme
11.1.2	auf Zulassung eines Rahmenbetriebsplans	1% der Investitionssumme
11.1.3	auf Zulassung eines Sonder- und Hauptbetriebsplans	2,5% der Investitionssumme
11.1.4	gegen belastende Nebenbestimmungen	Betrag der Mehrkosten[28]
11.2	**Klage eines drittbetroffenen Privaten**	wie Abfallentsorgung Nr. 2.2.
11.3	**Klage einer drittbetroffenen Gemeinde**	60.000 €
12.	**Denkmalschutzrecht**	
12.1	Feststellung der Denkmalseigenschaft, denkmalschutzrechtliche Anordnungen, Bescheinigungen	wirtschaftlicher Wert, sonst Auffangwert
12.2	Abrissgenehmigung	Wie 9.3
12.3	Vorkaufsrecht	s. Nr. 9.6
13.	**Flurbereinigung/Bodenordnung**	
13.1	**Anordnung des Verfahrens**	Auffangwert
13.2	**Entscheidungen im Verfahren**	
13.2.1	Wertermittlung	Auswirkungen der Differenz zwischen festgestellter und gewünschter Wertverhältniszahl
13.2.2	Abfindung	Auffangwert, es sei denn, abweichendes wirtschaftliches kann festgestellt werden
13.2.3	sonstige Entscheidungen	Auffangwert, es sei denn, abweichendes wirtschaftliches kann festgestellt werden
14.	**Freie Berufe** (Recht der freien Berufe)	
14.1	Berufsberechtigung, Eintragung, Löschung	Jahresbetrag des erzielten oder erwarteten Gewinns, mindestens 15.000 €
14.2.2	Mitgliedschaft im berufsständigen Versorgungswerk, Befreiung	dreifacher Jahresbetrag des Beitrags
14.3.3	Rentenanspruch	dreifacher Jahresbetrag der Rente[29]
15.	**Friedhofsrecht**	
15.1	Grabnutzungsrechte	Auffangwert
15.2	Umbettung	Auffangwert
15.3	Grabmalgestaltung	$^1/_2$ Auffangwert
15.4	Gewerbliche Betätigung auf Friedhöfen	Betrag des erzielten oder erwarteten Jahresgewinns, mindestens 15.000 €

27 Vgl. auch bei „Planfeststellung“.
28 VGH München JurBüro 2010, 89.
29 OVG Münster NVwZ-RR 1998, 527. Vgl. auch Nieders.OVG JurBüro 2008, 148 (Unanwendbarkeit bei Rentenanwartschaften).

16.	**Gesundheitsverwaltungsrecht**[30]	
16.1	Approbation	Jahresbetrag des erzielten oder erwarteten Verdienstes, mindestens 30.000 €
16.2	Facharzt, Zusatzbezeichnung	15.000 €
16.3	Erlaubnis nach § 10 BÄO	20.000 €
16.4	Notdienst	Auffangwert
16.5	Beteiligung am Rettungsdienst	15.000 € pro Fahrzeug[31]
17.	**Gewerberecht**[32]	s. Wirtschaftsverwaltungsrecht, Nr. 54
18.	**Hochschulrecht, Recht der Führung akademischer Grade**[33]	
18.1	Anerkennung der Hochschulreife, Zulassung zum Studium,[34] Immatrikulation, Exmatrikulation	Auffangwert
18.2	Zulassung zu einzelnen Lehrveranstaltungen bzw. Modulen	$^1/_2$ Auffangwert
18.3	Zwischenprüfung	Auffangwert
18.4.	Bachelor	10.000 €
18.5	Diplomprüfung, Graduierung, – Nachgraduierung, Master	15.000 €
18.6	Leistungsnachweis	$^1/_2$ Auffangwert
18.7	Promotion, Entziehung des Doktorgrades[35]	15.000 €
18.8	Nostrifikation	15.000 €
18.9	Habilitation	20.000 €
18.10	Lehrauftrag	Auffangwert
18.11	Ausstattung eines Instituts/ Lehrstuhls	10% der streitigen Mehrausstattung,[36] mindestens 7.500 €
18.12	Hochschulwahlen	Auffangwert
19.	**Immissionsschutzrecht**[37]	Es gelten grundsätzlich die nachstehend aufgeführten Werte. Soweit diese die Bedeutung der Genehmigung, des Vorbescheides oder der Anfechtung einer belastenden Maßnahme nicht angemessen erfassen, gilt stattdessen das geschätzte wirtschaftliche Interesse bzw. der Jahresnutzwert

30 Vgl. auch bei *Hartmann* Anh. I B zu § 52 Rn. 22 m.N.
31 Das gilt auch für die Zulassung eines qualifizierten Krankentransports (OVG Niedersachsen, JurBüro 2015, 85).
32 Vgl. OVG Koblenz NVwZ-RR 1994, 303 (Konkurrentenklage).
33 Soweit es um prüfungsspezifische Bewertungen geht, sind die Regelungen des Abschnitts 36 leges speciales. Vgl. OVG Hamburg, JurBüro 2017, 23.
34 Sächsisches OVG JurBüro 2015, 582 = JurionRS 2015,16730 (auch für Eilverfahren ohne Reduzierung gem. Ziff. 1.5, weil Hauptsache vorweggenommen wird); SächsOVG JurBüro 2015, 307.
35 OVG Saarbücken JurBüro 2014, 538 = JurionRS 2014, 17614 (Führung des Titels „Professor").
36 OVG Bautzen JurBüro 2009, 596.
37 BVerwG NVwZ-RR 1993, 445 = BauR 1993, 445.

19.1	Klage des Errichters/Betreibers	
19.1.1	auf Genehmigung oder Teilgenehmigung oder Planfeststellung einer Anlage	2,5% der Investitionssumme, mindestens Auffangwert
19.1.2.	Auf Genehmigung on Windkraftanlagen	10% der geschätzten Herstellungskosten
19.1.3	gegen Nebenbestimmung	Betrag der Mehrkosten
19.1.4	Auf Vorbescheid	50%des Wertes zu 19.1.1 bzw.19.1.2, mindestens Auffangwert
19.1.5	Standortvorbescheid	50% des Wertes zu 19.1.1 bzw.19.1.2, mindestens Auffangwert
19.1.6	gegen Stilllegung, Betriebsuntersagung	50%des Wertes zu 19.1.1 bzw.19.1.2, soweit nicht feststellbar: entgangener Gewinn, mindestens Auffangwert
19.1.7	Gegen sonstige Anordnungen im Einzelfall	Betrag der Aufwendungen
19.2	Klage eines drittbetroffenen Privaten	s. Abfallentsorgung Nr. 2.2
19.3	Klage einer drittbetroffenen Gemeinde	60.000 €
20.	**Jagdrecht**	
20.1	Bestand und Abgrenzung von Jagdbezirken	10.000 €
20.2	Verpachtung von Jagdbezirken	Jahresjagdpacht
20.3	Erteilung/Entzug des Jagdscheins	8.000 €
20.4	Jägerprüfung	Auffangwert
21.	**Kinder- und Jugendhilferecht**	
21.1	Laufende Leistungen	Wert der streitigen Leistung, höchstens Jahresbetrag
21.2	Einmalige Leistungen, Kostenerstattung, Aufwendungsersatz, Kostenersatz	Wert der streitigen Leistung
21.3	Überleitung von Ansprüchen	höchstens Jahresbetrag
21.4	Heranziehung zur Kostentragung	höchstens Jahresbetrag
21.5	Erteilung der Erlaubnis nach § 45 SGB VIII	Jahresgewinn aus dem Betrieb, mindestens 15.000 €
21.6	Pflegeerlaubnis	Auffangwert
22.	**Kommunalrecht**	
22.1	Kommunalwahl	
22.1.1	Anfechtung durch Bürger	Auffangwert
22.1.2	Anfechtung durch Partei, Wählergemeinschaft	mindestens 15.000 €
22.1.3	Anfechtung durch Wahlbewerber	mindestens 7.500 €
22.2	Sitzungs- und Ordnungsmaßnahmen	*Auffangwert*
22.3	Benutzung/Schließung einer Gemeindeeinrichtung	wirtschaftliches Interesse, sonst Auffangwert
22.4	Anschluss- und Benutzungszwang	ersparte Anschlusskosten, mindestens 5.000 €
22.5	Kommunalaufsicht	15.000 €

22.6	Bürgerbegehren	15.000 €
22.7	Kommunalverfassungsstreit	10.000 €
23.	**Krankenhausrecht**	
23.1	Aufnahme in den Krankenhausbedarfsplan	50.000 €
23.2	Planbettenstreit	500 € pro Bett
23.3	Festsetzung von Pflegesätzen	streitiger Anteil des Pflegesatzes × Bettenzahl × Belegungsgrad
24.	**Land- und Forstwirtschaft**	
24.1	Festsetzung einer Referenzmenge	streitige Referenzmenge 0,10 €/kg
24.2	Zuteilung der zahlenmäßigen Obergrenze prämienberechtigter Tiere	Jahresmehrbetrag
25.	**Lebensmittel-/Arzneimittelrecht**	
25.1	Einfuhr-, Verkaufsverbot (Verbot, bestimmte Erzeugnisse eines Betriebes in den Verkehr zu bringen), Vernichtungsauflage	Verkaufswert der betroffenen Waren (Jahresbetrag der erwarteten Auswirkungen/Gewinnerwartung)
25.2	Sonstige Maßnahmen	Jahresbetrag der zu erwartenden wirtschaftlichen Auswirkung, sonst Auffangwert
26.	**Erlaubnis für Luftpersonal**	
26.1	Privatflugzeugführer	10.000 €
26.2	Berufsflugzeugführer	Jahresbetrag des erzielten oder erwarteten Verdienstes, mindestens 20.000 €
26.3	Verkehrsflugzeugführer	Jahresbetrag des erzielten oder erwarteten Verdienstes, mindestens 30.000 €
26.4	sonstige Erlaubnisse für Luftpersonal	Jahresbetrag des erzielten oder erwarteten Verdienstes, mindestens 7.500 €
27.	**Mutterschutzrecht**	
27.1	Streit um Zustimmung zur Kündigung	Auffangwert
27.2	Zulässigkeitserklärung gemäß § 18 BEEG	Auffangwert
28.	**Namensrecht**	
28.1	Änderung des Familiennamens oder des Vornamens	Auffangwert
28.2	Namensfeststellung	Auffangwert
29.	**Naturschutzrecht**	Es gelten grundsätzlich die nachstehend aufgeführten Werte. Soweit diese die Bedeutung der Genehmigung, des Vorbescheides oder der Anfechtung einer belastenden Maßnahme nicht angemessen erfassen, gilt stattdessen das geschätzte wirtschaftliche Interesse bzw. der Jahresnutzwert
29.1	Klage auf Erteilung einer Fällgenehmigung	Auffangwert
29.2	Normenkontrolle gegen Schutzgebietsausweisung	wie Bebauungsplan (Nr. 9.8)
30.	**Passrecht**	
30.1	Personalausweis, Reisepass	Auffangwert

31.	**Personalvertretungsrecht**	Auffangwert
32.	**Personenbeförderungsrecht**	vgl. Verkehrswirtschaftsrecht
33.	**Pflegegeld**[38]	Wert der streitigen Leistung, höchstens Jahresbetrag
34.	**Planfeststellungsrecht**[39]	Es gelten grundsätzlich die nachstehend aufgeführten Werte. Soweit diese die Bedeutung der Genehmigung, des Vorbescheides oder der Anfechtung einer belastenden Maßnahme nicht angemessen erfassen, gilt stattdessen das geschätzte wirtschaftliche Interesse bzw. der Jahresnutzwert
34.1	**Klage des Errichters/Betreibers**	
34.1.1	auf Planfeststellung einer Anlage oder Änderung des Planfeststellungsbeschlusses	2,5% der Investitionssumme
34.1.2	gegen Nebenbestimmungen	Betrag der Mehrkosten
34.2	**Klage eines drittbetroffenen Privaten**[40]	
34.2.1.	Wegen Eigentumsbeeinträchtigung – soweit nicht einer der Pauschalisierungsvorschläge 34.2.1.1 bis 34.2.3 greift:	Betrag der Wertminderung des Grundstücks, höchstens 50% des geschätzten Verkehrswerts
34.2.1.1	Beeinträchtigung eines Eigeheimgrundstücks oder einer Eigentumswohnung	15.000 €
34.2.1.2	Beeinträchtigung eines Mehrfamilienhauses	Wohnungszahl × 15.000 €, höchstens 60.000 € bei Klageidentität
34.2.2	Beeinträchtigung eines Gewerbebetriebs	60.000 €
34.2.3	Beeinträchtigung eines Landwirtschaftsbetriebs	Haupterwerb 60.000 €, Nebenerwerb 30.000 €
34.2.4	Dauerhafte Inanspruchnahme landwirtschaftlicher Flächen	0,50 €/m²
34.2.5	Wegen sonstiger Beeinträchtigungen soweit nicht einer der Pauschalisierungsvorschläge greift	15.000 €
34.2.6	Gegen Vorbereitungsarbeiten	7.500 €
34.2.7	Gegen nachträglich Anordnung von Schutzauflagen	5.000 € je betroffenem Grundstück
34.3	**Klage einer in ihrem Selbstverwaltungsrecht betroffenen Gemeinde**[41]	60.000 €
34.4	**Verbandsklage eines Naturschutzvereins oder einer anderen NRO**	Auswirkungen der begehrten Entscheidung auf die vertretenen Interessen; in der Regel 15.000, 30.000 €[42]

38 Vgl. VGH München BayVBl. 1992, 30 und 414.
39 Dazu BVerwG NVwZ-RR 1993, 331.
40 Vgl. dazu auch BVerwG NVwZ-RR 1993, 331 m.N.; BVerwG NVwZ 1991, 567; BVerwG JurBüro 1992, 331; VGH Mannheim AnwBl. 1994, 45; BayVGH JurBüro 2005, 543 (LS mit Volltextservice) betr. Inanspruchnahme eines Grundstücksteil für Verlauf einer öffentlichen Straße = Wert der Fläche).
41 Vgl. dazu auch VGH München NVwZ-RR 2001, 228, 229.
42 BVerwG JurBüro 2016, 23 = JurionRS 2015, 28459.

35.	**Polizei- und Ordnungsrecht**	
35.1	Polizei- und ordnungsrechtliche Verfügung, polizeiliche Sicherstellung	wirtschaftliches Interesse, sonst Auffangwert
35.2	Anordnung gegen Tierhalter[43]	Auffangwert; sofern die Anordnung einer Gewerbeuntersagung gleichkommt, wie Nr. 54.2.1
35.3	Obdachloseneinweisung[44]	Auffangwert
35.4	Wohnungseinweisung	½ Auffangwert
35.5	Streit um erkennungsdienstliche Maßnahmen und kriminalpolizeiliche Unterlagen	Auffangwert
35.6	Normenkontrolle	wirtschaftliche Interesse, sonst Auffangwert
36.	**Prüfungsrecht[45]**	
36.1	Das Studium abschließende (Staats-) Prüfung, Einzelleistungen, deren Nichtbestehen zur Beendigung des Studiums führen[46]	7.500 €
36.2	Den Berufszugang eröffnende abschließende (Staats-) Prüfung, abschließende ärztliche oder pharmazeutische Prüfung	Jahresbetrag des erzielten oder erwarteten Verdienstes, mindestens 15.000 €
36.3	sonstige berufseröffnende Prüfungen[47]	Jahresbetrag des erzielten oder erwarteten Verdienstes, mindestens 15.000 €
36.4	Sonstige Prüfungen[48]	Auffangwert
37.	**Rundfunkrecht**	
37.1	Hörfunkkonzession	200.000 €
37.2	Fernsehkonzession	350.000 €
37.3	Kanalbelegung	wie Hörfunk-/Fernsehkonzession
37.4	Einräumung von Sendezeit	15.000 €; bei bundesweit ausgestrahlten Programm: 500.000 €
38.	**Schulrecht[49]**	
38.1	Errichtung, Zusammenlegung, Schließung einer Schule (Klage der Eltern bzw. Schüler)	Auffangwert
38.2	Genehmigung zum Betrieb[50] einer Ersatzschule	30.000 €
38.3	Schulpflicht, Einweisung in eine Sonderschule, Entlassung aus der Schule	Auffangwert

43 NdsOVG JurBüro 2015, 365.
44 VGH Baden-Württemberg JurBüro 2014, 481 = NwZ-RR 2014, 6 = JurionRS 2014, 16485 (Einweisung bzw. Umsetzung einer Familie).
45 Soweit es um prüfungsspezifische Bewertungen geht, sind die Regelungen des Abschnitts 36 leges speciales. Vgl. OVG Hamburg, JurBüro 2017, 23.
46 VG Berlin Urt. v. 4.8.2014 – 12 K 748.13 = Openjur 2014, 18692.
47 OVG NRW AGS 2015, 232 = DÖV 205, 532 = NJW-Spezial 2015, 315 = JurionRS 2015, 13108.
48 Vgl. BVerwG NVwZ-RR 1993, 304 (studienbegleitende Leistungsnachweise).
49 Vgl. OVG Schleswig NVwZ-RR 1992, 280.
50 Vgl. BVerwG JurBüro 1992, 488.

38.4	Aufnahme in eine bestimmte Schule oder Schulform	Auffangwert
38.5	Versetzung, Zeugnis[51]	Auffangwert
38.6	Reifeprüfung	Auffangwert
39.	**Schwerbehindertenrecht**	
39.1	Zustimmung der Hauptfürsorgestelle	Auffangwert[52]
40.	**Soldatenrecht**	
40.1	Berufssoldaten	wie Beamte auf Lebenszeit
40.2	Soldaten auf Zeit	wie Beamte auf Probe
41.	**Sozialhilfe[53]/Kriegsopferfürsorge**	s. Streitwertkatalog i.d.F. Jan. 1996 (NVwZ 1996, 562; DVBl. 1996, 605)[54]
42.	**Staatsangehörigkeitsrecht**	
42.1	Einbürgerung[55]	doppelter Auffangwert pro Person
42.2	Feststellung der Staatsangehörigkeit	doppelter Auffangwert pro Person
43.	**Straßen und Wegerecht (ohne Planfeststellung), Straßenreinigung**	
43.1	Sondernutzung[56]	zu erwartender Gewinn bis zur Grenze des Jahresbetrages, mindestens 500 €
43.2	Sondernutzungsgebühr	siehe Abgabenrecht
43.3	Widmung, Einziehung	wirtschaftliches Interesse, mindestens 7.500 €[57]
43.4	Anfechtung einer Umstufung zur Vermeidung der Straßenbaulast	dreifacher Jahreswert des Erhaltungs- und Unterhaltungsaufwands
43.5	Straßenreinigungspflicht	Auffangwert
44.	**Subventionsrecht**	
44.1	**Vergabe einer Subvention:**	
44.1.1	Leistungsklage	streitiger Betrag (§ 52 Abs. 3 GKG)
44.1.2	Konkurrentenklage	50% des Subventionsbetrages
44.2	**Bescheinigung, als Voraussetzung für eine Subvention**	75% der zu erwartenden Subvention
44.3	**Zinsloses oder zinsermäßigtes Darlehen**	Zinsersparnis; im Zweifel pauschaliert: zinsloses Darlehen 25%, zinsermäßigtes Darlehen 10% des Darlehensbetrages

51 Für Schulstrafen: OVG Schleswig NVwZ-RR 1992, 280 (3.000 €).
52 OVG Schleswig JurBüro 2014, 305 = NJW-Spezial 2014, 251 = JurionRS 2014, 10584.
53 Vgl. VGH Kassel NVwZ-RR 1993, 331.
54 **40. Sozialhilfe.**
40.1 Laufende Leistungen: Wert der streitigen Leistung, [45] höchstens Jahresbetrag
40.2 Einmalige Leistungen: streitiger Betrag
40.3 Überleitung von Ansprüchen: Auffangwert
40.4 Auskunft nach § 116 BSHG $^{1}/_{2}$-Auffangwert
40.5 Streitigkeiten um Aufwendungsersatz (§ 11 Abs. 2 1. Halbsatz, § 29 S. 2 BSHG)
40.6 Streitigkeiten um Kostenersatz: streitiger Betrag.
55 Vgl. BVerwG BayVBl. 1994, 221; NVwZ-RR 1994, 182 (L).
56 Vgl. BVerwG VBlBW 1994, 96 (Abgrenzung vom Nutzungsvertrag).
57 OVG Münster JurBüro 2002, 532.

45.	**Vereins- und Versammlungsrecht**	
45.1	**Vereinsverbot**[58]	
45.1.1	durch oberste Landesbehörde	15.000 €
45.1.2	durch oberste Bundesbehörde	30.000 €
45.2	**Anfechtung eines Verbots durch einzelne Mitglieder**	Auffangwert je Kläger
45.3	**Auskunftsverlangen**	Auffangwert
45.4	**Versammlungsverbot, Auflage**	½ Auffangwert
46.	**Verkehrsrecht**[59]	
46.1	Fahrererlaubnis[60] Klasse A	Auffangwert[61]
46.2	Fahrerlaubnis Klasse A M, A 1, A2	½-Auffangwert
46.3	Fahrerlaubnis Klasse B, BE	Auffangwert
46.4	Fahrerlaubnis Klasse C,CE	1½-Auffangwert
46.5	Fahrerlaubnis Klasse C 1, C1 E	Auffangwert
46.6	Fahrerlaubnis Klasse D, DE	1½-facher Auffangwert
46.7	Fahrerlaubnis Klasse D 1, D1E	Auffangwert
46.8	Fahrerlaubnis Klasse L	½-Auffangwert
46.9	Fahrerlaubnis KlasseT[62]	½ Auffangwert
46.10	Fahrerlaubnis zur Fahrgastbeförderung	2-facher Auffangwert
46.11	Fahrtenbuchauflage[63]	400 € je Monat
46.12	Teilnahme an Aufbauseminar	½ Auffangwert
46.13	Verlängerung der Probezeit	½-Auffangwert
46.14	Verbot des Fahrens erlaubnisfreier Fahrzeuge	Auffangwert
46.15	Verkehrsregelnde Anordnung	Auffangwert
46.16	Sicherstellung, Stillegung eines Kraftfahrzeugs	½-Auffangwert

58 Nachbarschaftsklage gegen Gestattung eines Straßenfestes, 500 € bei fünftägigem Fest, OVG Koblenz NVwZ-RR 1995, 62 (L); bei bundesweiten Wirkungen ist angemessene Überschreitung gerechtfertigt, BVerwG MDR 1992, 734.

59 Dazu auch ausführlich *Geiger* DAR 2005, 491.

60 Vgl. auch BVerwG bei Buchholz Nr. 360 zu § 13; OVG Bautzen LKV 1994, 224; VGH Mannheim JurBüro 1992, 487. Vgl. auch unten alphabetischer Streitwertschlüssel „Fahrerlaubnis".

61 Eine Erhöhung wegen beruflicher Nutzung kommt bei Wiedererteilung nicht (mehr) in Betracht, vgl. HambOVG JurBüro 2005, 479. **A.M.** *Geiger* DAR 2005, 492.

62 Eine entsprechende Anwendung für fahrerlaubnisfreie Fahrzeuge (z.B. Fahrräder) ist nicht zulässig(Thür. OVG JurBüro 2012, 590. **A.A.** SächsOVG, Beschl. v. 7.10.2009 – 3 E 81/09; BayVGH, Beschl. v. 10.1.2011 – 11 CS 10.2404; OVG Berlin-Brandenburg, Beschl. v. 28.2.2011 – OVG 1S 19.11).

63 BVerwG NJW 1989, 1624; OVG Lüneburg DAR 1993, 364 und NVwZ-RR 1994, 183. Vgl. auch OVG Sachsen-Anhalt, Beschl. v. 29.1.2013 – 3 M 727/12 = RVG-professionell 2013, 103 (wenn für mehrere Fahrzeuge für jedes Fz unabhängig von der Anzahl; kein „Mengenrabatt" für die gesamte Fahrzeugflotte).

47.	**Verkehrswirtschaftsrecht**[64]	Es gelten grundsätzlich die nachstehend aufgeführten Werte. Soweit diese die Bedeutung der Genehmigung, des Vorbescheides oder der Anfechtung einer belastenden Maßnahme nicht angemessen erfassen, gilt stattdessen das geschätzte wirtschaftliche Interesse bzw. der Jahresnutzwert
47.1	Güterfernverkehrsgenehmigung, Gemeinschaftslizenz für EG-Ausland, grenzüberschreitender Verkehr	30.000 €
47.2	Bezirksverkehrsgenehmigung	20.000 €
47.3	Nahverkehrsgenehmigung	15.000 €
47.4	Taxigenehmigung	15.000 €
47.5	Mietwagengenehmigung	10.000 €
47.6	Linienverkehr mit Omnibussen	20.000 € je Linie
47.7	Gelegenheitsverkehr mit Omnibussen	20.000 €
48.	**Vermögensrecht**	
48.1	**Rückübertragung**	
48.1.1	Grundstück	aktueller Verkehrswert; klagen einzelne Mitglieder einer Erbengemeinschaft auf Leistungen die Erbengemeinschaft, so ist das wirtschaftliche Interesse nach dem Erbanteil zu bemessen.
48.1.2	Unternehmen	aktueller Verkehrswert
48.1.3	sonstige Vermögensgegenstände	wirtschaftlicher Wert
48.2	**Besitzeinweisung**	30% des aktuellen Verkehrswertes
48.3	**Investitionsvorrangbescheid**	30% des aktuellen Verkehrswertes
48.4	**Einräumung eines Vorkaufsrechts**	50% des aktuellen Verkehrswertes
49.	**Vertriebenen- und Flüchtlingsrecht**	
49.1	Erteilung oder Entziehung eines Vertriebenenausweises[65]	Auffangwert
49.2	Erteilung oder Rücknahme eines Aufnahmebescheids/einer Bescheinigung nach § 15 BVFG	Auffangwert
50.	**Waffenrecht**	
50.1	**Waffenschein**[66]	7.500 €
50.2	**Waffenbesitzkarte**[67]	Auffangwert zuzüglich 750 € je Waffe
50.3	Munitionserwerbsberechtigung	1.500 €
50.4	Waffenhandelserlaubnis	s. Gewerbeerlaubnis Nr. 54.2.1

64 Ebenso auch VGH Baden-Württemberg, JurBüro 2016, 141 = NJW-Spezial 2016, 123 = JurionRS 2015, 30893. Dazu auch bei *Geiger* DAR 2005, 491 ff., 494.
65 **A.M.** OVG Koblenz NVwZ-RR 1992, 387 (Auffangwert).
66 VGH Mannheim NVwZ-RR 1992, 448.
67 Abw. BVerwG GewArch. 1992, 314; VGH Mannheim bei *Mellius* MDR 1994, 338.

51.	**Wasserrecht** (ohne Planfeststellung)	
51.1	Erlaubnis, Bewilligung	wirtschaftlicher Wert
51.2	**Anlagen an oder in Gewässern**	
51.2.1	gewerbliche Nutzung	Jahresgewinn, mindestens Auffangwert
51.2.2	nichtgewerbliche Nutzung	Auffangwert
51.2.3	Steganlagen incl. ein Bootsliegeplatz	Auffangwert zuzüglich 750 € für jeden weiteren Liegeplatz
52.	**Wehrdienst**	
52.1	Anerkennung als Kriegsdienstverweigerer	Auffangwert
52.2	Wehrübung	Auffangwert
53.	**Weinrecht**	
53.1	Veränderung der Rebfläche	150 €/m² Rebfläche
53.2	Genehmigung zur Vermarktung oder Verarbeitung von nicht verkehrsfähigem Wein	2 €/Liter
54.	**Wirtschaftsverwaltungsrecht**	
54.1	**Gewerbeerlaubnis, Gaststättenkonzession**	Jahresbetrag des erzielten oder erwarteten Gewinns, mindestens 15.000 €
54.2	**Gewerbeuntersagung**	
54.2.1	ausgeübtes Gewerbe[68]	Jahresbetrag des erzielten oder erwarteten Gewinns, mindestens 15.000 €
54.2.2	erweiterte Gewerbeuntersagung	Erhöhung um 5.000 €
54.3	**Handwerksrecht**	
54.3.1	Eintragung/Löschung in der Handwerksrolle[69]	Jahresbetrag des erzielten oder erwarteten Gewinns, mindestens 15.000 €
54.3.2	Meisterprüfung	15.000 €
54.3.3	Gesellenprüfung	7.500 €
54.4	**Sperrzeitregelung**	Jahresbetrag des erzielten oder erwarteten Gewinns, mindestens 7.500 €
54.5	**Zulassung zu einem Markt**	erwarteter Gewinn, mindestens 300 € pro Tag
55.	**Wohngeldrecht**	
55.1	Miet- oder Lastenzuschuss	Streitiger Zuschuss, höchstens Jahresbetrag
56.	**Wohnraumrecht**	
56.1	**Anerkennung als steuerbegünstigte Wohnung**	Gesamtbetrag der Steuerersparnis
56.2	**Bewilligung öffentlicher Mittel**	Zuschussbetrag zuzüglich 10% der Darlehenssumme
56.3	**Erteilung einer Wohnberechtigungsbescheinigung**	Auffangwert
56.4	**Fehlbelegungsabgabe**[70]	streitiger Betrag, höchstens dreifacher Jahresbetrag

68 NdsOVG JurBüro 2015, 365.
69 Eintragung zulassungsfreier Handwerke oder handwerksähnlichen Gewerbe: Auffangwert (OVG Sachsen-Anhalt JurBüro 2014, 78).
70 Abw. OVG Hamburg NJW-RR 1993, 335.

56.5	**Freistellung von der Wohnungsbindung**	Auffangwert je Wohnung
56.6	**Zweckentfremdung**	
56.6.1	Erlaubnis mit Ausgleichszahlung	Jahresbetrag der Ausgleichszahlung, bei laufender Zahlung: Jahresbetrag
56.6.2	Erlaubnis ohne Ausgleichszahlung	Auffangwert
56.6.3	Aufforderung, Wohnräume wieder Wohnzwecken zuzuführen	Falls eine wirtschaftlich günstigere Nutzung stattfindet: Jahresbetrag des Interesses, sonst Auffangwert je Wohnung
56.7	**Wohnungsaufsichtliche Anordnung**	veranschlagte Kosten der geforderten Maßnahmen

9 **2. Alphabetischer Streitwertschlüssel**

10 **Abänderungsverfahren** nach § 80 Abs. 7 VwGO: unabhängig vom Streitwert des vorausgegangenen Aussetzungsverfahrens zu bewerten.[1]

Abbruchgenehmigung: Regelmäßig $^{2}/_{3}$ des Wertes der für die Genehmigung des abzubrechenden Bauwerks anzusetzen wäre.

Abfall: Vgl. Streitwertkatalog 2. Vgl. auch unter Altlasten.

Abgaben: Vgl. Streitwertkatalog 3.

Abgrabung: Wert des aus der Abgrabung erwarteten Gewinns; Erlös aus Abgrabung und Verfüllung (pauschal 2,5 €/cbm).[2]

Abitur: Streitwertkatalog 38.6.

Ablehnung von Richtern/Sachverständigen: 20% des Wertes der Hauptsache, höchstens 5.000 €[3] oder Auffangwert.[4] Die Rspr. ist hier noch sehr uneinheitlich.[5] Vgl. auch oben, 52 Rn. 22.

Abrissverfügung: Vgl. Streitwertkatalog 9.5.

Abwahl von Kommunalen Wahlbeamten: Interesse des Abgewählten. § 42 Abs. 3 analog.

Abwasser: Wert der zur Abwehr der Nachteile aufzuwendenden Kosten.[6] Bei Streit um einen Teilbetrag: Wert des materiell streitigen Teils der Forderung.[7] Bei Streit um Stundung von Abwasserbeiträgen für landwirtschaftlich genutzte Flächen ist das wirtschaftliche Interesse des Begehrens maßgebend, in der Regel 3,5-facher Jahresbetrag der ersparten Stundungszinsen.[8]

Ackerflächen – Stilllegung: Höhe der Stilllegungsprämie (§ 41 Abs. 1 ist unanwendbar).[9]

Akteneinsicht: Auffangwert.[10]

Altenteilzeit im Blockmodell, Streit um Bewilligung: § 52 Abs. 2 – Auffangwert –.[11]

1 OVG Lüneburg NVwZ-RR 1999, 813.
2 OVG Münster NVwZ-RR 1999, 479.
3 Vgl. VGH Mannheim NVwZ-RR 1994 303 = MDR 1994, 338.
4 VGH Kassel MDR 1993, 302.
5 Vgl. dazu bei *Oe/Wi/He Streitwerthandbuch*, S. 305.
6 OVG Münster KR § 20 GKG Nr. 31.
7 Sächs.OVG JurBüro 2009, 538 (LS mit Volltextservice).
8 OVG Bautzen JurBüro 2010, 142.
9 VGH Kassel Agrarrecht 1994, 55.
10 OVG Münster KR § 13 GKG Nr. 569.
11 OVG Nordrhein-Westfalen JurBüro 2013, 364.

Altlasten: Orientierung an den tatsächlichen Sanierungskosten, ausnahmsweise Auffangwert.[12] Vgl. auch Streitwertkatalog 1 (Abfall).

Anerkennung ausländischer Grade: Nostrifikation. Vgl. Streitwertkatalog 15.6.

Anerkennungsbescheid im Wohnungsbau: Höhe des steuerlich ersparten Betrages.[13]

Anschluss-/Benutzungszwang: Streitwertkatalog 22.4.

Anwohnerparkausweis: 2.500 €.[14] Vgl. auch Streitwertkatalog 46.14.

Apotheker: Streitwertkatalog 16.1 (Approbation).[15]

Architektenliste: Streitwertkatalog 14.1.

Artenschutz: Bruchteil des Verkehrswertes (50–80%).[16]

Arzneimittel: Bei Streit um Zulassung ist von der Bedeutung der Sache für den Kläger auszugehen, i.d.R. erwarteter Jahresgewinn.[17]

Arztrecht: Streitwertkatalog 16.

Asylrecht: Vgl. oben Rn. 1–2. Bei Leistungen nach dem Asylbewerberleistungsgesetz: Jahresbetrag der wiederkehrenden Leistungen (§ 17 Abs. 1);[18] wenn es nur darum geht, ob Geld- oder Sachleistungen zu gewähren sind $^1/_4$ des Jahreswertes.[19]

Atomrecht: Streitwertkatalog 6.

Aufbaudarlehen: Geldbetrag des begehrten Darlehens (§ 52 Abs. 3).

Aufenthaltserlaubnis: Streitwertkatalog 8.1. Im vorläufigen Rechtsschutzverfahren gegen Versagung zur Ausübung einer selbständigen Tätigkeit $^1/_2$-Auffangwert.[20] Ebenso, wenn Ausländer, der im Besitz einer Erlaubnis ist, nur Erhalt einer anderen, „höherwertigen" Erlaubnis begehrt.[21] Im Hauptsacheverfahren mit dem Ziel der Erteilung einer Duldung nach § 60a Abs. 4 AufenthG regelmäßig halber Auffangwert nach § 52 Abs. 2; das gilt auch für ein einstweiliges Verfahren (§ 123 VwGO betreffend die Erteilung einer Duldung.[22] Bei Anfechtungsklage eines drittstaatsangehörigen Familienangerhörigen gegen einen Nichtbestehensfeststellung nach § 5 Abs. 2 FreizügG/EU beträgt Streitwert entgegen dem Streitwertkatalog 10.000 €, weil die Bedeutung der Sache wirtschaftlichen Wert hat und gem. § 52 Abs. 1 durchaus bestimmbar ist.[23]

Auflage: Höhe der sich aus der Auflage ergebenden Kosten oder Ersparnisse.

Auflösungsantrag, Arbeitsverhältnis: 1 Bruttomonatsgehalt.[24]

Aufwendungsdarlehen: Geldbetrag des Darlehens (§ 52 Abs. 3).

Ausbildungsförderung: Keine Gerichtskosten (§ 188 VwGO). Streitwertfestsetzung nur auf Antrag nach § 33 Abs. 1 RVG.[25] Antrag auf Förderung als Darlehn und Zuschuss je zur Hälfte: € des gesamten Förderungsbetrags.[26] Klage auf Auskunftserteilung gegen den Unterhaltsverpflichteten über seine Einkunftsverhältnisse: Regelwert.[27]

---

12 OVG Berlin NVwZ-RR 2001, 277.
13 OVG Hamburg DWW 1980, 173 = ZMR 1980, 249.
14 OVG Münster KR Nr. 131 zu § 13 GKG m. krit. Anm. von *Noll.*
15 Dazu auch OVG Münster NJW 1999, 2760 (Psychologischer Therapeut).
16 Vgl. bei *Oe/Wi/He Streitwerthandbuch*, S. 308.
17 BVerwG JurBüro 1991, 1539 = NVwZ 1991, 1180.
18 OVG Weimar NVwZ-Beilage 1997, 56 (L).
19 OVG Weimar NVwZ-Beilage 1997, 56 (L).
20 OVG Saarlouis JurBüro 2000, 420.
21 NdsOVG JurBüro 2012, 84.
22 OVG Bremen JurBüro 2011, 484.
23 VGH Mannheim, JurBüro 2016, 582.
24 ArbG Würzburg NZA-RR 2001, 107.
25 Vgl. dazu bei *Oe/Wi/He Streitwerthandbuch*, S. 313.
26 OVG Münster NVwZ-RR 2001, 412.
27 OVG Münster NVwZ-RR 2001, 413.

Ausfuhrgenehmigung: 1/3 des voraussichtlichen Jahresgewinns, der aus der beabsichtigten Ausfuhr der betreffenden Ware zu erwarten ist.[28]

Auskunftserteilung: Wirtschaftliches Interesse des Klägers, i.d.R. Wert des für die Auskunftserteilung erforderlichen Zeitaufwandes.[29]

Ausländerrecht: Streitwertkatalog 8. Bei Duldung und Abschiebeanordnung im Hauptsacheverfahren 1/2-Auffangwert[30] i.d.R. Auffangwert,[31] bei Duldung voller Auffangwert jedenfalls dann, wenn sich das mit der Klage verfolgte Sachinteresse nicht exakt in einem Geldwert ausdrücken lässt;[32] Verkürzung der Sperrfrist nach § 8 Abs. 1 S. 2 AuslG Regelwert.[33] Bei isolierter Klage gegen Wohnsitzauflagen voller Auffangwert. Bei Klagen von mehreren Familienangehörigen für jeden Angehörigen, für den eine Aufenthaltserlaubnis erstrebt wird [Streitwertaddition]).[34] Keine Streitwertaddition, wenn mehrere Familienmitglieder im Interesse der familiären Gemeinschaft die Erteilung einer Aufenthaltserlaubnis für ein Familienmitglied erstreben.[35]

11 **Bachelorprüfung:** endgültiges Nichtbestehen 7.500 € gem. Streitwertkatalog 36.1., bei Eilverfahren die Hälfte.[36]

BaföG: S. „Ausbildungsförderung“.

Baubeseitigungsverfügung: bei gewerblicher Nutzung ist die wirtschaftliche Bedeutung der Nutzung maßgebend, es sei denn, die Beseitigungskosten und der Substanzwert liegen höher.[37]

Baubescheid: Nachträglicher Auflagenbescheid s. Streitwertkatalog 11.1.4.

Baugenehmigung: Streitwertkatalog 9.1. Gilt auch entsprechend, wenn Kläger nicht Eigentümer des Grundstücks ist.[38] Für Verpflichtungsklage auf Erteilung zur Klärung des Standorts und der Art des Vorhabens.[39] Entgegen Streitwertkatalog ist bei Klage auf Erteilung stets die durch die Genehmigung zu erwartende Bodenwertsteigerung zu nehmen.[40] Baugenehmigung für eine Windkraftanlage 1/10 des Substanzwertes.[41] Bei Einfamilienhaus regelmäßig 15.000 €, bei Streit über Bebaubarkeit des Grundstück Erhöhung um Wert der mutmaßlichen Bodenwertsteigerung.[42] Wird nur ein Vorbescheid begehrt, kann Abschlag bis zu 50% erfolgen.[43]

Baulast: Wert der Verpflichtungsklage zur Eintragung einer Baulast orientiert sich am Streitwert für Klage auf Erteilung einer Baugenehmigung bzw. einer Bauvoranfrage.[44]

Baunachbarstreit: Streitwertkatalog 9.7.[45] Bei Klage gegen Genehmigung kann auch die substantiiert dargelegte Wertminderung des klägerischen Grundstücks maß-

28 VGH Kassel MDR 1994, 217.
29 OVG Greifswald NVwZ-RR 2001, 279.
30 VGH München NVwZ-Beilage I 2000, 92.
31 VGH München NVwZ-Beilage I 1999, 35.
32 VGH Mannheim NVwZ-RR 1999, 813.
33 HessVGH JurBüro 2001, 595.
34 OVG Magdeburg JurBüro 2010, 143; OVG Bautzen JurBüro 2008, 535 = JurBüro 2008, 476.
35 OVG Magdeburg JurBüro 2010, 143.
36 NdsOVG JurBüro 2010, 250.
37 OVG Mecklenburg-Vorpommern JurBüro 2004, 543.
38 VGH Baden-Württemberg, JurBüro 2016, 531 = JurionRS 2016, 20305.
39 VGH Mannheim NVwZ-RR 1998, 459.
40 VGH Baden-Württemberg JurBüro 1999, 197.
41 OVG Nordrhein-Westfalen JurBüro 2001, 479.
42 BVerwG NVwZ 2001, 1055; OVG NRW JurBüro 2004, 30.
43 OVG NRW JurBüro 2004, 30.
44 OVG NRW JurBüro 2004, 31.
45 OVG Schleswig JurBüro 2004, 543; abweichend VG Darmstadt NJW 1998, 2992 (L); vgl. auch OVG Greifswald NVwZ-RR 1999, 279.

gebend sein.[46] Bei nur ganz geringfügiger oder nicht messbarer Wertminderung kann auch geringerer Wert aus Regelwert des Streitwertkatalogs genommen werden.[47] Wenn Schilderungen des Klägers sich als übertrieben erweisen, keine Minderung des Streitwerts.[48]

Baurecht: Streitwertkatalog 9.

Baustopp: Eigener Streitwert bei Sicherungsmaßnahmen; Umstände des Einzelfalls.[46a]

Bauvoranfrage: Bei Klärung der Bebaubarkeit eines Grundstücks die nach der Feststellung der Bebaubarkeit zu erwartende Steigerung des Grundstückswertes,[49] im Einzelfall Herabsetzung bis zu 50% des Wertes für Erteilung der Genehmigung, jedoch nicht, wenn Fragen der Bebaubarkeit zu klären sind.[50]

Bauvorbescheid: Streitwertkatalog 9.2.[51] $^1/_2$ des wirtschaftlichen Jahresnutzwertes bei einem wirtschaftlich zu nutzenden Bauwerk;[52] $^1/_{10}$ des Wertes der mutmaßlichen Bodenwertsteigerung.[53] Für Doppelhaus Mittelwert von Streitwertkatalog 7.1.1. und 7.1.2.[54]

Beamtenrecht: Vgl. § 52 Abs. 5–6 und Streitwertkatalog 10. Sowie bei „Konkurrentenklage"; „Erholungsurlaub". Feststellungsklage bei unterlassener Beförderung analog § 9 ZPO ($3^1/_2$-facher Wert der einjährigen Bruttogehaltsdifferenz abzüglich 20%).[55] Teilstatusklagen s. § 52 Rn. 26c. Abordnung s. § 52 Rn. 21, 25 (Auffangwert).[56]

Bebauungsplan: Streitwertkatalog 9.8.

Beförderung gefährlicher Güter: Vgl. Streitwertkatalog 47. Zusätzlicher Jahresgewinn.[57]

Befreiung von der Grunderwerbsteuer: Volle Höhe der Steuerschuld.

Beigeladener: Der für den Beigeladenen betreffende (Anteil des) Streitwert(s) für den Kläger.[58]

Bergrecht: Vgl. Streitwertkatalog 11. Festsetzung nach Ermessen des Gerichts aus der sich aus dem Antrag ergebenden Bedeutung der Sache für den Kläger.[59]

Berufserlaubnis: Durchschnittliche Jahreseinnahmen, die von einem Angehörigen des jeweiligen Berufes zu erzielen sind.[60]

Berufsständisches Versorgungswerk: Streitwertkatalog 14.3.3. Wenn keine Bezifferung möglich ist, die in das Vermögen des Klägers übergehen soll, ist § 52 Abs. 1 anwendbar, so dass der Wert z.B. bei Rentenanwartschaften nach der durch die höhere Beitragszahlung zu erwartenden Rentensteigerung zu bemessen ist.[61]

Berufsunfähigkeitsrente: § 42 Abs. 3.

---

46 BVerwG NVwZ 1999, 879.
47 SächsOVG JurBüro 2004, 598.
48 Nieders. OVG JurBüro 2014, 191 = DÖV 2014, 4 = ZfBR 2014, 169 = JurionRS 2014, 10012.
46a OVGNds (2500 €) JurBüro 2015, 367 = DÖV 2015, 536 = BauR 2015, 1153 = JurionRS 2015, 13250.
49 VGH Baden-Württemberg JurBüro 1998, 264.
50 OVG NRW JurBüro 2004, 30.
51 VGH Baden-Württemberg JurBüro 1998, 264.
52 OVG Münster JurBüro 1999, 421.
53 VGH München NVwZ-RR 2001, 614 = BauR 2001, 934 = JurBüro 2002, 144.
54 BVerwG NVwZ-RR 2001, 802 = BauR 20001, 1565.
55 BGH DRiZ 2008, 291 (LS mit Volltextservice).
56 Sächs.OVG Beschl. v. 26.2.2010 – 2 E 145/09.
57 OVG Berlin NVwZ-RR 1991, 672.
58 OVG Lüneburg NVwZ-RR 2001, 278.
59 BVerwG JurBüro 1997, 88.
60 VGH Mannheim AnwBl. 1988, 677.
61 Nieders.OVG JurBüro 2008, 148.

Berufsunfähigkeitsversicherung: Streitwert bei Klage auf Leistung: Summe der bis zur Klageerhebung fällig gewordener Beiträge und den nach § 9 ZPO zu bewertenden künftigen Ansprüchen.[62]

Berufungszusage: Befristung einer B. im Hochschulrecht 10% der Kosten der zugesagten Ausstattung abzgl. Kosten für die Minimalausstattung[63] (vgl. auch Streitwertkatalog 18.10).

Bescheidungsklage: Bruchteil, mindestens aber $^1/_4$ der entsprechenden Verpflichtungsklage.

Beseitigungsanordnung: Abzustellen ist auf die Bedeutung der Sache für den Kläger, Abbruch-/Beseitigungskosten sowie Substanzwert.[64]

Besitzeinweisung: Streitwertkatalog 48.2. Steht der objektive Wert der betroffenen Fläche nicht fest, ist bei vorzeitiger Besitzeinweisung Unterschied der Beträge, welche Eigentümer und Vorhabensträger als Wert der Fläche ansehen, davon i.d.R. 20%.[65]

Besoldung: Vgl. Streitwertkatalog 10.4.

Beweisverfahren: wie bei zivilrechtlichen Streitigkeiten (Bruchteil, etwa $^1/_3$–$^1/_2$ des Hauptsachewerts).[66]

Bootsliegeplatz: Streitwertkatalog 51.2.3.

12 **Campingplatz:** Für Genehmigung Wert des geschätzten (Jahres)gewinns aus dem Betrieb für den Bewilligungszeitraum.[67]

Chefarztbeteiligung: Streit ist Kassenarztstreitigkeit i.S.v. § 3 Abs. 2 RVG, i.d.R. der für einen bestimmten Zeitraum zu erwartende Bruttogewinn.[68]

13 **Darlehen:** Darlehensbewilligungsbescheid Betrag des Darlehns abzgl. evtl. geleisteter Tilgungen.[69]

Dienstaufsichtsbeschwerde: Klage auf Entscheidung über eine D- Auffangwert, § 52 Abs. 2.[70]

Dienstfähigkeit: Bei Feststellung zur Vorbereitung eines Laufbahnwechsels Auffangwert § 52 Abs. 2.[71]

Dienstunfall:

- Anerkennung als D. Auffangwert.[72]
- Unfallrente: Streitwertkatalog 10.4.

Diplomprüfung: Streitwertkatalog 18.4. Für Zwischenprüfungen Auffangwert. Für Vorprüfungen $^1/_2$-Auffangwert.[73]

14 **Einbürgerung:** Streitwertkatalog 42.1.

Einstweiliger Rechtsschutz: Streitwertkatalog 1.5. Das gilt sowohl für einstweilige Anordnungen nach § 123 Abs. 1 VwGO als auch für Anordnungen der Wiederherstellung der aufschiebenden Wirkung nach § 80 Abs. 5 VwGO, wenn deren Vollzug nicht mehr rückgängig gemacht werden kann.[74]

---

62 OLG Karlsruhe, Beschl. v. 7.7.2016 – 12 W 3/16 – = JurionRS 2016, 20643.
63 OVG Bautzen JurBüro 2009, 596.
64 BVerwG JurBüro 1990, 523.
65 VGH Bayern JurBüro 2015, 139 = JurionRS 2014, 30703.
66 VGH München NVwZ-RR 2001, 278.
67 BVerwG KR § 13 Nr. 340.
68 LSG Stuttgart MedR 1989, 211; dazu auch *bei Oe/Wi/He Streitwerthandbuch*, S. 326.
69 OVG Bremen JurBüro 1991, 580.
70 Nieders.OVG JurBüro 2013, 364.
71 OVG Nordrhein-Westfalen JurBüro 2013, 365.
72 BayVGH, Beschl. v. 5.12.2012 – 14 ZB 3116 -= Openjur 2013, 2282.
73 BVerwG Beschl. v. 4.9.1998, 7 C 33/89.
74 VGH Baden-Württemberg JurBüro 2010, 200.

Einziehung von Sachen:
- Klage auf Herausgabe: wirtschaftliche Interesse, in der Regel Sachwert.[75]
- Wendet sich der Kläger allein gegen die Einziehungsverfügung: wirtschaftliches Interesse, hilfsweise Auffangwert.[76]

Emissionsbegrenzung: Schätzbetrag der dem Kläger bei der Befolgung der streitigen Anordnung entstehenden Kosten.[77]

Empfangsbekenntnis: Streit um Pflicht zur Übersendung an Gericht bzw. Frankierung Auffangwert.[78]

Enteignung: Bei Streit über Zulässigkeit Verkehrswert der streitgegenständlichen Fläche.[79]

Entlassung aus der Schule: Vgl. Schulrecht und Streitwertkatalog 38.3.

Entwicklungsbereich: entwicklungsrechtliche Genehmigung etwa 10% des vereinbarten Kaufpreises.[80]

Erbengemeinschaft: Bei Streit um Rückerstattung Wert des jeweiligen Erbteils.[81]

Erhaltungssatzung: Unterschied des wirtschaftlichen Wertes zwischen Gültigkeit und Ungültigkeit, Wertverlust.

Erholungsurlaub: 50 € je Urlaubstag.[82]

Erledigung der Hauptsache: Kosteninteresse.[83]

Ersatzschulen: Streitwertkatalog 38.2.

Ersatzvornahme: Höhe der Kosten der Ersatzvornahme.[84]

Erschließungsbeitrag: Streitwertkatalog 3.1.

Fahrerlaubnis: Streitwertkatalog 46. 15
- Berufliche Nutzung: keine Erhöhung bei Entziehung oder Wiedererteilung nach Entziehung.[85]
- Entziehung, Wiederverteilung, Umschreibung: bei mehreren Klassen ist Streitwert der Wert der höchsten Klasse gemäß Streitwertkatalog.[86] Dabei ist aber zu beachten, dass dann, wenn und soweit eine Klasse die Berechtigungen anderer Klassen einschließt, nur der Wert der höchsten (einschließenden) Klasse gilt. Die Werte der übrigen (nicht eingeschlossenen) Klassen in diesem Sinne sind hinzurechnen.[87] Die Klasse E ist aber stets besonders zu bewerten und ggf. zu addieren.[88]
- Fahrgastbeförderung: (gleichzeitige) Entziehung der Fahrerlaubnis zur Fahrgastbeförderung ist stets besonders streitwerterhöhend zu bewerten.[89]

75 OVG Bautzen JurBüro 2014, 306 = JurionRS 2014, 10569.
76 OVG Bautzen JurBüro 2014, 306 = JurionRS 2014, 10569.
77 VGH Kassel NVwZ-RR 1998, 786.
78 OLG Hamm JurBüro 1997, 601.
79 BVerwG KR § 13 GKG Nr. 151; VGH München BayVBl. 1987, 380.
80 OVG Berlin MDR 1996, 1079 = NVwZ-RR 1997, 754.
81 BVerwG VIZ 1999, 733.
82 OVG Koblenz NVwZ-RR 2001, 279.
83 VGH Mannheim NVwZ-RR 2000, 329; OVG Bremen AnwBl. 1994, 251.
84 OVG Berlin NVwZ-RR 2001, 276.
85 HambOVG JurBüro 2005, 479 – DAR 2005, 527 = NVwZ-RR 2006, 221 = VRS 108, 462; OVG Koblenz NJW 2006, 2715 = NZV 2006, 612 = DAR 2007, 161 = ZfS 2006, 417.
86 VGH Baden-Württemberg JurBüro 1997, 199.
87 Vgl. VGH Mannheim JurBüro 2008, 203; VG Braunschweig, 10.2.2004 – 6 B 91/04 – (das aber für die übrigen Klassen nur 50% des Regelwertes addieren will).
88 OVG Lüneburg SVR 2006, 313 = BeckRS 2006, 22469.
89 OVG Lüneburg JurBüro 2005, 597.

– Verbot zum Führen fahrerlaubnisfreier Fahrzeuge (z.B. Fahrräder): Auffangwert, bei einstweiliger Anordnung ½-Auffangwert.[90]

Fahrtenbuch:[90a] Streitwertkatalog 46.13. Der Betrag von 400,– € gilt für jedes Fahrzeug unabhängig von der Anzahl und Größe des Fuhrparks, kein „Mengenrabatt für die gesamte Fahrzeugflotte).[91]

Familienkasse: Streitigkeiten mit Familienkasse des Arbeitsamts über Kindergeld vgl. unten, Teil III – Finanzgerichtsbarkeit.[92]

Familienname: Streitwertkatalog 28.

Fehlbelegungsabgabe: Streitiger Betrag, höchstens Jahresbetrag. Vgl. Streitwertkatalog 56.4.

Fernsehkonzession: Streitwertkatalog 37.2. Für nichtkommerzielle Konzessionen aber nur Auffangwert.[93]

Feststellungsklage: bei negativer F. Höhe der Geldforderung; sind keine Anhaltspunkte dafür vorhanden Auffangwert.[94]

Flüchtlingsrecht: Streitwertkatalog 49.

Flughafenausbau: Wertverlust der betroffenen Fläche.[95]

Flurbereinigung: Streitwertkatalog 13.

Fortsetzungsfeststellungsklage: Gleicher Wert wie entsprechende Leistungs- oder Anfechtungsklage.

Friedhofsrecht: Streitwertkatalog 15.

16 **Gaststättenerlaubnis:** Streitwertkatalog 54.1. (s. auch „Nachbarklage").

Gemeindliche Einrichtungen: Im Regelfall ist von einem Wert zwischen 1.000 € und 5.000 € auszugehen.[96] Dazu auch Streitwertkatalog 22.3.

Gemeindliches Vorkaufsrecht: s. Vorkaufsrecht.

Gesellenprüfung: Streitwertkatalog 54.3.3.

Gewerberecht: Vgl. Streitwertkatalog 17. und 54.

Grabnutzungsrecht: Streitwertkatalog 15.1.

Graduierung: Streitwertkatalog 18.4.

Grenzfeststellung: Nach § 52 Abs. 1 zu bestimmen; nur, wenn es an Anhaltspunkten fehlt, kommt Auffangwert nach § 52 Abs. 2 in Betracht.[97]

Grundbescheid: Bei Zahlungsverpflichtungen (auch dem Grund nach) nach §13 Abs.1.[98]

Grundsicherung: Im Verfahren um Grundsicherung nach dem Gesetz über eine bedarfsorientierte Grundsicherung im Alter und bei Erwerbsminderung v. 26.6.2001 (BGBl. I, 1310, 1335) werden keine Gerichtskosten erhoben.[99]

Grundstücksverkehrsgenehmigung: 1/5 des Verkehrswertes des Grundstücks.[100]

Güterverkehr: Vgl. Streitwertkatalog 46.

---

90 Thür. OVG JurBüro 2012, 590. **A.A.** SächsOVG, Beschl. v. 7.10.2009 – 3 E 81/09; BayVGH, Beschl. v. 10.1.2011 – 11 CS 10.2404; OVG Berlin-Brandenburg, Beschl. v. 28.2.2011 – OVG 1S 19.11.

90a Dazu *Fromm*, JurBüro 2017, 341, 343.

91 OVG Sachsen-Anhalt, Beschl. v. 29.1.2013 – 3 M 727/12 = RVG-professionell 2013, 103. Ebenso auch VGH Baden-Württemberg, JurBüro 2016, 141 = NJW-Spezial 2016, 123 = JurionRS 2015, 30893.

92 Dazu bei *D. Meyer* JurBüro 1999, 182.

93 OVG Greifswald NVwZ-RR 2000, 732.

94 VGH München NVwZ-RR 2001, 277.

95 VGH Mannheim NVwZ-RR 1990, 385.

96 Vgl. *Oe/Wi/He Streitwerthandbuch*, S. 341; dazu auch BVerwG KR § 13 Nr. 315.

97 OVG Mecklenburg-Vorpommern JurBüro 2015, 577 = JurionRS 2015 21404 m. zahl. Nachw.

98 Vgl. dazu bei *Oe/Wi/He Streitwerthandbuch*, S. 344 m.N.

99 BVerwG, Beschl. v. 1.1.2005 – 5 B 57/04.

100 OVG Bautzen NVwZ-RR 1998, 460.

Häftlingshilfe: Es gilt § 52 Abs. 3. 17

Handwerksrecht: Grundsätzlich wie Gewerberecht (Streitwertkatalog 54). Eintragung zulassungsfreier Handwerke oder handwerksähnlichen Gewerbe in die Handwerksrolle: Auffangwert.[101]

Heilkunde: Untersagung der Ausübung 25.000 €.[102]

Hochschulrecht: Streitwertkatalog 18. Ausstattung eines Lehrstuhls Streitwertkatalog 15.9.[103] Für Numerus-clausus-Verfahren Auffangwert für Hauptsache, für Eilverfahren $^1/_4$ des Auffangwertes.[104] Man wird aber jedenfalls dann, wenn das Eilverfahren – was die Regel sein wird – de facto zu einer endgültigen Zulassung führt, ebenfalls den Auffangwert ansetzen müssen.[105]

Hörfunkkonzession: Streitwertkatalog 37.1.

Hundehaltung: Bei sicherheitsbehördlicher Anordnung zur Haltung von Hunden ist die wirtschaftliche Bedeutung für den Kläger nach § 51 Abs. 1 maßgebend, wenn der Aufwand bezifferbar ist, wenn nicht § 52 Abs. 2.[106]

Imbissstand: Sondernutzung (Streitwertkatalog 43.1). Bei vom Imbissstand ausgehenden Immissionen 5.000 €.[107] 18

Immissionsschutz: Streitwertkatalog 19.

Informationsstand einer Partei: vgl. „Sondernutzung“.

Insolvenzsicherung: Bei Klage gegen Bescheid betr. Beitragskürzung zur Insolvenzsicherung 80% des nach § 17 Abs. 3 zu berechnenden Wertes.[108]

Investitionsvorrangverfahren: Streitwertkatalog gilt entsprechend.[109]

Jagdrecht: Streitwertkatalog 20. Die Abwehr der Anlage eines öffentlichen Weges durch ein Jagdrevier entsprechend Ziff. 34 i.V.m. Ziff. 2.2.2. ist mit 1.500 € zu bewerten.[110] 19

Jagdschein: Erteilung vgl. Streitwertkatalog 20.3.[111]

Jubiläumsdienstalter: Der Streitwert bei der Festsetzung beträgt einen Bruchteil der erwarteten Zuwendung, wenn der Streit um die Anrechnung von Beschäftigungszeiten geht, und zwar $^1/_2$ oder weniger.[112] Dazu auch oben § 52 Rn. 22.

Jugendhilfe: Verfahren über die Rechtsmäßigkeit der Heranziehung der Eltern zu den Kosten von Jugendhilfeleistung höchstens der Jahresbetrag des eingeforderten Beitrags ohne Hinzurechnung rückständiger Beträge.[113]

Juristische Staatsprüfung: Erste Staatsprüfung Streitwertkatalog 18.4. Zweite Staatsprüfung 10.000 €.[114] Bei Wiederholungsprüfung nach „Freischuss“ Auffangwert.

Kassenarztrecht: Streit um Arzthonorar Honorarmehrbetrag. Bei Zulassungsstreitigkeiten keine Gerichtskosten, weil Sozialgerichtsverfahren. Anwaltshonorar nach § 23 RVG. 20

Kernkraftwerk: Vgl. „Atomrecht“.

Kiesabbau: Höhe des durch den (weiteren) Kiesabbaus zu erzielende Gewinn.[115]

---

101 OVG Sachsen-Anhalt JurBüro 2014, 78.
102 OVG Münster JurBüro 1998, 474.
103 OVG Hamburg NVwZ-RR 1999, 349 L.
104 OVG Münster JurBüro 1997, 88 m. Anm. v. *Hellstab*.
105 SächsOVG JurBüro 2015, 582 = JurionRS 201516730. So auch *Hellstab* JurBüro 1997, 89.
106 BayVGH, Beschl. v. 18.3.2015 – 10 C 14.868 = JurionRS RS 2015, 13320 = Openjur 2015, 7541.
107 BVerwG bei *Buchholz* § 13 Nr. 70.
108 BVerwG JurBüro 1988, 343 = NVwZ 1988, 1919 = KTS 1988, 543.
109 BVerwG VIZ 1999, 214.
110 Dazu *D. Meyer* JurBüro 2010, 352.
111 OVG Rheinland-Pfalz Beschl. v. 26.3.2010 – 8 E 10417/10.
112 OVG Greifswald RVG-Letter 2004, 11.
113 OVG Saarland, JurBüro 2016, 198 m.N.
114 BVerwG JurBüro 1995, 371.
115 BGH Mannheim JurBüro 1990, 911 = NVwZ-RR 1990, 386.

Kindergarten: Streit um (vorläufige) Anerkennung Auffangwert.

Kinder- und Jugendhilferecht: Streitwertkatalog 21.

Kleingartenrecht: Bei Streit um Wohnnutzung 1/2-Jahresmiete für gleichgroße Wohnung.[116]

Kommunalrecht: Vgl. Streitwertkatalog 22.

Kommunalwahl: Vgl. Streitwertkatalog 22.1.

Konkurrentenklage: im Zusammenhang mit Beförderung und Einstellung im Beamtenrecht bei Verfahren nach § 123 VwGO: 2.000 € (Auffangwert).[117] Voller Auffangwert auch bei Antrag auf Erlass einer einstweiligen Anordnung.[118] Str. A.A. Anwendung von § 52 Abs. 5 (vgl. oben § 52, Rn. 25).

Krankenhausrecht: Vgl. Streitwertkatalog 23.

Krankentransport: s. Streitwertkatalog 9.

Kriegsdienstverweigerung: Vgl. Streitwertkatalog 52.1.

Kriegsopferfürsorge: Streitwert wie Sozialhilfe (Streitwertkatalog 41.).

21 **Lastenausgleich:** Vgl. Streitwertkatalog 1996 (Vorauflage) 24.1.–24.4. und NVwZ 1996, 563.

Lebensmittelrecht: Vgl. Streitwertkatalog 25.

Leistungsklagen: Bei Klage auf Tätigwerden gegenüber einem Dritten Interesse des Klägers.[119]

Leistungskontrollen: Vgl. Streitwertkatalog 18.5. Bei Anfechtungsklage gegen den Bescheid über das endgültige Nichtbestehen der studienbegleitenden Leistungskontrolle 5.000 €.[120]

Linienverkehr: Vgl. Streitwertkatalog 47.

Luftfahrerschein: Vgl. Streitwertkatalog 26.

22 **Marktzulassung:** Vgl. Streitwertkatalog 54.5.

Medizinische Einrichtung: Für die Zulassung grundsätzlich Wert des angestrebten wirtschaftlichen Erfolgs, mindestens aber 500.000 €.[121]

Meisterprüfung: Streitwertkatalog 54.3.2.

Mietpreisbindung: Bei Verfahren um die Freistellung von der Mietpreisbindung Jahresbetrag der streitigen Mietpreiserhöhung.[122]

Mietwagengenehmigung: Vgl. Streitwertkatalog 47.5. Für Konzession 5.000 €/Fahrzeug, bei Eilverfahren 2.500 €/Fahrzeug.[123]

Milchgarantiemenge: Vgl. Streitwertkatalog 24.1.

Modernisierungs-/Instandsetzungsgebot: 20% der voraussichtlichen Kosten der streitigen Maßnahme.[124]

Munitionserwerb: Vgl. „Waffenrecht" und Streitwertkatalog 50.

Mutterschutzgesetz: Zustimmungsverfahren zur Kündigung nach MSchtzG Auffangwert (Streitwertkatalog 27.1.).[125]

23 **Nachbarklage:** Vgl. Baunachbarstreit. Bei Anfechtung einer Gaststättenerlaubnis wegen Immissionen ist das Interesse des Anfechtenden maßgebend.[126] Klage des im-

---

116 OVG Bremen JurBüro 1986, 1542.
117 VGH München NVwZ-RR 2000, 332.
118 BayVGH, Beschl. v. 16.4.2013 – 6 C 13.284 = Openjur 2013, 21891.
119 OVG Münster NVwZ-RR 1999, 790.
120 BVerwG NVwZ-RR 1993, 304 = KR GKG § 13 Nr. 476.
121 BSG JurBüro 2003, 86.
122 OVG Koblenz BBauBl. 1989, 420 (L).
123 OVG Münster JurBüro 1998, 542.
124 VGH Kassel JurBüro 1991, 105.
125 Die Frage ist nach wie vor sehr str. vgl. bei *Oe/Wi/He Streitwerthandbuch*, S. 392.
126 OVG Rheinland-Pfalz JurBüro 2000, 81.

missionsbetroffenen Nachbarn gegen Baugenehmigung von gewerblichen Projekten 10.000 €.[127]

Nachgraduierung: Vgl. Streitwertkatalog 18.3.

Namensrecht: Bei Namensänderung etc. Auffangwert.[128] Bei mehreren Kindern gilt für jedes Kind ein eigener Auffangwert; da insoweit keine Rechtsgemeinschaft besteht.[129] Im Übrigen Streitwertkatalog 28.

Naturschutz: Auffangwert.[130]

Nebenbestimmung: Bei N. eines Aufenthaltstitels regelmäßig voller Auffangwert.[131]

Nebentätigkeit: Vgl. Beamtenrecht.

Negativzeugnis: Vgl. Vorkaufsrecht.

Nichtzulassungsbeschwerde: Wert des Revisionsverfahrens (§ 47 Abs. 3).

Normenkontrollverfahren: Vgl. Atomrecht, Bebauungsplan, Erhaltungszwang.

Nostrifikation: Streitwertkatalog 18.7.

Nutzungsuntersagung/-verbot: Jahresnutzwert.[132] Vgl. auch Streitwertkatalog 9.4.

Obdachloseneinweisung bzw. -umsetzung: Streitwertkatalog 35.3, und zwar un- 24
abhängig von der Anzahl der Familienmitglieder.[133]

Ordnungsgeld: Höhe des Ordnungsgeldes.[134]

Ordnungsverfügung: Höhe der zur Erfüllung der Verfügung erforderlichen Aufwendungen.[135]

Parteienfinanzierung: Bedeutung der Sache für den Kläger, bei Klagen gegen die 25
Festsetzung i.d.R. Höhe des festgesetzten Betrages bzw. des begehrten Betrages.[136]

Passrecht: Vgl. Streitwertkatalog 30.

Personalausweis: Vgl. Streitwertkatalog 30.1.

Personalvertretungsrecht: Für die Gerichtsgebühren gilt § 2 Abs. 2 entsprechend, wonach Gerichtsgebühren nicht anfallen. Für die Anwaltsgebühr gelten nach § 23 RVG die Grundsätze des § 52 Abs. 3, für personalvertretungsrechtliches Beschlussverfahren danach Auffangwert.[137]

Personenbeförderung: Vgl. Linienverkehr (Streitwertkatalog 45.5.).

Pflegegeld: Vgl. Sozialhilfe (Streitwertkatalog 41.).

Pflegesätze: Vgl. Krankenhausrecht (Streitwertkatalog 23.).

Photovolaikanlage: Genehmigung zur Anbringung auf einem denkmalsgeschützten Scheunendach 10% der Herstellungskosten.[138]

Pilotenschein: Vgl. Luftfahrtschein (Streitwertkatalog 26.).

Planfeststellung: Streitwertkatalog 34.[139] Anfechtung von Planfeststellungsbeschlüssen 30–50% des Verkehrswertes der in Anspruch genommenen Fläche.[140] Klage eines drittbetroffenen Grundeigentümers wegen Eigentumsbeeinträchtigung 10.000 €, wegen

---

127 BayVGH JurBüro 2008, 371.
128 BVerwG, Beschl. v. 17.5.1993 – 6 B 13/93; OVG Münster DVBl. 1994, 651.
129 VG Darmstadt NJW 1998, 2992 (L).
130 Vgl. OVG Bremen JurBüro 1994, 119; dazu auch bei *Oe/Wi/He Streitwerthandbuch*, S. 361.
131 NiedersOVG JurBüro 2009, 539.
132 OVG Münster NVwZ-RR 1990, 110.
133 VGH Baden-Württemberg JurBüro 2014, 481 = NVwZ-RR 2014, 6 = JurionRS 2014, 16485.
134 VGH München KR § 13 GKG Nr. 295.
135 OVG München KR GKG § 13 Nr. 455.
136 OVG Münster VVwZ 2000, 335 = NVWZ-RR 2000, 333 (L).
137 OVG Hamburg JurBüro 2008, 477.
138 OVG Niedersachsen JurBüro 2015, 86.
139 Vgl. dazu auch die zahlreichen Nachweise bei *Oe/Wi/He Streitwerthandbuch*, S. 365.
140 BVerfG NVwZ 1999, 1104.

Grundstücksgefährdung zusätzlich je 5.000 € je Kläger.[141] Bei Beschluss ohne enteignungsrechtliche Vorwirkung für Kläger 4.000 €.[142]

Polizei- und Ordnungsrecht: Vgl. Streitwertkatalog 35.

Privatdozentur: Regelmäßig 5.000 €.[143]

Private Grundschule: Vgl. Ersatzschulen (Streitwertkatalog 38.2.).

Prozessvergleich: Betrag über den verglichen worden ist, nicht der Betrag auf den verglichen wurde.[144]

Prüfungsrecht: Streitwertkatalog 36.[145]

26 **Räumungsanordnung:** § 41 ist unanwendbar; Regelmäßig Auffangwert.[146]

Räumungsgebot: Vgl. Streitwertkatalog 9.4.

Rechtsanwalt: Bei Feststellung der Notwendigkeit der Hinzuziehung eines R im Vorverfahren Geschäftsgebühr (VV-RVG 2400–2403) nach dem Feststellungswert des Streitgegenstandes der vertretenden Sache.[147]

Rechtsberatungsgesetz: Erlaubnisüberprüfung 10.000 €[148] (vgl. Streitwertkatalog „Gewerbeerlaubnis").

Rentenansprüche: s. Berufsunfähigkeitsrente.

Richterrecht: In Prüfungsverfahren nach §§ 66 Abs. 1, 62 Abs. 1 Ziff. 3 und 4 DRiG ist nicht § 42, sondern § 52 anwendbar. Für Anfechtung der Entlassung eines Richters auf Probe einjähriger Betrag des Endgrundgehalts nach der Besoldungsgruppe R 1.[149]

Ruhegehalt: Verpflichtungsklage auf anderweitige Festsetzung ist nach § 52 Abs. 2 unter Berücksichtigung des Maßstabs nach § 42 Abs. 3 zu bewerten; § 42 Abs. 4 ist unanwendbar.[150]

Ruhegehaltsfähige Dienstzeit: Vgl. Streitwertkatalog 10.4.[151]

Rundfunk: Befreiung von der Gebührenpflicht Jahreswert der Gebühr.[152]

Rundfunkrecht: Vgl. Streitwertkatalog 37.

27 **Sachverständiger:** Bei Zulassungsstreitigkeiten, auch bei Anfechtung oder Widerruf, Verdienstmöglichkeit für 1 Jahr.[153] Bei Klagen auf öffentliche Bestellung und Vereidigung nach § 36 GewO 5.000 €.[154]

Schülerbeförderung: Jahresbetrag der Kosten.[155]

Schulrecht: Vgl. Streitwertkatalog 38.

Schwerbehinderter: Vgl. Streitwertkatalog 39.

Sendezeit: Vgl. Rundfunkrecht (Streitwertkatalog 37.).

Sicherstellung eines Kraftfahrzeugs: Streitwertkatalog 46.15. (½-Auffangwert).

Soldatenrecht: Vgl. Streitwertkatalog 40.

Sondereigentümer: Regelmäßig aus einem Rahmen von 1.500 € bis 15.000 €.[156]

---

141 OVG Hamburg NVwZ-RR 1999, 700. Vgl. auch BayVGH JurBüro 2014,362 = JurionRS 2013, 53377 (60.000 €).
142 OVG Schleswig NVwZ-RR 2000, 332.
143 BVerwG KR § 13 GKG Nr. 316.
144 OVG Münster NVwZ-RR 2000, 332.
145 VG Berlin Urt. v. 4.8.2014 – 12 K 748.13 = Openjur 2014, 18692.
146 VGH München BayVBl. 1988, 476 = KR § 13 GKG Nr. 208 (L).
147 OVG Sachsen JurBüro 2003, 136.
148 Dazu bei *D. Meyer* JurBüro 2003, 130.
149 BGH KR § 13 Nr. 462.
150 VGH Mannheim NVwZ-RR 1990, 111 = RiA 1989, 213.
151 **A.A.** VGH Mannheim JurBüro 1991, 1688 (wie Ruhegehalt).
152 OVG Hamburg JurBüro 2000, 534.
153 VGH München BayVBl. 1982, 668; OLG Schleswig JurBüro 1992, 330 = AnwBl. 1992, 280.
154 BVerwG, KR § 13 GKG Nr. 319.
155 VGH Kassel KR § 13 GKG Nr. 393.
156 OVG Münster JurBüro 1991, 1103 = NVwZ-RR 1992, 11.

Sondernutzung: Vgl. Streitwertkatalog 43.1.

Sondernutzungsrecht: 10% des von dem konzessionierten Mitbewerber erwirtschafteten Jahresumsatzes;[157] für einen einzelnen Informationsstand einer politischen Partei an nur einem bestimmten Tag 1.000 € (2.000 DM).[158] Für Sondernutzungserlaubnis für das Aufstellen von Altkleidersammelcontainern je Container 4.000,– €.[159]

Sonderschule: s. Schulrecht (Streitwertkatalog 38).

Sozialhilfe: Streitwertkatalog 41. Bei Rücknahme der Bewilligung Summe der bewilligten Leistungen;[160] im Übrigen regelmäßig Leistung im Zeitraum bis zum Erlass des Widerspruchsbescheides.[161] (s.a. „Grundsicherung")

Sperrzeitverlängerung/-verkürzung: Streitwertkatalog 54.4. Im Verfahren nach § 80 Abs. 5 VwGO $^1/_2$.

Spielhallenerlaubnis: 2.000 €/Spielgerät.[162] Für Verpflichtungsklage auf Erteilung einer Erlaubnis zum Betrieb 6.000 €/Spielhalle.[163]

Staatsangehörigkeit: Streitwertkatalog 42.

Stellenzulage: s.§ 52 Rn. 26b „Teilstatus", Streitwertkatalog 10.4.

Stiftungsrecht: Geschätzter oder tatsächlicher Jahresbetrag der Vermögenserträge der Stiftung.[164]

Stilllegung: Für baurechtliche Stilllegung Streitwertkatalog 9.4.

Strafvollzugssachen: s. § 60 GKG. Wegen der geringen finanziellen Leistungsfähigkeit der meisten Gefangenen ist der Streitwert eher niedriger festzusetzen. Bei Anfechtung der Verlegung in einen andere Anstalt 800 €.[165]

StrRehaG: Klage auf Gewährung besonderer Zuwendungen ist nach § 17a nach § 42 Abs. 1 zu bewerten,[166] jedoch keine Gerichtskosten (§ 25 Abs. 1 Satz 3 und 4StrRehaG i.V.m. § 14 Abs. 1 StrRehaG).

Straßenrecht: Vgl. Streitwertkatalog 43. Klage eines Landes gegen Weisung des Bundes auf Herabstufung der mit der Veränderung der Straßenbaulast verbundene Belastung ($3^1/_2$-facher jährlicher Erhaltungs- und Unterhaltungsaufwand des betreffenden Straßenabschnitts).[167] Für Widmungsstreitigkeiten betr. eines öffentlichen Feld- oder Waldwegs Interesse des Klägers, mindestens 5.000 €.[168] Vgl. auch Streitwertkatalog 43.3.

Straßenrechtliche Planfeststellung: Vgl. „Planfeststellung".

Streitgenossen: Addition der einzelnen Streitwerte gem. § 5 ZPO.[169]

Stromtarif: Für Streit über Genehmigung von Stromtarifen 70% des zu erwartenden jährlichen Mehrerlöses.[170]

Stundung: Bei Rücknahme einer zinslosen Stundung ohne festen Endpunkt gem. § 9 ZPO das $3^1/_2$-fache des Jahresbetrags der ortsüblichen Stundungszinsen.[171]

---

157 OVG Schleswig AnwBl. 1992, 281.
158 OVG Mecklenburg-Vorpommern JurBüro 2003, 144.
159 OVG NRW, Beschl. v. 21.8.2013 – 11 E 645/13 – = JurBüro 2014, 77 = Openjur 2013, 33697.
160 OVG Münster JurBüro 2001, 419.
161 OVG Bremen JurBüro 2002, 80.
162 BVerwG GewArch. 1992, 63.
163 BVerwG GewArch. 1991, 431 = NVwZ-RR 1992, 516.
164 OVG Münster NWVBl. 1994, 393.
165 KG JurBüro 2015, 140 m.w.N.
166 NdsOVG JurBüro 2014, 361 = AGS 2014, 191 = JurionRS 2014 2014, 1187.
167 BVerwG JurBüro 1998, 263 = NVwZ-RR 1998, 458.
168 BayVGH JurBüro 1998, 94.
169 OVG Münster JurBüro 2002, 532.
170 OVG Bautzen NVwZ-RR 1998, 459.
171 OVG NRW JurBüro 2004, 31.

Subventionsrecht: Vgl. Streitwertkatalog 44. Kündigung eines Darlehens nach Widerruf der Subventionsbewilligung $^1/_4$ des Verfahrens der Hauptsache (d.i. der Widerruf der Subvention).[172]

28 **Tätigkeitsuntersagung:** nach § 48 SGB VIII als Kindergärtnerin: Auffangwert;[173] Verdienstausfall wegen T. nach § 31 Infektionsschutzgesetz: §§ 9, 3 ZPO ($3^1/_2$-facher Wert des einjährigen Bezugs zuzgl. evtl. Rückstände).[174]

Taxengenehmigung: Streitwertkatalog 46.4. = 10.000 €/Fahrzeug, bei Eilverfahren 5.000 €/Fahrzeug.[175]

Teilungsgenehmigung: Der Wert entspricht dem der entsprechenden Baugenehmigung.[176]

Teilstatusklagen: Streitwertkatalog 10.4.

Tierseuchengesetz: Tötungsanordnung Streitwertkatalog 54.2.1.[177]

Trennungsgeld: streitiger Betrag, höchstens Jahresbetrag (Streitwertkatalog 10.7.).

29 **Untätigkeitsklage:** Ausmaß des wirtschaftlichen Schadens durch die Verzögerung für den Betroffenen. Wert zwischen 10% und 25% des Wertes einer Anfechtungs- und Leistungsklage, sofern es genügende Anhaltspunkte dafür gibt.[177a]

Unterrichtsverpflichtung: Für Unterrichtsverpflichtung eines Lehrers Auffangwert.[178]

30 **Verdienstausfall** wegen Maßnahme nach dem Infektionsschutzgesetz: §§ 9, 3 ZPO.[179]

Vereinsrecht: Streitwertkatalog 45.

Vergabeverfahren: s. § 50.

Verkehrsrecht: Streitwertkatalog 46.

Verlust der Dienstbezüge: Betrag der streitgegenständlichen Bezüge, höchstens 3-facher Jahresbetrag.[180]

Vermögensgesetz: § 52 Abs. 4.

Vermögenszuordnungsgesetz: Es werden keine Gerichtskosten erhoben (§ 6 Abs. 1 S. 3 VZOG).

Versammlung: Verfahren gem. § 80 Abs. 5 VwGO betr. Auflagen in einer Anmeldebestätigung $^1/_2$-Auffangwert.

Versammlungsverbot: s. Vereinsrecht (Streitwertkatalog 45.).

Versetzung: s. Schulrecht (Streitwertkatalog 38.5.).

Vertriebenenrecht: Streitwertkatalog 49.

Verwaltungszwang: Kosten der Ersatzvornahme.[181]

Vollstreckungsverfahren: Höhe des Zwangsgeldes. Bei bloßer Androhung $^1/_2$ des angedrohten Betrages.[182]

Vorbescheid: Es ist auf die faktische Wirkung der Entscheidung in Bezug auf das Hauptverfahren abzustellen. Wird mit dem Vorbescheid bereits eine dem Planfeststel-

---

172 OVG Mecklenburg-Vorpommern JurBüro 2001, 594.
173 VGH Baden-Württemberg JurBüro 2000, 421.
174 BGH BeckRS 2008, 21847 = NJW-RR 2009, 165 = MDR 2008, 1391.
175 OVG Münster JurBüro 1998, 542.
176 OVG Münster JurBüro 1995, 28.
177 NdsOVG Jur Büro 2015, 365.
177a LSG Rheinland-Pfalz, JurBüro 2017, 417.
178 OVG Bremen KR § 13 Nr. 530.
179 BGH BeckRS 2008, 21847 = NJW-RR 2009, 165 = MDR 2008, 1391.
180 VGH München ZBR 1989, 24 = NVwZ-RR 1989, 54.
181 OVG Münster KR § 13 GKG Nr. 158.
182 VGH Mannheim NVwZ-RR 1998, 692.

lungsbeschluss ähnliche Wirkung erreicht, 30–50% des Verkehrswertes des betroffenen Grundstücks.[183]

Vorkaufsrecht: Wie Zivilrechtliches Vorkaufsrecht. Für Anfechtungsklage gegen Ausübung Bruchteil des vereinbarten Kaufpreises (etwa 10–25%).[184]

Vorverfahren: Wie für das entsprechende gerichtliche Verfahren.[185]

Waffenrecht: Streitwertkatalog 50. Widerruf von Waffenbesitzkarten Streitwertkata- **31**
log 50.1.[186] Grundsätzlich Auffangwert, unabhängig von der Zahl der widerrufenen Waffenbesitzkarten. Darin ist die erste eingetragene Waffe enthalten. Für jede weitere Waffe jeweils zusätzlich 750 €. Für in den Karten eingetragene Munitionserwerbsberechtigungen ist unabhängig von der Anzahl der Berechtigungen grundsätzlich ein Streitwert von 1.500 € anzusetzen.[187]

Wahlrecht: Keine Addition der Streitwerte bei subjektiver Klagehäufung.[188]

Wasserrecht: Streitwertkatalog 51.

Wehrpflichtrecht: Bei Streit um die Einberufung oder die Gewährung von Ausnahmen gilt der Auffangwert.[189]

Wehrübung: Auffangwert.[190]

Weinrecht: Streitwertkatalog 53.

Werbenutzungsvertrag: s. Sondernutzung (Streitwertkatalog 43.2.); für Informationsstand einer Partei Auffangwert.[191]

Werbetafel: Streit um Genehmigung 500 €/qm.[192]

Windkraftanlage: Anfechtungsklage gegen die einem anderen erteilte Genehmigung mit dem Ziel, selbst eine entsprechende Genehmigung zu erhalten vgl. Streitwertkatalog 19.1.2.[193]

Winterbauumlage: Keine Gerichtskosten, weil sozialgerichtliches Verfahren.

Wohnsitzauflage, aufenthaltsrechtliche: ½ des Auffangwertes nach § 52 Abs. 2.[194]

Wohnungsrecht: Streitwertkatalog 56.

Zeugnis: Streitwertkatalog 38.5. **32**

Zweckentfremdung: Streitwertkatalog 56.6.

Zulassung der Berufung/Beschwerde: § 14 Abs. 3.

Zulassung eines Arzneimittels: Erwarteter Jahresgewinn aus dem Verkauf.[195]

Zulassung zum Studium: Auffangwert sowohl für Eilverfahren als auch für Hauptsacheverfahren.[196]

Zustimmungsverfahren: Streitwertkatalog 27.1. (Mutterschutz) und 39.1. (Schwerbehinderte)

Zwangsgeld: Höhe des festgesetzten oder angedrohten Zwangsgeldes.[197]

---

183 BVerwG JurBüro 1999, 195; vgl. auch VGH München NVwZ-RR 1999, 413.
184 OVG Lüneburg JurBüro 2002, 424; vgl. dazu bei *Oe/Wi/He Streitwerthandbuch*, S. 384.
185 VGH München NVwZ-RR 1993, 334.
186 OVG Lüneburg JurBüro 1999, 530 m. Anm. von *Diering*.
187 OVG Lüneburg JurBüro 2009, 195.
188 VGH München NVwZ-RR 1997, 755.
189 BVerwG DÖV 1994, 170 = NVwZ- RR 182 (L) und NVwZ 1983, 608; *Hartmann* Anh. I B § 52 Rn. 39.
190 BVerwG JurBüro 1994, 118.
191 VGH München JurBüro 2001, 420.
192 VG Meinungen LKV 1998, 38.
193 OVG Hamburg, DÖV 2015, 582 = ZAP 2015, 707 = JurBüro 2015, 409 = Openjur 2015, 7828 = JurionRS 2015, 13992.
194 OVG Sachsen-Anhalt JurBüro 2015, 577 = JurionRS 2015, 21409, m.zahlr. Nachw.
195 BVerwG JurBüro 1991, 1539.
196 Streitwertkatalog 18.1. So auch SächsOVG jurBüro 2015, 307; VGH München JurBüro 2001, 420.
197 OVG Bremen BRS 47, 505.

Zwangsmittelandrohung: Bei Verbindung mit Grundverfügung streitwerterhöhend zu berücksichtigen.[198] Selbständige Androhung etwa $^1/_4$ des Wertes der Kosten der Ersatzvornahme.[199]

33 **Teil III Finanzgerichtsbarkeit**

34 **1. Allgemeines**

Nach § 52 Abs. 4 beträgt der Wert in Finanzgerichtssachen mindestens 1.500 € (Mindestwert)mit Ausnahme für die Verfahren nach § 155 Satz 2 FGO und bei den Verfahren in Kindergeldangelegenheiten. Dieser Mindestwert darf – außer in Eilverfahren, § 53 – niemals unterschritten werden. Von dieser Basis ausgehend, gilt: Wenn nicht der bezifferte Geldbetrag gem. § 52 Abs. 3 anzusetzen ist, ist maßgebend die Bedeutung der Sache für den Kläger, welche durch sein finanzielles Interesse an der erstrebten Entscheidung für den streitigen Veranlagungszeitraum bestimmt wird. Bemessungsgrundlage ist aber immer nur der Steuerbetrag, um den gestritten wird.[1] Mittelbare Auswirkungen, insbesondere auf die Besteuerung der folgenden Jahre bleiben regelmäßig außer Betracht.[2] Nur wenn um eine Entscheidung gestritten wird, die einen Zeitraum von mehreren Jahren umfasst, ist der zusammengerechnete Betrag maßgebend.[3] Lässt sich der Betrag nicht ermitteln, kann als Wert die Hälfte der festgesetzten Steuer geschätzt werden.[4] Wie auch schon in der Verwaltungs- und Sozialgerichtsbarkeit haben auch die Präsidenten der Finanzgerichte den nachfolgernd wiedergegebenen Streitwertkatalog mit dem Ziel entwickelt, für die Streitwertfestsetzung eine gewisse Berechenbarkeit zu schaffen.

35 **2. Streitwertkatalog für die Finanzgerichtsbarkeit[5]**

36 **Vorbemerkungen**

Der Streitwertkatalog enthält eine Zusammenstellung der finanzgerichtlichen Rechtsprechung zur Streitwertfestsetzung. Er versteht sich vor dem Hintergrund der mit In-Kraft-Treten des Kostenrechtsmodernisierungsgesetzes[6] am 1.7.2004 ausgeschlossenen Streitwertbeschwerde an den Bundesfinanzhof als Beitrag zur Vereinheitlichung und Vorhersehbarkeit der Streitwertfestsetzung und folgt mit dieser Intention den bereits für die Verwaltungsgerichtsbarkeit[7] und Sozialgerichtsbarkeit[8] vorliegenden Streitwertkatalogen.

Der Streitwertkatalog erhebt weder Anspruch auf Vollständigkeit noch auf Verbindlichkeit. Mit den in diesem Katalog angegebenen Werten werden – soweit diese nicht auf

198 VGH Kassel NVwZ-RR 2000, 330.
199 OVG Berlin NVwZ-RR 2001, 276.

1 BFH KostRspr. § 13 Nr. 467.
2 BFH BStBl. III, 385.
3 BFH BStBl. II 1969, 587.
4 BGH-NV 1992, 190 m.N.
5 Beschlossen auf der Arbeitstagung der Präsidenten der Finanzgerichte der Bundesrepublik Deutschland am 15. und 16. Juni 2009 in Hannover nach dem Entwurf von RiFG *Schoenfeld*, Hamburg.
6 Gesetz zur Modernisierung des Kostenrechts (Kostenrechtsmodernisierungsgesetz – KostRMoG) vom 5. Mai 2004 (BGBl. I 2004 S. 718).
7 Veröffentlicht u.a. auf den Internetseiten des Bundesverwaltungsgerichts: www.bverwg.de.
8 Veröffentlicht u.a. auf den Internetseiten des Landessozialgerichts Rheinland Pfalz: www.justiz.rlp.de.

gesetzlichen Bestimmungen beruhen – lediglich Empfehlungen ausgesprochen. Die verbindliche Festsetzung des im Einzelfall zutreffenden Streitwertes obliegt allein dem zuständigen Gericht.

Entsprechend dem Grundgedanken des Katalogs sind in der Regel Richtwerte und keine Rahmenwerte angegeben worden.

Der Streitwertkatalog will zugleich einen Beitrag zur gerichtsbarkeitsübergreifenden Vereinheitlichung der Streitwertrechtsprechung leisten. Die empfohlenen Richtwerte orientieren sich deshalb, soweit nicht Besonderheiten des finanzgerichtlichen Verfahrens entgegenstehen, an dem Streitwertkatalog für die Verwaltungsgerichtsbarkeit.

Der Streitwertkatalog wird in regelmäßigen Zeitabständen aktualisiert und fortgeschrieben.

A. Allgemeines 37

Der Streitwert ist Bemessungsgrundlage für die Gerichtsgebühren sowie für die Gebühren der bevollmächtigten Rechtsanwälte, Steuerberater und anderer Prozessbevollmächtigter, die geschäftsmäßige Hilfe in Steuersachen leisten. Darüber hinaus hat der Streitwert Bedeutung im Rahmen des § 94a FGO,[9] wonach das Gericht sein Verfahren nach billigem Ermessen bestimmen kann, wenn der Streitwert bei einer Klage, die eine Geldleistung oder einen hierauf gerichteten Verwaltungsakt betrifft, 500 € nicht übersteigt.

1. Gesetzliche Grundlagen 38

Soweit gesetzlich nichts anderes bestimmt ist, ist in Verfahren vor den Gerichten der Finanzgerichtsbarkeit der Streitwert nach der sich aus dem Antrag des Klägers für ihn ergebenden Bedeutung der Sache nach Ermessen zu bestimmen (§ 52 Abs. 1 GKG).[10]

Betrifft der Antrag des Klägers eine bezifferte Geldleistung oder einen hierauf gerichteten Verwaltungsakt, so ist deren Höhe maßgebend (§ 52 Abs. 3 GKG).

Der Streitwert in Verfahren vor den Gerichten der Finanzgerichtsbarkeit darf gemäß § 52 Abs. 4 GKG 1.500 € nicht unterschreiten (sog. Mindeststreitwert).

Bietet der Sach- und Streitstand für die Bestimmung des Streitwerts keine genügenden Anhaltspunkte, so ist als sog. Auffangstreitwert ein Streitwert von 5.000 € anzunehmen (§ 52 Abs. 2 GKG).

Diese Grundsätze gelten – mit Ausnahme des Mindeststreitwertes[11] – auch für Verfahren des vorläufigen Rechtsschutzes (§ 53 Abs. 3 GKG).

2. Objektive Klagehäufung 39

Werden in einer Klage mehrere selbständige Klagebegehren (§ 43 FGO) zusammen verfolgt, sind die Werte der einzelnen Begehren zu einem Gesamtstreitwert zu addieren (§ 39 Abs. 1 GKG).[12]

9 Finanzgerichtsordnung (FGO) in der Fassung der Bekanntmachung vom 28. März 2001 (BGBl. I S. 442, 2262; BGBl. I 2002 I S. 679), zuletzt geändert durch Art. 6 des Gesetzes vom 30. Juli 2009 (BGBl. I S. 2449).

10 Gerichtskostengesetz (GKG) vom 5. Mai 2004 (BGBl. I 718), zuletzt geändert durch Art. 12 des Gesetzes vom 30. September 2009 (BGBl. I S. 2479, 2491).

11 BFH Beschl. v. 14.12.2007, IX E 17/07, BFHE 220, 22 = BStBl. II 2008, 199 = BFH/NV 2008, 307.

12 BFH Beschl. v. 10.10.2006, VIII B 177/05, BFHE 214, 208 = BStBl. II 2007, 54 = BFH/NV 2007, 155; Beschl. v. 26.9.2006, X S 4/06, BFHE 214, 201 = BStBl. II 2007, 55 = BFH/NV 2007, 151.

40 **3. Subjektive Klagehäufung**

Die subjektive Klagehäufung führt zu keiner Erhöhung des Streitwertes, wenn und soweit die verfolgten Klagebegehren wirtschaftlich identisch sind.[13]

41 **4. Nebenforderungen**

Sind Nebenforderungen (z.B. Zinsen) neben der Hauptforderung streitig, werden sie bei der Streitwertberechnung nicht berücksichtigt (§ 43 Abs. 1 GKG); ist die streitgegenständliche Nebenforderung aber durch einen gesonderten Bescheid festgesetzt worden, gilt § 43 Abs. 2 GKG.

Sind Nebenforderungen ohne den Hauptanspruch streitig, bemisst sich der Streitwert nach dem Wert der Nebenforderungen, soweit er den Wert der Hauptforderung nicht übersteigt (§ 43 Abs. 2 GKG).

Sind allein die Kosten des Rechtsstreits ohne den Hauptanspruch betroffen, ist der Betrag der Kosten maßgebend, soweit er den Wert des Hauptanspruchs nicht übersteigt (§ 43 Abs. 3 GKG).

42 **5. Verbindung von Verfahren**

Seit dem 1.7.2004 wird das gesamte Verfahren vor den Finanzgerichten durch eine pauschale Verfahrensgebühr abgegolten. Ein Verbindungsbeschluss hat deshalb keine Auswirkungen auf die Höhe der vor der Verbindung der Verfahren jeweils bereits entstandenen Verfahrensgebühr; diese bemisst sich jeweils allein nach dem für das jeweilige Klageverfahren zu bildenden (Einzel-)Streitwert. Ein Gesamtstreitwert ist lediglich für die gegebenenfalls nach einer Verbindung nach dem Rechtsanwaltsvergütungsgesetz (RVG)[14] entstandenen Gebühren zu bilden.

43 **6. Trennung von Verfahren**

Werden mehrere in einem Verfahren zusammengefasste Klagegegenstände getrennt, so ist für jedes einzelne Verfahren rückwirkend zum Zeitpunkt der Klageerhebung ein Streitwert anzusetzen.[15]

44 **7. Hilfsanträge**

Hilfsanträge wirken sich nur streitwerterhöhend aus, wenn das Gericht über sie entscheidet (§ 45 Abs. 1 Satz 2 GKG). Umfasst der Hilfsantrag (teilweise) denselben Gegenstand, ist nur der Wert des weitergehenden Antrags maßgebend (§ 45 Abs. 1 Satz 3 GKG).[16]

---

13 BFH Beschl. v. 26.9.2006, X S 4/06, BFHE 214, 201 = BStBl. II 2007, 55 = BFH/NV 2007, 151.

14 Gesetz über die Vergütung der Rechtsanwältinnen und Rechtsanwälte (Rechtsanwaltsvergütungsgesetz – RVG) vom 5. Mai 2004 (BGBl. I 718, 788), zuletzt geändert durch Art. 6 des Gesetzes vom 30. Oktober 2008 (BGBl. I S. 2122).

15 BFH Beschl. v. 22.9.2008, II E 14/07, juris.

16 BFH Beschl. v. 3.8.2005, I E 3/05, BFH/NV 2005, 2228; Beschl. v. 23.9.2003, IX E 10/03, BFH/NV 2004, 77.

8. Aussetzung der Vollziehung 45

In Verfahren auf Aussetzung der Vollziehung ist nach überwiegender Auffassung[17] der Streitwert mit 10% des Betrages zu bemessen dessen Aussetzung begehrt wird. Vereinzelt[18] wird für eine Erhöhung auf 25% des Hauptsachestreitwertes eingetreten. Die Regelung über den Mindeststreitwert (§ 52 Abs. 4 GKG) findet keine Anwendung.[19] Wird im Aussetzungsverfahren die Entscheidung in der Hauptsache ganz oder zum Teil vorweggenommen, kann der Streitwert bis zur Höhe des Wertes des Hauptsacheverfahrens angehoben werden.

9. Einstweilige Anordnung 46

Der Streitwert im Anordnungsverfahren ist in der Regel mit 1/3 des Hauptsachestreitwertes zu bemessen. Die Regelung über den Mindeststreitwert (§ 52 Abs. 4 GKG) findet keine Anwendung.

Wird die einstweilige Einstellung von Vollstreckungsmaßnahmen erstrebt, ist der Streitwert entsprechend den Grundsätzen zur Aussetzung der Vollziehung zu bestimmen.

Soll durch die einstweilige Anordnung ein endgültiger Zustand erreicht werden, ist der Streitwert bis zur vollen Höhe des Wertes der Hauptsache anzuheben. Ist als Wert der Hauptsache der Auffangstreitwert (§ 52 Abs. 2 GKG) anzusetzen, gilt dieser Wert auch für das Antragsverfahren.

10. Verfahren vor dem Gerichtshof der Europäischen Gemeinschaften 47

Das Verfahren vor dem EuGH beeinflusst den Streitwert nicht.

11. Erledigung der Hauptsache 48

Übereinstimmende Erledigungserklärungen der Beteiligten lassen den ursprünglichen Streitwert unverändert.

12. Gesonderte und einheitliche Feststellung von Besteuerungsgrundlagen 49

a) Allgemeine Grundsätze. Im Verfahren der gesonderten und einheitlichen Ge- 50
winnfeststellung bemisst sich der Streitwert nach der typisierten einkommensteuerlichen Bedeutung für die Gesellschafter, die grundsätzlich mit 25% des streitigen Gewinns oder Verlustes zu bemessen ist, sofern die Feststellung des laufenden, nicht tarifbegünstigten Gewinns streitig ist. Die tatsächlichen einkommensteuerrechtlichen Auswirkungen bei den einzelnen Gesellschaftern werden grundsätzlich nicht ermittelt.[20]

Der Ansatz eines höheren Prozentsatzes kommt in Betracht, wenn ohne besondere Ermittlungen im Gewinnfeststellungsverfahren erkennbar ist, dass der Pauschalsatz von 25% den tatsächlichen einkommensteuerlichen Auswirkungen nicht gerecht

---

17 BFH Beschl. v. 14.12.2007, IX E 17/07, BFHE 220, 22 = BStBl. II 2008, 199 = BFH/NV 2008, 307; Beschl. v. 26.4.2001, V S 24/00, BFHE 194, 358 = BStBl. II 2001, 498 = BFH/NV 2001, Beilage 9, 1192.

18 BFH JurBüro 2012, 310; FG Düsseldorf JurBüro 2012, 197 (LS mit Volltextservice);FG Hamburg Beschl. v. 31.10.2007, IV 169/05, EFG 2008, 488; FG Münster Beschl. v. 30.1.2007, 11 V 4418/05 AO, EFG 2007, 1109.

19 BFH Beschl. v. 14.12.2007, IX E 17/07, BFHE 220, 22 = BStBl. II 2008, 199 = BFH/NV 2008, 307.

20 BFH Beschl. v. 4.9.2008, I E 5/08, BFH/NV 2008, 2041; Beschl. v. 10.10.2006, VIII B 177/05, BFHE 214, 208 = BStBl. II 2007, 54 = BFH/NV 2007, 155.

wird.[21] Die Obergrenze des Pauschalsatzes[22] orientiert sich an dem für das Streitjahr geltenden Höchststeuersatz wie folgt: Veranlagungszeitraum 2000 und älter: 50%, Veranlagungszeitraum 2001 bis 2003: 45%, Veranlagungszeitraum 2004: 42%, Veranlagungszeitraum 2005 und 2006: 40%, Veranlagungszeitraum 2007 und 2008: 42%. Nach § 35 EStG begünstigte gewerbliche Einkünfte führen zu einem weiteren pauschalen Abschlag in Höhe von 5%.[23] Abweichend von den vorstehend beschriebenen Grundsätzen sind vor allem folgende Sonderfälle zu berücksichtigen:

b) Tarifbegünstigter Veräußerungsgewinn

51 Der Streitwert ist im Regelfall mit 15% des streitigen Betrages anzusetzen, der bei sehr hohen Veräußerungsgewinnen aber angemessen auf bis zu 25% angehoben werden kann.[24] Ist nur die Behandlung eines unstreitig entstandenen Gewinns als tarifbegünstigter Veräußerungsgewinn streitig, ist der Streitwert in der Regel mit einem Betrag von 10% anzusetzen, der bei sehr hohen Gewinnen angemessen angehoben werden kann.

c) Aufhebung eines Gewinnfeststellungsbescheides

52 Es gelten die unter a) beschriebenen Grundsätze einschließlich der ab dem Veranlagungszeitraum 2001 zu berücksichtigenden Obergrenzen. Beschränkt sich der Streit auf die gemeinschaftliche Einkünfteerzielung oder formelle Mängel, ist der Streitwert mit 10% des festgestellten Gewinns anzusetzen.

d) Verluste bzw. Verlustanteile bei Abschreibungsgesellschaften oder Bauherrengemeinschaften

53 50% des streitigen Verlustbetrages;[25] ab Veranlagungszeitraum 2001 sind die oben unter a) aufgelisteten Obergrenzen zu beachten.

e) Einkünfteverteilung

54 Bei Streit nur über die Einkünfteverteilung: 25% der laufenden bzw. 15% der tarifbegünstigten Einkünfte;[26] bei zusammen veranlagten Ehegatten sind 10% der laufenden bzw. 5% der tarifbegünstigten Einkünfte anzusetzen.[27]

f) Einkünftequalifizierung

55 25% der im Wege der Umqualifizierung begehrten Freibeträge oder Freigrenzen. Ergeben sich aus der begehrten Umqualifizierung keine einkommensteuerrechtlichen Auswirkungen, beträgt der Streitwert 1% der umzuqualifizierenden Einkünfte.

---

21 BFH Beschl. v. 10.10.2006, VIII B 177/05, BFHE 214, 208 = BStBl. II 2007, 54 = BFH/NV 2007, 155; Beschl. v. 11.5.2007, IX E 12/07, BFH/NV 2007, 1528.

22 Zum Teil wird in diesen Fällen auch der Mittelwert des Einkommensteuertarifs aus Grund- und Splittingtabelle angesetzt.

23 Beschl. v. 10.10.2006, VIII B 177/05, BFHE 214, 208 = BStBl. II 2007, 54 = BFH/NV 2007, 155.

24 BFH Beschl. v. 14.2.2007, IV E 3/06, BFH/NV 2007, 1155.

25 BFH Beschl. v. 11.5.2007, IX E 12/07, BFH/NV 2007, 1528; Beschl. v. 22.1.2001, IV S 10/00, BFH/NV 2001, 806.

26 BFH Beschl. v. 6.9.2001, VIII S 6/01, BFH/NV 2002, 207.

27 BFH Beschl. v. 12.8.1987, IV E 3/87, BFH/NV 1988, 657.

13. Gesonderte Feststellung von Besteuerungsgrundlagen 56

Maßgeblich für die Streitwertbestimmung bei der gesonderten Gewinnfeststellung sind grundsätzlich die konkreten einkommensteuerlichen Auswirkungen.[28] Sind die tatsächlichen Auswirkungen nicht zu ermitteln, ist der Streitwert mit 20% des festgestellten Betrages (bis zum Streitjahr 2000: 25%) anzusetzen.

B. Besondere Wertansätze 57

Abgabe einer eidesstattlichen Versicherung	50% der rückständigen Steuerbeträge, jedoch nicht mehr als 500.000,– €.[29]
Abrechnungsbescheid	– Höhe des streitigen Steueranspruchs. – Erteilung eines Abrechnungsbescheides als solchen: Auffangstreitwert.
Akteneinsicht	Auffangstreitwert.
Anhörungsrüge	Gerichtsgebühr beträgt streitwertunabhängig 50 €, sofern die Rüge in vollem Umfang verworfen oder zurückgewiesen wird.
Arrestanordnung	50% der Arrestsumme.[30]
Aufrechnung	– Bei Streit um den Bestand bzw. die Höhe der zur Aufrechnung gestellten Gegenforderung: streitige Gegenforderung.[31] – Bei Streit nur um die Zulässigkeit der Aufrechnung: 10% der zur Aufrechnung gestellten Steuerforderung.[32]
Ausfuhrerstattung	– Ausfuhrnachweis: Auffangstreitwert. – Fristverlängerung hinsichtlich des Nachweises der Erfüllung der Einfuhrzollförmlichkeiten: Auffangstreitwert. – Gewährung: beantragter Erstattungsbetrag. – Rückforderung: streitiger Rückforderungsbetrag. – Sanktion: streitiger Sanktionsbetrag. – Vorfinanzierung bzw. Vorauszahlung: beantragter Vorfinanzierungs- bzw. Vorauszahlungsbetrag ohne Berücksichtigung der Sicherheitsleistung.
Auskunftsbegehren	Auffangstreitwert, sofern das konkrete Interesse des Klägers an der Auskunftserteilung nicht bestimmbar ist.[33]
Aussetzung des Verfahrens	Bestimmung des Streitwerts nach allgemeinen Grundsätzen.
Aussetzung der Vollziehung	s. A) 8.
Aussetzungszinsen	s. A) 4.
Außenprüfung	Anfechtung der Prüfungsanordnung oder einzelner Prüfungsmaßnahmen: 50% der mutmaßlich zu erwartenden Mehrsteuern;[34] bei Fehlen geeigneter Schätzungsgrundlagen Auffangstreitwert.[35]

28 BFH Beschl. v. 21.11.2005, III E 2/05, BFH/NV 2006, 588; Beschl. v. 10.6.1999, IV E 2/99, BFH/NV 1999, 1608.
29 BFH Beschl. v. 23.10.2003, VII E 14/03, BFH/NV 2004, 351.
30 BFH Beschl. v. 12.3.1985, VII R 150/81, BFH/NV 1986, 782.
31 BFH Beschl. v. 29.1.1991, VII E 6/90, BFHE 163, 195 = BStBl. II 1991, 467.
32 BFH Beschl. v. 31.8.1995, VII R 58/94, BStBl. II 1996, 55 = HFR 1996, 3.
33 BFH Urteil v. 11.7.1986, III R 25/85, BFH/NV 1987, 99.
34 BFH Beschl. v. 21.5.1996, IV R 42/95, juris.
35 BFH Beschl. v. 11.6.2004, IV B 167/02, BFH/NV 2004, 1657.

Beiladung	Eine Beiladung wirkt sich auf den Streitwert des Verfahrens nicht aus; auch wird für den Beigeladenen grundsätzlich kein gesonderter Streitwert festgesetzt.
Bescheidungsklage	50% des für eine Verpflichtungsklage anzusetzenden Wertes.[36]
Bewertungsgesetz	– Grundbesitzbewertung für die Erbschaft- oder Schenkungsteuer: 10%, 20% bzw. 25% der Wertdifferenz bei Grundstückswerten ≤ 512.000 €, ≤ 12.783.000 € bzw. > 12.783.000 €.[37] – Einheitswertbescheid: 80 v.T. (bis 1997: 60 v.T.) des streitigen Wertunterschieds.[38]
Duldungsbescheid	Höhe der zugrunde liegenden Forderung, maximal aber Wert des Vollstreckungsgegenstandes.[39]
Eigenheimzulage	Wert der Eigenheimzulage über den gesamten streitigen Förderzeitraum.[40]
Einfuhrumsatzsteuer	Streitiger Einfuhrumsatzsteuerbetrag; dies gilt auch, wenn der Steuerpflichtige zum vollen Vorsteuerabzug berechtigt ist.
Einkommensteuer	Differenz zwischen dem festgesetzten und dem begehrten Steuerbetrag; sog. Folgesteuern, die nicht ebenfalls ausdrücklich angefochten sind, bleiben außer Betracht.
Einspruchsentscheidung	– Klage auf Erlass einer Einspruchsentscheidung: Auffangstreitwert, maximal Höhe der streitigen Steuerforderung. – Isolierte Anfechtung einer Einspruchsentscheidung: Wert des der Einspruchsentscheidung zugrunde liegenden Verwaltungsaktes.
Einstweilige Anordnung	s. A) 9.
Energiesteuer	– Abgabe: streitiger Abgabenbetrag. – Erlaubnis zur steuerfreien Verwendung von Energieerzeugnissen: Durchschnittlicher jährlicher Nutzen der Vergünstigung, teilweise werden die bei Einreichung der Klage bereits fälligen Beträge hinzugerechnet. – Rücknahme einer Erlaubnis zur steuerfreien Verwendung von Energieerzeugnissen: Auffangstreitwert. – Vergütung: Betrag der streitigen Vergütung.
Erlass	Begehrter Erlassbetrag.
Erzwingungsgeld	Angedrohter bzw. festgesetzter Betrag.
Fälligkeit einer Steuerforderung	10% der Steuerforderung, sofern diese nach Grund und Höhe unstreitig ist.

36 BFH Beschl. v. 1.12.2000, II E 2, 3, 4, 5/00, juris.
37 BFH Beschl. v. 11.1.2006, II E 3/05, BFHE 211, 422 = BStBl. II 2006, 333 = BFH/NV 2006, 685; Beschl. v. 22.8.2007, II E 9/07, BFH/NV 2007, 2319.
38 BFH Beschl. v. 3.1.2000, II E 6/99, BFH/NV 2000, 852; Hessisches FG Beschl. v. 15.10.2004, 3 K 1128/01, EFG 2005, 567.
39 BFH Beschl. v. 29.6.2006, VII E 13/05, BFH/NV 2006, 2100.
40 BFH Beschl. v. 13.6.2008, IX E 4/08, BFH/NV 2008, 1516; Beschl. v. 4.11.2004, III E 1/04, juris.

Fehlende Bezeichnung des Klagebegehrens (§ 65 FGO)	Grundsätzlich Auffangstreitwert, höchstens jedoch Höhe der festgesetzten Steuer, sofern sie den Mindeststreitwert übersteigt; teilweise wird der Auffangstreitwert aber nicht nur pro Verfahren, sondern je Streitgegenstand angesetzt.
Feststellungsbescheid	– Einheitliche u. gesonderte Feststellung: s. A) 12. – Gesonderte Feststellung: s. A) 13.
Fortsetzungsfeststellungsklage	Wie eine auf das gleiche Ziel gerichtete Anfechtungs- bzw. Verpflichtungsklage.[41]
Freistellungsbescheinigung	– Nach § 44a Abs. 5 EStG: das Dreifache des auf Seiten des Steuerpflichtigen ohne die Bescheinigung eintretenden Zinsverlusts. – Nach § 48b Abs. 1 EStG: 10% der Abzugssteuer. – Nach § 50d Abs. 2 EStG: die aufgrund der Freistellungsbescheinigung zu erwartende Steuerersparnis.
Gemeinnützigkeit	Bei Streit um die Anerkennung der Körperschaft als gemeinnützig: Auffangstreitwert pro Streitjahr und Steuerart, sofern die festgesetzte Steuer nicht höher ist.
Gewerbesteuer	– Gewerbesteuerbescheid: Differenz zwischen festgesetzter und begehrter Steuer. – Gewerbesteuermessbescheid: gewerbesteuerliche Auswirkungen ausgedrückt durch die Differenz zwischen festgesetztem und begehrtem Steuermessbetrag multipliziert mit dem für das jeweilige Jahr geltenden Hebesatz. – Gewerbesteuerzerlegungsbescheid: konkrete steuerliche Auswirkungen.
Grunderwerbsteuer	Differenz zwischen festgesetzter und begehrter Steuer.
Grundsteuer	Das 6-fache der auf den streitigen Messbetrag entfallenden Jahressteuer.
Haftungsbescheid	Grundsätzlich streitige Haftungssumme;[42] bei gleichzeitiger Anfechtung des Leistungsgebotes wird teilweise für einen Zuschlag von 10% eingetreten.
Hilfsanträge	s. A) 7.
Hinterziehungszinsen	s. A) 4.
Insolvenzverfahren	Aufnahme des durch die Eröffnung des Insolvenzverfahrens unterbrochenen Rechtsstreits durch den Insolvenzverwalter: Für das Verfahren ab Aufnahme des Rechtsstreits bestimmt sich der Streitwert nach dem Betrag, der bei der Verteilung der Insolvenzmasse für die noch unerfüllte Steuerforderung zu erwarten ist. Für die bis zur Aufnahme des Rechtsstreits durch den Insolvenzverwalter entstandenen Kosten bleibt der ursprüngliche Streitwert maßgebend.

41 **A.A.** BFH Beschl. v. 29.6.2006, VII E 13/05, BFH/NV 2006, 2100; Beschl. v. 20.10.2005, III S 20/05, BFHE 211, 267 = BStBl. II 2006, 77.
42 BFH Beschl. v. 19.5.2004, VII B 184/03, BFH/NV 2004, 1413; Beschl. v. 24.11.1994, VII E 7/94, BFH/NV 1995, 720.

Kindergeld	– (Erstmalige) Festsetzung und Auszahlung, unbestimmte Dauer: Jahresbetrag[43] des Kindergeldes zuzüglich[44] der bis zur Klageerhebung bereits entstandenen Beträge. – Aufhebung einer Kindergeldfestsetzung von unbestimmter Dauer: Jahresbetrag des Kindergeldes zuzüglich der bis zur Klagerhebung zu zahlenden Kindergeldbeträge.[45] – Rückforderung Kindergeld: streitiger Rückforderungsbetrag.
Kirchensteuer	Streitiger Kirchensteuerbetrag, sofern die Kirchensteuer nach Grund oder Höhe gesondert angegriffen wird; s. A) 4.
Körperschaftsteuer	– Grundsatz: Unterschied zwischen festgesetzter und erstrebter Steuer.[46] – Verdeckte Gewinnausschüttung: Bruchteil des streitigen Ausschüttungsbetrages, Erhöhungen oder Minderungen nach § 27 KStG a.F. bleiben außer Ansatz: – bis 1993: $^{9}/_{16}$, – 1994 bis 2000/2001: $^{3}/_{7}$ – 2001/2002 bis 2007: 25% – ab 2008: 15% – Gesonderte Feststellung nach § 47 Abs. 1 KStG a.F.: 10% des geltend gemachten Unterschiedsbetrages;[47] wird zugleich der KSt-Bescheid angefochten, ohne dass spezifische Einwendungen betr. das verwendbare Eigenkapital erhoben werden, so kann der Streitwert für die Feststellung mit 300 € bemessen werden. – Gesonderte Feststellung nach § 47 Abs. 2 KStG a.F.: 10% der streitigen Feststellung. – § 27 KStG n.F.: 10% des streitigen Einlagebetrages. – § 36 KStG n.F.: 10% des streitigen Erhöhungs- bzw. Herabsetzungsbetrages. – § 37 KStG n.F.: Höhe des streitigen Körperschaftsteuerguthabens bzw. $^{1}/_{6}$ der streitigen Gewinnausschüttung. – § 38 KStG n.F.: $^{3}/_{7}$ (ab 2008: $^{3}/_{100}$) des streitigen Erhöhungsbetrages bzw. der streitigen Leistungen. – Verlustfeststellung: 10% des streitigen Erhöhungsbetrages, sofern die steuerlichen Auswirkungen nicht hinreichend bestimmbar sind.

43 BFH Beschl. v. 12.10.2005, III E 3/05, BFH/NV 2006, 325; Beschl. v. 14.12.2001, VI B 285/01, BFH/NV 2002, 534.
44 BFH Beschl. v. 18.9.2001, VI R 134/00, BFH/NV 2002, 68; **a.A.** BFH Beschl. v. 14.12.2001, VI B 285/01, BFH/NV 2002, 534.
45 BFH Beschl. v. 20.10.2005, III S 20/05, BFHE 211, 267 = BStBl. II 2006, 77 = BFH/NV 2006, 200; Beschl. v. 24.5.2000, VI S 4/00, BFHE 192, 19 = BStBl. II 2000, 544 = BFH/NV 2000, 1413. Bei zeitlicher Eingrenzung des Klagezeitraums der Aufhebung aber regelmäßig bezifferte Betrag der Leistung (BFH JurBüro 2015 87 (LS) = StB 2014, 415 = DStR 2014, 11 = FamRZ 2015, 142= JurionRS 2014, 25081).
46 BFH Beschl. v. 22.9.2008, II E 14/07, juris.
47 BFH Beschl. v. 1.12.2004, I E 3/04, BFH/NV 2005, 572; Beschl. v. 12.8.1996, I R 20/95, BFH/NV 1997, 136.

Kraftfahrzeugsteuer	– Bei unbefristeter Steuerfestsetzung: der bez. des Entrichtungszeitraumes streitige Steuerbetrag.[48] – Bei befristeter Steuerfestsetzung: der bez. des konkreten Zeitabschnitts streitige Steuerbetrag.[49]
Lohnsteuer	– Eintragung eines Freibetrags auf der Lohnsteuerkarte: Unterschiedsbetrag im Ermäßigungszeitraum zwischen Lohnsteuer, die ohne Gewährung des beantragten Freibetrags zu zahlen ist, und der Lohnsteuer, die bei Gewährung des beantragten Freibetrags zu zahlen ist. – Durchführung Lohnsteuerjahresausgleich: Wert der beantragten Erstattung.
Lohnsteuer-Hilfeverein	– Eintragung in das Verzeichnis der Lohnsteuerhilfevereine: Auffangstreitwert. – Streit über die Person eines Leiter der Beratungsstelle: Auffangstreitwert.[50] – Widerruf einer Anerkennung: Auffangstreitwert.
Milchquote	Gewährung einer höheren Referenzmenge: Abgabenbetrag, der für die streitige Referenzmenge für einen zwölfmonatigen Entrichtungszeitraum zu zahlen wäre.[51]
Nebenforderungen	s. A) 4.
Nichtigkeit eines Verwaltungsaktes	Feststellung der Nichtigkeit: wie bei einer entsprechenden Anfechtungsklage.[52]
Objektive Klagehäufung	s. A) 2.
Richterablehnung	Keine Beeinflussung des Streitwerts.
Ruhen des Verfahrens	Bestimmung des Streitwerts nach allgemeinen Grundsätzen.
Säumniszuschlag	s. A) 4.
Schätzungsbescheid	Antrag auf Aufhebung ohne nähere Begründung oder unbezifferter Antrag auf Herabsetzung: wie „fehlende Bezeichnung des Klagebegehrens“.
Solidaritätszuschlag	Streitiger Solidaritätszuschlag, sofern dessen Festsetzung nach Grund oder Höhe ausdrücklich angefochten wird; s. A) 4.
Steuerberater	– Bestehen der Steuerberaterprüfung: pauschal 25.000 €;[53] bei Rechtsanwälten bzw. Fachanwälten für Steuerrecht Reduzierung auf 50% bzw. 25%.[54] – Prüfungsfreie Bestellung als Steuerberater: pauschal 25.000 €.[55]

48 BFH Beschl. v. 4.10.2005, VII S 41/05, BFH/NV 2006, 319; Beschl. v. 21.12.1999, VII R 71/98, BFH/NV 2000, 598.
49 BFH Beschl. v. 4.10.2005, VII S 41/05, BFH/NV 2006, 319; Beschl. v. 21.12.1999, VII R 71/98, BFH/NV 2000, 598.
50 BFH Beschl. v. 3.4.1995, VII B 116/94, BFH/NV 1995, 921.
51 BFH Beschl. v. 4.2.1992, VII E 10/91, BFH/NV 1992, 621.
52 BFH Beschl. v. 29.6.2006, VII E 13/05, BFH/NV 2006, 2100; Beschl. v. 3.4.2002, V E 1/02, BFH/NV 2002, 949.
53 BFH Beschl. v. 18.11.2003, VII B 299/02, BFH/NV 2004, 515.
54 FG Hamburg Beschl. v. 2.9.2004, V 12/02, EFG 2005, 312.
55 BFH Beschl. v. 10.4.2003, VII S 9/03, BFH/NV 2003, 1082.

	– Widerruf der Bestellung eines Steuerberaters: pauschal 50.000 €;[56] ggf. Reduzierung entspr. 1. Spiegelstrich. – Zulassung zur Prüfung: Auffangstreitwert.
Steuerberatungsgesellschaft	– Anerkennung bzw. Rücknahme oder Widerruf der Anerkennung: pauschal 25.000 €. – Genehmigung nach § 50 Abs. 3 StBerG: pauschal 25.000 €.
Steuererklärung	– Streit über die Verpflichtung zur Abgabe: Auffangstreitwert. – Übersendung von Erklärungsvordrucken: Auffangstreitwert. – Verlängerung der Abgabefrist: Auffangstreitwert.
Stromsteuer	s. Energiesteuer.
Stundung	Auffangstreitwert, höchstens jedoch 10% des Steuerbetrages, dessen Stundung begehrt wird.
Subjektive Klagehäufung	s. A) 3.
Tabaksteuer	– Anfechtung Abgabenbescheid: streitiger Abgabenbetrag. – Steuerzeichen: Differenz zwischen der Steuer für beantragten und der Steuer für die zugewiesenen Steuerzeichen.
Trennung von Verfahren	s. A) 6.
Umsatzsteuer	Differenz zwischen festgesetzter und erstrebter Steuer.
Unzulässige Klage	Grds. keine Unterschiede bei der Streitwertberechnung zwischen Unzulässigkeit und Unbegründetheit der Klage, s. aber auch „fehlende Bezeichnung des Klagebegehrens".
Verbindung von Verfahren	s. A) 5.
Verdeckte Gewinnausschüttung	s. Körperschaftsteuer.
Vermögensteuer	Das 3-fache des strittigen Jahresbetrages.[57]
Vollstreckungsverfahren	– Grundsätzlich Höhe der zu vollstreckenden Forderung, sofern der Wert der gepfändeten Forderung nicht niedriger ist. – Antrag nach § 152 FGO: Höhe der zu vollstreckenden Forderung. – Antrag nach § 258 AO: 10% des streitigen Beitreibungsbetrages. – Zwangsgeldfestsetzung: Höhe des festgesetzten Zwangsgeldes.

56 BFH Beschl. v. 15.5.2006, VII E 15/05, BFH/NV 2006, 1678; Beschl. v. 27.10.2005, VII E 9/05, BFH/NV 2006, 344.
57 BFH Beschl. v. 3.3.1988, IV R 231/85, BFH/NV 1990, 49.

3. Alphabetischer Streitwertschlüssel für Finanzgerichtssachen

Ablehnung 58
- *des Lohnsteuerjahresausgleichs:* beantragter Lohnsteuererstattungsbetrag,
- *von Richtern:* Interesse des Ablehnenden, i.d.R. 1/10 des Hauptsachwertes,[1]
- *von Sachverständigen:* geringerer Wert als der der Hauptsache. Vgl. oben, Anh. zu § 48 Rn. 10.

Abrechnungsbescheid: Nennbetrag der Steuerforderung.[2]

Antrag:
- *auf bezifferte Geldleistung* oder darauf gerichteten Verwaltungsakt: § 52 Abs. 3,
- **auf nicht bezifferte Geldleistung:** Bedeutung der Sache für den Kläger, im Zweifel Auffangstreitwert,
- auf *Aufhebung eines Steuerbescheides:* festgesetzte (Teil-)Steuerschuld.

Arrest: 53 i.V.m. § 3 ZPO, i.d.R. die Hälfte der Hinterlegungssumme.[3]

Artfeststellung:
- *Betriebsgrundstück:* 20% des festgestellten Einheitswertes,[4]
- *Einfamilienhaus:* 50% aus der ganzen Höhe des festgestellten Einheitswertes.[5]

Aufrechnung: § 45. Ist Bestand der Aufrechnungsforderung Streitgegenstand, dann voller Wert der Forderung.[6] Bei Anfechtung einer Aufrechnung des Finanzamts mit Steuerforderungen: 1/10 des Wertes der Forderungen, wenn es nur um die Zulässigkeit der Aufrechnung geht.[7]

Auskunft: 10% des Wertes der verlangten Auskunftssache.[8] Wenn Wert des Interesses nicht erkennbar ist, dann für jedes Begehren Auffangstreitwert.[9]

Außenprüfung: 50% der mutmaßlichen Mehrsteuer.[10]

Aussetzung:
- wegen schwebender *Musterprozesse:* 5%–10% des streitigen Steuerbetrages,[11]
- *einstweilige* Aussetzung *der Vollziehung:* 10%[12]–1/3[13] des Hauptsacheverfahrens. Nach der jüngeren Rechtsprechung wird regelmäßig 25% der Hauptsache angenommen.[14] Der im Streitwertkatalog A 50.8 vom BFH propagierte Wert von 10% ist auch unter den Senaten des BFH umstritten.[15]

Beitreibung: Wert des Betrages, der beigetrieben werden soll.[16] 59

Bekanntgabe: Vgl. „Auskunft“.

---

1 **BFH** RPfleger 1977, 250 = BB 1976, 1445.
2 FG Berlin BB 1970, 64.
3 BFHE 86, 786; BFH BStBl. II 1982, 691.
4 BFH BB 1976, 1541.
5 BFH BB 1975, 75; *Offerhaus* NJW 1975, 1951, 1953; *Horn* BB 1973, 828.
6 BFH NVwZ 1992, 208.
7 FG Berlin EFG 1976, 583.
8 BFH BB 1974, 1378.
9 BFH BStBl. II 1982, 705.
10 BFH KostRspr. § 13 GKG Nr. 308.
11 BFH BB 1971, 154; BFH BStBl. III 1959, 311.
12 SächsFinG JurBüro 2002, 640.
13 BFH BFHE 87, 410. Vgl. dazu auch FG Düsseldorf JurBüro 2012, 197 (LS mit Volltextservice).
14 Vgl etwa FG Düsseldorf JurBüro 2012, 197; FG Leipzig JurBüro 2014, 642, jeweils m.N. und *Hellstab* JurBüro 2014, 643.
15 Vgl. BFH BFH/NV 2011,7121.
16 BFH BB 1978, 347.

Beschwer: § 47 Abs. 2. Der Steuerpflichtige kann auch durch Festsetzung einer zu niedrigen Steuer beschwert sein, wenn diese sich später zu seinen Ungunsten auswirken kann.[17]

Besteuerungszeitraum: Wert des Zinsvorteils entsprechend § 238 AO.[18]

Betriebsgrundstück: Für gesonderte Feststellung des Grundstückswertes für Zwecke der Erbschafts- oder Schenkungssteuer bei Frage, ob es sich um einen Gewerbebetrieb handelt, ist von einem gestaffelten Wert auszugehen; bei Werten bis zu 512.000 € 10% der Wertdifferenz zwischen festgestellten Grundstückswert und demjenigen Wert, mit dem das Grundstück als Betriebsgrundstück in die Steuerbemessungsgrundlage eingehen würde, bei Grundstückswerten bis 12.783.000 € mit 20% und bei darüber hinausgehenden Werten mit 25% dieser Wertdifferenz.[19]

Betriebsprüfung: Für Streit über Anordnung 50% der zu erwartenden Mehrsteuer, im Zweifel Auffangwert.[20] Bei Streit um Wiederholung 50% der endgültig erstrebten Steuerherabsetzung.[21]

Betriebsvermögen: Bei Streitigkeiten über Einheitswert 20% der Differenz zwischen festgestellten und begehrten Einheitswert, und zwar auch, wenn der beantragte Wert negativ ist. U.U. kann auch nur 10% ausreichen.[22]

Bevollmächtigter: $^1/_{10}$ der Hauptsache bei Beschwerde gegen die Anordnung des Finanzgerichts, einen Bevollmächtigten zu bestellen.[23]

Branntwein: Rechtsstreit betreffend die Rechtmäßigkeit der Sicherstellung 50% des Wertes der sichergestellten Gegenstände.[24]

Buchführungserleichterung:[25] In der Regel Auffangstreitwert.[26]

60 **C**

61 **Duldungsbescheid:** Wert der zugrunde liegenden Steuerforderung bzw. abweichender Wert der betroffenen Gegenstände.[27]

62 **Eidesstattliche Versicherung** nach § 284 AO: Regelmäßig 50% der rückständigen Beträge.[28]

Eigenheimzulage: Betrag des gesamten Förderzeitraums (nicht nur Jahresbetrag).[29]

Einfamilienhaus: Vgl. „Artfeststellung".

Einfuhrumsatzsteuer: Einfuhrumsatzsteuerbetrag ohne Rücksicht auf Vorsteuerabzugsberechtigung.[30]

Einheitliche Feststellung von Einkünften: Das durch die Auswirkungen auf die Steuerpflicht maßgebliche Interesse der im Verfahren unmittelbar Betroffenen,[31] das pauschal mit einem %-Satz des streitigen Gewinnanteils bewertet werden kann.[32]

---

17 BFH BFHE 87, 431.
18 BFH-NV 1992, 127.
19 BFH DB 2009, 886 (L) = DStRE 2009, 630 = ZEV 2009, 262.
20 BFH BStBl. II 1985, 257.
21 FG Düsseldorf EFG 1972, 350.
22 BFH BFHE 115, 304; FG Düsseldorf EFG 1968, 429.
23 BFH BB 1978, 347.
24 BFH BB 1978, 488 (L).
25 Dazu FG Hamburg EFG 1979, 514 = KostRspr. GKG § 23 Nr. 26 (L).
26 BFH BStBl. II 1984, 39; **a.M.** *Lappe* NJW 1985, 1880.
27 BFH-NV 1992, 690; FG Kassel EFG 1989, 652.
28 BFH BB 1977, 1034 = Der Betrieb 1978, 143 (L).
29 FG Saarbrücken JurBüro 2002, 533.
30 BFH BFHE 113, 407.
31 FG Saarland EFG 1988, 258.
32 BFH-NV 1993, 377; vgl. dazu auch die zahlreichen Nachweise bei *Hartmann* § 52 Anh. II Rn. 4.

Einheitswert: In der Regel %-Satz des streitigen Einheitswertes. Bei vor dem 1.1. 1974 festgestellten Einheitswerten von Grundstücken 60% des streitigen Wertunterschiedes.[33] Ermäßigung entsprechend der tatsächlichen Wirkungsdauer, wenn feststeht, dass er Besteuerungsgrundlage für weniger als drei Jahre ist.[34] Bei Bescheiden über Hauptfeststellung 1964 40% des streitigen Wertunterschiedes.[35] Bei Behauptung, die bewerteten Grundflächen seien Teil einer größeren wirtschaftlichen Einheit, ist der Streitwertberechnung die Wertvorstellung des Behauptenden in voller Höhe zugrunde zu legen und davon der Tausendsatz zu entnehmen.[36] Vgl. auch „Betriebsvermögen", „Betriebsgrundstück", „Einfamilienhaus".

Einkommenssteuer: Unterschied zwischen dem festgesetzten und dem erstrebten Steuerbetrag für ein Jahr ohne einkommenssteuerlich abhängige Zuschläge und Abgaben[37] und Folgesteuern.[38]

Einkünftefeststellung: Bei Streit um gesonderte einheitliche Einkünftefeststellung 25% des Ergebnisses, mindestens aber 1.000 €.[39]

Einstweilige Anordnung, § 114 FGO: vgl. § 53. In der Regel $^1/_3$ des Hauptsachewertes.[40] Bei einstweiliger Anordnung gegen Pfändungsmaßnahmen 10% des Betrages, wegen dem Zwangsvollstreckung betrieben wird.[41] Bei Streit um einstweilige Aussetzung der Vollziehung aber $^1/_3$ des Hauptsachewertes.[42]

Erbschaftssteuer: *s.a. „Betriebsgundstück"*

Ergänzungsabgabe: Betrag, gegen den sich der Kläger wendet.

Erhöhung: Der volle Betrag der erstrebten Steuererhöhung.[43]

Erlass § 227 AO: Maßgebend ist der Betrag, um dessen Erlass gestritten wird.[44]

Erledigung der Hauptsache: Kosteninteresse.[45]

Erstattung: Betrag, um dessen Erstattung gestritten wird.[46]

Fälligkeit: 10% der Forderung, wenn die Forderung unstreitig ist.[47] Bei Streit um 63
Vorverlegung der Fälligkeit (§ 221 AO) Jahresbetrag des Zinsnachteils.[48]

Familienkasse: Höhe des streitigen Betrages, höchstens Jahresbetrag.[49]

Feststellungsklage: negative F.: Wert der entsprechenden Anfechtungsklage.[50]

Forderungspfändung: Vgl. „Beitreibung".

Gesamtgutvermögen: Streitwert der einheitlichen und gesonderten Feststellung 64
der Anteile beträgt 20% des streitigen Wertunterschiedes gem. den Anträgen des Klägers.[51]

---

33 BFH BB 1978, 1507 (L) = Der Betrieb 1978, 2299.
34 BFH JurBüro 1977, 934.
35 BFH BFHE 117, 524 = BB 1976, 493.
36 BFH BFHE 118, 71.
37 BFH BStBl. II 1979, 441.
38 BFH BStBl. III 1967, 291 und BStBl. II 1975, 58; vgl. i.Üb. die Nachweise bei *Hartmann* § 52 Anh. II Rn. 6.
39 FG Sachsen-Anhalt JurBüro 2008, 536.
40 BFH BFHE 120, 338.
41 BFH BFHE 120, 338.
42 BFH BFHE 121, 311.
43 BFH BB 1970, 994.
44 BFH BB 1972, 906.
45 BFH BStBl. II 1989, 106 m.N.
46 BFH BStBl. II 1971, 603 = BB 1971, 1039 (L).
47 FG Düsseldorf EFG 1974, 435.
48 FG Saarland EFG 1975, 24.
49 Vgl. dazu bei *D. Meyer* JurBüro 1999, 182.
50 HessFG EFG 1968, 513 = JurBüro 1968, 974 (L); FG Münster EFG 1971, 452.
51 BFH BStBl. II 1969, 626.

Gesamtstreitwert: Vgl. „einheitliche Feststellung von Einkünften".

Gewinn: Streitwert für die Zurechnung eines der Höhe nach unstreitigen Einheitswertes auf die beteiligten Gesellschafter bestimmt sich nach dem steuerlichen Interesse, das sich unter Berücksichtigung der Sachanträge des Klägers ergibt.[52] Der Streitwert des Verfahrens darüber, ob die einem Gesellschafter gezahlte Vergütung zu seinen gewerblichen oder zu den Einkünften aus nichtselbständiger Arbeit zählt, bestimmt sich nach dem Antrag des Klägers und dem darin zum Ausdruck gekommenen geldlichen Interesse (§ 52 Abs. 1).[53] Der Streitwert der Anfechtung der gesonderten Feststellung des gemeinen Wertes nichtnotierter Anteile an Kapitalgesellschaften entspricht dem einfachen Jahresbetrag der Vermögenssteuer, die auf dem streitigen Wertunterschied der Anteile des Klägers lastet.[54]

Gewinnfeststellung: In Verfahren der einheitlichen Gewinnfeststellung i.d.R. 25% des streitigen Gewinnsatzes. Auswirkungen auf die Höhe der Gewerbesteuer bleiben unberücksichtigt. Bei hohen Gewinnen ist ein höherer Prozentsatz angebracht, bei kleineren Gewinnen ein geringerer Prozentsatz bis zu 10%. Ergeben sich im Gewinnfeststellungsverfahren keine Auswirkungen auf die Einkommenssteuerpflicht, beträgt der Streitwert 1% des streitigen Betrages.[55] Ist allein die Höhe streitig, ist der Streitwert stets nach dem%-Satz des streitigen Gewinnanteils anzusetzenden Interesse des Klägers an der Minderung seiner Einkommenssteuer zu bemessen (§ 52 Abs. 1). Das Interesse der vom Verfahren sonst noch unmittelbar Betroffenen an der Minderung ihrer Einkommenssteuer ist nur dann mit zu bewerten, wenn sie als Mitkläger oder Mitunternehmer der klagenden Gesellschaft am Verfahren beteiligt sind. Folgewirkungen auf andere Steuerpflichtige bleiben außer Betracht.[56] Diese Grundsätze gelten auch, wenn ein Gesellschafter klagt. Bei Klagen der Gesellschaft ist maßgebend das Interesse der Gesellschaft und nicht das der einzelnen Gesellschafter.[57] Der Grundsatz, dass bei Streit um die Gewinnverteilung der einheitlichen Gewinnfeststellung der Streitwert mit 25% des streitigen Gewinns zu bemessen ist, gilt auch, wenn ein Gesellschafter klagt. Ist nicht die Höhe, sondern allein die Verteilung des Gewinns streitig, dann beträgt der Streitwert immer 25% des Teils des Gewinns, um dessen Verteilung gestritten wird.[58] Das gilt auch, wenn der Streit um die ersatzlose Aufhebung des Feststellungsbescheides geht.[59] Ist im Verfahren der einheitlichen Gewinnermittlung einer Abschreibungsgesellschaft die Höhe des Verlustes streitig, so ist der Streitwert i.d.R. 50% des streitigen Verlustbetrages.[60] Sind die Verfahren über die Einkommenssteuerveranlagung und die Gewinnermittlung verbunden, so ist neben dem Streitwert der Einkommenssteuerveranlagung nicht auch noch der des Gewinnermittlungsverfahrens zu berücksichtigen.[61] Anders bei getrennten Verfahren.[62] Bei Streit um Veräußerungsgewinn ist als Regelsatz 15% des streitigen Gewinnbetrages zu nehmen,[63] bei höheren Gewinnanteilen der beteiligten Gesellschafter auch höhere Sätze. Hinsichtlich der Beschwer gilt, dass an

52 BFH BB 1971, 1267 m. Anm. v. *Roller*.
53 BFH BB 1967, 487; BFH BB 1972, 906.
54 BFH BB 1977, 1644 = Der Betrieb 1977, 2262.
55 BFH BB 1970, 994.
56 BFH JurBüro 1978, 1319 (L) = WM 1978, 1278 (L) = Der Betrieb 1978, 1259.
57 BFH BStBl. II 1979, 608.
58 BFH BB 1974, 261.
59 BFH BFHE 116, 350.
60 BFH BStBl. II 1980, 520 = JurBüro 1980, 1805 (L).
61 FG Düsseldorf EFG 1976, 194.
62 Vgl. dazu BFH BB 1978, 347.
63 BFH BFHE 89, 235 = Der Betrieb 1967, 1882.

einem einheitlichen und gesonderten Gewinnfeststellungsverfahren Beteiligte auch dann beschwert sind, wenn die von ihnen erstrebte Herabsetzung des Gesamtgewinns zwangsläufig zugleich zu einer Erhöhung des auf ihn entfallenden Gewinnanteils führt.[64]

Gewerbesteuer: Der mit der Klage erstrebte finanzielle Erfolg des Klägers; d.i. der Unterschied zwischen festgestelltem und erstrebtem Steuermessbetrag.[65]

Grunderwerbssteuer: Wird ein Grundsteuerbescheid in vollem Umfang angefochten, ist der nach dem Bescheid geschuldete Betrag der Streitwert.[66]

Grundsteuer: Wenn es um einen festen Geldbetrag geht, gilt § 52 Abs. 3, sonst ist zu schätzen. In der Regel ist als Streitwert der auf den streitigen Messbetrag entfallende Jahressteuerbetrag zu nehmen.[67]

Grundstücksart: Bei Feststellung des Grundstückswertes zum Zwecke der Erbschafts- oder Schenkungssteuer und der Frage, ob eine Nutzung als Betriebsgrundstück gegeben ist, ist der Streitwert pauschal, aber gestaffelt mit 10%, 20% oder 25% des Wertes, mit dem das Grundstück als Betriebsgrundstück in die Steuerbemessungsgrundlage eingehen würde, zu bemessen.[68]

Haftungsbescheid: Die in dem Bescheid festgestellte Haftungsschuld.[69] Bei Klagen 65
mehrerer Gesellschafter gegen gesonderte Haftungsbescheide gleicher Höhe bemisst sich der Wert nach einer einzigen Haftungsschuld.[70]

Hauptfeststellung: Vgl. „Einheitswert".

Hilfeleistung in Steuersachen: Streitwert bei Untersagung i.d.R. das letzte Jahreseinkommen des Betroffenen.[71]

Insolvenz: § 182 InsO. Für Feststellungsverfahren nach § 251 Abs. 3 AO kommt es 66
außerhalb der Anwendung von *§ 148 KO* (jetzt: § 182 InsO) auf den Mehrbetrag an, der sich aus dem beanspruchten Vorrecht ergeben würde.[72]

J 67

Kapitalgesellschaft: Vgl. „Gewinnfeststellung". 68

Kindergeld: Vgl. Streitwertkatalog, Aufhebung einer Festsetzung: Jahresbetrag des Kindergeldes zuzüglich der bei Klageeinreichung zu zahlenden bzw. streitigen Beträge.[73] Bei zeitlicher Eingrenzung des Klagezeitraums der Aufhebung aber regelmäßig bezifferter Betrag der Leistung.[74] S. auch „Familienkasse". Finanzgerichtliches Vorverfahren Interesse des Berechtigten von der Versagung bis zum Erlass eines Einspruchsentscheides.[75]

Kirchensteuer: Maßgebend ist der streitige Betrag, ggf. ohne Hinzurechnung der Kirchenlohnsteuer.[76]

Körperschaftssteuer:[77] Vgl. „Einkommenssteuer". Grundsätzlicher streitiger Betrag.

---

64 BFH BB 1971, 1038.
65 BFH-NV 1993, 559 und 1994, 55.
66 BFH BStBl. II 1973, 820.
67 BFH BStBl. II 1952, 283.
68 BFH JurBüro 2009, 366 (LS mit Volltextservice).
69 BFH BStBl. II 1972, 181.
70 FG Münster EFG 1978, 475.
71 BFH NJW 1979, 1176 (L) und BB 1978, 1508 (L).
72 BFH BStBl. II 1988, 125.
73 BFH NVwZ-RR 2001, 280. So auch FG Münster NJW-Spezial 2015, 349 = AGS 2015, 189 – JurionRS 2015, 12073; FG Berlin-Brandenburg, Beschl. v. 22.8.2014 – 1 KO 1282/13 – = RVG-professionell 2015, 127.
74 BFH JurBüro 2015 87 (LS) = StB 2014, 415 = DStR 2014, 11 = FamRZ 2015, 142= JurionRS 2014, 25081.
75 FG Baden-Württemberg JurBüro 2001, 480.
76 BFH BStBl. II 1975, 145.
77 Vgl. dazu auch FG Düsseldorf EFG 1994, 714; FG Hamburg EFG 1989, 34; FG Saarland EFG 1994, 124.

Kommanditgesellschaft: Vgl. „Auskunft", „Gesellschaft" und „Gewinnfeststellung".

Kosten: Auch ein Verfahren über Aussetzung der Vollstreckung des Kostenansatzes zählt zu den Streitigkeiten über Kosten, Gebühren und Auslagen i.S.v. § 128 FGO. Die Gerichtskosten, von denen das Finanzamt befreit ist, bleiben bei der Festsetzung des Streitwertes außer Betracht.[78]

Kraftfahrzeugsteuer: Bei unbefristeter Festsetzung der Jahresbetrag, bei befristeter Festsetzung der ganze Betrag.

69 **Landwirtschaftlicher Betrieb: §§ 13, 15 EStG.**

Lastenausgleich: § 52 Abs. 3. Anhaltspunkte für den Streitwert bietet der Ablösewert.[79]

Lohnsteuer: Vgl. „Einkommenssteuer". Maßgeblich ist der umstrittene Betrag für das jeweilige Jahr.[80] Bei Freibetrag der sich daraus ergebende Steuerbetrag für höchstens ein Jahr.[81] Bei Klage auf Durchführung des Ausgleichs der beantragte Erstattungsbetrag.[82]

Lohnsteuerhilfeverein: Auffangwert.[83]

70 **Mehrwertsteuer:** Vgl. „Umsatzsteuer".

Mittelbare Auswirkungen eines Steuerbescheides auf Veranlagungszeiträume, die dem Streitjahr vor- oder nachgelagert sind, blieben bei der Streitwertbemessung regelmäßig außer Betracht, auch wenn sie beabsichtigt sind.[84]

Musterprozess: Aussetzung oder Ruhen im Hinblick auf einen Musterprozess 5% des streitigen Steuerbetrages für das Zwischenverfahren.[85] Der Streitwert des Musterverfahrens bleibt deswegen unberührt.

71 **Nachprüfungsvorbehalt,** § 164 AO: In der Regel Auffangwert.[86]

Nichtzulassungsbeschwerde, § 115 FGO: Voraussichtlicher Streitwert des angestrebten Revisionsverfahrens.[87]

72 **O**

73 **Pfändung:** Im Verfahren der einstweiligen Anordnung gegen Pfändungsmaßnahme 10% des Betrages, wegen dem die Zwangsvollstreckung betrieben wird.[88] Ansonsten der Betrag, wegen dem vollstreckt bzw. beigetrieben wird, es sei denn, der Wert des gepfändeten Gegenstandes ist geringer.[89] Vgl. auch § 6 ZPO.

Prüfungsanordnung: Bei Streit um die Rechtsmäßigkeit regelmäßig 50% der zu erwartenden Mehrsteuern. Bietet der Sachverhalt keine Anhaltpunkte ist der Auffangwert nach § 52 Abs. 2 zu nehmen. Das gilt auch für Verfahren nach § 69 Abs. 3 FGO, wo eine Reduzierung auf 10% ausgeschlossen ist.[90]

74 **Q**

75 **Rechtsbehelfsentscheidung:** Bei Anfechtung Wert der angefochtenen Sache.[91]
Rechtsmittel: § 47.

---

78 BFH BB 1971, 991.
79 BFH BStBl. II 1974, 141.
80 BFH BStBl. III 1958, 385.
81 BFH KostRspr. § 13 GKG Nr. 296.
82 BFH BStBl. II 1973, 685 und 1975, 145.
83 BFH BStBl. II 1981, 105; dazu kritisch *Lappe* NJW 1982, 1739.
84 BFH BeckRS 2012, 95289 = BFH/NV 2012, 1318 m.w.N.
85 BFH BB 1973, 1153.
86 BFH BStBl. II 1980, 417.
87 BFH-NV 1992, 54; BFH-NV 1994, 572.
88 BFH BStBl. II 1978, 159.
89 BFH BB 1978, 347.
90 SchlHFG Beschl. v. 10.1.2011 – 5 V 206/10.
91 BFH BStBl. II 1982, 328.

Reiterhof: Vermietung von Pferden zu Reitzwecken ist bei vorhandener flächenmäßiger Futtergrundlage als landwirtschaftlich anzusehen, wenn keinen weiteren ins Gewicht fallenden nicht der Landwirtschaft zuzurechnenden Leistungen erbracht werden.[92]

Revision: Bei Revision und Anschlussrevision sind die Streitwerte beider Rechtsmittel zusammenzurechnen, soweit sie nicht denselben Streitgegenstand betreffen, sonst gilt nur der einfache Wert, vgl. § 45.

Säumniszuschlag: Vgl. „Steuersäumniszuschlag". 76

Schätzung: Voller Unterschiedsbetrag zwischen festgesetzter Steuer und der Steuer, die nach den Angaben der nachgereichten Steuererklärung festzusetzen wäre.[93]

Schenkungssteuer: s.a. „Betriebsgrundstück".

Schlussbesprechung: § 201 AO: Streit um die Verpflichtung zu ihrer Abhaltung 10% der steuerlichen Auswirkungen.[94]

Sicherstellung: Vgl. „Branntwein".

Steuerberaterprüfung: Bei Streit um Bestehen 5.000 €.[95] Bei Streit um Zulassung zur Prüfung 4.000 €.[96] Bei Streit um Aufhebung von Entscheidungen der Prüfungsausschüsse 2.500 €.[97] Die untergerichtliche Rechtsprechung nimmt aber teilweise erheblich höhere Werte an.[98]

Steuerberatung:
- *Zulassung:* Mehrbetrag der Einkünfte für 5 Jahre,[99]
- *Anerkennung einer Steuerberatungsgesellschaft:* Mindestens 25.000 €,[100]
- *Klage auf Zulassung zum Seminar gem. § 157 StBerG oder zur Prüfung:* Auffangwert,
- *Streit um Bestehen der Prüfung:* Richtwert 5.000 €,[101]
- *Untersagung der Hilfeleistung in Steuersachen oder Widerruf der Bestellung als Steuerberater:* Einkünfte aus dieser Tätigkeit im vergangenen Kalenderjahr.[102]

Steuerbescheid: Bei Anfechtung Unterschiedsbetrag zwischen festgesetzter und angestrebter Steuer.[103]

Steuererklärung: Bei Verpflichtung zur Abgabe halber Betrag der mutmaßlichen Steuerpflicht.[104]

Steuerbescheid: Vgl. „Antrag".

Steuerbevollmächtigtenprüfung: wie Steuerberaterprüfung.

Steuererstattung: Vgl. „Erstattung".

Steuermessbescheid: Maßgebend ist die Rechtmäßigkeit des Steuermessbescheides, nicht das einzelne Merkmal.[105] Es kommt auf das finanzielle Interesse des Klägers an der Herabsetzung der späteren Steuer an.[106]

---

92 BFH BStBl. II 1989, 416.
93 BFH BStBl. II 1979, 565.
94 BFH BStBl. II 1980, 751.
95 BFHE 137, 574.
96 BFHE 118, 145.
97 BFH/NV 1989, 315.
98 Vgl. die Nachweise bei *Hellstab* in *Oe/He/Tre* Streitwert 6.2 „Steuerberaterprüfung".
99 BezG Magdeburg EFG 1992, 296; *Tipke/Kruse* Rn. 103; *Hartmann* Anh. II zu § 52 GKG Rn. 16.
100 BFH BStBl. II 1990, 75; *Lappe* NJW 1991, 1214.
101 BFH BStBl. II 1983, 422; kritisch dazu *Lappe* NJW 1984, 1214.
102 BFH BStBl. II 1979, 264 und BFH-NV 1992, 406.
103 BFH JurBüro 1999, 373.
104 FG Berlin EFG 1988, 504; FG Karlsruhe EFG 1983, 146.
105 BFH NJW 1968, 1948.
106 BFH BFHE 93, 413.

Steuersäumniszuschlag: Er zählt zu den im § 22 GKG genannten Nebenforderungen und ist i.d.R. neben dem Hauptsachewert nicht zu bewerten.[107]

Stundung: In der Regel 10% des Steuerbetrages, dessen Stundung begehrt wurde.[108]

77 **T**

78 **Umsatzsteuer:** § 52 Abs. 3. Maßgebend ist der bestrittene Betrag.

Untätigkeitsklage: 10% des Wertes des streitigen Betrages, hinsichtlich dessen die Behörde tätig werden soll.[109] Wird nur eine bestimmte Tätigkeit gefordert, ist deren Wert maßgebend.[110]

79 **Verjährung:** Betrag der angeblich verjährten Forderung.[111]

Vermögensverzeichnis, § 284 AO: 50% des rückständigen Betrages.[112]

Vertriebenenausweis, Verpflichtung zur Erteilung: Auffangwert.[113]

Vollstreckung: Höhe der Forderung.[114] Vgl. auch „Pfändung".

Vollziehung: Streitwert um die Aussetzung 10% des Betrages, um dessen Rechtmäßigkeit gestritten wird.[115]

Vorläufigkeitserklärung: Wie „Vollziehung"[116] oder Auffangwert.[117]

80 **Widerruf:** Wert des widerrufenen Bescheides.

81 **X, Y**

82 **Zinsen:** § 43. Sie bleiben als Nebenforderung außer Betracht.

Zoll: Wert einer verbindlichen Zolltarifauskunft ist i.d.R. der Auffangwert.[118]

Zurückweisung eines Bevollmächtigten: 10% des Hauptsachewertes.[119]

Zwangsvollstreckung: Vgl. „Pfändung", „Vollstreckung".

Zwischenentscheidungen: Vgl. „Musterprozess".

83 Teil IV Sozialgerichtsbarkeit

84 1. Allgemeines

85 Wenn und soweit weder der Kläger noch der Beklagte zu den nach § 183 SGG kostenrechtlich privilegierten Personenkreis gehört, werden die Kosten nach den Vorschriften des GKG erhoben (§ 197a Abs. 1 SGG), soweit diese Verfahren nach dem 2.1.2002 rechtshängig geworden sind.[1] Das bedeutet, dass Gerichtskosten (Gebühren und Auslagen) dann ausschließlich nach dem GKG erhoben werden, die §§ 52, 42 gelten dann auch für das Sozialgerichtverfahren.

---

107 BGH NJW 1956, 1562 = JurBüro 1959, 111 (L).
108 BFH BStBl. III 1963, 76; BStBl. II 1971, 603; *Mümmler* JurBüro 1978, 1294.
109 BFH BStBl. III 1963, 270.
110 BFH BStBl. III 1967, 253.
111 FG Berlin BB 1970, 64.
112 BGH BB 1977, 1034.
113 BayVGH JurBüro 1997, 87.
114 BFH BStBl. II 1971, 25.
115 BFH BFHE 118, 298.
116 Vgl. FG Nürnberg EFG 1993, 604 m. zust. Anm. v. *Noll* KostRspr. § 13 Nr. 504.
117 BFH NVwZ 1991, 763.
118 BFH NVwZ 1992, 562.
119 BFH NVwZ 1983, 376.

1 BSG JurBüro 2004, 92.

Soweit der Gegenstandswert nicht feststeht, sondern nach billigem Ermessen festgesetzt werden muss, gilt stets § 52 uneingeschränkt (§ 52 Abs. 1). Das ist schon deshalb sinnvoll, um Abweichungen gegenüber dem Verwaltungsgerichtsverfahren und dem Finanzgerichtsverfahren zu vermeiden.[2] I.d.R ist auch im Sozialgerichtverfahren der Gegenstandswert nach der Bedeutung zu bemessen, welche die Sache nach dem Antrag des Klägers für ihn hat[3] und entspricht seinem wirtschaftlichen Interesse an der erstrebten Entscheidung und ihren Auswirkungen für ihn.[4] Wenn Anhaltspunkte für eine Schätzung fehlen, gilt der absulute („starre")[5] Auffangwert von 5.000 € (§ 52 Abs. 2), von dem aber nur in engen Grenzen Gebrauch gemacht werden sollte und niemals als „bequemen Umgehung" der vorrangigen Streitwertbestimmungen der Abs. 1, 3 ff. benutzt werden darf.[6] Insgesamt darf aber der Betrag von 2.500.000 € nicht überschritten werden (§ 52 Abs. 4). Der Mindestwert von 1.000 € gilt indessen nicht. Die Sondervorschrift des § 42 Abs. 3 S. 2 ermöglicht hier aber eine Erleichterung bei der Schätzung. **86**

Um eine gewisse Rechtsgleichheit und -sicherheit zu schaffen, haben die Präsidentinnen und Präsidenten der Landessozialgerichte in Anlehnung an die Verwaltungsgerichtsbarkeit sich auf einen Streitwertkatalog geeinigt. Dieser ist allerdings für die Gerichte nicht bindend und – wie in den Vorbemerkungen ausdrücklich klargestellt wurde – nur als Anregung gedacht. **87**

2. Streitwertkatalog für die Sozialgerichtsbarkeit – Streitwertkatalog 2012 –[1] 88

(4. Auflage des auf Beschluss der Konferenz der Präsidentinnen und Präsidenten der Landessozialgerichte vom 16.5.2006 auf Vorschlag des Landessozialgerichts Rheinland-Pfalz erstellten Streitwertkatalogs vom 16. Mai 2006.)[2]

A. Vorbemerkungen 89

1. Der **Streitwert** (Wert des Streitgegenstandes; § 3 des Gerichtskostengesetzes – GKG –) ist auch in den Verfahren vor den Gerichten der Sozialgerichtsbarkeit maßgebend für die Höhe der gerichtlichen Kosten (Gebühren und Auslagen). Kosten werden nur in den Verfahren erhoben, in denen § 197a des Sozialgerichtsgesetzes (SGG) anzuwenden ist (§ 1 Abs. 1 Nr. 4 des GKG).
2. Für die Festsetzung der Höhe des Streitwerts gilt grundsätzlich:
   Der Streitwert ist nach der sich aus dem Antrag des Klägers für ihn ergebenden Bedeutung der Sache nach Ermessen zu bestimmen (§ 52 Abs. 1 GKG).
   b) Bietet der Sach- und Streitstand für die Bestimmung des Streitwerts keine genügenden Anhaltspunkte, ist ein Streitwert von 5000 Euro anzunehmen (§ 52 Abs. 2 GKG: Regelstreitwert [BSG, 20.10.2004 – B 6 KA 15/04 R –; 1.2.2005 –

---

2 BSG NZS 1996, 400.
3 *Meyer-Ladewig* § 197 Rn. 7e.
4 BSG NZS 1996, 400.
5 BVerwG NJW 1989, 3233; *Hartmann* § 52 Rn. 22; *Dörndorfer* in Binz u.a. § 52 GKG Rn. 6 m.w.N.
6 Dazu bei NK-GK/*Hofmann-Hoeppel*/*Luber*/*Schäfer*, § 52 GKG Rn. 18 ff. m.w.N.

1 4. Auflage, Stand 4. Mai 2012 (Überarbeitung des von der Konferenz der Präsidentinnen und Präsidenten der Landessozialgerichte am 16. Mai 2006 auf Vorschlag des Landessozialgerichts Rheinland-Pfalz beschlossenen Streitwertkatalogs 2006).
2 Vgl. auch bei *Willersinn* JurBüro 2007, 459.

B 6 KA 70/04 B –;[3] 1.2.2005 – B 6KA 70/04 B; 15.1.2009 – B 3 KS 5/08 B –]; auch: Auffangwert bzw. Auffangstreitwert [BSG, 28.2.2006 – B 2 U 31/05 R;[4] 9.5.2006 – B 2 U 34/05 R; 29.11.2011 – B 2 U 27/10 R; LSG Schleswig-Holstein, 14.3.2006 – L 4 KA 3/04 –;[5] *Hartmann*, Kostengesetze, 42. Aufl., § 52 Rn. 20) oder Regelwert [BSG, 28.11.2007 – B 6 KAS 26/07 R; 15.1.2008 – B 12 KR 69/07 B]). Ein Abschlag von diesem Auffangstreitwert ist nach gesetzlicher Regelung nicht möglich (BSG, 21.7.2010 – B 7 AL 60/10 B; 14.5.2012 – B 8 SO 78/11 B), eine Rechtsgrundlage für eine Vervielfältigung des Auffangstreitwerts ist nicht gegeben (BSG, 8.12.2009 – B 12 7/09 R: 5.3.2009 – B 12 R 8/09 R); vgl. zu § 86b SGG B 11.1.

c) Betrifft der Antrag des Klägers eine bezifferte Geldleistung oder einen hierauf gerichteten Verwaltungsakt ist deren Höhe maßgebend (§ 52 Abs. 3 GKG). Für die Festsetzung des Streitwertes ist der Urkundsbeamte der Geschäftsstelle zuständig (*Hartmann*, Kostengesetze, 42. Aufl. Rn. 2–4).

d) In Verfahren des einstweiligen Rechtsschutzes nach § 86b SGG bestimmt sich der Streitwert nach § 52 Abs. 1 und 2 GKG (§ 53 Abs. 3 Nr. 4 GKG).

e) Werden Ansprüche auf wiederkehrende Leistungen dem Grunde oder der Höhe nach geltend gemacht oder abgewehrt, ist der dreifache Jahresbetrag der wiederkehrenden Leistungen maßgebend, wenn nicht der Gesamtbetrag der geforderten Leistungen geringer ist (§ 42 Abs. 1 GKG).
Ist die Höhe des Jahresbetrags nicht nach dem Antrag des Klägers bestimmt oder nach diesem Antrag mit vertretbarem Aufwand bestimmbar, ist der Streitwert nach § 52 Abs. 1 und 2 GKG zu bestimmen (§ 42 Abs. 3 Satz 2 GKG).

f) Sind außer dem Hauptanspruch noch Nebenforderungen (z.B. Zinsen, Kosten) betroffen, wird der Wert der Nebenforderungen nicht berücksichtigt (§ 43 Abs. 1 GKG).
Sind Nebenforderungen ohne den Hauptanspruch betroffen, ist der Wert der Nebenforderungen maßgebend, soweit er den Wert des Hauptanspruchs nicht übersteigt (§ 43 Abs. 2 GKG). Diese Begrenzung ist auf die Höhe der Hauptforderung gilt nicht, wenn die Hauptforderung von vornherein nicht rechtshängig war oder erledigt ist und nur die Nebenforderung streitig ist (Zinsen, BSG, 8.9.2009 – B 1 KR 8/09 R).
Sind die Kosten des Rechtsstreits ohne den Hauptanspruch betroffen, ist der Betrag der Kosten maßgebend, soweit er den Wert des Hauptanspruchs nicht übersteigt (§ 43 Abs. 3 GKG).

g) Für die Wertberechnung ist der Zeitpunkt der den jeweiligen Streitgegenstand betreffenden Antragstellung maßgebend, die den Rechtszug einleitet (§ 40 GKG). Dies ist der Zeitpunkt der Klageerhebung bzw. der Einlegung des Rechtsmittels (LSG Nordrhein-Westfalen, 14.9.2011 – L 2 U 298/11 B). Nach teilweiser Erledigung des Rechtsstreits ist eine gestaffelte Streitwertfestsetzung vorzunehmen; das Rechtsschutzinteresse ergibt sich aus § 32 RVG (*Hartmann*, Kostengesetze, 42. Aufl., § 52 Rn. 16; LSG Rheinland-Pfalz 13.3.2007 – L 5 B 373/06 KNK; LSG Nordrhein-Westfalen 20.5.2008 – L 16 B 87/07 KR; 3.7.2008 – L 16 B 31/08 KR –; Bayerisches LSG, 14.9.2011 – L 2 U 298/11 B –).

3. Der Streitwert ist sogleich mit der Einreichung der Klage-, Antrags- oder Rechtsmittelschrift oder mit der Abgabe der entsprechenden Erklärung zu Protokoll **vorläufig**

3 = JurBüro 2005, 543 (LS mit Volltextservice) = SozR 4-1935 § 33 RVG Nr. 1.
4 = SozR 4-1920 GKG Nr. 3.
5 = NZS 2006,559.

festzusetzen, wenn Gegenstand des Verfahrens nicht eine bestimmte Geldsumme in EURO ist oder gesetzlich kein fester Wert bestimmt ist (§ 63 Abs. 1 Satz 1 GKG). Ein Beschwerderecht gegen die vorläufige Streitwertfestsetzung ist nicht gegeben (LSG Rheinland-Pfalz 21.12.2006 L 5 B350/06 KA –; LSG Baden-Württemberg 3.12.2007 – L 5 KA 3492/07 W-B 29.3.2009 – L 11 R 882/11 B; auch nicht aus § 32 RVG: LSG Schleswig-Holstein, 9.7.2012 – L 4 SF 80/11 B SG –); auch eine Überprüfung im Rahmen der Beschwerde gegen den Kostenansatz (§ 66 Abs. 2 GKG) kommt nicht in Betracht (Thüringer LSG 16.2.2007 – L 6 B 141/06 SF –).
Spätestens nach Abschluss des Verfahrens ist der Streitwert **endgültig festzusetzen** (§ 63 Abs. 2 GKG). Ein Antrag ist nicht notwendig, kann aber (vgl. 32 Abs. 2 RVG durch Rechtsanwalt), gestellt werden. Die Festsetzung ist erst nach Beendigung der Rechtshängigkeit zulässig (Bayerisches LDG 4.7.2006 – L 5 B 160/06 KR); ein verfrüht ergangener endgültiger Festsetzungsbeschluss ist aufzuheben (Thüringer LSG, 10.12.2010 – L 6 KR 972/10 B; beim Ruhen des Verfahrens und statisischer Erledigung: Sächsisches LSG, 19.3.2012 – L 3 AS 897/11 B); vgl. zur Nachholung einer unterbliebenen Streitwertfestsetzung durch das Rechtsmittelfgericht B. 16.2.
Diese Festsetzungen sind auch für die Gebühren des Rechtsanwalts maßgebend (§ 32 Abs. 1, § 3 Abs. 1 des Rechtsanwaltsvergütungsgesetzes – RVG –).

4. Der Streitwertkatalog soll dazu beitragen, die Maßstäbe der Festsetzung des Streitwerts zu **vereinheitlichen** und die Entscheidungen der Gerichte **vorhersehbar** zu machen. Er erhebt keinen Anspruch auf Vollständigkeit.
Der Streitwertkatalog ist eine **Empfehlung** auf der Grundlage der Rechtsprechung der Gerichte der Sozialgerichtsbarkeit unter Berücksichtigung der einschlägigen Rechtsliteratur. Die Empfehlungen sind Vorschläge ohne verbindliche Wirkung für die Gerichte der Sozialgerichtsbarkeit vgl. LSG Nordrhein-Westfalen, 17.12.2009 – L 11 B 7/09 KA, LSG Sachsen-Anhalt, 10.1.2011 – L 10 KR 71/10 B).
5. Der Streitwertkatalog wird in regelmäßigen Zeitabständen aktualisiert und fortgeschrieben werden. Zuständig hierfür ist das Landessozialgericht Rheinland-Pfalz.

B. Allgemeines; Verfahrensrecht 90

1. Grundsätzliches

1.1. Ein Streitwert nach dem GKG ist nicht festzusetzen, wenn keine streitwertabhängigen Gerichtsgebühren anfallen <vgl. § 63 Abs. 1 Satz 1 GKG> (BSG, 1.9.2009 – B 1 KR 1/09 D –; 11.9.2009 – B 1 KR 3/09 D –; 7.9.2010 – B 1 KR 1/10 D –; vgl. auch B. 13.1 und 26.1). Die Gebührentatbestände des GKG sind für Verfahren nach dem SGG abschließend und lassen eine analoge Anwendung nicht zu (BVerfG, 20.4.2010 – 1 BvR 1670/09 –). Auf Antrag eines Rechtsanwalts (§ 33 RVG) ist jedoch zum Zwecke der anwaltlichen Gebührenfestsetzung eine Festsetzung des Streitwerts vorzunehmen (BSG, 1.9.2009 – B 1 KR 1/09 D –; 26.10.2010 – B 8 AY 1/09 R –; 16.1.2012 – B 11 SF 1/10 R –).

1.2. Für die Anwendung des § 197a SGG ist auf die Stellung eines Beteiligten im jeweiligen Rechtszug abzustellen. Ein Kostenprivilegierter hat auch dann keine Gerichtskosten zu tragen, wenn er in seiner ursprünglichen Rolle als Beigeladener in einem Prozess zwischen Nichtprivilegierten Rechtsmittel einlegt. Diese Kostenprivilegierung erstreckt sich dann auch auf einen nicht privilegierten Rechtsmittelführer (BSG, 13.4.2006 – B 12 KR 21/05 B –; 29.5.2006 – B 2 U 391/05 B –; 29.11.2011 – B 2 U 27/10 R –; 24.5.2012 – B 9 V 2/11 R –); vgl. auch B. 5.5.

1.3. Versicherter gem. § 183 Satz 1 SGG ist – unabhängig vom Ausgang des Verfahrens – jeder Beteiligte, über dessen Status als Versicherter gestritten wird. Auch wenn der Beteiligte die

	vom Versicherungsträger behauptete Versicherteneigenschaft bestreitet, gilt der insoweit allgemeine Rechtsgedanke des § 183 Satz 3 SGG (BSG, 5.10.2006 – B 10 LW;[6] 5/05 R –; 27.10.2009 – B 1 KR 12/09 R –); vgl. auch C. IV. 9.1, VI. 1.1, IX. 4.2
1.4.	Die Kostenprivilegierung gilt nach § 183 S. 3 SGG für denjenigen, der sich eines Rechts berühmt, bei welchem die Voraussetzungen dieser Norm vorliegen (BSG, 13.7.2010 – B 8 SO 13/09 R –).
1.5.	Die Kostenprivilegierung des § 183 S. 1 SGG entfällt bei einem Beteiligtenwechsel vor dem Beginn des Rechtszuges; vgl. auch § 183 Satz 2 SGG (BSG, 3.8.2006 – B 3 KR 24/05 R –).
1.6.	Für die Festsetzung des Streitwerts ist die sich aus dem Antrag des Klägers für ihn ergebende Bedeutung der Sache maßgebend, d.h. in der Regel das wirtschaftliche Interesse an der erstrebten Entscheidung (§ 52 Abs. 1 GKG; BSG, 5.10.1999 – B 6 KA 24/98 R –), maßgebend ist der weitestgehende Antrag (LSG Sachsen-Anhalt, 26.4.2012 – L 4 P 1/10 B –); keine Erhöhung im Hinblick auf das wirtschaftliche Interesse eines Beigeladenen (BSG, 12.12.1996 – 1 RR 5/90 –).
1.7.	Der mittelbare wirtschaftliche Wert eines endgültigen oder vorläufigen Prozesserfolgs ist bei der Streitwertfestsetzung nicht zu berücksichtigen (BSG, 9.5.2000 – B 6 KA 72/97 R –; vgl. auch zu § 144 Abs. 1 S. 1 Nr. 1 SGG: BSG, 6.2.1997 – 14/10 BKg 14/96 –).
1.8.	Bei Musterverfahren sind die wirtschaftlichen Folgewirkungen für andere Klageansprüche nicht zu berücksichtigen (BSG, 25.9.1997 – 6 RKa 65/91 –; 24.9.2008 – B 12 R 10/07 R –).
1.9.	Eine Streitwertfestsetzung darf auch im Urteil erfolgen (BSG, vgl. z.B. 22.9.2009 – B 2 U 32/08 R –; 22.6.2010 – B 1 A 1/09 R –; 1.7.2010 – B 11 AL 6/09 R –; 9.11.2011 – B 12 KR 3/10 R –; 22.3.2012 – B 8 SO 2/11 R –; LSG Rheinland-Pfalz, 23.3.2009 – L 1 AL 25/09 B –; Hartmann, Kostengesetze, 42. Aufl., § 63 GKG Rdnr. 26; a.A.: LSG Berlin-Brandenburg, 12.11.2008 – L 9 KR 119/08 –; 30.6.2010 – L 9 KR 42/09 –).
1.10.	Die Höhe des Streitwerts unterliegt nicht der Dispositionsfreiheit der Beteiligten (arg. § 61, § 63 Abs. 1 Satz 1, Abs. 2 Satz 1 GKG).
2.	**Feststellungsklage**
2.1.	Der Streitwert ist grundsätzlich niedriger als der Streitwert der Leistungsklage (Bay.LSG, 15.7.2005 – L 3 B 154/05 KA –). Bei einer Feststellungsklage, die mit einer Leistungsklage gleichwertig ist, bemisst sich der Streitwert nach dem Betrag, den der Kläger letztlich erstrebt. Ein Abzug ist nicht vorzunehmen (BSG, 5.10.1999 – B 6 Ka 24/98 R –). Regelstreitwert, wenn Anhaltspunkte für eine anderweitige Festsetzung fehlen (BSG, 15.1.2009 – B 3 KS 5/08 B –); vgl. zur Fortsetzungsfeststellungsklage B 8.
3.	**Bescheidungsklage**
3.1.	Bei Verpflichtungs-Neubescheidungen beträgt der Wert des Streitgegenstandes 75% bis zu 50% des Streitwerts der „Hauptsache“ (50%: LSG Baden-Württemberg, 23.5.1996 – L 5 Ka 6 53/96 W-A; – S 10 KA 6840/99 W-A –; 75%: LSG Schleswig-Holstein, 22.9.2003 – L 6 SF 22/03 SG –).
3.2.	Bei Anfechtungs-Neubescheidungen ist der mit dem Verwaltungsakt angeforderte Betrag in voller Höhe als Streitwert zugrunde zu legen (BSG, 6.7.2008 – B 6 KA57/07 R); vgl. C IX 15.2.

6 = NZS 2007, 443 = SGb2006, 739 = RV-Report 2007, 96 m. Anm. vom *Hansens* = SozR 4 -1500 § 183 SGG Nr. 4.

4.	**Untätigkeitsklage**
4.1.	Der Wert des Streitgegenstandes beträgt unter Berücksichtigung der wirtschaftlichen Bedeutung der Verzögerung 10–25% des Streitwerts der „Hauptsache". (LSG Rheinland-Pfalz, 11.8.1994 – L 3 Sb 19/94 –Bayerisches LSG, 9.1.1997 – L 12 B 185/95 Ka –), evtl. $^1/_3$. Der „Hauptsache" (SG Berlin, 11.3.2009 – S 47 SO 2743/08) bzw. Auffangwert (LSG Berlin-Brandenburg, 13.2.2012 – L 24 KA 22/11 B).
5.	**Klage-/Antragshäufung**
5.1.	Richtet sich eine Klage gegen mehrere Beklagte, so ist der Streitwert auf ein Mehrfaches des wirtschaftlichen Wertes für den Kläger (§ 39 Abs. 1 GKG; BSG, 8.4.2005 – B 6 Ka 60104 B –), hilfsweise auf ein Mehrfaches des Regelstreitwertes festzusetzen.
5.2.	Ein hilfsweise geltend gemachter Anspruch wird mit dem Hauptanspruch zusammenerechnet, soweit über ihn entschieden wird (§ 45 Abs. 1 S. 2 GKG).
5.3.	Bei subjektiver Klagehäufung kommt es nicht auf die Anzahl der Prozessrechtsverhältnisse, sondern darauf an, ob mehrere unterschiedliche Streitgegenstände vorliegen (BSG, 14.9.2006 – B 6 KA 24/06 B –; 19.9.2006 – B 6 KA 30/06 B –).
5.4.	Ist bei teilbarem Streitgegenstand nur ein Teil kostenprivilegiert, so ist bei der Kostenentscheidung nach den Streitgegenständen zu differenzieren. Dies gilt sowohl bei einer objektiven Klagehäufung als auch bei einer Eventualklagehäufung. (BSG, 27.7.2006 – B 3 KR 6/06 B –; 26.9.2006 – B 1 KR 1/06 R –)
5.5.	Ist bei unteilbarem Streitgegenstand ein kostenrechtlich Privilegierter Hauptbeteiligter, gilt für die jeweilige Instanz einheitlich die Regelung für Kostenprivilegierte. Dies gilt auch bei subjektiver Klagehäufung mit einem nicht Kostenprivilegierten (BSG, 29.5.2006 – B 2 U 397/0-5 B –;[7] 26.7.2006 – B 3 KR 6/06 B;[8] 26.9.2006 – B 1 KR 1/06 R –)
6.	**Klageänderung**
6.1.	Eine Streitwertaddition ist nicht vorzunehmen, sondern ggfs. eine zeitlich gestaffelte Festsetzung (OLG Düsseldorf, 16.8.2010 – I-24 W 9/10 – auch zum Streitstand).[9] vgl. auch A. 2. g).
7.	**Gerichtlicher Vergleich**
7.1.	Wenn Einigung auch über nicht streitgegenständliche Ansprüche oder Rechtsverhältnisse: abweichend von § 40 GKG Zusammenrechnung aller Streitgegenstände (OVG Rheinland-Pfalz, 8.7.2011 – 10 B 10684/11 –;[10] LSG Rheinland-Pfalz, 25.8.2011 – L 5 KA 38/11 B –).
8.	**Fortsetzungsfeststellungsklage (§ 131 Abs. 1 Satz 3 SGG)**
8.1.	Die Hälfte des Streitwerts (BSG, 10.3.2010 – B 3 KR 26/08 R –; LSG Nordrhein-Westfalen, 16.4.2010 – L 1 B 16/09 AL –); vgl. zur Feststellungsklage B. 2.
9.	**Verbindung mehrerer Rechtsstreitigkeiten (§ 113 SGG)**
9.1.	Bis zur Verbindung gesonderte Festsetzung für jedes Verfahren, danach gem. § 39 Abs. 1 GKG Zusammenrechnung (BSG, 23.3.2010 – B 8 SO 2/09 R –).

7 = NZS 2007, 53 = SozR 4-1500 § 193 SGG Nr. 3.
8 NZS 2007, 440 = SozR 4-1500 SGG Nr. 4.
9 = JurBüro 2010, 648 = AGS 2011, 86.
10 = NVwZ-RR 2011, 678.

10.	**Beigeladene**
10.1.	Für Beigeladene ist grundsätzlich der Antrag des Klägers maßgebend. Eine gesonderte Streitwertfestsetzung ist zulässig (BSG, 19.2.1996 – 6 RKa 40/93 –). Der Streitwert darf jedoch nicht höher als der für die Hauptbeteiligten festgesetzt werden (BSG, 25.11.1992 – 1 RR 1/91 –);[11] vgl. auch B.1.2.
11.	**Einstweilige Anordnung**
11.1.	Der Streitwert beträgt ein Viertel bis zur Hälfte des Streitwerts der Hauptsache je nach deren wirtschaftlicher Bedeutung. Bei Vorwegnahme der Hauptsache ist in der Regel der volle Streitwert festzusetzen. Voller Auffangstreitwert in Verfahren nach § 86b SGG (§§ 53 Abs. 2 Nr. 4, 52 Abs. 2 GKG; Sächsisches LSG, 24.2.2010 – L 1 P 1/10 B ER –; LSG Berlin-Brandenburg, 29.3.2010 – L 27 P 14/10 B ER –; LSG Sachsen-Anhalt, 11.8.2011 – L 4 P 8/11 B ER –; LSG Niedersachsen-Bremen, 12.8.2011 – L 15 P 2/11 B ER –).
11.2.	Bei Verfahren nach § 86a Abs. 2 und § 86b Abs. 1 S. 1 Nr. 2 SGG: ein Viertel des Hauptsachestreitwertes (BSG, 29.8.2011 – B 6 KA 18/11 R –; LSG Baden-Württemberg, 14.2.2007 – L 5 KR 2854/06 W-A –; 13.2.2012 – L 13 R 4441/11 B –; LSG Berlin-Brandenburg, 2.3.2012 – L 2 U 164/11 B ER –).
12.	**Gegenvorstellung; Änderung der Feststellung von Amts wegen oder auf Antrag eines Beteiligten (§ 63 Abs. 3 GKG)**
12.1.	Gegen unanfechtbare Beschlüsse ist die Gegenvorstellung statthaft. Die Einlegung muss innerhalb eines Monats erfolgen (BSG, 8.9.1997 – 3 RK 27/95 –)
12.2	Auch im Gegenvorstellungsverfahren ist eine Kostenentscheidung zu treffen (BSG, 28.7.2005 – B 13 RJ 178/05 B –) und der Streitwert festzusetzen (LSG Nordrhein-Westfalen, 27.1.2009 – L 16 B 24/08 R –).
13.	**Rechtswegbeschwerde**
13.1.	Im Verfahren über eine Rechtswegbeschwerde ist eine Kostenentscheidung zu treffen, da § 17b Abs. 2 GVG hier keine Anwendung findet (BSG, 29.9.1994 – 3 BS 2/93 –; 9.2.2006 – B 3 SF 1/05 R –; 1.4.2009 – B 14 SF 1/08 R –). Keine Streitwertfestsetzung notwendig, wenn die Beschwerde verworfen oder zurückgewiesen wird, da sich dann die Gerichtsgebühr nicht nach einem Streitwert richtet, sondern eine Festgebühr gem. Nr. 7504 Anl. 1 zum GKG anfällt (BSG, 26.10.2010, B 8 AY 1/09 R –; 3.8.2011 – B 11 SF 1/10 R –; 4.4.2012 – B 12 SF 1/10 R –; vgl. auch B. 1.1 und 26.1); a.A.: Festsetzung eines Streitwerts, im Regelfall ein Fünftel, höchstens bis zu einem Drittel des Hauptsachewerts (BSG, 6.9.2007 – B 3 SF 1/07 R –;[12] 22.4.2008 – B 1 SF 1/08 R –; 6.10.2008 – B 3 SF 2/08 R –).
14.	**Nichtzulassungsbeschwerde**
14.1.	Der Streitwert bemisst sich gemäß § 47 Abs. 3 GKG nach dem Streitwert des Rechtmittelverfahrens (BSG, 12.9.2006 – B 6 KA 70/05 B –).[13]
15.	**Beschwerde gegen Festsetzung des Streitwertes**
15.1.	Möglich auch wenn Streitwertfestsetzung im Urteil erfolgt ist (vgl. B. 1.9.), da darin Beschluss zu sehen (Meyer-Ladewig, SGG, 10. Aufl. § 197a Rdnr. 5). Das Gericht ist an keine Anträge gebunden. Es gilt auch nicht das Verschlechterungsverbot (BSG, 5.10.2006 – B 10 LW 5/05 R –; vgl. auch B.1.10).

11 = NZS 1993, 228 = SozR 3-1930 § 8 Nr. 1.
12 = SozR 4-1920 § 52 GKG = KostRsp, GKG 2004 § 52 Nr. 70 m. Anm. von *Hellstab*.
13 = NZS 2006, 560.

15.2. Vor der Entscheidung über die Beschwerde hat das SG nach §§ 68 Abs. 1 S. 5, 66 Abs. 3 S. 1 GKG über die Abhilfe zu entscheiden (LSG Rheinland-Pfalz, 27.4.2009 – L 5 B 451/08 KA –), ein Aktenvermerk ist ausreichend (OVG Nordrhein-Westfalen, 30.11.2010 – 13 E 1221/10 –).

15.3. Der Rechtsanwalt kann aus eigenem Recht eine Streitwertbeschwerde erheben (§ 32 Abs. 2 RVG; LSG Nordrhein-Westfalen, 24.2.2006 – L 10 B 21/05 KA –); dies gilt nicht bei einer vorläufigen Festsetzung des Streitwerts (LSG Rheinland-Pfalz, 21.12.2006 – L 5 B 350/06 KA –; LSG Baden-Württemberg, 3.12.2007 – L 5 KA 3492/07 W-B –); vgl. auch A.3.

15.4. Durch eine zu niedrige Streitwertfestsetzung kann ein nicht kostenpflichtiger – obsiegender – Beteiligter beschwert sein, wenn er mit seinem Rechtsanwalt eine höhere Honorarvereinbarung (Streitwertvereinbarung) getroffen hat und die Streitwertfestsetzung zu einer geringeren Kostenerstattung durch den Kostenpflichtigen führt; einer eigenen Streitwertbeschwerde des Bevollmächtigten gem. § 33 Abs. 3 RVG dürfte das Rechtsschutzbedürfnis fehlen (OVG Lüneburg, 24.5.2011 – 10 OA 32/11 – m.w.N.; OLG Frankfurt, 8.5.2012 – 1 W 26/12 –).

15.5. Über Beschwerden gegen die Festsetzung des Streitwerts entscheidet aufgrund der Spezialzuweisung des § 68 Abs. 1 Satz 5 i.V.m. § 66 Abs. 6 Satz 1 GKG allein der Berichterstatter (Sächsisches LSG, 9.6.2008 – L 1 B 351/07 KR –; LSG Baden-Württemberg, 16.12.2008 – L 10 R 5747/08 W-B –; LSG Nordrhein-Westfalen, 1.4.2009 – L 10 B 42/08 P –; Hessisches LSG, 31.5.2010 – L 1 KR 352/09 B – m.w.N.; LSG Thüringen, 10.12.2010 – L 6 KR 972/10 B –; a.A.: immer der Senat, LSG Rheinland-Pfalz, 27.4.2009 – L 5 B 451/08 KA –; LSG Nordrhein-Westfalen, 17.12.2009 – L 11 B 7/09 KA –; 2.5.2012 – L 19 AS 521/12 B –; LSG Berlin-Brandenburg, 5.3.2012 – L 27 P 80/10 B –, bzw. der Berichterstatter nur im vorbereitenden Verfahren <§ 155 Abs. 2 Nr. 4 SGG> oder im Einverständnis der Beteiligten <§ 155 Abs. 3 SGG>, LSG Rheinland-Pfalz, 16.2.2009 – L 6 B 365/08 R –), wobei die Möglichkeit der Übertragung auf den Senat (§ 66 Abs. 6 Satz 2 GKG) besteht.

15.6. Die Ablehnung einer Streitwertfestsetzung stellt einen beschwerdefähigen Beschluss dar (LSG Nordrhein-Westfalen, 23.7.2007 – L 1 B 18/07 AL –; Hartmann, Kostengesetze, 42. Aufl., § 63 GKG Rn. 26).

15.7. Eine unselbstständige Anschlussbeschwerde entsprechend § 567 Abs. 3 ZPO ist zulässig (Hessisches LSG, 31.5.2010 – L 1 KR 352/09 B –; LSG Sachsen-Anhalt, 26.4.2012 – L 4 P 1/10 B –).

15.8. Das Verfahren ist gebührenfrei (§ 68 Abs. 3 Satz 1 GKG). Außergerichtliche Kosten sind nicht zu erstatten (§ 68 Abs. 3 Satz 2 GKG). Beides gilt auch bei einer unstatthaften Beschwerde (LSG Baden-Württemberg, 29.3.2009 – L 11 R 882/11 B –; zum Streitstand vgl. OLG Frankfurt, 5.3.2012 – 1 W 15/12 –), bei einer unzulässigen Beschwerde ist dies unstreitig (vgl. Schneider, NJW, 2011, 2628, 2630).

16. Abänderung des Streitwertes durch das Rechtsmittelgericht

16.1. Für den Wert des Streitgegenstandes des ersten Rechtszuges ist gem. § 47 Abs. 2 GKG nicht der in erster Instanz festgesetzte, sondern der objektiv angemessene Streitwert maßgeblich.

Die Abänderung der erstinstanzlichen Streitwertfestsetzung steht gemäß § 63 Abs. 3 S. 1 GKG im Ermessen des Rechtsmittelgerichts (BSG, 19.9.2006 – B 6 KA 30/06 B –).
Die gilt auch bei unzulässigen Beschwerden (BSG, 10.6.2010 –B 2 U 4/10 B).

16.2. Eine unterbliebene Streitwertfestsetzung kann vom Rechtsmittelgericht jedenfalls bei betragsmäßig von vornherein feststehendem und offensichtlich gleich gebliebenem Streitwert in erweiternder Auslegung des § 63 Abs. 3 S. 1 GKG nachgeholt werden (BSG, 5.10.2006 – B 10 LW 5/05 R –).[14]

14 = NZZ 2007, 443 = SGB 2006, 739.

17. Verjährung

17.1. Es gilt keine Verjährung für den Antrag auf Festsetzung des Streitwerts (BSG, 15.2.2001 – 6 RKa 20/83 –).[15] Nach § 63 Absätze 1 und 2 GKG ist der Streitwert von Amts wegen festzusetzen.

18. Widerspruchsverfahren

18.1. Zurückweisung des Bevollmächtigten im Widerspruchsverfahren (§ 13 Abs. 5 SGB X); Klage des Bevollmächtigten: Höhe des Gebührenanspruchs des Bevollmächtigten für die begehrte Vertretung (LSG Baden-Württemberg, 3.1.2007 – L 13 AL 4889/05 W-B –); geht das Interesse dahin, in anderen ähnlich gelagerten Fällen eine Vertretungsbefugnis zu haben: Auffangstreitwert (LSG Baden-Württemberg, 24.3.2010 – L 13 AL 4744/07 –).

18.2. Erstattung der Aufwendungen nach § 63 SGB X: Differenz zwischen den geforderten und den erstatteten Kosten (BSG, 5.10.2006 – B 10 LW 5/05 R –; 9.4.2008 – B 6 KA 3/07 B –).

18.3. Eine gesonderte Festsetzung des Gegenstandswerts durch die Verwaltung ist im Gesetz nicht vorgesehen und damit unzulässig. Die Gerichte haben im Rahmen der Prüfung der Höhe der Kostenerstattung den Gegenstandswert eigenständig zu bestimmen (BSG, 9.4.2008 – B 6 KA 3/07 B –; LSG Berlin-Brandenburg, 10.9.2010 – L 7 KA 121/09).

19. Stufenklage

19.1. Für die Wertberechnung ist nur einer der verbundenen Ansprüche, und zwar der höhere, maßgebend (§ 44 GKG). Dies gilt aber nur, wenn in einer Instanz über beide Ansprüche entschieden wird. Wird nur über einen Anspruch entschieden, ist der Streitwert nur anhand dieses Anspruchs zu bemessen (BSG, 28.2.2007 – B 3 KR 12/06 R –); vgl. auch B. 28. Zur Auskunftsklage.

20. Streitwert des Rechtsmittelverfahrens

20.1. Im Rechtsmittelverfahren bestimmt sich der Streitwert nach den Anträgen des Rechtsmittelführers (§ 47 Abs. 1 Satz 1 GKG), nur ausnahmsweise nach der Beschwer (§ 47 Abs. 1 Satz 2 GKG). Es bleibt dann bei der Streitwertberechnung nach § 52 GKG entsprechend der Bedeutung der Sache für den Kläger, wenn der Streitgegenstand unverändert geblieben ist und der Beklagte als Rechtsmittelführer nach wie vor die Abweisung der Klage beantragt (BSG, 28.2.2007 – B 3 KR 12/06 R –, 12.6.2008 – B 3 P 2/07 R –).

20.2. Bei Anschlussberufung Anschlussbeschwerde, Anschlussrevision: Addition der Streitwerte, wenn unterschiedliche Streitgegenstände <vgl. § 45 Abs. 1 Satz 1, Abs. 2 GKG> (LSG Berlin, 30.1.2004 – L 15 B 41/00 KR ER –; Hessisches LSG, 29.4.2009 – L 4 KA 76/08 –; LSG Nordrhein-Westfalen, 16.3.2011 – L 11 KA 96/10 B ER –; BSG, 17.2.2009 – B 2 U 38/06 R –).

21. Zurückverweisung

21.1. Bei Zurückverweisung ist eine Festsetzung des Streitwerts vorzunehmen (BSG, 13.12.2005 – B 4 RA 28/05 R –; 10.5.2007 – B 10 KR 1/05 R –).

22. Nichterhebung von Kosten wegen unrichtiger Sachbehandlung (§ 21 GKG)

22.1. Soweit Kosten zu Unrecht erhoben wurden, ist die Erinnerung gegen den Kostenansatz gem. § 66 GKG möglich (BSG, 29.12.2011 – B 13 SF 3/11 S –); zu einem Verfahren der Urteilsberichtigung: BSG, 6.3.2012 – B 1 KR 43/11 B –).

23. Ablehnung eines Sachverständigen wegen Besorgnis der Befangenheit

23.1. Ein Drittel des Streitwerts der Hauptsache (LSG Nordrhein-Westfalen, 4.6.2007 – L 1 B 7/07 AL –).

15 = AGS 2001, 225 = BRAGO-Report 2001, 118.

24. Ablehnung von Gerichtspersonen (§ 60 SGG); unzulässige Beschwerde (§ 172 Abs. 2 SGG)

24.1. 10 v. H. des Streitwerts der Hauptsache (Hartmann, Kostengesetze, 42. Aufl., GKG Anh II § 52 Rdnr. 2; LSG Rheinland-Pfalz, 14.5.2012 – L 7 KA 26/12 B –).

25. Befundbericht; Klage des Arztes auf höhere Vergütung (JVEG)

25.1. Höhe der streitigen Vergütung (BSG, 2.10.2008 – B 9 SB 7/07 R –).

26. Anhörungsrüge (§ 178a SGG)

26.1. Einer Streitwertfestsetzung bedarf es nicht, da sich die Gerichtsgebühr unmittelbar aus Nr. 7400 der Anlage 1 des GKG ergibt (BSG, 8.11.2006 – B 2 U 5/06 C –; 14.12.2011 – B 6 KA 7/11 C –).

27. Verfahren auf Gewährung von Akteneinsicht

27.1. Auffangstreitwert (Bayerisches LSG, 16.11.2011 – L 2 U 414/11 B –).

28. Auskunftsklage

28.1 Wirtschaftliches Interesse an der Auskunft, im Regelfall niedriger als der Wert des Leistungsanspruchs; ein Zehntel des voraussichtlichen Leistungsanspruchs, wenn die fraglichen Verhältnisse schon fast bekannt sind, kann auch deutlich höher liegen und fast den Wert des Zahlungsanspruchs erreichen, etwa wenn der Kläger einen Zahlungsanspruch ohne die Auskunft voraussichtlich nicht erreichen kann (BSG, 28.2.2007 – B 3 KR 12/06 R –; ein Viertel des mutmaßlichen Zahlungsanspruchs, LSG Niedersachsen-Bremen, 22.4.2009 – L 1 KR 60/09 B –; 25.6.2009 – L 4 KR 168/09 B –; beim Begehren auf Herausgabe eines Rentenbescheides < hier eher Auskunftsanspruch> LSG Nordrhein-Westfalen, 27.4.2012 – L 18 KN 242/11 B –); vgl. auch C. IV. 19., C. VII. 3. und C. VIII. 5. sowie zur Stufenklage B. 19.

29. Gerichtliches Vollstreckungsverfahren nach § 201 SGG

29.1 Höhe des zur Festsetzung beantragten Zwangsgeldes, nicht der Wert des Verfahrensgegenstands im vorausgegangenen Gerichtsverfahren (LSG Berlin-Brandenburg, 12.12.2006 – L 7 B 124/03 KA –; SG Berlin, 4.3.2009 – S 164 SF 194/09 E –).

29.2. Bei Androhung: die Hälfte des beantragten Zwangsgeldes (LSG Berlin-Brandenburg, 12.12.2006 – L 7 B 124/03 KA –; SG Berlin, 4.3.2009 – S 164 SF 194/09 E –).

30. Dienstaufsichtsbeschwerde

30.1 Anspruch auf Bescheidung einer Dienstaufsichtsbeschwerde: Regelstreitwert (LSG Berlin-Brandenburg, 27.4.2009 – L 18 AL 100/09 B ER –).

31. Hausverbort

31.1. Auffangstreitwert (LSG Rheinland-Pfalz, 10.9.2009 – L 5 KA 38/09 B ER –).

91 ## C. Streitwertkatalog

I. Arbeitsförderungsrecht		
1.	**Arbeitsgenehmigung (Arbeitserlaubnis, Arbeitsberechtigung) § 284 Abs. 1, Abs. 2 SGB III)**	
1.1.	Erteilung	Wirtschaftliches Interesse des Unternehmers (Hess-LSG, 31.8.1998 – L 6 AL 1106/97 ER –; LSG Nordrhein-Westfalen, 16.4.2010 – L I B 16/09 AL –).
1.2.	Gebühr für die Erteilung	Höhe der Gebühr (BSG, 13.12.2000 – B 7 AL 58/99 R –).
2.	**Arbeitnehmerüberlassung**	
2.1.	Erteilung der Erlaubnis (§ 2 AÜG)	Unmittelbares wirtschaftliches Interesse; bei fehlenden Anhaltspunkten für die wirtschaftliche Bedeutung Auffangwert (LSG Baden-Württemberg, 11.3.2011 – L 13 AL 3438/10 ER-B –).
2.2.	Rücknahme, Widerruf der Erlaubnis (§ 4, § 5 AÜG)	Unmittelbarer wirtschaftlicher „Schaden" (LSG Niedersachsen-Bremen, 6.5.2003 – L 8 AL 336/02 ER –) bzw. bei normalem Geschäftsbetrieb erzielbarer Unternehmensgewinn (Bay.LSG, 13.12.2006 – L 9 B 823/06 AL ER –), hilfsweise Regelstreitwert (LSG Niedersachsen-Bremen, 21.1.2003 – L 8 B 158/03 AL).
2.3.	Auflage (§ 3 AÜG)	Regelstreitwert bei Klage des Arbeitnehmers und fehlenden Anhaltspunkten für das wirtschaftliche Interesse (SG Koblenz, 5.9.2006 – S 9 ER 102/06 AL –).
3.	**Zulassung von Trägern und Maßnahmen (§§ 84,85 SGB III i.d.F. bis 31.3.2012, §§ 176 ff. SGB III, § 184 SGB III i.V.m. AZAV)**	Keine Kostenprivilegierung (Hessisches LSG, 28.4.2009 – L 7 AL 118/08 B ER –); Regelstreitwert je begehrte Maßnahme für drei Jahre <§ 42 Abs. 2 GKG> (BSG, 16.1.2012 – B 11 SF 1/10 R –) bzw. Hälfte des Streitwerts für die Genehmigung einer Ersatzschule: 15.000 € (Nr. 38.2 Streitwertkatalog Verwaltungsgerichtsbarkeit; LSG Baden-Württemberg, 4.4.2005 – L 13 AL 219/05 W-A –).
4.	**Eingliederungszuschüsse (§§ 217 ff. SGB III i.d.F. bis 31.3.2012, §§ 88 ff. SGB III)**	Keine Streitwertfestsetzung, da gerichtskostenfrei nach § 183 SGG (BSG, 22.9.2004 – B 11 AL 33/03 R –).
5.	**Lohnkostenzuschuss nach den Richtlinien zur Durchführung des Sofortprogramms zum Abbau der Jugendarbeitslosigkeit**	Keine Streitwertfestsetzung, da gerichtskostenfrei nach § 183 SGG <Leistungsempfänger> (BSG, 1.7.2010 – B 11 AL 1/09 R –).
6.	**Erstattungspflicht des Arbeitgebers (§ 147a SGB III)**	
6.1.	Grundlagenbescheid	Regelstreitwert (BSG, 22.3.2001 – B 11 AL 91/00 R; 4.9.2001 – B 7 AL 6/01 R –).
6.2.	Abrechnungsbescheid	Höhe der Erstattungsforderung (BSG, 3.3.1998 – 11 RAr 103/96 –).
7.	**Kurzarbeitergeld, Klagen des Arbeitnehmers oder der Betriebs**	Keine Streitwertfestsetzung, da gerichtskostenfrei nach § 183 SGB <Prozessstandschafter für Arbeit-

	vertretung (§§ 169 ff. SGB III i.d.F. bis zum 31.12.2012, §§ 95 ff. SGB III)	nehmer> (BSG, 21.7.2009 – B 7 AL 3/08 R –; LSG Nordrhein-Westfalen, 2.2.2006 – L 9 AL 76/05 –).
8.	**Vermittlungsgutschein (§ 421g SGB III i.d.F. bis 31.3.2012, § 45 Abs. 4 ff. SGB III)**	
8.1.	Ausstellung des Vermittlungsgutscheins	Wert des Gutscheins.
8.2.	Ablehnung der Auszahlung der Vermittlungsvergütung	Der Vermittler ist kein Leistungsempfänger im Sinne des § 183 SGG (BSG, 6.4.2006, B 7a AL56/05 R –); Wert des Gutscheins (BSG, 21.2.2008 – B 11a AL 91/07 B –) bzw. 1.000 € als Teilbetrag der ersten oder zweiten Rate (LSG Sachsen, 16.2.2005, L 3 B 64/04 AL;[16] 20.7.2005 – L 3 AL 132/04 –).
9.	**Umlagen; Winterbeschäftigungs – Umlage (§§ 354 ff. SGB III); Insolvenzgeldumlage (§§ 358 ff. SGB III)**	
9.1.	Grundlagenbescheid	Regelstreitwert.
9.2.	Festsetzung der Umlagenhöhe	Dreifacher Jahresbetrag der Umlage (BSG, 20.6.1995 – 10 RAr 7/94 –);[17] bei auf einen Teilbetrag beschränkter Anfechtung: dieser Teilbetrag (BSG, 22.2.2012 – B 11 AL 4/11 R –).
10.	**Anzeigepflichtige Entlassungen (§§ 17 ff. KSchG); Klage eines Arbeitnehmers gegen den Bescheid der Bundesagentur**	Der Arbeitnehmer ist kein Versicherter im Sinne des § 183 SGG; Regelstreitwert (LSG Baden-Württemberg, 8.1.2007, – L 9 AL 3242/06 K-A –).
11.	**Insolvenzgeld;**	
11.1.	Übertragung des Anspruchs auf Arbeitsentgelt auf einen Dritten (§ 188 Abs. 1 SGB III i.d.F. bis zum 31.3.2012, § 170 SGB III)	Dritter ist Leistungsempfänger im Sinne des § 183 SGG; kein Fall der Rechtsnachfolge nach § 183 S. 2 SGG (BSG, 5.12.2006 – B 11a AL 19/05 R –).
11.2.	Abtretung (§ 398 BGB) des Insolvenzgeldanspruchs an einen Dritten	Die Kostenprivilegierung gilt nicht, auch dann nicht, wenn der ursprünglich Leistungsberechtigte als gewillkürter Prozessstandschafter auftritt, da der Anspruch des Rechtsnachfolgers eines Leistungsempfängers – kein Fall des § 183 S. 2 SGG – geltend gemacht wird (BSG, 4.6.2007 – B 11a AL 153/06 B –; 1.7.2010 – B 11 AL 6/09 R –).
12.	**Berichtigung einer Arbeitsbescheinigung (§ 312 SGB III)**	Ein Zehntel des Arbeitsentgelts, dessen zusätzliche Bescheinigung begehrt wird (SG Hamburg, 27.4.2006 – S 60 AL 2074/04 –) oder ein Zehntel des mittelbar verfolgten Begehrens <Verhinderung einer Sperrzeit> (LSG Rheinland-Pfalz, 23.3.2009 – L 1 AL 25/09 B –).
13.	**Erstattung von Leistungen nach §§ 4 und 12 Altersteilzeitgesetz – ATG –; Klage des Arbeitgebers**	Keine Streitwertfestsetzung, da gerichtskostenfrei nach § 183 SGG (BSG, 21.3.2007 – B 11a AL 9/06 R –).

16 = JurBüro 2005, 548 = KostRsp. SGG § 183 Nr. 6 = NZS 2006, 277.
17 = JurBüro 1996, 148 = AGS 1996, 4 = Breithaupt 1996, 117.

14.	**Anordnung einer Außenprüfung nach §§ 304 Abs. 1 Nr. 2, 305 Abs. 1 S. 1 SGB III i.d.F. bis zum 31.7.2004**	Regelstreitwert (BSG, 1.3.2011 – B 7 AL 2/10 R –).
15.	**Erprobung von Projekten der aktiven Arbeitsförderung nach § 421h SGB III i.d.F. bis zum 31.3.2012**	Regelstreitwert, wenn kein Zahlungsbegehren (LSG Baden-Württemberg, 23.8.2011 – L 13 AL 350/11 –).
16.	**Abzweigung (§ 48 Abs. 1 S. 1 SGB I)**	Keine Kostenprivilegierung (BSG, 8.7.2009 – B 11 AL 30/08 R –); vgl. auch C. VIII. 7.
II. Aufsichtsrecht		
1.	**Genehmigung zur Errichtung oder Erweiterung einer Krankenkasse (§§ 147 ff., §§ 157 ff. SGB V, §§ 87 ff. SGB IV)**	Bedeutung der Sache: bei bis zu 1.000 betroffenen Pflichtmitgliedern 20-facher, bei bis zu 5.000 Pflichtmitgliedern 30-facher Regelstreitwert (BSG, 12.12.1996 – 1 RR 5/90 –).
2.	**Vereinigung von Krankenkassen (§ 171a SGB V)**	Höchststreitwert (LSG Schleswig-Holstein, 8.9.2011 L 5 KR 24/10 KL –).
3.	**Genehmigung zur Ermäßigung der Beiträge einer Krankenkasse (§ 220 Abs. 3 SGB V a.F.)**	Dreifacher Regelstreitwert (LSG Baden-Württemberg, 9.2.2005 – L 1 A5378/04 W-B –); bei Erwartung eines konkreten Mitgliederzuwachses wie C.II.1. (LSG Schleswig-Holstein, 4.3.2004 – L 1 B 23/04 KR ER –).
4.	**Genehmigung einer Satzung oder Satzungsänderung (§ 34 Abs. 1 SGB IV)**	
4.1.	Verlegung des Sitzes einer Krankenkasse (§ 195 SGB V i.V.m. Satzung)	Regelstreitwert (LSG Berlin-Brandenburg, 9.9.2005 – L 24 B 1038/05 KR ER –).
4.2.	Genehmigung einer Satzung oder Satzungsänderung	Bei einer bundesweit zuständigen Krankenkasse (§ 195 Abs. 1 SGB V) zehnfacher Regelstreitwert (BSG, 19.9.2007 – B 1 A 4/06 R – bzw. 500.000 € (BSG, 22.6.2010 – B I A 1/09 R; 8.11.2011 – B I A 1/11 R).
5.	**Aufsichtsverfügung (§§ 89, 90 SGB IV)**	Zehnfacher Regelstreitwert, wenn erhebliche Schadensersatzforderungen befürchtet werden (BSG, 14.2.2007 – B 1 A 3/06 R –: Veröffentlichung der Vergütung eines Vorstandsmitglieds gem. § 35 Abs. 6 Satz 2 SGB IV). Höchststreitwert nach § 52 Abs. 4 GKG bei Streit über die Rechtmäßigkeit einer Festgeldanlage von 100 Mio. € (BSG, 3.3.2009 – B 1 A 1/08 R –) sowie über eine Weisung gegenüber der Bundesagentur für Arbeit zur Begleichung von Abrechnungen (BSG, 7.12.2010 – B 11 AL 74/10 B –).
6.	**Prüfungsverfügung (§§ 304 ff. SGB III a.F., § 107 SGB IV a.F.; § 18h Abs. 3 bis 8 SGB IV i.V.m. dem Schwarzarbeitsbekämpfungsgesetz)**	Auffangstreitwert (BSG, 28.8.2007 – B 7/7a AL 16/06 R –).
III. Beitragsrecht		
1.	**Gesamtsozialversicherungsbeitrag (§ 28d, § 28e SGB IV)**	Höhe der Forderung (BSG, 1.6.2006 – B12 KR 34/05 B –).

2.	**Säumniszuschlag (§ 24 SGB IV)**	
2.1.	Von der Hauptforderung getrennte Erhebung	Höhe der Forderung (BSG, 29.22.2007 – B 13 R 48/06 R).
2.2.	Erhebung zusammen mit der Hauptforderung	Bei der Höhe des Streitwerts zu berücksichtigen, da nicht zu den Nebenforderungen (§ 43 Abs. 1 GKG) gehörend (BSG, 10.6.2010 – B 2 U 4/10 B –).
3.	**Künstlersozialversicherung (KSVG)**	
3.1.	Erfassungsbescheid gegenüber einem Unternehmer nach §§ 23 ff. KSVG	Festgesetzte oder voraussichtlich anfallende Beträge bei einem Zeitraum von unter drei Jahren, ansonsten der zu erwartende Betrag der Abgabe in den ersten drei Jahren (BSG, 30.5.2006 – B 3 KR 7/06R –);[18] kein Abzug wegen eines evtl. anschließenden Streits über die Betragshöhe (BSG, 18.9.2008 – B 3 KS 1/08 R –); bei gesondertem Abgabebescheid ohne Entgeltforderung Regelstreitwert (BSG, 21.6.2012 – B 3 KS 2/11 R –).
3.2.	Beitragsbescheid gegen einen Unternehmer	Höhe der festgesetzten Künstlersozialabgabe. Keine Erhöhung nach § 42 Abs. 3 S. 1 GKG (wiederkehrende Leistungen), da jahresbezogene einmalige Leistung (BSG, 7.12.2006 – B 3 KR 2/06 R –).
4.	**Erstattung von Beiträgen (§ 26 SGB IV)**	Keine Streitwertfestsetzung, da gerichtskostenfrei nach § 183 SGG: Der kostenrechtliche Status richtet sich nach dem Status, der nach der ursprünglichen Annahme das Versicherungsverhältnis begründet hatte (BSG, 12.12.2007 – B 12 AL 1/06 R –).
5.	**Verpflichtung des Arbeitgebers zur Erteilung einer Ermächtigung zum Einzug des Gesamtsozialversicherungsbeitrags (§ 28a Abs. 7 Satz 2 SGB IV)**	Auffangstreitwert, da keine Beitragsforderung, sondern die Art und Weise der Beitragszahlung streitig ist (BSG, 8.12.2008 – B 12 R 38/07 B –).
IV. Krankenversicherung		
1.	**Leistungsaushilfe durch den Arbeitgeber bei Beschäftigung im Ausland (§ 17 SGB V)**	Sowohl bei Klage des Mitglieds bzw. des Familienangehörigen als auch des Arbeitgebers gerichtskostenfrei nach § 183 SGG <Leistungsempfänger> (BSG, 28.9.2010 – B 1 KR 2/10 R –).
2.	**Zuschuss zu ambulanten Hospizdiensten (§ 39a Abs. 2 SGB V)**	Gerichtskostenfrei nach § 183 SGG <Träger ist Leistungsempfänger> (BSG, 17.2.2010 – B 1 KR 15/09 R –).
3.	**Erstattung von Arbeitgeberaufwendungen bei Entgeltfortzahlung (§ 1 des Aufwendungsausgleichsgesetzes – AAG; bis 31.12.2005: § 10 LFZG)**	Gerichtskostenfrei nach § 183 SGG <Arbeitgeber sind Versicherte> (BSG, 20.12.2005 – B 1 KR 5/05 B –; 27.10.2009 – B 1 KR 12/09 R –; 13.12.2011- B 1 KR 7/11 R – und B 1 KR 3/11 R –).
4.	**Werbemaßnahmen**	
4.1.	Wettbewerb zwischen Krankenkassen	Regelstreitwert, da wirtschaftliches Interesse nicht zu beziffern (LSG Rheinland-Pfalz, 3.5.2005 – L 1 ER 11/05 KR –, 14.6.2006 – L 5 ER 57/06 KR –, 21.6.2007 – L 5 ER

18 = SozR 4-1920 § 52 GKG Nr. 5.

		158/07 KR –, 13.12.2007 – L 5 ER 289/07 KR –; LSG Saarland, 21.6.2006 – L 2 B 5/06 KR –, LSG Schleswig-Holstein, 26.9.2007 – L 5 B 522/07 KR ER –; LSG Hamburg, 18.9.2008 – L 1 B 139 und 149/08 ER KR –; Thüringer LSG, 23.12.2009 – L 6 KR 331/09 ER –).
4.2.	Werbemaßnahmen einer Apotheke	Regelstreitwert (LSG Rheinland-Pfalz, 4.6.2009 – L 5 KR 57/09 B ER –).
5.	**Informationspflicht nach § 73 Abs. 8 S. 1 SGB V**	Auffangstreitwert (SG Osnabrück, 27.12.2011 – S 13 KR 377/11 ER –).
6.	**Hausarztzentrierte Versorgung (§ 73b SGB V)**	
6.1.	Benennung einer Schiedsperson (§ 73b Abs. 4a SGB V)	Auffangstreitwert (Bayerisches LSG, 22.2.2010 – L 12 KA 4/10 B ER –; LSG Niedersachsen-Bremen, 22.9.2010 – L 3 KA 68/10 B ER –; LSG Nordrhein-Westfalen, 11.10.2010 – L 11 KA 61/10 B ER –; LSG Sachsen-Anhalt, 25.11.2010 – L 9 KA 2/10 ER KL –; LSG Berlin-Brandenburg, 17.1.2011 – L 7 KA 66/10 B ER –).
6.2.	Klage gegen den Schiedsspruch	Regelstreitwert je streitigem Abrechnungsquartal (LSG Niedersachsen-Bremen, 3.11.2011 – L 3 KA 104/10 B ER –).
6.3.	Kündigung eines Vertrages über die hausarztzentrierte Versorgung	Höchststreitwert (Bayerisches LSG, 15.4.2011 – L 12 KA 2/11 B ER –).
7.	**Unterlassungsanspruch eines Leistungserbringers gegenüber der Krankenkasse**	
7.1.	Überprüfung der Voraussetzungen einer spezialisierten ambulanten Palliativversorgung (§ 37b SGB V) durch Einholung eines Gutachtens bei einem Wettbewerber eines Leistungserbringers	Auffangstreitwert für jeden Hauptantrag (Sächsisches LSG, 17.6.2010 – L 1 KR 78/09 B ER –).
7.2.	Unterlassen der Behauptung, eine Zulassung liege nicht vor	Auffangstreitwert (LSG Nordrhein-Westfalen, 9.10.2006 – L 16 B 52/06 KR ER –).
7.3.	Unterlassen von Äußerungen, bei Krankentransporten (§ 60 Abs. 2 S. 1 Nr. 3 SGB V) bestehe eine Vorabgenehmigungspflicht	Auffangstreitwert für jeden Hauptantrag (SG Berlin, 2.9.2011 – S 81 KR 372/11 –).
8.	**Sonderkündigungsrecht der Mitglieder (§ 175 Abs. 4 Satz 5 SGB V), Feststellungsbegehren zwischen Krankenkassen**	Wirtschaftliche Bedeutung der Sache: wie bei C.II.1.; Auffangstreitwert bei nur einem betroffenen Mitglied (BSG, 13.6.2007 – B 12 KR 19/06 R –; 26.10.2010 – B 12 KR 96/09 B –) oder bei einem fünfmonatigen Zeitraum (BSG, 9.11.2011 – B 12 KR 3/10 R –).
9.	**Feststellung der Versicherungspflicht durch die Einzugsstelle (Krankenkasse; § 28h SGB IV) (§ 25 Abs. 1 Satz 1 SGB III, § 5 Abs. 1 Nr. 1 SGB V, § 1 Satz 1 Nr. 1 SGB VI, § 20 Abs. 1 Satz 2 Nr. 1 SGB XI) Abs. 2 SGB V)**	

9.1.	Klage des Arbeitnehmers	Keine Streiwertfestsetzung, das gerichtskostenfrei nach § 183 SGG; vgl. B. I. 3
9.2.	Klage des Arbeitgebers	– Bei noch bestehendem Beschäftigungsverhältnis Höhe der Beiträge für drei Jahre (LSG Baden-Württemberg, 16.12.2008 – L 10 R 5747/08 W-B –). – Wird nicht über eine Beitragsforderung in bestimmter Höhe (ansonsten Höhe der Arbeitgeberbeiträge, LSG Nordrhein- Westfalen, 6.3.2012 – L 16 KR 444/11 B –) gestritten, regelmäßig Auffangstreitwert (BSG, 24.9.2008 – B 12 R 10/07 R – und B 12 KR 27/07 R –); Auffangstreitwert auch bei längeren streitigen Zeiträumen, da das Gesetz keine Grundlage für die Vervielfältigung des Auffangstreitwerts bietet (BSG, 8.12.2009 – B 12 R 7/09 R –); a.A.: bei Streit für ein „ganzes Erwerbsleben“ (mehr als 15 Jahre) das Doppelte, bei mehr als 30 Jahren das Dreifache des Auffangstreitwerts (LSG Berlin-Brandenburg, 12.11.2008 – L 9 KR 119/08); vgl. auch C. VI. 2.2.
9.3.	Klage eines Versicherungsträgers gegen die Einzugsstelle	Regelmäßig Auffangstreit-wert (LSG Berlin-Brandenburg, 13.3.2009 – L 1 KR 555/07 –), bei Streit für ein „ganzes Erwerbsleben“ vgl. C.IV.9.2.
10.	**Krankenhäuser und Rehabilitationseinrichtungen (§§ 107 ff., 115 ff. SGB V)**	
10.1.	Zulassung von Krankenhäusern und Rehabilitationseinrichtungen (§§ 108 ff. SGB V) Krankenhäuser und Rehabilitationseinrichtungen (§§ 107 ff., 115 ff. SGB V)	– Überschuss aus den Gesamteinnahmen und den Betriebsausgaben <Gewinn> innerhalb von drei Jahren; Vergleichsberechnung anhand bestehender Einrichtungen gleicher Art und Größe möglich (BSG, 10.11.2005 – B 3 KR 36/05 B –); bei fehlendem Zahlenmaterial Höchststreitwert (BSG, 11.11.2003 – B 3 KR 8/03 B –); vgl. auch C. X. 16.5. – Bei gemeinnützigen Einrichtungen ohne Gewinnerzielungsabsicht je Quartal 4.000 € (LSG Berlin-Brandenburg, 23.8.2007 – L 7 B 9/07 KA –).
10.2.	Begehren der Einrichtung auf Zuweisung von Versicherten	Wie 10.1 (Bayerisches LSG, 7.5.2010 – L 14 R 72/10 B ER –).
10.3.	Vergütung von Krankenhausbehandlungen (§ 109 Abs. 4 Satz 3 SGB V i.V.m. dem Krankenhausbehandlungsvertrag nach § 112 Abs. 2 Nr. 1 SGB V)	Höhe der Vergütung.
10.4.	Unterlassung von Mitteilungen gegenüber Versicherten	Auffangstreitwert (Sächsisches LSG, 2.3.2011 – L 1 KR 177/10 B ER –).
10.5.	Bestimmung zur ambulanten Behandlung im Krankenhaus (§ 116b Abs. 2 SGB V); defensive Konkurrentenklage	Umsatzeinbuße im Drei-Jahres-Zeitraum, evtl. Auffangstreitwert je Quartal für drei Jahre (BSG, 29.9.2011 – B 1 KR 1/11 R –; 15.3.2012 – B 3 KR 13/11 R –; Sächsisches LSG, 3.6.2010 – L 1 KR 94/10 B ER –; vgl. auch C. X. 6.3 und 16.8.

11.	**Versorgung mit Heilmitteln**	
11.1	Zulassung zur Heilmittelabgabe	Auffangstreitwert (BSG, 12.8.2010 – B 3 KR 9/09 R –; 7.10.2010 – B 3 KR 12/09 R –).
11.2.	Widerruf der Zulassung (§ 124 Abs. 6 SGB V)	Dreifacher Jahresgewinn (LSG Baden-Württemberg, 7.10.2010 – L 11 KR 4173/10 ER-B –).
11.3.	Feststellung des Inhalts eines Rahmenvertrags (§ 125 Abs. 2 SGB V)	Höchststreitwert (BSG, 27.10.2009-B 1 KR 4/09 R –).
12.	**Versorgung mit Hilfsmitteln (§§ 126 ff. SGB V); Hilfsmittelverzeichnis (§ 139 SGB V)**	
12.1.	Zulassung (§ 126 SGB V i.d.F. bis zum 31.3.2007)	Überschuss aus den Gesamteinnahmen und den Betriebsausgaben innerhalb von drei Jahren; Vergleichs-Berechnung anhand bestehender Praxen gleicher Art und Größe möglich; Abschlag, wenn sich der Anspruch auf einen Zeitraum von weniger als drei Jahren bezieht (BSG, 10.11.2005 – B 3 KR 36/05 B –).
12.2.	Widerruf der Zulassung zur Abgabe von Hilfsmitteln (§ 126 Abs. 4 SGB V i.d.F. bis zum 31.3.2007)	Fünf Prozent der Bruttoauftragssumme entsprechend § 50 Abs. 2 GKG; bei weit in die Zukunft hineinragenden Genehmigungen für drei Jahre (LSG Baden-Württemberg, 10.10.2006 – L 5 KR 897/06 W-A –).
12.3.	Abschluss eines Versorgungsvertrages (§ 127 Abs. 2 SGB V)	Fünf Prozent des erzielbaren Umsatzes entsprechend § 50 Abs. 2 GKG (BSG, 10.3.2010 – B 3 KR 26/08 R –).
12.4.	Beitritt zu einem Versorgungsvertrag (§ 127 Abs. 2a SGB V)	Fünf Prozent des erzielbaren Umsatzes entsprechend § 50 Abs. 2 GKG für drei Jahre (Sächsisches LSG, 1.12.2010 – L 1 KR 99/10 B ER –; LSG Berlin-Brandenburg, 20.2.2012 – L 9 KR 389/11 B ER; 15.3.2012 – L 1 KR 18/12 B ER –).
12.5.	Kündigung des Versorgungsvertrages (§ 127 SGB V)	(Durchschnittlicher) Jahresumsatz für drei Jahre, bei fehlenden Anhaltspunkten Regelstreitwert (Thüringer LSG, 22.8.2008 – L 6 KR 324/08 ER –; Sächsisches LSG, 29.4.2008 – L 1 B 207/08 KR-ER –; Hessisches LSG, 31.5.2010 – L 1 KR 352/09 B –).
12.6.	Aufnahme in das Hilfsmittelverzeichnis (§ 139 SGB V)	(Doppelter) Auffangstreitwert (BSG, 15.3.2012 – B 3 KR 6/11 R –).
12.7.	Klage des Herstellers gegen das Hilfsmittelverzeichnis	– Änderung einer Produktgruppe: Fünf Prozent des durchschnittlichen Jahresumsatzes in einem Zeitraum von zwei Jahren (LSG Baden-Württemberg, 17.10.2005 – L 5 KR 2351/05 W-A –). – Streichung einer Produktuntergruppe: Gewinn in einem Zeitraum von fünf Jahren (LSG Baden-Württemberg, 15.6.2005 – L 11 KR 1158/05 W-A –), hilfsweise mehrfacher Regelstreitwert.
13.	**Versorgung mit Haushaltshilfe (§§ 38, 132 SGB V) bzw. häuslicher Krankenpflege (§§ 37, 132a SGB V)**	

13.1.	Abschluss einer Vergütungsvereinbarung (§ 132 Abs. 1 SGB V)	Kalkulierter Mehrumsatz für drei Jahre (LSG Baden-Württemberg, 10.7.2007 – L 11 KR 6157/06 –).
13.2.	Feststellung der Eignung für die Leitung eines ambulanten Krankenpflegedienstes (§ 132a Abs. 2 SGB V)	Zu schätzender Betrag der künftigen verminderten Einkünfte für drei Jahre (BSG, 7.12.2006 – B 3 KR 5/06 R –).
13.3.	Kündigung des Versorgungsvertrags (§ 132a Abs. 2 SGB V)	Gewinn für drei <§ 42 Abs. 2 GKG> Jahre (LSG Rheinland-Pfalz, 14.7.2009 – L 5 KR 19/09 B ER –); vgl. auch C. V. 3.
13.4.	Schiedsspruch (§ 132a Abs. 2 S. 6 SGB V)	Regelstreitwert (BSG, 25.11.2010 – B 3 KR 1/10 R –).
14.	**Krankentransportleistungen (§ 133 SGB V)**	
14.1.	Abschluss einer Vergütungsvereinbarung	Dreifacher Betrag der zu erwartenden Einnahmen (LSG Berlin-Brandenburg, 27.11.2003 – L 4 B 75/03 KR ER –), hilfsweise dreifacher Regelstreitwert.
14.2.	Vergütungsanspruch	Höhe der Vergütung (BSG, 13.12.2011-B 1 KR 9/11 R –).
15.	**Richtlinien und Beschlüsse zur Qualitätssicherung (§ 137 SGB V)**	
15.1.	Richtlinie zur Qualitätssicherung der Versorgung von früh- und Neugeborenen (QNeuRL), § 137 Abs. 3 S. 1 Nr. 2 SGB V	Umsatz- bzw. Gewinneinbußen, hilfsweise <mehrfacher> Auffangstreitwert (LSG Berlin-Brandenburg, 26.1.2011 – L 7 KA 79/10 LK ER –; SG Braunschweig, 11.4.2011 – S 40 KR 11/07 –).
16.	**Zulassung strukturierter Behandlungsprogramme (§§ 137g, 137f SGB V)**	Wirtschaftliche Bedeutung, evtl. Höchststreitwert (BSG, 21.6.2011 – B 1 KR 14/10 R – und B 1 KR 21/10 R –).
17.	**Klage eines Beschäftigten gegen den Arbeitgeber auf Gewährung eines Beitragszuschusses (§ 257 SGB V)**	Gerichtskostenfrei nach § 183 SGG <Versicherter> (Hessisches LSG, 18.11.2010 – L 1 KR 97/09 –).
18.	**Arzneimittelabrechnung im Datenträgeraustauschverfahren (§ 300 SGB V)**	Stufenklage (§ 44 GKG); vgl. auch B. 19. Ist nur der Herausgabe- bzw. Auskunftsanspruch Streitgegenstand, ein Zehntel des voraussichtlichen Leistungsanspruchs, wenn die fraglichen Verhältnisse schon fast bekannt sind, kann aber auch deutlich höher liegen (Ein Drittel des Zahlungsanspruchs, Sächsisches LSG, 25.4.2008 – L 1 B 198/08 KR-ER –) und fast den Wert des Zahlungsanspruchs erreichen (BSG, 28.2.2007 – B 3 KR 12/06 R –); vgl. auch B. 28.
19.	**Herausgabe von medizinischen Unterlagen an den MdK (§ 275 SGB V); Auskunftsanspruch**	Stufenklage (§ 44 GKG); vgl. auch B. 19. Ist nur der Herausgabe- bzw. Auskunftsanspruch Streitgegenstand, ein Zehntel des voraussichtlichen Leistungsanspruchs, wenn die fraglichen Verhältnisse schon fast bekannt sind, kann aber auch deutlich höher liegen (Ein Drittel des Zahlungsanspruchs, Sächsisches LSG, 25.4.2008 – L 1 B 198/08 KR-ER –) und fast den Wert des Zahlungsanspruchs erreichen (BSG, 28.2.2007 – B 3 KR 12/06 R –); vgl. auch B. 28.
20.	**Begehren eines Patienten gegenüber einem Arzt auf Benennung**	Keine Gerichtskostenfreiheit, wenn das Begehren nicht als Versicherter, sondern als Patient erhoben

	eines weiterbehandelnden Arztes	wird, Auffangstreitwert (LSG Nordrhein-Westfalen, 13.5.2008 – L 16 B 3/08 SF –).
21.	**Antrag auf richterliche Gestattung der Durchsuchung der Wohnung (§ 66 Abs. 3 Satz 1 SGB X i.V.m. dem Landesverwaltungsvoll- streckungsgesetz Rheinland-Pfalz)**	Zwar Kostenentscheidung nach § 197a SGG hinsichtlich der außergerichtlichen Kosten zu treffen, da jedoch kein Gebührentatbestand nach dem GKG verwirklicht ist, keine Entscheidung über Gerichtskosten (LSG Rheinland-Pfalz, 26.11.2007 – L 5 B 403/07 KR –); vgl. B.1.1.
22.	**Festsetzung eines Festbetrags für Arzneimittel (§ 35 Abs. 3 SGB V)**	
22.1	Klage des Arzneimittelherstellers	Der zu erwartende Gewinn/Verlust für drei Jahre; bei Schätzung ein Fünftel des zu erwartenden Umsatzes im Dreijahreszeitraum (LSG Berlin-Brandenburg, 22.5.2008 – L 24 KR 1227/05 –); evtl. Höchststreitwert (BSG, 1.3.2011 – B 1 KR 13/10 R –).
22.2	Klage des Versicherten Klage des Versicherten	Gerichtskostenfrei nach § 183 SGG (BSG, 1.3.2011 – B 1 KR 10/10 R –).
23.	**Arzneimittelversorgungsvertrag (§ 129 SGB V)**	Bei Streit über die Lieferungs- und Abrechnungsbefugnis: streitiger Umsatz, evtl. Höchststreitwert (LSG Sachsen-Anhalt, 30.6.2010 – L 10 KR 38/10 B ER –).
24.	**Ausgleich nach der Risikostruktur-Ausgleichsverordnung (§ 17 Abs. 3a)**	Höhe des Ausgleichs bis zum Höchststreitwert (BSG, 2.9.2009 – B 12 KR 4/08 R –).
25.	**Vergabestreitigkeiten (§§ 116 Abs. 1, 118 Abs. 1 Satz 3 GWB)**	
25.1	Sofortige Beschwerde (§ 116 Abs. 1 GWB)	Keine Festsetzung eines Streitwerts nach dem GKG, da Gerichtsgebühren nicht anfallen <vgl. § 63 Abs. 1 Satz 1 GKG und B. 1.1>, jedoch auf Antrag eines Rechtsanwalts (§ 33 RVG) zum Zwecke der anwaltlichen Gebührenfestsetzung (BSG, 1.9.2009 – B 1 KR 1/09 D –; 1.9.2009 – B 1 KR 3/09 D –; 7.9.2010 – B 1 KR 1/10 D –); dann fünf Prozent der Bruttoauftragssumme (§ 50 Abs. 2 GKG); evtl. Schätzung des Auftragswerts <§ 3 ZPO> (LSG Mecklenburg-Vorpommern, 11.8.2009 – L 6 B 17/09 –; 24.8.2009 – L 6 B 172/09 –).
V. Pflegeversicherung		
1.	**Zulassung zur Pflege durch Versorgungsvertrag (§ 72 SGB XI)**	Der voraussichtliche Jahresgewinn aus drei Jahren, wenn die Zulassung für mindestens drei Jahre streitig ist (BSG, 12.6.2008 – B 3 P 2/07 R –; Bayerisches LSG, 13.12.2010 – L 2 P 47/09 B –).
2.	**Verantwortliche Pflegefachkraft (§ 71 Abs. 2 Nr. 1, Abs. 3 SGB XI)**	
2.1.	Feststellungsklage hinsichtlich der Anforderungen	Bei angestrebter Zusammenlegung von Heim- und Pflegedienstleitung: dreifacher Jahresbetrag für die Beschäftigung einer zusätzlichen verantwortlichen Pflegefachkraft (BSG, 22.4.2009 – B 3 P 14/07 R –).
2.2.	Klage auf Anerkennung als verantwortliche Pflegefachkraft	Regelstreitwert (BSG, 18.5.2011 – B 3 P 5/10 R –).

3.	**Kündigung des Versorgungsvertrages eines Pflegedienstes (§ 74 SGB XI)**	Auf Grund der gravierenden finanziellen Folgen einer Zulassungsentziehung der dreifache Jahresumsatz (BSG, 12.6.2008 – B 3 P 2/07 R –; Bayerisches LSG, 12.10.2011 – L 2 P 41/10 B ER –) bzw. erzielbare Einnahmen für drei Jahre (Hessisches LSG, 26.9.2005 – L 14 P 1300/00 –; LSG Berlin-Brandenburg, 31.8.2006 – L 24 B 31/06 P ER); a.A.: dreifacher Jahresgewinn in Anlehnung an § 42 Abs. 2 GKG (LSG Rheinland-Pfalz, 2.2.2011 – L 5 P 51/10 B –); vgl. auch C. IV. 13.3.
4.	**Klage auf Zustimmung zur gesonderten Berechnung von Aufwendungen der Pflegeeinrichtung (§ 82 Abs. 3 SGB XI)**	Der dreifache Jahresbetrag der wiederkehrenden Leistungen (§ 42 Abs. 2 GKG) je Pflegetag und Heimbewohner unter Berücksichtigung des Auslastungsgrades (LSG Sachsen-Anhalt, 16.3.2011 – L 4 P 12/07 –; nachfolgend BSG, 8.9.2011 – B 3 P 2/11 R –).
5.	**Schiedsspruch zur Vergütung von Pflegeleistungen (§ 85 Abs. 5 SGB XI)**	
5.1.	Ambulante Pflegeleistungen (§§ 89 Abs. 3 S. 4, 85 Abs. 5 SGB XI)	Regelstreitwert (BSG, 29.1.2009 – B 3 P 8/07 R –; 17.12.2009 – B 3 P 3/08 R –).
5.2.	Stationäre Pflegeleistungen (§§ 84 Abs. 4, 87 S. 3, 87b Abs. 1 S. 1, 85 Abs. 5 SGB XI)	Wirtschaftliche Bedeutung: Differenz zwischen der geforderten Vergütung/dem Angebot der Pflegekassen und dem Schiedsspruch sowie dessen Auswirkungen auf das wirtschaftliche Ergebnis im vom Schiedsspruch umfassten Zeitraum (BSG, 29.1.2009 – B 3 P 9/07 R –; 29.1.2009 – B 3 P 6/08 R –: ohne Abschlag wegen des Begehrens auf Neubescheidung; LSG Nordrhein-Westfalen, 21.1.2009 – L 10 B 20/08 P –; 1.4.2009 – L 10 B 42/08 P –).
6.	**Pflegesatzvereinbrung; Auskunftsklage zur Vorbereitung einer Zahlungsklage (§§ 82 ff. SGB XI)**	Grad der Abhängigkeit der Durchsetzbarkeit der Ansprüche von der Auskunft, i.d.R. ein Fünftel des Zahlungsanspruches (LSG Schleswig-Holstein, 14.10.2005 – L 3 P 4/05 –); vgl. auch B. 28.
7.	**Ergebnisse von Qualitätsprüfungen (§ 115 SGB XI)**	
7.1	Veröffentlichung eines Pflegetransparenzberichtes (§ 115 Abs. 1a SGB XI)	Voller Auffangstreitwert auch im Verfahren nach § 86b SGG (§§ 53 Abs. 2 Nr. 4, 52 Abs. 2 GKG; Sächsisches LSG, 24.2.2010 – L 1 P1/10 B ER –; LSG Berlin-Brandenburg, 29.3.2010 – L 27 P 14/10 B ER –; LSG Sachsen-Anhalt, 11.8.2011 – L 4 P 8/11 B ER –; LSG Niedersachsen-Bremen, 12.8.2011 – L 15 P 2/11 B ER –).
7.2	Maßnahmenbescheid nach § 115 Abs. 2 SGB XI	Auffangstreitwert, auch wenn mehrere Maßnahmen festgelegt wurden (SG Hildesheim, 29.7.2009 – S 51 P 41/09 ER –; van der Ploeg, NZS 2011, 212 unter Bezug auf LSG Niedersachsen-Bremen, 21.1.2010 – L 15 P 69/09 B –); a.A.: Multiplikation des Auffangstreitwerts mit der Anzahl der Maßnahmen (LSG Berlin-Brandenburg, 4.6.2009 – L 27 B 105/08 P –; 7.7.2010 – L 27 P 12/10 B –) bzw. der Maßnahmekomplexe (LSG Nordrhein-Westfalen, 7.3.2012 – L 10 P 133/11 B –).

8.	**Private Pflegeversicherung**	Für Versicherte gilt die Kostenprivilegierung des § 183 SGG (BSG, 12.2.2004 – B 12 P 2/03 R –; 19.4.2007 – B 3 P 6/06 R –); § 183 Satz 1 SGG ist entsprechend anzuwenden bei dem Übergang von Ansprüchen im Wege der Gesamtrechtsnachfolge auf den Ehegatten (BSG, 28.9.2006 – B 3 P 3/05 R –).
VI. Rentenversicherung		
1.	**Betriebsprüfung, Feststellung der Versicherungspflicht (§ 28p SGB IV)**	
1.1.	Klage des Arbeitnehmers	Keine Streitwertfestsetzung, da gerichtskostenfrei nach § 183 SGG.
1.2.	Klage des Arbeitgebers	Höhe der Beträge, vgl. C. IV. 9.2.
2.	**Antragsverfahren (§ 7a SGB IV)**	
2.1.	Klage des Arbeitnehmers	Keine Streitwertfestsetzung, da gerichtskostenfrei nach § 183 SGG.
2.2.	Klage des Arbeitgebers	Umfang der zu erwartenden Beitragspflicht in Höhe von 20% der Arbeitgeberbeiträge für einen Zeitraum von drei Jahren, bei Nichtanwendung des § 28g SGB IV für den Arbeitgeber 40%; bei fehlenden Schätzungsgrundlagen Rückgriff auf die Bezugsgröße des § 18 SGB IV (LSG Nordrhein- Westfalen, 6.11.2007 – L 16 B 3/07 R –, Sächsisches LSG, 9.6.2008 – L 1 B 351/07 KR –, auch zum Streitstand); bei geringfügig Beschäftigten/Tätigen 20% (3.000 €) oder 40% (6.000 €) des Auffangstreitwerts (LSG Nordrhein-Westfalen a.a.O.).
3.	**Klage des Rentenversicherungsträgers gegen ein Geldinstitut auf Rücküberweisung von Rentenleistungen (§ 118 Abs. 2 Satz 3 SGB VI)**	Höhe des Betrags (vgl. z.B. BSG, 5.2.2009 – B 13 R 87/08 R –).
4.	**Befreiung von der Versicherungspflicht**	Keine Streitwertfestsetzung, da gerichtskostenfrei nach § 183 SGG (LSG Rheinland- Pfalz, 21.12.2004 – L 5 LW 13/04 –; LSG Hamburg 28.6.2005 – L 3 B 138/05 R –);[19] vgl. auch B.1.2.
VII. Sozialhilfe		
1.	**Abschluss von Vereinbarungen mit Einrichtungen (§§ 75 ff. SGB XII)**	Gewinn bzw. Mindereinnahmen im angestrebten Vereinbarungszeitraum (LSG Baden-Württemberg, 13.7.2006 – L 7 SO 1902/06 ER-B –) innerhalb von 3 Jahren, wenn kein kürzerer Zeitraum streitig ist. Maßgebend sind die Pflegeplätze, die mit Personen belegt sind, für die der Sozialhilfeträger eintrittspflichtig ist (LSG Saarland, 4.12.2008 – L 11 B 8/08 SO –).
2.	**Entscheidungen der Schiedsstelle (§ 80 SGB XII)**	Differenz der begehrten zu der festgelegten Vergütung im Vergütungszeitraum (Hessisches LSG, 25.2.2011 – L 7 SO 237/10 KL –).

19 = JurBüro 2005, 547.

3.	**Erteilung einer Auskunft über die Einkommens- und Vermögensverhältnisse (§ 117 SGB XII)**	Auffangstreitwert ohne Abschlag, da § 52 Abs. 2 GKG dies nicht vorsieht (BSG, 14.5.2012 – B 8 SO 78/11 B –); a.A.: Hälfte des Regelstreitwerts (LSG Baden-Württemberg, 29.8.2007 – L 2 SO 1979/07 W-B –; SG Gelsenkirchen, 26.2.2008 – S 8 SO 21/08 –; SG Aachen, 17.12.2009 – S 20 SO 86/09 ER –; LSG Nordrhein-Westfalen, 1.9.2010 – L 12 SO 61/09 –; 7.5.2012 – L 20 SO 32/12 –); vgl. aber auch C. VIII. 5. und B. 28.
4.	**Anspruchsübergang nach dem Tod des Leistungsberechtigten (§ 19 Abs. 6 SGB XII)**	Es gilt die Kostenprivilegierung des § 183 SGG (BSG, 1.9.2008 – B 8 SO 12/08 B –; 13.7.2010 – B 8 SO13/09 R; 2.2.2012 –B 8 SO 15/10 R).
5.	**Erstattungsanspruch des Nothelfers (§ 25 SGB XII)**	Kostenprivilegierung (§ 183 SGG), da Fortwirkung des ursprünglichen Sozialhilfeanspruchs des Leistungsberechtigten (BSG, 11.6.2008 – B 8 SO 45/07 B –; 19.5.2009 – B 8 SO 4/08 R –).
6.	**Heranziehung zu einem Kostenbeitrag gem. § 92 Abs. 1 S. 2 SGB XII und § 92a SGB XII**	–
6.1.	Gegenüber dem Leistungsberechtigten	Kostenprivilegierung (§ 183 SGG)
6.2.	Gegenüber den anderen in § 19 Abs. 3 SGB XII (§ 92 Abs. 1 SGB XII) oder § 92a Abs. 1 SGB XII genannten Personen	Kostenprivilegierung in entsprechender Anwendung des § 183 SGG (SG Braunschweig, 4.3.2011 – S 32 SO 208/08 –; Meyer-Ladewig, SGG,10. Aufl., § 183 Rn. 7a).
7.	**Überleitung von Ansprüchen (§ 93 SGB XII); Überleitungsbescheid**	– Klage des Schuldners gegen die Überleitung: Weniger als die Höhe der übergeleiteten Forderung; wenn das Bestehen des Anspruchs streitig ist, die Hälfte (LSG Baden-Württemberg, 18.7.2008 – L 7 SO 1336/08 W-A, L 7 SO 3383/08 AK-A –), evtl. Auffangstreitwert (Sächsisches LSG, 11.6.2012 – L 7 SO 22/10 B ER –; a.A.: Höhe der übergeleiteten Forderung: Bayerisches LSG, 22.6.2009 – L 18 SO 56/09 B –). – Klage des Sozialhilfeempfängers: Keine Kostenfreiheit nach § 183 SGG und im Regelfall Auffangstreitwert; nur dann die Höhe des übergeleiteten Anspruchs, wenn dieser nicht streitig ist (LSG Nordrhein-Westfalen, 9.1.2007 – L 20 B 137/06 SO –).
8.	**Kostenersatz durch Erben (§ 102 SGB XII)**	Keine Kostenprivilegierung (BSG, 23.3.2010 – B 8 SO 2/09 R –).
9.	**Erstattungsstreitigkeiten zwischen Sozialhilfeträgern**	Keine Kostenprivilegierung, § 197a Abs. 3 SGG gilt (BSG, 13.7.2010 – B 8 SO 10/10 R –).
10.	**Beteiligung von Trägern der Sozialhilfe**	– Die Träger der Sozialhilfe sind in allen Streitigkeiten, die nicht Erstattungsstreitigkeiten sind (§ 197a Abs. 3 SGG), von den Gerichtskosten nach § 64 Abs. 3 Satz 2 SGB X befreit. Die Kostenentscheidung ist nach § 197a SGG zu treffen (LSG Nordrhein-Westfalen, 19.3.2009 – L 9 SO 9/07 –). Aus § 197a Abs. 3 SGG lässt sich eine weitergehendere Kostenbefreiung für einen Sozialhilfe-

		empfänger oder einen Dritten nicht herleiten (LSG Nordrhein-Westfalen, 9.1.2007 – L 20 B 137/06 SO –; LSG Baden-Württemberg, 22.11.2007 – L 7 SO 5195/06 –; Meyer-Ladewig, SGG, 10. Aufl., § 197a Rn. 2a und 2b; Groth, SGb 2007, 536, 537). – Ein Land als Träger der Sozialhilfe ist von Gerichtskosten auch dann befreit, wenn es an Erstattungsstreitigkeiten mit anderen Leistungsträgern beteiligt ist (§ 2 Abs. 1 Satz 1 GKG; Groth, SGb 2007, 536, 537f).
VIII.	**Grundsicherung für Arbeitssuchende**	
1.	**Abschluss einer Vereinbarung zur Schaffung von Arbeitsgelegenheiten (§§ 16d, 17 Abs. 2 SGB II)**	Keine Kostenprivilegierung, da institutionelle Förderung begehrt (SG Hamburg, 27.4.2010 – S 59 AS 113/08 –; LSG Nordrhein-Westfalen, 2.5.2012 – L 19 AS 521/12 B –); a.A.: Gleichstellung mit einem Leistungsempfänger nach § 183 SGG <vgl. C. I. 4> (LSG Berlin-Brandenburg, 18.3.2008 – L 29 B 1675/07 AS –).
2.	**Vermittlungsgutschein (§ 16 SGB II, § 421g SGB III i.d.F. bis 31.3.2012, § 45 Abs. 4 ff. SGB III)**	Der Vermittler ist kein Leistungsempfänger im Sinne des § 183 SGG (BSG, 16.2.2012 – B 4 AS 77/11 R –); vgl. auch C. I. 8.2.
3.	**Übergang von Ansprüchen (§ 33 SGB II)**	Bei Klage eines Dritten auf Durchführung des Verfahrens gegen den Schuldner bzw. auf Information, der Auffangstreitwert (Bayerisches LSG, 23.4.2007 – L 11 B 818/06 AS ER –).
4.	**Erbenhaftung (§ 35 SGB II)**	Keine Kostenprivilegierung, vgl. C. VII. 8. (SG Berlin, 24.5.2011 – S 149 AS 21300/08 –).
5.	**Erteilung einer Auskunft über die Einkommens- und Vermögensverhältnisse (§ 60 SGB II)**	Auffangstreitwert <ohne Abschlag> (BSG, 24.2.2011 – B 14 AS 87/09 R –; LSG Baden-Württemberg, 27.9.2011 – L 13 AS 4950/10 –); a.A.: die Hälfte des Auffangstreitwerts (vgl. C. VII. 3, LSG Nordrhein-Westfalen, 29.1.2007 – L 1 AS 12/06 –; SG Hildesheim, 26.2.2010 – S 26 AS 1017/07 –; SG Karlsruhe, 25.8.2011 – S 8 AS 5502/10 – <Bezugnahme auf den Streitwertkatalog der Verwaltungsgerichtsbarkeit>; LSG Sachsen-Anhalt, 12.3.2012 – L 5 AS 177/10 B –); vgl. auch B. 28.
6.	**Beteiligung von Trägern der Grundsicherung für Arbeitsuchende**	Keine Befreiung von den Gerichtskosten nach § 197a SG; § 64 Abs. 3 Satz 2 SGB X bewirkt nur eine Befreiung von den Pauschgebühren(Groth, SGb 2007, 536); vgl. auch C. VII. 10.
7.	**Abzweigung (§ 48 Abs. 1 S. 1 SGB I)**	Keine Kostenprivilegierung (BSG, 17.3.2009 – B 14 AS 34/07 R –); vgl. auch C. I. 16.
IX.	**Unfallversicherung**	
1.	**Anfechtung der Wahl der Vertreterversammlung (§ 46, § 57 SGB IV)**	Regelstreitwert (LSG Baden-Württemberg, 6.8.2004 – L 7 U 3170/04 W-A –); vgl. auch C. IX. 14.
2.	**Beitragsforderung (§ 150, § 168 SGB VII); Gefahrtarif, Gefahrklassen (§§ 157 ff. SGB VII)**	

2.1.	Veranlagungsbescheid bei noch bestehender Mitgliedschaft	– Bei Streit um die Veranlagung dem Grunde nach: Die im Zeitpunkt der Antragstellung (§ 40 GKG) bezifferbare Beitragslast (BSG, 8.9.2009 – B 2 U 113/09 B –). – Bei Streit um die Höhe der Veranlagung: Grundsätzlich das Dreifache des Differenzbetrages zwischen dem geforderten und dem bei einem Erfolg der Klage zu erwartenden Jahresbeitrag; bei Nichtfeststellbarkeit der erstrebten Beitragsersparnis: einfacher Auffangstreitwert (*Becker/Spellbrink*, NZS 2012, 283 ff.).
2.2.	Veranlagungsbescheid bei beendeter Mitgliedschaft	Höhe der Beitragsforderung (BSG, 17.5.2011 – B 2 U 18/10 R –).
2.3.	Beitragsbescheid	Höhe der Forderung (BSG, 22.9.2009 – B 2 U 32/08 R; B 2 U 2/08 R); vgl. auch C. IX. 4.2.
3.	**Mitgliedschaft bei Berufsgenossenschaft (§§ 121 ff., § 136 SGB VII); Zuständigkeitsstreit**	Dreifacher Jahresbetrag des Unfallversicherungsträgers, gegen dessen Zuständigkeit sich der Kläger wendet, bei Nichtfeststellbarkeit der erstrebten Beitragsersparnis: einfacher Auffangstreitwert (*Becker/Spellbrink*, NZS 2012, 238 ff.; BSG, 31.1.2012 – B 2 U 3/11 R).
4.	**Versicherungspflicht als Unternehmer (§ 2 SGB VII)**	
4.1.	Feststellung der (Mit-)Unternehmereigenschaft eines Beigeladenen; Klage des Unternehmers	Auffangstreitwert (BSG, 5.2.2008 – B 2 U 3/07 R –).
4.2.	Gleichzeitiger Streit um Versicherungspflicht und Beitragspflicht	Höhe der Beiträge, hilfsweise der einfache Auffangstreitwert; keine Kostenprivilegierung, da nicht nur der Status als Versicherter maßgebend ist, sondern sich der Kläger auch gegen die Erhebung von Beiträgen gegenüber ihm als Unternehmer wendet (BSG, 5.3. 2008 – B 2 U 353/07 B –; 18.1.2011 – B 2 U 16/10 R –; 19.4.2012 – B 2 U 348/11 B –; Köhler SGb 2008, 76 ff. m.w.N.; LSG Berlin-Brandenburg, 5.11.2008 L 3 B 1007/05 U –; LSG Niedersachsen-Bremen, 4.8.2010 – L 3 B 32/08 U –); a.A.: Wegen der Identität des beitragspflichtigen Unternehmers mit dem Versicherten gerichtskostenfrei nach § 183 SGG (LSG Sachsen, 2.5.2005 – L 2 B 236/04 U/LW/ER –; 22.11.2005 – L 2 B 206/05 U –; LSG Baden-Württemberg, 4.5.2005 – L 2 U 5059/04 ER-B –; Bayerisches LSG, 29.6.2005 – L 1/3 U 291/04 –; vgl. auch B.1.3). Höhe der Beiträge, hilfsweise der einfache Auffangstreitwert; keine Kostenprivilegierung, da nicht nur der Status als Versicherter maßgebend ist, sondern sich der Kläger auch gegen die Erhebung von Beiträgen gegenüber ihm als Unternehmer wendet (BSG, 5.3.2008 – B 2 U 353/07 B –; 18.1.2011 – B 2 U 16/10 R –; 19.4.2012 – B 2 U 348/11 B –; Köhler SGb 2008, 76 ff. m.w.N.; LSG Berlin-Brandenburg, 5.11.2008 L 3 B 1007/05 U –; LSG Niedersachsen-Bremen, 4.8.2010 – L 3 B 32/08 U –); a.A.: Wegen der Identität des beitragspflichtigen Unter-

		nehmers mit dem Versicherten gerichtskostenfrei nach § 183 SGG (LSG Sachsen, 2.5.2005 – L 2 B 236/04 U/LW/ER –; 22.11.2005 – L 2 B 206/05 U –; LSG Baden-Württemberg, 4.5.2005 – L 2 U 5059/04 ER-B –; Bayerisches LSG, 29.6.2005 – L 1/3 U 291/04 –; vgl. auch B.1.3).
5.	**Beschränkung der Haftung gegenüber Versicherten, ihren Angehörigen und Hinterbliebenen (§§ 104 ff. SGB VII)**	
5.1.	Klage des in der Haftung beschränkten Unternehmers auf Feststellung eines Versicherungsfalles (§§ 109, 108, 104 SGB VII)	Auffangstreitwert (BSG, 26.6.2007 – B 2 U 35/06 R –; 29.11.2011 – B 2 U 27/10 R –).
5.2.	Feststellung des Umfangs der von dem Unfallversicherungsträger dem Versicherten erbrachten Leistungen gegenüber dem Dritten	Höhe der Leistungen (BSG, 31.1.2012 – B 2 U 12/11 R –).
X. Vertragsarztrecht		
1.	**Genehmigung zur Erbringung und Abrechnung von Leistungen außerhalb der Zulassung (§ 72 Abs. 2, § 82 Abs. 1 S. 1 SGB V i.V.m. den Verträgen u.a. §§ 73 Abs. 1 Satz 5, 121a, 135 Abs. 2 SGB V)**	erzielbare Einkünfte für einen Dreijahreszeitraum (LSG Nordrhein-Westfalen, 4.1.2012 – L 11 KA 140/10 B –), hilfsweise Regelstreitwert (BSG, 26.2.1996 – 6 RKa 20/95 –). Wenn eine Voraussetzung für die Erteilung der Genehmigung <Bestehen eines Kolloquiums> Gegenstand ist: Regelstreitwert (Bayerisches LSG, 23.12.2010 – L 12 KA 110/10 B).
2.	**Anstellung eines Arztes in der Vertragsarztpraxis (§ 95 Abs. 9, § 115, § 98 Abs. 2 Nr. 13 i.V.m. Zulassungsverordnung)**	Wie bei C.X.16.5; zusätzliche Einnahmen aus der Tätigkeit des Assistenten für drei Jahre, es sei denn, die Genehmigung bezieht sich auf einen kürzeren Zeitraum. Abzuziehen sind die durchschnittlichen Praxiskosten und das zu zahlende Gehalt des Assistenten (BSG, 27.11.2006 – B 6 KA 38/06 B –)[20] evtl. Auffangstreitwert (LSG Niedersachsen-Bremen, 26.5.2010 –L 3 KA 69/09 –)
3.	**Belegarzt (§ 121 SGB V, Vertrag nach § 82 Abs. 1 SGB V)**	Wie bei C.X.16.5(SG Marburg, 22.3.2007 – S 12 KA 80/07 ER –; Hessisches LSG, 2.3.2007 – L 4 KA 5/07 ER –): im einstweiligen Rechtsschutz durchschnittliche Zeitdauer eines erstinstanzlichen Klageverfahrens im Vertragsarztrecht (*Wenner/Bernard*, NZS 2006, 1, 4).
4.	**Budgetierungsmaßnahmen (§ 87 Abs. 1 S. 1 SGB V, einheitlicher Bewertungsmaßstab)**	
4.1.	Budgeterweiterung	Differenz der Fallpunktzahl im streitigen Zeitraum, hilfsweise für zwei Jahre; dabei ist der Punktwert des letzten vor der Klageerhebung abgerechneten Quartals zugrunde zu legen (LSG Sachsen, 23.10.2002 – L 1 B 66/02 KA –; LSG Baden-Württemberg, 22.9.1998 – L 5 KA 2660/98 W –B –).

20 = MedR 2007, 202.

Nr.	Gegenstand	Streitwert
4.2.	Budgetüberschreitung	Höhe der Honorarkürzung.
4.3.	Budgetfreistellung	Regelstreitwert.
4.4.	Fallzahlzuwachsbegrenzung (§ 85 Abs. 4 SGB V, Honorarverteilungsmaßstab)	Höhe der Honorarkürzung. Im einstweiligen Rechtsschutzverfahren der prognostizierte Gewinn für ein Kalenderjahr (LSG Berlin-Brandenburg, 27.1.2012 – L 7 KA 87/11 B ER –); vgl. auch C. X. 16.2.
5.	**Disziplinarmaßnahmen (§ 81 Abs. 5 SGB V i.V.m. Disziplinarordnung)**	
5.1.	Verwarnung, Verweis, Geldbuße	Regelstreitwert zuzüglich des Betrages der Geldbuße (BSG, 1.2.2005 – B 6 KA 70/04 B –)[21] und einer festgesetzten Verwaltungsgebühr (SG Marburg, 2.2.2011 – S 12 KA 902/09 –).
5.2.	Anordnung des Ruhens der Zulassung	Mutmaßlicher Umsatz im Ruhenszeitraum abzüglich der Praxiskosten, Zuschlag von 25% wegen der Folgewirkungen (u.a. „Abwandern" von Patienten) (Bay. LSG, 23.6.1993 – L 12 B 163/92 Ka –).
6.	**Ermächtigung (§ 98 Abs. 2 Nr. 11 SGB V i.V.m. Zulassungsverordnung)**	
6.1.	persönliche Ermächtigung von Krankenhausärzten zur Teilnahme an der vertragsärztlichen Versorgung (§ 116 SGB V)	– Erzielbare Einnahmen abzüglich der Praxiskosten und Angaben an das Krankenhaus im streitigen Zeitraum (BSG, 6.9.1993 – 6 RKa 25/91).[22] – Bei Streit über Inhalt bzw. Umfang der erteilten Ermächtigung: Regelstreitwert.
6.2.	Ermächtigung ärztlich geleiteter Einrichtungen (§§ 117–120 SGB V)	Bruttoeinnahmen im streitigen Zeitraum abzüglich der Einnahmen aus erteilten oder zu Unrecht nicht erteilten Ermächtigungen, bei fehlenden Anhaltspunkten: pauschaler Abzug von 50% (BSG, 21.12.1995 – 6 RKa 7/92 –); bei fehlenden Anhaltspunkten zu dem Umsatz: Regelstreitwert pro Quartal für zwei Jahre <übliche Ermächtigungsfrist> (LSG Niedersachsen-Bremen, 9.12.2009 – L 3 KA 29/08 –) bzw. Schätzung <hier 10.000 € pro Monat bei vorläufiger Regelung> (LSG Nordrhein-Westfalen, 27.5.2009 – L 11 KA 2/09 ER –).
6.3.	Konkurrentenklage gegen Ermächtigung	Im Einzelfall zu schätzender Anteil der Umsatzeinbuße der von der Ermächtigung betroffenen Leistungen abzüglich der Praxisunkosten (BSG, 24.2.1997 – 6 BKa 54/95 –) für drei Jahre, wenn nicht kürzerer Zeitraum streitig; bei fehlenden Anhaltspunkten für die konkreten Auswirkungen der Ermächtigung für jedes Quartal des Dreijahreszeitraums der Regelwert (BSG, 7.12.2006 – B 6 KA 42/06 R –); vgl. auch C.X.16.8.
6.4.	Ermächtigung zur Teilnahme an der vertragspsychotherapeutischen Versorgung	Geschätzter Jahresgewinn für den – im Regelfall zweijährigen – Zeitraum (BSG, 19.7.2006 – B 6 KA 33/05 B –).

21 = JurBüro 2005, 543 = SozR 4-1935 § 33 RVG Nr. 1.
22 = AGS 1997, 89 = *Breithaupt* 1994, 258 = MDR 1994, 615 = NZS 1994, 142 = SozR 3-1500 § 193 SGG Nr. 6.

7.	**Gemeinschaftspraxis (§ 98 Abs. 2 Nr. 13a SGB V i.V.m. Zulassungsverordnung)**	
7.1.	Genehmigung	Schätzung anhand der Einkommensverhältnisse und der Schwierigkeit der Angelegenheit (BSG, 6.1.1984 – 6 RKa 7/81 –); evtl. dreifacher Auffangstreitwert (LSG Berlin-Brandenburg, 10.9.2010 – L 7 KA 121/09 –).
7.2.	Anordnung der Auflösung	Regelstreitwert (LSG Hessisches LSG, 6.1.2003 – L 7 KA 1116/02 ER –).
7.3.	Vergütungsanspruch	Keine Berechnung von Einzelstreitwerten, da Gesellschaft bürgerlichen Rechts (BSG, 20.10.2004 – B 6 KA 15/04 R –).
7.4.	Genehmigung der Verlegung des Vertragsarztsitzes durch den Praxispartner; Klage des verbleibenden Praxispartners	Dreifacher Regelstreitwert (entspr. C. X. 16.10.: BSG, 14.3.2002 – B 6 KA 60/00 B –).
8.	**Gesamtvergütung, Klage der KÄV/KZÄV gegen die Krankenkasse (§ 85 Abs. 1, 2 SGB V)**	Höhe des Zahlungsanspruchs.
9.	**Verlangen der Herausgabe von Krankenunterlagen eines Arztes zur Prüfung eines Schadensregresses**	Bei geringem in Betracht kommenden Schadensregressbetrag: Hälfte des Regelstreitwertes (LSG Baden-Württemberg, 25.6.1997 – L 5 KA 885/97 W-A –).
10.	**Honorarstreitigkeiten (§ 85 Abs. 4 ff. SGB V)**	
10.1.	Honoraransprüche oder Honorarberichtigungen	– Höhe des geltend gemachten Honorars oder der vorgenommenen Honorarberichtigung (BSG, 6.11.1996 – 6 RKa 19/95 –; LSG Nordrhein-Westfalen, 18.4.2006 – L 10 B 1/06 KA –; 5.7.2006 – L 10 B 8/06 KA –) bei Zugrundelegung eines durchschnittlichen oder geschätzten Punktwertes (Wenner/Bernard, NZS, 2001,57, 61). – bei fehlenden Umsatzzahlen: der angestrebte, d.h. innerhalb der nächsten Zeit nach objektiven Gesichtspunkten zu erzielende Umsatz abzgl. des Praxiskostenanteils, dabei kann auf die von der Kassenärztlichen Bundesvereinigung veröffentlichten Umsatzzahlen zurückgegriffen werden (LSG Nordrhein-Westfalen, 25.6.2008 – L 11 B 16/07 KA ER)
10.2.	Einheitlicher Bewertungsmaßstab (EBM) (§ 87 Abs. 1 S. 1 SGB V)	Bei Abwertung von Leistungspositionen: Höhe der Honorareinbuße (BSG, 6.11.1996 – 6 RKa 49/95; 6.2.1997 – 6 RKa 48/95 –); wenn nicht konkretisierbar: Regelstreitwert (BSG, 10.5.2004 – B 6 KA 129/03 B –).
10.3.	Abrechenbarkeit einer Gebührennummer (§ 87 Abs. 1 S. 1 SGB V i.V.m. EBM)	Wert der Leistung für ein Jahr (vgl. C. X. 10.4.2.).
10.4.	Honorarverteilungsmaßstäbe (HVM) (§ 85 Abs. 4 SGB V)	

10.4.1.	Zuordnung zum Honorarfonds der Fachärzte	Höhe der Nachvergütung der streitigen Quartale (LSG Sachsen, 27.1.2005 – L 1 KA 6/04 –).
10.4.2.	Zuordnung zu einer anderen Arztgruppe (EBM)	Nachvergütungsbetrag eines Quartals mal vier (ein Jahr: BSG, 20.10.2004 – B 6 KA 15/04 R –).
10.4.3.	Festsetzung eines Basisvolumens	Honorarverlust für vier Quartale (LSG Rheinland-Pfalz, 22.6.2009 – L 5 KA 26/09 B –), evtl. der vierfache Auffangstreitwert (ein Jahr; LSG Rheinland-Pfalz, 10.12.2007 – L 5 B 342/07 KA –).
10.5.	Praxiskosten	Kein Abzug vom Streitwert (*Wenner/Bernard* NZS 2001, 57, 61).
10.6.	Fallpunktzahlmenge (§ 85 Abs. 4 ff. SGB V)	Differenz der abgerechneten und der maximal zustehenden Punkte (BSG, 5.5.2000 – B 6 KA 71/97 R –; 9.5.2000 – B6 KA 72/97 R –).
10.7.	Zusätzliches Honorar bei „fachfremder" Behandlung (Überweisungsverbot; zulassungsrelevante Entscheidung) (§ 73 SGB V)	Erzielbare Einnahmen für drei Jahre unter Abzug der Praxiskosten; bei einem Überweisungsverbot unter Abzug der erzielbaren Einnahmen aus dem „Verkauf" an andere Vertragsärzte (BSG, 3.3.1997 – 6 RKa 21/95 –).
10.8.	(unzulässige) vorbeugende Unterlassungsklage gegen Honorarbescheid	Regelstreitwert (LSG Niedersachsen-Bremen, L 3 KA 139/05 ER –).
10.9.	Feststellung der Befugnis zur Erbringung und Abrechnung einer Leistung)	Höhe des begehrten zusätzlichen Honorars ohne Minderung im Hinblick auf das Feststellungsbegehren (SG Dresden, 14.3.2012 – S 18 KR 237/11 ER –); vgl. auch B. 2.1.
10.10	Vorlage einer Lebensbescheinigung als Voraussetzung zur Teilnahme an der erweiterten Honorarverteilung	Regelstreitwert (SG Marburg, 20.7.2011 – S 12 KA 446/10 –).
10.11.	Einstweilige Anordnung	Vgl. C. X. 16.2.; Umsatz für ein Jahr (LSG Nordrhein-Westfalen, 19.7.2010 – L 11 KA 20/10 B –).
11.	**Schiedswesen, Schiedsamt (§ 89 SGB V)**	
11.1.	Klage gegen Anberaumung eines Termins und Ladung zu einer Sitzung des Schiedsamts	Auffangstreitwert (LSG Hamburg, 20.11.2008 – L 2 KA 25/08 KL ER –).
11.2.	Beanstandungsverfügung	Bei Ersetzung eines Gesamtvertrages zur Gesamtvergütung (§§ 82, 85 SGB V): Wert der Gesamtvergütung (Hessisches LSG, 29.9.2010 L 4 KA 54/09 KL –).
11.3.	Verhinderung einer Honorarverteilung durch Schiedsspruch (Weitergeltung der früheren günstigeren Honorarverteilung)	50.000 € (LSG Niedersachsen-Bremen, 22.12.2004 – L 3 KA 368/04 ER –).
11.4.	Begehren eines neuen Vertrags bzw. Schiedsspruchs	Ist das Klagebegehren auf einen neuen Vertrag bestimmten Inhalts gerichtet, Differenz zwischen dem Ergebnis der Schiedsamtsentscheidung und dem geltend gemachten Betrag. Zielt das Begehren auf einen neuen Schiedsspruch mit ungewissem Inhalt, wie bei einem Neubescheidungsantrag, die Hälfte des optimal

		erlangbaren Betrags. Nur wenn finanziell nicht messbare Grundsatzfragen streitig sind, Regelwert (BSG, 28.1.2009 – B 6 KA 38/08 B –).
12.	**Notdienst (§ 75 Abs. 1 S. 2 SGB V i.V.m. Satzungsregelung der KÄV/KZÄV, § 81 SGB V)**	
12.1.	Abberufung als Vorsitzender der Notdienstkommission	Regelstreitwert (LSG Sachsen, 15.7.2002 – L 1 B 12/02 KA –).
12.2.	Befreiung vom Notdienst	Regelstreitwert (LSG Schleswig-Holstein, 25.2.2005 – L 4 B 32/04 KA ER –; LSG Hessen, 25.2.2005 – L 6/07 KA –; LSG Niedersachsen-Bremen, 25.8.2005 – L 3 KA 74/05 ER –; Sächsisches LSG, 14.12.2011 – L 1 KA 25/10).
12.3.	Eingliederung von Fachärzten in den allgemeinen Notdienst	Regelstreitwert (SG Dresden, 10.2.2005 – S 11 KA 260/04 –).
12.4.	Klage auf Teilnahme am Notdienst	Zusätzliche Honorarsumme im Quartal für zwei Jahre (LSG Niedersachsen-Bremen, 11.8.2005 – L 3 KA 78/05 ER –).
12.5.	Vertretung für den Notfalldienst	Kosten der Vertretung (LSG Rheinland-Pfalz, 29.8.1977 – L 6 Ka 5/76 –).
13.	**Praxisübernahme**	
13.1.	Praxiskauf	Kaufpreis (LSG Berlin, 23.9.1997 – L 7 Ka-SE 27/97 –).
13.2.	Antrag auf zusätzliche Zulassung bei angestrebtem Praxiskauf	Siehe Erstzulassung (vgl. C. IX. 16.4.), da Zulassungsstreit (LSG Baden-Württemberg, 27.8.1999 – L 5 KA 1576/99 W-B –).
14.	**Wahlanfechtung (§ 80, § 81 Abs. 1 Nr. 2 SGB V i.V.m. Wahlordnung)**	Regelstreitwert; mehrfacher Regelstreitwert (§ 39 Abs. 1 GKG), wenn die Besetzung mehrerer Positionen angefochten wird, für die jeweils gesonderte Wahlhandlungen vorgesehen sind. Die Zahl der die Wahlanfechtung betreibenden Kläger ist ohne Bedeutung (BSG, 14.9.2006 – B 6 KA 24/06 B –; 19.9.2006 – B 6 KA30/06 B –); vgl. B 5.3.
15.	**Wirtschaftlichkeitsprüfung (§ 106 SGB V)**	
15.1.	Beratung (§ 106 Abs. 1a SGB V)	25% des Regelstreitwertes (Bay. LSG, 7.9.1998 – l 12 B 350/97 KA –).
15.2.	Bescheidungsantrag bei Honorarkürzung oder Regress	Höhe des Kürzungs- oder des Regressbetrages ohne Abschlag (BSG, 23.2.2005 – B 6 KA 72/03 R –; BSG, 16.7.2008 – B 6 KA 57/07 R –; a.A. die Hälfte [Hessisches LSG, 27.6.2007 – L 4 B 152/07 KA]); dies gilt auch bei einer Klage der Krankenkasse gegen die Ablehnung eines Regresses; keine Herabsetzung, wenn auch Versicherte anderer Kassen betroffen sind, mit Ausnahme einer Einzelfallprüfung (LSG Rheinland-Pfalz, 24.8.2006 – L 5 KA 201/06 KA –).
15.3.	Honorarkürzung oder Regress	Höhe des Kürzungs- oder des Regressbetrages (BSG, 15.6.1998 – 6 RKa 40/96 –); wenn nur eingeschränkte Anfechtung in nicht quantifizierbarem Umfang: Hälfte

		der Differenz zwischen dem zuerkannten und dem abgerechneten Honorar (LSG Niedersachsen-Bremen, 19.8.2003 – L 3 38/03 KA –).
15.4.	Regress bei Richtgrößenprüfung; Klage einer Krankenkasse	Gesamtbetrag der Honorarkürzung, da die Überwachung der Wirtschaftlichkeit von übergreifendem Interesse für alle Krankenkassen und Verbände ist (LSG Rheinland-Pfalz, 24.8.2006 – L 5 B 201/06 KA –); a.A.: Höhe des auf die Krankenkasse entfallenden Regressanteils (LSG Berlin-Brandenburg, 3.4.2008 – L 7 B 18/08 KA –).
15.5.	Auszahlung des Honorars; einstweilige Anordnung	Das wirtschaftliche Interesse bemisst sich nach der Länge des Hauptsacheverfahrens und dem Zinsinteresse (LSG Nordrhein-Westfalen, 7.11.2011 – L 11 KA 110/11 B –).
15.6.	Feststellung/Anordnung der aufschiebenden Wirkung einer Klage gegen einen Regress	Keine Vorwegnahme der Hauptsache, daher ein Viertel des Streitwerts der Hauptsache, vgl. B. 11.1 (LSG Rheinland-Pfalz, 19.4.2012 – L 7 KA 70/11 B –).
16.	**Zulassungsverfahren von Ärzten, Zahnärzten und Psychotherapeuten (§ 95 SGB V i.V.m. der Zulassungsverordnung nach § 98 SGB V)**	
16.1.	Eintragung in das Arztregister als Vorstufe der Zulassung (§§ 95a, 95c SGB V)	– Bei faktischer Vorwegnahme der Zulassung: Höhe der Einnahmen wie bei C. IX. 16.5. – Im Übrigen: Höhe der Einnahmen in dem streitigen Zeitraum der Weiterbildung (BSG, 21.3.1997 – 6 RKa 29/95 –).
16.2.	Einstweilige Anordnung	Höhe der Einnahmen (wie bei C. X.16.5) während der voraussichtlichen Verfahrensdauer von einem Jahr ohne Abschlag (*Wenner/Bernard* NZS 2001, 57, 59; 2003, 568, 571; 2006, 1, 3 f.; LSG Hamburg, 8.3.2011 – L 1 KA 22/11 B ER –; LSG Berlin-Brandenburg, 11.1.2012 – L 7 KA 91/11 B –; abweichend: je Instanz <Hauptsache> ein Jahr, Bayerisches LSG, 25.4.2005 – L 12 B 203/04 KA –; LSG Nordrhein-Westfalen, 17.1.2011 – L 11 KA 87/10 B ER –).
16.3.	Anordnung der sofortigen Vollziehung eines Zulassungsbeschlusses	Voraussichtliche Honorareinahmen im Zeitraum zwischen dem Zulassungsbeschluss bis zur gerichtlichen Entscheidung (SG Marburg, 10.11.2011 – S 12 KA 790/11 ER –).
16.4.	Entziehung der Zulassung	Wie bei C.X.16.5, wobei auf die konkret erzielten Umsätze zurückgegriffen werden kann (BSG, 7.4.2000 – B 6 KA 61/99 B –; 25.9.2005 – B 6 KA 69/04 B –), evtl. Regelstreitwert für 12 Quartale (LSG Baden-Württemberg, 20.10.2010 – L 5 KA 2155/09 –); bei einem Laborarzt ist das gesamte Honorar bestehend aus dem Leistungsanteil und den Analysesachkosten zu berücksichtigen (LSG Nordrhein-Westfalen, 10.12.2007 – L 10 B 39/06 KA –).[23]

23 = *Breithaupt* 2006, 161 = GesR 2006, 79 = SGb 2006, 378.

16.5.	Erstzulassung	– Höhe der bundesdurchschnittlichen Umsätze der Arztgruppe (in den neuen Bundesländern: Durchschnitt dieser Länder) abzüglich des durchschnittlichen Praxiskostenanteils in einem Zeitraum von drei Jahren (BSG, 1.9.2005 – B 6 KA 41/04 R –; 1.9.2005 – B 6 KA 47/04 R –;[24] 12.10.2005 – B 6 KA 47/04 B)[25] – bei fehlenden Daten bzgl. Praxiskostenanteilen: Rückgriff auf durchschnittliche Werte aller Arztgruppen (BSG, 12.10.2005 – B 6 KA 47/04 B –)[26] – bei fehlenden Daten bzgl. Praxiskostenanteilen: Rückgriff auf einen" pauschal gegriffenen Kostensatz" von 50% (BSG, 12.10.2005 – B 6 KA 47/04 B –)[27] – Unterschreiten des „Berechnungszeitraums" von drei Jahren möglich, wenn kürzere Tätigkeit zu erwarten ist (BSG, 28.1.2000 – B 6 KA 22/99 R –)[28] – in einem atypischen Fall, in welchem die durchschnittlichen Umsätze der Arztgruppe dem wirtschaftlichen Interesse des Arztes nicht annähernd entsprechen, ist für jedes Quartal des Dreijahreszeitraums der Regelstreitwert ohne Abzug von Praxiskosten anzusetzen (BSG, 12.9.2006 – B 6 KA 70/05 B –;[29] LSG Rheinland-Pfalz, 22.6.2010 – L 5 KA 25/10 B ER).
16.6.	Erteilung einer weiteren Zulassung	Mehreinnahmen innerhalb eines Zeitraumes von drei Jahren (BSG, 11.11.2005 – B 6 KA 12/05 B –).
16.7.	Erhalt von zwei vollen Versorgungsaufträgen durch Verlegung eines Teils der ärztlichen Tätigkeit an einen anderen Ort	Auffangstreitwert (BSG, 9.2.2011 – B 6 KA 44/10 B –).
16.8.	Konkurrentenklage gegen Zulassung	Wie bei C.X.16.5; bei einem Ausgang des Auswahlverfahrens jedoch nur $^{1}/_{3}$ des vollen Zulassungsinteresses (LSG Schleswig-Holstein, 28.6.2007 – L 4 B 269/06 KA ER –; wenn Interesse nicht zu beziffern: 60.000 € <Auffangstreitwert für 12 Quartale>, BSG, 29.6.2011 – B 6 KA 4/11 B –; LSG Nordrhein-Westfalen, 16.3.2011 – L 11 KA 96/10 B ER –); a.A. bei Praxisübernahme: Durchschnittsumsatz in der Arztgruppe ohne Abzug von Praxiskosten (*Wenner/Bernard*, NZS 2001, 57, 60).
16.9.	Nebenbestimmungen zu einer Zulassung (Bedingung)	Wie bei C. X.16.5.
16.10.	Verlegung des Arztsitzes	3-facher Regelstreitwert (*Wenner/Bernard* NZS 2001, 57, 60).

24 LSG Schleswig Beschl. v. 28.6.2007 – L 4B 269/06 KA ER –.
25 = KostRspr. GKG 2004 § 52 Nr. 26 m. Anm. v. *Hellstab* = MedR 2006, 236 = ZMGR 2005, 324.
26 KostRspr. GKG 2004 § 52 Nr. 26 m. Anm. v. *Hellstab* = MedR 2006, 236 = ZMGR 2005, 324.
27 KostRspr. GKG 2004 § 52 Nr. 26 m. Anm. v. *Hellstab* = MedR 2006, 236 = ZMGR 2005, 324.
28 = JurBüro 2001, 253.
29 = NZS 2007, 560 = SozR 4-1920 § 52 GKG Nr. 6.

16.11.	Weiterführung von Behandlungen nach Versagung der Zulassung zur vertragspsychotherapeutischen Versorgung	Zu erwartendes Honorar (BSG, 8.4.2005 – B 6 KA 52/04 B –).
16.12.	Zweigpraxis	3-facher Regelstreitwert (*Wenner/Bernard* NZS 2003, 568, 572; Hessisches LSG, 13.11.2007 – L 4 KA 57/07 ER –; LSG Rheinland-Pfalz, 11.6.2010 – L 5 KA 61/09 B –); a.A.: 60.000 € <Auffangstreitwert für 12 Quartale>, jedoch auch Berücksichtigung des angebotenen Zeitkontingentes sowie von Art und Umfang der ärztlichen Leistungen (LSG Nordrhein-Westfalen, 17.12.2009 – L 11 B 7/09 KA –; 16.3.2011 – L 11 KA 96/10 B ER –).
16.13.	Erteilung einer Nebentätigkeitsgenehmigung als Konsiliararzt	Voraussichtliche Honorareinnahmen für drei Jahre abzüglich der Betriebskosten (LSG Nordrhein-Westfalen, 24.2.2006 – L 10 B 21/05 KA –).
17.	**Medizinisches Versorgungszentrum (§ 95 SGB V)**	
17.1.	Genehmigung zur Anstellung eines Arztes (§ 95 Abs. 2 Satz 7 SGB V)	In Anlehnung an C. X. 16.5: Regelstreitwert pro Quartal für drei Jahre (LSG Rheinland-Pfalz, 12.7.2011 – L 5 KA 19/11 B ER –).
17.2.	Zulassung	Wie 17.1: SG Karlsruhe, 17.12.2010 – S 1 KA 575/10 –).
17.3.	Nachbesetzung einer Arztstelle (§ 103 Abs. 4a Satz 3 SGB V)	Höhe des mit dem Arzt vereinbarten Gehalts im streitigen Zeitraum (LSG Baden-Württemberg, 8.12.2010 – L 5 KA 3673/10 ER-B –).
17.4.	Entziehung der Zulassung (§ 95 Abs. 6 SGB V)	In Anlehnung an C. X. 16.2: Honorarumsätze eines Jahres abzüglich der Praxiskosten (SG Berlin, 20.11.2009 – S 83 KA 673/09 ER –; LSG Berlin-Brandenburg, 9.2.2010 – L 7 KA 169/09 B ER –).
17.5.	Befreiung vom Bereitschaftsdienst (Notfalldienst)	In Anlehnung an C. X. 12.2: Auffangstreitwert (Sächsisches LSG, 14.12.2011 – L 1 KA 25/10 –).
17.6.	Kosten für die Teilnahme an einer erweiterten Honorarverteilung	Durchschnittliche Kosten je beschäftigten Arzt für drei Jahre (SG Marburg, 10.7.2009 – S 12 KA 646/08 –).
18.	**Praxisübernahme (§ 103 Abs. 4 SGB V)**	
18.1.	Begehren auf Durchführung des Ausschreibungsverfahrens	Regelwert für zwölf Quartale, da Ähnlichkeit mit einer Zulassungsstreitigkeit (BSG, 28.11.2007 – B 6 KA 26/07 R –).
18.2.	Anordnung der sofortigen Vollziehung eines Zulassungsbeschlusses	Honorarumsätze abzüglich der Praxiskosten für die (voraussichtliche) Dauer des Widerspruchsverfahrens (SG Marburg, 25.11.2011 – S 12 KA 797/11 ER –).
19.	**Substtutionsbehandlung**	
19.1.	Anordnung der KÄV auf Beendigung der Substitutionsbehandlung eines Versicherten durch einen Vertragsarzt („Substitutionsrichtlinie", §§ 92 Abs. 1 Satz 2 Nr. 5, 135 SGB V)	Auffangstreitwert; auf den Umfang einer erst beabsichtigten Honorarrückforderung kann nicht abgestellt werden (Hessisches LSG, 11.3.2009 – L 4 KA 59/07 –).

19.2	Ankündigung einer Qualitätsprüfung, Aufforderung zur Vorlage von Behandlungsdokumentationen (§ 136 Abs. 2 SGB V, Qualitätsprüfungs-Richtlinie Vertragsärztliche Versorgung)	Auffangstreitwert (LSG Berlin-Brandenburg, 28.6.2011 – L 7 KA 50/11 B ER –).
20.	**Richtlinien des Gemeinsamen Bundesausschusses (§ 92 SGB V)**	
20.1.	Arzneimittel-RL	Bei Antrag auf Unterlassung einer bestimmten Interpretation durch den GBA: erwartete Gewinneinbuße für ein Jahr (LSG Berlin-Brandenburg, 27.8.2010 – L 7 KA 11/10 KL ER –).

92 **3. Alphabetischer Streitwertschlüssel für die Sozialgerichtsbarkeit**

93 **Einzelfälle**

94 Grundsätzlich gelten hier die gleichen Bemessungskriterien wie für die Streitwerte der Verwaltungs- und Finanzgerichtsbarkeit.

95 **Abänderung des Streitwerts durch das Rechtsmittelgericht:** Streitwertkatalog B.16.

Ablehnung
- **von Gerichtspersonen:** Streitwertkatalog B.24.
- **von Sachverständigen:** Streitwertkatalog B.23.

Akteneinsicht: Streitwertkatalog B.27.

Anfechtungsklage: Maßgebend ist das wirtschaftliche Interesse des Klägers am Wegfall des Verwaltungsaktes.

Arbeitsförderungsrecht: Streitwertkatalog C. I.

Aufsichtsrecht: Streitwertkatalog C. II.

Auskunftsklage: Streitwertkatalog B.28.

96 **Beigeladene:** Streitwertkatalog B.3.

Grundsätzlich ist das Interesse des Klägers maßgeblich,[1] weil der Streitwert i.d.R. für sämtliche Beteiligte einheitlich festgesetzt wird.[2] Nur ausnahmsweise kann ein unterschiedlicher Wert angebracht sein,[3] der aber nur niedriger,[4] selten aber höher[5] als der für den Kläger sein kann. Bei Existenzgefährdung kann auch $^3/_4$[6] in Betracht kommen. Wenn allerdings die einstweilige Anordnung der Hauptsache nahe kommt, ist ein Abschlag nicht angebracht.[7]

Bescheidungsklage: Streitwertkatalog B.10.

BKK: Bei Errichtung einer BKK ist wirtschaftliches Interesse der klagenden AOK maßgebend.[8] Bei Interesse der AOK, Pflichtmitglieder zu behalten, 50 € pro Mietglied, bei bis zu 1.000 Pflichtmitgliedern mindestens 60.000 €, bis zu 5.000 Pflichtmitgliedern mindestens 90.000 €.[9]

1 LSG Hamburg bei *Breith* 1987, 170.
2 BSG NZS 1997, 438; LSG SH NZS 1997, 343.
3 LSG BW SGb 1988, 212.
4 BSG NZS 1996, 400.
5 BSG NZS 1993, 228.
6 SG Wiesbaden NZS 1997, 296.
7 LSG Berlin NZS 1998, 400.
8 BSG NZS 1993, 228.
9 BSG NZS 1997, 438.

Beitragsrecht: Streitwertkatalog C. III

Dienstaufsichtsbeschwerde: Streitwertkatalog B.30. 97

Disziplinarmaßnahme: Regelstreitwert.[10] Vgl. auch Streitwertkatalog C. IX. 5.

Einstweiliger Rechtsschutz: Streitwertkatalog B.11 und A.2.d. 98

Niedriger als der Wert der Hauptsache aber nicht weniger als $^1/_3$[11] und höchstens $^1/_2$.[12] Vgl. auch Streitwertkatalog B. 7.

Ermächtigung: Einnahmen aus der Ermächtigung für 2 Jahre,[13] wenn Anhaltspunkte fehlen oder schwer zu ermitteln sind Auffangwert.

Fortsetzungsfeststellungsklage: Streitwertkatalog B.8. 99

Gegenvorstellung: Streitwertkatalog B.12. 100

Gerichtlicher Vergleich: Streitwertkatalog B.7.

Gerichtliches Vollstreckungsverfahren (§ 201 SGG): Streitwertkatalog B.29.

Hausverbot: Streitwertkatalog B.31. 101

Honoraranspruch: Differenz zwischen erhaltenem und angestrebtem Honorar.

Honorarstreitigkeiten: Bei Kürzung ist ihr Betrag ohne Abzug der Praxisunkosten maßgeblich.[14] Streit um Festsetzung höherer Honorare aufgrund individueller Punktzahlvolumina (JPZV) nach Ermessen gemäß in der Klage angegebener Bedeutung für den Kläger, wobei das wirtschaftliche Interesse und die Auswirkungen auf den Kläger zu beachten sind.[15]

I/J 102

Klageänderung: Streitwertkatalog B.6. 103

Klagehäufung: Streitwertkatalog B.5.

Konkurrentenverfahren: um eine Praxisnachfolge Streitwertkatalog C. 16.8.; im Verfahren des einstweiligen Rechtsschutzes zu halbieren.[16]

Krankenversicherung: vgl. Streitwertkatalog C. IV.

Lehrveranstaltung: Streit um Zulassung 2.500 €; geht der Streit um die Zulassung 104
zu mehreren Lehrveranstaltungen, findet keine Erhöhung des Streitwerts statt.[17]

Leistungsvereinbarung: Regelstreitwert.[18]

Maßnahmebescheid i.S.v. § 115 Abs. 2 Satz 1 SGB XI: Auffangwert. Bei Streit um 105
Rechtmäßigkeit in einem Verfahren ist streitig, ob Auffangwert pro Maßnahme oder einheitlich pro Verfahren. Richtigerweise ist auf das Verfahren und nicht auf die Anzahl der Maßnahmen abzustellen.[19]

Nachbesetzungsverfahren: s. „Konkurrentenklage". 106

Nichtzulassungsbeschwerde: Streitwertkatalog B.4.Wert der Hauptsache.

O 107

Pflegeversicherung: s. Streitwertkatalog C. V. 108

Prüfungsvereinbarung: Regestreitwert.[20]

Praxisübernahme: Wert der Praxis, i.d.R. Kaufpreis. S.a. Streitwertkatalog C. IX.

---

10 LSG Hamburg JurBüro 2005, 547 (gegen einen Vertragsarzt).
11 LSG Berlin bei *Breth* 2000, 686.
12 LSG Nds NZS 1997, 296.
13 BSG NZS 1994, 142.
14 LSG Hess SGB 1994, 479; LSG NW SGb 2000, 265.
15 LSG Schleswig-Holstein JurBüro 2008, 425.
16 LSG Schleswig Beschl. v. 28.6.2007 – L 4B 269/06 KA ER –.
17 OVG Bremen JurBüro 2011, 419.
18 LSG Niedersachsen-Bremen Beschl. v. 19.12.2006 – L 8 B 37/06 – SO.
19 Vgl. dazu *van der Ploeg* NZS 2011, 212.
20 LSG Niedersachsen-Bremen Beschl. v. 19.12.2006 – L 8 B 37/06 – SO.

Psychotherapeut: Bei Streit um den Fortbestand der Zulassung als ärztlicher Psychotherapeut voraussichtlicher Jahresgewinn für 3 Jahre abzüglich 40% der Betriebskosten gem. Umsatz in der Vergangenheit; im einstweiligen Verfügungsverfahren aber nur die Hälfte.[21]

109 **Q**

110 **Rechtswegbeschwerde:** Streitwertkatalog B.13.

Rentenversicherung: s. Streitwertkatalog C. VI. Anfechtungsklage gegen Grundverwaltungsakt zur Versicherungs- und Beitragspflicht i.d.R. Auffangwert.[22]

111 **Sozialhilfe:** s. Streitwertkatalog C. VII.

Statusverfahren nach § 7a SGB IV: Auffangwert.[23] Bei bezifferten Geldleistungen (z.B. im Rahmen des § 7a SGB IV) gilt § 52 Abs. 1.[24]

112 **T/U**

113 **Übergeleitete Forderung:** Höhe der übergeleiteten Forderung, im Zweifel Auffangwert.[25]

Unfallversicherung: s. Streitwertkatalog C. VIII.

Untätigkeitsklage: s. auch Streitwertkatalog B. 4. Maßgebend ist, wieweit der Verwaltungsakt den Kläger seinem Endziel näher bringt, wobei auch hier Ausgangspunkt die wirtschaftliche Bedeutung der angestrebten Handlung ist.[26] Dabei ist das Ausmaß der Verzögerung zu berücksichtigen.[27] Im Allgemeinen wird der Wert geringer sein als der einer Anfechtungs- oder Verpflichtungsklage,[28] und zwar etwa 25%.[29]

114 **Verbindung mehrerer Verfahren:** Streitwertkatalog B.9.

Verjährung: Streitwertkatalog B.17.

Versicherungspflicht: Klage auf bloße Feststellung der Sozialversicherungspflicht analog **§ 42 Abs. 2 Satz 1 GKG 3-facher Jahresbetrag der Bemessungsgrundlage.**[30]

Vertragsarztrecht: s. „Zulassungsstreitigkeit", „Disziplinarverfahren".

Verpflichtungsklage: Wert des wirtschaftlichen Interesses des Klägers am Erlass des Verwaltungsaktes.

115 **Wahlanfechtungsklage:** I.d.R. Auffangwert.[31]

Wiederkehrende Leistungen: § 42 Abs. 3 GKG. Maßgebend ist der Antrag des Klägers.

Wirtschaftlichkeitsprüfung: Summe der insgesamt streitigen Kürzungsbeträge.

116 **Zulassungsstreit:**

Im Vertragsarztrecht: Höhe der in 5 Jahren erzielbaren Einkünfte, wenn die Tätigkeit nicht nur für kürzere Zeit ausgeübt werden soll,[32] abzüglich Praxisunkosten.[33]

Zulassung nichtärztlicher Leistungserbringer: Die in Jahren erzielbaren Einkünfte abzüglich Praxisunkosten in Höhe von 50%.[34]

---

21 LSG Baden-Württemberg JurBüro 2010, 251.

22 LSG Schleswig JurBüro 2008, 653 (LS mit Volltextservice).

23 H.M. Vgl. etwa LSG Baden-Württemberg RVG-professionell 2015, 1 m.w.N. **A.A** BayLSG RVG-professionell 2011, 184.

24 LSG Bayern, Beschl. v. 11.3.2015 – L 16 R 1229/13 B = JurionRS 2015, 14063.

25 LSG Baden-Württemberg JurBüro 2008, 534.

26 LSG Berlin bei *Breith* 1988, 979; SG Düsseldorf SGb 1992, 361.

27 *Meyer-Ladewig* § 197 Rn. 7f.

28 LSG NNW bei *Breith* 1995, 155; LSG Nds bei *Breith* 1996, 699; LSG RhPf SGb 1995, 73; SG Berlin bei *Breith* 1989, 73.

29 LSG RhPf bei *Breith* 2001, 395.

30 LSG Berlin-Brandenburg Beschl. v. 23.2.2010 – L 22 R 963/09 B.

31 LSG Berlin NZS 1998, 400; BayVGH BayVBl. 1991, 637.

32 Dazu bei *Meyer-Ladewig* § 197 Rn. 7g m.N.

33 LSG Bremen SGb 1989, 110 LSG Nds bei *Breith* 1996, 700 mit Anm. v. *Plagemann.*

34 LSG Niedersachsen SGb 1998, 272 und bei *Breith* 2001, 827.

§ 53
Einstweiliger Rechtsschutz und Verfahren nach § 148 Abs. 1 und 2 des Aktiengesetzes

(1) In folgenden Verfahren bestimmt sich der Wert nach § 3 der Zivilprozessordnung:

1. über die Anordnung eines Arrestes zur Erwirkung eines Europäischen Beschlusses zur vorläufigen Kontenpfändung, wenn keine Festgebühren bestimmt sind, und auf Erlass einer einstweiligen Verfügung sowie in Verfahren über die Aufhebung, den Widerruf oder di Abänderung der genannten Entscheidungen,
2. über den Antrag auf Zulassung der Vollziehung einer vorläufigen oder sichernden Maßnahme des Schiedsgerichts,
3. auf Aufhebung oder Abänderung einer Entscheidung auf Zulassung der Vollziehung (§ 1041 der Zivilprozessordnung),
4. nach § 47 Abs. 5 des Energiewirtschaftsgesetzes über gerügte Rechtsverletzungen, der Wert beträgt höchstens 100.000 Euro, und
5. nach § 148 Abs. 1 und 2 des Aktiengesetzes; er darf jedoch ein Zehntel des Grundkapitals oder Stammkapitals des übertragenden oder formwechselnden Rechtsträgers oder, falls der übertragende oder formwechselnde Rechtsträger ein Grundkapital oder Stammkapital nicht hat, ein Zehntel des Vermögens dieses Rechtsträgers, höchstens jedoch 500.000 Euro, nur insoweit übersteigen, als die Bedeutung der Sache für die Parteien höher zu bewerten ist.

Er darf jedoch im Falle des Satzes 1 Nr. 4 und 5 ein Zehntel des Grundkapitals oder Stammkapitals des übertragenden oder formwechselnden Rechtsträgers oder, falls der übertragende oder formwechselnde Rechtsträger ein Grundkapital oder Stammkapital nicht hat, ein Zehntel des Vermögens dieses Rechtsträgers, höchstens jedoch 500.000 Euro, nur insoweit übersteigen, als die Bedeutung der Sache für die Parteien höher zu bewerten ist.

(2) In folgenden Verfahren bestimmt sich der Wert nach § 52 Abs. 1 und 2:

1. über einen Antrag auf Erlass, Abänderung oder Aufhebung einer einstweiligen Anordnung nach § 123 der Verwaltungsgerichtsordnung oder § 114 der Finanzgerichtsordnung,
2. nach § 47 Abs. 6, § 80 Abs. 5 bis 8, § 80a Abs. 3 der Verwaltungsgerichtsordnung,
3. nach § 69 Abs. 3, 5 der Finanzgerichtsordnung
4. nach § 86b des Sozialgerichtsgesetzes und
5. nach § 50 Abs. 3 bis 5 des Wertpapiererwerbs- und Übernahmegesetzes.

Übersicht

Allgemeines — 1
Anwendungsbereich des § 53 — 2, 3
Streitwert allgemein — 4
Beispiele — 5
Mehrere Ansprüche — 6
Aufhebungsverfahren — 7
Zins- und Kostenquantum — 8
Arbeitsgerichtssachen — 9
Abs. 2 — 10–16
Einstweilige Anordnungen nach § 123 VwGO pp. — 10
Streitwert — 11
Auffangstreitwert — 12
Beschwerde — 13
§ 47 Abs. 8 VwGO — 14
§§ 80, 80a VwGO — 15
Ermessen — 16

Allgemeines: Die durch das EuKoPfVODG neu gefasste und erweiterte Vorschrift soll 1
dem Umstand Rechnung tragen, dass die dort aufgeführten Maßnahmen grundsätzlich nur

vorläufiger Art sind und dass es deshalb unbillig sein kann, als Streitwert den Betrag des Hauptsacheverfahrens zugrunde zu legen.[1]

2 **Abs. 1 (Arrest und einstweilige Verfügung pp.):** Die Bestimmung ist nur anwendbar bei einem Antrag auf Anordnung, Abänderung oder Aufhebung eines Arrestes oder einer einstweiligen Verfügung, §§ 916ff., 935ff. ZPO sowie auf Eilmaßnahmen im Schiedsverfahren, § 1041 ZPO einschließlich des Widerspruchsverfahrens nach § 924 ZPO und des Antrages auf Anordnung der Klageerhebung nach § 926 ZPO. Denn beide gehören zum Anordnungsverfahren und können deshalb keine besonderen Gebühren auslösen. Das Anordnungsverfahren und das Aufhebungsverfahren bilden je für sich ein gesondertes Verfahren (Vorbem. 1.4.1. vor KV 1410). Die Bestimmung gilt auch für Vergleiche über die Sicherstellung des Arrestanspruchs (KV 1411, 1414 Nr. 3). Entsprechend anzuwenden ist § 53 auf die vorzeitige Besitzeinweisung nach dem BBauG.[2]

3 **Nicht anwendbar** ist § 53 auf das Verfahren zur **Vollziehung des Arrestes**, §§ 928ff. ZPO. Dieses ist gebührenrechtlich ein besonderes Verfahren, auch wenn der Antrag gem. § 930 ZPO mit dem Arrestbeschluss verbunden ist.[3] Hier bestimmt sich der Streitwert nach § 6 ZPO. Die Streitwerte sind ggf. zu addieren.[4] Für Zivilsachen kommt dieser Streitfrage für den Ansatz der Gerichtsgebühren allerdings kaum noch Bedeutung zu, weil nach KV Nr. 1640 eine Festgebühr vorgesehen ist. Für die Verwaltungs-, Sozialgerichts- und Finanzgerichtssachen gilt die Sonderregelung nach Abs. 3. Gerichtskosten, die durch die Eintragung eines Widerspruchs oder einer Vormerkung im Grundbuch anfallen, sind keine Kosten der Vollziehung.[5]

4 Der **Streitwert** der in Abs. 1 Nr. genannten Verfahren bestimmt sich nach § 3 ZPO, ist also nach freiem, aber pflichtgemäßem Ermessen des Gerichts unter Berücksichtigung aller Umstände des Einzelfalles[6] zu bestimmen,[7] sofern keine Festgebühren vorgesehen sind. Maßgebend ist das Interesse des Antragstellers an der einstweiligen Regelung oder Sicherung.[8] Das Interesse des Antragsgegners ist für die Streitwertbestimmung irrelevant. Der Streitwert einer einstweiligen Verfügung kann daher geringer sein, als eine in der einstweiligen Verfügung angedrohte Geldstrafe für den Fall einer Zuwiderhandlung.[9] Allerdings kann der Streitwert niemals höher sein als der volle Wert der Hauptsache im Zeitpunkt des Antrags auf die einstweilige Verfügung oder den Arrest. In der Regel wird er niedriger sein, und zwar etwa $1/3$–$1/2$.[10] Ein unter einem Drittel des Wertes der Hauptsache liegender Wert wäre allerdings kaum gerechtfertigt.[11] Im Einzelfall kann sogar der Wert der Hauptsache erreicht werden.[12] Das wird insbesondere dann der Fall sein müssen, wenn zu

---

1 Dazu ausf. etwa bei *Becker-Eberhard* in Berger, Kap. 11.

2 OLG Hamburg NJW 1965, 2404.

3 *Vollkommer-Zöller* § 922 Rn. 20; *Hellstab* in Oe/He/Tre Streitwert 6.5 „Arrest", Rn. 11.

4 Streitig. Vgl. – wie hier – LG Hannover JurBüro 1969, 432; *Hellstab* in Oe/He/Tre Streitwert 6.5 „Arrest" Rn. 11.; *Hellstab* in Rehberg u.a. „Arrest" 4 einerseits und OLG Köln RPfleger 1993, 508; OLG Hamm JurBüro 1969, 163; LG Darmstadt JurBüro 1967, 1090; *Hartmann* Anh. I zu § 48 (§ § 3 ZPO) Rn. 17 anderseits (Streitwert des Anordnungsverfahrens).

5 OLG München MDR 1974, 939.

6 LG Frankfurt aM JurBüro 1995, 487.

7 OLG Schleswig SchlHA 1978, 22.

8 OLG Naumburg JurBüro 2010, 306; OLG Düsseldorf WettbR 1996, 44; OLG Koblenz MDR 1994, 738; OLG Hamburg MDR 1961, 156; OLG Köln MDR 1963, 510.

9 OLG Neustadt JurBüro 1961, 457.

10 Das ist unstr. vgl. etwa OLG Oldenburg NJW-RR 1996, 946; LG Frankfurt aM JurBüro 1995, 487; OLG Bamberg JurBüro 1991, 1690; OLG Saarbrücken JurBüro 1990, 1661; OLG Schleswig JurBüro 1971, 538, jeweils m.N.

11 So zutr. *Hartmann* § 53 Rn. 2 gegen OLG Köln GRUR 1988, 726 ($1/2$–$1/8$).

12 OLG Bamberg JurBüro 1975, 793; vgl. auch bei *Hartmann* § 53 Rn. 3 m.N.

erwarten ist, dass durch die einstweilige Entscheidung der Streit abschließend geklärt werden wird, so dass es zu einem Hauptsacheverfahren gar nicht mehr kommt.[13] Das wird vornehmlich in Wettbewerbssachen[14] oder bei der Herausgabe von Gegenständen[15] häufig zutreffen[16] oder dann, wenn nur infolge der Sicherstellung durch den Arrest eine Befriedigungsmöglichkeit gewährleistet ist und für diese Befriedigung voll ausreichende im Wege des Arrestes pfändbare Vermögenswerte des Arrestschuldners vorhanden sind[17] oder wenn dem Mieter im Wege der einstweiligen Verfügung zur Abwehr verbotener Eigenmacht untersagt wird, das Mietobjekt zu räumen.[18] Ebenso verhält es sich, wenn sich im Arrestverfahren herausstellt, dass zu sichernde Forderungen im Hauptverfahren nicht zu beweisen sein werden, so dass ein Hauptverfahren aus der Sicht einer wirtschaftlich denkenden Partei sinnlos erscheint, oder wenn durch einstweilige Verfügung auf Eintragung einer Auflassungsvormerkung der Totalverlust des Grundstücks vermieden werden soll.[19] Der Umfang und die Schwierigkeit des Verfahrens haben aber nur in nichtvermögensrechtlichen Angelegenheiten Einfluss auf den Streitwert.[20] Bei einstweiligen Regelungen muss unter Berücksichtigung der gesamten Darlegungen des Antragstellers dessen wirkliches Begehren klargestellt und in freier Schätzung beziffert werden.[21]

Beispiele: 5

- *Arrest:* Halber Wert der durch Arrest zu sichernden Forderung,[22] teilweise auch nur ein Drittel bis ein Viertel.[23]
- *Auflassungsvormerkung, Eintragung im Grundbuch durch einstweilige Verfügung:* Ein Drittel bis die Hälfte des Interesses des Antragstellers.[24] In Wettbewerbssachen ist regelmäßig ein Abschlag von einem Drittel des Wertes der Hauptsache vorzunehmen.[25]
- *Besondere Wertvorschriften:* Bestehen für das Hauptsacheverfahren besondere Wertvorschriften (z.B.: §§ 48 Abs. 2, 41, 42 GKG, § 9 ZPO), so kann der Wert des Eilverfahrens diese Wertgrenzen nicht über-, sondern nur unterschreiten.[26]
- *Besitzstörungen:* Der halbe Wert des Hauptsacheverfahrens,[27] jedenfalls aber unter dem Wert der Hauptsache.[28] Der volle Hauptsachewert ist aber anzusetzen, wenn die Besitzstörung auf verbotener Eigenmacht (§§ 858ff. BGB) beruht.
- *Eigentumsstörung:* wie Besitzstörung.
- *einstweilige Verfügung:* In der Regel der halbe Wert der Hauptsache.[29]
- *ehrverletzende Behauptungen, Unterlassung:* Der Wert des Eilverfahrens hängt vom Interesse des Antragstellers ab und ist der Höhe nach nur durch den Wert eines Hauptsacheverfahrens begrenzt. In der Regel wird er dem Wert der Hauptsache sehr

13 OLG Bamberg JurBüro 1978, 1552; OLG Schleswig SchlHA 1978, 22; OLG Köln JurBüro 1977, 1118; LAG Hamm AnwBl. 1981, 107; vgl. auch *Hartmann* § 53 Rn. 4.
14 OLG München JurBüro 2009, 484.
15 OLG Koblenz JurBüro 2009, 429.
16 OLG Frankfurt JurBüro 1981, 605 = WRP 1979, 792; *Hartmann* § 53 Rn. 4.
17 OLG Celle JurBüro 1970, 167 = NdsRPfl. 1970, 111.
18 OLG Düsseldorf JurBüro 2010, 647.
19 OLG Frankfurt aM JurBüro 1958, 253.
20 LG Darmstadt JurBüro 1976, 1090.
21 OLG Köln JurBüro 1980, 741.
22 OLG Frankfurt aM JurBüro 1960, 221 = MDR 1960 411 (L).
23 Vgl. etwa OLG Bamberg JurBüro 1980, 278; OLG Celle JurBüro 1969, 539; KG JVBl. 1960, 228.
24 OLG Frankfurt aM JurBüro 1958, 253.
25 OLG Celle Beschl. v. 4.12.2009 – 13 W 95/09.
26 OLG Hamm JurBüro 1979, 875.
27 OLG Köln VersR 1976, 740 (L).
28 OLG Naumburg JurBüro 2010, 306.
29 OLG Saarbrücken KostRspr. GKG § 20 Nr. 18 (L).

nahe kommen müssen oder diesen sogar erreichen, wenn zu erwarten ist, dass ein Hauptsacheverfahren nicht weitergeführt werden wird.

- *Herausgabe von Sachen:* Der Verkehrswert der Sache bildet die Höchstgrenze des Wertes des Eilverfahrens,[30] und ist dann angebracht, wenn dadurch eine endgültige Regelung begehrt wird.[31] Das gilt auch, wenn der durch die einstweilige Verfügung abzuwendende drohende Schaden des Antragstellers größer wäre.[32]
- *Hinterlegung eines Grundschuldbriefes durch einstweilige Verfügung:* Das Interesse des Antragstellers an der Hinterlegung.
- *Markenrechtsstreitigkeiten:* Nur wenn der markenrechtliche Angriff von besonderer Qualität oder Gefährlichkeit oder sonst objektive Gründe vorliegen, die eine höhere Bewertung zulassen, ist vom Regelstreitwert von 900 € abzuweichen.[33]
- *Mindeststreitwert:* Wert von 300 € (§ 34 Abs. 1) bei nichtvermögensrechtlichen Streitigkeiten darf auch bei Eilverfahren nicht unterschritten werden.
- *Überbau, Einstellung im Wege der einstweiligen Verfügung:* Interesse des Antragstellers an der Einstellung.
- Vormerkung, Eintragung durch einstweilige Verfügung im Grundbuch, insbesondere zur Sicherung einer Bauhandwerkersicherungshypothek: Ein Drittel bis ein Viertel der zugrunde liegenden (Handwerker-)Forderung.[34]
- *Vormerkung zur Sicherung eines Vorkaufsrechts:* Wie Auflassungsvormerkung.
- *Wettbewerbssachen*: Bei Unterlassungsklagen ist die Bewertung streitig. Regelmäßig gleicher Wert wie ein entsprechendes Hauptascheverfahren[35] bzw. im Regelfall 10.000 €, wenn nicht die Verhältnisse der beteiligten Unternehmen und die Intensität der Wettbewerbsverstöße und die Auswirkungen möglicher künftiger Verletzungshandlungen eine vom Regelwert abweichenden Festsetzung gebieten.[36]
- *Widerspruch, Eintragung im Grundbuch durch einstweilige Verfügung:* Von einem Drittel bis zur Hälfte des Hauptsachewertes.[37]
- *Zugang, Erzwingung des Zugangs zu einem Grundstück:* 10% des Verkehrswertes des Grundstücks.[38]

6 Werden **mehrere Ansprüche** geltend gemacht, so sind die Einzelstreitwerte nach den allgemeinen Bestimmungen zusammenzuzählen. Das gilt auch für mehrere nichtvermögensrechtliche Ansprüche. Es ist ohne Einfluss auf den Streitwert, wenn das Eilverfahren wiederholt wird, obwohl ein Verbot vorliegt.[39] Wird in dem Eilverfahren die noch nicht anhängige Hauptsache mit verglichen, sind die Streitwerte des Eilverfahrens und des Hauptsacheverfahrens nur für den Vergleichswert zusammenzuzählen.[40] Ein Antrag, der auf Erlass des persönlichen und des dinglichen Arrestes gerichtet ist, hat nur einen Streitwert. Werden in einem Antrag sowohl Arrest als auch einstweilige Verfügung beantragt, so hat jeder Antrag einen eigenen Streitwert; beide Werte sind dann zu addieren.[41] Ist einer dieser Anträge nur hilfsweise gestellt, gilt § 45.

---

30 OLG Bamberg JurBüro 19759, 438.
31 OLG Koblenz JurBüro 2009, 429.
32 KG RPfleger 1962, 120 (L).
33 Dazu OLG Schleswig SchlHA 1998, 163.
34 OLG Düsseldorf JurBüro 1975, 649 m.w.N.
35 OLG München JurBüro 2009, 484 m.N.
36 OLG Schleswig JurBüro 2008, 652 (LS mit Volltextservice).
37 OLG Braunschweig JurBüro 1974, 1435; vgl. dazu auch *Schneider* JurBüro 1978, 1603 m.N.
38 OLG München JurBüro 1973, 1191.
39 OLG Frankfurt aM JurBüro 1969, 342.
40 OLG München JurBüro 1969, 514 m. Anm. v. *Schneider.*
41 OLG München BayJMinBl. 1952, 164.

Der Streitwert des **Aufhebungsverfahrens** entspricht dem des Anordnungsverfahrens, sofern der Antrag im Aufhebungsverfahren nicht gegenüber dem Anordnungsverfahren beschränkt wird.[42] Beantragt der Arrestschuldner keine Aufhebung nach § 927 ZPO, sondern klagt er auf Abgabe einer Löschungsbewilligung, bestimmt sich der Streitwert nach § 6 ZPO.[43] 7

Das **Zins- und Kostenpauschquantum** ist nicht zu berücksichtigen,[44] weil es sich hierbei um Nebenforderungen i.S. § 43, § 4 Abs. 1 ZPO handelt.[45] 8

Abs. 1 ist auch in **Arbeitsgerichtsverfahren** anzuwenden. 9

Abs. 2 (Einstweilige Anordnungen nach § 123 VwGO usw.): Abs. 3 regelt den Streitwert für einstweilige Anordnungsverfahren in Verwaltungs-, Finanzgerichts- und Sozialgerichtssachen und für die solchen Angelegenheiten verwandten Verfahren über Maßnahmen wegen der sofortigen Vollziehung oder der Aussetzung oder des Aufschubs der Vollziehung von Verwaltungsakten im gerichtlichen Verfahren der Verwaltungs- und Finanzgerichtsbarkeit. 10

Nach **§ 123 VwGO/§ 114 FGO/§ 86b SGG** kann das Gericht vor und nach der Klageerhebung eine einstweilige Anordnung in Bezug auf den Streitgegenstand treffen, um zu vermeiden, dass die Verwirklichung eines Rechts des Antragstellers/Klägers vereitelt oder wesentlich erschwert werden könnte, oder aber Regelungen wegen eines vorläufigen Zustandes treffen. Die einstweilige Anordnung nach §§ 123 VwGO, 114 FGO, § 86b SGG entspricht ihrem Inhalt nach im Wesentlichen der einstweiligen Verfügung nach §§ 935, 940 ZPO. 11

Verfahren über einen Antrag auf Erlass, Abänderung oder Aufhebung: Für das Verfahren erster Instanz erwachsen ohne Rücksicht auf die Entscheidung des Gerichts im Verwaltungsgerichtsverfahren die Gebühren nach KV 5210 ff., im Finanzgerichtsverfahren nach 6210 ff. und im Sozialgerichtsverfahren nach KV 7210 ff., und zwar sowohl für den Antrag im Anordnungs- als auch für den Antrag im Aufhebungsverfahren. Für die jeweiligen Rechtsmittelverfahren kommen KV 5240, 5241, 6220, 6221, 7220 und 7221 zur Anwendung. **Das Anordnungs- und das Aufhebungsverfahren sind gebührenrechtlich zwei getrennte Verfahren.** Beantragt eine Partei die Aufhebung und hilfsweise die Abänderung der einstweiligen Anordnung, ist der Hilfsantrag auf Abänderung für den Streitwert nur maßgebend, wenn er höherwertiger sein sollte als der Hauptantrag und wenn über ihn entschieden wird, § 45 Abs. 3. In keinem Fall sind aber Haupt- und Hilfsantrag zusammenzuzählen, auch wenn über beide entschieden wird. 12

Streitwert des Anordnungsverfahrens: Der Streitwert ist nach § 52 Abs. 1 zu bestimmen. Demnach ist die sich aus dem Antrag des Antragstellers für ihn ergebende Bedeutung der Sache für die nach dem pflichtgemäßen Ermessen des Gerichts zu treffende Entscheidung maßgebend (vgl. dazu oben § 52 Rn. 3 ff.). Weil es sich nicht um endgültige Entscheidungen handelt, wird der Streitwert des Anordnungsverfahrens i.d.R. niedriger sein müssen als der Wert des Hauptsacheverfahrens,[46] und zwar die Hälfte,[47] selten aber weniger als ein Drittel[48] des Wertes der Hauptsache. Nur wenn die einstweilige Anordnung endgültige oder quasi-endgültige Verhältnisse schafft, kann der 13

42 OLG Bamberg JurBüro 1974, 1150; OLG Frankfurt aM ZIP 1980, 1044 (Beschwert); OLG Köln VersR 1973, 1032 (L) = Der Betrieb 1973, 20, 2036 (L); *Schneider* JurBüro 1977, 1516.
43 OLG München JurBüro 1963, 357; **a.M.** OLG Köln MDR 1977, 495 (Anwendung des § 20 GKG).
44 OLG Köln MDR 1962, 60; KG NJW 1965, 1029 = JurBüro 1965, 224.
45 OLG Köln MDR 1962, 60 = JurBüro 1961, 621.
46 Unstr. vgl. etwa BayVGH NJW 1973, 2046.
47 BayVGH NJW 1973, 2046.
48 Vgl. *Hartmann* § 53 Rn. 17; dazu auch z.B.: BFH JurBüro 1980, 520.

Streitwert des Anordnungsverfahrens den der Hauptsache erreichen.[49] Er sollte dann aber nicht unter drei Vierteln liegen.[50] Die Anordnung einer Sicherheitsleistung hat keinen Einfluss auf den Streitwert.

14 Die Bestimmung des **§ 52 Abs. 2 (Auffangwert)** gilt auch für das Anordnungsverfahren. Wenn der bisherige Sach- und Streitstand keine hinreichenden Anhaltspunkte bietet, ist ein Streitwert in Höhe von 5.000 € anzunehmen. Der Annahmewert wirkt wie ein Festwert, wenn die Voraussetzungen dafür erfüllt sind (vgl. § 52 Rn. 22). Er darf folglich nicht allein mit Rücksicht darauf ermäßigt werden, dass Verfahren wegen einstweiliger Anordnungen regelmäßig niedriger bewertet zu werden pflegen als die korrespondierenden Hauptsacheverfahren.[51] Wenn das Gericht den Annahmewert für nicht angemessen hält, muss es einen der Bedeutung des Antrags des Klägers entsprechenden unter oder über dem Annahmewert von 5.000 € liegenden Streitwert nach § 52 Abs. 1 bestimmen und von einer Anwendung des § 52 Abs. 2 absehen.[52] Jedoch wird in solchen Fällen schon die Voraussetzung für die Anwendung des § 52 Abs. 2 nicht vorliegen, weil die Sache für den Kläger nach objektiven Kriterien eine nur geringe oder eine erhebliche Bedeutung haben wird.

15 **Beispiele:**

- *Zeitlich begrenzte Zuweisung eines Studienplatzes:* Halber Streitwert der Hauptsache.[53]
- *Unbefristete Zuweisung eines Studienplatzes:* Drei Viertel bis voller Hauptsachewert.[54]
- *Sicherung des Bewerbungsverfahrensanspruchs.*[55]
- *Bafög-Angelegenheit:* Halber Streitwert,[56] aber niedriger, wenn sich der Antrag auf einen kürzeren Zeitraum als im Hauptsacheverfahren bezieht.[57]
- *Aussetzung der Vollziehung eines Versammlungsverbots:* Hauptsachewert.[58]
- *Einstweilige Anordnung nach § 114 FGO:* In der Regel ein Drittel des Hauptsachewertes,[59] wenn keine besonderen Umstände vorliegen.
- *Einstweilige Anordnung gegen eine Vollstreckungsmaßnahme:* In der Regel 10% der Forderung,[60] auch wenn sich die Anordnung auf ein Vollziehungsverbot während eines Klageverfahrens richtet.[61]

16 **§ 47 Abs. 6 VwGO:** Die Bedeutung der Sache wird durch den „schweren Nachteil", der abgewehrt werden soll, oder durch die gleichfalls ausreichenden „anderen wichtigen Gründe" sowie durch das „dringende Gebot" der vorläufigen Maßnahme nach § 47 Abs. 6 VwGO geprägt. Diese Gesichtspunkte können vermögensrechtlicher oder nichtvermögensrechtlicher Art sein. Dabei kommt es nicht allein auf das Interesse des Antragstellers, sondern auch auf das öffentliche Interesse an.[62]

17 **§ 80 Abs. 5–8 VwGO, § 80a Abs. 3 VwGO, § 69 Abs. 3–4 FGO, § 86b SGG:** Der Streitwert dieser vorläufigen Verfahren wird nach den Bemessungsgesichtspunkten des

---

49 Vgl. z.B. FG Saarland EFG 73, 117.
50 *Hartmann* § 53 Rn. 18.
51 **A.A.** VGH Mannheim NVwZ-RR 2004; *Dörndorfer* in Binz u.a. § 53 Rn. 7.
52 VGH Baden-Württemberg KostRspr. § 20 Rn. 6, 7; **a.M.** wohl *Hartmann* § 53 Rn. 26.
53 VGH Mannheim BWVPr 76, 278.
54 OVG Münster KostRspr. § 20 GKG Nr. 2.
55 OVG Münster JurBüro 2008, 315.
56 OVG Hamburg VerwRspr. 32, 1054 m.N.
57 *Hartmann* § 53 Rn. 17.
58 Vgl. bei *Hartmann* § 53 Rn. 16 m.w.N.
59 BFH BStBl. II 1977, 80.
60 BFH BB 1978, 347 und KTS 1983, 151.
61 BGH NJW 1977, 1216; **a.M.** FG Hamburg EFG 1978, 94 (5).
62 *Hartmann* § 53 Rn. 22.

§ 52 Abs. 1 GKG bestimmt, also nach der Bedeutung der Sache für den Antragsteller gemäß seinem Antrag. In aller Regel wird die Bedeutung der Sache geringer anzusehen sein als die der Hauptsache, so dass auch der Streitwert regelmäßig geringer anzunehmen ist.[63] Allerdings gilt auch hier, dass sich der Streitwert dem der Hauptsache nähern kann, wenn die begehrte Maßnahme in ihrer Wirkung Tatsachen schafft, die den Hauptsachegegenstand voll umfassen, also vollendete Tatsachen.[64] Das ist z.B. bei der Wiederherstellung der aufschiebenden Wirkung einer Klage gegen einen kraft behördlicher Anordnung sofort vollziehbaren Widerruf einer Aufenthaltserlaubnis nach § 52 Abs. 1 Nr. 4 AufenthG der Fall.[65] Im Allgemeinen wird man aber einen Wert nehmen müssen, der zwischen einem Drittel[66] und der Hälfte des Hauptsachewertes liegt. Bei **Abgabesachen** oder bei Anträgen nach **§ 69 Abs. 3, 5 FGO** wird unter Umständen sogar nur ein Zehntel des Hauptsachewertes ausreichend sein.[67] In den Fällen des **§ 80a Abs. 3 VwGO** ist das Interesse des nach § 80a Abs. 1 VwGO vorgehenden Dritten an der Aufhebung des einen anderen begünstigenden Verwaltungsaktes maßgebend, das allerdings begrenzt ist durch die nach § 80a Abs. 3 VwGO erzielbare Aufhebung oder Änderung.[68] Auch hier beeinflusst es den Streitwert nicht, wenn das Gericht die Maßnahme mit einer Sicherheitsleistung oder mit anderen Auflagen verbindet.

Die Werte für die in **Abs. 2 Nrn. 1–5** bezeichneten Verfahren sind nach § 52 Abs. 1 **18** und 2, § 3 ZPO nach billigem Ermessen zu bestimmen, und zwar unter Beachtung der Höchstwerte. Soweit die Überschreitung der Höchstwerte zulässig ist, ist die Bestimmung eng auszulegen. Es muss sich schon um eine erhebliche Überschreitung oder um eine nach objektiven Kriterien zu beurteilende überdurchschnittlich große Bedeutung der Sache für die eine oder die andere Partei – nicht notwendig für beide Parteien – handeln. Auch wenn durch das Eilverfahren regelmäßig die Hauptsache vorweggenommen wird (z.B. bei beamtenrechtlichen Konkurrentenklagen) ist regelmäßig der Streitwert unter dem der Hauptsache anzunehmen.[69] Das gilt auch in Verfahren nach § 123 VwGO betreffend die vorläufige Zulassung zum Studium.[68] Im Zweifelsfall gilt der Auffangwert von 5.000 €.

§ 53a
Sanierungs- und Reorganisationsverfahren nach dem Kreditinstitute- und Reorganisationsgesetz

Die Gebühren im Sanierungs- und Reorganisationsverfahren werden nach der Bilanzsumme des letzten Jahresabschlusses vor der Stellung des Antrags auf Durchführung des Sanierungs- oder Reorganisationsverfahrens erhoben.

Mit der Festlegung der letzten Bilanzsumme als Streitwert soll erreicht werden, dass **1** sich die Höhe der Gebühren an der wirtschaftlichen Bedeutung des Kreditinstituts ausrichtet.[1]

63 H.M. vgl. auch bei *Hartmann* § 53 Rn. 24 m.N.
64 OVG Lüneburg DÖV 1971, 141.
65 VG Göttingen JurBüro 2005, 597.
66 VGH Kassel NJW 1965, 1829; OVG Hamburg HambJVBl. 1989, 45; vgl. auch *Mellius* MDR 1990, 17.
67 Vgl. OVG Münster MDR 1984, 344 m.N.; BFH BStBl. II 1973, 16; FG Münster EFG 1976, 24.
68 *Hartmann* § 53 Rn. 27.
69 OVG Hamburg JurBüro 2006, 201 (LS mit Volltextservice).

1 Begr. zum RStruktG, BT-Ds. 17/3024 S. 83.

§ 54
Zwangsversteigerung

(1) Bei der Zwangsversteigerung von Grundstücken sind die Gebühren für das Verfahren im Allgemeinen und für die Abhaltung des Versteigerungstermins nach dem gemäß § 74a Abs. 5 des Gesetzes über die Zwangsversteigerung und die Zwangsverwaltung festgesetzten Wert zu berechnen. Ist ein solcher Wert nicht festgesetzt, so ist der Einheitswert maßgebend. Weicht der Gegenstand des Verfahrens vom Gegenstand der Einheitsbewertung wesentlich ab oder hat sich der Wert infolge bestimmter Umstände, die nach dem Feststellungszeitpunkt des Einheitswerts eingetreten sind, wesentlich verändert, oder ist ein Einheitswert noch nicht festgestellt, ist der nach den Grundsätzen der Einheitsbewertung geschätzte Wert maßgebend. Wird der Einheitswert nicht nachgewiesen, so ist das Finanzamt um Auskunft über die Höhe des Einheitswerts zu ersuchen; § 30 der Abgabenordnung steht der Auskunft nicht entgegen.

(2) Die Gebühr für die Erteilung des Zuschlags bestimmt sich nach dem Gebot ohne Zinsen, für das der Zuschlag erteilt ist, einschließlich des Werts der nach den Versteigerungsbedingungen bestehen bleibenden Rechte zuzüglich des Betrages, in dessen Höhe der Ersteher nach § 114a des Gesetzes über die Zwangsversteigerung und die Zwangsverwaltung als aus dem Grundstück befriedigt gilt. Im Falle der Zwangsversteigerung zur Aufhebung einer Gemeinschaft vermindert sich der Wert nach Satz 1 um den Anteil des Erstehers an dem Gegenstand des Verfahrens; bei Gesamthandeigentum ist jeder Mitberechtigte wie ein Eigentümer nach dem Verhältnis seines Anteils anzusehen.

(3) Die Gebühr für das Verteilungsverfahren bestimmt sich nach dem Gebot ohne Zinsen, für das der Zuschlag erteilt ist, einschließlich des Werts der nach den Versteigerungsbedingungen bestehen bleibenden Rechte. Der Erlös aus einer gesonderten Versteigerung oder sonstigen Verwertung (§ 65 des Gesetzes über die Zwangsversteigerung und die Zwangsverwaltung) wird hinzugerechnet.

(4) Sind mehrere Gegenstände betroffen, so ist der Gesamtwert maßgebend.

(5) Bei Zuschlägen an verschiedene Ersteher wird die Gebühr für die Erteilung des Zuschlags von jedem Ersteher nach dem Wert der auf ihn entfallenden Gegenstände erhoben. Eine Bietergemeinschaft gilt als ein Ersteher.

1 Die Bestimmung bezieht sich nur auf das der Entscheidung über die Eröffnung oder das der Entscheidung über den Beitritt und nach Terminanberaumung folgende Verfahren sowie auf die Abhaltung des Versteigerungstermins. Die Eröffnungsentscheidung bzw. Beitrittsentscheidung selbst ist mit der Festgebühr nach KV 2210 abgegolten, während die Anberaumung eines Termins mit der allgemeinen Verfahrensgebühr abgegolten wird.[1]

2 Nach Abs. 1 S. 1 ist für das **Zwangsversteigerungsverfahren im Allgemeinen** der gemäß § 74a Abs. 5 ZVG vom Vollstreckungsgericht zu ermittelnde **Verkehrswert**[2] des Grundstücks maßgebend, der erforderlichenfalls nach Anhörung von Sachverständigen bestimmt werden muss. Der Wert der **beweglichen Gegenstände**, auf die sich die Versteigerung erstreckt, ist frei zu schätzen und dem Verkehrswert des Grundstücks zuzuschlagen. Der Wertfestsetzungsbeschluss des Vollstreckungsgerichts, der nur im Verfah-

1 Vgl. BT-Ds. 12/6962, S. 24. Dazu auch *Stöber*, S. 505 ff.
2 Vgl. auch LG Paderborn RPfleger 1989, 168.

ren nach dem ZVG mit der befristeten Erinnerung anfechtbar ist, ist für das Gericht bei der Kostenberechnung absolut bindend. Vom Vollstreckungsgericht festgesetzt und damit bindend ist der Wert aber erst, wenn er rechtskräftig, d.h. nicht mehr anfechtbar ist.[3] Wenn und soweit gegen den Wertfestsetzungsbeschluss Beschwerde eingelegt wird (§ 68 Abs. 1), ist der **Beschwerdewert** nach § 48 i.V.m. § 3 ZPO festzusetzen.[4] In der Regel wird man bei Heraufsetzungsbegehren 50% des erstrebten Heraufsetzungsbetrages nehmen.[5]

Soweit das Vollstreckungsgericht **keinen Wert festgesetzt** hat, ist der **Einheitswert** 3
für die Gebührenberechnung maßgebend, Abs. 1 S. 2, den der Kostenschuldner nachzuweisen hat. Unterlässt er das, ist das Finanzamt entsprechend Abs. 1 S. 4 um Auskunft über die Höhe zu ersuchen. § 54 Abs. 1 S. 4 dient nämlich auch dazu, dem Vollstreckungsgericht die Anforderung eines Vorschusses zu ermöglichen.[6]

Vom Einheitswert abzuweichen hat das Gericht bei der Wertberechnung, wenn 4
eine wesentliche Abweichung des Wertes des Verfahrensgegenstandes vom Einheitswert vorliegt, sich der Wert infolge von Umständen verändert hat, die nach dem Feststellungszeitpunkt des Einheitswertes eingetreten sind, und noch kein Einheitswert festgestellt worden ist. Ein höherer Wert des Verfahrensgegenstandes kann z.B. vorliegen, wenn dem Zwangsversteigerungsverfahren auch Maschinen und Betriebsanlagen unterliegen.[7] Für eine Veränderung des Einheitswertes dürfen allerdings nur solche Umstände herangezogen werden, die auch für die Festsetzung des Einheitswertes beachtlich sind. Das Gericht hat mithin nach den Grundsätzen des BewG zu ermitteln, was auch gilt, wenn noch kein Einheitswert festgesetzt worden ist.[8]

Abs. 1 S. 4 stellt klar, dass die Schweigepflicht des § 30 AO einer einzuholenden 5
Auskunft des Finanzamts über die Höhe des Einheitswertes nicht entgegensteht, wenn der Kostenschuldner den Nachweis nicht erbringt. Nach der Struktur des Abs. 1 soll die Datenanforderung beim Finanzamt aber das letzte Mittel zur Wertermittlung sein. Das entspricht auch dem Verfassungsrecht folgenden und für jede Datenweitergabe geltenden Grundsatz der Verhältnismäßigkeit.[9]

Der Wert für die **Abhaltung des Versteigerungstermins**, der neben dem Verfahren 6
im Allgemeinen zu vergüten ist (Abs. 1 S. 1 „und“), ist nach den gleichen Grundsätzen wie der Wert für das Verfahren im Allgemeinen zu ermitteln, wenn und soweit nicht eine Wertfestsetzung nach § 74a Abs. 5 ZVG vorliegt. Das oben (Rn. 2–5) Gesagte gilt entsprechend.

Der Wert für die Erteilung des Zuschlags (**Zuschlagsgebühr**, Abs. 2) nach KV 2214 7
wird nicht dem nach § 74a ZVG festgesetzten oder nach dem nach den Grundsätzen des Abs. 1 ermittelten Wert, sondern nach dem **Gebot** ohne Zinsen berechnet, für das der Zuschlag erteilt wird. Demzufolge scheiden etwaige höhere, aber zurückgewiesene Gebote bei der Berechnung des Gebührenwerts aus. Gemäß § 60 ZVG bewilligte Zahlungsfristen sind für die Wertberechnung ohne Belang. Zinsen werden nach der ausdrücklichen Anweisung des Gesetzes nicht hinzugerechnet. Ob gemäß § 114a ZVG der Ersteher hinsichtlich seiner Forderung ganz oder teilweise aus dem Grundstück als befriedigt zu erachten ist, berührt den Wert ebenfalls nicht. Gleichgültig ist auch, ob der Wert des Grundstücks geringer ist als das Gebot, für das der Zuschlag erteilt wird.

---

3 Vgl. auch *Lappe* § 29 Rn. 3; **a.M.** *Hellstab* in Oe/He/Tre § 54 Rn. 8.
4 OLG Düsseldorf JurBüro 2010, 143 m.w.N.
5 OLG Düsseldorf JurBüro 2010, 143 m.w.N.
6 BGH NJW 2009, 2066 = NZM 2009, 486 = MDR 2009, 950 (LS) = WM 2009, 1374 = WuM 2009, 376 = ZfR 2009, 475.
7 LG München RPfleger 1973, 71.
8 BT-Ds. 12/6962, S. 64; *Hartmann* § 54 Rn. 3.
9 BT-Ds. 12/6962, S. 64.

8 **Nach den Versteigerungsbedingungen bestehen bleibende Rechte** (Abs. 2 S. 1) sind dem Gebot, für das der Zuschlag erteilt wird, hinzuzurechnen. Ein **nicht nach den Versteigerungsbedingungen**, sondern nach einer **Vereinbarung** zwischen dem Berechtigten und dem Ersteher gem. § 91 Abs. 2 ZVG **bestehen bleibendes Recht** wird ebenfalls hinzugerechnet.[10] Die neben dem geringsten Gebot kraft Gesetzes bestehen bleibenden Belastungen sind bei der Berechnung des Gebührenwertes ebenfalls nicht zu berücksichtigen, weil es sich auch um „nach den Versteigerungsbedingungen bestehen bleibende Rechte" handelt, welche ohne Rücksicht auf die Versteigerungsbedingungen kraft Gesetzes erhalten bleiben. Die Nichtberücksichtigung dieser Rechte ist auch berechtigt. Ein derartig – etwa mit einer Notweg- oder Überbaurente belastetes – Grundstück ist weniger wert als ein gleichartiges und von solchen Rechten freies Grundstück. Stellt die Belastung eine echte Wertminderung dar, wird sie das Gebot des Erstehers beeinflussen. Es wäre nicht richtig, sein Gebot für den Gebührenwert um den Wert dieser Belastungen zu erhöhen. Anders verhält es sich bei nach den Versteigerungsbedingungen übernommenen bestehen bleibenden Rechten. Sie ergeben zusammen mit dem Bargebot die vom Ersteher zu erbringende Leistung und werden deshalb zu Recht dem Bargebot hinzugerechnet.[11]

9 **Der Wert der** nach den Versteigerungsbedingungen **bestehen bleibenden Rechte** bemisst sich nach dem Kapitalbetrag oder nach ihrem Ablösebetrag, auch wenn dieser den Grundstückswert übersteigt.[12] Höchstbetragshypotheken werden dabei mit dem eingetragenen Höchstbetrag bewertet. Gleichgültig ist, ob bei den Rechten eine Löschungsvormerkung eingetragen ist oder ob der Ersteher schon vor dem Zuschlag persönlich haftete oder selbst Gläubiger der Hypothek oder Grundschuld ist.[13] Der **Erlös aus einer gesonderten Versteigerung oder sonstigen Verwertung** (§ 65 ZVG) wird nicht hinzugerechnet. **Gesamtgrundpfandrechte** sind mit ihrem vollen Wert zu berücksichtigen, wenn der Zuschlag der belasteten Grundstücke auf Grund eines Gesamtaufgebots erfolgt oder die Grundstücke einzeln mit der Gesamthypothek zugeschlagen werden. Wird das Gesamtgrundpfandrecht auf die belasteten Grundstücke gem. § 64 Abs. 1 ZVG nach Teilbeträgen verteilt, so ist bei der Berechnung des Wertes lediglich der auf das zugeschlagene Einzelgrundstück entfallende Teilbetrag zu berücksichtigen. Werden mehrere Grundstücke gemeinsam versteigert, ist deren Gesamtwert maßgebend (Abs. 4).

10 **Teilungsversteigerung**, Abs. 2 S. 2: Wird eine Zwangsversteigerung zur Aufhebung einer Gemeinschaft betrieben, § 180 ZVG, wird bei der Berechnung des der Zuschlagsgebühr zugrunde zu legenden Wertes der Anteil des Erstehers an dem Verfahrensgegenstand abgezogen, Abs. 2 S. 2 Hs. 1. Handelt es sich um **Bruchteilseigentum**, so ist der auf den nach S. 1 errechneten Wert sich ergebende Bruchteil zu errechnen und von dem nach S. 1 errechneten Wert abzuziehen

Beispiel: Der Wert nach Abs. 2 S. 1 beträgt 90.000 €. Ist der Ersteher Miteigentümer zu einem Drittel, ist die Zuschlagsgebühr aus 60.000 € zu berechnen.

Ist der Versteigerungsgegenstand in **Gesamthandseigentum**, so ist so zu verfahren, als wenn jeder Miteigentümer einen Bruchteil besäße, Abs. 2 S. 2 Hs. 2. Ist z.B. ein Nachlassgrundstück einer aus 5 Personen bestehenden Erbengemeinschaft zwecks Aufhebung der Gemeinschaft zu versteigern, so ist die Gebühr nur aus einem Fünftel des

10 *Hartmann* § 54 Rn. 5; **a.M.** *Hellstab* in Oe/He/Tre § 54 Rn. 18.
11 **A.M.** aber *Hellstab* in Oe/He/Tre § 54 Rn. 18.
12 **A.M.** LG Freiburg Die Justiz 1977, 349.
13 *Hartmann* § 54 Rn. 5; *Hellstab* in Oe/He/Tre § 54 Rn. 19; **a.M.** *Lappe* § 29 Rn. 4.

Wertes zu berechnen. Wird der Zuschlag an mehrere Personen erteilt, die an dem Versteigerungsgegenstand als Miteigentümer oder als Gesamthandseigentümer beteiligt waren, so ist für die Berechnung der von den einzelnen Erstehern geschuldeten Zuschlagsgebühren der Wert zugrunde zu legen, der sich unter Berücksichtigung des jeweiligen Anteils des Erstehers an dem Versteigerungsgegenstand ergibt. Ein Ersteher, für den sich eine geringere Gebühr ergibt, haftet dann nur bis zur Höhe der auf ihn entfallenden Gebühr mit dem Ersteher, der für die Zuschlagsgebühr aus dem höheren Wert aufzukommen hat. **Anteil des Erstehers** i.S.d. Vorschrift ist nur das Miteigentum, kein wirtschaftliches Recht, wie es etwa ein Pfandrecht an dem Gegenstand verleiht. Die Gebühren für die Eintragung des Erstehers im Grundbuch richten sich stets nach dem GNotKG.[14]

Verteilungsverfahren: Die Verteilungsgebühr (KV 2215, 2216) bestimmt sich wie bei der Zuschlagsgebühr mit der Ausnahme, dass der **Erlös einer gesonderten Versteigerung oder sonstigen Verwertung**, § 65 ZVG, hier dem Wert, der sich aus dem Gebot ohne Zinsen und nach den Versteigerungsbedingungen bestehen bleibenden Rechten bestimmt, **hinzugerechnet** wird, Abs. 3 S. 2. Ein durch Vereinbarung der Beteiligten nach § 91 Abs. 2 ZVG bestehen bleibendes Recht bleibt außer Betracht.[15] 11

Mehrheit von Gegenständen, Abs. 4: Sind von der Zwangsversteigerung mehrere Gegenstände betroffen (vgl. § 18 ZVG), so ist für die Berechnung der Gebühren nach Abs. 1 bis 3 der Gesamtwert maßgebend. Werden verbundene Verfahren getrennt, so tritt nach der Trennung Gebührenberechnung nach den einzelnen Werten ein, wobei aber zu beachten ist, dass die Verfahrensgebühren für jedes Verfahren von den nach der Trennung maßgebenden Werten zu erheben sind. Eine auf verbundene Verfahren bereits gezahlte Verfahrensgebühr ist auf die nunmehr geschuldeten Gebühren anzurechnen. Soweit die verbundenen Verfahren nicht einheitlich verlaufen, findet Abs. 4 nur insoweit Anwendung, als hinsichtlich mehrerer Grundstücke dieselben Gebühren erwachsen, nicht aber, wenn ein gebührenpflichtiger Vorgang sich nur auf ein Grundstück bezieht. Dagegen ist es unschädlich, wenn die Gebühren hinsichtlich der einzelnen Grundstücke innerhalb desselben Verfahrens getrennt anfallen. Sind aber in den verbundenen Verfahren vor der Verbindung bereits Gebühren nach den getrennten Werten angefallen, so werden sie durch die nachfolgende Verbindung der Verfahren nicht berührt. 12

Mehrere Gegenstände liegen vor, wenn jeder von ihnen Gegenstand eines gesonderten Zwangsversteigerungsverfahrens sein könnte, z.B. grundbuchrechtlich selbständige Grundstücke, Miteigentumsanteile, grundstücksgleiche Berechtigungen. Gleichgültig ist, ob die Behandlung der mehreren Gegenstände in einem Verfahren oder die Verbindung mehrerer Verfahren zu einem Verfahren zulässigerweise erfolgt ist. Nach § 18 ZVG ist die Verbindung möglich, wenn mehrere Grundstücke desselben Schuldners oder mehrere Grundstücke, die für dasselbe Recht haften, versteigert werden sollen. 13

Verschiedene Ersteher, Bietergemeinschaft, Abs. 5: Erfolgt der Zuschlag an **verschiedene Ersteher**, ist für jeden Ersteher nur der Wert der auf ihn entfallenden Gegenstände für die **Zuschlagsgebühr** maßgebend, Abs. 5 S. 1. Dagegen gilt eine **Bietergemeinschaft** als ein Ersteher, Abs. 5 S. 2, für die das Gesamtgebot einschließlich aller bestehen bleibenden Rechte maßgebend ist. Das gilt auch, wenn die einzelnen Grundstücke entsprechend § 63 Abs. 1 ZVG einzeln angeboten und zugeschlagen werden. Erfolgen aber Zuschläge an verschiedene Ersteher in dem Sinne, dass einzelne Grundstücke verschiedenen Erstehern aufgrund von Einzelangeboten zugeschlagen werden, 14

14 OLG Düsseldorf JVBl. 1971, 62; LG Bayreuth JurBüro 1976, 85; LG Aschaffenburg JVBl. 1971, 233.
15 LG Krefeld RPfleger 1978, 392.

dann wird die Zuschlagsgebühr auch nach dem für den einzelnen Gegenstand maßgebenden Wert besonders berechnet und vom einzelnen Ersteher nach § 26 Abs. 2 S. 1 besonders erhoben.

15 Werden **mehrere Grundstücke einer Gemeinschaft** aufgrund eines gemeinsamen Antrags sämtlicher an der Gemeinschaft Beteiligten versteigert, hat nach Abs. 2 S. 2 bei der Berechnung der Zuschlagsgebühr der Anteil des Erstehers an dem Gegenstand außer Betracht zu bleiben. Erstehen die mehreren an der Gemeinschaft Beteiligten je eines der Einzelgrundstücke für sich, so berechnet sich die Zuschlagsgebühr für den einzelnen Ersteher nach dem um den Teil des Erstehers an der Gemeinschaft verminderten Wert des erstandenen Grundstücks.

§ 55
Zwangsverwaltung

Die Gebühr für die Durchführung des Zwangsverwaltungsverfahrens bestimmt sich nach dem Gesamtwert der Einkünfte.

1 Als Verfahren der Zwangsverwaltung i.S.d. § 55 kommt nur das förmliche Verfahren nach §§ 146–161, 172, 173 ZVG in Betracht, das die Befriedigung des betreibenden Gläubigers durch zwangsweise Bewirtschaftung, nicht durch Veräußerung bezweckt. Hierunter fällt auch die Zwangsverwaltung auf Antrag des Insolvenzverwalters nach § 172 ZVG und die auf Antrag des Gläubigers erfolgende Fortsetzung einer ergebnislosen Zwangsversteigerung als Zwangsverwaltung, § 77 Abs. 2 ZVG. Nach anderen Vorschriften ergehende Verwaltungsmaßnahmen, die das Gericht im Rahmen des Zwangsversteigerungsverfahrens trifft, z.B. Sicherungsmaßregeln nach § 25 ZVG, die gerichtliche Verwaltung nach § 94 ZVG (die keine Zwangsmaßnahme gegen den Schuldner, sondern eine Sicherungsmaßregel gegen den Ersteher darstellt) oder Anordnungen über die Bewachung und Verwahrung eines Schiffes, § 165 ZVG, oder eines Luftfahrzeuges, § 171c ZVG, fallen ebenso wenig unter § 55 wie die Anordnung einer Sequestration im Wege der einstweiligen Verfügung, § 938 ZPO, wohl aber die Zwangsverwaltung eines Grundstücks, die ein Gläubiger auf Grund der in einer einstweiligen Verfügung getroffenen Anordnung beim Vollstreckungsgericht beantragt. Gleichgültig für die Anwendbarkeit des § 55 ist, wer zum Zwangsverwalter bestellt ist, der sog. Institutsverwalter, § 150a ZVG, oder der Schuldner, § 150b ZVG.

2 **Außergerichtliche Zwangsverwaltungen**, z.B. nach dem preußischen Gesetz betreffend die Zwangsvollstreckung aus Forderungen landwirtschaftlicher (ritterschaftlicher) Kreditanstalten vom 3.8.1897 (GS S. 388), lösen die Gebühr nicht aus.

3 Das vom Anordnungsverfahren, § 28 ZVG, zu unterscheidende **Zwangsverwaltungsverfahren beginnt** mit dem Wirksamwerden der Beschlagnahme, nicht mit dem Erlass des Anordnungsbeschlusses, also mit der Zustellung des Anordnungsbeschlusses an den Schuldner oder Eigenbesitzer, §§ 146, 22, 147 ZVG, oder mit dem Eingang des Ersuchens um Eintragung des Zwangsverwaltungsvermerks beim Grundbuchamt, sofern auf das Ersuchen demnächst die Eintragung erfolgt, §§ 22, 147 ZVG. Maßgebend ist das erste der für den Eintritt der Beschlagnahme entscheidenden Ereignisse. Das Verfahren **endet** mit dem Wirksamwerden des Aufhebungsbeschlusses, auch wenn die Rechnungslegung erst nach dem Aufhebungsbeschluss erfolgt, § 161 ZVG, oder mit dem Eingang der Antragsrücknahme bei Gericht.

4 Der **Wert** richtet sich nach dem Gesamtwert der Einkünfte aus dem zwangsverwalteten Gegenstand, die im Laufe des für die Fälligkeit der Gebühr maßgeblichen Jahres (§ 7

Abs. 2) erzielt werden. Maßgebend ist nicht das Kalenderjahr, sondern das mit dem Tag der Beschlagnahme beginnende Jahr, KV 2221. Es endet mit dem Tag, der vor der Wiederkehr des Beschlagnahmetages endet. Wenn die Beschlagnahme weniger als ein Jahr gedauert hat, sind die im dem kürzeren tatsächlichen Zeitraum angefallenen Einkünfte zugrunde zu legen.

Einkünfte sind die Bruttoerträge (Nutzungen) und nicht nur die Überschüsse. 5
Nicht zu den Einkünften zählt der Erlös aus Verkäufen von Gegenständen, die zum wirtschaftlichen Bestand (Substanz) des Grundstücks gehören, wohl aber der Zins aus der Anlage des erzielten Erlöses. Von den Einkünften sind keine Abzüge zu machen, auch nicht die dem Zwangsverwalter oder der Aufsichtsperson zustehende Vergütung oder die laufenden öffentlichen Lasten. Ist bei einem landwirtschaftlichen, forstwirtschaftlichen oder gärtnerischen Grundstück der Schuldner zum Verwalter bestellt, so ist hierfür keine Vergütung abzuziehen, auch nicht in Höhe der Erträge, die er u.U. zur Befriedigung seiner persönlichen und familiären Bedürfnisse verwenden darf. Der Schuldner erhält als Verwalter keine Vergütung, §§ 150b, 150c ZVG. Auch die dem Schuldner nach § 149 Abs. 3 S. 1 ZVG zur Verfügung gestellten Mittel sind nicht abzuziehen.[1] Andererseits ist der Mietwert der dem Schuldner gemäß § 149 Abs. 1 ZVG unentgeltlich überlassenen Wohnräume nicht den Einkünften zuzurechnen.[2] Auch die Hypothekengewinnabgabe ist nicht abzuziehen, wie auch Grundsteuern und andere auf dem Gegenstand der Zwangsverwaltung lastende Abgaben wie Müllabfuhrgebühren usw. unberücksichtigt zu bleiben haben. Nur die tatsächlichen Einkünfte zählen, nicht die ihnen zugrunde liegenden Forderungen, z.B. bei dem Zwangsverwalter gegenüber unwirksamen Zahlungen Dritter an den Schuldner.[3] Gehen nach der Beendigung der Zwangsverwaltung noch Zahlungen bei dem Zwangsverwalter ein, rechnen sie nicht mehr mit. Ein neben der Zwangsversteigerung laufendes Zwangsverwaltungsverfahren wird durch den Zuschlag nicht beendet. Die bis zur förmlichen Beendigung des Zwangsverwaltungsverfahrens erfolgenden Einkünfte sind deshalb dem Gebührenwert hinzuzurechnen.[4]

Werden in demselben Verfahren **mehrere Grundstücke** zwangsverwaltet, ist der 6
Gesamtwert der Einkünfte in sinngemäßer Anwendung des § 54 Abs. 4 maßgebend,[5] wobei für den Beginn des Gebührenjahres hinsichtlich der Einkünfte aus den mehreren Grundstücken der Beginn des ersten Zwangsverwaltungsverfahrens maßgebend ist.[6] Nicht abzuziehen sind auch die auf dem Anwesen ruhenden Hypotheken, Grundschulden und Rentenschulden und die auf sie zu leistenden Zins- und Tilgungsbeträge.

§ 56
Zwangsversteigerung von Schiffen, Schiffsbauwerken, Luftfahrzeugen und grundstücksgleichen Rechten

Die §§ 54 und 55 gelten entsprechend für die Zwangsversteigerung von Schiffen, Schiffsbauwerken und Luftfahrzeugen sowie für die Zwangsversteigerung und

1 *Hellstab* in Oe/He/Tre § 55 Rn. 5, 6.
2 *Hellstab* in Oe/He/Tre § 55 Rn. 8.
3 *Hellstab* in Oe/He/Tre § 55 Rn. 7, 9.
4 *Hellstab* in Oe/He/Tre § 55 Rn. 9.
5 *Hellstab* in Oe/He/Tre § 55 Rn. 11.
6 *Hellstab* in Oe/He/Tre § 55 Rn. 11.

die Zwangsverwaltung von Rechten, die den Vorschriften der Zwangsvollstreckung in das unbewegliche Vermögen unterliegen, einschließlich der unbeweglichen Kuxe.

1 Die Vorschrift regelt die Gebührenwerte bei der Zwangsversteigerung von Schiffen (Binnenschiffen und Seeschiffen), Schiffsbauwerken (vgl. §§ 162–171 ZVG) und Luftfahrzeugen (§§ 171a–171n ZVG), sowie von Rechten, die der Zwangsvollstreckung in das unbewegliche Vermögen unterliegen. Hierher gehören Erbbaurechte, Wohnungs- und Stockwerkseigentum, Bergwerksberechtigungen, unbewegliche Kuxe, gewerbliche Realrechte und Hochseekabel. In diesen Fällen sind die Vorschriften über die Zwangsversteigerung (§ 54) und die Zwangsverwaltung (§ 55), Letztere soweit möglich, entsprechend anwendbar. Die Zwangsverwaltung von Schiffen, im Bau befindlichen oder fertigen Schwimmdocks[1] und Luftfahrzeugen ist unzulässig (§ 870a ZPO, § 99 Ges. über Rechte an Luftfahrzeugen v. 26.2.1959 – BGBl. I 1959, 57). Die Zwangsvollstreckung in einen Schiffspart, d.i. der Anteil eines Mitreeders an der Reederei (§§ 489 ff. HGB), richtet sich nach den Vorschriften über die Zwangsvollstreckung in das bewegliche Vermögen (§ 858 ZPO). Gerichtskosten hierfür werden nach KV 2110 berechnet. Dagegen unterliegt die Zwangsversteigerung von Bruchteilseigentum an Schiffen und Schiffsbauwerken dem ZVG. Für die Zwangsvollstreckung in Ersatzteile eines Luftfahrzeugs gelten die Vorschriften über die Zwangsvollstreckung in körperliche Sachen. Für das Verfahren des Vollstreckungsgerichts auf Festsetzung des Mindestgebots wird hier ein Viertel der vollen Gebühr erhoben nach dem Betrag der beizutreibenden Forderung, höchstens jedoch nach dem Wert der Sache (§§ 100, 101 des Ges. über Rechte an Luftfahrzeugen). Wird ein Schiff, Schiffsbauwerk oder Luftfahrzeug aufgrund eines Arrestes gepfändet, sind die Vorschriften über die Pfändung beweglicher Sachen anwendbar.[2] Dass § 56 auch für die in §§ 172 ff. ZVG genannten besonderen Zwangsversteigerungen gilt, folgt aus § 54 Abs. 2 S. 2.

2 **Einzelnes:** Entsprechend anzuwenden sind die Bestimmungen der §§ 54 und 55 über die Werte. Die Kosten der gemäß §§ 165, 171c ZVG anzuordnenden Bewachung und Verwahrung zählen zu den Kosten des Verfahrens nach § 109 ZVG, nicht aber zu dem Anspruch nach § 10 Abs. 1 Nr. 1, Abs. 2 ZVG. Für diese Auslagen (KV 9009) kann gemäß § 17 Abs. 3 vom betreibenden Gläubiger ein Vorschuss gefordert werden. Die Fortsetzung des Verfahrens darf aber von der Vorschussleistung nicht abhängig gemacht werden. Soweit eine Wertfestsetzung nach § 74a ZVG nicht erfolgt (z.B. bei Seeschiffen, § 169a ZVG), ist der Wert nach dem auch hier anwendbaren § 61 festzusetzen, für Binnenschiffe nach § 15 des Binnenschifffahrtsvollstreckungsschutzgesetzes (RGBl. I, 1933, S. 289, 365, 1934, S. 251, 1082). Das Gleiche gilt für Schiffsbauwerke und Schwimmdocks. Wenn ein Wert nach § 74a Abs. 5 ZVG nicht festgesetzt ist, ist der Wert mangels eines Einheitswertes nach § 61 zu bestimmen.[3] Das gilt auch bei Luftfahrzeugen.[4]

§ 57
Zwangsliquidation einer Bahneinheit

Bei der Zwangsliquidation einer Bahneinheit bestimmt sich die Gebühr für das Verfahren nach dem Gesamtwert der Bestandteile der Bahneinheit.

1 Vgl. *Hellstab* in Oe/He/Tre § 56 Rn. 1.
2 *Hellstab* in Oe/He/Tre § 56 Rn. 8, 9.
3 *Hellstab* in Oe/He/Tre § 56 Rn. 11.
4 *Hellstab* in Oe/He/Tre § 56 Rn. 11.

Die Vorschrift betrifft nur die Gebühr über das Verfahren. Für die Entscheidung über den Antrag auf Eröffnung der Zwangsliquidation einer Bahneinheit ist die Festgebühr nach KV 2230 zu erheben. 1

Die Bestimmung betrifft die **Zwangsliquidation** einer Bahneinheit, also nicht eine freiwillige Liquidation, und auch nicht eine Zwangsversteigerung und Zwangsverwaltung. In den beiden letztgenannten Fällen sind die §§ 54 und 55 unmittelbar anzuwenden.[1] Der Zweck der Zwangsliquidation einer Bahneinheit ist die abgeschlossene Befriedigung der Pfandgläubiger der Bahn aus den Bestandteilen der Bahneinheit. 2

Verfahrensgebühr für das Zwangsliquidationsverfahren: Es wird die halbe Gebühr nach KV 2231 erhoben, die sich bei Einstellung des Verfahrens auf eine viertel Gebühr ermäßigt, KV 2241, 2243. Die halbe Gebühr wird für das ganze Verfahren erhoben, das nach der Entscheidung über den Antrag auf Eröffnung der Zwangsliquidation folgt. Nur wenn das Verfahren deshalb eingestellt wird, weil es nicht zu einer abschließenden Durchführung kommt, tritt die Ermäßigung nach KV 2232 ein. Keine Einstellung i.S. dieser Vorschrift liegt vor, wenn das Verfahren nach seiner Durchführung, also nach Erteilung des Erlöses und Rechnungslegung aufgehoben wird. § 53 ist also nicht entsprechend anwendbar. 3

Wert: Die Gebühr wird nach dem Gesamtwert der Bestandteile der Bahneinheit, also ihres beweglichen und unbeweglichen Vermögens, berechnet. Maßgeblich ist der Verkehrswert, nicht der Einheitswert, zur Zeit der Eröffnung des Verfahrens. Sollte er bei Beendigung des Verfahrens höher als bei der Eröffnung sein, ist der höhere Wert maßgebend. Die auf den Bestandteilen der Bahneinheit lastenden Verbindlichkeiten sind nicht abzuziehen.[2] 4

§ 58
Insolvenzverfahren

(1) Die Gebühren für den Antrag auf Eröffnung des Insolvenzverfahrens und für die Durchführung des Insolvenzverfahrens werden nach dem Wert der Insolvenzmasse zur Zeit der Beendigung des Verfahrens erhoben. Gegenstände, die zur abgesonderten Befriedigung dienen, werden nur in Höhe des für diese nicht erforderlichen Betrags angesetzt.

(2) Ist der Antrag auf Eröffnung des Insolvenzverfahrens von einem Gläubiger gestellt, so wird die Gebühr für das Verfahren über den Antrag nach dem Betrag seiner Forderung, wenn jedoch der Wert der Insolvenzmasse geringer ist, nach diesem Wert erhoben.

(3) Bei der Beschwerde des Schuldners oder des ausländischen Insolvenzverwalters gegen die Eröffnung des Insolvenzverfahrens oder gegen die Abweisung des Eröffnungsantrags mangels Masse gilt Absatz 1. Bei der Beschwerde eines Gläubigers gegen die Abweisung des Insolvenzverfahrens oder gegen die Abweisung des Eröffnungsantrags gilt Absatz 2.

(4) Im Verfahren über einen Antrag nach Artikel 36 Absatz 7 Satz 2 der Verordnung (EU) 2015/48 bestimmt sich der Wert nach dem Mehrbetrag, den der Gläubiger bei der Verteilung anstrebt.

(5) Im Verfahren über Anträge nach Artikel 36 Absatz 9 der Verordnung (EU) 2015/48 bestimmt sich der Wert nach dem Betrag der Forderung des Gläubigers.

---

1 *Hellstab* in Oe/He/Tre § 57 Rn. 1.
2 *Hellstab* in Oe/He/Tre § 57 Rn. 2.

(6) Im Verfahren über die sofortige Beschwerde nach Artikel 102c § 26 des Einführungsgesetzes zur Insolvenz gegen sie Entscheidung über die Kosten des Gruppen-Koordinationsverfahrens bestimmt sich der Wert nach der Höhe der Kosten.

1 **Allgemeines:** Die Abs. 1 und 2 gelten nur für die Berechnung der Gebühren sowohl für das **Insolvenzeröffnungsverfahren** (KV 2310, 2311) als auch für das **Insolvenzdurchführungsverfahren** (KV 2320 ff.). Wer Kostenschuldner ist, bestimmt § 23. Mit dem G v. 5.6.2017 (BGBl. I, 1476, 1481) sind Abs. 3 neu gefasst und die Absätze 4–6 neu eingefügt worden.

2 **Wertberechnung für die Gebühren des Abs. 1:** Maßgebend für die Gebühren des Eröffnungs- und des Durchführungsverfahrens ist grundsätzlich der Wert der Insolvenzmasse zur Zeit der **Beendigung** des Verfahrens (Abs. 1). Wird in einem Beschluss das Insolvenzverfahren über das Vermögen mehrerer Schuldner eröffnet, handelt es sich verfahrensrechtlich und damit auch gebührenrechtlich um eine entsprechende Anzahl mehrerer getrennter Insolvenzen. Die Werte dieser Insolvenzen sind jeweils getrennt nach der den einzelnen Schuldnern betreffenden Insolvenzmassen zu berechnen.

3 Für bestimmte Handlungen, nämlich für den besonderen Prüfungstermin nach § 177 InsO und für Entscheidungen über Anträge im Restschuldbefreiungsverfahren (§§ 296, 297, 300, 303 InsO) sind Festgebühren vorgesehen (KV 2340, 2350).

4 **Insolvenzmasse:** Eine Legaldefinition der Insolvenzmasse enthält der durch §§ 36, 37 InsO konkretisierte § 35 InsO. Es ist das gesamte dem Schuldner zur Zeit der Eröffnung des Insolvenzverfahrens (§ 27 InsO) gehörende Vermögen, auch wenn es der Zwangsvollstreckung nicht unterläge, zuzüglich des von ihm während des Verfahrens erlangten Vermögens (Neuerwerb) einschließlich der Früchte, Nutzungen, Zinsen.[1] § 43 ist unanwendbar, weil es sich bei der Aktivmasse nicht um einen Hauptanspruch i.S.v. § 43 Abs. 1 handelt. Es ist rechtlich gesehen ein Sondervermögen, das mit der Verfahreneröffnung entsteht, sich dynamisch fortentwickelt und dessen endgültiger Wert erst bei Beendigung des Verfahrens feststeht. M.a.W.: **Die zu bewertende Insolvenzmasse ist das, was den Insolvenz- und Massegläubigern bei Beendigung des Verfahrens zur Verteilung zu Verfügung steht.**[2] Wenn der Insolvenzverwalter den Betrieb oder ein Geschäft des Schuldners weiterführt, gilt nichts anderes. Auch dann ist die Masse danach zu bewerten, was sich aus Aktiven einschließlich des Geschäftswertes (Firmenwert, „Goodwill") abzüglich der Passiven ergibt.[3] Die gegenteilige Ansicht, die alle Umsätze der Fortführung ohne Abzug der hierfür erforderlichen Aufwendungen, als Berechnungsgrundlage nehmen will,[4] ist mit dem insoweit eindeutigen Wortlaut des § 58 Abs. 1 nicht zu vereinbaren und führt zudem zu unbilligen Ergebnissen.[5] Der Massewert ist zu schätzen.[6] Gegenstände, die der abgesonderten Befriedigung dienen, sind nur mit dem Betrag anzusetzen, der nach der abgesonderten Befriedigung verbleibt (§§ 49–52 InsO). Der zur Tilgung der **Massekosten und Masseschulden** benötigte Teil der Insolvenzmasse ist nicht abzuziehen. **Nicht zur Insolvenz-**

1 *Hellstab* in Oe/He/Tre § 58 Rn. 4.

2 OLG Stuttgart JurBüro 2014, 416 = RVG-professional 2014, 181. Dazu auch *Hellstab* in Oe/He/Tre § 58 Rn. 4 ff.

3 OLG Düsseldorf ZIP 2012, 1089 = BeckRS 2012, 08043; LG Wuppertal NZI 2010, 403 = ZIP 2010, 1255 = ZinsO 2010, 1119 = BeckRS 2010, 08803; AG Duisburg ZInsO 2011, 2006 = ZIP 2011, 1631 = BeckRS 2011, 18516; *Grub* NZI 2012, 949, 951.

4 OLG München, JurBüro 2017, 476; OLG Düsseldorf JurBüro 2010, 603 = NZI 2010, 861 = ZIP 2010, 1911 = ZInsO 2010, 1645 = ZVI 2011, 72 = BeckRS 2010, 19550; OLG München JurBüro 2012, 660 = ZInsO 2012, 1722 = BeckRS 2012, 18497.

5 Dazu überzeugend *Grub*, NZI 2012, 949 ff.

6 *Lappe* § 58 Rn. 5; **a.M.** (der nach Abzug der Geschäftsausgaben verbleibende Einnahmeüberschuss) LG Hof RPfleger 1966, 85; *Hartmann* § 58 Rn. 4.

masse gehören die Gegenstände, die dem Gemeinschuldner nicht gehören und deshalb auszusondern sind. Die vom Insolvenzverwalter freigegebenen Gegenstände (etwa wegen Nichtverwertbarkeit) zählen ebenfalls nicht zur Aktivmasse.

Abgesonderte Befriedigung (Abs. 1 S. 2): Das Absonderungsrecht ist die Befugnis, aus einzelnen Gegenständen, die zur Masse gehören, für eine Forderung Befriedigung zu suchen, z.B. aus einem Pfandrecht. Gegenstände, die einer abgesonderten Befriedigung dienen, werden nur mit dem Betrag zur Aktivmasse gerechnet, der nach abgesonderter Befriedigung übrigbleibt.[7] 5

Kappungsgrenze: Strittig ist, ob auch die Kappungsgrenze des § 39 Abs. 2 gilt. Der Hintergrund der Kontroverse liegt darin, dass Insolvenzverfahren über das Vermögen von Großunternehmen mit teilweise sehr großen und komplexen Insovenzmassen, schwierigen und oft undurchsichtigen Unternehmensstrukturen und mit einer Vielzahl von Gläubigern zu bewältigen sind. Für solche Fallgruppen sei die Kappungsgrenze auf 30 Mio € sowohl nach dem Sinn und Zweck der Wertbegrenzung als auch in Ansehung des erhöhten Arbeitsaufwandes der Insolvenzgerichte nicht – auch nicht entsprechend – anzuwenden.[8] Dem ist nicht zuzustimmen (vgl. auch oben vor § 39 Rn. 2).[9] Zum Einem ist die Argumentation der sich gegen eine Geltung der Kappungsgrenze plädierenden Ansicht sehr formalistisch, als sie sich auf den gemeinhin für die kontradiktorischen Verfahren gebräuchlichen Terminus „Streitwert" stützt.[10] Zum anderen spricht gegen eine Anwendung der Kappungsgrenze auch nicht ein erhöhter Arbeitsaufwand der Insolvenzgerichte bei Großinsolvenzverfahren – so dieses Argument überhaupt zutrifft.[11] Es ist jedem Pauschsystem – auch wenn die Pauschsätze wertbezogen sind – immanent, dass zur Bearbeitung der jeweiligen Verfahrens geringerer oder umfangreicherer Arbeitsaufwand anfällt und/oder unterschiedliche Schwierigkeitsgrade zu bewältigen sind. Drittens entspricht es auch dem sozialen Sinn und Zweck der Erhebung von Gerichtsgebühren, das Kostenrisiko der Gesamtheit der Insolvenzgläubiger, zu deren gleichmäßigen Befriedigung das Insolvenzverfahren dient, zu begrenzen. Würde nämlich der Wert der Insolvenzmasse unbegrenzt hoch angesetzt werden können, würde die Staatskasse wegen §§ 53, 54 Nr. 1 InsO zu Lasten der übrigen Massegläubiger, deren Interessen das Insolvenzverfahren eigentlich dient, u.U. unverhältnismäßig bevorzugt.[12] 5a

Maßgeblicher Zeitpunkt: Zwar werden die Gebühren bereits mit der Antragstellung bzw. dem Beginn des Durchführungsverfahrens fällig, § 6. Der maßgebliche Zeitpunkt für die gebührenmäßige Berechnung der Insolvenzmasse (endgültige Wertfestsetzung gem. § 63 Abs. 2) ist aber der Zeitpunkt der **Beendigung des Verfahrens** (Abs. 1 S. 1). Der Wert der Insolvenzmasse ist daher für die vorläufige bei Fälligkeit erforderliche Gebührenberechnung zu schätzen. Als Grundlage für die Schätzung kann das vom Insolvenzverwalter zu errichtende Verzeichnis dienen. Das Ergebnis ist dann ggf. gemäß dem sich bei der Beendigung des Verfahrens ergebenden Wert zu berichtigen. Wird das Insolvenzverfahren nicht bis zum Abschluss durchgeführt, so ergibt sich als Wert der Insolvenzmasse der aus ihrer Verwertung erzielte Erlös. 6

Wird der Antrag auf Eröffnung des Verfahrens zurückgenommen oder abgewiesen oder das Verfahren eingestellt, ist bei Verfahren auf Antrag eines Gläubigers dessen Forde- 7

---

7 Vgl. *Braun/Riggert/Kind* S. 62.

8 Vgl. dazu ausführlich *Nicht/Schildt* NZI 2013, 64 ff.

9 OLG Frankfurt/Main ZIP 2014, 1238 = ZinsO 2014, 959 mit Anm. v. *Grub* = JurionRS 2014, 15442; AG Osnabrück JurBüro 2013, 645 m. Anm. v. *Lohle*. Dazu auch (überzeugend gegen *Nicht/Schildt*) *Grub* InsO 2013, 315 ff.

10 So auch *Grub* InsO 2013, 313.

11 Dazu bei *Grub* InsO 2013, 315 unter IV.

12 Dazu *Grub* NZI 2012, 949 ff.

rung oder der geringere Betrag der Insolvenzmasse maßgebend, bei Verfahren auf Antrag des Schuldners die Insolvenzmasse, welche, soweit notwendig, zu schätzen ist.[13] Die §§ 4–9 ZPO sind unanwendbar. Ist überhaupt keine Insolvenzmasse vorhanden, ist abweichend von § 34 Abs. 2 die Mindestgebühr in Höhe von 180 € zu erheben (KV 2311).[14]

8 **Schuldenmasse** ist die Summe der im Insolvenzverfahren festgestellten und – soweit Feststellung fehlt – der angemeldeten bis zur Beendigung des Verfahrens nicht zurückgenommenen Forderungen einschließlich der bis zur Insolvenzeröffnung als Nebenforderung erwachsenen Vertragsstrafen, nicht aber der Früchte, Nutzungen, Zinsen und Kosten.[15] Gleichgültig ist die Qualität der Forderungen. Maßgebend sind die Nennbeträge der Forderungen, nicht ihre Werte. Betagte Forderungen gelten als fällig. **Maßgebender Zeitpunkt** ist für die Berechnung der Schuldenmasse die Beendigung des Verfahrens (Abs. 1 S. 1).

9 **Betrag der Forderungen eines Gläubigers**, Abs. 2. Maßgebend ist zunächst der angemeldete, nicht der dem Gläubiger tatsächlich zustehende Betrag der Forderung.[16] Denn es kann dem Gläubiger nicht verwehrt werden, sich im Interesse der Kostenersparnis an dem Insolvenzverfahren nur mit einer Teilforderung zu beteiligen. Meldet der Gläubiger dann aber zur Insolvenztabelle einen höheren Betrag an, ist dieser höhere Betrag der Betrag seiner Forderung i.S.v. Abs. 2.[17] Hinzuzurechnen sind die bis zur Antragszurücknahme oder bis zur rechtskräftigen Abweisung des Antrags auf Eröffnung des Insolvenzverfahrens oder bis zur Eröffnung des Verfahrens als Nebenforderung erwachsenen Vertragsstrafen, nicht aber Früchte, Zinsen, Nutzungen und Kosten.[18] Unmaßgeblich ist, welchen Wert die Forderung tatsächlich hat, inwieweit sie im Verfahren zum Zuge kommt oder ob sie bestritten wird. Wenn der Gläubiger den Insolvenzantrag zurücknimmt und gemäß Abs. 2 der Wert der Insolvenzmasse vergleichend mit der Geschäftswertbestimmung nicht herangezogen werden kann, ist die Mindestgebühr nach KV 2311 zu erheben.[19]

10 **Maßgebender Zeitpunkt** ist der Wert der Forderung bei ihrer Anmeldung. Hat er zunächst nur einen Teil der Forderung angegeben, gilt nur dieser, der dann mit später nachgeschobenen Teilen addiert wird. Ist der Wert der Insolvenzmasse geringer als der Betrag der Forderung, ist der Wert der Insolvenzmasse maßgebend. Die Mindestgebühr beträgt jedoch 150 € (KV 2311), um die Hemmschwelle zur Auslösung des so bedeutsamen und langwierigen Insolvenzverfahrens spürbarer werden zu lassen.

11 **Abs. 2:** Für die **Gebühr des Gläubigers als Antragsteller** (KV Nr. 2311) ist maßgebend der Betrag seiner Forderung oder der Betrag der Insolvenzmasse, wenn er geringer ist als der der Forderung ist die Eröffnungsgebühr nach dem Betrag dieser Forderung in jedem der mehreren Insolvenzverfahren zu erheben.[20] Wenn bei einer Antragsrücknahme zum Zeitpunkt der Rücknahme bereits eine vorläufige Insolvenzverwaltung durchgeführt worden ist und der vorläufige Insolvenzverwalter sich bereits ausführlich mit den vorhandenen Wertgegenständen befasst und den Entwurf eines Gutachtens vorgelegt hat, aus dem sich der Wert der Aktiva ergibt, kann das Gericht den Wert der Insolvenzmasse auf der Grundlage der Angaben des Sachverständigen schätzen und dessen Zah-

13 *Hartmann* § 58 Rn. 4; *Meyer-Stolte* RPfleger 1986, 110, m.N.

14 *Hartmann* § 58 Rn. 8; NK-GKG/*Volpert* § 58 GKG Rn. 9; *Meyer-Stolte* RPfleger 1983, 332 und 375; **a.M.** LG Krefeld RPfleger 1983, 332; LG Mainz, Rechtspfleger 1986, 110 (maßgebend sei auch dann die Forderung).

15 **A.M.** *Hartmann* § 58 Rn. 6; *Oe/He/Tre* § 58 Rn. 20.

16 *Hellstab* in Oe/He/Tre § 58 Rn. 20; *Hartmann* § 58 Rn. 6.

17 LG Freiburg RPfleger 1992, 312.

18 *Hellstab* in Oe/He/Tre § 58 Rn. 20.

19 LG Frankenthal NZI 2009, 576 = BeckRS 13780.

20 OLG Oldenburg RPfleger 1953, 533.

lenwerk zugrundelegen, wobei Absonderungsrechts auch dann abgezogen werden müssen, wenn der Absonderungsberechtigte selbst den Insolvenzantrag gestellt hat.[21]

Abs. 3 (Beschwerden): Abs. 3 gilt für **alle Beschwerden im Insolvenzverfahren,** mögen sie einfache oder sofortige Beschwerden sein. Auch der Schuldner hat nach § 6 InsO ein Beschwerderecht, wenn die Eröffnung des Verfahrens mangels Masse abgelehnt wurde. Sie ist auch anwendbar auf Beschwerden im Zusammenhang mit der Wiederaufnahme eines Insolvenzverfahrens. Abs. 3 gibt – allerdings nicht erschöpfend – Vorschriften über den Beschwerdewert. **Mehrere selbständige Beschwerdeverfahren** lösen die Gebühr mehrmals aus. § 35 gilt insoweit nicht. Mehrere Beschwerden gegen dieselbe Entscheidung (z.B.: mehrerer Gläubiger) lösen – jedenfalls bei Beschwerden über die Abweisung des Eröffnungsantrags – getrennte Beschwerdegebühren aus, mögen die Beschwerden auch in einem Schriftsatz eingebracht worden sein. 12

Eine vorangehende Entscheidung im **Erinnerungsverfahren** ist gerichtsgebührenfrei, aber auslagenpflichtig (§ 11 Abs. 4 RPflG). Wird die Beschwerde vor dem Ergehen einer gerichtlichen Verfügung zurückgenommen, fällt eine Beschwerdegebühr nicht an (§ 11 Abs. 2 S. 4 RPflG). 13

Beschwerdewert: Bei einer **Beschwerde des Schuldners** oder seines gesetzlichen Vertreters ist der Wert der Beschwerde mit dem der Insolvenzmasse identisch. (vgl. dazu oben Rn. 3) bzw. der etwaige geringere Wert der Schuldenmasse (vgl. dazu oben Rn. 7) maßgebend. Ohne Bedeutung ist der wirtschaftliche Vorteil, den die Durchführung des Zwangsvergleichs für den Schuldner bedeuten würde. Abzustellen ist immer auf den Zeitpunkt der Beendigung des Verfahrens (vgl. oben Rn. 5). Vor diesem Zeitpunkt kann die Verjährung der Beschwerdegebühr nicht beginnen, weil ein endgültiger Kostenansatz früher nicht möglich ist. 14

Bei der Beschwerde eines Gläubigers gegen die Eröffnung des Insolvenzverfahrens (oder seines gesetzlichen Vertreters, Vorstandsmitglieds oder Liquidators) gegen die Abweisung des Eröffnungsantrags (Abs. 3 S. 2) richtet sich der Beschwerdewert nach Abs. 2. Somit ist der Betrag der Forderung des Beschwerdeführers ohne Zinsen und Kosten maßgebend, aber der Betrag der Insolvenzmasse (vgl. oben Rn. 3), wenn dieser geringer ist als der Betrag der Forderung.[22] Der Wert einer Berufung bei Klage auf Feststellung einer Forderung zur Insolvenztabelle ist der Betrag, der zum Zeitpunkt der Einlegung der Berufung bei Verteilung der Insolvenzmasse für die Forderung zu erwarten war.[23] 15

Bei sonstigen Beschwerden ist maßgebend der Wert des verworfenen oder zurückgewiesenen Beschwerdegegenstandes, so dass bei einer zurückgewiesenen Beschwerde des Insolvenzverwalters gegen ein Zwangsgeld dessen Betrag, bei einer Beschwerde gegen die Festsetzung seiner Vergütung der Mehrbetrag, den der Beschwerdeführer mit der Beschwerde erstrebt, maßgebend ist. Soweit der Beschwerdewert sich nicht ziffernmäßig errechnen lässt, ist er nach 3 ZPO zu schätzen. Das kann etwa zutreffen bei Beschwerden im Verfahren wegen eidesstattlicher Versicherung. Bei einem Antrag auf Versagung der Restschuldbefreiung ist auf das objektive wirtschaftliche Interesse des Antragstellers abzustellen, wobei nicht der Nennbetrag der Forderung, sondern deren wirtschaftlicher Wert maßgebend ist, bei dem auch die Erfolgsaussichten einer künftigen Beitreibung zu berücksichtigen sind.[24] 16

Abs. 4–6: Bei Antragsverfahren und Beschwerden nach der VO (EU) 2015/848 gelten die Wertvorschriften der Absätze 4–6 als leges speciales. 17

---

21 AG Osnabrück JurBüro 2013, 647.

22 LG Berlin NZI 2012, 248 = ZIP 2012, 935 = ZinsO 2012, 743 = ZVI 2012, 235.

23 BGH, Beschl. v. 14.1.2016 – IX ZB 57/15 – = JurionRS 2016, 10465.

24 BGH JurBüro 2003, 253.

§ 59
Verteilungsverfahren nach der Schifffahrtsrechtlichen Verteilungsordnung

Die Gebühren für den Antrag auf Eröffnung des Verteilungsverfahrens nach der Schifffahrtsrechtlichen Verteilungsordnung und für die Durchführung des Verteilungsverfahrens richten sich nach dem Betrag der festgesetzten Haftungssumme. Ist diese höher als der Gesamtbetrag der Ansprüche, für deren Gläubiger das Recht auf Teilnahme an dem Verteilungsverfahren festgestellt wird, so richten sich die Gebühren nach dem Gesamtbetrag der Ansprüche.

1 **Allgemeines:** Das schifffahrtsrechtliche Verteilungsverfahren ist geregelt in der seerechtlichen Verteilungsordnung vom 21.6.1972 (BGBl. I 1972, 953) – SeeVertO. Es ist nicht zu verwechseln mit dem Dispacheverfahren nach §§ 728 HGB, 149ff. FGO, 123 KostO.[1] Das Verfahren ist den Bestimmungen der §§ 872–882 ZPO nachgebildet. § 59 bestimmt, welche Werte den im schifffahrtsrechtlichen Verteilungsverfahren erwachsenden Gebühren (KV 2410–2441) zugrunde zu legen sind.

2 Im Verfahren über den **Antrag auf Eröffnung** des schifffahrtsrechtlichen Verteilungsverfahrens wird eine Gebühr nach KV 2410 berechnet, deren Kostenschuldner der Antragsteller ist (§ 25) und die mit Antragsstellung fällig wird (§ 6). Sie wird berechnet nach dem Betrag der festgesetzten Haftungssumme, welcher sich nach § 487a HGB bestimmt. Der Betrag wird gemäß § 5 SeeVertO vom Gericht festgesetzt. Wird er auf Erinnerung oder Beschwerde geändert, ist für die Gebührenberechnung der letzte festgesetzte Wert maßgebend. Das gilt auch, wenn die nachträgliche Erweiterung des Verfahrens nach § 30 SeeVertO beantragt wird. Hier ist wegen des beantragten Mehrbetrages der die Erweiterung beantragende Schuldner Antragsteller und damit Kostenschuldner (§ 30 Abs. 5 SeeVertO).

3 **Gesamtbetrag der Ansprüche der teilnahmeberechtigten Gläubiger**, S. 2: Der Anspruch und das Recht seines Gläubigers auf Teilnahme wird im Prüfungsverfahren – soweit unstreitig – festgestellt und vom Gericht in die Tabelle eingetragen. Diese Eintragung wirkt wie ein rechtskräftiges Urteil zugunsten des Gläubigers und gegen alle Gläubiger und Schuldner von Ansprüchen, die an dem Verfahren teilnehmen, sowie gegen den Sachwalter (§ 19 SeeVertO). Die Summe dieser Ansprüche bildet den Gesamtbetrag der Ansprüche, der nach S. 2 mit dem Betrag der festgesetzten Haftungssumme zu vergleichen ist. Wird sie im Laufe des Verfahrens berichtigt (§ 19 Abs. 3 SeeVertO), ist der berichtigte Gesamtbetrag maßgebend. Bei der Berechnung des Wertes der Forderungen der Gläubiger sind die im § 43 genannten Früchte, Nutzungen Zinsen und Kosten nicht mitzurechnen.[2]

4 Der Betrag der festgesetzten Haftungssumme und der Gesamtanspruch der teilnahmeberechtigten Gläubiger sind miteinander zu vergleichen. Ergibt sich, dass der Gesamtbetrag der Ansprüche der Gläubiger niedriger ist als die Haftungssumme, ist als Gebührenwert nur der Gesamtbetrag der Ansprüche der Gläubiger zugrunde zu legen, S. 2 (vgl. auch § 37 Abs. 2 GKG).

5 Für die **Durchführung des Verteilungsverfahrens** wird nach KV 2420 eine doppelte Gebühr berechnet, deren Kostenschuldner der Antragsteller ist (§ 25) und die mit dem Eröffnungsbeschluss nach § 7 SeeVertO fällig wird (§ 6). Auch hier ist der Betrag der festgesetzten Haftungssumme maßgebend (S. 1). Falls der Gesamtbetrag der Ansprüche der teilnahmeberechtigten Gläubiger niedriger sein sollte als die Haftungssumme, ist der Gesamtbetrag der Ansprüche maßgebend, S. 2.

---

1 *Hartmann* § 59 Rn. 1.
2 **A.M.** *Hellstab* in Oe/He/Tre § 59 Rn. 3.

Für einen **besonderen Prüfungstermin** (§ 11 SeeVertO) ist im KV 2430 eine Festgebühr bestimmt. Für die Beschwerdegebühr nach KV 2440, 2441 ist der Beschwerdewert nach § 3 ZPO zu bestimmen. 6

§ 60
Gerichtliche Verfahren nach dem Strafvollzugsgesetz, auch in Verbindung mit § 92 des Jugendgerichtsgesetzes

Für die Bestimmung des Werts in gerichtlichen Verfahren nach dem Strafvollzugsgesetz, auch in Verbindung mit § 92 des Jugendgerichtsgesetzes, ist § 52 Abs. 1 bis 3 entsprechend anzuwenden; im Verfahren über den Antrag auf Aussetzung des Vollzugs einer Maßnahme der Vollzugsbehörde oder auf Erlass einer einstweiligen Anordnung gilt § 52 Abs. 1 und 2 entsprechend.

Die Bestimmung ist durch das Zweite Gesetz zur Änderung des Jugendgerichtsgesetzes[1] erweitert und neu gefasst worden. Die Neuregelung des gerichtlichen Rechtsschutzes im Vollzug des Jugendarrests, der Jugendstrafe und der Unterbringung in einem psychiatrischen Krankenhaus oder einer Entziehungsanstalt gebietet angesichts der in beiden Verfahren im Wesentlichen gleichgelagerten tatsächlichen und rechtlichen Entscheidungssachverhalte die Gleichstellung der Kosten für die Verfahren nach dem Jugendgerichtsgesetz und die Verfahren nach dem Strafvollzugsgesetz.[2] § 60 regelt den **Wert** der Gebühren, die im Verfahren nach dem StVollzG und dem JGG gemäß 3810–3830 erwachsen können. Hiernach fallen Gebühren an bei Zurückweisung des Antrags, bei Zurücknahme des Antrags, bei Verwerfung der Rechtsbeschwerde und bei Zurücknahme der Rechtsbeschwerde sowie bei einstweiligen Anordnungen. 1

Das **gerichtliche Verfahren** nach dem Strafvollzugsgesetz ist geregelt in §§ 109–121 StVollzG bzw. § 92 JGG. Hiernach gibt es einen Antrag des Strafgefangenen auf gerichtliche Entscheidung und gegen die gerichtliche Entscheidung die Rechtsbeschwerde. Sind in einer dieser gerichtlichen Entscheidungen dem Strafgefangenen oder Jugendlichen nach § 92 Abs. 6 JGG die Kosten des Verfahrens auferlegt, hat er die angefallenen Gebühren und Auslagen zu tragen. 2

Gebühren fallen an: 3

- Bei Zurückverweisung des Antrags eine Gebühr, KV 3810.
- Bei Zurücknahme des Antrags eine halbe Gebühr, KV 3811.
- Bei Verwerfung der Rechtsbeschwerde eine Gebühr, KV 3820.
- Bei Zurücknahme der Rechtsbeschwerde eine halbe Gebühr, KV 3821.
- Bei Zurückweisung des Antrags auf Erlass einer Entscheidung nach § 114 Abs. 2 StVollzG eine halbe Gebühr, KV 3812.
- Bei einem Antrag auf Aussetzung des Vollzuges einer Maßnahme der Vollzugsbehörde oder auf Erlass einer einstweiligen Anordnung, KV 3830.

§ 60 GKG regelt nur den der Gebührenbestimmung zugrunde zu legenden **Wert**. Dieser ist von Amts wegen festzusetzen (§§ 65, 63 Abs. 3). Maßgebend für die Höhe des Wertes im gerichtlichen Verfahren ist § 52 Abs. 1–3. Für das Verfahren nach § 114 Abs. 2 StVollzG gilt § 52 Abs. 1–2 entsprechend. 4

Der Wert für die Verfahren nach dem StVollzG bzw. nach § 92 JGG ist demzufolge nach den für das Verfahren vor den Verwaltungs- und Finanzgerichten getroffenen 5

1 BGBl. I 2007 Seite 2894, 2895.
2 So die Begründung zum JGG-ÄndG (BT-Ds. 16/6293 S. 12).

Grundsätzen zu bestimmen. Hiernach ist der Wert nach der **objektiven Bedeutung der Sache** zu bestimmen, die diese für den Antragsteller hat. Maßgebend ist daher stets, was der Antragsteller mit seinem Antrag erreichen will und was er zur Begründung seines Ziels vorträgt.[3] Die Würdigung seines Vorbringens in der gerichtlichen Entscheidung kann lediglich Rückschlüsse, Anhaltspunkte darauf zulassen, welche Bedeutung der Antragsteller seinem Antrag beigemessen hat. Ob die Entscheidung eine grundsätzliche Bedeutung auch für andere Strafgefangene oder gar für die Justizverwaltung hat, ist belanglos.[4] Die (subjektive) Bedeutung der Sache, so wie der Antragsteller es sieht und darlegt, ist nach Ermessen zu bewerten. So kann bei der Beanstandung der Beschaffenheit des Strafraums (menschenwürdige Unterbringung) zur Vorbereitung einer Schadensersatzforderung ein Wert von 9.000 € durchaus angebracht sein, der sich beim Entfallen der Haftraumbeanstandung in der zweiten Instanz auf 2.000 € verringern kann.[5]

6 Geht es dem Antragsteller um eine bezifferte Geldleistung oder einen hierauf gerichteten Verwaltungsakt, ist nach § 52 Abs. 2 deren Höhe maßgebend. So richtet sich z.B. die Höhe der Entschädigung, die einem Gefangenen als Ausgleich für den Ausschluss der Anrechnung seines Anspruchs auf Freistellung von der Arbeit auf den Entlassungszeitpunkt nicht nach seinem Lohnanspruch für einen Arbeitstag, sondern nach dem Arbeitsentgelt, welches für den gesamten Zeitraum bezahlt worden ist, in dem der Anspruch auf Freistellung von der Arbeit erworben wurde.[6] Das trifft aber nur zu, wenn der Antragsteller einen Geldbetrag für sich beansprucht oder einen darauf gerichteten Anspruch abwehren will. Geht es ihm lediglich darum, über einen Geldbetrag frei verfügen zu dürfen, ist nicht der Geldbetrag als Wert maßgebend, sondern die Bedeutung einer etwaigen Verfügungsbeschränkung als das Interesse des Antragstellers an einer freien Verfügung. Geht es um die Feststellung der Rechtsmäßigkeit des Vollzugs einer Kriseninterventionsmaßnahme im (Maßregel-)Vollzug bzw. um eine Entschädigung für den unrechtmäßigen Vollzug, ist § 7 Abs. 3 StrEG entsprechend anzuwenden mit der Maögabe, dass der Tagessatz zu kürzen ist.[7]

7 Nur wenn ausnahmsweise der bisherige Sach- und Streitstand keine genügenden Anhaltspunkte für eine Bewertung der Bedeutung der Sache für den Antragsteller bietet, ist der Auffangwert von 5.000 €[8] anzunehmen (§ 52 Abs. 1 S. 2). Die Höhe dieses Auffangwertes allein gebietet es schon, in einem Verfahren nach dem StVollzG den Wert der Bedeutung der Sache für den Antragsteller möglichst auf Grund aller Umstände des Einzelfalles sorgfältig zu schätzen. Man sollte vom Auffangwert nur dann Gebrauch machen, wenn jeder Anhaltspunkt für eine Schätzung (z.B. Dauer der Freiheitsstrafe, ihre Auswirkungen auf die Zukunft des Antragstellers und seine Pflichten gegenüber Angehörigen, insbesondere gegenüber Unterhaltsberechtigten) fehlt. Ergeben sich im weiteren Verlauf des Verfahrens (z.B. im Rechtsbeschwerdeverfahren) genügend Anhaltspunkte für die Bedeutung der Sache für den Antragsteller, so ist ein auf 5.000 € lautender Festsetzungsbeschluss zu berichtigen (§§ 60, 63). Im Verfahren über den Erlass einer einstweiligen Verfügung/Anordnung (§ 114 Abs. 2 StVollzG) richtet sich der Wert nach §§ 53 Abs. 2 i.V.m. 52 Abs. 1 und 2.

8 **Wertfestsetzung:** Vgl. § 65. Setzt die Strafvollstreckungskammer in der Entscheidung über die Hauptsache auch den Wert fest, ist die Wertfestsetzung isoliert nicht in weiterem Umfang anfechtbar als die Hauptsache.[9]

---

3 OLG Rostock, Beschl. v. 23.6.2017 – 20 Ws 181/17 –; KG JurBüro 2015, 140 = ZfStrVO 2015, 65 = RVG-Professionell 2015, 109.
4 *Hartmann* § 60 Rn. 8.
5 KG Beschl. v. 25.9.2007 – 2/5 Ws 189/05 Vollz.
6 OLG Düsseldorf, Beschl. v. 7.8.2012 – III-2 Ws 268/12.
7 OLG Hamm, Beschl. v. 30.4.2015 – 1 Vollz(Ws) 63/15 – = JurionRS 2015, 16158.
8 *Hartmann* § 60 Rn. 8 (5.000 €); *Dörndorfer* in Binz u.a. § 60 Rn. 2.
9 OLG Rostock JurBüro 2013, 142.

UNTERABSCHNITT 3
Wertfestsetzung

§ 61
Angabe des Wertes

Bei jedem Antrag ist der Streitwert, sofern dieser nicht in einer bestimmten Geldsumme besteht, kein fester Wert bestimmt ist oder sich nicht aus früheren Anträgen ergibt, und nach Aufforderung auch der Wert eines Teils des Streitgegenstands schriftlich oder zu Protokoll der Geschäftsstelle anzugeben. Die Angabe kann jederzeit berichtigt werden.

Die in allem dem GKG unterfallenden Verfahren anwendbare Vorschrift will in Erweiterung der in § 253 Abs. 3 ZPO zum Zwecke der Bestimmung der gerichtlichen Zuständigkeit bei Klagen und Widerklagen gegebenen Vorschrift dem Kostenbeamten eine Grundlage für die Berechnung der Gebühren und dem Gericht einen Anhaltspunkt für die Streitwertfestsetzung (§ 63) geben. Es handelt sich um eine **Ordnungsvorschrift**. Nach §§ 253 Abs. 3 Nr. 2 ZPO soll die Klageschrift, wenn der Streitgegenstand nicht in einer bestimmten Geldsumme besteht, die Angabe des Wertes des Streitgegenstandes enthalten. 1

Satz 1: Wertangabe. Sie hat **bei jedem Antrag** zu erfolgen, der ein **gebührenpflichtiges Verfahren** einleitet. Hierzu gehören: Klage, Klageerweiterung, Widerklage, Rechtsmittelanträge, Anträge auf Arrest und einstweilige Verfügung (§ 53), Anträge auf Einleitung eines selbständigen Beweisverfahrens, Zwangsvollstreckungsanträge, Verfahren auf eidesstattliche Versicherung und Richterablehnungsgesuche. Die Verpflichtung bleibt bestehen, solange ihr nicht genügt ist oder solange keine gerichtliche Streitwertfestsetzung erfolgt ist. Anzugeben ist der nach Meinung der Partei richtige Streitwert. Es kann sich dabei auch – etwa beim Antrag auf Durchführung eines Beweisverfahrens nach §§ 485 ff. ZPO – um einen – notwendigerweise – vorläufigen Wert handeln.[1] Das Gericht und die Parteien sind aber an die Angabe nicht gebunden. 2

Keine Wertangabe ist erforderlich, 3

- wenn der Wert des Streitgegenstandes in einer bestimmten Geldsumme besteht. Hier kann die Angabe den Anträgen mühelos entnommen werden. Das trifft nicht nur bei Leistungsklagen auf Geld zu, sondern auch bei Feststellungsklagen und Vollstreckungsgegenklagen, soweit sie sich auf bestimmte Geldforderungen beziehen. Eine bestimmte Geldsumme liegt nicht vor, wenn die Forderung auf Leistung in ausländischer Währung gerichtet ist oder wenn sie zwar bestimmbar, aber nicht errechnet ist (z.B. bei Klagen auf Zinsleistungen oder bei Ansprüchen aus einem Kontokorrentverhältnis). Die Wertangabe ist immer nötig, wenn der Streitwert nach § 3 ZPO oder § 52 zu schätzen ist, oder wenn er aus dem Antrag nicht klar ersichtlich ist, sowie stets bei nichtvermögensrechtlichen Streitigkeiten nach § 48 Abs. 2,
- wenn der Streitwert sich aus früheren Anträgen ergibt. Das ist der Fall, wenn er bereits bei früheren Anträgen angegeben oder vom Gericht festgesetzt wurde. Streitwertangaben, die in anderen Verfahren gemacht wurden, binden nicht,
- wenn nach dem GKG ausschließlich Festwerte gelten.

Anzugeben ist immer nur der **gesamte Wert** des Streitgegenstandes. Erfordern aber der Kostenbeamte oder das Gericht die Angabe des **Wertes eines Teils des Streitgegen-** 4

1 OLG Naumburg MDR 1999, 1093.

standes, so muss die Partei diesem Verlangen entsprechen. Sie sollte die Anfrage unverzüglich beantworten, um Nachteile zu verhindern.[2] Erforderlichenfalls hat das Gericht aufzuklären, was durch Schätzung erfolgen kann.[3] Die Angabe des Wertes von Teilen des Streitgegenstandes – auch eine Aufgliederung des ganzen Streitgegenstandes – kann notwendig werden bei Handlungen, die nur einen Teil des Streitgegenstandes betreffen (§ 37).

5 Die Angabe des Streitwertes ist die **Pflicht des** jeweiligen **Antragstellers**, nicht auch seines Gegners. Diesem steht es frei, sich zu äußern. Die Angabe des Streitwertes hat schriftlich oder zu Protokoll der Geschäftsstelle zu erfolgen. Sie unterliegt nicht dem Anwaltszwang, § 78 Abs. 2 ZPO.

6 Die **Befolgung** der Vorschrift **kann unmittelbar nicht erzwungen werden**. Doch kann die Nichtbefolgung zu mittelbaren Nachteilen führen, z.B. zur Kostentragung, wenn eine Abschätzung durch Sachverständige erforderlich wird, § 64 S. 2. Auch die Verhängung einer Verzögerungsgebühr (§ 38) kann in Betracht kommen. **Unrichtige Angaben** können zu denselben Rechtsfolgen führen wie die völlige Unterlassung der Angabe (vgl. § 64 S. 2).

7 **S. 2: Berichtigung.** Sie ist jederzeit in derselben Weise möglich wie die Wertangabe. Sie kann auch auf Anregung des Kostenbeamten erfolgen. Aus der Möglichkeit einer Berichtigung folgt, dass die Partei an ihre frühere Wertangabe nicht gebunden ist.[4] Andererseits sind auch der Kostenbeamte und das Gericht an die Wertangabe nicht gebunden, selbst wenn die Parteien übereinstimmende Angaben machen.[5] Ist ein endgültiger Streitwertbeschluss ergangen, bleibt aber für eine Berichtigung durch eine Partei kein Raum mehr,[6] und zwar auch dann nicht, wenn die Umstände, die für die Festsetzung des Streitwerts bedeutend sind, erst nach der letzten mündlichen Verhandlung bekannt werden.[7] Eine trotzdem erfolgte Berichtigung kann jedoch als Antrag auf Änderung des Streitwertbeschlusses oder als Beschwerde gegen den Streitwertbeschluss umzudeuten sein.[8] Vgl. auch § 19 Rn. 4.

§ 62
Wertfestsetzung für die Zuständigkeit des Prozessgerichts oder die Zulässigkeit des Rechtsmittels

Ist der Streitwert für die Entscheidung über die Zuständigkeit des Prozessgerichts oder die Zulässigkeit des Rechtsmittels festgesetzt, so ist die Festsetzung auch für die Berechnung der Gebühren maßgebend, soweit die Wertvorschriften dieses Gesetzes nicht von den Wertvorschriften des Verfahrensrechts abweichen. Satz 1 gilt nicht in Verfahren vor den Gerichten für Arbeitssachen.

1 **Regelungszweck:** Der Sinn dieser Bestimmung liegt darin, sich widersprechende Streitwertfestsetzungen zu vermeiden, wenn und soweit die Streitwertfestsetzung für die Zuständigkeit des Gerichts oder die Zulässigkeit eines Rechtsmittels und für die Berech-

2 Vgl. dazu BGH NJW 1972, 1948, 1949.
3 OLG Schleswig JurBüro 1999, 595 m. Anm. v. *Enders*.
4 Vgl. OLG Köln JMBlNRW 1961, 60 und AnwBl. 1962, 129; OLG Neustadt JurBüro 1961, 457; KG RPfleger 1962, 121 (L).
5 OLG Neustadt JurBüro 1961, 457; *Hartmann* § 61 Rn. 10.
6 OVG Niedersachsen JurBüro 2015, 141 = AGS 2015, 41 = AnwBl. 2015, 99 = JurionRS 2014, 25575.
7 OLG Bremen OLG-Report Bremen/Hamburg/Schleswig-Holstein 1997, 302.
8 OLG Koblenz WRP 1981, 333.

nung der **Gerichtsgebühren** nach denselben Vorschriften zu erfolgen hat. Dadurch soll vermieden werden, dass in derselben Angelegenheit unter Annahme eines niedrigeren Streitwertes ein Rechtsmittel für unzulässig erklärt wird und aus einem höheren Streitwert die Gebühren berechnet werden müssen.[1] M.a.W.: Es soll möglichst sichergestellt werden, dass die **Gerichtsgebühren** nach dem gleichen Wert wie dem der Hauptsache berechnet werden.[2] Die Bindung besteht aber nur in der Höhe des Grenzwerts für die Zuständigkeit des erkennenden Empfangsgerichts; eine darüber hinausgehende Bezifferung des verweisenden Gerichts ist nicht bindend, weil davon die Zuständigkeit nicht abhängt.[3]

Geltungsbereich: § 62 gilt für den gesamten Anwendungsbereich des GKG (S. 1 Hs. 1). Eine entsprechende Vorschrift enthält § 54 FamGKG. **Ausgenommen** sind aber 2

- die (fakultativen) Gebührenermäßigungen nach §§ 48–54 GKG (S. 1 Hs. 2).[4] Gemeint sind in erster Linie die §§ 47 (Rechtsmittelverfahren), 41 (Miete, Pacht und ähnliche Nutzungsverhältnisse, 42 (wiederkehrende Leistungen), 44 (Stufenklage, 45 (Klage und Widerklage etc.) 53 (Arreste etc.). In diesen Fällen, in denen die Streitwertberechnung für die Gerichtskosten nach anderen Gesichtspunkten erfolgt als für die Zuständigkeit oder für die Zulässigkeit eines Rechtsmittels, bindet seine für die Entscheidung über die Zuständigkeit oder die Zulässigkeit von Rechtsmitteln erfolgte Streitwertfestsetzung nicht. Insoweit sind jene anderen Vorschriften leges speciales gegenüber § 62 S. 1 Hs. 1.
- die Arbeitsgerichtsverfahren. Letzteres stellt S. 2 ausdrücklich klar (vgl. auch §§ 61 Abs. 1; 69 Abs. 2 ArbGG.[5]
- Das Gericht hat darüber hinaus die **Möglichkeit**, den **Kostenstreitwert abweichend** von einem bereits festgesetzten Verfahrensstreitwert **festzusetzen**, wobei das aber keine Auswirkung auf die Zuständigkeitsgrenze nach sich zieht.[6] Das ist besonders für die Anwaltsgebühren bedeutend.[7]

Die **Streitwertfestsetzung für die Entscheidung über die Zuständigkeit des Prozessgerichts oder die Zulässigkeit eines Rechtsmittels erfolgt** regelmäßig in den Entscheidungsgründen (Urteil, Beschluss), welche die Zuständigkeit des Gerichts oder die Zulässigkeit eines Rechtsmittels im Hinblick auf die hierfür maßgebenden Wertgrenzen (Beschwer) verneint oder bejaht. Im letzteren Fall reicht es nicht aus, wenn das Gericht schlechthin erklärt, es sei zuständig oder das Rechtsmittel sei zulässig, oder wenn es die Zuständigkeit oder die Zulässigkeit stillschweigend bejaht.[8] 3

Es muss sich aber immer um eine **wirkliche Entscheidung** zum Kostenstreitwert handeln. Das Gericht muss sich schon mit den für die Zuständigkeit oder die Zulässigkeit maßgeblichen Wertbeträgen ausdrücklich befasst haben, wobei allerdings die Feststellung genügt, dass die hierfür maßgeblichen Wertgrenzen erreicht seien.[9] Erst recht liegt eine bindende Streitwertfestsetzung vor, wenn das Gericht in den Gründen der Entscheidung über die Zuständigkeit oder über die Zulässigkeit des Rechtsmittels den Streitwert beziffert. Keine für den Wertansatz nach dem GKG bindende Entscheidung liegt vor, wenn das Gericht zunächst einen Streitwertfestsetzungsbeschluss und dann in einem gesonderten Verwei- 4

1 Vgl. *Schneider* JurBüro 1974, 823.
2 OLG Köln OLGR 2000, 78; *Hartmann* § 62 Rn. 2.
3 OLG Köln OLGR 2000, 78 und JurBüro 2009, 314 (LS mit Volltextservice) m.w.N.
4 *Hartmann* § 62 Rn. 3.
5 LAG Hamm JurBüro 1980, 246 = MDR 1980, 172 = AnwBl. 1980, 74.
6 OLG München MDR 1988, 973; *Hartmann* § 62 Rn. 4; *Hartmann* § 62 GKG Rn. 4: Prütting/Gehrlein/*Gehle* § 3 Rn. 15 m.w.N.; *E. Schneider* MDR 1972, 218.
7 Dazu bei *Bischof* in *Bischof/Jungbauer/Bräuer/Curkovic/Mathias/Uher* § 32 Rn. 12ff. m.N.
8 KG JurBüro 1980, 1220.
9 OLG Köln JurBüro 1975, 1354.

sungsbeschluss erlässt, mag der Streitwertfestsetzungsbeschluss auch der Vorbereitung der Verweisung gedient haben. Denn ein Beschluss nach §62 liegt nur vor, wenn die Streitwertfestsetzung in einer Entscheidung enthalten ist, die in der für eine Entscheidung über die sachliche Zuständigkeit erforderlichen Form ergangen ist.[10] Eine Abänderung der Entscheidung über die Zuständigkeit oder die Zulässigkeit eines Rechtsmittels ist nur im Wege der Anfechtung der Hauptentscheidung möglich.[11] Auch eine Abänderung der Entscheidung von Amts wegen ist ausgeschlossen, selbst wenn die Entscheidung offensichtlich falsch ist. Das gilt jedenfalls dann, wenn Umstände erst nach der letzten mündlichen Verhandlung bekannt werden.[12] Keine nach §62 bindende Streitwertfestsetzung für die Zulässigkeit des Rechtsmittels liegt vor, wenn das Oberlandesgericht den Wert der Beschwer gem. §546 Abs. 2 ZPO in seinem Berufungsurteil festsetzt.[13] Seit der Streichung des §546 ZPO a.F. im Zuge der ZPO-Reform setzt das Revisionsgericht die Beschwer selbständig fest, so dass es an eine Festsetzung durch das Berufungsgericht nicht gebunden, folglich auch eine Bindung für die Gerichtskosten nach § 62 nicht mehr gegeben ist.

5 Die **Streitwertfestsetzung ist maßgebend**, d.h. es darf **keine** ihr **widersprechende** anderweitige Streitwertfestsetzung für Gerichtsgebühren erfolgen. Hat das Gericht die Zuständigkeit des Prozessgerichts oder die Zulässigkeit eines Rechtsmittels im Hinblick auf die hierfür maßgeblichen gesetzlichen Wertgrenzen bejaht oder verneint, so bindet die Wertfestsetzung für die Gerichtsgebühren nur insoweit, als die für die Zuständigkeit oder die Zulässigkeit des Rechtsmittels gesetzlich geregelten Wertgrenzen nicht verletzt werden dürfen.[14] Hat beispielsweise das Amtsgericht seine Zuständigkeit verneint und die Sache an das Landgericht verwiesen, so darf für die Gerichtsgebühren kein niedrigerer, wohl aber ein höherer Streitwert angenommen werden.[15] Dasselbe gilt umgekehrt im Falle der Verweisung vom Landgericht zum Amtsgericht oder wenn das Gericht bei Bejahung oder Verneinung seiner Zuständigkeit oder der Zulässigkeit des Rechtsmittels einen bestimmten Betrag als Streitwert genannt hat.[16] Der BGH kann daher den Kostenstreitwert für die Revisionsinstanz auf einen Betrag festsetzen, der über der vom Berufungsgericht bestimmten Beschwer liegt.[17] Die Festsetzung des Wertes von Teilen des Streitgegenstandes ist innerhalb der durch eine Festsetzung aus § 62 gezogenen Grenzen stets zulässig. Streitwerterhöhungen oder Ermäßigungen, die nach einer Streitwertfestsetzung aus § 62 erfolgen, sind für die Gerichtsgebühren jedoch immer zu berücksichtigen. Bei einer Entscheidung über die Frage der Zuständigkeit oder der Zulässigkeit eines Rechtsmittels ist das Prozessgericht an eine von ihm etwa bereits vorgenommene Streitwertfestsetzung für die Gerichtsgebühren aus § 63 nicht gebunden. Für die Gerichtsgebühren gilt dann der für die Zuständigkeit oder die Zulässigkeit des Rechtsmittels festgesetzte Streitwert, sofern nicht eine der Ausnahmen nach S. 1 Hs. 2 vorliegt, und nicht der durch diese Entscheidung überholte Beschluss nach § 63.

6 Die **Bindung** gilt grundsätzlich **nur für die Instanz**, für welche die Festsetzung nach §62 erfolgt ist. Hebt aber das Rechtsmittelgericht die vom Erstrichter getroffene Entschei-

---

10 KG JurBüro 1965, 487; 750; MDR 1959, 136. Vgl. auch BGH, Beschl. v. 30.4.2008 – III ZR 202/07 = BeckRS 2008, 09113.

11 KG, JR 1950, 731; MDR 1955, 177 = JurBüro 1955, 158 (L); MDR 1959, 136; OLG Braunschweig RPfleger 1956, 115 (L); OVG Lüneburg SchlHA 1957, 208.

12 OLG Bremen OLG-Report Bremen/Hamburg/Schleswig-Holstein 1997, 302.

13 BGH NJW-RR 2005, 224.

14 **OLG** Köln JurBüro 2009, 314 (LS mit Volltextservice); KG MDR 1959, 136; OLG Nürnberg JurBüro 1960, 168.

15 OLG Frankfurt aM JurBüro 1964, 206 = MDR 1964, 246; OLG Nürnberg RPfleger 1963, 179 (L).

16 OLG Nürnberg RPfleger 1963, 179 (L); OLG Celle NJW 1957, 1640.

17 BGH KostRspr. GKG § 24 Nr. 1.

dung hinsichtlich des der angefochtenen Entscheidung zugrunde gelegten Streitwertes auf, so ist auch für den Rechtszug beim Erstgericht die Entscheidung des Rechtsmittelgerichts bindend. Anders aber, wenn das Rechtsmittelgericht aus anderen Gründen entscheidet. Keinesfalls wirkt die Entscheidung nach § 62 aber für andere Verfahren.

§ 63
Wertfestsetzung für die Gerichtsgebühren

(1) Sind Gebühren, die sich nach dem Streitwert richten, mit der Einreichung der Klage-, Antrags-, Einspruchs- oder Rechtsmittelschrift oder mit der Abgabe der entsprechenden Erklärung zu Protokoll fällig, setzt das Gericht sogleich den Wert ohne Anhörung der Parteien durch Beschluss vorläufig fest, wenn Gegenstand des Verfahrens nicht eine bestimmte Geldsumme in Euro ist oder gesetzlich kein fester Wert bestimmt ist. Einwendungen gegen die Höhe des festgesetzten Wertes können nur im Verfahren über die Beschwerde gegen den Beschluss, durch den die Tätigkeit des Gerichts aufgrund dieses Gesetzes von der vorherigen Zahlung von Kosten abhängig gemacht wird, geltend gemacht werden. Die Sätze 1 und 2 gelten nicht in Verfahren vor den Gerichten der Finanzgerichtsbarkeit.

(2) Soweit eine Entscheidung nach § 62 Satz 1 nicht ergeht oder nicht bindet, setzt das Prozessgericht den Wert für die zu erhebenden Gebühren durch Beschluss fest, sobald eine Entscheidung über den gesamten Streitgegenstand ergeht oder sich das Verfahren anderweitig erledigt. In Verfahren vor den Gerichten für Arbeitssachen oder der Finanzgerichtsbarkeit gilt dies nur dann, wenn ein Beteiligter oder die Staatskasse die Festsetzung beantragt oder das Gericht sie für angemessen hält.

(3) Die Festsetzung kann von Amts wegen geändert werden

1. **von dem Gericht, das den Wert festgesetzt hat, und**
2. **von dem Rechtsmittelgericht, wenn das Verfahren wegen der Hauptsache oder wegen der Entscheidung über den Streitwert, den Kostenansatz oder die Kostenfestsetzung in der Rechtsmittelinstanz schwebt.**

Die Änderung ist nur innerhalb von sechs Monaten zulässig, nachdem die Entscheidung in der Hauptsache Rechtskraft erlangt oder das Verfahren sich anderweitig erledigt hat.

Übersicht

Allgemeines — 1–3
Vorläufige Wertfestsetzung (Abs. 1) — 4–10
Allgemeines — 4
Voraussetzungen — 5
Festsetzung von Amts wegen — 6
Keine Anhörung der Parteien — 7
Festsetzung durch Gerichtsbeschluss — 8
Einwendungen — 9
Änderung der vorläufigen Festsetzung — 10
Endgültige Wertfestsetzung (Abs. 2) — 11–30
Allgemeines — 11
Voraussetzungen — 12
Antrag — 13
Antrag des Rechtsanwalts nach § 32 Abs. 2 RVG — 14
Festsetzung von Amts wegen — 15
Zuständigkeit — 16
Für jede Instanz besonders — 17
Anhörung der Parteien — 18
Rechtsschutzbedürfnis — 19
Beschluss — 20
Teilfestsetzung — 21
Wirkung der Festsetzung — 22
Keine Feriensache — 23
Bemessungsgesichtspunkte — 24
Begründung des Festsetzungsbeschlusses — 25–27
Mitteilung an die Parteien — 28
Kosten — 29
Rechtskraft — 30
Amtshaftung bei verfehlter Festsetzung — 31

Änderung der endgültigen Festsetzung — 32–43
Änderung von Amts wegen — 32
Voraussetzungen — 33
Berichtigung — 34
Frist — 35, 36
Pflicht zur Änderung — 37
Auswirkungen auf die Kostenentscheidung — 38–42
Entscheidung — 43

1 **Allgemeines:** Die Bestimmung regelt das Verfahren zur Festsetzung des für die Gerichtsgebühren maßgebenden Streitwertes (Kostenstreitwert). § 63 ist nicht disponibel, denn die Höhe der Gerichtsgebühren ist jeder Parteidisposition entzogen.[1] Eine grundsätzlich zulässige Streitwertvereinbarung des Rechtsanwalts wirkt sich nur innerhalb des Mandatsverhältnisses als Gebührenvereinbarung oder Gebührennachlass aus[2] und hat gegenüber Dritten, insbesondere im Verhältnis zum Gericht keine Wirkungen. Sie kann aber u.U. ein Anhaltspunkt für die gerichtliche Bemessung des (Gebühren)streitwertes sein (vgl. unten Rn. 18). § 63 ist jedoch im Verhältnis zur Bestimmung des § 62 subsidiär. D.h.: Nur soweit eine Entscheidung nach § 62 noch nicht ergangen oder nicht bindend ist (d.h.: wenn Zuständigkeits- bzw. Zulässigkeitsstreitwert und Kostenstreitwert nicht identisch sind, dazu § 62 Rn. 1ff.), bleibt noch Raum für eine Gebührenwertfestsetzung nach § 63. Denn es ist u.a. auch Sinn dieser Regelung, einander widersprechende Gerichtsentscheidungen zu vermeiden.[3] Der für die Berechnung der Gerichtsgebühren endgültig zugrunde gelegte Wert kann auch im Wege des Erinnerungs- oder Beschwerdeverfahrens gegen den Kostenansatz bemängelt werden, wobei eine gerichtliche Überprüfung in jenem Verfahren aber ein solches nach § 66 und nicht nach §§ 63, 68 darstellt. Das Verfahren nach § 66 kann – und sollte i.d.R. auch – ausgesetzt werden, bis das förmliche Verfahren nach § 63 durchgeführt worden ist. Unter Umständen kann eine Erinnerung nach § 66 auch als Antrag auf Streitwertfestsetzung nach § 63 umgedeutet werden.[4]

2 § 63 gilt auch für die Gebührenwertfestsetzung in Insolvenzverfahren und schifffahrtsrechtlichen Verteilungsverfahren, während im Verfahren nach dem Strafvollzugsgesetz § 63 entsprechend anzuwenden ist. Desgleichen ist § 63 anwendbar im Verfahren nach § 247 AktG, § 144 PatG, § 26 GebrMG, § 54 DesignG, § 12 UWG, § 89 GWB, § 105 EnWG und § 142 MarkG.[5] Die Vorschrift gilt auch im Verwaltungsgerichts-,[6] Sozialgerichts- und Finanzgerichtsverfahren sowie im Arbeitsgerichtsverfahren. Für das Arbeitsgerichtsverfahren gilt § 61 Abs. 1 ArbGG als lex specialis zu § 63. Danach setzt das ArbG im Tenor oder in den Entscheidungsgründen den Streitwert fest. Die Festsetzung hat zwar primär Bedeutung für die Rechtsmittelfähigkeit, bindet aber auch für den Streitwert, wenn und soweit nicht § 63 GKG Abänderungen zulässt.[7] Eine Streitwertfestsetzung nach § 63 GKG, § 32 Abs. 1 RVG ist auch dann erforderlich, wenn wegen eines Vergleichs der Parteien Gerichtsgebühren wieder entfallen und nur für den Vergleich ein Mehrwert festzusetzen ist.[8]

3 Solange weder eine Wertfestsetzung durch das Gericht zur Entscheidung über die Zuständigkeit oder die Zulässigkeit eines Rechtsmittels nach §§ 62, 63 durchgeführt ist, hat der Kostenbeamte nach den gesetzlichen Streitwertvorschriften der Kostenberechnung zugrunde zu legenden Streitwert selbst zu ermitteln, §§ 4 Abs. 1, 24 Abs. 1 KostVfg.

---

1 Unstr. Vgl. etwa *Schneider/Herget* Rn. 1998.
2 *Bischof* in Bischof/Jungbauer u.a., § 3a RVG Rn. 24; OLG Frankfurt/Main JurBüro 1980, 579.
3 So zutr. *Schneider* JurBüro 1994, 823ff.
4 OLG Frankfurt aM JurBüro 1979, 601; OLG Bamberg JurBüro 1976, 185.
5 Vgl. etwa OLG Frankfurt JurBüro 1976, 347; OLG Karlsruhe WRP 1973, 49.
6 SächsVGH, Beschl. v. 23.2.2017 – Vf. 170-IV-16.
7 Vgl. *Hartmann* § 42 Rn. 49–50 m.w.N.
8 LAG Nürnberg JurBüro 2009, 196.

Das kann etwa dann der Fall sein, wenn ein gerichtlicher Streitwertbeschluss eine Prozessverbindung nicht berücksichtigt.[9] Auch das Verfahren über die Zulassung eines Rechtsmittels bedarf keiner Streitwertfestsetzung.[10] Hierin liegt dann noch keine Streitwertfestsetzung nach § 63, für die der Kostenbeamte ohnehin nicht zuständig ist. Erforderlichenfalls hat der Kostenbeamte seinen Kostenansatz später zu berichtigen, was aber wegen des § 63 Abs. 1 nur sehr selten notwendig sein wird. Erst recht kommt bei einer Prozesstrennung keine Streitwertfestsetzung für die abgetrennten oder verbliebenen Teile in Betracht, weil dieser schon für sämtliche Teile feststeht.[11]

Abs. 1 (Vorläufige Wertfestsetzung): Nach Abs. 1 soll in Verfahren, deren Gegen- 4
stand nicht eine bestimmte Geldsumme in €-Währung ist und in denen nach dem GKG eine Vorauszahlungspflicht besteht, mit dem Eingang der Klage von Amts wegen eine vorläufige Festsetzung des Gebührenwertes stattfinden. Soweit eine bestimmte Geldsumme in €-Währung gefordert ist, ist das Verfahren nach Abs. 1 nicht erforderlich, weil der Gebührenberechnungswert sich ohne weiteres aus dem Klagantrag ergibt. Wenn nach dem GKG keine Vorauszahlungspflicht besteht, muss auch keine vorläufige Festsetzung zu erfolgen. In solchen Fällen wird nämlich nur der nach anderen Vorschriften festzusetzende Zuständigkeitsstreitwert vonnöten sein (vgl. § 19 Rn. 4). Mit der Bestimmung des Abs. 1 soll erreicht werden, dass der Kostenbeamte bereits bei Anforderung der Vorauszahlung i.d.R. auch dann von dem voraussichtlich endgültigen Wert ausgehen kann,[12] wenn der Gegenstand des Verfahrens nicht eine bestimmte Geldsumme in €-Währung ist. Das gilt aber nicht in Verfahren vor den Gerichten der Finanzgerichtsbarkeit, in denen der vorläufige Streitwert grundsätzlich nach dem in § 52 Abs. 4 bestimmten Mindestwert festzusetzen ist, wenn und soweit der endgültige Wert noch nicht bestimmbar ist.[13] Allerdings wird man auch – ausnahmsweise – dann, wenn der Auffangwert offensichtlich zu niedrig ist, einen höheren Wert festsetzen dürfen. Denn der tiefere Sinn und Zweck der vorläufigen Festsetzung liegt darin, dem Staat die Gebühren zu sichern. Bei sehr hohen Streitwerten können aber beträchtliche Gebührenforderungen entstehen, deren Beitreibbarkeit später – nach der endgültigen Abrechnung – mitunter schwierig werden kann.

Voraussetzungen für die vorläufige Wertfestsetzung nach Abs. 1 sind: 5

- *Vorauszahlungspflicht* nach Maßgabe der des Abschnitts 3 (§§ 10 ff.).
- *Wertabhängigkeit.* Die zu zahlende Gebühr muss nach dem KV von einem Wert abhängig sein. Wenn das GKG eine Festgebühr oder gar keine Gebühr vorsieht, bedarf es einer vorläufigen Wertfestsetzung nicht. Soweit allerdings beide Gebührenarten zusammentreffen, ist entsprechend dem Sinn des Abs. 1 eine vorläufige Wertfestsetzung geboten.[14]
- *Keine bestimmte €-Forderung.* Nur wenn nicht ausschließlich ein bestimmter €-Betrag gefordert wird, ist Abs. 1 anwendbar. So z.B., wenn neben einem €-Betrag auch noch ein Betrag in ausländischer Währung verlangt wird oder wenn eine Zahlungsklage mit einer Räumungsklage verbunden wird. Das Gleiche gilt auch, wenn der €-Betrag nicht eindeutig zu beziffern ist, etwa bei einer an einen Lebenshaltungsindex anknüpfenden Summe oder bei einem auf einen anderen Wert (z.B. Basiszins-

9 FG Münster JurBüro 1970, 495 (L).
10 VGH Mannheim NVwZ-RR 1997, 758 = DÖV 1997, 965 = *Döble* 1997, 1325 = Välbe 1997, 262.
11 OVG Saarlouis NVwZ-RR 1998, 789 (L).
12 BGH JurBüro 2013, 312 (LS mit Volltextservice) = GRUR 2013, 539 = BeckRS 2013, 02888 – für das PatKostG; *Hartmann*, § 63, Rn. 11 ff.; *Dorndörfer* in Binz u.a. § 63 Rn. 2.
13 Dazu BFH, JurBüro 2016, 244.
14 Vgl. *Hartmann* § 63 Rn. 8.

satz) bezogenen Betrag.[15] Natürlich handelt es sich auch nicht um einen bestimmten €-Betrag, wenn diese nur bestimmbar ist oder gar in das Ermessen des Gerichts gestellt wird. In solchen Fällen muss das Gericht den Streitwert festsetzen, insbesondere wenn die Zulässigkeit eines Rechtsmittels von der Höhe des Streitwertes abhängt.[16] Nicht nur bestimmbar, sondern betragsmäßig bestimmt ist ein auf einen festen €-Betrag bezogener Wert (z.B. bei der Räumungsklage, § 41).

6 Liegen die genannten Voraussetzungen vor, hat das Gericht **von Amts wegen** den vorläufigen Wert festzusetzen, sobald die Klage oder der Antrag bei Gericht eingegangen oder durch Erklärung zu Protokoll fällig geworden ist (Abs. 1 S. 1). Das setzt natürlich voraus, dass in dem betreffenden Verfahren überhaupt Gerichtsgebühren anfallen, was z.B. im PKH-Prüfungsverfahren nicht der Fall ist.[17] Das Gericht hat den vorläufigen Wert in solchen Fällen unverzüglich festzusetzen und soll vorher keine weiteren Handlungen vornehmen. Das muss ggf. nochmals erfolgen, wenn ein weiterer der vorläufigen Festsetzung bedürftiger Antrag (Gegenantrag, Widerklage) eingeht.[18] Ein Festsetzungsantrag eines Beteiligten in diesem Stadium des Verfahrens ist nur als Anregung aufzufassen. Allerdings gebietet es die Fairness (nobile officium), dass das Gericht auf substantiiert begründete Anregungen eines Beteiligten eingeht und ggf. kurz zu erkennen gibt, aus welchen Gründen es dem nicht folgt.

7 Nach dem Wortlaut des Abs. 1 S. 1 erfolgt die vorläufige Festsetzung **ohne Anhörung der Parteien**, was in Ansehung des Art. 103 Abs. 1 GG unschädlich ist,[19] weil die Festsetzung nur vorläufig ist und bei einer endgültigen Festsetzung in jedem Fall zu erfolgen hat. Gleichwohl ist eine Anhörung, wenn dadurch das Verfahren nicht verzögert wird oder es dem Sinn des Prozessrechts (etwa bei Eilantragen, die ohne vorherige mündliche Verhandlung entschieden werden) nicht zuwiderlaufen würde, nicht verboten.[20] Entsprechend dem Sinn und Zweck des Abs. 1, möglichst gleich am Anfang des Verfahrens den richtigen Streitwert zu wissen, wird es ohne weiteres erlaubt sein, in Zweifelsfällen beim Kläger/Antragsteller nachzufragen und/oder ihn aufzufordern, seine Vorstellungen über den Streitwert mitzuteilen, wenn dieser Angaben nach § 61 S. 1 unterlassen hat. Dabei können ihm auch kurze Fristen gesetzt werden Das folgt schon aus § 61, wonach es zu einer ordnungsgemäßen Klageerhebung gehört, den Streitwert mitzuteilen.

8 Die vorläufige Streitwertfestsetzung erfolgt durch einen Beschluss des Gerichts, bei Kollegialgerichten des Spruchkörpers. Er ist den Parteien mitzuteilen oder zu verkünden. Eine kurze stichwortartige Begründung kann zweckmäßig sein, ist aber nicht geboten, jedenfalls dann nicht, wenn kein Beteiligter substantiierte Anregungen gegeben hat (vgl. Rn. 5). Denn einmal präjudiziert der vorläufige Streitwert grundsätzlich nichts, zum anderen kann auch in den Fällen möglicher indirekter Anfechtung über § 67 (vgl. dazu oben Rn. 6) jederzeit Abhilfe geschaffen werden. Die Mitteilung erfolgt formlos.

9 Außer im Verfahren nach § 67 sind **Rechtsmittel** gegen die vorläufige Festsetzung der Höhe des Wertes unstatthaft (unanfechtbar).[21] Nur ausnahmsweise i.V.m. der Anforderung eines Vorschusses oder einer Vorauszahlung, Abs. 1 S. 2 (Dazu auch § 68 Rn. 3)

15 Vgl. *Hartmann* § 63 Rn. 9.

16 OLG Koblenz NJW-RR 2000, 71.

17 OLG Rostock JurBüro 2009, 540 = MDR 2010, 115; OLG Karlsruhe JurBüro 2009, 314 = NJW-RR 2009, 1366.

18 Vgl. *Hartmann* § 63 Rn. 10.

19 Vgl. BT-Dors. 12/6962, S. 63–64.

20 **A.M.** *Hartmann* § 63 Rn. 12.

21 **H.M.** Vgl. etwa bei Prütting/Gehrlein/*Gehle* § 3 ZPO Rn. 20 m.w.N. OLG Koblenz, Beschl. v. 7.1.2014 – 3 W 714/13 – = MDR 2014, 560 = JurionRS 2014, 10070; OLG Frankfurt/Main MDR 2012, 733 = BeckRS 2012, 07012 = Openjur 2012, 35608; OLG Köln Beschl. v. 12.8.2009 – 16 W 26/09 = Beckers 2010, 01705.

kann ein Rechtsbehelf zulässig sein.[22] Insbesondere ist die Beschwerde gegen die vorläufige Streitwertfestsetzung als solche nach dem eindeutigen Wortlaut und dem Sinn der Bestimmung ausgeschlossen.[23] Einwendungen gegen die Festsetzung der Höhe des Streitwerts sind mithin grundsätzlich nur nach § 68 zulässig, wenn der Streitwert endgültig bestimmt ist und Einwendungen (Rn. 10) erfolglos waren. Ob der Rechtsanwalt aus eigenem Recht (§ 32 Abs. 2 RVG) Rechtsmittel gegen die vorläufige Festsetzung einlegen kann, ist streitig,[24] im Ergebnis aber abzulehnen (vgl. § 67 Rn. 10). Unstreitig ist indessen, dass das nicht statthaft ist, wenn er einen höheren Streitwert anstrebt. Auch wenn der Rechtsanwalt die vorläufig festgesetzte Höhe des Streitwerts für zu gering hält, ist eine Beschwerde nicht statthaft und auch nicht geboten.[25] Zwar ist dem Anwalt ein Interesse auf Festsetzung des „richtigen" Streitwerts wegen seines Anspruchs auf einen angemessenen Vergütungsvorschuss (§ 9 RVG) zu einem frühestmöglichen Zeitpunkt zuzuerkennen, was auch im Interesse der vertretenen Partei liegt. Gleichwohl ist auch hier keine Ausnahme geboten: Wenn nach § 32 Abs. 1 RVG der gerichtlich festgesetzte Streitwert auch für die Anwaltsvergütung verbindlich ist, so kann sich dieser Verweis nach seinem Sinn und Zweck nur auf die endgültige Festsetzung nach § 63 Abs. 2 beziehen. Das kommt im Übrigen auch dadurch zum Ausdruck, dass § 32 Abs. 2 RVG von Festsetzung allgemein spricht, während § 68 nur eine Beschwerde gegen endgültige Festsetzungen nach § 63 Abs. 2 zulässt. Wollte der Gesetzgeber eine Beschwerde des Anwalts nach § 32 Abs. 2 RVG nur gegen endgültige Festsetzungen zulassen, hätte ein entsprechender Hinweis in der Bestimmung des § 32 Abs. 2 RVG aufgenommen werden können. Wendet sich somit der Anwalt gegen die Höhe der vorläufigen Festsetzung, handelt es sich zunächst um Einwendungen, also um ein Ersuchen zur Abänderung der vorläufigen Festsetzung (Rn. 9). Wenn die Einwendungen nicht beachtet worden sind und ggf. auch Gegenvorstellungen erfolglos geblieben sind, ist auch in diesen Fällen keine Beschwerde zulässig. In der Praxis wird dieser Problematik ohnehin keine große Bedeutung zuzumessen sein. Zum einen decken sich die vorläufigen – u.U. im Verlaufe des Rechtsstreits angepassten – Festsetzungen mit der späteren endgültigen Festsetzung, welche dann im Ergebnis nur noch eine klarstellende Wirkung hat. Zum anderen wird es selten im (Vergütungs-)Interesse des Anwalts liegen, einen geringeren Streitwert festgesetzt zu bekommen, während er bei einem Begehren nach höherer (vorläufiger) Wertfestsetzung in Erklärungskonflikte gegenüber dem Mandanten geraten kann. Darüber hinaus kann und wird der Anwalt im Rahmen des gebotenen Hinweises nach § 49b BRAO auch zum Ausdruck bringen, dass die gerichtliche Festsetzung des Streitwertes nach § 63 Abs. 1 GKG nur vorläufig ist mit der Folge, dass die endgültigen (höheren oder niedrigeren) Gebühren erst bei endgültiger Festsetzung des Streitwerts definitiv bestimmt werden können. In solchen Fällen bleibt es dem Anwalt auch unbenommen, eine Vergütungsvereinbarung (§ 4 RVG, § 49b Abs. 5 BRAO) in der Form zu treffen, dass man sich auf einen bestimmten Gegenstandswert einigt.

Eine **Änderung** der vorläufigen Wertfestsetzung ist jederzeit bis zur endgültigen 10
Festsetzung möglich. Das folgt schon aus der Natur der Festsetzung als nur vorläufig. Sie kommt namentlich dann in Betracht, wenn sich der Gesamtkostenwert infolge Klageän-

22 Prütting/Gehrlein/*Gehle* § 3 ZPO Rn. 20 m.w.N; KG NJW-RR 2004, 864.
23 OLG Rostock JurBüro 2011, 208; OLG Düsseldorf JurBüro 2008, 596: OLG Brandenburg MDR 2000, 174 und JurBüro 2008, 316; OLG Bremen MDR 2006, 418; OLG Hamm FamRZ 2005, 1767; KG NJW-RR 2004, 864; OLG Brandenburg MDR 2000, 174; *Hartmann* § 63 Rn. 14; *D. Meyer* JurBüro 2000, 396. **A.M.** *Schneider* MDR 2000, 174.
24 Dazu auch bei *Enders* in Hartung/Schons/Enders, § 32 Rn. 18 ff. m.N.
25 Streitig. Vgl. bei Prütting/Gehrlein/*Gehle* § 3 ZPO Rn. 20 m.w.N.

derung oder von Gegenansprüchen etc. verändert, aber auch dann, wenn Umstände zutage treten, die bei der ursprünglichen vorläufigen Festsetzung noch nicht erkennbar waren oder übersehen worden sind (vgl. auch oben Rn. 5). Dazu gehören auch (zu begründende) Einwendungen des Rechtsanwalts gegen einen zu geringen Wert (Rn. 9), die dem Gericht wegen der zulässigen Nichtanhörung der Parteien vor der vorläufigen Festsetzung nicht bekannt waren oder unzutreffend gewertet werden. Übergeht das Gericht solche Einwendungen oder hat es ihm schon im Verfahren der vorläufigen Festsetzung (Rn. 6–8) bekannte Argumente des Anwalts ohne weiteres übergangen, scheidet die Anhörungsrüge (§ 69a) allerdings aus. Zwar ist vor jeder Änderung einer den Beteiligten bekannt gegebenen Entscheidung den davon Betroffenen rechtliches Gehör zu gewähren, die Festsetzung kann aber noch im Verfahren nach § 63 Abs. 2 korrigiert werden. Das wird im Übrigen auch bestätigt durch Abs. 1 Satz 1, wonach keine Anhörung der Parteien erforderlich ist.

11 **Abs. 2 (Endgültige Wertfestsetzung):** Das Prozessgericht hat mit jeder Entscheidung über den gesamten noch anhängigen Streitgegenstand oder nach Beendigung des Verfahrens auf andere Weise eine Wertfestsetzung von Amts wegen[26] vorzunehmen. Durch die Wertfestsetzung soll dem Kostenbeamten insbesondere erspart bleiben, anhand der Akten zu prüfen, ob sich der Streitwert durch Klageerweiterung oder Widerklage im Laufe des Verfahrens noch verändert hat. Voraussetzung ist natürlich, dass in dem Verfahren überhaupt Gerichtsgebühren angefallen sind, was z.B. in einem PKH-Prüfungsverfahren nicht der Fall ist.[27] Wenn und soweit für die Gerichtskosten und für Rechtanwaltsgebühren unterschiedliche Werte gelten, insbesondere, wenn sich die Rechtsanwaltsgebühren nicht nach den für die Gerichtsgebühren maßgeblichen Wert bestimmen, ist sowohl eine Wertfestsetzung nach § 63 Abs. 2 als auch eine solche nach dem RVG (§ 33 RVG) geboten.[28] In Finanz-[29] und Arbeitsgerichtssachen braucht die Wertfestsetzung aber nur auf Antrag eines Beteiligten oder der Staatskasse erfolgen, wenn nicht das Gericht von sich aus eine solche für angemessen erachtet.

12 **Voraussetzung** einer endgültigen Festsetzung nach Abs. 2 ist also:

- *Eine endgültige Entscheidung über den gesamten Streitgegenstand:* Der gesamte Streitgegenstand muss – zumindest zunächst – endgültig entschieden sein. Die Art und Form sind unerheblich. Es genügt eine Entscheidung, die den gesamten Streitgegenstand erfasst, selbst wenn es sich hierbei um eine solche handelt, die eine kraft Gesetzes eintretende Rechtsfolge bestätigt.[30] So kommt z.B. ein Endurteil in Betracht, insbesondere bei einer Stufenklage,[31] ein Vorbehaltsurteil, eine Kostenentscheidung nach § 91a ZPO oder eine solche nach § 269 Abs. 3 ZPO. Auch eine Klagerücknahme ohne Antrag nach § 269 Abs. 3 ZPO gehört – jedenfalls in Zivilrechtsstreitigkeiten – hierher.[32] Ein Grund- oder Teilurteil hingegen erfasst den Streitgegenstand noch nicht vollständig. Auch eine einseitige Teilerledigung des Mahnverfahrens in der Weise, dass der Gläubiger nur einen Teil der Forderung aufrechterhält, lässt den Streitwert für das folgende Streitverfahren unberührt.[33] Auch während einer Aussetzung des

---

26 So auch *Enders* in Hartung/Schons/Enders, § 32, Rn. 11.

27 OLG Rostock JurBüro 2009, 540 = MDR 2010, 115; OLG Karlsruhe JurBüro 2009, 314 = NJW-RR 2009, 1366.

28 BGH, Beschl. v. 20.3.2014 – IX ZB 288/11 – = JurBüro 2014, 364 (L) = RVGprof 2014, 130 = JurionRS 2014, 13275.

29 FG Rheinland-Pfalz, Beschl. v. 14.11.2012 – 6 Ko 2444/12; kritisch dazu für den Bereich der Finanzgerichtsbarkeit *Zenke* StB 1994, 509.

30 FG Rheinland-Pfalz, Beschl. v. 15.10.2012 – 6 Ko 2327/12.

31 OLG Brandenburg JurBüro 1997, 394 m. Anm. v. *D. Meyer.*

32 **A.M.** BVerwG JurBüro 1997, 255 (für Verwaltungsrechtsstreitigkeiten) m. Grit. Anm. v. *Hellstab.*

33 OLG München JurBüro 1996, 368.

Rechtsstreits (etwa nach § 246 ZPO) darf keine Streitwertfestsetzung von Amts wegen erfolgen.[34]

- *Eine anderweitige Erledigung des gesamten Rechtsstreits:* Das können sein: Erledigung im Termin zur Erörterung Im Prozesskostenhilfeprüfungsverfahren (§ 118 Abs. 1 S. 3 ZPO),[35] beiderseitige wirksame Erledigungserklärungen, ein vorbehaltsloser oder nicht mehr unter einen Vorbehalt fallender Prozessvergleich, eine Aussetzung des Rechtsstreits, das Nichtbetreiben durch die Parteien über einen Zeitraum von mehr als 6 Monaten[36] oder die Anordnung des Ruhens des Verfahrens über einen Zeitraum von mehr als 6 Monaten. In den Fällen des Nichtbetreibens oder der Anordnung des Ruhens jedoch nur dann, wenn feststeht dass das Verfahren nicht mehr fortgeführt wird oder jedenfalls nach den konkreten Umständen auf absehbare Zeit mit einem Wiederaufruf nicht zu rechnen ist.[37] Auch die Klagerücknahme ohne Kostenantrag nach § 269 Abs. 3 ZPO ist als eine anderweitige Erledigung zu behandeln.[38]
- *Keine Bindung nach § 62.* Wenn eine Entscheidung nach § 62 S. 1 vorliegt oder eine solche nach § 62 S. 1 2. Alt. bindet, ist eine weitere Wertfestsetzung nach § 63 Abs. 2 ausgeschlossen.[39] Dazu oben, § 62 Rn. 3.
- Das *Beweisverfahren* nach §§ 485 ff. ZPO ist regelmäßig erst mit der Beendigung des Hauptverfahrens erledigt,[40] es sei denn, das Hauptverfahren hat sich durch das Ergebnis des Beweisverfahrens erledigt. Eine unterschiedliche Streitwertfestsetzung nur für die außergerichtlichen Auslagen eines Beteiligten ist aber – besonders im Insolvenzverfahren – nicht ausgeschlossen.[41]
- Es muss eine Wertfestsetzung geboten sein. Das ist nicht der Fall, wenn für die Gerichtskosten Festwerte gelten oder wenn und soweit das Verfahren kostenfrei ist. Festwert in diesem Sinne liegt aber vor, wenn – wie z.B. in § 48 Abs. 3 S. 2 – Mindestwerte gelten.

Ein – auch stillschweigenden, durch Auslegung zu deutender[42] – **Antrag** ist – außer **13**
in Finanz- und Arbeitsgerichtssachen (Abs. 2 S. 2) und in den Fällen des § 32 Abs. 2 RVG – nicht nötig, weil die endgültige Festsetzung ausdrücklich **von Amts wegen** vorgeschrieben ist („... setzt ... fest ..."). Wird ein solcher von einer Partei, von einem sonst wie am Verfahren Beteiligten oder von einem am Verfahren beteiligten Rechtsanwalt eingebracht, ist er als Anregung zur Überprüfung der vorläufigen oder auf endgültige Wertfestsetzung zu behandeln. Eine solche Anregung wird selbstverständlich auch durch die von dem zuständigen Bezirksrevisor vertretene Staatskasse gegeben werden können. Auch die Vorlage der Akten durch den Urkundsbeamten der Geschäftsstelle kann als Anregung i.d.S. gesehen werden, den Wert endgültig festzusetzen. In Finanz- und Arbeitsgerichtssachen kommt nach Beendigung des Verfahrens nur dann eine endgültige Streitwertfestsetzung in Betracht, wenn ein Beteiligter des Verfahrens oder die Staatskasse das beantragt oder die Staatskasse oder das Gericht es für angemessen hält (Abs. 2

34 BGH NJW 2000, 1199; VGH Baden-Württemberg, Beschl. v. 2.4.2012 – 11 S 3086/11.
35 OLG Nürnberg MDR 2003, 835.
36 Vgl. OLG Hamm MDR 1971, 495; *Hartmann* § 63 Rn. 18.
37 FG Rheinland/Pfalz, Beschl. v. 14.11.2012 – 6 Ko 2444/12.
38 OLG Rostock MDR 1995, 212.
39 OLG Köln OLGR 2000, 78 und JurBüro 2009, 314 (LS mit Volltextservice); OLG Dresden OLGR 2008, 42; OLG Koblenz LGR 2005, 602.
40 OLG Naumburg MDR 1999, 1093 = JurBüro 1999, 596.
41 KG NJW-RR 2000, 1622.
42 BGH JurBüro 2014, 364 (L) = NJW-RR 2014, 765 = MDR 2014, 566 = AnwBl. 2014, 564 (L) = ZIP 2014, 1047 = NZI 2014, 473 = RVGprof 2014, 130 =JurionRS 2014, 13275.

S. 2). Letzteres wird in der Regel für angebracht erachtet werden müssen, wenn sich Streitwertvorgänge des Verfahrens als kompliziert oder komplex herausstellen.[43]

14 Besonderheiten gelten, wenn ein **Rechtsanwalt aus eigenem Recht** nach § 32 Abs. 2 RVG eine Wertfestsetzung beantragt. Gemeint sind hier die Fälle, in denen das Gericht eine von Amts wegen zu treffende Entscheidung unterlassen hat oder – was häufiger der Fall sein wird – in denen keine Partei (etwa dann, wenn sie Kontenfreiheit genießt) ein Interesse an einer Festsetzung hat oder wenn eine Festsetzung von Amts wegen nicht vorgesehen ist (Finanz- und Arbeitsgerichtssachen). Bei der ersten Fallgruppe wird der Antrag aber in der Sache regelmäßig als Beschwerde nach § 68 anzusehen sein und die Nachholung der Festsetzung als Abhilfe gelten müssen. Kein Antrag des Rechtsanwalts i.d.S. ist hingegen ein Antrag nach § 33 Abs. 1 RVG. Dabei handelt es sich um ein vom GKG unabhängiges Verfahren, was schon aus der besonderen Zulässigkeitsbestimmung (§ 33 Abs. 2 RVG) und der ausschließlichen Zuständigkeit des Gerichts des ersten Rechtszuges (§ 33 Abs. 1 RVG) folgt.

15 Liegen die Voraussetzungen für eine endgültige Wertfestsetzung vor (vgl. oben Rn. 11), ist das Gericht zu einer **Entscheidung von Amts** wegen nicht nur berechtigt, sondern **verpflichtet.**[44] Ein Ermessen zur endgültigen Festsetzung hat das Gericht außer im finanzgerichtlichen und arbeitsgerichtlichen Verfahren grundsätzlich nicht.[45]

16 **Zuständig** für die endgültige Festsetzung ist stets das **Prozessgericht**, vor dem die Instanz abgeschlossen wurde, wenn und soweit der Gegenstand bei ihm anhängig war oder in einem Vergleich erfasst wurde,[46] also die Kammer, der Einzelrichter, der Vorsitzende der Kammer für Handelssachen (§ 349 Abs. 2 Ziff. 11 ZPO) oder der Senat eines Obergerichts. Der Urkundsbeamte der Geschäftsstelle nimmt i.d.S. niemals eine (vorläufige oder gar endgültige) Wertfestsetzung vor. Prozessgericht i.d.S. ist auch das Arrestgericht und in der Zwangsvollstreckung das Vollstreckungsgericht, das aber nur den Wert seines Zwangsvollstreckungsverfahrens festsetzen kann. Beim **selbständigen Beweisverfahren** ist Prozessgericht das Gericht, bei dem dieses Verfahren durchgeführt wurde, und die ihm im Instanzenzug übergeordneten Gerichte, niemals aber das Gericht, welches das Beweisergebnis verwertet.[47] Die Streitwertfestsetzung für den Berufungsrechtszug des Patentnichtigkeitsverfahrens verbleibt dem Bundespatentgericht, falls das Rechtsmittel vor Abgabe der Akten an den BGH zurückgenommen wurde.[48] Soweit der **Rechtspfleger** eine Sache in eigener Zuständigkeit entscheidet (§ 4 RPflG), hat er auch den Wert endgültig festzusetzen.[49] Im Mahnverfahren ist § 63 nicht anwendbar.[50]

17 Jede **Instanz** hat **für sich** festzusetzen.[51] Ist eine Sache vom Amtsgericht an das Landgericht verwiesen, so setzt das Landgericht auch hinsichtlich eines im Verfahren vor dem Amtsgericht schon erledigten Teils der Streitsache endgültig fest. Dasselbe gilt auch für den umgekehrten Fall einer Verweisung vom Landgericht an das Amtsgericht oder von einer Gerichtsbarkeit an die andere (etwa: vom Arbeitsgericht an das ordentliche Gericht und umgekehrt). Setzt das Gericht einer höheren Instanz den Streitwert für sein Verfahren endgültig fest, so kann es nicht gleichzeitig den Streitwert des Verfahrens der unteren Instanz mit festsetzen.[52] Das kann sogar ohne Rücksicht auf einen Antrag

43 So auch *Brinkmann* JurBüro 2005, 119.
44 OVG Münster, NVwZ-RR 1999, 402.
45 *Hartmann* § 63 Rn. 20.
46 OLG Hamm JurBüro 1980, 238; OLG Bremen JurBüro 1979, 1395.
47 OLG Hamm NJW 1976, 116; OLG Saarbrücken JurBüro 1968, 903; *Markl* JVBl. 1969, 179.
48 BGH MDR 1970, 138 = JurBüro 1970, 165.
49 BayObLG RPfleger 1974, 392; *Hartmann* § 63 Rn. 23.
50 LAG Düsseldorf JurBüro 1999, 532.
51 BGH RPfleger 1987, 38; BFH BStBl. II 1977, 42; KG VersR 1981, 151.
52 OLG Köln VersR 1973, 1032 und DGVZ 1986, 151.

oder an das Verschlechterungsverbot geschehen.[53] § 68 gibt dem Rechtsmittelgericht nur die Möglichkeit, eine bereits erfolgte Streitwertfestsetzung des unteren Gerichts im Beschwerdeverfahren zu ändern.[54] Niemals kann die untere Instanz nach § 63 den Streitwert für die höhere Instanz festsetzen, auch nicht, wenn das höhere Gericht bei einer Zurückverweisung die Kostenentscheidung dem Vordergericht übertragen hat. Denn die Übertragung kann sich insoweit immer nur auf die grundsätzliche Kostentragungspflicht beziehen, niemals aber auf die Höhe des Streitwerts oder auf die Beschwer. Im Kostenfestsetzungs- und -ansatzverfahren ist der Rechtspfleger oder der Kostenbeamte an die ergangenen Streitwertfestsetzungsbeschlüsse gebunden. Das Erinnerungs- und Beschwerdegericht kann lediglich den Streitwert des Kostenfestsetzungs- oder -ansatzverfahrens, nicht aber den des zugrunde liegenden Hauptsacheverfahrens, förmlich festsetzen, und zwar auch dann nicht, wenn die Sache wegen der Kostenfestsetzung erneut in die Rechtsmittelinstanz gelangt.[55]

Anhörung der Parteien: Nach allgemeinen Grundsätzen (Art. 103 Abs. 1 GG) hat das 18
Gericht den Parteien und den weiteren Beteiligten (z.B. den Nebenintervenienten)[56] vor der endgültigen Festsetzung rechtliches Gehör zu gewähren.[57] Es gelten hier die Verfahrensgrundsätze der §§ 567 ff. ZPO. Ob das Gericht über den Kostenstreitwert mündlich verhandelt, steht in seinem freien Ermessen. Es ist insoweit an Anträge eines Beteiligten nicht gebunden. Der Streitwert ist vielmehr objektiv anhand des Sach- und Streitstandes zu bestimmen und unterliegt grundsätzlich nicht der Disposition der Parteien. Parteianträge sind demzufolge nur als Anregungen aufzufassen.[58] Allerdings sind übereinstimmende und nicht offensichtlich unzutreffende Angaben der Parteien im erstinstanzlichen Verfahren ein Indiz für den wirtschaftlichen Wert des Klagebegehrens jedenfalls dann, wenn sie zu einem Zeitpunkt abgegeben werden, in dem die spätere Kostentragungspflicht noch offen ist.[59] Entscheidet das Gericht aber in mündlicher Verhandlung, besteht auch in Anwaltsprozessen **kein Anwaltszwang**. Streitwertangaben eines Beteiligten, mit dem Ziel der Herabsetzung des vorläufig festgesetzten Wertes sind hier besonders kritisch zu bewerten, wenn sie erst in Kenntnis des Unterliegens gemacht werden und offenbar dem Zweck dienen, die Kosten für das verlorene Verfahren möglichst niedrig zu halten.[60]

Im Zeitpunkt der Entscheidung muss selbstverständlich ein **Rechtsschutzbedürfnis** 19
gegeben sein,[61] das auch dann noch besteht, wenn der Kostenbeamte bereits einen Kostenansatz vorgenommen hat.[62] Ein solches wird aber nur ausnahmsweise fehlen, so etwa, wenn mit Sicherheit keinerlei Gerichtsgebühren anfallen[63] und auch die Anwaltskosten nicht von einer gerichtlichen Wertfestsetzung nach Abs. 2 abhängig sind.[64]

Die Entscheidung erfolgt durch einen **förmlichen Beschluss**. Zulässig ist es auch, 20
wenn das Gericht die endgültige Festsetzung in die Urteilsformel oder in die Entscheidungsgründe aufnimmt.[65] Insoweit bleibt die Entscheidung aber ein selbständiger Be-

53 LAG Thüringen MDR 2001, 538.
54 Vgl. dazu *Mümmler* JurBüro 1972, 671 (zum alten Recht).
55 OLG Koblenz MDR 2004, 417 = NJW-RR 2004, 1510; OLG Hamm JurBüro 1959, 473.
56 OLG München NJW-RR 1998, 420 = MDR 1998, 788.
57 HessLAG JurBüro 1999, 306; OLG Brandenburg OLG-NL 1994, 250.
58 OLG Frankfurt/Main, Beschl. v. 21.5.2013 – 17 W 15/13 – = RVG-professionell 2013, 110.
59 BGH JurBüro 2013, 142.
60 Nieders. OVG JurBüro 2008, 425.
61 BGH, Beschl. v. 20.3.2014 – IX ZB 288/11 – = JurBüro 2014, 364 (L) = RVGprof 2014, 130 = JurionRS 2014, 13275; BFH BStBl. II 1988, 289; *Hartmann* § 63 Rn. 25; *Dörndorfer in* Binz u.a., GKG § 63 Rn. 7.
62 BFH BB 1978, 1507.
63 BGH, Beschl. v. 20.3.2014 – IX ZB 288/11 – = JurionRS 2014, 13275.; LG München AnwBl. 1988, 72.
64 *Hartmann* § 63 Rn. 25.
65 OVG Saarland JurBüro 1997, 198, 199; *Wenzel* BB 1981, 166; *Hartmann* § 63 Rn. 26.

schluss, der nur im Rahmen des § 63 angefochten oder geändert werden kann. Dagegen enthält ein außerhalb eines Entscheidungssatzes oder der Gründe eines Urteils angebrachter Vermerk „Streitwert ... €" nicht in jedem Fall eine Festsetzung i.S.d. Abs. 2. Es muss vielmehr der Wille des Prozessgerichts, den Streitwert endgültig festsetzen zu wollen, eindeutig erkennbar sein.[66] Eine alsbald nach dem Eingang der Klage erfolgte Festsetzung wird im Zweifel nur als Festsetzung des Zuständigkeitsstreitwertes anzusehen sein,[67] insbesondere dann, wenn diese mit einer Verweisungsanregung verbunden wird.[68] Es ist zwar nicht notwendig, kann aber mitunter zweckmäßig sein, auf die vorläufige Festsetzung hinzuweisen.

21 Die endgültige Streitwertfestsetzung kann auch für **einzelne Prozessabschnitte** oder Teile des **Streitgegenstandes** erfolgen, soweit durch eine Entscheidung oder auf andere Weise der Streitgegenstand endgültig erledigt wird.

22 Die endgültige Streitwertfestsetzung nach Abs. 2 wirkt für und gegen alle am Prozess Beteiligten,[69] einschließlich der des Kostenfestsetzungsverfahrens, insbesondere auch für den Gebührenprozess des Rechtsanwalts (§ 32 Abs. 2 RVG). Das gilt auch, wenn in Arbeitsgerichtssachen oder Finanzgerichtssachen nach Abs. 2 Satz 2 ein Streitwert festgesetzt wurde.

23 Die Bestimmungen über den an die Stelle der weggefallenen **Gerichtsferien** getretenen Anspruch auf Terminsverlegung nach § 227 ZPO[70] sind (auch nicht entsprechend) anwendbar.

24 Bei der **Entscheidung** über die Höhe des endgültig festzusetzenden Wertes ist das **Klagebegehren** maßgebend. Darauf, ob die geltend gemachten Ansprüche (teilweise) bestritten sind oder nicht, kommt es nicht an, wie das Gericht auch an übereinstimmende Angaben oder Vorstellungen der Parteien nicht gebunden ist[71] (oben Rn. 18). Es sind alle im Zeitpunkt der letzten mündlichen Verhandlung oder dem der letzten mündlichen Verhandlung gleichstehenden Zeitpunkt zu berücksichtigen.[72] Nach dem rechtskräftigen Abschluss des Verfahrens ist ein Nachschieben streitwertrelevanter Erklärungen ausgeschlossen.[73] Auch Umstände oder Tatsachen, die nicht allen am Streitwertfestsetzungsverfahren Beteiligten bekannt gegeben worden sind oder von denen sie in prozessordnungsgemäßer Weise nicht hätten Kenntnis erlangen können (z.B. vertrauliche Umsatzzahlen), müssen unberücksichtigt bleiben.[74] Bei der Wertfestsetzung ist auch zu berücksichtigen, dass wegen mangelnder Prozessfähigkeit und darauf beruhender Umstände überzogene und/oder unrealistische, ja sogar selbstschädigende Anspruchsvorstellungen des Antragsstellers gegeben sein können.[75]

25 Grundsätzlich bedarf die endgültige Streitwertfestsetzung einer **Begründung**.[76] Von einer Begründung kann aber abgesehen werden, wenn die Höhe des Streitwertes mit den Beteiligten – was zweckmäßigerweise im Protokoll oder in einem Aktenvermerk festgehalten werden sollte, aber nicht muss – erörtert wurde[77] und/oder der Streitwert gemäß

---

66 *Hartmann* § 63 Rn. 26.
67 OLG München MDR 1998, 1242.
68 OLG Köln NJW-RR 1998, 279.
69 OLG Hamm RPfleger 1956, 77 (L); *Hartmann* § 63 Rn. 33.
70 Ges. v. 28.10.1996 – BGBl. I, 1546.
71 OLG Brandenburg MDR 1997, 106; KG RPfleger 1962, 121.
72 OLG Bamberg JurBüro 1980, 1865.
73 Dazu ausführlich und m.w.N OVG Niedersachsen JurBüro 2015, 141 = AGS 2015, 41 = AnwBl. 2015, 99 = JurionRS 2014, 25575.
74 KG NJW 1975, 743 (L) = RPfleger 1975, 109 = AnwBl. 1974, 394.
75 Dazu OLG Koblenz JurBüro 2007, 34.
76 BVerfGE 6, 44; OLG Köln NJW-RR 1991, 1280.
77 *Hartmann* § 63 Rn. 29.

den übereinstimmenden Vorstellungen der Beteiligten endgültig[78] festgesetzt wird. Außerdem ist eine Begründung entbehrlich, wenn in keinerlei Rechte der Parteien eingegriffen wird[79] oder wenn mit einer Anfechtung nicht gerechnet zu werden braucht. Wenn aber ein Beteiligter substantiierte Anregungen zur Festsetzung der Höhe des Wertes abgibt (Rn. 12), ist eine Begründung stets erforderlich, wenn und soweit das Gericht dem nicht folgt, weil dann der Anregende beschwert sein kann (vgl. § 68 Rn. 6). Zum Ausdruck gebracht werden soll aber stets, dass es sich um eine endgültige Festsetzung handelt.[80] Wenn und soweit aber gegen einen nicht begründeten Beschluss eine zulässige Beschwerde nach § 68 eingelegt wird, muss das Gericht die Begründung nachholen, soweit es der Beschwerde nicht abhilft.[81]

Haben alle Parteien wirksam **Rechtsmittelverzicht** gegen die Wertfestsetzungsentscheidung nach Abs. 2 erklärt, ist selbstverständlich auch keine Begründung notwendig. 26
Das gilt auch, wenn der zutreffende Kostenstreitwert sich aus dem Streitstoff selbst ergibt.[82] Ob eine übereinstimmende Erklärung der Prozessbevollmächtigten als Rechtsmittelverzicht zu betrachten ist,[83] ist streitig.[84] Man muss hier wohl differenzieren: Wird der Verzicht auf eine Begründung vor dem Erlass (der Verkündung/Bekanntgabe) der Streitwertfestsetzung erklärt, kann die Verzichterklärung auf eine Begründung auch als Rechtsmittelverzicht ausgelegt werden, wenn die Entscheidung den erkennbaren Erwartungen der Partei(en) entspricht. Dies ist in der Regel der Fall, wenn der Streitwert so festgesetzt wird, wie es das Gericht nach Erörterung in Aussicht gestellt hat. Anders liegt der Fall, wenn die Partei(en) nach Verkündung des Beschlusses ausdrücklich auf eine Begründung verzichten. Dann tun sie damit inzidenter kund, dass sie mit der Festsetzung einverstanden sind, so dass es einer Begründung nicht mehr bedarf.

Ausreichend ist es, wenn die **Begründung** nur **stichwortartig** verfasst ist. Es müs- 27
sen lediglich die wesentlichen für die Entscheidung des Gerichts maßgebenden Gesichtspunkte genannt werden. Ausreichend ist auch die Bezugnahme auf den (begründeten) Beschluss der vorläufigen Festsetzung nach Abs. 1 oder auf den Inhalt eines Schriftsatzes einer Partei, dem das Gericht im Wesentlichen folgt.

Mitteilung. Der endgültige Streitwertfestsetzungsbeschluss braucht nicht förmlich 28
zugestellt zu werden. Die Frist des Abs. 3 S. 2 ist keine eigentliche Rechtsmittelfrist,[85] sondern eine Ausschlussfrist. Ergeht er in der mündlichen Verhandlung, reicht die Verkündung nach § 329 Abs. 1 ZPO aus. Eine **förmliche Zustellung** ist aber geboten, wenn nach einer Kostenfestsetzung eine Streitwertfestsetzung erfolgt und diese Wertfestsetzung von der Wertberechnung des Kostenfestsetzungsbeschlusses abweicht, § 107 ZPO.

Kosten. Die Entscheidung über die endgültige Streitwertfestsetzung ist gebühren- 29
frei. Außergerichtliche Kosten sind allerdings zu erstatten.[86] Denn § 68 Abs. 3 bezieht sich ausdrücklich nur auf das Beschwerdeverfahren.

---

78 Vgl. OLG Bamberg JurBüro 1975, 1463 (keine Beschwer der Parteien).
79 BVerfG NJW 1957, 298.
80 Vgl. dazu bei *Hartmann* § 63 Rn. 28 m.N.
81 Unstr. vgl. etwa OLG Dresden JurBüro 1998, 317 = OLG-NL 1998, 144; OLG Frankfurt aM GRUR 1989, 934; OLG Hamm RPfleger 1989, 104.
82 OLG Bamberg JurBüro 1978, 1360.
83 So OLG Köln MDR 2000, 472 (bei einer Kostenentscheidung nach § 91a ZPO); verneinend OLG München JurBüro 2000, 141.
84 Zur Problematik vgl. ausführlich *E. Schneider* MDR 2000, 987.
85 OVG Hamburg NVwZ-RR 1993, 167.
86 Vgl. z.B. OLG München NJW 1968, 1937; OLG Nürnberg NJW 1968, 849; *Hartmann* § 63 Rn. 33; **a.M.:** OLG Schleswig SchlHA 1975, 67; OLG Frankfurt aM NJW 1975, 742; OLG Hamburg MDR 1966, 770; OVG Münster DVBl. 1972, 838.

30 Der Beschluss erwächst **nicht in äußere Rechtskraft.** Einer rechtskräftigen Entscheidung über die Anwaltsgebühren im Prozess zwischen dem Anwalt und seinem Mandanten steht eine Abänderbarkeit des Kostenstreitwertbeschlusses nicht entgegen.[87]

31 Eine falsche endgültige Festsetzung des Kostenstreitwertes kann eine **Amtshaftung** auslösen.[88] Denn Streitwertfestsetzungsbeschlüsse sind nicht dem Richterprivileg unterworfen.[89] Allerdings werden die Voraussetzungen für einen Amtshaftungsanspruch wegen § 839 Abs. 1 S. 1, Abs. 3 BGB nur in seltenen, schon an Rechtsbeugung grenzenden, Fällen gegeben sein.

32 **Abs. 3 (Änderung des endgültigen Streitwertfestsetzungsbeschlusses):** Abs. 3 Satz 1 ist durch das 2. KostRG nur sprachlich neu gefasst worden. Nach Abs. 3 kann das Gericht, das den endgültigen Wertfestsetzungsbeschluss erlassen hat, oder das Rechtsmittelgericht, wenn der Streit bereits in der Rechtsmittelinstanz schwebt, die Wertfestsetzung **von Amts wegen** ändern[90] oder selbst festsetzen, wenn das in der Vorinstanz unterblieben ist.[85a] Dabei besteht kein Verschlechterungsverbot.[91] Die Begriffe „Verfahren" und „Hauptsache" beziehen sich auf das Verfahren, für welches der Streitwert festgesetzt wurde und geändert werden soll, und nicht etwa – im Falle eines vorangegangenen Eilverfahrens – auf das dazu gehörende Hauptsacheverfahren.[92] In entsprechender Anwendung der Bestimmung kann das Rechtsmittelgericht den Streitwert auch dann von Amts wegen ändern, wenn das Verfahren nur noch wegen einer nach § 99 Abs. 2 ZPO isoliert anfechtbaren Kostenentscheidung schwebt.[93] Eine Änderung durch das Rechtsmittelgericht ist aber dann nicht mehr möglich, wenn das Rechtsmittel unstatthaft[94] oder unzulässig ist,[95] wenn es den Gebührenwert früher selbst festgesetzt[96] oder eine vorinstanzliche Festsetzung selbst bestätigt hat.[97] Auch dann, wenn eine Kostengrundentscheidung und/oder einen Wertfestsetzung des Hauptsachegrichts (offensichtlich) unrichtig ist, ist das Gericht im Kostenfestetzungsverfahren daran gebunden.[98] Selbstverständlich kann das auch auf einen insoweit als Anregung aufzufassenden Antrag eines Beteiligten geschehen.[99] Folgt das Gericht indessen einer solchen Anregung nicht, wird es diese als Beschwerde gegen die Wertfestsetzung behandeln, falls der Anregende beschwert ist.[100] Im Zweifel wird das Gericht nachzufragen haben. Das Gericht kann einen hohen Streitwert auch festsetzen, wenn der Kläger eine Klageerweiterung einreicht und diese später nicht weiter verfolgt, und zwar auch dann, wenn mangels ordnungsgemäßer Zustellung der Klageerweiterung ein Prozessrechtsverhältnis nicht entstanden

---

87 *Hartmann* § 63 Rn. 34.
88 *Matzen* AnwBl. 1976, 333; *Hartmann* § 63 Rn. 34.
89 BGHZ 36, 144.
90 KG JurBüro 2010, 84 (LS mit Volltextservice).
85a H.M.: Vgl. etwa NdsOVG, Beschl. v. 29.4.2015 – 1 ME 43/15 = JurionRS 2015, 20498 = JurBüro 2015, 412 m. w. N.
91 OLG Düsseldorf JurBüro 2010648 (LS mit Volltextservice); OLG Celle JurBüro 2010, 88; OLG Rostock OLGR 2009, 223; Brandenburgisches OLG JurBüro 1997, 196.
92 BVerwG NVwZ-RR 1998, 142.
93 OLG Brandenburg JurBüro 1998, 648.
94 NK-GK/*N. Schneider* § 63 Rn. 95.
95 OLG München JurBüro 1983, 890; *Hartmann* § 63 Rn. 51; *Dörndorfer* in Binz u.a. § 63 Rn. 10; **A.A.** LAG Düsseldorf, JurBüro 2017, 311; OLG Celle JurBüro 2010, 88; OVG Hamburg NVwZ-RR 2014, 704 = JurionRS 2014, 17618; NK-GK/*N. Schneider* § 63 Rn. 96.
96 OLG Koblenz JurBüro 2004, 32; *Dörndorfer* in Binz u.a. § 63 Rn. 10.
97 BGH MDR 1986, 654; OLG Düsseldorf JurBüro 2010, 427; OLG Hamm MDR 1990, 63; *Hartmann* § 63 Rn. 49.
98 OLG Koblenz JurBüro 2012, 428.
99 VGH Mannheim JurBüro 1992, 110.
100 *Hartmann* § 63 Rn. 39.

ist.[101] Hat indessen das Rechtsmittelgericht den Streitwert im Hauptsacheverfahren bereits unanfechtbar festgesetzt, ist diese Festsetzung bindend, wenn die Sache später wegen der Kostenfestsetzung erneut in die Rechtsmittelinstanz gelangt.[102]

Voraussetzung für eine Änderung ist, dass bereits ein förmlicher endgültiger gerichtlicher Streitwertfestsetzungsbeschluss nach Abs. 2 ergangen ist. 33

Keine Änderung hingegen ist die **Berichtigung** einer als offenbar unrichtig erkannten Wertfestsetzung nach § 319 ZPO.[103] 34

Abs. 3 S. 2 (Änderungsfrist): Im Interesse aller Beteiligten an einer sicheren Rechtslage ist die Möglichkeit zur Änderung des endgültigen Wertfestsetzungsbeschlusses auf 6 Monate befristet. Hat die Entscheidung in der Hauptsache – gemeint ist hier der Hauptsacheanspruch samt Nebenforderungen und Kosten[104] – Rechtskraft erlangt oder hat sich das Verfahren anderweitig erledigt, ist die Änderung des endgültigen Wertfestsetzungsbeschlusses nur innerhalb von 6 Monaten ab Rechtskraft oder endgültiger Erledigung des Verfahrens möglich.[105] Wird der Anspruch nicht nur im vorläufigen Rechtsschutzverfahren, sondern auch im Wege der Hauptsacheklage geltend gemach, beginnt die Frist mit der Rechtskraft pp. der Hauptsacheklage.[106] Der Eintritt der Rechtskraft wird nicht durch Einlegung einer Gehörsrüge gehemmt,[107] weil die Gehörsrüge als außerordentlicher Rechtsbehelf kein Rechtsmittel i.S.v. § 705 ZPO ist.[108] Das gilt selbst dann, wenn die Parteien unrichtige Angaben gemacht haben.[109] Hat der Kläger die **Klage zurückgenommen**, so beginnt die 6-Monatsfrist mit der gerichtlichen Kostenentscheidung zu laufen, wenn diese binnen zwei Wochen nach der Klagerücknahme beantragt und anschließend der Streitwert festgesetzt wird.[110] Die nach den Bestimmungen der §§ 221 ff. ZPO zu berechnende Frist beginnt aber erst nach endgültiger Erledigung des Rechtsstreits und nicht bereits nach der Erledigung einer Instanz.[111] Auch der rechtskräftige Abschluss eines Rechtsmittelverfahrens setzt die Frist noch nicht in Lauf, wenn der Rechtsstreit in der Hauptsache durch Zurückverweisung in die untere Instanz noch nicht erledigt ist.[112] Im **Arrestverfahren** beginnt der Fristlauf, wenn der Arrestantrag endgültig zurückgewiesen oder dem Aufhebungsantrag rechtskräftig stattgegeben oder bei Aufrechterhaltung des Arrestes der Hauptsacheprozess endgültig abgeschlossen ist.[113] Im Finanzgerichtverfahren beginnt die Frist nach einem Gerichtsbescheid des BFH, wenn kein Beteiligter mehr einen Antrag auf mündliche Verhandlung stellen kann.[114] Im **selbständigen Beweisverfahren** ist die Beendigung dieses Verfahrens maßgebend[115] und nicht die Beendigung des 35

---

101 OLG Koblenz JurBüro 2006, 646 (L mit Volltextservice) = OLG Report-Frankfurt 2007, 75 = BeckRS 2006, 11336.
102 OLG Koblenz JurBüro 2004, 32.
103 OLG Celle JurBüro 1976, 1338.
104 Vgl. etwa OLG Nürnberg AnwBl. 1981, 499.
105 VGH Baden-Württemberg JurBüro 1996, 645; OLG Köln MDR 1973, 236 (L).
106 BayVGH JurBüro 2014, 305 = JurionRS 2013, 54419; *Hartmann* § 63 Rn. 53.
107 BVerwG Beschl. v. 18.2.2010 – 9 KSt 1.10.
108 BT-Ds. 15/3706, S. 13.
109 OLG Nürnberg NJW-RR 1999, 613.
110 OLG Rostock MDR 1995, 212.
111 OLG München JurBüro 1991, 951.
112 BGH NJW 1961, 1819 = JurBüro 1961, 493 = MDR 1961, 926.
113 OLG Frankfurt aM JurBüro 1958, 130 = MDR 1958, 348 = RPfleger 1958, 287.
114 BFH JurBüro 2001, 593.
115 OLG Köln NZBau 2013, 5896 = BeckRS 2013, 05772 = RVG-professionell 2013, 199; KG MDR 2002, 1453; OLG Frankfurt/Main OLGR 1997, 203; OLG Nürnberg MDR 2002, 538; *Hartmann* § 63 Rn. 54, *Dörndorfer* in Binz u.a., § 63 Ran 12; jeweils m.w.N.

Verfahrens, in dem der Beweis verwertet wird,[116] auch wenn dieses vergleichsweise endet und das Ergebnis des Beweisverfahrens nicht mehr verwertet wird.[117] Dafür sprechen vor allem praktische Gesichtspunkte, insbesondere dann, wenn dem Beweisverfahren kein Hauptprozess folgt.[118] Das Beweisverfahren ist mit der Beendigung der Beweisaufnahme, regelmäßig also mit der Übersendung des Sachverständigengutachtens an die Parteien oder der mündlichen Anhörung des Sachverständigen abgeschlossen. Richtet sich die Klage gegen mehrere **Gesamtschuldner**, so beginnt die Frist erst mit der Erledigung des Rechtsstreits gegen alle Gesamtschuldner wegen aller erhobenen Ansprüche.[119] Das gilt grundsätzlich auch, wenn nur ein Teil des Rechtsstreits rechtskräftig oder anderweitig endgültig erledigt ist. Durch **Parteiwechsel** wird das Verfahren noch nicht i.S.v. Abs. 3 S. 2 endgültig erledigt. Wird ein Verfahren nach längerem Ruhen wieder aufgenommen, so beweist dies, dass das Verfahren tatsächlich noch nicht erledigt war, die Frist des Abs. 2 S. 3 mithin noch nicht abgelaufen ist. Die Frist für einen Änderungsbeschluss ist noch gewahrt, wenn er vor dem Ablauf der Frist verkündet oder unterzeichnet wurde.

36 Die Frist des Abs. 3 S. 2 gilt nur für die Abänderung eines endgültigen Wertfestsetzungsbeschlusses und nicht für eine erstmalige Festsetzung. Erfolgt die erstmalige endgültige Festsetzung erst kurz vor dem Ablauf der Frist des Abs. 3 S. 2, so kann die Festsetzung noch innerhalb angemessener Nachfrist geändert werden.[120] Angemessen ist eine Frist von einem Monat nach dem endgültigen Streitwertfestsetzungsbeschluss.[121]

37 Ist das Gericht von der Unrichtigkeit einer endgültigen Wertfestsetzung überzeugt, dann **muss** es – soweit die Frist des Abs. 3 S. 2 noch nicht abgelaufen ist – den Wertfestsetzungsbeschluss ändern.[122] Die Unrichtigkeit kann sowohl darauf beruhen, dass das Gericht bei der Festsetzung wesentliche Gesichtspunkte übersehen hat, als auch darauf, dass neue Gesichtspunkte zutage treten.[123] So sind die Kosten des Beweisverfahrens Kosten des Hauptsacheverfahrens, wenn und soweit der Streitgegenstand identisch ist, so dass insoweit eine unterschiedliche Bewertung widersprüchlich und von Amts wegen zu korrigieren ist, wenn eine Korrektur wegen der Frist des Abs. 3 Satz 2 noch möglich ist.[124] Nachträgliche Erkenntnismöglichkeiten sind stets zu berücksichtigen und zu nutzen.[125] Auch eine Änderung der höchstrichterlichen Rechtsprechung kann eine Streitwertänderung rechtfertigen,[126] wozu auch schon die Änderung der Rechtsprechung des dem festsetzenden Gericht übergeordneten Beschwerdegerichts ausreichen kann. Obwohl die Parteien kein förmliches Antragsrecht haben, können auch Anregungen und Gegenvorstellungen der Parteien zu einer Änderung Anlass geben, sofern diese noch binnen der Frist des Abs. 3 S. 2

---

116 LG Detmold MDR 2000, 910; LG München I AnwBl. 1978, 231; LG Bayreuth JurBüro 1991, 259; **a.M.** OLG Celle MDR 1993, 1019; OLG Düsseldorf MDR 1997, 692 = JurBüro 1997, 532; OLG Naumburg MDR 1999, 193.

117 OLG Düsseldorf JurBüro 1997, 532 = MDR 1997, 692.

118 LG Detmold MDR 2000, 910 m. kritischer Besprechung von *Schneider* MDR 2000, 1230.

119 OLG Karlsruhe Die Justiz 1963, 60.

120 BGH MDR 1964, 483 = NJW 1964, 2062 und MDR 1979, 577 = GRUR 1979, 433; OLG Köln JurBüro 1977, 540.

121 BGH NJW 1966, 2061 = MDR 1966, 907 = JurBüro 1966, 763.

122 BGH NJW 1962, 584; OLG Nürnberg JurBüro 1968, 543; OLG Bamberg JurBüro 1977, 1422; OLG Celle JurBüro 1969, 174; **a.M.** aber BGH JurBüro 1972, 499, der insoweit nur eine Ermächtigung, aber keine Pflicht zur Änderung sieht.

123 OLG Frankfurt aM NJW 1962, 1921; OLG München JurBüro 1963, 298.

124 OLG Düsseldorf JurBüro 2006, 143.

125 **A.M.** OLG Schleswig RPfleger 1962, 425 (L).

126 **A.M.** OLG Hamm JurBüro 1979, 1546 = MDR 1979, 591 und NJW 1973, 198 = MDR 1973, 147 m. Anm. v. *Schneider* MDR 1973, 418; LG Kiel VersR 1975, 1037.

berücksichtigt werden können.[127] Die Streitwertfestsetzung kann auch dann geändert werden, wenn sie auf übereinstimmenden Angaben der Parteien beruht.[128]

Auswirkungen der Änderung auf die Kostenentscheidung: Die Änderung einer endgültigen Streitwertfestsetzung kann zur Folge haben, dass eine inzwischen rechtskräftig gewordene **Kostenentscheidung ungerecht** wird. In solchen Fällen ist es streitig, ob eine Streitwertänderung nach Abs. 2 noch zulässig ist. Während die einen dann die Zulässigkeit der Streitwertänderung ablehnen,[129] soll nach a.A. die Bestimmung des Abs. 2 ohne Rücksicht auf mögliche Auswirkungen[130] auf die Kostenentscheidung oder nur bei Herabsetzung[131] zulässig sein. Beide einander widersprechenden Ansichten nehmen ein Unrecht in Kauf, nämlich einen sachlich unzutreffenden Streitwert oder eine sachlich unrichtige Kostenentscheidung. Um solche Ergebnisse zu vermeiden, wird vorgeschlagen, die Bestimmung des § 319 ZPO in diesen Fällen zugunsten einer „Berichtigung" der Kostenentscheidung weit auszulegen.[132] 38

Stellungnahme: Die Frage ist im letztgenannten Sinne zu lösen. Stellt sich nämlich heraus, dass ein früher endgültig festgesetzter Wert sachlich unrichtig ist, so **muss** er geändert werden, solange die hierfür vorgesehene Frist des Abs. 3 S. 2 noch nicht abgelaufen ist. Dem gesetzlichen Gebot darf nicht mit der Begründung zuwidergehandelt werden, die Änderung des Streitwerts auf seinen wirklichen Wert wirke sich nachträglich auf eine gerichtliche Kostenentscheidung aus, die dadurch unrichtig werde. Schon aus der Positionierung des § 63 Abs. 3 S. 1 ist erkennbar, dass sie der Wahrung fiskalischer Interessen dient, nämlich die Berechnung der Gebühren nach dem tatsächlichen – wenn auch erst nach Rechtskraft für richtig erkannten – Gebührenwert zu gewährleisten.[133] Von der Höhe des Streitwertes hängen zudem u.a. auch die an die Rechtsanwälte zu zahlenden Gebühren ab, so dass der Gebührenwert auch anderweitig materiell rechtliche Auswirkungen hat. Das Interesse der Rechtsanwälte grundsätzlich geringer zu werten, als die Kostenbelastung der Parteien, stellt einen auch verfassungsrechtlich nicht unbedenklichen Eingriff in die Berufsausübung der Rechtsanwälte dar. Es ist deshalb schwer zu rechtfertigen, dass eine bei richtigem Streitwert unrichtige Kostenentscheidung aufrechterhalten werden müsste. Ist somit der Streitwert zu ändern und führt die Änderung dazu, dass die inzwischen rechtskräftig gewordene Kostenentscheidung unrichtig ist, so ist es Aufgabe der Gerichte, die durch eine gebotene Streitwertänderung nachträglich fehlerhaft gewordene Grundlage für die Kostenentscheidung in eine richtige umzuwandeln, zumal die Parteien regelmäßig auf eine solche Verfahrensentwicklung keinen oder nur einen geringen Einfluss nehmen können. Denn eine durch die Streitwertänderung unrichtig gewordene Kostenentscheidung kann im Verhältnis zueinander jedenfalls eine der Parteien, gegenüber der Staatskasse aber beide Parteien zu höheren Kosten verpflichten als eine dem geänderten Streitwert angepasste Kostenentscheidung. Richtig ist nun, dass für die Handhabung 39

127 So auch *Enders* in Hartung/Schons/Enders, § 32, Rn. 14.

128 OLG Koblenz JurBüro 1999, 188; VGH München JurBüro 1999, 197; vgl. aber auch OLG Köln JurBüro 1979, 1554.

129 BGH MDR 1977, 925; OLG Düsseldorf NJW-RR 1992, 1532; OLG Köln JurBüro 1977, 1134; OLG Nürnberg MDR 1969, 853; OLG Celle NJW 1969, 279 m. abl. Bespr. von *Hartung* MDR 1978, 195; *H. Schmidt* MDR 1968, 886.

130 OLG Köln JurBüro 2007, 34 (LS mit Volltextservice); OLG Düsseldorf NJW-RR 1992, 1407; OLG Köln BB 1979, 1378; VGH Kassel AnwBl. 1988, 180; OLG Hamm VersR 1977, 935; OLG Köln MDR 1977, 584 = RPfleger 1977, 187; KG NJW 1975, 2107 und NJW 1970, 255 = MDR 1970, 60; *Schneider* MDR 1972, 100; wohl auch OLG Düsseldorf JurBüro 1977, 707, jeweils m.w.N.

131 OLG Celle NJW 1974, 371; OLG Zweibrücken JurBüro 1970, 984.

132 So OLG Düsseldorf AnwBl. 1990, 845 und NJW-RR 1992, 1407 m.N.; OLG Frankfurt aM NJW 1970, 436; LG Hechingen VersR 1975, 93; *Hartmann* § 63 Rn. 40; *Hartung* MDR 1978, 195; *Speckmann* NJW 1972, 235.

133 OLG Köln JurBüro 2007, 34 (LS mit Volltextservice).

solcher Fälle eine unmittelbar anwendbare Vorschrift – wie etwa § 107 ZPO – für das Kostenfestsetzungsverfahren fehlt. Das Verfahrensrecht existiert aber nicht um seiner selbst Willen, sondern es hat die Aufgabe, die Durchsetzung sachlicher Ansprüche zu ermöglichen. Zeigt sich – wie hier –, dass eine Lücke im Verfahrensrecht besteht, die zu ungerechten Ergebnissen führt, ist es Aufgabe der Gerichte, diese Lücke in angemessener Weise zu schließen. Ob das z.B. über eine sinngemäße Anwendung des § 319 ZPO erreicht werden kann, ist aber zweifelhaft.[134] Denn nach der zulässigen Änderung des Streitwertes ist die Kostenentscheidung nicht „offenbar unrichtig" geworden, weil der Erklärungswert der Kostenentscheidung dem richterlichen Willen zum Zeitpunkt der Entscheidung entspricht.[135] Das ist aber ein Problem des jeweiligen Prozessrechts. Dem Kostenrecht kann jedenfalls nicht die Aufgabe zukommen, durch eine „weitherzige Auslegung" des § 319 ZPO eine vermeintliche Lücke des Prozessrechts zu schließen.

40 **Zuständigkeit für die nachträgliche Änderung:** Zuständig ist nur das Gericht, welches die endgültige Streitwertfestsetzung getroffen oder das Rechtsmittelgericht, wenn das Verfahren wegen der Hauptsache oder wegen der Entscheidung über den Streitwert, den Kostenansatz oder die Kostenfestsetzung in der Rechtsmittelinstanz schwebt.

41 Das **untere Gericht** kann immer nur seine eigene endgültige Streitwertfestsetzung ändern. Dabei ist es gleichgültig, ob die Sache noch in derselben Instanz schwebt oder bereits in einer höheren Instanz anhängig ist. Im letzteren Fall darf aber das Rechtsmittelgericht noch keine endgültige Festsetzung des Kostenstreitwerts auch für die untere Instanz vorgenommen, d.h. dessen Entscheidung bereits abgeändert haben.[136] Ist die endgültige Festsetzung schon im Beschwerdeverfahren bestätigt worden, darf es aufgrund neuer Tatsachen den endgültigen Streitwertbeschluss ändern, wobei es aber nicht in Widerspruch zu der Entscheidung des Rechtsmittelgerichts geraten darf. Hat das Rechtsmittelgericht zur Entscheidung über die Zuständigkeit des Gerichts oder die Zulässigkeit eines Rechtsmittels gemäß § 63 den Streitwert festgesetzt, ist diese Festsetzung auch für das untere Gericht grundsätzlich bindend, sofern nicht eine der im § 63 genannten Ausnahmen vorliegt. Eine durch das Rechtsmittelgericht für die untere Instanz erfolgte Festsetzung – gleichgültig ob erstmalig oder auf eine Beschwerde – darf das untere Gericht niemals abändern. Insoweit ist allein das Rechtsmittelgericht zur Abhilfe befugt. Solange aber noch keine Änderungsentscheidung durch das Rechtsmittelgericht ergangen ist, darf das untere Gericht seinen Streitwertfestsetzungsbeschluss ändern, auch wenn die Hauptsache bei dem Rechtsmittelgericht noch anhängig ist.

42 Das **Rechtsmittelgericht**, auch der entscheidende und der entscheidende oder der vorbereitende Einzelrichter nach §§ 526, 527 ZPO,[137] ist für die Abänderung zuständig, wenn es wegen (mindestens eines Teils)[138] der Hauptsache, einer Streitwertbeschwerde oder einer Beschwerde gegen den Kostenansatz oder die Kostenfestsetzung mit der Sache erstmalig oder erneut[139] befasst ist.[140] Zuständig ist also das mit der Sache befasste Berufungs-, Revisions- und Beschwerdegericht, jedoch nur für den Zeitraum, in dem die Sache in der Rechtsmittelinstanz schwebt.[141] Voraussetzung ist nicht, dass das Rechtsmittelgericht in zulässiger Weise mit dem Rechtsmittel befasst ist. Bei einem unzulässigen Rechts-

134 So auch OLG Düsseldorf MDR 2001, 1074 = JurBüro 2002, 82.
135 BGH MDR 1977, 925; OLG Stuttgart FamRZ 2002, 679; OLG Köln JurBüro 2007, 34, jeweils m.N.
136 Vgl. OLG Frankfurt aM MDR 1982, 589; *Hartmann* § 63 Rn. 44.
137 OLG Frankfurt aM JurBüro 1991, 1387.
138 VGH Kassel AnwBl. 1988, 180.
139 OVG Saarlouis JurBüro 1994, 240.
140 BGH VersR 1989, 817 m.w.N.; *Hartmann* § 63 Rn. 47; **abw.** *Schneider* MDR 1972, 100; **a.M.** LG Aachen MDR 1990, 63.
141 BGH VersR 1989, 817.

mittel gibt es keine Änderungsmöglichkeit.[136] Das gilt natürlich erst recht, wenn das Rechtsmittel lediglich zu dem Zweck eingelegt wird, eine Streitwertänderung durch das Rechtsmittelgericht zu erreichen.[137] Wenn das Rechtsmittelgericht lediglich im Prozesskostenhilfeprüfungsverfahren mit der Sache befasst ist, kann es den Streitwertfestsetzungsbeschluss der unteren Instanz allerdings nicht ändern,[138] wohl aber bei Beschwerde im Verfahren zur Festsetzung der Prozesskostenhilfeanwaltskosten.[139] Hat das Rechtsmittelgericht den Streitwertfestsetzungsbeschluss des unteren Gerichts geändert, so darf es diese Entscheidung von Amts wegen oder auf eine Gegenvorstellung der Beteiligten hin auch dann noch ändern, wenn es mit der Sache selbst in der Rechtsmittelinstanz nicht mehr befasst ist. Ebenso wie es seine Streitwertfestsetzung für das Rechtsmittelverfahren auch noch nach dem Abschluss des Rechtsmittelverfahrens innerhalb der Frist des Abs. 3 S. 2 ändern kann,[140] muss es auch seinen hinsichtlich der unteren Instanz erlassenen Änderungsbeschluss ändern können. Denn andernfalls wäre dieser Beschluss unabänderbar, weil ihn das untere Gericht niemals ändern darf. Auf der Grundlage einer Gegenvorstellung ist das Rechtsmittelgericht aber zu einer Streitwertänderung nicht mehr befugt, wenn es den Wert im Instanzenzug aufgrund einer Streitwertbeschwerde festgesetzt hat.[141]

Die **Entscheidung** erfolgt durch Beschluss ohne obligatorische (aber empfehlenswerte) Anhörung der Parteien. Erlässt das Gericht einen endgültigen Streitwertfestsetzungsbeschluss, ohne eine vorhergegangene endgültige Wertfestsetzung zu erwähnen, so ist anzunehmen, dass der spätere Beschluss der maßgebende ist und eine Abänderung des ersten Beschlusses in sich schließt.[142] 43

§ 64
Schätzung des Wertes

Wird eine Abschätzung durch Sachverständige erforderlich, so ist in dem Beschluss, durch den der Wert festgesetzt wird (§ 63), über die Kosten der Abschätzung zu entscheiden. Diese Kosten können ganz oder teilweise der Partei auferlegt werden, welche die Abschätzung durch Unterlassen der ihr obliegenden Wertangabe, durch unrichtige Angabe des Wertes, durch unbegründetes Bestreiten des angegebenen Wertes oder durch eine unbegründete Beschwerde veranlasst hat.

Allgemeines: Die Vorschrift bezieht sich nur auf die Wertfestsetzung nach 63 GKG i.V.m. § 3 ZPO und gilt für alle Verfahren, auf die das GKG nach § 1 anwendbar ist. Sie hat jedoch in anderen Verfahren als solche nach der ZPO, insbesondere im Arbeitsgerichtsverfahren,[1] nur sehr geringe Bedeutung. Die Bestimmung ist in der Sache als Ergänzung der §§ 48 ff. für die Bestimmung des Kostenstreitwerts (§§ 62, 63 Abs. 2) zu verstehen. Da unstrittig auch die nach §§ 62 GKG, 3 Satz 2 ZPO für die Ermittlung des Streitwertes für 1

136 OVG Bremen KostRspr. § 25 GKG Nr. 65; OLG Hamm, RPfleger 1973, 106; OLG Celle JurBüro 1964, 274; *Hartmann* § 63 Rn. 49.
137 BGH NJW 1952, 66.
138 *Hartmann* § 63 Rn. 50; *E. Schneider* MDR 1972, 99.
139 KG JurBüro 1978, 1700; OLG Köln JurBüro 1981, 1011.
140 BGH NJW 1962, 584; OLG Hamm Rpfleger 1973, 186.
141 BGH NJW-RR 1986, 757 = MDR 1986, 654; OLG Düsseldorf JurBüro 2010, 427.
142 KG RPfleger 1962, 121 (L).

1 *Tschischgale* S. 37.

die sachliche Zuständigkeit des Prozessgerichts oder für die Zulässigkeit eines Rechtsmittels beantragte Beweisaufnahme, von Amts wegen vorgenommene Augenscheinseinnahme oder Begutachtung durch Sachverständige entstandenen Kosten hingegen zu den Prozesskosten zählen, die von den Parteien getragen werden müssen, kann grundsätzlich auch für die entstehenden Kosten nach § 64 nichts anderes gelten. Die Vorschrift ist insoweit unvollständig, als sie nur bestimmt, dass über die Kosten zu entscheiden ist, nicht aber sagt, wer die Kosten zu tragen hat, wenn und soweit sie nicht gemäß S. 2 einer Partei auferlegt werden. Das ist aber auch nicht unbedingt erforderlich. Denn dann, wenn sie nicht ausdrücklich einem anderen Beteiligten als der Staatskasse auferlegt sind, bedeutet das automatisch, dass die Kosten dann dem Staat zur Last fallen müssen, § 1.[2]

2 **Voraussetzungen:** Es muss zunächst eine **Abschätzung zum Zwecke der Wertfestsetzung nach § 63 Abs. 2** erfolgt sein. Diese Abschätzung muss auch **erforderlich**, d.h. der Wert darf in anderer Weise nicht zuverlässig ermittelbar gewesen sein. Soweit es um die Abschätzung durch Sachverständige geht, wird das nur sehr selten notwendig werden. Sie ist nur geboten, wenn die Angaben der Parteien offensichtlich zu niedrig sind und sie trotz Aufforderung des Gerichts, Anknüpfungstatsachen mitzuteilen und glaubhaft zu machen (§ 61), nicht oder nur unzureichend reagiert haben und auch das Gericht nicht über ausreichende Sachkunde (etwa durch häufige Befassung mit ähnlichen Sachen, keine Spezialzuständigkeit) verfügt.[3] Umgekehrt gilt das auch für den Fall, dass der für die Schätzung des Wertes maßgebenden Behauptungen des Antragstellers sich durch ein Sachverständigengutachten nicht bestätigt haben. Hier ist bei der Schätzung erforderlichenfalls der Sachverständige zu den Tatsachen über die Höhe des Anspruchs ergänzend zu befragen.[4]

3 § 64 spricht expressis verbis nur von den Kosten einer Abschätzung durch Sachverständige. Nach § 3 Satz 2 ZPO sind aber auch Beweiserhebungen anderer Art, insbesondere durch Augenschein, möglich. Man wird **§ 64 sinngemäß** auch auf solche Beweisaufnahmen anzuwenden haben, da kein Grund erkennbar ist, andere durch Beweisaufnahmen notwendig gewordene Kosten auszuschließen, wenn dadurch ein kostenträchtiges Sachverständigengutachten vermieden werden kann *(Schluss a maiore ad minus)*.[5]

4 **Kosten der Abschätzung** sind die durch die Abschätzung verursachten Kosten (Gebühren und Auslagen, § 1), vor allem die an den Sachverständigen nach dem JVEG gezahlte Entschädigung, bei anderen Beweisaufnahmen erforderlich gewordenen Zeugenauslagen oder die durch eine Augenscheinseinnahme entstandenen Kosten. Auslagen des Gerichts sind nach KV Teil 9 zu erstatten.

5 Die **Entscheidung über die Kosten** ist **zwingend vorgeschrieben.** Satz 2 besagt insoweit nur, dass und wieweit sie auch einer Partei aufgegeben werden können, betrifft also nicht die Kostengrundentscheidung als solche. Für den Fall, dass sie keiner Partei auferlegt werden müssen, ist eine Entscheidung an sich überflüssig, weil die Kosten ohnehin zu Lasten der Staatskasse gehen, so dass der Kostenausspruch dann nur der Klarstellung dient. Wenn ein Fall des S. 2 vorliegt, ist ein Kostenausspruch auch dann zu treffen, wenn die pflichtige Partei Kosten- oder Auslagenfreiheit genießt. Denn in der Sache stellt § 64 auch eine Sanktionsbestimmung wegen schuldhafter Obliegenheitsver-

---

2 So auch *Hartmann* § 64 Rn. 10.
3 Vgl. auch *Hartmann* § 64 Rn. 4.
4 OLG München, Urt. v. 12.3.2002 – 27 W 55/02 = NJOZ 2002, 1181.
5 **A.M.** *Hartmann* § 64 Rn. 4; *Dörndorfer* in Binz u.a. § 64 Rn. 1.

letzung der Partei dar. Auch eine kosten- oder auslagenbefreite Partei hat die ihr aufgegebenen Obliegenheiten zu erfüllen.

Es trifft zwar zu, dass die Abschätzung durch Sachverständige oder andere Beweiserhebungen grundsätzlich zur Wahrung der (fiskalischen) Interessen der Staatskasse gedacht war.[6] Das ist heute aber nur ein Gesichtspunkt, dessen Gewichtigkeit nicht mehr im Vordergrund steht. Denn auch die Rechtsanwälte können durchaus ein Interesse an einer richtigen und den tatsächlichen Verhältnissen entsprechende Streitwertfestsetzung haben (§ 32 RVG). Des Weiteren dient eine richtige Streitwertfestsetzung am Ende auch den Parteien, welche nach § 3 Satz 2 ZPO i.V.m. § 63 eine Beweisaufnahme über den Kostenstreitwert beantragen können. Zumindest der Antragsgegner kann daran interessiert sein, nicht mit Klagen überzogen zu werden, bei denen er mittelbar auch von einem potenten Gegner einem übermäßigen Kostenrisiko ausgesetzt wird (vgl. auch § 48 Abs. 1 i.V.m. § 3 S. 2 ZPO). Denkbar ist auch, dass die Staatskasse sich an dem Streitwertfestsetzungsverfahren nach § 63 GKG gar nicht beteiligt. Dann aber ist nicht einsichtig, aus welchem Grunde ihr dann aus ihrer Sicht unnötige und oft sehr erhebliche Kosten auferlegt werden. 6

§ 64 sagt nämlich nichts weiter, als dass über die Kosten entschieden werden muss und wem sie auferlegt werden können. Das Gericht **kann** die Kosten aber auch ganz oder teilweise einer Partei oder einem Beteiligten auferlegen, S. 2. Partei in diesem Sinne ist z.B. auch der aus eigenem Recht die Wertfestsetzung beantragende Rechtsanwalt (§ 32 RVG). Das bedeutet, dass das Gericht insoweit nach freiem, jedoch pflichtgemäßem Ermessen zu befinden hat. 7

Das Gericht kann die Kosten – oder einen Teil der Kosten – einer Partei, bei Streitgenossen einzelnen von ihnen, aber auch beiden Parteien als Gesamtschuldner oder quotenmäßig auferlegen. Auch den im Streitwertfestsetzungsverfahren nach § 63 aus eigenem Recht Beteiligten (z.B. Rechtsanwälten, § 32 RVG) können die Kosten auferlegt werden,[7] nicht aber dem gesetzlichen Vertreter einer Partei oder ihrem Prozessbevollmächtigten in dieser Eigenschaft, auch wenn ihn ein Verschulden trifft. Dieses ist dann der vertretenen Partei zuzurechnen.[8] Der in die Kosten des Streitwertfestsetzungsverfahrens nach § 63 Verurteilte wird hinsichtlich dieser Kosten Erstschuldner nach § 31 Abs. 2 vor der antragstellenden Partei, § 22 Abs. 1. 8

Voraussetzung der Kostentragungspflicht nach § 64 ist, dass die Partei, der Rechtsanwalt oder auch die Staatskasse, welche die Kostenfestsetzung betreibt, die Abschätzung **veranlasst** hat. Dabei ist grundsätzlich kein Verschulden (Verantwortlichkeit i.S.v. § 276 BGB) erforderlich.[9] Es gilt auch hier – wie im GKG allgemein (§ 22) – das Veranlassungsprinzip. Auch ein entschuldbarer Irrtum für die Annahme einer Veranlassung kann schon ausreichen. In der Regel wird aber die Schätzung nach § 64 durch ein vorwerfbares Verhalten einer Partei oder eines Beteiligten veranlasst worden sein. 9

Die Veranlassung kann erfolgen durch: 10

- *Unterlassen der gebotenen Wertangabe:* Die Partei veranlasst hier die Kosten nach § 64 erst, wenn sie zur Wertangabe ausdrücklich und mit Fristsetzung aufgefordert wurde, wozu das Gericht nach § 139 ZPO jedenfalls dann gehalten ist, wenn es eine Beweisaufnahme vorzunehmen gedenkt.

6 KG JW 1935, 2650; *Schmidt* JurBüro 1965, 515.
7 OLG Nürnberg JurBüro 1968, 242; *Markl* JVBl. 1969, 180.
8 *Hartmann* § 64 Rn. 17.
9 VGH Mannheim NVwZ-RR 1991, 670; **a.M.** *Hartmann* § 64 Rn. 11.

- *Unrichtige Wertangaben:* Gleichgültig ist dabei, ob die Wertangaben bewusst oder irrtümlich unrichtig waren. Allerdings ist auch hier vorherige Mitteilung nach § 139 ZPO mit Fristsetzung geboten.
- *Unbegründetes Bestreiten des angegebenen Wertes:* Auch insoweit kommt es auf ein Verschulden nicht an. Erweist sich das Bestreiten als begründet, kommt die Alternative der „unrichtigen Wertangabe" durch den anderen in Betracht. Dabei ist an die Angaben des Antragstellers i.d.R. ein schärferer Maßstab anzulegen als an die des Gegners.[10]
- *Unbegründete Beschwerde:* Auch hier kommt es grundsätzlich nicht darauf an, ob ein Verschulden des Beschwerdeführers vorliegt oder nicht. Erweist sich die Beschwerde aber als begründet, kommt eine Auferlegung nach der Variante „unrichtige Wertangaben" in Betracht.

11 Liegt in den Fällen des S. 2 ein **Verschulden** vor, hat das allerdings eine Auswirkung auf den Ermessensspielraum des Gerichts nach S. 1. Handelt es sich um Vorsatz oder grobe Fahrlässigkeit oder Nachlässigkeit in der Sphäre einer Partei, wird das Gericht die Kosten regelmäßig der Partei oder dem Beteiligten aufzuerlegen haben, der sie dann i.S.v. S. 2 veranlasst hat. Das kann z.B. dann der Fall sein, wenn der Prozessgegner die Angaben des Antragstellers oder Beschwerdeführers bestreitet, obwohl er weiß oder hätte wissen müssen, dass sie objektiv richtig sind.

12 Auch dann, wenn die Staatskasse kein überwiegendes Interesse an der Beweisaufnahme haben kann, werden die Kosten stets einem anderen Beteiligten aufzuerlegen sein, wobei dann die Verschuldensfrage keine Rolle spielt, sondern Billigkeitsgesichtspunkte maßgebend sein werden.

13 **Verfahren:** Die Entscheidung hat in dem Beschluss – ggf. in einem Abänderungsbeschluss – zu erfolgen, durch den die endgültige Wertfestsetzung nach § 63 ergeht. Ist sie unterblieben, kann eine Berichtigung oder Ergänzung entsprechend §§ 319, 321 ZPO vorgenommen werden.

14 **Zuständig** ist das Gericht. Soweit der Rechtspfleger zur Entscheidung nach § 63 Abs. 2 über die Wertfestsetzung zuständig ist, hat er auch nach § 64 zu entscheiden.

15 **Der Beteiligte**, dem die Kosten auferlegt werden sollen, ist – mindestens durch die Anheimgabe, binnen einer Frist zum Streitwert Stellung zu nehmen – zu hören.[11] Das folgt schon daraus, dass die Kostenentscheidung auch ohne Antrag ergehen kann (vgl. auch § 308 Abs. 2 ZPO).

16 Nach allgemeinen Regeln ist eine mündliche Verhandlung nicht vorgeschrieben, andererseits aber auch nicht verboten.

17 **Rechtsmittel:** Gegen den Beschluss nach § 64 ist die Beschwerde nach § 68 statthaft. Sie ist entsprechend § 99 Abs. 1 ZPO aber immer nur zusammen mit der endgültigen Wertfestsetzung nach § 63 Abs. 2 statthaft. Hat das Gericht aber nach § 64 isoliert entschieden, ist gegen einen Beschluss analog §§ 319, 321 ZPO die Beschwerde nach § 66 zulässig und nicht die sofortige Beschwerde nach §§ 319 Abs. 3, 321 Abs. 2 ZPO. Das folgt aus § 68, denn die Entscheidung nach § 64 ist nur ein Annex zu der nach § 68. Die Höhe der Kosten kann mit der Beschwerde aber nicht angegriffen werden.

---

10 *Hartmann* § 64 Rn. 14.
11 *Hartmann* § 64 Rn. 5.

§ 65
Wertfestsetzung in gerichtlichen Verfahren nach dem Strafvollzugsgesetz, auch in Verbindung mit § 92 des Jugendgerichtsgesetzes

In gerichtlichen Verfahren nach dem Strafvollzugsgesetz, auch in Verbindung mit § 92 des Jugendgerichtsgesetzes, ist der Wert von Amts wegen festzusetzen. § 63 Abs. 3 gilt entsprechend.

Die Vorschrift regelt das Verfahren zu § 60, welcher den Wert in gerichtlichen Verfahren nach dem StVollzG bestimmt. 1

Die **Wertfestsetzung** in Verfahren nach dem StVollzG und § 92 JGG hat **von Amts wegen** zu erfolgen. Die Entscheidung kann auch von Amts wegen geändert werden (§ 63 Abs. 3 S. 1 analog), und zwar von dem Gericht, das die Wertfestsetzung getroffen hat, sowie durch das Rechtsmittelgericht, wenn das Verfahren wegen der Hauptsache oder wegen der Entscheidung über den Kostenansatz in der Rechtsmittelinstanz schwebt. Hauptsache ist hier das Verfahren nach dem StVollzG bzw. § 92 JGG. Die Änderung ist an eine Frist von 6 Monaten gebunden, nachdem die Entscheidung in der Hauptsache, also nach dem StVollzG oder § 92 JGG, Rechtskraft erlangt oder das Verfahren sich anderweitig erledigt hat (§ 63 Abs. 3 S. 2). 2

Gegen die Wertfestsetzung ist die **Beschwerde** nach § 68 gegeben. 3

ABSCHNITT 8
Erinnerung und Beschwerde

In diesem Teil des GKG sind sämtliche Rechtsmittel gegen Maßnahmen nach dem GKG zusammengefasst.[1] Eine inhaltsgleiche Regelung enthält der 8. Abschnitt des FamGKG (§§ 57 ff. FamGKG) und der 3. Abschnitt Teil 2 GNotKG (§§ 81 ff. GNotKG). 1

Zur Vereinheitlichung der Beschwerdeverfahren in den verschiedenen Kostengesetzen ist die weitere Beschwerde eingeführt worden. Zum einen soll hierdurch ein gewisser Ausgleich für die Erhöhung des Beschwerdewerts von 50 € auf 200 € geschaffen werden. Zum anderen soll die Einführung der weiteren Beschwerde zu einer Vereinheitlichung der Rechtsprechung beitragen. Außerdem ist klargestellt worden, dass das Landgericht der weiteren Beschwerde gegen seine Entscheidung abhelfen kann, das Oberlandesgericht als Gericht der weiteren Beschwerde entsprechend § 574 Abs. 3 S. 2 ZPO an ihre Zulassung gebunden und die Nichtzulassung der weiteren Beschwerde unanfechtbar ist. 2

Für Verfahren, die vor dem 1. Juli 2004 anhängig geworden und für die Gerichtskosten noch nach dem bis zum 30. Juni 2004 geltendem Recht abzurechnen sind, ist auch für die Rechtsmittelverfahren nach dem GKG weiterhin das GKG in der bis zum 30. Juni 2004 geltenden Fassung anzuwenden. Die Ausnahme des § 72 Nr. 1 Halbsatz 1 gilt nur für Rechtsmittel in der Hauptsache, nicht aber für die im GKG geregelten Rechtsbehelfe.[2] Diese Regelung dürfte aber weitestgehend obsolet sein. Auch für die Änderungen im GKG durch das 2. KostRModG gilt die Übergangsvorschrift des § 71 GKG. 3

1 Zur Neuregelung auch *Schütt* MDR 2005, 1150.
2 BGH NJW-RR 2006, 1504 = FamRZ 2006, 1107.

4 Für sämtliche Verfahren des 8. Abschnitts ist die Bestimmung des § 1 Abs. 5 zu beachten. Für diese Verfahren ist auch eine **Einzelrichterzuständigkeit** gegeben, wenn in der Hauptsache der Einzelrichter nicht institutionell vorgesehen ist. Es besteht auch kein **Anwaltszwang**, weil auch im Anwaltsprozess nur das eigentliche Hauptsacheverfahren, nicht aber die selbständigen Nebenverfahren, zu denen auch die Erinnerungen und Beschwerden des 8. Abschnitt zählen, dem Anwaltszwang unterliegen. In den selbständigen Nebenverfahren kann stets die Partei selbst handeln.[3]

5 **Kosten:** Die **zulässigen** Verfahren nach diesem Abschnitt sind **gerichtsgebührenfrei**. Auch außergerichtliche Kosten der Beteiligten (Anwaltskosten, Auslagen etc.) werden nicht erstattet. **Auslagen des Gerichts** werden aber nach KV Nrn. 9000ff. angesetzt.

6 Ist ein Rechtsmittel **unstatthaft (unzulässig)**, gilt die Gebührenfreiheit nicht (unten § 66 Rn. 66; § 67 Rn. 14; § 68 Rn. 27),[4] weil dann stets eine Sachenprüfung geboten ist. In diesen Fällen gilt KV Nrn. 1812; 5501; 6502; 7504.[5] Die gegenteilige Ansicht[6] überzeugt nicht. Das ist auch sachgerecht, weil nach § 5b hat stets eine Belehrung über die zulässigen Rechtsmittel zu erfolgen hat, so dass der Rechtsmittelführer, der ein unzulässiges oder unstatthaftes Rechtsmittelverfahren betreibt, sich dessen bewusst sein muss, dass er die Gerichte mit überflüssiger Arbeit überzieht. Im Übrigen werden die Fälle des unstatthaften Rechtsmittels von § 66 Abs. 8 ohnehin nicht erfasst.

7 **Auslegung:** Bei der Auslegung von Schreiben, die Beschlüsse bzw. Verfügungen gegen Forderungen nach diesem Abschnitt betreffen, sind die gleichen Maßstäbe zu Grunde zu legen, wie sie auch für die Auslegung von Prozesserklärungen der Beteiligten gelten. So ist beispielsweise aus den unterschiedlichen Bezeichnungen „Kostennachricht" einerseits und „Gerichtskostenfeststellung" andererseits nicht erkennbar, ob es sich dabei um eine fällige und vollstreckbare Anforderung von Gerichtskosten im Sinne eines Kostenansatzes oder nur um eine Vorauszahlungsanforderung nach §§ 12, 12a GKG handelt, für die nur eine Zahlungsobliegenheit besteht.[7]

8 **Prozesskostenhilfe:** Eine entsprechende Anwendung der zivilprozessualen Regelungen über die Bewilligung von PKH ist im Rahmen der Rechtsbehelfe gegen den Kostensatz ausgeschlossen.[8]

§ 66
Erinnerung gegen den Kostenansatz, Beschwerde

(1) Über Erinnerungen des Kostenschuldners und der Staatskasse gegen den Kostenansatz entscheidet das Gericht, bei dem die Kosten angesetzt sind. Sind die Kosten bei der Staatsanwaltschaft angesetzt, ist das Gericht des ersten Rechtszugs zuständig. War das Verfahren im ersten Rechtszug bei mehreren Gerichten anhängig, ist das Gericht, bei dem es zuletzt anhängig war, auch insoweit zuständig, als Kosten bei den anderen Gerichten angesetzt worden sind. Soweit sich die Erinnerung gegen den Ansatz der Auslagen des erstinstanzlichen Musterverfahrens nach

3 Unstr. vgl. etwa OLG Düsseldorf JurBüro 2011, 645 m.w.N.
4 Ganz h.M. vgl. etwa BGH, NJW 2003NJW 2003, 69; *Hartmann* § 66 Rn. 48; NK-GK/*Volpert* § 66 Rn. 124 *Oestreich* in Oe/He/Tre § 66 Rn. 13 und § 68, 33, jeweils m.N.
5 NK-GK/*Volpert* § 66 Rn. 124 m.N.
6 OLG Frankfurt NJW-RR 2012, 1022 = MDR 2012, 811 = JurionRS 2012, 12108; Zimmermann in Binz u.a. § 66 Rn. 59, jeweils m.w. N.
7 LSG Bayern, JurBüro 2016, 640 – = NJW-Spezial 2016, 700 = JurionRS 2016, 23884.
8 OLG Düsseldorf JurBüro 2012, 534.

dem Kapitalanleger-Musterverfahrensgesetz richtet, entscheidet hierüber das für die Durchführung des Musterverfahrens zuständige Oberlandesgericht.

(2) Gegen die Entscheidung über die Erinnerung findet die Beschwerde statt, wenn der Wert des Beschwerde Gegenstands 200 Euro übersteigt. Die Beschwerde ist auch zulässig, wenn sie das Gericht, das die angefochtene Entscheidung erlassen hat, wegen der grundsätzlichen Bedeutung der zur Entscheidung stehenden Frage zulässt.

(3) Soweit das Gericht die Beschwerde für zulässig und begründet hält, hat es ihr abzuhelfen; im Übrigen ist die Beschwerde unverzüglich dem Beschwerdegericht vorzulegen. Beschwerdegericht ist das nächsthöhere Gericht, in bürgerlichen Rechtsstreitigkeiten der in § 119 Abs. 3 des Gerichtsverfassungsgesetzes bezeichneten Art das Oberlandesgericht. Eine Beschwerde an einen obersten Gerichtshof des Bundes findet nicht statt. Das Beschwerdegericht ist an die Zulassung der Beschwerde gebunden; die Nichtzulassung ist unanfechtbar.

(4) Die weitere Beschwerde ist nur zulässig, wenn das Landgericht als Beschwerdegericht entschieden und sie wegen der grundsätzlichen Bedeutung der zur Entscheidung stehenden Frage zugelassen hat. Sie kann nur darauf gestützt werden, dass die Entscheidung auf einer Verletzung des Rechts beruht; die §§ 546 und 547 der Zivilprozessordnung gelten entsprechend. Über die weitere Beschwerde entscheidet das Oberlandesgericht. Absatz 3 Satz 1 und 4 gilt entsprechend.

(5) Anträge und Erklärungen können ohne Mitwirkung eines Bevollmächtigten schriftlich eingereicht oder zu Protokoll der Geschäftsstelle abgegeben werden; die §§ 129a und 130a der Zivilprozessordnung gelten entsprechend. Für die Bevollmächtigung gelten die Regelungen der für das zugrunde liegende Verfahren geltenden Verfahrensordnung entsprechend. Die Erinnerung ist bei dem Gericht einzulegen, das für die Entscheidung über die Erinnerung zuständig ist. Die Erinnerung kann auch bei der Staatsanwaltschaft eingelegt werden, wenn die Kosten bei dieser angesetzt worden sind. Die Beschwerde ist bei dem Gericht einzulegen, dessen Entscheidung angefochten wird.

(6) Das Gericht entscheidet über die Erinnerung durch eines seiner Mitglieder als Einzelrichter; dies gilt auch für die Beschwerde, wenn die angefochtene Entscheidung von einem Einzelrichter oder einem Rechtspfleger erlassen wurde. Der Einzelrichter überträgt das Verfahren der Kammer oder dem Senat, wenn die Sache besondere Schwierigkeiten tatsächlicher oder rechtlicher Art aufweist oder die Rechtssache grundsätzliche Bedeutung hat. Das Gericht entscheidet jedoch immer ohne Mitwirkung ehrenamtlicher Richter. Auf eine erfolgte oder unterlassene Übertragung kann ein Rechtsmittel nicht gestützt werden.

(7) Erinnerung und Beschwerde haben keine aufschiebende Wirkung. Das Gericht oder das Beschwerdegericht kann auf Antrag oder von Amts wegen die aufschiebende Wirkung ganz oder teilweise anordnen; ist nicht der Einzelrichter zur Entscheidung berufen, entscheidet der Vorsitzende des Gerichts.

(8) Die Verfahren sind gebührenfrei. Kosten werden nicht erstattet.

Übersicht

Allgemeines — 1
Abs. 1: — 2–34
Zuständigkeit — 2
Erinnerungszulässigkeit — 3–6
Frist — 4
Beschwer — 5
Mindestbetrag — 6
Umdeutung unstatthafter Erinnerungen — 7
Erinnerungsberechtigung — 8–11
Berechtigte — 9
Staatskasse — 10

Dritte — 9a
Andere Beteiligte — 11
Gegenstand der Erinnerung — 12–18
- Kosten — 13, 14
- Auslagen — 15, 16
Unrichtiger Streitwert — 17
Kostenvorschuss — 18
Entscheidungszuständigkeit — 19–25
Erinnerungsverfahren — 26–28
Beschwerdeverfahren — 29–34
- Allgemein — 30
- Beschwerdewert — 31
Zulassung — 32–34
Abs. 2: Beschwerde gegen die Erinnerung — 35–39
Zuständiges Gericht — 36
Zulassungsbeschwerde — 37, 38–38c
Beschwerdeberechtigung — 39
Abs. 3: Verfahren des Gerichts bei Prüfung und Entscheidung der Beschwerde — 40–45
Abhilfe — 41
Beschwerdeverfahren — 42, 43
Keine Beschwerde gegen Entscheidung eines obersten Gerichtshofs — 44
Binding des Beschwerdegerichts an die Zulassung — 45
Abs. 4: Weitere Beschwerde — 46–49
Abs. 5: Einlegung der Erinnerung und der Beschwerde — 50–54
Abs. 6: Entscheidungszuständigkeit über Erinnerung und Beschwerde — 55–63
Abs. 7: Wirkung der Erinnerung Beschwerde — 64, 65
Abs. 8: Kosten — 66, 67

1 **Allgemeines:** Die im Zuge der Neuregelung durch das Rechtsberatungsrecht[1] ergänzte Vorschrift soll die Erinnerung gegen den Kostenansatz und die diesbezügliche Beschwerde für ab dem 1. Juli 2004 anhängig gewordene Verfahren[2] (vgl. vor § 66 Rn. 3) regeln. Das Beschwerdeverfahren ist vom Hauptsacheverfahren abgekoppelt und kennt die Zulassungsbeschwerde und die weitere Beschwerde. Die Beschwerderegelungen des Hauptsacheverfahrens sind auf die Kostenbeschwerde grundsätzlich unanwendbar, so dass eine Rechtsbeschwerde zum BGH zur Klärung grundsätzlicher (Rechts-)fragen im Kostenansatzverfahren nicht möglich ist[3] Sinngemäß anwendbar ist die Vorschrift auf den Ansatz von Gerichtsvollzieherkosten (§ 9 GvKostG). Die Vorschrift ist nicht anwendbar auf Erinnerungen gegen die Art und Weise der Zwangsvollstreckung nach § 766 ZPO, auch wenn Gegenstand der Vollstreckung und der Erinnerung Gerichtskosten sind.

2 **Abs. 1** regelt die sachliche Zuständigkeit für die Erinnerung und für die Beschwerde. Erinnerung und Beschwerde sind die gegen den Kostenansatz vorgesehenen Rechtsbehelfe.[4] Demzufolge ist wegen einer Nichterhebung von Kosten gem. § 21 Stets das Verfahren nach § 66 einschlägig, wenn und soweit solchen im Rahmen des Kostenansatzes beantragt wird.[5] Zuständig ist also das Gericht der Kostensache.[6] Der ordentliche Rechtsweg ist ausgeschlossen.[7] Daneben gibt es selbstverständlich noch die Dienstaufsichtsbeschwerde, die aber nur das dienstliche Verhalten des Kostenbeamten zum Gegenstand haben kann, während mit Erinnerung und Beschwerde die sachliche Berechtigung des Kostenansatzes verfolgt wird. Die Erinnerung nach § 66 ist auch zu unterscheiden von den Einwendungen im Kostenbeitreibungsverfahren nach §§ 1 Nr. 4, 8 JBeitrO, welche sich nicht gegen den Kostenansatz als solchen richten, sondern den beizutreibenden Anspruch selbst, die Haftung für den Anspruch oder die Verpflichtung zur Duldung der

1 Art. 18 Abs. 1 Nr. 1 G. v. 12.12.2007 (BGBl. I, 2858).
2 BGH NJW-RR 2006, 1504 = FamRZ 2006, 1107.
3 BGH NJW-RR 2009, 424 = BeckRS 2008, 23092 = MDR 2009, 45 = FamRZ 2009, 45. Dazu *Rummel* MDR 2002, 623.
4 BFH RPfleger 1992, 365.
5 OLG Düsseldorf, Beschl. v. 28.7.2016 – 1-10 W 175/16 – = JurionRS 2016, 24632.
6 LSG Bayern, Beschl. v. 11.4.2016 – L 15 SF 78/15 – = JurionRS 2016, 15822.
7 BGH NJW 1984, 871 m.w.N.

Vollstreckung (z.B.: die Geltendmachung der beschränkten Erbenhaftung) betreffen.[8] Gegen die Art und Weise der Kostenbeitreibung ist nicht die Erinnerung nach § 66, sondern die nach § 766 ZPO gegeben (§ 6 Nr. 1 JBeitrO). Über sie entscheidet das Vollstreckungsgericht (§§ 766, 764, 828 Abs. 2 ZPO).[9] In § 30a EGGVG ist die Anfechtung von Verwaltungsakten, die im Bereich der Justizverwaltung ergehen, durch Antrag auf gerichtliche Entscheidung vorgesehen.[10] Nach §§ 23ff. EGGVG geht das Kostenansatzverfahren nach § 66 dem Verfahren nach §§ 23ff. EGGVG als lex specialis vor.

Verhältnis zur Beschwerde gegen die Kostenfestsetzung: Der Kostenschuldner 3
kann sich selbstverständlich auch gegen den Kostenansatz mit der sofortigen Beschwerde nach § 104 Abs. 3 ZPO gegen den Kostenfestsetzungsbeschluss wenden, soweit er durch die Auferlegung der Gerichtskosten beschwert ist.[11] Insoweit hat er die Wahl. Allerdings ist das Rechtsmittel sorgfältig auszulegen. Ergibt sich dabei, dass der Beschwerdeführer in erster Linie den gerichtlichen Kostenansatz beanstandet, hat die kostenfreie Erinnerung und Beschwerde nach dem GKG Vorrang vor dem kostenpflichtigen Rechtsbehelf nach §§ 104ff. ZPO.[12] Wenn z.B. das in Betracht kommende Rechtsmittel verfristet und zudem kostenpflichtig wäre, während das erstrebte Ziel durch einen zulässigen Rechtsbehelf erreicht werden kann, verbietet sich die Annahme, der Antragsteller beabsichtige eine unzulässige sofortige Beschwerde gegen die Kostengrundentscheidung statt der zulässigen kostenfreien Erinnerung gegen den Kostenansatz.[13]

Zulässigkeit der Erinnerung: Die Erinnerung ist an **keine Frist** gebunden, was durch 4
Art. 32 Nr. 1b des ZPO-RG für das alte Recht klargestellt und durch die Neuregelung des Rechtsmittelrechts des GKG nicht geändert worden ist. Sie ist auch noch nach vorbehaltloser Erfüllung der Kostenschuld bis zum Eintritt der Verjährung möglich.[14] Die Erinnerung wird auch nicht allein durch Zeitablauf unzulässig. Eine zeitliche Begrenzung ergibt sich allerdings für die Staatskasse aus § 20, und allgemein aus den Verjährungsvorschriften des § 5[15] sowie aus der Möglichkeit der **Verwirkung** des Erinnerungsrechts.[16] Für die Annahme einer Verwirkung genügt jedoch der bloße Zeitablauf allein nicht. Es müssen vielmehr noch besondere Umstände hinzukommen, welche die Annahme rechtfertigen, der Kostenschuldner werde sein Erinnerungsrecht nicht mehr geltend machen.[17]

Weitere Voraussetzung für die Zulässigkeit ist, dass der Erinnerungsführer durch den 5
Kostenansatz **beschwert** ist.[18] Dazu gehört grundsätzlich, dass der Erinnerungsführer im

8 KG RPfleger 1962, 117 (L).
9 VGH Bad-Würt. DÖV 1974, 538 (L).
10 Vgl. auch §§ 23ff. EGGVG; dazu BGH RPfleger 1974, 305.
11 BGH NJW 2013, 2824 = RPfleger 2013, 651 = JurBüro 2013, 592 (LS mit Volltextservice) = MDR 2013, 1008; OLG Celle JurBüro 2010, 206 (LS mit Volltextservice); OLG Dresden MDR 2001, 476. **A.A.** VG Trier JurBüro 2015, 594 m. abl. Anm. von *Hellstab* JurBüro 2015, 596 = JurionRS 2015, 21745.
12 OLG Koblenz JurBüro 2011, 647 (LS mit Volltextservice).
13 OLG Koblenz JurBüro 2013, 311.
14 OLG Karlsruhe Die Justiz 1968, 230; OLG Bremen RPfleger 1957, 270 (L); *Hartmann* § 66 Rn. 15; *Oe/He/Tre* § 66 Rn. 25; **a.M.** OLG Hamm NJW 1967, 1476 = MDR 1967, 504 = JVBl. 1967, 112 = JMBLNRW 1967, 216; OLG Bremen JurBüro 1973, 1195.
15 KG JW 1933, 1071.
16 Unstr. Vgl. – jeweils m.N. – etwa *Hartmann* § 66, Rn. 15; *Zimmermann* in Binz u.a., § 66, Rn. 26; *Volpert* in NK-GKG, § 66, Rn. 49.
17 Vgl. dazu OLG Frankfurt aM JurBüro 1978, 100 = JZ 1977, 148 (L); OLG Frankfurt aM RPfleger 1977, 261; OLG München MDR 1957, 561; OLG Bamberg RPfleger 1958, 283; LG Aurich, JurionRS 2013, 10019; *Oe/He/Tre* § 5 Rn. 6; *Hartmann* § 66, Rn. 15; *Zimmermann* in Binz u.a., § 66, Rn. 26; *Volpert* in NK-GKG, § 66, Rn. 49. **A.M.** OLG Hamm, NJW 1967, 1476; KG RPfleger 1962, 117 (L), die den bloßen Zeitablauf als ausreichend ansehen wollen; vgl. auch OLG Hamburg RPfleger 1962, 234 (L); OLG Frankfurt aM RPfleger 1965, 182 = JurBüro 1965, 144; *Lappe* § 5 Rn. 5; *Schneider* JurBüro 1965, 505.
18 OLG Düsseldorf JurBüro 1985, 1065 = RPfleger 1985, 255.

Kostenansatz als Schuldner bezeichnet ist oder aber, dass er zur Zahlung von Kosten aufgefordert wird.[19] Ist der Kostenansatz im Ergebnis richtig, in einzelnen Teilbeträgen aber fehlerhaft, kommt es für die Beurteilung einer Beschwer darauf an, ob nur ein Rechenfehler vorliegt oder ob zu Unrecht eine nicht geschuldete Gebühr oder unzutreffende Auslagen angesetzt oder solche weggelassen wurden. Bei bloßen Rechenfehlern fehlt bei einer im Ergebnis richtigen Kostenrechnung die Beschwer.[20] Das gilt auch, wenn eine falsche Kostenvorschrift in der Kostenrechnung zitiert wird, wenn sich das Endergebnis dadurch nicht ändert.[21] Eine Beschwer des Antragstellers fehlt auch, wenn antragsgemäß eine zu hohe Gebühr gegen den Gegner im Kostenfestsetzungsverfahren festgesetzt wird.[22] In den anderen Fällen ist dagegen trotz des rechnerisch richtigen Ergebnisses eine Beschwer gegeben, weil der Kostenschuldner mit einer zusätzlichen Nachforderung der geschuldeten Gebühr, die Staatskasse aber mit der Rückzahlung der nicht geschuldeten Kosten und/oder der Einrede der Verjährung auf die nicht geschuldeten Kosten rechnen müsste. Wird gegen den Willen des Erstschuldners der Zweitschuldner in Anspruch genommen, so ist er nicht beschwert und deshalb auch nicht erinnerungsberechtigt. Beschwert und damit erinnerungsberechtigt ist auch derjenige, der die Rückzahlung von Kosten begehrt, die er unter Vorbehalt gezahlt hat (vgl. auch oben § 2 Rn. 36).

6 Anders als die Beschwerde ist die Erinnerung nicht von einem Mindestbetrag abhängig.

7 **Unzulässige Erinnerungen** können aber häufig in der Sache als **Antrag auf Nichterhebung** von Kosten wegen unrichtiger Sachbehandlung (§ 21) zu behandeln sein. (Vgl. auch § 21 Rn. 15). So z.B. der Einwand, das Berufungsverfahren wäre nicht notwendig geworden, wenn das Erstgericht dem Kläger nicht Prozesskostenhilfe bewilligt und seiner Klage stattgegeben hätte, oder die Einlassung, das Gericht habe vor dem Abschluss eines Vergleichs nicht auf die Kostenfolgen hingewiesen.[23]

8 **Erinnerungsberechtigung:** Erinnerungsberechtigt sind der **Kostenschuldner** und die **Staatskasse**.

9 **Kostenschuldner** (§§ 22ff.) ist derjenige, der in der Kostenrechnung als Schuldner bezeichnet und zur Zahlung der Kosten aufgefordert worden ist.[24] Letzteres ist deshalb erforderlich, weil die Gerichtskostenrechnung als Verwaltungsakt grundsätzlich nur von demjenigen angefochten werden kann, der dadurch in seinen Rechten rechtswidrig verletzt worden ist.[25] Das wiederum setzt voraus, dass der Verwaltungsakt Außenwirkung erhalten hat. Unter dieser Voraussetzung steht auch dem als Vermögensübernehmer (§ 419 BGB bis 31.12.1998, dazu auch bei § 29 Rn. 27) in Anspruch genommenen Kostenschuldner[26] und dem Rechtsnachfolger des in Anspruch genommenen Kostenschuldners die Erinnerung zu. Erinnerungsberechtigt ist auch der Kostenschuldner, dessen Antrag auf Rückerstattung zu viel gezahlter Kosten abgelehnt wurde oder der gesamtschuldnerisch als Kostenschuldner haftet und in der Kostenrechnung nicht genannt ist.[27] Vorher, d.h. bevor eine Zahlungsaufforderung etc. erfolgt, erhobene Erinnerungen können nur

19 OLG Düsseldorf, JurBüro 2016, 586 = JurionRS 2016, 27927.
20 Vgl. auch *Hartmann* § 66 Rn. 12.
21 OLG München. Beschl. v. 29.9.2016 – 34 Sch 11/13 – = JurionRS 2016, 2534.
22 OLG Karlsruhe JurBüro 2001, 315.
23 OLG Karlsruhe RPfleger 1957, 43.
24 BGH RPfleger 1956, 12; BGH Beschl. v. 5.2.2004 – IX ZB 67/03; OLG Schleswig JurBüro 1981, 403; **a.M.** OLG Nürnberg JurBüro 1963, 550; BayObLG JurBüro 1975, 492; OLG München JurBüro 1982, 884 m. Anm. v. *Mümmler;* OLG München JurBüro 1990, 357 = MDR 1990, 62; VG Wiesbaden DRiZ 1994, 345, 346.
25 OLG Schleswig JurBüro 1981, 403 = SchlHA 1981, 71.
26 BGH RPfleger 1956, 12; 1959, 1 (L) = JurBüro 1955, 449 (L) = NJW 1955, 1399 (L).
27 OLG München JurBüro 1990, 357.

als Antrag oder Anregung des Kostenschuldners angesehen werden, die Kostenrechnung in einer von ihm gewünschten Weise zu erstellen.

Werden **Dritte**, etwa infolge Namensverwechslung oder irrtümlich, als Kostenschuldner herangezogen, so sind auch sie erinnerungsberechtigt.[28] So etwa das Vorstandsmitglied eines nicht rechtsfähigen Vereins, wenn es für den Verein aufgetreten ist.[29] Das gilt auch für den Insolvenzverwalter, selbst wenn von ihm Kosten angefordert werden, die weder Massekosten noch Masseschulden sind,[30] oder für einen Bevollmächtigten oder einen Geschäftsführer als gesetzlicher Vertreter einer juristischen Person, wenn nur die juristische Person (Erst- oder Zweit-)Schuldner der Kosten ist. Erst recht gilt das, wenn ein Kostenbeschluss ohne Rechtsgrundlage auf einen Nichtschuldner zum Zwecke der Vollstreckung „umgeschrieben" wurde. Erfolgt die Inanspruchnahme eines Dritten erst im Vollstreckungsverfahren (§§ 1 Abs. 1 Nr. 4; 3 Abs. 1, 3; 4; 6 JBeitrG) kann bis zur Entscheidung des nach § 66 zuständigen Gerichts die Vollstreckungsbehörde die Vollstreckuung vorläufig einstellen (§ 9 Abs. 1 JBeitrG). In solchen Fällen ist ein vorsorglicher Antrag auf Nichterhebung nach § 21 überflüssig, weil § 21 einen formal rechtswirksamen Beschluss voraussetzt.[31] 9a

Die **Staatskasse** ist ebenfalls zur Einlegung der Erinnerung berechtigt.[32] Sie wird nach den einschlägigen Länderbestimmungen, i.d.R. durch den **Bezirksrevisor**, vertreten. Sie soll allerdings nur bei grundsätzlichen Fragen Erinnerung einlegen und im Übrigen den Weg der Anweisung des Kostenbeamten zur Berichtigung wählen.[33] Sie kann sowohl Erinnerung einlegen, wenn ihr der Kostenansatz zu hoch[34] als auch (im eigenen Namen),[35] wenn er ihr zu niedrig erscheint. Denn wegen des Rückzahlungsanspruchs des Kostenschuldners ist sie auch in solchen Fällen beschwert. Der Vertreter der Staatskasse kann die Erinnerung auch schon dann einlegen, wenn der Kostenansatz dem Kostenschuldner noch nicht bekannt gegeben ist.[36] 10

Anderen Beteiligten als der Kostenschuldner, die Staatskasse oder die in Rn. 9a genannten Dritten sind nicht erinnerungsberechtigt. Demzufolge kann auch eine Einwendung aus dem Mandatsverhältnis des Rechtsanwalts, die eine ausgeurteilte Kostentragungspflicht betrifft, nicht Gegenstand der Erinnerung sein,[37] ganz abgesehen davon, dass es sich auch um eine unzulässige Einwendung gegen die Grundentscheidung handelt. Wird wegen einer Kostenschuld in das Vermögen eines Unbeteiligten, der in der Kostenrechnung als Kostenschuldner nicht benannt oder nicht als Rechtsnachfolger eines genannten Kostenschuldners fungiert, vollstreckt, so kann er Drittwiderspruchsklage nach § 771 ZPO erheben, nicht aber Erinnerung einlegen. Wird er aber auf Duldung der Vollstreckung in Anspruch genommen, steht ihm die Erinnerung nach § 8 JBeitrO i.V.m. § 67 offen. Wer in der Kostenrechnung nicht als Kostenschuldner benannt ist, kann auch dann keine Erinnerung erheben, wenn der Kostenschuldner ihn auf Erstattung der Kosten in Anspruch nimmt. Ihm steht, mag er im Kostenfestsetzungsverfahren in Anspruch genommen oder im Wege des Zivilprozesses herangezogen werden, ledig- 11

28 BGH RPfleger 1956, 12.
29 VGH Baden-Württemberg JurBüro 1999, 205.
30 Vgl. LG Dortmund RPfleger 1963, 311. Dazu auch *D. Meyer*, JurBüro 2015, 571.
31 Dazu D. Meyer JurBüro 2015, 571.
32 LAG Düsseldorf MDR 2007, 370, 27.9.2006 – 16 Ta 512/06.
33 Vgl. *Hartmann* § 66 Rn. 7.
34 KG RPfleger 1977, 227; LG Gießen DGVZ 1989, 184.
35 LG Gießen DGVZ 1989, 184; *Hartmann* § 66 Rn. 7.
36 KG JurBüro 2004, 325 m. Anm. v. *D. Meyer*.
37 BGH NJW-RR 1998, 503.

lich in jenen Verfahren der Einwand zu, der Kostenschuldner habe eine nicht geschuldete Leistung bewirkt.[38] Wenn er dort mit dem Einwand durchdringt, kann der Kostenschuldner, falls § 5 Abs. 2 dem nicht entgegensteht, im Wege der Erinnerung die Rückvergütung zuviel gezahlter Kosten verlangen. In diesem Fall ist auch der (Rechtsschutz-)Versicherer erinnerungsberechtigt, wenn und soweit er die Gerichtskosten unmittelbar an die Gerichtskasse gezahlt hatte.[39] Im Wege des Zwangsversteigerungsverfahrens ist der Ersteher des Grundstücks hinsichtlich daraus dem Erlös zu entnehmenden Gerichtskosten nicht Kostenschuldner und daher auch nicht erinnerungs- und beschwerdeberechtigt.[40] Auch eine Aufforderung des Kostenbeamten, zum Zwecke der Gebührenberechnung den Wert des Grundstücks anzugeben, ist nicht mit der Erinnerung anfechtbar.[41] Insoweit mangelt es schon an einem Kostensatz überhaupt, weil eine solche Anfrage bestenfalls im Rahmen der Ermittlungen der Grundlagen für einen Kostenansatz getätigt wird.

12 **Gegenstand der Erinnerung**

13 Mit der Erinnerung ist nur der Kostenansatz nach § 19 zu beanstanden,[42] also nur die Behauptung einer Verletzung des Kostenrechts, d.h. ob die im Hauptsacheverfahren erfolgten Festlegungen über die Kosten richtig umgesetzt worden sind.[43] Eine Kostengrundentscheidung ist im Verfahren nach § 66 GKG stets verbindlich und demzufolge nicht überprüfbar.[44] Auch Einwendungen des Kostenschuldners, aus dem Mandatsverhältnis mit seinem Prozessbevollmächtigten, sind niemals statthaft, selbst dann, wenn der Prozessbevollmächtigte im Innenverhältnis zum Kostenschuldner gar nicht vertretungsberechtigt war[45] (vgl. dazu auch § 22 Rn. 4). Auch der Einwand der wirtschaftlichen Leistungsfähigkeit eines Beteiligten ist im Rahmen der Erinnerung unerheblich, wie auch der Einwand, nicht der richtige Adressat der Gerichtskostenforderung zu sein, wenn der Kostenschuldner tatsächlich als Beteiligter im Verfahren geführt wurde.[46] Eine Verletzung des Kostenrechts kann auch in der Inanspruchnahme als Kostenschuldner liegen,[47] gleichgültig, ob als Erst- oder Zweitschuldner und/oder ob die Voraussetzungen zur Heranziehung als Zweitschuldner (§ 31 Abs. 2) gegeben ist, ferner die Kostenfreiheit (§ 2), die Art und die Höhe der in Rechnung gestellten Kosten und deren Fälligkeit,[48] des Ausgangs vom richtigen – vom Gericht nach § 63 festgesetzten – Streitwert.[49] So ist z.B. eine Erinnerung des Erstattungsschuldners gegen einen Kostenfestsetzungsbeschluss, die sich ausschließlich gegen die zu seinen Lasten angesetzten Sachverständigenauslagen richtet, als Erinnerung gegen den Kostenansatz auszulegen.[50] Ist die Vergütung des

---

38 BGH JurBüro 1978, 517 = RPfleger 1978, 45; OLG München JurBüro 1979, 122.

39 OLG Düsseldorf VersR 1983, 239; OLG Düsseldorf VersR 1983, 250 = JurBüro 1983, 581 = MDR 1983, 321; OLG Stuttgart Die Justiz 1985, 29; *Hartmann* § 66 Rn. 10.

40 LG Krefeld JVBl. 1960, 94.

41 *Lappe* § 5 Rn. 4.

42 BGH NJW 1992, 1458; OLG Frankfurt aM, JurBüro 1987, 728.

43 Unstr. Vgl. etwa BGH JurBüro 2008, 43 m.w.N.; KG JurBüro 2006, 651 (LS mit Volltextservice); BayLSG JurBüro 2016, 33 = JurionRS 2015, 26603; 43; LSG Bayern, Beschl. v. 11.4.2016 – L 15 SF 78/15 – = JurionRS 2016, 15822; OLG Düsseldorf, JurBüro 2017, 311.

44 BGH Beschl. v. 7.5.2012 – IX ZB 20/12; LSG München, Urt. v. 10.8.2016 – L 15 SF 160/16E –, JurionRS 2016, 23884.

45 BGH NJW-RR 1998, 503; KG JurBüro 2006, 651 (LS mit Volltextservice); OLG Schleswig SchlHA 1995, 301.

46 BayLSG JurBüro 2016, 33 = JurionRS 2015, 26603.

47 BGH Beschl. v. 5.2.2004 – IX ZB 67/03 – nicht veröffentlicht (betr. Beschwerdeverfahren gegen einen Zwangsgeldbeschluss).

48 *Hartmann* § 66 Rn. 18.

49 Vgl. *Hartmann* § 66 Rn. 18.

50 OLG Düsseldorf JurBüro 2006, 143 (LS mit Volltextservice).

Sachverständigen pp. bereits durch das Gericht nach § 4 JVEG festgesetzt worden, hat das keinen Einfluss auf die Erinnerung gegen den Kostenansatz, mit der eine Partei den Grund oder die Höhe der Sachverständigenentschädigung moniert,[51] das Festsetzungsverfahren nach § 4 JVEG nur das Verhältnis zwischen dem Sachverständigen pp. zur Staatskasse betrifft (vgl. auch KV 9005 Rn. 50ff.). Wird allerdings die Richtigkeit des Streitwerts als solche angegriffen, muss dieser erst nach §§ 63 Abs. 2, 68 vom Gericht festgesetzt werden, so dass eine Erinnerung dann als Antrag auf Festsetzung oder als Beschwerde gegen die Festsetzung des Streitwerts nach § 68 zu behandeln ist.[52] Die Verrechnung (soweit sie nicht die Anordnung eines – weiteren – Vorschusses wegen einer Vorauszahlung betrifft, vgl. § 67 Rn. 10) oder Erstattung[53] von Vorschüssen der Parteien (nicht aber Dritter),[54] die Beachtung der formellen Bestimmungen über den notwendigen Inhalt der KostVfg.,[55] die gegenüber dem Kostenschuldner verbindliche und im Ansatzverfahren überprüfbare[56] Ermessensrichtlinien enthält,[57] und der Anspruch auf Kostenrückerstattung kann ebenfalls Gegenstand der Erinnerung sein, wie auch die Einrede der Verjährung mit der Erinnerung erhoben werden kann, gleichgültig, ob behauptet wird, die Kostenforderung sei schon vor oder erst nach dem Kostenansatz verjährt.[58] Die Erinnerung kann auch darauf gestützt werden, dass zu Unrecht eine Nichterhebung von Kosten (§ 21) verweigert oder bewilligt oder übersehen[59] worden sei, oder dass eine Nachforderung von Kosten (§ 20) zu Unrecht erfolgt sei. Aber die bloße **Ankündigung** eines Kostenansatzes ist nicht mit der Erinnerung anfechtbar, weil insoweit noch kein förmlicher Kostenansatz (d.h. eine definitiv erstellte und nach außen gelangte Kostenrechnung) gegeben ist.[60]

Der Einwand des Kostenschuldners, er habe die angesetzten **Gerichtskosten bereits gezahlt**, wendet sich dagegen nicht gegen den Kostenansatz, sondern gegen dessen Vollzug. Gleichwohl ist der Einwand im Wege der Erinnerung geltend zu machen. Das folgt aus § 8 Abs. 1 JBeitrG i.V.m. § 66. Die Zahlung hat der Kostenschuldner aber zu beweisen, die Glaubhaftmachung genügt nicht.[61] Dasselbe gilt, wenn der Kostenschuldner einwendet, die Forderung sei durch Aufrechnung erloschen. Eine Aufrechnung ist nur zulässig, wenn die Gegenforderung anerkannt oder gerichtlich festgestellt worden ist (§ 8 Abs. 1 JBeitrG). Die Aufrechnungserklärung der Justizverwaltung gegenüber Erstattungsansprüchen bei einem Teilfreispruch ist ein nach § 30a EGGVG anfechtbarer Verwaltungsakt.[62] Wegen Einwendungen des Kostenschuldners nach §§ 781, 784 ZPO gilt die Bestimmung des § 8 Abs. 1 JBeitrG. Der Kostenschuldner hat keinen Anspruch darauf, dass der Kostenansatz wegen seines „dauernden Unvermögens" i.S.v. § 10 KostVfg. unterbleibt, weil es kein subjektiv öffentliches Recht auf Absehen vom Kostenansatz deswegen gibt.[63] Er kann deshalb auch nicht die Verletzung dieser Bestimmung – wie der 14

51 OLG Koblenz JurBüro 2006, 213 (LS mit Volltextservice).
52 OLG Oldenburg JurBüro 1992, 169; *Hartmann* § 66 Rn. 19.
53 Vgl. OLG Düsseldorf JurBüro 1999, 477.
54 Vgl. OLG Köln JurBüro 1999, 260; OLG Nürnberg JurBüro 1964, 269.
55 BGH NJW 1992, 1458; OLG Koblenz RPfleger 1988, 384.
56 KG MDR 2002, 1276; *Oe/He/Tre* § 5 Rn. 27, jeweils m.w.N.
57 KG MDR 2002, 1276; OLG Frankfurt aM JurBüro 2001, 37.
58 Vgl. zum letzten Fall § 8 Abs. 1 JBeitrO.
59 LSG Bayern, Beschl. v. 11.4.2016 – L 15 SF 78/15 – = JurionRS 2016, 15822.
60 OLG Karlsruhe Die Justiz 1980, 419.
61 OLG München RPfleger 1956, 28 (L).
62 OLG Frankfurt aM JVBl. 1972, 232; OLG Bamberg JurBüro 1977, 1250 und bei *Oe/He/Tre* § 66 Rn. 58.
63 BFH BFH/NV 2015, 598 = RVG-Report 2016,35 = JurionRS 2015, 25777.

KostVfg. als solche überhaupt – im Wege der Erinnerung nach § 66 rügen.[64] Die KostVfg. ist nur eine interne Verwaltungsanweisung, die allenfalls mittelbar ein Indiz dafür abgeben kann, ob bei der Kostenfestsetzung grobe Ermessensfehler unterlaufen sind, soweit beim Kostenansatz Ermessenspielraum gegeben ist. Zulässig ist der Einwand, der Kostenbeamte sei unzuständig, aber dann, wenn der Kostenbeamte nicht dem nach Abs. 1 zuständigen Gericht bzw. Staatsanwaltschaft angehört, weil die Zuständigkeit des Kostenbeamten (§ 19) auch die Zuständigkeit des Erinnerungsgerichts begründet. Dass mit der Erinnerung gegen den Kostenansatz nicht die dem Kostenansatz zugrundeliegende gerichtliche Kostenentscheidung angegriffen werden kann, ist selbstverständlich.

15 Auch **Auslagen** können Gegenstand der Erinnerung sein.[65] Der Erinnerungsführer muss dann die Beanstandungen der in Rechnung gestellten Auslagen im Einzelnen darlegen.[66] Die grundsätzliche Notwendigkeit und Zweckmäßigkeit der Auslagen sind im Erinnerungsverfahren aber nicht nachprüfbar,[67] wohl aber deren Höhe (Überzahlung).[68] Die gegenteilige Ansicht[69] überzeugt nicht. Sie stützt sich auf eine Entscheidung des BVerfG,[70] welches aber nur ausspricht, dass der Kostenschuldner nur solche Auslagen zu tragen hat, die durch das (Strafermittlungs-)Verfahren entstanden sind, was selbstverständlich im Kostenansatz nachprüfbar sein muss. Die Frage, ob die dem Verfahren zuzurechnenden Auslagen notwendig und/oder zweckmäßig waren, stellt sich überhaupt erst, wenn die Kausalität feststeht. Zweckmäßigkeit und/oder Notwendigkeit können nur im Rahmen des § 21 geprüft werden. Andernfalls würde diese Spezialbestimmung ausgehöhlt werden.

16 Sind die Auslagen in einem **besonderen Verfahren** festgesetzt worden, an dem die Parteien oder Beschuldigten nicht beteiligt waren und deshalb auch kein Erinnerungs- oder Beschwerderecht haben (z.B. nach § 4 JVEG), kann der Kostenschuldner im Kostenansatzverfahren die insoweit in Ansatz gebrachten Kosten mit der Erinnerung nach § 66 angreifen und die Berechtigung ihres Ansatzes nach Grund und Höhe nachprüfen lassen (vgl. auch KV 9005 Rn. 47).[71] Das gilt auch dann, wenn die Entscheidung in dem besonderen Verfahren für die an diesem Verfahren Beteiligten rechtskräftig ist. Werden die in dem Verfahren nach § 4 JVEG festgesetzten und ausgezahlten Auslagen im Verfahren nach § 66 herabgesetzt, kann die Justizkasse den überhöhten Betrag in angemessener Frist vom Empfänger zurückfordern.[72] Nachprüfbar ist aber auch hier nicht die Zweckmäßigkeit solcher Auslagen, wie z.B. die Notwendigkeit eines auswärtigen Termins,[73] weil das auf eine unzulässige Überprüfung der Grundentscheidung, welche von der

64 LG Paderborn JurBüro 1979, 565 m. Anm. v. *Mümmler; Oe/He/Tre* § 5 Rn. 27; **a.M.** OLG Frankfurt/Main JurBüro 2001, 37; KG JurBüro 1969, 262 = RPfleger 1969, 101; dazu auch bei *Lappe* § 5 Rn. 20; *Hartmann* § 66 Rn. 18.
65 BGH NJW 1992, 1458; NJW 2000, 1128.
66 BGH NJW 1992, 1458; OLG Düsseldorf JurBüro 1978, 1847; *Hartmann* § 66 Rn. 20, 21; **a.M.** OLG Dresden NJW-RR 2001, 862.
67 OLG Koblenz wistra 1986, 121; OLG Düsseldorf AnwBl. 1983, 462; OLG Hamm JVBl. 1961, 220 = RPfleger 1961, 316; KG RPfleger 1964, 288; VG Wiesbaden DRiZ 1994, 345, 346.
68 OLG München. Beschl. v. 29.9.2016 – 34 Sch 11/13 – = JurionRS 2016, 2534; OLG Dresden NJW-RR 2001, 862; OLG Koblenz VersR 1988, 297; *Hartmann* § 66 Rn. 21. **A.A.** wohl *Zimmermann* in Binz u.a., § 66, Rn.13.
69 Vgl. *Oe/He/Tre* § 66 Rn. 54; unklar insoweit *Hartmann* § 66 Rn. 20.
70 BVerfG NJW 1970, 853 = MDR 1979, 485 = RPfleger 1970, 161.
71 OLG Koblenz JurBüro 2006, 213 (LS mit Volltextservice); OLG Naumburg OLGZ-NL 1998, 288 vgl. auch *Bischof* NJ 1998, 46.
72 Dazu bei *Bischof* NJ 1998, 46.
73 OLG Schleswig RPfleger 1956, 324 (L).

Staatskasse nicht angefochten werden kann,[74] oder ein Eindringen in den Regelungsbereich des § 21 hinauslaufen würde. Deshalb ist z.B. der Einwand, die dem Sachverständigen gezahlte Vergütung sei verwirkt, weil er erfolgreich wegen Befangenheit abgelehnt worden ist, zunächst nicht als Rechtmittel gegen den Kostenansatz zu behandeln, sondern als Antrag auf Nichterhebung der Auslagen nach § 21. Erst nach einer Bescheidung des Antrags auf Nichterhebung ist das Beschwerdeverfahren nach § 66 statthaft (vgl. § 21 Rn. 17). Grundsätzlich dem Erinnerungsverfahren zur Prüfung entzogen ist in diesem Zusammenhang aber die Berechtigung einer Prozesskostenhilfebewilligung.[75]

Wenn mit der Erinnerung bemängelt wird, dass der **Kostenbeamte** einen unrichtigen **Streitwert** zugrunde gelegt habe, ist sie als Antrag auf Festsetzung des Streitwertes nach § 63 zu behandeln und dem zuständigen Prozessgericht zur weiteren Entscheidung zuzuleiten. Das Ansatzverfahren ist bis zur Entscheidung des Gerichts auszusetzen. Liegt aber schon eine **richterliche Streitwertfestsetzung** vor, ist der Kostenbeamte an sie gebunden. Die Erinnerung, ist dann als Gegenvorstellung oder als Beschwerde gem. § 67 zu behandeln[76] und dem zuständigen Gericht vorzulegen. Wenn der Kostenbeamte den Streitwert berechnet hat, muss das Gericht, das über die Erinnerung zu befinden hat, diesen nicht übernehmen, § 62.[77] 17

Der Erinnerung entzogen ist auch der Beschluss des Gerichts, mit dem es seine Tätigkeit von der Zahlung eines **Kostenvorschusses** abhängig macht, desgleichen auch die vom Gericht festgesetzte Höhe des Kostenvorschusses (§ 67) und erst recht, wenn die Anordnung einer Vorschussleistung, die nicht aufgrund des GKG, sondern nach anderen Vorschriften erfolgt (dazu bei § 67 Rn. 2).[78] Das gilt auch, wenn der Kostenbeamte den Vorschuss angefordert und/oder dessen Höhe bestimmt hat. Auch dann ist nur die Beschwerde nach § 67 möglich.[79] Allerdings ist der Kostenbeamte befugt, der Beschwerde abzuhelfen. Die Frage, ob ein gezahlter und nicht verbrauchter Auslagenvorschuss auf eine bestehende Gebührenschuld verrechnet werden darf oder ob er an den Einzahler zurückzuzahlen ist, kann nicht zum Gegenstand einer Erinnerung gegen den Kostenansatz gemacht werden.[80] Auch hier handelt es sich in der Sache um ein Problem des § 67. 18

Zuständigkeit 19

Zuständig für die Entscheidung über die Erinnerung gegen den Kostenansatz ist stets **das Gericht, bei dem die Kosten angesetzt sind,**[81] Abs. 1 S. 1. Das kann auch der BGH sein.[82] In Verfahren nach dem KapMuG ist aber immer das Oberlandesgericht zuständig. Die Zuständigkeit für den Kostenansatz ergibt sich aus § 19. War ein Verfahren bei mehreren Gerichten desselben oder eines anderen Zweiges der Gerichtsbarkeit anhängig und sind bei den verschiedenen Gerichten mit der Erinnerung angegriffene Kostenansätze erfolgt, so ist das Gericht, bei dem das Verfahren zuletzt anhängig war, auch zur Entscheidung über sämtliche Kostenansätze zuständig, auch wenn diese bei anderen 20

---

74 Vgl. OLG Köln NJW 1970, 874 = MDR 1970, 348 = RPfleger 1970, 28 = JVBl. 1970, 183.
75 Ganz h.M. vgl. etwa bei *Hartmann* § 66 Rn. 23.
76 OLG Düsseldorf JurBüro 1972, 1021 = RPfleger 1972, 463; OLG Frankfurt JurBüro 1970, 853.
77 OLG Düsseldorf RPfleger 1956, 181 (L).
78 OLG Frankfurt aM RPfleger 1973, 63.
79 OLG Stuttgart Die Justiz 1984, 366.
80 OLG Nürnberg JurBüro 1964, 269.
81 OLG Düsseldorf NStZ-RR 1999, 128 L.
82 BGH MDR 2007, 917 = JurBüro 2007, 371 = BeckRS 2007, 00722; BGH NJW-RR 2005, 584; BGH NJW-RR 2006, 1003.

Gerichten erfolgt sind (Abs. 1 S. 3). Mehrere Gerichte können im Falle der **Verweisung** (§ 4) oder der **Verbindung** mehrerer Verfahren in ein und demselben Rechtszug mit einer Sache befasst gewesen sein. Alle die bei den verschiedenen erstinstanzlichen Gerichten erwachsenen Kosten sind dann so zu behandeln, als wären sie nur bei dem zuletzt befassten Gericht entstanden (§ 4 Abs. 1). Im Fall der **Prozessverbindung** ist das Gericht, bei dem die verbundenen Verfahren anhängig sind, für alle in den verbundenen Verfahren vor und nach der Verbindung angesetzten Kosten zuständig. Im Fall der **Zurückverweisung** an das Gericht der unteren Instanz bildet das weitere Verfahren mit dem früheren Verfahren vor dem unteren Gericht eine Instanz i.S.d. GKG (§ 37), und zwar auch dann, wenn an ein anderes Gericht der unteren Instanz zurückverwiesen wurde. Dieses Gericht ist für die Entscheidung hinsichtlich aller in diesem Rechtszug vor und nach der Zurückverweisung erwachsenen Kosten zuständig. Im Fall der **Prozesstrennung** sind die nach der Trennung zeitlich zuletzt befassten Gerichte zuständig.

21 Die Regelung des Abs. 1 S. 3 gilt nach ihrem Wortlaut nur für die erstinstanzlichen Gerichte. Sollten in einem **Rechtsmittelverfahren verschiedene Gerichte** derselben Instanz mit einer Sache befasst gewesen sein (vgl. z.B. § 563 Abs. 1 S. 2 ZPO §§ 4, 37), ist nach ihrem Sinn und Zweck die Bestimmung des Abs. 1 S. 3 entsprechend anzuwenden.

22 **Gerichte** i.S.d. § 66 sind der Richter des Amtsgerichts oder der Spruchkörper eines Kollegialgerichts/Einzelrichter, deren Kostenbeamter die Kosten angesetzt hat.[83] Beim Kollegialgericht hat das Kollegium die Entscheidung in der Beschlussbesetzung zu treffen. Entscheidet (versehentlich) der Einzelrichter, ohne dass ihm die Entscheidung in der Hauptsache übertragen worden war, muss die Entscheidung auf die Beschwerde hin aufgehoben werden, auch wenn dieser Punkt nicht ausdrücklich gerügt wird.[84] Hat der Einzelrichter entschieden, ist er zuständig. Das gilt auch für den Vorsitzenden der Kammer für Handelssachen oder für Entscheidungen des Vorsitzenden nach §§ 69 Abs. 2, 114 Abs. 2 FGO 80 Abs. 7, 123 Abs. 2 VwGO.[85] Der (originär zuständige) Einzelrichter kann aber nach allgemeinen Grundsätzen die Sache auf den Senat übertragen. Das kann auch konkludent dadurch erfolgen, dass der Senat in der Besetzung mit 3 Richtern entscheidet.[86] Ein **beauftragter oder ersuchter Richter** ist zur Entscheidung niemals zuständig, denn die Entscheidung des Gerichts erfasst auch die Kosten, die bei dem ersuchten Gericht entstanden sind (§ 19 Abs. 1 S. 2).

23 Sind die Kosten bei einem **Rechtsmittelgericht** angesetzt, ist dieses Gericht für die Entscheidung zuständig.

24 In Straf- und Ordnungswidrigkeitensachen ist das Gericht des ersten Rechtszuges dann zuständig, wenn dort auch die Kosten angesetzt wurden (§ 19 Abs. 2 S. 3). Wurden hingegen die Kosten bei der **Staatsanwaltschaft** angesetzt, ist zur Entscheidung das Gericht der ersten Instanz nur dann zuständig, wenn und soweit der Kostenbeamte der Staatsanwaltschaft der Erinnerung nicht abgeholfen hat (arg. Abs. 3 S. 2). Das gilt auch für Einwendungen eines Verurteilten gegen den Ansatz von Sachverständigenkosten (Auslagen der Staatskasse) nach § 454 Abs. 2 Nr. 2 StPO.[87] Als Gericht der ersten Instanz ist das Gericht gemeint, das für die Eröffnung des Hauptverfahrens zuständig gewesen wäre. Die Vorschriften der §§ 467a Abs. 1 S. 1 (Hs. 1) StPO, 9 Abs. 1 StrEG sind im Zweifel entsprechend anzuwenden.

---

83 OLG Karlsruhe RPfleger 1991, 338.
84 OLG Schleswig JurBüro 1996, 42 = AnwBl. 1997, 50.
85 Vgl. *Hartmann* § 66 Rn. 24.
86 OVG Rheinland-Pfalz JurBüro 2012, 320 (LS).
87 BGH NJW 2000, 1128 = JurBüro 2000, 542.

Streitig ist, ob über die Erinnerung nach Abs. 1 der **Rechtspfleger** als Gericht i.S.d. Abs. 1 zu entscheiden hat, wenn sich der Kostenansatz auf ein Verfahren bezieht, das dem Rechtspfleger übertragen ist.[88] Die Frage ist zu bejahen. Denn nach § 4 RPflG hat der Rechtspfleger alle Maßnahmen der ihm übertragenen Sache zu treffen, wozu auch das auf das Hauptsacheverfahren bezogene Kostenansatzverfahren gehört. Gegen die Entscheidung des Rechtspflegers ist dann die Durchgriffserinnerung zulässig. Das dagegen vorgebrachte Zweckmäßigkeitsargument, wonach letztlich doch der Richter entscheiden müsse, überzeugt nicht. Denn erfahrungsgemäß erledigen sich ein großer Teil der Einwände gegen den Kostenansatz schon im Erinnerungsverfahren. 25

Das Erinnerungsverfahren 26

Der **Kostenbeamte** kann der Erinnerung durch Änderung des Kostenansatzes ganz oder teilweise **abhelfen.** Soweit er nicht abhilft, hat er die Akten dem Vertreter der Staatskasse aufgrund der § 39 KostVfg. zuzuleiten, welcher die Vorlage der Akten an das Gericht veranlasst, wenn er nicht eine Änderung des Kostenansatzes im Verwaltungswege für angebracht hält. 27

Der **Kostenbeamte** kann den Kostenansatz, gleichgültig, ob und von wem Erinnerung eingelegt worden ist, von Amts wegen auch zum **Nachteil des Kostenschuldners ändern,** solange noch keine gerichtliche Entscheidung getroffen (§ 19 Abs. 5 S. 1) und die Frist des § 20 noch nicht abgelaufen oder Verjährung (§ 5) noch nicht eingetreten ist.[89] Eine Anhörung des Kostenschuldners ist in solchen Fällen nicht erforderlich. Wenn der Kostenbeamte der Erinnerung nicht vollständig stattgibt und sogar auf die Erinnerung den Kostenansatz zum Nachteil des Kostenschuldners ändert, hat er die Erinnerung dem Gericht zur Entscheidung vorzulegen. Selbstverständlich ist der Kostenbeamte bzw. das Gericht gehalten, vorhandene Unstimmigkeiten abzuklären, z.B. den Sachverständigen um Erläuterungen seiner Kostenrechnung zu ersuchen, wenn diese vom Kostenschuldner beanstandet wird. Der dafür erforderliche Aufwand ist dem Sachverständigen nicht besonders zu vergüten.[90] 28

Das Beschwerdeverfahren 29

Abs. 2 regelt das sich an die Erinnerung anschließende Beschwerdeverfahren, nämlich, in welchen Fällen eine Beschwerde grundsätzlich zulässig bzw. statthaft ist. Dieses Verfahren ist durch das KostRModG völlig neu und unabhängig vom Verfahren der Hauptsache geregelt worden. 30

Beschwerdewert: Abs. 2 S. 1 legt zunächst den grundsätzlich für die Zulässigkeit der Beschwerde vorauszusetzenden Wert des Beschwerdegegenstandes auf mindestens 200,01 € fest. Der in Anlehnung an den bereits in § 146 Abs. 3 der Verwaltungsgerichtsordnung (VwGO) normierten Wert von mehr als 200 € soll zu einer spürbaren Entlastung der Gerichte führen. Bei einem Beschwerdewert bis zur Wertgrenze von 200 € wird in den meisten Fällen eine richterliche Entscheidung ausreichen. Denn die Beschwerdegerichte sollen von Bagatellstreitigkeiten über Kosten freigehalten werden.[91] Die Beschwerdesumme kann nicht durch nachträgliche Erweiterungen der Anträge in der Beschwer- 31

---

88 **Bejahend:** BayObLG RPfleger 1974, 391 = JurBüro 1975, 1975, 46; OLG Frankfurt aM JurBüro 1977, 844; OLG Hamm RPfleger 1978, 37; KG JurBüro 1987, 406; LG Main RPfleger 1984, 80; LG München II RPfleger 1973, 15; *Hartmann* § 66 Rn. 24; *Lappe* § 5 Rn. 11, 15. **Verneinend:** OLG Celle NdsRPfl. 1974, 136; LG Essen JVBl. 1971, 191; LG Berlin JurBüro 1977, 533 m. abl. Anm. von *Mümmler;* LG Koblenz RPfleger 1984, 435 m. abl. Anm. v. *Meyer-Stolte.*

89 OLG Düsseldorf MDR 1959, 50.

90 OLG Koblenz JurBüro 2007, 95 (LS mit Volltextservice).

91 OLG Schleswig JurBüro 1987, 1695.

deinstanz geschaffen werden.[92] Im Erinnerungsverfahren entstandene Unkosten sind dem Beschwerdewert nicht hinzuzurechnen.[93] Bei teilweiser Abhilfe im Erinnerungsverfahren ist die Beschwerdesumme der Betrag, durch den der Beschwerdeführer trotz Abänderung durch den ursprünglichen Kostenansatz noch beschwert bleibt.[94] Das gilt selbst dann, wenn die nicht mehr mit der Beschwerde angreifbare Entscheidung wegen greifbarer Gesetzwidrigkeit verfehlt ist.[95] Wenn mehrere Parteien selbständige Beschwerden einlegen, werden die Werte nicht addiert. Die Zulässigkeit ist vielmehr für jede Beschwerde besonders zu prüfen. Richtet sich die Beschwerde indessen gegen die Anordnung von Vorschüssen, so ist gemäß der Spezialvorschrift des § 67 ausnahmsweise eine Beschwerdesumme nicht erforderlich.

32 **Abs. 2 S. 2** gibt dem Gericht, das die angefochtene Entscheidung erlassen hat, die Möglichkeit, die Beschwerde bei Beschwerdewerten von bis zu 200 € wegen der grundsätzlichen Bedeutung der zur Entscheidung stehenden Frage zuzulassen. Die Zulassung bzw. Nichtzulassung der Beschwerde muss bereits in der angefochtenen Entscheidung ausgesprochen werden. Später – etwa nach Einlegung und Begründung der Beschwerde – kann sie – abgesehen von der Möglichkeit einer Berichtigung analog § 319 ZPO[96] – nicht mehr nachgeholt werden. Das Gesetz ist insoweit eindeutig.[97] Mit Einführung der Zulassungsbeschwerde wird – auch zum Ausgleich für die Anhebung des Beschwerdewerts auf 200 € nach S. 1 – bezweckt, Fragen von grundsätzlicher kostenrechtlicher Bedeutung in jedem Fall einer Überprüfung durch das Beschwerdegericht zugänglich machen zu können. Auf diese Weise sollen die Einheitlichkeit der Rechtsprechung und die Rechtsfortbildung auf dem Gebiet des Kostenrechts entscheidend gestärkt werden.

33 Wird die Entscheidung über die Erinnerung durch den **Rechtspfleger** getroffen und liegt der Beschwerdewert nicht über 200 €, so ist zunächst der Rechtspfleger zur Entscheidung über die Zulassung der Beschwerde berufen. Für den Fall der Nichtzulassung ist gegen die Entscheidung des Rechtspflegers die befristete Erinnerung nach § 11 Abs. 2 des Rechtspflegergesetzes (RPflG) gegeben. Der Richter hat dann im Rahmen dieses Erinnerungsverfahrens erneut über die Zulassung der Beschwerde zu entscheiden.

34 **Voraussetzungen der Zulassung:** Wie auch im allgemeinen Prozessrecht (z.B. § 511 ZPO) ist eine Zulassung der Beschwerde gegen die Entscheidung über die Erinnerung dann geboten, wenn die für die zu entscheidende Sache entscheidungserhebliche Frage des Kostenrechts bisher obergerichtlich noch nicht entschieden ist oder aber über den zu entscheidenden Einzelfall hinaus bedeutsam ist. Die Auswirkungen der Entscheidung müssen sich mithin auf eine unbestimmte Anzahl von Fällen erstrecken und nicht nur auf tatsächlichem Gebiet liegen. Ob und wieweit das Gericht eine Beschwerde gegen die Erinnerung zulässt, steht im freien Ermessen des Gerichts. Die Ermessensausübung ist lediglich durch das Willkürverbot begrenzt. Wenn und soweit nach der Verfahrensordnung die Beschwerde gegen eine Erinnerungsentscheidung schlechthin ausgeschlossen

---

92 BFH NJW 1963, 368 und NJW 1965, 2424; OLG Bamberg JVBl. 1962, 190 = JurBüro 1962, 428.

93 OLG Frankfurt aM NJW 1964, 2167 = JurBüro 1964, 815 = RPfleger 1965, 162 (L); OLG Hamm JurBüro 1970, 47.

94 OLG Hamm JurBüro 1970, 47 m. zust. Anm. v. *Schneider* = JVBl. 1970, 34; *Schneider* JurBüro 1975, 1424; *Oe/He/Tre* 66 Rn. 79; *Hartmann* § 66 Rn. 32; *Lappe* § 5 Rn. 16.

95 OLG Schleswig JurBüro 1988, 39; **a.M.** OVG Münster NJW 1972, 118. **Unentschieden** insoweit BAG NZA 1997, 512.

96 BGH NJW 2004, 2389 = MDR 2004, 1073 = VersR 2004, 1625 (für die Zulassung der Berufung); *Binz-Zimmermann* § 66 Rn. 51.

97 *Hartmann* § 66 Rn. 33; *Binz-Zimmermann* § 66 Rn. 51.

ist. kommt selbstverständlich auch keine Zulassung in Betracht. Das z.B. der Fall bei einer Entscheidung auf die Erinnerung gegen die Entscheidung des Urkundsbeamtem des Sozialgerichts.[98]

Die Beschwerde gegen die Erinnerungsentscheidung (Abs. 2) 35

Zuständiges Beschwerdegericht: Die Beschwerde ist grundsätzlich bei dem Gericht einzulegen, das über die Erinnerung zu entscheiden hatte. Welches Gericht für diese Entscheidung zuständig ist, ist im Abs. 1 abschließend geregelt. Die Beschwerde ist somit grundsätzlich bei dem Gericht einzulegen, dessen Entscheidung angefochten wird. Die Neuerung, dass bei der Staatsanwaltschaft Erinnerung eingelegt werden kann, wenn die Kosten bei dieser angesetzt worden sind, entlastet die Gerichte. Hilft die Staatsanwaltschaft der Erinnerung ab, wird das Gericht mit der Sache nicht befasst. 36

Zulässigkeit der Beschwerde: Uneingeschränkt zulässig ist die Beschwerde gegen die Erinnerungsentscheidung, wenn der Wert des Beschwerdegegenstandes 200 € übersteigt. Ansonsten ist die Beschwerde nur zulässig, wenn das Gericht, das die angefochtene Entscheidung erlassen hat, die Beschwerde wegen der grundsätzlichen Bedeutung der Sache zugelassen hat. Die Entscheidung über die Zulässigkeit oder über die Nichtzulässigkeit ist grundsätzlich in der angefochtenen Entscheidung zu treffen, eine nachträgliche Zulassung ist grundsätzlich nicht möglich.[99] Eine bloße Berichtigung ist allerdings zulässig.[100] 37

Wann und wie weit die **Zulassung** geboten ist, prüft das Gericht nach pflichtgemäßem Ermessen, das nur durch das Willkürverbot begrenzt ist. Grundsätzlich hat es dabei aber die für die Zulassung in allgemeinen Rechtsmittelverfahren (z.B. § 511 ZPO) entwickelten Richtlinien zu beachten. Danach ist eine Zulassung geboten, wenn die für die vorliegende Sache entscheidungserhebliche Rechtsfrage bisher obergerichtlich oder durch das übergeordnete Beschwerdegericht nicht geklärt und über den zu entscheidenden Einzelfall hinaus bedeutsam ist. Das ist dann der Fall, wenn die zu klärende Frage eine unbestimmte Vielzahl von Fällen betrifft und nicht nur auf tatsächlichem Gebiet liegt. 38

Die Zulassung oder die Nichtzulassung ist für das Beschwerdegericht bindend. Es hat in eigener Kompetenz nur die Formalien (z.B. die Wirksamkeit der Zulassung), insbesondere auch den Beschwerdewert zu überprüfen, nicht aber, ob eine Zulassung sachlich geboten gewesen wäre. Ist die Beschwerde unstatthaft oder unwirksam, ist sie ohne weitere Sachprüfung zu verwerfen.[101] 38a

Für die **Parteien** ist die Zulassungs- oder Nichtzulassung **unanfechtbar** und braucht deshalb auch nicht weiter begründet zu werden, wie auch eine Rechtsbehelfsbelehrung entbehrlich ist. 38b

Die Nichtzulassungsbeschwerde ist ausdrücklich ausgeschlossen (Abs. 3 S. 4), wodurch die Komplikation der Zulassungsbeschwerde auf dem kostenmäßigen „Nebenkriegsschauplatz des Verfahrens"[102] in Grenzen gehalten wird. 38c

Beschwerdeberechtigt sind auch hier die Staatskasse, wenn und soweit sie durch die angefochtene Entscheidung beschwert ist,[103] und der Kostenschuldner. Insoweit gilt 39

---

98 LSG Schleswig-Holstein, Beschl. v. 3.9.2012 – L 5 SF 18/12 B.
99 BGH NJW 2004, 779 = FamRZ 2004, 530; NK-GK/*Volpert* § 66 Rn. 80 m.w.N.
100 BGH NJW 1984, 23789; *Hartmann* § 66 Rn. 33.
101 NK-GK/*Volpert* § 66 Rn. 106.
102 So *Hartmann* § 66 Rn. 33.
103 LAG Düsseldorf MDR 2007, 370.

das Gleiche wir bei der Erinnerungsbefugnis (vgl. oben Rn. 11). Die Beschwer besteht in dem Betrag, um den nach dem Antrag des Beschwerdeführers eine Erhöhung oder Minderung des Kostenansatzes gegenüber der angefochtenen Entscheidung des Gerichts erfolgen soll. Wer gegen den Kostenansatz keine Erinnerung eingelegt hat, kann Beschwerde nur erheben, wenn das Gericht in seiner Entscheidung den ursprünglichen Kostenansatz zu seinen Ungunsten abgeändert hat. Die Beschwerde kann auf neue Tatsachen gestützt werden. Eine Antragserweiterung über den Gegenstand des Erinnerungsverfahrens hinaus ist im Beschwerdeverfahren nicht ausgeschlossen.[104] Sie kann aber nicht dazu dienen, einen nicht gegebenen Beschwerdewert zu erreichen. Die Antragserweiterung setzt eine zulässige sofortige Beschwerde voraus. Andererseits ist auch eine Anschlussbeschwerde nicht ausgeschlossen.[105]

40 **Das Verfahren des Gerichts für die Prüfung und Bescheidung der Beschwerde (Abs. 3)**

41 **Abs. 3 S. 1:** Durch Hs. 2 wird klargestellt, dass auch in den Fällen, in denen durch eine Teilabhilfe der Wert des verbleibenden Beschwerdegegenstands 200 € nicht übersteigt, der Vorgang dem Beschwerdegericht zur Entscheidung über den restlichen Teil der Beschwerde vorzulegen ist, ohne dass es hier einer gesonderten Zulassung der Beschwerde bedarf.

Das Gericht, dessen Erinnerungsentscheidung angegriffen worden ist, **kann** der Beschwerde ganz oder z.T. **abhelfen.** Dem **Beschwerdegegner** ist vor einer Abhilfe **rechtliches Gehör** zu gewähren,[106] soweit eine für ihn nachteilige Entscheidung beabsichtigt ist.[107] Neues Vorbringen in der Beschwerdeschrift ist zu berücksichtigen. Für das Beschwerdegericht muss erkennbar sein, dass das Erstgericht eine auf den jeweiligen Fall bezogene Sachprüfung der mit der Beschwerde vorgebrachten Beanstandungen vorgenommen hat.[108] Hat das Erinnerungsgericht teilweise abgeholfen, kann sich der Beschwerdewert ändern, so dass die Zulässigkeit des weiteren Verfahrens entfällt. Verfahrensvoraussetzung für die Entscheidung des Beschwerdegerichts ist eine Nichtabhilfeentscheidung aber nicht. Das Beschwerdegericht kann auch beim Fehlen einer solchen entscheiden.[109]

42 **Abs. 3 S. 2** regelt zur Vereinfachung des kostenrechtlichen Verfahrens, das unabhängig vom Instanzenzug der Hauptsache als Beschwerdegericht grundsätzlich das allgemein dem erkennenden Gericht übergeordnete Gericht anzusehen ist. Für die Entscheidung über eine Beschwerde gegen den Kostenansatz für ein Berufungsverfahren beim Landgericht ist also das Oberlandesgericht als nächsthöheres Gericht zuständig.[110] In Verfahren vor den ordentlichen Gerichten ist hinsichtlich des Amtsgerichts ohne Rücksicht auf den Instanzenzug in der Hauptsache grundsätzlich das Landgericht als Beschwerdegericht anzusehen. Im strafrechtlichen Adhäsionsverfahren (§§ 303 ff. StPO) ist stets das OLG zuständig.[111] Da das Beschwerdegericht sich ausschließlich mit kosten-

104 **A.M.** OLG Hamm JurBüro 1966, 1973.
105 *Kirchner* NJW 1976, 592; *Schneider* JurBüro 1974, 1362 m.w.N.
106 *Müller* NJW 1960, 21; *Ulbrich/Müller* NJW 1960, 709.
107 BVerfGE 34, 346.
108 OLG Rostock JurBüro 2012, 196; OLG Frankfurt am Main MDR 2010, 344.
109 OLG Hamm Beschl. v. 12.2.2009 – 2 Ws 34-39/2009 und Beschl. v. 23.2.2010 – 3 Ws 301/09.
110 OLG Koblenz MDR 2013, 299 = BeckRS 2012, 24998 = RVG-professionell 2013, 91 m.w.N.; OLG Koblenz JurBüro 2008, 254; OLG Hamm JurBüro 2007, 212 (LS mit Volltextservice); OLG Celle OLGR 2006, 270; *Onderka* RGS 2006, 246, 247; *Oe/He/Tre* § 66 Rn. 89.
111 ThürOLG JurBüro 2005, 479; *Oestreich* in Oe/He/Tre § 66 Rn. 12.

rechtlichen Fragen zu befassen hat, ist eine Anbindung an den Instanzenzug der Hauptsache nicht zwingend geboten. Hintergrund der Regelung ist das Ziel, das Beschwerdeverfahren unabhängig vom Beschwerdeverfahren in der Hauptsache auszugestalten, da Bezugnahmen auf die Vorschriften des Hauptsacheverfahrens wegen ihrer allgemeinen Fassung im Kostenrecht in der Vergangenheit nicht selten zu Zweifeln über den Umfang der Verweisung und damit zu Auslegungskontroversen geführt haben. In der Mehrzahl der Verfahren ist das nächsthöhere Gericht auch in der Hauptsache Rechtsmittelgericht.

Wenn das **Oberlandesgericht** nach § 119 Abs. 3 GVG für die Entscheidung über Rechtsmittel gegen Entscheidungen der Amtsgerichte zuständig ist, hat wegen des häufig engen Sachzusammenhangs zwischen Hauptsache und der Kostenproblematik auch über die Beschwerde nach Abs. 2 das Oberlandesgericht zu entscheiden. Der BGH ist insoweit niemals zuständig.[112] Um auch insoweit die Einheitlichkeit der Rechtsprechung zur Fortbildung des Rechts zu fördern, soll – anders als im alten Recht – unter den Voraussetzungen des Abs. 2 die Beschwerde auch dann zulässig sein, wenn die Kosten bei dem Rechtsmittelgericht angesetzt worden sind. 43

Abs. 3 S. 3. Es handelt sich um eine bloße Klarstellung, dass eine Beschwerde an einen **obersten Gerichtshof des Bundes** unzulässig ist.[113] Damit ist auch eine Rechtsbeschwerde an den BGH ausgeschlossen, und zwar auch dann, wenn eine solche ausdrücklich durch das Beschwerdegericht zugelassen ist.[114] Die Bindungswirkung einer Zulassung nur hinsichtlich des Vorliegens eines Zulassungsgrundes gegeben ist und niemals ein gesetzlich nicht vorgesehenes Rechtsmittel eröffnen kann.[115] Gleichwohl ist eine praeter legem zugelassene Rechtsbeschwerde nicht unbeachtlich, sondern regelmäßig in eine weitere Beschwerde umzudeuten mit der Folge, dass die Sache an das zuständige OLG abzugeben ist.[116] Statthaft ist aber eine **Gegenvorstellung**, wenn der Wert nach § 63 Abs. 3 auch von Amts wegen geändert werden könnte; ein „Beschwerde" ist entsprechend auszulegen.[117] Das bedeutet auch, dass das „nächsthöhere Gericht" in diesem Sinne niemals der BGH[118] oder ein anderes oberstes Bundesgericht sein kann. Oberste Gerichtshöfe des Bundes sind der BGH, das BAG, das BVerwG, das BSG und der BGH (Art. 95 GG). Demzufolge gibt es keine Beschwerden nach § 67 gegen Entscheidungen des OLG, OVG, VGH und LAG. Sonderregelungen in einzelnen Verfahrensordnungen sind jedoch zu beachten (z.B. §§ 190, 192 VwGO). 44

Abs. 3 S. 4 regelt entsprechend § 574 Abs. 3 S. 2 ZPO, dass das Beschwerdegericht an die Zulassung der Beschwerde gebunden ist. Die Nichtzulassung ist dagegen einer Anfechtung entzogen. Dies erscheint vor dem Hintergrund vertretbar, dass es der Zulassung der Beschwerde nur bei einem Wert des Beschwerdegenstands von höchstens 200 € bedarf. 45

Die weitere Beschwerde (Abs. 4) 46

Gegen die Entscheidung des Gerichts über die Beschwerde gegen die Erinnerung nach Abs. 3 ist in eingeschränktem Umfang die weitere Beschwerde nach Abs. 4 zulässig. 47

---

112 BGH Beschl. v. 10.7.2007 – VIII ZB 27/07 –.
113 BGH BGH-Report 2002, 750; BGH MDR 2004, 355; vgl. BGH NJW 1967, 346.
114 BGH MDR 2013, 560 = FamRZ 2013, 697 (L) = JurBüro 2013, 311 (LS mit Vollservice) = BeckRS 2013, 03977.
115 BGH JurBüro 2013, 311 (LS mit Volltextservice) m. Anm. v. *N. Schneider* RVG-professionell 2013, 74; BGH NJW 2003, 70; BGHZ 154, 102, jeweils m.w.N.
116 BGH Beschl. v. 7.2.2013 – VII ZB 58/12 m. Anm. v. *N. Schneider* RVG-professionell 2013, 74. Vgl. auch BGH DGVZ 2008, 187.
117 BGH MDR 2012, 1436; BGH FamFR 2011, 423.
118 BGH MDR 2007, 1285 = NJW-RR 2008, 151.

Sie ist gleichfalls unbefristet. Allerdings kann in einzelnen Fällen Verwirkung eintreten (vgl. oben Rn. 3). Die weitere Beschwerde ist aber nur zulässig, wenn

- das **Landgericht** als Beschwerdegericht entschieden hat **und**
- es die weitere Beschwerde wegen der grundsätzlichen Bedeutung der zu entscheidenden Frage **zugelassen** hat.

Die beiden Voraussetzungen müssen kumulativ gegeben sein.

48 Die weitere Beschwerde kann nur auf die eine Rechtsverletzung gestützt werden Insoweit sind die §§ 546, 547 ZPO entsprechend anzuwenden (Abs. 4 S. 2). Auf die einschlägigen Kommentare zur ZPO wird insoweit verwiesen.

49 **Zuständig** für die Entscheidung der weiteren Beschwerde ist stets das Oberlandesgericht (Abs. 4 S. 3) Das oben Rn. 23, 27 Gesagte gilt entsprechend. Eine weitere an den BGH ist ebenso wie eine Rechtsbeschwerde unstatthaft.[119]

50 **Die Einlegung der Erinnerung und Beschwerde (Abs. 5)**

51 **Abs. 5**: In S. 1 werden nur „Anträge und Erklärungen" genannt, weil unter diese Begriffe ebenso wie bei § 129a Abs. 1 ZPO „jede wie immer geartete Äußerung" fällt, die ein Verfahrensbeteiligter abgeben will oder muss[120] und damit auch Erinnerungen und Beschwerden erfasst werden.

52 Die Erinnerung kann **schriftlich oder zu Protokoll der Geschäftsstelle** eingelegt werden (Abs. 5 S. 1), wobei die Mitwirkung eines Prozessbevollmächtigten nicht erforderlich ist, auch wenn das zugrundeliegende Verfahren dem Anwaltszwang unterliegt.[121] Das gilt auch für die Erinnerung beim Rechtsmittelgericht sowie bei einem obersten Bundesgericht (BGH, BVerwG, BFH, BSG). Der Begriff der „Schriftlichkeit" ist nicht identisch mit dem Begriff „Schriftform" i.S. der ZPO. Regelmäßig ist eine handschriftliche Unterschrift unter dem (bestimmenden) Schriftsatz erforderlich.[122] Im Einzelfall kann aber auch ein Schriftstück ohne Unterschrift ausreichend sein kann, wenn und soweit auf Grund bestimmter Umstände feststeht, dass es sich bei dem Schriftstück nicht um einen bloßen Entwurf handelt.[123] Bei der Übermittlung des Schriftstückes als elektronisches Dokument ist eine in Kopie wiedergegebene handschriftliche Unterschrift oder eine qualifizierte elektronischen Signatur nach § 2 Abs. 3 SiG zwingend erforderlich.[124] Dass ein Rechtsanwalt im Rahmen seiner Prozessvollmacht für den Kostenschuldner Erinnerung einlegen kann,[125] ist selbstverständlich, genauso wie der Kostenschuldner sich auch nach allgemeinen Regeln vertreten lassen kann.[126] Dann aber ist die Vertretungsmacht nachzuweisen (je nach Verfahrensart).[127] Das gilt auch für das Beschwerdeverfahren, so dass die der Einlegung folgenden Erklärungen, Gegenerklärungen sowie die Rücknahme der Beschwerde ebenfalls schriftlich oder zu Protokoll der Geschäftsstelle erklärt werden können. Selbst dann, wenn das Beschwerdegericht eine mündliche Verhandlung anordnet, herrscht kein Anwaltszwang.

---

119 BGH, Beschl. v. 1.8.2016 – IX ZB 44/14 – = JurionRS 2016, 22595.
120 *B-L-A-H* § 129a Rn. 5.
121 BGH, Beschl. v. 7.5.2012 – IX ZB 20/12; SächsOVG JurBüro 1998, 94; VGH Mannheim NJW 2006, 251.
122 BFH JurBüro 2016, 581 = zfs 2016, 645 = RVG-Report 2016, 437 = JurionRS 2016, 2168.
123 OLG Karlsruhe JurBüro 2014, 432.
124 BGH, Beschl. v. 22.9.2016 – 4 StR 510/14 – = JurionRS 2016, 25503; BFH JurBüro 2016, 581 = zfs 2016, 645 = RVG-Report 2016, 437 = JurionRS 2016, 2168.
125 OLG Stuttgart JurBüro 1975, 1102.
126 BGH RPfleger 1992, 365.
127 BGH RPfleger 1992, 365; *Hartmann* § 66 Rn. 5.

Die Bezeichnung als Erinnerung ist nicht notwendig, aber zweckmäßig. Ebenso wenig schadet eine falsche Bezeichnung, z.B. als Beschwerde.[128] Es genügt, wenn aus der Erklärung mit hinreichender Sicherheit zu entnehmen ist, dass der Kostenansatz bemängelt wird. 53

Die Erinnerung ist bei dem Gericht einzulegen, das für die Entscheidung über die Erinnerung zuständig ist, Abs. 5 S. 2. Die Beschwerde hingegen soll bei dem Gericht eingelegt werden, dessen Entscheidung angefochten wird, Abs. 5 S. 4. Von der Einführung einer Regelung, die es möglich machen würde, die Beschwerde rechtswirksam auch beim Beschwerdegericht einzulegen, ist abgesehen worden. Die Akten wären nämlich in jedem Fall sogleich dem Gericht zuzuleiten, das die mit der Beschwerde angefochtene Entscheidung erlassen hat, weil es im Fall der zulässigen und begründeten Beschwerde zur Abhilfe befugt und verpflichtet ist. Es reicht demzufolge, dass das Beschwerdegericht – zweckmäßigerweise unter Erteilung einer Abgabenachricht an den Beschwerdeführer – die Beschwerde dem zuständigen Gericht weiterleitet. 54

Die Erinnerung und die Beschwerde sind nicht fristgebunden.[129] Die Mitwirkung eines Bevollmächtigten bei der Einlegung der Beschwerde ist nicht erforderlich. Diesbezügliche ausdrückliche Regelungen, wie sie in § 3 Abs. 3 a.F. und § 5 Abs. 5 a.F. enthalten waren, sind wegen der vorgesehenen verfahrensrechtlichen Unabhängigkeit der kostenrechtlichen Erinnerung und Beschwerde entbehrlich. 54a

Entscheidungszuständigkeit über die Erinnerung und Beschwerde (Abs. 6) 55

Grundsätzlich hat im Erinnerungsverfahren der **Einzelrichter** zu entscheiden, ohne dass es einer ausdrücklichen Übertragung bedarf. Die Grundsätze des § 348 Abs. 1 S. 1 ZPO gelten entsprechend. Das gilt auch für die Entscheidung über die Beschwerde, wenn die angefochtene Entscheidung von einem Einzelrichter oder vom Rechtspfleger erlassen wurde. Dem Einzelrichter gleich steht in der Regel der Berichterstatter des Kollegialgerichts, wenn dieser allein entschieden hat.[130] Die vor dem Inkrafttreten des 2. KostRModG vertretene Ansicht, wonach im Umkehrschluss dann, wenn die angefochtene Entscheidung von einem Kollegialgericht stammt, auch die Kammer (des Landgerichts) oder der Senat (des OLG/KG) als Kollegialgericht zu entscheiden hat,[131] ist durch die Klarstellung in § 1 Abs. 5 überholt. Das gilt auch, wenn bei dem Gericht der Einzelrichter institutionell nicht vorgesehen ist (z.B. in Strafsachen nach § 76 GVG oder beim BGH).[132] Der Gesetzgeber hat – mit guten Gründen, insbesondere im Interesse der Verfahrensbeschleunigung – in Kostensachen, also auch im Erinnerungs-/Beschwerde verfahren nach dem GKG – eigenständige Verfahrensordnungen geschaffen.[133] Allerdings gilt das nur solche Rechtsmittelverfahren, die nach dem Inkrafttreten des 2. KostRModG eingeleitet worden sind (§ 73).[134] 56

Nach Abs. 5 S. 2 hat der zunächst zuständige Einzelrichter das Verfahren der Kammer oder dem Senat zu übertragen, wenn die Sache besondere Schwierigkeiten tatsäch- 57

---

128 OLG Celle JurBüro 1965, 640 = NdsRPfl. 1965, 47.

129 BGH NJW 2003, 1324; VGH Mannheim NJW 2008, 537; *Hartmann* § 66 Rn. 40.

130 Sächs.OVG Beschl. v. 26.2.2010 – 2 E 145/09 und DÖV 2007, 562; OVG NW Beschl. v. 15.7.2005 – 21 E 811/05; HessVGH Beschl. v. 12.2.2008 – 8 E 284/08; VGH BW NVwZ 2006, 648.

131 So wohl *Oestreich* in Oe/He/Tre § 66 Rn. 88.

132 BGH NJW 2015, 2194 = MDR 2015, 724 = JZ 2015, 400 = JurionRS 2015, 212899; BGH, Beschl. v. 5.7.2017 – I ZB 41/17 –. Die Entscheidungen z.B. BGH NJW-RR 2005, 584 = MDR 2005, 597 m. abl. Anm. v. *Fölsch;* OLG Frankfurt aM JurBüro 2007, 659 sind durch § 1 Abs. 5 überholt.

133 Dazu ausführlich *Petershagen* JurBüro 2009, 64 ff.

134 BGH, Beschl. v. 19.10.2015 – X ZR 54/11 – = NJW 2016, 8 = JurionRS 2015, 34330.

licher oder rechtlicher Art aufweist oder wenn die Rechtssache grundsätzliche Bedeutung hat. Die Grundsätze des § 348 Abs. 3 S. 1 Nr. 1–2 ZPO gelten hier entsprechend.

58 Die Beschwerde soll begründet werden. Hat sich der Beschwerdeführer bei der Einlegung der Beschwerde vorbehalten, diese zu begründen, hat das Gericht, bei dem die Beschwerde einzulegen ist, dem Beschwerdeführer eine Frist zur Begründung zu setzen. Zumindest muss es eine angemessene Frist bis zum Eingang der Beschwerde abwarten. Entscheidet das Gericht vorher, versagt es dem Beschwerdeführer das rechtliche Gehör im Erinnerungsabhilfeverfahren.[135]

59 Auch das **Beschwerdegericht** hat dem Gegner rechtliches Gehör zu gewähren, bevor es eine Entscheidung zu seinem Nachteil trifft. Die Verletzung rechtlichen Gehörs macht aber eine an sich unstatthafte Beschwerde nicht statthaft.[136]

60 Die **Entscheidung des Beschwerdegerichts** ergeht durch **Beschluss** bei freigestellter mündlicher Verhandlung. Es entscheidet das Gericht in der Beschlussbesetzung. Das ist jetzt durch Abs. 5 S. 3 ausdrücklich kaltgestellt, wonach die Mitwirkung ehrenamtlicher Richter nicht in Betracht kommt. Die gegenteilige Ansicht zum früheren Recht ist überholt.[137] Der Beschluss ist grundsätzlich zu begründen und den Beschwerdebeteiligten formlos mitzuteilen.

61 Bei seiner Entscheidung ist das Beschwerdegericht **an die Anträge** des Beschwerdeführers gebunden und darf darüber nicht hinausgehen (ne ultra petita). Im Rahmen der Anträge hat es aber den Sachverhalt **von Amts wegen aufzuklären.**[138] Soweit das Beschwerdegericht der Beschwerde stattgibt, hat es die angefochtene Entscheidung aufzuheben und selbst zu entscheiden oder dahin abzuändern, dass der Kostenbeamte angewiesen wird, seinen Kostenansatz entsprechend zu berichtigen.

62 **Abs. 5 S. 4** schließt ein Rechtsmittel aus, das darauf gestützt wird, dass eine Übertragung auf den Einzelrichter erfolgt oder unterlassen wurde.

63 Auch eine **Rechtsbeschwerde** ist in keinem Fall zulässig (vgl. Rn. 44).[139] Wird eine solche gleichwohl zugelassen, ist sie als unstatthaft zurückzuweisen.[140] Gegenvorstellungen sind hingegen grundsätzlich möglich.[141] Allerdings ist nach dem Vorliegen einer nicht mehr anfechtbaren Beschwerdeentscheidung eine weitere „Erinnerung“ gegen die in der unanfechtbaren Entscheidung ab- oder zuerkannten Einzelposten nicht statthaft.[142]

64 Wirkung der Einlegung eines Rechtsmittels (Abs. 7)

65 Die Erinnerung und Beschwerde berühren die durch den Kostenansatz begründete Zahlungspflicht nicht (Abs. 7 S. 1). Jedoch kann durch den Einzelrichter oder den Vorsitzenden des Gerichts oder des Beschwerdegerichts auf Antrag oder von Amts wegen im Rahmen seines pflichtgemäßen Ermessens die aufschiebende Wirkung durch unan-

135 BVerfG RPfleger 1958, 261; OLG Nürnberg JurBüro 1961, 623.

136 BFH BStBl. II 1977, 628; OLG Celle NdsRPfl. 1974, 127; OLG Düsseldorf JurBüro 1970, 805 = RPfleger 1970, 358.

137 *Schütt* MDR 2002, 987.

138 OLG Hamburg JurBüro 1973, 544; OLG Stuttgart NJW 1963, 1257.

139 BGH BGH-Report 20002, 750; BGH MDR 2004, 355; OLG München, Urt. v. 12.3.2002 – 27 W 55/02 = NJOZ 2002, 1181.

140 Vgl. dazu auch BGH NJW-RR 2007, 285 = WuM 2006, 634 (betr. fälschliche Zulassung nach den Bestimmungen der ZPO).

141 OLG Hamm JurBüro 1976, 1120 m. Anm. v. *Mümmler;* OLG Düsseldorf MDR 1977, 235; *Schneider* JurBüro 1974, 1106 und MDR 1972, 567; *Schmidt* JurBüro 1975, 1311; *Baumgärtel* MDR 1968, 970; **a.M.** OLG Celle JurBüro 1983, 406.

142 OLG München JurBüro 1983, 1221.

fechtbaren Beschluss ganz oder teilweise angeordnet werden[143] (Abs. 7 S. 2), sofern die Erinnerung überhaupt statthaft ist,[144] oder – solange das Gericht noch nicht entschieden hat – im Verwaltungswege die aufschiebende Wirkung ganz oder teilweise angeordnet werden (§ 19 Abs. 5). Er handelt dabei nach pflichtgemäßem Ermessen. Seine Entscheidung ist unanfechtbar.[145] Die Zuständigkeit des Erinnerungsgerichts endet, wenn die Beschwerde beim Beschwerdegericht anhängig geworden ist. Das gilt sinngemäß auch dann, wenn gegen die Hauptsacheentscheidung Verfassungsbeschwerde eingelegt wird.[146]

Abs. 8 (Kostenentscheidung): Erinnerungs- und Beschwerdeverfahren (z.B. gegen eine Entscheidung nach § 464b StPO[147]) sind **gerichtsgebührenfrei**, Abs. 8. Das gilt aber nur, wenn die Rechtsmittel statthaft sind. Ist das Rechtsmittel unzweifelhaft nicht statthaft (nicht zulässig), kommt Abs. 8 nicht in Betracht.[148] In solchen Fällen ist eine Gebühr nach KV Nr. 1812 zu erheben. Die Auslagen des Beschwerdeverfahrens treffen den Beschwerdeführer als Antragsteller gemäß § 22, sofern seine Beschwerde unbegründet war, oder als Entscheidungsschuldner nach § 29 Nr. 1.[149] Eine Kostenerstattung aus der Staatskasse und umgekehrt ist nicht möglich, Abs. 8 S. 2. 66

Wenn und soweit die Erinnerung oder die Beschwerde Erfolg haben und bereits gezahlte Kosten zu erstatten sind, hat das Gericht das in der Entscheidung nicht auszusprechen. Denn die Erstattung ist reine Verwaltungstätigkeit.[150] Ist die Beschwerde unstatthaft, gilt Abs. 8 nicht.[151] 67

§ 67
Beschwerde gegen die Anordnung einer Vorauszahlung

(1) Gegen den Beschluss, durch den die Tätigkeit des Gerichts nur aufgrund dieses Gesetzes von der vorherigen Zahlung von Kosten abhängig gemacht wird, und wegen der Höhe des in diesem Fall im Voraus zu zahlenden Betrages findet stets die Beschwerde statt. § 66 Abs. 3 Satz 1 bis 3, Abs. 4, 5 Satz 1 und 5, Abs. 6 und 8 ist entsprechend anzuwenden. Soweit sich die Partei in dem Hauptsacheverfahren vor dem Gericht, dessen Entscheidung angefochten werden soll, durch einen Prozessbevollmächtigten vertreten lassen muss, gilt dies auch im Beschwerdeverfahren.

(2) Im Falle des § 17 Abs. 2 ist § 66 entsprechend anzuwenden.

Allgemeines: Als lex specialis zu § 1 Abs. 5 und als Ergänzung zu § 10 betrifft § 67 die Rechtsmittel gegen die Anordnung einer Vorauszahlung oder eines Vorschusses 1

---

143 OLG München MDR 1985, 333.
144 BGH NJW 1992, 1458.
145 OLG München MDR 1985, 333.
146 OLG München MDR 1985, 333.
147 OLG Rostock, JurBüro 2016, 360.
148 **H.M.** Vgl. etwa OLG Köln JurBüro 2013 594; FG Hamburg Beschl. v. 7.11.2014 – 3 KO 270/14; BayVGH, Beschl. v. 20.2.2012 – 11 C 12.335; *Hartmann* § 68 Rn. 21; *Zimmermann* in Binz u.a. § 68 Rn. 26, jeweils m.w.N. **A.M** aber OLG Koblenz JurBüro 2012, 662 = MDR 2012, 1315 = FamRZ 2013, 147 (Aufgabe der früheren Ansicht in NJW-RR 2000, 1239); OLG Frankfurt/Main MDR 2012, 811.
149 OLG Koblenz NJW-RR 2000, 1239; *Hartmann* § 66 Rn. 48.
150 OLG Koblenz JurBüro 1977, 1430; *Hartmann* § 66 Rn. 4.
151 BGH JurBüro 2003, 95 = NJW 2003, 69; BGH NJW 2003, 70 = MDR 2003, 115; BGH JurBüro 2003, 101 = NJW 2003, 70.

nach Maßgabe des GKG[1] für ab dem 1. Juli 2004 anhängig gewordene Verfahren[2] (vgl. vor § 66 Rn. 3). Im Verhältnis zum Verfahren der Hauptsache handelt es sich um in ein selbständiges Zwischenverfahren.[3] Sinn und Zweck des § 67 ist, dass der Betroffene durch einen Vorschuss oder durch eine Vorauszahlung, die er für übersetzt hält, nicht rechtlos werden soll.[4]

2 Nur soweit nach dem GKG die Tätigkeit des Gerichts von einer Vorschuss- oder Vorauszahlungsleistung abhängig gemacht wird (z.B. §§ 12, 12a Satz 2, 17), ist § 67 einschlägig. Wenn die Anordnung auf Grund anderer gesetzlicher Vorschriften erfolgt (z.B. nach §§ 379, 402 ZPO, 379a StPO), gilt § 67 nicht. Es sind dann die in diesen Gesetzen vorgesehenen Rechtsbehelfe anzuwenden,[5] und zwar grundsätzlich mit den im Hauptverfahren gegebenen Rechtsmitteln.[6] Das stellt Abs. 1 S. 1 ausdrücklich klar.

3 **Abs. 1:** Die Zulässigkeit der Beschwerde ist nicht daran geknüpft, dass der Beschwerdewert 200 € übersteigt. Einer Zulassung durch das Gericht bedarf es daher nicht.

4 Nach § 10 darf die Tätigkeit der Gerichte in weiterem Umfang, als die Prozessordnungen und das GKG es gestatten, nicht von der Sicherstellung oder Zahlung der Kosten abhängig gemacht werden. Keine Vorschuss- oder Vorauszahlungspflicht herrscht bei Kostenfreiheit für den Kostenbefreiten (§ 2) und bei Prozesskostenhilfe (vgl. § 14 und §§ 114 ff. ZPO).

5 Der **Vorschuss** ist bestimmt zur Deckung auch noch nicht fälliger Kosten, während eine **Vorauszahlung** die Zahlung bereits fällig gewordener Kosten zum Gegenstand hat. § 67 betrifft den Vorschuss und die Vorauszahlung.

6 **Tätigkeit des Gerichts:** Gemeint ist die richterliche Tätigkeit einschließlich der des Rechtspflegers.

7 § 67 setzt einen förmlichen **Beschluss des Gerichts (Beschlussbesetzung, Einzelrichter)** nach § 63 voraus, durch den auf Grund des GKG die Tätigkeit des Gerichts von der Zahlung eines Vorschusses abhängig gemacht wird. Ein solcher ist aber entbehrlich, wenn ein Beschluss nach § 62 vorliegt, soweit dieser auch für den Kostenstreitwert bindend ist. **Zuständig** ist das Prozessgericht, im Rahmen seiner Zuständigkeit auch der Einzelrichter. Als Beschluss i.d.S. kann auch die Verfügung des Vorsitzenden/Einzelrichters behandelt werden,[7] wenn und soweit die Anordnung einer Vorschussleistung durch Verfügung des Vorsitzenden nach der Prozessordnung zulässig ist.[8] Wenn ein beauftragter oder ersuchter Richter die Anordnung eines Vorschusses getroffen hat, ist zunächst die Entscheidung des Prozessgerichts nachzusuchen, §§ 576 Abs. 1 ZPO, 151 VwGO, 133 FGO. Die **Höhe des Vorschusses** kann das Gericht in seinem Beschluss bestimmen, er kann die Bestimmung aber auch dem Kostenbeamten überlassen.[9] Gegen die Bestimmung durch den Kostenbeamten ist die Entscheidung nach § 66 einholbar.[10] Hat hingegen der Rechtspfleger die Vorschussanordnung getroffen, ist die Erinnerung nach § 11 RPflG gegeben. § 67 ist in beiden Fällen nicht einschlägig.[11]

---

1 BGH NJW-RR 2006, 1504 = FamRZ 2006, 1107.
2 BGH NJW-RR 2006, 1504 = FamRZ 2006, 1107.
3 BVerfG NJW-RR 2000, 1738.
4 KG NJW-RR 2004, 864; *Hartmann* § 67 Rn. 1.
5 OLG Dresden JurBüro 2007, 212.
6 OLG Frankfurt aM JurBüro 1971, 141.
7 OLG Rostock JurBüro 2011, 208.
8 OLG Brandenburg MDR 1998, 1119 = JurBüro 1998, 548 = NJW-RR 1999, 291.
9 KG JW 1936, 3081.
10 OLG Düsseldorf JurBüro 2009, 542.
11 Vgl. *Oe/He/Tre* § 67 Rn. 7; *Lappe* § 6 Rn. 4; *Schneider* MDR 1968, 106.

Im Beschwerdeverfahren und auch im Verfahren über die weitere Beschwerde ist die **Vertretung durch einen Bevollmächtigten** nicht erforderlich, wenn sich die Partei in der Hauptsache durch einen Prozessbevollmächtigten vertreten lassen muss (vgl. vor § 66 Rn. 8). 8

Abs. 2 stellt klar, dass, soweit die Herstellung und Überlassung von Dokumenten auf Antrag oder die Versendung von Akten von der vorherigen Zahlung eines die Auslagen deckenden Betrages abhängig gemacht wird, nicht § 67 sondern § 66 Anwendung findet. 9

Die nicht fristgebundene[12] Beschwerde kann sich einmal gegen die **Vorschussanordnung als solche** richten. Zum anderen kann mit der Beschwerde die **Höhe des Vorschusses** angegriffen werden. Zum Dritten kann die Beschwerde auch die **Verrechnung** betreffen, wenn und soweit sie im Zusammenhang mit der gerichtlichen Anordnung eines – weiteren – Vorschusses steht (vgl. § 66 Rn. 12). Soweit es um die Höhe einer Vorschuss- oder Vorauszahlungsanordnung geht, ist ausnahmsweise dann, wenn i.V.m. mit einem förmlichen Beschluss nach § 63 Abs. 1 die Höhe der Vorschuss – oder Vorauszahlungsanforderung verbunden ist, nach § 63 Abs. 1 S. 2 eine Ausnahme zugelassen[13] (vgl. auch § 68 Rn. 3), nicht aber, wenn die Beschwerde nach § 67 nur dem Ziel dient, die Unstatthaftigkeit eines Rechtsmittels gegen die vorläufige Festsetzung des Streitwerts nach § 63 Abs. 1 (vgl. § 63 Rn. 8) zu unterlaufen. Davon kann aber keine Rede sein, wenn die Beschwerde i.V.m. einer (streitwertabhängigen) Höhe einer Vorschuss- oder Vorauszahlungsanforderung erhoben wird (§ 63 Abs. 1 S. 2). Wenn der Streitwert aus anderen Gründen festgesetzt wird wie z.B. aufgrund eines Antrages wegen der Vergütung des Rechtsanwalts nach § 32 Abs. 2 RVG, ist § 67 unanwendbar. Eine Beschwerde nach § 63 Abs. 1 S. 2 ist aber immer unanwendbar, wenn eine Streitwertbindung nach § 62 vorliegt. 10

Das **Verfahren** und die Zuständigkeit des Beschwerdegerichts richten sich grundsätzlich nach § 66 (Abs. 1 S. 2). Der Erinnerung und Beschwerde kann abgeholfen werden. Wie im Fall des § 66 ist auch hier die weitere Beschwerde gegeben. Insoweit sind die Bestimmungen des § 66 entsprechend anzuwenden. Insbesondere ist die weitere Beschwerde wegen der Verweisung auf § 66 Abs. 4 an die Zulassung durch das Beschwerdegericht geknüpft. 11

Die **Staatskasse** ist niemals nach § 67 beschwerdeberechtigt. Denn sie ist zum einen durch eine Vorschussanordnung nicht beschwert und zum anderen gibt es gegen einen Beschluss, durch den eine Vorschussanordnung abgelehnt wird, nach dem eindeutigen Wortlaut der Bestimmung kein Beschwerderecht. 12

Abs. 1 S. 2 verweist nicht auf § 66 Abs. 7. Daraus folgt, dass die geforderten Vorauszahlungen nicht geleistet zu werden brauchen, bevor über das Rechtsmittel nach § 67 entschieden worden ist. Vorher sind auch keine prozessualen Sanktionen wegen der Nichtleistung des Vorschusses oder der Vorauszahlung zulässig. 13

Das statthafte (zulässige) Erinnerungs- und Beschwerdeverfahren nach § 67 ist gebührenfrei, nicht aber, wenn das Rechtsmittel unstatthaft ist.[14] Eine Auslagenerstattung findet nicht statt. 14

---

12 OLG Bamberg Beschl. v. 30.7.2002 – 4 W 81/02 – m. krit. Bespr. von *Fölsch* JurBüro 2002, 625.
13 KG Beschl. NJW-RR 2004, 864.
14 **A.M.** OLG Frankfurt/Main MDR 2012, 811.

§ 68
Beschwerde gegen die Festsetzung des Streitwerts

(1) Gegen den Beschluss, durch den der Wert für die Gerichtsgebühren festgesetzt worden ist (§ 63 Abs. 2), findet die Beschwerde statt, wenn der Wert des Beschwerdegegenstandes 200 Euro übersteigt. Die Beschwerde findet auch statt, wenn sie das Gericht, das die angefochtene Entscheidung erlassen hat, wegen der grundsätzlichen Bedeutung der zur Entscheidung stehenden Frage in dem Beschluss zulässt. Die Beschwerde ist nur zulässig, wenn sie innerhalb der in § 63 Abs. 3 Satz 2 bestimmten Frist eingelegt wird; ist der Streitwert später als einen Monat vor Ablauf dieser Frist festgesetzt worden, so kann sie noch innerhalb eines Monats nach Zustellung oder formloser Mitteilung des Festsetzungsbeschlusses eingelegt werden. Im Fall der formlosen Mitteilung gilt der Beschluss mit dem dritten Tage nach Aufgabe zur Post als bekannt gemacht. § 66 Abs. 3, 4, 5 Satz 1, 2 und 5 sowie Abs. 6 ist entsprechend anzuwenden. Die weitere Beschwerde ist innerhalb eines Monats nach Zustellung der Entscheidung des Beschwerdegerichts einzulegen.

(2) War der Beschwerdeführer ohne sein Verschulden verhindert, die Frist einzuhalten, ist ihm auf Antrag von dem Gericht, das über die Beschwerde zu entscheiden hat, Wiedereinsetzung in den vorigen Stand zu gewähren, wenn er die Beschwerde binnen zwei Wochen nach der Beseitigung des Hindernisses einlegt und die Tatsachen, welche die Wiedereinsetzung begründen, glaubhaft macht. Ein Fehlen des Verschuldens wird vermutet, wenn eine Rechtsbehelfsbelehrung unterblieben oder fehlerhaft ist.[*] Nach Ablauf eines Jahres, von dem Ende der versäumten Frist an gerechnet, kann die Wiedereinsetzung nicht mehr beantragt werden. Gegen die Ablehnung der Wiedereinsetzung findet die Beschwerde statt. Sie ist nur zulässig, wenn sie innerhalb von zwei Wochen eingelegt wird. Die Frist beginnt mit der Zustellung der Entscheidung. § 66 Abs. 3 Satz 1 bis 3, Abs. 5 Satz 1 und 5 sowie Abs. 6 ist entsprechend anzuwenden.

(3) Die Verfahren sind gebührenfrei. Kosten werden nicht erstattet.

Übersicht

Allgemeines — 1
Grundsätze — 2–10
endgültiger Streitwertfestsetzungsbeschluss — 3, 4
Sechsmonatsfrist — 5
Keine Anfechtung mit Zwischenentscheidung — 6
Beschwer — 7
Sonderfragen der Statthaftigkeit — 8
Beschwerdefrist — 9
Verwirkung — 10
Beschwerdewert — 11, 12
Beschwerdeberechtigung — 13
weitere Beschwerde — 14
Verfahren — 15
Wiedereinsetzung — 16–24
weitere Beschwerde und Rechtsbeschwerde — 25
Gegenvorstellung — 26
Kosten — 27

1 **Allgemeines:** Die Bestimmung gilt für ab dem 1. Juli 2004 anhängig gewordene Verfahren[1] (vgl. vor § 66 Rn. 3) und behandelt die Rechtsmittel gegen einen Streitwertfestsetzungsbeschluss nach § 63 Abs. 2, also gegen die **endgültige** Wertfestsetzung. Das stellt Abs. 1 ausdrücklich klar. Eine vorläufige Festsetzung gem. § 63 Abs. 1 fällt demnach

* § 69 Abs. 2 Satz 2 gültig ab dem 1.1.2014 (Art. 8, 21 RechtsBehEG – BGBl. I, 2418).
1 BGH NJW-RR 2006, 1504 = FamRZ 2006, 1107.

nicht unter § 68, und zwar auch nicht für den Rechtsanwalt nach § 32 RVG.[2] § 68 wird ergänzt durch die Bestimmung des § 32 Abs. 2 RVG. Auf gerichtliche Wertfestsetzungen nach § 62 ist § 68 nicht anwendbar.[3] Die Beschwerdewertgrenze ist auch hier an den Beschwerdewert in § 66 Abs. 2 angepasst. Darüber hinaus sind – wie auch im Fall des § 66 – die Zulassung der Beschwerde und die weitere Beschwerde eingeführt worden. Die Beschwerde ist auch dann zulässig, wenn das Rechtsmittelgericht die Entscheidung erlassen hat.[4] Die Frist für die Einlegung der weiteren Beschwerde beträgt 1 Monat ab Zustellung der Beschwerdeentscheidung des Landgerichts.

Für die – in jedem Fall nicht dem Anwaltszwang unterliegende[5] – sog. einfache,[6] 2
d.h. nach Abs. 1 S. 3 befristete, nicht durch Rechtsbeschwerde oder durch Beschwerde an ein oberstes Bundesgericht,[7] wohl aber ggf. mit der weiteren Beschwerde überprüfbare **Beschwerde** nach Abs. 1 S. 1, gelten folgende Grundsätze:

Es muss ein beschwerdefähiger, also ein endgültiger **Streitwertfestsetzungsbe-** 3
schluss für die Gerichtsgebühren nach 63 Abs. 2 ergangen sein. Eine nur vorläufige Festsetzung nach § 63 Abs. 1 genügt in der Regel nicht,[8] es sei denn der Beteiligte hält den von der vorläufigen Festsetzung des Streitwerts nach § 63 Abs. 1 abhängigen geforderten Vorschuss für zu hoch (§ 63 Abs. 1 S. 2).[9] Insoweit hat der Gesetzgeber aus Gründen der Eindämmung von zeitraubenden und kostenträchtigen Zwischenverfahren die Statthaftigkeit von (i.d.R. erfolglosen)[10] Rechtmitteln sinnvoll eingeschränkt. Zum einen hat das Gericht in solchen Fällen (d.h.: vorläufige Streitwertfestsetzung ohne Vorschuss- oder Vorauszahlungsforderung) stets die Möglichkeit, eine vorläufige Streitwertfestsetzung zu korrigieren, wozu die Eingabe des Beteiligten anregen kann. Zum anderen wäre eine Herabsetzung in solchen Fällen auch ebenfalls nur vorläufig und kann bzw. muss im Zweifel bei der endgültigen Festsetzung nach § 63 Abs. 2 wieder zu Lasten der Partei korrigiert werden. Wenn und soweit eine Partei im Ergebnis aber nur deshalb eine Herabsetzung des Streitwerts anstrebt, weil ihr die Erbringung des wertabhängigen Vorschusses Schwierigkeiten bereiten würde, steht ihr ein Antrag nach § 14 Nr. 3 frei. Darüber hinaus besteht auch die Möglichkeit, eine Stundung bis zur endgültigen Festsetzung nach den einschlägigen Länderbestimmungen zu beantragen. Wird die Stundung abgelehnt, kann der Antragsteller dagegen nach § 30a EGGVG (vgl. Anhang I) vorgehen, ist also nicht rechtlos gestellt.

Ist zweifelhaft, ob der Beschluss endgültig ist, insbesondere dann, wenn nicht ein- 4
deutig ist, ob nur ein Beschluss nach § 62 oder ein solcher über die Zuständigkeit der Gerichte vorliegt, ist der Antrag auszulegen. Ggf. kann auch eine Umdeutung statthaft sein.[11] In solchen Fällen kann – wenn die Voraussetzungen gegeben sind – die „Beschwerde" als Anregung für eine endgültige Erstfestsetzung behandelt werden. Wenn

---

2 Zur Problematik vgl. bei *Bischof* in *Bischof/Jungbauer/Bräuer/Curkovic/Mathias/Uher* § 32 Rn. 23ff.

3 LG Stuttgart NJW-RR 2008, 1167, 1168.

4 OLG Rostock JurBüro 2006, 645; OLG Celle OLGR 2006, 270.

5 OVG Bautzen JurBüro 1998, 94 = OLG-NL 1997, 694; VGH Mannheim NJW 2006, 251; *Hartmann* § 68 Rn. 12.

6 OLG Koblenz JurBüro 2002, 310.

7 BGH BGH-Report 2002, 750; BGH MDR 2004, 355 = WuW 2004, 462 = NZBau 2004, 623 (L); BAG MDR 2003, 956 = JurBüro 2003, 421 m. zust. Anm. v. *Brinkmann* JurBüro 2003, 422.

8 OLG Frankfurt/Main MDR 2012, 733 = BeckRS 2012, 07012 = Openjur 2012, 35608; OLG Düsseldorf JurBüro 2009, 542 und JurBüro 2008, 596; OLG Stuttgart JurBüro 2007, 145; OLG Bremen MDR 2006, 418; OLG Hamm FamRZ 2005, 1767; KG NJW-RR 2004, 864; OLG Brandenburg MDR 2000, 174; OLG Köln JurBüro 1996, 194; *Hartmann* § 63 Rn. 14; ausführlicher dazu *D. Meyer* JurBüro 2000, 396; **a.M.** *Schneider/Herget* Kommentar Rn. 1618, 4221 und MDR 2000, 380.

9 **A.M.** KG NJW-RR 2004, 864; OLG Bremen MDR 2006, 418.

10 Wie im Fall des KG NJW-RR 2004, 864.

11 KG JurBüro 1965, 486.

durch Auslegung nicht abgeklärt werden kann, auf welcher Grundlage das Gericht den Kostenstreitwert endgültig festgesetzt hat, ist die als Rechtsmittel bezeichnete Eingabe als Beschwerde unzulässig, weil andernfalls dem Beschwerdeführer die Beschwerdebegründung und dem Beschwerdegericht die Entscheidung unnötig erschwert würde.[12] Eine im Verfahren nach § 66 auf die Annahme eines unzutreffenden Streitwertes gestützte Beschwerde ist regelmäßig als eine solche gegen die gerichtliche Streitwertfestsetzung nach § 68 zu behandeln.[13]

5 Die **Sechsmonatsfrist** des § 63 Abs. 3 S. 1 darf noch nicht verstrichen sein.

6 **Keine Anfechtung** des Wertfestsetzungsbeschlusses **zusammen mit der Anfechtung oder Verwerfung oder einer Zurückverweisung der Berufung nach §§ 522 Abs. 1 S. 1, 522 Abs. 2 ZPO.** Hier kann nur das Revisionsgericht von Amts wegen einen anderen Kostenstreitwert bestimmen. Eine Streitwertfestsetzung des Instanzgerichts kann niemals in zulässiger Weise vor dem BGH angefochten werden, und zwar auch nicht im Beschwerdeverfahren nach §§ 116 ff. GWB.[14]

7 Wie bei jedem Rechtsmittel muss auch hier eine **Beschwer** des Beschwerdeführers vorliegen. Keine Beschwer liegt vor, wenn das Gericht von Amts wegen einen Streitwert festsetzt (§ 63), obwohl in dem Verfahren keine Gerichtsgebühren anfallen können (z.B. im PKH-Prüfungsverfahren).[15] Auch ein „Einverständnis" einer Partei mit einem bestimmten Streitwert, den das Gericht festsetzen will, hat keinen Einfluss auf die Beschwer, weil es sich dabei nur um eine Anregung oder um eine unverbindliche Stellungnahme handelt.[16] Beschwert sein kann:

- **Die Partei**, wenn sie (oder der Anwalt im Namen der Partei) sich gegen eine zu hohe[17] Wertfestsetzung wendet. Will sie aber einen höheren Wert erreichen, ist die Partei niemals beschwert.[18]
- Der **Anwalt** aus eigenem Recht (§ 32 RVG) nur bei einem zu niedrig[19] festgesetzten Wert, und zwar auch dann, wenn zwischen ihm und der Partei eine über das gesetzliche Honorar hinausgehende Honorarvereinbarung besteht.[20] Das gilt sinngemäß auch für einen kostenpflichtigen Verfahrensbeteiligten,[21] sowie ausnahmsweise auch für einen nichtkostenpflichtigen Verfahrensbeteiligten, wenn er mit seinem Prozessbevollmächtigten eine über das Gesetz hinausgehende höhere Vergütung vereinbart hat.[22] Die Gegenansicht, die bei Honorarvereinbarungen auch für einen anderen nicht kostenpflichtigen Beteiligten als für den Anwalt eine Ausnahme zu-

---

12 OLG Frankfurt aM NJW 1968, 409; *Hartmann* § 68 Rn. 3.

13 OLG Oldenburg JurBüro 1992, 169.

14 BGH MDR 2004, 355.

15 OLG Rostock JurBüro 2009, 540 = MDR 2010, 115; OLG Karlsruhe JurBüro 2009, 314 = NJW-RR 2009, 1366.

16 OLG Karlsruhe JurBüro 2010, 200.

17 OVG Berlin-Brandenburg JurBüro 2015, 86 = JurionRS 2014, 25679; OLG Celle JurBüro 2011, 257; KG-NJWE-WettbR 1998, 139; BFH BFHE 105, 461; BB 1970, 652; OLG Karlsruhe JurBüro 2007, 363, 364; KG NVersR 1999, 165; OVG Münster DÖV 1978, 816.

18 OLG Nürnberg, JurBüro 2016, 533 mit krit. Anm. von *Held* JurBüro 2016, 534; BayVGH, Beschl. v. 18.3.2015 – 10 C. 14.8678 – = JurionRS 2015, 13320 = Openjur 2015, 7451.

19 Unstr; vgl. etwa BGH NJW-RR 1986, 737; BFH BB 1972, 564; BayVGH, Beschl. v. 18.3.2015 – 10 C. 14.8678 – = JurionRS 2015, 13320 = Openjur 2015, 7451; OLG Koblenz JurBüro 2008, 254; OLG Karlsruhe JurBüro 2007, 363, 364; OLG Köln NJW-RR 1999, 1303; BayObLG WoM 1992, 334; KG MDR 1970, 854 = JurBüro 1970, 682; OLG Düsseldorf JurBüro 1991, 585; VGH Mannheim MDR 1992, 299; OLG Koblenz Beschl. v. 7.1.2014 – 3 E 714/13 – = MDR 2014, 560 = JurionRS 2014, 10070; OLG Rostock JurBüro 2014, 194 = JurionRS 2013, 52122; *Hartmann* § 68 Rn. 5.

20 **H.M.** Vgl. bei *Hartmann* 68 Rn. 6, m.N.

21 OVG Greifswald JurBüro 2009, 90.

22 OVG Greifswald JurBüro 2014, 246 m.w.N.

lassen will,[23] überzeugt so nicht. Zwar mag es zweifelhaft sein, ob solches der Schutz des sich auf einen niedrigeren Streitwert eingerichteten Gegners verbietet, weil insoweit niemand auf einen bestimmten Streitwert Vertrauensschutz zugebilligt werden kann, solange dessen Festsetzung noch nicht rechtskräftig ist.

- Keine Beschwer, wenn sie darin gesehen wird, dass der nicht kostenpflichtige Beteiligte bei der Festsetzung eines höheren Streitwertes bei seinem Prozessgegner einen höheren Betrag liquidieren[24] und dadurch seine eigene Zahlungsverpflichtung gegenüber seinem Anwalt aus der Honorarvereinbarung mindern kann. Hier handelt es sich nur um einen mittelbaren Vorteil, der den Begriff der Beschwer uferlos werden lässt. Darüber hinaus würde auch der im prozessualen Kostenerstattungsrecht geltende Grundsatz unterlaufen, wonach grundsätzlich nur die gesetzlichen Gebühren und Auslagen des Rechtsanwalts festsetzbar und damit erstattbar sind.[25]
- Eine Beschwer kann aber dann gegeben sein, wenn der Beteiligte im Verfahren nach § 63 Abs. 2 ausdrücklich und substantiiert einen bestimmten Streitwert angeregt („beantragt") hatte und das Gericht dem ohne Begründung nicht gefolgt ist (vgl. § 63 Rn. 24). Dann kann der Beteiligte aber u.U. über eine Anhörungsrüge (§ 69a) eine Korrektur der Wertfestsetzung erreichen. Umgekehrt ist die Partei niemals bei zu niedriger bzw. der Anwalt bei zu hoher Festsetzung beschwert.[26] Diese Frage ist indessen nicht völlig unstreitig.[27] Demgemäß muss man eine von einem Rechtsanwalt auf Herabsetzung des Streitwertes eingelegte Beschwerde im Zweifel als im Namen der Partei, eine auf Erhöhung im Zweifel als im eigenen Namen eingelegt anzusehen haben.[28] Das gilt aber nur, wenn Zweifel verbleiben. Das Interesse einer Partei, die Rechtsmittelsumme für die Zulässigkeit eines Rechtsmittels zu erreichen, rechtfertigt eine Streitwertbeschwerde nach § 68 niemals.[29] Andererseits ist es aber nicht erforderlich, dass die beschwerdeführende Partei Gerichtskosten treffen. Es genügt ihr Interesse an der Feststellung des Streitwerts für die Gebühren, für die sie als Widerklägerin oder Zweitschuldnerin haftet[30] oder die sie ihrem Rechtsanwalt schuldet.[31] Ausnahmsweise kann eine Partei auch durch einen zu geringen Streitwert beschwert sein, so etwa, wenn sie durch die Festsetzung eines höheren Streitwerts eine höhere Sicherheitsleistung des Gegners für die Prozesskosten erstrebt[32] und diese nicht von Honorarvereinbarungen abhängig sind. Beschwert ist eine Partei auch durch eine völlige Ablehnung einer Wertfestsetzung, es sei denn, dass sie ersichtlich keinerlei Gebührenpflicht trifft.[33]
- Die **Staatskasse** kann demgegenüber sowohl bei einer zu niedrigen als auch bei einer zu hohen Wertfestsetzung beschwert sein.[34] Im letztgenannten Fall trifft das aber nur zu, wenn sie deshalb dem im Verfahren der Prozesskostenhilfe beigeordne-

---

23 OVG Bautzen RVG-Letter 2006, 45; VGH München NVwZ-RR 1997, 195; OVG Lüneburg NJW 1972, 788.
24 BayVGH, Beschl. v. 18.3.2015 – 10 C. 14.8678 – = JurionRS 2015, 13320 = Openjur 2015, 7451.
25 Vgl. etwa OLG München JurBüro 1979, 1062; OVG Münster NJW 1969, 709; OLG Celle JurBüro 1969, 269; OLG Karlsruhe JurBüro 1973, 1176.
26 BGH NJW-RR 1986, 737; OLG Brandenburg NJW-RR 2005, 80 = RVG-Letter 2004, 132; OLG Koblenz JurBüro 2002, 310; OLG Zweibrücken GRUR-RR 2001, 285; *Hartmann* § 68 Rn. 5.
27 Vgl. die Nachweise bei *Hartmann* § 68 Rn. 6.
28 OLG Stuttgart JurBüro 2013, 307; OLG Düsseldorf JurBüro 1953, 260; OLG München, Urt. v. 12.3.2002 – 27 W 55/02 = NJOZ 2002, 1181.
29 LG Bayreuth JurBüro 1979, 405; LG Freiburg NJW 1969, 700 m. Anm. v. *Meyer*.
30 OLG Frankfurt aM WRP 1975, 164; OLG Karlsruhe Die Justiz 1974, 89.
31 OLG Nürnberg BayJMinBl. 1956, 19.
32 **A.M.** KG JurBüro 1957, 231.
33 KG RPfleger 1962, 121 (L).
34 OLG Bamberg AnwBl. 1984, 95.

ten Anwalt mehr vergüten muss.[35] Im innerdienstlichen Bereich der Staatskasse gelegene Vorgänge berühren das Beschwerderecht aber nicht.[36]

- Wer – ohne Mitteilung nach § 29 Ziff. 2 – nur **außergerichtliche Kosten übernommen** hat, ist nicht beschwert.[37] Ebenso ist auch nicht beschwert, wer der Festsetzung des endgültigen Kostenstreitwerts zugestimmt oder sich damit einverstanden erklärt hatte (Gedanke des „venire contra factum proprium“).[38] Das muss auch dann gelten, wenn der Streitwert durch übereinstimmende Erklärung der Prozessbevollmächtigten festgesetzt wird,[39] wobei es unerheblich ist, ob solches gar als (unzulässiger vorzeitiger) Rechtsmittelverzicht angesehen werden könnte.[40] Die gegenteilige Ansicht[41] überzeugt nicht. Eine rechtskräftige Entscheidung über eine Gebührenklage steht einer Streitwertbeschwerde nicht entgegen.[42]
- In einem **selbständigen Beweisverfahren** kann eine Beschwer schon wegen möglicher sachlich rechtlicher Ersatzansprüche gegeben sein.[43] Eine Beschwer einer Partei ist auch dann gegeben, wenn der Gegner eine Streitwertermäßigung (etwa nach § 144 PatG) erhalten hat.[44]

8 **Sonderfragen der Statthaftigkeit:** Durch die Verweisung des § 68 Abs. 1 S. 3 ist klargestellt, dass Beschwerden gegen Entscheidungen der Oberlandesgerichte nicht statthaft sind,[45] und zwar auch nicht solche im Kartellverwaltungsstreitverfahren[46] oder des Rechtsmittelgerichts im Insolvenzverfahren.[47] Insoweit kann nur eine Abänderung auf eine Gegenvorstellung erfolgen.[48] Eine Beschwerde gegen eine Entscheidung des Rechtsmittelgerichts ist auch dann ausgeschlossen, wenn dieses einen groben Verfahrensverstoß – etwa einen Verstoß gegen die Pflicht zur Gewährung rechtlichen Gehörs – begangen hat.[49] Insoweit mag der Beschwerte das BVerfG anrufen. Auch in Wehrpflichtsachen findet nach § 34 Abs. 3 S. 2 WehrpflG keine Beschwerde statt.[50]

9 **Beschwerdefrist:** Die einfache Beschwerde ist gemäß § 68 Abs. 1 S. 3 und 4 befristet. Sie kann nur innerhalb von 6 Monaten, gerechnet ab dem Zeitpunkt erhoben werden, in dem das **Hauptsacheverfahren** rechtskräftig abgeschlossen oder anderweitig endgültig erledigt worden ist.[51] Das gilt auch für das **selbständige Beweisverfahren,**[52] welches mit der Übersendung des letzten Sachverständigengutachtens an die Parteien beendet ist, wenn keine Anhörung des Sachverständigen oder ein Hauptsacheprozess folgt. Die Beschwerdefrist beginnt somit in der Regel mit der Übersendung des letzten Gutachtens

35 Vgl. etwa OLG Brandenburg JurBüro 2001, 93, 94; KG AnwBl. 1984, 612; VGH Mannheim JurBüro 1992, 420.
36 Vgl. i.Ü. dazu auch OLG Frankfurt aM MDR 1957, 560.
37 *Hartmann* § 68 Rn. 9; **a.M.** *Freund* NJW 1956, 9.
38 OLG Hamm FamRZ 1997, 691; OLG Bamberg JurBüro 1975, 1463.
39 **A.M.** OLG München JurBüro 2001, 141.
40 So etwa OLG Hamburg MDR 1997, 407. **A.A.** OLG Köln OLGR 2000, 119; OLG Celle JurBüro 2005, 429 (LS m.w.N. im Volltextservice).
41 OLG Köln OLGReport Köln 2000, 119; OLG Celle JurBüro 2005, 429 (LS m.w.N. im Volltextservice) = MDR 2005, 1137 (LS).
42 KG JurBüro 1970, 853.
43 LG Münster MDR 1989, 554; *Hartmann* § 68 Rn. 9; **a.M.** LG Braunschweig JurBüro 1985, 1213.
44 *Hartmann* § 68 Rn. 8.
45 BGH MDR 2007, 1285 = NJW-RR 2008, 151.
46 KG NJW 1961, 179.
47 OLG Köln NZI 2001, 91.
48 OLG Braunschweig RPfleger 1964, 66 (L).
49 OLG Celle NdsRPfl. 1974, 127.
50 VGH Kassel NJW 1967, 365.
51 H.M. vgl. auch *Rummel* MDR 2002, 623.
52 OLG Köln JurBüro 2013, 424.

an die Parteien, und zwar auch dann, wenn es dem Verfahrensbevollmächtigten (versehentlich) nicht übermittelt wurde,[53] und kann nur durch eine Anhörung des Sachverständigen oder einen Hauptsacheprozess hinausgezögert werden.[54] Ist aber der Streitwert später als einen Monat vor Ablauf dieser Frist festgesetzt worden, so kann die Beschwerde noch innerhalb eines Monats nach Zustellung oder formloser Mitteilung des Streitwertfestsetzungsbeschlusses eingelegt werden, Abs. 1 S. 4. Wegen der Zustellungsfiktion nach Satz 4 ist darauf zu achten, dass der Tag der Aufgabe zur Post aktenkundig gemacht wird (sog. „Abvermerk"), denn im Zweifel hat das Gericht den Fristbeginn zu beweisen, wenn das nicht anderweitig (z.B. Poststempel auf dem Umschlag) feststellbar ist. Nach dem Sinn und Zweck der Zugangsfiktion ist die Übermittlung auf anderem Wege (z.B. per E-Mail, FAX o.ä.) der „Aufgabe zur Post" Post gleichzusetzen. Dasselbe muss gelten, wenn der Streitwertfestsetzungsbeschluss erstmals nach Ablauf der in Abs. 1 bestimmten Fristen in zulässiger Weise noch ergangen ist.[55] Sinngemäß ist Abs. 1 S. 3 und 4 auch für den Fall anwendbar, in dem das Gericht in unzulässiger Weise nach dem Ablauf der in § 63 Abs. 2 genannten Frist eine Änderung der endgültigen Wertfestsetzung vorgenommen hat. Die Frist ist keine Ausschlussfrist, so dass eine Wiedereinsetzung bei schuldloser Versäumung nach Abs. 2 möglich ist. Die frühere gegenteilige Ansicht[56] ist insoweit durch die Neufassung des Gesetzes obsolet geworden.

Eine **Verwirkung des Beschwerderechts** ist angesichts der klaren gesetzlichen Be- **10**
fristung nicht mehr denkbar. Das gilt auch, wenn eine Partei ein „Einverständnis" mit der Absicht des Gerichts, einen bestimmten Streitwert festzusetzen, erklärt hat.[57]

Beschwerdewert: Der Wert des Beschwerdegegenstandes muss 200 € übersteigen. **11**
Das gilt auch für eine Streitwertbeschwerde im verwaltungsgerichtlichen Verfahren[58] sowie bei Beschwerden des Rechtsanwalts nach § 32 RVG.[59] Er berechnet sich aus dem Unterschied der Gebühren, die sich für den Beschwerdeführer unter Zugrundelegung des angefochtenen und des erstrebten Streitwerts ergeben,[60] und kann für die einzelnen Beteiligten durchaus verschieden sein. Die Differenz zwischen dem vom Beschwerdeführer geltend gemachten und dem festgesetzten Streitwert reicht nicht aus,[61] weil es sich dabei nur um einen Bezugswert für die Bestimmung des Kosteninteresses des Beschwerdeführers handelt Bei einer Beschwerde der Staatskasse besteht er in dem Unterschiedsbetrag der jeweiligen Gerichtsgebühren unter Einrechnung möglicher Prozesskostenhilfeanwaltskosten. Bei einer Beschwerde einer Partei kommt es auf den Unterschiedsbetrag der Gerichtsgebühren und der Gebühren des eigenen und des gegnerischen Anwalts an,[62] wobei die dem Rechtsanwalt zu zahlende Mehrwertsteuer mit zu berücksichtigen ist.[63] Bei Beschwerden des Rechtsanwalts nach § 32 RVG ist Beschwerdewert die Differenzzwi-

---

53 OLG Brandenburg JurBüro 2005, 429 (LS m.w.N. mit Volltextservice).
54 OLG Koblenz RVG-Letter 2005, 48.
55 BGH GRUR 1979, 433; OLG Schleswig SchlHA 1978, 180; OLG Nürnberg JurBüro 1963, 43 und RPfleger 1966, 291 (L).
56 VGH Baden-Württemberg JurBüro 1996, 645.
57 OLG Karlsruhe JurBüro 2010, 200.
58 VGH Mannheim JurBüro 1994, 34 m. Anm. v. *Hellstab*; OVG Hamburg HbgJVBl. 1994, 19 VGH Kassel MDR 1994, 737; VGH Mannheim JurBüro 1994, 34; *Hartmann* § 68 Rn. 10; **a.M.** OVG Hamburg MDR 1993, 917 (200 DM).
59 NdsOVG JurBüro 2014, 381 = JurionRS 2014, 13228; OLG Düsseldorf MDR 2012, 433 = JurBüro 2012, 307.
60 OVG Hamburg NVwZ-RR 2014, 704 = JurionRS 2014, 17618.
61 OLG Karlsruhe JurBüro 2005, 542.
62 VGH Baden-Württemberg MDR 1976, 609.
63 OLG Hamm RPfleger 1969, 64; OLG München JurBüro 1974, 1591.

schen der Gesamtvergütung des Rechtsanwalts aufgrund der bisherigen Wertfestsetzung und der voraussichtlichen Gesamtvergütung nach dem von ihm erstrebten Wert.[64] Bei der Beschwerde eines im Wege der Prozesskostenhilfe ohne Ratenzahlung beigeordneten Rechtsanwalts ist bei der Bestimmung des Beschwerdewertes von den Wahlanwaltsgebühren und nicht von der Vergütung nach § 49 RVG auszugehen.[65] Liegt bereits eine Kostenentscheidung vor, ist der Beschwerde der Partei nur der Unterschiedsbetrag der Gebühren zugrunde zu legen, die sie nach der Kostenentscheidung treffen, auch derer für die sie der Staatskasse und ihrem Rechtsanwalt haftet.[66] Der Wert einer Streitwertbeschwerde des Prozesskostenhilfeanwalts richtet sich nach den Wahlanwaltsgebühren.[67] Ist in der Streitwertbeschwerde ein bestimmter Antrag entgegen der Verpflichtung des Beschwerdeführers dazu[68] nicht gestellt, so ist, wenn die Beschwerdebegründung nichts Gegenteiliges ergibt, davon auszugehen, dass der Beschwerdeführer eine Abänderung jedenfalls in der Höhe erstrebt, bei welcher der Beschwerdewert erreicht ist.[69] Bei den zugrunde zu legenden Gebühren ist nicht von den von der Partei irrigerweise angenommenen, sondern von den tatsächlich geschuldeten Gebühren auszugehen,[70] die im Laufe eines Verfahrens üblicherweise anfallen. Infrage kommen die Gebühren für die Instanz, deren Streitwert festgesetzt wurde. Wurde der Streitwert in einem Beschluss für **mehrere Verfahren** festgesetzt, richtet sich der Beschwerdewert nach dem Unterschiedsbetrag der in den mehreren Verfahren erwachsenen Gebühren. Wird der Streitwert für das Verfahren und einen in dem Verfahren abgeschlossenen Vergleich durch getrennte Beschlüsse festgesetzt, ist für eine gegen beide Beschlüsse gerichtete Beschwerde eine Zusammenrechnung der Beschwerdewerte geboten, da beide Beschlüsse einander ergänzen sollen. Legen gegen dieselbe Entscheidung verschiedene Beteiligte Beschwerde ein und wollen die einen eine Herabsetzung, die anderen eine Erhöhung des Streitwertes, so ist die Erreichung des Beschwerdewertes für jede Beschwerde gesondert zu prüfen. Der **Beschwerdewert** muss zum **Zeitpunkt der Einreichung** der Beschwerde erreicht sein.[71] Eine **teilweise Abhilfe**, durch die der Beschwerdewert unter die Beschwerdesumme sinkt, macht die (restliche) Beschwerde unzulässig.[72] Eine an sich zulässige Erweiterung der Anträge in der Beschwerdeinstanz erhöht den Gegenstand des Beschwerdeverfahrens, nicht aber den Beschwerdewert.[73] Neues Vorbringen ist in der Beschwerdeinstanz möglich.[74]

12 Wenn der Beschwerdewert nicht erreicht ist, ist die Beschwerde nur statthaft, wenn sie zugelassen ist. Insoweit wird auf die Ausführung zu § 66 verwiesen.

13 **Beschwerdeberechtigung:** Vgl. oben Rn. 7 „Beschwer". Der Streitwertfestsetzungsbeschluss nach § 63 Abs. 2 wirkt für und gegen alle, die nach dem GKG und nach dem Kostenfestsetzungsverfahren unmittelbare Ansprüche haben oder unmittelbar zur Kostentragung verpflichtet sind. Desgleichen ist auch der Rechtsanwalt aus eigenem Recht

---

64 OLG Düsseldorf MDR 2012, 433.
65 OLG Frankfurt/Main FamRZ 2012, 1970.
66 KG RPfleger 1962, 121 (L).
67 OLG Schleswig JurBüro 1978, 1361 = SchlHA 1978, 122; SchlHA 1963, 248.
68 OLG Nürnberg RPfleger 1963, 179 (L).
69 KG MDR 1970, 854 = JurBüro 1970, 682.
70 BayObLG RPfleger 1960, 99.
71 BGH NJW 1951, 195.
72 Vgl. z.B. OLG Hamm JurBüro 1982, 582 m. Anm. v. *Mümmler*.
73 BGH NJW 1963, 368 und 1965, 2424 = Der Betrieb 1965, 1238; OLG Celle JurBüro 1969, 541 m. Anm. v. *Schalhorn;* OLG Bamberg JVBl. 1962, 190 und JurBüro 1962, 428; **a.A.** *Zimmermann* in Binz u.a. § 68 Rn. 10.
74 OLG Köln AnwBl. 1969, 53.

beschwerdeberechtigt (§ 32 Abs. 2 RVG). Eine Weisung des Mandanten an den Anwalt, von einer Beschwerde aus eigenem Recht abzusehen, ist für den Rechtsanwalt unbeachtlich.[75] Wer nur mittelbar aufgrund einer Gebührenordnung oder nach §§ 103ff. ZPO für Kosten einzustehen hat, wird durch die Streitwertfestsetzung nach § 63 Abs. 2 nicht beschwert und ist folglich auch nicht beschwerdeberechtigt. Beschwerdeberechtigt sind daher die Parteien, die Beteiligten im Verwaltungs-, Sozialgerichts- und Finanzgerichtsverfahren, die Rechtsanwälte (§ 32 Abs. 2 RVG) und die Staatskasse,[76] wobei verfahrensrechtlich das Beschwerderecht der Rechtsanwälte nicht weiter geht als das der Parteien.[77] Im Verwaltungsgerichtsverfahren können sich einer Streitwertbeschwerde die Prozessbevollmächtigten und jeder Prozessbeteiligte anschließen.[78]

Nach § 68 Abs. 1 S. 1 i.V.m. § 66 Abs. 4 ist auch hier die weitere Beschwerde zulässig. **14**
Es gelten die gleichen Grundsätze wie bei § 66, so dass auf die Ausführungen dort verwiesen werden kann. Die Frist beträgt einen Monat ab der Zustellung der Beschwerdeentscheidung des Landgerichts.

Zum **Verfahren und** zur **Entscheidungsform** der Beschwerde verweist § 68 Abs. 1 auf **15**
die Bestimmung des § 66. Auf das dort Gesagte wird verwiesen. Ein **Verschlechterungsverbot** (reformatio in peius) besteht im Streitwertfestsetzungsverfahren nicht.[79] Zur Entscheidung über die Beschwerde gegen die im Berufungsrechtszug getroffenen Wertfestsetzungen ist das Oberlandesgericht zuständig.[80] Eine Beschwerde an einen obersten Gerichtshof des Bundes ist in jedem Fall ausgeschlossen,[81] eine Rechtsbeschwerde kommt somit nicht in Betracht.[82] Den anderen Berechtigten, soweit sie im Falle eines Erfolgs der Beschwerde beschwert sein könnten, ist natürlich vor der Entscheidung rechtliches Gehör zu gewähren. Legt der Rechtsanwalt aus eigenem Recht nach § 32 Abs. 2 RVG Beschwerde ein, ist auch dessen Partei unmittelbar rechtliches Gehör zu gewähren.

Abs. 2 regelt das Verfahren über die **Wiedereinsetzung** in den vorigen Stand, wenn **16**
der Beschwerdeberechtigte unverschuldet an der Einhaltung der Fristen nach Abs. 1 gehindert war. Ohne Verschulden (= keine Verantwortlichkeit) bedeutet, ohne Vorsatz oder Fahrlässigkeit i.S.v. §§ 276, 277 BGB. Insoweit gelten die gleichen Grundsätze wie im allgemeinen Verfahrensrecht. Danach ist die Frage, ob ein Verschulden des Antragsberechtigten oder seines Vertreters, dessen Verhalten er sich insoweit zurechnen lassen muss, vorliegt, nach objektiv-abstrakten Maßstäben zu beurteilen. Abzustellen ist auf die Sorgfalt einer ordentlichen Prozesspartei.[83] Ob dem so ist, kann nur unter Berücksichtigung aller konkreten Umstände des jeweiligen Falles beurteilt werden.[84] Satz 3[85] stellt klar, dass – wie im Verfahrensrecht – auch hier bei unterlassener beziehungsweise fehlerhafter Rechtsbehelfsbelehrung die gesetzlichen Vermutung gilt, wonach eine die unterlassene beziehungsweise fehlerhafte Rechtsbehelfsbelehrung (vgl. § 5b Rn. 3) ursächlich für ein Fristversäumnis ist.

---

75 OLG Koblenz JurBüro 2011, 367 (LS mit Volltextservice).
76 OLG Düsseldorf MDR 2000, 789.
77 OLG Celle JurBüro 1970, 150 = RPfleger 1970, 103.
78 BayLSG JurBüro 2015, 479; OVG Lüneburg SchlHA 1965, 221.
79 LSG Bayern AGS 2015, 286 = NZS 2015, 639 = JurionRS 2015, 16984; OLG Rostock JurBüro 2009, 197; OLG Brandenburg JurBüro 1997, 196; LG Hamburg, Beschl. v. 26.6.2012 – 316 T 36/12 = RVG-professinell 2013, 91.
80 OLG Köln JurBüro 2009, 645 (LS mit Volltextservice).
81 BGH Beschl. v. 27.7.2007 – VIII ZB 27/07 –.
82 BAG MDR 2003, 956 = JurBüro 2003, 421 m. zust. Anm. v. *Brinkmann* JurBüro 2003, 422.
83 Vgl. dazu bei Zöller/*Greger* § 233 Rn. 12–14 m.w.N.
84 Einzelheiten dazu etwa bei Zöller/*Greger* Rn. 15ff.
85 Eingefügt durch Art. 8 Nr. des RechtsBehEG (BGBl. 2012, 2418), gültig ab dem 1.1.2014.

17 Die Wiedereinsetzung erfolgt nur auf **Antrag** des Beschwerdeberechtigten. Eine Wiedereinsetzung von Amts wegen kommt nicht in Betracht. Der Antrag ist an das für die Entscheidung über die Wiedereinsetzung zuständige Gericht zu richten. Das ist das Gericht, dessen Entscheidung mit der (weiteren) Beschwerde angefochten werden soll.

18 Zusammen („und“) mit dem Wiedereinsetzungsantrag sind die Tatsachen mitteilen, welche die Wiedereinsetzung begründen. Der Antragsteller hat sämtliche tatsächliche Voraussetzungen, auf welche er die Zulässigkeit und Begründetheit des Antrags stützen will, anzuführen. Eine Nachholung oder ein Nachschieben von derartigen Tatsachen ist nur innerhalb der Antragsfrist zulässig.[86] Bei einem späteren Vorbringen ist der Antrag insoweit als unzulässig zurückzuweisen.

19 Seine Behauptungen hat der Antragsteller **glaubhaft** zu machen. Es gelten insoweit die Grundsätze des § 294 ZPO. Die Glaubhaftmachung hat – anders als im Rahmen des § 236 ZPO – mit dem Antrag erfolgen. Insoweit ist der Wortlaut des Abs. 2 S. 1 eindeutig. Anders als nach § 236 ZPO, wonach die Glaubhaftmachung „im Verfahren“ gefordert wird, bestimmt Abs. 2 S. 1 ausdrücklich, dass die Tatsachen mitzuteilen und glaubhaft zu machen sind. Zur Glaubhaftmachung gehört auch ein Vortrag darüber, dass und auswelchen Gründen ein anwaltlicher Vertreter eine fehlerhafte oder unterlassene Belehrung nach § 5b nicht erkennen konnte.

20 Der Antrag ist binnen einer **Frist von 2 Wochen** nach Beseitigung des Hindernisses zu stellen. Auch der Zeitpunkt, ab dem der Antragsteller nicht mehr verhindert war, den Wiedereinsetzungsantrag zu stellen, ist nach objektiven Kriterien zu beurteilen.

21 Nach Abs. 2 S. 2 ist für den Wiedereinsetzungsantrag ein **Ausschlussfrist** von **1 Jahr** bestimmt, nach deren Ablauf ein Antrag nicht mehr statthaft ist. Die Frist beginnt mit dem Ende der versäumten Frist nach Abs. 1.

22 Die Gewährung von Wiedereinsetzung ist unanfechtbar. Das gilt auch dann, wenn dem Antragsteller fälschlich Wiedereinsetzung gewährt wurde, etwa bei Nichtbeachtung der Antrags- oder Ausschlussfrist.

23 Gegen den Beschluss, mit dem die Wiedereinsetzung versagt wurde, findet die **Beschwerde** statt (Abs. 2 S. 3). Sie ist nur zulässig, wenn sie binnen einer **Frist von 2 Wochen** ab der Zustellung der die Wiedereinsetzung versagenden Entscheidung eingelegt wird (Abs. 2 S. 4, 5). Die Beschwerde ist nicht von einem Wert oder von einer Zulassung abhängig.

24 Gemäß der Verweisung in Abs. 2 S. 6 auf die Vorschriften des § 66 gelten für die Zuständigkeit für die Entscheidung der Beschwerde und für das Beschwerdeverfahren die gleichen Grundsätze wie für die Beschwerde gegen den Kostenansatz. Auf das dort Gesagte kann verwiesen werden.

25 Eine weitere Beschwerde oder eine Rechtsbeschwerde[87] gegen Entscheidungen nach Abs. 2 sind unzulässig.

26 Als Rechtsbehelf eigener Art ist natürlich eine **Gegenvorstellung** in jeder Lage des Verfahrens grundsätzlich statthaft.[88] Sie ist auch zulässig, wenn und soweit Rechtsmittel nach Abs. 1 und 2 zulässig sind[89] und ein Rechtsschutzbedürfnis vorliegt.[90] Dieses wird aber wegen der Beschwerdemöglichkeiten selten zu bejahen sein.[91] Die Domäne der Gegenvorstellung liegt demnach bei Entscheidungen, die mit der Beschwerde nicht mehr

86 Vgl. BGHZ NJW 1998, 2678 und bei Zöller/*Greger* Rn. 6, 6a.
87 BAG MDR 2003, 956 = JurBüro 2003, 421 m. zust. Anm. v. *Brinkmann* JurBüro 2003, 422.
88 Vgl. etwa BSG MDR 1992, 386 und bei *Hartmann* § 68 Rn. 22ff.
89 BGH NJW-RR 1986, 737.
90 Dazu bei *Schneider* MDR 1972, 568.
91 *Hartmann* § 68 Rn. 25 („ausnahmsweise“).

angreifbar sind[92] und auch nicht durch die Anhörungsrüge (§ 69a) durch den iudex a quo korrigiert werden können. Die Rechtsprechung des BGH,[93] wonach bei „greifbarer Gesetzwidrigkeit" eine analog § 321a ZPO (a.F.) fristgebundene Gegenvorstellung gegeben ist, ist jedenfalls dann, wenn die „greifbare Gesetzwidrigkeit" in einer Verletzung des Anspruchs auf rechtliches Gehör besteht, durch die Einführung der allgemeinen Anhörungsrüge obsolet geworden. Im Übrigen sind Gegenvorstellungen auch kein Instrument dafür, eine Überprüfung unanfechtbarer gerichtlicher Entscheidungen nur mit dem Ziel zu erreichen, eine „zweckmäßigere" oder „richtigere" Entscheidung zu erwirken; sie müssen, wenn sie schon beachtlich sein sollen, innerhalb der für die Streitwertbeschwerden zu beachtenden Fristen eingebracht werden.[94] Nach dem Ablauf der Ausschlussfrist des Abs. 2 S. 2 ist auch eine Gegenvorstellung schlechthin unbeachtlich.

Abs. 3 (Kosten): Sowohl das Verfahren über die (weitere) Beschwerde als auch das 27
Wiedereinsetzungsverfahren einschließlich des dazu gehörenden Beschwerdeverfahrens sind gebührenfrei. Auslagen sind aber zu erstatten. Um neuen Streit zu verhindern,[95] ist die Kostenerstattung ausdrücklich ausgeschlossen worden. Demzufolge ist auch keine Kostenentscheidung zu Lasten des Gegners des Beschwerdeführers auszusprechen.[96] Auch wegen der Gerichtsauslagen findet kein ausdrücklicher Ausspruch statt.[97] Voraussetzung ist aber stets, dass es sich um eine statthafte Beschwerde handelt.[98] **Unstatthafte Beschwerden sind nicht gebührenfrei.**[99]

§ 69
Beschwerde gegen die Auferlegung einer Verzögerungsgebühr

Gegen den Beschluss nach § 38 findet die Beschwerde statt, wenn der Wert des Beschwerdegegenstands 200 Euro übersteigt oder das Gericht, das die angefochtene Entscheidung erlassen hat, die Beschwerde wegen der grundsätzlichen Bedeutung der zur Entscheidung stehenden Frage zugelassen hat. § 66 Abs. 3, 4, 5 Satz 1, 2 und 5, Abs. 6 und 8 ist entsprechend anzuwenden.

Übersicht

Allgemeines — 1
Gegenstand der Beschwerde — 2
Beschwerdeberechtigung — 3
Zulässigkeit — 4
Keine Beschwerdefrist — 5
Weitere Beschwerde — 6
Rechtsbeschwerde — 7
Gebühren — 8

92 Vgl. zur Zulässigkeit der Gegenvorstellung auch OVG Münster NVwZ-RR 1992, 387.
93 BGHZ 150, 133 = NJW 2002, 1577 = MDR 2002, 901.
94 OVG Münster NVwZ-RR 1999, 479.
95 BGH NJW 1993, 2592.
96 LG Frankfurt/Main RPfleger 1985, 208; *Hartmann* § 68 Rn. 21.
97 OVG Bautzen LKV 1994, 64; VGH Kassel AnwBl. 1984, 49 m.N.
98 BVerwG NVwZ-RR 1965, 361.
99 **H.M.** Vgl. etwa BGH, Beschl. v. 26.08.2014 – VIII ZB 3/14 = JurionRS 2014, 20965; BGH, NJW 2014, 1597 = MDR 2014, 610 = VersR 2014, 645 = JurionRS 2014,11958 m.w.Rspr. des BGH; NdsOVG JurBüro 2014, 381 = JurionRS 2014, 13228; *Hartmann* § 68 Rn. 21; *Zimmermann* in Binz u.a. § 68 Rn. 26, jeweils m.w.N. **A.M.**: OVG Nordrhein-Westfalen JurBüro 2016, 197; OLG Koblenz JurBüro 2012, 662 = MDR 2012, 1315 = FamRZ 2013, 147 (Aufgabe der früheren Rspr in NJW-RR 2000, 1239); OLG Frankfurt/Main MDR 2012, 811.

1 **Allgemeines:** Die Vorschrift über die Beschwerde gegen die Auferlegung einer Verzögerungsgebühr (§ 38) gilt für ab dem 1. Juli 2004 anhängig gewordene Verfahren[1] (vgl. vor § 66 Rn. 3). Hiermit verbunden ist auch die Einführung der Zulassungsbeschwerde und der weiteren Beschwerde.

2 Die Beschwerde kann sich sowohl gegen die Auferlegung der Verzögerungsgebühr als auch gegen die festgesetzte Höhe der Gebühr richten. Denn die Voraussetzungen für die Auferlegung der Verzögerungsgebühr sind nicht in den einzelnen Verfahrensordnungen, sondern im GKG geregelt.

3 **Beschwerdeberechtigt** ist die mit der Verzögerungsgebühr belegte Partei bzw. der Beteiligte, niemals aber die Gegenpartei oder der Vertreter einer Partei, dessen Verschulden die Partei sich nach § 38 zurechnen lassen musste.[2] Die Gegenpartei mag zwar durch die eingetretene Verzögerung als solche beschwert sein, niemals aber durch eine Unterlassung der Sanktion nach § 38. Auch der Staatskasse kommt kein Beschwerderecht wegen der Nichtverhängung oder wegen einer zu niedrigen Festsetzung der Verzögerungsgebühr zu. Sie ist jedoch zu hören, wenn das festsetzende Gericht im Abhilfeverfahren oder wenn das Erinnerungsgericht einen nach § 38 ergangenen Beschluss aufheben oder herabsetzen will. Die Verweigerung des rechtlichen Gehörs gibt der Staatskasse in diesen Fällen ein Recht zur Gegenvorstellung oder zur Erinnerung.

4 **Zulässigkeit:** Die Beschwerde ist nur zulässig, wenn der Wert des Beschwerdegegenstandes 200 € übersteigt oder wenn das Gericht, das die angefochtene Entscheidung erlassen hat, die Beschwerde zulässt. Der Wert des Beschwerdegegenstandes ist die Höhe der Verzögerungsgebühr.

5 Für die schriftlich oder durch Erklärung zu Protokoll der Geschäftsstelle einzureichende und keinem Anwaltszwang unterliegende Beschwerde besteht **keine Frist.** Das die Verzögerungsgebühr verhängende Gericht kann der Erinnerung ganz oder teilweise abhelfen oder analog § 153 StPO wegen geringfügigen Verschuldens das Verfahren einstellen. Gleichermaßen kann auch das Beschwerdegericht verfahren. Es ist dann die nach reduzierte Gebühr und im Fall der Einstellung analog § 153 StPO keine Gebühr anzusetzen. Das Beschwerdegericht hat auch zu prüfen, ob das Gericht bei der Vertagung oder bei der neuen Terminsanberaumung im Rahmen seines pflichtgemäßen Ermessens gehandelt hat. Hat das Vordergericht gegen den Grundsatz der Gewährung rechtlichen Gehörs verstoßen, ist Heilung ohne Zurückverweisung möglich.[3]

6 Aus der Verweisung in § 69 S. 2 folgt, dass eine **weitere Beschwerde** gegeben ist. Das gilt allerdings nur, wenn das Landgericht für die Entscheidung der Beschwerde zuständig war und die Zulassung ausgesprochen hat. Für die weitere Beschwerde gelten die gleichen Grundsätze wie bei § 66.

7 Eine **Rechtsbeschwerde** ist auch im Rahmen des § 69 ausgeschlossen.

8 **Gebühren:** Die Beschwerdeverfahren sind – auch wenn das Rechtsmittel unstatthaft ist[4] – gebührenfrei, Kosten werden nicht erstattet (S. 2). Auslagen werden nach allgemeinen Grundsätzen berechnet.

---

1 BGH NJW-RR 2006, 1504 = FamRZ 2006, 1107.
2 *Oe/He/Tre* § 69 Rn. 2.
3 OLG Hamm MDR 1978, 150; *Hartmann* § 69 Rn. 3.
4 OLG Frankfurt/Main, MDR 2012, 811.

§ 69a
Abhilfe bei Verletzung des Anspruchs auf rechtliches Gehör

(1) Auf die Rüge eines durch die Entscheidung beschwerten Beteiligten ist das Verfahren fortzuführen, wenn
1. **ein Rechtsmittel oder ein anderer Rechtsbehelf gegen die Entscheidung nicht gegeben ist und**
2. **das Gericht den Anspruch dieses Beteiligten auf rechtliches Gehör in entscheidungserheblicher Weise verletzt hat.**

(2) Die Rüge ist innerhalb von zwei Wochen nach Kenntnis von der Verletzung des rechtlichen Gehörs zu erheben; der Zeitpunkt der Kenntniserlangung ist glaubhaft zu machen. Nach Ablauf eines Jahres seit Bekanntmachung der angegriffenen Entscheidung kann die Rüge nicht mehr erhoben werden. Formlos mitgeteilte Entscheidungen gelten mit dem dritten Tage nach Aufgabe zur Post als bekannt gemacht. Die Rüge ist bei dem Gericht zu erheben, dessen Entscheidung angegriffen wird; § 66 Abs. 5 Satz 1 und 2 gilt entsprechend. Die Rüge muss die angegriffene Entscheidung bezeichnen und das Vorliegen der in Absatz 1 Nr. 2 genannten Voraussetzungen darlegen.

(3) Den übrigen Beteiligten ist, soweit erforderlich, Gelegenheit zur Stellungnahme zu geben.

(4) Das Gericht hat von Amts wegen zu prüfen, ob die Rüge an sich statthaft und ob sie in der gesetzlichen Form und Frist erhoben ist. Mangelt es an einem dieser Erfordernisse, so ist die Rüge als unzulässig zu verwerfen. Ist die Rüge unbegründet, weist das Gericht sie zurück. Die Entscheidung ergeht durch unanfechtbaren Beschluss. Der Beschluss soll kurz begründet werden.

(5) Ist die Rüge begründet, so hilft ihr das Gericht ab, indem es das Verfahren fortführt, soweit dies aufgrund der Rüge geboten ist.

(6) Kosten werden nicht erstattet.

Allgemeines: Die Bestimmung gibt die Möglichkeit zur Selbstkorrektur bei unan- 1
fechtbaren Entscheidungen. Sie gilt auch für vor dem 1.1.2005 rechtskräftig abgeschlossene Entscheidungen, sofern die Fristen nach Abs. 2 noch nicht abgelaufen sind.[1] Die Anhörungsrüge ist ein eigenständiger Rechtsbehelf subsidiärer Natur.[2] In der Sache handelt es sich um eine Art der Wiedereinsetzung in den vorigen Stand. Denn diese ist in der Sache nichts weiter als ein Spezialfall der Gehörsverletzung.[3] Sie betrifft ausschließlich die Fälle, in denen bei der Entscheidungsfindung des Gerichts der Anspruch eines Beteiligten auf rechtliches Gehör verletzt wurde. Andere mögliche Verletzungen von Verfahrensgrundrechten oder gar „einfacher" Verfahrensfehler sind nicht nach § 69a korrigierbar, insbesondere auch nicht eine Verletzung richterlicher Hinweispflichten.[4] Betroffen sind also nur gerichtliche Entscheidungen über die Erinnerung gegen den Kostenansatz sowie Beschwerdeentscheidungen aufgrund einer zulässigen oder zugelassenen Beschwerde. Die Selbstkorrektur erfolgt aber niemals von Amts wegen, sondern nur auf Antrag eines beschwerten Beteiligten.

1 BGH NJW 2005, 1432 = MDR 2005, 887.
2 Dazu *Hagen Schneider* JurBüro 2005, 513.
3 *Braun* JR 2005, 1, 3.
4 *Rensen* MDR 2005, 181 ff.

2 **Statthaftigkeit:** Die Anhörungsrüge ist nur statthaft, wenn die angefochtene Entscheidung unanfechtbar ist.[5] Wenn und soweit noch ein Rechtsmittel, also eine (zugelassene) Beschwerde zulässig ist, geht das Beschwerdeverfahren vor. Rügebefugt ist allein der durch die Entscheidung beschwerte Beteiligte.

3 **Form:** Die Rüge ist schriftsätzlich oder zu Protokoll der Geschäftsstelle anzubringen, und zwar bei dem Gericht, dessen Entscheidung angegriffen wird (iudex a quo). Anwaltszwang besteht nicht. Auf die Erläuterungen zu § 66 Abs. 5, welcher sinngemäß gilt, wird verwiesen. Sie muss das fortzuführende Verfahren genau bezeichnen und schlüssig darlegen, wodurch der Anspruch auf rechtliches Gehör verletzt wurde und wie sich dies auf das Ergebnis der Entscheidung zum Nachteil des Rügenden ausgewirkt hat. Ergibt sich schon aus der Darstellung des Rügenden, dass zwar sein Anspruch auf rechtliches Gehör verletzt wurde, ihm aber im Ergebnis kein Nachteil erwachsen ist, ist die Rüge als unzulässig zurückzuweisen.

4 **Frist:** Grundsätzlich ist die Rüge innerhalb von 2 Wochen nach Kenntniserlangung von der Gehörsverletzung zu erheben (Abs. 2). Der Zeitpunkt der Kenntniserlangung ist i.S.v. § 294 ZPO glaubhaft zu machen. Wenn der Rügende anwaltlich vertreten ist, reicht dafür die anwaltliche Versicherung des Bevollmächtigten. Der Zeitpunkt der Kenntnisnahme wird regelmäßig durch Abs. 2 Satz 3 widerleglich fingiert, wenn er nicht ausnahmsweise durch Zustellung nachweisbar ist. Will der Rügende die Zugangsvermutung widerlegen, hat er das darzulegen und ggf. glaubhaft zu machen. Der Aufgabe zur Post gleich stehen Versendungen anderer Art (z.B. per E-Mail, Fax etc.), bei denen der Abgang nachweisbar ist (Sendeprotokoll). Die Jahresfrist nach Abs. 2 Satz 2 ist eine Ausschlussfrist.

5 **Verfahren:** Das Anhörungsrügeverfahren regelt Abs. 3, 4. Zunächst ist den übrigen Beteiligten rechtliches Gehör zu gewähren, wenn und soweit das erforderlich ist. Erforderlichkeit liegt stets vor, wenn die Rüge statthaft ist und der andere Beteiligte durch die mit der Rüge begehrte Entscheidung einen Nachteil erlangen würde. Sodann prüft das Gericht die Statthaftigkeit und erforderlichenfalls die Begründetheit der Rüge.

6 **Entscheidung:** Das Gericht entscheidet durch unanfechtbaren Beschluss. Ist die Rüge unstatthaft, wird sie zurückgewiesen. Ist sie unbegründet, weist das Gericht die Rüge ab (Abs. 4). Wenn und soweit die Rüge zulässig ist, führt das Gericht das Verfahren fort, soweit das durch die Rüge begründet ist (Abs. 5). Kommt es zu einem anderen Ergebnis als in der gerügten Entscheidung, tritt diese automatisch außer Kraft und wird durch die neue Entscheidung ersetzt.

7 **Begründung:** Die Entscheidung über die Anhörungsrüge soll kurz begründet werden. Die Begründung ist nicht zwingend („soll") aber zweckmäßig. Ausführlichkeit ist ausdrücklich nicht gefordert. Es reicht, wenn der Rügende erkennen kann, dass das Gericht sich mit seinem Vorbringen befasst hat. Bezugnahmen auf die gerügte Entscheidung, auf den Inhalt von Schriftsätzen reichen. So ist etwa die Formulierung „aus den zutreffenden Gründen der gerügten Entscheidung, die durch das Rügevorbringen nicht entkräftet worden sind" oder eine ähnliche Formulierung ausreichend.

8 **Kosten:** Das Verfahren nach dem 8. Abschnitt des GKG ist mangels eines Gebührentatbestands (§ 1 GKG) gerichtskostenfrei, außergerichtliche Kosten werden nicht erstattet (Abs. 6). Das gilt aber nur für das Verfahren nach § 69a GKG.[6] Anders verhält es sich aber, wenn und soweit eine Anhörungsrüge nach einer Verfahrensordnung (ZPO, StPO, VerwGO, FGO, SGG, ArbGG) handelt. Für solche Anhörungsrügeverfahren entstehen Festgebühren von 50 € (KV 1700, 2500, 3900, 4500, 5400, 6400, 7400, 8500) ebenso, wie

5 OLG Frankfurt aM NJW-RR 2005, 1591 (zu § 331a ZPO).

6 LG Saarbrücken, JurBüro 2016, 302 (m.w.N.); BFH BFH/NV 2006, 956 (Anhörungsrüge im Rahmen einer Kostenerinnerung).

auch Auslagen (z.B. nach KV 9002), wenn die Anhörungsrüge in vollem Umfang zurückgewiesen wird.[7]

ABSCHNITT 9
Schluss- und Übergangsvorschriften

§ 69b
Verordnungsermächtigung

Die Landesregierungen werden ermächtigt, durch Rechtsverordnung zu bestimmen, dass die von den Gerichten der Länder zu erhebenden Verfahrensgebühren über die in den Nummern 1211, 1411, 5111, 5113, 5211, 5221, 6111, 6211, 7111, 7113 und 8211 des Kostenverzeichnisses bestimmte Ermäßigung hinaus weiter ermäßigt werden oder entfallen, wenn das gesamte Verfahren nach einer Mediation oder nach einem anderen Verfahren der außergerichtlichen Konfliktbeilegung durch Zurücknahme der Klage oder des Antrags beendet wird und in der Klage- oder Antragsschrift mitgeteilt worden ist, dass eine Mediation oder ein anderes Verfahren der außergerichtlichen Konfliktbeilegung unternommen wird oder beabsichtigt ist, oder wenn das Gericht den Parteien die Durchführung einer Mediation oder eines anderen Verfahrens der außergerichtlichen Konfliktbeilegung vorgeschlagen hat. Satz 1 gilt entsprechend für die in den Rechtsmittelzügen von den Gerichten der Länder zu erhebenden Verfahrensgebühren; an die Stelle der Klage- oder Antragsschrift tritt der Schriftsatz, mit dem das Rechtsmittel eingelegt worden ist.

Die durch das Mediationsgesetz (BGBl. I 2012, 1577) eingefügte Bestimmung trägt dem § 278 Abs. 5 ZPO Rechnung, wonach das Gericht die Parteien für eine Güteverhandlung sowie für andere Güteversuche vor einen Güterichter verweisen kann. Wird in einem solchen Verfahren oder durch ein anderes außergerichtliches Beilegung Verfahren der Konfliktbeilegung der Rechtsstreit insgesamt erledigt, ist eine mögliche Ermäßigung der Gerichtsgebühren grundsätzlich nach den im Kostenverzeichnis geregelten Ermäßigungstatbeständen zu beurteilen. 1

Durch § 69b werden die Landesregierungen ermächtigt, durch Rechtsverordnung zu regeln, dass die im KV geregelten Ermäßigungen der Verfahrensgebühren in den genannten Nummern des KV noch weiter herabgesetzt werden oder ganz entfallen.

Die weitere Ermäßigung oder das Absehen ist aber nur zulässig, wenn 2

- Das **gesamte Verfahren** nach einer Mediation oder einer außergerichtlichen Konfliktbeilegung **durch Zurücknahme** der Klage oder des Antrags beendet wird und
- in der Klage- oder Antragsschrift mitgeteilt worden ist, dass eine Mediation oder ein anderes Verfahren der außergerichtlichen Konfliktbeilegung unternommen oder beabsichtigt ist **oder** wenn das Gericht den Parteien die Durchführung der Mediation vorgeschlagen hat.

Entsprechend gilt das für die in den Rechtsmittelzügen von den Gerichten der Länder zu erhebenden Verfahrensgebühren. An die Stelle der Klage-oder Antragsschrift tritt dann der Schriftsatz, mit dem das Rechtsmittel eingelegt worden ist. Im Falle einer Berufung/Revision im Zivilverfahren muss die Erklärung mithin in der Berufungs-/Revisionsschrift (§ 519 ZPO/§ 549 ZPO)enthalten sein. Wird die Erklärung erst in der Begründungsschrift abgegeben, ist § 69b nicht mehr anwendbar. 3

7 *Hartmann* § 69a GKG, Rn. 49.

§ 70
(aufgehoben)

§ 70a
Bekanntmachung von Neufassungen

Das Bundesministerium der Justiz und für Verbraucherschutz kann nach Änderungen den Wortlaut des Gesetzes feststellen und als Neufassung im Bundesgesetzblatt bekannt machen. Die Bekanntmachung muss auf diese Vorschrift Bezug nehmen und angeben

1. den Stichtag, zu dem der Wortlaut festgestellt wird,
2. die Änderungen seit der letzten Veröffentlichung des vollständigen Wortlauts im Bundesgesetzblatt sowie
3. das Inkrafttreten der Änderungen.

1 Da der Wortlaut des Gerichtskostengesetzes mehrfach und in größerem Umfang geändert worden ist, soll dem Bundesministerium der Justiz erlaubt werden, das Gerichtskostengesetz bei Bedarf in der neuen Fassung bekannt zu machen. Hierzu soll dem Bundesministerium der Justiz eine allgemeine Erlaubnis zur Bekanntmachung von Neufassungen eingeräumt werden, da dieses Gesetz wegen seiner Abhängigkeit von zahlreichen Verfahrensgesetzen einer häufigen Änderung unterliegt. Oft sind mehrere Änderungen gleichzeitig im Gesetzgebungsverfahren und es lässt sich nicht abschätzen, welches Gesetz als letztes verabschiedet wird und somit den Anlass für eine Neubekanntmachungserlaubnis gibt.[1]

§ 71
Übergangsvorschrift

(1) In Rechtsstreitigkeiten, die vor dem Inkrafttreten einer Gesetzesänderung anhängig geworden sind, werden die Kosten nach bisherigem Recht erhoben. Dies gilt nicht im Verfahren über ein Rechtsmittel, das nach dem Inkrafttreten einer Gesetzesänderung eingelegt worden ist. Die Sätze 1 und 2 gelten auch, wenn Vorschriften geändert werden, auf die dieses Gesetz verweist.

(2) In Strafsachen, in gerichtlichen Verfahren nach dem Gesetz über Ordnungswidrigkeiten und nach dem Strafvollzugsgesetz, auch in Verbindung mit § 92 des Jugendgerichtsgesetzes, werden die Kosten nach dem bisherigen Recht erhoben, wenn die über die Kosten ergehende Entscheidung vor dem Inkrafttreten einer Gesetzesänderung rechtskräftig geworden ist.

(3) In Insolvenzverfahren, Verteilungsverfahren nach der Schifffahrtsrechtlichen Verteilungsordnung und Verfahren der Zwangsversteigerung und Zwangsverwaltung gilt das bisherige Recht für Kosten, die vor dem Inkrafttreten einer Gesetzesänderung fällig geworden sind.

1 Die Vorschrift beinhaltet eine Dauerübergangsregelung. Für die Übergangsfälle aufgrund des Inkrafttretens des KostRMoG sieht § 72 eine eigene Übergangsregelung vor.

1 So die Begr. BT-Ds. 7/3056 S. 20.

Nach § 71 soll im Gerichtskostenrecht bei einer Rechtsänderung grundsätzlich keine Rückwirkung stattfinden,[1] was einem rechtsstaatlichen Gebot entspricht. Die Einschränkung für die neuen Bundesländer nach dem Einigungsvertrag in Anlage I, Kapitel III, Ziff. 19d dürfte zwischenzeitig obsolet geworden sein. 2

Als Gesetzesänderung i.S.d. § 71 gilt auch die Neufestsetzung der Ermäßigungssätze nach § 1 der Ermäßigungssatz-AnpassungsVO vom 15.4.1996 (BGBl. I, S. 604), wonach die Gebührenermäßigung in den neuen Bundesländern von 20% auf 10% heraufgesetzt worden ist. Abs. 1 betrifft auch den Übergang von DM zum €. Gerichtskosten, die noch bis zum 31.12.2001 fällig geworden sind, sind noch genau umzurechnen in der Weise, dass der DM-Betrag durch den Wert 1,95583 dividiert und das Ergebnis auf zwei Stellen nach dem Komma gerundet wird. Umgekehrt wird zur Umrechnung von € auf DM der €-Betrag mit 1,95583 multipliziert und das Ergebnis auf zwei Stellen nach dem Komma gerundet. Die gegenteilige Ansicht[2] überzeugt nicht. Der Begriff der „Gesetzesänderung" betrifft nach dem Sinn der Vorschrift, nämlich die Vermeidung von (auch nur geringen) Schlechterstellungen des Betroffenen bei Veränderungen des Gesetzes, nicht nur den Fall einer inhaltlichen Änderung des Gesetzes. Mehrbelastungen der Gerichte dürften auch dann in nennenswertem Umfang auftreten, wenn noch längere Zeit „alte" Werte umzurechnen sind. 3

Rechtsstreitigkeiten (Abs. 1) sind alle selbständigen Verfahren nach der ZPO,[3] nach der VwGO, der FGO, dem SGG und dem ArbGG. Nicht dagegen Verfahren nach der StPO, dem OWiG, dem StVollzG und § 92 JGG (arg. Abs. 2). Aus Verfahren nach der InsO, der SeeVertO und dem ZVG gehören nicht hierher (arg. Abs. 3).[4] 4

Maßgeblich für das auf die Rechtsstreitigkeiten anwendbare Kostenrecht ist der Zeitpunkt, in dem die Sache in der Instanz **anhängig** geworden ist,[5] und zwar unabhängig von der Kostenhaftung.[6] Wenn also eine Partei bei der Anhängigmachung kosten- oder gebührenbefreit war, bleibt sie das auch, wenn die Kosten- oder Gebührenfreiheit im Laufe des Rechtsstreits entfällt, etwa wegen Änderung der Rechtsform.[7] Das galt grundsätzlich auch für Gesetzesänderungen, sofern nicht Gegenteiliges bestimmt ist. So gilt z.B. die Streitwertbegrenzung des § 13 Abs. 3 a.F. für vermögensrechtliche Streitigkeiten nicht, wenn diese schon vor dem Inkrafttreten des KostRÄndG 1994 anhängig waren.[8] Anhängigkeit bedeutet nicht notwendig auch Rechtshängigkeit. Es gilt hier der gleiche Begriff der Anhängigkeit wie bei § 22, d.h., es kommt darauf an, wann der Antrag eingegangen ist. Wenn also ein **Mahnverfahren** vor dem Inkrafttreten der Gesetzesänderung anhängig war, das aber erst nach deren Inkrafttreten in ein streitiges Verfahren überleitet wurde, gelten für sämtliche Kosten (Gebühren und Auslagen) der ersten Instanz die alten Bestimmungen.[9] Die gleichen Grundsätze gelten auch für die Bestimmung des **Streitwertes.**[10] So galt die Streitwertbegrenzung des § 13 Abs. 3 a.F. nicht für vermö- 5

1 BVerwG JurBüro 1995, 45; OLG Düsseldorf JurBüro 1996, 488; OLG Bamberg JurBüro 1978, 1646; OLG München JurBüro 1977, 76; OLG Koblenz RPfleger 1975, 447.
2 OVG Bremen JurBüro 2002, 423.
3 *Hartmann* § 71 Rn. 2.
4 Vgl. auch *Hartmann* § 71 Rn. 2; *Mümmler* JurBüro 1976, 761; **a.M.** OLG Nürnberg JurBüro 1976, 761.
5 BezG Erfurt FamRZ 1992, 1209.
6 OLG Düsseldorf JurBüro 1996, 488; OLG München MDR 1995, 1072.
7 OLG Düsseldorf JurBüro 1996, 488 (Umwandlung der Deutschen Bundesbahn in die Deutsche Bahn AG).
8 BVerwG VIZ 1998, 674.
9 OLG Koblenz MDR 1996, 969; *Hartmann* § 71 Rn. 4; dazu auch LG Bayreuth JurBüro 1995, 148.
10 H.M. vgl. z.B. OVG Bremen JurBüro 1992, 811 und bei *Hartmann* § 71 Rn. 5 m.N.

gensrechtliche Klageverfahren, die bereits vor dem Inkrafttreten dieser Regelung anhängig waren.[11]

6 Bei **Rechtsmittelverfahren** (Abs. 1 S. 2) entscheidet der Zeitpunkt der Einlegung des Rechtsmittels über das anzuwendende Kostenrecht.[12] Maßgebend ist der Zeitpunkt des Eingangs bei dem Gericht, bei dem das Rechtsmittel eingelegt werden kann.[13] Ein späteres Anschlussrechtsmittel ist unerheblich.

7 Im Falle der **Zurückverweisung** nach dem Inkrafttreten einer Rechtsänderung ist für das weitere Verfahren aber das neue Recht[14] anzuwenden. Das gilt auch für das Betragsverfahren nach einem noch unter Geltung alten Rechts abgeschlossenen Grundverfahrens.

8 Die in Abs. 1 und 2 genannten Zeitpunkte gelten auch dann, wenn eine Bestimmung in anderen Gesetzen geändert wird, auf die das GKG lediglich verweist, wie z.B. bei einer Änderung der §§ 3–9 ZPO.

9 **Strafsachen, Ordnungswidrigkeitensachen, Strafvollzugssachen (Abs. 2):** Hier kommt es darauf an, ob die Kostenentscheidung vor oder nach dem Inkrafttreten der Änderung rechtskräftig geworden ist. Eine Abweichung besteht in den neuen Bundesländern für sog. Altsachen aus DDR-Zeiten insoweit, als dafür auf das Anhängigwerden abgestellt wird.

10 **Insolvenz etc. (Abs. 3):** Abs. 3 enthält nur eine Klarstellung, dass in den dort aufgeführten Verfahren auch dann, wenn es sich im Einzelnen um eine echte Rechtsstreitigkeit handelt, die Fälligkeit vor oder nach dem Inkrafttreten des Änderungsgesetzes über die Anwendbarkeit des alten oder des geänderten Rechts zu Gebühren, Auslagen und zum Streitwert maßgebend ist. Abs. 3 geht als Sonderregel dem Abs. 1 vor. Die Fälligkeit richtet sich nach den Sondervorschriften der einzelnen Verfahren, hilfsweise nach §§ 6ff.

§ 72
Übergangsvorschrift aus Anlass des Inkrafttretens dieses Gesetzes

Das Gerichtskostengesetz in der Fassung der Bekanntmachung vom 15. Dezember 1975 (BGBl. I S. 3047), zuletzt geändert durch Gesetz vom 13.3.2004 (BGBl. I, 404), und Verweisungen hierauf sind weiter anzuwenden

1. **in Rechtsstreitigkeiten, die vor dem 1. Juli 2004 anhängig geworden sind; dies gilt nicht im Verfahren über ein Rechtsmittel, das nach dem 1. Juli 2004 eingelegt worden ist;**
2. **in Strafsachen, in gerichtlichen Verfahren nach dem Gesetz über Ordnungswidrigkeiten und nach dem Strafvollzugsgesetz, wenn die über die Kosten ergehende Entscheidung vor dem 1. Juli 2004 rechtskräftig geworden ist;**
3. **in Insolvenzverfahren, Verteilungsverfahren nach der Schifffahrtsrechtlichen Verteilungsordnung und Verfahren der Zwangsversteigerung und Zwangsverwaltung für Kosten, die vor dem 1. Juli 2004 fällig geworden sind.**

1 Die für das Inkrafttreten des KostRMoG geschaffene spezielle Übergangsvorschrift entspricht im Grundsatz der des § 71. In den enumerativ genannten Fällen sollen die

11 BVerwG VIZ 1998, 674.
12 OLG München MDR 1980, 253.
13 OLG Düsseldorf VersR 1978, 570; vgl. dazu auch bei *Hartmann* § 71 Rn. 6; *Wege* SchlHA 1976, 53 m.N.
14 OLG Hamburg MDR 1976, 764; OLG München MDR 1980, 153; *Hartmann* § 71 Rn. 7 m.N.

Verfahrensvorschriften der bisherigen Fassung des GKG weiter gelten. Die Vorschrift ist heute aber weitestgehend obsolet. Auf die Erläuterungen der 10. Auflage wird verwiesen.

§ 73
Übergangsvorschrift für die Erhebung von Haftkosten

Bis zum Erlass landesrechtlicher Vorschriften über die Höhe des Haftkostenbeitrags, der von einem Gefangenen zu erheben ist, sind die Nummern 9010 und 9011 des Kostenverzeichnisses in der bis zum 27. Dezember 2010 geltenden Fassung anzuwenden.

KOSTENVERZEICHNIS
(Anlage 1 zu § 3 Abs. 2)

Gliederung

TEIL 1.
Zivilrechtliche Verfahren vor den ordentlichen Gerichten

Hauptabschnitt 1. Mahnverfahren

Hauptabschnitt 2. Prozessverfahren
Abschnitt 1. Erster Rechtszug
Unterabschnitt 1. Verfahren vor dem Amts- oder Landgericht
Unterabschnitt 2. Verfahren vor dem Oberlandesgericht
Unterabschnitt 3. Verfahren vor dem Bundesgerichtshof
Abschnitt 2. Berufung und bestimmte Beschwerden
Abschnitt 3. Revision, Rechtsbeschwerden nach § 74 GWB, § 86 EnWG § 35 KpSpG und § 24 VSchDG
Abschnitt 4. Zulassung der Sprungrevision, Beschwerde gegen die Nichtzulassung der Revision und der Rechtsbeschwerden nach § 74 GWB, § 86 EnWG § 35 KpSpG und § 24 VSchDG
Abschnitt 5. Rechtsmittelverfahren des gewerblichen Rechtsschutzes vor dem Bundesgerichtshof
Unterabschnitt 1. Berufungsverfahren
Unterabschnitt 2. Beschwerdeverfahren und Rechtsbeschwerdeverfahren

Hauptabschnitt 3 *(weggefallen)*

Hauptabschnitt 4. Arrest, Europäischer Beschluss zur vorläufigen Kontenpfändung und einstweilige Verfügung
Abschnitt 1. Erster Rechtszug
Abschnitt 2. Berufung
Abschnitt 3. Beschwerde

Hauptabschnitt 5. Vorbereitung der grenzüberschreitenden Zwangsvollstreckung
Abschnitt 1. Erster Rechtszug
Abschnitt 2. Rechtsmittelverfahren

Hauptabschnitt 6. Sonstige Verfahren
Abschnitt 1. Selbstständiges Beweisverfahren
Abschnitt 2. Schiedsrichterliches Verfahren
Unterabschnitt 1. Erster Rechtszug
Unterabschnitt 2. Rechtsbeschwerde
Abschnitt 3. Besondere Verfahren nach dem Gesetz gegen Wettbewerbsbeschränkungen, dem Wertpapiererwerbs- und Übernahmegesetz und dem Wertpapierhandelsgesetz
Abschnitt 4. Besondere Verfahren nach dem Aktiengesetz und dem Umwandlungsgesetz
Unterabschnitt 1. Erster Rechtszug

Unterabschnitt 2. Beschwerde
Abschnitt 5. Sanierungs- und Reorganisationsverfahren nach dem Kreditinstitute-Reorganisationsgesetz

Hauptabschnitt 7. Rüge wegen Verletzung des Anspruchs auf rechtliches Gehör

Hauptabschnitt 8. Sonstige Beschwerden und Rechtsbeschwerden
Abschnitt 1. Sonstige Beschwerden
Abschnitt 2. Sonstige Rechtsbeschwerden

Hauptabschnitt 9. Besondere Gebühren

TEIL 2.
Zwangsvollstreckung nach der Zivilprozessordnung, Insolvenzverfahren und ähnliche Verfahren

Hauptabschnitt 1. Zwangsvollstreckung nach der Zivilprozessordnung
Abschnitt 1. Erster Rechtszug
Abschnitt 2. Beschwerden
Unterabschnitt 1. Beschwerde
Unterabschnitt 2. Rechtsbeschwerde

Hauptabschnitt 2. Verfahren nach dem Gesetz über die Zwangsversteigerung und die Zwangsverwaltung; Zwangsliquidation einer Bahneinheit
Abschnitt 1. Zwangsversteigerung
Abschnitt 2. Zwangsverwaltung
Abschnitt 3. Zwangsliquidation einer Bahneinheit
Abschnitt 4. Beschwerden
Unterabschnitt 1. Beschwerde
Unterabschnitt 2. Rechtsbeschwerde

Hauptabschnitt 3. Insolvenzverfahren
Abschnitt 1. Eröffnungsverfahren
Abschnitt 2. Durchführung des Insolvenzverfahrens auf Antrag des Schuldners
Abschnitt 3. Durchführung des Insolvenzverfahrens auf Antrag eines Gläubigers
Abschnitt 4. Besonderer Prüfungstermin und schriftliches Prüfungsverfahren (§ 177 InsO)
Abschnitt 5. Restschuldbefreiung
Abschnitt 6. Besondere Verfahren nach der Verordnung (EU) 2015/848
Abschnitt 7. Koordinationsverfahren
Abschnitt 8. Beschwerden
Unterabschnitt 1. Beschwerde
Unterabschnitt 2. Rechtsbeschwerde

Hauptabschnitt 4. Schifffahrtsrechtliches Verteilungsverfahren
Abschnitt 1. Eröffnungsverfahren
Abschnitt 2. Verteilungsverfahren

Abschnitt 3. Besonderer Prüfungstermin und schriftliches Prüfungsverfahren (§ 18 Satz 3 SVertO, § 177 InsO)
Abschnitt 4. Beschwerde und Rechtsbeschwerde

Hauptabschnitt 5. Rüge wegen Verletzung des Anspruchs auf rechtliches Gehör

TEIL 3.
Strafsachen und gerichtliche Verfahren nach dem Strafvollzugsgesetz, auch in Verbindung mit § 92 des Jugendgerichtsgesetzes, sowie Verfahren nach dem Gesetz über die internationale Rechtshilfe in Strafsachen

Hauptabschnitt 1. Offizialverfahren
Abschnitt 1. Erster Rechtszug
Abschnitt 2. Berufung
Abschnitt 3. Revision
Abschnitt 4. Wiederaufnahmeverfahren
Abschnitt 5. Psychosoziale Prozessbegleitung

Hauptabschnitt 2. Klageerzwingungsverfahren, unwahre Anzeige und Zurücknahme des Strafantrags

Hauptabschnitt 3. Privatklage
Abschnitt 1. Erster Rechtszug
Abschnitt 2. Berufung
Abschnitt 3. Revision
Abschnitt 4. Wiederaufnahmeverfahren

Hauptabschnitt 4. Einziehung und verwandte Maßnahmen
Abschnitt 1. Antrag des Privatklägers nach § 435 StPO
Abschnitt 2. Beschwerde
Abschnitt 3. Berufung
Abschnitt 4. Revision
Abschnitt 5. Wiederaufnahmeverfahren

Hauptabschnitt 5. Nebenklage
Abschnitt 1. Berufung
Abschnitt 2. Revision
Abschnitt 3. Wiederaufnahmeverfahren

Hauptabschnitt 6. Sonstige Beschwerden

Hauptabschnitt 7. Entschädigungsverfahren

Hauptabschnitt 8. Gerichtliche Verfahren nach dem Strafvollzugsgesetz
Abschnitt 1. Antrag auf gerichtliche Entscheidung
Abschnitt 2. Beschwerde und Rechtsbeschwerde

Hauptabschnitt 9. Sonstige Verfahren
Abschnitt 1. Vollstreckungsverfahren wegen einer im Ausland rechtskräftig verhängten Geldsanktion
Abschnitt 2. Rüge wegen Verletzung des Anspruchs auf rechtliches Gehör

TEIL 4.
Verfahren nach dem Gesetz über Ordnungswidrigkeiten

Hauptabschnitt 1. Bußgeldverfahren
Abschnitt 1. Erster Rechtszug
Abschnitt 2. Rechtsbeschwerde
Abschnitt 3. Wiederaufnahmeverfahren

Hauptabschnitt 2. Einziehung und verwandte Maßnahmen
Abschnitt 1. Beschwerde
Abschnitt 2. Rechtsbeschwerde
Abschnitt 3. Wiederaufnahmeverfahren

Hauptabschnitt 3. Besondere Gebühren

Hauptabschnitt 4. Sonstige Beschwerden

Hauptabschnitt 5. Rüge wegen Verletzung des Anspruchs auf rechtliches Gehör

TEIL 5.
Verfahren vor den Gerichten der Verwaltungsgerichtsbarkeit

Hauptabschnitt 1. Prozessverfahren
Abschnitt 1. Erster Rechtszug
Unterabschnitt 1. Verwaltungsgericht
Unterabschnitt 2. Oberverwaltungsgericht (Verwaltungsgerichtshof)
Unterabschnitt 3. Bundesverwaltungsgericht
Abschnitt 2. Zulassung und Durchführung der Berufung
Abschnitt 3. Revision

Hauptabschnitt 2. Vorläufiger Rechtsschutz
Abschnitt 1. Verwaltungsgericht sowie Oberverwaltungsgericht (Verwaltungsgerichtshof) und Bundesverwaltungsgericht als Rechtsmittelgerichte in der Hauptsache
Abschnitt 2. Oberverwaltungsgericht (Verwaltungsgerichtshof)
Abschnitt 3. Bundesverwaltungsgericht
Abschnitt 4. Beschwerde

Hauptabschnitt 3. Besondere Verfahren

Hauptabschnitt 4. Rüge wegen Verletzung des Anspruchs auf rechtliches Gehör

Hauptabschnitt 5. Sonstige Beschwerden

Hauptabschnitt 6. Besondere Gebühren

TEIL 6.
Verfahren vor den Gerichten der Finanzgerichtsbarkeit

Hauptabschnitt 1. Prozessverfahren
Abschnitt 1. Erster Rechtszug
Unterabschnitt 1. Verfahren vor dem Finanzgericht
Unterabschnitt 2. Verfahren vor dem Bundesfinanzhof
Abschnitt 2. Revision

Hauptabschnitt 2. Vorläufiger Rechtsschutz
Abschnitt 1. Erster Rechtszug
Abschnitt 2. Beschwerde

Hauptabschnitt 3. Besondere Verfahren

Hauptabschnitt 4. Rüge wegen Verletzung des Anspruchs auf rechtliches Gehör

Hauptabschnitt 5. Sonstige Beschwerde

Hauptabschnitt 6. Besondere Gebühr

TEIL 7.
Verfahren vor den Gerichten der Sozialgerichtsbarkeit

Hauptabschnitt 1. Prozessverfahren
Abschnitt 1. Erster Rechtszug
Unterabschnitt 1. Verfahren vor dem Sozialgericht
Unterabschnitt 2. Verfahren vor dem Landessozialgericht
Unterabschnitt 3. Verfahren vor dem Bundessozialgericht
Abschnitt 2. Berufung
Abschnitt 3. Revision

Hauptabschnitt 2. Vorläufiger Rechtsschutz
Abschnitt 1. Erster Rechtszug
Abschnitt 2. Beschwerde

Hauptabschnitt 3. Beweissicherungsverfahren

Hauptabschnitt 4. Rüge wegen Verletzung des Anspruchs auf rechtliches Gehör

Hauptabschnitt 5. Sonstige Beschwerde

Hauptabschnitt 6. Besondere Gebühren

TEIL 8.
Verfahren vor den Gerichten der Arbeitsgerichtsbarkeit

Hauptabschnitt 1. Mahnverfahren

Hauptabschnitt 2. Urteilsverfahren
Abschnitt 1. Erster Rechtszug
Abschnitt 2. Berufung
Abschnitt 3. Revision

Hauptabschnitt 3. Arrest, Europäischer Beschluss zur vorläufigen Kontenpfändung und einstweilige Verfügung
Abschnitt 1. Erster Rechtszug
Abschnitt 2. Berufung
Abschnitt 3. Beschwerde
Hauptabschnitt 4. Besondere Verfahren

Hauptabschnitt 5. Rüge wegen Verletzung des Anspruchs auf rechtliches Gehör

Hauptabschnitt 6. Sonstige Beschwerden und Rechtsbeschwerden
Abschnitt 1. Sonstige Beschwerden
Abschnitt 2. Sonstige Rechtsbeschwerden

Hauptabschnitt 7. Besondere Gebühr

TEIL 9.
Auslagen

Vorbemerkungen:

1 Ab der Neufassung des GKG durch die „Novelle 1975“ sind die einzelnen Gebührentatbestände – getrennt nach den einzelnen Verfahrensarten – ausschließlich im Kostenverzeichnis (KV) enthalten. Das KV enthält echte Gebührentatbestände, die natürlich überwiegend im Kontext zu denen des Allgemeinen Teils stehen, z.T. aber auch völlig davon losgelöst sind. Das ist z.B. in Bezug auf die Kosten des Straf- und Ordnungswidrigkeitenverfahrens der Fall, die jetzt ausschließlich im KV geregelt sind. Auch die zahlreichen Anmerkungen zu den Tatbeständen des KV sind in der Sache (einschränkende oder ausweitende) Ergänzungen der Bestimmungen des Allgemeinen Teils.

2 Das KV ist in die Abschnitte 1–9 eingeteilt, wobei sich die Abschnitte 1–8 auf die Gebühren für die Verfahrensarten und Abschnitt 9 auf die Auslagen bezieht. Das KV bestimmt die Höhe der Gebühren durch Angabe der Gebühr nach der Tabelle der Anlage 2 oder durch Bezeichnung des Gebührenbetrages in €.

3 Das KV ist immer wieder infolge unterschiedlicher Gesetzesänderungen, die mittelbar oder auch unmittelbar auf das Gerichtskostenrecht Auswirkungen hatten, be- und überarbeitet worden. Das machte auch wiederholt Umnummerierungen notwendig. Insbesondere ist das KV durch das KostRModG wegen der neuen Struktur des Allgemeinen Teils des GKG völlig neu gefasst. Denn entsprechend der systematischen Neuordnung der Paragraphenfolge des GKG, der Einführung des Pauschgebührensystems in den Rechtsmittelzügen und der Einarbeitung der arbeitsgerichtlichen Kostenvorschriften in das GKG musste auch das KV überarbeitet und neu gegliedert werden. Die letzten Eingriffe hat das FGG-RG insoweit nach sich gezogen, als die das Familienverfahren betreffenden Kosten jetzt im FamGKG enthalten sind.

4 Nur soweit das KV einen Kostentatbestand enthält, dürfen Gebühren und Auslagen erhoben werden. Eine ausdehnende Auslegung der einzelnen Kostentatbestände ist

ebenso unzulässig wie eine entsprechende Anwendung auf Gebührensachverhalte, für die das KV einen Gebührentatbestand (noch) nicht ausdrücklich vorsieht.[1]

TEIL 1
Zivilrechtliche Verfahren vor den ordentlichen Gerichten außer Insolvenzverfahren und Verfahren der Zwangsversteigerung sowie Zwangsverwaltung

HAUPTABSCHNITT 1
Mahnverfahren

Im Hauptabschnitt 1 sind Gebührenregelungen für Mahnverfahren zusammengefasst, nämlich die für das nationale Mahnverfahren (§§ 688 f. ZPO), für das nationale und Europäische Mahnverfahren nach dem ArbGG (§§ 46a, 46b ArbGG), für das Europäische Mahnverfahren nach der Verordnung (EG) Nr. 1896/2006 (§§ 1087 ff. ZPO), für das Mahnverfahren nach dem SGG (§ 182a SGG) und für das Mahnverfahren nach dem FamFG (113 Abs. 2 FamFG) 1

Abschnitt 1

1100	**Verfahren über den Antrag auf Erlass eines Mahnbescheids oder eines Europäischen Zahlungsbefehls**	**0,5 mindestens 32,00 €**

KV 1100: Die Bestimmung betrifft die Gebühr für den Antrag auf Erlass eines nationalen Mahnbescheids oder eines Europäischen Zahlungsbefehls. Die Mindestgebühr ist deshalb geboten, weil gerade in Mahnverfahren häufig geringe Streitwerte vorhanden sind, bei denen die 0,5-Gebühr kaum die in der Pauschalgebühr enthaltenen Zustellungsauslagen deckt. Die Gebühr für das Mahnverfahren entsteht immer, und zwar auch dann, wenn das Mahnverfahren ohne gerichtliche Entscheidung endet (z.B. durch Rücknahme des Antrags).[1] Wenn und soweit das Mahnverfahren in das streitige Verfahren übergeht, wird die Gebühr nach KV 1100 auf die dann entstehende Gebühr nach KV 1210 angerechnet. Gleiches gilt auch, wenn im Sozialgerichtsverfahren das Mahnverfahren vor dem Amtsgericht beginnt (§ 182a SGG). Hier wird die Mahngebühr auf die Rahmengebühr nach § 184 SGG angerechnet.[2] Eine Zurücknahme des Antrags auf Durchführung des Streitverfahrens (§ 696 Abs. 4 ZPO) ist für das Entstehen und für die Fälligkeit der Gebühr KV 1100 ohne jede Bedeutung, weil dadurch nur ein Ruhen des Mahnverfahrens eintritt, wenn und soweit die Akten noch nicht beim Streitgericht eingegangen sind (vgl. auch unten Rn. 29). 2

Als echte Verfahrensgebühr entsteht die Gebühr mit dem Eingang des **Antrags auf Erlass eines Mahnbescheides** bei einem Gericht (vgl. § 6 Rn. 4), und zwar unabhängig davon, ob das Gericht zuständig ist oder nicht oder ob das Mahnverfahren überhaupt für 3

1 BVerfG NZS 2011, 18 = BeckRS 2010, 49074 m.w.N.

1 *Hartmann* KV 1100 Rn. 1; *Hellstab* in Oe/He/Tre KV 1010 Rn. 15; *Fischer* MDR 1997, 707; *N. Schneider* JurBüro 2003, 4; *ders.* BRAGO-Report 2002, 164.
2 *Meyer-Ladewig* § 182a Rn. 11.

den verfolgten Anspruch statthaft ist oder ob der Antrag auf vorgeschriebenem amtlichen Formular eingereicht wird. Nimmt der Antragsteller den Antrag zurück oder wird der Antrag zurückgewiesen oder abgelehnt, hat dies keinen Einfluss auf die Gebühr. Eine Rückzahlung findet nicht statt.[3] Das gilt auch, wenn der bei einem unzuständigen Gericht (z.B. bei einem Landgericht oder im Sozialgerichtsverfahren beim Sozialgericht (vgl. § 182a SGG) eingereicht und der Antragsteller nach entsprechendem Hinweis den Antrag zurücknimmt oder Abgabe an das zuständige Mahngericht beantragt. Zum Streitwert nach Abgabe vgl. unten Rn. 18 ff.

4 Wenn der Mahnbescheid von einer Mehrheit von Antragstellern (Streitgenossen) gestellt wird oder gegen mehrere Antragsgegner (z.B. gegen **Gesamtschuldner**) gerichtet ist, liegt nur ein einziges Mahnverfahren vor, auch wenn für jeden der Antragsgegner ein besonderes Formblatt verwendet werden muss.[4] Folglich fällt auch die Gebühr KV 1100 nur einmal an. Kostenschuldner sind dann die Antragsteller als Gesamtschuldner. Die Gebühr deckt das gesamte Mahnverfahren einschließlich der Erteilung eines Vollstreckungsbescheides ab. Das gilt auch dann, wenn sich die Hauptsache im Mahnverfahren erledigt und der Mahn-/Vollstreckungsbescheid nur noch gem. § 91a ZPO über die Kosten ergeht.[5]

5 Der Streitwert des Mahnverfahrens ist der Wert des im Antrag auf Erlass eines Mahnbescheides im Mahnverfahren begehrten Anspruchs. Dieser kann durchaus von dem eines nachfolgenden Streitverfahrens abweichen, etwa bei Teilwiderspruch/Teileinspruch gegen den Mahnbescheid/Europäischen Zahlungsbefehl oder bei Klageerhöhung im Streitverfahren. Wird bei einem Antrag auf Durchführung des streitigen Verfahrens – wenn erforderlich – der weitere Prozesskostenvorschuss nicht eingezahlt, so dass die Sache nicht gemäß § 696 Abs. 1 S. 1 ZPO an das Prozessgericht abgegeben werden kann, werden die Akten nach Ablauf der 6-Monatsfrist des § 7 Abs. 3 Buchst. E der AktO abgelegt. Weitere Gebühren entstehen in einem solchen Fall nicht. Die früher vertretene Gegenansicht[6] ist insoweit durch die Klarstellung in KV 1210 gegenstandslos.

HAUPTABSCHNITT 2
Prozessverfahren

6 Der Hauptabschnitt 2 regelt die Gebühren für das Prozessverfahren. Das durch das KostRÄndG 1994 für erstinstanzliche Zivilprozessverfahren eingeführte Pauschalgebührensystem hat sich in der Praxis bewährt und konnte deshalb auch auf Berufungs- und Revisionsverfahren erstreckt werden.

---

3 *Hellstab* in Oe/He/Tre KV 1100 Rn. 16.
4 Vgl. bei *Thomas-Putzo* § 690 Rn. 3; Zöller/*Vollkommer* § 690 Rn. 9.
5 *Hellstab* in Oe/He/Tre KV 1100 Rn. 15.
6 Vgl. auch *Hellstab* in Oe/He/Tre KV 1211 Rn. 24.

ABSCHNITT 1
Erster Rechtszug

UNTERABSCHNITT 1
Verfahren vor dem Amts- oder Landgericht

Vorbemerkung 1.2.1.:

Die Gebühren dieses Abschnitts entstehen nicht im Musterverfahren nach dem KapMuG; das erstinstanzliche Musterverfahren gilt als Teil des ersten Rechtszuges des Prozessverfahrens.

Erster Rechtszug

Dieser Abschnitt regelt die Höhe der Gebühren des erstinstanzlichen Prozessverfah- 7
rens. Er erfasst auch die Fälle, dass bei einer Klagerücknahme noch die Notwendigkeit einer begründungsbedürftigen („streitigen“) Kostenentscheidung nach § 269 verbleibt, eine Ermäßigung nach KV 1211 nur eingeschränkt möglich. Auch eine Verfahrensbeendigung durch Erledigungserklärung nach § 91a ZPO führt nunmehr zur Ermäßigung, wenn sich dazu die Kostenfrage nicht mehr stellt. Zum Entstehen und zur Fälligkeit der Gebühren vgl. oben § 6 Rn. 8; § 22 Rn. 8.

Vorbem. 1.2.1:

Durch die Einführung des Musterverfahrens werden die Zivilgerichte entlastet. 8
Komplexe gleichgelagerte Beweisaufnahmen können in einer Vielzahl von Verfahren vermieden werden durch Zusammenfassung in einem Musterverfahren. Da die Gerichtsgebühren in den einzelnen Hauptsacheverfahren jedoch in voller Höhe erhalten bleiben, ist es sachgerecht, für das erstinstanzliche Musterverfahren keine gesonderten Gerichtsgebühren zu erheben. Aus kostenrechtlicher Sicht gilt das erstinstanzliche Musterverfahren als Teil des ersten Rechtszugs der zu Grunde liegenden Hauptsacheverfahren. Dies gilt auch dann, wenn sich das Hauptsacheverfahren bei der Aussetzung nach § 7 KapMuG bereits in der Rechtsmittelinstanz befindet.[7]

1210 Verfahren im Allgemeinen 3,0

(1) Soweit wegen desselben Streitgegenstandes ein Mahnverfahren vorausgegangen ist, entsteht die Gebühr mit dem Eingang der Akten bei dem Gericht, an das der Rechtsstreit nach Erhebung des Widerspruchs oder Einlegung des Einspruchs abgegeben wird; in diesem Fall wird eine Gebühr 1100 nach dem Wert des Streitgegenstandes angerechnet, der in das Prozessverfahren übergegangen ist. Satz 1 gilt entsprechend, wenn wegen desselben Streitgegenstandes ein Europäisches Mahnverfahren vorausgegangen ist.

(2) Soweit der Kläger wegen desselben Streitgegenstandes einen Anspruch zum Musterverfahren angemeldet hat (§ 10 Abs. 2 KapMuG) wird insoweit die Gebühr 1902 angerechnet.

7 So die Begr. des RegEntw. (BT-Drs. 15/5091 S. 34).

9 **KV 1210:** Durch den Gebührensatz von 3,0 wird in erstinstanzlichen Verfahren die gesamte Tätigkeit des Gerichts durch eine **pauschale Verfahrensgebühr** einschließlich einer begrenzten Auslagenpauschale (KV Teil 9 Rn. 1, 33, 34) für den jeweiligen Rechtszug (§ 35 GKG) abgegolten.[8] Besondere Entscheidungsgebühren fallen nicht mehr an. Unter Umständen kann nur noch eine Vergleichsgebühr nach KV 1900 hinzukommen. Entsprechend der Ausgestaltung der Gebühr nach KV 1100 sind die im Mahnverfahren angefallenen Gebühren auf die für das Streitverfahren anzurechnen, soweit das Mahnverfahren in das Streitverfahren übergegangen ist (dazu unten Rn. 18ff.). In den **Prozessverfahren erster Instanz** entsteht regelmäßig die allgemeine Verfahrensgebühr, die das gesamte Verfahren von dem Eingang einer Klageschrift oder dem Eingang der Akten nach Einlegung des Widerspruchs im Mahnverfahren an das Streitgericht bis zu einer die Instanz beendenden Entscheidung abdeckt, §§ 35, 40. Zu den Prozessverfahren i.d.S. gehören auch der Urkunden-, Wechsel-, Scheck-, Schiedssache,[9] nicht aber das Arrestverfahren oder eine Vollstreckbarerklärung im Schiedsverfahren. Denn auch für diese Sachen sieht das KV eigene Gebührentatbestände vor.

10 Wenn und soweit ein **Mahnverfahren** vorangegangen ist, gilt: Wenn nach einem **Widerspruch gegen einen Mahnbescheid oder nach einem Einspruch gegen einen Vollstreckungsbescheid** von einer Partei der Antrag auf die Durchführung des streitigen Verfahrens bei dem Streitgericht eingegangen ist, also bei dem Gericht, an das der Rechtsstreit abgegeben wird (§§ 696 Abs. 1 S. 2; 700 Abs. 3 ZPO), entsteht mit dem Eingang der Akten beim Prozessgericht die Gebühr KV 1210 und wird damit fällig. Zu diesem Zeitpunkt beginnt im kostenrechtlichen Sinne nämlich das Prozessverfahren. Das Streitgericht ist in der Regel das Gericht, welches im Antrag auf Erlass des Mahnbescheids angegeben ist oder einem übereinstimmenden Antrag der Parteien entspricht. Dies gilt unabhängig davon, ob der Antragsteller das Verfahren vor dem Streitgericht weiter betreibt.[10] Die Gebühr entsteht auch, wenn eine sachliche oder örtliche Zuständigkeit dieses Gerichts nicht gegeben ist. Vgl. dazu auch § 22 Rn. 2.

11 Kostenschuldner gem. § 22 für die weiteren Gebühren ist stets derjenige, der den Antrag auf Durchführung des streitigen Verfahrens stellt, u.U. auch der Antragsgegner.[11] Ob der Antragsteller postulationsfähig ist, spielt keine Rolle.[12]

12 Wenn **gegen mehrere Mahnbescheide** in selbständigen Mahnverfahren (vgl. oben Rn. 2) **Widerspruch** eingelegt wird und das Gericht die Verfahren verbindet, tritt keine Rückwirkung der Widersprüche auf den Zeitpunkt vor der Verbindung ein,[13] so dass die Einzelstreitwerte maßgeblich bleiben.[14] Wenn ein Prozessverfahren gegen mehrere Widersprechende bei verschiedenen Gerichten anhängig wird, entsteht die Gebühr nach KV 1210 für jedes Prozessverfahren nach dem jeweiligen Streitwert, unter jeweiliger Anrechnung der Gebühren KV 1100.[15] Keine Verbindung i.d.S. liegt aber vor, wenn in einem Mahnverfahren aus technischen Gründen mehrere Mahnbescheide erlassen wurden (vgl. oben, Rn. 4), die nach Einlegung von Widersprüchen in das Streitverfahren gelangen

8 BGH NJW 2013, 2824 = RPfleger 2013, 651 = JurBüro 2013, 592 (LS mit Volltextservice) = MDR 2013, 1008.

9 *Hartmann* KV 1210 Rn. 3.

10 So etwa OLG Düsseldorf JurBüro 1992, 102; NJW-RR 1997, 704; NJW-RR 1998, 1077; OLG Hamburg MDR 1998, 1121; LG Hagen MDR 1997, 790; LG Nürnberg-Fürth JurBüro 1997, 144; LG Braunschweig Nds-RPfl. 1997, 176; LG Bamberg JurBüro 1998, 147; *Hellstab* in Oe/He/Tre KV 1210 Rn. 3, 10; *Hartmann* KV 1210 Rn. 5ff.; *D. Meyer* JurBüro 1998, 117; *v. König* Rn. 871.

11 OLG Oldenburg, JurBüro 2016, 4119; LG Osnabrück JurBüro 2003, 371.

12 OLG Zweibrücken JurBüro 2007, 372 (für das Berufungsverfahren).

13 *Hartmann* KV 1210 Rn. 7.

14 OLG Hamm RPfleger 1983, 177.

15 OLG Oldenburg JurBüro 2003, 322; *Hartmann* KV 1210 Rn. 6.

und dort korrekterweise als ein Verfahren behandelt werden. Das gilt auch, wenn die Abgaben an das Streitgericht sukzessive erfolgen und zunächst bei dem Streitgericht als eigenständige Sachen behandelt werden. Die Anrechnung der Gebühr für das Mahnverfahren und die Abrechnung ist dann nach allgemeinen Grundsätzen (§§ 31, 32) vorzunehmen.

Wenn der Antragsteller des Mahnverfahrens für den Fall des Widerspruchs den Antrag auf Durchführung des streitigen Verfahrens bereits im Antrag auf den Erlass eines Mahnbescheidsantrag stellt, wird dieser bedingte verfahrenseinleitende Antrag mit dem Eingang des Widerspruchs des Antragsgegners bei Gericht wirksam. 13

Die gleichen Grundsätze gelten auch bei einem **Einspruch** gegen einen **Vollstreckungsbescheid**[16] **und gegen einen Europäischen Mahnbescheid.** 14

Nachverfahren im Urkundenprozess: Ein Prozessverfahren entsteht auch dann, wenn das Gericht einen Urkunden-, Wechsel- oder Scheckmahnbescheid erlassen hatte und der Antragsgegner nur den Antrag auf Einleitung des Nachverfahrens stellt. Das Urkundenprozessverfahren beginnt auch hier mit dem Eingang der Akten beim Prozessgericht. Sehen die Parteien vom Urkundenprozess ab (§ 596 ZPO), entstehen keine weiteren Gebühren. Denn dadurch wird kein neues Verfahren i.S.v. § 600 ZPO eingeleitet. 15

Abgeltungsbereich: Mit der allgemeinen Verfahrensgebühr nach KV 1210 sind alle Tätigkeiten der ersten Instanz abgegolten. Dazu gehören auch ein Versäumnisurteil der ersten Instanz gegenüber der säumigen Partei sowie das sog. unechte Versäumnisurteil gegen den Kläger (§§ 330, 331 Abs. 2 ZPO), ein Anerkenntnisurteil oder ein Verzichtsurteil. 16

Bezüglich der Entstehung und der Fälligkeit der Gebühren für den Kostenschuldner gelten die allgemeinen Vorschriften, so dass auf das dort Gesagte verwiesen wird (vgl. § 6 Rn. 4). Selbst eine Rücknahme der noch nicht zugestellten Klage[17] oder einer Weglage nach der Aktenordnung wegen Nichtzahlung des Vorschusses[18] führt lediglich zu einer Ermäßigung nach KV 1211. 17

Streitwert nach vorangegangenem Mahnverfahren: Streitwert des Prozessverfahrens ist der Wert, **der in das Prozessverfahren gelangt.**[19] Das wird insbesondere dann der Fall sein, wenn der Schuldner nach Erlass des Mahnbescheids teilweise zahlt und entsprechende Teilrücknahme vor Abgabe an das Streitgericht erfolgt. Wird also ein streitiges Verfahren nur für einen Teil des Mahnverfahrens beantragt, muss man auf die nach KV 1210 zu berechnende 3,0-Gebühr des nunmehrigen Streitwerts die anteilige 0,5-Gebühr nach dem ursprünglichen Streitwert des Mahnverfahrens anrechnen (Beispiel: Mahnbescheid über 1.000 €, Streitverfahren nur noch 500 €, Anrechnung 25 €). Das ist in der Sache nach im Wesentlichen unstreitig[20] und gilt auch dann, wenn der Mahnbescheid irrtümlich über einen höheren Betrag beantragt war.[21] Diese Grundsätze gelten 18

16 Vgl. dazu *N. Schneider* JurBüro 2003, 4 ff. und BRAGO-Report 2002, 164; OLG Düsseldorf JurBüro 1992, 102; OLG Köln RPfleger 1983, 460.

17 OLG Schleswig SchlHA 1996, 305; OLG München MDR 1996, 1075; JurBüro 1997, 603; OLG Hamm MDR 1997, 206; KG NJW-RR 1998, 1375 = JurBüro 1998, 428.

18 LG Hamburg NJW-RR 1999, 581 = JurBüro 1999, 93; LG Bamberg JurBüro 1998, 147; *Zimmermann* in Binz u.a., § 1211 Rn. 4.

19 OLG Dresden JurBüro 2004, 378; OLG Hamburg MDR 2001, 294 m. Anm. v. *Schütt;* OLG Frankfurt aM NJW-RR 1992, 1342; OLG München AnwBl. 2001, 127 und OLG München MDR 1998, 62.

20 Vgl. etwa OLG Düsseldorf JurBüro 1997, 145 NJW-RR 1998, 1077; OLG München NJW-RR 1999, 944 = MDR 1999, 508 NJW-RR 1998, 504; OLG Hamburg MDR 1998, 1121; OLG Bamberg JurBüro 1998, 653; LG Hagen JurBüro 1997, 602 = MDR 1997, 790; *Hellstab* in Oe/He/Tre KV 1210 Rn. 4; *v. König* Rn. 882.

21 OLG Düsseldorf NJW-RR 1998, 1077.

auch, wenn der Schuldner noch vor dem Tag des Eingangs der Akten bei dem Streitgericht Zahlungen geleistet hat.[22]

19 Bei **Klageerweiterung** erhöht sich die Gebühr nach allgemeinen Grundsätzen (vgl. § 41). Die allgemeine Verfahrensgebühr kann sich **nicht nachträglich vermindern,**[23] so dass im Fall der Erledigung eines Teils des Anspruchs und der anschließenden Wiedererhöhung des Klageanspruchs durch einen neuen Anspruch dieser Wert dem Streitwert hinzuzurechnen ist, sofern keine Klagerücknahme vorliegt.[24]

20 Gleiches gilt auch, wenn Prozesse gem. § 147 ZPO verbunden werden[25] oder eine Verbindung sogar zwingend vorgeschrieben ist (z.B. § 246 Abs. 3 AktG).[26] Vgl. auch § 3 Rn. 16. Wird z.B. eine Klage zunächst gegen mehrere Beklagte erhoben, das Verfahren später getrennt und in einem Verfahren die Klage erweitert, so sind die im ursprünglichen Verfahren entstandenen (und gezahlten) Gerichtskosten auf die in den getrennten Verfahren entstandenen Gerichtskosten nach dem Verhältnis der Einzelgebühren zueinander anzurechnen.[27]

21 Die Verfahrensgebühr nach KV 1210 entsteht mit dem Eingang des Antrags bei Gericht (§ 6 Rn. 4). Wenn der Antrag – wirksam – unter einer **Bedingung** eingebracht wird, tritt die Fälligkeit erst mit dem Eintritt der Bedingung ein. Das ist insbesondere in den Fällen bedeutsam, in denen der Antrag unmissverständlich von der Bewilligung von Prozesskostenhilfe (PKH) abhängig gemacht wird (bedingter Antrag). Wenn z.B. ein mit „Klage“ überschriebener Schriftsatz, der zugleich einen PKH-Antrag enthält, eingereicht, besteht keine Vermutung dafür, dass die Klage nur unter Voraussetzung der Bewilligung von PKH eingereicht werden soll.[28]

22 **PKH-Fälle:** Ein Antrag, der nur mit der „Bedingung“, dass und soweit PKH bewilligt werden wird, gestellt wird, lässt die Gebühr nach KV 1210 erst fällig werden, wenn und soweit nach Ablehnung des PKH-Antrags der Antragsteller (ohne oder nach Aufforderung durch das Gericht) definitiv erklärt, dass der Antrag durchgeführt werden soll. Eine solche Erklärung kann etwa darin zu sehen sein, dass der Antragsteller um die Kostenrechnung oder um die Wertfestsetzung zum Zwecke der Einzahlung des Vorschusses ersucht oder wenn er eine ihm übersandte Kostenrechnung des Gerichts vorbehaltlos begleicht.[29] Denn mit der Begleichung der Rechnung bringt er den Willen zur Durchführung des beantragten Verfahrens objektiv zum Ausdruck. Wenn und soweit er sich um die Rechtsfolgen der mit der Zahlung zum Ausdruck gebrachten Erklärung keine weiteren Gedanken gemacht hat, handelt es sich um einen Rechtsfolgenirrtum, der jedenfalls bei Prozesserklärungen, um welche es sich hier handelt, unerheblich ist.[30]

23 Bei **Vorschaltung eines Mahnverfahrens** gelten folgende Grundsätze:

24 **Der Mahnbescheidsantrag enthält keinen Antrag, dass im Falle eines Widerspruchs eine Abgabe an das Streitgericht erfolgen soll:** In diesen Fällen wird die Gebühr nach KV 1210 erst mit dem Eingang des Antrags auf Durchführung des Streitverfahrens fällig. Nimmt der Antragsteller seinen Antrag auf Durchführung des Streitverfahrens wirksam zurück (§ 696 Abs. 4 ZPO), hat das auf die Fälligkeit der Gebühr KV 1210 keinen Einfluss mehr, wenn die Zurücknahme nach dem Eingang der Akten beim Streit-

22 *Hartmann* KV 1210 Rn. 23–24.
23 OLG Köln JurBüro 2011, 489.
24 KG MDR 2008, 173; OLG München MDR 1997, 688; *Hartmann* KV 1210 Rn. 26.
25 OLG Hamm JurBüro 2005, 598 (LS mit Volltextservice).
26 OLG Koblenz MDR 2005, 1017.
27 LG Essen JurBüro 2012, 152 mit zust. Bespr. von *Wolf* JurBüro 2012, 118.
28 OLG Zweibrücken JurBüro 2008, 94 m.w.N.
29 **A.M.** OLG München MDR 1997, 890 (für das Mahnverfahren).
30 **A.M.** *Zimmermann* in Binz u.a. KV 1210 Rn. 6.

gericht erfolgt. Denn in solchen Fällen bleibt das Streitverfahren anhängig und ruht lediglich (Vgl. auch oben Rn. 2).[31] Dem Eingang der Akten bei dem Streitgericht steht im Arbeitsgerichtsverfahren die Anberaumung eines Termins gleich, wenn Mahn- und Streitgericht identisch sind.

Der Antragsteller hat bereits im Mahnantrag (meist formblattmäßig durch Ankreuzen des entsprechenden Kästchens im Vordruck) für den Fall eines Widerspruchs eine Abgabe an das Streitgericht beantragt: Auch dann ist nach dem eindeutigen Wortlaut der Bestimmung ein bedingter Klageantrag gestellt. Die Bedingung tritt zwar mit dem Eingang des Widerspruchs bei dem Mahngericht ein, die weitere Prozessgebühr nach KV 1210 **entsteht** aber erst mit dem Eingang der Akten bei dem Prozessgericht und wird auch dann erst fällig.[32] Regelmäßig ist in einem solchen Fall eine weitere 2,5-Gebühr nach dem Wert des vom Widerspruch erfassten Teils der Mahnbescheidsforderung anzusetzen. 25

Nach einem Einspruch gegen einen Vollstreckungsbescheid oder nach einem vorausgegangenen Europäischen Mahnverfahren ist – erforderlichenfalls nach Abgabe an das Streitgericht – Termin von Amts wegen anzuberaumen. Die Sache gilt dann als mit der Zustellung des Mahnbescheids rechtshängig geworden (§ 700 Abs. 2 ZPO). Die weitere Gebühr nach KV 1210 entsteht aber auch hier erst mit dem Eingang der Akte bei dem Prozessgericht. 26

1211 Beendigung des gesamten Verfahrens durch

1. Zurücknahme der Klage

a) vor dem Schluss der mündlichen Verhandlung,

b) in den Fällen des § 128 Abs. 2 ZPO vor dem Zeitpunkt, der dem Schluss der mündlichen Verhandlung entspricht,

c) im Verfahren nach § 495a ZPO, in dem eine mündliche Verhandlung nicht stattfindet, vor Ablauf des Tages, an dem eine Ladung zum Termin zur Verkündung des Urteils zugestellt oder das schriftliche Urteil der Geschäftsstelle übermittelt wird,

d) im Falle des § 331 Abs. 3 ZPO vor Ablauf des Tages, an dem das Urteil der Geschäftsstelle übermittelt wird oder

e) im europäischen Verfahren für geringfügige Forderungen, in dem eine mündliche Verhandlung nicht stattfindet, vor Ablauf des Tages, an dem das schriftliche Urteil der Geschäftsstelle übermittelt wird,

wenn keine Entscheidung nach § 269 Abs. 3 Satz 3 ZPO über die Kosten ergeht oder die Entscheidung einer zuvor mitgeteilten Einigung der Parteien über

31 Vgl. Zöller/*Vollkommer* § 696 Rn. 6a i.V.m. Rn. 2.

32 So früher schon OLG Rostock MDR 1999, 663; OLG Stuttgart NJW-RR 1999, 799 (L) = JurBüro 1999, 422 = MDR 1999, 634; LG Stuttgart NJW-RR 1998, 647; LG Memmingen JurBüro 1997, 434; LG Bautzen MDR 2001, 1379 = JurBüro 2002, 88; *N. Lappe* MDR 1999, 462; *Bracker* MDR 1998, 139; *Zimmermann* JurBüro 1997, 230; *Liebheit* NJW 2000, 2235 ff.

die Kostentragung oder der Kostenübernahmeerklärung einer Partei folgt,

2. Anerkenntnisurteil, Verzichtsurteil oder Urteil, das nach § 313a Abs. 2 ZPO keinen Tatbestand und keine Entscheidungsgründe enthält, oder nur deshalb Tatbestand und die Entscheidungsgründe enthält, weil zu erwarten ist, dass das Urteil im Ausland geltend gemacht wird (§ 313a Abs. 4 Nr. 5 ZPO)

3. gerichtlichen Vergleich oder Beschluss nach § 23 Abs. 3 KapMuG oder

4. Erledigungserklärungen nach § 91a ZPO, wenn keine Entscheidung über die Kosten ergeht oder die Entscheidung einer zuvor mitgeteilten Einigung der Parteien über die Kostentragung oder der Kostenübernahmeerklärung einer Partei folgt, es sei denn, dass bereits ein anderes als eines der in Nummer 2 genannten Urteile, eine Entscheidung über einen Antrag auf Erlass einer Sicherungsanordnung oder ein Musterbescheid nach dem KapMuG vorausgegangen ist:

Die Gebühr 1210 ermäßigt sich auf **1,0**

Die Zurücknahme des Antrags auf Durchführung des streitigen Verfahrens, des Widerspruchs gegen den Mahnbescheid oder des Einspruchs gegen den Vollstreckungsbescheid stehen der Zurücknahme der Klage gleich. Die Vervollständigung eines ohne Tatbestand und Entscheidungsgründe hergestellten Urteils (§ 313a Abs. 5 ZPO) steht der Ermäßigung nicht entgegen. Die Gebühr ermäßigt sich auch, wenn mehrere Ermäßigungstatbestände erfüllt sind.

27 **KV 1211 (Grundsätze der Ermäßigung):**[33] Die allgemeine Verfahrensgebühr der Nr. 1210 **ermäßigt** sich erheblich, nämlich um 2,0-Gebühren. Die der Kostengerechtigkeit[34] und der Prozesswirtschaftlichkeit[35] dienende Bestimmung hat Ausnahmecharakter[36] und ist demzufolge eng auszulegen. Der Katalog der obligatorischen Ermäßigungstatbestände nach KV 1211 ist **abschließend.**[37]

27a Daneben kann aber auch noch eine **fakultative** Gebührenermäßigung nach § 59b im Falle der **außergerichtlichen Konfliktlösung** in Betracht kommen.

27b Von der (obligatorischen und fakultativen) Ermäßigung zu unterscheiden ist indessen der Fall, in dem der mit Einreichung der Klage geforderte Vorschuss bzw. die Vorauszahlung (§§ 6, 12, 12a) der Gebühr nach Nr. 1210 nicht geleistet wird. Werden die Akten dann gemäß der Aktenordnung weggelegt, läuft das das in der Regel zwar auch eine endgültige Beendigung der Sache hinaus.[38] Allerdings ist diese Beendigung nur vorläu-

33 Vgl. dazu *Jungbauer* JurBüro 2001, 230 ff.
34 *Hartmann* KV 1211 Rn. 2.
35 BVerfG NJW 1999, 3550; *Hartmann* KV 1211 Rn. 2.
36 OLG Koblenz MDR 2005, 119; OLG Oldenburg NJW-RR 1999, 942.
37 BGH NJW 2013, 2824 = RPfleger 2013, 651 = JurBüro 2013, 592 (LS mit Volltextservice) = MDR 2013, 1008; OLG Köln JurBüro 2011, 489; so wohl auch *Hartmann* KV 1211 Rn. 3.
38 *Hartmann* KV 1211 Rn. 1.

fig, weil das Verfahren jederzeit wieder weitergeführt werden kann, wenn der Vorschuss doch noch gezahlt bzw. der Grund für eine Vorschusszahlung entfällt (z.B. durch Einbringung eines PKH-Antrags oder durch Bewilligung von PKH). Hier entsteht also zunächst stets die Gebühr nach Nr. 1210, bei der es auch dann verbleibt, es sei denn, die Klage wird zurückgenommen.[39] Erst dann entstehen Rückerstattungsansprüche. (vgl. oben, § 6 Rn. 17; § 9, 25; § 30 Rn. 11), wenn und soweit sie nicht gem. § 5 verjährt sind. Die gegenteilige Ansicht, wonach in der Regel nur eine Gebühr nach Nr. 1211 bzw. der entsprechenden Tatbestände der weiteren Abschnitte berechnet werden soll,[40] überzeugt nicht. Sie dürfte auch schwerlich mit dem Wortlaut und dem Sinn des Gesetzes übereinstimmen.

Eine Gebührenermäßigung nach Nr. 1211 darf nur erfolgen, wenn das Verfahren **als Ganzes**, d.h. bzgl. **sämtlicher Anträge und aller Beteiligten**,[41] vorzeitig beendet wird (d.h. **bevor in der Angelegenheit** schon **Urteil oder eine gleichstehende Entscheidung [auch ein Versäumnisurteil] oder ein Musterbescheid nach dem KapMuG] ergangen oder** eine Entscheidung über einen Antrag auf Erlass einer **Sicherungsanordnung**[42] (§ 283a ZPO) vorausgegangen ist), wenn sich also das Gericht mit der dem Gegenstand der Klage etc. befasst hat und so ein zeitaufwändiges Absetzen des Tatbestandes und der Entscheidungsgründe erspart bleibt oder wenn er sich aus anderen Gründen (Verzicht der Parteien auf Tatbestand und Entscheidungsgründe) nicht mehr – sei es auch nur summarisch – mit der Sache befassen muss.[43] 27c

Die häufigsten Fälle, in denen eine Herabsetzung der Gebühr nach Nr. 1210 ausgeschlossen ist, sind: 27d

- **Grundurteil,**[44]
- **Klageerweiterung:** Hier kommt niemals eine Herabsetzung in Betracht,[45]
- **Konfusion:** Keine Ermäßigung,[46]
- **Mehrheit von Beteiligten:** Herabsetzung nur, wenn die Sache für alle Beteiligten endgültig erledigt wird.
- **Nachverfahren:** Vgl. unten Rn. 28, 29,
- **Sicherungsanordnung:** s. oben Rn. 27b.
- **Teilurteil:** Keine Ermäßigung
- **Trennung von Verfahren:** Hie ist die Frage der Ermäßigung für jedes einzelne Verfahren gesondert zu prüfen.[47] Ist vor der Trennung gegen sämtliche Beklagte oder Kläger ein Versäumnisurteil ergangen, ist nach der Trennung eine Ermäßigung nach Nr. 1211 ausgeschlossen.[48]
- **Vorbehaltsurteil (§§ 302, 599 ZPO):** Grundsätzlich keine Herabsetzung[49] Beruht es aber auf einem Anerkenntnisurteil und wird das Nachverfahren nicht durchgeführt, tritt eine Herabsetzung ein.[50]

39 So auch *Trenkle* in Oe/He/Tre, KV 1211 Rn. 19.
40 BFH, Beschl. v. 26.3.2015 – X E 2/15 – = RVGrReport 2015, 436 = JurionRS 2015, 16251. *Zimmermann* in Binz u.a., § 12 Rn. 4; NK-GK/*Volpert* KV 1211, Rn. 125, 126. So auch die für die Gerichte nicht verbindliche Verwaltungsanweisung gem.§ 26 Abs. 8 Satz 3 KostVfg.
41 OLG Dresden JurBüro 1998, 429; OLG Schleswig SchlHA 1996, 305; *Hartmann* KV 1211 Rn.2.
42 NK-GK/*Volpert* KV 1211 Rn. 116–118.
43 OLG Karlsruhe MDR 2006, 235, 236.
44 OLG Saarbrücken, OLGReport 2008, 615 = JurionRS 2008, 17480; NK-GK/*Volpert* KV 1211, Rn. 111.
45 Dazu bei NK-GK/*Volpert* KV 1211, Rn. 20 m.w.N.
46 Dazu ausführlicher bei NK-GK/*Volpert* KV 1211, Rn. 42, 103a m.N.
47 Dazu bei NK-GK/*Volpert* KV 1211, Rn. 12 m.N
48 OLG München, RVG-Report 2006, 280; NK-GK/*Volpert* KV 1211, Rn. 12.
49 Vgl. bei NK-GK/*Volpert* KV 1211, Rn. 11 m.N.
50 Vgl. NK-GK/*Volpert* KV 1211, Rn. 11, 55, 115 m.N.

- **Verbindung von Verfahren:** vgl. unten Rn. 27f. Die Verbindung als solche stellt keine Beendigung der einzelnen Verfahren dar, sondern schafft nur ein einheitliches Verfahren für die Zeit der Verbindung. Demzufolge ist Nr. 1211 nicht, auch nicht entsprechend – anwendbar.[51] Nach Verbindung ist die Frage für jedes einzelne Verfahren gesondert zu prüfen.
- **Versäumnisurteil:** Keine Ermäßigung.[52] Unerheblich ist, ob das Versäumnisurteil gegen den Beklagten oder als klagabweisendes Versäumnisurteil gegen den Kläger[53] ergangen ist.
- **Widerklage:** Eine Herabsetzung tritt nur ein, wenn das gesamte Verfahren (Klage und Widerklage) endgültig beendet werden; das gilt auch, wenn eine Drittwiderspruchsklage vorliegt.[54]
- **Zurückverweisung:** Vgl. unten, Rn. 27e.
- **Zwischenurteil:**[55] Vgl. auch unten, Rn. 29.

27e Eine vorhergehende Befassung mit der Sache in diesem Sinne liegt auch vor, wenn das Verfahren nach **Zurückverweisung als Ganzes** durch Rücknahme etc. endet. Auch dann greifen die Ermäßigungstatbestände der Nr. 1211 nicht mehr, weil mit dem Erlass der aufgehobenen und die **Zurückverweisung** begründenden Entscheidung der Arbeitsaufwand des Erstrichters bereits angefallen ist und damit der Gesichtspunkt der Prozesswirtschaftlicheit nicht mehr greift.[56] Das folgt auch aus § 37 (vgl. oben, § 37 2–3).

27f Keine Beendigung i.S.v. KV 1211 liegt danach im Falle einer **Prozessverbindung** als solche vor, weil ab der Verbindung nur noch ein einziges Verfahren vorliegt. Die Ermäßigung nach KV 1211 ist mithin auf den Wert der verbundenen Verfahren vorzunehmen, wenn die Erledigung bezüglich aller Anträge, aller Beteiligten und aller Streitgegenstände zur Zeit der Verbindung eintritt.[57] Die gegenteilige Ansicht, wonach die vor der Verbindung entstandenen Gebühren 3,0-Gebühren nach Nr. 1210 ermäßigt werden sollen,[58] mag zwar billig erscheinen, übersieht aber, dass die Entstehung der Ermäßigung nach Nr. 1211 erst mit dem Zeitpunkt der endgültigen Beendigung eintritt, zu einem Zeitpunkt also, zu dem sich der Streitwert durch die Verbindung verändert hatte. Im Übrigen ist das Ergebnis der gegenteiligen Ansicht auch in der Weise zu erreichen, dass der Ermäßigungstatbestand vor der Verbindungsentscheidung geschaffen wird oder dass nur zur gemeinsamen Verhandlung verbunden wird. In solchen Fällen kann ggf. auch auf andere Bestimmungen zur Kostenbelastung der Parteien zurückgegriffen werden (z.B. nach § 247 AktG im Falle einer Prozessverbindung nach § 246 Abs. 3 Satz 6 AktG).[59] Wenn allerdings vor der endgültigen Erledigung wieder eine Trennung stattfindet, ist für jedes der nun wieder selbständigen Verfahren KV 1211 grundsätzlich anwendbar.

28 Sind **mehrere Beteiligte** vorhanden, die sich prozessual unterschiedlich verhalten, führt das zweifelsohne zu Schwierigkeiten,[60] die aber mehr im Bereich des gerichtlichen Kostenausspruchs und der Haftung nach § 29 liegen, nicht aber im Bereich des KV 1211.

---

51 BGH, NJW 2013, 2824.
52 Dazu bei NK-GK/*Volpert* KV 1211, Rn. 77, 113, 115 m.N.
53 *Zimmermann* in Binz u.a., KV 211, Rn. 19, 41.
54 NK-GK/*Volpert* KV 1211, Rn. 9.
55 Vgl. bei NK-GK/*Volpert* KV 1211, Rn. 119 m.zahlr. Nachw.
56 Dazu auch bei § 37 Rn. 2. OLG Celle BeckRS 2012, 22324 = FD-RVG 2012, 339194 = Openjur 2012, 129011.
57 Vgl. dazu ausführlicher *D. Meyer* JurBüro 2003, 187.
58 OLG München, JurBüro 1999, 484; OLG Hamburg, JurionRS 2010, 30789; *Zimmermann* in Binz u.a., KV 1211 Rn. 39; NK-GK/*Volpert* KV 1211, Rn. 13a; *Trenkle* in Oe/He/Tre, KV 1211, Rn. 27.
59 BGH NJW 2013, 2824 = RPfleger 2013, 651 = JurBüro 2013, 592 (LS mit Volltextservice) = MDR 2013, 1008.
60 Vgl. dazu KG MDR 2002, 722; *Schmitz* MDR 1998, 387.

Die Kritik von *Lappe,*[61] der die Bestimmung insoweit sogar für verfassungswidrig hält, überzeugt demzufolge nicht. Da der Katalog der Ermäßigungstatbestände **abschließend ist**, kommt beispielsweise eine Ermäßigung bei einer (übereinstimmenden) Erledigungserklärung[62] (unten Rn. 43) – bei außergerichtlichem Vergleich (unten Rn. 42) nur unter eingeschränkten Voraussetzungen, und bei einem Versäumnisurteil sowohl gegen den Beklagten,[63] als auch gemäß der abschließenden Aufzählung der Urteilsarten in KV 1211 Nr. 2 auch gegen den Kläger[64] nicht in Betracht. Die zum früheren Recht vertretene Ansicht[65] ist nach der Neufassung des Gesetzes durch das KostRModG nicht mehr haltbar.

Eine Ermäßigung ist auch dann nicht möglich, wenn gegen zwei Beklagte ein Versäumnisurteil ergangen ist, die Verfahren dann getrennt werden und die Klage dann in einem (oder beiden) der abgetrennten Verfahren zurückgenommen wird.[66] Die Nichtaufnahme des Versäumnisurteils in den Katalog der privilegierten Tatbestände der KV 1211 ist gerechtfertigt, jedenfalls nicht verfassungswidrig.[67] Eine teilweise vorzeitige Verfahrensbeendigung hat auf die Ermäßigung der Gebühr keinerlei Einfluss.[68] Auch ein vorangegangenes **Zwischenurteil** kann grundsätzlich zu keiner Ermäßigung führen, selbst wenn sich das Gericht mit dem Streitstoff befassen musste.[69] Auch wenn Zwischenurteile, die keine sachliche Prüfung (etwa der Zuständigkeit des Gerichts oder in der Sache selbst erfordern, z.B. ein Zwischenurteil über die Leistung von Prozesskostensicherheit.) kann nichts anders gelten. Die zu Nr. KV 1202 a.F. ergangene Rechtsprechung[70] ist durch die Neufassung der Nr. KV 1211 überholt.[71] Auch ein vorangegangenes Teilurteil steht selbst dann einer Ermäßigung entgegen, wenn dieses aufgehoben und sich der Rechtsstreit – nach Zurückverweisung – durch Klagerücknahme **insgesamt** erledigt.[72] Keine teilweise Erledigung i.d.S. liegt allerdings vor, wenn im Mahnverfahren etwa nach einem Teilwiderspruch/Einspruch vor Antragsstellung nur eine geringere Forderung in das Streitverfahren gelangt, weil dann der gesamte Streitwert des Streitverfahrens geringer ist. Bei einer **Prozessverbindung** entsteht nach der Verbindung ein neuer Streitwert. Demzufolge ermäßigt sich nach KV 1211 nur dieser Wert und nicht die bereits vor der Verbindung entstandenen Einzelwerte.[73] Voaussetzung ist aber, dass alle der verbundenen Klagen 29

61 *Lappe* NJW 2004, 2409, 2411.

62 Die Best. ist verfassungsgemäß. Vgl. BVerfG NJW 1999, 3549.

63 KG NJW-RR 1999, 869 = JurBüro 1999, 152; OLG Hamburg JurBüro 1996, 488 und MDR 1998, 623; OLG Düsseldorf NJW-RR 1997, 638; LG Berlin JurBüro 1995, 430.

64 OLG Koblenz JurBüro 2006, 205, 206; KG MDR 2006, 596; *Hartmann* KV 1211 Rn. 11.

65 LG Koblenz JurBüro 2004, 92 = NJW-RR 2004, 72 = MDR 2004, 237; LG Köln JurBüro 2001, 260 = AGS 2000 = BRAGO-Report 2000, 14; AG Siegburg JurBüro 2000, 424 = AnwBl. 2001, 128 = NJW-RR 2001, 287 = KR GKG-KV Nr. 118 m. Anm. v. *N. Schneider;* **a.M.** LG Bonn JurBüro 2001, 260.

66 OLG München NJW-RR 2007, 287.

67 BVerfG NJW 1999, 3550 = JurBüro 2000, 146. Der Vorlagebeschluss des LG Tübingen JurBüro 1997, 650 und JurBüro 1999, 149 ist vom BVerfG als unzulässig verworfen worden.

68 **A.M.** aber KG MDR 2002, 722.

69 OLG Koblenz MDR 2005, 119; OLG Düsseldorf MDR 1999, 764; LG Osnabrück JurBüro 2015, 95 = NJW-RR 2014, 1343 = AGS 2014, 516 = JurionRS 2014, 25570; *Hartmann* KV 1211 Rn. 3; **a.A.** aber OLG München JurBüro 2003, 320 m. Anm. v. *N. Schneider* = MDR 2003, 115 = FamRZ 2003, 1765 = JurionRS 2002, 28846.

70 So aber OLG Karlsruhe MDR 2007 1104; OLG München JurBüro 2003, 320 = MDR 2003, 115; *N. Schneider* JurBüro 2003, 321.

71 LG Osnabrück JurBüro 2015, 95 = NJW-RR 2014, 1343 = AGS 2014, 516 = JurionRS 2014, 255770.

72 OLG Nürnberg MDR 2003, 416.

73 Vgl. dazu näher *D. Meyer* JurBüro 1999, 239 und JurBüro 2003, 187; so auch Zöller/*Greger* § 147 Rn. 16; *Grabolle/Wilske* MDR 2007, 1408; **a.M.** OLG Braunschweig OLGR 2006, 342; OLG München JurBüro 1999, 484 m. Anm. v. *D. Meyer* = NJW-RR 1999, 1232 = MDR 1999, 829; OLG Hamburg MDR 1999, 830; *Hartmann* KV 1211 Rn. 18 a.E.; *Hellstab* in Oe/He/Tre KV 1211 Rn. 31; Zimmermann in Binz u.a. KV-GKG 1211 Rn. 39; Dörr in Prütting/Gehrlein ZPO § 17 Rn. 7 a.E.

erledigt werden. Wird nur ein Teil der vorher selbständigen Sachen erledigt, ist keinerlei Ermäßigung möglich.[74]Es ist auch unerheblich, ob das Verfahren schon zu einem sehr frühen Zeitpunkt endgültig beendet worden ist. Denn auch in einem solchen Fall sind bei Gericht i.d.R. schon erhebliche Arbeiten angefallen.[75] Eine Ermäßigung tritt ein bei:

30 **Nr. 1 (Klagerücknahme):** Gemeint ist hier in erster Linie eine wirksame Klagerücknahme im Sinne der jeweiligen Verfahrensordnung (z.B. § 269 ZPO).[76] Aber eine Rücknahme der Klage i.S. von KV 1211 ist nicht unbedingt i.S.d. ZPO sondern kostenrechtlich zu verstehen.[77] Sie setzt aber in jedem Fall eine wirksame Klage voraus:[78] Eine Rechtshängigkeit der Klage ist aber nicht erforderlich, eine Anhängigkeit genügt.[79] Es reicht aus, wenn der Kläger oder ein anderer Antragsteller (z.B. der Antragsgegner im Mahnverfahren, wenn dieser den Einspruch gegen einen Mahnbescheid zurücknimmt,[80] die Rücknahme eines Arrestgesuchs nach § 920 ZPO[81]) **vor dem Schluss der (letzten)**[82] **mündlichen Verhandlung** eindeutig zu erkennen gibt, dass er das Verfahren nicht weiter betreiben wolle und der Prozess dann tatsächlich seine Erledigung findet, dem Gericht mithin weitere Arbeit erspart bleibt.[83] Wenn am Schluss der mündlichen Verhandlung einer Partei Schriftsatznachlass nach § 283 ZPO gewährt wird, verlängert sich für die Partei der Zeitpunkt des Schlusses der mündlichen Verhandlung i.S.v. KV Nr. 1211 bis zum Ablauf der Schriftnachlassfrist.[84] Das gilt aber nicht, wenn keine Frist nach § 283 ZPO ausdrücklich gesetzt wird.[85] Eine letzte mündliche Verhandlung liegt auch vor, wenn die mündliche Verhandlung zunächst geschlossen, dann aber wieder eröffnet wird.[86] Das gilt auch, wenn das Verfahren auf die Gehörsrüge nach § 321a ZPO fortgesetzt und anschließend durch einen der Tatbestände KV 1211 endgültig beendet wird.[87] Denn auf die begründete Rüge nach § 321a ZPO wird der Prozess in die Lage zurückversetzt, in der er sich vor dem Schluss der letzten mündlichen Verhandlung befunden hat.[88] Das bloße **Nichtbetreiben** des Rechtsstreits etwa infolge Unterbrechung, Aussetzung oder Ruhen des Verfahrens – auch nach Weglage der Akten nach der AktO – allein reicht aber nicht aus.[89] Das gilt auch, wenn das Mahnverfahren nach einem Widerspruch an das Prozessgericht abgegeben wird, weil der Kläger (Antragsteller) die 3,0-Verfahrensgebühr nach KV 1210 gezahlt hat und dann die Klage nicht weiter begründet oder nicht weiter betreibt.[90] Es müssen dann stets noch weitere Umstände hinzukommen,[91] insbesondere

---

74 *Hartmann* KV 1211 Rn. 18 a.E.
75 Vgl. BT-Dars. 12/6962, S. 69.
76 NK-GK/*Volpert* KV-GKG 1211 Rn. 25.
77 OLG Köln RPfleger 1973, 276; *Hartmann* KV 1211 Rn. 4; NK-GK/*Volpert* KV-GKG 1211 Rn. 21; *Hellstab* in Oe/He/Tre KV 1211 Rn. 9.
78 OLG Stuttgart, MDR 2011, 635= NJW-RR 2011, 718 = JurBüro 2011, 309.
79 OLG München MDR 1996, 1076; OLG Hamm MDR 1997, 206; *Hartmann* KV 1211 Rn. 4; *Zimmermann* in Binz u.a. KV-GKG 1211 Rn. 4; NK-GK/*Volpert* KV-GKG 1211 Rn. 21. **A.M.** OLG Celle MDR 2012, 1378.
80 LG Osnabrück JurBüro 2003, 371.
81 *Hartmann* KV 1211 Rn. 5 und KV 1410 Rn. 6. *Hartmann* KV 1211 Rn. 5.
82 OLG Düsseldorf NJW-RR 2000, 362, 363.
83 OLG Düsseldorf MDR 1999, 1465; OLG München MDR 1997, 402 = NJW-RR 1997, 639; LG Bayreuth JurBüro 1975, 795; *Hartmann* KV 1211 Rn. 4 m.w.N.
84 LG Krefeld JurBüro 2015, 317 m. Anm. v. *Hellstab* = SVR 2014, 389 = JurionRS 2014, 23569. Ebenso FG Nürnberg JurionRS 2008, 13101 zu KV 6111.
85 OLG München JurBüro 2000, 425 = MDR 2000, 787 = FamRZ 2001, 243.
86 BVerwG JurBüro 2010, 258; *Hartmann* KV 1211 Rn. 5.
87 *N. Schneider* NJW 2002, 1094.
88 Zöller/*Vollkommer* § 321a Rn. 18.
89 OLG Zweibrücken JurBüro 2008, 94; *Zimmermann in Binz* u.a., KV 1211 Rn. 4.
90 NK-GK/*Volpert* KV-GKG 1211 Rn. 23.
91 NK-GK/*Volpert* KV-GKG 1211 Rn. 23.

dann, wenn die Klage durch Zustellung an den Gegner rechtshängig geworden ist. So kann die Mitteilung an das Gericht, der Beklagte habe vollständig gezahlt,[92] im Zweifel eine Erledigungserklärung (i.S.v. Ziff. 4) sein.[93] Der bloße Antrag im Kostenansatzverfahren auf Rückzahlung von ⅔ der Gebühr nach dem Eintritt einer Unterbrechung gem. § 240 ZPO ist aber noch kein weiterer Umstand i.d.S. Wird ein eingeforderter Kostenvorschuss nicht gezahlt und die Sache dann nach der AktO weggelegt, ist das als Rücknahme zu behandeln (vgl. § 26 Abs. 7KostVfg.), weil dann eine Zustellung nicht erfolgt und die Sache nicht rechtshängig werden kann.[94] Diese Fiktion ist aber gegenstandslos, wenn die Klage gleichwohl zugestellt worden ist oder der Kostenvorschuss gezahlt und danach das Verfahren nicht weiter betrieben wird.[95] Eine Rücknahme ist noch im ersten Termin einer mündlichen Verhandlung (auch in einem Fortsetzungstermin) möglich, sofern der Gegner nicht widerspricht. Unerheblich ist auch, aus welchen Gründen die Klagerücknahme i.d.S. erfolgt.[96] Hat das Gericht indessen die mündliche Verhandlung i.S.v. §§ 156, 296a ZPO geschlossen, ist eine Ermäßigung nach Ziffer 1 lit. a nicht mehr möglich. Das gilt auch, wenn nach einem in der ersten Stufe einer **Stufenklage** erfolgten Teil- oder Versäumnisurteil das weitere Verfahren durch Klagerücknahme, Anerkenntnisurteil oder Prozessvergleich endet,[97] weil dann schon eine andere Beendigung als solche i.S.v. Ziffer 2 vorliegt. Dem Schluss der mündlichen Verhandlung stehen die in Nr. 1 lit. b und c genannten Zeitpunkte gleich.[98] In gleicher Weise ist auch eine Ermäßigung nicht mehr möglich, wenn gegen zwei Beklagte ein Versäumnisurteil ergangen ist, die Verfahren dann getrennt werden und nach der Trennung die Klage in einem oder in beiden der abgetrennten Verfahren zurückgenommen wird.[99] Eine Ermäßigung ist aber dann noch möglich, wenn das Gericht der Hauptsache die Klagerücknahme nicht beachtet, den Prozess fortgesetzt und durch Urteil entschieden hat.[100]

Als Klagerücknahme i.S.v. KV 1211 ist auch die Rücknahme einer **Widerklage** zu sehen, auch wenn sie in der zweiten Instanz erhoben wurde.[101] Die Ermäßigung tritt in diesen Fällen aber nur ein, wenn sich durch die Rücknahme der Widerklage das gesamte Verfahren, also auch die Klage erledigt.[102] Dasselbe gilt bei der **Rücknahme einer** (in zweiter Instanz) anhängig gewordenen **Klageerweiterung**, wobei auch hier die Rücknahme nur der Erweiterung nicht ausreicht.[103] Eine Klagerücknahme i.d.S. liegt auch vor, wenn ein Klageanspruch im Weg der Parteiänderung fallengelassen und im Wege der gewillkürten Parteiauswechselung derselbe Anspruch gegen eine andere Partei weiterverfolgt wird,[104] oder wenn die Klage aufgrund eines außergerichtlichen Vergleichs zurückgenommen wird, sofern das vor Schluss der mündlichen Verhandlung geschieht.[105] **31**

92 OLG Hamm JurBüro 1966, 149.
93 Vgl. auch *Hellstab* in Oe/He/Tre KV 1211 Rn. 10.
94 So auch Oe/He/Tre KV 1211 Rn. 20.
95 *Zimmermann in Binz* u.a. § 1211 Rn. 4.
96 *Hartmann* KV 1211 Rn. 4.
97 *Wielgoss* JurBüro 2000, 632.
98 OLG Karlsruhe MDR 2006, 235, 236.
99 OLG München NJW-RR 2007, 287.
100 OLG Koblenz JurBüro 2012, 319 (LS) = NJW-RR 2012, 891 = BeckRS 2012, 05923.
101 KG JurBüro 1967, 754.
102 NK-GK/*Volpert* KV-GKG 1211 Rn. 9. **A.M.** *Hartmann* KV 1211 Rn. 5 und wohl auch *Zimmermann* in Binz u.a. KV-GKG 1211 Rn. 3.
103 OLG München NJW-RR 1997, 1139 = MDR 1997, 688 = JurBüro 1997, 537; *Zimmermann* in Binz u.a. KV-GKG 1211 Rn. 3; NK-GK/*Volpert* KV-GKG 1211 Rn. 8.
104 KG JurBüro 1997, 93.
105 **A.A.** *Hellstab* in Oe/He/Tre KV 1211 Rn. 4.

Wird ein solcher Vergleich **nach** Schluss der mündlichen Verhandlung angezeigt, ist kein Raum mehr für eine Ermäßigung,[106] und zwar auch dann nicht, wenn das Gericht dem Kläger in der mündlichen Verhandlung eine Überlegungsfrist zur Klagerücknahme eingeräumt hat.[107] Denn der „Schluss der mündlichen Verhandlung" ist dann gegeben, wenn nach der Verhandlung nur noch ein Endurteil (oder eine vergleichbare verfahrensbeendende Entscheidung) nach dem Willen aller Beteiligten ergehen soll oder kann. Wenn noch eine weitere mündliche Verhandlung folgt oder folgen muss, kann der Ermäßigungstatbestand nach KV 1211 Nr. 1 noch erfüllt werden.[108] Eine Rücknahme liegt auch vor, wenn der Kläger gegen ein klageabweisendes Versäumnisurteil Einspruch einlegt und die Klage oder den Einspruch zurücknimmt.[109] Denn ein (zulässiges) Versäumnisurteil gegen den Kläger erfolgt ohne jede Sachprüfung und beruht letztlich auf der Fiktion, dass der Kläger seinen Anspruch nicht mehr weiter verfolgen will. Dass das Gericht vor dem Erlass eines Versäumnisurteils eine Schlüssigkeitsprüfung vorzunehmen hat, steht dem nicht entgegen. Denn damit ist regelmäßig kaum Mehrarbeit verbunden. Die entgegenstehende Ansicht[110] überzeugt demzufolge nicht.

32 **Klagerücknahme und Kostenantrag:** Wird bei der Klagerücknahme ein Kostenantrag nach § 269 Abs. 4 ZPO gestellt, ist zu unterscheiden, ob eine Kosten(grund)entscheidung nach § 269 Abs. 3 Satz 2 ZPO (Rücknahme nach Rechtshängigkeit)[111] oder eine solche nach § 269 Abs. 3 Satz 3 ZPO (Rücknahme wegen Wegfall des Anlasses vor Klage nach deren Anhängigkeit aber vor Eintritt der Rechtshängigkeit) begehrt wird. Soll ein Kostenausspruch **nach § 269 Abs. 3 Satz 2 ZPO** erfolgen, hat das keine Auswirkungen auf die Ermäßigung nach KV 122 Nr. 1, weil einem solchen Beschluss nur deklaratorische Bedeutung zukommt und damit keine Mehrarbeit für das Gericht verbunden ist. Denn die Kostentragungspflicht des Klägers nach einer Klagerücknahme mit notwendiger Einwilligung des Beklagten ist die von selbst eintretende gesetzliche Folge, und zwar ohne Rücksicht auf die materielle Rechtslage.[112] Der deklaratorische Beschluss hat hier nur Bedeutung als Grundlage für ein Kostenfestsetzungs-(ausgleichs)verfahren nach §§ 103ff. ZPO. Wenn und soweit das Gericht die Kostenentscheidung begründet, was für die Ausnahmen nach § 269 Abs. 3 Satz 2 ZPO Halbsatz 2 oder im Nichtabhilfeverfahren auf eine Beschwerde nach § 269 Abs. 5 Satz 1 ZPO geboten sein kann, liegt eine nach KV 122 Nr. 2 i.V.m. § 313a Abs. 4 ZPO vergleichbare Situation vor (dazu unten Rn. 40). Anders ist die Lage allerdings dann zu beurteilen, wenn eine Kostenentscheidung nach § 269 Abs. 4 i.V.m. **§ 269 Abs. 3 Satz 3 ZPO** beantragt wird. Dann liegt eine dem § 91a ZPO vergleichbare Situation vor, d.h., das Gericht hat noch weitere Arbeit zu leisten, so dass in solchen Fällen der Rechtsstreit noch nicht endgültig erledigt ist und eine Ermäßigung nach KV 1211 Nr. 1 ausscheidet. Eine Ermäßigung kommt dann nur in Betracht, wenn das Gericht in seiner Entscheidung einer zuvor von den Parteien mitgeteilten Einigung über die Kostentragung oder einer Kostenübernahmeerklärung folgt.[113] Mithin ist nach dem Sinn der Ermäßigungstatbestände keine Ermäßigung gerechtfertigt.

---

106 OLG München MDR 2000, 787 = JurBüro 2000, 425; OLG Frankfurt aM MDR 1999, 1286 = NJW-RR 2000, 216.

107 OLG München MDR 2000, 787.

108 OLG München MDR 2000, 787; OLG München MDR 1997, 402.

109 AG Siegburg JurBüro 2000, 424 = NJW-RR 2001, 287 = AnwBl. 2001, 128.

110 Vgl. z.B. LG Bonn JurBüro 2001, 595, m.N.

111 OLG Düsseldorf, JurBüro 2007, 547; *Zöller-Greger*, § 269 Rn. 5b.

112 BGH, NJW 2004, 223; *Zöller-Greger*, a.a.O. § 269 Rn. 18–18c; *Thomas-Putzo/Reichold*, ZPO 28. Aufl. § 269 Rn. 15.

113 *Hartmann* KV 1211 Rn. 4.

Erst Recht ist eine Ermäßigung ausgeschlossen bei streitiger Entscheidung nach § 269 Abs. 3 ZPO.[114]

Antragsrücknahmen im Mahnverfahren nach Anängigkeit beim Prozessgericht: Wird der Antrag im Mahnverfahren vom Kläger zurückgenommen, nachdem die Sache bei dem Prozessgericht[115] anhängig geworden ist, handelt es sich hierbei ebenfalls um eine Klagerücknahme i.S.v. KV 1211 Nr. 1. Die Gebühr nach KV 1211 ermäßigt sich dann auf eine 1,0-Gebühr, worauf die (ggf. anteilige) Gebühr für das Mahnverfahren anzurechnen ist. Nimmt hingegen der Beklagte im Streitverfahren seinen Widerspruch gem. § 697 Abs. 4 ZPO oder den Einspruch gegen den Vollstreckungsbescheid gem. § 700 Abs. 3 S. 2 i.V.m. § 697 Abs. 4 ZPO wirksam zurück, tritt keine Ermäßigung ein, weil solches nur zum Ruhen, nicht aber zur vollständigen Erledigung des Rechtsstreits führt.[116] Eine Ermäßigung kann dann nur eintreten, wenn der Kläger der Rücknahme zustimmt. 33

Nr. 2: Eine Ermäßigung tritt auch ein, wenn das gesamte Verfahren durch **ein Anerkenntnis- oder Verzichturteil** beendet wird, §§ 306, 307 ZPO (Nr. 2). Das gilt auch für Anerkenntnis- und Verzichturteile im schriftlichen Verfahren. Die Ermäßigung tritt aber nicht ein, wenn dem Anerkenntnis- oder Verzichturteil schon eine andere Teilentscheidung oder teilbeendigende Maßnahme in der Sache vorausgegangen ist, selbst wenn es sich hier um ein Anerkenntnis- oder Verzichturteil handelt. Denn auch das sind „sonstige Urteile". Ist dem Anerkenntnis oder Verzicht eine andere Teilerledigung, etwa ein Teilvergleich im Prozess oder eine Teilrücknahme, vorausgegangen und durch wird durch das Anerkenntnis oder durch den Verzicht bzgl. des noch anhängigen Restes das gesamte Verfahren beendet, ohne dass noch weitere Kostenanträge gestellt werden, kann eine Ermäßigung gemäß Nr. 4 in Betracht kommen, wenn die Parteien – ggf. nach Aufforderung durch das Gericht – eine entsprechende Mitteilung machen. 34

Ein Anerkenntnis i.d.S. liegt selbstverständlich auch vor, wenn die Parteien den Rechtsstreit übereinstimmend für erledigt erklärt haben, der Beklagte sofort ausdrücklich Kostenanerkenntnis erklärt und das Gericht deshalb antragsgemäß einen entsprechenden Kostenausspruch erlässt. Denn in solchen Fällen liegt in der Sache ein Anerkenntnis vor und das Gericht braucht keine – wenn auch nur kursorische – Sachprüfung mehr vorzunehmen.[117] Im Übrigen wäre dann auch Nr. 4 – zumindest entsprechend – anwendbar. 35

Wenn hingegen nach einem Anerkenntnis dem Gericht die Kostenentscheidung überlassen bleibt („Anerkenntnis unter Protest gegen die Kosten"), ist die Sache noch nicht erledigt, weil das Gericht sich wegen der Kosten wie auch im Falle des § 91a ZPO mit dem Streitstoff mehr oder weniger beschäftigen muss. Eine solche Arbeit des Gerichts entfällt aber stets, wenn vorbehalts- bzw. bedingungslos anerkannt wird. Demzufolge tritt in solchen Fällen entgegen einer in der Rspr. verbreiteten Ansicht[118] auch nach der Novellierung durch das KostRModG keine – auch keine auf das Kostenwertinteresse begrenzte – Gebührenermäßigung ein.[119] Es ist zwar richtig, dass der richterliche Arbeitsaufwand für die bloße Begründung der Kostenentscheidung geringer ist als der für die materielle Be- 36

114 OLG Karlsruhe, JurBüro 2007, 41.

115 OLG Stuttgart MDR 1999, 634, 635; OLG Hamm JurBüro 2002, 89, 90.

116 Dazu bei Zöller/*Vollkommer* § 697 Rn. 12, § 700 Rn. 10.

117 OLG Düsseldorf NJW-RR 1999, 77; MDR 2000, 415, m.w.N.; LG Wuppertal JurBüro 1997, 536.

118 OLG Rostock JurBüro 2007, 323 (LS mit Volltextservice); OLG Koblenz JurBüro 2007, 151, 152; KG JurBüro 1997, 93; OLG Naumburg JurBüro 2004, 324; OLG Nürnberg NJW-RR 2003, 1511; OLG Bremen JurBüro 2001, 373; OLG Hamburg MDR 2000, 111; OLG Karlsruhe MDR 1997, 399 = JurBüro 1997, 1096 = NJW-RR 1997, 703; OLG München MDR 1998, 242 = NJW-RR 1998, 720 = JurBüro 1998, 371; LG Münster MDR 1998, 1503; *Hartmann* KV 1211 Rn. 10; *Seutemann* MDR 1885, 1096.

119 Vgl. OLG Karlsruhe JurBüro 2001, 374; OLG Hamburg JurBüro 2001, 317; LG Magdeburg JurBüro 2004, 325; *Hellstab* in Oe/He/Tre KV 1211 Rn. 23; *Herget* MDR 1997, 1097.

gründung eines Urteils, gleichwohl ist er gegeben. Der Gesetzgeber hat bewusst auf eine typisierte Betrachtung abgestellt und nicht auf den Umfang des Begründungszwangs. Wenn die Parteien hier eine Gebührenermäßigung erlangen wollen, bleibt ihnen die Möglichkeit, insoweit eine Mitteilung i.S.v. Nr. 4 abzugeben.

37 **Rechtsmittelverzicht** nach § 313a Abs. 2 ZPO (Nr. 2): Die Bestimmung betrifft nur Entscheidungen nach § 313a Abs. 2 ZPO. Sie dient der Förderung von Rechtsmittelverzichten[120] und ist deshalb auf Entscheidungen nach § 313a Abs. 1 ZPO nicht anwendbar, weil in den Fällen ohnehin ein Rechtsmittel nicht gegeben ist, darauf also nicht verzichtet zu werden braucht.[121] Wenn eine Entscheidung, bei der nach § 313a Abs. 2 ZPO von der Darstellung des Tatbestandes und der Entscheidungsgründe abgesehen werden kann, gleichwohl begründet worden ist, liegen die Voraussetzungen einer Gerichtsgebührenermäßigung nach KV 1211 Nr. 2 regelmäßig nicht vor.[122] Eine Begründung ist schon dann gegeben, wenn das Gericht in zulässiger Weise auf den Inhalt vorbereitender Schriftsätze, von Erörterungsbeschlüssen oder Berichterstattervermerken Bezug nimmt. Es spricht eine für das Kostenansatzverfahren verbindliche Vermutung dafür, dass das Gericht aus sachlich vertretbare Erwägungen die ihm durch § 313a Abs. 2 ZPO angebotene Arbeitserleichterung nicht genutzt hat. Kostenrecht ist insoweit Folgerecht der jeweiligen zulässigen und noch vertretbaren Verfahrensweise des Gerichts, und zwar auch dann, wenn das Gericht eine andere, jedoch nicht zwingende Verfahrensweise gewählt hat, die mittelbar eine höhere Kostenbelastung der Parteien nach sich ziehen.

38 Ausnahmsweise tritt eine Ermäßigung nach KV 1211 Nr. 2 auch dann ein, wenn zu erwarten ist, dass die Entscheidung nur dann begründet wird, weil davon auszugehen ist, dass das Urteil im Ausland geltend gemacht wird. Kostenrechtlich soll es keine Rolle spielen, ob die Begründung sofort oder nachträglich im Wege der Ergänzung in das Urteil aufgenommen wird. Das ist auch sinnvoll, weil bei sofortiger Begründung Mehrarbeit erspart wird, die anfällt, wenn das Gericht sich bei später notwendig werdender Ergänzung erst wieder in die Sache einarbeiten muss.

39 Die Ermäßigung ist auch auf Beschlussentscheidungen entsprechend anwendbar.[123] Auch in diesen Fällen tritt eine Ermäßigung ein. So etwa, wenn die Parteien in einem Vergleich nach einem gemäß § 91a ZPO ergehenden Kostenbeschluss auf dessen Begründung und Rechtsmittel verzichten, ist indessen keine Ermäßigung angebracht.[124] Zwar tritt auch in diesen Fällen eine erhebliche belastungsmindernde Wirkung für die mit der Absetzung der Entscheidung befassten Richter ein, jedoch hat der Gesetzgeber diese Fälle nicht ausdrücklich erfasst, so dass eine entsprechende Anwendung nicht möglich ist.[125] Wenn und soweit später unter den Voraussetzungen des § 313a Abs. 4 ZPO das Urteil oder der Beschluss vervollständigt werden muss, hat das keinen Einfluss mehr auf die Ermäßigung. Aus dem Sinn des Ermäßigungstatbestands nach § 313a Abs. 2 ZPO folgt aber, dass der Verzicht noch in dem Termin, in dem die mündliche Verhandlung geschlossen worden ist oder die Entscheidung bekannt gegeben wird,[126] erklärt werden muss.[127] Spätere Verzichterklärungen – auch solche in oder nach Ablauf der Frist des § 313a Abs. 3 ZPO – führen nicht mehr zur

120 *Hellstab* in Oe/He/Tre KV 1211 Rn. 29.
121 *Hartmann* KV 122 Rn. 9.
122 OLG Brandenburg JurBüro 2007, 536. **A.A.** OLG Köln MDR 2007, 1458 (LS). Dazu ausführlich *D. Meyer* MDR 2008, 1009 ff.
123 OLG München JurBüro 2003, 650 = NJW-RR 2003, 1656 = MDR 2003, 1443.
124 OLG Düsseldorf JurBüro 2016, 586 = JurionRS 2016, 27927. **A.M.** OLG Celle JurBüro 2011, 488; LG Bonn MDR 2004, 476.
125 OLG Düsseldorf JurBüro 2016, 586 = JurionRS 2016, 27927.
126 OLG München JurBüro 2003, 650 = NJW-RR 2003, 1656.
127 *Zöller-Vollkommer* § 313a Rn. 8.

Ermäßigung.[128] Das ist auch gerechtfertigt, denn i.d.R. wird der Richter unmittelbar nach dem Schluss der Verhandlung mit der Absetzung des Urteils beginnen. Die gegenteilige Ansicht[129] beruht auf der Unterstellung, dass der Richter sich mit der Absetzung des Urteils längere Zeit ließe. Das gilt auch, wenn die Entscheidung in einem Verkündungstermin oder – im schriftlichen Verfahren – durch Zustellung bekannt gegeben wird, weil stets eine vollständige Entscheidung vorliegen muss. Aus dem Wortlaut des Gesetzes folgt auch, dass die Fälle des § 313a Abs. 1 ZPO keine Ermäßigung auslösen. Zum einen ist danach nur die Darstellung des Tatbestandes entbehrlich, während die Gründe abzusetzen sind. Zum anderen bleibt es den Parteien unbenommen, nach § 313a Abs. 2 ZPO auch hier auf die Mitteilung der Entscheidungsgründe zu verzichten.

Nr. 3 Gerichtlicher Vergleich, KapMuG: Eine Ermäßigung tritt auch ein, wenn das **40**
gesamte Verfahren einschließlich der Kostenregelung[130] durch **Prozess**vergleich endet. Überlassen die Parteien aber die Kostenentscheidung dem Gericht, tritt eine Ermäßigung nicht ein, und zwar selbst dann nicht, wenn sie auf eine Begründung der Kostenentscheidung und auf Rechtsmittel dagegen verzichten.[131] Einem Prozessvergleich gleichgestellt ist ein Beschluss nach § 23 Abs. 3 KapMuG. Ein Teilvergleich – auch nach einem Versäumnisurteil – reicht nicht aus,[132] und zwar auch dann nicht, wenn nach einer nach einem Versäumnisurteil erfolgten Klageerhöhung die Sache durch einen Vergleich beendet wird,[133] oder wenn durch den Vergleich die Klage, nicht aber die Widerklage vollständig erledigt wird.[134] Das gilt selbst dann, wenn die Erweiterung einen anderen, mit der Klageerhöhung eingeführten Streitgegenstand betrifft.[135] Ein einem Vergleich vorangegangenes Versäumnisurteil steht nämlich immer einer Ermäßigung entgegen[136] (vgl. auch oben Rn. 32). Keine endgültige Erledigung liegt vor (und damit keine Ermäßigung nach Nr. 1211 Ziffer 3), wenn die Parteien zunächst einen Vergleich schließen und eine Partei dann die Fortsetzung des Rechtsstreits wegen neuerer Erkenntnisse beantragt und das Gericht dann ein Urteil verkündet, wonach die Beendigung des Rechtsstreits durch Vergleich festgestellt wird.[137] Der gegenteiligen Ansicht, wonach es in solchen Fällen bei der Ermäßigung verbleiben soll, wenn das Gericht durch Urteil lediglich feststellt, dass der Rechtsstreit durch Vergleich beendet ist[138] und nur dann, wenn das Gericht feststellt, dass der Vergleich unwirksam war und dann in der Sache entscheidet, die Ermäßigung entfallen soll,[139] entspricht nicht dem Sinn und Zweck des Gesetzes.

Der Vergleich muss **vor Gericht** („gerichtlicher Vergleich") geschlossen sein, und **41**
zwar in der mündlichen Verhandlung oder im Verfahren nach § 278 ZPO. Eine Gesamterledigung durch einen außergerichtlichen Vergleich, der dem Gericht nur mitgeteilt wird, reicht für eine Ermäßigung nach KV 1211 nicht ohne weiteres aus.[140] Das gilt auch, wenn das Gericht – im Laufe der Erörterung in der mündlichen Verhandlung oder im Rahmen eines schriftlichen Erörterungsbeschlusses – einen Vergleich angeregt hat, der dann

128 **A.A.** OLG München JurBüro 2015, 491 = AGS 2015, 491 = NJW 2015, 1765 = NJW-Spezial 2015, 379 = JurionRS 2015, 18066.
129 *Zimmermann* in Binz u.a. KV 122 Rn. 27.
130 OLG Celle JurBüro 2011, 488 m.w.N.; *Hartmann* KV 1211 Rn. 16.
131 OLG Düsseldorf, JurBüro 2016, 478.
132 OLG Schleswig MDR 2003, 176; OLG Düsseldorf NJW-RR 2000, 1594 = JurBüro 2001, 316.
133 OLG Hamburg JurBüro 2001, 317.
134 OLG Schleswig MDR 2003, 176.
135 OLG Düsseldorf JurBüro 2001, 313.
136 Vgl. OLG Koblenz JurBüro 2008, 92 = MDR 2008, 112.
137 LG Stuttgart JurBüro 2005, 656. So auch *N. Schneider* MDR 2005, 19 ff.
138 *Thewes* RPfleger 2014, 243; *Hansens* RVGreport 2009, 49, 51.
139 *Hansens* RVGreport 2009, 49, 51 und JurBüro 2014, 402.
140 OLG München NJW-RR 1999, 1232 (L); OLG Düsseldorf MDR 2000, 415.

auch außergerichtlich zustande kommt, ohne dass er gerichtlich protokolliert wird. Eine Ausnahme kommt nur in Betracht, wenn die Parteien auch die Kostenfrage vergleichsweise geregelt und sich verpflichtet haben, keine Kostenanträge zu stellen.[141] Eine derartige Mitteilung kann aber auch als Erledigungserklärung i.S.v. Nr. 4 ausgelegt werden. Aber auch hier darf keine andere (Teil-)Entscheidung vorausgegangen sein, und zwar auch kein Versäumnisurteil[142] oder Zwischenurteil.[143] Das gilt selbst dann, wenn das vorangegangene Urteil nur einen völlig unbedeutenden Teil des Gesamtstreitgegenstandes betraf.[144] Ein Vergleich i.d.S. liegt selbstverständlich vor, wenn die Parteien den Rechtsstreit übereinstimmend für erledigt erklären und sich über die Kosten vergleichen (vgl. Rn. 43, 44),[145] nicht aber, wenn sie die Kostenentscheidung dem Gericht überlassen[146] oder nach dem Erlass eines Versäumnisurteils die Klage erhöht und der Rechtsstreit darauffolgend durch Vergleich beendet wird.[147] In solchen Fällen verbleibt es bei der 3,0-Gebühr. Ob das Gericht nur davon ausgeht, dass die Parteien im Falle einer außergerichtlichen Einigung keine Kostenentscheidung durch das Gericht beantragen werden,[148] reicht indessen für eine Ermäßigung ebenso wenig aus, wie eine gerichtliche Entscheidung auf Antrag der Parteien i.S.d. vergleichsweisen Einigung in der Hauptsache.[149]

42 **Nr. 4 – Erledigungserklärung:** Grundsätzlich keine Klagerücknahme ist indessen eine Erledigungserklärung. Denn hier hat das Gericht i.d.R. noch weitere Entscheidungen zu treffen, insbesondere die Kostenentscheidung nach § 91a ZPO. Erledigungserklärungen nach § 91a ZPO sind deshalb grundsätzlich allein für sich betrachtet noch nicht geeignet, einen der Abfassung eines Urteils vergleichbaren richterlichen Arbeitsaufwand bei der abschließenden Verfahrensentscheidung entbehrlich werden zu lassen, weil das Gericht über die Kosten unter Berücksichtigung des bisherigen Sach- und Streitstandes nach billigem Ermessen zu entscheiden hat. Dieser Aufwand entfällt aber, wenn das Gericht keine Kostenentscheidung mehr treffen muss oder wenn es bei seiner Entscheidung einer zuvor von den Parteien mitgeteilten Einigung in der Kostenfrage uneingeschränkt folgt.[150] In diesen Fällen reicht zur Begründung der Entscheidung eine Bezugnahme auf die aktenkundig gemachte Einigung aus. Gleiches gilt, wenn eine Partei ihre Bereitschaft zur Übernahme der Kosten erklärt hat. Zusätzlich zu den früher geregelten Ermäßigungstatbeständen hat der Gesetzgeber deshalb auch Erledigungserklärungen nach § 91a ZPO in die Begünstigung einbezogen, wenn entweder eine Entscheidung über die Kosten überhaupt nicht ergeht, weil die Parteien übereinstimmend auf eine Kostenentscheidung verzichten, oder aber die Entscheidung einer zuvor dem Gericht mitgeteilten (außergerichtlichen) Einigung der Parteien in der Kostenfrage bzw. der Erklärung einer Partei, die Kosten übernehmen zu wollen, folgt. Voraussetzung ist, dass die Erklärung der Parteien bei der Beschlussfassung dem Gericht vorliegt.[151] Keine Ermäßigung ist indessen möglich, wenn das Gericht über die Kosten sachlich entscheiden muss und die Parteien nur

141 OLG München MDR 1998, 739 = JurBüro 1998, 373.
142 OLG München MDR 1996, 968; OLG Düsseldorf MDR 1997, 301; OLG Hamburg MDR 1996, 1193.
143 OLG Düsseldorf NJW-RR 1999, 1231 = JurBüro 1999, 425.
144 OLG Koblenz, Beschl. v. 19.3.2002 – 14 W 188/02.
145 KG MDR 1997, 889; OLG Nürnberg JurBüro 1998, 371 = NJW-RR 1998, 719; OLG Bamberg JurBüro 1999, 95.
146 OLG Karlsruhe JurBüro 2001, 315; OLG Hamburg MDR 1997, 103; OLG München MDR 1999, 957; OLG Köln NJW-RR 1998, 1293.
147 OLG Hamburg MDR 2000, 111.
148 **A.M.** OLG Köln MDR 1998, 1250.
149 **A.M.** OLG Brandenburg NJW-RR 1999, 654 = OLG-NL 1999, 48.
150 Dazu auch bei *Hansens* RVGReport 2010, 121.
151 OLG Koblenz JurBüro 2012, 485.

auf eine Begründung der Kostenentscheidung verzichten.[152] Ein vorab erklärter Rechtsmittelverzicht auf die Kostenentscheidung ohne ausdrücklichen Verzicht auf eine Begründung der Entscheidung reicht allerdings nicht.[153]

Ausdrücklich klargestellt ist, dass eine Ermäßigung bei Erledigungserklärung ausgeschlossen ist, wenn bereits ein anders als eines der in Nummer 2 genannten Urteile, eine Entscheidung über einen Antrag auf Erlass einer Sicherungsanordnung oder ein Musterbescheid nach dem KapMuG vorausgegangen ist. Auch in den Verfahren über den Erlass einer Sicherungsanordnung hat das Gericht eine sachliche Prüfung des Streitstoffs vollzogen, wodurch ein geringerer Aufwand in der Hauptsache kompensiert wird.[154] Das gilt auch in Bezug auf einen Musterbescheid nach dem KapMuG. 43

Wenn eine Ermäßigung bei Erledigungserklärung nicht in Betracht kommt, ist auch eine Reduzierung des Streitwertes auf das Kosteninteresse nicht zulässig,[155] und zwar auch dann nicht, wenn der Beklagte einem Kostenantrag des Klägers nicht entgegentritt und die Prüfung des Gerichts nur geringen Zeitaufwand verursacht.[156] Denn hier hat die Kostenentscheidung in der Sache die Wirkung eines Versäumnisurteils. Anders liegt der Fall aber, wenn die Parteien den Rechtsstreit übereinstimmend für erledigt erklären und das Gericht die Kostenfrage nicht mehr sachlich zu prüfen hat, weil der Beklagte den Kostenantrag anerkennt,[157] die Parteien durch außergerichtliche Zahlung der Kosten faktisch[158] oder ausdrücklich auf eine Kostenentscheidung verzichten[159] oder wenn sie sich über die Kostenfrage vergleichen.[160] Denn in diesen Fällen liegt aus kostenmäßiger Sicht in der Sache ein Verzicht, Anerkenntnis oder Vergleich vor, so dass die entsprechenden Ermäßigungstatbestände unmittelbar greifen. 44

Mehrere Ermäßigungstatbestände: Nach S. 3 tritt die Ermäßigung auch ein, wenn mehrere der in KV 1211 genannten Ermäßigungstatbestände nebeneinander oder sukzessive gegeben sind, also kein Urteil nach Nr. 2 vorausgegangen ist.[161] Freilich wird die Gebühr dann nur einmal auf eine 1,0-Gebühr herabgesetzt.[162] Das gilt auch, wenn obligatorische und fakultative Ermäßigungstatbestände vorliegen.[163] Dem Sinn und Zweck der Bestimmung KV 1211 zufolge müssen die verschiedenen Ermäßigungstatbestände nicht unbedingt gleichzeitig, sondern sie können auch sukzessive eingetreten sein.[164] Wird also in einer mündlichen Verhandlung ein Teilanerkenntnisurteil erwirkt und lassen die Parteien dann über den Rest einen Vergleich zu Protokoll nehmen oder nimmt der Kläger die Klage über den Rest zurück, ermäßigt sich die allgemeine Verfahrensgebühr auf eine 1,0-Gebühr. Gleiches gilt, wenn die Parteien nach einem Vergleich über die Hauptsache auf eine Begründung und auf Rechtsmittel gegen einen nach § 91a ZPO ergehenden Kostenbeschluss verzichten.[165] Bei nach § 147 ZPO verbundenen Verfahren liegt eine endgül- 45

152 OLG Oldenburg, JurBüro 2012, 486 = NJW-RR 2012, 1467; LG Aachen, JurBüro 2017, 469; *Petershagen* JurBüro 2013, 118.
153 A.A *Petershagen* JurBüro 2013, 118.
154 BT-Ds. 17/10485 Seite 35.
155 OLG Frankfurt aM NJW-RR 2001, 717; OLG Oldenburg JurBüro 1999, 374 = NJW-RR 1999, 942.
156 LG Kleve JurBüro 2001, 261.
157 OLG München JurBüro 2001, 596 = NJW-RR 2002, 216; OLG Nürnberg, Beschl. v. 14.1.2000 – 13 W 4609/99 –, mitgeteilt bei *Jungbauer* JurBüro 2001, 231, Fn. 9 = MDR 2000, 415; LG Köln JurBüro 2001, 260.
158 OLG Frankfurt aM JurBüro 1999, 94; OLG München MDR 1996, 209; OLG Stuttgart Die Justiz 1996, 87.
159 LG Mainz JurBüro 2001, 260.
160 OLG Bamberg JurBüro 1999, 95.
161 Vgl. auch *Hellstab* in Oe/He/Tre KV 1211 Rn. 4.
162 LG Wuppertal JurBüro 1997, 536; *Hartmann* KV 1211 Rn. 13.
163 NK-GK/*Volpert* KV 1211, Rn. 124.
164 OLG Hamburg MDR 2001, 1261.
165 LG Bonn MDR 2004, 476.

tige Erledigung aber nur vor, wenn die nach der Verbindung zu einem Verfahren gewordene Sache erledigt wird. Werden nur einzelne der ehemals selbständigen Streitgegenstände erledigt, ist KV 1211 nicht anwendbar.[166]

UNTERABSCHNITT 2
Verfahren vor dem Oberlandesgericht

1212	**Verfahren im Allgemeinen**	**4,0**
1213	**Beendigung des gesamten Verfahrens durch** **1. Zurücknahme der Klage** **a) vor dem Schluss der mündlichen Verhandlung,** **b) in den Fällen des § 128 Abs. 2 ZPO vor dem Zeitpunkt, der dem Schluss der mündlichen Verhandlung entspricht, oder** **c) im Falle des § 331 Abs. 3 ZPO vor Ablauf des Tages, an dem das Urteil der Geschäftsstelle übermittelt wird,** **wenn keine Entscheidung nach § 269 Abs. 3 Satz 3 ZPO über die Kosten ergeht oder die Entscheidung einer zuvor mitgeteilten Einigung der Parteien über die Kostentragung oder der Kostenübernahmeerklärung einer Partei folgt,** **2. Anerkenntnisurteil, Verzichtsurteil oder Urteil, das nach § 313a Abs. 2 ZPO keinen Tatbestand und keine Entscheidungsgründe enthält,** **3. gerichtlichen Vergleich oder** **4. Erledigungserklärungen nach § 91a ZPO, wenn keine Entscheidung über die Kosten ergeht oder die Entscheidung einer zuvor mitgeteilten Einigung der Parteien über die Kostentragung oder der Kostenübernahmeerklärung einer Partei folgt,** **es sei denn, dass bereits ein anderes als eines der in Nummer 2 genannten Urteile vorausgegangen ist:** **Die Gebühr 1212 ermäßigt sich auf** **Die Gebühr ermäßigt sich auch, wenn mehrere Ermäßigungstatbestände erfüllt sind.**	**2,0**

UNTERABSCHNITT 3
Verfahren vor dem Bundesgerichtshof

1214	**Verfahren im Allgemeinen**	**5,0**

166 Dazu ausführlicher bei *D. Meyer* JurBüro 2003, 187.

1215 **Beendigung des gesamten Verfahrens durch**

1. Zurücknahme der Klage
   a) vor dem Schluss der mündlichen Verhandlung,
   b) in den Fällen des § 128 Abs. 2 ZPO vor dem Zeitpunkt, der dem Schluss der mündlichen Verhandlung entspricht, oder
   c) im Falle des § 331 Abs. 3 ZPO vor Ablauf des Tages, an dem das Urteil der Geschäftsstelle übermittelt wird,

   wenn keine Entscheidung nach § 269 Abs. 3 Satz 3 ZPO über die Kosten ergeht oder die Entscheidung einer zuvor mitgeteilten Einigung der Parteien über die Kostentragung oder der Kostenübernahmeerklärung einer Partei folgt,
2. Anerkenntnisurteil, Verzichtsurteil oder Urteil, das nach § 313a Abs. 2 ZPO keinen Tatbestand und keine Entscheidungsgründe enthält,
3. gerichtlichen Vergleich oder
4. Erledigungserklärungen nach § 91a ZPO, wenn keine Entscheidung über die Kosten ergeht oder die Entscheidung einer zuvor mitgeteilten Einigung der Parteien über die Kostentragung oder der Kostenübernahmeerklärung einer Partei folgt,

es sei denn, dass bereits ein anderes als eines der in Nummer 2 genannten Urteile vorausgegangen ist:
Die Gebühr 1214 ermäßigt sich auf 3,0

Die Gebühr ermäßigt sich auch, wenn mehrere Ermäßigungstatbestände erfüllt sind.

ABSCHNITT 2
Berufung und bestimmte Beschwerden

Dieser Abschnitt regelt die Gebühren des Berufungsverfahrens. Das durch das KostRÄndG 1994 für erstinstanzliche Zivilprozessverfahren eingeführte Pauschalgebührensystem hat sich bewährt und ist jetzt auch auf das Berufungsverfahren erstreckt worden. 46

Abschnitt 2 gilt auch für solche Beschwerden, die verfahrensrechtlich der Berufung gleichstehen oder die wegen ihrer Bedeutung dem Berufungsverfahren gleichstehen sollen. Dies ist nunmehr technisch durch eine entsprechende Vorbemerkung realisiert. 47

(Rn. 48 nicht besetzt) 48

Vorbemerkung 1.2.2.:

Dieser Abschnitt ist auf Beschwerdeverfahren nach
1. **den §§ 63 und 171 GWB;**
2. **§ 48 WpÜG;**
3. **§ 37 und Abs. 1 WpHG;**
4. **§ 75 EnWG;**
5. **§ 12 VSchDG;**

6. § 35 KSpG und
7. § 11 WRegG
anzuwenden.

1220	**Verfahren im Allgemeinen**	**4,0**

49 **Allgemeines:** Für die pauschale Verfahrensgebühr gilt ein Gebührensatz von 4,0, um ein angemessenes Verhältnis zu der Gebühr für die erste Instanz herzustellen. Bei der Höhe des Gebührensatzes werden Durchschnittswerte zugrunde gelegt. Es ist berücksichtigt, dass nahezu in allen Verfahren, die nicht von den in KV 1222 genannten Ermäßigungstatbeständen erfasst werden, derzeit die höchstmöglichen Gebühren von insgesamt 4,5 entstehen.

50 Die Gebühr entsteht auch, wenn die Berufung durch Beschluss nach § 522 Abs. 2 ZPO zurückgewiesen wird. Denn auch dann muss das Gericht die Zulässigkeit und Begründetheit des Rechtsmittels prüfen, auch wenn keine mündliche Verhandlung vorausgegangen ist. Die volle Gebühr ist dann angebracht. Die Bestimmung ist verfassungsrechtlich bedenkenlos.[167] Eine Ermäßigung ist nur über die Tatbestände KV 1221 ff. möglich.

51 Die Vorschriften KV 1220–1223 sind gemäß §§ 169, 170 BauGB auch in Baulandsachen anwendbar. Sie gelten auch, wenn in der Berufungsinstanz ein eigentlich erstinstanzlicher Antrag (wie z.B. ein Arrestantrag nach § 943 ZPO oder eine Zwischenfeststellungsklage)[168] eingebracht wird. Auch die Berufung gegen ein Vorbehaltsurteil nach §§ 302, 599 gehört hierher. Die Gebühr KV 1220 entsteht auch, wenn die Berufung ausdrücklich nur zur Fristwahrung eingelegt wird.[169] Gleiches gilt, wenn die Berufung durch einen bei dem Gericht nicht zugelassenen Rechtsanwalt eingelegt wird[170] oder durch die nicht postulationsfähige Partei selbst.[171]

52 Eine **Anschlussberufung** löst gleichfalls die Gebühr aus, wobei für das Entstehen der Gebühr nicht mehr auf die Terminsbestimmung aufgrund des Hauptrechtsmittels abzustellen ist,[172] sondern auf den Eingang der Anschlusserklärung. Der Streitwert der Berufung (Beschwer) bestimmt sich nach § 47. Betrifft die Anschlussberufung denselben Anspruch wie die Berufung, ist insoweit keine weitere Gebühr anzusetzen. Die Staatskasse erhält dann insoweit nur einen weiteren Gesamtschuldner für die schon durch die Berufungseinlegung entstandene allgemeine Verfahrensgebühr. Gleiches gilt auch, wenn die Anschlussberufung sich auf denselben Streitgegenstand i.S.v. § 45 bezieht. Ist die Anschlussberufung in solchen Fällen nur zum Zwecke der Klageerweiterung zur Erhebung der Widerklage eingelegt worden, ist die allgemeine Verfahrensgebühr insoweit nur nach dem Mehrwert der Erweiterung oder dem Wert der Widerklage (§ 47) zu berechnen. Ist die Anschlussberufung jedoch nur hilfsweise (bedingt) eingelegt worden, gelten insoweit die allgemeinen Grundsätze des § 45.

53 Die Ausführungen zu KV 1210 gelten für KV 1220 entsprechend. Auf das dort Genannte (oben, Rn. 13–14) kann deshalb verwiesen werden.

1221 **Beendigung des gesamten Verfahrens durch Zurücknahme des Rechtsmittels, der Klage oder des Antrags, bevor**

---

167 KG NJW-RR 2004, 1223 (noch zu KV 1226 a.F.).
168 KG RPfleger 1956, 88.
169 OLG Düsseldorf NJW-RR 1997, 1159.
170 LG Koblenz MDR 2005, 1197.
171 OLG Zweibrücken JurBüro 2007, 372.
172 *Hartmann* KV 1220 Rn. 4 ff.

die Schrift zur Begründung des Rechtsmittels bei Gericht eingegangen ist:
Die Gebühr 1220 ermäßigt sich auf **1,0**

Erledigungserklärungen nach § 91a ZPO stehen der Zurücknahme gleich, wenn keine Entscheidung über die Kosten ergeht oder die Entscheidung einer zuvor mitgeteilten Einigung der Parteien über die Kostentragung oder der Kostenübernahmeerklärung einer Partei folgt.

KV 1221 betrifft nur die Fälle, in denen ein Rechtsmittel i.S.v. KV 1120 eingelegt und vor Eingang der Berufungsbegründungsschrift nach § 520 Abs. 1 ZPO wieder gegenüber dem zuständigen Gericht förmlich zurückgenommen wird (§ 516 Abs. 1 ZPO). Ob das der Fall ist, ist ggf. durch Auslegung zu ermitteln.[173] Eine solche Zurücknahme kann auch in einer Erledigungserklärung[174] oder in einem Vergleich im Rahmen einer gerichtlichen Mediation[175] liegen. Grundsätzlich tritt auch (noch) keine Ermäßigung ein, wenn beide Parteien Berufung einlegen und nur die eine ihr Rechtsmittel zurücknimmt,[176] weil dadurch das gesamte Rechtsmittelverfahren noch nicht völlig erledigt ist. In allen anderen Fällen einer Zurücknahme des Rechtsmittels ist nur eine Ermäßigung nach KV 1222 Nr. 1 möglich. 54

Der Grund der gegenüber KV 1222 Nr. 1 höheren Ermäßigung nach KV 1221 liegt darin, dass das Gericht in solchen Fällen überhaupt keine oder – wie z.B. bei einer vergleichsweisen Erledigung im Rahmen einer gerichtlichen Mediation – keine nennenswerte Arbeit mit der Behandlung der Berufung hat. Die Einlegung des Rechtsmittels muss dem Gegner nach der Neuregelung der Fristen noch nicht einmal mehr formlos mitgeteilt werden.[177] Vielmehr ist eine Zustellung der Berufung erst zusammen mit der Berufungsbegründungsschrift vorgeschrieben. Folgerichtig stellt das Gesetz hier auf den Eingang der Berufungsschrift bei dem zuständigen Gericht ab und nicht auf deren weitere Behandlung. Der von Amts wegen zu treffende Beschluss nach § 516 Abs. 3 ZPO ist in diesem Zusammenhang unschädlich. 55

KV 1221: Bei einer **Anschlussberufung** nach § 524 ZPO erstreckt sich eine Ermäßigung bei der Rücknahme des Rechtsmittels durch den Hauptberufungsführer nur dann auch auf die Anschlussberufung, wenn diese sich nach § 524 Abs. 4 ZPO auswirkt. In diesem Fall braucht das Berufungsgericht sich nämlich nicht mehr mit der Anschlussberufung zu befassen. Anders verhält es sich jedoch, wenn sich das Gericht trotz Rücknahme der Hauptberufung noch mit der Anschlussberufung zu befassen hat, was regelmäßig der Fall ist, wenn durch die Anschlussberufung für den Anschlussberufungskläger weitere Gebühren entstehen (§ 47). Das folgt aus § 524 Abs. 3 S. 1 ZPO, wonach die Anschlussberufung in der Berufungsanschlussschrift nach § 524 Abs. 1 ZPO zu begründen ist. Im Kontext mit § 524 Abs. 2 und 4 ZPO bedeutet dies, dass sich das Gericht jedenfalls mit der Zulässigkeit des Anschlusses stets auseinander setzen muss, so dass die Zurücknahme einer Anschlussberufung dann unter KV 1222 fällt. 56

Wenn der Berufungskläger sein Rechtsmittel nicht förmlich zurücknimmt oder keine Erledigungserklärung abgibt, sondern das Rechtsmittel nicht oder nicht binnen der Frist der §§ 520 Abs. 2, 524 Abs. 3 ZPO begründet, ist eine Ermäßigung nach KV 1221 ebenfalls nicht möglich. Denn auch in solchen Fällen hat das Gericht die Unzulässigkeit des 57

173 BGH NJW-RR 2005, 584.
174 BGHZ 34, 200: Zöller/*Gummer* § 561 Rn. 5.
175 OLG Dresden MDR 2009, 1074.
176 OLG München NJW-RR 2005, 1016.
177 Zöller/*Gummer* § 521 Rn. 6.

Rechtsmittels zu prüfen, bevor es dieses durch einen begründungspflichtigen Beschluss nach § 522 ZPO zurückweist.

58 Wird der Berufungsrechtsstreit vor dem Eingang der Berufungsbegründungschrift für erledigt erklärt, kommt die Ermäßigung nach KV 1221 nur in Betracht, wenn keine Kostenentscheidung nach § 91a ZPO erforderlich ist. Das oben Rn. 40–41 Gesagte gilt entsprechend.

1222	**Beendigung des gesamten Verfahrens, wenn nicht Nummer 1221 anzuwenden ist, durch** **1. Zurücknahme des Rechtsmittels, der Klage oder des Antrags** **a) vor dem Schluss der mündlichen Verhandlung,** **b) in den Fällen des § 128 Abs. 2 ZPO vor dem Zeitpunkt, der dem Schluss der mündlichen Verhandlung entspricht,** **2. Anerkenntnisurteil, Verzichtsurteil oder Urteil, das nach § 313a Abs. 2 ZPO keinen Tatbestand und keine Entscheidungsgründe enthält,** **3. gerichtlichen Vergleich oder** **4. Erledigungserklärungen nach § 91a ZPO, wenn keine Entscheidung über die Kosten ergeht oder die Entscheidung einer zuvor mitgeteilten Einigung der Parteien über die Kostentragung oder der Kostenübernahmeerklärung einer Partei folgt,** **es sei denn, dass bereits ein anderes als eines der in Nummer 2 genannten Urteile eine Entscheidung einen Antrag auf Erlass einer Sicherungsanordnung oder ein Beschluss in der Hauptsache vorausgegangen ist:** **Die Gebühr 1220 ermäßigt sich auf**	**2,0**
	Die Gebühr ermäßigt sich auch, wenn mehrere Ermäßigungstatbestände nach Nummer 1222 erfüllt sind.	

59 Nach KV 1222 ermäßigt sich die pauschale Verfahrensgebühr im Übrigen grundsätzlich nur unter den gleichen Voraussetzungen, die für die Verfahrensgebühr der ersten Instanz vorgesehen sind, nämlich auf 2,0. Eine Abweichung besteht insoweit nach KV 1223 nur für die Fälle, in denen die Parteien nach § 313a Abs. 1 S. 2 ZPO auf eine schriftliche Begründung verzichten. Die Ausführungen zu KV 1211 (oben Rn. 27–42) gelten entsprechend, so dass darauf Bezug genommen werden kann.

60 **Rücknahme (Nr. 1):** Voraussetzung für eine Ermäßigung ist hier, dass die Berufung, die Anschlussberufung oder der Antrag nach Eingang der Rechtsmittelbegründungsschrift, spätestens vor der Verkündung des Berufungsurteils (§ 516 ZPO) oder einer entsprechenden abschließenden Entscheidung zurückgenommen wird. Das kann ein die Berufungsinstanz abschließendes Endurteil sein, wobei es unerheblich ist, ob es sich um ein Sach- oder Prozessurteil handelt[178] oder ob es aufgrund einer streitigen oder einer einseitigen Verhandlung ergangen ist.[179] Voraussetzung dafür ist aber nur ein förmliches

178 LG Bayreuth JurBüro 1977, 79.
179 OLG Bamberg JurBüro 1977, 243; *Mümmler* JurBüro 1977, 1508 m.N.

Urteil. Entscheidet das Gericht irrtümlich durch Beschluss, ermäßigt sich die Gebühr nach KV 1122 gleichwohl, denn der Irrtum des Gerichts kann dem Kostenschuldner nicht angelastet werden. Ein vom Gericht erteilter Hinweis – auch wenn ein solcher in der Form eines förmlichen Beschlusses erfolgt – ist allerdings noch keine abschließende Entscheidung, so dass eine Rücknahme aufgrund des Hinweises auf die Ermäßigung keinen Einfluss hat.[180]

Alle bis dahin getroffenen Maßnahmen des Gerichts wie z.B. die Anberaumung eines Termins zur Protokollierung eines Vergleichs,[181] für die Verhandlung über eine Vorabentscheidung gemäß § 718 Abs. 1 ZPO[182] oder eine mündliche Verhandlung stehen demzufolge einer Ermäßigung nach KV 1222 nicht entgegen. 61

Voraussetzung für die Ermäßigung ist aber, dass die Rücknahme dem Gericht gegenüber eindeutig erklärt worden ist, d.h., dass eine entsprechende Rücknahmeerklärung bis zum Ablauf des maßgeblichen Zeitpunkts wirksam bei Gericht eingegangen ist. Geht die Rücknahmeerklärung erst nach Unterzeichnung des Urteils oder der Endentscheidung ein, kommt eine Ermäßigung nicht mehr in Betracht. Dabei ist es unerheblich, ob der die Rücknahme Erklärende die Unterzeichnung des Urteils oder der entsprechenden Entscheidung schon kannte oder kennen konnte. Eine einseitige Anzeige des Rücknehmenden reicht aus. 62

Nr. 2–4: Hier gelten gegenüber den Grundsätzen zu KV 1211 keine Besonderheiten. Das dort Gesagte gilt entsprechend. Eine entsprechende Anwendung der Nr. 2 ist bei Zurückweisung der Berufung durch Beschluss gem. § 522 Abs. 2 ZPO nicht möglich.[183] 63

Eine Ermäßigung nach Nrn. 1–4 ist auch hier nur möglich, wenn der Antrag **vollständig** zurückgenommen und dadurch die Instanz völlig abgeschlossen wird. Dazu gehört auch die Rücknahme nach einem Grund- oder Vorbehaltsurteil, das in der Berufungsinstanz erstmalig ergeht.[184] Soweit es sich um ein mit der Berufung angegriffenes Vorbehaltsurteil nach § 302 ZPO handelt, ist Voraussetzung, dass der Vorbehalt in der Urteilsformel enthalten ist. Fehlt er im Tenor des Urteils, ist er nach §§ 319–322 ZPO nachzuholen. 64

Eine Teilrücknahme oder eine nach einer vorangegangenen Teilrücknahme die Sache dann ganz erledigende weitere Rücknahme reicht auch hier nicht für die Ermäßigung.[185] Das ist jetzt ausdrücklich klargestellt worden. 65

Auch im Berufungsrechtszug können mehrere Ermäßigungstatbestände erfüllt werden. Auch dann kommt nur eine Ermäßigung in Betracht. Vgl. auch oben Rn. 42. 66

KV 1222 ist auch dann anwendbar, wenn die Beendigung i.S.v. Nr. 1–4 nach einer Zurückverweisung der Sache gem. § 563 ZPO eintritt und das Berufungsgericht sich wieder mit der Sache befassen muss. Das folgt aus § 37. 67

Keine Ermäßigung nach KV 1222 kommt in Betracht, wenn das Berufungsverfahren durch ein echtes Versäumnisurteil beendet oder das Rechtsmittel durch Beschluss nach 522 ZPO zurückgewiesen wird. Denn auch in solchen Fällen ist eine umfassende Prüfung der Erfolgsaussichten bzw. der Zulässigkeit des Rechtsmittels notwendig, so dass eine kostenrechtliche Gleichstellung mit einem Endurteil gerechtfertigt ist.[186] 68

180 OLG Koblenz JurBüro 2007, 152.
181 OLG Hamburg MDR 1998, 927.
182 OLG München JurBüro 2003, 270 = MDR 2003, 717.
183 OLG Brandenburg MDR 2009, 1363.
184 OLG Hamburg MDR 1990, 453; *Hellstab* in Oe/He/Tre KV 1223 ff. Rn. 13, 22.
185 **A.M.** *Hartmann* KV 1121 Rn. 8; *Hellstab* in Oe/He/Tre KV 1221 Rn. 22.
186 Begr. zu Art. 32 ZPO-RG, BT-Ds. 14/722 S. 140.

1223	**Beendigung des gesamten Verfahrens durch ein Urteil, das wegen eines Verzichts der Parteien nach § 313a Abs. 1 Satz 2 ZPO keine schriftliche Begründung enthält, wenn nicht bereits ein anderes als eines der in Nummer 1222 Nr. 2 genannten Urteile eine Entscheidung einen Antrag auf Erlass einer Sicherungsanordnung oder ein Beschluss in der Hauptsache vorausgegangen ist: Die Gebühr 1220 ermäßigt sich auf**	**3,0**
	Die Gebühr ermäßigt sich auch, wenn daneben Ermäßigungstatbestände nach Nummer 1222 erfüllt sind.	

69 Wegen der besonderen Bedeutung der Möglichkeit des § 313a Abs. 1 S. 2 ZPO (Verzicht auf die Entscheidungsgründe) im Berufungsverfahren sieht KV 1223 eine weitere Gebührenbegünstigung vor. Durch diesen zusätzlichen Kostenanreiz wird erwartet, dass die Parteien auf die Urteilsgründe verzichten. Die dadurch bedingte Mehrarbeit der Gerichte ist wesentlich stärker zu gewichten als die Erleichterungen, die bei einer vereinfachten Gebührenabrechnung zu erzielen wären. Für diese Fälle gilt demzufolge eine Ermäßigung der Pauschalgebühr auf 3,0.

70 In den Fällen, in denen dem Urteil ein mit Entscheidungsgründen versehenes Urteil oder ein entsprechender Beschluss oder ein Versäumnisurteil vorausgegangen ist, ist eine kostenrechtliche Privilegierung wegen des bereits angefallenen Arbeitsaufwandes des Gerichts jedoch nicht gerechtfertigt. Andererseits soll die Begünstigung auch greifen, wenn ein Teilanerkenntnis- oder Teilverzichtsurteil, eine Teilrücknahme oder ein Teilvergleich vorausgegangen ist. Unanwendbar ist KV 1223 demzufolge, wenn die Parteien sich im Berufungsverfahren vergleichen, die Kostenentscheidung nach § 91a ZPO aber dem Gericht überlassen und auf eine Begründung der Kostenentscheidung verzichten.[187]

71 Auch nach einer Zurückverweisung der Sache gem. § 543 ZPO ist KV 1223 anwendbar.

72 Wenn neben dem Ermäßigungstatbestand nach KV 1223 noch weitere Ermäßigungstatbestände nach KV 1222 erfüllt sind, ist KV 1223 ebenfalls anwendbar. Gemeint sind hier die Fälle der Endentscheidungen, wenn das Berufungsverfahren durch Zurücknahme der Berufung, Anerkenntnisurteil, Verzichturteil, Vergleich, etc. nur teilweise erledigt worden ist.[188] Auch in diesen Fällen soll die Begünstigung nach KV 1223 greifen. Eine sinngemäße Anwendung von KV 1223 für den Fall, dass die Berufung nach mündlicher Verhandlung zurückgenommen wird, kommt mangels Fehlens einer Regelungslücke nicht Betracht.[189]

ABSCHNITT 3
Revision und Rechtsbeschwerden nach § 74 GWB, § 86 EnWG, § 35 KSpG und § 24 VSchDG

73 Im 3. Abschnitt sind die Gebühren des **Revisionsverfahrens** geregelt. Das Pauschalgebührensystem gilt auch für das Revisionsverfahren, und zwar auch für **Rechts-**

187 OLG Düsseldorf JurBüro 2016, 586 = JurionRS 2016, 27927.
188 Dazu OLG Celle JurBüro 2011, 488, 489.
189 OLG Düsseldorf JurBüro 2008, 601.

beschwerden nach § 74 GWB, § 86 EnWG, § 35 KSpG und § 24 VSchG. Das Verfahren über die Zulassung der Sprungrevision ist in Abschnitt 4 geregelt.

1230 Verfahren im Allgemeinen 5,0

KV 1230: Gebühren betreffen ausschließlich die Revisionsverfahren nach §§ 542, 543, 545–565 ZPO[190] sowie die Rechtsbeschwerdeverfahren nach § 74 GWB, § 86 EnWG, § 35 KSpG und § 24 VSchDG. Für die Zulassung der Sprungrevision nach § 566 ZPO sowie für die Nichtzulassungsbeschwerde nach §§ 544 ZPO, 74 GWB gelten hingegen die Sondervorschriften des 4. Abschnitts. Gerichtsgebühren fallen also nur dann an, wenn und soweit die Beschwerde erfolglos bleibt oder das Verfahren ohne gerichtliche Entscheidung beendet wird Nr. 1242, 1243).[191] Soweit die Beschwerde Erfolg hat, wird das Verfahren gemäß § 544 Abs. 6 Satz 1 ZPO als Revisionsverfahren fortgesetzt, so dass dann die Gebühren gemäß KV Nr. 1230 anfallen. Das gilt auch dann, wenn das Revisionsgericht nach § 544 Abs. 7 ZPO bei einer Entscheidung über eine Nichtzulassungsbeschwerde das angefochtene Urteil aufhebt und die Sache an die Vorinstanz zurückverweist, und dabei inzident auch über die Zulassung der Revision entscheidet.[192] Die pauschale Verfahrensgebühr ist mit einem Gebührensatz von 5,0 bestimmt. Er liegt damit um 0,5 über dem für die Berufung geltenden Gebührensatz und trägt damit der gegenüber dem Berufungsverfahren größeren Bedeutung und dem höheren Aufwand Rechnung. **74**

Für das Revisionsverfahren gelten die gleichen Grundsätze wie bei KV 1120. Wenn sich eine Nichtzulassungsbeschwerde gegen zwei (mehrere) Beschwerdegegner richtet und die Beschwerde gegenüber einem von ihnen zurückgenommen wird, während sie für den/die anderen zur Zulassung der Revision führt, hat der Beschwerdeführer neben der allgemeinen Verfahrensgebühr für die Durchführung der Revision auch noch eine/die Gebühr(en) für die Rücknahme der Nichtzulassungsbeschwerde (Nr. 1243) zu tragen.[193] **75**

1231 Beendigung des gesamten Verfahrens durch Zurücknahme des Rechtsmittels, der Klage oder des Antrags, bevor die Schrift zur Begründung des Rechtsmittels bei Gericht eingegangen ist:
Die Gebühr 1230 ermäßigt sich auf 1,0

Erledigungserklärungen nach § 91a ZPO stehen der Zurücknahme gleich, wenn keine Entscheidung über die Kosten ergeht oder die Entscheidung einer zuvor mitgeteilten Einigung der Parteien über die Kostentragung oder der Kostenübernahmeerklärung einer Partei folgt.

KV 1231 entspricht der für das Berufungsverfahren geltenden Bestimmung KV 1221. Auf das dort Gesagte (Rn. 50 ff.) kann verwiesen werden. Voraussetzung ist aber, dass überhaupt ein – wenn auch unzulässiges – Rechtsmittel eingelegt wurde, was ggf. durch Auslegung zu ermitteln ist.[194] **76**

190 BGH, NJW-RR 2007, 1148.
191 BGH JurBüro 2015, 247 = NJW 2015, 1253 = MDR 2015, 295 = JZ 2015, 158 = JurionRS 2014, 30382.
192 BGH MDR 2007, 917 = JurBüro 2007, 371 = BeckRS 2007, 06722.
193 BGH NJW-RR 2007, 419 = MDR 2007, 430.
194 BGH NJW-RR 2005, 584.

1232	**Beendigung des gesamten Verfahrens, wenn nicht Nummer 1231 anzuwenden ist, durch** **1. Zurücknahme des Rechtsmittels, der Klage oder des Antrags** **a) vor dem Schluss der mündlichen Verhandlung,** **b) in den Fällen des § 128 Abs. 2 ZPO vor dem Zeitpunkt, der dem Schluss der mündlichen Verhandlung entspricht,** **2. Anerkenntnis- oder Verzichtsurteil,** **3. gerichtlichen Vergleich oder** **4. Erledigungserklärungen nach § 91a ZPO, wenn keine Entscheidung über die Kosten ergeht oder die Entscheidung einer zuvor mitgeteilten Einigung der Parteien über die Kostentragung oder der Kostenübernahmeerklärung einer Partei folgt, es sei denn, dass bereits ein anderes als eines der in Nummer 2 genannten Urteile eine Entscheidung einen Antrag auf Erlass einer Sicherungsanordnung oder ein Beschluss in der Hauptsache vorausgegangen ist:** **Die Gebühr 1230 ermäßigt sich auf**	**3,0**
	Die Gebühr ermäßigt sich auch, wenn mehrere Ermäßigungstatbestände erfüllt sind.	

77 **KV 1232:** Der Gebührentatbestand entspricht KV 1222 für das Berufungsverfahren. Auf die Ausführungen dort (Rn. 55ff.) wird Bezug genommen.

ABSCHNITT 4
Zulassung der Sprungrevision, Beschwerde gegen die Nichtzulassung der Revision und der Rechtsbeschwerden nach § 74 GWB, § 86 EnWG, § 35 KSpG und § 24 VSchDG

78 Der 4. Abschnitt bestimmt die Gebühren in den Fällen der §§ 566, 544 ZPO und 74 GWB, § 86 EnWG, § 35 KSpG und § 24 VSchDG. In allen Fällen werden keine Gebühren erhoben, wenn und soweit die Anträge Erfolg haben. In den Fällen, in denen der Antrag nur teilweise Erfolg hat, sind nicht die Gebühren nach KV 1240–1243 zu quoteln. Vielmehr ist das eine Frage des Streitwertes nach §§ 48, 51, 63, der dann auch nur dem Wert des erfolgreichen Teils entspricht.

1240	**Verfahren über die Zulassung der Sprungrevision: Soweit der Antrag abgelehnt wird**	**1,5**

79 **KV 1240:** Wenn und soweit die Revision oder die Rechtsbeschwerde zugelassen wird, unterfällt die Tätigkeit des Gerichts in den Verfahren nach §§ 566 ZPO, 74 GWB den allgemeinen Verfahrensgebühren für die Revision oder Rechtsbeschwerde.

1241 Verfahren über die Zulassung der Sprungrevision: Soweit der Antrag zurückgenommen oder das Verfahren durch anderweitige Erledigung beendet wird 1,0

Die Gebühr entsteht nicht, soweit die Sprungrevision zugelassen wird

KV 1241 trägt dem Umstand Rechnung, dass das Gericht in den hier angesprochenen Fallgruppen hat nicht weiter tätig werden muss, insbesondere seine Entscheidung nicht mehr zu begründen hat. Eine Ermäßigung um 0,5 ist daher gerechtfertigt. **80**

1242 Verfahren über die Beschwerde gegen die Nichtzulassung des Rechtsmittels: 2,0

Soweit die Beschwerde verworfen oder zurückgewiesen wird

KV 1242 betrifft die Fälle der §§ 544, 566 Abs. 6 ZPO sowie die Beschwerde gegen die Nichtzulassung der Rechtsbeschwerde nach § 74 GWB. Weil auch die Revision und die Rechtsbeschwerde gleichbehandelt werden, ist es sachgerecht, auch die Gebühren für das Nichtzulassungsverfahren zu harmonisieren. Wird die Beschwerde zum Teil zurückgewiesen oder verworfen, bemisst sich der **Beschwerdewert** nach dem erfolglosen Teil der Beschwerde.[195] **81**

KV 1242 ist aber nur dann anwendbar, wenn ausschließlich die Nichtzulassungsbeschwerde Gegenstand des Verfahrens ist. Entscheidet das Revisionsgericht über eine Nichtzulassungsbeschwerde nach § 544 Abs. 7 ZPO, fallen indessen keine Gebühren an.[196] Insoweit besteht eine – wenig einsichtige – Regelungslücke,[197] weil für erfolglose, ebenfalls durch Beschluss erledigte Nichtzulassungsbeschwerden zwei Gebühren entstehen, das Revisionsgericht dagegen im Falle einer erfolgreichen, die Aufhebung und Zurückverweisung durch Beschluss nach sich ziehenden Beschwerde – bei u.U. größerem Arbeitsaufwand – kostenlos tätig sein muss. Die Regelungslücke kann aber nur durch den Gesetzgeber geschlossen werden.[198] **82**

1243 Verfahren über die Beschwerde gegen die Nichtzulassung des Rechtsmittels: Soweit die Beschwerde zurückgenommen oder das Verfahren durch anderweitige Erledigung beendet wird 1,0

Die Gebühr entsteht nicht, soweit der Beschwerde stattgegeben wird.

KV 1243: Die Privilegierung der Zurücknahme entspricht den auch bei KV 1222, 1231 zum Ausdruck gebrachten Grundsätzen. Weil auch bei der späteren Rücknahme der Nichtzulassungsbeschwerde mit der gerichtlichen Bearbeitung der Sache ein nicht unerheblicher Aufwand verbunden ist, ist der Gebührensatz von 1,0 gerechtfertigt. Wenn sich eine Nichtzulassungsbeschwerde gegen zwei (mehrere) Beschwerdegegner richtet und die Beschwerde gegenüber einem von ihnen zurückgenommen wird, während sie für den/die anderen zur Zulassung der Revision führt, hat der Beschwerdeführer neben der **83**

---

195 BGH MDR 2004, 472.
196 BGH, NJW-RR 2007, 1148.
197 BGH MDR 2007, 917 = JurBüro 2007, 371 = BeckRS 2007, 06722.
198 BGH MDR 2007, 917 = JurBüro 2007, 371 = BeckRS 2007, 06722.

allgemeinen Verfahrensgebühr für die Durchführung der Revision auch noch eine/die Gebühr(en) für die Rücknahme der Nichtzulassungsbeschwerde (Nr. 1243) zu tragen.[199] Für die Zurücknahme eines Antrags auf die Zulassung der Sprungrevision (§ 566 Abs. 1 ZPO) gilt KV 1243 nicht. In solchen Fällen ist keine Gebühr anzusetzen.

ABSCHNITT 5 **Rechtsmittelverfahren des gewerblichen Rechtsschutzes vor dem Bundesgerichtshof**

84 In diesem Abschnitt sind die Gebühren für die Rechtsmittelverfahren des gewerblichen Rechtsschutzes vor dem BGH (§ 1 Abs. 1 Nr. 14) geregelt. Für das Berufungsverfahren ist auch hier die allgemeine Verfahrensgebühr eingeführt worden. Ebenso sind die Gebühren für Beschwerdeverfahren und Rechtsbeschwerdeverfahren wegen des Sachzusammenhangs in den 5. Abschnitt eingestellt worden.

UNTERABSCHNITT 1 **Berufungsverfahren**

1250	**Verfahren im Allgemeinen**	**6,0**

85 **KV 1250:** Die pauschale Verfahrensgebühr beträgt 6,0 und liegt damit über dem Gebührensatz von KV 1230 für das Revisionsverfahren in sonstigen Angelegenheiten.

1251	**Beendigung des gesamten Verfahrens durch Zurücknahme der Berufung oder der Klage, bevor die Schrift zur Begründung der Berufung bei Gericht eingegangen ist:** **Die Gebühr 1250 ermäßigt sich auf**	**1,0**
	Erledigungserklärungen nach § 91a ZPO i.V.m. § 121 Abs. 2 Satz 2 PatG, § 20 GebrMG stehen der Zurücknahme gleich, wenn keine Entscheidung über die Kosten ergeht oder die Entscheidung einer zuvor mitgeteilten Einigung der Parteien über die Kostentragung oder der Kostenübernahmeerklärung einer Partei folgt.	
1252	**Beendigung des gesamten Verfahrens, wenn nicht Nummer 1251 anzuwenden ist, durch** **1. Zurücknahme der Berufung oder der Klage vor dem Schluss der mündlichen Verhandlung,** **2. Anerkenntnis- oder Verzichtsurteil,** **3. gerichtlichen Vergleich oder** **4. Erledigungserklärungen nach § 91a ZPO i.V.m. § 121 Abs. 2 Satz 2 PatG, § 20 GebrMG, wenn keine Entscheidung über die Kosten ergeht oder die Entscheidung einer zuvor mitgeteilten Einigung der Parteien**	

199 BGH NJW-RR 2007, 419 = MDR 2007, 430.

über die Kostentragung oder der Kostenübernahmeerklärung einer Partei folgt, es sei denn, dass bereits ein anderes als eines der in Nummer 2 genannten Urteile vorausgegangen ist:
Die Gebühr 1250 ermäßigt sich auf **3,0**

Die Gebühr ermäßigt sich auch, wenn mehrere Ermäßigungstatbestände erfüllt sind.

KV 1251, 1252: Diese Gebührenregelung entspricht der Regelung für das Revisionsverfahren in sonstigen bürgerlichen Rechtsstreitigkeiten. Das zu KV 1231, 1232 Gesagte gilt hier entsprechend. Darauf wird verwiesen. **86**

UNTERABSCHNITT 2
Beschwerdeverfahren und Rechtsbeschwerdeverfahren

1253 **Verfahren über die Beschwerde nach § 122 PatG oder § 20 GebrMG i.V.m. § 122 PatG gegen ein Urteil über den Erlass einer einstweiligen Verfügung in Zwangslizenzsachen** **2,0**

KV 1253: Die Vorschrift entspricht KV 1220. Das dort (Rn. 45ff.) Gesagte gilt entsprechend. **87**

1254 **Beendigung des gesamten Verfahrens durch Zurücknahme der Beschwerde, bevor die Schrift zur Begründung der Beschwerde bei Gericht eingegangen ist:**
Die Gebühr 1253 ermäßigt sich auf **1,0**

Erledigungserklärungen nach § 91a ZPO i.V.m. § 121 Abs. 2 Satz 2 PatG, § 20 GebrMG stehen der Zurücknahme gleich, wenn keine Entscheidung über die Kosten ergeht oder die Entscheidung einer zuvor mitgeteilten Einigung der Parteien über die Kostentragung oder der Kostenübernahmeerklärung einer Partei folgt.

KV 1254: Die Ermäßigungsregelung ist neu und soll einen Anreiz zur frühzeitigen Rücknahme der Beschwerden geben. Wegen des geringeren Aufwandes des Gerichts in diesen Fällen ist die Ermäßigung auch gerechtfertigt. Die Anmerkung entspricht der Anmerkung zu KV 1251. **88**

1255 **Verfahren über die Rechtsbeschwerde** **750 €**

KV 1255: Die Vorschrift sah bis zum 30.6.2006 eine 2,0-Gebühr vor. Durch Gesetz vom 21.6.2006 (BGBl. I Seite 1319) ist ab dem 1.7.2006 eine Festgebühr eingeführt worden. Für vor dem 1.7.2006 anhängig gewordene Verfahren gilt § 71 Abs. 1. **89**

1256 **Beendigung des gesamten Verfahrens durch Zurücknahme der Rechtsbeschwerde, bevor die Schrift zur Begründung der Rechtsbeschwerde bei Gericht eingegangen ist:**

Erledigungserklärungen nach § 91a ZPO i.V.m. § 121 Abs. 2 Satz 2 PatG, § 20 GebrMG stehen der Zurücknahme gleich, wenn keine Entscheidung über die Kosten ergeht oder die Entscheidung einer zuvor mitgeteilten Einigung der Parteien über die Kostentragung oder der Kostenübernahmeerklärung einer Partei folgt.

90 **KV 1256:** Auch diese Bestimmung soll einen Anreiz zur vorzeitigen Beendigung des Verfahrens geben. Der Zeitpunkt der Ermäßigung nach KV 1256 entspricht dem nach KV 1231. Bis zu diesem Zeitpunkt hat sich das Gericht in aller Regel noch nicht eingehend mit der Beschwerde befassen müssen. Die bis zum 30.6.2006 anzusetzende 1,0-Gebühr ist ab dem 1.7.2006 durch die Festgebühr von 100 € ersetzt worden. Für vor dem 1.7.2006 anhängig gewesene Verfahren ist gemäß § 71 Abs. 1 die 2,0-Gebühr auf eine 1,0-Gebühr zu ermäßigen.

HAUPTABSCHNITT 3
(weggefallen)

HAUPTABSCHNITT 4
Arrest, Europäischer Beschluss zur vorläufigen Kontenpfändung und einstweilige Verfügung

91 In diesem Abschnitt sind Gebühren des einstweiligen Rechtsschutzes einschließlich der einstweiligen Anordnungen nach der ZPO zusammengefasst. KV 1410ff. regeln die Gebühren für die dort genannten vorläufigen Verfahren teilweise abweichend vom ordentlichen Verfahren. Es handelt sich um selbständige, vom ordentlichen Prozess unabhängige Verfahren, so dass auch keine gegenseitige Anrechnung von Gebühren stattfindet. Die Gebühren nach Nr. 1410ff. fallen auch an, wenn ein Arrestantrag oder ein Antrag auf Erlass einer einstweiligen Verfügung mit einer Hauptsacheklage verbunden ist, weil es sich bei den vorläufigen Verfahren um selbständige, nicht vom Hauptprozess abhängige Verfahren handelt. Die Gebühren decken das gesamte Verfahren ab, und zwar auch Nebenanträge wie z.B. das Ersuchen auf Eintragung einer Vormerkung im Grundbuch oder in einem Register sowie das gesamte Widerspruchs- und Rechtfertigungsverfahren. Ein Antrag auf Arrest und ein solcher auf den Erlass einer einstweiligen Verfügung sind zwei getrennte Verfahrenseinleitungen. Der Streitwert ist nach § 53 zu bestimmen. Selbstverständlich bleibt § 36 anwendbar, dem gerade in den Eilverfahren erhöhte Bedeutung zukommen kann. So gilt auch im Aufhebungsverfahren grundsätzlich der Wert des Anordnungsverfahrens, es sei denn, es wird nur eine teilweise Aufhebung betrieben.[200]

---

200 *Hartmann* KV 1410 Rn. 9.

ABSCHNITT 1
Erster Rechtszug

Vorbemerkung 1.4:

(1) In Verfahren zur Erwirkung eines Europäischen Beschlusses zur vorläufigen Kontenpfändung werden Gebühren nach diesem Hauptabschnitt nur im Fall des Artikel 5 Buchstabe a der Verordnung (EU) Nr. 655/2014 erhoben. In den Fällen des Artikels Buchstabe b der Verordnung (EU) Nr. 655/2014 bestimmen sich die Gebühren nach Teil 2 Hauptabschnitt 1.

(2) Im Verfahren auf Anordnung eines Arrests oder auf Erlass einer einstweiligen Verfügung sowie im Verfahren über die Aufhebung oder die Abänderung (§ 926 Abs. 2, §§ 927, 936 ZPO) werden die Gebühren jeweils gesondert erhoben. Im Fall des § 942 ZPO gilt das Verfahren vor dem Amtsgericht und dem Gericht der Hauptsache als ein Rechtsstreit.

(3) In Verfahren zur Erwirkung eines Europäischen Beschlusses zur vorläufigen Kontenpfändung sowie im Verfahren über den Widerruf oder die Abänderung werden Gebühren jeweils gesondert erhoben.

Absatz 1 der Vorbemerkung stellt klar, dass die dort (abschließend) genannten Anträge jeweils gebührenrechtlich als eigenständige Verfahren behandelt werden und demzufolge auch die entsprechenden Gebühren anzusetzen sind. Das war auch im alten Recht nicht streitig.[201] 92

Absatz 2 der Vorbemerkung trägt dem Umstand Rechnung, dass § 942 ZPO neben § 937 ZPO nur einen besonderen Wahlgerichtsstand für dringende Fälle begründet. Das vor dem Amtsgericht der belegenen Sache anhängig gemachte Verfahren ist auf Antrag an das nach §§ 937, 943 ZPO zuständige Gericht abzugeben (§ 942 Abs. 1 Hs. 2 ZPO), wenn es nicht – mangels eines solchen Antrags vom Amtsgericht der belegenen Sache wieder aufzuheben ist (§ 942 Abs. 3 ZPO). Demzufolge ist ein Verfahren nach § 942 ZPO entweder Bestandteil des dem KV 1410 (§ 942 Abs. 4 ZPO) oder KV 1411 (§ 942 Abs. 1 Hs. 2 ZPO) unterfallenden Verfahrens. 93

Absatz 3 ist neu eingefügt durch das EuKoOfVODG. Es handelt sich um eine Klarstellung, wonach in den dort genannten Fällen die Regelung des Arrestverfahrens gilt, so dass in den Fällen, in denen der Schuldner Widerspruch einlegt, grundsätzlich insgesamt zwei Gebühren nach Nr. 1410 entstehen. 93a

Die in KV 1410–1412 aufgeführten Erledigungstatbestände sind abschließend. Eine entsprechende Anwendung auf den Fall der Rücknahme des Widerspruchs außerhalb bzw. vor Beginn der mündlichen Verhandlung ist demzufolge nicht möglich.[202] Die Gegenmeinung,[203] die auf diesen Fall KV 1411 entsprechend anwenden will, ist angesichts des eindeutigen Wortlauts der Bestimmung der Nr. 1411 indes gemäß dem Sinn und Zweck des Gesetzes nicht mehr haltbar.[204] 94

1410	**Verfahren im Allgemeinen**	1,5

201 LG Berlin MDR 1989, 366.
202 OLG Köln JurBüro 2009, 656 = MDR 2009, 1418; *Zimmermann* in Binz u.a. KV 1411. Rn. 5; *Zöller-Vollkommer* § 922 Rn. 20.
203 OLG Hamburg MDR 2005, 418; OLG Koblenz MDR 1996, 425; *Hartmann* KV 1411 Rn. 1; *Seutemann* MDR 1996, 555, 559.
204 OLG Köln JurBüro 2009, 656 = MDR 2009, 1418.

95 **KV 1410:** Die Gebühr entsteht nach allgemeinen Regeln mit dem Eingang des Antrags bei Gericht und nicht erst mit der Zustellung.[205] Wenn und soweit der potenzielle Antragsgegner bereits eine Schutzschrift eingereicht hatte, ist das gebührenrechtlich noch nicht relevant. Zwar sollte auf Vorschlag des Bundesrates auch insoweit eine Pauschalgebühr von 25 € eingeführt werden, wofür in Ansehung der jährlich mehr als 20.000 bei den Zivilgerichten eingehenden und zu bearbeitenden Schutzschriften, wovon nur 2–5% tatsächlich in einem sich anschließenden Verfahren Bedeutung erlangen, gute Gründe sprechen.[206] Der Vorschlag ist aber auf Intervention der Bundesregierung einer späteren Ergänzung des Gesetzes vorbehalten geblieben.

96 Eine **Antragsrücknahme im Verfahren ohne mündliche Verhandlung** beseitigt die Gebühr nach KV 1410 nicht.[207] Solche Fälle sind nur nach KV 1411 zu behandeln. Das gilt auch, wenn die Parteien die Hauptsache für erledigt erklären und nur noch über die Kosten zu entscheiden ist.[208] Unter KV 1410 fallen auch die Aufhebung des Arrestes wegen Versäumung der Klagefrist (§ 926 Abs. 2 ZPO) oder wegen veränderter Umstände (§ 927 ZPO) sowie die Anwendung der §§ 926, 927 ZPO auf die einstweilige Verfügung (§ 936 ZPO). Jedes dieser gebührenrechtlich selbständigen Verfahren lässt die Gebühr nach Nr. 1410 entstehen.[209]

1411	**Beendigung des gesamten Verfahrens durch** **1. Zurücknahme des Antrags vor dem Schluss der mündlichen Verhandlung,** **a) vor dem Schluss der mündlichen Verhandlung oder** **b) wenn eine mündliche Verhandlung nicht stattfindet, vor Ablauf des Tages, an dem der Beschluss der Geschäftsstelle übermittelt wird,** **2. Anerkenntnisurteil, Verzichtsurteil oder Urteil, das nach § 313a Abs. 2 ZPO keinen Tatbestand und keine Entscheidungsgründe enthält,** **3. gerichtlichen Vergleich oder** **4. Erledigungserklärungen nach § 91a ZPO, wenn keine Entscheidung über die Kosten ergeht oder die Entscheidung einer zuvor mitgeteilten Einigung der Parteien über die Kostentragung oder der Kostenübernahmeerklärung einer Partei folgt,** **es sei denn, dass bereits ein Beschluss nach § 922 Abs. 1, auch i.V.m. § 936 ZPO, oder ein anderes als eines der in Nummer 2 genannten Urteile vorausgegangen ist:** **Die Gebühr 1410 ermäßigt sich auf**	**1,0**
	Die Vervollständigung eines ohne Tatbestand und Entscheidungsgründe hergestellten Urteils (§ 313a Abs. 5 ZPO) steht der Ermäßigung nicht entgegen. Die Gebühr ermäßigt sich auch, wenn mehrere Ermäßigungstatbestände erfüllt sind.	

205 OLG München MDR 1998, 63.
206 Vgl. Begr. zu KV 1409 DR-Ds 830/03 S. 7.
207 OLG Hamburg MDR 2005, 418; OLG Hamburg MDR 1997, 890 = JurBüro 1998, 150 m. Anm. v. *D. Meyer;* OLG Rostock MDR 1997, 1066, 1067; OLG Bamberg JurBüro 1976, 621; OLG Frankfurt aM RPfleger 1987, 128; OLG Hamburg JurBüro 1976, 1541; *Hartmann* KV 1410 Rn. 6, m.N.
208 OLG Hamburg MDR 1997, 890 = JurBüro 1998, 150.
209 LG Berlin MDR 1989, 366.

1412	**Es wird durch Urteil entschieden oder es ergeht ein Beschluss nach § 91a oder § 269 Abs. 3 Satz 3 ZPO, wenn nicht 1411 erfüllt ist:** **Die Gebühr 1410 erhöht sich nach dem Wert des Streitgegenstandes, auf den sich die Entscheidung bezieht, auf**	3,0

KV 1411: KV 1411 entspricht der Regelung KV 1211, so dass auf die dortigen Ausführungen verwiesen werden kann. Die **Ermäßigung** nach KV 1411 Nr. 1 tritt auch entsprechend KV 1211 Nr. 1b ein, wenn das Gericht nach § 128 Abs. 2 ZPO verfährt, während die Fälle des § 495a ZPO im Eilverfahren kaum vorkommen. Dass die Ermäßigungstatbestände nach KV 1211 Nr. 1b und c in KV 1411 Nr. 1 nicht ausdrücklich genannt sind, beruht offensichtlich auf einem Redaktionsversehen. Gleiches gilt aber nicht, wenn der **Widerspruch zurückgenommen** wird (vgl. oben Rn. 90). Wenn nämlich das Gericht auf Antrag eine Entscheidung getroffen hat, hat es sich mit der Sache befassen müssen, so dass ihm nach der ratio der Regelung der Nr. 1411 keine Arbeit erspart worden ist. Die **Rücknahme des Antrags** muss **im** Verfahren mit mündlicher Verhandlung erfolgen und zur endgültigen Beendigung des Verfahrens führen. Durch einen Kostenwiderspruch (dazu unten Rn. 108) wird das Verfahren noch nicht endgültig beendet. Wenn in den Eilverfahren aber durch Urteil entschieden wird, fällt nach KV 1412 grundsätzlich eine **Gebührenerhöhung** auf 3,0 an. Ein Urteil setzt stets eine mündliche Verhandlung voraus. 97

KV 1412: Nach KV 1412 erfolgt eine Erhöhung der Gebühr, die unstreitig nach dem Wert des Eilverfahrens berechnet wird, der i.d.R. geringer ist, als der Wert des Hauptsacheverfahrens,[210] und zwar auch dann, wenn eine mündliche Verhandlung nach § 128 Abs. 2, 3 (oder evtl. § 495a ZPO) nicht stattfindet. Dies entspricht inhaltlich der Regelung in KV 1211. Das Ergebnis wird dadurch erreicht, dass die höhere Gebühr grundsätzlich dann entsteht, wenn das Gericht durch „Urteil" – mit Ausnahme des Anerkenntnis- und Verzichtsurteils oder des Urteils, das nach § 313a Abs. 2 ZPO keinen Tatbestand und keine Entscheidungsgründe enthält – oder durch Beschluss nach § 91a oder § 269 Abs. 3 S. 3 ZPO entscheidet. Ob die Entscheidung durch Urteil zulässig oder zweckmäßig war, ist für die Gebührenerhöhung ohne Bedeutung.[211] Im Einzelfall kann aber § 21 in Betracht kommen. Die nur im Zusammenhang zu verstehenden Bestimmungen KV 1410–1412 entsprechen sachlich den KV 1210, 1211 für den normalen erstinstanzlichen Zivilprozess, wonach grundsätzlich für das Verfahren der ersten Instanz eine nach dem mit der Klage verfolgten Streitwert eine Pauschalgebühr in Höhe von 3,0 der Gebühr nach § 3 anzusetzen und mit Klageerhebung auch fällig wird. Lediglich aus verwaltungspraktischen Erwägungen hat der Gesetzgeber sich damit begnügt, in den von den KV 1410–1412 behandelten Eilverfahren zunächst nur eine Gebühr zu erheben, weil in diesem Bereich eine mündliche Verhandlung relativ selten ist und – würde auch hier eine 3,0-Pauschalgebühr zunächst fällig werden – Rückzahlungen erfolgen müssten. Um solchen Verwaltungsaufwand zu vermeiden, hat der Gesetzgeber hier bestimmt, dass die weitere 2,0-Gebühr erst nach einem stets eine mündliche Verhandlung nach sich ziehenden Widerspruch gegen die Eilentscheidung erhoben werden soll.[212] Kommt es nämlich nach einem Widerspruch zu einer mündlichen Verhandlung, hat das Gericht sich in jedem Fall sachlich mit der Hauptsache zu befassen. Denn auch die Entscheidung, wer die Kosten des Rechtsstreits zu tragen hat, setzt eine Auseinandersetzung – wenn auch u.U. nur summarisch – mit 98

210 OLG München NJW-RR 1999, 367 = MDR 1999, 59.
211 So auch *Hartmann* KV 1411 Rn. 2.
212 Vgl. dazu die Begr. zu Nrn. 1310, 1311 KV-GKG, BT-Ds. 12/6962 S. 71.

dem Gegenstand des beantragten Eilverfahrens voraus. Es muss aber tatsächlich eine mündliche Verhandlung stattgefunden haben. Der bloße Aufruf zur Sache und die Feststellung, dass niemand erschienen ist, weil die Parteien sich vor dem Termin geeinigt haben und das auch dem Gericht mitgeteilt haben, reicht für die Erhöhung nicht.[213]

99 Wenn nur über einen **Teil** des Antrags auf Erlass einer einstweiligen Verfügung durch Urteil entschieden wird, errechnet sich die Erhöhung des Gebührensatzes nach KV 1412 um 1,5 nach dem Wert des Streitgegenstandes, auf den sich die Entscheidung bezieht. Ein Rückgriff auf § 36 Abs. 3 ist für die Berechnung des erhöhten Verfahrenswertes nicht zulässig.[214]

100 Erledigung der Hauptsache oder Kostenbeschluss nach § 269 Abs. 3 S. 3: Auch dann, wenn im Eilverfahren der Rechtsstreit durch Urteil nach Erörterung der Sach- und Rechtslage im Hauptsachverfahren in der Hauptsache übereinstimmend teilweise für erledigt erklärt wird, fallen die beiden zusätzlichen Gerichtsgebühren nach KV 1412 mit dem **vollen** Wert der Hauptsache zusammen.[215] Etwas anderes gilt nur dann, wenn eine Kostenentscheidung entbehrlich ist, weil die Parteien keine solche wünschen oder eine Partei die Kostenübernahme erklärt hat (KV 1411).

101 **Kostenwiderspruch:** Eine andere Rechtslage ist gegeben, wenn die volle Erledigung der Hauptsache schon **vor Beginn** des Urteilsverfahrens eingetreten ist. Dann kann logischerweise allein noch über die Kostentragungspflicht verhandelt werden bzw. diese weiterer Gegenstand des Rechtsstreits sein. Nach § 36 ist der verbleibende Teilstreitwert nach dem Kosteninteresse zu bestimmen.[216] In den Fällen des ausdrücklichen Kostenwiderspruchs ist das Interesse des Widerspruchsführers von vornherein klar definiert. In anderen Fällen, nämlich dann, wenn die Erledigung der Hauptsache erst nach Widerspruchserhebung aber vor Beginn des Urteilsverfahrens eintritt, liegt in der Sache ein Kostenwiderspruch vor, so dass die zusätzlichen (beiden) Gerichtsgebühren nach KV 1412 nur noch nach dem Kostenwert anzusetzen sind.

102 Nimmt hingegen der Verfügungsbeklagte im Urteilsverfahren seinen Kostenwiderspruch (mit oder ohne ausdrückliche Abschlusserklärung) zurück, trägt er nach § 269 ZPO auch die Kosten des Rechtsstreits, ohne dass das Gericht sich mit der Sache weiter zu befassen hat. Dann ist die Gebühr nach KV 1410 um 0,5 zu ermäßigen. Gleiches gilt, wenn sich die Sache auf Grund einer der Tatbestände nach KV 1411 Nr. 2–4 endgültig erledigt. Es sind dann anzusetzen: Eine Gebühr nach KV 1410 nach dem Hautsachestreitwert und zwei Gebühren gemäß KV 1412 nach dem Wert des Kosteninteresses.[217] War nur ein Kostenwiderspruch eingelegt, welcher zurückgenommen wurde, hat das auf den Wert keinen weiteren Einfluss, weil die Gebühr nach KV 1410 ohnehin schon bei dem Eingang des Antrags auf Erlass der einstweiligen Verfügung oder des Arrestes nach dem Hauptsachewert fällig geworden war. Das kann natürlich dann nicht gelten, wenn die Hauptsache nur z.T. für erledigt erklärt wird. In solchen Fällen verbleibt es auch bei den Gebühren nach KV 1412 beim vollen Wert nach KV 1410, weil das Gericht sich dann auch noch mit (einem Teil) der Hauptsache zu befassen hat.[218]

---

213 OLG Düsseldorf MDR 2004, 1026 (noch zu KV 1311 a.F.).

214 KG JurBüro 2009, 149.

215 OLG Frankfurt aM NJW-RR 2000, 1383; *Hellstab* in Oe/He/Tre KV 1310 – 1324 Rn. 6; vgl. dazu auch *D. Meyer* JurBüro 1998, 150 und JurBüro 2003, 525, m.N.; **a.M.:** *Hartmann* KV 1411–1412 Rn. 3.

216 OLG Hamburg JurBüro 1998, 150 m. Anm. v. *D. Meyer; Hartmann* KV 1411 Rn. 5; D. *Meyer* JurBüro 2003, 525 m.w.N.

217 OLG München MDR 1997, 1067; OLG Hamburg MDR 2002, 1029 m. zust. Anm. v. *Schütt* MDR 2002, 1030; OLG Hamburg JurBüro 1998, 550 = MDR 1998, 988.

218 Frankfurt aM MDR 1999, 1464.

ABSCHNITT 2
Berufung

Die Gebühren entstehen in gleicher Höhe wie in den übrigen Berufungsverfahren. In der Berufungs- und Revisionsinstanz werden regelmäßig höhere Gebühren erhoben als in erstinstanzlichen Verfahren. Damit soll dem in Rechtsmittelverfahren regelmäßig höheren Aufwand Rechnung getragen werden. Die Anpassung ist trotz des grundsätzlich nur vorläufigen Charakters des einstweiligen Rechtsschutzverfahrens gerechtfertigt, weil sich der Bearbeitungsaufwand der Gerichte gegenüber demjenigen in anderen Berufungsverfahren nicht wesentlich unterscheidet. Hinzu kommt die seit geraumer Zeit erkennbare Tendenz, dass in zahlreichen Rechtsbereichen der einstweilige Rechtsschutz in immer stärkerem Maße an die Stelle von Hauptsacheverfahren tritt. Die in vielen Fällen unvermeidbare Vorwegnahme der Hauptsache, die damit verbundene Prüfung des Hauptsacheanspruchs durch das Gericht sowie die wachsende Bedeutung zeit- und ereignisgebundener Ansprüche veranlassen die Parteien besonders in Wettbewerbs- und Ehrenschutzsachen, auf die Durchführung eines Hauptsacheverfahrens zu verzichten und ihren Streit im Verfahren des einstweiligen Rechtsschutzes auszutragen. Zudem werden die verfahrensrechtlichen Besonderheiten gegenüber dem Hauptverfahren bereits dadurch berücksichtigt, dass der Streitwert geringer zu bemessen ist. **103**

1420 Verfahren im Allgemeinen 4,0

Die Gebühr KV 1420 entsteht auch dann, wenn das Berufungsgericht erstinstanzlich entscheidet.[219] Das ist gerechtfertigt, weil die Tätigkeit in der Berufungsinstanz stattfindet und ihr sachlich das gleiche Gewicht wie eine Berufung im Hauptsacheverfahren zukommt. **104**

1421 Beendigung des gesamten Verfahrens durch Zurücknahme der Berufung, des Antrags oder des Widerspruchs, bevor die Schrift zur Begründung der Berufung bei Gericht eingegangen ist:
Die Gebühr 1420 ermäßigt sich auf 1,0

Erledigungserklärungen nach § 91a ZPO stehen der Zurücknahme gleich, wenn keine Entscheidung über die Kosten ergeht oder die Entscheidung einer zuvor mitgeteilten Einigung der Parteien über die Kostentragung oder der Kostenübernahmeerklärung einer Partei folgt.

1422 Beendigung des gesamten Verfahrens, wenn nicht Nummer 1421 erfüllt ist, durch

1. **Zurücknahme der Berufung oder des Antrags,**
   a) **vor dem Schluss der mündlichen Verhandlung,**
   b) **in den Fällen des § 128 Abs. 2 ZPO vor dem Zeitpunkt, der dem Schluss der mündlichen Verhandlung entspricht;**
2. **Anerkenntnis- oder Verzichtsurteil,**
3. **gerichtlichen Vergleich oder**

---

219 *Hartmann* KV 1420 Rn. 2; **a.M.** OLG München RPfleger 1956, 30; *Hellstab* in Oe/He/Tre KV 1310–1324 Rn. 8.

	4. **Erledigungserklärungen nach § 91a ZPO, wenn keine Entscheidung über die Kosten ergeht oder die Entscheidung einer zuvor mitgeteilten Einigung der Parteien über die Kostentragung oder der Kostenübernahmeerklärung einer Partei folgt, es sei denn, dass bereits ein anderes als eines der in Nummer 2 genannten Urteile vorausgegangen ist:**	
	Die Gebühr 1420 ermäßigt sich auf	**2,0**
	Die Gebühr ermäßigt sich auch, wenn mehrere Ermäßigungstatbestände erfüllt sind.	
1423	**Beendigung des gesamten Verfahrens durch ein Urteil, das wegen eines Verzichts der Parteien nach § 313a Abs. 1 Satz 2 ZPO keine schriftliche Begründung enthält, wenn nicht bereits ein anderes als eines der in Nummer 1422 Nr. 2 genannten Urteile mit schriftlicher Begründung oder ein Versäumnisurteil vorausgegangen ist:**	
	Die Gebühr 1420 ermäßigt sich auf	**3,0**
	Die Gebühr ermäßigt sich auch, wenn daneben Ermäßigungstatbestände nach Nummer 1422 erfüllt sind.	

ABSCHNITT 3
Beschwerde

1430	**Verfahren über die Beschwerde** 1. **gegen die Zurückweisung eines Antrags auf Anordnung eines Arrests oder einer einstweiligen Verfügung oder** 2. **In Verfahren nach der Verordnung (EU) Nr. 655/2014.**	**1,5**

105 **KV 1430:** Entsprechend dem Grundsatz, dass für Rechtsmittelverfahren gegenüber dem Ausgangsverfahren höhere Gebühren anfallen sollen, ist nach KV 1430 auch für das Beschwerdeverfahren ein Gebührensatz von 1,5 und für das Rechtsbeschwerdeverfahren ein Gebührensatz von 2,0 getreten. Wegen des höheren Gebührensatzes ist in KV 1430 und 1431 für den Fall der Zurücknahme der Beschwerde oder der Rechtsbeschwerde eine Gebührenermäßigung auf 1,0 bzw. 1,5 eingeführt.

1431	**Beendigung des gesamten Verfahrens durch Zurücknahme der Beschwerde:** **Die Gebühr 1430 ermäßigt sich auf**	**1,0**

106 **Allgemeines:** Die Gebühren KV 1430, 1431 decken das **ganze Beschwerdeverfahren** ab einschließlich etwaiger Beweisanordnungen. Daneben ist keine besondere Gebühr für eine Entscheidung vorgesehen, wohl aber für einen Vergleich unter den Voraussetzungen nach KV 1900. Unanwendbar ist die Bestimmung für beschwerdeähnliche Verfahren wie Erinnerung, Widerspruch, Einspruch, Berufung, Revision oder Gegenvor-

stellung. Die Beschwerdegebühr wird neben der Verfahrensgebühr für das Hauptsacheverfahren erhoben, unabhängig davon, in welcher Instanz ein solches schwebt. Eine weitere Beschwerde oder eine Anschlussbeschwerde bilden auch gebührenrechtlich ein neues Beschwerdeverfahren. Darauf, ob die Beschwerde statthaft oder zulässig ist, kommt es nicht an. Ebenso wenig kommt es darauf an, ob sie als solche bezeichnet ist. Es kommt nur darauf an, als was das Gericht die Eingabe tatsächlich behandelt.[220] Wird infolge unrichtiger Sachbehandlung eine Eingabe fälschlich als Beschwerde behandelt, ist allenfalls an eine Nichterhebung der Gebühr nach § 21 zu denken.

Mehrere Beschwerden lösen die Gebühr nur einmal aus, wenn sie sich gegen **dieselbe Entscheidung** richten, und zwar auch dann, wenn sie von einer oder von mehreren Parteien gegeneinander, gleichzeitig oder nacheinander oder als Anschlussbeschwerde erhoben werden. Voraussetzung ist jedoch stets, dass die Beschwerdeinstanz, die mit der Einlegung der Beschwerde beginnt, hinsichtlich der zuerst eingelegten Beschwerde bei Einlegung der neuen Beschwerde noch nicht abgeschlossen war.[221] Ein Beschwerdeverfahren liegt auch vor, wenn vor Erledigung der Beschwerde diese auf weitere Punkte erstreckt wird, mag die Erweiterung auch in Form einer zweiten Beschwerde eingebracht werden. **Mehrere gebührenmäßig selbständige Beschwerden** liegen dagegen vor, wenn sie sich gegen verschiedene Entscheidungen richten, auch wenn sie vom Beschwerdegericht zu einem Verfahren verbunden und in einem Beschluss entschieden werden. Auch die weitere Beschwerde eröffnet gebührenrechtlich ein neues Beschwerdeverfahren. Das gilt auch dann, wenn eine Partei eine Beschwerde einlegt, weil das Gericht der Beschwerde der anderen Partei abgeholfen hat. 107

Es wird immer nur eine **Gebühr** erhoben, gleichgültig, ob die Beschwerde im Zusammenhang mit einem Berufungs- oder Revisionsverfahren steht oder ob es sich um eine weitere Beschwerde handelt. Es ist auch belanglos, in welcher Weise die Gebührenpflicht des der Beschwerde zu Grunde liegenden Verfahrens geregelt ist. Die Gebühr wird immer erhoben, auch wenn die Beschwerde zurückgenommen wird, wenn sie sich durch Vergleich erledigt hat, wenn sie verworfen oder zurückgewiesen wurde[222] oder wenn ihr das untere Gericht ganz oder teilweise abhilft. Denn die Gebühr entsteht und wird fällig mit dem Eingang der Beschwerde bei Gericht (§ 6). Im Einzelnen: 108

Eine Zurückweisung liegt auch in einem Beschluss, durch den eine vorherige Sicherheitsleistung angeordnet wird.[223] Bei Widerspruch gegen den Arrest oder gegen die einstweilige Verfügung sind KV 1430, 1431 nicht anwendbar. Auch die Berufung gegen ein im Arrestverfahren oder im Verfahren der einstweiligen Verfügung ergangenes Urteil fällt nicht unter KV 1430, 1418. Ebenso verhält es sich mit Beschwerdeverfahren wegen einstweiliger Anordnung in Ehesachen. Die Gebühr deckt das gesamte Beschwerdeverfahren ab, gleichgültig, in welcher Form das Beschwerdegericht entscheidet. Nach einer Zurückverweisung entstehen für das weitere erstinstanzliche Verfahren die Gebühren nach KV 1410–1412 nicht nochmals (§§ 34, 37). Im Falle einer Beschwerde gegen einen zweiten Zurückweisungsbeschluss entstehen die Gebühren nach KV 1417, 1418 erneut. 109

Der **Beschwerdewert** richtet sich nach dem Streitwert der mit der Beschwerde angegriffenen Entscheidung. Bezieht sich die Beschwerde nur auf einen Teil des Streitgegenstandes des zugrunde liegenden Verfahrens, ist der Wert des Teilbetrages der Beschwerdewert. Die Beschwerde gegen die Anordnung der Sicherheitsleistung hat kei- 110

220 OLG Hamm JurBüro 1972, 891.
221 OLG Nürnberg JurBüro 1963, 648.
222 OLG Hamburg JurBüro 1952, 342.
223 *Hellstab* in Oe/He/Tre KV 1951–1953 Rn. 10.

nen geringeren Wert als das Arrestverfahren oder das Verfahren der einstweiligen Verfügung.

HAUPTABSCHNITT 5
Vorbereitung der grenzüberschreitenden Zwangsvollstreckung

111 Der Hauptabschnitt regelt die Gebühren für die Vollstreckbarerklärung ausländischer Titel und für ähnliche Verfahren wie beispielsweise Anerkennungsverfahren. Die frühere, bis zum Inkrafttreten des KostRModG 2004 geltende, Unterscheidung zwischen Verfahren auf Zulassung der Zwangsvollstreckung nach dem Anerkennungs- und Vollstreckungsausführungsgesetz (AVAG) einerseits und Vollstreckbarerklärungsverfahren aufgrund sonstiger bilateraler Verträge andererseits ist aus Gründen der Vereinfachung aufgegeben worden.[224] Das folgt schon aus dem Wortlaut der Bestimmung. Die Gebühren sind insgesamt auf Festgebühren umgestellt worden. Dies vereinfacht die Kostenberechnung in diesen Verfahren. Die Gebührenhöhen sind so gewählt, dass sie dem Aufwand des Gerichts gerecht werden und für die betroffenen Parteien tragbar sind.

112 Wenn jedoch in einem Staatsvertrag bestimmt ist, dass ein Schuldtitel kostenfrei für vollstreckbar zu erklären ist, kommt eine Gebühr nach Nr. 1430 selbstverständlich nicht in Betracht. Das ist in vielen Fällen nach dem Haager Zivilprozessübereinkommen vom 1.3.1954 (BGBl. 1958, II, S. 577) und dem deutschen Ausführungsgesetz vom 18.12.1958 (BGBl. I 1958, S. 939) der Fall.[225]

Vorbemerkung 1.5:

113 **Die Vollstreckbarerklärung eines ausländischen Schiedsspruchs oder deren Aufhebung bestimmt sich nach Nummer 1620.**

ABSCHNITT 1
Erster Rechtszug

114 Die frühere Differenzierung zwischen dem Verfahren auf Zulassung der Zwangsvollstreckung nach dem Anerkennungs- und Vollstreckungsausführungsgesetz (AVAG) einerseits und Vollstreckbarerklärungsverfahren aufgrund sonstiger bilateraler Verträge andererseits hatte nur noch für wenige Länder Bedeutung. Außerdem ist die nach früherem Recht getroffene Unterscheidung zwischen dem Anerkennungs- bzw. Klauselerteilungsverfahren einerseits und dem Aufhebungs- oder Änderungsverfahren andererseits entfallen.

1510 Verfahren über Anträge auf
1. **Vollstreckbarerklärung ausländischer Titel,**
2. **Feststellung, ob die ausländische Entscheidung anzuerkennen ist,**
3. **Erteilung der Vollstreckungsklausel zu ausländischen Titeln,**

---

224 **A.M.** *Hartmann* KV 1510 Rn. 2.

225 Vgl. dazu z.B. *Feige*, Die Kosten des deutschen und französischen Vollstreckbarerklärungsverfahren, 1988.

	4. Aufhebung oder Abänderung von Entscheidungen in den in den Nummern 1 bis 3 genannten Verfahren oder über die Klage auf Erlass eines Vollstreckungsurteils und	
	5. Versagung der Anerkennung oder der Vollstreckung (§ 1115 ZPO).	**240,00 €**
1511	**Beendigung des gesamten Verfahrens durch Zurücknahme der Klage oder des Antrags vor dem Schluss der mündlichen Verhandlung oder, wenn eine mündliche Verhandlung nicht stattfindet, vor Ablauf des Tages, an dem die Entscheidung der Geschäftsstelle übermittelt wird:** **Die Gebühr 1510 ermäßigt sich auf**	**90,00 €**
	Erledigungserklärungen nach § 91a ZPO stehen der Zurücknahme gleich, wenn keine Entscheidung über die Kosten ergeht oder die Entscheidung einer zuvor mit- geteilten Einigung der Parteien über die Kostentragung oder der Kostenübernahmeerklärung einer Partei folgt.	

KV 1510–1511: In jedem der in KV 1510 genannten ausländischen, auf einen Staatsvertrag beruhenden vereinfachten Verfahren[226] entsteht die Gebühr KV 1510, welche im Hinblick auf den nicht unerheblichen Arbeitsaufwand, der in solchen Verfahren anfällt, und zwar auch für die Vorbereitungskosten,[227] in Höhe von 240 € angebracht ist. Wenn und soweit in einem entsprechenden Staatsvertrag keine Kostenregelung vorhanden ist, ist KV 1510 entsprechend anzuwenden.[228] Für ausländische **Schieds**sprüche nach §§ 1062, 1063 ZPO gilt gem. Vorbem. 1.5 KV 1620. Das 2. JustModG hat klargestellt, dass im Fall einer Klage auf Erlass eines Vollstreckungstitels nicht die Gebühr nach KV 1210,[229] sondern entsprechend der Begründung zum KostRModG 2004 eine solche nach KV 1510 anzusetzen ist.[230] Die Festgebühr nach KV 1510 ist für die Vollstreckbarkeit eines jeden Titels zu erheben. Wenn also **derselbe Schuldner** die Erteilung der Vollstreckungstitel zu mehreren ausländischen Titeln beantragt, fällt die Gebühr mehrmals, also für jeden Titel an.[231] Die gegenteilige Ansicht[232] ist weder mit dem Wortlaut des Gesetzes zu vereinbaren und würde auch zu unsinnigen Ergebnissen führen.[233] Die mit dem 2. JustModG eingefügte Bestimmung KV 1511 honoriert die rechtzeitige Antragsrücknahme mit einer Ermäßigung der Gebühr KV 1510. 115

KV 1510–1511 sind nicht anwendbar, wenn und soweit in einem Staatsvertrag bestimmt ist, dass ein Titel kostenfrei für vollstreckbar zu erklären ist (z.B. nach Art. 16, 19 HZPrÜbk). Das folgt aus § 2 Abs. 3 Satz 1. 116

---

226 *Hartmann* KV1510, Rn. 2; OLG Frankfurt/Main, Beschl.v.20.11.2012 – 18 W 59/12 –, JurionRS 2012, 36564.
227 OLG Koblenz JurBüro 2015, 596 = AGS 2015 407 = JurionRS 2015, 21675.
228 OLG Frankfurt/Main, Beschl.v.20.11.2012 – 18 W 59/12 –, JurionRS 2012, 36564.
229 So *Baumbach/Lauterbach/Albers/Hartmann* § 722 Rn. 10.
230 So schon *Zöller-Geimer* § 722 Rn. 119.
231 NK-GK/*Thiel* KV 1510 Rn. 2.
232 *Zimmermann* in Binz u.a., KV 1510 Rn. 1.
233 So zutreffend NK-GK/Thiel KV 1510 Rn. 2.

1512	**Verfahren über Anträge auf Ausstellung einer Bescheinigung nach § 57 AVAG oder § 27 IntErbRVG**	**15,00 €**
1513	**Verfahren über Anträge auf Ausstellung einer Bestätigung nach § 1079 ZPO oder über Anträge auf Ausstellung einer Bescheinigung nach § 1110 ZPO *oder nach § 58 AVAG.*[234]**	**20,00 €**

117 **KV 1512–1513:** Die Vorschriften KV 1512–1513 sind durch das 2. Justizmodernisierungsgesetz neu nummeriert worden. Die Gebühr ist gegenüber der der Nr. 1512 um 50% erhöht, um den teilweise höheren Aufwand der Gerichte bei der Erteilung von Bestätigungen nach der EG-Verordnung Rechnung zu tragen.

1514	**Verfahren nach § 3 Abs. 2 des Gesetzes zur Ausführung des Vertrages zwischen der Bundesrepublik Deutschland und der Republik Österreich vom 6. Juni 1959 über die gegenseitige Anerkennung und Vollstreckung von gerichtlichen Entscheidungen, Vergleichen und öffentlichen Urkunden in Zivil- und Handelssachen vom 8. März 1960 (BGBl. I S. 169)**	**60,00 €**

118 **KV 1514** entspricht der bis zum 20.10.2005 geltenden Bestimmung KV 1512 und ist durch das EG-Vollstreckungstitel-Durchführungsgesetz und weiter durch das 2. Justizmodernisierungsgesetz umnummeriert worden. Für das Verfahren nach § 3 Abs. 2 des Gesetzes zur Ausführung des Vertrages zwischen der Bundesrepublik Deutschland und der Republik Österreich vom 6. Juni 1959 über die gegenseitige Anerkennung und Vollstreckung von gerichtlichen Entscheidungen, Vergleichen und öffentlichen Urkunden in Zivil- und Handelssachen vom 8. März 1960 (BGBl. I S. 169) sieht das geltende Recht in Nummern KV 1410 bis 1415 KV sechs Gebührentatbestände vor, in denen insbesondere nach Art und Inhalt der zu treffenden gerichtlichen Entscheidung unterschieden wird. Eine solche differenzierte Betrachtungsweise ist sachlich nicht geboten. Zudem ist die Zahl der betroffenen Verfahren gering. Es ist daher eine einheitliche Festgebühr eingeführt worden.

ABSCHNITT 2
Rechtsmittelverfahren

1520	**Verfahren über Rechtsmittel in den in den Nummern 1510 und 1513 genannten Verfahren**	**360,00 €**
1521	**Beendigung des gesamten Verfahrens durch Zurücknahme des Rechtsmittels, der Klage oder des Antrags, bevor die Schrift zur Begründung des Rechtsmittels bei Gericht eingegangen ist: Die Gebühr 1520 ermäßigt sich auf**	**90,00 €**

234 „oder nach § 58 AVAG" gültig ab 1.10.2015 (BGBl. I 2015, S. 1034).

1522	**Beendigung des gesamten Verfahrens durch Zurücknahme des Rechtsmittels, der Klage oder des Antrags vor dem Schluss der mündlichen Verhandlung oder, wenn eine mündliche Verhandlung nicht stattfindet, vor Ablauf des Tages, an dem die Entscheidung der Geschäftsstelle übermittelt wird, wenn nicht Nummer 1521 erfüllt ist:** **Die Gebühr 1520 ermäßigt sich auf**	**180,00 €**
	Erledigungserklärungen nach § 91a ZPO stehen der Zurücknahme gleich, wenn keine Entscheidung über die Kosten ergeht oder die Entscheidung einer zuvor mitgeteilten Einigung der Parteien über die Kostentragung oder der Kostenübernahmeerklärung einer Partei folgt.	
1523	**Verfahren über Rechtsmittel in** **1. den in Nummern 1512 und 1513 genannten Verfahren und** **2. Verfahren über die Berichtigung oder den Widerruf einer Bestätigung nach § 1079 ZPO** **Das Rechtsmittel wird verworfen oder zurückgewiesen**	**60,00 €**

KV 1520–1523: Die Bestimmungen dienen der Vereinheitlichung der Kosten für die dort bezeichneten Rechtsmittelverfahren. Wie in der ersten Instanz ist auch hier eine einheitliche Festgebühr für alle Rechtsmittelverfahren in Höhe des 1,5-fachen der erstinstanzlichen Gebühr nach KV 1510 anzusetzen. **119**

HAUPTABSCHNITT 6
Sonstige Verfahren

In diesem Hauptabschnitt sind die Gebühren für besondere Verfahren, für die nicht die allgemeinen Gebührenvorschriften Anwendung finden sollen, eingestellt. **120**

ABSCHNITT 1
Selbstständiges Beweisverfahren

1610	**Verfahren im Allgemeinen**	**1,0**

Die Gebührenvorschrift zum selbstständigen Beweisverfahren entspricht der KV 1610 a.F. Das selbständige Beweisverfahren richtet sich nach §§ 485ff. ZPO und kann in Rahmen eines anhängigen Zivilverfahrens oder außerhalb eines solchen stattfinden. Die Gebühr nach KV 1610 deckt die gesamte Tätigkeit des Gerichts in einem solchen Verfahren ab, einschließlich der Bestellung eines Vertreters nach § 494 ZPO. Jeder neue Antrag lässt eine neue Gebühr entstehen, und zwar auch dann, wenn das Gericht über die Anträge gemeinsam entscheidet. Demgegenüber ist ein Antrag auf Ergänzung oder auf eine Berichtigung kein neuer Antrag.[235] Um einen neuen Antrag handelt es sich jedoch, wenn das Gericht über eine darin enthaltene neue Tatsache Beweis erheben soll. Das ist auch **121**

235 Vgl. *Hartmann* KV 1610 Rn. 4.

dann der Fall, wenn der Antragsgegner seinerseits die Vernehmung eines Zeugen beantragt.[236] Dem Sinn des selbständigen Beweisverfahrens entsprechend ist bei der Frage, ob ein neuer Antrag vorliegt oder nicht, darauf abzustellen, ob dieser sich auf dasselbe Beweismittel bezieht oder nicht. Denn durch dieses Verfahren sollen nicht bestimmte Tatsachen festgestellt, sondern Beweismittel gesichert werden.[237] Im Einzelfall kann die Abgrenzung schwierig sein. Die Kosten des selbständigen Beweisverfahrens sind Gerichtskosten.[238] Eine in einem selbständigen Beweisverfahren ergangene Kostenentscheidung hat aber nur für den Ansatz der Gerichtskosten Bedeutung und kann bei einem Hauptverfahren mit identischem Streitgegenstand nur einmal (insoweit also nicht gesondert) angesetzt werden.[239] Eine Anrechnung der Gebühr nach KV 1610 auf die allgemeine Verfahrensgebühr findet nicht statt.

ABSCHNITT 2
Schiedsrichterliches Verfahren

UNTERABSCHNITT 1
Erster Rechtszug

1620	**Verfahren über die Aufhebung oder die Vollstreckbarerklärung eines Schiedsspruchs oder über die Aufhebung der Vollstreckbarerklärung**	**2,0**
	Die Gebühr ist auch im Verfahren über die Vollstreckbarerklärung eines ausländischen Schiedsspruchs oder deren Aufhebung zu erheben.	
1621	**Verfahren über den Antrag auf Feststellung der Zulässigkeit oder Unzulässigkeit des schiedsrichterlichen Verfahrens**	**2,0**
1622	**Verfahren bei Rüge der Unzuständigkeit des Schiedsgerichts.**	**2,0**
1623	**Verfahren bei der Bestellung eines Schiedsrichters oder Ersatzschiedsrichters.**	**0,5**
1624	**Verfahren über die Ablehnung eines Schiedsrichters oder über die Beendigung des Schiedsrichteramtes**	**0,5**
1625	**Verfahren zur Unterstützung bei der Beweisaufnahme oder zur Vornahme sonstiger richterlicher Handlungen**	**0,5**
1626	**Verfahren über die Zulassung der Vollziehung einer vorläufigen oder sichernden Maßnahme oder über die Auf-**	

236 OLG München NJW-RR 1997, 318; LG Stade RPfleger 1966, 58.
237 So auch *Hartmann* KV 1610 Rn. 4.
238 BGH JurBüro 2003, 268 = MDR 2003, 596.
239 OLG Karlsruhe JurBüro 2000, 590.

	hebung oder Änderung einer Entscheidung über die Zulassung der Vollziehung	**2,0**
	Im Verfahren über die Zulassung der Vollziehung und in dem Verfahren über die Aufhebung oder Änderung einer Entscheidung über die Zulassung der Vollziehung werden die Gebühren jeweils gesondert erhoben.	
1627	**Beendigung des gesamten Verfahrens durch Zurücknahme des Antrags:** **Die Gebühren 1620 bis 1622 und 1626 ermäßigen sich auf**	**1,0**

KV 1620 bis 1626: Die Bestimmung betrifft sämtliche, also auch ausländische, schiedsrichterliche Verfahren. Die Gebühren erfassen nur Tätigkeiten des Gerichts nach dem zehnten Buch der ZPO. Eine Vollstreckbarerklärung oder Niederlegung wird von den Gebühren der KV 1510 ff. und ein Aufhebungsprozess von denen nach KV 1210 ff. erfasst. Der Zweck der Gebühren nach KV 1620 bis 1626 besteht darin, dass die notwendige Einarbeitung des staatlichen Gerichts in die mit verfahrensrechtlichen Besonderheiten des außergerichtlichen Schiedsverfahrens und die mit Mühe verbundene Hilfeleistung der Gerichte angemessen abgegolten wird. Der Katalog der Gebührentatbestände für die Tätigkeiten des Gerichts im schiedsrichterlichen Beschlussverfahren (mit freigestellter mündlicher Verhandlung) ist abschließend. Mit Ausnahme der KV 1622 enthalten die Gebührentatbestände jeweils mehrere gebührenpflichtige Verfahren. Für jedes dieser Verfahren entstehen separate Gebühren.[240] Es handelt sich um Verfahrensgebühren, die mit Einreichung des Antrags fällig werden (§ 6). Der Streitwert richtet sich nach § 48. In den Fällen nach KV 1620, 1622, 1623 ist das mithin der volle Wert der Ansprüche, die Gegenstand des dem gerichtlichen Verfahren zugrunde liegenden Schiedsspruchs sind.[241] In den Fällen KV 1625, 1626 ist der Wert nach Abwägung aller Umstände zu bestimmen, wobei nicht das Interesse einer Partei am Ausgang des Schiedsverfahrens, sondern die Integrität des Schiedsgerichts schützenswert sein soll. Beim Wert KV 1625 ist der Wert der unterstützenden Maßnahmen maßgeblich, während bei KV 1626 der Gedanke des einstweiligen Rechtschutzes bei der Bewertung einzufließen hat. 122

KV 1627 ist zusätzlich in das Kostenverzeichnis aufgenommen worden, da die Gebühren KV 1620 bis 1622 und 1626 im Falle der Antragsrücknahme unangemessen hoch wären. 123

UNTERABSCHNITT 2
Rechtsbeschwerde

1628	**Verfahren über die Rechtsbeschwerde in den in den Nummern 1620 bis 1622 und 1626 genannten Verfahren**	**3,0**

Entsprechend dem Grundsatz, dass für Rechtsmittelverfahren gegenüber dem Ausgangsverfahren höhere Gebühren anfallen sollen, ist für das Rechtsbeschwerdeverfahren eine Gebühr mit einem Gebührensatz von 3,0 bestimmt. Auch hier handelt es sich um eine echte Verfahrensgebühr,[242] die unabhängig vom Ausgang des Rechtsbeschwerde- 124

240 *Hellstab* in Oe/He/Tre KV 1630 – 38 Rn. 4.
241 *Hellstab* in Oe/He/Tre KV 1630 – 38 Rn. 7; **a.M.** BayObLG JurBüro 1992, 700.
242 BGH NJW-RR 2004, 287.

verfahrens erhoben wird, sofern das Gericht darüber zu entscheiden hat. Auch dann, wenn keine Sachentscheidung (Zurückweisung als unzulässig) ergeht, ist die Gebühr, die mit dem Eingang des Antrags entsteht und fällig wird, anzusetzen.

1629	**Beendigung des gesamten Verfahrens durch Zurücknahme der Rechtsbeschwerde oder des Antrags:** **Die Gebühr 1628 ermäßigt sich auf**	**1,0**

125 Die Bestimmung ist – wie auch KV 1627 – zusätzlich in das KV aufgenommen worden. Anders als nach altem Recht[243] ermäßigt sich die Gebühr nach KV 1628, wenn das gesamte Rechtsbeschwerdeverfahren durch Zurücknahme der Rechtsbeschwerde oder des Antrags erledigt wird. Grund der Ermäßigung ist der, dass die Gebühr KV 1628 in solchen Fällen unangemessen hoch wäre, zumal dem Beschwerdegericht weitere Arbeit erspart wird.

ABSCHNITT 3
Besondere Verfahren nach dem Gesetz gegen Wettbewerbsbeschränkungen, dem Wertpapiererwerbs- und Übernahmegesetz und dem Wertpapierhandelsgesetz

1630	**Verfahren über einen Antrag nach § 169 Abs. 2 Satz 5 und 6, Abs. 4 Satz 2, § 173 Abs. 1 Satz 3 oder nach § 176 GWB**	**3,0**

126 Die Vorschrift enthält eine Verfahrensgebühr. Denn die Bearbeitung des Antrags verursacht bei Gericht schon einigen Aufwand.

1631	**Beendigung des gesamten Verfahrens durch Zurücknahme des Antrags:** **Die Gebühr 1630 ermäßigt sich auf**	**1,0**

127 Wenn in den Fällen KV 1630 der Antrag vor dem Ergehen einer Entscheidung zurückgenommen wird, ermäßigt sich die Gebühr nach KV 1630 um 2,0.

1632	**Verfahren über den Antrag nach § 50 Abs. 3 bis 5 WpÜG, auch i.V.m. § 37u Abs. 2 WpHG** **Mehrere Verfahren gelten innerhalb eines Rechtszugs als ein Verfahren.**	**5,0**

ABSCHNITT 4
Besondere Verfahren nach dem Aktiengesetz und dem Umwandlungsgesetz

128 Dieser Abschnitt ist durch das DLRLJuG mit Wirkung vom 28.12.2010 geändert worden. Die bisherigen Gebühren für die in der alten Nummer 1640 KV GKG genannten aktienrechtlichen Verfahren vor dem Oberlandesgericht wurden dem erheblichen Aufwand

243 BGH NJW-RR 2004, 287 m.w.N.

des Gerichts nicht gerecht. So wird in aktienrechtlichen Freigabeverfahren in der Regel erst nach mündlicher Verhandlung entschieden. Der Geltungsbereich der Gebühr 1640 KV GKG ist daher auf Verfahren nach § 148 Absatz 1 und 2 AktG, für die das Landgericht zuständig ist, beschränkt. In einer neuen Nummer 1641 werden nun die Verfahren vor dem Oberlandesgericht zusammengefasst und ein Gebührensatz von 1,5 erhoben. Die nachfolgenden Gebühren des Abschnitts 4 mussten jeweils um eine Nummer aufrücken. Der Ermäßigungstatbestand für die Beendigung des Verfahrens ohne Entscheidung (Nummer 1642) gilt durch eine entsprechende Anpassung des Gebührentatbestands für beide Verfahrensarten.[244]

UNTERABSCHNITT 1
Erster Rechtszug

1640	**Verfahren nach § 148 Abs. 1 und 2 des Aktiengesetzes**	**1,0**
1641	**Verfahren nach den §§ 246a, 319 Abs. 6 des Aktiengesetzes, auch i.V.m. § 327a Abs. 2 des Aktiengesetzes oder § 16 UmwG**	**1,5**
1642	**Beendigung des gesamten Verfahrens ohne Entscheidung:** **Die Gebühr 1640 und 1641 ermäßigen sich auf**	**0,5**
	(1) Die Gebühr ermäßigt sich auch im Fall der Zurücknahme des Antrags vor Ablauf des Tages, an dem die Entscheidung der Geschäftsstelle übermittelt wird. **(2) Eine Entscheidung über die Kosten steht der Ermäßigung nicht entgegen, wenn die Entscheidung einer zuvor mitgeteilten Einigung der Parteien über die Kostentragung oder der Kostenübernahmeerklärung einer Partei folgt.**	

UNTERABSCHNITT 2
Beschwerde

1643	**Verfahren über die Beschwerde in den in Nummer 1640 genannten Verfahren**	**1,0**
1644	**Beendigung des Verfahrens ohne Entscheidung:** **Die Gebühr 1643 ermäßigt sich auf**	**0,5**
	(1) Die Gebühr ermäßigt sich auch im Fall der Zurücknahme der Beschwerde vor Ablauf des Tages, an dem die Entscheidung der Geschäftsstelle übermittelt wird.	

244 BT-Ds. 17/3356 S. 20.

(2) Eine Entscheidung über die Kosten steht der Ermäßigung nicht entgegen, wenn die Entscheidung einer zuvor mitgeteilten Einigung der Parteien über die Kostentragung oder der Kostenübernahmeerklärung einer Partei folgt.

ABSCHNITT 5
Sanierungs- und Reorganisationsverfahren nach dem Kreditinstitute-Reorganisationsgesetz

1650	**Sanierungsverfahren**	**0,5**
1651	**Die Durchführung des Sanierungsverfahrens wird nicht angeordnet:** **Die Gebühr 1650 beträgt**	**0,2**
1652	**Reorganisationsverfahren**	**1,0**
1653	**Die Durchführung des Reorganisationsverfahrens wird nicht angeordnet:** **Die Gebühr 1652 beträgt:**	**0,2**

129 Entsprechend des unterschiedlichen Aufwands ist die Gebühr für das Sanierungsverfahren mit 0,5 nur halb so hoch wie die für das Reorganisationsverfahren. Wenn es – aus welchen Gründen auch immer – nicht zur Durchführung des jeweiligen Verfahrens kommt, ermäßigt sich die jeweilige Gebühr auf 0,2. Wegen der hohen Bilanzsummen wird in der Regel der Höchstwert von 30 Mio. € (§ 39 Abs. 2) maßgebend sein. Wegen der Bedeutung der Verfahren und der großen Verantwortung des Gerichts hält der Gesetzgeber die regelmäßig sehr hohen Gebühren für durchaus angemessen.[245]

HAUPTABSCHNITT 7
Rüge wegen Verletzung des Anspruchs auf rechtliches Gehör

1700	**Verfahren über die Rüge wegen Verletzung des Anspruchs auf rechtliches Gehör (§ 321a ZPO, auch i.V.m. § 122a PatG oder § 89a MarkenG; § 71a GWB):** **Die Rüge wird in vollem Umfang verworfen oder zurückgewiesen**	**60,00 €**

130 Die Gebühr ist nur dann anzusetzen, wenn eine Rüge nach § 321a ZPO erfolglos war.[246] Damit soll dem Missbrauch dieses Instituts vorgebeugt werden. Hat die Rüge indessen wenigstens teilweise Erfolg, was etwa dann der Fall sein kann, wenn mehrere Verstöße gerügt werden, die aber nicht sämtlich entscheidungserheblich waren, ist KV 1700 unanwendbar.

245 Begr. zum RStruktG, BT-Ds. 17/3024 S. 83.
246 BGH Beschl. v. 8.9.2014 – X AZR 196/14 –.

Voraussetzung ist ferner, dass die Rüge förmlich nach § 321a Abs. 2 ZPO erhoben worden ist. „Rügen", die vor dem Abschluss des Prozesses eingebracht werden, fallen nicht hierunter. Das kann dann der Fall sein, wenn nach dem Schluss der letzten mündlichen Verhandlung aber vor Verkündung der Entscheidung eine entsprechende Rüge in einem nicht nachgelassenen Schriftsatz eingebracht wird und das Gericht keinen Anlass zur Wiedereintritt in die mündliche Verhandlung (§ 156 ZPO) sieht. **131**

HAUPTABSCHNITT 8
Sonstige Beschwerden und Rechtsbeschwerden

Der Hauptabschnitt enthält die Gebührenbestimmungen für Beschwerdeverfahren, soweit diese nicht bereits in den vorhergehenden Hauptabschnitten geregelt sind. **132**

ABSCHNITT 1
Sonstige Beschwerden

In den Gebührentatbeständen dieses Abschnitts ist durch das DLRLJuG ab dem 28.12.2010 die Aufzählung der verfahrensrechtlichen Vorschriften, die den Geltungsbereich der Gebühr bestimmen, um § 494a Absatz 2 Satz 2 ergänzt worden, weil die jeweiligen Gebühren unabhängig vom Ausgang des Verfahrens anfallen. Bei diesen Verfahren handelt es sich um echte Streitverfahren. **133**

1810	**Verfahren über Beschwerden nach § 71 Abs. 2, § 91a Abs. 2, § 99 Abs. 2 und § 269 Abs. 5 oder § 494a Abs. 2 ZPO**	**90,00 €**
1811	**Beendigung des Verfahrens ohne Entscheidung: Die Gebühr 1810 ermäßigt sich auf** **(1) Die Gebühr ermäßigt sich auch im Fall der Zurücknahme der Beschwerde vor Ablauf des Tages, an dem die Entscheidung der Geschäftsstelle übermittelt wird.** **(2) Eine Entscheidung über die Kosten steht der Ermäßigung nicht entgegen, wenn die Entscheidung einer zuvor mitgeteilten Einigung der Parteien über die Kostentragung oder der Kostenübernahmeerklärung einer Partei folgt.**	**60,00 €**

KV 1810–1811: KV 1810 sieht Festgebühren vor, da es sich hierbei um Beschwerden gegen Kostengrundentscheidungen handelt, bei denen sich der Beschwerdewert in einem überschaubaren Rahmen bewegt. Eine Festgebühr von 90 € trägt dem Arbeitsaufwand des Gerichts in angemessener Weise Rechnung. **134**

KV 1810 findet nur in den in der Vorschrift genannten Beschwerdeverfahren Anwendung und dort, wo die ZPO die entsprechende Anwendung von in KV 1810 genannten Bestimmungen vorschreibt. Darauf, ob die Beschwerde statthaft ist oder nicht, kommt es nicht an (vgl. § 1 Rn. 29). Die Gebühr gilt für das **ganze Beschwerdeverfahren** einschließlich etwaiger Beweisanordnungen. Daneben ist keine besondere Gebühr für eine Entscheidung vorgesehen, wohl aber für einen Vergleich unter den Voraussetzungen von KV 1900. Unanwendbar ist die Bestimmung für beschwerdeähnliche Verfahren wie Erin- **135** nerung, Widerspruch, Einspruch, Berufung, Revision oder Gegenvorstellung. Die Beschwerdegebühr wird neben der Verfahrensgebühr für das Hauptsacheverfahren erhoben, unabhängig davon, in welcher Instanz ein solches schwebt. Eine weitere Beschwerde oder eine Anschlussbeschwerde bildet auch gebührenrechtlich ein neues Beschwerdeverfahren. Darauf, ob die Beschwerde statthaft oder zulässig ist, kommt es nicht an. Ebenso wenig kommt es darauf an, ob sie als solche bezeichnet ist. Es kommt nur darauf, als was das Gericht die Eingabe tatsächlich behandelt.[247] Wird infolge unrichtiger Sachbehandlung eine Eingabe fälschlich als Beschwerde behandelt, ist allenfalls an eine Nichterhebung der Gebühr nach § 21 zu denken.

136 Mehrere Beschwerden lösen die Gebühr KV 1810 nur einmal aus, wenn sie sich gegen **dieselbe Entscheidung** richten, und zwar auch dann, wenn sie von einer oder von mehreren Parteien gegeneinander, gleichzeitig oder nacheinander oder als Anschlussbeschwerde erhoben werden. Voraussetzung ist jedoch stets, dass die Beschwerdeinstanz, die mit der Einlegung der Beschwerde beginnt, hinsichtlich der zuerst eingelegten Beschwerde bei Einlegung der neuen Beschwerde noch nicht abgeschlossen war.[248] Ein Beschwerdeverfahren liegt auch dann vor, wenn vor Erledigung der Beschwerde diese auf weitere Punkte erstreckt wird, mag die Erweiterung auch in Form einer zweiten Beschwerde eingebracht werden.

137 Mehrere gebührenmäßig selbständige Beschwerden liegen dagegen vor, wenn sie sich **gegen verschiedene Entscheidungen** richten, auch wenn sie vom Beschwerdegericht zu einem Verfahren verbunden und in einem Beschluss entschieden werden. Auch die weitere Beschwerde eröffnet gebührenrechtlich ein neues Beschwerdeverfahren. Das gilt auch dann, wenn eine Partei eine Beschwerde einlegt, weil das Gericht der Beschwerde der anderen Partei abgeholfen hat.

138 Es wird immer nur eine **Gebühr** erhoben, gleichgültig, ob die Beschwerde im Zusammenhang mit einem Berufungs- oder Revisionsverfahren steht oder ob es sich um eine weitere Beschwerde handelt. Es ist auch belanglos, in welcher Weise die Gebührenpflicht des der Beschwerde zu Grunde liegenden Verfahrens geregelt ist. Die Gebühr wird immer erhoben, auch wenn die Beschwerde zurückgenommen wird, wenn sie sich durch Vergleich erledigt hat, wenn sie verworfen oder zurückgewiesen wurde[249] oder wenn ihr das untere Gericht ganz oder teilweise abhilft. Denn die Gebühr entsteht und wird fällig mit dem Eingang der Beschwerde bei Gericht (§ 6). Im Einzelnen:

139 **§ 71 Abs. 2 ZPO:** Wird gegen das Zwischenurteil fälschlich Berufung eingelegt, erwächst die Gebühr für das Beschwerdeverfahren, wenn die Berufung als Beschwerde behandelt wird. Andernfalls werden die Gebühren nach KV 1250–1252 erhoben. Die Beschwerdegebühr fällt auch an, wenn statt durch Zwischenurteil im Endurteil über die Nebenintervention entschieden wird. Hat das Gericht zu Unrecht statt durch Zwischenurteil durch Beschluss entschieden, ist die Gebühr für eine gegen diesen Beschluss erhobene Beschwerde gleichfalls nach KV 1810 zu erheben, wobei im Fall der Aufhebung des Beschlusses durch das Beschwerdegericht eine Nichterhebung nach § 21 in Betracht kommen kann. Die Gebühr KV 1810 erwächst auch im Falle einer weiteren Beschwerde.

140 **§ 91a Abs. 2 ZPO:** Bei Zurücknahme oder sonstiger Erledigung ohne Entscheidung ermäßigt sich die Gebühr gemäß KV 1811. Bei nur teilweiser Erledigung ist KV 1811 allerdings nicht anwendbar.

141 **§ 99 Abs. 2 ZPO:** Gleichgültig ist, ob die angefochtene Entscheidung durch Urteil oder Beschluss ergangen ist, wie es auch auf die Bezeichnung des Rechtsmittels nicht

247 OLG Hamm JurBüro 1972, 891.
248 OLG Nürnberg JurBüro 1963, 648.
249 OLG Hamburg JurBüro 1952, 342.

ankommt, sondern darauf, wie das Gericht das Rechtsmittel tatsächlich behandelt. Das oben (Rn. 127) Gesagte gilt entsprechend.

§ 269 Abs. 4 ZPO: Die der sofortigen Beschwerde zugrundeliegende Entscheidung ergeht in einem gebührenfreien Verfahren. Auch für eine etwaige weitere Beschwerde sind KV 1810, 1811 abwendbar. Bei Berufungs- und Revisionsrücknahme ist eine Beschwerde gegen einen Beschluss nach §§ 516 Abs. 3, 565 ZPO unzulässig. Wird sie dennoch eingelegt, sind KV 1810, 1811 sinngemäß anzuwenden. Auf einen Beschwerdewert kommt es für die Berechnung der Gerichtkosten nicht (mehr) an, da Festgebühren anzusetzen sind. Der Beschwerdewert kann aber für die Berechnung der Rechtsanwaltsvergütung bedeutsam sein. Es ist dann der Betrag der bis zur Klagerücknahme (bei Rechtsmittelrücknahme die in der Rechtsmittelinstanz) erwachsenen Kosten.[250] 142

1812	**Verfahren über nicht besonders aufgeführte Beschwerden, die nicht nach anderen Vorschriften gebührenfrei sind:** **Die Beschwerde wird verworfen oder zurückgewiesen**	**60,00 €**
	Wird die Beschwerde nur teilweise verworfen oder zurückgewiesen, kann das Gericht die Gebühr nach billigem Ermessen auf die Hälfte ermäßigen oder bestimmen, dass eine Gebühr nicht zu erheben ist.	

Allgemeines: KV 1812 enthält eine einheitliche Festgebühr für sämtliche Beschwerden, wenn und soweit sie nicht nach anderen Vorschriften gebührenfrei sind. KV 1812 ist mithin ein Auffangtatbestand für alle Beschwerden, die in den übrigen Tatbeständen des KV Teil 1 nicht besonders erfasst sind. 143

Hauptanwendungsfall für diesen Gebührentatbestand sind Beschwerden gegen Kostenfestsetzungsbeschlüsse nach § 104 Abs. 3 ZPO und im PKH-Prüfungsverfahren (§ 127 ZPO). Daneben kommen Beschwerdeverfahren in Betracht, in denen der Streitwert häufig nur schwierig bestimmbar ist. Die Erhebung einer Festgebühr soll insoweit zu einer erheblichen Verfahrensvereinfachung führen. Die Höhe der Gebühr liegt unter der Gebühr nach KV 1810. Die Höhe entspricht einer Wertgebühr aus einem Streitwert zwischen 900 € und 1.200 € und ist wegen der in den betreffenden Verfahren häufig sehr niedrigen Streitwerten ausreichend. 144

Auslagen: Keine Gebühr nach KV 1812 fällt selbstverständlich an für solche Beschwerdeverfahren, die nach besonderen ausdrücklichen Bestimmungen im GKG oder in anderen Gesetzen kosten- oder gebührenfrei sind. **Gebührenfreiheit** heißt nicht in jedem Falle auch **Auslagen**freiheit. Auslagen werden – sofern sie den im Auslagentatbestand eingerechnete Gebühr übersteigen – nach KV 9000 ff. erhoben. Insoweit gelten die allgemeinen Grundsätze. Will das Gericht auch eine Nichterhebung von Auslagen anordnen, muss es das im Kostenausspruch ausdrücklich sagen, wenn dem Kostenschuldner nicht nach allgemeinen Grundsätzen auch Auslagenfreiheit oder eine auch die Auslagen einschließende Kostenfreiheit zukommt. 145

Die Gebühr erwächst in diesem Fall nicht mit der Einlegung der Beschwerde, sondern erst, wenn sie **verworfen** oder **zurückgewiesen** wird, nicht aber, wenn sie Erfolg hat oder sich aus anderen Gründen (Zurücknahme, Vergleich, faktische Erledigung nach Untätigkeit oder Nichtweiterbetreiben, Zurückverweisung usw.) erledigt. Die Gebühr deckt dann aber das **gesamte Beschwerdeverfahren** ab, so dass für Beweisanordnungen, mündliche Verhandlung und Entscheidung, Zwischenentscheidungen usw. keine 146

250 BHGZ 15, 394.

weiteren Gebühren anfallen, wohl aber für einen **Vergleich** unter den Voraussetzungen nach KV 1900. Bei teilweiser Verwerfung oder Zurückweisung kann das Gericht die Gebühr nach billigem Ermessen halbieren oder bestimmen, dass sie ganz entfällt.[251] Wenn das Beschwerdegericht die Beschwerde größtenteils zurückweist, besteht indessen kein Anlass für eine Herabsetzung.[252] Auch KV 1812 gilt nur für Beschwerden und ist auf Erinnerungen, Gegenvorstellungen usw. nicht anwendbar. Das oben (Rn. 127) Gesagte gilt insoweit auch hier. In den Fällen der §§ 11 Abs. 2 S. 4, 5 RPflG und §§ 576, 577 Abs. 4 ZPO beginnt eine gebührenpflichtiges Beschwerdeverfahren erst mit dem Eingang der Beschwerde bei dem Beschwerdegericht.

147 Die Gebühr nach KV 1812 wird neben den Gebühren des Hauptsacheverfahrens erhoben, gleichgültig, in welcher Instanz die Hauptsache schwebt. Eine weitere Beschwerde bildet auch hier gebührenrechtlich ein neues Beschwerdeverfahren. Es kommt nicht darauf an, ob die Beschwerde überhaupt statthaft oder zulässig ist. Insoweit gilt das oben (Rn. 127) Gesagte ebenfalls.

148 Bei **mehreren Beschwerden** gilt das oben (Rn. 138) Gesagte.

149 **Gebühr:** Es wird für jede Beschwerde immer nur eine Gebühr erhoben. Gleichgültig ist, ob die Beschwerde im Zusammenhang mit einem Berufungs- oder Revisionsverfahren steht oder ob es sich um eine weitere Beschwerde handelt. Unerheblich ist auch, ob das der Beschwerde zugrundeliegende Verfahren gebührenpflichtig ist oder nicht und welche Gebühr dort erwachsen ist. Die Gebühr entsteht, wenn die Entscheidung **ergangen** ist. Das ist dann der Fall, wenn sie verkündet oder von der Geschäftsstelle zur Zustellung oder Mitteilung gegeben ist. Einer förmlichen Zustellung bedarf es nicht.[253] Eine nach diesem Zeitpunkt erfolgende Zurücknahme berührt das Entstehen der Gebühr nicht mehr. Wird gegen die Entscheidung des Gerichts abermals in zulässiger oder unzulässiger Weise Beschwerde eingelegt, beginnt ein neues Beschwerdeverfahren. Keine Gebührenpflicht entsteht aber dann, wenn das Beschwerdegericht zwar die angefochtene Entscheidung aufhebt, in der Sache aber genauso entscheidet wie die Vorinstanz.[254]

ABSCHNITT 2
Sonstige Rechtsbeschwerden

150 Rechtsbeschwerden sind grundsätzlich mit einer Gebühr in doppelter Höhe der für das vorausgehende Beschwerdeverfahren maßgebenden Gebühr zu bewerten.

1820	**Verfahren über Rechtsbeschwerden gegen den Beschluss, durch den die Berufung als unzulässig verworfen wurde (§ 522 Abs. 1 Satz 2 und 3 ZPO),**	**2,0**
1821	**Verfahren über Rechtsbeschwerden nach § 20 KapMuG**	**5,0**
1822	**Beendigung des gesamten Verfahrens durch Zurücknahme der Rechtsbeschwerde, bevor die zur Begründung der Rechtsbeschwerde bei Gericht eingegangen ist: Die Gebühren 1820 und 1821 ermäßigen sich auf**	1,0

251 Unzutreffend insoweit *Hartmann* KV 1812 Rn. 2.
252 LG Koblenz JurBüro 2010, 95.
253 OLG Nürnberg JurBüro 1967, 439.
254 KG RPfleger 1962, 122 (L).

Erledigungserklärungen nach § 91a ZPO stehen der Zurücknahme gleich, wenn keine Entscheidung über die Kosten ergeht oder die Entscheidung einer zuvor mitgeteilten Einigung der Parteien über die Kostentragung oder der Kostenübernahmeerklärung einer Partei folgt.

1823	**Verfahren über Rechtsbeschwerden in den Fällen des § 71 Abs. 1, § 91a Abs. 1, § 99 Abs. 2, § 269 Abs. 4, § 494a Abs. 2 Satz 2 oder § 516 Abs. 3 ZPO**	**180,00 €**
1824	**Beendigung des gesamten Verfahrens durch Zurücknahme der Rechtsbeschwerde, des Antrags oder der Klage, bevor die Schrift zur Begründung der Rechtsbeschwerde bei Gericht eingegangen ist: Die Gebühr 1823 ermäßigt sich auf**	**60,00 €**
1825	**Beendigung des gesamten Verfahrens durch Zurücknahme der Rechtsbeschwerde, des Antrags oder der Klage vor Ablauf des Tages, an dem die Entscheidung der Geschäftsstelle übermittelt wird, wenn nicht Nummer 1824 erfüllt ist: Die Gebühr 1823 ermäßigt sich auf**	**90,00 €**
1826	**Verfahren über nicht besonders aufgeführte Rechtsbeschwerden, die nicht nach anderen Vorschriften gebührenfrei sind: Die Rechtsbeschwerde wird verworfen oder zurückgewiesen**	**120,00 €**

Wird die Rechtsbeschwerde nur teilweise verworfen oder zurückgewiesen, kann das Gericht die Gebühr nach billigem Ermessen auf die Hälfte ermäßigen oder bestimmen, dass eine Gebühr nicht zu erheben ist.

1827	**Verfahren über die in Nummer 1826 genannten Rechtsbeschwerden; Beendigung des gesamten Verfahrens durch Zurücknahme der Rechtsbeschwerde, des Antrags oder der Klage vor Ablauf des Tages, an dem die Entscheidung der Geschäftsstelle übermittelt wird**	**60,00 €**

Unter **KV 1826** fallen insbesondere nicht statthafte Rechtsbeschwerden (Vgl. § 68 Rn. 27). **KV 1827** ist mit dem 2. KostRModG zu einem eigenständigen Gebührentatbestand umgewandelt worden. **151**

HAUPTABSCHNITT 9
Besondere Gebühren

1900	**Abschluss eines gerichtlichen Vergleichs: Soweit ein Vergleich über nicht gerichtlich anhängige Gegenstände geschlossen wird**	**0,25**

Die Gebühr entsteht nicht im Verfahren über die Prozesskostenhilfe. Im Verhältnis zur Gebühr für das Verfahren im Allgemeinen ist § 36 Abs. 3 GKG entsprechend anzuwenden.

152 **Allgemeines:** KV 1900 behandelt die in der Praxis wichtige Frage, wann und in welcher Höhe die Vergleichsgebühr bei einem **gerichtlichen Vergleich** (vor dem Richter oder Rechtspfleger) erwächst. Für eine über den Gegenstand des Rechtsstreits geschlossenen Vergleich wird keine Vergleichsgebühr erhoben, weil die Mitwirkung des Gerichts hier durch die allgemeine Verfahrensgebühr mit abgegolten ist. Soweit der Vergleichsgegenstand den Wert des Streitgegenstandes übersteigt, fällt keine weitere oder höhere Verfahrensgebühr an.[255] Vielmehr tritt an ihre Stelle insoweit die Vergleichsgebühr. Auf das Verhältnis der Vergleichsgebühr zur Verfahrensgebühr ist deshalb § 35 auch nicht sinngemäß anwendbar. Die Vergleichsgebühr ist eine Handlungs-(Akt-)gebühr.

153 **Voraussetzungen:** Ob ein Vergleich geschlossen ist oder nicht, ist nach § 779 BGB zu beurteilen.[256] Die bloße Einigung über ein streitiges Rechtsverhältnis reicht hier – im Gegensatz zu VV-RVG 1000 – nicht aus.[257] Erst Recht liegt kein Vergleich i.S.v. Nr. 1900 vor, wenn völlig unstreitige Ansprüche nur deklaratorisch in dem Vergleich einbezogen werden.[258] Allerdings ist es nicht erforderlich, dass die Voraussetzungen des § 794 Abs. 1 Ziffer 1 ZPO erfüllt sind. So reicht es aus, wenn ein Vergleich in einem Verfahren mit Anwaltszwang zwischen den Parteien ohne die Mitwirkung eines Anwalts geschlossen wird, sofern er nur gerichtlich protokolliert wird.[259] Er setzt ein gegenseitiges Nachgeben der Parteien voraus, das sich sowohl auf den sachlichen (materiellen) Anspruch als auch auf das Prozessrechtsverhältnis beziehen kann.[260] Demzufolge liegt ein Vergleich auch dann vor, wenn eine Partei den Anspruch anerkennt oder die Klage oder das Rechtsmittel zurücknimmt, die Gegenpartei aber trotzdem die Kosten ganz oder z.T. übernimmt.[261] Ein Vergleich kann schon darin liegen, dass die Parteien auf eine Klärung des Streitverhältnisses durch richterliche Entscheidung verzichten und sich freiwillig unter Aufgabe ihrer prozessualen Rechte in die Rolle des Unterlegenen begeben.[262] Das **Nachgeben** muss aber in jedem Falle **gegenseitig** sein.[263] **Ein gerichtlich protokollierter Vergleich ist i.S.d. Gebührenrechts ist immer als Vergleich zu werten**, selbst wenn er zu Unrecht nicht als Vergleich bezeichnet wird[264] oder wenn Verletzung des Anwaltszwanges behauptet wird.[265] Denn es spricht nicht nur die Vermutung prozessordnungsgemäßen Verhaltens des Gerichts dafür,[266] sondern auch der Grundsatz, dass im Kostenansatzverfahren grundsätzlich keine Überprüfung einer richterlichen Entscheidung durch den Kostenbeamten zu erfolgen hat. Das, was unter Billigung des Gerichts in den Prozessvergleich aufgenommen wird, ist daher als Vergleichsgegenstand zu werten. Das gilt auch für die in einem Vergleich getroffenen Feststellungen, sofern sie im Vergleich selbst stehen. Etwas anders gilt, wenn Feststellungen in einer Präambel dem eigentlichen Ver-

255 OLG München JurBüro 2009, 491 = MDR 2009, 894.
256 Vgl. dazu *Markl* FS für H. Schmidt, S. 88.
257 So auch *Hartmann* KV 1900 Rn. 4.
258 LAG Berlin-Brandenburg JurBüro 2009, 431 (zu VV-RVG 1000).
259 *Hartmann* KV 1900 Rn. 4; *Mümmler* JurBüro 1978, 161.
260 OLG Hamm JurBüro 1972, 692.
261 BGH NJW 1961, 1817; VersR 1970, 573; OLG Frankfurt aM MDR 1977, 590 = JZ 1977, 353.
262 OLG München NJW 1965, 1026 = JVBl. 1965, 140 = AnwBl. 1965, 214.
263 OLG München NJW 1969, 1306 = JurBüro 1969, 737 = RPfleger 1969, 251; **a.M.** *Keßler* DRiZ 1978, 79.
264 OLG Düsseldorf RPfleger 1969, 195 (L).
265 **A.M.** OLG Köln NJW 1972, 2317; *Hellstab* in Oe/He/Tre KV 1653 Rn. 11.
266 OLG München AnwBl. 1959, 302; 1961, 313 = JurBüro 1961, 450, 452 = MDR 1961, 949.

gleich vorangestellt sind. Dann haben diese Feststellungen i.d.R. nur Bedeutung für die Auslegung des der Präambel folgenden Vergleichstextes.[267] Dagegen ist es nicht unbedingt erforderlich, dass der Vergleich ausdrücklich auch als solcher bezeichnet ist.

KV 1900 setzt nicht voraus, dass durch den Vergleich der Rechtsstreit vollständig 154
beendet wird. Es reicht aus, wenn er im Rahmen eines Rechtsstreits geschlossen wird. So kommt es z.B. nicht selten vor, dass nur ein Teilbetrag einer Forderung eingeklagt wird und ein Vergleich über die ganze Forderung zustande kommt oder dass im Verfahren einer einstweiligen Verfügung ein Vergleich auch über die noch nicht anhängige Hauptsache geschlossen wird.[268] In einem solchen Fall sind die Streitwerte zu addieren. Weiter ist es nicht erforderlich, dass durch den Vergleich nur Pflichten begründet werden (wie z.B. Auflassungserklärungen), über die kein Streit bestand.[269] Denn KV 1900 unterscheidet ausdrücklich zwischen Streitgegenstand und Vergleichsgegenstand. Wenn aber Streitgegenstand das ist, worüber die Parteien sich streiten, muss auch Vergleichsgegenstand das sein, was sie zum Gegenstand des Vergleichs machen. Dabei kann es keinen Unterschied machen, ob die in den Vergleich einbezogenen Gegenstände bestritten sind oder nicht.[270] Es spricht jedenfalls eine Vermutung dafür, dass hinsichtlich der einbezogenen Gegenstände zumindest eine Unsicherheit besteht, deren Beseitigung Grund für die Parteien war, den Gegenstand in den Vergleich einzubeziehen. Das reicht für einen Vergleich i.S.v. § 779 BGB aus. Wenn beispielsweise ein Räumungsverfahren über Wohnraum durch Prozessvergleich beigelegt wird und darin eine Abfindung nur für die Räumung vereinbart wird, erhöht sich der Vergleichswert grundsätzlich nicht.[271] Anders, wenn die Abfindung zum Ausgleich notwendiger mit der Räumung verbundener Kosten des Mieters/Pächters (Umzugskosten pp.) vereinbart wird. Dann ist der Betrag als Vergleichswert i.S.v. KV 1900 zu nehmen.[272] Vgl. auch § 41 Rn. 10.

Der **Wert** des Vergleichsgegenstandes **kann höher** (aber nicht geringer) sein als 155
eine im Vergleich gewährte Abfindungssumme. Da für die in einem gerichtlichen Vergleich enthaltenen Beurkundungen keine Gebühren nach dem GNotKG zu erheben sind, wären solche Beurkundungen gebührenfrei, wenn aus ihrem Gegenstand nicht die Vergleichsgebühr zu erheben wäre. Dem Grundgedanken der KV 1900 ist aber gerade der gegenteilige Wille zu entnehmen, auch solche Gegenstände gebührenrechtlich zu erfassen, die nicht Streitgegenstand sind.[273]

Es ist ferner nicht erforderlich, dass der Vergleich einen **Vollstreckungstitel** schafft. 156
Es genügt schon, wenn er nicht vollstreckbare Formulierungen enthält. So reicht es aus, wenn sich eine oder beide Parteien für abgefunden erklären.

Die Vergleichsgebühr ist aber nicht zu erheben, wenn **weitere vor einem deut-** 157
schen Gericht anhängige Verfahren, für welche nach den Kostengesetzen eine eigene, die dortigen Verfahren insgesamt abgeltende Verfahrensgebühr angefallen

---

267 Vgl. dazu bei *Markl* FS für H. Schmidt, S. 87 ff., 89 ff.; OLG Zweibrücken JurBüro 1981, 737.

268 OLG Hamburg MDR 1959, 401 (L).

269 Dazu ausf. bei *Markl* FS für H. Schmidt, S. 87 ff. m.N.; *H. Schmidt* MDR 1975, 25; *Mümmler* JurBüro 1978, 897; 1980, 198; 1981, 515; **a.M.** KG ZZP 1955, 445; OLG Schleswig SchlHA 1955, 135 = JurBüro 1955, 192; LG Bayreuth JurBüro 1981, 1678; LG Verden JurBüro 1970, 256 m. Anm. v. *Schneider*.

270 OLG München AnwBl. 1963, 85.

271 OLG Köln MDR 1971, 854; LG Stuttgart Die Justiz 1997, 443.

272 OLG Schleswig RPfleger 1957, 6; OLG Neustadt MDR 1955, 745 = NJW 1955, 1404: LG Hamburg MDR 1961, 151; AG Köln NJW-RR 2003, 233 = NZM 2003, 106; *Oe/Wi/He* Streitwerthandbuch, 2. Aufl., S. 4 „Abfindung" = Komm. zum GKG, 53. Lieferung, Teil 7 Seite 2 „Abfindung".

273 Vgl. dazu näher bei *Markl* FS für H. Schmidt, S. 87 ff.

ist, in einem Rechtsstreit mit verglichen werden.[274] Denn hier übersteigt der Vergleichswert nicht die Summe der Streitgegenstände, für die bereits die allgemeine Verfahrensgebühr entstanden ist.[275] Wird in einem gebührenfreien Verfahren eine Verfahrensgebühr nicht erhoben, darf bis zum Streitwert des gebührenfreien Verfahrens auch keine Vergleichsgebühr erhoben werden.

158 Der **Vergleich** muss **vor Gericht**, also vor dem Richter oder dem Rechtspfleger geschlossen werden. Deshalb entsteht keine Vergleichsgebühr, wenn der Vergleich vor dem Urkundsbeamten der Geschäftsstelle geschlossen wird oder vor einer Gütestelle. Solche Vergleiche lösen wie alle außergerichtlichen Vergleiche die Gebühr KV 1900 nicht aus, und zwar auch dann nicht, wenn er einem protokollierten gerichtlichen Vergleichsvorschlag entspricht, wohl aber, wenn anschließend zu richterlichem Protokoll die Annahme des Vergleichs erklärt wird oder wenn der Vergleich zu Protokoll – auch als Anlage – gegeben wird. Anders liegt es nur, wenn dem Gericht die Annahme des Vergleichs lediglich mitgeteilt wird.

159 Der Vergleich muss in einem **Rechtsstreit** geschlossen sein, also in einer bürgerlichen Rechtsstreitigkeit. Hierzu zählt nicht nur das ordentliche Prozessverfahren, sondern jedes auf Entscheidung zielende streitige Verfahren wie der Hauptprozess, das Arrestverfahren oder das Verfahren der einstweiligen Verfügung (mit Ausnahme der in KV 1900 genannten Verfahren), das Beschwerdeverfahren, das selbständige Beweisverfahren sowie Vergleiche vor dem Vollstreckungsgericht. Unanwendbar ist KV 1900 aber auf einen im FGG-Verfahren oder im Familienverfahren nach dem FamFG geschlossenen Vergleich, auch wenn dadurch ein Zivilverfahren erledigt wird.

160 Die Vergleichsgebühr erwächst auch bei einem im **Prozesskostenhilfeprüfungsverfahren** geschlossenen Vergleich. Das war zum alten Recht in Rechtsprechung und Literatur umstritten und wurde teilweise abgelehnt, weil dieses Verfahren kein Rechtsstreit i.S.d. ZPO ist.[276] Dieser Streit ist durch die Anmerkung dahingehend entschieden worden dass die Vergleichsgebühr für einen Mehrvergleich auch im Prozesskostenhilfeverfahren entstehen kann.

161 Geschlossen ist der Vergleich, wenn er rechtswirksam geworden ist. Ein späterer – auch vorbehaltener – Widerruf ist ohne Belang. Er wird rückwirkend beseitigt, wenn seine Nichtigkeit festgestellt ist,[277] nicht aber, wenn die Parteien nachträglich seine Aufhebung vereinbaren. Wird die Nichtigkeit festgestellt, ist die Vergleichsgebühr nicht zu erheben und ggf. zurückzuerstatten.[278] Geschieht eine Feststellung der Rechtswirksamkeit eines Vergleichs durch einen neuen Vergleich, erwächst hierfür keine zweite Vergleichsgebühr, wenn und soweit der Vergleichsgegenstand identisch ist.[279] Ist der Gegenstandswert des zweiten Vergleichs höher als der des ersten, ist die Gebühr nach dem höheren Wert insgesamt nur einmal zu erheben.

162 Eine **Vergleichsgebühr** erwächst nur, soweit der Wert des Vergleichsgegenstandes den Wert des nicht gerichtlich anhängigen Gegenstandes, der in den Vergleich einbezogen wird, den Wert des anhängigen Verfahrens übersteigt. Das trifft nicht zu, wenn der Vergleich nur über den Streitgegenstand geschlossen wird oder wenn andere anhängige Verfahren einbezogen werden, wobei es keine Rolle spielt, in welcher Instanz

---

274 LG Mannheim, Beschl. v. 30.7.2013 – 7 O 149/12 – = Openjur 2013 43694; *Hartmann* KV 1900 Rn. 13; *Zimmermann* in Binz u.a., KV 1900 Rn. 12.

275 Allg. Ansicht, vgl. etwa bei *Hartmann* KV 1900 Rn. 13.

276 *Hartmann* KV 1900 Rn. 3; *Pecher* NJW 1981, 2170; *Thomas/Putzo* § 118 Rn. 11; **a.M.** *Hellstab* in Oe/He/Tre KV 1653 Rn. 15.

277 BGH NJW 1959, 532.

278 Dazu OLG Hamm JurBüro 1980, 550 und 1027 = RPfleger 1980, 162.

279 OLG Koblenz JurBüro 1978, 702; KG JurBüro 1977, 659.

diese anhängig sind. In solchen Fällen gilt § 36 Abs. 3 sinngemäß. Das gilt auch, wenn die Parteien mehrere Verfahren miteinander führen – gleichviel in welcher Instanz die einzelnen Verfahren schweben und sich in dem einen Verfahren insgesamt vergleichen. Der Wert der Vergleichsgebühr ist der Wert, um den der Wert des Vergleichsgegenstandes den des Streitgegenstandes übersteigt. Diese Werte sind nach §§ 48 ff. zu bestimmen.[280] Die allgemeine Verfahrensgebühr erhöht sich durch einen Prozessvergleich nicht.[281] Die Vergleichsgebühr ist vielmehr neben der Verfahrensgebühr zu erheben, und zwar nach dem Wert des Mehrbetrages.

Wenn und soweit indessen eines der betroffenen Verfahren nicht mehr anhängig ist 163
oder wenn die Verfahrensgebühr infolge einer Antragrücknahme völlig weggefallen ist, fällt die Vergleichsgebühr an, weil das kein Fall der entsprechenden Anwendung des § 36 Abs. 3 GKG mehr ist.

1901	**Auferlegung einer Gebühr nach § 39 GKG wegen Verzögerung des Rechtsstreits**	**Wie vom Gericht bestimmt**
1902	**Anmeldung eines Anspruchs zum Musterverfahren (§ 10 Abs. 2 KapMuG)**	**0,5**

TEIL 2
Zwangsvollstreckung nach der Zivilprozessordnung, Insolvenzverfahren und ähnlichen Verfahren

Im Teil 2 sind die Vorschriften über die Kosten in Zwangsvollstreckungsangelegen- 1
heiten nach den Vorschriften der ZPO, in Zwangsversteigerungs- und Zwangsverwaltungssachen nach dem ZVG, in Insolvenzverfahren nach der InsO und ähnlichen Verfahren zusammengefasst. Mit Ausnahme der Gebühren KV 2117, 2120 und 2123 für das Verteilungsverfahren nach §§ 872 ff. ZPO werden aus Vereinfachungsgründen in Zwangsvollstreckungsangelegenheiten nach der ZPO in sämtlichen Rechtszügen Festgebühren erhoben. Die Gebühren werden mit Eingang des Antrags fällig und sind als Verfahrensfestgebühren auch zu erheben, wenn der Antrag zurückgenommen wird. Eine Ermäßigung ist dann nicht möglich. **Erinnerungen** gegen die Festsetzung gehören noch zum Rechtszug und sind gebührenfrei. Für die übrigen in diesem Teil geregelten Verfahren werden Festgebühren jedoch nur für die Antragstellung und die dagegen gerichteten Rechtsmittel erhoben. Ansonsten sind Wertgebühren vorgesehen.

HAUPTABSCHNITT 1

Vorbemerkung 2.1

Dieser Hauptabschnitt ist auch auf Verfahren zur Erwirkung eines Europäischen Beschlusses zur vorläufigen Kontenpfändung im Fall des Artikels 5 Buchstabe b der Verordnung (EU) Nr. 655/2014 sowie auf alle Verfahren über Anträge

280 BGH JurBüro 1979, 1796; vgl. auch bei *Hartmann* KV 1900 Rn. 9 ff., m.N.
281 OLG München JurBüro 2009, 491 = MDR 2009, 894.

auf Einschränkung oder Beendigung der Vollstreckung eines Europäischen Beschlusses zur vorläufigen Kontenpfändung (§ 954 Abs. 2 ZPO i.V.m. Artikel 34 der Verordnung (EU) Nr. 655/2014) anzuwenden. Im Übrigen bestimmen sich die Gebühren nach Teil 1 Hauptabschnitt 4 oder Teil 8 Hauptabschnitt 3.

1a Durch die Vorbemerkung 2. 1 und die Ergänzung der Nr. 2111 wird bestimmt, dass in den Fällen, in denen der Gläubiger bereits einen Zahlungstitel erwirkt hat (Art. 5 Buchstabe b EuKoPfVO), die gleichen Kosten anfallen wie bei der Pfändung einer Geldforderung nach den Vorschriften der ZPO.

1. HAUPTABSCHNITT
Zwangsvollstreckung nach der Zivilprozessordnung

ABSCHNITT 1
Erster Rechtszug

2 Der Abschnitt 1 enthält in den KV 2110 bis 2117 Bestimmungen über die erstinstanzlichen Zwangsvollstreckungsverfahren nach den Vorschriften der ZPO.

2110	**Verfahren über den Antrag auf Erteilung einer weiteren vollstreckbaren Ausfertigung (§ 733 ZPO)**	**20,00 €**

Die Gebühr wird für jede weitere vollstreckbare Ausfertigung gesondert erhoben. Sind wegen desselben Anspruchs in einem Mahnverfahren gegen mehrere Personen gesonderte Vollstreckungsbescheide erlassen worden und werden hiervon gleichzeitig mehrere weitere vollstreckbare Ausfertigungen beantragt, wird die Gebühr nur einmal erhoben.

3 **KV 2110:** Durch die Gebühr soll sichergestellt werden, dass die Festgebühr von 20 € für jeden Antrag auf Erteilung einer weiteren vollstreckbaren Ausfertigung gesondert anfällt. Die Gebühr wird auch dann erhoben, wenn die (gebührenfreie) Erstausfertigung auf dem Postweg verloren geht. Der Gläubiger kann die Gebühr aber, wenn er den Verlust nicht zu vertreten hat, insoweit als Erstattungsanspruch gegen den Schuldner geltend machen.[1] Im maschinellen Mahnverfahren erlässt das Gericht gegen jeden Antragsgegner einen gesonderten Vollstreckungsbescheid, wenn gegen mehrere Personen derselbe Anspruch geltend gemacht wird (Gesamtschuldnerschaft). Die Anmerkung zu 2110 KV GKG stellt deshalb klar, dass der Antragsteller nicht mit Mehrkosten belastet wird, wenn er weitere vollstreckbare Ausfertigungen einer Mehrzahl von Titeln begehrt, die im ordentlichen Streitverfahren in einer einheitlichen Entscheidung zusammenzufassen wären. Das gilt aber nur, wenn die weiteren vollstreckbaren Ausfertigungen **gleichzeitig** beantragt werden. Anderenfalls ist jeder Antrag gesondert zu berechnen. Gebühren nach KV 2110 werden jedoch nicht erhoben, wenn die erste Ausfertigung im Verantwortungsbereich des Gerichts abhanden gekommen ist.[2]

1 LG Bonn JurBüro 2010, 374.
2 KG JurBüro 2008, 43 (LS mit Volltextservice).

2111	**Verfahren über Anträge auf gerichtliche Handlungen der Zwangsvollstreckung gemäß § 829 Abs. 1, §§ 835, 839, 846 bis 848, 857, 858, § 886 bis 888 oder § 890 ZPO sowie im Verfahren zur Erwirkung eines Europäischen Beschlusses zur vorläufigen Kontenpfändung im Fall des Artikels 5 Buchstabe b der Verordnung (EU) Nr. 655/2014**	**20,00 €**
	Mehrere Verfahren innerhalb eines Rechtszugs gelten als ein Verfahren, sofern sie denselben Anspruch und denselben Gegenstand betreffen.	

KV 2111: Die Aufzählung ist abschließend und gilt nur für die dort aufgezählten Gegenstände. Auch hier löst jeder neue Antrag – sofern er nicht denselben Anspruch oder denselben Gegenstand betrifft (z.B.: Pfändungs- und Überweisungsbeschluss)– unabhängig von seinem weiteren Schicksal eine neue Gebühr aus. Kostenschuldner sind Antragsteller und Vollstreckungsschuldner. Ob die Kosten notwendig i.S.v. § 788 ZPO sind, kann der in Anspruch genommene Kostenschuldner erforderlichenfalls im Erinnerungsverfahren nach § 66 GKG klären.[3] 4

2112	**In dem Verfahren zur Erwirkung eines Europäischen Beschlusses zur vorläufigen Kontenpfändung wird ein Antrag auf Einholung von Kontoinformationen gestellt**	
	Die Gebühr 2111 erhöht sich auf	**33,00 €**

KV 2112. Die Einholung von Kontoinformationen durch das Gericht auf Antrag des Gläubigers ist vergleichbar mit entsprechenden Einholung solcher Informationen durch den Gerichtsvollzieher. Die Festgebühr soll deshalb ebenso hoch sein, wie die des Gerichtsvollziehers. 4a

2113	Verfahren über den Antrag auf Vollstreckungsschutz nach § 765a ZPO	**20,00 €**

KV 2113 ist auch anwendbar, wenn neben dem Verfahren nach § 765a ZPO ein Verfahren nach § 30a ZVG anhängig ist,[4] für das dann aber eine besondere Gebühr erwächst. Die Erinnerungsverfahren sind gebührenfrei. 5

2114	**Verfahren über den Antrag auf Erlass eines Haftbefehls (§ 802g Abs. 1 ZPO)**	**20,00 €**
2115	**Verfahren über den Antrag auf Abnahme der eidesstattlichen Versicherung nach § 889 ZPO**	**35,00 €**

KV 2114: Für das bis Ende des Jahres 2012 gebührenfreie Verfahren über den Erlass eines Haftbefehls wird im Hinblick auf den nicht unerheblichen Aufwand des Vollstre- 6

3 Vgl. *Hagen Schneider* JurBüro 2004, 632 ff. (betr. Kosten für Antrag nach § 733 ZPO).
4 OLG Düsseldorf VersR 1977, 726.

ckungsgerichts ab dem 1.1.2013 eine Festgebühr als Verfahrensgebühr erhoben.[5] Die Gebühr entsteht mit dem Eingang des Antrags beim Gericht und wird fällig. Wenn der Gläubiger den Antrag bereits auf Abnahme der eidesstattlichen Versicherung beim Gerichtsvollzieher stellt, entsteht die Gebühr erst mit dem Eingang der Akte durch Übersendung des Gerichtsvollziehers beim Gericht. Das gilt auch, wenn der Schuldner unentschuldigt fernbleibt. Wegen Charakters als Verfahrensgebühr hat eine spätere Antragsrücknahme keinen Einfluss auf die Erhebung der Gebühr.[6]

6a **KV 2115** betrifft nur die Abnahme der eidesstattlichen Versicherung nach dem bürgerlichen Recht vor dem zuständigen Vollstreckungsgericht gemäß § 889 ZPO. Es handelt sich auch hier um eine Verfahrensgebühr für das Verfahren zur Abnahme der eidesstattlichen Versicherung vor dem Rechtspfleger,[7] die mit dem Eingang des Antrags beim Gericht entsteht und fällig wird. Mit der Gebühr der Aufwand für das gesamte Verfahren unabhängig von der Dauer und der Schwierigkeit abgegolten, jedoch entsteht für jeden Antrag in dem dazugehörenden gerichtlichen Verfahren eine neue Gebühr.[8] Die Rücknahme eines Antrags lässt die entstandene Verfahrensgebühr unberührt. Die Abnahme der Offenbarungsversicherung gemäß § 802c Abs. 3 ZPO durch den Gerichtvollzieher ist von KV 2114 nicht erfasst.[9]

2116 ***aufgehoben***

2117 ***aufgehoben***

7 **KV 2116, 2117 (früher 2115, 2116):** Die früheren Nrn. 2115–2116 sind ab dem 1.1.2013 durch das ZwVollStrÄndG aufgehoben worden. Das bis dahin geltende Recht ist jedoch gem. der Übergangsvorschrift des § 39 EGZPO i.d.F. des Art. 5 ZwVollStrÄndG[10] weiter anzuwenden. (Vgl. Teil 3 Anh. Ia).[11] Danach gelten für die Einsichtsbegehren von Drittgläubigern in die bis Ende 2012 bei den Vollstreckungsgerichten geführten und dort aufzubewahrenden Vermögensverzeichnisse nach den 1.1.2013 geltenden Kostenvorschriften des GKG in der bis Ende 2012 geltenden Fassung so lange weiter, bis der letzte Schuldner gelöscht ist.[12] Für die Gerichtgebühren sind das die Nrn. KV-GKG 2115 und 2116, während für die Auslagen weiterhin Abs. 3 der Anm. zu KV-GKG 9000 a.F. anzuwenden ist.

2117	**Verteilungsverfahren**	**0,5**

8 Die Gebühr deckt grundsätzlich das gesamte Verfahren nach §§ 872ff. ZPO ab, worunter auch ein anderweitiges Verfahren i.S.v. § 880 ZPO gehört. Auch kommt es nicht auf die Zahl der Verteilungspläne an. Eine Klage nach §§ 878ff. ZPO fällt aber unter KV 1210ff.

2118	**Verfahren über die Vollstreckbarerklärung eines Anwaltsvergleichs nach § 796a ZPO**	**60,00 €**

5 Dazu bei *D. Meyer* JurBüro 2012, 643, 644.
6 Vgl. NK-GK/*Volpert* KV-GKG 2013 Rn. 3–4.
7 OLG Düsseldorf FamRZ 1997, 1496; LG Bochum RPfleger 1999, 904.
8 *Hartmann* KV 2114 Rn. 1.
9 *Hartmann* KV 2114 Rn. 1.
10 BGBl. I 2009, 2258, 2272.
11 Dazu bei *D. Meyer* JurBüro 2012, 643, 645.
12 Thomas-Putzo-*Seiler* vor § 882b Rn. 2.

2119	**Verfahren über Anträge auf Beendigung, Verweigerung, Aussetzung oder Beschränkung der Zwangsvollstreckung nach § 965 Abs. 2, § 1084 ZPO oder nach § 31 AUG**	**30,00 €**

KV 2117–2119: Die Gebühr KV 2118 deckt das gesamte Verfahren nach §§ 796a, 796b ZPO ab, und zwar sowohl die Stattgabe als auch die Ablehnung des Antrags. Sie ist den Gebühren für die Vollstreckbarerklärung von Schiedssprüchen angeglichen. KV 2119 ist durch das EG-Vollstreckungstitel-Durchführungsgesetz eingefügt, lehnt sich an die Gebührenbestimmung nach KV 2112 an und ist für die besonderen Verfahren nach § 1084 ZPO vorgesehen. Wegen des teilweise im Vergleich zu KV 2112 höheren Prüfungsaufwandes der Gerichte ist die höhere Gebühr gerechtfertigt.[13] Die Gebühren entstehen mit dem Eingang des Antrags (§ 6). **9**

Abschnitt 2

Die Gebührenregelung für Kosten in Beschwerde- und Rechtsbeschwerdeverfahren in Zwangsvollstreckungsverfahren nach den Vorschriften der ZPO (§ 793 ZPO) ist dahingehend geändert worden, dass entsprechend der Systematik des Entwurfs immer dann Festgebühren vorgesehen sind, wenn auch im erstinstanzlichen Verfahren Festgebühren bestimmt sind. Die Höhe der Gebühren orientiert sich an der Höhe der Gebühren im erstinstanzlichen Verfahren und beträgt für die Beschwerde grundsätzlich das Doppelte und für die Rechtsbeschwerde das Vierfache. **10**

Gebühren nach KV 2120 bis 2123 werden nur erhoben, wenn die Beschwerde/Rechtsbeschwerde verworfen oder zurückgewiesen wird. Wenn sich das Verfahren aus anderen Gründen erledigt (Zurücknahme, faktische Erledigung nach Untätigkeit oder Nichtweiterbetreiben, Zurückverweisung), entsteht keine Gebühr. **11**

Wenn und soweit die Gebühren ausgelöst werden, decken sie aber das gesamte **Beschwerde-/Rechtsbeschwerdeverfahren** ab. Beweisanordnungen, evtl. mündliche Verhandlungen, Zwischenentscheidungen usw. lösen keine weiteren Gebühren aus. Anders liegt es nur, wenn das Verfahren durch einen gerichtlichen Vergleich beendet wird. Dann ist selbstverständlich die Vergleichsgebühr nach KV 1900 anzusetzen. **12**

Gebühr: Es wird für jede Beschwerde/Rechtsbeschwerde immer nur eine Gebühr erhoben, soweit sie zur Erhebung gelangt. Gleichgültig ist, ob die Beschwerde im Zusammenhang mit einem Berufungs- oder Revisionsverfahren steht oder ob es sich um eine weitere Beschwerde handelt. Unerheblich ist auch, ob das der Beschwerde zugrundeliegende Verfahren gebührenpflichtig ist oder nicht und welche Gebühr dort erwachsen ist. Die Gebühr entsteht, wenn die Entscheidung **ergangen** ist. Das ist dann der Fall, wenn sie verkündet oder von der Geschäftsstelle zur Zustellung oder Mitteilung gegeben ist. Einer förmlichen Zustellung bedarf es nicht.[14] Eine nach diesem Zeitpunkt erfolgende Zurücknahme berührt das Entstehen der Gebühr nicht mehr. Wird gegen die Entscheidung des Gerichts abermals in zulässiger oder unzulässiger Weise Beschwerde eingelegt, beginnt ein neues Beschwerdeverfahren. Keine Gebührenpflicht entsteht aber dann, wenn das Beschwerdegericht zwar die angefochtene Entscheidung aufhebt, in der Sache aber genauso entscheidet wie die Vorinstanz.[15] **13**

---

13 BT-Ds. 15/5222 S. 17.
14 OLG Nürnberg JurBüro 1967, 439.
15 KG RPfleger 1962, 122 (L).

Beschwerden

UNTERABSCHNITT 1
Beschwerde

2120	**Verfahren über die Beschwerde im Verteilungsverfahren: Soweit die Beschwerde verworfen oder zurückgewiesen wird**	**1,0**
2121	**Verfahren über nicht besonders aufgeführte Beschwerden, die nicht nach anderen Vorschriften gebührenfrei sind: Die Beschwerde wird verworfen oder zurückgewiesen**	**30,00 €**
	Wird die Beschwerde nur teilweise verworfen oder zurückgewiesen, kann das Gericht die Gebühr nach billigem Ermessen auf die Hälfte ermäßigen oder bestimmen, dass eine Gebühr nicht zu erheben ist.	

14 Die nach KV 2121 anzusetzende Gebühr ist ein Auffangtatbestand.

UNTERABSCHNITT 2
Rechtsbeschwerde

2122	**Verfahren über die Rechtsbeschwerde im Verteilungsverfahren: Soweit die Beschwerde verworfen oder zurückgewiesen wird**	**2,0**
2123	**Verfahren über die Rechtsbeschwerde im Verteilungsverfahren: Soweit die Beschwerde zurückgenommen oder das Verfahren durch anderweitige Erledigung beendet wird**	**1,0**
	Die Gebühr entsteht nicht, soweit der Beschwerde stattgegeben wird.	
2124	**Verfahren über nicht besonders aufgeführte Rechtsbeschwerden, die nicht nach anderen Vorschriften gebührenfrei sind: Die Rechtsbeschwerde wird verworfen oder zurückgewiesen**	**60,00 €**
	Wird die Rechtsbeschwerde nur teilweise verworfen oder zurückgewiesen, kann das Gericht die Gebühr nach billigem Ermessen auf die Hälfte ermäßigen oder bestimmen, dass eine Gebühr nicht zu erheben ist.	

HAUPTABSCHNITT 2
Verfahren nach dem Gesetz über die Zwangsversteigerung und die Zwangsverwaltung; Zwangsliquidation einer Bahneinheit

Im Hauptabschnitt 2 sind in KV 2210 bis 2232 die Bestimmungen über Verfahren nach dem Gesetz über die Zwangsversteigerung und die Zwangsverwaltung sowie die Zwangsliquidation einer Bahneinheit geregelt. 15

Vorbemerkung 2.2:

Die Gebühren 2210, 2220 und 2230 werden für jeden Antragsteller gesondert erhoben. Wird der Antrag von mehreren Gesamtgläubigern, Gesamthandsgläubigern oder Miteigentümern im Fall der Zwangsversteigerung zum Zweck der Aufhebung der Gemeinschaft gemeinsam gestellt, gelten diese als ein Antragsteller. Betrifft ein Antrag mehrere Gegenstände, wird die Gebühr nur einmal erhoben, soweit durch einen einheitlichen Beschluss entschieden wird. Für ein Verfahren nach § 765a ZPO wird keine, für das Beschwerdeverfahren die Gebühr 2240 erhoben; richtet sich die Beschwerde auch gegen eine Entscheidung nach § 30a ZVG, gilt Satz 2 entsprechend.

Die amtliche Anweisung stellt klar, dass die dort genannten Gebühren für jeden Antragsteller gesondert zu erheben sind. Gesamtgläubiger, die den Antrag gemeinsam stellen, sind danach aber kostenrechtlich wie ein Antragsteller zu behandeln. Das gilt auch für Gesamthandsgläubiger, die den Gesamtgläubigern gleichgestellt sind, weil eine unterschiedliche Behandlung nicht sachgerecht ist. Betrifft ein Antrag mehrere Gegenstände, ist die Gebühr nur einmal zu erheben, wenn durch einen einheitlichen Beschluss entschieden wird. 16

Das bezieht sich aber nur auf einen Antrag eines Antragstellers und nicht darauf, dass die Anträge mehrerer Antragsteller (auch wenn sie unterschiedliche Gegenstände betreffen) durch einen Beschluss entschieden werden. Schließlich stellt die amtliche Anweisung klar, dass für ein im Rahmen des ZVG geführtes Verfahren nach § 765a ZPO keine besondere Gebühr nach KV 2111 zu erheben ist, was aber für das Beschwerdeverfahren nicht gilt. Dort fällt die Beschwerdegebühr KV 2240–2243 nur einmal an, wenn über die Anträge nach § 765a ZPO und § 30a ZVG einheitlich durch Beschluss entschieden wird. 17

ABSCHNITT 1
Zwangsversteigerung

2210	**Entscheidung über den Antrag auf Anordnung der Zwangsversteigerung oder über den Beitritt zum Verfahren**	**100,00 €**

KV 2210: Bei KV 2210 handelt es sich um eine **Entscheidungsgebühr**, die erst mit der Entscheidung über den Antrag auf Zwangsversteigerung oder über den Beitritt zum Verfahren entsteht und damit **fällig** wird, und zwar unabhängig davon, welchen Inhalt die Entscheidung hat. Unter KV 2210 fällt auch der Antrag auf eine Zwangsversteigerung in besonderen Fällen (wie z.B. der zum Zwecke der Aufhebung einer Gemeinschaft)[16] und 18

16 *Drischler* JurBüro 1981, 1776.

für Entscheidungen über Anträge, die im Verwaltungszwangsverfahren oder nach der AO und des JBeitrG gestellt werden, nicht aber der Antrag auf Sequestration nach § 938 ZPO. Im Fall der Wiederversteigerung (§§ 132ff. ZVG) entsteht eine neue Gebühr.

2211	**Verfahren im Allgemeinen**	**0,5**

19 **KV 2211:** Mit der allgemeinen Verfahrensgebühr werden sämtliche Tätigkeiten des Gerichts für den Abschnitt ab der Anordnung des Verfahrens bis zum Beginn des Versteigerungstermins abgegolten, insbesondere Ermittlungen, Belehrungen, die Bestimmung des Verkehrswertes, die Bestimmung des Versteigerungstermins, ein Einstellungsverfahren oder die Abschlussverfügung nach Rücknahme des Versteigerungsantrags. Das Ersuchen um die Eintragung des Zwangsversteigerungsvermerks fällt aber noch unter KV 2210. Das Verfahren beginnt also mit der ersten zur Durchführung des Verfahrens bestimmten gerichtlichen Handlung. Die Handlungen müssen indessen auf den Weiterbetrieb, nicht auf die Beendigung des Verfahrens gerichtet sein, soweit dafür nicht besondere Gebühren wie für den Versteigerungstermin (KV 2213), den Zuschlag (KV 2214) oder das Verteilungsverfahren (KV 2215, 2216) vorgesehen sind.

2212	**Beendigung des Verfahrens vor Ablauf des Tages, an dem die Verfügung mit der Bestimmung des ersten Versteigerungstermins unterschrieben ist:** **Die Gebühr 2211 ermäßigt sich auf**	**0,25**

20 **KV 2212** Wenn das Datum in der Verfügung mit dem Tag, an dem tatsächlich die Unterschrift geleistet wurde, nicht identisch ist, ist maßgeblich für die Ermäßigung der Tag, **unter** dem unterschrieben ist, weil nur das Datum aktenkundig feststellbar ist. Eine Ausnahme ist nur bei nachgewiesener oder offensichtlicher falscher Datierung denkbar.

2213	**Abhaltung mindestens eines Versteigerungstermins mit Aufforderung zur Abgabe von Geboten** **Die Gebühr entfällt, wenn der Zuschlag aufgrund des § 74a oder des 85a ZVG versagt bleibt.**	**0,5**

21 **KV 2213:** Die Gebühr ist eine Terminsgebühr. Der Tatbestand ist erfüllt, wenn in einem Termin nach § 66 Abs. 2 ZVG zur Abgabe von Geboten aufgefordert wird. Die Gebühr fällt für jeden neu angesetzten Versteigerungstermin erneut an, sofern es sich nur um die Fortsetzung eines unterbrochenen Termins handelt. Das folgt schon aus dem Wort „mindestens" und ist im Übrigen durch die Motive des KostRÄndG 1994 belegbar. Die gegenteilige Ansicht, wonach die Gebühr unabhängig von der Anzahl der Versteigerungstermine nur einmal anfallen soll,[17] folgt weder aus dem Gesetzeswortlaut noch aus den Motiven des Gesetzes zwingend. Das Wort „mindestens" besagt nur, dass überhaupt ein (abgeschlossener) Versteigerungstermin stattfinden muss, um die Gebühr ansetzen zu können. Der Gesetzgeber hat damals gewusst, dass es in demselben Verfahren mehrere Versteigerungstermine geben kann, weswegen das Wort „mindestens" eingefügt worden ist. Danach sollten mit der Gebühr KV 2213 nur die bis dahin geltenden, inhaltlich identi-

17 LG Cottbus JurBüro 2007, 323 (LS mit Volltextservice).

schen Vorschriften sprachlich gestrafft werden, ohne dass eine sachliche Änderung erfolgen sollte.[18] Die Terminsgebühr nach KV 2213 entsteht aber nur, wenn das Gericht erstmals in einen Versteigerungstermin zur Abgabe von Geboten aufgefordert hat. Ein sog. Vortermin nach § 62 ZVG gehört nicht hierher, sondern ist mit der Gebühr KV 2210 abgegolten. Die Gebühr entfällt, wenn das Gericht den Zuschlag nach §§ 74a, 85a ZVG versagt. Wird in einem Versteigerungstermin ein **Vergleich** beurkundet, erwächst dafür keine besondere Gebühr, soweit der Wert des Vergleichs den Gegenstand des Zwangsversteigerungstermins nicht übersteigt. Andernfalls ist KV 1900 sinngemäß anzuwenden.

2214	**Erteilung des Zuschlags** **Die Gebühr entfällt, wenn der Zuschlagsbeschluss aufgehoben wird.**	**0,5**

KV 2214 gilt nur für die Erteilung des Zuschlags nach §§ 79 ff. ZVG. Die besondere Versteigerung beweglicher Sachen nach § 65 ZVG fällt dagegen unter KV 2210. Bei einer Aufhebung des Zuschlags entfällt die Gebühr KV 2214 wieder. Soweit sie bereits gezahlt wurde, ist sie zu erstatten. Die Kosten (Gebühren und Auslagen) dürfen nicht dem Erlös vorweg entnommen werden, sondern fallen immer dem Ersteher zur Last.[19] **22**

2215	**Verteilungsverfahren**	**0,5**
2216	**Es findet keine oder nur eine beschränkte Verteilung des Versteigerungserlöses durch das Gericht statt (§§ 143, 144 ZVG):** **Die Gebühr 2215 ermäßigt sich auf**	**0,25**

KV 2215, 2216: Die Gebühr nach KV 2215 deckt das gesamte Verteilungsverfahren, auch mehrerer Termine, nach §§ 105 ff. ZVG ab, einschließlich nachträglicher Verteilungshandlungen und der Auszahlung an die Berechtigten oder einer Hinterlegung. Sie ermäßigt sich nach KV 2216 unter den Voraussetzungen der §§ 143, 144 ZVG, sofern davon der gesamte Versteigerungserlös betroffen ist. Andernfalls bleibt es bei der KV 2215. Ein im Wiederversteigerungsverfahren stattfindendes Verteilungsverfahren löst die Gebühr erneut aus. **23**

ABSCHNITT 2
Zwangsverwaltung

2220	**Entscheidung über den Antrag auf Anordnung der Zwangsverwaltung oder über den Beitritt zum Verfahren**	**100,00 €**

Die Gebühr KV 2220 betrifft das **Antragsverfahren** auf Anordnung der Zwangsverwaltung und die Entscheidung über einen Beitrittsantrag. Daneben können auch die Gebühren für ein Zwangsversteigerungsverfahren (KV 2210 ff.) entstehen, wenn neben dem Zwangsverwaltungsverfahren ein Zwangsversteigerungsverfahren betrieben wird. **Ge-** **24**

18 Vgl. BT-Ds. 12/6922 S. 82.
19 LG Freiburg RPfleger 1991, 382.

genstand der Zwangsverwaltung können sein Grundstücke, Grundstücksbruchteile, Teileigentum, Wohnungseigentum, grundstücksgleiche Rechte und die unbewegliche Kuxe, nicht aber Luftfahrzeuge, Schiffe und Schiffbauwerke.

25 Voraussetzung für die Gebühr ist, dass ein förmliches Verfahren nach §§ 146 ff., 172 ZVG vorliegt, das die Befriedigung des betreibenden Gläubigers durch zwangsweise Bewirtschaftung, nicht durch Veräußerung, bezweckt und dass über den Antrag gemäß §§ 146, 15 bzw. 146, 27 ZVG entschieden wird. Dabei ist es gleichgültig, wie und mit welchem Ergebnis die Entscheidung ergeht und ob die Entscheidung vom Vollstreckungsgericht oder vom Beschwerdegericht getroffen wird. Die Rechtsgrundlage kann auch in einer einstweiligen Verfügung auf Durchführung der Zwangsverwaltung bestehen. Der Anordnungsbeschluss wird in diesem Falle aber nicht durch die einstweilige Verfügung ersetzt.

26 Verwaltungsmaßnahmen nach anderen Vorschriften als denen über die Zwangsverwaltung die das Gericht im Rahmen des Zwangsversteigerungsverfahrens trifft (z.B. nach §§ 25, 94, 165, 171c ZVG), fallen nicht unter KV 2220. Auch die Anordnung einer Sequestration nach § 938 ZPO fällt nicht unter KV 2220. Der Beschluss des Gerichts nach § 77 Abs. 2 ZVG ergeht zwar auf Antrag des Gläubigers. Dieser Überleitungsbeschluss ergeht aber im Rahmen Zwangsversteigerungsverfahrens und wird deshalb von der Gebühr KV 2211 abgedeckt. Nur das nachfolgende Zwangsverwaltungsverfahren löst die Gebühr KV 2221 aus.[20]

27 Außergerichtliche Zwangsverwaltungen lösen die Gebühr KV 2220 niemals aus.

2221	**Jahresgebühr für jedes Kalenderjahr bei Durchführung des Verfahrens**	**0,5 – mindestens 120,00 €, im ersten und letzten Kalenderjahr jeweils mindestens 60,00 €**
	Die Gebühr wird auch für das jeweilige Kalenderjahr erhoben, in das der Tag der Beschlagnahme fällt und in dem das Verfahren aufgehoben wird.	

28 Die Gebühr KV 2221 deckt das gesamte **Zwangsverwaltungsverfahren** ab, welches mit dem Wirksamwerden der Beschlagnahme **beginnt**, also mit der Zustellung des Anordnungsbeschlusses an den Schuldner oder Eigenbesitzer (§§ 146, 22, 147 ZVG) oder der Besitzergreifung durch den Zwangsverwalter (§ 151 ZVG) oder mit dem Eingang des Ersuchens um Eintragung des Zwangverwaltungsvermerks im Grundbuch (§§ 22, 146 ZVG). Maßgebend ist das erste der für den Eintritt der Beschlagnahme entscheidenden Ereignisse. Das Verfahren **endet** mit dem Wirksamwerden des Aufhebungsbeschlusses, auch wenn die Rechnungslegung erst nach dem Aufhebungsbeschluss erfolgt. Wird das Verfahren wegen des Zuschlags aufgehoben, endet es nicht mit dem Zuschlagsbeschluss, sondern mit dem darauf im Zwangsverwaltungsverfahren ergehenden Aufhebungsbeschluss. Bei Rücknahme endet das Verfahren mit dem Eingang der Rücknahmeerklärung

20 *Hartmann* KV 2220 Rn. 1.

bei Gericht.[21] Die Gebühr wird **fällig** nach § 7 Abs. 2. Die Mindestgebühr für ein Kalenderjahr ist wegen des gerichtlichen Aufwandes mit mindestens 120 € zu bemessen. Im ersten und letzten Rumpfjahr beträgt sie aber nur mindestens 60 €. **Eine Rücknahme** hat auf die Gebühr nur dann einen Einfluss, wenn sie vor dem Wirksamwerden der Beschlagnahme erfolgt, weil dann die Gebühr KV 2221 überhaupt nicht mehr entstehen kann. Erfolgt die Rücknahme während eines laufenden Jahres und ergeht der Aufhebungsbeschluss erst im folgenden Jahr, wird für das Jahr, in dem die Aufhebung erfolgte, keine Gebühr mehr geschuldet, weil bereits die Rücknahmeerklärung das Verfahren beendet hat. Die Vorschrift gilt aber nicht, wenn ein ergebnislos verlaufenes Zwangsversteigerungsverfahren als Zwangverwaltungsverfahren fortgesetzt wird.[22]

ABSCHNITT 3
Zwangsliquidation einer Bahneinheit

2230	**Entscheidung über den Antrag auf Eröffnung der Zwangsliquidation**	**60,00 €**

Die Gebühr KV 2230 erfasst nur die Entscheidung über den Antrag auf Zwangsliquidation einer Bahneinheit. Freiwillige Liquidationen sowie Zwangsversteigerungen oder Zwangsverwaltungen einer Bahneinheit fallen nicht unter diesen Abschnitt. Zu beachten ist die Gebührenfreiheit nach § 2. Die Gebühr wird auch hier erst mit der Entscheidung über den Antrag – gleich welchen Inhalts – ausgelöst. 29

2231	**Verfahren im Allgemeinen.**	**0,5**
2232	**Verfahren wird eingestellt:** **Die Gebühr 2231 ermäßigt sich auf**	**0,25**

KV 2231, 2232: Die Gebühr KV 2231 deckt das gesamte Verfahren ab, das nach der Entscheidung über den Antrag auf Eröffnung der Zwangsliquidation folgt. Sie ermäßigt sich nach KV 2232 nur, wenn es deshalb nicht zu einer abschließenden Durchführung kommt, weil das Verfahren eingestellt wird. Eine andere Beendigung des Verfahrens als durch Einstellung führt nicht zu der Ermäßigung. Die Gebühr wird fällig mit der Beendigung oder Einstellung. 30

ABSCHNITT 4
Beschwerden

Allgemeines: Die Gebührentatbestände des Abschnitts 4 gelten auch für Beschwerden, die Zwischenverfahren betreffen. So richten sich die Gerichtsgebühren für Beschwerden in Richterablehnungsverfahren im Zwangsversteigerungsverfahren nach KV 2240, 2241.[23] Mit den KV 2242 und 2243 sind eigene Gebührentatbestände für die Rechts- 31

21 *Hellstab* in Oe/He/Tre § 30 Rn. 8.
22 *Hartmann* KV 2220 Rn. 1.
23 OLG Düsseldorf JurBüro 2008, 376 (LS mit Volltextservice) = MDR 2008, 1067.

beschwerde geschaffen worden. Die Höhe wird entsprechend der allgemeinen Systematik mit dem Doppelten der für die Beschwerde vorgesehenen Gebühr angesetzt.

UNTERABSCHNITT 1
Beschwerde

2240	**Verfahren über Beschwerden, wenn für die angefochtene Entscheidung eine Festgebühr bestimmt ist:** **Die Beschwerde wird verworfen oder zurückgewiesen**	**120,00 €**
	Wird die Beschwerde nur teilweise verworfen oder zurückgewiesen, kann das Gericht die Gebühr nach billigem Ermessen auf die Hälfte ermäßigen oder bestimmen, dass eine Gebühr nicht zu erheben ist.	
2241	**Verfahren über nicht besonders aufgeführte Beschwerden, die nicht nach anderen Vorschriften gebührenfrei sind:** **Soweit die Beschwerde verworfen oder zurückgewiesen wird**	**1,0**

UNTERABSCHNITT 2
Rechtsbeschwerde

2242	**Verfahren über Rechtsbeschwerden, wenn für die angefochtene Entscheidung eine Festgebühr bestimmt ist:** **Die Rechtsbeschwerde wird verworfen oder zurückgewiesen**	**240,00 €**
	Wird die Rechtsbeschwerde nur teilweise verworfen oder zurückgewiesen, kann das Gericht die Gebühr nach billigem Ermessen auf die Hälfte ermäßigen oder bestimmen, dass eine Gebühr nicht zu erheben ist.	
2243	**Verfahren über nicht besonders aufgeführte Rechtsbeschwerden, die nicht nach anderen Vorschriften gebührenfrei sind:** **Soweit die Rechtsbeschwerde verworfen oder zurückgewiesen wird**	**2,0**

HAUPTABSCHNITT 3
Insolvenzverfahren

32 Der Hauptabschnitt 3 enthält in KV 2310 bis 2363 die Gebührensätze für das Insolvenzverfahren.[24] Die Gebühr KV 2361 ist Auffangtatbestand für alle nicht besonders aufgeführten Beschwerden.

24 Dazu auch bei *Klanke* in Lorenz/Klanke GKG Rn. 48 ff. m.N.

Vorbemerkung 2.3:

Der Antrag des ausländischen Insolvenzverwalters steht dem Antrag des Schuldners gleich.

(Rn. 33 nicht besetzt) 33

ABSCHNITT 1
Eröffnungsverfahren

2310	**Verfahren über den Antrag des Schuldners auf Eröffnung des Insolvenzverfahrens** **Die Gebühr entsteht auch, wenn das Verfahren nach § 306 InsO ruht.**	**0,5**

KV 2310: Die Vorschrift betrifft die Gebühr für den Antrag eines **Schuldners** auf Eröffnung des Insolvenzverfahrens und deckt das gesamte **Verfahren über den Eröffnungsantrag** ab.[25] Zu diesem Zeitpunkt wird die Gebühr fällig (§ 6 Abs. 1 Nr. 2).[26] Das Eröffnungsverfahren beginnt mit dem Eingang des – auch des unzulässigen – Antrags und endet mit der Eröffnung des Insolvenzverfahrens, mit der Abweisung des Antrags, mit der Nichtzulassung oder der Rücknahme des Antrags (welche die Erhebung der Gebühr nicht mehr berührt). Vor allem sind damit die Ermittlungen, Anordnungen nach §§ 20ff. InsO und die Aufhebung vorläufiger Maßnahmen erfasst. Auch der Antrag eines Sozialversicherungsträgers zählt hierzu.[27] Ebenso verhält es sich mit dem Antrag des ausländischen Insolvenzverwalters. Vgl. im Übrigen auch bei §§ 6, 23, 33. 34

Keine gesonderten Gebühren entstehen für die Anordnung von Sicherungsmaßnahmen (§ 21 InsO), für die Anhörung des Schuldners durch das Gericht (§§ 20, 97 InsO), für die Abnahme einer eidesstattlichen Versicherung (§§ 20, 98 Abs. 1 InsO) oder für den Erlass eines Haftbefehls (§§ 20, 98 Abs. 2 InsO), denn die **bei der Eröffnung des Insolvenzverfahrens** zu treffenden **Maßnahmen** zählen schon zum Durchführungsverfahren und fallen unter KV 2320 bis 2322. Nicht abgegolten durch die Gebühr KV 2310 ist auch das **Beschwerdeverfahren**. Hebt aber das Beschwerdegericht den Eröffnungsbeschluss auf, entfällt die für die Durchführungsmaßnahmen erwachsene Gebühr gemäß KV 2230, nicht aber die nach KV 2310 oder 2311. 35

2311	**Verfahren über den Antrag eines Gläubigers auf Eröffnung des Insolvenzverfahrens**	**0,5** **mindestens** **180,00 €**

Die Gebühr KV 2311 betrifft den Fall, dass ein **Gläubiger** einen Antrag auf Eröffnung des Insolvenzverfahrens stellt. Im Gegensatz zum Antrag des Schuldners ist hier abweichend von § 34 Abs. 2 eine Mindestgebühr von 180 € bestimmt. Gläubiger i.d.S. ist auch 36

25 Vgl. dazu *Delhaes* KTS 1987, 599.
26 Vgl. dazu auch *Zimmer* RPfleger 2009, 16.
27 Vgl. *Hartmann* KV 2311 Rn. 2.

der Sozialversicherungsträger, wenn er einen Antrag auf Eröffnung des Insolvenzverfahrens stellt sowie der Antrag des Bundesaufsichtsamtes nach § 46b S. 3 KWG. Kosten für das vorläufige Insolvenzverfahren, insbesondere für den vorläufigen Insolvenzverwalter sind bei einer Ablehnung des Insolvenzverfahrens keine Auslagen und in diesem Fall von der Staatskasse zu tragen.[28]

37 **Mehrere Anträge** verschiedener Gläubiger oder der Antrag des Schuldners und eines Gläubigers lösen die Gebühr mehrmals aus, auch wenn die Anträge verbunden oder gar in einem Schriftsatz enthalten sind, sofern die mehreren Gläubiger nicht als Gesamtgläubiger handeln.[29]

38 Zu den Gebühren nach KV 2310, 2311 kommen selbstverständlich noch die (mitunter nicht unerheblichen) **Auslagen** (z.B. für die zwangsweise Vorführung durch den Gerichtsvollzieher nach § 98 Abs. 3 InsO, § 909 ZPO oder die Entschädigung eines Sachverständigen).

ABSCHNITT 2
Durchführung des Insolvenzverfahrens auf Antrag des Schuldners

Vorbemerkung 2.3.2:

Die Gebühren dieses Abschnitts entstehen auch, wenn das Verfahren gleichzeitig auf Antrag eines Gläubigers eröffnet wurde.

2320	**Durchführung des Insolvenzverfahrens** **Die Gebühr entfällt, wenn der Eröffnungsbeschluss auf Beschwerde aufgehoben wird.**	**2,5**
2321	**Einstellung des Verfahrens vor dem Ende des Prüfungstermins nach den §§ 207, 211, 212, 213 InsO:** **Die Gebühr 2320g ermäßigt sich auf**	**0,5**
2322	**Einstellung des Verfahrens nach dem Ende des Prüfungstermins nach den §§ 207, 211, 212, 213 InsO:** **Die Gebühr 2320 ermäßigt sich auf**	**1,5**

ABSCHNITT 3
Durchführung des Insolvenzverfahrens auf Antrag eines Gläubigers

Vorbemerkung 2.3.3:

Dieser Abschnitt ist nicht anzuwenden, wenn das Verfahren gleichzeitig auf Antrag des Schuldners eröffnet wurde.

2330	**Durchführung des Insolvenzverfahrens**	**3,0**

28 LG Frankfurt aM RPfleger 1986, 496.

29 LG Gießen JurBüro 1996, 486; LG Berlin RPfleger 1972, 330; *Hartmann* KV 2311 Rn. 13; dazu ausführlich bei *Uhlenbruck* KTS 1987, 565.

	Die Gebühr entfällt, wenn der Eröffnungsbeschluss auf Beschwerde aufgehoben wird.	
2331	**Einstellung des Verfahrens vor dem Ende des Prüfungstermins nach den §§ 207, 211, 212, 213 InsO:** **Die Gebühr 2330 ermäßigt sich auf**	**1,0**
2332	**Einstellung des Verfahrens nach dem Ende des Prüfungstermins nach den §§ 207, 211, 212, 213 InsO:** **Die Gebühr 2330 ermäßigt sich auf**	**2,0**

ABSCHNITT 4
Besonderer Prüfungstermin und schriftliches Prüfungsverfahren (§ 177 InsO)

2340	**Prüfung von Forderungen je Gläubiger**	**20,00 €**

Die Gebühr KV 2340 ist eine Aktgebühr,[30] die erst dann entsteht, wenn der besondere Prüfungstermin tatsächlich zur Prüfung von Forderungen stattfindet, und zwar auch dann, wenn das Gericht bei der Gelegenheit auch noch Forderungen anderer Gläubiger mit prüft oder noch andere Geschäfte vornimmt.[31] Die Gebühr KV 2340 deckt auch die Kosten einer öffentlichen Bekanntmachung des besonderen Prüfungstermins ab (vgl. KV 9004). **Kostenschuldner** ist allein der Gläubiger, der den besonderen Prüfungstermin beantragt hat. 39

ABSCHNITT 5
Restschuldbefreiung

2350	**Entscheidung über den Antrag auf Versagung oder Widerruf der Restschuldbefreiung (§§ 296 bis 297a, 300 und 303 InsO)**	**35,00 €**

ABSCHNITT 6[32]
Besondere Verfahren nach der Verordnung (EU) 2015/848

2360	**Verfahren über einen Antrag nach Artikel 36 Abs. 7 Satz 2 der Verordnung (EU) 848/2015.**	**3,0**
2361	**Verfahren über einstweilige Maßnahmen nach Artikel 36 Abs. 9 der Verordnung (EU) 848/2015.**	**1,0**

30 *Uhlenbruck* KTS 1975, 17.
31 *Hartmann* KV 2340 Rn. 1.
32 Der Abschnitt 6 wurde durch G v. 13.4.2017 (BGBl. I, 866) neu eingefügt und gilt ab dem 21.4.2018. Der bis zum 20.4.2018 geltende alte Abschnitt 6 wurde zum Abschnitt 7 umbenannt mit entsprechender Neunummerierung der KV-Nrn.

2362	**Verfahren über einen Antrag auf Eröffnung eines Gruppen-Koordinationsverfahrens nach Artikel 61 der Verordnung (EU) 848/2015**	**4.000,00 €**

ABSCHNITT 7[33]
Koordinationsverfahren

2370	**Verfahren im Allgemeinen**	**500,00 €**
2371	**In dem Verfahren wird eine Koordinationsplan zur Bestätigung vorgelegt** **Die Gebühr 2370 beträgt**	**1.000,00 €**

ABSCHNITT 8
Beschwerden

UNTERABSCHNITT 1
Beschwerde

2380	**Verfahren über die Beschwerde gegen die Entscheidung über den Antrag auf Eröffnung des Insolvenzverfahrens.**	**1,0**

40 Das Verfahren beginnt mit der Einlegung der Beschwerde KV 2380 oder Rechtsbeschwerde (KV 2362) und endet mit deren Erledigung. Für die Gebühr KV 2380 spielt es keine Rolle, wie das Beschwerdeverfahren ausgeht oder ob die Beschwerde zurückgenommen wird. Sie gilt sowohl für Beschwerden gegen die Eröffnung als auch über die Ablehnung der Eröffnung des Insolvenzverfahrens. Der Wert ist nach dem objektiven wirtschaftlichen Interesse des Antragstellers zu bestimmen.[34] (Vgl. auch Anh. zu § 48 Rn. 26 „Restschuldbefreiung".)

2381	**Verfahren über nicht besonders aufgeführte Beschwerden, die nicht nach anderen Vorschriften gebührenfrei sind:** **Die Beschwerde wird verworfen oder zurückgewiesen**	**60,00 €**
	Wird die Beschwerde nur teilweise verworfen oder zurückgewiesen, kann das Gericht die Gebühr nach billigem Ermessen auf die Hälfte ermäßigen oder bestimmen, dass eine Gebühr nicht zu erheben ist.	

41 KV 2381 betrifft insbesondere die Beschwerden, die im Zusammenhang mit der Durchführung des Insolvenzverfahrens erhoben werden. Die Gebühr ist aber nur anzusetzen, wenn die Beschwerde erfolglos war, niemals jedoch in anderen Fällen, also etwa bei Zurücknahme der Beschwerde.

33 Dieser Abschnitt gilt ab dem 21.4.2018. Bis zum 20.4.2018. Bis zum 20.4.2018 gilt der bis dahin umnummerierte Abschnitt 8 .
34 BGH JurBüro 2003, 253.

2382	**Verfahren über die sofortige Beschwerde gegen die Entscheidung im Verfahren über die Kosten des Gruppen-Koordinationsverfahrens nach Artikel 102c § 26 EGInsO**	**1,0**

Rechtsbeschwerde

2383	**Verfahren über die Rechtsbeschwerde gegen die Beschwerdeentscheidung im Verfahren über den Antrag auf Eröffnung des Insolvenzverfahrens**	**2,0**
2384	**Beendigung des gesamten Verfahrens durch Zurücknahme der Rechtsbeschwerde oder des Antrags**	**1,0**
2385	**Verfahren über nicht besonders aufgeführte Rechtsbeschwerden, die nicht nach anderen Vorschriften gebührenfrei sind: Die Rechtsbeschwerde wird verworfen oder zurückgewiesen**	**120,00 €**
	Wird die Rechtsbeschwerde nur teilweise verworfen oder zurückgewiesen, kann das Gericht die Gebühr nach billigem Ermessen auf die Hälfte ermäßigen oder bestimmen, dass eine Gebühr nicht zu erheben ist.	
2386	**Verfahren über die Rechtsbeschwerde gegen die Beschwerdeentscheidung über die Kosten des Gruppen-Koordninationsverfahrens nach Artikel 102c § 26 EGInsO i.V.m. § 574 ZPO**	**2,0**

Die Gebühr 2385 kommt nur bei erfolglosen Rechtsbeschwerden zum Zuge. **42**

HAUPTABSCHNITT 4
Schifffahrtsrechtliches Verteilungsverfahren

Der Hauptabschnitt 4 enthält in KV 2410 bis 2441 die Bestimmungen über das schifffahrtsrechtliche Verteilungsverfahren. Wegen der Höhe der Gebühr KV 2430 und der Umstellung der Beschwerdegebühren auf Festgebühren wird auf die Begründung zu Hauptabschnitt 3 verwiesen. **43**

ABSCHNITT 1
Eröffnungsverfahren

2410	**Verfahren über den Antrag auf Eröffnung des Verteilungsverfahrens.**	**1,0**

Das Antragsverfahren beginnt mit dem Eingang des Antrags gem. § 4 SeeVertO bei Gericht und endet mit dem Beschluss nach § 7 SeeVertO. Die Gebühr KV 2410 deckt alle **44** in diesem Verfahren getroffenen Maßnahmen ab. Sie entsteht mit dem Antrag. Gleichgültig ist, wie über den Antrag entschieden wird. Bei einer Antragsrücknahme bleibt die Gebühr verfallen. Der Eröffnungsbeschluss selbst gehört noch zum Antragsverfahren, nicht aber die in Zusammenhang damit getroffenen gerichtlichen Maßnahmen, insbesondere solche nach §§ 9, 10, 11 SeeVertO. Eine Ermäßigung oder ein Wegfall der Gebühr ist nicht vorgesehen.

ABSCHNITT 2
Verteilungsverfahren

2420	**Durchführung des Verteilungsverfahrens**	**2,0**

45 Das **Durchführungsverfahren** beginnt mit den vom Gericht aufgrund des Eröffnungsbeschlusses getroffenen **Maßnahmen und endet** mit dem Einstellungs- oder Aufhebungsbeschluss unter Einschluss einer Nachtragsverteilung gem. § 30 SeeVertO.

46 Auch hier ist ein Fortfall oder eine Ermäßigung der Gebühr nicht vorgesehen, auch nicht bei Zurücknahme des Antrags. Die Gebühr wird **fällig** mit dem Beginn der Durchführungsmaßnahmen. Der Streitwert folgt aus § 59.

ABSCHNITT 3
Besonderer Prüfungstermin und schriftliches Prüfungsverfahren (§ 18 Satz 3 SvertO, § 177 InsO)

2430	**Prüfung von Forderungen je Gläubiger.**	**20,00 €**

47 Das oben zu KV 2340 Gesagte gilt entsprechend.

ABSCHNITT 4
Beschwerde und Rechtsbeschwerde

48 Das oben zu Hauptabschnitt 3, Abschnitt 6 Gesagte gilt hier entsprechend. Eine Erinnerung nach § 12 SeeVertO ist noch keine Beschwerde. Der Beschwerdewert ist nach § 59 zu bestimmen.

2440	**Verfahren über Beschwerden, die nicht nach anderen Vorschriften gebührenfrei sind:** **Die Beschwerde wird verworfen oder zurückgewiesen** **Wird die Beschwerde nur teilweise verworfen oder zurückgewiesen, kann das Gericht die Gebühr nach billigem Ermessen auf die Hälfte ermäßigen oder bestimmen, dass eine Gebühr nicht zu erheben ist.**	**60,00 €**
2441	**Verfahren über Rechtsbeschwerden:** **Die Rechtsbeschwerde wird verworfen oder zurückgewiesen**	120,00 €

Wird die Rechtsbeschwerde nur teilweise verworfen oder zurückgewiesen, kann das Gericht die Gebühr nach billigem Ermessen auf die Hälfte ermäßigen oder bestimmen, dass eine Gebühr nicht zu erheben ist.

HAUPTABSCHNITT 5
Rüge wegen Verletzung des Anspruchs auf rechtliches Gehör

Dieser Hauptabschnitt übernimmt die Regelung aus Teil 1 Hauptabschnitt 7 für die 49
in Teil 2 angesprochenen Verfahren.

2500	**Verfahren über die Rüge wegen Verletzung des Anspruchs auf rechtliches Gehör (§ 321a ZPO, § 4 InsO, § 3 Abs. 1 Satz 1 SVertO):** **Die Rüge wird in vollem Umfang verworfen oder zurückgewiesen**	**60,00 €**

TEIL 3
Strafsachen und gerichtliche Verfahren nach dem Strafvollzugsgesetz, auch in Verbindung mit § 92 des Jugendgerichtsgesetzes, sowie Verfahren nach dem Gesetz über die internationale Rechtshilfe in Strafsachen

Im **Teil 3** des KV sind die Gebühren für das Strafverfahren und für gerichtliche Ver- 1
fahren nach dem Strafvollzugsgesetz geregelt. Die Bestimmungen waren bis zur Reform des GKG durch das KostRModG 2004 in den §§ 40ff. a.F. geregelt und sind jetzt als Vorbemerkungen in das Kostenverzeichnis eingestellt werden. § 47 GKG a.F. (Vollstreckung in das Vermögen) ist nicht übernommen werden, weil eine solche Regelung überflüssig ist. Eine vergleichbare Regelung für andere als ZPO-Titel ist dem geltenden Recht grundsätzlich fremd. Gleichwohl ist unstreitig, dass sich auch bei solchen Titeln die Gebühren für die Vollstreckung, wenn sich diese nach den Vorschriften der ZPO richtet, nach dem GKG oder dem GvKostG bemessen. Ferner sind aus systematischen Gründen sämtliche Regelungen, die die Festsetzung einer Geldbuße im Strafverfahren betreffen mit den für das Strafverfahren geltenden Regelungen zusammengefasst worden. Dies erleichtert die Rechtsanwendung, weil alle Gebühren für Strafverfahren ausschließlich aus dem Teil 3 KV GKG entnommen werden können. Darüber hinaus wird der für das gerichtliche Verfahren nach dem Gesetz über Ordnungswidrigkeiten betreffende Teil 4 KV deutlich kürzer und damit übersichtlicher.

Mit der Neufassung ist eine Erhöhung der Gebühren in Strafsachen verbunden. Das 2
ist insofern gerechtfertigt, als die Gebühren im Strafverfahrensbereich bei Weitem nicht kostendeckend sind. Die Hauptverhandlungen in strafgerichtlichen Verfahren verteilen sich im Durchschnitt auf mehrere Verhandlungstage (vor dem Amtsgericht in den Jahren 1994 und 1995 im Durchschnitt 1,2 Verhandlungstage, vor dem Landgericht im Jahr 1994 durchschnittlich 3,0 Tage und im Jahr 1995 durchschnittlich 3,2 Tage). Dies zeigt deutlich, dass selbst die nunmehr festgesetzten Gebühren in keiner Weise kostendeckend sind.

Strafsachen i.S.d. GKG sind die Verfahren vor den ordentlichen Gerichten, die nach 3
der Strafprozessordnung und dem JGG durchgeführt werden (§ 1) und auf Verhängung

einer in diesem Verfahren vorgesehenen Rechtsfolge gerichtet sind, sowie das Verfahren nach §§ 440 ff., 444 Abs. 3 StPO, das die selbständige Einziehung, den Verfall, die Vernichtung oder Unbrauchbarmachung von Gegenständen, die Vermögenseinziehung oder die Abführung des Mehrerlöses beim Fehlen eines Beschuldigten oder die Festsetzung einer strafrechtlichen Sanktion gegen eine Juristische Person zum Ziele hat (Vorbem. 3.1 zu Teil 3 Abs. 6). Die Gebühren im gerichtlichen Verfahren nach dem Gesetz über Ordnungswidrigkeiten (OWiG) richten sich nach KV Teil 4. Zu den Gerichtskosten des Strafverfahrens zählen auch die Kosten des staatsanwaltschaftlichen Ermittlungsverfahrens, § 462a Abs. 1 S. 2 StPO (§ 1 Rn. 20).

4 Keine Strafsachen i.d.S. sind Dienststrafsachen und Ehrengerichtsverfahren, finanzbehördliche Verfahren (mit Ausnahme des gerichtlichen Straf- oder Bußgeldverfahrens nach §§ 369 ff. AO). Ordnungs-, Ungebühr- und Zwangsstrafen (z.B. nach §§ 56, 177, 178 GVG, 51, 70, 77 StPO) lösen – außer in Beschwerdeverfahren (KV 3601) – keine Gebühren nach dem GKG aus (vgl. § 1 Rn. 13). Nicht anzuwenden ist das GKG auch auf die Kosten der Strafvollstreckung (§ 14 Abs. 2 JVKostG, § 12 KostVfg.). Soweit sie hiernach überhaupt erhoben werden, werden sie fällig, sobald sie entstanden sind. Wegen der Kosten des gerichtlichen Verfahrens nach dem StVollzG vgl. § 60.

5 Voraussetzung für einen Gerichtskostenanspruch gegenüber einem Verurteilten sind eine **gerichtliche Kostenentscheidung** und eine **rechtskräftig erkannte Strafe oder Maßregel der Besserung und Sicherung** bzw. eine Entscheidung nach §§ 440 ff. StPO. Erhoben werden **Pauschgebühren**, die das Verfahren eines Rechtszuges einschließlich des vorangegangenen Ermittlungsverfahrens und eines isoliert durchgeführten Annexverfahrens (z.B. wegen der Entschädigungsgrundentscheidung nach §§ 8, 9 StrEG) abgelten. Auch die im Ermittlungsverfahren entstandenen Auslagen sind von dem rechtskräftig Verurteilten zu erheben. Wie überall im GKG wird auch hier keine Gebühr erhoben, wenn sie nicht ausdrücklich vorgesehen ist. Auslagen hat der Verurteilte nur insoweit zu tragen, als sie ihren Grund in der Tat haben, derentwegen die Sanktion erfolgte, §§ 465, 466 StPO. Außer im Fall KV 3200 entstehen für die Einstellung des Verfahrens keine Gebühren.

6 Die **Fälligkeit** der Kosten tritt gegenüber dem Verurteilten erst mit der Rechtskraft der Entscheidung ein (§ 8). Ausgeschlossen ist jedoch eine Haftung des Nachlasses, wenn der Verurteilte vor dem Eintritt der Rechtskraft stirbt (§ 465 Abs. 3 StPO). In anderen Fällen, wenn der Kostenschuldner kein verurteilter Beschuldigter ist, werden die Gebühren und Auslagen fällig, sobald eine unbedingte Entscheidung über die Kosten ergangen oder das Verfahren oder die Instanz beendet ist (§ 9).

7 Für den Privat- und Nebenkläger besteht nach Maßgabe des § 16 GKG eine **Vorschusspflicht.**

8 Für **Privatklagesachen** bestehen besondere Gebührenregelungen. Wird der Beschuldigte verurteilt, treffen ihn dieselben Kosten wie bei einer Verurteilung auf Grund öffentlicher Klage (KV 3310 ff.). Wird der Beschuldigte nicht verurteilt und auch das Verfahren nicht wegen Geringfügigkeit eingestellt, erwachsen Festgebühren in verschiedener Höhe, je nachdem, ob das Verfahren durch Urteil oder ohne Urteil erledigt wurde, KV 3310 ff. Nach erfolgloser Wiederaufnahme durch den Privatkläger gelten KV 3340, 3341. In Privatklagesachen und bei Nebenklage besteht eine Vorschusspflicht des Privatklägers und desjenigen, der als Privatkläger oder Nebenkläger eine Berufung oder Revision eingelegt oder eine Wiederaufnahme des Verfahrens beantragt hat (§§ 16, 17 GKG, §§ 379a, 390 Abs. 4, 401 Abs. 1 StPO).

9 Zu den Kosten in Strafsachen gehören grundsätzlich auch die Kosten für die Vollstreckung *rechtskräftiger* Verurteilungen. Das GKG ist für die Erhebung dieser Kosten

jedoch nicht anwendbar. Für die Erhebung von Haftkosten gelten Sonderbestimmungen,[1] während die Kosten sonstiger Haft aus KV 9011 zu entnehmen sind.

Vorbemerkung 3:

(1) § 473 Abs. 4 StPO und § 74 JGG bleiben unberührt.

(2) Im Verfahren nach Wiederaufnahme werden die gleichen Gebühren wie für das wiederaufgenommene Verfahren erhoben. Wird jedoch nach Anordnung der Wiederaufnahme des Verfahrens das frühere Urteil aufgehoben, so gilt für die Gebührenerhebung jeder Rechtszug des neuen Verfahrens mit dem jeweiligen Rechtszug des früheren Verfahrens zusammen als ein Rechtszug. Gebühren werden auch für Rechtszüge erhoben, die nur im früheren Verfahren stattgefunden haben. Dies gilt auch für das Wiederaufnahmeverfahren, das sich gegen einen Strafbefehl richtet (§ 373a StPO).

Abs. 1 der Vorbemerkung 3 entspricht weitgehend dem Satz 1 der Vorbemerkung 10
zu Teil 6 des KV-GKG a.F. Der an die Stelle des § 11 Abs. 3 Satz 1 a.F. getretene § 34 Abs. 2 über die Mindestgebühr muss nicht mehr genannt werden, weil diese Vorschrift schon von ihrem Wortlaut her unmittelbar anwendbar ist. Die Regelungen des § 44 a.F. (Zurücknahme des Strafantrags) sind in die Vorbemerkungen und Anmerkungen dieses Teils übernommen worden.

Abs. 2 S. 1 der Vorbemerkung 3 Wird die Wiederaufnahme angeordnet (§ 370 11
Abs. 2 StPO), bleibt aber in der erneuten Hauptverhandlung durch neues Urteil das frühere Urteil ganz oder z.T. aufrechterhalten, werden die Gebühren nach Maßgabe des Abs. 2 Vorbem. 3 erhoben, und zwar nach Maßgabe der den Gegenstand der Wiederaufnahme bildenden Straftat und der für sie im früheren rechtskräftigen Urteil erkannten Rechtsfolgen, soweit sie Gegenstand des Wiederaufnahmeverfahrens waren. Die Gebühr deckt das ganze Verfahren einschließlich des Anordnungsverfahrens ab. Werden gegen das neue Urteil Rechtsmittel eingelegt, bestimmt sich die Gebührenpflicht nach den dafür einschlägigen Bestimmungen.

Wird die Wiederaufnahme nur hinsichtlich einzelner von mehreren in einem Urteil 12
zusammengefassten **Einzelstrafen** betrieben, so erwächst die Gebühr nur aus den Fällen, die Gegenstand des Wiederaufnahmeverfahrens bilden. Sind mehrere in einem Urteil zusammengefasste Fälle Gegenstand des Wiederaufnahmeverfahrens und hat das Wiederaufnahmeverfahren nur hinsichtlich einzelner Fälle Erfolg (**Teilerfolg**), sind die Gebühren getrennt nach Maßgabe des Abs. 2 der Vorbem. 3 zu berechnen. Eine Entscheidung nach § 473 Abs. 4 StPO ist zu beachten. Die Mindestgebühr beträgt 15 € (§ 34 Abs. 2).

Im Falle der **Aufhebung des früheren Urteils** sind für das Wiederaufnahmeverfah- 13
ren keine besonderen Gebühren zu berechnen. Das frühere und das nach Anordnung der Wiederaufnahmeverfahren betriebene Verfahren gelten gebührenrechtlich als ein Rechtszug, und zwar auch dann, wenn sich das Wiederaufnahmeverfahren gegen einen Strafbefehl richtet.

Sätze 2–4: Danach werden im Falle der **Wiederaufnahme** bei Aufhebung des frü- 14
heren Urteils und erneuter Verurteilung die Gebühren für alle stattgefundenen Rechtszüge – gleichgültig, ob sie in dem früheren oder dem späteren Verfahren stattgefunden haben – einmal nach der im späteren Verfahren rechtskräftig erkannten Strafe erhoben.

1 Vgl. dazu OLG Zweibrücken RPfleger 1994, 81.

15 Zu unterscheiden ist die Verwerfung des Antrags auf Wiederaufnahme als unzulässig oder die Ablehnung eines solchen Antrages, weil er unbegründet ist, die Anordnung des Wiederaufnahmeverfahrens mit nachfolgender Aufrechterhaltung des früheren Urteils und die Anordnung des Wiederaufnahmeverfahrens mit nachfolgender Aufhebung des früheren Urteils. In den ersten beiden Fallgruppen wird der Antrag entweder als unzulässig zurückgewiesen (§ 368 StPO) oder als unbegründet verworfen (§ 370 StPO). In den beiden anderen Fallgruppen wird die Wiederaufnahme des Verfahrens angeordnet (§ 370 Abs. 2 StPO) und entweder das frühere Urteil aufrechterhalten oder mit nachfolgendem neuen Urteil aufgehoben oder geändert. Nur den letzten der genannten Fälle der Aufhebung eines Urteils oder eines Strafbefehls unterfällt der Gebührenbestimmung des Abs. 2 S. 2–4 der Vorbem. 3. Sinngemäß gilt diese Bestimmung auch in den Fällen der Wiederaufnahme eines Privatklageverfahrens auf Antrag des Verurteilten und im gerichtlichen Verfahren nach dem Gesetz über Ordnungswidrigkeiten.

16 Wird nach Anordnung der Wiederaufnahme aufgrund der erneuten Hauptverhandlung durch ein neues Urteil das frühere **Urteil aufrechterhalten** (§ 373 StPO), wird die Gebühr gem. Abs. 2 S. 1 der Vorbem. erhoben, und zwar nach Maßgabe der den Gegenstand des Wiederaufnahmeverfahrens bildenden Straftat und der für sie im früheren rechtskräftigen Urteil erkannten Strafe (Freiheitsstrafe, Geldstrafe, Maßregeln der Besserung und Sicherung, Anordnung von Nebenfolgen, soweit sie Gegenstand des Wiederaufnahmeverfahrens waren). Die Gebühr erwächst **neben** den im früheren Verfahren entstandenen Gebühren.

17 Die Gebühr gilt für das gesamte Wiederaufnahmeverfahren einschließlich des Anordnungsverfahrens. Werden gegen das Urteil Rechtsmittel (Berufung, Revision) eingelegt, bestimmt sich die Gebührenpflicht für diese Rechtsmittelverfahren nach KV 3120–3131. Die Gebühren sind auch dann zu erheben, wenn in dem früheren Verfahren entsprechende Gebühren erwachsen waren.

18 Aufhebung des früheren Urteils (Abs. 2 S. 2): Diesen Fall regelt Abs. 2 S. 2 der Vorbem. In diesen Fällen sind für das Wiederaufnahmeverfahren keine besonderen Gebühren zu berechnen. Das frühere und das nach Anordnung der Wiederaufnahmeverfahren durchgeführte Verfahren gelten als **ein** Rechtszug, wobei gleichgültig ist, ob der Verurteilte oder die Staatsanwaltschaft den erfolgreichen Wiederaufnahmeantrag gestellt hat. Das frühere Verfahren ist das Verfahren, das mit dem auf die Wiederaufnahme aufgehobenen Urteil geendet hat. Handelte es sich z.B. um ein Berufungsverfahren, sind für das frühere und das neue Verfahren die Gebühren nach Abs. 2 S. 2 i.V.m. KV 3130 nur einmal zu erheben, wobei Voraussetzung ist, dass auch das neue Urteil einen gebührenpflichtigen Tatbestand nach KV Teil 3 enthält, die Kosten dem Angeklagten auferlegt wurden und das Urteil rechtskräftig ist. Auch die im vorangegangenen Rechtszug oder in den sonstigen vorangegangenen Rechtszügen erwachsenen Kosten sind auf der Grundlage der nunmehr rechtskräftigen Strafe neu zu berechnen. Für jede Instanz ist nur eine Gebühr zu erheben.

19 Dasselbe gilt, wenn das frühere Verfahren ein Verfahren des ersten Rechtszuges war. Erfolgt im Wiederaufnahmeverfahren ein Freispruch oder eine Einstellung des Verfahrens, entfallen insoweit alle auch in den vorangegangenen Verfahren erwachsenen Gebühren einschließlich der in früheren Rechtsmittelverfahren schon entstanden gewesenen Gebühren. Unerheblich ist, ob die Aufhebung des früheren Urteils oder der Freispruch ohne (§ 371 StPO) oder aufgrund (§ 373 StPO) neuer Hauptverhandlung erfolgen. Gezahlte Kosten sind dann zurückzuerstatten (§ 467 StPO, § 29 KostVfg.).

20 Wiederaufnahme gegen einen Strafbefehl (Abs. 2 S. 3): Nach § 373a StPO kann auch eine Wiederaufnahme eines nach einem rechtskräftigen Strafbefehl abgeschlossenen

Verfahrens erfolgen. In diesem Fall gilt für die Gebührenberechnung das in Rn. 11–13 Gesagte entsprechend.

Wird der Strafbefehl nach der Anordnung der Wiederaufnahme durch das neue Urteil aufrechterhalten, ist die Gebühr Abs. 1 S. 1 Vorbem. 3 zu erheben. Wird aber der Strafbefehl aufgehoben, dann gilt das neue Verfahren mit dem früheren Verfahren als ein Rechtszug. Das oben (Rn. 11 –13) Gesagte gilt dann entsprechend. 21

Wird die **Wiederaufnahme** nur hinsichtlich **einzelner von mehreren** in einem Urteil zusammengefassten **Einzelstrafen** betrieben, erwachsen die Gebühren nur aus den Fällen, die den Gegenstand des Wiederaufnahmeverfahrens bilden. Sind mehrere in einem Urteil zusammengefasste Fälle Gegenstand des Wiederaufnahmeverfahrens und hat das Verfahren nur hinsichtlich einzelner Fälle, also nur **teilweise Erfolg**, sind die Gebühren für die einzelnen Fälle getrennt zu berechnen. 22

Bei der **Wiederaufnahme** auf Antrag des **verurteilten Privatbeklagten** gelten Abs. 2 S. 3–4 sinngemäß. 23

HAUPTABSCHNITT 1
Offizialverfahren

Dieser Abschnitt regelt die Gebühren im Offizialverfahren. 24

Vorbemerkung 3.1:

(1) In Strafsachen bemessen sich die Gerichtsgebühren für alle Rechtszüge nach der rechtskräftig erkannten Strafe.

(2) Ist neben einer Freiheitsstrafe auf Geldstrafe erkannt, so ist die Zahl der Tagessätze der Dauer der Freiheitsstrafe hinzuzurechnen; dabei entsprechen dreißig Tagessätze einem Monat Freiheitsstrafe.

(3) Ist auf Verwarnung mit Strafvorbehalt erkannt, so bestimmt sich die Gebühr nach der vorbehaltenen Geldstrafe.

(4) Eine Gebühr wird für alle Rechtszüge bei rechtskräftiger Anordnung einer Maßregel der Besserung und Sicherung und bei rechtskräftiger Festsetzung einer Geldbuße gesondert erhoben.

(5) Wird aufgrund des § 55 Abs. 1 StGB in einem Verfahren eine Gesamtstrafe gebildet, so bemisst sich die Gebühr für dieses Verfahren nach dem Maß der Strafe, um das die Gesamtstrafe die früher erkannte Strafe übersteigt. Dies gilt entsprechend, wenn ein Urteil, in dem auf Jugendstrafe erkannt ist, nach § 31 Abs. 2 JGG in ein neues Urteil einbezogen wird. In den Fällen des § 460 StPO und des § 66 JGG verbleibt es bei den Gebühren für die früheren Verfahren.

(6) Betrifft eine Strafsache mehrere Angeschuldigte, so ist die Gebühr von jeder gesondert nach Maßgabe der gegen ihn erkannten Strafe, angeordneter Maßregel der Besserung und Sicherung oder festgesetzten Geldbuße zu erheben. Wird in einer Strafsache gegen einen oder mehrere Angeschuldigte auch eine Geldbuße gegen eine juristische Person oder eine Personenvereinigung festgesetzt, so ist eine Gebühr auch von der juristischen Person oder der Personenvereinigung nach Maßgabe der gegen sie festgesetzten Geldbuße zu erheben.

(7) Wird bei Verurteilung wegen selbstständiger Taten ein Rechtsmittel auf einzelne Taten beschränkt, bemisst sich die Gebühr für das Rechtsmittelverfahren nach der Strafe für diejenige Tat, die Gegenstand des Rechtsmittelverfahrens ist. Bei Gesamtstrafen ist die Summe der angefochtenen Einzelstrafen maßgebend. Ist

die Gesamtstrafe, auch unter Einbeziehung der früher erkannten Strafe, geringer, so ist diese maßgebend. Wird ein Rechtsmittel auf die Anordnung einer Maßregel der Besserung und Sicherung oder die Festsetzung einer Geldbuße beschränkt, werden die Gebühren für das Rechtsmittelverfahren nur wegen der Anordnung der Maßregel oder der Festsetzung der Geldbuße erhoben. Die Sätze 1 bis 4 gelten im Falle der Wiederaufnahme entsprechend.

(8) Das Verfahren über die vorbehaltene Sicherungsverwahrung und das Verfahren über die nachträgliche Anordnung der Sicherungsverwahrung gelten als besondere Verfahren.

Übersicht

Allgemeines zur Gebührenbemessung bei Strafe — 25
Maßregeln, Nebenfolgen, Einziehung pp. — 26
Strafe als Grundlage für die Gebühr — 27
Rechtskraft der Strafverurteilung — 28
Verschiedene Rechtszüge — 29
Begriff des Rechtszuges — 30
Strafbefehlsverfahren — 31
Verbindung und Trennung von Verfahren — 32
Strafvollstreckungsverfahren — 33
Jugendstrafe — 34
Geldstrafe als alleinige Hauptstrafe — 35
Geldstrafe neben Freiheitsstrafe — 36
Gesamtstrafe — 38
Verwarnung mit Strafvorbehalt — 39
Anordnung einer Maßregel — 40, 41
Einziehung, Verfall pp. — 42
Beseitigung eines gesetzwidrigen Zustandes — 43
Gebühren und Kostenschuldner — 44
Vorschuss — 45

25 **Allgemeines:** Die Vorbem. 3.1 Abs. 1 bis 4 entsprechen dem § 40 Abs. 1 bis 4 a.F. Abs. 4 enthält jedoch eine zusätzliche Regelung für den Fall der Festsetzung einer Geldbuße im Strafverfahren. Geregelt sind hier die Grundlagen für die Gebührenbemessung in Strafsachen. Im Gegensatz zur Gebührenbemessung in bürgerlichen Rechtsstreitigkeiten werden in Strafsachen die Gebühren nach der **rechtskräftig erkannten Strafe** bemessen. Strafe i.S.d. GKG ist die im **Urteilstenor ausgesprochene Strafe,** mag sie auch eine aus mehreren Einzelstrafen gebildete **Gesamtstrafe** sein. Die Summe der Einzelstrafen, aus denen eine Gesamtstrafe gebildet wird, kommt grundsätzlich für die Gebührenbemessung nicht in Betracht (vgl. auch Abs. 5). Wenn und soweit im KV ein Gebührentatbestand fehlt, darf nach allgemeinen Grundsätzen auch keine Gebühr erhoben werden. Das trifft z.B. zu für ein Haftprüfungsverfahren nach § 117 StPO[2] oder für das gerichtliche Entschädigungsgrundverfahren nach § 9 StrEG. Auslagen sind geschuldet, soweit Kosten auferlegt oder übernommen werden (§ 29 Nrn. 1–2). Beschwerdegebühren in Strafsachen erwachsen unter den Voraussetzungen nach KV 3420, 3600, 3601, 3820 und 3821, auch wenn das mit der Beschwerde angegriffene Verfahren gebührenfrei ist. Ob Strafen im Gnadenwege oder aufgrund einer Amnestie ganz oder teilweise erlassen oder ob auf sie die Untersuchungshaft oder eine andere Freiheitsentziehung angerechnet werden (§ 51 StGB), berührt die Gebühr nicht, soweit nicht im Gnaden- oder Amnestiegesetz oder in einem anderen Gesetz insoweit eine besondere Regelung getroffen ist. Mangels einer Gebührenvorschrift darf auch keine Gebühr erhoben werden, wenn der zur Kostentragung Verurteilte für **straffrei erklärt** ist oder im Urteil **von Strafe abgesehen** wird (§§ 260 Abs. 4, 465 Abs. 1 S. 2, 468 StPO). Auslagen sind aber auch in solchen Fällen einzuziehen (§ 465 Abs. 1 S. 2 StPO). Maßgebend ist hier der Urteilsausspruch, wonach der Beschuldigte für straffrei erklärt oder gegen ihn von Strafe abgesehen, er aber trotzdem zur Kostentragung verurteilt sein muss. Anders verhält es sich, wenn nach § 27 JGG

2 *Oestreich* in Oe/He/Tre Vorbem. 3.1 Rn. 6.

die Entscheidung über die Jugendstrafe zur Bewährung ausgesetzt wird. Erkennt der Richter dann doch auf Strafe, § 30 Abs. 1 JGG, und sieht er nicht gemäß § 74 JGG davon ab, dem Angeklagten die „Kosten und Auslagen aufzuerlegen", ist die Gebühr zu erheben. Wird aber nicht auf Strafe erkannt, sondern der Schuldspruch getilgt, sind auch keine Kosten zu erheben. Bei **mehreren Verurteilten** ist die Gebühr von jedem gesondert zu erheben (Abs. 6). Wegen der Höhe der Gebühren vgl. KV 3110ff.

Maßregeln der Besserung und Sicherung (§ 61 StGB) sowie **Einziehung, Verfall, Vernichtung, Unbrauchbarmachung, Abführen des Mehrerlöses (§§ 73ff. StGB, §§ 431, 442 Abs. 1 StPO)**, werden nur nach Abs. 4 berücksichtigt. Eine entsprechende Anwendung ist auf Nebenstrafen (z.B. das Fahrverbot nach § 44 StGB) oder Nebenfolgen (das sind alle gesetzlichen Nebenfolgen einer strafgerichtlichen Verurteilung oder Anordnung einer Maßregel der Besserung und Sicherung, die damit ex lege oder durch Richterspruch verbunden sind) nicht zulässig.[3] Solche Sanktionen haben auf die Gebühr keinen Einfluss, und zwar auch dann nicht, wenn das Urteil allein deswegen angefochten wird. In solchen Fällen entsteht für das Rechtsmittelverfahren keine Gebühr, sondern nur eine Auslagenerstattungspflicht bei Verurteilung in die Kosten.[4] Ebenso, wenn eine Strafentscheidung nur wegen der Kosten angefochten wird. 26

Für die Gebührenberechnung maßgebend ist nur die **rechtskräftig erkannte** Strafe (Abs. 1). Wird dem Verurteilten Wiedereinsetzung in den vorigen Stand gewährt (§§ 44ff. StPO), richtet sich die Gebühr nur nach dem neu ergehenden Urteil. Die frühere Verurteilung, gegen die Wiedereinsetzung gewährt wurde, ist nicht mehr maßgebend, da sie durch die Wiedereinsetzung weggefallen ist. Gleichgültig ist auch, welches Strafgericht (Strafrichter, Jugendrichter, Schöffengericht, Strafkammer usw.) die Strafe ausgesprochen hat, auf welche Straftat die Anklageschrift und der Eröffnungsbeschluss abgestellt hatten, ob das Verfahren langwierig oder von nur kurzer Dauer war, ob mehrere Hauptverhandlungen stattgefunden haben, oder ob verwiesen worden war (z.B. vom Strafrichter wegen nicht ausreichender Strafgewalt an die Strafkammer). Unmaßgeblich ist ferner, wer das Rechtsmittel eingelegt und/oder das Rechtsmittelverfahren betrieben hatte (vgl. z.B. § 298 StPO). Auch hier ist für die Gebührenberechnung die rechtskräftig erkannte Strafe maßgebend. Gesetzliche Vertreter haften für die Kostenschuld nur mit dem Vermögen des Vertretenen.[5] Das gilt auch bei Wiederaufnahmeanträgen nach dem Tode des Verurteilten durch den Ehegatten oder Verwandte (§ 361 Abs. 2 StPO). **Entscheidend ist stets die am Ende verbleibende rechtskräftige Strafe**. Doch muss das Gericht bei teilweisem Erfolg des Rechtsmittels die Gebühr ermäßigen, wenn das der Billigkeit entspricht (§ 473 Abs. 4 StPO). Ein nur teilweiser Erfolg i.S.d. Vorschrift liegt aber nicht vor, wenn das Rechtsmittel hinsichtlich einzelner von mehreren Taten erfolgreich ist. Dann hat der Angeklagte die Kosten nur insoweit zu tragen, als sie durch das Verfahren entstanden sind, in dem er verurteilt wurde (§ 465 Abs. 1 S. 1 StPO).[6] Bei Jugendlichen kann das Gericht von der Auferlegung der Kosten absehen, § 74 JGG. In solchen Fällen findet auch keine Kostenerhebung statt. Keine Kostenpflicht besteht auch, soweit Freispruch erfolgt, sofern nicht von den Möglichkeiten des § 467 Abs. 2–5 StPO Gebrauch gemacht wurde. Dann können aber nur Auslagen erhoben werden. Hat der Angeklagte allerdings ausdrücklich in solchen Fällen entgegen der Intention und dem ausdrücklichen Wortlaut des Gesetzes die „Kosten des Verfahrens" übernommen – was grundsätzlich zuläs- 27

3 *Oestreich* in Oe/He/Tre Vorbem. 3.1 Rn. 59.
4 *Oestreich* in Oe/He/Tre Vorbem. 3.1 Rn. 59.
5 BGH NJW 1956, 520 (L).
6 BGHSt. 5, 52.

sig ist –,[7] sind auch Gebühren zu erheben, sofern diese nach dem KV vorgesehen sind. Auch bei einer Einstellung des Verfahrens können – von den Ausnahmen nach KV 3200 abgesehen – keine Kosten erhoben werden. Hier ist aber eine Ermäßigung oder Niederschlagung der Gebühr gemäß der Anm. zu KV 3200 möglich. Auch dann, wenn die Staatsanwaltschaft von der Erhebung der öffentlichen Klage absieht, ist ein Kostenansatz nicht möglich. Nur ausnahmsweise ist auch dann eine Gebühr zu erheben, wenn das Gericht nicht rechtskräftig auf eine Strafe erkannt hat, nämlich in den Fällen der Anordnung einer Maßregel der Besserung und Sicherung (Abs. 4), im Privatklageverfahren (KV 3110 ff.) und im selbständigen Einziehungsverfahren (KV 3410 ff.).

28 Die Strafe muss **rechtskräftig** erkannt sein. Die im ersten Rechtszug ausgesprochene Strafe ist demnach nicht maßgebend, wenn sie deshalb nicht rechtskräftig wird, weil der Angeklagte während des Rechtsmittelverfahrens stirbt (§ 465 Abs. 3 StPO) oder wenn das Verfahren eingestellt wird. Stets ist Voraussetzung eine **gerichtliche Kostenentscheidung**, die den Kostenschuldner bestimmt, § 29 Nr. 1. Die Staatskasse ist an den gerichtlichen Kostenausspruch absolut gebunden. Sie hat nicht die Befugnis, die gerichtliche Kostenentscheidung anzufechten, und zwar auch dann nicht, wenn sie offensichtlich fehlerhaft ist.

29 Die **Gebühren sind für jeden Rechtszug nach der letzten Endes rechtskräftig erkannten Strafe** zu bestimmen. Es wird somit für jede Instanz nur eine gleich hohe Gebühr (Verfahrensgebühr) erhoben, die sich aber aus mehreren Einzelbeträgen – z.B. bei der Anordnung einer Maßregel zur Besserung und Sicherung neben einer Strafe (Abs. 4) – zusammensetzen kann. Das gilt auch, wenn in derselben Instanz mehrere rechtskräftige Urteile gegen denselben Angeklagten ergehen. Auch für ein Urteil in verbundenen Strafsachen ist nur eine Gebühr zu berechnen. In der Rechtsmittelinstanz finden Gebührenerhöhungen statt (vgl. KV 3120, 3130). Allerdings kann sich die Gebühr bei einer Erledigung des Rechtsmittelverfahrens ohne Urteil auf ein Viertel ermäßigen (KV 3121, 3131). Bei teilweisem Erfolg eines Rechtsmittels **hat** das Gericht die Gebühr zu ermäßigen und die entstandenen Auslagen angemessen zu verteilen, soweit das der Billigkeit entspricht (§ 473 Abs. 4 StPO). Das ist aber eine Frage der Kostengrundentscheidung des Hauptsachegerichts und hat, wenn und soweit das Gericht von dieser Möglichkeit – aus welchen Gründen auch immer – keinen Gebrauch gemacht hat, für den Gerichtskostenansatz keine Bedeutung. Welche Strafen bei einer Erledigung im Rechtsmittelverfahren in den vorangegangenen Entscheidungen ausgesprochen worden waren, ist gleichgültig, wenn und soweit sie nicht rechtskräftig wurden. Spricht das Rechtsmittelgericht im Gegensatz zur Vorinstanz frei oder stellt es das Verfahren ein, fällt keine Gebühr für das gesamte Verfahren mehr an. Hat das Berufungsgericht die vom Erstgericht erkannte Strafe abgeändert und wurde seine Entscheidung rechtskräftig, sind die Gebühren für beide Rechtszüge nach der vom Berufungsgericht erkannten Strafe zu berechnen. Verwirft das Revisionsgericht die Revision, richten sich auch die Gebühren für das Revisionsverfahren nach der durch die Revisionsentscheidung rechtskräftig gewordenen Strafe. Hebt das Revisionsgericht das angefochtene Urteil auf und verweist es die Sache zurück, ist nach der auf die erneute Hauptverhandlung erkannten rechtskräftigen Strafe auch die Gebühr für das Revisionsverfahren zu erheben, es sei denn, dass der Angeklagte aufgrund der Kostenentscheidung des Revisionsgerichts die Kosten der Revisionsinstanz nicht oder nur teilweise zu tragen hat. Dann gilt selbstverständlich insoweit der Kostengrundausspruch des Revisionsgerichts. Maßgebend ist im Berufungs- oder

7 Vgl. dazu *D. Meyer* JurBüro 1992, 3 ff.

Revisionsverfahren aber nur der Teil der Strafe, auf den sich das Berufungs- oder Revisionsverfahren bezieht (vgl. dazu unten Rn. 54ff.).

Rechtszug: Der erste Rechtszug umfasst das Verfahren vor dem Erstgericht, der Rechtsmittelrechtszug das vor dem Berufungs- oder Revisionsgericht. Der Berufungs- oder Revisionsrechtszug beginnt mit der Einlegung der Berufung bzw. der Revision. Ein Verfahren endet regelmäßig mit dem Urteil oder mit der Einstellung, das Rechtsmittelverfahren auch mit der Zurücknahme oder Verwerfung bzw. der Nichtannahme des Rechtsmittels. Aber auch eine spätere Amtshandlung des betreffenden Gerichts kann noch zur Instanz rechnen. Wird die Sache an ein anderes Gericht verwiesen oder das Urteil aufgehoben und die Sache zurückverwiesen, so bilden das frühere Verfahren und das nach der Verweisung/Zurückverweisung folgende weitere Verfahren zusammen eine Instanz. Das gilt auch dann, wenn an ein anderes Gericht zurückverwiesen wird. Wird nach der Zurückverweisung erneut ein Rechtsmittel eingelegt, entsteht dadurch gebührenrechtlich **kein** neues Rechtsmittelverfahren. Die Berufungs- und die Revisionsgebühr können also wegen derselben Tat nur einmal erwachsen.[8] Ebenso bildet das (weitere) Verfahren nach einer Wiedereinsetzung in den vorigen Stand und nach Einspruchseinlegung gegen einen Strafbefehl mit dem vorangegangenen Verfahren einen Rechtszug.[9] Wegen des Wiederaufnahmeverfahrens vgl. Vorbem. 3 Abs. 2. Die Gebühr deckt die gesamte gerichtliche Tätigkeit innerhalb einer Instanz ab, sofern nicht besondere Gebühren im KV vorgesehen sind (z.B. Beschwerden, KV 3420, 3600ff. Entschädigung des Verletzten, KV Nr. 3700). Daher erwächst keine besondere Gebühr etwa für Entscheidungen über Anträge auf Aufhebung eines Haftbefehls oder der Beschlagnahme. Abgegolten ist auch das staatsanwaltschaftliche Ermittlungsverfahren und gesonderte Annexverfahren, etwa nach § 8 Abs. 1 S. 2 StrEG. 30

Das Strafbefehlsverfahren bildet einen Rechtszug, solange nicht durch Urteil entschieden ist. Im letzten Fall gelten KV 3118, 3119. 31

Die **Verbindung** von Verfahren schafft **einen** Rechtszug, die **Trennung** von Verfahren hat **verschiedene** Rechtszüge zur Folge. Dabei spielt es keine Rolle, ob die Verbindung oder Trennung in unzulässiger Weise erfolgte. Dann mag im Einzelfall § 21 eingreifen. 32

Für das gerichtliche **Strafvollzugsverfahren** gelten KV 3810–3821 und § 60. 33

Jugendstrafe: Bei einer Verurteilung eines Jugendlichen oder Heranwachsenden zu einer Jugendstrafe gilt nichts anderes. Jugendstrafe ist der Freiheitsentzug nach § 17 JGG. Keine Jugendstrafen sind kraft gesetzlicher Definition die Erziehungsmaßregeln und die Zuchtmittel des JGG, so dass insoweit auch keine Gebühren anfallen können.[10] Auslagen sind bei dem verurteilten Jugendlichen zu erheben, wenn und soweit ihm die Kosten des Verfahrens auferlegt sind, § 464 StPO. Davon wird häufig nach § 74 JGG abgesehen werden. Entscheidend ist hier, dass eine Verurteilung zu einer Jugendstrafe erfolgte. Ob die Strafsache vor einem Jugendgericht oder im Wege der Verbindung vor dem für allgemeine Strafsachen zuständigen Gericht durchgeführt wurde, ist ohne Belang. Die Aussetzung der Jugendstrafe zur Bewährung berührt die Gebührenpflicht nicht. Wird dagegen die Entscheidung über die Verhängung der Jugendstrafe ausgesetzt (§§ 27ff. JGG), erwächst solange keine Gebühr, als eine Jugendstrafe nicht ausgesprochen ist. 34

Geldstrafe als alleinige Hauptstrafe: Wird die Geldstrafe als alleinige Hauptstrafe verhängt, ist für die Gebührenbemessung die Anzahl der festgesetzten Tagessätze (§ 40 35

---

8 BGH KostRspr. GKG 1957, § 67, Nr. 3 (L); *Hartmann* KV 3120 Rn. 1; *Hellstab* in Oe/He/Tre Vorbem. 3.1 Rn. 17ff.

9 *Oe/He/Tre* Vorbem. 3.1 Rn. 16.

10 Vgl. auch *Hartmann* Vorbem. zu KV 3.1 Rn. 14.

StGB) maßgebend (KV 3110, 3111). Die Ersatzfreiheitsstrafe (§ 43 StGB) bleibt außer Betracht. Bei mehreren Geldstrafen sind die Tagessätze für die Gebührenberechnung zu addieren.

36 **Geldstrafe neben einer Freiheitsstrafe, Abs. 2:** Wird neben einer Freiheitsstrafe auf Geldstrafe erkannt (§§ 41, 43a StGB), ist die Gebühr für die Geldstrafe nicht nach KV 3110, 3111 gesondert zu berechnen und der Gebühr für die Freiheitsstrafe hinzuzuzählen, sondern die Tagessätze der Geldstrafe (§§ 43, 43a Abs. 3 StGB) sind der Freiheitsstrafe hinzuzurechnen. Aus der sich so ergebenden um die Tagessätze erhöhten Freiheitsstrafe ist die einheitliche Gebühr nach 3110, 3111 zu bestimmen. Dabei sind dreißig Tagessätze als ein Monat Freiheitsstrafe zu rechnen (Abs. 2 Hs. 2).

37 **Gesamtstrafe nach §§ 53, 54 StGB:** Für die Gebührenrechnung nach KV 3110 ff. ist die im Urteil erkannte Gesamtstrafe maßgebend. Auf die ihr zugrunde liegenden Einzelstrafen kommt es nicht an. Das gilt auch, wenn die Gesamtstrafe sich nach § 54 Abs. 3 StGB aus Freiheitsstrafen und Geldstrafen zusammensetzt. Wird aber ein Rechtsmittel nur hinsichtlich einer Einzelstrafe eingelegt, ist für die Berechnung der Gebühren für das Rechtsmittelverfahren nur die Einzelstrafe zugrunde zu legen, die Gegenstand des Rechtsmittelverfahrens war. Wegen der nachträglichen Bildung einer Gesamtstrafe vgl. Abs. 5.

38 **Verwarnung mit Strafvorbehalt, Abs. 3:** Die Gebühr bemisst sich nach der im Schuldspruch bestimmten Geldstrafe, gleichgültig, ob der Beschuldigte zu der vorbehaltenen Strafe verurteilt wird (§ 59b Abs. 1 StGB).[11]

39 **Anordnung einer Maßregel der Besserung und Sicherung, Abs. 4:** Auch hier wird für jeden Rechtszug eine Gebühr erhoben, sofern die Anordnung einer Maßregel (§ 61 StGB) rechtskräftig ergangen ist, Abs. 4. Die Gebühr wird **neben** der Gebühr aus einer ebenfalls rechtskräftig erkannten Strafe gesondert berechnet. Sie wird auch dann erhoben, wenn daneben auf Freispruch erkannt wurde oder wenn die Maßregel selbständig angeordnet worden ist. Werden mehrere Maßregeln in derselben Entscheidung nebeneinander angeordnet, fällt die Gebühr für jede Maßregel (kumulativ) an.[12] Das ist etwa dann der Fall, wenn gegen den Täter Berufsverbot (§ 70 StGB) und Führungsaufsicht (§ 68 StGB) verhängt wird. Richtig ist zwar, dass es sich hier nicht um eine Aktgebühr, sondern um eine echte Verfahrensgebühr handelt.[13] Daraus folgt aber noch nicht zwingend, dass nicht jede Maßregel für sich bewertet werden darf. Der Wortlaut der Bestimmung ist insoweit eindeutig. Auch entspricht das dem Sinn des Abs. 4. Die Festgebühr ist nur deshalb für jede Maßnahme sinnvoll, weil ein „Verrechnungsmaßstab" wie etwa im Verhältnis der Geld- zur Freiheitsstrafe fehlt. Auch wenn mehre Maßregeln (gleicher oder verschiedener Art) wegen anderer (weiterer) Straftaten angeordnet werden (z.B. die Verlängerung einer Führerscheinsperre wegen weiterer Verkehrsverstöße),[14] entsteht die Gebühr von 60 € erneut. Wenn die Erlaubnis zum Führen von Kraftfahrzeugen entzogen (Maßregel nach § 61 Nr. 5 StGB) und daneben die Einziehung des Führerscheins angeordnet wird (Nebenfolge polizeilicher Art der Maßregel nach § 61 Nr. 5 StGB, vgl. § 69 Abs. 3 StGB), fällt lediglich die Gebühr nach Abs. 4 an. Anders ist es, wenn es sich bei der Einziehung des Führerscheins nicht nur um die Nebenfolge nach § 69 Abs. 3 StGB handelt, sondern um eine echte Einziehung (etwa eines gefälschten Führerscheins) nach § 74 StGB dann fällt selbstverständlich noch eine weitere Gebühr nach Abs. 4 an.

---

11 *Hartmann* Vorbem. zu KV 3.1 Rn. 17; *Oe/He/Tre* Vorbem. 3.1 Rn. 61.
12 **A.M.** OLG Koblenz JurBüro 2003, 430 m. Anm. von *D. Meyer; Hartmann* KV 1110–3117 Rn. 6; *Oe/He/Tre* Vorbem. 3.1 Rn. 46.
13 *Oe/He/Tre* Vorbem. 3.1 Rn. 46.
14 *Hartmann* Vorbem. 3.1 Rn. 18.

Hat der Täter keine Fahrerlaubnis und wird deshalb nur eine isolierte Sperrfrist nach § 69a Abs. 1 S. 3 StGB bestimmt, ist auch dies eine gebührenpflichtige Maßregel i.S.d. Abs. 4.[15]

40 Für die Anordnung einer Maßregel der Besserung und Sicherung i.S.v. Abs. 4 ist eine **Festgebühr** in Höhe von 60 € vorgesehen (KV 3116). Eine **Ermäßigung bei** der Entziehung der Fahrerlaubnis ist nicht möglich. Wird die Fahrerlaubnis durch **Strafbefehl** entzogen, fällt in jedem Fall nur die halbe Gebühr an (KV 3118). Die Vorschrift ist sinngemäß auch anzuwenden, wenn ein Jagdschein nach § 41 BJagdG entzogen wird.[16]

41 **Abs. 5** entspricht inhaltlich § 41 GKG a.F. Werden mehrere selbständige Straftaten durch ein Urteil erledigt, so ist nach §§ 53, 54 StGB eine Gesamtstrafe zu bilden. Diese Gesamtstrafe gibt die Grundlage für die Gebührenbemessung. Zuweilen kommt es vor, dass das Gericht die Bildung einer Gesamtstrafe – aus welchen Gründen auch immer – nicht vornimmt, so dass dieses nach § 55 StGB nachträglich zu geschehen hat. Das gilt auch im Jugendstrafrecht nach Maßgabe des § 31 Abs. 2 JGG. Nur in solchen Fällen greift Abs. 5 S. 2. Dagegen ist Abs. 5 unanwendbar, wenn die mehreren Urteilen selbständig ergangen sind und erst nachträglich in einem besonderen Beschluss gemäß § 460 StPO eine Gesamtstrafe gebildet oder nach § 66 JGG eine Einheitsstrafe ausgesprochen wird. Denn dieser Beschluss ist gebührenfrei und die Gebühren der früheren Verurteilungen bleiben unberührt (Abs. 5 S. 3).

42 Die **Gebühr** nach Abs. 5 wird so berechnet, dass der Gebührenbemessung der Teil der Strafe zugrunde gelegt wird, um den die frühere Strafe erhöht wurde (**Zusatzstrafe**).[17] Es kommt also nur auf den Betrag an, um den die nach § 55 Abs. 1 StGB gebildete Gesamtstrafe die frühere (Gesamt-)Strafe übersteigt. Lautete z.B. die erste (Gesamt-)Strafe auf 1 Jahr und 1 Monat Freiheitsstrafe, die spätere Strafe auf 1 Jahr und 2 Monate Freiheitsstrafe, so ist die Gebühr aus einer Freiheitsstrafe von 1 Monat zu erheben. Das gilt auch, wenn die Gebühr für die frühere Strafe und die für die neu gebildete Gesamtstrafe in einer Gebührenstufe liegen.[18]

Beispiel: Die frühere Strafe betrug 30 Tagessätze Geldstrafe, die neu gebildete Gesamtstrafe beträgt 60 Tagessätze Geldstrafe. Hier beträgt die Gebühr nach KV 3110 140 €. Die für das (oder die) frühere(n) Verfahren erwachsenen Gebühren bleiben unberührt.

Eine Ausnahme gilt nur, wenn eine der früheren Strafen bereits eine Gesamtstrafe ist, die nunmehr aufgelöst werden muss. Dann ist die Summe der früheren Einzelstrafen (bzw. die frühere Gesamtstrafe mit der neuen Gesamtstrafe) zu vergleichen. Es erwächst dann keine zusätzliche Gebühr nach Abs. 5, wenn die neue Gesamtstrafe nicht höher ist als eine frühere Gesamtstrafe.[19] Ist sie jedoch höher, dann ist der Unterschied zwischen der alten und der neu gebildeten Gesamtstrafe Bemessungsgrundlage für die Gebühr.

43 War wegen einer früheren Tat auf eine **Maßregel der Besserung und Sicherung** erkannt und hat das Gericht bei der neuen Verurteilung über diese Maßregeln neu entschieden, sind die Gebühren des Abs. 3 und nach dem neuen Urteil zu berechnen. Eine bereits für die frühere Maßregel angesetzte Gebühr ist anzurechnen. Waren gegen einen Jugendlichen nur Erziehungsmaßregeln oder Zuchtmittel angeordnet und wird nunmehr eine Jugendstrafe verhängt, ist nur die Jugendstrafe maßgebend.

---

15 *Oe/He/Tre* Vorbem. 3.1 Rn. 63.
16 *Oe/He/Tre* Vorbem. 3.1 Rn. 67 m.N.
17 Vgl. *Wagner* RPfleger 1951, 21.
18 *Hartmann*, Vorbem. 3.1 zu KV, Rn. 19; *Oe/He/Tre* Vorbem. 3.1 Rn. 48.
19 *Oe/He/Tre* Vorbem. 3.1 Rn. 49.

44 **Auslagen:** Die Auslagen sind nicht zusammen zu rechnen sondern für jedes Verfahren gesondert zu erheben.

45 **Abs. 6:** Die Bestimmung betrifft das gebührenrechtliche Verhältnis **mehrerer verurteilter Angeschuldigter** zur Staatskasse, und zwar für alle Rechtszüge, sofern auch am Rechtsmittelverfahren mehrere Verurteilte beteiligt waren (vgl. § 33, § 466 StPO). Da die Gebührenpflicht des verurteilten Angeschuldigten von der gegen ihn rechtskräftig erkannten Strafe abhängig ist, entspricht es der Billigkeit, dass die Gebührenpflicht eines jeden Verurteilten sich nach der gegen ihn erkannten Strafe richtet. Die gegen Mitangeklagte ausgesprochenen Strafen berühren ihn nicht.

46 Die Vorschrift gilt auch für mehrere im **Privatklageverfahren** Verurteilte. Soweit keine Verurteilung im Privatklageverfahren erfolgt, entsteht die Gebühr nach KV 3410 ohne Rücksicht auf die Zahl der Beschuldigten nur einmal. Das gilt auch bei der **Nebenklage.** Mehrere Antragsteller im **Klageerzwingungsverfahren,** mehrere Anzeigende oder mehrere Privat- oder Nebenkläger schulden gesamtschuldnerisch nur eine Gebühr.

47 Anwendbar ist Abs. 6 auch, wenn neben einer Strafe oder selbständig auf eine **Maßregel der Besserung und Sicherung** erkannt ist.

48 Eine Strafsache betrifft mehrere Angeschuldigte i.S.v. Abs. 6, wenn in einem und demselben Verfahren gegen mehrere Angeschuldigte verhandelt wird, wobei es gleichgültig ist, ob sie untereinander Teilnehmer i.S.v. §§ 25 ff. StGB waren oder nicht.[20]

49 Die Gebühr ist in diesem Falle **von jedem Verurteilten gesondert** zu erheben, Abs. 6 S. 1. Grundlage der Gebührenberechnung ist für jeden Einzelnen die gegen ihn erkannte Strafe oder – im Falle des Abs. 1 S. 2 die festgesetzte Geldbuße. Er haftet nicht für die von den Mitverurteilten geschuldeten Gebühren. Sind **Maßregeln der Besserung und Sicherung** angeordnet, ist hierfür die Gebühr nach KV 3110 ff. von jedem Mitverurteilten zu erheben, gegen den eine Maßregel festgesetzt worden ist. Die Gebühr ist also unter Umständen wegen desselben Urteils mehrfach zu erheben, wobei jeder Mitverurteilte immer nur für die gerade ihn treffende Gebühr haftet, nicht auch für Gebühren der übrigen Verurteilten.

50 Auslagen: Die Auslagenhaftung mehrerer Beteiligter ergibt sich aus § 466 StPO, welcher bestimmt:

> „Mitangeklagte, gegen die in Bezug auf dieselbe Tat auf Strafe erkannt oder eine Maßregel der Besserung und Sicherung angeordnet wird, haften für die Auslagen als Gesamtschuldner. Dies gilt nicht für die durch die Tätigkeit eines bestellten Verteidigers oder eines Dolmetschers und durch die Vollstreckung, die einstweilige Unterbringung oder die Untersuchungshaft entstandenen Kosten sowie für Auslagen, die durch Untersuchungshandlungen, die ausschließlich gegen einen Mitangeklagten gerichtet waren, entstanden sind."

Für die **Auslagen** haften die Beteiligten i.S.d. oben, Rn. 6, Gesagten stets gesamtschuldnerisch, und zwar ohne dass es eines besonderen Ausspruchs in der Kostengrundentscheidung bedarf. Ein solcher – grundsätzlich zulässiger – Ausspruch wird sogar für überflüssig angesehen.[21] Bei der Beteiligung eines Verurteilten an nur einzelnen Akten einer fortgesetzten Tat des Mitangeklagten kommt es darauf an, ob sich die Fortsetzungshandlungen des Mitangeklagten, die dieser allein ausgeführt hat, hinsichtlich der Auslagen von dem gemeinsamen Teil der Tat ausscheiden lassen.[22] Die Strafe oder die Maßregel der Besserung und Sicherung braucht nicht im gleichen Urteil ausgespro-

---

20 Vgl. dazu bes. die Kommentare zu § 466 StPO, z.B. bei *Meyer-Goßner* § 466 Rn. 1, m.N.
21 *Meyer-Goßner* Rn. 2.
22 *Oe/He/Tre* Vorbem. 3.1 Rn. 83.

chen worden zu sein. Auslagen, die sich aber eindeutig dem Handeln eines Mitangeklagten allein zuordnen lassen, fallen niemals unter die Gesamthaftung.[23] Wird von zwei Angeklagten der eine verurteilt und der andere freigesprochen, so hat der Verurteilte alle Kosten des Verfahrens zu tragen mit Ausnahme derjenigen Auslagen, die ausscheidbar oder nach § 464d StPO geschätzt allein auf das Verfahren gegen den Freigesprochenen entfallen sind.[24] Eine gesamtschuldnerische Haftung findet auch nicht statt, wenn und soweit diese vor einer Verbindung oder nach einer Trennung der Verfahren erwachsen sind. Die gesamtschuldnerische Haftung entfällt auch wegen der Auslagen eines Mitverurteilten, dem sie durch Amnestie oder Gnadenerweis erlassen sind, so dass der nicht amnestierte oder nicht begnadigte Mitverurteilte nicht solche Auslagen zu tragen hat, die im Innenverhältnis den Amnestierten oder Begnadigten treffen.

Ausnahmen von der gesamtschuldnerischen Haftung bestehen nach § 466 S. 2 StPO **51** für Auslagen, die für die Vergütung des Pflichtverteidigers und des Dolmetschers sowie für die Vollstreckung, die Untersuchungshaft oder die einstweilige Unterbringung für einen Mitangeklagten entstehen. Das gilt natürlich auch für die Vollstreckungskosten einer Maßregel der Besserung und Sicherung (§ 463 StPO) und für Auslagen, die Untersuchungshandlungen betreffen, welche sich ausschließlich gegen einen der Mitangeklagten richten. So z.B. die allein wegen dessen Einlassung erforderlichen Beweiserhebungen[25] einschließlich einer etwaigen Unterbringung nach § 81 StPO oder § 73 JGG und Untersuchungen nach § 81a StPO. Das gilt auch für Auslagen, die wegen schuldhafter Säumnis eines Mitangeklagten erwachsen sind (§ 467 Abs. 2 StPO).

Ist ein Mitangeklagter für straffrei erklärt worden oder hat das Gericht eine Verwar- **52** nung mit Strafvorbehalt ausgesprochen, tritt die gesamtschuldnerische Haftung für die Auslagen erst ein, wenn das Gericht eine Verurteilung in die Kosten ausgesprochen hat, § 465 Abs. 1 S. 2 StPO.[26] Ebenso verhält es sich bei Aussetzung der Verhängung einer Jugendstrafe mit Bewährungsfrist (§ 27 JGG) und bei Anordnung von Erziehungsmaßregeln und Zuchtmitteln gegen Jugendliche.[27]

Sinngemäß gilt die Bestimmung für das Rechtsmittelverfahren, wenn mehrere An- **53** geklagte ein Rechtsmittel betreiben. Es haben dann der Verurteilte und der für straffrei erklärte Angeschuldigte je die Auslagen, die in Bezug auf ihre Tat entstanden sind, allein zu tragen. Werden gemäß § 74 JGG einem Jugendlichen keine Kosten auferlegt, haftet der Mitverurteilte nicht für den Kostenanteil, den im Innenverhältnis gemäß § 426 BGB der Jugendliche tragen müsste.[28]

Abs. 7 entspricht § 40a Abs. 1 und 2 a.F. Die Bestimmung vereinheitlicht die früher **54** unterschiedliche Gebührenbemessung bei einem auf einzelne, selbständige Taten beschränkten Rechtsmittel und bei einem gleichermaßen beschränkten Einspruch gegen einen Strafbefehl[29] (§§ 318, 344, 410 Abs. 2 StPO). Sie spiegelt im Kostenrecht den Grundsatz wieder, dass die Beschränkung eines Rechtsbehelfs auf Teile einer Verurteilung auch eine Beschränkung der Überprüfung der Entscheidung zur Folge hat.

Nach **Abs. 7 Sätze 1–3** richtet sich die Gebühr nach der Strafe für diejenigen Taten, **55** die Gegenstand des Rechtsmittelverfahrens sind. Bei Gesamtstrafen ist also die Einzelstrafe oder die Summe der Einzelstrafen maßgebend, wenn nicht die Gesamtstrafe unter

23 Vgl. dazu bei *D. Meyer* DAR 1989, 397.
24 OLG Hamm JMBlNRW 1966, 119; *D. Meyer* DAR 1989, 397.
25 Vgl. *Hilger* in Löwe-Rosenberg, StPO, 24. Aufl., § 466 Rn. 17; *Meyer-Goßner* § 466 Rn. 3; *Bode* NJW 1969, 214.
26 *Oe/He/Tre* Vorbem. 3.1 Rn. 78.
27 *Mümmler* JurBüro 1974, 673; *Oe/He/Tre* Vorbem. 3.1 Rn. 79.
28 *Oe/He/Tre* Vorbem. 3.1 Rn. 84; *Ort* JVBl. 1970, 97, 99.
29 Vgl. BT-Ds. 12/6962, S. 65.

Einbeziehung der früher erkannten Strafe geringer ist als die Summe der Einzelstrafen. Diese Obergrenze soll verhindern, dass für ein beschränktes Rechtsmittel höhere Gebühren als für ein unbeschränktes Rechtsmittel anfallen.[30]

56 Betrifft das beschränkte Rechtsmittel nur eine **Nebenfolge**, die allein keine Gebühr auslöst, können auch für das Urteil in der höheren Instanz keine Gebühren entstehen.

57 **Satz 4** stellt klar, dass sich die Gebühr für ein auf die Anordnung einer Maßregel der Besserung und Sicherung beschränktes Rechtsmittel ausschließlich nach der für die Anordnung in KV 3316 bestimmten Betragsgebühr richtet.[31]

58 Abs. 7 gilt selbstverständlich auch bei der **Beschränkung des Einspruchs** gegen einen Strafbefehl.

59 Für die Anwendung des Abs. 7 ist es unerheblich, ob die Beschränkung des Rechtsmittels oder des Einspruchs zulässig war oder nicht. Wird z.B. die Berufung oder der Einspruch gegen einen Strafbefehl zurückgenommen, weil die unzulässige beschränkte Einlegung als unbeschränkt behandelt werden musste, sind insoweit die Gebühren nach KV 3121, 3131 zu erheben. Wenn das als beschränkt eingelegte Rechtsmittel aus Rechtsgründen als unbeschränkt behandelt werden musste, ist für die Gebühr der Rechtsmittelinstanz auf die nach Abs. 1 maßgebliche Strafe abzustellen.

60 Von vornherein nicht anwendbar ist Abs. 7 in den Fällen der sog. „horizontalen" Beschränkung des Rechtsmittels, d.h., wenn dieses auf den Rechtsfolgenausspruch als Ganzen, nicht aber gegen den Schuldspruch, gerichtet ist. Dann gilt für die Gebührenbemessung stets Abs. 1.

61 **Abs. 8** soll klarstellen, dass in Verfahren über die vorbehaltene Sicherungsverwahrung in allen Instanzen die Gebühren nach diesem Abschnitt gesondert zu erheben sind. Dabei gelten die Anordnung der vorbehaltenen Sicherungsverwahrung und die später im Verfahren nach § 275a StPO erfolgte nachträgliche Anordnung gem. § 66b StGB gerichtskostenrechtlich als eigenständige Verfahren. Für das erstinstanzliche Verfahren würden sich die Gebühren demnach nach KV 3116 bemessen.

ABSCHNITT 1
Erster Rechtszug

62 Die Neuabstufung und Erhöhung der Gebühren berücksichtigt stärker als bisher den tatsächlichen Aufwand eines Strafverfahrens. Die nach altem Recht bei einer „Verurteilung zu Freiheitsstrafe von mehr als 2 Jahren" endenden Gebührenstufen sind um die neuen Gebührenstufen „Verurteilung zu Freiheitsstrafe bis zu 4 Jahren", „Verurteilung zu Freiheitsstrafe bis zu 10 Jahren" und „Verurteilung zu Freiheitsstrafe von mehr als 10 Jahren und zu lebenslanger Freiheitsstrafe" erweitert worden. Im Gegenzug sind die bisherigen Gebührenstufen „Verurteilung zu Freiheitsstrafe bis zu 3 Monaten" (90 Tagessätze Geldstrafe) und „Verurteilung zu Freiheitsstrafe bis zu 6 Monaten" (180 Tagessätze Geldstrafe) zusammengefasst worden. Zusätzlich eingeführt ist die Gebührenstufe „Verurteilung zu Freiheitsstrafe bis zu 1 Jahr". Diese Struktur berücksichtigt, dass der tatsächliche Aufwand im Bereich der unteren Kriminalität bereits bei sehr geringen Strafmaßen verhältnismäßig groß ist.

63 Der Gebührenanstieg schwächt sich mit der Zunahme des Strafmaßes ab. Im Übrigen ist der Spielraum praktikabler Gebührenerhöhungen dadurch begrenzt, dass die Gebührenlast besonders bei niedrigen Strafmaßen nicht zu einer „zweiten Strafe" führen

30 So BT-Ds. 12/6962, S. 65.
31 BT-Ds. 12/6992, S. 65.

darf und höhere – nicht mehr zur Bewährung – aussetzbare Haftstrafen typischerweise zur Verschlechterung der wirtschaftlichen Verhältnisse der Verurteilten und Kostenschuldner führen. Die Folgen sind schon derzeit eine geringe Beitreibungsquote (deutlich unter 50%) sowie die Gefährdung der sozialen Wiedereingliederung der Haftentlassenen. Deshalb steigt der Gebührensatz von 140 € (Verurteilung bis zu 6 Monaten Freiheitsstrafe oder 180 Tagessätzen Geldstrafe) über 280 € (Verurteilung bis zu 1 Jahr Freiheitsstrafe oder zu mehr als 180 Tagessätzen Geldstrafe) und 420 € (Verurteilung bis zu 2 Jahren Freiheitsstrafe) selbst bei Verurteilung bis zu 4 Jahren Freiheitsstrafe lediglich auf 560 € und erreicht die weiteren Stufen von 700 € und 1.000 € erst bei Verurteilungen von mehr als 4 bis 10 Jahren Freiheitsstrafe bzw. bei Verurteilungen zu mehr als 10 Jahren Freiheitsstrafe oder lebenslanger Haft.

	Verfahren mit Urteil, wenn kein Strafbefehl vorausgegangen ist, bei	
3110	**Verurteilung zu Freiheitsstrafe bis zu 6 Monaten oder zu Geldstrafe bis zu 180 Tagessätzen**	**140,00 €**
3111	**Verurteilung zu Freiheitsstrafe bis zu 1 Jahr oder zu Geldstrafe von mehr als 180 Tagessätzen**	**280,00 €**
3112	**Verurteilung zu Freiheitsstrafe bis zu 2 Jahren**	**420,00 €**
3113	**Verurteilung zu Freiheitsstrafe bis zu 4 Jahren**	**560,00 €**
3114	**Verurteilung zu Freiheitsstrafe bis zu 10 Jahren**	**700,00 €**
3115	**Verurteilung zu Freiheitsstrafe von mehr als 10 Jahren oder zu einer lebenslangen Freiheitsstrafe**	**1.000,00 €**
3116	**Anordnung einer Maßregel der Besserung und Sicherung**	**70,00 €**
3117	**Festsetzung einer Geldbuße**	**10% des Betrages der Geldbuße, mindestens 50,00 €, höchstens 15.000,00 €**
3118	**Strafbefehl**	**0,5 der Gebühr 3110–3317**
	Die Gebühr wird auch neben der Gebühr 3119 erhoben. Ist der Einspruch beschränkt (§ 410 Abs. 2 StPO), bemisst sich die Gebühr nach der im Urteil erkannten Strafe.	
3119	**Hauptverhandlung mit Urteil, wenn ein Strafbefehl vorausgegangen ist**	**0,5 der Gebühr 3110–3317**
	Vorbemerkung 3.1 Abs. 7 gilt entsprechend.	

64 **KV 3110 bis 3116 sowie 3118 und 3119:** Zur Vereinfachung des Kostenansatzes ist jetzt jedem Gebührenbetrag der KV 3110 bis 3116 eine eigene Gebührennummer zugeordnet. Wegen der neuen Bestimmung KV 3117 wird auf das oben Rn. 1 Gesagte verwiesen. Die Höhe der Gebühr entspricht der Gebühr KV 4110.

65 Die Gebühren KV 3110–3116 decken das **gesamte erstinstanzliche Verfahren** vom Eingang der Anklage bei Gericht bis zu der die Instanz endgültig abschließenden Entscheidung ab, sofern kein Strafbefehl vorausgegangen ist. Unerheblich ist, ob die Anklage gemäß § 199 StPO oder § 212 StPO erhoben wurde. Ein neuer Rechtszug im gebührenrechtlichen Sinne beginnt nach Einlegung der Berufung oder der Revision, wobei die Einlegung des Rechtsmittels als solches schon zur Rechtsmittelinstanz gehört. Zum Rechtszug gehören auch die Fortsetzung des Verfahrens vor einem Gericht derselben Instanz nach Verweisung oder **Zurückverweisung** und die gerichtlichen und staatsanwaltschaftlichen Handlungen nach Rechtskraft des Urteils. **Mehrere Strafsachen** bilden von ihrer Verbindung an einen Rechtszug. Vor der Verbindung angefallene Gebühren bleiben unberührt. Durch die Trennung verbundener Verfahren entstehen ab der **Trennung** selbständige Rechtszüge. Für mehrere in einem Rechtszug ergehende Urteile erwächst die Gebühr mehrmals. Wird aus der für mehrere Taten verwirkten Strafe eine Gesamtstrafe gebildet (§ 53 StGB), richtet sich die Gebühr nach der **Gesamtstrafe** und nicht nach der Summe der Einzelstrafen. Bei der Bildung von Gesamtstrafen nach § 55 Abs. 1 StGB oder § 31 Abs. 2 JGG ist § 6 Abs. 3 i.V.m. § 8 anwendbar, nicht aber bei einer Gesamtstrafenbildung nach § 460 StPO oder § 66 JGG. Erforderlich ist immer eine Verurteilung, wozu auch eine Verwarnung mit Strafvorbehalt gehört, nicht aber ein Absehen von Strafe oder eine Straffreierklärung. Die Gebühren fallen für den ersten Rechtszug auch dann, wenn die Verurteilung erstmals in einem Rechtsmittelrechtszug erfolgt. Bei einer Einstellung des Verfahrens fällt keine Gebühr an.

66 Die **Gebührensätze** sind von der Art und Höhe der rechtskräftig erkannten Strafe abhängig. Die für die rechtskräftig verhängte Maßregel der Besserung und Sicherung vorgesehene Gebühr von 70 € ist immer anzusetzen, gleichgültig, ob die Maßregel allein oder neben einer Strafe verhängt wird. Werden mehrere Maßregeln verhängt, fällt die Gebühr auch mehrmals (kumulativ) an.[32] Es muss sich jedoch stets um verschiedene Maßregeln i.S.v. § 61 StGB handeln. So ist z.B. der Ausspruch einer Sperrfrist nach § 69a StGB keine eigenständige Maßregel, sondern nur ein notwendiger Annex zu § 69 StGB und wird nur dann zur selbständigen Maßregel, wenn der Täter keine Fahrerlaubnis hatte (§ 69a Abs. 1 S. 3 StGB). Soweit das Gericht eine schon laufende Sperre wegen einer neuen Tat verlängert, liegt selbstverständlich auch eine neu verhängte Maßregel vor. Die bloße – deklaratorische – Feststellung des Gerichts, dass die Voraussetzungen für das Entfallen einer Maßregel (z.B. Führungsaufsicht) nicht vorliegen, lässt die Gebühr nicht entstehen, wenn dadurch nur die kraft Gesetzes eintretende Rechtsfolge ausgesprochen wird.[33]

67 Die Gebühr **KV 3117** ist nur dann anzusetzen, wenn und soweit in einem Strafverfahren auf eine Geldbuße als Sanktion erkannt wird. Das kommt insbesondere dann in Betracht, wenn das Strafgericht eine Tat am Ende nicht als Straftat, sondern als Ordnungswidrigkeit erachtet. Bewährungsauflagen nach § 56b Abs. 2 Nr. 2 5a Abs. 2 Nr. 3 StGB sind jedoch keine Geldbußen in diesem Sinne. Erst recht zählen auch Auflagen im Zusammenhang mit der Einstellung eines Strafverfahrens (z.B. § 153a Abs. 2 Nr. 3 StPO) nicht hierzu.

---

32 **A.M.:** OLG Koblenz JurBüro 2003, 430 m. abl. Anm. v. *D. Meyer* JurBüro 2003, 431; *Hartmann* KV 3110 Rn. 6.

33 LG Koblenz NStZ-RR 1999, 352.

Die halbe Gebühr KV 3118 ist nur anzusetzen, wenn das Verfahren durch Strafbefehl angefangen hat und in einer Hauptverhandlung kein Sachurteil ergangen ist, also bei Nichteinlegung eines Einspruchs oder bei zulässiger Zurücknahme des Einspruchs (§ 411 Abs. 3 StPO). 68

Wenn in der Hauptverhandlung ein Urteil in der Sache selbst ergeht, erhöht sich die Gebühr KV 3118 nach KV 3119 auf eine volle Gebühr. Unerheblich ist, ob der Einspruch gegen den Strafbefehl auf den Rechtsfolgenausspruch beschränkt war. Die Erhöhung nach KV 3119 erfolgt auch, wenn der Einspruch nach § 412 StPO verworfen wird. Die Grundsätze gelten auch, soweit im Strafbefehlsverfahren Maßregeln der Besserung und Sicherung angeordnet sind und der Einspruch darauf beschränkt war. 69

ABSCHNITT 2
Berufung

3120	**Berufungsverfahren mit Urteil**	**1,5 der Gebühr 3110–3117**
3121	**Erledigung des Berufungsverfahrens ohne Urteil** **Die Gebühr entfällt bei Zurücknahme der Berufung vor Ablauf der Begründungsfrist.**	**0,5 der Gebühr 3110–3117**

KV 3120 und 3121: Für das Berufungsverfahren sind gegenüber dem erstinstanzlichen Verfahren höhere Gebühren vorgesehen. In Anbetracht der – gemessen an den wirklichen Kosten – immer noch geringen Gebührenhöhe in Strafsachen und zur Abwehr unnötiger Rechtsmittelverfahren war es geboten, die Gebührensätze angemessen zu erhöhen. Gleichzeitig ist für das Berufungsverfahren – wie früher schon für das Revisionsverfahren – vorgesehen, dass die Rücknahme der Berufung vor Ablauf der Begründungsfrist zu einem vollständigen Wegfall der Gebühr führt. Die endgültige Entscheidung, ob Berufung eingelegt werden soll oder nicht, kann der Verurteilte erst treffen, wenn ihm die schriftliche Begründung des Urteils vorliegt. Wenn er sich innerhalb einer Woche nach Zustellung des Urteils für die Rücknahme der zunächst nur fristwahrend eingelegten Berufung entscheidet, spricht kein sachlicher Grund dafür, die Rücknahme der Berufung anders als die Rücknahme der Revision zu behandeln. 70

KV 3120 gilt für das Berufungsverfahren. Die Berufungsinstanz beginnt mit dem Eingang der Berufung bei dem gemäß § 314 Abs. 1 StPO zuständigen Gericht der ersten Instanz. Darauf, ob und wann das Berufungsgericht tätig wird,[34] kommt es nicht an. Wird sie bei einem anderen Gericht eingelegt, kommt es auf den Zeitpunkt an, zu dem sie bei dem zuständigen Gericht eingeht. Das kann auch die Entgegennahme der Berufung zur Niederschrift bei der Geschäftsstelle oder zu Protokoll des Gerichts im Anschluss an die Urteilsverkündung durch das nach § 314 StPO zuständige Gericht sein. Ob die Berufung zulässig ist oder nicht, ist für das Entstehen der Gebühr unerheblich. Die Berufungsinstanz endet mit dem Wirksamwerden des Berufungsurteils oder einer anderen Erledigung der Berufungsinstanz, etwa durch Zurücknahme oder Verzicht. Die Gebühr KV 3120 wird aber nur erhoben, wenn die Berufungsinstanz durch Urteil (auch nach § 329 StPO) 71

34 So auch *Hartmann* KV Nr. 3120 Rn. 1.

endet. In den anderen Fällen kommt KV 3121 in Betracht. Keine Auswirkung auf die Gebühr KV 3120 hat es, ob und wann eine Beschränkung der Berufung stattfindet. Verweist das Berufungsgericht an das Erstgericht zurück, beginnt eine neue Berufungsinstanz nur, wenn gegen das neue Urteil abermals Berufung eingelegt wird.

72 Die Gebühr KV 3120 kann jedoch nur soweit entstehen, als das Strafgericht keine andere Kostenentscheidung nach **§ 473 StPO, § 74 JGG** getroffen hat. Liegt eine solche vor, ist diese für den Grund und für die Höhe der Gebühr KV 3120 maßgebend. Das ist in der Vorbem. 3 Abs. 1 ausdrücklich klargestellt. Im Kostenansatz ist aber eine Entscheidung nach § 473 Abs. 4 StPO nicht infrage zu stellen. Fehlt sie oder ist sie verfehlt – etwa eine unzulässige Bruchteilsentscheidung –, kann nur das Strafgericht Abhilfe schaffen. Auch eine Niederschlagung nach § 21 GKG scheidet dann aus. Wenn und soweit eine Entscheidung nach § 473 Abs. 4 StPO oder § 74 JGG vorliegt, darf aber die Mindestgebühr von 10 € nicht unterschritten werden.

73 **KV 3121:** Wenn das Berufungsverfahren ohne Urteil beendet wird, ermäßigt sich die Gebühr nach KV 3121 auf $^1/_2$ der in KV 3120 genannten Sätze, mindestens aber auf 10 €. In Betracht kommen hier die Zurücknahme und Verzicht nach §§ 302, 303 StPO, die Verwerfung nach §§ 313 Abs. 2 S. 2, 319 Abs. 1, 322 Abs. 1 StPO und der Nichtannahmebeschluss gemäß § 322a StPO. Für einen Antrag des Angeklagten nach § 319 Abs. 2 StPO entstehen keine Gebühren.

ABSCHNITT 3
Revision

3130	**Revisionsverfahren mit Urteil oder Beschluss nach § 349 Abs. 2 oder 4 StPO**	**2,0 der Gebühr 3110–3117**
3131	**Erledigung des Revisionsverfahrens ohne Urteil und ohne Beschluss nach § 349 Abs. 2 oder 4 StPO**	**1,0 der Gebühr 3110–3117**
	Die Gebühr entfällt bei Zurücknahme der Revision vor Ablauf der Begründungsfrist.	

74 **KV 3130, 3131:** Auch für das Revisionsverfahren sind sowohl gegenüber dem erstinstanzlichen Verfahren als auch gegenüber dem Berufungsverfahren höhere Gebühren vorgesehen. Dies entspricht der Struktur der Gerichtsgebühren in den übrigen Verfahren. Durch eine Anmerkung ist nunmehr die Gebührenfreiheit im Revisionsverfahren bei Revisionsrücknahme innerhalb der Begründungsfrist vorgesehen, obgleich es schon zu einer ersten Sachbefassung des Gerichts gekommen sein kann. Ohne Änderung der kurzen Revisionseinlegungsfrist des § 341 StPO (eine Woche ab Verkündung des Urteils) würde der Beschuldigte anderenfalls unter Umständen zum Rechtsmittelverzicht aus Kostengründen genötigt, da die schriftlichen Urteilsgründe innerhalb der Revisionseinlegungsfrist zumeist noch nicht vorliegen und daher eine exakte revisionsrechtliche Überprüfung häufig nicht möglich ist.

75 Das Revisionsverfahren beginnt mit der Einlegung der Revision und endet mit der Revisionsrücknahme oder dem Verzicht, mit der Verwerfung durch Beschluss des Gerichts, dessen Urteil angefochten wird, durch Beschluss des Revisionsgerichts oder mit einem Urteil des Revisionsgerichts. Ist diese Entscheidung des Revisionsgerichts ein Ur-

teil oder ein Beschluss nach § 349 Abs. 2 oder 4 StPO, entsteht die Gebühr 3130. In allen anderen Fällen der Beendigung des Revisionsverfahrens, nämlich Verzicht, Zurücknahme oder durch Beschluss nach § 346 StPO, ermäßigt sich die Gebühr nach KV 3131. Im Falle der Zurücknahme tritt eine Ermäßigung aber nur ein, wenn diese vor Ablauf der Revisionsbegründungsfrist wirksam erfolgt. Auch hier geht § 473 Abs. 4, 74 JGG als lex specialis vor. Die Gebührenfreiheit infolge Zurücknahme führt jedoch nicht zur Auslagenfreiheit.[35]

ABSCHNITT 4
Wiederaufnahmeverfahren

3140	**Verfahren über den Antrag auf Wiederaufnahme des Verfahrens der Antrag wird verworfen oder abgelehnt**	**0,5 der Gebühr 3110–3117**
3141	**Verfahren über die Beschwerde gegen einen Beschluss, durch den ein Antrag auf Wiederaufnahme des Verfahrens hinsichtlich einer Freiheitsstrafe, einer Geldstrafe, einer Maßregel der Besserung und Sicherung oder einer Geldbuße verworfen oder abgelehnt wurde: Die Beschwerde wird verworfen oder zurückgewiesen**	**1,0 der Gebühr 3110–3117**

KV 3140 und 3141: In KV 3141 ist auch die Festsetzung einer Geldbuße aufgenommen worden. Für die übrigen Beschwerden gegen die Verwerfung oder Ablehnung eines Antrags auf Wiederaufnahme sind Gebühren nach KV 3601 anzusetzen. Der notwendige Prüfungsumfang und die Bedeutung der Entscheidung für den Verurteilten rechtfertigen eine Verdoppelung des Gebührensatzes in KV 3141 bei der Beschwerde gegen die Verwerfung oder Ablehnung eines Antrags auf Wiederaufnahme. **76**

KV 3140: Voraussetzung für die Gebührenpflicht ist ein Antrag auf Wiederaufnahme des Verfahrens (§ 366 StPO), der **verworfen oder abgelehnt** wird. Wird der Antrag vor der Verwerfung oder Ablehnung zurückgenommen oder führt er zu einer Anordnung der Wiederaufnahme des Verfahrens nach § 370 Abs. 2 StPO, entstehen keine Gebühren. Die Höhe der Gebühr richtet sich nach den Strafen oder Maßregeln, die in dem Urteil oder Strafbefehl ergangen sind, gegen den sich der Wiederaufnahmeantrag richtete und die auch nach Durchführung des Wiederaufnahmeverfahrens rechtskräftig bleiben. Daneben bleiben die Gebühren bestehen, die für das vorangegangene Verfahren erwachsen sind. War der Antrag nur auf einzelne von mehreren in einem Verfahren abgeurteilten Fälle gerichtet, sind nur die auf diese Fälle entfallenden Einzelstrafen der Gebührenberechnung zugrunde zu legen. Die Mindestgebühr beträgt 10 € (§ 34 Abs. 2). **77**

KV 3141: Bei einer Beschwerde der Staatsanwaltschaft, mag sie zu Gunsten oder zu Ungunsten des Beschuldigten eingelegt worden sein, entsteht die Gebühr nicht, gleichgültig, welchen Erfolg sie hat. Eine Beschwerdegebühr entsteht in diesem Falle auch dann nicht, wenn dem Beschuldigten die Kosten der Beschwerde auferlegt werden. Die Kostenentscheidung bezieht sich dann nur auf die Auslagen. Wird die Beschwerde des Beschuldigten, Privat-, Nebenklägers oder eines Nebenbeteiligten nur teilweise verwor- **78**

35 OLG Zweibrücken RPfleger 1991, 125.

fen oder zurückgewiesen, erwächst die Gebühr gleichwohl. Bei der Höhe der Gebühr ist § 473 Abs. 4 StPO als vorrangig zu beachten.

ABSCHNITT 5

Psychosoziale Prozessbegleitung[35a]

Vorbemerkung 5.1.5:

Eine Erhöhung nach diesem Abschnitt tritt nicht ein, soweit das Gericht etwas anderes angeordnet hat (§ 465 Absatz 2 Satz 4 StPO).
Dem Verletzten ist ein psychosozialer Prozessbegleiter beigeordnet

3150	**Für das Vorverfahren:** **Die Gebühren 3110 bis 316 und 3118 erhöhen sich um**	**520,00 €**
3151	**Für das gerichtliche Verfahren im ersten Rechtszug:** **Die Gebühren 3110 bis 3116 und 3118 erhöhen sich um** **1. Die Erhöhung der Gebühr 3116 tritt nur ein, wenn ausschließlich diese Gebühr zu erheben ist.** **2. Die Erhöhungen nach den 31550 und 3151 können nebeneinander eintreten**	**370,00 €**
3152	**Dem Verletzten ist für das Berufungsverfahren ein psychosozialer Prozessbegleiter beigeordnet:** **Die Gebühren 3120 und 3121 erhöhen sich um** **Die Erhöhung der Gebühr 3120 oder 321 für die Anordnung einer oder mehrerer Maßnahmen der Besserung und Sicherung tritt nur ein, wenn ausschließlich diese Gebühr zu erheben ist**	**210,00 €**

HAUPTABSCHNITT 2

Klageerzwingungsverfahren, unwahre Anzeige und Zurücknahme des Strafantrags

3200	**Dem Antragsteller, dem Anzeigenden, dem Angeklagten oder Nebenbeteiligten sind die Kosten auferlegt worden (§§ 177, 469, 470 StPO)** **Das Gericht kann die Gebühr bis auf 15,00 € EUR herabsetzen oder beschließen, dass von der Erhebung einer Gebühr abgesehen wird.**	**70,00 €**

79 **KV 3200:** Das KostRÄndG 1994 hatte den Anwendungsbereich von KV 3200 erweitert. Fiel bis dahin die Gebühr nur an, wenn bei Einstellung des Strafverfahrens wegen Zurücknahme des Strafantrags dem Antragsteller oder Anzeigenden die Kosten des Verfahrens auferlegt worden sind, gilt das jetzt auch für den Angeklagten und den Nebenbe-

35a Dazu *Volpert*, RVG-Report 2017, 202.

teiligten, sofern diesem die Kosten des Verfahrens aufgrund einer Übernahmeerklärung auferlegt worden sind (§ 470 S. 2 StPO).[36] Es handelt sich hier um eine Entscheidungsgebühr, welche die gesamten vorhergehenden Verfahren (nicht aber ein nachfolgendes Rechtsmittelverfahren) abdeckt.

Nach KV 3200 ist regelmäßig eine **Festgebühr** in Höhe von 70 € zu erheben, wenn das gerichtliche Strafverfahren durch Rücknahme des Strafantrags endet. Durch die Gebühr in Höhe von 70 € wird der Kostenpflichtige stärker an den tatsächlichen Kosten beteiligt. Zugleich wird die Strafjustiz besser vor missbräuchlicher Inanspruchnahme geschützt. Der Anwendungsbereich von KV 3200 ist insbesondere im Hinblick auf die höhere Gebühr für die Fälle des Klageerzwingungsverfahrens und der unwahren Anzeige erweitert worden. 80

KV 3200 räumt allerdings die Möglichkeit ein, diese Gebühr herabzusetzen oder ganz niederzuschlagen. Die Bestimmung ist insoweit als Pendant zu § 470 StPO gedacht, wonach der Antragsteller die Kosten des Verfahrens zu tragen hat, wenn das Verfahren wegen Rücknahme des Strafantrags, durch den es bedingt war, eingestellt wird. Eine Kostenentscheidung des Gerichts nach § 470 StPO ist aber nicht Voraussetzung für einen Gebührenansatz, insbesondere für eine Ermäßigung oder Niederschlagung nach KV 3200. Sie ist aber immer vorrangig und für den Kostenansatz bindend. 81

Voraussetzungen für einen Kostenansatz nach KV 3200 ist ein Strafantrag, die Erhebung der öffentlichen Klage durch die Staatsanwaltschaft oder ein ihr gleichstehender Akt (z.B. Antrag auf Erlass eines Strafbefehls), Eröffnung des Hauptverfahrens auf die Anklage der Staatsanwaltschaft (bzw. Erlass des Strafbefehls), Zurücknahme des Strafantrags und als deren Folge die Einstellung des Verfahrens. 82

Die Stellung des Strafantrags ist geregelt in den §§ 77–77d StGB, seine Rücknahme im § 77d StGB. Die **Staatsanwaltschaft** muss die öffentliche Klage erhoben oder das Verfahren in einer der öffentlichen Klage gleichstehenden Weise gerichtshängig gemacht haben. KV 3200 ist deshalb nicht im Privatklageverfahren anzuwenden. Hier gilt u.U. KV 3431. 83

Zurücknahme des Strafantrags: Gemeint sind die Fälle des § 470 StPO, wonach im Falle einer Zurücknahme des Strafantrags dem Antragsteller die Kosten des Verfahrens auferlegt werden müssen bzw. dem Antragsteller oder einem Nebenbeteiligten nach Übernahmeerklärung auferlegt werden können. Voraussetzungen für das Entstehen der Gebühr KV 3200 ist auch hier immer, dass eine rechtskräftige Entscheidung des Gerichts nach § 470 StPO vorliegt, andernfalls die Gebühr nicht angesetzt werden darf. Die Richtigkeit oder gar die Zulässigkeit einer solchen Entscheidung oder Nichtentscheidung ist für das Kostenansatzverfahren ohne Belang. 84

Das Verfahren muss auf dem Strafantrag beruhen. Beruht es nicht allein auf dem Strafantrag, etwa weil die Staatsanwaltschaft unabhängig davon das öffentliche Interesse angenommen und deshalb das Verfahren von Amts wegen eingeleitet oder weiter betrieben hat, oder war das Verfahren sogar von Amts wegen zu betreiben, ist die Gebühr nach KV 3200 niemals zu erheben. 85

Beruht das Verfahren auf **mehreren Strafanträgen** und wird es wegen Rücknahme sämtlicher Anträge – sei es nacheinander, sei es zugleich – eingestellt, dann sind alle Rücknahmen für die Einstellung des Verfahrens ursächlich. Die Gebühr nach KV 3200 erwächst dann jedoch nur einmal. Mehrere Gebühren erwachsen nur dann, wenn die Anträge wegen verschiedener Antragsdelikte gestellt worden waren. 86

Mehrere Antragsteller: Bei mehreren Antragstellern ist zum einen Voraussetzung für die Gebührenerhebung, dass gegen jeden Antragsteller eine Kostenentscheidung 87

36 Vgl. BT-Ds. 12/6962, S. 84.

vorliegt. Ist das der Fall, ist zu unterscheiden, ob der Antrag denselben Straftatbestand betraf oder ob es sich um verschiedene Straftatbestände handelte. Im ersten Fall schulden sie die Gebühren nur einmal und haben sie samt den Auslagen gesamtschuldnerisch zu tragen (§ 31). Im anderen Fall werden jeweils mehrere Gebühren zu ihren Lasten erhoben. Mehrere Gebühren sind auch dann anzusetzen, wenn getrennte Entscheidungen des Gerichts hinsichtlich eines jeden Antragstellers ergehen.

88 Haben **mehrere Strafantragsteller** ihre wegen desselben Straftatbestandes gestellten Strafanträge gleichzeitig oder nacheinander zurückgenommen und wurde nach Zurücknahme des letzten Strafantrags das Verfahren wegen der Strafantragsrücknahme eingestellt, erwächst die Gebühr nur einmal. Mehrere Gebühren erwachsen aber, wenn wegen mehrerer Straftaten gestellte Strafanträge nacheinander zurückgenommen werden und deshalb auch mehrere Kostenentscheidungen ergehen.

89 Richtet sich aber **ein Antrag gegen mehrere Beschuldigte** und ergeht hierüber eine Kostenentscheidung, ist auch nur eine Gebühr geschuldet, während mehrere Gebühren auch desselben Antragstellers bei mehreren Entscheidungen angesetzt werden.

90 Das **Hauptverfahren** muss **eröffnet** sein. Der Eröffnung des Hauptverfahrens steht der Erlass eines Strafbefehls gleich. Denn nach einem Einspruch gegen einen Strafbefehl ersetzt dieser den Eröffnungsbeschluss. Im Fall des § 212 StPO wird der Beginn der Hauptverhandlung, und zwar der Aufruf zur Sache, dem Eröffnungsbeschluss gleichgesetzt. Erfolgt die Rücknahme des Strafantrags vor dem als Eröffnung des Hauptverfahrens maßgebenden Zeitpunkt, fällt die Gebühr nach KV 3200 nicht an, selbst dann nicht, wenn trotz der Antragsrücknahme versehentlich das Hauptverfahren doch noch eröffnet wurde. Wird ein Strafbefehl zugestellt und der Strafantrag binnen der Einspruchsfrist zurückgenommen, fällt die Gebühr des KV 3200 ebenfalls nicht an.

91 Die Einstellung des Verfahrens muss auf der Antragsrücknahme beruhen. Wird das Verfahren aus anderen Gründen eingestellt, fällt die Gebühr nicht an, ebenso wenig, wenn der Angeklagte freigesprochen wird. Ob die Einstellung des Verfahrens durch Beschluss oder auf eine Hauptverhandlung erfolgt, spielt keine Rolle. Es muss das ganze Hauptverfahren eingestellt worden sein.

92 Keine Gebühr nach KV 3200 ist zu erheben, wenn nur wegen **einzelner Straftaten** der Antrag zurückgenommen wird, das auch wegen anderer Straftaten eröffnete Hauptverfahren aber nicht hinsichtlich aller Taten wegen der Zurücknahme des Strafantrags eingestellt wird. Verbleiben also nach der Antragsrücknahme noch weitere Strafvorwürfe und wird dann wegen des Restes das Verfahren nach § 153 StPO eingestellt, beruht die Einstellung nicht ausschließlich auf der Antragsrücknahme.

93 Für die **Auslagen** haften mehrere Strafantragsteller gesamtschuldnerisch, soweit die Auslagen auf Grund der Strafanträge entstanden sind, nicht aber, soweit sie wegen einer Straftat entstanden sind, hinsichtlich derer nicht alle den Antrag gestellt hatten. Dann haften für solche Auslagen nur die besonderen Antragsteller. Nach § 470 S. 2 StPO können die Kosten, also auch die Auslagen, der Staatskasse auferlegt werden.

94 Die Gebühr beträgt ohne Rücksicht auf die Art und Zahl der zugrunde liegenden Straftaten 70 €, sofern das Gericht (der Richter, nicht der Rechtspfleger) nicht nach der amtlichen Anmerkung verfährt und eine Herabsetzung oder Nichterhebung anordnet. Sie entsteht mit dem Einstellungsbeschluss, nicht erst mit deren Rechtskraft (§ 9). Das Gericht kann die Gebühr bis auf den Mindestsatz von 15 € ermäßigen oder volle Gebührenfreiheit gewähren. Es ist insoweit nur an eine Grundentscheidung des Strafgerichts nach § 470 StPO gebunden, welche aber dem Kostenansatzverfahren vorgeht. D.h. eine Gebühr über dem Ansatz nach KV 3200 hat stets durch den Richter zu erfolgen und soll i.d.R. zugleich oder gleich nach dem Kostenausspruch gem. § 470 StPO ergehen.[37] Das Gericht entscheidet nach pflichtgemäßem Ermessen und von Amts wegen. Die Verpflichtung zum Tragen von **Auslagen** wird von einer Entscheidung nach der amtlichen Anmerkung nicht berührt. Insoweit ist nur eine Entscheidung nach § 470 S. 2 StPO zu beachten. Auch nach § 21 kann von der Gebühren- und Auslagenerhebung abgesehen werden, wenn ein zurückgenommener Antrag aus Unkenntnis der tatsächlichen oder rechtlichen Verhältnisse beruhte. Indessen wird die Bestimmung des § 21 hier kaum jemals praktisch relevant werden.

Kostenschuldner ist derjenige, dem das Gericht gemäß § 470 StPO die Kosten aufer- 95
legt hat (§ 29 Nr. 1). Er kann erst in Anspruch genommen werden, wenn eine Entscheidung nach § 470 StPO ergangen ist, die nicht rechtskräftig zu sein braucht. Liegt keine Entscheidung nach § 470 StPO vor, ist der Strafantragsteller Kostenschuldner. Eine Kostenübernahme durch den Angeklagten oder eines anderen Dritten ist ohne weiteres möglich. Sind die Kosten zwischen dem Antragsteller und der Staatskasse nach § 470 StPO verteilt, haftet jeder nur nach dem ihn betreffenden Teil. Hat der Angeklagte dem Gericht gegenüber die Kostentragung nach Maßgabe des § 29 Nr. 2 übernommen und werden sie trotzdem nach § 470 StPO dem Antragsteller auferlegt, so haften Antragsteller und Angeklagter für die Kosten als Gesamtschuldner.

Kostenauferlegung nach § 177 StPO: Voraussetzung dafür ist eine rechtskräftige 96
Entscheidung nach § 177 StPO durch das Gericht, deren Richtigkeit oder Rechtmäßigkeit im Kostenansatzverfahren nicht zu überprüfen, sondern hinzunehmen ist. Unerheblich ist für das Kostenansatzverfahren auch, ob der Antrag im Klageerzwingungsverfahren aus förmlichen oder sachlichen Gründen verworfen wurde. Die gegenteilige Ansicht, wonach keine Gebühren entstehen, wenn das Gericht den Antrag wegen eines Mangels bei den förmlichen Voraussetzungen verwirft,[38] ist insoweit richtig, als in solchen Fällen nach materiellem Strafverfahrensrecht keine Kostenentscheidung ergehen darf und deshalb auch nach § 177 StPO nicht vorliegen kann. Natürlich entstehen auch keine Gebühren, wenn der Antragsteller seinen Antrag zurücknimmt. Auch dann kommt es nicht zu einer Kostenentscheidung des Gerichts nach § 177 StPO.

Unwahre Anzeige: Auch hier ist eine Kostenentscheidung nach § 469 StPO durch 97
das Gericht Anspruchsvorraussetzung für das Entstehen der Gebühr KV 3200. Es handelt sich auch insoweit um eine Entscheidungsgebühr, die zwar das ganze vorausgegangene Verfahren abdeckt, mit Ausnahme eines nachfolgenden Rechtsmittelverfahrens. Fehlt aber die Entscheidung nach § 469 StPO, ist für eine Erhebung der Gebühr kein Raum. Auch ihre Richtigkeit ist nicht im Kostenansatzverfahren zu prüfen.

HAUPTABSCHNITT 3
Privatklage

Anzahl und Kompliziertheit der nach Verfahrensbeteiligung des Privatklägers oder 98
des Beschuldigten unterscheidenden und zwischen Festgebühren und strafmaßabhängigen Gebührenstufen wechselnden Gebührentatbestände des alten Rechts (KV 6510 bis 6571 a.F.) standen außer Verhältnis zur geringen praktischen Bedeutung des Privatklageverfahrens. Die Neufassung der Gebührentatbestände fasst diese für Privatkläger und Beschuldigte auf der Basis einheitlicher Festgebühren zusammen. Dies gilt auch für das

37 *Oe/He/Tre* KV 3200 Rn. 32.
38 So OLG Bremen MDR 1984, 164; OLG Koblenz NJW 1977, 1461, 1462.

Wiederaufnahmeverfahren, auf das nach bisherigem Recht teils KV 6570 und 6571 a.F. und teils KV 6200 und 6201 a.F. anzuwenden waren. Die Gebührenhöhe der Festgebühren orientiert sich ausgehend vom ersten Rechtszug an der geringsten Gebühr des erstinstanzlichen Offizialverfahrens (KV 3110). Die hierdurch ermöglichte Vereinfachung des Gebührensystems und Verringerung der Anzahl der Gebührentatbestände führt auch dann noch zu hinnehmbaren Ergebnissen, wenn im Einzelfall eine höhere Geld- oder Freiheitsstrafe ausgesprochen werden sollte. Denn dies dürfte bei Verurteilungen wegen Hausfriedensbruchs oder Beleidigung als typischerweise im Privatklageweg verfolgten Straftaten erfahrungsgemäß selten erfolgen.

99 Die Gebühren in **Privatklagesachen**, auch bei **Widerklage**, regeln KV 3310ff. Für die **Nebenklage** sind die Bestimmungen KV 3510ff. maßgebend. Während in dem von Amts wegen zu betreibenden Strafverfahren Voraussetzung für die Erhebung der Gebühren regelmäßig eine rechtskräftig erkannte Strafe oder Maßregel der Besserung und Sicherung ist, besteht in Privatklageverfahren eine **Gebührenpflicht in jedem Fall**, und zwar auch dann, wenn das Verfahren nicht mit einer Verurteilung endet, sondern durch Freispruch, Straffreierklärung, Zurückweisung, Klagerücknahme oder Einstellung, sofern Letztere nicht wegen Geringfügigkeit erfolgt. Das gilt auch, wenn das Privatklageverfahren in einer Rechtsmittelinstanz ohne Verurteilung endet. Wer letztlich gebührenpflichtig ist, und wonach sich die Gebühren bemessen, zeigt sich erst nach Beendigung des Verfahrens. Dabei ist auch eine Kostenentscheidung nach § 471 Abs. 3 StPO zu beachten.

100 Wegen der **Auslagen**erstattung im Privatklageverfahren sind neben dem GKG noch die Bestimmungen der §§ 471, 472, 473 StPO einschlägig.

101 Eine **Vorschusspflicht** für Gebühren und Auslagen regeln die Bestimmungen der §§ 16, 17 GKG, 379a, 390 Abs. 4 StPO.

102 Zur Inanspruchnahme eines **Kostenschuldners** ist auch hier erforderlich, dass ihm die Kosten gemäß §§ 465, 471 StPO auferlegt sind oder dass er sie übernommen hat (§ 29) bzw. dass ein Fall der Kostenhaftung nach § 29 Nr. 3 gegeben ist. Die in § 471 Abs. 4 StPO bestimmte gesamtschuldnerische **Haftung mehrerer Privatkläger** gilt auch hinsichtlich der Gerichtskosten (§ 33).

103 Dem Privat[39]-/Nebenkläger (§ 397a StPO) kann **Prozesskostenhilfe** bewilligt werden mit der Folge, dass er rückständige und künftige Gerichtskosten nur insoweit und in der Weise zu zahlen hat, wie das Gericht es im Einzelfall bestimmt (§ 122 ZPO). Das **Verfahren** über die Prozesskostenhilfe richtet sich nach den Bestimmungen der StPO und der ZPO. Sie wird auch in Strafsachen für jeden Rechtszug besonders bewilligt. Die Beiordnung eines Rechtsanwalts richtet sich ebenfalls nach den einschlägigen Vorschriften der StPO und der ZPO.

104 **Privatklageverfahren und Amtsverfahren.** Übernimmt die Staatsanwaltschaft die Verfolgung einer Privatklagesache, wird der Privatkläger zum Nebenkläger (§ 377 Abs. 3 StPO). Seine Gebührenpflicht bestimmt sich dann nach KV 3510ff., die des Beschuldigten nach KV 3110ff. Bereits erwachsene Kosten eines abgeschlossenen Rechtszuges werden von der Übernahme nicht berührt, sondern richten sich weiter nach den Bestimmungen über Privatklagesachen.

105 **Verbindung von Verfahren.** Werden eine Privatklagesache und ein Offizialverfahren verbunden, wird der Privatkläger nicht zum Nebenkläger. Seine Gebührenpflicht richtet sich dann (weiter) nach dem von ihm betriebenen Verfahren, als wenn nur die Privatklage anhängig gemacht worden wäre. Wird der Privatbeklagte wegen des Privat-

39 Vgl. *Meyer-Goßner* § 379 Rn. 7ff.

klagedelikts verurteilt, bestimmt sich seine Gebührenpflicht nach KV 3310ff. Maßgebend ist dann die gegen ihn verhängte Strafe. Das gilt auch im Falle einer Gesamtstrafe, die aus der Strafe für die Privatklage und für das Offizialdelikt gebildet wurde. Maßgebend ist die Gesamtstrafe. Werden mehrere Privatklagesachen verbunden, die sich gegen denselben Privatbeklagten richten und die nicht mit einer Verurteilung enden, so bleiben die bis zu der Verbindung entstandenen Gebühren bestehen. Nach der Verbindung können die Gebühren, falls keine Verurteilung erfolgt, nur noch einfach bei gesamtschuldnerischer Haftung der Privatkläger erwachsen. Richten sich aber die mehreren Verfahren gegen verschiedene Privatkläger, fallen im Falle KV 3310ff. die Gebühren für jeden Verurteilten gesondert an, während im Falle einer Nichtverurteilung der Beschuldigten die Gebühren nach KV 3310ff. nur einfach erwachsen.[40] Wird ein Beschuldigter verurteilt und der andere freigesprochen, sind für den Verurteilten die Gebühren nach KV 3310ff., für den Freigesprochenen ebenfalls nach KV 3310ff. zu bestimmen.[41] Die bis zur Verbindung entstandenen **Auslagen** treffen nur den Kostenschuldner des Verfahrens, in dem sie entstanden sind (§ 466 StPO). Die **Trennung** verbundener Verfahren berührt bereits entstandene Gebühren nicht.

Vorbemerkung 3.3:

Für das Verfahren auf Widerklage werden die Gebühren gesondert erhoben.

Die **Widerklage** ist gebührenrechtlich neben der Privatklage selbständig. Wird der Privatkläger auf Grund der Widerklage zu einer Strafe verurteilt, erwachsen die Gebühren nach KV 3310ff. Der Privatbeklagte haftet dann als Entscheidungsschuldner. Erfolgt daneben aufgrund der Privatklage auch eine Bestrafung des Widerklägers, gilt das auch für den Widerbeklagten. Eine Zusammenrechnung der Strafen des Privatklägers und des Widerbeklagten für die Gebührenberechnung findet nicht statt. Soweit Freispruch oder eine sonstige Erledigung des Verfahrens eintritt, so erwachsen hieraus für jeden Kostenpflichtigen die Gebühren nach KV 3410ff. als Antragsteller. Wird der Privatkläger aufgrund der Widerklage verurteilt und führt seine Privatklage zum Freispruch oder zu einer sonstigen Erledigung, erwachsen die Gebühren gleichfalls nach KV 3310ff., und zwar doppelt. Er haftet dann einmal als Entscheidungsschuldner für die Verurteilung und als Antragsteller für den Freispruch. Ebenso ist auch umgekehrt zu verfahren, wenn die Widerklage erfolglos bleibt und der Widerkläger/Beklagte zur Strafe verurteilt wird. **106**

ABSCHNITT 1
Erster Rechtszug

3310 Hauptverhandlung mit Urteil 140,00 €

Voraussetzung der Gebühr KV 3310 ist, dass im Privatklageverfahren – auch als Widerklage – aufgrund einer Hauptverhandlung ein **Urteil** ergangen ist. Dessen Inhalt (Freispruch, Absehen von Strafe usw.) ist grundsätzlich unerheblich. Allein das Urteil löst die Gebühr KV 3310 aus, vorausgesetzt, dass der Beschuldigte – auch im Zuge von Rechtsmittelverfahren – doch noch zu **einer Strafe verurteilt** wurde. Es müssen aber **107**

40 *Oe/He/Tre* § 45 Rn. 5.
41 *Oe/He/Tre* § 45 Rn. 2.

alle den Gegenstand des Verfahrens bildenden Punkte erledigt sein. Das gilt auch dann, wenn im Privatklageverfahren die Kosten des Verfahrens nach § 471 Abs. 3 StPO dem Privatkläger ganz oder teilweise auferlegt worden sind. Voraussetzung einer endgültigen Gebührenerhebung ist, dass die Nichtverurteilung letzten Endes rechtskräftig wird. Der Hauptanwendungsfall der **Einstellung des Verfahrens durch Urteil** ist der des § 389 StPO. Auch hier erwächst die Gebühr KV 3310. Wurde der Beschuldigte nicht verurteilt und das Verfahren auch nicht wegen Geringfügigkeit eingestellt, kommen die KV 3311 in Betracht. Bei einer Verurteilung ist nur die rechtskräftig erkannte Strafe und zwar für alle Rechtszüge, deren Kosten dem Angeklagten auferlegt sind, maßgebend. Ist der Verurteilte nur **teilweise zu Strafe verurteilt**, teilweise freigesprochen, kommt nur KV 3310, daneben nicht auch noch KV 3311 zur Anwendung. Werden von mehreren Privatbeklagten ein Teil verurteilt, ein Teilfreigesprochen, gelten für die Verurteilten KV 3310 und für die Freigesprochenen KV 3311. Die Gebühr richtet sich nach den letztlich rechtskräftig erkannten Strafen und/oder Maßregeln.

3311	**Erledigung des Verfahrens ohne Urteil**	**70,00 €**

108 KV 3311 betrifft den Fall, dass sich Privatklageverfahren – auch als Widerklageverfahren – im ersten Rechtszug ohne Urteil endgültig erledigt. Die Erledigung kann erfolgen durch Zurücknahme, Zurückweisung nach § 382 StPO oder § 383 StPO, Einstellung (außer wegen Geringfügigkeit, dann keine Gebühr), Vergleich, Amnestie. Bei **teilweiser Erledigung** gilt: Richtet sich das Verfahren gegen mehrere Beschuldigte und erledigt es sich nur hinsichtlich einzelner, nicht aller Beschuldigter, ist KV 3111 hinsichtlich derjenigen Beschuldigten anzuwenden, die von der Erledigung betroffen sind. Die Gebühr wird aber auch bei mehreren Beschuldigten nur einmal erhoben.

ABSCHNITT 2
Berufung

3320	**Berufungsverfahren mit Urteil**	**290,00 €**

109 Hier gilt das zu Rn. 107 Gesagte sinngemäß.

3321	**Erledigung der Berufung ohne Urteil** **Die Gebühr entfällt bei Zurücknahme der Berufung vor Ablauf der Begründungsfrist.**	**140,00 €**

110 Eine Erledigung durch Beschluss (§§ 319, 322, 329 StPO) führt zur Ermäßigung der Gebühr. Wird die Berufung vor Ablauf der Begründungsfrist nach §§ 314, 317 StPO zurückgenommen, entfällt die Gebühr insgesamt. Das Berufungsverfahren ist dann gebührenfrei. Auslagen des Gerichts sind jedoch – soweit solche schon entstanden sind – anzusetzen.

ABSCHNITT 3
Revision

3330 Revisionsverfahren mit Urteil oder Beschluss nach § 349 Abs. 2 oder 4 StPO 430,00 €

Das zu Rn. 107 Gesagte gilt hier sinngemäß. 111

3331 Erledigung der Revision ohne Urteil und ohne Beschluss nach § 349 Abs. 2 oder 4 StPO 290,00 €

Die Gebühr entfällt bei Rücknahme der Revision vor Ablauf der Begründungsfrist.

Auch eine Entscheidung durch Beschluss nach §§ 346, 349 gehört hierher. Im Übrigen gilt das zu Rn. 110 Gesagte sinngemäß. 112

ABSCHNITT 4
Wiederaufnahmeverfahren

3340 Verfahren über den Antrag auf Wiederaufnahme des Verfahrens
Der Antrag wird verworfen oder abgelehnt 70,00 €

3341 Verfahren über die Beschwerde gegen einen Beschluss, durch den ein Antrag auf Wiederaufnahme des Verfahrens verworfen oder abgelehnt wurde:
Die Beschwerde wird verworfen oder zurückgewiesen 140,00 €

Der Privatkläger/Privatwiderkläger kann das Wiederaufnahmeverfahren nur zuungunsten des Angeklagten/Widerbeklagten beantragen. Deshalb kann auch nur ein Antrag des Privat(wider)klägers die Gebühren nach KV 3340, 3341 auslösen. Die Gebühren entstehen aber nur dann, wenn der Antrag oder die Beschwerde verworfen oder zurückgewiesen werden, nicht aber, wenn sich die Verfahren auf andere Weise erledigen. Die früher (KV 6325 a.F.) geregelte Gebühr für die mit Urteil endende erneute Hauptverhandlung nach Wiederaufnahme ist gestrichen, weil grundsätzlich im wiederaufgenommenen Verfahren die gleichen Gebühren wie im ursprünglichen Verfahren entstehen (Vorbem. 3.1 Abs. 2). 113

HAUPTABSCHNITT 4
Einziehung und verwandte Maßnahmen

Dieser Abschnitt übernimmt inhaltlich die Regelungen des alten Rechts über die Einziehung und verwandte Maßnahmen. Die Gebührenstruktur der KV 6310 bis 6325 a.F. wurde weitgehend beibehalten. Die Gebührenbeträge sind erhöht, um dem Aufwand des Gerichts besser Rechnung zu tragen. Entsprechend der Struktur des vorgehenden Hauptabschnitts sind auch hier gesonderte Abschnitte für die einzelnen Rechtszüge und das Wiederaufnahmeverfahren geschaffen. Dass für das Verfahren nach Wiederaufnah- 114 me die gleichen Gebühren wie für das wiederaufgenommene Verfahren erhoben werden, soll nunmehr durch Vorbem. 3 Abs. 2 sichergestellt werden. Die Überschrift ist kürzer als im früheren Recht gefasst worden. Die Beschränkung der Regelungen auf die Rechtsmittelverfahren und die Wiederaufnahme soll sich künftig daraus ergeben, dass nur insoweit Gebührentatbestände vorhanden sind.

115 Bei Einziehung pp. gilt als Ausnahme von den Grundsätzen des Abs. 1, dass die Nebenfolgen **wegen derselben Tat** ausgesprochen werden. Ob dieselbe Tat vorliegt, ist nicht nach strafrechtlichen Grundsätzen zu bestimmen. Sie kann auch bei einem sonstigen Zusammenhang gegeben sein, z.B. wenn die Verurteilten nicht bewusst zusammenwirkten. Eine Tat i.d.S. liegt auch vor, wenn der eine Angeklagte wegen Diebstahls, der andere wegen Hehlerei[42] oder Begünstigung oder wenn mehrere Angeschuldigte wegen gegeneinander wechselseitig begangener Körperverletzungen, auch als fahrlässige Nebentäter, verurteilt werden und die von ihren zur Tat benutzten Gegenstände der Einziehung verfallen.[43] Ohne ein Mitwirken, d.h. ohne einen kausalen Beitrag an der Tat eines anderen, kann indessen nicht von derselben Tat i.S.d. Abschnitts gesprochen werden.[44]

Vorbemerkung 3.4:

(1) Die Vorschriften dieses Hauptabschnitts gelten für die Verfahren über die Einziehung, dieser gleichstehende Rechtsfolgen (§ 439 StPO) und die Abführung des Mehrerlöses. Im Strafverfahren werden die Gebühren gesondert erhoben.

(2) Betreffen die in Absatz 1 genannten Maßnahmen mehrere Angeschuldigte wegen derselben Tat, wird nur eine Gebühr erhoben. § 31 GKG bleibt unberührt.

116 Abs. 1 der Vorbem. 3.4 tritt an die Stelle des § 40 Abs. 5 a.F.

117 Abs. 2 der Vorbem. 3.4 tritt an die Stelle des § 42 Abs. 2 a.F. Durch die Verweisung auf § 442 StPO ist zusätzlich die Maßnahme der Beseitigung eines gesetzwidrigen Zustands aufgenommen worden. S. 2 soll klarstellen, dass die Gebühren dieses Hauptabschnitts gesondert erhoben werden, wenn die betreffenden Maßnahmen im Strafverfahren angeordnet werden. Im Nachverfahren und im selbstständigen Verfahren fallen diese Gebühren isoliert an.

118 Liegt dieselbe Tat vor, dann haften mehrere wegen der Tat Verurteilte für die Gebühren nach KV 3410ff. als **Gesamtschuldner** ohne Rücksicht auf das Maß ihrer Beteiligung und der Frage, ob ihnen der Gegenstand der Einziehung gehörte oder nicht, Abs. 2 S. 2.[45] Da die Gebühren nur im Berufungs-, Revisions- und Wiederaufnahmeverfahren entstehen, ist weitere Voraussetzung, dass auch diese Verfahren von mehr als einem Beteiligten betrieben werden. Der Ausspruch der Einziehung der zum Monopoldelikt verwendeten Gegenstände richtet sich auch gegen den Gehilfen, der nicht Eigentümer oder Besitzer dieser Geräte ist.[46] Die Vorschrift gilt auch dann, wenn das Strafverfahren und die Entscheidung **mehrere Angeklagte und mehrere durch sie verübte Taten** zum Gegenstand haben. Handelt es sich aber um **mehrere Angeklagte** und wird wegen **verschiedener Straftaten** die Einziehung pp. angeordnet, erwächst insoweit, als es sich

42 OLG Stuttgart Die Justiz 1972, 19.
43 BayObLG RPfleger 1960, 306; OLG Hamm RPfleger 1955, 13; *Oe/He/Tre* § 42 Rn. 10; *Meyer-Goßner* § 466 Rn. 1.
44 OLG Celle MDR 1960, 1033.
45 OLG Köln NJW 1956, 196 (L).
46 Vgl. auch BGH RPfleger 1959, 2 (L).

nicht um eine aufgrund derselben Tat erfolgende Einziehung handelt, die Gebühr für jede Einziehungsmaßnahme gesondert. Wird z.B. gegen den Angeklagten A die Einziehung eines von ihm zu seiner allein begangenen Tat benutzten Gegenstandes und gegen den Angeklagten B auf Einziehung eines anderen Gegenstandes zu einer ohne Beteiligung des A begangenen Tat erkannt, erwächst für jede Einziehungsanordnung eine selbständige Gebühr, da es sich dann nicht um aufgrund derselben Tat erfolgende Einziehung handelt. **Aber auch hier gilt, dass eine Gebühr nicht für die erste Einziehungsanordnung, sondern nur für ein gegen diese Erkenntnisse gerichtetes Rechtsmittel- oder Wiederaufnahmeverfahren erwächst.**

Betreiben **mehrere Angeklagte ein Rechtsmittel- oder Wiederaufnahmeverfahren** gegen eine Einziehungsanordnung, erwächst hierfür nur eine Gebühr, wenn sich die Rechtsmittel- oder Wiederaufnahmeverfahren gegen dieselbe Einziehungsanordnung richten, nicht aber wenn sie Einziehungsmaßnahmen zum Gegenstand haben, an denen die Angeklagten, die das Rechtsmittel- oder Wiederaufnahmeverfahren betreiben, nicht gemeinsam beteiligt sind. Soweit mehrere Angeklagte an der Einziehungsmaßnahme wegen derselben Tat beteiligt sind, haftet jeder von ihnen gem. § 31 als Gesamtschuldner für die ganze Gebühr. Die Gebühr muss aber nur einmal entrichtet werden. Der Angeklagte, der sie zahlt, hat einen Ausgleichsanspruch gegen die an derselben Tat mitbeteiligten Angeklagten, den er außerhalb des Gerichtskostenansatzverfahrens zivilrechtlich geltend machen kann. Wenn gegen die Einziehung desselben Gegenstandes sowohl ein oder mehrere Angeklagte und gleichzeitig ein oder mehrere Einziehungsbeteiligte das Rechtsmittel- oder Wiederaufnahmeverfahren betreiben, wird auch in diesem Fall, soweit es sich um dieselbe Tat handelt, Abs. 2 dahin auszulegen sein, dass nur eine Gebühr erwächst. Anders wäre es, wenn die Rechtsmittel- und Wiederaufnahmeverfahren verschiedene Einziehungsanordnungen aufgrund verschiedener Taten zum Gegenstand hätten. Dann würden für jede Einziehungsanordnung verschiedene Gebühren entstehen. Soweit es sich um denselben Einziehungsgegenstand handelt, haften für die Gebühr Angeklagte und Nebenbeteiligte als Gesamtschuldner, §§ 29 Nr. 1, 31. 119

ABSCHNITT 1
Antrag des Privatklägers nach § 435 StPO

3410	**Verfahren über den Antrag des Privatklägers: Der Antrag wird verworfen oder zurückgewiesen**	**35,00 €**

Im Strafverfahren und im selbständigen Einziehungsverfahren entstehen für die Anordnung in erster Instanz keine Gebühren. Im Berufungs- oder Revisionsverfahren entstehen die Gebühren nach KV 3430/3431 bzw. 3440/3441. Die Beschwerdegebühren des 6. Abschnitts bleiben unberührt. Eine Ausnahme liegt nur vor, wenn der Privatkläger (nicht aber der Nebenkläger) einen Antrag nach § 435 StPO stellt; dann entsteht bei erfolglosem Antrag die Gebühr KV 3410. Darauf, ob der Antrag durch Urteil oder durch Beschluss verworfen oder zurückgewiesen wird, kommt es nicht an. Im Fall einer Zurücknahme des Antrags entsteht keine Gebühr. 120

ABSCHNITT 2
Beschwerde

3420	**Verfahren über die Beschwerde nach § 434 Abs. 2, auch i.V.m. § 436 Abs. 2 StPO: Die Beschwerde wird verworfen oder zurückgewiesen**	**35,00 €**

121 In KV 3420 ist eine besondere Gebühr für die Verwerfung oder Zurückweisung der Beschwerde nach § 441 Abs. 2 StPO eingestellt worden. Nach altem Recht wurde in diesen Fällen eine Gebühr nach dem Auffangtatbestand KV 6703 a.F. in Höhe von nur 10 € erhoben. Diese Gebühr trug dem Aufwand des Gerichts in keiner Weise Rechnung. Es handelt sich wie bei der Berufung um eine Sachentscheidung in der Hauptsache. Der wesentliche Unterschied zum Berufungsverfahren besteht nur darin, dass ohne mündliche Verhandlung entschieden wird. Die Gebühr ist nur im Falle einer förmlich verworfenen oder zurückgewiesenen Beschwerde nach § 441 Abs. 2 StPO anzusetzen.

ABSCHNITT 3
Berufung

3430	**Verwerfung der Berufung durch Urteil**	**70,00 €**
3431	**Erledigung der Berufung ohne Urteil**	**35,00 €**
	Die Gebühr entfällt bei Zurücknahme der Berufung vor Ablauf der Begründungsfrist.	

ABSCHNITT 4
Revision

3440	**Verwerfung der Revision durch Urteil oder Beschluss nach § 349 Abs. 2 oder 4 StPO**	**70,00 €**
3441	**Erledigung der Revision ohne Urteil und ohne Beschluss nach § 349 Abs. 2 oder 4 StPO**	**35,00 €**
	Die Gebühr entfällt bei Zurücknahme der Revision vor Ablauf der Begründungsfrist.	

ABSCHNITT 5
Wiederaufnahmeverfahren

3450	**Verfahren über den Antrag auf Wiederaufnahme des Verfahrens: Der Antrag wird verworfen oder zurückgewiesen**	**35,00 €**

3451	**Verfahren über die Beschwerde gegen einen Beschluss, durch den ein Antrag auf Wiederaufnahme des Verfahrens verworfen oder abgelehnt wurde: Die Beschwerde wird verworfen oder zurückgewiesen**	**70,00 €**

In diesen Fällen ist das Verfahren des ersten Rechtszuges gebührenfrei. Im Berufungs-, Revisions- oder Wiederaufnahmeverfahren können die Gebühren KV 3430–3451 entstehen. Das gilt auch für ein Rechtsmittel- oder Wiederaufnahmeverfahren eines Einziehungsbeteiligten. Richtet sich das Rechtsmittel sowohl gegen die erkannte Strafe als auch gegen die Anordnung der Einziehung usw., dann können die Gebühren KV 3430–3441 und die Gebühren KV 3120 ff. nebeneinander entstehen. Bei mehreren Angeklagten oder Einziehungsbeteiligten erwächst nur eine Gebühr, wenn sich das Rechtsmittel oder die Wiederaufnahme auf dieselbe Tat bezieht, sonst entsteht sie für jeden Angeklagten oder Beteiligten gesondert. 122

HAUPTABSCHNITT 5
Nebenklage

Vorbemerkung 3.5:

Gebühren nach diesem Hauptabschnitt werden nur erhoben, wenn dem Nebenkläger die Kosten auferlegt worden sind.

Allgemeines: Nach KV 6600 und 6601 a.F. wurden für die erfolglose Berufung und Revision gleich hohe Gebühren erhoben, im Falle der Entscheidung durch Urteil oder Beschluss nach § 349 Abs. 2 StPO in Höhe von 60 € und bei Erledigung des Rechtsmittels ohne Urteil oder Beschluss in Höhe von 15 €. Entsprechend der allgemeinen Struktur im Strafverfahren ist jetzt bei der Höhe der Gebühren zwischen Berufung und Revision unterschieden worden. Als Höhe der Gebühr wird jeweils die Hälfte der niedrigsten vom Angeklagten in einem entsprechenden Verfahren zu erhebenden Gebühr angesetzt. Nicht zuletzt im Interesse des Schutzes von Verbrechensopfern liegt die Gebührenhöhe damit noch immer deutlich unter der vergleichbaren Belastung anderer erfolgloser Rechtsmittelführer. 123

ABSCHNITT 1
Berufung

3510	**Die Berufung des Nebenklägers wird durch Urteil verworfen aufgrund der Berufung des Nebenklägers wird der Angeklagte freigesprochen oder für straffrei erklärt**	**95,00 €**
3511	**Erledigung der Berufung des Nebenklägers ohne Urteil** **Die Gebühr entfällt bei Zurücknahme der Berufung vor Ablauf der Begründungsfrist.**	**50,00 €**

ABSCHNITT 2
Revision

3520	**Die Revision des Nebenklägers wird durch Urteil oder Beschluss nach § 349 Abs. 2 StPO verworfen; aufgrund der Revision des Nebenklägers wird der Angeklagte freigesprochen oder für straffrei erklärt**	**140,00 €**
3521	**Erledigung der Revision des Nebenklägers ohne Urteil und ohne Beschluss nach § 349 Abs. 2. StPO.** **Die Gebühr entfällt bei Zurücknahme der Revision vor Ablauf der Begründungsfrist.**	**70,00 €**

ABSCHNITT 3
Wiederaufnahmeverfahren

3530	**Verfahren über den Antrag des Nebenklägers auf Wiederaufnahme des Verfahrens:** **Der Antrag wird verworfen oder abgelehnt**	**50,00 €**
3531	**Verfahren über die Beschwerde gegen einen Beschluss, durch den ein Antrag des Nebenklägers auf Wiederaufnahme des Verfahrens verworfen oder abgelehnt wurde:** **Die Beschwerde wird verworfen oder zurückgewiesen**	**95,00 €**

HAUPTABSCHNITT 6
Sonstige Beschwerden

124 Dieser Hauptabschnitt erfasst nur noch Beschwerden, die nicht in die vorherigen Abschnitte eingestellt werden sollen. Wie bisher sollen die Beschwerdegebühren nur anfallen, wenn die Beschwerde verworfen oder zurückgewiesen wird. Für die Beschwerde im Kostenfestsetzungsverfahren sind auf die Vorschriften für das Kostenfestsetzungsverfahren in Zivilsachen anzuwenden.

Vorbemerkung 3.6:

Die Gebühren im Kostenfestsetzungsverfahren bestimmen sich nach den für das Kostenfestsetzungsverfahren in Teil 1 Hauptabschnitt 8 geregelten Gebühren.

3600	**Verfahren über die Beschwerde gegen einen Beschluss nach § 411 Abs. 1 Satz 3 StPO** **Die Beschwerde wird verworfen oder zurückgewiesen**	**0,25 der Gebühr 3110–3117**
3601	**Verfahren über die Beschwerde gegen eine Entscheidung, durch die im Strafverfahren einschließlich des selbstständigen Verfahrens nach den §§ 435 bis 437, 444 Abs. 3**	

StPO eine Geldbuße gegen eine juristische Person oder eine Personenvereinigung festgesetzt worden ist
Die Beschwerde wird verworfen oder zurückgewiesen **0,5 der Gebühr 3110–3117**

Eine Gebühr wird nur erhoben, wenn eine Geldbuße rechtskräftig festgesetzt ist.

In Teil 3 KV GKG sind die Gebühren für das Strafverfahren und für das gerichtliche Verfahren nach dem Strafvollzugsgesetz geregelt. Im Teil 4 sind hingegen die Gebühren im Bußgeldverfahren bestimmt worden. Vor diesem Hintergrund ist es sachgerecht, die bisher in KV 7601 a.F. einheitlich geregelte Gebühr für das Beschwerdeverfahren in den Fällen einer Festsetzung einer Verbandsgeldbuße in zwei getrennte Gebührentatbestände aufzuspalten, je nachdem, ob die Gebühr im Bußgeldverfahren oder im Strafverfahren entsteht. KV 3600 trägt dem Umstand Rechnung, dass in den Fällen eines nur auf die Höhe des Tagessatzes im Strafbefehlsverfahren eingelegten Rechtsmittels ohne mündliche Verhandlung entschieden wird, wodurch auch für den Richter weniger Arbeitsaufwand entsteht. KV 3601 enthält die Regelung für die Gebühr, wenn die Geldbuße im Strafverfahren verhängt wird, KV 4400 hingegen erfasst den Fall der Verhängung der Verbandsgeldbuße im Bußgeldverfahren. Eine Verbandsgeldbuße nach § 30 des Gesetzes über Ordnungswidrigkeiten (OWiG) wird im Strafverfahren verhängt, wenn die Anknüpfungstat eine Straftat ist. Dies gilt auch dann, wenn die Verbandsgeldbuße nach § 30 Abs. 4 S. 1 OWiG selbständig festgesetzt wird.[47] Ist Anknüpfungstat nach § 30 OWiG hingegen eine Ordnungswidrigkeit, erfolgt die Verhängung der Verbandsgeldbuße – auch im selbständigen Verfahren – im Bußgeldverfahren nach § 46 Abs. 1 OWiG i.V.m. § 444 Abs. 3 StPO und den dort in Bezug genommenen Vorschriften, wobei im selbständigen Verfahren ergänzend § 88 OWiG gilt. Erfolgt die Festsetzung der Verbandsgeldbuße hiernach im Bußgeldverfahren, ist nicht der Gebührentatbestand KV 3601, sondern KV 4400 maßgebend. 125

3602 Verfahren über nicht besonders aufgeführte Beschwerden, die nicht nach anderen Vorschriften gebührenfrei sind:
Die Beschwerde wird verworfen oder zurückgewiesen **60,00 €**

Von dem Beschuldigten wird eine Gebühr nur erhoben, wenn gegen ihn rechtskräftig auf eine Strafe, auf Verwarnung mit Strafvorbehalt erkannt, eine Maßregel der Besserung und Sicherung angeordnet oder eine Geldbuße festgesetzt worden ist. Von einer juristischen Person oder einer Personenvereinigung wird eine Gebühr nur erhoben, wenn gegen sie eine Geldbuße festgesetzt worden ist.

In der Anmerkung ist ausdrücklich klargestellt worden, dass von einer juristischen Person oder Personenvereinigung eine Gebühr nur erhoben werden soll, wenn gegen sie eine Geldbuße festgesetzt worden ist. Diese Regelung ist ebenfalls deshalb erforderlich, weil die durch die Festsetzung der Geldbuße im Strafverfahren anfallenden Gebühren jetzt in den für Strafverfahren maßgebenden Teil 3 eingestellt sind. Die Gebühr erfasst alle sonstigen Beschwerden im Rahmen eines Strafverfahrens einschließlich des Vollstreckungsverfahrens nach der StPO, soweit die erfolglos sind. 126

47 Vgl. KK-OWiG-*Rogall* § 30, Rn. 171; KK-OWiG-*Boujong* a.a.O., § 88, Rn. 1 und 26, sowie § 87 Rn. 1.

HAUPTABSCHNITT 7
Entschädigungsverfahren

3700	**Urteil, durch das dem Antrag des Verletzten oder seines Erben wegen eines aus der Straftat erwachsenen vermögensrechtlichen Anspruchs stattgegeben wird (§ 406 StPO)**	**1,0 der Gebühr nach § 34 GKG**
	Die Gebühr wird für jeden Rechtszug nach dem Wert des zuerkannten Anspruchs erhoben.	

127 KV 3700: **Voraussetzung** ist, dass der vermögensrechtliche Anspruch nach §§ 403 ff. StPO geltend gemacht worden ist und dem Verletzten oder seinem Erben in diesem Verfahren auch zuerkannt wurde, und zwar nicht nur dem Grunde nach, sondern auch der Höhe nach. Sieht das Strafgericht von einer Entscheidung ab oder erledigt er sich der Anspruch aus anderen Gründen vor einer Entscheidung (Zurücknahme, Vergleich), kommt KV 3700 nicht zum Tragen.

128 Die **Höhe der Gebühr** richtet sich nach dem letztlich zuerkannten und nicht nach dem beantragten Anspruch. Sie ist für jeden Rechtszug zu erheben, wenn letzten Endes ein Anspruch zuerkannt wird. Wird im letzten Rechtszug ein Anspruch abgelehnt, obwohl ein solcher in den vorangegangenen Rechtszügen zuerkannt war, entsteht auch für die früheren Rechtszüge keine Gebühr.

129 **Kostenschuldner** ist der verurteilte Angeklagte. Wird kein Anspruch zuerkannt, kann mangels Vorhandenseins eines Kostenschuldners keine Gebühr erhoben werden.

HAUPTABSCHNITT 8
Gerichtliche Verfahren nach dem Strafvollzugsgesetz

130 Dieser Hauptabschnitt übernimmt – redaktionell überarbeitet – KV 8000 bis 8020 a.F. Die Gebühren für die Rechtsbeschwerde sind indessen gegenüber dem alten Recht verdoppelt werden, um den Kostenschuldner angemessen an entstehenden Kosten zu beteiligen. Damit entspricht der Gebührensatz der allgemeinen Systematik, nach der die Gebühren für Rechtsbeschwerden grundsätzlich doppelt so hoch sind wie für das erstinstanzliche Verfahren. Die **Streitwerte** für den Hauptabschnitt 8 richten sich nach § 60.

ABSCHNITT 1
Antrag auf gerichtliche Entscheidung

Verfahren über den Antrag des Betroffenen auf gerichtliche Entscheidung:

3810	**Der Antrag wird zurückgewiesen**	**1,0 der Gebühr nach § 34 GKG**
3811	**Der Antrag wird zurückgenommen**	**0,5 der Gebühr nach § 34 GKG**

ABSCHNITT 2
Beschwerde und Rechtsbeschwerde

Verfahren über die Beschwerde oder die Rechtsbeschwerde:

3820	**Die Beschwerde oder die Rechtsbeschwerde wird verworfen**	**2,0 der Gebühr nach § 34 GKG**
3821	**Die Beschwerde oder die Rechtsbeschwerde wird zurückgenommen**	**1,0 der Gebühr nach § 34 GKG**

KV 3820, 3821 sind durch Art. 5, 9 des ab dem 1.6.2013 in Kraft getretenen Gesetzes vom 5.12.2012[48] neu gefasst. Die für das Rechtsbeschwerdeverfahren geltenden Gebührenvorschriften werden damit auf das Beschwerdeverfahren gegen strafvollzugsbegleitende gerichtliche Kontrollen bei angeordneter oder vorbehaltenen Sicherungsverwahrung (§ 119a StVollzG) erstreckt. **130a**

ABSCHNITT 3
Vorläufiger Rechtsschutz

3830	**Verfahren über den Antrag auf Aussetzung des Vollzuges einer Maßnahme der Vollzugsbehörde oder auf Erlass einer einstweiligen Anordnung**	**0,5 der Gebühr nach § 34 GKG**

HAUPTABSCHNITT 9
Sonstige Verfahren

ABSCHNITT 1
Vollstreckungshilfeverfahren wegen einer im Ausland rechtskräftig verhängten Geldsanktion

Abschnitt 1 ist eingefügt durch das Gesetz über die gegenseitige Anerkennung von Geldstrafen und Geldbußen vom 18.10.2010 (BGBl. I, 1408). Danach ist zu unterscheiden zwischen dem Verfahren vor dem Amtsgericht nach § 87g IRG (Einspruch durch den Betroffenen) und dem Verfahren nach § 87i IRG (Antrag der Bewilligung auf Umwandlung der Entscheidung). Für das gerichtliche Verfahren nach § 87g IRG entstehen die Gebühren nach KV 3910, während das Verfahren nach 87i IRG gerichtsgebührenfrei ist. Im Rechtsbeschwerdeverfahren vor dem OLG ist für die Gebühr KV 3911 einschlägig.[49] **130b**

3910	**Verfahren über den Einspruch gegen die Entscheidung der Bewilligungsbehörde: Der Einspruch wird verworfen oder zurückgewiesen**	**50,00 €**

48 BGBl. I 2425.
49 Vgl. dazu bei Hagen Schneider JurBüro 2100, 61, 63.

Wird auf den Einspruch wegen fehlerhafter oder unterlassener Umwandlung durch die Bewilligungsbehörde die Geldsanktion umgewandelt, kann das Gericht die Gebühr nach billigem Ermessen auf die Hälfte ermäßigen oder bestimmen, dass eine Gebühr nicht zu erheben ist. Dies gilt auch, wenn hinsichtlich der Höhe der zu vollstreckenden Geldsanktion von der Bewilligungsentscheidung zugunsten des Betroffenen abgewichen wird.

3911	**Verfahren über die Rechtsbeschwerde** **Die Rechtsbeschwerde wird verworfen oder zurückgewiesen**	**75,00 €**
	(1) Die Anmerkung zu Nummer 3919 gilt entsprechend. **(2) Die Gebühr entfällt bei Rücknahme der Rechtsbeschwerde vor Ablauf einer Begründungsfrist.**	

ABSCHNITT 2
Verfahren über die Rüge wegen Verletzung des Anspruchs auf rechtliches Gehör

3920	**Verfahren über die Rüge wegen Verletzung des Anspruchs auf rechtliches Gehör (§§ 33a, 311a Abs. 1 Satz 1. § 356a StPO, auch i.V.m. § 55 Abs. 4, § 92 JGG und § 120 StVollzG):** **Die Rüge wird in vollem Umfang verworfen oder zurückgewiesen**	**60,00 €**

TEIL 4
Verfahren nach dem Gesetz über Ordnungswidrigkeiten

Vorbemerkung 4:

(1) § 473 Abs. 4 StPO, auch i.V.m. § 46 Abs. 1 OWiG, bleibt unberührt.

(2) Im Verfahren nach Wiederaufnahme werden die gleichen Gebühren wie für das wiederaufgenommene Verfahren erhoben. Wird jedoch nach Anordnung der Wiederaufnahme des Verfahrens die frühere Entscheidung aufgehoben, gilt für die Gebührenerhebung jeder Rechtszug des neuen Verfahrens mit dem jeweiligen Rechtszug des früheren Verfahrens zusammen als ein Rechtszug. Gebühren werden auch für Rechtszüge erhoben, die nur im früheren Verfahren stattgefunden haben.

1 Die Gebührenregelungen für das Bußgeldverfahren sind der Struktur, die für das Strafverfahren gelten (KV Teil 3), angepasst. Sämtliche Regelungen, die die Festsetzung einer Geldbuße im Strafverfahren betreffen sind mit den für das Strafverfahren geltenden Regelungen zusammengefasst.

HAUPTABSCHNITT 1
Bußgeldverfahren

Vorbemerkung 4.1:

(1) In Bußgeldsachen bemessen sich die Gerichtsgebühren für alle Rechtszüge nach der rechtskräftig festgesetzten Geldbuße. Mehrere Geldbußen, die in demselben Verfahren gegen denselben Betroffenen festgesetzt werden, sind bei der Bemessung der Geldbuße zusammenzurechnen.

(2) Betrifft eine Bußgeldsache mehrere Betroffene, so ist die Gebühr von jedem gesondert nach Maßgabe der gegen ihn festsetzten Geldbuße zu erheben. Wird in einer Bußgeldsache gegen einen oder mehrere Betroffene eine Geldbuße auch gegen eine juristische Person oder eine Personenvereinigung festgesetzt, ist eine Gebühr auch von der juristischen Person oder Personenvereinigung nach Maßgabe der gegen sie festgesetzten Geldbuße zu erheben.

(3) Wird bei Festsetzung mehrerer Geldbußen ein Rechtsmittel auf die Festsetzung einer Geldbuße beschränkt, bemisst sich die Gebühr für das Rechtsmittelverfahren nach dieser Geldbuße. Satz 1 gilt im Falle der Wiederaufnahme entsprechend.

Allgemeines: Vorbem. 4.1 war – inhaltlich kaum verändert – bis zum Inkrafttreten 2
des KostRModG in § 48 a.F. geregelt.

Abs. 1: Auch in Verfahren nach dem OWiG sind die Gerichtsgebühren nach der 3
rechtskräftig erkannten Sanktion des OWiG (Geldbuße oder Nebenfolge) zu bestimmen. Weil aber das Bußgeldverfahren keine Gesamtsanktion entsprechend der Gesamtstrafenbildung im Strafrecht kennt, bestimmt Abs. 1 S. 2, dass mehrere Geldbußen, die in einem Verfahren gegen den Betroffenen festgesetzt werden (Tatmehrheit, § 20 OWiG) für die Gebührenrechnung zu addieren sind. In den Fällen der Tateinheit (§ 19 OWiG) kommt Abs. 1 S. 2 aber nicht zum Tragen, weil hier ohnehin nur eine Geldbuße festgesetzt wird. Voraussetzung der Addition ist aber, dass die Geldbußen in einem Verfahren verhängt werden. Eine nachträgliche Gesamtbußenbildung entsprechend § 55 StGB oder §§ 460 StPO, 66 JGG kennt das OWiG indessen nicht.

Abs. 2 regelt den Fall, dass in einem Verfahren im Sinne des Abs. 1 Geldbußen gegen 4
mehrere Betroffene festgesetzt werden, insbesondere also die Fälle der Tatbeteiligung (§ 14 OWiG). In diesem Sinne wird auch eine juristische Person oder Personenvereinigung als besonderer Betroffener i.S.v. Abs. 2 gebührenrechtlich zu behandeln sein, wenn und soweit gegen sie eine Geldbuße festgesetzt wird (§ 30 OWiG). Das stellt S. 2 ausdrücklich klar. Die Gebührenbemessungsgrundsätze nach Abs. 1 sind bei mehreren Beteiligten für jeden Betroffenen gesondert anzuwenden.

Daneben sind selbstverständlich auch die allgemeinen Vorschriften des GKG an- 5
wendbar, z.B. § 21. Wenn im GKG keine besonderen Gebühren vorgesehen sind, ist das gerichtliche Verfahren gebührenfrei. Wird gegen einen Bußgeldbescheid der Verwaltungsbehörde Einspruch eingelegt und ergeht darauf durch das Gericht eine Sachentscheidung, wird damit auch die Kostenentscheidung in dem Bußgeldbescheid hinfällig (vgl. §§ 105, 107 OWiG). Eine Ausnahme besteht für den Fall, dass der Einspruch nach Beginn der Hauptverhandlung zurückgenommen oder verworfen wird, KV 4111. Hier fällt eine halbe Gebühr neben den Kosten des Verfahrens vor der Verwaltungsbehörde an.

Soweit die Staatsanwaltschaft im **Zwischenverfahren** des § 69 OWiG tätig wird, 6
handelt sie noch als Verwaltungsbehörde, so dass Gebühren nach dem GKG nicht anfallen. Eine Ausnahme ist nur in KV 4302 vorgesehen.

7 Geht das Gericht gemäß § 81 OWiG vom **Bußgeldverfahren zum Strafverfahren** über, ist für das weitere Verfahren das OWiG nicht mehr anwendbar, § 81 Abs. 3 OWiG. Es sind dann auch die Kostenvorschriften für das OWi-Verfahren nicht weiter anwendbar, sondern die Gebührenbestimmungen für das allgemeine Strafverfahren KV Teil 3. Geht im umgekehrten Fall das Strafverfahren in das OWi-Verfahren über (§ 82 OWiG), so ist auf dieses Verfahren dann KV Teil 4 anzuwenden. Den Fall einer Verbindung von Straftaten und Ordnungswidrigkeiten behandelt § 83 OWiG.

8 **Abs. 3 S. 1** stellt klar, dass sich entsprechend die Gerichtsgebühren für alle Rechtszüge grundsätzlich nach der rechtskräftig erkannten Geldbuße oder einer anderen nach dem OWiG zulässigen Sanktion richten. Wird jedoch das Rechtsmittel auf Grund und Höhe (einer) Geldbuße beschränkt, ist auch die Gebühr nur nach dieser zu bemessen. Das gilt auch für das Wiederaufnahmeverfahren (S. 2).

9 Wird auf eine Rechtsbeschwerde die Entscheidung des Amtsgerichts aufgehoben und die Sache zurückverwiesen, entsteht dadurch kein neuer Rechtszug beim Amtsgericht. Das frühere Verfahren und das zurückverwiesene Verfahren bilden einen Rechtszug i.S.v. KV Teil 3 oder 4. Das gilt auch in dem Fall, wenn gegen die zweite Entscheidung des Amtsgerichts wieder Rechtsbeschwerde eingelegt wird. Beide Rechtsbeschwerdeverfahren sind dann ein Verfahren i.d.S.[1]

10 Das gilt auch für die Anordnung der Einziehung etc. Das bedeutet, dass wegen der Maßnahme Gebühren nur für ein gegen diese Erkenntnis gerichtetes Rechtsmittel- oder Wiederaufnahmeverfahren erhoben werden. Die Bestimmung ist auch für das Nachverfahren gemäß § 439 StPO i.V.m. § 46 OWiG anwendbar. Rechtsmittelverfahren im Ordnungswidrigkeitenverfahren sind die Rechtsbeschwerde, die Berufung und die Revision.

11 Für die Gebühren im **Wiederaufnahmeverfahren** in einer Bußgeldsache vgl. Vorbem. 4 Abs. 2. Demzufolge werden auch im Bußgeldverfahren im Fall der Aufhebung der früheren Entscheidung das neue Verfahren und das frühere Verfahren als eine Einheit angesehen (Vorbem. 4 Abs. 2 S. 2). Die Wiederaufnahme im Bußgeldverfahren ist geregelt in den §§ 85, 86 OWiG. Für die Gebührenpflicht spielt es keine Rolle, ob sich das Wiederaufnahmeverfahren gegen eine Entscheidung der Verwaltungsbehörde oder gegen eine gerichtliche Entscheidung richtet. Auch wenn eine Bußgeldentscheidung der Verwaltungsbehörde im Wiederaufnahmeverfahren aufgehoben wird, gelten das wiederaufgenommene und das frühere Verfahren als ein Rechtszug. Richtete sich das Wiederaufnahmeverfahren gegen eine Entscheidung der Verwaltungsbehörde und wurde diese im Wiederaufnahmeverfahren aufgehoben, so entfallen dadurch die Kosten des Verfahrens vor der Verwaltungsbehörde (vgl. §§ 107 ff. OWiG). Endet das Wiederaufnahmeverfahren mit einem Freispruch, fallen dem Betroffenen auch keine Gerichtsgebühren zur Last. Das Gleiche gilt, wenn das Verfahren eingestellt wird. Endet das Wiederaufnahmeverfahren mit einer Bußgeldentscheidung und ggf. auch der Anordnung von Nebenfolgen, kommen die Gebühren nach KV 4110 ff. in Betracht. Richtet sich das Wiederaufnahmeverfahren gegen die Entscheidung des Rechtsbeschwerdegerichts, bildet im Falle einer Aufhebung des früheren Urteils des Beschwerdegerichts das neue Rechtsbeschwerdeverfahren zusammen mit dem früheren einen Rechtszug. Im Falle der erneuten Festsetzung einer Geldbuße erwächst dann für das Rechtsbeschwerdeverfahren nur eine Gebühr.

12 Erfolgt die Aufhebung des Bußgeldbescheides in einem späteren Strafverfahren (§ 86 OWiG), handelt es sich um die gesetzliche Rechtsfolge, die eintritt, wenn der Betroffene, gegen den ein Bußgeldbescheid ergangen war, später in einem Strafverfahren we-

1 OLG Karlsruhe NJW 1974, 1719.

gen derselben Handlung verurteilt wird. Hier hat das Gericht den korrespondierenden Bußgeldbescheid aufzuheben. Die notwendige Folge der Aufhebung ist, dass auch die Kostenfolgen des Bußgeldverfahrens entfallen und Kosten nur für das spätere Strafverfahren erhoben werden dürfen. Die bereits für das Bußgeldverfahren erhobenen Kosten sind zu verrechnen oder zurückzuzahlen.

ABSCHNITT 1
Erster Rechtszug

4110	**Hauptverhandlung mit Urteil oder Beschluss ohne Hauptverhandlung (§ 72 OWiG)**	**10% des Betrages der Geldbuße, – mindestens 50,00 €, – höchstens 15.000,00 €**

Allgemeines: Die Mindestgebühr beträgt nun 50 €. Dies entspricht dem niedrigsten, auf volle 5 € aufgerundeten Bußgeld oberhalb der Verwarnungsgeldgrenze. Hierdurch wird dem nicht unerheblichen Aufwand des Gerichts auch bei kleinen Bußgeldern besser Rechnung getragen. Der Höchstbetrag ist auf 15.000 € bestimmt. 13

Voraussetzung ist, dass gegen den Betroffenen oder gegen den Beschuldigten im Bußgeldverfahren oder im Strafverfahren rechtskräftig eine Geldbuße festgesetzt worden ist und dass eine Hauptverhandlung stattgefunden hat, die mit einem Urteil endete (§ 71 OWiG) oder ein Beschluss ohne Hauptverhandlung ergangen ist (§ 72 OWiG). Hierzu rechnet auch die Verwerfung des unzulässigen Einspruchs durch Urteil, wenn die Unzulässigkeit erst in der Hauptverhandlung erkannt wird. Allerderdings wird dann an eine unrichtige Sachbehandlung nach § 21 GKG zu denken sein (vgl. unten, KV 4112). Bei der Entscheidung muss es sich um eine Sachentscheidung handeln. Eine im Bußgeldverfahren vor der Verwaltungsbehörde nach § 107 OWiG bereits angesetzte Gebühr entfällt dann, nicht aber die Auslagen der Verwaltungsbehörde. Letztere gehören dann zu den gerichtlichen Auslagen nach KV 9016.[2] Das Verfahren nach Einspruch ohne Sachentscheidung regelt KV 4112. Keine Sachentscheidung liegt vor, wenn der Einspruch ohne sachliche Prüfung aus förmlichen Gründen (z.B. wegen Unzulässigkeit oder wegen Säumnis des Betroffenen nach § 74 Abs. 2 OWiG) verworfen wird oder wenn die Hauptverhandlung ohne Urteil endet, weil der Einspruch zurückgenommen wurde. Wird das Verfahren nach § 47 Abs. 2 OWiG eingestellt, erwächst keine Gebühr, weil dann keine Geldbuße rechtskräftig festgesetzt wurde. Auch bei Verwerfung eines unzulässigen Einspruchs durch Beschluss nach § 70 OWiG entsteht keine Gebühr, da es sich hier nicht um einen Beschluss nach § 72 OWiG mit Sachentscheidung handelt. Auslagen sind aber auf Grund der Kostenentscheidung nach § 29 Nr. 1 zu erheben. 14

Die **Gebühr** richtet sich nach der letzten Endes rechtskräftig festgesetzten Geldbuße. Wird der Bußgeldbescheid nur teilweise angefochten, ist nur der angefochtene Teil maßgebend. Neben der Gebühr KV 4110 dürfen die Kosten für das Verfahren vor der Verwaltungsbehörde (§§ 105, 107 OWiG) nicht erhoben werden. Wird auf Einziehung, Verfall, 15

2 *König* in Göhler, OWiG, § 107 Rn. 5.

Vernichtung, Unbrauchbarmachung, Abführung des Mehrerlöses erkannt, wird hierfür in der ersten Instanz keine Gebühr erhoben, wohl aber bei der Festsetzung einer Geldbuße gegen eine juristische Person oder eine Personenvereinigung.

16 Bei **mehreren Beschuldigten oder Betroffenen** fällt die Gebühr für jeden einzeln an (Vorbem. 4.1 Abs. 2). Mehrere Betroffene oder Beschuldige haften aber als Gesamtschuldner.

17 Für die Anordnung der **Erzwingungshaft** nach § 96 OWiG ist keine besondere Gebühr vorgesehen.

4111	**Zurücknahme des Einspruchs nach Eingang der Akten bei Gericht und vor Beginn der Hauptverhandlung.** **Die Gebühr wird nicht erhoben, wenn die Sache an die Verwaltungsbehörde zurückverwiesen wird.**	**0,25 – mindestens 15,00 €**
4112	**Zurücknahme des Einspruchs nach Beginn der Hauptverhandlung.**	**0,5 der Gebühr 4110**

18 **KV 4111** ist durch das 2. KostRModG völlig neu gefasst worden. Voraussetzung für den Ansatz der Gebühr nach KV 4111 ist, dass der zulässige Einspruch in dem gerichtlich anhängigen Verfahren[2a] vor Beginn der Hauptverhandlung zurückgenommen wird. Beginn der Hauptverhandlung ist nach § 70 OWiG, § 243 Abs. 1 Satz 1 StPO der Aufruf zur Sache durch den Richter. Der Sinn und Zweck der Neuregelung liegt darin, dass auch der – mitunter nicht unerhebliche, nach altem Rechts aber gerichtsgebührenfreie – Arbeitsaufwand des Gerichts im Zusammenhang mit der Prüfung der Zulässigkeit des Einspruchs, der Verwerfung nach § 70 Abs. 1 OWiG etc. abzugelten.[3] Wird der Einspruch erst nach dem Beginn der Hauptverhandlung in zulässiger Weise zurückgenommen, entsteht die Gebühr nach KV 4112. Da die Neuregelung ausdrücklich nur den Fall einer Zurücknahme regelt, besteht für die Fälle einer Verwerfung des Einspruchs nach § 70 Abs. 1 OWiG nach wie vor Gebührenfreiheit.

18a **KV 4112:** Die Zurücknahme muss in diesen Fällen **nach** dem Beginn der Haupt**verhandlung** erfolgen. Dabei ist es unerheblich, aus welchen Gründen die Zurücknahme erfolgt. Wird indessen die Unzulässigkeit des Einspruchs erst in der Hauptverhandlung erkannt, kann in der Regel von einer unrichtigen Sachbehandlung bei der Vorbereitung der Hauptverhandlungstermin ausgegangen werden, so dass die Gebühr KV 4112 nach § 21 nicht zu erheben ist.[4] Gleiches gilt auch, wenn der Einspruch nach dem Beginn der Hauptverhandlung gem. § 74 Abs. 2 OWiG wegen Unzulässigkeit verworfen wird.

ABSCHNITT 2
Rechtsbeschwerde

4120	**Verfahren mit Urteil oder Beschluss nach § 79 Abs. 5 OWiG**	**2,0 der Gebühr 4110**

2a AG Ratingen, JurBüro 2017, 472.
3 Vgl. die Begr. im RegE zum KostRModG, BT.-Ds. 17/11471 Seite 382.
4 So auch *Oe/He/Tre* KV 4111 (a.F.) Rn. 17.

4121	**Verfahren ohne Urteil oder Beschluss nach § 79 Abs. 5 OWiG**	**1,0 der Gebühr 4110**
	Die Gebühr entfällt bei Rücknahme der Rechtsbeschwerde vor Ablauf der Begründungsfrist.	

Die Gebührensätze für das Rechtsbeschwerdeverfahren entsprechen den Gebührensätzen des strafrechtlichen Revisionsverfahrens. Die volle Gebühr KV 4120 kommt in Betracht, wenn aufgrund einer Hauptverhandlung durch Urteil oder ohne Hauptverhandlung durch Beschluss nach § 79 Abs. 5 OWiG, der an die Stelle eines möglichen Urteils ergeht, entschieden wird. Andere verfahrensbeendende Beschlüsse kommen nicht in Betracht, sondern fallen unter KV 4131. Andere verfahrensbeendende Erledigungen können sein die Rücknahme der Rechtsbeschwerde nach dem Ablauf der Begründungsfrist, ein Aufhebungsbeschluss des Beschwerdegerichts oder die Verwerfung der Rechtsbeschwerde als unzulässig. Die Verwerfung des Antrags auf Zulassung der Rechtsbeschwerde nach § 80 Abs. 3 OWiG hingegen ist dem Fall der Rücknahme der Rechtsbeschwerde vor Ablauf der Begründungsfrist gleichzustellen und löst keine Gebühr aus.[5] Ebenso, wenn die Rücknahme vor dem Ablauf der Begründungsfrist erfolgt (Anm. zu KV 4121). **19**

ABSCHNITT 3
Wiederaufnahmeverfahren

4130	**Verfahren über den Antrags auf Wiederaufnahme des Verfahrens:** **Der Antrag wird verworfen oder abgelehnt**	0,5 der Gebühr 4110
4131	**Verfahren über die Beschwerde gegen einen Beschluss, durch den ein Antrag auf Wiederaufnahme des Verfahrens verworfen oder abgelehnt wurde:** **Die Beschwerde wird verworfen oder zurückgewiesen**	**1,0 der Gebühr 4110**

Die Gebührensätze für das Wiederaufnahmeverfahren entsprechen den Gebührensätzen des strafrechtlichen Wiederaufnahmeverfahrens. Nicht unter KV 4131 fällt die Aufhebung des Bußgeldbescheides in einem späteren Strafverfahren (§ 86 OWiG). Denn hier handelt es sich nicht um ein Wiederaufnahmeverfahren, sondern um eine gesetzliche Rechtsfolge, die eintritt, wenn der Betroffene, gegen den ein Bußgeldbescheid ergangen war, später wegen derselben Handlung in einem Strafverfahren verurteilt wird. Die notwendige Folge der Aufhebung des Bußgeldbescheides ist, dass auch alle Kostenfolgen des aufgehobenen Bußgeldbescheides entfallen und Kosten nur für das spätere Strafverfahren erhoben werden dürfen. Die für das Bußgeldverfahren bereits entrichteten Kosten sind auf die des Strafverfahrens zu verrechnen und ggf. zurückzuerstatten. **20**

---

5 *Oe/He/Tre* KV 4121 Rn. 22.

HAUPTABSCHNITT 2
Einziehung und verwandte Maßnahmen

21 Die für die Einziehung und verwandte Maßnahmen bestimmten Gebühren entsprechen in ihrer Struktur und Höhe den entsprechenden Gebühren im Strafverfahren.

Vorbemerkung 4.2:

(1) Die Vorschriften dieses Hauptabschnitts gelten für die Verfahren über die Einziehung, dieser gleichstehende Rechtsfolgen (§ 439 StPO i.V.m. § 46 Abs. 1 OWiG) und die Abführung des Mehrerlöses. Im gerichtlichen Verfahren werden die Gebühren gesondert erhoben.

(2) Betreffen die in Absatz 1 genannten Maßnahmen mehrere Betroffene wegen derselben Handlung, wird nur eine Gebühr erhoben. § 31 GKG bleibt unberührt.

ABSCHNITT 1
Beschwerde

4210	**Verfahren über die Beschwerde nach § 434 Abs. 2 StPO, auch i.V.m. § 436 Abs. 2 StPO, wiederum i.V.m. § 46 Abs. 1 OWiG: Die Beschwerde wird verworfen oder zurückgewiesen**	**60,00 €**

ABSCHNITT 2
Rechtsbeschwerde

4220	**Verfahren mit Urteil oder Beschluss nach § 79 Abs. 5 OWiG: Die Rechtsbeschwerde wird verworfen**	**120,00 €**
4221	**Verfahren ohne Urteil oder Beschluss nach § 79 Abs. 5 OWiG Die Gebühr entfällt bei Rücknahme der Rechtsbeschwerde vor Ablauf der Begründungsfrist.**	**60,00 €**

ABSCHNITT 3
Wiederaufnahmeverfahren

4230	**Verfahren über den Antrag auf Wiederaufnahme des Verfahrens: Der Antrag wird verworfen oder abgelehnt**	**35,00 €**
4231	**Verfahren über die Beschwerde gegen einen Beschluss, durch den ein Antrag auf Wiederaufnahme des Verfahrens verworfen oder abgelehnt wurde: Die Beschwerde wird verworfen oder zurückgewiesen**	**70,00 €**

HAUPTABSCHNITT 3
Besondere Gebühren

4300 Dem Anzeigenden sind im Falle einer unwahren Anzeige die Kosten auferlegt worden (§ 469 StPO i.V.m. § 46 Abs. 1 OWiG) 35,00 €

Das Gericht kann die Gebühr bis auf 15,00 € EUR herabsetzen oder beschließen, dass von der Erhebung einer Gebühr abgesehen wird.

4301 Abschließende Entscheidung des Gerichts im Falle des § 25a Abs. 1 StVG 35,00 €

4302 Entscheidung der Staatsanwaltschaft im Falle des § 25a Abs. 1 StVG 20,00 €

4303 Verfahren über den Antrag auf gerichtliche Entscheidung 22
gegen eine Anordnung, Verfügung oder sonstige Maßnahme der Verwaltungsbehörde oder der Staatsanwaltschaft oder Verfahren über Einwendungen nach § 103 OWiG:
Der Antrag wird verworfen 30,00 €

Wird der Antrag nur teilweise verworfen, kann das Gericht die Gebühr nach billigem Ermessen auf die Hälfte ermäßigen oder bestimmen, dass eine Gebühr nicht zu erheben ist.

4304 Verfahren über die Erinnerung gegen den Kostenfestsetzungsbeschluss des Urkundsbeamten der Staatsanwaltschaft (§ 108a Abs. 3 Satz 2 OWiG):
Die Erinnerung wird zurückgewiesen 30,00 €

Wird die Erinnerung nur teilweise verworfen, kann das Gericht die Gebühr nach billigem Ermessen auf die Hälfte ermäßigen oder bestimmen, dass eine Gebühr nicht zu erheben ist.

KV 4303 und 4304: Diese Gebührentatbestände betreffen Verfahren über Anträge 23
auf gerichtliche Entscheidung gegen eine Anordnung, Verfügung oder sonstige Maßnahme der Verwaltungsbehörde oder der Staatsanwaltschaft, für Verfahren über Einwendungen nach § 103 OWiG und für Verfahren über die Erinnerung gegen den Kostenfestsetzungsbeschluss des Urkundsbeamten der Staatsanwaltschaft (§ 108a Abs. 3 S. 2 OWiG). Unter KV 4303 fallen insbesondere die Anträge nach den §§ 62, 103 und 108 OWiG. Die Gebühr KV 4304 ist erforderlich, um den Antrag auf gerichtliche Entscheidung gegen den Kostenfestsetzungsbescheid der Verwaltungsbehörde und die Erinnerung gegen den Kostenfestsetzungsbeschluss des Rechtspflegers bei der Staatsanwaltschaft gleich zu behandeln.

HAUPTABSCHNITT 4
Sonstige Beschwerden

Vorbemerkung 4.4:

Die Gebühren im Kostenfestsetzungsverfahren bestimmen sich nach den für das Kostenfestsetzungsverfahren in Teil 1 Hauptabschnitt 8 geregelten Gebühren.

4400	**Verfahren über die Beschwerde gegen eine Entscheidung, durch die im gerichtlichen Verfahren nach dem OWiG einschließlich des selbstständigen Verfahrens nach den §§ 88 und 46 Abs. 1 OWiG i.V.m. den §§ 435 bis 437, 444 Abs. 3 StPO eine Geldbuße gegen eine juristische Person oder eine Personenvereinigung festgesetzt worden ist:** **Die Beschwerde wird verworfen oder zurückgewiesen**	**0,5 der Gebühr 4110**
	Eine Gebühr wird nur erhoben, wenn eine Geldbuße rechtskräftig festgesetzt ist.	
4401	**Verfahren über nicht besonders aufgeführte Beschwerden, die nicht nach anderen Vorschriften gebührenfrei sind:** **Die Beschwerde wird verworfen oder zurückgewiesen**	**60,00 €**
	Von dem Betroffenen wird eine Gebühr nur erhoben, wenn gegen ihn eine Geldbuße rechtskräftig festgesetzt ist.	

24 Die Regelungen KV 4400–4401 entsprechen in ihrer Struktur den entsprechenden Gebührentatbeständen für das Strafverfahren. Der Gebührentatbestand KV 4400 sieht eine Regelung der Gebühr für die Verwerfung oder die Zurückweisung einer Beschwerde gegen eine Entscheidung vor, durch die eine Verbandsgeldbuße im gerichtlichen Bußgeldverfahren festgesetzt wurde. Für die Gebühr KV 4401 ist anders als im Strafverfahren lediglich ein Gebührenbetrag von 60 € anzusetzen.

HAUPTABSCHNITT 5
Rüge wegen Verletzung des Anspruchs auf rechtliches Gehör

4500	**Verfahren über die Rüge wegen Verletzung des Anspruchs auf rechtliches Gehör (§§ 33a, 311a Abs. 1 Satz 1, § 356a StPO i.V.m. § 46 und § 79 Abs. 3 OWiG):** **Die Rüge wird in vollem Umfang verworfen oder zurückgewiesen**	**60,00 €**

TEIL 5
Verfahren vor den Gerichten der Verwaltungsgerichtsbarkeit

Teil 5 regelt die Gebühren für Verfahren vor den Gerichten der Verwaltungsgerichtsbarkeit. Auch in diesem Bereich ist für alle Rechtszüge das Pauschalgebührensystem eingeführt worden. Die Struktur der Regelungen für das Zivilprozessverfahren ist weitgehend übernommen worden. Insbesondere ist auch die Erledigungserklärung ohne Kostenbeschluss begünstigt worden. Auf die Ausführungen zu KV 1211 wird insoweit verwiesen. 1

HAUPTABSCHNITT 1
Prozessverfahren

Vorbemerkung 5.1:

Wird das Verfahren durch Antrag eingeleitet, gelten die Vorschriften über die Klage entsprechend.

In diesem Hauptabschnitt sind alle Prozessverfahren zusammengefasst worden, soweit die Verfahren durch einen Antrag eingeleitet werden, insbesondere Normenkontrollverfahren nach § 47 VwGO. Durch die Vorbemerkung soll klargestellt werden, dass die für die Klage geltenden Vorschriften Anwendung finden sollen. Diese Regelungstechnik erspart häufige Wiederholungen in den Gebührentatbeständen. 2

ABSCHNITT 1
Erster Rechtszug

In diesen Abschnitt sind die Gebührenregelungen für die **erste Instanz** differenziert nach Verwaltungs-, Oberverwaltungs- und Bundesverwaltungsgericht eingestellt worden. Während im früheren Recht unabhängig von der Ordnung des Gerichts immer gleich hohe Gebühren anfielen, wird nunmehr unterschieden. Die Zuständigkeit des Oberverwaltungsgerichts (Verwaltungsgerichtshof) im ersten Rechtszug nach den §§ 47 und 48 VwGO und des Bundesverwaltungsgerichts insbesondere nach § 50 VwGO beschränkt sich auf Verfahren, die regelmäßig besonderen Aufwand erfordern und die auch von ihrer Bedeutung und von ihrem Umfang her den Rechtsmittelverfahren vergleichbar sind. Daher sind für diese erstinstanzlichen Verfahren die gleichen Gebühren wie für die Berufung bzw. die Revision vorgesehen. 3

UNTERABSCHNITT 1
Verwaltungsgericht

5110 Verfahren im Allgemeinen 3,0

KV 5110 entspricht der KV 1210 für bürgerliche Rechtsstreitigkeiten. Bei Beendigung des Verfahrens durch Gerichtsbescheid oder Beschluss nach § 93a Abs. 2 VwGO fällt die unverminderte Verfahrensgebühr von 3,0 an. Wird das Verfahren für erledigt erklärt und muss noch über die Kosten nach dem Sach- und Streitstand entschieden werden, fällt ebenfalls die volle Verfahrensgebühr von 1,0 an. Wird eine Kostenentscheidung des Ge- 4 richts zum Beispiel durch einen Kostenvergleich entbehrlich, greift die Gebührenermäßigung nach KV 5111 und somit fällt lediglich eine Gebühr von 1,0 an.

5111	**Beendigung des gesamten Verfahrens durch** **1. Zurücknahme der Klage** **a) vor dem Schluss der mündlichen Verhandlung,** **b) wenn eine solche nicht stattfindet, vor Ablauf des Tages, an dem das Urteil oder der Gerichtsbescheid der Geschäftsstelle übermittelt wird, oder** **c) im Falle des § 93a Abs. 2 VwGO vor Ablauf der Erklärungsfrist nach § 93a Abs. 2 Satz 1 VwGO,** **2. Anerkenntnis- oder Verzichtsurteil,** **3. gerichtlichen Vergleich oder** **4. Erledigungserklärungen nach § 161 Abs. 2 VwGO, wenn keine Entscheidung über die Kosten ergeht oder die Entscheidung einer zuvor mitgeteilten Einigung der Beteiligten über die Kostentragung oder der Kostenübernahmeerklärung eines Beteiligten folgt, wenn nicht bereits ein anderes als eines der in Nummer 2 genannten Urteile oder ein Gerichtsbescheid vorausgegangen ist:** **Die Gebühr 5110 ermäßigt sich auf**	**1,0**
	Die Gebühr ermäßigt sich auch, wenn mehrere Ermäßigungstatbestände erfüllt sind.	

5 **KV 5111** entspricht in ihrer Struktur und bezüglich der Höhe der Gebühren KV 1211. Die gebührenprivilegierte Zurücknahme knüpft im Falle des Gerichtsbescheids und im Falle des schriftlichen Verfahrens mit Urteil an die Übermittlung der Entscheidung an die Geschäftsstelle an, weil es einen dem Schluss der mündlichen Verhandlung entsprechenden Zeitpunkt nach der VwGO nicht gibt. Die Gebührenermäßigung tritt auch ein, wenn der Kläger das Verfahren trotz Aufforderung durch das Gericht länger als drei Monate nicht betreibt und die Klage damit grundsätzlich nach § 92 Abs. 2 S. 1 VwGO als zurückgenommen gilt.

UNTERABSCHNITT 2
Oberverwaltungsgericht (Verwaltungsgerichtshof)

6 Für erstinstanzliche Verfahren vor dem Oberverwaltungsgericht (Verwaltungsgerichtshof) ist ein eigener Unterabschnitt eingestellt worden. Die Bedeutung dieser Verfahren rechtfertigt höhere Gebühren, die denen des Berufungsverfahrens entsprechen sollen. Im Übrigen entsprechen die Gebührentatbestände denen im Unterabschnitt 1. Auf das dort Gesagte wird verwiesen.

5112	**Verfahren im Allgemeinen**	**4,0**
5113	**Beendigung des gesamten Verfahrens durch** **1. Zurücknahme der Klage** **a) vor dem Schluss der mündlichen Verhandlung,**	

b) **wenn eine solche nicht stattfindet, vor Ablauf des Tages, an dem das Urteil, der Gerichtsbescheid oder der Beschluss in der Hauptsache der Geschäftsstelle übermittelt wird,**
c) **im Falle des § 93a Abs. 2 VwGO vor Ablauf der Erklärungsfrist nach § 93a Abs. 2 Satz 1 VwGO,**

2. **Anerkenntnis- oder Verzichtsurteil,**
3. **gerichtlichen Vergleich oder**
4. **Erledigungserklärungen nach § 161 Abs. 2 VwGO, wenn keine Entscheidung über die Kosten ergeht oder die Entscheidung einer zuvor mitgeteilten Einigung der Beteiligten über die Kostentragung oder der Kostenübernahmeerklärung eines Beteiligten folgt, es sei denn, dass bereits ein anderes als eines der in Nummer 2 genannten Urteile, ein Gerichtsbescheid oder Beschluss in der Hauptsache vorausgegangen ist:**

Die Gebühr 5112 ermäßigt sich auf — **2,0**

Die Gebühr ermäßigt sich auch, wenn mehrere Ermäßigungstatbestände erfüllt sind.

UNTERABSCHNITT 3
Bundesverwaltungsgericht

Auch für erstinstanzliche Verfahren vor dem Bundesverwaltungsgericht wurde ein eigener Unterabschnitt eingestellt. Die Bedeutung dieser Verfahren rechtfertigt höhere Gebühren, die denen des Revisionsverfahrens entsprechen sollen. Im Übrigen entsprechen die Gebührentatbestände denen im Unterabschnitt 1. Auf das dort Gesagte wird verwiesen. Eine Ermäßigung nach Nr. 5115 Ziff. 1a kommt auch in Betracht, wenn in einem verwaltungsgerichtlichen Klageverfahren die mündliche Verhandlung zunächst geschlossen, dann aber wiedereröffnet wird.[1] 7

5114 Verfahren im Allgemeinen — **5,0**

5115 Beendigung des gesamten Verfahrens durch

1. **Zurücknahme der Klage**
   a) **vor dem Schluss der mündlichen Verhandlung,**
   b) **wenn eine solche nicht stattfindet, vor Ablauf des Tages, an dem das Urteil oder der Gerichtsbescheid der Geschäftsstelle übermittelt wird,**
   c) **im Falle des § 93a Abs. 2 VwGO vor Ablauf der Erklärungsfrist nach § 93a Abs. 2 Satz 1 VwGO,**
2. **Anerkenntnis- oder Verzichtsurteil,**
3. **gerichtlichen Vergleich oder**

1 BVerwG JurBüro 2010, 258.

4. Erledigungserklärungen nach § 161 Abs. 2 VwGO, wenn keine Entscheidung über die Kosten ergeht oder die Entscheidung einer zuvor mitgeteilten Einigung der Beteiligten über die Kostentragung oder der Kostenübernahmeerklärung eines Beteiligten folgt, es sei denn, dass bereits ein anderes als eines der in Nummer 2 genannten Urteile, ein Gerichtsbescheid oder ein Beschluss in der Hauptsache vorausgegangen ist:
Die Gebühr 5114 ermäßigt sich auf **3,0**

Die Gebühr ermäßigt sich auch, wenn mehrere Ermäßigungstatbestände erfüllt sind.

ABSCHNITT 2
Zulassung und Durchführung der Berufung

5120	**Verfahren über die Zulassung der Berufung:** **Soweit der Antrag abgelehnt wird**	**1,0**

8 **KV 5120:** Die Gebühr fällt nicht an, wenn das Zulassungsverfahren nicht als Rechtsmittelverfahren durchgeführt wird, weil sie erst mit der Beendigung des Verfahrens fällig wird.[2] Die Gebühr für das Berufungsverfahren wird für die Berufung im Allgemeinen erhoben (§§ 124 ff. VwGO), gleichgültig, ob es sich um eine Anschlussberufung, eine Klageerweiterung oder eine Widerklage in der Berufungsinstanz handelt. Auch die unselbständige Anschlussberufung löst die Gebühr KV 5121 aus. Ist für das **Wiederaufnahmeverfahren** (Nichtigkeits- oder Restitutionsklage, § 153 VwGO i.V.m. §§ 578 ff. ZPO) das Berufungsgericht zuständig, berechnen sich auch die Gebühren nach KV 5121.

5121	**Verfahren über die Zulassung der Berufung** **Soweit der Antrag zurückgenommen oder das Verfahren durch anderweitige Erledigung beendet wird**	**0,5**
	Die Gebühr entsteht nicht, soweit die Berufung zugelassen wird:	
5122	**Verfahren im Allgemeinen**	**4,0**

9 **KV 5122:** Entsprechend der erstinstanzlichen Regelung ist auch hier eine allgemeine Pauschalgebühr für das Berufungsverfahren eingeführt worden, die der Nummer KV 1220 in zivilprozessualen Berufungsverfahren entspricht. Bei Beendigung des Verfahrens durch Beschluss nach § 93a Abs. 2 VwGO und bei einstimmiger Entscheidung durch Beschluss nach § 130a VwGO fällt die unverminderte Verfahrensgebühr von 4,0 an. Wird das Verfahren für erledigt erklärt und muss noch über die Kosten nach dem Sach- und Streitstand entschieden werden, entsteht ebenfalls die volle Verfahrensgebühr (4,0) aus dem Hauptsachestreitwert. Wird eine Kostenentscheidung des Gerichts zum Beispiel

2 Vgl. *Hornung* RPfleger 1997, 517; *Otto* JurBüro 1997, 286.

durch einen Kostenvergleich entbehrlich, würde die Gebührenermäßigung nach KV 5123 oder nach KV 5124 greifen und somit eine Gebühr von nur 1,0 oder 2,0 anfallen.

Kostenrechtlich beginnt das **Berufungsverfahren** mit der Einreichung der Berufung bei dem Verwaltungs- oder Oberverwaltungsgericht und nicht erst mit der Zustellung der Berufungsschrift. Die Gebühr entsteht auch, wenn die Berufungsschrift bei einem unzuständigen Gericht eingegangen ist. **10**

Bei der **Anschlussberufung** entsteht die Gebühr mit dem Eingang des Schriftsatzes, der die Anschlussberufungserklärung enthält. Das gilt auch für die unselbständige Anschlussberufung. Unerheblich ist, ob sie den gleichen Streitgegenstand wie die Berufung betrifft oder nicht. Das ist nur eine Frage der Berechnung der Höhe der Gebühr. **11**

Auch für eine in der Berufungsinstanz erhobene **Zwischenfeststellungsklage** (§§ 94, 173 VwGO) sind die erhöhten Gebühren nach KV 5122 zu erheben. Bei getrennten Berufungen gegen das Vorbehaltsurteil (§ 172 VwGO) und gegen das Nachurteil fallen vor dem Berufungsgericht zwei getrennte Gebühren nach KV 5122 an, die aus dem Streitwert der beiden Berufungen jeweils zu errechnen sind. Die spätere Verbindung dieser Verfahren hat auf die Gebühren nach KV 5122 keinen Einfluss. **12**

Ist die Berufungseinlegung mit einem **Prozesskostenhilfeantrag** verbunden, beginnt das Berufungsverfahren mit dem Eingang des Schriftsatzes, wenn erkennbar ist, dass die Berufung unbedingt eingelegt werden soll. Andernfalls beginnt der Berufungsrechtszug erst, wenn und soweit dem Prozesskostenhilfeantrag stattgegeben wird. Wird ein Rechtsmittel zunächst als Berufung eingelegt, später jedoch als Beschwerde bezeichnet, entstehen für das gesamte Verfahren nur die Gebühren nach KV 5240 ff., wenn das Gericht das Rechtsmittel als Beschwerde behandelt. **13**

Kostenschuldner: Vgl. §§ 22 Abs. 1, 29. **Fälligkeit:** Vgl. § 9. Eine **Vorauszahlungspflicht** besteht nicht. **14**

5123	**Beendigung des gesamten Verfahrens durch Zurücknahme der Berufung oder der Klage, bevor die Schrift zur Begründung der Berufung bei Gericht eingegangen ist:** **Die Gebühr 5122 ermäßigt sich auf** **Erledigungserklärungen nach § 161 Abs. 2 VwGO stehen der Zurücknahme gleich, wenn keine Entscheidung über die Kosten ergeht oder die Entscheidung einer zuvor mitgeteilten Einigung der Beteiligten über die Kostentragung oder der Kostenübernahmeerklärung eines Beteiligten folgt.**	**1,0**
5124	**Beendigung des gesamten Verfahrens, wenn nicht Nummer 5123 erfüllt ist, durch** **1. Zurücknahme der Berufung oder der Klage,** **a) vor dem Schluss der mündlichen Verhandlung,** **b) wenn eine solche nicht stattfindet, vor Ablauf des Tages, an dem das Urteil oder der Beschluss in der Hauptsache der Geschäftsstelle übermittelt wird, oder** **c) im Falle des § 93a Abs. 2 VwGO vor Ablauf der Erklärungsfrist nach § 93a Abs. 2 Satz 1 VwGO,** **2. Anerkenntnis- oder Verzichtsurteil,** **3. gerichtlichen Vergleich oder** **4. Erledigungserklärungen nach § 161 Abs. 2 VwGO, wenn keine Entscheidung über die Kosten ergeht**	

oder die Entscheidung einer zuvor mitgeteilten Einigung der Beteiligten über die Kostentragung oder der Kostenübernahmeerklärung eines Beteiligten folgt, es sei denn, dass bereits ein anderes als eines der in Nummer 2 genannten Urteile oder ein Beschluss in der Hauptsache vorausgegangen ist:
Die Gebühr 5122 ermäßigt sich auf **2,0**

Die Gebühr ermäßigt sich auch, wenn mehrere Ermäßigungstatbestände erfüllt sind.

15 Die Ermäßigungstatbestände KV 5123, 5124 entsprechen den Regelungen für das zivilprozessuale Berufungsverfahren. Insoweit wird auf die Ausführungen zu KV 1220 bis 1223 verwiesen.

ABSCHNITT 3
Revision

5130 **Verfahren im Allgemeinen** **5,0**

16 Für die pauschale Verfahrensgebühr, die der Nummer KV 1230 in zivilprozessualen Revisionsverfahren entspricht, ist ein Gebührensatz von 5,0 anzusetzen. Im Fall der frühzeitigen Rücknahme der Revision ist jetzt eine Gebühr mit einem Gebührensatz von 1,0 zu erheben (KV 5131). Bei Beendigung des Verfahrens durch Beschluss nach § 93a Abs. 2 VwGO fällt die unverminderte Verfahrensgebühr von 5,0 an. Wird das Verfahren für erledigt erklärt und muss noch über die Kosten nach dem Sach- und Streitstand entschieden werden, verbleibt es ebenfalls bei der vollen Verfahrensgebühr (5,0) aus dem Hauptsachestreitwert. Wird jedoch eine Kostenentscheidung des Gerichts zum Beispiel durch einen Kostenvergleich entbehrlich, würde die Gebührenermäßigung nach KV 5131 oder nach KV 5132 greifen und somit eine Gebühr von nur 1,0 oder 3,0 anfallen.

17 Die allgemeine Verfahrensgebühr für das Revisionsverfahren **entsteht** mit dem Eingang der Revisionsschrift bei Gericht. Auf den Eingang der Revisionsbegründung kommt es nicht an. Die Gebühr entsteht auch bei einer selbständigen oder unselbständigen Anschlussrevision. Es ist für das Entstehen der Gebühr auch ohne Belang, ob die Revision zulässig ist oder nicht. Allerdings löst ein Verwerfungsbeschluss keine zusätzliche Gebühr aus. Gelangt die Sache nach Zurückverweisung nochmals in die Revisionsinstanz, erwächst die Gebühr KV 5130 erneut.

5131 **Beendigung des gesamten Verfahrens durch Zurücknahme der Revision oder der Klage, bevor die Schrift zur Begründung der Revision bei Gericht eingegangen ist:**
Die Gebühr 5130 ermäßigt sich auf **1,0**

Erledigungserklärungen nach § 161 Abs. 2 VwGO stehen der Zurücknahme gleich, wenn keine Entscheidung über die Kosten ergeht oder die Entscheidung einer zuvor mitgeteilten Einigung der Beteiligten über die Kostentragung oder der Kostenübernahmeerklärung eines Beteiligten folgt.

Das oben zu KV 5123 Gesagte gilt entsprechend. Bei der Rücknahme kommt es allein darauf an, dass sie vor Eingang der Revisionsbegründung eingeht.[3] Wenn Revisionserklärung und -begründung zusammen (in einem Schriftsatz oder in zwei verschiedenen Schriftsätzen gleichzeitig) eingehen, kann eine Ermäßigung nicht in Betracht kommen. Für einen auf die Revisionsrücknahme folgenden Beschluss nach § 140 Abs. 2 VwGO erwächst keine besondere Gebühr. Ein vor Gericht geschlossener Prozessvergleich, der das Verfahren endgültig beendet, steht einer Zurücknahme gleich, wenn er vor Eingang der Revisionsbegründung protokolliert wird. Eine **Teilrücknahme**, die die Instanz nicht beendet, ermäßigt die Gebühr KV 5130 nicht, und zwar auch nicht teilweise. **18**

5132 **Beendigung des gesamten Verfahrens, wenn nicht Nummer 5131 erfüllt ist, durch**

1. Zurücknahme der Revision oder der Klage,
   a) vor dem Schluss der mündlichen Verhandlung,
   b) wenn eine solche nicht stattfindet, vor Ablauf des Tages, an dem das Urteil oder der Beschluss in der Hauptsache der Geschäftsstelle übermittelt wird, oder
   c) im Falle des § 93a Abs. 2 VwGO vor Ablauf der Erklärungsfrist nach § 93a Abs. 2 Satz 1 VwGO,

2. Anerkenntnis- oder Verzichtsurteil,

3. gerichtlichen Vergleich oder

4. Erledigungserklärungen nach § 161 Abs. 2 VwGO, wenn keine Entscheidung über die Kosten ergeht oder die Entscheidung einer zuvor mitgeteilten Einigung der Beteiligten über die Kostentragung oder der Kostenübernahmeerklärung eines Beteiligten folgt, es sei denn, dass bereits ein anderes als eines der in Nummer 2 genannten Urteile oder ein Beschluss in der Hauptsache vorausgegangen ist:

Die Gebühr 5130 ermäßigt sich auf **3,0**

Die Gebühr ermäßigt sich auch, wenn mehrere Ermäßigungstatbestände erfüllt sind.

Die Gebührenermäßigungstatbestände KV 5131, 5132 entsprechen denen des Berufungsverfahrens. **19**

HAUPTABSCHNITT 2
Vorläufiger Rechtsschutz

In diesen Hauptabschnitt sind die Gebührenregelungen für den einstweiligen Rechtsschutz, differenziert nach Verwaltungs-, Oberverwaltungs- und Bundesverwaltungsgericht, sowie für die Beschwerde eingestellt worden. Während im früheren Recht unabhängig von der Ordnung des Gerichts immer gleich hohe Gebühren anfielen, wird nunmehr nach erstinstanzlicher Zuständigkeit in der Hauptsache unterschieden. Die **20**

3 Vgl. *Biehler* DStR 1975, 626.

Abschnitte 2 und 3 sind demnach nur anzuwenden, wenn das Oberverwaltungsgericht oder das Bundesverwaltungsgericht für die Hauptsache **erstinstanzlich** zuständig ist. Dies wird durch entsprechende Vorbemerkungen zu diesen Abschnitten erreicht. Wenn das Oberverwaltungsgericht oder das Bundesverwaltungsgericht im Rechtsmittelverfahren als Gericht der Hauptsache entscheidet, ist Abschnitt 1 anzuwenden. Die Zuständigkeit des Oberverwaltungsgerichts im ersten Rechtszug nach den §§ 47 und 48 VwGO und des Bundesverwaltungsgerichts insbesondere nach § 50 VwGO beschränkt sich auf Verfahren, die regelmäßig besonderen Aufwand erfordern. Daher sind höhere Gebühren in Höhe von 1,5 (Verwaltungsgericht), 2,0 (Oberverwaltungsgericht) und 2,5 (Bundesverwaltungsgericht) bestimmt. Diese Gebühren tragen der Bedeutung der Eilverfahren und dem gerichtlichen Aufwand Rechnung. Diese Verfahren verursachen vor allem wegen der Anforderungen, die aus verfassungsrechtlichen Gründen an die gerichtlichen Entscheidungen zu stellen sind, einen erheblichen Aufwand des Gerichts und stehen in aller Regel unter großem Zeitdruck. Zudem nimmt die Entscheidung in Eilverfahren in vielen Bereichen faktisch die Hauptsache vorweg. Der geringeren Bedeutung der Angelegenheit und dem geringeren Interesse des Antragstellers wird grundsätzlich dadurch Rechnung getragen, dass der Gebühr – wie auch bisher – nur ein Bruchteil des Wertes der Hauptsache zugrunde gelegt wird (vgl. § 53).

Vorbemerkung 5.2:

(1) Die Vorschriften dieses Hauptabschnitts gelten für einstweilige Anordnungen und für Verfahren nach § 80 Abs. 5 und § 80a Abs. 3 und § 80b Abs. 2 und 3 VwGO.

(2) Im Verfahren über den Antrag auf Erlass und im Verfahren über den Antrag auf Aufhebung einer einstweiligen Anordnung werden die Gebühren jeweils gesondert erhoben. Mehrere Verfahren nach § 80 Abs. 5 und 7, § 80a Abs. 3 und § 80b Abs. 2 und 3 VwGO gelten innerhalb eines Rechtszugs als ein Verfahren.

21 Vorbemerkung 5.2 Abs. 1 ersetzt die Beschreibung des Geltungsbereichs in der Überschrift von Teil 2 Hauptabschnitt 2.

22 **Vorbemerkung 5.2 Abs. 2:** Wegen der höheren Gebührensätze im erstinstanzlichen einstweiligen Rechtsschutz ist in jedem betreffenden Abschnitt für die Verfahrensgebühr ein Ermäßigungstatbestand eingestellt. Diese Ermäßigungstatbestände entsprechen in ihrer Struktur den Ermäßigungstatbeständen für das erstinstanzliche Prozessverfahren.

ABSCHNITT 1

Verwaltungsgericht sowie Oberverwaltungsgericht (Verwaltungsgerichtshof) und Bundesverwaltungsgericht als Rechtsmittelgerichte in der Hauptsache

5210	**Verfahren im Allgemeinen.**	1,5
5211	**Beendigung des gesamten Verfahrens durch** **1. Zurücknahme des Antrags** **a) vor dem Schluss der mündlichen Verhandlung, oder**	

b) wenn eine solche nicht stattfindet, vor Ablauf des Tages, an dem der Beschluss der Geschäftsstelle übermittelt wird,
2. gerichtlichen Vergleich oder
3. Erledigungserklärungen nach § 161 Abs. 2 VwGO, wenn keine Entscheidung über die Kosten ergeht oder die Entscheidung einer zuvor mitgeteilten Einigung der Beteiligten über die Kostentragung oder der Kostenübernahmeerklärung eines Beteiligten folgt, es sei denn, dass bereits ein Beschluss vorausgegangen ist:
Die Gebühr 5210 ermäßigt sich auf **0,5**

Die Gebühr ermäßigt sich auch, wenn mehrere Ermäßigungstatbestände erfüllt sind.

ABSCHNITT 2
Oberverwaltungsgericht (Verwaltungsgerichtshof)

Vorbemerkung 5.2.2:

Die Vorschriften dieses Abschnitts gelten, wenn das Oberverwaltungsgericht (Verwaltungsgerichtshof) auch in der Hauptsache erstinstanzlich zuständig ist.

5220	**Verfahren im Allgemeinen**	**2,0**
5221	**Beendigung des gesamten Verfahrens durch:** **1. Zurücknahme des Antrags** **a) vor dem Schluss der mündlichen Verhandlung oder,** **b) wenn eine solche nicht stattfindet, vor Ablauf des Tages, an dem der Beschluss der Geschäftsstelle übermittelt wird,** **2. gerichtlichen Vergleich oder** **3. Erledigungserklärungen nach § 161 Abs. 2 VwGO, wenn keine Entscheidung über die Kosten ergeht oder die Entscheidung einer zuvor mitgeteilten Einigung der Beteiligten über die Kostentragung oder der Kostenübernahmeerklärung eines Beteiligten folgt, es sei denn, dass bereits ein Beschluss vorausgegangen ist:** **Die Gebühr 5220 ermäßigt sich auf**	**0,75**

Die Gebühr ermäßigt sich auch, wenn mehrere Ermäßigungstatbestände erfüllt sind.

ABSCHNITT 3
Bundesverwaltungsgericht

Vorbemerkung 5.2.3:

Die Vorschriften dieses Abschnitts gelten, wenn das Bundesverwaltungsgericht auch in der Hauptsache erstinstanzlich zuständig ist.

5230	**Verfahren im Allgemeinen**	**2,5**
5231	**Beendigung des gesamten Verfahrens durch:** **1. Zurücknahme des Antrags** **a) vor dem Schluss der mündlichen Verhandlung oder,** **b) wenn eine solche nicht stattfindet, vor Ablauf des Tages, an dem der Beschluss der Geschäftsstelle übermittelt wird,** **2. gerichtlichen Vergleich oder** **3. Erledigungserklärungen nach § 161 Abs. 2 VwGO, wenn keine Entscheidung über die Kosten ergeht oder die Entscheidung einer zuvor mitgeteilten Einigung der Beteiligten über die Kostentragung oder der Kostenübernahmeerklärung eines Beteiligten folgt, es sei denn, dass bereits ein Beschluss vorausgegangen ist:** **Die Gebühr 5230 ermäßigt sich auf**	**1,0**
	Die Gebühr ermäßigt sich auch, wenn mehrere Ermäßigungstatbestände erfüllt sind.	

ABSCHNITT 4
Beschwerde

Vorbemerkung 5.2.4:

Die Vorschriften dieses Abschnitts gelten für Beschwerden gegen Beschlüsse des Verwaltungsgerichts über einstweilige Anordnungen (§ 123 VwGO) und über die Aussetzung der Vollziehung (§§ 80, 80a VwGO).

23 Mit der Vorbemerkung 5.2.4 soll erreicht werden, dass dieser Abschnitt nur auf Beschwerden gegen Hauptsachebeschlüsse im einstweiligen Rechtsschutzverfahren, nicht auf Beschwerden gegen Nebenentscheidungen, Anwendung findet. Solche Beschwerden sind nur gegen Entscheidungen des Verwaltungsgerichts möglich. Dies ergibt sich aus § 152 Abs. 1 VwGO.[4]

5240	**Verfahren über die Beschwerde**	**2,0**

4 *Eyermann-Happ* VwGO 11. Aufl. § 123 Rn. 74.

Die Gebühr für das Beschwerdeverfahren ist mit einem Gebührensatz von 2,0 um 0,5 höher als die Gebühr für das erstinstanzliche Verfahren vor dem Verwaltungsgericht. Dies entspricht der Systematik des Gesetzes, nach der die Gebühren in höheren Instanzen grundsätzlich über den Gebühren niedrigerer Instanzen liegen sollen. 24

5241	**Beendigung des gesamten Verfahrens durch Zurücknahme der Beschwerde: Die Gebühr 5240 ermäßigt sich auf**	**1,0**

Wegen des erhöhten Gebührensatzes KV 5240 sieht KV 5241 einen Ermäßigungstatbestand für den Fall der Zurücknahme vor. 25

HAUPTABSCHNITT 3
Besondere Verfahren

5300	**Selbstständiges Beweisverfahren**	**0,5**

KV 5300 entspricht KV 1610 für das Zivilverfahren. Ist die Hauptsache anhängig, tritt die Fälligkeit der Gebühr mit dem Ergehen der Kostenentscheidung im Hauptverfahren ein. Anderenfalls wird die Gebühr fällig, wenn das selbstständige Beweisverfahren beendet ist. 26

5301	**Verfahren über Anträge auf gerichtliche Handlungen der Zwangsvollstreckung nach den §§ 169, 170 oder 172 VwGO**	**20,00 €**

KV 5301 ist ein Pendant zu KV 2110 für die Zwangsvollstreckung in Zivilverfahren. Das dort Gesagte gilt entsprechend. 27

HAUPTABSCHNITT 4
Rüge wegen Verletzung des Anspruchs auf rechtliches Gehör

5400	**Verfahren über die Rüge wegen Verletzung des Anspruchs auf rechtliches Gehör (§ 152a VwGO): Die Rüge wird in vollem Umfang verworfen oder zurückgewiesen**	**60,00 €**

Die Bestimmung entspricht KV 1700 für das Zivilverfahren. Das dort Gesagte gilt entsprechend. Die Anhörungsrüge ist grundsätzlich auf Verfahrensverstöße gegen Art. 103 Abs. 1 GG begrenzt. Eine analoge Anwendung kommt allenfalls für vergleichbare Verstöße gegen Verfahrensgrundsätze wie etwa Art. 101 Abs. 2 Satz 1 GG in Betracht. Ansonsten – etwa bei materiell-rechtlich begründeten „greifbaren Gesetzwidrigkeiten" ist bei unanfechtbaren verwaltungsgerichtlichen Entscheidungen nur die Gegenvorstellung möglich.[5] Dass die Gebühr für eine Gehörsrüge im Bereich der Bagatellstreitwerte bis 900 € die Gerichtsgebühr für das Ausgangverfahren übersteigt, ist verfassungsrechtlich nicht zu beanstanden.[6] 28

5 VGH Mannheim NJW 2005, 920 = DÖV 2005, 315 = ZMR 2005, 489.
6 OVG Rheinland-Pfalz JurBüro 2012, 320 (LS).

HAUPTABSCHNITT 5
Sonstige Beschwerden

5500	**Verfahren über die Beschwerde gegen die Nichtzulassung der Revision:** **Soweit die Beschwerde verworfen oder zurückgewiesen wird**	**2,0**

29 **KV 5500:** Die Gebühr wird nur erhoben, wenn die Beschwerde zurückgewiesen oder verworfen wird.

5501	**Verfahren über die Beschwerde gegen die Nichtzulassung der Revision:** **Soweit die Beschwerde zurückgenommen wird oder das Verfahren durch anderweitige Erledigung beendet wird**	**1,0**
	Die Gebühr entsteht nicht, soweit die Revision zugelassen wird.	

30 **KV 5501** ist ein Pendant zu KV 1242 für das Zivilverfahren. Das dort Gesagte gilt entsprechend.

5502	**Verfahren über nicht besonders aufgeführte Beschwerden, die nicht nach anderen Vorschriften gebührenfrei sind:** **Die Beschwerde wird verworfen oder zurückgewiesen**	**60,00 €**
	Wird die Beschwerde nur teilweise verworfen oder zurückgewiesen, kann das Gericht die Gebühr nach billigem Ermessen auf die Hälfte ermäßigen oder bestimmen, dass eine Gebühr nicht zu erheben ist.	

31 **KV 5502:** Wird in einem Verfahren (etwa nach § 80 VwGO) die Beschwerde nur teilweise zurückgenommen, ist die Gebühr aus dem Wert des zurückgewiesenen Teils zu erheben.[7] Keine „anderen Vorschriften" i.S.v. Nr. 5502 sind solche nach § 68 Abs. 3 oder nach § 66 Abs. 8.[8]

HAUPTABSCHNITT 6
Besondere Gebühren

5600	**Abschluss eines gerichtlichen Vergleichs:** **Soweit ein Vergleich über nicht gerichtlich anhängige Gegenstände geschlossen wird.**	**0,25**
	Die Gebühr entsteht nicht im Verfahren über die Prozesskostenhilfe. Im Verhältnis der Gebühr für das Verfahren im Allgemeinen ist § 36 Abs. 3 GKG entsprechend anzuwenden.	

7 VGH Mannheim NVwZ-RR 2000, 731.
8 BVerwG, Beschl. v. 24.2.2017 – 9 KSt 1.17 (9 B 56.16).

Das zu KV 1900 Gesagte gilt hier entsprechend. Der Vergleich muss in einem verwaltungsgerichtlichen Verfahren geschlossen und protokolliert worden sein. Es reicht aus, wenn es ein selbstständiges Beweisverfahren, ein Eilverfahren oder ein Beschwerdeverfahren ist. Kein Vergleich in diesem Sinne liegt vor, wenn die Parteien dem Gericht einen außergerichtlichen Vergleich mitteilen und/oder daraufhin den Rechtsstreit in der Hauptsache für erledigt erklären. 32

5601	**Auferlegung einer Gebühr nach § 38 GKG wegen Verzögerung des Rechtsstreits.**	**wie vom Gericht bestimmt**

Die Bestimmung entspricht KV 1901 für das Zivilverfahren. 33

TEIL 6
Verfahren vor den Gerichten der Finanzgerichtsbarkeit

Teil 6 regelt die Gebühren für Verfahren vor den Gerichten der Finanzgerichtsbarkeit. Auch in diesem Bereich gilt für alle Rechtszüge das Pauschalgebührensystem. Die Struktur der Regelungen für das verwaltungsgerichtliche Verfahren ist weitgehend übernommen worden. 1

Die Vorschriften dieses Teils des KV regeln die im finanzgerichtlichen Verfahren möglichen Gebühren **abschließend**. Es fallen daher für die eidliche Vernehmung eines Auskunftspflichtigen durch das Finanzgericht oder das Amtsgericht und für die Beeidigung eines Gutachtens vor diesen Gerichten (§§ 94, 96 Abs. 7 AO) keine Gebühren nach dem GKG an. Auf das Verfahren nach der AO ist das GKG nicht anwendbar. 2

HAUPTABSCHNITT 1
Prozessverfahren

ABSCHNITT 1
Zu Abschnitt 1

Erster Rechtszug

Unterabschnitt 1. Verfahren vor dem Finanzgericht

6110	**Verfahren im Allgemeinen, soweit es sich nicht nach § 45 Abs. 3 FGO erledigt.**	**4,0**

Die Vorschrift entspricht der KV 5110 für das verwaltungsgerichtliche Verfahren. Der Gebührensatz von 4,0 entspricht jedoch der Regelung für erstinstanzliche Verfahren vor den Oberverwaltungsgerichten. Da das Finanzgericht wie das Oberverwaltungsgericht ein mit Richterinnen und Richtern in Beförderungsämtern besetztes oberes Landesgericht ist, ist die Gebührenhöhe angeglichen worden. Verfahren vor den Finanzgerichten können nach Umfang und Bedeutung den Rechtsmittelverfahren in anderen Gerichtsbarkeiten durchaus gleichgesetzt werden. 3

4 Die Gebühr ist eine Pauschalgebühr und wird demgemäß innerhalb einer Instanz aus demselben Streitgegenstand nur einmal erhoben (§ 35). Unter Prozessverfahren ist das Verfahren zu verstehen, das regelmäßig mit der Klage beginnt und durch Endurteil, Klagerücknahme oder sonstige Erledigung abgeschlossen wird. Ein Vorbescheid (§ 90 Abs. 3 FGO) schließt die Instanz nur ab, wenn kein Antrag auf mündliche Verhandlung gestellt wird und er deshalb wie ein Endurteil wirkt. Andernfalls beendet er die Instanz nicht, so dass bei Fortsetzung des Verfahrens die Gebühr nicht noch einmal anfällt. Ein Wiederaufnahmeverfahren (§ 134 FGO) ist gegenüber dem vorangegangenen Verfahren ein eigenständiges Prozessverfahren.

5 **Abdeckungsbereich:** Weil die Gebühr KV 6110 als Verfahrensgebühr für das Verfahren im Allgemeinen erhoben wird, deckt sie alle im Verfahren der Instanz erfolgenden Handlungen ab, soweit sie nicht wie Urteile oder Beschlüsse einer besonderen Gebühr unterworfen sind. Nicht zur Instanz zählen das Vorverfahren (§ 44 FGO) und die gebührenrechtlich besonders geregelten Verfahren der einstweiligen Anordnung und nach § 69 Abs. 3, 4 FGO, das selbständige Beweisverfahren und das Beschwerdeverfahren.

6 Die Gebühr **entsteht** mit dem Eingang der Klage bei Gericht, und zwar auch bei einem unzuständigen Gericht. Sie entsteht ebenso mit einer entsprechenden Erklärung zur Niederschrift des Urkundsbeamten der Geschäftsstelle bei Gericht. Eine Unterschrift ist erforderlich. Wenn die Klage nicht bei Gericht, sondern bei der Behörde eingereicht oder zur Niederschrift erklärt wurde, entsteht die Gebühr erst, wenn die Klageschrift bei Gericht eingeht (§ 47 Abs. 2 S. 2 FGO). Wenn auch nach § 47 Abs. 2 FGO die Klagefrist als gewahrt gilt, wird damit doch nur eine Prozessvoraussetzung erbracht. Das ändert nichts daran, dass die Klage gemäß § 67 FGO bei Gericht zu erheben ist und erst dadurch die Rechtshängigkeit begründet wird (§ 66 Abs. 1 FGO).[1] Auch eine nur vorsorglich eingereichte Klage lässt die Gebühr 6110 erwachsen. Die **Sprungklage** nach § 45 FGO lässt die Verfahrensgebühr zunächst entstehen, wenn die Behörde zustimmt. Verweigert die Behörde ihre Zustimmung, ist die Klage gemäß § 45 Abs. 1 S. 2 FGO als Einspruch zu behandeln. Die Gebühr gilt dann als nicht entstanden. Im Falle der **Untätigkeitsklage** (§ 46 FGO) bleibt die mit dem Eingang der Klage erwachsene Verfahrensgebühr bestehen, wenn das Gericht das Verfahren unter Fristsetzung aussetzt und die Behörde innerhalb der Frist dem außergerichtlichen Rechtsbehelf stattgibt oder den beantragten Verwaltungsakt erlässt. Denn in diesem Falle ist der Rechtsstreit in der Hauptsache als erledigt anzusehen (§ 46 Abs. 1 S. 3 FGO). Bei Beendigung des Verfahrens durch **Gerichtsbescheid** entsteht die unverminderte Verfahrensgebühr von 4,0. Die Gebühr ist auch zu erheben, wenn eine Partei die mündliche Verhandlung beantragt und wenn sich Hauptsache dann erledigt hat.[2]

6111 Beendigung des gesamten Verfahrens durch

1. Zurücknahme der Klage

a) vor dem Schluss der mündlichen Verhandlung oder,

b) wenn eine solche nicht stattfindet, vor Ablauf des Tages, an dem das Urteil oder der Gerichtsbescheid der Geschäftsstelle übermittelt wird, oder

1 Vgl. BFH BStBl. II 1977, 841.
2 FG Wiesbaden EFG 1980, 359.

	2. **Beschluss in den Fällen des § 138 Abs. 2 FGO, es sei denn, dass bereits ein Urteil oder ein Gerichtsbescheid vorausgegangen ist:**	
	Die Gebühr 6110 ermäßigt sich auf	**2,0**
	Die Gebühr ermäßigt sich auch, wenn mehrere Ermäßigungstatbestände erfüllt sind.	

Im Falle der Rücknahme fällt jetzt stets eine Gebühr mit einem Gebührensatz von 2,0 an. Endet das Verfahren durch Beschluss nach § 138 der Finanzgerichtsordnung (FGO), kommt die Gebührenermäßigung – anders als in den übrigen Gerichtszweigen – grundsätzlich zum Tragen, weil im finanzgerichtlichen Verfahren die Kosten nicht der Disposition der Parteien unterliegen;[3] ein Kostenvergleich ist nicht möglich.[4] Gleichwohl soll auch im finanzgerichtlichen Verfahren ein Anreiz für eine außergerichtliche Erledigung gegeben werden. 7

UNTERABSCHNITT 2
Verfahren vor dem Bundesfinanzhof

6112	**Verfahren im Allgemeinen**	**5,0**
6113	**Beendigung des gesamten Verfahrens durch** 1. **Zurücknahme der Klage** a) **vor dem Schluss der mündlichen Verhandlung,** b) **wenn eine solche nicht stattfindet, vor Ablauf des Tages, an dem das Urteil oder der Gerichtsbescheid der Geschäftsstelle übermittelt wird,** 2. **Beschluss in den Fällen § 138 FGO es sei denn, dass bereits ein Urteil oder ein Gerichtsbescheid vorausgegangen ist:** **Die Gebühr 6112 ermäßigt sich auf**	**3,0**
	Die Gebühr ermäßigt sich auch, wenn mehrere Ermäßigungstatbestände erfüllt sind.	

ABSCHNITT 2
Revision

Für die pauschale Verfahrensgebühr ist, entsprechend dem Gebührensatz für die Revision im verwaltungsgerichtlichen Verfahren (KV 5130), ein Gebührensatz von 5,0 bestimmt. 8

6120	**Verfahren im Allgemeinen.**	**5,0**

3 Vgl. *Tipke/Kruse* FGO, Stand: August 2002 § 138 Rn. 78.
4 Vgl. *Tipke/Kruse* a.a.O. § 95 Rn. 6.

6121	**Beendigung des gesamten Verfahrens durch Zurücknahme der Revision oder der Klage, bevor die Schrift zur Begründung der Revision bei Gericht eingegangen ist:** **Die Gebühr 6120 ermäßigt sich auf**	**1,0**
	Erledigungen in den Fällen des § 138 Abs. 2 FGO stehen der Zurücknahme gleich.	
6122	**Beendigung des gesamten Verfahrens, wenn nicht Nummer 6121 erfüllt ist, durch** **1. Zurücknahme der Revision oder der Klage** **a) vor dem Schluss der mündlichen Verhandlung,** **b) wenn eine solche nicht stattfindet, vor Ablauf des Tages, an dem das Urteil, der Gerichtsbescheid oder der Beschluss in der Hauptsache der Geschäftsstelle übermittelt wird, oder** **2. Beschluss in den Fällen des § 138 Abs. 2 FGO, es sei denn, dass bereits ein Urteil, ein Gerichtsbescheid oder ein Beschluss in der Hauptsache vorausgegangen ist:** **Die Gebühr 6120 ermäßigt sich auf**	**3,0**
	Die Gebühr ermäßigt sich auch, wenn mehrere Ermäßigungstatbestände erfüllt sind.	

HAUPTABSCHNITT 2
Vorläufiger Rechtsschutz

9 Die Gebührenstruktur für Verfahren des einstweiligen Rechtsschutzes entspricht der für das verwaltungsgerichtliche Verfahren. Nicht übernommen ist die Gebühr für das Verfahren über die Zulassung der Beschwerde, weil es ein solches Verfahren vor dem Bundesfinanzhof nicht gibt. Im Übrigen wird auf das zu Teil 5 Hauptabschnitt 2 Gesagte verwiesen.

Vorbemerkung 6.2:

(1) Die Vorschriften dieses Hauptabschnitts gelten für einstweilige Anordnungen und für Verfahren nach § 69 Abs. 3 und 5 FGO.

(2) Im Verfahren über den Antrag auf Erlass und im Verfahren über den Antrag auf Aufhebung einer einstweiligen Anordnung werden die Gebühren jeweils gesondert erhoben. Mehrere Verfahren nach § 69 Abs. 3 und 5 FGO gelten innerhalb eines Rechtszugs als ein Verfahren.

ABSCHNITT 1
Erster Rechtszug

6210 Verfahren im Allgemeinen

6211 Beendigung des gesamten Verfahrens durch **2,0**

1. Zurücknahme des Antrags
   a) vor dem Schluss der mündlichen Verhandlung oder,
   b) wenn eine solche nicht stattfindet, vor Ablauf des Tages, an dem der Beschluss (§ 114 Abs. 4 FGO) der Geschäftsstelle übermittelt wird, oder

2. Beschluss in den Fällen des § 138 Abs. 2 FGO, es sei denn, dass bereits ein Beschluss nach § 114 Abs. 4 FGO vorausgegangen ist:

Die Gebühr 6210 ermäßigt sich auf **0,75**

Die Gebühr ermäßigt sich auch, wenn mehrere Ermäßigungstatbestände erfüllt sind.

ABSCHNITT 2
Beschwerde

Vorbemerkung 6.2.2:

Die Vorschriften dieses Abschnitts gelten für Beschwerden gegen Beschlüsse über einstweilige Anordnungen (§ 114 FGO) und über die Aussetzung der Vollziehung (§ 69 Abs. 3 und 5 FGO).

6220 Verfahren über die Beschwerde. **2,0**

6221 Beendigung des gesamten Verfahrens durch Zurücknahme der Beschwerde:
Die Gebühr 6220 ermäßigt sich auf **1,0**

HAUPTABSCHNITT 3
Besondere Verfahren

Die Gebühren entsprechen denen für das verwaltungsgerichtliche Verfahren in Teil 5 **10**
Hauptabschnitt 3. Auf das dazu Gesagte wird Bezug genommen. Die Gebühr KV 6301 ist neu. Es ist kein Grund ersichtlich, weshalb in diesen Verfahren – anders als in entsprechenden Verfahren vor dem Verwaltungsgericht – keine Gebühren erhoben werden sollen.

6300 Selbstständiges Beweisverfahren **1,0**

6301 Verfahren über Anträge auf gerichtliche Handlungen der Zwangsvollstreckung gemäß § 152 FGO **20,00 €**

HAUPTABSCHNITT 4
Rüge wegen Verletzung des Anspruchs auf rechtliches Gehör

11 Dieser Hauptabschnitt übernimmt die Regelung aus Teil 1 Hauptabschnitt 7 für die Verfahren vor den Gerichten der Finanzgerichtsbarkeit.

6400	**Verfahren über die Rüge wegen Verletzung des Anspruchs auf rechtliches Gehör (§ 133a FGO):** **Die Rüge wird in vollem Umfang verworfen oder zurückgewiesen**	**60,00 €**

HAUPTABSCHNITT 5
Sonstige Beschwerden

6500	**Verfahren über die Beschwerde gegen die Nichtzulassung der Revision:** **Soweit die Beschwerde verworfen oder zurückgewiesen wird**	**2,0**
6501	**Verfahren über die Beschwerde gegen die Nichtzulassung der Revision:** **Soweit die Beschwerde zurückgenommen oder das Verfahren durch anderweitige Erledigung beendet wird** **Die Gebühr entsteht nicht, soweit die Revision zugelassen wird.**	**1,0**
6502	**Verfahren über nicht besonders aufgeführte Beschwerden, die nicht nach anderen Vorschriften gebührenfrei sind:** **Die Beschwerde wird verworfen oder zurückgewiesen** **Wird die Beschwerde nur teilweise verworfen oder zurückgewiesen, kann das Gericht die Gebühr nach billigem Ermessen auf die Hälfte ermäßigen oder bestimmen, dass eine Gebühr nicht zu erheben ist.**	**60,00 €**

12 **KV 6502:** Wie in den übrigen Gerichtszweigen ist auch hier der Auffangtatbestand als Festgebühr ausgestaltet worden.

HAUPTABSCHNITT 6
Besondere Gebühr

6600	**Auferlegung einer Gebühr nach § 38 GKG wegen Verzögerung des Rechtsstreits**	**wie vom Gericht bestimmt**

TEIL 7
Verfahren vor den Gerichten der Sozialgerichtsbarkeit

Allgemeines: Teil 7 regelt die Gebühren für Verfahren vor den Gerichten der Sozialgerichtsbarkeit, wenn und soweit nicht Kostenfreiheit nach Maßgabe der §§ 183ff. SGG besteht. Auch in diesem Bereich gilt für alle Rechtszüge das Pauschalgebührensystem. Die Struktur der Regelungen für das verwaltungsgerichtliche Verfahren wurde weitgehend übernommen. Für die Zukunft soll die – noch gegebene – Gerichtskostenfreiheit für die Sozialgerichtsbarkeit völlig abgeschafft werden. Geplant ist die Einführung von Gerichtsgebühren in pauschalierter Form von allen Rechtssuchenden vor Sozialgerichten im Unterliegensfall. 1

Auch nach der Neufassung des SGG bleibt das sozialgerichtliche Verfahren für einen privilegierten Personenkreis (z.B. Versicherte, Leistungsempfänger einschließlich Hinterbliebenenleistungsempfänger, Behinderte) gerichtskostenfrei (§ 183 S. 1 SGG). Kläger und Beklagte, die nicht zu dem privilegierten Personenkreis gehören, haben für jede Streitsache eine Gebühr zu entrichten, deren Höhe sich nach KV Teil 7 bestimmt. Die Gebühr entsteht, sobald die Streitsache rechtshängig geworden ist (§ 184 Abs. 1, Abs. 2 SGG). 2

In den Verfahren, in denen nur eine Partei zu dem privilegierten Personenkreis gehört, fällt für die Gegenpartei nur eine Pauschalgebühr von 150 €–300 € an (§ 184 Abs. 2 SGG). Wenn und soweit in den §§ 183–197 SGG nicht ausdrücklich etwas anderes bestimmt ist, gilt das GKG auch insoweit. So werden z.B. immer dann, wenn nach §§ 183–197 SGG nur Gebührenfreiheit statuiert ist, Auslagen nach Maßgabe KV-GKG Teil 9 erhoben. 3

Für alle anderen Verfahren der Sozialgerichtsbarkeit ist eine Kostenfreiheit nicht mehr gerechtfertigt.[1] Nach § 197a SGG werden in solchen Verfahren Kosten nach dem GKG erhoben. Außerdem sind die Regelungen der VwGO entsprechend anzuwenden, so dass über § 197a Abs. 1 (Hs. 1), 2 SGG die Kostenregelungen für das Vorverfahren und die Beigeordneten (§§ 154–162 VwGO) anwendbar sind, mit Ausnahme der Regelung für die Klagerücknahme des § 161 Abs. 2 VwGO. Insoweit gilt § 155 Abs. 2 VwGO (§ 197a Abs. 2 S. 2 SGG). 4

Beigeladene: Nach §§ 197a Abs. 2 SGG können dem Beigeladenen neben den Fällen des 154 Abs. 3 VwGO auch dann Kosten auferlegt werden, wenn er gemäß § 75 Abs. 5 SGG als Beigeladener verurteilt wird. In allen übrigen Fällen trägt der Beigeladene – wie bisher – kein Kostenrisiko. Gehört der Beigeladene zum privilegierten Personenkreis gem. § 183 SGG, werden ihm auch keine Kosten auferlegt. 5

Wenn und soweit die Voraussetzungen des § 192 SGG (schuldhaft verursachte Kosten) gegeben sind, können sie auch dem Beigeladenen und den Angehörigen des privilegierten Personenkreises auferlegt werden. Das Gleiche gilt auch für die Verzögerungsgebühr nach KV 7601. Die Kostenbestimmungen der §§ 183ff. SGG sind im Dritten Teil (Anh. II) mit kurzen Erläuterungen abgedruckt. 6

1 Dazu bei *Meyer-Ladewig* Rn. 4 ff.

HAUPTABSCHNITT 1
Prozessverfahren

ABSCHNITT 1
Erster Rechtszug

UNTERABSCHNITT 1
Verfahren vor dem Sozialgericht

7110	**Verfahren im Allgemeinen**	**3,0**

7 Die Vorschrift entspricht der KV 5110 für das verwaltungsgerichtliche Verfahren. Bei Beendigung des Verfahrens durch Gerichtsbescheid entsteht die unverminderte Verfahrensgebühr von 3,0. Wird das Verfahren für erledigt erklärt oder wird das Anerkenntnis angenommen (§ 101 Abs. 2 des Sozialgerichtsgesetzes – SGG) und muss noch über die Kosten nach dem Sach- und Streitstand entschieden werden, entsteht ebenfalls die volle Verfahrensgebühr (3,0) aus dem Hauptsachestreitwert. Wird eine Kostenentscheidung des Gerichts zum Beispiel durch einen Kostenvergleich entbehrlich, greift die Gebührenermäßigung nach KV 7111 und somit fällt lediglich eine Gebühr von 1,0 an. Ist ein Mahnverfahren (§ 182a SGG) vorausgegangen, gehören die Kosten des Mahnverfahrens zu denen des Streitverfahrens und sind nach allgemeinen Regeln (KV 1210) anzurechnen.[2]

7111	**Beendigung des gesamten Verfahrens durch** **1. Zurücknahme der Klage** **a) vor dem Schluss der mündlichen Verhandlung oder,** **b) wenn eine solche nicht stattfindet, vor Ablauf des Tages, an dem das Urteil oder der Gerichtsbescheid der Geschäftsstelle übermittelt wird,** **2. Anerkenntnisurteil,** **3. gerichtlichen Vergleich oder angenommenes Anerkenntnis oder** **4. Erledigungserklärungen nach § 197a Abs. 1 Satz 1 SGG i.V.m. § 161 Abs. 2 VwGO, wenn keine Entscheidung über die Kosten ergeht oder die Entscheidung einer zuvor mitgeteilten Einigung der Beteiligten über die Kostentragung oder der Kostenübernahmeerklärung eines Beteiligten folgt,** **es sei denn, dass bereits ein Urteil oder ein Gerichtsbescheid vorausgegangen ist:** **Die Gebühr 7110 ermäßigt sich auf** **Die Gebühr ermäßigt sich auch, wenn mehrere Ermäßigungstatbestände erfüllt sind.**	**1,0**

8 Die Vorschrift entspricht weitgehend der KV 5111 für das verwaltungsgerichtliche Verfahren. Auf das dort Gesagte wird verwiesen. Wenn also das Gericht der Hauptsache

2 *Meyer-Ladewig* § 182a Rn. 11 und § 184 Rn. 9.

noch eine Kostengrundentscheidung zu treffen hat, die sich nicht lediglich in der Wiederholung einer von Gesetzes wegen vorgegebenen oder von den Beteiligten mitgeteilten Kostenfolge erschöpft hat, kommt eine Gebührenermäßigung nicht in Betracht.[3] In Nummer 2 wird das Verzichtsurteil nicht genannt, weil es ein solches im sozialgerichtlichen Verfahren nicht gibt.[4] Neben dem gerichtlichen Vergleich wird in Nummer 3 das den übrigen Verfahrensordnungen unbekannte „angenommene Anerkenntnis" (§ 101 Abs. 2 SGG) genannt.

UNTERABSCHNITT 1
Verfahren vor dem Landessozialgericht

7112	**Verfahren im Allgemeinen**	4,0
7113	**Beendigung des gesamten Verfahrens durch** **1. Zurücknahme der Klage** **a) vor dem Schluss der mündlichen Verhandlung oder,** **b) wenn eine solche nicht stattfindet, vor Ablauf des Tages, an dem das Urteil oder der Gerichtsbescheid der Geschäftsstelle übermittelt wird,** **2. Anerkenntnisurteil,** **3. gerichtlichen Vergleich oder angenommenes Anerkenntnis oder** **4. Erledigungserklärungen nach § 197a Abs. 1 Satz 1 SGG i.V.m. § 161 Abs. 2 VwGO, wenn keine Entscheidung über die Kosten ergeht oder die Entscheidung einer zuvor mitgeteilten Einigung der Beteiligten über die Kostentragung oder der Kostenübernahmeerklärung eines Beteiligten folgt,** **es sei denn, dass bereits ein Urteil oder ein Gerichtsbescheid vorausgegangen ist:** **Die Gebühr 7110 ermäßigt sich auf** **Die Gebühr ermäßigt sich auch, wenn mehrere Ermäßigungstatbestände erfüllt sind.**	2,0

UNTERABSCHNITT 1
Verfahren vor dem Bundessozialgericht

7114	**Verfahren im Allgemeinen**	5,0
7115	**Beendigung des gesamten Verfahrens durch** **1. Zurücknahme der Klage** **a) vor dem Schluss der mündlichen Verhandlung oder,**	

3 LSG München, JurBüro 2016, 248 mit Anm. v. *Hellstab* JurBüro 2016, 253.

4 *Meyer-Ladewig* § 101 Rn. 19.

b) wenn eine solche nicht stattfindet, vor Ablauf des Tages, an dem das Urteil oder der Gerichtsbescheid der Geschäftsstelle übermittelt wird,
2. Anerkenntnisurteil,
3. gerichtlichen Vergleich oder angenommenes Anerkenntnis oder
4. Erledigungserklärungen nach § 197a Abs. 1 Satz 1 SGG i.V.m. § 161 Abs. 2 VwGO, wenn keine Entscheidung über die Kosten ergeht oder die Entscheidung einer zuvor mitgeteilten Einigung der Beteiligten über die Kostentragung oder der Kostenübernahmeerklärung eines Beteiligten folgt,

es sei denn, dass bereits ein Urteil oder ein Gerichtsbescheid vorausgegangen ist:
Die Gebühr 7110 ermäßigt sich auf **3,0**

Die Gebühr ermäßigt sich auch, wenn mehrere Ermäßigungstatbestände erfüllt sind.

ABSCHNITT 2
Berufung

7120	**Verfahren im Allgemeinen**	**4,0**

9 Für die pauschale Verfahrensgebühr KV 7120, die der Nummer KV 1220 in zivilprozessualen Berufungsverfahren entspricht, ist ein Gebührensatz von 4,0 anzusetzen. Bei Beendigung des Verfahrens durch einstimmigen Beschluss nach § 153 Abs. 4 SGG entsteht die unverminderte Verfahrensgebühr von 4,0. Wird das Verfahren für erledigt erklärt und muss noch über die Kosten nach dem Sach- und Streitstand entschieden werden, fällt ebenfalls die volle Verfahrensgebühr (4,0) aus dem Hauptsachestreitwert an. Wird eine Kostenentscheidung des Gerichts zum Beispiel durch einen Kostenvergleich entbehrlich, greift die Gebührenermäßigung nach KV 7122, so dass dann eine Gebühr von nur 2,0 anfällt.

7121	**Beendigung des gesamten Verfahrens durch Zurücknahme der Berufung oder der Klage, bevor die Schrift zur Begründung der Berufung bei Gericht eingegangen ist und vor Ablauf des Tages, an dem die Verfügung mit der Bestimmung des Termins zur mündlichen Verhandlung der Geschäftsstelle übermittelt wird und vor Ablauf des Tages, an dem die den Beteiligten gesetzte Frist zur Äußerung abgelaufen ist (§ 153 Abs. 4 Satz 2 SGG):** **Die Gebühr 7120 ermäßigt sich auf**	**1,0**

Erledigungserklärungen nach § 197a Abs. 1 Satz 1 SGG i.V.m. § 161 Abs. 2 VwGO stehen der Zurücknahme gleich, wenn keine Entscheidung über die Kosten ergeht oder die Entscheidung einer zuvor mitgeteilten Einigung der Beteiligten über die Kostentragung oder der Kostenübernahmeerklärung eines Beteiligten folgt.

Der Ermäßigungstatbestand KV 7121 für eine frühzeitige Zurücknahme der Berufung erfordert im Hinblick auf die verfahrensrechtlichen Unterschiede zum zivilprozessualen Berufungsverfahren eine abweichende Ausgestaltung. Insbesondere sieht das Sozialgerichtsgesetz keine Pflicht zur Begründung der Berufung vor. Gleichwohl wird als erste Alternative auf den Eingang der Schrift zur Begründung der Berufung abgestellt, weil sich das Gericht spätestens nach deren Eingang mit dem Streitstoff befassen muss. Wird die Berufung nicht begründet, hat sich das Gericht spätestens dann mit dem Streitstoff befasst, wenn es einen Termin zur mündlichen Verhandlung bestimmt oder einstimmig zu dem Ergebnis kommt, dass die Berufung unbegründet und eine mündliche Verhandlung nicht erforderlich ist (§ 153 Abs. 4 SGG). 10

7122 Beendigung des gesamten Verfahrens, wenn nicht Nummer 7121 erfüllt ist, durch

1. Zurücknahme der Berufung oder der Klage
   a) vor dem Schluss der mündlichen Verhandlung, oder
   b) wenn eine solche nicht stattfindet, vor Ablauf des Tages, an dem das Urteil oder der Beschluss in der Hauptsache der Geschäftsstelle übermittelt wird,

2. Anerkenntnisurteil,

3. gerichtlichen Vergleich oder angenommenes Anerkenntnis oder

4. Erledigungserklärungen nach § 197a Abs. 1 Satz 1 SGG i.V.m. § 161 Abs. 2 VwGO, wenn keine Entscheidung über die Kosten ergeht oder die Entscheidung einer zuvor mitgeteilten Einigung der Beteiligten über die Kostentragung oder der Kostenübernahmeerklärung eines Beteiligten folgt, es sei denn, dass bereits ein Urteil oder ein Beschluss in der Hauptsache vorausgegangen ist:

Die Gebühr 7120 ermäßigt sich auf **2,0**

Die Gebühr ermäßigt sich auch, wenn mehrere Ermäßigungstatbestände erfüllt sind.

Der Ermäßigungstatbestand KV 7122 entspricht weitgehend der Regelung für das verwaltungsgerichtliche Berufungsverfahren. Insoweit wird auf die Ausführungen zu KV 5123 verwiesen. Wegen der Abweichungen wird auf die Begründung zu KV 7111 verwiesen. 11

ABSCHNITT 3
Revision

7130 Verfahren im Allgemeinen **5,0**

Für die pauschale Verfahrensgebühr KV 7130, die der KV 1230 in zivilprozessualen Revisionsverfahren entspricht, gilt ein Gebührensatz von 5,0. Nach früherem Recht fielen im Revisionsverfahren neben der Verfahrensgebühr in Höhe von 2,0 Entscheidungsgebühren zwischen 1,5 und 3,0 an. Im Falle der frühzeitigen Rücknahme der Revision ist 12 jetzt eine Gebühr mit einem Gebührensatz von 1,0 zu erheben (KV 7131), während nach früherem Recht nur eine Gebühr mit einem Gebührensatz von 0,5 anfiel. Wird das Verfahren für erledigt erklärt und muss noch über die Kosten nach dem Sach- und Streitstand entschieden werden, fällt ebenfalls die volle Verfahrensgebühr (5,0) aus dem Hauptsachestreitwert an. Wird eine Kostenentscheidung des Gerichts zum Beispiel durch einen Kostenvergleich entbehrlich, greift die Gebührenermäßigung nach KV 7131 oder nach KV 7132, so dass dann eine Gebühr von nur 1,0 oder 3,0 anfällt.

7131	**Beendigung des gesamten Verfahrens durch Zurücknahme der Revision oder der Klage, bevor die Schrift zur Begründung der Revision bei Gericht eingegangen ist:** **Die Gebühr 7130 ermäßigt sich auf** **Erledigungserklärungen nach § 197a Abs. 1 Satz 1 SGG i.V.m. § 161 Abs. 2 VwGO stehen der Zurücknahme gleich, wenn keine Entscheidung über die Kosten ergeht oder die Entscheidung einer zuvor mitgeteilten Einigung der Beteiligten über die Kostentragung oder der Kostenübernahmeerklärung eines Beteiligten folgt.**	**1,0**
7132	**Beendigung des gesamten Verfahrens, wenn nicht Nummer 7131 erfüllt ist, durch** **1. Zurücknahme der Revision oder der Klage,** **a) vor dem Schluss der mündlichen Verhandlung, oder** **b) wenn eine solche nicht stattfindet, vor Ablauf des Tages, an dem das Urteil oder der Beschluss in der Hauptsache der Geschäftsstelle übermittelt wird,** **2. Anerkenntnisurteil,** **3. gerichtlichen Vergleich oder angenommenes Anerkenntnis oder** **4. Erledigungserklärungen nach § 197a Abs. 1 Satz 1 SGG i.V.m. § 161 Abs. 2 VwGO, wenn keine Entscheidung über die Kosten ergeht oder die Entscheidung einer zuvor mitgeteilten Einigung der Beteiligten über die Kostentragung oder der Kostenübernahmeerklärung eines Beteiligten folgt, wenn nicht bereits ein Urteil oder ein Beschluss in der Hauptsache vorausgegangen ist:** **Die Gebühr 7130 ermäßigt sich auf** **Die Gebühr ermäßigt sich auch, wenn mehrere Ermäßigungstatbestände erfüllt sind.**	**3,0**

13 Die Ermäßigungstatbestände KV 7131 und 7132 entsprechen weitgehend den Regelungen für das verwaltungsgerichtliche Revisionsverfahren. Insoweit wird auf die Ausführungen zu KV 5131 und 5132 verwiesen. Wegen der Abweichungen wird auf das zu KV 7111 Gesagte verwiesen.

HAUPTABSCHNITT 2
Vorläufiger Rechtsschutz

Die Regelungen für die Verfahren des einstweiligen Rechtsschutzes entsprechen im Wesentlichen den für das Verfahren vor dem Verwaltungsgericht geltenden Vorschriften in Teil 5 Hauptabschnitt 2. Eine Differenzierung nach der Ordnung des Gerichts ist im sozialgerichtlichen Verfahren nicht erforderlich, weil es keine erstinstanzlichen Zuständigkeiten des Landessozialgerichts in der Hauptsache gibt und weil in den Verfahren, in denen das Bundessozialgericht erstinstanzliches Hauptsachegericht ist (§ 39 Abs. 2 S. 1 SGG), die Beteiligten Kostenfreiheit nach § 2 Abs. 1 genießen. 14

Vorbemerkung 7.2:

(1) Die Vorschriften dieses Hauptabschnitts gelten für einstweilige Anordnungen und für Verfahren nach § 86b Abs. 1 SGG.

(2) Im Verfahren über den Antrag auf Erlass und im Verfahren über den Antrag auf Aufhebung einer einstweiligen Anordnung werden die Gebühren jeweils gesondert erhoben. Mehrere Verfahren nach § 86b Abs. 1 gelten innerhalb eines Rechtszugs als ein Verfahren.

ABSCHNITT 1
Erster Rechtszug

7210	**Verfahren im Allgemeinen**	**1,5**
7211	**Beendigung des gesamten Verfahrens durch** **1. Zurücknahme des Antrags** **a) vor dem Schluss der mündlichen Verhandlung oder,** **b) wenn eine solche nicht stattfindet, vor Ablauf des Tages, an dem der Beschluss (§ 86b Abs. 4 SGG) der Geschäftsstelle übermittelt wird,** **2. gerichtlichen Vergleich oder angenommenes Anerkenntnis oder** **3. Erledigungserklärungen nach § 197a Abs. 1 Satz 1 SGG i.V.m. § 161 Abs. 2 VwGO, wenn keine Entscheidung über die Kosten ergeht oder die Entscheidung einer zuvor mitgeteilten Einigung der Beteiligten über die Kostentragung oder der Kostenübernahmeerklärung eines Beteiligten folgt, es sei denn, dass bereits ein Beschluss (§ 86b Abs. 4 SGG) vorausgegangen ist:** **Die Gebühr 7210 ermäßigt sich auf** **Die Gebühr ermäßigt sich auch, wenn mehrere Ermäßigungstatbestände erfüllt sind.**	**0,5**

ABSCHNITT 2
Beschwerde

Vorbemerkung 7.2.2:

Die Vorschriften dieses Abschnitts gelten für Beschwerden gegen Beschlüsse des Sozialgerichts nach § 86b SGG.

7220	**Verfahren über die Beschwerde.**	**2,0**
7221	**Beendigung des gesamten Verfahrens durch Zurücknahme der Beschwerde:** **Die Gebühr 7220 ermäßigt sich auf**	**1,0**

HAUPTABSCHNITT 3
Beweissicherungsverfahren

7300	**Verfahren im Allgemeinen**	**1,0**

HAUPTABSCHNITT 4
Rüge wegen Verletzung des Anspruchs auf rechtliches Gehör

15 Dieser Hauptabschnitt übernimmt die Regelung aus Teil 1 Hauptabschnitt 7 für die Verfahren vor den Gerichten der Sozialgerichtsbarkeit.

7400	**Verfahren über die Rüge wegen Verletzung des Anspruchs auf rechtliches Gehör (§ 178a SGG):** **Die Rüge wird in vollem Umfang verworfen oder zurückgewiesen**	**60,00 €**

HAUPTABSCHNITT 5
Sonstige Beschwerden

16 Die Regelungen KV 7500–7503 treten teilweise an die Stelle von KV 4420 a.F. Wie im verwaltungsgerichtlichen Verfahren ist für die Beschwerde gegen die Nichtzulassung der Revision in KV 7502 ein Gebührensatz von 2,0 eingeführt. Für die Beschwerde gegen die Nichtzulassung der Berufung ist dementsprechend in KV 7500 eine um 0,5 geringere Gebühr eingestellt. Im Übrigen wird wegen der KV 7501 und 7503 auf die Ausführungen zu KV 1242 Bezug genommen.

7500	**Verfahren über die Beschwerde gegen die Nichtzulassung der Berufung:** **Soweit die Beschwerde verworfen oder zurückgewiesen wird**	**1,5**
7501	**Verfahren über die Beschwerde gegen die Nichtzulassung der Berufung:** **Soweit die Beschwerde zurückgenommen wird**	**0,75**

7502	**Verfahren über die Beschwerde gegen die Nichtzulassung der Revision:** **Soweit die Beschwerde verworfen oder zurückgewiesen wird**	**2,0**
7503	**Verfahren über die Beschwerde gegen die Nichtzulassung der Revision:** **Soweit die Beschwerde zurückgenommen wird**	**1,0**
7504	**Verfahren über nicht besonders aufgeführte Beschwerden, die nicht nach anderen Vorschriften gebührenfrei sind:** **Die Beschwerde wird verworfen oder zurückgewiesen** **Wird die Beschwerde nur teilweise verworfen oder zurückgewiesen, kann das Gericht die Gebühr nach billigem Ermessen auf die Hälfte ermäßigen oder bestimmen, dass eine Gebühr nicht zu erheben ist.**	**60,00 €**

HAUPTABSCHNITT 6
Besondere Gebühren

7600	**Abschluss eines gerichtlichen Vergleichs:** **Soweit ein Vergleich über nicht gerichtlich anhängige Gegenstände geschlossen wird.** **Die Gebühr entsteht nicht im Verfahren über die Prozesskostenhilfe. Im Verhältnis zur Gebühr für das Verfahren im Allgemeinen ist § 36 Abs. 3 GKG entsprechend anzuwenden.**	**0,25**
7601	**Auferlegung einer Gebühr nach § 38 GKG wegen Verzögerung des Rechtsstreits**	**wie vom Gericht bestimmt**

TEIL 8
Verfahren vor den Gerichten der Arbeitsgerichtsbarkeit

Teil 8 enthält die Gebührenvorschriften für Verfahren vor den Gerichten der Arbeitsgerichtsbarkeit. Traditionell liegt das Gebührenniveau aus sozialen Gründen unter dem der Verfahren nach der Zivilprozessordnung. Die Gebührensätze für Verfahren in Arbeitssachen sind gegenüber denen des Zivilverfahrens um 20% zu reduziert. 1

Auch in arbeitsgerichtlichen Verfahren gilt für alle Rechtszüge das Pauschalgebührensystem. Die Struktur der Regelungen unterscheidet sich aber in einigen Punkten im Hinblick auf die Besonderheiten des Arbeitsgerichtsprozesses von denen des Zivilprozessverfahrens. Beispielsweise ist in der Vorbemerkung 8 bestimmt, dass die Verfahrensgebühr derjenigen Instanz entfällt – und nicht nur wie im Zivilverfahren nach Nr. 1211 ermäßigt wird –, in der die Parteien den **gesamten** Rechtsstreit durch Vergleich beenden. Gefordert wird aber auch hier, dass es sich um einen **gerichtlichen** Vergleich 2 handelt. Dazu gehört auch ein Vergleich nach § 276 Abs. 6 ZPO.[1] Ein Teilvergleich oder ein außergerichtlicher Vergleich, der nur dem Gericht mitgeteilt wird, reicht nicht.[2] Damit soll grundsätzlich jede Form der Verständigung zwischen Arbeitnehmer und Arbeitgeber in besonderer Weise auch gebührenrechtlich gefördert werden.

3 In Verfahren des einstweiligen Rechtsschutzes werden – trotz des nur vorläufigen Charakters dieser Verfahren – Gebühren in gleicher Höhe wie für das Prozessverfahren erhoben, wenn durch Urteil entschieden wird. In vielen Fällen wird nämlich bereits im Eilverfahren in der Regel auch die Hauptsache mit erledigt, so dass es häufig nicht mehr zum Hauptsacheverfahren kommt.

Vorbemerkung 8:

Bei Beendigung des Verfahrens durch einen gerichtlichen Vergleich entfällt die in dem betreffenden Rechtszug angefallene Gebühr; im ersten Rechtszug entfällt auch die Gebühr für das Verfahren über den Antrag auf Erlass eines Vollstreckungsbescheids oder eines Europäischen Zahlungsbefehls. Dies gilt nicht, wenn der Vergleich nur einen Teil des Streitgegenstands betrifft (Teilvergleich).

3a Anders als nach KV 1211 Nr. 3 im Zivilverfahren lässt ein **gerichtlicher** Vergleich zum Entfallen der Gebühr für den Rechtszug, in dem der Vergleich geschlossen wird. Das gilt auch noch bei einem im Urteilsverfahren geschlossenen gerichtlichen Vergleich, nicht aber, wenn dem Gericht ein außergerichtlich geschlossener Vergleich mitgeteilt wird.[3] Das kann nur zu einer Ermäßigung nach KV 8211 führen, wenn die Parteien darin auch die Kostenfrage regeln, nicht aber, wenn die Kostenfrage nicht ausdrücklich geregelt wird, sondern insoweit das Gericht darüber noch in einem Beschluss nach § 91a ZPO zu befinden hat.[4] Das ist jetzt ausdrücklich klargestellt. Fehlt eine Kostenregelung im Vergleich, handelt es sich kostenmäßig nur um einen Teilvergleich i.S.v. S. 2 Abs. 2 der Anm. zu KV 8211.Wird das Verfahren nach Anfechtung des Vergleichs fortgesetzt, gilt das oben KV 1211 Rn. 40 Gesagte sinngemäß, d.h. es verbleibt bei der Gebühr nach KV 8210.[5]

HAUPTABSCHNITT 1
Mahnverfahren

8100	**Verfahren über den Antrag auf Erlass eines Vollstreckungsbescheids oder eines Europäischen Zahlungsbefehls**	**0,4 mindestens 26,00 €**

Die Gebühr entfällt bei Zurücknahme des Antrags auf Erlass des Vollstreckungsbescheids. Sie entfällt auch nach Übergang in das streitige Verfahren, wenn dieses ohne streitige Verhandlung endet; dies gilt nicht, wenn ein Versäumnisurteil ergeht. Bei Erledigungserklärungen nach § 91a ZPO

1 LAG Baden-Württemberg Die Justiz 2007, 169; Petzold in Binz u.a. Vorbem zu KV Teil 8 Rn. 1.
2 LAG Hamm NZA-RR 2011, 272.
3 Zimmermann in Binz u.a., Vorbem zu KV Teil 8 Rn. 1.
4 BAG JurBüro 2008, 483 m. Anm. v. *Hellstab*.
5 **A.A.** LAG Baden-Württemberg Die Justiz 2008, 80.

entfällt die Gebühr, wenn keine Entscheidung über die Kosten ergeht oder die Kostenentscheidung einer zuvor mitgeteilten Einigung der Parteien über die Kostentragung oder der Übernahmeerklärung einer Partei folgt.

KV 8100 entspricht im Grundsatz der für das Mahnverfahren vor den Amtsgerichten geltenden Bestimmung KV 1100. Wegen der Mindestgebühr wird auf das zu KV 1100 Gesagte verwiesen. Der Gebührensatz ist um 20% auf 0,4 reduziert. Das gilt auch für die Mindestgebühr von 26,00 €. 4

Anders als im Zivilverfahren ist im Arbeitsgerichtsverfahren das Mahnverfahren bis zum Antrag auf Erlass des Vollstreckungsbescheides gerichtsgebührenfrei. Demzufolge entstehen im Mahnverfahren bis zum Eingang des Antrags auf Erlass eines Vollstreckungsbescheids keinerlei Gerichtsgebühren nach KV 8100. Zu beachten ist aber, dass der Antrag auf Erlass eines Vollstreckungsbescheids bereits im Mahnantrag (bedingt) gestellt werden kann und die Gebühr KV 8100 dann entsteht, wenn der Widerspruch gegen den Mahnbescheid eingeht. Fällig wird die Gebühr aber erst, wenn über den Antrag auf Erlass eines Vollstreckungsbescheids entschieden wird oder die Einspruchsfrist gegen den Vollstreckungsbescheid abgelaufen ist. Die entstandene Gebühr KV 8100 entfällt auch dann, wenn der Antrag auf Erlass des Vollstreckungsbescheids zurückgenommen wird (Anm. Satz 1). Sie entfällt aber nicht, wenn sich das Mahnverfahren auf andere Weise erledigt, etwa weil ein Vollstreckungsbescheid nach § 701 Abs. 1 S. 1 ZPO nicht mehr erlassen werden kann. Dann ist nämlich der Antrag auf Erlass eines Vollstreckungsbescheids als unzulässig zurückzuweisen. Allerdings wird das Gericht den Antragsteller in der Regel auf die Verfristung des Antrags hinweisen, so dass eine förmliche Rücknahme erklärt werden kann. 5

HAUPTABSCHNITT 2
Urteilsverfahren

Die Vorschriften dieses Hauptabschnitts gelten ausschließlich für das Urteilsverfahren. Beschlussverfahren nach § 2a Abs. 1 ArbGG und Verfahren nach § 103 Abs. 3 und § 109 ArbGG sind kostenfrei. 6

ABSCHNITT 1
Erster Rechtszug

8210 Verfahren im Allgemeinen **2,0**

(1) Soweit wegen desselben Anspruchs ein Mahnverfahren vorausgegangen ist, entsteht die Gebühr nach Erhebung des Widerspruchs, wenn ein Antrag auf Durchführung der mündlichen Verhandlung gestellt wird, oder mit der Einlegung des Einspruchs; in diesem Fall wird eine Gebühr 8100 nach dem Wert des Streitgegenstandes angerechnet, der in das Prozessverfahren übergegangen ist, sofern im Mahnverfahren der Antrag auf Erlass Vollstreckungsbescheides gestellt wurde. Satz 1 gilt entsprechend, wenn wegen desselben Streitgegenstands ein Europäisches Mahnverfahren vorausgegangen ist.

(2) Die Gebühr entfällt bei Beendigung des gesamten Verfahrens ohne streitige Verhandlung, wenn kein Versäumnisurteil ergeht. Ergeht ein Beschluss nach § 91a ZPO, entfällt die Gebühr, wenn keine Entscheidung über die Kosten ergeht oder die Kostenentscheidung einer zuvor mitgeteilten Einigung der Parteien über die Kostentragung oder der Kostenübernahmeerklärung einer Partei folgt.

7 **KV 8210** entspricht im Wesentlichen der Bestimmung KV 1210 für das allgemeine Zivilverfahren. Der Gebührensatz ist um 20% auf 2,0 reduziert.

8 **Anm. Abs. 1:** Wenn ein Mahnverfahren vorausgegangen ist, ist auch KV 8100 zu beachten. Die Anrechnung der Gebühr KV 8100 ist im Arbeitsgerichtsverfahren – anders als im allgemeinen Zivilverfahren – aber nur unter den Voraussetzungen des Abs. 1 der Anmerkung möglich. Denn bei den Gerichten für Arbeitsgerichtssachen ist für das Mahnverfahren ausschließlich das Arbeitsgericht zuständig, das auch für die im Urteilsverfahren erhobene Klage zuständig sein würde. Eine Abgabe des Verfahrens nach Einlegung des Widerspruchs oder Erhebung des Einspruchs an ein anderes Gericht erfolgt daher nicht. § 4 Abs. 2 bleibt aber unberührt, wenn das Mahnverfahren fälschlich bei dem Amtsgericht beantragt worden war.

9 **Anm. Abs. 2:** Voraussetzung für das Entfallen der Gebühr KV 8210 ist, dass noch keine streitige Verhandlung stattgefunden hat und das Verfahren insgesamt beendet wird, die Sache also noch nicht in das Prozessverfahren übergegangen ist. Das Güteverfahren (§ 54 ArbGG) ist noch kein streitiges Verfahren in diesem Sinne.[6] Erledigt sich der Rechtsstreit erst im Prozessverfahren, gilt KV 8211 und KV 8100. Unter Abs. 2 fällt auch die gesamte Erledigung des Verfahrens durch Vergleich, und zwar unabhängig davon, ob er im Güteverfahren oder außergerichtlich geschlossen wird.

8211 Beendigung des gesamten Verfahrens nach streitiger Verhandlung durch

1. **Zurücknahme der Klage vor dem Schluss der mündlichen Verhandlung, wenn keine Entscheidung nach § 269 Abs. 3 Satz 3 ZPO über die Kosten ergeht oder die Entscheidung einer zuvor mitgeteilten Einigung der Parteien über die Kostentragung oder der Kostenübernahmeerklärung einer Partei folgt,**
2. **Anerkenntnisurteil, Verzichtsurteil oder Urteil, das nach § 313a Abs. 2 ZPO keinen Tatbestand und keine Entscheidungsgründe enthält, oder**
3. **Erledigungserklärungen nach § 91a ZPO, wenn keine Entscheidung über die Kosten ergeht oder die Entscheidung einer zuvor mitgeteilten Einigung der Parteien über die Kostentragung oder der Kostenübernahmeerklärung einer Partei folgt, es sei denn, dass bereits ein anderes als eines der in Nummer 2 genannten Urteile vorausgegangen ist:**

Die Gebühr 8210 ermäßigt sich auf **0,4**

6 Dazu bei *D. Meyer* JurBüro 2004, 128.

Die Zurücknahme des Widerspruchs gegen den Mahnbescheid oder des Einspruchs gegen den Vollstreckungsbescheid stehen der Zurücknahme der Klage gleich. Die Gebühr ermäßigt sich auch, wenn mehrere Ermäßigungstatbestände erfüllt sind oder Ermäßigungstatbestände mit einem Teilvergleich zusammentreffen.

KV 8211 entspricht im Wesentlichen der Regelung KV 1211 für das allgemeine Zivilverfahren. Der Gebührensatz ist um 20% auf 0,4 reduziert. Die Vorschrift kommt nur im Prozessverfahren zum Tragen, wenn bereits eine streitige Verhandlung stattgefunden hat. Andernfalls entfällt die Verfahrensgebühr nach Abs. 2 der Anm. zu KV 8210. Die Beendigung des Verfahrens durch Beschluss nach § 91a ZPO soll wie im Zivilprozessverfahren grundsätzlich nicht grundsätzlich privilegiert werden, weil damit für das Gericht erheblicher Aufwand anfallen kann. **10**

8212	**Verfahren wegen eines überlangen Gerichtsverfahrens (§ 9 Abs. 2 Satz 2 des Arbeitsgerichtsgesetzes) vor dem Landesarbeitsgericht: Die Gebühr 8210 beträgt**	**4,0**
8213	**Verfahren wegen eines überlangen Gerichtsverfahrens (§ 9 Abs. 2 Satz 2 des Arbeitsgerichtsgesetzes) vor dem Landesarbeitsgericht: Die Gebühr 8211 beträgt**	**2,0**
8214	**Verfahren wegen eines überlangen Gerichtsverfahrens (§ 9 Abs. 2 Satz 2 des Arbeitsgerichtsgesetzes) vor dem Bundesarbeitsgericht: Die Gebühr 8210 beträgt**	**5,0**
8215	**Verfahren wegen eines überlangen Gerichtsverfahrens (§ 9 Abs. 2 Satz 2 des Arbeitsgerichtsgesetzes) vor dem Bundesarbeitsgericht: Die Gebühr 8211 beträgt**	**3,0**

ABSCHNITT 2
Berufung

8220	**Verfahren im Allgemeinen**	**3,2**

KV 8220 entspricht im Wesentlichen KV 1220 für das allgemeine Zivilverfahren. Der Gebührensatz ist um 20% auf 3,2 reduziert. **11**

8221	**Beendigung des gesamten Verfahrens durch Zurücknahme der Berufung oder der Klage, bevor die Schrift zur Begründung der Berufung bei Gericht eingegangen ist: Die Gebühr 8220 ermäßigt sich auf**	**0,8**

Erledigungserklärungen nach § 91a ZPO stehen der Zurücknahme gleich, wenn keine Entscheidung über die Kosten ergeht oder die Entscheidung einer zuvor mitgeteilten Einigung der Parteien über die Kostentragung oder der Kostenübernahmeerklärung einer Partei folgt.

12 **KV 8221** ist im Wesentlichen inhaltsgleich mit KV 1221 für das allgemeine Zivilverfahren. Der Gebührensatz ist um 20% auf 0,8 reduziert.

8222	**Beendigung des gesamten Verfahrens, wenn nicht Nummer 8221 erfüllt ist, durch** **1. Zurücknahme der Berufung oder der Klage vor dem Schluss der mündlichen Verhandlung,** **2. Anerkenntnisurteil, Verzichtsurteil oder Urteil, das nach § 313a Abs. 2 ZPO keinen Tatbestand und keine Entscheidungsgründe enthält, oder** **3. Erledigungserklärungen nach § 91a ZPO, wenn keine Entscheidung über die Kosten ergeht oder die Entscheidung einer zuvor mitgeteilten Einigung der Parteien über die Kostentragung oder der Kostenübernahmeerklärung einer Partei folgt, es sei denn, dass bereits ein anderes als eines der in Nummer 2 genannten Urteile vorausgegangen ist:** **Die Gebühr 8220 ermäßigt sich auf**	**1,6**

Die Gebühr ermäßigt sich auch, wenn mehrere Ermäßigungstatbestände erfüllt sind oder Ermäßigungstatbestände mit einem Teilvergleich zusammentreffen.

13 **KV 8222:** Wie im Zivilprozessverfahren (KV 1222) ist auch für das Arbeitsgerichtsverfahren zusätzlich für bestimmte Fälle eine eingeschränkte Gebührenermäßigung auch nach streitiger Verhandlung eingeführt worden. Der Gebührensatz ist um 20% auf 1,6 reduziert.

8223	**Beendigung des gesamten Verfahrens durch ein Urteil, das wegen eines Verzichts der Parteien nach § 313a Abs. 1 Satz 2 ZPO keine schriftliche Begründung enthält, wenn nicht bereits ein anderes als eines der in Nummer 8222 Nr. 2 genannten Urteile oder ein Beschluss in der Hauptsache vorausgegangen ist:** **Die Gebühr 8220 ermäßigt sich auf**	**2,4**

Die Gebühr ermäßigt sich auch, wenn daneben Ermäßigungstatbestände nach Nummer 8222 erfüllt sind oder Ermäßigungstatbestände mit einem Teilvergleich zusammentreffen.

14 **KV 8223** entspricht im Wesentlichen der für das zivilprozessuale Berufungsverfahren geltenden Bestimmung KV 1223. Der Gebührensatz ist um 20% auf 2,4 reduziert.

ABSCHNITT 3
Revision

8230	**Verfahren im Allgemeinen**	**4,0**

KV 8230 ist im Wesentlichen inhaltsgleich mit KV 1230 für das allgemeine Zivilverfahren. Der Gebührensatz ist um 20% auf 4,0 reduziert. 15

8231	**Beendigung des gesamten Verfahrens durch Zurücknahme der Revision oder der Klage, bevor die Schrift zur Begründung der Revision bei Gericht eingegangen ist:** **Die Gebühr 8230 ermäßigt sich auf** **Erledigungserklärungen nach § 91a ZPO stehen der Zurücknahme gleich, wenn keine Entscheidung über die Kosten ergeht oder die Entscheidung einer zuvor mitgeteilten Einigung der Parteien über die Kostentragung oder der Kostenübernahmeerklärung einer Partei folgt.**	**0,8**

KV 8231 entspricht im Wesentlichen KV 1231 für das allgemeine Zivilverfahren. Der Gebührensatz ist um 20% auf 0,8 reduziert. 16

8232	**Beendigung des gesamten Verfahrens, wenn nicht Nummer 8231 erfüllt ist, durch** **1. Zurücknahme der Revision oder der Klage vor dem Schluss der mündlichen Verhandlung,** **2. Anerkenntnis- oder Verzichtsurteil oder** **3. Erledigungserklärungen nach § 91a ZPO, wenn keine Entscheidung über die Kosten ergeht oder die Entscheidung einer zuvor mitgeteilten Einigung der Parteien über die Kostentragung oder der Kostenübernahmeerklärung einer Partei folgt, es sei denn, dass bereits ein anderes als eines der in Nummer 2 genannten Urteile vorausgegangen ist:** **Die Gebühr 8230 ermäßigt sich auf** **Die Gebühr ermäßigt sich auch, wenn mehrere Ermäßigungstatbestände erfüllt sind oder Ermäßigungstatbestände mit einem Teilvergleich zusammentreffen.**	**2,4**

KV 8232: Wie im Zivilprozessverfahren (KV 1232) ist auch im Arbeitsgerichtsverfahren zusätzlich für bestimmte Fälle eine eingeschränkte Gebührenermäßigung auch nach streitiger Verhandlung eingeführt worden. Der Gebührensatz ist um 20% auf 2,4 reduziert. 17

8233	**Verfahren wegen eines überlangen Gerichtsverfahrens (§ 9 Abs. 2 Satz 2 des Arbeitsgerichtsgesetzes):** **Die Gebühr 8230 beträgt**	**5,0**
8234	**Verfahren wegen eines überlangen Gerichtsverfahrens (§ 9 Abs. 2 Satz 2 des Arbeitsgerichtsgesetzes):** **Die Gebühr 8231 beträgt**	**1,0**

8235	**Verfahren wegen eines überlangen Gerichtsverfahrens (§ 9 Abs. 2 Satz 2 des Arbeitsgerichtsgesetzes):** **Die Gebühr 8232 beträgt**	**3,0**

HAUPTABSCHNITT 3
Arrest und einstweilige Verfügung

18 Die Vorschriften dieses Hauptabschnitts entsprechen den für das zivilprozessuale Verfahren geltenden Vorschriften in KV Teil 1 Hauptabschnitt 4. Die Gebührensätze sind um 20% reduziert.

Vorbemerkung 8.3:

(1) Im Verfahren zur Erwirkung eines Europäischen Beschlusses zur vorläufigen Kontenpfändung werden Gebühren nach diesem Hauptabschnitt nur im Fall des Artikels 5 Buchstabe a der Verordnung (EU) Nr. 655/2014 erhoben. In den Fällen des Artikels 5 Buchstabe b der Verordnung (EU) Nr. 655/2014 bestimmen sich die Gebühren nach Teil 2 Hauptabschnitt 1.

(2) Im Verfahren auf Anordnung eines Arrests oder auf Erlass einer einstweiligen Verfügung sowie im Verfahren über die Aufhebung oder die Abänderung (§ 926 Abs. 2, §§ 927, 936 ZPO) werden die Gebühren jeweils gesondert erhoben. Im Falle des § 942 ZPO gilt dieses Verfahren und das Verfahren vor dem Gericht der Hauptsache als ein Rechtsstreit.

(3) Im Verfahren zur Erwirkung eines Europäischen Beschlusses zur vorläufigen Kontenpfändung sowie im Verfahren über den Widerruf oder Abänderung werden die Gebühren jeweils gesondert erhoben.

ABSCHNITT 1
Erster Rechtszug

8310	**Verfahren im Allgemeinen**	**0,8**
8311	**Es wird durch Urteil entschieden oder es ergeht ein Beschluss nach § 91a oder § 269 Abs. 3 Satz 3 ZPO, es sei denn, der Beschluss folgt einer zuvor mitgeteilten Einigung der Parteien über die Kostentragung oder der Kostenübernahmeerklärung einer Partei:** **Die Gebühr 8310 erhöht sich auf**	**2,4**
	Die Gebühr wird nicht erhöht, wenn durch Anerkenntnisurteil, Verzichtsurteil oder Urteil, das nach § 313a Abs. 2 ZPO keinen Tatbestand und keine Entscheidungsgründe enthält, entschieden wird. Dies gilt auch, wenn eine solche Entscheidung mit einem Teilvergleich zusammentrifft.	

ABSCHNITT 2
Berufung

Nr.	Gebührentatbestand	Gebührensatz
8320	**Verfahren im Allgemeinen**	3,2
8321	**Beendigung des gesamten Verfahrens durch Zurücknahme der Berufung, des Antrags oder des Widerspruchs, bevor die Schrift zur Begründung der Berufung bei Gericht eingegangen ist:** **Die Gebühr 8320 ermäßigt sich auf** **Erledigungserklärungen nach § 91a ZPO stehen der Zurücknahme gleich, wenn keine Entscheidung über die Kosten ergeht oder die Entscheidung einer zuvor mitgeteilten Einigung der Parteien über die Kostentragung oder der Kostenübernahmeerklärung einer Partei folgt.**	0,8
8322	**Beendigung des gesamten Verfahrens, wenn nicht Nummer 8321 erfüllt ist, durch** **1. Zurücknahme der Berufung oder des Antrags vor dem Schluss der mündlichen Verhandlung,** **2. Anerkenntnisurteil, Verzichtsurteil oder Urteil, das nach § 313a Abs. 2 ZPO keinen Tatbestand und keine Entscheidungsgründe enthält, oder** **3. Erledigungserklärungen nach § 91a ZPO, wenn keine Entscheidung über die Kosten ergeht oder die Entscheidung einer zuvor mitgeteilten Einigung der Parteien über die Kostentragung oder der Kostenübernahmeerklärung einer Partei folgt, es sei denn, dass bereits ein anderes als eines der in Nummer 2 genannten Urteile vorausgegangen ist:** **Die Gebühr 8320 ermäßigt sich auf** **Die Gebühr ermäßigt sich auch, wenn mehrere Ermäßigungstatbestände erfüllt sind oder Ermäßigungstatbestände mit einem Teilvergleich zusammentreffen.**	1,6
8323	**Beendigung des gesamten Verfahrens durch ein Urteil, das wegen eines Verzichts der Parteien nach § 313a Abs. 1 Satz 2 ZPO keine schriftliche Begründung enthält, wenn nicht bereits ein anderes als eines der in Nummer 8322 Nr. 2 genannten Urteile oder ein Beschluss in der Hauptsache vorausgegangen ist:** **Die Gebühr 8320 ermäßigt sich auf** **Die Gebühr ermäßigt sich auch, wenn daneben Ermäßigungstatbestände nach Nummer 8322 erfüllt sind oder solche Ermäßigungstatbestände mit einem Teilvergleich zusammentreffen.**	2,4

ABSCHNITT 3
Beschwerde

8330	**Verfahren über Beschwerden** **1. gegen die Zurückweisung eines Antrags auf Anordnung eines Arrests oder einer einstweiligen Verfügung oder** **2. In Verfahren nach der Verordnung (EU)Nr. 655/2014.**	**1,2**
8331	**Beendigung des gesamten Verfahrens durch Zurücknahme der Beschwerde:** **Die Gebühr 8330 ermäßigt sich auf**	**0,8**

HAUPTABSCHNITT 4
Besondere Verfahren

8400	**Selbständiges Beweisverfahren**	**0,6**
8401	**Verfahren über Anträge auf Ausstellung einer Bestätigung nach § 1079 ZPO**	**15,00 €**

19 **KV 8400–8401** entsprechen KV 1610 und 1512 für das allgemeine Zivilverfahren. Lediglich der Gebührensatz ist auch hier um 20% auf 0,6 bzw. 12 € reduziert.

HAUPTABSCHNITT 5
Rüge wegen Verletzung des Anspruchs auf rechtliches Gehör

8500	**Verfahren über die Rüge wegen Verletzung des Anspruchs auf rechtliches Gehör (§ 78a des Arbeitsgerichtsgesetzes):** **Die Rüge wird in vollem Umfang verworfen oder zurückgewiesen**	**50,00 €**

20 **KV 8500** entspricht KV 1700 für das allgemeine Zivilverfahren. Auch hier ist der Gebührensatz ist um 20% auf 50 € reduziert.

HAUPTABSCHNITT 6
Sonstige Beschwerden und Rechtsbeschwerden

ABSCHNITT 1
Sonstige Beschwerden

8610	**Verfahren über Beschwerden nach § 71 Abs. 2, § 91a Abs. 2, § 99 Abs. 2, § 269 Abs. 5 oder § 494a Abs. 2 Satz 2 ZPO**	**70,00 €**

8611	**Beendigung des Verfahrens ohne Entscheidung: Die Gebühr 8610 ermäßigt sich auf**	**50,00 €**
	(1) Die Gebühr ermäßigt sich auch im Fall der Zurücknahme der Beschwerde vor Ablauf des Tages, an dem die Entscheidung der Geschäftsstelle übermittelt wird. (2) Eine Entscheidung über die Kosten steht der Ermäßigung nicht entgegen, wenn die Entscheidung einer zuvor mitgeteilten Einigung der Parteien über die Kostentragung oder der Kostenübernahmeerklärung einer Partei folgt.	
8612	**Verfahren über die Beschwerde gegen die Nichtzulassung der Revision: Soweit die Beschwerde verworfen oder zurückgewiesen wird**	**1,6**
8613	**Verfahren über die Beschwerde gegen die Nichtzulassung der Revision: Soweit die Beschwerde zurückgenommen oder das Verfahren durch anderweitige Erledigung beendet wird**	**0,8**
	Die Gebühr entsteht nicht, soweit die Revision zugelassen wird.	
8614	**Verfahren über nicht besonders aufgeführte Beschwerden, die nicht nach anderen Vorschriften gebührenfrei sind: Die Beschwerde wird verworfen oder zurückgewiesen**	**50,00 €**
	Wird die Beschwerde nur teilweise verworfen oder zurückgewiesen, kann das Gericht die Gebühr nach billigem Ermessen auf die Hälfte ermäßigen oder bestimmen, dass eine Gebühr nicht zu erheben ist.	

KV 8610–8614 entsprechen den Regelungen in KV Teil 1 Hauptabschnitt 8. KV 8612 entspricht KV 1241 für das Verfahren über die Beschwerde gegen die Nichtzulassung der Revision in Zivilsachen, soweit dieses Verfahren mit der Verwerfung oder Zurückweisung der Nichtzulassungsbeschwerde endet. Wegen KV 8614 wird auf das zu KV 1242 Gesagte Bezug genommen. Die Gebührensätze sind um 20% reduziert. Der Ermäßigungstatbestand KV 8611 ist durch das 2. Justizmodernisierungsgesetz eingefügt und gilt ab dem 31.12.2006. 21

ABSCHNITT 2
Sonstige Rechtsbeschwerden

8620	**Verfahren über Rechtsbeschwerden in den Fällen des § 71 Abs. 1, § 91a Abs. 1, § 99 Abs. 2, § 269 Abs. 4, § 494a Abs. 2 Satz 2 oder § 516 Abs. 3 ZPO**	**145,00 €**
8621	**Beendigung des gesamten Verfahrens durch Zurücknahme der Rechtsbeschwerde, des Antrags oder der Klage,**	

	bevor die Schrift zur Begründung der Rechtsbeschwerde bei Gericht eingegangen ist: Die Gebühr 8620 ermäßigt sich auf	**50,00 €**
8622	**Beendigung des gesamten Verfahrens durch Zurücknahme der Rechtsbeschwerde, des Antrags oder der Klage vor Ablauf des Tages, an dem die Entscheidung der Geschäftsstelle übermittelt wird, wenn nicht Nummer 8621 erfüllt ist: Die Gebühr 8620 ermäßigt sich auf**	**70,00 €**
8623	**Verfahren über nicht besonders aufgeführte Rechtsbeschwerden, die nicht nach anderen Vorschriften gebührenfrei sind: Die Rechtsbeschwerde wird verworfen oder zurückgewiesen. Wird die Rechtsbeschwerde nur teilweise verworfen oder zurückgewiesen, kann das Gericht die Gebühr nach billigem Ermessen auf die Hälfte ermäßigen oder bestimmen, dass eine Gebühr nicht zu erheben ist.**	**95,00 €**
8624	**Verfahren über die Nummer 8623 genannten Rechtsbeschwerden: Beendigung des gesamten Verfahrens durch Zurücknahme der Rechtsbeschwerde, des Antrags oder der Klage vor Ablauf des Tages, an dem die Entscheidung der Geschäftsstelle übermittelt wird:**	**50,00 €**

HAUPTABSCHNITT 7
Besondere Gebühr

8700	**Auferlegung einer Gebühr nach § 38 GKG**	**wie vom Gericht bestimmt**

TEIL 9
Auslagen

1 **Geltungsbereich:** Dieser Teil des Kostenverzeichnisses enthält die Regelungen über die zu erhebenden **Auslagen nach dem GKG. Die Auslagentatbestände des Teils 9 gelten also in den in § 1 GKG genannten Verfahren** einschließlich der Verfahren, die wegen der Auslagenerstattung ausdrücklich auf die Vorschriften des GKG verweisen (z.B. §§ 1 Abs. 1 Satz 2 PatKostG, Berufsgerichtlche Verfahren). **In Familienverfahren** i.S.v. § 1 FamGKG sind die Auslagen in den Nrn. 2000 ff. FmGKG geregelt. Die Auslagen der Gerichte in Sachen **der freiwilligen Gerichtsbarkeit** (§ 1 GNotKG) bestimmen sich nach den Nrn. KV-GNotKG 3100 ff. bzw. in den Nrn. 3200 ff. GNotKG. Für die Auslagen **der Gerichtsvollzieher** gelten die Nrn. 700–713 GvKostG. In **Justizverwaltungssachen**

ist die Erhebung von Auslagen im Justizverwaltungskostengesetz (JVKostG) des Bundes bzw. in den entsprechenden Gesetzen der Länder enthalten.

Allgemeines: Gerichtskosten ist der Sammelbegriff für **Gebühren** und **Auslagen** (§ 1 GKG). Während die Gebühren im Ergebnis das von den Gerichten für die Ausübung der Rechtspflege anfallende Entgelt darstellen, handelt es sich bei den **Auslagen** um die dem Staat bei der Erfüllung seiner Rechtspflegetätigkeit im Einzelfall entstehenden besonderen Aufwendungen. Für die allgemeinen Unkosten des Staates (wie etwa für die personelle und sachliche Bereitstellung von Gerichten) werden keine Auslagen erhoben. Nur besondere Unkosten werden als Auslagen in Rechnung gestellt und zwar nur, soweit sie im KV Teil 9 genannt sind. Wenn und soweit dort kein Auslagentatbestand enthalten ist, dürfen auch keine Auslagen in Rechnung gestellt werden. Das gilt insbesondere für Post- und Telekommunikationsgebühren mit Ausnahme der in Nrn. 9001, 9002 genannten Auslagen sowie für die Versand- und Verpackungskosten der Aktenversendung (Nr. 9003). Demzufolge kann auch keine Datenträgerpauschale entsprechend KV-JVKostG Nr. 2002 in den Fällen des Abs. 2 der Anm. zu Nr. 9000 berechnet werden, wenn Dateien von der Papierform auf von der Justiz vorrätig gehaltene externe Datenträger (Diskette, USB-Stick) gescannt und die Datenträger versandt werden. Eine Anwendung des KV Teil 9 auf ähnliche Sachverhalte (wie z.B. auf das strafrechtliche Rehabilitierungsverfahren nach dem StrRehaG)[1] ist demzufolge uzulässig. Ebenso ist es nicht möglich, Auslagen aus anderen Rechtsgründen (etwa aus ungerechtfertigter Bereicherung) geltend zu machen. Die Bestimmungen des KV Teil 9 sagen nur aus, **welche** Auslagen zu erstatten sind, nicht hingegen, wer sie zu erstatten hat und wann sie fällig werden. Insoweit gelten die allgemeinen Bestimmungen (§§ 9, 17, 18, 22ff. GKG). 2

Die Auslagen werden entweder als **bare Auslagen** nur in der Höhe erhoben, in der sie tatsächlich verauslagt worden sind (z.B. Zeugenentschädigungen, Kosten für öffentliche Bekanntmachungen) oder es kommen **Pauschbeträge** in Ansatz, ohne Rücksicht auf den tatsächlichen Aufwand (z.B. Dokumentenpauschalen, Telekommunikation, für mehr als 10 Zustellungen pro Instanz). 3

Auslagen i.S.d. GKG sind nur solche Aufwendungen, die in den im § 1 GKG bezeichneten Verfahren erwachsen (oben Rn. 1), also auch die Auslagen des staatsanwaltschaftlichen Ermittlungsverfahrens (§ 464a Abs. 1 S. 2 StPO). 4

Die Prozesskostenhilfebewilligung erstreckt sich nach Maßgabe der Bestimmungen des Gerichts auch auf die Auslagen nach dem GKG (vgl. § 122 ZPO, der von Gerichts*kosten* spricht). 5

Auch Auslagen sind nach § 21 nicht zu erheben oder können im Verwaltungswege niedergeschlagen werden. 6

Vorbemerkung 9:

(1) Auslagen, die durch eine für begründet befundene Beschwerde entstanden sind, werden nicht erhoben, soweit das Beschwerdeverfahren gebührenfrei ist; dies gilt jedoch nicht, soweit das Beschwerdegericht die Kosten dem Gegner des Beschwerdeführers auferlegt hat.

(2) Sind Auslagen durch verschiedene Rechtssachen veranlasst, werden sie auf die mehreren Rechtssachen angemessen verteilt.

1 LG Berlin JurBüro 2013, 262.

7 **Zu Abs. 1:** Eine **Beschwerde** ist **für begründet befunden**, wenn das Beschwerdegericht die mit der Beschwerde angefochtene Entscheidung aufhebt und entsprechend dem Antrag des Beschwerdeführers entscheidet. Teilweise begründet ist die Beschwerde, wenn das Beschwerdegericht die angefochtene Entscheidung nur teilweise aufhebt und dem Antrag des Beschwerdeführers teilweise stattgibt. Hebt das Beschwerdegericht (teilweise) auf und verweist es die Sache zurück, handelt es sich jedenfalls um eine für begründet befundene Beschwerde, auch wenn das Erstgericht nach nochmaliger Befassung mit der Sache bei seiner früheren Entscheidung bleibt. Wird aber eine Beschwerde zurückgenommen oder durch Vergleich oder in sonstiger Weise erledigt, liegt keine für begründet erachtete Beschwerde vor.

8 **Gebührenfreie Beschwerden** sind z.B. Beschwerden im Kostenansatzverfahren, im Streitwertfestsetzungsverfahren, gegen die Verhängung einer Verzögerungsgebühr oder Beschwerdeverfahren, in denen eine Gebühr nur erwächst, soweit die Beschwerde verworfen oder zurückgewiesen wird, sofern letztere Voraussetzungen nicht erfüllt sind. Auslagen dieser Beschwerden sind nicht zu erheben, wenn sie durch eine für begründet befundene Beschwerde entstanden sind. Dazu zählen nicht Auslagen, die auch entstanden wären, wenn das Verfahren bei dem unteren Gericht seinen Fortgang genommen hätte, ohne dass es zur Durchführung des Beschwerdeverfahrens gekommen wäre. So z.B., wenn das Beschwerdegericht zur Durchführung des Beschwerdeverfahrens Beweise erhebt, die bei richtiger Sachbehandlung schon das Erstgericht hätte erheben müssen oder die das Erstgericht in dem noch oder wieder anhängigen Verfahren verwertet. Solche Auslagen sind zu erheben, auch wenn das Beschwerdeverfahren gebührenfrei ist.[2]

9 **Gebührenpflichtige Beschwerden** sind die Verfahren, in denen ohne Rücksicht auf den Ausgang des Verfahrens eine Beschwerdegebühr erhoben wird, sowie die Beschwerdeverfahren, in denen eine Gebühr nur erwächst, wenn die Beschwerde verworfen oder zurückgewiesen wird, wenn letztere Voraussetzungen erfüllt sind. Auslagen dieser Beschwerdeverfahren sind stets zu erheben.

10 **Abs. 2** stellt klar, dass Auslagen, die durch verschiedene Rechtssachen veranlasst sind, auf die einzelnen Sachen angemessen verteilt werden müssen. Das kann etwa der Fall sein, wenn ein Sachverständiger an einem Terminstag in mehreren Strafsachen vor dem Einzelrichter mündliche Gutachten erstattet. Die ihm nach KV 9005 für die Anreise etc. am Terminstag zu zahlende Entschädigung nach dem JVEG ist entsprechend des Gewichts der Tätigkeit, des jeweiligen Zeitaufwandes anteilmäßig den einzelnen Sachen zuzuordnen. Insbesondere liegen mehrere **Geschäfte in verschiedenen Rechtssachen** vor, wenn es sich um getrennte Verfahren handelt. Es können auch Geschäfte sein, die teils nach dem GKG und teils nach anderen Gesetzen wie z.B. nach dem FamGKG oder dem GNotKG oder dem JVEG abzurechnen sind.[3]

11 Keine verschiedenen Rechtssachen liegen vor, wenn in derselben Sache verschiedene Zeugen oder Sachverständige gehört werden, auch wenn das Verfahren sich gegen mehrere Personen richtet. Die mögliche Auslagenaufteilung verschiedener Verfahrensbeteiligter ist in diesen Fällen in der Kostenentscheidung zu berücksichtigen.

12 Werden Zeugen oder Sachverständige in verschiedenen Rechtssachen vernommen, sind die dadurch entstehenden Auslagen, sofern keine eindeutige Zuordnung zu einer Rechtssache möglich ist, auf die verschiedenen Sachen angemessen aufzuteilen. Dabei ist vor allem auf den Zeitaufwand abzustellen. Das schließt aber nicht aus, dass auch andere Faktoren berücksichtigt werden dürfen (z.B. die Bedeutung der Sache oder eine

---

2 OLG München RPfleger 1956, 57 (L).

3 *Hartmann* Vorbem KV-FamGKG Rn. 4; NK-GK/*Volpert* Vorbem Teil 9 KV-GKG Rn. 9.

unterschiedliche Schwierigkeit der Begutachtung, wenn das nicht schon im Zeitfaktor enthalten ist). Erfolgt in einer der verschiedenen (Straf-)Sachen ein Freispruch, geht es natürlich nicht an, die darauf entfallenden Auslagen auf die übrigen Sachen umzulegen. Der auf den Freispruch entfallende Auslagenanteil fällt dann er Staatskasse zur Last, sofern keine Übernahmeerklärung vorliegt.

9000	**Pauschale für die Herstellung und Überlassung von Dokumenten:** **1. Ausfertigungen, Kopien und Ablichtungen und Ausdrucke bis zu einer Größe von DIN A 3, die** **a) auf Antrag angefertigt, oder auf Antrag per Telefax übermittelt worden sind oder** **b) angefertigt worden sind, weil die Partei oder ein Beteiligter es unterlassen hat, die erforderliche Zahl von Mehrfertigungen beizufügen; der Ausfertigung steht es gleich, wenn per Telefax übermittelte Mehrfertigungen von der Empfangseinrichtung des Gerichts ausgedruckt werden:**	
	für die ersten 50 Seiten je Seite	**0,50 €**
	für jede weitere Seite	**0,15 €**
	für die ersten 50 Seiten in Farbe je Seite	**1,00 €**
	Für jede weitere Seite in Farbe	**0,30 €**
	2. Entgelte für die Herstellung und Überlassung der in Nr. 1 genannten Kopien oder Ausdrucke in einer Größe von mehr als DIN A 3	**In voller Höhe**
	oder pauschal je Seite	**3,00 €**
	oder pauschal je Seite in Farbe	**6,00 €**
	3. Überlassung von elektronisch gespeicherten Dateien oder deren Bereitstellung zum Abruf anstelle der in Nummern 1 und 2 genannten Ausfertigungen, Kopien und Ausdrucke:	
	je Datei	**1,50 €**
	für die in einem Arbeitsgang überlassenen, bereitgestellten oder in einem Arbeitsgang auf denselben Datenträger übertragenen Dokumente, insgesamt höchstens	5,00 €
	(1) Die Höhe der Dokumentenpauschale nach Nummer 1 ist für jeden Kostenschuldner nach § 28 Abs. 1 GKG gesondert zu berechnen; Gesamtschuldner gelten als ein Schuldner. Die Dokumentenpauschale ist auch im erstinstanzlichen Musterverfahren nach dem KapMuG zu berechnen.	
	(2) Werden zum Zweck der Überlassung von elektronisch gespeicherten Dateien Dokumente zuvor auf Antrag von der Papierform in die elektronische Form übertragen, beträgt die Dokumentenpauschale nach Nummer 2 nicht weniger, als die Dokumentenpauschale nach Nummer 1 betragen würde.	
	(3) Frei von der Dokumentenpauschale sind für jede Partei, jeden Beteiligten, jeden Beschuldigten und deren bevollmächtigte Vertreter jeweils	

1. eine vollständige Ausfertigung oder Kopie oder ein vollständiger Ausdruck jeder gerichtlichen Entscheidung und jedes vor Gericht abgeschlossenen Vergleichs,
2. eine Ausfertigung ohne Tatbestand und Entscheidungsgründe,
3. eine Kopie oder ein Ausdruck jeder Niederschrift über eine Sitzung. § 191a Abs. 1 Satz 5 GVG bleibt unberührt.

(4) Bei der Gewährung der Einsicht in Akten wird eine Dokumentenpauschale nur erhoben, wenn auf besonderen Antrag ein Ausdruck einer elektronischen Akte oder ein Datenträger mit dem Inhalt einer elektronischen Ake übermittelt wird.

13 **Dokumente: KV 9000** Ist durch das 2. KostRModG stark überarbeitet worden. Die Bestimmung fasst unter dem Oberbegriff „Dokument" Ausfertigungen, Kopien einerseits und Ausdrucke andererseits zusammen. Der Begriff der „Abschrift" früheren Rechts ist wegen der Wandlung der Bürotechnik grundsätzlich durch den Begriff „Kopie" ersetzt worden. Abschriften bzw. Durchschriften werden – soweit sie überhaupt auslagenpflichtig sind – heute üblicherweise im Kopierwege oder als Datenträgerausdruck hergestellt.

14 **Nr. 1: Kopien** und **Ausdrucke** sind Reproduktionen von nicht elektronischen (Papier-)Originalen. Die **Ausfertigung** ist eine amtliche Kopie oder ein Ausdruck eines amtlichen Schriftstücks, das im Verkehr die Urschrift ersetzt und ist als solches auch gekennzeichnet ist (vgl. § 317 ZPO). Auf den tatsächlichen Vorgang der Herstellung einer Kopie oder einer oder Ausfertigung kommt es nicht an. Auch die Fälle werden erfasst, in denen das Originaldokument als Telekopiervorlage dient und die Kopie körperlich erst beim Empfänger hergestellt wird oder werden kann, also auch, wenn der Empfänger das Telefax auf Datenträger empfängt und nicht ausdruckt. Unter Nr. 1 fällt auch der bloße Datenaustausch über das Telefonnetz (etwa per E-Mail), z.B. dann, wenn es sich um einen Auszug aus einer elektronischen Akte handelt. Die in diesem Zusammenhang entstehenden Telefonentgelte werden durch die Dokumentenpauschale mit abgegolten.

15 Die Dokumentenpauschale darf **nur in den vom Gesetz ausdrücklich vorgesehenen Fällen** erhoben werden. Alle anderen Schreib- oder Übermittlungskosten, die in Zusammenhang mit einem nach dem GKG zu bewertenden gebührenrechtlichen Geschäfts erwachsen, mit dem die Fertigung und Hinausgabe von Kopien pp. notwendigerweise verbunden sind, bleiben außer Ansatz.[4] Das gilt natürlich auch, wenn die Überlassung einer von Amts wegen zu überlassenden Kopie pp. beantragt wird, sofern es sich um die Erstausfertigung bzw. Kopie handelt. Werden hingegen zusätzliche Kopien pp. beantragt und erteilt (z.B. Zweitschriften im Falle des Abhandenkommens beim Antragsteller), sind diese auslagenpflichtig. Für die bloße Beglaubigung von Kopien ist weder eine Gebühr noch die Erstattung von Auslagen vorgesehen. Auch für die Übermittlung von auf Antrag übermittelten Dokumenten oder Ausdrucken, die nicht von Verfahrensbeteiligten, sondern von interessierten Dritten oder aus rechtskräftig abgeschlossenen und völlig abgewickelten Verfahrensakten erbeten werden, sind keine Do-

4 *Oe/He/Tre* KV 9000 Rn. 8.

kumente i.S. von KV Nr. 9000.[5] Dafür dürfen Auslagen nicht nach KV 9000 erhoben werden. Insoweit fallen aber ggf. Kosten nach dem JVKostG an.

16 **Beantragte Kopien (Nr. 1a):** Für **auf Antrag erteilte oder angefertigte Ausfertigungen, Kopien** oder Ausdrucke werden Dokumentenpauschalen nur erhoben für deren Erteilung oder Ausfertigung. Alles sonstige damit zusammenhängende Schreibwerk (z.B. Entwürfe, bei den Akten verbleibende Stücke und das sonstige, die Akten bildende Schreibwerk) ist schreibauslagenfrei. Das gilt auch, wenn eine Hilfsperson des Gerichts (z.B. ein Sachverständiger oder ein schriftlich aussagender Zeuge mit seinem Gutachten oder seiner Stellungnahme Abschriften oder Kopien) übergibt. Werden diese den Parteien herausgegeben, sind dafür keine Dokumentenpauschalen in Rechnung zu stellen. Denn es handelt sich um Kosten nach dem JVEG, die gem. KV 9005 anzusetzen sind.

17 **Kopien/Abschriften** i.S.v. KV 9000 sind begrifflich nicht solche i.S.d. „Ausfertigung" nach der ZPO, sondern zur Herausgabe bestimmte Schriftstücke urkundlicher Art, die keine Urschrift und mit der Unterschrift des zuständigen Justizbediensteten oder Richters und dem Dienstsiegel der Behörde versehen sind. Nicht dazu gehört z.B. die Urschrift des zur Herausgabe bestimmten Schriftstücks.[6] Nicht hierzu rechnen auch die zum Vollzug von Beschlüssen und Verfügungen oder gesetzlicher Vorschriften hinausgehenden Schriftstücke wie Ladungen, Auskünfte aus den Akten und sonstige Benachrichtigungen, Notfrist- und Rechtskraftzeugnisse.[7]

18 **Ausfertigungen oder Kopien** i.S.v. KV 9000 sind beglaubigte oder unbeglaubigte Wiedergaben von Schriftstücken, auch von Urkunden. Wie und wann die Kopie hergestellt wird, spielt keine Rolle. Unter dem Begriff der Kopie in diesem Sinne fallen auch (zusätzliche) Computerausdrucke, und zwar auch dann, wenn vor Herausgabe bei Gericht sie aus einer elektronischen Akte reproduziert worden sind. Oder Durchschriften. Selbstverständlich fallen auch herkömmliche Abschriften oder Durchschriften oder Durchschläge – soweit diese in der Praxis überhaupt noch vorkommen – unter dem Begriff der Kopie.[8] Eine Kopie i.d.S. liegt auch vor, wenn das Schriftstück mit einem Faxgerät mit Kopiererfunktion oder einen kopierfähigen Scanner zum Ausdruck gefertigt wird.[9]

19 Die Dokumente müssen **auf Antrag** erteilt oder angefertigt worden sein. Dokumentenpauschalen werden also nicht erhoben, wenn sie von Amts wegen erteilt werden (müssen) oder erteilt sind, selbst wenn ein Antrag überflüssigerweise vorliegt.

20 Der Antrag muss von einer **Partei, einem Beteiligten, einem Beschuldigten oder einem Bevollmächtigten** gestellt werden. Der Antrag eines Dritten (z.B. für Veröffentlichung, wissenschaftliche Auswertung etc.) führt nicht zu Dokumentenpauschalen nach KV 9000. Hier ist § 1 JVKostG i.V.m. KV-JVKostG Nr. 2000 einschlägig.[10]

21 **Unterlassung der Beigabe von Ausfertigungen, Kopien oder Ausdrucken (Nr. 1b).** Jede Partei hat zum Zwecke der Zustellung von Schriftsätzen eine der Zahl der Personen, denen der Schriftsatz zuzustellen ist, entsprechende Zahl von Kopien bzw. Ausdrucken zu übergeben), soweit dies nach den Verfahrensvorschriften gefordert wird. (Vgl. z.B. §§ 103 Abs. 2, 133 Abs. 1, 169 Abs. 2 ZPO). Unterlässt die Partei die Beigabe der erforderlichen Kopien/Durchschriften/Ausdrucken und werden deshalb bei Gericht die erforderlichen Kopien oder Ausdrucke angefertigt, sind dafür Dokumentenpauschalen zu

5 Vgl. Dazu BGH, Beschl. v. 5.4.2017 – IV AR(VZ) 2/16.
6 *Oe/He/Tre* KV 9000 Rn. 7.
7 Vgl. *Hartmann* KV 9000 Rn. 2.
8 NK-GK/*Volpert* KV-GKG 9000 Rn. 10; *Zimmermann* in Binz u.a., KV-GKG 9000, Rn. 16; *Oestreich* in Oe/He/Tre, KV-GKG 9000 Rn. 7. Zweifelnd aber *Hartmann* KV-GKG 9000 Rn.1.
9 NK-GK/*Volpert* KV-GKG 9000 Rn. 10.
10 OLG Düsseldorf JurBüro 1978, 548 (zu § 4 JVKostO).

entrichten, und zwar immer nur von der zur Übergabe verpflichteten Partei, § 28. Es liegt in solchen Fällen in der Regel schon im Beschleunigungsinteresse gerade der einreichenden, insbesondere der klagenden Partei, dass die Geschäftsstelle die fehlenden Exemplare fertigt.[11] Eine vorherige fernmündliche Nachfrage bei der pflichtigen Partei oder die Anregung, die die erforderlichen Mehrfertigungen auf eigene Kosten fertigen zu lassen und nachzureichen, kann aber in geeigneten Fällen geboten sein.[12] Wie durch das 2. JuModG klargestellt wurde,[13] liegt ein vom Gericht angefertigter Ausdruck auch dann vor, wenn eine Partei die erforderlichen Mehrfertigungen in der Weise „beifügt", dass sie die erforderlichen Schriftstücke in entsprechender Anzahl mehrfach faxt und die **Mehr**faxe dann vom Empfangsgerät des Gerichts ausgedruckt werden.[14] Das gilt auch, wenn ein unvollständiger Schriftsatz nebst Anlagen gefaxt wird.[15] Auch dann entstehen der Justiz zusätzliche Kosten, z.B. für Papier und Drucker. Wenn aber – gemäß einer in der Praxis verbreiteten Übung – einen Schriftsatz einmal – d.h. ohne Abschriften – ausdrücklich „als Fax vorab" dem Gericht zugeht, ist der Eingang der Papieroriginale abzuwarten.[16] Wenn die Geschäftsstelle gleichwohl vom „Fax vorab" Ablichtungen fertigt, können dafür keine Auslagen nach Ziffer 1b angesetzt werden.[17] Es ist gleichgültig ist, ob die Kopien/Ausdrucke zum Zwecke der förmlichen Zustellung oder der formlosen Mitteilung benötigt werden. Hierunter fallen auch solche Eingaben, die von Amts wegen (etwa im Rahmen der Gewährung rechtlichen Gehörs) den Beteiligten mitzuteilen sind. Für Kopien oder Ausdrucke, die die Partei nicht zur Verfügung stellen muss, sondern die von Amts wegen anzufertigen sind, erwachsen keine Dokumentenpauschalen. Dazu gehören z.B. solche bei der vereinfachten Kostenfestsetzung nach § 105 Abs. 2 ZPO oder Kopien/Durchschriften/Ausdrucke der zu Protokoll der Geschäftsstelle abgegeben Erklärung einer Partei.[18] Wenn ein Schriftsatz gemäß §§ 130a, 253 Abs. 5 ZPO bzw. nach der entsprechenden Verfahrensvorschrift formwirksam als elektronisches Dokument eingereicht wird, bei dem die Partei nicht gehalten ist, die für die Zustellung erforderliche Zahl von Mehrfertigungen in Papierform nachzureichen, und der Prozessgegner nicht über einen elektronischen Zugang verfügt, hat die Geschäftsstelle dafür Sorge zu tragen, dass das elektronische Dokument ausgedruckt und dem Gegner in der gesetzlich vorgeschriebenen Form übermittelt wird. Dadurch, dass die Verpflichtung beseitigt wird, die für die Zustellung erforderliche Zahl von Mehrfertigungen (Kopien/Ausdrucke) im Falle der elektronischen Übermittlung beizufügen, entfällt nicht die Verpflichtung zur Zahlung von Auslagen nach KV 9000 Ziffer 1, sondern auch nicht die Verpflichtung, die Auslagen für den Medientransfer nach KV 9000 Ziffer 2 zu zahlen. Der Ansatz der Dokumentenpauschale entfällt auch dann nicht, wenn die Ablichtungen wesensnotwendig für die Gewährung rechtlichen Gehörs sind, sofern sie – wie z.B. im Nachlassinsolvenzverfahren – für alle Beteiligten auf der Geschäftsstelle des Gerichts einsehbar sind und dieses dem Antragsteller hätte bekannt sein müssen.[19]

22 Keine Dokumentenpauschalen fallen an, wenn das Gericht Kopien etc. von Entscheidungen anderer Gerichte fertigt, auf die sich ein Beteiligter zur Untermauerung seines Vorbringens bezieht und die er nur für das Gericht beigefügt hat. In solchen Fällen

11 AG Bersenbrück JurBüro 2011, 603.
12 *Zimmermann* in Binz u.a. KV-GKG 9000 Rn. 22.
13 Begr. zum 2. Justizmodernisierungsgesetz, S. 21; BT-Ds. 890/06.
14 OLG Koblenz, JurBüro 2016, 361 (zu KV-FamGKG Nr. 2000); VGH Mannheim JurBüro 2008, 155 (LS mit Volltextservice).
15 OLG Koblenz, JurBüro 2017, 84.
16 *Zimmermann* in Binz u.a. KV-GKG 9000 Rn. 23.
17 OLG Naumburg MDR 2013, 124, OLG Hamburg; Beschl. v. 20.4.2010 – 4 W 87/10 bei juris.
18 *Hartmann* KV 9000 Rn. 8.
19 AG Göttingen JurBüro 2011, 489.

reicht es, wenn das Aktenzeichen und/oder eine Fundstelle mitgeteilt worden ist. Da gilt auch dann, wenn der Beteiligte eine Kopie/einen Ausdruck der Entscheidung mit ausdrücklichem Zusatz „nur für das Gericht" beigefügt hat. Wenn aber ein Beteiligter ausdrücklich die Überlassung der vollständigen in Bezug genommenen und „nur für das Gericht" beigefügten Entscheidung beantragt, fallen selbstverständlich Dokumentenpauschalen an.[20] Es liegt dann ein Fall der Nr. 1a vor.

Die Höhe der Dokumentenpauschale beträgt nach Ziff. 1 für jede Seite bis zu einer **23**
Größe von DIN A 3 eines **schwarz-weiß** gedruckten Dokuments 0,50 € und ab der 51. Seite 0,15 €,[21] wobei jede angefangene Seite voll berechnet wird. Bei mehrseitigen Dokumenten ist auch die angefangene letzte Seite mitzurechnen. Abzustellen ist stets auf die Anzahl der Kopien, Ausdruck etc. und nicht auf die Anzahl der Vorlagen.[22] Bei **Dokumenten in Farbe** ist der doppelte Betrag (1,00 € bzw. 0,30 €) anzusetzen. Eine Farbkopie in diesem Sinne liegt aber nur vor, wenn die Schrift oder eine Abbildung in mindestens einer anderen Farbe als Schwarz vorliegt, nicht aber schon, wenn farbiges Papier kopiert wird.[23] Außerdem ist erforderlich, dass der Farbe eine rechtliche Bedeutung hat (z.B. Rötungen in Registerauszügen) oder wenn die Veranschaulichung dadurch erleichtert wird (z.B. Abbildung einer Grafik oder eines Fotos)[24] **und** diese auch farbig ausgedruckt werden müssen.[25] Im Original (teilweise) farblich gestaltete Kopfbögen oder Logos in Schriftstücken allein zählen aber nicht dazu.[26]

Nr. 2 gilt für die Herstellung und Überlassung von **größeren Formaten als DIN A 3.** **23a**
Hier kann das Gericht wählen, ob die für die Fertigung solcher Größen die vollen dem Gericht entstandenen Auslagen angesetzt wird oder ob pauschal abgerechnet werden soll. Der Ansatz in voller Höhe kommt regelmäßig dann in Betracht, wenn das Gericht die Formate nicht selbst herstellen kann, sondern diese extern anfertigen lassen muss.

Nach der Vorbem. 1.2.1 gilt das erstinstanzliche Musterverfahren als Teil des ersten **23b**
Rechtszugs des Prozessverfahrens. Zur Vermeidung von Schwierigkeiten bei der Abgrenzung zwischen den ersten 50 Seiten und den weiteren Seiten ist klargestellt, dass die **Dokumentenpauschale im erstinstanzlichen Musterverfahren gesondert zu berechnen ist**. Dass die Dokumentenpauschale auch für das Rechtsbeschwerdeverfahren gesondert zu berechnen ist, ergibt sich bereits aus Absatz 1 Satz 1 der Anm. zu KV 9000. Die Partei kann, insbesondere bei der Anfertigung einer größeren Anzahl von Fotokopien, nicht darauf verwiesen werden, die Kopien hätten kostengünstiger gefertigt oder hergestellt werden können.[27] Werden gleichzeitig mehrere Kopien oder Ausfertigungen erteilt, werden die einzelnen Seiten für jede Kopie oder für jeden Ausdruck oder für jede Ausfertigung gesondert berechnet. Sind auf einer Seite mehrere Schriftstücke abgelichtet, gilt sie als eine Seite. Unerheblich ist, was auf der Seite steht. Befinden sich darauf nur Ausfertigungs- und Beglaubigungsvermerke, wird die Seite trotzdem mitgerechnet. Unerheblich ist auch, ob es sich um deutsch- oder fremdsprachliche Schriftstücke handelt oder um solche in tabellarischer Form, Grundbuchblätter, Registerblätter, Verzeichnisse, Listen, Rechnungen und dgl. Die Berechnung der Dokumentenpauschale ist für jeden Kostenschuldner getrennt vorzunehmen.

---

20 VG Frankfurt/Oder JurBüro 2008, 654.

Vgl. LG München I JurBüro 1997, 483; OLG Hamm RPfleger 1991, 269; dazu auch *Zenke* StB 1997, 119.

22 *Hartmann* KV 9000 Rn. 3 a.E.

23 So zutreffend *Hansens* RVGreport 2013, 450.

24 So auch *Oestreich in* Oe/He/Tre KV 9000 Rn. 21. Dazu auch bei *D. Meyer* JurBüro 2013, 526.

25 NK-GK/*Volpert* KV-GKG Rn. 36.

26 **A.M.** aber *Hansens* RVGreport 2013, 450.

27 OLG München MDR 1989, 367; LG München I JurBüro 1997, 483; **a.M.** OLG Köln RPfleger 1987, 433; LG München II RPfleger 1989, 383.

24 **Nr. 3** betrifft die Fälle, in denen auf Antrag oder mit Einverständnis des Empfängers[28] **elektronisch gespeicherte Daten**[29] anstelle der in Nr. 1 bezeichneten Ausfertigungen pp. überlassen oder zum Abruf bereitgestellt werden (Download).[30] Hier beträgt die Pauschale 1,50 € je **Datei**; wenn die überlassenen pp. Dokumente **in einem Arbeitsgang** auf **denselben Datenträger** hergestellt werden aber höchstens 5,00 €.

24a **Überlassung von elektronisch gespeicherten Dateien** bedeutet den Transfer einer von der Justiz bereits auf einer Festplatte oder auf einen anderen Datenträger (CD-ROM, DVD, USB-Stick) gespeicherten Datei auf elektronischem Wege (z.B. per E-Mail[-Anhang],[31] DE-Mail über Internet pp.), ohne dass weitere Zwischenschritte erforderlich sind. Hierunter fällt auch die Überlassung einer elektronisch geführten Akte, wenn und soweit diese auf Antrag übermittelt wird. In diesen Fällen kann die Dokumentenpauschale aber nur dann verlangt werden, wenn die Akte auf ausdrücklichem Antrag **vollständig**, also einschließlich aller geforderten Vermerke (vgl. § 298 BGB) übermittelt wird.[32] Keine elektronische Übermittlung in diesem Sinne ist die Versendung eines von der Justiz erst zum Zwecke der Überlassung hergestellten Datenträgers (Diskette, CD-ROM, USB-Stick), auf dem die Datei, die nur in Papierform vorliegt, von der Justiz für die Überlassung gespeichert wurde. Das folgt schon aus dem eindeutigen Wortlaut der Bestimmung.[33] Das Gesetz spricht unzweideutig von **gespeicherten** Dateien. Hier liegt vielmehr eine dem Abs. 2 ähnliche Fallgestaltung vor, so dass nach Abs. 2 der Anmerkung eine Auslagenpauschale gemäß Nr. 1 zu erheben ist, wenn solches **ausdrücklich beantragt** wird.

24b **Dateien und Ordner:** Sind mehrere Dateien in einem sog. Ordner zusammengefasst und wird der gesamte Ordner elektronisch übermittelt, ist die Pauschale von 1,50 € für jede der in dem Ordner enthaltenen Dateien anzusetzen. Der gesamte Ordner ist nicht etwa als eine Datei zu behandeln. Das gilt auch für sog. ZIP-Dateien oder ähnliche Komprimierungsverfahren, in denen mehrere Einzeldateien zusammengefasst (komprimiert) werden, die der Empfänger wieder in die einzelnen Dateien zerlegen kann. Solche Dateien sind deshalb i.S.v. Nr. 2 wie ein Ordner zu behandeln mit der Folge, dass für jede der in der komprimierten Datei gespeicherten Einzeldatei eine Pauschale von 1,50 € anzusetzen ist,[34] sofern nicht ein Fall des Abs. 2 der Anmerkung gegeben ist. Dabei ist das jeweils von der aktenführenden Stelle angelegte Dateiensystem unerheblich. So kann z.B. der Inhalt einer Akte in der Weise abgespeichert werden, dass jeder Vorgang (Schriftsatz, Verfügung etc.) oder die Schriftsätze jeder Partei (jedes Beteiligten) in einzelnen Dateien innerhalb eines Ordners oder Unterordners abgelegt werden. Auch dann ist für jede der gespeicherten und übermittelten Dateien die Pauschale nach KV 9000 Ziffer 2 zu fordern. Das gilt auch, wenn die Dateien einer elektronischen Akte (vgl. § 28 Rn. 7) entnommen werden. Es besteht insoweit keine Verpflichtung zu ermitteln, ob die Fertigung von Ausdrucken und deren herkömmliche Übersendung im Einzelfall kostengünstiger sein könnte. In offenkundigen Extremfällen kann es jedoch dem Gebot des nobile officium entsprechen, beim Antragsteller nachzufragen, ob der Antrag nicht – soweit zulässig – als ein solcher auf Aktenüberlassung behandelt werden kann, so dass im Bejahensfall KV 9003 anwendbar ist. Keine Überlassung von elektronisch gespeicherten Dateien i.S.v. Nr. 2 liegt aber vor, wenn die Geschäftsstelle mehrere zusammenhängende (oder auch einzelne) Dokumente einscannt und die

---

28 *Enders* JurBüro 2005, 393 (zu VV-RVG Nr. 7000).
29 Dazu ausführlich *D. Meyer* JurBüro 2013, 9 ff.
30 Dazu NK.GK/*Volpert* KV-GKG 9000 Rn. 44.
31 *Zimmermann* in Binz. u.a. KV-GKG 9000 Rn. 31.
32 AG Osnabrück, Beschl. v. 18.1.2013 – 201 OWI 570/12 – = RVG-professionell 2013, 60 mit Anm. m.w.N.
33 *Oe/He/Tre* KV 9000 Rn. 37. Dazu auch OLG Celle JurBüro 2012, 35; OLG Düsseldorf JurBüro 2008, 420.
34 So *Hartmann* KV 9000 Rn. 9 und (für das RVG) auch VV-RVG 7000 Rn. 37, 38; *Hartung* in Hartung/Schons/Enders, VV-RVG 7000 Rn. 36; *Müller-Rabe* in Gerold/Schmidt u.a., VV-RVG 7000 Rn. 157.

dadurch erzeugten (wenn auch nur temporär gespeicherten) Dateien dem Antragsteller elektronisch übermittelt (dazu oben Rn. 24a).

Keine Dokumentenpauschale entsteht selbstverständlich, wenn einem Beteiligten die vollständigen Akten überlassen oder elektronisch geführte Akten i.S.d. §§ 298, 298a ZPO als Ganze übermittelt werden und er diese dann selbst ganz oder teilweise ablichtet. **24c**

Anmerkung Abs. 1: Kostenschuldner der Dokumentenpauschale ist primär derjenige, der gemäß § 29 für die Verfahrenskosten haftet. Als weitere Kostenschuldner kommen die in §§ 22–26 genannten Schuldner in Betracht. Auch der Antragsteller (§ 28 Abs. 1) haftet in jedem Fall, wenn und soweit er die Erteilung der Dokumente beantragt hat. Für die Reihenfolge der Inanspruchnahme der Kostenschuldner gilt § 31. **25**

Anmerkung Abs. 2 regelt den Fall, dass auf einem ausdrücklichen Antrag eine Übermittlung auf elektronischem Wege erfolgt, wenn das Dokument erst von der Justiz eingescannt werden muss, weil es nur in Papierform vorliegt. Dann ist mindestens der Betrag zu erheben, der auch für die Fertigung einer Kopie oder bei der Übermittlung per Fax angefallen wäre. Das ist sachgerecht.[35] Dabei ist es unerheblich, ob die eingescannten Dokumente einzeln oder zusammengefasst als Dateiordner übermittelt werden. Die Regelung des Abs. 1 Nr. 3 gilt hier nicht, weil dort vorausgesetzt wird, dass bereits bei Antragstellung eine elektronische Speicherung des Dokuments vorliegt (vgl. oben Rn. 24a). **26**

Anmerkung Abs. 3: Auslagenfreiheit wird gewährt für die einer Partei, einem Beteiligten oder einem Beschuldigten für die unter Nrn. 1–2 genannten Ablichtungen/Ausdrucke, und zwar **26a**

Ziffer 1 (Hs. 1): Jede gerichtliche Entscheidung: Hierunter fallen nicht nur Urteile jeglicher Art, sondern auch Beschlüsse, die unmittelbar Rechtsfolgen auslösen.[36] Das können sein z.B. Beweisbeschlüsse, Vorbescheide, Pfändungs- und Überweisungsbeschlüsse, Vollstreckungsbescheide, Arrestbefehle, einstweilige Verfügungen oder Anordnungen. Prozessleitende Verfügungen – u.U. auch Erörterungsbeschlüsse und Zwischenverfügungen – mit unmittelbaren Rechtsfolgen (z.B. Fristsetzungen nach § 276 ZPO).[37] Es ist nicht erforderlich, dass durch die Entscheidung der Prozess beendet wird. Die Auslagenfreiheit für Dokumentenpauschalen besteht aber nur für die erstmalige Erteilung solcher Computerausdrucke, Kopien oder Ausfertigungen einschließlich etwaiger Ergänzungs- oder Berichtigungsbeschlüsse. Für alle weiteren Kopien, Ausdruck oder Ausfertigungen und für sonstige Mehrstücke sind Auslagen zu erheben. **27**

Ziffer 2 (Halbsatz 2): Jeder vor Gericht abgeschlossene Vergleich. Hierunter fallen nur die zu einem gerichtlichem Protokoll erklärten Vergleiche einschließlich der zum Protokoll nach Verlesung und Genehmigung übergebenen und mit dem Protokoll verbundenen oder im Protokoll enthaltenen Vergleiche (§ 160 ZPO) sowie Zwangsvergleiche im Insolvenzverfahren, nicht aber außergerichtliche Vergleiche, auch wenn sie dem Gericht mitgeteilt werden. Tritt jemand einem gerichtlichen Vergleich wirksam bei, ist er Partei und erwirbt einen Anspruch auf einen auslagefreien Ausdruck bzw. auslagenfreie Kopie oder Ausfertigung des Vergleichs. **28**

Ziffer 2: Frei von der Zahlungspflicht ist auch die Erteilung einer gerichtlichen Entscheidung ohne Tatbestand und Entscheidungsgründe, d.h. eine Ausfertigung des bloßen Entscheidungstenors, und zwar unabhängig davon, ob das Gericht bereits eine vollständige Ausfertigung etc. erteilt hat oder erteilen muss.[38] **28a**

35 NK-GK/Volpert KV-GKG 9000 Rn. 53, 54.
36 LG Hamburg NJW 1966, 2071.
37 *Hartmann* KV 9000 Rn. 11.
38 *Hartmann* KV 9000 Rn. 22; *Zimmermann* in Binz u.a KV 9000 Rn. 33 („grundsätzlich").

29 **Ziffer 3: Abschrift einer Sitzungsniederschrift**: Gemeint ist nur ein nach den Verfahrensordnungen ordnungsgemäß erstelltes Sitzungsprotokoll nebst den im Protokoll ausdrücklich als solche bezeichneten Protokollanlagen, die mit der Unterschrift des Richters und (soweit hinzugezogen) des Protokollführers versehen sein müssen. Nicht hierher gehören Kopien oder Ausdrucke von schriftlichen Gutachten.[39] Denn diese sind vom Sachverständigen auf der Geschäftsstelle niederzulegen (§ 411 Abs. 1 S. 1 ZPO), wo sie von der Partei oder ihrem Bevollmächtigten eingesehen werden können. Beantragt er eine Kopie, ist diese, wenn sie vom Gericht hergestellt wird, auslagenpflichtig. Wenn allerdings Mehrfertigungen des Gutachtens, die der Sachverständige beigefügt hat, an die Parteien weitergeleitet werden, entstehen selbstverständlich keine Schreibauslagen des Gerichts.[40] Auslagenpflichtig Kopien oder Ausdrucke von bloßen Protokollentwürfen, wie sie von Verteidigern in umfangreichen und sich über eine längere Zeit hinziehenden Strafverfahren angefordert werden. Für Blinde oder sehbehinderte Personen gilt aber die Auslagenfreiheit nach § 191a GVG, wenn ihnen die für sie bestimmten gerichtlichen Dokumente auch in einer für sie wahrnehmbaren Form zugänglich gemacht werden.

30 Bei **Vertretung** der Partei **durch einen Bevollmächtigten** sind auch diesem die in Nr. 1 bis 3 bezeichneten Dokumente oder Dateien vollständig auslagenfrei zu erteilen, und zwar unabhängig davon, ob diese notwendig sind. Die Bevollmächtigung bzw. Vertretung muss zum Zeitpunkt der Antragstellung bestehen. Tritt der Bevollmächtigte erst im Laufe des Verfahrens auf, hat er keinen Anspruch auf Erteilung auslagenfreier Kopien oder Ausdrucke für die vor seinem Eintritt in den Rechtsstreit angefallenen Dokumente. Der bloße **Verkehrsanwalt** ist jedoch kein Bevollmächtigter in diesem Sinne,[41] wie es auch selbstverständlich ist, dass eine Sozietät nur als ein Bevollmächtigter gilt.

31 Besteht die **Partei aus mehreren Personen**, hat jede von ihnen einen Anspruch auf Erteilung schreibauslagenfreier Kopien oder Ausdrucke, und zwar auch dann, wenn sie von demselben Bevollmächtigten vertreten werden.[42] Wird die Partei durch **mehrere Bevollmächtigte** vertreten, steht ihr für jeden Bevollmächtigten nur dann eine schreibauslagenfreie Ausfertigung oder eine Kopie/einen Ausdruck zu, wenn die Vertretung durch die mehreren Bevollmächtigten nach der jeweiligen Verfahrensordnung zulässig ist.[43] Auf die Notwendigkeit der Inanspruchnahme mehrerer Bevollmächtigter kommt es nicht an. Die Mitglieder einer Anwaltssozietät gelten aber als ein Bevollmächtigter. Nicht als Bevollmächtigter i.d.S. anzusehen ist der Korrespondenzanwalt.

31a **Anmerkung Abs. 4** betrifft eine Ausnahme für die Fälle der – generell kostenfreien Akteneinsicht, die durch die Gebühren des zugrundeliegenden Verfahrens abgegolten sind. Eine Dokumentenpauschale ist jedoch für die Fälle der Übermittlung eines elektronischen Aktenausdrucks oder eines Datenträgers mit dem Inhalt der elektronischen Akte zu erheben, weil der besondere Aufwand durch einen Antrag des Einsichtsnehmenden verursacht wird. Wählt dagegen im Einzelfall die Einsicht gewährende Stelle den Weg der Übermittlung in dieser Weise, gilt Abs. 4 nicht.[43a] Für die Höhe der Pauschale gelten die allgemeinen Regeln nach Nr. 3 und Anm. Abs. 1.

---

39 **A.M.** LG Münster RPfleger 1992, 225.
40 So zutreffend *Binz-Zimmermann* KV 9000 Rn. 24.
41 *Hartmann*, KV 9000 Rn. 15; *Zimmermann* in Binz u.a., KV 9000 Anm. 34.
42 BFH BStBl. II, 1973, 596; KG NJW 1972, 2002 = JurBüro 1972, 899 = RPfleger 1972, 331.
43 So auch *Hartmann* KV 9000 Rn. 16.
43a Vgl. Begr., BT-Ds 18/9416, Seite 80.

9001 Auslagen für Telegramme **in voller Höhe**

Es wird jetzt nicht mehr generell auf die „Entgelte für Telekommunikationsdienstleistungen außer für den Telefondienst" abgestellt, sondern ausschließlich auf die kostenintensiven Telegramme. Schon die frühere Regelung umfasste neben den Telegrammen lediglich Leistungen im Fernschreib- und Datexdienst. Diese Formen der Kommunikation sind heute nicht mehr der übliche Standard. Telegramme sind insbesondere bei kurzfristigen Ab- oder Umladungen noch üblich und regelmäßig auch kaum vermeidbar. Wegen der für Telegramme zu zahlenden hohen Entgelte soll hierfür weiterhin Auslagenerstattung erfolgen. 32

9002 Pauschale für Zustellungen mit Zustellungsurkunde, Einschreiben gegen Rückschein oder durch Justizbedienstete nach § 168 Abs. 1 ZPO je Zustellung **3,50 €**

Neben Gebühren, die sich nach dem Streitwert richten, mit Ausnahme der Gebühr 3700, wird die Zustellungspauschale nur erhoben, soweit in einem Rechtszug mehr als 10 Zustellungen anfallen. Im erstinstanzlichen Musterverfahren nach dem KapMuG wird die Zustellungspauschale für sämtliche Zustellungen erhoben.

Im Interesse einer weiteren Vereinfachung der Kostenberechnung ist nach der Anmerkung der für Zustellungsauslagen in die Gebühr eingerechnete Betrag durch eine feste Zahl auslagenfreier Zustellungen pro Instanz (Rechtszug) einschließlich des Kostenfestetzungsverfahrens[44] berücksichtigt worden. Dies erleichtert die Anwendung der Vorschrift insbesondere im Hinblick auf die von den verschiedenen Dienstleistern geforderten unterschiedlichen Entgelte. Da im erstinstanzlichen Musterverfahren keine gesonderten Gerichtsgebühren entstehen, ist es sachgerecht und zur Erleichterung der Abrechnung auch geboten, hier die Auslagen für sämtliche Zustellungen zu erheben. Durch die Neufassung von KV Nr. 9002 durch das 2. Justizmodernisierungsgesetz ist außerdem für jede Art der Zustellung eine einheitliche Pauschale von 3,50 € eingeführt worden. 33

Ob die mit der Auslagenfreistellung für 10 Zustellungen beabsichtigte Regelung ihr Ziel erreicht, ist zweifelhaft. Die Auslagen für Zustellungen sind in die Wertgebühren nach §§ 3, 34 für jede Instanz für bis zu 10 Zustellungen pauschal eingerechnet. Richtet sich das Verfahren gegen mehrere Beklagte, sind danach insgesamt 10 Zustellungen pro Instanz auslagenfrei und nicht etwa 10 Zustellungen an jeden Beteiligten.[45] Die mit der pauschalen Einrechnung bezweckte Vereinfachung oder Erleichterung ist deshalb in Anbetracht der erheblich gestiegenen Entgelte z.B. für Postleistungen weitgehend relativiert. Denn ein für einen Zustellungsauftrag verlangt beispielweise die Deutsche Post-AG (2014) einen Zuschlag zum normalen Porto in Höhe von 3,45 €, für ein Einschreiben mit Rückschein einen Zuschlag in Höhe von 3,95 € bzw. 5,75 €, wenn „eigenhändig". Die eingerechnete Anzahl von Zustellungen ist aber in der Praxis sehr schnell erreicht, insbesondere dann, wenn ein Mahnverfahren gegen mehrere Antragsgegner/Beklagte dem Rechtsstreit vorgeschaltet war oder wenn – was leider in praxi nicht selten ist – wegen nicht (mehr) zutreffender Anschriften von Zustellungsempfängern Zustellversuche wiederholt werden müssen. Dann sind 10 Zustellungen schnell erreicht und jede weitere Zustellung verursacht zusätzlich anzusetzende Auslagen. 34

44 *Hartmann* KV 9002 Rn. 2; *Zimmermann* in Binz u.a. KV 9002 Rn. 3; NK-GK/*Volpert* GKG-KV Nr. 9002 Rn. 21; *Oestreich* in Oe/He/Tre KV 9002 Ran. 17, jeweils m.w.N. der Rspr.
45 OLG Hamburg, JurBüro 2016, 643.

35 **Erfoderlichkeit der förmlichen Zustellung:** In Betracht kommen einmal die Auslagen für eine nach der jeweiligen Prozessordnung (z.B. ZPO, StPO) oder in anderen Gesetzen (z.B. nach dem KapMuG)[46] vorgeschriebenen förmlichen Zustellungen (durch Zustellungsurkunde, Einschreiben mit Rückschein oder durch Justizbedienstete). **Elektronische Zustellungen hingegen sind kostenfrei.** Eine Zustellung i.d.S. ist der in gesetzlicher Form zu bewirkende und zu beurkundende Vorgang,[47] durch den einer bestimmten Person Gelegenheit zur Kenntnisnahme eines Schriftstücks verschafft wird[48] und der von der Prozessordnung ausdrücklich vorgeschrieben ist. Den Gegensatz zur förmlichen Zustellung bildet die formlose Mitteilung. Aber auch wenn nach der Prozessordnung eine bloße Mitteilung (z.B. bei unanfechtbaren Entscheidungen) ausreicht, können Zustellungsauslagen angesetzt werden, wenn und soweit eine förmliche Zustellung objektiv notwendig ist und im Einzelfall und/oder für bestimmte Handlungen generell angeordnet wird. Das Gesetz sieht insoweit keine Einschränkungen vor.[49] Notwendig können solche Auslagen z.B. dann sein, wenn sie dem besseren oder sichereren Nachweis der Übermittlung eines Schriftstücks (z.B. der Übersendung eines Grundschuldbriefs) dienen. Es gilt insoweit der sog. „postalische Zustellungsbegriff",[50] und zwar auch dann, wenn solche Schriftstücke durch Justizbedienstete übermittelt werden. Dazu gehört besonders die Zustellung einer Ladung eines Verfahrensbeteiligten (Zeugen, Sachverständige, Dolmetscher,[51] Parteien, Angeklagte, Streitverkündete etc.[52]). Denn auch solche Ladungen müssen nicht förmlich zugestellt werden. Die Zustellung hat auch hier allein den Sinn, wegen möglicher Verhängung von Sanktionen wegen Nichtbefolgung der Ladung deren Erhalt zu beweisen. Die Zustellungsauslagen sind nur zu erheben bei Zustellungen durch die Post oder einen Justizbediensteten (§ 168 ZPO) mit Zustellungsurkunde oder per Einschreiben gegen Rückschein (§ 175 ZPO) oder durch einen Gerichtsvollzieher nach § 192 ZPO, nicht aber bei Zustellungen durch die Aufgabe zur Post (§ 184 ZPO). Zustellung i.d.S. ist die beurkundete Übergabe eines Schriftstücks in gesetzlicher Form.

36 Als Auslagen in Höhe von 3,50 € zu erheben sind die bei förmlicher Zustellung mit **Postzustellungsurkunde** oder mit Einschreiben gegen **Rückschein** erwachsenen Auslagen in Höhe von 3,50 €, auch wenn der in Anspruch genommene Zustelldienst für solche Dienstleitungen höhere oder geringere Entgelte berechnet oder wenn die Deutsche Post AG. Sonderkonditionen (Mengenrabatte) gewährt. Grundporti für gewöhnliche Einschreibsendungen oder für gewöhnliche Postsendungen deckt die Pauschale von 3,50 € ebenfalls mit ab. Eine Auslegung, wonach die Auslagen in voller Höhe, also das Entgelt für den Rückschein bzw. für die Zustellungsurkunde zuzüglich der Grundgebühr angesetzt werden mussten, lässt der eindeutige Wortlaut der Bestimmung zu. Eine Ausnahme gilt nur, wenn eine Partei sich zur Übernahme solcher Auslagen verpflichtet hat. Die für einen Postzustellungsauftrag anfallenden Auslagen sind anzusetzen, soweit diese nicht schon pauschal abgegolten sind. Dann aber sind sie immer zu erheben, wenn die Zustellung von Gesetzes wegen vorgeschrieben ist (z.B. bei einem Kostenfestsetzungsbeschluss nach § 11 RVG vom Rechtsan-

46 *Hartmann* KV 9002 Rn. 6.
47 BGHZ 8, 316.
48 Vgl. BGH 1978, 1858; Thomas/Putzo-*Hüßstege* ZPO, vor § 166 Rn. 1; *Meyer-Goßner* StPO § 35 Rn. 10.
49 OLG Zweibrücken NJW-RR 1999, 219; *Hartmann* KV-GKG 9002 Rn. 5; *Zimmermann* in Binz u.a. KV-GKG 9002 Rn. 3; KK-GK/*Volpert* KV-GKG 9002 Rn. 11, 12.
50 So für die KostO OLG Zweibrücken RPfleger 1998, 332 für § 137 KostO; *Zimmermann* in Binz u.a. KV-GKG 9002 Rn. 3.
51 Insoweit i.Erg. auch LG Koblenz NStZ-RR 2000, 30 sowie LG Koblenz, Beschl. v. 18.3.1997 – 2102 Js 33205/95 – 4 Kls.
52 OLG Hamburg, JurBüro 2016, 643.

walt)[53] oder wenn sie vom Gericht ausdrücklich angeordnet wurde.[54] Ist aber eine nicht vorgeschriebene förmliche Zustellung gerichtlich angeordnet worden, kann ein Nichtansatz nach § 21 in Betracht kommen. Auch die Auslagen für eine nicht durch einen Fehler des Gerichts erforderlich gewordene Wiederholung der Zustellung sind zu berücksichtigen.

Nicht zu berücksichtigen und damit auch nicht zu erheben sind aber solche Zustel- 37
lungsauslagen, die für **objektiv nicht erforderliche** förmliche Zustellungen entstanden sind.[55] Bei der Frage, wann eine förmliche Zustellung objektiv nicht notwendig war, ist aber ein strenger Maßstab anzulegen. Grundsätzlich liegt es im freien Ermessen des Gerichts, ob es eine förmliche Zustellung auch in den Fällen anordnet oder ob es als Regel so gehandhabt wird, wenn das Gesetz die Zustellung nicht ausdrücklich vorsieht.[56] Ob und welche förmlichen Zustellungen im Einzelfall notwendig waren, hat der Kostenbeamte im Rahmen des Kostenansatzes nach § 19 nicht zu prüfen. Das kann nur eine Frage im Rahmen der unrichtigen Sachbehandlung (§ 21) sein.[57] Keine Notwendigkeit kann z.B. anzunehmen sein, wenn eine aus im Zurechnungsbereich des Gerichts liegenden Gründen erfolgte falsche Zustellung wiederholt werden muss[58] oder wenn ganz offenkundig sinnlose Zustellversuche unternommen wurden.[59] Einen Spezialfall dieser Art behandelt § 21 für Kosten im Zusammenhang mit einer von Amts wegen vorzunehmenden Terminsverlegung. Eine förmliche Zustellung ist aber nicht schon dann objektiv nicht geboten, wenn eine andere Art der Zustellung kostengünstiger oder gar nur zweckmäßiger wäre und erst recht nicht, wenn es dem Gericht freigestellt ist, ob es förmlich zustellen oder formlos mitteilen will. Das gilt auch, wenn das Gericht – besonders in Strafsachen, aber nicht nur dort – Zeugen und andere Beteiligte grundsätzlich durch förmliche Zustellung laden lässt.[60]

Zu erstatten sind auch die Auslagen, die für die **Zustellung durch Justizbedienste- 38
te** entstehen, wobei auch hier die Auslagenfreiheit von 10 Zustellungen ggf. zu berücksichtigen ist. Eine solche Zustellung liegt vor, wenn statt durch Vermittlung der Post ein Justizbediensteter die förmliche Zustellung mit Zustellungsurkunde nach § 168 Abs. 1 ZPO vornimmt oder wenn sie auf Anordnung des Gerichts durch den Gerichtsvollzieher oder eine andere Behörde durchgeführt wird. Soweit der Gerichtsvollzieher mit der Zustellung beauftragt wird, sind ihm dafür Kosten und Auslagen nach dem GvKostG zu erstatten. Eine Übergabe an den Zustellungsempfänger an der Amtsstelle oder in einer Justizvollzugsanstalt erfüllt aber nicht die Voraussetzungen nach 168 ZPO. Im Verwaltungs-, Sozial- und Finanzgerichtsverfahren ist bei einer Zustellung nach § 5 VwZG durch einen Justizbediensteten KV 9002 sinngemäß anwendbar.

Die **Höhe der Auslagen** ergibt sich aus den jeweils gültigen Tarifen der Deutschen 39
Post AG oder des in Anspruch genommenen Zustelldienstes und/oder nach § 16 Abs. 1 GVKostG. Die Kosten sind auch dann anzusetzen, wenn die Zustellung sich als undurchführbar erwiesen hat, in den Fällen der Abs. 3 der Anm. zu Nr. 2 KV 9000 aber nur, soweit in einer Instanz mehr als 10 Zustellungen erfolgen.

In diesem Zusammenhang ist es kontrovers, ob die Gerichtskasse nach Maßgabe des 40
GKG die Portokosten für die Rücksendung eines Empfangsbekenntnisses zu übernehmen hat. Nach § 174 ZPO kann eine förmliche Zustellung an den dort näher bezeichneten Empfängerkreis auch gegen Empfangsbekenntnis (EB) erfolgen. Im gerichtlichen Amtszustel-

53 AG Berlin Pankow/Weißensee JurBüro 1998, 31; AG Berlin Charlottenburg JurBüro 1998, 32.
54 LAG Bremen RPfleger 1988, 165.
55 Dazu bei *Hartmann* KV 9002 Rn. 4.
56 Dazu überzeugend *Hartmann* KV 9002 Rn. 5.
57 KK-GK/*Volpert* KV-GKG 9002 Rn. 11.
58 KG NJW 1969, 1444 = JurBüro 1969, 872 = RPfleger 1969, 316.
59 *Hartmann* KV 9002 Rn. 9.
60 Dazu zutr. bei *Hartmann* KV 9002 Rn. 5–6.

lungsbetrieb wird diese Art der Zustellung am häufigsten bei der Zustellung an Rechtsanwälte praktiziert. In der Vergangenheit war es allgemein üblich, dass dem am Gerichtsort ansässigen Rechtsanwalt über sein Gerichtsfach das vorbereitete EB übermittelt wurde, welches dieser dann vollzogen über die Posteingangsstelle des Gerichts zurückgab. Portoauslagen entstehen dabei nicht. Bei auswärtigen Rechtsanwälten oder solchen, die kein Gerichtsfach eingerichtet hatten, wurde dem Anwalt per Post ein vorfrankiertes EB übersandt, welches er dann per Post zurückschickte. Dabei entstanden dem Rechtsanwalt ebenfalls keine Portokosten. In jüngster Zeit gehen die Gerichte verstärkt dazu über – nicht zuletzt auch mit Blick auf die immer knapper ausfallenden Justiz-Etats – auch dem auswärtigen Rechtsanwalt unfrankierte EB zu übersenden, so dass die Portokosten für die Rücksendung vom Rechtsanwalt verauslagt werden müssen.[61] Hier dürfte es sich aber um ein Scheinproblem handeln. Schon nach dem Wortlaut des GKG können Auslagen i.d.S. nur solche Portokosten sein, die das **Gericht** über das normale Postporto hinaus zu verauslagen hat, also **Zuschläge für die Zustellung**. Die Rücksendung eines EB erfolgt einmal mit normaler Post, zum anderen wird das Porto vom Rechtsanwalt für eine Sendung an das Gericht verauslagt. Auch aus der einschlägigen Bestimmung der ZPO lässt sich keine Pflicht der Justiz zur Übernahme solcher Portokosten ableiten. Denn nach §§ 174, 195 ZPO hat das Gericht oder die Justizverwaltung nur die Möglichkeit, ein Schriftstück gegen EB zuzustellen. Die Mitwirkungspflicht des Rechtsanwalts dabei besteht noch nicht einmal darin, das ihm so zugestellte Schriftstück in Empfang zu nehmen.[62] Das ist nur eine *standesrechtliche* Pflicht,[63] deren Nichtbeachtung zur Folge hat, dass dann keine wirksame Zustellung gegeben ist und eine solche über den Gerichtsvollzieher (§ 192 Abs. 1 ZPO) oder durch Aufgabe zur Post (§ 184 ZPO) wirksam erfolgen kann. Die dann anfallenden Zustellungskosten zählen aber zweifelsohne zu den Auslagen nach KV 9002 und können angesetzt werden, wenn und soweit sie in Höhe der Pauschale für 10 Zustellungen entstanden wird. Das ist in Ansehung der Höhe der heutigen Postentgelte leicht der Fall. Wenn das Gericht mithin die Zustellung nach § 174 ZPO wählt, handelt es – wirtschaftlich gesehen – eher im Interesse des potentiellen Kostenschuldners, um die erstattbaren Auslagen gering zu halten. Nur wenn der Betrag für 10 Zustellungen in einer Instanz überschritten wird, sind die Mehrauslagen zu erheben.

41 Die das Adhäsionsverfahren betreffende Gebühr KV 3700 ist ausgenommen, weil im Strafverfahren grundsätzlich Festgebühren anfallen.

42 Die Zustellungsauslagen im **Kostenfestsetzungsverfahren** bzw. im Kostenausgleichsverfahren sind ebenfalls erst ab der 11. Zustellung jeder Instanz zu erheben, weil auch das Kostenfestsetzungs-/-ausgleichsverfahren noch zur Instanz gehört.[64] Die frühere, bis zum 14. Aufl. vertretene Ansicht wird aufgegeben. Das gilt indessen nicht für das **Vergütungsfestsetzungsverfahren nach § 11 RVG**, weil es sich dabei um ein vom Kostenfestsetzungsverfahren völlig unabhängiges Verfahren handelt und deshalb nicht zum Rechtszug i.S.v. Nr. 9002 KV-GKG zählt,[65] so dass Auslagen für die Zustellung des Beschlusses nach Nr. 9002 KV-GKG anfallen.[66]

---

61 Vgl. dazu kritisch und i. Erg. abl. etwa bei *Schneider* ZAP, Heft 7/96; 16/96; 1/97 – „Justizspiegel"; *ders.*, Die Klage im Zivilprozess, 2000 Rn. 473.

62 BGHZ 30, 299, 305.

63 § 14 BORA. Dazu etwa bei *Kleine-Cossack* BORA vor § 1, Rn. 6, 7; § 14 Rn. 2–3.

64 AG Itzehoe SchlHA 1996, 260; AG Rendsburg SchlHA 1996, 260; *Hartmann* KV 9002 Rn. 2; *Zimmermann* in Binz u.a. KV 9002 Rn. 3; NK-GK/*Volpert* GKG-KV Nr. 9002 Rn. 21; *Oestreich* in Oe/He/Tre KV 9002 Rn. 17, jeweils m.w.N. der Rspr. **A.M.** LG Kiel SchlHA 1996, 259; AG Kiel JurBüro 1996, 261. AG Rendsburg SchlHA 1996, 260; *Mümmler* JurBüro 1995, 462.

65 LG Lübeck JurBüro 2015,83 = AGS 2014, 558 = JurionRS 2014, 25569; LG Köln AGS 2000, 209; LG Bonn AGS 2000, 210; NK-GK/*Volpert* KV 9002 Rn. 22.

66 LG Lübeck JurBüro 2015,83 = AGS 2014, 558 = JurionRS 2014, 25569.

Kostenschuldner: Die Kostenhaftung für die Auslagen richtet sich nach §§ 22ff. Gibt eine Partei oder ihr Prozessvertreter, dessen Handlungen (Verschulden) die Partei sich zurechnen lassen muss, im Laufe des Rechtsstreits die Anschrift der Gegenpartei oder eines Zeugen etc. falsch an und sind deshalb die Zustellungen zu wiederholen, treffen die dadurch entstanden Mehrkosten nach Nr. 9002 die Partei, welche die unrichtige Anschrift genannt hat.[67] 42a

9003	**Pauschale für die bei der Versendung von Akten auf Antrag je Antrag anfallenden Auslagen an Transport- und Verpackungskosten je Sendung** **(1) Die Hin- und Rücksendung der Akten durch Gerichte oder Staatsanwaltschaften gelten zusammen als eine Sendung.** **(2) Die Auslagen werden von demjenigen Kostenschuldner nicht erhoben, von dem die Gebühr 2116 zu erheben ist.**	12,00 €

Allgemeines: Die verfassungsrechtlich nicht zu beanstandende[68] Bestimmung[69] ist durch das 2. KostRModG[70] überarbeitet worden. Sie eine pauschale Abgeltung von zusätzlich bezifferbaren bzw. ausscheidbaren Aufwendungen, die dem aktenführenden Gericht bzw. der aktenführenden Staatsanwaltschaft entstehen, wenn Versendungen von Akten noch anhängiger Verfahren an einem anderen Ort als dem der aktenführenden Stelle an einen Antragsteller oder an ein örtlich entferntes, nicht die Akten führendes Gericht oder eine Staatsanwaltschaft notwendig werden, auch wenn der Anwalt sie dort abholt.[71] Als „Ort" ist hier das Gebäude der aktenführenden Dienststelle zu verstehen und nicht die politische Gemeinde, in der sich die Dienststelle befindet.[72] Voraussetzung für die Auslagenpauschale nach KV 9003 ist stets, dass es sich bei der Versendung oder Übermittlung um Akten eines noch nicht abgeschlossenen Verfahrens bzw. um Beiakten eines solchen handelt. Wenn und soweit Akten eines rechtskräftig (einschließlich der zur Abwicklung notwendigen Folgesachen wie Kosten, Entschädigung) abgeschlossenen Verfahrens handelt, mithin um den Aktenversand außerhalb eines gerichtlichen Verfahrens (z.B. § 299 Abs. 2 ZPO), sind die Auslagen nach dem JVKostG (§ 4 Abs. 1 JVKostG i.V.m. Vorbem 2 vor Nr. 2000 KV-JVKostG)[73] bzw. den landesrechtlichen Justizverwaltungskostenregelungen zu erheben. Die Pauschale fällt auch im sozialgerichtlichen Verfahren an,[74] nicht aber, wenn Akten an eine Behörde aufgrund eines **Ersuchens** versandt werden, weil das nicht auf Antrag i.S.v. KV 9003 geschieht, sondern auf Grund einer Bitte um Amtshilfe.[75] In der Verwaltungssprache steht der (veraltete) Terminus des 43

67 LAG Bremen, Beschl. v. 14.10.1987 – 4 Ta 58/87 – = JurionRS 1987, 14632.
68 BVerfG NJW 1995, 3177.
69 Vgl. dazu *Enders* JurBüro 1997, 393; *Notthoff* AnwBl. 1995, 538.
70 BT-Ds. 17/13537, S. 11.
71 Insoweit zutreffend OLG Koblenz NJW 2013, 1018 (L) = NStZ-RR 2013, 125 = JurBüro 2013, 210 = MDR 2013, 495 = FamRZ 2013, 1425 (für den Fall der Selbstabholung von Akten des OLG aus dem Anwaltsfach des gegenüber liegenden LG).
72 Dazu bei NK-GK/*Volpert* KV 9003 Rn. 18, 19 m.N.
73 OLG Düsseldorf JurBüro 2012, 597.
74 LSG SchlH AnwBl. 1997, 48; SozG Stralsund JurBüro 1998, 370 m. Anm. v. *Enders;* **a.M.** SG Frankfurt aM NZS 1998, 256 (L).
75 Zutreffend so auch *Hower* NJW 2013,2077.

Ersuchens üblicherweise für Amtshilfe. Das gilt auch, wenn Akten eines noch nicht abgeschlossenen Verfahrens im Wege der **Amtshilfe** einer anderen Behörde zur Einsicht überlassen werden. Auch dann liegt kein Antrag sondern ein Ersuchen vor.

44 Der Tatbestand KV 9003 erfasst nur die nach Antrag erfolgende **Versendung** von **Akten in Papierform**. Akten i.d.S. sind mehrere zusammengefasste Dokumente nebst Anlagen und Kopien/Ausdrucken, u.U. auch Aktenteile und/oder Beiakten (vgl. § 28 Rn. 7).[76] Im Gegensatz zur Übermittlung von Schriftstücken ist für Aktenversendung charakteristisch, dass der Empfänger die Akten bzw. Aktenteile wieder an das Gericht zurück senden bzw. zurück geben muss.[77] Die Art der Aktenführung ist unerheblich. Elektronisch geführte Akten (z.B. §§ 298, 298a ZPO) gehören aber nicht hierher. Die Übermittlung von elektronischen Akten wird nach KV 9000 abgerechnet Wenn nur Teile von Akten, also Dokumente, versandt werden, gilt KV 9000 (vgl. auch § 28 Abs. 2). Die Auslagen werden nur für Aktenversendung auf **Antrag** erhoben, nicht aber, wenn der Versand vom Amts wegen oder im Wege der Amtshilfe erfolgt.

44a Unter **Versendung** in diesem Sinne ist nicht nur die Herausgabe einer herkömmlich geführten Papierakte zu verstehen, sondern auch solche, die von einer elektronisch geführten Akte reproduziert worden sind. Wenn der Antragsteller die Akten von der Geschäftsstelle selbst abholt, liegt natürlich kein Versand, sondern nur eine Überlassung vor, so dass die Auslagen nach KV 9003 nicht anfallen.[78] Um eine bloße Überlassung handelt es sich auch, wenn eine elektronisch geführte Akte in der Geschäftsstelle des Gerichts auf dem Bildschirm nur eingesehen wird. Beantragt der Einsehende dann die vollständige oder teilweise Reproduktion, gilt insoweit KV 9000. Das gilt auch, wenn dem Rechtsanwalt die Aktenausdrucke über sein bei dem aktenführenden Gericht bzw. der Staatsanwaltschaft eingerichtetes Gerichtsfach übermittelt werden[79] oder wenn er beantragt, dass ihm je Akte (ganz oder zum Teil) elektronisch übermittelt wird.

44b **Art des Versandes:**

Eine Pauschale nach KV 9003 ist auch dann zu erheben, wenn ein Bediensteter des versendenden Gerichts die Akte zur Einlage in das Anwaltsfach überbringt, das der die Akten erfordernde Anwalt bei einem **anderen** Gericht/einer anderen Staatsanwaltschaft unterhält,[80] und zwar auch dann, wenn das absendende Gericht zu dem Gericht, bei dem der Anwalt sein Fach hat, einen täglichen Botendienst unterhält,[81] der Bedienstete des absendenden Gerichts die Akten also mitnehmen kann, **wenn und soweit dabei besondere Auslagen** (etwa ausscheidbare Auslagen für gefahrene Umwege oder Extrafahrten für den Aktentransport) entstehen, nicht aber, soweit kein besonderer (zusätzlicher, ausscheidbarer) Aufwand (z.B. bei regelmäßigem Kurierdienst zwischen verschiedenen Gerichten innerhalb eines OLG- bzw. LG-Bezirks) anfällt.[82] Es ist dem Wesen einer Pauschale immanent, dass es gerade nicht darauf ankommt, in welchem Umfang der

---

76 OVG Münster NJW 2013, 2378; *Hartmann* KV 9003 Rn. 1.

77 OVG NRW NJW 2013, 2378 = JurionRS 2013, 34230.

78 LG Detmold NJW 1995, 2801.

79 OVG Koblenz NJW 2013, 2137; VG Koblenz, Beschl. v. 12.4.2013 – 6 K 272/13 KO = DRiZ 2013, 299; LG Chemnitz JurBüro 2010, 257; LG Göttingen NJW-RR 1996, 190; AG Osnabrück JurBüro 1995, 315.

80 OLG Köln MDR 2009, 955; *Hellstab* in Oe/He/Tre § 28 Rn. 7.

81 OLG Koblenz JurBüro 2014, 379; LAG Schleswig-Holstein JurBüro 2007, 372 (Arbeitsgericht hat ein Fach beim Landgericht, welches der Bote des Arbeitsgerichts täglich leert. Dazu auch bei *Volpert* RVReport 2014, 170.

82 So auch OLG Celle, JurBüro 2016, 302; OLG Köln NJW-Spezial 2014, 699 = AGS 20114, 513 = JurionRS 22014, 25001. **A.A.** *Burhoff* RVG-professionell 2015, 46, der indessen die Entscheidung des OLG Köln missverständlich interpretiert. Dazu auch ausführlich NK-GK/*Volpert* KV 9003, Rn.21, 26 m. zahlr. Nachw.

Versand (zusätzlichen) Aufwand nach sich zieht. Unerheblich ist auch, auf welchem Wege, ob per Post, einem Dienstfahrzeug der Justiz[83] oder privatem Paket-/Kurierdienst[84] der Versand erfolgt. Auch wenn der Rechtsanwalt, der als Prozessbevollmächtigter oder Verteidiger ein Recht auf Akteneinsicht hat, sich die Akten auf sein Büro übersenden lässt, statt sie von der Geschäftsstelle abzuholen, entsteht die Gebühr KV 9003. Sie entsteht bei mehrmaliger Anforderung mehrmals.[85] Keine Pauschale nach KV 9003 fällt aber an, wenn der Anwalt die Akten zur Einsichtnahme aus einem bei dem **aktenführenden Gericht** eingerichteten Anwaltsfach abholen lässt, auch wenn dieses sich in einem anderen Gebäude als die Geschäftsstelle befindet.[86] Die vereinzelt vertretene gegenteilige Ansicht[87] überzeugt nicht. Der bloße Transport innerhalb einer Dienststelle ist kein „Versenden nach einem anderen Ort".

Wenn dieselbe Akte antragsgemäß zu verschiedenen Zeiten, also mehrmals versandt, entsteht auch die Pauschale mehrmals, d. h. für jeden Versand extra.[88] Das gilt auch, wenn Haupt- und Beiakten auf Antrag getrennt angefordert werden. **44c**

Werden die Akten verschiedener Verfahren von der gleichen aktenführenden Dienststelle antragsgemäß gemeinsam versandt, entsteht die Pauschale nur einmal.[89] Der Pauschalbetrag ist dann auf die einzelnen Verfahren zu verteilen. **44d**

Die Pauschale ist aber nicht zu erheben, wenn die Akten einem beim Landgericht am Sitz der Staatsanwaltschaft ansässigen Rechtsanwalt in dessen Gerichtsfach unverpackt eingelegt werden, wenn Staatsanwaltschaft und Landgericht räumlich voneinander getrennt sind.[90] Andererseits spielt es aber auch keine Rolle, ob die Akten innerhalb des Ortes oder Gerichtsbezirks versandt werden[91] oder ob die Sendung aus einem oder mehreren Stücken einer Akte besteht. **44e**

Kostenschuldner der Aktenübersendungspauschale ist nur der **Antragsteller.**[92] Das ist aber nicht die Partei, wenn der Rechtsanwalt den Antrag als Vertreter der Partei stellt, sondern immer der Rechtsanwalt aus eigenem Recht[93] (auch als Pflichtverteidiger),[94] der sie dann aber ggf. als notwendige Auslage von der Partei nach Maßgabe des RVG bzw. gem. §§ 670, 675 BGB[95] oder bei strafverfahrensrechtlichem Freispruch im Rahmen des § 464a StPO aus der Staatskasse erstattet verlangen kann,[96] und zwar selbst dann, wenn er den Antrag ausdrücklich als Vertreter des Mandanten stellt, was im ver- **45**

83 LG Kleve JurBüro 2015, 419 m. Anm. von *Wedel*.
84 OLG Bamberg, NStZ-RR 2015, 279 = AGS 2015, 278 = wistra 2015, 248 = JurionRS 2015, 13401; OLG Saarbrücken JurBüro 2016, 31 = NStZ 2016, 32 = JurionRS 2015, 28445; LG Kleve JurBüro 2015, 419 = JurionRS 2015, 20080.
85 LG Frankenthal NJW 1995, 2801.
86 **H.M.** Dazu die zahlreichen Nachweise etwa bei OLG Koblenz JurBüro 2013, 210, 211; OVG Rheinland-Pfalz JurBüro 2013, 595. Dazu auch *N. Schneider* RVG-professionell 2014, 65.
87 OLG Koblenz JurBüro 2013, 210, 211.
88 *Oestreich* in Oe/He/Tre, KV 9003 Rn.5e.
89 *Oestreich* in Oe/He/Tre, KV 9003 Rn.5f.
90 **A.M.** AG Düsseldorf JurBüro 1997, 433 (zum alten Recht. Die Ansicht ist überholt).
91 LG Frankenthal MDR 1996, 104.
92 LG Bayreuth JurBüro 1997, 437.
93 BGH FR 2011, 758; LG Mainz JurBüro 2007, 597 = NJW-RR 2008, 151; LG Göttingen StV 1996, 43 = NdsRPfl. 1996, 166; LG Baden-Baden JurBüro 1995, 543; LG Koblenz NJW 1996, 1223. **A.M.** VG Düsseldorf JurBüro 2006, 90 und JurBüro 2008, 375 m. Anm. v. *Enders*.
94 OLG Koblenz MDR 1997, 202; AG Mainz NStZ-RR 1999, 128 (L); wohl auch OLG Düsseldorf JurBüro 2002, 307 (308).
95 KG ZfS 2009, 169 m. Anm. v. *Hansens*; LG Potsdam JurBüro 2012, 470; LG Mainz JurBüro 2007, 597 = NJW-RR 2008, 151.
96 BGH JurBüro 2011, 412 m. Anm. v. *Enders* = MDR 2011, 758; LG Potsdam JurBüro 2012, 470; AG Leipzig NStZ-RR 2000, 319; OLG Koblenz StraFo 2001, 147; OLG Düsseldorf JurBüro 2002, 307 (308).

waltungsgerichtlichen Verfahren in der Regel anzunehmen ist.[97] (Dazu auch § 28 Rn. 9.) Die gegenteilige Ansicht wird nicht mehr weiter vertreten.[98] Keine Antragstellung liegt aber vor, wenn um Übersendung der Akten auf Grund eines zulässigen Amtshilfeersuchens erfolgt.

46 Die **Pauschale** für die Versendung beträgt im Hinblick auf die tatsächlich mit dem Versand der Akten verbundenen erheblich gestiegenen Kosten für Postdienstleistungen etc. 12 € je Sendung. Abs. 1 der amtlichen Anmerkung stellt für diesen Fall ausdrücklich klar, dass Hin- und Rücksendung der Akten dann, wenn es sich um (mindestens teilweise)[99] die gleichen Akten handelt, als eine Sendung behandelt werden, die Pauschale mithin nicht doppelt anfällt. Die Rücksendung muss aber durch eine Gerichtsbehörde oder durch die Staatsanwaltschaft erfolgen. Damit ist auch die frühere Kontroverse über die Rücksendungskosten obsolet geworden. Mehrere Sendungen und damit auch mehrere Pauschalen fallen aber an, wenn die Akten mehrmals (wiederholt) angefordert werden,[100] nicht aber wenn – was bei umfangreichen Akten nebst Beiakten der Fall sein kann – die Akte in mehreren Paketen für den Versand aufgeteilt werden muss.[101]

47 **Rücksendung:** Wenn der Anwalt die Akten auf eigene Kosten zurücksendet, kann er keine Erstattung der Auslagen nach dem GKG verlangen,[102] denn KV 9003 betrifft nur pauschalisierte Auslagen, die der Justizbehörde für den Aktenversand entstehen und hat nicht den Sinn, Verfahrensbeteiligte oder Dritte zu entlasten. Das war auch nicht den Motiven des früheren Gesetzes zu entnehmen. Insoweit heißt es zur Begründung der Anm. 1 zu KV 9003 a.F. lapidar „soll klargestellt werden, dass mit der einmaligen Zahlung der Pauschale sowohl die Übersendung der Akten als auch deren Rücksendung abgegolten ist".[103] Abwegig war, wenn daraus der Schluss gezogen wurde, dass die Gerichte (z.B. durch Beifügung eines Freiumschlags für die Rücksendung)[104] Vorsorge tragen müssen, dass die Auslagen des Rückversandes durch den Antragsteller uneingeschränkt zu Lasten der Justiz gehen. Der (auswärtige) Anwalt kann natürlich die Akten dem örtlichen Gericht zwecks Weiterleitung übergeben, wenn er Auslagen für die Rücksendung vermeiden will.[105]

9004	**Auslagen für öffentliche Bekanntmachungen**	**in voller Höhe**
	(1) Auslagen werden nicht erhoben für die Bekanntmachung in einem elektronischen Informations- oder Kommunikationssystem, wenn das Entgelt nicht für den Einzelfall oder nicht für ein einzelnes Verfahren berechnet	

97 Sächs.OVG JurBüro 2009, 543; VG Braunschweig JurBüro 2003, 210.

98 Dazu näher bei *D. Meyer* JurBüro 1996, 231. Vgl. auch VG Braunschweig JurBüro 2003, 210.

99 *Hartmann* KV 9003 Rn. 4.

100 LG Frankenthal NJW 1995, 2801; *Hartmann* KV 9003 Rn. 2.

101 Dazu den Fall des BVerwG (zu VV-RVG 7001) JurBüro 2015, 81 = NVwZ-RR 2014, 982 = JurionRS 2014, 24610, wo es um den Versand von 145 Ordnern ging).

102 Ganz h.M. vgl. z.B.: ThürOLG JurBüro 2007, 598; OLG Naumburg JurBüro 2008, 374; OLG Koblenz JurBüro 2006, 207 (LS mit Volltextservice); OLG Hamm JurBüro 2006, 89 = RVG-Letter 2006, 17; OLG Hamm JurBüro 2006, 147 (LS mit Volltextservice); LG Koblenz JurBüro 2006, 89 = RVG-Letter 2006, 20; AG Rockenhausen JurBüro 2006, 207; *Burhoff* RVGReport 2006, 41; im Ergebnis auch OLG Koblenz JurBüro 2006, 207; **a.M.** AG Brandenburg/Havel JurBüro 2005, 316 (für den Fall der rechtsähnlichen Vorschrift des § 107 Abs. 5 OWiG bei Aktenübersendung der Verwaltungsbehörde im Bußgeldverfahren); *Euba* RENO-Praxis 2006, 18.

103 Begr. zum KostRModG (RefEntw), BT-Ds. 15/1971 S. 212.

104 So OLG Koblenz JurBüro 2006, 207 = MDR 2006, 957.

105 Unstr. dazu bei *Hartmann* KV 9003 Rn. 4 m.N.

wird. Nicht erhoben werden ferner Auslagen für die Bekanntmachung eines besonderen Prüfungstermins (§ 177 InsO, § 18 SeeVertO).

(2) Die Auslagen für die Bekanntmachung eines Vorlagebeschlusses gemäß § 6 Abs. 4 KapMuG gelten als Auslagen des Musterverfahrens.

KV 9004 betrifft die Auslagen für öffentliche Bekanntmachungen einschließlich der Auslagen für die öffentliche Bekanntmachung in einem elektronischen Informations- und Kommunikationssystem. Aus Vereinfachungsgründen ist die in der früheren Fassung enthaltene Regelung gestrichen, wonach bei Veröffentlichung in einem elektronischen Informations- und Kommunikationssystem, wenn ein Entgelt nicht zu zahlen oder das Entgelt nicht für den Einzelfall oder ein einzelnes Verfahren berechnet wird, eine Pauschale von 1,00 € erhoben werden sollte. Das ist zudem in Satz 1 der amtlichen Anmerkung klargestellt worden. Satz 1 der Anmerkung erfasst auch die Fälle, in denen mit dem kommerziellen Anbieter, der die öffentliche Bekanntmachung im Internet übernimmt, eine Vereinbarung getroffen wurde, nach der das Entgelt für die Veröffentlichungen nicht mehr einzelfallbezogen berechnet wird. Denkbar sind z.B. Vereinbarungen, nach denen die Justizverwaltung dem kommerziellen Anbieter eine pauschale Vergütung für die Durchführung der öffentlichen Bekanntmachungen unabhängig von der Anzahl der Veröffentlichungen und deren Umfang zahlt. Solche Vereinbarungen sind geeignet, den Abrechnungsaufwand auf beiden Seiten ganz erheblich zu reduzieren. Aus Gründen der Einheitlichkeit und Transparenz wird in diesen Fällen die gleiche Auslagenpauschale erhoben wie bei der Veröffentlichung auf justizeigenen Internetseiten. Nicht erfasst werden hingegen die Fälle, in denen zwar die Abrechnung gegenüber der Justizbehörde mittels einer Sammelrechnung erfolgt, das Entgelt jedoch für jede Veröffentlichung oder jedes Verfahren gesondert bemessen wird, sei es einzelfallbezogen anhand bestimmter Kriterien (z.B. dem Umfang des Textes der Bekanntmachung) oder als Festbetrag. Hier ist eine Pauschalierung nicht erforderlich, da die tatsächlichen Veröffentlichungsauslagen mit vertretbarem Aufwand festgestellt und nach Nr. 2 abgerechnet werden können. Die Pauschale fällt auch dann an, wenn die öffentliche Bekanntmachung im Internet unter Einschaltung eines kommerziellen Anbieters erfolgt, dieser jedoch kein Entgelt für die Veröffentlichung verlangt, da er sich aus anderen Einnahmequellen wie z.B. Werbung finanziert. 48

Abs. 1 Satz 1 der Anmerkung erfasst insbesondere die Kosten der Einrückung in den Bundesanzeiger und andere Blätter, z.B. bei der öffentlichen Zustellung oder bei Auslobungsbekanntmachungen zur Fahndung nach einem Täter. Die Auslobungssumme oder im Zusammenhang mit der öffentlichen Bekanntmachung entstehende Postgebühren zählen aber nicht hierher. Wird der Antrag vor der Veröffentlichung zurückgenommen, sind die bis dahin entstandenen Kosten zu erheben. Zu den Kosten der öffentlichen Bekanntmachung zählen auch anderweitige Druckkosten und Kosten, die durch öffentliche Bekanntmachungen über Medien (Rundfunkdurchsagen, Fernsehbekanntmachungen amtlicher Art, nicht aber solche für die Nutzung kommerzieller Sendungen wie etwa „XY-Unbekannt“) entstanden sind. Abs. 1 Satz 2 der Anmerkung betrifft die Kosten der Bekanntmachung eines besonderen Prüfungstermins nach § 177 InsO und § 11 SeeVertO. Ist der besondere Prüfungstermin zugleich als Schlusstermin vorgesehen, herrscht Auslagenfreiheit nur, soweit die Auslagen für den besonderen Prüfungstermin ausscheidbar sind. Die Auslagen sind in voller Höhe anzusetzen. Abs. 2 der Anmerkung dient nur der Klarstellung, dass die Auslagen zum Musterverfahren gehören. 49

9005	**Nach dem JVEG zu zahlende Beträge** **(1) Nicht erhoben werden Beträge, die an ehrenamtliche Richter (§ 1 Abs. 1 Satz 1 Nr. 2 JVEG) gezahlt werden.** **(2) Die Beträge werden auch erhoben, wenn aus Gründen der Gegenseitigkeit, der Verwaltungsvereinfachung oder aus vergleichbaren Gründen keine Zahlungen zu leisten sind. Ist aufgrund des § 1 Abs. 2 Satz 2 des Justizvergütungs- und -entschädigungsgesetzes keine Vergütung zu zahlen, so ist der Betrag zu erheben, der ohne diese Vorschrift zu zahlen wäre.** **(3) Auslagen für Übersetzer, die zur Erfüllung der Rechte blinder oder sehbehinderter Personen herangezogen werden (§ 191a Abs. 1 GVG), werden nicht, Auslagen für Gebärdensprachdolmetscher (§ 186 Abs. 1 GVG) werden nur nach Maßgabe des Absatzes 4 erhoben.** **(4) Ist für einen Beschuldigten oder Betroffenen, der der deutschen Sprache nicht mächtig, hör- oder sprachbehindert ist, im Strafverfahren oder im gerichtlichen Verfahren nach dem OWiG ein Dolmetscher oder Übersetzer herangezogen worden, um Erklärungen oder Schriftstücke zu übertragen, auf deren Verständnis der Beschuldigte oder Betroffene zu seiner Verteidigung angewiesen oder soweit dies zur Ausübung seiner strafprozessualen Rechte erforderlich war, werden von diesem die dadurch entstandenen Auslagen nur erhoben, wenn das Gericht ihm diese nach § 464c StPO oder die Kosten nach § 467 Abs. 2 Satz 1 StPO, auch in Verbindung mit § 467a Abs. 1 Satz 2 StPO, auferlegt hat; dies gilt auch jeweils in Verbindung mit § 46 Abs. 1 OWiG.** **(5) Im Verfahren vor den Gerichten für Arbeitssachen werden Kosten für vom Gericht herangezogene Dolmetscher und Übersetzer nicht erhoben, wenn ein Ausländer Partei ist und die Gegenseitigkeit verbürgt ist oder ein Staatenloser Partei ist.**	**in voller Höhe**

50 **Abs. 1** der Anm. ist erforderlich, weil der JVEG auch die Entschädigung der ehrenamtlichen Richter regelt. Im Übrigen gilt KV Nr. 9005 für sämtliche Auslagen an Zeugen- und Sachverständigen, die das **Gericht oder die Staatsanwaltschaft** einschließlich ihrer Hilfsbeamten **als Ermittlungsbehörde**[106] an einen Zeugen, Sachverständigen, Dolmetscher – auch Gebärdendolmetscher[107] – oder Übersetzer nach dem JVEG gezahlt hat. Die Heranziehung muss aber stets im Auftrag, der auch stillschweigend erteilt werden kann, des Gerichts oder der Ermittlungsbehörde erfolgt sein. Ist das nicht der Fall, gelten Nrn. 9013 bzw. 9015.[108] Unter Nr. 9005 fallen z.B. die im Verfahren vor dem Amtsgericht bzw. dem Rechtsbeschwerdegericht entstehenden Übersetzerauslagen (§ 87 Abs. 3 IRG),[109] die Gutachterauslagen im Insolvenzverfahren oder auch die Gutachterkosten zur Prü-

106 OLG Braunschweig Beschl. v. 23.5.2013 – 1 Ws – 59/13 –.
107 LG Hamburg JurBüro 1999, 599.
108 OLG Braunschweig Beschl. v. 23.5.2013 – 1 Ws – 59/13 –.
109 *Hagen Schneider* JurBüro 2011, 61,63.

fung der Frage der weiteren Unterbringung nach § 67a StGB[110] sowie vereinbarte oder ausdrücklich zugesagte besondere Entschädigungen des Sachverständigen nach Maßgabe der §§ 13, 14 JVEG.[111] Es ist aber für den Ansatz in jedem Fall zu prüfen, ob die Tätigkeit tatsächlich unter die Bestimmungen des JVEG fällt. So ist z.B. die Auswertung von Datenträgern nicht in jedem Fall als Sachverständigengutachten abrechenbar.[112] Die bloße Zustimmung eines oder mehrerer betroffener Verfahrensbeteiligter zur Mitteilung des Gerichts, der gerichtlich bestellte Gutachter wolle eine über den Höchstsatz des JVEG liegende Vergütung berechnen, wozu die Möglichkeit einer Einverständniserklärung bestehe, reicht noch nicht.[113]

Ein nach § 13 Abs. 1 JVEG gezahlter Vorschuss ist selbstverständlich zu verrechnen. Wenn eine Partei Kostenfreiheit genießt (§ 2) oder ihr Prozesskostenhilfe bewilligt wurde, braucht sie natürlich keinen Vorschuss nach § 13 Abs. 1 JVEG zu zahlen. Auf den Ansatz der besonderen oder vereinbarten Entschädigung nach §§ 13, 14 JVEG hat das aber grundsätzlich keinen Einfluss, weil die stets erforderliche Zustimmung des Gerichts die Auslagen nachträglich rechtfertigt (arg. § 31 Abs. 3 Satz 1). Der insoweit in Anspruch genommene Kostenschuldner kann jedoch Rechtsmittel nach § 66 einlegen, wenn eine Zustimmung des Gerichts fehlt, oder einen Antrag nach § 21 einbringen, wenn die Zustimmung des Gerichts ermessensfehlerhaft erteilt wurde.[114] Sind solche Auslagen nicht für die Hinzuziehung von Zeugen, sondern auch für die Verteidigung des Beschuldigten oder Betroffenen i.S.d. Anm. 1 entstanden und dem Beschuldigten (Betroffenen) nicht auferlegt, können die für die Hinzuziehung von Zeugen (Sachverständigen) entstandenen Auslagen nur angesetzt werden, soweit sie (erforderlichenfalls durch Schätzung) ausscheidbar sind. Ist eine Ausscheidung nicht (mehr) möglich, ist ein Ansatz nicht zulässig.[115] Es kommt grundsätzlich nicht darauf an, welche Zahlungen das Gericht tatsächlich verauslagt hat, sondern darauf, welche Beträge es zahlen muss oder musste.[116] Das gilt auch für die Kosten einer nach der StPO in zulässiger Weise erfolgten Telefonüberwachung (§ 23 JVEG)[117] als solche. Hilfsmittel, die für die Durchführung der Überwachung beschafft wurden (z.B. die Anmietung von Computern) gehören aber nicht dazu.[118] Auch im Interesse der Prozessbeschleunigung vom Gericht veranlasster Übersetzungskosten für eine Auslandszustellung sind zu erheben, und zwar auch dann, wenn die ausländische Behörde auf eine Übersetzung verzichtet hätte.[119] Auch die Vergütung des vom Gericht als Sachverständiger eingesetzten vorläufigen Insolvenzverwalters ist Auslage i.S.v. KV 9005, weil insoweit die Beschränkung des § 23 Abs. 1 Satz 3 nicht gilt.[120]

Soweit das Gericht eine Überzahlung vorgenommen hat, kann der in Anspruch ge- **51**
nommene Kostenschuldner dagegen nur im Verfahren nach § 66 vorgehen (dazu auch § 66 Rn. 13, 16). Er ist in diesem Fall nicht auf mögliche Einwendungen nach § 21 beschränkt.[121]

---

110 OLG Koblenz JurBüro 2005, 483 (LS); **a.M.** OLG Hamm StV 2001, 32.

111 KG JurBüro 2007, 95; OLG Koblenz FamRZ 2002, 412; *Berding* JurBüro 2007, 58. **A.M.** *Hartmann* JVEG § 13 Rn. 17; vgl. auch *Meyer/Höver/Bach* Rn. 13.

112 Dazu ausführlich OLG Schleswig, Beschl. v. 10.1.2017 – 2 Ws 441/16 (165 /16).

113 BVerfG Beschl. v. 24.3.2010 – 2 BvR 1257/09.

114 Dazu bei *Hartmann* JVEG § 13 Rn. 12ff., 14; *D. Meyer* JurBüro 2002, 186, jeweils m.N.

115 OLG Koblenz NStZ-RR 2000, 30.

116 OLG Düsseldorf AnwBl. 1989, 237; OLG Schleswig MDR 1985, 80 m.w.N.

117 OLG Koblenz JurBüro 2001, 102 = RPfleger 2000, 565; LG Koblenz NStZ 2001, 221; LG Nürnberg-Fürth JurBüro 1992, 685; LG Osnabrück JurBüro 1991, 1509; AG Bersenbrück JurBüro 1991, 1508.

118 OLG Celle NStZ 2001, 221 = StV 2001, 242 (L).

119 OLG Koblenz NJW-RR 2004, 1295.

120 OLG Düsseldorf JurBüro 2009, 266.

121 LG Dresden JurBüro 2012, 540. Vgl. auch *Oestreich* in Oe/He/Tre KV 9005 Rn. 29; *Zimmermann* in Binz u.a. KV 9005 Rn. 6; *Hartmann* § 13 JVEG Rn. 17.

Das gilt auch, wenn gegen den Kostenansatz nach § 4 KostVfg. geltend gemacht wird, dem Sachverständigen stünde wegen Pflichtverletzung eine Vergütung nicht zu.[122] Bei Herabsetzung der Auslagen im Verfahren nach § 66 kann die Staatskasse den Mehrbetrag in angemessener Frist zurückfordern.[123] Der Umstand allein, dass einem Sachverständigen oder einem Zeugen, der als Angehöriger einer Behörde in Erfüllung seiner Dienstaufgaben gehandelt hat, keine Entschädigung nach dem JVEG zusteht, trotzdem eine solche gezahlt wurde, steht einer Erstattungspflicht grundsätzlich nicht entgegen,[124] es sei denn, dem Kostenschuldner, der insoweit die uneingeschränkte Darlegungs- und Beweislast hat, hat die Voraussetzungen eines Ausnahmetatbestandes (z.B. § 8a Abs. 2 Nr. 3 JVEG) bewiesen.[125] Die Auslagen werden auch dann erhoben, wenn aus Gründen der Gegenseitigkeit, Verwaltungsvereinfachung und dgl. die Gerichtskasse an die andere Kasse oder den Beamten tatsächlich nicht zu zahlen braucht. Denn das sind verwaltungsinterne Vereinfachungen, von denen der Schuldner nicht profitieren soll.

52 Ausnahmen von der Auslagenerstattung bestehen nur nach Maßgabe der Abs. 3 und 4 der amtlichen Anweisung. Danach werden die dort genannten Auslagen nur erhoben, wenn und soweit das Gericht diese dem Beschuldigten oder Betroffenen wegen Verschuldens ausdrücklich auferlegt hat. Letzteres ist auch gerechtfertigt.[126] Die Nichterhebung bezieht sich aber nur auf die Fälle, in denen das Gericht den Dolmetscher oder Übersetzer amtlich herangezogen hat.[127] Liegt insoweit kein Ausspruch des Prozessgerichts vor, sind die Auslagen zu erheben. Ein eigener Beurteilungsspielraum besteht im Kostenansatzverfahren insoweit nicht.

53 Die Auslagen werden in **voller** (d.h. tatsächlich entstandener) oder in fiktiver (Abs. 2) Höhe angesetzt. So sind nach Abs. 2 S. 1 die (fiktiven) Auslagen für ein Gutachten anzusetzen, das ein Sachverständiger einer Behörde in Erfüllung seiner Dienstaufgaben erstattet, wofür er nach § 1 Abs. 2 S. 2 JVEG keine Vergütung erhält.[113a]

9006	**Bei Geschäften außerhalb der Gerichtsstelle** **1. die den Gerichtspersonen aufgrund gesetzlicher Vorschriften gewährte Vergütung (Reisekosten, Auslagenersatz) und die Auslagen für die Bereitstellung von Räumen**	**in voller Höhe**
	2. für den Einsatz von Dienstkraftfahrzeugen für jeden gefahrenen Kilometer	**0,30 €**

54 Die Vorschrift regelt den Auslagenersatz für Geschäfte außerhalb der Gerichtsstelle. Dazu Rn. 53.

55 **Gerichtspersonen** sind alle Personen, die aus Anlass einer auswärtigen Sitzung tätig werden können, also Richter, Staatsanwälte, Amtsanwälte, ehrenamtliche Richter, Referendare, Urkundsbeamte, Gerichtswachtmeister, Fahrer.[128] Die Kosten müssen aber in einem der im § 1 genannten Verfahren entstanden sein, nicht in Angelegenheiten der

122 BGH JurBüro 2012, 84 = NJW-RR 2012, 311 = FamRZ 2011, 1937 = WuM 2011, 639 = ZfS 2011, 705. Dazu auch LSG Rheinland-Pfalz, JurBüro 2016, 298.
123 *Bischof* NJ 1998, 46.
124 OLG Stuttgart RPfleger 1987, 388.
125 OLG Koblenz JurBüro 2015, 96.
126 Vgl. dazu etwa *Kühne* FS für Schmidt, 1981, S. 33 und bei *Hartmann* KV 9005 Rn. 4.
127 Unstr. vgl. bei *Hartmann* KV 9005 Rn. 6; zum Verhältnis zu Art. 6 Abs. 3 lit. e MRK vgl. OLG Koblenz StV 1997, 429 m. Anm. v. *Kühne*.
113a KG Beschl. v. 16.3.2015 – 1 Ws 8/15 – = JurionRS 2015, 19386 = Openjur 2015, 10318.
128 Vgl. BT-Ds. 12/6962, S. 88.

Justizverwaltung. Werden auf einer Reise sowohl Rechtssachen als auch Justizverwaltungsangelegenheiten erledigt, ist die amtliche Anweisung entsprechend anzuwenden. Zu den Gerichtspersonen zählen nicht Zeugen, Sachverständige und Rechtsanwälte.

Die Auslagen müssen bei Geschäften **außerhalb der Gerichtsstelle** erwachsen sein. 56
Gerichtsstelle ist der den Angehörigen eines bestimmten Gerichtes für ihre Amtshandlungen zugewiesene Raum (Gebäude mit Hofraum). Geschäfte, die auf **auswärtigen Gerichtstagen** vorgenommen werden, finden an der hierfür bestimmten Gerichtsstelle statt und nicht außerhalb von ihr, so dass die damit verbundenen Auslagen nicht unter KV 9006 fallen.[129] Ein einzelner oder mehrere auswärtige Termine in mehreren einzelnen Sachen sind aber noch kein auswärtiger Gerichtstag.[130] Der Hauptanwendungsbereich der KV 9006 liegt bei Ortsterminen. Zu den Auslagen im Zusammenhang mit auswärtigen Gerichtsterminen gehören auch die Kosten für angemietete Räume, in denen der Termin stattfindet. Nicht dazu zählen hingegen die Kosten, die dadurch entstehen, dass eine Gerichtsperson zu einem auswärtiges Gericht fährt, um dort eine beurlaubte oder erkrankte Gerichtsperson zu vertreten, oder die Kosten eines Staatsanwalts, der als Sitzungsvertreter zu einem auswärtigen Gericht fährt. Alle nicht am Ort der Gerichtsstelle ausgeführten Amtshandlungen (also auch solche außerhalb des Gerichtsgebäudes auch in derselben Gemeinde) kommen in Betracht. Als Amtshandlungen kommen nicht nur Verhandlungen, sondern auch Tatortbesichtigung oder förmliche Augenscheineinnahmen in Betracht. Die an die Gerichtspersonen gezahlten Vergütungen (Reisekosten, Auslagenersatz) sind nur insoweit als Auslagen anzusetzen, als sie aus Anlass des außerhalb der Gerichtsstelle vorgenommenen Geschäfts entstanden sind. Deshalb fallen unter KV 9006 z.B. nur die Mehrkosten, die ehrenamtlichen Richtern dadurch entstanden sind, dass sie außerhalb der regulären Gerichtsstelle tätig geworden sind, nicht aber solche Kosten, die ihnen auch zu zahlen gewesen wären, wenn die Handlung an der Gerichtsstelle stattgefunden hätte.[131]

Die Vergütung muss auf Grund gesetzlicher Vorschrift zu gewähren sein, z.B. auf 57
Grund der Reisekostenbestimmungen. Höhere Vergütungen können aber kraft Übernahmeerklärung gefordert werden.

In Ansatz kommen auch **Auslagen für die Bereitstellung von Räumen**, etwa für 58
Miete, Heizung, Strom, Reinigung im Zusammenhang mit der Abhaltung eines auswärtigen Termins. Es sind aber nur tatsächlich entstandene Kosten anzusetzen, und zwar auch dann, wenn der Raum aus Gründen, die in den Zurechnungsbereich des Kostenschuldners fallen, nicht genutzt wurde, Kosten aber trotzdem zu zahlen waren. Findet der Termin in einem unentgeltlich überlassenen Raum statt, sind hierfür keine Kosten anzusetzen.

Zur Aufteilung der Auslagen, wenn diese auf **mehrere Geschäfte** entfallen, gilt das 59
oben (Rn. 10ff.) Gesagte entsprechend.

9007	**An Rechtsanwälte zu zahlende Beträge mit Ausnahme der nach § 59 RVG auf die Staatskasse übergegangenen Ansprüche.**	**in voller Höhe**

Hierher gehören im Wesentlichen die Kosten des in Straf- und Bußgelsachen im Er- 60
kenntnis- und im Vollstreckungsverfahren gerichtlich bestellten Verteidigers **(Pflichtver-**

129 *Hartmann* KV 9005 Rn. 1.
130 FG Neustadt EFG 1986, 626 m. abl. Anm. von *Lappe* NJW 1987, 1860 und zust. Anm. von *Schall* BB 1988, 380; *Hartmann* KV 9006 Rn. 1.
131 OVG Lüneburg JurBüro 1972, 321.

teidiger) und des nach §§ 45 ff. RVG beigeordneten Rechtsanwalts (§§ 57, 58 ZPO). Allerdings darf Art. 6 Abs. 1 MRK dem nicht entgegenstehen (Vgl. KV 9005).[132] Art. 6. Abs. 3 lit. e MRK steht einer Inanspruchnahme des mittellosen Angeklagten für verauslagte Kosten des Pflichtverteidigers nicht entgegen.[133] In solchen Fällen kann nur über §§ 10, 11 KostVfg. vom Kostensatz abgesehen werden, wenn der Angeklagte offenkundig dauernd zahlungsunfähig ist.[134] Auch die Kosten für die Beiordnung mehrerer Pflichtverteidiger[135] oder für einen gegen den Willen des Angeklagten zusätzlich zum Wahlverteidiger rechtmäßig bestellten Pflichtverteidigers gehören hierzu.[136] Ob und in welchem Umfang solche Kosten gerechtfertigt sind, hat der Kostenbeamte im Rahmen des Kostenansatzes nicht zu prüfen.[137] Er kann im Zweifel die Akten aber dem Richter zwecks Prüfung wegen unrichtiger Sachbehandlung nach § 21 vorlegen. Die nach KV 9007 an Rechtsanwälte zu zahlenden Kosten werden in voller Höhe, einschließlich der gezahlten Mehrwertsteuer angesetzt.

60a **Prozesskostenhilfeanwaltskosten:** Wenn sie an die Staatskasse zurückzuzahlen sind, handelt es sich nicht um Auslagen i.S.v. KV 9007. So dass diese nach den Vorschriften über die Einziehung der Gerichtskosten geltend zu machen sind (§ 59 RVG), also in der ordentliche Gerichtsbarkeit nach dem JBeitrG, in den anderen Gerichtsbarkeiten – soweit anwendbar – im Verwaltungszwangsverfahren.[138] Auch Kosten der Ablichtung des Hauptverhandlungsprotokolls durch einen Pflichtverteidiger fallen nicht unter KV 9007,[139] weil er die Ablichtung kostenfrei beantragen kann.

9008	**Auslagen für**	
	1. die Beförderung von Personen	**in voller Höhe**
	2. Zahlungen an mittellose Personen für die Reise zum Ort einer Verhandlung, Vernehmung oder Untersuchung und für die Rückreise	**bis zur Höhe der nach dem JVEG an Zeugen zu zahlenden Beträge**

61 Zu beachten ist hier besonders, dass mittellosen Personen gewährte Reisebeihilfen nicht in voller, d.h. tatsächlich entstandener und evtl. erstatteter Höhe, sondern nur bis zur Höhe der Beträge der für Zeugen geltenden Bestimmungen des JVEG anzusetzen sind. **Personenbeförderungskosten** (Nr. 1) sind z.B. die Kosten der Vorführung von Beschuldigten, Parteien, Zeugen (z.B. § 380 Abs. 2 ZPO), des Beschuldigten aus Anlass der vorläufigen Festnahme und Verbringung in die Haftanstalt oder eine andere Einrichtung der vorläufigen Unterbringung, Transportkosten (auch Flugkosten) des festgenommenen Beschuldigten zur Beförderung in die Haftanstalt[140] oder für einen Ambulanzflug von einem Krankenhaus in die Haftanstalt,[141] die Beförderungskosten im

132 Unstr. vgl. bei *Hartmann* KV 9007 Rn. 1.
133 OLG Hamm NStZ-RR 2000, 160.
134 OLG Hamm NStZ 2000, 160; OLG Köln JurBüro 1991, 856 m.N.
135 LG Göttingen JurBüro 1993, 483 = RPfleger 1993, 82; NK-GK/*Volpert* KV-GKG 9007 Rn. 7.
136 OLG Düsseldorf AnwBl. 1983, 462 m.N.
137 **A.A.** wohl NK-GK/*Volpert* KV-GKG 9007 Rn. 7.
138 Vgl. etwa bei *Hartung* in Hartung/Schons/Enders § 59 Rn. 37.
139 OLG München RPfleger 1982, 486.
140 OLG Hamm Beschl. v. 23.2.2010 – 3 Ws 301/09; *Hartmann* KV 9008 Rn. 2, *Zimmermann* in Binz u.a. KV-GKG 9008 R. 1.
141 OLG Hamm Beschl. v. 23.2.2010 – 3 Ws 301/09 –.

Zusammenhang mit dem Antritt der Straf-/Maßnahmevollstreckung,[142] nicht aber die Kosten von Überführungen (z.B. Verschiebung) zu Zwecken des Straf-/Maßregelvollzugs, weil das GKG auf Vollstreckungskosten nicht anwendbar ist.[143] Denn dann handelt es sich um Strafvollstreckungskosten, die nach Nr. 9011 zu erheben sind. Anders liegt es aber, wenn die Kosten nicht im Zusammenhang mit dem Verfahren stehen, in dem vollstreckt wird (z.B. Vorführung des Gefangenen zu einem Termin als Zeuge oder als Beteiligter in einer anderen eigenen Rechtssache). Dann ist Nr. 9008 selbstverständlich anwendbar.[144]

Bei den **mittellosen Personen** (Nr. 2) kann es sich z.B. handeln um: Parteien, deren 62
persönliches Erscheinen angeordnet ist,[145] insbesondere wenn ihnen Prozesskostenhilfe gewährt worden ist,[146] oder die zur Blutentnahme oder zu Untersuchungen im Rahmen einer biologischen Begutachtung reisen müssen,[147] Streitverkündete,[148] Schuldner im Verfahren zur Abgabe der eidesstattlichen Versicherung,[149] Beschuldigte zur notwendigen Rücksprache mit dem auswärts ansässigen Pflichtverteidiger,[150] Zeugen, Personen, die sich einer gerichtlich angeordneten Blutentnahme unterziehen müssen oder notwendige Begleitpersonen. Zu ersetzen sind nur die Reisekosten einschließlich Übernachtungskosten und Zehrpauschale nach den Sätzen des JVEG, nicht aber Verdienstausfall. Das folgt aus dem Wortlaut der Nr. 9008, wo nur von Reisekosten die Rede ist und der Verweis auf das JVEG sich nur auf die Höhe der Reisekosten bezieht. In den Fällen der Bewilligung von Prozesskostenhilfe sind der Partei etwaige verauslagte Reisekosten auf Antrag zu erstatten.

9009	**An Dritte zu zahlende Beträge für**	
	1. die Beförderung von Tieren und Sachen mit Ausnahme der für Postdienstleistungen zu zahlenden Entgelte, die Verwahrung von Tieren und Sachen sowie die Fütterung von Tieren	**in voller Höhe**
	2. die Beförderung und die Verwahrung von Leichen	**in voller Höhe**
	3. die Durchsuchung oder Untersuchung von Räumen und Sachen einschließlich der die Durchsuchung oder Untersuchung vorbereitenden Maßnahmen	**in voller Höhe**
	4. die Bewachung von Schiffen und Luftfahrzeugen	**in voller Höhe**

Nr. 1. Zur **Beförderung** von Tieren und Sachen gehört z.B. die Verbringung von 63
Kraftwagen an eine Unfallstelle, um den Hergang des Unfalls zu demonstrieren[151] die Verbringung von Tieren zum Zwecke des Augenscheins oder als Beweis oder Überführungsstück an den Terminsort, nicht aber Transportkosten, die zum Zwecke einer rechtskräftig ausgesprochenen Einziehung eines Gegenstandes (z.B. eines Kraftwagens) erfolgen.[152] Die bei der Beförderung von Sachen entstehenden Postgebühren bleiben außer

142 OLG Koblenz JurBüro 1991, 420; **a.M.** *Hartmann* KV 9008 Rn. 2, 3.
143 OLG Koblenz JurBüro 1991, 420.
144 OLG Hamm NStZ-RR 2000, 320; *Oe/He/Tre* KV 9008 Rn. 2.
145 OLG München JurBüro 1972, 804 = RPfleger 1972, 463.
146 Vgl. dazu bei *Philippi* in Zöller ZPO § 122 Rn. 26.
147 *Hartmann* KV 9008 Rn. 4.
148 OLG Bremen RPfleger 1957, 272 (L).
149 LG Schweinfurt JurBüro 1972, 266 m. Anm. v. *Mümmler*.
150 OLG Hamm JurBüro 1969, 279.
151 OLG Celle NJW 1960, 1026 = RPfleger 1960, 222.
152 BGH JVBl. 1962, 60.

Ansatz, nicht aber Kosten für eine andere Beförderungsart, etwa durch einen privaten Paketdienst oder als Bahnfracht.

64 **Verwahrung von Sachen**: Hierunter fallen nicht die Kosten für eine – etwa im Eilverfahren – angeordnete Sequestration. Die dem Sequester – auch dem zum Sequester bestellten Gerichtsvollzieher – entstandenen Kosten sind vielmehr als Kosten der Zwangsvollstreckung nach §§ 91, 788 ZPO zu behandeln.[153] Wird die verwahrte Sache eingezogen, werden nur die bis zur Rechtskraft der Entscheidung zuzüglich einer angemessenen Frist zur Abholung angefallenen Verwahrkosten angesetzt,[154] denn die Rückgabe im Strafverfahren beschlagnahmter Sachen hat nach Aufhebung der Beschlagnahme an dem Ort zu erfolgen, an dem die Sache aufzubewahren war. Die Justizbehörden sind nicht verpflichtet, die Sachen dem Berechtigten an dessen Wohnort zu bringen.[155] Die Justizbehörde wird demzufolge nach Aufhebung der Beschlagnahme dem Berechtigten eine angemessene Frist zur Abholung setzen. Verwahrkosten, die nach dem Ablauf der Frist anfallen, können nicht mehr angesetzt werden. Insoweit hat der Fiskus ggf. einen Anspruch aus anderen Vorschriften (Verwahrung). Das gilt auch, wenn der Berechtigte auf Rückgabe zugunsten des Staates verzichtet hat.[156] Werden beschlagnahmte Sachen (z.B. ein Pkw) im Auftrage der Strafverfolgungsbehörde bei Dritten verwahrt, sind die von dem Dritten berechneten Verwahrkosten ebenso anzusetzen[157] wie die im Zusammenhang mit der Herausgabe entstehenden notwendigen Kosten (z.B. Fahrtkosten des Eigentümers/Besitzers für die Abholung nach Freigabe). Mit der bloßen Verzichterklärung des Angeklagten bzw. Berechtigten erwirbt der Fiskus noch nicht Eigentum an der Sache. Dafür bedarf es eines besonderen dinglichen Übereignungsvertrages, denn selbst dann, wenn man die Verzichterklärung als Übereignungsangebot ansehen will, ist das Gericht oder der Vertreter der Staatsanwaltschaft anzunehmen i.d.R. nicht befugt.[158] Gleiches gilt auch, wenn man den Verzicht als Dereliktion (§ 959 BGB) ansehen will.[159] Denn abgesehen von der strittigen Frage, ob bei Gegenständen, die sich nicht im unmittelbaren Besitz des Eigentümers befinden, eine Dereliktion überhaupt möglich ist,[160] könnte sich der Justizfiskus eine nach § 959 BGB herrenlos gewordene Sache nach § 958 BGB nicht ohne weiteres aneignen.[161]

65 **Verwahrung und Fütterung von Tieren:** Gemeint sind die Kosten, die für Unterbringung, Pflege, Futtermittel, Bewachung und Versicherung entstehen. Das für die Verwahrung von Sachen Gesagte gilt entsprechend.

65a **Nr. 2. Leichentransport:** Hierzu zählt auch der Transport einer Leiche zur Obduktion, und zwar auch dann, wenn dem kostenpflichtig Verurteilten der Tod des Opfers letztlich nicht zugeordnet werden kann.[162]

66 **Nr. 3.** Zu den **Kosten der Durchsuchung oder Untersuchung** gehören auch die für solche Handlungen gebotenen Vorbereitungskosten wie etwa die Inanspruchnahme eines Schlüsseldienstes. Desgleichen auch die für das Wiedereinräumen nach erfolgter Durchsuchung.[163]

---

153 Dazu bei Zöller-*Vollkommer* § 938 Rn. 10; *B-L-A-H* § 936 Rn. 24, 25, § 788 Rn. 37.
154 OLG Koblenz NStZ-RR 1998, 128.
155 BGH NJW 2005, 988.
156 OLG Koblenz JurBüro 1995, 541 m. zust. Bespr. von *D. Meyer* JurBüro 1997, 619.
157 LG Flensburg Urt. v. 28.5.2002 – 2 O 218/02 –.
158 Vgl. dazu ausf. bei *Marina Thode* Die außergerichtliche Einziehung von Gegenständen im Strafprozess, 2000, S. 80 ff.
159 BGHSt 20, 253, 257; KMR-*Paulus* (8. Aufl. 1990) StPO §§ 413–429 Rn. 2.
160 Vgl. bei *Quack* in Münchener Kommentar zum BGB, 3. Aufl., § 959 Rn. 11 m.w.N.
161 *Thode* a.a.O., S. 77 ff. gegen *Stöber* und *Guckenbiehl* RPfleger 1999, 115 ff. (118).
162 AG Osnabrück JurBüro 2013, 311.
163 LG Flensburg JurBüro 1997, 147.

Nr. 4. Die **Kosten für die Bewachung von Schiffen und Luftfahrzeugen** sind nur soweit anzusetzen, als sie nicht bereits nach KV 9013, 9014 erhoben werden. 67

9010	**Kosten einer Zwangshaft, auch aufgrund eines Haftbefehls nach § 802g ZPO. Maßgebend ist die Höhe des Haftkostenbeitrags, der nach dem Landesrecht von einem Gefangenen zu erheben ist.**	**in Höhe des Haftkostenbeitrages**

Zwangshaft, auch Ordnungshaft z.B. nach § 390 Abs. 2 ZPO, § 70 Abs. 2. StPO, §§ 888–890 ZPO, § 901 ZPO. Diese Haftkosten sind immer zu erheben, wenn und soweit nach Landesrecht keine anderen Bestimmungen gelten (vgl. § 73). 68

9011	**Kosten einer Haft außer Zwangshaft, Kosten einer einstweiligen Unterbringung (§ 126a StPO), einer Unterbringung zur Beobachtung (§ 81 StPO, § 73 JGG) und einer einstweiligen Unterbringung in einem Heim der Jugendhilfe (§ 71 Abs. 2, § 72 Abs. 4 JGG)**	**in Höhe des Haftkostenbeitrags**
	Maßgebend ist die Höhe des Haftkostenbeitrags, der nach dem Landesrecht von einem Gefangenen zu erheben ist. Diese Kostenwerden nur angesetzt, wenn der Haftkostenbeitrag auch von einem Gefangenen im Strafvollzug zu erheben wäre.	

KV 9011 unterfallen die Kosten einer Haft und für die in Nr. 9011 aufgeführten Unterbringungsfälle. Verfassungsrechtlich ist die Bestimmung nicht zu beanstanden.[164] insbesondere also die Untersuchungshaft, die einstweilige Unterbringung nach §§ 126a StPO, § 71 Abs. 2 JGG einschließlich des Transports zu Verhandlungsterminen in eigener Sache, die Unterbringung zur Beobachtung nach § 81 StPO, 73 JGG,[165] die Haft nach §§ 380, 390 ZPO, die Kosten auf Grund eines Unterbringungsbefehls. Einstweilige Unterbringungen von Betreuten (§ 1906 BGB, § 331 FamFG) und nach § 1846 BGB oder nach dem PsychKG der Länder fallen aber ebenso solche wie auf Grund einer Abschiebungshaft nach § 62 AufenthG oder einer Freiheitsentziehung nach § 415 FamFG nicht unter KV Nr. 9011. Für Kosten der Straf- oder Maßregelvollstreckung gilt indessen §§ 50, 138 Abs. 2 StVollzG als lex specialis. Die Kosten werden aber nur angesetzt, wenn sie nach den für die Freiheitsstrafe geltenden Bestimmungen zu erheben wären (§ 14 S. 1 KostVerfg),[166] so dass insoweit praktisch Auslagenfreiheit herrscht. In der Praxis haben die Bestimmungen der KV 9011 Bedeutung für die Erhebung eines Haftkostenbeitrags wegen schuldhafter Nichtarbeit,[167] was verfassungsrechtlich unbedenklich ist.[168] Auch die Auslagen, welche der Justizverwaltung durch eine vorsätzliche oder grob fahrlässige Selbstschädigung des Strafgefangenen erwachsen sind, gehören grundsätzlich hierher (§ 93 Abs. 1 69

164 BVerfG NStZ-RR 1999, 255 m.w.N.
165 *Oe/He/Tre* KV 9008 Rn. 2.
166 Vgl. dazu auch LG Itzehoe SchlHA 2000, 179.
167 Vgl. LG Itzehoe SchlHA 2000, 179; LG Koblenz JurBüro 1997, 205 = NStZ-RR 1997, 191.
168 BVerfG NStZ-RR 1999, 255.

StVollzG),[169] nicht aber die durch Selbstschädigung von Untersuchungshäftlingen der Justizverwaltung erwachsenen Kosten.[170]

Fassung bis zum 13.8.2018:

9012	**Nach dem Auslandskostengesetz zu zahlende Beträge**	**in voller Höhe**

Fassung ab dem 13.8.2018:

9012	**Nach § 12 BGebG, dem 5. Abschnitt des Konsulargesetzes und der Besonderen Gebührenverordnung des Auswärtigen Amts nach § 22 Abs. 4 BGebG zu zahlende Beträge**	**in voller Höhe**

70 Die Kosten für Amtshandlungen der Auslandsvertretungen der Bundesrepublik Deutschland bestimmen sich nach dem Auslandskostengesetz (i.V.m. BGebG). Durch die neu eingefügte Vorschrift können die danach zu zahlenden Beträge in voller Höhe als Auslagen im Gerichtskostenansatz zu berücksichtigt werden. Zu diesen Beträgen zählen insbesondere Kosten für die Einschaltung eines Vertrauensanwalts nach § 3 Abs. 3 des Konsulargesetzes.

9013	**An deutsche Behörden für die Erfüllung von deren eigenen Aufgaben zu zahlenden Gebühren sowie derjenigen Beträge, die diesen Behörden, öffentlichen Einrichtungen oder deren Bediensteten als Ersatz für Auslagen der in Nummern 9000 bis 9011 bezeichneten Art zustehen**	**in voller Höhe, die Auslagen begrenzt durch die Höchstsätze für die Auslagen 9000 bis 9011**
	Die Beträge werden auch erhoben, wenn aus Gründen der Gegenseitigkeit, der Verwaltungsvereinfachung oder aus vergleichbaren Gründen keine Zahlungen zu leisten sind.	

71 KV 90013 ist durch das 2. JustModG an die Regelung der Nr. 31013 KV-GNotG angepasst, ohne dass damit sachliche Änderungen erfolgt sind. Hierunter fallen die an öffentliche technische Anstalten oder sonstige Fachbehörden und Einrichtungen für Auskünfte und Gutachten zu zahlende Beträge, sofern sie nicht als Sachverständigenkosten unter KV 9005 fallen. Auch **Gerichtsvollzieherkosten** sind nach KV 9013 anzusetzen, wenn dem Gerichtsvollzieher der Auftrag vom Gericht erteilt worden ist (vgl. § 21 KostVerfg), besonders im Zwangsversteigerungsverfahren oder im Rahmen der Strafvollstreckung nach §§ 459 ff. StPO; ebenso **Auslagen der Polizei** als Hilfsorgan der Staatsanwaltschaft im vorbereitenden Verfahren, soweit sie nicht unter KV 9014 fallen.

---

169 Vgl. dazu etwa bei *Callies/Müller-Dietz* StVollzG 6. Aufl., § 93 Rn. 2.
170 BGHZ 109, 354, 359; OLG Koblenz JBl. (Rheinland-Pfalz).

Es ist nicht notwendig, dass die Kosten bar verauslagt worden sind. Sie sind auch anzusetzen, wenn die anderen Behörden usw. aus Gründen der Gegenseitigkeit oder der Verwaltungsvereinfachung keine Zahlung aus der Gerichtskasse verlangen. Teilt eine Behörde dem Gericht die Kosten nicht mit, hat der Kostenbeamte nachzufragen. 72

9014	**Beträge, die ausländischen Behörden, Einrichtungen oder Personen im Ausland zustehen, sowie Kosten des Rechtshilfeverkehrs mit dem Ausland** **Die Beträge werden auch erhoben, wenn aus Gründen der Gegenseitigkeit, der Verwaltungsvereinfachung oder aus vergleichbaren Gründen keine Zahlungen zu leisten sind.**	**in voller Höhe**
9015	**Auslagen der in den Nummern 9000 bis 9014 bezeichneten Art, soweit sie durch die Vorbereitung der öffentlichen Klage entstanden sind**	**begrenzt durch die Höchstsätze für die Auslagen 9000 bis 9013**
9016	**Auslagen der in den Nummern 9000 bis 9014 bezeichneten Art, soweit sie durch das dem gerichtlichen Verfahren vorausgegangene Bußgeldverfahren entstanden sind** **Absatz 3 der Anmerkung zu Nummer 9005 ist nicht anzuwenden.**	**begrenzt durch die Höchstsätze für die Auslagen 9000 bis 9013**
9017	**An den vorläufigen Insolvenzverwalter, den Insolvenzverwalter, die Mitglieder des Gläubigerausschusses oder die Treuhänder auf der Grundlage der Insolvenzrechtlichen Vergütungsverordnung aufgrund einer Stundung nach § 4a InsO zu zahlende Beträge**	**in voller Höhe**

Die Bestimmungen KV 9015–9017 sind Sondervorschriften zu KV 9000–9014 und beziehen sich nur auf Auslagen der dort behandelten Art. KV 9014 ist nicht anwendbar für die der Justiz entstandenen Gebühren für die Prüfung von Rechtshilfeersuchen durch die Justizverwaltung. In diesen Fällen ist KV-JVKostG Nr. 1320 einschlägig.[171] Unter KV 9015 fallen z.B. Fotokopierauslagen, die entstehen, wenn dem Beschuldigten Ablichtungen beschlagnahmter Unterlagen überlassen werden,[172] Kosten für Abschleppen und Aufbewahren eines beschlagnahmten Fahrzeugs, wenn und soweit keine für den Beschuldigten günstige Auslagenentscheidung erfolgt.[173] Auslagen der Ermittlungsbehör- 73

171 OLG München. Beschl. v. 29.9.2016 – 34 Sch 11/13 – = JurionRS 2016, 2534; *Zimmermann* in Binz u.a., KV 9014 Rn. 2.
172 *Meyer* StrEG, § 7 Rn. 16 „Fotokopierkosten".
173 LG Berlin NStZ 2006, 56 = JurBüro 2005, 657 (LS mit Volltextservice).

den, die nur mittelbar der Vorbereitung eines konkreten Verfahrens dienen, fallen nicht hierunter, auch wenn der Anlass für die Auslagen ein bestimmtes Verfahren war. So sind z.B. Kosten für die Heranziehung eines Sachverständigen, den die Ermittlungsbehörde aus eigenem Entschluss und ohne zumindest einer Billigung durch die Staatsanwaltschaft an eine Behörde (etwa an das LKA) erteilt hat,[174] oder Mietkosten der Polizei für einen Computer zur Aufzeichnung einer Telefonüberwachung keine Auslagen i.S.v. § 464a StPO und fallen somit nicht unter KV 9015/9016.[175] Auch die Auslagen der Verwaltungsbehörde im Bußgeldverfahren gehören hierher, wenn aufgrund eines Einspruchs des Betroffenen das Gericht in der Sache entscheidet und dem Betroffenen die Kosten des Verfahrens auferlegt.[176]

9018	**Im ersten Rechtszug des Prozessverfahrens:** **Auslagen des erstinstanzlichen Musterverfahrens nach dem KapMuG zuzüglich Zinsen.** **(1) Die im erstinstanzlichen Musterverfahren entstehenden Auslagen nach Nummer 9005 werden vom Tag nach der Auszahlung bis zum rechtskräftigen Abschluss des Musterverfahrens mit 5 Prozentpunkten über dem Basiszinssatz nach § 247 BGB verzinst.** **(2) Die Auslagen und Zinsen werden nur erhoben, wenn der Kläger nicht innerhalb von einem Monat ab Zustellung des Aussetzungsbeschlusses nach § 8 KapMuG seine Klage in der Hauptsache zurücknimmt.** **(3) Der Anteil bestimmt sich nach dem Verhältnis der Höhe des von dem Kläger geltend gemachten Anspruchs, soweit dieser von den Feststellungszielen des Musterverfahrens betroffen ist, zu der Gesamthöhe der vom Musterkläger und den Beigeladenen des Musterverfahrens in den Prozessverfahren geltend gemachten Ansprüche, soweit diese Gegenstand des Musterverfahrens sind. Der Anspruch des Musterklägers oder eines Beigeladenen ist hierbei nicht zu berücksichtigen, wenn er innerhalb von zwei Wochen ab Zustellung des Aussetzungsbeschlusses nach § 8 KapMuG seine Klage in der Hauptsache zurücknimmt.**	**anteilig**

74 **KV 9018** ist lex specialis für Verfahren nach dem KapMuG,[177] weil es für die Auslagen des erstinstanzlichen Musterverfahrens keinen gesonderten Antragstellerschuldner gibt (vgl. § 22 Abs. 4). Eine Kostenentscheidung trifft das Oberlandesgericht nicht. Vielmehr gilt das erstinstanzliche Musterverfahren als Teil des ersten Rechtszugs des Prozessverfahrens (vgl. Vorbem. 1.2.1. u. KV Teil 1). Nach dem Auslagentatbestand KV 9018 werden deshalb die Auslagen des erstinstanzlichen Musterverfahrens (Gebühren fallen nicht an) auf die zu Grunde liegenden Prozessverfahren verteilt. Diese verteilten Auslagen unterliegen damit den Kostenhaftungsvorschriften des jeweiligen Hauptsachever-

174 OLG Braunschweig Beschl. v. 23.5.2013 – 1 Ws – 59/13 –.
175 OLG Celle NStZ 2001, 221 = StV 2001, 242 (L) = RPfleger 2001, 147 = NdsRPfl 2001, 135.
176 *König* in Göhler OWiG, § 107 Rn. 5.
177 Vgl. die Begr., BT-Ds. 15/5091 Seite 35.

fahrens. Zum einen werden sie dadurch von der Kostenentscheidung in der Hauptsache erfasst. Zum anderen haftet der jeweilige Kläger für sie als Antragsteller der Instanz nach § 22 Abs. 1 GKG. Dies ist sachgerecht, da im Musterverfahren eine aus den Hauptsacheverfahren ausgegliederte Beweisaufnahme stattfindet mit einem für das Prozessverfahren bindenden Ergebnis. Bei Durchführung der Beweisaufnahme in den jeweiligen Hauptsacheverfahren trüge der Kläger ein wesentlich höheres Prozesskostenrisiko, da er als Antragsteller für die gesamten Sachverständigenkosten haften würde. Nach der hier für das Musterverfahren vorgeschlagenen Regelung haftet der Kläger hingegen nur für einen Teil der Auslagen des erstinstanzlichen Musterverfahrens. Die Verteilung der Auslagen bewirkt zudem eine erhebliche Arbeitsersparnis bei der Einziehung der Gerichtskosten. So wird vermieden, dass der Kostenbeamte des Oberlandesgerichts von ggf. Hunderten von Beigeladenen Bruchteile der Gesamtauslagen einfordern und bei Nichtzahlung einzelner Teilbeträge diese wiederum anteilig sämtlichen anderen Beteiligten in Rechnung stellen muss.

Der Aussetzungsbeschluss im Hauptsacheverfahren gilt als Beiladung im Musterver- 75
fahren (vgl. § 8 Abs. 3 Satz 2 KapMuG). Um zu verhindern, dass sich ein Kläger durch Klagerücknahme der Haftung für die Auslagen des erstinstanzlichen Musterverfahrens entzieht, nachdem der Verlauf der Beweisaufnahme auf einen für ihn ungünstigen Ausgang des Musterverfahrens hindeutet, bestimmt der KV 9018, dass einem Hauptsacheprozess grundsätzlich auch die Auslagen des erstinstanzlichen Musterverfahrens, die nach Abschluss des Hauptsacheverfahrens entstanden sind, anteilig zugerechnet werden. Der Kläger hat jedoch nach Absatz 1 der Anmerkung die Möglichkeit, die Auslagen mit 5% über dem Basiszinssatz verzinsen zu lassen. Für die vorgeschlagene Vorschrift sprechen auch praktische Erwägungen, da sie dem Kostenbeamten durch ihre klare Fristenregelung die Feststellung erleichtert, auf welche der Hauptsacheverfahren die Auslagen zu verteilen sind.

Nach Absatz 3 der Anmerkung bestimmen sich die auf die nach dem Verhältnis 76
der jeweils im Hauptsacheverfahren geltend gemachten Ansprüche, soweit diese Gegenstand des Musterverfahrens sind, zu der Summe der Ansprüche aus allen Prozessverfahren, auf die die Auslagen zu verteilen sind. Die Verfahren, denen infolge Klagerücknahme kein Anteil an den Auslagen zugewiesen wird (vgl. Absatz 2 der Anmerkung), werden bei der Berechnung der Gesamtsumme der Ansprüche nicht berücksichtigt.

9019	**Pauschale für die Inanspruchnahme von Videokonferenzverbindungen:** **Je Verfahren für jede angefangene halbe Stunde**	**15,00 €**

KV 9019: Die ab dem 1.11.2013 geltende Bestimmung soll die der Justizverwaltung 77
entstehenden Auslagen für den Betrieb von Videokonferenzen (Personalkosten und Verbindungsentgelte pauschal abgelten. In der Regel liegt sie niedriger als die für eine persönliche Teilnahme den Beteiligten entstehenden und nach dem JVEG zu erstattenden Kosten.

Anlage 2
Tabelle (zu § 34 Absatz 1 Satz 3)

Streitwert bis ... €	Gebühr ... €	Streitwert bis ... €	Gebühr ... €
500	35,00	50.000	546,00
1.000	53,00	65.000	666,00
1.500	71,00	80.000	786,00
2.000	89,00	95.000	906,00
3.000	108,00	110.000	1.026,00
4.000	127,00	125.000	1.146,00
5.000	146,00	140.000	1.266,00
6.000	165,00	155.000	1.386,00
7.000	184,00	170.000	1.506,00
8.000	203,00	185.000	1.626,00
9.000	222,00	200.000	1.746,00
10.000	241,00	230.000	1.925,00
13.000	267,00	260.000	2.104,00
16.000	293,00	290.000	2.263,00
19.000	319,00	320.000	2.462,00
22.000	345,00	350.000	2.641,00
25.000	371,00	380.000	2.820,00
30.000	406,00	410.000	2.999,00
35.000	441,00	440.000	3.178,00
40.000	476,00	470.000	3.357,00
45.000	511,00	500.000	3.536,00

ZWEITER TEIL
Kommentar zum Gesetz über Gerichtskosten in Familiensachen (FamGKG)

i.d.F. des Art. 2 des Gesetzes zur Reform des Verfahrens in Familiensachen und in den Angelegenheiten der freiwilligen Gerichtsbarkeit [FGG-Reformgesetz – FGG-RG] vom 17.12.2008 (BGBl. I, 2586, 2666), zuletzt geändert durch Art. 3 des Gesetzes vom 17. Juli 2017 (BGBl. I, Seite 2424)

Lfd. Nr.	Änderndes Gesetz	Datum	BGBl. I, Seite	Geänderte oder eingefügte Paragrafen des FamGKG bzw. Nrn. des KV-FamGKG	Inkrafttreten
1.	Gesetz zur Strukturreform des Versorgungsausgleichs (VAStrRefG)	3.4.2009	700,721	§ 50	1.9.2009
2.	Gesetz zur Änderung des Zugewinnausgleichs- und Vormundschaftsrechts	6.6.2009	1696, 1699	§ 48	1.9.2009
3.	Gesetz zur Reform der Sachaufklärung in der Zwangsvollstreckung	29.7.2009	2258, 2268	KV 2008	1.1.2013
4.	Gesetz zur Umsetzung der Dienstleistungsrichtlinie in der Justiz und zur Änderung weiterer Vorschriften (DLRJuUG)	22.12.2010	2203	62a, 64, KV 1503, 1910, 1920, 2008, 2009	28.12.2010
5.	Gesetz zur Durchführung der Verordnung (EG) Nr. 4/2009 und zur Neuordnung bestehender Aus- und Durchführungsbestimmungen auf dem Gebiet des internationalen Unterhaltsverfahrensrechts (EGAU)	23.5.2011	898, 916	KV 1711, 1713	18.6.2011
6.	Gesetz zur Förderung der Mediation und anderer Verfahren der außergerichtlichen Konfliktbeilegung vom 21.7.2012 (MediationsG)	21.7.2012	1577, 1581	§ 61a	26.7.2012
7	Gesetz zur Einführung einer Rechtsbehelfsbelehrung im Zivilprozess und zur Änderung anderer Vorschriften (RechtsBehEG)	5.12.2012	241, 2422, 2424	§§ 8a; 59	1.1.2014
8	Gesetz zur Intensivierung des Einsatzes von Videokonferenztechnik in gerichtlichen und staatsanwaltschaftlichen Verfahren (VidVerfG)	25.4.2013	935	KV 2015	1.11.2013
9.	Gesetz zur Stärkung des leiblich, nicht rechtlichen Vaters	4.7.2013	2176	§ 45 Abs. 2	13.7.2013
10.	Zweites Gesetz zur Modernisierung des Kostenrechts (2. Kostenrechtsmodernisierungsgesetz – 2. KostRModG)	23.7.2013	2586, 2672	§§ 1, Abs. 2, 2 Abs. 3, 8, 9, 11, 14, 15, 16, 18, 19, 20, 23, 26, 28, 36, 38, 39, 40, 42, 43, 46, 51,	1.8.2013

Lfd. Nr.	Änderndes Gesetz	Datum	BGBl. I, Seite	Geänderte oder eingefügte Paragrafen des FamGKG bzw. Nrn. des KV-FamGKG	Inkrafttreten
				55, 58, 62,63, KV Nrn. 1310–1313, 1410, 1500, 1502, 1600–1603, 1710–1715, 1720–1723, 1800, 1910–1912, 1920–1924, 2000, 2002–2004, 2006, 2011, 2014, Anl. 2	
11.	Gesetz zur Strukturreform des Gebührenrechts	7.8.2013	3154, 3204	KV 2010	14.8.2018
12.	Gesetz zur Förderung des elektronischen Rechtsverkehrs mit den Gerichten (FördElRV)	10.10.2013	3786, 3997	KV 2000	1.7.2014
13.	Gesetz zur Durchführung der Verordnung (EU) Nr. 1215/1212 sowie zur Änderung sonstiger Vorschriften	8.7.2014	890, 894	KV 1212, 1315, 1321, 1324, 1326 1412, 1421, 1424, 1711, 17151721, 1722, 1911, 1921	16.7.2014
14.	EUGewSchVGEG	5.12.2014	1964, 1972	§§ 21, 49, KV Vorbem. 1.3.2, Vorbem. 7, Nr. 1711	11.1.2015
15.	Zehnte Zuständigkeitsanpassungsverordnung	31.8.2015	1474, 1501	62a	1.9.2015
16.	Gesetz zur Änderung des Unterhaltsrechts und des Unterhaltsverfahrensrechts sowie zur Änderung der Zivilprozessordnung und kostenrechtlicher Vorschriften	20.9.2015	2018, 2020	KV Nr. 1210	21.11.2015
17.	Gesetz zur Aktualisierung der Strukturreform des Gebührenrechts des Bundes	18.7.2016	1666, 1671	KV 2010	
18.	Gesetz zur Durchführung der Verordnung (EU) Nr. 655/2014 sowie zur Änderung sonstiger zivilprozessualer, grundbuchrechtlicher und vermögensrechtlicher Vorschriften und zur Änderung der Justiz (EuKoPfVODG)	21.11.2016	2591, 2599	§ 14 Abs. 2; KV Vorbem. 1.4	18.1.2017
19.	Gesetz zur Einführung der elektronischen Akte in der Justiz und zur weiteren Förderung des elektronischen Rechtsverkehrs	5.7.2017	2208, 2225	KV Nr. 2000	1.1.2018
20.	Gesetz zur Einführung eines familiengerichtlichen Genehmigungsvorbehaltes für freiheitsentziehende Maßnahmen bei Kindern	17.7.2017	2024	KV Vorbem. 1.3.1; KV Nr. 1410; KV Vorbem. 2	1.10.2017

Vorbemerkungen

1 **Geschichtliches:** Zusammen mit der Einführung eines eigenen Verfahrensrechts für Familiensachen (FGG-RG) wurde auch ein darauf abgestimmtes selbständiges Gerichtskostenrecht geschaffen. Nach den Vorstellungen des Gesetzgebers sollte dies nur für eine Übergangszeit bis zu einer Reform der freiwilligen Gerichtsbarkeit in einem 2. Kostenrechtsmodernisierungsgesetz gelten. Das 2. KostRModG ist zwischenzeitig ab dem 1.7.2013 in Kraft getreten, wobei das FamGKG erhalten geblieben ist.

2 Die einheitliche Gerichtskostenregelung für alle Familiensachen nach dem FamFG hat für die gerichtliche Praxis insoweit eine erhebliche Vereinfachung mit sich gebracht, als die bis zum 31. August 2009 mitunter gegebenen Schwierigkeiten des Nebeneinander der unterschiedlichen Strukturen von GKG und der KostO größtenteils beseitigt wurden. Auch die Ablösung der KostO durch das GNotKG hat an diesem Zustand nichts eigentlich geändert, weil die auch für das Familienverfahren unmittelbar oder mittelbar anwendbaren Kostenregelungen der alten KostO inhaltlich im Wesentlichen unverändert in das neue GNotKG übernommen worden sind.

3 In der Sache hat der Gesetzgeber das Ziel sicherlich erreicht. Gesetzestechnisch ist das Vorhaben aber – jedenfalls soweit es das FamGKG betrifft – kaum überzeugend gelungen. Weil die Bestimmungen des FamGKG teils wörtlich, zumindest aber ganz überwiegend inhaltlich mit den entsprechenden Vorschriften des GKG übereinstimmen und nur wenig wirkliche Neuregelungen enthalten, wäre es wohl sinnvoller gewesen, das GKG samt Kostenverzeichnis zu novellieren. Daran hat auch das 2. KostRModG nichts geändert. Im Wesentlichen sind nur die terminologischen Unebenheiten beseitigt worden, als der Sprachgebrauch des FamGKG nunmehr auch dem im Familienverfahren gebräuchlichen Sprachgebrauch angeglichen ist.[1]

4 **Das Gerichtskostensystem für Familiensachen des FamFG:**[2] Das für die Verfahren nach dem 2. Buch des FamFG geltende einheitliche Gerichtskostenrecht lehnt sich im Aufbau und in seiner Systematik sehr eng an das des GKG an. Auch das FamGKG hält am Wertgebührensystem fest, vereinheitlicht und systematisiert aber die Wertregelungen. Bei der Bemessung des Verfahrenswerts hat das Gericht aber gegenüber dem GKG einen breiteren Ermessensspielraum. Dadurch sollen die Besonderheiten des Einzelfalls besser berücksichtigt werden können. In wenigen geeigneten Fällen sind Festgebühren eingeführt, für einige Verfahren auch Festwerte. Die Gebührentabellen zum GKG und zum FamGKG sind identisch. Mit der Einführung pauschaler Verfahrensgebühren im FamGKG ist eine erhebliche Vereinfachung des Kostenrechts in Familiensachen eingetreten. An Stelle einer Vielzahl von früher einzeln geregelten Entscheidungsgebühren, fällt jetzt in jedem familiengerichtlichen Verfahren unabhängig von seinem Ausgang grundsätzlich nur eine Gebühr an, auch wenn neben der Entscheidung in der Hauptsache in demselben Verfahren z.B. Genehmigungen zu erteilen oder zu ersetzen sind.

5 Die Einführung der pauschalen Verfahrensgebühr ist auch im Zusammenhang mit der in §§ 81 Abs. 1 Satz 3, 82 FamFG vorgesehenen Pflicht des Gerichts zu sehen, in jeder Familiensache von Amts wegen über die Kosten zu entscheiden, sowie mit dem in § 81 Abs. 3 FamFG enthaltenen Verbot, die Kosten in einem Verfahren dem minderjährigen Beteiligten aufzuerlegen. Etwas anderes gilt aber für Vormundschaften und Dauerpflegschaften. Insbesondere für die hierdurch anfallenden Jahresgebühren (Nummern 1311 und 1312 KV-FamGKG) kommt – wie auch nach früherem Recht – nur der Minderjährige als Kostenschuldner in Betracht (§ 22 FamGKG). Das ist auch gut vertretbar, weil die Gebühr nur an-

1 Dazu *D. Meyer*, JurBüro 2013, 525.
2 Dazu auch die Übersicht bei *Fölsch* SchlHA 2009, 373.

fällt, wenn das Vermögen nach Abzug der Verbindlichkeiten mehr als 25.000 Euro beträgt. Dabei bleibt ein angemessenes Hausgrundstück, das von dem Minderjährigen oder seinen Eltern allein oder zusammen mit Angehörigen ganz oder teilweise bewohnt wird und nach ihrem Tod von ihren Angehörigen bewohnt werden soll, außer Betracht.

6 Für die einzelnen Verfahrensgebühren enthält das FamGKG – entsprechend den Regelungen im KV-GKG – weitgehend vereinheitlichte Ermäßigungstatbestände, die an den Zeitpunkt der Beendigung des Verfahrens anknüpfen.

7 Für Rechtsmittelverfahren gegen Entscheidungen sind – der Struktur des GKG folgend – Verfahrensgebühren mit im Vergleich zu den erstinstanzlichen Verfahren erhöhten Gebührensätzen geschaffen.

8 Für die nach FamFG nunmehr von einem Hauptgegenstand unabhängigen Verfahren des einstweiligen Rechtsschutzes (einstweilige Anordnung und Arrest) gelten im Anwendungsbereich des FamGKG eigenständige Gebührentatbestände mit geringeren Gebührensätzen.

9 **Wenn und soweit die Bestimmungen des FamGKG denen des GKG entsprechen, ist bei den folgenden Erläuterungen des FamGKG aus Gründen der Vermeidung überflüssiger Wiederholungen auf die entsprechenden Kommentierungen der korrespondierenden Bestimmungen des GKG im ersten Teil dieses Buches verwiesen.** Das gilt insbesondere für die Fragen des Allgemeinen Teils (sachlicher und persönlicher Geltungsbereich, grundsätzliche Kostenpflicht, Höhe der Gebühren sowie weiterer Einzelfragen) sowie für das mit dem des GKG wörtlich nahezu und inhaltlich völlig übereinstimmende Kostenverzeichnis.

10 Gemäß der Übergangsvorschrift des Art. 111 FGG-RG ist für Verfahren, die vor dem 1.9.2009 eingeleitet worden sind, noch das bis zum 31.8.2009 geltende Recht anzuwenden, und zwar für sämtliche Instanzen einschließlich der notwendigen Nebenentscheidungen.[3] Dieses wird mithin noch über einen längeren Zeitraum zu beachten sein. Wegen der entsprechenden Bestimmungen des GKG in der damaligen Fassung wird auf die Erläuterungen der 10. Auflage dieses Kommentars verwiesen.[4]

ABSCHNITT 1
Allgemeine Vorschriften

§ 1
Geltungsbereich

(1) In Familiensachen einschließlich der Vollstreckung durch das Familiengericht und für Verfahren vor dem Oberlandesgericht nach § 107 des Gesetzes über das Verfahren in Familiensachen und in den Angelegenheiten der freiwilligen Gerichtsbarkeit werden Kosten (Gebühren und Auslagen) nur nach diesem Gesetz erhoben, soweit nichts anderes bestimmt ist. Dies gilt auch für Verfahren über eine Beschwerde, die mit einem Verfahren nach Satz 1 in Zusammenhang steht. Für das Mahnverfahren werden Kosten nach dem Gerichtskostengesetz erhoben.

(2) Die Vorschriften dieses Gesetzes über die Erinnerung und die Beschwerde gehenden Regelungen der für das zugrunde liegende Verfahren geltenden Vorschriften vor.

3 OLG Dresden JurBüro 2010, 97; ThürOLG Beschl. v. 1.3.2010 – 1 UF 29/10.

4 Dazu auch bei *Dörndorfer* in Binz u.a. vor § 1 FamGKG Ran. 7 ff. Zum FamGKG vgl. auch die Übersicht bei *D. Meyer* JurBüro 2009, 456 ff. *Gross* FPR 2010, 305.

1 **Allgemeines:** §1 Abs. 1 bestimmt den Anwendungsbereich des FamGKG. Die Vollstreckung durch das Familiengericht wird ausdrücklich genannt, um Unklarheiten zu vermeiden. Für Vollstreckungshandlungen, die nach den Vorschriften der ZPO durch das Vollstreckungsgericht erfolgen, und für Handlungen im Rahmen der Arrestvollziehung stellen die Vorbemerkung 1.6 und die Vorbemerkung 2 Abs. 4 KV FamGKG flankierend klar, dass Kosten in diesen Fällen nach dem GKG erhoben werden sollen. Satz 2 entspricht §1 Satz 2 GKG und §1 Abs. 1 GNotKG. Für das Mahnverfahren, für das die Vorschriften der ZPO entsprechend anzuwenden sind (§113 Abs. 2 FamFG), ist weiterhin das GKG anwendbar (§1 Satz 3 FamGKG), weil auch das Mahnverfahren in Familiensachen von den zentralen Mahngerichten erledigt wird. Hierdurch soll auch vermieden werden, dass besondere Vordrucke für das Mahnverfahren in Familiensachen vorgehalten werden müssen. Neben den Familiensachen soll das FamGKG aus Gründen des Sachzusammenhangs auch für Verfahren nach § 107 FamFG vor dem Oberlandesgericht angewendet werden. Es gilt also:

Gerichtskosen für Familiensachen
sind zu erheben

FamGKG	GKG	GNotKG
– Familiensachen (§ 111 FamFG) – Familienstreitsachen (§ 112 FamFG) – Verfahren nach § 107 FamFG vor dem OLG – Vollstreckung durch das FamG (§ 1 Satz 1 FamGKG)	– Mahnverfahren (113 Abs. 2 FamFG; § 1 Satz 3 FamGKG) – Vollstreckungshandlungen und Arrestvollziehungen nach der ZPO durch das Vollstreckungsgericht (Vorbem. 1.6. und Vorbem. 2 Abs. 4 KV FamGKG)	– Registersachen – Nachlasssachen – Teilungssachen – Personenstandssachen – Todeserklärungen – Geschlechtsumwandlung – Unterbringungssachen – Freiheitsentziehungssachen – Betreuungssachen

2 **Familiensachen**, für die Kosten ausschließlich („nur“) nach dem FamGKG erhoben werden, sind:
- die Familiensachen (§§ 111, 231 Abs. 2, 261 Abs. 2, 266 Abs. 2, 269 FamFG),
- die Familen*streit*sachen (§ 112 FamFG)

3 **Familiensachen:** § 111 FamFG enthält eine Aufzählung der einzelnen Arten von Familiensachen. Das sind:
- Ehesachen (§ 111 Nr. 1 FamFG) und die in § 111 Nr. 2–7 FamFG genannten übrigen Familiensachen, also:
- Kindschaftssachen,
- Abstammungssachen,
- Adoptionssachen,
- Ehewohnungs- und Haushaltssachen,
- Gewaltschutzsachen,
- Versorgungsausgleichssachen.

  Dazu kommen noch die
- Unterhaltssachen (§ 231 Abs. 2 FamFG),
- Güterrechtssachen (§ 231 Abs. 2 FamFG),
- sonstige Familiensachen (§ 261 Abs. 2 FamFG),
- Lebenspartnerschaftssachen (§ 269 FamFG).

Die dabei verwendeten Bezeichnungen werden jeweils in der ersten Vorschrift des entsprechenden Abschnitts näher definiert. Auch soweit andere Gesetze, wie etwa das Gerichtsverfassungsgesetz, den Begriff der Familiensache verwenden, sind diese Bestimmungen maßgebend. Gegenüber den früher im GVG und in der ZPO enthaltenen

Katalogen ist insbesondere durch die Einführung des sog. „großen Familiengerichts“ und die damit verbundene Abschaffung des Vormundschaftsgerichts der Kreis der Familiensachen erweitert worden (z.B. um die Adoptionssachen und im Bereich der sonstigen Familiensachen). Das Verfahren des nichtehelichen Vaters auf (teilweise) Übertragung der elterlichen Sorge nach dem Beschl. des BVerfG v. 21.7.2010[5] ist eine Kindschaftssache, so dass Kosten nach dem FamGKG entstehen.[6]

4 **Familienstreitsachen:** § 112 FamRG enthält die Definition des neu eingeführten Begriffs der Familienstreitsachen. Es handelt sich um die folgenden Familiensachen:
- Unterhaltssachen nach § 231 Abs. 1 und Lebenspartnerschaftssachen nach § 269 Abs. 1 Nr. 7 und 8,
- Güterrechtssachen nach § 261 Abs. 1 und Lebenspartnerschaftssachen nach § 269 Abs. 1 Nr. 9.
- sonstige Familiensachen nach § 266 Abs. 1 und Lebenspartnerschaftssachen nach § 269 Abs. 2.

Diese Kategorie ist mit den früheren „ZPO-Familiensachen“ weitgehend, aber nicht vollständig, identisch. Abweichungen ergeben sich insbesondere im Verfahren in Abstammungssachen, das jetzt ein einheitliches Verfahren der freiwilligen Gerichtsbarkeit ist. **Ehesachen** sind keine Familienstreitsachen, sondern unterliegen eigenen Verfahrensregeln, die in Abschnitt 2 FamRG (§§ 121 ff. FamFG) enthalten sind.

5 Die Aufzählungen in §§ 111 und 112 FamFG sind **abschließend** mit der Folge, dass das FamGKG nicht für sämtliche FamFG-Sachen anwendbar ist. Das folgt aus Satz 1 („..., *soweit nichts anderes bestimmt ist*“). So ist z.B. für Aufgebotssachen, Betreuungssachen, Unterbringungssachen, Nachlass- und Teilungssachen, Registerangelegenheiten, Unternehmensrechtliche Verfahren, weitere Angelegenheiten der freiwilligen Gerichtsbarkeit, Freiheitsentziehungsverfahren etc. weiterhin das GKG oder das GNotKG anwendbar. Für das Mahnverfahren stellt Satz 2 das ausdrücklich klar.

6 Das FamGKG **gilt nicht** für die in den Büchern 3–8 FamGKG geregelten Verfahren in den Angelegenheiten der freiwilligen Gerichtsbarkeit, also in
- Betreuungs- und Unterbringungssachen,
- Nachlass- und Teilungssachen,
- Registersachen und unternehmerische Verfahren,
- Verfahren in weiteren Angelegenheiten freiwilligen Gerichtsbarkeit,
- Freiheitsentziehungssachen und
- Verfahren in Aufgebotssachen.

In diesen Verfahren werden Kosten nach dem GNotKG erhoben (§ 1 Abs. 1 GNotKG).

7 **§ 1 Abs. 1 S. 3:** Auch Gerichtskosten für Mahnverfahren werden nach dem GKG erhoben (§ 113 Abs. 2 FamFG iVm. §§ 688 ff. ZPO).

8 **Abs. 2:** Der durch das 2. KostRModG eingefügte Abs. 2 dient der Klarstellung für die Anwendung der Verfahrensvorschriften der Rechtsmittelverfahren. Die Bestimmung ist inhaltsgleich mit § 1 Abs. 5 GKG, so dass auf das dort Gesagte verwiesen werden kann.

§ 2
Kostenfreiheit

(1) Der Bund und die Länder sowie die nach Haushaltsplänen des Bundes oder eines Landes verwalteten öffentlichen Anstalten und Kassen sind von der Zahlung der Kosten befreit.

---

5 FamRZ 2010, 1403.
6 KG FamRZ 2012, 1164.

(2) Sonstige bundesrechtliche oder landesrechtliche Vorschriften, durch die eine sachliche oder persönliche Befreiung von Kosten gewährt ist, bleiben unberührt.

(3) Soweit jemandem, der von Kosten befreit ist, Kosten des Verfahrens auferlegt werden, sind Kosten nicht zu erheben; bereits erhobene Kosten sind zurückzuzahlen. Das Gleiche gilt, soweit ein von den Kosten befreiter Beteiligter Kosten des Verfahrens übernimmt.

Die Kostenbefreiungsvorschriften entsprechen denen des § 2 Abs. 1 Satz 1, Abs. 3 1
und 5 GKG. Die Erläuterungen zu § 2 GKG gelten demzufolge auch für das FamGKG uneingeschränkt, so dass grundsätzlich auf die Erläuterungen zu § 2 GKG verwiesen werden kann.

Abs. 1: Vor den Gerichten des Bundes und der Bundesländer sind von den Gerichts- 2
kosten befreit die Bundesrepublik Deutschland, die Bundesministerien und die unmittelbar diesen nachgeordneten Bundesbehörden (vgl. § 2 GKG Rn. 12ff.). Städte, Gemeinden, Gemeindeverbände und Landkreise hingegen können nur nach Abs. 2 Kostenfreiheit erhalten (vgl. § 2 GKG Rn. 22ff.).

Für die **Stadtstaaten** Berlin und Hamburg besteht grundsätzlich Kostenfreiheit,[1] 3
weil dort nach den Landesverfassungen keine Trennung von Landes- und Gemeindeangelegenheiten besteht. Anders hingegen Bremen, wo es nach der Landesverfassung noch von den Landesangelegenheiten getrennte Gemeindeangelegenheiten gibt.[2]

Keine Kostenfreiheit, aber eine Befreiung von der Vorschusserhebung (§§ 12ff.) be- 4
steht grundsätzlich für Gemeinden, Gemeindeverbände oder Körperschaften des öffentlichen Rechts (§ 22 Abs. 6 KostVerfg.).

Beitreibung der auf das Land nach § 7 UVG **übergegangenen Unterhaltsansprü- 5
che**: Nach Abs. 1 sind insbesondere die Länder bei der gerichtlichen Durchsetzung kostenbefreit.

Abs. 2 entspricht Abs. 3 GKG. Für Familienverfahren kann Kostenfreiheit in Famili- 6
ensachen auch aus bundes- oder landesrechtlichen Kostenbefreiungsvorschriften außerhalb des FamGKG gegeben sein. Danach besteht z.B. Kostenfreiheit

- für **Träger der Sozial- und Jugendhilfe** in Verfahren, auf die das FamFG anzuwenden ist (§ 64 Abs. 3 SGB X) wie z.B. das Jugendamt als Amtsvormund.[3] Für Sozialhilfeträger jedoch nur, wenn das konkrete Verfahren vom Sozialhilfeträger gerade in dieser Eigenschaft geführt wird, wenn also ein enger sachlicher Zusammenhang zur gesetzlichen Tätigkeit als Sozialhilfeträger besteht.[4]
- in Verfahren nach dem **Auslandsunterhaltsgesetz** (§ 12 AUG).
- für die Bundesagentur für Arbeit als Träger der Grundsicherung ab dem 1.1.2006.
- für die jeweils zuständige Behörde in Eheaufhebungs- oder Vaterschaftsanfechtungsverfahren regelmäßig nach Landesrecht.[5]

Darüber hinaus bestehen zahlreiche weitere Begünstigungen nach den Landeskostenbestimmungen.[6]

Beim **Beistand** (§ 12 FamFG) bzw. Verfahrensbeistand (§§ 158 FamFG, 21 Abs. 1 Satz 2 7
Nr. 4 FamGKG) kommt es für die Kostenbefreiung nur auf den vertretenen Beteiligten an.

1 BGH JurBüro 1954, 378 (Hamburg); BGH JurBüro 1954, 468 (Berlin).
2 BGHZ 13, 207.
3 BGH, Beschl. v. 28.9.2016 – XII ZB 251/16 – = JurBüro 2017, 38 = JurionRS 2016, 27347.
4 BGH NJW-RR 2006, 717 = FamRZ 2006, 411 und die zahlreichen Nachweise bei *Volpert* in Schneider u.a. § 2 Rn. 18.
5 *Keske* in Schulte-Bunert/Weinreich, FamGKG § 2 Rn. 1.
6 Vgl. dazu bei *Volpert* in Schneider/Wolf u.a. § 2 Rn. 21ff.

Dem Beistand/Verfahrensbeistand können keine Verfahrenskosten auferlegt werden (§ 158 Abs. 8 FamFG), so dass nicht er, sondern ggf. nur der Vertretene als Entscheidungsschuldner (§ 24 Nr. 1) haften kann. Eine Antragstellerhaftung des Beistandes ist ohne hin nach § 21 Abs. 1 Satz 2 Nr. 4 ausgeschlossen.

8 **Abs. 3** ist identisch mit § 2 Abs. 5 GKG. Auf das dort Gesagte wird verwiesen.

§ 3
Höhe der Kosten

(1) Die Gebühren richten sich nach dem Wert des Verfahrensgegenstands (Verfahrenswert), soweit nichts anderes bestimmt ist.

(2) Kosten werden nach dem Kostenverzeichnis der Anlage 1 zu diesem Gesetz erhoben.

1 § 3 FamGKG stimmt wörtlich nahezu, inhaltlich jedoch vollkommen überein mit § 3 GKG. Auf die Erläuterungen zu § 3 GKG wird daher verwiesen.

2 **Abs. 1:** Grundsätzlich bestimmen sich auch im Familienverfahren die Gebühren nach dem Verfahrenswert (Abs. 1 Hs. 1). Der Begriff des Verfahrenswertes entspricht dem Wert des Streitgegenstandes i.S.v. § 3 GKG. Die Berechnung des Verfahrenswertes erfolgt nach Maßgabe der §§ 33–52 FamGKG.

3 Der Verfahrenswert ist nur dann nicht maßgebend, wenn im FamGKG etwas anders bestimmt ist (Abs. 1 Hs. 2). Das ist dann der Fall, wenn im KV-FamGKG Festgebühren vorgesehen sind (Nrn. 1502–1930) sowie für die Jahresgebühren der Nrn. 1311, 1312 KV-FamGKG. Auch die Vergleichsgebühr nach KV-FamGKG Nr. 1500 ist in der Sache ein Fall des Abs. 1 Hs. 2, weil hier nur auf den Vergleichsmehrwert abgestellt wird.[1]

4 **Abs. 2 (Kostenverzeichnis):** Auch dem FamGKG ist nach dem Muster des GKG ein Kostenverzeichnis (KV-FamGKG) angefügt. Dieses enthält die kostenpflichtigen Kostentatbestände mit der Folge, dass auch hier das Verfahren gerichtskostenfrei ist, wenn das KV-FamGKG keinen Kostentatbestand enthält.

§ 4
Umgangspflegschaft

Die besonderen Vorschriften für die Dauerpflegschaft sind auf die Umgangspflegschaft nicht anzuwenden.

1 Diese Bestimmung hat im Grunde keine eigenständige Bedeutung. Sie enthält nur eine Bekräftigung zu § 1 Abs. 1 Satz 1 FamGKG und gilt sowohl für die Gebühr als auch für den Wert. § 4 stellt klar, dass die für die Dauerpflegschaft vorgesehenen besonderen Vorschriften (§ 7 Abs. 1, § 10, § 19 Abs. 1, § 22 FamGKG, Vorbemerkung 2 Abs. 3 und Absatz 1 der Anm. zu Nr. 2000 KV-FamGKG) auf die Umgangspflegschaft nicht angewendet werden sollen, weil die Umgangspflegschaft kostenrechtlich Teil des Verfahrens über das Umgangsrecht sein soll (Absatz 2 der Anmerkung zu Nr. 1310 KV-FamGKG).[1]

1 *N. Schneider* in Schneider u.a, § 3 Rn. 9.

1 So die Begründung. Vgl. BT-Ds. 309/07 S. 682.

§ 5
Lebenspartnerschaftssachen

In Lebenspartnerschaftssachen nach § 269 des Gesetzes über das Verfahren in Familiensachen und in den Angelegenheiten der freiwilligen Gerichtsbarkeit sind für

1. **Verfahren nach Absatz 1 Nr. 1 dieser Vorschrift die Vorschriften für das Verfahren auf Scheidung der Ehe,**
2. **Verfahren nach Absatz 1 Nr. 2 dieser Vorschrift die Vorschriften für das Verfahren auf Feststellung des Bestehens oder Nichtbestehens einer Ehe zwischen den Beteiligten,**
3. **Verfahren nach Absatz 1 Nr. 3 bis 11 dieser Vorschrift die Vorschriften für Familiensachen nach § 111 Nr. 2, 5 und 7 bis 9 des Gesetzes über das Verfahren in Familiensachen und in den Angelegenheiten der freiwilligen Gerichtsbarkeit und**
4. **Verfahren nach den Absätzen 2 und 3 dieser Vorschrift die Vorschriften für sonstige Familiensachen nach § 111 Nr. 10 des Gesetzes über das Verfahren in Familiensachen und in den Angelegenheiten der freiwilligen Gerichtsbarkeit entsprechend anzuwenden.**

Entsprechend der Systematik des § 270 FamFG sind für Lebenspartnerschaftssachen 1
(§ 269 FamFG) die für die entsprechenden Familiensachen nach § 111 Nrn. 1 bis 10 FamFG geltenden Vorschriften einschließlich denen des Kostenverzeichnisses sinngemäß anzuwenden. Die – gesetzestechnisch völlig misslungene[1] – Vorschrift gilt für:

Ziffer 1: Aufhebung der Lebenspartnerschaft (§ 269 Abs. 1 Nr. 1 FamFG). § 269 2
Abs. 1 Nr. 1 FamFG entspricht dem bisherigen § 661 Abs. 1 Nr. 1 ZPO. Die entsprechende Streitwertvorschrift war früher in § 48 Abs. 3 GKG geregelt. Ab dem 1.9.2009 ist insoweit § 43 FamGKG einschlägig.

Ziffer 2: Feststellung des Bestehens oder Nichtbestehens einer Lebenspartner- 3
schaft (§ 269 Abs. 1 Nr. 2 FamFG), welche Vorschrift dem bisherigen § 661 Abs. 1 Nr. 2 ZPO entspricht). Auch hier ist der Wert nach § 43 FamGKG zu bestimmen.

Ziffer 3: Sorgerecht, Umgangsrecht und Herausgabe von gemeinsamen Kin- 4
dern (§ 269 Abs. 1 Nr. 3 FamFG); **Wohnungszuweisung** (§ 269 Abs. 1 Nr. 4 FamFG, §§ 14, 18 LPartG); **Haushalt** (§ 269 Abs. 1 Nr. 5 FamFG, §§ 13, 19 LPartG); **Versorgungsausgleich** (§ 269 Abs. 1 Nr. 7 FamFG); gesetzlicher **Unterhalt** für gemeinsame minderjährige Kinder und für Partner (§ 269 Abs. 1 Nr. 8 FamFG); das partnerschaftliche **Güterrecht**, auch wenn Dritte beteiligt sind (§ 269 Abs. 1 Nr. 9 FamFG); um den Güterstand aufgrund einer Entscheidung nach § 6 LPartG i.V.m. §§ 1365 Abs. 2, 1369 Abs. 2 BGB, § 269 Abs. 1 Nr. 10 FamFG) und über den Partnerschaftsvertrag (§ 7 LPartG i.V.m. §§ 1426, 1430, 1452 NGB, § 269 Abs. 1 Nr. 11 FamFG).

Ziffer 4: Folgen eines **Versprechens auf eine Lebenspartnerschaft** nach § 1 Abs. 3 5
Nr. 2 LPartG i.V.m. §§ 1297–1301 BGB, (§ 266 Abs. 1 Nr. 1 FamFG); Ansprüche aus der Lebenspartnerschaft (§ 269 Abs. 2 Nr. FamFG); Trennung und Aufhebung der Lebenspartnerschaft (§ 269 Abs. 2 Nr. 3 FamFG) sowie um Ansprüche auf eine **Deckung des Lebensbedarfs beim Getrenntleben** der Partner (§ 269 Abs. 3 FamFG i.V.m. § 1357 Abs. 2 BGB).

1 So zutreffend *Hartmann* § 5 FamGKG, Rn. 1.

§ 6
Verweisung, Abgabe, Fortführung einer Folgesache als selbständige Familiensache

(1) Verweist ein erstinstanzliches Gericht oder ein Rechtsmittelgericht ein Verfahren an ein erstinstanzliches Gericht desselben oder eines anderen Zweiges der Gerichtsbarkeit, ist das frühere erstinstanzliche Verfahren als Teil des Verfahrens vor dem übernehmenden Gericht zu behandeln. Das Gleiche gilt, wenn die Sache an ein anderes Gericht abgegeben wird.

(2) Wird eine Folgesache als selbständige Familiensache fortgeführt, ist das frühere Verfahren als Teil der selbständigen Familiensache zu behandeln.

(3) Mehrkosten, die durch Anrufung eines Gerichts entstehen, zu dem der Rechtsweg nicht gegeben oder das für das Verfahren nicht zuständig ist, werden nur dann erhoben, wenn die Anrufung auf verschuldeter Unkenntnis der tatsächlichen oder rechtlichen Verhältnisse beruht. Die Entscheidung trifft das Gericht, an das verwiesen worden ist.

1 § 6 regelt entsprechend § 4 GKG die Kostenerhebung bei Verweisung oder Abgabe eines Verfahrens durch ein erstinstanzliches Gericht oder ein Rechtsmittelgericht an ein anderes erstinstanzliches Gericht sowie die Fortführung einer Folgesache als selbständige Familiensache. Nicht erfasst von § 6 sind die Fälle der Zurückverweisung, für die § 31 Abs. 1 als lex specialis gilt. Die Rechtsfolgen sind aber identisch.

2 **Abs. 1 Satz 1** behandelt die förmliche Verweisung und stimmt wörtlich überein mit § 4 Abs. 1 GKG. Auf die Erläuterungen zu § 4 GKG wird deshalb verwiesen.

3 **Absatz 1 Satz 2** stellt den Fall der bloßen (formlosen) Abgabe nach § 4 FamFG, kostenmäßig der Verweisung gleich. Dadurch wird sichergestellt, dass die Gebühren auch im Falle der Abgabe an ein anderes Gericht nur einmal entstehen. Eine bloße Abgabe kann vor dem Eintritt der Rechtshängigkeit oder aus wichtigem Grunde (§ 4 FamFG) erfolgen.

4 **Absatz 2** regelt die Fälle des § 137 Abs. 3 FamFG (Fortführung einer Folgesache als selbständige Familiensache wie z.B. durch Abtrennung von der Scheidungssache). Die selbständige Familiensache soll kostenmäßig so behandelt werden, als sei sie nie im Verbund gewesen.[1] Das bedeutet, dass die selbständig fortgeführte Sache bei der Gebührenberechnung des Scheidungsverfahrens unberücksichtigt bleibt. Anderes gilt jedoch, wenn Folgesachen abgetrennt, aber nach § 137 Abs. 5 Satz 1 FamFG als Folgesache fortgeführt werden. Dann sind Scheidung und Folgesachen als einheitliches Verfahren abzurechnen.

5 Unter § 137 Abs. 3 FamFG und damit auch unter § 3 Abs. 2 FamGKG fallen auch solche Kindschaftssachen, die die Übertragung oder Entziehung der elterlichen Sorge, des Umgangsrechts oder Herausgabe eines gemeinsamen Kindes oder das Umgangsrecht eines Ehegatten mit einem Kind des anderen betreffen.[2]

6 **Abs. 3** ist identisch mit § 4 Abs. 2 GKG und bestimmt in Ergänzung zu Abs. 1, dass die durch Anrufung eines unzuständigen Gerichts entstandenen Mehrkosten stets vom Antragsteller allein erhoben werden dürfen, wenn die Anrufung auf verschuldeter Unkenntnis der Tatsächlichen oder rechtlichen Verhältnisse beruht. Es ist der umgekehrte Fall des § 20 Abs. 1 Satz 2. Im Gegensatz zu diesem Fall ist die alleinige Antragstellerhaf-

1 AG Bad Iburg JurBüro 2010, 541 m. Anm. v. *Bellmann*; *Keske* in Schulte-Bunert/Weinreich, § 6 FamGKG Rn. 10; *Petzold* in Binz u.a., Vorbem. FamGKG Rn. 7 ff.

2 *Hartmann* § 6 Rn. 3.

tung des § 6 Abs. 3 aber zwingend („werden"). Im Übrigen wird auf die Erläuterungen zu § 4 Rn. 10–15 verwiesen.

Die Entscheidung nach Abs. 3 trifft das Empfangsgericht nach §§ 81ff. FamFG. Dem Antragsteller ist rechtliches Gehör zu gewähren. Im Rechtsbehelfsverfahren nach § 57 ist nur über die Höhe der angesetzten Kosten zu befinden. Richtet sich ein im Rahmen des § 57 eingebrachter Antrag gegen den Grund der Kostentragungspflicht, ist die Sache dem Gericht der Hauptsache vorzulegen. 7

§ 7
Verjährung, Verzinsung

(1) Ansprüche auf Zahlung von Kosten verjähren in vier Jahren nach Ablauf des Kalenderjahrs, in dem das Verfahren durch rechtskräftige Entscheidung über die Kosten, durch Vergleich oder in sonstiger Weise beendet ist. Bei Vormundschaften und Dauerpflegschaften beginnt die Verjährung mit der Fälligkeit der Kosten.

(2) Ansprüche auf Rückerstattung von Kosten verjähren in vier Jahren nach Ablauf des Kalenderjahrs, in dem die Zahlung erfolgt ist. Die Verjährung beginnt jedoch nicht vor dem im Absatz 1 bezeichneten Zeitpunkt. Durch Einlegung eines Rechtsbehelfs mit dem Ziel der Rückerstattung wird die Verjährung wie durch Klageerhebung gehemmt.

(3) Auf die Verjährung sind die Vorschriften des Bürgerlichen Gesetzbuchs anzuwenden; die Verjährung wird nicht von Amts wegen berücksichtigt. Die Verjährung der Ansprüche auf Zahlung von Kosten beginnt auch durch die Aufforderung zur Zahlung oder durch eine dem Schuldner mitgeteilte Stundung erneut. Ist der Aufenthalt des Kostenschuldners unbekannt, genügt die Zustellung durch Aufgabe zur Post unter seiner letzten bekannten Anschrift. Bei Kostenbeträgen unter 25 Euro beginnt die Verjährung weder erneut noch wird sie gehemmt.

(4) Ansprüche auf Zahlung und Rückerstattung von Kosten werden nicht verzinst.

Abs. 1 Satz 1, Abs. 2–4 stimmen – bis auf Satz 2 – vollkommen überein mit § 5 GKG. 1
Auf die Erläuterungen dort wird verwiesen.

Abs. 1 Satz 2: Anders als nach § 5 GKG beginnt die Verjährung bei **Vormundschaft** 2
und **Dauerpflegschaft** bereits mit der Fälligkeit der Gebühr nach § 10 FamGKG zu laufen. In diesen Verfahren werden Jahresgebühren (Nummern 1311 und 1312 KV FamGKG) erhoben, weil diese Verfahren über einen sehr langen Zeitraum gehen können, der sich mitunter sogar von der Geburt bis zum Eintritt der Volljährigkeit erstrecken kann. Deshalb kann in solchen Verfahren hier die Verjährung des Anspruchs auf Zahlung der Kosten nicht erst bei Verfahrensbeendigung sondern mit der Fälligkeit (§ 10) beginnen.

Mit Rückerstattungsansprüchen ist die Aufrechnung der Staatskasse nur möglich, 3
wenn der Erstattungsanspruch anerkannt oder gerichtlich festgestellt ist (§ 8 JBeitrG).

§ 8
Elektronische Akte, elektronisches Dokument

(1) In Verfahren nach diesem Gesetz sind die verfahrensrechtlichen Vorschriften über die elektronische Akte und das gerichtliche elektronische Dokument an-

zuwenden, die für das dem kostenrechtlichen Verfahren zugrunde liegende Verfahren gelten.

1 § 8 stimmt wörtlich überein mit § 5a GKG, so dass auf die dortigen Erläuterungen uneingeschränkt verwiesen wird.

§ 8a
Rechtsbehelfsbelehrung

Jede Kostenrechnung und jede anfechtbare Entscheidung hat eine Belehrung über den statthaften Rechtsbehelf sowie über die Stelle, bei der der Rechtsbehelf einzulegen ist, über den Sitz und über die einzuhaltende Form und Frist zu enthalten.

1 Die Regelung einer Belehrungspflicht über die Rechtsschutzmöglichkeiten in Kostensachen ist seit dem 1.1.2014 in Kraft.[1] Die Bestimmung dient dem Zweck, den Rechtsschutz für den Beteiligten wirkungsvoller gestalten. Um das zu erreichen, hat die Belehrungspflicht umfassend für Kostenrechnungen und jede anfechtbare kostenrechtliche Entscheidung gelten, unabhängig davon, ob sie als gerichtliche Entscheidung im Beschlusswege erfolgt oder in sonstiger Weise, etwa durch die Staatsanwaltschaft.

2 Mit der Formulierung „Stelle“ ist klargestellt, dass auch eine Behörde wie die Staatsanwaltschaft als Stelle für die zulässige Einlegung eines Rechtsbehelfs in der Belehrung anzugeben ist.

ABSCHNITT 2
Fälligkeit

§ 9
Fälligkeit der Gebühren in Ehesachen und selbständigen Familienstreitsachen

(1) In Ehesachen und in selbständigen Familienstreitsachen wird die Verfahrensgebühr mit der Einreichung der Antragsschrift, der Einspruchs- oder Rechtsmittelschrift oder mit der Abgabe der entsprechenden Erklärung zu Protokoll fällig.

(2) Soweit die Gebühr eine Entscheidung oder sonstige gerichtliche Handlung voraussetzt, wird sie mit dieser fällig.

1 Die Fälligkeitsregel das § 9 gilt nur für die in Abs. 1 bezeichneten Sachen sowie wegen § 270 FamFG auch für die entsprechenden Lebenspartnerschaftssachen.

2 Die Gebühren in Ehesachen (§§ 111 Nr. 1, 117, 121 FamFG) und selbständigen Familienstreitsachen (§ 112 FamFG) werden entsprechend der Regelung des § 6 Abs. 1 Nr. 1, Abs. 2 und 3 GKG mit der Einreichung des verfahrenseinleitenden Schriftsatzes fällig (vgl. vor § 1 Rn. 2).

1 Art. 21. Des RechtsBehEG (BGBl. I 2012, 2422, 2424).

Verbundverfahren: Etwas Abweichendes gilt aber für Verbundverfahren in Ehesachen. Das folgt aus der Formulierung des Abs. 1 Satz 1, wonach die Fälligkeitsregelung im Verbundverfahren nur hinsichtlich der Ehe- bzw. Lebenspartnerschaftssache gilt, weil die Folgesachen ihre spezielle Eigenschaft (z.B. als Unterhaltssachen) nicht verlieren. 3

§ 10
Fälligkeit bei Vormundschaften und Dauerpflegschaften

Bei Vormundschaften und bei Dauerpflegschaften werden die Gebühren nach den Nummern 1311 und 1312 des Kostenverzeichnisses erstmals bei Anordnung und später jeweils zu Beginn eines Kalenderjahres, Auslagen sofort nach ihrer Entstehung fällig.

Jahresgebühr: Für Vormundschaften und Dauerpflegschaften für Minderjährige sind Kindschaftssachen (§ 151 Nrn. 4, 5 FamFG). Wegen der langen Dauer solcher Sachen ist für die Fälligkeit der Jahresgebühr angeordnet worden (Halbsatz 1). Die Fälligkeit tritt für die der Anordnung folgenden Jahre mit dem Beginn des jeweiligen Kalenderjahres ein. 1

Auslagen: Für Auslagen bei Vormundschaften und Pflegschaften werden nach Halbsatz 2 mit ihrer Entstehung fällig, und zwar unabhängig davon, ob das zugehörige Geschäft schon beendet ist. 2

§ 11
Fälligkeit der Gebühren in sonstigen Fällen, Fälligkeit der Auslagen

(1) Im Übrigen werden die Gebühren und die Auslagen fällig, wenn

1. **eine unbedingte Entscheidung über die Kosten ergangen ist,**
2. **das Verfahren oder der Rechtszug durch Vergleich oder Zurücknahme beendet ist,**
3. **das Verfahren sechs Monate ruht oder sechs Monate nicht betrieben worden ist,**
4. **das Verfahren sechs Monate unterbrochen oder sechs Monate ausgesetzt war oder**
5. **das Verfahren durch anderweitige Erledigung beendet ist.**

(2) Die Dokumentenpauschale sowie die Auslagen für die Versendung von Akten werden sofort nach ihrer Entstehung fällig.

Gebühren: Für alle anderen als den in den §§ 9 und 10 FamGKG genannten Familiensachen hat das FamGKG die Regelung des § 9 GKG übernommen. Wie im GKG fallen auch in den weiteren Verfahren nach dem FamFG Verfahrensgebühren an. Wegen der Einzelheiten wird auf die Erläuterungen zu § 9 GKG verwiesen. 1

Auslagen: Auch hinsichtlich der Auslagen gilt grundsätzlich die nach dem GKG geltende Fälligkeitsregelung. 2

ABSCHNITT 3
Vorschuss und Vorauszahlung

§ 12
Grundsatz

In weiterem Umfang als das Gesetz über das Verfahren in Familiensachen und in den Angelegenheiten der freiwilligen Gerichtsbarkeit, die Zivilprozessordnung und dieses Gesetz es gestatten, darf die Tätigkeit des Familiengerichts von der Sicherstellung oder Zahlung der Kosten nicht abhängig gemacht werden.

1 § 12 FamGKG ist – nur redaktionell angepasst – identisch mit § 10 GKG, § 12 GNotKG. Eine (weitere) Tätigkeit des Gerichts darf nur in gesetzlich geregelten Fällen von der Sicherstellung oder Zahlung der Kosten abhängig gemacht werden. Dieser Grundsatz gilt für Gebühren und Auslagen (Kosten).

§ 13
Verfahren nach dem Internationalen Familienrechtsverfahrensgesetz

In Verfahren nach dem Internationalen Familienrechtsverfahrensgesetz sind die Vorschriften dieses Abschnitts nicht anzuwenden.

1 § 13 FamGKG übernimmt den Regelungsgehalt des § 53 Abs. 2 IntFamRVG und gilt für sämtliche Verfahren nach dem IntFamRVG. Wegen des Wortes „nur“ in § 1 Abs. 1 Satz 1 FamGKG ist die Bestimmung eigentlich überflüssig und enthält insoweit nur eine Klarstellung, nämlich dass im Verfahren nach dem IntFamRVG weder Vorschüsse noch Vorauszahlungen infrage kommen. Das hätte genau genommen gar keiner „Klarstellung“ bedurft. Nach § 53 IntFamRVG entstehen keine Gerichtskosten, soweit deren Erhebung nach dem Europäischen Sorgerechtsübereinkommen oder dem Haager Kindesentführungsübereinkommen ausgeschlossen ist. Wo keine Kosten erhoben werden, gibt es logischerweise auch keine Vorauszahlungen oder Vorschüsse.

§ 14
Abhängigmachung in bestimmten Verfahren

(1) In Ehesachen und selbständigen Familienstreitsachen soll die Antragsschrift erst nach Zahlung der Gebühr für das Verfahren im Allgemeinen zugestellt werden. Wird der Antrag erweitert, soll vor Zahlung der Gebühr für das Verfahren im Allgemeinen keine gerichtliche Handlung vorgenommen werden; dies gilt auch in der Rechtsmittelinstanz.

(2) Absatz 1 gilt nicht für den Widerantrag, ferner nicht für den Antrag auf Erlass einer einstweiligen Anordnung, auf Anordnung eines Arrests oder auf Erlass eines Europäischen Beschlusses zur vorläufigen Kontenpfändung.

(3) Im Übrigen soll in Verfahren, in denen der Antragsteller die Kosten schuldet (§ 21), vor Zahlung der Gebühr für das Verfahren im Allgemeinen keine gerichtliche Handlung vorgenommen werden.

§ 14 FamGKG ist eng an § 12 GKG angelehnt. Abs. 1 Satz 1 stimmt wörtlich, Abs. 1 Satz 2 nahezu wörtlich und Abs. 2 wiederum wörtlich überein mit § 12 Abs. 1 Satz 1, 2, Abs. 2 Ziffer 1 GKG, während Abs. 3 den Grundgedanken des § 12 Abs. 1 Satz 1 GKG für alle die Sachen nach dem FamFG aufnimmt, die keine Ehesachen oder selbständige Familienstreitsachen sind. Soweit inhaltliche Identität mit § 12 GKG besteht, wird auf die Erläuterungen dort verwiesen. 1

Für **Ehesachen** sowie **selbständige Familienstreitsachen** gilt nach den **Absätzen 1 und 2** der Grundsatz, dass das Gericht erst nach Zahlung der Gebühr für das Verfahren im Allgemeinen tätig werden soll. Beantragen z.B. beide Ehegatten (Lebenspartner) die Scheidung oder die Aufhebung der Ehe (Partnerschaft), ohne dass ein Gegenantrag (Widerantrag, Abs. 2) vorliegt, ist jeder vorschusspflichtig. Dies gilt – ebenfalls wie nach dem GKG) – nicht für einen Widerantrag und für Folgesachen einer Ehesache wie z.B. für den Versorgungsausgleich[1] (§ 137 Abs. 2 FamFG) sowie für Anträge, die ein Eilverfahren betreffen. 2

Abs. 3 bestimmt eine Vorauszahlungspflicht mit Abhängigmachung für alle nicht dem Abs. 1 und 2 unterliegenden Verfahren, in denen der Antragsteller gem. § 21 für die Kosten haftet. Das sind die Verfahren, die **nur** auf Antrag eingeleitet werden (§ 21 Abs. 1).[2] Dazu gehören auch die Verfahren auf Übertragung der elterlichen Sorge nach § 1671 BGB.[3] Nicht unter Abs. 3 fallen die Verfahren, die sowohl auf Antrag als auch von Amts wegen eingeleitet werden können. 3

Für das **Mahnverfahren** gelten die Vorschriften der ZPO entsprechend (§ 113 Abs. 2 FamFG, so dass sich die Kosten hierfür auch weiterhin nach dem GKG richten (§ 1 Satz 3 FamGKG). Entsprechendes gilt für **bestimmte Vollstreckungsverfahren** (vgl. Vorbemerkung 1.6 und Vorbemerkung 2 Abs. 4 KV FamGKG. 4

§ 15
Ausnahmen von der Abhängigmachung

§ 14 gilt nicht,

1. **soweit dem Antragsteller Verfahrenskostenhilfe bewilligt ist,**
2. **wenn dem Antragsteller Gebührenfreiheit zusteht oder**
3. **wenn die beabsichtigte Rechtsverfolgung weder aussichtslos noch ihre Inanspruchnahme mutwillig erscheint und wenn glaubhaft gemacht wird, dass**
   a) **dem Antragsteller die alsbaldige Zahlung der Kosten mit Rücksicht auf seine Vermögenslage oder aus sonstigen Gründen Schwierigkeiten bereiten würde oder**
   b) **eine Verzögerung dem Antragsteller einen nicht oder nur schwer zu ersetzenden Schaden bringen würde; zur Glaubhaftmachung genügt in diesem Fall die Erklärung des zum Bevollmächtigten bestellten Rechtsanwalts.**

Die Ausnahmetatbestände des § 15 entsprechen vollinhaltlich denen der § 14 GKG. 1
Die Bestimmung regelt nur, unter welchen Voraussetzungen die allgemeine Verfahrensgebühr nicht gemäß § 14 Abs. 1 vor der Antragstellung und bei Antragserweiterungen nicht gemäß § 14 Abs. 1 S. 2 vor der Vornahme gerichtlicher Handlungen vorauszuzahlen ist. Die Fälligkeit mit dem Eingang des Antrags (§ 9 Abs. 1) wird von § 15 nicht berührt.

1 BT-Ds. 16/6308 S. 302. Dazu auch *N. Schneider* FamRZ 2011, 162.
2 KG FamRZ 2012, 239.
3 KG FamRZ 2012, 239 m.N.

Wenn und soweit Verfahrenskostenhilfe bewilligt ist, tritt aber eine Forderungssperre für die Staatskasse ein (§ 11 Abs. 1 FamFG iVm § 122 Abs. 1 ZPO).[1] Auf die Erläuterungen zu § 14 GKG wird im Übrigen verwiesen.

§ 16
Auslagen

(1) Wird die Vornahme einer Handlung, mit der Auslagen verbunden sind, beantragt, hat derjenige, der die Handlung beantragt hat, einen zur Deckung der Auslagen hinreichenden Vorschuss zu zahlen. Das Gericht soll die Vornahme einer Handlung, die nur auf Antrag vorzunehmen ist, von der vorherigen Zahlung abhängig machen.

(2) Die Herstellung und Überlassung von Dokumenten auf Antrag sowie die Versendung von Akten können von der vorherigen Zahlung eines die Auslagen deckenden Vorschusses abhängig gemacht werden.

(3) Bei Handlungen, die von Amts wegen vorgenommen werden, kann ein Vorschuss zur Deckung der Auslagen erhoben werden.

(4) Absatz 1 gilt nicht für die Anordnung einer Haft.

1 Die Vorschrift regelt die Vorschusspflicht hinsichtlich der Auslagen. Sie ist inhaltlich identisch mit § 17 GKG, so dass auf die dortigen Erläuterungen verwiesen wird.

2 **Abs. 1 Satz 1** nimmt den allgemeinen Grundsatz (§ 17 Abs. 1 GKG) auf, dass derjenige, der eine Handlung, die nur auf Antrag vorzunehmen ist,[1] beantragt hat, die mit der Vornahme dieser Handlung voraussichtlich entstehenden Auslagen durch Vorschusszahlung zu decken hat. Von einer nur auf Antrag vorzunehmenden Handlung zu unterscheiden ist eine (auch) von Amts wegen vorzunehmende Handlung, für die Abs. 3 einschlägig ist.[2]

3 **Abs. 1 Satz 2:** Abhängig machen kann das Gericht die Vornahme der Handlung aber **nicht in allen Verfahren**, da in selbständigen Familiensachen der freiwilligen Gerichtsbarkeit der Amtsermittlungsgrundsatz gilt (§ 26 FamFG). Daher soll das Gericht die Vornahme der Handlung nur in den Fällen von der Vorschusszahlung abhängig machen können, in denen die Handlung nur auf Antrag (§§ 23, 25 FamFG) vorgenommen werden kann. Handelt es sich um eine Anregung (§ 24 FamFG), gilt § 16 nicht.

4 **Absatz 2** entspricht § 17 Abs. 2 GKG.

5 **Absatz 3** entspricht § 17 Abs. 3 GKG. Es handelt sich um einen Ermessensvorschrift. Wenn und soweit ein Vorschuss angefordert wird, darf aber von dessen Zahlung die Handlung nicht abhängig gemacht werden.[3]

6 **Absatz 4** übernimmt die Regelung aus § 17 Abs. 4 GKG hinsichtlich der Haftkosten.

7 Wenn und soweit Gemeinden, Gemeindeverbände oder Körperschaften des öffentlichen Rechts Kostenschuldner sind, sind nach § 20 Abs. 6 KostVfg. keine Vorschüsse zu erheben. In solchen Fällen entfällt naturgemäß ein Sicherungsbedürfnis der Staatskasse.

1 Dazu *Volpert* FPR 2013, 538.

1 OLG Celle JurBüro 2012, 433, 434 = FUR 2012, 493 = FamRZ 2013, 241 = BeckRS 201, 09863.
2 OLG Celle JurBüro 2012, 433, 434 = FUR 2012, 493 = FamRZ 2013, 241 = BeckRS 201, 09863.
3 OLG Celle JurBüro 2012, 433, 434 = FUR 2012, 493 = FamRZ 2013, 241 = BeckRS 201, 09863; AG Aachen FamRZ 2012, 239.

§ 17
Fortdauer der Vorschusspflicht

Die Verpflichtung zur Zahlung eines Vorschusses bleibt bestehen, auch wenn die Kosten des Verfahrens einem anderen auferlegt oder von einem anderen übernommen sind. § 26 Abs. 2 gilt entsprechend.

Die Vorschrift entspricht dem § 18 GKG. Sie gilt für alle familienrechtlichen Verfahren nach dem FamFG. Die Erläuterungen zu § 18 GKG gelten auch hier. 1

ABSCHNITT 4
Kostenansatz

§ 18
Kostenansatz

(1) Es werden angesetzt
1. **die Kosten des ersten Rechtszugs bei dem Gericht, bei dem das Verfahren im ersten Rechtszug anhängig ist oder zuletzt anhängig war,**
2. **die Kosten des Rechtsmittelverfahrens bei dem Rechtsmittelgericht.**

Dies gilt auch dann, wenn die Kosten bei einem ersuchten Gericht entstanden sind.

(2) Die Dokumentenpauschale sowie die Auslagen für die Versendung von Akten werden bei der Stelle angesetzt, bei der sie entstanden sind.

(3) Der Kostenansatz kann im Verwaltungsweg berichtigt werden, solange nicht eine gerichtliche Entscheidung getroffen ist. Ergeht nach der gerichtlichen Entscheidung über den Kostenansatz eine Entscheidung, durch die der Verfahrenswert anders festgesetzt wird, kann der Kostenansatz ebenfalls berichtigt werden.

Die Zuständigkeit für den Kostenansatz ist entsprechend § 19 Abs. 1, 4 und 5 GKG geregelt worden. § 19 Abs. 2 und 3 GKG betrifft strafrechtliche Verfahren und ist deshalb für das FGG-RG irrelevant. Auf die Erläuterungen zu § 19 GKG wird verwiesen. 1

§ 19
Nachforderung

(1) Wegen eines unrichtigen Ansatzes dürfen Kosten nur nachgefordert werden, wenn der berichtigte Ansatz dem Zahlungspflichtigen vor Ablauf des nächsten Kalenderjahres nach Absendung der den Rechtszug abschließenden Kostenrechnung (Schlusskostenrechnung), bei Vormundschaften und Dauerpflegschaften der Jahresrechnung, mitgeteilt worden ist. Dies gilt nicht, wenn die Nachforderung auf vorsätzlich oder grob fahrlässig falschen Angaben des Kostenschuldners beruht oder wenn der ursprüngliche Kostenansatz unter einem bestimmten Vorbehalt erfolgt ist.

(2) Ist innerhalb der Frist des Absatzes 1 ein Rechtsbehelf wegen des Hauptgegenstandes oder wegen der Kosten eingelegt oder dem Zahlungspflichtigen mitgeteilt worden, dass ein Wertermittlungsverfahren eingeleitet ist, ist die Nachforderung bis zum Ablauf des nächsten Kalenderjahres nach Beendigung dieser Verfahren möglich.

(3) Ist der Wert gerichtlich festgesetzt worden, genügt es, wenn der berichtigte Ansatz dem Zahlungspflichtigen drei Monate nach der letzten Wertfestsetzung mitgeteilt worden ist.

1 Die Regelung des GKG über die Nachforderung von Gerichtskosten (§ 20 GKG) ist inhaltsgleich in das FamGKG übernommen worden. Mit der weitergehenden Formulierung des § 19 Abs. 2 („Rechtsbehelf" statt „Rechtsmittel") wird klargestellt, dass die Regelung insbesondere auch bei der Kostenerinnerung greift. § 19 soll auch für Zurückforderung überzahlter Kosten entsprechend anzuwenden sein.[1]

2 **Abs. 2** weicht aus sachlichen Gründen insoweit von der entsprechenden Vorschrift des § 20 GKG ab, als wegen des Amtsbetriebs nach § 26 FamFG eine Wertermittlung jederzeit möglich ist. Für die Zulässigkeit einer Nachforderung reicht dann eine formlose Mitteilung aus. Eine solche ist nicht nur geboten, sondern schon vor dem in Abs. 2 FamGKG, 2.Halbs. bezeichneten Zeitpunkt möglich.

§ 20
Nichterhebung von Kosten

(1) Kosten, die bei richtiger Behandlung der Sache nicht entstanden wären, werden nicht erhoben. Das Gleiche gilt für Auslagen, die durch eine von Amts wegen veranlasste Verlegung eines Termins oder Vertagung einer Verhandlung entstanden sind. Für abweisende Entscheidungen sowie bei Zurücknahme eines Antrags kann von der Erhebung von Kosten abgesehen werden, wenn der Antrag auf unverschuldeter Unkenntnis der tatsächlichen oder rechtlichen Verhältnisse beruht.

(2) Die Entscheidung trifft das Gericht. Solange nicht das Gericht entschieden hat, können Anordnungen nach Absatz 1 im Verwaltungsweg erlassen werden. Eine im Verwaltungsweggetroffene Anordnung kann nur im Verwaltungsweg geändert werden.

1 Die Bestimmung über die Nichterhebung von Kosten (Gebühren und/oder Auslagen) wegen unrichtiger Sachbehandlung stimmt wörtlich überein mit § 21 GKG. Demzufolge wird zunächst grundsätzlich auf die Erläuterungen zu § 21 GKG verwiesen.

2 Wie bei § 21 GKG ist die **Nichterhebung** von Kosten wegen unrichtiger Sachbehandlung **abzugrenzen** von der

- Stundung oder der **Niederschlagung** von Kosten. Stundung oder Niederschlagung kommt schon begrifflich nur dann in Betracht, wenn die Erhebung der Kosten nicht fehlerhaft, sondern von Gesetzes wegen völlig zu Recht erfolgt ist. In solchen Fällen kann – nicht muss wie nach § 20 FamGKG – die Kostenschuld ganz oder teilweise – sei es aus Billigkeitsgründen, sei es aus Gründen der Wirtschaftlichkeit – erlassen werden.
- Möglichkeit des **Absehens von einer Kostenauferlegung** nach § 81 Abs. 1 Satz 2 FamFG.[1] Eine Entscheidung nach § 81 Abs. 1 Satz 2 FamFG ist eine reine Billigkeitsentscheidung, die im Ermessen des Gerichts steht und keine unrichtige Sachbehandlung voraussetzt.[2]

---

1 OLG Dresden, JurBüro 2017, 312.

1 BGH JurBüro 2015, 4 = NJW-RR 2015, 385 = MDR 2015, 530 = FamRZ 2015, 570 = JurionRS 2015, 10445; *N. Schneider* in Schneider u.a. § 220 Rn. 5.

2 Vgl. BGH JurBüro 2015, 4 = NJW-RR 2015, 385 = MDR 2015, 530 = FamRZ 2015, 570 = JurionRS 2015, 10445; Thomas-Putzo/*Hüßstege* § 81 FamFG Rn. 8; *Zimmermann* FamRZ 2009, 377.

Als **unrichtige Sachbehandlung kann (nicht muss) z.B. angesehen werden:** 3

- **Gutachten:**
- Einholung von **kostenträchtigen** Gutachten im Rahmen der Amtsaufklärung **ohne vorherige Anhörung des Betroffenen oder seines Vertreters.**[3] Ebenso, wenn bei **Verkennung der Darlegungs- und Beweislast** ein Sachverständigengutachten eingeholt wird.[4]
- Gleiches kann in Ausnahmefällen auch für entbehrliche Blutgruppengutachten (hier: offensichtlich andere Hautfarbe) gelten.[5]
- **Übergehen eines Antrags**: Hat das Familiengericht bei der Entscheidung über den Versorgungsausgleich einen Antrag auf externe Teilung einer Anwartschaft übergangen oder Anrechte, über die eine Auskunft erteilt worden ist, übersehen, sind für das allein deswegen betriebene Beschwerdeverfahren keine Gerichtgebühren zu erheben.[6]
- **Verbinden von Verfahren:** Ist eine zwingende Verbindung vereinfachter Verfahren nach § 250 Abs. 3 FamFG unterblieben, sind dadurch entstandene Mehrkosten nicht zu erheben.[7]

Keine unrichtige Sachbehandlung liegt z.B. vor: 4

- **Beweisaufnahme:**
- Kindschaftssachen: Einholung eines DNA-Gutachtens im Abstammungsverfahren trotz Vorlage eines privaten Tests und Geständnis bzw. Anerkenntnis.[8]
- Nichtverwertung: Wenn ein Gericht in noch irgendwie sachlich und rechtlich vertretbarer Weise eine Beweisaufnahme angeordnet hat und das Beweisergebnis aber wegen einer Änderung seiner tatsächlichen oder rechtlichen Beurteilung nicht verwertet, liegt keine unrichtige Sachbehandlung vor.
- Zweckmäßigkeit: Wenn sich die Beweisaufnahme als unzweckmäßig[9] darstellt (z.B. eine Beweisaufnahme über wertneutrale Positionen beim Zugewinnausgleich.[10]
- **Sorgerechtsverfahren:** Die Einholung eines Gutachtens im Sorgerechtsverfahren ist trotz übereinstimmenden Vorschlags der Parteien nicht sachwidrig, wenn Belange des Kindeswohls das Gutachten fordern.[11]

ABSCHNITT 5
Kostenhaftung

Vorbemerkung vor §§ 21 ff.

Grundsätzliches: Grundsätzlich gelten hier die gleichen Prinzipien wie zum GKG. 1
Insoweit wird zunächst auf die Ausführungen zu Vorbem. vor § 22 GKG Rn. 1–2 verwiesen. Es gilt:

---

3 AG Zschopau ZfS 1994, 422; LG Freiburg MDR 1993, 911 = ZfS 1993, 385 = FamRZ 1993, 911; LG Baden-Baden ZfS 1994, 263.
4 OLG Köln JurBüro 2014, 380 = JurionRS 2014, 10646.
5 OLG Schleswig SchlHA 1989, 78.
6 OLG Celle JurBüro 2011, 310 (LS mit Volltextservice).
7 OLG Celle JurBüro 2011, 431.
8 OLG Stuttgart MDR 2008, 1043.
9 *Oestreich* in Oe/He/Tre § 21 GKG Rn. 16; *Mümmler* JVBl. 1971, 223.
10 OLG München NJW-RR 1998, 1695 = MDR 1998, 1437.
11 OLG Zweibrücken JurBüro 1997, 372.

Kostenschuldner aufgrund				
Antrags (§ 21 I 1, III FamGKG)	**Entscheidung** (§ 24 Nr. 1 FamGKG)	**Übernahme** (§ 24 Nr. 2 FamGKG)	**Gesetzes** (§ 24 Nr. 3 FamGKG)	**Vollstreckung** (§ 24 Nr. 1 Hs. 1 FamGKG)
als **Gesamtschuldner** haften				
Mehrere Kostenschuldner (§ 26 FamGKG)			**Streitgenossen** (§ 27 FamGKG)	
Inanspruchnahme als				
Erstschuldner (vorrangig)			**Zweitschuldner** (nachrangig)	
– Entscheidungsschuldner – Übernahmeschuldner			– Antragsteller	

2 **Verfahrenskostenhilfe:** Das FamRG hat das Institut der Verfahrenskostenhilfe eingeführt (§§ 76–78 FamFG). Die Verfahrenskostenhilfe wird sowohl für die Familiensachen als auch für die Familienstreitsachen gewährt. Die Voraussetzungen für die Gewährung von Verfahrenskostenhilfe sind mit denen der Prozesskostenhilfe nach der ZPO identisch. Für den Kostenansatz gelten demzufolge die gleichen Grundsätze wie für die Prozesskostenhilfe, so dass auch insoweit auf die Erläuterungen zum GKG (vgl. dort, vor § 22 Rn. 3 ff.) verwiesen werden kann.

§ 21
Kostenschuldner in Antragsverfahren, Vergleich

(1) In Verfahren, die nur durch Antrag eingeleitet werden, schuldet die Kosten, wer das Verfahren des Rechtszugs beantragt hat. Dies gilt nicht

1. für den ersten Rechtszug in Gewaltschutzsachen und in Verfahren nach dem EU-Gewaltschutzverfahrensgesetz,

2. im Verfahren auf Erlass einer gerichtlichen Anordnung auf Rückgabe des Kindes oder über das Recht zum persönlichen Umgang nach dem Internationalen Familienrechtsverfahrensgesetz,

3. für einen Minderjährigen in Verfahren, die seine Person betreffen, und

4. für einen Verfahrensbeistand.

Im Verfahren, das gemäß § 700 Abs. 3 der Zivilprozessordnung dem Mahnverfahren folgt, schuldet die Kosten, wer den Vollstreckungsbescheid beantragt hat.

(2) Die Gebühr für den Abschluss eines gerichtlichen Vergleichs schuldet jeder, der an dem Abschluss beteiligt ist.

1 **Allgemeines:** Abs. 1 regelt, wer Kostenschuldner in Antragsverfahren ist. Die Sätze 1 und 3 entsprechen inhaltlich dem § 22 Abs. 1 Satz 1 GKG.

2 Die **Antragsteller** i.S.d. FamGKG (Abs. 1 Satz 1) ist, wer einen verfahrensleitenden Antrag nach § 23 FamFG eingebracht hat. Auf die Zulässigkeit oder auf die Wirksamkeit des Antrags (§ 25 FamFG) kommt es nicht an. Auch wenn der Antrag zurückgewiesen wird, fallen Gerichtskosten an. Gleiches gilt nach dem Veranlassungsprinzip, wenn das Gericht einen unwirksamen Antrag als Anregung behandelt (§ 24 FamFG). Das früher in der KostO enthaltene Institut des sog. „Interesseschuldners“ ist wegen § 81 Abs. 1 Satz 3 FamFG nicht übernommen worden.[1] Auch der Antragsgegner, der (allein) gegen die erst-

1 BT-Ds. 16/6308 S. 303.

instanzliche Entscheidung vorgegangen ist, haftet als Veranlassungsschuldner jedenfalls dann, wenn die Beteiligten in einem abschließenden gerichtlichen Vergleich zwar Kostenaufhebung vereinbart haben, eine Inanspruchnahme des Antragstellers durch die Landeskasse jedoch gem. § 122 Abs. 1 Nr. 1 ZPO ausgeschlossen ist.[2]

Abs. 1 Satz 2 regelt einige **Ausnahmen von der grundsätzlichen Antragstellerhaftung.** In **Gewaltschutzsachen** für den ersten Rechtszug (Nummer 1), im Verfahren auf **Erlass einer gerichtlichen Anordnung auf Rückgabe des Kindes** oder über das Recht zum **persönlichen Umgang** nach dem Internationalen Familienrechtsverfahrensgesetz – IntFamRVG – (Nummer 2) und für einen **Minderjährigen** in Verfahren, die seine Person betreffen (Nummer 3), ist die Antragstellerhaftung ausgeschlossen. Dazu zählt auch ein Verfahren auf Feststellung der Abstammung.[3] Die Nummer 4 führt den Gedanken des § 158 Abs. 8 FamFG fort, wonach der Verfahrensbeistand auch in kostenrechtlicher Hinsicht keine Verpflichtungen zu übernehmen hat. Für solche Verfahren soll nur derjenige die Kosten schulden, der gemäß § 24 FamGKG für die Kosten haftet, also insbesondere derjenige, dem die Kosten auferlegt worden sind oder derjenige, der die Kosten übernommen hat. Die Regelung in Nummer 2 ist aus § 52 IntFamRVG übernommen worden. Die Regelung für Minderjährige knüpft an § 81 Abs. 3 FamFG an. 3

Die Ausnahmeregelung des Abs. 1 Satz 2 lässt selbstverständlich eine Kostenhaftung nach §§ 22–27 FamGKG unberührt. 4

Die **Abs. 2** entspricht § 22 Abs. 1 Satz 2 GKG und gilt unabhängig davon, ob es sich um ein Antrags- oder Amtsverfahren handelt. 5

§ 22
Kosten bei Vormundschaft und Dauerpflegschaft

Die Kosten bei einer Vormundschaft oder Dauerpflegschaft schuldet der von der Maßnahme betroffene Minderjährige. Dies gilt nicht für Kosten, die das Gericht einem anderen auferlegt hat.

Satz 1: Nach altem, bis zum 31.8.2009 geltendem Recht schuldete der Minderjährige die bei Vormundschaften und Dauerpflegschaften zu erhebende Jahresgebühr und die Auslagen als Interesseschuldner (§ 2 Nr. 2 KostO a.F.). Da das Institut des Interesseschuldners nicht in das FamGKG übernommen worden ist, ist eine eigenständige Regelung erforderlich, nach welcher der von der Vormundschaft oder Dauerpflegschaft betroffene Minderjährige Kostenschuldner der Jahresgebühren nach Nummer 1311 bzw. Nummer 1312 des Kostenverzeichnisses und der Auslagen ist. 1

Satz 2 spricht die über Satz 1 hinausgehenden Fälle an, wie z.B. die Kosten eines Zwangsgeldverfahrens gegen den Vormund und Rechtsmittelverfahren. In solchen Fällen kommt den Dritten gegenüber nur eine Haftung als Entscheidungsschuldner in Betracht oder die Beteiligung des Jugendamts als Amtsvormund.[1] 2

2 OLG Celle JurBüro 2012, 431, 432.
3 OLG Hamm, JurBüro 2012, 375 m. Anm. v. Hagen Schneider = FamRZ 2012, 737.

1 BGH, Beschl. v. 28.9.2016 – XII ZB 251/16 – = JurBüro 2017, 38 = JurionRS 2016, 27347.

§ 23
Bestimmte sonstige Auslagen

(1) Die Dokumentenpauschale schuldet ferner, wer die Erteilung der Ausfertigungen, Kopien oder Ausdrucke beantragt hat. Sind Kopien oder Ausdrucke angefertigt worden, weil der Beteiligte es unterlassen hat, die erforderliche Zahl von Mehrfertigungen beizufügen, schuldet nur der Beteiligte die Dokumentenpauschale.

(2) Die Auslagen nach Nummer 2003 des Kostenverzeichnisses schuldet nur, wer die Versendung der Akte beantragt hat.

(3) Im Verfahren auf Bewilligung von Verfahrenskostenhilfe und im Verfahren Verfahrens auf Bewilligung grenzüberschreitender Prozesskostenhilfe ist der Antragsteller Schuldner der Auslagen, wenn

1. **der Antrag zurückgenommen oder von dem Gericht abgelehnt wird oder**
2. **die Übermittlung des Antrags von der Übermittlungsstelle oder das Ersuchen um Verfahrens- oder Prozesskostenhilfe von der Empfangsstelle abgelehnt wird.**

1 Die Regelung der Haftung des Kostenschuldners bei bestimmten Auslagen entspricht – redaktionell angepasst – § 28 GKG. Insoweit wird auf die Erläuterungen zu § 28 GKG verwiesen.

2 Sendet der Anwalt die erforderliche Zahl von Mehrausfertigungen per Fax (oder e-mail) an das Gericht, so dass diese auf einem Gerät des Gerichts ausgedruckt werden müssen, ist der Anwalt bzw. die Partei Kostenschuldner der ausgedruckten Mehrausfertigungen.[1]

§ 24
Weitere Fälle der Kostenhaftung

Die Kosten schuldet ferner,

1. **wem durch gerichtliche Entscheidung die Kosten des Verfahrens auferlegt sind;**
2. **wer sie durch eine vor Gericht abgegebene oder dem Gericht mitgeteilte Erklärung oder in einem vor Gericht abgeschlossenen oder dem Gericht mitgeteilten Vergleich übernommen hat; dies gilt auch, wenn bei einem Vergleich ohne Bestimmung über die Kosten diese als von beiden Teilen je zur Hälfte übernommen anzusehen sind;**
3. **wer für die Kostenschuld eines anderen kraft Gesetzes haftet und**
4. **der Verpflichtete für die Kosten der Vollstreckung; dies gilt nicht für einen Minderjährigen in Verfahren, die seine Person betreffen.**

1 **Satz 1 Nr. 1 bis 3** entspricht – redaktionell angepasst – § 29 GKG. Insoweit wird auf die Erläuterungen zu § 29 GKG verwiesen.

2 **Nummer 4** bestimmt ausdrücklich, dass ein Minderjähriger auch nach dieser Vorschrift in Verfahren, die seine Person betreffen, nicht für die Kosten der Vollstreckung haftet. Die Regelung für Minderjährige knüpft ebenso wie § 21 Abs. 1 Satz 2 Nr. 3 FamGKG an § 81 Abs. 3 FamFG an und übernimmt damit gleichzeitig die Regelung des § 52 Satz 1 IntFamRVG.

---

1 OLG Koblenz, JurBüro 2016, 361; OLG Oldenburg JurBüro 2010, 483 m. Anm. v. *Lohe*.

§ 25
Erlöschen der Zahlungspflicht

Die durch gerichtliche Entscheidung begründete Verpflichtung zur Zahlung von Kosten erlischt, soweit die Entscheidung durch eine andere gerichtliche Entscheidung aufgehoben oder abgeändert wird. Soweit die Verpflichtung zur Zahlung von Kosten nur auf der aufgehobenen oder abgeänderten Entscheidung beruht hat, werden bereits gezahlte Kosten zurückerstattet.

Die Vorschrift über das Erlöschen der Zahlungspflicht des Entscheidungsschuldners 1
bei Aufhebung oder Änderung der Kostenentscheidung entspricht – redaktionell angepasst – dem § 30 GKG, so dass ebenfalls auf die Kommentierung dort verwiesen wird.

§ 26
Mehrere Kostenschuldner

(1) Mehrere Kostenschuldner haften als Gesamtschuldner.

(2) Soweit ein Kostenschuldner aufgrund von § 24 Nr. 1 oder Nr. 2 (Erstschuldner) haftet, soll die Haftung eines anderen Kostenschuldners nur geltend gemacht werden, wenn eine Zwangsvollstreckung in das bewegliche Vermögen des ersteren erfolglos geblieben ist oder aussichtslos erscheint. Zahlungen des Erstschuldners mindern seine Haftung aufgrund anderer Vorschriften dieses Gesetzes auch dann in voller Höhe, wenn sich seine Haftung nur auf einen Teilbetrag bezieht.

(3) Soweit einem Kostenschuldner, der aufgrund von § 24 Nr. 1 haftet (Entscheidungsschuldner), Verfahrenskostenhilfe bewilligt worden ist, darf die Haftung eines anderen Kostenschuldners nicht geltend gemacht werden; von diesem bereits erhobene Kosten sind zurückzuzahlen, soweit es sich nicht um eine Zahlung nach § 13 Abs. 1 und 3 des Justizvergütungs- und -entschädigungsgesetzes handelt und die Partei, der die Verfahrens- oder Prozesskostenhilfe bewilligt worden ist, der besonderen Vergütung zugestimmt hat. Die Haftung eines anderen Kostenschuldners darf auch nicht geltend gemacht werden, soweit dem Entscheidungsschuldner ein Betrag für die Reise zum Ort einer Verhandlung, Anhörung oder Untersuchung und für die Rückreise gewährt worden ist.

(4) Absatz 3 ist entsprechend anzuwenden, soweit der Kostenschuldner aufgrund des § 24 Nummer 2 haftet, wenn
1. **Der Kostenschuldner die Kosten in einem vor Gericht abgeschlossenen oder gegenüber dem Gericht angenommenen Vergleich übernommen hat,**
2. **Der Vergleich einschließlich der Verteilung der von dem Gericht vorgeschlagen worden ist und**
3. **Das Gericht in einem Vergleichsvorschlag ausdrücklich festgestellt hat, dass die Kostenregelung der sonst zu erwartenden Kostenentscheidung entspricht.**

Die Vorschrift regelt das Verhältnis der verschiedenen Kostenschuldner untereinan- 1
der. Sie ist inhaltsgleich mit § 31 GKG. Das dort Gesagte gilt hier entsprechend.[1]

Abs. 1 ist inhaltlich identisch mit § 31 Abs. 1 GKG. 2

1 OLG Stuttgart JurBüro 2011, 264 (LS mit Volltextservice).

3 Die **Absätze 2 bis 4** entsprechen dem § 31 Abs. 2 bis 4 GKG. Auf die Erläuterungen dort wird Bezug genommen.

§ 27
Haftung von Streitgenossen

Streitgenossen haften als Gesamtschuldner, wenn die Kosten nicht durch gerichtliche Entscheidung unter sie verteilt sind. Soweit einen Streitgenossen nur Teile des Streitgegenstandes betreffen, beschränkt sich seine Haftung als Gesamtschuldner auf den Betrag, der entstanden wäre, wenn das Verfahren nur diese Teile betroffen hätte.

1 Die Regelung über die Kostenhaftung der Streitgenossen entspricht § 32 Abs. 1 GKG und ist für Familien**streit**sachen von Bedeutung. Auf die Erläuterungen zu § 32 Abs. 1 GKG wird verwiesen.

ABSCHNITT 6
Gebührenvorschriften

§ 28
Wertgebühren

(1) Wenn sich die Gebühren nach dem Verfahrenswert richten, beträgt die Gebühr bei einem Verfahrenswert bis 500 Euro 35 Euro. Die Gebühr erhöht sich bei einem

Streitwert bis ... Euro	für jeden angefangenen Betrag von weiteren ... Euro	um ... Euro
2.000	500	118
10.000	1.000	119
25.000	3.000	126
50.000	5.000	135
200.000	15.000	120
500.000	30.000	179
über		
500.000	50.000	180

Eine Gebührentabelle für Verfahrenswerte bis 500.000 Euro ist diesem Gesetz als Anlage 2 beigefügt.

(2) Der Mindestbetrag einer Gebühr ist 15 Euro.

1 **Abs. 1** entspricht § 34 Abs. 1 GKG. Der einzige Unterschied besteht darin, dass § 28 FamGKG vom Verfahrenswert, statt – wie § 34 GKG vom Streitwert – spricht.

Abs. 2 legt die Mindesthöhe einer zu erhebenden Gebühr – wie in § 34 Abs. 2 GKG – auf 15 € fest, um zu vermeiden, dass Gebühren erhoben werden müssen, die schon den Aufwand ihrer Erhebung nicht mehr decken. Die Regelung soll wie schon § 34 Abs. 2 GKG nur für Wertgebühren gelten. Für Festgebühren ist eine solche Regelung entbehrlich, weil alle Gebühren betragsmäßig abschließend im Kostenverzeichnis bestimmt sind. 2

§ 29
Einmalige Erhebung der Gebühren

Die Gebühr für das Verfahren im Allgemeinen und die Gebühr für eine Entscheidung werden in jedem Rechtszug hinsichtlich eines jeden Teils des Verfahrensgegenstands nur einmal erhoben.

Die Vorschrift entspricht – redaktionell angepasst – dem § 35 GKG. Auch hier ist nur statt des Wortes „Streitgegenstand" der dem FamFG immanente Begriff „Verfahrensgegenstand" verwendet worden. Auf die Erläuterungen zu 35 GKG wird verwiesen. 1

Rechtszug: Sachlich gilt das Gleiche wie bei § 35 GKG. Weil es aber beim Familiengericht kein Urteil mehr gibt, entspricht der das Verfahren einleitende Antrag der Klageerhebung. 2

Beispiele: 3
- Ehescheidungsantrag und späterer im gleichen Verfahren gestellter Antrag auf Eheaufhebung betreffen dasselbe Verfahren.[1]
- Getrennt eingereichte wechselseitige Ehescheidungsanträge bis zur Verbindung.

§ 30
Teile des Verfahrensgegenstands

(1) Für Handlungen, die einen Teil des Verfahrensgegenstands betreffen, sind die Gebühren nur nach dem Wert dieses Teils zu berechnen.

(2) Sind von einzelnen Wertteilen in demselben Rechtszug für gleiche Handlungen Gebühren zu berechnen, darf nicht mehr erhoben werden, als wenn die Gebühr von dem Gesamtbetrag der Wertteile zu berechnen wäre.

(3) Sind für Teile des Gegenstands verschiedene Gebührensätze anzuwenden, sind die Gebühren für die Teile gesondert zu berechnen; die aus dem Gesamtbetrag der Wertteile nach dem höchsten Gebührensatz berechnete Gebühr darf jedoch nicht überschritten werden.

Abgesehen davon, dass auch hier der Terminus „Streitgegenstand" durch „Verfahrensgegenstand" ersetzt worden ist, ist die Bestimmung inhaltlich identisch mit § 36 GKG, so dass auf die dortige Kommentierung verwiesen wird. 1

Abs. 2 betrifft z.B. die Fälle der Erweiterung eines anhängigen Antrags. In diesem Fall ist für die Erweiterung nicht die volle Verfahrensgebühr zu erheben, sondern nur die Differenz zu einer Gebühr aus dem Gesamtwert. 2

1 OLG Hamm JurBüro 1969, 1171 m. Anm. v. *E. Schneider*. Weitere Beispiele bei *N. Schneider* in Schneider/Wolf u.a. § 29 Rn. 14 ff.

3 **Abs. 3** wird hauptsächlich in Verbundverfahren zum Tragen kommen, etwa dann, wenn die Beteiligten sich in einer Folgesache vergleichen und über die Scheidung (ohne Versorgungsausgleich) entschieden wird.

§ 31
Zurückverweisung, Abänderung oder Aufhebung einer Entscheidung

(1) Wird eine Sache an ein Gericht eines unteren Rechtszugs zurückverwiesen, bildet das weitere Verfahren mit dem früheren Verfahren vor diesem Gericht einen Rechtszug im Sinne des § 29.

(2) Das Verfahren über eine Abänderung oder Aufhebung einer Entscheidung gilt als besonderes Verfahren, soweit im Kostenverzeichnis nichts anderes bestimmt ist. Dies gilt nicht für das Verfahren zur Überprüfung der Entscheidung nach § 166 Abs. 2 und 3 des Gesetzes über das Verfahren in Familiensachen und in den Angelegenheiten der freiwilligen Gerichtsbarkeit.

1 **Geltungsbereich:** Abs. 1 und 2 stimmen nahezu wörtlich überein mit § 37 GKG, so dass auch hier die Erläuterungen zu § 37 GKG entsprechend gelten.

2 **Abs. 1** sieht entsprechend § 37 GKG für den Fall der Zurückverweisung vor, dass das weitere Verfahren mit dem früheren Verfahren kostenrechtlich eine Einheit bildet.

3 **Abs. 2** stellt demgegenüber klar, dass ein Verfahren auf Abänderung oder Aufhebung auch kostenrechtlich als gesondertes Verfahren zu behandeln ist. In diesen Verfahren erbringt das Gericht einen nicht unerheblichen Aufwand, der nicht auf die Allgemeinheit abgewälzt werden soll. Verfahren zur Überprüfung von Entscheidungen nach § 166 Abs. 2 und 3 FamFG sind jedoch ausgenommen, um ein wiederholtes Entstehen der Gebühr durch eine verfassungsrechtlich gebotene Überprüfung zu vermeiden.

§ 32
Verzögerung des Verfahrens

Wird in einer selbständigen Familienstreitsache außer im Fall des § 335 der Zivilprozessordnung durch Verschulden eines Beteiligten oder seines Vertreters die Vertagung einer mündlichen Verhandlung oder die Anberaumung eines neuen Termins zur mündlichen Verhandlung nötig oder ist die Erledigung des Verfahrens durch nachträgliches Vorbringen von Angriffs- oder Verteidigungsmitteln, Beweismitteln oder Beweiseinreden, die früher vorgebracht werden konnten, verzögert worden, kann das Gericht dem Beteiligten von Amts wegen eine besondere Gebühr mit einem Gebührensatz von 1,0 auferlegen. Die Gebühr kann bis auf einen Gebührensatz von 0,3 ermäßigt werden. Dem Antragsteller, dem Antragsgegner oder dem oder dem Vertreter stehen der Nebenintervenient und sein Vertreter gleich.

1 **Allgemeines:** Die Verzögerungsgebühr entspricht für die selbständigen Familien**streit**sachen (§ 112 Nrn. 1–3 FamFG) im Wesentlichen dem § 38 GKG.

2 **Geltungsbereich:** Der Geltungsbereich des § 32 FamGKG ist aber enger als der des § 38 GKG. Auf Familiensachen (§ 1 Rn. 3) ist die Bestimmung wegen ihres eindeutigen Wortlauts und dem des § 1 Satz 1 FamGKG („nur") unanwendbar. Diese Einengung des Anwendungsbereichs der Vorschrift überzeugt zwar nicht, denn auch in Familiensachen

kann das Verfahren in Sinne des § 32 in nicht hinnehmbarer Weise verzögert werden. Die Entscheidung des Gesetzes ist indessen hinzunehmen.

Soweit § 32 anwendbar ist, wird auf die Erläuterungen zu § 38 GKG verwiesen. Auch hier gilt, dass die dem Gericht in § 115 FamFG eingeräumten Möglichkeiten die Auferlegung einer Verzögerungsgebühr in der Regel nicht angebracht erscheinen lassen (vgl. oben § 38 GKG Rn. 10).[1] 3

ABSCHNITT 7
Wertvorschriften

UNTERABSCHNITT 1
Allgemeine Wertvorschriften

§ 33
Grundsatz

(1) In demselben Verfahren und in demselben Rechtszug werden die Werte mehrerer Verfahrensgegenstände zusammengerechnet, soweit nichts anderes bestimmt ist. Ist mit einem nichtvermögensrechtlichen Anspruch ein aus ihm hergeleiteter vermögensrechtlicher Anspruch verbunden, ist nur ein Anspruch, und zwar der höhere, maßgebend.

(2) Der Verfahrenswert beträgt höchstens 30 Millionen Euro, soweit kein niedrigerer Höchstwert bestimmt ist.

Die eng an Vorschriften des GKG angelehnte Vorschrift enthält Grundsätze für die Wertberechnung. Abs. 1 Satz 1 und Abs. 2 sind nahezu wortgleich mit § 39 Abs. 1 GKG, während Abs. 1 Satz 2 wörtlich dem § 48 Abs. 3 GKG entspricht. Soweit Inhaltsgleichheit besteht, gilt das zu §§ 39, 48 Abs. 3 GKG Gesagte entsprechend. 1

Abs. 1 Satz 1: Wie auch nach § 39 GKG sind die Werte mehrerer Verfahrensgegenstände in demselben Verfahren und in demselben Rechtszug zu addieren, sofern nicht anders bestimmt ist. Satz 1 gilt nur für die Gebühren, die sich nach dem Wert des Verfahrens richten einschließlich der Verzögerungsgebühr nach § 32. Für Fest- und Jahresgebühren hat § 33 keine Bedeutung. Ob Satz 1 auch auf die **Vergleichsgebühr** (KV-FamGKG 1500) anwendbar ist, ist zweifelhaft.[1] Nach dem strengen Wortlaut der Bestimmung ist das nicht der Fall, denn die Vergleichsgebühr richtet sich nicht nach dem Wert des Verfahrensgegenstandes, sondern nach dem Gegenstand des Vergleichs. 2

Satz 1 gilt nicht, wenn und soweit das Gesetz **vorrangige Sonderregelungen** enthält wie z.B. 3
- § 44 Abs. 2 Satz 2 und 3 für das Verbundverfahren,
- § 39 Abs. 1 Satz 3 für Antrag und Gegenantrag (Klage-/Widerklage), sofern derselbe Gegenstand betroffen ist,
- § 39 Abs. 1 Satz 2 und 3 für Haupt- und Hilfsantrag, soweit eine Entscheidung über den Hilfsantrag ergeht oder ein Vergleich darüber geschlossen wird,
- § 39 Abs. 2 für wechselseitig eingelegte Rechtsmittel, die denselben Gegenstand betreffen,

1 **A.A.** *Keske* in Schulte-Bunert/Weinreich § 32 Rn. 2.

1 Bejahend *N. Schneider* in Schneider u.a. § 33 Rn. 6 und KV 1500 Rn. 23 ff.

- § 39 Abs. 3 für Hilfsaufrechnung mit bestrittener Gegenforderung,
- § 52 im Zusammenhang mit dem Zugewinnausgleich.

4 **Abs. 1 Satz 2** enthält ein **Additionsverbot** für den Fall, dass in demselben Verfahren ein vermögensrechtlicher und ein daraus hergeleiteter nichtvermögensrechtlicher Anspruch verbunden sind. In solchen Fällen ist stets der höhere Wert maßgebend. Hauptsächlich wird das der Fall sein bei der Vaterschaftsfeststellung, verbunden mit dem Antrag auf Unterhalt.

5 Ein von der Rechtsprechung entwickeltes ungeschriebenes Additionsverbot besteht soweit zwischen mehreren Verfahrensgegenständen **wirtschaftliche Identität** besteht.[2]

6 **Abs. 2** hat die Regelung des § 39 Abs. 2 GKG übernommen. Liegen einem Verfahren mehrere Gegenstände zugrunde, gilt der Höchstwert sowohl für jeden Gegenstand als auch für den Gesamtwert des Verfahrens. Abs. 2 soll auch auf die Vergleichsgebühr entsprechend anwendbar sein.[3]

§ 34
Zeitpunkt der Wertberechnung

Für die Wertberechnung ist der Zeitpunkt der den jeweiligen Verfahrensgegenstand betreffenden ersten Antragstellung in dem jeweiligen Rechtszug entscheidend. In Verfahren, die von Amts wegen eingeleitet werden, ist der Zeitpunkt der Fälligkeit der Gebühr maßgebend.

1 **Satz 1:** § 34 Satz 1 stimmt bis auf die unterschiedliche Terminologie inhaltlich überein mit § 40 Abs. 1 GKG. Gemäß dem Sprachgebrauch des FGG-RG ist hier das Wort „Streitgegenstand" durch „Verfahrensgegenstand" ersetzt und „den Rechtszug einleitend" durch „ersten Antragstellung in dem jeweiligen Rechtszug". Die Erläuterungen zu § 40 GKG gelten auch hier uneingeschränkt. Als Zeitpunkt der Bewertung ist auch hier der Stichtag gemeint, auf den sich die Bewertung beziehen soll und nicht der Zeitpunkt, an dem die Bewertung (Wertfestsetzung) zu erfolgen hat.[1]

2 **Satz 2** ist eine Folge des teilweisen Amtsbetriebs nach § 26 FGG-RG. Für die Wertberechnung ist hier der Zeitpunkt entscheidend, an dem die Gebühr nach Maßgabe der §§ 9–11 FamGKG fällig wird.

§ 35
Geldforderung

Ist Gegenstand des Verfahrens eine bezifferte Geldforderung, bemisst sich der Verfahrenswert nach deren Höhe, soweit nichts anderes bestimmt ist.

1 Diese Bestimmung enthält nur eine Klarstellung. Aus § 3 ZPO, der in bürgerlichen Rechtsstreitigkeiten in der Regel für die Wertberechnung maßgebend ist (§ 48 Abs. 1 Satz 1 GKG), wird der allgemeine Grundsatz abgeleitet, dass sich der Wert bei einem Ver-

2 *Keske* § 33 Rn. 1; *N. Schneider* in Schneider u.a. § 33 Rn. 17.
3 *N. Schneider* in Schneider u.a. § 33 Rn. 37.

1 Vgl. *Keske* in Schulte-Bunert/Weinreich § 34 FamGKG Rn. 4.

fahren auf Zahlung einer bestimmten Geldforderung nach dieser richtet. Weil in Familiensachen § 3 ZPO für die Regelung der Zuständigkeit nicht anwendbar ist, ist dieser Grundsatz in das FamGKG aufgenommen worden. Besondere Wertvorschriften, wie z.B. § 51 FamGKG, bleiben hiervon unberührt.

Wird die Geldforderung in einer **fremden Währung** beziffert, ist diese auf den gemäß § 34 maßgebenden Zeitpunkt in Euro umzurechnen. Den Umrechnungskurs hat der Antragsteller anzugeben. Das Gericht soll aber in Zweifelsfällen amtliche Auskünfte einholen, insbesondere wenn die Angaben des Antragstellers bestritten werden oder aus anderen Gründen zweifelhaft erscheinen. 2

§ 36
Genehmigung einer Erklärung oder deren Ersetzung

(1) Wenn in einer vermögensrechtlichen Angelegenheit Gegenstand des Verfahrens die Genehmigung einer Erklärung oder deren Ersetzung ist, bemisst sich der Verfahrenswert nach dem Wert des zugrunde liegenden Geschäfts. § 38 des Gerichts und Notarkostengesetzes und die für die Beurkundung geltenden besonderen Geschäftswert- und Bewertungsvorschriften des Gerichts- und Notarkostengesetzes sind entsprechend anzuwenden.

(2) Mehrere Erklärungen, die denselben Gegenstand betreffen, insbesondere der Kauf und die Auflassung oder die Schulderklärung und die zur Hypothekenbestellung erforderlichen Erklärungen, sind als ein Verfahrensgegenstand zu bewerten.

(3) Der Wert beträgt in jedem Fall höchstens eine Million Euro.

Allgemeines: § 36 FamGKG enthält eine grundsätzliche Regelung über die Bestimmung des Verfahrenswerts, wenn es in einer **vermögensrechtlichen** Angelegenheit um die Genehmigung von Erklärungen oder um deren Ersetzung geht. Abs. 1 Satz 1, Abs. 2 und 3 entsprechen inhaltlich dem § 60 GNotKG. 1

Betrifft die Erklärung eine **nichtvermögensrechtliche** Angelegenheit, ist der Wert nach § 42 FamGKG (Auffangwert) zu bestimmen. 2

Abs. 1: Nach Satz 1 ist der Wert für die familienrechtliche Genehmigung eines Grundstücksverkaufs der Wert des (Mit)eigentums.[1] **Nach Satz 2** sind die dort in Bezug genommenen Bewertungsvorschriften (§§ 38, 95 ff. GNotKG) entsprechend anzuwenden. Anstelle einer Verweisung auf zahlreiche Einzelbestimmungen wird darauf pauschal verwiesen. Eine wörtliche Übernahme der Texte dieser Vorschriften im FamGKG ist durch den Legalverweis überflüssig. Wegen des in § 102 GNotKG festgeschriebenen Schuldenabzugs kann der Wert einer gerichtlichen Genehmigung wegen Ausschlagung einer Erbschaft auch einen negativen Wert ergeben.[2] In solchen Fällen ist als Verfahrenswert der Mindestwert der Gebührentabelle des § 28 Abs. 1, KV-FamGKG Nr. 1312 zu nehmen, also 17,50 €. 3

Abs. 2: Wenn in einem Verfahren mehrere Erklärungen denselben Gegenstand betreffen, sind diese Erklärungen bewertungsmäßig nur als ein Verfahrensgegenstand zu behandeln. Soll beispielsweise sowohl ein Grundstückskaufvertrag als auch die Auflassung durch das Familiengericht genehmigt werden (§ 1821 Abs. 1 Nr. 1 und 4 BGB i.V.m. § 1643 BGB), fällt nur eine Verfahrensgebühr für beide Genehmigungen nach dem (einfachen) Wert des Kaufpreises an. Insoweit stellt diese Regelung eine Ausnahme zu § 33 4

1 OLG Stuttgart, JurBüro 2017, 420.
2 OLG München FamRZ 2013, 954 („Nullwert"). Kritisch dazu *Hartmann* § 36 Rn. 1.

Abs. 1 Satz 1 FamGKG dar, der bei mehreren Verfahrensgegenständen (hier zwei Genehmigungen) grundsätzlich eine Wertaddition vorsieht.

5 **Abs. 3** sieht eine Wertgrenze von 1.000.000 € vor. Damit beträgt die Gebühr KV 1310 höchstens 2.668 €. Eine Wertbegrenzung ist auch im Hinblick auf die in Ehesachen geltenden gleiche Wertgrenze (§ 43 Abs. 1 Satz 2 FamGKG) sachgerecht.

§ 37
Früchte, Nutzungen, Zinsen und Kosten

(1) Sind außer dem Hauptgegenstand des Verfahrens auch Früchte, Nutzungen, Zinsen oder Kosten betroffen, wird deren Wert nicht berücksichtigt.

(2) Soweit Früchte, Nutzungen, Zinsen oder Kosten ohne den Hauptgegenstand betroffen sind, ist deren Wert maßgebend, soweit er den Wert des Hauptgegenstands nicht übersteigt.

(3) Sind die Kosten des Verfahrens ohne den Hauptgegenstand betroffen, ist der Betrag der Kosten maßgebend, soweit er den Wert des Hauptgegenstands nicht übersteigt.

1 § 37 FamGKG ist inhaltlich identisch mit § 43 GKG, so dass auf die Erläuterungen zu § 43 GKG verwiesen werden kann.

§ 38
Stufenantrag

Wird mit dem Antrag auf Rechnungslegung oder auf Vorlegung eines Vermögensverzeichnisses oder auf Abgabe einer eidesstattlichen Versicherung der Antrag auf Herausgabe desjenigen verbunden, was der Antragsgegner aus dem zugrunde liegenden Rechtsverhältnis schuldet, ist für die Wertberechnung nur einer der verbundenen Ansprüche, und zwar der höhere, maßgebend.

1 § 38 FamGKG stimmt überein mit § 44 GKG. Die Erläuterungen zu § 44 GKG gelten auch für § 38 FamGKG uneingeschränkt.

2 **Verfahrenswert ist stets der Betrag der werthöchsten Stufe.**[1] Dabei ist auf den Inhalt des Antrags abzustellen, insbesondere darauf, ob schon sämtliche Stufen er-fasst sind. Bei der Bewertung eines schon im Antrag enthaltenen Zahlungsbegehrens sind die Vorstellungen des Antragstellers bei Verfahrenseinleitung maßgebend.[2] Bei einer noch unbezifferten Leistungsstufe ist die Erwartung des Antragstellers von der Höhe seines Anspruchs maßgebend.[3] Diese Werte können sich – anders als die Bewertung der anwaltlichen Terminsgebühr[4] – für die gerichtliche Verfahrensgebühr nicht mehr verringern, wenn der spätere (Zahlungs)antrag (z.B. infolge zwischenzeitig geleisteter Zahlungen) niedriger ist. Bei einem verfahrensbeendenden Vergleich ist dieser Wert auch der

1 ThürOLG JurBüro 2013, 26.
2 OLG Köln JurBüro 2013, 477; OLG Stuttgart FamRZ 2012, 393; OLG Brandenburg FamRZ 2007, 71; ThürOLG JurBüro 2013, 26 = FamRZ 2013, 489 = FamRZ 2012, 447.
3 BGH FamRZ 1997, 546 = NJW 1997, 1016; ThürOLG, JurBüro 2017, 130; OLG Schleswig FamRZ 2013, 240 = SchlHA 2012, 354 = BeckRS 2012, 19676; OLG Celle FamRZ 2009, 452 = M OLGR 2009, 490.
4 ThürOLG JurBüro 2013, 26.

Vergleichswert.[5] Wenn aber in einem Vergleich vorsorgliche Erklärungen aufgenommen werden, können diese für die Berechnung des Vergleichswertes aber einen Wert haben.[6]

Wechselseitige mit Antrag und Widerantrag geltend gemachte Auskunftsansprüche haben nur dann einen eigenen Wert, wenn sie nicht denselben Verfahrensgegenstand betreffen (§ 39 Abs. 1 Satz 3).[7] 3

Bei **steckengebliebenen Stufenanträgen** richtet sich der Gegenstandswert mindestens nach der Höhe der außergerichtlich geltend gemachten Forderung (ursprüngliche Leistungserwartung).[8] Für nicht verbundfähige Verfahren, die von einem Beteiligten im Verbund geltend gemacht werden und bis zur Beendigung des Verfahrens nicht abgetrennt werden, ist im Verbund ein Gegenstandeswert festzusetzen.[9] 4

Besonderheiten sind jedoch bei der Bewilligung von **Verfahrenskostenhilfe** für den gesamten Stufenantrag zu beachten. Hier richtet sich der Wert nicht schon nach der in der Antragsschrift geäußerten Begehrensvorstellung, sondern zunächst nur nach dem der Auskunftsstufe. Nach Erledigung der Auskunftsstufe ist der Wert für den gesamten Stufenantrag durch einen weiteren Gerichtsbeschluss zu konkretisieren.[10] 5

§ 39
Antrag und Widerantrag, Hilfsanspruch, wechselseitige Rechtsmittel, Aufrechnung

(1) Mit einem Antrag und Widerantrag geltend gemachte Ansprüche, die nicht in getrennten Verfahren verhandelt werden, werden zusammengerechnet. Ein hilfsweise geltend gemachter Anspruch wird mit dem Hauptanspruch zusammengerechnet, soweit eine Entscheidung über ihn ergeht. Betreffen die Ansprüche im Fall des Satzes 1 oder des Satzes 2 denselben Gegenstand, ist nur der Wert des höheren Anspruchs maßgebend.

(2) Für wechselseitig eingelegte Rechtsmittel, die nicht in getrennten Verfahren verhandelt werden, ist Absatz 1 Satz 1 und 3 entsprechend anzuwenden.

(3) Macht ein Beteiligter hilfsweise die Aufrechnung mit einer bestrittenen Gegenforderung geltend, erhöht sich der Wert um den Wert der Gegenforderung, soweit eine der Rechtskraft fähige Entscheidung über sie ergeht.

(4) Bei einer Erledigung des Verfahrens durch Vergleich sind die Absätze 1 bis 3 entsprechend anzuwenden.

Die Vorschrift stimmt inhaltlich vollkommen überein mit § 45 GKG. Deshalb wird auf die Erläuterungen zu § 45 GKG verwiesen. Auch hier gilt im Rahmen des Abs. 1 Satz 3 bei der Frage, ob derselbe Gegenstand vorliegt, der Grundsatz der wirtschaftlichen Betrachtungsweise. So erhöht sich z.B. bei einem Abänderungsantrag wegen Unterhalts der Verfahrenswert nicht, wenn zugleich auch die Rückzahlung von in den Abänderungszeitraum fallender überzahlter Unterhaltsbeträge verlangt wird.[1] Auch bei einer selb- 1

---

5 OLG Celle JurBüro 2011, 483.
6 OLG Köln JurBüro 2013, 477; OLG Stuttgart FamRZ 2012, 393; OLG Brandenburg FamRZ 2007, 71; ThürOLG JurBüro 2013, 26 = FamRZ 2013, 489 = FamRZ 2012, 447.
7 ThürOLG JurBüro 2013, 26 = FamRZ 2013, 489 = FamRZ 2012, 447; OLG Köln JurBüro 2013, 477.
8 OLG Stuttgart FamRZ 2012, 393.
9 OLG Stuttgart FamRZ 2012, 393.
10 OLG Hamm FamRZ 2012, 1324 (LS).

1 OLG Köln FamRZ 2011, 756 (LS); KG FamRZ 2011, 754.

ständigen Kindschaftssache sind unterschiedliche Teilbereiche der elterlichen Sorge – auch bei wechselseitigen Anträgen oder bei Haupt- und Hilfsbegehren – als ein einheitlicher Gegenstand zu behandeln.[2] Der Antrag auf Heraufsetzung des Unterhalts der Widerantrag und auf Herabsetzung titulierten Unterhalts sind verschiedene Gegenstände.[3] Ebenso in der Regel der Antrag und der Widerantrag beim Zugewinnausgleich.[4]

2 **Abs. 3** enthält allerdings gegenüber § 45 Abs. 3 GKG insoweit eine Erweiterung, als im FamFG nicht nur der Antragsgegner, sondern jeder **Beteiligte** i.S.v. § 7 FamFG eine Hilfsaufrechnung mit der Kostenfolge nach § 39 Abs. 3 FamGKG erklären kann. Beteiligter kann auch derjenige sein, dessen Recht das Verfahren unmittelbar betrifft (§ 7 Abs. 2 Nr. 1 FamFG) oder den das Gericht hinzuzieht (§ 7 Abs. 3 FamFG), nicht aber derjenige, der nur eine Auskunft zu erteilen hat oder der vom Gericht nur angehört wird.

3 Auch hier gilt, dass die Verfahrenswerte von Antrag und Widerantrag oder betreffend Hilfsaufrechnungen nur dann den Verfahrenswert erhöhen, wenn darüber eine gerichtliche Entscheidung ergeht oder sie Gegenstand eines Verfahrensvergleichs geworden sind. Wird das Verfahren durch Vergleich beendet, erhöhen sich der Vergleichswert und der Verfahrenswert.[5]

§ 40
Rechtsmittelverfahren

(1) Im Rechtsmittelverfahren bestimmt sich der Verfahrenswert nach den Anträgen des Rechtsmittelführers. Endet das Verfahren, ohne dass solche Anträge eingereicht werden, oder werden, wenn eine Frist für die Rechtsmittelbegründung vorgeschrieben ist, innerhalb der Frist Rechtsmittelanträge nicht eingereicht, ist die Beschwer maßgebend.

(2) Der Wert ist durch den Wert des Verfahrensgegenstands des ersten Rechtszugs begrenzt. Dies gilt nicht, soweit der Gegenstand erweitert wird.

(3) Im Verfahren über den Antrag auf Zulassung der Sprungrechtsbeschwerde ist Verfahrenswert der für das Rechtsmittelverfahren maßgebende Wert.

1 **Systematik:** § 40 FamGKG übernimmt für die Wertberechnung im Rechtsmittelverfahren – redaktionell angepasst – den § 47 GKG, wobei sich die Regelung in Absatz 3 auf die Wertvorschrift für das Verfahren auf Zulassung der Sprungrechtsbeschwerde nach § 75 FamFG beschränkt. Weitere Rechtsmittelverfahren gibt es im FamFG nicht. Die Erläuterungen zu § 47 GKG gelten demzufolge auch hier.

2 **Rechtsbeschwerde:** Abs. 1 Satz 2 Hs. 2 entspricht § 47 Abs. 1 Hs. 2 GKG. Gemeint ist hier die Rechtsbeschwerde nach §§ 70ff. FamFG. Wird diese erst **nach** Fristablauf begründet, bemisst sich der Wert nach der Beschwer der Partei durch die erste Instanz und nicht nach dem in der Begründung gestellten geringeren Betrag.[1]

Abs. 2 Satz 2 soll über seinen Wortlaut hinaus auch dann anwendbar sein, wenn der Verfahrensgegenstand der gleiche geblieben ist, die maßgebenden Bewertungsfaktoren

---

2 OLG Bamberg, JurBüro 2017, 129; OLG Celle JurBüro 2012, 426, 427 = FamRZ 2012, 1746.
3 OLG Naumburg JurBüro 2004, 379.
4 OLG Köln JurBüro 2014, 535 = JurionRS 2014, 12937; OLG München FamRZ 1997, 41; OLG Stuttgart FamRZ 2006, 1055; OLG Celle FamRZ 2011, 134; *N. Schneider* in Schneider/Volpert/Fölsch § 39 Rn. 18.
5 OLG Düsseldorf FamRZ 2010, 1934.

1 OLG Hamburg, MDR 2012, 1379.

(etwa nach § 45 Abs. 3) aber nur im Beschwerdeverfahren erheblich geworden sind, etwa weil sie im ersten Rechtszug noch nicht vorhanden waren.[2]

Sprungrechtsbeschwerde: Abs. 3 erfasst das Verfahren nach § 75 FamFG. 3

§ 41
Einstweilige Anordnung

Im Verfahren der einstweiligen Anordnung ist der Wert in der Regel unter Berücksichtigung der geringeren Bedeutung gegenüber der Hauptsache zu ermäßigen. Dabei ist von der Hälfte des für die Hauptsache bestimmten Werts auszugehen.

Die entfernt an § 53 GKG erinnernde Bestimmung soll das auch ohne Hauptsache zulässige und als selbständiges Verfahren (§ 51 Abs. 3 FamFG) gestaltete Institut der einstweiligen Anordnung stärken. Da weder ein Beteiligter noch das Gericht von Amts wegen ein Hauptsacheverfahren einleiten, sondern ein solches nur auf Antrag eines Beteiligten dem Eilverfahren folgen kann (§ 52 FamFG), war eine kostenrechtliche Neuausrichtung geboten. 1

Für die Verfahren der einstweiligen Anordnung nach dem FamFG gelten die Gebührentatbestände des Hauptabschnitts 4 KV FamGKG, und zwar für jede einstweilige Anordnung ohne Rücksicht darauf, in welchem Rechtszug sie erfolgt.[1] Entsprechend der Systematik des GKG (vgl. § 53 Abs. 2 GKG) und der Rechtspraxis in der Zivilgerichtsbarkeit liegt der Wert für das Verfahren des einstweiligen Rechtsschutzes grundsätzlich („in der Regel") unterhalb des Wertes für die Hauptsache. 2

Satz 1 bestimmt, dass im Verfahren der einstweiligen Anordnung der Wert in der Regel unter Berücksichtigung der geringeren Bedeutung gegenüber der Hauptsache zu ermäßigen ist. Anders als bei § 53 GKG ist der geringere Wert hier aber zwingend. Satz 1 erfasst sowohl das Verfahren auf Erlass als auch das Verfahren auf Aufhebung oder Änderung der Entscheidung. § 41 gilt grundsätzlich auch dann, wenn sich dadurch das Hauptsacheverfahren erübrigt,[2] etwa weil der volle Unterhalt geltend gemacht wird[3] oder wenn eine abschließende Vereinbarung zum Umgang getroffen und dadurch das Hauptsacheverfahren entbehrlich wird.[4] 3

Nach **Satz 2 ist Ausgangspunkt** für die Bewertung des Verfahrens der einstweiligen Anordnung ist stets der hälftige Wert des Hauptgegenstandes. Das gilt auch für die in die ergänzenden Sondervorschriften für die einstweilige Anordnung in Unterhaltssachen der §§ 246–249 FamFG. Die entgegenstehende Ansicht, wonach in solchen Fällen ausnahmsweise vom vollen Wert des Hauptgegenstandes **auszugehen** sein soll,[5] ist mit dem klaren Wortlaut und dem Sinn des § 41 unvereinbar. Diese flexible Regelung ermöglicht eine dem Einzelfall gerecht werdende Bestimmung des Wertes. Gleichzeitig bietet sie für den Regelfall aber auch eine einfache Festlegung des Wertes an, da von der Hälfte des für die Hauptsache bestimmten Werts auszugehen ist. Das ist jedoch nur eine Anwendungsregel 4

2 OLG Dresden, JurBüro 2016, 424.

1 *Hartmann* § 41 FamGKG, Rn. 1.
2 OLG Celle FamRZ 2011, 757 und JurBüro 2012, 195.
3 OLG Stuttgart FamRZ 2011, 757.
4 OLG Nürnberg FamRZ 2011, 756; OLG Celle JurBüro 2012, 195.
5 Z.B. OLG Düsseldorf JurBüro 2010, 305 = NJW 2010, 1385. *N. Schneider* RVG-professionell 2013, 28 ff.

zur praktischen Handhabung in sog. „Normalfällen" und keineswegs die unterste Grenze, und zwar auch und insbesondere nicht bei Unterhaltssachen.[6]

5 Das Gericht kann im Einzelfall aber auch nach Gesamtabwägung aller Umstände einen anderen Wert als die Hälfte des Werts des Hauptgegenstandes annehmen. Dieser Wert kann höher aber auch geringer[7] als die Hälfte des Werts des Hauptgegenstandes sein. In geeigneten Fällen – z.B. wenn zu erwarten ist, dass es zu einem Hauptsacheverfahren nicht kommen wird, weil die Beteiligten die einstweilige Regelung als endgültig akzeptieren – kann der Wert des Hauptgegenstandes nahezu erreicht werden,[8] muss aber mindestens um 1 Eurocent niedriger sein. Gleiches gilt, wenn der Arbeitsaufwand in der Sache sehr aufwendig ist.

6 Demzufolge ist die im Vorfeld der Regelung grundsätzlich erhobene Kritik unberechtigt. Wenn – so wird befürchtet – die Verbindung der einstweiligen Anordnung mit der Hauptsache aufgegeben wird und diese auch ohne Hauptsache erlassen werden kann, erfordere sie auch den Arbeitsaufwand einer Hauptsache. Demzufolge sei es nicht sachgerecht, den hälftigen Wert gem. § 41 FamGKG anzusetzen, da der Aufwand und die Arbeit für die am Prozess Beteiligten nicht geringer als bei der Hauptsache sind. Es bestehe dann die Gefahr, dass die Beteiligten vor Gericht nicht mit dem für die Sache angemessenen Einsatz vertreten werden.[9] Der hälftige Wert der Hauptsache ist nur Ausgangpunkt und nicht absolut bei der Bewertung.

7 Satz 2 geht von dem Regelfall aus, dass im Eilverfahren der gleiche Betrag wie auch in einem (bereits anhängigen oder noch zu beantragenden) Hauptsacheverfahren gefordert wird. Wird mit einer einstweiligen Anordnung auf Unterhaltszahlung die Leistung des vollen Unterhalts geltend gemacht, nimmt also die einstweilige Anordnung die Hauptsache vorweg, kann der volle Verfahrenswert der Hauptsache für das einstweilige Anordnungsverfahren genommen werden.[10] Auch in den Fällen der einstweiligen Anordnung eines Verfahrenskostenvorschusses wird das regelmäßig zutreffen.[11] Das gilt auch und besonders für den Verfahrenswert einer einstweiligen Anordnung auf Verfahrenskostenhilfe, die regelmäßig den Hauptsachewert vorwegnimmt (vgl. § 246 Abs. 2 FamFG).[12] Probleme können sich bei der Streitwertbemessung aber ergeben, wenn in dem einstweiligen Anordnungsverfahren ein geringerer Betrag gefordert wird, als in dem Hauptantrag. Auch in solchen Fällen ist bei einem bereits anhängigen Hauptsacheverfahren in der Regel von der Hälfte des Wertes des Hauptgegenstandsantrags auszugehen.[13] Das gilt auch, wenn das Gericht in einem anhängigen Hauptsacheverfahren auf Unterhalt beim Antrag auf Erlass einer einstweiligen Anordnung weniger als mit dem Hauptantrag gefordert vorläufig zuspricht.[14]

8 Bei der Bestimmung des Wertes wird man zweckmäßigerweise so vorgehen, dass zunächst der Wert des Hauptgegenstandes ermittelt wird. Dieser ist dann zu halbieren.

---

6 OLG Celle JurBüro 2013, 588 (Verfahrenskostenvoschuss für Unterhalt); Brandenburgisches OLG JurBüro 2010, 368 = FamRZ 2010, 1937; OLG Saarbrücken FamRZ 2010, 1936.

7 Brandenburgisches OLG JurBüro 2010, 368.

8 OLG Düsseldorf FamRZ 2010, 1936.

9 So *Näke* Stellungnahme des DJB zum Gesetzentwurf der Bundesregierung zur Reform des Verfahrens in Familiensachen und den Angelegenheiten der freiwilligen Gerichtsbarkeit (FGG-Reformgesetz – FGG-RG) BT-Drucksache 16/6308 anlässlich der öffentlichen Anhörung des Rechtsausschusses des Deutschen Bundestages am Montag, den 11. Februar 2008 (www.djb.de) S. 9.

10 OLG Düsseldorf JurBüro 2010, 305; *Hartmann* § 41 FamGKG Rn. 3.

11 KG, JurBüro 2017, 478; OLG Köln JurBüro 2014, 536 = JurionRS 2014, 17260 m.w.N.

12 *Fölsch* in Schneider/Wolf u.a. § 41 Rn. 14; *N. Schneider* RVG-professionell 2013, 167 (gegen OLG Celle, Beschl. v. 9.7.2013 – 10 WF 230/11 –).

13 So auch *Enders*, JurBüro 2009, 402.

14 *Dörndorfer* Rn. 132.

Erst dann sind Erwägungen anzustellen, ob auf Grund der Umstände des Falles ein Ab- oder Zuschlag in Betracht kommt.[15]

Mehrheit von Gegenständen: Die Werte mehrerer in einem Eilverfahren begehrter Anordnungen werden nach allgemeinen Regeln (§§ 33 Abs. 1, 39) einzeln bestimmt und dann zusammengerechnet. Das gilt aber niemals für die Gegenstandswerte von Eil- und Hauptsacheverfahren,[16] es sei denn, dass in einem Vergleich die Hauptsache und ein anhängiges Verfahren des einstweiligen Rechtsschutzes erledigt werden.[17] 9

§ 42
Auffangwert

(1) Soweit in einer vermögensrechtlichen Angelegenheit der Verfahrenswert sich aus den Vorschriften dieses Gesetzes nicht ergibt und auch sonst nicht feststeht, ist er nach billigem Ermessen zu bestimmen.

(2) Soweit in einer nichtvermögensrechtlichen Angelegenheit der Verfahrenswert sich aus den Vorschriften dieses Gesetzes nicht ergibt, ist er unter Berücksichtigung aller Umstände des Einzelfalls, insbesondere des Umfangs und der Bedeutung der Sache und der Vermögens- und Einkommensverhältnisse der Beteiligten, nach billigem Ermessen zu bestimmen, jedoch nicht über 500.000 Euro.

(3) Bestehen in den Fällen der Absätze 1 und 2 keine genügenden Anhaltspunkte, ist von einem Wert von 5.000 Euro auszugehen.

Inhalt der Vorschrift:[1] Die Vorschrift ist eine absolute Auffangbestimmung. Sie hat 1 den Grundsatz des § 36 GNotKG für die Familienverfahren übernommen. Lässt sich der konkrete Wert aber nach den §§ 35, 36 und 43 bis 52 bestimmen, ist § 42 von vornherein nicht einschlägig. § 42 ist in vermögensrechtlichen und/oder nichtvermögensrechtlichen Angelegenheiten nur anwendbar, wenn die besonderen Wertvorschriften keine Regelung enthalten oder ein Wert sonst nicht feststeht.

Abs. 1 stimmt nahezu wörtlich überein mit § 36 Abs. 1 GNotKG und regelt den Ver- 2 fahrenswert für alle vermögensrechtlichen Sachen, wenn und soweit sich aus den Vorschriften der als leges speciales vorgehenden Bestimmungen der §§ 35, 36, 43–51 FamGKG kein Wert ergibt oder ein solcher auch sonst – z.B. aus der GNotKG, der ZPO, dem GKG – nicht festgestellt werden kann. Dabei ist eine Angelegenheit **vermögensrechtlich**, wenn ihr ein unmittelbarer wirtschaftlicher Wert zukommt und der verfolgte Anspruch als auf Geld oder Geldeswert gerichtet ist. Es gilt hier dasselbe wie im Rahmen des § 48 GKG, so dass auf das dort Gesagte verwiesen werden kann (§ 48 GKG Rn. 7; vgl. auch die Wertvorschriften bei Anh. zu § 48 GKG). Bei der Ausübung des „billigen Ermessens“ sind selbstverständlich auch (aber nicht nur) die in Abs. 2 genannten Kriterien zu berücksichtigen. Eine Wertgrenze gibt es bei vermögensrechtlichen Angelegenheiten i.S. des Abs. 1 nicht. Es gilt hier nur die Grenze des § 33 Abs. 2.[2] Der Wert eines Antrags

15 *Fölsch* SchlHA 2009, 373 und in Schneider u.a. § 41 Rn. 11; *Hellstab* in Oe/He/Tre § 41 Rn. 3.

16 *Keske* in Schulte-Bunert/Weinreich FamGKG § 41 Rn. 4.

17 OLG Düsseldorf JurBüro 2005, 310 und bei *Keske* in Schulte-Bunert/Weinreich FamGKG § 41 Rn. 5 m.w.N.

1 Vgl. den Überblick bei Thiel FPR 2010, 319.

2 OLG Frankfurt/M., JurBüro 2017, 419 (betr. Zustimmung zur Geltendmachung des begrenzten Realsplittings nach § 10a Nr. 1 EStG). *Thiel* in Schneider/Volpert/Fölsch, § 42 Rn. 27.

nach § 1386 BGB (Klage auf vorzeitigem Zugewinn) ist als Gestaltungsklage nach § 42 Abs. 1 zu bemessen und beträgt i.d.R. ¼ der zu erwartenden Ausgleichsforderung.[3]

3 **Abs. 2** betrifft den Auffangwert für nichtvermögensrechtliche Angelegenheiten. Die Bestimmung entspricht bis auf den Höchstwert der des § 48 Abs. 2 Satz 1–2 GKG, so dass auf das dort Gesagte verwiesen werden kann (vgl. § 48 GKG, Rn. 9ff.). Auch hier ist zunächst zu prüfen, ob ein Verfahrenswert in den Bestimmungen des FamGKG oder in anderen Gesetzen festgelegt ist. Ist das nicht der Fall, ist hier ausdrücklich hervorgehoben, dass der Verfahrenswert nach den Umständen des jeweiligen Einzelfalls nach freiem Ermessen insbesondere unter Berücksichtigung der dort genannten Kriterien zu bestimmen ist und 500.000 € nicht überschreiten darf. Eine nichtvermögensrechtliche Angelegenheit[4] ist z.B.

- der Auskunftsanspruch nach §§ 1605, 1361 Abs. 4 S. 4 BGB,[5]
- ein Vermittlungsverfahren zwischen den Eltern.[6]
- Auch bei einer Volljährigenadoption (§§ 1767ff., 1772 BGB, §§ 111 Nr. 4, 186f. FamFG) ist der Verfahrenswert vorrangig nach § 42 Abs. 2 zu bestimmen.[7]

4 **Abs. 3** bestimmt einen Auffanghilfswert für vermögensrechtliche und nichtvermögensrechtliche Angelegenheiten. Nur wenn hierfür keine genügenden Anhaltspunkte i.S.v. Abs. 1 oder Abs. 2 ermittelbar sind, ist von einem Wert von 5.000 € auszugehen. Der Wert von 5.000 € ist indessen kein absoluter, nicht herauf- oder herabsetzbarer Wert.[8] Der Wert von 5.000 € ist Ausgangspunkt, der in Ausnahmefällen auch unter- oder überschritten werden darf, wenn das der Billigkeit entspricht. So kann z.B. ein Auskunftsbegehren im Rahmen des Zugewinnausgleichs durchaus auf dem Auffangwert zurückgegriffen werden.[9]

5 **Einstweiliger Rechtsschutz:** § 42 gilt grundsätzlich auch für Verfahren des einstweiligen Rechtsschutzes, insbesondere für eine einstweilige Anordnung, wenn sie für die Hauptsache maßgebend ist. Nach § 41 ist aber der Auffangwert des Abs. 3 auf die Hälfte (2.500 €) zu reduzieren.[10]

6 **Arrestverfahren:** Eine besondere Wertvorschrift für das familiengerichtliche Arrestverfahren gibt es nicht. Deshalb ist auch dieses Verfahren nach § 42 zu bewerten.[11] Eine entsprechende Anwendung des § 41 FamGKG scheidet mangels Regelungslücke aus. Der Wert ist aber nicht entsprechend § 41 zu reduzieren, sondern nach billigem Ermessen zu bestimmen. Dabei ist nach allgemeinen Grundsätzen für das wirtschaftliche Interesse des antragstellenden Beteiligten in der Regel ein geringerer Wert als der der Hauptsache zu nehmen, der auch in Einzelfällen unterhalb der hälftigen Forderung liegen kann.[12] Angebracht ist etwa ein Drittel der Hauptforderung.[13]

---

3 BGH FamRZ 1973, 133; *Keske* in Schulte-Bunert/Weinreich, § 42 FamGKG Rn. 26.
4 Dazu auch bei *Schneider/Herget* „Nichtvermögensrechtliche Streitigkeiten", Rn. 3391ff.
5 BGH NJW 1982, 1651.
6 OLG Nürnberg MDR 2006, 658 (§ 30 KostO a.F. analog).
7 OLG Düsseldorf FamRZ 2010, 1937; *Hartmann* § 42 Rn. 1.
8 So aber *Thiel* in *Schneider/Wolf* u.a., § 42 Rn. 65.
9 BGH, Beschl. v. 11.5.2016 – XII ZB 12/16 – = JurionRS 2016, 17657.
10 BT-Ds. 16/6308 S. 305.
11 *Thiel* in *Schneider/Wolf* u.a., § 42 Rn. 70ff.
12 OLG Celle FamRZ 2011, 759 (LS).
13 OLG Brandenburg FamRZ 2011, 758.

UNTERABSCHNITT 2
Besondere Wertvorschriften[1]

Der Unterabschnitt 2 regelt die Bewertung der in den §§ 43–52 bezeichneten Sachen. Diese Bestimmungen gehen als leges speciales den allgemeinen Wertvorschriften der ZPO bzw. des GNotKG vor. Eine Zusammenstellung allgemeiner Wertvorschriften ist im Teil I als Anh. zu § 48 GKG abgedruckt. Im Gegensatz zur Regelung des GKG hat das Gericht bei der Bewertung bestimmter Familiensachen die Möglichkeit von Festwerten dann nach oben oder nach unten abzuweichen, wenn diese im Einzelfall unbillig sind (vgl. §§ 44 Abs. 3, 45 Abs. 3, 47 Abs. 2, 48 Abs. 3, 49 Abs. 2, 50 Abs. 3, 51 Abs. 3 Satz 2). Der Grund für diese Korrektive ist, dass Festwerte einerseits eine erhebliche Erleichterung für die Praxis bedeuten, andererseits aber in Einzelfällen unbillig sein können. 1

Der Begriff der Billigkeit bzw. Unbilligkeit ist ein unbestimmter Rechtsbegriff auf der Tatbestandsseite der jeweiligen Norm, welcher eine Beurteilung sämtlicher Umstände des Einzelfalles durch das Gericht gebietet, wobei insbesondere der Grundsatz der Verhältnismäßigkeit zwischen Kosten und Arbeitsaufwand der Beteiligten, besonders aber des Gerichts eine Rolle spielt. Keineswegs dürfen bei der Beurteilung aber Kriterien eine Rolle spielen, die schon bei der regulären Bewertung zu berücksichtigen sind. 2

In der Regel wird in der überwiegenden Zahl der in der täglichen Praxis zu bewertenden Sachen kein Anlass bestehen, vom unveränderten Festwert abzuweichen. Unbilligkeit wird man nur ausnahmsweise annehmen können, nämlich dann, wenn Umfang und Schwierigkeit des Arbeitsaufwandes für die Sache erheblich vom Durchschnitt abweichen. 3

§ 43
Ehesachen

(1) In Ehesachen ist der Verfahrenswert unter Berücksichtigung aller Umstände des Einzelfalls, insbesondere des Umfangs und der Bedeutung der Sache und der Vermögens- und Einkommensverhältnisse der Ehegatten, nach Ermessen zu bestimmen. Der Wert darf nicht unter 3.000 Euro und nicht über eine Million Euro angenommen werden.

(2) Für die Einkommensverhältnisse ist das in drei Monaten erzielte Nettoeinkommen der Ehegatten einzusetzen.

Übersicht

Allgemeines — 1
Ehesachen — 2
Lebenspartnerschaftssachen — 3
Verfahrenswert — 4, 5
Regelbeispiele — 6
Umfang der Sache — 7, 8
Bedeutung der Sache — 9
Vermögens- und Einkommensverhältnisse — 10, 11
Abs. 2: 3-Monatseinkommen beider Eheleute, Höchst- und Mindestwert — 12
Nettoeinkommen — 13–15
Errechnung des Nettoeinkommens — 16
Sonstige Umstände — 15–18
Gesamtabwägung — 19, 20

1 Dazu auch *Rieck* und *Lange* NJW 2009, 3334.

1 **Allgemeines:** § 43 FamGKG hat die Streitwertregelung des § 48 Abs. 2, 3 Satz 1 und 2 GKG in der bis zum 31.8.2009 geltenden Fassung für Ehesachen inhaltlich unverändert übernommen.[1]

2 **Ehesachen:** Gemeint sind hier die im FamFG geregelten Ehesachen (§ 121 FamFG), also Scheidungssachen, Eheaufhebungssachen, Feststellung des Bestehens oder Nichtbestehens einer Ehe.

3 Für **Lebenspartnerschaftssachen** gilt § 43 entsprechend (§ 5).

4 **Verfahrenswert:**[2] Der Verfahrenswert in Ehesachen ist stets aus einem Rahmen von mindestens 3.000 € als **Untergrenze** und 1 Mio. € als **Höchstgrenze** zu entnehmen. Maßgebend sind dabei die Verhältnisse **beider** („der") Eheleute/Lebenspartner, wie sie zur Zeit der Antragstellung tatsächlich gegeben sind,[3] wobei etwaige zu dem Zeitpunkt der Antragstellung bereits absehbare Änderungen unberücksichtigt zu bleiben haben. entgegenstehende Ansichten, wonach sich zum Zeitpunkt der Antragstellung bereits absehbare Veränderung werterhöhend[4] oder werrtmindernd[5] auswirken sollen, sind mit dem klaren Wortlaut des § 34 FamGKG unvereinbar.[6] Das gilt auch bei einer einverständlichen Scheidung.[7]

5 Innerhalb der nach Abs. 1 Satz 2 gezogenen Grenzen ist der Wert unter **Berücksichtigung aller Umstände des Einzelfalles nach Ermessen** zu bestimmen (Abs. 1 S. 1). Es müssen also alle Umstände der jeweiligen Sache in die Bemessung des Wertes einfließen.[8] Welches Gewicht ihnen im Einzelfall zukommt, ist nach pflichtgemäßem Ermessen zu entscheiden. Nur für die Einkommensverhältnisse ist insofern kein Ermessensspielraum gegeben, weil dafür das in drei Monaten erzielte Nettoeinkommen der Eheleute einzusetzen ist (Abs. 2).

6 Die im Abs. 1 S. 1 genannten Umstände sind aber nur **Regelbeispiele** („insbesondere"). Entscheidend ist das Ergebnis der **Gesamtwürdigung** aller Umstände, die sowohl streitwertermäßigend als auch streitwerterhöhend wirken können, soweit sie einen sachgemäßen Bezug zur Gebührenerhebung haben.[9] Das gilt auch für Ehesachen, bei denen die Einkommensverhältnisse nur gleichrangig neben anderen Gesichtspunkten zu berücksichtigen sind.[10] Die Bewilligung von Verfahrenskostenhilfe lässt lediglich Rückschlüsse auf die Einkommens- und Vermögensverhältnisse der Beteiligten zu,[11] nicht aber auf die sonstigen für den Streitwert maßgeblichen Bemessungskriterien.[12] Im Einzelnen:

7 **Umfang der Sache:** Gemeint ist nur der Umfang des gerichtlichen Verfahrens und nicht der vor- und/oder außergerichtliche Aufwand der beteiligten Rechtsanwälte.[13] Der

---

1 BT-Ds. 16/6308 S. 305.

2 Dazu ausführlich *Enders* JurBüro 2009, 281, 283 und JurBüro 2009, 337 ff.

3 H.M. Dazu bei *Türck-Broker* in Schneider/Volpert/Fölsch, § 43 Rn. 7; *Feller* in Rehberg u.a. „Familien- und Lebensparnerschaftssachen" 2.2.1, jeweils m. w.N.

4 OLG Nürnberg FamRZ 2009, 1619; *Feller* in Rehberg u.a. „Familien- und Lebensparnerschaftssachen" 2.2.1,

5 OLG Bremen JurBüro 1984, 731.

6 *Türck-Broker* inSchneider/Volpert/Fölsch, § 43 Rn. 7.

7 OLG Stuttgart FamRZ 2010, 1940.

8 Vgl. OLG Düsseldorf JurBüro 1995, 252. Dazu auch instruktiv *Zecha*, RVG-professionell 2015, 83 ff.

9 BVerfGE 80, 107; OLG München JurBüro 1998, 350.

10 Unstr., vgl. etwa OLG Frankfurt/Main JurBüro 1976, 797; OLG Düsseldorf AnwBl. 1977, 412; *Schneider/Herget* „Ehesachen" *Trenkle in* Oe/He/Tre § 43 Rn. 6 und „ Verfahrenswerte – Ehesachen" Rn. 4.

11 OLG Stuttgart FamRZ 2000, 1518; **a.M.** OLG München FamRZ 2003, 683.

12 OLG Saarbrücken JurBüro 1984, 421 m. Anm. v. *Mümmler*; KG JurBüro 1976, 340 = NJW 1976, 899; LG Duisburg AnwBl. 1977, 402.

13 KG FamRZ 2010, 829, 830.

Umfang einer Sache ist nur dann ein Bemessungsfaktor, wenn er aus dem Rahmen dessen fällt, was in vergleichbaren Sachen üblich ist.[14] Daher ist nur der größere oder geringere Umfang einer Sache zu berücksichtigen, gemessen an dem Leitbild des FamFG und der ZPO für eine nichtvermögensrechtliche Streitigkeit der in Betracht kommenden Art[15] und dem erfahrungsgemäßen Umfang eines solchen Verfahrens, und zwar so, wie er sich aus der Sicht des Gerichts darstellt.[16] Darauf, welche Arbeit der Anwalt oder der Beteiligte für die vorgerichtliche oder außergerichtliche Betreuung der Sache aufzuwenden hat, kommt es grundsätzlich nicht an.[17] In Betracht zu ziehen sein können etwa der Umfang der Akten, die Aufbereitung des Stoffes durch die Beteiligten, die Dauer des Verfahrens, die Häufigkeit und der Umfang evtl. Abhörungen oder Beweisaufnahmen,[18] die Kürze oder die Länge der Ausführungen eines Beteiligten,[19] der Umfang der zu prüfenden Beiakten,[20] eine rechtliche Schwierigkeit,[21] Art und Umfang einer Folgesache[22] oder die Einbeziehung ausländischen Rechts.[23] Dabei kommt es allein auf den tatsächlichen Umfang an, den das Gericht vom Beginn bis zum Ende einer Gebühreninstanz abarbeiten musste. Endet das Verfahren, bevor es einen größeren Umfang angenommen hatte, so wirkt das streitwertmindernd, auch wenn ein solches Verfahren i.d.R. einen größeren Umfang hat.[24] Die Wertminderung hängt von den Umständen des einzelnen Falles ab. Von einer Festlegung bestimmter Quoten[25] ist abzuraten.[26] Bei einer einverständlichen Scheidung kann auf die erste mündliche Verhandlung mit Verzicht der Parteien auf Rechtsmittel sowie Tatbestands- und Entscheidungsgründe ein Abschlag von 20%[27] bis 30%,[28] gerechtfertigt sein, allerdings darf dabei die Untergrenze des Rahmens (3.000 €) nicht unterschritten werden (vgl. unten Rn. 12). Bei einer vorzeitigen Beendigung der Sache (z.B.: Antragsrücknahme) ist der tatsächlich entstandene Umfang zu bewerten und nicht der, den die Sache angenommen hätte, wenn die Sache nicht vorzeitig beendet worden wäre. Denn das Gesetz stellt nun einmal auf den tatsächlichen Umfang ab und nicht auf einen potentiellen. Jeder einzelne Gesichtspunkt kann sowohl streitwerterhöhend als auch -mindernd wirken und ist für sich zu bewerten. So kann ein erheblicher Umfang der Sache auch dann werterhöhend wirken, wenn die übrigen Umstände des einzelnen Falles auf die Wertbemessung keinen Einfluss haben.[29] Ein – auch noch so erheblicher – Umfang hat aber dann außer Betracht zu bleiben, wenn er durch unrichtige Sachbehandlung seitens des Gerichts (§ 20 FamGKG) verursacht worden ist.[30]

---

14 OLG Koblenz JurBüro 1979, 1675; OLG Düsseldorf JR 1962, 263; OLG Schleswig JurBüro 1960, 124.
15 OLG Koblenz JurBüro 1999, 475; OLG Bamberg JurBüro 1976, 217 m. Anm. v. *Mümmler*.
16 OLG Celle JurBüro 1976, 797; OLG Düsseldorf AnwBl. 1986, 250; OLG Köln JurBüro 1976, 1540; *Hartmann* § 43 FamGKG, Rn. 11.
17 OLG Zweibrücken JurBüro 1979, 1864; OLG Köln JurBüro 1974, 1538; OLG Bamberg JurBüro 1976, 217; *Hartmann* § 43 FamGKG, Rn. 12.
18 Vgl. dazu *Schneider* JurBüro 1975, 1558.
19 *Hartmann* § 43 FamGKG, Rn. 12.
20 *Hartmann* § 43 FamGKG, Rn. 12.
21 OLG Koblenz JurBüro 1975, 1620; OLG Nürnberg JurBüro 1975, 1620.
22 OLG Düsseldorf FamRZ 1991, 1079.
23 BayObLG NJW-RR 1999, 1375; OLG Koblenz JurBüro 1975, 1092.
24 OLG Frankfurt aM JurBüro 1976, 797; JurBüro 1977, 379; AnwBl. 1977, 71 m. Anm. v. *H. Schmidt;* OLG Bamberg JurBüro 1977, 1590.
25 So z.B. OLG Zweibrücken JurBüro 1979, 1333 1978, 1917 (25); OLG Frankfurt aM JurBüro 1978, 1851 ($^1/_3$); OLG München JurBüro 1972, 1091.
26 Zutreffend *Hartmann*, § 43 Rn. 10.
27 KG FamRZ 2010, 829, 830.
28 OLG Koblenz JurBüro 1999, 475.
29 OLG Nürnberg JurBüro 1963, 171.
30 *Schneider* JurBüro 1975, 1558.

8 Der Umfang einer Sache wird häufig erst nach Beendigung des Gebührenrechtszuges zu beurteilen sein, so dass eine **Änderung der Streitwertfestsetzung** (§ 55) erforderlich werden kann. Der unterschiedliche Umfang der Sache kann auch dazu führen, dass in derselben Sache in den einzelnen Instanzen verschiedene Werte anzunehmen sind.[31]

9 Die **Bedeutung der Sache** ist danach zu beurteilen, welcher Wert ihr für die Beteiligten zukommt, wie z.B. die mit der Entscheidung verbundenen wirtschaftlichen Folgen.[32] Berücksichtigt werden kann auch der Fall, in dem die Entscheidung den Beteiligten eine Grundlage für eine außergerichtliche Auseinandersetzung gibt oder wenn sie wenigstens für einen Beteiligten Grundlage künftiger Verhaltensweisen abgeben kann. Das Interesse der Öffentlichkeit hingegen ist niemals zu beachten.[33] Nehmen die Beteiligten aus Streitsucht, Hass oder ähnlichen unedlen Motiven wegen objektiv weniger bedeutungsvoller Angelegenheiten die Gerichte in Anspruch, kann sowohl die Bedeutung, welche die Beteiligten dem Rechtsstreit beimessen als auch der Umstand, dass das Gericht wertvolle Ressourcen für die „Belästigung" mit objektiven Bagatellen binden muss, Grund genug sein, die Sache höher zu bewerten.[34] Bei einer Ehescheidung ist es natürlich auch von Bedeutung, ob gemeinsame Kinder vorhanden sind oder nicht. Allein dieser Umstand rechtfertigt es aber nicht, dem Merkmal der „Bedeutung" höhere oder geringere Wertigkeit zuzumessen.

10 **Vermögens- und Einkommensverhältnisse beider Partner**, nicht die des einem von ihnen, sind zu berücksichtigen.[35] Den Vermögens- und Einkommensverhältnissen kommt insbesondere dann ein besonderes Gewicht zu, wenn die übrigen Faktoren nur durchschnittlich oder sogar weniger gewichtig sind.[36] Neben dem Einkommen kann das Vermögen eines Beteiligten aber nur soweit berücksichtigt werden, als es nicht schon beim Einkommen unmittelbar (Erträge) oder mittelbar Berücksichtigung gefunden hat.[37] Das Vermögen ist dabei in seinem Bestand (Substanz) und nicht nach seinem Ertrag zu berücksichtigen, weil Letzterer zu den Einkommensverhältnissen zählt. Im Übrigen ist auszugehen vom gesamten wirtschaftlichen Lebenszuschnitt der Beteiligten, der ihrer Einkommens- und Vermögenslage entspricht,[38] und zwar bezogen auf den Zeitpunkt der Endentscheidung.[39] Darauf, ob die Beteiligten über ihre Verhältnisse leben oder ob sie eine bescheidenere Lebensweise an den Tag legen, kommt es nicht an. Das Gesetz verlangt auch nicht eine Zusammenrechnung der Verhältnisse aller Beteiligten, sondern nur eine Berücksichtigung. Hat ein Beteiligter ein höheres und der andere ein geringeres Einkommen, so muss zur Wertbemessung trotzdem von der Summe beider Vermögen ausgegangen und das so ermittelte Gesamteinkommen bzw. -vermögen als Ausgangspunkt genommen werden. Auch ein sog. „Schonvermögen" i.S. des Sozialrechts ist zu berücksichtigen, Das kann im Einzelfall dazu führen, dass dem Minderbemittelten eine beträchtliche Kostenlast entsteht. Hier kann über die Verfahrenskostenhilfe gemildert werden.

11 Das Gesetz verlangt **nicht** die **Anrechnung** des **Vermögens als solches (direkter Vermögenswert), sondern** die Berücksichtigung der **Vermögensverhältnisse der Beteiligten**, wie sie sich auf der Grundlage ihres Vermögens objektiv ergeben.[40] Grundsätz-

31 OLG Nürnberg RPfleger 1966, 290 (L).
32 OLG Schleswig JurBüro 2002, 316.
33 OLG Köln JurBüro 1980, 577; *Schneider/Herget* „Nichtvermögensrechtliche Streitigkeiten" Rn. 3415.
34 Dazu auch bei *Schneider/Herget* „Nichtvermögensrechtliche Streitigkeiten" Rn. 3422.
35 KG RPfleger 1962, 119 (L).
36 OLG Düsseldorf JurBüro 1995, 252, 253.
37 KG JR 1963, 388; *Gottwald* FamRZ 2010, 831. Unklar KG FamRZ 2010, 829.
38 OLG Koblenz JurBüro 1979, 1675; OLG Hamm RPfleger 1957, 60.
39 *Hartmann* § 43 FamGKG, Rn. 17 m.w.N.
40 Vgl. dazu etwa OLG Düsseldorf FamRZ 1994, 249.

lich wird jedem Ehegatten erst einmal ein vermögensrechtlicher Freibetrag gewährt, der allerdings in der Höhe sehr unterschiedlich angesetzt wird. Der Spielraum in der Rechtsprechung schwankt zwischen 15.000 €[41] und 64.000 €[42] für jeden Ehegatten. Durchschnittlich wird man von einem Wert in Höhe von 30.000 € zugrundlegen können.[43] Danach ist der verbleibende Ermessensspielraum für die Berücksichtigung des Vermögens sehr weit und ermöglicht es, ein geringeres Vermögen außer Betracht zu lassen. So kann und soll sämtliches Vermögen, das den wirtschaftlichen Lebenszuschnitt der Beteiligten nicht maßgeblich beeinflusst und sie über den durchschnittlichen bürgerlichen Rahmen nicht heraushebt, unberücksichtigt gelassen werden. Üblicher Hausrat, ein PKW der Mittelklasse[44] wie überhaupt kurzlebige Wirtschaftsgüter[45] und Sparguthaben von geringer bis mittlerer Einlagenhöhe sind daher nicht als Vermögen zu rechnen.[46] Man wird den Beteiligten Mindestbeträge an Vermögen zubilligen müssen, die nicht zu berücksichtigen sind (z.B. sog. Schonvermögen bei der Sozialhilfe/ALG II/Hartz IV). Solche Beträge müssen den jeweiligen wirtschaftlichen Verhältnissen angepasst sein. Man wird dabei aber nicht so weit gehen dürfen, dass man bei der Bemessung der Gerichtsgebühren – auch wenn sie als Sondersteuern gesehen werden – die im Steuerrecht geltenden Bewertungsgrundsätze, insbesondere die dort geltenden Freibeträge – mit oder ohne prozentuale Abschläge[47] – schematisch übernimmt.[48] Entscheidend ist, dass eine **wirtschaftliche Gesamtbetrachtung** der vermögensrechtlichen Situation i.V.m. den anderen Bewertungsfaktoren eine die Interessen des Justizfiskus und der Beteiligten billig erscheinende Bewertung ergibt. Hier kann sich auch ein Blick auf die Berücksichtigung des Vermögens der Ehegatten in § 115 Abs. 3 ZPO i.V.m. § 90 BSHG als hilfreich erweisen in der Weise, dass bestimmte Vermögenswerte unberücksichtigt bleiben.[49] Bei der Berücksichtigung des Vermögens sind selbstverständlich die auf dem Vermögen ruhenden **Lasten** sowie **erhebliche** tatsächliche **Schulden** (– bei Grundstückslasten z.B. die Valutierung der Pfandrechte –)[50] abzuziehen. Grundbesitz ist mit dem Verkehrswert,[51] nicht mit dem Einheitswert anzusetzen.[52] Lässt sich der Verkehrswert eines selbstgenutzten Hausgrundstücks der Ehegatten nicht feststellen, ist die mit dem Bewohnen des Eigenheims verbundene Mietersparnis heranzuziehen. Eine Schätzung nach § 64 scheidet aus.[53] Einfamilienhäuser und Eigentumswohnungen sind – soweit es sich nicht um ausgesprochene Luxusobjekte handelt – nicht unbedingt als außergewöhnliche Vermö-

41 Dazu ausführlich OLG Bamberg, JurBüro 2017, 479. Vgl. auch OLG Frankfurt/Main FamRZ 2009, 74; OLG Karlsruhe FamRZ 2008, 2050.
42 OLG Hamm FamRZ 2006, 353.
43 Dazu etwa OLG Frankfurt/M., JurBüro 2017, 418; OLG Schleswig Beschl. v. 8.4.2014 – 10 WF 3/14 = JurionRS 2014, 15095 m.w.N. **A.A.** OLG Bamberg, JurBüro 2017, 86 (regelmäßig 60.000 € pro Ehegatte).
44 *Mümmler* JurBüro 1976, 4.
45 OLG Frankfurt aM JurBüro 1977, 703.
46 KG JurBüro 1965, 297; OLG Düsseldorf JurBüro 1975, 504; OLG Köln JurBüro 1975, 503; OLG Saarbrücken AnwBl. 1972, 321; OLG Bamberg JurBüro 1976, 1231 (Fall überdurchschnittlichen Lebenszuschnitts).
47 Vgl. OLG Bamberg JurBüro 1980, 409; OLG München JurBüro 1979, 1541; OLG Zweibrücken JurBüro 1979, 1864; OLG Koblenz JurBüro 1979, 1675; OLG Düsseldorf JurBüro 1975, 504; OLG Köln MDR 1975, 767; OLG Frankfurt aM JurBüro 1978, 1851.
48 So aber eine weit verbreitete Ansicht der Rspr. vgl. etwa OLG Dresden JurBüro 2003, 474; OLG Braunschweig JurBüro 1980, 239; OLG Frankfurt aM JurBüro 1976, 1093; OLG Köln JurBüro 1975, 503; OLG München JurBüro 1971, 701, 698.
49 So OLG Köln, JurBüro 2016, 94, 95.
50 OLG Schleswig JurBüro 1976, 1091; OLG München JurBüro 1980, 894.
51 OLG Brandenburg FamRZ 2011, 755.
52 Vgl. OLG München AnwBl. 1985, 203.
53 OLG Dresden JurBüro 2003, 140 = MDR 2003, 535.

gensgegenstände der Beteiligten anzusehen,[54] jedenfalls aber nur mit einem prozentualen Anteil des Wertes nach Abzug etwaiger Freibeträge zu berücksichtigen.[55] Natürlich ist bei Privatvermögen zu berücksichtigen, dass auch Aufwendungen zur Erhaltung des Vermögens anfallen können, die dann in Abzug zu bringen sind. Insgesamt hängt hier alles von den Umständen des Einzelfalles ab. Auf jeden Fall ist aber die Ansicht abzulehnen, dass das Vermögen oder dessen Erträge schematisch einen bestimmten Prozentsatz des Wertes ausmachen müsse.[56] So kann ein Vermögen, das mit einem lebenslangen Nießbrauch belastet ist, als ein solches ohne Ertrag bewertet werden[57] und Ertrag bringendes Vermögen im Einzelfall auch nur beim Einkommen zuzuschlagen sein.[58] Das gilt auch für landwirtschaftliches Grundvermögen. Besitzen beide Beteiligten kein anrechenbares Aktivvermögen und sind sie andererseits erheblich verschuldet, kann sich auch dieser Umstand streitwertmindernd auswirken. Die Bewilligung von Verfahrenskostenhilfe lässt nur Rückschlüsse auf die Vermögens- und Einkommensverhältnisse zu, muss aber nicht notwendigerweise zu einer Streitwertherabsetzung führen.[59]

12 **Einkommensverhältnisse (Abs. 2):** Für die Bewertung von Ehesachen ist kraft ausdrücklicher gesetzlicher Bestimmung das in den letzten drei Monaten vor Antragstellung[60] erzielte Nettoeinkommen beider („der") Eheleute/Lebenspartner, **mindestens** aber 3.000 € einzusetzen. Es ist der bedeutsamste Bemessungsfaktor,[61] der für die Berechnung dieses Faktors als **Mindestbetrag**[62] den Ausgangsbetrag[63] auch dann bildet, wenn eine unproblematische einverständliche Scheidung vorliegt. Grundsätzlich ist hier nicht von vornherein ein Abschlag gerechtfertigt.[64] Die gegenteilige Ansicht, wonach grundsätzlich[65] oder mit vertretbarer Begründung im Einzelfall[66] ein Abschlag vorgenommen werden kann, überzeugt nicht, weil mit der Regel des Abs. 2 wenigstens für Ehesachen eine einheitliche Bewertung des Einkommens sichergestellt werden[67] und so die Bemessung der Einkommensverhältnisse vereinfacht werden soll. In diesem Zusammenhang ist aber zu beachten, dass die/der sog. „Nur-Hausfrau/-mann" kein anzurechnendes Einkommen hat.[68]

13 Unter **Nettoeinkommen i.S.d. FamGKG** versteht man den Betrag schlechthin, der nach Abzug der Steuern und der anderen gesetzlichen Abzüge (dazu unten Rn. 14) vom Bruttoeinkommen den Partnern letztlich als Lohn, Gehalt oder sonstiges Einkommen

---

54 OLG Bamberg JurBüro 1974, 217; AG Groß Gerau JurBüro 1992, 113 m. Anm. v. *Mümmler;* vgl. auch OLG Köln FamRZ 1987, 183 (Ansatz von 3 Kaltmieten); zw. auch *Hartmann* § 48 Rn. 31.

55 OLG Celle FamRZ 2013, 149; OLG Brandenburg FamRZ 2011, 755; OLG Dresden FamRZ 2006, 1053, OLG Schleswig Beschl. v. 8.4.2014 – 10 WF 3/14 – = JurionRS 2014, 10595.

56 *Hartmann* § 43 FamGKG, Rn. 18; das ist indessen str. vgl. dazu bei *Schneider/Herget* „Ehesachen".

57 OLG Celle JurBüro 1969, 1189 = NdsRPfl. 1970, 18 = MDR 1970, 154 (L).

58 Vgl. KG RPfleger 1962, 118, 119; OLG Nürnberg JurBüro 1961, 453; OLG Celle NdsRPfl. 1962, 113.

59 OLG Saarbrücken JurBüro 1980, 893 m. Anm. v. *Mümmler;* **a.M.** OLG Hamm JurBüro 1979, 1675, vgl. auch OLG Hamm JurBüro 1980, 237.

60 NK-GK/*H. Schneider* § 43 FamGKG Rn. 9 m.w.N.

61 *Trenkle* in Oe/He/Tre § 43 Rn. 7.

62 *Hartmann* § 43 Rn. 23.

63 *Türck-Brocker i* Schneider-Volpert u.a. § 43 Ran. 16; *Hartmann* § 43 Rn. 23.

64 OLG Frankfurt/Main FamRZ 2009, 74; Thomas-Putzo/Hüßtege § 3 ZPO Rn. 45; *Hartmann* § 43 Rn. 10.

65 OLG Stuttgart FamRZ 2009, 1176.

66 OLG Oldenburg FamRZ 2009, 1173. Vgl. auch BVerfG NJW 2009, 1197. Unklar insoweit auch NK-GK/*H. Schneider* § 43 FamGKG Rn. 12.

67 OLG Bamberg JurBüro 1976, 1233.

68 *Hartmann* § 43 FamGKG, Rn. 28.

verbleibt (individuelle Belastbarkeit).[69] Auch nicht zu versteuerndes Einkommen (z.B. steuerfreie Rentenanteile, Steuerrückzahlungen, staatliche Transferleistungen aller Art ohne Rücksicht darauf, ob diese Einkommensersatzfunktion haben) gehört hierzu. Streitig ist, ob und wieweit **Schulden** bei der Berechnung des Nettoeinkommens berücksichtigt werden müssen oder können.[70] Richterweise sind sie nicht zu berücksichtigen, weil sonst sparsame Parteien gegenüber verschwenderischen Parteien benachteiligt würden.[71] Zum Nettoeinkommen sind zu rechnen:

- **Altersrenten** jeder Art (gesetzliche Rentenversicherung, Privatversicherung)
- **Arbeitslohn:** Hier ist die Möglichkeit zu beachten, dass Eheleute/Lebenspartner als Arbeitnehmer auf Grund eines Antrags auf Lohnsteuerermäßigung von vornherein auf der Lohnsteuerkarte feststellen lassen können, was für die Berechnung der Lohnsteuer vom Bruttoarbeitslohn als steuerfrei abzuziehen ist, oder dass sie den Lohn- oder Einkommenssteuerjahresausgleich beantragen. Dann ist für die Beurteilung des Nettoeinkommens natürlich die tatsächlich zu zahlende Lohn/Einkommenssteuer bei der Bestimmung des Nettolohnes zugrunde zu legen, und zwar ohne Berücksichtigung etwaiger anderer die Steuerschuld mindernder Abzüge (z.B. Verlustabzug aus Vermietung und Verpachtung, Altersfreibeträge).
- **Arbeitslosengeld I.**[72] Unstreitig, da echtes Einkommen.
- **Arbeitslosengeld II.**[73] Die Frage ist indes sehr streitig.[74] So wird die (nicht überzeugende) Ansicht vertreten, rein staatliche Sozialleistungen wie das Arbeitslosengeld II (im Gegensatz zum Arbeitslosengeld I) hätten nach dem Sinn und Zweck des § 43 FamGKG unberücksichtigt zu bleiben.[75] Das überzeugt indessen nicht. Auch das Arbeitslosengeld II rührt aus dem Arbeitseinkommen her und prägt die ehelichen Lebensverhältnisse mit, weshalb es ohne Rücksicht auf einen Anspruchsübergang bzw. auf eine subsidiäre Bewilligung zum Einkommen zu rechnen ist.[76] „Einkommen" ist ein Sammelbegriff für sämtliche materielle Leistungen, die einer Person innerhalb eines bestimmten Zeitraums aus welcher Quelle auch immer zufließen. Wenn und soweit der Begriff eingeschränkt oder erweitert verstanden werden soll, wird das regelmäßig in entsprechenden Vorschriften definiert (z.B. § 2 EStG, § 76 FamFG i.V.m. § 115 ZPO). § 43 FamGKG). Da das im FamGKG nicht der Fall ist, können soziale Gesichtspunkte bei der Kostenbelastung durch die Verfahrenskostenhil-

---

69 KG NJW 1976, 899 = JurBüro 1976, 340 = AnwBl. 1976, 164 = MDR 1976, 500 (L); OLG Bamberg JurBüro 1976, 217 m. Anm. v. *Mümmler;* vgl. auch OLG Koblenz NJW 1977, 257 m. abl. Anm. v. *H. Schmidt* = JurBüro 1977, 69 und *Niehaus* AnwBl. 1976, 375.

70 Dazu etwa bei *Schwolow* in Weinreich/Klein, Kap. „Gebührenwerte" Rn. 7.

71 *Schwolow* in Weinreich/Klein, Kap. „Gebührenwerte" Rn. 7.

72 Oe/He/Tre „Verfahrenswert E" Rn. 8 m.N.; OLG Hamm FamRZ 2006, 632.

73 OLG Zweibrücken FamRZ 2011; OLG Köln FamRZ 2009, 638 m. Anm. v. *Götsche* in juris PraxisReport; OLG Hamm FamRZ 2006, 632; OLG Frankfurt NJW-RR 2008, 310 = FamRZ 2008, 535; OLG Schleswig Beschl. v. 28.5.2008 – 8 WF 64/06 und SchlHA 2008, 319 = FamRZ 2009, 75; *Hartmann* § 43 FamGKG, Rn. 25; *Schneider-Herget* Rn. 1268; *Gehle* in Prütting/Gehrlein, § 3 Streitwertlexikon Rn. 93; *Keske* in Schulte-Bunert/Weinreich § 41 FamGKG Rn. 9.

74 Vgl. dazu etwa bei *Türck-Brocker* in Schneider u.a. § 43 Rn. 23; *Gehle* in Prütting/Gehrlein, § 3 Streitwertlexikon Rn. 93; *Oe/He/Tre* „Verfahrenswert E" Rn. 8, jeweils m.w.N.

75 OLG Saarbrücken MDR 2013, 1231; OLG Bremen FamRZ 2012, 239; OLG Celle FamRZ 2012, 240; OLG Hamm FamRZ 2011, 1422; OLG Köln FamRZ 2009, 1703; OLG Schleswig FamRZ 2009, 1178 = JurBüro 2009, 193 und FamRZ 2010, 1939; *Dörndorfer* in Binz u.a. Rn. 6 a.E.; *Zöller-Herget* § 3 ZPO Rn. 16 „Ehesachen"; *Türck-Brocker* in Schneider u.a. § 43 Rn. 23. So wohl auch *Enders* JurBüro 2009, 283 (m.w.N. zum Streitstand in Fn. 13).

76 OLG Brandenburg MDR 2013, 1043 und FamRZ 2011, 1423 m.w.N. (Aufgabe der früheren Rechtsprechung); *Gehle* in Prütting/Gehrlein, § 3 Streitwertlexikon Rn. 93.

fe hinreichend berücksichtigt werden. Auch das BVerfG[77] sagt nur, dass die Nichtberücksichtigung von ALG II nicht zu beanstanden ist, was aber nicht bedeutet, dass es nicht berücksichtigt werden darf. Infolge der Anhebung des Mindestwertes auf 3.000 € nach dem 2. KostRModG ist die Streitfrage aber weitgehend entschärft, weil die Leistungen nach dem SGB II diesen Mindestwert nur noch selten erreichen werden.

- **Arbeitslosenhilfe** ist als Einkommen zu bewerten.[78]
- **Auslösungen** sind als Einkommen zu berücksichtigen.[79]
- **Ausbildungsbeihilfen.**[80]
- **BafüG:** Einkommen, wenn und soweit es nicht als Darlehn gewährt wird.[81]
- **Beamtenpensionen.**
- **Betriebsrenten.**
- **Blindengeld.**[82]
- **Elterngeld,** das ein Partner in dem zu berücksichtigenden Zeitraum bezieht,[83]
- **Erziehungsgeld:** wie Elterngeld
- **Gratifikationen** sind anteilmäßig zu berücksichtigen.
- **Grundsicherung:** Für Grundsicherungsleistungen gelten die gleichen Grundsätze wir für die Sozialhilfe und das ALG II.
- **Hartz IV: s. „Arbeitslosengeld II"**
- **Kapitalerträge** aus Vermietung, Verpachtung, Geldanlagen etc. sind einzurechnen, nicht aber fiktive Mietersparnisse bei selbstgenutztem Wohnungseigentum.[84]
- **Kindergeld.**[85] Streitig.[86] Grundsätzlich als Einkommen zu berücksichtigen.[87] Wenn allerdings das Einkommen beider Partner nicht ausreicht, um den Pflegeunterhalt für die Kinder zu bestreiten, ist das Kindergeld nicht dem Einkommen zuzurechnen.[88]
- **Kindesunterhalt:** Der Unterhalt für Kinder ist nicht durch Abzug eines Betrages vom Nettoeinkommen zu berücksichtigen, wenn man die geringere Leistungsfähigkeit von Eheleuten mit Kindern dadurch berücksichtigt, dass man Kindergeld nicht als Einkommen zählt.[89]
- **Kirchensteuer und Sozialbeiträge:** Bei der Bemessung des Nettoeinkommens sind aber Abzüge für Kirchensteuer und Beiträge zur gesetzlichen Sozialversicherung[90] oder Beiträge zur freiwilligen Krankenversicherung oder Alterssicherung zu berück-

77 BVerfG FamRZ 2006, 841.
78 OLG Schleswig FamRZ 2009, 75.
79 NK-GK/*H. Schneider*, § 43 FamGKG Rn. 16 m.N.
80 *Mümmler* JurBüro 1978, 11; *Hartmann* § 43 FamGKG, Rn. 25.
81 OLG München JurBüro 1980, 892. NK-GK/*H. Schneider*, § 43 FamGKG Rn. 17.
82 OLG Saarbrücken JurBüro 983.
83 OLG Schleswig JurBüro 2007, 32; OLG Schleswig Beschl. v. 28.5.2008 – 8 WF 64/06; *Türck-Brocker* in Schneider u.a. § 43 Rn. 24; **a.M.** OLG Thüringen FamRZ 2010, 1934, 1935.
84 *Gottwald* FamRZ 2010, 830. **A.M.** KG FamRZ 2010, 829, 830.
85 OLG Thüringen FamRZ 2010, 1934, 1935; OLG Karlsruhe OLGR 2008, 422; OLG Brandenburg FamRZ 2008, 1206; OLG Dresden FamRZ 2006, 1053; OLG Hamm OLG-Report Hamm 2006, 241; **a.M.** OLG Düsseldorf OLG-Report 2006, 358; OLG Dresden FamRZ 2010, 1939.
86 Vgl. bei *Türk-Brocker* in Schneider/Volpert/Fölsch, FamGKG, § 43 Rn. 59 und bei OLG Celle JurBüro 2014, 244 (das das KG nicht zum Einkommen zählt.
87 NK-GK/*H. Schneider*, § 43 FamGKG Rn. 20.
88 OLG Schleswig JurBüro 2007, 32.
89 Str. Vgl. OLG Köln, JurBüro 2017, 34 m. zahl. Nachw. des Streitstandes.
90 KG NJW 1976, 899 = JurBüro 1976, 340 = AnwBl. 1976, 164 = MDR 1976, 500 (L); OLG Bamberg JurBüro 1976, 217 m. Anm. v. *Mümmler;* vgl. auch OLG Koblenz NJW 1977, 257 m. abl. Anm. v. *H. Schmidt* = JurBüro 1977, 69 und *Niehaus* AnwBl. 1976, 375.

sichtigen, soweit sie angemessen sind und man solche nicht als „sonstige Umstände" berücksichtigt.[91]

- **Lohn-/Gehaltsabtretungen:** Minderungen auf Grund von Lohn/Gehaltsabtretungen oder -pfändungen sind indessen beim Nettoeinkommen nicht zu berücksichtigen.
- **Landwirtschaft:** Bei Partnern, die in der Landwirtschaft tätig sind, können Besonderheiten gelten.[92]
- **Mietersparnis** jedenfalls dann, wenn und soweit ein Grundstück/eine Wohnung von einem Dritten unentgeltlich zur Verfügung gestellt wird.[93]
- **Pfändungen:** Bei Pfändung von Einkommen ist nur der vom Drittschuldner gezahlte Betrag als Einkommen zu berücksichtigen.[94]
- **Renten:** Rentenleistungen aller Art sind Einkünfte.
- **Sachbezüge** aller Art sind gemäß ihrem Wert zu berücksichtigen.
- **Schonvermögen:** Werte i.S.v. § 115 Abs. 3 ZPO sind Einkommen.[95]
- **Selbständige und Freiberufler:** Die Bestimmung des Einkommens Selbständiger und/oder freiberuflich Tätiger kann Schwierigkeiten bereiten.[96]
- **SGB II: s. „Arbeitslosengeld II"**
- **SGB XII:** Für Leistungen nach dem SGB XII (Sozialhilfe) gelten die gleichen Grundsätze wie für solche nach dem SGB II.
- **Spesen** sind unter Abzug tatsächlicher Aufwendungen anzurechnen. Die tatsächlichen Aufwendungen können auf $^2/_3$ des Bruttospesenbetrags geschätzt werden.[97]
- **Sozialhilfe:** s. „SGB XII"
- **Unterhaltsvorschuss.**[98]
- **Urlaubsgeld:** Hier wird man einen auf 3 Monate entfallenden Teil anrechnen, in der Regel als $^1/_4$ des Urlaubsgeldes.
- **Sozialhilfe**[99]**/Sozialleistungen** mit **Ausnahme** der von **§ 1610a BGB** erfassten Leistungen, sind grundsätzlich einzurechnen.[100] Die entgegenstehende Ansicht[101] überzeugt nicht. Sie kann sich insbesondere nicht auf die Rechtsprechung des BVerfG[102] berufen. Das BVerfG hat nur ausgesprochen, dass die unterschiedlich hohe Belastung von Eheleuten durch Gerichtskosten verfassungsrechtlich nicht zu bemängeln ist.
- **Urlaubsgeld.**
- **Verfahrens-/Prozesskostenhilfe:** Wird beiden Partnern ratenfreie Verfahrenskostenhilfe bewilligt, indiziert das den Mindestwert von 3.000 €.[103] Die dagegen gerich-

---

91 So OLG Bamberg JurBüro 1978, 1056.
92 Vgl. etwa OLG Bamberg JurBüro 1977, 241; OLG Celle JurBüro 1969, 870.
93 OLG Dresden JurBüro 2003, 141; *Gottwald* FamRZ 2010, 831.
94 NK-GK/*H. Schneider*, § 43 FamGKG Rn. 23.
95 OLG Celle FamRZ 2013, 149.
96 Dazu OLG Frankfurt aM JurBüro 1977, 701; OLG Bamberg JurBüro 1977, 1425; KG JurBüro 1970, 680 = MDR 1970, 854.
97 OLG Thüringen FamRZ 2010, 1934, 1935.
98 OLG Düsseldorf FamRZ 2006, 807; NK-GK/*H. Schneider*, § 43 FamGKG Rn. 29. Zweifelnd aber *Gehle* in Prütting/Gehrlein, § 3 Streitwertlexikon Rn. 93.
99 *Hartmann* § 43 FamGKG Rn. 25.
100 OLG Düsseldorf Beschl. v. 16.7.2008 – II-8 WF 76708. **A.A.** OLG Naumburg Beschl. v. 27.10.2008 – 8 WF 222/08.
101 Nachw. bei *Hartmann* § 43 FamGKG, Rn. 25 und oben, Stichwort „Arbeitslosengeld II". **A.M.** OLG Köln FamRZ 2009, 1854.
102 BVerfG NJW 1906, 1582.
103 OLG Stuttgart FamRZ 2000, 1518; OLG Düsseldorf Urt. v. 10.3.2003 – 1 WF 25/03; **a.M.** OLG München FamRZ 2002, 683; OLG Zweibrücken JurBüro 2004, 138 = RVG-Letter 2004, 12.

tete Kritik[104] überzeugt nicht. Sie übersieht, dass das Gericht bei der Bewilligung von Verfahrenskostenhilfe die Einkommens- und Vermögenshilfe der/des Antragsteller/s umfassend zu prüfen hat und ratenfreie Verfahrenskostenhilfe nur dann gewähren darf, wenn nur geringes Einkommen und kein in zumutbarer Weise verwertbares Vermögen vorhanden ist.[105]

- **Vermögenswirksame Leistungen** sind Einkommen.[106]
- **Weihnachtsgeld:** Entsprechend dem Urlaubsgeld wird man ebenfalls $^1/_4$ des Betrages einsetzen müssen.
- **Wohngeld** ist voll einzusetzen.[107]

14 Neben den Lohn-/Einkommenssteuern und den gesetzlichen Sozialabgaben können noch weitere notwendige **Abzüge** beachtlich sein wie z.B.: Freibeträge,[108] Versicherungsleistungen für private Altersvorsorge oder Krankenversicherung,[109] Unterhaltsverpflichtungen gegenüber Kindern,[110] Zwangsbeiträge.[111] Verbindlichkeiten (Kredite) sind nur dann abzugsfähig, wenn und soweit sie tatsächlich bedient werden und nicht nur geringfügig sind.[112]

15 **Kein Schematismus:** Bei der Bemessung des Einkommens ist vor jeder Art von Schematismus abzuraten.[113] Das Gericht darf auch frei würdigen, ob die Partei nur ein Arbeitsverhältnis mit geringem Einkommen vortäuscht[114] oder ob die Angaben aus anderen Gründen unglaubhaft sind.[115] Erforderlichenfalls kann auf die Angaben im Wirtschaftsfragebogen bei der Beantragung von Verfahrenskostenhilfe zurückgegriffen werden.[116] Das gilt auch, wenn das Einkommen beider Partner geringer als 3.000 € ist (z.B., wenn beide Partner Harz IV-Empfänger sind und die Summe der Leistungen an beide Partner den Betrag von 3.000 € nicht übersteigt).[117]

16 Das **dreimonatige Nettoeinkommen** errechnet sich dadurch, dass die letzten drei Monate vor Einreichung des Antrags zugrunde gelegt werden.[118] Im Laufe eines Jahres nicht monatlich oder dreimonatlich erzielte Einkünfte, wie ein 13. Monatsgehalt, Urlaubs- oder Weihnachtsgeld oder andere im Laufe des Jahres einmalig zu zahlende Beträge, sind anteilmäßig hinzuzurechnen.[119] Das gilt aber nicht, wenn solche Zahlungen in dem Zeitraum erfolgen oder sicher vorhersehbar sind. Dann sind sie wie auch im Laufe

---

104 *Sarres* JurBüro 2004, 4.
105 Dazu z.B. *Brinkmann* JurBüro 2004, 5.
106 OLG Zweibrücken NJW-RR 2004, 355; NK-GK/*H. Schneider*, § 43 FamGKG Rn. 31.
107 OLG Hamm FamRZ 2006, 718; *Gehle* in Prütting/Gehrlein, § 3 Streitwertlexikon Rn. 92. **A.A.** OLG Naumburg Beschl. v. 27.10.2008 – 8 WF 222/08.
108 LG Bayreuth JurBüro 1976, 796.
109 *Gehle* in Prütting/Gehrlein, § 3 Streitwertlexikon Rn. 94.
110 KG FamRZ 2009, 1854; OLG Dresden FamRZ 2006, 1053; OLG Nürnberg FamRZ 1997, 36; OLG Schleswig FamRZ 2000, 1517.
111 *Hartmann* § 43 FamGKG Rn. 27.
112 OLG Saarbrücken NJW-RR 1986, 308 = JurBüro 1985, 1673; OLG Karlsruhe FamRZ 1992, 707; OLG Hamm FamRZ 2006, 718; *Hartmann* § 43 FamGKG, Rn. 26; *Gehle* in Prütting/Gehrlein, § 3 Streitwertlexikon Rn. 94.
113 Vgl. OLG Hamm RPfleger 1989, 104. Vgl. auch BVerfG Beschl. v. 22.2.2006 – 1 BvR 2139/05 und v. 23.8.2005 – 1 BvR 46/05.
114 Vgl. dazu OLG Bamberg JurBüro 1977, 1117.
115 KG JurBüro 1975, 365.
116 OLG Karlsruhe JurBüro 2003, 141.
117 Insoweit ist die Entscheidung des OLG Celle NJW-RR 1152 im **Ergebnis** zutreffend.
118 OLG Dresden JurBüro 2003, 140 und JurBüro 2003, 474; OLG Bamberg JurBüro 1976, 217; KG NJW 1976, 899; *Hartmann* § 43 FamGKG, Rn. 24.
119 **A.M.** (als sonstige Umstände zu berücksichtigen): KG NJW 1976, 899 = JurBüro 1976, 340; OLG Nürnberg MDR 1976, 800.

des Verfahrens eintretende Einkommensminderungen (etwa durch vorübergehende Arbeitslosigkeit) nur als sonstige Umstände erhöhend oder mindernd anzusetzen.[120] U.U. kann das auch bei Kinderfreibeträgen für ein erst nach dem Anhängigwerden der Scheidungssache geborenes Kind gelten.[121] Tritt während des Verfahrens eine Steigerung oder Minderung des Nettoeinkommens ein, ist das unbeachtlich.[122]

Sonstige Umstände: Nach Abs. 1 S. 1 sind bei nichtvermögensrechtlichen Streitigkeiten **alle Umstände** des Einzelfalles zu berücksichtigen. Sie treten neben den Umfang der Sache und den Einkommens- und Vermögensverhältnissen der Parteien, die „insbesondere" zu werten sind. Als sonstige Umstände kommen z.B. in Betracht: die **Zahl und** das **Alter unterhaltsberechtigter Kinder.**[123] Dabei ist zu bedenken, dass Kinder i.d.R. einerseits wegen steuerlicher Kinderfreibeträge und Kindergeldzahlungen eine Erhöhung des Nettoeinkommens bewirken können, andererseits solche sozialen Leistungen die tatsächlichen Unterhaltsaufwendungen für Kinder bei weitem nicht ausgleichen können. Die Einkommensverhältnisse kinderloser Partner sind deshalb regelmäßig erheblich günstiger als die gleichstehender Partner mit Kindern. Es ist daher angemessen, für jedes Kind – auch für nichteheliche Kinder eines Partners – einen gewissen Betrag vom Nettoeinkommen abzuziehen, dessen Höhe aber anhand der tatsächlichen Verhältnisse des Einzelfalles ermittelt werden sollte. Jedenfalls ist es nicht angebracht, sich hier auf feste Sätze festzulegen,[124] da das schnell zu schematischer Handhabung führt und am Ende wieder Ungerechtigkeiten mit sich bringt. Einkommensmindernd kann auch die **Belastung mit sonstigen Unterhaltspflichten** (z.B. gegenüber einer geschiedenen Ehefrau oder eines ehemaligen Lebenspartners oder den Eltern) sein oder **besondere notwendige Mehraufwendungen** für getrennte Haushaltsführung, Pflegekosten für Angehörige o.ä. 16a

Werterhöhende sonstige Umstände können ferner sein: Urlaubs- und Weihnachtsgeld; ein zusätzliches 13. oder weiteres Monatseinkommen; tarifvertraglich nicht monatlich gewährte Sockelbeträge; Einkünfte aus Kapitalvermögen und ein erhöhtes Einkommen durch steuerliche Verlustabzüge; Mehreinkommen durch vorübergehende Beschäftigung eines Ehegatten, wenn sie die Einkommensverhältnisse maßgeblich beeinflussen;[125] Naturaleinkommen jeder Art, soweit diese auch einkommen-/lohnsteuermäßig erfasst werden;[126] unentgeltliche regelmäßige Geld- und/oder Sachzuwendungen, die ein Ehegatte von Dritten erhält, und zwar unabhängig davon, ob dadurch der Lebenszuschnitt der Partner spürbar besser gestaltet wird.[127] 17

Wertmindernde sonstige Umstände, deren Berücksichtigung stets besonderer Rechtfertigung bedarf,[128] können z.B. sein: Eine durch vorübergehende Arbeitslosigkeit bedingte oder sonstige Einkommensminderung, Beiträge zu privaten Kranken- oder Altersversorgungskassen, soweit diese sich in einem angemessenen Rahmen halten, ins Gewicht fallende Zinszahlungen, insbesondere im Zusammenhang mit Bauschulden 18

---

120 Vgl. aber OLG Düsseldorf JurBüro 1980, 410.
121 OLG Karlsruhe JurBüro 2003, 141.
122 OLG Dresden JurBüro 2003, 472; *Hartmann* § 48 Rn. 37, jeweils m.w.N.; so früher schon *Mümmler* JurBüro 1976, 4.
123 KG, JR 1962, 426.
124 So aber wohl die überwiegende Ansicht der Rspr. und des Schrifttums; vgl. etwa OLG Bamberg JurBüro 1979, 246; JurBüro 1976, 217 m. Anm. v. *Mümmler* und die Nachw. bei *Hartmann* § 43 FamGKG Rn. 26.
125 OLG Düsseldorf JurBüro 1972, 647.
126 Einschränkend insoweit OLG Köln JurBüro 1969, 1191.
127 So aber KG JurBüro 1969, 1191.
128 OLG Dresden JurBüro 2003, 142.

und/oder nicht unerhebliche Geldschulden,[129] erhöhte Werbungskosten i.S.d. Lohn/Einkommenssteuerrechts, wenn und soweit sie das Einkommen außergewöhnlich mindern.[130] Auch dann, wenn das Einkommen der Partner nicht ausreicht, um den Pflegeunterhalt für die Kinder zu bestreiten, ist das Kindergeld nicht dem Einkommen zuzurechnen, wenn und soweit von einem Abschlag bei der Wertberechnung abgesehen wird.[131] Bei der Ermittlung des Werts auf Grund besonderer Umstände ist abzustellen auf den Zeitraum des Jahres, in den die Instanz fällt. Überschneidungen lassen sich bei der Ausübung des Ermessens berücksichtigen. In Ehesachen sind die so ermittelten Umstände aber immer nur mit anzurechnen. Die Belastungen für die Rückführung freiwillig eingegangener Verbindlichkeiten für Kredite, mit denen die Parteien Vorteile erwerben, insbesondere im Bereich des Konsums, einer Baufinanzierung etc., mindern das Einkommen jedoch niemals.[132]

19 Es ist selbstverständlich, dass bei der Festsetzung des Wertes eine **Gesamtabwägung** stattzufinden hat und ein Bemessungsgesichtspunkt andere kompensieren kann. Im Rahmen des Ermessens kann z.B. der Höchststreitwert auch dann festgesetzt werden, wenn nicht alle Umstände des Einzelfalles den Durchschnitt im Höchstmaß überschreiten.[133] Die Bewilligung (ratenfreier) Verfahrenskostenhilfe als solche für eine oder beide Partner reicht für eine Herabsetzung des Streitwerts oder gar der Festsetzung des Mindestwertes von 3.000 € allein jedoch nicht aus.[134] Umgekehrt gilt, dass dann, wenn aufgrund aller Umstände nur ein sehr geringer Betrag anzusetzen wäre, der Mindestwert von 3.000 € nicht unterschritten werden darf (Abs. 1 S. 2). Gegenüber dem alten Recht, das einen Mindestwert nicht kannte, hat das FamGKG eine Anhebung des Gebührenniveaus gebracht.

20 Der Umstand, dass es sich bei der Scheidung um eine insgesamt gesehen „einfache Sache" handelt, rechtfertigt es aber niemals, den Streitwert allein deshalb geringer anzusetzen. Das wäre ein sachwidriger Gesichtspunkt, zumal Ehesachen als solche – auch wenn sie als sog. „Selbstgänger" erscheinen – in Umfang und Schwierigkeit durchweg gleichförmig sind.

§ 44
Verbund

(1) Die Scheidungssache und die Folgesachen gelten als ein Verfahren.

(2) Sind in § 137 Abs. 3 des Gesetzes über das Verfahren in Familiensachen und in den Angelegenheiten der freiwilligen Gerichtsbarkeit genannte Kindschaftssachen Folgesachen, erhöht sich der Verfahrenswert nach § 43 für jede Kindschaftssache um 20 Prozent, höchstens um jeweils 3.000 Euro; eine Kindschaftssache ist auch dann als ein Gegenstand zu bewerten, wenn sie mehrere Kinder betrifft. Die Werte der übrigen Folgesachen werden hinzugerechnet. § 33 Abs. 1 Satz 2 ist nicht anzuwenden.

---

129 OLG Schleswig JurBüro 1976, 1091 m. Anm. v. *Mümmler*.

130 OLG Zweibrücken JurBüro 1973, 453; OLG Bamberg JurBüro 1973, 982.

131 OLG Schleswig JurBüro 2007, 32.

132 OLG Schleswig Beschl. v. 28.5.2008 – 8 WF 64/06.

133 OLG Nürnberg AnwBl. 1970, 233.

134 BVerfG JurBüro 2009, 312 und JurBüro 2005, 653 (LS mit Volltextservice) = NJW 2005, 2980; OLG Schleswig FamRZ 2006, 52; OLG München FamRZ 2002, 683; OLG Dresden JurBüro 2003, 142; OLG Zweibrücken JurBüro 2004, 138 = RVG-Letter 2004, 20; OLG Nürnberg JurBüro 2006, 258 = MDR 2006, 597 m.w.N. der Rechtsprechung; *Hartmann* § 43 FamGKG, Rn. 22. Dazu auch *Enders* JurBüro 2009, 285.

(3) Ist der Betrag, um den sich der Verfahrenswert der Ehesache erhöht (Absatz 2), nach den besonderen Umständen des Einzelfalls unbillig, kann das Gericht einen höheren oder einen niedrigeren Betrag berücksichtigen.

Abs. 1: Im Verbundverfahren sind die Werte der einzelnen miteinander verbundenen Verfahren (Scheidungsverfahren [§ 121 Nr. 1 FamFG] und die Folgesachen [§ 137 Abs. 1, 3 FamFG]) grundsätzlich zu addieren. 1

Abs. 2 Satz 1: Für Kindschaftssachen (§ 151 Nr. 1 bis 3 FamFG) gilt nach Abs. 2 eine besondere Regelung. Danach ist deren Wert im Verbundverfahren von dem Wert der Scheidungssache (§ 43) abhängig und beträgt 20% des Werts der Scheidungssache, höchstens 3.000 €. Die Erhöhung gilt für jede im Verbundverfahren eingebundene **Kindschaftssache**, nicht aber für jedes Kind, um welches es in dem Verfahren geht. Ist mit einer Scheidungs- bzw. Aufhebungssache das Verfahren über die elterliche Sorge für zwei oder mehr Kinder verbunden, findet nur einmal eine Erhöhung des Wertes um 20 Prozent statt. Nur wenn noch weitere Kindschaftssachen mit verbunden sind (also ein Verfahren bezüglich des Umgangsrechts oder bezüglich der Kindesherausgabe), erhöht sich der Verfahrenswert entsprechend weiter, jedoch immer unabhängig von der Anzahl der von den Verfahren betroffenen Kinder. Dies soll insbesondere kinderreiche Familien davor bewahren, dass für sie das Scheidungsverfahren wegen der Kinder übermäßig verteuert wird. 2

Abs. 2 Satz 2: Die Werte der übrigen Folgesachen werden gemäß Abs. 2 Satz 2 – wie nach altem Recht – dem Wert der Ehesache hinzugerechnet. 3

Absatz 2 Satz 3 stellt klar, dass § 33 Abs. 1 Satz 2 in Folgesachen unanwendbar ist. In Verbundverfahren i.S.v. § 44 findet grundsätzlich keine Wertaddition statt, wenn ein nichtvermögensrechtlicher Anspruch mit einem aus ihm hergeleiteten vermögensrechtlichen Anspruch verbunden ist; in diesem Fall ist grundsätzlich nur ein Anspruch, und zwar der höhere, maßgebend. Im Verbundverfahren sollen die Werte der nichtvermögensrechtlichen und vermögensrechtlichen Verfahrensgegenstände jedoch zusammengerechnet werden. 4

Abs. 3 enthält ein Billigkeitskorrektiv. Danach kann ausnahmsweise die Berücksichtigung eine höheren oder eines niedrigeren Erhöhungsbetrages bestimmt werden, wenn der Erhöhungsbetrag des Abs. 2 nach den besonderen Umständen des Einzelfalls unbillig wäre. Der in Abs. 2 Satz 1 genannte Höchstbetrag von 3.000 € soll dann nicht gelten. Umgekehrt kann auch beim Vorliegen besonderer Umstände ein höherer Betrag als 3.000 € angebracht sein. Abs. 3 ist jedoch als Ausnahmetatbestand eng auszulegen (vgl. dazu oben, vor § 43 Rn. 1ff.). 5

Berechnungsbeispiele:[1] 6

Beispiel 1		Beispiel 2		Beispiel 3	
Ehesache	5.000 €	Ehesache	25.000 €	Ehesache	2.000 €
Versorgungs-Ausgleich (2 Ansprüche)	1.000 €	Versorgungs-Ausgleich (3 Ansprüche)	7.500 €	Versorgungs-Ausgleich (1 Anspruch, § 50 I 2)	1.000 €

1 In Anlehnung an *Otto/Klüsener/Killmann*, S. 93/94 unter Berücksichtigung der Neufassung des § 50.

Kindschaftssache		Kindschaftssache		Kindschaftssache	
a) Sorgerecht b) Umgangsrecht (a+b je 20% von 5.000 €)	1.000 € 1.000 €	(Sorgerecht) 20% von 25.000 €, jedoch max.	3.000 €	(Sorgerecht) 20% von 2.000 €	400 €
Verfahrenswert:	**5.000 €**	**Verfahrenswert:**	**35.500 €**	**Verfahrenswert:**	**3.400 €**

Vorbem. vor §§ 45–46

1 Die §§ 45 und 46 FamGKG sind zusammen zu betrachten. Im Verhältnis zu § 46 ist § 45 lex specialis.

2 § 45 erfasst von den in § 151 FamFG bezeichneten Sachen nur bestimmte Angelegenheiten, nämlich

- die elterliche Sorge § 151 Nr. 1 FamFG),
- das Umgangsrecht (§ 151 Nr. 2 FamFG),
- die Kindesherausgabe (§ 151 Nr. 3 FamFG) und
- die Kindespflegschaft (§ 151 Nr. 5 FamG, 1. Variante).

Alle weiteren Kindschaftssachen nach § 151 FamFG unterfallen kostenmäßig dem § 46.

3 Der Sinn der Unterteilung liegt darin, dass eine gegenüber dem früheren, bis zum 31.8.2009 geltenden Recht eine gerechtere Kostenbelastung wegen des Schwierigkeitsgrades und der Auswirkung der Regelungen erreicht werden soll.

4 **Kindschaftssachen** sind die dem Familiengericht zugewiesenen Verfahren, nämlich die

1. die elterliche Sorge,
2. das Umgangsrecht,
3. die Kindesherausgabe,
4. die Vormundschaft,
5. die Pflegschaft oder die gerichtliche Bestellung eines sonstigen Vertreters für einen Minderjährigen oder für eine Leibesfrucht,
6. die Genehmigung der freiheitsentziehenden Unterbringung eines Minderjährigen (§§ 1631b, 1800 und 1915 des Bürgerlichen Gesetzbuchs),
7. die Anordnung der freiheitsentziehenden Unterbringung eines Minderjährigen nach den Landesgesetzen über die Unterbringung psychisch Kranker oder
8. die Aufgaben nach dem Jugendgerichtsgesetz.

§ 45
Bestimmte Kindschaftssachen

(1) In einer Kindschaftssache, die

1. **die Übertragung oder Entziehung der elterlichen Sorge oder eines Teils der elterlichen Sorge,**
2. **das Umgangsrecht einschließlich der Umgangspflegschaft,**
3. **das Recht auf Auskunft über die persönlich Verhältnisse des Kindes oder**
4. **die Kindesherausgabe**

betrifft, beträgt der Verfahrenswert 3.000 Euro.

(2) Eine Kindschaftssache nach Absatz 1 ist auch dann als ein Gegenstand zu bewerten, wenn sie mehrere Kinder betrifft.

(3) Ist der nach Absatz 1 bestimmte Wert nach den besonderen Umständen des Einzelfalls unbillig, kann das Gericht einen höheren oder einen niedrigeren Wert festsetzen.

Abs. 1: Die Vorschrift sieht für Kindschaftssachen, die nicht im Verbund mit dem Scheidungsverfahren verhandelt werden, als Verfahrenswert grundsätzlich einen „relativen“[1] Festwert von 3.000 € vor.[2] Dazu zählt auch der Streit um Meinungsverschiedenheiten der Eltern (§ 1628 BGB),[3] das Auskunftsverlangen nach § 1686 BGB[4] und das Vermittlungsverfahren nach § 165 FamFG.[5] Für das Beschwerdeverfahren gegen die Ablehnung eines gerichtlichen Sachverständigen kommt aber nur ein Drittel des Wertes der Hauptsache in Betracht.[6] Unterschiedliche Teilbereiche der elterlichen Sorge – auch bei wechselseitigen Anträgen oder bei Haupt- und Hilfsbegehren – sind hier stets als ein einheitlicher Gegenstand zu behandeln.[7] In der Sache handelt es hier ausnahmslos um nichtvermögensrechtliche Angelegenheiten. Auch das Verfahren des nichtehelichen Vaters auf (teilweise) Übertragung der elterlichen Sorge nach dem Beschl. des BVerfG vom 21.7.2010[8] ist als Kindschaftssache kostenpflichtig.[9] 1

Abs. 2 stellt entsprechend § 44 Abs. 2 FamGKG klar, dass der Verfahrenswert bei einer **Mehrheit von Kindern** auch dann 3.000 € beträgt, wenn sich die Kindschaftssache auf mehr als ein Kind bezieht. 2

Abs. 3 entspricht der **Billigkeitsregelung** des § 44 Abs. 4 FamGKG. Auch hier soll **ausnahmsweise** die Festsetzung eines höheren oder eines niedrigeren Verfahrenswerts als 3.000 € für das Hauptsacheverfahren möglich sein. Das kommt nur in Betracht, wenn der Verfahrenswert von 3.000 € nach den besonderen Umständen des Einzelfalls unbillig wäre; also nur, wenn der Arbeitsaufwand für das Gericht und den Verfahrensbevollmächtigten erheblich von einer Durchschnittsache abweicht.[10] Das soll im Beschwerdeverfahren entgegen der Bestimmung des § 44 Abs. 2 auch gelten, wenn bei gleichem Verfahrensgegenstand die für § 45 Abs. 3 maßgebenden Bewertungsfaktoren nur im Beschwerdeverfahren erheblich geworden sind.[11] Der Verfahrensbevollmächtigte muss allerdings seinen überdurchschnittlichen Arbeitsaufwand dartun, soweit ein solcher Mehraufwand – verglichen mit dem des Gerichts – für das Gericht nicht eindeutig erkennbar ist. Eine Anhebung wird aber in Relation zum Festwert von 3.000 € regelmäßig nur bis zu einem Wert von 4.000–5.000 € angemessen sein.[12] 3

So reicht es für eine **Heraufsetzung allein nicht** aus, wenn 4

– vom Verfahren zwei Kinder betroffen sind,[13]

1 OLG Celle FamRZ 2012, 1748, 1749, m.w.N.

2 OLG Celle JurBüro 2012, 426 = FamRZ 2012, 1746; OLG Celle FamRZ 2012, 17, 47; OLG Celle FamRZ 2012, 1748 m. zust. Anm. von *van Els*.

3 OLG Brandenburg JurBüro 2015, 251.

4 OLG Hamm MDR 2013, 1285.

5 OLG Karlsruhe FamRZ 2013, 722.

6 KG JurBüro 2014, 481.

7 OLG Bamberg, JurBüro 2017, 129; OLG Schleswig FamRZ 2014, 237 = JurionRS 2013, 39725; OLG Celle JurBüro 2012, 426, 427.

8 FamRZ 201, 1403.

9 KG FamRZ 2010, 1154.

10 OLG Brandenburg JurBüro 2015, 251, KG JurBüro 2014, 479 = JurionRS 2014, 18591; KG FamRZ 2013, 723; OLG Celle JurBüro 2012, 249; OLG Celle JurBüro 2011, 257 = FamRZ 2011, 993 (LS) und FamRZ 2012, 1748 m. zust. Anm. von *van Els*.

11 OLG Dresden, JurBüro 2016, 424.

12 KG JurBüro 2014, 479 = JurionRS 2014, 18591.

13 KG, Beschl. v. 25.9.2012 – 17 WF 268/12 – = RVG-professionell 2013, 93 (mit Chekliste in der Anm.).

- ein Zwischenstreit über die Ablehnung eines gerichtlich bestellten Sachverständigen zu führen war,[14]
- ein Verfahrensbeistand (§ 158 FamFG) bestellt wurde.[15]
- nur Einzelaspekte der elterlichen Sorge oder des Umgangsrechts wie z.B. eine Übernachtungsregelung, die Änderung einer bereits bestehenden Umgangsregelung oder allein die Vermögenssorge betroffen ist.[16]

4a Eine **Anhebung** kann geboten sein, wenn das Verfahren besonders umfangreich und schwierig ist. So z.B.

- bei Einholung eines notwendigen Sachverständigengutachtens in einem Sorgerechtsverfahren mit Anhörung der Beteiligten in mehr als einem Termin.[17]
- Erheblicher Mehraufwand des Gerichts, weil die persönlichen Verhältnisse mehrerer Kinder erheblich voneinander abweichen und diese zudem auf unterschiedliche Pflegestellen oder Heimen verteilt sind.[18]

5 Eine **Herabsetzung** kann danach angebracht sein,

- wenn die Beteiligten nur über ein geringes Einkommen verfügen und das Verfahren sich einfach gestaltet (vgl. dazu oben, vor § 43 Rn. 1ff.),
- wenn sich die Beteiligten über einen Übertragung der elterlichen Sorge einig sind und keine persönliche Anhörung der Verfahrensbeteiligten durch das FamG erfolgte.[19]
- wenn nur ein begrenzter Teilbereich der elterlichen Sorge (z.B. Vermögenssorge über einen überschaubaren Zeitraum von 11 Monaten) verfahrensgegenständlich ist.[20]

§ 46
Übrige Kindschaftssachen

(1) Wenn Gegenstand einer Kindschaftssache eine vermögensrechtliche Angelegenheit ist, gelten § 38 des Gerichts- und Notarkostengesetzes und die für die Beurkundung geltenden besonderen Geschäftswert- und Bewertungsvorschriften des Gerichts- und Notarkostengesetzes entsprechend.

(2) Bei Pflegschaften für einzelne Rechtshandlungen bestimmt sich der Verfahrenswert nach dem Wert des Gegenstandes auf den sich die Rechtshandlung bezieht. Bezieht sich die Pflegschaft auf eine gegenwärtige oder künftige Mitberechtigung, ermäßigt sich der Wert auf den Bruchteil, der dem Anteil der Mitberechtigung entspricht. Bei Gesamthandsverhältnissen ist der Anteil entsprechend der Beteiligung an dem Gesamthandvermögen zu bemessen.

(3) Der Wert beträgt in jedem Fall höchstens 500.000 Euro.

1 **Allgemeines:** § 46 FamGKG bestimmt den Wert für alle Kindschaftssachen, die nicht dem § 45 unterfallen.

---

14 KG JurBüro 2014, 479 = JurionRS 2014, 18591.
15 KG JurBüro 2014, 479 = JurionRS 2014, 18591.
16 Vgl. bei NK-GK/*H. Schneider* § 45 Rn. 19 m.w.N.
17 OLG Celle JurBüro 2011, 257 = FamRZ 2011, 993 (LS); OLG Celle FamRZ 2012, 1747; OLG Hamm FUR 2011, 72.
18 *Keske* in Schulte/Bunert/Weinreich, § 45 FamGKG Rn. 7.
19 OLG Schleswig FamRZ 2012, 241 (LS).
20 Brandenburgisches OLG JurBüro 2012, 589 = FamRZ 2013, 724.

Abs. 1: In Kindschaftssachen vermögensrechtlicher Art sind häufig Gegenstände oder Rechte zu bewerten. Hierfür gelten die in Abs. 1 durch Pauschalbezug genannten umfangreichen Bewertungsvorschriften. 2

Abs. 2 betrifft nur **Einzelpflegschaften**, also Pflegschaften für einzelne auf einen bestimmten Gegenstand bezogene Rechtshandlungen. Das bedeutet, dass Verbindlichkeiten bei der Wertermittlung von Sachen unberücksichtigt zu bleiben haben (§ 38 GNotKG)und im Übrigen die Bestimmungen des Abschnitts 4, Unterabschnitte 2 und 3 (§§ 97–113) GNotKG entsprechend anzuwenden sind. 3

Abs. 3: Die Wertobergrenze gilt für alle Fälle des Abs. 1 und 2. 4

§ 47
Abstammungssachen

(1) In Abstammungssachen nach § 169 Nr. 1 und 4 des Gesetzes über das Verfahren in Familiensachen und in den Angelegenheiten der freiwilligen Gerichtsbarkeit beträgt der Verfahrenswert 2.000 Euro, in den übrigen Abstammungssachen 1.000 Euro.

(2) Ist der nach Absatz 1 bestimmte Wert nach den besonderen Umständen des Einzelfalls unbillig, kann das Gericht einen höheren oder einen niedrigeren Wert festsetzen.

Allgemeines: Die Bestimmung betrifft sämtliche Abstammungssachen nach §§ 169 ff. FamFG, mithin nicht nur Kindschaftssachen, sondern Verfahren, auf Feststellung des Bestehens oder Nichtbestehens eines Eltern-Kind-Verhältnisses, insbesondere der Wirksamkeit oder Unwirksamkeit einer Anerkennung der Vaterschaft, auf Ersetzung der Einwilligung in eine genetische Abstammungsuntersuchung und Anordnung der Duldung einer Probeentnahme, auf Einsicht in ein Abstammungsgutachten oder Aushändigung einer Abschrift und auf Anfechtung der Vaterschaft. 1

Abs. 1 (Regelwerte): In den Fällen des § 169 Nr. 1 und 4 FamFG beträgt der Regelwert wie auch nach altem Recht 2.000 €. Es sind dies die Verfahren wegen der Feststellung des Bestehens oder Nichtbestehens eines Eltern-Kind-Verhältnisses und der Anfechtung der Vaterschaft. In den Fällen des § 169 Nr. 2 und 3 FamFG beträgt der Regelwert 1.000 €. Hierbei handelt es sich um Verfahren Ersetzung der Einwilligung in eine genetische Abstammungsuntersuchung und die Anordnung einer Probeentnahme sowie um die Einsichtnahme in ein Abstammungsgutachten oder um die Aushändigung einer Abschrift von einem solchen Gutachten. Mit den Regelwerten nach Abs. 1 ist die allgemeine Bedeutung von Abstammungssachen für sog. „Normalfälle" grundsätzlich abschließend bewertet. Eine Änderung des Wertes nach oben oder nach unten ist nach Abs. 2 aber ausnahmsweise zulässig. 2

Maßgebend für die Festsetzung des Streitwertes in Abstammungssachen ist der **Zeitpunkt der Einreichung des das Verfahren einleitenden Antrags.** Wenn sich im Laufe des Verfahrens die für die Bemessung bedeutenden Umstände erheblich ändern, kommt eine Streitwertänderung nach § 55 nicht in Betracht. 3

Wenn eine Abstammungssache **mehrere Kinder** betrifft, liegen auch mehrere Ansprüche vor mit der Folge, dass die Regelwerte zusammenzurechnen sind, selbst wenn es sich um Zwillinge handelt, deren Vaterschaft angefochten wird.[1] 4

1 OLG Köln JurBüro 2005, 542; OLG Hamm RPfleger 1965, 379; KG RPfleger 1965, 280; AG Saarbrücken FamRZ 1993, 827 (L); *Hartmann* § 47 FamGKG, Rn. 2.

5 **Abs. 2 (Abweichen vom Regelwert)** entspricht der Regelung des § 44 Abs. 3. Die Festsetzung eines höheren oder niedrigeren Verfahrenswerts soll in Ausnahmefällen verhindern, dass es zu unvertretbar hohen oder zu unangemessen niedrigen Kosten kommt. Denkbar ist die Anwendung des Abs. 2 (Erhöhung) etwa dann, wenn die Feststellung der Abstammung für das Kind wegen der weit überdurchschnittlichen Einkommens- und Vermögensverhältnisse des Antragsgegners von besonderem Interesse ist. Ein besonderer Umfang des Verfahrens kann auch vorliegen, wenn der Kindschaftssache eine besondere Bedeutung, z.B. erbrechtlicher oder gesellschaftlicher Art, zukommt. Selbst dann, wenn sich die Abstammungssache in tatsächlicher oder rechtlicher Hinsicht als besonders schwierig erweist, was etwa durch die Einholung mehrerer Gutachten oder die Prüfung und/oder Anwendung ausländischen Rechts indiziert sein kann, ist keine Anhebung des Regelwertes zwingend. Vgl. dazu oben, vor § 43 Rn. 1ff.

§ 48
Ehewohnungs- und Haushaltssachen

(1) In Ehewohnungssachen nach § 200 Abs. 1 Nr. 1 des Gesetzes über das Verfahren in Familiensachen und in den Angelegenheiten der freiwilligen Gerichtsbarkeit beträgt der Verfahrenswert 3.000 Euro, in Ehewohnungssachen nach § 200 Abs. 1 Nr. 2 des Gesetzes über das Verfahren in Familiensachen und in den Angelegenheiten der freiwilligen Gerichtsbarkeit 4.000 Euro.

(2) In Haushaltssachen nach § 200 Abs. 2 Nr. 1 des Gesetzes über das Verfahren in Familiensachen und in den Angelegenheiten der freiwilligen Gerichtsbarkeit beträgt der Wert 2.000 Euro, in Haushaltssachen nach § 200 Abs. 2 Nr. 2 des Gesetzes über das Verfahren in Familiensachen und in den Angelegenheiten der freiwilligen Gerichtsbarkeit beträgt der Wert 3.000 Euro.

(3) Ist der nach den Absätzen 1 und 2 bestimmte Wert nach den besonderen Umständen des Einzelfalls unbillig, kann das Gericht einen höheren oder einen niedrigeren Wert festsetzen.

1 **Allgemeines:** Für Wohnungszuweisungs- und Hausratssachen hat das FamGKG in Abs. 1 und 2 Festwerte eingeführt.[1] Dies bot sich schon wegen der Vergleichbarkeit der Fälle an und dient zudem der Arbeitserleichterung für die Gerichte. Allerdings handelt es sich auch hier – wie Abs. 3 ausweist – nicht um absolute Festwerte, sondern um Regelfestwerte, die je nach der Art des Verfahrens gem. §§ 200ff. FamFG verschieden sind. So ist bei der Bemessung des Wertes einer Wohnungszuweisung neben dem Umfang und der Bedeutung der Sache die Höhe des Nutzungswertes der Wohnung zu berücksichtigen und ggf. nach Abs. 3 zu verfahren.[2]

2 **Abs. 1**[3] unterscheidet zwischen dem Verfahrenswert für Ehewohnungssachen/Lebenspartnerschaftswohnungssachen (§ 14 LPartG) nach § 200 Abs. 1 Nr. 1 FamFG einerseits und für Verfahren nach § 200 Abs. 1 Nr. 2 andererseits. In der ersten Alternative, welche die Fälle des § 1361b BGB betrifft, in denen in der Regel nur die Zuweisung der Wohnung bei Getrenntleben zu regeln ist, beträgt der Wert wegen des nur vorläufigen Charakters der Entscheidung 3.000 €. Die 2. Alternative betrifft die Fälle des § 1586a BGB. Wegen der endgültigen Regelung ist ein auf 4.000 € erhöhter Wert geboten. Das

1 Dazu auch *Klüsener* JurBüro 2016, 57, 58.
2 OLG Brandenburg FamRZ 2011, 755.
3 Dazu auch *Klüsener* JurBüro 2016, 57, 58.

gilt auch für Ansprüche auf Nutzungsentschädigung nach § 1361b Abs. 3 Satz 2 BGB,[4] welche Vorschrift lex specialis zu § 745 Abs. 2 BGB ist.[5] Das bedeutet, dass dann, wenn die Ehewohnung im Miteigentum der Ehegatten steht, die Zuweisung des Nutzungsrechts nach § 1361b nur eine Neuregelung der Nutzung und Verwaltung i.S. von § 745 Abs. 2 BGB darstellt.[6] Streitig ist die Bewertung, wenn der Streit um die Nutzungsentschädigung auch einen Zeitraum nach rechtskräftig gewordener Scheidung umfasst,[7] weil sich nach rechtskräftiger Scheidung der Anspruch aus § 745 Abs. 2 BGB ergibt, so dass der Wert für den Zeitraum ab der Rechtskraft der Scheidung nach § 9 ZPO zu bemessen sei.[8] In der neueren Rechtsprechung wird jedoch überzeugend die Ansicht vertreten, dass es auch in solchen Fällen kraft Sachzusammenhangs bei der Anwendung des § 48 Abs. 1, Abs. 3 verbleiben muss.[9] Hiervon zu unterscheiden ist aber der Fall in dem die Ehegatten oder Lebenspartner bei Getrenntleben außergerichtlich eine Vereinbarung über die Nutzung gegen Entgeltzahlung treffen. In solchen Fällen liegt regelmäßig ein Miet-/Nutzungsvertrag vor, der im Streitfall von den ordentlichen Gericht zu entscheiden und nach § 41 GKG zu bewerten ist.[10] Unter Abs. 1 fallen auch die korrespondierenden **Abänderungssachen**, die aber als eigenständiges Verfahren mit einem selbständigen Wert zu bemessen sind (§§ 31 Abs. 2, 29 FamGKG),[11] nicht aber Ansprüche aus **verbotener Eigenmacht** (§ 861 BGB) im Zusammenhang mit der Nutzung Ehewohnung (z.B. Wiedereinräumung des Mitbesitzes nach Aussperrung). Diese sind nach § 42 FamGKG zu bewerten.[12]

Abs. 2: betrifft die Bewertung der Haushaltssachen nach § 200 Abs. 2 FamFG. Auch hier wird unterschieden zwischen der vorläufigen Regelung nach § 200 Abs. 2 Nr. 1 FamFG und der endgültige Regelung nach § 200 Abs. 2 Nr. 2 FamFG. anderseits unterschieden. Die erste Alternative betrifft die Entscheidungen nach § 1361a BGB (Hausratsteilung bei Getrenntleben). Wegen der Vorläufigkeit der Regelung beträgt der Regelwert hier ebenfalls 2.000. Die zweite Alternative betrifft die Fälle des § 1568b BGB (Regelung der Verhältnisse des gemeinsamen Eigentums beider Ehegatten, Klärung des Alleineigentums eines Ehegatten und Regelung der Gläubigerrechte). Hier beträgt der Regelwert 3.000 €. 3

Abs. 3 ermöglicht ausnahmsweise die Festsetzung eines höheren oder niedrigeren Verfahrenswertes. Es soll verhindert werden, dass es im Einzelfall zu unvertretbar hohen oder zu unangemessen niedrigen Kosten kommt. So kann es bei besonders teuren Wohnungen,[13] wegen eines besonderen Verfahrensumfangs, konkret aufgeworfener tatsächlich oder rechtlicher Schwierigkeiten, wegen der besonderen Bedeutung für die Beteiligten oder bei guten wirtschaftlichen Verhältnissen der Parteien[14] angemessen sein, den Wert entsprechend höher festzusetzen. Allein die Höhe einer Ausgleichzahlung rechtfertigt eine Werterhöhung aber nicht.[15] Streiten die Beteiligten hingegen z.B. über einzelne, nur für die Betroffenen wichtige, aber sonst wertlose Hausratsgegenstände, kann es er- 4

4 OLG Bamberg FamRZ 2011, 1424.
5 *Chr. Berger* in Jauernig u.a. § 1361 Rn. 9.
6 *Weinreich* in Prütting/Wegen/Weinreich BGB § 1361b Rn. 30.
7 Vgl. dazu RVG-professionell 2013, 55.
8 OLG Hamm FamRZ 2008, 1208.
9 OLG Hamm, Beschl. v. 8.1.2013 – 6 UF 96/12 = Openjur 2013, 3870 = FamRZ 2013, 1421, m.w.N.
10 OLG Köln FamRZ 2001, 239; Dorndörfer in Binz u.a. § 41 GKG Rn. 4.
11 NK-GK/*H. Schneider* § 48 FamGKG Rn. 8.
12 NK-GK/*H. Schneider* § 48 FamGKG Rn. 9.
13 OLG Köln RVGreport 2014 122 = JurionRS 2014, 49479 = RVG-professionell 2014, 91.
14 OLG Celle, JurBüro 2014, 304 = JurionRS 2014, 11012.
15 OLG Celle, JurBüro 2014, 304 = MDR 2014, 220 = JurionRS 2014, 11012.

forderlich sein, den Verfahrenswert niedriger festzusetzen. Vgl. dazu oben, vor § 43 Rn. 1ff.

§ 49
Gewaltschutzsachen

(1) In Gewaltschutzsachen nach § 1 des Gewaltschutzgesetzes und in Verfahren nach dem EU-Gewaltschutzverfahrensgesetz beträgt der Verfahrenswert 2.000 Euro, in Gewaltschutzsachen nach § 2 des Gewaltschutzgesetzes 3.000 Euro.

(2) Ist der nach Absatz 1 bestimmte Wert nach den besonderen Umständen des Einzelfalls unbillig, kann das Gericht einen höheren oder einen niedrigeren Wert festsetzen.

1 **Allgemeines:** Die Wertvorschrift für Gewaltschutzsachen (§ 210 FamFG) entspricht strukturell der Regelung in § 48 FamGKG. Gerichtsgebühren fallen stets an, wenn und soweit Gerichte in Anspruch genommen werden, also auch, wenn einstweilige Anordnungen nach GewSchG getroffen werden. Letzteres wird indessen in praxi kaum vorkommen. Wenn und soweit die Polizei- oder Ordnungsbehörden Maßnahmen nach dem GewSchG anordnen, handelt es sich – solange dagegen noch nicht gerichtlich vorgegangen wird – um Maßnahmen der Verwaltungsbehörden, die jedenfalls keine Kosten nach dem FamGKG auslösen können.

2 **Festwerte:** Anders als nach altem Recht bestimmt das FamGKG für sog. „Normalfälle" Richtwerte, die jedoch nach Abs. 2 im Einzelfall unter- oder überschritten werden können. Die Rechtsprechung zum alten Recht[1] ist damit überholt. Sie kann aber bei Anwendung des Abs. 2 als Auslegungshilfe herangezogen werden.

3 **Abs. 1 (1. Variante):** Hier geht es um gerichtliche Maßnahmen zum Schutz vor Gewalt und Nachstellungen (§ 1 GewSchG). Für das gesamte gerichtliche Verfahren wird hier ein Festwert von 2.000 € angesetzt. Wenn das Gericht in der Sache innerhalb eines noch nicht abgeschlossenen Verfahrens weitere Maßnahmen trifft oder die ursprünglich gesetzte Frist verlängert, handelt es sich um das gleiche Verfahren, so dass neue Kosten nicht anfallen.

4 Hier ist der gleiche Regelwert (3.000 €) wie in Wohnungszuweisungssachen nach § 1361b BGB maßgebend. Denn diese Sachen haben eine größere Bedeutung wie die nach § 1 GewSchG.

5 **Abs. 2** entspricht in der Sache der Bestimmung des § 48 Abs. 3 FamGKG. Besondere Umstände, die ausnahmsweise[2] einen höheren als den Richtwert rechtfertigen, können z.B. gegeben sein, wenn erhebliche Gewalttätigkeiten, hartnäckiges Nachstellen (sog. „Stalking") oder „Terror" unter Verwendung Fernkommunikationsmitteln (Telefon; SMS etc.) Grund der Anordnung der Maßnahme(n) sind, völliger Uneinsichtigkeit eines Partners, in Wiederholungsfallen oder wenn Kinder betroffen sind. Vgl. auch oben, vor § 43 Rn. 1ff.

6 Wenn eine Gewaltschutzsache als **einstweilige Anordnung** (§ 214 FamFG) anhängig ist, richtet sich der Wert nach § 41. In der Regel wird man wegen der geringeren Bedeutung des Eilverfahrens gegenüber der Hauptsache hier die Hälfte der Festwerte

---

1 OLG Koblenz JurBüro 2005, 427; OLG Dresden JurBüro 2003, 472; LG Flensburg NJW-RR 2004, 1509.

2 *Klüsener* JurBüro 2016, 57, 58.

des Abs. 1 nehmen.[3] Allerdings kann auch ein höherer Betrag angebracht sein (Abs. 2). Treffen die Beteiligten im einstweiligen Anordnungsverfahren eine endgültige Vereinbarung, ist als **Vergleichswert** der Wert des Hauptsacheverfahrens anzusetzen.[4]

§ 50
Versorgungsausgleichssachen

(1) In Versorgungsausgleichssachen beträgt der Verfahrenswert für jedes Anrecht 10 Prozent, bei Ausgleichansprüchen nach der Scheidung für jedes Anrecht 20 Prozent des in drei Monaten erzielten Nettoeinkommens der Ehegatten. Der Wert nach Satz 1 beträgt insgesamt mindestens 1.000 Euro.

(2) Im Verfahren über einen Auskunftsanspruch oder über die Abtretung von Versorgungsausgleichsansprüchen beträgt der Verfahrenswert 500 Euro.

(3) Ist der nach den Absätzen 1 und 2 bestimmte Wert nach den besonderen Umständen des Einzelfalls unbillig, kann das Gericht einen höheren oder niedrigeren Wert festsetzen.

Geltungsbereich: § 50 ist auch anzuwenden für Versorgungsausgleichssachen zwischen Lebenspartnern (§ 5 Nr. 3 i.V.m. § 269 Nr. 7 FamFG). Die Vorschrift gilt gemäß der Übergangsregelung des Art. 111 FGG-RG nicht nur für die nach dem 1.9.2009 eingeleiteten Verfahren, sondern auch dann, wenn Altverfahren 1

- am 1.9.2009 ausgesetzt wurden oder ruhten (Art. 111 Abs. 3 FGG-RG),
- vom Verbund abgetrennt sind oder nach diesem Zeitpunkt abgetrennt werden (Art. 111 Abs. 4 FGG-RG),
- bis zum 31.8.2009 nicht durch Entscheidung abgeschlossen wurden (Art. 111 Abs. 4 FGG-RG).

Inhalt: Die den Versorgungsausgleich regelnde Verfahren sind Verfahren nach § 217 FamFG, mithin Verfahren zwischen Ehegatten im Sinne des § 1587 BGB i.V.m. dem VersAusglG. Die in Versorgungsausgleichssachen maßgebliche Wertvorschrift des FamGKG ist durch Art. 13 des VAStrRefG (BGBl. I 2009, 700, 721) völlig neu geregelt worden.[1] Um dem konkreten Aufwand der Gerichte im Versorgungsausgleich besser Rechnung zu tragen, sind die Verfahrenswerte gegenüber dem früheren Recht erhöht worden. Zudem spielen in immer stärkerem Maße neben Anrechten aus den Regelsicherungssystemen auch betriebliche und private Versorgungen eine Rolle. Der reformierte Versorgungsausgleich teilt jeden Versorgungsanspruch, den ein Ehepartner während der Ehezeit erworben hat, im jeweiligen Versorgungssystem zwischen beiden Eheleuten. Auch Anrechte aus berufsständigen Versorgungswerken, aus der Beamtenversorgung des Bundes und aus der betrieblichen und privaten Vorsorge sind jetzt in dieses System einbezogen, wenn und soweit die Leistungen einem Versorgungszweck dienen und die Leistungspflicht nach dem Inhalt der Zusage durch ein im Gesetz genanntes biologisches Ereignis (Alter, Invalidität oder Tod) ausgelöst werden.[2] Letzteres ist z.B. bei Deputaten regelmä- 2

3 BT-Ds. 16/6308; *Keske* in Schulte-Bunert/Weinreich § 49 Rn. 6; *Keske*, Das neue Familienrecht § 49 Rn. 6.
4 OLG Schleswig FamRZ 2011, 1424.

1 Dazu auch *Campel* NJW-Spezial 2011, 388.
2 BGH MDR 2013, 580.

ßig nicht der Fall.[3] Keine Anrechte in diesem Sinne sind aber solche aus Kapitallebensversicherungen.[4] Nach dem reformierten Recht hat sich die Anzahl der auszugleichenden Anrechte also erheblich erhöht. Das hat zwangsläufig eine Zunahme des Arbeitsaufwands des Familiengerichts zur Folge. Durch das neue Teilungsprinzip (Grundsatz der Teilung jedes Anrechts), wonach West- und Ostanwartschaften als gesonderte Anrechte zu bewerten sind,[5] tritt zusätzlich die Bedeutung des einzelnen Anrechts in den Vordergrund. Im Allgemeinen sind die erworbenen Anrechte abhängig von den Beiträgen der Eheleute zu den Versorgungssystemen und damit mittelbar von ihrem Erwerbseinkommen bestimmt. Es ist deshalb durchaus sachgerecht, den Verfahrenswert in Versorgungsausgleichssachen ähnlich wie in Ehesachen (§ 43 FamGKG) an den Einkünften der Ehegatten zu orientieren.[6] Einkünfte in diesem Sinne sind neben allen Transfereinnahmen auch sämtliche weitere Einnahmen, über die ein Privathaushalt verfügt, also auch Miete/Pachteinnahmen, Einkünfte aus Kapitalanlagen etc. Eine andere Bezugsgröße wäre mit dem Willen des Gesetzgebers unvereinbar.[7] Abweichend von § 43 FamGKG sind im Rahmen des § 50 aber bei den Einkünften keine Abzüge für unterhaltsberechtigte Kinder vorzunehmen.[8]

3 **Antragserfordernis:** § 50 ist aber nur einschlägig, wenn die **Parteien ausdrücklich einen Antrag** stellen. Erklären sie in der mündlichen Verhandlung, keinen Antrag stellen zu wollen oder einen solchen durch Vereinbarung ausgeschlossen zu haben, wird der Versorgungsausgleich dadurch nicht zu einem verfahrenswertrelevanten Gegenstand.[9] Davon zu unterscheiden sind aber die Fälle, in denen nach **§ 224 Abs. 3 FamFG** in der Beschlussformel festgestellt wird, dass ein Versorgungsausgleich nicht stattfindet.[10] In diesen Fällen ergeht eine inhaltliche Regelung über den Versorgungsausgleich, so dass eine **Festsetzung des Verfahrenswertes** grundsätzlich **geboten** ist.[11]

4 **Wertermittlung:** Absatz 1 Satz 1, 1. Alt betrifft den Verfahrenswert bei Ausgleichansprüchen, die **im Zusammenhang** mit dem Scheidungsverfahrens geregelt werden (Abschnitt 2, §§ 9ff. VersAusglG). Als **lex specialis zu § 42** zählen dazu auch die **Anpassungsverfahren** wegen Unterhalts nach §§ 22, 34 VersAusglG[12] und die **Abänderungsverfahren** nach §§ 51, 52 VersAusglG.[13] Abs. 1 Satz 1, 2. Alt. betrifft die Verfahren, die **nach** der Scheidung Gegenstand des Verfahrens sind (Abschnitt 3, §§ 20ff. VersAusglG). Die Begrenzung des Wertes auf 10% bzw. 20% des Nettoeinkommens ist aus verfassungsrechtlicher Sicht nicht zu beanstanden. Insbesondere wird dadurch die Berufsfreiheit der Rechtsanwaltschaft wegen des im Vergleich zum alten Recht geringeren Gebührenaufkommens nicht beeinträchtigt.[14] Einzubeziehen in die Wertermittlung sind

---

3 BGH MDR 2013, 580 (Stromdeputat).

4 OLG Bamberg, JurBüro 2017, 86.

5 OLG Stuttgart AGS 2010, 399; OLG Jena AGS 2010, 352; *Trenkle* in Oe/He/Tre § 50 Rn. 8; *Thiel/N. Schneider* FamFR 2010, 409.

6 BT-Ds. 343/08 S. 261.

7 So zutreffend *Thiel/N. Schneider* FamFR 2010, 409.

8 OLG Koblenz JurBüro 2011, 305 m.N.

9 OLG Frankfurt/Main FamRZ 2010, 2097. **A.M.** OLG Düsseldorf FamRZ 2010, 2101; OLG Celle FamRZ 2010, 2103.

10 OLG Köln JurBüro 2013, 194 = FamRZ 2013, 1160 = Openjur 2013, 2137 m.w.N.

11 OLG Düsseldorf JurBüro 2011, 259; OLG Karlsruhe JurBüro 2011, 37 und MDR 2010, 1021; OLG Düsseldorf FuR 2010, 515; AG Berlin-Schöneberg JurBüro 2011, 90; *Borth* FamRZ 2009, 562; *Thiel/N.Schneider* FamFR 2010, 409.

12 OLG Saarbrücken FamRZ 2013, 724 (LS). Dazu auch *Klüsener* JurBüro 2016, 113.

13 OLG Hamm MDR 2013, 1465; OLG Bremen JurBüro 2012, 588; OLG Schleswig, Beschl. v. 19.6.2013 – 15 WF 200/13 – (2. Alt.).

14 OLG Zweibrücken FamRZ 2011, 993.

sämtliche Anrechte, die Gegenstand des Verfahrens sind, die mithin im Verfahren behandelt wurden,[15] auch wenn sie im Ergebnis nicht auszugleichen sind.[16] Der Verfahrenswert ändert sich auch, wenn ein Verfahren zum Wertausgleich abgetrennt und die Voraussetzung zum Wertausgleich nach der Scheidung gem. §§ 20ff. VersAusglG nicht vorliegen.[17]

Im ersten Fall (Regelung während der Scheidung): Gemeint sind die Versorgungsausgleichssachen i.S.v. KV-FamGKG Nr. 1110ff. Hier beträgt der Verfahrenswert – auch für ein wieder aufgenommenes Verfahren[18] oder nach Abtrennung als selbständig weitergeführtes Verfahren[19] – für jedes auszugleichende Anrecht 10% des in drei Monaten erzielten Nettoeinkommens der Ehegatten zum Zeitpunkt der erstmaligen Antragstellung.[20] Insoweit gilt grundsätzlich das oben in § 43, Rn. 12–16 Gesagte auch hier. Auch hier gilt, dass individuelle Zu- und Abschläge (wenn und soweit solche im Rahmen des § 43 überhaupt zu beachten sind) nicht zu berücksichtigen sind.[21] Das gilt grundsätzlich auch für Kindergeld.[22] Es wäre sinnwidrig, wenn für den Versorgungsausgleich abweichende Berechnungsgrundlagen angewandt werden sollten. 5

Die **Vermögensverhältnisse** der Ehegatten bleiben – anders als bei § 43 – außer Betracht.[23] Der Wortlaut des Gesetzes ist eindeutig und nicht auslegungsfähig. Die ausschließliche Orientierung am Nettoeinkommen macht auch Sinn, weil der Versorgungsausgleich nur auf das Alterseinkommen der Partner abzielt. Im zweiten Fall (Regelung nach der Scheidung) beträgt der Wert 20% des Nettoeinkommens. Die unterschiedliche Bewertung ist gerechtfertigt, weil die Geltendmachung von Ausgleichansprüchen nach der Scheidung regelmäßig mit einem höheren Aufwand verbunden ist, weil oft komplexe, zeitlich weit zurückliegende Sachverhalte erneut aufgerollt werden müssen. 6

Im Allgemeinen sind mit einer Erwerbstätigkeit und mit höheren Einkünften höhere Anrechte in den Versorgungssystemen verbunden. Das Erwerbseinkommen der Ehegatten ist als Bewertungsgrundlage auch aus praktischen Gründen gegenüber einer alternativ denkbaren Anknüpfung an die Kapitalwerte der auszugleichenden Anrechte vorzuziehen. Der Gleichklang zur Bewertungsvorschrift in § 43 FamGKG hat zur Folge, dass der Aufwand für die Wertfestsetzung im Versorgungsausgleich begrenzt wird. 7

Die Bewertung ist für jedes Anrecht, das Gegenstand des Verfahrens ist, vorzunehmen, und zwar auch dann, wenn es im Ergebnis nicht zu einem Ausgleich im Wege einer internen oder externen Teilung des Anrechts kommt.[24] 8

Beispiel: Die Eheleute haben ein zu berücksichtigendes Nettoeinkommen in Höhe von 5.000 €. Sie sind beide berufstätig und in der gesetzlichen Rentenversicherung pflichtversichert. Außerdem hat

15 OLG München FamRZ 2012, 1973 m.w.N.
16 OLG Bamberg, JurBüro 2016, 95; OLG Zweibrücken FamRZ 2012, 242; OLG Stuttgart FamRZ 2011, 994 = NJW 2011, 540; OLG Schleswig, FamRZ 2011, 133. Vgl. auch BT-Ds. 16/11903 S. 126.
17 OLG Hamm FamRZ 2011, 995.
18 OLG Brandenburg JurBüro 2012, 588; OLG Thüringen FamRZ 2010, 2099.
19 OLG Frankfurt/Main JurBüro 2013, 249; OLG Brandenburg JurBüro 2012, 588; *Thiel/N. Schneider* FamFR 2010, 409.
20 OLG Rostock JurBüro 2012, 248. **A.A.** OLG Naumburg FamRZ 2014, 238 = JurionRS 2013, 43173 (aktuelle Einkommensverhältnisse bei Wiederaufnahme).
21 OLG Brandenburg JurBüro 2012, 588; OLG Stuttgart FamRZ 2010, 2098; *Thiel/N.Schneider* FamFR 2010, 409.
22 H. M. Vgl. etwa OLG Nürnberg (unter Aufgabe seiner früheren Rpsr. in OLG Nürnberg FamRZ 2010, 2101) JurBüro 2012, 362 = MDR 2012, 588 = FUR 2012, 497 = FamRZ 2012, 1750, m.w.N. **A.M.:** AG Ludwigslust FamRZ 2010, 2101.
23 OLG Bamberg FamRZ 2011, 1424. **A.A.** *Enders* JurBüro 2009, 340.
24 BR-Ds. 128/09 Anlage, S. 127.

jeder Ehepartner Ansprüche aus einer Betriebsrente. Beide haben zudem einen privaten Altersvorsorgevertrag laufen. Es handelt sich allen Fällen um Anrechte i.S.v. § 2 Abs. 2 VersAusglG. Sämtliche Rechte sind Gegenstand des Verfahrens. Der Verfahrenswert für den Versorgungsausgleich im Scheidungsverfahren ist auf 60% des Nettoeinkommens, also auf 3.000 € festzusetzen, da insgesamt 6 Ansprüche vorliegen (3 Ansprüche eines jeden Partners). Ob und wieweit es zum Ausgleich kommt, spielt keine Rolle.

Entgeltpunkte/West und Entgeltpunkte/Ost in der gesetzlichen Rentenversicherung sind jeweils getrennt zu behandeln, wie auch die nach § 18 VersAusglG wegen eines Bagatellfalls von Ausgleich ausgeschlossenen Anrechts der Bewertung nach Abs. 1 Satz 1 unterfallen.[25] In der Deutschen Rentenversicherung erworbene angleichungsdynamische und nicht angleichungsdynamische Anwartschaftsrechte sind jeweils einzeln zu bewerten.[26]

9 **Im zweiten Fall** (Regelung nach der Scheidung): Gemeint sind hier die Verfahren i.S.v. KV-FamGKG 1320 ff. (vgl. Vorbem. 1.3.2. Abs. 1 Nr. 5). Hier beträgt der Verfahrenswert für jedes auszugleichende Anrecht 20% des in drei Monaten erzielten Nettoeinkommens der Ehegatten. Hier ist auf das Nettoeinkommen zum Zeitpunkt der Einleitung des isolierten Versorgungsausgleichsverfahrens abzustellen. In der Regel handelt es sich hier um schuldrechtliche Ausgleichsverfahren, während öffentlich-rechtlich zu stellende Anträge stets nach der 1. Variante mit 10% zu bewerten sind.[27]

10 **Die Anpassungsverfahren gem. §§ 33, 34 VersAusglG** unterfallen als Sonderfall der 2. Variante des Abs. 1 Satz 1. Diese Verfahren sind jetzt ausdrücklich dem FamFG zugeordnet und damit auch Versorgungsausgleichssachen nach §§ 111 Nr. 7, 217 FamFG.[28] Die gegenteilige Ansicht, wonach es sich hier nicht um echte Versorgungsausgleichssachen handele und deshalb der Auffangwert nach § 40 Abs. 1, Abs. 3 für die Bewertung gelten soll,[29] überzeugt nicht. Gleiches muss auch für das Abänderungsverfahren nach § 51 VersAusglG gelten vgl. auch oben Rn. 4).[30]

11 **Mindestwert:** Absatz 1 Satz 2 regelt – vorbehaltlich der Billigkeitsbestimmung in Absatz 3 – eine Untergrenze für den nach Absatz 1 Satz 1 zu bestimmenden Wert. Er gilt einheitlich für beide Alternativen des Satz 1 und wird nicht etwa verdoppelt, wenn es um Ausgleichansprüche nach der Scheidung geht. Der sich auf den Gesamtwert[31] und nicht auf jedes einzelne Anrecht beziehenden Mindestwert gewährleistet, dass mit der Neuregelung grundsätzlich keine Gebühreneinbußen für die Justiz oder die Anwaltschaft verbunden sind. Demgegenüber führt die Neuregelung für Ehegatten mit höherem Einkommen zu einer verhältnismäßig höheren Gebührenbelastung. Der Bedeutung des Verfahrens für die Beteiligten und dem Aufwand des Gerichts wird damit besser Rechnung getragen als durch die zurzeit geltenden, vergleichsweise geringen Festwerte. In der Trennungssituation sind die Parteien allerdings häufig außergewöhnlichen finanziellen Belastungen ausgesetzt, was die Aufbringung der notwendigen Prozesskosten erschwert. Nach oben wird die Kostenbelastung der Parteien deshalb nicht begrenzt, Bei Ehegatten mit einem hohen Nettoeinkommen sind regelmäßig auch werthaltige und komplexe Altersversorgungen vorhanden, die zu einem höheren Aufwand bei den Familiengerichten führen. In

25 OLG Brandenburg JurBüro 2012, 588.
26 OLG Nürnberg JurBüro 2012, 362 = MDR 2012, 588 = FUR 2012, 497 = FamRZ 2012, 1750.
27 *Thiele/N. Schneider* FamFR 2010, 409.
28 OLG Saarbrücken FamRZ 2013, 148; OLG Stuttgart FamRZ 2012, 1972 m.w.N.
29 *Thiele/N. Schneider* FamFR 2010, 409.
30 OLG Schleswig, Beschl. v. 19.6.2013 – 15 WF 200/13 –; OLG Hamm MDR 2013, 1465; OLG Bremen JurBüro 2012, 588.
31 *Trenkle* in Oe/He/Tre § 50 Rn. 9.

besonders gelagerten Einzelfällen kann aber nach Absatz 3 der Verfahrenswert limitiert werden, wenn ein sehr hoher Wert zu unbilliger Kostenbelastung führen würde. Allein der Umstand, dass ein nach § 2 Satz 1 VAÜG ausgesetztes Verfahren wieder aufgenommen worden ist, rechtfertigt nicht den Ansatz des Mindestwertes.[32]

Absatz 2 trägt dem geringeren Arbeitsaufwand für bloße Auskunftsansprüche bzw. Abtretungen Rechnung. Das kann z.B. der Fall sein, wenn die Parteien sich bereits nach 2-monatiger Ehedauer getrennt haben.[33] 12

Absatz 3: Die Möglichkeit für das Familiengericht, unter Billigkeitsgesichtspunkten von dem rechnerisch ermittelten Wert abzuweichen, muss gerade in den Fällen zur Verfügung stehen, in denen der Wert zu Umfang, Schwierigkeit und Bedeutung der Sache in keinem vertretbaren Verhältnis steht. Das gilt auch für die Mindestwerte.[34] Die gegenteilige Ansicht[35] überzeugt nicht. Abs. 3 ist jedoch als Ausnahmeregelung eng auszulegen[36] und zu begründen. Vgl. auch oben, vor § 43 Rn. 1 ff. So kann etwa bei einem Ausspruch nach § 224 Abs. 3 FamFG allein eine Herabsetzung des Verfahrenswertes angebracht sein.[37] 13

Entstehen der Gebühr: Die Gebühr nach § 50 entsteht erst mit der Einleitung des Verfahrens. Klärt das FamG zunächst nur ab, ob der Versorgungsausgleich durchzuführen ist, stellt das noch keine Verfahrenseinleitung dar.[38] Erst wenn der Versorgungsausgleich als solcher in der Verhandlung erörtert und in der gerichtlichen Entscheidung behandelt wird, entsteht die Gebühr nach § 50.[39] 14

Zeitpunkt für die Berechnung des Verfahrenswertes:[40] Nicht eindeutig ist dem FamFG zu entnehmen, ob das Verfahren über den Versorgungsausgleich gebührenmäßig als Antrags- oder als Amtsverfahren zu behandeln ist. Im ersten Fall ist § 34 maßgebend, wonach bei Antragsverfahren auf den Wert bei erstmaliger Antragstellung und bei von Amts wegen eingeleiteten Verfahren auf den Wert zum Zeitpunkt der Fälligkeit abzustellen ist. Bei Antragsverfahren wäre der Zeitpunkt der Einreichung des Scheidungsantrags (§ 9 Abs. 1) und bei Amtsverfahren der Zeitpunkt der Fälligkeit, also der, an dem eine unbedingte Entscheidung über die Kosten ergeht (§ 11), maßgebend. Weil aber – auch in Amtsverfahren – der Versorgungsausgleich nur auf Antrag betrieben wird, ist nach dem Sinn des Gesetzes § 34 einschlägig, also der Zeitpunkt der Einreichung des Scheidungsantrags.[41] Das gilt auch dann, wenn ein nach altem Recht abgetrenntes Verfahren wieder aufgenommen wird.[42] 15

Abs. 3: Die Billigkeitsregel des Abs. 3 bezieht sich nicht auf die Fälle einer vom Durchschnitt abweichenden Einkommens- oder Vermögenssituation, sondern lediglich auf Umfang, Bedeutung und Schwierigkeit der Sache.[43] **Eine Herabsetzung** kommt des- 16

32 OLG Nürnberg FamRZ 2011, 955.
33 OLG Köln JurBüro 2013, 194 m.w.N.
34 *Keske* in Das neue FamGKG, § 50 Rn. 10 und in Schulte-Bunert/Weinreich, § 50 FamGKG Rn. 10. So wohl auch *Dörndorfer* in Rechtsanwalts- und Gerichtskosten in Familiensachen, Rn. 84 und in Binz u.a., § 50 FamGKG Rn. 6; *Hartmann* § 50 FamGKG Rn. 12.
35 *Thiele* in Schneider/Wolf u.a. § 50 Rn. 18, *Thiel/N. Schneider* FamFR 2010, 409.
36 OLG München FamRZ 2012, 1973.
37 AG Berlin-Schöneberg JurBüro 2011, 90 (500 €); OLG Karlsruhe JurBüro 2011, 37 und MDR 2010, 1021; OLG Düsseldorf FuR 2010, 515.
38 KG FamRZ 1987, 727; OLG Düsseldorf JurBüro 1980, 735 und 1986, 1854; *Dörndorfer* Rn. 83.
39 OLG Karlsruhe FamRZ 1993, 458; *Dorndörfer* Rn. 83.
40 Vgl. dazu bei *N. Schneider* FamRZ 2010, 87 und AGS 2009, 518; *Enders* JurBüro 2010, 338, 339; *Grabow* FamRZ 2010, 93, 95; *Thiel/N. Schneider* FamFR 2010, 409.
41 Dazu auch *N. Schneider* FamRZ 2010, 87; *Thiel/N. Schneider* FamFR 2010, 409 m.N.
42 OLG Frankfurt/Main JurBüro 2010, 476; AG Ludwigslust JurBüro 2010, 476 m. Anm. v. *Enders*.
43 OLG Koblenz JurBüro 2011, 305; OLG Stuttgart NJW 2010, 2221, jeweils m.w.N.

halb nur in Betracht, wenn der Prüfungsaufwand des Gerichts gering ist und der Regelwert außer Verhältnis zum Wert der auszugleichenden Anrechte steht[44] oder wenn die Feststellung, dass ein Versorgungsausgleich wegen einer bindenden Vereinbarung der Ehegatte nicht stattfindet, keinen besonderen Aufwand erfordert, so dass es beim Mindestwert nach Abs. 1 Satz 2 belassen werden kann.[45] Grundsätzlich besteht allerdings kein Anlass vom Regelwert abzuweichen, weil zu berücksichtigende Anrechte nach § 18 VersAusglG nicht ausgeglichen werden.[46] Eine Heraufsetzung bis zu einem Doppel des Verfahrenswertes kann im Einzelfall wegen des durch die Prüfung des gesetzlichen Unterhaltsanspruchs auftretenden hohen Verfahrensaufwandes in Betracht kommen.[47]

§ 51
Unterhaltssachen und sonstige den Unterhalt betreffende Familiensachen

(1) In Unterhaltssachen und in sonstigen Unterhalt betreffenden Familiensachen, soweit diese jeweils Familienstreitsachen sind und wiederkehrende Leistungen betreffen, ist der für die ersten zwölf Monate nach Einreichung des Antrags geforderte Betrag maßgeblich, höchstens jedoch der Gesamtbetrag der geforderten Leistung. Bei Unterhaltsansprüchen nach den §§ 1612a bis 1612c des Bürgerlichen Gesetzbuchs ist dem Wert nach Satz 1 der Monatsbetrag des zum Zeitpunkt der Einreichung des Antrags geltenden Mindestunterhalts nach der zu diesem Zeitpunkt maßgebenden Altersstufe zugrunde zu legen.

(2) Die bei Einreichung Antrags fälligen Beträge werden dem Wert hinzugerechnet. Der Einreichung des Antrags wegen des Hauptgegenstandes steht die Einreichung eines Antrags auf Bewilligung der Verfahrenskostenhilfe gleich, wenn der Antrag wegen des Hauptgegenstandes alsbald nach Mitteilung der Entscheidung über den Antrag auf Bewilligung der Verfahrenskostenhilfe oder über eine alsbald eingelegte Beschwerde eingereicht wird. Die Sätze 1 und 2 sind im vereinfachten Verfahren zur Festsetzung von Unterhalt Minderjähriger entsprechend anzuwenden.

(3) In Unterhaltssachen, die nicht Familienstreitsachen sind, beträgt der Wert 500 Euro. Ist der Wert nach den besonderen Umständen des Einzelfalls unbillig, kann das Gericht einen höheren Wert festsetzen.

Übersicht

Allgemeines — 1
Familienrechtliche Unterhaltsstreitsachen — 2
Abs. 1 Satz 1: Erfüllung einer Unterhaltspflicht — 3, 4
Abs. 1 Satz 2: Regelunterhalt — 5
Vollstreckungsgegenantrag — 6
Abänderungsantrag — 7
Vollstreckbarkeit eines ausländischen Unterhaltstitels) — 8
Nachforderungsantrag — 9
Vergleich — 10
Einzelfälle — 11
Anträge Dritter oder gegen Dritte — 12
Arrest und Einstweilige Verfügung — 13
Jahresbetrag als Verfahrenswert — 14

44 OLG Hamm FamRZ 2012, 1751.
45 KG MDR 2012, 1347 = BeckRS 2012, 20196 = FamRZ 2013, 149 (LS); OLG Hamburg MDR 2012, 1229 = BeckRS 2012, 199173 = FamRZ 2013, 149 (LS).
46 OLG Stuttgart FamRZ 2011, 994.
47 OLG Saarbrücken FamRZ 2013 148.

freiwilliger Leistungen und ausländische Währung — 15
Wert des Abänderungsantrags — 16
Streitwertberechnung bei Regelunterhalt — 17, 18
Abs. 2: Hinzurechnung — 19
Abs. 2: Rückstände — 20–22
Abs. 3 Satz 1: Unterhaltssachen, die keine Familienstreitsachen sind — 23
Mehrere Kinder — 24

Allgemeines: Der Streit um die Unterhaltspflicht (§§ 111 Nr. 8, 112 Nr. 1, 231 Abs. 1 FamFG)[1] ist stets vermögensrechtlicher Natur, deren – in der Regel monatlicher – Wert sich aus den materiell-rechtlichen Bestimmungen (§§ 1585, 1612 BGB), ergänzt durch § 42 FamFG ergibt. § 51 enthält in den **Abs. 1 und 2** keine eigenen Wertvorschriften, sondern regelt nur die **Berechnung** des Verfahrenswertes. Die Wertvorschrift selbst ist § 35 FamGKG. Auf Zahlung gerichtete Unterhaltsforderungen sind Geldforderungen und damit gemäß § 35 FamGKG mit ihrem vollen Betrag zu bewerten. Das gilt auch für eine reine **Titulierungsklage**, deren Wert nach dem vollen Unterhalt der nach Antragseinreichung folgenden 12 Monate zu berechnen ist.[2] Dabei sind der **Trennungsunterhalt** und der **nacheheliche Unterhalt** zwei verschiedene Streitgegenstände, die jeweils mit einem eigenen Verfahrenswert nach § 51 Abs. 1 und 2 zu bewerten sind.[3] Lediglich **Abs. 3** enthält eine selbständige Wertvorschrift für die dort genannten Unterhaltssachen nach § 112 Nr. 1 FamFG. Zu den Unterhaltssachen gehören auch das Begehren eines Verfahrenskostenvorschusses als besonderer Unterhaltsanspruch nach § 1360a Abs. 4 BGB, welcher nicht durch das Angebot des Verpflichteten, ein Darlehen in gleich Höhe zu gewähren, abgelöst werden kann.[4] Auch die Entscheidung über die Bestimmung des Bezugsberech tigten für das Kindergeld nach § 64 Abs. 2 Satz 3 EStG gehört hierher, weil es sich um ein vermögensrechtliches Verfahren der freiwilligen Gerichtsbarkeit handelt.[5] 1

Familienrechtliche Unterhaltsstreitsachen: Die Abs. 1 und 2 betreffen auch Familienstreitsachen über vertragliche Unterhaltsansprüche (§ 112 Nr. 3 i.V.m. § 266 Abs. 1 FamFG), sofern sie wiederkehrende Leistungen betreffen.[6] Das ist durch die Neufassung des § 51 durch das 2. KostRModG ausdrücklich klargestellt worden. Verfahren dieser Art dürften jedoch eher selten vorkommen. Es ist gleichwohl sachgerecht, sie den Verfahren über eine gesetzliche Unterhaltspflicht gleichzustellen. Ausgangspunkt für die Berechnung des Unterhalts ist immer die geltend gemachte Forderung einschließlich **freiwilliger Leistungsanteile**, wenn und soweit sie beantragt werden. Ein bloßes **Titulierungsinteresse** hat jedoch bei Berechnung außen vor zu bleiben. Unstreitige Anteile werden regelmäßig voll in die Berechnung einbezogen, wenn sie nicht lediglich aus sprachlichen Gründen in dem Antrag genannt sind. Der streitige Spitzenbetrag ist nicht maßgeblich.[7] Auch eine Änderung der Unterhaltsbestimmung hat keinen eigenen Wert.[8] Auch die Vereinbarung über einen Verzicht auf künftigen Unterhalt führt nicht zu einer Erhöhung des Verfahrenswertes, wenn sich dieser bereits nach dem Jahreswert des beantragten Unterhalts bemisst.[9] 2

1 Dazu ausführlich etwa bei *Vogt* in Rehberg u.a. Stichwort „Unterhalt“.
2 OLG Hamburg Beschl. v. 13.3.2013 – 7 WF 21/13 = JurBüro 2013, 423 = RVG-professionell 2013, 73.
3 OLG Bamberg JurBüro 2011, 418.
4 OLG Frankfurt/Main MDR 2014, 230 = NJW-Special 2014, 36 = JurionRS 2013, 50315.
5 BGH NJW-RR 2014, 833 = MDR 2014, 797 = FamRZ 2014, 646 = RPfleger 2014, 376 =JurionRS 20114, 11140 = BeckRS 2014, 04470.
6 So ausdrücklich die Begr. in BT-Ds. 16/6308 S. 307.
7 OLG Bamberg JurBüro 1993, 110; OLG Braunschweig JurBüro 19996, 367; OLG München FamRZ 1998, 573; OLG Celle FamRZ 2003, 465 und 1386; OLG Frankfurt FamRZ 2007, 163. **A.A.** OLG Düsseldorf FamRZ 1987, 1280.
8 OLG Dresden NJW-RR 2005, 735.
9 OLG Stuttgart MDR 2013, 1356 = Openjur 2013, 34636.

3 **Ansprüche auf Erfüllung einer Unterhaltspflicht, Abs. 1 S. 1:** Diese Vorschrift erfasst nicht nur Ansprüche, die auf **gesetzlicher** Vorschrift beruhen, also Unterhaltsansprüche aus Ehe oder eingetragener Lebenspartnerschaft einschließlich des Trennungs- und Nachtrennungsunterhalts,[10] aus Verwandtschaft (§§ 1601ff. BGB) und sonstige Ansprüche nach der ZPO (§§ 1568ff., 1361, 1360, 1515 Abs. 1, 1615l BGB, §§ 5, 12, 16 LPartG), sondern auch solche, die in sonstiger Weise begründet sind, insbesondere vertragliche[11] Unterhaltspflichten, sofern sie die Ausgestaltung der Ansprüche nach Abs. 1 betreffen. Das kann z.B. sein ein Anspruch sein aus einem Leibrentenvertrag, aus einer letztwilligen Verfügung usw. Natürlich ist § 51 Abs. 1 S. 1 auch dann anzuwenden, wenn ein Vertrag zur Erfüllung einer gesetzlichen Unterhaltspflicht geschlossen wurde, auch wenn dieser inhaltlich nicht über die gesetzliche Unterhaltspflicht hinausgeht.[12] Voraussetzung ist aber immer, dass der Anspruch aus einer familienrechtlichen Beziehung i.S. des FamFG herrührt. Ansprüche aus anderen Haftungsgrundlagen wie z.B. Schadensersatzklagen, die (auch) auf entgangenen Unterhalt gerichtet sind, (z.B. Tötung eines Menschen (§ 844 BGB) auf Körperverletzung (§ 845 BGB) oder auf Verletzung von Schutzpflichten (§ 618 Abs. 3 BGB) gehören nicht hierher, sondern sind als primärer Schadenersatzanspruche nach §§ 48 GKG i.V.m. § 9 ZPO zu bewerten[13] (vgl. dazu oben § 42 GKG Rn. 1), was auch eine entsprechende Anwendung im Rahmen des § 9 ZPO[14] ausschließt. Trennungsunterhalt (§ 1361 BGB) und nachehelicher Unterhalt (§§ 1569ff. BGB) sind verschiedene Gegenstände, deren Werte nach § 33 zu addieren sind. Auch Rückzahlungsansprüche, die auf einer Erfüllung von Unterhaltspflichten beruhen,[15]oder eine dazugehörige Vollstreckungsabwehrklage nach § 95 FamFG[16] gehören hierher.

4 Voraussetzung ist aber stets, dass es sich um **wiederkehrende Leistungen** handelt. **Kapitalabfindungsverträge** oder **Vergleiche** über Unterhaltsleistungen, die außerhalb des Unterhaltsprozesses geschlossen werden, fallen nicht unter § 51, weil es insoweit am Merkmal der „wiederkehrenden Leistungen" fehlt. Anders liegt es aber, wenn solche Vereinbarungen innerhalb des Unterhaltsprozesses getroffen werden, wobei dann aber nicht der ursprüngliche Zahlungsantrag maßgebend ist und nicht der Vergleichsbetrag,[17] sondern der Jahresbetrag der eingeklagten Unterhaltsleistungen.[18] Das wird insbesondere in Betracht kommen, wenn durch Vertrag nur die Zahlungsweise und die Höhe der wiederkehrenden Leistungen geregelt werden.[19] Auch wenn die vertraglich geregelte Unterhaltspflicht die Grenzen der gesetzlichen Unterhaltspflicht überschreitet, ist wegen des überschießenden Teils infolge der Gleichstellung von vertraglicher und gesetzlicher Unterhaltspflicht nicht § 9 ZPO für den überschießenden Betrag anzuwenden, sondern es gilt insgesamt § 51. Wenn der Kläger neben einem gesetzlichen Unterhaltsanspruch auch einen vertraglich vereinbarten Unterhaltsanspruch geltend macht, ist allein sein Antrag für die Bewertung maßgebend.[20] Anzuwenden ist § 51 auch, wenn der Anspruch statt auf

---

10 OLG Düsseldorf FamRZ 1990, 1379 und JurBüro 1992, 51.
11 OLG Karlsruhe JurBüro 2006, 145.
12 Vgl. dazu OLG Hamburg JurBüro 1976, 1234 und *Hartmann* § 51 FamGKG, Rn. 4.
13 *Vogt* in Rehberg u.a. Stichwort „Unterhalt" 2 (noch § 42 Abs. 1 a.F.). **A.A.** *N. Schneider* in Schneider Volpert u.a., § 51 Rn. 5.
14 So aber hilfsweise *N. Schneider* in Schneider Volpert u.a., § 51 Rn. 5.
15 OLG Hamburg MDR 1998, 126.
16 OLG Karlsruhe FamRZ 2004, 1227.
17 OLG Düsseldorf JurBüro 1992, 51; OLG Hamburg FamRZ 1987, 184.
18 OLG Düsseldorf JurBüro 2006, 427 (LS mit Volltextservice). Vgl. auch *Enders* JurBüro 1996, 57, 60f.
19 RGZ 166, 378; OLG Bremen RPfleger 1957, 271 (L).
20 OLG München AnwBl. 1980, 293; **a.M.** OLG Zweibrücken (nur Bewertung nach § 3 ZPO).

Geldrenten (ganz oder z.T.) auf wiederkehrende Naturalleistungen gerichtet ist.[21] Gleiches gilt bei Feststellungsklagen, wenn eine gesetzliche oder vertragliche Unterhaltspflicht Gegenstand der Hauptsache ist.[22] Eine entsprechende Anwendung kommt bei der Heranziehung der Eltern zu Kosten in Betracht.[23]

Ansprüche auf Regelunterhalt, Abs. 1 S. 2: Gemeint sind hier Ansprüche nach §§ 1612a–1612c BGB, also die Fälle des auf den Regelunterhalt gerichteten Antrags. S. 2 ist eine bloße Wertermittlungsanweisung.[24] Das bedeutet: Da bei Unterhaltsansprüchen nach §§ 1612aff. BGB, die nicht als bestimmte Beträge, sondern als Prozentsätze des Regelunterhalts geltend gemacht werden, der für die Entscheidung maßgebende Unterhalt bei Antragstellung nicht bekannt ist, ist dem Wert nach Abs. 1 S. 1 das 12-fache des Unterhalts nach dem Regelbetrag und der Altersstufe zugrunde zu legen, die zur Zeit der Einreichung des Antrags oder der Klage maßgebend sind.[25] Danach ist dann nach Abs. 1 S. 1 weiter zu berechnen und ggf. der niedrigere Betrag zu nehmen. Wenn aber nur beantragt wird, die bereits titulierte Unterhaltsrente um einen bestimmten Prozentsatz herauf- oder herabzusetzen, liegt in der Sache ein bezifferter Antrag vor. Es gilt dann Abs. 1 S. 1. 5

§ 51 Abs. 1 ist auch auf einen **Vollstreckungsgegenantrag** anwendbar, wenn der Schuldtitel Ansprüche der im § 51 Abs. 1 genannten Art zum Gegenstand hat.[26] Der Verfahrenswert eines Vollstreckungsabwehr(gegen)antrags richtet sich nach dem Umfang der erstrebten Ausschließung von der Zwangsvollstreckung und nicht notwendig nach dem Wert des vollstreckbaren Anspruchs.[27] Auch auf einen Antrag, mit der ein zur Zahlung einer Unterhaltsforderung i.S.v. § 51 Abs. 1 Verurteilter die Herausgabe des Titels verlangt mit der Behauptung, das Urteil sei in einer gegen die guten Sitten verstoßenden Weise erwirkt worden, ist ein Fall des § 51.[28] 6

Das Gleiche gilt für eine für das **Abänderungsverfahren** nach **§ 238 FamFG** sofern ein Unterhaltsanspruch i.S.v. § 51 Abs. 1 abgeändert werden soll.[29] Bei der Berechnung des Verfahrenswertes ist in solchen Fällen aber nur der Unterschiedsbetrag zwischen der titulierten Forderung und dem mit der dem Abänderungsantrag geforderten Betrag der Berechnung des Jahresbetrages zugrunde zu legen,[30] soweit dieser streitig ist und der Kläger kein Titulierungsinteresse an dem nicht streitigen Teil des Differenzbetrages geltend macht.[31] Ist der Unterhalt als solcher unstreitig und geht es dem Antragsteller allein um ein Titulierungsinteresse, ist der volle unstreitige Unterhalt zugrunde zu legen; ein Abschlag wegen der bloßen Titulierung kommt nicht in Betracht.[32] Etwa geforderte Rückstände sind hinzuzurechnen, Abs. 4.[33] Keine Bedeutung für die Berechnung des 7

21 OLG München Rspr. 21, 216.
22 OLG Schleswig SchlHA 1981, 119; OLG Frankfurt aM MDR 1955, 304.
23 BVerwG JurBüro 2002, 81.
24 *Klüsener* JurBüro 1998, 625.
25 *Klüsener* JurBüro 1998, 625; *Hartmann* § 51 FamGKG, Rn. 15; **a.M.** *Enders* JurBüro 1998, 449, der stets den einfachen Regelsatz nehmen will.
26 OLG München FamRZ 2013, 147; OLG Frankfurt aM JurBüro 2005, 97; KG RPfleger 1862, 118 (L); OLG Nürnberg RPfleger 1963, 178 (L); *Hartmann* § 51 FamGKG, Rn. 16.
27 OLG München FamRZ 2013, 147.
28 OLG Neustadt RPfleger 1957, 236 (L).
29 OLG Nürnberg RPfleger 1956, 268 (L).
30 OLG Kiel SchlHA 1948, 99; *Hartmann* § 42 Rn. 46.
31 OLG Brandenburg JurBüro 1996, 598.
32 OLG Braunschweig JurBüro 1996, 367.
33 OLG Hamm JurBüro 1979, 873.

Verfahrenswertes hat es, wenn angeblich überzahlte Unterhaltsbeiträge für den Abänderungszeitraum geltend gemacht werden (vgl. § 39 Rn. 1).[34]

8 **Vollstreckbarerklärung eines ausländischen Unterhaltstitels**: Auch das Verfahren auf Anerkennung ausländischer Vollstreckungstitel über Unterhalt nach § 110 FamFG fällt unter § 51 Abs. 1.[35] Soweit der Titel auf wiederkehrende Leistungen lautet, sind Abs. 1 und 2 maßgebend. Fälligkeitszeitpunkt i.S.v. Abs. 1 Satz 2 ist der Zeitpunkt der Antragstellung im zugrundeliegenden ausländischen gerichtlichen Verfahren.[36] Ist der Titel der ohne Antrag erlassenen worden ist, dann sind die Beträge, die bis zu dem Erlass des Titels fällig geworden sind, maßgebend.[37] Fällige Beträge aus der Zeit nach dem Erlass des Titels sind stets nicht hinzuzurechnen.[38]

9 § 51 Abs. 1 ist aber beim Verlangen einer **Sicherheitsleistung** nach § 1585a BGB und auf eine sog. **Nachforderungsklage nach § 324 ZPO** unanwendbar. Dabei geht es nicht um die Erfüllung der Unterhaltsleistung, sondern um deren Sicherstellung. In solchen Fällen ist der Wert nach § 42 Abs. 1 zu bestimmen, wobei nach dem Gedanken des § 6 ZPO bei dem Wert der zu sichernden Forderung auf § 51 Abs. 1 zurückgegriffen werden kann.[39]

10 Der Wert eines gerichtlichen **Vergleichs oder eines Verzichts**, in dem statt der wiederkehrenden Leistungen eine **Abfindungssumme** vereinbart oder auf eine solche verzichtet wird, ist nach § 51 Abs. 1 zu bestimmen, wenn er im Rahmen eines Unterhalsprozesses geschlossen (Prozessvergleich) bzw. erklärt wird. Soweit der Abfindungsbetrag den nach § 51 maßgeblichen Verfahrenswert übersteigt, ist für die Berechnung der Vergleichsgebühr nach KV-FamGKG 1500 der Abfindungs(mehr)betrag maßgebend, wobei Satz 2 der Anm. zu KV-FamGKG 1500 zu beachten ist. Wird hingegen ein Kapitalabfindungsvergleich außerhalb des Unterhaltsprozesses geschlossen, kann er schon deshalb nicht unter § 51 fallen, weil es an dem Tatbestandsmerkmal einer wiederkehrenden Leistung fehlt.[40] Wenn aus einem außergerichtlichen Unterhaltsvergleich, der zur Frage der Unterhaltspflicht keine oder nur unzureichende Vereinbarungen enthält, geklagt wird, kommt es darauf an, was zwischen den Parteien im Zeitpunkt des Vergleichsschlusses streitig war,[41] wobei hinsichtlich freiwilliger (= unstreitig gewesener) Unterhaltszahlungen das bloße Titulierungsinteresse des Anspruchs zu beachten ist,[42] aber keinen Einfluss auf den Streitwert hat, insbesondere keine Herabsetzung rechtfertigt.

11 **Einzelfälle:**

- Verspricht der geschiedene unterhaltspflichtige Ehemann seiner geschiedenen Frau in einem Unterhaltsvergleich für den Fall der Wiederverheiratung eine *Abfindung*,

34 OLG Hamburg FamRZ 2010, 1933 (L); OLG Köln FamRZ 2011, 756 (LS); KG FamRZ 2011, 754.

35 OLG Hamburg OLG-Report Bremen/Hamburg/Schleswig-Holstein 1997, 164; *N. Schneider* in Schneider u.a. § 51 Rn. 288.

36 BGH JurBüro 2010, 201 = FamRZ 2010, 365 (für das Rechtsbeschwerdeverfahren); *N. Schneider* in Schneider u.a. § 51 Rn. 188.

37 OLG Hamburg OLG-Report Bremen/Hamburg/Schleswig-Holstein 1997, 164; *N. Schneider* in Schneider u.a. § 51 Rn. 288.

38 BGH Beschl. v. 13.1.2020 – XII ZB 12/05; *N. Schneider* in Schneider u.a. § 51 Rn. 288.

39 Vgl. dazu auch *N. Schneider* in Schneider u.a. § 51 Rn. 136 und 153.

40 Vgl. auch OLG Düsseldorf JurBüro 1992, 51; OLG Hamburg FamRZ 1987, 184; *Mümmler* JurBüro 1978, 787; *Hartmann* § 51 FamGKG, Rn. 7, jeweils m.N.; **a.M.** OLG Frankfurt aM RPfleger 1980, 239; *Schmidt* JurBüro 1977, 444, wonach nur die Kapitalabfindung maßgeblich sei.

41 OLG Dresden MDR 1999, 1201.

42 OLG Bamberg JurBüro 1992, 628; OLG Düsseldorf FamRZ 1987, 1281; abweichend aber OLG Koblenz AnwBl. 1984, 205; *Hartmann* § 51 FamGKG, Rn. 8.

ist der nach § 3 ZPO zu schätzende Wert der Abfindungssumme neben dem Jahresbetrag des § 51 zu berücksichtigen.[43]

- Bei *gegenseitigem Unterhaltsverzicht* richtet sich der Wert nach den Umständen des Einzelfalls, insbesondere ist zu analysieren, worauf genau verzichtet wird.[44]
- Verpflichtet sich eine Partei nur für eine *begrenzte Zeit* zu Unterhaltszahlungen und verzichtet die andere Partei im Übrigen auf Unterhalt, so ist für die Verpflichtung und für den Verzicht ein einheitlicher Gesamtstreitwert nach § 51 Abs. 1 festzusetzen.[45]
- Die in einem Unterhaltsvergleich übernommene Verpflichtung eines Ehegatten, für den Fall seines Todes den Unterhalt des anderen Ehegatten durch den *Abschluss einer Lebensversicherung zu sichern*, ist nach § 3 ZPO selbständig zu bewerten.[46]
- Eine in einem Vergleich enthaltene Regelung, wonach auf die Rechte nach § 238 FamFG *verzichtet* wird, hat regelmäßig keinen Einfluss auf den Streitwert nach § 51 Abs. 1.[47]
- Der in einem Vergleich geregelte *Unterhaltsanspruch des geschiedenen Ehegatten* und ein Anspruch auf Leistung eines *Betrages zum Unterhalt des gemeinsamen Kindes* sind getrennt zu bewertende selbständige Ansprüche.[48]
- Bei einem *gegenseitigen Unterhaltsverzicht* im Rahmen einer Scheidungsvereinbarung ist unter Berücksichtigung der in den §§ 1569 ff. BGB getroffenen Regelungen auf den Jahresunterhaltsbetrag abzustellen, den der andere Teil im gegebenen Fall verlangen könnte, wenn er nicht verzichtet hätte, wobei neben den Rechten des einen Teils auch auf die Leistungsfähigkeit des Verpflichteten (§ 1581 BGB) abzustellen sein wird.[49]
- Verzichtet eine nicht unterhaltsbedürftige Partei und ist nicht abzusehen, ob und unter welchen Umständen sie wann unterhaltsbedürftig werden wird, ist dem Vergleich nur ein geringer Betrag zugrunde zu legen.
- Der Streitwert für das Verfahren auf Trennungsunterhalt bemisst sich auch dann nach § 51 Abs. 1, wenn die Ehe letztlich dann doch innerhalb des Jahreszeitraums rechtskräftig geschieden wird.[50]
- Die Begrenzung des Verfahrenswertes auf die ersten 12 Monate nach Antragstellung ändert sich nicht, wenn der Unterhaltsanspruch für einen Zeitraum nach diesem Zeitpunkt befristet wird.[51]

§ 51 Abs. 1 ist auch anwendbar auf **Klagen Dritter oder gegen Dritte**, sofern sie die 12
Erfüllung einer gesetzlichen Unterhaltspflicht zum Gegenstand haben, z.B. gegen den Bürgen oder die Vollstreckungsgegenklage eines Bürgen gegen den Gläubiger nicht aber auf die Klage eines Dritten auf Befreiung von der gesetzlichen Unterhaltspflicht. Bei Letzterer ist § 3 ZPO anzuwenden.[52]

Für den Verfahrenswert im Verfahren wegen **Arrestes oder einstweiliger Verfü- 13
gung** gilt § 41. Da der Verfahrenswert dieser Verfahren nicht größer sein kann, als der

43 OLG Nürnberg JurBüro 1962, 226 = RPfleger 1963, 178 (L).
44 OLG Dresden MDR 1999, 1201.
45 OLG Bamberg JurBüro 1998, 1982; OLG Stuttgart RPfleger 1963, 131 (L).
46 OLG Braunschweig RPfleger 1956, 114 (L).
47 OLG Nürnberg BayJMBl. 1950, 170, *Hartmann* § 51 FamGKG, Rn. 10.
48 **A.M.** OLG Celle NdsRPfl. 1962, 281.
49 OLG Nürnberg JurBüro 1975, 1351.
50 OLG Schleswig FamRZ 2013, 240 = SchlHA 2012, 354 = BeckRS 2012, 19676; KG FamRZ 2011, **755;** OLG Karlsruhe NJW-RR 1999, 582; OLG Köln JurBüro 1993, 164. Vgl. auch bei *Hartmann* § 51 Rn. 12.
51 OLG Köln FamRZ 2010, 1933.
52 BGH NJW 1974, 2128 = JurBüro 1975, 325.

Wert der Hauptsache, bildet der nach § 51 Abs. 1 berechnete Verfahrenswert die Obergrenze, die nicht überschritten werden kann.[53] Wird nach Titulierung des Unterhalts im Wege der einstweiligen Anordnung der volle, höhere Unterhalt im Wege des Hauptsacheantrags geltend gemacht, ist der Verfahrenswert aus dem vollen Unterhalt und nicht lediglich aus der Differenz zwischen dem insgesamt begehrten und dem durch einstweilige Anordnung titulierten Unterhalt maßgebend.[54]

14 **Verfahrenswert nach Abs. 1 S. 1** ist der Jahresbetrag der wiederkehrenden Leistungen, wenn nicht der Gesamtbetrag der geforderten Leistungen geringer ist.[55] Denn maßgebend ist dann nur der vom Antragsteller geforderte Betrag.[56] Das bedeutet, dass (anteilige) Kindergeldzahlungen abzuziehen sind.[57] Wenn die wiederkehrenden Leistungen in den einzelnen Jahren **unterschiedlich hoch** sind, ist der Jahresbetrag der ersten 12 Monate nach Antragseinreichung maßgebend. Der Jahresbetrag der höchsten Leistungen ist für die Verfahrenswertbestimmung nicht mehr maßgebend. **Abzustellen** ist dabei **auf den Zeitpunkt der Einreichung des Antrags oder der Einlegung eines Rechtsmittels (Anhängigmachung)**. Zahlungen, die nach Anhängigmachung erfolgt sind, beeinflussen den einmal entstandenen Gebührenwert nicht mehr.[58] Das gilt auch, wenn im Laufe des Verfahrens (also nach Anhängigmachung) Umstände eintreten, die bewirken, dass geringere Leistungen gefordert werden oder der Unterhaltsanspruch nur (noch) eine begrenzte Zeit zum Gegenstand hat.[59] Wenn aber ein nachehelicher Unterhaltsanspruch im Verbund geltend gemacht wird, entsteht dieser erst entsprechend §§ 1559 ff. BGB ab dem Zeitpunkt der Rechtskraft der Ehescheidung mit der Folge, dass für den Jahresbetrag auf diesen Zeitpunkt abzustellen ist.[60] Auch ein Parteiwechsel nach Anhängigkeit des Antrags beeinflusst die Höhe des Verfahrenswerts nicht mehr.[61] Maßgebend ist stets das Antragsbegehren, mag die Antragsforderung auch durch freiwillige Leistungen (teilweise) zugestanden sein.[62] Bei teilweiser Bewilligung von VKH ist der Wert des gesamten rechtshängig gewordenen prozessualen Anspruchs zu berechnen, wenn der Antragsteller sein Begehren nicht unmiss-verständlich auf den Umfang der Bewilligung von VKH beschränkt hat.[63] Bei **Antragserweiterungen** gilt: Werden diese nach dem Ablauf von 12 Monaten nach Antragseinreichungen gestellt, erhöht sich der Verfahrenswert ab diesem Zeitpunkt.[64] Es wirkt sich eine Antragserweiterung aber dann nicht auf den Verfahrenswert aus, wenn der Antrag zwar nach dem Ablauf der ersten 12 Monate nach Antragseinreichung für einen Zeitraum, der nach dem Ablauf der ersten 12 Monate liegt gestellt wird.[65]

15 Im Falle des Zugeständnisses **freiwilliger Leistungen** sind diese aber dann nicht zu berücksichtigen, wenn der Antragsteller ausdrücklich nur einen Betrag „über freiwillig geleistete Zahlungen hinaus" begehrt und keinerlei Feststellungsinteresse bzgl. der Titu-

---

53 OLG Hamm JurBüro 1979, 875 m. Anm. v. *Mümmler*.
54 OLG Karlsruhe NJW-RR 1999, 582, 583.
55 KG FamRZ 2011, 755.
56 OLG Brandenburg JurBüro 2001, 94; vgl. auch *D. Meyer* JurBüro 2001, 522, 580.
57 OLG Karlsruhe JurBüro 2001, 254.
58 OLG Karlsruhe JurBüro 2011, 529 (zu § 42 Abs. 1 GKG a.F.).
59 OLG Bamberg JurBüro 1980, 1862.
60 OLG Köln JurBüro 2007, 34 (LS mit Volltextservice).
61 OLG Karlsruhe NJW-RR 1999, 582.
62 OLG München AnwBl. 1980, 293; OLG Bamberg JurBüro 1979, 1680 und JurBüro 1979, 874 m. Anm. *Mümmler;* OLG Schleswig SchlHA 1978, 212 und JurBüro 1980, 411 m. Anm. v. *Mümmler*; OLG Oldenburg FamRZ 1979, 64; OLG Koblenz JurBüro 1978, 554; *Mainka* JurBüro 1975, 715; *Mümmler* JurBüro 1980, 895.
63 OLG Karlsruhe FamRZ 2011, 1425.
64 OLG Karlsruhe, JurBüro 2016, 304 = JurionRS 2016, 12104.
65 OLG Schleswig, JurBüro 2016, 307 = JurionRS 2016, 13578.

lierung der freiwilligen Zahlungen erkennbar ist. Wenn aber in einem bezifferten Antrag zwar ein unstreitiger und regelmäßig gezahlter Sockelbetrag einbezogen ist, der Antrag aber nicht auf den streitigen Spitzenbetrag beschränkt ist, ist der gesamte bezifferte Klageantrag maßgebend.[66] Bei einem Antrag auf Zahlung in **ausländischer Währung** ist maßgebend der Betrag, den der Unterhaltsverpflichtete zur Erfüllung seiner Verpflichtung in der Bundesrepublik Deutschland aufwenden müsste,[67] es sei denn, eine bezifferte Forderung ist nach dem zum Zeitpunkt der Antragstellung gültigen amtlichen (Brief-)Umrechnungskurs auf einen €-Betrag umrechenbar. Darauf, ob der Berechtigte im Ausland lebt, kommt es nicht an.

Wert des **Abänderungsantrags** ist der Unterschiedsbetrag zwischen dem bisherigen 16
und dem geforderten künftigen Jahreswert. Wegen des Verfahrenswertes des mit einem Leistungsantrag verbundenen Feststellungsantrags vgl. Anh. zu § 48 GKG Rn. 14. Geht der Antrag auf Leistung eines angemessenen, in das Ermessen des Gerichts gestellten Unterhaltsbetrages, ist der nach seiner Antragsbegründung erwartete Unterhaltsbetrag ungeachtet der Zulässigkeit eines solchen Antrags[68] nach § 3 ZPO zu schätzen. Bei einem Antrag auf einverständliche Scheidung erhöhen die Mitteilungen nach § 133 Abs. Nr. 2 FamFG den Wert nicht.[69] Bei einer **verwaltungsgerichtlichen Anfechtungsklage** gegen auferlegte Erziehungshilfebeiträge ist die Jahressumme der Beträge zuzüglich der bis zur Einreichung der Anfechtungsklage entstandenen Rückstände der Verfahrenswert des Hauptgegenstandes.[70]

Verfahrenswert nach Abs. 1 S. 2: Der für den Antrag auf Zahlungen des Regel- 17
unterhalts maßgebende Jahresbetrag ist der 12-fache Betrag nach der Regelunterhaltsverordnung (RegBetragsVO).[71] Grundlage für die Berechnung des Regelbedarfs nach §§ 1612a–1612c BGB ist die Regelunterhaltsverordnung (RegBetragsVO).[72] Auszugehen für die Berechnung des Streitwertes nach Abs. 1 S. 2 ist dabei stets die bei Klageerhebung maßgebende Altersstufe der RegelBetragsVO unter Berücksichtigung etwaiger Zu- oder Abschläge und nach §§ 1612b und 1612c BGB anzurechnender Beträge.[73] Eine nachträgliche Änderung des Verfahrenswerts kommt wegen § 40 kommt nicht in Betracht. Wird der Regelunterhalt von vornherein mit einem prozentualen Abschlag eingeklagt, so ist dieser auch vom Verfahrenswert zu machen.

Einzelfälle zu Abs. 1 S. 2: 18

- *Verbindung einer Vaterschaftsklage mit Klage auf Regelunterhalt:* Gemäß § 48 Abs. 3 GKG, § 33 Abs. 1 S. 2 FamGKG ist der höhere der beiden Ansprüche maßgebend, weil der vermögensrechtliche Unterhaltsanspruch aus dem nichtvermögensrechtlichen Anspruch auf Vaterschaftsfeststellung abgeleitet ist.
- Klage *nur auf Leistung des Regelunterhalts,* ohne dass nach dem Vorbringen der Parteien eine Anrechnung von Sozialleistungen nach §§ 1612b, 1612c BGB in Betracht kommt oder zu erwarten ist: Streitwert ist der auf den zwölffachen Betrag der jeweiligen Altersgruppe der RegelBetragsVO festzusetzen, abzüglich der Hälfte des Kindergeldes.[74]

66 OLG Bamberg OLGZ 1993, 209 = FamRZ 1993, 457.
67 OLG Frankfurt JurBüro 1968, 625.
68 Dazu OLG Düsseldorf FamRZ 1978, 134.
69 OLG Celle JurBüro 1978, 103 m. Anm. v. *Mümmler.*
70 OVG Münster DÖV 1973, 66 (L).
71 Vgl. *Hartmann* § 51 FamGKG, Rn. 15.
72 Abgedruckt bei Palandt-*Diederichsen* BGB § 1612a Rn. 18.
73 *Hartmann* § 51 FamGKG, Rn. 15.
74 OLG Karlsruhe JurBüro 2001, 254; OLG Hamm FamRZ 1994, 641.

- Fordert der Kläger den *Regelunterhalt und hierzu eine festbezifferte Geldrente*: Vgl. oben Rn. 4.
- *Abänderungsantrag:* Vgl. oben Rn. 5.
- Verlangt der Vater *Erlass von rückständigen Unterhaltsbeträgen,* so bilden diese den Streitwert.
- *Rückstände aus der Zeit vor Antragseinreichung*: Hier gilt Abs. 4.
- *Stundungsanträge:* Haben auf den Verfahrenswert keinen Einfluss.

19 **Hinzurechnung (Abs. 2): Bei der Anwendung des Abs. 2 gelten die folgenden Grundsätze:**

20 **Rückstände:**[75] Die vor Einreichung des Antrags fälligen Rückstände werden den in Abs. 1 errechneten Beträgen hinzugerechnet (Abs. 2 Satz 1). Eingereicht ist der Antrag, wenn er bei Gericht eingegangen ist (Eingangsstempel), mithin anhängig geworden ist. Auf die Rechtshängigkeit kommt es nicht an. Nach Anhängigkeit des Antrags fällig werdende Beträge werden aber in keiner Instanz mitgerechnet und erhöhen somit den Rückstand nicht.[76] Im Einzelfall kann das dazu führen, dass der Rückstandsbetrag höher ist als der Wert nach Abs. 1, weil es nach Abs. 2 nicht auf die Höhe des Rückstandes ankommt, insbesondere keine Begrenzung auf den Jahresbetrag wie in Abs. 1 für den laufenden Unterhalt stattfindet.[77] Da der Unterhalt gem. § 1612 Abs. 3 BGB im Voraus geschuldet wird, ist der Unterhalt für den Monat der Antragstellung stets als Rückstand zu bewerten.[78]

21 Der Einreichung des Antrags in der Hauptsache steht die Einreichung eines Antrags auf Bewilligung von Verfahrenskostenhilfe gleich, wenn der Hauptsacheantrag alsbald nach Mitteilung über die Entscheidung des VKH-Antrags eingereicht wird (Abs. 2 Satz 2).[79] Alsbald bedeutet ohne schuldhaftes Zögern, also unverzüglich. Da die Anknüpfung an den Eingang des VKH-Antrags nur für die Berechnung des Rückstandes gilt, ist der Wert im Falle eines bedingt gestellten VKH-Antrags („... für den Fall der Bewilligung ...“) wie folgt zu berechnen: Der Wert der bis zum Eingang des Antrags aufgelaufenen Rückstände und der Wert nach Abs. 1 ab dem Zeitpunkt des Eingangs des Hauptsacheantrags sind zu addieren. Die zwischen dem Eingang des VKH-Antrags und dem des Hauptsacheantrags liegenden Monate bleiben unberücksichtigt.[80]

22 Für den Antrag auf vereinfachte Festsetzung des Unterhalts Minderjähriger (§§ 249ff. FamFG) gilt die Rückstandberechnung entsprechend. Abzustellen ist hier auf den Eingang des Antrags bei Gericht.

23 **Abs. 3** legt den Wert für die Gerichtsgebühren fest und kann für die Bemessung der Rechtsmittelbeschwer nicht ohne weiteres angewandt werden.[81] Abs. 3 betrifft Verfahren nach § 3 Abs. 2 des Bundeskindergeldgesetzes und nach § 64 Abs. 2 Satz 3 des Einkommensteuergesetzes (§ 231 Abs. 2 FamFG): Ist ein Kind in den gemeinsamen Haushalt von Eltern, einem Elternteil und dessen Ehegatten, Pflegeeltern oder Großeltern aufgenommen worden, bestimmen diese untereinander den Berechtigten. Wird eine Bestimmung nicht getroffen, bestimmt das Gericht auf Antrag den Berechtigten. Wegen der geringen Bedeutung der Verfahren, wozu auch das Beschwerdeverfahren zählt,[82] ist ein aus Ver-

75 Dazu auch *Claudius* FPR 2013, 543.
76 BGH NJW 1960, 1459; *Keske* § 51 Rn. 11.
77 *Hartmann* § 51 Rn. 19; *Keske* § 51 Rn. 11. **A.A.** OLG Naumburg FuR 2004, 379.
78 OLG Naumburg FuR 2004, 379; OLG Brandenburg FamRZ 2004, 962; *Keske* § 51 Rn. 11.
79 Vgl. dazu OLG Karlsruhe JurBüro 2011, 529 (zu § 42 Abs. 5 a.F.).
80 *Keske* § 51 Rn. 12.
81 BGH, NJW-RR 2014, 833 = MDR 204, 798 = FamRZ 2014, 646 = RPfleger 2014, 376 = JurionRS 2014, 11140.
82 OLG Frankfurt FamRZ 2014, 594 = MDR 2014, 785 = JurionRS 2013, 47438; OLG Jena AGS 2013, 144; OLG Celle BeckRS 2012, 10975.

einfachungsgründen eine einheitlicher Regelwert von 500 € bestimmt. Dieser kann nach Abs. 3 Satz 2 ausnahmsweise höher festgesetzt werden (vgl. dazu oben, vor § 43 Rn. 1ff.).

Anders als im § 44 Abs. 2 ist hier aber nicht angeordnet, dass ein mehrere Kinder be- 24
treffendes Verfahren als ein Gegenstand zu bewerten ist. Es gilt mithin der allgemeine Grundsatz der Addition der Gegenstände (§ 33 Abs. 1 Satz 1).[83]

§ 52
Güterrechtssachen

Wird in einer Güterrechtssache, die Familienstreitsache ist, auch über einen Antrag nach § 1382 Abs. 5 oder nach 1383 Abs. 3 des Bürgerlichen Gesetzbuchs entschieden, handelt es sich um ein Verfahren. Die Werte werden zusammengerechnet.

Allgemeines: Die Bestimmung ist inhaltlich entsprechend der Regelung des frühe- 1
ren § 46 Abs. 2 i.V.m. Abs. 1 Satz 1 GKG gestaltet worden.

Anwendungsbereich: § 52 ist anwendbar bei einer Familien**streit**sache nach § 112 2
FamFG und einer Güterrechtssache nach §§ 261ff. FamFG. Bei Familiensachen nach § 111 FamFG ist die Bestimmung nach ihren Wortlaut unanwendbar.

Stundung der Ausgleichforderung: Satz 1, 1. Variante betrifft die Fälle, in denen 3
das FamG nach § 1382 Abs. 1 Satz 1 BGB auf Antrag eine unstreitige Ausgleichforderung stundet. Soweit darüber ein Rechtsstreit anhängig ist, kann der Schuldner den Stundungsantrag nur in dem anhängigen Verfahren stellen (§ 1382 Abs. 5 BGB).

Übertragung von Vermögensgegenständen: Bei Satz 1, 2. Variante geht es um die 4
Fälle des § 1383 Abs. 1 BGB, wonach das FamG Vermögensgegenstände unter Anrechnung auf die Ausgleichforderung überträgt. Auch hier ist zu beachten, dass ein entsprechender Antrag dann, wenn ein Rechtsstreit anhängig ist, nur in dem Verfahren gestellt werden kann (§ 1383 Abs. 3 i.V.m. § 1382 Abs. 5 BGB).

Auskunft: Verpflichtung zur Auskunft $^1/_{10}$–$^1/_4$ des Leistungsanspruch gem. den Vor- 5
stellungen des Antragstellers.[1]

Wertberechnung: Nach § 52 Abs. 2 sind Werte aus beiden Varianten des Satzes 1 6
zusammenzurechnen.

UNTERABSCHNITT 3
Wertfestsetzung

Vorbem. zu §§ 53–56

Die Bestimmungen über die Wertfestsetzung sind inhaltsgleich mit den §§ 61–64 1
GKG. Der Unterschied ist nur terminologischer Art. Statt des Begriff „Streitwert" in den §§ 61–64 GKG wird hier gemäß dem Sprachgebrauch des FamRG der Begriff „Verfahrenswert" gebraucht. Auf die Erläuterungen zu den §§ 61–64 GKG kann demzufolge bei der Anwendung der §§ 53–56 FamGKG zurückgegriffen werden.

---

83 *N. Schneider* in Schneider u.a. § 51 Rn. 198.

1 BGH JurBüro 2012, 80 = MDR 2011, 1438 = NJW-RR 2012, 13 = FamRZ 2011, 1929.

§ 53
Angabe des Werts

Bei jedem Antrag ist der Verfahrenswert, wenn dieser nicht in einer bestimmten Geldsumme besteht, kein fester Wert bestimmt ist oder sich nicht aus früheren Anträgen ergibt, und nach Aufforderung auch der Wert eines Teils des Verfahrensgegenstands schriftlich oder zu Protokoll der Geschäftsstelle anzugeben. Die Angabe kann jederzeit berichtigt werden.

1 Die Vorschrift entspricht – redaktionell angepasst – dem § 61 GKG. Auf die Erläuterungen zu § 61 GKG kann deshalb verwiesen werden.[1]

§ 54
Wertfestsetzung für die Zulässigkeit der Beschwerde

Ist der Wert für die Zulässigkeit der Beschwerde festgesetzt, ist die Festsetzung auch für die Berechnung der Gebühren maßgebend, soweit die Wertvorschriften dieses Gesetzes nicht von den Wertvorschriften des Verfahrensrechts abweichen.

1 Die Vorschrift übernimmt inhaltlich die Regelung des § 62 Satz 1 GKG. Sie ist aus der Natur der Sache aber beschränkt auf die Wertfestsetzung für die Zulässigkeit der Beschwerde, weil die Zuständigkeit des Familiengerichts nicht vom Wert abhängig ist. Das zu § 62 GKG Gesagte gilt mithin auch für § 54 entsprechend.

2 Wie bei § 62 GKG ist auch bei § 54 erforderlich, dass der Wertfestsetzungsbeschluss eine klare Entscheidung zum Kostenverfahrenswert beinhaltet. Das muss aus der Begründung des Beschlusses zumindest durch Auslegung zweifelsfrei zu ermitteln sein. Anderenfalls besteht keine Bindung.

§ 55
Wertfestsetzung für die Gerichtsgebühren

(1) Sind Gebühren, die sich nach dem Verfahrenswert richten, mit der Einreichung des Antrags, der Einspruchs- oder der Rechtsmittelschrift oder mit der Abgabe der entsprechenden Erklärung zu Protokoll fällig, setzt das Gericht sogleich den Wert ohne Anhörung der Beteiligten durch Beschluss vorläufig fest, wenn Gegenstand des Verfahrens nicht eine bestimmte Geldsumme in Euro ist oder für den Regelfall kein fester Wert bestimmt ist. Einwendungen gegen die Höhe des festgesetzten Werts können nur im Verfahren über die Beschwerde gegen den Beschluss, durch den die Tätigkeit des Gerichts aufgrund dieses Gesetzes von der vorherigen Zahlung von Kosten abhängig gemacht wird, geltend gemacht werden.

(2) Soweit eine Entscheidung nach § 54 nicht ergeht oder nicht bindet, setzt das Gericht den Wert für die zu erhebenden Gebühren durch Beschluss fest, sobald eine Entscheidung über den gesamten Verfahrensgegenstand ergeht oder sich das Verfahren anderweitig erledigt.

(3) Die Festsetzung kann von Amts wegen geändert werden

1 Vgl. dazu bei *Volpert* RVG-Report 2010, 130.

1. von dem Gericht, das den Wert festgesetzt hat, und
2. von dem Rechtsmittelgericht, wenn das Verfahren wenn das Verfahren wegen des Hauptgegenstandes oder wegen der Entscheidung über den Verfahrenswert, den Kostenansatz oder die Kostenfestsetzung in der Rechtsmittelinstanz schwebt.

Die Änderung ist nur innerhalb von sechs Monaten zulässig, nachdem die Entscheidung wegen des Hauptgegenstandes Rechtskraft erlangt oder das Verfahren sich anderweitig erledigt hat.

Die Bestimmung für die Wertfestsetzung übernimmt die des § 63 GKG für die Verfah- 1
ren vor den ordentlichen Gerichten. Auf die Erläuterungen zu § 63 GKG wird deshalb Bezug genommen.[1]

Mit der Formulierung in Abs. 1 Satz 1 wird sichergestellt, dass die Festsetzung auch 2
dann entbehrlich ist, wenn von einem Festwert abgewichen werden kann.

Im Verfahren der einstweiligen Anordnung (§§ 49 ff. FamFG) beginnt die Frist des 3
Abs. 3 Satz 2 nicht vor der Erledigung der Hauptsache zu laufen,[2] wenn und soweit eine solche anhängig ist oder wird.

Im Verbundverfahren (§ 44) ist es für den Fristlauf des Abs. 3 Satz 2 unerheblich, ob 4
noch abgetrennte Folgesachen anhängig sind.[3]

§ 56
Schätzung des Werts

Wird eine Abschätzung durch Sachverständige erforderlich, ist in dem Beschluss, durch den der Verfahrenswert festgesetzt wird (§ 55), über die Kosten der Abschätzung zu entscheiden. Diese Kosten können ganz oder teilweise dem Beteiligten auferlegt werden, welcher die Abschätzung durch Unterlassen der ihm obliegenden Wertangabe, durch unrichtige Angabe des Werts, durch unbegründetes Bestreiten des angegebenen Werts oder durch eine unbegründete Beschwerde veranlasst hat.

Die Vorschrift entspricht – redaktionell angepasst – dem § 64 GKG. 1

ABSCHNITT 8
Erinnerung und Beschwerde

Vorbem. vor §§ 57–61

Auch das Rechtsmittelsystem des FamGKG entspricht inhaltlich dem des GKG 1
(§§ 66–69a GKG). Größtenteils besteht sogar Wortgleichheit. Demzufolge kann auch hier auf die Erläuterungen zu den §§ 66–69a GKG zurückgegriffen werden.

1 Dazu ausführlich *N. Schneider*, NZFam 2014, 211.
2 KG JurBüro 1978, 1700.
3 OLG Schleswig SchlHA 1981, 119; OLG München JurBüro 1991, 951; *Hartmann* § 63 Rn. 55.

§ 57
Erinnerung gegen den Kostenansatz, Beschwerde

(1) Über Erinnerungen des Kostenschuldners und der Staatskasse gegen den Kostenansatz entscheidet das Gericht, bei dem die Kosten angesetzt sind. War das Verfahren im ersten Rechtszug bei mehreren Gerichten anhängig, ist das Gericht, bei dem es zuletzt anhängig war, auch insoweit zuständig, als Kosten bei den anderen Gerichten angesetzt worden sind.

(2) Gegen die Entscheidung des Familiengerichts über die Erinnerung findet die Beschwerde statt, wenn der Wert des Beschwerdegegenstands 200 Euro übersteigt. Die Beschwerde ist auch zulässig, wenn sie das Familiengericht, das die angefochtene Entscheidung erlassen hat, wegen der grundsätzlichen Bedeutung der zur Entscheidung stehenden Frage in dem Beschluss zulässt.

(3) Soweit das Familiengericht die Beschwerde für zulässig und begründet hält, hat es ihr abzuhelfen; im Übrigen ist die Beschwerde unverzüglich dem Oberlandesgericht vorzulegen. Das Oberlandesgericht ist an die Zulassung der Beschwerde gebunden; die Nichtzulassung ist unanfechtbar.

(4) Anträge und Erklärungen können zu Protokoll der Geschäftsstelle abgegeben oder schriftlich eingereicht werden; § 129a der Zivilprozessordnung gilt entsprechend. Für die Bevollmächtigung gelten die Regeln des Gesetzes über das Verfahren in Familiensachen und in den Angelegenheiten der freiwilligen Gerichtsbarkeit entsprechend. Die Erinnerung ist bei dem Gericht einzulegen, das für die Entscheidung über die Erinnerung zuständig ist. Die Beschwerde ist bei dem Familiengericht einzulegen.

(5) Das Gericht entscheidet über die Erinnerung und die Beschwerde durch eines seiner Mitglieder als Einzelrichter. Der Einzelrichter überträgt das Verfahren dem Senat, wenn die Sache besondere Schwierigkeiten tatsächlicher oder rechtlicher Art aufweist oder die Rechtssache grundsätzliche Bedeutung hat.

(6) Erinnerung und Beschwerde haben keine aufschiebende Wirkung. Das Gericht oder das Beschwerdegericht kann auf Antrag oder von Amts wegen die aufschiebende Wirkung ganz oder teilweise anordnen; ist nicht der Einzelrichter zur Entscheidung berufen, entscheidet der Vorsitzende des Gerichts.

(7) Entscheidungen des Oberlandesgerichts sind unanfechtbar

(8) Die Verfahren sind gebührenfrei. Kosten werden nicht erstattet.

1 Die Regelung über die Erinnerung gegen den Kostenansatz und die Beschwerde entspricht im Wesentlichen § 66 GKG. Sie enthält jedoch keine Regelung über die weitere Beschwerde, weil in Familiensachen für Entscheidungen über Beschwerden gegen Entscheidungen des Familiengerichts das Oberlandesgericht zuständig ist. Eine weitere Beschwerde zum Bundesgerichtshof ist – entsprechend der Regelung in § 66 Abs. 3 Satz 3 GKG – nicht zulässig. Dies soll durch den zusätzlich eingefügten Absatz 7 klargestellt werden.

2 **Abs. 1:** Satz 1 ist identisch mit § 66 Abs. 1 Satz 1 GKG, während Satz 2 mit § 66 Abs. 1 Satz 3 GKG übereinstimmt.

3 **Abs. 2** ist inhaltsgleich mit § 66 Abs. 2.

4 **Abs. 3:** Satz 1 entspricht inhaltlich dem § 66 Abs. 3 Satz 1, während Satz 2 inhaltgleich ist mit § 66 Abs. 3 Satz 4 GKG.

5 **Abs. 4** ist inhaltsgleich mit § 66 Abs. 4 GKG.

6 **Abs. 5:** Satz 1 entspricht dem 1. Halbsatz des § 66 Abs. 6 Satz 1GKG, während Satz inhaltsgleich ist mit § 66 Abs. 6 Satz 2 GKG.

Abs. 6: Satz 1 ist identisch mit § 66 Abs. 7 Satz 1 GKG. Abs. 2 entspricht dem § 66 Abs. 7 Satz 2 GKG. 7

Abs. 7 entspricht inhaltlich dem § 66 Abs. 3 Satz 3 GKG. 8

Abs. 8 stimmt wörtlich überein mit § 66 Abs. 8 GKG. So ist eine Beschwerde gegen den Kostensatz auch dann gebührenfrei, wenn sie zwar grundsätzlich statthaft, aber wegen nicht erreichter Beschwer unzulässig ist.[1] 9

§ 58
Beschwerde gegen die Anordnung einer Vorauszahlung

(1) Gegen den Beschluss, durch den die Tätigkeit des Familiengerichts nur aufgrund dieses Gesetzes von der vorherigen Zahlung von Kosten abhängig gemacht wird, und wegen der Höhe des in diesem Fall im Voraus zu zahlenden Betrags findet stets die Beschwerde statt. § 57 Abs. 3, 4 Satz 1 und 4, Abs. 5, 7 und 8 ist entsprechend anzuwenden. Soweit sich der Beteiligte in dem Verfahren wegen des Hauptgegenstandes vor dem Familiengericht durch einen Bevollmächtigten vertreten lassen muss, gilt dies auch im Beschwerdeverfahren.

(2) Im Falle des § 16 Abs. 2 ist § 57 entsprechend anzuwenden.

Die Vorschrift über die Beschwerde gegen die Abhängigmachung des Verfahrensfortgangs von der vorherigen Zahlung entspricht dem § 67 GKG. Sie ist nur zulässig, wenn die Abhängigmachung nach den Bestimmungen des FamGKG (§§ 14, 16) durch gerichtlichen Beschluss angeordnet worden ist. Beruht die Anordnung auf Bestimmungen außerhalb des FamGKG, ist die Beschwerde nach Abs. 1 ausgeschlossen.[1] 1

§ 59
Beschwerde gegen die Festsetzung des Verfahrenswerts

(1) Gegen den Beschluss des Familiengerichts, durch den der Verfahrenswert für die Gerichtsgebühren festgesetzt worden ist (§ 55 Abs. 2), findet die Beschwerde statt, wenn der Wert des Beschwerdegegenstandes 200 Euro übersteigt. Die Beschwerde findet auch statt, wenn sie das Familiengericht wegen der grundsätzlichen Bedeutung der zur Entscheidung stehenden Frage in dem Beschluss zulässt. Die Beschwerde ist nur zulässig, wenn sie innerhalb der in § 55 Abs. 3 Satz 2 bestimmten Frist eingelegt wird; ist der Verfahrenswert später als einen Monat vor Ablauf dieser Frist festgesetzt worden, kann sie noch innerhalb eines Monats nach Zustellung oder formloser Mitteilung des Festsetzungsbeschlusses eingelegt werden. Im Fall der formlosen Mitteilung gilt der Beschluss mit dem dritten Tag nach Aufgabe zur Post als bekannt gemacht. § 57 Abs. 3, 4 Satz 1, 2 und 4, Abs. 5 und 7 ist entsprechend anzuwenden.

(2) War der Beschwerdeführer ohne sein Verschulden verhindert, die Frist einzuhalten, ist ihm auf Antrag vom Oberlandesgericht Wiedereinsetzung in den vorigen Stand zu gewähren, wenn er die Beschwerde binnen zwei Wochen nach der

1 KG, JurBüro 2017, 87.

1 OLG Celle JurBüro 2012, 433, 434; *Volpert* in Schneider/Wolf u.a. § 58 Rn. 3–4; *Dörndorfer* in Binz u.a. § 58 Rn. 1.

Beseitigung des Hindernisses einlegt und die Tatsachen, welche die Wiedereinsetzung begründen, glaubhaft macht. Ein Fehlen des Verschuldens wird vermutet, wenn eine Rechtsbehelfsbelehrung unterblieben oder fehlerhaft ist. Nach Ablauf eines Jahres, von dem Ende der versäumten Frist an gerechnet, kann die Wiedereinsetzung nicht mehr beantragt werden.

(3) Die Verfahren sind gebührenfrei. Kosten werden nicht erstattet.

1 Die Regelung der Beschwerde gegen die Festsetzung des Verfahrenswerts entspricht inhaltlich im Wesentlichen dem § 68 GKG.[1] Regelungen über die weitere Beschwerde sowie über die Beschwerde gegen die Ablehnung der Wiedereinsetzung sind entsprechend der Systematik des FamFG, nach der Rechtsmittel gegen die Entscheidungen des Oberlandesgerichts nicht zulässig sind, nicht übernommen worden.

2 Im Verfahren der einstweiligen Anordnung nach § 49 FamGKG ist die Streitwertbeschwerde auch möglich, wenn die einstweilige Anordnung nach § 57 FamGKG unanfechtbar ist. Die einstweilige Anordnung soll nur einstweilig wirken. Das rechtfertigt eine teilweise Verweigerung der Beschwerde. Die auch für das Eilverfahren des FamFG zulässige Streitwertfestsetzung nach § 55 Abs. 2 dagegen wirkt endgültig, so dass sie beim Vorliegen der sonstigen Voraussetzungen überprüfbar sein muss

3 Streitig ist auch hier, ob eine **unstatthafte (unzulässige) Beschwerde** ebenfalls gebührenfrei ist oder ob die Gebührenfreiheit sich nur auf zulässige Beschwerden gegen die Festsetzung des Verfahrenswerts bezieht. Nach h.M., der zuzustimmen ist,[2] kann auch hier nichts anderes gelten. Unstatthafte (unzulässige) Beschwerden gegen die sind auch im Anwendungsbereich des FamGKG gebührenpflichtig.[3]

4 Der Wert des Beschwerdegegenstandes richtet sich nach dem Interesse des Beschwerdeführers. Bei der Beschwerde eines im Wege der Verfahrenskostenhilfe ohne Ratenzahlung beigeordneten Rechtsanwalts ist bei der Bestimmung des Beschwerdewertes von den Wahlanwaltsgebühren und nicht von der Vergütung nach § 49 RVG auszugehen.[4]

§ 60
Beschwerde gegen die Auferlegung einer Verzögerungsgebühr

Gegen den Beschluss des Familiengerichts nach § 32 findet die Beschwerde statt, wenn der Wert des Beschwerdegegenstands 200 Euro übersteigt oder das Familiengericht die Beschwerde wegen der grundsätzlichen Bedeutung in dem Beschluss der zur Entscheidung stehenden Frage zugelassen hat. § 57 Abs. 3, 4 Satz 1, 2 und 4, Abs. 5, 7 und 8 ist entsprechend anzuwenden.

1 Die Regelung über die Auferlegung einer Verzögerungsgebühr entspricht – redaktionell angepasst – dem § 69 GKG.

---

1 Zur Fristberechnung vgl. *N. Schneider* NZFam 2016, 785.
2 Vgl. § 68 GKG Rn. 27.
3 OLG Celle, JurBüro 2013, 29, 30 = FamRZ 2013, 903; so auch *Schneider* in Schneider/Wolf/Volpert § 59 Rn. 114.
4 OLG Frankfurt/Main FamRZ 2012, 1970.

§ 61
Abhilfe bei Verletzung des Anspruchs auf rechtliches Gehör

(1) Auf die Rüge eines durch die Entscheidung beschwerten Beteiligten ist das Verfahren fortzuführen, wenn
1. **ein Rechtsmittel oder ein anderer Rechtsbehelf gegen die Entscheidung nicht gegeben ist und**
2. **das Gericht den Anspruch dieses Beteiligten auf rechtliches Gehör in entscheidungserheblicher Weise verletzt hat.**

(2) Die Rüge ist innerhalb von zwei Wochen nach Kenntnis von der Verletzung des rechtlichen Gehörs zu erheben; der Zeitpunkt der Kenntniserlangung ist glaubhaft zu machen. Nach Ablauf eines Jahres seit Bekanntmachung der angegriffenen Entscheidung kann die Rüge nicht mehr erhoben werden. Formlos mitgeteilte Entscheidungen gelten mit dem dritten Tage nach Aufgabe zur Post als bekannt gemacht. Die Rüge ist bei dem Gericht zu erheben, dessen Entscheidung angegriffen wird; § 57 Abs. 4 Satz 1 und 2 gelten entsprechend. Die Rüge muss die angegriffene Entscheidung bezeichnen und das Vorliegen der in Absatz 1 Nr. 2 genannten Voraussetzungen darlegen.

(3) Den übrigen Beteiligten ist, soweit erforderlich, Gelegenheit zur Stellungnahme zu geben.

(4) Das Gericht hat von Amts wegen zu prüfen, ob die Rüge an sich statthaft und ob sie in der gesetzlichen Form und Frist erhoben ist. Mangelt es an einem dieser Erfordernisse, so ist die Rüge als unzulässig zu verwerfen. Ist die Rüge unbegründet, weist das Gericht sie zurück. Die Entscheidung ergeht durch unanfechtbaren Beschluss. Der Beschluss soll kurz begründet werden.

(5) Ist die Rüge begründet, so hilft ihr das Gericht ab, indem es das Verfahren fortführt, soweit dies aufgrund der Rüge geboten ist.

(6) Kosten werden nicht erstattet.

Das Verfahren auf die Rüge bei Verletzung des Anspruchs auf rechtliches Gehör entspricht – redaktionell angepasst – dem § 69a GKG. 1

ABSCHNITT 9
Schluss- und Übergangsvorschriften

§ 61a
Verordnungsermächtigung

Die Landesregierungen werden ermächtigt, durch Rechtsverordnung zu bestimmen dass die von den Gerichten der Länder zu erhebenden Verfahrensgebühren in solchen Verfahren, die nur auf Antrag eingeleitet werden, über die im Kostenverzeichnis für den Fall der Zurücknahme des Antrags vorgesehene Ermäßigung hinaus weiter ermäßigt werden oder entfallen, wenn das gesamte Verfahren oder bei Verbundverfahren nach § 44 eine Folgesache nach einer Mediation oder nach einem anderen Verfahren der außergerichtlichen Konfliktbeilegung durch Zurücknahme des Antrags beendet wird und in der Antragsschrift mitgeteilt worden ist, dass eine Mediation oder ein anderes Verfahren der außergerichtlichem Konfliktbeilegung unternommen wird oder beabsichtigt ist, oder wenn das Gericht den Parteien die die Durchführung einer Mediation oder eines anderen

Verfahrens der außergerichtlichen Konfliktbeilegung vorgeschlagen hat. Satz 1 gilt entsprechend für die in den Beschwerdeverfahren von den Oberlandesgerichten zu erhebenden Verfahrensgebühren; an die Stelle der Antragsschrift tritt der Schriftsatz, mit dem die Beschwerde eingelegt worden ist.

§ 62
(aufgehoben)

§ 62a
Bekanntmachung von Neufassungen

Das Bundesministerium der Justiz und für Verbraucherschutz kann nach Änderungen den Wortlaut des Gesetzes feststellen und als Neufassung im Bundesgesetzblatt bekannt machen. Die Bekanntmachung muss auf diese Vorschrift Bezug nehmen und angeben
1. **den Stichtag, zu dem der Wortlaut festgestellt wird,**
2. **die Änderungen seit der letzten Veröffentlichung des vollständigen Wortlauts im Bundesgesetzblatt sowie**
3. **das Inkrafttreten der Änderungen.**

1 Die Vorschrift ist identisch mit § 70a GKG. Auf die Erläuterungen dort wird verwiesen.

§ 63
Übergangsvorschrift

(1) In Verfahren, die vor dem Inkrafttreten einer Gesetzesänderung anhängig geworden oder eingeleitet worden sind, werden die Kosten nach bisherigem Recht erhoben. Dies gilt nicht im Verfahren über ein Rechtsmittel, das nach dem Inkrafttreten einer Gesetzesänderung eingelegt worden ist. Die Sätze 1 und 2 gelten auch, wenn Vorschriften geändert werden, auf die dieses Gesetz verweist.

(2) In Verfahren, in denen Jahresgebühren erhoben werden, und in den Fällen, in denen Abs. 1 keine Anwendung findet, gilt für Kosten, die vor dem Inkrafttreten einer Gesetzesänderung fällig geworden sind, das bisherige Recht.

1 Die Vorschrift regelt, welches Recht bei **künftigen Änderungen des FamGKG** anzuwenden ist. Das gilt nach Abs. 1 Satz 3 auch, wenn Vorschriften geändert werden, auf die das FamGKG verweist und kann besonders bei Änderungen des GNotKG relevant werden.

2 Für Änderungen des früheren Rechts infolge des Inkrafttretens des FamFG bzw. des FamGKG ist die Übergangsbestimmung des Art. 111 FGG-RG einschlägig.[1] Wird z.B. eine nach altem Recht abgetrennte Folgesache (z.B. Versorgungsausgleich), wird diese als selbständige Folgesache nach dem FamGKG abgerechnet. Auf Beschwerdeverfahren gegen den Ansatz von Gerichtskosten ist aber das GKG weiterhin anwendbar, wenn das erstinstanzliche Verfahren vor dem 1.9.2009 eingeleitet wurde.[2]

---

1 Dazu *Keske* FPR 2010, 78; AG Bad Iburg JurBüro 2010, 541 m. Anm. v. *Bellmann*; *Prütting/Helms* § 63 FamGKG Rn. 1.

2 KG JurBüro 2011, 143.

§ 64
Übergangsvorschrift für die Erhebung von Haftkosten

Bis zum Erlass landesrechtlicher Vorschriften über die Höhe des Haftkostenbeitrags, der von einem Gefangenen zu erheben ist, sind die Nummern 2008 und 2009 des Kostenverzeichnisses in der bis zum 27. Dezember 2010 geltenden Fassung anzuwenden.

KOSTENVERZEICHNIS

ANLAGE 1
(zu § 3 Abs. 2)

Gliederung

TEIL 1.
Gebühren

Hauptabschnitt 1. Hauptsacheverfahren in Ehesachen einschließlich aller Folgesachen
Abschnitt 1. Erster Rechtszug
Abschnitt 2. Beschwerde gegen die Endentscheidung wegen des Hauptgegenstandes
Abschnitt 3. Rechtsbeschwerde gegen die Endentscheidung wegen des Hauptgegenstandes
Abschnitt 4. Zulassung der Sprungrechtsbeschwerde gegen die Endentscheidung wegen des Hauptgegenstandes

Hauptabschnitt 2. Hauptsacheverfahren in selbständigen Familienstreitsachen
Abschnitt 1. Vereinfachtes Verfahren über den Unterhalt Minderjähriger
Unterabschnitt 1. Erster Rechtszug
Unterabschnitt 2. Beschwerde gegen die Endentscheidung wegen des Hauptgegenstandes
Unterabschnitt 3. Rechtsbeschwerde gegen die Endentscheidung wegen des Hauptgegenstandes
Unterabschnitt 4. Zulassung der Sprungrechtsbeschwerde gegen die Endentscheidung wegen des Hauptgegenstandes
Abschnitt 2. Verfahren im Übrigen
Unterabschnitt 1. Erster Rechtszug
Unterabschnitt 2. Beschwerde gegen die Endentscheidung wegen des Hauptgegenstandes
Unterabschnitt 3. Rechtsbeschwerde gegen die Endentscheidung wegen des Hauptgegenstandes
Unterabschnitt 4. Zulassung der Sprungrechtsbeschwerde gegen die Endentscheidung wegen des Hauptgegenstandes

Hauptabschnitt 3. Hauptsacheverfahren in selbständigen Familiensachen der freiwilligen Gerichtsbarkeit
Abschnitt 1. Kindschaftssachen
Unterabschnitt 1. Verfahren vor dem Familiengericht
Unterabschnitt 2. Beschwerde gegen die Endentscheidung
Unterabschnitt 3. Rechtsbeschwerde gegen die Endentscheidung wegen des Hauptgegenstandes
Unterabschnitt 4. Zulassung der Sprungrechtsbeschwerde gegen die Endentscheidung wegen des Hauptgegenstandes
Abschnitt 2. Übrige Familiensachen der freiwilligen Gerichtsbarkeit
Unterabschnitt 1. Erster Rechtszug
Unterabschnitt 2. Beschwerde gegen die Endentscheidung wegen des Hauptgegenstandes

Unterabschnitt 3. Rechtsbeschwerde gegen die Endentscheidung wegen des Hauptgegenstandes
Unterabschnitt 4. Zulassung der Sprungrechtsbeschwerde gegen die Endentscheidung wegen des Hauptgegenstandes

Hauptabschnitt 4. Einstweiliger Rechtsschutz
Abschnitt 1. Einstweilige Anordnung in Kindschaftssachen
Unterabschnitt 1. Erster Rechtszug
Unterabschnitt 2. Beschwerde gegen die Endentscheidung wegen des Hauptgegenstandes
Abschnitt 2. Einstweilige Anordnung in den übrigen Familiensachen, Arrest und Europäischer Beschluss zur vorläufigen Kontenpfändung
Unterabschnitt 1. Erster Rechtszug
Unterabschnitt 2. Beschwerde gegen die Endentscheidung wegen des Hauptgegenstandes

Hauptabschnitt 5. Besondere Gebühren

Hauptabschnitt 6. Vollstreckung

Hauptabschnitt 7. Verfahren mit Auslandsbezug
Abschnitt 1. Erster Rechtszug
Abschnitt 2. Beschwerde und Rechtsbeschwerde gegen die Endentscheidung wegen des Hauptgegenstandes

Hauptabschnitt 8. Rüge wegen Verletzung des Anspruchs auf rechtliches Gehör

Hauptabschnitt 9. Rechtsmittel im Übrigen
Abschnitt 1. Sonstige Beschwerden
Abschnitt 2. Sonstige Rechtsbeschwerden
Abschnitt 3. Zulassung der Sprungrechtsbeschwerde in sonstigen Fällen

TEIL 2.
Auslagen

TEIL 1
Gebühren

HAUPTABSCHNITT 1
Hauptsacheverfahren in Ehesachen einschließlich aller Folgesachen

1 In diesem Hauptabschnitt sind die Gebührenregelungen für Ehesachen (§ 121 FamFG) und für im Verbund mit der Scheidung der Ehe zu verhandelnde Folgesachen (§ 137 FamFG) zusammengefasst. Dabei sind unter Anpassung der durch das FamFG erfolgten Änderungen die Gebühren des bisherigen Teils 1 Hauptabschnitt 3 des Kostenverzeichnisses zum GKG (KV GKG) übernommen werden.

2 Die Regelungen über die im Mahnverfahren zu erhebenden Gebühren sind hier entbehrlich, weil für das Mahnverfahren die Vorschriften der Zivilprozessordnung entspre-

chend anzuwenden sind (§ 113 Abs. 2 FamFG) und sich die Kosten demzufolge nach dem GKG bestimmen (§ 1 Satz 3 FamGKG). Die Lebenspartnerschaftssachen sind nicht mehr ausdrücklich genannt, weil nach § 5 in Verfahren der Aufhebung einer Lebenspartnerschaft die für Scheidungssachen geltenden Vorschriften entsprechend angewandt werden.

ABSCHNITT 1
Erster Rechtszug

Nr.	Gebührentatbestand	Gebühr oder Satz der Gebühr nach § 28 FamGKG
1110	**Verfahren im Allgemeinen**	**2,0**
1111	**Beendigung des Verfahrens hinsichtlich der Ehesache oder einer Folgesache durch** **1. Zurücknahme des Antrags** **a) vor dem Schluss der mündlichen Verhandlung,** **b) in den Fällen des § 128 Abs. 2 ZPO vor dem Zeitpunkt, der dem Schluss der mündlichen Verhandlung entspricht,** **c) im Falle des § 331 Abs. 3 ZPO vor Ablauf des Tages, an dem die Endentscheidung der Geschäftsstelle übermittelt wird,** **2. Anerkenntnis- oder Verzichtsentscheidung oder Endentscheidung, die nach § 38 Abs. 4 Nr. 2 und 3 FamFG keine Begründung enthält oder nur deshalb eine Begründung enthält, weil zu erwarten ist, dass der Beschluss im Ausland geltend gemacht wird (§ 38 Abs. 5 Nr. 4 FamFG), mit Ausnahme der Endentscheidung in einer Scheidungssache,** **3. gerichtlichen Vergleich oder** **4. Erledigung in der Hauptsache, wenn keine Entscheidung über die Kosten ergeht oder die Entscheidung einer zuvor mitgeteilten Einigung über die Kostentragung oder einer Kostenübernahmeerklärung folgt,** **es sei denn, dass bereits eine andere Endentscheidung als eine der in Nummer 2 genannten Entscheidungen vorausgegangen ist:** **Die Gebühr 1110 ermäßigt sich auf** **(1) Wird im Verbund nicht das gesamte Verfahren beendet, ist auf die beendete Ehesache und auf eine oder mehrere beendete Folgesachen § 44 FamGKG anzuwenden und die Gebühr nur insoweit zu ermäßigen.** **(2) Die Vervollständigung einer ohne Begründung hergestellten Endentscheidung (§ 38 Abs. 6 FamFG) steht der Ermäßigung nicht entgegen.** **(3) Die Gebühr ermäßigt sich auch, wenn mehrere Ermäßigungstatbestände erfüllt sind.**	**0,5**

Die Ermäßigungen der Nr. 1111 gelten für **isolierte Ehesachen** und für **Verbundverfahren einschließlich abgetrennter Folgesachen** (§ 137 Abs. 5 Satz 1 FamFG).[1] Für 1

1 Dazu ausführlich bei N. *Schneider* in Schneider u.a. Nr. 1111 KV Rn. 10 ff.; *von König/Bischof*, Rn. 338 ff.

selbständige Familiensachen, die keine Ehesachen sind, gelten hingegen die Nrn. 1221 in Familienstreitsachen und 1321 in Familiensachen der freiwilligen Gerichtsbarkeit.

2 Grundvoraussetzung für eine Gebührenermäßigung nach Nr. 1111 ist in allen Fällen, dass sich dadurch das **gesamte** Verfahren, (d.h. die isolierte Ehesache bzw. das gesamte Verbundverfahren oder eine bzw. mehrere Folgesachen) erledigt. Nur dann tritt eine – ggf. auf den Teilstreitwert begrenzte – Gebührenermäßigung auf eine 0,5-Gebühr ein; also wenn die gesamte Ehesache oder eine gesamte Folgesache durch Rücknahme, Vergleich etc. erledigt wird.[2] Nur teilweise Erledigungen reichen demzufolge nicht, es sei denn, die Summe mehrerer Teilerledigungen führt zur Erledigung der gesamten Sache (Anm. 3).[3] Die Erledigung muss aber durch eine Verfahrens-(prozess)handlung einer Partei erfolgen. Wenn sie ohne Zutun einer Partei eintritt (z.B. Erledigung durch Tod eines Ehegatten), ist keine Ermäßigung möglich.[4] In einer Scheidungssache ist die Vorschrift unanwendbar, so dass auch dann keine Ermäßigung möglich ist, wenn bei einer einheitlichen abschließenden Entscheidung im Verbundverfahren (§§ 137 Abs. 1, 142 Abs. 1 FamFG) insgesamt oder nur bei einzelnen Teilaussprüchen von einer Begründung nach § 38 Abs. 4 Nr. 2 FamFG abgesehen wird.[5]

3 Werden Folgesachen abgetrennt, ohne dass sie zu selbständigen Familiensachen werden (§ 137 Abs. 5 Satz 1 FamFG), bleibt der Verbund mit der Folge erhalten, dass für die abgetrennten Sachen Nr. 1111 weiterhin anwendbar ist. Das ist in der Anmerkung 1 ausdrücklich klargestellt.

4 Für Scheidungssachen, sei es als isolierte Scheidungssache oder ein Verbundverfahren, ist in Nr. 2 a.E. ausdrücklich klargestellt, dass die Ermäßigung der Gebühr nach Nr. 1110 stets ausgeschlossen ist, wenn bei einer Erledigung des gesamten Verfahrens durch Sachentscheidung nach § 38 Abs. 4 Nr. 2 und 3 von einer Begründung abgesehen wird. Denn in diesen Fällen bedarf es der Gebührenermäßigung nicht, weil durch den Wegfall der Begründung dem Gericht kaum Arbeit erspart wird.[6] Insbesondere bei Endentscheidungen wird das häufig der Fall sein. Hier ist zu unterscheiden:

- Wenn das gesamte Verbundverfahren (Scheidungsausspruch und Folgesache) entschieden wird und nur einzelne Aussprüche (z.B. über den Versorgungsausgleich) begründet werden, ist keine Ermäßigung der Gebühr nach KV 1111 Nr. 2 möglich.
- Wenn nur der Scheidungsausspruch endgültig entschieden und die Folgesache abgetrennt wird, ist für die Gebühr des Scheidungsausspruchs keine Ermäßigung möglich. Für die Folgesache(n)ist wegen § 44 die Gebühr insoweit zu ermäßigen (Anm. zu KV-FamGKG 1111 Abs. 1). Daneben ist stets § 30 Abs. 3 zu beachten, wenn und soweit für Teile des Gegenstandes verschiedene Gebührensätze gelten. Die Gebühren müssen dann für die Teile gesondert berechnet werden; die aus dem Gesamtbetrag der Wertteile nach dem höchsten Gebührensatz berechnete Gebühr bildet aber die Obergrenze.[7]

5 Wenn hingegen Folgesachen nach Abtrennung zu selbständigen Familiensachen werden (§§ 137 Abs. 5 Satz 2, 141 Satz 3, 142 Satz 3 FamFG), ist Nr. 1221 (Familienstreitsachen) oder Nr. 1321 (Familiensachen der Freiwilligen Gerichtsbarkeit) einschlägig.

---

2 BT-Drs. 16/6308 S. 309.

3 *N. Schneider* in Schneider/Wolf/Volpert, Nr. 1111 KV Rn. 6; *Oe/He/Tre* FamGKG Nrn. 1110–1140, Rn. 63.

4 KG JurBüro 2011, 143 (zu § 1311 GKG a.F.) = FamRZ 2011, 754.

5 Dazu ausführlich *D. Meyer* JurBüro 2011, 516. So auch *Hartmann*, KV-FamGKG 1111, Rn. 1.

6 So die Begründung zum Gesetz, vgl. BT-Drs. 116/6308, S. 309.

7 Vgl. *von König/Bischof* Rn. 341, 342 mit anschaulichen Berechnungsbespielen.

ABSCHNITT 2
Beschwerde gegen die Endentscheidung wegen des Hauptgegenstandes

Abschnitt 2 regelt die Gebühren für das Beschwerdeverfahren in der Hauptsache, wobei im Wesentlichen die für die Berufung und die Beschwerde in Folgesachen geltenden Regelungen der Nummern 1320 bis 1322 KV GKG übernommen wurden. 1

Vorbemerkung 1.1.2:

Dieser Abschnitt ist auch anzuwenden, wenn sich die Beschwerde auf eine Folgesache beschränkt.

Die **Vorbemerkung 1.1.2** stellt klar, dass die gegenüber den Familienstreitsachen reduzierten Gebühren dieses Abschnitts auch dann gelten, wenn nur die Endentscheidung in einer Folgesache mit der Beschwerde angegriffen wird. Dies entspricht der früheren Rechtslage und trägt dem Grundsatz Rechnung, dass Kostenanreize dafür geschaffen werden sollen, Scheidungsfolgesachen gleich in das Verbundverfahren einzuführen und nicht später als isoliertes Verfahren anhängig zu machen. 1

Nr.	Gebührentatbestand	Gebühr oder Satz der Gebühr nach § 28 FamGKG
1120	**Verfahren im Allgemeinen**	**3,0**
1121	**Beendigung des gesamten Verfahrens durch Zurücknahme der Beschwerde oder des Antrags, bevor die Schrift zur Begründung der Beschwerde bei Gericht eingegangen ist: Die Gebühr 1120 ermäßigt sich auf** **Die Erledigung in der Hauptsache steht der Zurücknahme gleich, wenn keine Entscheidung über die Kosten ergeht oder die Entscheidung einer zuvor mitgeteilten Einigung über die Kostentragung oder einer Kostenübernahmeerklärung folgt.**	**0,5**
1122	**Beendigung des Verfahrens hinsichtlich der Ehesache oder einer Folgesache, wenn nicht Nummer 1121 erfüllt ist, durch** **1. Zurücknahme der Beschwerde oder des Antrags** **a) vor dem Schluss der mündlichen Verhandlung oder** **b) falls eine mündliche Verhandlung nicht stattfindet, vor Ablauf des Tages, an dem die Endentscheidung der Geschäftsstelle übermittelt wird,** **2. Anerkenntnis- oder Verzichtsentscheidung,** **3. gerichtlichen Vergleich oder** **4. Erledigung in der Hauptsache, wenn keine Entscheidung über die Kosten ergeht oder die Entscheidung einer zuvor mitgeteilten Einigung über die Kostentragung oder einer Kostenübernahmeerklärung folgt,** **es sei denn, dass bereits eine andere als eine der in Nummer 2 genannten Endentscheidungen vorausgegangen ist:** **Die Gebühr 1120 ermäßigt sich auf** **(1) Wird im Verbund nicht das gesamte Verfahren beendet, ist auf die beendete Ehesache und auf eine oder mehrere beendete Folgesachen § 44 FamGKG anzuwenden und die Gebühr nur insoweit zu ermäßigen.**	**1,0**

Nr.	Gebührentatbestand	Gebühr oder Satz der Gebühr nach § 28 FamGKG
	(2) Die Gebühr ermäßigt sich auch, wenn mehrere Ermäßigungstatbestände erfüllt sind.	

ABSCHNITT 3
Rechtsbeschwerde gegen die Endentscheidung wegen des Hauptgegenstandes

1 **Abschnitt 3** enthält die Gerichtsgebühren für das Rechtsbeschwerdeverfahren. Die Regelungen entsprechen den Vorschriften über die Gebühren im Revisionsverfahren in den Nummern 1330 bis 1332 KV GKG. Die Ermäßigungstatbestände in Nr. 1132 sind gegenüber Nr. 1332 KV KG auf den Fall der Rücknahme der Rechtsbeschwerde nach Begründung reduziert, da im Rechtsbeschwerdeverfahren die Vorschriften der ZPO und folglich die in Nummer 1332 KV KG weiter aufgeführten Tatbestände nicht anwendbar sind.

Vorbemerkung 1.1.3:

Dieser Abschnitt ist auch anzuwenden, wenn sich die Rechtsbeschwerde auf eine Folgesache beschränkt.

Nr.	Gebührentatbestand	Gebühr oder Satz der Gebühr nach § 28 FamGKG
1130	**Verfahren im Allgemeinen**	**4,0**
1131	**Beendigung des gesamten Verfahrens durch Zurücknahme der Rechtsbeschwerde oder des Antrags, bevor die Schrift zur Begründung der Rechtsbeschwerde bei Gericht eingegangen ist:** **Die Gebühr 1130 ermäßigt sich auf**	**1,0**
1132	**Beendigung des Verfahrens hinsichtlich der Ehesache oder einer Folgesache durch Zurücknahme der Rechtsbeschwerde oder des Antrags vor Ablauf des Tages, an dem die Endentscheidung der Geschäftsstelle übermittelt wird, wenn nicht Nummer 1131 erfüllt ist:** **Die Gebühr 1130 ermäßigt sich auf** **Wird im Verbund nicht das gesamte Verfahren beendet, ist auf die beendete Ehesache und auf eine oder mehrere beendete Folgesachen § 44 FamGKG anzuwenden und die Gebühr nur insoweit zu ermäßigen**	**2,0**

ABSCHNITT 4
Zulassung der Sprungrechtsbeschwerde gegen die Endentscheidung wegen des Hauptgegenstandes

Nr.	Gebührentatbestand	Gebühr oder Satz der Gebühr nach § 28 FamGKG
1140	Verfahren über die Zulassung der Sprungrechtsbeschwerde: Soweit der Antrag abgelehnt wird	1,0

Für das durch § 75 FamFG neu eingeführte Verfahren auf Zulassung der Sprungrechtsbeschwerde ist für den Fall, dass das Rechtsbeschwerdegericht den Antrag auf Zulassung ablehnt, eine Gerichtsgebühr zu erheben, da das Rechtsbeschwerdegericht im Zulassungsverfahren einen nicht nur unerheblichen Prüfungsaufwand entfalten muss. Entsprechend der Regelung über die Zulassung der Sprungrevision gemäß § 566 ZPO (Nummer 1240 KV-GKG) beträgt diese Gebühr die Hälfte der Gebühr für das Verfahren im Allgemeinen für den ersten Rechtszug, also 1,0. Im Hinblick auf den relativ geringen Gebührensatz ist eine Ermäßigung für den Fall der Rücknahme des Antrags entbehrlich. 1

HAUPTABSCHNITT 2
Hauptsacheverfahren in selbständigen Familienstreitsachen

Für Familien**streit**sachen, die nicht Folgesache einer Scheidungssache sind, hat das FamGKG im Wesentlichen die für die zivilrechtlichen Prozessverfahren vor den ordentlichen Gerichten geltenden Gebührenregelungen (Teil 1 Hauptabschnitt 2 KV GKG) übernommen. 1

ABSCHNITT 1
Vereinfachtes Verfahren über den Unterhalt Minderjähriger

Für das vereinfachte Verfahren über den Unterhalt Minderjähriger sind für den ersten Rechtszug sowie für das Beschwerdeverfahren die Gebührenregelungen der Nummern 1120 und 1122 KV-GKG i.d.F. bis zum 31.8.2009 übernommen worden. Im ersten Rechtszug wird eine Gebühr in der Regel nur dann anfallen, wenn das Gericht tatsächlich den beantragten Festsetzungsbeschluss (§ 253 FamFG) erlässt. Andernfalls wird auf Antrag das streitige Verfahren durchgeführt (§ 255 FamFG) und es fällt die Gebühr 1220 an. 1

Im Beschwerdeverfahren wird demgegenüber eine Verfahrensgebühr erhoben. Da auch in diesen Verfahren bei Rücknahme der Beschwerde vor Erlass der Endentscheidung eine erhebliche Verfahrenserleichterung für das Gericht eintritt, ist wie in anderen Beschwerdeverfahren für diesen Fall ein Ermäßigungstatbestand eingeführt worden (Nummer 1212). 2

Da für das Beschwerdeverfahren nicht die Regelungen der ZPO, sondern die des FamFG gelten (§ 113 Abs. 1 FamFG), gilt für den Zeitpunkt der Rücknahme: 3

- In Absatz 1 der Anmerkung wird die Zurücknahme der Beschwerde vor Ablauf des Tages, an dem die Endentscheidung der Geschäftsstelle übermittelt wird, wenn die Entscheidung nicht bereits durch Vorlesen der Entscheidungsformel (§ 41 Abs. 2 FamFG) bekannt gegeben worden ist, gesondert geregelt, weil sonst im Falle der schriftlichen Entscheidung nicht klar wäre, welches der letztmögliche Zeitpunkt für die Rücknahme ist.

- Da ein § 655 ZPO a.F. entsprechendes Verfahren auf Abänderung des Vollstreckungstitels bei Veränderung des Kindergeldes oder einer vergleichbaren Leistung im FamFG nicht mehr enthalten ist, sind die den Nummern 1121 und 1123 KV GKG entsprechenden Regelungen nicht in das FamGKG übernommen werden.
- Vorschriften über Gerichtsgebühren für das Rechtsbeschwerdeverfahren sowie den Antrag auf Zulassung der Sprungrechtsbeschwerde (Nummer 1213 bis 1216) sind entsprechend der Regelungen in den übrigen Gliederungsabschnitten hinzugefügt werden. Nach früherem Recht war für ein Rechtsbeschwerdeverfahren die Auffanggebühr nach Nummer 1823 KV GKG i.d.F. bis zum 31.8.2009 zu erheben.

UNTERABSCHNITT 1
Erster Rechtszug

Nr.	Gebührentatbestand	Gebühr oder Satz der Gebühr nach § 28 FamGKG
1210	**Entscheidung über einen Antrag auf Festsetzung von Unterhalt nach § 249 Abs. 1 FamFG mit Ausnahme einer Festsetzung nach § 253 Abs. 1 Satz 2 FamFG**	0,5

1 **Geltungsbereich:** Nr. KV 1210 betrifft sämtliche im Verfahren über einen Antrag nach § 249 Abs. 1 FamFG ergehenden Entscheidungen über den Unterhalt minderjähriger Kinder, mit Ausnahme der Regelung in § 253 Abs. 1 Satz 2 FamFG (d.h.: wenn der Antragsgegner sich zur Zahlung von Unterhalt verpflichtet hat). Die Gebühr ist eine Entscheidungsgebühr, fällt also nur dann an, wenn eine Entscheidung des Antrags erfolgt ist.[1] Das nach § 255 FamFG streitige Verfahren aber fällt unter KV 1210ff.

2 Der **Wert** richtet sich nach § 51. § 34 Satz 1 ist anwendbar.[2]

3 Wer **Kostenschuldner** der Gebühr ist, folgt aus §§ 21, 24 Abs. 1.

4 Die Gebühr wird **fällig** zum Zeitpunkt der Entscheidung (§ 9 Abs. 2).

UNTERABSCHNITT 2
Beschwerde gegen die Endentscheidung wegen des Hauptgegenstandes

Nr.	Gebührentatbestand	Gebühr oder Satz der Gebühr nach § 28 FamGKG
1211	**Verfahren über die Beschwerde nach § 256 FamFG gegen die Festsetzung von Unterhalt im vereinfachten Verfahren**	1,0
	Beendigung des gesamten Verfahrens ohne Endentscheidung: Die Gebühr 1211 ermäßigt sich auf	0,5

1 OLG Brandenburg FamRZ 2000, 1159.

2 *Hartmann* Nr. 1210 KV-FamGKG, Rn. 2. **A.A.** OLG Brandenburg FamRZ 2000, 1159.

Nr.	Gebührentatbestand	Gebühr oder Satz der Gebühr nach § 28 FamGKG
1212	(1) Wenn die Entscheidung nicht durch Verlesen der Entscheidungsformel bekannt gegeben worden ist, ermäßigt sich die Gebühr auch im Falle der Zurücknahme der Beschwerde vor Ablauf des Tages, an dem die Endentscheidung der Geschäftsstelle übermittelt wird. (2) Eine Entscheidung über die Kosten steht der Ermäßigung nicht entgegen, wenn die Entscheidung einer zuvor mitgeteilten Einigung über die Kostentragung oder einer Kostenübernahmeerklärung folgt.	

KV 1211 erfasst die Beschwerdeverfahren nach § 256 FamFG gegen einen Festsetzungsbeschluss nach §§ 253 Abs. 1 oder 254 Satz 2 FamFG. Es handelt sich um eine Verfahrensgebühr, die unabhängig von Ergebnis des Verfahrens entsteht. **1**

Der **Wert** der Gebühr nach KV 1211 beträgt gem. § 51 die Differenz zwischen dem erstinstanzlich entschiedenen und dem vom Beschwerdeführer begehrten Betrag. **2**

KV 1212 ist in der Sache identisch mit KV-GKG 1811. Das dort Gesagte gilt auch hier. **3**

UNTERABSCHNITT 3
Rechtsbeschwerde gegen die Endentscheidung wegen des Hauptgegenstandes

Nr.	Gebührentatbestand	Gebühr oder Satz der Gebühr nach § 28 FamGKG
1213	Verfahren im Allgemeinen	1,5
	Beendigung des gesamten Verfahrens durch Zurücknahme der Rechtsbeschwerde oder des Antrags, bevor die Schrift zur Begründung der Rechtsbeschwerde bei Gericht eingegangen ist: Die Gebühr 1213 ermäßigt sich auf	0,5
1215	Beendigung des gesamten Verfahrens durch Zurücknahme der Rechtsbeschwerde oder des Antrags vor Ablauf des Tages, an dem die Endentscheidung der Geschäftsstelle übermittelt wird, wenn nicht Nummer 1214 erfüllt ist: Die Gebühr 1213 ermäßigt sich auf	1,0

KV 1213–1215: KV 1213 entspricht KV 1130, KV 1214 entspricht KV 1131 und KV 1215 entspricht KV 1132. **1**

UNTERABSCHNITT 4
Zulassung der Sprungrechtsbeschwerde gegen die Endentscheidung wegen des Hauptgegenstandes

Nr.	Gebührentatbestand	Gebühr oder Satz der Gebühr nach § 28 FamGKG
1216	**Verfahren über die Zulassung der Sprungrechtsbeschwerde: Soweit der Antrag abgelehnt wird**	0,5

1 **KV 1216** enthält nach ihrem eindeutigen Wortlaut eine Verfahrensgebühr. Die Bestimmung ist indessen nur anwendbar, wenn das Rechtsbeschwerdegericht einen Zulassungsantrag nach § 75 FamFG i.V.m. § 566 ZPO durch Beschluss ablehnt. Bei einer **Teilablehnung** sind die Nrn. 1213–1215 einschlägig.

ABSCHNITT 2
Verfahren im Übrigen

1 Gem. der Überschrift des 2. Hauptabschnittes gelten die Bestimmungen des 2. Abschnitts ausschließlich für die Familienstreitsachen nach § 112 FamFG, insbesondere auch und gerade für Unterhaltssachen nach § 231 Abs. 1 FamFG, welche auch den Unterhalt für Volljährige erfasst. M.a.W.: Abschnitt 2 ist anwendbar für alle weiteren, nicht vom vereinfachten Verfahren betroffenen Familien**streit**sachen. Die Familiensachen der Freiwilligen Gerichtsbarkeit werden hingegen vom 3. Abschnitt (KV 1310 ff.) erfasst.

2 Die Gebührenregelungen entsprechen unter Berücksichtigung der Besonderheiten des Familienstreitverfahrens (z.B. Nichtanwendbarkeit des § 495a ZPO) denen der Nrn. 1210 und 1211.

3 **1220:** Der **Zweck der Regelung** ist u.a., durch spürbare Erhöhung der Pauschalgebühr die Anrufung des Gerichts einzudämmen. In dem bis zum 31.8.2009 geltenden Recht wurde für die Masse dieser Verfahren eine Pauschale von 2,0 erhoben.

UNTERABSCHNITT 1
Erster Rechtszug

Nr.	Gebührentatbestand	Gebühr oder Satz der Gebühr nach § 28 FamGKG
1220	**Verfahren im Allgemeinen** **Soweit wegen desselben Verfahrensgegenstands ein Mahnverfahren vorausgegangen ist, entsteht die Gebühr mit dem Eingang der Akten beim Familiengericht, an das der Rechtsstreit nach Erhebung des Widerspruchs oder Einlegung des Einspruchs abgegeben wird; in diesem Fall wird eine Gebühr 1100 des Kostenverzeichnisses zum GKG nach dem Wert des Verfahrensgegenstands angerechnet, der in das Streitverfahren übergegangen ist.**	3,0

Abgeltungsbereich: Durch den Gebührensatz von 3,0 wird in **Verfahren des ersten Rechtszuges** die gesamte Tätigkeit des Gerichts durch eine **pauschale Verfahrensgebühr** einschließlich einer begrenzten Auslagenpauschale von dem Eingang einer Antragsschrift oder dem Eingang der Akten nach Einlegung des Widerspruchs im Mahnverfahren an das Streitgericht bis zu einer die Instanz beendenden Entscheidung abdeckt, §§ 29, 34. Es handelt sich um eine Verfahrensgebühr. Entscheidungsgebühren fallen nicht an. Entsprechend der nunmehrigen Ausgestaltung der Gebühr nach KV-GKG 1100 sind die im Mahnverfahren angefallenen Gebühren anzurechnen, soweit das Mahnverfahren in das Streitverfahren übergegangen ist. Das gilt auch für einen Beschluss nach §§ 238–241 FamFG, durch den ein Unterhaltstitel abgeändert worden ist. Unter Umständen kann nur noch eine Vergleichsgebühr nach KV 1500 hinzukommen. Vom Abgeltungsbereich erfasst ist auch ein Anerkenntnis oder ein Verzicht. 1

Mahnverfahren: Das kostenrechtliche Hauptsacheverfahren beginnt nach einem **Widerspruch gegen einen Mahnbescheid oder nach einem Einspruch gegen einen Vollstreckungsbescheid**, wenn von einem Beteiligten der Antrag auf die Durchführung des streitigen Verfahrens bei dem Gericht eingegangen ist, an das der Rechtsstreit abgegeben wird (§§ 696 Abs. 1 S. 2; 700 Abs. 3 ZPO). Erst dann entsteht die Gebühr KV 1220 und wird damit fällig. Das ist in der Regel das Gericht, welches im Antrag auf Erlass des Mahnbescheids angegeben ist oder einem übereinstimmenden Antrag der Beteiligten entspricht. Dies gilt unabhängig davon, ob der Antragsteller das Verfahren weiter betreibt.[3] Die Gebühr entsteht auch, wenn eine sachliche oder örtliche Zuständigkeit dieses Gerichts nicht gegeben ist. 2

Kostenschuldner gem. § 21 für die weiteren Gebühren ist stets derjenige, der den Antrag auf Durchführung des streitigen Verfahrens stellt, u.U. auch der Antragsgegner.[4] Ob der Antragsteller postulationsfähig ist, spielt keine Rolle.[5] 3

Wenn **gegen mehrere Mahnbescheide** in selbständigen Mahnverfahren **Widerspruch** eingelegt wird und das Gericht die Verfahren verbindet, tritt keine Rückwirkung der Widersprüche auf den Zeitpunkt vor der Verbindung ein.[6] Es bleiben die Einzelstreitwerte maßgebend.[7] Wenn ein Prozessverfahren gegen mehrere Widersprechende bei verschiedenen Gerichten anhängig wird, entsteht die Gebühr nach KV 1220 für jedes Prozessverfahren nach dem jeweiligen Wert, unter jeweiliger Anrechnung der Gebühren KV-GKG 1100.[8] Keine Verbindung i.d.S. liegt aber vor, wenn in einem Mahnverfahren aus technischen Gründen mehrere Mahnbescheide erlassen wurden, die nach Einlegung von Widersprüchen in das Streitverfahren gelangen und dort korrekterweise als ein Verfahren behandelt werden. Das gilt auch, wenn die Abgaben an das Streitgericht sukzessive erfolgen und zunächst bei dem Streitgericht als eigenständige Sachen behandelt werden. Die Anrechnung der Gebühr für das Mahnverfahren und die Abrechnung ist dann nach allgemeinen Grundsätzen (§§ 26, 27) vorzunehmen. 4

---

3 So etwa OLG Düsseldorf JurBüro 1992, 102; NJW-RR 1997, 704; NJW-RR 1998, 1077; OLG Hamburg MDR 1998, 1121; LG Hagen MDR 1997, 790; LG Nürnberg-Fürth JurBüro 1997, 144; LG Braunschweig NdsRPfl. 1997, 176; LG Bamberg JurBüro 1998, 147; *Hartmann* KV- FamGKG 1220 Rn. 4 ff.; *D. Meyer* JurBüro 1998, 117; *v. König* Rn. 871.

4 LG Osnabrück JurBüro 2003, 371.

5 OLG Zweibrücken JurBüro 2007, 372 (für das Berufungsverfahren).

6 *Hartmann* KV- FamGKG 1220 Rn. 7.

7 OLG Hamm RPfleger 1983, 177.

8 OLG Oldenburg JurBüro 2003, 322; *Hartmann* KV-FamGKG 1220 Rn. 6.

5 Die gleichen Grundsätze gelten auch mit einem **Einspruch** gegen einen **Vollstreckungsbescheid**[9] sowie im **Nachverfahren im Urkundenprozess** nach einem Urkundenmahnbescheid, wenn nur der Antragsgegner den Antrag auf Einleitung des Streit- bzw. Nachverfahrens stellt. Das Urkundenprozessverfahren beginnt auch hier mit dem Eingang der Akten beim Prozessgericht. Sehen die Parteien vom Urkundenprozess ab (§ 596 ZPO), entstehen keine weiteren Gebühren. Denn dadurch wird kein neues Verfahren ZPO eingeleitet.

6 Bezüglich der **Entstehung und der Fälligkeit** der Gebühren für den Kostenschuldner gelten die allgemeinen Vorschriften. Selbst eine Rücknahme der noch nicht zugestellten Klage[10] oder einer Weglage nach der Aktenordnung wegen Nichtzahlung des Vorschusses[11] führt lediglich zu einer Ermäßigung nach KV 1221. Im Einzelnen:

7 Die Verfahrensgebühr entsteht mit der Einreichung des unbedingten verfahrenseinleitenden Antrags bei Gericht, und zwar auch dann, wenn das Verfahren von Amts wegen eingeleitet wird. Darauf, ob der Antragsteller ersucht, die Sache vorerst liegen zu lassen[12] o.ä. kommt es nicht an. Bei einem vorangegangenen Mahnverfahren vgl. oben Rn. 3.

8 Ein das Verfahren einleitender Antrag kann von der Bedingung der Gewährung von **Verfahrenskostenhilfe** in zulässiger Weise abhängig gemacht werden. Die Fälligkeit tritt dann erst mit der Bewilligung der Verfahrenskostenhilfe ein, es sei denn, der Antragsteller macht unzweideutig klar, dass das Verfahren auch ohne Bewilligung von Verfahrenskostenhilfe betreiben will. Gleiches gilt, wenn er mit oder ohne Rücknahme des Verfahrenskostenhilfeantrags den Verfahrenskostenvorschuss zahlt.[13]

9 Eine (höhere) Verfahrensgebühr entsteht auch, wenn der **Antrag** im Laufe des Verfahrens **erweitert** wird.

10 Wenn der Antragsgegner einen **Gegenantrag** einreicht, entsteht nur eine Verfahrensgebühr. Das gilt auch dann, wenn das Gericht die Anträge zunächst getrennt behandelt und es im weiteren Verfahrensverlauf zur gemeinsamen Verhandlung kommt. Ein Gegenantrag i.S.v. KV 1220 liegt auch bei einem im Verfahren geltend gemachten Ersatzantrag nach §§ 95, 113 Abs. 1 Satz 2 FamFG i.V.m. §§ 300 Abs. 4, 600 Abs. 2, 717 Abs. 2 ZPO vor.

11 Ein nur hilfsweise eingebrachter Gegenantrag lässt die Verfahrensgebühr nach KV 1220 entstehen. Die Verfahrensgebühr entfällt aber rückwirkend, wenn das Gericht über den Hilfsgegenantrag nicht entscheidet.

12 Für den Verfahrenswert des Prozessverfahrens gilt § 35. Ist ein Mahnverfahren vorausgegangen ist Verfahrenswert der Wert, **der in das Prozessverfahren gelangt.**[14] Das wird insbesondere dann der Fall sein, wenn der Antragsgegner nach Erlass des Mahnbescheids teilweise zahlt und entsprechende Teilrücknahme vor Abgabe an das Streitgericht erfolgt. Wird also ein streitiges Verfahren nur für einen Teil des Mahnverfahrens beantragt, muss man auf die nach KV 1220 zu berechnende 3,0-Gebühr des nunmehrigen Streitwerts die anteilige 0,5-Gebühr nach dem ursprünglichen Streitwert

---

9 Vgl. dazu *N. Schneider* JurBüro 2003, 4 ff. und BRAGO-Report 2002, 164; OLG Düsseldorf JurBüro 1992, 102; OLG Köln RPfleger 1983, 460.

10 OLG Schleswig SchlHA 1996, 305; OLG München MDR 1996, 1075; JurBüro 1997, 603; OLG Hamm MDR 1997, 206; KG NJW-RR 1998, 1375 = JurBüro 1998, 428.

11 LG Hamburg NJW-RR 1999, 581 = JurBüro 1999, 93; LG Bamberg JurBüro 1998, 147; *Zimmermann* in Binz u.a., KV-GKG § 1211 Rn. 4.

12 OLG Koblenz MDR 1995, 1269.

13 **A.M.** OLG München MDR 1997, 890.

14 OLG Dresden JurBüro 2004, 378; OLG Hamburg MDR 2001, 294 m. Anm. v. *Schütt;* OLG Frankfurt aM NJW-RR 1992, 1342; OLG München AnwBl. 2001, 127 und OLG München MDR 1998, 62.

des Mahnverfahrens anrechnen (Beispiel: Mahnbescheid über 1.000 €, Streitverfahren nur noch 500 €, Anrechnung 25 €). Insoweit ist der Wortlaut der amtlichen Anmerkung zu KV 1220 eindeutig. Das gilt auch dann, wenn der Mahnbescheid irrtümlich über einen höheren Betrag beantragt war.[15] Diese Grundsätze gelten auch, wenn der Schuldner noch vor dem Tag des Eingangs der Akten bei dem Streitgericht Zahlungen geleistet hat. Bei einer Erweiterung des Antrags erhöht sich der Verfahrenswert entsprechend.

Bei einer Verbindung von Verfahren sind die Werte bis zur Höchstgrenze nach § 30 **13**
Abs. 2 zu addieren (§ 113 Abs., 1 Satz 2 FamFG i.V.m. § FamGKG).[16]

Die allgemeine Verfahrensgebühr kann sich **nicht nachträglich vermindern**, so **14**
dass im Fall der Erledigung eines Teils des Anspruchs und der anschließenden Wiedererhöhung des Klageanspruchs durch einen neuen Anspruch dieser Wert dem Verfahrenswert hinzuzurechnen ist, sofern keine Antrags-/Klagerücknahme vorliegt.[17] Gleiches gilt auch, wenn Prozesse gem. § 20 FamFG verbunden werden[18]

Nr.	Gebührentatbestand	Gebühr oder Satz der Gebühr nach § 28 FamGKG
1221	**Beendigung des gesamten Verfahrens durch** **1. Zurücknahme des Antrags** **a) vor dem Schluss der mündlichen Verhandlung,** **b) in den Fällen des § 128 Abs. 2 ZPO vor dem Zeitpunkt, der dem Schluss der mündlichen Verhandlung entspricht,** **c) im Falle des § 331 Abs. 3 ZPO vor Ablauf des Tages, an dem die Endentscheidung der Geschäfts-stelle übermittelt wird,** **wenn keine Entscheidung nach § 269 Abs. 3 Satz 3 ZPO über die Kosten ergeht oder die Entscheidung einer zuvor mitgeteilten Einigung über die Kostentragung oder einer Kostenübernahmeerklärung folgt,** **2. Anerkenntnis- oder Verzichtsentscheidung oder Endentscheidung, die nach § 38 Abs. 4 Nr. 2 oder 3 FamFG keine Begründung enthält oder nur deshalb eine Begründung enthält, weil zu erwarten ist, dass der Beschluss im Ausland geltend gemacht wird (§ 38 Abs. 5 Nr. 4 FamFG),** **3. gerichtlichen Vergleich oder** **4. Erledigung in der Hauptsache, wenn keine Entscheidung über die Kosten ergeht oder die Entscheidung einer zuvor mitgeteilten Einigung über die Kostentragung oder einer Kostenübernahmeerklärung folgt,** **es sei denn, dass bereits eine andere Endentscheidung als eine der in Nummer 2 genannten Entscheidungen vorausgegangen ist:** **Die Gebühr 1220 ermäßigt sich auf**	**1,0**
	(1) Die Zurücknahme des Antrags auf Durchführung des streitigen Verfahrens (§ 696 Abs. 1 ZPO), des Widerspruchs gegen den Mahnbescheid oder des Einspruchs gegen den Vollstreckungsbescheid stehen der Zurücknahme des Antrags (Nummer 1) gleich.	

15 OLG Düsseldorf NJW-RR 1998, 1077.
16 *D. Meyer* JurBüro 1999, 240.
17 KG MDR 2008, 173; OLG München MDR 1997, 688; *Hartmann* KV- FamGKG 1220 Rn. 26.
18 OLG Hamm JurBüro 2005, 598 (LS mit Volltextservice).

Nr.	Gebührentatbestand	Gebühr oder Satz der Gebühr nach § 28 FamGKG
	(2) Die Vervollständigung einer ohne Begründung hergestellten Endentscheidung (§ 38 Abs. 6 FamFG) steht der Ermäßigung nicht entgegen. **(3) Die Gebühr ermäßigt sich auch, wenn mehrere Ermäßigungstatbestände erfüllt sind.**	

1 **KV 1221 (Ermäßigung):**[19] Die Regelung entspricht im Wesentlichen der des KV-GKG Nr. 1211. Die Erläuterungen dort können hier entsprechend herangezogen werden. Die allgemeine Verfahrensgebühr **ermäßigt** sich bei dem Vorliegen eines oder mehrerer der in KV 1221 genannten Tatbestände erheblich, nämlich um 2,0-Gebühren. Die Bestimmung hat Ausnahmecharakter.[20] Eine Gebührenermäßigung darf nur erfolgen, wenn durch den Eintritt des Ermäßigungstatbestands das **gesamte Verfahren** erledigt wird. Zusätzlich zu den bisher geregelten Ermäßigungstatbeständen sind auch Erledigungserklärungen (z.B. § 83 FamFG) unter bestimmten Voraussetzungen in die Begünstigung mit einbezogen.

2 Der Katalog der Ermäßigungstatbestände nach KV 1211 ist **abschließend.** So kommt beispielsweise eine Ermäßigung bei einer (übereinstimmenden) Erledigungserklärung als solcher,[21] oder bei einem außergerichtlichen Vergleich nur unter eingeschränkten Voraussetzungen nicht in Betracht. Eine teilweise vorzeitige Verfahrensbeendigung hat auf die Ermäßigung der Gebühr keinerlei Einfluss.[22] Auch eine vorangegangene **Zwischenentscheidung** kann grundsätzlich zu keiner Ermäßigung führen, wenn sich das Gericht mit dem Streitstoff befassen musste.[23] Etwas anderes gilt nur für solche Zwischenentscheidungen, die keine sachliche Prüfung etwa der Zuständigkeit des Gerichts oder in der Sache selbst erfordern (z.B. eine Zwischenentscheidung über die Leistung von Prozesskostensicherheit).[24] Auch ein vorangegangenes Teilurteil steht selbst dann einer Ermäßigung entgegen, wenn dieses aufgehoben und sich der Rechtsstreit – nach Zurückverweisung – durch Klagerücknahme insgesamt erledigt.[25] Keine teilweise Erledigung i.d.S. liegt allerdings vor, wenn im Mahnverfahren etwa nach einem Teilwiderspruch/Einspruch vor Antragsstellung nur eine geringere Forderung in das Streitverfahren gelangt. Denn dann ist der gesamte Streitwert des Streitverfahrens geringer. Im Falle einer Prozessverbindung entsteht nach der Verbindung ein neuer Streitwert. Demzufolge ermäßigt sich nach KV 1221 nur dieser Wert und nicht die bereits vor der Verbindung entstandenen Einzelwerte.[26] Es ist auch unerheblich, ob das Verfahren schon zu einem sehr frühen Zeitpunkt endgültig beendet worden ist. Denn auch in einem solchen Fall

19 Vgl. dazu *Jungbauer* JurBüro 2001, 230 ff.
20 OLG Koblenz MDR 2005, 119; OLG Oldenburg NJW-RR 1999, 942.
21 Die Best. ist verfassungsgemäß vgl. BVerfG NJW 1999, 3549.
22 **A.M.** aber KG MDR 2002, 722.
23 OLG Koblenz MDR 2005, 119; OLG Düsseldorf MDR 1999, 764; **a.A.** aber OLG München JurBüro 2003, 320 m. Anm. v. *N. Schneider* = MDR 2003, 115.
24 Insoweit zutreffend OLG Karlsruhe MDR 2007, 1104; OLG München JurBüro 2003, 320 = MDR 2003, 115; *N. Schneider* JurBüro 2003, 321.
25 OLG Nürnberg MDR 2003, 416.
26 Vgl. dazu näher *D. Meyer* JurBüro 1999, 239 und JurBüro 2003, 187; so auch Zöller/*Greger* § 147 Rn. 16; **a.M.** OLG München JurBüro 1999, 484 m. Anm. v. *D. Meyer* = NJW-RR 1999, 1232 = MDR 1999, 829; OLG Hamburg MDR 1999, 830.

sind bei Gericht i.d.R. schon erhebliche Arbeiten angefallen.[27] Eine Ermäßigung tritt ein bei:

Antragsrücknahme (Nr. 1): Es reicht aus, wenn der Antragsteller (z.B. der Antragsgegner im Mahnverfahren, wenn dieser den Einspruch gegen einen Mahnbescheid zurücknimmt)[28] vor dem Schluss der (letzten)[29] mündlichen Verhandlung oder Anhörung eindeutig zu erkennen gibt, dass er das Verfahren nicht weiter betreiben wolle **und** der Prozess dann tatsächlich seine Erledigung findet, dem Gericht mithin weitere Arbeit erspart bleibt.[30] Das gilt auch, wenn das Verfahren auf die Gehörsrüge nach § 44 FamFG fortgesetzt und anschließend durch einen der Tatbestände KV 1221 endgültig beendet wird.[31] Denn auf die begründete Rüge nach § 44 FamFG wird das Verfahren in die Lage zurückversetzt, in der es sich vor dem Schluss der letzten mündlichen Verhandlung oder Anhörung befunden hat.[32] Das bloße Nichtbetreiben des Verfahrens infolge Unterbrechung, Aussetzung oder Ruhen des Verfahrens – auch nach Weglage der Akten nach der AktO – allein reicht aber nicht aus.[33] Es müssen noch weitere Umstände hinzukommen, insbesondere dann, wenn die Klage rechtshängig geworden ist. So kann die Mitteilung an das Gericht, der Antragsgegner habe vollständig gezahlt,[34] im Zweifel eine Erledigungserklärung (i.S.v. Ziff. 4) sein. 3

Wird ein eingeforderter Kostenvorschuss nicht gezahlt und die Sache dann nach der AktO weggelegt, ist das als Rücknahme zu behandeln (vgl. § 32 Abs. 4 KostVfg.), weil dann eine Zustellung nicht erfolgt und die Sache nicht rechtshängig werden kann. Diese Fiktion ist aber gegenstandslos, wenn der Antrag gleichwohl zugestellt worden ist oder der Kostenvorschuss gezahlt und danach das Verfahren nicht weiter betrieben wird.[35] Eine Rücknahme ist noch im ersten Termin einer mündlichen Verhandlung (auch in einem Fortsetzungstermin) möglich, sofern der Gegner nicht widerspricht. Unerheblich ist auch, aus welchen Gründen die Rücknahme i.d.S. erfolgt.[36] Hat das Gericht indessen die mündliche Verhandlung i.S.v. §§ 156, 296a ZPO geschlossen, ist eine Ermäßigung nach Ziffer 1 lit. a nicht mehr möglich. Dem Schluss der mündlichen Verhandlung stehen die in Nr. 1 lit. b und c genannten Zeitpunkte gleich.[37] Entsprechend der Regelung in KV-GKG 1211 führt auch der Erlass eines Versäumnisbeschlusses in Familienstreitsachen nicht zu einer Ermäßigung.[38] 4

Als Rücknahme i.S.v. KV 1221 ist auch die Rücknahme eines **Gegenantrags** zu sehen, auch wenn ein solcher in der zweiten Instanz erhoben wurde.[39] Dasselbe gilt bei der **Rücknahme einer** in zweiter Instanz anhängig gewordenen **Antragserweiterung**, wobei die Rücknahme nur der Erweiterung nicht ausreicht.[40] Eine Rücknahme i.d.S. liegt auch vor, wenn die Klage/der Antrag aufgrund eines außergerichtlichen Vergleichs zurückgenommen wird, sofern das vor Schluss der mündlichen Verhandlung geschieht. 5

---

27 Vgl. BT-Drs. 12/6962, S. 69.
28 LG Osnabrück JurBüro 2003, 371.
29 OLG Düsseldorf NJW-RR 2000, 362, 363.
30 OLG Düsseldorf MDR 1999, 1465; OLG München MDR 1997, 402 = NJW-RR 1997, 639; LG Bayreuth JurBüro 1975, 795; *Hartmann* KV-GKG 1211 Rn. 4.
31 *N. Schneider* NJW 2002, 1094.
32 Zöller/*Vollkommer* § 321a, Rn. 18.
33 OLG Zweibrücken JurBüro 2008, 94; *Zimmermann* in Binz u.a., KV-GKG 1211 Rn. 4.
34 OLG Hamm JurBüro 1966, 149.
35 *Zimmermann* in Binz u.a. KV-GKG 1211 Rn. 4.
36 *Hartmann* KV-GKG 1211 Rn. 4.
37 OLG Karlsruhe MDR 2006, 235, 236.
38 KG FamRZ 2012, 1165.
39 KG JurBüro 1967, 754.
40 OLG München NJW-RR 1997, 1139 = MDR 1997, 688 = JurBüro 1997, 537.

Wird ein solcher Vergleich **nach** Schluss der mündlichen Verhandlung angezeigt, ist kein Raum mehr für eine Ermäßigung,[41] und zwar auch dann nicht, wenn das Gericht dem Kläger in der mündlichen Verhandlung eine Überlegungsfrist zur Klagerücknahme eingeräumt hat.[42] Wenn aber noch eine weitere mündliche Verhandlung folgt oder folgen muss, kann der Ermäßigungstatbestand nach KV 1221 Nr. 1 noch erfüllt werden.[43]

6 **Rücknahme: und Kostenantrag:** Die Ausführungen zu KV-GKG Rn. 35 gelten hier sinngemäß. Darauf wird verwiesen.

7 **Rücknahme nach Mahnverfahren:** Wird der Antrag nach einem Mahnverfahren vom Antragsteller zurückgenommen, nachdem die Sache bei dem Prozessgericht[44] anhängig geworden ist, handelt es sich ebenfalls um eine Klagerücknahme i.S.v. KV 1221 Nr. 1. Die Gebühr nach KV 1221 ermäßigt sich dann auf eine 1,0-Gebühr nach dem in das Streitverfahren gelangten Wertes, worauf die (ggf. anteilige) Gebühr für das Mahnverfahren anzurechnen ist. Auch wenn der Antragsgegner im Streitverfahren seinen Widerspruch gem. § 697 Abs. 4 ZPO oder den Einspruch gegen den Vollstreckungsbescheid gem. § 700 Abs. 3 S. 2 i.V.m. § 697 Abs. 4 ZPO wirksam zurücknimmt, tritt eine Ermäßigung ein. Auf die Zustimmung des Gegners kommt es nicht an. Das stellt Abs. 1 der Anmerkung ausdrücklich klar

8 **Anerkenntnis- oder Verzichtsentscheidung (Nr. 2):** In diesen Fällen tritt eine auch ein, wenn das **gesamte** Verfahren durch

- durch eine Anerkenntnisentscheidung,
- eine Verzichtsentscheidung oder
- eine Endentscheidung, die nach § 38 Abs. 4 Nr. 2 oder 3 FamFG keine Begründung enthält oder nur deshalb eine Begründung enthält, weil zu erwarten ist, dass der Beschluss im Ausland geltend gemacht wird (§ 38 Abs. 5 Nr. 4 FamFG)

9 Die Ermäßigung tritt aber nicht ein, wenn der Anerkenntnis- oder Verzichtsentscheidung schon eine andere Teilentscheidung oder teilbeendigende Maßnahme in der Sache vorausgegangen ist, selbst wenn es sich hier um ein Anerkenntnis- oder Verzichtsentscheidung handelt. Denn auch das sind „sonstige Endentscheidungen".

10 Eine vollständige Übertragung des Gebührensystems nach KV-GKG 1211 ist wegen Besonderheiten im Verbundverfahren aber nicht möglich. Eine Gebührenermäßigung kann nicht davon abhängig gemacht werden, dass alle Verfahrensteile beendet werden, weil es dann nur bei Antragsrücknahme zu einer Gebührenermäßigung käme, weil das Scheidungsverlangen nicht der Disposition der Parteien unterliegt. Es muss aber andererseits ein gebührenrechtlicher Anreiz bestehen, in den Folgesachen zu einer gütlichen Einigung zu gelangen. Im Übrigen ist es nicht zu rechtfertigen, dass z.B. eine Einigung zum Güterrecht, das mitunter einen hohen Streitwert hat, nicht zu einer Gebührenermäßigung führt, weil das Gericht über den Scheidungsantrag entscheiden muss. Deshalb ist hier die Frage der Gebührenermäßigung für jede Folgesache einzeln zu prüfen. Damit wird eine Vereinfachung des Kostenrechts in diesem Bereich zwar nur zum Teil erreicht. Jedoch ist dies zur Gewährleistung eines Mindestmaßes an Gebührengerechtigkeit und zur Verfahrenssteuerung zwingend erforderlich. Diese Voraussetzung ist aber nach dem eindeutigen Wortlaut der Bestimmung KV 1311 nur dann gegeben, wenn zugleich das gesamte Verbundverfahren ein oder mehrere Ermäßigungstatbestände erfüllt. So kommt z.B. keine Gebührenermäßigung nach Nr. 2 oder Nr. 3 in Betracht, wenn Ehegatten in

---

41 OLG München MDR 2000, 787 = JurBüro 2000, 425; OLG Frankfurt aM MDR 1999, 1286 = NJW-RR 2000, 216.

42 OLG München MDR 2000, 787.

43 OLG München MDR 2000, 787; OLG München MDR 1997, 402.

44 OLG Stuttgart MDR 1999, 634, 635; OLG Hamm JurBüro 2002, 89, 90.

einer Vereinbarung mit anschließender familiengerichtlicher Genehmigung auf die Durchführung des Versorgungsausgleichs verzichten und die auf den Scheidungsausspruch beschränkte Entscheidung keinen Tatbestand und keine Entscheidungsgründe enthält, weil die Abtrennung der Folgesache nicht zu einer echten Verfahrenstrennung führt, sondern nur dazu, dass im Verbundverfahren zeitlich versetzte Entscheidungen ergehen.[45]

Ist dem Anerkenntnis oder Verzicht eine andere Teilerledigung, etwa ein Teilver- 11
gleich im Verfahren oder eine Teilrücknahme, vorausgegangen und wird durch das Anerkenntnis oder durch den Verzicht bzgl. des noch anhängigen Restes das gesamte Verfahren beendet, ohne dass noch weitere Kostenanträge gestellt werden, kann eine Ermäßigung gemäß Nr. 4 in Betracht kommen, wenn die Parteien – ggf. nach Aufforderung durch das Gericht – eine entsprechende Mitteilung machen. Wenn eine ohne Begründung abgesetzte Endentscheidung später wegen § 38 Abs. 6 FamFG vervollständigt werden muss, steht das einer Ermäßigung nicht entgegen (Abs. 2 der Anmerkung).

Ein Anerkenntnis i.d.S. liegt selbstverständlich auch vor, wenn die Parteien die Sa- 12
che **übereinstimmend für erledigt erklärt** haben, der Beklagte sofort ausdrücklich Kostenanerkenntnis erklärt und das Gericht deshalb antragsgemäß einen entsprechenden Kostenausspruch erlässt. Denn in solchen Fällen liegt in der Sache ein Anerkenntnis vor und das Gericht braucht keine – wenn auch nur kursorische – Sachprüfung mehr vorzunehmen.[46] Im Übrigen wäre dann auch Nr. 4 – zumindest entsprechend – anwendbar. Wenn hingegen nach einem Anerkenntnis dem Gericht die Kostenentscheidung überlassen bleibt („Anerkenntnis unter Protest gegen die Kosten"), ist die Sache noch nicht erledigt, weil das Gericht sich wegen der Kosten mit dem Streitstoff mehr oder weniger beschäftigen muss. Eine solche Arbeit des Gerichts entfällt aber stets, wenn vorbehalts- bzw. bedingungslos anerkannt wird. Demzufolge tritt in solchen Fällen keine – auch keine auf das Kostenwertinteresse begrenzte – Gebührenermäßigung ein.[47] Der Gesetzgeber hat bewusst auf eine typisierte Betrachtung abgestellt und nicht auf den Umfang des Begründungszwangs. Wenn die Parteien hier eine Gebührenermäßigung erlangen wollen, bleibt ihnen die Möglichkeit, insoweit eine Mitteilung abzugeben.

Rechtsmittelverzicht nach § 67 FamFG: Die Ausführungen zu KV-GKG 1211 gelten 13
auch hier. Auf die Erläuterungen dort (KV-GKG 1211 Rn. 35) wird verwiesen.

Gerichtlicher Vergleich (Nr. 3): Eine Ermäßigung tritt ein, wenn das **gesamte** Ver- 14
fahren durch **gerichtlichen Vergleich** (§ 36 FamFG) endet. Ein Teilvergleich reicht nicht,[48] wenn durch den Vergleich der Antrag, nicht aber der Gegenantrag vollständig erledigt wird.[49] Das gilt selbst dann, wenn die Erweiterung einen anderen, mit der Klageerhöhung eingeführten Streitgegenstand betrifft.[50] Keine endgültige Erledigung liegt vor (und damit keine Ermäßigung nach Nr. 1221 Ziffer 3), wenn die Parteien zunächst einen Vergleich schließen und eine Partei dann die Fortsetzung des Verfahrens wegen neuerer Erkenntnisse beantragt und das Gericht dann ein Urteil verkündet, wonach die Beendigung des Rechtsstreits durch Vergleich festgestellt wird.[51]

45 OLG Koblenz JurBüro 2008, 263; JurBüro 2009, 149 und JurBüro 2009, 203 = MDR 2009, 353. Vgl. auch OLG Stuttgart JurBüro 2006, 323. **A.A.** OLG Nürnberg JurBüro 2006, 323.

46 OLG Düsseldorf NJW-RR 1999, 77; MDR 2000, 415, m.w.N.; LG Wuppertal JurBüro 1997, 536.

47 Vgl. OLG Karlsruhe JurBüro 2001, 374; OLG Hamburg JurBüro 2001, 317; LG Magdeburg JurBüro 2004, 325; *Herget* MDR 1997, 1097.

48 OLG Schleswig MDR 2003, 176; OLG Düsseldorf NJW-RR 2000, 1594 = JurBüro 2001, 316.

49 OLG Schleswig MDR 2003, 176.

50 OLG Düsseldorf JurBüro 2001, 313.

51 LG Stuttgart JurBüro 2005, 656.

15 Eine Gesamterledigung durch einen **außergerichtlichen Vergleich**, der dem Gericht nur mitgeteilt wird, reicht für eine Ermäßigung nach KV 1221 nicht ohne weiteres aus.[52] Das gilt auch, wenn das Gericht einen Vergleich angeregt hat, der dann auch außergerichtlich zustande kommt, ohne dass er gerichtlich protokolliert wird. Eine Ausnahme kommt nur in Betracht, wenn die Parteien auch die Kostenfrage vergleichsweise geregelt und sich verpflichtet haben, keine Kostenanträge zu stellen.[53] Eine solche Mitteilung kann aber auch als Erledigungserklärung i.S.v. Nr. 4 ausgelegt werden. Ein Vergleich i.d.S. liegt selbstverständlich auch vor, wenn die Parteien den Rechtsstreit übereinstimmend für erledigt erklären und sich über die Kosten vergleichen,[54] nicht aber, wenn sie die Kostenentscheidung dem Gericht überlassen.[55] In solchen Fällen verbleibt es bei der 3,0-Gebühr. Ob das Gericht nur davon ausgeht, dass die Parteien im Falle einer außergerichtlichen Einigung keine Kostenentscheidung durch das Gericht beantragen werden,[56] reicht natürlich für eine Ermäßigung ebenso wenig aus, wie eine gerichtliche Entscheidung auf Antrag der Parteien i.S.d. vergleichsweisen Einigung in der Hauptsache.[57]

16 **Erledigungserklärung (Nr. 4):** Die Erledigungserklärung ist keine Rücknahme, weil hier das Gericht i.d.R. noch weitere Entscheidungen zu treffen hat, insbesondere die Kostenentscheidung. Erledigungserklärungen nach sind deshalb grundsätzlich allein für sich betrachtet noch nicht geeignet, einen der Abfassung einer Entscheidung vergleichbaren richterlichen Arbeitsaufwand bei der abschließenden Verfahrensentscheidung entbehrlich werden zu lassen. Dieser Aufwand entfällt aber, wenn das Gericht keine Kostenentscheidung mehr treffen muss oder wenn es bei seiner Entscheidung einer zuvor von den Parteien mitgeteilten Einigung in der Kostenfrage uneingeschränkt folgt. In diesen Fällen reicht zur Begründung der Entscheidung eine Bezugnahme auf die aktenkundig gemachte Einigung aus. Gleiches gilt, wenn eine Partei ihre Bereitschaft zur Übernahme der Kosten erklärt hat. Deshalb hat der Gesetzgeber auch Erledigungserklärungen in die Begünstigung einbezogen, wenn entweder eine Entscheidung über die Kosten überhaupt nicht ergeht, weil die Parteien wirksam auf eine Kostenentscheidung verzichten, oder die Entscheidung einer zuvor dem Gericht mitgeteilten (außergerichtlichen) Einigung der Parteien in der Kostenfrage bzw. der Erklärung einer Partei, die Kosten übernehmen zu wollen, folgt.

17 Wenn eine Ermäßigung bei Erledigungserklärung nicht in Betracht kommt, ist auch eine Reduzierung des Streitwertes auf das Kosteninteresse nicht zulässig,[58] und zwar auch dann nicht, wenn der Beklagte einem Kostenantrag des Klägers nicht entgegentritt und die Prüfung des Gerichts nur geringen Zeitaufwand verursacht.[59] Anders liegt der Fall aber, wenn die Parteien den Rechtsstreit übereinstimmend für erledigt erklären und das Gericht die Kostenfrage nicht mehr sachlich zu prüfen hat, weil der Antragsgegner den Kostenantrag anerkennt,[60] die Parteien durch außergerichtliche Zahlung der Kosten

52 OLG München NJW-RR 1999, 1232 (L); OLG Düsseldorf MDR 2000, 415.
53 OLG München MDR 1998, 739 = JurBüro 1998, 373.
54 KG MDR 1997, 889; OLG Nürnberg JurBüro 1998, 371 = NJW-RR 1998, 719; OLG Bamberg JurBüro 1999, 95.
55 OLG Karlsruhe JurBüro 2001, 315; OLG Hamburg MDR 1997, 103; OLG München MDR 1999, 957; OLG Köln NJW-RR 1998, 1293.
56 **A.M.** OLG Köln MDR 1998, 1250.
57 **A.M.** OLG Brandenburg NJW-RR 1999, 654 = OLG-NL 1999, 48.
58 OLG Frankfurt aM NJW-RR 2001, 717; OLG Oldenburg JurBüro 1999, 374 = NJW-RR 1999, 942.
59 LG Kleve JurBüro 2001, 261.
60 OLG München JurBüro 2001, 596 = NJW-RR 2002, 216; OLG Nürnberg, Beschl. v. 14.1.2000 – 13 W 4609/99 –, mitgeteilt bei *Jungbauer* JurBüro 2001, 231, Fn. 9 = MDR 2000, 415; LG Köln JurBüro 2001, 260.

faktisch[61] oder ausdrücklich auf eine Kostenentscheidung verzichten[62] oder wenn sie sich über die Kostenfrage vergleichen.[63] Denn in diesen Fällen liegt aus kostenmäßiger Sicht in der Sache ein Verzicht, Anerkenntnis oder Vergleich vor, so dass die entsprechenden Ermäßigungstatbestände unmittelbar greifen.

Mehrere Ermäßigungstatbestände: Die Ermäßigung erfolgt nach Abs. 3 der Anmerkung auch ein, wenn mehrere der in KV 1221 genannten Ermäßigungstatbestände nebeneinander oder sukzessive gegeben sind. Freilich wird die Gebühr dann nur einmal auf eine 1,0-Gebühr herabgesetzt.[64] Dem Sinn und Zweck der Bestimmung KV 1221 zufolge müssen die verschiedenen Ermäßigungstatbestände nicht unbedingt gleichzeitig, sondern sie können auch sukzessive eingetreten sein.[65] Wird also ein Teilanerkenntnisbeschluss erwirkt und lassen die Parteien dann über den Rest einen Vergleich zu Protokoll nehmen oder nimmt der Antragsteller den Antrag über den Rest zurück, ermäßigt sich die allgemeine Verfahrensgebühr auf eine 1,0-Gebühr. Das gilt auch, wenn die Parteien nach einem Vergleich über die Hauptsache auf eine Begründung und auf Rechtsmittel gegen einen ergehenden Kostenbeschluss verzichten.[66] Bei verbundenen Verfahren liegt eine endgültige Erledigung aber nur vor, wenn die nach der Verbindung zu einem Verfahren gewordene Sache erledigt wird. Werden nur einzelne der ehemals selbständigen Streitgegenstände erledigt, ist KV 1221 nicht anwendbar.[67] 18

UNTERABSCHNITT 2
Beschwerde gegen die Endentscheidung wegen des Hauptgegenstandes

Nr.	Gebührentatbestand	Gebühr oder Satz der Gebühr nach § 28 FamGKG
1222	**Verfahren im Allgemeinen**	4,0
1223	**Beendigung des gesamten Verfahrens durch Zurücknahme der Beschwerde oder des Antrags, bevor die Schrift zur Begründung der Beschwerde bei Gericht eingegangen ist:** **Die Gebühr 1222 ermäßigt sich auf**	1,0
	Die Erledigung in der Hauptsache steht der Zurücknahme gleich, wenn keine Entscheidung über die Kosten ergeht oder die Entscheidung einer zuvor mitgeteilten Einigung über die Kostentragung oder einer Kostenübernahmeerklärung folgt.	
1224	**Beendigung des gesamten Verfahrens, wenn nicht Nummer 1223 erfüllt ist, durch** **1. Zurücknahme der Beschwerde oder des Antrags** **a) vor dem Schluss der mündlichen Verhandlung oder,** **b) falls eine mündliche Verhandlung nicht stattfindet, vor Ablauf des Tages, an dem die Endentscheidung der Geschäftsstelle übermittelt wird,**	

61 OLG Frankfurt aM JurBüro 1999, 94; OLG München MDR 1996, 209; OLG Stuttgart Die Justiz 1996, 87.
62 LG Mainz JurBüro 2001, 260.
63 OLG Bamberg JurBüro 1999, 95.
64 LG Wuppertal JurBüro 1997, 536; *Hartmann* KV-GKG 1211 Rn. 12.
65 OLG Hamburg MDR 2001, 1261.
66 LG Bonn MDR 2004, 476.
67 Dazu ausführlicher bei *D. Meyer* JurBüro 2003, 187.

Nr.	Gebührentatbestand	Gebühr oder Satz der Gebühr nach § 28 FamGKG
	2. Anerkenntnis- oder Verzichtsentscheidung, 3. gerichtlichen Vergleich oder 4. Erledigung in der Hauptsache, wenn keine Entscheidung über die Kosten ergeht oder die Entscheidung einer zuvor mitgeteilten Einigung über die Kostentragung oder einer Kostenübernahmeerklärung folgt, es sei denn, dass bereits eine andere Endentscheidung als eine der in Nummer 2 genannten Entscheidungen vorausgegangen ist: Die Gebühr 1222 ermäßigt sich auf	2,0
	Die Gebühr ermäßigt sich auch, wenn mehrere Ermäßigungstatbestände erfüllt sind.	

1 Die Gebührenregelungen dieses Abschnitts entsprechen – mit redaktionellen Anpassungen – den Nrn. 1220 bis 1222 KV KG. Abweichungen bestehen gegenüber den Regelungen im GKG in Nr. 1224 Nr. 1 Buchstabe b und Nr. 2 sowie durch den Wegfall eines der Nr. 1223 KV GKG entsprechenden Ermäßigungstatbestands. Auf die Erläuterungen zu KV-GKG Nrn. 1220, 1221 und 1222 wird Bezug genommen. Das dort Gesagte gilt gier entsprechend.

UNTERABSCHNITT 3
Rechtsbeschwerde gegen die Endentscheidung wegen des Hauptgegenstandes

Nr.	Gebührentatbestand	Gebühr oder Satz der Gebühr nach § 28 FamGKG
1225	Verfahren im Allgemeinen	5,0
1226	Beendigung des gesamten Verfahrens durch Zurücknahme der Rechtsbeschwerde oder des Antrags, bevor die Schrift zur Begründung der Rechtsbeschwerde bei Gericht eingegangen ist: Die Gebühr 1225 ermäßigt sich auf	1,0
	Die Erledigung in der Hauptsache steht der Zurücknahme gleich, wenn keine Entscheidung über die Kosten ergeht oder die Entscheidung einer zuvor mitgeteilten Einigung über die Kostentragung oder einer Kostenübernahmeerklärung folgt.	
1227	Beendigung des gesamten Verfahrens durch Zurücknahme der Rechtsbeschwerde oder des Antrags vor Ablauf des Tages, an dem die Endentscheidung der Geschäftsstelle übermittelt wird, wenn nicht Nummer 1226 erfüllt ist: Die Gebühr 1225 ermäßigt sich auf	3,0

1 Die Rechtsbeschwerde tritt nach dem FamFG für Familienstreitsachen an die Stelle der Revision. Daher gelten hier die Gebührenregelungen für die Rechtsbeschwerde den Nummern 1230 bis 1232 KV GKG entsprechend. Auf die Erläuterungen dort wird zunächst verwiesen.

KV 1227: Eine **Übermittlung** i.S.v. KV 1227 liegt vor, wenn die vollständige ausgefertigte und unterschriebene Entscheidung bei der Geschäftsstelle eingegangen ist. Wenn und soweit das Gericht die Entscheidung später zurückfordert (z.B. zwecks Berichtigung), hat auf die Ermäßigung keinen Einfluss mehr. 2

UNTERABSCHNITT 4
Zulassung der Sprungrechtsbeschwerde gegen die Endentscheidung wegen des Hauptgegenstandes

Nr.	Gebührentatbestand	Gebühr oder Satz der Gebühr nach § 28 FamGKG
1228	**Verfahren über die Zulassung der Sprungrechtsbeschwerde: Soweit der Antrag abgelehnt wird**	**1,5**
1229	**Verfahren über die Zulassung der Sprungrechtsbeschwerde: Soweit der Antrag zurückgenommen oder das Verfahren durch anderweitige Erledigung beendet wird** **Die Gebühr entsteht nicht, soweit die Sprungrechtsbeschwerde zugelassen wird.**	**1,0**

Die Gebührenregelungen dieses Abschnitts entsprechen den Nummern 1240, 1241 KV GKG für das Verfahren über die Zulassung der Sprungrevision. KV 1228 stimmt wörtlich überein mit KV-GKG 1240 während KV 1229 der Nr. 1241 KV-GKG entspricht. Die Erläuterungen dort gelten hier entsprechend. 1

HAUPTABSCHNITT 3
Hauptsacheverfahren in selbständigen Familiensachen der freiwilligen Gerichtsbarkeit

In diesem Hauptabschnitt sind die Gerichtsgebühren für die selbständigen Familiensachen der freiwilligen Gerichtsbarkeit geregelt. Auch für solche Verfahren fallen jetzt grundsätzlich Verfahrensgebühren an Eine Ausnahme bilden lediglich die Jahresgebühren für Vormundschaften und Dauerpflegschaften (Nrn. 1311 und 1312). 1

ABSCHNITT 1
Kindschaftssachen

In diesem Abschnitt werden die Gerichtsgebühren für die in § 151 FamFG genannten Kindschaftssachen geregelt. Aus sozialpolitischen Gründen ist die Gebührenhöhe deutlich niedriger als für andere Verfahren. 1

Vorbemerkung 1.3.1:

(1) Keine Gebühren werden erhoben für

1. **die Pflegschaft für eine Leibesfrucht,**
2. **ein Verfahren, das eine freiheitsentziehende Unterbringung eines Minderjährigen oder eine freiheitsentziehende Maßnahme bei einem Minderjährigen betrifft (§ 151 Nr. 6 und 7 FamFG), und**

3. **ein Verfahren, das Aufgaben nach dem Jugendgerichtsgesetz betrifft.**

(2) Von dem Minderjährigen werden Gebühren nach diesem Abschnitt nur erhoben, wenn sein Vermögen nach Abzug der Verbindlichkeiten mehr als 25.000 Euro beträgt; der in § 90 Abs. 2 Nr. 8 des Zwölften Buches Sozialgesetzbuch genannte Vermögenswert wird nicht mitgerechnet.

1 Nach **Abs. 1** der Vorbemerkung 1.3.1 sind einige Verfahren gebührenfrei, nämlich:

2 **Nr. 1:** Für die Pflegschaft für eine Leibesfrucht (§ 1912 BGB) wird auf die Erhebung von Gebühren verzichtet weil grundsätzlich der Minderjährige für die Kosten bei einer Dauerpflegschaft haftet (§ 22 FamGKG) oder bei einer Einzelpflegschaft in der Regel ihm die Kosten aufzuerlegen sein werden, wenn die Pflegschaft nicht seine Person betrifft. Die Leibesfrucht kann jedoch nicht zum Kostenschuldner bestimmt werden.

3 **Nr. 2:** Für Unterbringungsmaßnahmen gegen Minderjährige besteht stets Gebührenfreiheit.

4 **Nr. 3:** Verfahren, welche Aufgaben nach dem JGG betreffen, wie etwa die Auswahl und Anordnung von Erziehungsmaßregeln durch Überlassungen durch den Jugendrichter (§ 53 JGG). Auch die Bestellung eines Pflegers (§ 67 Abs. 4 Satz 3 JGG) ist jetzt gebührenfrei, da das Jugendgericht die Erziehungsmaßregeln, ohne weitere Gebühren auszulösen, auch selbständig auswählen und anordnen kann und es daher nicht vermittelbar ist, weshalb für das zusätzliche Verfahren gemäß § 53 JGG, dessen Einleitung allein von der Entscheidung des Jugendgerichts abhängt, zusätzliche Gebühren anfallen sollten.

5 **Abs. 2** der Vorbemerkung schließt eine Kostenerhebung von dem minderjährigen Kind aus, wenn dessen Vermögen nach Abzug der Verbindlichkeiten nicht mehr als 25.000 Euro beträgt. Dabei bleibt ein angemessenes Hausgrundstück, das von dem Minderjährigen oder seinen Eltern allein oder zusammen mit Angehörigen ganz oder teilweise bewohnt wird und nach ihrem Tod von ihren Angehörigen bewohnt werden soll, außer Betracht. Diese Regelung gilt immer, wenn von dem Minderjährigen Gebühren erhoben werden. Werden die Kosten in einer Kindschaftssache z.B. den Eltern auferlegt, spielt die Vermögensfreigrenze keine Rolle.

6 Der **Verfahrensbeistand** wird in der Vorbemerkung nicht ausdrücklich erwähnt. Die Bestellung eines Verfahrensbeistands ist grundsätzlich Teil des Verfahrens, für das der Verfahrensbeistand bestellt wird. Die Bestellung ist damit entweder durch die jeweilige Verfahrensgebühr mit abgegolten oder es entstehen, falls ein solches Verfahren gebührenfrei ist, für die Bestellung des Verfahrensbeistands ebenfalls keine Gebühren.

UNTERABSCHNITT 1
Verfahren vor dem Familiengericht

Nr.	Gebührentatbestand	Gebühr oder Satz der Gebühr nach § 28 FamGKG
1310	**Verfahren im Allgemeinen** **(1) Die Gebühr entsteht nicht für Verfahren,** **1. die in den Rahmen einer Vormundschaft oder Pflegschaft fallen,** **2. für die Gebühr 1313 entsteht oder** **3. die mit der Anordnung einer Pflegschaft enden.**	0,5

Nr.	Gebührentatbestand	Gebühr oder Satz der Gebühr nach § 28 FamGKG
	(2) Für die Umgangspflegschaft werden neben der Gebühr für das Verfahren, in dem diese angeordnet wird, keine besonderen Gebühren erhoben.	
1311	Jahresgebühr für jedes angefangene Kalenderjahr bei einer Vormundschaft oder Dauerpflegschaft, wenn nicht Nummer 1312 anzuwenden ist	5,00 € je angefangene 5.000,00 € des zu berücksichtigenden Vermögens – mindestens 50,00 €
	(1) Für die Gebühr wird das Vermögen des von der Maßnahme betroffenen Minderjährigen nur berücksichtigt, soweit es nach Abzug der Verbindlichkeiten mehr als 25.000 Euro beträgt; der in § 90 Abs. 2 Nr. 8 des Zwölften Buches Sozialgesetzbuch genannte Vermögenswert wird nicht mitgerechnet. Ist Gegenstand der Maßnahme ein Teil des Vermögens, ist höchstens dieser Teil des Vermögens zu berücksichtigen. (2) Für das bei Anordnung der Maßnahme oder bei der ersten Tätigkeit des Familiengerichts nach Eintritt der Vormundschaft laufende und das folgende Kalenderjahr wird nur eine Jahresgebühr erhoben. (3) Erstreckt sich eine Maßnahme auf mehrere Minderjährige, wird die Gebühr für jeden Minderjährigen besonders erhoben. (4) Geht eine Pflegschaft in eine Vormundschaft über, handelt es sich um ein einheitliches Verfahren.	
1312	Jahresgebühr für jedes angefangene Kalenderjahr bei einer Dauerpflegschaft, die nicht unmittelbar das Vermögen oder Teile des Vermögens zum Gegenstand hat	200,00 € – höchstens eine Gebühr 1311
1313	Verfahren im Allgemeinen bei einer Pflegschaft für einzelne Rechtshandlungen	0,5 – höchstens eine Gebühr 1311
	1. Bei einer Pflegschaft für mehrere Minderjährige wird die Gebühr nur einmal aus dem zusammengerechneten Wert erhoben. Minderjährige, von denen nach Vorbemerkung 1.3.1 Abs. 2 keine Gebühr zu erheben ist, sind nicht zu berücksichtigen. Höchstgebühr ist die Summe der für alle zu berücksichtigenden Minderjährigen jeweils maßgebenden Gebühr 1311. 2. Als Höchstgebühr ist die Gebühr 1311 in der Höhe zugrunde zu legen, in der sie bei einer Vormundschaft entstehen würde. 3. Die Gebühr wird nicht erhoben, wenn für den Minderjährigen eine Vormundschaft oder eine Dauerpflegschaft, die sich auf denselben Gegenstand bezieht, besteht.	

KV 1310: Soweit Gebühren für Kindschaftssachen erhoben werden, beträgt der Gebührensatz grundsätzlich 0,5. Ist angemessen, weil gerade Verfahren in Kindschaftssa- 1 chen für das Gericht in der Regel mit erheblichem Aufwand verbunden sind. Minderjährige sind von der Zahlung der Kosten als Antragsteller nach § 21 Abs. 1 Satz 2 Nr. 3 FamGKG ohnehin befreit. Nach § 81 Abs. 3 FamFG können ihnen Kosten in diesen Verfahren, soweit diese ihre Person betreffen, nicht auferlegt werden. Ferner gibt § 81 Abs. 1 Satz 2 FamFG dem Gericht die Möglichkeit, von der Erhebung der Gebühr – auch zum Teil – abzusehen.

2 **Abs. 1 der Anm.** zu KV 1310 stellt klar, dass diese Gebühr nicht für Verfahren entsteht, die in den Rahmen einer Vormundschaft oder Pflegschaft fallen.

3 **Abs. 2 der Anm.** zu KV 1310 fällt neben der Gebühr für das Verfahren, in dem eine Umgangspflegschaft angeordnet wird, keine besondere Gebühr für die Umgangspflegschaft mehr an.

4 Die Gebühr KV 1310 entsteht unabhängig von der Zahl der Minderjährigen nur einmal, wenn ein Verfahren mehrere Minderjährige betrifft. Eine ausdrückliche Regelung ist entbehrlich, weil die Gebühr in jedem Verfahren hinsichtlich eines jeden Teils des Verfahrensgegenstandes nur einmal entsteht (§ 29 FamGKG). Für bestimmte Kindschaftssachen ist in § 45 Abs. 2 FamGKG ausdrücklich bestimmt, dass eine Kindschaftssache auch dann als ein Gegenstand zu bewerten ist, wenn sie mehrere Kinder betrifft.

5 **KV 1311:** Bei Vormundschaften und Dauerpflegschaften sind Verfahrensgebühren wenig praktikabel. In diesen Verfahren geht die gerichtliche Tätigkeit über den Erlass einer Endentscheidung zeitlich weit hinaus. Gerade auch nach Einrichtung der Vormundschaft bzw. Pflegschaft sind weitere Tätigkeiten des Gerichts im Rahmen der Vormundschaft bzw. Pflegschaft erforderlich. Das Verfahren läuft auf unabsehbare Zeit, bis die Erfordernisse für die Einrichtung der Vormundschaft bzw. Pflegschaft entfallen. Dies hat das Gericht laufend zu prüfen. Deshalb werden hier wie nach früherem Recht Jahresgebühren erhoben, deren Höhe sich nach dem Vermögen des von der Maßnahme betroffenen Minderjährigen bemisst, es sei denn, die Dauerpflegschaft hat nicht unmittelbar das Vermögen zum Gegenstand. Dabei soll nur das Vermögen berücksichtigt werden, das über der Vermögensfreigrenze liegt, d.h. die Gebühr in Höhe von 5 € je angefangene 5.000 Euro Vermögen, mindestens 50 Euro, soll weiterhin nur für das einen Betrag von 25.000 € übersteigende Vermögen ohne Berücksichtigung des selbst oder von Angehörigen bewohnten Hausgrundstücks erhoben werden. So ist bei einem Vermögen bis 75.000 € eine Jahresgebühr von 50 € zu erheben.

6 **KV 1312** betrifft die Regelung für eine Dauerpflegschaft, die nicht unmittelbar das Vermögen zum Gegenstand hat.

7 **KV 1313:** Bei einer Pflegschaft für eine einzelne Rechtshandlung wird eine Verfahrensgebühr wie in anderen Kindschaftssachen erhoben, also mit einem Gebührensatz von 0,5.

Vorbemerkungen vor KV 1314–1328

1 Die Gebühren für die Rechtsmittelverfahren sind entsprechend der Systematik des GKG und FamGKG erhöht, und zwar für das Beschwerdeverfahren auf 1,0 und für das Rechtsbeschwerdeverfahren auf 1,5 (Nummern 1314 und 1316).

2 Die Verfahrensgebühr im **Beschwerdeverfahren** wird sich auf einen Gebührensatz von 0,5 ermäßigt, wenn das Verfahren ohne Endentscheidung beendet wird (Nummer 1315). In Abs. 1 der Anm. wird die Zurücknahme der Beschwerde vor Ablauf des Tages, an dem die Endentscheidung der Geschäftsstelle übermittelt wird, wenn die Entscheidung nicht bereits durch Vorlesen der Entscheidungsformel bekannt gegeben worden ist, gesondert geregelt, weil sonst im Fall der schriftlichen Entscheidung nicht klar wäre, welches der letztmögliche Zeitpunkt für die Rücknahme ist.

Für die Fälle der **Rücknahme der Rechtsbeschwerde** sind wie in den in den Hauptabschnitten 1 und 2 genannten Verfahren zwei Ermäßigungstatbestände eingeführt, die je nach dem Zeitpunkt der Antragsrücknahme unterschiedlich hohe Ermäßigungen vorsehen (Nummern 1317 und 1318). 3

Für das Verfahren auf Zulassung der **Sprungrechtsbeschwerde** wird – entsprechend der Regelung in den Nummern 1140 und 1228 – eine Gebühr nur erhoben, wenn der Antrag abgelehnt wird (Nummer 1319). Es wird – entsprechend der Gebühr für das erstinstanzliche Verfahren – ein Gebührensatz von 0,5 erhoben. Ein niedrigerer Gebührensatz ist im Hinblick auf die Zuständigkeit des Bundesgerichtshofs nicht angemessen. 4

UNTERABSCHNITT 2
Beschwerde gegen die Endentscheidung wegen des Hauptgegenstandes

Nr.	Gebührentatbestand	Gebühr oder Satz der Gebühr nach § 28 FamGKG
1314	**Verfahren im Allgemeinen**	**1,0**
1315	**Beendigung des gesamten Verfahrens ohne Endentscheidung:** **Die Gebühr 1314 ermäßigt sich auf** 1. **Wenn die Entscheidung nicht durch Verlesen der Entscheidungsformel bekannt gegeben worden ist, ermäßigt sich die Gebühr auch im Falle der Zurücknahme der Beschwerde vor Ablauf des Tages, an dem die Endentscheidung der Geschäftsstelle übermittelt wird.** 2. **Eine Entscheidung über die Kosten steht der Ermäßigung nicht entgegen, wenn die Entscheidung einer zuvor mitgeteilten Einigung über die Kostentragung oder einer Kostenübernahmeerklärung folgt.** 3. **Die Billigung eines gerichtlichen Vergleichs (§ 156 Abs. FamFG) steht der Ermäßigung nicht entgegen.**	**0,5**

KV 1315: Strittig war, ob auch ein Beschluss gemäß § 156 Abs. 2 FamFG eine Endentscheidung i.S.v. § 38 FamFG bildet. Mit der Einfügung des Abs. 3 der Anmerkung ist klargestellt, dass die Gebührenermäßigung auch dann gilt, wenn ein gerichtlicher Vergleich gebilligt wird. Zum einen ist der Arbeitsaufwand des Gerichts hier erheblich geringer als der für eine Endentscheidung, zum anderen sollen auch einvernehmliche Sorge- und Umgangsvereinbarungen im Interesse des Kindeswohls gefördert werden.[1] 4a

1 Vgl. die Begr. zu KV 1315 Anm. 3, BT-Drs. 17/11471 Seite 391.

UNTERABSCHNITT 3
Rechtsbeschwerde gegen die Endentscheidung wegen des Hauptgegenstandes

Nr.	Gebührentatbestand	Gebühr oder Satz der Gebühr nach § 28 FamGKG
1316	Verfahren im Allgemeinen	1,5
1317	Beendigung des gesamten Verfahrens durch Zurücknahme der Rechtsbeschwerde oder des Antrags, bevor die Schrift zur Begründung der Beschwerde bei Gericht eingegangen ist: Die Gebühr 1316 ermäßigt sich auf	0,5
1318	Beendigung des gesamten Verfahrens durch Zurücknahme der Rechtsbeschwerde oder des Antrags vor Ablauf des Tages, an dem die Endentscheidung der Geschäftsstelle übermittelt wird, wenn nicht Nummer 1317 erfüllt ist: Die Gebühr 1316 ermäßigt sich auf	1,0

1 **Zu KV 1315:** Die nach Beschwerdebegründung gegenüber dem Gericht erklärte Rücknahme der Beschwerde führt nur dann zu einer Herabsetzung, wenn sie mit der Erklärung verbunden ist, die Kosten des Beschwerdeverfahrens zu übernehmen.[2]

UNTERABSCHNITT 4
Zulassung der Sprungrechtsbeschwerde gegen die Endentscheidung wegen des Hauptgegenstandes

Nr.	Gebührentatbestand	Gebühr oder Satz der Gebühr nach § 28 FamGKG
1319	Verfahren über die Zulassung der Sprungrechtsbeschwerde: Soweit der Antrag abgelehnt wird	0,5

ABSCHNITT 2
Übrige Familiensachen der freiwilligen Gerichtsbarkeit

Vorbemerkung 1.3.2:

(1) Dieser Abschnitt gilt für
1. **Abstammungssachen,**
2. **Adoptionssachen, die einen Volljährigen betreffen,**[3]
3. **Ehewohnungs- und Haushaltssachen,**
4. **Gewaltschutzsachen,**

2 OLG Celle JurBüro 2012, 377 = FamRZ 2012, 1969.
3 Dazu ausführlich *Hagen Scheider* JurBüro 2010, 396 ff.

5. Versorgungsausgleichssachen sowie
6. Unterhaltssachen, Güterrechtssachen und sonstige Familiensachen (§ 111 Nr. 10 FamFG), die nicht Familienstreitsachen sind.

(2) In Adoptionssachen werden für Verfahren auf Ersetzung der Einwilligung zur Annahme als Kind neben den Gebühren für das Verfahren über die Annahme als Kind keine Gebühren erhoben.

(3) Für Verfahren über Bescheinigungen nach Abschnitt 3 Unterabschnitt 2 EUGewSchG bestimmen sich die Gebühren nach Teil 1 Hauptabschnitt 7.

UNTERABSCHNITT 1
Erster Rechtszug

Nr.	Gebührentatbestand	Gebühr oder Satz der Gebühr nach § 28 FamGKG
1320	Verfahren im Allgemeinen	2,0
1321	Beendigung des gesamten Verfahrens 1. ohne Endentscheidung, 2. durch Zurücknahme des Antrags vor Ablauf des Tages, an dem die Endentscheidung der Geschäftsstelle übermittelt wird, wenn die Entscheidung nicht bereits durch Verlesen der Entscheidungsformel bekannt gegeben worden ist, oder 3. wenn die Endentscheidung keine Begründung enthält oder nur deshalb eine Begründung enthält, weil zu erwarten ist, dass der Beschluss im Ausland geltend gemacht wird (§ 38 Abs. 5 Nr. 4 FamFG): Die Gebühr 1320 ermäßigt sich auf 1. Die Vervollständigung einer ohne Begründung hergestellten Endentscheidung (§ 38 Abs. 6 FamFG) steht der Ermäßigung nicht entgegen. 2. Die Gebühr ermäßigt sich auch, wenn mehrere Ermäßigungstatbestände erfüllt sind.	0,5

KV 1320: Um eine kostenrechtliche Vereinheitlichung aller übrigen Familiensachen herzustellen, wird auch nach FamGKG eine Verfahrensgebühr mit einem Satz von 2,0 erhoben. Das gilt auch, wenn eine nach früherem Recht als Folgesache abgetrennte Versorgungsausgleichssache wieder aufgenommen wird.[4] 1

KV 1321: Die Verfahrensgebühr 1320 ermäßigt sich auf einen Gebührensatz von 0,5, wenn das Verfahren ohne Endentscheidung beendet wird oder die Endentscheidung wegen entsprechender mitwirkender Erklärungen der Beteiligten (§ 38 Abs. 4 FamFG) keine Begründung enthält. Gleiches gilt, wenn die Voraussetzungen des § 38 Abs. 4 FamFG vorliegen, die Endentscheidung aber gleichwohl begründet wird, weil zu erwarten ist, dass der Beschluss im Ausland geltend gemacht wird (§ 38 Abs. 5 Nr. 4 FamFG), da es sachlich nicht gerechtfertigt wäre, die Beteiligten in einem solchen Fall schlechter zu stellen. In Nr. 2 wird die Zurücknahme des Antrags vor Ablauf des Tages, an dem die Endentscheidung der Geschäftsstelle übermittelt wird, wenn die Entscheidung nicht 2

4 AG Bad Iburg JurBüro 2010, 541 m. Anm. v. *Bellmann*.

bereits durch Vorlesen der Entscheidungsformel bekannt gegeben worden ist, gesondert genannt, weil sonst im Fall der schriftlichen Entscheidung nicht klar wäre, welches der letztmögliche Zeitpunkt für die Antragsrücknahme wäre.

Vorbemerkung vor KV 1322 bis 1328

1 Für die **Rechtsmittelverfahren** und für das Verfahren auf Zulassung der **Sprungrechtsbeschwerde** gelten Verfahrensgebühren und Ermäßigungstatbestände, die im gleichen Verhältnis zu den Gebühren für das Verfahren im ersten Rechtszug stehen wie die Gebühren der vorangegangenen Hauptabschnitte.

UNTERABSCHNITT 2
Beschwerde gegen die Endentscheidung wegen des Hauptgegenstandes

Nr.	Gebührentatbestand	Gebühr oder Satz der Gebühr nach § 28 FamGKG
1322	**Verfahren im Allgemeinen**	3,0
1323	**Beendigung des gesamten Verfahrens durch Zurücknahme der Beschwerde oder des Antrags, bevor die Schrift zur Begründung der Beschwerde bei Gericht eingegangen ist:** **Die Gebühr 1322 ermäßigt sich auf**	0,5
1324	**Beendigung des gesamten Verfahrens ohne Entscheidung, wenn nicht Nummer 1323 erfüllt ist:** **Die Gebühr 1322 ermäßigt sich auf** **1. Wenn die Entscheidung nicht durch Verlesen der Entscheidungsformel bekannt gegeben worden ist, ermäßigt sich die Gebühr auch im Falle der Zurücknahme der Beschwerde vor Ablauf des Tages, an dem die Endentscheidung der Geschäftsstelle übermittelt wird.** **2. Eine Entscheidung über die Kosten steht der Ermäßigung nicht entgegen, wenn die Entscheidung einer zuvor mitgeteilten Einigung über die Kostentragung oder einer Kostenübernahmeerklärung folgt.**	1,0

1 **Zu KV 1324:** Die nach Beschwerdebegründung gegenüber dem Gericht erklärte Rücknahme der Beschwerde führt nur dann zu einer Herabsetzung, wenn sie mit der Erklärung verbunden ist, die Kosten des Beschwerdeverfahrens zu übernehmen.[5]

5 OLG Celle JurBüro 2012, 377 = FamRZ 2012, 1969.

UNTERABSCHNITT 3
Rechtsbeschwerde gegen die Endentscheidung wegen des Hauptgegenstandes

Nr.	Gebührentatbestand	Gebühr oder Satz der Gebühr nach § 28 FamGKG
1325	**Verfahren im Allgemeinen**	**4,0**
1326	**Beendigung des gesamten Verfahrens durch Zurücknahme der Rechtsbeschwerde oder des Antrags, bevor die Schrift zur Begründung der Rechtsbeschwerde bei Gericht eingegangen ist:** **Die Gebühr 1325 ermäßigt sich auf**	**1,0**
1327	**Beendigung des gesamten Verfahrens durch Zurücknahme der Rechtsbeschwerde oder des Antrags vor Ablauf des Tages, an dem die Endentscheidung der Geschäftsstelle übermittelt wird, wenn nicht Nummer 1326 erfüllt ist:** **Die Gebühr 1325 ermäßigt sich auf**	**2,0**

UNTERABSCHNITT 4
Zulassung der Sprungrechtsbeschwerde gegen die Endentscheidung wegen des Hauptgegenstandes

Nr.	Gebührentatbestand	Gebühr oder Satz der Gebühr nach § 28 FamGKG
1328	**Verfahren über die Zulassung der Sprungrechtsbeschwerde:** **Soweit der Antrag abgelehnt wird**	**1,0**

HAUPTABSCHNITT 4
Einstweiliger Rechtsschutz

Dieser Hauptabschnitt enthält die Gebühren für familienrechtliche Verfahren des einstweiligen Rechtsschutzes (einstweilige Anordnung sowie in Familienstreitsachen der Arrest). Das FamFG hat das Institut der einstweiligen Anordnung in allen Familiensachen und in den Verfahren der freiwilligen Gerichtsbarkeit eingeführt. 1

Für Das Verfahren über eine einstweilige Anordnung jetzt unabhängig von einem Hauptsacheverfahren gegeben. Für **alle Verfahren** des einstweiligen Rechtsschutzes ist demzufolge eine einheitliche und einfach zu handhabende Gebührenstruktur eingeführt. Ohne Unterscheidung, ob es sich um eine einstweilige Anordnung oder um einen Arrest handelt, fällt eine 1,5 Verfahrensgebühr an, die sich auf 0,5 ermäßigt, wenn keine gerichtliche Entscheidung ergeht (Teil 1 Hauptabschnitt 4 Abschnitt 2 KV FamGKG). Gebührenfreie Eilverfahren gibt es nach dem FamFG nicht mehr. 2

Für In **Kindschaftssachen** gelten aber wegen der besonderen Fürsorgepflicht des Staates gegenüber Kindern deutlich niedrigere Gebührensätze (Teil 1 Hauptabschnitt 4 Abschnitt 1 KV FamGKG). Der in der Regel geringeren Bedeutung der Verfahren des 3 einstweiligen Rechtsschutzes wird durch einen geringeren Verfahrenswert Rechnung getragen.

Vorbemerkung 1.4:

(1) Im Verfahren zur Erwirkung eines Europäischen Beschlusses zur vorläufigen Kontenpfändung werden Gebühren nach diesem Hauptabschnitt nur im Fall des Artikels 5 Buchstabe a erhoben. In den Fällen des Artikels 5 Buchstabe b der Verordnung (EU) Nr. 655/2014 bestimmen sich die Gebühren nach den für die Zwangsvollstreckung geltenden Vorschriften des GKG.

(2) Im Verfahren über den Erlass einer einstweiligen Anordnung und über deren Aufhebung oder Änderung werden die Gebühren nur einmal erhoben. Dies gilt entsprechend im Arrestverfahren und im Verfahren nach der Verordnung (EU) Nr. 655/2014.

1 Nach **Abs. 1** der Vorbemerkung gelten für die Vollstreckung nicht die Bestimmungen des FamGKG, sondern die des GKG. Gemäß Abs. 2 der Vorbemerkung 1.4 fallen für ein Verfahren über Aufhebung oder Änderung der im einstweiligen Rechtsschutzverfahren ergangenen Entscheidung keine erneuten Gebühren an. Die Gebühr für das Verfahren über den Erlass der einstweiligen Anordnung oder die Anordnung des Arrestes erfasst auch ein sich eventuell anschließendes Verfahren über die Abänderung oder Aufhebung.[1]

2 Das **Arrestverfahren** ist in diese Systematik mit einbezogen. Die einheitliche Behandlung von Arrest und einstweiliger Anordnung dient der Vereinfachung. Die gegenüber den ZPO-Verfahren günstigere Regelung begründet sich mit der besonderen Verantwortung des Staates im Bereich des Familienrechts.

ABSCHNITT 1
Einstweilige Anordnung in Kindschaftssachen

UNTERABSCHNITT 1
Erster Rechtszug

Nr.	Gebührentatbestand	Gebühr oder Satz der Gebühr nach § 28 FamGKG
1410	**Verfahren im Allgemeinen** **Die Gebühr entsteht nicht für Verfahren, die eine freiheitsentziehende Unterbringung eines Minderjährigen oder eine freiheitsentziehende Maßnahme bei einem Minderjährigen (§ 151 Nr. 6 und 7 FamFG) betreffen.**	0,3

1 **KV 1410** regelt die Gebühren für Verfahren über einstweilige Anordnungen in Kindschaftssachen im Sinne von § 151 FamFG. Es handelt sich entsprechend der Systematik des FamGKG um Verfahrensgebühren. Wegen des geringeren Arbeitsaufwands für das

1 Vgl. bei *Hartmann* Vorbem. 1.4.2 KV-FamGKG Rn. 1; *Fölsch* in Schneider/Wolf u.a. 1.4.KV Rn. 2.

Gericht sowie wegen des nur vorläufigen Regelungscharakters einer einstweiligen Anordnung ist die Verfahrensgebühr spürbar geringer als die für das Hauptsacheverfahren; bei Kindschaftssachen also statt 0,5-Gebühr nach KV 1310 nur eine 0,3-Gebühr.

Wenn ein solches Verfahren über eine einstweilige Anordnung im Rahmen einer Vormundschaft oder Pflegschaft anfällt, ist dieses Verfahren gemäß der amtlichen Anmerkung durch die Jahresgebühren 1311 und 1312 mit abgegolten. Gleiches gilt auch für die freiheitsentziehende Unterbringung eines Minderjährigen wegen der Gebührenfreiheit für das Hauptsachenverfahren in diesen Fällen. 2

UNTERABSCHNITT 2

Beschwerde gegen die Endentscheidung wegen des Hauptgegenstandes

Nr.	Gebührentatbestand	Gebühr oder Satz der Gebühr nach § 28 FamGKG
1411	**Verfahren im Allgemeinen**	0,5
1412	**Beendigung des gesamten Verfahrens ohne Endentscheidung:** **Die Gebühr 1411 ermäßigt sich auf** 1. Wenn die Entscheidung nicht durch Verlesen der Entscheidungsformel bekannt gegeben worden ist, ermäßigt sich die Gebühr auch im Falle der Zurücknahme der Beschwerde vor Ablauf des Tages, an dem die Endentscheidung der Geschäftsstelle übermittelt wird. 2. Eine Entscheidung über die Kosten steht der Ermäßigung nicht entgegen, wenn die Entscheidung einer zuvor mitgeteilten Einigung über die Kostentragung oder einer Kostenübernahmeerklärung folgt.	0,3

KV 1411–1412: In Beschwerdeverfahren (§ 57 Satz 2 Nr. 1 bis 3 FamFG) wird – entsprechend der Systematik des Kostenverzeichnisses des FamGKG – eine gegenüber dem ersten Rechtszug erhöhte Verfahrensgebühr mit einem Satz von 0,5 erhoben. Wird das Verfahren ohne Endentscheidung beendet, soll sich die Gebühr auf einen Satz von 0,3 ermäßigen. Dieser Tatbestand kann nur unter Mitwirkung der Beteiligten eintreten und führt zu einer Arbeitserleichterung für die Gerichte. 1

Zu KV 1412: Die nach Beschwerdebegründung gegenüber dem Gericht erklärte Rücknahme der Beschwerde führt nur dann zu einer Herabsetzung, wenn sie mit der Erklärung verbunden ist, die Kosten des Beschwerdeverfahrens zu übernehmen.[2] 2

ABSCHNITT 2

Einstweilige Anordnung in den übrigen Familiensachen, Arrest und Europäischer Beschluss zur vorläufigen Kontenpfändung

Systematik: In den Verfahren, in denen sich die Gebühren für das Hauptsacheverfahren nach Hauptabschnitt 2 Abschnitt 2 sowie Hauptabschnitt 3 Abschnitt 2 richten, ist 1

2 OLG Celle JurBüro 2012, 377 = FamRZ 2012, 1969.

eine einheitliche Verfahrensgebühr mit einem Satz von 1,5 anzusetzen (Nr. 1420). Im Beschwerdeverfahren – soweit dieses zulässig ist (§ 57 Satz 2 Nr. 4 und 5 FamFG) – beträgt die Verfahrensgebühr 2,0 (Nr. 1422). Dies entspricht dem Verhältnis zwischen der Verfahrensgebühr im ersten Rechtszug und im Beschwerdeverfahren in den anderen Abschnitten des Kostenverzeichnisses. Der Systematik des Kostenverzeichnisses entsprechende Ermäßigungstatbestände enthalten die Nrn. 1421, 1423 und 1424.

Vorbemerkung 1.4.2:

Dieser Abschnitt gilt für Familienstreitsachen und die in Vorbemerkung 1.3.2 genannten Verfahren.

UNTERABSCHNITT 1
Erster Rechtszug

Nr.	Gebührentatbestand	Gebühr oder Satz der Gebühr nach § 28 FamGKG
1420	Verfahren im Allgemeinen	1,5
1421	Beendigung des gesamten Verfahrens ohne Endentscheidung: Die Gebühr 1420 ermäßigt sich auf 1. Wenn die Entscheidung nicht durch Verlesen der Entscheidungsformel bekannt gegeben worden ist, ermäßigt sich die Gebühr auch im Falle der Zurücknahme des Antrags vor Ablauf des Tages, an dem die Endentscheidung der Geschäftsstelle übermittelt wird. 2. Eine Entscheidung über die Kosten steht der Ermäßigung nicht entgegen, wenn die Entscheidung einer zuvor mitgeteilten Einigung über die Kostentragung oder einer Kostenübernahmeerklärung folgt.	0,5

UNTERABSCHNITT 2
Beschwerde gegen die Endentscheidung wegen des Hauptgegenstandes

Nr.	Gebührentatbestand	Gebühr oder Satz der Gebühr nach § 28 FamGKG
1422	Verfahren im Allgemeinen	2,0
1423	Beendigung des gesamten Verfahrens durch Zurücknahme der Beschwerde oder des Antrags, bevor die Schrift zur Begründung der Beschwerde bei Gericht eingegangen ist: Die Gebühr 1422 ermäßigt sich auf	0,5
1424	Beendigung des gesamten Verfahrens ohne Endentscheidung, wenn nicht Nummer 1423 erfüllt ist: Die Gebühr 1422 ermäßigt sich auf 1. Wenn die Entscheidung nicht durch Verlesen der Entscheidungsformel bekannt gegeben worden ist, ermäßigt sich die Ge-	1,0

bühr auch im Falle der Zurücknahme der Beschwerde vor Ablauf des Tages, an dem die Endentscheidung der Geschäftsstelle übermittelt wird.

2. **Eine Entscheidung über die Kosten steht der Ermäßigung nicht entgegen, wenn die Entscheidung einer zuvor mitgeteilten Einigung über die Kostentragung oder einer Kostenübernahmeerklärung folgt.**

Zu KV 1424: Die nach Beschwerdebegründung gegenüber dem Gericht erklärte Rücknahme der Beschwerde führt nur dann zu einer Herabsetzung, wenn sie mit der Erklärung verbunden ist, die Kosten des Beschwerdeverfahrens zu übernehmen.[1] 1

HAUPTABSCHNITT 5
Besondere Gebühren

Nr.	Gebührentatbestand	Gebühr oder Satz der Gebühr nach § 28 FamGKG
1500	**Abschluss eines gerichtlichen Vergleichs:** **Soweit ein Vergleich über nicht gerichtlich anhängige Gegenstände geschlossen wird der Wert des Vergleichsgegenstands den Wert des Verfahrensgegenstands übersteigt. Im Verhältnis zur Gebühr für das Verfahren im Allgemeinen ist § 30 Abs. 3 FamGKG entsprechend anzuwenden.** **Die Gebühr entsteht nicht im Verfahren über die Verfahrenskostenhilfe.**	
1501	**Auferlegung einer Gebühr nach § 32 FamGKG wegen Verzögerung des Verfahrens**	**wie vom Gericht bestimmt**
1502	**Anordnung von Zwangsmaßnahmen durch Beschluss nach § 35 FamFG: je Anordnung**	**20,00 €**
1503	**Selbständiges Beweisverfahren**	**1,0**

KV 1500: Die Gebührenregelung für den so genannten Mehrvergleich entspricht der Nummer 1900 KV GKG mit einem Gebührensatz von 0,25 des Werts, um den der Wert des Vergleichsgegenstandes den Wert des Verfahrensgegenstandes übersteigt. Dadurch soll der Mehraufwand des Gerichts bei der Mitwirkung an einer Vergleichsregelung, welche über den eigentlichen Verfahrensgegenstand hinausgeht, angemessen berücksichtigt werden. Es handelt sich um eine Aktgebühr, d.h., sie entsteht nur, wenn der Vergleich geschlossen wird. Dies gilt auch, wenn und soweit gerade auch in Verfahren über eine einstweilige Anordnung gerichtliche Vergleiche geschlossen werden, die über den Wert des dort anhängigen Verfahrensgegenstandes hinausgehen.

Keine Mehrvergleichsgebühr soll entsprechend der Regelung in Nummer 1900 KV GKG erhoben werden, wenn ein „überschießender" Vergleich im **Verfahrenskostenhilfeprüfungsverfahren** geschlossen wird. Zum einen sind diese Verfahren gerichtsgebührenfrei, zum anderen handelt es sich um Gerichtsverfahren i.S. des FamFG. 2

1 OLG Celle JurBüro 2012, 377 = FamRZ 2012, 1969.

3 **Voraussetzungen:** Für das Entstehen der Gebühr nach KV 1500 müssen folgende Voraussetzungen kumulativ gegeben sein:

- Es muss ein **gerichtlicher Vergleich** vorliegen. Der Vergleich muss also in einem Gerichtsverfahren vor dem Richter oder Rechtspfleger abgeschlossen worden sein. Der Vergleich setzt ein gegenseitiges Nachgeben voraus (§ 774 Abs. 1 Nr. 1 ZPO). Eine bloße Einigung i.S.v. VV-RVG 1000 reicht nicht. Die Mitwirkung eines Anwalts ist – auch wenn das Hauptverfahren dem Anwaltszwang unterliegt – nicht erforderlich.[1]
- Der einbezogene, d.h. (mit)verglichene Gegenstand darf noch nicht gerichtlich anhängig sein.
- **Überschreitung des Verfahrenswertes.**[2] Das gilt auch bei unterschiedlichen Verfahrensgegenständen, weil es bei KV 1500 nur auf die Überschreitung des Gesamtwertes ankommt. Maßgebend sind sämtliche in den gerichtlichen Vergleich einbezogen Ansprüche, in der Regel also auch einbezogenen beim Vergleichsschluss nicht streitigen Ansprüche.[3]

4 **Höhe der Gebühr** beträgt 0,25 nach dem den Verfahrenswert übersteigenden Betrag, und zwar unabhängig vom Wert der jeweiligen Instanz. Die Gebühr ist nach dem Unterschied der Verfahrenswerte zu berechnen. Die Einzelwerte sind nach §§ 33ff. zu bestimmen. § 30 Abs. 3 FamGKG ist zu beachten.

5 **KV 1501:** Die Gebührenregelung entspricht – redaktionell angepasst – Nummer 1901 KV-GKG. Auf die Erläuterungen dort wird verwiesen.

6 **KV 1502** bestimmt Gebühren für Zwangsmaßnahmen nach § 35 FamFG. Bei diesen Zwangsmaßnahmen handelt es sich nicht um Vollstreckungshandlungen, sondern um Maßnahmen mit verfahrensleitendem Charakter. Je Anordnung wird eine Gebühr in Höhe von 15 Euro erhoben. Erfasst werden nicht nur die Anordnung von Zwangsgeld oder von Zwangshaft, sondern auch Maßnahmen nach § 35 Abs. 4 FamFG. Die Gebühren für **Rechtsmittelverfahren** sollen sich nach den **Auffangtatbeständen** in Hauptabschnitt 9 richten.

7 **KV 1503:** Die Bestimmung ist durch das DLRLJuG eingefügt worden und betrifft das Verfahren nach § 113 Abs. 1 Satz 2 FamFG i.V.m. §§ 485ff. ZPO. Danach kommt ein selbständiges Beweisverfahren in Ehesachen nach § 121 FamFG in Betracht. Weil für das selbständige Beweisverfahren in Verfahren nach der ZPO das GKG in Nr. 1610 KV-GKG eine Verfahrensgebühr mit einem Gebührensatz von 1,0 vorsieht und gleiche Gebühren in den Nrn. 5300, 6300 und 7300 KV-GKG für die Verwaltungs-, Finanz- und Sozialgerichtsbarkeit und in Nummer 8400 KV-GKG mit einem auf 0,6 verminderten Gebührensatz für die Arbeitsgerichtsbarkeit enthalten sind, war es angebracht, eine entsprechende Gebührenregelung auch in das FamGKG einzustellen.[4]

8 Nach § 113 Absatz 1 Satz 2 des Gesetzes über das Verfahren in Familiensachen und in den Angelegenheiten der freiwilligen Gerichtsbarkeit (FamFG) gelten in Ehesachen und Familienstreitsachen die Allgemeinen Vorschriften der Zivilprozessordnung und die Vorschriften der Zivilprozessordnung über das Verfahren vor den Landgerichten entsprechend. Zu den Vorschriften über das Verfahren vor den Landgerichten gehören auch die §§ 485ff. ZPO, die das selbständige Beweisverfahren zum Gegenstand haben. Dieses kann somit in Ehesachen nach § 121 FamFG und in Familienstreitsachen nach § 112 FamFG zur Anwendung gelangen.

---

1 *Hartmann* KV 1500 FamGKG, Rn. 4; *Mümmler* JurBüro 1978, 161.
2 Dazu BGH JurBüro 1979, 1796.
3 OLG Zweibrücken MDR 1978, 496, *Hartmann* KV 1500 FamGKG Rn. 10–11.
4 BT-Drs. 17/3356 S. 20.

HAUPTABSCHNITT 6
Vollstreckung

Vorbemerkung 1.6:

Die Vorschriften dieses Hauptabschnitts gelten für die Vollstreckung, nach Buch 1 Abschnitt 8 des FamFG, soweit das Familiengericht zuständig ist. Für Handlungen durch das Vollstreckungs- oder Arrestgericht, werden Gebühren nach dem GKG erhoben.

Dieser Hauptabschnitt enthält die Gebühren für die Vollstreckungsmaßnahmen des Familiengerichts. Dies stellt durch Satz 1 der Vorbemerkung klar. Satz 2 der Vorbemerkung bestimmt, dass für Maßnahmen, die in die Zuständigkeit des Vollstreckungs- oder Arrestgerichts fallen, Gebühren nach dem GKG erhoben werden. Eine gleichlautende Regelung ist hinsichtlich der Auslagen in Vorbemerkung 2 Abs. 4 KV FamGKG enthalten. Eine korrespondierende Klarstellung enthält § 1 GKG. 1

Nr.	Gebührentatbestand	Gebühr oder Satz der Gebühr nach § 28 FamGKG
1600	**Verfahren über den Antrag auf Erteilung einer weiteren vollstreckbaren Ausfertigung (§ 733 ZPO)** **Die Gebühr wird für jede weitere vollstreckbare Ausfertigung gesondert erhoben. Sind wegen desselben Anspruchs in einem Mahnverfahren gegen mehrere Personen gesonderte Vollstreckungsbescheide erlassen worden und werden hiervon gleichzeitig mehrere weitere vollstreckbare Ausfertigungen beantragt, wird die Gebühr nur einmal erhoben.**	**20,00 €**
1601	**Anordnung der Vornahme einer vertretbaren Handlung durch einen Dritten**	**20,00 €**
1602	**Anordnung von Zwangs- oder Ordnungsmitteln:** **Je Anordnung** **Mehrere Anordnungen gelten als eine Anordnung, wenn sie dieselbe Verpflichtung betreffen. Dies gilt nicht, wenn Gegenstand der Verpflichtung die wiederholte Vornahme einer Handlung oder eine Unterlassung ist**	**20,00 €**
1603	**Verfahren zur Abnahme einer eidesstattlichen Versicherung (§ 94 FamFG)** **Die Gebühr entsteht mit der Anordnung des Gerichts, dass der Verpflichtete eine eidesstattliche Versicherung abzugeben hat, oder mit dem Eingang des Antrags des Berechtigten.**	**35,00 €**

KV 1600 bis 1603 bestimmt die Gebühren für die in Buch 1 Abschnitt 8 FamFG geregelten Vollstreckungshandlungen des Familiengerichts. Die Bestimmungen sind weitestgehend identisch mit den entsprechenden Vorschriften der Nrn. 2110–2114 KV-GKG. 1

KV 1602 bestimmt die Gebühr für die Anordnung von Zwangs- oder Ordnungsmitteln **innerhalb der Vollstreckung.** Die Gebühr wird für jede Anordnung gesondert erhoben. Mehrere Anordnungen von Ordnungsmitteln lösen aber die Gebühr nur einmal aus, wenn sie dieselbe Verpflichtung betreffen. Hat der Verpflichtete eine Handlung wiederholt vorzunehmen oder zu unterlassen, löst die Anordnung eines Ordnungsmittels gegen jeden Verstoß eine besondere Gebühr aus. Verstößt z.B. ein Elternteil gegen 2 eine gerichtlich festgelegte Umgangsregelung und wird deshalb ein Ordnungsgeld festgesetzt, fällt hierfür eine Gebühr an. Verstößt der Elternteil beim nächsten Umgangstermin in gleicher Weise gegen die Regelung und wird erneut ein Ordnungsgeld festgesetzt, fällt die Gebühr erneut an.

3 Die Gebühren für **Rechtsmittelverfahren** richten sich nach den Auffangtatbeständen in Hauptabschnitt 9.

HAUPTABSCHNITT 7
Verfahren mit Auslandsbezug

1 Dieser Gliederungsabschnitt regelt alle Gebühren für Verfahren mit Auslandsbezug, die vor das Familiengericht gehören, ferner das Verfahren über den Antrag nach § 107 Abs. 5, 6 und 8 FamFG vor dem Oberlandesgericht.

Vorbemerkung 1.7

In Verfahren nach dem EUGewSchG, mit Ausnahme der Verfahren über Bescheinigungen nach Abschnitt 3 Unterabschnitt 2 EUGewSchG, bestimmen sich die Gebühren nach Teil 1 Hauptabschnitt 3 Abschnitt 2

ABSCHNITT 1
Erster Rechtszug

Nr.	Gebührentatbestand	Gebühr oder Satz der Gebühr nach § 28 FamGKG
1710	Verfahren über Anträge auf 1. Erlass einer gerichtlichen Anordnung auf Rückgabe des Kindes oder über das Recht zum persönlichen Umgang nach dem IntFamRVG, 2. Vollstreckbarerklärung ausländischer Titel, 3. Feststellung, ob die ausländische Entscheidung anzuerkennen ist, einschließlich der Anordnungen nach § 33 IntFamRVG zur Wiederherstellung des Sorgeverhältnisses, 4. Erteilung der Vollstreckungsklausel zu ausländischen Titeln und 5. Aufhebung oder Abänderung von Entscheidungen in den in den Nummern 2 bis 4 genannten Verfahren	240,00 €
1711	Verfahren über den Antrag auf Ausstellung einer Bescheinigung nach § 57 AVAG, § 48 IntFamRVG oder § 14 EUGewSchG auf Ausstellung des Formblatts oder der Bescheinigung nach § 71 Abs. 1 AUG	15,00 €
1712	Verfahren über den Antrag auf Ausstellung einer Bestätigung nach § 1079 ZPO	20,00 €
1713	Verfahren nach 1. § 3 Abs. 2 des Gesetzes zur Ausführung des Vertrags zwischen der Bundesrepublik Deutschland und der Republik Österreich vom 6. Juni 1959 über die gegenseitige Anerkennung und Vollstreckung von gerichtlichen Entscheidungen, Vergleichen und	

Nr.	Gebührentatbestand	Gebühr oder Satz der Gebühr nach § 28 FamGKG
	öffentlichen Urkunden in Zivil- und Handelssachen in der im Bundesgesetzblatt Teil III, Gliederungsnummer 319-12, veröffentlichten bereinigten Fassung, das zuletzt durch Artikel 23 des Gesetzes vom 27. Juli 2001 (BGBl. I S. 1887) geändert worden ist und	
	2. § 34 Abs. 1 AUG.	60,00 €
1714	Verfahren über den Antrag nach § 107 Abs. 5, 6 und 8, § 108 Abs. 2 FamFG:	
	Der Antrag wird zurückgewiesen.	240,00 €
1715	Beendigung des gesamten Verfahrens durch Zurücknahme des Antrags vor Ablauf des Tages, an dem die Endentscheidung der Geschäftsstelle übermittelt wird, wenn die Entscheidung nicht bereits durch Verlesen der Entscheidungsformel bekannt gegeben worden ist:	
	Die Gebühr 1710 oder 1714 ermäßigt sich auf	90,00 €

KV 1710 bis 1713. Die Nrn. 1710 bis 1713 übernehmen die Regelungen der Nummern 1510 bis 1513 KV-GKG, ergänzt um die Regelungen aus § 51 des Internationalen Familienrechtsverfahrensgesetzes (IntFamRVG). Auf die Erläuterungen dort wird Bezug genommen. Die Bestimmungen sind nicht anwendbar, wenn und soweit in einem Staatsvertrag bestimmt ist, dass ein Titel kostenfrei für vollstreckbar zu erklären ist (z.B. nach Art. 16, 19 HZPrÜbk). Das folgt aus § 2 Abs. 2. 1

KV 1714 Regelt die Gebühren für das gerichtliche Verfahren gegen die Entscheidung der Landesjustizverwaltung betreffend die Anerkennung ausländischer Entscheidungen in Ehesachen (§ 107 Abs. 5, 6 und 8 FamFG). 2

KV 1715 entspricht der Regelung in Nummer 1511 KV GKG. 3

ABSCHNITT 2
Beschwerde und Rechtsbeschwerde gegen die Endentscheidung wegen des Hauptgegenstandes

Dieser Gliederungsabschnitt enthält die Gebühren für das Verfahren über die Beschwerde und die Rechtsbeschwerde. Die KV 1720 entspricht inhaltlich Nr. 1520 KV GKG und KV 1723 der bisherigen Nr. 1521 KV GKG. Die Ermäßigungstatbestände KV 1721 und 1722 entsprechen den Nrn. 1521 und 1522 KV GKG. 1

Nr.	Gebührentatbestand	Gebühr oder Satz der Gebühr nach § 28 FamGKG
1720	Verfahren über die Beschwerde oder Rechtsbeschwerde in den in den Nummern 1710, 1713 und 1714 genannten Verfahren	360,00 €
1721	Beendigung des gesamten Verfahrens durch Zurücknahme der Beschwerde, der Rechtsbeschwerde oder des Antrags, bevor die Schrift zur Begründung des Rchtsmittels bei Gericht eingegangen ist:	
	Die Gebühr 1720 ermäßigt sich auf	90,00 €

Nr.	Gebührentatbestand	Gebühr oder Satz der Gebühr nach § 28 FamGKG
1722	Beendigung des gesamten Verfahrens durch Zurücknahme der Beschwerde, der Rechtsbeschwerde oder des Antrags, bevor die Schrift zur Begründung der Beschwerde bei Gericht eingegangen ist: Die Gebühr 1720 ermäßigt sich auf	180,00 €
	1. Wenn die Entscheidung nicht durch Verlesen der Entscheidungsformel bekannt gegeben worden ist, ermäßigt sich die Gebühr auch im Falle der Zurücknahme der Beschwerde oder der Rechtsbeschwerde vor Ablauf des Tages, an dem die Endentscheidung der Geschäftsstelle übermittelt wird. 2. Eine Entscheidung über die Kosten steht der Ermäßigung nicht entgegen, wenn die Entscheidung einer zuvor mitgeteilten Einigung über die Kostentragung oder einer Kostenübernahmeerklärung folgt.	
1723	Verfahren über die Beschwerde in 1. den in den Nummern 1711 und 1712 genannten Verfahren, 2. Verfahren nach § 245 FamFG oder 3. Verfahren über die Berichtigung oder den Widerruf einer Bestätigung nach § 1079 ZPO Die Beschwerde wird verworfen oder zurückgewiesen	60,00 €

HAUPTABSCHNITT 8
Rüge wegen Verletzung des Anspruchs auf rechtliches Gehör

Nr.	Gebührentatbestand	Gebühr oder Satz der Gebühr nach § 28 FamGKG
1800	Verfahren über die Rüge wegen Verletzung des Anspruchs auf rechtliches Gehör (§§ 44, 113 Abs. Satz 2 FamFG, § 321 ZPO): Die Rüge wird in vollem Umfang verworfen oder zurückgewiesen	60,00 €

1 **KV 1800:** Die Gebühr für das Verfahren über die Rüge wegen Verletzung des rechtlichen Gehörs entspricht der Regelung in Nummer 1700 KV-GKG.

HAUPTABSCHNITT 9
Rechtsmittel im Übrigen

1 Dieser Hauptabschnitt enthält **Auffangtatbestande** für die sonstigen Beschwerden und Rechtsbeschwerden, für die in den vorangegangenen Gliederungsabschnitten keine besonderen Gebühren bestimmt sind.

ABSCHNITT 1
Sonstige Beschwerden

Nr.	Gebührentatbestand	Gebühr oder Satz der Gebühr nach § 28 FamGKG
1910	Verfahren über die Beschwerde in den Fällen des § 71 Abs. 2, § 91a Abs. 2, § 99 Abs. 2 und § 269 Abs. 5 oder § 494a Abs. 2 Satz 2 ZPO	90,00 €
1911	Beendigung des gesamten Verfahrens ohne Endentscheidung: Die Gebühr 1910 ermäßigt sich auf 1. Wenn die Entscheidung nicht durch Verlesen der Entscheidungsformel bekannt gegeben worden ist, ermäßigt sich die Gebühr auch im Falle der Zurücknahme der Beschwerde vor Ablauf des Tages, an dem die Endentscheidung der Geschäftsstelle übermittelt wird. 2. Eine Entscheidung über die Kosten steht der Ermäßigung nicht entgegen, wenn die Entscheidung einer zuvor mitgeteilten Einigung über die Kostentragung oder einer Kostenübernahmeerklärung folgt.	60,00 €
1912	Verfahren über eine nicht besonders aufgeführte Beschwerde, die nicht nach anderen Vorschriften gebührenfrei ist: Die Beschwerde wird verworfen oder zurückgewiesen Wird die Beschwerde nur teilweise verworfen oder zurückgewiesen, kann das Gericht die Gebühr nach billigem Ermessen auf die Hälfte ermäßigen oder bestimmen, dass eine Gebühr nicht zu erheben ist.	60,00 €

1 KV 1910–1912 übernehmen für die Familienstreitsachen Nr. 1810 KV-GKG und Nr. 1811 KV-GKG. Der Gebührentatbestand der KV 1912 entspricht der Auffanggebühr in der Nr. 1812 KV-GKG.

2 Die Gebühr nach KV 1912 fällt auch bei unzulässigen bzw. unstatthaften Beschwerden an, wenn sie im Falle ihrer Zulässigkeit gebührenfrei wären.[1]

3 Weist das Beschwerdegericht eine (im Verfahrenskostenhilfeverfahren) eingelegte Beschwerde größtenteils zurück, fällt die volle Gebühr nach KV 1912 an.[2]

ABSCHNITT 2
Sonstige Rechtsbeschwerden

Nr.	Gebührentatbestand	Gebühr oder Satz der Gebühr nach § 28 FamGKG
1920	Verfahren über die Rechtsbeschwerde in den Fällen des § 71 Abs. 1, § 91a Abs. 1, § 99 Abs. 2 und § 269 Abs. 4 oder § 494a Abs. 2 Satz ZPO	180,00 €
1921	Beendigung des gesamten Verfahrens durch Zurücknahme der Rechtsbeschwerde oder des Antrags, bevor die Schrift zur Begründung der Rechtsbeschwerde bei Gericht eingegangen ist: Die Gebühr 1920 ermäßigt sich auf	60,00 €

1 H.M. Vgl. etwa OLG Celle JurBüro 2013, 29, 30 = FamRZ 2013, 903, m.w.N.
2 OLG Koblenz JurBüro 2013, 39.

Nr.	Gebührentatbestand	Gebühr oder Satz der Gebühr nach § 28 FamGKG
1922	Beendigung des gesamten Verfahrens durch Zurücknahme der Rechtsbeschwerde oder des Antrags vor Ablauf des Tages, an dem die Endentscheidung der Geschäftsstelle übermittelt wird, wenn nicht Nummer 1921 erfüllt ist: Die Gebühr 1920 ermäßigt sich auf	90,00 €
1923	Verfahren über eine nicht besonders aufgeführte Rechtsbeschwerde, die nicht nach anderen Vorschriften gebührenfrei ist: Die Rechtsbeschwerde wird verworfen oder zurückgewiesen Wird die Rechtsbeschwerde nur teilweise verworfen oder zurückgewiesen, kann das Gericht die Gebühr nach billigem Ermessen auf die Hälfte ermäßigen oder bestimmen, dass eine Gebühr nicht zu erheben ist.	120,00 €
1924	Verfahren über die in Nummer 1923 genannten Rechtsbeschwerden: Beendigung des gesamten Verfahrens durch Zurücknahme der Rechtsbeschwerde oder des Antrags vor Ablauf des Tages, an dem die Endentscheidung der Geschäftsstelle übermittelt wird: Die Gebühr 1923 ermäßigt sich auf	60,00 €

1 KV 1920 übernimmt für die Familienstreitsachen die Regelung der Nummer 1823 KV GKG und KV 1923 den Auffangtatbestand für die Rechtsbeschwerde der Nr. 1826 KV GKG. Die Ermäßigungstatbestände KV 1921, 1922 und 1924 entsprechen den Ermäßigungstatbeständen in den Nrn. 1824, 1825 und 1827 KV GKG.

ABSCHNITT 3
Zulassung der Sprungrechtsbeschwerde in sonstigen Fällen

Nr.	Auslagentatbestand	Höhe
1930	Verfahren über die Zulassung der Sprungrechtsbeschwerde in den nicht besonders aufgeführten Fällen: Wenn der Antrag abgelehnt wird	60,00 €

1 **KV 1930:** Da mit § 75 FamFG sehr weitgehend die Möglichkeit der Sprungsrechtsbeschwerde gegeben ist, ist für das Verfahren auf Zulassung der Sprungsrechtsbeschwerde ein Auffangtatbestand eingeführt, der immer dann anzuwenden ist, wenn keine der in den vorangegangenen Gliederungsabschnitten vorgesehene Regelung zutrifft.

TEIL 2
Auslagen

1 **Teil 2** des Kostenverzeichnisses regelt die zu erhebenden Auslagen. Die Bestimmungen entsprechen im Wesentlichen Teil 9 KV GKG.

Vorbemerkung 2:

1. **Auslagen, die durch eine für begründet befundene Beschwerde entstanden sind, werden nicht erhoben, soweit das Beschwerdeverfahren gebührenfrei ist; dies gilt jedoch nicht, soweit das Beschwerdegericht die Kosten dem Gegner des Beschwerdeführers auferlegt hat.**
2. **Sind Auslagen durch verschiedene Rechtssachen veranlasst, werden sie auf die mehreren Rechtssachen angemessen verteilt.**
3. **In Kindschaftssachen werden von dem Minderjährigen Auslagen nur unter den in Vorbemerkung 1.3.1 Abs. 2 genannten Voraussetzungen erhoben. In den in Vorbemerkung 1.3.1 Abs. 1 genannten Verfahren werden keine Auslagen erhoben; für die freiheitsentziehende Unterbringung eines Minderjährigen und eine freiheitsentziehende Maßnahme bei einem Minderjährigen (§ 151 Nr. 6 und 7 FamFG) gilt dies auch in Verfahren über den Erlass einer einstweiligen Verfügung.**
4. **Bei Handlungen durch das Vollstreckungs- oder Arrestgericht werden Auslagen nach dem GKG erhoben.**

Abs. 1 entspricht dem Regelungsgehalt des Abs. 1 der Vorbemerkung 9 KV GKG. 1

Abs. 2 übernimmt den Regelungsgehalt des Abs. 2 der Vorbemerkung 9 KV GKG. 2

Abs. 3: Nach Satz 1 sollen unter den gleichen Voraussetzungen, nach denen die Ge- 3
bühren erhoben werden, auch die Auslagen angesetzt werden. Satz 2 erstreckt die in Vorbem. 1.3.1 bestimmte Gebührenfreiheit auch auf die Auslagen. Die Privilegierungen hinsichtlich der an Verfahrensbeistände gezahlten Beträge (KV 2013) finden keine Anwendung. Für diese Auslagen gilt eine Sonderreglung vgl. Anm. zu KV 2013).

Abs. 4 bestimmt entsprechend der Vorbemerkung 1.6, dass für Maßnahmen, die in 4
die Zuständigkeit des Vollstreckungs- oder Arrestgerichts fallen, Auslagen nach dem GKG erhoben werden.

Nr.	Auslagentatbestand	Höhe
2000	**Pauschale für Herstellung und Überlassung von Dokumenten:**	
	1. Ausfertigungen, Kopien und Ausdrucke bis zu einer Größe von DIN A 3, die	
	a) auf Antrag angefertigt, oder auf Antrag per Telefax übermittelt worden sind oder	
	b) angefertigt worden sind, weil die Partei oder ein Beteiligter es unterlassen hat, die erforderliche Zahl von Mehrfertigungen beizufügen; der Ausfertigung steht es gleich, wenn per Telefax übermittelte Mehrfertigungen von der Empfangseinrichtung des Gerichts ausgedruckt werden:	
	für die ersten 50 Seiten je Seite	**0,50 €**
	für jede weitere Seite	**0,15 €**
	für die ersten 50 Seiten in Farbe	**1,00 €**
	je Seite	**0,30 €**
	2. Entgelte für die Herstellung und Überlassung der in Nr. 1 genannten Kopien oder Ausdrucke in einer Größe von mehr als DIN A 3	**In voller Höhe**
	oder pauschal je Seite	**3,00 €**
	oder pauschal je Seite in Farbe	**6,00 €**
	3. Überlassung von elektronisch gespeicherten Dateien oder deren Bereitstellung zum Abruf anstelle der in Nummer 1 genannten Ausfertigungen, Kopien und Ausdrucke:	
	je Datei	**1,50 €**

Nr.	Auslagentatbestand	Höhe
	für die in einem Arbeitsgang überlassenen, bereitgestellten oder in einem Arbeitsgang auf denselben Datenträger übertragenen Dokumente insgesamt höchstens	5,00 €
	(1) Die Höhe der Dokumentenpauschale nach Nummer 1 ist für jeden Kostenschuldner nach § 23 Abs. 1 FamGKG gesondert zu berechnen; Gesamtschuldner gelten als ein Schuldner. (2) Werden zum Zweck der Überlassung von elektronisch gespeicherten Dateien Dokumente zuvor auf Antrag von der Papierform in die elektronische Form übertragen, beträgt die Dokumentenpauschale nach Nummer 2 nicht weniger, als die Dokumentenpauschale nach Nummer 1 betragen würde. (3) Frei von der Dokumentenpauschale sind für jeden Beteiligten und seinen bevollmächtigte Vertreter jeweils 1. eine vollständige Ausfertigung oder Kopie oder ein vollständiger Ausdruck jeder gerichtlichen Entscheidung und jedes vor Gericht abgeschlossenen Vergleichs, 2. eine Ausfertigung ohne Begründung und 3. eine Kopie oder ein Ausdruck jeder Niederschrift über eine Sitzung. § 191a Abs. 1 Satz 5 GVG bleibt unberührt. (4) Bei der Gewährung der Einsicht in Akten wird eine Dokumentenpauschale nur erhoben, wenn auf besonderen Antrag ein Ausdruck einer elektronischen Akte oder ein Datenträger mit dem Inhalt einer elektronischen Akte übermittelt wird.	
2001	Auslagen für Telegramme	in voller Höhe
2002	Pauschale für Zustellungen mit Zustellungsurkunde, Einschreiben gegen Rückschein oder durch Justizbedienstete nach § 168 Abs. 1 ZPO je Zustellung	3,50 €
	Neben Gebühren, die sich nach dem Verfahrenswert richten, wird die Zustellungspauschale nur erhoben, soweit in einem Rechtszug mehr als 10 Zustellungen anfallen.	
2003	Pauschale für die bei der Versendung von Akten auf Antrag anfallenden Auslagen an Transport- und Verpackungskosten je Sendung	12,00 €
	Die Hin- und Rücksendung der Akten durch Gerichte gelten zusammen als eine Sendung.	
2004	Auslagen für öffentliche Bekanntmachungen	in voller Höhe
	Auslagen werden nicht erhoben für die Bekanntmachung in einem elektronischen Informations- und Kommunikationssystem, wenn das Entgelt nicht für den Einzelfall oder nicht für ein einzelnes Verfahren berechnet wird.	
2005	Nach dem JVEG zu zahlende Beträge	in voller Höhe
	1. Die Beträge werden auch erhoben, wenn aus Gründen der Gegenseitigkeit, der Verwaltungsvereinfachung oder aus vergleichbaren Gründen keine Zahlungen zu leisten sind. Ist aufgrund des § 1 Abs. 2 Satz 2 JVEG keine Vergütung zu zahlen, ist der Betrag zu erheben, der ohne diese Vorschrift zu zahlen wäre. 2. Auslagen für Übersetzer, die zur Erfüllung der Rechte blinder oder sehbehinderter Personen herangezogen werden (§ 191a Abs. 1 GVG) und für Gebärdensprachdolmetscher (§ 186 Abs. 1 GVG) werden nicht erhoben.	
2006	Bei Geschäften außerhalb der Gerichtsstelle 1. die den Gerichtspersonen aufgrund gesetzlicher Vorschriften gewährte Vergütung (Reisekosten, Auslagenersatz) und die Auslagen für die Bereitstellung von Räumen	in voller Höhe

Nr.	Auslagentatbestand	Höhe
	2. für den Einsatz von Dienstkraftfahrzeugen für jeden gefahrenen Kilometer	0,30 €
2007	Auslagen für	
	1. die Beförderung von Personen	in voller Höhe
	2. Zahlungen an mittellose Personen für die Reise zum Ort einer Verhandlung oder Anhörung und für die Rückreise	bis zur Höhe der nach dem JVEG an Zeugen zu zahlenden Beträge
2008	Kosten einer Zwangshaft, auch aufgrund eines Haftbefehls in entsprechender Anwendung des § 802g ZPO.	In Höhe des Haftkostenbeitrages
	Maßgebend ist die Höhe des Haftkostenbeitrags, der nach Landesrecht von einem Gefangenen zu erheben ist.	
2009	Kosten einer Ordnungshaft	in Höhe des Haftkostenbeitrages
	Maßgebend ist die Höhe des Haftkostenbeitrags, der nach Landesrecht von einem Gefangenen zu erheben ist. Diese Kosten werden nur angesetzt, wenn der Haftkostenbeitrag auch von einem Gefangenen im Strafvollzug zu erheben wäre.	
2010	Nach dem Auslandskostengesetz zu zahlende Beträge (*ab dem 14.8. 2018: Nach § 12 BGeBG, dem 5. Abschnitt des Konsulargesetzes und der Besonderen Gebührenordnung des Auswärtigen Amts nach § 22 Abs. 4 BGebG zu zahlende Beträge*)	in voller Höhe
2011	An deutsche Behörden für die Erfüllung von deren eigenen Aufgaben zu zahlende Gebühren sowie diejenigen Beträge, die diesen Behörden, öffentlichen Einrichtungen oder deren Bediensteten als Ersatz für Auslagen der in Nummern 2000 bis 2009 bezeichneten Art zustehen	in voller Höhe, die Auslagen begrenzt durch die Auslagen 2000 bis 2009
2012	Beträge, die ausländischen Behörden, Einrichtungen oder Personen im Ausland zustehen, sowie Kosten des Rechtshilfeverkehrs mit dem Ausland	in voller Höhe
2013	Die Beträge werden auch erhoben, wenn aus Gründen der Gegenseitigkeit, der Verwaltungsvereinfachung oder aus vergleichbaren Gründen keine Zahlungen zu leisten sind.	
	An den Verfahrensbeistand zu zahlende Beträge	in voller Höhe
	Die Beträge werden von dem Minderjährigen nur nach Maßgabe des § 1836c BGB erhoben.	
2014	An den Umgangspfleger sowie an Verfahrenspfleger nach § 9 Abs. 6 FamFG, § 57 ZPO zu zahlende Beträge	in voller Höhe
2015	Pauschale von Videokonferenzverbindungen für die Inanspruchnahme von:	
	Videokonferenzverbindungen:	
	Je Verfahren für jede angefangene halbe Stunde	15,00 €

KV 2000: Der Auslagentatbestand für die Dokumentenpauschale entspricht redaktionell angepasst der Nummer 9000 KV GKG einschließlich der Absätze 1 bis 4 seiner Anmerkung. 1

2 **KV 2001–2003** entsprechen Nrn. 9001–9003 KV GKG.

3 **KV 2004–2012** übernehmen die Regelungen aus den Nummern 9004 bis 9006, 9008, 9010, 9011 bis 9014 und 9017 KV GKG in redaktionell angepasster Form, soweit sie auf die Verfahren in Familiensachen zutreffen. Die nicht übernommenen Auslagentatbestände des KV-GKG treffen auf Familiensachen nicht zu.

4 **KV 2013:** Gemeint ist hier der nach § 158 FamFG in einer Kindschaftssache, nach § 174 FamFG in einer Abstammungssache und nach § 191 FamFG in einer Adoptionssache zu bestellende Verfahrensbeistand. Die Höhe der Vergütung des Verfahrenspflegers regelt § 158 Abs. 7 FamFG.[1] KV 2013 gilt auch in den von KV-FamGKG Vorbem. 1.3.1 erfassten Verfahren (KV-GKG Vorbem. 2 Abs. 3), in denen sonst keine gerichtlichen Auslagen erhoben werden dürfen.[2]

5 Die Anmerkung stellt klar, dass die Beträge von dem Minderjährigen nur nach Maßgabe des § 1836c BGB zu erheben sind. Wenn der Minderjährige Kostenschuldner ist, dürfen die an den Verfahrensbeistand zu zahlenden Beträge also nur aus den einzusetzenden Mitteln des Mündels entnommen werden.

6 Nicht unter Nr. 2013 fällt der Aufwendungsersatz für den Verfahrenspfleger (z.B.: §§ 276, 277 FamFG in einer Betreuungssache, §§ 317, 317 FamFG in einer Unterbringungssache).[3]

7 **KV 2014:** Die nach § 1684 Abs. 3 Satz 6 BGB i.V.m. § 277 FamFG aus der Staatskasse an den Umgangspfleger zu zahlenden Beträge sind als Teil der Gerichtskosten für das Verfahren, in dem die Umgangspflegschaft angeordnet wird, in voller Höhe[4] gegen demjenigen festzusetzen, den das Gericht in seiner Kostenentscheidung bestimmt. Das gilt auch für den einen Prozesspfleger nach § 55 RVG gezahlte Vergütung. Da § 57 ZPO gemäß § 9 Abs. 5 FamFG auch im Familienverfahren gilt, ist der Auslagentatbestand KV 2014 durch das 2. KostRModG erweitert worden.

8 **KV 2015:** Die ab dem 1.11.2013 geltende Bestimmung gilt die der der Justizverwaltung entstehenden Betriebskosten(Personaleinsatz und Verbindungsentgelte)für den Einsatz von Videokonferenztechnik ab.

1 Vgl. dazu von *König/Bischof* Rn. 70, 82.

2 *Hagen Schneider* JurBüro 2010, 566, 567.

3 *Hartmann* KV-FamGKG 2013 Rn. 1.

4 *Hartmann* KV-FamGKG 2014 Rn. 3; *Türk-Brocker* in Schneider u.a. § 4 Rn. 3; *Volpert* in Schneider u.a. KV 1310 Rn. 99.

Anlage 2[5]
(zu § 28 Abs. 1)

Streitwert bis ... €	Gebühr ... €	Streitwert bis ... €	Gebühr ... €
500	35,00	50.000	546,00
1.000	53,00	65.000	666,00
1.500	71,00	80.000	786,00
2.000	89,00	95.000	906,00
3.000	108,00	110.000	1.026,00
4.000	127,00	125.000	1.146,00
5.000	146,00	140.000	1.266,00
6.000	165,00	155.000	1.386,00
7.000	184,00	170.000	1.506,00
8.000	203,00	185.000	1.626,00
9.000	222,00	200.000	1.746,00
10.000	241,00	230.000	1.925,00
13.000	267,00	260.000	2.104,00
16.000	293,00	290.000	2.263,00
19.000	319,00	320.000	2.462,00
22.000	345,00	350.000	2.641,00
25.000	371,00	380.000	2.820,00
30.000	406,00	410.000	2.999,00
35.000	441,00	440.000	3.178,00
40.000	476,00	470.000	3.357,00
45.000	511,00	500.000	3.536,00

5 Die Tabelle zu § 28 FamGKG ist identisch mit der Tabelle der Anlage zu § 34 GKG.

DRITTER TEIL
Anhänge

ANHANG I
Einführungsgesetz zum Gerichtsverfassungsgesetz (EGGVG)

in der im Bundesgesetzblatt Teil III, Gliederungsnummer 300-1, veröffentlichten bereinigten Fassung, das zuletzt durch Artikel 8 des Gesetzes vom 7. Dezember 2011 (BGBl. I S. 2582 (2800)) geändert worden ist, in der im BGBl. Teil III, Gliederungsnummer 300-1, veröffentlichten bereinigten Fassung, zuletzt geändert durch Art. 6 des Gesetzes vom 28. April 2017 (BGBl. I, S. 969)

(Auszug)

§ 30a
Anfechtung von Verwaltungsakten

(1) Verwaltungsakte, die im Bereich der Justizverwaltung beim Vollzug des Gerichtskostengesetzes, des Gesetzes über Kosten in Familiensachen, des Gerichts- und Notarkostengesetzes, des Gerichtsvollzieherkostengesetzes, des Justizvergütungs- und -entschädigungsgesetzes oder sonstiger für gerichtliche Verfahren oder Verfahren der Justizverwaltung geltender Kostenvorschriften, insbesondere hinsichtlich der Einforderung oder Zurückzahlung ergehen, können durch einen Antrag auf gerichtliche Entscheidung auch dann angefochten werden, wenn es nicht ausdrücklich bestimmt ist. Der Antrag kann nur darauf gestützt werden, dass der Verwaltungsakt den Antragsteller in seinen Rechten beeinträchtige, weil er rechtswidrig sei. Soweit die Verwaltungsbehörde ermächtigt ist, nach ihrem Ermessen zu befinden, kann der Antrag nur darauf gestützt werden, dass die gesetzlichen Grenzen des Ermessens überschritten seien, oder dass von dem Ermessen in einer dem Zweck der Ermächtigung nicht entsprechenden Weise Gebrauch gemacht worden sei.

(2) Über den Antrag entscheidet das Amtsgericht, in dessen Bezirk die für die Einziehung oder Befriedigung des Anspruchs zuständige Kasse ihren Sitz hat. In dem Verfahren ist die Staatskasse zu hören. § 81 Abs. 2 bis 8 und § 84 des Gerichts- und Notarkostengesetzes gelten entsprechend.

(3) Durch die Gesetzgebung eines Landes, in dem mehrere Oberlandesgerichte errichtet sind, kann die Entscheidung über das Rechtsmittel der weiteren Beschwerde nach den Absätzen 1 und 2 sowie nach § 81 des Gerichts- und Notarkostengesetzes, über den Antrag nach § 127 des Gerichts- und Notarkostengesetzes, über das Rechtsmittel der Beschwerde nach § 66 des Gerichtskostengesetzes, nach § 57 des Gesetzes über Kosten in Familiensachen, nach § 81 des Gerichts- und Notarkostengesetzes der Kostenordnung und nach § 4 des Justizvergütungs- und -entschädigungsgesetzes einem der mehreren Oberlandesgerichte oder anstelle eines solchen Oberlandesgerichts einem obersten Landesgericht zugewiesen werden. Dies gilt auch für die Entscheidung über das Rechtsmittel der weiteren Beschwerde nach § 33 des Rechtsanwaltsvergütungsgesetzes, soweit nach dieser Vorschrift das Oberlandesgericht zuständig ist.

(4) Für die Beschwerde finden die vor dem Inkrafttreten des Kostenrechtsmodernisierungsgesetzes vom 5. Mai 2004 (BGBl. I S. 718) am 1. Juli 2004 geltenden

Vorschriften weiter Anwendung, wenn die anzufechtende Entscheidung vor dem 1. Juli 2004 der Geschäftsstelle übermittelt worden ist.

Anmerkungen

1 **Regelungszweck:** Der durch Art. 14 des Gesetzes vom 19.4.2006 neu in des EGGVG eingefügte § 30a EGGVG übernimmt ab dem 20.4.2006 die sachlich noch erforderlichen Regelungen aus Artikel XI §§ 1 bis 3 des Gesetzes zur Änderung und Ergänzung kostenrechtlicher Vorschriften vom 26.7.1957 (BGBl. I S. 861, 1959 I S. 155) i.d.F. des KostRModG vom 5.5.2004 (BGBl. I S. 718) und des Anhörungsrügengesetzes vom 9.12.2004 (BGBl. I S. 3220), die durch Artikel 115 des Gesetzes v. 19.4.2006 aufgehoben wurden. Die Vorschriften sind im Dritten Abschnitt des EGGVG, der die Anfechtung von anderen Justizverwaltungsakten regelt, besser verortet als in den Regelungsresten des Artikels XI des KostÄndG aus dem Jahr 1957. Mit § 1 des KostÄndG ist nach einhelliger Auffassung in der Rechtsprechung[1] eine Auffang-Generalklausel geschaffen worden für die Anfechtbarkeit von Verwaltungsakten auf dem Gebiet des Kostenrechts, namentlich des Gerichtskostengesetzes. Es ist klargestellt, dass für den Bereich der ordentlichen Gerichtsbarkeit ausschließlich die sachnäheren Amtsgerichte entscheiden müssen, wenn Kosten-Justizverwaltungsakte angefochten werden. Für die Sondergerichtsbarkeiten gilt § 30a nicht.[2] Folgerichtig nehmen die Verwaltungsgerichte ihre Zuständigkeit an, wenn es nicht um die ordentliche, sondern um die Verwaltungsgerichtsbarkeit geht.[3] Obwohl dieser Vorschrift der gleiche Gedanke zu Grunde liegt wie dem Regelungsgeflecht der §§ 23 ff. EGGVG und sie zwanglos als von § 23 Abs. 3 erfasst angesehen werden kann,[4] bringt § 30a EGGVG zum Unterschied zu den von den §§ 23 ff. EGGVG erfassten Fällen zum Ausdruck, dass (nicht das Oberlandesgericht, sondern) das Amtsgericht erstinstanzlich über die Anfechtungsbegehren entscheidet.

2 **Auffangtatbestand:** §30a EGGVG ist **Auffangtatbestand.** Das bedeutet im Rahmen des Kostenrechts, dass die Bestimmungen der §§ 66 GKG, 57 FamGKG, § 18 GNotKG vorrangig sind und § 30a EGGVG insoweit nur dann anwendbar ist, wenn der Justizverwaltungsakt nicht von den Spezialbestimmungen erfasst ist.

3 **Absatz 1:** Es muss sich um einen Justizverwaltungsakt der ordentlichen Justiz handeln, also u einen solchen, der beim Vollzug eines Kostengesetzes ergangen ist. Für die Definition des Begriffs „Verwaltungsakt" gilt § 35 VwVfG.[5]

4 **Absatz 2** regelt das **Verfahren.** Voraussetzung ist nach Satz 1 ein Antrag auf eine gerichtliche Entscheidung, ähnlich der verwaltungsrechtlichen Anfechtungsklage. Der Antrag ist schriftlich oder zu Protokoll der Geschäftsstellen einzubringen. Es besteht kein Anwaltszwang. Auch die Staatskasse ist antragberechtigt. Gemäß Satz 2 und 3 ist stets das **Zivilgericht** zuständig, und zwar auch dann, wenn es sich um eine strafrechtliche Angelegenheit handelt.[6] Gegen den Beschluss ist die unbefristete Beschwerde an das Landgericht gegeben, soweit der Beschwerdewert mehr als 200 € beträgt. Die Entscheidung des Landgerichts kann unter den Voraussetzungen des Abs. 3 i.V.m. § 81 GNotKG mit der weiteren Be-

---

1 BVerwG RPfleger1982, 37; OVG Berlin RPfleger 1983, 415 und im Schrifttum vgl. etwa *Hartmann* KostG, Teil. XII B 30a EGGVG Rn. 1.

2 *Paeffgen* SK-StPO § 30a EGGVG Rn. 7.

3 Vgl. OVG Berlin RPfleger 1983, 415.

4 *Kissel* GVG, 3. Auflage 2001, § 23 EGGVG Rn. 71 ff.

5 Beispiele bei *Hartmann* § 30a EGGVG Rn. 4–10 m.N.

6 *Hartmann* § 30a EGGVG Rn. 12.

schwerde an das OLG anfechtbar sein. Eine Beschwerde an den BGH ist aber auch hier stets unstatthaft.

Kosten: Gerichtsgebühren entstehen nicht. Eine Kostenerstattung ist ausgeschlossen. Der Streitwert ist nach § 36 GNotKG zu bestimmen. 5

Absatz 3 und 4: Abs. 3 hat inhaltlich unverändert die in Artikel XI § 2 des KostÄndG enthaltene Konzentrationsermächtigung übernommen worden. Konzentrationsermächtigungen dieser Art sind dem Gerichtsverfassungsrecht zuzurechnen, so dass sie in einer Vorschrift des EGGVG besser passen als in kostenrechtlichen Regelungsresten. In Absatz 4 wird inhaltlich unverändert die in Artikel XI § 3 des KostÄndG enthaltene Anwendungsregelung übernommen. 6

ANHANG II
SGG
Sozialgerichtsgesetz

i.d.F. der Bekanntmachung vom 23.9.1975 (BGBl. I, 2535), zuletzt geändert durch Art. 11 Abs. 23 des Gesetzes v. 18. Juli 2017 (BGBl. I S. 2475)

(Auszug)

§ 182a
Mahnverfahren vor dem Amtsgericht

(1) Beitragsansprüche von Unternehmen der privaten Pflegeversicherung nach dem Elften Buch Sozialgesetzbuch können nach den Vorschriften der Zivilprozessordnung im Mahnverfahren vor dem Amtsgericht geltend gemacht werden. In dem Antrag auf Erlass des Mahnbescheids können mit dem Beitragsanspruch Ansprüche anderer Art nicht verbunden werden. Der Widerspruch gegen den Mahnbescheid kann zurückgenommen werden, solange die Abgabe an das Sozialgericht nicht verfügt ist.

(2) Mit dem Eingang der Akten beim Sozialgericht ist nach den Vorschriften dieses Gesetzes zu verfahren. Für die Entscheidung des Sozialgerichts über den Einspruch gegen den Vollstreckungsbescheid gelten § 700 Abs. 1 und § 343 der Zivilprozessordnung entsprechend.

§ 183
Kostenfreiheit

Das Verfahren vor den Gerichten der Sozialgerichtsbarkeit ist für Versicherte, Leistungsempfänger einschließlich Hinterbliebenenleistungsempfänger, behinderte Menschen oder deren Sonderrechtsnachfolger nach § 56 des Ersten Buches Sozialgesetzbuch kostenfrei, soweit sie in dieser jeweiligen Eigenschaft als Kläger oder Beklagte beteiligt sind. Nimmt ein sonstiger Rechtsnachfolger das Verfahren auf, bleibt das Verfahren in dem Rechtszug kostenfrei. Den in Satz 1 und 2 genannten Personen steht gleich, wer im Falle des Obsiegens zu diesen Personen gehören würde. § 93 Satz 3, 109 Abs. 1 Satz 2, § 120 Abs. 1 Satz 2 und § 192 bleiben unberührt. Die Kostenfreiheit nach dieser Vorschrift gilt nicht in einem Verfahren wegen eines überlangen Gerichtsverfahrens (§ 202 Satz 2).

1 Soweit nicht nach § 197a SGG das GKG anwendbar ist, herrscht vor den Gerichten der Sozialgerichtsbarkeit grundsätzlich Kostenfreiheit. Dieser Grundsatz wird allerdings durch § 184 SGG nicht unerheblich relativiert.

2 Kostenfreiheit bedeutet auch hier die Befreiung von Gebühren und Auslagen. Demzufolge darf z.B. auch keine Aktenversendungspauschale entsprechend KV-GKG 9003 angesetzt werden.[1]

---

1 BVerfG NJW 1996, 2222; SG Düsseldorf AnwBl. 1997, 683; SG Frankfurt aM AnwBl. 1999, 183; **a.M.** LSG Schleswig NZS 1996, 640.

Die Kostenfreiheit nach § 183 SGG besteht nur vor den Gerichten der Sozialgerichtsbarkeit und für die an dem Verfahren unmittelbar Beteiligten einschließlich deren Rechtsnachfolger. Für das Mahnverfahren nach § 182a SGG besteht also ebenso wenig Kostenfreiheit (dazu oben, KV-GKG Teil 7 Rn. 7) wie für einen Dritten[2] oder für Kosten, die in einem (vorgerichtlichen) Verwaltungsverfahren vor den Sozialbehörden entstanden sind. Auch private Arbeitsvermittler, die die Auszahlung eines dem Arbeitslosen erteilten Vermittlungsscheins begehren, sind keine Leistungsträger i.S.v. § 183 SGG und damit gerichtskostenpflichtig.[3] 3

Das GKG gilt aber auch im Bereich der §§ 183–197 SGG, wenn nichts anderes gesagt ist. So werden die Auslagen nach KV-GKG Teil 9 erhoben, wenn und soweit nach §§ 183–197 SGG nur Gebührenfreiheit gewährt wird. 4

§ 184
Körperschaften usw.

(1) Kläger und Beklagte, die nicht zu den in § 183 genannten Personen gehören, haben für jede Streitsache eine Gebühr zu entrichten. Die Gebühr entsteht, sobald die Streitsache rechtshängig geworden ist; sie ist für jeden Rechtszug zu zahlen. Soweit wegen derselben Streitsache ein Mahnverfahren (§ 182a) vorausgegangen ist, wird die Gebühr für das Verfahren über den Antrag auf Erlass eines Mahnbescheids nach dem Gerichtskostengesetz angerechnet.

(2) Die Höhe der Gebühr wird für das Verfahren

vor den Sozialgerichten auf	**150 Euro,**
vor den Landessozialgerichten auf	**225 Euro,**
vor dem Bundessozialgericht auf	**300 Euro**

festgesetzt.

(3) § 2 des Gerichtskostengesetzes gilt entsprechend.

Gebührenpflichtig nach § 184 SGG ist nur, wer nicht zu dem im § 183 SGG umschriebenen Personenkreis gehört. Dabei ist die Organisationsform des Klägers oder des Beklagten unerheblich. Darüber hinaus darf keine Gebührenfreiheit nach § 2 GKG bestehen. Denn § 2 GKG ist im Verhältnis zu § 184 SGG lex specialis. Eine Ausführungsbehörde des Bundes oder eines Landes ist keine Körperschaft i.S.v. § 184 SGG. 1

Voraussetzung für die Gebührenpflicht ist die Beteiligung an einem rechtshängigen Verfahren oder einem Rechtsstreit (§ 94 SGG). Die bloße Anhängigkeit der Sache reicht noch nicht. Auch ein Zwischen- oder Nachverfahren reicht nicht aus. Eine Nichtzulassungsbeschwerde nach § 160a SGG löst die Gebührenpflicht nur aus, wenn sie erfolglos bleibt.[4] 2

Die Gebührenpflicht ist unabhängig davon, ob der Pflichtige obsiegt oder unterliegt. Das ist verfassungsrechtlich nicht zu beanstanden.[5] 3

Die Gebühr entsteht für jeden Rechtszug neu. Bei beidseitigem Rechtsmittel liegt gebührenrechtlich nur ein Rechtszug vor. Nach allgemeinen Regeln begründet eine Zurückverweisung keinen neuen Rechtszug. 4

2 LSG Essen NZS 2003, 554.
3 LAG Chemnitz JurBüro 2005, 548.
4 *Hartmann* § 184 SGG Rn. 2.
5 BVerfGE 76, 139.

5 Die Gebühren nach § 184 Abs. 2 SGG sind Festgebühren. Wenn und soweit ein Mahnverfahren nach § 182a SGG vorausgegangen ist, findet eine Anrechnung nach KV-GKG 1100 statt.

6 § 184 SGG gewährt nur Gebührenfreiheit. Demzufolge sind Auslagen nach KV-GKG Teil 9 uneingeschränkt anzusetzen.

§ 185
Fälligkeit

Die Gebühr wird fällig, sobald die Streitsache durch Zurücknahme des Rechtsbehelfs, durch Vergleich, Anerkenntnis, Vorbescheid, Beschluss oder durch Urteil erledigt ist.

1 Die Fälligkeit ist zu unterscheiden von dem Entstehen. Die Grundsätze nach § 9 Abs. 1 GKG gelten hier entsprechend.

§ 186
Ermäßigung

Wird eine Sache nicht durch Urteil erledigt, so ermäßigt sich die Gebühr auf die Hälfte. Die Gebühr entfällt, wenn die Erledigung auf einer Rechtsänderung beruht.

1 Eine Ermäßigung findet auch statt, wenn die Sache durch Vorbescheid erledigt wird. § 185 Abs. 2 Satz 2 SGG steht dem nicht entgegen.[6] Auch die Zurückweisung einer Beschwerde gegen die Nichtzulassung der Berufung rechnet hierher.[7]

§ 187
Gebührenteilung

Sind an einer Streitsache mehrere nach § 184 Abs. 1 Gebührenpflichtige beteiligt, so haben sie die Gebühr zu gleichen Teilen zu entrichten.[8]

§ 188
Wiederaufnahme

Wird ein durch rechtskräftiges Urteil abgeschlossenes Verfahren wieder aufgenommen, so ist das neue Verfahren eine besondere Streitsache.

---

6 *Hartmann* § 186 SGG Rn. 1.
7 LSG Stuttgart JurBüro 2996, 656.
8 Dazu LSG Schleswig JurBüro 2008, 656.

§ 189
Gebührenschuld

(1) Die Gebühren für die Streitsachen werden in einem Verzeichnis zusammengestellt. Die Mitteilung eines Auszuges aus diesem Verzeichnis an die nach § 184 Abs. 1 Gebührenpflichtigen gilt als Feststellung und als Aufforderung, den Gebührenbetrag binnen eines Monats an die in der Mitteilung angegebene Stelle zu zahlen.

(2) Die Feststellung erfolgt durch den Urkundsbeamten der Geschäftsstelle. Gegen diese Feststellung kann binnen eines Monats nach Mitteilung das Gericht angerufen werden, das endgültig entscheidet.

§ 190
Niederschlagung

Die Präsidenten und die aufsichtsführenden Richter der Gerichte der Sozialgerichtsbarkeit sind befugt, eine Gebühr, die durch unrichtige Behandlung der Sache ohne Schuld an der gebührenpflichtigen Beteiligung entstanden ist, niederzuschlagen. Sie können von der Einziehung absehen, wenn sie mit Kosten oder Verwaltungsaufwand verknüpft ist, die in keinem Verhältnis zu der Einnahme stehen.

§ 190 SGG ist ein Pendant zu § 21 GKG und gilt nur für die in §§ 183, 184 SGG bezeich- **1**
neten Sachen.

§ 191
Auslagen, Zeitverlust

Ist das persönliche Erscheinen eines Beteiligten angeordnet worden, so werden hm auf Antrag bare Auslagen und Zeitverlust wie einem Zeugen vergütet; sie können vergütet werden, wenn er ohne Anordnung erscheint und das Gericht das Erscheinen für geboten hält.

§ 192
Kostenverteilung

(1) Das Gericht kann im Urteil oder, wenn das Verfahren anders beendet wird, durch Beschluss einem Beteiligten ganz oder teilweise die Kosten auferlegen, die dadurch verursacht werden, dass

1. **durch Verschulden des Beteiligten die Vertagung einer mündlichen Verhandlung oder die Anberaumung eines neuen Termins zur mündlichen Verhandlung nötig geworden oder**
2. **der Beteiligte den Rechtsstreit fortführt, obwohl ihm vom Vorsitzenden die Missbräuchlichkeit der Rechtsverfolgung oder -verteidigung dargelegt worden und er auf die Möglichkeit der Kostenauferlegung bei Fortführung des Rechtsstreits hingewiesen worden ist.**[9]

9 Dazu LSG Schleswig JurBüro 2008, 433.

Dem Beteiligten steht gleich sein Vertreter oder Bevollmächtigter. Als verursachter Kostenbetrag gilt dabei mindestens der Betrag nach § 184 Abs. 2 für die jeweilige Instanz.

(2) (aufgehoben)

(3) Die Entscheidung nach Abs. 1 wird in ihrem Bestand nicht durch die Rücknahme der Klage berührt. Sie kann nur durch eine zu begründende Kostenentscheidung im Rechtsmittelverfahren aufgehoben werden.

(4) Das Gericht kann der Behörde ganz oder teilweise die Kosten auferlegen, die dadurch verursacht werden, das die Behörde erkennbare und notwendige Ermittlungen im Verwaltungsverfahren unterlassen hat, die im gerichtlichen Verfahren nachgeholt wurden. Die Entscheidung ergeht durch besonderen Beschluss.

1 **Abs. 1 und 2** der Vorschrift entsprechen der Regelung der Verzögerungsgebühr des § 38 GKG. Sie gelten nur für die in §§ 183, 184 SGG bezeichneten Sachen, für die das GKG nicht anwendbar ist. Voraussetzung für die Anwendung des Abs. 1 ist stets, dass der Beteiligte die Hinweise auch tatsächlich erhalten hat.[10]

2 **Abs. 3:** Wenn und soweit eine Entscheidung nach Abs. 1 oder Abs. 2 getroffen wurde, kann sie nur durch eine begründete Kostenentscheidung im Rechtsmittelverfahren aufgehoben werden. Durch eine Klagerücknahme kann eine Entscheidung nach Abs. 1 oder Abs. 2 nicht beseitigt werden.

3 **Abs. 4** enthält eine dem § 21 GKG verwandte Regelung. Wenn die in Abs. 4 beschriebenen Voraussetzungen kumulativ vorliegen, liegt die Entscheidung im pflichtgemäßen Ermessen des Gerichts.

§ 193
Kostenerstattung

(1) Das Gericht hat durch Urteil zu entscheiden, ob und in welchem Umfang die Beteiligten einander Kosten zu erstatten haben. Ist ein Mahnverfahren vorausgegangen (§ 182a), entscheidet das Gericht auch, welcher Beteiligte die Gerichtskosten zu tragen hat. Das Gericht entscheidet auf Antrag durch Beschluss, wenn das Verfahren anders beendet wird.

(2) Kosten sind die zur zweckentsprechenden Rechtsverfolgung notwendigen Aufwendungen der Beteiligten.

(3) Die gesetzliche Vergütung eines Rechtsanwalts oder eines Rechtsbeistandes ist stets erstattungsfähig.

(4) Nicht erstattungsfähig sind die Aufwendungen der in § 184 Abs. 1 genannten Gebührenpflichtigen.

§ 194
Kostenteilung

Sind mehrere Beteiligte kostenpflichtig, so gilt § 100 der Zivilprozessordnung entsprechend. Die Kosten können ihnen als Gesamtschuldner auferlegt werden, wenn das Streitverhältnis ihnen gegenüber nur einheitlich entschieden werden kann.

10 LSG Berlin-Brandenburg Beschl. v. 27.11.2009 – L 34 AS 1183/09.

§ 195
Vergleich

Wird der Rechtsstreit durch gerichtlichen Vergleich erledigt und haben die Beteiligten keine Bestimmung über die Kosten getroffen, so trägt jeder Beteiligte seine Kosten.

§ 196
(weggefallen)

§ 197
Kostenfestsetzung

(1) Auf Antrag der Beteiligten oder ihrer Bevollmächtigten setzt der Urkundsbeamte des Gerichts des ersten Rechtzuges den Betrag der zu erstattenden Kosten fest. § 104 Abs. 1 Satz 2 und Abs. 2 der Zivilprozessordnung findet entsprechende Anwendung.

(2) Gegen die Entscheidung des Urkundsbeamten der Geschäftsstelle kann binnen eines Monats nach Bekanntgabe das Gericht angerufen werden, das endgültig entscheidet.

§ 197 betrifft nur das Kostenfestsetzungsverfahren, also die Ansprüche der Parteien 1
untereinander aufgrund einer in der Hauptsache getroffenen Kostenentscheidung. Das Kostenansatzverfahren wird davon nicht berührt. Beide Verfahren sind voneinander unabhängig und erzeugen keine gegenseitige Bindung.

Eine nach Abs. 2 getroffene gerichtliche Entscheidung ist unanfechtbar, und zwar 2
auch bei gegensätzlichen Entscheidungen im Kostenfestsetzungs- und Kostenansatzverfahren.[11]

§ 197a
Keine persönliche Kostenfreiheit

(1) Gehört in einem Rechtszug weder der Kläger noch der Beklagte zu den in § 183 genannten Personen oder handelt es sich um ein Verfahren wegen eines überlangen Gerichtsverfahrens (§ 202 Satz 2), werden Kosten nach den Vorschriften des Gerichtskostengesetzes erhoben; die §§ 184 bis 195 finden keine Anwendung; die §§ 154 bis 162 der Verwaltungsgerichtsordnung sind entsprechend anzuwenden. Wird die Klage zurückgenommen, findet § 161 Abs. 2 der Verwaltungsgerichtsordnung keine Anwendung.

(2) Dem Beigeladenen werden die Kosten außer in den Fällen des § 154 Abs. 2 der Verwaltungsgerichtsordnung auch auferlegt, soweit er verurteilt wird (§ 75 Abs. 5). Ist eine der in § 183 genannten Personen beigeladen, können dieser die Kosten nur unter den Voraussetzungen von § 192 auferlegt werden. Aufwendun-

11 Sächs.LSG, Beschl. v. 30.12.2013 – L 8 AS 1905/13 B KO –.

gen des Beigeladenen werden unter den Voraussetzungen des § 191 vergütet; sie gehören nicht zu den Gerichtskosten.

(3) Die Absätze 1 und 2 gelten auch für Träger der Sozialhilfe, soweit sie an Erstattungsstreitigkeiten mit anderen Trägern beteiligt sind.

§ 197b
Ansprüche beim BSG

Für Ansprüche, die beim Bundessozialgericht entstehen, gelten Juistizverwaltungskostengesetz und das Justizbeitreibungsgesetz entsprechend, soweit sie nicht unmittelbar Anwendung finden. Vollstreckungsbehörde ist die Justizbeitreibungsstelle des Bundessozialgerichts.

ANHANG III

PatKostG
Gesetz über die Kosten des Deutschen Patent- und Markenamts und des Bundespatentgerichts (Patentkostengesetz – PatKostG)

vom 13. Dezember 2001 (BGBl. I S. 3656), zuletzt geändert durch Artikel 13 des Gesetzes vom 4.4.2016 (BGBl. I, S. 558)

Inhaltsübersicht

§ 1 Geltungsbereich, Verordnungsermächtigungen
§ 2 Höhe der Gebühren
§ 3 Fälligkeit der Gebühren
§ 4 Kostenschuldner
§ 5 Vorauszahlung, Vorschuss
§ 6 Zahlungsfristen, Folgen der Nichtzahlung
§ 7 Zahlungsfristen für Jahres-, Aufrechterhaltungs- und Schutzrechtsverlängerungsgebühren, Verspätungszuschlag
§ 8 Kostenansatz
§ 9 Unrichtige Sachbehandlung
§ 10 Rückzahlung von Kosten, Wegfall der Gebühr
§ 11 Erinnerung, Beschwerde
§ 12 Verjährung, Verzinsung
§ 13 Anwendung der bisherigen Gebührensätze
§ 14 Übergangsvorschrift aus Anlass des Inkrafttretens dieses Gesetzes
§ 15 Übergangsvorschriften aus Anlass des Inkrafttretens des Geschmacksmusterreformgesetzes
Anlage (zu § 2 Abs. 1 (Gebührenverzeichnis)
A. Gebühren des Deutschen Patent- und Markenamts (nicht abgedruckt)
B. Gebühren des Bundespatentgerichts [gültig ab 1.6.2004]

§ 1
Geltungsbereich, Verordnungsermächtigungen

(1) Die Gebühren des Deutschen Patent- und Markenamts und des Bundespatentgerichts werden, soweit gesetzlich nichts anderes bestimmt ist, nach diesem Gesetz erhoben. Für Auslagen in Verfahren vor dem Bundespatentgericht ist das Gerichtskostengesetz anzuwenden.

(2) Das Bundesministerium der Justiz und Verbraucherschutz wird ermächtigt, durch Rechtsverordnung, die nicht der Zustimmung des Bundesrates bedarf, zu bestimmen,

1. **dass in Verfahren vor dem Deutschen Patent- und Markenamt neben den nach diesem Gesetz erhobenen Gebühren auch Auslagen sowie Verwaltungskosten (Gebühren und Auslagen für Bescheinigungen, Beglaubigungen, Akteneinsicht und Auskünfte und sonstige Amtshandlungen) erhoben werden und**
2. **welche Zahlungswege für die an das Deutsche Patent- und Markenamt und das Bundespatentgericht zu zahlenden Kosten (Gebühren und Auslagen) gelten und Bestimmungen über den Zahlungstag zu treffen.**

1 § 1 PatKostG umschreibt den Geltungsbereich des Gesetzes eindeutig. Es regelt die Verwaltungsgebühren vor dem Patent- und Markenamt und vor dem BPatG. Sinn und Zweck des Gesetzes ist die Sicherstellung einer abgewogenen Berechnung der Gebühren unter Beachtung von Gerechtigkeit, Zweckmäßigkeit und Rechtssicherheit. Das bedeutet, dass Gebühren nur erhoben werden dürfen, wenn und soweit das PatKostG sie ausdrücklich anordnet. Bestimmungen sind eng auszulegen.[1] Im Zweifel besteht Gebührenfreiheit.[2] Das Gesetz gilt nur hilfsweise und verweist mehrfach auf das GKG, welches vorrangig bleibt. Die Höhe der Gebühren ist im Hauptabschnitt B des Gebührenverzeichnisses (GVPat) enthalten.

§ 2
Höhe der Gebühren

(1) Gebühren werden nach dem Gebührenverzeichnis der Anlage zu diesem Gesetz erhoben.

(2) Für Klagen und einstweilige Verfügungen vor dem Bundespatentgericht richten sich die Gebühren nach dem Streitwert. Die Höhe der Gebühr bestimmt sich nach § 34 des Gerichtskostengesetzes. Der Mindestbetrag einer Gebühr beträgt 121 Euro. Für die Festsetzung des Streitwerts gelten die Vorschriften des Gerichtskostengesetzes entsprechend. Die Regelungen über die Streitwertherabsetzung (§ 144 des Patentgesetzes und § 26 des Gebrauchsmustergesetzes) sind entsprechend anzuwenden.

§ 3
Fälligkeit der Gebühren

(1) Die Gebühren werden mit der Einreichung einer Anmeldung, eines Antrags oder durch die Vornahme einer sonstigen Handlung oder mit der Abgabe der entsprechenden Erklärung zu Protokoll fällig, soweit gesetzlich nichts anderes bestimmt ist. Eine sonstige Handlung im Sinn dieses Gesetzes ist insbesondere

1. **die Einlegung von Rechtsbehelfen und Rechtsmitteln;**
2. **der Antrag auf gerichtliche Entscheidung nach § 61 Abs. 2 des Patentgesetzes;**
3. **die Erklärung eines Beitritts zum Einspruchsverfahren;**
4. **die Einreichung einer Klage;**
5. **die Änderung einer Anmeldung oder eines Antrags, wenn sich dadurch eine höhere Gebühr für das Verfahren oder die Entscheidung ergibt.**

Die Gebühr für die erfolglose Rüge wegen Verletzung des Anspruchs auf rechtliches Gehör wird mit der Bekanntgabe der Entscheidung fällig. Ein hilfsweise gestellter Antrag wird zur Bemessung der Gebührenhöhe dem Hauptantrag hinzugerechnet, soweit eine Entscheidung über ihn ergeht; soweit Haupt- und Hilfsantrag denselben Gegenstand betreffen, wird die Höhe der Gebühr nur nach dem Antrag bemessen, der zur höheren Gebühr führt. Legt der Erinnerungsführer gemäß § 64 Abs. 6 Satz 2 des Markengesetzes Beschwerde ein, hat er eine Beschwerdegebühr nicht zu entrichten.

1 *Hartmann* KostG, PatKostG vor § 1 Rn. 3.
2 BPatG GRUR 2003, 88.

(2) Die Jahresgebühren für Patente, Schutzzertifikate und Patentanmeldungen und die Verlängerungsgebühren für Marken sowie die Aufrechterhaltungsgebühren für Gebrauchsmuster und Geschmacksmuster sind jeweils für die folgende Schutzfrist am letzten Tag des Monats fällig, der durch seine Benennung dem Monat entspricht, in den der Anmeldetag fällt. Wird ein Gebrauchsmuster, ein Design oder eine Marke erst nach Beendigung der ersten oder einer folgenden Schutzfrist eingetragen, so ist die Aufrechterhaltungsgebühr oder die Verlängerungsgebühr am letzten Tag des Monats fällig, in dem die Eintragung im Register erfolgt ist.

§ 4
Kostenschuldner

(1) Zur Zahlung der Kosten ist verpflichtet,
1. wer die Amtshandlung veranlasst oder zu wessen Gunsten sie vorgenommen wird;
2. wem durch Entscheidung des Deutschen Patent- und Markenamts oder des Bundespatentgerichts die Kosten auferlegt sind;
3. wer die Kosten durch eine gegenüber dem Deutschen Patent- und Markenamt oder dem Bundespatentgericht abgegebene oder dem Deutschen Patent- und Markenamt oder dem Bundespatentgericht mitgeteilte Erklärung übernommen hat;
4. wer für die Kostenschuld eines anderen kraft Gesetzes haftet.

(2) Mehrere Kostenschuldner haften als Gesamtschuldner.

(3) Soweit ein Kostenschuldner auf Grund von Absatz 1 Nr. 2 und 3 haftet, soll die Haftung eines anderen Kostenschuldners nur geltend gemacht werden, wenn einen Zwangsvollstreckung in das bewegliche Vermögen des ersteren erfolglos geblieben ist oder aussichtslos erscheint. Soweit einem Kostenschuldner, der auf Grund von Absatz 1 Nr. 2 haftet, Verfahrenskostenhilfe bewilligt ist, soll die Haftung eines anderen Kostenschuldners nicht geltend gemacht werden. Bereits gezahlte Beträge sind zu erstatten.

Abs. 2: Mehrere Beschwerdeführer bilden in der Regel keine Streitgenossenschaft. 1
Sie haben deshalb eine ihrer Zahl entsprechende Anzahl von (Beschwerde) Gebühren zu zahlen.[3]

§ 5
Vorauszahlung, Vorschuss

(1) In Verfahren vor dem Deutschen Patent- und Markenamt soll die Bearbeitung erst nach Zahlung der Gebühr für das Verfahren erfolgen; das gilt auch, wenn Anträge geändert werden. Satz 1 gilt nicht für die Anträge auf Weiterleitung einer Anmeldung an das Harmonisierungsamt für den Binnenmarkt (Marken, Muster und Modelle) nach § 125a des Markengesetzes, § 62 des Geschmacksmustergesetzes und die Anträge auf Weiterleitung internationaler Anmeldungen an das Internationale Büro der Weltorganisation für geistiges Eigentum nach § 68 des Ge-

3 BPatG MittdtPatA 2004, 70.

schmacksmustergesetzes. In Verfahren vor dem Bundespatentgericht soll die Klage erst nach Zahlung der Gebühr für das Verfahren zugestellt werden; im Fall eines Beitritts zum Einspruch im Beschwerdeverfahren oder eines Beitritts zum Einspruch im Fall der gerichtlichen Entscheidung nach § 61 Abs. 2 des Patentgesetzes soll vor Zahlung der Gebühr keine gerichtliche Handlung vorgenommen werden.

(2) Die Jahresgebühren für Patente, Schutzzertifikate und Patentanmeldungen, die Verlängerungsgebühren für Marken und die Aufrechterhaltungsgebühren für Gebrauchsmuster und Geschmacksmuster dürfen frühestens ein Jahr vor Eintritt der Fälligkeit vorausgezahlt werden, soweit nichts anderes bestimmt ist.

1 Wird eine Gebühr mit einer Bedingung entrichtet, kann dadurch die Wirksamkeit eines Einspruchs nicht begründet werden.[4]

§ 6
Zahlungsfristen, Folgen der Nichtzahlung

(1) Ist für die Stellung eines Antrags oder die Vornahme einer sonstigen Handlung durch Gesetz eine Frist bestimmt, so ist innerhalb dieser Frist auch die Gebühr zu zahlen. Alle übrigen Gebühren sind innerhalb von drei Monaten ab Fälligkeit (§ 3 Abs. 1) zu zahlen, soweit gesetzlich nichts anderes bestimmt ist.

(2) Wird eine Gebühr nach Absatz 1 nicht, nicht vollständig oder nicht rechtzeitig gezahlt, so gilt die Anmeldung oder der Antrag als zurückgenommen, oder die Handlung als nicht vorgenommen, soweit gesetzlich nichts anderes bestimmt ist.

(3) Absatz 2 ist auf Weiterleitungsgebühren (Nummern 335 100, 344 100 und 345 100) nicht anwendbar.

(4) Zahlt der Erinnerungsführer die Gebühr für das Erinnerungsverfahren nicht, nicht rechtzeitig oder nicht vollständig, so gilt auch die von ihm nach § 64 Abs. 6 Satz 2 des Markengesetzes eingelegte Beschwerde als zurückgenommen.

1 **Abs. 2:** Die Rücknahmefiktion des Abs. 2 ist untrennbar mit den in Abs. 1 geregelten Zahlungsfristen und der in § 3 Abs. 1 bestimmten Fälligkeit von Gebühren verbunden und kommt für die Akteneinsichtsgebühr nicht in Betracht.[5] Hat ein Beschwerdeführer die Beschwerdegebühr nicht gezahlt, tritt die an die Nichtzahlung geknüpfte Rechtsfolge des § 6 Abs. 2 PatKostG kraft Gesetzes ein. Die in § 23 Abs. 1 Nr. 4 RPflG vorgesehene Entscheidung des Rechtspflegers, dass die Beschwerde als nicht erhoben gilt, hat dann nur deklaratorische Bedeutung.[6] Wenn mehrere Patentinhaber gegen eine Entscheidung des Deutschen Patent- und Markenamts im Einspruchsverfahren Beschwerde ein, hat jeder eine Beschwerdegebühr nach VV-PatKostG Nr. 401 100) zu entrichten; wird nur eine Gebühr gezahlt, ist zu prüfen, ob die entrichtete Gebühr einem der Beschwerdeführer zuzuordnen ist.[7]

4 BPstG MittdtPatA 2004, 70.
5 BPatG GRUR 2006, 174 = MittdtPatA 89 (L) = BeckRS 2005, 136, 84.
6 BGH BGHZ 182, 325 = GRUR 2010, 231 = WRP 2010, 377 = BeckRS 2010, 02205.
7 BGH GRUR 20015, 9 und 1355 = JZ 2015, 600 = JurionRS 2015, 25381.

§ 7
Zahlungsfristen für Jahres-, Aufrechterhaltungs- und Schutzrechtsverlängerungsgebühren, Verspätungszuschlag

(1) Die Jahresgebühren für Patente, Schutzzertifikate und Patentanmeldungen, die Verlängerungsgebühren für Marken und Aufrechterhaltungsgebühren für Gebrauchsmuster und Geschmacksmuster sind bis zum Ablauf des zweiten Monats nach Fälligkeit zu zahlen. Wird die Gebühr nicht innerhalb der Frist des Satzes 1 gezahlt, so kann die Gebühr mit dem Verspätungszuschlag noch bis zum Ablauf des sechsten Monats nach Fälligkeit gezahlt werden.

(2) Für Geschmacksmuster ist bei Aufschiebung der Bildbekanntmachung die Erstreckungsgebühr innerhalb der Aufschiebungsfrist (§ 21 Abs. 1 Satz 1 des Geschmacksmustergesetzes) zu zahlen.

(3) Wird die Klassifizierung einer eingetragenen Marke bei der Verlängerung auf Grund einer Änderung der Klasseneinteilung geändert, und führt dies zu einer Erhöhung der zu zahlenden Klassengebühren, so können die zusätzlichen Klassengebühren auch nach Ablauf der Frist des Absatzes 1 nachgezahlt werden, wenn die Verlängerungsgebühr fristgemäß gezahlt wurde. Die Nachzahlungsfrist endet nach Ablauf des 18. Monats nach Fälligkeit der Verlängerungsgebühr. Ein Verspätungszuschlag ist nicht zu zahlen.

Abs. 1: Die Zahlung von Jahresgebühren ist nach § 7 Abs. 1 noch rechtzeitig i.S.v. § 20 Abs. 1 Nr. 2 PatG, wenn sie bis zum Ablauf des zweiten Monats nach Fälligkeit gezahlt werden. Der Erlöschenstatbestand nach § 20 Abs. 1 Nr. 3 PatG kann erst eintreten, wenn die Rechtzeitigkeit versäumt wurde. Eine Rückwirkung etwa auf den Zeitpunkt der Fälligkeit der Gebühr findet nicht statt.[8] **1**

§ 8
Kostenansatz

(1) Die Kosten werden angesetzt:

1. beim Deutschen Patent- und Markenamt
 - **a) bei Einreichung einer Anmeldung,**
 - **b) bei Einreichung eines Antrags,**
 - **c) im Fall eines Beitritts zum Einspruchsverfahren,**
 - **d) bei Einreichung eines Antrags auf gerichtliche Entscheidung nach § 61 Abs. 2 des Patentgesetzes sowie**
 - **e) bei Einlegung eines Rechtsbehelfs oder Rechtsmittels,**

2. beim Bundespatentgericht
 - **a) bei Einreichung einer Klage,**
 - **b) bei Einreichung eines Antrags auf Erlass einer einstweiligen Verfügung,**
 - **c) im Fall eines Beitritts zum Einspruch im Beschwerdeverfahren oder im Verfahren nach § 61 Abs. 2 des Patentgesetzes sowie**
 - **d) bei einer erfolglosen Rüge wegen Verletzung des Anspruchs auf rechtliches Gehör, auch wenn sie bei einem ersuchten Gericht oder einer ersuchten Behörde entstanden sind.**

8 OLG Düsseldorf GRUR-RR 2007, 216 = BesckRS 2007, 07177.

(2) Die Stelle, die die Kosten angesetzt hat, trifft auch die Entscheidungen nach den §§ 9 und 10.

§ 9
Unrichtige Sachbehandlung

Kosten, die bei richtiger Behandlung der Sache nicht entstanden wären, werden nicht erhoben.

1 Die Frage, ob Kosten wegen unrichtiger Sachbehandlung nicht erhoben werden, betrifft nur den Kostenansatz.[9]

§ 10
Rückzahlung von Kosten, Wegfall der Gebühr

(1) Vorausgezahlte Gebühren, die nicht mehr fällig werden können, und nicht verbrauchte Auslagenvorschüsse werden erstattet. Die Rückerstattung von Teilbeträgen der Jahresgebühr Nummer 312 205 bis 312 207 des Gebührenverzeichnisses ist ausgeschlossen.

(2) Gilt eine Anmeldung oder ein Antrag als zurückgenommen (§ 6 Abs. 2) oder auf Grund anderer gesetzlicher Bestimmungen als zurückgenommen oder erlischt ein Schutzrecht, weil die Gebühr nicht oder nicht vollständig gezahlt wurde, so entfällt die Gebühr, wenn die beantragte Amtshandlung nicht vorgenommen wurde.

1 Die Rückerstattung fälliger gezahlter Jahresgebühren kommt grundsätzlich nicht in Betracht.[10] Das gilt auch für die mit Rechtsgrund entrichteten 19. und 20. Jahresgebühren, auch wenn es bis zum Ablauf der längstmöglichen Patentdauer zu keiner Patenterteilung gekommen ist.[11] Auch ein Anspruch auf Rückzahlung der mit Rechtsgrund entrichteten Prüfungsantragsgebühr ist ausgeschlossen, wenn die Patentanmeldung vor Durchführung des Prüfungsverfahrens zurückgenommen wird oder als zurückgenommen gilt,[12] und zwar selbst dann, wenn das Patentamt die Prüfung der Patentanmeldung vor deren Rücknahme über längere Zeit verzögert hat.[13]

§ 11
Erinnerung, Beschwerde

(1) Über Erinnerungen des Kostenschuldners gegen den Kostenansatz oder gegen Maßnahmen nach § 5 Abs. 1 entscheidet die Stelle, die die Kosten angesetzt hat. Sie kann ihre Entscheidung von Amts wegen ändern. Die Erinnerung ist schriftlich oder zu Protokoll der Geschäftsstelle bei der Stelle einzulegen, die die Kosten angesetzt hat.

---

9 BGH, Beschl. v. 28.8.2015 – X ZB 8/14 = BeckRS 2015, 15780.
10 BGH GRUR 2008, 549 – MittdtPatA 2008, 176 = BeckRS 2008, 02645.
11 BPatG BeckRS 2007, 04365 = MittdtPatA 2007, 324 (L).
12 BGH GRUR 2014, 710 = JurionRS 2014, 15574 = BeckRS 2014, 10770 = MittdtPatA 2014, 328.
13 BPatG GRUR 2006, 261 – BeckRS 2005, 12180 = MittdtPatA 2005, 555.

(2) Gegen die Entscheidung des Deutschen Patent- und Markenamts über die Erinnerung kann der Kostenschuldner Beschwerde einlegen. Die Beschwerde ist nicht an eine Frist gebunden und ist schriftlich oder zu Protokoll der Geschäftsstelle beim Deutschen Patent- und Markenamt einzulegen. Erachtet das Deutsche Patent- und Markenamt die Beschwerde für begründet, so hat es ihr abzuhelfen. Wird der Beschwerde nicht abgeholfen, so ist sie dem Bundespatentgericht vorzulegen.

(3) Eine Beschwerde gegen die Entscheidungen des Bundespatentgerichts über den Kostenansatz findet nicht statt.

Abs. 3: § 11 Abs. 3 schließt eine Beschwerde und eine Rechtsbeschwerde gegen Ent- 1
scheidungen des Bundespatentgerichts aus.[14] Sie betrifft nur den Kostenansatz. Wenn sich der Beschwerdeführer indessen dagegen wendet, ob überhaupt eine Grundlage für eine Kostenerhebung besteht, steht § 11 Abs. 3 der Zulässigkeit der Beschwerde nicht entgegen.[15]

§ 12
Verjährung, Verzinsung

Für die Verjährung und Verzinsung der Kostenforderungen und der Ansprüche auf Erstattung von Kosten gilt § 5 des Gerichtskostengesetzes entsprechend.

§ 13
Anwendung der bisherigen Gebührensätze

(1) Auch nach dem Inkrafttreten eines geänderten Gebührensatzes sind die vor diesem Zeitpunkt geltenden Gebührensätze weiter anzuwenden,

1. **wenn die Fälligkeit der Gebühr vor dem Inkrafttreten des geänderten Gebührensatzes liegt oder**
2. **wenn für die Zahlung einer Gebühr durch Gesetz eine Zahlungsfrist festgelegt ist und das für den Beginn der Frist maßgebliche Ereignis vor dem Inkrafttreten des geänderten Gebührensatzes liegt oder**
3. **wenn die Zahlung einer nach dem Inkrafttreten des geänderten Gebührensatzes fälligen Gebühr auf Grund bestehender Vorauszahlungsregelungen vor Inkrafttreten des geänderten Gebührensatzes erfolgt ist.**

(2) Bei Prüfungsanträgen nach § 44 des Patentgesetzes und Rechercheanträgen nach § 43 des Patentgesetzes, § 11 des Erstreckungsgesetzes und § 7 des Gebrauchsmustergesetzes sind die bisherigen Gebührensätze nur weiter anzuwenden, wenn der Antrag und die Gebührenzahlung vor Inkrafttreten eines geänderten Gebührensatzes eingegangen sind.

(3) Wird eine innerhalb von drei Monaten nach dem Inkrafttreten eines geänderten Gebührensatzes fällig werdende Gebühr nach den bisherigen Gebührensätzen rechtzeitig gezahlt, so kann der Unterschiedsbetrag bis zum Ablauf einer vom Deutschen Patent- und Markenamt oder Bundespatentgericht zu setzenden Frist

14 BGH, Beschl. v. 28.8.2015 – X ZB 8/14 = BeckRS 2015, 15780.
15 BGH, Beschl. v. 10.8.2011 – X ZB 2/11 – = GRUR 2011, 1053.

nachgezahlt werden. Wird der Unterschiedsbetrag innerhalb der gesetzten Frist nachgezahlt, so gilt die Gebühr als rechtzeitig gezahlt. Ein Verspätungszuschlag wird in diesen Fällen nicht erhoben.

(4) Verfahrenshandlungen, die eine Anmeldung oder einen Antrag ändern, wirken sich nicht auf die Höhe der Gebühr aus, wenn die Gebühr zur Zeit des verfahrenseinleitenden Antrages nicht nach dessen Umfang bemessen wurde.

§ 14
Übergangsvorschriften aus Anlass des Inkrafttretens dieses Gesetzes

(1) Die bisherigen Gebührensätze der Anlage zu § 1 (Gebührenverzeichnis) des Patentgebührengesetzes vom 18. August 1976 in der durch Artikel 10 des Gesetzes vom 22. Dezember 1999 (BGBl. I S. 2534) geänderten Fassung, sind auch nach dem 1. Januar 2002 weiter anzuwenden,

1. wenn die Fälligkeit der Gebühr vor dem 1. Januar 2002 liegt oder
2. wenn für die Zahlung einer Gebühr durch Gesetz eine Zahlungsfrist festgelegt ist und das für den Beginn der Frist maßgebliche Ereignis vor dem 1. Januar 2002 liegt oder
3. wenn die Zahlung einer nach dem 1. Januar 2002 fälligen Gebühr auf Grund bestehender Vorauszahlungsregelungen vor dem 1. Januar 2002 erfolgt ist. Ist in den Fällen des Satzes 1 Nr. 1 nach den bisher geltenden Vorschriften für den Beginn der Zahlungsfrist die Zustellung einer Gebührenbenachrichtigung erforderlich und ist diese vor dem 1. Januar 2002 nicht erfolgt, so kann die Gebühr noch bis zum 31. März 2002 gezahlt werden.

(2) In den Fällen, in denen am 1. Januar 2002 nach den bisher geltenden Vorschriften lediglich die Jahres-, Aufrechterhaltungs- und Schutzrechtsverlängerungsgebühren, aber noch nicht die Verspätungszuschläge fällig sind, richtet sich die Höhe und die Fälligkeit des Verspätungszuschlages nach § 7 Abs. 1 mit der Maßgabe, dass die Gebühren mit dem Verspätungszuschlag noch bis zum 30. Juni 2002 gezahlt werden können.

(3) Die bisher geltenden Gebührensätze sind für Geschmacksmuster und typographische Schriftzeichen, die vor dem 1. Januar 2002 angemeldet worden sind, nur dann weiter anzuwenden, wenn zwar die jeweilige Schutzdauer oder Frist nach § 8b Abs. 2 Satz 1 des Geschmacksmustergesetzes vor dem 1. Januar 2002 abgelaufen ist, jedoch noch nicht die Frist zur Zahlung der Verlängerungs- oder Erstreckungsgebühr mit Verspätungszuschlag, mit der Maßgabe, dass die Gebühren mit dem Verspätungszuschlag noch bis zum 30. Juni 2002 gezahlt werden können.

(4) Bei Prüfungsanträgen nach § 44 des Patentgesetzes und Rechercheanträgen nach § 43 des Patentgesetzes, § 11 des Erstreckungsgesetzes und § 7 des Gebrauchsmustergesetzes sind die bisherigen Gebührensätze nur weiter anzuwenden, wenn der Antrag und die Gebührenzahlung vor dem 1. Januar 2002 eingegangen sind.

(5) Wird eine innerhalb von drei Monaten nach dem 1. Januar 2002 fällig werdende Gebühr nach den bisherigen Gebührensätzen rechtzeitig gezahlt, so kann der Unterschiedsbetrag bis zum Ablauf einer vom Deutschen Patent- und Markenamt oder Bundespatentgericht zu setzenden Frist nachgezahlt werden. Wird der Unterschiedsbetrag innerhalb der gesetzten Frist nachgezahlt, so gilt die Gebühr als rechtzeitig gezahlt. Ein Verspätungszuschlag wird in diesen Fällen nicht erhoben.

§ 15
Übergangsvorschriften aus Anlass des Inkrafttretens des Geschmacksmusterreformgesetzes

(1) In den Fällen, in denen am 31. Mai 2004 die Erstreckungsgebühren für Geschmacksmuster oder typografische Schriftzeichen, aber noch nicht der Verspätungszuschlag fällig sind, wird die Frist zur Zahlung der Erstreckungsgebühr bis zum Ende der Aufschiebungsfrist nach § 21 Abs. 1 Satz 1 des Geschmacksmustergesetzes verlängert. Ein Verspätungszuschlag ist nicht zu zahlen.

(2) In den Fällen, in denen am 31. Mai 2004 die Erstreckungsgebühren für Geschmacksmuster oder typografische Schriftzeichen nur noch mit dem Verspätungszuschlag innerhalb der Aufschiebungsfrist des § 8b des Geschmacksmustergesetzes in der bis zum Ablauf des 31. Mai 2004 geltenden Fassung gezahlt werden können, wird die Frist zur Zahlung bis zum Ende der Aufschiebungsfrist nach § 21 Abs. 1 Satz 1 des Geschmacksmustergesetzes verlängert.

Anlage
(zu § 2 Abs. 1)

Gebührenverzeichnis

Teil A
Gebühren des Deutschen Patent- und Markenamts
(nicht abgedruckt)

Teil B

Nr.	Gebührentatbestand	Gebührenbetrag/ Gebührensatz nach § 2 Abs. 2 i.V.m. § 2 Abs. 1
	B. Gebühren des Bundespatentgerichts [Gültig ab 1.6.2004]	
	(1) Die Gebühren Nummer 400 000 bis 401 300 werden für jeden Antragsteller gesondert erhoben. (2) Die Gebühr Nummer 400 000 ist zusätzlich zur Gebühr für das Einspruchsverfahren vor dem Deutschen Patent- und Markenamt (Nummer 313 600) zu zahlen.	
	I. Beschwerdeverfahren	
400 000	Antrag auf gerichtliche Entscheidung nach **§ 61** Abs. 2 PatG	**300 EUR**
401 100	Beschwerdeverfahren 1. gemäß § 73 Abs. 1 PatG gegen die Entscheidung der Patentabteilung über den Einspruch, 2. gemäß § 18 Abs. 1 GebrMG gegen die Entscheidung der Gebrauchsmusterabteilung über den Löschungsantrag, 3. gemäß § 66 MarkenG in Löschungsverfahren, 4. gemäß § 4 Abs. 4 Satz 3 HalblSchG i.V.m. § 18 Abs. 2 GebMG gegen die Entscheidung der Topografieabteilung,	**500 EUR**

Nr.	Gebührentatbestand	Gebührenbetrag/ Gebührensatz nach § 2 Abs. 2 i.V.m. § 2 Abs. 1
	5. gemäß § 34 Abs. 1 SortSchG gegen die Entscheidung des Widerspruchsausschusses in den Fällen des § 18 Abs. 2 Nr. 1, 2, 5 und 6 SortSchG	
401 200	gegen einen Kostenfestsetzungsbeschluss	**50 EUR**
401 300	in anderen Fällen Beschwerden in Verfahrenskostenhilfesachen, Beschwerden nach § 11 Abs. 2 PatKostG und nach § 11 Abs. 2 DPMAVwKostV sind gebührenfrei.	**200 EUR**
	II. Klageverfahren	
1. Klageverfahren gemäß § 81 PatG, § 85a in Verbindung mit § 81 PatG und § 20 GebrMG in Verbindung mit § 81 PatG		
402 100	Verfahren im Allgemeinen	**4,5**
402 110	Beendigung des gesamten Verfahrens durch a) Zurücknahme der Klage – vor dem Schluss der mündlichen Verhandlung, – im Falle des § 83 Abs. 2 Satz 2 PatG i.V.m. § 81 PatG, in dem eine mündliche Verhandlung nicht stattfindet, vor Ablauf des Tages, an dem die Ladung zum Termin zur Verkündung des Urteils zugestellt oder das schriftliche Urteil der Geschäftsstelle übergeben wird, – im Falle des § 82 Abs. 2 PatG i.V.m. § 81 PatG vor Ablauf des Tages, an dem das Urteil der Geschäftsstelle übergeben wird, b) Anerkenntnis- und Verzichtsurteil, c) Abschluss eines Vergleichs vor Gericht, wenn nicht bereits ein Urteil vorausgegangen ist: Die Gebühr 402 100 ermäßigt sich auf Erledigungserklärungen stehen der Zurücknahme nicht gleich. Die Ermäßigung tritt auch ein, wenn mehrere Ermäßigungstatbestände erfüllt sind.	**1,5**
2. Sonstige Klageverfahren		
402 200	Verfahren im Allgemeinen	**4,5**
402 210	Beendigung des gesamten Verfahrens durch a) Zurücknahme der Klage vor dem Schluss der mündlichen Verhandung, b) Anerkenntnis- und Verzichtsurteil, c) Abschluss eines Vergleichs vor Gericht, wenn nicht bereits ein Urteil vorausgegangen ist: Die Gebühr 402 100 ermäßigt sich auf Erledigungserklärungen stehen der Zurücknahme nicht gleich. Die Ermäßigung tritt auch ein, wenn mehrere Ermäßigungstatbestände erfüllt sind.	**1,5**
3. Erlass einer einstweiligen Verfügung wegen Erteilung einer Zwangslizenz (§ 85 PatG, § 85a in Verbindung mit § 85 PatG und § 20 GebrMG in Verbindung mit § 81 PatG)		
402 300	Verfahren über den Antrag	**1,5**
402 310	In dem Verfahren findet eine mündliche Verhandlung statt: Die Gebühr 402 300 erhöht sich auf	**4,5**

Nr.	Gebührentatbestand	Gebührenbetrag/ Gebührensatz nach § 2 Abs. 2 i.V.m. § 2 Abs. 1
402 320	Beendigung des gesamten Verfahrens durch a) Zurücknahme des Antrags vor dem Schluss der mündlichen Verhandlung, b) Anerkenntnis- und Verzichtsurteil, c) Abschluss eines Vergleichs vor Gericht, wenn nicht bereits ein Urteil vorausgegangen ist: Die Gebühr 402 310 ermäßigt sich auf Erledigungserklärungen stehen der Zurücknahme nicht gleich. Die Ermäßigung tritt auch ein, wenn mehrere Ermäßigungstatbestände erfüllt sind.	1,5
	III. Rüge wegen Verletzung des Anspruchs auf rechtliches Gehör	
403 100	Verfahren über die Rüge wegen Verletzung des Anspruchs auf rechtliches Gehör nach § 321a ZPO i.V.m. § 99 Abs. 1 PatG, § 82 Abs. 1 MarkenG. Die Rüge wird in vollem Umfang verworfen oder zurückgewiesen.	50 EUR

ANHANG IV
Gerichtsgebühren in berufsgerichtlichen Verfahren

1 Nach dem bis zum 30.12.2006 geltenden Recht wurden im anwaltsgerichtlichen Verfahren und im Verfahren über einen Antrag auf anwaltsgerichtliche Entscheidung über die Androhung oder die Festsetzung eines Zwangsgeldes (§ 57 Abs. 3 der Bundesrechtsanwaltsordnung) oder über die Rüge (§ 74a Abs. 1 BRAO) keine Gebühren, sondern nur Auslagen nach den Vorschriften des Gerichtskostengesetzes erhoben (§ 195 BRAO). Gleiches galt für die entsprechenden berufsgerichtlichen Verfahren nach der Patentanwaltsordnung (§§ 96, 50 Abs. 3 und § 70a PatAnwO), nach der Wirtschaftsprüferordnung (§§ 68, 62a Abs. 3 und § 63a WPO) und nach dem Steuerberatungsgesetz (§§ 90, 82 StBerG). Die Gebührenfreiheit im anwaltsgerichtlichen Verfahren stammt aus einer Zeit, in der die Ehrengerichte noch Abteilungen des Kammervorstands waren. Mit der eingetretenen Verselbständigung der anwaltlichen Berufsgerichtsbarkeit, die besondere Personal- und Sachkosten auslöst, ist eine solche Regelung jedoch überholt. Es ist nicht mehr sachgerecht, dass der Staat und die Gesamtheit der Anwaltschaft Kosten tragen sollen, die durch pflichtwidriges Verhalten einzelner Rechtsanwälte entstehen. Entsprechendes gilt für die in der Patentanwaltsordnung, der Wirtschaftsprüferordnung und im Steuerberatungsgesetz geregelten berufsgerichtlichen Verfahren.

2 Mit dem Inkrafttreten des 2. Justizmodernisierungsgesetzes am 31.12.2006 ist die Gebührenfreiheit in den genannten Verfahren beseitigt worden. Die Gebührenregelungen für das anwaltsgerichtliche bzw. das berufsgerichtliche Verfahren sind jeweils in eine Anlage zu den genannten Gesetzen eingestellt worden. Auslagen sollen wie bisher nach den Vorschriften des GKG erhoben werden. Die Gerichtskosten in berufsgerichtlichen Verfahren nach der PatAnwO, der WPO und dem StBerG sowie in anwaltsgerichtlichen Verfahren vor dem Anwaltsgerichtshof und dem Bundesgerichtshof sollen der Staatskasse zufließen. Hingegen sollen die Kosten in Verfahren vor dem Anwaltsgericht wie bisher den jeweiligen Rechtsanwaltskammern zufließen (§ 205 Abs. 1 i.V.m. § 204 Abs. 3 Satz 2 BRAO), da diese die personellen und finanziellen Lasten für die Einrichtung und Unterhaltung der Anwaltsgerichte zu tragen haben.

3 Die neuen Gebührenregelungen für das anwaltsgerichtliche bzw. für das berufsgerichtliche Verfahren orientieren sich an den Kostenvorschriften des GKG für das Strafverfahren, da auch für das Verfahren selbst die Vorschriften der Strafprozessordnung ergänzend sinngemäß anzuwenden sind (§ 116 Satz 2 BRAO, § 98 Satz 2 PatAnwO, § 127 WPO und § 153 StBerG). Im anwaltsgerichtlichen und in den übrigen berufsgerichtlichen Verfahren sollen Gebühren nur bei rechtskräftiger Verhängung einer Maßnahme erhoben werden. Die Gebühren sollen grundsätzlich für alle Rechtszüge nach der rechtskräftig verhängten Maßnahme bemessen werden. Für Verfahren über einen Antrag auf anwaltsgerichtliche oder berufsgerichtliche Entscheidung über die Androhung oder die Festsetzung eines Zwangsgelds oder über die Rüge sind ebenfalls Festgebühren eingeführt worden. Wie im Strafverfahren sollen die Kosten erst mit der Rechtskraft der Entscheidung fällig werden. Hinsichtlich der jeweils zu treffenden Kostenentscheidungen sowie der Haftung der Rechtsanwaltskammer, der Patentanwaltskammer, der Wirtschaftsprüferkammer sowie der Steuerberaterkammer für die Auslagen des Verfahrens sind die alten Regelungen beibehalten worden.

ANHANG V
Bundesrechtsanwaltsordnung

vom 1. August 1959 (BGBl. I, 565) in der im BGBl. Teil III, Gliederungsnummer 303-8 veröffentlichten bereinigten Fassung, zuletzt geändert durch Art. 1 des Gesetzes vom 12.7.2017 (BGBl. I, 1121)

(Auszug)

ZEHNTER TEIL
Die Kosten in Anwaltssachen

ERSTER ABSCHNITT
Die Kosten in Verwaltungsverfahren der Rechtsanwaltskammern

§ 192
Erhebung von Gebühren und Auslagen

Die Rechtsanwaltskammer kann für Amtshandlungen nach diesem Gesetz, insbesondere für die Bearbeitung von Anträgen auf Zulassung zur Rechtsanwaltschaft und auf Bestellung eines Vertreters sowie für die Prüfung von Anträgen auf Erteilung der Erlaubnis zur Führung einer Fachanwaltsbezeichnung, zur Deckung des Verwaltungsaufwands Gebühren nach festen Sätzen und Auslagen erheben. Das Verwaltungskostengesetz findet mit der Maßgabe Anwendung, dass die allgemeinen Grundsätze für Kostenverordnungen (§§ 2 bis 7 des Verwaltungskostengesetzes) beim Erlass von Satzungen auf Grund des § 89 Abs. 2 Nr. 2 entsprechend gelten.[1]

ZWEITER ABSCHNITT
Die Kosten in gerichtlichen Verfahren in verwaltungsrechtlichen Anwaltssachen

§ 193
Gerichtskosten

In verwaltungsgerichtlichen Anwaltssachen werden Gebühren nach dem Gebührenverzeichnis der Anlage zu diesem Gesetz erhoben. Im Übrigen sind die für die Kosten in Verfahren vor den Gerichten der Verwaltungsgerichtsbarkeit geltenden Vorschriften des Gerichtskostengesetzes entsprechend anzuwenden, soweit in diesem Abschnitt nichts anderes bestimmt ist.

§ 194
Streitwert

(1) Der Streitwert bestimmt sich nach § 52 des Gerichtskostengesetzes. Er wird von Amts wegen festgesetzt.

1 Dazu bei *Kleine-Cosack* § 192 BRAO Rn. 1 ff.

(2) In Verfahren, die Klagen auf Zulassung zur Rechtsanwaltschaft oder deren Rücknahme oder Widerruf betreffen, ist ein Streitwert von 50.000 Euro anzunehmen. Unter Berücksichtigung der Umstände des Einzelfalls, insbesondere des Umfangs und der Bedeutung der Sache sowie der Vermögens- und Einkommensverhältnisse des Klägers, kann das Gericht einen höheren oder einen niedrigeren Wert festsetzen.

(3) Die Festsetzung ist unanfechtbar; § 63 Abs. 3 des Gerichtskostengesetzes bleibt unberührt.

DRITTER ABSCHNITT

Die Kosten in dem anwaltsgerichtlichen Verfahren und in dem Verfahren bei Anträgen auf anwaltsgerichtliche Entscheidung gegen die Androhung oder die Festsetzung des Zwangsgeldes oder über die Rüge

§ 195
Gerichtskosten

Im anwaltsgerichtlichen Verfahren, im Verfahren über den Antrag auf Entscheidung des Anwaltsgerichts über die Rüge (§ 74a Abs. 1) und im Verfahren über den Antrag auf Entscheidung des Anwaltsgerichtshofs gegen die Androhung oder die Festsetzung eines Zwangsgelds (§ 57 Abs. 3) werden Gebühren nach dem Gebührenverzeichnis der Anlage zu diesem Gesetz erhoben. Im Übrigen sind die für Kosten in Strafsachen geltenden Vorschriften des Gerichtskostengesetzes entsprechend anzuwenden.

§ 196
Kosten bei Anträgen auf Einleitung des anwaltsgerichtlichen Verfahrens

(1) Einem Rechtsanwalt, der einen Antrag auf gerichtliche Entscheidung über die Entschließung der Staatsanwaltschaft (§ 123 Abs. 2) zurücknimmt, sind die durch dieses Verfahren entstandenen Kosten aufzuerlegen.

(2) Wird ein Antrag des Vorstandes der Rechtsanwaltskammer auf gerichtliche Entscheidung in den Fällen des § 122 Abs. 2, 3, des § 150a oder des § 161a Abs. 2 verworfen, so sind die durch das Verfahren über den Antrag veranlassten Kosten der Rechtsanwaltskammer aufzuerlegen.

§ 197
Kostenpflicht des Verurteilten

(1) Dem Rechtsanwalt, der in dem anwaltsgerichtlichen Verfahren verurteilt wird, sind zugleich die in dem Verfahren entstandenen Kosten ganz oder teilweise aufzuerlegen. Dasselbe gilt, wenn das anwaltsgerichtliche Verfahren wegen Erlöschen der Zulassung zur Rechtsanwaltschaft eingestellt wird und nach dem Ergebnis des bisherigen Verfahrens die Verhängung einer anwaltsgerichtlichen Maßnahme gerechtfertigt gewesen wäre; zu den Kosten des anwaltsgerichtlichen Verfahrens gehören in diesem Fall auch diejenigen, die in einem anschließenden Verfahren zum Zwecke der Beweissiche-

rung (§§ 148, 149) entstehen. Wird das Verfahren nach § 139 Abs. 3 Nr. 2 eingestellt, kann das Gericht dem Rechtsanwalt die in dem Verfahren entstandenen Kosten ganz oder teilweise auferlegen, wenn es dies für angemessen erachtet.

(2) Dem Rechtsanwalt, der in dem anwaltsgerichtlichen Verfahren ein Rechtsmittel zurückgenommen oder ohne Erfolg eingelegt hat, sind zugleich die durch dieses Verfahren entstandenen Kosten aufzuerlegen. Hatte das Rechtsmittel teilweise Erfolg, so kann dem Rechtsanwalt ein angemessener Teil dieser Kosten auferlegt werden.

(3) Für die Kosten, die durch einen Antrag auf Wiederaufnahme des durch ein rechtskräftiges Urteil abgeschlossenen Verfahrens verursacht worden sind, ist Absatz 2 entsprechend anzuwenden.

§ 197a
Kostenpflicht in dem Verfahren bei Anträgen auf anwaltsgerichtliche Entscheidung gegen die Androhung oder die Festsetzung des Zwangsgelds oder über die Rüge

(1) Wird der Antrag auf anwaltsgerichtliche Entscheidung gegen die Androhung oder die Festsetzung des Zwangsgelds oder über die Rüge als unbegründet zurückgewiesen, so ist § 197 Abs. 1 Satz 1 entsprechend anzuwenden. Stellt das Anwaltsgericht fest, dass die Rüge wegen der Verhängung einer anwaltsgerichtlichen Maßnahme unwirksam ist (§ 74a Abs. 5 Satz 2) oder hebt es den Rügebescheid gemäß § 74a Abs. 3 Satz 2 auf, so kann es dem Rechtsanwalt die in dem Verfahren entstandenen Kosten ganz oder teilweise auferlegen, wenn es dies für angemessen erachtet.

(2) Nimmt der Rechtsanwalt den Antrag auf anwaltsgerichtliche Entscheidung zurück oder wird der Antrag als unzulässig verworfen, so gilt § 197 Abs. 2 Satz 1 entsprechend.

(3) Wird die Androhung oder die Festsetzung des Zwangsgelds aufgehoben, so sind die notwendigen Auslagen des Rechtsanwalts der Rechtsanwaltskammer aufzuerlegen. Das gleiche gilt, wenn der Rügebescheid, den Fall des § 74a Abs. 3 Satz 2 ausgenommen, aufgehoben wird oder wenn die Unwirksamkeit der Rüge wegen eines Freispruchs des Rechtsanwalts im anwaltsgerichtlichen Verfahren oder aus den Gründen des § 115a Abs. 2 Satz 2 festgestellt wird (§ 74a Abs. 5 Satz 2).

§ 198
Haftung der Rechtsanwaltskammer

(1) Auslagen, die weder dem Rechtsanwalt noch einem Dritten auferlegt oder von dem Rechtsanwalt nicht eingezogen werden können, fallen der Rechtsanwaltskammer zur Last, welcher der Rechtsanwalt angehört.

(2) In dem Verfahren vor dem Anwaltsgericht haftet die Rechtsanwaltskammer den Zeugen und Sachverständigen für die ihnen zustehende Entschädigung oder Vergütung in dem gleichen Umfang, in dem die Haftung der Staatskasse nach der Strafprozessordnung begründet ist. Bei weiterer Entfernung des Aufenthaltsorts der geladenen Personen ist ihnen auf Antrag ein Vorschuss zu bewilligen.

§ 199
Festsetzung der Kosten des Verfahrens vor dem Anwaltsgericht

(1) Die Kosten, die der Rechtsanwalt in dem Verfahren vor dem Anwaltsgericht zu tragen hat, werden von dem Vorsitzenden der Kammer des Anwaltsgerichts durch Beschluss festgesetzt.

(2) Gegen den Festsetzungsbeschluss kann der Rechtsanwalt binnen einer Notfrist von zwei Wochen, die mit der Zustellung des Beschlusses beginnt, Erinnerung einlegen. Über die Erinnerung entscheidet das Anwaltsgericht, dessen Vorsitzender den Beschluss erlassen hat. Gegen die Entscheidung des Anwaltsgerichts kann der Rechtsanwalt sofortige Beschwerde einlegen. Die Verfahren sind gebührenfrei. Kosten werden nicht erstattet.

Anlage zu § 193 Satz 1 und § 195 Satz 1

Gebührenverzeichnis

Gliederung

TEIL 1.
Anwaltsgerichtliche Verfahren

Abschnitt 1. Verfahren vor dem Anwaltsgericht
Unterabschnitt 1. Anwaltsgerichtliches Verfahren erster Instanz
Unterabschnitt 2. Antrag auf gerichtliche Entscheidung über die Rüge

Abschnitt 2. Verfahren vor dem Anwaltsgerichtshof
Unterabschnitt 1. Berufung
Unterabschnitt 2. Beschwerde
Unterabschnitt 3. Antrag auf gerichtliche Entscheidung über die Androhung oder die Festsetzung eines Zwangsgelds

Abschnitt 3. Verfahren vor dem Bundesgerichtshof
Unterabschnitt 1. Revision
Unterabschnitt 2. Beschwerde
Unterabschnitt 3. Verfahren wegen eines bei dem Bundesgerichtshof zugelassenen Rechtsanwalts

Abschnitt 4. Rüge wegen Verletzung des Anspruchs auf rechtliches Gehör

TEIL 2.
Gerichtliche Verfahren in verwaltungsrechtlichen Anwaltssachen

Abschnitt 1. Erster Rechtszug
Unterabschnitt 1. Anwaltsgerichtshof
Unterabschnitt 2. Bundesgerichtshof

Abschnitt 2. Zulassung und Durchführung der Berufung

Abschnitt 3. Vorläufiger Rechtsschutz
Unterabschnitt 1. Anwaltsgerichtshof
Unterabschnitt 2. Bundesgerichtshof als Rechtsmittelgericht in der Hauptsache
Unterabschnitt 3. Bundesgerichtshof

Abschnitt 4. Rüge wegen Verletzung des Anspruchs auf rechtliches Gehör

Nr.	Gebührentatbestand	Gebührenbetrag oder Satz der jeweiligen Gebühr 1110 bis 1112

Vorbemerkung 1:

(1) Im anwaltsgerichtlichen Verfahren bemessen sich die Gerichtsgebühren vorbehaltlich des Absatzes 2 für alle Rechtszüge nach der rechtskräftig verhängten Maßnahme.

(2) Wird ein Rechtsmittel oder ein Antrag auf anwaltsgerichtliche Entscheidung nur teilweise verworfen oder zurückgewiesen, so hat das Gericht die Gebühr zu ermäßigen, soweit es unbillig wäre, den Rechtsanwalt damit zu belasten.

(3) Im Verfahren nach Wiederaufnahme werden die gleichen Gebühren wie für das wiederaufgenommene Verfahren erhoben. Wird jedoch nach Anordnung der Wiederaufnahme des Verfahrens das frühere Urteil aufgehoben, gilt für die Gebührenerhebung jeder Rechtszug des neuen Verfahrens mit dem jeweiligen Rechtszug des früheren Verfahrens zusammen als ein Rechtszug. Gebühren werden auch für Rechtszüge erhoben, die nur im früheren Verfahren stattgefunden haben.

Teil 1
Anwaltsgerichtliche Verfahren

Abschnitt 1
Verfahren vor dem Anwaltsgericht

Unterabschnitt 1
Anwaltsgerichtliches Verfahren erster Instanz

1110	Verfahren mit Urteil bei Verhängung einer oder mehrerer der folgenden Maßnahmen: 1. einer Warnung, 2. eines Verweises, 3. einer Geldbuße	240,00 EUR
1111	Verfahren mit Urteil bei Verhängung eines Vertretungs- und Beistandsverbots nach § 114 Abs. 1 Nr. 4 der Bundesrechtsanwaltsordnung	360,00 EUR
1112	Verfahren mit Urteil bei Ausschließung aus der Rechtsanwaltschaft	480,00 EUR

Nr.	Gebührentatbestand	Gebührenbetrag oder Satz der jeweiligen Gebühr 1110 bis 1112
	Unterabschnitt 2 **Antrag auf gerichtliche Entscheidung über die Rüge**	
1120	Verfahren über den Antrag auf gerichtliche Entscheidung über die Rüge nach § 74a Abs. 1 der Bundesrechtsanwaltsordnung: Der Antrag wird verworfen oder zurückgewiesen	160,00 EUR
	Abschnitt 2 **Verfahren vor dem Anwaltsgerichtshof**	
	Unterabschnitt 1 **Berufung**	
1210	Berufungsverfahren mit Urteil	1,5
1211	Erledigung des Berufungsverfahrens ohne Urteil Die Gebühr entfällt bei Zurücknahme der Berufung vor Ablauf der Begründungsfrist	0,5
	Unterabschnitt 2 **Beschwerde**	
1220	Verfahren über Beschwerden im anwaltsgerichtlichen Verfahren, die nicht nach anderen Vorschriften gebührenfrei sind: Die Beschwerde wird verworfen oder zurückgewiesen .... Von dem Rechtsanwalt wird eine Gebühr nur erhoben, wenn gegen ihn rechtskräftig eine anwaltsgerichtliche Maßnahme verhängt worden ist.	50,00 EUR
	Unterabschnitt 3 **Antrag auf gerichtliche Entscheidung über die Androhung oder die Festsetzung eines Zwangsgelds**	
1230	Verfahren über den Antrag auf gerichtliche Entscheidung über die Androhung oder die Festsetzung eines Zwangsgelds nach § 57 Abs. 3 der Bundesrechtsanwaltsordnung: Der Antrag wird verworfen oder zurückgewiesen	200,00 EUR

Nr.	Gebührentatbestand	Gebührenbetrag oder Satz der jeweiligen Gebühr 1110 bis 1112
	Abschnitt 3 **Verfahren vor dem Bundesgerichtshof**	
	Unterabschnitt 1 Revision	
1310	Revisionsverfahren mit Urteil oder mit Beschluss nach § 146 Abs. 3 Satz 1 der Bundesrechtsanwaltsordnung i.V.m. § 349 Abs. 2 oder Abs. 4 StPO	2,0
1311	Erledigung des Revisionsverfahrens ohne Urteil und ohne Beschluss nach § 146 Abs. 3 Satz 1 der Bundesrechtsanwaltsordnung i.V.m. § 349 Abs. 2 oder Abs. 4 StPO .... Die Gebühr entfällt bei Zurücknahme der Revision vor Ablauf der Begründungsfrist.	1,0
	Unterabschnitt 2 Beschwerde	
1320	Verfahren über die Beschwerde gegen die Nichtzulassung der Revision: Die Beschwerde wird verworfen oder zurückgewiesen	1,0
1321	Verfahren über sonstige Beschwerden im anwaltsgerichtlichen Verfahren, die nicht nach anderen Vorschriften gebührenfrei sind: Die Beschwerde wird verworfen oder zurückgewiesen Von dem Rechtsanwalt wird eine Gebühr nur erhoben, wenn gegen ihn rechtskräftig eine anwaltsgerichtliche Maßnahme verhängt worden ist.	50,00 EUR
	Unterabschnitt 3 Verfahren wegen eines bei dem Bundesgerichtshof zugelassenen Rechtsanwalts	
1330	Anwaltsgerichtliches Verfahren mit Urteil bei Verhängung einer Maßnahme	1,5
1331	Verfahren über den Antrag auf gerichtliche Entscheidung über die Androhung oder die Festsetzung eines Zwangsgelds nach § 57 Abs. 3 i.V.m. § 163 Satz 2 der Bundesrechtsanwaltsordnung: Der Antrag wird verworfen oder zurückgewiesen	240,00 EUR
1332	Verfahren über den Antrag auf gerichtliche Entscheidung über die Rüge nach § 74a Abs. 1 i.V.m. § 163 Satz 2 der Bundesrechtsanwaltsordnung: Der Antrag wird verworfen oder zurückgewiesen	240,00 EUR

Nr.	Gebührentatbestand	Gebührenbetrag oder Satz der jeweiligen Gebühr 1110 bis 1112

Abschnitt 4
Rüge wegen Verletzung des Anspruchs auf rechtliches Gehör

1400	Verfahren über die Rüge wegen Verletzung des Anspruchs auf rechtliches Gehör: Die Rüge wird in vollem Umfang verworfen oder zurückgewiesen	50,00 EUR.

Teil 2
Gerichtliche Verfahren in verwaltungsrechtlichen Anwaltssachen

Nr.	Gebührentatbestand	Gebührenbetrag oder Satz der Gebühr nach § 34 GKG

Abschnitt 1
Erster Rechtszug

Unterabschnitt 1
Anwaltsgerichtshof

2110	Verfahren im Allgemeinen	4,0
2111	Beendigung des gesamten Verfahrens durch 1. Zurücknahme der Klage a) vor dem Schluss der mündlichen Verhandlung, b) wenn eine solche nicht stattfindet, vor Ablauf des Tages, an dem das Urteil, der Gerichtsbescheid oder der Beschluss in der Hauptsache der Geschäftsstelle übermittelt wird, c) im Fall des § 112c Abs. 1 Satz 1 der Bundesrechtsanwaltsordnung i.V.m. § 93a Abs. 2 VwGO vor Ablauf der Erklärungsfrist nach § 93a Abs. 2 Satz 1 VwGO, 2. Anerkenntnis- oder Verzichtsurteil, 3. gerichtlichen Vergleich oder 4. Erledigungserklärungen nach § 112c Abs. 1 Satz 1 der Bundesrechtsanwaltsordnung i.V.m. § 161 Abs. 2 VwGO, wenn keine Entscheidung über die Kosten ergeht oder die Entscheidung einer zuvor mitgeteilten Einigung der Beteiligten über die Kostentragung oder der Kostenübernahmeerklärung eines Beteiligten folgt,	

Nr.	Gebührentatbestand	Gebührenbetrag oder Satz der Gebühr nach § 34 GKG
	es sei denn, dass bereits ein anderes als eines der in Nummer 2 genannten Urteile, ein Gerichtsbescheid oder Beschluss in der Hauptsache vorausgegangen ist: Die Gebühr 2110 ermäßigt sich auf	2,0
Unterabschnitt 2 Bundesgerichtshof		
2120	Verfahren im Allgemeinen	5,0
2121	Beendigung des gesamten Verfahrens durch 1. Zurücknahme der Klage a) vor dem Schluss der mündlichen Verhandlung, b) wenn eine solche nicht stattfindet, vor Ablauf des Tages, an dem das Urteil oder der Gerichtsbescheid der Geschäftsstelle übermittelt wird, c) im Fall des § 112c Abs. 1 Satz 1 der Bundesrechtsanwaltsordnung i.V.m. § 93a Abs. 2 VwGO vor Ablauf der Erklärungsfrist nach § 93a Abs. 2 Satz 1 VwGO, 2. Anerkenntnis- oder Verzichtsurteil, 3. gerichtlichen Vergleich oder 4. Erledigungserklärungen nach § 112c Abs. 1 Satz 1 der Bundesrechtsanwaltsordnung i.V.m. § 161 Abs. 2 VwGO, wenn keine Entscheidung über die Kosten ergeht oder die Entscheidung einer zuvor mitgeteilten Einigung der Beteiligten über die Kostentragung oder der Kostenübernahmeerklärung eines Beteiligten folgt, es sei denn, dass bereits ein anderes als eines der in Nummer 2 genannten Urteile, ein Gerichtsbescheid oder Beschluss in der Hauptsache vorausgegangen ist: Die Gebühr 2120 ermäßigt sich auf Die Gebühr ermäßigt sich auch, wenn mehrere Ermäßigungstatbestände erfüllt sind	3,0
Abschnitt 2 **Zulassung und Durchführung der Berufung**		
2200	Verfahren über die Zulassung der Berufung: Soweit der Antrag abgelehnt wird	1,0
2201	Verfahren über die Zulassung der Berufung: Soweit der Antrag zurückgenommen oder das Verfahren durch anderweitige Erledigung beendet wird Die Gebühr entsteht nicht, soweit die Berufung zugelassen wird.	0,5
2202	Verfahren im Allgemeinen	5,0

Nr.	Gebührentatbestand	Gebührenbetrag oder Satz der Gebühr nach § 34 GKG
2203	Beendigung des gesamten Verfahrens durch Zurücknahme der Berufung oder der Klage, bevor die Schrift zur Begründung der Berufung bei Gericht eingegangen ist: Die Gebühr 2202 ermäßigt sich auf	1,0
	Erledigungserklärungen nach § 112c Abs. 1 Satz 1 der Bundesrechtsanwaltsordnung i.V.m. § 161 Abs. 2 VwGO stehen der Zurücknahme gleich, wenn keine Entscheidung über die Kosten ergeht oder die Entscheidung einer zuvor mitgeteilten Einigung der Beteiligten über die Kostentragung oder der Kostenübernahmeerklärung eines Beteiligten folgt.	
2204	Beendigung des gesamten Verfahrens, wenn nicht Nummer 2203 erfüllt ist, durch 1. Zurücknahme der Berufung oder der Klage a) vor dem Schluss der mündlichen Verhandlung, b) wenn eine solche nicht stattfindet, vor Ablauf des Tages, an dem das Urteil oder der Beschluss in der der Hauptsache der Geschäftsstelle übermittelt wird, oder c) im Fall des § 112c Abs. 1 Satz 1 der Bundesrechtsanwaltsordnung i.V.m. § 93a Abs. 2 VwGO vor Ablauf der Erklärungsfrist nach § 93a Abs. 2 Satz 1 VwGO, 2. Anerkenntnis- oder Verzichtsurteil, 3. gerichtlichen Vergleich oder 4. Erledigungserklärungen nach § 112c Abs. 1 Satz 1 der Bundesrechtsanwaltsordnung i.V.m. § 161 Abs. 2 VwGO, wenn keine Entscheidung über die Kosten ergeht oder die Entscheidung einer zuvor mitgeteilten Einigung der Beteiligten über die Kostentragung oder der Kostenübernahmeerklärung eines Beteiligten folgt, es sei denn, dass bereits ein anderes als eines der in Nummer 2 genannten Urteile oder ein Beschluss in der Hauptsache vorausgegangen ist: Die Gebühr 2202 ermäßigt sich auf	3,0
	Die Gebühr ermäßigt sich auch, wenn mehrere Ermäßigungstatbestände erfüllt sind.	

Abschnitt 3
Vorläufiger Rechtsschutz

Vorbemerkung 2.3:

(1) Die Vorschriften dieses Abschnitts gelten für einstweilige Anordnungen und für Verfahren nach § 112c Abs. 1 Satz 1 der Bundesrechtsanwaltsordnung i.V.m. § 80 Abs. 5 und § 80a Abs. 3 VwGO.

(2) Im Verfahren über den Antrag auf Erlass und im Verfahren über den Antrag auf Aufhebung einer einstweiligen Anordnung werden die Gebühren jeweils gesondert er-

Nr.	Gebührentatbestand	Gebührenbetrag oder Satz der Gebühr nach § 34 GKG

hoben. Mehrere Verfahren nach § 112c Abs. 1 Satz 1 der Bundesrechtsanwaltsordnung i.V.m. § 80 Abs. 5 und 7 und § 80a Abs. 3 VwGO gelten innerhalb eines Rechtszugs als ein Verfahren.

Unterabschnitt 1
Anwaltsgerichtshof

2310	Verfahren im Allgemeinen	2,0
2311	Beendigung des gesamten Verfahrens durch 1. Zurücknahme des Antrags a) vor dem Schluss der mündlichen Verhandlung oder, b) wenn eine solche nicht stattfindet, vor Ablauf des Tages, an dem der Beschluss der Geschäftsstelle übermittelt wird, 2. gerichtlichen Vergleich oder 3. Erledigungserklärungen nach § 112c Abs. 1 Satz 1 der Bundesrechtsanwaltsordnung i.V.m. § 161 Abs. 2 VwGO, wenn keine Entscheidung über die Kosten ergeht oder die Entscheidung einer zuvor mitgeteilten Einigung der Beteiligten über die Kostentragung oder der Kostenübernahmeerklärung eines Beteiligten folgt, es sei denn, dass bereits ein Beschluss über den Antrag vorausgegangen ist: Die Gebühr 2310 ermäßigt sich auf	0,75
	Die Gebühr ermäßigt sich auch, wenn mehrere Ermäßigungstatbestände erfüllt sind.	

Unterabschnitt 2
Bundesgerichtshof als Rechtsmittelgericht in der Hauptsache

2320	Verfahren im Allgemeinen	1,5
2321	Beendigung des gesamten Verfahrens durch 1. Zurücknahme des Antrags a) vor dem Schluss der mündlichen Verhandlung oder, b) wenn eine solche nicht stattfindet, vor Ablauf des Tages, an dem der Beschluss der Geschäftsstelle übermittelt wird, 2. gerichtlichen Vergleich oder 3. Erledigungserklärungen nach § 112c Abs. 1 Satz 1 der Bundesrechtsanwaltsordnung i.V.m. § 161 Abs. 2 VwGO, wenn keine Entscheidung über die Kosten ergeht oder die Entscheidung einer zuvor mitgeteilten Einigung der Beteiligten über die Kostentragung oder der Kostenübernahmeerklärung eines Beteiligten folgt,	

Nr.	Gebührentatbestand	Gebührenbetrag oder Satz der Gebühr nach § 34 GKG
	es sei denn, dass bereits ein Beschluss über den Antrag vorausgegangen ist: Die Gebühr 2320 ermäßigt sich auf	0,5
	Die Gebühr ermäßigt sich auch, wenn mehrere Ermäßigungstatbestände erfüllt sind.	

Unterabschnitt 3
Bundesgerichtshof

Vorbemerkung 2.3.3:

Die Vorschriften dieses Unterabschnitts gelten, wenn der Bundesgerichtshof auch in der Hauptsache erstinstanzlich zuständig ist.

2330	Verfahren im Allgemeinen	2,5
2331	Beendigung des gesamten Verfahrens durch 1. Zurücknahme des Antrags a) vor dem Schluss der mündlichen Verhandlung oder, b) wenn eine solche nicht stattfindet, vor Ablauf des Tages, an dem der Beschluss der Geschäftsstelle übermittelt wird, 2. gerichtlichen Vergleich oder 3. Erledigungserklärungen nach § 112c Abs. 1 Satz 1 der Bundesrechtsanwaltsordnung i.V.m. § 161 Abs. 2 VwGO, wenn keine Entscheidung über die Kosten ergeht oder die Entscheidung einer zuvor mitgeteilten Einigung der Beteiligten über die Kostentragung oder der Kostenübernahmeerklärung eines Beteiligten folgt, es sei denn, dass bereits ein Beschluss über den Antrag vorausgegangen ist: Die Gebühr 2330 ermäßigt sich auf	1,0
	Die Gebühr ermäßigt sich auch, wenn mehrere Ermäßigungstatbestände erfüllt sind.	

Abschnitt 4
Rüge wegen Verletzung des Anspruchs auf rechtliches Gehör

2400	Verfahren über die Rüge wegen Verletzung des Anspruchs auf rechtliches Gehör: Die Rüge wird in vollem Umfang verworfen oder zurückgewiesen	50,00 EUR

ANHANG VI
Bundesnotarordnung

In der im Bundesgesetzblatt Teil III, Gliederungsnummer 303-1, veröffentlichten bereinigten Fassung, zuletzt geändert durch Art. 1 des Gesetzes vom 1.6.2017 (BGBl. I S. 1396)

(Auszug)

§ 111f

In verwaltungsrechtlichen Notarsachen werden Gebühren nach dem Gebührenverzeichnis der Anlage zu diesem Gesetz erhoben. Im Übrigen sind die für Kosten in Verfahren vor den Gerichten der Verwaltungsgerichtsbarkeit geltenden Vorschriften des Gerichtskostengesetzes entsprechend anzuwenden, soweit in diesem Gesetz nichts anderes bestimmt ist.

§ 111g

(1) Der Streitwert bestimmt sich nach § 52 des Gerichtskostengesetzes. Er wird von Amts wegen festgesetzt.

(2) In Verfahren, die Klagen auf Bestellung zum Notar oder die Ernennung zum Notarassessor, die Amtsenthebung, die Entfernung aus dem Amt oder vom bisherigen Amtssitz oder die Entlassung aus dem Anwärterdienst betreffen, ist ein Streitwert von 50.000 Euro anzunehmen. Unter Berücksichtigung der Umstände des Einzelfalls, insbesondere des Umfangs und der Bedeutung der Sache sowie der Vermögens- und Einkommensverhältnisse des Klägers, kann das Gericht einen höheren oder einen niedrigeren Wert festsetzen.

(3) Die Festsetzung ist unanfechtbar; § 63 Abs. 3 des Gerichtskostengesetzes bleibt unberührt.

Anlage (zu § 111f Satz 1)

Gebührenverzeichnis

Gliederung

Abschnitt 1. Erster Rechtszug
- Unterabschnitt 1. Oberlandesgerichtshof
- Unterabschnitt 2. Bundesgerichtshof

Abschnitt 2. Zulassung und Durchführung der Berufung

Abschnitt 3. Vorläufiger Rechtsschutz
- Unterabschnitt 1. Oberlandesgericht
- Unterabschnitt 2. Bundesgerichtshof als Rechtsmittelgericht in der Hauptsache
- Unterabschnitt 3. Bundesgerichtshof

Abschnitt 4. Rüge wegen Verletzung des Anspruchs auf rechtliches Gehör

Nr.	Gebührentatbestand	Gebührenbetrag oder Satz der Gebühr nach § 34 GKG

Abschnitt 1
Erster Rechtszug

Unterabschnitt 1
Oberlandesgericht

110	Verfahren im Allgemeinen	4,0
111	Beendigung des gesamten Verfahrens durch 1. Zurücknahme der Klage a) vor dem Schluss der mündlichen Verhandlung, b) wenn eine solche nicht stattfindet, vor Ablauf des Tages, an dem das Urteil, der Gerichtsbescheid oder der Beschluss in der Hauptsache der Geschäftsstelle übermittelt wird, c) im Fall des § 111b Abs. 1 Satz 1 der Bundesnotarordnung i.V.m. § 93a Abs. 2 VwGO vor Ablauf der Erklärungsfrist nach § 93a Abs. 2 Satz 1 VwGO, 2. Anerkenntnis- oder Verzichtsurteil, 3. gerichtlichen Vergleich oder 4. Erledigungserklärungen nach § 111b Abs. 1 Satz 1 der Bundesnotarordnung i.V.m. § 161 Abs. 2 VwGO, wenn keine Entscheidung über die Kosten ergeht oder die Entscheidung einer zuvor mitgeteilten Einigung der Beteiligten über die Kostentragung oder der Kostenübernahmeerklärung eines Beteiligten folgt, es sei denn, dass bereits ein anderes als eines der in Nummer 2 genannten Urteile, ein Gerichtsbescheid oder Beschluss in der Hauptsache vorausgegangen ist: Die Gebühr 110 ermäßigt sich auf .... Die Gebühr ermäßigt sich auch, wenn mehrere Ermäßigungstatbestände erfüllt sind	2,0

Unterabschnitt 2
Bundesgerichtshof

120	Verfahren im Allgemeinen	5,0
121	Beendigung des gesamten Verfahrens durch 1. Zurücknahme der Klage a) vor dem Schluss der mündlichen Verhandlung, b) wenn eine solche nicht stattfindet, vor Ablauf des Tages, an dem das Urteil oder der Gerichtsbescheid der Geschäftsstelle übermittelt wird,	

Nr.	Gebührentatbestand	Gebührenbetrag oder Satz der Gebühr nach § 34 GKG
	c) im Fall des § 111b Abs. 1 Satz 1 der Bundesnotarordnung i.V.m. § 93a Abs. 2 VwGO vor Ablauf der Erklärungsfrist nach § 93a Abs. 2 Satz 1 VwGO, 2. Anerkenntnis- oder Verzichtsurteil, 3. gerichtlichen Vergleich oder 4. Erledigungserklärungen nach § 111b Abs. 1 Satz 1 der Bundesnotarordnung i.V.m. § 161 Abs. 2 VwGO, wenn keine Entscheidung über die Kosten ergeht oder die Entscheidung einer zuvor mitgeteilten Einigung der Beteiligten über die Kostentragung oder der Kostenübernahmeerklärung eines Beteiligten folgt, es sei denn, dass bereits ein anderes als eines der in Nummer 2 genannten Urteile, ein Gerichtsbescheid oder Beschluss in der Hauptsache vorausgegangen ist: Die Gebühr 120 ermäßigt sich auf	3,0
	Die Gebühr ermäßigt sich auch, wenn mehrere Ermäßigungstatbestände erfüllt sind	

Abschnitt 2
Zulassung und Durchführung der Berufung

Nr.	Gebührentatbestand	Gebührenbetrag oder Satz der Gebühr nach § 34 GKG
200	Verfahren über die Zulassung der Berufung: Soweit der Antrag abgelehnt wird	1,0
201	Verfahren über die Zulassung der Berufung: Soweit der Antrag zurückgenommen oder das Verfahren durch anderweitige Erledigung beendet wird	0,5
	Die Gebühr entsteht nicht, soweit die Berufung zugelassen wird.	
202	Verfahren im Allgemeinen	5,0
203	Beendigung des gesamten Verfahrens durch Zurücknahme der Berufung oder der Klage, bevor die Schrift zur Begründung der Berufung bei Gericht eingegangen ist: Die Gebühr 202 ermäßigt sich auf	1,0
	Erledigungserklärungen nach § 111b Abs. 1 Satz 1 der Bundesnotarordnung i.V.m. § 161 Abs. 2 VwGO stehen der Zurücknahme gleich, wenn keine Entscheidung über die Kosten ergeht oder die Entscheidung einer zuvor mitgeteilten Einigung der Beteiligten über die Kostentragung oder der Kostenübernahmeerklärung eines Beteiligten folgt.	
204	Beendigung des gesamten Verfahrens, wenn nicht Nummer 203 erfüllt ist, durch 1. Zurücknahme der Berufung oder der Klage a) vor dem Schluss der mündlichen Verhandlung,	

Nr.	Gebührentatbestand	Gebührenbetrag oder Satz der Gebühr nach § 34 GKG
	b) wenn eine solche nicht stattfindet, vor Ablauf des Tages, an dem das Urteil oder der Beschluss in der Hauptsache der Geschäftsstelle übermittelt wird, oder c) im Fall des § 111b Abs. 1 Satz 1 der Bundesnotarordnung i.V.m. § 93a Abs. 2 VwGO vor Ablauf der Erklärungsfrist nach § 93a Abs. 2 Satz 1 VwGO, 2. Anerkenntnis- oder Verzichtsurteil, 3. gerichtlichen Vergleich oder 4. Erledigungserklärungen nach § 111b Abs. 1 Satz 1 der Bundesnotarordnung i.V.m. § 161 Abs. 2 VwGO, wenn keine Entscheidung über die Kosten ergeht oder die Entscheidung einer zuvor mitgeteilten Einigung der Beteiligten über die Kostentragung oder der Kostenübernahmeerklärung eines Beteiligten folgt, es sei denn, dass bereits ein anderes als eines der in Nummer 2 genannten Urteile oder ein Beschluss in der Hauptsache vorausgegangen ist: Die Gebühr 202 ermäßigt sich auf	3,0
	Die Gebühr ermäßigt sich auch, wenn mehrere Ermäßigungstatbesdtände erfüllt sind	

Abschnitt 3
Vorläufiger Rechtsschutz

Vorbemerkung 3:

(1) Die Vorschriften dieses Abschnitts gelten für einstweilige Anordnungen und für Verfahren nach § 111b Abs. 1 Satz 1 der Bundesnotarordnung i.V.m. § 80 Abs. 5 und § 80a Abs. 3 VwGO.

(2) Im Verfahren über den Antrag auf Erlass und im Verfahren über den Antrag auf Aufhebung einer einstweiligen Anordnung werden die Gebühren jeweils gesondert erhoben. Mehrere Verfahren nach § 111b Abs. 1 Satz 1 der Bundesnotarordnung i.V.m. § 80 Abs. 5 und 7 und § 80a Abs. 3 VwGO gelten innerhalb eines Rechtszugs als ein Verfahren.

Unterabschnitt 1
Oberlandesgericht

310	Verfahren im Allgemeinen	2,0
311	Beendigung des gesamten Verfahrens durch 1. Zurücknahme des Antrags a) vor dem Schluss der mündlichen Verhandlung oder, b) wenn eine solche nicht stattfindet, vor Ablauf des Tages, an dem der Beschluss der Geschäftsstelle übermittelt wird,	

Nr.	Gebührentatbestand	Gebührenbetrag oder Satz der Gebühr nach § 34 GKG
	2. gerichtlichen Vergleich oder 3. Erledigungserklärungen nach § 111b Abs. 1 Satz 1 der Bundesnotarordnung i.V.m. § 161 Abs. 2 VwGO, wenn keine Entscheidung über die Kosten ergeht oder die Entscheidung einer zuvor mitgeteilten Einigung der Beteiligten über die Kostentragung oder der Kostenübernahmeerklärung eines Beteiligten folgt, es sei denn, dass bereits ein Beschluss über den Antrag vorausgegangen ist: Die Gebühr 310 ermäßigt sich auf	0,75
	Die Gebühr ermäßigt sich auch, wenn mehrere Ermäßigungstatbestände erfüllt sind.	

Unterabschnitt 2
Bundesgerichtshof als Rechtsmittelgericht in der Hauptsache

Nr.	Gebührentatbestand	Gebührenbetrag oder Satz der Gebühr nach § 34 GKG
320	Verfahren im Allgemeinen	1,5
321	Beendigung des gesamten Verfahrens durch 1. Zurücknahme des Antrags a) vor dem Schluss der mündlichen Verhandlung oder, b) wenn eine solche nicht stattfindet, vor Ablauf des Tages, an dem der Beschluss der Geschäftsstelle übermittelt wird, 2. gerichtlichen Vergleich oder 3. Erledigungserklärungen nach § 111b Abs. 1 Satz 1 der Bundesnotarordnung i.V.m. § 161 Abs. 2 VwGO, wenn keine Entscheidung über die Kosten ergeht oder die Entscheidung einer zuvor mitgeteilten Einigung der Beteiligten über die Kostentragung oder der Kostenübernahmeerklärung eines Beteiligten folgt, es sei denn, dass bereits ein Beschluss über den Antrag vorausgegangen ist: Die Gebühr 320 ermäßigt sich auf	0,5
	Die Gebühr ermäßigt sich auch, wenn mehrere Ermäßigungstatbestände erfüllt sind.	

Unterabschnitt 3
Bundesgerichtshof

Vorbemerkung 3.3:

Die Vorschriften dieses Unterabschnitts gelten, wenn der Bundesgerichtshof auch in der Hauptsache erstinstanzlich zuständig

Nr.	Gebührentatbestand	Gebührenbetrag oder Satz der Gebühr nach § 34 GKG
330	Verfahren im Allgemeinen	2,5

Nr.	Gebührentatbestand	Gebührenbetrag oder Satz der Gebühr nach § 34 GKG
331	Beendigung des gesamten Verfahrens durch 1. Zurücknahme des Antrags a) vor dem Schluss der mündlichen Verhandlung oder, b) wenn eine solche nicht stattfindet, vor Ablauf des Tages, an dem der Beschluss der Geschäftsstelle übermittelt wird, 2. gerichtlichen Vergleich oder 3. Erledigungserklärungen nach § 111b Abs. 1 Satz 1 der Bundesnotarordnung i.V.m. § 161 Abs. 2 VwGO, wenn keine Entscheidung über die Kosten ergeht oder die Entcheidung einer zuvor mitgeteilten Einigung der Beteiligten über die Kostentragung oder der Kostenübernahmeerklärung eines Beteiligten folgt, es sei denn, dass bereits ein Beschluss über den Antrag vorausgegangen ist: Die Gebühr 330 ermäßigt sich auf .... Die Gebühr ermäßigt sich auch, wenn mehrere Ermäßigungstatbestände erfüllt sind	1,0

Abschnitt 4
Rüge wegen Verletzung des Anspruchs auf rechtliches Gehör

400	Verfahren über die Rüge wegen Verletzung des Anspruchs auf rechtliches Gehör: Die Rüge wird in vollem Umfang verworfen oder zurückgewiesen	50,00 EUR

ANHANG VII
Gesetz über eine Berufsordnung der Wirtschaftsprüfer (WiPrO)

vom 24.7.1961 (BGBl. I, 1049) i.d.F. der Bek. vom 5.11.1975 (BGBl. I, 2407), zuletzt geändert durch Art. 12 des Gesetzes vom 17.7.2017 (BGBl. I, 2446)

(Auszug)

Die Tilgung, die Vollstreckung der berufsgerichtlichen Maßnahmen und der Kosten.

VIERTER ABSCHNITT

Die Kosten in dem berufsgerichtlichen Verfahren und in dem Verfahren bei Anträgen auf berufsgerichtliche Entscheidung über die Rüge.

§ 122 Gerichtskosten

In gerichtlichen Verfahren nach diesem Gesetz werden Gebühren nach dem Gebührenverzeichnis der Anlage zu diesem Gesetz erhoben. Im Übrigen sind die für Kosten in Strafsachen geltenden Vorschriften des Gerichtskostengesetzes entsprechend anzuwenden.

§ 123 (*aufgehoben*)

§ 124 Kostenpflicht

(1) Berufsangehörigen, die ihren Antrag auf berufsgerichtliche Entscheidung zurücknehmen, deren Antrag auf berufsgerichtliche Entscheidung zurückgewiesen wird oder die in dem berufsgerichtlichen Verfahren verurteilt werden, sind die in dem Verfahren entstandenen Kosten ganz oder teilweise aufzuerlegen. Dasselbe gilt, wenn das berufsgerichtliche Verfahren wegen Erlöschens, Rücknahme oder Widerrufs der Bestellung eingestellt wird und nach dem Ergebnis des bisherigen Verfahrens die Verhängung einer berufsgerichtlichen Maßnahme gerechtfertigt war; zu den Kosten des berufsgerichtlichen Verfahrens gehören in diesem Fall auch diejenigen, die in einem anschließenden Verfahren zum Zwecke der Beweissicherung (§§ 109 und 110) entstehen. Wird das Verfahren nach § 103 Abs. 3 Nr. 2 eingestellt, kann das Gericht den Berufsangehörigen die in dem Verfahren entstandenen Kosten ganz oder teilweise auferlegen, wenn es dies für angemessen erachtet.

(2) Den Berufsangehörigen, die in dem berufsgerichtlichen Verfahren ein Rechtsmittel zurückgenommen oder ohne Erfolg eingelegt haben, sind die durch dieses Verfahren entstandenen Kosten aufzuerlegen. Hatte das Rechtsmittel teilweise Erfolg, so kann den Berufsangehörigen ein angemessener Teil dieser Kosten auferlegt werden.

(3) Für die Kosten, die durch einen Antrag auf Wiederaufnahme des durch ein rechtskräftiges Urteil abgeschlossenen Verfahrens verursacht worden sind, ist Absatz 2 entsprechend anzuwenden.

(4) Werden Berufsangehörige unter Aufhebung der angefochtenen Entscheidung freigesprochen, so sind die notwendigen Auslagen der Berufsangehörigen der Staatskasse aufzuerlegen. Auslagen, die weder den Berufsangehörigen noch Dritten auferlegt oder die von Berufsangehörigen nicht eingezogen werden können, fallen der Staatskasse zur Last.

§ 124a
(*aufgehoben*)

§ 125
(*aufgehoben*)

§ 126
Vollstreckung der berufsgerichtlichen Maßnahmen und der Kosten

(1) Die Ausschließung aus dem Beruf wird mit der Unanfechtbarkeit der Entscheidung über die berufsgerichtliche Maßnahme wirksam.

(2) Die Vollstreckung einer Geldbuße und eines Tätigkeitsverbots nach § 68 Absatz 1 Satz 2 Nummer 4 sowie die Beitreibung der Kosten werden nicht dadurch gehindert, dass der oder die Berufsangehörige nach rechtskräftigem Abschluss des Verfahrens aus dem Beruf ausgeschieden ist. Werden zusammen mit einer Geldbuße die Kosten des Verfahrens beigetrieben, so gelten auch für die Kosten die Vorschriften über die Vollstreckung der Geldbuße.

§ 126a
Tilgung

(1) Eintragungen in den über Berufsangehörige geführten Akten über berufsaufsichtliche Maßnahmen nach § 68 Absatz 1 Satz 2 sind nach zehn Jahren zu tilgen. Die Frist beträgt nur fünf Jahre für

1. Rügen n nach § 68 Ansatz 1 Satz 2 Nummer 1,
2. Geldbußen nach § 68 Abs. 1 Satz 2 bis zu 10.000 Euro und
3. Feststellungen nach § 68 Absatz 1 Satz 2 Nummer 7.

Die über berufsaufsichtliche Maßnahmen entstandenen Vorgänge sind bei Fristablauf aus den über Berufsangehörige geführten Akten zu entfernen und zu vernichten. Nach Ablauf der Frist dürfen diese MaOnaghmen bei weiteren berufsaufsichtlichen Maßnahmen nicht mehr berücksichtigt werden.

(2) Die Frist beginnt mit dem Tag, an dem die berufsaufsichtliche Maßnahme unanfechtbar geworden ist. Für die Entfernung und Vernichtung beginnt die Frist mit dem auf das Jahr, in dem die berufsaufsichtliche Maßnahme unanfechtbar geworden ist, folgenden Jahr.

(3) Die Frist endet nicht, solange gegen die Berufsangehörigen ein Strafverfahren, ein berufsaufsichtlihes Verfahren oder ein Disziplinarverfahren schwebt, eine andere

berufsaufsichtliche Maßnahme berücksichtigt werden darf oder ein auf Geldbuße lautendes Urteil noch nicht vollstreckt ist.

(4) Nach Ablauf der Frist gelten Berufsangehörige als von berufsaufsichtlichen Maßnahmen nicht betroffen.

(5) Eintragungen über strafgerichtliche Verurteilungen oder über andere Entscheidungen in Verfahren wegen Straftaten, Ordnungswidrigkeiten oder der Verletzung von Berufspflichten, die nicht zu einer berufsaufsichtlichen Maßnahme geführt haben, sowie über Belehrungen der Wirtschaftsprüferkammer sind auf Antrag des Wirtschaftsprüfers nach fünf Jahren zu tilgen. Absatz 1 Satz 3 und die Absätze 2 und 3 gelten entsprechend.

FÜNFTER ABSCHNITT
Anzuwendende Vorschriften

§ 127

Für die Berufsgerichtsbarkeit sind ergänzend das Gerichtsverfassungsgesetz und die Strafprozeßordnung sinngemäß anzuwenden.

Anlage (zu § 122 Satz 1)

Gebührenverzeichnis

Gliederung

Abschnitt 1. Verfahren vor dem Landgericht
- Unterabschnitt 1. Berufsgerichtliches Verfahren erster Instanz
- Unterabschnitt 2. Antrag auf gerichtliche Entscheidung über die Rüge

Abschnitt 2. Verfahren vor dem Oberlandesgericht
- Unterabschnitt 1. Berufung
- Unterabschnitt 2. Beschwerde
- Unterabschnitt 3. Antrag auf gerichtliche Entscheidung über die Androhung oder die Festsetzung eines Zwangsgelds

Abschnitt 3. Verfahren vor dem Bundesgerichtshof
- Unterabschnitt 1. Revision
- Unterabschnitt 2. Beschwerde

Abschnitt 4. Rüge wegen Verletzung des Anspruchs auf rechtliches Gehör

Abschnitt 5. Verfahren über den Antrag auf Aufhebung eines vorläufigen Tätigkeits- oder Berufsverbots nach § 120 der Wirtschaftsprüferordnung

Vorbemerkung:

(1) In Verfahren über Anträge auf berufsgerichtliche Entscheidung werden, soweit nichts anderes bestimmt ist, Gebühren nur erhoben, soweit auf Zurückweisung des Antrags auf berufsgerichtliche Entscheidung oder auf Verurteilung zu einer oder mehrerer der in § 68 Abs. 1 und § 68a der Wirtschaftsprüferordnung genannten Maßnahmen ent-

schieden wird. Die Gebühren bemessen sich nach der rechtskräftig verhängten Maßnahme, die Gegenstand der Entscheidung im Sinne Satzes 1 ist. MaOgeblich ist die MaOnahme, für die die höchste Gebühr bestimmt ist.

(2) Im Rechtsmittelverfahren ist Absatz 1 entsprechend anzuwenden.

(3) Wird ein Antrag auf berufsgerichtliche Entscheidung, ein Antrag auf Entscheidung des Gerichts oder ein Rechtsmittel nur teilweise verworfen oder zurückgewiesen, so hat das Gericht die Gebühr zu ermäßigen, soweit es unbillig wäre, den Berufsangehörigen damit zu belasten.

(4) Im Verfahren nach Wiederaufnahme werden die gleichen Gebühren wie für das wiederaufgenommene Verfahren erhoben. Wird jedoch nach Anordnung der Wiederaufnahme des Verfahrens das frühere Urteil aufgehoben, gilt für die Gebührenerhebung jeder Rechtszug des neuen Verfahrens mit dem jeweiligen Rechtszug des früheren Verfahrens zusammen als ein Rechtszug. Gebühren werden auch für Rechtszüge erhoben, die nur im früheren Verfahren stattgefunden haben.

Abschnitt 1
Verfahren vor dem Landgericht

Unterabschnitt 1
Verfahren über Anträge auf berufsgerichtliche Entscheidung

Nr.	Gebührentatbestand	Gebührenbetrag oder Satz der jeweiligen Gebühr 110 bis 114
110	Verfahren mit Urteil bei Erteilung einer Rüge nach § 68 Abs. 1 Satz 2 Nr. 1 oder einer Feststellung nach § 68 Abs. 1 Satz 2 Nr. 2 der Wirtschaftsprüferordnung jeweils	160,00 EUR
111	Verhängung einer Geldbuße nach § 68 Abs. 1 Satz 2 Nr. 2 der Wirtschaftsprüferordnung jeweils	240,00 EUR
112	Verhängung eines Tätigkeitsverbots nach § 68 Abs. 1 Satz 3 oder Nr. 4 oder eines Berufsverbots nach § 68 Abs. 1 Satz 2 Nr. 5 der Wirtschaftsprüferordnung jeweils	360,00 EUR
113	Ausschließung aus dem Beruf nach § 68 Abs. 1 Satz 2 Nr. 6 der Wirtschaftsprüferordnung)	480,00 EUR
114	Erlass einer Untersagungsverfügung nach § 68a der Wirtschaftsprüferordnung	60,00 EUR
115	Zurückweisung des Antrags auf berufsgerichtliche Entscheidung durch Beschluss nach § 86 Abs. 1 der Wirtschaftsprüferordnung	0,5
116	Zurücknahme des Antrags auf berufsgerichtliche Entscheidung vor Beginn der Hauptverhandlung Die Gebühr bemisst sich nach der Maßnahme, die Gegenstand des Verfahrens war. Maßgeblich ist die Maßnahme, für die die höchste Gebührt bestimmt ist	0,25
117	Zurücknahme des Antrags auf berufsgerichtliche Entscheidung nach Beginn der Hauptverhandlung	

Nr.	Gebührentatbestand	Gebührenbetrag oder Satz der jeweiligen Gebühr 110 bis 114
	Die Gebühr bemisst sich nach der Maßnahme, die Gegenstand des Verfahrens war. Maßgeblich ist die Maßnahme, für die die höchste Gebühr bestimmt ist	0,5

Unterabschnitt 2
Verfahren üb er Anträge auf Entscheidung des Gerichts

Vorbemerkung 1.2:

(1) Die Gebühren entstehen für jedes Verfahren gesondert.

(2) Ist in den Fällen der Nummern 120 und 123 das Zwangs- oder Ordnungsgeld geringer als die Gebühr, so ermäßigt sich die Gebühr auf die Höhe des Zwangs- oder Ordnungsgeldes.

120	Verfahren über einen Antrag auf Entscheidung des Gerichts über die Androhung oder die Festsetzung eines Zwangsgeldes nach § 62a Abs. 3 Satz 1 der Wirtschaftsprüferordnung: .... Der Antrag wird verworfen oder zurückgewiesen	160,00 EUR
121	Verfahren über einen Antrag auf Entscheidung des Gerichts über eine vorläufige Untersagungsverfügung nach § 68b Satz 4 i.V.m. § 62a Abs. 3 Satz 1 der Wirtschaftsprüferordnung: .... Der Antrag wird verworfen oder zurückgewiesen	100,00 EUR
122	Verfahren über einen Antrag auf Entscheidung des Gerichts über die Verhängung eines Ordnungsgeldes nach § 68c Abs. 2 i.V.m. § 62a Abs. 3 Satz 1 der Wirtschaftsprüferordnung: .... Der Antrag wird verworfen oder zurückgewiesen	360,00 EUR
123	Verfahren über einen Antrag auf Entscheidung des Gerichts über die Notwendigkeit der Zuziehung eines Bevollmächtigten nach § 68 Abs. 6 Satz 4 der Wirtschaftsprüferordnung: ..... Der Antrag wird verworfen oder zurückgewiesen	100,00 EUR

Abschnitt 2
Verfahren vor dem Oberlandesgericht

Unterabschnitt 1
Berufung

210	Berufungsverfahren mit Urteil	1,5
211	Erledigung des Berufungsverfahrens ohne Urteil .... Die Gebühr bemisst sich nach der Maßnahme, die Gegenstand des Verfahrens wart. Maßgeblich ist die Maßnahme, für die die höchste Gebühr bestimmt ist. Die Gebühr entfällt bei Zurücknahme der Berufung vor Ablauf der Begründungsfrist.	0,5

Nr.	Gebührentatbestand	Gebührenbetrag oder Satz der jeweiligen Gebühr 110 bis 114
Unterabschnitt 2 Beschwerde		
220	Verfahren über eine Beschwerde gegen die die Verwerfung eines Antrags auf berufsgerichtliche Entscheidung: .... Die Beschwerde wird verworfen oder zurückgewiesen	1,0
221	Verfahren über eine Beschwerde gegen den Beschluss, durch den ein vorläufiges Tätigkeits- oder Berufsverbot verhängt wurde, nach § 118 Abs. 1 der Wirtschaftsprüferordnung: .... Die Beschwerde wird verworfen oder zurückgewiesen	250,00 EUR
222	Verfahren über sonstige Beschwerden im berufsgerichtlichen Verfahren, die nicht nach anderen Vorschriften gebührenfrei sind: .... Die Beschwerde wird verworfen oder zurückgewiesen Von dem Berufsangehörigen wird eine Gebühr nur erhoben, wenn gegen ihn rechtskräftig eine der in § 68 Abs. 1 und § 68a der Wirtschaftsprüferordnung) verhängt worden ist.	50,00
Abschnitt 3 **Verfahren vor dem Bundesgerichtshof**		
Unterabschnitt 1 Revision		
310	Revisionsverfahren mit Urteil oder mit Beschluss nach § 107a Abs. 3 Satz 1 der Wirtschaftsprüferordnung i.V.m. § 349 Abs. oder Abs. 4 StPO	2,0
311	Erledigung des Revisionsverfahrens ohne Urteil und ohne Beschluss nach § 107a Abs. 3 Satz 1 der Wirtschaftsprüferordnung i. V. m. § 349 Abs. 2 oder Abs. 4 StPO .... Die Gebühr bemisst sich nach der Maßnahme, die Gegenstand des Verfahrens war. Maßgeblich ist die Maßnahme, für die die höchste Gebühr bestimmt ist. Die Gebühr entfällt, wenn die Revision vor Ablauf der der Begründungsfristzurückgenommen wird.	1,0
Unterabschnitt 2 Beschwerde		
320	Verfahren über die Beschwerde gegen die Nichtzulassung der Revision nach § 107 Abs. 3 Satz 1 der Wirtschaftsprüferordnung: .... Die Beschwerde wird verworfen oder zurückgewiesen	1,0

Nr.	Gebührentatbestand	Gebührenbetrag oder Satz der jeweiligen Gebühr 110 bis 114
321	Verfahren über eine Beschwerde gegen den Beschluss, durch den ein vorläufiges Tätigkeits- oder Berufsverbot verhängt wurde, nach § 118 Abs. 1 der Wirtschaftsprüferordnung: .... Die Beschwerde wird verworfen oder zurückgewiesen	300,00 EUR
322	Verfahren über sonstige Beschwerden im berufsgerichtlichen Verfahren, die nicht nach anderen Vorschriften gebührenfrei sind: .... Die Beschwerde wird verworfen oder zurückgewiesen Von dem Berufsangehörigen wird eine Gebühr nur erhoben, wenn gegen ihn rechtskräftig eine der in § 68 Abs.- 1 und § 68a der Wirtschaftsprüferordnung) verhängt worden ist.	50,00 EUR

Abschnitt 4
Rüge wegen Verletzung des Anspruchs auf rechtliches Gehör

400	Verfahren über die Rüge wegen Verletzung des Anspruchs auf rechtliches Gehör: Die Rüge wird in vollem Umfang verworfen oder zurückgewiesen	50,00 EUR.

Abschnitt 5
Verfahren über den Antrag auf Aufhebung eines vorläufigen Tätigkeits- oder Berufsverbots nach § 120 der Wirtschaftsprüferordnung

500	Verfahren über den Antrag auf Aufhebung eines vorläufigen Tätigkeits- oder Berufsverbots nach § 120 Abs. 3 Satz 1 der Wirtschaftsprüferordnung: .... Der Antrag wird in vollem Umfang verworfen oder zurückgewiesen.	50,00 EUR

ANHANG VIII
Steuerberatungsgesetz

in der Fassung der Bekanntmachung vom 4.11.1975 (BGBl. I S. 2735), zuletzt geändert durch Art. 13 des Gesetzes vom 23.6.2017 (BGBl. I, 1682)

(Auszug)

VIERTER UNTERABSCHNITT

Die Kosten in dem berufsgerichtlichen Verfahren und in dem Verfahren bei Anträgen auf berufsgerichtliche Entscheidung über die Rüge. Die Vollstreckung der berufsgerichtlichen Maßnahmen und der Kosten. Die Tilgung.

§ 146
Gerichtskosten

In berufsgerichtlichen Verfahren und im Verfahren über den Antrag auf Entscheidung des Landgerichts über die Rüge (§82 Abs.1) werden Gebühren nach dem Gebührenverzeichnis der Anlage zu diesem Gesetz erhoben. Im Übrigen sind die für Kosten in Strafsachen geltenden Vorschriften des Gerichtskostengesetzes entsprechend anzuwenden.

§ 147
Kosten bei Anträgen auf Einleitung des berufsgerichtlichen Verfahrens

(1) Einem Steuerberater oder Steuerbevollmächtigten, der einen Antrag auf gerichtliche Entscheidung über die Entschließung der Staatsanwaltschaft (§ 116 Abs. 2) zurücknimmt, sind die durch dieses Verfahren entstandenen Kosten aufzuerlegen.

(2) Wird ein Antrag des Vorstandes der Steuerberaterkammer auf gerichtliche Entscheidung in dem Fall des § 115 Abs. 2 verworfen, so sind die durch das Verfahren über den Antrag veranlassten Kosten der Steuerberaterkammer aufzuerlegen.

§ 148
Kostenpflicht des Verurteilten

(1) Dem Steuerberater oder Steuerbevollmächtigten, der in dem berufsgerichtlichen Verfahren verurteilt wird, sind zugleich die in dem Verfahren entstandenen Kosten ganz oder teilweise aufzuerlegen. Dasselbe gilt, wenn das berufsgerichtliche Verfahren wegen Erlöschens oder Zurücknahme der Bestellung eingestellt wird und nach dem Ergebnis des bisherigen Verfahrens die Verhängung einer berufsgerichtlichen Maßnahme gerechtfertigt gewesen wäre; zu den Kosten des berufsgerichtlichen Verfahrens gehören in diesem Fall auch diejenigen, die in einem anschließenden Verfahren zum Zwecke der Beweissicherung (§§ 132 und 133) entstehen.

(2) Dem Steuerberater oder Steuerbevollmächtigten, der in dem berufsgerichtlichen Verfahren ein Rechtsmittel zurückgenommen oder ohne Erfolg eingelegt hat, sind zugleich die durch dieses Verfahren entstandenen Kosten aufzuerlegen. Hatte das Rechts-

mittel teilweise Erfolg, so kann dem Steuerberater oder Steuerbevollmächtigten ein angemessener Teil dieser Kosten auferlegt werden.

(3) Für die Kosten, die durch einen Antrag auf Wiederaufnahme des durch ein rechtskräftiges Urteil abgeschlossenen Verfahrens verursacht worden sind, ist Absatz 2 entsprechend anzuwenden.

§ 149
Kostenpflicht in dem Verfahren bei Anträgen auf berufsgerichtliche Entscheidung über die Rüge

(1) Wird der Antrag auf berufsgerichtliche Entscheidung über die Rüge als unbegründet zurückgewiesen, so ist § 148 Abs. 1 Satz 1 entsprechend anzuwenden. Stellt das Landgericht fest, dass die Rüge wegen der Verhängung einer berufsgerichtlichen Maßnahme unwirksam ist (§ 82 Abs. 5 Satz 2), oder hebt es den Rügebescheid gemäß § 82 Abs. 3 Satz 2 auf, so kann es dem Steuerberater oder Steuerbevollmächtigten die in dem Verfahren entstandenen Kosten ganz oder teilweise auferlegen, wenn es dies für angemessen erachtet.

(2) Nimmt der Steuerberater oder Steuerbevollmächtigte den Antrag auf berufsgerichtliche Entscheidung zurück oder wird der Antrag als unzulässig verworfen, so gilt § 148 Abs. 2 Satz 1 entsprechend.

(3) Wird der Rügebescheid, den Fall des § 82 Abs. 3 Satz 2 ausgenommen, aufgehoben oder wird die Unwirksamkeit der Rüge wegen eines Freispruchs des Steuerberaters oder Steuerbevollmächtigten im berufsgerichtlichen Verfahren oder aus den Gründen des § 91 Abs. 2 Satz 2 festgestellt (§ 82 Abs. 5 Satz 2), so sind die notwendigen Auslagen des Steuerberaters oder Steuerbevollmächtigten der Steuerberaterkammer aufzuerlegen.

§ 150
Haftung der Steuerberaterkammer

Auslagen, die weder dem Steuerberater oder Steuerbevollmächtigten noch einem Dritten auferlegt oder von dem Steuerberater oder Steuerbevollmächtigten nicht eingezogen werden können, fallen der Steuerberaterkammer zur Last, welcher der Steuerberater oder Steuerbevollmächtigte angehört.

§ 151
Vollstreckung der berufsgerichtlichen Maßnahmen und der Kosten

(1) Die Ausschließung aus dem Beruf (§ 90 Abs. 1 Nr. 4) wird mit der Rechtskraft des Urteils wirksam. Der Verurteilte wird auf Grund einer beglaubigten Abschrift der Urteilsformel, die mit der Bescheinigung der Rechtskraft versehen ist, im Berufsregister der Steuerberater oder Steuerbevollmächtigten gelöscht.

(2) Warnung und Verweis (§ 90 Abs. 1 Nr. 1 und 2) gelten mit der Rechtskraft des Urteils als vollstreckt.

(3) Die Vollstreckung der Geldbuße und die Beitreibung der Kosten werden nicht dadurch gehindert, dass der Steuerberater oder Steuerbevollmächtigte nach rechtskräftigem Abschluss des Verfahrens aus dem Beruf ausgeschieden ist. Werden zusammen mit einer Geldbuße die Kosten beigetrieben, so gelten auch für die Kosten die Vorschriften über die Vollstreckung der Geldbuße.

§ 152
Tilgung

(1) Eintragungen in den über den Steuerberater oder Steuerbevollmächtigten geführten Akten über eine Warnung sind nach fünf, über einen Verweis oder eine Geldbuße nach zehn Jahren zu tilgen. Die über diese berufsgerichtlichen Maßnahmen entstandenen Vorgänge sind aus den über den Steuerberater oder Steuerbevollmächtigten geführten Akten zu entfernen und zu vernichten. Nach Ablauf der Frist dürfen diese Maßnahmen bei weiteren berufsgerichtlichen Maßnahmen nicht mehr berücksichtigt werden.

(2) Die Frist beginnt mit dem Tage, an dem die berufsgerichtliche Maßnahme unanfechtbar geworden ist.

(3) Die Frist endet nicht, solange gegen den Steuerberater oder Steuerbevollmächtigten ein Strafverfahren, ein ehrengerichtliches oder berufsgerichtliches Verfahren oder ein Disziplinarverfahren schwebt, eine andere berufsgerichtliche Maßnahme berücksichtigt werden darf oder ein auf Geldbuße lautendes Urteil noch nicht vollstreckt worden ist.

(4) Nach Ablauf der Frist gilt der Steuerberater oder Steuerbevollmächtigte als von berufsgerichtlichen Maßnahmen nicht betroffen.

(5) Die Absätze 1 bis 4 gelten für Rügen des Vorstandes der Steuerberaterkammer entsprechend. Die Frist beträgt fünf Jahre.

FÜNFTER UNTERABSCHNITT

Für die Berufsgerichtsbarkeit anzuwendende Vorschriften

§ 153

Für die Berufsgerichtsbarkeit sind ergänzend das Gerichtsverfassungsgesetz und, die Strafprozeßordnung sinngemäß anzuwenden.

Anlage (zu § 146 Satz 1)

Gebührenverzeichnis

Gliederung

Abschnitt 1.Verfahren vor dem Landgericht
- Unterabschnitt 1. Berufsgerichtliches Verfahren erster Instanz
- Unterabschnitt 2. Antrag auf gerichtliche Entscheidung über die Rüge

Abschnitt 2. Verfahren vor dem Oberlandesgericht
- Unterabschnitt 1. Berufung
- Unterabschnitt 2. Beschwerde

Abschnitt 3. Verfahren vor dem Bundesgerichtshof
- Unterabschnitt 1. Revision
- Unterabschnitt 2. Beschwerde

Abschnitt 4. Rüge wegen Verletzung des Anspruchs auf rechtliches Gehör

Nr.	Gebührentatbestand	Gebührenbetrag oder Satz der jeweiligen Gebühr 110 bis 112

Vorbemerkung:

(1) Im berufsgerichtlichen Verfahren bemessen sich die Gerichtsgebühren vorbehaltlich des Absatzes 2 für alle Rechtszüge nach der rechtskräftig verhängten Maßnahme.

(2) Wird ein Rechtsmittel oder ein Antrag auf berufsgerichtliche Entscheidung nur teilweise verworfen oder zurückgewiesen, so hat das Gericht die Gebühr zu ermäßigen, soweit es unbillig wäre, den Steuerberater oder Steuerbevollmächtigten damit zu belasten.

(3) Im Verfahren nach Wiederaufnahme werden die gleichen Gebühren wie für das wiederaufgenommene Verfahren erhoben. Wird jedoch nach Anordnung der Wiederaufnahme des Verfahrens das frühere Urteil aufgehoben, gilt für die Gebührenerhebung jeder Rechtszug des neuen Verfahrens mit dem jeweiligen Rechtszug des früheren Verfahrens zusammen als ein Rechtszug. Gebühren werden auch für Rechtszüge erhoben, die nur im früheren Verfahren stattgefunden haben.

Abschnitt 1
Verfahren vor dem Landgericht

Unterabschnitt 1
Berufsgerichtliches Verfahren erster Instanz

110	Verfahren mit Urteil bei Verhängung einer oder mehrerer der folgenden Maßnahmen: 1. einer Warnung, 2. eines Verweises, 3. einer Geldbuße	240,00 EUR
112	Verfahren mit Urteil bei Ausschließung aus dem Beruf	480,00 EUR

Unterabschnitt 2
Antrag auf gerichtliche Entscheidung über die Rüge

120	Verfahren über den Antrag auf gerichtliche Entscheidung über die Rüge nach § 82 Abs. 1 StBerG: Der Antrag wird verworfen oder zurückgewiesen	160,00 EUR

Abschnitt 2
Verfahren vor dem Oberlandesgericht

Unterabschnitt 1
Berufung

210	Berufungsverfahren mit Urteil	1,5
211	Erledigung des Berufungsverfahrens ohne Urteil Die Gebühr entfällt bei Zurücknahme der Berufung vor Ablauf der Begründungsfrist	0,5

Nr.	Gebührentatbestand	Gebührenbetrag oder Satz der jeweiligen Gebühr 110 bis 112
	Unterabschnitt 2 Beschwerde	
220	Verfahren über Beschwerden im berufsgerichtlichen Verfahren, die nicht nach anderen Vorschriften gebührenfrei sind: Die Beschwerde wird verworfen oder zurückgewiesen	50,00 EUR
	Von dem Steuerberater oder Steuerbevollmächtigten wird eine Gebühr nur erhoben, wenn gegen ihn rechtskräftig eine berufsgerichtliche Maßnahme verhängt worden ist.	
	Abschnitt 3 **Verfahren vor dem Bundesgerichtshof**	
	Unterabschnitt 1 Revision	
310	Revisionsverfahren mit Urteil oder mit Beschluss nach § 130 Abs. 3 Satz 1 StBerG i.V.m. § 349 Abs. 2 oder Abs. 4 StPO	2,0
311	Erledigung des Revisionsverfahrens ohne Urteil und ohne Beschluss nach § 130 Abs. 3 Satz 1 StBerG i.V.m. § 349 Abs. 2 oder Abs. 4 StPO	1,0
	Die Gebühr entfällt bei Zurücknahme der Revision vor Ablauf der Begründungsfrist.	
	Unterabschnitt 2 Beschwerde	
320	Verfahren über die Beschwerde gegen die Nichtzulassung der Revision: Die Beschwerde wird verworfen oder zurückgewiesen	1,0
321	Verfahren über sonstige Beschwerden im berufsgerichtlichen Verfahren, die nicht nach anderen Vorschriften gebührenfrei sind: Die Beschwerde wird verworfen oder zurückgewiesen	50,00 EUR
	Von dem Steuerberater oder Steuerbevollmächtigten wird eine Gebühr nur erhoben, wenn gegen ihn rechtskräftig eine berufsgerichtliche Maßnahme verhängt worden ist.	
	Abschnitt 4 **Rüge wegen Verletzung des Anspruchs auf rechtliches Gehör**	
400	Verfahren über die Rüge wegen Verletzung des Anspruchs auf rechtliches Gehör:	

Nr.	Gebührentatbestand	Gebührenbetrag oder Satz der jeweiligen Gebühr 110 bis 112
	Die Rüge wird in vollem Umfang verworfen oder zurückgewiesen	50,00 EUR.

ANHANG IX
Patentanwaltsordnung (PAO)

vom 7.9.1966 (BGBl. Teil I, S. 557 [BGBl. III 424-5-1], zuletzt geändert durch Art. 4 des Gesetzes vom 12.5.2017 (BGBl. I, 1121)

(Auszug)

TEIL VIII
Die Kosten in Patentanwaltssachen

ABSCHNITT II

Die Kosten in dem berufsgerichtlichen Verfahren und in dem Verfahren bei Anträgen auf Entscheidung des Landgerichts gegen die Androhung oder die Festsetzung des Zwangsgelds oder über die Rüge

§ 148
Gerichtskosten
[Neufassung ab 1.1.2007]

Im berufsgerichtlichen Verfahren, im Verfahren über den Antrag auf Entscheidung des Landgerichts über die Rüge (§ 70a Abs. 1) und im Verfahren über den Antrag auf Entscheidung des Landgerichts gegen die Anordnung oder die Festsetzung eines Zwangsgelds (§ 50 Abs. 3) werden Gebühren nach dem Gebührenverzeichnis der Anlage zu diesem Gesetz erhoben. Im Übrigen sind die für Kosten in Strafsachen geltenden Vorschriften des Gerichtskostengesetzes entsprechend anzuwenden.

§ 149
Kosten bei Anträgen auf Einleitung des berufsgerichtlichen Verfahrens

(1) Einem Patentanwalt, der einen Antrag auf gerichtliche Entscheidung über die Entschließung der Staatsanwaltschaft (§ 108 Abs. 2) zurücknimmt, sind die durch dieses Verfahren entstandenen Kosten aufzuerlegen.

(2) Wird ein Antrag des Vorstandes der Patentanwaltskammer auf gerichtliche Entscheidungen in dem Fall des § 107 Abs. 2 verworfen, so sind die durch das Verfahren über den Antrag veranlassten Kosten der Patentanwaltskammer aufzuerlegen.

§ 150
Kostenpflicht des Verurteilten

(1) Dem Patentanwalt, der in dem berufsgerichtlichen Verfahren verurteilt wird, sind zugleich die in dem Verfahren entstandenen Kosten ganz oder teilweise aufzuerlegen. Dasselbe gilt, wenn das berufsgerichtliche Verfahren wegen Erlöschens, Rücknahme oder Widerrufs der Zulassung zur Patentanwaltschaft eingestellt wird und nach dem Ergebnis des bisherigen Verfahrens die Verhängung einer berufsgerichtlichen Maßnah-

me gerechtfertigt gewesen wäre; zu den Kosten des berufsgerichtlichen Verfahrens gehören in diesem Fall auch diejenigen, die in einem anschließenden Verfahren zum Zwecke der Beweissicherung (§§ 130, 131) entstehen. Wird das Verfahren nach § 123 Abs. 3 Nr. 2 eingestellt, kann das Gericht dem Patentanwalt die in dem Verfahren entstandenen Kosten ganz oder teilweise auferlegen, wenn es dies für angemessen erachtet.

(2) Dem Patentanwalt, der in dem berufsgerichtlichen Verfahren ein Rechtsmittel zurückgenommen oder ohne Erfolg eingelegt hat, sind zugleich die durch dieses Verfahren entstandenen Kosten aufzuerlegen. Hatte das Rechtsmittel teilweise Erfolg, so kann dem Patentanwalt ein angemessener Teil dieser Kosten auferlegt werden.

(3) Für die Kosten, die durch einen Antrag auf Wiederaufnahme des durch ein rechtskräftiges Urteil abgeschlossenen Verfahrens verursacht worden sind, ist Absatz 2 entsprechend anzuwenden.

§ 150a
Kostenpflicht in dem Verfahren bei Anträgen auf Entscheidung des Landgerichts gegen die Anordnung oder die Festsetzung des Zwangsgeldes oder über die Rüge

(1) Wird der Antrag auf berufsgerichtliche Entscheidung gegen die Androhung oder die Festsetzung des Zwangsgelds oder über die Rüge als unbegründet zurückgewiesen, so ist § 150 Abs. 1 Satz 1 entsprechend anzuwenden. Stellt das Landgericht fest, dass die Rüge wegen der Verhängung einer berufsgerichtlichen Maßnahme unwirksam ist (§ 70a Abs. 5 Satz 2) oder hebt es den Rügebescheid gemäß § 70a Abs. 3 Satz 2 auf, so kann es dem Patentanwalt die in dem Verfahren entstandenen Kosten ganz oder teilweise auferlegen, wenn es dies für angemessen erachtet.

(2) Nimmt der Patentanwalt den Antrag auf Entscheidung des Landgerichts zurück oder wird der Antrag als unzulässig verworfen, so gilt § 150 Abs. 2 Satz 1 entsprechend.

(3) Wird die Androhung oder die Festsetzung des Zwangsgelds aufgehoben, so sind die notwendigen Auslagen des Patentanwalts der Patentanwaltskammer aufzuerlegen. Das gleiche gilt, wenn der Rügebescheid, den Fall des § 70a Abs. 3 wegen eines Freispruchs des Patentanwalts im berufsgerichtlichen Verfahren oder aus den Gründen des § 103 Abs. 2 Satz 2 festgestellt wird (§ 70a Abs. 5 Satz 2).

§ 151
Haftung der Patentanwaltskammer

Auslagen die weder dem Patentanwalt noch einem Dritten auferlegt oder von dem Patentanwalt nicht eingezogen werden können, fallen der Patentanwaltskammer zur Last.

ABSCHNITT III

Die Kosten des Verfahrens bei Anträgen auf gerichtliche Entscheidung in Zulassungssachen und über Wahlen und Beschlüsse

§§ 152–154 *(weggefallen)*

Anlage (zu § 148 Satz 1)

Gebührenverzeichnis

Gliederung

Abschnitt 1. Verfahren vor dem Landgericht
Unterabschnitt 1. Berufsgerichtliches Verfahren erster Instanz
Unterabschnitt 2. Antrag auf gerichtliche Entscheidung über die Androhung oder die Festsetzung eines Zwangsgelds oder über die Rüge

Abschnitt 2. Verfahren vor dem Oberlandesgericht
Unterabschnitt 1. Berufung
Unterabschnitt 2. Beschwerde

Abschnitt 3. Verfahren vor dem Bundesgerichtshof
Unterabschnitt 1. Revision
Unterabschnitt 2. Beschwerde

Abschnitt 4. Rüge wegen Verletzung des Anspruchs auf rechtliches Gehör

Nr.	Gebührentatbestand	Gebührenbetrag oder Satz der jeweiligen Gebühr 1110 bis 1111

Vorbemerkung 1:

(1) Im berufsgerichtlichen Verfahren bemessen sich die Gerichtsgebühren vorbehaltlich des Absatzes 2 für alle Rechtszüge nach der rechtskräftig verhängten Maßnahme.

(2) Wird ein Rechtsmittel oder ein Antrag auf berufsgerichtliche Entscheidung nur teilweise verworfen oder zurückgewiesen, so hat das Gericht die Gebühr zu ermäßigen, soweit es unbillig wäre, den Patentanwalt damit zu belasten.

(3) Im Verfahren nach Wiederaufnahme werden die gleichen Gebühren wie für das wiederaufgenommene Verfahren erhoben. Wird jedoch nach Anordnung der Wiederaufnahme des Verfahrens das frühere Urteil aufgehoben, gilt für die Gebührenerhebung jeder Rechtszug des neuen Verfahrens mit dem jeweiligen Rechtszug des früheren Verfahrens zusammen als ein Rechtszug. Gebühren werden auch für Rechtszüge erhoben, die nur im früheren Verfahren stattgefunden haben.

Nr.	Gebührentatbestand	Gebührenbetrag oder Satz der jeweiligen Gebühr 1110 bis 1111
Abschnitt 1 Verfahren vor dem Landgericht		
Unterabschnitt 1 Berufsgerichtliches Verfahren erster Instanz		
1110	Verfahren mit Urteil bei Verhängung einer oder mehrerer der folgenden Maßnahmen: 1. einer Warnung, 2. eines Verweises, 3. einer Geldbuße	240,00 EUR
1111	Verfahren mit Urteil bei Ausschließung aus der Patentanwaltschaft	480,00 EUR
Unterabschnitt 2 Antrag auf gerichtliche Entscheidung über die Androhung oder die Festsetzung eines Zwangsgelds oder über die Rüge		
1120	Verfahren über den Antrag auf gerichtliche Entscheidung über die Androhung oder die Festsetzung eines Zwangsgelds nach § 50 Abs. 3 der Patentanwaltsordnung: Der Antrag wird verworfen oder zurückgewiesen	160,00 EUR
1121	Verfahren über den Antrag auf gerichtliche Entscheidung über die Rüge nach § 70a Abs. 1 der Patentanwaltsordnung: Der Antrag wird verworfen oder zurückgewiesen	160,00 EUR
Abschnitt 2 Verfahren vor dem Oberlandesgericht		
Unterabschnitt 1 Berufung		
1210	Berufungsverfahren mit Urteil	1,5
1211	Erledigung des Berufungsverfahrens ohne Urteil Die Gebühr entfällt bei Zurücknahme der Berufung vor Ablauf der Begründungsfrist.	0,5
Unterabschnitt 2 Beschwerde		
1220	Verfahren über Beschwerden im berufsgerichtlichen Verfahren, die nicht nach anderen Vorschriften gebührenfrei sind: Die Beschwerde wird verworfen oder zurückgewiesen Von dem Patentanwalt wird eine Gebühr nur erhoben, wenn gegen ihn rechtskräftig eine berufsgerichtliche Maßnahme verhängt worden ist.	50,00 EUR

Nr.	Gebührentatbestand	Gebührenbetrag oder Satz der jeweiligen Gebühr 1110 bis 1111
Abschnitt 3 **Verfahren vor dem Bundesgerichtshof**		
Unterabschnitt 1 Revision		
1310	Revisionsverfahren mit Urteil oder mit Beschluss nach § 128 Abs. 3 Satz 1 der Patentanwaltsordnung i.V.m. § 349 Abs. 2 oder Abs. 4 StPO	2,0
1311	Erledigung des Revisionsverfahrens ohne Urteil und ohne Beschluss nach § 128 Abs. 3 Satz 1 der Patentanwaltsordnung i.V.m. § 349 Abs. 2 oder Abs. 4 StPO Die Gebühr entfällt bei Zurücknahme der Revision vor Ablauf der Begründungsfrist.	1,0
Unterabschnitt 2 Beschwerde		
1320	Verfahren über die Beschwerde gegen die Nichtzulassung der Revision: Die Beschwerde wird verworfen oder zurückgewiesen	1,0
1321	Verfahren über sonstige Beschwerden im berufsgerichtlichen Verfahren, die nicht nach anderen Vorschriften gebührenfrei sind: Die Beschwerde wird verworfen oder zurückgewiesen Von dem Patentanwalt wird eine Gebühr nur erhoben, wenn gegen ihn rechtskräftig eine berufsgerichtliche Maßnahme verhängt worden ist.	50,00 EUR
Abschnitt 4 **Rüge wegen Verletzung des Anspruchs auf rechtliches Gehör**		
1400	Verfahren über die Rüge wegen Verletzung des Anspruchs auf rechtliches Gehör: Die Rüge wird in vollem Umfang verworfen oder zurückgewiesen	50,00 EUR.

ANHANG X

Kostenverfügung

Vorbemerkung

Die Kostenverfügung ist eine Verwaltungsanordnung zur Durchführung des GKG in den einzelnen Bundesländern. Sie hat keine Gesetzeskraft[1] und kann deshalb nur behördeninterne Bindung beanspruchen.[2] Grundsätzlich ist die Durchführung des GKG Ländersache, so dass die Länder eigene Ausführungsgesetze zum GKG erlassen haben. Diese sind aber zum großen Teil bundeseinheitlich unter Mitwirkung des Bundesministers der Justiz beschlossen wurden. Das gilt auch für die KostVfg. Im Folgenden ist die für den Bund geltende Fassung (Stand: 1.4.2014)[3] wiedergegeben. Auch die übrigen Bundesländer haben ganz überwiegend die Fassung des Bundes übernommen und geringfügig ergänzt, und zwar:

Bund: Fassung 6.3.2014, BAnz. AT 7.4.2014 B1 i.d.F. v. 10.8.2015 (BAnZ AT 25.8.2015 B1)
Baden-Württemberg: AV, Die Justiz 2014, 92;
Bayern: Bek., JMBl. 2014, 46;
Berlin: AV, ABl. 2014, 719;
Brandenburg: AV, JMBl. 2014, 24, 44;
Bremen:
Hamburg: AV, JVBl. 2014,52;
Hessen: RdErl, JMBl. 20014,229;
Mecklenburg-Vorpommern: AV, ABl. 2014,427;
Niedersachsen: NdsRPfl 2014, 77;
Nordrhein-Westfalen: JMBl. 2014, 64;
Rheinland-Pfalz: AV, JBl. 2014, 31;
Saarland: AV, GMBl. 2009, 1401;
Sachsen: VV, SächJMBl. 2014,42;
Sachsen-Anhalt: AV, JMBl.LSA 2014,79;
Schleswig-Holstein: AV, SchlHA 2014,93;
Thüringen: VV, JMBl. 2014,44, 64.

Vom Abdruck der einzelnen zusätzlichen Ergänzungen der Länder wird abgesehen. Diese haben nur Bedeutung für das jeweilige Bundesland, sind jedem Kostenbeamten geläufig und berücksichtigen in der Regel nur die voneinander abweichenden Verwaltungs- und Kassenorganisationen der Länder.

Kostenverfügung (KostVfg.)

vom 26. März 2014 (BAnz 2004 AT 7.4.2014 B1) i.d.F. v. 10.8.2015 (BAnZ AT 25.8.2015 B1).

Das Bundesministerium der Justiz und für Verbraucherschutz und die Landesjustizverwaltungen haben die folgende bundeseinheitliche Neufassung der Kostenverfügung (KostVfg.) vereinbart.[4]

1 OLG Düsseldorf JurBüro 2008, 43 (LS mit Volltextservice); OLG Zweibrücken MDR 193, 1133.
2 OLG Koblenz RPfleger 1988, 388.
3 Vgl. *Hartmann* S. 1233 ff.
4 Eine Synopse der Bestimmung der KostVfg. a.F. und n.F. bei NK-GK/*H. Schneider* S. 3193 ff.

Kostenverfügung

Inhaltsübersicht

Abschnitt 1. Allgemeine Bestimmungen
§ 1 Kostenbeamter
§ 2 Pflichten des Kostenbeamten im Allgemeinen
§ 3 Mitwirkung der aktenführenden Stelle

Abschnitt 2. Kostenansatz
§ 4 Begriff und Gegenstand
§ 5 Zuständigkeit
§ 6 Kostenansatz bei Verweisung eines Rechtsstreits an ein Gericht eines anderen Landes
§ 7 Voraussetzungen des Kostenansatzes und Feststellung der Kostenschuldner im Allgemeinen
§ 8 Kostengesamtschuldner
§ 9 Kosten bei Bewilligung von Prozess- oder Verfahrenskostenhilfe
§ 10 Unvermögen des Kostenschuldners in anderen Fällen
§ 11 Nichterhebung von Auslagen
§ 12 Absehen von Wertermittlungen
§ 13 Kostenansatz bei gegenständlich beschränkter Gebührenfreiheit
§ 14 Haftkosten
§ 15 Zeit des Kostenansatzes im Allgemeinen
§ 16 Zeit des Kostenansatzes in besonderen Fällen
§ 17 Heranziehung steuerlicher Werte
§ 18 Gebührenansatz bei gleichzeitiger Belastung mehrerer Grundstücke
§ 19 Gerichtsvollzieherkosten
§ 20 Kostensicherung
§ 21 Sicherstellung der Kosten (Abschnitt 3 GNotKG)
§ 22 Jährliche Vorschüsse im Zwangsverwaltungsverfahren
§ 23 Zurückbehaltungsrecht
§ 24 Kostenrechnung
§ 25 Anforderung der Kosten mit Sollstellung
§ 26 Anforderung der Kosten ohne Sollstellung

Abschnitt 3. Weitere Pflichten des Kostenbeamten
§ 27 Behandlung von Ersuchen und Mitteilungen der Vollstreckungsbehörde
§ 28 Berichtigung des Kostenansatzes
§ 29 Nachträgliche Änderung der Kostenforderung
§ 30 Nachträgliche Änderung der Kostenhaftung
§ 31 Einrede der Verjährung
§ 32 Durchlaufende Gelder

Abschnitt 4. Veränderung von Ansprüchen
§ 33 Veränderung von Ansprüchen

Abschnitt 5. Kostenprüfung
§ 34 Aufsicht über den Kostenansatz
§ 35 Kostenprüfungsbeamte

§ 36 Berichtigung des Kostenansatzes im Verwaltungsweg
§ 37 Nichterhebung von Kosten
§ 38 Erinnerungen und Beschwerden der Staatskasse
§ 39 Besondere Prüfung des Kostenansatzes
§ 40 Aufgaben und Befugnisse des Prüfungsbeamten
§ 41 Umfang der Kostenprüfung
§ 42 Verfahren bei der Kostenprüfung
§ 43 Beanstandungen
§ 44 Niederschrift über die Kostenprüfung
§ 45 Jahresberichte

Abschnitt 6. Justizverwaltungskosten
§ 46 Entscheidungen nach dem Justizverwaltungskostengesetz
§ 47 Laufender Bezug von Abdrucken aus dem Schuldnerverzeichnis

Abschnitt 7. Notarkosten
§ 48 Einwendungen gegen die Kostenberechnung

ABSCHNITT 1
Allgemeine Bestimmungen

§ 1
Kostenbeamter

Die Aufgaben des Kostenbeamten werden nach den darüber ergangenen allgemeinen Anordnungen von den Beamten des gehobenen oder mittleren Justizdienstes oder vergleichbaren Beschäftigten wahrgenommen.

§ 2
Pflichten des Kostenbeamten im Allgemeinen

(1) Der Kostenbeamte ist für die Erfüllung der ihm übertragenen Aufgaben, insbesondere für den rechtzeitigen, richtigen und vollständigen Ansatz der Kosten verantwortlich.

(2) Der Kostenbeamte bescheinigt zugleich mit Aufstellung der Schlusskostenrechnung den vollständigen Ansatz der Kosten auf den Akten (Blattsammlungen) unter Bezeichnung der geprüften Blätter und unter Angabe von Tag und Amtsbezeichnung. Bei Grundakten, Registerakten, Vormundschaftsakten, Betreuungsakten und ähnlichen Akten, die regelmäßig für mehrere gebührenpflichtige Angelegenheiten geführt werden, erfolgt die Bescheinigung für jede einzelne Angelegenheit. Die Bescheinigung ist auch zu erteilen, wenn die Einziehung von Kleinbeträgen vorbehalten bleibt.

§ 3
Mitwirkung der aktenführenden Stelle

(1) Die aktenführende Stelle ist dafür verantwortlich, dass die Kosten rechtzeitig angesetzt werden können. Sofern sie für den Kostenansatz nicht selbst zuständig ist, legt sie die Akten dem Kostenbeamten insbesondere vor,

1. wenn eine den Rechtszug abschließende gerichtliche Entscheidung ergangen ist,
2. wenn die Akten infolge Einspruchs gegen den Vollstreckungsbescheid bei Gericht eingehen,
3. wenn eine Klage erweitert oder Widerklage erhoben wird oder sich der Streitwert anderweitig erhöht,
4. wenn die gezahlten Zeugen- und Sachverständigenvorschüsse zur Deckung der entstandenen Ansprüche nicht ausreichen,
5. wenn die Akten aus einem Rechtsmittelzug zurückkommen,
6. wenn eine schriftliche oder elektronische Mitteilung über einen Zahlungseingang (Zahlungsanzeige) oder ein mit dem Abdruck eines Gerichtskostenstemplers versehenes Schriftstück eingeht, es sei denn, dass die eingehende Zahlung einen nach § 26 eingeforderten Vorschuss betrifft,
7. wenn eine Mitteilung über die Niederschlagung von Kosten oder über die Aufhebung der Niederschlagung eingeht,
8. wenn eine Mitteilung über den Erlass oder Teilerlass von Kosten eingeht,
9. wenn aus sonstigen Gründen Zweifel bestehen, ob Kosten oder Vorschüsse zu berechnen sind.

Die Vorlage ist in den Akten unter Angabe des Tages kurz zu vermerken.

(2) Die aktenführende Stelle hat alle in der Sache entstehenden, von dem Kostenschuldner zu erhebenden Auslagen in den Akten in auffälliger Weise zu vermerken, soweit nicht eine Berechnung zu den Akten gelangt.

(3) In Zivilprozess-, Strafprozess-, Bußgeld-, Insolvenz-, Zwangsversteigerungs- und Zwangsverwaltungsverfahren, in Familien- und Lebenspartnerschaftssachen, in Vormundschafts-, Betreuungs- und Pflegschaftssachen, in Nachlasssachen sowie in arbeits-, finanz-, sozial- und verwaltungsgerichtlichen Verfahren sind sämtliche Kostenrechnungen, Beanstandungen der Kostenprüfungsbeamten und Zahlungsanzeigen sowie Mitteilungen über die Niederschlagung von Kosten, über die Aufhebung der Niederschlagung oder den (Teil-)Erlass vor dem ersten Aktenblatt einzuheften oder in eine dort einzuheftende Aktentasche lose einzulegen oder, soweit die Akten nicht zu heften sind, unter dem Aktenumschlag lose zu verwahren. Das gleiche kann auch in anderen Verfahren geschehen, wenn dies zweckmäßig erscheint, insbesondere wenn die Akten umfangreich sind. Ist ein Vollstreckungsheft angelegt, sind die Kostenrechnungen, Beanstandungen, Zahlungsanzeigen und Nachrichten in diesem entsprechend zu verwahren (vgl. § 16 Abs. 2 StVollstrO). Wird es notwendig, die vor dem ersten Aktenblatt eingehefteten oder verwahrten Schriftstücke mit Blattzahlen zu versehen, sind dazu römische Ziffern zu verwenden.

(4) Die aktenführende Stelle hat laufend auf dem Aktenumschlag oder einem Kostenvorblatt die Blätter zu bezeichnen,

1. auf denen sich Abdrucke von Gerichtskostenstemplern, Aktenausdrucke nach § 696 Abs. 2 Satz 1 ZPO mit Gerichtskostenrechnungen oder Vermerke hierüber befinden,
2. aus denen sich ergibt, dass Vorschüsse zum Soll (§ 25) gestellt oder ohne vorherige Sollstellung (§ 26) eingezahlt worden sind,
3. auf denen sich Kostenrechnungen, Zahlungsanzeigen, Mitteilungen über die Niederschlagung von Kosten oder über die Aufhebung der Niederschlagung sowie Mitteilungen über den (Teil-)Erlass von Kosten oder die Anordnung ihrer Nichterhebung (§ 21 GKG, § 20 FamGKG, § 21 GNotKG) befinden, die nicht nach Absatz 3 eingeheftet oder verwahrt werden,
4. auf denen Kleinbeträge vermerkt sind, deren Einziehung oder Auszahlung nach den über die Behandlung solcher Beträge erlassenen Bestimmungen einstweilen vorbehalten bleibt.

(5) Die aktenführende Stelle leitet die Akten und Blattsammlungen vor dem Weglegen dem Kostenbeamten zu. Dieser prüft, ob berechnete Kosten entweder zum Soll gestellt sind oder der Zahlungseingang nachgewiesen ist. Er bescheinigt diese Prüfung auf den Akten (Blattsammlungen) unter Bezeichnung des letzten Aktenblattes und unter Angabe von Tag und Amtsbezeichnung. Die Bescheinigung ist auch zu erteilen, wenn die Einziehung von Kleinbeträgen vorbehalten bleibt.

ABSCHNITT 2
Kostenansatz

§ 4
Begriff und Gegenstand

(1) Der Kostenansatz besteht in der Aufstellung der Kostenrechnung (§ 24). Er hat die Berechnung der Gerichtskosten und Justizverwaltungskosten sowie die Feststellung der Kostenschuldner zum Gegenstand. Zu den Kosten gehören alle für die Tätigkeit des Gerichts und der Justizverwaltung zu erhebenden Gebühren, Auslagen und Vorschüsse.

(2) Ist die berechnete Kostenforderung noch nicht beglichen, veranlasst der Kostenbeamte deren Anforderung gemäß § 25 oder § 26.

(3) Handelt es sich um Kosten, die durch den Antrag einer für die Vollstreckung von Justizkostenforderungen zuständigen Stelle (Vollstreckungsbehörde) auf Vollstreckung in das unbewegliche Vermögen entstanden sind, wird zwar eine Kostenrechnung aufgestellt; die entstandenen Kosten sind der Vollstreckungsbehörde jedoch lediglich zur etwaigen späteren Einziehung als Nebenkosten mitzuteilen.

(4) Können die Gebühren für die Entscheidung über den Antrag auf Anordnung der Zwangsversteigerung oder über den Beitritt zum Verfahren (Nr. 2210 KV GKG) oder die Auslagen des Anordnungs- (Beitritts-)verfahrens nicht vom Antragsteller eingezogen werden, weil ihm Prozesskostenhilfe ohne Zahlungsbestimmung bewilligt ist oder ihm Gebühren- oder Auslagenfreiheit zusteht (z.B. bei der Zwangsversteigerung wegen rückständiger öffentlicher Abgaben), veranlasst der Kostenbeamte die Anforderung der Kosten gemäß § 25. Die Vollstreckungsbehörde meldet die Kosten – unbeschadet sonstiger Einziehungsmöglichkeiten – in dem Zwangsversteigerungsverfahren mit dem Range des Anspruchs des betreibenden Gläubigers auf Befriedigung aus dem Grundstück rechtzeitig an (§ 10 Abs. 2, §§ 12, 37 Nr. 4 ZVG). Dies gilt im Zwangsverwaltungsverfahren entsprechend. Absatz 3 bleibt unberührt.

(5) Für die Behandlung von kleinen Kostenbeträgen gelten die hierfür erlassenen besonderen Bestimmungen.

(6) Sind Kosten zugleich mit einem Geldbetrag im Sinne des § 1 Abs. 1 der Einforderungs- und Beitreibungsanordnung einzuziehen, richtet sich das Verfahren nach der Einforderungs- und Beitreibungsanordnung.

§ 5
Zuständigkeit

(1) Der Kostenansatz richtet sich, soweit Kosten nach dem Gerichtskostengesetz erhoben werden, nach § 19 GKG, soweit Kosten nach dem Gesetz über Gerichtskosten in Familiensachen erhoben werden, nach § 18 FamGKG, und in den Angelegenheiten der freiwilligen Gerichtsbarkeit nach § 18 GNotKG. Kosten der Vollstreckung von freiheits-

entziehenden Maßregeln der Besserung und Sicherung werden bei der nach § 19 Abs. 2 GKG zuständigen Behörde angesetzt, soweit nicht die Landesregierungen durch Rechtsverordnung andere Zuständigkeiten begründet haben (§ 138 Abs. 2 StVollzG).

(2) Hat in Strafsachen der Bundesgerichtshof die Sache ganz oder teilweise zur anderweitigen Verhandlung und Entscheidung zurückverwiesen, übersendet die für den Kostenansatz zuständige Behörde eine beglaubigte Abschrift der rechtskräftigen Entscheidung zum Kostenansatz an den Bundesgerichtshof.

(3) Zu den durch die Vorbereitung der öffentlichen Klage entstandenen Kosten (Nrn. 9015, 9016 KV GKG) gehören auch

1. die Auslagen, die der Polizei bei der Ausführung von Ersuchen des Gerichts oder der Staatsanwaltschaft, bei der Tätigkeit der Polizeibeamten als Ermittlungspersonen der Staatsanwaltschaft und in den Fällen entstehen, in denen die Polizei nach § 163 StPO aus eigenem Entschluss Straftaten erforscht,
2. Auslagen, die den zuständigen Verwaltungsbehörden als Verfolgungsorganen in Straf- und Bußgeldsachen erwachsen sind.

(4) Wenn das Gericht in einem Strafverfahren wegen einer Steuerstraftat auf eine Strafe oder Maßnahme oder in einem Bußgeldverfahren wegen einer Steuerordnungswidrigkeit auf eine Geldbuße oder Nebenfolge erkennt, gehören zu den Kosten des gerichtlichen Verfahrens die Auslagen, die einer Finanzbehörde bei der Untersuchung und bei der Teilnahme am gerichtlichen Verfahren entstanden sind. Diese Auslagen sind nicht nach § 464b StPO festzusetzen, sondern als Gerichtskosten zu berechnen und einzuziehen. Soweit die Auslagen bei einer Bundesfinanzbehörde entstanden sind, werden sie als durchlaufende Gelder behandelt und an sie abgeführt (vgl. § 24 Abs. 7, § 32), wenn sie den Betrag von 25 Euro übersteigen. An die Landesfinanzbehörden werden eingezogene Beträge nicht abgeführt.

(5) Geht ein Mahnverfahren gegen mehrere Antragsgegner nach Widerspruch oder Einspruch in getrennte Streitverfahren bei verschiedenen Gerichten über, übersendet das Mahngericht den übernehmenden Gerichten jeweils einen vollständigen Verfahrensausdruck samt Kostenrechnung. Letztere muss Angaben darüber enthalten, ob die Kosten bereits angefordert (§§ 25 und 26) oder eingezahlt sind. Bei nicht maschineller Bearbeitung hat der Kostenbeamte des abgebenden Gerichts den Kostenbeamten der übernehmenden Gerichte das Original oder eine beglaubigte Abschrift der Kostenrechnung zu übersenden und sie über das sonst von ihm Veranlasste zu unterrichten. Zahlungsanzeigen und sonstige Zahlungsnachweise sind im Original oder in beglaubigter Ablichtung beizufügen.

(6) Die Kosten für

1. die Eröffnung einer Verfügung von Todes wegen,
2. die Abnahme einer eidesstattlichen Versicherung zwecks Erwirkung eines Erbscheins und
3. die Beurkundung der Ausschlagung der Erbschaft oder der Anfechtung der Ausschlagung der Erbschaft werden bei dem nach § 343 FamFG zuständigen Nachlassgericht angesetzt (§ 18 Abs. 1 Nr. 1, Abs. 2 GNotKG).

Erfolgt die Eröffnung oder die Beurkundung bei einem anderen Gericht, ist das Nachlassgericht zu verständigen. Diese Bestimmungen gelten auch dann, wenn die beiden Gerichte in verschiedenen Ländern der Bundesrepublik liegen. Sie gelten nicht für die Kosten einer Beurkundung nach § 31 IntErbRVG (§ 18 Abs. 2 Satz 2 GNotKG). Soweit das Landwirtschaftsgericht an die Stelle des Nachlassgerichts tritt, wird auch die Gebühr für die Abnahme einer eidesstattlichen Versicherung zwecks Erwirkung eines Erbscheins beim Landwirtschaftsgericht angesetzt.

§ 6
Kostenansatz bei Verweisung eines Rechtsstreits an ein Gericht eines anderen Landes

(1) Wird ein Rechtsstreit an ein Gericht eines anderen Landes der Bundesrepublik verwiesen, so ist für den Kostenansatz der Kostenbeamte des Gerichts zuständig, das nach der Vereinbarung des Bundes und der Länder über den Ausgleich von Kosten (Bekanntmachungen des Bundesministeriums für Arbeit und Sozialordung vom 26. Juli 2001 [BAnz. S. 16801] und des Bundesministeriums für Arbeit und Soziales vom 4. März 2010 [BAnz. S. 1108]) die Kosten einzuziehen hat.

(2) Einzuziehende Beträge, die nach § 59 RVG auf die Staatskasse übergegangen sind, werden im Falle der Verweisung eines Rechtsstreits an ein Gericht eines anderen Landes bei dem Gericht angesetzt, an das der Rechtsstreit verwiesen worden ist (vgl. Vereinbarung über den Ausgleich von Kosten – a.a.O.).

§ 7
Voraussetzungen des Kostenansatzes und Feststellung der Kostenschuldner im Allgemeinen

(1) Wer Kostenschuldner ist und in welchem Umfang er haftet, stellt der Kostenbeamte fest. Dabei ist zu beachten, dass nach § 29 Nr. 3 GKG, § 24 Nr. 3 FamGKG, § 27 Nr. 3 GNotKG und § 18 Nr. 3 JVKostG auch Dritte, die kraft Gesetzes für die Kostenschuld eines anderen haften (im letztgenannten Fall nach den Vorschriften des bürgerlichen Rechts z.B. Erben, Ehegatten, Vermögensübernehmer), als Kostenschuldner auf Leistung oder Duldung der Zwangsvollstreckung in Anspruch genommen werden können.

(2) Haften mehrere Kostenschuldner als Gesamtschuldner, bestimmt der Kostenbeamte unter Beachtung der Grundsätze in § 8, wer zunächst in Anspruch genommen werden soll.

(3) Die Ermittlung und Feststellung von Personen, die nicht der Staatskasse für die Kostenschuld haften, sondern nur dem Kostenschuldner gegenüber zur Erstattung der Kosten verpflichtet sind, ist nicht Sache des Kostenbeamten.

§ 8
Kostengesamtschuldner

(1) Soweit in Angelegenheiten, für die das Gerichtskostengesetz, das Gesetz über Gerichtskosten in Familiensachen oder das Gerichts- und Notarkostengesetz gilt, einem gesamtschuldnerisch haftenden Kostenschuldner die Kosten durch gerichtliche Entscheidung auferlegt oder von ihm durch eine vor Gericht abgegebene oder ihm mitgeteilte Erklärung übernommen sind, soll die Haftung des anderen gesamtschuldnerisch haftenden Kostenschuldners (Zweitschuldners) nur geltend gemacht werden, wenn eine Zwangsvollstreckung in das bewegliche Vermögen des erstgenannten Kostenschuldners (Erstschuldners) erfolglos geblieben ist oder aussichtslos erscheint (§ 31 Abs. 2 Satz 1, § 18 GKG, § 26 Abs. 2 Satz 1, § 17 FamGKG, § 33 Abs. 1 Satz 1, § 17 GNotKG). Dass die Zwangsvollstreckung aussichtslos sei, kann regelmäßig angenommen werden, wenn ein Erstschuldner mit bekanntem Wohnsitz oder Sitz oder Aufenthaltsort im Ausland der Zahlungsaufforderung nicht nachkommt und gegen ihn ggf. im Ausland vollstreckt werden müsste. Dies gilt insbesondere dann, wenn die Zwangsvollstreckung im Ausland

erfahrungsgemäß lange Zeit in Anspruch nimmt oder mit unverhältnismäßig hohen Kosten verbunden wäre.

(2) Soweit einem Kostenschuldner, der aufgrund von § 29 Nr. 1 GKG, § 24 Nr. 1 FamGKG oder § 27 Nr. 1 GNotKG haftet (Entscheidungsschuldner), Prozess- oder Verfahrenskostenhilfe bewilligt worden ist, darf die Haftung eines anderen Kostenschuldners nicht geltend gemacht werden; von diesem bereits erhobene Kosten sind zurückzuzahlen, soweit es sich nicht um eine Zahlung nach § 13 Abs. 1 und 3 des Justizvergütungs- und -entschädigungsgesetzes handelt und die Partei, der Prozess- oder Verfahrenskostenhilfe bewilligt worden ist, der besonderen Vergütung zugestimmt hat. Die Haftung eines anderen Kostenschuldners darf auch nicht geltend gemacht werden, soweit dem Entscheidungsschuldner ein Betrag für die Reise zum Ort einer Verhandlung, Vernehmung oder Untersuchung und für die Rückreise gewährt worden ist (§ 31 Abs. 3 GKG, § 26 Abs. 3 FamGKG, § 33 Abs. 2 GNotKG).

(3) Absatz 2 ist entsprechend anzuwenden, soweit der Kostenschuldner aufgrund von § 29 Nr. 2 GKG, § 24 Nr. 2 FamGKG oder § 27 Nr. 2 GNotKG haftet (Übernahmeschuldner) und wenn

1. der Kostenschuldner die Kosten in einem vor Gericht abgeschlossenen oder durch Schriftsatz gegenüber dem Gericht angenommenen Vergleich übernommen hat,
2. der Vergleich einschließlich der Verteilung der Kosten von dem Gericht vorgeschlagen worden ist und
3. das Gericht in seinem Vergleichsvorschlag ausdrücklich festgestellt hat, dass die Kostenregelung der sonst zu erwartenden Kostenentscheidung entspricht (§ 31 Abs. 4 GKG, § 26 Abs. 4 FamGKG, § 33 Abs. 3 GNotKG).

(4) In allen sonstigen Fällen der gesamtschuldnerischen Haftung für die Kosten bestimmt der Kostenbeamte nach pflichtgemäßem Ermessen, ob der geschuldete Betrag von einem Kostenschuldner ganz oder von mehreren nach Kopfteilen angefordert werden soll. Dabei kann insbesondere berücksichtigt werden,

1. welcher Kostenschuldner die Kosten im Verhältnis zu den übrigen endgültig zu tragen hat,
2. welcher Verwaltungsaufwand durch die Inanspruchnahme nach Kopfteilen entsteht,
3. ob bei einer Verteilung nach Kopfteilen Kleinbeträge oder unter der Vollstreckungsgrenze liegende Beträge anzusetzen wären,
4. ob die Kostenschuldner in Haushaltsgemeinschaft leben,
5. ob anzunehmen ist, dass einer der Gesamtschuldner nicht zur Zahlung oder nur zu Teilzahlungen in der Lage ist.

§ 9
Kosten bei Bewilligung von Prozess- oder Verfahrenskostenhilfe

Bei Bewilligung von Prozess- oder Verfahrenskostenhilfe sind die Durchführungsbestimmungen zur Prozess- und Verfahrenskostenhilfe sowie zur Stundung der Kosten des Insolvenzverfahrens (DB-PKH) zu beachten.

§ 10
Unvermögen des Kostenschuldners in anderen Fällen

(1) In anderen als den in § 8 Abs. 2, 3 und in der Nr. 3.1 der Durchführungsbestimmungen zur Prozess- und Verfahrenskostenhilfe sowie zur Stundung der Kosten des In-

solvenzverfahrens (DB-PKH) bezeichneten Fällen darf der Kostenbeamte vom Ansatz der Kosten nur dann absehen, wenn das dauernde Unvermögen des Kostenschuldners zur Zahlung offenkundig oder ihm aus anderen Vorgängen bekannt ist oder wenn sich der Kostenschuldner dauernd an einem Ort aufhält, an dem eine Beitreibung keinen Erfolg verspricht. Das dauernde Unvermögen des Kostenschuldners ist nicht schon deshalb zu verneinen, weil er möglicherweise später einmal in die Lage kommen könnte, die Schuld ganz oder teilweise zu bezahlen. Wenn dagegen bestimmte Gründe vorliegen, die dies mit einiger Sicherheit erwarten lassen, liegt dauerndes Unvermögen nicht vor.

(2) Ohne Rücksicht auf das dauernde Unvermögen des Kostenschuldners sind die Kosten anzusetzen,

1. wenn ein zahlungsfähiger Kostenschuldner für die Kosten mithaftet;
2. wenn anzunehmen ist, dass durch Ausübung des Zurückbehaltungsrechts (§ 23) die Zahlung der Kosten erreicht werden kann, insbesondere dann, wenn ein anderer Empfangsberechtigter an der Aushändigung der zurückbehaltenen Schriftstücke ein Interesse hat;
3. wenn die Kosten zugleich mit einem Geldbetrag im Sinne des § 1 Abs. 1 der Einforderungs- und Beitreibungsanordnung einzuziehen sind (§ 4 Abs. 6);
4. wenn es sich um Gebühren oder Vorschüsse handelt, von deren Entrichtung die Vornahme einer Amtshandlung abhängt (§ 26).

(3) Angaben im Verfahren über die Prozess- oder Verfahrenskostenhilfe, Feststellungen im Strafverfahren über die Einkommens- und Vermögensverhältnisse des Beschuldigten (Nr. 14 der Richtlinien für das Strafverfahren und das Bußgeldverfahren) oder Mitteilungen der Vollstreckungsbehörde können dem Kostenbeamten einen Anhalt für seine Entschließung bieten. Er wird dadurch aber nicht von der Verpflichtung entbunden, selbständig zu prüfen und zu entscheiden, ob tatsächlich Unvermögen zur Zahlung anzunehmen ist. Nötigenfalls stellt er geeignete Ermittlungen an. In Strafsachen sind an Stellen außerhalb der Justizverwaltung Anfragen nach den wirtschaftlichen Verhältnissen des Kostenschuldners nur ausnahmsweise und nur dann zu richten, wenn nicht zu befürchten ist, dass dem Kostenschuldner aus diesen Anfragen Schwierigkeiten erwachsen könnten. Bei der Fassung etwaiger Anfragen ist jeder Hinweis darauf zu vermeiden, dass es sich um Kosten aus einer Strafsache handelt.

(4) Der Kostenbeamte vermerkt in den Akten, dass er die Kosten nicht angesetzt hat; er gibt dabei die Gründe kurz an und verweist auf die Aktenstelle, aus der sie ersichtlich sind.

(5) Nach Absatz 1 außer Ansatz gelassene Kosten sind anzusetzen, wenn Anhaltspunkte dafür bekannt werden, dass eine Einziehung Erfolg haben wird.

§ 11
Nichterhebung von Auslagen

Der Kostenbeamte ist befugt, folgende Auslagen außer Ansatz zu lassen:

1. Auslagen, die durch eine von Amts wegen veranlasste Verlegung eines Termins oder Vertagung einer Verhandlung entstanden sind (§ 21 Abs. 1 Satz 2 GKG, § 20 Abs. 1 Satz 2 FamGKG, § 21 Abs. 1 Satz 2 GNotKG),
2. Auslagen, die durch eine vom Gericht fehlerhaft ausgeführte Zustellung angefallen sind (z.B. doppelte Ausführung einer Zustellung, fehlerhafte Adressierung),
3. Auslagen, die entstanden sind, weil eine angeordnete Abladung von Zeugen, Sachverständigen, Übersetzern usw. nicht oder nicht rechtzeitig ausgeführt worden ist.

Der Kostenbeamte legt die Akten aber dem Gericht mit der Anregung einer Entscheidung vor, wenn dies mit Rücksicht auf rechtliche oder tatsächliche Schwierigkeiten erforderlich erscheint. Die Entscheidung des Kostenbeamten nach Satz 1 ist keine das Gericht bindende Anordnung im Sinne von § 21 Abs. 2 Satz 3 GKG, § 20 Abs. 2 Satz 3 FamGKG und § 21 Abs. 2 Satz 3 GNotKG.

§ 12
Absehen von Wertermittlungen
– zu Vorbemerkung 1.1 Abs. 1 KV GNotKG, Vorbemerkung 1.3.1 Abs. 2 KV FamGKG –

Von Wertermittlungen kann abgesehen werden, wenn nicht Anhaltspunkte dafür bestehen, dass das reine Vermögen des Fürsorgebedürftigen mehr als 25.000 Euro beträgt.

§ 13
Kostenansatz bei gegenständlich beschränkter Gebührenfreiheit

Bei Erbscheinen und ähnlichen Zeugnissen (Nr. 12210 KV GNotKG), die zur Verwendung in einem bestimmten Verfahren gebührenfrei oder zu ermäßigten Gebühren zu erteilen sind (z.B. gemäß § 317 Abs. 5 LAG, § 64 Abs. 2 SGB X, § 31 Abs. 1c VermG i.V.m. § 181 BEG), hat der Kostenbeamte die Urschrift und Ausfertigung der Urkunde mit dem Vermerk „Zum ausschließlichen Gebrauch für das Verfahren gebührenfrei — zu ermäßigten Gebühren — erteilt“ zu versehen. Die Ausfertigung ist der Behörde oder Dienststelle, bei der das Verfahren anhängig ist, mit dem Ersuchen zu übersenden, den Beteiligten weder die Ausfertigung auszuhändigen noch eine Abschrift zu erteilen.

§ 14
Haftkosten

Die Erhebung von Kosten der Vollstreckung von freiheitsentziehenden Maßregeln der Besserung und Sicherung richtet sich nach § 138 Abs. 2, § 50 StVollzG. Die Kosten der Untersuchungshaft sowie einer sonstigen Haft außer Zwangshaft, die Kosten einer einstweiligen Unterbringung (§ 126a StPO), einer Unterbringung zur Beobachtung (§ 81 StPO, § 73 JGG) und einer einstweiligen Unterbringung in einem Heim für Jugendhilfe (§ 71 Abs. 2, § 72 Abs. 4 JGG) werden nur angesetzt, wenn sie auch von einem Gefangenen im Strafvollzug zu erheben wären (Nr. 9011 KV GKG, Nr. 2009 KV FamGKG, Nr. 31011 KV GNotKG, Vorbemerkung 2 KV JVKostG i.V.m. Nr. 9011 KV GKG).

§ 15
Zeit des Kostenansatzes im Allgemeinen

(1) Soweit nichts anderes bestimmt oder zugelassen ist, werden Kosten alsbald nach Fälligkeit angesetzt (z.B. § 6 Abs. 1 und 2, §§ 7 bis 9 GKG, §§ 9 bis 11 FamGKG, §§ 8, 9 GNotKG) und Kostenvorschüsse berechnet, sobald sie zu leisten sind (z.B. §§ 15 bis 18 GKG, §§ 16, 17 FamGKG, §§ 13, 14, 17 GNotKG). Dies gilt insbesondere auch vor Versendung der Akten an das Rechtsmittelgericht.

(2) Auslagen sind in der Regel erst bei Beendigung des Rechtszuges anzusetzen, wenn kein Verlust für die Staatskasse zu befürchten ist. Das Gleiche gilt für die Abrechnung der zu ihrer Deckung erhobenen Vorschüsse. Werden jedoch im Laufe des Verfahrens Gebühren fällig, sind mit ihnen auch die durch Vorschüsse nicht gedeckten Auslagen anzusetzen.

(3) Absatz 2 gilt nicht

1. für Auslagen, die in Verfahren vor einer ausländischen Behörde entstehen,
2. für Auslagen, die einer an der Sache nicht beteiligten Person zur Last fallen.

(4) Steht zu dem in Absatz 1 bezeichneten Zeitpunkt der den Gebühren zugrunde zu legende Wert noch nicht endgültig fest, werden die Gebühren unter dem Vorbehalt späterer Berichtigung nach einer vorläufigen Wertannahme angesetzt. Auf rechtzeitige Berichtigung ist zu achten (vgl. § 20 GKG, § 19 FamGKG, § 20 GNotKG); in Angelegenheiten, auf die das Gerichts- und Notarkostengesetz Anwendung findet, ist erforderlichenfalls dem Kostenschuldner mitzuteilen, dass ein Wertermittlungsverfahren eingeleitet ist (§ 20 Abs. 2 GNotKG). Dasselbe gilt für Angelegenheiten, auf die das Gesetz über Gerichtskosten in Familiensachen Anwendung findet (§ 19 Abs. 2 FamGKG).

§ 16
Zeit des Kostenansatzes in besonderen Fällen

I. Gebühr für die Durchführung des Insolvenzverfahrens
– zu Nrn. 2320, 2330 KV GKG –

(1) Die Gebühr für die Durchführung des Insolvenzverfahrens ist spätestens nach Abhaltung des Prüfungstermins (§ 176 InsO) anzusetzen.

(2) Bei Einstellung des Insolvenzverfahrens oder nach Bestätigung des Insolvenzplanes hat der Kostenbeamte den Insolvenzverwalter schriftlich aufzufordern, einen Betrag zurückzubehalten, der zur Deckung der näher zu bezeichnenden Gerichtskosten ausreicht.

II. Kosten in Vormundschafts-, Dauerbetreuungs-, Dauerpflegschafts- und Nachlasssachen
– zu § 8 GNotKG, § 10 FamGKG –

Die bei Vormundschaften, Dauerbetreuungen und -pflegschaften sowie bei Nachlasssachen zu Beginn eines jeden Kalenderjahres fällig werdenden Gebühren können, wenn kein Verlust für die Staatskasse zu besorgen ist, gelegentlich der Prüfung der jährlichen Rechnungslegung angesetzt werden. Zur Sicherstellung des rechtzeitigen Ansatzes dieser Gebühren sind die in Betracht kommenden Akten von dem Kostenbeamten in ein Verzeichnis einzutragen, das mindestens folgende Spalten enthält:

1. Lfd. Nr. 2. Aktenzeichen 3. Bezeichnung der Sache 4. Jahresgebühr berechnet am:

III. Kosten in Scheidungsfolgesachen und in Folgesachen

Gebühren in Scheidungsfolgesachen und in Folgesachen eines Verfahrens über die Aufhebung der Lebenspartnerschaft werden erst angesetzt, wenn eine unbedingte Entscheidung über die Kosten ergangen ist oder das Verfahren oder die Instanz durch Vergleich, Zurücknahme oder anderweitige Erledigung beendet ist (§ 9 Abs. 1, § 11 Abs. 1 FamGKG).

§ 17
Heranziehung steuerlicher Werte
– zu § 46 Abs. 3 Nr. 3, § 48 GNotKG –

(1) Wird auf einen für Zwecke der Steuererhebung festgesetzten Wert (§ 46 Abs. 3 Nr. 3 GNotKG) oder den Einheitswert von Grundbesitz (§ 48 GNotKG) zurückgegriffen, genügt als Nachweis die Vorlage des Steuerbescheides (Feststellungsbescheides, Einheitswertbescheides), sofern sich der Einheitswert des Grundbesitzes nicht schon aus der steuerlichen Unbedenklichkeitsbescheinigung ergibt.

(2) Das Finanzamt ist um Auskunft über die Höhe der für Zwecke der Steuererhebung festgesetzten Werte, die Höhe des Einheitswertes oder um Erteilung einer Abschrift des entsprechenden Steuerbescheides nur zu ersuchen, wenn der Kostenschuldner den Steuerbescheid nicht vorlegt, ausnahmsweise auch dann, wenn die Wertermittlung besonders schwierig ist. Für die Aufbewahrung des Einheitswertbescheides gelten die Bestimmungen der Aktenordnung entsprechend.

§ 18
Kostenansatz bei gleichzeitiger Belastung mehrerer Grundstücke
– zu § 18 Abs. 3 GNotKG –

Für die Eintragung oder Löschung eines Gesamtrechts sowie der Eintragung der Veränderung eines solchen Rechts bei mehreren Grundbuchämtern werden die Kosten im Fall der Nummern 14122, 14131 oder 14141 KV GNotKG bei dem Gericht angesetzt, bei dessen Grundbuchamt der Antrag zuerst eingegangen ist. Entsprechendes gilt für die Eintragung oder Löschung eines Gesamtrechts sowie der Eintragung der Veränderung eines solchen Rechts bei mehreren Registergerichten im Fall der Nummern 14221, 14131 oder 14241 KV GNotKG (§ 18 Abs. 3 GNotKG). Die Kostenbeamten der beteiligten Grundbuchämter bzw. Registergerichte haben sich vorab wegen des Kostenansatzes und des Zeitpunktes des Eingangs der Anträge zu verständigen; das die Kosten ansetzende Grundbuchamt bzw. Registergericht hat eine Abschrift der Kostenrechnung an alle beteiligten Grundbuchämter bzw. Registergerichte zu übermitteln.

§ 19
Gerichtsvollzieherkosten
– zu § 13 Abs. 3 GvKostG –

Hat der Gerichtsvollzieher bei Aufträgen, die ihm vom Gericht erteilt werden, die Gerichtsvollzieherkosten (Gebühren und Auslagen) zu den Akten mitgeteilt und nicht angezeigt, dass er sie eingezogen hat, sind sie als Auslagen des gerichtlichen Verfahrens anzusetzen (vgl. § 13 Abs. 3 GvKostG, § 24 Abs. 7 Satz 3).

§ 20
Kostensicherung

(1) Zur Sicherung des Kosteneingangs sehen die Kostengesetze vor
1. die Erhebung von Kostenvorschüssen, von denen die Vornahme einer Amtshandlung nicht abhängt (z.B. §§ 15, 17 Abs. 3 GKG, § 16 Abs. 3 FamGKG, § 14 Abs. 3 GNotKG);
2. die Zurückstellung von Amtshandlungen bis zur Entrichtung bestimmter Gebühren oder Kostenvorschüsse (z.B. § 12 Abs. 1 und 3 bis 6, §§ 12a, 13, 17 Abs. 1 und 2 GKG, § 14 Abs. 1 und 3, § 16 Abs. 1 und 2 FamGKG, §§ 13, 14 Abs. 1 und 2 GNotKG, § 8 Abs. 2 JVKostG);
3. die Ausübung des Zurückbehaltungsrechts (§ 23).

(2) Die Erhebung eines Kostenvorschusses, von dessen Zahlung die Amtshandlung nicht abhängt (Absatz 1 Nr. 1), ordnet der Kostenbeamte selbständig an. Das Gleiche gilt in den Fällen der §§ 12, 12a, 13 GKG und § 14 FamGKG, jedoch ist der Eingang zunächst dem Richter (Rechtspfleger) vorzulegen, wenn sich daraus ergibt, dass die Erledigung der Sache ohne Vorauszahlung angestrebt wird.

(3) Soweit eine gesetzliche Vorschrift die Abhängigmachung der Vornahme des Geschäfts von der Vorauszahlung der Kosten gestattet (z.B. §§ 379a, 390 Abs. 4 StPO, § 17 Abs. 1 Satz 2, Abs. 2 GKG, § 16 Abs. 1 Satz 2, Abs. 2 FamGKG, §§ 13, 14 Abs. 1 Satz 2, Abs. 2 GNotKG), hat der Kostenbeamte vor der Einforderung des Vorschusses die Entscheidung des Richters (Rechtspflegers) einzuholen; dies gilt nicht in den Fällen der §§ 12, 12a, 13 GKG und § 14 FamGKG (vgl. Absatz 2 Satz 2).

(4) In Justizverwaltungsangelegenheiten bestimmt der nach § 46 zuständige Beamte die Höhe des Vorschusses.

(5) Ist die Vornahme einer Amtshandlung nicht von der Zahlung eines Auslagenvorschusses abhängig, soll dieser regelmäßig nur eingefordert werden, wenn die Auslagen mehr als 25 Euro betragen oder ein Verlust für die Staatskasse zu befürchten ist.

(6) In den Fällen des Absatzes 1 Nr. 1 und 3 sowie des § 17 Abs. 2 GKG, des § 16 Abs. 2 FamGKG und des § 14 Abs. 2 GNotKG sowie in gleichartigen Fällen ist ein Vorschuss nicht zu erheben, wenn eine Gemeinde, ein Gemeindeverband oder eine sonstige Körperschaft des öffentlichen Rechts Kostenschuldner ist.

§ 21
Sicherstellung der Kosten (Abschnitt 3 GNotKG)

Wird Sicherstellung zugelassen, wird der Vorschuss zwar berechnet, aber nicht nach § 4 Abs. 2 angefordert. Die Sicherheit kann vorbehaltlich anderer Anordnungen des Richters (Rechtspflegers) in der in den §§ 232 bis 240 BGB vorgesehenen Weise geleistet werden. Die Verwertung der Sicherheit ist Sache der Vollstreckungsbehörde, nachdem ihr die aus Anlass des Geschäfts erwachsenen Kosten zur Einziehung überwiesen sind.

§ 22
Jährliche Vorschüsse im Zwangsverwaltungsverfahren
– zu § 15 Abs. 2 GKG –

(1) Der jährlich zu erhebende Gebührenvorschuss soll regelmäßig in Höhe einer Gebühr mit einem Gebührensatz von 0,5 bemessen werden. Daneben ist ein Auslagenvor-

schuss in Höhe der im laufenden Jahr voraussichtlich erwachsenen Auslagen zu erheben.

(2) In Zwangsverwaltungsverfahren, in denen Einnahmen erzielt werden, deren Höhe die Gebühren und Auslagen deckt, kann die Jahresgebühr, wenn kein Verlust für die Staatskasse zu besorgen ist, anlässlich der Prüfung der jährlichen Rechnungslegung angesetzt werden. § 16 Abschnitt II Satz 2 gilt entsprechend. Von der Erhebung eines Vorschusses kann in diesem Fall abgesehen werden.

§ 23
Zurückbehaltungsrecht
– zu § 11 GNotKG, § 17 Abs. 2 GKG, § 16 Abs. 2 FamGKG, § 9 JVKostG –

(1) In Angelegenheiten, auf die das Gerichts- und Notarkostengesetz anzuwenden ist, und in Justizverwaltungsangelegenheiten sind Urkunden, Ausfertigungen,

Ausdrucke und Kopien sowie gerichtliche Unterlagen regelmäßig bis zur Zahlung der in der Angelegenheit erwachsenen Kosten zurückzubehalten. Die Entscheidung über die Ausübung des Zurückbehaltungsrechts trifft der Kostenbeamte nach billigem Ermessen. Dies gilt entsprechend in den Fällen des § 17 Abs. 2 GKG und des § 16 Abs. 2 FamGKG.

(2) Kosten, von deren Entrichtung die Herausgabe abhängig gemacht wird, sind so bald wie möglich anzusetzen. Können sie noch nicht endgültig berechnet werden, sind sie vorbehaltlich späterer Berichtigung vorläufig anzusetzen.

(3) Ist ein anderer als der Kostenschuldner zum Empfang des Schriftstücks berechtigt, hat ihn der Kostenbeamte von der Ausübung des Zurückbehaltungsrechts zu verständigen. Erhält der Empfangsberechtigte in derselben Angelegenheit eine sonstige Mitteilung, ist die Nachricht, dass das Schriftstück zurückbehalten wird, nach Möglichkeit damit zu verbinden.

(4) Wegen des Vermerks der Ausübung des Zurückbehaltungsrechts und der Aufführung des dritten Empfangsberechtigten in der Kostenrechnung wird auf § 24 Abs. 6 verwiesen.

(5) Für die sichere Verwahrung von Wertpapieren, Sparkassenbüchern, Grundpfandrechtsbriefen und sonstigen Urkunden von besonderem Wert ist Sorge zu tragen.

(6) Die zurückbehaltenen Schriftstücke sind an den Empfangsberechtigten herauszugeben,
1. wenn die Zahlung der Kosten nachgewiesen ist,
2. wenn die Anordnung, dass Schriftstücke zurückzubehalten sind, vom Kostenbeamten oder durch gerichtliche Entscheidung aufgehoben wird.
3. ...

§ 24
Kostenrechnung

(1) Die Urschrift der Kostenrechnung für die Sachakte enthält
1. die Angabe der Justizbehörde, die Bezeichnung der Sache und die Geschäftsnummer,
2. die einzelnen Kostenansätze und die Kostenvorschüsse unter Hinweis auf die angewendete Vorschrift, bei Wertgebühren auch den der Berechnung zugrunde gelegten Wert,

3. den Gesamtbetrag der Kosten,
4. Namen, Anschriften sowie ggf. Geschäftszeichen und Geburtsdaten der Kostenschuldner.

(2) Haften mehrere als Gesamtschuldner oder hat ein Kostenschuldner die Zwangsvollstreckung in ein bestimmtes Vermögen zu dulden, ist dies in der Urschrift der Kostenrechnung zu vermerken. Bei der anteilmäßigen Inanspruchnahme des Kostenschuldners (z.B. § 8 Abs. 4) ist dort ein eindeutiger Vorbehalt über die Möglichkeit einer weiteren Inanspruchnahme aufzunehmen. Unter Beachtung der Grundsätze in § 8 Abs. 4 ist weiter anzugeben, wie die einzelnen Gesamtschuldner zunächst in Anspruch genommen werden. Erst- und Zweitschuldner (§ 8 Abs. 1) sind ausdrücklich als solche zu bezeichnen. Wird der Zweitschuldner vor dem Erstschuldner in Anspruch genommen (§ 8 Abs. 1), sind die Gründe hierfür kurz anzugeben.

(3) Ist bei mehreren Kostengesamtschuldnern damit zu rechnen, dass der zunächst in Anspruch Genommene die Kosten bezahlen wird, kann die Aufführung der weiteren Gesamtschuldner durch ausdrücklichen Vermerk vorbehalten werden.

(4) Sind Kosten durch Verwendung von Gerichtskostenstemplern entrichtet oder durch Aktenausdrucke nach § 696 Abs. 2 Satz 1 ZPO mit Gerichtskostenrechnungen nachgewiesen, ist zu vermerken, wo sich diese Zahlungsnachweise befinden. Sind Kosten bereits gebucht, ist das Zuordnungsmerkmal des Kassenverfahrens anzugeben.

(5) Ergeben sich aus den Akten Anhaltspunkte dafür, dass noch weitere Kosten geltend gemacht werden können, die vom Kostenschuldner als Auslagen zu erheben sind (z.B. Vergütungen von Pflichtverteidigern, Verfahrensbeiständen oder Sachverständigen), ist ein eindeutiger Vorbehalt über die Möglichkeit einer Inanspruchnahme für die weiteren, nach Art oder voraussichtlicher Höhe zu bezeichnenden Kosten in die Urschrift der Kostenrechnung aufzunehmen.

(6) Die Ausübung des Zurückbehaltungsrechts (§ 23) ist mit kurzer Begründung zu vermerken. Ist ein anderer als der Kostenschuldner zum Empfang des Schriftstücks berechtigt (§ 23 Abs. 3), wird er gleichfalls in der Urschrift der Kostenrechnung aufgeführt.

(7) Enthält die Urschrift der Kostenrechnung Beträge, die anderen Berechtigten als der Staatskasse zustehen und nach der Einziehung an sie auszuzahlen sind (durchlaufende Gelder), hat der Kostenbeamte sicherzustellen, dass er von einer Zahlung Kenntnis erlangt. Der Empfangsberechtigte ist in der Urschrift der Kostenrechnung aufzuführen. Im Falle des § 19 ist der Gerichtsvollzieher als empfangsberechtigt zu bezeichnen.

(8) Wenn für einen Vorschuss Sicherheit geleistet ist (§ 21), ist dies durch einen zu unterstreichenden Vermerk anzugeben.

(9) Der Kostenbeamte hat die Urschrift der Kostenrechnung unter Angabe von Ort, Tag und Amtsbezeichnung zu unterschreiben.

§ 25
Anforderung der Kosten mit Sollstellung

(1) Mit der Sollstellung wird die Buchung des zu erhebenden Betrags im Sachbuch der Kasse, die dortige Überwachung des Zahlungseingangs und im Fall der Nichtzahlung die selbständige Einziehung durch die Vollstreckungsbehörde bewirkt.

(2) Der Kostenbeamte veranlasst die Sollstellung der Kosten nach den näheren Bestimmungen des Bundesministeriums der Justiz und für Verbraucherschutz oder der jeweiligen Landesjustizverwaltung und sorgt dafür, dass jeder Kostenschuldner, der in Anspruch genommen werden soll, einen Ausdruck der ihn betreffenden Inhalte der Kostenrechnung mit einer Zahlungsaufforderung und einer Rechtsbehelfsbelehrung (Kos-

tenanforderung) erhält. In der Zahlungsaufforderung sind der Zahlungsempfänger mit Anschrift und Bankverbindung sowie das Zuordnungsmerkmal der Sollstellung (z.B. Kassenzeichen) anzugeben. Kostenanforderungen, die automationsgestützt erstellt werden, bedürfen weder einer Unterschrift noch eines Abdrucks des Dienstsiegels; auf der Kostenanforderung ist zu vermerken, dass das Schreiben mit einer Datenverarbeitungsanlage erstellt wurde und daher nicht unterzeichnet wird. Manuell erstellte Kostenrechnungen sind stattdessen mit Unterschrift oder mit dem Abdruck des Dienstsiegels zu versehen.

(3) Sofern der Kostenschuldner im automatisierten Mahnverfahren von einem Bevollmächtigten vertreten wird, kann die Kostenanforderung diesem zugesandt werden.

§ 26
Anforderung der Kosten ohne Sollstellung
– zu §§ 379a, 390 Abs. 4 StPO, §§ 12, 12a, 13, 17 Abs. 1 Satz 2, Abs. 2 GKG, §§ 14, 16 Abs. 1 Satz 2, Abs. 2 FamGKG, §§ 13, 14 Abs. 1 Satz 2, Abs. 2 GNotKG, § 8 Abs. 2 JVKostG –

(1) Vorweg zu erhebende Gebühren und Kostenvorschüsse, von deren Entrichtung die Vornahme einer Amtshandlung oder die Einleitung oder der Fortgang eines Verfahrens abhängig ist, sind ohne Sollstellung unmittelbar vom Zahlungspflichtigen anzufordern; das gleiche gilt im Falle der Ausübung des Zurückbehaltungsrechts (§ 23). § 24 Abs. 1 ist zu beachten. Die Kostenanforderung ist mit einer Rechtsbehelfsbelehrung zu versehen. Wegen der Einzelheiten der Kostenanforderung ohne Sollstellung wird auf die näheren Bestimmungen des Bundesministeriums der Justiz und für Verbraucherschutz oder der jeweiligen Landesjustizverwaltung verwiesen.

(2) Steht der Wert des Streitgegenstandes oder der Geschäftswert noch nicht endgültig fest, sind der Berechnung vorläufig die Angaben des Klägers oder Antragstellers zugrunde zu legen, sofern sie nicht offenbar unrichtig sind.

(3) Hat das Gericht den Betrag des Vorschusses und die Zahlungsfrist selbst bestimmt (z.B. in den Fällen der §§ 379, 402 ZPO), kann eine Kostenrechnung (§ 24 Abs. 1) unterbleiben, wenn das gerichtliche Schriftstück alle für die Bewirkung der Zahlung erforderlichen Angaben enthält.

(4) Hat der Zahlungspflichtige auf die Gebühren oder Vorschüsse (Absatz 1) Beträge bezahlt, die zur Deckung nicht völlig ausreichen, ist er auf den Minderbetrag hinzuweisen; hat er noch keine Kostenanforderung erhalten, ist der Minderbetrag ohne Sollstellung entsprechend Absatz 1 anzufordern. Ist der Minderbetrag nur gering, führt der Kostenbeamte zunächst eine Entscheidung des Richters (Rechtspflegers) darüber herbei, ob der Sache gleichwohl Fortgang zu geben sei. Wird der Sache Fortgang gegeben, wird der fehlende Betrag gemäß § 25 mit Sollstellung angefordert, falls er nicht nach den bestehenden Bestimmungen wegen Geringfügigkeit außer Ansatz bleibt; besteht der Richter (Rechtspfleger) dagegen auf der Zahlung des Restbetrages, ist nach Satz 1 zu verfahren.

(5) Wird in den Fällen der §§ 379a, 390 Abs. 4 StPO der angeforderte Betrag nicht voll gezahlt, sind die Akten alsbald dem Gericht (Vorsitzenden) zur Entscheidung vorzulegen.

(6) Sofern der Zahlungspflichtige von einem Bevollmächtigten, insbesondere dem Prozess- oder Verfahrensbevollmächtigten oder Notar, vertreten wird, soll die Kostenanforderung grundsätzlich diesem zur Vermittlung der Zahlung zugesandt werden.

(7) Ist die Zahlung des Vorschusses an eine Frist geknüpft (z.B. in den Fällen der §§ 379a, 390 Abs. 4 StPO, § 18 GBO), ist die Kostenanforderung von Amts wegen zuzustellen. In sonstigen Fällen wird sie regelmäßig als Brief abgesandt.

(8) Wird der Kostenanforderung keine Folge geleistet, hat der Kostenbeamte die in der Sache etwa entstandenen oder noch entstehenden Kosten zu berechnen und zum Soll zu stellen (§ 25). Das gleiche gilt, wenn die Anordnung, durch welche die Vornahme eines Geschäfts von der Vorauszahlung abhängig gemacht war, wieder aufgehoben oder wenn von der gesetzlich vorgesehenen Vorwegleistungspflicht eine Ausnahme bewilligt wird (z.B. nach § 14 GKG, § 15 FamGKG, § 16 GNotKG). Kommt der zur Vorwegleistung Verpflichtete in den Fällen des § 12 Abs. 1, 3 Satz 3 und 4, des § 12a GKG sowie des § 14 Abs. 1, 3 FamGKG der Zahlungsaufforderung nicht nach, werden die in § 12 Abs. 1, 3 Satz 3 und 4 GKG und § 14 Abs. 1, 3 FamGKG genannten Gebühren nur insoweit angesetzt, als sich der Zahlungspflichtige nicht durch Rücknahme der Klage oder des Antrags von der Verpflichtung zur Zahlung befreien kann.

(9) Von der Übersendung einer Schlusskostenrechnung kann abgesehen werden, wenn sich die endgültig festgestellte Kostenschuld mit dem vorausgezahlten Betrag deckt. Ansonsten ist die Schlusskostenrechnung unverzüglich zu übersenden.

ABSCHNITT 3
Weitere Pflichten des Kostenbeamten

§ 27
Behandlung von Ersuchen und Mitteilungen der Vollstreckungsbehörde

(1) Ersucht die Vollstreckungsbehörde um Auskunft darüber, ob sich aus den Sachakten Näheres über die Einkommens- und Vermögensverhältnisse eines Kostenschuldners ergibt, insbesondere über das Vorhandensein pfändbarer Ansprüche, hat der Kostenbeamte die notwendigen Feststellungen zu treffen. Befinden sich die Akten beim Rechtsmittelgericht, trifft diese Verpflichtung den Kostenbeamten dieses Gerichts.

(2) Ersucht die Vollstreckungsbehörde um eine Änderung oder Ergänzung der Kostenrechnung, weil sie eine andere Heranziehung von Gesamtschuldnern oder eine Erstreckung der Rechnung auf bisher nicht in Anspruch genommene Kostenschuldner für geboten hält, hat der Kostenbeamte aufgrund der Ermittlungen der Vollstreckungsbehörde die Voraussetzungen für die Heranziehung dieser Kostenschuldner festzustellen (vgl. § 7 Abs. 1) und gegebenenfalls eine neue oder ergänzte Kostenrechnung aufzustellen. Die Gründe für die Inanspruchnahme des weiteren Kostenschuldners sind in der Kostenrechnung anzugeben. Soweit hierbei Kosten eines bereits erledigten Rechtsmittelverfahrens zu berücksichtigen sind, sind die dem Kostenbeamten obliegenden Dienstverrichtungen von dem Kostenbeamten des Rechtsmittelgerichts zu erledigen; eine Zweitschuldneranfrage kann vom Kostenbeamten des Gerichts des ersten Rechtszuges beantwortet werden, falls eine Zweitschuldnerhaftung nicht besteht.

(3) Die Bestimmungen des Absatzes 2 gelten entsprechend, wenn ein Kostenschuldner vorhanden ist, der wegen der Kostenschuld lediglich die Zwangsvollstreckung in ein bestimmtes Vermögen (z.B. der Grundstückseigentümer bei dinglich gesicherten Forderungen, für die er nicht persönlich haftet) zu dulden hat.

(4) Wird dem Kostenbeamten eine Mitteilung über die Niederschlagung oder den (Teil-)Erlass der Kostenforderung vorgelegt, hat er zu prüfen, ob weitere Einziehungsmöglichkeiten bestehen und teilt diese der Vollstreckungsbehörde mit.

(5) Eine Zahlungsanzeige, die sich auf einen zum Soll gestellten Betrag bezieht und nicht bei den Sachakten zu verbleiben hat, ist von dem Kostenbeamten unter Angabe des Grundes der Rückgabe zurückzusenden. Die Rücksendung einer Zahlungsanzeige hat er

auf der vorderen Innenseite des Aktenumschlags oder einem Kostenvorblatt zu vermerken. Der Vermerk muss den Einzahler, den Betrag der Einzahlung, die Buchungsnummer und den Grund der Rückgabe enthalten. Abweichend von Satz 2 und 3 kann auch eine Kopie der Zahlungsanzeige zu den Sachakten genommen werden, auf der der Grund der Rückgabe vermerkt ist.

(6) Die Rücksendung einer Zweitschuldneranfrage und das mitgeteilte Ergebnis hat der Kostenbeamte auf der Urschrift der Kostenrechnung zu vermerken. Abweichend hiervon kann auch eine Kopie der Zweitschuldneranfrage zu den Sachakten genommen werden, auf der das mitgeteilte Ergebnis vermerkt ist.

§ 28
Berichtigung des Kostenansatzes

(1) Der Kostenbeamte hat bei jeder Änderung der Kostenforderung den Kostenansatz zu berichtigen und, wenn hierdurch auch die Kosten eines anderen Rechtszuges berührt werden, den Kostenbeamten dieses Rechtszuges zu benachrichtigen, soweit er nicht selbst für den Kostenansatz des anderen Rechtszuges zuständig ist (z.B. § 5 Abs. 2).

(2) Solange eine gerichtliche Entscheidung oder eine Anordnung im Dienstaufsichtsweg nicht ergangen ist, hat er auf Erinnerung oder auch von Amts wegen unrichtige Kostenansätze richtigzustellen. Will er einer Erinnerung des Kostenschuldners nicht oder nicht in vollem Umfang abhelfen oder richtet sich die Erinnerung gegen Kosten, die auf Grund einer Beanstandung des Prüfungsbeamten angesetzt sind, hat er sie mit den Akten dem Prüfungsbeamten vorzulegen.

§ 29
Nachträgliche Änderung der Kostenforderung

(1) Ändert sich nachträglich die Kostenforderung, stellt der Kostenbeamte eine neue Kostenrechnung auf, es sei denn, dass die Kostenforderung völlig erlischt.

(2) Erhöht sich die Kostenforderung, veranlasst er die Nachforderung des Mehrbetrages gemäß § 25 oder § 26.

(3) Vermindert sie sich oder erlischt sie ganz, ordnet er durch eine Kassenanordnung die Löschung im Soll oder die Rückzahlung an. In der Kassenanordnung sind sämtliche in derselben Rechtssache zum Soll gestellten oder eingezahlten Beträge, für die der Kostenschuldner haftet, anzugeben; dabei hat der Kostenbeamte, wenn mehrere Beträge zum Soll stehen, diejenigen Beträge zu bezeichnen, für die weitere Kostenschuldner vorhanden sind. Die Anordnung der Löschung oder Rückzahlung ist unter Angabe des Betrages auf der Urschrift der Kostenrechnung in auffälliger Weise zu vermerken.

(4) Bei Vertretung durch einen Prozess- oder Verfahrensbevollmächtigten (§ 81 ZPO, § 11 FamFG, § 113 Abs. 1 Satz 2 FamFG) ist die Rückzahlung an diesen anzuordnen, es sei denn, die Partei oder der Beteiligte hat der Rückzahlung gegenüber dem Gericht ausdrücklich widersprochen. Stimmt der Bevollmächtigte in diesem Fall der Rückzahlung an die Partei oder den Beteiligten nicht zu, sind die Akten dem Prüfungsbeamten zur Entscheidung vorzulegen.

(5) In anderen Fällen ist die Rückzahlung an einen Bevollmächtigten anzuordnen,

1. wenn er eine Vollmacht seines Auftraggebers zu den Akten einreicht, die ihn allgemein zum Geldempfang oder zum Empfang der im Verfahren etwa zurückzuzahlen-

den Kosten ermächtigt, und wenn keine Zweifel bezüglich der Gültigkeit der Vollmacht bestehen, oder

2. wenn es sich bei dem Bevollmächtigten um einen Rechtsanwalt, Notar oder Rechtsbeistand handelt und dieser rechtzeitig vor Anordnung der Rückzahlung schriftlich erklärt, dass er die Kosten aus eigenen Mitteln bezahlt hat.

(6) Im Falle der Berichtigung wegen irrtümlichen Ansatzes muss aus der Kostenrechnung und aus der Kassenanordnung hervorgehen, inwiefern der ursprüngliche Ansatz unrichtig war.

(7) Hat die Dienstaufsichtsbehörde oder der Kostenprüfungsbeamte (§ 35) die Berichtigung angeordnet, ist dies zu vermerken.

(8) Im Falle des Kostenerlasses ist die den Kostenerlass anordnende Verfügung zu bezeichnen.

(9) Beruht die Berichtigung oder Änderung auf einer mit Beschwerde anfechtbaren gerichtlichen Entscheidung, ist anzugeben, dass die Entscheidung dem zur Vertretung der Staatskasse zuständigen Beamten vorgelegen hat.

(10) Wird die Rückzahlung von Kosten veranlasst, die durch Verwendung von Gerichtskostenstemplern entrichtet oder sonst ohne Sollstellung eingezahlt sind oder deren Zahlung durch Aktenausdrucke nach § 696 Abs. 2 Satz 1 ZPO mit Gerichtskostenrechnungen nachgewiesen ist, hat ein zweiter Beamter oder Beschäftigter der Geschäftsstelle in der Kassenanordnung zu bescheinigen, dass die Beträge nach den angegebenen Zahlungsnachweisen entrichtet und die Buchungsangaben aus den Zahlungsanzeigen über die ohne Sollstellung eingezahlten Beträge richtig übernommen sind. Die Anordnung der Rückzahlung ist bei oder auf dem betroffenen Zahlungsnachweis in auffälliger Weise zu vermerken; der Vermerk ist zu unterstreichen.

(11) Sind infolge der nachträglichen Änderung der Kostenrechnung nur Kleinbeträge nachzufordern, im Soll zu löschen oder zurückzuzahlen, sind die für die Behandlung solcher Beträge getroffenen besonderen Bestimmungen zu beachten.

(12) Wird eine neue Kostenrechnung aufgestellt (Absatz 1), ist in ihr die frühere Kostenrechnung zu bezeichnen; die frühere Kostenrechnung ist mit einem zu unterstreichenden Hinweis auf die neue Kostenrechnung zu versehen.

§ 30
Nachträgliche Änderung der Kostenhaftung

(1) Tritt zu dem bisher in Anspruch genommenen Kostenschuldner ein neuer hinzu, der vor jenem in Anspruch zu nehmen ist (vgl. § 8), stellt der Kostenbeamte zunächst fest, ob die eingeforderten Kosten bereits entrichtet sind. Nur wenn die Kosten nicht oder nicht ganz bezahlt sind und auch nicht anzunehmen ist, dass der nunmehr in Anspruch zu nehmende Kostenschuldner zahlungsunfähig sein werde, stellt er eine neue Kostenrechnung auf. Er veranlasst sodann die Löschung der den bisherigen Kostenschuldner betreffenden Sollstellung und die Sollstellung (§ 25) gegenüber dem neuen Kostenschuldner.

(2) Erlischt nachträglich die Haftung eines Gesamtschuldners ganz oder teilweise, berichtigt der Kostenbeamte die Kostenrechnung. Er veranlasst die Löschung der gegen den bisherigen Kostenschuldner geltend gemachten Forderung und die Rückzahlung bereits bezahlter Beträge, soweit nunmehr keinerlei Haftungsgrund vorliegt. Soweit ein anderer Kostenschuldner in Anspruch zu nehmen ist, veranlasst er die Kostenanforderung nach § 25.

§ 31
Einrede der Verjährung
– zu § 5 Abs. 2 GKG, § 7 Abs. 2 FamGKG, § 6 Abs. 2 GNotKG, § 5 Abs. 2 JVKostG –

Ist der Anspruch auf Erstattung von Kosten verjährt, hat der Kostenbeamte die Akten dem zur Vertretung der Staatskasse zuständigen Beamten vorzulegen. Soll nach dessen Auffassung die Verjährungseinrede erhoben werden, ist hierzu die Einwilligung des unmittelbar vorgesetzten Präsidenten einzuholen. Von der

Erhebung der Verjährungseinrede kann mit Rücksicht auf die Umstände des Falles abgesehen werden. Hat der zur Vertretung der Staatskasse zuständige Beamte dem Kostenbeamten mitgeteilt, dass die Verjährungseinrede nicht erhoben werden soll, ist dies auf der zahlungsbegründenden Unterlage in den Sachakten zu vermerken.

§ 32
Durchlaufende Gelder

(1) Sind durchlaufende Gelder in der Kostenrechnung enthalten (§ 24 Abs. 7), hat der Kostenbeamte nach Eingang der Zahlungsanzeige eine Auszahlungsanordnung zu erteilen.

(2) Sofern durchlaufende Gelder durch Verwendung von Gerichtskostenstemplern entrichtet oder sonst ohne Sollstellung eingezahlt sind, gilt § 29 Abs. 10 Satz 1 entsprechend.

(3) Die Anordnung der Auszahlung ist bei oder auf dem betroffenen Zahlungsnachweis oder auf der Urschrift der Kostenrechnung in auffälliger Weise zu vermerken. Der Vermerk ist zu unterstreichen.

ABSCHNITT 4
Veränderung von Ansprüchen

§ 33
Veränderung von Ansprüchen

Für die Niederschlagung, die Stundung und den Erlass von Kosten gelten die darüber ergangenen besonderen Bestimmungen.

ABSCHNITT 5
Kostenprüfung

§ 34
Aufsicht über den Kostenansatz

(1) Die Vorstände der Justizbehörden überwachen im Rahmen ihrer Aufsichtspflichten die ordnungsmäßige Erledigung des Kostenansatzes durch den Kostenbeamten.

(2) Die besondere Prüfung des Kostenansatzes ist Aufgabe der Kostenprüfungsbeamten (§ 35).

(3) Die dem Rechnungshof zustehenden Befugnisse bleiben unberührt.

§ 35
Kostenprüfungsbeamte

Kostenprüfungsbeamte sind
1. der Bezirksrevisor,
2. die weiter bestellten Prüfungsbeamten.

§ 36
Berichtigung des Kostenansatzes im Verwaltungsweg
– zu § 19 Abs. 5 GKG, § 18 Abs. 3 FamGKG, § 18 Abs. 6 GNotKG –

Solange eine gerichtliche Entscheidung nicht ergangen ist, sind die Vorstände der Justizbehörden und die Kostenprüfungsbeamten befugt, den Kostenansatz zu beanstanden und den Kostenbeamten zur Berichtigung des Kostenansatzes anzuweisen. Der Kostenbeamte hat der Weisung Folge zu leisten; er ist nicht berechtigt, deshalb die Entscheidung des Gerichts herbeizuführen.

§ 37
Nichterhebung von Kosten
– zu § 21 GKG, § 20 FamGKG, § 21 GNotKG, § 13 JVKostG –

Die Präsidenten der Gerichte und die Leiter der Staatsanwaltschaften sind für die ihrer Dienstaufsicht unterstellten Behörden zuständig, im Verwaltungsweg anzuordnen, dass in den Fällen des § 21 Abs. 1 GKG, des § 20 Abs. 1 FamGKG, des § 21 Abs. 1 GNotKG und des § 13 JVKostG Kosten nicht zu erheben sind. Über Beschwerden gegen den ablehnenden Bescheid einer dieser Stellen wird im Aufsichtsweg entschieden.

§ 38
Erinnerungen und Beschwerden der Staatskasse
– zu § 66 GKG, § 57 FamGKG, § 81 GNotKG, § 22 JVKostG –

(1) Der Vertreter der Staatskasse soll Erinnerungen gegen den Kostenansatz nur dann einlegen, wenn es wegen der grundsätzlichen Bedeutung der Sache angezeigt erscheint, von einer Berichtigung im Verwaltungsweg (§ 36) abzusehen und eine gerichtliche Entscheidung herbeizuführen.

(2) Alle beschwerdefähigen gerichtlichen Entscheidungen einschließlich der Wertfestsetzungen, durch die der Kostenansatz zuungunsten der Staatskasse geändert wird, hat der Kostenbeamte des entscheidenden Gerichts dem zur Vertretung der Staatskasse zuständigen Beamten mitzuteilen. Legt der Kostenbeamte eine Erinnerung des Kostenschuldners dem zur Vertretung der Staatskasse zuständigen Beamten vor (§ 28 Abs. 2), prüft dieser, ob der Kostenansatz im Verwaltungsweg zu ändern ist oder ob Anlass besteht, für die Staatskasse ebenfalls Erinnerung einzulegen. Soweit der Erinnerung nicht abgeholfen wird, veranlasst er, dass die Akten unverzüglich dem Gericht vorgelegt werden.

§ 39
Besondere Prüfung des Kostenansatzes

(1) Bei jeder Justizbehörde findet in der Regel einmal im Haushaltsjahr eine unvermutete Prüfung des Kostenansatzes durch einen Kostenprüfungsbeamten (§ 35) statt.

(2) Zeit und Reihenfolge der Prüfungen bestimmt der Dienstvorgesetzte des Prüfungsbeamten, und zwar im Einvernehmen mit dem Dienstvorgesetzten der Staatsanwaltschaft, wenn die Prüfung bei einer Staatsanwaltschaft stattfinden soll.

§ 40
Aufgaben und Befugnisse des Prüfungsbeamten

(1) Der Prüfungsbeamte soll sich nicht auf die schriftliche Beanstandung vorgefundener Mängel und Verstöße beschränken, sondern durch mündliche Erörterung wichtiger Fälle mit dem Kostenbeamten, durch Anregungen und Belehrungen das Prüfungsgeschäft möglichst nutzbringend gestalten und auf die Beachtung einheitlicher Grundsätze beim Kostenansatz hinwirken. Nebensächlichen Dingen soll er nur nachgehen, wenn sich der Verdacht von Unregelmäßigkeiten oder fortgesetzten Nachlässigkeiten ergibt.

(2) Die Einsicht sämtlicher Akten, Bücher, Register, Verzeichnisse und Rechnungsbelege ist ihm gestattet. Sofern Verfahrensunterlagen mittels elektronischer Datenverarbeitung geführt werden, ist sicherzustellen, dass der Prüfungsbeamte Zugriff auf diese Daten erhält.

(3) Von den beteiligten Kostenbeamten kann er mündlich näheren Aufschluss über die Behandlung von Geschäften verlangen.

(4) Aktenstücke über schwebende Rechtsstreitigkeiten sowie in Testaments-, Grundbuch- und Registersachen hat er in der Regel an Ort und Stelle durchzusehen; sonstige Akten kann er sich an seinen Dienstsitz übersenden lassen.

§ 41
Umfang der Kostenprüfung

(1) Der Prüfungsbeamte hat besonders darauf zu achten,

1. ob die Kosten rechtzeitig, richtig und vollständig angesetzt sind und ob sie, soweit erforderlich, mit oder ohne Sollstellung (§ 25 und § 26) angefordert sind;
2. ob Gerichtskostenstempler bestimmungsgemäß verwendet sind und ob der Verbleib der Abdrucke von Gerichtskostenstemplern, falls sie sich nicht mehr in den Akten befinden, nachgewiesen ist;
3. ob die Auslagen ordnungsgemäß vermerkt sind;
4. ob bei Bewilligung von Prozess- oder Verfahrenskostenhilfe,
   a) die an beigeordnete Anwälte gezahlten Beträge im zulässigen Umfang von dem Zahlungspflichtigen angefordert,
   b) etwaige Ausgleichsansprüche gegen Streitgenossen geltend gemacht und
   c) die Akten dem Rechtspfleger in den Fällen des § 120 Abs. 3, des § 120a Abs. 1 sowie des § 124 Abs. 1 Nr. 2 bis 5 ZPO zur Entscheidung vorgelegt worden sind und ob Anlass besteht, von dem Beschwerderecht gemäß § 127 Abs. 3 ZPO Gebrauch zu machen.

(2) Soweit nicht in Absatz 1 etwas anderes bestimmt ist, erstreckt sich die Prüfung nicht auf den Ansatz und die Höhe solcher Auslagen, für deren Prüfung andere Dienststellen zuständig sind.

§ 42
Verfahren bei der Kostenprüfung

(1) Der Prüfungsbeamte soll aus jeder Gattung von Angelegenheiten, in denen Kosten entstehen können, selbst eine Anzahl Akten auswählen und durchsehen, darunter auch solche, die nach ihren Aktenzeichen unmittelbar aufeinanderfolgen. Bei der Auswahl sind auch die Geschäftsregister und das gemäß § 16 Abschnitt II zu führendes Verzeichnis zu berücksichtigen und namentlich solche Akten zur Prüfung vorzumerken, in denen höhere Kostenbeträge in Frage kommen.

(2) Bei der Aktenprüfung ist auch darauf zu achten, dass die Sollstellungen und die ohne Sollstellung geleisteten Beträge in der vorgeschriebenen Weise nachgewiesen sind.

(3) Bei der Nachprüfung der Verwendung von Gerichtskostenstemplern ist auch eine Anzahl älterer, insbesondere weggelegter Akten durchzusehen.

(4) Bei der Prüfung der Aktenvermerke über die Auslagen (§ 41 Abs. 1 Nr. 3) ist stichprobenweise festzustellen, ob die Auslagen vorschriftsmäßig in den Sachakten vermerkt und beim Kostenansatz berücksichtigt sind.

§ 43
Beanstandungen

(1) Stellt der Prüfungsbeamte Unrichtigkeiten zum Nachteil der Staatskasse oder eines Kostenschuldners fest, ordnet er die Berichtigung des Kostenansatzes an. Die Anordnung unterbleibt, wenn es sich um Kleinbeträge handelt, von deren Einziehung oder Erstattung nach den darüber getroffenen Bestimmungen abgesehen werden darf.

(2) An die Stelle der Berichtigung tritt ein Vermerk in der Niederschrift (§ 44), wenn eine gerichtliche Entscheidung ergangen ist oder der Kostenansatz auf einer Anordnung der Dienstaufsichtsbehörde beruht.

(3) Die Beanstandungen (Absatz 1 Satz 1) sind für jede Sache auf einem besonderen Blatt zu verzeichnen, das zu den Akten zu nehmen ist. In dem Fall des Absatzes 1 Satz 2 sind sie in kürzester Form unter der Kostenrechnung zu vermerken.

(4) Der Prüfungsbeamte vermerkt die Beanstandungen nach Absatz 1 außerdem in einer Nachweisung. Der Kostenbeamte ergänzt die Nachweisung durch Angabe des Zuordnungsmerkmals der Kassenanordnung oder der sonst erforderlichen Vermerke über die Erledigung; sodann gibt er sie dem Prüfungsbeamten zurück. Der Prüfungsbeamte stellt bei der nächsten Gelegenheit stichprobenweise fest, ob die entsprechenden Buchungen tatsächlich vorgenommen sind. Die Nachweisungen verwahrt er jahrgangsweise.

(5) Stellt der Prüfungsbeamte das Fehlen von Akten fest, hat er alsbald dem Behördenvorstand Anzeige zu erstatten.

§ 44
Niederschrift über die Kostenprüfung

(1) Der Prüfungsbeamte fertigt über die Kostenprüfung eine Niederschrift, die einen Überblick über Gang und Ergebnis des Prüfungsgeschäfts ermöglichen soll.

(2) Er erörtert darin diejenigen Einzelfälle, die grundsätzliche Bedeutung haben, die anderwärts abweichend beurteilt werden oder die sonst von Erheblichkeit sind (vgl. dazu § 43 Abs. 2). Weiter führt er die Fälle auf, in denen ihm die Einlegung der Erinnerung (§ 38 Abs. 1) angezeigt erscheint oder die zu Maßnahmen im Dienstaufsichtsweg

Anlass geben können. Die Niederschriften können in geeigneten Fällen für die einzelnen geprüften Geschäftsstellen getrennt gefertigt werden.

(3) Je ein Exemplar der Niederschrift leitet der Prüfungsbeamte den Dienstvorgesetzten zu, die die Prüfung angeordnet oder mitangeordnet haben (§ 39 Abs. 2). Er schlägt dabei die Maßnahmen vor, die er nach seinen Feststellungen bei der Prüfung für angezeigt hält.

§ 45
Jahresberichte

(1) Bis zum 1. Juni eines jeden Jahres erstattet der Prüfungsbeamte seinem Dienstvorgesetzten Bericht über das Gesamtergebnis der Kostenprüfungen im abgelaufenen Haushaltsjahr. Er legt darin insbesondere die Grundsätze dar, von denen er sich bei seinen Anordnungen oder bei der Behandlung einzelner Fälle von allgemeiner Bedeutung hat leiten lassen.

(2) Soweit nicht bei allen Dienststellen Prüfungen haben vorgenommen werden können, sind die Gründe kurz anzugeben.

(3) Die Präsidenten der Landgerichte (Präsidenten der Amtsgerichte) legen die Jahresberichte mit ihrer Stellungnahme dem Präsidenten des Oberlandesgerichts vor. Die Präsidenten der Sozialgerichte legen die Jahresberichte mit ihrer Stellungnahme dem Präsidenten des Landessozialgerichts vor.

(4) Der Präsident des Oberlandesgerichts, der Präsident des Oberverwaltungsgerichts, der Präsident des Finanzgerichts und der Präsident des Landessozialgerichts treffen nach Prüfung der Jahresberichte die für ihren Bezirk notwendigen Anordnungen und berichten über Einzelfragen von allgemeiner Bedeutung der Landesjustizverwaltung. Der Präsident des Oberlandesgerichts teilt die Berichte dem Generalstaatsanwalt mit, soweit sie für diesen von Interesse sind.

ABSCHNITT 6
Justizverwaltungskosten

§ 46
Entscheidungen nach dem Justizverwaltungskostengesetz
– zu § 4 Abs. 2 und 3, §§ 8 und 10 JVKostG –

Die nach § 4 Abs. 2 und 3, §§ 8 und 10 JVKostG der Behörde übertragenen Entscheidungen obliegen dem Beamten, der die Sachentscheidung zu treffen hat.

§ 47
Laufender Bezug von Abdrucken aus dem Schuldnerverzeichnis

Bei laufendem Bezug von Abdrucken aus dem Schuldnerverzeichnis ist die Absendung der noch nicht abgerechneten Abdrucke in einer Liste unter Angabe des Absendetages, des Empfängers und der Zahl der mitgeteilten Eintragungen zu vermerken.

ABSCHNITT 7
Notarkosten

§ 48
Einwendungen gegen die Kostenberechnung
– zu §§ 127 bis 130 GNotKG –

(1) Gibt der Kostenansatz eines Notars, dem die Kosten selbst zufließen, der Dienstaufsichtsbehörde zu Beanstandungen Anlass, fordert sie den Notar auf, den Ansatz zu berichtigen, gegebenenfalls zu viel erhobene Beträge zu erstatten oder zu wenig erhobene Beträge nachzufordern und, falls er die Beanstandungen nicht als berechtigt anerkennt, die Entscheidung des Landgerichts herbeizuführen. Die Aufforderung soll unterbleiben, wenn es sich um Kleinbeträge handelt, von deren Erstattung oder Nachforderung nach den für Gerichtskosten im Verkehr mit Privatpersonen getroffenen Bestimmungen abgesehen werden darf. Die Dienstaufsichtsbehörde kann es darüber hinaus dem Notar im Einzelfall gestatten, von der Nachforderung eines Betrages bis zu 25 Euro abzusehen.

(2) Hat der Kostenschuldner die Entscheidung des Landgerichts gegen den Kostenansatz beantragt, kann die Aufsichtsbehörde, wenn sie den Kostenansatz für zu niedrig hält, den Notar anweisen, sich dem Antrag mit dem Ziel der Erhöhung des Kostenansatzes anzuschließen.

(3) Entscheidungen des Landgerichts und Beschwerdeentscheidungen des Oberlandesgerichts, gegen die die Rechtsbeschwerde zulässig ist, hat der Kostenbeamte des Landgerichts mit den Akten alsbald der Dienstaufsichtsbehörde des Notars zur Prüfung vorzulegen, ob der Notar angewiesen werden soll, Beschwerde oder Rechtsbeschwerde zu erheben.

ANHANG XI
Durchführungsbestimmungen

zum Gesetz über die Prozesskostenhilfe und zur Stundung der Kosten des Insolvenzverfahrens (DB-PKH/DB-InsO)

Die DB-PKH/DB-InsO sind Verwaltungsvorschriften und demzufolge für den Richter nicht bindend.[1] Sie sind zwischen den Justizverwaltungen der Länder abgestimmt und im Wesentlichen inhaltsgleich. Veröffentlicht sind sie in:

Baden-Württemberg: Die Justiz 2013, 316;
Bayern: JMBl. 2009, 163;
Berlin: ABl. 2013, 1779;
Brandenburg: JMBl. 13, 79;
Bremen: AO vom 10.12.1980;
Hamburg: JVBl. 2013, 83;
Hessen: JMBl. 2007, 493;
Mecklenburg-Vorpommern: AVBl. 2013, 660;
Niedersachsen: NdsRPfl2013, 226:
Nordrhein-Westfalen: JMBl. 2013, 196;
Rheinland-Pfalz: JBl. 2011, 172;
Saarland: ABl. 2013, 803;
Sachsen: JMBl2010, 40;
Sachsen-Anhalt: JMBl. 2013, 167;
Schleswig-Holstein: SchlHA 2013, 368;
Thüringen: JMBl. 2013, 57.

Im Folgenden ist die in Schleswig-Holstein geltende Fassung wiedergegeben:

1. Antrag auf Prozesskostenhilfe

1.1 Einem Antrag auf Bewilligung der Prozesskostenhilfe ist grundsätzlich der Vordruck „Erklärung über die persönlichen und wirtschaftlichen Verhältnisse bei Prozesskostenhilfe" beizufügen (§ 117 Abs. 2–4 ZPO in Verbindung mit den Bestimmungen der PKH-Vordruckverordnung [PKHVV]). Wird der Antrag zu Protokoll der Geschäftsstelle erklärt, soll die Partei durch Aushändigung des Hinweisblattes zum Vordruck auf die Bedeutung der Prozesskostenhilfe hingewiesen werden.

1.2 Hat eine Partei die Bewilligung von Prozesskostenhilfe beantragt, so sind die Akten dem Gericht vorzulegen.

1.3 Dieser Verwaltungsvorschrift liegt eine Tabelle als Anlage an. Der Tabelle können die der PKH-Partei voraussichtlich entstehenden Verfahrenskosten in Klageverfahren der ordentlichen Gerichtsbarkeit sowie in Ehesachen, bestimmten Lebenspartnerschaftssachen und Folgesachen (Teil 1 Hauptabschnitt 3 KV-GKG) entnommen werden. Die Kosten setzen sich aus den bei einem normalen Verfahrensablauf entstehenden Gerichtsgebühren (Gebühr für das Verfahren im Allgemeinen) sowie den Gebühren für die Vertretung durch einen Prozessbevollmächtigten (Nrn. 3100 und 3104 bzw. Nrn. 3200 und 3202 VV-RVG) zuzüglich Auslagenpauschale und Umsatzsteuer zusammen. Voraussichtlich entstehende weitere Auslagen sind dem jeweiligen Kostenbetrag der Tabelle hinzuzurechnen.

1 OLG Düsseldorf RPfleger 1986, 108.

2. Mitwirkung der Geschäftsstelle

2.1 Die Vordrucke mit den Erklärungen über die persönlichen und wirtschaftlichen Verhältnisse und die dazugehörenden Belege sowie die bei der Durchführung der Prozesskostenhilfe entstehenden Vorgänge sind in allen Fällen unabhängig von der Zahl der Rechtszüge für jeden Beteiligten in einem besonderen Beiheft zu vereinigen. Das gilt insbesondere für Kostenrechnungen und Zahlungsanzeigen über Monatsraten und sonstige Beträge (§ 120 Abs. 1 ZPO).

In dem Beiheft sind ferner die Urschriften der die Prozesskostenhilfe betreffenden gerichtlichen Entscheidungen und die dazugehörigen gerichtlichen Verfügungen aufzubewahren. In die Hauptakten ist ein Abdruck der gerichtlichen Entscheidungen aufzunehmen. Jedoch sind zuvor die Teile der gerichtlichen Entscheidungen zu entfernen oder unkenntlich zu machen. die Angaben über die persönlichen und wirtschaftlichen Verhältnisse der Parteien enthalten. Enthält die gerichtliche Entscheidung keine Angaben über die persönlichen und wirtschaftlichen Verhältnisse der Partei, so kann die Urschrift auch zur Hauptakte genommen werden; in diesem Fall ist ein Abdruck im Beiheft aufzubewahren.

Das Beiheft sowie die darin zu verwahrenden Schriftstücke enthalten hinter dem Aktenzeichen den Klammerzusatz (PKH). Werden die Prozessakten zur Entscheidung über ein Rechtsmittel dem Rechtsmittelgericht vorgelegt, so ist den Akten das Beiheft beizufügen. Das Beiheft ist dagegen zurückzubehalten, wenn die Akten an nicht beteiligte Gerichte oder Behörden versandt werden. Gleiches gilt, wenn dem Verfahrensgegner, seinem Prozessbevollmächtigten, Dritten oder ihren Bevollmächtigten Akteneinsicht (auch in Form von Übersendung der Akten) gewährt wird.

2.2 Hat das Gericht Prozesskostenhilfe bewilligt so vermerkt die Geschäftsstelle auf dem Aktendeckel neben dem Namen der Partei „Prozesskostenhilfe mit/ohne Zahlungsbestimmung bewilligt Bl. ...".

2.3 Der Geschäftsstelle des Gerichts, bei dem sich das Beiheft befindet, obliegen die Anforderungen der Zahlungen mit Kostennachricht (Nr. 4.1) und die Überwachung des Eingangs dieser Beträge.

Ist der Zahlungspflichtige mit einem angeforderten Betrag länger als einen Monat im Rückstand, so hat ihn die Geschäftssteile einmal unter Hinweis auf die Folgen des § 124 Nr. 4 ZPO an die Zahlung zu erinnern.

2.4 Dem Kostenbeamten sind die Akten – unbeschadet der Bestimmungen der Kostenverfügung – vorzulegen, sobald

2.4.1 das Gericht Prozesskostenhilfe bewilligt hat,

2.4.2 die Entscheidung über die Prozesskostenhilfe geändert worden ist,

2.4.3 das Rechtsmittelgericht andere Zahlungen als das Gericht der Vorinstanz bestimmt hat,

2.4.4 das Gericht die Entscheidung über die zu leistenden Zahlungen geändert oder die Bewilligung der Prozesskostenhilfe aufgehoben hat,

2.4.5 47 Monatsraten eingegangen sind.

2.5 Dem Rechtspfleger sind die Akten in folgenden Fällen vorzulegen:

2.5.1 nach Eingang der auf die Absendung der Kostennachricht (Nr. 4.5) folgenden ersten Zahlung der Partei zur Bestimmung einer Wiedervorlagefrist zwecks Prüfung der vorläufigen Einstellung der Zahlungen (§ 120 Abs. 3 Nr. 1 ZPO),

2.5.2 wenn die Partei, der Prozesskostenhilfe mit Zahlungsbestimmung bewilligt ist, mit der Zahlung einer Monatsrate oder eines sonstigen Betrages länger als drei Monate im Rückstand ist (§ 124 Nr. 4 ZPO),

2.5.3 wenn sich nach einer vorläufigen Einstellung der Zahlungen (§ 120 Abs. 3 Nr. 1 ZPO) Anhaltspunkte dafür ergeben, dass die bisherigen Zahlungen die voraussichtlich entstehenden Kosten nicht decken,

2.5.4 bei jeder Veränderung des Streitwertes,

2.5.5 wenn der Gegner Zahlungen auf Kosten leistet,

2.5.6 wenn eine Entscheidung über die Kosten ergeht oder diese vergleichsweise geregelt werden (§ 120 Abs. 3 Nr. 2 ZPO),

2.5.7 wenn die Akten nach Beendigung eines Rechtsmittelverfahrens an die erste Instanz zur Überprüfung zurückgegeben werden, ob die Zahlungen nach § 120 Abs. 3 ZPO vorläufig einzustellen sind,

2.5.8 wenn nach Ansatz der Kosten zu Lasten des Gegners eine Zweitschuldneranfrage der Gerichtskasse eingeht und die Partei, der Prozesskostenhilfe mit Zahlungsbestimmung bewilligt ist, als Zweitschuldner nach § 31 Abs. 2 Satz 1 GKG in Anspruch genommen werden kann (Nr. 4.8).

3. Bewilligung von Prozesskostenhilfe ohne Zahlungsbestimmung

3.1 Soweit und solange ein Kostenschuldner nach den Vorschriften der Zivilprozessordnung von der Entrichtung der Kosten deshalb befreit ist, weil ihm oder seinem Gegner Prozesskostenhilfe ohne Zahlungsbestimmung bewilligt ist, wird wegen dieser Kosten eine Kostenrechnung (§ 27 KostVfg.) auf ihn nicht ausgestellt.

3.2 Waren Kosten bereits vor der Bewilligung angesetzt und der Gerichtskasse zur Einziehung überwiesen, so ersucht der Kostenbeamte die Gerichtskasse, die Kostenforderung zu löschen, soweit die Kosten noch nicht gezahlt sind.

Die Rückzahlung bereits entrichteter Kosten, ist nur dann anzuordnen, wenn sie nach dem Zeitpunkt gezahlt sind, in dem die Bewilligung wirksam geworden ist. Wird der Partei, der Prozesskostenhilfe ohne Zahlungsbestimmung bewilligt ist, rechtskräftig in die Prozesskosten verurteilt (Entscheidungsschuldner auch § 29 Nr. 1 GKG), sind vom Gegner bereits entrichtete Kosten zurückzuzahlen (§ 31 Abs. 3 Satz 1 zweiter Halbsatz GKG).

3.3 Der Kostenbeamte hat den Eintritt der gesetzlichen Voraussetzungen, unter denen die Kosten von der Partei, der Prozesskostenhilfe ohne Zahlungsbestimmung bewilligt ist, und dem Gegner eingezogen werden können, genau zu überwachen. Zu beachten ist dabei Folgendes:

3.3.1 Zu Lasten der Partei dürfen die außer Ansatz gelassenen Beträge nur aufgrund einer gerichtlichen Entscheidung angesetzt werden, durch die die Bewilligung aufgehoben worden ist (§ 124 ZPO).

3.3.2 Zu Lasten des Gegners sind die Kosten, von deren Entrichtung die Partei befreit ist, erst anzusetzen, wenn der Gegner rechtskräftig in die Prozesskosten verurteilt ist oder sie durch eine vor Gericht abgegebene oder dem Gericht mitgeteilte Erklärung übernommen hat oder sonst für die Kosten haftet (§ 125 Abs. 1 ZPO, § 29 GKG); das gilt auch für die Geltendmachung von Ansprüchen, die nach § 59 RVG auf die Bundes- oder Landeskasse übergegangen sind. Die Gerichtskosten, von deren Zahlung der Gegner einstweilen befreit ist (§ 122 Abs. 2 ZPO), sind zu seinen Lasten anzusetzen, wenn er rechtskräftig in die Prozesskosten verurteilt ist oder der Rechtsstreit ohne Urteil über die Kosten durch Vergleich oder in sonstiger Weise beendet ist (§ 125 Abs. 2 ZPO). Wird ein Rechtsstreit, in dem dem Kläger, Berufungskläger oder Revisionskläger Prozesskostenhilfe ohne Zahlungsbestimmung bewilligt ist, mehr als nicht betrieben, ohne dass das Ruhen des Verfahrens (§ 251 ZPO) angeordnet ist, so stellt der Kostenbeamte durch Anfrage bei den Parteien fest, ob der Rechtsstreit beendet ist. Gibt keine der Parteien binnen angemessener Frist eine Erklärung ab, so setzt er auf den Gegner die diesen zur Last fallenden Kosten an. Das Gleiche gilt, wenn die Parteien den Rechtsstreit trotz der Erklärung, dass er nicht beendet sei, auch jetzt nicht weiter betreiben, oder wenn der Gegner erklärt, der Rechtsstreit ruhe oder sei beendet.

4. Bewilligung von Prozesskostenhilfe mit Zahlungsbestimmung

4.1 Der Kostenbeamte behandelt die festgesetzten Monatsraten und die aus dem Vermögen zu zahlenden Beträge (§ 120 Abs. 1 ZPO) wie Kostenforderungen. Sie werden von der Geschäftssteile ohne vorherige Überweisung an die Gerichtskasse unmittelbar von dem Zahlungspflichtigen mit Kostennachricht (§ 31 KostVfg.) angefordert. Monatsraten, Teilbeträge und einmalige Zahlungen sowie deren Fälligkeitstermine sind sowohl in der Urschrift der Kostenrechnung als auch in der Kostennachricht besonders anzugeben.

4.2 Sind vor Bewilligung der Prozesskostenhilfe Gerichtskoten angesetzt und der Gerichtskasse zur Einziehung überwiesen, so ist zu prüfen, ob und ggf. wann diese bezahlt worden sind. Ist eine Zahlung noch nicht erfolgt, so veranlasst der Kostenbeamte die Löschung des Kostensolls.

4.3 Zahlungen vor Wirksamwerden der Prozesskostenhilfe sollen erst bei der Prüfung nach § 120 Abs. 3 Nr. 1 ZPO berücksichtigt werden, spätere Zahlungen sind auf die nach § 120 Abs. 1 ZPO zu leistenden anzurechnen.

4.4 Wird die Partei, der Prozesskostenhilfe bewilligt worden ist, rechtskräftig in die Prozesskosten verurteilt (Entscheidungsschuldner nach § 29 Nr. 1 GKG), sind vom Gegner bereits entrichtete Kosten zurückzuzahlen (§ 31 Abs. 3 Satz 1 Zweiter Halbsatz GKG).

4.5 Bestimmt das Rechtsmittelgericht andere Zahlungen als das Gericht der Vorinstanz, so ist von dem Kostenbeamten des Rechtsmittelgerichts eine entsprechende Änderung der Zahlungen zu veranlassen (Nr. 4.1). Dabei ist darauf hinzuweisen, dass die Kostennachricht der Vorinstanz gegenstandslos ist. Die Geschäftsstelle des Gerichts der Vorinstanz hat noch eingehende Zahlungsanzeigen zu dem an das Rechtsmittelgericht abgegebenen Beiheft weiterzuleiten.

Nach Abschluss in der Rechtsmittelinstanz sendet die Geschäftsstelle des Rechtsmittelgerichts das Beiheft mit den Akten an das Gericht der Vorinstanz zur weiteren Bearbeitung zurück.

4.5.1 Jedoch gilt für Zahlungen, die während der Anhängigkeit des Verfahrens vor einem Gerichtshof des Bundes an die Landeskasse zu leisten sind (§ 120 Abs. 2 ZPO), Folgendes: Die Zahlungen werden (abweichend von der Nr. 2.3 Satz 1) nach den Hinweisen des Kostenbeamten eines Gerichtshofs von der Geschäftsstelle des Gerichts des ersten Rechtszuges angefordert und überwacht. Dabei werden der Geschäftsstelle die Entscheidungen des Gerichtshofes, soweit sie die Prozesskostenhilfe betreffen, in beglaubigter Abschrift mitgeteilt. Der Zahlungsverzug (Nr. 2.5.2) ist dem Gerichtshof anzuzeigen. Nach Rückkehr der Alten vom Rechtsmittelgericht (Nr. 4.4 Satz 4) werden die angefallenen Vorgänge mit dem Beiheft vereinigt.

4.5.2 Zahlungen, die nach § 120 Abs. 2 ZPO an die Bundeskasse zu leisten sind, werden von der Geschäftsstelle des Gerichtshofs des Bundes angefordert und überwacht.

4.6 Für die Behandlung der Kostennachricht gilt § 32 Abs. 1 und 2 KostVfg. entsprechend.

4.7 Sieht der Rechtspfleger im Falle einer Vorlage nach Nr. 2.5.2 davon ab, die Bewilligung der Prozesskostenhilfe aufzuheben, so hat der Kostenbeamte die zu diesem Zeitpunkt rückständigen Beträge der Gerichtskasse zur Einziehung zu überweisen. Die Gerichtskasse ist durch einen rot zu unterstreichenden Vermerk „ZA“ um Zahlungsanzeige zu ersuchen.

4.8 Zu Lasten des Gegners der Partei, der Prozesskostenhilfe bewilligt ist, sind die unter die Bewilligung fallenden Kosten erst anzusetzen, wenn er rechtskräftig in die Prozesskosten verurteilt ist oder sie durch eine vor Gericht abgegebene oder dem Gericht mitgeteilte Erklärung übernommen hat oder sonst für die Kosten haftet (§ 125 Abs. 1 ZPO, § 29 GKG). Nr. 3.3.2 Satz 1 letzter Halbsatz gilt entsprechend.

4.9 Wird dem Kostenbeamten eine Zweitschuldneranfrage der Gerichtskasse vorgelegt, so prüft er, ob die Partei, der Prozesskostenhilfe mit Zahlungsbestimmung bewilligt ist, für die gegen den Gegner geltend gemachten Gerichtskosten als Zweitschuldner ganz oder teilweise haftet. Liegen diese Voraussetzungen vor, so unterrichtet er die Gerichtskasse hiervon und legt die Akten mit einer Berechnung der Kosten, für die die Partei nach § 31 Abs. 2 GKG in Anspruch genommen werden kann, unverzüglich dem Rechtspfleger vor.

5. Gemeinsame Bestimmungen bei Bewilligung von Prozesskostenhilfe

5.1 Werden dem Kostenbeamten Tatsachen über die persönlichen oder wirtschaftlichen Verhältnisse bekannt, die eine Änderung oder Aufhebung der Bewilligung der Prozesskostenhilfe rechtfertigen könnten (§ 120 Abs. 4, § 124 Nrn. 2, 3 ZPO), hat er die Akten dem Rechtspfleger vorzulegen.

5.2 Hat der Gerichtsvollzieher Berechnungen über Kosten für Amtshandlungen, die er aufgrund der Prozesskostenhilfe unentgeltlich erledigt hat, zu den Akten mitgeteilt, so sind diese Kosten beim Ansatz wie sonstige Gerichtskosten zu behandeln.

5.3 Wenn bei einem obersten Gerichtshof des Bundes Kosten der Revisionsinstanz außer Ansatz geblieben sind, weil dem Kostenschuldner oder seinem Gegner Prozesskostenhilfe bewilligt ist, hat der Kostenbeamte diesem Gericht Nachricht zu geben, sobald sich ergibt, dass Beträge durch die Bundeskasse einzuziehen sind.

Dieser Fall kann eintreten,

5.3.1 wenn das Revisionsgericht die Sache zur anderweitigen Verhandlung und Entscheidung, auch über die Kosten des Revisionsverfahrens, zurückverwiesen hat und nach endgültigem Abschluss des Verfahrens zu Lasten des Gegners der Partei, der Prozesskostenhilfe bewilligt ist, Kosten des Revisionsverfahrens gemäß Nr. 3.3.2 oder 4.5 anzusetzen sind;

5.3.2 wenn der für die Revisionsinstanz beigeordnete Rechtsanwalt seinen Anspruch auf Vergütung gegen die Bundeskasse geltend macht, nachdem die Prozessakten zurückgesandt sind; in diesem Fall teilt der Urkundsbeamte der Geschäftsstelle des obersten Gerichtshofes des Bundes eine beglaubigte Abschrift des Beschlusses, durch den die Vergütung festgesetzt worden ist, zu den Prozessakten mit;

5.3.3 wenn nach Beendigung des Revisionsverfahrens ein Beschluss ergeht, durch den die Bewilligung der Prozesskostenhilfe aufgehoben wird.

5.4 In der Nachricht teilt der Kostenbeamte mit, ob und ggf. in welcher Höhe etwaige Zahlungen, die nach § 120 Abs. 2 ZPO an die Landeskasse entrichtet worden sind, auf die Kosten des Revisionsverfahrens zu verrechnen sind. Sind die Zahlungen nach § 120 Abs. 2 ZPO an die Bundeskasse zu leisten, so sind dem obersten Gerichtshof des Bundes alle die bewilligte Prozesskostenhilfe betreffenden Entscheidungen, die Kostenentscheidungen und eine Kostenrechnung unter Angabe der Beträge mitzuteilen, die in dem Verfahren von der Landeskasse vereinnahmt worden sind.

6. Verfahren bei Verweisung und Abgabe

6.1 Wird ein Verfahren an ein anderes Gericht verwiesen oder abgegeben, so hat der Kostenbeamte des übernehmenden Gerichts erneut eine Kostennachricht zu übersenden

(Nrn. 4.1, 4.5). Dabei ist darauf hinzuweisen, dass die Kostennachricht des verweisenden oder abgebenden Gerichts gegenstandslos ist.

6.2 Die Geschäftsstelle des verweisenden oder abgebenden Gerichts hat noch eingehende Zahlungsanzeigen an das übernehmende Gericht weiterzuleiten.

7. Kostenansatz nach Entscheidung oder bei Beendigung des Verfahrens

7.1 Ergeht im Verfahren eine Kostenentscheidung, wird ein Vergleich geschlossen oder wird das Verfahren in dieser Instanz auf sonstige Weise beendet, setzt der Kostenbeamte die Kosten an und stellt die Kostenschuldner fest. In die Kostenrechnung sind die Gerichtskosten und die nach § 59 RVG auf die Staatskasse übergegangenen Ansprüche aufzunehmen.

Sämtliche Zahlungen der Partei sind – erforderlichenfalls nach Anfrage bei der Kasse – zu berücksichtigen.

Ist Prozesskostenhilfe mit Zahlungsbestimmung bewilligt worden, so sind die Akten nach Aufstellung der Kostenrechnung unverzüglich dem Rechtspfleger vorzulegen.

7.2 Die Kosten der Rechtsmittelinstanz werden von dem Kostenbeamten des Rechtsmittelgerichts angesetzt (§ 19 Abs. 1 Satz 1 GKG). Kann dieser die Zahlungen, die von der Partei geleistet worden sind, der Prozesskostenhilfe bewilligt wurde, noch nicht abrechnen, weil zu diesem Zeitpunkt die Vergütungen der Rechtsanwälte noch nicht bezahlt sind (§§ 50, 55) oder noch Zahlungen der Partei ausstehen, so hat die endgültige Abrechnung der Kostenbeamte der ersten Instanz vorzunehmen.

7.3 Der Partei, die Zahlungen zu leisten (*richtig wohl: „geleistet“*) hat, ist eine Abschrift der Kostenrechnung zu erteilen verbunden mit einem Nachforderungsvorbehalt, wenn eine Inanspruchnahme über den in der Kostenrechnung enthaltenen Betrag hinaus in Betracht kommt.

8. Weiteres Verfahren nach Aufstellung der Kostenrechnung

8.1 Nach Vorlage der Akten (Nrn. 4.8, 7.1 Abs. 3) prüft der Rechtspfleger, welche Entscheidungen zur Wiederaufnahme oder Einstellung der Zahlungen zu treffen sind.

8.2 Ergibt sich eine Restschuld der Partei, der Prozesskostenhilfe bewilligt ist, so soll der Zeitpunkt der Einstellung der Zahlungen bestimmt werden. War vorher eine vorläufige Einstellung verfügt, so ist ihre Wiederaufnahme anzuordnen. Bei diesen Entscheidungen wird auch die zu den Akten mitgeteilte Vergütung der beigeordneten Rechtsanwälte (§ 50 Abs. 2 RVG) zu berücksichtigen sein, soweit die Vergütung noch nicht aus der Staatskasse beglichen ist und der Partei ein Erstattungsanspruch gegen den Gegner nicht zusteht. Teilt der Rechtsanwalt seine gesetzliche Vergütung (mit den Gebühren nach § 13 Abs. 1 RVG) nicht mit oder wird eine notwendige Kostenausgleichung nach § 106 ZPO nicht beantragt, so wird der Rechtspfleger seine Bestimmung ohne Rücksicht auf die Vergütungsansprüche des Rechtsanwalts treffen.

8.3 Ebenfalls zu berücksichtigen sind bereits bekannte Gerichtsvollzieherkosten (§ 122 Abs. 1 Nr. 1a ZPO).

8.4 Ergibt sich keine Restschuld der Partei so ist – unter Berücksichtigung der Vergütung des Rechtsanwalts oder der Kosten des Gerichtsvollziehers – die Einstellung der Zahlungen anzuordnen. Zu beachten ist, dass eine endgültige Einstellung der Zahlung unter Umständen erst nach Rechtskraft der Entscheidung verfügt werden kann, weil bei Einlegung eines Rechtsmittels durch die Partei die Raten bis zur 48. Monatsrate weiter zu zahlen sind. Gleiches gilt, wenn die Partei bei Rechtsmitteleinlegung des Prozessgegners Prozesskostenhilfe beantragt.

9. Aufhebung und Änderung der Bewilligung der Prozesskostenhilfe

9.1 Hat das Gericht die Bewilligung der Prozesskostenhilfe aufgehoben (§ 124 ZPO), so berechnet der Kostenbeamte die bis zu diesem Zeitpunkt angefallenen Kosten (ggf. unter Einbeziehung der nach § 59 RVG auf die Staatskasse übergegangenen Ansprüche der Rechtsanwälte) und überweist sie der Gerichtskasse zur Einziehung; § 10 Kostenverfügung bleibt unberührt. Soweit erforderlich, ist der beigeordnete Rechtsanwalt zur Einreichung seiner Kostenrechnung aufzufordern (§§ 50 Abs. 2, 55 RVG). Die aufgrund der Bewilligung der Prozesskostenhilfe bezahlten Beträge sind abzusetzen. Die Löschung der Sollstellung über die vom Gericht gemäß § 120 Abs. 1 ZPO festgesetzten Zahlungen ist zu veranlassen.

9.2 Setzt das Gericht andere Zahlungen fest, so berichtigt der Kostenbeamte den Ansatz nach Nr. 4.1.

10. Verfahren bei der Verwaltungs-, Finanz- und Sozialgerichtsbarkeit

Bei den Gerichten der Verwaltungs-, Finanz und Sozialgerichtsbarkeit tritt in den vorstehenden Bestimmungen der Richter an die Stelle des Rechtspflegers.

11. Stundung der Kosten des Insolvenzverfahrens

11.1 Hat das Gericht die Stundung der Kosten des Insolvenzverfahrens nach § 4a InsO bewilligt, so vermerkt die Geschäftsstelle auf dem Aktendeckel neben dem Namen des Schuldners „Stundung bewilligt Bl. ...“.

11.2 Werden nach Erteilung der Restschuldbefreiung die Stundung verlängert und Zahlungen festgelegt (§ 4b InsO), so gelten im Übrigen folgende Nummern entsprechend:

11.2.1 Nummer 2.1 mit der Maßgabe, dass die im Zusammenhang mit der Entscheidung nach § 4b InsO und ihrer Durchführung anfallenden Vorgänge in das Beiheft aufzunehmen sind. Der Klammerzusatz lautet „(Stundung)“. Nach Abschluss des Insolvenzverfahrens und nach rechtskräftiger Gewährung der Restschuldbefreiung gilt § 117 Abs. 2 Satz 2 ZPO entsprechend

11.2.2 Nummer 2.3.4.

11.2.3 Nr. 2.4.1 mit folgendem Wortlaut:

„nach Eingang der auf die Absendung der Kostennachricht (Nr. 4.5) folgenden ersten Zahlung der Partei zur Bestimmung einer Wiedervorlagefrist zwecks Prüfung der Einstellung der Zahlungen.“

11.2.4 Nummer 2.4.2 mit der Maßgabe, dass der Klammerzusatz „(§ 4c Nr. 3 InsO)“ lautet,

11.2.5 Nummer 4.1 mit der Maßgabe, dass der Landesjustizkasse grundsätzlich der konkret berechnete Gesamtbetrag der Kosten des Insolvenzverfahrens als Höchstbetrag zur Einziehung zu überweisen ist.“

11.2.6 Nummer 5.1 mit der Maßgabe, dass der Klammerzusatz „(§ 4b Abs. 2 InsO mit § 120 Abs. 4 Satz 1 und 2 ZPO, § 4c Nrn. 1, 2 und 4 InsO)“ lautet,

11.2.7 Nummer 9.1 Sätze 1 bis 3 mit der Maßgabe, dass der Klammerzusatz in Satz 1e „(§ 4c InsO)“ lautet,

2.1.1 Nummer 9.2.

2.1.2 Nummer 10 mit der Maßgabe,

3 dass die Höhe der vom Kostenbeamten in der Schlusskostenrechnung berechneten Kosten des Insolvenzverfahrens dem Kostenschuldner mitzuteilen ist,

4 dass der Klammerzusatz in Nr. 10.2 Abs. 1 Satz 1 „(§ 4b InsO auch in Verbindung mit § 120 Abs. 4 Satz b1 und 2 ZPO, § 4c InsO)" lautet und

5 dass in dem Klammerzusatz in Nr. 10.3.1 und Nr. 10.4. Satz 1 jeweils die Angabe „§ 124 Nr. 4 ZPO" und die Angabe „§ 4c Nr. 3 InsO" ersetzt wird.

11.3 Dem Rechtspfleger sind die Akten ferner vorzulegen, wenn die Restschuldbefreiung versagt oder widerrufen wird (§ 4c Nr. 5 InsO) oder wenn der Schuldner keine angemessene Erwerbstätigkeit ausübt, sich nicht um eine Beschäftigung bemüht oder eine zumutbare Tätigkeit ablehnt (§ 4c Nr. 4 InsO).

Anlage 1 zu Nr. 1.3 DB-PKH (Stand: 1. August 2013)

Kostenvoranschlag zur Bewilligung von Prozesskostenhilfe (§ 115 ZPO)

	Klageverfahren vor den ordentlichen Gerichten				
	I. Instanz				II. Instanz
	nach Mahnverfahren		ohne Mahnverfahren		
1	2	3	4	5	6
Streitwert bis	nur GKG	GKG + BVG	nur GKG	GKG + RVG	GKG + RVG
Euro	Euro	Euro	Euro	Euro	Euro
500	73	231	105	263	314
1.000	127	389	159	421	503
1.500	178	544	213	579	691
2.000	223	693	267	738	880
3.000	270	892	324	946	1.126
4.000	318	1.091	381	1.155	1.372
5.000	365	1.291	438	1.364	1.618
6.000	413	1.490	495	1.572	1.864
7.000	460	1.689	552	1.781	2.110
8.000	508	1.888	609	1.990	2.356
9.000	555	2.088	666	2.199	2.602
10.000	603	2.287	723	2.407	2.848
13.000	668	2.489	801	2.622	3.105
16.000	733	2.691	879	2.837	3.362
19.000	798	2.892	957	3.052	3.619
22.000	863	3.094	1.035	3.267	3.877
25.000	928	3.296	1.113	3.482	4.134
30.000	1.015	3.607	1.218	3.810	4.524
35.000	1.103	3.917	1.323	4.138	4.914
40.000	1.190	4.228	1.428	4.466	5.304
45.000	1.278	4.539	1.533	4.794	5.694
50.000	1.365	4.849	1.638	5.122	6.083
65.000	1.665	5.402	1.998	5.735	6.847
80.000	1.965	5.955	2.358	6.348	7.610
95.000	2.265	6.508	2.718	6.961	8.373
110.000	2.585	7.061	3.078	7.574	9.136
125.000	2.865	7.614	3.438	8.187	9.900
140.000	3.165	8.166	3.798	8.799	10.663
155.000	3.465	8.719	4.158	9.412	11.426
170.000	3.765	9.272	4.518	10.025	12.189
185.000	4.065	9.825	4.878	10.638	12.952
200.000	4.365	10.378	5.238	11.251	13.716
230.000	4.813	11.182	5.775	12.145	14.831
260.000	5.260	11.987	6.312	13.039	15.947
290.000	5.708	12.791	6.849	13.933	17.063
320.000	6.155	13.596	7.386	14.827	18.179
350.000	6.603	14.400	7.923	15.721	19.295
380.000	7.050	15.205	8.460	16.615	20.411
410.000	7.498	16.009	8.997	17.509	21.526
440.000	7.945	16.814	9.534	18.403	22.642
470.000	8.393	17.618	10.071	19.297	23.758
500.000	8.940	18.423	10.608	20.191	24.874

Anlage 2 zu Nr. 1.3 DB-PKH (Stand: 1. August 2013)

Kostenvoranschlag zur Bewilligung von Verfahrens- bzw. Prozesskostenhilfe in familiengerichtlichen Verfahren 1. Instanz (§§ 76 FamFG, 115 ZPO)

	Hauptsacheverfahren				Verfahren einstw. Rechtsschutz	
	Scheidungssachen einschl. Folgesachen	Selbständige Familienstreitsachen	Kindschaftssachen	Übrige Sachen	Kindschaftssachen	Übrige Sachen und Familienstreitsachen
1	2	3	4	5	6	7
Verfahrenswert bis	nur FamGKG	nur FamGKG	nur FamGKG	nur FamGKG	nur FamGKG	nur FamGKG
Euro	Euro	Euro	Euro	Euro	Euro	Euro
500	70	105	18	70	15	53
1000	106	159	27	106	16	80
1.500	142	213	36	142	21	107
2.000	178	267	45	178	27	134
3.000	216	324	54	216	32	162
4.000	254	381	64	254	38	191
5.000	292	438	73	292	44	219
6.000	330	495	83	330	50	248
7.000	368	552	92	368	55	276
8.000	406	609	102	406	61	305
9.000	444	666	111	444	67	333
10.000	392	723	121	482	72	362
13.000	534	801	134	534	80	401
16.000	586	879	147	586	88	440
19.000	638	957	160	638	96	479
22.000	690	1.035	173	690	104	518
25.000	742	1.113	186	742	111	557
30.000	812	1.218	203	812	122	609
35.000	882	1.323	221	882	132	662
40.000	952	1.428	238	952	143	714
45.000	1.022	1.533	256	1.022	153	767
50.000	1.092	1.638	273	1.092	164	819
65.000	1.332	1.998	333	1.332	200	999
80.000	1.572	2.358	393	1.572	236	1.179
95.000	1.812	2.718	453	1.812	272	1.359
110.000	2.052	3.078	513	2.052	308	1.359
125.000	2.292	3.438	573	2.292	344	1.719
140.000	2.532	3.798	633	2.532	380	1.899
155.000	2.772	4.158	693	2.772	416	2.079
170.000	3.012	4.518	753	3.012	452	2.259
185.000	3.252	4.878	813	3.252	488	2.439
200.000	3.492	5.238	873	3.492	524	2.619
230.000	3.850	5.775	963	3.850	578	2.888
260.000	4.208	6.312	1.052	4.208	631	3.156
290.000	4.566	6.849	1.142	4.566	685	3.425
320.000	4.924	7.386	1.231	4.924	739	3.693
350.000	5.282	7.923	1.321	5.282	792	3.962
380.000	5.640	8.460	1.410	5.640	846	4.230
410.000	5.998	8.997	1.500	5.998	900	4.499
440.000	6.356	9.534	1.589	6.356	953	4.767
470.000	6.714	10.071	1.679	6.714	1.007	5.036
500.000	7.072	10.608	1.768	7.072	1.061	5.304

	Hauptsacheverfahren				Verfahren einstw. Rechtsschutz	
	Scheidungssachen einschl. Folgesachen	Selbständige Familienstreitsachen	Kindschaftssachen	Übrige Sachen	Kindschaftssachen	Übrige Sachen und Familien streitsachen
1	**2**	**3**	**4**	**5**	**6**	**7**
Verfahrenswert bis	**FamGKG + RVG**	**FamGKG + RVG**	**FamGKG + RVG**	**FamGKG + RVG**	**FamGKG + RVG**	**FamGKG + RVG**
Euro	**Euro**	**Euro**	**Euro**	**Euro**	**Euro**	**Euro**
500	228	263	176	228	173	211
1000	368	421	289	368	278	342
1.500	508	579	402	508	388	473
2.000	649	738	515	649	497	604
3.000	838	946	676	838	655	784
4.000	1.028	1.155	837	1.028	812	964
5.000	1.218	1.364	999	1.218	970	1.145
6.000	1.407	1.572	1.160	1.407	1.127	1.325
7.000	1.597	1.781	1.321	1.597	1.284	1.505
8.000	1.787	1.990	1.482	1.787	1.442	1.685
9.000	1.977	2.199	1.644	1.977	1.599	1.866
10.000	2.166	2.407	1.805	2.166	1.757	2.046
13.000	2.355	2.622	1.955	2.355	1.901	2.222
16.000	2.544	2.837	2.105	2.544	2.046	2.398
19.000	2.733	3.052	2.254	2.733	2.191	2.573
22.000	2.922	3.267	2.404	3.111	2.335	2.749
25.000	3.111	3.482	2.554	622	2.480	2.925
30.000	3.404	3.810	2.795	3.404	2.714	3.201
35.000	3.697	4.138	3.035	3.697	2.947	3.476
40.000	3.990	4.466	3.276	3.990	3.181	3.752
45.000	4.283	4.794	3.517	4.283	3.414	4.028
50.000	4.576	5.122	3.757	4.576	3.648	4.303
65.000	5.068	5.735	4.070	5.069	3.937	4.736
80.000	5.562	6.348	4.383	5.562	4.226	5.169
95.000	6.055	6.961	4.696	6.055	4.515	5.602
110.000	6.548	7.574	5.009	6.548	4.804	6.035
125.000	7.041	8.187	5.322	7.041	5.092	6.468
140.000	7.533	8.799	5.634	7.533	5.381	6.900
155.000	8,026	9.412	5.947	8.026	5.670	7.333
170.000	8.519	10.025	6.260	8.519	5.959	7.766
185.000	9.012	10.638	6.573	9.012	6.248	8.199
200.000	9.505	11.251	6.886	9.505	6.537	8.632
230.000	10.220	12.145	7.332	10.220	6.947	9.257
260.000	10.935	13.039	7.779	10.935	7.358	9.883
290.000	11.650	13.933	8.225	11.650	7.769	10.508
320.000	12.365	14.827	8.672	12.365	8.180	11.134
350.000	13.080	15.721	9.118	13.080	8.590	11.759
380.000	13.795	16.615	9.565	13.795	9.001	12.385
410.000	14.510	17.509	10.011	14.510	9.412	13.010
440.000	15.225	18.403	10.458	15.225	9.822	14.636
470.000	15.940	19.297	10.904	15.940	10.233	14.261
500.000	16.655	20.191	11.351	16.655	10.644	14.887

ANHANG XII

Vereinbarung über die Festsetzung der aus der Staatskasse zu gewährenden Vergütung der Rechtsanwältinnen, Rechtsanwälte, Patentanwältinnen, Patentanwälte, Rechtsbeistände, Steuerberaterinnen und Steuerberater

I.

Die Landesjustizverwaltungen und das Bundesministerium der Justiz haben die bundeseinheitliche Geltung der nachstehenden Vorschriften über die Vergütung der beigeordneten oder bestellten Rechtsanwältinnen und Rechtsanwälte, der beigeordneten Patentanwältinnen, Patentanwälte, Steuerberaterinnen und Steuerberater und für die Festsetzung von Vorschüssen vorgesehen. Sie werden hiermit von der Justizbehörde erlassen.[1]

II.

A. Vergütung der beigeordneten oder bestellten Rechtsanwälte

I. Festsetzungsantrag

1. Allgemeine Bestimmungen

2.1 Festsetzungsantrag

Der Festsetzungsantrag mit der Berechnung der Gebühren und Auslagen (§ 10 RVG) ist bei der Geschäftsstelle zweifach einzureichen. Rechtsanwälte sind nicht verpflichtet, die Festsetzung der ihnen aus der Staatskasse zu zahlenden Vergütung mit den amtlichen Vordrucken zu beantragen. Formlos oder mit Hilfe von EDV-Anlagen erstellte Festsetzungsanträge sollen inhaltlich den amtlichen Vordrucken entsprechen.

1.2 Festsetzung

1.2.1 Die Festsetzung (§ 55 RVG) ist dem gehobenen Dienst vorbehalten.

1.2.2 Kann Verjährung in Betracht kommen (vgl. §§ 195, 199 BGB; § 8 RVG), so hat die Urkundsbeamtin oder der Urkundsbeamte der Geschäftsstelle (UdG) vor der Entscheidung über den Festsetzungsantrag die Akten mit einem entsprechenden Hinweis der Vertretung der Staatskasse vorzulegen (5. Nr. 1.44). Sieht diese von der Erhebung der Verjährungseinrede ab, so hat der UdG dies auf der Festsetzung zu vermerken.

1.2.3 Müssen die Sachakten wegen der Einlegung von Rechtsmitteln oder aus sonstigen Gründen versandt werden, so ist die Vergütung möglichst vorher festzusetzen. Sonst sind Akten, die für längere Zeit versandt sind, kurzfristig zurückzufordern.

1.2.4 Wird dem Festsetzungsantrag entsprochen, so ist keine Mitteilung erforderlich. Soweit die Entscheidung von dem Antrag abweicht, ist ihr Inhalt dem Rechtsanwalt schriftlich mitzuteilen.

---

1 Die Bestimmungen sind zum 1.11.2005 vom Bund und von den Ländern in Kraft gesetzt worden. Abgedruckt ist die in Schleswig-Holstein geltende Fassung, zuletzt geändert durch AV vom 21.10.2014 (SchlHA 2014, 439, 475).

1.2.5 Die Festsetzung ist zu den Sachakten zu nehmen. Auf dem Beiordnungsbeschluss ist neben dem Namen des beigeordneten Rechtsanwalts das Datum der Festsetzung in auffälliger Weise zu vermerken.

1.3 Auszahlungsanordnung

1.3.1 Die Auszahlungsanordnung wird von dem UdG des Gerichts erteilt, bei dem die Vergütung festgesetzt worden ist. Hat der UdG des Gerichts des ersten Rechtszugs die Vergütung festgesetzt und die Bundeskasse die Vergütung zu zahlen (§ 45 Abs. 1, 3 RVG), so hat er ein Exemplar der Festsetzung dem Gericht des Bundes zur Erteilung der Auszahlungsanordnung zu übersenden.

1.3.2 Ein Exemplar der Auszahlungsanordnung ist zu den Sachakten zu nehmen.

1.3.3 Werden in derselben Sache weitere Auszahlungsanordnungen notwendig, so sind auch davon Exemplare zu den Sachakten zu nehmen; in der Kostenberechnung sind sämtliche Gebühren und Auslagen aufzuführen; bereits gezahlte Beträge sind abzusetzen. Der Tag der früheren Auszahlungsanordnung ist anzugeben. Dies gilt auch, wenn Vorschüsse gezahlt sind (s. Nr. 1.5.3).

1.3.4 Nr. 2.4.4 ist zu beachten.

1.4 Vertretung der Staatskasse, Prüfung der Festsetzung

1.4.1 Die Vertretung der Staatskasse bei der Festsetzung einschließlich des Erinnerungs- und Beschwerdeverfahrens richtet sich nach den Bestimmungen des Abschnitts II.

1.4.2 Alle gerichtlichen Entscheidungen, durch die eine Festsetzung zu Ungunsten der Staatskasse geändert wird, hat der UdG vor Anweisung des Mehrbetrages der Vertretung der Staatskasse mitzuteilen.

1.4.3 Erinnerungen oder Beschwerden namens der Staatskasse sind nur zu erheben, wenn es sich um Fragen von grundsätzlicher Bedeutung oder um Beträge handelt, die nicht in offensichtlichem Missverhältnis zu dem durch das Erinnerungs- oder Beschwerdeverfahren entstehenden Zeit- und Arbeitsaufwand stehen.

1.4.4 Soll nach Auffassung der Vertretung der Staatskasse die Verjährungseinrede erhoben werden (s. Nr. 1.2.2). so hat sie dazu die Einwilligung der unmittelbar vorgesetzten Präsidentin oder des unmittelbar vorgesetzten Präsidenten einzuholen.

1.5 Vorschuss

1.5.1 Für die Festsetzung und Auszahlung des Vorschusses (§ 47 RVG) gelten die Bestimmungen für die Festsetzung und Auszahlung des endgültigen Betrages sinngemäß.

1.5.2 Die Auszahlungen sind als Abschlagszahlungen zu leisten und als Haushaltsausgaben zu buchen.

1.5.3 Der UdG überwacht die Fälligkeit der Vergütung und sorgt dafür, dass der Vorschuss alsbald abgerechnet wird (s. Nr. 1.3.3).

1.6 Wiedereinforderung überzahlter Beträge

Überzahlungen an Gebühren, Auslagen oder Vorschüssen sind nach dem Justizbeitreibungsgesetz einzuziehen.

2. Besondere Bestimmungen für die Vergütung der im Wege der Prozesskostenhilfe beigeordneten Rechtsanwälte

2.1 Zuständigkeit für die Festsetzung im Allgemeinen

Die aus der Staatskasse zu gewährende Vergütung (§§ 45 Abs. 1, 50 Abs. 1 RVG) wird von dem UdG des Gerichts des ersten Rechtszugs festgesetzt (§ 55 Abs. 1 RVG). In Angelegenheiten, in denen sich die Gebühren nach Teil 3 des Vergütungsverzeichnisses zum RVG bestimmen, erfolgt die Festsetzung durch den UdG des Gerichts des Rechtszugs, nach Beendigung des Verfahrens durch rechtskräftige Entscheidung oder in sonstiger Weise jedoch durch den UdG des Gerichts des ersten Rechtszugs (§ 55 Abs. 2 RVG).

2.2 Zuständigkeit zur Festsetzung im Falle der Verweisung oder Abgabe eines Verfahrens

2.2.1 Bei Verweisung oder Abgabe eines Verfahrens an ein Gericht eines anderen Landes gilt die Vereinbarung über den Ausgleich von Kosten in der jeweils gültigen Fassung.

2.2.2 Bei Verweisung oder Abgabe eines Verfahrens an ein Gericht desselben Landes gilt folgendes: Der UdG des verweisenden oder abgebenden Gerichts setzt die aus der Staatskasse zu gewährende Vergütung fest, wenn bereits vor der Versendung der Akten an das Gericht, an das das Verfahren verwiesen oder abgegeben worden ist, der Anspruch fällig geworden und der Festsetzungsantrag eingegangen ist. Andernfalls sind Festsetzungsanträge an die Geschäftsstelle des Gerichts weiterzugeben, an das das Verfahren verwiesen oder abgegeben worden ist.

2.3 Vergütung des beigeordneten Anwalts, Kostenfestsetzung, Übergang auf die Staatskasse

2.3.1 Bei der Festsetzung der vom Gegner an die Partei, der Prozesskostenhilfe bewilligt ist, oder an deren Rechtsanwalt zu erstattenden Kosten (§§ 103 bis 107, 126 ZPO) prüft die Rechtspflegerin oder der Rechtspfleger, ob bereits eine Vergütung aus der Staatskasse gezahlt worden ist und ob der aus der Staatskasse gewährte Betrag ganz oder zum Teil auf die im Kostenfestsetzungsbeschluss festzusetzenden Kosten anzurechnen ist. Er stellt zugleich fest, ob und inwieweit der Erstattungsanspruch gegen die Zahlungspflichtige oder den Zahlungspflichtigen auf die Staatskasse übergegangen ist (§ 59 Abs. 1 Satz 1 RVG). Dabei berücksichtigt er, dass ein übergegangener Anspruch der Staatskasse nicht zusteht, soweit die an den Rechtsanwalt gezahlte Vergütung durch Zahlungen der Partei an die Staatskasse gedeckt ist. Den auf die Staatskasse übergegangenen Betrag vermerkt er auf dem Kostenfestsetzungsbeschluss. Nötigenfalls nimmt er eine erläuternde Berechnung auf. Soweit ein Erstattungsanspruch auf die Staatskasse übergegangen ist, nimmt der Rechtspfleger in den Kostenfestsetzungsbeschluss nur den Betrag auf, der an die Partei oder an deren Rechtsanwalt noch zu erstatten bleibt.

2.3.2 Macht der Rechtsanwalt seinen Vergütungsanspruch gegen die Staatskasse erst geltend, nachdem die von der gegnerischen Partei zu erstattenden Kosten bereits nach § 103 bis 107 und 126 ZPO festgesetzt worden sind, so fordert der Rechtspfleger die vollstreckbare Ausfertigung des Kostenfestsetzungsbeschlusses von der- oder demjenigen zurück, zu deren oder dessen Gunsten er ergangen ist. Nach der Festsetzung der aus der Staatskasse zu gewährenden Vergütung vermerkt der Rechtspfleger auf der vollstreckbaren Ausfertigung des Kostenfestsetzungsbeschlusses, um welchen Betrag sich die festgesetzten Kosten mindern und welcher Restbetrag noch zu erstatten ist: falls erforderlich, fügt er eine erläuternde Berechnung bei. Die gleichen Vermerke setzt er auf den Kostenfestsetzungsbeschluss und bescheinigt dort außerdem, dass die vollstreckbare Ausfertigung mit denselben Vermerken versehen und zurückgesandt worden ist.

2.3.3 Wird die Vergütung festgesetzt, ohne dass die vollstreckbare Ausfertigung des Kostenfestsetzungsbeschlusses vorgelegt worden ist, so hat der UdG den erstattungspflichtigen Gegner zu benachrichtigen.

2.3.4 Bei der Einziehung der auf die Staatskasse übergegangenen Beträge sind § 122 Abs. 1 Nr. 1 Buchstabe b ZPO, § 6 Abs. 2 KostVfg. und Nr. 3.3.2 Satz 1 sowie Nr. 4.8 der Durchführungsbestimmungen zum Gesetz über die Prozesskostenhilfe und zur Stundung der Kosten des Insolvenzverfahrens (DB-PKHG/DB-InsO) zu beachten.

2.3.5 Zahlt die erstattungspflichtige gegnerische Partei bei der Vollstreckung aus dem Kostenfestsetzungsbeschluss freiwillig auch die nach Nr. 2.3.2 oder 2.3.3 abgesetzte Vergütung so hat die Gerichtsvollzieherin oder der Gerichtsvollzieher sie anzunehmen und an die Kasse abzuführen. Zieht der Gerichtsvollzieher nur den Restbetrag der festgesetzten Kosten ein, so hat er dies zu den Gerichtsakten mitzuteilen, damit der auf die Staatskasse übergegangene Betrag eingezogen werden kann (s. Nr. 2.4.1). Waren die einzuziehender Beträge bereits zum Soll gestellt, so gibt der UdG die Mitteilung an die Kasse weiter.

2.3.6 Beantragt der beigeordnete Rechtsanwalt nach Aufhebung der Bewilligung der Prozesskostenhilfe die Festsetzung der Vergütung gemäß § 11 RVG gegen die eigene Partei, so sind die Nrn. 2.3.1 bis 2.3.5 entsprechend anzuwenden.

2.4 Wiedereinforderung von der Partei, der Prozesskostenhilfe bewilligt worden ist, von der gegnerischen Partei oder von Streitgenossinnen oder Streitgenossen

2.4.1 Der UdG hat in jedem Fall zu prüfen und nötigenfalls zu überwachen, ob die aus der Staatskasse gezahlte Vergütung von der Partei oder von der erstattungspflichtigen gegnerischen Partei eingefordert werden kann (§ 59 RVG). Zu diesem Zweck hat er erforderlichenfalls die Parteien aufzufordern, ihre Kostenberechnung dem Gericht zur Ausgleichung mitzuteilen. Kann er die Mitwirkung der Parteien nicht erreichen, so hat er den Anspruch der Staatskasse nach Aktenlage zu berechnen. Der Anspruch gegen die Partei kann, solange die Bewilligung der Prozesskostenhilfe nicht aufgehoben ist (vgl. Nr. 3.3.1, Nr. 5.1 DB-PKHG/DB-InsO), nur nach den Bestimmungen geltend gemacht werden, die das Gericht getroffen hat (vgl. § 122 Abs. 1 Nr. 1 Buchstabe b ZPO). Gegebenenfalls ist eine Änderung dieser Bestimmungen anzuregen (vgl. § 120 Abs. 4 ZPO, Nr. 5.1 DB-PKHG/DB-InsO).

2.4.2 Der mit der Festsetzung der Vergütung befasste UdG hat Streitgenossen der Partei, die von dem dieser Partei beigeordneten Rechtsanwalt als Wahlanwalt vertreten werden, zur Zahlung des auf sie entfallenden Anteils an der aus der Staatskasse gezahlten Vergütung aufzufordern, soweit dies nicht aus besonderen Gründen, z.B. wegen feststehender Zahlungsunfähigkeit, untunlich erscheint.

2.4.3 Die Zahlungsaufforderung an die ausgleichspflichtigen Streitgenossen kann nicht auf § 59 RVG gestützt werden und darf daher nicht in der Form einer Gerichtskostenrechnung ergehen. Wird nicht freiwillig gezahlt, so sind die Vorgänge dem unmittelbar vorgesetzten Präsidenten vorzulegen, der gegebenenfalls die Klageerhebung veranlasst.

2.4.4 Wenn Streitgenossen der Partei, der Prozesskostenhilfe bewilligt ist, vorhanden sind, ist in der Festsetzung der Vergütung zu vermerken, ob und für welche Streitgenossen der Partei der beigeordnete Rechtsanwalt zugleich Wahlanwalt gewesen ist und ob ein Ausgleichsanspruch der Staatskasse gegen diese Streitgenossen geltend gemacht oder aus welchen Gründen davon abgesehen worden ist.

2.4.5 Die von Streitgenossen der Partei gezahlten Beträge sind bei den vermischten Einnahmen zu buchen. Die für die Buchung notwendigen Kassenanordnungen sind der zuständigen Kasse unverzüglich nach Zahlungseingang zuzuleiten. Eine ggf. zu den Sachakten erteilte Zahlungsanzeige ist beizufügen.

2.5 Festsetzung der weiteren Vergütung (§ 50 RVG)

2.5.1 Vor der Festsetzung der weiteren Vergütung hat sich der UdG davon zu überzeugen, dass

2.5.1.1 das Verfahren durch rechtskräftige Entscheidung oder in sonstiger Weise beendet ist,

2.5.1.2 sämtliche der Partei beigeordneten Rechtsanwälte und, soweit der gegnerischen Partei ebenfalls Prozesskostenhilfe bewilligt und die PKH-Partei der gegnerischen Partei erstattungspflichtig ist, auch die der gegnerischen Partei beigeordneten Rechtsanwalte ihre Vergütung (45 Abs. 1, 49 RVG) beantragt haben und dass über diese Anträge abschließend entschieden worden ist,

2.5.1.3 die Schlusskostenrechnung unter Berücksichtigung der gemäß § 59 Abs. 1 Satz 1 RVG auf die Staatskasse übergegangener Ansprüche (vgl. Nr. 2.5.1.2) aufgestellt worden und ein gegen die gegnerische Partei zum Soll gestellter Betrag, für den die Partei als Zweitschuldner haften würde, gezahlt ist, so dass feststeht, welcher Betrag zur Deckung der in § 122 Abs. 1 Nr. 1 ZPO bezeichneten Kosten und Ansprüche erforderlich ist,

2.5.1.4 sämtliche der Partei beigeordneten Rechtsanwälte die weitere Vergütung (§ 50 RVG) beantragt haben.

2.5.1.5 die von der Partei zu zahlenden Beträge (§ 120 ZPO, 50 Abs. 1 Satz 1 RVG) beglichen sind oder eine Zwangsvollstreckung in das bewegliche Vermögen der Partei erfolglos geblieben ist oder aussichtslos erscheint,

2.5.1.6 und ggf. in welcher Höhe nach Verrechnung der von der Partei gezahlten Beträge auf den nach Nr. 2.5.1.3 berechneten Betrag ein Überschuss verbleibt.

2.5.1.7 in dem Antrag angegeben ist, welche Zahlungen die beigeordneten Rechtsanwälte von der Partei oder einem Dritten erhalten haben.

2.5.2 Haben noch nicht sämtliche der Partei und ggf. der gegnerischen Partei beigeordneten Rechtsanwälte ihre Vergütung beantragt (vgl. Nrn. 2.5.1.2, 2.5.1.4) oder die erhaltenen Zahlungen angegeben (vgl. Nr. 2.5.1.7), so fordert der UdG sie unter Hinweis auf die Rechtsfolgen (55 Abs. 6 Satz 2 RVG) gegen Empfangsbekenntnis auf, innerhalb einer Frist von einem Monat bei der Geschäftsstelle des Gerichts, dem der UdG angehört, die Anträge einzureichen oder sich zu den Zahlungen zu erklären.

2.5.3 Waren die Zahlungen der Partei an die Staatskasse nach § 120 Abs. 3 ZPO durch das Gericht vorläufig eingestellt und reicht der Überschuss (vgl. Nr. 2.5.1.6) zur Deckung der weiteren Vergütung nicht aus, ist die Akte zunächst dem Rechtspfleger zur Entscheidung über die Wiederaufnahme der Zahlungen vorzulegen.

2.5.4 Verzögert sich die Entscheidung über den Antrag, weil z.B. das Ergebnis der Kosteneinziehung von der gegnerischen Partei, weitere Zahlungen der Partei oder der Eingang weiterer Anträge abzuwarten ist, hat der UdG den Rechtsanwalt über den Grund der Verzögerung zu unterrichten.

2.5.5 Die weitere Vergütung ist bei dem Haushaltstitel für die Vergütung beigeordneter Rechtsanwälte zu buchen.

2.5.6 Ändert sich nach der Festsetzung der weiteren Vergütung die Kostenforderung gegen die Partei (vgl. Nr. 2.5.1.3), sind die Akten dem UdG zur Prüfung vorzulegen, ob die Festsetzung zu berichtigen ist.

2.6 Die vorstehenden besonderen Bestimmungen gelten für die Vergütung der im Wege der Prozesskostenhilfe beigeordneten Patentanwalte und Steuerberater sowie die im Wege des § 625 ZPO beigeordneten oder nach § 57 58 ZPO bestellten Rechtsanwälte sinngemäß.

B.
Vergütung bei Beratungshilfe

1. Für die Festsetzung der Vergütung bei Beratungshilfe gilt Teil A Nr. 1 bis 1.2.2, 1.2.4, 1.3 bis 1.3.3 und 1.4 bis 1.4.4 sinngemäß. Der Festsetzungsantrag kann mit Hilfe von EDV-Anlagen erstellt werden oder von dem Vordruck der Anlage 2 zur BerHVV abweichen, wenn er inhaltlich diesem entspricht. Die Geschäftsstellen geben die amtlichen Vordrucke für den Beratungshilfeantrag und für den Festsetzungsantrag unentgeltlich aus. Sofern ein Berechtigungsschein erteilt worden ist, ist die Festsetzung zur Durchschrift des Berechtigungsscheins zu nehmen.

2. Der UdG hat in jedem Fall zu prüfen und nötigenfalls zu überwachen, ob die aus der Landeskasse gezahlte Vergütung von erstattungspflichtigen Gegnern eingefordert werden kann (§ 59 Abs. 1, 3 RVG, § 9 BerHG). Unter gesetzlicher Vergütung im Sinne des § 9 Satz 1 BerHG ist die an nicht im Rahmen der Beratungshilfe tätige Rechtsanwälte zu zahlende Vergütung zu verstehen. Der auf die Landeskasse übergegangene schuldrechtliche Anspruch auf Erstattung der Vergütung ist wie der Anspruch gegen ausgleichspflichtige Streitgenossen geltend zu machen (vgl. Teil A Nrn. 2.4.2 bis 2.4.5).

II.

Ergänzend zu den vorgenannten Bestimmungen wird Folgendes bestimmt:

1. Zu Teil A Nr. 1.3.2

Die Auszahlungsanordnung ist auf den dafür aufgelegten besonderen Vordrucken zu erteilen.

2. Zu Teil A Nr. 1.4

2.1 In dem Festsetzungsverfahren, einschließlich des Erinnerungs- und Beschwerdeverfahrens, wird die Staatskasse durch die Bezirksrevisorin oder den Bezirksrevisor vertreten.

2.2 Der Bezirksrevisor hat die Festsetzungen und Auszahlungsanordnungen anlässlich der örtlichen Prüfung des Kostenansatzes anhand der Sachakten stichprobenweise zu prüfen. Sofern die Auszahlung nicht nennenswert verzögert wird, kann der Dienstvorgesetzte des Bezirksrevisors anordnen, dass in bestimmten Fällen (z.B. in Zweifelsfällen oder bei Bildung von Prüfungsschwerpunkten) Festsetzungen vor Vollzug der Auszahlungsanordnung durch den Bezirksrevisor zu prüfen sind.

2.3 Von der Erhebung der Verjährungseinrede wird regelmäßig abgesehen werden können, wenn

2.3.1. der Anspruch zweifelsfrei begründet ist und

2.3.2. entweder die Verjährungsfrist erst verhältnismäßig kurze Zeit abgelaufen ist oder der Anspruchsberechtigte aus verständlichen Gründen (z.B. Schweben eines Rechtsmittels oder eines Parallelprozesses, längeres Ruhen des Verfahrens, Tod des Anwalts), die in einem Sachzusammenhang mit dem Erstattungsantrag stehen müssen, mit der Geltendmachung des Anspruchs gewartet hat.

III.

(*nicht abgedruckt*)

ANHANG XIII
Justizbeitreibungsgesetz (JBeitrG)[1]

vom 11. März 1937 (RGBl. I, 298) i.d.F. vom 25.6.2001 (BGBl. I, 1206) in der im BGBl. III – 365-1 veröffentlichten bereinigten Fassung,[2] neugefasst durch Bekanntmachung v. 27.6.2017 (BGBl. I, 1926), zuletzt geändert durch Gesetz vom 30.6.2017 (BGBl. I, 2094, 2095)

§ 1
Nach diesem Gesetz beizutreibende Ansprüche

(1) Nach diesem Gesetz werden folgende Ansprüche beigetrieben, und andere Ansprüche, deren Beitreibung sich nach den Vorschriften soweit sie von Justizbehörden des Bundes einzuziehen sind:

1. Geldstrafen über die Vollstreckung von Geldstrafen richtet;
2. gerichtlich erkannte Geldbußen und Nebenfolgen einer Ordnungswidrigkeit, die zu einer Geldzahlung verpflichten;

2a. Ansprüche aus gerichtlichen Anordnungen über den Verfall, die Einziehung und die Unbrauchbarmachung einer Sache;

2b. Ansprüche aus gerichtlichen Anordnungen über die Herausgabe von Akten und sonstigen Unterlagen nach § 407a Abs. 5 S. 2 der Zivilprozessordnung;

3. Ordnungs- und Zwangsgelder;
4. Gerichtskosten;

4a. Ansprüche auf Zahlung der vom Gericht im Verfahren der Prozesskostenhilfe oder nach § 4b der Insolvenzordnung bestimmten Beträge;

4b. nach den §§ 168 und 292 Abs. 1 des Gesetzes über das Verfahren in Familiensachen und in den Angelegenheiten der freiwilligen Gerichtsbarkeit festgesetzte Ansprüche;

5. Zulassungs- und Prüfungsgebühren;
6. alle sonstigen Justizverwaltungsabgaben;
7. Kosten der Gerichtsvollzieher und Vollziehungsbeamten, soweit sie selbständig oder gleichzeitig mit einem Anspruch, der nach diesem Gesetz vollstreckt wird, bei dem Auftraggeber oder Ersatzpflichtigen beigetrieben werden;
8. Ansprüche gegen Beamte, nichtbeamtete Beisitzer und Vertrauenspersonen, gegen Rechtsanwälte, Vormünder, Betreuer, Pfleger und Verfahrenspfleger, gegen Zeugen und Sachverständige sowie gegen mittellose Personen auf Erstattung von Beträgen, die ihnen in einem gerichtlichen Verfahren zuviel gezahlt sind;
9. Ansprüche gegen Beschuldigte und Nebenbeteiligte auf Erstattung von Beträgen, die ihnen in den Fällen der §§ 465, 467, 467a, 470, 472b, 473 der Strafprozessordnung zuviel gezahlt sind;
10. alle sonstigen Ansprüche, die nach Bundes- oder Landesrecht im Verwaltungszwangsverfahren beigetrieben werden können, soweit nicht ein Bundesgesetz vor-

1 Mit Art. 14 des Gesetzes vom 21.11.2016 ist die noch aus vorkonstitutioneller Zeit erlassene Justizbeitreibungsordnung stammende Überschrift des Gesetzes abgeändert worden, weil es sich seit dem Inkrafttreten des GG dem Rang nach um ein förmliches Parlamentsgesetz handelt. Inhaltlich Änderungen sind dadurch nicht eingetreten. Lediglich die Paragrafenzählung ist infolge weggefallen gewesenen Vorschriften verändert. Gemäß Art. 21 Abs. 6 des G v. 21.11.2016 tritt das Gesetz am 1.7.2017 in Kraft, bis auf die erst am 1.1.2018 in Kraft tretende Änderung in Abs. 6 Nr. 5 („§ 753 Abs. 4 und 5").

2 Vgl. dazu *App* MDR 1996, 769; *Lappe/Steinbild* JustBeitrO, Kommentar 1960.

schreibt, dass sich die Vollstreckung nach dem Verwaltungsvollstreckungsgesetz oder Abgabenordnung richtet.

(2) Die Justizbeitreibungsordnung findet auch auf die Einziehung von Ansprüchen i.S.d. Absatzes 1 durch Justizbehörden der Länder Anwendung, soweit die Ansprüche auf bundesrechtlicher Regelung beruhen.

(3) Die Vorschriften dieses Gesetzes über das gerichtliche Verfahren finden auch dann Anwendung, wenn sonstige Ansprüche durch die Justizbehörden der Länder im Verwaltungszwangsverfahren eingezogen werden.

(4) Werden zusammen mit einem Anspruch nach Abs. 1 Nr. 1 bis 3 die Kosten des Verfahrens beigetrieben, so gelten auch für die Kosten die Vorschriften über die Vollstreckung dieses Anspruchs.

(5) Nach diesem Gesetz werden auch die Gebühren und Auslagen des Deutschen Patentamts und die sonstigen dem Abs. 1 entsprechenden Ansprüche, die beim Deutschen Patentamt entstehen, beigetrieben. Dies gilt auch für Ansprüche gegen Patentanwälte und Erlaubnisscheininhaber.

(6) Die Landesregierungen werden ermächtigt, durch Rechtsverordnung abweichend von diesem Gesetz zu bestimmen, dass Gerichtskosten in den Fällen des § 109 Abs. 2 des Gesetzes über Ordnungswidrigkeiten und des § 27 des Gerichtskostengesetzes nach den Vorschriften des Landesrechts beigetrieben werden. Die Landesregierungen können die Ermächtigung durch Rechtsverordnung auf die Landesjustizverwaltung übertragen.

§ 2
Vollstreckungsbehörden

(1) Die Beitreibung obliegt in den Fällen des § 1 Nr. 1 bis 3 den nach den Verfahrensgesetzen für die Vollstreckung dieser Ansprüche zuständigen Stellen, soweit nicht die in Abs. 2 bezeichnete Vollstreckungsbehörde zuständig ist, im Übrigen den Gerichtskassen als Vollstreckungsbehörden. Die Landesregierungen werden ermächtigt, an Stelle der Gerichtskassen andere Behörden als Vollstreckungsbehörden zu bestimmen. Die Landesregierungen können die Ermächtigung auf die Landesjustizverwaltung übertragen.

(2) Vollstreckungsbehörde für Ansprüche, die beim Bundesverfassungsgericht, Bundesministerium der Justiz und für Verbraucherschutz, Bundesgerichtshof, Bundesverwaltungsgericht, Bundesfinanzhof, Generalbundesanwalt beim Bundesgerichtshof, Bundespatentgericht, Deutschen Patent- und Markenamt, Bundesamt für Justiz oder dem mit der Führung des Unternehmensregisters im Sinn des § 8b des Handelsgesetzbuchs Beliehenen entstehen, ist das Bundesamt für Justiz.

(3) Von den in Abs. 1 bezeichneten Vollstreckungsbehörden ist diejenige zuständig, die den beizutreibenden Anspruch einzuziehen hat. Dem Vollziehungsbeamten obliegende Vollstreckungshandlungen kann die Vollstreckungsbehörde außerhalb ihres Amtsbezirks durch einen Vollziehungsbeamten vornehmen lassen, der für den Ort der Vollstreckung zuständig ist. Die Unzuständigkeit einer Vollstreckungsbehörde berührt die Wirksamkeit ihrer Vollstreckungsmaßnahmen nicht.

(4) Die Vollstreckungsbehörden haben einander Amtshilfe zu leisten.

§ 3
Zustellungen

Zustellungen sind nur erforderlich, soweit dies besonders bestimmt ist. Sie werden sinngemäß nach den Vorschriften der Zivilprozessordnung über Zustellungen von Amts wegen bewirkt. Die vom Gericht vorbehaltenen Anordnungen trifft die Vollstreckungsbehörde.

§ 4
Vollstreckungsschuldner

Die Vollstreckung kann gegen jeden durchgeführt werden, der nach den für den beizutreibenden Anspruch geltenden besonderen Vorschriften oder kraft Gesetzes nach den Vorschriften des bürgerlichen Rechts zur Leistung oder zur Duldung der Vollstreckung verpflichtet ist. Aus einer Zwangshypothek, die für einen der im § 1 bezeichneten Ansprüche eingetragen ist, kann auch gegen den Rechtsnachfolger des Schuldners in das belastete Grundstück vollstreckt werden.

§ 5
Vollstreckungsbeginn

(1) Die Vollstreckung darf erst beginnen, wenn der beizutreibende Anspruch fällig ist. In den Fällen des § 1 Abs. 1 Nr. 8 und 9 darf die Vollstreckung erst beginnen, wenn der Zahlungspflichtige von dem ihm zustehenden Rechtsbehelfen binnen zwei Wochen nach der Zahlungsaufforderung oder nach der Mitteilung der Entscheidung über seine Einwendungen gegen die Zahlungsaufforderung keinen Gebrauch gemacht hat. Vorschriften, wonach aus vollstreckbaren Entscheidungen oder Verpflichtungserklärungen erst nach deren Zustellung vollstreckt werden darf, bleiben unberührt.

(2) In der Regel soll der Vollstreckungsschuldner (§ 4) vor Beginn der Vollstreckung zur Leistung innerhalb von zwei Wochen schriftlich aufgefordert und nach vergeblichem Ablauf der Frist besonders gemahnt werden.

§ 6
Anzuwendende Vorschriften

(1) Für die Vollstreckung gelten nach Maßgabe der Absätze 2 bis 4 folgende Vorschriften sinngemäß:[3]

1. §§ 735 bis 737, 739 bis 741, 743, 745 bis 748, 753 Abs. 4 bis 6,[4] §§ 758, 758a, 759, 761, 762, 764, 765a, 766, 771 bis 776, 778, 779, 781 bis 784, 786, 788, 789, 792, 793, 802a bis 802i, 802j Abs. 1 und 3, 802k bis 827, 828 Abs. 2 und 3, 829 bis 837a, 840 Abs. 1, Abs. 2 S. 2, §§ 841 bis 886 der Zivilprozessordnung.
2. sonstige Vorschriften des Bundesrechts, die die Zwangsvollstreckung aus Urteilen in bürgerlichen Rechtsstreitigkeiten beschränken, sowie

3 Dazu kritisch *Büttner* RPfleger 2016, 81.
4 Ab dem 1.1.2018: „§ 753 Abs. 4 und 5“.

3. die landesrechtlichen Vorschriften über die Zwangsvollstreckung gegen Gemeindeverbände und Gemeinden.

(2) An die Stelle des Gläubigers tritt die Vollstreckungsbehörde. Bei der Zwangsvollstreckung in Forderungen und andere Vermögensrechte wird der Pfändungs- und Überweisungsbeschluss von der Vollstreckungsbehörde erlassen. Die Aufforderung zur Abgabe der in § 840 Abs. 1 der Zivilprozessordnung genannten Erklärungen ist in den Pfändungsbeschluss aufzunehmen.

(3) An die Stelle des Gerichtsvollziehers tritt der Vollziehungsbeamte. Der Vollziehungsbeamte wird zur Annahme der Leistung, zur Ausstellung von Empfangsbekenntnissen und zu Vollstreckungshandlungen durch einen schriftlichen Auftrag der Vollstreckungsbehörde ermächtigt. Aufträge, die mit Hilfe automatischer Einrichtungen erstellt werden, werden mit dem Dienstsiegel versehen; einer Unterschrift bedarf es nicht. Der Vollziehungsbeamte hat im Auftrag der Vollstreckungsbehörde auch die in § 840 Abs. 1 der Zivilprozessordnung bezeichneten Erklärungen entgegenzunehmen. Die in § 845 der Zivilprozessordnung bezeichnete Benachrichtigung hat er nach den Vorschriften der Zivilprozessordnung über die Zustellung auf Betreiben der Parteien zuzustellen.

(4) Gepfändete Forderungen sind nicht an Zahlungs Statt zu überweisen.

(5) Die Vollstreckungsbehörden dürfen das Bundeszentralamt für Steuern ersuchen, bei den Kreditinstituten die in § 93b Absatz 1 der Abgabenordung bezeichneten Daten abzurufen, wenn

1. der Schuldner seiner Pflicht, eine Vermögensauskunft zu erteilen, nicht nachkommt oder
2. bei einer Vollstreckung in die Vermögensgegenstände, die in der Vermögensauskunft angegeben sind,

eine vollständige Befriedigung der Forderung, wegen der die Vermögensauskunft verlangt wird, voraussichtlich nicht zu erwarten ist.

§ 7 Vermögensauskunft und Vollstreckung in das unbewegliche Vermögen

Die Abnahme der Vermögensauskunft beantragt die Vollstreckungsbehörde bei dem zuständigen Gerichtsvollzieher; die Vollstreckung in unbewegliches Vermögen beantragt sie bei dem zuständigen Amtsgericht. Die Vollstreckungsbehörde kann die bei dem zentralen Vollstreckungsgericht nach § 852k Abs. 1 der Zivilprozessordnung verwalteten Vermögensverzeichnisse zu Vollstreckungszwecken abrufen.

§ 8 Einwendungen

(1) Einwendungen, die den beizutreibenden Anspruch selbst, die Haftung für den Anspruch oder die Verpflichtung zur Duldung der Vollstreckung betreffen, sind vom Schuldner gerichtlich geltend zu machen

bei Ansprüchen nach § 1 Abs. 1 Nr. 4, 6, 7 nach den Vorschriften über Erinnerungen gegen den Kostenansatz,

bei Ansprüchen gegen nichtbeamtete Beisitzer, Vertrauenspersonen, Rechtsanwälte; Zeugen, Sachverständige und mittellose Personen (§ 1 Abs. 1 Nr. 8) nach den Vorschriften über die Feststellung eines Anspruchs dieser Personen, bei Ansprüchen nach § 1 Abs. 1 Nr. 9 nach den Vorschriften über Erinnerungen gegen den Festsetzungsbeschluss. Die Einwendung, dass mit einer Gegenforderung aufgerechnet worden sei, ist in diesem Verfahren nur zulässig, wenn die Gegenforderung anerkannt oder gerichtlich festgestellt ist. Das Gericht kann anordnen, dass die Beitreibung bis zum Erlass der Entscheidung gegen oder ohne Sicherheitsleistung eingestellt werde und dass Vollstreckungsmaßregeln gegen Sicherheitsleistung aufzuheben seien.

(2) Für Einwendungen, die auf Grund der §§ 781 bis 784, 786 der Zivilprozessordnung erhoben werden, gelten die Vorschriften der §§ 267, 769, 770 der Zivilprozessordnung sinngemäß. Für die Klage ist das Gericht zuständig, in dessen Bezirk die Vollstreckung stattgefunden hat.

§ 9
Einstellung; Zahlungsnachweis; Stundung

(1) Werden Einwendungen gegen die Vollstreckung erhoben, so kann die Vollstreckungsbehörde die Vollstreckungsmaßnahmen einstweilen einstellen, aufheben oder von weiteren Vollstreckungsmaßnahmen Abstand nehmen, bis über die Einwendung endgültig entschieden ist.

(2) Der Vollziehungsbeamte hat von der Pfändung abzusehen, wenn ihm die Zahlung oder die Stundung der Schuld nachgewiesen wird.

§ 10
Anwendung des GKG und des GvKostG

(1) Bei der Pfändung von Forderungen oder anderen Vermögensrechten gelten die Vorschriften des Gerichtskostengesetzes sinngemäß.

(2) Für die Tätigkeit des Vollziehungsbeamten gelten die Vorschriften Gerichtsvollzieherkostengesetzes.

§ 11
Inkrafttreten

(gegenstandslos)

ANHANG XIV
Einforderungs- und Beitreibungsordnung (EBAO)

vom 1. August 2011 (BAnz. Nr. 112a)

Vorbemerkung

Die Einforderungs- und Beitreibungsanordnung wurde zwischen dem Bundesminister der Justiz und den Landesjustizverwaltungen in einheitlicher Fassung vereinbart. Sie ersetzt die „Anordnung über die Einforderung und Beitreibung von Vermögensstrafen und Verfahrenskosten vom 5.12.1956". Sie wurde durch die nachstehenden Erlasse eingeführt, geändert und ergänzt: AV v. 25.11.1974 (BAnz. Nr. 230), v. 10.7.1979 (BAnz. Nr. 137). In den einzelnen Bundesländern ist sie jeweils in Kraft gesetzt worden. Einzelheiten sind insoweit länderspezifisch und im Folgenden nicht einzeln mitgeteilt. Sie sind veröffentlicht für:

Bund: BAnz 2011, Nr. 112a;
Baden-Württemberg: Die Justiz 2011, 233;
Bayern: JMBl. 2011, 82;
Berlin: ABl. 2011, 2063;
Brandenburg: JMBl. 2011, 104;
Bremen: ABl. 2011, 1051;
Hamburg: JVBl. 2011, 92;
Hessen: JMBl. 2011, 469;
Mecklenburg-Vorpommern: Abl. 2011, 358;
Niedersachsen: NdsRPfl. 2011, 301;
Nordrhein-Westfalen: JMBl. 2011, 154;
Rheinland-Pfalz: JBl. 2011, 96;
Saarland: AV vom 11.7.2011;
Sachsen: JMBl. 2011, 77;
Sachsen-Anhalt: JMBl. 2011, 107;
Schleswig-Holstein: SchlHA 2011, 228;
Thüringen: JMBl. 2011, 33.

I. ABSCHNITT
Allgemeine Bestimmungen

§ 1
Grundsatz

(1) Die Einforderung und Beitreibung von
1. Geldstrafen und anderen Ansprüchen, deren Beitreibung sich nach den Vorschriften über die Vollstreckung von Geldstrafen richtet;
2. gerichtlich erkannten Geldbußen und Nebenfolgen einer Ordnungswidrigkeit, die zu einer Geldzahlung verpflichten;
3. Ordnungs- und Zwangsgeldern mit Ausnahme der im Auftrag des Gläubigers zu vollstreckenden Zwangsgelder (Geldbeträge) richten sich, soweit gesetzlich nichts anderes bestimmt ist, nach dem Justizbeitreibungsgesetz und nach dieser Anordnung.

(2) Gleichzeitig mit einem Geldbetrag (Abs. 1) sind auch die Kosten des Verfahrens einzufordern und beizutreiben, sofern nicht die Verbindung von Geldbetrag und Kosten gelöst wird (§ 15).

(3) Bei gleichzeitiger Einforderung und Beitreibung von Geldbetrag und Kosten gelten die Vorschriften dieser Anordnung auch für die Kosten.

(4) Die Einforderung und Beitreibung von Geldbeträgen ist Aufgabe der Vollstreckungsbehörde (§ 2). Ihr obliegt auch die Einforderung und Beitreibung der Kosten des Verfahrens, soweit und solange die Verbindung von Geldbetrag und Kosten besteht. Die Vollstreckungsbehörde beachtet hierbei die Bestimmungen der §§ 3 bis 14.

(5) Wird die Verbindung von Geldbetrag und Kosten gelöst, so werden die Kosten nach den Vorschriften der Kostenverfügung der Gerichtskasse zur Sollstellung überwiesen und von dieser nach den für sie geltenden Vorschriften eingefordert und eingezogen.

(6) Für die Einziehung von Geldbußen, die von Disziplinargerichten, Richterdienstgerichten oder Dienstvorgesetzten verhängt worden sind, und für die Kosten des Disziplinarverfahrens gelten besondere Bestimmungen.

§ 2
Vollstreckungsbehörde

Vollstreckungsbehörde ist, soweit gesetzlich nichts anderes bestimmt ist,

a) in den Fällen, auf die die Strafvollstreckungsordnung Anwendung findet, die darin bezeichnete Behörde;

b) im Übrigen diejenige Behörde oder Dienststelle der Behörde, die auf die Verpflichtung zur Zahlung des Geldbetrages erkannt hat, oder, soweit es sich um eine kollegiale Behörde oder Dienststelle handelt, deren Vorsitzender.

II. ABSCHNITT
Einforderung und Beitreibung durch die Vollstreckungsbehörde

§ 3
Anordnung der Einforderung

(1) Sofern nicht Zahlungserleichterungen (§ 8 Abs. 3, § 12) gewährt werden, ordnet die Vollstreckungsbehörde die Einforderung von Geldbetrag und Kosten an, sobald die darüber ergangene Entscheidung vollstreckbar ist.

(2) Die Zahlungsfrist beträgt vorbehaltlich anderer Anordnungen der Vollstreckungsbehörde zwei Wochen.

§ 4
Kostenrechnung

(1) Ist die Einforderung angeordnet, so stellt der Kostenbeamte der Vollstreckungsbehörde eine Kostenrechnung auf. Er nimmt darin sämtliche einzufordernden Beträge auf. Durch die Zeichnung übernimmt der Kostenbeamte die Verantwortung für die Vollständigkeit und Richtigkeit der Kostenrechnung.

(2) Die Zahlungsfrist (§ 3 Abs. 2) ist in der Kostenrechnung zu vermerken.

(3) Im Übrigen gilt für die Kostenrechnung die Bestimmung des § 27 der Kostenverfügung entsprechend.

§ 5
Einforderung

(1) Die in die Kostenrechnung aufgenommenen Beträge werden von dem Zahlungspflichtigen durch Übersendung einer Zahlungsaufforderung eingefordert. In der Zahlungsaufforderung ist zur Zahlung an die Gerichtskasse oder Gerichtszahlstelle am Sitz der Vollstreckungsbehörde aufzufordern.

(2) Die Reinschrift der Zahlungsaufforderung ist von dem Kostenbeamten unter Angabe des Datums und der Amts-(Dienst-)Bezeichnung unterschriftlich zu vollziehen. Soweit die oberste Justizbehörde dies zugelassen hat, kann sie ausgefertigt, beglaubigt, von der Geschäftsstelle unterschriftlich vollzogen oder mit dem Abdruck des Dienstsiegels versehen werden.

(3) Die Mitteilung einer besonderen Zahlungsaufforderung unterbleibt bei Strafbefehlen, die bereits die Kostenrechnung und die Zahlungsaufforderung enthalten.

(4) Der Zahlungsaufforderung (Abs. 1) oder dem Strafbefehl (Abs. 3) ist eine auf das Post*scheck*konto der Gerichtskasse oder Gerichtszahlstelle lautende Zahlkarte beizufügen. Auf dem Empfängerabschnitt ist die Vollstreckungsbehörde in abgekürzter Form anzugeben (z.B. StA bei dem LG X, Abs. 17) außerdem sind die Angelegenheit und das Aktenzeichen so vollständig zu bezeichnen, dass die Gerichtskasse (Gerichtszahlstelle) in der Lage ist, hiernach die Zahlungsanzeige zu erstatten. Die Kennzeichnung der Sache als Strafsache ist zu vermeiden.

(5) Die Erhebung durch Postnachnahme ist nicht zulässig.

§ 6
Nicht ausreichende Zahlung

Reicht die auf die Zahlungsaufforderung entrichtete Einzahlung zur Tilgung des gesamten eingeforderten Betrages nicht aus, so richtet sich die Verteilung nach den Vorschriften der Kassenordnung, soweit § 459b StPO, § 94 OWiG nichts anderes bestimmen.

§ 7
Mahnung

(1) Nach vergeblichem Ablauf der Zahlungsfrist soll der Zahlungspflichtige vor Anordnung der Beitreibung i.d.R. zunächst besonders gemahnt werden (§ 5 Abs. 2 JBeitrO).

(2) Die Mahnung unterbleibt, wenn damit zu rechnen ist, dass der Zahlungspflichtige sie unbeachtet lassen wird.

§ 8
Anordnung der Beitreibung

(1) Geht binnen einer angemessenen Frist nach Abgang der Mahnung oder, sofern von einer Mahnung abgesehen worden ist, binnen einer Woche nach Ablauf der Zahlungsfrist (§ 3 Abs. 2) keine Zahlungsanzeige der Gerichtskasse oder Gerichtszahlstelle ein, so bestimmt die Vollstreckungsbehörde, welche Vollstreckungsmaßnahmen ergriffen werden sollen.

(2) In geeigneten Fällen kann sie die Gerichtskasse um Auskunft ersuchen, ob ihr über die Vermögens- und Einkommensverhältnisse des Zahlungspflichtigen und über die Einziehungsmöglichkeiten etwas bekannt ist.

(3) Welche Vollstreckungsmaßnahmen anzuwenden sind oder ob dem Zahlungspflichtigen Vergünstigungen eingeräumt werden können, richtet sich nach den für das Einziehungsverfahren maßgebenden gesetzlichen und Verwaltungsvorschriften (vgl. §§ 459 ff. StPO, §§ 91 ff. OWiG, §§ 6 ff. JBeitrG, § 49 StVollstrO).

(4) Im Übrigen sind die Vollstreckungsmaßnahmen anzuwenden, die nach Lage des Einzelfalles am schnellsten und sichersten zum Ziele führen. Auf die persönlichen und wirtschaftlichen Verhältnisse des Zahlungspflichtigen und seiner Familie ist dabei Rücksicht zu nehmen, soweit das Vollstreckungsziel hierdurch nicht beeinträchtigt wird.

(5) Kommt die Zwangsvollstreckung in Forderungen oder andere Vermögensrechte in Betracht, so hat die Vollstreckungsbehörde den Pfändungs- und Überweisungsbeschluss zu erlassen (§ 6 Abs. 2 JBeitrG).

(6) Ein Antrag auf Einleitung eines Zwangsversteigerungs- oder Zwangsverwaltungsverfahrens soll nur gestellt, der Beitritt zu einem solchen Verfahren nur erklärt werden, wenn ein Erfolg zu erwarten ist und das Vollstreckungsziel anders nicht erreicht werden kann. Ist Vollstreckungsbehörde (§ 2) der Richter beim Amtsgericht, so ist, soweit die Strafvollstreckungsordnung Anwendung findet, die Einwilligung des Generalstaatsanwalts, im Übrigen die des Präsidenten des Landgerichts (Präsidenten des Amtsgerichts) erforderlich.

§ 9
Vollstreckung in bewegliche Sachen

(1) Soll in bewegliche Sachen vollstreckt werden, so erteilt die Vollstreckungsbehörde dem Vollziehungsbeamten unmittelbar oder über die Geschäftsstelle des Amtsgerichts einen Vollstreckungsauftrag. In den Auftrag sind die Kosten früherer Einziehungsmaßnahmen als Nebenkosten aufzunehmen.

(2) Die Ausführung des Auftrags, die Ablieferung der von dem Vollziehungsbeamten eingezogenen oder beigetriebenen Geldbeträge und die Behandlung der erledigten Vollstreckungsaufträge bei der Gerichtskasse richten sich nach den Dienstvorschriften für die Vollziehungsbeamten und den Bestimmungen der Kassenordnung.

(3) Die Vollstreckungsbehörde überwacht die Ausführung des Vollstreckungsauftrags durch Anordnung einer Wiedervorlage der Akten.

(4) Die von dem Vollziehungsbeamten oder der Gerichtskasse an die Vollstreckungsbehörde zurückgegebenen Vollstreckungsaufträge mit den dazugehörigen Anlagen sind von der Geschäftsstelle zu den Akten zu nehmen und mit diesen dem für die Vollstreckung zuständigen Sachbearbeiter vorzulegen.

§ 10
Vollstreckung in bewegliche Sachen im Bezirk einer anderen Vollstreckungsbehörde

(1) Soll in bewegliche Sachen vollstreckt werden, die sich im Bezirk einer anderen Vollstreckungsbehörde befinden, so wird diese um Amtshilfe ersucht.

(2) Der Vollstreckungsbeamte rechnet über die eingezogenen Beträge mit der für ihn zuständigen Gerichtskasse ab, die die Vollstreckungsbehörde durch Rücksendung

des Vollstreckungsauftrags oder des Ersuchens verständigt. Gehört die ersuchende Vollstreckungsbehörde einem anderen Lande an als der Vollziehungsbeamte, so führt dieser die eingezogenen Geldbeträge und die Kosten des Verfahrens an die für die ersuchende Vollstreckungsbehörde zuständige Gerichtskasse ab. Die eingezogenen Kosten der Vollstreckung sind an die für den Vollziehungsbeamten zuständige Gerichtskasse abzuführen; soweit sie von dem Schuldner nicht eingezogen werden können, werden sie der Vollstreckungsbehörde eines anderen Landes nicht in Rechnung gestellt.

(3) Im Übrigen gilt § 9.

§ 11
Spätere Beitreibung

(1) Ist bei Uneinbringlichkeit eines Geldbetrages, an dessen Stelle eine Freiheitsstrafe nicht treten soll, mit der Möglichkeit zu rechnen, dass spätere Vollstreckungsmaßnahmen erfolgreich sein werden, so ordnet die Vollstreckungsbehörde eine Wiedervorlage der Akten an.

(2) Uneinbringlich gebliebene Kosten des Verfahrens werden, wenn sie nicht mehr zusammen mit dem Geldbetrag beigetrieben werden können, nach § 1 Abs. 5, § 15 Abs. 1 Buchstabe a der Gerichtskasse zur Einziehung überwiesen, sofern die Überweisung nicht nach § 16 Abs. 2 unterbleibt.

§ 12
Zahlungserleichterungen

(1) Werden für die Entrichtung eines Geldbetrages Zahlungserleichterungen bewilligt, so gelten diese Zahlungserleichterungen auch für die Kosten.

(2) Ist die Höhe der Kosten dem Zahlungspflichtigen noch nicht mitgeteilt worden, so ist dies bei der Mitteilung der Zahlungserleichterung nachzuholen. Die Androhung künftiger Zwangsmaßnahmen für den Fall der Nichtzahlung der Kosten unterbleibt hierbei. Einer Mitteilung der Höhe der Kosten bedarf es nicht, wenn das dauernde Unvermögen des Kostenschuldners zur Zahlung offenkundig ist.

§ 13
Zurückzahlung von Geldbeträgen und Kosten

(1) Sind Geldbeträge zu Unrecht vereinnahmt worden oder auf Grund besonderer Ermächtigung zurückzuzahlen, so ordnet die Vollstreckungsbehörde die Zurückzahlung an.

(2) Dasselbe gilt, wenn zusammen mit dem Geldbetrag Kosten des Verfahrens oder Vollstreckungskosten zurückzuzahlen sind.

(3) Bei unrichtiger Berechnung ist eine neue Kostenrechnung aufzustellen.

(4) In der Anordnung ist der Grund der Zurückzahlung (z.B. gnadenweiser Erlass durch Verfügung ... oder Zurückzahlung wegen irrtümlicher Berechnung) kurz anzugeben.

(5) Zu der Auszahlungsanordnung an die Gerichtskasse ist der für die Zurückzahlung bestimmte Vordruck zu verwenden er ist, soweit erforderlich, zu ändern. Der Anordnung ist eine Benachrichtigung für den Empfangsberechtigten beizufügen. Die Gerichtskasse teilt diese Benachrichtigung dem Empfangsberechtigten mit.

§ 14
Durchlaufende Gelder

(1) Beträge, die nach den Vorschriften dieser Anordnung eingezogen werden, aber nicht der Landeskasse, sondern einem anderen Berechtigten zustehen, werden bei der Aufstellung der Kostenrechnung als durchlaufende Gelder behandelt.

(2) Auf Grund der Zahlungsanzeige der Gerichtskasse oder der Gerichtszahlstelle ordnet die Vollstreckungsbehörde die Auszahlung an den Empfangsberechtigten an. § 38 der Kostenverfügung gilt entsprechend.

III. ABSCHNITT
Lösung von Geldbetrag und Kosten

§ 15
Grundsatz

(1) Die Verbindung von Geldbetrag und Kosten (§ 1 Abs. 2) wird gelöst, wenn

a) sich die Beitreibung des Geldbetrages erledigt und für die Kostenforderung Beitreibungsmaßnahmen erforderlich werden,

b) nachträglich eine Gesamtgeldstrafe gebildet wird oder

c) die Vollstreckungsbehörde die getrennte Verfolgung beider Ansprüche aus Zweckmäßigkeitsgründen anordnet.

(2) Hat das Land aus einer wegen Geldbetrag und Kosten vorgenommen Zwangsvollstreckung bereits Rechte erworben, so darf eine Anordnung nach Abs. 1 Buchstabe c nur ergehen, wenn die Wahrnehmung dieser Rechte wegen der Kosten allein keine Schwierigkeiten bereitet oder wenn der Landeskasse durch die Aufgabe der wegen der Kosten begründeten Rechte kein Schaden erwächst.

§ 16
Überweisung der Kosten an die Gerichtskasse

(1) Bei der Überweisung der Kosten an die Kasse zur Einziehung (§ 4 Abs. 2 der Kostenverfügung) hat der Kostenbeamte, wenn bereits eine Zahlungsaufforderung an den Kostenschuldner ergangen war, die Aufnahme des nachstehenden Vermerks in die Reinschrift der Kostenrechnung zu veranlassen:

„Diese Zahlungsaufforderung tritt an die Stelle der Zahlungsaufforderung d. ..., vom ... Bei Zahlungen ist statt der bisherigen Geschäftsnummer nunmehr das Kassenzeichen anzugeben.“

Hat sich der Kostenansatz nicht geändert, so genügt die Übersendung einer Rechnung, in der lediglich der Gesamtbetrag der früheren Rechnung, die geleisteten Zahlungen und der noch geschuldete Restbetrag anzugeben sind. Bewilligte Zahlungserleichterungen (§ 12) sind der Gerichtskasse mitzuteilen.

(2) Die Überweisung der Kosten unterbleibt, wenn die Voraussetzungen vorliegen, unter denen der Kostenbeamte von der Aufstellung einer Kostenrechnung absehen darf (§ 10 der Kostenverfügung).

(3) Der Kasse mit zu überweisen sind auch die nicht beigetriebenen Kosten eines der Lösung (§ 15) vorausgegangenen Einziehungsversuchs.

§ 17
Wahrnehmung der Rechte aus früheren Vollstreckungen

(1) Hatte das Land vor der Trennung von Geldbetrag und Kosten aus einer Zwangsvollstreckung wegen der Kosten bereits Rechte erlangt, so teilt die Vollstreckungsbehörde dies der Gerichtskasse unter Übersendung der vorhandenen Beitreibungsverhandlungen mit. Dies gilt nicht, wenn die wegen der Kosten begründeten Rechte nach § 15 Abs. 2 aufgegeben werden.

(2) Die Rechte der Landeskasse aus den wegen der Kosten erworbenen Rechten werden nunmehr von der Gerichtskasse wahrgenommen.

(3) Ist dem Vollziehungsbeamten ein Vollstreckungsauftrag erteilt (§ 9 Abs. 1, § 10 Abs. 1), so hat die Gerichtskasse dem Vollziehungsbeamten gegenüber jetzt die Stellung des Auftraggebers; sie hat ihn hiervon zu verständigen. Der Auftrag bleibt bestehen, bis die Gerichtskasse ihn zurücknimmt.

IV. ABSCHNITT

§ 18
Geldauflagen im Strafverfahren

(1) Geldzahlungen, die dem Zahlungspflichtigen nach § 56b Abs. 2 Nr. 2, § 57 Abs. 3 S. 1 StGB, § 153a StPO; § 15 Abs. 1 S. 1 Nr. 3, §§ 23, 29, 45, 88 Abs. 5 und 89 Abs. 3 JGG oder anlässlich eines Gnadenerweises auferlegt sind, werden nicht mit Zahlungsaufforderung (§ 5 Abs. 1) eingefordert. Ihre Beitreibung ist unzulässig.

(2) Wird die Geldauflage gestundet, so prüft die Vollstreckungsbehörde, ob die Gerichtskasse ersucht werden soll, die Einziehung der Kosten auszusetzen. Das Ersuchen empfiehlt sich, wenn die sofortige Einziehung der Kosten den mit der Stundung der Geldauflage verfolgten Zweck gefährden würde.

ANHANG XV

Gesetz über Kosten in Angelegenheiten der Justizverwaltung (Justizverwaltungskostengesetz – JVKostG)

i.d.F. des Art. 2 des 2. KostRModG. Vom 23. Juli 2013 (BGBl. I, 2586, 2655) zuletzt geändert durch Art. 2 des Gesetzes vom 18.7.2017 (BGBl. I, S. 2732, 2734)

Die in ihren Grundzügen noch aus dem Jahr 1940 stammende Justizverwaltungskostenordnung (JVKostO) ist ab dem 1.8.2013 durch das Justizverwaltungskostengesetz (JVKostG) mit einer klaren, an den Aufbau der übrigen Justizkostengesetze angeglichenen Struktur ersetzt worden. Dabei wird deutlicher als bisher zwischen solchen Regelungen unterschieden, die nur für die Justizbehörden des Bundes, und solchen, die für die Justizbehörden der Länder gelten. Ferner ist klarer zum Ausdruck gebracht, dass das Gesetz sowohl im Rechtshilfeverkehr mit dem Ausland in strafrechtlichen Angelegenheiten nach dem „Gesetz über die Internationale Rechtshilfe in Strafsachen" als auch in der Zusammenarbeit mit dem Internationalen Strafgerichtshof nach dem IStGH-Gesetz auch für die gerichtlichen Tätigkeiten gilt.

Inhaltsübersicht

Abschnitt 1. Allgemeine Vorschriften
§ 1 Geltungsbereich
§ 2 Kostenfreiheit
§ 3 Kostenfreie Amtshandlungen
§ 4 Höhe der Kosten
§ 5 Verjährung, Verzinsung

Abschnitt 2. Fälligkeit und Sicherstellung der Kosten
§ 6 Fälligkeit der Kosten im Allgemeinen
§ 7 Fälligkeit bestimmter Auslagen
§ 8 Vorschuss
§ 9 Zurückbehaltungsrecht

Abschnitt 3. Kostenerhebung
§ 10 Ermäßigung der Gebühren und Absehen von der Kostenerhebung
§ 11 Absehen von der Kostenerhebung wegen des öffentlichen Interesses
§ 12 Nichterhebung von Kosten in bestimmten Fällen
§ 13 Nichterhebung von Kosten bei unrichtiger Sachbehandlung

Abschnitt 4. Kostenhaftung
§ 14 Amtshandlungen auf Antrag
§ 15 Datenabruf aus einem Register oder dem Grundbuch
§ 15a Schutzschriftenregister
§ 16 Unternehmensregister
§ 16a Behördliche Schlichtung nach § 57a des Luftverkehrsgesetzes
§ 17 Mahnung bei der Forderungseinziehung nach dem Justizbeitreibungsgesetz

§ 18 Weitere Fälle der Kostenhaftung
§ 19 Mehrere Kostenschuldner

Abschnitt 5. Öffentlich-rechtlicher Vertrag
§ 20 Übermittlung gerichtlicher Entscheidungen
§ 21 Auskunft für wissenschaftliche Forschungsvorhaben

Abschnitt 6. Rechtsbehelf und gerichtliches Verfahren
§ 22 Einwendungen und gerichtliches Verfahren

Abschnitt 7. Schluss- und Übergangsvorschriften
§ 23 Bekanntmachung von Neufassungen
§ 24 Übergangsvorschrift
§ 25 Übergangsvorschrift aus Anlass des Inkrafttretens dieses Gesetzes
Anlage (zu § 4 Absatz 1)

Teil I
Gebühren

ABSCHNITT 1
Allgemeine Vorschriften

§ 1
Geltungsbereich

(1) Dieses Gesetz gilt für die Erhebung von Kosten (Gebühren und Auslagen) durch die Justizbehörden des Bundes in Justizverwaltungsangelegenheiten, soweit nichts anderes bestimmt ist.

(2) Dieses Gesetz gilt für die Justizbehörden der Länder in folgenden Justizverwaltungsangelegenheiten:

1. Befreiung von der Beibringung des Ehefähigkeitszeugnisses (§ 1309 Absatz 2 des Bürgerlichen Gesetzbuchs),
2. Anerkennung ausländischer Entscheidungen in Ehesachen (§ 107 des Gesetzes über das Verfahren in Familiensachen und in den Angelegenheiten der freiwilligen Gerichtsbarkeit),
3. Registrierung nach dem Rechtsdienstleistungsgesetz,
4. automatisiertes Abrufverfahren in Handels-, Partnerschafts-, Genossenschafts- und Vereinsregisterangelegenheiten,
5. automatisiertes Abrufverfahren in Grundbuchangelegenheiten, in Angelegenheiten der Schiffsregister, des Schiffsbauregisters und des Registers für Pfandrechte an Luftfahrzeugen,

5a. Einstellung von Schutzschriften in das Schutzschriftenregister

6. Rechtshilfeverkehr mit dem Ausland in zivilrechtlichen Angelegenheiten sowie
7. besondere Mahnung nach § 5 Absatz 2 des Justizbeitreibungsgesetzes.

Im Fall des Satzes 1 Nummer 7 steht eine andere Behörde, die nach § 2 Absatz 1 Satz 2 und 3 des Justizbeitreibungsgesetzes an die Stelle der Gerichtskasse tritt, einer Justizbehörde gleich.

(3) Dieses Gesetz gilt ferner für den Rechtshilfeverkehr in strafrechtlichen Angelegenheiten mit dem Ausland, mit einem internationalen Strafgerichtshof und mit anderen

zwischen- und überstaatlichen Einrichtungen einschließlich der gerichtlichen Verfahren.

(4) Die Vorschriften dieses Gesetzes über das gerichtliche Verfahren sind auch dann anzuwenden, wenn in Justizverwaltungsangelegenheiten der Länder die Kosten nach landesrechtlichen Vorschriften erhoben werden.

§ 2
Kostenfreiheit

(1) Der Bund und die Länder sowie die nach den Haushaltsplänen des Bundes oder eines Landes verwalteten öffentlichen Anstalten und Kassen sind von der Zahlung der Gebühren befreit.

(2) Von der Zahlung der Gebühren sind auch ausländische Behörden im Geltungsbereich der Richtlinie 2006/123/EG des Europäischen Parlaments und des Rates vom 12. Dezember 2006 über Dienstleistungen im Binnenmarkt (ABl. L 376 vom 27. Dezember 2006, S. 36) befreit, wenn sie auf der Grundlage des Kapitels VI der Richtlinie Auskunft aus den in Teil 1 Hauptabschnitt 1 Abschnitt 4 oder Abschnitt 5 des Kostenverzeichnisses bezeichneten Registern oder Grundbüchern erhalten und wenn vergleichbaren deutschen Behörden für diese Auskunft Gebührenfreiheit zustünde.

(3) Von den in § 380 des Gesetzes über das Verfahren in Familiensachen und in den Angelegenheiten der freiwilligen Gerichtsbarkeit genannten Stellen werden Gebühren nach Teil 1 Hauptabschnitt 1 Abschnitt 4 des Kostenverzeichnisses nicht erhoben, wenn die Abrufe erforderlich sind, um ein vom Gericht gefordertes Gutachten zu erstatten.

(4) Sonstige bundesrechtliche oder landesrechtliche Vorschriften, durch die eine sachliche oder persönliche Befreiung von Kosten gewährt ist, bleiben unberührt.

§ 3
Kostenfreie Amtshandlungen

Keine Kosten mit Ausnahme der Dokumentenpauschale werden erhoben

1. für Amtshandlungen, die durch Anzeigen, Anträge und Beschwerden in Angelegenheiten der Strafverfolgung, der Anordnung oder der Vollstreckung von Maßregeln der Besserung und Sicherung oder der Verfolgung einer Ordnungswidrigkeit oder der Vollstreckung einer gerichtlichen Bußgeldentscheidung veranlasst werden;
2. in Gnadensachen;
3. in Angelegenheiten des Bundeszentralregisters außer für die Erteilung von Führungszeugnissen nach den §§ 30, 30a und 30b des Bundeszentralregistergesetzes;
4. in Angelegenheiten des Gewerbezentralregisters außer für die Erteilung von Auskünften nach § 150 der Gewerbeordnung;
5. im Verfahren über Anträge nach dem Gesetz über die Entschädigung für Strafverfolgungsmaßnahmen sowie über Anträge auf Entschädigung für sonstige Nachteile, die jemandem ohne sein Verschulden aus einem Straf- oder Bußgeldverfahren erwachsen sind;
6. für die Tätigkeit der Staatsanwaltschaft im Aufgebotsverfahren.

§ 4
Höhe der Kosten

(1) Kosten werden nach der Anlage zu diesem Gesetz erhoben.

(2) Bei Rahmengebühren setzt die Justizbehörde, die die gebührenpflichtige Amtshandlung vornimmt, die Höhe der Gebühr fest. Sie hat dabei insbesondere die Bedeutung der Angelegenheit für die Beteiligten, Umfang und Schwierigkeit der Amtshandlung sowie die Einkommens- und Vermögensverhältnisse des Kostenschuldners zu berücksichtigen.

(3) Bei der Ablehnung oder Zurücknahme eines Antrags kann die Justizbehörde dem Antragsteller eine Gebühr bis zur Hälfte der für die Vornahme der Amtshandlung bestimmten Gebühr auferlegen, bei Rahmengebühren jedoch nicht weniger als den Mindestbetrag. Das Gleiche gilt für die Bestätigung der Ablehnung durch die übergeordnete Justizbehörde.

§ 5
Verjährung, Verzinsung

(1) Ansprüche auf Zahlung von Kosten verjähren in vier Jahren nach Ablauf des Kalenderjahrs, in dem die Kosten fällig geworden sind.

(2) Ansprüche auf Rückerstattung von Kosten verjähren in vier Jahren nach Ablauf des Kalenderjahrs, in dem die Zahlung erfolgt ist. Die Verjährung beginnt jedoch nicht vor dem im Absatz 1 bezeichneten Zeitpunkt. Durch die Einlegung eines Rechtsbehelfs mit dem Ziel der Rückerstattung wird die Verjährung wie durch Klageerhebung gehemmt.

(3) Auf die Verjährung sind die Vorschriften des Bürgerlichen Gesetzbuchs anzuwenden; die Verjährung wird nicht von Amts wegen berücksichtigt. Die Verjährung der Ansprüche auf Zahlung von Kosten beginnt auch durch die Aufforderung zur Zahlung oder durch eine dem Schuldner mitgeteilte Stundung erneut. Ist der Aufenthalt des Kostenschuldners unbekannt, so genügt die Zustellung durch Aufgabe zur Post unter seiner letzten bekannten Anschrift. Bei Kostenbeträgen unter 25 Euro beginnt die Verjährung weder erneut noch wird sie oder ihr Ablauf gehemmt.

(3) Ansprüche auf Zahlung und Rückerstattung von Kosten werden nicht verzinst.

ABSCHNITT 2
Fälligkeit und Sicherstellung der Kosten

§ 6
Fälligkeit der Kosten im Allgemeinen

(1) Kosten werden, soweit nichts anderes bestimmt ist, mit der Beendigung der gebührenpflichtigen Amtshandlung fällig. Wenn eine Kostenentscheidung der Justizbehörde ergeht, werden entstandene Kosten mit Erlass der Kostenentscheidung, später entstehende Kosten sofort fällig.

(2) Die Gebühren für den Abruf von Daten oder Dokumenten aus einem Register oder dem Grundbuch werden am 15. Tag des auf den Abruf folgenden Monats fällig, sofern sie nicht über ein elektronisches Bezahlsystem sofort beglichen werden.

(3) Die Jahresgebühr für die Führung des Unternehmensregisters wird jeweils am 31. Dezember für das abgelaufene Kalenderjahr fällig.

§ 7
Fälligkeit bestimmter Auslagen

Die Dokumentenpauschale sowie die Auslagen für die Versendung von Akten werden sofort nach ihrer Entstehung fällig.

§ 8
Vorschuss

(1) Die Justizbehörde kann die Zahlung eines Kostenvorschusses verlangen.

(2) Sie kann die Vornahme der Amtshandlung von der Zahlung oder Sicherstellung des Vorschusses abhängig machen.

§ 9
Zurückbehaltungsrecht

Urkunden, Ausfertigungen, Ausdrucke und Kopien können nach billigem Ermessen zurückbehalten werden, bis die in der Angelegenheit erwachsenen Kosten bezahlt sind.

ABSCHNITT 3
Kostenerhebung

§ 10
Ermäßigung der Gebühren und Absehen von der Kostenerhebung

Die Justizbehörde kann ausnahmsweise, wenn dies mit Rücksicht auf die wirtschaftlichen Verhältnisse des Kostenschuldners oder aus Billigkeitsgründen geboten erscheint, die Gebühren ermäßigen oder von der Erhebung der Kosten absehen.

§ 11
Absehen von der Kostenerhebung wegen des öffentlichen Interesses

(1) Die Justizbehörde kann von der Erhebung der Gebühr für die Beglaubigung von Kopien, Ausdrucken, Auszügen und Dateien absehen, wenn die Beglaubigung für Zwecke verlangt wird, deren Verfolgung überwiegend im öffentlichen Interesse liegt.

(2) Die Justizbehörde kann von der Erhebung der Dokumenten- und Datenträgerpauschale ganz oder teilweise absehen, wenn

1. Kopien oder Ausdrucke gerichtlicher Entscheidungen für Zwecke verlangt werden, deren Verfolgung überwiegend im öffentlichen Interesse liegt, oder
2. Kopien oder Ausdrucke amtlicher Bekanntmachungen anderen Tageszeitungen als den amtlichen Bekanntmachungsblättern auf Antrag zum unentgeltlichen Abdruck überlassen werden.

Keine Dokumentenpauschale wird erhoben, wenn Daten im Internet zur nicht gewerblichen Nutzung bereitgestellt werden.

§ 12
Nichterhebung von Kosten in bestimmten Fällen

Kosten in den Fällen des § 1 Absatz 3 werden nicht erhoben, wenn auf die Erstattung

1. nach § 75 des Gesetzes über die internationale Rechtshilfe in Strafsachen,
2. nach § 71 des IStGH-Gesetzes oder
3. nach europäischen Rechtsvorschriften oder völkerrechtlichen Vereinbarungen, die besondere Kostenregelungen vorsehen,

ganz oder teilweise verzichtet worden ist. In den in Satz 1 bezeichneten Angelegenheiten wird eine Dokumenten- oder Datenträgerpauschale in keinem Fall erhoben. Das Gleiche gilt für Auslagen nach Nummer 9001 des Kostenverzeichnisses zum Gerichtskostengesetz.

§ 13
Nichterhebung von Kosten bei unrichtiger Sachbehandlung

Kosten, die bei richtiger Behandlung der Sache nicht entstanden wären, werden nicht erhoben.

Kostenhaftung

§ 14
Amtshandlungen auf Antrag

(1) Die Kosten für Amtshandlungen, die auf Antrag durchgeführt werden, schuldet, wer den Antrag gestellt hat, soweit nichts anderes bestimmt ist.

(2) Absatz 1 gilt nicht in den in § 12 Satz 1 bezeichneten Angelegenheiten für den Verfolgten oder Verurteilten sowie im Schlichtungsverfahren nach § 57a des Luftverkehrsgesetzes. Die §§ 57a und 87n Absatz 6 des Gesetzes über die internationale Rechtshilfe in Strafsachen bleiben unberührt.

§ 15
Datenabruf aus einem Register oder dem Grundbuch

Die Gebühren für den Abruf von Daten oder Dokumenten aus einem Register oder dem Grundbuch schuldet derjenige, der den Abruf tätigt. Erfolgt der Abruf unter einer Kennung, die aufgrund der Anmeldung zum Abrufverfahren vergeben worden ist, ist Schuldner der Gebühren derjenige, der sich zum Abrufverfahren angemeldet hat.

§ 15a
Schutzschriftenregister

Die Gebühr für die Einstellung einer Schutzschrift schuldet derjenige, der die Schutzschrift eingereicht hat.

§ 16
Unternehmensregister

Die Jahresgebühr für die Führung des Unternehmensregisters schuldet
1. jedes Unternehmen, das seine Rechnungslegungsunterlagen im Bundesanzeiger bekannt zu machen hat, und
2. jedes Unternehmen, das in dem betreffenden Kalenderjahr nach § 8b Absatz 2 Nummer 9 und 10, Absatz 3 Satz 1 Nummer 2 des Handelsgesetzbuchs selbst oder durch einen von ihm beauftragten Dritten Daten an das Unternehmensregister übermittelt hat.

§ 16a
Behördliche Schlichtung nach § 57a des Luftverkehrsgesetzes

Die Gebühr 1220 des Kostenverzeichnisses schuldet nur das Verkehrsunternehmen.

§ 17
Mahnung bei der Forderungseinziehung nach dem Justizbeitreibungsgesetz

Die Gebühr für die Mahnung bei der Forderungseinziehung schuldet derjenige Kostenschuldner, der nach § 5 Absatz 2 des Justizbeitreibungsgesetzes besonders gemahnt worden ist.

§ 18
Weitere Fälle der Kostenhaftung

Die Kosten schuldet ferner derjenige,
1. dem durch eine Entscheidung der Justizbehörde oder des Gerichts die Kosten auferlegt sind,
2. der sie durch eine vor der Justizbehörde abgegebene oder ihr mitgeteilten Erklärung übernommen hat und
3. der nach den Vorschriften des bürgerlichen Rechts für die Kostenschuld eines anderen kraft Gesetzes haftet.

§ 19
Mehrere Kostenschuldner

Mehrere Kostenschuldner haften als Gesamtschuldner.

ABSCHNITT 5
Öffentlich-rechtlicher Vertrag

§ 20
Übermittlung gerichtlicher Entscheidungen

(1) Für die Übermittlung gerichtlicher Entscheidungen in Form elektronisch auf Datenträgern gespeicherter Daten kann durch öffentlich-rechtlichen Vertrag anstelle der zu erhebenden Auslagen eine andere Art der Gegenleistung vereinbart werden, deren Wert den ansonsten zu erhebenden Auslagen entspricht.

(2) Werden neben der Übermittlung gerichtlicher Entscheidungen zusätzliche Leistungen beantragt, insbesondere eine Auswahl der Entscheidungen nach besonderen Kriterien, und entsteht hierdurch ein nicht unerheblicher Aufwand, so ist durch öffentlich-rechtlichen Vertrag eine Gegenleistung zu vereinbaren, die zur Deckung der anfallenden Aufwendungen ausreicht.

(3) Werden Entscheidungen für Zwecke verlangt, deren Verfolgung überwiegend im öffentlichen Interesse liegt, so kann auch eine niedrigere Gegenleistung vereinbart oder auf eine Gegenleistung verzichtet werden.

§ 21
Auskunft für wissenschaftliche Forschungsvorhaben

Erfordert die Erteilung einer Auskunft für wissenschaftliche Forschungsvorhaben aus den vom Bundesamt für Justiz geführten Registern einen erheblichen Aufwand, ist eine Gegenleistung zu vereinbaren, welche die notwendigen Aufwendungen deckt. § 10 ist entsprechend anzuwenden.

ABSCHNITT 6
Rechtsbehelf und gerichtliches Verfahren

§ 22
Einwendungen und gerichtliches Verfahren

(1) Über Einwendungen gegen den Ansatz der Kosten oder gegen Maßnahmen nach den §§ 8 und 9 entscheidet das Amtsgericht, in dessen Bezirk die Justizbehörde ihren Sitz hat. Für das gerichtliche Verfahren sind die §§ 5a, 5b, 66 Absatz 2 bis 8, die §§ 67 und 69a des Gerichtskostengesetzes entsprechend anzuwenden.

(2) Betreffen gerichtliche Verfahren nach Absatz 1 Justizverwaltungsangelegenheiten der Vorstände der Gerichte der Verwaltungs-, Finanz-, Sozial- und Arbeitsgerichtsbarkeit entscheidet anstelle des Amtsgerichts das Eingangsgericht der jeweiligen Gerichtsbarkeit, in dessen Bezirk die Behörde ihren Sitz hat.

ABSCHNITT 7
Schluss- und Übergangsvorschriften

§ 23
Bekanntmachung von Neufassungen

Das Bundesministerium der Justiz und für Verbraucherschutz kann nach Änderungen den Wortlaut des Gesetzes feststellen und als Neufassung im Bundesgesetzblatt bekannt machen. Die Bekanntmachung muss auf diese Vorschrift Bezug nehmen und angeben
1. den Stichtag, zu dem der Wortlaut festgestellt wird,
2. die Änderungen seit der letzten Veröffentlichung des vollständigen Wortlauts im Bundesgesetzblatt sowie
3. das Inkrafttreten der Änderungen.

§ 24
Übergangsvorschrift

Das bisherige Recht ist anzuwenden auf Kosten
1. für Amtshandlungen, die auf Antrag durchgeführt werden, wenn der Antrag vor dem Inkrafttreten einer Gesetzesänderung bei der Justizbehörde eingegangen ist,
2. für ein gerichtliches Verfahren, wenn das Verfahren vor dem Inkrafttreten einer Gesetzesänderung anhängig geworden ist,
3. für den Abruf von Daten und Dokumenten aus einem Register oder dem Grundbuch, wenn die Kosten vor dem ersten Tag des auf das Inkrafttreten einer Gesetzesänderung folgenden Monats fällig geworden sind,
4. in den übrigen Fällen, wenn die Kosten vor dem Inkrafttreten einer Gesetzesänderung fällig geworden sind.

Dies gilt auch, wenn Vorschriften geändert werden, auf die das Justizverwaltungskostengesetz verweist.

§ 25
Übergangsvorschrift aus Anlass des Inkrafttretens dieses Gesetzes

(1) Die Justizverwaltungskostenordnung in der im Bundesgesetzblatt Teil III, Gliederungsnummer 363-1, veröffentlichten bereinigten Fassung, die zuletzt durch ... geändert worden ist, und Verweisungen hierauf sind weiter anzuwenden auf Kosten
1. für Amtshandlungen, die auf Antrag durchgeführt werden, wenn der Antrag vor dem 1. Juli 2013 bei der Justizbehörde eingegangen ist,
2. für ein gerichtliches Verfahren, wenn das Verfahren vor dem 1. Juli 2013 anhängig geworden ist,
3. für den Abruf von Daten und Dokumenten aus einem Register oder dem Grundbuch, wenn die Kosten vor dem 1. August 2013 fällig geworden sind,
4. in den übrigen Fällen, wenn die Kosten vor dem 1. Juli 2013 fällig geworden sind.

(2) Soweit wegen der Erhebung von Haftkosten die Vorschriften des Gerichtskostengesetzes entsprechend anzuwenden sind, ist auch § 73 des Gerichtskostengesetzes in der bis zum 27. Dezember 2010 geltenden Fassung entsprechend anzuwenden.

ANLAGE
(zu § 4 Absatz 1)

KOSTENVERZEICHNIS

Gliederung

TEIL 1.
Gebühren

Hauptabschnitt 1. Register- und Grundbuchangelegenheiten
Abschnitt 1. Rechtsdienstleistungsregister
Abschnitt 2. Unternehmensregister
Abschnitt 3. Bundeszentral- und Gewerbezentralregister
Abschnitt 4. Abruf von Daten in Handels-, Partnerschafts-, Genossenschafts- und Vereinsregisterangelegenheiten
Abschnitt 5. Einrichtung und Nutzung des automatisierten Abrufverfahrens in Grundbuchangelegenheiten, in Angelegenheiten der Schiffsregister, des Schiffsbauregisters und des Registers für Pfandrechte an Luftfahrzeugen

Hauptabschnitt 2. Ordnungsgeldverfahren des Bundesamts für Justiz

Hauptabschnitt 3. Justizverwaltungsangelegenheiten mit Auslandsbezug
Abschnitt 1. Beglaubigungen und Bescheinigungen
Abschnitt 2. Rechtshilfeverkehr in zivilrechtlichen Angelegenheiten
Abschnitt 3. Sonstige Angelegenheiten mit Auslandsbezug

Hauptabschnitt 4. Sonstige Gebühren

TEIL 2.
Auslagen

TEIL 1
Gebühren

HAUPTABSCHNITT 1
Register- und Grundbuchangelegenheiten

ABSCHNITT 1
Rechtsdienstleistungsregister

Nr.	Gebührentatbestand	Gebührenbetrag
1110	Registrierung nach dem RDG ... Bei Registrierung einer juristischen Person oder einer Gesellschaft ohne Rechtspersönlichkeit wird mit der Gebühr auch die Eintragung einer qualifizierten Person in das Rechtsdienst-leistungsregister abgegolten.	150,00 €

Nr.	Gebührentatbestand	Gebührenbetrag
1111	Eintragung einer qualifizierten Person in das Rechtsdienstleistungsregister, wenn die Eintragung nicht durch die Gebühr 1110 abgegolten ist: je Person	150,00 €
1112	Widerruf oder Rücknahme der Registrierung	75,00 €

ABSCHNITT 2
Unternehmensregister

Vorbemerkung 1.1.2:

Mit der Jahresgebühr nach den Nummern 1120 bis 1122 wird der gesamte Aufwand zur Führung des Unternehmensregisters entgolten. Sie umfasst jedoch nicht den Aufwand für die Erteilung von Ausdrucken oder Kopien, die Überlassung von elektronisch gespeicherten Dokumenten und die Beglaubigung von Kopien, Ausdrucken, Auszügen und Dateien.

Nr.	Gebührentatbestand	Gebührenbetrag
1120	Jahresgebühr für die Führung des Unternehmensregisters für jedes Kalenderjahr, wenn das Unternehmen bei der Offenlegung der Rechnungslegungsunterlagen die Erleichterungen nach § 326 HGB in Anspruch nehmen kann .... (1) Die Gebühr entsteht für jedes Kalenderjahr, für das ein Unternehmen die Rechnungslegungsunterlagen im Bundesanzeiger bekannt zu machen hat. Dies gilt auch, wenn die bekannt zu machenden Unterlagen nur einen Teil des Kalenderjahres umfassen. (2) Die Gebühr wird nicht erhoben, wenn für das Kalenderjahr die Gebühr 1122 entstanden ist.	3,00 €
1121	Das Unternehmen kann die Erleichterungen nach § 326 HGB nicht in Anspruch nehmen:	
	Die Gebühr 1120 beträgt	6,00 €
1122	Jahresgebühr für die Führung des Unternehmensregisters für jedes Kalenderjahr, in dem das Unternehmen nach § 8b Abs. 2 Nr. 9 und 10, Abs. 3 Satz 1 Nr. 2 HGB selbst oder durch einen von ihm beauftragten Dritten Daten an das Unternehmensregister übermittelt hat	30,00 €
1123	Übertragung von Unterlagen der Rechnungslegung, die in Papierform zum Register eingereicht wurden, in ein elektronisches Dokument (§ 8b Abs. 4 Satz 2, § 9 Abs. 2 HGB und Artikel 61 Abs. 3 des Einführungsgesetzes zum Handelsgesetzbuch): für jede angefangene Seite .... Die Gebühr wird für die Dokumente eines jeden Unternehmens gesondert erhoben. Mit der Gebühr wird auch die einmalige elektronische Übermittlung der Dokumente an den Antragsteller abgegolten.	3,00 € mindestens 30,00 €
1124	Übermittlung von Rechnungslegungsunterlagen einer Kleinstkapitalgesellschaft oder Kleinstgenossenschaft, die beim Bundesanzeiger hinterlegt sind (§ 326 Abs. 2 HGB): je übermittelter Bilanz	1,50 €

ABSCHNITT 3
Bundeszentral- und Gewerbezentralregister

Vorbemerkung 1.1.3:

Die Gebühr 1130 wird nicht erhoben, wenn ein Führungszeugnis zur Ausübung einer ehrenamtlichen Tätigkeit benötigt wird, die für eine gemeinnützige Einrichtung, für eine Behörde oder im Rahmen eines der in § 32 Abs. 4 Nr. 2 Buchstabe d EStG genannten Dienste ausgeübt wird.

Nr.	Gebührentatbestand	Gebührenbetrag
1130	Führungszeugnis nach § 30 oder §§ 30a oder 30b BZRG	13,00 €
1131	*(aufgehoben)*	
1132	Auskunft nach § 150 Absatz 1 Satz 1 der Gewerbeordnung	13,00 €

ABSCHNITT 4
Abruf von Daten in Hnndels-, Partnerschafts-, Genossenschafts- und Vereinsregisterangelegenheiten

Vorbemerkung 1.1.4:

(1) Dieser Abschnitt gilt für den Abruf von Daten und Dokumenten aus dem vom Registergericht geführten Datenbestand, Für den Abruf von Daten und Dokumenten in der Geschäftsstelle des Gerichts werden keinen Gebühren erhoben

(2) Neben den Gebühren werden keine Auslagen erhoben.

Nr.	Gebührentatbestand	Gebührenbetrag
1140	Abruf von Daten aus dem Register: je Registerblatt	4,50 €
1141	Abruf von Dokumenten, die zum Register eingereicht wurden: für jede abgerufene Datei	1,50 €

ABSCHNITT 5
Einrichtung und Nutzung des automatischen Abrufverfahrens in Grundbuchangelegenheiten, in Angelegenheiten des Schiffsregisters, des Schiffbauregisters und des Registers für Pfandrechte an Luftfahrzeugen (*sowie des Schutzschriftregisters*)

Vorbemerkung 1.1.5:

(1) Dieser Abschnitt gilt für den Abruf von Daten und Dokumenten aus dem vom Grundbuchamt oder Registergericht geführten Datenbestand. Für den Abruf von Daten und Dokumenten in der Geschäftsstelle des Gerichts werden keinen Gebühren erhoben. Der Abruf von Daten aus dem Verzeichnissen (§ 12a Abs. 1 der Grundbuchordnung, § 31 Abs. 1, § 55 Satz 2 SchRegDV, §§ 10 und 11 Abs. 3 Satz 2 LuftRegVO) und der

Abruf des Zeitpunkts der letzten Änderung des Grundbuchs oder Registers sind gebührenfrei.

(2) Neben den Gebühren werden keine Auslagen erhoben.

Nr.	Gebührentatbestand	Gebührenbetrag
1150	Genehmigung der Landesjustizverwaltung zur Teilnahme am eingeschränkten Abrufverfahren (§ 133 Absatz 4 Satz 3 der Grundbuchordnung, auch i.V.m. § 69 Abs. 1 Satz 2 SchRegDV, und § 15 LuftRegV)	50,00 €
1151	Abruf von Daten aus dem Grundbuch oder Register: für jeden Abruf aus einen Grundbuch- oder Registerblatt	8,00 €
1152	Abruf von Dokumenten, die zu den Grundbuch- oder Registerakten genommen wurden: für jedes abgerufene Dokument	1,50 €

ABSCHNITT 6
Schutzschriftenregister

Nr.	Gebührentatbestand	Gebührenbetrag
1160	Einstellung einer Schutzschrift	83,00 €

HAUPTABSCHNITT 2
Verfahren des Bundesamts für Justiz

ABSCHNITT 1
Ordnungsgeldverfahren

Vorbemerkung 1.2.1:

Wird ein Ordnungsgeldverfahren gegen mehrere Personen durchgeführt, entstehen die Gebühren für jede Person gesondert.

Nr.	Gebührentatbestand	Gebührenbetrag
1210	Durchführung eines Ordnungsgeldverfahrens nach § 335 HGB	**100,00 €**
1211	Festsetzung eines zweiten und jedes weiteren Ordnungsgelds jeweils	**100,00**

ABSCHNITT 2
Schlichtung nach § 57a LuftVG

Nr.	Gebührentatbestand	Gebührenbetrag
1220	Verfahrensgebühr .... Die Gebühr entsteht nicht, wenn dem Fluggast die Gebühr 1222 auferlegt oder das Schlichtungsbegehren dem Luftfahrtunternehmen nicht zugeleitet wird.	**290,00 €**

Nr.	Gebührentatbestand	Gebührenbetrag
1221	Das Luftfahrtunternehmen erkennt die Forderung des Fluggastes innerhalb von vier Wochen ab Zuleitung des Schlichtungsbegehrens an und die Durchführung des Schlichtungsverfahrens wird entbehrlich: Die Gebühr 1220 ermäßigt sich auf	**75,00 €**
1222	Auferlegung einer Gebühr nach § 57a Abs. 3 LuftVG	**30,00 €**

Anhang nach Nr. 1222
Gebühr nach VSBG

§ 31 VSBG:

(1) Die Universalschlichtungsstelle des Landes nach § 29 Abs. 3 Nummer 1 und 2 erhebt für die Durchführung des Streitbeilegungsverfahrens vom Unternehmer, der zur Teilnahme an dem Streitbeilegungsverfahren bereit ist oder verpflichtet ist, eine Gebühr, deren Höhe kostendeckend sein soll und die Höhe des Streitwerts berücksichtigt... Die Gebühr beträgt:
1. 190 Euro bei einem Streitwert bis einschließlich 100 EURO,
2. 250 EURO bei Streitwerten über 100 EURO bis einschließlich 500 EURO,
3. 300 EURO bei Streitwerten über 500 EURO bis einschließlich 2000 EURO,
4. 380 EURO bei Streitwerten über 2000 EURO,

(2) Erkennt der Unternehmer den geltend gemachten Anspruch sofort vollständig an, ermäßigt sich die Gebühr auf 75 EURO; die Gebühr entfällt im Fall der Ablehnung der weiteren Durchführung des Streitbeilegungsverfahrensnach § 14 Abs. 5 Satz 2. Die Universalschlichtungsstelle des Landes kann eine niedrigere Gebühr bestimmen oder eine Gebührenbefreiung gewähren, wenn die Erhebung der Gebühr nach Absatz 1 Satz 2 und nach Satz 1 nach den besonderen Umständen des Einzelfalles unbillig erscheint. Die Erhebung der Gebühr erscheint insbesondere dann unbillig, wenn die Universalschlichtungsstelle die Durchführung des Streitbeilegungsverfahrens nach § 30 Abs. 1 Nummer 6 ablehnt, nachdem der Unternehmer sich in der Sache geäußert hat.

(3) Von dem Verbraucher, der die Durchführung eines Streitbeilegungsverfahrens beantragt hat, kann eine Gebühr nur erhoben werden, wenn er Antrag unter Berücksichtigung der gesamten Umstände als missbräuchlich anzusehen ist. In diesem Fall beträgt die Gebührt 30 EURO.

HAUPTABSCHNITT 3
Justizverwaltungsangelegenheiten mit Auslandsbezug

ABSCHNITT 1
Beglaubigungen und Bescheinigungen

Nr.	Gebührentatbestand	Gebührenbetrag
1310	Beglaubigung von amtlichen Unterschriften für den Auslandsverkehr ...... Die Gebühr wird nur einmal erhoben, auch wenn eine weitere Beglaubigung durch die übergeordnete Justizbehörde erforderlich ist.	**20,00 €**

Nr.	Gebührentatbestand	Gebührenbetrag
1311	Bescheinigungen über die Beurkundungsbefugnis eines Justizbeamten, die zum Gebrauch einer Urkunde im Ausland verlangt werden .... Die Gebühr wird nicht erhoben, wenn eine Beglaubigungsgebühr nach Nummer 1310 zum Ansatz kommt.	**15,00 €**

ABSCHNITT 2
Rechtshilfeverkehr in zivilrechtlichen Angelegenheiten

Vorbemerkung 1.3.2:

Gebühren nach diesem Abschnitt werden nur in Zivilsachen und in Angelegenheiten der freiwilligen Gerichtsbarkeit erhoben. Die Gebühren nach den Nummern 1321 und 1322 werden auch dann erhoben, wenn die Zustellung oder Rechtshilfehandlung wegen unbekannten Aufenthalts des Empfängers oder sonst Beteiligten oder aus ähnlichen Gründen nicht ausgeführt werden kann. In den Fällen der Nummern 1321 und 1322 werden Gebühren und Auslagen nicht erhoben, wenn die Gegenseitigkeit verbürgt ist. Die Bestimmungen der Staatsverträge

Nr.	Gebührentatbestand	Gebührenbetrag
1320	Prüfung von Rechtshilfeersuchen in das Ausland	**15,00 bis 55,00 €**
1321	Erledigung von Zustellungsanträgen in ausländischen Rechtsangelegenheiten	**15,00 €**
1322	Erledigung von Rechtshilfeersuchen in ausländischen Rechtsangelegenheiten	**15,00 bis 250,00 €**

ABSCHNITT 3
Sonstige Angelegenheiten mit Auslandsbezug

Nr.	Gebührentatbestand	Gebührenbetrag
1330	Befreiung von der Beibringung des Ehefähigkeitszeugnisses (§ 1309 Abs. 2 BGB)	**15,00 bis 305,00 €**
1331	Feststellung der Landesjustizverwaltung, dass die Voraussetzungen für die Anerkennung einer ausländischen Entscheidung vorliegen oder nicht vorliegen (§ 107 FamFG) .... Die Gebühr wird auch erhoben, wenn die Entscheidung der Landesjustizverwaltung von dem Oberlandesgericht oder in der Rechtsbeschwerdeinstanz aufgehoben wird und das Gericht in der Sache selbst entscheidet. Die Landesjustizverwaltung entscheidet in diesem Fall über die Höhe der Gebühr erneut. Sie ist in diesem Fall so zu bemessen, als hätte die Landesjustizverwaltung die Feststellung selbst getroffen.	**15,00 bis 305,00 €**
1332	Mitwirkung der Bundeszentralstelle für Auslandsadoption (§ 1 Abs. 1 AdÜbAG) bei Übermittlungen an die zentrale Behörde des Heimatstaates (§ 4 Abs. 6 AdÜbAG) .... Die Gebühr wird in einem Adoptionsvermittlungsverfahren nur einmal erhoben.	**15,00 bis 155,00 €**

Nr.	Gebührentatbestand	Gebührenbetrag
1333	Bestätigungen nach § 9 AdÜbAG	40,00 bis 100,00 €
1334	Bescheinigungen nach § 7 Abs. 4 AdVermiG	40,00 bis 100,00 €

HAUPTABSCHNITT 4
Sonstige Gebühren

Nr.	Gebührentatbestand	Gebührenbetrag
1400	Beglaubigung von Kopien, Ausdrucken, Auszügen und Dateien Die Gebühr wird nur erhoben, wenn die Beglaubigung beantragt ist; dies gilt nicht für Ausdrucke aus dem Unternehmensregister und für an deren Stelle tretende Dateien. Wird die Kopie oder der Ausdruck von der Justizbehörde selbst hergestellt, so kommt die Dokumenten-pauschale (Nummer 2000) hinzu.	0,50 € für jedeangefangene Seite – mindestens: 5,00 €
1401	Bescheinigungen und schriftliche Auskünfte aus Akten und Büchern	15,00 €
1402	Zeugnisse über das im Bund oder in den Ländern geltende Recht	5,00 €
1403	Mahnung nach § 5 Abs. 2 des Justizbeitreibungsgesetzes	15,00 € bis 255,00 €

TEIL 2
Auslagen

Vorbemerkung 2:

Für die Erhebung der Auslagen ist Teil 9 des Kostenverzeichnisses zum GKG entsprechend anzuwenden, soweit nachfolgend nichts anderes bestimmt ist.

Nr.	Auslagentatbestand	Höhe
2000	Pauschale für die Herstellung und Überlassung von Dokumenten: 1. Ausfertigungen, Kopien und Ausdrucke, die auf Antrag angefertigt oder auf Antrag per Telefax übermittelt worden sind: für die ersten 50 Seiten je Seite für jede weitere Seite 2. Überlassung von elektronisch gespeicherten Dateien oder deren Bereitstellung zum Abruf anstelle der in Nummer 1 genannten Ausfertigungen, Kopien und Ausdrucke: je Datei für die in einem Arbeitsgang überlassenen, bereitgestellten oder in einem Arbeitsgang auf denselben Datenträger übertragenen Dokumente insgesamt höchstens (1) Die Höhe der Dokumentenpauschale nach Nummer 1 ist für jeden Antrag und im gerichtlichen Verfahren in jedem Rechtszug und für jeden Kostenschuldner nach § 14 JVKostG gesondert zu berechnen; Gesamtschuldner gelten als ein Schuldner.	 0,50 € 0,15 € 1,50 € 5,00 €

Nr.	Auslagentatbestand	Höhe
	(2) Werden zum Zweck der Überlassung von elektronisch gespeicherten Dateien Dokumente zuvor auf Antrag von der Papierform in die elektronische Form übertragen, beträgt die Dokumentenpauschale nach Nummer 2 nicht weniger, als die Dokumentenpauschale im Fall der Nummer 1 betragen würde. (3) Frei von der Dokumentenpauschale sind für jede Partei, jeden Beteiligten, jeden Beschuldigten und deren bevollmächtigte Vertreter jeweils 1. eine vollständige Ausfertigung oder Kopie oder ein vollständiger Ausdruck jeder gerichtlichen oder behördlichen Entscheidung und jedes vor Gericht abgeschlossenen Vergleichs, 2. eine Ausfertigung ohne Tatbestand und Entscheidungsgründe und 3. eine Kopie oder ein Ausdruck jeder Niederschrift über eine Sitzung. § 191a Abs. 1 Satz 2 GVG bleibt unberührt. (4) Bei der Gewährung der Einsicht in Akten wird eine Dokumentenpauschale nur erhoben, wenn auf besonderen Antrag ein Ausdruck einer elektronischen Akte oder ein Datenträger mit dem Inhalt einer elektronischen Akte übermittelt wird.	
2001	Dokumentenpauschale für einfache Kopien und Ausdrucke gerichtlicher Entscheidungen, die zur Veröffentlichung in Entscheidungssammlungen oder Fachzeitschriften beantragt werden: Die Dokumentenpauschale nach Nummer 2000 beträgt für jede Entscheidung höchstens	5,00 €
2002	Datenträgerpauschale Die Datenträgerpauschale wird neben der Dokumentenpauschale bei der Übermittlung elektronisch gespeicherter Daten auf Datenträgern erhoben.	3,00 €

ANHANG XVI
Gesetz über Gebühren und Auslagen des Bundes (Bundesgebührengesetz – BGebG)

vom 7. August 2013 (BGBl. I S. 3154) geändert durch Art. 1 des G v. 10.3.2017 (BGBl. I S. 417)

Das Gesetz wurde als Artikel 1 des Gesetzes vom 7.8.2013 I 3154 vom Bundestag mit Zustimmung des Bundesrates beschlossen. Es ist gemäß Art. 5 Abs. 1 Satz 1 dieses Gesetzes am 15.8.2013 in Kraft getreten.

Inhaltsverzeichnis

§ 1 Gebührenerhebung
§ 2 Anwendungsbereich
§ 3 Begriffsbestimmungen
§ 4 Entstehung der Gebührenschuld
§ 5 Gebührengläubiger
§ 6 Gebührenschuldner
§ 7 Sachliche Gebührenfreiheit
§ 8 Persönliche Gebührenfreiheit
§ 9 Grundlagen der Gebührenbemessung
§ 10 Gebühren in besonderen Fällen
§ 11 Gebührenarten
§ 12 Auslagen
§ 13 Gebührenfestsetzung
§ 14 Fälligkeit
§ 15 Vorschusszahlung und Sicherheitsleistung
§ 16 Säumniszuschlag
§ 17 Stundung, Niederschlagung und Erlass
§ 18 Zahlungsverjährung
§ 19 Unterbrechung der Zahlungsverjährung
§ 20 Rechtsbehelf
§ 21 Erstattung
§ 22 Gebührenverordnungen
§ 23 Übergangsregelung
§ 24 Außerkrafttreten

§ 1
Gebührenerhebung

Der Gebührengläubiger erhebt für individuell zurechenbare öffentliche Leistungen vom Gebührenschuldner Gebühren und Auslagen nach Maßgabe dieses Gesetzes und der Gebührenverordnungen nach § 22 Absatz 3 und 4.

§ 2
Anwendungsbereich

(1) Dieses Gesetz gilt für die Gebühren und Auslagen öffentlich-rechtlicher Verwaltungstätigkeit der Behörden des Bundes und der bundesunmittelbaren Körperschaften,

Anstalten und Stiftungen des öffentlichen Rechts, soweit dieses Gesetz oder die Gebührenverordnungen nach § 22 Absatz 3 und 4 für individuell zurechenbare öffentliche Leistungen die Erhebung von Gebühren oder die Erstattung von Auslagen vorsehen.

(2) Dieses Gesetz gilt auch für die Erhebung von Gebühren und Auslagen durch die in Absatz 1 genannten Behörden nach anderen Rechtsvorschriften des Bundes, soweit dort nichts anderes bestimmt ist. Es gilt jedoch nicht für individuell zurechenbare öffentliche Leistungen

1. in Verfahren nach der Abgabenordnung,
2. in Verfahren nach dem Sozialgesetzbuch und der Postbeamtenkrankenkasse,
3. der Bundesbehörden der Justiz- und Gerichtsverwaltung sowie des Deutschen Patent- und Markenamtes, des Bundeskartellamtes und der Bundesnetzagentur, soweit sie als Regulierungsbehörde im Sinne des Energiewirtschaftsgesetzes auftritt,
4. der Stiftung Preußischer Kulturbesitz, der Akademie der Künste, der Deutschen Nationalbibliothek, der Stiftung zur Aufarbeitung der SED-Diktatur, der Stiftung Jüdisches Museum Berlin, der Stiftung Reichspräsident-Friedrich-Ebert-Gedenkstätte, der Stiftung Bundespräsident-Theodor-Heuss-Haus, der Stiftung Bundeskanzler-Adenauer-Haus und der Museumsstiftung Post und Telekommunikation,
5. des Deutschen Weinfonds und in Verfahren nach der Verordnung über den Klärschlamm-Entschädigungsfonds,
6. nach der Bundesrechtsanwaltsordnung, der Patentanwaltsordnung, der Bundesnotarordnung, der Wirtschaftsprüferordnung, dem Gesetz zur Errichtung einer Abschlussprüferaufsichtsstelle beim Bundesamt für Wirtschaft und Ausfuhrkontrolle und dem Steuerberatungsgesetz sowie
7. nach dem Bundesfernstraßengesetz, dem Fernstraßenbauprivatfinanzierungsgesetz, dem Bundesfernstraßenmautgesetz und dem Mautsystemgesetz und dem Infrastrukturabgabengesetz.

(3) Dieses Gesetz findet keine Anwendung, soweit das Recht der Europäischen Union die Erhebung von Gebühren oder Auslagen für bestimmte Leistungen ausschließt.

§ 3
Begriffsbestimmungen

(1) Individuell zurechenbare öffentliche Leistungen sind

1. in Ausübung hoheitlicher Befugnisse erbrachte Handlungen,
2. die Ermöglichung der Inanspruchnahme von vom Bund oder von bundesunmittelbaren Körperschaften, Anstalten und Stiftungen unterhaltenen Einrichtungen und Anlagen sowie von Bundeswasserstraßen, soweit die Ermöglichung der Inanspruchnahme öffentlich-rechtlich geregelt ist,
3. Überwachungsmaßnahmen, Prüfungen und Untersuchungen sowie
4. sonstige Handlungen, die im Rahmen einer öffentlich-rechtlichen Verwaltungstätigkeit erbracht werden, soweit ihnen Außenwirkung zukommt.

(2) Individuell zurechenbar ist eine Leistung,

1. die beantragt oder sonst willentlich in Anspruch genommen wird,
2. die zugunsten des von der Leistung Betroffenen erbracht wird,
3. die durch den von der Leistung Betroffenen veranlasst wurde oder
4. bei der ein Anknüpfungspunkt im Pflichtenkreis des von der Leistung Betroffenen rechtlich begründet ist; für Stichprobenkontrollen gilt dies nur, soweit diese nach anderen Gesetzen des Bundes oder Rechtsakten der Europäischen Union besonders

angeordnet sind und von dem Gegenstand der Kontrolle eine erhebliche Gefahr ausgeht.

(3) Kosten im Sinne dieses Gesetzes sind solche, die nach betriebswirtschaftlichen Grundsätzen als Einzel- und Gemeinkosten ansatzfähig sind, insbesondere Personal- und Sachkosten sowie kalkulatorische Kosten. Zu den Gemeinkosten zählen auch die Kosten der Rechts- und Fachaufsicht.

(4) Gebühren sind öffentlich-rechtliche Geldleistungen, die der Gebührengläubiger vom Gebührenschuldner für individuell zurechenbare öffentliche Leistungen erhebt.

(5) Auslagen sind nicht von der Gebühr umfasste Kosten, die die Behörde für individuell zurechenbare öffentliche Leistungen im Einzelfall nach § 12 Absatz 1 oder 2 erhebt.

(6) Behörde im Sinne dieses Gesetzes ist jede Stelle, die Aufgaben der öffentlichen Verwaltung wahrnimmt.

§ 4
Entstehung der Gebührenschuld

(1) Die Gebührenschuld entsteht mit Beendigung der individuell zurechenbaren öffentlichen Leistung. Bedarf diese Leistung einer Zustellung, Eröffnung oder sonstigen Bekanntgabe, so gilt dies als deren Beendigung.

(2) Abweichend von Absatz 1 entsteht die Gebührenschuld,

1. wenn ein Antrag oder ein Widerspruch zurückgenommen wird oder sich auf sonstige Weise erledigt, mit der Zurücknahme oder der sonstigen Erledigung und
2. wenn eine individuell zurechenbare öffentliche Leistung aus Gründen, die der Betroffene zu vertreten hat, nicht zum festgesetzten Termin erbracht werden kann oder abgebrochen werden muss, im Zeitpunkt des für die Erbringung der Leistung festgesetzten Termins oder des Abbruchs der Leistung.

§ 5
Gebührengläubiger

Gebührengläubiger ist

1. der Rechtsträger der Behörde, die die individuell zurechenbare öffentliche Leistung erbringt, oder
2. der Beliehene, wenn die individuell zurechenbare öffentliche Leistung von diesem erbracht wird.

§ 6
Gebührenschuldner

(1) Zur Zahlung von Gebühren ist derjenige verpflichtet,

1. dem die öffentliche Leistung individuell zurechenbar ist,
2. der die Gebührenschuld eines anderen durch eine gegenüber der Behörde abgegebene oder ihr mitgeteilte Erklärung übernommen hat oder
3. der für die Gebührenschuld eines anderen kraft Gesetzes haftet.

(2) Mehrere Gebührenschuldner haften als Gesamtschuldner.

§ 7
Sachliche Gebührenfreiheit

Gebühren werden nicht erhoben
1. für mündliche, einfache schriftliche oder elektronische Auskünfte,
2. für einfache Auskünfte aus Registern und Dateien,
3. für einfache elektronische Kopien,
4. in Gnadensachen,
5. bei Dienstaufsichtsbeschwerden,
6. für Maßnahmen der Rechts- und Fachaufsicht gegenüber bundesunmittelbaren Körperschaften, Anstalten und Stiftungen des öffentlichen Rechts,
7. im Rahmen eines bestehenden oder früheren Dienst- oder Amtsverhältnisses,
8. im Rahmen einer bestehenden oder früheren gesetzlichen Dienstpflicht oder einer Tätigkeit, die anstelle der gesetzlichen Dienstpflicht geleistet werden kann,
9. für Entscheidungen im Rahmen der Bewilligung von Geldleistungen sowie für in diesem Zusammenhang erforderliche Abwicklungsmaßnahmen und Durchführungskontrollen,
10. für Entscheidungen über Stundung, Erlass oder Erstattung von Gebühren,
11. für Sachen im Gemeingebrauch, soweit in Gesetzen des Bundes nichts anderes bestimmt ist.

§ 8
Persönliche Gebührenfreiheit

(1) Die Bundesrepublik Deutschland und die bundesunmittelbaren Körperschaften, Anstalten und Stiftungen des öffentlichen Rechts, deren Ausgaben auf Grund gesetzlicher Verpflichtung ganz oder teilweise aus dem Haushalt des Bundes getragen werden, sind von der Zahlung der Gebühren für individuell zurechenbare öffentliche Leistungen befreit.

(2) Die Länder und die landesunmittelbaren Körperschaften, Anstalten und Stiftungen des öffentlichen Rechts, deren Ausgaben auf Grund gesetzlicher Verpflichtung ganz oder teilweise aus dem Haushalt des Landes getragen werden, sowie die Gemeinden und Gemeindeverbände sind gebührenbefreit, soweit der Empfänger der individuell zurechenbaren öffentlichen Leistung dem Bund ebenfalls Gebührenfreiheit einräumt. Nicht befreit sind wirtschaftliche Unternehmen der Länder sowie der Gemeinden und Gemeindeverbände. Der Empfänger der individuell zurechenbaren öffentlichen Leistung hat entsprechende Angaben von Amts wegen zu machen. Die Erhebung von Gebühren für die Inanspruchnahme öffentlicher Einrichtungen durch die Behörden des Bundes bleibt durch die Sätze 1 bis 3 unberührt.

(3) Die Gebührenfreiheit tritt nicht ein, soweit die in Absatz 1 oder 2 Genannten gegenüber der Behörde erklären, dass sie berechtigt sind, die Gebühren Dritten aufzuerlegen oder sonst auf Dritte umzulegen. Die in Absatz 1 oder 2 Genannten haben entsprechende Angaben von Amts wegen zu machen.

(4) Abweichend von Absatz 1 oder 2 bleibt die Gebührenpflicht bestehen, wenn die individuell zurechenbare öffentliche Leistung durch folgende Behörden erbracht wird:
1. Bundesanstalt für Geowissenschaften und Rohstoffe,
2. Physikalisch-Technische Bundesanstalt,
3. Bundesanstalt für Materialforschung und -prüfung,
4. Bundessortenamt,

5. Bundesamt für Seeschifffahrt und Hydrographie,
6. Berufsgenossenschaft für Transport und Verkehrswirtschaft,
7. Bundesamt für Strahlenschutz,
8. Akkreditierungsstelle,
9. die in § 31b Absatz 1 des Luftverkehrsgesetzes genannte Flugsicherungsorganisation sowie das Bundesaufsichtsamt für Flugsicherung im Aufgabenbereich der Flugsicherung,
10. Paul-Ehrlich-Institut, mit Ausnahme von individuell zurechenbaren öffentlichen Leistungen, die für die Länder, Gemeinden oder Gemeindeverbände erbracht werden,
11. Bundesinstitut für Arzneimittel und Medizinprodukte, mit Ausnahme von individuell zurechenbaren öffentlichen Leistungen, die für die Länder, Gemeinden oder Gemeindeverbände erbracht werden,
12. Bundesarchiv für die Nutzung von Archivgut im Sinne der Bundesarchiv-Benutzungsverordnung.

§ 9
Grundlagen der Gebührenbemessung

(1) Die Gebühr soll die mit der individuell zurechenbaren öffentlichen Leistung verbundenen Kosten aller an der Leistung Beteiligten decken, soweit die Kosten nicht als Auslagen nach § 12 Absatz 1 oder 2 abzurechnen sind. In die Gebühr sind die mit der Leistung regelmäßig verbundenen Auslagen einzubeziehen. Zur Ermittlung der Gebühr nach Satz 1 sind die Kosten im Sinne des § 3 Absatz 3 zu Grunde zu legen.

(2) Kommt der individuell zurechenbaren öffentlichen Leistung ein in Geld berechenbarer wirtschaftlicher Wert oder ein in Geld berechenbarer wirtschaftlicher Nutzen für den von der Leistung Betroffenen zu, kann dieser Wert oder Nutzen zusätzlich zu den Kosten angemessen berücksichtigt werden.

(3) Die nach Absatz 1 oder 2 bestimmte Gebührenhöhe darf zu der individuell zurechenbaren öffentlichen Leistung nicht außer Verhältnis stehen und insbesondere kein wesentliches Hindernis für die Inanspruchnahme der Leistung durch den Gebührenschuldner darstellen.

(4) Aus Gründen des öffentlichen Interesses oder der Billigkeit kann eine niedrigere Gebühr als die in den Absätzen 1 bis 3 vorgesehene Gebühr oder eine Gebührenbefreiung bestimmt werden.

(5) Die Behörde kann Gebührenbefreiungen oder -ermäßigungen gewähren, wenn die Festsetzung der nach den Absätzen 1 bis 4 bestimmten Gebühr im Einzelfall unbillig wäre.

(6) Unterliegt die individuell zurechenbare öffentliche Leistung der Umsatzsteuer, kann diese der Gebühr hinzugerechnet werden.

§ 10
Gebühren in besonderen Fällen

(1) Die Gebühren sind nach Maßgabe der Absätze 2 bis 7 festzusetzen, wenn
1. ein Antrag abgelehnt oder ein Widerspruch zurückgewiesen wird,
2. ein Verwaltungsakt zurückgenommen oder widerrufen wird,
3. ein Antrag oder ein Widerspruch zurückgenommen wird oder sich auf sonstige Weise erledigt,

4. eine individuell zurechenbare öffentliche Leistung aus Gründen, die der Betroffene zu vertreten hat, nicht zum festgesetzten Termin erbracht werden kann oder aus diesen Gründen abgebrochen werden muss und
5. ein Verwaltungsakt nach Ablauf einer bestimmten Frist auf Grund einer Rechtsvorschrift als erlassen gilt.

Bemessungsgrundlage sind die Kosten nach § 9 Absatz 1. Aus Gründen des öffentlichen Interesses oder der Billigkeit kann eine niedrigere Gebühr oder eine Gebührenbefreiung bestimmt werden.

(2) Wird ein Antrag ganz oder teilweise abgelehnt, ist eine Gebühr bis zu der Höhe zu erheben, die für die beantragte individuell zurechenbare öffentliche Leistung vorgesehen ist. Wird der Antrag allein wegen Unzuständigkeit der Behörde abgelehnt, wird keine Gebühr erhoben.

(3) Für die Entscheidung über einen Widerspruch ist, soweit dieser erfolglos geblieben ist, eine Gebühr bis zu der Höhe zu erheben, die für die angefochtene Leistung vorgesehen ist. Bei einem Widerspruch, der sich allein gegen die Festsetzung von Gebühren und Auslagen richtet, beträgt die Gebühr bis zu 25 Prozent des Betrags, hinsichtlich dessen dem Widerspruch nicht abgeholfen wurde. Hat der Widerspruch nur deshalb keinen Erfolg, weil die Verletzung einer Verfahrens- oder Formvorschrift nach § 45 des Verwaltungsverfahrensgesetzes unbeachtlich ist, wird keine Gebühr erhoben.

(4) Für die Rücknahme oder den Widerruf eines Verwaltungsaktes ist, soweit der Adressat dies zu vertreten hat, eine Gebühr bis zu der Höhe der für den Erlass des Verwaltungsaktes im Zeitpunkt der Rücknahme oder des Widerrufs vorgesehenen Gebühr zu erheben.

(5) Wird ein Antrag zurückgenommen oder erledigt er sich auf sonstige Weise, bevor die individuell zurechenbare öffentliche Leistung vollständig erbracht ist, sind bis zu 75 Prozent der für die Leistung vorgesehenen Gebühr zu erheben. Wird ein Widerspruch zurückgenommen oder erledigt er sich auf sonstige Weise, bevor der Widerspruchsbescheid erlassen ist, beträgt die Gebühr bis zu 75 Prozent des Betrags, der für die angefochtene Leistung festgesetzt wurde. Keine Gebühr ist zu erheben, wenn die Behörde mit der sachlichen Bearbeitung noch nicht begonnen hat, soweit sich aus Absatz 6 nichts anderes ergibt.

(6) Kann eine individuell zurechenbare öffentliche Leistung aus Gründen, die der Betroffene zu vertreten hat, nicht zum festgesetzten Termin erbracht werden oder muss sie aus diesen Gründen abgebrochen werden, ist eine Gebühr bis zur Höhe des für die vollständige Leistung vorgesehenen Betrags zu erheben.

(7) Für einen Verwaltungsakt, der nach Ablauf einer bestimmten Frist auf Grund einer Rechtsvorschrift als erlassen gilt, beträgt die Gebühr bis zu 75 Prozent des Betrags, der für den durch den Ablauf der Frist ersetzten Verwaltungsakt vorgesehen ist.

§ 11
Gebührenarten

Die Gebühren sind wie folgt zu bestimmen:
1. durch feste Sätze (Festgebühren),
2. nach dem Zeitaufwand für die individuell zurechenbare öffentliche Leistung (Zeitgebühren) oder
3. durch Rahmensätze (Rahmengebühren).

§ 12
Auslagen

(1) Kosten, die nicht bereits nach § 9 Absatz 1 Satz 2 in die Gebühr einbezogen sind, werden als Auslagen gesondert in der tatsächlich entstandenen Höhe erhoben für
1. Zeugen, Sachverständige, Umweltgutachter, Dolmetscher oder Übersetzer,
2. Leistungen anderer Behörden und Dritter,
3. Dienstreisen und Dienstgänge,
4. Zustellung oder öffentliche Bekanntmachung und
5. Ausfertigungen und Papierkopien, die auf besonderen Antrag erstellt werden.

Auslagen sind auch dann zu erheben, wenn die individuell zurechenbare öffentliche Leistung nach den §§ 7, 8, 9 Absatz 4 oder 5, § 10 Absatz 2 bis 6 gebührenfrei oder die Gebühr ermäßigt ist.

(2) Abweichend von Absatz 1 kann bestimmt werden, dass
1. bestimmte Auslagen nach Absatz 1 Satz 1 nicht gesondert erhoben werden,
2. auch andere als die in Absatz 1 Satz 1 bezeichneten Auslagen gesondert erhoben werden; dies gilt nicht für einfache elektronische Kopien,
3. Auslagen pauschal oder bis zu einem Höchstbetrag erhoben werden und
4. Auslagen nicht oder nicht in voller Höhe erhoben werden, wenn die individuell zurechenbare öffentliche Leistung gebührenfrei oder die Gebühr ermäßigt ist.

(3) Für Auslagen gelten die §§ 4 bis 6, 9 Absatz 4 bis 6, § 10 Absatz 3 sowie die §§ 13 und 14 sowie die §§ 16 bis 21 entsprechend.

§ 13
Gebührenfestsetzung

(1) Gebühren werden von Amts wegen schriftlich oder elektronisch festgesetzt. Die Gebührenfestsetzung soll zusammen mit der Sachentscheidung erfolgen. Gebühren, die bei richtiger Behandlung der Sache durch die Behörde nicht entstanden wären, werden nicht erhoben.

(2) Bei Festsetzung einer Rahmengebühr nach § 11 Nummer 3 ist § 9 Absatz 1 bis 3 anzuwenden.

(3) Die Festsetzung sowie ihre Aufhebung oder Änderung ist nicht mehr zulässig, wenn die Festsetzungsfrist abgelaufen ist. Die Festsetzungsfrist beträgt vier Jahre. Sie beginnt mit Ablauf des Kalenderjahres, in dem der Gebührenanspruch entstanden ist. Die Festsetzungsfrist läuft nicht ab, solange
1. über einen vor Ablauf der Frist gestellten Antrag auf Aufhebung oder Änderung der Festsetzung oder einen eingelegten Rechtsbehelf nicht unanfechtbar entschieden worden ist oder
2. der Anspruch wegen höherer Gewalt innerhalb der letzten sechs Monate der Festsetzungsfrist nicht verfolgt werden kann.

§ 14
Fälligkeit

Die Gebühr wird zehn Tage nach der Bekanntgabe der Gebührenfestsetzung an den Gebührenschuldner fällig, sofern die Behörde keinen anderen Zeitpunkt festlegt.

§ 15
Vorschusszahlung und Sicherheitsleistung

(1) Die Behörde kann eine individuell zurechenbare öffentliche Leistung, die auf Antrag zu erbringen ist, von der Zahlung eines Vorschusses oder von der Leistung einer Sicherheit bis zur Höhe der voraussichtlich entstehenden Gebühren und Auslagen abhängig machen.

(2) Dem Antragsteller ist eine Frist zur Zahlung des Vorschusses oder zur Leistung der Sicherheit zu setzen.

§ 16
Säumniszuschlag

(1) Werden Gebühren nicht bis zum Ablauf des Fälligkeitstages entrichtet, so ist für jeden angefangenen Monat der Säumnis ein Säumniszuschlag von 1 Prozent des abgerundeten rückständigen Betrags zu entrichten. Der Säumniszuschlag wird nur erhoben, wenn der rückständige Betrag 50 Euro übersteigt und die Säumnis länger als drei Tage beträgt.

(2) Für die Berechnung des Säumniszuschlages ist der rückständige Betrag auf volle 50 Euro abzurunden.

(3) Eine wirksam geleistete Gebühr gilt als entrichtet

1. bei Übergabe oder Übersendung von Zahlungsmitteln am Tag des Eingangs bei der für den Gebührengläubiger zuständigen Kasse (Bundeskasse oder Zahlstelle); bei Hingabe oder Übersendung von Schecks jedoch drei Tage nach dem Tag des Eingangs des Schecks bei der zuständigen Kasse,
2. bei Überweisung oder Einzahlung auf ein Konto der zuständigen Kasse und bei Einzahlung mit Zahlschein oder Postanweisung an dem Tag, an dem der Betrag der Kasse gutgeschrieben wird, oder
3. bei Vorliegen einer Einzugsermächtigung am Fälligkeitstag.

(4) In den Fällen der Gesamtschuld entstehen Säumniszuschläge gegenüber jedem säumigen Gesamtschuldner. Insgesamt ist jedoch kein höherer Säumniszuschlag zu entrichten, als verwirkt worden wäre, wenn die Säumnis nur bei einem Gesamtschuldner eingetreten wäre.

§ 17
Stundung, Niederschlagung und Erlass

Stundung, Niederschlagung und Erlass von festgesetzten Gebühren richten sich nach § 59 der Bundeshaushaltsordnung.

§ 18
Zahlungsverjährung

(1) Der Anspruch auf Zahlung von Gebühren verjährt nach fünf Jahren. Die Verjährung beginnt mit dem Ablauf des Kalenderjahres, in dem der Anspruch erstmals fällig geworden ist.

(2) Die Verjährung ist gehemmt, solange der Anspruch wegen höherer Gewalt innerhalb der letzten sechs Monate der Verjährungsfrist nicht verfolgt werden kann.

§ 19
Unterbrechung der Zahlungsverjährung

(1) Die Verjährung nach § 18 wird unterbrochen durch
1. schriftliche Geltendmachung des Anspruchs,
2. Zahlungsaufschub,
3. Stundung,
4. Aussetzung der Vollziehung,
5. Sicherheitsleistung,
6. Vollstreckungsaufschub,
7. eine Vollstreckungsmaßnahme,
8. Anmeldung im Insolvenzverfahren,
9. Aufnahme in einen Insolvenzplan oder einen gerichtlichen Schuldenbereinigungsplan,
10. Einbeziehung in ein Verfahren, das die Restschuldbefreiung für den Schuldner zum Ziel hat, oder
11. Ermittlungen des Gläubigers nach dem Wohnsitz oder dem Aufenthaltsort des Gebührenschuldners.

(2) Die Unterbrechung der Verjährung durch eine der in Absatz 1 genannten Maßnahmen dauert fort bis
1. die Stundung, die Aussetzung der Vollziehung oder der Vollstreckungsaufschub beendet ist,
2. bei Sicherheitsleistung, Pfändungspfandrecht, Zwangshypothek oder einem sonstigen Vorzugsrecht auf Befriedigung das entsprechende Recht erloschen ist,
3. das Insolvenzverfahren beendet ist,
4. der Insolvenzplan oder der gerichtliche Schuldenbereinigungsplan erfüllt ist oder hinfällig wird,
5. die Restschuldbefreiung erteilt oder versagt wird oder das Verfahren, das die Restschuldbefreiung zum Ziel hat, vorzeitig beendet wird oder
6. die Ermittlung der Behörde nach dem Wohnsitz oder dem Aufenthalt des Gebührenschuldners beendet ist.

(3) Mit Ablauf des Kalenderjahres, in dem die Unterbrechung endet, beginnt eine neue Verjährungsfrist.

(4) Die Verjährung wird nur in Höhe des Betrags unterbrochen, auf den sich die Unterbrechung bezieht.

§ 20
Rechtsbehelf

(1) Die Gebührenfestsetzung kann zusammen mit der Sachentscheidung oder selbständig angefochten werden. Der Rechtsbehelf gegen eine Sachentscheidung erstreckt sich auch auf die Gebührenfestsetzung.

(2) Wird die Gebührenfestsetzung selbständig angefochten, so ist das Rechtsbehelfsverfahren gebührenrechtlich als selbständiges Verfahren zu behandeln.

§ 21
Erstattung

(1) Überzahlte oder zu Unrecht erhobene Gebühren sind unverzüglich zu erstatten, zu Unrecht erhobene Gebühren aber nur, solange ihre Festsetzung noch anfechtbar ist.

(2) Der Erstattungsanspruch erlischt durch Verjährung, wenn er nicht bis zum Ablauf des dritten Kalenderjahres geltend gemacht wird, das auf die Entstehung des Anspruchs folgt; die Verjährung beginnt jedoch nicht vor der Unanfechtbarkeit der Gebührenfestsetzung.

§ 22
Gebührenverordnungen

(1) Durch Gebührenverordnungen nach Absatz 3 oder 4 sind für individuell zurechenbare öffentliche Leistungen Gebühren vorzusehen. Die Gebühren sind nach Maßgabe des § 9 Absatz 1 bis 4, des § 10 Absatz 1 Satz 3 sowie des § 11 zu bestimmen. Für Auslagen gilt § 12 Absatz 2. Des Weiteren kann die Stelle bestimmt werden, die die Gebühren und Auslagen einzieht.

(2) Soweit ein Rechtsakt der Europäischen Union oder ein völkerrechtlicher Vertrag im Einzelnen inhaltlich bestimmte Vorgaben für die Erhebung von Gebühren und Auslagen enthält, die von diesem Gesetz abweichen, ist die Erhebung von Gebühren und Auslagen nach Maßgabe des Rechtsaktes oder Vertrages durch Gebührenverordnung nach Absatz 3 oder 4 zu bestimmen.

(3) Die Bundesregierung erlässt ohne Zustimmung des Bundesrates durch Allgemeine Gebührenverordnung folgende Bestimmungen, soweit sie für den Bereich der Bundesverwaltung einheitlich gelten sollen:

1. Vorgaben zur Ermittlung der Gebühr nach § 9 Absatz 1 einschließlich der Bemessung von Zeitgebühren nach § 11 Nummer 2,
2. Gebührenregelungen für Beglaubigungen und Bescheinigungen sowie
3. Pauschalierung von Auslagen nach § 12 Absatz 2 Nummer 3.

(4) Die Bundesministerien erlassen ohne Zustimmung des Bundesrates Besondere Gebührenverordnungen für ihren Zuständigkeitsbereich, soweit keine Regelungen durch die Allgemeine Gebührenverordnung nach Absatz 3 getroffen wurden. Regelungen der Besonderen Gebührenverordnungen nach Satz 1 finden keine Anwendung, soweit nach Erlass einer Besonderen Gebührenverordnung inhaltsgleiche oder entgegenstehende Bestimmungen durch die Allgemeine Gebührenverordnung nach Absatz 3 getroffen wurden.

(5) Die durch Gebührenverordnungen nach Absatz 3 oder 4 festgelegten Gebühren sind regelmäßig, mindestens alle fünf Jahre, zu überprüfen und, soweit erforderlich, anzupassen. Bei einer Anpassung gelten für eine individuell zurechenbare öffentliche Leistung, die bereits beantragt oder begonnen, aber noch nicht vollständig erbracht wurde, die bisherigen Vorschriften fort, soweit durch Gebührenverordnungen nach Absatz 3 oder 4 nichts anderes bestimmt ist.

§ 23
Übergangsregelung

(1) Für die Erhebung von Gebühren und Auslagen für eine individuell zurechenbare öffentliche Leistung, die vor dem 15. August 2013 beantragt oder begonnen, aber noch

nicht vollständig erbracht wurde, ist das Verwaltungskostengesetz in der bis zum 14. August 2013 geltenden Fassung weiter anzuwenden.

(2) Für die Erhebung von Gebühren und Auslagen durch die in § 2 Absatz 1 genannten Behörden nach Rechtsvorschriften, die vor dem 15. August 2013 erlassen wurden, gilt dieses Gesetz nach Maßgabe der Absätze 3 bis 7.

(3) Soweit nichts anderes bestimmt ist, sind die Gebührensätze so zu bemessen, dass zwischen der den Verwaltungsaufwand berücksichtigenden Höhe der Gebühr einerseits und der Bedeutung, dem wirtschaftlichen Wert oder dem sonstigen Nutzen der individuell zurechenbaren öffentlichen Leistung andererseits ein angemessenes Verhältnis besteht. Ist gesetzlich vorgesehen, dass Gebühren nur zur Deckung des Verwaltungsaufwandes erhoben werden, sind die Gebührensätze so zu bemessen, dass die Gebühr die mit der individuell zurechenbaren öffentlichen Leistung verbundenen Kosten nicht übersteigt. § 9 Absatz 1 wird nicht angewendet. § 6 des Verwaltungskostengesetzes in der bis zum 14. August 2013 geltenden Fassung ist weiter anzuwenden.

(4) Ist die Gebühr nach dem Wert des Gegenstandes zu berechnen, so ist der Wert zum Zeitpunkt der Beendigung der individuell zurechenbaren öffentlichen Leistung maßgeblich. Sind Rahmensätze für Gebühren vorgesehen, ist § 9 Absatz 1 des Verwaltungskostengesetzes in der bis zum 14. August 2013 geltenden Fassung weiter anzuwenden, soweit nichts anderes bestimmt ist. § 13 Absatz 2 wird nicht angewendet.

(5) § 10 wird nicht angewendet. Für die Ablehnung, Rücknahme oder Erledigung eines Antrags sowie für die Rücknahme oder den Widerruf eines Verwaltungsaktes ist § 15 des Verwaltungskostengesetzes in der bis zum 14. August 2013 geltenden Fassung weiter anzuwenden, soweit nichts anderes bestimmt ist. Für die Rückweisung, Zurücknahme oder Erledigung eines Widerspruchs sind die Rechtsvorschriften, die vor dem 15. August 2013 erlassen wurden, weiter anzuwenden.

(6) § 12 Absatz 1 und 2 wird nicht angewendet. Für die Erhebung von Auslagen ist § 10 des Verwaltungskostengesetzes in der bis zum 14. August 2013 geltenden Fassung weiter anzuwenden.

(7) Die §§ 1 bis 22 sowie die Absätze 1 bis 6 gelten nicht für Gebühren und Auslagen des Auswärtigen Amts und der Vertretungen des Bundes im Ausland.

(8) Die Absätze 2 bis 7 finden keine Anwendung

1. für die in Artikel 3 des Gesetzes zur Strukturreform des Gebührenrechts des Bundes vom 18. Juli 2016 (BGBl. I S. 1666) geänderten Regelungen nach dem 1. Oktober 2019 und
2. für die in Artikel 4 des Gesetzes zur Strukturreform des Gebührenrechts des Bundes vom 18. Juli 2016 (BGBl. I S. 1666) geänderten Regelungen nach dem 1. Oktober 2021.

Durch Besondere Gebührenverordnung nach § 22 Absatz 4 kann bestimmt werden, dass die Absätze 2 bis 7 bereits zu einem früheren als den in Satz 1 bestimmten Zeitpunkten für den jeweiligen Anwendungsbereich der Besonderen Gebührenverordnung nicht anwendbar sind.

§ 24
Außerkrafttreten

§ 23 Absatz 2 bis 8 tritt am 1.Oktober 2021 außer Kraft.

ANHANG XVII
Gebührentabellen zum GKG und zum FamGKG

Tabelle 1
zu KV-GKG Teil 1–7
und zum KV-FamGKG

Streitwert bis … €	1,0 Gebühr €	0,25 Gebühr €	0,5 Gebühr €	0,75 Gebühr €	1,5 Gebühr €	2,0 Gebühr €	2,5 Gebühr €	3,0 Gebühr €	4,0 Gebühr €	5,0 Gebühr €	6,0 Gebühr €
1	2	3	4	5	6	7	8	9	10	11	12
500	35,00	8,75	17,50	26,25	52,50	70,00	87,50	105,00	140,00	175,00	210,00
1.000	53,00	13,25	26,50	39,75	79,50	106,00	132,50	159,00	212,00	265,00	318,00
1.500	71,00	17,75	35,50	53,25	106,50	142,00	177,50	213,00	284,00	355,00	426,00
2.000	89,00	22,25	44,50	66,75	133,50	178,00	222.50	267,00	356,00	445,00	534,00
3.000	108,00	27,00	54,00	81,00	162,00	216,00	270,00	324,00	432,00	540,00	648,00
4.000	127,00	31,75	63,50	95,25	190,50	254,00	317,50	381,00	508,00	635,00	762,00
5.000	146,00	36,50	73,00	109,50	219,00	292,00	365,00	438,00	584,00	730,00	876,00
6.000	165,00	41,25	82,50	123,75	247,50	330,00	412,50	495,00	660,00	835,00	990,00
7.000	184,00	46,00	92,00	138,00	276,00	368,00	460,00	552,00	736,00	920,00	1.104,00
8.000	203,00	50,75	101,50	152,25	304,50	406,00	507,50	609,00	812,00	1.015,00	1.218,00
9.000	222,00	55,50	111,00	166,50	333,00	444,00	555,00	666,00	888,00	1.110,00	1.332,00
10.000	241,00	60,25	120,50	180,75	361,50	482,00	602,50	723,00	964,00	1.205,00	1.446,00
13.000	267,00	66,75	133,50	200,25	400,50	534,00	667,50	801,00	1.068,00	1.335,00	1.602,00
16.000	293,00	73,25	146,50	219,75	439,50	586,00	732,50	879,00	1.172,00	1.465,00	1.758,00
19.000	319,00	79,75	159,50	239,25	478,50	638,00	797,50	957,00	1.276,00	1.595,00	1.914,00
22.000	345,00	86,25	172,50	258,75	517,50	690,00	862,50	1.035,00	1.380,00	1.725,00	2.070,00
25.000	371,00	92,75	185,50	278,25	556,50	742,00	927,50	1.113,00	1.484,00	1.855,00	2.226,00
30.000	406,00	101,50	203,00	304,50	609,00	812,00	1.015,00	1.218,00	1.624,00	2.030,00	2.436,00
35.000	441,00	110,25	220,50	330,75	661,50	882,00	1.102,50	1.323,00	1.764,00	2.205,00	2.646,00
40.000	476,00	119,00	238,00	357,50	714,00	952,00	1.190,00	1.428,00	1.904,00	2.380,00	2.856,00
45.000	511,00	127,75	255,50	383,25	766,50	1.022,00	1.277,50	1.533,00	2.044,00	2.555,00	3.066,00
50.000	546,00	136,50	273,00	409,50	819,00	1.092,00	1.365,00	1.638,00	2.184,00	2.730,00	3.276,00
65.000	666,00	166,50	333,00	499,50	999,00	1.332,00	1.665,00	1.998,00	2.664,00	3.330,00	3.996,00
80.000	786,00	196,50	393,00	589,50	1.179,00	1.572,00	1.965,00	2.358,00	3.144,00	3.930,00	4.716,00
95.000	906,00	226,50	453,00	679,50	1.359,00	1.812,00	2.265,00	2.718,00	3.624,00	4.530,00	5.436,00
110.000	1.026,00	256,50	513,00	769,50	1.539,00	2.052,00	2.565,00	3.078,00	4.104,00	5.130,00	6.156,00
125.000	1.146,00	286,50	573,00	859,50	1.719,50	2.292,00	2.865,50	3.438,00	4.584,00	5.730,00	6.876,00
140.000	1.266,00	316,50	633,00	949,50	1.899,00	2.532,00	3.165,00	3.798,00	5.064,00	6.330,00	7.596,00
155.000	1.386,00	346,50	693,00	1.039,50	2.079,50	2.772,00	3.465,00	4.158,00	5.544,00	6.930,00	8.316,00
170.000	1.506,00	376,50	753,00	1.129,50	2.259,00	3.012,00	3.765,00	4.518,00	6.024,00	7.530,00	9.036,00
185.000	1.626,00	406,50	813,00	1.219,50	2.439,00	3.252,00	4.065,50	4.878,00	6.504,00	8.130,00	9.756,00
200.000	1.746,00	436,50	873,00	1.309,50	2.619,00	3.492,00	4.365,00	5.238,00	6.984,00	8.730,00	10.476,00
230.000	1.925,00	481,25	962,50	1.443,75	2.887,50	3.850,00	4.812,50	5.775,00	7.700,00	9.625,00	11.550,00
260.000	2.104,00	526,00	1.052,00	1.578,00	3.156,00	4.208,00	5.260,00	6.312,00	8.416,00	10.520,00	12.624,00
290.000	2.263.00	565,75	1.131,50	1.697,25	3.394,50	4.526,00	5.657,50	6.789,00	9.052,00	11.315,00	13.578,00
320.000	2.462,00	615,50	1.231,00	1.846,50	3.693,00	4.924,00	6.155,00	7.386,00	9.848,00	12.310,00	14.772,00
350.000	2.641,00	660,25	1.320,50	1.980,75	3.961,50	5.282,00	6.602,50	7.923,00	10.564,00	13.205,00	15.846,00
380.000	2.820,00	705,00	1.410,00	2.115,00	4.230,00	5.640,00	7.050,00	8.460,00	11.280,00	14.100,00	16.920,00
410.000	2.999,00	749,75	1.499,50	2.249,25	4.498,50	5.998,00	7.497,50	8.997,00	11.996,00	14.995,00	17.994,00
440.000	3.178,00	794,50	1.589,00	2.383,50	4.767,00	6.356,00	7.945,00	9.534,00	12.712,00	15.890,00	19.068,00
470.000	3.357,00	839,25	1.678,50	2.517,75	5.035,50	6.714,00	8.392,50	10.071,00	13.428,00	16.785,00	20.142,00
500.000	3.536,00	884,00	1.768,00	2.652,00	5.304,00	7.072,00	8.840,00	10.608,00	14.144,00	17.680,00	21.216,00

Tabelle 2
zu KV Teil 8 (Arbeitsgerichtsbarkeit)

Streitwert bis ... €	1,0 Gebühr €	0,4 Gebühr €	0,6 Gebühr €	0,8 Gebühr €	1,2 Gebühr €	1,6 Gebühr €	2,4 Gebühr €	3,2 Gebühr €
1	2	3	4	5	6	7	8	9
500	35,00	14,00	21,00	28,00	42,00	56,00	84,00	112,00
1.000	53,00	21,20	31,80	42,40	63,60	84,80	127,20	169,60
1.500	71,00	28,40	42,60	56,80	85,20	113,60	170,40	227,20
2.000	89,00	35,60	53,40	71,20	106,08	142,40	213,60	284,80
3.000	108,00	43,20	64,80	86,40	129,60	172,80	259,20	345,60
4.000	127,00	50,80	76,20	101,60	152,40	203,20	304,80	406,40
5.000	146,00	58,40	87,60	116,80	175,20	233,60	350,40	457,60
6.000	165,00	66,00	99,00	132,00	198,00	264,00	396,00	528,00
7.000	184,00	73,60	110,40	147,20	220,80	294,40	441,60	588,80
8.000	203,00	81,20	121,80	162,40	243,60	324,80	487,20	649,60
9.000	222,00	88,80	133,20	177,60	266,40	355,20	532,80	710,40
10.000	241,00	96,40	144,60	192,80	289,20	385,60	578,40	771,20
13.000	267,00	106,80	160,20	213,60	320,40	427,20	640,80	854,40
16.000	293,00	117,20	175,80	234,40	351,60	468,80	703,20	937,60
19.000	319,00	127,60	191,40	255,20	382,80	510,40	765,60	1.020,80
22.000	345,00	138,00	207,00	276,00	414,00	552,00	828,00	1.104,00
25.000	371,00	148,40	222,60	296,80	445,20	593,60	890,40	1.187,20
30.000	406,00	162,40	243,60	324,80	487,20	649,60	974,40	1.299,20
35.000	441,00	176,40	264,60	352,80	529,20	705,60	1.058,40	1.411,20
40.000	476,00	190,40	285,60	380,80	571,20	761,60	1.142,40	1.523,20
45.000	511,00	204,40	306,60	408,80	613,20	817,60	1.226,40	1.635,20
50.000	546,00	218,40	327,60	436,80	655,20	873,60	1.310,40	1.747,20
65.000	666,00	266,00	399,60	532,80	799,20	1.065,60	1.598,40	2.131,20
80.000	786,00	314,40	471,60	628,80	943,20	1.257,60	1.886,40	2.515,20
95.000	906,00	362,40	543,60	724,80	1.087,20	1.449,60	2.174,40	2.899,20
110.000	1.026,00	410,40	615,60	820,80	1.231,20	1.641,60	2.462,40	3.283,20
125.000	1.146,00	458,40	687,60	916,80	1.375,20	1.833,60	2.750,40	3.667,20
140.000	1.266,00	506,40	759,60	1.012,80	1.519,20	2.025,60	3.038,40	4.051,20
155.000	1.386,00	554,40	831,60	1.108,80	1.663,20	2.217,60	3.326,40	4.435,20
170.000	1.506,00	602,40	903,60	1.204,80	1.807,20	2.409,60	3.614,40	4.819,20
185.000	1.626,00	650,40	975,60	1.300,80	1.951,20	2.601,60	3.902,40	5.203,20
200.000	1.746,00	698,40	1.047,60	1.396,80	2.095,20	2.793,60	4.190,40	5.587,20
230.000	1.925,00	770,00	1.155,00	1.540,00	2.310,00	3.080.00	4.620,00	6.160,00
260.000	2.104,00	841,60	1.262,40	1.683,20	2.524,80	3.366,40	5.049,60	6.732,80
290.000	2.263.00	905,20	1.357,80	1.810,40	2.75,60	3.620,80	5.431,20	7.241,60
320.000	2.462,00	984,80	1.477,20	1.969,60	2.954,40	3.939,20	5.908,80	7.878,40
350.000	2.641,00	1.056,40	1.584,60	2.112,80	3.169,20	4.225,60	6.338,40	8.451,20
380.000	2.820,00	1.128,00	1.692,00	2.256,00	3.384,00	4.512,00	6.768,00	9.024,00
410.000	2.999,00	1.199,60	1.799,40	2.399,20	3.598,80	4.798,40	7.197,60	9.596,80
440.000	3.178,00	1.271,20	1.906,80	2.542,40	3.813,60	5.084,80	7.627,20	10.169,60
470.000	3.357,00	1.342,80	2.014,20	2.685,60	4.028,40	5.371,20	8.056,80	10.742,40
500.000	3.536,00	1.414,40	2.121,60	2.828,80	4.243,20	5.657,60	8.486,40	11.315,20

Sachregister

Fette Ziffern 1 bis **72** bezeichnen die Paragrafen des GKG bzw. die **Teile des KV zum GKG**, magere Ziffern verweisen auf die Randnummern im Teil 1:

21 15 = Teil 1, Randnummer 15 zu § 21;
A48 5 = Teil 1, Randnummer 5 zu Anhang zu § 48
KV 1 5 = Teil 1, Randnummer 5 zu Teil 1 des Kostenverzeichnisses

Fette Ziffern Fam1 bis **Fam63** bezeichnen die Paragrafen bzw. die **Nummern (Randnummern) des KV zum FamGKG** im Teil 2:

Fam21 2 = Randnummer 2 zu § 21 FamGKG
KVFam1311 3 = Randnummer 3 zu **Nummer 1311** des Kostenverzeichnisses zum FamGKG

Römische Ziffern verweisen auf die Anhänge I–XV im Teil 3:

II = Teil 3, Anhang II

Weitere Stichworte, insbesondere zu den Streitwerten, enthalten die alphabetischen Zusammenstellungen der Anhänge zu §§ 42,48, 52.

Abänderung
bei Arrest oder EV **53** ff.
der Kostenentscheidung **63** 30
des Streitwertbeschlusses **20** 11; **63** 9, 31 ff.
von Unterhaltstiteln **Fam51** 16
der Vollstreckbarerklärung oder der Vollstreckungsklausel ausländischer Schuldtitel **KV 1** 111 ff.
Abänderungsklage
allgemein **42** 28
bei Unterhaltspflicht **Fam51** 7
Abfindungssumme bei wiederkehrenden Leistungen **42** 13
Abführung s. Strafsachen
Abgabe des Verfahrens und Kostenansatz **19** 7–9; **Fam6**; **Fam18** 1
Abgaben öffentliche A. bei der Zwangsverwaltung **55** 5
Abgabesachen A52 8, 10
Abgesonderte Befriedigung 58 4
Abhängigmachung der Dokumentenpauschale von Vorauszahlung **17** 35
Abhaltung des Zwangsversteigerungstermins **KV 2** 21
Abhilfe
im Beschwerdeverfahren **66** 41; **67** 10; **68** 10
bei Erinnerung **66** 27; **67** 10
Ablehnung
des Lohnsteuerjahresausgleichs **A 52** 58
von Richtern und Sachverständigen **A48** 10; **A52** 10, 35
eines Wiederaufnahmeantrags im OWi-Verfahren **KV 4** 20
Ablichtung s. „Kopien" Begriff der **KV 9** 17
Abnahme A48, 10, 61
Abrechnungsbescheid A52 58
Abschätzung des Gegenstandswertes **64**
Abschlag vom Regelunterhalt **Fam51** 17
Abschriften
Begriff **KV 9** 1, 17; **KVFam2000**
Dokumentenpauschale **KV 9** 1
bei Dokumentenpauschalenfreiheit **KV 9** 23
Unterlassung der Beigabe **KV 9** 21
Absehen
s. Strafsachen
von Kostenauferlegung gem. § 81 FamFG **Fam20 2**
Additionsausschlüsse Fam33 3
Additionsverbote Fam33 4
Adoptionssachen KVFam1320
Aktenführung, elektronische 5a; Fam8
Aktien A48, 10
Aktiengesetz A48 106 f.
Aktivmasse 37 3
im Zwangsversteigerungsverfahren **54**
im Zwangsverwaltungsverfahren **55**
Amnestie s. Strafsachen
Amtsfähigkeit, Verlust als Nebenfolge s. Strafsachen
Anderweitige Beendigung des Verfahrens oder der Instanz
Fälligkeit der Gebühren **9** 14
Ermäßigung der Gebühr bei **KV 1** 27 ff.
Anerkenntnisurteil KV 1 32
Anfechtung A48 10
von Verwaltungsakten **66** 14

Anfechtungsklage
nach AktG **A48** 106 f.
im Aufgebotsverfahren **35** 5
und Bedeutung der Sache **52** 18
in Verwaltungsgerichtssachen **52** 18
Angabe des Wertes 61
Angriffsmittel
nachträgliches Vorbringen **38** 17, 18
Anhörungsrüge 69a; Fam61
Kosten **69a** 8
Anmeldung zum Handelsregister **A48** 10
Anordnung
eines Arrestes oder einer EV **58** 2 ff.; **KV 1** 102 ff.
Entscheidung über Beitritt
zur Zwangsvollstreckung **KV 5** 16
zur Zwangsverwaltung **KV 5** 22
in Familiensachen **Fam41**
nach § 69 FGO **KV 6** 9
einer Maßregel der Besserung etc. s. Strafsachen
in Verwaltungs- oder Finanzgerichtsverfahren **53** 19, 20
im Verwaltungswege bei Nichterhebung von Kosten **21** 18
nach § 47 VwGO **KV 5** 20
nach § 127a ZPO **KV 1** 87 ff.
nach § 273 ZPO **KV 1** 48 ff.
der Zwangsversteigerung bzw. des Beitritts **KV 2** 16 f.
der Zwangsverwaltung bzw. des Beitritts **KV 2** 22 f.
Anordnungsgebühr
Wert **54** 2ff.; **55** 4 ff.
Zwangsversteigerung **KV 2** 16
Zwangsverwaltung **KV 2** 22
Anschluss
Antragsteller **22** 3
Kostengesamtschuldner **31** 5
Anschlussrechtsmittel
Antragstellerhaftung **22** 3
Rücknahme **KV 1** 54; **KV 1** 74
Streitgegenstand **36** 2
Streitwert **47** 4
Streitwertaddition **45** 22
Anstalten
Des öffentlichen Rechts A., Kostenfreiheit **2** 15
Antrag
Begriff **22** 2
und Fälligkeit **6** 4
allgemein **6** 4
bedingter **6** 5
Antragstellerhaftung
allgemein **Vor 22** 1; **22** 1 ff.; **Fam21**
bei Arrest **22** 20
bei Aufrechnung **22** 3
bei Aufnahme des Rechtsstreits nach § 250 ZPO **6** 4; **33** 4
Auslagenvorschuss **17** 10 ff.
Bei Einspruch gegen Vollstreckungsbescheid **22** 14
bei Gebührenbefreiung **22** 8
bei mehreren Antragstellern **22** 8
Partei kraft Amtes **22** 5
bei Prozesskostenhilfe Vor **22** 6 ff.; **31** 28 ff.
bei selbständigen und unselbständigen Rechtsmitteln **22** 3, 10
Streitgenosse **22** 11
Umfang **22** 16
des Vertreters **22** 4
Vertreters kraft Amtes **22** 5; **23** 2; **25** 2
Antragserweiterung Fam30 2
Anwaltszwang
in Erinnerungs- und Beschwerdeverfahren **vor 66** 4; **66** 12; **67** 8; **68** 2
Approbation A52 8, 10
Arbeitnehmer 42 23 ff.
Arbeitsgerichtssachen 1 9; **42** 13 ff.
Streitwertkatalog **A42**
Vorschuss **11**
Arbeitsverhältnis 42 14 ff.
Arrest
Abänderung **53** 2 ff.
allgemein **53**
Anordnungsverfahren **53** 2
Antragsrücknahme **KV 1** 104
Aufhebung des Arrestes **53** 2 f., 7
Berufungsverfahren **KV 1** 108 ff.
Beschwerde gegen Zurückweisung **KV 1** 110 ff.
dinglicher A. zur Sicherung der Kosten in Strafverfahren **16** 21
in Familiensachen Fam**42** 6; **KVFam1410** ff.
Kostenvorauszahlung **12** 6
Mindestwert bei nichtvermögensrechtlichen Sachen **53** 5
Unterhaltssachen **Fam51** 13
Verfahren nach § 942 ZPO **KV 1** 101
Vollziehung **53** 3
bei wiederkehrenden Leistungen **42** 1; **53** 4 ff.
Artenschutz A52 10
Arzt A52 8, 10
Asylsachen A52 2, 8, 10
Atomkraft A52 8, 10
Auffangstreitwert
In bei öfftl-rechtl. Streitigkeiten **52** 21
Begriff **1** 41
Aufenthaltserlaubnis A52 10
Auffangwert 52 22; **Fam42**

Aufgebotsverfahren A48 10
Aufhebung
des Arrestes oder der EV **53** 7 ff.
der PKH-Bewilligung **Vor 22** 18
der Vollstreckbarerklärung **KV 1** 107 ff.
Auflassung A48 10
Auflassungsvormerkung A48 10
Aufrechnung
Allgemein **3** 18, 24; **45** 28 ff.,38
Antragsteller **22** 7; **14**
Aufsichtsperson
Vergütung der für Wertberechnung **55** 5
Ausbildungsförderung *(s. auch BaföG)* **A52** 10
Ausfertigungen
Begriff **KV 9** 18
Dokumentenpauschalen **KV 9** 13 ff.
Ausgleichspflicht A48 10
Ausländer
Ausweisung **A52** 8, 10
Gerichtskostenvorschuss **vor 12** 1
Ausländische Schuldtitel KV 1 110 ff.
Ausländische Währung 40 3
Auslagen KV 1
für Aktenversand **28** 7; **Fam23** 1
bei Amtshandlungen **17**
für elektronische Aktenübermittlung **28** 7
Fälligkeit **6–9: Fam9–Fam11**
Festsetzung nach dem JVEG und Rückforderung **KV 9** 47
der Finanzbehörde **1** 46
bei Geschäften außerhalb der Gerichtsstelle **KV 9** 53
bei Teil-PKH **Vor 22** 15
Verwendung des Vorschusses **17** 37
Vorschuss bei PKH **17** 12
Vorschuss im ZVG-Verfahren **26** 11
Auslegung Vor 1 12
Ausschließung A48 10
Außergerichtliches Verteilungsverfahren 54 11
Aussichtslosigkeit
der Rechtsverfolgung **14** 11
der Zwangsvollstreckung **31** 25

BaföG
einstweilige Anordnung **53** 24
Wert **A52** 11
Bahn
Kostenfreiheit **2** 19
Bahneinheit
Kostenschuldner **26** 18
Wert **57** 4
Zwangsliquidation **57**
Bauhandwerkersicherungshypothek A48 11
Baulandsachen 1 9; **A48** 11
Bausachen A52 11
Beamte
Auslagenersatz **KV 9** 52, 68 f.
Beamtenrecht **A52** 8
Statussachen **52** 25 ff.
Bedeutung der Sache **48** 16; **52** 5 ff.; **Fam43** 9
Bedingte Ansprüche 3 21
Beendigung
der Instanz **40** 4; **9** 5
nach Mahnverfahren **KV 1** 11 ff.
des Mietverhältnisses **41** 6
des Verfahrens **9** 5
Beförderungskosten
als Auslagen **KV 9** 61 ff.
von Tieren und Sachen **KV 9** 63; **KVFam2** 2
Befreiung von einer Verbindlichkeit A48 11
Begründung des Streitwertbeschlusses **63** 23 f.
Behörden, Auslagen
ausländische B. **KV 9** 67
inländische B. **KV 9** 68
Beigeladene
Haftung für Kosten **32** 1 ff.
Beiordnung eines Rechtsanwalts im PKH-Verfahren **vor 22** 4
Beitreibung A52 36; **Fam2** 5
Beitritt
zur Zwangsversteigerung **KV 2** 16
zur Zwangsverwaltung **KV 2** 22
Bekanntgabe in Finanzgerichtssachen **A52** 59
Bekanntmachung
öffentliche Auslagen **KV 9** 44
Belehrungspflicht über Rechtsbehelfe **5b**
Beleidigung 48 8, 10; **53** 5
Bereicherungsanspruch A48 11
Bergwerksberechtigungen
Zwangsversteigerung **56** 1
Berichtigung
des Grundbuchs **A48** 11
des Kostenansatzes im Verwaltungsweg **19** 16
der Wertangabe **61** 7; **Fam53**
Berlin
Kostenfreiheit **2** 13
Berufserlaubnis A52 8, 11
Berufung
Antragsteller **22** 3, 9, 10
im Arrest- und EV-Verfahren **KV 1** 99 ff.
Anschlussberufung **22** 10; **45** 22; **KV 1** 50, 54
in bürgerlichen Rechtsstreitigkeiten und Scheidungsfolgesachen **KV 1** 46 ff.
Fälligkeit der Gebühr **6**
Kostenschuldner **22** 3, 10
Streitwert **47**
In Sozialgerichtssachen **KV 7** 9 ff.
in Verwaltungsgerichtssachen **KV 5** 8 ff.
Berufsgerichtliche Verfahren 1 8; **IV**
Beschwer A52 32; **47** 5

Beschwerde 66–69
Beschwerden nach dem FamGKG **Fam57–Fam61**
Beschwerden nach dem GKG 66–69
Auslagen nach dem JVEG **1** 7
gegen Kostenansatz **66; Fam57**
gegen Rechtswegbestimmung **42** 28; **A48** 26
gegen Vorauszahlungsanordnung **67; Fam58**
gegen Streitwertfestsetzung **68**
gegen Verfahrenswertfestsetzung **Fam59**
gegen Verzögerungsgebühr **69; Fam60**
Gerichtsvollzieherkosten **1** 3; 6
Wert A48 11
Besitz A48 11, 60 ff.
Besitzeinweisung A48 11, 60 ff.
Besitzklage A48 11, 60 ff.
Besitzstörung A48, 11; **53** 5
Besondere Gebühr 38 19 ff.
Besonderer Prüfungstermin
im Insolvenzverfahren **58** 1; **23** 6
im schifffahrtsrechtlichen Verteilungsverfahren **25** 2; **59** 6
Bestehen eines Mietvertrages/Nutzungsverhältnisses **41** 6
Bestimmung des Versteigerungstermins **26** 8
Beteiligter
Streitwertfestsetzungsantrag **63** 13
Betreuung/-sache **Fam22**
Betriebsvermögen A52 59
Bevollmächtigter A52 59
Bewachung von Schiffen und Luftfahrzeugen **55** 1; **56** 2
Auslagen **KV 9** 60 ff.
Beweisaufnahme A48, 11
Beweisaufnahmetermin und Verzögerung **38** 5
Beweiseinreden und Verzögerung **38** 17 ff.
Beweismittel
nachträgliches Vorbringen und Verzögerung **38** 17 ff.
Beweissicherung
Antragsteller **22** 20
Kostenschuldner **29** 5
Streitwertfestsetzung **63** 15
vgl. auch **A48** 11
Beweisurkunden A48 11
Beweisverfahren A48 11
Beschwerdefrist für Streitwertfestsetzung **68** 8
– getrennte Abrechnung beim Kostenansatz **19** 12
Bewilligung
von PKH **vor 22** 4 f.
von PKH, Änderung **vor 22** 6 f.
von PKH, Aufhebung **vor 22** 18
von PKH, rückwirkend **vor 22** 5
Bezugsberechtigung/-verpflichtung A48 11
Bietergemeinschaft 54 14
Billigkeit bei der Wertfestsetzung
Begriff **Famvor43** 2
Binnenschiffe
Wertfestsetzung **56** 2
Branntwein A52 59
Bremen Kostenfreiheit **2** 14
Buchführungserleichterung A52 59
Bürgschaft A48 11
Bundesbank, keine Kostenfreiheit **2** 13
Bundesgebührengesetz XVI
Bundesnotarordnung VI
Bundesrechtsanwaltsordnung 1 8; **V**
Bundesverfassungsgericht 1 38
Bußgeldbescheid der Verwaltungsbehörde
Zurücknahme des A., Auslagenschuldner **27** 2
Bußgeldverfahren s. *Ordnungswidrigkeitenverfahren*

Darlehen A48 12
Datenträgeraustausch KV 914
Dauer eines Vertrages **41** 4
Dauerpflegschaft
Kosten **FamKV1311**
Kostenschuldner der D. **Fam22**
Dauerwohnrecht 41 3; **A48** 90
Deckungsprozess A48 12
Derselbe Streitgegenstand 45 12, 13
Deutsches Rotes Kreuz 2 16, 24
Dienstaufsichtsbeschwerde 1 54
Dienstbarkeit A48 12
Dienststrafverfahren 1 37
Dienstwohnung 42 15
Direktklage A48 12
Dolmetscher Auslagen **KV 9** 50 ff.
Drittschuldner A48 12
Drittwiderspruchsklage A48 12
Duldung der Zwangsvollstreckung **A48** 12
Durchführung
des Insolvenzverfahrens **23** 5, 7

EG-Vollstreckung 22 23
Ehegatten, Haftung für Gerichtskosten **29** 21, 32
Ehesachen
allgemein **Fam43**
einstweilige Anordnungen in E. **Fam 41**
Ehescheidungsanträge Fam43, Fam44
Ehewohnung A48 13; **Fam48**
Ehre 48 8, 10
Ehrenamtliche Richter, Auslagen **KV 9** 50
Ehrenbeamte 52 26a
Ehrengerichtsverfahren 1 37
Eidesstattliche Versicherung 22 20; **A48** 13; **A52** 62; **44** 5, 7, 9
Eigentum A48 13

Einfamilienhaus A52 8, 62
Einfuhrumsatzsteuer A52 62
Einheitliche Gewinnfeststellung A52 62
Einheitswert A52 62; **54** 3 ff.
Einkommenssteuer A52 62
Einkommensverhältnisse 48 19; **52** 13; **Fam43** 10 ff.; **Fam50 1**
Einspruch gegen VB, Antragsteller **22** 14
Einstweilige Anordnung
Abgabesachen **53** 19 ff.
allgemein **A48** 13; **A52** 62; 53
Antragsteller 22 20
Ehewohnung und Hausrat **Fam41, Fam48**
elterliche Sorge **Fam41, Fam45**
Entscheidungsschuldner **29** 5
Erlass, Abänderung, Aufhebung **53** 21
in Finanzgerichtssachen **53** 26
in Familiensachen Fam41; **KVFam1410 ff.**
in Kindschaftssachen Fam41; **KVFam1410 ff.**
Gebühren in **KVFam1410 ff.**
persönlicher Verkehr mit dem Kind **Fam41; Fam45**
in Verwaltungsgerichtssachen **53** 26
Einstweiliger Rechtsschutz, Gebühren in Familiensachen, allgemein **KVFam1410 ff.**
Einstweilige Verfügung
Abänderungs- und Aufhebungsverfahren **53** 2 ff.
Anordnungsverfahren **53** 2 ff.
auf Eintragung einer Vormerkung (Auflassung, Vorkaufsrecht) **53** 5
auf Einstellung eines Überbaues **53** 5
auf Eintragung eines Widerspruchs **53** 5
Erzwingung des Zugangs zu einem Grundstück **53** 5
auf Hinterlegung **53** 5
wegen beleidigender Behauptungen **53** 5
wegen Besitzstörung **53** 5
wegen geschäftsschädigender Behauptungen **53** 5
wegen Herausgabe **53** 5
eines Widerspruchs **53** 5
auf wiederkehrende Leistungen **42** 9
Zins- und Kostenquantum **53** 8
Einziehung der Gerichtskosten **19** 21
Einwendungen
im Kostenbeitreibungsverfahren **66** 2
Elektronische Akte 5a
Elterliche Sorge Fam45
einstweilige Anordnung **Fam41**
Enteignungsentschädigung, Zinsen **43**13
Empfangsbekenntnis
Rücksendung unfrankierter **KV 9** 38
Enteignungsverfahren A48 13
Entlastung A48 13
Entschädigungsgesetz (BEG) 1 37
Entscheidung
im Ermessen des Gerichts **3** 13
als Voraussetzung der Fälligkeit **9** 4 ff.
Entscheidungsgebühr, Begriff **3** 30
Entscheidungsschuldner 29 5 ff.; **31** 12
Erbauseinandersetzung
Vermittlungsverfahren nach § 363 FamFG **A48** 13
Erbbaurecht A48 13
Zwangsversteigerung **56**
Erbengemeinschaft A 48 13
Erbenhaftung für Kosten **29** 29
Erbschaft A48 13
Erbunwürdigkeitsklage A48 13
Erbvertrag A48 13
Erfolglose Zwangsvollstreckung 31 19
Ergänzungsabgabe A52 39
Erhöhung der Miete für Wohnraum **41** 24
Erinnerung 66 2 ff.
Entscheidung **66** 55 ff.
gebührenfrei **66** 66
gegen Ansatz von Auslagen **55** 15
im Insolvenzverfahren **58** 2
Erlass
von Kosten gnadenweise **18** 7
rückständigen Unterhalts **42** 22
durch Justizverwaltung **2** 32; **21** 20
Erledigterklärung A48 13
Erledigung der Verfahrens, anderweitige **9** 14
Erledigungsfeststellungklage
Streitwert **47** 2
Erlöschen
der Prozesskostenhilfe **vor 22** 18
der Zahlungspflicht des Entscheidungsschuldners **30**
Ermäßigung
der allgemeinen Verfahrensgebühr **KV 1** 32 ff.
Ermittlungsverfahren Auslagen **KV 9** 69
Eröffnung des Insolvenzverfahrens (Kostenschuldner) **23** 1
Eröffnungsantrag im schifffahrtsrechtlichen Verteilungsverfahren **59** 2
Ersatzteile eines Luftfahrzeugs, Zwangsvollstreckung **56** 1
Erstattungszinsen 5 19
Ersteher
Haftung im Zwangsversteigerungsverfahren **26** 21
verschiedene E: bei der Zwangsversteigerung **54** 14
Erstschuldner und Zweitschuldner 31 12
Ersuchtes Gericht
Kostenansatz **19** 6

Euro (€) vor 1 16
Europäischer Gerichtshof 1 37
Eventualanträge 45 18, 19
Eventualwiderklage 45 18, 19

Fälligkeit
der Gebühren und Auslagen **6; 9**
der Gebühr bei Zulassung eines Rechtsmittels durch das Rechtsmittelgericht **6** 15a
der Gebühren und Auslagen in Familiensachen **Fam9–Fam11**
des Rückerstattungsanspruchs **6 12**
Fahrtenbuch A52 8, 15
Familiensachen
allgemein **1** 18; **Fam1**
Beschwerde
gegen Endentscheidung in Familiensachen **KVFam1120 ff.**
gegen Entscheidung in Familienstreitsachen **KVFam1222 ff.**
Gebühren in Familiensachen **KVFam1110 ff.**
Gebühren in Familienstreitsachen **KVFam1210 ff.**
Rechtsbeschwerde **KVFam1130 ff.; KVFam1316**
Sprungrechtsbeschwerde **KVFam1140; KVFam1319**
Fehlbelegungsabgabe **A52** 8, 10
Feriensache A48 14
Fernsprechanschluss A48 14
Festsetzung
Rechtsanwaltsvergütung nach § 11 RVG **1** 4
der Vergütung des PKH-Anwalts **1** 5
Feststellungsklage 41 18; **42** 9, 18; **A48** 20, 93; **A52** 7, 15, 40
Finanzgerichtsverfahren Streitwert **52**
Streitwertkatalog **A52** 33 ff.
Firma A48 14
Fischereirecht A48 14
Flurbereinigungsgesetz A52 8, 15
Folgesachen 48 14; **Fam44**
Forderung A48 14
Forderungspfändung A52 40
Fortbestehen eines Vertrages 16 5
Fortdauer der Vorschusspflicht **18**
Fortsetzungsfeststellungsklage A52 7
Freigabe A48 14
Freiwillige Gerichtsbarkeit 1 38
Freiwillige Leistungen 42 10; **53** 14
Frist
keine f. für Erinnerung **66** 4
zur Streitwertänderung **62** 33, 35
Früchte A48 41; **43** 5; **Fam37**
Führerschein s. *„Fahrerlaubnis"*

Gebrauchsmuster A48 15, 130; **51**
Gebühr
Arten **1** 57
Begriff **1** 56
erforderte G. **12** 9
Vorschuss **12** 5, 6, 10
Gebührenfreiheit
und Dokumentenpauschale **2** 4, 19
von Kirchen und Religionsgemeinschaften **2** 29
und Kostenansatz **19** 2
und Kostenschuld aus Vergleich **29** 18 ff.
Kostenvorauszahlungspflicht im Mahnverfahren bei Gebührenfreiheit **14** 12
in Rechtsmittelverfahren nach dem GKG **66** 66, 67; **67** 13; **68** 26; **69** 8
Vorschusspflicht des Privat-/Nebenklägers **16**
Gegendarstellung 48 13; **A48** 15
Gegenforderung 3 23; **A48** 65
Gegenleistung 3 23; **A48** 65
Gegenvorbringen 45 27 ff.
Gegenvorstellung 20 4; **21** 17; **47** 1; **63** 6, 36, 41; **66** 17, 63; **68** 7
Gehaltsforderung 42 14 ff.
Gehör
rechtliches **4** 16; **19** 13; **29** 5; **38** 26; **A48** 118; **63** 17; **66** 41, 59; **67** 14; **68** 7, 14; **69** 5
Geldforderungen A48 15; **Fam35**
Geltungsbereich des GKG vor 1 13; **1** 1
Gemeinden
Kostenfreiheit **2** 13
Gemeindeverbände
keine Kostenfreiheit **2** 13
Gemeinschaft A4815
Zwangsversteigerung **54** 14
Gemeinschuldner
Beschwerde **58** 3
Gemischte Verträge 41 4
Genehmigung A48 15
Verwaltungsrechtliche **A52**
Abbruch **A52** 10
Atomrecht **A 52** 8
Baurecht **A52** 8, 10
Campingplatz **A52** 12
GrundstücksverkehrsG. **A52** 16
Immission **A52** 8
Mietwagen **A 52** 22
Schulrecht **A52** 8
Stromtarif **A52** 27
Taxen **A52** 28
Teilungsgenehmigung **A52** 28
Verkehrsrecht **A52** 8
Verkehrswirtschaftsrecht **A52** 8
Werbetafel **A52** 31
Wohnungsrecht **A52** 8
Genossenschaft A48 15

Gerichtskosten Einziehung **19** 21
Gerichtskostenmarken vor 22 2
Gerichtsverfassungsgesetz
Beschwerden **1** 13
Gerichtsvollzieherkosten 1 3, 6
Gesamtgläubiger 32 2 ff.
Gesamtgutvermögen A52 64
Gesamtschuldner der Kosten **31** 4; **32** 4 ff.
Gesamtstreitwert A52 64
Geschäftsschädigung
einstweilige Verfügung **53** 4, 5
Geschichtliches zum GKG **Vor 1** 1 ff.
Geschmacksmuster vgl. *„Gebrauchsmuster"*
Gesellschaft A48 15
Gesetzliche Unterhaltspflicht Fam51 3 ff.
Streitwert **42** 10
Getrenntleben
einstweilige Anordnung **Fam41**
Gewaltschutzsachen Fam49
Gewerbe A52 8
Gewerbliche Realrechte
Zwangsversteigerung **56** 1
Gewerbesteuer **A52** 64
Gewerblicher Rechtsschutz A48 15; **51**
Streitwertbegünstigung im **A51**
Gewinnfeststellung A52 41
Gläubigerforderung im Insolvenzverfahren **58** 2, 8
Gnadenerlass 18 5
Grenzscheidungsklage A48 15
Grundbuchberichtigung A48 15
Grundbucheintrag A48 15
Grunddienstbarkeit A48 77 ff.
Grunderwerbssteuer A52 64
Grundpfandrecht *s. auch „Hypothek"* **A48** 15
Grundschuld, *s. auch „Hypothek"* **A48** 15
Grundsteuer A52 41
Grundstück A48 15
EV auf Zugang **53** 5
mehrere Grundstücke bei Zwangsverwaltung **55** 6
Grundstücksgleiche Rechte 56
Grundurteil A48 15
Gütergemeinschaft A48 15
Haftung für Gerichtskosten **29** 32
Güterrechtssachen Fam52
Güterstand A48 15
Gütertrennung
keine Kostenhaftung **29** 32

Haager Zivilprozessabkommen 1 28
Haft
Anordnung und Auslagenvorschuss **17** 20
Haftbefehl A48 16
Haftpflicht
kraft bürgerlichen Rechts **31** 4
gesetzliche Grundlage der Kostenschuld **29** 23
nach Handelsrecht 29 28
Haftpflichtversicherung s. *„Versicherung"*
Haftung
des Antragstellers **22** 1, 12
von Streitgenossen und Beigeladenen **32**
Haftungsbescheid A52 65
Haftungsbeschränkung bei Erbschaft **A48** 13
Haftungshöchstbeträge 42 9
Haftungssumme im seerechtlichen Verteilungsverfahren **59** 3
Hamburg
Kostenfreiheit **2** 14
Handelsregister A48 16
Handelsvertreter A48 16
Handlung
gerichtliche H. als Voraussetzung der Fälligkeit **6** 3, 8
Handwerk A52 8, 17
Hauptfeststellung A52 65
Haushaltssachen A48 16; **Fam48**
einstweilige Anordnung **Fam41**
Hemmung der Verjährung 5 10, 12
Herabsetzung des Regelunterhalts Fam51 5
Herausgabe A48 16
einstweilige Verfügung **53** 5
des Kindes **46** 2
der Mietsache **A48** 16
des Pfandes **A48** 75
von Urkunden **A48** 16, 29, 61
Herausgabeanspruch 44 7, 9, 10
Hilfeleistung in Steuersachen **A52** 65
Hilfsanspruch 3 21; **A48** 15; **Fam39**
Vergleich über H. **45** 41
Hilfsantrag 45 18 ff.
Antragsteller **22** 7
Hilfsaufrechnung 45 27 ff.
Hinterlegung A48 16
einstweilige Verfügung **53** 5
Hinterlegungsordnung 1 40
Hinterlegungszinsen 43 13
Hochbetagte A48 94
Hochschulrecht A52 8
Kostenfreiheit **2** 14
Hochseekabel
Zwangsversteigerung **56** 1
Hypothek A48 16
Hypothekengewinnabgabe bei Zwangsverwaltung **55** 5

Immissionen A48 17
Impfschaden A48 17
Insolvenzfeststellungsklage: A48 17

Insolvenzmasse s. *„Aktivmasse"*
Insolvenzsachen
Beschwerde **23** 9 f.; 58
Durchführung **23** 5, 7
Gebühren **KV 2** 30 ff.
Kostenhaftung **33** 3, 4
Kostenschuldner **23**
Streitwert **A48** 100
Wertberechnung **58**
Wiederaufnahme **23** 3, 4
Insolvenzverfahren
Kostenstundung **vor 22** 4, 20
Verjährung des Kostenanspruchs bei Stundung **5** 11
Instanzbegriff
bei Antragstellerhaftung **22** 19
des GKG **35** 3; **36** 6
dieselbe Instanz **35** 5
Institutsverwalter 55 2
Irriger Ansatz, Begriff **20** 6, 7

Jagdrecht A48, 18
Jugendgerichtsgesetz 1 10
Jugendgerichtssachen
Kostenansatz **19** 11
Jugendhilfesachen A52 8, 20
Jugendstrafe 40 10 **KV 3** 34
Justizbeitreibungsgesetz 1 42; XIII
Justizverwaltungsakte (§ 30a EGGVG) **I**
Justizverwaltungskosten 1 43

Kapitalabfindung im Vergleich 42 4
Kapitalgesellschaft A52 68
Kartellsachen 1 34
Kassen
öffentliche und Kostenfreiheit **2** 15
Kaufvertrag A48 19
Kernkraftwerk *s. auch „Atomrecht"* **A52** 20
Kinder Fam45; Fam46; Fam47
elterliche Sorge **Fam41; Fam45**
keine Kostenhaftung der Eltern **29** 32
persönlicher Verkehr mit dem Kinde **Fam45**
Unterhaltspflicht **Fam51**
Kindergeldstreitigkeiten 2 46
Kindesherausgabe Fam45
Kindesunterhalt
Abänderung eines Titels **Fam51** 7
Kindschaftssachen
allgemein **Fam45; Fam46**
Beschwerde **KVFam1314**
Einstweilige Anordnung **KVFam1410 ff.**
Gebühr **KVFam1310 ff.**
Rechtsbeschwerde **KVFam1316 ff.**
Sprungrechtsbeschwerde **KVFam1319**
Wert **Fam44–Fam46**

Kirchen
Kostenfreiheit **2** 16, 29
Kirchensteuer **A52** 68
Kläger und Widerkläger als Gesamtschuldner **31** 4
Klage
Kostenvorauszahlung **12** 5 ff.
Klageänderung 3 17
Klageerweiterung 12 6, 10; **47** 5, 6
Kostenvorauszahlung **12** 6
Klagehäufung A48 19, 46 f.
Klagerücknahme A48 19
kein Erlöschen der Zahlungspflicht **30** 5
Körperschaftssteuer A52 68
Kommanditgesellschaft A52 68
Kommunalrecht A52 8, 21
Konkursverfahren s. *„Insolvenzverfahren"*
Kopien Begriff der **KV 9** 14
Kosten
des gerichtlichen Verfahrens nach dem StVollzG **60**
als Nebenforderungen **43; Fam37**
der Rechtsmittel nach dem GKG *s. „Gebührenfreiheit"*
der Zwangsversteigerung **54**
der Zwangsverwaltung **55**
Kostenansatz 19; Fam18
bei Abgabe **19** 9
Begriff **19** 2
Berichtigung **19** 16
Durchführung des **19** 14 ff.
Einziehung der Kosten **19** 21
JGG **19** 11
Kleinberäge **19** 15
Kostenrechnung **19** 12 ff.
Rechtsbehelfe **19** 20
In Strafsachen **19** 10
Streitwertänderung **19** 18
bei Verweisung **19** 9
Zuständigkeit **19** 3, 5
Kostenbeamter 19 3
Kostenerlass aus Billigkeitsgründen **2** 44
Kostenerstattung und PKH **vor 22** 20
Kostenfestsetzungsverfahren 1 29
Kostenfreiheit 2
Europarecht **2** 28
Sozialversicherer **2** 18
Zweck der **2** 2
Kostenhaftung
und europäischer Vollstreckungstitel **22** 23
bei PKH-Bewilligung **vor 22** 3
des Zweitschuldners bei Aufrechnung **22** 7
Kostenpauschquantum 53 8
Kostenrechnung 19 12 ff.

Kostenschuldner
Begriff **22** 1
mehrere **29; 31**
Kostenteilung und Entscheidungsschuldner **29** 7
Kostenübernahmeerklärung 54 16; **32** 7
Kostenverfügung; Rechtsqualität **1** 61
Kostenverteilung bei Streitgenossen und Beigeladenen **32; Fam27**
Kraftfahrzeugbrief A48 19
Kraftfahrzeugsteuer A52 45
Kraftloserklärung A48 19
Krankenversicherung A 48, 19, 88, 89
Kreditanstalten
landschaftliche, ritterschaftliche **55** 2
Kündigungsschutzklage 42 18; **A48** 19
Künftige Leistung 41 8; **A48** 19
Kuxe
unbewegliche K. in der Zwangsversteigerung **56** 1
Landbeschaffung s. „*Enteignung*"

Landesbank
keine Kostenfreiheit **2** 17
Landeszentralbank
keine Kostenfreiheit **2** 17
Landkreis
keine Kostenfreiheit **2** 22
Landschaftliche (ritterschaftliche) Kreditanstalten 55 2
Lasten
öffentliche bei der Zwangsverwaltung **55** 5
Leasing A48 20
Lebenspartnerschaftssachen Fam5
Lebensversicherung A48 20
Leibgedinge A48 20
Leistung
künftige **41** 8
wiederkehrende **A48** 37
Leistungsfähigkeit beim Unterhalt **Fam51** 5
Leistungsklage 52 18
Löschung A48 20, 50, 75
Löschungsbewilligung A48 20
Lohnforderung 42 14, 18
Lohnsteuer A52 69
Luftfahrzeug
Bewachung, Verwahrung **55** 1
Zwangsversteigerung **56**

Mahnbescheid KV 1 2 ff.
Mahnverfahren
Antragsteller **22** 2
Gebühr **KV 1** 2 ff.
Gebühr nach Widerspruch **KV 1** 23 ff.
Familiensachen **1** 18; **Fam-Vor1** 1
Kostenvorauszahlung **12** 2 ff., 19, 22; **14** 12

Mehrere Ansprüche 3 23
einstweilige Verfügung **53** 6
Entscheidungsschuldner **32** 2, 6, 7
mehrere Arrest- und EV-Verfahren **53** 6
mehrere Gegenstände der Zwangsversteigerung **54** 12, 13
mehrere Gläubiger im Zwangsversteigerungsverfahren **26** 4
mehrere Grundstücke bei der Zwangsverwaltung **55** 6
mehrere Kinder **Fam45** 2
mehrere Kostenschuldner **29** 3; **31** 2; **Fam26**
mehrere Zwangsvollstreckungsanträge **26** 4
mehrere Privat- oder Nebenkläger (Vorschusspflicht) **31** 11
Zweitschuldner **31** 17
Mehrkosten bei Verweisung **4** 9 ff.
Mehrvergleich KV1 1900; KVFam1500
Mehrwertsteuer A48 21, 41
Meistbietender
Haftung im Zwangsversteigerungsverfahren **26** 21
Miete
Begriff **41** 16
Streitwerte **A48** 21
Mieterhöhung 41 27; **A48** 21
Mietsache
Klage auf Überlassung **41** 6, 7, 8
Mietverhältnisse 41
Minderung der Miete **41** 6, 25; **A48** 21
Mindestbetrag einer Gebühr 34
Mitbenutzungsrecht A48 21
Mindeststreitwert
in Finanzgerichtssachen **52**2, 24; **A52** 38
Miteigentum A48 21
Mitteilung des Streitwertbeschlusses 63 27
Mittellose Personen
Reisekosten **KV 9** 62
Mitverurteilte als Gesamtschuldner **31** 9; **33**
Mündliche Verhandlung
Vertagung und Verzögerung **38** 5
Musterprozess 48 14; **52** 5; **A52** 70
Mutterschutz A52 8

Nachbarklage im Baurecht 52 11; **A52** 8, **23**
Nachforderung
von Kosten **20**
Nachforderungsklage 42 10; **Fam51** 9
Nachprüfungsvorbehalt A52 71
Nachträgliches Vorbringen 38 17 ff.
Name A48 22
Nebenentscheidung 3 19
Nebenforderung 43; A48 41 ff.; **Fam37**
– als Schadensersatz **43** 3

Nebenintervention A48 22
Antragsteller **22** 11
Zwischenurteil **35** 4
Nebenkläger
Auslagenvorschuss **17** 33
Vorschusspflicht **16**
Nebenklage KV 3 123 ff.
keine Kostengesamtschuld mit StA **31** 10
Neubeginn der Verjährung **5** 10
Neuerwerb im Insolvenzverfahren 58 3
Nichteheliche Abstammung Fam47
Nichterhebung von Kosten 21; Fam20
Nichtigkeitsklage A48 22
nach AktG A48 106 f.
Nichtvermögensrechtliche Sachen 48 6, 9 ff.
einstweilige Verfügung **53** 4
Streitwert **3** 8, 9; **48** 12 ff.; **52** 17
Niederschlagung
von Kosten allgemein **21; Fam20**
Nießbrauch A48 22, 79
Notwegrecht A48 22, 64
Nutzungen A48 86 ff.; **43**
Nutzungsverhältnisse 41

Oberster Gerichtshof 1 38
Objektives Verfahren
Kostenvorschuss **16** 17
Öffentliche
Abgaben **55** 5
Lasten bei der Zwangsverwaltung **55** 5
Öffentliches Recht
Kostenhaftung nach **29** 33
Offene Handelsgesellschaft A48 23
Ordnungsgeld A48 23
Ordnungsverfügung A52 8, 24
Ordnungswidrigkeitenverfahren KV 4
Antrag auf gerichtliche Entscheidungen **KV 4** 23
Anzeige, unwahre **KV 4** 22
Beschwerden **KV 4** 24
Einziehung pp. **KV 4** 21 ff.
Fälligkeit der Kosten **8**
Gebührenhöhe **KV 4** 13 ff.
Kosten der Verwaltungsbehörde nach gerichtlicher Entscheidung **1** 11; **KV 4** 14; **KV 9** 70
und Strafverfahren **KV 4** 7
unwahre Anzeige **KV 4** 22
Zwischenverfahren **KV 4** 6
Wiederaufnahme **KV 4** 11; **19** 10
Organmitglied s. *„Gesellschaft“*

Pacht A48 24, 84, 85
Pachtverhältnisse 41
Partei kraft Amtes
als Antragstellerin **22** 5; **26** 3
Patent A48 24, 112 ff.
Patentanwaltsordnung 1 8; **IX**
Patentgericht 1 33
Patentkosten III
Patentsachen 1 33; **A48** 112 ff.
Persönliche Kostenfreiheit 2 7
Persönlicher Verkehr 46 2
Personalvertretungsgesetz 1 25
Pfändung
Wert **35** 4; **A52** 73
Pfandrecht A48 24, 71
Pflegschaft
für Leibesfrucht **KVFam-Vorbem1.3.1**
für einzelne Rechtshandlungen **Fam46**
Polizeirecht A52 8, 25
Preisbindung A48 24
einstweilige Verfügung **53** 4
Presse A48 24
Primäraufrechnung 45 30
Privatklagesachen KV 3 98 ff.
und Amtsverfahren **KV 3** 104
Einziehung pp. **KV 3** 116 ff.
Höhe der Gebühren **KV 3** 107 ff.
Kostenhaftung mehrerer Privatkläger **KV 3** 102
Prozesskostenhilfe **KV 3** 103
Verbindung von Verfahren **KV 3** 105
Widerklage **KV 3** 106 ff.
Wiederaufnahmeverfahren **KV 3** 113 ff.
Prozesshindernde Einreden A48 24
Prozessbegleitung, psychosoziale – **KV 3** 3150 ff.
Prozesskostenhilfe
Antragsteller **22** 13
Auslagenvorschuss **17** 12, 17
Haftung des Zweitschuldners 31 28 ff.
Erlöschen der **vor 22** 18
Kostenfreiheit **2** 43
und Kostenvorauszahlung **14** 2, 12
und Kostenübernahme durch die bedürftige Partei **29** 34; **31** 28 ff.
für das Prozesskostenhilfeverfahren **vor 22** 8
Verzögerungsgebühr **38** 2
Wirkung für die mittellose Partei **vor 22** 11
Wirkung auf die nichtarme Partei **vor 22** 12; **22** 13
im Zwangsversteigerungsverfahren **26** 3
Prozesskostenvorschuss 12
einstweilige Anordnung **12** 6
in Familiensachen **Fam12–Fam17**
kein Vorschuss bei PKH für Privat- oder Nebenkläger **16** 3
bei PKH des Antragstellers im Mahnverfahren **14** 12
und Prozesskostenhilfe **vor 22** 11; **14** 1; **17** 12
Prozesstrennung 45 11
Prozessverbindung 45 10

Prozessvergleich 1 6
Prüfung A52 8, 25
einstweilige Anordnung **53** 24
Prüfungstermin, besonderer
im schifffahrtsrechtlichen Verteilungsverfahren **25** 2; **59** 6
Räumungsfrist A48 26
Räumungsklage 41 7, 11 ff.; **A48** 26
und Prozessvergleich **41** 11
Rangvorbehalt A48 26
Ratenzahlung A48 26
Reallast A48 26; 79, 86 ff.
Realrechte
gewerbliche Zwangsversteigerung **56** 1
Rechenfehler
offensichtliche **3** 11
Rechnungsgebühren 70; Fam62
Rechnungslegung A48 28; **44** 3, 7
bei Zwangsverwaltung **55** 3
Rechte
grundstücksgleiche **56**
Rechtliches Gehör s. *„Gehör"*
Rechtsanwalt
Festsetzung Vergütung **1** 4
Streitwertfestsetzungsantrag **63** 13
Vergütung des PKH-Anwalts **1** 5
Wert bei nicht entschiedener Hilfsaufrechnung **45** 44
Wertfestsetzung für Gebühr **KV 9** 60
Rechtsbeschwerden in Familiensachen
Ehesache **KVFam1130 ff.**
Familienstreitsache **KVFam1225 ff.**
Kinschaftssache **KVFam1316 ff.**
sonstige **KVFam1720**
Rechtshilfeersuchen von Sozialversicherungsträgern **2** 14
Rechtshilfeverkehr Auslagen **KV 9** 67 ff.
Rechtskraft bei Entscheidungsschuldnerhaftung **29** 11
Rechtsmittel A48 26; **47**
Beschwer **47** 5
in Familiensachen **Fam40**
Scheinanträge **47** 4
Streitwertfestsetzung für Zulässigkeit **62**
wechselseitige **45** 22 ff.
Rechtsmittelbelehrung 5b
Rechtsmittelbeschränkung mit nachfolgender Rücknahme **47** 6
Reformatio in peius
bei Erinnerung **66** 28
im Kostenansatzverfahren **19** 16
Rechtswegbestimmung 42 28; **A48** 26
Regelbedarf Fam51 5
Regelunterhalt Fam51 5 ff.
Reisekosten mittelloser Personen **KV 9** 62
Reiterhof: A48 20; **A52** FinG 75
Rente A48 26
Restitutionsklage
keine Kostenvorauszahlung **12** 6
Revisionsverfahren
Wert **47**
Rheinschifffahrtsgericht 1 19; **4** 2
Richterablehnung A48 26
Richterdienstgericht 1 34
Ritterschaftliche Kreditanstalten 55 2
Rückerstattungsanspruch
Erlöschen **30** 11
Fälligkeit **6** 17; **9** 25
Verjährung **5** 8, 9
Rückgängigmachung s. *„Wandelung"*
Rückkaufsrecht A48 26
Rückstände
Unterhalt Fam51 **20**
wiederkehrende Leistungen **42** 18
Rückwirkende PKH-Bewilligung vor 22 11
Rückzahlung
von Arbeitsentgelt **42** 23
von erhobenen Kosten **2** 35
Rundfunkrecht A52 8, 26, 27

Sachverständige
Abschätzung des Wertes durch **64; Fam56**
Abschätzungskosten **64** 4
Sachverständigenkosten 1 7
als Auslagen **KV 9** 50
Säumniszuschlag A52 76
Sachliche Kostenfreiheit 2 7
Schaden
drohender Sch. **14** 9
Schadensersatz A48 27; **42** 3
– und Nebenforderung **43** 3
Schätzung im Steuerrecht **A52** 76
für Streitwertfestsetzung **64; Fam56**
Scheidungs- und Folgesachen Fam43–Fam44
Kostenvorauszahlungspflicht **Fam14**
Schiedsgerichtsverfahren A48 27
Antragsteller **22** 20
Anwendung des GKG **1** 17
Entscheidungsschuldner **29** 5
Schifffahrtsgericht 1 19
Schifffahrtrechtliches Verteilungsverfahren 59
Kostenschuldner **25**
Kostenvorauszahlung **13**
Streitwert **59**
Schiffbauwerke
Zwangsversteigerung **56** 1
Schiffe
Bewachung, Verwahrung **55** 1
Wertfestsetzung **56** 2
Zwangsversteigerung **56**

Schiffspart 56 1
Schlüsselgewalt
Kostenhaftung **29** 32
Schlussbesprechung A52 53
Schmerzensgeld A48 27
Schreibversehen
offensichtliche **3** 11
Schuldenmasse 58 7
Schule A52 8, 27
Schutzschrift 22 6; **III § 15a**
Schwerbehindertenfürsorge 2 18; **A52** 8, 27
Schwierigkeiten, wirtschaftliche **14** 7
Schwimmdocks
Wertfestsetzung **56** 2
Seeschiffe
Wertfestsetzung **56** 2
Sequester als Antragsteller **22** 20
Sequestration 55 1; **KV 9** 64
Sicherheitsleistung A48 27
Sicherstellung 10 1; **A48** 27; 68; **A52** 8, 27
Sicherungsmaßregel im Insolvenzverfahren **23** 4
Sicherungsübereignung A48 61
Sicherungsverwaltung im ZVG-Verfahren **26** 5
Siedlungsgesellschaften
gemeinnützige und Kostenfreiheit **2** 17
Siedlungsrecht A48 27
Soldaten 52 25 ff., **A52** 8, 27
Sozialer Wohnungsbau A52 8
Sozialgerichtsgesetz 1 47, A II, **vor KV 7**
Sozialhilfe A52 8, 27
Kostenfreiheit für Verfahren **2** 14
Sozialhilfeträger 2 18
Sozialverfahren Streitwertkatalog **A52** 88 ff.
Sozialversicherungsträger
Kostenfreiheit **2** 14, 25, 26
Kostenfreiheit im Insolvenzverfahren **23** 2
Kosten im Zwangsversteigerungsverfahren **26** 3
Sparbuch s. auch *„Urkunden"* **A48** 27
Staatenlose
Gerichtskostenvorschusspflicht **vor 10** 2
Staatsanwaltschaft
Auslagen des Ermittlungsverfahrens **KV 9** 69
keine Kostenschuld mit Nebenkläger **31** 10
Stadtstaaten Kostenfreiheit **2** 14
Städtebauförderungsgesetz 1 21
Steuerberaterprüfung A52 76
Steuerberatung A52 76
Steuerberatungsgesetz 1 8; **VIII**
Steuerberatungsgesellschaft **A52** 76
Steuerbescheid A52 76
Steuerbevollmächtigtenprüfung A52 76
Steuererstattung A52 76
Steuermessbescheid A52 76
Steuersäumniszuschlag A52 76
Stockwerkseigentum
Zwangsversteigerung **56** 1
Strafbefehl
Einspruchsbeschränkung **KV 3** 58
Rechtszug **KV 3** 31
Wiederaufnahme **KV 3** 20
Straffestsetzungsverfahren A 48 27
Straffreierklärung 40 1
Strafsachen KV 3
Adhäsionsverfahren **KV 3** 127 ff.
Anordnung einer Maßregel **KV 3** 26, 39 ff.
Beschwerden **KV 3** 124 ff.
Entschädigungsverfahren **KV 3** 127 ff.
Einziehung, Verfall **KV 3** 26
Fälligkeit **8; KV 3** 6
Gebührenbemessung bei Verurteilung zu Mehreren selbständigen Strafen/Rechtsfolgen **KV 3** 41 ff.
Geldstrafe **KV 3** 35
Geldstrafe neben Freiheitsstrafe **KV 3** 36
Gesamtstrafe **KV** 3 37
Höhe der Gebühren
Berufung **KV 3** 70 ff.
Erste Instanz **KV 3** 62 ff.
Klageerzwingungsverfahren **KV 3** 80 ff.
Kostensicherung **16** 11, 21
Nebenklage **KV 3** 123 ff.
Privatklage **KV 3** 98 ff, 107 ff.
Revision **KV 3** 74 ff.
Zurücknahme des Strafantrags **KV 3** 84 ff.
Jugendstrafe **KV 3** 34
Kostenauferlegung im Erzwingungsverfahren **KV 3** 96
Kostenschuldner bei Rücknahme **KV 3** 95
Mehrere Angeschuldigte **KV 3** 45 ff.
Offizialverfahren **KV 3** 24 ff.
Pauschgebühr **KV 3**
Privatklage **KV 3** 98 ff.
Rechtsmittelbeschränkung **KV 3** 54
Rechtsmittelbeschränkung auf Nebenfolge **KV 3** 56
Strafvorbehalt **KV 3** 38
Verwarnung mit Strafvorbehalt **KV 3** 38
Wiederaufnahme
Abgeltungsbereich der Gebühr **KV 3** 17
Einzelstrafen **KV 3** 12, 22
erfolglose **KV 3** 16
erfolgreiche **KV 3** 13, 18
Höhe der Gebühren **KV 3** 76 ff.
rechtskräftig erkannte Strafe **KV 3** 27 ff.
Rechtszug **KV 3** 30
Strafbefehl **KV 3** 20
Teilaufhebung **KV 3** 11 ff.
Verurteilung zu Strafe **KV 3** 25

Strafvollstreckungskosten 1 12; **60; KV 3** 8, 9, 33; **KV 9** 69. 71
Strafvollzugsgesetz
Gebühren **KV 3** 130 ff.
Wert **60**
Streitgegenstand
derselbe **45** 8, 12, 13
verschiedener **45** 14
Streitgehilfe als Antragsteller **22** 8, 10
Streitgenosse 43 8; **A48** 27; 47 ff.
einer gebührenfreien Partei **22** 12
Kostenfreiheit **2** 40
Kostenhaftung **32** 4; **Fam27**
Streithilfe A48 27
Streitwert
AktG, Nichtigkeitsklage **A 51**
Beschwerde
– gegen Kostenansatz **66**
– gegen die endgültige Festsetzung **68**
– gegen die vorläufige Festsetzung **62** 8, 24; **67** 1, 10; **68** 3, 6
in Familiensachen **Fam57–Fam61**
Erhöhung des **47**
Festsetzung des Streitwerts
– allgemein **63** 1
– Änderung der Festsetzung **63** 30 ff.
Beschwerde gegen die vorläufige Festsetzung **62** 8, 24; **67** 1, 10; **68** 3, 6
Beschwer **68** 6
Beschwerdeberechtigung **68** 12
Beschwerdewert **68** 1, 10
endgültige Festsetzung **63** 10 ff.
Frist zur Festsetzung **63** 33
Kosten der Festsetzung **63** 27
Zeitpunkt der **40**
Minderung **A48** 106 ff.
für Rechtsmittelverfahren **47**
für die Rechtsmittelzulässigkeit **62**
Schätzung des Wertes **64**
Streitwertänderung **63** 30 ff.
Streitwertkatalog für die Verwaltungsgerichtsbarkeit **A52** 8
Streitwertschlüssel für die Verwaltungsgerichtsbarkeit **52** 9 ff.
Teilabhilfe der Beschwerde **68** 10
übereinstimmende Erklärung der Parteien **63** 24, 25
vorläufige Festsetzung **63** 3 ff.
Zeitpunkt für die Festsetzung **40**
Streitwertbegünstigung
Wirkung **3** 8
im gewerblichen Rechtsschutz 51; **A51**
Streitwertkatalog
für die Arbeitsgerichtsbarkeit **A42**
für die Finanzgerichtsbarkeit **A52** 35 ff.
für die Sozialgerichtsbarkeit **A52** 92 ff.
für die Verwaltungsgerichtsbarkeit **A52** 8 ff.
Streitwertschlüssel
für die Arbeitsgerichtsbarkeit **A 42**
für die Finanzgerichtsbarkeit **A52** 58 ff.
für die ordentliche Gerichtsbarkeit und für Familiensachen **A48** 3 ff.
für die Sozialgerichtsbarkeit **A52** 92 ff.
für die Verwaltungsgerichtsbarkeit **A52** 9 ff.
Studentenwerke
Kostenfreiheit **2** 16
Studienplatz *s. auch „Hochschulrecht"* **A52** 8, 15
einstweilige Anordnung **53** 24
Stufenklage 44; A48 27; **Fam38**
Stundung
von Kosten im Verwaltungswege **2** 45; **21** 20
im Steuerrecht **A52** 53

Tankstellenvertrag A48 25
Taxiführerschein A52 8, 28
Teilbetrag
Streitwert **3** 12; **36**
Teilidentität
des Streitgegenstandes **45** 12
Teilungsversteigerung 54 10
Teilweise
PKH-Bewilligung **vor 22** 15
Teilzeitbeschäftigung (TzBefG)
Streitwert **42** 26
Telefaxauslagen KV 9 33 f.
Telefonkosten KV 9 33 f.
Telegrammkosten KV 9 33 f.; **KVFam2001**
Telekommunikationskosten KV 9 31 f.
Termin
neuer T. zur mündlichen Verhandlung **38** 7
Terminverlegung
Nichterhebung von Auslagen **21** 10 ff.
Verzögerungsgebühr **38** 7
Testament A48 28
Tiere
Verwahrung, Fütterung, Kosten **KV 9** 65
Tod der PKH-Partei **vor 22** 18
Tötung
Schadensersatz **42** 5 ff.
Trennung von Verfahren **3** 16; **45** 11; **A48** 28, 40; **54** 12
Gebührenerhebung **35** 4
Streitwertaddition **45** 11
Treuhänder A48 28

Überbau A48 29
einstweilige Verfügung **53** 5
Übergang
von Ansprüchen auf die Bundes- oder Landeskasse bei PKH **vor 22** 20

Übergangsrecht
allgemein **71**
nach KostRModG **72**
in Familiensachen **Fam-vor1** 9
Überlange Gerichtsverfahren 12a
Allgemein **12a** 1
Abhängigmachung der Zustellung **12a** 3
Geltungsbereich **12a** 2
Streitwert **12a** 4
Vorschusspflicht **12a** 1
Überlassung der Mietsache **41**
Überleitung des Zwangsversteigerungs- in das Zwangsverwaltungsverfahren **26** 5
Übernahmeschuldner 29 14; **31** 14
unterstellte Kostenhaftung **29** 21
Übersetzer
Auslagen **KV 9** 50
Umfang der Sache **48** 14, 15; **52** 13, 14
Umlegungsverfahren A48 11, 29
Umsatzsteuer A52 78
Unbedingte Kostenentscheidung 9 4
Unbewegliche Kuxe 57 1
Unbezifferter Antrag 3 14
Unkenntnis
verschuldete **4** 11
Unlauterer Wettbewerb A48 29
Streitwertminderung **A48** 136 f.
Unrichtige
Sachbehandlung **21** 2 ff.; **Fam20**
Wertangaben **61** 6
Unterbringung
Auslagen **KV 9** 66
Unterhaltssachen Fam51
aufgrund unerlaubter Handlung **42** 3
Unterlassung A48 29
Unverschuldete Unkenntnis
Nichterhebung von Kosten **21** 13, 14
bei Verweisung **5** 11
Urkunde A48 29
Urkundenprozess
Antragsteller **22** 20
Urteilsberichtigung A48 29

Valuta A48 30
Vaterschaft A48 30; **Fam47**
Verbindung
von Arrest- und EV-Verfahren **53** 21
von Arrest- oder EV-Verfahren mit Hauptsache **53** 6
von Berufungsverfahren **45** 23
von Klage auf Regelunterhalt und Geldrente **42** 11
von Vaterschafts- und Regelunterhaltsklage **42** 12
von Verfahren **3** 16; **36** 4; **45** 10; **A48** § 5 ZPO 6; **52** 10
von vermögensrechtlichen und nicht vermögensrechtlichen Sachen **48** 36 ff.
Verbund Fam44
Beschwerde **KVFam1120 ff.**
Erledigung **KVFam1111**
Gebühren **KV1110 ff.**
Rechtsbeschwerde **KVFam1130 ff.**
Verein
gemeinnütziger **A48** 30
Verfahren
Zwangsversteigerung **54** 12
Verfahrenskostenhilfe Fam-vor1 2
Verfahrenswert s. *„Streitwert“*
Vergabekammer
Verfahren vor der **1** 11
Vergleich
Antragsteller **22** 20
Beitritt eines Dritten **29** 14 ff.
Grundlage für Kostenschuld **29** 14
über Hilfsanspruch **45** 39 ff.
bei Hilfsaufrechnung **45** 39 ff.
Kapitalabfindung **42** 4
Kostenschuldner **22** 21
Mehrvergleich **36** 11
bei wiederkehrenden Leistungen **42** 4
Vergleichsgebühr **KV 1900; KVFam1500**
Vergütung des Zwangsverwalters bzw. der Aufsichtsperson **55** 5
Verhandlung
getrennte **45** 11
Vertagung **38** 5
Verjährung 5
des Kostenzahlungsanspruchs **5** 3 ff.
bei Mehrheit von Schuldnern **5** 16
Neubeginn und Hemmung **5** 10 ff.
des Rückerstattungsanspruchs **5** 8
der Steuerforderung **A52** 56
Verwirkung der Einrede **5** 14
Verkehr mit dem Kind Fam45
Verlegung/Verschiebung eines Termins und Verzögerungsgebühr **38** 7
Vermögensgesetz A52 79
Vermögensrechtlich 48 6 ff.
Vermögenssteuer A52 79
Vermögensübernahme als Grund der Kostenhaftung **29** 27
Vermögensverhältnisse 48 17 ff.; **52** 13
Vermögensverzeichnis 44 4, 7; **A52** 79
Verschiedene
Ersteher in der Zwangsversteigerung **54** 14
Gebührensätze **36** 9
Streitgegenstände **45** 12, 14
Verschulden bei Verzögerungsgebühr **38** 11

Versicherung A48 30
Versorgungsausgleich Fam50
Altfälle Fam50 1
Anpassungsverfahren Fam50 9
Antragserfordernis Fam50 2
Anrechte, Bewertung **Fam50** 7
Bewertungszeitpunkt **Fam50** 14
Einkommen **Fam50** 4
Entstehen der Gebühr Fam50 13
Vermögen **Fam50** 5
Mindestbetrag **Fam50** 10
Wertermittlung **Fam50** 3 ff.
Versteigerung 54
Versteigerungstermin
Abhaltung **26** 11; **54** 6
Bestimmung **26** 11; **54** 3
Vertagung
Nichterhebung von Auslagen **21** 10 ff.
bei Verzögerungsgebühr **38** 5
Verteidigungsmittel
nachträgliches Vorbringen **38** 17 ff.
Verteilungsverfahren A48 30
schifffahrtsrechtliches **25**
bei der Zwangsversteigerung **26** 13
Verträge
gemischte **41** 5
Vertreter
ohne Vertretungsmacht **1** 12; **22** 6
Verwahrung
Auslagen für V. von Sachen **KV 9** 64
eines Schiffes oder Luftfahrzeugs **55** 1; **56** 2; **KV 9** 61
Verwaltung
außergerichtliche **55** 2
gerichtliche **55** 2
Verwaltungsgerichtsverfahren
Fälligkeit der Kosten **6** 1, 4
Streitwert **52; A52** 8 ff.
Verweisung
Kostenansatz **4** 2 ff.; **19** 7
Mehrkosten **4** 9
Verzicht auf Zeugenentschädigung **18** 2
Verzinsung zu erstattender Vorschüsse **5** 19; **10** 11
Verzögerungsgebühr 38; Fam32
Beschwerde **69; Fam60**
Erlass **2** 46
bei PKH **38** 2
Streitwert **38** 21
Verfahren **38** 25
Verzugszinsen A48 30
Vollmachtloser Vertreter 1 12; **22** 6
Vollstreckbarerklärung A48 30
Vollstreckungsbescheid
Antragsteller bei Einspruch **22** 10
Vollstreckungsgegenklage A48 30
einstweilige Anordnung **53** 14
bei gesetzlicher Unterhaltspflicht **42** 5
Vollstreckungsklausel A48 30
Vollstreckungskosten
in Familiensachen **KVFam1600 ff.**
in Strafsachen s. „Strafsachen *(Strafvollstreckung)*"
Vollstreckungsschuldner
Kostenhaftung **29** 37 ff.
Vollstreckungsschutz A48 30
Vollziehung A52 79
Vorauszahlung
Allgemein **vor 10** 2
Beschwerde gegen Anordnung **67**
Auf Grund von Prozessordnungen **10** 4
Vorbescheid
Antragsteller **22** 20
Vorkaufsrecht A48 30
Vormerkung A48 30
einstweilige Verfügung **53** 5
Vormundschaft
Kosten **FamKV1311**
Kostenschuldner der D. **Fam22**
Vormundschaftsgericht A48 30
Vorschuss
Abrechnung nicht verbrauchter V. **10** 11
Allgemein **vor 10** 2
Beschwerde gegen Anordnung **67**
und PKH **vor 22** 4
im Zwangsversteigerungs- und -verwaltungsverfahren **15**
Verzinsung zu erstattenden V. **10** 11
Vorschusspflicht 10 1, **17; Fam12–Fam17**
Auslagen **17** 9
Fortdauer der V. **18**
keine V. für Ausländer vor **10** 2
vor den ordentlichen Gerichten **12**
vor den Verwaltungs-, Finanz- und Sozialgerichten **vor 10** 3
des Zweitschuldners **31** 1
Vorübergehende Wertsteigerung 40 3
Vorwegleistungspflicht 17 10

Waffen A52 8, 21, 31
Wahlschuld 3 20; **A48** 46 ff., 59 ff.
Wandelung A48 31
Warenzeichen A48 31
Streitwertminderung **A48** 126 f.
Wechselseitige
Ehescheidungsanträge **Fam43**
Rechtsmittel **45** 22 ff.
Wegerecht A48 31
Wegnahme A4831
Wehrpflicht A52 8, 32
Werkwohnung 42 15

Wertangabe 61; Fam53
Wertberechnung im Insolvenzverfahren **58**
Werterhöhung 40; 47 5
Wertfestsetzung
für die Gerichtsgebühren **63; Fam55**
für die Rechtsanwaltsgebühren **1** 4
Wertpapier A48 31
Wertsicherungsklausel A48 31
Wettbewerb A48 31
Wettbewerbsbeschränkungen 50
Wettbewerbssachen A 48 136
Streitwertminderung **A48** 136
Widerklage 45 5 ff.; **A48** 31; **Fam39**
Auslagenvorschuss in Strafsachen **16** 13
und Kläger als Gesamtschuldner **31** 4
keine Kostenvorauszahlung **12** 7
keine Vorschusspflicht in Strafsachen **16** 12 ff.
Widerruf 48 33; **A48** 31
Widerspruch
einstweilige Verfügung **36** 5
im Mahnverfahren, Antragsteller **22** 20
Widerspruchsklage A48 31, 46 ff.
neue Instanz **35** 5
Wiederaufnahme A48 31
Antragsteller **22** 20
im Insolvenzverfahren **23** 3
neue Instanz **35** 5
Wiederkehrende Leistungen 42
– allgemein **42** 1 ff.
Wirtschaftsprüferordnung 1 8; **VII**
Wohngeld A52 8
Wohnrecht A48 31
Wohnung A52 8; **Fam48**
Wohnungseigentum 49a; A48 31
Zwangsversteigerung **56** 1
Wohnungssachen
einstweilige Anordnung **53** 10

Zahlungsanspruch bei Stufenklage **44** 7, 10
Zahlungspflicht
Erlöschen beim Entscheidungsschuldner **30**
Zeit
streitige **41** 13
Zeitpunkt der Wertberechnung **40**
Zeugenkosten 1 7
Zeugnis A48 34
Zins 43 6; **A48** 34
Pauschquantum bei EV **36** 8
bei Zuschlagsgebühr **54** 7
Zinsen s. *Erstattungszinsen*
Zoll A52 82
Zugang zu einem Grundstück
einstweilige Verfügung **53** 5
Zugewinn A48 34 **Fam52** 4
keine Kostenhaftung **29** 32
Zug um Zug 3 23
Zukunftsschaden A48 34
Zulassung A52 32
eines Rechtsmittels durch das Rechtsmittelgericht, Fälligkeit der Gebühr **6** 15a
Zurückbehaltungsrecht 3 24
Zurücknahme
des Antrags auf gerichtliche Entscheidung gegen einen Bußgeldbescheid **27**
Zurückverweisung
Antragsteller **22** 20
in Familiensachen **Fam31**
Instanz **37**
Kostenansatz **19** 7
Zurückweisung des Mahnantrags **KV 1** 3; **KV 8** 5
Zurückzahlung s. *Rückzahlung, Erstattung*
Zuschlag
zum Regelunterhalt **42** 4, 11
Wert der Zuschlagsgebühr **54** 7 ff.
Zustellung der Klage
Kostenvorauszahlung **12** 6 ff.
des Streitwertbeschlusses **63** 26
Zustellungsersuchen
Antragssteller **22** 20
Zwangshaft
Auslagen **KV 9** 68
Zwangsliquidation einer Bahneinheit **57; 26**
Zwangsvergleich
Beschwerde **58** 3
Zwangsversteigerung KV 2 16 ff.
Zwangsverwalter
Vergütung **57** 5
Zwangsverwaltung KV 2 22 ff.
außergerichtliche **55** 2
Beginn, Ende **55** 3
Fälligkeit der Gebühr **7**
Kostenschuldner **26** 21 ff.
mehrere Grundstücke **55** 6
Vorschuss **15**
Wert der Durchführungsgebühr **55** 4
Zwangsvollstreckung A48 34; **A52** 82; **KV 2** 2 ff.
Antragsteller **22** 20
aussichtslose **31** 23 ff.
erfolglose **31** 23 ff.
Kostenvorauszahlung **12** 24
gegen mehrere Gesamtschuldner **31** 2
Streitwertfestsetzung **63** 4
Zeitpunkt der Wertberechnung **40**
Zweitschuldnerhaftung 22 2; **Fam26**
und Erstschuldner **31** 10 ff.
mehrere Zweitschuldner **31** 16
bei PKH für Erstschuldner **31** 28 ff.
Zwischenantrag 45 7
Zwischenentscheidung A52 82
Zwischenfeststellungsklage A48 34

www.ingramcontent.com/pod-product-compliance
Lightning Source LLC
LaVergne TN
LVHW080850300926
849162LV00003B/383